创业维艰

The Hard Thing About Hard Things:

Building a Business When There Are No Easy Answers

[美] 本·霍洛维茨（Ben Horowitz）
著

杨晓红
钟莉婷
译

中信出版集团 | 北京

谨以此书献给

费利西娅、索菲娅、玛丽亚

以及布彻一家，

感谢他们在我学习的过程中给予我

的宽容和理解

目录

前言

> 这是个真实的世界，伙计，一切都结束了。
> 他们偷走了你的梦想，可你却不知道是谁偷的。
> ——美国饶舌歌手、唱片制作人坎耶·维斯特
> 《灿烂》

每次我读到一本管理类或励志类书籍时，我总在想："写得不错，可他们所说的还不是真正的难题。"对于一家企业来说，真正的难题并不是设置一个宏伟的、难以实现的、大胆的目标，而是你在没有实现宏伟目标之时不得不忍痛裁员的过程。真正的难题不是聘请出色的人才，而是这些"出色的人才"逐渐滋生一种优越感并开始提出过分的要求。真正的难题不是绘制一张组织结构图表，而是让大家在你刚设计好的组织结构内相互交流。真正的难题不是拥有伟大的梦想，而是你在半夜一身冷汗地惊醒时发现，梦想变成了一场噩梦。

这些书存在的问题是，它们试图为无法可解的难题提供一个良方。但事实是，没有任何良方可以掌控错综复杂、变幻不定的局势，没有任何良方可以创建一家高新技术企业，没有任何良方可以带领一群人走出困境，没有任何良方可以制作出一系列热门金曲，没有任何良方可以助你成为全国橄榄球联盟的四分卫，没

有任何良方可以让你竞选上总统，也没有任何良方可以在你的生意衰落之时激励你的团队。这才是真正的难题所在——解决这些难题，没有任何公式套路可用。

不过，有很多小小的建议和经验可以帮助大家应对这些难题。

在本书中，我要讲述的是我自己的故事以及我所经历过的磨难。作为一名企业家、CEO（首席执行官）以及风险投资家，我觉得这些经验大有用处，特别是当我和新一代创始人兼 CEO 们一同工作时，这种感觉尤为强烈。创建公司必然会面临许多艰难困苦，对此，我深有体会。虽然你我的经历也许不尽相同，但深层模式和经验教训总有共通之处。

在过去的几年里，我将这些经验教训写入了博客中，读者人数达数百万之多。他们中有许多人曾主动联系我，让我讲述这些经验教训背后的故事。本书将首次讲述这些故事，并加入博客中的一些相关经验教训。我的许多朋友、顾问以及我职业生涯中一直陪伴在我左右的家人给了我很多启发。同时，嘻哈音乐和说唱音乐也对我大有启发，因为嘻哈艺术家们既渴望成为艺术大师，也渴望成为当红偶像，他们视自己为创业者，其音乐中的很多主题，例如竞争、赚钱、被误解等，能让我们对一些难题有更深刻的理解。有些人正在奋力拼搏，期望建立一番伟业，希望我的故事能为他们提供些许线索和启示。

第一章

从革命者到风险资本家

这里有我的一切，
老婆，孩子，我的生活。
漆黑长夜，我曾属于这里，
我的起起伏伏，我的失足堕落，
我的痛苦磨难，我的热情，我的勇气。

——美国说唱歌手 DMX《我们是谁》

前几天，我在家里举办了一个大型烧烤聚会，邀请了 100 位关系最亲密的朋友。这些年来，姐夫卡修和我经常组织这类聚会，我出色的烧烤技术令我在非裔美国朋友圈中赢得了“烧烤界中的杰基·罗宾森[1]”的美誉，我也因此而跨越种族界限，与他们成为亲密无间的好友。

在那次特殊的烧烤聚会上，我们谈到了著名的说唱歌手纳斯[2]。我的朋友特里斯坦·沃克是一位年轻的非裔美国企业家，他自豪地说，纳斯出身于纽约皇后桥的一个住宅区，这是美国最大的公共住房项目之一，是由他负责筹建的。我 73 岁的犹太裔父亲突然插嘴道：“我去过皇后桥。”父亲是白人，特里斯坦认为，他绝不可能去过皇后桥，因此说道：“您说的肯定是皇后区。皇后桥实际上是一个房地产项目，就在皇后区附近，环境极差。”可我父亲坚持说：“不，我去的就是皇后桥。”

我告诉特里斯坦，父亲从小就在皇后区长大，因此不可能搞混。我问父亲：“您去皇后桥干什么？”他说：“我 11 岁时在那里发革命传单。我记得很清楚，因为我母亲当时为这事很发愁，她觉得我那么小，干这种事太危险了。”

我的祖父母其实是真正的革命者。祖父菲尔·霍洛维茨是一名活跃的革命分子，在麦卡锡时代，他因此而失去了教师的工作。父亲就是在这种革命背景下出生的，他在成长过程中接触的都是“左翼”思想。1968 年，他举家西迁至加州伯克利，成为著名的“新左派”杂志《壁垒》的编辑。

1. 杰基·罗宾森，美国职棒大联盟史上第一位黑人球员。

2. 纳斯，美国著名说唱歌手，被称为“纽约的 Rap 皇帝”“东岸的领军人物”。

因伯克利地区居民大多具有“左翼”思想，因此该地被亲切地称为“伯克利人民共和国”，我就是在这里长大的。小时候，我非常腼腆，害怕见人。母亲第一次把我送到幼儿园时，我哇哇大哭。老师让我母亲放心走开，说幼儿园的孩子这样哭很正常。可是，当母亲三小时后再回来时，发现我浑身湿透，还在哇哇大哭。老师解释说，我一直哭个不停，所以衣服才湿成这样。那天，我被幼儿园开除了。多亏母亲是世界上最有耐心的人，否则，我也许永远都无法跨进校门。当她身边所有的人都建议她对我进行精神治疗时，她依然对我充满信心，直到我对这个世界不再感到惶惑、害怕为止，无论这个过程有多么漫长。

我 5 岁时，我们全家从格伦大街一居室的房子搬到了伯尼塔大街更大一些的房子里。对一个六口之家而言，格伦大街的房子实在是太小了。伯尼塔是伯克利的中产阶级社区，但这里和大多数中产阶级社区稍有不同。这一街区混杂了嬉皮士、疯子、怪人、拼命工作的期望能跻身上流社会的下层百姓，以及因吸食毒品而堕落的上流社会人士等。有一天，弟弟乔纳森的一个名叫罗杰（化名）的朋友来我家玩儿。罗杰指着街上一个正开着一辆红色货车的非裔美国男孩儿对我说：“过去，让那家伙把车让给你，如果他敢不从，你就唾他的脸，叫他黑鬼。”

在此，我有几件事需要先澄清一下。首先，我们身处伯克利，因此罗杰所用的那个词并非我们的常用语。事实上，我以前从未听说过“黑鬼”这个词，也不知道它是什么意思，只是隐约觉得这应该不是什么好词。其次，罗杰并非种族主义者，他的家庭背景并不差。他父亲在伯克利是一名教授，而且他父母都是世界上最善良的那种人。后来我们才知道，罗杰患有精神分裂症，他性格中阴暗的一面使得他想看我和那个非裔男孩儿打上一架。

罗杰的命令使我十分为难。我非常害怕他，认为如果不照他的话去做，他肯定会痛打我一顿。另外，我也害怕去要车。怎么张口啊？我害怕得要命。罗杰实在太可怕了，我简直不敢和他待在一起，于是我沿着街道向那个男孩儿走去。那段距离大约只有30码[1]，可我感觉却像30英里[2]那么长。等我走到那个男孩儿跟前时，我几乎全身僵硬，不知道该说什么。好不容易张开嘴，我脱口而出的却是："我可以开一下你的车吗？"乔尔·克拉克说："当然可以。"我转身去看罗杰的反应，他却不见了。显然，他性格中善的一面占了上风，他的兴趣已经转移到其他事物上了。那天，乔尔和我玩儿了一整天，我俩从此成了最好的朋友。18年后，他成了我婚礼上的伴郎。

直到现在，我从来没有把这件事告诉任何人，但它确实改变了我的生活。我由此认识到，害怕并不代表没有勇气，真正的行动才是最重要的。一个人究竟是英雄还是懦夫，由行动决定。我常常回想起那一天，心想，如果我当时照罗杰的话去做了，我就永远交不到乔尔这个最好的朋友了。那次经历还让我懂得，人不能光看事物的表面。要了解其人其事，必须下大功夫，否则，你只能对其一无所知。获取经验毫无捷径可循，通过个人经历所获取的那种经验更是如此。与一无所知相比，人云亦云、寄希望于捷径更不可取。

1. 1码＝0.914 4米。——编者注
2. 1英里＝1 609.344米。——编者注

你死定了

多年来，我竭力避免被第一印象所左右，避免墨守成规。在伯克利生活时，我是个优等生，我所在的小镇并不推崇橄榄球运动，认为其太过野蛮、暴力，大家都反对我加入伯克利高中橄榄球队，可我却偏偏不听。加入橄榄球队对我而言是迈出了一大步。我以前从未参加过任何小型橄榄球联赛，在那里，我在早期克服恐惧的经验教训让我受益匪浅。在高中橄榄球比赛中，75% 考验的是你能否克服恐惧心理。

我永远不会忘记主教练奇科·门多萨第一次给我们召开的球队会议。门多萨教练是个久经沙场的战将，他曾在得州基督教大学参加过高校橄榄球赛，那里是所向披靡的角蛙队的大本营。在开场白中，门多萨教练说："你们中的有些人会在这里崭露头角，但不要自以为是。打球时，不要只想着耍酷，如果谁敢犯浑，知道什么下场吗？你死定了！"接着，他又滔滔不绝地讲一些我们不能违反的规定："训练迟到？你死定了。不想击球？你死定了。在草坪上晃晃悠悠地散步？你死定了。管我叫奇科？你死定了。"

这是我所听到过的最刺激、最搞笑、最好听的话。我太喜欢这些话了，甚至想赶快回家告诉妈妈。我妈妈吓坏了，可我还是很喜欢。回想起来，这是我所接触的有关领导力的第一课。美国前国务卿科林·鲍威尔说，领导力是一种能让别人追随你的能力，即使别人只是出于好奇。我对门多萨教练接下来会说什么的确充满了好奇。

我是橄榄球队里唯一一个数学成绩优异的队员，我上的很多课和其他队友都不一样。因此，我往来于不同的社交圈子，和世界观截然不同的孩子们交往。视角的不同会令世界上所有重大事件的意义彻底发生改变，这令我惊叹不已。例如，当Run-D.M.C乐队的单曲《Hard Times》发行时，其强劲的低音鼓节奏在我所在的球队中引发了巨大的反响，但在微积分课上，却连一丝涟漪都没有泛起。对于罗纳德·里根基础技术尚不完善的战略防御计划，学校里的小科学家们产生了极大的愤慨，但对此，橄榄球队里却无人理睬。

通过不同的视角来看世界，我得以区分事实与感知的差别。这种能力在我后来成为企业家和CEO时令我获益良多。在特别严峻的形势下，当“事实”似乎已经注定了某一结果时，我会学着从截然不同的角度去寻找另一种表述和解释，以此打开我的视野。在很多情况下，另一种貌似合理的方案的存在就是为了在焦虑不安的员工心中燃起希望之火。

约会

1986年夏，结束了在哥伦比亚大学大二的学习生活后，我和父亲住在了一起。在我的朋友兼高中橄榄球队队友克洛德·肖的牵线搭桥下，我决定去约会。克洛德和我打算准备一顿丰盛的晚餐，搞个四人约会，他和他女朋友雅姬·威廉斯约会，我和费利西娅·威利约会。我和克洛德筹划了一整天，最后终于做出了一桌丰盛的晚餐，包括4个摆放得特别漂亮的带骨牛排。晚上7点钟，约会时间到了，一切准备就绪，可那两个姑娘并没有如约而至。一个小时过去了，我和克洛德依旧兴致盎然地等待着。雅姬是出了名的爱磨蹭，所以我们并不着急。两小时过去了，克洛德开始打电话了解情况。看着我们精心准备的现在已经冷冰冰的美味大餐，我简直不敢相信我的耳朵。我的约会对象费利西娅说她太累了，不能来赴约。噢！真是太可气了！

我让克洛德把电话给我，开始自我介绍。

我： 嗨，我是本，你的约会对象。

费利西娅： 实在抱歉，我很累，而且现在已经很晚了。

我： 的确有点儿晚，可正是因为你，我们才搞得这么晚。

费利西娅： 不好意思，我真的太累了，实在不想过去。

我： 听着，我理解你现在的状况，但我们花了一整天精心准备晚餐，你为什么不提前告诉我们你不能赴约呢？就这一点而言，除非你坐车立刻赶到这里，否则你的任何行为都是无礼的，会给我永远留下糟糕的印象。

费利西娅： 那好吧，我马上过去。

一个半小时后，费利西娅穿着白色短裤来了，看起来漂亮极了。那天，我的注意力全部放在了约会上，对约会充满了期待，前一天打架的事早被我抛到了九霄云外。在圣费尔南多谷举行的一次即兴篮球赛期间，一个身高 6.2 英尺[1]、留着运动员式的平头、穿着迷彩裤、看着像是兄弟会成员的家伙把球砸向了我弟弟。我弟弟乔纳森喜欢音乐，留着长发，当时体重为 155 磅[2]左右。而且，由于经常打橄榄球，我已习惯了随时采取对抗行动。我在第一时间对形势进行了判断，然后就冲向那个家伙。我俩扭打起来。我狠狠地给了他几记重拳，但我的左眼下方也挨了他一记右勾拳，留下了一点印记。挨我打的这个家伙也许只是对严重犯规十分恼

1. 1 英尺＝0.304 8 米。——编者注

2. 1 磅＝0.453 6 千克。——编者注

火而已，本意并不是要欺负我弟弟，这就是不花时间了解情况所付出的代价。可惜，那时的我并不明白这个道理。

不管怎样，我开门迎接来约会的姑娘们时，费利西娅迷人的绿色眼睛立刻注意到了我左眼下方的瘀痕。她对我的第一印象（多年以后她才告诉我）是："这家伙是个暴徒，今晚真是白来了。"

好在我和费利西娅都没有靠第一印象取人。自结婚以来，我们幸福地生活了将近25年，有了三个非常出色的孩子。

硅谷

大学期间的一个夏天，我得到了一份工作，在一家名叫硅谷图形（SGI）的计算机公司当工程师。这段经历令我兴奋不已。这家公司发明了现代计算机图形并为一套全新的应用程序提供驱动，例如，电影《终结者2》中令人惊叹的飞行模拟器。公司里的每个人都才华横溢，极具创造性。那时我想，我一辈子都要在硅谷图形公司工作。

大学毕业后，我继续读研究生，专业是计算机科学。研究生毕业后，我如愿去了硅谷图形公司工作。这是我的梦想，我非常热爱这份工作。工作一年以后，我遇到了公司营销部门的一位前负责人——罗斯丽·博尔诺罗，她刚开办了一家公司。罗斯丽从她女儿那里听说过我，她女儿是我的同事。因此，她拼命拉我入伙。最终，她成功了。我跳槽到了NetLabs公司，成了她的下属。

事实证明，加入NetLabs公司对我而言是个极糟糕的决定。这家公司的经营者是安德烈·施瓦格尔——惠普公司的一位前高级主管，更重要的是，他是罗斯丽的丈夫。安德烈和罗斯丽是作为“专业管理团队”被风险资本家引进公司的。但不幸的是，二人对产品和技术知之甚少，一次又一次地使公司偏离正轨。我第一次明白创始人经营公司的重要性。

更糟糕的是，我的二女儿玛丽亚被诊断出患有孤独症，而我在创业公司工作对我的家庭而言成了一个很大的负担，因为我需要花更多时间待在家里。

有一天，天气非常炎热，父亲过来看我们。我们用不起空调，在40多摄氏度的高温中，我和父亲坐在那里汗流浃背，三个孩子在哇哇大哭。

父亲转向我，说：“儿子，你知道什么东西便宜吗？”

我根本不清楚父亲在说什么，于是回答说：“不知道，是什么呢？”

“鲜花。那你知道什么东西最贵吗？”他问。

我仍旧回答：“不知道，是什么呢？”

他说：“离婚。”

这番玩笑话——其实并非真的玩笑话——令我意识到我已经白白消耗了太多时间。直到那一刻之前，我从未真正做出过任何重大选择。我觉得我精力无限，生活中，我可以同时做很多事情，但父亲的这番话却突然令我明白，如果沿着现在的轨道继续前进，我也许会失去自己的家庭。所有事情一起抓，就会在最重要的事情上遭遇失败。我第一次迫使自己不要只按轻重缓急的标准来看世界。过去的我一直以为，自己既能干好事业，又能兼顾所有的兴趣爱好，同时还能维护好家庭。而且，我总把自己摆在首位。当你成为某个家庭或某个团体的一分子时，这种思维方式会令你陷入麻烦。在我心里，我坚信自己是个好人，毫不自私，但我的所作所为却暴露出我并非这样的好人。我绝不能像这样继续幼稚下去，我必须分清主次轻重，成熟起来。我必须先考虑自己最关心的人，然后再考虑自己。

我决定第二天就从 NetLabs 公司辞职。后来，我在莲花公司（Lotus Development）找到了一份工作，这份工作可以让我很好地顾及自己的家庭生活。我不再只关注自己，而是将更多的精力投入家庭生活，我开始朝着自己希望的方向改变自己。

网景公司

我在莲花公司上班时，有一天，一位同事给我看了一款名叫 Mosaic 的新产品，该产品的研发者是伊利诺伊大学的几名学生。Mosaic 实质上是互联网的一个图形化界面，以前只有科学家和研究人员使用。这项技术令我惊叹不已，它代表了未来，而我则一直在浪费时间，没把时间用在对的地方——互联网。

几个月后，我了解了网景公司（Netscape）的一些情况，该公司由硅谷图形公司创始人吉姆·克拉克和 Mosaic 发明者马克·安德森共同创建。我立即决定去该公司面试。我给一个在网景公司工作的朋友打电话，问他能否帮我安排一次面试，他欣然应允，我则开始着手准备。

在前几轮面试中，我见到了产品管理团队的所有成员。原以为面试会很顺利，可当我晚上回到家里，却发现费利西娅眼泪汪汪。原来，网景公司的招聘经理曾打电话来，告诉费利西娅，我不可能得到这份工作，因为他们团队要找的是具有斯坦福大学或哈佛大学工商管理硕士学位的高才生。费利西娅建议我重返校园获取学位，但考虑到我们还有三个孩子，这一建议并不现实，因此她才百般纠结地哭了起来。我解释说，他们招聘的又不是经理，虽然我没有他们所需要的商学院背景，但他们没准儿会考虑我的。

第二天，招聘经理又打电话告诉我，他们想让我接受公司创始人兼首席技术官马克·安德森的面试。马克当时只有 22 岁。

回想起来，人们很容易认为，网络浏览器和互联网是大势所趋，但是如果没有马克的贡献，我们所生活的世界可能会完全不同。当时，大多数人都认为，只有科学家和研究人员才会使用互联网。人们认为，互联网过于神秘难懂，不够安全，不符合真正的商业发展需求。即便在引入了世界上第一个浏览器 Mosaic 之后，几乎还是没有人认为，互联网会在科学研究领域以外产生重大影响，那些重要技术产业领域中的领导者们尤其这样认为，他们一直都在忙着创造专有替代产品。他们最喜欢做的事，就是与诸如甲骨文和微软这样的行业巨头在专有技术领域展开竞争，并在竞争中牢牢占据主导地位，创造所谓的信息高速公路（一个将所有商业活动和消费者连接在一起，创造一个无障碍商业世界的网络）。他们的各种传奇故事令商业媒体极尽想象之能事。这并没有什么奇怪的，因为大多数公司都不运行 TCP/IP（传输控制协议 / 网际协议），而是用网络协议，例如可路由协议组（AppleTalk）、网络基本输入输出系统（NetBIOS），以及系统网路架构（SNA）。直到 1995 年 11 月，比尔·盖茨写了一本书《拥抱未来》。他在书中预测，信息高速公路将顺理成章地成为互联网的接班者，主宰未来。盖茨后来将引用的信息高速公路改成了互联网，但那并非他的原创性预见。

这一合理预见蕴含着一些对商业或消费者不利的暗示。在诸如比尔·盖茨和拉里·埃里森这样的远见者心里，无论哪家公司拥有了信息高速公路，该公司都会通过“抽头”的方式对每笔交易收税，时任微软首席技术官的南森·麦沃尔德当时就曾提到这一点。

要高估信息高速公路所具有的强大推动力并不容易。Mosaic浏览器诞生之后，一开始，就连马克与其合伙人吉姆·克拉克都计划要通过信息高速公路而非互联网开展一项视频分享业务。直到该计划逐步深入之后，他们才清晰地看到，通过改进浏览器，使其更安全可靠、功能更完善、操作更简便，他们能够使互联网在未来独占鳌头。这因此成了网景公司的使命——一项他们终将光荣完成的使命。

马克对我进行的面试与我以前经历过的面试完全不同。他并没有问我有关简历、职业经历以及工作习惯的问题，而是问了一堆令我应接不暇的有关电子邮件的历史、协作软件，以及该行业未来可能的发展方向这样的问题。好在这些问题难不倒我，因为此前几年，我一直都在和与此相关的主导产品打交道。不过，这个22岁的毛头小子还是把我镇住了，他在计算机业务发展史方面博闻广记，实在令我叹服。在我的职业生涯中，我见过很多才华横溢的年轻人，却从未见过像他这样的技术领域的年轻历史学家。马克超众的才华和敏锐的直觉令我目瞪口呆，其渊博的历史知识表明，他对诸如复制之类的技术常常有着极为深刻和准确的洞察力。面试结束之后，我打电话告诉我弟弟，我刚接受了马克·安德森的面试，他也许是我见过的最聪明的人。

一周以后，我被录用了。我非常兴奋。我对公司给我的报酬并不十分在意，我知道马克和网景公司总有一天会改变世界，我想成为他们中的一员，迫不及待地想要投入工作。

在网景公司，我负责公司的企业网络服务器产品线。该产品线包含两个产品：一是普通网络服务器，上市价格 1 200 美元；二是安全网络服务器（含当时网景公司所发明的全新安全协议的网络服务器，该安全协议名叫 SSL，即安全套接层），上市价格 5 000 美元。我加入公司时，已有两位工程师负责研发网络服务器，一位是发明了 NCSA 网络服务器的罗布·麦库尔，另一位是他的孪生兄弟迈克·麦库尔。

到 1995 年 8 月网景公司上市，我们的网络服务器团队已拥有 9 名工程师。网景的首次公开募股大获成功，并且极具历史意义。公司股票的初始价格是每股 14 美元，但最后关头的一个决定令初始价格一下子涨到了每股 28 美元。之后，公司的股票价格又暴涨至每股 75 美元（几乎创造了首日收益的新纪录），最后以每股 58 美元收盘，当天为网景公司创造了将近 30 亿美元的市值，在业界引发了一场地震。正如我的朋友兼投资银行家弗兰克·夸特隆所说："没有人愿意告诉自己的后代，自己错过了这样一件大事。"

首次公开募股的成功改变了一切。微软在其首次公开募股之前已在业界打拼了十几年，而我们才开张 16 个月。人们开始给公司贴上"新经济"或"旧经济"的标签，而且，新经济渐渐占了上风。《纽约时报》称网景公司上市为"惊天动地"。

但我们高兴得太早：微软随即宣布，要将其浏览器 Internet Explorer 和其即将发布的突破性操作系统 Windows 95 捆绑在一起，而且免费开放使用。这对网景而言不啻当头一棒，因为我们的所有收入几乎全部来自浏览器的销售，而且微软掌控着 90% 以上的操作系统。我们给投资者的回答是：我们会通过网络服务器把钱赚回来。

两个月后，我们得到了微软即将发布的网络服务器 IIS（互联网信息服务）的早期版本。我们对 IIS 进行拆解，发现它所具有的每一个特性，我们的服务器都有，包括高端产品的安全性能，而且我们的服务器速度比它快 5 倍。可是，我发现，赶在微软发布 IIS 之前，我们只有大约 5 个月的时间来解决这个问题，否则我们只能任人宰割。在"旧经济"中，产品的更新周期一般需要 18 个月，即使是在"新经济"中，5 个月的时间也过于仓促。于是，我去见了部门负责人迈克·荷马。

也许除了马克之外，迈克·荷马是网景幕后最具创造力的人物。更奇特的一点是，局势越不利，迈克就越坚强。在遭受特别残酷的竞争性攻击期间，大多数高管都对媒体敬而远之，但迈克却总是挺身而出。当微软推出其著名的"兼收并蓄、独树一帜"策略（攻击网景的一个核心策略）之时，迈克对打来的电话照单全接，有时甚至一手拿一部电话，同时和两个记者通话。他堪称是一位终极战士。

在接下来的几个月里，迈克和我一直在苦思一个周全之策，以应对微软的威胁。如果微软曝光我们的产品，我们就给极其昂贵的微软专有后台（Microsoft BackOffice）产品线提供一个白菜价的开放替代产品。为此，我们收购了两家公司，这一收购为我们带来了一款有竞争力的产品，用以替代微软交流群组软件（Microsoft Exchange）。接着，我们大幅减少与英孚美公司（Informix）的交易，旨在通过网络对关联数据库进行不限次数的访问和复制，每复制一次收取 50 美元，这个价格实际上比微软的要价便宜数百倍。有一次，我们组装起了整个数据包，迈克把它命名为"网景 SuiteSpot”，因为“Suite”将会取代微软的后台。一切都布置妥当，只等 1996 年 3 月 5 日在纽约实施这项重大计划。

就在实施计划前两周，马克在没有告知迈克和我的情况下，向《电脑经销商新闻》杂志和盘托出了整个计划。我气得脸色铁青，立刻给他发了一封简短的电子邮件：

收件人：马克·安德森

抄　送：迈克·荷马

发件人：本·霍洛维茨

主　题：计划

我认为我们本应在 5 号执行计划。

——本

不到 15 分钟，我收到了下述回复。

收件人：本·霍洛维茨

抄　送：迈克·荷马，吉姆·巴克斯代尔（CEO），吉姆·克拉克（主席）

发件人：马克·安德森

主　题：回复：计划

显然，你根本就不清楚现在的局势有多严峻。我们正被人一刀一刀地宰割，刀刀致命。我们的产品与竞争对手相比，完全就是垃圾。数月以来，我们一直缄口不言。这样的下场就是，我们已经损失了 30 亿美元的资本市值。现在，我们就快保不住整个公司了，而这全都拜服务器产品管理部门所赐。下次，你自己去做那个狗屁访谈吧。

去你的！

——马克

我收到这封邮件的当天，马克以光着脚丫、稳居宝座的形象出现在《时代》杂志的封面上。看到这个封面时，我异常激动。此前，我还从未和上过《时代》杂志封面的人物打过交道。但紧接着，我又感到一阵难受。我把这本杂志和邮件拿回家给费利西娅看，想听听她的意见。那时，我很焦虑。我已经29岁了，有妻子，还有三个孩子，我需要一份工作。费利西娅看了看邮件和杂志封面，说道："你应该立刻开始找工作。"

最终，我没有被开除。在接下来的两年里，网景SuiteSpot从零开始，一跃创造了每年4亿美元的交易额。更令人不可思议的是，马克和我最后成了好朋友。从此以后，我们一直都是好友兼合作伙伴。

人们经常问我，我们两人在18年里更换了3家公司，却一直保持着极高的工作效率，这是怎么做到的。大多数合作关系要么过于紧张而令人难以忍受，要么紧张不足而缺乏效率。人们要么相互挑战，导致彼此交恶，要么陶醉于彼此的奉承之词而无所受益。就我和马克而言，即使是18年后的今天，他依然对我的想法吹毛求疵，让我感到烦恼，我对他亦是如此。但事实证明，这种方式对企业的发展有益无害。

创建公司

1998年年末，在微软所施加的巨大压力之下（微软充分利用其在操作系统领域的垄断地位，对网景公司参与竞争的所有种类的免费产品施行补贴政策），我们把公司卖给了美国在线公司（AOL）。短期来看，这是微软的一大胜利，因为其最大的威胁已被赶跑并投入了一个远远无法与其抗衡的竞争对手的怀抱。然而，长远来看，网景公司已对微软在计算机行业坚如磐石的地位造成了极具破坏力的冲击：我们的努力使得研发者们从 Win32 API（Win32 应用程序界面），即微软的专有平台，转向了互联网。为计算机编写新功能的人不再为微软专有平台服务，转而开始根据互联网和万维网的标准界面进行编写。一旦微软失去对研发者的掌控，那么它在操作系统领域的龙头地位迟早不保。多年来，现代互联网的许多基础性技术都是网景公司发明的，包括 JavaScript（一种程序语言）、SSL，以及 cookies（信息记录程序）。

到了美国在线公司以后，我负责运作电子商务平台，马克成了首席技术官。几个月后，我们明显感觉到，美国在线公司更倾向于将自己定位为一个媒体公司，而不是一个技术公司。技术使得许多大型新媒体项目得以实现，但其策略却是一个媒体策略，因为最高行政官鲍勃·皮特曼是个天才的媒体管理者。媒体公司专注于创造精彩故事，而技术公司则专注于创造更好的做事方式。我和马克开始思考新的点子，打算创建一家新公司。

在这个过程中，我们又吸纳了两位有潜力的联合创始人参与讨论。蒂姆·豪斯博士是 LDAP（轻型目录访问协议）的发明人之一，LDAP 是错综复杂的 X.500[1] 的巧妙简化版。1996 年，我们雇用蒂姆加入网景公司，他和我们一起成功地使 LDAP 成为互联网的目录标准。直到今天，如果某一程序对某人的相关信息感兴趣，它就可以通过 LDAP 访问这些信息。我们团队的第 4 名成员名叫尹·希克·瑞伊，他曾参与创建过一个名为“基瓦系统”的

1. X.500 是一个将局部名录服务连接起来，构成全球分布式的名录服务系统的协议。

应用程序服务器公司，该公司后被网景公司收购。尹·希克一直在我负责的电子商务部门担任首席技术官，和我们的伙伴公司保持密切合作，以确保它们能够把握美国在线公司的标准。

我们讨论时，尹·希克抱怨说，每次我们想努力和美国在线电子商务平台上的美国在线建立联系时，该合作伙伴的网站就会崩溃，因其无法解决网络交通拥堵问题。

向数以百万计的用户部署软件与向几千名用户部署软件完全不同，这是项极其复杂的工作。

好吧，应该有一家公司来为他们解决所有的问题。

当我们不断完善这一想法时，我们发现了“云计算”这一概念。以前，“云”是电信行业术语，被用来描述能够处理所有复杂的路由、计费等问题的智能云，只要将非智能设备连入智能云中，它就可以免费获得所有的智能功能。我们认为，这一概念同样可以应用在计算机领域，这样软件研发人员就不必担心安全性、标准性以及崩溃修复这些问题了。如果打算建立一个云，那么它的名字应该庞大而响亮，这就是 Loudcloud 公司的由来。有趣的是，Loudcloud 公司留存最久的就是这个名称本身，因为“cloud”（云）这个词以前从未被用来描述一个计算机平台。

我们组建了公司，开始筹集资金。当时是 1999 年。

第二章

Loudcloud 沉浮录：我会活下去

你以为我会崩溃吗？

你以为我会坐以待毙吗？

噢，不，我不会。

我会活下去。

——美国黑人女歌星格洛丽亚·盖纳

《我会活下去》

随着网景公司的成功，马克结识了硅谷所有的顶级风险资本家，我们不再需要引荐。对我们而言，不幸的是，凯鹏华盈（Kleiner Perkins）公司——网景公司的支持者——已将资金投给了我们的一个潜在竞争对手公司。和其他所有的顶级公司交谈之后，我们决定将标杆资本公司（Benchmark Capital）的安迪·雷克里夫作为突破口。

如果我必须用一个词来描述安迪的话，这个词就是“绅士风度”。安迪聪明、优雅、亲切，具有极强的抽象思维能力，他能轻而易举地将极复杂的策略用极简练的句子表述出来。标杆资本公司计划向我们这家投资前估值为 4 500 万美元的公司投资 1 500 万美元。此外，马克本人也将投资 600 万美元，此举将使我们公司的总价值（包括货币资金价值在内）提升至 6 600 万美元，同时马克将出任公司的全职董事会主席，蒂姆·豪斯担任首席技术官，我则出任 CEO。至此，Loudcloud 公司诞生刚满两个月。

公司的规模和资金的估值要求我们必须和时间赛跑，赶在资金同样雄厚的竞争对手之前尽快壮大并抢占市场。安迪曾对我说：“本，好好想想，如果资本是免费的，你会如何运作。”

两个月后，我们从陷入债务危机的摩根士丹利投资公司额外筹集到 4 500 万美元，而且三年之内不需要签订契约，也不必偿付，因此安迪所提的这个问题要比我们想象得更现实。尽管如此，“如果资本是免费的，你会如何运作”依然是企业家面临的一个至关重要的问题。这情形有点儿像问一个胖人：“如果冰激凌的营养价值和花椰菜完全相同，你会怎么办？”这个问题所引发的思考有可能极其危险。

自然而然地，我接受了这个建议并按照这个建议开展工作。

我们很快就建起了自己的云基础设施，签约客户的数量开始快速增长。公司创建短短 7 个月，我们已经签订了 1 000 万美元的合同。Loudcloud 公司正在腾飞，而我们为了在竞争中胜出，正在和时间赛跑。这意味着我们要雇用最优秀的人才，最大限度地保证云计算服务的顺畅进行，这还意味着要花钱——大笔大笔地花钱。

我们雇用的第 9 名成员，其职责是为我们招募人才，当我们手下有了十几名员工时，我们雇用了一个人，负责管理人力资源。我们在一个月内就招募了 30 名员工，硅谷许多最优秀的人才都被我们网罗到了公司。我们新招募的一位员工之前曾辞去了美国在线公司的工作，这两个月一直在爬山，没想到他加入了我们公司。还有一位新员工在其公司上市当天辞职加入 Loudcloud 公司，为此他被罚款数百万美元。6 个月里，我们的员工数增加到了 200 人。

整个硅谷炸开了锅，《连线》杂志在其题为《马克·安德森再展雄风》的封面报道中对 Loudcloud 公司进行了宣传介绍。我们用第一间办公室（在这间办公室里，只要你同时使用微波炉和咖啡机，电路就会被烧坏）在森尼维耳市换得了一个 1.5 万平方英尺[1]的大仓库，可等我们搬过去时，该仓库对我们而言已经太小了。

我们又花 500 万美元买了一栋新的、贴有玉色瓷砖的三层灰泥办公大楼，并将其称作“泰姬”，因其和泰姬陵颇为相似。不过，这栋办公楼还是太小，跟不上我们火爆的人才招募节奏，前来应聘的人挤满了走廊。我们沿街又租用了一个停车场，货车不

1. 1 平方英尺＝ 0.092 903 04 平方米。——编者注

停地穿梭于货场和办公楼之间。（相邻的公司都快恨死我们了。）我们的厨房里应有尽有，简直就像一家好市多（Costco）[1]超市。我们的零食承包商把我们的冰箱弄得像菲利普·罗斯在《再见了，哥伦布》一书中所描述的那台冰箱，为此，我们炒了他的鱿鱼，他提出要回股权。

这时，局势发生了变化。

到了下一个季度，我们签订了价值 2 700 万美元的新合同，此时，公司成立还不满 9 个月。看情形，我们似乎开创了有史以来规模最大的业务。然而，接踵而至的却是互联网泡沫的破灭。2000 年 3 月 10 日，纳斯达克指数达到峰值 5 048 .62 点——其市值比前一年翻了一番多——仅仅 10 天以后，这一指数即从峰值迅速下跌了 10%。《巴伦周刊》题为《火势已起》的封面报道对即将出现的经济格局进行了预测。到了 4 月，政府宣称微软实行了垄断，之后纳斯达克指数进一步直线下跌。创业公司和投资者们损失惨重，曾被看作是新经济的曙光而大受热捧的网络公司几乎在一夜之间全都破产倒闭，成为人们口中的“网络炸弹”。纳斯达克指数最终跌破 1 200 点，跌幅达 80%。

我们认为，我们的业务在当时也许是有史以来增长速度最快的，这是个好消息。但坏消息是，我们需要筹集更多的资金来应对这一灾难性局面。我们筹集到的价值 6 600 万美元的股票和债券几乎全部配置殆尽，用以建立最好的云计算服务，支撑我们现在快速增长的客户群。

1. 好市多是美国最大的连锁会员制仓储量贩店，在 2009 年是美国第三大、世界第九大零售商。

互联网泡沫的破灭令投资者们吓破了胆，因此筹集资金并非易事，而且我们的大多数客户都是互联网创业公司，筹集资金对我们来说更是难上加难。当我们向日本软银资本公司（Softbank Capital）大力推销服务之时，这一点表现得十分明显。我的朋友——Loudcloud 公司董事会成员比尔·坎贝尔——在软银资本公司内部有熟人，我们向软银资本公司推销服务之后，他主动提出去打探一些“幕后”信息。当比尔打来电话时，我迅速接起了电话，急切地想知道推销结果。

我问：“比尔，他们怎么说？”比尔用那粗糙刺耳、教练派头一样的声音回答说：“本，老实说，他们以为你在吸毒。”当时，我们有将近 300 名员工要养活，公司资金已所剩无几，我觉得自己已经快撑不下去了。作为 Loudcloud 公司的 CEO，这是我第一次产生这种感觉，但肯定不是最后一次。

在此期间，我学到了最重要的集资规则：寻找一个统一市场，其中只要有一个投资者点头，即可功成，其他 30 位投资者即便全都摇头拒绝也无关紧要。我们最终以惊人的、高达 7 亿美元的投资前预估价值为 C 轮投资找到了投资者，由此筹集到了 1.2 亿美元的资金。该季度的销售预期高达 1 亿美元，一切看起来似乎没什么问题。考虑到此前的销售预测曾低估了实际的销售表现，我坚信，该季度的销售预测完全合理。我甚至认为，我们也许可以巧妙地引领客户群躲开互联网炸弹，把他们带入更稳定的传统客户群中，例如耐克（当时，它是我们最大的客户）。

可是，接下来的结果并未如我们所愿。

2000 年第三季度，我们只完成了 3 700 万美元的销售额，与我们所预测的 1 亿美元的销售额相差甚远。最终结果表明，互联网泡沫的破灭所造成的灾难性后果远远超出了我们的预期。

欢乐和恐惧

我需要再次筹措资金，只是这次的形势更加糟糕。2000年第四季度，我拜访了每一个有可能为我们提供资金的人，包括沙特阿拉伯王子瓦利德·本·塔拉勒，但无论估值多少，没有一个人愿意投资。仅仅6个月的时间，我们这家创业公司已经从硅谷最炙手可热的云端跌落到投资者避之唯恐不及的深渊。477名员工等着发工资，而我们的服务就像一颗定时炸弹，没人敢碰，怎么办？我在苦苦寻找对策。

如果我们的资金全部用完，后果会怎样呢？——把我精挑细选招募而来的员工全部辞退，将所有投资者的钱赔得一干二净，置所有信任我们并和我们合作的客户于险境——每当想到这些，我就心情烦躁，很难集中精神思考对策。马克为了让我振作起来，给我讲了一个当时并不太可笑的笑话：

马克： 你知道创业公司的最大好处是什么吗？

本： 是什么？

马克： 就是让你体验两种情绪：欢乐和恐惧。我发现，睡眠不足会令这两种情绪更加强烈。

时钟在嘀嗒作响，一个不太起眼却有趣的办法渐渐浮现出来：我们可以上市。当时，有一种很奇怪的现象，私人融资市场对我们这样的公司大门紧闭，但公开市场却对我们虚掩着一扇窗。这听起来也许很疯狂，不合常理，事实也的确如此，私人资金已对我们完全失去了信任，而公开市场只有80%的人会如此。

由于无路可走，我打算向董事会提议：让公司上市。在准备过程中，我将上市的利弊一一列举了出来。

我知道，比尔·坎贝尔是个关键人物，我必须想办法说服他。比尔是董事会成员中唯一一位曾在上市公司中担任过 CEO 的人，他比任何人都更清楚公司上市的利弊。更重要的是，每当陷入困境时，所有人似乎总会倾向于听从比尔的意见，因为他身上有一种特殊的品质。

当时，比尔已经 60 多岁了，头发灰白，声音粗钝，却仍像 20 岁的小伙子一样精力充沛。最初，他是一名大学足球教练，40 岁才进入商界。尽管入行较晚，但最终却登上了财捷集团（Intuit）[1]CEO 的宝座。此后，他成为高科技领域的一个传奇，为多位大名鼎鼎的 CEO 提供过指导，例如苹果公司的史蒂夫·乔布斯、亚马逊公司的杰夫·贝佐斯，以及谷歌公司的埃里克·施密特。

比尔极其精明，具有超凡的魅力，堪称业务精英，但这些特质却并非其成功的关键。他的成功是因为，无论身居何处，担任何职——他曾在苹果公司董事会效力 10 多年、在哥伦比亚大学董事会任主席，以及在“美妆女孩”足球队担任教练——他都是大家最喜欢的人。

比尔的人缘为何如此之好，大家的解释五花八门。不过在我看来，理由很简单。无论你是谁，你的一生都需要两类朋友。第一类是当你遇到好事时，你可以打电话与之分享喜悦的朋友。他的喜悦不是那种蒙着羡慕、嫉妒面纱的虚假喜悦，而是发自内心

1. 财捷集团，位于硅谷山景城，是一家以财务软件为主的高科技公司。

的真诚喜悦。他会比好事发生在他自己身上更高兴。第二类是当你身陷困境时，你可以打电话与之分担、向其倾诉的朋友。比如当你危在旦夕，只能打一个电话时，你会打给谁呢？比尔·坎贝尔兼具这两类朋友的特质。

我陈述了一下自己的想法：我们在私人市场上已找不到任何投资者。我们要么继续在私人投资市场上想办法，要么就准备上市。一方面，我们认为，私人集资的前景不容乐观；另一方面，上市也存在大量问题：

- 我们的销售流程并不完善，公司很难针对不同局势做出预测。
- 我们的市值在快速下跌，最低点在哪里尚不清楚。
- 我们的客户正以一种惊人的、不可预测的速度破产。
- 我们正在赔钱，而且在相当长一段时期内，我们将继续赔下去。
- 我们在经营上并不完善。
- 总而言之，我们尚未做好上市的准备。

董事会听得非常认真，从他们的表情可以看出，他们对我提出的这些问题非常关心。接下来是漫长的、难挨的沉默。正如我所料，比尔打破了这片沉寂。

“本，这不是钱的问题。”

我感到一阵莫名的轻松。也许，我们还没到非上市不可的地步；也许，我把资金问题看得过于严重了；也许，我还有第三条路可走。

接着，比尔又说道：“这就是他妈的钱的问题。”

我想，我们必须上市了。

除了我给董事会列举的这些问题之外，还有一个问题是，我们的业务非常复杂，投资者们很难搞明白。通常，我们和客户签订的是为期两年的合同，然后按月确认收益。这一模式现在很常见，但在当时却极不寻常。鉴于我们预售额的快速增长，收益总会落后于新订单一大截。因此，我们在 S-1（我们在美国证券交易委员会的注册证）上写明，我们在随后 6 个月的收益是 194 万美元，预计下一年的收益是 7 500 万美元——令人难以置信的收益增长幅度。由于利润受收益而非订单推动，因此我们蒙受了巨大的损失。此外，当时的股票期权规则使我们的损失看起来似乎是实际损失的 3 倍。所有这些因素使得媒体对我们公司上市进行了极其负面的报道。

例如，《红鲱鱼》（*Red Herring*）[1] 上一篇措辞犀利的报道指出，我们的客户名单“非常薄”，我们对网络公司过于依赖。该报道援引扬基集团（Yankee Group）一位分析师的言论，断定我们“在过去的 12 个月里损失惨重，每位员工都损失了 100 万美元”，并猜测我们之所以落得如此下场，是因为我们在停车场点燃了篝火，驱使所有人大把大把地烧美元。《商业周刊》的一篇文章把我们说得一无是处，宣称我们是“来自地狱的新股”。《华尔街日报》的封面报道引述了一名资金经理对我们的新股所说的话：“哇哦，他们已经无路可走了。”一位金融家——此人其实投资了我们的新股——称我们的举动为“一堆糟糕无比的下下策中

1.《红鲱鱼》是最知名的互联网投资、技术杂志之一。该杂志于 1993 年创刊，多年来被创投界誉为“硅谷圣经”。

的上策”。

尽管媒体恶评如潮，我们依然坚定地准备上市。为了和同类公司有所区分，在随后实行反向股票分割[1]方案之后，我们将新股定价为每股 10 美元，这样一来，公司的市值虽不足 7 亿美元，低于前一轮私人融资的估值，但总比破产要好得多。

这次新股发售能否令我们起死回生，我们完全不得而知。股票市场正在崩溃，我们拜访过的公开市场的投资者们一个个都垂头丧气。

在准备过程即将结束，银行已签字同意之后，我们的财务总监斯科特·库珀接到摩根士丹利投资公司一位银行家打来的电话。

银行家： 斯科特，你们资金中有 2 760 万美元是限制用途资金，而且还与房地产委托书捆绑在一起，这些你知道吗？

斯科特： 我当然知道。

银行家： 也就是说，你们的资金只够维持三周，然后就该破产倒闭了吗？

斯科特： 没错。

斯科特一边将电话转给我，一边说：“你相信吗？他们都已经签字认购了，竟然到现在才发现资金是受限的。所有的文件，我们早就交给他们了。”

就在我们即将出发，开展首次公开募股路演之时，我召集了一次公司全体会议，告诉大家两点：第一，我们即将上市，或者

1. 反向股票分割：指将公司已发行的股份数量缩小至少量股份，而股东所持股份的比例不变，这不会对股东造成损失。通常，这只在股价较低时出现。

说至少我们打算尝试着上市；第二，公司市值下跌得非常严重，因此，我们不得不实行二合一合股的反向股票分割方案。

我认为，关于第一点，大家应该没有异议，我担心的是第二点。我们必须采取反向分割方案，以抬高每股的价格，使公司达到上市要求。从理论上说，反向分割根本不会影响股东的利益。每位员工都持有一定比例的股份，公司掌握着股份的总量。用所持股份百分比乘以股份总数，结果即为员工所持的股份数额。将股份总量减半后，员工所持股份的数量虽然也随之减半，但其所持股份的比例并不会发生改变。

噢，不对，公司还是有一些改变的。我们从零开始，在短短不到18个月的时间内，逐渐发展壮大到拥有600名员工，因此企业内部难免会滋生一些浮夸之词。有些过于兴奋的管理者夸大宣传，张口闭口只提股份数量，忽视股份比例，谎称每股股价有可能高达100美元。于是，员工们开始盘算自己幻想中的每股股价，并据此计算自己究竟能赚多少钱。我注意到了这一切，但从未想过我们会反向分割股票，因此，我对这一切一点儿也不担心。可是，与那段时期我所搞砸的其他事情一样，如果我对此现象早有警觉就好了。

费利西娅像往常一样参加了公司的全体会议。当时，我岳父岳母正好在城里，因此也双双参加了这次会议。会议进行得并不顺利。大家都没有意识到破产离我们已近在咫尺，因此，公司上市的决定并没有让大家高兴起来，反向分割股票的提议更是让大家郁闷不已——事实上，大家对此不是郁闷，而是愤怒。会上，我将他们所幻想的股票总数削减了一半，他们对此非常不满。没有人当着我的面说难听的话，可我岳父岳母却听到了一些风言风语，我岳父对我说："情况不妙啊。"

岳母洛蕾塔问我妻子："为什么每个人都这么仇恨本？"不管在任何场合，费利西娅通常都很有活力、很开朗，不过这时的她刚刚做过疝气手术，正在恢复当中，因此不像往常那样精神抖擞。她很沮丧，岳父岳母的情绪也很低落，员工们都怒气冲冲。我不知道自己是否能筹集到资金。用什么办法来启动新股的路演呢？这种活动通常都会搞得声势浩大，排场十足。

此时，搞新股路演非常冒险。股市每天都在崩盘，罪魁祸首就是科技股。我们到场时，投资者们一个个看起来就像是刚从审讯室里被放出来的一样。一位共同基金经理看着马克和我，问道："你们到这里来干什么？全世界现在出了什么事，你们知道吗？"我觉得我们没有办法筹到资金了，我们肯定要破产了。在整整三周的路演期间，我每天的睡眠时数不超过两小时。

路演进入第三天时，我接到了岳父打来的一个电话。在过去的71年里，我的岳父约翰·威利可谓历经坎坷。他小时候，父亲在得克萨斯州被人谋杀。为了生存，他和寡母与一个刻薄的男人生活在一起，这个人自己还有9个孩子。在那个家里，约翰经常受到虐待，其他孩子们吃晚餐时，他却被赶到牲口棚里和牲口待在一起。最后，约翰和母亲离开了那个毫无温暖的家，带着自己仅有的一点儿家当，沿着一条土路徒步走了三天。约翰这一辈子都清清楚楚地记得那次徒步之旅。长大以后，为了赡养母亲，他高中还没毕业就离家参军。有了5个孩子以后，为了养家糊口，他做过各种工作，包括从船上卸香蕉、参与修建阿拉斯加输油管道等。他还不到60岁时，就有两个子女相继离世。他一生历经磨难，已到了处变不惊的境界。

约翰·威利并不轻易给我打电话，只要一打，肯定是大事，而且很可能是要命的大事。

本： 你好。

约翰： 本，你的秘书让我别打扰你，不过我只想告诉你，费利西娅刚才没呼吸了。还好，她死不了。

本： 死不了？你说什么？出什么事了？

我简直无法相信他所说的话。我一直全神贯注于工作之上，却疏忽了与我至亲的家庭。对自己本应关心的这件事，我再次疏忽了。

本： 到底出什么事了？

约翰： 她用药时产生了过敏反应，然后就停止呼吸了，不过现在已经没事了。

本： 什么时候的事？

约翰： 昨天。

本： 什么？为什么不早点儿告诉我？

约翰： 我知道你很忙，况且工作又遇到了大麻烦，都怪那次会议。

本： 我还是回来一趟吧。

约翰： 不用了，我们会照顾好她的，你只要管好自己的事就行。

我惊得完全不知所措，浑身冒汗，以至于放下电话后不得不换了身衣服。我心神大乱，不知该怎么办。如果我回家去，公司肯定就会破产；如果我待在这儿……可我怎么待得住啊？我把电话打回去，让约翰把电话转给费利西娅。

本：如果你需要我，我马上就回来。

费利西娅：别回来了，一定要把上市的事情办好，你和公司已经没有多少机会了，我没事的。

在接下来的路演中，我方寸大乱，魂不守舍。一天，我稀里糊涂地穿了身西装外套和西裤，直到会议间歇时马克提醒我，我才发现这身衣服根本就不搭配。我有一半时间都不知道自己身在何处。在我们四处开展路演的三周里，市场上同类公司的市值损失过半，这意味着我们每股 10 美元的股票定价大概是当前股价标准的 2 倍。银行家们建议我们将新股的价格降低到每股 6 美元，以反映出这一新行情，但他们并未向我们保证，这样做一定会成功。接着，就在新股发售的前一天，雅虎公司——互联网繁荣时期的一座灯塔——宣布了其 CEO 蒂姆·库格尔辞职的消息。我们已经触及了互联网泡沫破裂的最低点。

Loudcloud 公司的新股最终以每股 6 美元的价格进行了发售，由此我们筹集到了 1.625 亿美元的资金，但我们既没有搞庆祝仪式，也没有庆祝会。而且，高盛投资公司和摩根士丹利投资公司——带我们上市的两家银行——甚至都没有按惯例给我们举行闭幕晚宴。这也许是有史以来最低调的首次公开募股活动了。不过，费利西娅感觉好多了，我们也圆满地完成了这次活动。在乘飞机回家的途中，难得有片刻时间心情愉快，我转向斯科特·库珀——我的财务总监，说道："我们总算成功了！"他回答道："没错，不过我们还是被坑了一把。"

2012 年，雅虎公司解雇了其 CEO 斯科特·汤普森，费利西娅若有所思地说道："他们是不是应该把蒂姆·库格尔请回来？"我吃惊地说："蒂姆·库格尔？你怎么知道蒂姆·库格尔？"费利西娅回忆起了我俩 11 年前的那场对话。

本：我们被骗了。

费利西娅：什么意思，发生什么事了？

本：雅虎解雇了库格尔。结束了，一切都玩完了。

费利西娅：库格尔是谁？

本：雅虎的 CEO。我们被骗了，公司就要完蛋了。

费利西娅：是真的吗？

本：你没听见我说的话吗？他们解雇了库格尔。我们被骗惨了。

费利西娅以前从未见我如此沮丧，她永远也忘不了那一幕。对大多数 CEO 而言，新股公开发售的前一个晚上是万众瞩目的精彩时刻，但于我而言，那却是最令我沮丧的难挨时刻。

既然毒药非喝不可，干脆一饮而尽

在新股路演期间，为了缓解紧张的气氛，马克总是会说："记住，本，事情在变得更糟之前总是最暗淡无光的。"他是在开玩笑，但当我们作为一家上市公司进入第一季度时，这些话似乎颇有预见性。客户们继续抛售、炒卖证券，宏观经济环境持续恶化，我们的销售预测不断下滑。在面向投资者举行首次业绩发布会的时间越来越近时，我对公司的运作进行了一次全面的回顾，以确定我们仍在正常轨道上运行。

好消息是，我们该季度的营收预测可以实现；坏消息是，我们的年度营收预测几乎不可能实现。一般情况下，投资者们的期望是，如果公司无法实现第一年的营收预测，这家公司就会停止上市。尽管当时是非常时期，但首次业绩发布会召开在即，此时重新调整营收指标实在是下下策。

在讨论给投资者们重新调整营收指标时，我们面临着一个艰难的抉择：是以尽可能小的幅度降低营收指标，竭力将初始损失降到最低，还是重新制定一个营收指标，并将其风险降到最低？如果我们大幅降低营收指标，股票也许就会崩溃。但是，如果营收指标降得不够低，我们也许还得再次进行调整，这会令我们仅存的可信度丧失殆尽。财务经理戴夫·康特举手发言，提出了一个具有决定性意义的建议："无论说什么，我们都是死路一条。只要调整营收指标，投资者们立刻会对我们失去信任，因此我们现在不妨将所有苦果一口咽下，因为凡是乐观的营收预测，根本就不会有人相信。既然毒药非喝不可，干脆一饮而尽。"我们重新调整了年度营收指标，将最初 7 500 万美元的营收预测大幅削减至 5 500 万美元。

调整营收指标也意味着要调整支出指标，随之而来的就是裁员。一直以来，我们都是创业界的宠儿，可现在却不得不忍痛将公司 15% 的员工遣散回家。这表明，我已走投无路。我对不起我的投资者们，对不起我的员工，也对不起我自己。

调整营收指标之后，高盛和摩根士丹利两家投资公司双双终止了其银行投资研究，也就是说，这两家公司的分析师将不再为其客户对我们公司的发展进行投资分析。它们这样做无异于自己扇了自己一记响亮的耳光，完全背弃了当初对我们的承诺，可当时，大家的日子都不好过，所以我们并没有追索补偿。由于银行对我们失去了信任，再加上营收指标的下调，我们的股价从每股6美元跌至每股2美元。

尽管压力巨大，我们依然迎难而上，并在2001年第三季度取得了相当不俗的业绩。接着，9月11日，恐怖分子劫持了四架喷气式飞机，其中两架撞击了世贸大厦，另一架撞击了五角大楼，整个世界陷入一片混乱。该季度，我们最大的交易对象本来是英国政府，交易额占订单总数的三分之一，如果交易无法达成，该季度的营收目标根本就无法实现。我们的交易大王打来电话告诉我们，英国首相托尼·布莱尔已将原本用于和我们进行交易的资金转而用于战争基金。但幸运的是，我们的销售总监说服了布莱尔身边的一位工作人员，将资金又要了回来，这才使我们达成了交易，实现了该季度的营收目标。

然而，此次的侥幸成功却表明，我们的整体运营方式太过脆弱。9月26日，当我们最大的竞争对手Exodus公司申请破产时，我们都颇为震惊，因为就在一年多前，该公司的市值还高达500亿美元。而且就在9个月前，该公司凭借一个“全资助方案”刚刚筹得8亿美元的资金。Exodus公司的一位高管事后开玩笑似的对我说：“我们开车冲下悬崖时，没有留下任何刹车的痕迹。”我想，既然Exodus公司都能以如此之快的速度失去其500亿美元的市值和8亿美元的资金，那我必须未雨绸缪，制订一个后备计划。

在初次尝试实施“B计划”时，我们对数据回传公司（Data Return）进行了评估，该公司和我们公司性质相同，但其更侧重于Windows应用程序，而我们则侧重于Unix应用程序。我们对这一收购计划反复研究了几周，模拟两家公司合并后有可能出现的状况，计算产品供应及成本协同效益。当时，我的首席财务官对这一收购计划极其兴奋，因为这样一来，他最拿手的本事——削减成本——就有了用武之地。

讨论快结束时，我休假两天，打算去俄勒冈州的阿什兰放松一下。刚到目的地，我就接到约翰·奥法雷尔打来的一个紧急电话，他是我们公司的业务发展负责人。

约翰： 本，抱歉打扰你休假了，可我们刚刚就收购数据回传公司一事开了个会，我认为我们不应该收购该公司。

本： 为什么？

约翰： 坦白说，我们目前正处于困境，这家公司同样深陷泥潭，两家一合并只会令麻烦加倍。

本： 我也这么认为。

事实上，数据回传公司目前低迷的经营状况让我清楚地看到，Loudcloud 公司的下场可能也好不到哪儿去。正所谓当局者迷，旁观者清。一想到我们未来的命运，我就辗转反侧，无法入睡。为了令自己感觉好受一些，我不断地问自己：“最糟糕的结果会是什么呢？”答案总是一样：“破产，赔光所有人的钱，包括我妈妈的钱，令那些在极其恶劣的经济环境中一直兢兢业业工作的人全都失业，将所有信任我们的客户全都拖入苦海，我的一世英名全部毁于一旦。”可笑的是，这样的假设从未令我的心情有丝毫好转。

之后有一天，我问了自己一个不同以往的问题：“如果公司破产了，我会怎么办？”我的答案令自己吃惊不已：“我会买下 Loudcloud 公司自用的 Opsware 软件，从破产的阴影中走出来，开办一家软件公司。”Opsware 是我们自己编写的软件，目的是使云运行的所有任务实现自动化，例如配置服务器、建立网络、部署应用程序、提供灾难恢复安全保障等。接着，我又问了自己另外一个问题："有没有办法在不破产的情况下实现这一想法呢？"

我将各种有可能帮我们退出云计算服务、转而投向软件业务的方案想了一遍。无论哪种方案，第一步都是将 Opsware 软件与 Loudcloud 公司分离。Opsware 软件仅供 Loudcloud 公司内部运行，而且运行该软件有诸多限制，这使其无法成为一个在任何环境下都能使用的产品。我问蒂姆·豪斯，将 Opsware 软件从 Loudcloud 公司分离出来需要多长时间。他说大约需要 9 个月，事后证明，这个估计过于乐观了。我立即指派了一个由 10 名工程师组成的小组，着手实施一个被称为"氧化物"（Oxide）的计划。

此时此刻，我们开展的依然是云计算服务，在公司所有人面前，我丝毫不露声色，没人知道我另有打算。实施"氧化物"计划会令我们唯一的业务立即搁浅，因为所有人都希望为未来打拼，不愿意停留在过去。我告诉大家，"氧化物"计划只不过是另外一条生产线而已。这一说法令我的两名员工忧虑不已，他们是毕业于斯坦福商学院的高才生。于是，他们专程来见我，用一大堆幻灯片向我详细说明为什么"氧化物"计划只是一个空想。他们认为，研发新产品会侵占我们核心业务的宝贵资源，而且这个新产品肯定会失败。我让他们将 45 张幻灯片全部展示出来，其间，我不置一词。幻灯片放完之后，我说："是我让你们来放这些幻灯片的吗？"瞬间，我从和平时期的 CEO 变身成了进入战斗状态的 CEO。

凭我在公司的地位，以及我们是上市公司这一事实，除我以外，没有人清楚公司的发展全局，没有人能令公司摆脱困境。我知道我们陷入了很深的泥潭。如果我任凭那些根本不了解具体情况的人对公司的发展大计指手画脚，那我就无药可救了。我需要的是信息和数据，而不是有关公司未来发展方向的任何建议。这是重要的战略决策期，公司的生死存亡取决于我的决策是否正确，逃避或推卸责任是绝不可行的。如果我所招募的所有人——他们对公司都忠心耿耿——全都被打发回家，而公司对此几乎拿不出什么站得住脚的理由来，那么任何借口都无济于事。我绝不会说出“这都怪经济环境太恶劣了”“都怪我得到的这些建议不中用”“都怪形势变化太快了”这样的借口。我所面临的唯一选择是，要么生存，要么彻底毁灭。是的，大多数事情依然可以假手于人，大多数管理者都有权在自己的专业领域做出决定，但是，最基本的问题——Loudcloud 公司是否能够生存下去以及如何生存下去——是留给我一个人的，也只有我才能回答这个问题。

我们终于把 2001 年第四季度应付了过去，实现了年度营收目标，实际收益达 5 700 万美元，高于我们所预测的 5 500 万美元。这并不是一个很了不起的胜利，但在那一年，很少有公司能够实现其预期收益，因此我还是将其当作一个小小的的胜利。我们的股价逐渐上升至每股 4 美元，看情形，我们的云计算服务似乎还有一线生机。

要想继续开展云计算服务，我们需要投入更多资金。仔细分析财务计划之后，我们认为，公司还需要 5 000 万美元才能使资金流动保持平衡，只要达到了这个平衡点，我们就不需要再筹集资金了。鉴于我们在市场上的巨大压力，现在筹集资金几乎不太可能了，唯一的办法就是借助一个很少被用到的概念——私人投资公开股票（PIPE），与摩根士丹利投资公司携手合作，以 5 000

万美元的筹款目标令投资者们排起了长队。

周一早上，我们一切准备就绪，就等着周二举行私人投资公开股票路演。这时，我接到了一个电话："本，Atriax 公司的 CEO 打来电话，要给你转过来吗？"Atriax 公司是一家依托花旗银行和德意志银行的网上外币兑换公司，也是我们最大的客户。该公司每月要向我们支付 100 多万美元，我们之间还有一个为期两年的保障合同。电话打来时，我和人力资源部副总裁德布·卡萨多斯正在开会，我说："转过来吧。"电话中，对方告诉我，Atriax 公司破产了，他欠我们的 2 500 万美元连一个子儿都还不起。刹那间，世界仿佛停止了转动。我坐在那里，神思恍惚，直到耳边响起德布的声音："本，本，本，这个会我们还是稍后再开吧？"我回答说："好。"我慢慢朝首席财务官的办公室走去，准备评估我们的损失。我们蒙受的损失比我想象的更严重。

鉴于事态的严重性，如果不率先公开我们已然失去了最大的客户以及我们的财政计划已缩水 2 500 万美元的消息，我们就无法筹集资金。我们暂停了私人投资公开股票的路演活动，发布了一条媒体新闻。我们公司的股票随即暴跌 50%，公司 1.6 亿美元的市值迅速下滑，我们再也无法利用私人投资公开股票筹集到 5 000 万美元。原本，使资金流动保持平衡只需要 5 000 万美元，现在，由于 Atriax 公司的破产，这一数额已经提升至 7 500 万美元。Loudcloud 公司已在劫难逃，我不得不实施"氧化物"计划。

当时，情况十分复杂，我们有 450 名员工，其中 440 名都在从事云计算服务，我们所有的收益都是他们辛勤工作的成果。我无法告诉这些员工以及我的管理团队，我正在考虑放弃云计算服务，因为我们的股价有可能会暴跌至一文不值，最终令我们转让公司、避免破产的所有希望都化为泡影。

此时，我信任的只有一个人，他就是约翰·奥法雷尔。约翰主要负责公司的业务发展事宜，此外，他还是我所认识的最了不起的大人物。为了说明这一点，我这样打个比方，假如你已经走到了生命的尽头，正面临着上帝对你做最后的判决，由于事关你能否得到永生，因此你可以选一个人代表你去和上帝进行交涉。此时，你会选谁呢？如果是我，我一定会选我那位来自爱尔兰的好兄弟——约翰·奥法雷尔。

我告诉约翰，他要和我共同执行一个紧急计划，我们必须立刻开始行动。这个计划只有我们两个人参与，同时我们必须让其他人都专注于自己目前的任务——减少 Loudcloud 公司在资金方面的损失。接下来，我打电话给比尔·坎贝尔，向其解释我们必须退出云计算服务的原因。

比尔很清楚危机有多可怕，因为 20 世纪 90 年代初，他曾在 GO Corporation 公司任 CEO。1992 年，GO Corporation 公司曾试图研发一个类似苹果手机（iPhone）的设备，结果却使其成为有史以来风险投资亏损额最大的公司之一。我把我的思路告诉了比尔：在不破产的情况下，退出云计算服务的唯一办法是提高销售额，因为即使我们将所有员工全部辞掉，如果销售额无法实现大幅增长的话，基础设施成本依然会把我们逼上绝路。我进一步解释说，日益缩减的现金结余会打击客户的信心，这反过来又会影响销售额的提高，导致现金结余进一步缩减。比尔听完，只是简单地说了句：“恶性循环。”我一听就知道，他完全明白了。

约翰和我对整个行业环境进行了分析，以确定哪些公司有可能对收购 Loudcloud 公司感兴趣。不幸的是，许多有意收购的买家都处于自身难保的境地。电信巨头奎斯特公司（Qwest）和世通公司（WorldCom）正身陷做假账的官司之中，Exodus公司已经破产。我们决定把重点放在三个最有可能的买家身上：IBM公司、大东电报局和EDS公司。

IBM公司主管主机业务的吉姆·科尔热尔对收购Loudcloud公司立刻产生了浓厚的兴趣。吉姆和我性格相似，他很看重Loudcloud公司的品牌和我们的技术优势。但是，EDS公司对收购并没有表现出兴趣，这令我极其担心，因为我研究了两家公司的资料，我认为，EDS公司比IBM公司更需要Loudcloud公司。在兼并和收购过程中，需要总比意愿重要。约翰对我说："本，我认为我们应该忽略EDS公司，这样才能将重点放在可能性更大的目标上。"我让他把EDS公司的组织结构图再画一遍，看看我们能否找到一位在EDS公司很有影响力、我们尚未接触过的人物。约翰画图时，我问："这个杰夫·凯利是谁？"约翰顿了顿，说："嗯，我们还没接触过，不过，也许他能做得了主。"

果然，杰夫对收购很感兴趣。现在，有了这两家有意收购的投标公司，我们开始采取实际行动。约翰和我拼命给IBM公司和EDS公司制造紧迫感，因为我们的时间并不多。我们在公司里招待两家公司的负责人，有时，这两家公司负责人会在走廊里擦肩而过，这只是约翰运用销售技巧精心策划的一个局而已。而且，我们为收购的最后阶段设置时限，约翰和我就此争辩怎样做效果最好，因为我们原计划设定的最后期限显然是假的。在去得克萨斯州的普莱诺——EDS公司的老家——的途中，我建议在洛杉矶稍做停留，去找迈克尔·奥维兹获取一些建议。

迈克尔是Loudcloud公司董事会的成员，从前的名气非常大，许多观察家称他为“好莱坞最厉害的人物”。28 岁时，他创办了一家演艺经纪公司，即创新艺人经纪公司（CAA），该公司后来占据了好莱坞娱乐业的半壁江山。创新艺人经纪公司的走红使迈克尔的事业如日中天，以至于以前那些从未有人达成的棘手交易，他轻而易举地就能达成。

我们到迈克尔办公室时，他正忙得不可开交，似乎在处理一大堆各不相同的事，最后，他终于出来会见我和约翰。我们向他说明了情况：我们正在争取时间，目前有两位买家，但我们没有好办法让这两位买家乖乖地朝最终目标前进。迈克尔顿了顿，思索了片刻，然后说出了他的建议：

“先生们，我做过很多交易，通过做交易，我研究出了一种做事的方法，当然，你们也可称其为哲理。在这条哲理的指导下，我有一些信念。我相信虚假的最后期限；相信应该让两个买家互相竞争；相信除了违法或违背道德的事之外，我们可以不择手段地达成交易。”

迈克尔确实很有一套，他总有办法扭转乾坤。

谢过迈克尔后，我们前往机场，并分别给 EDS 公司和 IBM 公司打电话，告诉它们，我们将在 8 周之后结束收购程序，把 Loudcloud 公司卖给其中某一家。如果想继续参与收购，他们要么在最后期限内完成收购，要么立即撤退。我们知道，也许最终，我们会被迫延长最后期限，但迈克尔令我们相信，与没有最后期限相比，延长最后期限更为可取。

7 周之后，我们和 EDS 公司达成了协议，他们用 6 350 万美元现金买下 Loudcloud 公司，并承担 Loudcloud 公司的相关债务和现金消耗，而我们将保留知识产权和 Opsware，摇身一变成为一家软件公司。接下来，EDS 公司还以每年 200 万美元的价格用我们的软件运行 Loudcloud 公司和 EDS 公司。我认为，这次交易无论对 EDS 公司还是我们自己来说，都非常划算，这肯定比破产好得多。18 个月来，我第一次可以大大地松一口气了。可是，事情并不是表面上这么简单。出售 Loudcloud 公司还意味着要将大约 150 名员工一起转给 EDS 公司，同时还要辞掉其他 140 名员工。

我打电话给比尔·坎贝尔，告诉他交易已经达成，我们将于周一在纽约宣布这一消息。比尔说："你不能去纽约参加发布会真是太遗憾了，不过你必须派马克去。"我问："为什么？"他说："你必须守着公司，确保所有人都知道自己的处境。你一分钟都不能拖，大家有权知道自己现在是继续跟着你在 EDS 公司干，还是要另谋出路。"噢，真该死！比尔说得对。我派马克去了纽约，然后准备告诉大家他们现在的处境。事实证明，比尔的那条小小的建议为我们日后重建公司打下了必要的基础。如果我们不能公平、公正地对待那些即将离开公司的人，那些留下的人就永远不会再信任我了。只有亲身经历过极其可怕并极具毁灭性的大风大浪的 CEO 才会在那样一个时刻提出这样的建议。

第三章

转型 Opsware：这一次，跟着感觉走

我继续前进，追求唯一的完美方向，
不能因为恐惧而迷失方向。

——美国歌手 Jay Z《下一步》

和 EDS 公司的交易结束之后，我感觉公司运营得不错，但股东们并不这样认为。我放弃了所有的收入、所有的客户，以及他们所了解的业务。所有的大股东都离我们而去，股价跌至每股 0.35 美元。我意识到，除我之外，没人知道形势已经糟糕到了什么地步，没人相信未来，因此，我决定将员工们带到公司外面，给他们一次选择的机会。

我在圣克鲁斯一家低档汽车旅馆租了 40 间客房，和公司剩下的 80 名员工在那里喝了一晚上酒，第二天向他们解释 Opsware 所拥有的机会。那天晚些时候，我坦诚地对他们说：

> 我所知道的情况，你们大家现在已经全都听说了，你们肯定在思考摆在我们面前的机会。华尔街方面并不看好我们 Opsware 公司，但我对 Opsware 依然充满信心。如果你们也不看好 Opsware，我完全理解。因为这是一个全新的公司，也是一个全新的挑战。今天，作为奖励，我要将新股票送给所有人。如果有人决定退出，今天就可以退出。我不会送你出门，但我会帮你找份新的工作。不过，你要知道自己此刻所站的位置，和你站在一起的人是谁，哪些人可以依靠。我们之间不该存有半点儿疑虑，团队成员之间应该坦诚相向，告诉大家你的决定。

那天，有两名员工选择了退出。其余的 78 名员工之中，有 76 人一直坚守到 5 年之后 Opsware 被卖给惠普公司。

那次集会之后，我要做的第一件事就是提升股票价格。纳斯达克已经给我发来一封简短的信函，信上说，如果我们无法令股票价格提升至 1 美元以上，他们将把我们从股票交易所的上市名单中“除名”，将我们发配到被称为“低值便士股”的炼狱中去。公司董事会立即就最佳应对方案争论不休，例如反向分割股票、股票回购或其他办法，但我认为，我们只需据实相告。实情很简单：我们有一支优秀的团队，银行里有 6 000 万美元资金，每年和 EDS 公司有一笔 2 000 万美元的合同，还有一些重要的知识产权，公司的价值应该超过 3 000 万美元。这番直陈相告非常有效，公司股票终于爬升至每股 1 美元以上。

接下来，我必须推行一款产品。创建 Opsware 公司的目的是推行云计算服务，而且只推行云计算服务，我们尚未做好面向世界的准备。事实上，Opsware 的部分代码还是通过硬连接的方式和公司的物理机器实现连接的。除此之外，用户界面也尚未做好针对黄金时段的准备。管理网络的组件被称为 Jive，其特点是，标题页上有一顶紫色的皮条客帽子。“氧化物”计划为我们开创了一个良好的开端，但我们的工程师却顾虑重重。他们给我拿来了一份长长的清单，上面列举了他们认为在进入市场之前必须实现的产品功能。他们希望用更完善的产品超越竞争对手。

听着他们滔滔不绝地陈述反对理由，我清晰地看到，工程师们想要添加的这些产品功能全是参照 Loudcloud 公司产品的标准提出的。尽管过程非常痛苦，但我知道，我们必须进入更广阔的市场，因为只有充分了解市场，我们才能推出市场需要的产品。但可笑的是，实现这一目标的唯一办法却是尽力去销售错误的产品。我们会遭遇失败，只有失败才会让我们学得更快，为了生存，我们不惜一切代价。

最后，我必须重新组建高管团队。我的首席财务官完全不懂软件财务，销售负责人以前也从未卖过软件，市场主管对我们的市场一无所知。虽然他们每个人都在自己过去的岗位上表现出色，但他们并不能胜任新的工作。把他们全都辞掉虽然令人于心不忍，却势在必行。

新策略和新团队一携手，我们的生意开始有了起色，和客户签约的速度开始稳定下来，股价也从每股0.35美元的超低价逐步升至每股7美元以上。我们似乎走出了不见天日的密林。

显然，我太乐观了。

60天生死倒计时

Opsware运行了几个季度之后，我们从最大的客户EDS公司（我们收入的90%都来自该公司）那里收到了极坏的消息。EDS公司很不开心。由于遇到多重技术难题，他们的Opsware软件配置已经出现停滞状态，而且没有达到预期目标。EDS公司想取消配置，终止合同，将自己的钱收回去。如果这样的话，我们公司就完蛋了。而和一个决定着我们几乎90%收入的客户大吵大闹，同样会令公司完蛋。我们再次陷入了绝境。

我把负责客户管理的两个高级助理叫了进来。

贾森·罗森塔尔是我聘用的第一个员工，也是公司最出色的管理人员之一。他是斯坦福大学的高才生，有着无可挑剔的惊人记忆力和管理一切细节的天才头脑，主要负责对EDS公司的资源配置。

安东尼·赖特在匹兹堡一个贫困地区长大，父亲是颇具传奇色彩的街头霸王乔·赖特，曾多次在武术比赛中荣获黑带。安东尼自学成才，意志非常坚定，而且永不言败，他有一个不可思议的本事——能迅速看透人们的性格并洞悉其动机，“能用魔力让狗从装满肉的卡车上乖乖地跳下来”，我们团队里的另一个家伙在谈及他的这个本事时这样说道。安东尼负责对EDS公司的公关。

我们讨论道：发生了什么事？事实证明，发生了很多事。EDS公司的运营环境很不正常，而且混乱无序。凡是和这家公司签过约，无论什么客户，无论什么时期，该公司都会接收其网络和基础设施。其数据中心的连接速度为56千比特，而当时任何一个客户的连接速度都比其快20倍。EDS公司运行的操作系统版本过于老旧，根本不支持诸如多线程这样的基本技术，这意味着我们的软件在他们的操作系统中根本无法运行。还有，EDS公司里的人和我们的人不一样，他们下午两点钟还在数据中心睡大觉，工作不积极，热情度不高。此外，我们的产品还远未达到完美标准，每一个漏洞和缺陷都是EDS公司停止配置我们产品的理由。

我停顿了很长时间，挠了挠头，开始谨慎地下达指令：

“我完全理解你们的难处，也非常感谢你们所付出的努力。但是，我认为你们还是没有听懂我的意思，不清楚我们目前的处境。我不想听任何借口，我们必须赢。如果EDS抛弃了我们，我们就完蛋了。我们使公司上市、令Loudcloud公司摆脱破产命运、裁员以及经历的种种痛苦，所有这一切就都白费了。因此，我们唯一的选择就是赢，我们不能失去这次机会。”

“贾森，整个公司都由你调度，无论你需要什么，我保证办到。安东尼，贾森要想办法实现EDS公司所期望的所有价值，但他肯定无法完全实现他们的期望，因此，你现在的任务就是搞清楚什么是他们期望之外但又想要的东西。你要负责找到令人兴奋的价值。如果你找到了，我们就一定能成功。”

于是，贾森和安东尼动身前往得克萨斯州的普莱诺，会见

EDS 公司的资源配置负责人和公关经理。

他们并不知道 EDS 公司的最终决策者是谁，经过无数次会面，碰过无数钉子之后，他们来到了一个负责人的办公室，我姑且称此人为弗兰克·约翰逊（化名）吧。这个家伙身材魁梧，在俄克拉何马州的油田长大，毕业于西点军校。在 EDS 公司，与服务器有关的业务都归他管理。安东尼和贾森对其大谈 Opsware 的技术优势和成本节约的潜能。

听了一会儿，弗兰克推开椅子，站起身来，喝道："你们想知道我对 Opsware 的看法吗？我认为，那就是一堆该死的臭狗屎！我天天听到的都是你们这款产品有多烂。我们不会再使用这款产品了。"

弗兰克的态度表明，他打算将我们的所有软件立即清除，让我们退回所有资金。看起来，他的态度极其坚决。

安东尼依然镇定自若，他看着弗兰克说："我会照你所说的去做，绝不含糊。你所说的话我听得非常清楚。这无论是对你们还是对我们而言，都是一个不幸的时刻。请允许我用一下你的电话，我想给本·霍洛维茨打个电话，告诉他你的决定。不过，在我打电话之前，我能问你一件事吗？如果我的公司承诺解决所有问题，你会给我们多少时间？"

弗兰克回答说："60 天。"安东尼告诉他，就从当天算起吧，然后迅速离开了办公室。这是个好消息：我们有整整 60 天的时间来解决所有的问题，让产品配置发挥作用。如果做不到，我们就死定了。

我在职业生涯早期所学到的一条经验是，每当大公司打算实施某一计划时，该计划总会落到某个人身上，而此人却极有可能延误整个计划。如果此人是工程师，他也许会因为等待上面的决策而踌躇不前；如果此人是管理者，他也许会因为自己无权做出关键性的购买决定而犹犹豫豫。这些看似微不足道的踌躇和犹豫很可能会造成致命的延误。我承担不起任何犹豫不决，因此，我和安东尼、贾森，以及整个团队每天召开一次例会，尽管这些人现在都驻守在普莱诺。每日例会的目的是清除所有障碍。如果任何人由于任何原因在任何事情上被卡住，那么此事必须在 24 小时以内——也就是两次例会之间的时间——得到解决。

与此同时，安东尼正在拼命地寻找我们能够提供给 EDS 公司的令人兴奋的价值。我们从一些小事开始着手，它们虽然无法改变我们的命运，却给我们提供了重要的线索。我们安排 EDS 公司的主要负责人弗兰克乘飞机去和我们的高级工程师及建筑师会面。在为其安排飞机行程的过程中，安东尼汇报说，弗兰克要求在转机机场停留尽可能长的时间。我还以为自己听错了："你说什么，他想在机场长时间停留？"

安东尼： 没错。

本： 哪有人想在机场长时间停留呢？

安东尼： 显然，他是想利用等航班的间隙在机场柜台里逛一逛。

本： 那儿有什么好逛的？

安东尼： 我也这样问过他，他说"因为我痛恨我的工作，也痛恨我的家庭"。

直到这时，我才知道自己在和什么样的人打交道。弗兰克的世界观和我们公司的人的世界观完全不同，了解到这一点，我的思路顿时变得清晰起来。弗兰克希望我们欺骗他，这正是工作中经常发生在他身上的事，想必在其个人生活中也是如此。我们需要某种令人印象深刻的东西来打破他的这种心理。我们必须从机场柜台着手，而不是从他的工作或家庭着手。

贾森带领着团队严格按照时间安排对 EDS 公司进行资源配置。我们的计划刚实施了一个月，西南航空公司圣何塞至达拉斯航班的全体机组人员都知道了贾森及其团队成员的名字。他们的工作取得了稳步进展，但这还远远不够。我们不可能在 60 天内完成对 EDS 公司资源的充分配置，因此，找到令人兴奋的价值迫在眉睫。

我坐在办公室里期待着突破性进展，手机响了，是安东尼打来的。

安东尼： 本，我想我找到了。

本： 找到什么了？

安东尼： 令人兴奋的价值就是 Tangram 公司。

本： 你说什么？

安东尼： 我说 Tangram 公司。EDS 公司使用了一种产品为其硬件及软件编制目录，该产品来自一家名叫 Tangram 的公司。弗兰克极其喜欢这一产品，但他们公司的采购人员却要逼他使用冠群公司（Computer Associates）的一款功能相同的产品，因为根据 EDS 公司和冠群公司达成的部分协议，他们可免费使用冠群公司的这款产品。弗兰克痛恨冠群公司的产品，他又一次被算计了。

本： 那我们现在该怎么办？

安东尼： 如果 Tangram 公司肯免费和 Opsware 携手，那么弗兰克肯定会爱上我们的产品。

本： 从经济角度而言，这听着似乎不可能。如果我们从Tangram公司买下授权，然后将其拱手送给EDS公司，成本必然很高。华尔街方面，我们永远也解释不清楚。

安东尼： 是你让我搞清楚EDS公司真正想要什么的，他们真正想要的就是Tangram公司的产品。

本： 我明白了。

我以前从未听说过Tangram公司，于是，我先迅速查阅了该公司的相关信息。这是位于北卡罗来纳州凯里市的一家小公司，但它居然也在纳斯达克市场上进行交易。我查了一下该公司的资本市值，结果令我难以置信。雅虎财经数据显示，Tangram公司的市值仅为600万美元。作为上市公司，其市值竟然如此低廉，简直闻所未闻。

我立即给业务发展负责人约翰·奥法雷尔打电话，告诉他我想收购Tangram公司，整个收购过程必须以极快的速度进行，因为我必须赶在EDS公司给我们的60天限期之前完成收购。

Tangram公司的经营者名叫诺姆·费尔普斯，暂任CEO一职，这一点清晰地表明，他们有意转让公司，因为大多数董事会宁愿卖掉公司，也不愿聘任新的CEO带领他们冒险一搏。约翰与Tangram公司方面进行了商谈，对方立刻表现出了兴趣，于是我们组建了一个团队，开始对Tangram公司进行尽职审查[1]，同时就

1. 尽职审查：中介机构在企业的配合下，对企业的历史数据与文档、管理人员的背景、市场风险、管理风险、技术风险和资金风险做全面深入的审核，多发生在企业公开发行股票上市和企业收购中。

合并协议与其展开了谈判。尽职审查即将结束之时，我将团队召集在一起。大家一致认为，收购 Tangram 公司是个糟糕的点子：技术上很难兼容，而且价值不大，地理位置也不理想，成立时间较久，技术也很老旧。财务团队认为，这项收购肯定会赔钱。听完这些意见，我告诉大家，他们所说的这些反对理由我并不在乎，我们一定要收购 Tangram 公司。团队成员似乎非常震惊，但并没有和我争辩。

经过谈判，我们与对方达成了协议，以价值 1 000 万美元的现金和股票收购 Tangram 公司。在 60 天限期结束之前，我们签署了这一收购协议。我打电话给 EDS 公司的弗兰克，告诉他我们和 Tangram 公司的交易一结束，就可以将 Tangram 公司的所有软件免费纳入他与 Opsware 的合同里。弗兰克欣喜若狂。由于我们帮弗兰克解决了 Tangram 公司的软件问题，他开始以一种完全不同的眼光来看待贾森团队的工作。60 天限期结束之时，弗兰克将我们的团队召集在一起，发表了以下言论：

"这次合作之初，我曾给各位讲过一番话，这些话我也向很多卖主讲过，他们个个都满口应承，却没有一个人真正兑现过承诺。而你们却说到做到，这令我感到震惊。你们是我见过的最出色的卖主，我很高兴能和你们合作。"

我们成功了。我们保住了客户，保住了公司。终于松了一口气！不过，我们刚刚买下的公司还有一些小问题要处理，包括 57 名员工的安置问题。有些决定做起来很容易，比如有 10 个销售人员，我们只要 1 个就够了，因为另外 9 个人什么也卖不出去。有些决定做起来就要复杂得多：我们应不应该保留位于北卡罗来纳州的 Tangram 公司原址呢？最后，我们决定将其保留下来，以便为客户提供服务。结果证明，在计算周转率以及人员招募和培训成本时，和印度的班加罗尔相比，在北卡罗来纳州凯里市雇用工程师的成本要低得多。多年之后，事实证明，收购 Tangram 公司令我们受益匪浅，其价值已不是保住 EDS 公司这一客户这么简单。

在收购谈判过程中，双方一致同意，Tangram 公司的首席财务官约翰·内利不加入 Opsware 公司。可是，就在签署协议和交易即将结束期间，约翰开始出现剧烈的头痛症状。医生诊断他患上了脑癌。由于他不会成为 Opsware 公司的员工，而且他的病事先就有，因此他没有资格享受我们计划中的医疗保险。若无法享受医疗保险，高昂的治疗费用很可能拖垮他的家庭。我问人力资源部负责人，如果将约翰列为公司在职员工，使其有资格享受联邦“综合多项预算调节法案”[1]（以下简称“COBRA 计划”）规定的医疗保险，我们需支付多少费用，以及加入 COBRA 计划需要多少费用。结果得知，费用约为 20 万美元。就公司目前的处境而言，这可谓一笔巨款。最重要的是，我们根本不认识约翰，而且从严格的法律意义上说，我们丝毫不“欠”他什么。这并不是我们的问题。我们也在为生存苦苦挣扎。

事实的确如此，可约翰连命都快保不住了。我决定从预算中挪出些钱来为他支付医疗保险费用。我从未想过有人会对我的这一决定说些什么，但 15 个月之后，我收到了约翰的妻子亲笔写的一封信，她告诉我约翰已经过世了。信上说，她万万没想到我

1. “综合多项预算调节法案”是美国劳工法中最重要的法案之一，于 1985 年由美国国会通过，并经里根总统签署生效。根据该法案，部分雇员在离开公司后仍有权购买雇主提供的医疗保险。

会对一个素不相识的人及其家人施以援手，是我令她从绝望的阴影中走了出来。信中说，她不知道我为何要这样做，但这却给了她继续生活下去的勇气，她对我永远充满感激。

我想，我之所以这样做，是因为我知道绝望是什么滋味。

适者生存

有关EDS公司的危机刚一化解，我就听说，本来有望与其签约的三家新客户正离我们而去。一个强劲的新竞争对手BladeLogic公司异军突起，抢走了我们的重点客户。我们的好几笔生意都栽在他们手上，导致我们的季度任务指标没能实现，股价也再次跌至每股2.9美元。

我们再次踏上了征程。

产品不够完善、股价不断下滑、团队疲惫不堪，我知道我们遇上了劲敌。雪上加霜的是，作为“董事会全职主席”，曾心无旁骛地和我共建Loudcloud公司和Opsware公司的马克决定成立一家名为Ning的新公司。此刻，Opsware公司的成败实际上就取决于团队和我，但这个时间点却对我们极为不利。不仅因为公司目前正遭逢劲敌，而且因为我们最知名的代言人正打算改弦易辙。在经历过那么多的艰难险阻之后，我怎么要求我的团队鼓足干劲儿，再去攻克一座不可跨越的高峰，我自己又如何能打起精神继续前进呢？

我觉得自己再也找不到什么理由，再也喊不出“加油，加油”之类打气的话来。我决定和团队实话实说，看看大家有什么反应。我召集了一次全体会议，发言如下：

我有些坏消息要告诉大家，我们现在正被BladeLogic公司打压得狼狈不堪，问题出在产品上。照此下去，我只好将公司贱卖。手里没有稳操胜券的好产品，我们就没有办法生存下去。因此，我需要你们每一个人做点儿事情。我要你们今晚回家，和你们的妻子、丈夫、其他重要的亲人，或最关心你的人认真谈一次话，告诉他们，"本在接下来的6个月里需要我。"我需要大家早来晚归，我会给大家买晚饭，和大家一起守在这儿。我们决不能犯任何错误，因为我们的枪膛里只有一颗子弹，必须一击命中目标。

此时此刻，当我要求团队又一次做出巨大牺牲时，我感觉自己难受极了。但令人惊讶的是，在写作本书时，我发现自己当时应该感到高兴才对。下面是特德·克罗斯曼——我手下最出色的工程师之一，多年以后对此事以及启动"达尔文计划"所发表的看法：

在Loudcloud公司和Opsware公司的历史上，我认为"达尔文计划"是最有意思也是最艰难的一个计划。整整6个月，我每周工作7天，每天从早8点开始，到晚10点结束。大家全都开足了马力。我和妻子每周只有一次约会，时间从晚6点到午夜12点。第二天，即使是周六，我也得在早8点准时出现在办公室，一直待到吃完晚饭。回家时基本在晚上11~12点之间。每晚，大家都是如此。

我们面临的技术性问题非常艰巨，大家必须集思广益，找出解决办法，并将其转化成真正的产品。

这很困难，但很有意思。在那段时间，我不记得有人退出。每个人似乎都在想"我们一定要成功，否则我们就得滚蛋，去另谋出路"。我们是一支紧密团结的队伍。许多新员工都得到了锻炼和提高。将他们推入激流滚滚的大海，告诉他们：“好好游。”这对他们是一种宝贵的成长经历。

6个月之后，我们一举通过了以前久攻不下的产品研发的概念证明阶段。本给了我们很大的支持，他会及时给我们反馈意见，我们完成任务时，他会拍拍我们的肩膀，给我们鼓励。

8年之后，当我读到特德所写的这段文字时，我哭了。因为之前，我对此一无所知。我以为我了解他们，但其实我根本就不了解。我以为我对所有人要求太多，我以为在经历了Loudcloud公司那次生死存亡的危机之后，没有人愿意再次背负艰难使命孤注一掷。我真希望我当时就能明白这一切。

那次会议之后，给产品定性的艰巨任务就开始了。我们的现有客户对产品提出了无数要求，这令我们的产品计划压力重重。对于重点研发产品潜在的优良性能，而不是研发那些有可能打败BladeLogic公司的产品性能这一策略，产品管理团队的反应有些过激。他们说：“我们明知那些要求是正确的，怎能弃之不顾，而去追求那些我们自以为有益的东西呢？”

事实证明，这正是产品策略的要义所在——研发出好产品是创新者的职责，而不是客户的任务。客户只知道根据对现有产品的体验来判断自己想要什么。创新者虽然可以考虑到所有可能的因素，却往往要做出和自己所了解的事实相悖的举动。因此，创新是知识、技能和勇气的结合体。有时，只有创新者才有勇气忽略那些事实数据。我们的时间已所剩无几，看来，我必须插手了。

“客户提出的这些要求，我统统不在乎。我需要你们彻底改造产品，我们必须打赢这场仗。”9个月之后，我们发布了自己的新产品，此时的我们终于有能力赢取所有的交易了。有新产品做强大的后盾，销售主管马克·克兰尼准备开战了。

克兰尼组建了一支高端销售队伍后，彻底更改了销售程序，并为所有销售人员制订了一项极其严格的培训计划。他要求大家必须完全精通销售策略。任何闪失，无论是技术上的、技能上的或知识上的，克兰尼都绝不容忍。

在我们每周一次的销售预测例会上，克兰尼都会在150人的销售团队面前对每一笔交易进行点评。在一次例会上，一位销售人员详细描述了自己的一位潜在客户："我的空头证券来自我的一位支持者，此人既是一位副总裁，也是采购负责人。他向我保证，他们肯定能在财政季度末完成这笔交易。"

克兰尼：你和那位副总裁所在团队的成员们谈过吗？

销售代表：还没有。

克兰尼：那你和副总裁谈过吗？

销售代表：也没有。

克兰尼：好吧，给我听好了。我告诉你应该怎么做。首先，用手摘下你的玫瑰色眼镜，然后取一个棉签，把你耳朵里的耳屎掏干净。最后，脱掉你的粉红色内裤，马上给那个副总裁打电话，因为你连个协议都没有。

克兰尼说得没错。原来我们真的没有签署协议，因为那位副总裁所在团队的成员并不赞成这笔交易。最后，我们终于和那位副总裁见了一面，达成了交易。更重要的是，克兰尼立下规矩：对待生意要绝对认真。

既然竞争地位已经提升，我们就要采取主动攻势。在每周的员工会议上，我加入了一个名为“我现在没有做什么？”的议程。通常，在员工会议上，大量的时间都用来进行回顾、评估以及改进员工们所做的事情，如研发产品、销售产品、服务客户、聘用员工等。然而有时候，你没有做的事却是你真正应该关注的事。

在一次会议上，“我现在没有做什么？”的问题提出后，所有员工一致认为：“我们没有实现网络自动化。”虽然，我们在 Loudcloud 公司时期所使用的 Opsware 的原始版本令我们的网络实现了自动化，但该软件并不强大。此外，那个紫色皮条客帽子的用户界面也格外刺眼。因此，当我们转身成为一家软件公司时，我们的重点就自然而然地放在服务器的自动化上，从未对此有过质疑。在 Opsware 公司运行的头几年，一切还算顺利，但现在，是时候推出我们的网络自动化产品了。

不幸的是，Jive 组件并非一个完美的代码库，它无法实现商业化。我的选择是：1. 启动新项目；2. 购买现有的 4 家网络自动化公司中的一家。早在我当工程师时，我就懂得，在第一行代码编写完成之前，所有的决定都是客观的，此后的所有决定都是主观的。此外，我的团队里还有约翰·奥法雷尔这位业界资深的并购谈判专家，因此，在调整公司内部工作之前，我决定对其他公司先进行一番调查。

出人意料的是，在现有的 4 家网络自动化公司之中，我们认为拥有最好的产品架构的 Rendition Networks 公司的收入却最低。这令一些客户对我们的技术评估产生了怀疑。可是，世俗的观点和事实真相往往相去甚远，有效的市场假说都具有欺骗性。当 Opsware 公司每年有 2 000 万美元的合同在手，又有 50 位全世界最精明的工程师在侧，我们该怎样解释仅靠一半的流动资金就能进行交易呢？因此，在发现真相方面，市场并不“有效”，它只在得出结论方面非常有效，可这个结论往往是错误的。

确认收购网络自动化公司比研发网络自动化产品有利之后，我们通过谈判达成一项交易，以 3 300 万美元购买 Rendition Networks 公司。在完成收购的三个月之内，约翰和思科公司——世界上最大的网络公司——达成了一项交易，转售我们的产品。该交易包括一项协议：向我们预付 3 000 万美元，以获取转售许可。因此，仅思科公司的这一笔交易就帮我们付清了 90% 以上的收购成本。

有时，问问自己“我现在没有做什么？”是个不错的主意。

最终的决定

随着更广泛的产品线的推出，公司的业绩开始稳步增长。我们在一片灰烬中创建的软件企业创造了高达 1.5 亿美元的营收额。随着收益的增长，我们的股票价格从每股 0.35 美元的谷底一路上涨，交易价格维持在每股 6~8 美元之间，有时交易市值会超过 8 亿美元。

不过，形势并不乐观。每一季度，我们都过得很艰难，竞争市场和技术市场瞬息万变。一种被称为“虚拟化”的技术正以雷霆之势占领市场，改变着希望实现网络自动化的客户的思维方式。事实上，在我看来，虚拟化技术也许是一种最终能使云计算服务得以实现的技术性突破。作为一家上市公司，我们永远都没法轻松起来。有一次，一个名叫雷切尔·海曼的激进股东认为我已经失控，她要求董事会将我开除，并立即转让公司，但她却罔顾了这一事实：我们的交易股价已达到每股7美元，是其所持原始股价的10倍。

尽管如此，我并没有丝毫退缩之意。每当有收购公司找上门来时，我的回答总是："恕不转让。"这个回答的巧妙之处在于，它既传达出我尚未打算转让公司之意，同时也为那些跃跃欲试的买家敞开了大门。"恕不转让"并不意味着我们不愿意听买家的出价，它只是意味着我们尚未做好转让公司的准备。因此，当易安信公司（EMC）暗示其有意收购我们时，我甚为吃惊。当时，我们的交易股价约为每股6.50美元，要我以这个价格转让公司，不可能。可是这次，易安信公司出价收购我们的消息被泄露给媒体，我们的股价一下冲至每股9.50美元，经济平衡由此被打乱，因为股价走高是完全错误的原因造成的。

具有讽刺意义的是，股价越是上涨，想要收购我们的公司就越多。在接下来的一个月里，明确表示有收购兴趣的公司多达11家。鉴于行业内部的不确定性和隐含的市盈率，我们反而不考虑这些兴趣太过强烈的公司。

于是，约翰和我给迈克尔·奥维兹打电话，希望得到一些建议。我们认为，作为潜在投标人之一的甲骨文公司最不可能出高价，因为该公司的财务分析过程非常严格。我们将这一点传达给迈克尔，询问他我们是否应该考虑甲骨文公司。迈克尔的回答非常经典："嗯，小伙子们，既然要赛狗，那就需要一只兔子。甲骨文公司就是这只兔子。"

有了这一策略，买家们纷纷踊跃出价，所有出价均为每股10~11美元，最高出价相当于我们目前股价38%的溢价。尽管大家认为这个溢价非常理想，但以每股11美元的价格转让公司还是让我心有不甘。我们的团队付出了太多的汗水，取得了太多的成就，我们的公司是如此出色。保持公司独立的风险是巨大的，但我依然想靠团队赌一把。我向董事会建议，我们不卖公司。

董事会非常吃惊，却对我给予了支持。尽管如此，由于他们对股东负有信托责任，因此，他们不得不向我提出尖锐的问题。“如果你不愿以每股 11 美元的价格转让公司，那有没有一个价格能令你愿意转让公司？”我认真考虑了一下这个问题。我曾答应过我的团队，如果我们成为某一领域的头号公司，我们绝不会转让公司。可市场究竟有多大呢？我的团队真的要继续吗？或者只是我一厢情愿地想要继续？如果我不试一下，我怎么会知道这些呢？由此，我在内心进行了激烈的思想斗争。

说到底，这是一场论辩——我和我自己之间的论辩。一方面，我认为虚拟化技术创造了大量的虚拟服务器实例，使得我们所做的事情比以往任何时候都更加重要。另一方面，我又反驳说，虽然这也许已成事实，但体系结构的改变会使我们的市场地位变得不稳。我和自己论战了数周之久，最后得出结论：局势正在快速发生变化，要想始终处于上风，我们必须对产品架构做出重大改变。而改变的关键是，了解团队的状态。他们打算接受另一个巨大的挑战吗？还是在漫长的艰苦跋涉之后，他们打算就此止步呢？我决定将自己的直接下属找来，开门见山地问问他们的真实想法。他们的回答非常明确：所有人都选择转让公司，只有一个人除外，这个人认为我们的机会依然很大。现在，一切都很明朗，只是价格问题。什么价格才合适呢？

和约翰·奥法雷尔经过了长时间的讨论之后，我决定公司转让的合理价格是每股 14 美元，约合 16 亿美元。我将这一数字汇报给董事会，他们认为这一价格过高，我们不可能获取这么高价位的出价。尽管如此，他们仍然支持我的决定。我告诉所有潜在的收购公司，我们只会考虑 14 美元或以上的标价。结果，没有一个买家出价。

一个多月过去了，没有任何回音，我认为并购会谈已经结束了。我开始重新专注于如何进行必要的改革，以使我们保持竞争力。但是紧接着，我接到 BMC 软件公司的 CEO 鲍勃·博尚打来的一个电话，他决定每股出价 13.25 美元。我毫不松口："鲍勃，这个价格确实很高，但我们想要的价格是每股 14 美元。"鲍勃说，他必须再考虑一下。两天之后，他又打来电话，答应每股出价 14 美元。哇哦，鱼儿终于上钩了。

约翰和我立刻召集其他的收购者，告诉他们，我们计划的报价已经有了出价。惠普公司依然兴趣不减，他们每股出价 13.50 美元，以确定我并非在虚张声势。我回应说，作为一家上市公司的 CEO，我无法接受低于每股 14 美元的报价。惠普公司最终报价 14.25 美元，约合 16.5 亿美元现金。我们成交了。

当这一切都结束时，我无法相信，自己花了 8 年的时间和精力创建的公司就这么被卖掉了。我怎么可能这样做呢？为此，我大病了一场，不停地失眠，冒冷汗，呕吐，痛哭。然后我意识到，这是我职业生涯中所做过的最明智的决定。我们从零开始创建了一切，然后看着这一切再次回归原点，又将其变成了一个价值 16.5 亿美元的专营权。

在那一刻，我的商业生命似乎已经终结。我曾将我所认识的或所能找到的最优秀的人才招为己用，从创建公司到上市销售，其中的每一步我都亲身经历过。这一切，我永远也不想再来一遍了。可是，我从中学到了太多的东西，如果改弦易辙，这似乎是一种浪费。于是，我有了一个想法：创建一个新的风险投资公司。

我们将在第九章探讨这个想法，首先，第四章至第八章将会让你了解到我所学到的大部分经验教训，其中还添加了几个英勇事迹，这几个英勇事迹来自我经营 Loudcloud 公司和 Opsware 公司的亲身经历。

第四章

陷入绝境

对待确定或不确定的问题，我们有几种不同的方法，比如数学上的微积分方法和统计学方法。在一个确定的世界里，微积分方法占主导地位。通过这种方法，你可以对具体事物进行精确计算。向月球发射火箭时，你必须精确计算出它的飞行轨迹。这和你反复发射火箭，然后一步一步理出头绪的做法完全不同。是将火箭发射到月球？还是发射到木星？它会不会在太空中迷失方向？ 20 世纪 90 年代，很多公司的行事风格都是只管发射，不管登陆。

但在未来那个不确定的世界里，占主导地位的却是可能性和统计学方法，世界会因此具有意义。钟形曲线[1]和随机漫步[2]界定了未来的面貌。标准的教学观点是，高中应该取消微积分课程，代之以统计学课程，因为统计学课程非常重要和实用。一直以来，都有一股强大的思想转变潮流，即统计学思维方式将会推动未来的发展。

——Paypal 联合创始人彼得 · 泰尔

1. 钟形曲线又称拉普拉斯 – 高斯曲线或正态曲线，它是一根两端低中间高的曲线。它首先被数学家用来描述科学观察中量度与误差两者的分布，后来被借用至心理学。
2. 随机漫步理论认为，证券价格的波动是随机的，像一个在广场上行走的人一样，价格将变成什么样，是没有规律的。

当我正试图将 Loudcloud 公司的部分业务，即云计算服务卖掉时，我和比尔·坎贝尔见了一面，告诉他这笔交易的最新进展情况。这笔交易至关重要，如果没有它，我的公司肯定会破产。

我认真并简要地向他介绍了我们和两家有收购意向的公司的洽谈情况，比尔停顿了一下，看着我说：“本，除了继续进行这项交易之外，你还要和你的法律顾问做好这样的准备：公司可能会破产。”在旁人看来，比尔似乎在劝我制订一个应急计划。而他的声音和眼神也告诉我，应急计划才是我们真正要考虑的计划。

这场谈话让我想起了一个朋友给我讲的一个故事，这个故事是关于他的弟弟——一个年轻的医生的。一名 35 岁的男子来找我朋友的弟弟看病。他看起来状态非常糟糕，眼神空洞，皮肤灰白。年轻的医生知道这名男子病情严重，却搞不清楚是什么病，于是找了一名年长些的同事来帮忙诊断病情。较有经验的医生给病人检查之后，就打发病人回家了。接着，他转身对年轻的医生说：“他已经死了。”年轻的医生大吃一惊：“你说什么？他明明刚从这儿走出去！”年长些的医生回答说：“他还不知道自己死定了。他有心脏病，这个年纪如果得了心脏病，身体就很难恢复，他死定了。”三个星期之后，那位病人真的死了。

我觉得比尔是在告诉我，虽然我在四处奔走，竭尽全力地想促成交易，但我已经死了，只是我自己还不知道而已。对他而言，说出这番话是件非常困难的事，只有最好的朋友才会鼓足勇气，将这样可怕的消息告诉我。对我而言，听这番话更痛苦。他说这番话的目的是：面对逃脱不掉的破产厄运，我要在情感上先做好准备，在财务上让公司做好准备。在技术行业遭逢寒流期间，要达成一笔能够挽救公司于破产绝境的交易的概率接近于零。最有可能的结果是，我死了。

我从未制订那个应急计划。通过看似不可能的C轮投资和首次公开募股过程，我学到了一条重要的经验：创业公司的CEO不应该计算成功的概率。创建公司时，你必须坚信，任何问题都有一个解决办法。而你的任务就是找出解决办法，无论这一概率是十分之九，还是千分之一，你的任务始终不变。

最后，我真的找到了解决办法，和EDS公司达成了交易，公司也免于破产的命运。而对比尔，我并无怨恨。直到今天，我依然真诚地感谢他对我所说的肺腑之言。但我不相信统计学，我相信微积分。

人们总是问我："当一名成功的CEO的秘诀是什么？"遗憾的是，根本没有秘诀。如果说存在这样一种技巧，那就是看其专心致志的能力和在无路可走时选择最佳路线的能力。与普通人相比，那些令你最想躲藏起来或干脆死掉的时刻，就是你作为一名CEO所要经历的不同于常人的东西。在本章的剩余部分，我将提供一些经验，告诉大家在不退出或辞职的情况下，如何通过努力奋斗获得成功。

大多数管理书籍的重点都是如何正确做事，不要将事情搞砸。但我的经验却是，把事情搞砸之后，如何深刻理解那些你必须要做的事。好消息是，我和所有的CEO一样，有大量的这方面的经验。

我把这部分放在开头，虽然它涉及一些非常严肃的关于游戏终结的问题，例如怎样开除高管、如何解雇员工等。做这种事时，我遵循的是武士道的第一条原则：勇士之道，即始终将死亡铭记于心。如果一名武士始终将活着的每一天当成自己的最后一天，他就会在自己所有的行动中把握好自己的行为。同理，如果一名CEO能将下述经验铭记于心，他就会在招聘、员工培训，以及打造企业文化的过程中保持适度的注意力。

创业中的挣扎

创建公司之初，每一位企业家都怀揣着一个清晰明确的成功梦想。你会创造一个极其优越的环境，雇用最能干的人加入你的团队，你们会齐心协力，研发一款令客户满意的产品，让这个世界变得更美好。

为了使梦想成为现实，经过了无数个日夜的辛苦奋斗，你却发现，事情并没有按计划进行。从一开始，你的公司就没有跟上你所设想的步伐。你的产品出现了难以解决的各种问题，市场和你想象的大不相同，你的员工正在失去信心，有些人已经辞职。在辞职的员工中，有些人还是非常优秀的，他们的离去令剩下的人们开始怀疑继续留在公司是否明智。资金越来越少，风险投资家告诉你，由于近在眼前的欧洲经济危机，你的公司将很难筹集到资金。在一次竞争中，你输给了对手，失去了一个忠诚的客户，失去了一名极出色的员工。你的压力越来越大。究竟是哪里出问题了？你的公司为什么没有按预想的轨道运转？你真有足够的能力去实现梦想吗？当梦想变成了噩梦，你会发现，自己陷入了旋涡之中。

关于挣扎

生活就是苦苦挣扎。

——卡尔·马克思

挣扎是你想知道自己为什么要创办公司时的状态。

挣扎是人们问你为什么不退出，你却不知怎么回答时的状态。

挣扎是你的员工认为你在撒谎，而你却认为他们也许说得对的状态。

挣扎是你食之无味时的状态。

挣扎是你认为自己不应该当公司 CEO 时的状态，是你明知自己力不从心、明知无人能取代你时的状态，是所有人都认为你是白痴却没有人会炒你鱿鱼的状态，是自我怀疑变成自我憎恶时的状态。

挣扎是你在和别人谈话却听不到对方在说什么时的状态，因为你一直在挣扎。

挣扎是你想结束痛苦时的状态。挣扎就是痛苦。

挣扎是你去度假，想放松心情却使心情更差时的状态。

挣扎是你周围簇拥着一大群人，你却感到茕茕孑立、形影相吊时的状态。挣扎是冷酷的。

挣扎是违背承诺、粉碎梦想的地狱，是一身冷汗、五内俱焚的感觉。

挣扎不是失败，但会导致失败。如果你孱弱不堪，你更容易失败。

大多数人都不够强大。

从史蒂夫·乔布斯到马克·扎克伯格，所有出色的企业家都会经历挣扎，而且是苦苦挣扎，因此，人人都会挣扎。不过，这并不意味着你一定能挣扎成功。你也许会挺不过去，这就是挣扎的恼人之处。

挣扎是成就伟大的竞技场。

几条小建议

挣扎之苦无法可解，但有些小建议，我们不妨借鉴一下，它们会让你受益匪浅：

- **不要扛下所有责任**。人们很容易想当然地认为，令自己烦恼的事情一定会令自己手下的人更加烦恼。事实恰恰相反。除了负有最大责任的人以外，没有人会把损失当回事，没有人比责任人更感同身受。当你无法分担所有负担时，你要将某些负担分担出去，找尽可能多的人来共同解决问题，即使这些问题事关企业的生死存亡。经营 Opsware 公司时，我们在竞争中失去了无数笔交易，我召集了一次员工会议，告诉全体员工，我们目前被打击得狼狈不堪，如果不迅速止血，我们就死定了。那时，没有一个人退缩。团队精诚团结，成功研发了一款产品，拯救了濒临绝境的公司。
- **这不是国际跳棋，而是国际象棋**。科技行业往往极其复杂。底层技术只要一有变动，竞争就会发生变化，市场也会随之发生改变，而人们则会使出各种招数，以求自保。因此，就像《星际迷航》中下三维国际象棋一样，总有一步棋可走。你认为自己已经无路可走了吗？你觉得这步棋怎么样：凭着 200 万美元的后续收益以及 340 名员工的阵容带领公司上市，计划在下一年实现 7 500 万美元的收益？我走的就是这步棋。那是 2001 年，人们普遍认为，对一家要上市的科技公司而言，这是有史以来最糟糕的时机。走这步棋时，我手头只剩下能维持公司运营 6 周的资金。天无绝人之路，总有一步棋可走。
- **只要坚持下去就有转机**。在科技型竞争当中，明天和今天看起来完全不同。如果你能坚持到明天，也许就会发现，在今天看来似乎毫不可能的解决办法会赫然出现在眼前。

- **不要过分苛责自己。**公司身陷困境也许都是你的错，因为人是你雇来的，决定是你做的，而且接受任务时，任务的风险性你是知道的。每个人都会犯错，每位 CEO 都会犯无数错误。要正确评估自己，过分苛责自己于事无补。
- **请记住，这是区分男人和男孩的方法。**如果你想成就一番事业，这就是挑战。如果你不想，那你根本不应该开办公司。

小结

当你在拼命挣扎时，一切都很艰难，一切感觉都是错的。你已经掉进了万丈深渊，也许永远都出不来了。在我的亲身经历中，如果不是一些意外的运气和贵人相助，我也许早就迷失在深渊之中了。

因此，所有在深渊中苦苦挣扎的人们，愿你们找到力量，找到安宁。

CEO 必须实话实说

对于公司创建者或 CEO 而言，最重要的一条管理经验就是要绝对保持理性。作为 CEO，我个人最大的一项进步就是我停止使用过于积极正面的管理方式。

作为一名年轻的 CEO，我感觉压力很大——员工们要仰赖于我，要对他人上千万美元负责，而有时，我并不知道自己在干什么。在这些压力之下，我很在意各种损失。如果我们没能赢得客户、错过了一次会见，或运送的产品出了点儿状况，这些都会令我感到异常沉重。我以为，如果将这些问题转移给员工，事情就会变得更糟。因此，我认为我应该尽力表现出一种积极乐观的姿态，让大家毫无负担、一心一意地去赢取胜利。而实际上，我错了。

我是在和姐夫卡修的一次谈话中意识到自己的错误的。当时，卡修是美国电话电报公司（AT &T)的一名电话线路修理工。当时,我刚和该公司的一位名叫弗雷德·约翰逊的高级管理人员见过面,因此特别想知道卡修对弗雷德的看法如何。卡修说:“嗯,我知道弗雷德这个人,他每个季度大概会过来一次,跟我说些无聊的空话。”就在那一刻,我知道一直以来我的管理方式都是错误的,因为它过于积极正面。

在我看来，我一直通过积极强调正面影响、忽略负面影响的方式来激励所有人。但我的团队很清楚，现实要比这更加微妙。他们已经看到，这个世界并不像我所描述的那么美好，却依然不得不听我在每次公司大会上说些形势一片大好之类的无聊空话。

我怎么会犯这样的错误？这个错误为什么如此严重？

鼓励式管理造成的错觉

作为公司的最高管理者，我以为我能从容应对坏消息。但事实刚好相反，面对坏消息，我比任何人都紧张。让我彻夜难眠的事，工程师们却并不在意。毕竟，我是创办公司的 CEO，是那个和公司息息相关的人。一旦发生可怕的差错，他们可以一走了之，我不能。因此，面对损失，员工们会更加冷静。

更愚蠢的是，我以为我唯一的职责就是为公司解决问题。如果我早就想明白这一点，我就会意识到，只有我一个人操心，根本没有任何意义。例如，担心这个产品不够完善，但实际上，编写代码修复产品的人不是我。

更好的办法是，将问题交给不仅有能力修复产品，而且对修复产品充满兴趣和动力的人。假如我们失去了预期的一笔大交易，整个公司必须搞清楚其中的原因，这样才能共同解决我们在产品、营销和销售流程中出现的各种问题。如果坚持将问题留给自己，那么问题就很难被解决。

为何要实话实说？

对公司出现的问题做透明化处理很重要，主要原因有三：

1. 信任

没有了信任，沟通就会中断。具体来讲就是：

在人类的所有交往之中，沟通量与信任程度成反比。

请考虑下述情况。如果我完全信任你，我就不需要你对自己的行为或其他举动进行解释，因为我知道，你所做的一切，无论什么，都符合我的最大利益。反之，如果我不信任你，那么再多的谈话、解释或说理对我都没有任何影响，因为我不相信你说的是真话。

在公司里，这一点十分重要。随着公司的成长，沟通成了公司最大的挑战。如果员工完全信任 CEO，沟通的效率就会大大提高。实话实说就是建立这种信任的关键。一名 CEO 在一段时间内拥有这种被信任的能力，往往是一家管理良好的公司和一家管理混乱的公司之间最大的差别。

2. 参与解决问题的人越多越好

为了创建一个出类拔萃的技术公司，你必须雇用大量的精英人才。而不让这些精英人才参与解决公司最大、最棘手的问题完全是一种浪费。一个人，无论多么出色，他都无法解决自己不了解的问题。正如开源社区所倡导的：“只要有足够多的眼睛，就可让所有问题浮出水面。”

3. 健康的企业文化就像过去的路由信息协议：好事不出门，坏事传千里

纵观那些失败的公司，你会发现，很多员工早在公司倒闭之前就知道公司的症结是什么。既然知道这些致命的问题，他们为什么不说呢？原因往往是该公司的文化阻碍了坏消息的传播，真相始终处于隐匿状态，等到采取行动时却为时已晚。

健康的企业文化会鼓励员工公开坏消息。只有允许自由并公开讨论问题，公司才能迅速解决问题。企图掩盖问题只会令所有员工感到灰心。因此，CEO 应该采取的做法是：建立一种奖励文化，而不是惩罚文化，对那些公开提出问题并为其找到解决办法的人予以奖励。

可见，我们要谨防那些阻止信息在公司内自由流动的所谓管理箴言。例如，“如果拿不出解决方案，就不要把问题报告给我。”如果有一个重大问题，员工解决不了怎么办？如果有一名工程师发现某一产品的营销方式存在一个重大缺陷，他该怎么办？难道你真想让他将这一问题埋在心里吗？诸如此类的所谓管理箴言在理论上也许是员工们追求的理想，但也有可能阻碍信息的自由流动，而这些信息对公司的健康发展也许至关重要。

最后一点想法

只有经营过公司，你才会体验到那种巨大的心理压力，才不会过于乐观。作为 CEO，你要勇敢面对压力，直面恐惧，实话实说。

如何解雇员工

将 Opsware 卖给惠普公司之后，我和红杉资本公司（Sequoia Capital）颇具传奇色彩的风险投资家道格·莱昂内有过一次谈话。他想让我讲述一下在没有进行资本重组的情况下，我们是如何在全世界的关注之下从注定破产的绝境一跃成为收益高达 16 亿美元的大赢家。

我将个中细节原原本本地告诉了他，包括公司数次濒临破产、股票价格跌至每股 0.35 美元、媒体恶评如潮，以及令我们失去多达 400 名员工的三次大规模裁员。听完之后，最令他感到惊讶的是后者。在风险投资领域工作的 20 多年中，他从未见过哪家公司在接连不断的裁员之后还能恢复元气，取得 10 多亿美元的辉煌业绩。由于我个人的经历都是特例，因此我想了解更多情况。我问他，为什么其他创业公司会失败。他回答说，因为裁员破坏了公司的企业文化。见到自己的朋友纷纷被辞退，员工们就不再愿意为公司建设继续做出必要的奉献。他说，尽管公司有可能在某一次裁员之后安然无恙，但要想取得巨大的成功几乎不太可能。他接着说，在三次接连不断的大规模裁员以及知名媒体杂志恶评如潮的情况下，我们的业务竟然实现了如此高的价值，这简直违背了风险资本行业的规律。他很想知道我们是怎么做到的。仔细思考了这个问题之后，我将这一过程分为 6 个步骤。

回想起来，在多次大规模裁员之后，我们之所以还能保持企业文化的延续性，留住最优秀的员工，其原因是我们在裁员时采取了正确的方式。这听起来也许很奇怪，怎样才能用“正确的方式”去做原本是错误的事情呢？方法如下：

第一步：保持头脑清晰

如果公司没能实现自己的财政计划，形势严重到了必须辞退那些不惜重金聘请而来的员工的地步，这对 CEO 而言，无疑是巨大的压力和沉重的负担。在我们公司第一次裁员的过程中，有人曾转发我一封员工之间的往来邮件。在邮件中，一名比较精明的员工写道：“本要么是在撒谎，要么就是愚蠢透顶，或两者兼而有之。”我记得自己读到这句话时在想：“我真是愚蠢透顶。”在这样的时刻，我们很难顾及未来，因为过去会将你压得毫无喘息之机，而这正是你必须要面对的。

第二步：当机立断

一旦决定裁员，那么必须尽快执行。如果走漏消息，就会横生枝节，麻烦不断。员工会质询管理者，公司是否要裁员。如果管理者不知情，员工就会认为他愚蠢。如果知情，他要么不得不向员工撒谎，令消息进一步走漏，要么保持沉默，令群情更加激愤。在 Loudcloud 公司和 Opsware 公司的第一轮裁员过程中，我们没有处理好这一动态关系，但在后来的两次裁员中，我们的表现还算可以。

第三步：对裁员的原因要有清晰的认识

进入裁员程序后，董事会成员有时会说一些有积极意义的话来安慰你。他们也许会说，“这是个大好机会，可以简化业务程序”。这也许是实话，但不要让这一点扰乱心神，从而将错误的信息传递给公司。公司之所以裁员是因为其未能实现自己的计划。如果公司裁员的唯一原因是个人绩效问题，那就要另当别论了。裁员的真正原因是公司业绩欠佳。这一区别十分关键，因为传递给公司和被辞退人员的信息不应该是“裁员非常必要，我们要借此机会考核大家的工作绩效”，而是“公司经营不善，为了继续发展，我们不得不忍痛辞掉一些优秀的员工”。承认失败似乎没什么了不起，但请相信我，这实际上非常了不起。“请相信我”是CEO每天要对自己的员工所说的一句话——请相信我，我们公司前景无限；请相信我，这对你的事业大有裨益；请相信我，这会令你过上幸福的生活。可是，一次裁员就令这种信任瞬间坍塌。为了重建信任，你必须实话实说。

第四步：对管理人员进行培训

整个裁员过程中最重要的一步就是培训管理团队。如果将未经培训的管理人员置于裁员这一极为尴尬的情境之中，他们大部分都会无法应对。

对管理人员的培训需遵循一条黄金法则：自己的员工要自己亲自辞退，不能将这项工作推卸给人力资源部门或某个更严厉的同事，不能像电影《在云端》中那样雇用一家外包公司来完成。

为什么这么严格？为什么不能找些强势的管理者出面，替你完成这一棘手任务？因为人们不会记得自己在公司效力的每一天，但他们一定会记得你将他们开掉的那一天。他们会记得那一天的每一个细节，这些细节关系重大。公司的声誉和管理人员的声誉都取决于你的表现：昂首挺胸，勇敢面对那些曾经信任你并为你辛勤工作的员工们。员工们会想：既然你雇用了我，我勤勤恳恳地为你埋头苦干，我希望你能有勇气亲自辞退我。

只要你清楚地认识到管理者必须亲自裁掉自己的员工，那么，接下来，他们就要为此做好充分的准备：

1. 向员工简要解释目前的局势，告诉员工这是公司经营不善所致，与个人表现无关。

2. 向员工明确指出：员工人数过多，裁员不容商榷。

3. 对公司计划提供的福利和补贴等所有相关细节都要做到了然于胸。

第五步：向公司全体人员发表讲话

在执行裁员决定之前，CEO 必须向公司全体人员发表讲话。在向大家通报总体情况的过程中，CEO 必须为管理者们解释裁员的合理性。如果这一点做得好，管理人员在裁员时就会更加容易。务必牢记财捷集团前 CEO 比尔·坎贝尔告诉我的一句话：话是说给那些留下来的人听的。这些人会非常关心你对待他们同事的方式。你裁掉的员工之中，有很多人都和留下来的人关系亲密，因此，你一定要给予他们足够的尊重。毕竟，公司还要向前发展，因此你必须把握尺度，不要过度表达歉意。

第六步：一定要让大家看见你，你一定要在公司出现

在向公司全体人员发表讲话、告诉大家许多人将被辞退之后，你也许会不愿意在公司里四处走动，和大家交谈，而更愿意去酒吧喝几杯龙舌兰酒。千万别这样。一定要在公司出现，一定要让大家看见你，一定要积极参与公司事务。大家都想看看，你是否在乎他们。你裁掉的人想知道他们和你、和公司是否还有关系。你一定要和大家交谈，帮他们把东西搬上汽车，让他们知道你对他们付出的努力心存感激。

如何裁掉高管

在招聘高管时，你会极力向对方描绘加入公司后的美好未来，甚至会不厌其烦、绘声绘色地描述加入你的公司要比加入其他公司前途更加光明。然后有一天，你意识到必须解雇他。那么，他只能接受现实。

事实证明，与解雇其他人相比，解雇高管相对比较容易。高管都解雇过别人，而且往往十分专业。因此，以正确的方式解雇高管要稍微复杂一些，而且极其重要。如果没有掌握正确的方法，你很快就会再次面临同样的问题。

与其他许多事情一样，以正确方式解雇高管的关键在于准备充分。以下 4 个步骤会教你如何以公平、公正的方式解雇高管，提高公司的工作效率。

第一步：分析根本原因

尽管你可以以表现不佳、能力不足或工作懒散为由解雇高管，但这些理由大多数时候并不成立，而且相对随意。因此，除非你的解雇程序并不正规，否则上述各项也许无法成为你解雇他们的理由。在这一层面上，几乎每一家公司都会从技能、积极性和业绩记录这几个方面寻找理由。其实，你之所以要解雇他们，并不是因为他很差劲儿，而是因为你自己很差劲儿。

换句话说，认为解雇高管是因为他们表现糟糕的这种观点是错误的。事实是，解雇高管是因为公司的面试或整合系统出了问题。因此，正确解雇高管的第一步是，搞清楚自己为什么给公司招错了人。

此前，你也许因为各种原因，并没有搞清楚这些问题：

- **对高管的职责定位不清**。连自己想要什么都不知道，更别说招聘高管的标准了。很多时候，CEO 们仅凭自己对高管这一职位不切实际的想法和主观感觉来进行招聘。这种错误的做法往往导致所招高管缺乏关键的、必要的才能。
- **招聘高管时，看重的不是对方的长处，而是对方没有弱点**。在进行群体面试时，这种做法尤为普遍。招聘小组往往在应聘者身上吹毛求疵，并不关注他是否具备你所需要的、作为一名世界一流的管理者的特质。因此，以这样的方式招来的高管也许没有明显缺点，但在你需要他大显身手时却表现平庸。如果你招聘的人不具备你所需要的世界一流的实力，你的公司也就成不了世界一流的公司。
- **小庙偏招大和尚**。一直以来，风险资本家和高管招募人员给 CEO 们的错误建议是：要按高于招聘标准的原则招人。他们会说，“想想未来的 3~5 年，公司规模将会有多大”。如果公司规模很大，那么能招到一个有本事运作大规模公司的人，这当然再好不过。如果打算快速壮大公司规模，那么能招到一个内行人也很有必要。但是，如果公司规模不大，而且你也没打算壮大公司规模，那么招的人只要能胜任接下来的18个月的工作即可。如果你要招的人在18个月后才会崭露锋芒，那么还没等他有机会一展才华，公司就会将其拒之门外。因为公司其他员工肯定会心有不平：他又没做出任何贡献，我们凭什么要给他优先认股权？这类问题可能会频频出现。事实证明，风险资本家和高管招聘人员说得也有一定道理，他们只是从以前的失败中吸取了错误的教训而已。

- **对招聘职位一概而论**。世界上并没有永远了不起的CEO、营销负责人或销售负责人。这名销售负责人的了不起之处仅限于在你的公司，在接下来的14~24个月之内。他的这一职位和微软公司或脸谱网（Facebook）的同一职位并不相同。不要招那种类型化的应聘者，这不是拍电影。
- **管理人员的个人抱负和公司目标相悖**。我将在第六章详细描述公司追求的目标和个人抱负之间的差异。如果管理人员的个人抱负和公司目标相悖，就算他的才华再出众，公司也会将其拒之门外。
- **没能令管理人员融入公司**。将新人引入公司并委以重任非常困难。其他员工很快会对其评头论足，该新人的期望也许和你不同，其工作在很大程度上也许并不明确。因此，在解雇高管之后，一定要检查并改进公司的人才招聘计划。

有关公司规模的特殊情况

解雇高管的一个相当普遍的理由是，当公司规模扩大到原来的4倍，高管的工作效率就会变低。因为在这时，管理工作就会变成全新的工作，每个人都需要重新定位自己，以适应新的工作。

经营一家有着200名员工的全球性销售公司和一个只有25人的本地销售团队大不相同。幸运的话，你雇来的管理25人团队的人也许慢慢学会了管理200人的团队。如果不走运，你就要为新的工作任务另聘合适的人选。这既不是管理人员无能，也不是公司系统错误，这是现代社会的真实生活。不要试图避免这种情况，这只会让事情变得更糟。

有关公司快速扩大规模的特殊情况

如果你研发出一款非常棒的产品，市场也很需要这款产品，你就会发现，自己迫切希望公司以极大的速度发展壮大。要想成功实现这一愿望，除了聘用合适的管理人员之外，别无他法。所谓合适，是指这个人曾有令其他规模相当的公司迅速壮大的成功经验。请注意，这与直接继承一个规模很大的公司或以你自己的方式运行一个规模很大的公司完全不同。一定要确保你聘用的是有快速发展能力的管理者。此外，如果你还没准备给他们大量的预算去发展他们自己的组织机构，那就不要聘用他们，让他们保持当前状态即可。经验丰富的、有快速发展能力的管理者对建设成功的创业公司来说很重要，以至于招聘者和风险资本家往往还没等公司做好准备，就极力建议CEO们将他们招进公司。

一旦明确了这些问题，接下来的步骤就会变得很容易。

第二步：告知董事会

告知董事会要讲究技巧，很多问题有可能令你的解雇高管计划变得更加复杂：

- 这是你不得不解雇的第五或第六位高管。
- 这是同一职位上你解雇的第三位高管。

- 要解雇的这名高管，当初可是被董事会一位成员当作超级管理新星举荐而来的。

要意识到，以上任何一种情况都会令董事会感到焦虑不安，对此，你无能为力。请记住，你的选择是：1. 令董事会焦虑不安；2. 让工作效率低下的高管继续留在其工作岗位上。虽然第一个选择并不高明，但与第二个选择相比却要好得多。任由一名无能的领导留在其工作岗位上会令整个公司陷入困境。一旦发生了这种情况，董事会要面临的就不仅仅是焦虑不安了。

就棘手的解雇高管计划与董事会进行沟通时应该实现三个目标：

- **得到他们的支持和理解**。首先应确保他们理解实施该计划的根本原因以及你所提出的相应补救措施，这会让他们相信你将来有能力聘用并管理好更优秀的高管。
- **获取他们的意见，让他们批准解雇补偿金区分方案**。这对下一个步骤至关重要。高管的解雇补偿金应比普通员工的解雇补偿金数额更高。因为与一名普通员工相比，一名高管重新找到一份工作的时间要多 10 倍。
- **保护被解雇高管的声誉**。高管的失职很可能是一个团队集体造成的结果，你最好以这种方式对之加以解释。将曾经为你勤勤恳恳工作的人贬得一文不值并不会令你自己的形象更加高大。以成熟、理性的方式处理这一问题有助于保持董事会对你作为 CEO 所具有的能力的信任。同时，这样做也不失公平。

事实证明，解雇高管的消息最好先通过电话的方式进行个别通知，不要在董事会会议期间出其不意地宣布。虽然前者所花时间要长一些，却值得一做。如果这名高管是由董事会成员举荐而来的，打电话进行个别通知就显得尤为重要。等到所有人都同意之后，你就可以召开一次董事会，敲定所有细节。

第三步：为面谈做好准备

当你知道了问题的根源，并已通知董事会之后，就应该尽快将消息告知即将被解雇的高管。在准备与其谈话时，你最好将自己打算说的话先写下来或预演一遍，以免说错话。在今后很长一段时间内，这位高管都会记得你所说的话，所以你的话一定要得当。

作为准备工作的一部分，你应该对这位高管所有的业绩考核或书面业绩评价进行仔细复查，搞清楚这些数据是否与自己之前所了解到的数据存在不一致之处。

处理好这一问题有三个关键点：

1. 原因要清楚。你对解聘原因已经艰难地思考过很长时间，因此不要含糊其词或避重就轻，必须让他们清楚你要解聘他们的原因。

2. 说话要果断。不要给讨论留下悬念。这不是一次业绩考核，而是一次解雇行为。要使用诸如“我已经决定”而不是“我认为”这样的措辞。

3. 确定解雇补偿金区分方案。一旦高管听到解雇消息，其关注的重心就会从公司及其相关问题转移到自己和家人身上。因此，你要为解雇补偿金区分方案提供具体细节。

最后，高管会非常想知道解雇的消息将会以怎样的方式向公司以及公司以外进行宣布。这一方式最好由他自己来决定。有一次，我正准备解雇一名高管，比尔·坎贝尔给了我一条非常关键的建议，他说："本，你无法让他保住自己的工作，但你绝对可以让他保住自己的尊严。"

第四步：准备向公司宣布消息

通知高管之后，必须立即向公司以及其他高管宣布这一新的人事变动。向公司宣布消息的正确顺序是：1. 该高管的直接下属，因为他们所受影响最大；2. 其他高管，因为他们需要就此事回答一些问题；3. 公司其余员工。所有这一切都应该在同一天进行，最好在一两个小时之内完成。向该高管的直接下属宣布消息时，请确保你对相关工作已有明确部署，例如，他们在此期间应向谁汇报工作，以及接下来的工作安排。一般情况下，比较明智的做法是，CEO 在此期间暂代高管之职。一旦担负起这个职责，你就必须尽职尽责，例如召开员工会议、一对一面谈、制定目标等。这样做有助于保持团队的凝聚力，并在很大程度上告诉大家，接下来你会聘谁担任新的高管。

向董事会宣布最新的人事变动消息时，一定要用积极正面的方式，不要给人"一脚将高管踹出公司"的感觉。公司里最优秀的员工有可能是这位高管最好的朋友，贬损他只会令这些人心寒，担心自己会落得和他一样的下场。难道这是你想传达给他们的信息吗？

此时，你也许会担心员工们曲解消息，以为公司陷入了困境。不要在意这类反应。如果你希望员工们行事能像大人一样，他们一般都会如你所愿。如果你把他们看成孩子，那你的公司就会上演一幕热闹非凡的《班尼紫色小恐龙》动画剧。

小结

所有的 CEO 都喜欢夸赞自己经营的公司了不起。但这一说法的真实性很难得到检验，除非该公司或 CEO 自身处理过极其复杂的难题。解雇高管就是一种很好的检验方法。

给好朋友降职

开创 Loudcloud 公司之初，我请来的都是我所知道的最优秀的人才，我尊重他们，信任他们，喜欢他们。他们之中有很多人就像我一样，在我给他们分配的工作中经验并不丰富，但他们一边废寝忘食地工作，一边不断学习，为公司做出了巨大的贡献。然而，有一天，我需要雇用新的、更有经验的人来承担我此前委托给这些忠诚好友的职责。天啊，我该怎么做呢？

这么做应该吗？

每当这时，跃入脑海的第一个问题总是，“我真的必须这么做吗？我还有可能雇到一个像他一样工作这么卖力、为公司不惜流血流汗的人吗？”可叹的是，如果你问了这个问题，说明你很可能已经知道了答案。如果你要建立一个全球性的销售组织，那么曾帮你打过头阵的好友几乎都不是最佳人选。要想解决这一难题，你应该进行全盘考虑。你必须首先考虑所有员工，其次才是你的朋友，个人利益必须服从整体利益。

如何宣布消息？

做出决定之后，宣布消息并非易事。要考虑到你的朋友可能会产生两种非常强烈的感受，这一点非常重要：

- **尴尬**。不要低估这种感受在他心里产生的巨大影响。他所有的朋友、亲属和同事都知道他当前的职位。他们知道他工作多么勤奋，为公司做出了多大的牺牲。他该如何向他们解释自己即将退出高管团队？
- **背叛**。你的朋友无疑会有这种感觉：我从一开始就在公司打拼，和你并肩作战，你怎么能这样对我呢？而且你在工作上也不见得有多完美，你怎么能如此心安地一脚把我踢开呢？

上述这些情绪都非常强烈，因此你要为即将面对的激烈讨论做好准备。事实上，应对情绪性讨论的关键是冷静。要想做到这一点，你头脑中必须非常清楚自己的决定是什么，自己想要做什么。

最重要的一个决定是：确定自己真的想这样做。在降职讨论阶段，如果你还尚未做出决定，你就会制造出一个烂摊子：局面一塌糊涂，关系一团乱麻。作为决定的一部分，你必须心平气和地接受该员工也许会辞职的想法。鉴于他情绪可能会非常激动，他也许会想留下来。如果你舍不得失去他，就不要做降职决定。

最后，你必须为他在公司里找一个最佳职位。让他在新上司手下继续效力虽然是顺理成章的事，但对他、对他的上司，或对他的职业生涯而言，这却未必是最佳选择。这位忠诚的员工对公司、竞争、客户以及市场颇为了解，这是他的新上司所不及的。

一方面，他能帮助新上司快速厘清形势；另一方面，由于这其中混杂了尴尬和背叛这种激烈的情绪，因此他也有可能从中作梗。

这种方法的另一个弊端是，从职业发展道路的观点来看，很难想象他将以何种身份向老上司汇报工作。如果有可能的话，可以将其调到公司另一个部门，让他的技术、才能以及知识发挥所长。这种调动会令他有机会掌握一套新的技能，从而令公司受益匪浅。对于年轻员工而言，能在不同的领域获取经验是非常值得的。

可叹的是，这个办法也许并不明智。他可能不想换工作，一心一意就想做目前的工作，因此你也要对此有所准备。

当你已经决定要请人来做你朋友的上司，也给朋友安排好了新的岗位，你就可以找他谈话了。请记住，你无法让他继续做原来的工作，但你可以做到公平诚恳。下面是几条重要建议：

- **说话要得体**。明确自己要说的话。要用“我已经决定”而不是“我觉得”或“我想”这样的措辞。这种说话方式可以避免将员工置于尴尬境地，即不清楚自己是否应该向你争取保住原来的工作。虽然你无法让他继续留用，但你可以做到坦诚。
- **承认现实**。如果你像我一样是一名公司创始人兼 CEO，你的这位朋友很可能会觉得你也不能完全胜任自己的工作。不要回避这个事实。如果你是一位有经验的 CEO，你就要承认这一点。
- **承认他的贡献**。如果你想让他继续留在公司，就应该坦白告诉他，让对方清楚地知道你想帮助他发展他的事业，为公司做贡献。让他知道你感谢他所付出的一切，你对他的降职决定是出于公司长远发展的需要，而不是对他过去工作表现的审查。处理降职问题的最佳方案就是提高补偿金额度。这样，他会感到自己既得到了肯定，也受到了重视。

在处理上述问题的过程中，一定要记住，事实就是事实，无论你说什么都不会令其发生改变，也不会令你的苦恼烟消云散。你的目标不应该是拔出蜇人的刺棘，而是要坦诚、清晰、有效地告知好友降职的消息。你的朋友也许当时不理解，但随着时间的推移，他会逐渐明白的。

失败者的谎言

当公司开始在重大竞争中屡屡失手时，真相往往会成为众矢之的。管理者和员工会绞尽脑汁地编造一些颇具创意的说辞，帮助自己逃避显而易见的真相。尽管他们极具创意，很多公司最终做出的解释往往都是老生常谈，不足以令人信服。

一些耳熟能详的谎言

“他辞职了，不过我们本来就打算辞掉他，而且他的业绩评价也不合格。”高科技公司往往将员工流失的原因归为三类：

1. 自己辞职。
2. 被炒鱿鱼。
3. 自己辞职，但因为公司本来也不想再要他，因此对公司不会造成影响。

令人感到好奇的是，当公司开始努力奋斗时，第三类人员的增长速度似乎总是比第一类人员快得多。此外，在那些声称有着“超高人才标准”的公司，经常会突然出现一些不完全关乎业绩表现的人才流失。那些天才般的员工怎么会从堪当大任一下子变成了百无一用？还没等你说出“不希望裁员”的话来，一名最出色的员工就离你而去，对此，管理者不厌其烦地解释这名员工的业绩下滑得多么厉害，这到底是怎么回事呢？

“我们本来已经赢了，可惜有人把交易信息泄露了出去。”“客户看上了我们的技术，认为我们公司更理想，但我们的竞争对手却窃取了产品信息。我们绝不会以如此低的价格销售产品，这会令我们的声誉受损。”那些曾管理过企业销售人员的员工，以前肯定听说过这种谎言。你开展了一项业务，努力拼搏，结果却失败了。销售代表由于不想成为众矢之的，就会怪罪于另一家公司的销售代表。CEO 由于不愿意相信自己的产品正在失去竞争力，就会相信销售代表的话。如果你听到这种谎言，就要尽力去和客户一起验证其真实性。但事实是，你往往做不到。

“我们没有完成中期目标并不意味着我们完成不了自己产品时间表中的总体目标。”有些项目会议面临着很大的压力——客户的承诺、业绩以及某种竞争性优势——所有人在这种会议上都希望听到好消息。当事实和好消息不一致时，聪明的管理者会用各种说辞来让每个人的感觉都更加良好，直到下一次会议召开。

“我们的客户流失率非常高，但只要向用户群开启电子邮件营销，他们就会回来。”说得一点儿没错，肯定会如此。人们不再选择我们的服务，也不再回头。其原因是，我们给他们发送的广告邮件不够多。这在我听来也是完全有道理的。

那么，谎言究竟从何而来？

为了回答这个问题，我回想起多年前和安迪·格鲁夫的一次谈话。

在2001年互联网泡沫即将结束时，所有大型科技公司纷纷开始出现巨额亏损，我搞不明白为什么没有人预见这一情况。有人认为，2000年4月的网络泡沫破灭之后，思科、希柏（Siebel）和惠普这类公司应该意识到，它们将很快面临经济增长减速，因为它们的很多客户都遭遇瓶颈。但是，所有CEO都无视这有史以来也许是规模最大、最明显的预警信号，一再做出强劲发展的指示，直至其季度目标全部落空。

我问安迪，这些精明能干的CEO为什么不明确道出公司即将到来的命运？

他说，他们并不是在欺骗投资者，而是在欺骗自己。

安迪解释说，人，尤其是那些创建事物的人，只愿意听好消息。例如，如果一名CEO听说自己申请项目的业务量超过了一个月正常增速的25%，他就会放开手脚，雇用更多的工程师，以满足即将出现的需求高峰。如果其业务量比一个月的正常增速减少了25%，他就会以同样激烈、迫切的方式找理由进行辩解："那个月网站速度太慢，放了四次假，我们对造成所有问题的用户界面进行了调整。看在上帝的分上，大家不要惊慌！"

如果这个说法听起来太老套，而且你也很想知道为什么你的员工都在对你撒谎，那么准确答案就是：他们不是在骗你，而是在骗自己。

如果你听信他们，你就欺骗了自己。

笨办法才最有效

我在网景公司任职早期时发现，微软的新网络服务器和我们的网络服务器的功能一样，但速度却比我们快5倍，而且还是免费开放的。我立即开始着手，打算将我们的服务器产品改换成某种能赚钱的产品。已故的、极其能干的迈克·荷马和我开始紧急制订一套合作和收购方案，以拓宽产品线，为网络服务器研发更多的功能，只有这样，我们才能应对竞争，并在竞争中生存下来。

我激动不已地向我的技术部负责人比尔·特平讲解这一计划，他看着我，好像我是个无知的小孩子一样。比尔早在宝蓝公司（Borland）任职时，就开始和微软展开了竞争，是一员经营丰富的老将。他明白我想干什么，却对我的想法不以为然。他说："本，你和迈克想出的那些妙计的确不错，但人家的网络服务器比我们的快了5倍之多，这是无法改变的。这个计划行不通，我们只能踏踏实实地用笨办法。"

听了比尔的建议之后，我们开始让技术团队着重解决产品性能问题，我们自己则在幕后处理其他问题。最终，我们的产品在性能上打败了微软的产品，服务器产品线的价值增长到4亿美元，如果不是那些笨办法，我们永远无法实现这一切。

这条经验我用了很多年。6年后，我成为Opsware公司的CEO，我们最大的竞争对手BladeLogic公司开始在一些大型交易中战胜我们。由于我们是上市公司，因此这些损失非常引人注意。更糟糕的是，我们必须赢得这些交易，以粉碎华尔街对我们所做的悲观预测，所以，公司上下感觉压力很大。很多人都来找我献计献策，以避免竞争冲突：

- “研发该产品的精简版本，面向低端市场。”
- “收购一家结构更简单的公司。”
- “专注于当服务供应商。”

所有这些方法都进一步强化了我的一个看法：我们面临的不是市场问题。客户们一直都在购买，只是没有购买我们的产品而已，但对我们来说，更换产品显然不是时候。于是，我对每一位前来献计献策的人说出了同样的一番话：“没有任何良策可以改变这种局面，我们只能用笨办法。”这话他们虽然不爱听，却令事情变得十分清晰：我们必须研发一款更好的产品，除此之外，别无出路。没有窗户、没有地洞、没有安全出口、没有后门。我们必须穿过前门，和堵住我们出路的敌人较量一番。

一连9个月，我们都在艰苦奋战，一心研发新的产品，最终夺回了产品的领先优势，公司价值最终达到了16亿美元。如果不是靠这些笨办法，我想我们公司的最终价值大概只有16亿美元的十分之一而已。

在生意场上，也许没有什么比面临生存威胁更可怕的了。很多公司或企业中的人都会不惜一切代价，避免这种威胁。他们会寻找一切可替代物，一切出路，一切借口，只为了在一场竞争中生存下去。启动广告宣传时，我经常能碰见这种情况：

企业家： 我们的产品目前是市场上最好的，所有客户都喜欢我们的产品，他们更愿意选择我们的产品，而不是我们的竞争对手的产品。

我： 可为什么竞争对手的收入是你们的5倍呢？

企业家： 我们正在与其他公司以及原始设备制造商合作，因为我们不能像竞争对手那样建立一个直销渠道。

我： 为什么不能呢？既然你有更好的产品，为何不奋力一搏？

企业家： 呃……

我： 快省省吧，别再找什么妙计了。

所有公司在发展过程中总会遇到必须为公司生存而战的时刻。如果你发现自己在本该英勇奋战的时候却逃之夭夭，你就要问问自己："如果我们的公司无法取胜，那我们还有存在的必要吗？"

没人会在意

只管去赢，宝贝。

——艾尔·戴维斯

在Loudcloud公司的那段艰苦的岁月里，我心里常常在想：我怎么可能对这一切早有准备呢？我怎么会知道我们一半的客户会纷纷破产呢？我怎么会知道私募市场居然不可能筹集到资金？我怎么可能知道2000年会有221次首次公开募股、到了2001年却只有19次？鉴于上述种种可能，谁能指望我会取得一个不俗的业绩？

在为自己感到难过时，我无意间看到了著名足球教练比尔·帕塞尔斯的一个访谈节目。他说，自己刚刚做主教练时，也遇到了类似的困境。在他的第一个赛季里，他的球队——纽约巨人队——有很多球员都相继受伤。他一直担心球员的伤势会影响球队的命运，因为即使那些最佳球员全部上场，都很难赢得比赛，更别说一帮替补队员了。当他的朋友兼导师——突袭者队的老板艾尔·戴维斯叫他去检录时，他表达了自己对球员伤病问题的担忧。

帕塞尔斯：艾尔，我真不知道少了这么多最佳球员，我们怎么才能赢得比赛？我该怎么办？

戴维斯：比尔，没人会在意的，只要好好指导球队就行了。

这也许是有史以来外界给 CEO 的最佳意见。因为，你瞧，没人会在意。公司出了问题，没人会在意——新闻媒体不会在意，投资者们不会在意，董事会不会在意，员工们不会在意，甚至你母亲也不会在意。

没人会在意。

他们不在意是对的。失败之后，再充分的理由都不会给你的投资者留下一美元，也保不住一名员工的工作，或给你带来一位新客户。当你的公司宣布破产时，它也不会让你的心里好受一点儿。

与其将所有的心思用来哀叹自己的痛苦，还不如努力去寻找一种看似不可能的出路，令自己摆脱目前的困境。不要花时间去懊悔过去，要将所有的时间花在自己可以做的事情上，因为说到底，没人会在意，只要好好经营公司就行了。

第五章

依次管理好人、产品和利润

我和最强悍的黑人哥们一起打拼，和最聪明的黑人哥们一起赚钱，
没时间听你们这些该死的黑人艺术家聒噪。
你最好闭嘴，把我惹急了可不是闹着玩儿的。
你们个个都是军中的公子少爷，只有我是黑人中士。

——美国说唱歌手杰西昂·特雷尔·泰勒

《朝他们尖叫》

一旦我们把 Opsware 公司的股票价格推回到 1 美元以上，接下来，我们就要重组管理团队。我们有云计算服务管理团队，但现在我们是软件公司，需要软件管理团队。在企业型软件公司里，最重要的两个职位往往是销售主管和技术主管。一开始，我试着将 Loudcloud 公司负责专业服务的主管抽调出来担任销售主管，但效果并不好。于是，我打算另请高明。

为了更好地准备这次招聘，我决定在此期间亲自主管销售。我管理团队，召开销售预测会议，而且还独自负责 Opsware 的营收数据。历经艰辛后我才懂得，招聘主管时应该像科林·鲍威尔所指出的：重点看应聘者的能力，而不是看其是否毫无缺点。通过管理销售业务，我对公司究竟需要什么样的人才有了非常清晰的认识。我列了一份清单，开始着手为 Opsware 公司寻找具有适当技能和才干的销售主管。

面试了大概 20 多个人之后——其中没有一个人具备我所需要的那些能力——马克·克兰尼来到了我的面前。他并不是我期待中的人选，和人们脑海中销售主管干练、强硬的形象也相去甚远。首先，克兰尼身高中等，而大多数销售主管都身材高大。其次，他体形略方，身宽和身高几乎一样，但不是很胖。他这种身材根本穿不了现成的西服，只能穿量身定做的，即便这样，他穿着也显得有些别扭。

我看他的简历，最先引起我注意的是，他毕业于南犹他大学，而我从来没听说过这所大学。我们问他这是所什么样的学校，他回答说："相当于犹他州南部的麻省理工学院。"这是他讲过的唯一一个笑话。克兰尼极其严肃，严肃得似乎连他自己都感觉浑身不自在，弄得我也十分难受。要是往常，这么令人难受的气氛会让我直接放弃这位面试者，但克兰尼所具有的那些能力正是我所需要的，对我们公司也至关重要，因此我愿意忽视他身上的所有缺点。我曾经认为，区分应聘者是否合格的一个面试技巧是，问一系列关于招聘、培训和管理销售代表的问题。这种提问一般是这样进行的：

本： 你认为销售代表最重要的素质是什么？

应聘者： 聪明、有进取心和竞争意识，知道如何处理复杂的交易，懂得如何管理团队。

本： 在面试中，怎样才能测出他们是否具有这些素质呢？

应聘者： 呃，我从自己认识的人当中选聘。

本： 好吧，那你聘用他们以后，希望他们怎么做呢？

应聘者： 我希望他们明白并遵守销售流程，充分了解产品，能准确做出销售预测……

本： 请讲一下你以前为此设计的培训项目。

应聘者： 呃……

紧接着，他们就会天花乱坠地胡编乱造起来。

克兰尼的简历和面试回答都让人无可挑剔，我接着问他有关销售人员培训的问题。我永远忘不了当时他脸上痛苦的表情，看起来好像要立即起身离开一样。这让我很吃惊，因为他此前的表现堪称完美。后来我才意识到，我让克兰尼讲述如何培训销售代表就像一个外行人让牛顿去解释物理定律一样可笑。怎么开场好呢？

经过了大约 5 分钟的沉默之后，克兰尼从自己包里拿出他以前设计的一份厚厚的培训手册。他说，他不可能在剩下的时间里解释清楚我想了解的销售人员培训方案，但如果我能再安排一次会面，他会详细解释将普通销售人员训练成销售精英的具体细节，这些销售精英熟知产品加工、产品销售的一整套销售流程。他还说，即使这些条件全部具备，一名成功的销售主管还必须能激发出团队的勇气。他的语气很像巴顿将军，我知道我找对了人。

不幸的是，其他人并不了解这一情况。各部门主管（有一个例外）和董事会成员都反对让马克·克兰尼出任销售主管。我问比尔·坎贝尔的看法，他说："我可不会用卧轨自杀的方式阻止你聘用克兰尼。"显然，他并不赞成。大家反对克兰尼并非因为他能力不足，而是因为他身上缺点太多：毕业于名不见经传的南犹他大学，长得也不像一名销售主管。

然而，和他接触的时间越长，我就越认定他是我们销售主管的不二人选。在和他交谈的最初一小时之内，我学到的有关销售的知识比我 6 个月来亲自主管销售所学到的知识还要多。他甚至打电话给我讲解我们销售团队正在奋力争取的一些交易的细节，而这些交易，我自己的销售代表们似乎毫不知情，就好像他有个销售联邦调查局一样。

我决定表明立场。我告诉整个团队和董事会，我明白他们的担忧，但我还是想聘用克兰尼，接下来，我打算核查一下他的推荐信。

我向克兰尼要推荐信时，他再次令我大吃一惊。他拿出一份清单，上面列出了 75 封推荐信。他说如果需要，他还可以列出更多。我照着清单给每个推荐人打电话，所有推荐人都在一小时内给我做了回复。克兰尼的人际关系网很紧密，这些推荐人没准儿就是他销售联邦调查局的密探。就在我准备聘用克兰尼时，团队中的一名主管打电话说他的一个朋友认识克兰尼，想跟我谈谈克兰尼的问题。

我给他的那个名叫乔的朋友打电话，继而就听到了我职业生涯中最不同寻常的一次推荐：

本： 非常感谢您主动联系我们。

乔： 不客气。

本： 您是怎么认识克兰尼的？

乔： 我在以前的雇主那里做销售培训时，克兰尼是那里的一名区域主管。我想告诉你的是，无论如何都不要聘用克兰尼。

本： 哦，语气这么肯定，难道他是罪犯吗？

乔： 不是，我从未见他干过任何违反道德的事。

本： 他在招聘方面能力很差吗？

乔： 不，他给公司招进了一些最优秀的销售人员。

本： 他能做大交易吗？

乔： 当然能，我们以前有好几笔大交易都是他做的。

本： 他不是个合格的管理者？

乔： 不，他管理团队非常有效。

本： 好吧，那我为什么不录用他呢？

乔： 他的文化适应性很差。

本： 能解释一下吗？

乔： 可以。我在参数技术公司（PTC）给新来的销售人员做培训时，曾请克兰尼做演讲嘉宾以鼓舞士气。我们的新人有50名，我已经点燃了他们对销售的激情，他们个个摩拳擦掌，准备在公司大显身手。克兰尼走上讲台，看着这群新面孔，说道："我不管你们多么训练有素，如果你们一个季度完不成50万美元的销售目标，我就一枪打爆你们的头。”

本： 非常感谢。

和平时期的世界和你每天必须为生活苦苦挣扎时的世界完全不同。和平时期，人们有时间关注言行是否得体、长远的文化影响以及人们的情感这类问题。而在你为生活苦苦挣扎的时期，最重要的是奋勇杀敌，带领自己的队伍安全抵达目的地。我正处于这种状态中，需要一名作战的将军。我需要马克·克兰尼。

招聘的最后一步是我向马克·安德森进行汇报。作为公司创建者和董事会主席，马克·安德森的意见对董事会影响极大，可惜他对克兰尼的感觉依然不太好。马克·安德森非常信任我，无论他本人对应聘者是否喜欢，他都会让我自己决定招聘人选，但是对我来说，他的认可很重要。

我让马克·安德森先说，因为尽管他一直是这个办公室里甚至全世界最聪明的人，他自己却非常谦逊，从不相信人们夸他聪明的话，这一点令他很容易被人忽视。他开始列举克兰尼的缺点：长相和声音都不适合当一名销售主管，毕业学校名不见经传，令他感觉不舒服。认真听完之后，我回答说：“你说的每一条，我都同意。但是，克兰尼是一个销售专家，他的销售管理水平远远超过我所认识的每一个人。如果他身上没有你说的这些毛病，他也不会愿意加入我们这样的公司，说不定他会成为IBM的CEO呢！”

马克·安德森很快说：“明白了。就他了！”

从Loudcloud公司的废墟之中建立一支世界一流的软件团队是我迈出的关键一步。多年以来，我对克兰尼的了解越来越多，我在当年的面试中所学到的一切、在那些推荐信中所了解到的一切最后都得到了证明。克兰尼的文化适应性的确很弱，但他是个天才。我需要他的天赋才华。我不知道团队中的其他成员和克兰尼是否有过相处愉快的经历，但最终，他们一致认为，克兰尼是销售主管的最佳人选。

我之前的上司吉姆·巴克斯代尔很喜欢说这样一句话："我们要依次管理好人、产品和利润。"话虽简单，但意义深远。三者之中，管理好人是最难的，管不好人，其他两项就无从谈起。管理好人意味着公司应该提供一个良好的工作环境，但事实上，大多数工作场所远远称不上良好。当组织规模扩大时，重要工作可能被人忽视，最勤奋的工人可能被最出色的政客所遮蔽，各类繁文缛节可能会扼杀创造力，让一切变得毫无乐趣。

当我们大难临头，从互联网泡沫到纳斯达克威胁要将公司除名，拯救我们的就是本章所介绍的各类技巧。如果你的公司为员工提供了一个良好的工作环境，你的公司也许就会长期屹立不倒，找到属于自己的荣耀。

知道我今天为什么来上班吗？好公司与烂公司的区别

在 Opsware 公司时，我给管理层上过一门培训课，因为我深信培训的作用。我明确告诉每一位管理者，他们要定期和员工进行一对一的会面，我甚至还告诉了他们具体的做法，以免有人找借口推辞。

一天，我高高兴兴地去上班，突然发现一名经理 6 个多月都没有和其员工进行过一对一的会面。虽然我懂得“没有调查就没有发言权”，但这一发现还是出乎我的意料。我投入了那么多时间思考管理问题、准备各类材料、亲自培训管理人员，可是有人居然对此无动于衷，这怎么可能？唉，CEO 的权威也不过如此。如果管理层就是这么执行我的指令的话，我又何必不辞辛苦地工作呢？

我认为，只要我以身作则，就一定能让下属按我的要求行事。可谁知道，他们学的都是我的坏习惯，他们为什么不学我的优点呢？我的团队要垮掉了吗？我回想起多年前和父亲的一次对话，内容是关于当时波士顿凯尔特人队的篮球教练汤姆·海因索恩。海因索恩是当时世界上最成功的教练之一，曾获“年度最佳教练”的荣誉称号，并捧回两座 NBA 冠军奖杯。

然而，他很快就走了下坡路，他的球队现在是联盟中成绩最差的。我问父亲是怎么回事。父亲说：“因为球员们不再听他乱发脾气了。过去，海因索恩冲球员大吼大叫时，他们会有所回应。可现在，他们根本不吃他那一套。”我的团队现在不理我了吗？我曾对他们大吼大叫太多次了吗？

我突然想明白了——虽然我告诉了团队应该做什么，却一直没明确地告诉他们为什么要那么做。显然，仅凭我个人的权威并不足以让他们按我所说的去做。由于我们有大量的任务要完成，管理人员无法面面俱到，因此就给自己设立了一些优先处理的事项。很明显，这位经理认为，和自己的员工见面并没有那么重要，而我也没有向他解释过和自己的员工见面为什么如此重要。

那么，我为什么要求所有管理人员必须接受管理培训呢？为什么要让管理人员和其员工进行一对一的会面呢？多番思考之后，我找到了原因，我打电话给那位经理的顶头上司——史蒂夫，让他马上来见我。

史蒂夫来到我的办公室，我问他："史蒂夫，知道我今天为什么来上班吗？"

史蒂夫： 什么意思，本？

我： 我为什么要挣扎着起床？为什么要辛苦来到公司？如果是为钱，我干吗不明天卖掉公司，卖的钱岂不是比我想的还要多？我并不图名。

史蒂夫： 你的确如此。

我： 那我为什么要来上班呢？

史蒂夫： 我不知道。

我： 好吧，听我说。我来上班是因为Opsware公司将会大有前途，这对我个人非常重要。员工们每天在这工作12~16个小时，他们醒着的大部分时间基本都是在这里度过的，我希望他们都能过上好的生活，这对我也非常重要。这就是我来上班的原因。

史蒂夫： 明白了。

我： 你知道工作环境的好坏之分吗？

史蒂夫： ……知道。

我： 是什么？

史蒂夫： 嗯……

我： 我告诉你吧。在工作环境好的公司，员工可以专心工作，相信只要工作出色，公司和他们个人都会受益。在这样的公司里工作才会有真正的快乐。每个人早上一睁开眼睛就知道自己所做的工作高效有用，会使公司和自己都发生改变。

这会令他们在工作中既动力十足，又有满足感。

而在工作环境差的公司，人们会把大量时间都用在捍卫公司利益、阻止明争暗斗以及改进不完善的工作流程之上。他们甚至不清楚自己的职责是什么，因此也就不可能知道他们到底有没有完成工作。荒唐的是，即使他们用了令人难以置信的超长时间完成了工作，却完全不知道这对公司或他们自己的职业生涯有什么意义。更不幸的是，当他们终于鼓足勇气告诉管理者自己的境遇有多么糟糕时，那些管理者首先会否认问题的存在，接着为现状进行辩护，然后就将问题搁置一边。

史蒂夫： 明白了。

我： 你知道你的经理蒂姆在过去 6 个月里没有和任何员工进行一对一的会面吗？

史蒂夫： 不知道。

我： 现在你知道了，你有没有意识到，他这样做根本就不可能了解到他自己所领导的部门究竟是好是坏？

史蒂夫： 没错。

我： 总而言之，你和蒂姆现在令我无法实现我唯一的目标。因此，如果蒂姆在接下来的 24 小时以内不和他的每一位员工会面的话，我别无选择，只能解雇你们，听清楚了吗？

史蒂夫： 听清楚了。

真的有必要这样做吗？

你也许认为，一家公司无论管理多么有方，如果其产品和市场需求不符，该公司肯定会失败。你也许会进一步认为，一家公司尽管管理得极其糟糕，但其产品符合市场需求，那该公司肯定会成功。这两种情况都对。那么，我真的有必要这样言辞激烈地威胁我的一名主管吗？

我认为有必要，原因有三点：

第一，一切顺利之时，成为一家好公司并不难，但遇到困难时，公司的好坏可能就是生与死的差别。

第二，事情并非总是一帆风顺。

第三，成为一家好公司本身就是一个目标。

生与死的差别

一切顺利之时，员工留在公司的原因有很多：

第一，职业道路宽广。随着公司的发展，大量有前景的工作会自然而然地涌现出来。

第二，朋友和家人都会认为，你是有先见之明的天才。因为你在该公司声名大振之前，就选择了在该公司工作。

第三，你的个人履历会因为你曾在处于兴盛期的一流公司工作过而大放异彩。

第四，你的收入会越来越高。

当情况变得糟糕时，上述所有原因又会成为你离开公司的理由。事实上，在那种情况下，令员工留下的唯一原因并不是他需要一份工作——这在当前的大环境下也不适用——而是他喜欢自己的工作。

事情并不总是一帆风顺

在世界历史上，从未有哪家公司的股票价格会一直上涨。在管理混乱的公司里，经济优势一旦消失，员工就会随之流失。在科技公司里，一旦员工流失，就会出现螺旋式循环：公司价值下跌，最优秀的员工流失，公司价值继续下跌，最优秀的员工继续流失。这种恶性循环很难逆转。

成为一家好公司本身就是目标

我第一次见到比尔·坎贝尔时，他是财捷集团的主席、苹果公司的董事会成员，还是行业中许多顶级 CEO 的导师。这些响当当的头衔固然让我印象深刻，但还是比不上他 1992 年经营 GO Corporation 公司时给我留下的深刻印象。该公司本来打算在 1992 年研发 iPhone 产品，在以风险资本为支柱的所有公司之中，它所筹集到的资金是有史以来最多的，但在 1994 年，该公司几乎被免费卖给美国电话电报公司之前，所有资金几乎损失殆尽。

现在听起来，这也许不算什么。实际上，这是一次可怕的失败。但我曾见过该公司的很多员工，包括一些曾叱咤风云的大人物，如迈克·荷马、丹尼·沙德尔、弗兰克·陈以及斯特拉顿·斯科拉沃斯。令人惊讶的是，他们都把在 Go Corporation 公司工作视作自己生命当中最珍贵的工作经历之一。尽管他们的职业生涯就此止步，没有赚到钱，成为新闻头版报道的失败案例，但他们依然认为在 GO Corporation 公司的工作经历是最棒的。Go Corporation 公司为他们提供了良好的工作环境。

这让我意识到，比尔是位高效出色的 CEO。显然，约翰·多尔也这么认为，因为当斯科特·库克为财捷集团寻找一名 CEO 时，即使比尔在 GO Corporation 公司时赔掉了约翰的巨额资金，约翰还是推荐了比尔。几年间，凡是和 GO Corporation 公司的员工接触过的人都知道比尔的理想，那就是创建好公司。

如果你没有其他事可干，那就像比尔一样创建一家好公司吧。

创业公司为何要进行人员培训

在网景公司工作时，我明白了创业公司为什么要进行人员培训。在麦当劳工作的人都会接受岗位培训，但是从事更复杂工作的人们却不需要培训。这毫无道理。你愿意成为麦当劳里未受培训的人员之一吗？如果一名工程师从来没被告知软件编码的工作原理，你会使用他编写的软件吗？很多公司都认为自己的员工非常聪明，根本不需要培训。真是愚蠢之见。

我第一次当管理者时，对于培训是又爱又恨。从逻辑上说，高科技公司开展培训很有意义，但我在以往工作过的公司所经历的那些培训并没有调动起大家的热情。讲授培训课程的人都是从其他公司请来的，这些人对我们公司的业务并不了解，讲的都是些不相关的东西。后来，我读了安迪·格鲁夫的管理学经典之作《格鲁夫给经理人的第一课》(*High Output Management*)[1]。读后，我的事业观发生了改变。格鲁夫在书中写道："大多数管理者似乎都觉得，培训员工这件事应该让其他人来做，但我却坚信，管理者应该亲自去做这件事。"

我在网景公司担任产品管理主管时，大多数产品经理对业务毫不重视，这令我十分沮丧。在安迪的启发下，我写了一份简短的书面材料，名叫"好的产品经理与坏的产品经理"，用以对团

1.《格鲁夫给经理人的第一课》已由中信出版社于2011年出版。——编者注

队进行培训，好让他们按我的期望行事。接下来发生的事让我大为震惊，我的团队的工作业绩立即开始提升。我以前认为毫无作为的产品经理变得越来越有效率。不久，我的团队成为公司里业绩最好的团队。有了这次经验，创建 Loudcloud 公司之后，我对人员培训进行了大量投入，我相信这样的投入会引导我们最终走向成功。所有这一切都源于一个对人员进行培训的简单决定和一份简单的培训材料。因此，我要感谢安迪·格鲁夫，还要告诉你们在自己的公司里进行人员培训的原因、培训内容，以及培训方法。

为什么要进行人员培训？

几乎所有创建科技公司的人都知道，人是最重要的资产。为了建立自己的人才库，运行良好的创业公司对人才招聘和面试非常重视，而对人的投入却往往会止步于此。以下 4 个主要原因告诉我们，对人的投入不应到此为止：

1. 生产力

我经常看到创业公司仔细地统计经过筛选的面试者人数、参加所有面试环节的人数以及已聘用的人数。所有这些数据都很有趣，但最重要的一项数据却被遗忘了：公司新增了多少高效率的员工？由于无法测量员工朝着真正目标前进的幅度，他们看不到培训的价值所在。如果对生产力进行测量，他们会惊讶地发现，那些在人员招聘、人员雇用，以及人员融入上的投入都将付之东流。即使他们被告知新员工的生产力很低，大多数 CEO 还是认为自己没时间开展人员培训。安迪·格鲁夫经过计算表明，事实刚好相反。

显而易见，培训是管理者可以开展的最有效的活动之一。考虑一下是否有可能为自己所在部门的员工举办4场系列培训讲座。如果每场一小时的讲座需要准备三小时，那么4次讲座总共需要准备12小时。假如培训班共有10名学员，第二年，这10名学员为公司工作的时间总计会达到1.2万个小时。如果你此前所做的培训令这些员工的业绩提升1%，那么你用于培训的12个小时就相当于为公司带来了200个小时的工作量。

2. 绩效管理

面试管理者时，人们常常喜欢问这样的问题："你辞退过人吗？辞退过多少人？辞退人时你是怎么做的？"这些问题都很好，但他们并没有触及问题的本质：辞退人时，你怎么确定这名员工很清楚自己的工作期望？最佳答案是，对员工进行岗位培训时，管理者应该清晰明确地提出工作期望。不对人员进行培训，绩效管理就毫无基础，进而变得松散无序、前后矛盾。

3. 产品质量

在创建公司之初，创办人通常会有一个愿景：建立一流的、优质的产品架构，以解决他们在以往工作中被迫面临的大量棘手问题。随着公司逐步走向成功，他们却发现自己的美好愿景已经难以实现。这是怎么回事呢？公司的成功会拉动快速招聘新工程师的需求，从而忽视对新工程师进行适当的培训。给新工程师分配任务之后，这些工程师就会竭尽全力地想办法完成这些任务。通常情况下，这意味着对架构内现有设备进行复制，这种复制会导致用户体验不一致、各种性能问题，以及整体混乱。而你却认为，培训成本太高。

4. 员工留任

在网景公司工作时，有一段时期，员工流失率非常高，我决定看看公司所有的离职面谈材料，搞清楚人们为什么要离开高科技公司。排除经济因素之后，我发现人们辞职主要有两个原因：

第一，他们讨厌自己的管理者。缺乏指导、职业发展前景不明朗、收到的反馈多为负面的，这些因素通常会令员工感到惊恐不安。

第二，学不到东西：公司没有投入资源，帮助员工学习新的技能。

而一个出色的培训项目可以直接解决这两大问题。

首先应该干什么？

最好从与员工关系最密切的话题开始：胜任自己工作所需要的知识和技能。我将其称为职能培训。职能培训可以很简单，比如培训员工按照你的期望工作；也可以很复杂，比如举办为期数周的技术新人训练营，让新员工充分了解公司不同时期的产品在架构上的细微差别。培训课程应该根据具体工作精心设计。如果想尝试更复杂的培训课程，一定要请团队中最优秀的专家和管理者参与其中。这样做有助于营造一种强健的、积极向上的企业文化，这比开 100 次场外文化建设战略会议效果更好。

公司培训项目中的另一个重要部分是管理培训。为管理团队设定期望时，管理培训是最佳着手点。你希望他们能定期和员工进行一对一的会面吗？你希望他们对绩效进行反馈吗？你希望他们对员工进行培训吗？你希望他们认同团队的目标吗？如果答案是肯定的话，你最好告诉他们。一旦设定好期望，下一期的管理课程就可以确定下来了，这些课程会告诉管理者如何按你的期望行事。

有了合理的管理培训和职能培训，你还要有其他一些培训机会。创建科技公司的一大乐事就是广纳英才，带领各路精英，分享自己最拿手的技能。与谈判、面试和财务等主题相关的培训不仅能加强公司在这些方面的能力，而且还能鼓舞员工的士气。对那些能力达到精英水平的员工而言，讲授培训课还能成为一项荣誉。

实施培训项目

既然已经明白了培训的价值，也知道了培训内容，那么如何让公司按照我们的期望运行呢？首先要承认，任何创业公司都没有时间去做可做可不做的事。因此，培训必须具有强制性。前两种培训（职能培训和管理培训）可以比较容易地按下列方式实施：

第一，通过拒绝新员工的要求实施职能培训。正如安迪·格鲁夫所说，管理者只有两种方法可以提高员工的产出：激励和培训。因此，培训应该是公司对所有管理者的最基本要求。实现这个要求的一个有效方式是禁止员工向管理者提要求，直到他们制定出一个针对新人的培训项目。

第二，通过自己的讲解实施管理培训。管理公司是 CEO 的职责。即便你没有时间亲自教授所有的管理课程，有关管理期望的课程也应该由你来上，因为这些期望毕竟是你自己的期望。挑选团队中最优秀的管理者去教授其他课程，把参与这些课程变成一种荣誉，同时也变成一种强制性的要求。

讽刺的是，实施培训项目的最大障碍是：有些人认为，这会花费太多时间。要记住，在提升公司生产力方面，其他任何投入都比不上培训。因此，因为太忙而没时间开展培训就相当于因为太饿而吃不下任何东西。此外，开设一些基本的培训课程并不难。

我在网景公司主管服务器产品管理团队时，令我极为沮丧的是，在我接手的团队里，每个人对自己的工作都有着独特并且完全不同的理解。

最后，我突然明白，在这一行业中，从来没有人对产品管理工作下过定义。于是，我试着静下心来做这件事。令我高兴的是，人们至今还在读我下的定义。这令我看到了培训的重要性。

好的产品经理，差的产品经理

好的产品经理极其了解市场、产品、生产线和竞争情况，凭借自己丰富的经验和充分的自信开展管理工作。好的产品经理是产品的 CEO。他们勇于承担全部责任，以产品的成功与否来衡量自己。

他们必须确保产品、时间，以及所需要的一切正确无误。好的产品经理对周围形势十分清楚（公司、营收资金、竞争等），为了获得成功，他们主动制订并执行计划（从不推辞）。

差的产品经理总有一大堆借口，如资金不足、项目经理无能、微软研发这项产品的工程师比我们多 10 倍、我劳累过度了、没人给我指示等。我们的 CEO 从不会找这些借口，产品经理也不应该拿这些当借口。

为了在适当的时机推出适当的产品，不同部门之间必须通力合作，好的产品经理不会把所有时间都浪费在这些部门之间。他们不会占用产品团队的所有时间，不会以管理项目的方式管理各项职能，不会为项目跑腿打杂。他们不是产品团队的一员，而是团队的管理者。技术团队不会将好的产品经理当成一种营销资源。好的产品经理和技术经理在营销中其实互为伯仲。

好的产品经理对目标有清晰的定义，即“目标是什么”（与“怎么实现目标”相对），并能有效实施这一目标。差的产品经理只要想出“怎么实现目标”，就会扬扬自得、不可一世。好的产品经理会采用书面形式和口头形式与技术人员进行清晰的交流，他们不会随意下达命令，而是在不经意间搜集信息。

好的产品经理会制作附加材料、常见问题解答、业务简报以及白皮书，供销售人员、营销人员和主管参考或使用。差的产品经理会抱怨自己整天都在为销售人员解答问题，忙得不可开交。好的产品经理会预测出产品的严重缺陷，提出真正的解决方案，而差的产品经理整天都在解决问题。

好的产品经理会将一些重要问题以书面形式记录下来（竞争中的良策、艰难的架构选择、艰难的产品决策、攻占或放弃市场）。差的产品经理只以口头形式表达自己的意见，抱怨“当权者”不允许他这样做。一旦失败，他们往往会说自己早就料到会失败。

好的产品经理让团队将重点放在收益和客户身上，而差的产品经理则让团队关注竞争对手的产品有多少新功能。好的产品经理定义的好产品是只要付出巨大努力就能实现的，而差的产品经理定义的好产品要么无法实现，要么就是让技术人员随心所欲地创建产品（即把最困难的问题留给他们去解决）。

在产品规划期，好的产品经理会考虑向市场推出超值产品，在产品进入市场期间，他们会考虑实现市场占有率和收益目标。差的产品经理总是搞不清楚交付价值、竞争性功能匹配、价格以及普遍性之间的差异。好的产品经理会拆解问题，而差的产品经理会把所有的问题合并成一个问题。

好的产品经理将自己想要讲述的故事交给媒体去写，差的产品经理向媒体传达信息时总想面面俱到，保证其在法律意义上的绝对精确。好的产品经理向媒体提问，差的产品经理回答媒体的所有问题。好的产品经理认为媒体和分析机构的人都很聪明，差的产品经理认为记者和分析员都是傻子，根本不懂他们独特技术的细微差别。

好的产品经理偏重清晰明了，差的产品经理对显而易见的事情从不解释。好的产品经理对自己的职责和成功有明确的认识，差的产品经理总想让别人告诉他该做什么。

好的产品经理每周会按时提交自己的工作报告，因为他们遵守纪律。差的产品经理往往会忘记按时提交工作报告，因为他们不重视纪律。

可以从朋友公司挖人吗

所有优秀的科技公司都需要优秀的员工。为了组建世界一流的招聘机构，最优秀的公司会投入大量时间、资金和人力。为了建立世界上最优秀的团队，你在追求的道路上会行进到什么地步呢？从朋友公司里挖人是公平竞争吗？你和他还能做朋友吗？

首先，我所说的“朋友”指的是：

- 重要的生意伙伴
- 朋友

在我的讨论当中，朋友和重要的生意伙伴大致是一样的。

大多数 CEO 永远不会从朋友的公司招募人才。通常，CEO 在生意当中不会有很多真正的朋友，从朋友公司挖人肯定会失去朋友。然而，几乎所有的 CEO 都会面临这样的决定：是否要从朋友公司招募一名员工？为什么会出现这种情况？什么时候可以这样做？什么时候这样做会让你失去朋友？

反正他们也在找新工作

开场总是一样。你的朋友凯茜手下有一名非常出色的工程师，名叫米切尔。他正好是你公司里一名顶级工程师的朋友。你的工程师带米切尔来面试，你对此毫不知情。米切尔顺利通过了面试的所有环节，最后一步要由你这位 CEO 对他进行面试。你立即发现，米切尔目前正在你的好朋友凯茜的公司里工作。于是，你找公司里的其他人进行核实，以确定他们没有把米切尔故意排在第一名，他们向你保证，米切尔正在找工作，如果不来你的公司，也会去别的公司。现在，你该怎么办呢？

这时候，你也许在想，“如果米切尔打算辞职，那么从逻辑上说，凯茜应该希望他来我的公司，而不是去竞争对手公司，或是去一家有一位她不喜欢的 CEO 的公司。”凯茜也许会这么想，也许不会。

公司经营不顺利时，人们往往会离开，所以你应该假设凯茜正在为其公司的存亡而努力奋战。在这种情况下，没有什么比失去一名优秀的员工更让她伤心的了，因为她知道，其他员工会把这当作公司没落的一个征兆。让凯茜更受打击的是，她的员工会把你的举动看成一种背叛——凯茜所谓的朋友在趁火打劫。他们会想，“凯茜太无能，朋友挖她墙角，她都毫无办法。”这样揣测下去的话，一个逻辑问题很快就变成了一个情感问题。

你不想失去凯茜这个朋友，于是向她保证，米切尔是个例外，是他来找你的，她公司里的员工当中，他是第一个也是最后一个加入你公司的人。通常情况下，这种解释会有效，凯茜会予以理解，对你的姿态表示感谢。她会原谅你，但她绝不会忘记这件事。

她对米切尔的记忆会加深，因为他是你们关系破裂的第一步。由于米切尔是一位极出色的员工，凯茜公司里其他出色的员工很可能会打电话给米切尔，了解他离开公司的原因，接下来去哪里高就。米切尔会解释原因，而这些原因往往很有说服力。于是，忽然之间，他们也想效仿米切尔的做法，加入你的公司。等你意识到这一形势时，追随米切尔而来的新员工们已经被录用了。

在上述这些情况中，你的员工会向你保证，是凯茜的员工主动找上门来的。他们会指出，这些应聘者也收到了其他公司的录用通知，所以他们肯定会离开凯茜的公司，招募他们又有何妨。而凯茜公司的管理者们肯定会另有一套说辞。他们会请求凯茜，让她阻止自己的朋友从公司里挖人，否则他们永远不能兑现承诺。这会令凯茜陷入尴尬境地，激怒凯茜。最后，社会压力会战胜你精彩的对抗性逻辑。

思考这种动态关系有一个简单的方法：如果你丈夫离你而去，你希望自己最好的朋友和他约会吗？他肯定会和其他女人约会，所以，让你的朋友得到他难道不好吗？这看似符合逻辑，但其实并非如此，你肯定会失去朋友。

应该怎么办？

首先，要记住，除非该员工极其出色，否则你无论如何也不要将其留在公司。因此，从朋友公司里招人时一定要招顶尖人才，否则你只是平添了一些平庸植被而已。不要认为你正在招募的人一定十拿九稳。

我总结出一条好的经验法则，即“挖人的反身性原则”。该原则指出：“某公司挖走了你的几名员工，如果你震惊无比、惊恐不安，那你就不应该挖他们公司的任何一名员工。”这样的公司应该很少，有可能根本就没有。

为了避免出现这种棘手的情况，很多公司都制定了这样的政策，将那些规定未经 CEO（或高级主管）同意，不得雇用其员工的公司名单列举出来。有了这项政策，在录用朋友的员工之前，你就可以给朋友最后一次机会，让其留住员工，或提出反对意见。

有了这项政策，处理这种情况的最佳方式就是公开透明。看清了雇用出色员工和背叛珍贵友谊之间的矛盾之后，你就应该将事情公开，告诉员工，你和他现在所属的公司有重要的生意往来，在录用他之前，你必须和他所在公司的 CEO 进行沟通，对他进行背景核查。告诉他，如果他不同意，你会立即中止录用，并对此保密。在录用之前，要和朋友进行交谈，这样才能更好地判断录用他的员工对你们的关系所带来的影响。此外，你还有可能避免用人不当，因为往往有些应聘者在面试中表现极佳，但进入公司之后，表现却不尽如人意。

最后一点想法

在经典电影《黄金三镖客》中，克林特·伊斯特伍德饰演的好人和埃里·瓦拉赫饰演的反派携手犯罪。瓦拉赫是个臭名昭著的罪犯，警方悬赏要他的人头。两个主人公设计了一个骗局，以获取赏金。伊斯特伍德交出瓦拉赫，得到了赏金，接着瓦拉赫被判绞刑。瓦拉赫骑在马上，双手被绑在背后，脖子上的绳子眼看就要将他勒死。伊斯特伍德在远处射断了绳子，救出了瓦拉赫，他们分掉了赏金。这场骗局一切顺利，直到有一天，伊斯特伍德释放了瓦拉赫，告诉他："我觉得你再也不值 3 000 多美元了。"瓦拉赫问："你什么意思？"伊斯特伍德告诉他："我是说，我们的合作关系解除了。噢，不，你不行，还得把你绑着。这些钱都归我了，绳子归你。"接下来发生的就是动作片历史上最精彩的复仇故事。

因此，当你告诉你的 CEO 朋友，你认为他再也不如这名员工对你重要时，别指望你们还能继续做朋友。

大公司主管为何难以胜任小公司的工作

你已经实现了产品和市场的融合，准备开始创建公司。董事会鼓励你引入一些经验丰富的主管，让他们提供有关财务、销售和营销方面的专业意见，帮助你将世界一流的产品转变成世界一流的业务。你会见了几个自己喜欢的应聘者，但董事会成员中的风险投资家却说："他们没有达到要求，我们公司规模发展很快，应该吸引更优秀的人才。"于是，你将目标定高，引入了才气非凡的销售主管。这位主管曾管理过有着几千人的大型部门，有引人注目的推荐信，而且看起来很适合这个职位。你的风险投资家也很喜欢他，因为他的简历非常精彩。

6个月之后……

6个月之后，公司里的每个人都想知道，为什么这位销售（或营销、财务、产品）主管没做出任何贡献，却坐享数额如此巨大的认股权，那些承担了所有工作的人们的认股权反而要少得多。更糟糕的是，公司现在陷入了困境，当你高薪聘请的主管安坐办公室时，大量的员工正在流失。这究竟是怎么回事？

所以，我们要弄清，大公司主管的职责和小公司主管的职责大不一样。卖掉Opsware公司之后，我在惠普管理着几千名员工，每天有不计其数的事情需要我去处理。每个人都想从我这里挤走一点儿时间，小公司想和我合作，或想让我对其进行收购，我自己部门的员工需要我的批准意见，其他部门需要我的帮助，客户需要我的关注等。结果，我的大部分时间都用在优化和调整现有业务上。我所做的大部分工作都是“即将来临的工作”。事实上，大多数经验丰富的大公司主管会告诉你，如果你一个季度做出的方案数超过三个，你的工作就超量了。因此，在处理日常业务时，大公司的主管往往都是中断驱动[1]式的。

相反，如果你是创业公司的一名主管，除非你自己找事，否则便无事可干。在公司创立初期，你每天必须做出8~10个新方案，否则公司就会停滞不前。

1. 中断驱动，计算机用语，即当某进程要启动某个I/O设备工作时，便由CPU向相应的设备控制器发出一条I/O命令，然后立即返回，执行原来的任务，设备控制器则按照该命令的要求去控制指令的I/O设备。比喻应答式的工作方式，即只有提出请求，对方才会予以回应。——编者注

会出现什么情况?

雇用一名大公司主管之后，你会面临两种危险的不匹配情况：

第一，节奏不匹配。这样的主管已经习惯于等待邮件到达，等待电话铃声响起，等待会议被安排得井井有条。在你的公司里，他会长时间处于等待状态。如果这位新主管总在等待（根据他自己的受训经验），其他员工就会充满疑虑。你会听到这样一些言论，如“那家伙整天都在干什么？”“他凭什么享有这么多认股权？”

第二，技能不匹配。管理大公司需要的技能和创建新公司大不相同。管理大公司时，你往往对这些任务比较擅长，例如复杂的决策制定、次序优先、机构设计、流程改进，以及部门交流。创建公司时，没有机构需要设计，没有流程需要改进，部门之间的交流非常简单。但同时，你必须能够非常熟练地实施高质量的招聘流程，具备丰富的专业领域知识（你自己负责质量控制），懂得如何从零开始创建流程，而且在把握新方向、制定新任务方面要非常有创造力。

如何防患于未然?

两个关键步骤可以避免灾难的发生：

第一，在面试过程中将具有破坏性的不匹配情况筛选出来。

第二，将新人的融入和面试看得同等重要。

筛选不匹配情况

如果节奏不匹配和技能不匹配情况过于突出而无法克服，你该怎么办？以下是我认为非常有帮助的一些面试题目：

你上班的第一个月会干什么？

要注意那些过分强调学习的回答。这也许表明，该面试者认为，自己需要对公司情况进行大量学习和了解，但事实并非如此。更具体地说，他也许认为，你的公司和他目前所在的公司一样复杂。

要注意这样一种特征：有的应聘者只会根据公司为其分配的任务来设定节奏，而不是自己设定节奏。但永远不会有人为他分配任务。

挑选那些能拿出很多你意想不到的新方案的应聘者。

这份新工作和你目前的工作有什么不同？

挑选那些能意识到工作差异的应聘者。如果他们具有你需要的经验，他们就会对这个问题做出明确的回答。

注意那些认为自己的丰富经验可以立即得到应用的应聘者。从长远来看，这也许可以实现，但眼前却不大可能。

你为什么要加入一个小公司？

注意将获得股权作为首要动机的应聘者。一无所有的百分之一还是一无所有。这个动机让一些大公司主管有时很难理解。

如果他们的回答是想变得更有创造力，这就要好得多。大小公司之间最重要的差别在于，管理者花在管理和创造上的时间各不相同。想加入你公司的正确理由应该是：渴望变得更有创造力。

积极帮助新人融入公司

最关键的一步也许是帮助新人融入公司。你应该安排大量时间帮助新人尽快融入公司。下列事项需要牢记于心：

第一，促使他们积极创造。每月、每周，甚至每天给他们制定目标，确保他们做出相应的贡献。公司其余员工一直从旁观察，这对帮助他们融入公司很关键。

第二，确保他们明白自己的职责所在。无事可做的主管在创业公司中没有价值。他们要清楚地了解产品、技术、客户和市场，要督促新员工学习上述内容。每天安排一次和新主管的会面，要求他们带着各种问题而来，了解他们当天所听到的且没完全搞懂的所有情况。回答这些问题要有深度，要从基本原则开始。告诉他们最新发展情况。如果他们提不出任何问题，就要考虑解雇他们。如果 30 天后，你觉得他们还没有掌握情况，那就要毫不犹豫地解雇他们。

第三，把他们放入集体。确保他们和同事以及公司中的重要人员进行接触和交流。给他们列一份他们要认识并向其学习的人员名单。一旦他们按要求做到了，让他们提交一份报告，汇报自己从这些人身上学到了什么。

最后一点建议

从加速公司发展的角度而言，没有什么比雇用一位在创建类似规模的公司方面富有经验的人更有效果。然而，雇用这样的人有可能充满风险，要密切注意那些预示着成功和失败的重要指标。

招聘主管：在没有招聘经验的情况下，怎样才能招到优秀的人才

当一名出色的部门经理和当一名出色的总经理（尤其是一名

出色的 CEO）之间最大的差别是，作为总经理，你必须招聘并管理那些远远比你更胜任他们工作的人。事实上，很多时候，你必须招聘很多人，来做你从未做过的工作，并对他们进行管理。有多少 CEO 曾担任过人力资源主管、技术主管、销售主管、营销主管、财务主管以及法律主管呢？很可能一个都没有。

那么，在没有任何招聘经验的情况下，怎样才能招到优秀的人才呢？

第一步：知道自己想要什么

第一步是整个招聘过程中最重要的一步，也是常被忽略的一步。正如著名励志大师托尼·罗宾斯所说："如果不知道自己想要什么，你实现愿望的可能性就微乎其微。"如果没有任何经验的话，你又怎么知道自己想要什么呢？

首先，你必须意识到自己非常无知，不要妄想仅靠面试应聘者就能学会如何招聘。虽然面试过程对你可能很有启发意义，但将其当作唯一的知识来源却很危险。这样做会让你很容易落入下面的陷阱：

第一，凭外表和感觉聘人。如果有人根据应聘者在面试中的形象和言语来聘用主管，这会很愚蠢。但是根据我的经验，大多数主管选聘人才的首要标准就是形象和感觉。如果 CEO 不清楚自己想要什么样的人才，再加上董事会成员对招聘也欠考虑，他们会怎样招聘呢？

第二，挑选与众不同的人才。如果我当年采取了这个观点，那我就永远也招不到马克·克兰尼了，你们现在可能也就看不到我写的这些话了。这一错误观点从寓意上看，就相当于对销售主管怀有柏拉图式的理想。你会想象一个完美的销售主管形象，然后把实际应聘者和你理想中的形象进行对应。这一观点之所以错误有以下几点原因：首先，你不能雇用一名想象中的主管来管理一个充满可能性的公司。你必须为处在这一特殊时刻的公司雇用一位合适人选。甲骨文公司 2010 年的销售主管在 1989 年很可能是失败的。就手机服务网站 Foursquare 而言，苹果公司的技术主管完全属于用人不当。细节最重要。其次，你想象中的主管形象往往都是错误的。你设想的这个形象的基础是什么？最后，让招聘团队理解这么抽象的一套标准极其困难。其结果是，每一个人都想在应聘者身上寻找与众不同的东西。

第三，看重的是应聘者身上没有弱点，而不是其长处。经验越丰富，就越清楚公司里的每个员工都有严重的缺点（包括你自己）。金无足赤，人无完人。因此，招聘时要看重应聘者的长处，而不是其身上没有弱点。每个人都有弱点，只不过有些人身上的弱点比较明显而已。因为其人没有弱点而对其加以聘用意味着你将愉快感作为优先考虑的因素。当然，你必须清楚自己需要应聘者具备什么能力，然后找出具备这种能力的人，忽略他在其他方面的弱点。

想知道自己需要什么样的人才，最好的方法是在该职位上亲自体验一番。不是名义上的，而是真正履行职责。在我的职业生涯中，我曾担任过人力资源主管、首席财务官以及销售主管。CEO 往往不愿意干职能性工作，因为他们担心自己缺乏相应的知识。这种担心恰恰是你应该干这类工作的原因——学会相应的知识。的确，亲自体验是获得招聘所需要的所有知识的唯一方式，因为你要为公司寻找合适的主管，而不是普通主管。

除了亲自体验，引进专家也十分有益。如果你认识一位出色的销售主管，先和其进行面谈，了解他获得成功的原因，搞清楚他的哪些能力最符合你公司的需要。如果可能，将该领域专家纳入面试流程。不过，要注意，这些专家并不完全符合招聘条件。也就是说，他对你的公司缺乏了解，不知道公司的运作模式以及公司的需要。因此，不能将决定都推给专家来做。

最后，你心里要清楚自己对加入公司的人有什么期许。这个人在第一个月会做什么？你期望他加入公司的动机是什么呢？你想让他立刻扩大部门规模，还是在下一年只招一两个新人？

第二步：控制招聘流程

为了找到合适的主管，你现在必须将自己已经掌握的知识转化成一个能找到合适人选的招聘程序。下面是我喜欢使用的招聘程序。

写下你想要的能力，以及你愿意忍受的缺点

为了保证完整性，我发现在招聘主管时，下列标准非常有用：

- 这位主管在履行职责方面是顶尖的吗？
- 这位主管的经营能力出色吗？
- 这位主管对公司的战略方向会做出重大贡献吗？这就是“他们够聪明”的标准。
- 这位主管会成为团队中工作高效的一员吗？在这里，“高效”是关键词。一名主管很可能会受到团队其他成员的喜欢，但工作起来却毫无效率。同时他也可能工作十分高效，影响十分深远，却受到大家的鄙视。相比而言，后者要好得多。

这些职能对不同职位的重要性并不相同，管理者一定要适当地进行平衡。一般情况下，经营能力对技术主管或销售主管的重要性要超过其对营销主管或首席财务官的重要性。

设置检验招聘标准的问答题目（参见附录）

这样做很重要，即便你从来不问应聘者预先准备好的问题。把能检验出自己对人才的要求的问答题目写下来，这样目标就会变得具体明确，否则将极难实现。组织一支合理的面试小组，开展面试工作。

组成面试小组

面试小组必须牢记两个问题：

1. 谁最能帮你发现应聘者是否符合招聘标准？这个人也许是公司内部人员，也许是公司以外的人员；可能是董事会成员、其他部门主管，也可能只是名专家。

2. 录用主管之后，你需要谁支持你的决定呢？这个新团队和第一个团队同样重要。无论主管多么优秀，如果他周围的人一直在暗中使坏，他将很难取得成功。避免这种问题的最好办法是，在录用此人之前搞清楚所有可能发生的问题。

当然，一些人可能同时属于两个招聘小组，而且两个小组的意见都非常重要：第一个小组会帮你挑选最出色的应聘者，第二个小组会帮你判断每一位应聘者能否很快融入你的公司。通常，最好让第二个小组单独进行最后的面试环节。

接下来，根据面试官的不同才能分配问答题目。具体来说，要确保提问的面试官清楚什么样的回答是好的。

进行面试时，一定要和面试官讨论每一场面试，利用这段时间让大家对招聘标准达成统一理解，这样就能尽可能获得最满意的信息。

秘密调查和公开调查

对于通过面试的应聘者，CEO 应亲自对其进行背景调查，这样做至关重要。应聘者提供的推荐信必须依据面试过程中已经检验过的同等招聘标准进行核查。秘密背景调查（找认识应聘者、但应聘者本人并未提及的人进行调查）可极其有效地获得对应聘者客观公正的评价。不过，公开背景调查的作用也不容小觑。尽管应聘者总会提供一份积极正面的推荐材料（否则他们也不会出现在面试名单上），但你要关注的并不是对他们的正面评价或负面评价，而是他们是否符合你的招聘标准。从这方面来说，公开调查作用很大，它会让你清楚地了解应聘者。

第三步：单独做决定

虽然参与招聘的人很多，但最终决定还要由自己做出。只有 CEO 能全面了解招聘标准、制定招聘标准的基本根据、面试官和应聘者推荐人反馈回来的所有意见，以及各类持股人的相对重要性。关于招聘主管的一致性决定几乎总会令招聘者忽视应聘者的能力，注重应聘者没有弱点这一方面。做决定是一份孤独的任务，但总得有人来做。

为什么实现了业绩目标，却没有达到预期效果？

在 Loudcloud 公司成立之初，很多人会做一些疯狂的事，然后拿我当挡箭牌，说："这是本说的。"一般情况下，我对此不置一词，但我确实没有说过他们口中的那些话。在此，我与大家分享的管理原则与这样的经历有关。

管理 Opsware 公司时，我们有一个非线性季度难题，也可戏称为"曲棍球棒难题"。曲棍球棒是指一个季度当中收入曲线的形状。我们的曲棍球棒曲线非常糟糕，有一个季度，我们在季度末的最后一天才拿到新订单的 90%。这种销售模式令我们很难对交易进行规划，对上市公司——我们就是上市公司——尤为不利。

于是，自然而然地，我决定改变曲棍球棒曲线走势，冷静应对这一切。我为销售人员设计了一项激励措施，如果他们在季度的前两个月完成交易，就给他们发放两个月的交易奖金。结果，下一个季度的曲棍球棒曲线变得更直了一点，也比预期变得短了一点——交易从上季度的第三个月转移到了本季度的前两个月。

在网景公司管理大型技术团队时，我对一项产品的计划表、质量和功能进行了测量。团队研发出的产品在功能上符合所有的要求，时间上非常准时，几乎没什么漏洞，但遗憾的是，产品本身很平庸，因为其所有的功能都表现一般。

我在惠普公司工作时，所有的交易都用数字规定了极其严格的收入目标和利润目标。一些部门虽然实现了目标数字，却是靠减少研发资金实现的。这种做法会严重削弱他们的长期竞争力，为将来的灾难埋下隐患。

在以上几种情况中，管理者们达到了我们的要求，但没有达到我们想要的效果。这是为什么呢？让我们来看一下。

拉平曲棍球棒曲线：目标错误

回顾过去，我当初真不应该让团队去拉平季度曲线。如果那是我想实现的目标，我就不得不心甘情愿——至少暂时——接受季度收入不断减少的后果。我们有固定数量的销售人员，他们会努力使每个季度的销售规模实现最大化。为了使季度曲线呈线性发展，他们必须改进自己的行为，调整自己的优先事项。不幸的是，我更喜欢过去优先实现收益最大化的做法。

考虑到当时的形势，我实在很幸运。在《孙子兵法》中，孙子警告说，给团队下达一个不可能完成的任务会削弱其实力。我并没有削弱团队的实力，却打乱了团队的工作顺序。正确的做法应该是，预先确定哪些事项更重要，然后实现每一季度销售额最大化或提高预测能力。只有给出第二种回答时，这个指导才有意义。

过于关注数字

在第二个例子中，我利用一组数字对团队进行指导，但并没有完全达到我想实现的目标。我的目标是推出一项依次满足下列指标的出色产品：客户喜欢、质量过硬、发货准时。

可惜，我设立的这些指标并不在产品的优先项当中。从基础水平而言，指标就是激励因素。在每次员工会议上，通过测量并讨论产品质量、功能以及计划表，员工们的注意力大都集中在上述指标之上，忽视了其他目标。这些指标并没有描述出真正的目标，因此，团队的注意力之所以偏离，罪责在我。

有趣的是，在很多消费者互联网创业公司里，我看到，同样的问题频频出现。我经常看到一些团队拼命将注意力放在客户获取和客户保留的指标之上。这样做通常对客户获取很有用，但对客户保留的效果并不好，为什么呢?

对于很多产品而言，指标通常会用足够多的细节去描述客户获取的目标，目的是提供充分的管理指导。相反，客户保留指标并不能提供足够多的细节，使自身成为一项完整的管理工具。结果是，很多新兴公司会过度强调客户保留指标，没有花足够多的时间去深入了解用户的真实体验。这通常会导致一款出色的产品被一堆混乱数字所包围。对出色产品怀有美好期望，建立强有力的指标，两者互为补充十分重要，但如果用指标去代替对产品的期望，你就无法实现自己的目标。

严格按数字进行管理就如同利用数字进行绘画

你想促成的事有些也许可以量化，有些则不可以。你不能只汇报量化目标，而忽视质化目标，因为质化目标才是最重要的目标。仅仅按照数字进行管理就像利用数字进行绘画，从严格意义上说，这完全是业余爱好者的做法。

惠普公司一直都想实现高收益。由于只关心数字，惠普现在虽然实现了高收益，却牺牲了未来的收益。

请注意下列问题中所包含的很多数字以及质性目标：

- 我们的竞争性获胜率是在上升还是在下降?
- 客户满意度是在上升还是在下降?
- 我们自己的工程师对产品的看法是什么?

由于将公司当作黑匣子一样进行管理，惠普公司的很多部门以降低竞争力为代价，使当前利益实现了最大化。公司对实现了短期目标的管理者予以奖励，这种方式对公司极其有害。如果将白盒子考虑在内，效果就会好得多。白盒子不仅包含数字，而且还能告诉你这些数字是怎么来的。这种方式会惩罚那些以牺牲未来利益换取短期利益的管理者，奖励那些给未来投资的管理者，即使这些投资短期内难以测量。

最后一点想法

我们很容易看到，领导者被误解的方式有很多。为了正确做事，你必须认识到，你无意识评估的任何事都会引起员工们一系列的行为。一旦确定了自己想要的结果，就需要检验对这个结果的描述，而检验的依据是，员工对这一描述所做的行为反应。否则，员工行为的副作用也许比你正在补救的情况还要糟糕。

管理债务

沃德·坎宁安是第一个设计维基百科的电脑程序员，多亏了他，"技术债务"这个比喻现在成了一个很好理解的概念。你也许可以通过写快捷代码或不洁代码的方式节省时间，但最终还是要把时间还回去，还有利息。通常这种交换很公平，但如果你没有把这种交换记在脑子里，你就会遇到大麻烦。还有一个不太好理解的平行概念，我称之为"管理债务"。

像技术债务一样，当你牺牲掉代价高昂的长期利益、做出权宜的短期管理决定之时，就会发生管理债务。和技术债务一样，交换有时很有道理，但很多时候又没有道理。更重要的是，如果你引发了管理债务却并不负责，那你最终就会落得管理失败的下场。

与技术债务相似，管理债务形式多样，很难一一详述，但几个典型例子会有助于你理解这个概念。以下是创业公司中比较流行的三种管理债务形式：

1. 一山藏二虎。
2. 因某一员工得到了另一工作机会而对其补偿过度。
3. 缺乏绩效管理机制或员工反馈机制。

一山藏二虎

如果你有两名非常出色的员工，他们理论上都非常适合公司的某一职位，你会怎么做？也许你公司里技术部门的主管是一名世界一流的建筑师，但他却缺乏将公司规模扩大一个等级的经验。你还有一名出色的经营性人才，但其技术水平却不高。你想把这两个人都留在公司，但职位只有一个。于是，你就想出一个好主意，“一山藏二虎”，并因此而背负了一点点管理债务。短期利益很明显：你保留了两名员工，也不必对他们进行培养，因为他们在理论上会互相帮助，共同进步，他们之间的技能差距立刻得到了弥合。但是很不幸，为了这些利益，你必须在短期之内连本带利地偿还债务。

首先，这么做会令所有工程师的工作变得更加困难。如果某位工程师需要上司做决定，他该找哪位上司呢？如果一位上司做了决定，另一位上司有权推翻这项决定吗？如果是一项需要开会讨论的复杂决定，两位上司是否都必须出席会议呢？谁来确定部门发展的方向呢？如果需要召开一系列的会议来确定部门的发展方向，这个方向真的能确定下来吗？

此外，你卸掉了他们所有的责任。如果产品计划有误，谁来负责？如果技术失去了竞争力，谁来负责？如果运营主管对产品计划的失误负责，技术主管为技术质量负责，那么如果是运营主管强迫工程师们制定了产品计划表，从而导致技术质量下滑，那会怎样呢？你怎么知道这件事就是他做的？真正的代价是，随着时间的流逝，情况会更加糟糕。在短期之内，通过多召开几次会议，或以一种清晰的方式进行分工，你也许可以缓和这种负面影响。然而，随着工作越来越多，之前清晰的分工会逐渐变得模糊，部门会逐渐退化。最终，你只能做出艰难的决定，留下一个人，一次性还清债务，否则你的技术部门就会永远陷入泥潭。

因某一员工得到了另一工作机会而对其补偿过度

一名优秀的工程师决定辞职，因为他得到了一个更好的工作机会。出于各种原因，你对其予以补偿，但其他公司开出的工资比你公司里任何一名工程师的工资都高，这名工程师并不是你最出色的工程师。不过，他现在正在进行一个关键项目，你不能失去他。于是，你给他开出了同样的条件，保住了项目，却承担了许多的管理债务。

你或许认为你给他开出的条件是保密的，因为你让他发誓保守秘密。那么，秘密是怎么泄露出去的呢？公司里有他的朋友，当他得到另一家公司向其发出的工作邀请时，他会向自己的朋友咨询建议，他最好的一个朋友建议他接受工作邀请。当他决定留下来时，他必须向这位朋友解释自己为什么没有接受他的建议，否则他就会失去个人信誉。于是，他将实情告诉了这位朋友，让他发誓保守秘密。这位朋友同意保密，却感到气愤，因为他必须用辞职进行威胁，才能使工资获得合理的上涨。而且，这位朋友还因为你对他进行了过度补偿而感到嫉妒。于是，他将情况告诉了自己的几个朋友，并让他们保密。现在，技术部的每一个人都知道，涨工资的最好办法是从其他公司拿到工作邀请，然后以辞职进行威胁。要付清这样一笔管理债务，需要很长一段时间。

缺乏绩效管理机制或员工反馈机制

你的公司现在有 25 名员工，你知道自己应该规范绩效管理机制，但你不想付出代价。你担心这样做会让人产生一种“大公司”的感觉。而且，你也不想让员工被反馈搞得心烦意乱，因为你现在不能失去他们任何一个人。大家其乐融融，干吗要破坏现在的良好局面呢？背负一点点管理债务有什么关系呢？

当某个人的工作表现没有达到工作要求时，第一笔债务就来临了：

CEO：我们雇用他时，他表现非常好，这是怎么回事呢？

经理：他总是不按我们的要求做事。

CEO：你们明确告诉过他吗？

经理：也许说得不太清楚……

然而，更大的债务就像一笔默不作声的高额税款。当所有人都达成共识，而且不断进步时，公司会运行得很顺利。如果没有反馈，你的公司在任何一个方面都不可能做到最好。如果只下达指令、从不进行修正，这些指令就会显得模糊不清。人们意识不到自己的缺点时，很少会对其加以改正。不对员工的行为做出反馈的最终代价是：公司业绩的系统性一塌糊涂。

小结

我所认识的每一位真正出色的、富有经验的 CEO 都有一个重要特征：在回答有关部门组织的问题时，他们都倾向于选择艰难复杂的回答。如果面临两种选择：其一，给每个人发同样的奖金，不犯众怒；其二，极力褒奖业绩突出的员工，惹恼其他员工。他们会选择后者。如果面临另外两个选择：其一，撤掉今天一个很受欢迎的项目，因为该项目不在长期计划之内；其二，出于维护人心的目的或为了显得前后一致而保留该项目。他们会选择前者。为什么呢？因为他们曾经为管理债务付出过代价，所以不愿再重蹈覆辙。

有效的人力资源管理

技术行业的所有人似乎一致认为，人才是最重要的，然而就人才机构到底应该是怎样的，似乎并没有达成一致看法。

问题是，一涉及人力资源，大多数 CEO 确实不知道自己想要什么。在理论上，他们想拥有一个管理完善、企业文化成熟的公司。他们本能地知道，一个人力资源机构也许无法实现这一理想。因此，CEO 们通常会对这个问题撒手不管，去做一些即使不是毫无价值却也并非最适宜的事情。

具有讽刺意义的是，管理技术部门最先懂得：一个管理出色的质量控制部门无法生产一款高质量的产品，却能告诉你产品研发团队何时生产了一款质量低劣的产品。类似情况是，一个高质量的人力资源机构无法给你创造一个管理完善、企业文化成熟的公司，却可以告诉你，你和你的管理者何时没有尽到职责。

员工的职业生命周期

了解管理质量的最佳方式是观察员工职业生命周期。从聘用他到他退休，你的公司有多出色？你的管理团队在所有阶段都是世界一流的吗？你是怎么知道的？

一个出色的人力资源机构会支持、衡量并帮助你的管理团队实现提升，他们会帮你回答一些问题：

招聘

- 你非常清楚每一个公开职位所需要的技能和才干是什么吗？
- 你的面试官准备得充分吗？
- 你的管理者和员工有没有向求职者积极介绍公司的情况？
- 面试官们能按时到场吗？
- 管理者和招聘人员会及时联系应聘者吗？
- 你能和最强的公司展开强有力的人才竞争吗？

报酬

- 就你公司的统计数据而言，你享受的福利合理吗？
- 和与你展开人才竞争的公司相比，你的薪水和股票期权福利如何？
- 相对于你的薪酬制度，你的绩效排名如何？

培训与融合

- 聘用员工之后，从该员工及其同事，以及管理者角度而言，他需要多长时间才能体现出生产力？
- 加入公司之后，员工需要多长时间才能清楚公司对他的期望？

绩效管理

- 你的管理者会给予自己的员工前后一致、清晰明确的反馈吗？
- 你公司的书面绩效评价报告质量如何？
- 你公司所有的员工都能按时收到自己的绩效评价吗？
- 你能有效地管理工作表现不佳的员工吗？

工作动机

- 你的员工来上班时激动兴奋吗？
- 你的员工对公司使命怀有坚定的信念吗？
- 他们每天喜欢上班吗？
- 有没有员工消极怠工？
- 你的员工清楚公司对他们的期望吗？
- 员工们是安心留在公司还是辞职人数比往常更多？
- 员工们为什么辞职？

有效管理人力资源的几项要求

应该找哪种类型的人才来帮助自己全面、持续地了解自己管理团队的质量呢？下面是对这类人才的几项基本要求：

- **世界一流的流程设计师**。人力资源主管颇有点儿像质量监察部门的主管，他必须精通流程设计。准确衡量重要管理流程的一个关键是，看其是否具备出色的流程设计和严格的流程管理。
- **真正的外交官**。没有人喜欢打小报告的人。如果管理团队对其缺乏完全信任，人力资源部门不可能有效地开展工作。管理者必须相信，设立人力资源部的目的是帮助自己改进工作，而不是对自己进行监管。优秀的人力资源主管会真心实意地为管理者提供帮助，不会因为发现了问题而大肆表功。他们会直接找管理者解决问题，提高管理质量。如无必要，他们一般不会将问题上报给CEO。如果人力资源主管将自己的知识深藏不露，玩弄权术，或搞阴谋诡计，那他就毫无用处。
- **行业知识专家**。薪酬、福利、最佳招募方法等变化极快，人力资源主管在行业之中必须建有深厚的关系网，对所有最新情况了如指掌。
- **CEO信任的智慧顾问**。如果人力资源主管想将管理者的管理水平维持在一个高水平，CEO对此不给予充分支持的话，其他任何技能都将变得不重要，因此，CEO必须相信人力资源主管的思考和判断。
- **感觉灵敏的人**。当公司管理质量开始下滑，所有人对此毫无觉察，但感觉极其敏锐的人却能察觉出公司正在走下坡路。你需要这样一个人。

第六章

关注眼前的麻烦

这他妈的不是咱黑人的做派，如果你是真正的黑人，那就和我对着干。

——美国说唱歌手特立尼达·詹姆斯

《所有美好的一切》

在 Opsware 举办的一次公司例会上，有人提出一个困扰他很久的问题。“公司里的脏话太多，这让大家很不舒服。”其他人立马帮腔道：“没错，这让我们的工作环境很不专业，该治理一下了。”虽然他们语焉不详，但我知道他们主要是针对我，因为我就是公司里的脏话大王，没准儿还是这个行当里的脏话大王。那段日子里，我忙得焦头烂额，说不了两句话就会往外蹦脏字。

有时我是故意的。给员工交代工作的时间就那么多，所以我必须在有限的交流时间内让自己的指令准确无误地传达出去。没有什么比隔三岔五甩几个脏字更管用的了。如果我对他们说“这不是重点”，其威慑力绝对没有“这他妈的根本就不是重点”强烈。一旦我开了这个头，其他人就会依样效仿。要是你希望自己的观点像阵风一样传遍公司，那么，冒几个脏字绝对奏效。（但是，如果你不希望自己的员工说起话来像一群二流子，那你就得检点自己的行为了。）很多时候，我都是情绪激动而在不经意间说了脏话。这不是一家好管理的公司，而我也因此患上了 CEO 综合征，症状就是情绪失控说脏话。

既然大家已经把这个问题拿到桌面上来说，那我就得认真对待了。那天晚上，我苦思冥想，得出了以下几个结论：

- 在科技行业，有些人不介意脏话，而有些人却介意。
- 如果明令禁止说脏话，那么习惯说脏话的人可能会觉得我们古板教条，进而辞职。
- 如果允许说脏话，有些人会辞职。
- 我有私心，难以公允决断，因为我本人就是最大的违规者。

一番深思熟虑之后，我意识到那些目前最优秀的科技公司，比如微软和英特尔，根本不把这种禁忌当回事。如果我们禁止说脏话，那无疑会让自己在这个行当里显得格格不入。当然，也不能因此纵容说脏话。要想招募到最出色的工程师，我们只能在那些对脏话最无所谓的高科技领域中寻找。摆在我们面前的路有两条，要么以顶尖人才为重，要么以一尘不染的企业文化为重。该怎么办？答案很简单。

我决定保持现状，但是我需要做一个声明。大家对此现象心怀不满并且当着我的面提了出来，那我就该给他们一个说法。这是个技术活，脏话可派不上用场。我绝对不想让脏话成为恐吓或者骚扰员工的武器，所以我得为脏话的用途做一个清晰的界定。在什么样的情境中才可以正当地说脏话？这让我煞费苦心。

当晚，我碰巧看了一部20世纪70年代的影片，名叫《恋童癖》，该片描写了一个猥亵儿童的罪犯被判入狱后的一段曲折经历。监狱里的人们奉行的道德准则是：猥亵儿童者必须死。片中有个年轻人，他被其他狱友戏称为“纸杯蛋糕”。

没想到，这部电影为我提供了灵感，让我找到了对策。

第二天，我在公司大会上发表了这样一段讲话：

> 我已经注意到，你们当中有很多人反感我们说脏话。作为头号违纪者，我已经开始反思我的个人行为乃至整个公司出现的这种现象。我发现只有两个选择：第一，禁止说脏话；第二，接纳脏话。折中做法很难行得通。我不可能给别人强加一个脏话的“最低控制线”。我曾经说过，要想让公司在竞争中立于不败之地，就必须引进全世界最优秀的人才。在科技领域，说话带脏字几乎是所有公司员工的通病。因此，禁止说脏话只会拒那些优秀人才于千里之外。所以说，我们允

许它的存在，但这并不意味着你可以用污言秽语恐吓或者骚扰其他人，用脏话来干坏事。从这个角度来说，脏话和其他言语的意义是相同的。例如，"纸杯蛋糕"这个词，如果我对香农说："你做的纸杯蛋糕味道不错"，那肯定没问题。但如果我对安东尼说："嗨，纸杯蛋糕，你穿牛仔的样子棒极了"，那就不得当了。

自那天以后，我再也没听到有谁抱怨别人说脏话，也没有人因此而离职。有时候，企业领导者只需言简意赅地表明态度，不一定非得提出具体的解决办法。一旦我明确表明脏话可以说——只要不是用于恐吓或骚扰——那就没人会再找麻烦，至少据我所知不会再有。推行这个条令的最终结果令人满意：舒适的工作环境，较低的人员流失率，消失的怨言。有时，CEO 能执行的规定就是好规定。

一个公司在发展过程中会经历很多变化。如果你当初在建立企业文化和塑造企业精神方面煞费苦心，那么无论你是否想放慢发展的脚步，你都得记住，现在这个有着 1 000 名员工的大公司早已不是当年那个你带着 10 个人打天下的小作坊了。但这并不意味着人员增加到 1 000、10 000，甚至 10 万时，你就玩不转了。关键在于与时代同步。管理好一家拥有一定规模的企业意味着你得承认它今非昔比，接受那些无法回避的变化，这样才能保证不把事情搞砸。本章将要为你介绍的，就是那些你不得不做出的改变。

如何最大限度地减少办公室政治？

在商界多年，我从未听说有人对办公室政治心怀好感，大多数人对此都是满腹怨气，就连那些公司老板们也不例外。既然大家都反感办公室政治，为什么它还是如影随形呢？

几乎所有的办公室政治都是由公司老板开的头。你可能会觉得委屈："我讨厌政治，不爱耍手腕，但我的员工们却恰恰相反。这绝不是我的原因。"你错了。公司内部的办公室政治并不在于你本人是否爱耍政治手段。事实上，那些最缺乏政治头脑的老板往往会带出一支最善于钩心斗角的队伍。这些对政治不感兴趣的老板们常常在不经意间助长了公司内部激烈的政治斗争。

我所说的政治，是指员工在职场进阶的过程中，依靠手段，而非业绩和贡献为自己谋取空间。我们生活中的政治形态有很多种，但这种形式的政治确实让人头疼。

办公室政治是如何产生的？

公司 CEO 无意间对政治行为的鼓励抑或放任，往往办公室政治发端的源头。就拿给管理人员定薪酬为例。如果那些资深员工不时地找你加薪，示意你他们的所得远远低于应得，甚至暗示你他们手头还有别家公司伸出的颇具诱惑力的橄榄枝，你会怎么办？如果对方的要求合情合理，你也许会酌情考虑，然后给他加薪。这种做法听起来无可厚非，但其实你已经就此为办公室政治的蔓延埋下了祸根。

具体来说，你所奖励的并不是推动公司发展的行为。员工获得加薪是因为他提出了加薪的要求，并非因为他真的工作出色。这会产生什么样的危害？让我们来梳理一下：

1. 公司里其他跃跃欲试的员工很快就会依样效仿。没有不透风的墙。无论是这一轮竞争者还是那个先吃螃蟹的人，加薪与否都将与工作表现无关。你花时间考虑的，不是对方的工作业绩，而是政治问题。如果你对员工的驾驭能力较强，那就无须满足所有人计划外的加薪要求。最终，这些资深员工的加薪标准将演变为：先到先得。

2. 仅仅因为对政治手腕不敏感，公司里那些默默无闻的员工将无缘这份计划外加薪。

3. 你的员工从此次事件中总结出：会哭的孩子有奶吃，会耍手腕的员工有钱赚。准备好听他们的集体号哭吧。

下面，我们举个复杂点儿的例子。你的财务总监对你说他想当经理，最终目标是常务总经理，希望你指点一二。为了鼓励他的积极性，你可能会赞赏他的梦想，表达对他的信心，并建议他努力拓展自己的知识面。此外，你还告诉他，只有强有力的领导方式才能让手下人心服口服。一周后，另一个中层管理人员惊慌失措地找到你，说财务总监已经问过他是否有意为他工作了，并听说你已经有意提拔他当常务总经理。意外吗？好戏才刚刚开始。

如何将办公室政治的发生率降到最低？

将办公室政治的发生率降至最低可不是件容易的事。思想开明或者乐于鼓励下属的优秀领导并不一定能在这件事上发挥积极的作用。

管理资深员工和新员工是两码事，其间的差异就好比你在拳击场上打比赛，前者是职业拳击手，后者则是个外行。如果你只是和外行对打，你可以想怎么打就怎么打，对方不会把你怎么样。假如对方是职业拳击手，那你就要费点儿心思了。多年的专业训练足以使他们捕捉到对手在技术上细微的漏洞，使你在瞬间失去平衡，对手需要的恰恰就是这转瞬即逝的战机。

同样，如果你面对的是职场新手，当他们咨询你有关职业发展的问题时，你可以实事求是地表明态度，然后轻松脱身。但是，如果对方是一个野心勃勃的职场老将，那结果就不容乐观了。所以，要想不被办公室政治弄得手忙脚乱，你就有必要修正自己的策略。

应对策略

我在担任 CEO 的过程中，总结出了两条关键策略，它们在预防办公室政治方面发挥了极大的作用。

1. **选拔员工时要衡量对方的野心有多大。**前文涉及的人都有野心，但不一定每个人都是天生的权谋家。如果你想把自己的公司变成美国参议院的缩影，最保险的途径就是去选拔那些野心勃勃的人。安迪·格鲁夫认为，那种以公司的发展为依托，实现个人发展的野心才是恰如其分的，个人的成就仅仅是以公司成就为前提而形成的伴生物。相反，只关注个人成功而将公司利益置之不顾的人拥有的只是不当的野心。

2. **建立严格的流程来防范潜在的办公室政治，并认真执行。**易招致是非的领域包括：

- 业绩评估和业绩奖励
- 机构设置和职权划分

· 员工提拔

我们来逐一分析这几个领域，看看如何建立并实施一套行之有效的规范，来杜绝公司员工因争权夺利而引发的不良现象。

业绩评估与业绩奖励。在这个问题上，很多公司的老板往往都不能及时落实。他们并非不进行绩效管理和薪酬核定，只是常常临时起意，结果给日后公司内的权谋之战留下可乘之机。通过开展严谨规范的绩效管理和薪酬核定，可以确保在员工收入和公司赢利之间达到尽可能高的一致性。这一点尤其适用于管理人员的薪酬核定，因为这同样有利于减少办公室政治。在前文提到的事例中，如果公司的 CEO 实行了严格的绩效管理和薪酬核定，那他就可以拒绝对方的加薪请求，告诉他必须得按照统一的标准来执行。最好是由董事会集体讨论管理人员薪金的发放，以确保管理的有效性，杜绝例外情况的发生。

机构设置和职权划分。假如你的手下都是些野心勃勃的家伙，他们就会不时地想扩展自己的势力范围。比如，前面提到的觊觎常务总经理位子的财务总监。有时，市场部的总监想涉足销售部的业务，或者技术部的负责人还想兼管一下产品部，这样的情况不一而足。如果有下属向你提出了类似的要求，切记要措辞严谨，因为你说的每一个字都可能成为权力角逐中的砝码。一般情况下，最好不加评说。最多就是问问“为什么”，但千万别对对方提出的理由做出任何反馈。一旦你流露出了自己的观点，那就会一传十，十传百，流言满天飞，各种不利于公司发展的言论都将随之而来。而你，就是那个始作俑者。你需要做的，是定期考量公司的机构设置，搜集所需的信息，在下属还没发现任何预兆时就做出决策。决策既出，立即执行，不给小道消息和流言蜚语留一丁点儿机会。

员工提拔。在提拔某个员工时，他的同事们必会揣摩他受重用的原因，究竟是业绩骄人呢，还是手腕高明？如果答案是后者，那他们的反应不外乎以下三种：

1）恼怒，觉得自己不受重视。

2）明目张胆地和被提拔者对着干，暗中使坏。

3）效仿对方的手腕，实现自己的目的。

很明显，你不希望这样的情况发生在你的公司。因此，你务必要创建一套正式、公开且合理的提拔体制。这套体制在衡量你身边的管理人员时应有所区别。（普通员工的升迁由其所在部门的主管推荐，而部门主管的职务变动则要由董事会决定。）这样做有双重目的。其一，公司将升职与业绩挂钩，这至少会让员工们干劲儿十足；其二，这样的选拔过程可以为你手下的管理团队提供必要的信息，好让他们了解你的决策意图。

当心道听途说。当你的公司规模日渐壮大，你手下主管相互间的怨气就会逐渐升级。有时，这种怨气火药味儿十足。所以，你要特别注意你倾听抱怨时的方式，并对潜伏在抱怨背后的信息细加甄别。如果你只听不表态，不为被投诉者说几句公道话，那别人就会以为这是无声的支持。如果别人以为你认同他的观点，即某个主管能力欠佳，那么风声就会传遍全公司。最后，没人再听这个被投诉者的号令，他的管理很快就会陷入僵局。

你通常会听到两种典型的投诉内容：

1）投诉某主管的所作所为；

2）投诉某主管的个人能力和工作表现。

通常情况下，解决第一种投诉的最佳方法就是把投诉人和被投诉人请到一起，让他们互相挑毛病。一般说来，只要你能让他们双方坐下来谈，就能够化解矛盾，调整各自的行为方式，使他们的相互关系得以改善（如果两人的关系的确已经很糟糕）。不要在其中任意一人缺席的情况下试图解决这类矛盾，因为这样做只会助长主管们相互间的倾轧和猜忌。

与之相比，第二种类型的投诉不太常见，却更为复杂。如果你的某个主管胆敢在你面前指责别人的能力，那极有可能说明他或对方存在着很严重的问题。对于这样的投诉，你的反应不外乎两种：第一，意料之中，这件事你已经有所耳闻；第二，大吃一惊，对方公布了爆炸性的消息。

如果是前者，那你就该担心了。看来事态的发展早已超出了你的预期。无论你出于什么原因一再庇护这个刚愎自用的主管，现在看来，公司上下已经对他忍无可忍了。所以你必须快刀斩乱麻，也就是说，解雇他。多年的管理经验告诉我，主管可以通过努力提高他的业务能力和工作表现，可一旦失去人心，那就回天乏力了。

相反，如果投诉者提供的情况你闻所未闻，那就应该立即停止谈话，明确向他表示你不认同他的看法。你不能在重新评估某人的工作表现之前就轻易否定他，也不该让这样的投诉演变为满足一己私欲的揣测。结束谈话后，你务必对被投诉者的工作即刻进行考量。如果对方表现出众，那你就得弄清楚投诉者的动机并加以解决，绝不要让事态向纵深发展。如果对方表现确实不尽如人意，你可以再回过头找投诉者了解更多内情，如果情况确实很糟糕，你可以将被投诉者辞退。

作为公司的一把手，你必须考虑到自己的一言一行在全公司可能引发的后续效应。尽管开明机警的行动派领导形象确实能让你自我感觉良好，但切忌因此而助长公司里的某些不良风气。

适度的野心

在组建管理团队时，大多数新创业的公司都倾向于把“智商”作为选拔人才的主要标准。然而，一支智商出众但野心过盛的团队却不会对公司发展做出积极的贡献。前文中已说过，招聘人员时，一定要留意对方的野心指数是否合宜。在过去几年里，人们对我的这一观点各执一词。

从宏观的角度来看，只有当资深主管们把集体成就放在个人成就之上，从全局角度而非个人角度来考虑问题时，这个公司才有可能实现利益最大化。没有哪个老板制定的员工奖励机制是无懈可击的，而且，诸如升职和职权归属之类的激励措施也不属于奖金发放和其他久经检验的管理工具的范畴。在以公平、公正为基础的奖赏体系中，公司利益的最大化就意味着个人利益的最大化。就像我在 Opsware 的销售主管马克·克兰尼所说的：零的 1%还是零。

主管的野心指数应保持在适当的范围内，这一点相当重要，因为这是维系员工工作积极性的一个重要前提。如果一个主管对于个人前程的关注超过了对公司业绩的关心，那他手下的员工一定会想：我干吗要加班加点地为这家伙卖命？最能激发员工积极性的做法莫过于让他们怀揣使命感去工作，让他们相信这份崇高的使命值得他们把个人抱负暂放一边。所以说，能将理想抱负控制在合理范围内的主管比那些野心勃勃的家伙更有价值。为方便大家详细了解野心过大的危害，我强烈建议大家读一读苏斯博士所著的管理学经典——《乌龟大王亚特尔》。

鉴别适度的野心

与识别其他复杂的个性特质一样，我们很难在面试中鉴定一个人的野心指数高低。尽管如此，我们还是希望以下经验能对大家有所帮助。

一般来说，每个人都有自己独一无二的看问题的视角。在面试候选者时，你可以留意他们在这方面的一些微小差别，看看他们在考虑问题时究竟是以“我”为出发点，还是以“团队”为出发点。

以“我”为出发点的人往往会这样描述刚刚离职的上一家公司：“在我的上一家公司，我玩儿的是电子商务。我觉得那份工作丰富了我的阅历。”请注意，用“我的”来指涉公司恐怕会让公司的其他成员直呼“不”，甚至还会惹恼他们。而且，野心适度的人不会用“玩”这个字眼来描述他与团队其他成员共同取得的成绩。另外，以“我”为出发点的人会觉得用“丰富了我的阅历”这样的字眼再自然不过，而以“团队”为出发点的人则会觉得这样的表述很不地道，因为这无疑传递出一个信息：这个人心里只有个人目标，缺乏团队意识。

相反，以“团队”为出发点来考虑问题的人说话时很少使用“我”，哪怕是在谈论其个人成就。在面试中，他们总会把功劳推到从前的合作伙伴身上。相对于工作待遇和职业发展，他们更关心这家公司的实力。如被问及为何离开上一家公司，他们往往会把责任归咎于自身，检讨自己判断力不佳而做出的错误决策。

我在招聘 Opsware 全球销售主管一职时，就是使用以上方法鉴别出了最佳人选。由于这个岗位涉及销售，所以候选人是否有全局意识、是否能将公司利益置于个人利益之上就成为我考量他们的一条重要标准。其原因有很多：

- 销售工作的奖励力度大，如果没有得力的领导者，各方关系将很难得到平衡。
- 销售部门是一个企业面向外界的窗口，如果这支队伍以个人利益为中心，公司将后患无穷。
- 在高科技企业，销售部是弄虚作假的源头，因为销售主管极易为了实现局部业绩最优化而说出不实之词。

整个面试过程中，我们接待了许多自以为是的应聘者。他们介绍了自己拿下大单业务、实现宏伟目标、为公司创造辉煌业绩的光荣历史。无一例外的是，这些人夸耀自己的丰功伟绩时滔滔不绝，但在细数这些业绩背后的细枝末节时却吞吞吐吐。在之后的资格审查中，我们从当年与他共事过的人那里听到的是全然不同的版本。

而当马克·克兰尼坐在我面前时，我却很难听到他谈论自己的光荣历史。说实话，其他面试官觉得克兰尼有些自高自大，在回答某些问题时的那种生硬态度甚至还让他们相当恼火。其中有一人不满地说："本，听咱们在耐克公司的联络员说，是这家伙让耐克公司的产品销量从 100 万增加到 500 万，可他本人却只字不提。"的确，在面试中，他只愿意回顾过去公司的业绩，不厌其烦地描述他所在的团队如何在竞争中找出自己的软肋，以及他如何与另一位主管联手来推广产品。此外，他还聊起自己如何与耐克公司的 CEO 协同改进销售人员的培训和管理方式。

此前，克兰尼已经从我们头号竞争对手的销售代表那里了解到了他们的业务范围。所以，当我们的谈话内容转向 Opsware 时，克兰尼不留情面地质问我如何与对方竞争，如何进军我们未曾涉足的领域。他希望了解团队中每个成员的优势和弱点，也想知道我们的下一步发展规划是什么。直至谈话接近尾声，我们才说起了薪酬和职位等具体事宜，他期望能按劳取酬，而不是靠玩弄权术获得利益。很显然，克兰尼关注的是团队这个整体。

克兰尼在 Opsware 担任销售主管期间，公司产品的销量增加了 10 多倍，市场资本额增加了 20 倍。更重要的是，销售部门的顾客主动流失率相当低，因为他们一直都能得到最公平、最诚信的服务。我们的法律事务部和财务部的人常说，克兰尼就像公司的坚实铠甲，保护着大家一路向前。

小结

个别员工私心重也许没什么太大危害，但如果你把公司的重要部门交给那些野心家来打理，公司就会危机重重。

头衔与升迁

在与新公司打交道时，我发现对方员工往往都是些无冕之王。这也合情合理，毕竟他们都是初来乍到打江山的，没必要而且也不可能给每个人划分明确的岗位职责，因为他们什么都做一点。这个阶段不存在政治斗争，也没有人觊觎皇权王位。这种状态实在很美好。那么，为什么所有的公司最终都会给不同的人分封不同的头衔？怎样分配这些头衔才算正确？

头衔为什么重要？

促使公司分封不同头衔的两个重要原因是：

1. 满足员工的需要。你打算把毕生心血投入自己的公司，但有些员工可能还会另谋高就。假如你的销售主管去别处求职，他肯定不想说，自己尽管带领着一支遍及全球数百人的销售团队，却依然是个“伙计”。

2. 达到识别身份的目的。人们需要知道“谁”是“谁”。随着公司规模的壮大，员工们不一定能认得每一位同事。更重要的是，他们不知道别人的分工情况，不清楚该与谁合作才能完成任务。职务头衔就好比速记符号，可以准确地描述公司里每个人的角色定位。此外，客户与商业合作伙伴也能通过这些符号来决定如何以最佳的方式与你的公司合作。

而且，职务头衔也是一个标杆，可以使员工就自己的价值和报酬与其他同事展开比较。假如一位初级工程师认为其编程能力远在高级工程师之上，那就说明给他安排的岗位与支付的薪水都偏低。鉴于头衔可被用于估算相对价值，因此在分配头衔时要慎之又慎。

危险：“彼得定律”与“坏榜样法则”

概念不难理解，那为什么还有那么多家公司最终会在人事任用上出问题？如果你在企业工作过，没准儿也曾经对某个青云直上的家伙满心不服：“他凭什么做到这个职位，要是我，连个饮料摊都不放心交给他。”

这都是“彼得定律”在施威。劳伦斯·J·彼得博士和雷蒙德·赫尔在1969年出版的同名书籍中首次使用了这个术语，意即在一个集团中，员工只要表现出众，就能获得提拔，直至被提拔到一个他不能胜任的岗位（即他们的不称职级别），自此无法再获得提升。安迪·格鲁夫在其管理学经典《格鲁夫给经理人的第一课》中指出，“彼得定律”不可规避，因为我们无从预知某个人的能力会在权力阶梯的哪一层止步。

另一个原因是，“坏榜样法则”。依据该法则，一个团队内部无论哪个层面出现了滥竽充数的人，他们都会像蛀虫一样影响其他成员，最终使得能力出众的人也渐趋平庸。

这条法则的原理就是：员工会拿他们上级中能力最差的那个人做参照物。举个例子，如果贾斯珀是几个副总裁中最平庸的一个，那么所有的部门主管都会以他为标准，提出升职的要求。

和应对“彼得定律”一样，你的最佳对策就是减轻“坏榜样法则”的影响，这对于保证公司员工的整体素质至关重要。

升职标准

制定科学严谨的升职标准是降低“彼得定律”与“坏榜样法则”不良影响的最佳手段。在这个问题上，我们可以借鉴一下柔道运动选拔高手时的竞赛标准。一名柔道选手要想升入高级别段位，必须要击败这个级别上的某一个选手（例如从褐带段级上升到黑带段级）。这可以确保新晋的黑带选手至少不比现任黑带选手中实力最差的那个人弱。

让人苦恼的是，公司可不是竞技场，没法进行一对一的单挑。那么，怎样才能保证人才选拔的准确性呢？

第一，对各级别岗位的职责范围和能力标准做出简明扼要的界定。避免使用空泛的字眼，比如“必须胜任管理工作”或者“必须有出众的管理才能”等。实际上，最好的评价标准往往相当具体，甚至是有一说一，例如“招聘专员需具备明星气质，要不亚于珍妮·罗杰思”。

第二，制定所有岗位的正式升职标准。其核心准则就是，要通过跨部门考核来决定是否提拔某个员工。如果你任由某个部门经理单方面发出提拔指令，那很有可能造成人力资源部有 5 个副经理而技术部只有一个副经理的混乱局面。组建评审委员会可以有效地在各部门之间达成平衡。委员会定期审核公司内部所有重要岗位的人事安排。经理想要提拔某个下属时，必须要在评审会上提出来，并说明其推荐理由。评审委员会评定该人员是否达到岗位标准，并将他与其他同级员工做比较，最终决定是否提拔。除保障公平和品质外，这个过程还能让你的管理团队更好地了解被评议人在工作上的表现。

安德森 VS. 扎克伯格：头衔多大才合适？

公司里除你之外最大的领导者是谁？是副总裁，还是各位董事？是首席营销主管、首席财务主管、首席人事主管，还是首席小吃主管？关于这个问题，马克·安德森和马克·扎克伯格提出了两种不同的观点。

安德森认为，员工为公司效力总是希望获得相应的回报，譬如薪水、奖金、股份、权利以及头衔等。这其中，头衔的成本最低，因此可以尽可能定高些，CEO 之下是首席主管，然后是高级副总裁。只要他们喜欢，那就给他们相应的职位。另外，在与其他公司比拼实力争取新人时，头衔可以让你更具吸引力。

相反，扎克伯格在管理Facebook公司时，有意识地让各职务级别低于行业内的一般标准。其他公司的高级副总裁在这里只能被降格称作主任或者经理。这是为什么呢？第一，在每个新人入职时，扎克伯格都要给他们重新定头衔，以避免他们的头衔和职位高过那些表现优异的老员工。这样做有助于鼓舞士气，维系公正。第二，这可以使Facebook的各位经理了解并认可这套职务评定体系，为他们本人的升职和加薪发挥更好的作用。

此外，扎克伯格还希望通过降低头衔来传递一些信息，让大家知道哪些人对公司做出了重大贡献。对于一个高速发展的公司而言，清晰的机构划分极为重要。如果公司里有50个副总裁和10个首席官，那么，公司的发展将无从谈起。

他还指出，管理人员的头衔往往比同级别技术人员的头衔更唬人。尽管这样的头衔有利于管理人员开展对外业务，但他依然希望公司的核心竞争力来自产品研发部门。因此，这也是他降低管理人员头衔标准的重要因素。

那么，在引进人才这一环节，Facebook是否因此而错失良机呢？当然。但他们认为，出于这个原因而放弃Facebook的人也不是他们真正需要的人才。实际上，无论是招聘过程还是管理过程，Facebook都制定了详细的条例来保障人员的自主选择权，觉得合适就加入，觉得不合适就放弃。

究竟哪一种做法更有道理呢？安德森的，还是扎克伯格的？不一定。Facebook实力雄厚，在招募人才方面具有充分的优势，所以不必依靠头衔来吸引别人的眼球。而有些公司不一定有如此强大的号召力，那就不妨借助一下花哨的头衔来扩大吸引力。无论是哪种情况，作为掌门人的你始终要保证公司内部严格的职务界定标准和提拔标准。

小结

你可能会认为，花费这么多笔墨来谈论升职和头衔有些过于形式主义。如果这样想，你就错了。没有一套缜密、严格的人员任用标准和升职体系，员工会陷入因不公而引发的无穷无尽的矛盾之中。只要你预防得当，大家就不会再纠缠于头衔的高低，只会一心争当明星员工。

当天才员工变成超级浑蛋

在这个行业，员工必须得有一个足够聪明的大脑。因为我们的工作难度系数大，复杂指数高，而且竞争对手旗下全都是聪明人。然而，只有聪明还远远不够。出色的员工同样还要能吃得了苦，担得住事，并且善于和团队成员和睦共处。

这是我在担任 CEO 期间历尽艰辛获得的一份感悟。当年，我的目标就是营造这样一个工作环境，以使背景不同、性格迥异、工作方式千差万别的各类优秀人才汇聚一方，共同创造辉煌的业绩。我的想法没错，这就是我的工作。和那些没有纳贤于八方的公司比起来，能将形形色色的顶尖人才招揽在自己门下是一种极大的优势，有助于你吸引和留住更多的能人志士。但是，对人才的依赖要适可而止，不要重蹈我的覆辙。

接下来，我要讲三个关于“天才员工变成超级浑蛋”的故事。

事例一：异类

任何一家大公司都会制定一些没什么用的政策、计划，或是进行一些毫无意义的工作，提拔一些毫不称职的员工。只要是大型机构，那就难求十全十美。因此，公司需要选拔大量头脑灵活且责任心强的员工来发现机构运作中的漏洞，并协助解决这些漏洞。

然而，有些头脑灵活的员工不但帮不了公司，反而会给公司制造更多的麻烦。出现问题时，他们不是立即找出其中亟待修复的漏洞加以解决，而是拼命挑毛病，以凸显自己的高明。具体来说，他会质疑公司的前景，贬低公司的领导者，以此来衬托自己。有这种习惯的员工越聪明，产生的破坏力就越强。也就是说，聪明人产生的危害性会达到最高点，因为人们对聪明人往往坚信不疑。

这些聪明人究竟为什么要贬低自己供职的公司呢？原因有很多，譬如以下这几条：

1. 为寻求关注。由于没有机会和主管打交道，因此发牢骚是他获得关注的唯一途径。

2. 天生叛逆。他骨子里就桀骜不驯，不叛逆就不舒服。这是一种比较隐秘的人格特征。这种人往往更适合当领导，而不是普通员工。

3. 思想不成熟，无法理解公司经营者在管理中不可能知道每一个微小细节这个事实，因此会在出现问题时小题大做。

通常情况下，我们很难让这样的员工扭转态度。一旦他公开表明态度，来自各方的压力便会让他孤掌难鸣。假如他在 50 个好友面前说了“CEO 是个蠢货”这样的话，那下一次他再这样说时就没几个人相信他了。多数人都不愿意让自己的信誉受影响。

事例二：怪人

有些人才高八斗，却一点儿都靠不住。在 Opsware 公司，我们曾经聘用过一个天才级员工，名叫罗杰（化名）。说他是天才一点儿都不过分。当时，他在技术部工作，一般的新员工至少要花三个月的时间才能渐入状态开展工作，而罗杰只用了两天。到了第三天，我们给他分派了一项预计一个月才能完成的任务。三天后，他给我们提交了一份几乎完美无缺的报告。准确地说，他用了 72 个小时：不眠不休连轴转的七十二小时，别的什么都不做，只有编程。在前几个月里，他是公司里表现最突出的员工，所以我们很快就给他升了职。

接下来，他就变了。随意旷工，刚开始是几天，后来变为几周，连个电话都不打。等到他终于露一面，便会听到他痛心疾首的道歉，可事后依然如故。他的工作质量也大不如前，人变得懒懒散散，工作时心神不定。我当时很纳闷，这么优秀的一个人怎么变成了这样。由于他在团队中发挥不了任何作用，主管想辞退他，但是我没同意。我认为他的天分依然在，只是需要我们把它发掘出来而已。但是我错了。后来我才知道，罗杰患有躁郁症，但拒绝服用治疗药物，而且，他还吸毒。我们最后不得不开除他。但时至今日，一想到他，我还是会惋惜不已。

不一定只有躁郁症患者才会做出古怪的行为，但古怪行为背后一定有其深刻的根源。有些人是因为染上了毒瘾而走向毁灭，也有些人是因为在别家公司赚外快而一心多用。一个公司是由集体的力量造就的，员工如果不能成为这个集体中值得信赖的力量，那么无论他的个人能力有多强，对于公司来说都是没有价值的。

事例三：浑蛋

这种类型的员工在任何部门都有可能出现，可一旦出现在管理层，其危害力将达到最大。大部分部门主管多多少少都会犯点儿浑，个别时候的满嘴脏话还能起到敲山震虎的作用。但我要说的是另外一种浑。

当一个人一而再，再而三地犯浑时，其后果是令人震惊的。一家公司在成长壮大的过程中，最大的挑战就是沟通。让成百上千人同时为一个目标而众志成城绝不是件容易的事。如果你的主管中有一个浑蛋，这个目标就完全不可能实现。有些人与别人交流时总是气势汹汹，致使别人在他面前根本就没法开口。当有人指出营销部存在的问题时，营销主管都跳出来恶语相向，那交流还怎么进行？久而久之，人们只要见到这家伙在场，就不会讨论任何工作。渐渐地，主管间的沟通不畅会慢慢瓦解整个公司。请注意，这种情况只发生在那些智商出众的浑蛋身上。若不是才智超群，别人也不会把他的攻击放在心上了。恶狗咬人咬得才狠。如果你跟前有这样的恶狗，你就必须早做了断。

区别对待

曾经有人问著名的足球教练约翰·麦登，是否会接纳像特雷尔·欧文斯这样的队员。欧文斯是顶尖的足球运动员，但同时也是个大浑蛋。麦登回答道："当你的车上拉着全队成员，因为他的迟迟不到有可能错过比赛时，你当然不能再继续等下去，班车得准点开。然而，有时候你需要用专车接送他一个人，因为他是最棒的。”

菲尔·杰克逊是NBA冠军队的教练，也曾被问到对他手下鼎鼎有名的怪才丹尼斯·罗德曼的评价。“既然丹尼斯·罗德曼可以在训练中缺席，那是否意味着迈克尔·乔丹和斯科蒂·皮蓬这样的球星也可以不参加训练？”杰克逊回答道：“当然不是。这个队里只能有一个丹尼斯·罗德曼，事实上，即便是全世界也找不出几个像他这样的人。如果对每个人都网开一面，那就乱套了。”

在你的身边，可能也有符合以上情况的员工，他们能为公司做出贡献，却是不安定因素。你可以尝试私底下将他带来的负面效应降到最低，使他不至于殃及你的企业。

该不该招资深人士？

新起步的公司运转良好，业绩蒸蒸日上，你却听到董事会有人在危言耸听：“应该让老将出马，让一些真正有实战经验的管理人员来帮助公司上一个台阶。”真是这样吗？是时候这样做吗？如果是，那你应该从何入手？请来了他们，你该如何领导？如何衡量他们工作的质量？

你的第一个疑问是，“我为什么要依靠他们？他们的独特品位和老谋深算是否会破坏公司的风气？”在某种程度上，他们会。正因如此，你才需要认真考虑这个提议。但是，能否在适当的时候引入经验丰富的人，往往是决定公司成败的关键。

让我们回过头来看第一个问题，为什么要任用这些资深人士？答案很简单：时间。创办技术型公司，意味着你自此开始了一段和时间赛跑的艰难旅程，这段旅程将持续至你生命的最后一刻。没有哪一家刚刚创业的技术型公司能摆脱产品“保质期”这个魔咒。再伟大的想法过了期就会一文不值。如果扎克伯格上一周才入行，那他的 Facebook 会何去何从？我们在公司成立一年零三个月时推出了“网景”浏览器，假如晚推出 6 个月，那我们就会因姗姗来迟而不得不和其他 37 家公司同分一杯羹。就算没有别的公司先于你抢占市场，如果五六年之后公司还是毫无起色，那无论你有多少雄才伟略，员工们也会失去信心。任用那些曾有过相关创业经验的人可以加速成功的进程。

但是 CEO 们，千万别大意。聘请资深人士加盟新创业的公司，有点儿像运动员为提高比赛成绩服用兴奋剂。如果使用得当，你有可能刷新纪录；如果使用不当，你就会一败涂地。

要想取得好的结果，你在招聘细则中就不要使用抽象空洞的字眼，比如“成熟的管理”，或是“真正的公司”。这种缺乏力量感的措辞不会起任何作用。恰当的表述可以是，“在某一领域能提供知识引领和经验支持”。

比如说，作为技术型公司的创办者，你可能在如何构建全球销售网络、创立所向披靡的品牌或是在寻找商机获取重要项目等方面不够精通，那么一位世界一流的资深人士的助阵将会大大提高你的公司在这些领域的办事效率。

究竟是从外围选拔人才还是从内部提拔人才？在做这个决定时，你可以先明确一点：对这个岗位来说，你认为究竟是外围经验重要还是内部经验重要。举例来说，技术部经理更需要了解编码基础和技术团队的综合情况，而不是如何管理该部门。因此，作为 CEO 的你最好从公司内部选拔人才，而不必考虑从外围引进。

但是在涉及销售主管这样的岗位时，就得反过来了。要想使产品走向全世界，销售主管就必须了解目标客户的想法和需求，知道他们的文化取向，清楚销售人员聘用的标准和尺度，从而实现销售业绩的最大化。只了解本公司的产品和文化是远远不够的。这就是为什么你从内部选拔的技术部主管可以干得很出色，而同样是内部选拔的销售部主管，工作起来却力不从心。问问你自己，“这个岗位究竟更看重外部经验还是内部经验？”这会有助于你在业界老手和公司新人之间做出抉择。

加盟之后

邀请资深人士加盟并不是一件轻而易举的事，我在第五章中曾经谈到这个问题，在此不再赘述。

另一个难题是，这些资深人士加盟之后，你该如何领导他们。一般说来，会出现以下几个麻烦：

- 他们会沿用过去那套办事方式。这些人会将以前的工作习惯、交流方式和价值标准带入公司，但它们却很难与你的公司文化达成和谐。
- 他们清楚如何驾驭制度。这些资深人士都来自大机构，深谙生存之道。但这种态度在你的公司会显得像在玩弄权术。
- 你对工作情况的了解程度不如他们。事实上，你聘请这些人正是因为你在这个方面技不如人。所以，你怎么能就工作问题挑他们的毛病呢？

为了防止这几种情况发生，你应该审慎思考，拿出适当的应对策略来防患于未然。

首先，要求他们顺应公司的企业文化。他们来自不同的公司，拥有不同的企业文化，而且有些企业文化的确比你公司的更胜一筹。但要记住，现在他们是在你的公司就职，那就必须接受你这里的文化，适应你这里的办事风格。在这个问题上，不要因为对方资格老而轻易让步。坚持你的原则，推行你的企业文化。假如你希望能将一些新鲜元素融入进来，那也无妨，但一定要明确立场，不要左右摇摆。另外，你要避免他们为争权夺利而使诡计，一旦发现，绝不姑息。

其次，制定一个清晰明确的高标准工作要求，这也许是最关键的一点。要想拥有一家世界一流的公司，你要先确保自己的员工出类拔萃——不管是新人，还是老将。不能只满足于对方比你更胜任这份工作，因为你聘用他们就是为了让他们做你不擅长的事。

所以，不要因为你在某项业务上缺乏经验就降低对他们的工作要求。我曾见到过不少年纪轻轻的 CEO，他们会因为在公司创立时媒体发布的几个正面报道而喜出望外，认为自己公司的营销和公关能力相当了得。这个标准太低了。随便哪个人都能找个记者为一家粉墨登场的新公司写点溢美之词装点门面。只有那些世界一流的公关人员才知道如何打理有瑕疵的公司。他们善于化腐朽为神奇，能变废为宝。这离不开他们精心创建的合作关系、过硬的专业知识，以及坚定的信心。

为确保高标准，你可以在选拔人员时面试那些已经在某个领域小有名气的应聘者，听听他们是怎么要求自己的，然后加以借鉴。一旦定下一个可能实现的高标准，就要要求主管们按这个标准做，而不必操心他们如何达到这个标准。至于如何创出一个响当当的品牌，如何拿下一单举足轻重的业务，如何实现一个不可思议的销售目标——这都不是你的工作，而是他们的，你出钱聘请他们就是为了让他们帮助你完成这些任务。

最后一条，他们不仅要完成任务，还要善于与人合作，成为团队的一分子。比尔·坎贝尔提出了一套极佳的四分检验法，这种方法可从4个方面科学合理地衡量主管们是否出色地完成了工作。

1. 参照标准检验结果。一旦设定了高标准，你只需参照标准来检验主管们的工作成效。

2. 管理能力。即便该主管出色地完成了岗位目标，他也未必能带出一支实力雄厚的富有凝聚力的团队。所以，就算他能完成任务，对其管理能力的考查也必不可少。

3. 创新能力。主管们极有可能为实现眼前目标而放弃长远打算。例如，为了能漂漂亮亮地按时完成任务，技术经理可能会勉强推出一套卖点十足的软件，但这套软件却不支持更新。所以，你必须要像肉制品加工厂的老板一样，深入一线，亲自看看产品的制作过程。

4. 合作能力。合作也许是形势所需，而非心甘情愿。但是作为主管，你必须要善于沟通，能有效地与其他人协调。因此，也要从这个层面对他们进行评估。

嗨，老兄，你出卖了自己

初次雇用一个身经百战的资深员工会让你觉得好像把自己给卖了。要是你疏忽大意，那最后很可能连全部家当都得拱手奉上。

但是，要想为一穷二白的公司添砖加瓦，你必须承担这个风险，而且必须在分秒必争的市场竞争中取得胜利。资深人士出类拔萃的才干、广博深厚的知识、久经沙场的阅历都是你需要的，即便你为此不得不应付他们带给你的种种难题。

“一对一”沟通

在我初次提出“一对一”式的沟通方法之后，大家的反应相当强烈。约有一半的回复者对此横加批判，认为“一对一”这种方法毫无效果。另外一半人则很想知道如何有效地采用“一对一”方法。在我看来，这两类人的观点就像是硬币的两面。

对 CEO 而言，首要的管理责任莫过于为公司搭建信息交流网络。这个网络可以涵盖组织设计、会议、流程、电子邮件、意见箱，甚至是与员工或经理之间的“一对一”的会面。缺少了这样的网络，信息和观点就会传输不畅，导致公司运营受阻。尽管这个网络中完全可以不包括“一对一”式的会面，但在多数情况下，这种形式有助于让信息和观点自下而上地传递至高层，所以你不该把它排除在外。

一般说来，那些不喜欢“一对一”的人往往被这种方法伤得不轻。要想让这种交流形式真正发挥作用，一定要明白一点：这是以员工为中心的会谈，不是以上司为中心。它不拘于形式，目的是解决迫在眉睫的问题、交流精彩绝伦的想法，或者倾诉郁结已久的焦虑。这些话题往往不适合通过工作报告、电子邮件或是其他非私人化的途径开展。

如果你是员工，心中已有一个创意雏形，只是你还不太确定其是否有价值，你该以什么形式获得上司的反馈意见而又不至于显得太唐突？假如你在职业发展道路上遭遇难以与之合作的绊脚石，你对他恨之入骨但又必须得保持理智，你会怎样发泄？假如你热爱这份工作但个人生活每况愈下，你又会如何寻求帮助？写工作报告，发电子邮件，给意见箱留言，还是做瑜伽？在这种时候，最合适的解决途径莫过于“一对一”式的会谈。

假如上司喜欢条理井然的工作安排，那就让员工决定会面的时间。最好让他们把时间提前告知你，以便给他们留出回旋的余地，可以在问题不太迫切的情况下取消会见。这样做还能让员工明确感受到这是以他为中心的会面，一切都由他决定。会谈时，上司要少说多听。现在，好多公司的“一对一”会谈往往是上司说得多，听得少，刚好颠倒了。

上司不负责安排会晤时间和发表长篇大论，但是有必要引导员工表达他的核心观点。这一点在面对那些性格内向的员工时显得尤为重要。如果你是个理工科出身的主管，那就需要在给员工做思想工作时掌握一些对话技巧了。

以下是我认为在“一对一”会谈中有助于引导对方表达想法的一些话题：

- 如果我们还有进步的空间，那你认为该从哪方面着手？
- 你所在部门的最大问题是什么？为什么？
- 在这里的工作中，哪一点令你感到不愉快？
- 公司里谁最优秀？你最佩服谁？
- 假如你是我，你会做何调整？
- 你这个产品的哪个方面不尽如人意？
- 你觉得我们错失的最大机遇是什么？

· 哪些是我们该做而没有做的？
· 你对这里的工作满意吗？

很多精彩的观点、棘手的状况，以及员工生活中迫在眉睫的问题，都会通过“一对一”这种交流形式传达到能够解决它们的人那里，这是它存在的最大价值。“一对一”交流方式历经时间考验，屡试不爽，但如果你还有更好的办法，但用无妨。

打造企业文化

要问什么是企业文化，企业文化的意义是什么，10 个 CEO 会给出 10 种不同的答案。他们会说，企业文化就是如何设计公司，如何剔除你不需要的员工，它是一种价值观，必须有趣，强调团结的力量，是帮你寻觅到志同道合的人才的好帮手，有人甚至认为，它是一种对某种东西的狂热信仰。

那么，企业文化究竟是什么？它重要吗？如果重要，那你该花多少精力在它身上？

让我们先来讨论第二个问题及其重要性。对新创业的科技公司而言，当务之急是研发产品。这个产品的功能至少要比现有市场上的同类产品强 10 倍。如果只是略胜一筹，那就不足以吸引大批的用户立即使用你的产品。在此基础之上，抓紧时间抢占市场。你的公司能研制出功能强大的新产品，别的公司也可以。因此，你得抢在别人前头占有市场。说实话，很少有哪家公司的新产品能做到独占鳌头，所以，赶在竞争对手前面占有新的市场份额就成为关键。

如果你既没有过硬的产品，又没能抢占市场，你就不应将其完全归咎于企业文化。全世界有着一流企业文化但最终以失败而告终的公司有很多，这说明仅凭文化成就不了企业。

既然如此，为什么还要苦心营造企业文化呢？原因有三：

1. 它的存在有助于你实现上述两个目标。

2. 在公司的发展进程中，它能帮你弘扬公司的核心价值观，使你的公司成为更理想的工作场所，成为更有前景的企业。

3. 最后一条，也许是最重要的一条，凭借充满人文关怀的企业文化，你和你的下属会心甘情愿地为公司的发展奉献自己的心血与汗水。

打造企业文化

我所谓的企业文化，并不是指企业的价值标准或者员工的满意度这类重大话题。准确地说，我这里要讨论的企业文化是关于如何设计一种工作方式，使企业实现以下目标：

- 让你的公司独树一帜。
- 保证重要的生产标准得以贯彻，如“让顾客满意”或者“让产品出众”。
- 帮助你挑选那些有助于你实现目标的员工。

企业文化的内涵涉及领域庞杂，但我重点要说的就是以上这几条。

推广你的企业文化时，请记住一点，人们日后所说的这套由你打造的企业文化，其实是一套逐步发展完善的文化，其中的大部分内容都是你和其他员工从经年累月的工作中提炼出来的精华。

因此，你会希望将关注点聚焦在这为数不多的几个方面，希望通过它们影响一大批人将来的行为方式。

吉姆·柯林斯在其畅销书《基业长青》中指出，那些久经沙场屹立不倒的公司有一个共性，那就是“狂热信仰”。对此说法，我颇有些迷惑，难道怪诞的企业文化加上狂热的追随者就一定能让你的公司鹤立鸡群？

这有一定的道理，但又不完全准确。在实际情况中，那些架构合理的企业文化往往让人事后想起来感觉有些疯狂，在这一点上，柯林斯是对的。但这种疯狂并不是企业文化打造者的初衷。你完全没必要煞费苦心地让自己的公司变成别人眼中的怪胎，你只需要通过强大的企业文化来改变大家的工作状态。

最理想的做法是从细枝末节入手。这些细节要足够小，能够身体力行，又要足够重要，能够影响人们今后的行为模式。在实践时，要做到一鸣惊人。如果你提出的要求能够一石激起千层浪，那就一定会改变人们的行为方式。《教父》中就曾有这样一个场景，教父请一位好莱坞大导演给自己的朋友安排一份工作，对方没搭理他，于是，一个血淋淋的马头出现在了这个导演的床上，随后，这个人的就业问题立马得到解决。所以说，出奇招方能制胜。

下面我来讲三个故事。

以门当桌。很早以前，亚马逊网站的创始人兼 CEO 杰夫·贝佐斯曾设想办一家公司，这家公司不再从顾客身上获利，而是把利益带给顾客。为了实现这个梦想，他打算在远期成为行业内的价格领导者和客户服务领导者。要想实现这个目标，大手大脚可不行。杰夫本来要花大量的精力来审核每一笔开支，对超出预算的人大加斥责。但他没有。他倡导大家节俭，推行节俭的企业文化。他的做法相当简单：公司的所有桌子都要利用从“家得宝”购进的廉价门板，自己用钉子钉上桌腿。这些用门板改装的桌子既不符合人体工程学，又配不上亚马逊公司上千亿美元市值的身价。当时，一个新人觉得这种做法不可思议，问老板为什么非得在这样一个用零部件凑成的桌子上干活时，杰夫的回答斩钉截铁：“我们尽一切可能节约开支，就是为了以最低的价格为客户提供最好的产品。”如果你不喜欢在门板上工作，那在亚马逊肯定待不长。

1分钟10美元。当初创办安德森·霍洛维茨风险投资公司时，马克和我的想法是视企业家为上帝。我们现在还记得创办公司时内心的那番煎熬。当时，我们希望公司上下明确这样一个事实：我们是初出茅庐的小公司，而企业家则是资本大鳄，万事皆应以他们为中心。在我们看来，视他们为上帝的第一条原则就是守时。就算我们在处理更重要的业务，也不能因此让他们在大厅里等半个小时。我们希望自己的员工守时、敬业、专注。遗憾的是，任何在职场上打拼过的人都知道，这一条要求说起来容易做起来难。为了给员工敲响警钟，我们定下了一个无情的规定：会见企业家时，迟到1分钟，罚款10美元。假如你因为接一个重要的电话晚到了10分钟，对不起，请准备100美元的罚金。后来，每当有新员工对这个规定表现出不解时，我们都会好好解释一下为什么要视企业家为上帝。如果在你的心目中，企业家不及风投资本家重要，请恕本公司不能留你。

快速行动，打破常规。马克·扎克伯格推崇创新，他认为创新就是险中求胜。因此，在初创Facebook的那段时期，扎克伯格倡导的企业文化是：快速行动，打破常规。难道他真的想要让大家搞破坏吗？不，他是在告诉人们该怎样考虑问题。这条让人匪夷所思的要求迫使大家停下来开始思考。在思考时，他们发现，在快速击破某个现有框架时，往往会产生出人预料的创新。“我应该做出这样的尝试吗？新想法可能很炫，但短期内会存在一定问题。”面对这样的顾虑，大家可能会仁者见仁，智者见智。但是，如果你认为万无一失比开拓创新更重要，那么你就不是 Facebook 所需要的人才。

在为你的公司设计出足够完善的企业文化之前，你得首先保证它与你的价值标准相一致。比如说，杰克·多西绝不会在他的 Square 公司拿门板当桌子，因为在那里，节俭不是重点，优美的设计才是王道。走进 Square，你将体会到他们对设计的重视程度究竟有多高。

为什么带小狗上班或在上班时做瑜伽不算是文化？

如今，许多新入行的公司为了在企业文化上独树一帜，往往是八仙过海各显神通。有些公司的做法很出色，有些公司的做法很新奇，还有一些公司的做法相当怪诞，但是，它们大部分都没能成功地界定其企业文化。没错，对于瑜伽爱好者来说，能在公司做瑜伽当然好，而且也有助于通过这一运动提高团队的凝聚力。然而，这并不属于企业文化，因为它没有建立一种核心价值观来推动公司的发展，使公司在业界的地位坚如磐石。就你的企业发展目标而言，瑜伽毫无裨益，它只是一份加餐。

允许员工带比特犬来上班的做法也足够吸引人的眼球。热爱动物的人士历来受欢迎，而且也能体现出公司对员工的宽厚包容，所以说，这种做法具备一定的社会价值。但是，它无益于公司的发展。聪明的老板都爱惜员工，给点儿额外优待没什么关系，但这些优惠与企业文化无关。

小结

在后面的章节中，我将阐明：CEO 的工作就是明确奋斗目标，然后让全公司齐心协力地朝着这个目标前进。推行适宜的企业文化有助于你在一些重要的领域取得长足的进展。

控制公司规模的诀窍

要想打造重量级的公司，你就得学会适时控制公司规模。新起步的创业者总会惊叹于谷歌和 Facebook 这样的公司，当年凭借屈指可数的几个元老，创下如今这番基业。今天，谷歌的员工人数已达两万，而 Facebook 的员工人数也超过了 1 500 人。所以，如果你也想成就这样的事业，那就有必要掌握规模控制的诀窍。

关于这个问题，董事会一般会建议 CEO 做如下两个选择：

1. 聘请顾问。

2. 聘请具备规模控制相关经验的资深高管。

这两条建议固然可用，但都存在极大的局限性。首先，如果你对机构的规模控制毫无概念，那就很难衡量哪些人胜任这份工作。假如你在编程方面的经验值为零，那你如何能断定谁才是编程高手？其次，许多董事会成员对于规模控制一无所知，所以很容易被有经验却没有技巧的人糊弄。如果你曾就职于一家大型公司，你一定见识过那些经验丰富却不善于运用经验的人。

要想寻找到最好的顾问和最有经验的高管，你首先得了解规模控制的基础知识，然后才能把相关策略融入你的管理，并根据实际情况做出决策。

基本观点：以退为进

随着公司规模的扩大，那些曾经轻而易举的事情开始变得困难重重。具体来说，在公司创业初期不曾令你头疼的问题现在变成了大麻烦，它们包括：

- 沟通
- 常识
- 决策

为了清楚地解释这一问题，我们先来说说职责划分。公司只有一名员工时，编程、测试都由他负责，而且他还得统管销售和推广，自己给自己当老板。他必须是个全才，所有决策都由自己说了算，不用和什么人沟通，完全是独立王国。但是随着公司规模的扩大，各个方面的麻烦就会接踵而至。

可话又说回来，假如公司规模不扩大，那就永远也成不了气候。所以，最大的挑战就是如何尽可能地降低因公司规模的快速扩大而导致的负面影响。

在这个问题上，我们可以拿美式橄榄球来打个比方。比赛中，进攻前锋主要负责保护四分卫队员，不让他与防守前锋发生接触。如果进攻前锋寸土不让，那么防守队员会很轻松地绕过他，从而对四分卫发起进攻。因此，进攻前锋必须先向后撤，使防守前锋能够向前推进，当然，每次只能退让一小步。

在控制机构的人员规模时，你同样应该以退为进。专业分工、机构设置、工作流程等问题都会日益复杂，这会让你感到自己越来越难以用常规经验来解决问题，也越来越难与其他人进行有效的沟通。这很像橄榄球比赛中进攻前锋的后退。你会因此失掉一部分阵营，却可以防止整个公司陷入混乱。

如何做?

当你感觉公司的人手已经不足以应付眼前的工作时，那就意味着防守前锋已经逼近，无论你有多不情愿，都得准备做出让步了。

专业分工

首先要采取的对策是实行专业分工。在新公司，每个人最初都是无所不能的全才。工程师能编程，能管理软件构建系统，能测试产品，渐渐地还能使用并操作这个产品。在初期，这种状态并无大碍，因为公司的所有情况大家都一清二楚，沟通的必要性也就降到了最低。由于各项工作并不是由专人分管，因此也就不存在烦琐的工作交接。但是随着公司的发展，业务复杂指数急剧攀升，你会发现很难再找到能身兼数职的新员工。及时引入新鲜力量便成为你的中心任务。这时，你就得考虑进行专业分工了。

通过分派不同的人员与团队去负责软件版本环境、测试环境和操作过程等任务，工作的复杂程度将会增加，比如部门之间的资料交接、可能引发争议的工作安排、对专业知识而非一般常识的更高要求等。为了缓解这些问题，你还需要从组织设计和工作流程两个方面来寻找对策。

组织设计

组织设计的头条法则是：理想的组织设计根本不存在。无论你怎么做，总是会在实现某些部门之间最优化沟通的同时，牺牲另外一些部门的利益。假如将产品管理部划拨给技术部，那二者之间的沟通就会增加，但产品管理部与市场营销部之间的沟通则会减少。因此，只要你打算划拨出一个新的部门，你就一定会招来某些人的不满。

然而，臃肿的机构到了一定时候总会因欠缺动力而运转不畅，所以你必须对其加以分解。从根本上讲，你得考虑设置一些分工明确的小组，比如说质量评估小组。采取这样的细分之后，工作的复杂性也将随之上升。客户软件项目组和服务软件项目组是各带一班人马，还是按需要由你统一安排？公司的规模壮大后，你还得明确在未来的发展思路中，究竟是以职能为中心（建立单个的销售部、推广部、产品管理部、技术部等），还是以使命为中心，成立功能齐全的独立的业务部门？

你的选择应该是两害相权取其轻。组织设计就像是搭建互通信息的交流网络。想让人们交流想法，最好的办法是把他们交给同一个上司，让他们待在同一个部门。相反，如果在工作中彼此不打交道，那么相互交流的机会也就会减少。组织设计就好像是构建了一个网络，这个网络决定着公司与外部世界打交道的方式。例如，你为了让销售人员更全面地了解产品，可能会安排他们分别与不同的产品研发小组进行深入沟通。要是你真的这样做了，你牺牲的可能是顾客的利益。顾客将不得不为了购买不同的产品而忙于应付不同的销售人员。

鉴于这一点，你在进行组织设计时需要遵循以下几个基本步骤：

1. **明确要交流的信息**。首先列举出最重要的信息，以及哪些人需要了解这些信息。例如，涉及产品结构的信息，技术部、质量评估部、产品管理部、推广部和销售部的人员都有必要掌握。

2. **明确要决定的内容**。考虑一下，哪些方面经常需要你做出决策？比如，产品功能的筛选、软件结构的取舍，以及技术支持的获取。你不能只安排公司里某个部门的负责人来为所有问题做出决策。

3. **明确你的侧重点**。产品部经理应该更了解产品结构还是更了解市场？技术人员应该更懂顾客还是更懂产品结构？工作中的侧重点会因时而变，所以也要根据当下的具体情况重新调整思路。

4. **明确小组中谁说了算**。请注意，这是第 4 个步骤，而不是第一个。组织设计应该最大限度地服务于做工作的人，而不是服务于主管们。将管理人员的个人野心凌驾于基层员工的利益之上，阻碍基层员工的信息交流，这是很多组织设计失败的根源。这一条被放在第 4 个步骤可能会让主管们不太高兴，但他们会克服的。

5. **明确哪些方面你尚未完善**。这一步与选择最优化沟通方式同样重要。有些问题不是你工作的重点，但这并不意味着它们不重要。如果你对其视而不见，日后一定会深受其扰。

6. **制订预案以应对那些你尚未完善的问题**。一旦明确那些你尚未完善的问题，你就要知道该如何防范，并制订预案以减少这些问题对公司上下可能带来的威胁。

以上 6 个步骤会让你的公司走得更远。在考虑下一步的组织设计时，我们还有必要权衡各方面利弊，例如，速度重要还是成本重要？如何推行机构改革？多久进行一次机构重组？

工作流程

工作流程的意义就是保障信息的畅通。如果公司里只有 5 名员工，工作流程就不是必需品，因为你们可以面对面地直接交流。你对下一个环节十分清楚，可以准确无误地交接任务，把重要信息传达给其他人，既能保证高质量地完成工作，又可以摆脱繁文缛节的束缚。但如果你拥有的是一家大公司，员工多达 4 000 人，那么信息的传递就不再是件轻松的事。一对一、点对点的交流将难以继续，你需要的是一条更加强大的信息运输专线，借用我们在描述人际交流专线时的常用词汇，便是“工作流程”。

工作流程就像一辆装备精良的通信车。它既包括精密的六西格玛流程，又包括精心安排的常规会议。流程可以向上、向下扩展或缩小，其规模取决于有待解决的问题的复杂程度。

在涉及公司跨部门的沟通问题时，工作流程可以确保员工之间的沟通得以开展并且顺畅进行。假如你想了解所在公司的初级工作流程，可以参考招聘过程。招聘通常涉及跨部门的合作（招聘小组、人力资源部——或者任何负责招募新人的部门、后勤保障部等），面对的是公司以外的人员（候选者），是决定公司成败的一个至关重要的工作流程。

流程该由哪些人来设计？当然是那些先前以点对点方式从事过相关工作的人。他们清楚该沟通些什么，知道该同谁去沟通。所以，他们是最佳人选。依靠他们，现有流程可以得到规范和完善，并具备可扩展性。

该在什么时候开启流程？尽管这个问题应当视具体情况而定，但是请记住一点：让新人适应老一套工作流程远比让老人接受新一套工作流程更容易。所以，将你目前的工作流程尽早加以规范，让新员工去适应它。

关于工作流程设计的文章和书籍汗牛充栋，在此我不一一重复。安迪·格鲁夫在《格鲁夫给经理人的第一课》中提出了一些观点，我认为非常有帮助。以下几条建议对于新公司来说尤为重要：

- **把“产出”放在第一位。**你首先应该考虑这个流程能带来什么样的结果。招聘流程能为公司带来出色的员工。如果把这设定为目标，那么，什么样的流程才能帮你实现这个目标？
- **明确以何种方式衡量你是否实现了各个阶段的目标。**是否找到了足够多的候选人？这些候选人是否合适？你的招聘流程能否为这个岗位招到合适的人员？如果你选择了某个候选者，他是否会接受这份工作？如果他接受了这份工作，是否能够做好？如果做得好，他是否会继续留下来为你效力？——你对以上这些问题的衡量标准是什么？
- **引入问责制。**哪个部门的哪个人为此环节负责？如何才能更好地了解他们的工作表现？

小结

设计公司的架构与设计产品的框架之间不无相似之处。规模各异的公司对于结构的要求也会有所差别。如果调整结构过早，公司会来不及适应；如果调整不及时，公司又有可能因不堪重负而垮掉。所以，你要对公司的增长速度做到心中有数，在扩大规模时慎之又慎。发展固然是好事，但操之过急就会适得其反。

能力预期谬论

有一回，我和两个朋友聊天，他们中一个是风险投资家，另一个是CEO。我们谈到了这个CEO手下的一位主管。他觉得这名主管表现优异，但是在更大规模的管理中缺乏经验。我的风险投资家朋友善意地提醒这名CEO，该认真考虑一下这个主管是否能胜任公司未来的发展需求。我当即粗暴地大声说道："无稽之谈！"这让二人大吃一惊。一般情况下，我的自控力还不错，不会口不择言，心里想什么嘴上就说什么。为什么当时会如此激动？以下是我的解答。

你必须时常对手下管理人员的工作表现进行评估，这是你身为CEO的分内之事。但是，拿公司未来的发展规模作为标准来衡量他们现在的表现，毫无凭据地妄加评判，这只会适得其反。原因如下：

- **在一定程度上，管理能力是后天掌握的一种技能，而不是先天具备的禀赋**。没有人一生下来就能管理一家上千人的公司，经验都是在一定阶段通过学习而获得的。
- **不能提前下结论**。你如何能预知某个主管是否能胜任未来的工作？你如何知道比尔·盖茨当年从哈佛辍学时就已经知道把控企业的规模？你是凭什么得出这个结论的？
- **提前下结论会阻碍别人的发展**。如果你断定某个人将无法胜任更复杂的管理工作，那给他们传授管理经验或者指出他们可能存在的不足还有没有意义？也许毫无意义，因为你已经判定他们技不如人。
- **切勿操之过急换主管**。这世上没有所向披靡、战无不胜的主管，只有在特定时刻特定环境下取得成功的主管。马克·扎克伯格为Facebook创下了奇迹，却不可能成功地领导甲骨文公司。同样，拉里·埃里森在甲骨文公司功勋显赫，却不适合管理Facebook。如果你拿将来的发展规模来衡量现在的管理队伍，操之过急地更换人员，聘请了高级别人才，那他们可能无法胜任眼前的工作，而眼前的工作才是最迫切需要应对的。所以，这样做的后果是得不偿失。

- **你必须等公司发展到更大规模时再做决断**。即使你没有换掉主管，也没有阻碍现有主管的职业发展，你都不该为时过早地下结论。无论你当初对他曾有过什么样的看法，你都得记住：时移事易，当公司真的发展到更大规模时，你再用充分的依据来考量他也为时不晚。
- **腹背受敌的日子不好过**。有人为你的公司鞍前马后，忠心耿耿，立下了赫赫战功，而你却因为微不足道的几条理由决定放弃他，这样的做法只会让你腹背受敌。你将深陷信息的盲区，被欺瞒和假意所包围。那将是一个被偏见主导的局面，不再有善意的提醒，只剩下盲目的判断。那将是一个内部战火频发的境地，千万别让自己陷进去。

如果不能预先评判人们能否胜任将来的工作，那该怎么做？建议你至少每个季度开展一次针对管理人员的全方位评估。为避免做出错误的能力预期判断，你需要注意两个关键点：

1. **要结合当前的公司规模来进行评估**。你需要从评估中了解该主管是否能胜任现有的工作，而不是其以后的表现。要全面宏观地去进行评估，不要排除当前规模这个因素，以免做出不明智的判断。

2. 做判断时要基于相对尺度而非绝对尺度。纠结于“这个主管够不够优秀”这样的问题只会让你无所适从。更科学的问法是：在公司发展的特定时期，我是否还能找到一个更好的主管？如果有这样一个人选，却被我最大的竞争对手招入旗下，那会对我们之间的胜负之战产生多大的影响？

总之，进行能力预期判断既有失公允，又缺乏依据，对公司的管理有百害而无一利。

第七章

前途未卜时怎么办？

这是为贫民窟的人而歌，只有他们懂得其中真意。

——美国说唱歌手纳斯《唐》

当年，把 Loudcloud 公司出售给 EDS 公司后不久，我们又陷入了新的危机。由于我们已将全部的创收项目和所有的客户拱手相让，机构投资人认为我们已经没有了投资价值，因此开始抛售手中持有的全部 Opsware 股份，导致我们的股价下跌到每股 0.35 美元。事实证明，这是一个戏剧性的数字，因为它对应的公司市值恰好是我们银行账户现金总额的一半。这个信号进一步动摇了投资者的信心，他们相信 Opsware 已经毫无价值，甚至希望我们能把剩下的资产全都卖掉，好赔偿他们的损失。更可悲的是，纳斯达克发出通告，要求我们必须在 90 天内将股价提高到每股 1 美元以上，否则将把我们从上市公司中除名，以后只能作为低价股来交易。

针对这一最新情况，我在董事会上拿出了三个方案：

1. **反向拆分**。对股票进行反向拆分，十股合一股，股票总量变为原来的十分之一，而单价变成原来的 10 倍。

2. **就范**。以后只能作为低价股交易。

3. **拉赞助**。到外面去做宣传拉赞助，让更多的人购买我们的股票，以此来推升股价。

董事会对这个局面深表同情，并认为三个方案都能接受。安迪 · 克拉列夫认为，由于数量众多，反向拆分在投资者中造成的负面影响会有所降低。马克也表示，在数字媒体时代，被证券市场除名也不算什么太严重的事。

然而，我还是不愿意进行反向拆分，因为我不甘心不战而败，当个懦夫。如果我通过合股来提高股价，那就是在向外界承认我的无能，承认我的公司真的一文不值。此外，我也不希望公司被除名。马克的观点可能适用于将来，但就当时而言，低价股是不能向机构投资者开放的。因此，我决定选择第三条路：拉赞助。

第一个难题是：向谁拉赞助？那时，机构投资者从不关注每股 10 美元以下的股票，更不用说 1 美元以下的了。于是，我和马克就去请教公司的网络通信专家、有名的天使投资人——罗恩·康韦。我们介绍了当时的情况，告诉他仅凭与 EDS 签订的每年 2 000 万美元的合约，Opsware 公司的价值就不容小觑，而且我们还有一支出色的团队和一笔丰厚的知识产权，不可能成为一文不值的公司。罗恩认真地听完后，建议我们去找找赫布·艾伦。

我对赫布·艾伦并不熟悉，但是听说他创办了 Allen&Company 投资公司。该公司以其召开的顶级商界年会而为大家所熟知。这个大会只针对特定人群发出邀请，多年来受邀的嘉宾均是鲜见于其他会议的重量级人物，如比尔·盖茨、沃伦·巴菲特以及鲁波特·默多克等。可以说，Allen&Company 年会能够请到的业界精英人数比所有同类会议请到的总和还要多——它就是这么厉害。

我和马克去了 Allen&Company 公司位于曼哈顿的总部，就在可口可乐公司的大楼上，赫布的父亲赫伯特在那里担任了多年的董事会成员。如果要用一个词来形容 Allen&Company 公司的办公总部，那就是“品位”。装饰精美却不奢华，让人感觉既精致又舒适。

人如其屋，赫布本人也是个谦谦君子。他一开始就对罗恩大加赞赏，并说只要是罗恩推荐来找他的，他都会很重视。于是，我和马克就原原本本地把转让 Loudcloud 公司的经过说了一遍，包括我们如何在出售服务给 EDS 的同时，保留了软件与核心技术人员，获得了每年 2 000 万美元的软件租让费。除此之外，我们还有一张干干净净的资产负债表，所以公司的股价绝不应该是区区的每股0.35美元。赫布专注地听完了我们的介绍，说了一句："我很想能帮得上忙。让我考虑考虑。"当时，我并不知道他说这话时是否和硅谷的很多老板一样，意思是"算了吧，我对低价股没兴趣"，还是说他真的打算帮我们。很快，答案就揭晓了。

在接下来的几个月内，Allen&Company公司购入了Opsware公司的股票，赫布本人也购买了我们的股票，而且还说服他的几个客户成为Opsware公司的最大投资者。这一大手笔在数月内将我们的股价从每股0.35美元拉高到每股3美元。我们摆脱了被证券市场除名的风险，确立了新的投资阵营，并且重新鼓起了员工的士气。这一切，仅仅源于与赫布·艾伦的那一次会面。

多年后，我曾问赫布，为什么会在那时向我们公司伸出援手。要知道，Allen&Company公司当时还没有涉足技术领域，更别说数据中心自动化了。赫布的回答是："我对你们的业务一无所知，对你们这个行业的了解也很有限。我只是看到两个年轻人亲自来找我寻求帮助，而不是像其他上市公司的老板那样遇到麻烦就逃避。不仅如此，和那些大公司的老板比起来，你们成功的决心和信念要更强烈。所以，我其实是给勇气和决心在投资，这个决定并不难做。"

这就是赫布·艾伦的办事风格。因此，你千万不要错过与他合作的机会，否则就太遗憾了。

专注于目标，然后力求实现，不再为过去曾有或者将来可能会有的错误而担心、懊恼，这也许是我从企业家的角色中获得的最大领悟。本章将会简要介绍一些心得体会，希望有助于你在关键时刻做出准确的判断。

最难掌握的CEO决胜技

截至目前，我认为一个 CEO 最难做到的，就是对自己内心的控制。组织设计、流程设计、指标设置以及人员安排等都是相对简单的工作，对内在情绪的控制才是最艰难的。我原本以为自己的内心足够强大，但我错了，我其实很脆弱。

过去这些年里，我曾和数百名 CEO 谈及这个问题，大家都有相同的感受。但是，很少有人在公开场合谈论这个话题，媒体上也从未出现过相关报道。这就像是在高管组成的搏击俱乐部中，关于 CEO 心理问题的头条法则就是不得谈论 CEO 的心理问题。

冒着忤逆这条神圣法则的风险，我要在此试着描述一下这些心理问题，并把我自认为有效的几条对策告诉大家。从根本上讲，这是每个管理者都无法回避的一场个人战争，意义重大。

既然我工作出色，为什么心情如此糟糕?

要想当 CEO，你必须目标明确，一心扑在工作上。此外，你还要学识渊博，智慧超群，这样才会有人心甘情愿地为你效力。没有谁在辛苦创业时就想着当个差劲儿的老板、管理一个建制不全的公司，或是制造严重的官僚作风来制约公司的发展。要成功，就必须经历坎坷。其间，难免会有很多意料之外的状况，你只要从容应对就可以了。

最难的问题是，每个老板都必须从实践中求真知。没有哪个培训班会教你如何当 CEO，如何去管理一家公司。唯一能教你当 CEO 的办法就是亲自当一回 CEO。这意味着你将被形形色色的事务包围，而你却不知道该如何去解决它们。可是，其他人只会仰仗你来给出答案，因为，你是决策者。我还记得自己刚担任CEO时，一位投资人让我给他发一份“市值表”。我大概知道他要的是什么，但不清楚这个表格应该做成什么样，不知道其中应包含哪些内容。这本是件小事，但是，如果我对其一知半解，以后我该怎样处理其他事呢？正因如此，我在那个电子数据表上颇费了一番功夫。

可即便你了解眼前的工作，你还是会出状况。事实证明，在瞬息万变、竞争激烈的市场环境下，要搭建一个多层级机构并使之成为赢家其实是件相当艰难的事，出状况也在所难免。如果按百分制来衡量CEO们的优劣，那么平均分只有22分。这个成绩对于学业史辉煌的人来说绝对是极大的心理挑战。

假如你的员工只有10个人，不出状况的可能性极大；假如你带领的队伍有上千人，不出状况的可能性几乎没有。当公司发展到某个阶段时，出现的问题会让你百思不得其解，你不明白自己的员工怎么会有如此低能的表现。看到别人挥霍无度、工作拖沓、浪费时间时，你会感觉很糟糕；如果你是CEO，这些现象可能会气得你茶饭不思。

如果你认为这都是你的错，那就无异于在自己已有的伤口上撒了一把盐。

不怪别人

你不能埋怨爵士乐手，也不能抱怨大卫·斯特恩在NBA中的时尚问题。

——美国说唱歌手纳斯《嘻哈文化已死》

当公司里有人发牢骚时，比如说对经费报销程序不满，我就会开玩笑地把罪责都揽在自己头上。这样的玩笑的确好笑，因为它不完全是说笑。实际上，公司里出现的任何问题本质上都是由我引起的。作为 CEO，我在人员招聘和各项决策中都是最终拍板的那个人。中途接手的 CEO 可以把所有问题都归咎于他的上一任，而我却不行。

如果我不能知人善任，那是我不对；如果公司没有完成季度赢利目标，那么是我的错；如果优秀人才要跳槽，销售部对产品部提出的要求不合理，或者产品的病毒太多，通通都是我的错。这一切都在把我逼向绝路。

虽承担了一切罪责，但我在 CEO 能力评估中却只得到 22 分，这就像一块巨石一样压在我的心头，让我喘不过气来。

太多的状况

重压之下，CEO 们往往会形成以下两种错误观点：

1. 都是我的错。

2. 和我没关系。

在第一种情况中，CEO 会忧心忡忡，觉得自己必须马上采取对策。由于各种状况层出不穷，最终往往会出现两种局面：外向型老板暴怒无常，吓得没人愿意再为他效力；而内向型老板则郁郁寡欢，心力交瘁。

第二种情况是指 CEO 在面对公司不断出现的负面状况时，为了规避内心的煎熬，往往持过分乐观的态度，相信一切都不算太坏。他们会觉得问题并不严重，用不着立刻地去处理。这种给万事找开脱的做法会让他们自己觉得轻松。可关键在于该解决的问题依然存在，员工们会因为 CEO 对根本性问题和矛盾的听之任之而备感沮丧。久而久之，公司就会变成一盘散沙。

对 CEO 来说，最理想的态度是既要雷厉风行，又要保持理性。他应该果断出手，快刀斩乱麻，避免让自己被负罪感所奴役。如果能甩掉情绪对自己的困扰，对问题的重要性做出理智的判断，员工以及他本人都会以良好的状态投入工作。

你是单枪匹马在作战

在公司陷入危机时，指望和员工们讨论公司生死存亡的大计显然没有意义。而与董事会或者外界专家顾问的商谈也往往无疾而终。他们与你在专业知识方面差距太大，所以不可能跟得上你的思路，给你出谋划策，你只能单枪匹马去作战。

在经营 Loudcloud 公司时，互联网泡沫的破裂使我们公司的大部分客户相继破产，从而对我们的生意造成了毁灭性的打击。或者说，这只是对当时状况的一种说法。另一种说法，也是公司对外采取的官方说法，是我们仍然有充裕的资金储备，并且以惊人的速度在吸纳新的企业客户。哪一种说法更接近事实呢？没有人能给我答案，我只能在心里问自己上千次。（顺便说一下，问自己同一个问题上千遍绝不是个好主意。）在这件事情上，我有两个具体的难题要解决：

1. 万一官方的说法不对怎么办？万一我因此误导了投资人和员工，那该怎么办？如果那样，我必须引咎辞职。

2. 万一官方的说法是正确的呢？万一我只是无端猜忌却导致公司偏离了正常的发展轨道，那又该怎么办？如果那样，我也必须引咎辞职。

通常，你只有在时过境迁之后才能解答这些问题，才会知道究竟哪一种说法是正确的。当年，新吸纳的客户没有成为救世主，但是我们通过其他的途径生存了下来，并且最终成功了。这说明，如果你想朝着正确的方向前进，就不能让自己被正反两种极端的思路所束缚。

三年前，我的朋友贾森·罗森塔尔接任了Ning公司的CEO一职。刚一上任，一次现金危机就摆在他面前，他不得不从三个备选项中做出痛苦的抉择：1. 大幅裁员；2. 转让公司；3. 稀释每股收益。

我们来分析一下这三个选项：

1. 把他费尽心思招募进来的大批优秀人才解聘，会严重影响剩余员工的士气。

2. 将曾与他并肩作战的员工和公司整体转让，会剥夺他们实现伟大梦想的机会。

3. 稀释每股收益会降低员工的主人翁地位，剥夺他们的辛勤工作所创造的经济价值。

这真是个令人纠结的选择。胸怀壮志的企业家们，如果你不想在虎口与火坑之间做出抉择，最好的办法就是不做CEO。

贾森咨询了业内的一些顶尖人物，但最终的决定还得由他做出。没人能预知未来的发展，无论选择哪条路，贾森都难辞其咎。最后，他决定裁员，解聘那些入职时间较短的新员工。这个选择如今看来是正确的。Ning公司的年收益节节攀升，员工的士气也被鼓舞起来。假如公司没能因此走上坦途，贾森就会成为头号罪人，并且要拿出新的方案来弥补。每次见到贾森时，我都会开玩笑似的说一句："欢迎你来做抉择。"后来，贾森还是把Ning公司转让给了 Glam 公司。

当你身处这样的境地时，务必要明白一点：几乎所有的公司都会经历生死攸关的时刻。鉴于这一现象的普遍性，我的搭档马克·安德森和斯科特·韦斯甚至用首字母缩写“WFIO”来表示它。“WFIO”代表“we're fucked, it's over”，意思是“我们要完蛋了”。根据他们的结论，一个公司会经历 2~5 次这样的时刻（虽然我敢肯定地说，我在 Opsware 公司至少经历了 10 次）。

安抚神经的良药

心理问题之所以麻烦，是因为人们的心理世界千差万别。鉴于此，我将自己多年来总结的几条经验拿出来与大家分享，希望能对你们有所助益。

多交朋友。尽管你不可能在棘手问题的处理上指望他人拿出有效的对策，但是从心理学角度来看，与曾有过类似经历的人交流会对你大有裨益。

把想法写出来。我们是一家上市公司，所以我觉得最好把所有的客户和全部的收益都转让出去，然后转型做别的生意。但是，当我想要向董事会就此事做报告时，脑袋里却乱作一团。为了让这个决策能执行下去，我把想法条分缕析地写了下来。写的过程使我的思路渐渐清晰，并最终帮我顺利做出了决定。

盯着路，别看墙。人们学开车时，要掌握的第一要领是：当你以 200 英里的时速拐弯时，千万别看墙，一定要盯着路。如果你看着墙，你就会直接撞到墙上去；盯着路，你就能安然无恙。管理公司就像开车。千头万绪的事情都有可能出状况并变成大麻烦，如果你的注意力全部放在这些事情上，那你就会像一辆失控的汽车，最后很有可能连公司也被你拖垮。所以，你需要紧盯的，是你的目标，而不是那些你想要躲避的东西。

不抛弃，不罢手

在 CEO 的生涯中，我无数次产生想放弃的念头。我曾见过不少人在重压之下借酒消愁，或是干脆停止努力。他们有充分的理由来为自己的放弃做辩解，可这些人中，没有一个人能成为杰出的 CEO。

杰出的领导者会直面痛苦。无眠的长夜、涔涔的冷汗，还有难以名状的“煎熬”，他们都曾经历。每当我遇到成功的 CEO，总会向他们讨教成功经验。那些泛泛之辈的答案可能是非凡的战略举措、敏锐的商业嗅觉，或者是其他一些溢美之词，而杰出的 CEO 们往往只有一个统一的回答：“我没有放弃。”

胆怯与勇敢只一线之隔

英雄和懦夫有什么不同？勇敢与胆怯又有什么差别？我告诉自己的孩子，其实没有差别。唯一能区分它们的，是你的所作所为。英雄也好，懦夫也罢，他们的感受是相同的。他们都惧怕死亡，畏惧伤害。胆怯的人拒绝面对他必须面对的事情，而勇敢的人则用意志赶跑怯懦，然后继续去做他该做的事。那些旁观者对你的判断往往是基于你的行为，而不是你的感受。

——拳击教练 Cus D’Amato

我和搭档与企业家打交道时，最关心对方身上是否有这两种特质：智慧与勇气。我的 CEO 生涯告诉我，在面临那些至关紧要的问题时，老天考验的是我的勇气，而不是我的智商。

能够正确决断自然是好，可是唯恐决策失败而产生的心理压力往往会让你喘不过气。而且这些压力通常都来自一些小事。

当 CEO 和董事长坐在一起谈论公司内的权利归属时，往往会有这样一番对话：

"谁来管理公司？"

"我们。"两人齐声说。

"谁来做最终决定？"

"我们。"

"这种状况要持续多久？"

"永远。"

"就是说你们谁也不想承担责任，所以只能让员工的办事难度加倍，是这意思吗？"

沉默。

通常来说，员工应该只向一个最终决策者汇报工作，这无疑要简单得多。只可惜，在当前的社会重压下，正确的管理方式被放在了一边。由于公司创始人缺乏承担责任的勇气，致使每个员工都不得不承受二次审批带来的种种不便。

更重要的是，公司在规模扩张的同时，需要制定的决策也越来越让人胆战心惊。当初我们决定让 Loudcloud 公司上市时，账面上只有 200 万美元。这不算是个太艰难的抉择——大不了破产。真正让人畏惧的，是如何在所有人——员工、记者、投资人——认为你的想法是异想天开时，你还能做出大胆决断。

正确决断需要智慧和勇气

有时候，如果摆在你面前的是一个复杂的决定，那么你的勇气就会显得更为重要。与公司中的其他人比起来，CEO 无论在技能、知识，还是在看问题的视角上都应该技高一筹。当然，有些员工或董事会成员在经验和智商上会胜过 CEO，而 CEO 能更好地做决断，是因为他的知识储备更丰富。

当 CEO 面对一个棘手的问题时，如果其中一种做法只是以微弱优势获得了他的青睐，比如说，54% 的可能是关闭这条产品生产线，而 46% 的可能是保留它，那么他要接受的考验将会更加严峻。要是那些董事会和管理层的聪明人全都站在他的对立面，他该如何应对？在没有十足的把握、在所有人都投反对票时，他还敢不敢关闭生产线？如果他决策失误，那就要怪他没有听资深顾问的意见；如果他决策正确，也没有人会因此赞赏他。

前不久，某大型机构提出收购由我们投资的一家公司。考虑到这家公司的发展速度和收益情况，这可谓是一笔颇具吸引力的买卖。公司的创始人兼 CEO（我暂且叫他哈姆雷特）觉得不该出售，因为他还希望挖掘更大的市场潜力。但是，他不确定对于投资人和员工来说，这是不是最佳的选择。他想拒绝对方的要求，又有些犹豫不决。更麻烦的是，董事会以及大部分管理人员和他的想法刚好相反。哈姆雷特忧心忡忡地苦思冥想了几个晚上，他发现根本就想不出答案。最后，他做出了一个大胆而又了不起的决定：不卖公司。我认为这是他职业生涯中的一个决胜时刻。

有趣的是，哈姆雷特刚一做出这个决定，就迎来了董事会和管理层的一致拥护。为什么呢？既然他们迫切想要卖掉公司并奉劝 CEO 放弃梦想，为什么会突然改变态度？后来才知道，让他们最初倾向于卖掉公司的最主要原因就是哈姆雷特的举棋不定。他们以为自己的态度就是老板想要的。哈姆雷特没有意识到这一点，误以为对方是经过全面分析才得出的结论。幸运的是，他凭借勇气最终做出了正确的抉择。

我们可以在企业信用模型中看到这个普遍存在的问题：与靠自己的判断力做出的决定相比，在多数人影响下做出的决定能为你带来更好的社会评价。

	结果证明你是对的	结果证明你是错的
你的意见和多数人相左	没有人会记得是你做出的决定，但公司受益。	所有人都记得你做的这个决定，你会因此而被降级，被冷落，甚至被解聘。
你的意见和多数人一致	所有提出过建议的人都会记得这个决定，公司受益。	你因此承受的指责会降到最低，但公司受损失。

从表面上来看，如果你希望自己的决定能让公司安然无恙，那么随大流似乎是更为稳妥的做法。但是在实际操作中，多数人的看法会影响你的判断，使一个原本一目了然的选择变得难分高下。这就是为什么勇气对于 CEO 而言至关重要。

像塑造性格一样培养你的勇气

在管理 Loudcloud 公司和 Opsware 公司时，我所做的每一次艰难抉择都令我胆战心惊。这种畏惧感始终笼罩着我，但是在无数次的磨炼之后，我学会了忽略它。这个过程也可被称作“培养勇气的过程”。

生活中，每个人都会走到这样的十字路口，不知该选择风光无限却是通往错误终点的平坦大道，还是该选择人迹罕至却是通往正确目的地的崎岖小径。这种内心的挣扎在你管理公司的过程中会表现得尤为强烈，因为 CEO 一旦做出错误的决定，后果会比普通人的严重几千倍。和普通人一样，CEO 在犯错后也会找多种多样的借口。

普通人的借口	CEO 的借口
智者千虑，必有一失。	这是生死攸关的决定。
我所有的朋友都想这样做。	大家都不赞同我的做法，我不能违背民意。
那些厉害的人都是这样做的。	业内的行规就是这样，我不知道它违法。
它不够完美，所以我放弃竞争。	我们从未生产出符合市场预期的产品，因此我就没指望它们能卖得出去。

你每做一次艰难而正确的决定，勇气就会增加一分。相反，你每做一次轻松却错误的决定，怯懦就会多出一分。作为 CEO，你的公司是勇往直前还是畏首畏尾，完全取决于你的选择。

小结

在过去的 10 多年间，科技进步极大地降低了开办新公司所要求的经济门槛，但是打造一流公司所需要的精神门槛——勇气——始终都没有降低过。

“一”与“二”

在其畅销书《从优秀到卓越》中，吉姆·柯林斯通过大量的研究和全面的分析指出，在选拔 CEO 继任者的问题上，公司内部候选人比外围候选人的表现要强得多。这主要是由于他们的见识更广。和管理大型公司所需的技能比起来，专业知识、文化知识、决策经验、人员管理等方面的能力似乎更难掌握。柯林斯在书中没有详尽解释内部候选人有时也会失利的原因，但是我愿意就此提出一些个人观点。我将重点谈谈管理公司所必需的两项核心技能：第一，目标明确，知道自己该做什么；第二，能带动全公司去实现这个目标。我把那些更乐于为公司确立目标的 CEO 称为“一”，把那些更喜欢在实践中推动公司发展的 CEO 称为“二”。

“一”的好恶

第一类 CEO 对于搜集信息乐此不疲，这些信息来源广泛，通常上至员工、客户，下至竞争对手。他们还热衷于制定决策，认为只有借助全面的资讯，才能做出最好的决断，如果资料太少，他们也会在必要的情况下从容做出决议。这些“一”们具备出众的战略眼光，最享受与对手在高处过招时的愉悦感。

这类 CEO 有时会对管理公司过程中重要的细节心生厌倦，例如流程设计、目标设定、机构责任划分、员工培训，以及绩效管理等。

大多数创业型 CEO 都属于这一类。他们如果在商场上败下阵来，最重要的原因是他们从未花时间去培养自己的另一项能力——将决策有效付诸实施的能力。由此而造成的后果是，公司混乱无序，潜力得不到发掘，CEO 最终退位让贤。

“二”的好恶

第二类 CEO 刚好相反。他们能从操控的过程中获得满足。他们会认准目标，持之以恒，除非迫不得已，否则他们坚决反对调整目标和发展方向。

这类 CEO 乐于共商大计，但往往受不了深思熟虑的过程本身。“一”们可以每周抽出一天时间怡然自得地看书学习或是思考，这对“二”们来说是不可想象的，他们会坐立不安，觉得自己没有好好做工作。他们满脑子想的都是该如何推进各种工作流程，该安排哪些人负责哪些项目，该打哪些销售电话，而不是浪费时间去思考战略问题。

在面临重大决策时，“二”的焦虑感远大于“一”。环境往往会迫使人们在没有把握的情况下做出重要的决定，由于“一”们对此习以为常，所以不会过分担心结果。而“二”们则相反，他们会因为这样的状况而高度紧张，为了给自己制造一种一切尽在掌控的心理错觉，他们有时还会将决策过程过分复杂化。

这类 CEO 不管是多么忠实的行动派，有时都会因为迟迟拿不出决议而使公司发展陷入停滞。

全面发展才能成为出色的 CEO

尽管 CEO 中既有“一”又有“二”，但只要有自控力，只要努力，那些与生俱来的弱点都可以得到弥补。一个 CEO 如果忽略其管理能力中的短板，他就无法长远走下去。“一”们会导致公司一团混乱，“二”们则会延误战机。

功能型的“一”

一般说来，兼具两种能力的CEO最理想。例如，销售部的主管可以很轻松地就部门内部的问题做出决策，但是在涉及公司总体发展的问题上则听从安排。这是一种最完美的领导素质，因为其方向清晰，决策及时而准确。

怎样组建机构？

公司设置机构等级的主要目的是提高制定决策的效率。大多数CEO都属于第一类，如果机构等级最顶端的人不喜欢做复杂的决定，那么工作的推进将会相当迟缓。

如果你属于第一类CEO，那就不要在你的领导班子里再增加一个“一”，因为他会希望大家跟着他的指挥棒转。他与你之间的这种争斗会让员工不知所措。因此，许多出色的“一”型CEO雇用的副手往往都是“二”型或者是功能“一”型。

继任问题

接下来，我们就谈谈如何挑选CEO继任者。鉴于大多数公司都是由“一”型CEO掌舵，“二”型CEO当副手，因此如何选择继任者就成为一个棘手的问题。你会从管理层中挑选一个“二”型领导者接替现任CEO吗？微软公司就这么做过。2000年，史蒂夫·鲍尔默——微软公司当时的二号领导者——接替比尔·盖茨担任新一任CEO。抑或从公司基层选拔一个“一”型人才担任CEO？通用电气公司当年就因为这样的大胆举措而让业内外哗然。1981年，通用电气公司破格提拔了杰克·韦尔奇，这不仅打破了常规，而且还造就了通用电气公司历史上最年轻的一任CEO。“一”型人才居然深藏于基层，而且还比管理层成员更有资格执掌公司，这在大多数董事会成员看来是不可思议的。

以上这两种做法各有其弊端。第一种做法使得公司置于“二”型领导者的管理之下，一旦遭遇关键时刻，“二”型领导者在决策速度上的滞后就会导致公司在竞争中丧失先机。此外，那些管理层中的“一”型领导者也会因为无法施展自己的决策力而最终离开公司。

第二种做法则越过所有的高管，将基层人员直接任命为CEO，这极有可能在管理层中引发巨大的动荡。事实上，在很短的时间内，几乎所有通用电气公司的高管都选择了离开。对于通用电气公司这种多元化企业而言，这类人员调整是行得通的。而对于瞬息万变的科技企业来说，如此有违常规的做法相当危险。

重要结论

在此，我要给出的重要结论也许会让那些期待答案的人们大失所望，因为压根儿就不存在简单的答案。CEO职位的交接是一个棘手的问题。如果你从外围选拔人才，其实是在降低你的成功概率。如果从公司内部选拔，那就一定要把握好对“一”型人才和“二”型人才的判断。最好是你能推荐一个让管理层满意的“一”型人才来接班。请记住，好事从来都不完美。

优秀领导者的特质

不存在所谓完美的CEO。风格迥异的领导者，比如史蒂夫·乔布斯、比尔·坎贝尔，还有安迪·格鲁夫，都成就了了不起的事业。也许杰出的领导者最需要的一个特质就是领导才能。究竟什么是领导才能？就CEO这个角色来讲，领导才能意味着什么？非凡的领导才能究竟是先天赋予的还是后天培养的？

大多数人对“领导才能”的定义都类似于高等法院的法官伯特·斯图尔特对“色情文学”的那个著名定义：见到它，我就认得出它。在此，我认为领导才能是那些可以衡量一个领导者基本素质的因素：有多少人愿意追随他，有哪些人愿意追随他，追随他的人都属于什么层次。

那么，哪些特质会吸引人们追随这个领导者呢？我认为，大致有以下三点：

- 有勾画蓝图的能力
- 有让他人追随你的能力
- 有实现理想与抱负的能力

我们来逐一分析一下。

勾画蓝图的能力：史蒂夫·乔布斯特质

观察一个领导者要看他是否有想法，勾画的蓝图是否有趣、新鲜、引人入胜。更重要的是，看他是否能在逆境中做到这些。具体地说，当公司难以为继、无法创造任何经济收益时，这个领导者是否有能力凭借令人折服的发展蓝图让大家留下来。

史蒂夫·乔布斯能吸引众多顶尖人才在NeXT风光不再时继续为他效力，能说服苹果公司上下在濒临破产时拥护他的发展思路，我认为这是他作为一个拥有前瞻视野的领导者的最大成就。很难想象，还有哪个领导者能具备如此强大的号召力，可以一次又一次成功地完成这些不可能的任务，正因如此，我把这条特质称为“史蒂夫·乔布斯特质”。

让他人追随你的能力：比尔·坎贝尔特质

有人说，当CEO的先决条件就是自私、冷酷、麻木不仁，这其实是极大的误读。事实恰恰相反，原因不言自明。一个成功的CEO要做的头等大事就是将聪明人招募到麾下，而没有哪个聪明人愿意为自私自利的人效劳。

大部分人在职业生涯中都有过这样的体会：一个能力出众的上司因为不被下属认可，把工作做得一团糟。

真正出色的领导者会营造一种以员工为中心的工作氛围。这样的氛围往往会造就奇迹：众多员工凭借一种主人翁精神，一心一意地为公司做贡献。他们会在公司的成长过程中充当高品质的把关者，会为后续员工树立毫不含糊的标准。例如，“你得认真做好数据表，别拖公司的后腿”。

我把这种特质叫作“比尔·坎贝尔特质”，因为在我接触的所有人当中，比尔·坎贝尔是在这方面做得最好的一个。假如你和比尔经营的任何一家公司的员工交流，你都会听到他们说“我的公司”这类字眼。他极其真实，这也是他在领导才能这方面尤为突出的原因。为了员工，他会心甘情愿地牺牲掉自己的经济利益，放弃自己的声誉或者荣耀。和他谈话时，你会感觉到他真心实意地关注你和你的想法，这在他的行动和日后的表现中表露无遗。

实现理想和抱负的能力：安迪·格鲁夫特质

我要说的关于领导才能的最后一点，就是能力，纯粹而简单的能力。即便我认同领导者的远见卓识，能感觉到自己被尊重、受重视，我还是要看他是否有能力实现自己的抱负，想想能否跟随他一头扎进前路莫测的丛林，并且相信他能够带我走出去。

我把这种能力称为“安迪·格鲁夫特质”。在这方面，安迪·格鲁夫一直是我的榜样。他获得了电子工程学博士学位，出版了我所读过的最好的管理学著作《格鲁夫给经理人的第一课》，在多个方面尽展才华。他不仅写作出版了大量的管理学著作，而且还在英特尔公司任 CEO 期间为员工主讲管理学课程。

在他的经典著作《只有偏执狂才能生存》中，格鲁夫记录了他带领英特尔实现的一次重大的企业转型——从生产内存转向生产微处理器。做出这样的决定意味着他几乎放弃了所有的收益项目。他本人谦虚地把这一重大战略调整归功于公司里的其他人，但是能如此迅速且顺利带领公司完成这一转型的最大功臣还是他自己。作为一家有着 16 年历史的大型上市公司，改变最基本的业务类型将会带来诸多问题。

格鲁夫在书中提到了发生在他和员工之间的一个小插曲：“有一个员工盛气凌人地问我，‘你觉得不生产内存的英特尔还是英特尔吗？’我忍住怒气，答道，‘是的。’当时，局面一片混乱。”

尽管这一激进的想法让公司里许多优秀的员工都难以接受，

但最终大家还是选择了相信格鲁夫。他们相信他有能力使公司在一个新的产业平台上发展得更好。事实证明，格鲁夫没有辜负他们的信任。

非凡的领导才能是先天赋予的还是后天培养的？

让我们来逐一分析以下三个特质：

- **勾画蓝图的能力**。毋庸置疑，有些人天生就比别人更善于讲故事。但是，只要用心、努力，任何人都能在这方面取得进步。每一位 CEO 都有必要在这项才能上多用心思。
- **让他人追随你的能力**。我不确定是否所有 CEO 都能完全学会比尔·坎贝尔特质，但我敢肯定，它是教不会的。在三个特质中，这个特质的“先天赋予性”最强。
- **实现梦想与抱负的能力**。这条特质完全可以通过学习去获得。也许正因如此，安迪·格鲁夫才会无法容忍自己的“无能”。说真的，有时候过分自信会妨碍能力的发展。一个 CEO 绝不能因为自信而放弃了对自己的更高要求。

最后要说的是，领导才能中的某些特质较其他特质而言更易于提高，但是以上讨论的这三条特质对每个 CEO 来说都至关重要。而且，它们之间也是相互促进的关系。如果大家信任你，就算你拙于言辞，他们也会跟从你。如果你能力出众，他们就会信任你并且听从于你。如果你能勾画美好蓝图，大家就会耐心等待，并且在涉及他们的利益时给你留出更大的余地。

顺境中的CEO和逆境中的CEO

过去，比尔·坎贝尔经常对我说："本，你是我合作过的CEO中最优秀的一个。"这话一直让我百思不得其解，要知道，在我的公司濒临倒闭的那段时期，他的合作对象都是史蒂夫·乔布斯、杰夫·贝佐斯以及埃里克·施密特这样的大人物。有一天，我在与他通话时谈到了这一点："比尔，为什么你觉得我是最好的？难道结果不重要吗？"他回答说，"很多CEO在顺境中表现得很优秀，也有很多CEO在逆境中格外出色，但是基本上没有哪个人在顺境和逆境中都能坚如磐石，可是你例外。"

据我自己的估计，过去这些年里，我只在顺境中当过三天的CEO，剩下的8年几乎全都是举步维艰的日子。回想起那段岁月，我仍然心有余悸。当然，我不是唯一有过这种经历的CEO。Foursquare的创始人丹尼斯·克洛利曾对我说，他每天都会想起逆境中经历的那番挣扎与紧迫。对于许多高科技公司而言，这种状况一直都存在。

举例来说，当年埃里克·施密特卸任谷歌CEO一职，由其创始人拉里·佩奇继位时，新闻媒体一度将焦点放在佩奇是否有能力充当谷歌的"门面"这个问题上，因为与能言善辩、为人活络的施密特比起来，佩奇要腼腆内向得多。尽管这样的分析不无趣味性，却没有抓住问题的要害。对于谷歌来说，施密特不仅仅是一个"封面人物"。作为谷歌在和平年代的掌门人，他带领公司在10年间完成了最重大的科技业务拓展。而拉里·佩奇却恰恰相反，是他带领谷歌走入了竞争的时代并使自己成为公司在逆境中的大管家。这对谷歌乃至整个高科技领域都产生了深刻的影响。

什么是顺境？什么是逆境？

所谓企业的顺境，是指在某一阶段，企业在核心生产领域具备强大的竞争优势，且该领域的发展呈上升态势。在这个阶段，企业的工作重心是拓展市场，进一步巩固现有实力。

而在逆境中，企业面临的是生死攸关的威胁。这些威胁的源头各不相同，有些是因为竞争，有些是因为宏观经济状况的变化，还有些是因为市场的变化、供应链的变化等，不一而足。安迪·格鲁夫就是一位经历过逆境的优秀CEO，在其著作《只有偏执狂才能生存》中，格鲁夫精彩地阐述了那些导致企业陷入困境的各种诱因。

顺境发展模式最经典的例子莫过于谷歌公司为提升互联网的网速所做的贡献了。作为搜索引擎业的巨头，谷歌公司坚信，提升网络速度是增加收益的关键，因为更快的网速可以使用户进行更多的搜索。这个思路清晰的业界领头羊将重心放在了拓展市场上，而没有仅仅停留在与同类公司的竞争上。其经历可以算作逆境发展模式的典范。20世纪80年代中期，在来势凶猛的日本半导体生产行业的威胁下，格鲁夫大胆放弃了英特尔公司的内存生产，这是它的核心产业，而其80%的员工都服务于这个产业。

在企业由顺转逆的过程中，我认为最重要的一点就是不同时期要采取截然不同的管理方式。有趣的是，多数管理学书籍都在探讨如何在顺境中当好CEO，极少提及逆境中的管理策略。这些书都会涉及一些基本的管理原则，比如不能在公开场合让员工下不来台。而安迪·格鲁夫则反其道而行之，他曾在一间坐满了人的屋子里对一位迟到的员工说："我所拥有的唯一财富就是时间，而你却在浪费我的时间。"为什么CEO们在管理方式上会有如此大的差异呢？

公司处于顺境时，领导者必须最大限度地拓展现有机会。因此，他们的管理策略是以推动全方位、多层面的创新与贡献为重心。相反，当公司身处逆境时，领导者拼尽全力也要一发命中目标。能否走出逆境完全取决于领导者能否有效地完成使命。

史蒂夫·乔布斯重返苹果之际，公司已经岌岌可危——典型的逆境。他需要的，是所有人围绕中心使命，有效地执行他的决策，除此之外的任何个人想法都要靠边站。而谷歌在占领搜索引擎市场的龙头地位之后，采用了顺境模式的管理策略。公司鼓励创新，甚至要求每一位员工将 20% 的工作精力都放在研发新项目上。

顺境与逆境中不同的管理策略会由于恰当的运用而产生同样良好的效果。它们各不相同，所以 CEO 们的管理方式也是各成一派。

顺境中的 CEO 和逆境中的 CEO

顺境中的 CEO 沿着常规的路径向成功迈进，而逆境中的 CEO 则跳出常规来争取突围。

顺境中的 CEO 放眼于宏观前景，授权下属去做细节性的工作；而逆境中的 CEO 视细节如生命，唯恐因细节的疏漏而影响全局。

顺境中的 CEO 会搭建逐级递增的大型招募机构，而逆境中的 CEO 会在此基础上成立负责遣散人员的人力资源部。

顺境中的 CEO 会花时间营造企业文化，而逆境中的 CEO 则通过逆境本身来界定企业文化。

顺境中的CEO常备有应急预案，而逆境中的CEO常常得孤注一掷。

顺境中的CEO凭借天时地利有备而战，而逆境中的CEO往往要置之死地而后生。

顺境中的CEO尽量做到文明有礼，而逆境中的CEO常常有意说脏话。

顺境中的CEO认为竞争犹如隔岸之火，不会波及自己；而逆境中的CEO认为竞争就是伸进自家院墙的魔爪，危险近在咫尺。

顺境中的CEO志在拓展市场，而逆境中的CEO志在赢得市场。

顺境中的CEO能容忍员工因为努力创新而产生的小偏差，逆境中的CEO则对此绝不姑息。

顺境中的CEO总是心平气和，而逆境中的CEO几乎都用高八度的嗓门说话。

顺境中的CEO竭力弱化矛盾，而逆境中的CEO总是竭力让矛盾升级。

顺境中的CEO总是广开言路，而逆境中的CEO总是独断专行。

顺境中的CEO会确立有风险、有创新的宏大目标；而逆境中的CEO则忙于真刀真枪地迎击对手，顾不上看那些纸上谈兵的顾问们写就的管理学大作。

顺境中的CEO通过员工培训来确保他们的工作满意度和职业发展，而逆境中的CEO通过员工培训来教会他们如何在竞争中不被踢出局。

顺境中的 CEO 会放弃那些没能在业内占据领先地位的产业，而逆境中的 CEO 还没奢侈到把生意分成三六九等的程度。

CEO 可以兼具两种管理能力吗？

CEO 们能不能手握一把尚方宝剑，在顺境和逆境中都能游刃有余呢？

可能有人会说，我在逆境中的管理是成功的，而在顺境中的表现却是失败的。约翰·钱伯斯能够出色地带领思科公司在顺境中发展，但是在遭遇劲敌 Juniper 和惠普之后，他的表现却差强人意。史蒂夫·乔布斯则展现出典型的逆境管理风格，他于 20 世纪 80 年代辞去苹果公司 CEO 一职，在公司平稳发展的很长一段时间内缺席，直到 10 多年后于危机时刻重返苹果，尽情施展他的一番雄才伟略。

我认为 CEO 在顺境和逆境中都有可能有所作为，但是难度很大。掌握顺境和逆境中所需的不同的管理策略，意味着你必须深谙管理之道，清楚自己什么时候该坚持，什么时候该妥协。

要知道，管理学书籍大多是由那些管理顾问创作出来的，他们的观察和研究多半以公司平稳发展期的情况为基础，因此，书中描写的主要是顺境中的管理经验。事实上，除了安迪·格鲁夫的著作，我还没见到哪本管理学书籍能教你如何在逆境中当好 CEO，就像史蒂夫·乔布斯和安迪·格鲁夫那样。

回到起点

其实，少许的“逆境模式”恰恰是谷歌在完成管理权交接后持续发展的根源。在给所有的谷歌产品刻上个性化烙印的过程中

（例如，安卓操作系统的问世，谷歌眼镜的诞生），佩奇一丝不苟的工作作风起到了极佳的促进作用。有时，你需要在管理中添加一点儿“逆境模式”。

CEO 是后天磨炼出来的

一位朋友曾经问我，CEO 的能力是天生的还是后天培养的，我回答说：“这有点儿像在问 Jolly Ranchers 糖是种出来的还是做出来的。当 CEO 是一项极端不符合人类天性的工作。”他极为诧异，这让我意识到，这个问题也许远远不像我想象的那样简单。

事实上，大部分人都持相反观点，认为当 CEO 的能力是与生俱来的，而不是后天培养的。我常常会听到一些风投资本家和董事会成员在短暂接触某个企业创始人之后，就认定他根本不是“当 CEO 的料”。我不明白他们如何能在那么短的时间内发现这一点。一个企业的创办者往往需要花费数年的时间才能掌握当 CEO 的技能。对我来说，判断一个人究竟能否当好 CEO，其实是一件很难的事。

在运动领域，短跑这类技能可以在相对较短的时间内掌握，因为它是以身体的自然摆动为基础，只需稍加完善即可。而其他一些技能，比如拳击，则需要你花更长的时间去掌握，因为这项运动要求你凭借有违本能的动作和特定的技巧去完成。像我前文中说过的，当你在拳击比赛中想要后退时，务必要先退后脚，如果你像平时那样先抬前脚向后撤，对手一定能打得你眼冒金星。要想将这种有违常规的身体动作转化为自然而然的本能反应，大量的练习必不可少。当 CEO 也是一样，如果你带着寻常人的思路去管理公司，你同样会被对手打得措手不及。

当 CEO 意味着要做许多有违本能的事。从适者生存的角度来看，人们一般会通过自己的所作所为去拉拢人心，这有助于提高他们的生存概率。然而，作为一个出色的 CEO，要想获得大家的长期认可，你就必须做出在短期内有违民意的事。这颇有违常情。

一开始，CEO 最基本的行事方式都会显得有点儿怪。假如你的好友讲了一个好笑的故事，那么给他做点评就会让你觉得怪怪的。你会觉得这样说太不合常理了："我觉得这个故事太烂了。它本来可能还有点儿意思，但是你的铺垫一点儿都不吸引人，然后在最精彩的部分你又搞砸了。我建议你拿回去，重新修改，明天再给我讲一遍。"

这样做的确有违天性，但是评估人们的工作表现，并且不断给出反馈正是一个 CEO 必须要做的。如果不这么做，那么一些更复杂的事情，比如写总结、明确职责范围、应对办公室政治、制定薪酬制度以及开除员工等事务就完成不了，或者即便完成也做得差强人意。

给出反馈有违天性，但它是其他管理技能的基础。那么，怎样才能掌握这些有违天性的技能呢？

三明治反馈法

对于一个新手而言，一种有效且常用的反馈策略就是经验丰富的经理人所谓的"三明治反馈法"。管理学经典《一分钟经理人》中对此有精彩的描述："三明治反馈法"的基本概念是，如果你在一开始先表扬（第一片面包），人们会更容易接受你的反馈。接下来给出那些令他们不快的信息（批评），最后再提醒他们你有多看中他们的优点（第二片面包）。“三明治反馈法”还可以使你的反馈对事不对人，因为你在一开始就表达了对他的肯定，而这是一个非常关键的反馈信息。

“三明治反馈法”非常适用于低级别员工，但是它也存在以下一些问题：

- 它往往过于正式。因为你必须得预先想好内容，确保陈述正确，整个过程会让员工感觉很正式，像是在接受评判。
- 这种方法用过几次后，就会变得不那么真诚。员工会想：“天呐，他又在表扬我了。我知道接下来是什么了，批评。”
- 久而久之，中高级经理人员会立即意识到这是“三明治反馈法”，结果会适得其反。

我在职业生涯的早期曾试图给一位资深雇员做一份经过深思熟虑的“三明治反馈”，他就像看着一个小孩一样看着我说：“本，那些好听的就省省吧。直接告诉我，我哪里做错了。”当时，我就想，我绝对不是天生的当 CEO 的料。

关键点

要想精通反馈之道，必须要超越“三明治反馈法”这类基础技巧，形成符合自己个性和价值观的风格。以下是实现有效反馈的几个关键点：

- **真实可信**。务必要让他们相信你的反馈，不要说一些操纵听者感受的话。不能装模作样。
- **出发点正确**。给出反馈的目的是希望他们做得更好，而不是更差，这一点很重要。如果你真的想让他们成功，就得让他们感受到这一点。让他们感受到你的心。这样，他们才能感受到你的支持，才会听你的。

- **对事不对人**。如果想开除某个人，那就直接开除。不要让他准备好被开除，而要让他准备好取得成功。如果他不听取反馈，那就换一种对话方式。
- **不要在同事面前玩弄一个人**。虽然在小组会议上给出某种反馈并无不可，但绝对要避免让一个人在同事面前颜面扫地。否则，你的反馈将起不到什么作用，只会让这名员工感到羞愧难当，对你恨之入骨。
- **反馈因人而异**。每个人都不同。有些人对于反馈非常敏感，有些人则脸皮特别厚，也很迟钝。你的语气应当结合员工的个性，而不是由着你自己的性子。
- **直截了当，但不刻薄**。不要兜圈子。如果你觉得某人的演示很糟糕，不要说："这的确不错，但可以加一个过渡，强化结论部分。"下面的说法听起来严厉，但效果也许更好："我没听懂，不知道你要说什么，原因是××××。"弱化反馈中的批评部分，可能会比没有反馈还要糟糕，因为这可能导致误解，让听者困惑。但也不要一味批评他们，也不要摆出高人一等的姿态。这么做于事无补，因为正确的反馈是对话，而不是独白。

反馈应该是对话，而非独白

没错，作为CEO，你可以告诉人们哪些是你不喜欢的、不认同的，但这并不意味着你一定是对的。你的员工应当比你更了解他们自己的职责。他们应当比你掌握更多的数据。所以，你不一定总是正确的。

因此，你的目的应当是通过反馈来开启对话，而不是终结对话。鼓励人们质疑你的判断，批驳你的观点。从文化上，你希望围绕高标准展开深入探讨。你想通过施加高压，获得高质量的想法，但是，你在这样做的同时，一定要足够开明，以便及时发现自己的错误。

高频率反馈

一旦掌握了这些关键点，你就该时时刻刻练习。作为 CEO，你几乎应当对每件事都有一个自己的看法。你应当对每项预测、每个产品计划、每次演示，甚至每项评论都有一个观点。让人们知道你的想法。如果你喜欢某个人的评论，就反馈给他。如果你不同意，也反馈给他。说出你的想法，充分表达自己。

这样做会带来两大积极效应：

- **在你的公司里，反馈对事不对人**。如果 CEO 不断给出反馈，那么与之互动的每个人都会习惯这一点。没人会想："天呐，他这么说到底是什么意思？他是不是不喜欢我？"每个人都会自然而然地关注事情本身，而不会认为你是在随心所欲地评估他们的表现。
- **人们会习惯于讨论坏消息**。如果人们习惯了讨论个人失误，那么讨论公司失误就会变得很容易。优秀的公司文化深谙"好事不出门，坏事传千里"的信息传播规则，而糟糕的公司文化则有绿野仙踪中东方女巫的影子："别告诉我坏消息。"

CEO 的炼成

做 CEO 还需要有更广泛的技能，但要达到高级水平，获得天生就是 CEO 的感觉，你还要掌握这些后天的行事技巧。

如果你是创始人 CEO，在做这些事时觉得别扭或者力不从心，并且深感在公司规模达到 100 人或 1 000 人时你无法做到这一点，那么欢迎你加入我们的俱乐部。这都是我的亲身体验。我遇到过的每一位 CEO 都是如此。这是一个过程，CEO 就是这么炼成的。

如何评估CEO？

CEO 是公司里最重要的角色，因而也是最受关注的一个人。由于 CEO 的职责界定非常模糊，所以常会害得你被各种各样的烦心事绊住手脚（尤其是当你听信某些人的话，认为“CEO 就该是最棒的销售员”时）。

只可惜，有关这个问题的分析极少会对 CEO 产生帮助，因为大部分分析都是人们在私底下的议论。在此，我想反向地来聊聊这个话题。通过介绍自己设定的 CEO 评价标准，说说对 CEO 这份工作的定义。以下是我要提出的三个关键问题：

- CEO 是否知道该做什么？
- CEO 是否能让公司按他的意愿行事？
- CEO 是否能就既定的目标取得理想的结果？

CEO 是否知道该做什么？

人们应该就这个问题给出尽可能宽泛的注解。CEO 是否在任何时候、任何事情上都知道该做什么？从微观层面看，它包括人事问题、财务问题、产品策略、目标分级、市场营销等方面。从宏观层面来看，它是指一个 CEO 是否为公司设定了正确的发展战略，是否知道该战略对公司各个方面会产生怎样的意义和影响。

我对这个问题的考量基于以下两个方面：

- 战略。在优秀的公司里，发展蓝图和发展战略是一个概念。因此，所有的战略性工作最后都指向一个正确结果——发展蓝图。
- 决策。CEO 制定决策的速度和决策本身的品质可以反映他是否知道该做什么。

发展战略与发展蓝图

CEO 有责任构建一个每位员工都能参与的发展环境。这个环境可以给人们从事的具体工作赋予意义。它能协调利益，促成决策，并且还能激发员工的工作热情。明确且合理的发展目标有助于构建这个环境，却代表不了全局的发展蓝图。说得更确切一点，目标不等于蓝图。蓝图超越了季度目标和年度目标的范畴，直指“为什么”的核心问题。为什么我要选择这家公司？为什么在这里工作，我应该感到荣幸？为什么我要购买它的产品？为什么我要给它投资？为什么这个世界因为有这家公司的存在而变得更好？

当一家公司能够清晰地规划它的发展蓝图时，供所有人——员工、合作伙伴、客户、投资人、媒体——参与其中的发展环境就会变得明朗。一家无法清晰规划蓝图的公司常常会出现这样的抱怨：

· 记者们没搞清楚状况。

· 公司里究竟由谁负责战略部署?

· 我们拥有卓越的技术，但是营销部不太配合。

CEO 不必亲自担当远景规划师，也不必非得是蓝图设计师。但是，他必须是远景和蓝图的保护者。唯有这样，他才能确保公司的发展蓝图方向明确、令人信服。

发展蓝图不同于使命宣言，不是三言两语就能概括的。它就像一个故事，只要有必要，你可以一直讲下去，但是这个故事必须得有吸引力。一家没有故事的公司往往会缺乏战略性的发展规划。

想听听那些优秀公司的发展蓝图吗？去看看杰夫·贝佐斯在 1997 年写给其公司持股人的那封足足三页的信吧。那既不是口号，也不是宣言，而是一封洋洋洒洒的长信。在信中，杰夫讲述了亚马逊的创业故事，与所有读者尽情分享了他的发展蓝图。

制定决策

有些员工负责产品，有些员工负责销售，而 CEO 负责制定决策。正因如此，我们可以根据 CEO 制定决策的速度和决策本身的质量来对他进行准确的评估。伟大的决策往往来自那些集智慧、理性和勇气于一身的精英式 CEO。

正如我在前文中所说的，勇气的作用不可小觑，因为 CEO 所做的每一个决定都是基于不完整的信息。根据哈佛商学院对某些个案进行的事后比对分析，CEO 在对某一问题进行决策时，掌握的信息通常不到总信息量的 1/10。所以，CEO 必须有放手一搏的勇气，必须有胆量带领公司朝着一个不明确的方向前进，即便最终发现这是个错误的方向。那些最艰难的抉择（往往也是最重要的抉择），难就难在它们往往会遭到 CEO 最重要的支持者（员工、投资人、客户）的强烈反对。

在 CEO 的职业生涯中，我做过的最正确的一个决定就是将 Loudcloud 公司转让给 EDS 公司，继而发展成为后来的 Opsware 公司。假如当年我交由员工、投资人和客户对此事投票表决，那他们肯定会以压倒性的优势让我的转让计划泡汤。

作为 CEO，你不可能有充足的时间搜集所有的信息，然后再做决定。每一个寻常的日子里，你都得做出大大小小上百个决定，不可能为了对某一个决定进行最全面的资料搜集和最详尽的分析，你就停下所有的工作。明确了这一点，你就应该用心在日常工作中持续且系统地搜集信息，以便在决策时刻来临时有备而战。

要想做好准备工作，你必须系统地获取多方面知识，以便在制定决策时派上用场。你可以从这类问题入手：

- 竞争对手可能会有什么动作？
- 怎样做才具备技术上的可行性，什么时间做才合适？
- 公司的实力究竟怎样？如何才能将实力发挥到极致？
- 这样做会带来怎样的财务风险？
- 这个问题会对目前的产品结构带来怎样的影响？
- 员工对此次促销的态度是兴奋还是沮丧？

优秀的 CEO 会通过巧妙的策略来搜集必要信息。他们会把对信息的捕捉渗透在每一项日常工作中，比如员工会议、客户会议，甚至是“一对一”的会谈。正是在与员工、客户、合作伙伴以及投资人的每一次交流中，CEO 掌握了有助于他实施决胜策略的最全面的信息。

CEO 是否能让公司按他的意愿行事?

如果 CEO 勾画出了令人向往的公司发展前景，并且能快速做出高质量的决策，那他是否能让公司上下照他的意愿行事？要做到这一点，第一个要素就是我在前文中提到的领导才能。

除此之外，CEO 还要掌握丰富的运作技巧，才能确保决策得以顺利执行。公司规模越大，所需要的管理技巧就越复杂，越精妙。

公司能够执行你的各项决定和措施的必要前提是：

- 公司有能力这样做。也就是说，公司的相应岗位上有这样的人才，能够担此重任。
- 公司里所有员工都能正常履行职责。员工的工作积极性高涨，沟通渠道顺畅，知识储备丰富，工作环境清明。

CEO 带领的是世界一流的团队吗?

CEO 既负责组建管理团队，又负责掌控所有员工的面试和招聘环节。他必须确保公司网罗到最优秀的人才，继而从中甄选出天赋与能力俱佳的候选人。确保员工队伍的品质是管理公司的关键。优秀的 CEO 会经常通过评估来确保这支队伍的素质。

CEO 的能力决定员工队伍的品质。务必要强调的一点是，员工队伍的品质直接关系到在面对挑战时，这支队伍能否及时按照公司的相应需求去应对。因此，以下这种情况极有可能出现：管理团队变动了好几次，而员工队伍始终在高质量地执行决策，且人员流失率几乎为零。

员工为公司做贡献的难度有多大？

第二个评判标准可以衡量CEO能否有效地管理公司。为了验证这一点，我喜欢问这个问题：员工完成这一工作的难度有多大？

在管理得当的机构中，人们会把焦点放在工作本身（而不是企业政治或是官僚作风），并且坚信顺利完成工作对于公司和他们本人都有益处。相反，在管理不善的机构里，人们会花大量精力去应付部门矛盾和流程缺陷。

说起来容易，但是真正要建立一个运转良好的公司则需要有相当高超的技巧。这些技巧涵盖组织设计、绩效管理等方面，还涉及推动员工发展的奖励机制和沟通机制。当某个CEO达不到能力标准时，他往往是在这个方面出了问题。事实上，很少有CEO在这个衡量标准上得到高分。

在线影片租赁公司Netflix的CEO里德·哈斯汀斯在设计一个驱动员工效能最大化的系统上做出了了不起的尝试。他将这套系统称为“关于我们的自由与责任文化的参考指南”。其中包含了Netflix公司界定的员工优秀品质、如何在面试环节甄别出这些品质、如何巩固这些品质，以及如何在员工数量日益增长的同时升级这套系统。

CEO是否能就既定的目标取得理想的结果？

基于目标衡量业绩时，我们首先要确保目标的正确性。在董事会游刃有余的CEO们，往往能够通过人为降低目标而取得“成功”。而那些优秀的CEO们却因为忽略董事会，将目标设定得过高，进而遭遇“失败”。一家公司在发展之初，没人能预测机遇的大小，因此制定的目标往往会产生误导性。所以说，准确衡量业绩的前提条件就是制订正确的目标。

我还经常提醒自己，对于不同的公司，机遇的大小和种类会千差万别。希望一家生产硬件的公司和用户导向型的互联网公司同样采用“轻资产”的发展模式，这样的想法不仅毫无意义，而且还会带来负面效应。衡量 CEO 的业绩时应该以他所在的公司——而非其他公司——的发展机遇为基础。下面，我和大家分享一个讲述 CEO 在真实环境下根据结果提交业绩的故事。这则故事的主人公是百度——中国最大的搜索引擎公司——CEO 李彦宏。在 2009 年于斯坦福大学所做的演讲中，李彦宏回忆起百度上市时的感受。企业上市通常是一个企业家一生中最兴奋的时刻，而他却坐在桌边诚惶诚恐。为什么会这样？来听听他自己是怎么说的。

> 2004 年，我们从 Draper Fisher Jurvetson 和谷歌等公司那里融到了最后一笔风险投资，后者是我们的同行。2005 年，公司上市。理想的开盘价格是每股 27 美元，结果却报收每股 122 美元。这对百度员工和投资者来说都是特大利好消息。然而，我的感觉却是苦涩，因为在决定让公司上市时，我预期的股价是 27 美元，或者更高一点，30~40 美元。当股价在第一天达到每股 122 美元时，我真的惊呆了。这意味着我的实际业绩必须大大高出预期业绩。我别无选择，只好埋头于运营、专注于技术和用户体验，最后，我终于交差了。

一旦将以上这些全部纳入考量范畴，我们就会发现，基于目标取得的业绩（或者说“功能型的业绩”）其实是一个滞后的指标。正如他们在共用基金的章程上所说的，“过去的表现无法保证将来的结果”。而 CEO 的结构型评价标准——CEO 是否知道该做什么以及 CEO 能否让公司去执行他的意愿——将会在预测未来方面大显身手。

小结

CEO 的评估不是复杂、诡秘、难以言说的艺术。所有人，包括 CEO 们，在预先得知结果的情况下都会取得更好的成绩。

第八章

创业头条法则：没有法则

这些事都打不倒我，
只会让我更坚强。
我想让你快些来，
因为我不能再等待。
我知道现在要做出正确选择，
因为我不能再错下去。
我已等待一整夜，
为你等待一整夜。

—— 美国饶舌歌手、唱片制作人
坎耶·维斯特《更强大》

我们在与惠普协商 Opsware 公司转让一事时，他们的最初收购价是每股 14 美元。BMC（美国一家企业管理软件提供商）以 14.05 美元的价格做出回应，参与收购。紧接着，惠普又将报价提高至 14.25 美元。我和约翰·奥法雷尔对这一轮招标自有打算。按照估计，如果我们能顺利实施计划，那么最终的成交价应该能达到每股 15 美元，甚至更高。大家对这样的预期无不喜出望外。

然而，灾难降临了。说得更具体一点，我们聘请的审计公司——安永国际会计公司——几乎毁掉了这笔买卖。

BMC 在审计过程中发现，我们有三笔账户交易和他们的审计结果不符。这三笔交易都包含 CA 条款。CA 条款为业内人士所熟知，得名于一家声名狼藉的公司——团结电脑公司，简称 CA。该公司曾经在与客户签订的维修合同中要手段，承诺对方可永久对"X"产品进行免费更新。之后，CA 公司把"X"产品改头换面，替换成"Y"产品，再向顾客收取他们以为可以不再付费的软件更新费用。这种把戏相当精明，也相当龌龊。为了捍卫自身的权益，聪明的消费者要求所有的软件供应商今后都将 CA 条款写进合约中。合约明确规定，如果供应商发行的新版软件中包含了所有旧版软件的功能，只是在此基础上添加了新的卖点，换了新的名称，那么该产品（虽然换了名字）仍然受现有合约的保护，不再向顾客收取额外的更新费用。

对 CA 条款的解释存在两种可能性。一种是按照它的本意去解释，将其看作是对 CA 公司不端商业行为的回应；而另一种则是把它看作对产品功能的一种预期。如果你选前者，那就有必要提前确认营业收益；如果你选后者，那就应该明确合同期内营业收益的按比例分摊。无论你选哪一种，现金支付的情况都是一样的。

我们当初签下这三笔含有 CA 条款的合约时，对它模棱两可的特性是清楚的。因此，我们要求戴夫·普赖斯——我们在安永国际会计公司的合作伙伴——审计所有细节并告知我们该如何解释这项条款。戴夫明白我们的意图，建议我们在这三笔交易中全部选择提前确认营业收益。然而，BMC 在安永的合作伙伴得出的审计结果却截然相反，他们认为应该按比例分摊。震惊之余，BMC 的这位合作伙伴将该问题提交到了安永国际会计公司的总部。

总部的审计师通过电话告知我，他不同意上述审计结果，责令我们在 48 小时之内重新申明收益预期。我当时简直不敢相信自己的耳朵。重申收益不仅会压低股价，而且还会毁掉我们正在进行的交易。财务核算没有对现金流产生实际影响，并且我们所做的一切都是基于安永国际会计公司当初的审计结果。假如一开始他们能给出相反的结论，股价就不会下跌。重申收益无疑会让我们走投无路。

这究竟是怎么回事？

我尽量平静下来，小心翼翼地在电话中答道：

“财务核算的初衷是反映合约中我们与客户双方的意图，对吗？”

“对。”

“既然如此，为什么不能通过电话问问这三家客户的意图？如果他们的意图与戴夫·普赖斯得出的结论一致，那就保持原样。如果不一致，我们再重申收益。”

“不，那还不够。你必须让三家客户使用安永国际会计公司的解释条款去修改他们手中的合约。”

“但这三家客户都是大银行，本身就设有风险管理部，不可能在短时间内修改合约。而且，我们目前正在洽谈一笔价值 16 亿美元的交易，你们这样做会毁了这笔交易的。”

“我们管不着，这是你们的事。”

“可是，我们公司与你们合作已经 8 年了，付给你们的费用也有几百万美元，而且这一切都是你们的合伙人造成的。假如我们和客户就现有合约的解释能达成口头一致，为什么你还要害我们丢掉这笔买卖？”

“给你们 48 小时，要么修改合约，要么重申收益。”

戴夫·普赖斯快要哭出来了。

安永国际会计公司总部只关心书面文字，丝毫没有法律精神。他们拒绝做从审计角度和生意角度来讲完全正确的事，一心只想着自己的便利。

我的财务总监戴夫·康特已经面无血色。几百人奋斗 8 年走到今天，可所有的努力和付出眼看着就要被戴夫亲自挑选的审计公司像抽水马桶一样冲刷一空。在加入 Opsware 公司之前，戴夫曾在安永国际会计公司供职 15 年。平时能言善辩的他，此刻几乎说不出话来。我冲所有人大发雷霆，但心里很清楚，无论我说什么都于事无补，只会让戴夫更自责。我转向我的总顾问乔丹·布雷斯洛，问道：“我们需要立刻向收购方说明这个问题吗？”他惴惴不安地答道：“是的。”

我们向惠普和 BMC 说明了情况，并告诉它们，我们打算在 24 小时内通过修改合约的途径来解决这个麻烦。没有一方相信我们。就连我自己都半信半疑。怎么可能说服三家大型银行在一天内修改完手头的合约呢？惠普和 BMC 这两个买家作壁上观，准备根据事态的发展随时调整其收购计划和报价。

与此同时，我和戴夫、马克·克兰尼开始投入紧张的工作。在财务会议室里，我们开始勾勒关系图，在所有认识的人之间寻找关联，试图找到合适的人选来挽救这笔交易。我给每一位董事会成员打电话，了解他们是否在这三家银行里有存款，是否能和关键人物说得上话。克兰尼与销售部和财务部的人员一直守候在电话机旁。乔丹和戴夫则草拟出了 10 种修正合约的措辞。我们熬了一个通宵，戴夫自始至终都是一副心脏病即将发作的样子。第二天上午 11 点，奇迹出现了。三家银行都为我们修改了合约，所花时间还不足 24 小时。我们不用重申收益了。

意料之中的是，BMC 因为这次事件受了点惊吓，余悸未平，放弃了收购。惠普没有打退堂鼓，却因为这个“污点”把报价降到了每股 13.75 美元。

那天晚上，我们在公司办公室召开了董事会，讨论惠普的收购条件，并宣布 BMC 退出收购。大家一致认为应该接受惠普的收购价，只有我一个人反对。我坚持以他们先前提出的 14.25 美元出售 Opsware 公司，少一分钱都不行。比尔·坎贝尔看着我，那样子就像在看一个久经沙场的将军。我一天一夜没睡觉，不知道自己的意识是否清晰，决定是否正确，我只知道，我辛苦等待一整晚是为了到达正确的彼岸，而不是在岔路上越走越远。

我整理了一下思路，重申了我的立场：“惠普曾经提出了 14.25 美元的收购价，原因只有一个：我们是最棒的，我们代表着业界的最高标准。这才是整件事情最重要的前提。一旦我们接受现在这个打了折扣的报价，就等于承认我们不代表最高标准，那买卖还是做不成。”约翰·奥法雷尔赞许地点点头。最后，董事会忐忑不安地接受了我的意见。

我告诉惠普公司，必须以 14.25 美元收购 Opsware 公司，否则免谈。两个小时后，对方答应了。这期间，戴夫·康特的脸色一直都没有缓过来。我们做成了这笔交易，如果不是安永国际会计公司背后拆台的行为，我们本可以多赚一个亿。直至今日，我都对安永国际会计公司耿耿于怀。

讲述这段经历是想提醒大家，当你以为在生意场上可以信赖别人时，结局往往令你大失所望。出现这种情况时，一味地计较谁是谁非毫无意义。你需要做的，就是打起精神去应对那些危机。

解决问责与创意之间的矛盾

一位软件工程师在现有产品架构中发现了会严重削弱产品功能的漏洞。他说，自己可以在三个月内完成对这一漏洞的修复。每个人都认为，用三个月的时间来完成一次漏洞修复完全可以接受。可结果是，虽然他的建议是正确的，但整个过程持续了 9 个月。这时，你会奖励他的大胆创新呢，还是追究他未能按期完工的责任？

如果你像控方律师一样，严格按照合同条款的规定对他提起诉讼，那肯定会打击他和所有人的积极性，使大家以后不敢再做任何担风险的事情。假如你立场坚定地要处罚他，那就别怪以后有人拿“忙不过来”这样的借口来搪塞你，不帮你解决棘手的问题。

换一种做法，如果你不追究他未能按期完工的责任，那些能保质保量按时交付任务的员工就会觉得自己像个傻瓜。既然总裁可以奖励那个延期6个月才完工的家伙，我为什么还要加班加点地赶在最后期限前完工？如果你手下那些最勤勉、最具生产力的员工觉得自己被愚弄了，罪魁祸首就是你，因为你没能让别人对自己的行为负责。这就是所谓的问责与创意之间的矛盾。

想要解决这个矛盾，让我们先来做一个最基本的推论。你觉得自己的员工总体上具备智慧、创造力以及工作热情，还是觉得他们既懒惰又奸猾，天天无所事事？如果你的推论是后者，那不妨放弃在你的公司搞创新的想法，因为你根本无法做到。如果你持前一种看法，相信自己的员工有能力、有活力，并且事实证明的确如此，那自然再好不过。可是，你必须问责到位，否则就会背上愚弄他人的嫌疑。对此，你怎么看？

我们从以下几个方面来分析一下问责制：努力程度，承诺，结果。

努力程度

这是比较容易考量的一个因素。要成为世界一流的大公司，一流的工作态度必不可少。假如有人在工作中敷衍了事，不尽最大努力，那就必须要受到处罚。

承诺

许多经营得当的公司都会有这样一些管理宗旨：勇于承诺，兑现承诺。诚然，如果你参与了某项任务但又没有按要求完成，你会让每个人都大失所望，而这种失望情绪是极具传染性的。要求人们对承诺负责任，这是确保工作顺利完成的一个重要因素。

兑现承诺的难度系数有高有低，因此问责的程度也会有相应变化。写一份市场宣传资料或是发一封电子邮件与完成一个软件项目绝不是一码事。如果谁完不成前面这项任务，你必须严肃处理。而后者则可能涉及计算机科学中的根本性问题，情况要复杂得多，因此你必须审慎对待。

结果

根据结果确定问责程度是一个比较复杂的问题。如果有人像开篇故事里那样没有按期交工，你是否应该追究他的责任？答案是，不一定。你得根据以下几条标准来做决定：

- **员工的资历**。和年轻员工比起来，老员工能更准确地预测未来的工作结果。
- **任务的难度**。有些任务确实难度很大。当你的产品在竞争中技不如人时，当经济衰退无孔不入时，你会发现，想把产品销量提升上去简直比登天还难。当你想搭建一个平台，使其能自动高效地执行串行程序和并行程序，以便最终实现扩展程序时，你也会发现这其实很难。我们很难对未来做出准确的预期，并且很难达到这个预期。所以，在判断结果是否达到预期时，你务必要考虑任务难度这个因素。
- **是否存在不必要的风险**。尽管你不想因为人们甘冒风险、大胆创新而去责罚他们，但也要记住，并非所有的风险都是必要的。虽说不入虎穴焉得虎子，但有时深入虎穴也不一定能捉到虎子。喝下一整瓶杰克·丹尼酒然后跟在汽车后面跑，这算得上是勇气可嘉，但就算你追上了汽车，也得不到什么奖励。当你的员工没能实现承诺时，想想看，他是只有匹夫之勇而不考虑后果呢，还是想法一流而只是没能成功？

回过头来看问题

现在，我们回过头来看看开篇提到的那个问题，考虑下面这几个因素：

1. **他是资深员工吗？**如果他是你公司的总设计师，那你就得让他好好提高一下自己规划工作的能力，以免拖累公司。如果他入行时间不久，那就该借此机会好好点拨点拨他，而不是一味地指责他。

2. **任务的难度如何？**如果是一次足以改天换地、创造奇迹的任务，你就不能大发雷霆，相反，你得感谢他。如果仅仅是一个拖沓了太长时间的小项目，你就得认真解决。

3. **这是一次正确的大胆尝试吗？**新产品是否能在中短期占领市场？如果是，无论他是用了3个月还是9个月，这都是一次正确的尝试。今后再遇到类似情况时，你也应该持这个态度，而不必绞尽脑汁苦苦思索。

小结

在高科技产业中，你很难未卜先知。平庸与杰出之间的差距往往就源于你的态度，源于你是否放手让员工大胆创新，不折不扣地实行问责制。责任固然重要，但也并不是唯一的重点。

“怪诞星期五”管理策略

多年前，我曾陷入一次棘手的管理困境。公司里两个非常优秀的团队——客户支持部与销售技术部——针尖对麦芒地掐起架来。技术部提出了一系列措辞犀利的指控，谴责客户部人员不及时配合他们的工作，还拒绝修复产品存在的问题，已经严重阻碍了销售，影响到了客户满意度。与此同时，客户部也抱怨说，技术部未经授权就安装木马程序，不听从他们的有效修改建议，还大惊小怪地把每件事都当成头等大事去对待。除了这些具体矛盾外，这两个部门本来就积怨甚深。最糟糕的是，这两个部门得经常合作完成公司的任务。两支队伍都配有最出色的工作人员和最有能力的负责人，所以不可能解雇任何人或者降任何人的职。我实在是没辙了。

就在那时，我碰巧看到了一部经典影片《怪诞星期五》，现在想想，那好似上天的安排。这部影片的主演是演技出众的巴巴拉·哈里斯和无人能比的朱迪·福斯特（还有一部翻拍版，主演是杰米·李·柯蒂斯和问题才女林赛·洛汉）。影片中，母亲和女儿由于缺乏沟通而关系紧张，因此，她们希望能通过互换身份来增进对彼此的了解。在电影的奇幻世界中，她们实现了这个愿望。

随着故事情节的发展，她们交换了身体，体验到了对方所看到的世界。最后，母女二人换回各自的原形，自此变成了知心朋友。在看过这部影片的两个版本之后，我觉得自己已经找到了对策，那就是，“怪诞星期五”管理策略。

次日，我通知技术部和客户部的主管，要给他们二人调换工作岗位。我对他们解释说，你们可以像影片中的朱迪·福斯特和巴巴拉·哈里斯一样，调换身体，但是要永久保留原有的思想。二人最初的反应不亚于翻拍版中林赛·洛汉和杰米·李·柯蒂斯一起尖叫时的惊恐模样。

然而，在对调的岗位上仅仅工作了一周，这两位主管就发现了矛盾的症结所在。接着，他们快速行动了起来，采取简单的工作流程，消除了冲突，彼此和谐共事。自那天起，一直到公司被转让，销售技术部与客户支持部始终都是公司里合作最好的一组搭档，这多亏了《怪诞星期五》——这部也许是有史以来最有寓意的管理学经典电影。

如何打造一流的管理团队？

作为 CEO，你应该清楚一点：没有一流的团队，就无法创建一流的公司。但怎样才能知道你手下的管理人员是不是达到了这个标准呢？另外，即使他在被你雇用的那一刻达到了世界一流的标准，他是否能继续保持这个标准？如果不能，他有没有可能重新达到这个标准？

这些复杂的问题会让招贤纳士的过程变得更加麻烦。每一位 CEO 的初衷都是寻觅到最优秀的人才，然后不遗余力地积极争取他们的加入。如果对方同意了，CEO 会如获至宝。

所以说，我们很容易先入为主地判断一个人，哪怕他连一天的班都没有上，我们还是会觉得他是最棒的，就因为他是我们精挑细选招聘到的人。可惜的是，那些被当作宝贝一样吸纳进公司的管理人员，会离你的期望值渐行渐远。假如你是个体育迷，你一定清楚，没有永远的世界冠军。今天你是球星特雷尔·欧文斯，明天你就是普通人特雷尔·欧文斯。尽管管理人员的职业生涯不像运动员的职业生涯那么短暂，但是公司、市场还有高科技的发展变化之快是体育运动所无法比拟的。因此，本年度在初创业的公司里春风得意的管理人才，很可能在下一年度就面临被淘汰的危险，因为最初的小公司已经成长为拥有400名员工、年收益达到1亿美元的大型公司。

标准

你需要明确的第一个问题是，某些人精彩的履历和出色的面试表现并不意味着他能在你的公司做出极佳的业绩。这个世界奉行两种评价标准，一是根据你的表现，二是根据你的身份。你可以选择前者，也可以选择后者。

你必须以高标准要求员工，但是何谓高标准？我在前文已谈过这个问题，在此不再赘述。此外，请谨记以下几点：

- **在雇用某个人时，你并不了解他的全部。**虽然这会让你觉得有些尴尬，但是为适应市场需求和激烈竞争，调整并提高你对他的要求是完全合乎情理的。
- **学会平衡。**在一开始花费大量的时间来指导一个副手很正常。但是，如果你发现自己还和聘请或提拔这个副手之前一样忙碌，那就说明他的工作不称职。
- **你是CEO，不负责培养人才。**我从CEO生涯中总结出的最令我沮丧的教训就是，我不可以做副手们的辅导员。他们所在的工作岗位要求他们基本上能独当一面。和我以前做总经理时不一样的是，我现在没有时间去从头培养一个副手。对于公司中的其他岗位来说，手把手地传授经验是可行且必要的，但对于管理层人员却并非如此。如果你的副手总是需要太多的指导和培养，他就是不合格的。

当然，有时CEO们的衡量标准会过分苛刻。正如我在前文中提到的，你不能也不必拿某个管理人员两年后的工作要求来衡量他现在的能力。如果你有这种倾向，那务必要回避。一定要以当下的情况来衡量他的表现。

关于期望值和忠诚度

假如你的管理人员表现出众而且对公司忠心耿耿，你该怎么和他沟通这些问题？如何告诉他虽然他现在干得不错，但如果明年跟不上公司的发展变化，你就有可能解雇他？

过去，我在点评管理人员的工作时，总是会说："你在目前这个岗位上干得很好，但是根据公司的发展规划，我们的员工数量到明年会增加一倍。因此，到时你的工作会有所不同，而我也会根据新的标准来重新评估你的表现。如果你觉得这办法不错，那就推广至每一个团队成员，也包括我。"

在提出这样的思路导向时，务必要向管理人员说明一点，公司在扩大规模之后，他将接手的是一份全新的工作。这意味着，在旧岗位上实现的辉煌不一定能直接转换为新岗位上的成就。事实上，人们往往难以胜任新工作，原因就是他们延续了过去的工作方式，没能及时调整到新的状态中来。

但是，忠诚度的问题怎么解决？如果你是在现有管理团队的协助下让公司的规模扩大了10倍，你又怎么能因为他们跟不上这个大型团队的发展速度而开除他们？答案是，你得把你的员工放在第一位——那些管理人员手下的普通员工，那些从事基本工作的工程师、营销人员、销售人员、财务人员，以及人力资源部员工。你应该为他们搭建一支世界一流的管理团队，这才是头等大事。

该不该转让公司？

该不该转让公司，这无疑是 CEO 所做的最艰难的决定之一。从常理上来看，转让公司还是继续独立经营公司涉及诸多因素，而大部分都是些无法预知的因素。假如你是公司创始人，基于理性做出决断并不难。

没错，只要不涉及感情，这个问题就简单得多。只可惜，转让公司往往是一项掺杂了太多情感和个人因素的行为。

转让类型

为便于讨论，我在此先介绍一下转让技术型公司的三种方式：

1. **人才和 / 或技术**。这是指单纯转让某一公司的技术和 / 或人才。这种类型的转让价格为 500~5 000 美元。

2. **产品**。只转让某公司的产品，不转让业务。收购方会结合自身的营销能力销售现有产品。这种类型的转让价格为 2 500 万 ~2.5 亿美元。

3. **业务**。转让公司的主营业务。收购方会全方位衡量对方公司的价值，包括产品、销量和营销，而不仅仅看人员和技术。这种类型的转让通常以财务指标为主要依据，成交价有可能令人咂舌（比如微软出价300亿美元收购雅虎）。

我在这里要讨论的主要是第三类：业务转让。此外，也涉及一些产品转让的问题。

理智

在分析是否该转让公司这个问题时，你最好先问问自己：

1. 我是否在一个很大的市场中抢占了先机？

2. 我是否有把握成为这个市场中的头号种子选手？

如果你抢占了先机，那就继续独自经营。没人有实力买下你的公司，因为没人能预支给你如此庞大的一笔数额。以谷歌公司为例，据说在创业初期，谷歌就收到过多家公司的收购邀请，出价超过10亿美元。这在当时是非常优厚的条件。然而，鉴于最终的市场规模，转让公司对谷歌来说毫无意义。事实上，谷歌无论以任何价格转让给任何有意收购的公司，都没有什么意义。为什么？因为谷歌拓展的市场远远大于所有潜在收购方所占有的市场总额，它开创的业务无人能及，因此也就使它稳稳地占据了业内的龙头地位。

再想想与此相反的一个例子，Pointcast。Pointcast公司是第一波引发互联网应用程序风潮的公司之一。在硅谷和高科技行业，它算得上是一家热门公司。Pointcast曾经拒绝过10亿美元的收购条件，后来，由于其产品架构中的缺陷，客户停用了产品。公司在一夜之间元气大伤，再也没能崛起。最后，Pointcast以低价被转让。

因此，你务必要弄清：1. 如今占领的市场是否比以往任何时候都要大得多？2. 我们能做第一吗？如果有一个问题的答案是否定的，那你就得考虑转让公司了。假如两个问题的答案都是肯定的，那么转让公司就等于是把你和你的员工给低价出售了。

可惜的是，这两个问题并不容易回答。想要给出正确的答案，你还得考虑以下这些问题：市场是什么？竞争对手会发展成什么样？谷歌占领的是搜索引擎市场还是门户网站市场？现在回想起来，谷歌主要是占领了搜索引擎市场，但是大部分人觉得它是一个门户网站。雅虎当时是它在门户网站市场的一个劲敌，但在搜索引擎领域，雅虎对其并不构成威胁。如果谷歌当时真的主营门户网站，那么转让出去也不失为上策。Pointcast 的陨落就是因为高估了自己的市场占有率。有趣的是，导致 Pointcast 走下坡路的恰恰是它自己在产品执行中出现的纰漏。

下面来说说 Opsware 公司。为什么我要卖掉它？为什么我拖到那个时候才卖掉它？

经营 Opsware 公司时，我们最初涉足的是服务器自动化领域。在接到第一轮询价和发盘时，我们的客户数量不足 50 名。当时，我坚信至少能发展 10 000 名目标客户，相信我们完全有能力做到最好。此外，虽然我知道市场格局日新月异，但依然认为我们可以赶在别人前面进军网络和存储（数据中心自动化）市场，然后将其一举拿下。因此，按照 30% 的市场占有率来估计，如果有人想要买下我的公司，那就必须以我们当时市值 60 倍的价格来收购。果然，没人愿意出这个高价。

当我们逐渐拥有数百名客户，并且也成功地进军到服务器自动化领域时，我们依然是业内的老大，身价比先前的收购成交价还要高。那时，Opsware 公司与主要竞争对手 BladeLogic 公司都已经羽翼渐丰（具有遍布全球的销售网络、外包式的专业服务等）。

这一点很重要，它意味着某家大型公司可以从我们当中挑选一家进行收购，并且有可能顺利地使之运转起来。（大型企业不一定能操纵得了小公司，因为小公司知识产权中的重头戏就是销售方法，而这是大型企业所缺乏的。）

随着态势的明朗，BMC 成为这个要做“二选一”选择题的企业。因此，Opsware 公司是否能在未来继续担当业内老大这道题就得重新做一遍了，方法如下：

1. 我们的优势将体现在系统和网络管理领域，而不是服务器自动化领域。因为后者和文字处理软件一样，最终也将被一个更大的市场所兼容。

2. 要想成为最好的，我们就得将 BMC 和 BladeLogic 一起打败，因为 BMC 是比我们这两家小公司都要强劲得多的对手。

最终，由于出现了根本性的技术变革——虚拟化，市场也发生了改变。虚拟化意味着整个市场要重新进行调整，于是我们又投入到新一轮的研发竞争中，以期能建构最优秀的管理模式，适应虚拟化环境。这就使得转让公司的计划被搁置了很长一段时间。

综合以上因素，我们认为，至少可以考虑一下转让公司的可能性，并且启动一个短期计划，以掌握并购市场中的各方利益。

在此过程中，有 11 家公司提出了各自的收购意向。这让我意识到，就 Opsware 公司的市场价格而言，我们已经达到了局部最大值。也就是说，这些潜在的买家们对 Opsware 公司的市场价值深信不疑，而我们也认定，公司在未来不可能再有更大的收益。在进行了大量的深入分析和自我反思之后，我的最终结论是，目前的这个最大值高于我们公司在未来 3~5 年有望实现的收益，因此，我以 16.5 亿美元的价格将公司转让给了惠普。我认为并且也希望这是一个正确的决定。

情感

在做这样的决定时，情感因素是相当可笑的一个部分，因为它会让你陷入人格分裂的窘境。

在亲自招募到每一位员工，让每一位员工甘愿为你创办兴旺发达、独立自主的企业这一宏伟目标努力奋斗时，你怎么能将公司转让出去？怎么能将自己的梦想转让出去？

你怎么能让自己和无论亲疏远近的家人结束这种财政上完全独立的生活？做生意难道不就是为了赚钱吗？赚多少钱才算够？

你怎样才能调和这两种声音：留下？转让？很显然，你没法调和这二者，唯一的办法就是给这两种声音都装上消音器，要领如下：

- **给 CEO 付工资**。大部分风投资本家都喜欢那些把全部身家都投在公司的老板，一旦公司倒闭，他就输得分文不剩。因此，他们认为，CEO 应该只拿极低的薪水。总的说来，这是个不错的想法，因为当公司不景气时，CEO 们很容易想丢掉包袱，投入的全部家产会迫使他们继续坚持。然而，在现实情况中，公司一旦成立，给 CEO 支付工资就是比较合理的做法。具体地说，一旦公司有了自己的业务，并且成为具备吸引力的收购对象，那就应该给 CEO 支付工资，这可以保证“留下或转让”这个决定不会直接受 CEO 个人财务状况的影响，就好比是：“我不认为应该转让公司，但是我现在和丈夫孩子住在 850 平方米的公寓里，不转让，就只有离婚了。”

- **对公司前景思路清晰，态度明朗**。每一位 CEO 都会从员工那里听到这样的问题：你会转让公司吗？这是一个很难回答的问题。如果 CEO 说“会”，那么员工会理解为他要卖掉公司。如果 CEO 说“如果价格合适”，那么员工就会揣测这个价格，并且会问个没完。假如公司价值真的达到了这个价格，员工就会认为公司即将被转让。如果 CEO 闪烁其词，拿“不会转让公司”这样的话搪塞员工，一旦真的转让公司，员工就会觉得自己被愚弄了。更重要的是，CEO 也会觉得他在糊弄员工，这种自责的感觉会在他的决策过程中挥之不去。为了避免这样的困境，你可以参照前一章中提到的分析原则：如果公司在一个很大的市场中占领了先机，并且极有可能成为同行业中的顶尖者，那么就让公司继续独立运作。若不是，就不妨转让。这条原则考虑的是投资人和员工双方面的利益。

小结

你很难轻而易举地在“留下”和“转让”这二者中做出选择。因此，让自己在理智和情感上做好准备是有必要的。

第九章

是结束，也是开始

我们走在同一条路上，穿的却是各自的鞋。
我们住在同一栋楼里，看到的却是不同的风景。
——德里克《云端之上》

转让 Opsware 公司之后的一年，我在惠普负责软件业务。之后，我对自己的未来有了进一步的思考：我该另起炉灶重新办一家公司吗？还是去其他公司任 CEO ？我该退休吗？还是该做些完全不同的事？

越是畅想未来，就越会回忆起自己的过去。假如我当初没有遇到比尔·坎贝尔，一切会怎样？我该如何化解一次又一次的危机？为什么企业家艺术如此深奥？是不是每个 CEO 都会遇到相同的问题？如果是，为什么没有人把这些问题记录下来？为什么新兴公司的顾问和风投资本家很少有亲自办公司的经验？

当这些问题一再萦绕于我的脑海时，我给马克·安德森发了一条信息："我们应该创办一家风险投资公司。选择合伙人的宗旨就定为'有经验者优先'，给那些打算创办公司的人提供咨询，你本身就得有经营公司的经验。"他的回答让我意外："我也有同感。"

一些必要的经验

在深入思考这个问题时，我回想起自己当年拿到的第一笔真正意义上的风险投资。

那是在 1999 年，在筹集到 Loudcloud 公司的第一轮资金后，我和我的联合创始人去拜访这家新的风投公司并会见他们的全体成员。我还记得，当时作为创始人兼 CEO 的我对于面见自己的大财神共商大业兴奋不已。然而，对话气氛一度急转直下，他们的一位资深合伙人戴维·贝尔尼当着所有人的面问我："你打算什么时候聘请一位真正的 CEO ？"

这就像迎头泼来的一盆冷水。公司最大的投资人当着我搭档的面质疑我是个冒牌 CEO。我反问道："您的意思是？"——希望他能修正自己的说法，好让我挽回一点儿面子。没想到他变本加厉："我的意思是，你该找一位曾经为大公司做过组织设计、人脉强大且有现成客户资源的人来做 CEO。"

我羞愧难当，觉得快要喘不过气来了。他无视我的 CEO 身份就已经够糟的了，更糟的是，在某种程度上，我认同他的观点。他说的那些能力我都没有。在那之前，我从来都没有做过那些事，也不认识多少高管。我是白手起家打天下的 CEO，不是职业 CEO。我管理公司的时间短得可怜。我能足够快地掌握当 CEO 的技巧并且构建起自己的人际关系网络和客户网络吗？还是说我会把公司搞砸？这个疑问折磨了我好几个月。

第二年，不论干得好与不好，我依然在 CEO 的位子上坐着。我用常人难以想象的努力争取成为让大家都满意的 CEO。多亏了这番努力以及朋友和顾问们的帮助，尤其是比尔·坎贝尔，公司终于坚持了下来，并且日益蓬勃地发展着。

这段经历已经过去很久，但是，我没有一天不去想那次和戴维·贝尔尼的对话。我总是扪心自问，究竟要怎样做才算进步？究竟怎样才能获得帮助以提高自己的能力、拓展自己的资源？

我与马克经常讨论这个问题。我们一直心有不甘，作为创始人兼 CEO，为什么我们必须在投资人质疑的目光中向他们证明我们的实力，而不是让投资人相信我们有能力经营好自己一手创办的公司？实际上，这样的讨论最终促成了日后安德森·霍洛维茨风投公司的成立。

首先，我们在对风险投资这个行业进行研究时，偶然发现了一个潜在的问题。一直以来，赢利的风险投资都集中在极少数公司手中，而且始终是这几家公司。在有着 800 多家风投公司市场中，大约只有 6 家可以给他们的投资人带来高额的回报。随着调查的深入，我们发现了一个很有意思的原因：最好的企业家只选择最好的风投公司进行合作。由于风投公司不重视经营手段和经营理念（大部分公司几乎都不做公关宣传，也极少谈论其业务），所以只能让人根据其投资记录去进行选择。因此，有着最佳投资记录的公司就会良性循环，业绩越来越出色，没有业绩的新公司则逐渐被埋没。

我们必须得想出对策来打破这块坚冰，成为那些优秀企业家青睐的风投公司。但是，究竟该怎么做呢？

我们需要改变企业家选择风投公司时的衡量标准。时移世易，我们解决这个问题的机会来了。我和马克在 20 世纪 90 年代中期初涉企业时，并不认识太多的企业家。当时，我们没有真的把自己看成是一个行业或是社区中的一分子，仅仅是忙于干好自己的事。我们公司成立于互联网时代初期，比 Facebook、Twitter，还有其他一些社交网站平台都要早。由于那时没有专供企业家交流的平台，所以我们也很少和其他企业家互通有无，基本都是埋头苦干。而这种局面在过去 10 年发生了变化，企业家们如今会相互结识、往来、聚会，进行各种各样的社交活动，已经形成了一个真正的社区。鉴于这一点，如果我们能提出更优厚的条件，那么在社交活动中实施的口头宣传策略就会发挥出它不曾具备的优势。

我们需要更上一层楼，也需要与众不同。在考虑如何才能具备更多的优点和特点时，我们的核心思想主要基于以下两点：第一，技术型创始人是经营技术型公司的最佳人选。那些令我们钦佩的历史悠久的技术型公司——惠普、英特尔、亚马逊、苹果、谷歌、Facebook——都曾由它们的创始人经营。更准确地说，公司是由开天辟地的那个人在经营。第二，技术型创始人创办公司后成为 CEO 的过程异常艰难，我就是个明证。但是，大多数风投公司往往都是以更换 CEO 来解决问题，而不是为其提供扶持，帮助创始人成长。

我和马克想，如果我们的风投公司专门以帮助技术型创始人经营公司为宗旨，那就可以树立品牌，创下口碑，即便没有以往的投资业绩，我们借此也有望一跃成为名列前茅的风投公司。根据研究，我们发现，创始人 CEO 与职业 CEO 相比主要存在两方面的不足：

1. **管理能力**。员工管理、组织设计、销售安排等方面的能力都是创始人 CEO 所缺乏的。

2. **关系网络**。职业 CEO 认识大批企业高管、潜在客户、合作伙伴、媒体人士、投资人士，还建立了其他一些重要的生意联系。而技术型创始人却只认识优秀的工程师，只知道如何编写程序。

我们考虑的下一个问题是，风投公司如何才能帮助创始人 CEO 弥补这些不足？

事实证明，弥补 CEO 管理能力的不足是一件相当困难的事。因为，要想当好 CEO，唯一的办法就是亲身一试。诚然，我们可以纸上谈兵似的传授一些管理技巧，但是，关起门来学习如何做 CEO 就好比关起门来学习如何当好橄榄球比赛中的四分卫球员一样。就算给你授课的人是佩顿 · 曼宁或者汤姆 · 布拉迪，如果没有实践经验，你一上场就会被淘汰。

虽然我们不可能给创始人兼 CEO 传授他所需要的所有技能，

但我们完全可以为其提供指导，以加速他的学习过程。因此，我们选择投资合伙人的标准就是他们能够为那些艰难起步的创始人兼 CEO 提供有效的指导。（当然，并非所有的创始人都想做 CEO。对于有些公司而言，聘请职业 CEO 来统领大局才是正确的选择。在这种情况下，我们的工作重点是帮助创始人来寻找合适的 CEO，然后扶持他顺利接管公司，与创始人共谋大计。）正因如此，我们挑选的合伙人必须要有创办公司或者担当 CEO 的经验，他们的工作重心就是帮助创始人成长为优秀的 CEO。我们认为，这个想法简单明了，肯定能行得通。

接下来，我们要考虑的就是如何使 CEO 关系网络系统化和专业化。为此，我们借鉴了我的朋友，同时也是 Opsware 董事会成员迈克尔·奥维兹的经验和意见。35 年前，迈克尔创办了创新艺人经纪公司，一家重量级的好莱坞精英人才代理公司。创业之初，迈克尔的想法并不明朗。这个行业始于 20 世纪初期歌舞剧盛行的年代，在之后的 70 多年间未曾有过大的变化。当时的迈克尔还是威廉·莫里斯经纪公司——当时的行业巨头——一个初出茅庐的新人。在别人看来，放弃这样一份前程似锦的工作而去追逐遥不可及的梦想太不可理喻，但是迈克尔心里很清楚，如果他能够创办一家优秀的经纪公司，将全世界最出色的人才悉数揽来，他就有可能将行业的经营模式从以集团为核心转向以人才为核心，这才是他心目中正确的运作模式。

当年，经纪公司基本上是由隶属于公司的各个经纪人合并而成的松散机构。这些经纪人效力于同一家公司，但在很大程度上却各行其是，每个人都只负责与他们单线联系的部分艺人。比如说，经纪人 A 可能将达斯汀·霍夫曼介绍给华纳兄弟影业，经纪公司要想和达斯汀·霍夫曼或者华纳兄弟影业取得联系，都只能通过经纪人A。其他经纪人和客户之间也不可能自动建立联系。这种传统的运作模式听起来和以往的风投行业很相似，风投资本家服务于同一家公司，却掌握着各自的关系网络和客户资料。

迈克尔希望能打破这种格局，将经纪人各自独立的业务整合在一起，以使大家在这张纵横交错的关系网上尽可能多地为客户寻找机遇。这样一来，公司的业务能力将是单个经纪人业务能力的100倍。为了将这一想法付诸实践，迈克尔和他的联合创始人约定，他们在几年内将不拿薪水，把所有的佣金都用于打造迈克尔所谓的"特许经营权"上。特许经营权是指由专人负责每一个相关领域的关系网络和客户资料，包括出版业、国际交流领域和音乐领域等。他的想法奏效了。在不到15年的时间里，创新艺人经纪公司就代理了好莱坞90%的顶尖明星，并且成功地改写了行业规则，那就是：让艺人在寻找发展机遇时获得更多的选择权和更大的经济利益。

我们决定仿照创新艺人经纪公司的经营理念，事实上，安德森·霍洛维茨公司的员工与创新艺人经纪公司最初的员工一样，都被称作"合伙人"。迈克尔觉得这样的头衔恰如其分，但是别人可不这么想。他们都认为应该做出相应的改变："这是硅谷，不是好莱坞。你们太不懂规矩了。"然而，在迈克尔的认可和热情支持下，我们坚持了自己的做法。考虑到风险投资的特点，我们决定构建如下这些网络：

- **大型公司**。每一家刚起步的公司都必须和大公司有业务往来，要么是买卖关系，要么是合作关系。
- **管理人员**。要想成功，管理人才必不可少。

- **技术人员**。在高科技行业，优秀的技术人才越多越好。
- **媒体人员和分析师**。我们公司有一句口头禅：会推销，有钱赚；羞答答，没饭吃。
- **投资人和收购方**。风投资本家的本职工作就是投资和融资。

一旦规划好公司的发展模式，下一步就该考虑如何让企业家们知道我们的与众不同之处。这似乎有些棘手，因为此前还从未有哪家大型风投公司做过这类市场宣传。我们觉得这背后一定有一个很重要的原因，只是百思不得其解。最后，还是迈克尔揭晓了答案。他发现，成立于20世纪四五十年代的那些最早的风投公司，都是参照早期投资银行的运作模式来经营的。这些银行不设公关部，因为它们都曾为战争时期的交战双方提供过资金援助，所以不适合做公开宣传。这个发现，加上我们想要与行业寡头对着干的本能，促成了安德森·霍洛维茨公司的成立。在给公司命名时，我们面临的最大难题就是，作为一家公司，我们一无所有。没有投资业绩，没有客户档案，什么都没有。好在人们还认识我们俩，尤其是熟悉马克。因此我建议，“与其凭空想一个名字，不如就利用你的名字怎么样？”马克觉得这个提议挺有道理，但是在输入网址时，人们不可能键入“Andreessen Horowitz”这些字母。过去，在能够实现国际化的编程语言问世之前，我们会借助老式计算机编程来对编码进行“国际化”加工。我们将国际化（即internationalization）简称为“I18N”，即英文单词的首尾字符加中间18个字符。因此，我们决定将公司的网址定名为“a16z”，即Andreessen Horowitz的首尾字符a和z，中间加16个字符。

我们聘请了由玛吉特·温玛切斯带领的Outcast营销公司，

希望借助它来为公司造势。我们之所以打破了风投行业不做公关策划的惯例，是希望让大家多多了解我们公司的经营宗旨。玛吉特是个德国人，其父务农养猪，而她的才能却大大超出了一个养猪户的期望。头脑灵活、心思缜密的玛吉特算得上是公关业界的贝比鲁斯（美国棒球巨星）。她调动自己的关系网，帮助马克以山姆大叔般的形象登上了2009年《财富》杂志的封面。安德森·霍洛维茨公司就这样一炮打响，而在那时，公司还只有我和马克两个光杆司令。

经营Loudcloud公司和Opsware公司长达8年，我已经积累了很多难能可贵的经验，因此组建一支团队不在话下。我深知，用人标准应当“宁缺毋滥”，也懂得“适合”的重要性。这个世界上聪明人很多，但仅有聪明是远远不够的。我需要的人才，要能够在合适的岗位上发挥出他最大的优势，要能够安于岗位职责，并且还要能对自己肩负的使命深信不疑，那就是，将硅谷变成一个更有利于企业生存发展的地方。

斯科特·库珀是我们招来的第一个员工。当年他曾在Opsware公司担任财务主管，为我工作近8年。我不敢说他对那份工作是否满意，但他卓越的工作表现证明了一切。那段时间，他负责客户支持、计划制订还有技术操作，没有一样是他原本想要干的。他钟爱于三种任务：经营、策划、交易。如果给他安排这些事情，他就会乐此不疲。但是在Opsware公司，他只接触了两样自己钟情的工作。对他而言，不能做具体的业务是一种煎熬，就像是将困兽关入了笼中，而我用Opsware公司把他困了8年。因此，在筹划新公司时，我脑海中闪过的第一个念头就是：终于给库珀找到了一份合适的工作。我给他的职位是首席运营官。

在接下来完善员工队伍时，我们选择了Opsware公司曾经的销售主管马克·克兰尼，由他来负责搭建大公司关系网；香农·卡拉汉，曾任招聘部和人力资源部主管，负责搭建技术网络；玛吉特·温玛切斯，公关界的“全垒打之王”，负责搭建营销网络；杰夫·斯顿普，我所认识的最棒的猎头，负责搭建高管网络；弗兰克·陈，我以前的产品经营部主管，负责组建研究队伍。

事实证明，我们经营风投公司的理念与全世界最好的企业家的想法不谋而合。在短短的4年时间里，我们就由一个从零起步的小公司发展壮大为全球最有影响力的风投公司之一。

小结

我知道，你认为我过得好是因为我的珠宝个头大；

但其实，我是找到了宁静的生活。

——美国说唱歌手纳斯《一发而不可收》

我经常开玩笑说，人们总认为现在的我比过去当CEO的我要优秀得多。他们有时会称我是“管理大师”，但在执掌Opsware公司时，从来没人这样叫过我。费利西娅就常说：“那时他们用各种各样的字眼来形容你，可就是没人说你像个大师。”

这究竟是为什么？是我变了还是人们的看法变了？

在过去那些年里，我学到了很多，这一点毫无疑问。想起当初创业时自己犯过的那些错，现在我依然会觉得尴尬。但是，我最终还是出色地驾驭了公司。这样说不是自夸，而是有着大量的确凿依据。我彻底改变了公司的发展路线——即便在它还是一家上市公司时，并且在5年内成功地将其市场价值从2.9亿美元提升到16.5亿美元。Opsware公司的大部分员工如今要么在安德森·霍洛维茨公司效力，要么加入了我们旗下的投资组合公司，这说明肯定是有某个因素让他们觉得在这里工作是愉快的。而且，公司最终以业内最高价被惠普收购，这进一步证明了我们是这个市场上的胜利者。

然而，在我将Opsware公司打理得风生水起的那段日子——从2003年到2007年，你从报刊、博客以及留言板上几乎看不到关于我的任何正面评价。那时，媒体声称公司要垮台，控股公司施压让我引咎辞职，大家都觉得我不行。

现在回想起来，人们之所以改变对我的看法，是因为看到了惠普的收购，读到了我写下的文字。在不做CEO的日子里，我获得了前所未有的自由。一个风投资本家可以想什么就说什么，不必顾虑他人的感受，而CEO就享受不到这份奢侈了。那时，我必须要照顾别人的情绪，尤其是不能在公开场合露怯示弱，因为这会辜负所有员工、高管以及上市公司控股人的期望。我必须要有百折不挠、勇往直前的信心。

开办安德森·霍洛维茨风险投资公司之后，一切束缚都离我远去了。诚然，我们依然得为员工负责，但是不必再面对因一朝成败就要寻死觅活的大股东们。更重要的是，我现在并不是公司的CEO，而是给那些有CEO的公司做投资，勇往直前的这副重担压在了他们的肩上。如今，我可以坦然表现我的弱点、我的恐惧，以及我的短处。我可以表达自己的真实想法，无须忌讳权力网格中某些对我有看法的人。在解决棘手的难题时，正是这些恐惧以及招人非议的观点，帮助我寻找到问题的答案。难题之所以棘手，是因为你找不出便捷的方法去解决它，是因为你的理智和情感难以融合，是因为你不知道答案而又不能寻求帮助，因为求助于人意味着你的无能。

在最初管理公司的日子里，我以为自己是唯一一个举步维艰的 CEO。因为不论我什么时候看见其他 CEO，他们都是一副胸有成竹的样子。聊起天时，他们总是会说自己的生意“好极了”，自己的阅历“精彩极了”。但是，在目睹这些“好极了”“棒极了”的企业纷纷破产倒闭或者低价转让之后，我才意识到自己也许并不孤单。

在进行深入思考时，我发现接纳自己不同寻常的背景才是解决这个问题的关键。正是那些经历——那些只有我才有的经历——赋予我与众不同的视角和行事方式。奇科·蒙多萨那出人意料却又充满诗意的处事风格帮助我提升团队的凝聚力；对各色人等的深入了解帮助我将贾森·罗森塔尔和安东尼·赖特联合在一起，拯救公司。在我祖父的墓碑上，刻着他最喜欢的一句马克思的名言：生命即挣扎。我认为，这句话里饱含着一个企业家最需要明白的道理：接纳挣扎。

在与企业家们合作的今天，我总是着力宣传这个理念。接纳你的不同，接纳你的背景，接纳你的直觉。如果奥妙不在其中，那就说明没有奥妙。我能够见证他们所经历的艰难，却无法提供具体的对策。我能做的，就是帮助他们从自己心中、从自己身上寻找答案。有些时候，他们比我更能从纷乱中找到宁静。

当然，这世上的艰难坎坷无处不在，肺腑之言或者前车之鉴也因此难以穷尽。最后，我想祝福所有为梦想而挣扎的人们，祝你们平安、顺利。

附录

企业销售主管衡量标准

他够聪明吗？

- 他能有效地说服你倾向于他所效力的公司吗？
- 就公司发展和市场机遇问题，他能否清晰地表达自己的思路？
- 他能否为公司的战略发展献计献策？

他知道如何挑选销售人员吗？

- 他的阅历如何？
- 请他描述最近一次不成功的招聘。
- 他如何招到顶尖人才？
- 面试过程中，他是如何甄别该人员是否具备合格特质的？
- 他的下属中有多少人愿意继续跟着他干？可否举例为证？
- 他的面试容易通过吗？
- 他知道如何招募销售经理吗？
- 他能描述岗位职责吗？
- 他会进行技能测试吗？

他对于销售流程是否有系统、全局的思考？

- 他了解公司的业务吗？了解技术型公司的销售流程吗？

- 他知道何为基准测试、锁定文档、概念证明（POC）以及原型吗？
- 他知道该如何培训才能提高员工的销售能力吗？
- 他有强制执行这个流程的能力吗？
- 就下属对客户关系管理工具的使用，他有怎样的要求？
- 他在以前的公司亲自负责销售流程吗？还是仅仅设计了销售流程？

制订计划和执行计划是两个完全不同的概念。

他的销售培训项目开展得如何？

- 关于流程和产品的培训分别占多大比例？他能否详细地加以说明？
- 有培训教材吗？
- 他的销售代表评价模型是否有效？
- 是否不仅限于基本能力培训？
- 他能就业务代表和企业代表之间的差异给你提供有益的解释吗？

他了解薪酬计划的来龙去脉吗？

- 推销奖金的分配等问题。

他知道如何拿下大订单吗？

- 他是否曾扩大了业绩规模？他的下属能描述出来吗？他是否曾提高了签约的速度？
- 有客户能证明这一点吗？

- 他了解营销吗？
- 在无人提示的情况下，他能否清晰地阐明品牌营销、营销拓展和销售力量支持这三者间的差异？

他知道何为渠道吗？

- 他是否真的了解销售渠道冲突和销售激励？
- 他是否有足够的工作热情？
- 威斯康星州的销售人员是早上 5 点就起床工作？还是日上三竿才起床吃午饭？
- 他有能力掌管国际业务吗？
- 他是否有敏锐的行业嗅觉？他做出反应的速度有多快？
- 他了解你面临的竞争形势吗？
- 他知道你正在做什么交易吗？
- 他曾参与公司的组织规划吗？

衡量管理能力的相关问题

管理下属

- 你希望找什么样的人来为你工作？
- 在面试中，你如何判断对方是否符合你的要求？
- 你会怎样带领他们取得成功？
- 你对他们进行评估的流程是怎样的？

做决策

- 你会通过什么手段来获取你做决策时必不可少的信息？
- 你是怎样做决策的？

- 你是如何召集员工会议的？有什么样的议事安排？
- 你怎样解决行动和承诺这两个问题。
- 你是如何系统化地掌握关于公司、客户和市场的相关情况的？

核心管理流程——请描述你是如何设计这个流程以及为何这样设计。

- 面试
- 绩效管理
- 员工整合
- 战略规划

指标设计

- 描述你公司主要的领先指标和滞后指标。
- 设计原则是否符合适当的比例？比如说，你是否会侧重时间指标而忽略质量指标？
- 有没有潜在的负面效应？
- 你过去会以怎样的流程来设计它？

组织设计

- 描述你所在机构现在的组织设计。
- 现行组织设计的优缺点分别是什么？
- 为什么有这些优缺点？
- 存在什么问题？这些问题如何得以解决？

交锋

- 如果你公司最优秀的高管要求扩大权限，你会如何应对？
- 你的升职和解聘流程是怎样的？
- 如何对付优秀员工改不掉的坏习惯？

较抽象的问题

- 他会全面系统地考虑问题吗？
- 我愿意为他工作吗？
- 他是诚实守信还是满嘴谎话？
- 他会即兴问我一些尖锐的问题，还是只提预先准备好的问题？
- 他能在多种多样的交流风格面前游刃有余吗？
- 他的表达能力是否相当出色？
- 他是否对公司的情况预先进行了了解？

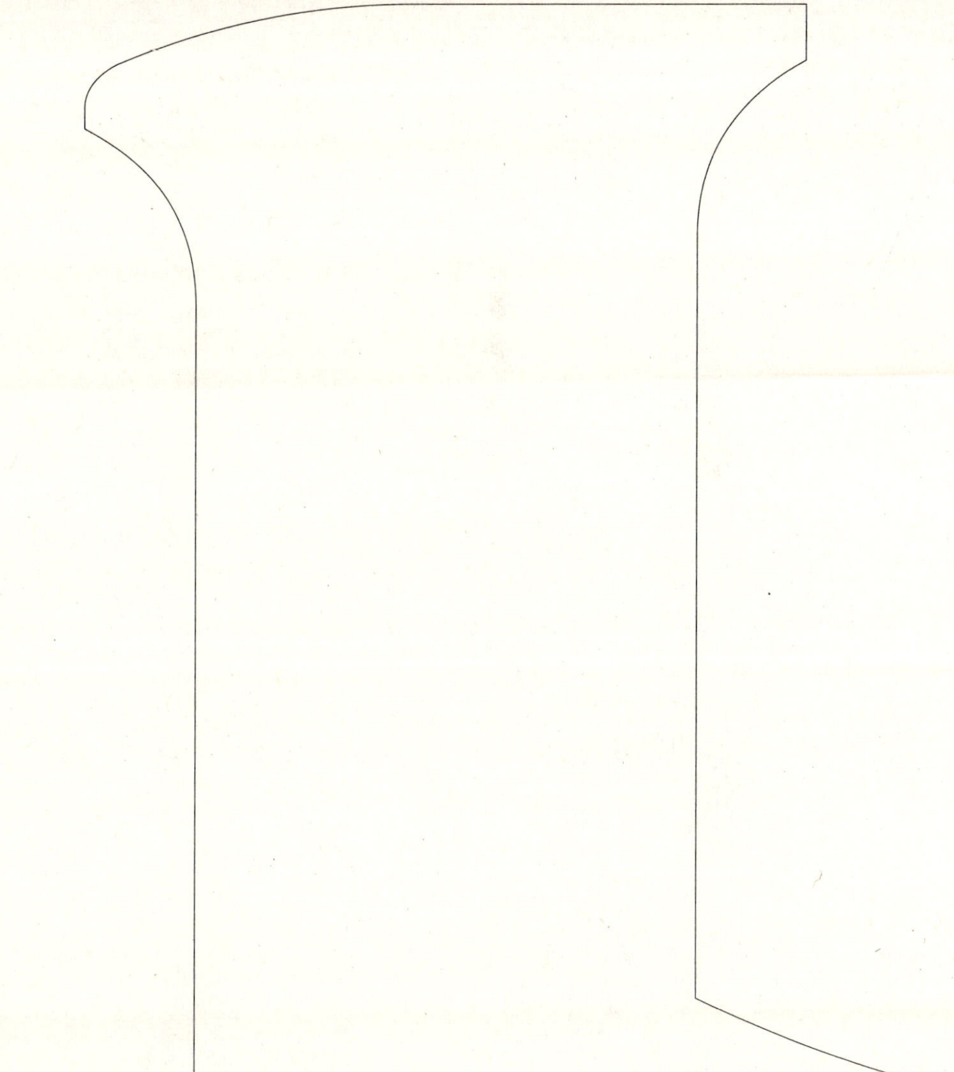

杰克·韦尔奇自传

JACK

STRAIGHT FROM THE GUT

[美] 杰克·韦尔奇
约翰·拜恩
著

曹彦博
孙立明
丁浩
译

张卫族
审校

中信出版集团 | 北京

编者的话

2001 年,《杰克·韦尔奇自传》简体中文版的引进出版，在国内掀起了阅读热潮，至今已经多次再版重印，创造了 200 多万册的销售佳绩。随后，中信出版社陆续引进出版了《赢》《赢的答案》，并于 2016 年推出了杰克·韦尔奇的最新作品《商业的本质》。这些优秀管理著作始终延续着畅销神话，已经成为读者心目中的商业经典读本。

在今天读到韦尔奇的作品之前，我们也许会问：当工业时代走向终结，互联网浪潮强势来袭，我们为何还要读杰克·韦尔奇？当一切都被颠覆，一切都被重新定义，究竟哪些东西是我们依然需要坚持的？如何才能在这个时代，始终处于“赢”者的地位?

而这位管理巨匠一针见血地指出：“尽管科技革命给市场带来了诸多杂音，然而你不能迷失商业中最核心的东西。这一点在 1960 年是真理，在今天是真理，等到 2060 年仍然会是真理。”

是的，在当今的新商业环境下，要想“赢”，就必须遵从商业的规则，回归商业的本质。增长依然是王道，如何选拔人才、做好营销、应对危机也依然是管理者们关心的问题。如今将杰克·韦尔奇的经典图书重装再版，不仅是因为这些书依然能够为今天的管理实践提供参考和借鉴，也是希望通过这位商业领军人物的经历，及其在所处时代中发挥的影响与推动作用，为中国的企业家和创业者提供更多关于市场变革、经济大背景与企业成长等层面的启发。

中信出版秉承的理念是“从中国看世界，把时间变成历史”。我们坚信，只有提供优质的知识，才能在时间的长河中留下有意义的印记，正如我们向您奉上的这套中信十余年来最经得起时间考验的著作。我们非常欣慰地看到，不仅众多商业领军人物正在阅读我们的出版物，更多管理者、创业者，甚至那些身处各个岗位的普通员工和广大高校学生，都在阅读和支持我们的图书。我们相信，如此庞大的智力资源才是中国企业乃至中国经济最强劲的引擎之一。

编者

2017 年 5 月

献给 GE 数以 10 万计的员工，是你们的智慧和辛勤的劳动使得本书的诞生成为可能。

目录

作者的话

写一篇自传于我而言似乎有些奇怪。我承认，我讨厌不得不使用第一人称，因为我一生中所做过的几乎每一件事都是与他人一起合作完成的。然而，你要写一本这样的书，却必须使用“我”来叙述，尽管实际上它是应该由“我们”来承担的。

在写作时，我想尽可能提及所有在我人生旅途中伴我左右的人，但我的编辑却不断地打击我，试图将这些名字剔除出去。我们最终达成了妥协。这也就是书后的致谢比较长的缘故。所以请读者们注意，你们在书中的每一页看到“我”这个字的时候，请将它理解为我所有的同事和朋友，以及那些我可能遗漏的人。

序言

2000年感恩节后那个星期六早晨，我的大部分时间都在等待“新人”的到来。这是个暗语，指代我的继任者，也就是GE（General Electric，通用电气）未来的董事长兼CEO（首席执行官）。

星期五晚上，董事会一致同意杰夫·伊梅尔特（Jeff Immelt）成为我的继任者。于是我给他打了个电话。

“告诉你一个好消息，你和你的家人明天可以到佛罗里达来度周末吗？”

显然，他已经知道发生了什么事。所以我们没有继续谈这事，而是立即着手安排所有相关事宜，以便他能够马上到佛罗里达来。

星期六早上，我急切地等候着他。耗时的CEO交接过程已经结束，我正准备开车离开，这时杰夫的车开到了我所在的汽车道。他看上去非常高兴。于是我立即走上前，还没等他完全从车里出来，就一把抱住他，对他说了那句雷吉·琼斯（Reg Jones）20年前跟我说过的话：

“祝贺你，董事长先生！”

我们热烈地拥抱在一起，那情形就仿佛我们成功地完成了交接工作。

此时此刻，我的思绪一下子将我带回到20年前的那一天：雷吉走进我在康涅狄格州费尔菲尔德的办公室，热烈地拥抱我，情形同现在如出一辙。

雷吉其实很少做出那种激烈的动作，然而当时他的双臂那样有力地拥抱着我，脸上浮现出微笑。1980 年 12 月的那一天，我是美利坚合众国最快乐的人，当然也是最幸运的人。如果可以让我任意选择理想的工作，我想就应该是这份工作了。因为它给了我宽广得不可思议的业务经营范围：从飞机引擎和发电机到塑料、药品以及信贷服务等等。GE 所做的和即将要做的一切，事实上已经深入到我们每一个人的日常生活中。

最重要的是，这是一份 75% 与人相关、25% 与其他因素相关的工作。它使我可以和这个世界上最聪明、最具创造力、最有竞争力的一些人在一起工作，他们当中很多人都比我要聪慧得多。

我 1960 年加入 GE 时，视野还不够开阔。作为一名刚获得博士学位的 24 岁的助理工程师，我的年薪是 10 500 美元，当时希望自己到 30 岁的时候年薪可以达到 30 000 美元。这就是我当时的目标，当然，如果说我有目标的话。当时，我全身心地投入到自己的工作中，占用了大量的业余时间。接踵而来的就是步步高升，而且似乎每一次的提升都足以开阔我的视野，以至于在 20 世纪 70 年代中期，我开始想，也许某一天自己也能成为 CEO。

然而，这种可能性似乎在与我擦肩而过。我的很多同龄人认为我之于 GE 是方枘圆凿，是完全不合适的。确实，我这人性格比较急躁，对于某些人来说，还可能属于那种出言不逊的人。在他们眼中，我的行为举止总是显得与众不同，特别是在为庆祝商业成功而于附近酒吧举行的大大小小的酒会上。

不过幸运的是，GE 的很多同事都还有勇气喜欢我，雷吉 · 琼斯就是其中一位。

从表面上看我和雷吉简直是有天壤之别。雷吉出生于英国，拥有政治家的风度，仪表堂堂，尽显高贵；而我呢，一名爱尔兰裔美国列车员的独生子，在波士顿以北16英里的马萨诸塞州的塞勒姆长大。雷吉冷静沉稳，彬彬有礼；而我呢，粗鲁、大嗓门、容易激动、带着浓重的波士顿口音而且说话口吃。那个时候，雷吉是全美最令人钦佩的企业家，一个在华盛顿有着绝对影响力的人物；而我呢，一个在政策方面没有任何经验的职员，离开了GE，恐怕就再没有人认识我了。

不过，我总是觉得自己可以和雷吉产生共鸣。他很少流露自己的情感，总是波澜不惊。然而，我有一种感觉，觉得他非常理解我。从某种意义上说，我和他是志趣相投的人。我们尊重彼此的不同之处，共享着某些重要的东西。我们都喜欢分析、计算和自己做准备工作。我们都热爱GE。他知道GE需要有所改变，而且认为我正好有这份激情和智慧去实现它。

我不知道他对我希望改变GE的想法到底了解多少，但是这20年来他对我的支持从来没有动摇过。

接任雷吉职位的竞争非常残酷，因为整个过程都被浓重的政策导向和个体的自我膨胀所复杂化，我自然也不例外。这是非常令人不快的。最开始的时候，总共有7名来自公司不同部门的候选人，因为公开竞争雷吉的职位而备受公众的瞩目。而雷吉起初并没有想到这件事会造成后来的分裂和高度官僚主义的局面。

虽然这些年来我没有什么致命的失误，但确实也有过一些小错。所以一直到雷吉在1980年12月19日最终说服董事会同意我成为他的继任者时，我能否如愿以偿仍不明朗。我还记得当时一位GE同事对我说，就在任免决议宣布的当天，他到总部附近的“嗨嗬”酒吧喝酒，发现一位公司老职员正郁闷地对着一瓶马提尼酒没完没了地叹息：“我只给他两年的时间，接着就该轮到贝尔维了！”

然而，我却让这位老职员等了 20 年！

在我当董事长的这些年里，我受到了媒体的广泛关注，有好的也有坏的。但直到 1998 年 7 月初，《商业周刊》上的那篇关于我的长篇封面报道引发了洪水一般的邮件，才使得我有了写这本书的动机。

为什么呢？因为就是这篇文章，使得数以万计的陌生人给我寄来了许多封感人至深、富有灵感的信件，他们都在信中谈到自己的职业状况。其中有很多人说，由于组织机构的压力，他们不得不改变自己做人的原则，忍受某些事情，服从于某些人的意志，而所有这一切只不过是为了所谓的成功。他们喜欢报道中的焦点，即我不愿意改变自己意志的行为。这篇报道暗示，我能够改变这个世界上最大公司之一的行为方式。

和公司的几千名员工们一起，我试图在这种大公司的理念中建立起一种非正式的氛围，而这种氛围就跟街角的邻里杂货铺的氛围一样。

当然了，具体实施起来比想象的要复杂得多。在我的早年岁月里，我近乎疯狂地严格要求自己诚实守信，与官僚浮夸作风进行斗争，哪怕这样做意味着我在 GE 不会获得成功。我同时还记得自己在扮演一个不同的自我时承受的巨大压力，而且我也要遵守游戏规则。

在我得到提名当上副董事长后不久，在旧金山出席第一次董事会会议时，我穿了一件熨得笔挺的蓝色套装，配以浆挺的白色衬衣和色泽鲜艳的红色领带。我这样做是为了在董事会的其他成员面前表现得比我 43 岁的年龄更加成熟。我猜我当时应该是想让自己看上去或者表现得更像一个典型的 GE 副董事长。

就在会议结束后举行的鸡尾酒会上，GE 的一位资深董事保罗·奥斯汀（Paul Austin）——他同时也是可口可乐公司的董事长，走到我面前，摸了一下我的套装，说道："杰克，这不是你。如果你还是你的话，你应该看上去比现在好得多。"感谢上帝，奥斯汀居然知道我是在演戏，并且还能够这么关心地告诉我：企图扮演某个我永远都不可能成为的人，对于我来说简直就是一场灾难。

纵观在 GE 的 41 年，我经历了许多起起伏伏。按照媒体的说法，就是从王子到猪猡，然后再反过来的过程。实际上，我的“称号”可不止这两个。

早先，当我还在我们刚成立的塑料集团工作的时候，就有人说我是一个“异想天开的人”。而我 20 年前荣登 CEO 宝座后，华尔街上还有人问“是哪个杰克”。

20世纪80年代初期，当我试图通过裁员使GE更有竞争力的时候，媒体授予我“中子弹杰克”（Neutron Jack）的称号。而当他们随后发现我们的主要关注点在于 GE 的价值和文化时，他们又说，是不是“杰克变软了”。我曾经是“数一数二杰克”（No.1 or No.2 Jack）、“服务杰克”（Services Jack）和“全球化杰克”（Global Jack），近年来，又成了“六西格玛杰克”（Six Sigma Jack）和“电子商务杰克”（e-Business Jack）。

2000 年 10 月的时候，我们企图收购霍尼韦尔（Honeywell），而我又同意留下来完成这次过渡，所以有些人把我看成死皮赖脸霸着 CEO 职位不撒手的“老不死杰克”。

我不是想用这些“称号”来述说自己，而是想用它们来描述我们公司这些年来经历过的一些阶段。事实上，我这样一个在马萨诸塞州的塞勒姆由母亲带大的小男孩，从来就没有过太大的改变。

1981 年，我首次在纽约的皮埃尔大酒店（Pierre Hotel）接受华尔街专栏分析家的采访。我对他说，我希望 GE 能够成为“世界上最富竞争力的企业”。我的目标是将一种小公司所拥有的精神注入 GE 这样的大公司中去，摆脱传统企业的保守思维，从而使得我们的公司比只有我们五十分之一大的公司更有活力、更灵活、适应性更强。同时我还对他说，我理想中的公司能够做到“让每一位员工都有机会去尝试所有的新鲜事物，即每一位员工都可以确信，除了他们自身的创造力和主动性以及个人价值标准的限制外，没有任何阻力能够妨碍他们前进多远、前进多快”。

我将我的智慧、热情、勇气投入到了这40多年生命历程中的每一天。我很庆幸自己可以成为GE的一分子。本书试图将读者也重新带入这一旅程中。最后，我相信我们已经创立了世界上最伟大的企业，一个不断学习、有着无限文化底蕴的企业。

读者完全可以参照我1981年在皮埃尔大酒店所描述的“愿景”，判断我们是否实现了我们的目标。

这本自传不是一部完美的商业传奇。我的观点是，商业更像一个世界级的大饭店，当你透过饭店厨房的门缝偷看时，那些食物看上去远没有装在精美瓷器中、摆上饭桌的好。商业就是杂乱不清和混沌。在我们的厨房里，我希望你们可以发现某些对你们实现自己的梦想有所帮助的事物。

这里并没有什么绝对真理或管理秘籍。不过在我的旅程中产生了一种哲学。我遵循对我行之有效的一些基本理念，诚信是其中最重要的。我总是相信最简单、最直接的方法。这本书同样也试图展示给大家：思路打开以后，一个企业，还有我们每一个人，可以从中得到一些什么东西。

我现在才真正领会到“失败乃成功之母”的含义。

任何人的憧憬和梦想都不是直线式发展的，我就是一个活生生的例子。这是一个幸运儿的故事。他没有计划，也并非与众不同，虽然磕磕绊绊，却始终在向前发展。就在世界上最著名的一个企业中，他生存下来，并且得以茁壮成长。这甚至还是一个美国小城市的故事。我从来没有忘记自己的根，即使在我见识了一个前所未闻的世界之后也是如此。

尽管如此，这本书更应该是其他人已经经历过的故事——成千上万聪明、自信心强、充满活力的员工互相学习如何打破旧工业世界，并朝着融合生产、服务和技术的新兴理念的方向发展。

他们的努力和他们的成功才是我的征途如此重要的主要原因。我非常庆幸自己能够成为其中的一分子，而这正是源于雷吉·琼斯20年前走进我办公室时给我的那个令我终生难忘的拥抱。

第一部分

早年岁月

第一章

建立自信

如果说我拥有任何领导者的风范，可以让大家发挥长处，我觉得都应该归功于我的母亲。忍耐而又有进取心、热情而又慷慨是母亲的美德。

那是一个糟糕赛季的最后一场冰球比赛。当时我在塞勒姆高中读最后一年。我们分别击败丹佛人队、里维尔队和硬头队，赢得了头三场比赛，但在随后的比赛中，我们输掉了所有的6场比赛，其中5场都是一球之差。所以在最后一场比赛，即在林恩体育馆同主要对手贝弗利高中的对垒中，我们都非常想获得胜利。作为塞勒姆女巫队的副队长，我独进两球，我们顿时觉得运气相当不错。

那确实是场十分精彩的比赛，双方打成2比2后进入了加时赛。但是很快，对方进了一球，这一次我们又输了。这已经是连续的第七场失利。我沮丧至极，愤怒地将球棍摔向场地对面，随后头也不回地冲进了休息室。整个球队已经在那儿了，大家正在换冰鞋和球衣。就在这时候，门突然开了，我那爱尔兰裔的母亲大步走了进来。

整个休息室顿时安静下来。每一双眼睛都注视着这位身着花色连衣裙的中年妇女，看着她穿过屋子，有几个队员正在换衣服。母亲径直向我走过来，一把揪住我的衣领。

“你这个窝囊废！”她冲着我大声吼道，“如果你不知道失败是什么，你就永远都不会知道怎样才能获得成功。如果你真不知道，那你最好不要来参加比赛！”

就在我的朋友们面前，我遭到了羞辱，但母亲的这番话让我再也难以忘怀，因为我知道，是母亲的热情、活力、失望和爱使得她闯进休息室。她，格蕾丝·韦尔奇（Grace Welch），是我这一生中对我影响最大的人。她不但教会了我竞争的价值，还教会了我享受胜利的喜悦和坦然接受前进中的失败。

如果说我拥有任何领导者的风范，可以让大家发挥长处，我觉得都应该归功于我的母亲。忍耐而又有进取心、热情而又慷慨是母亲的美德。她非常擅长分析人的性格特征。对于遇到的每一个人，她总是有所评论。她说她可以“在一英里外嗅出骗子的气味”。

她对朋友非常热情慷慨。如果一个亲戚或者邻居来家里玩，称赞橱柜里的玻璃水杯款式不错，那么母亲会毫不犹豫地将玻璃杯拿出来送给他。

但是另一方面，如果你得罪了她，那你就得多加小心了。她会怨恨任何一个辜负了她信任的人。我继承了母亲的性格特点。

除此之外，我的很多管理理念都可以从我母亲身上找到原型，譬如下面这些原则：通过竞争去获得成功，面对现实，利用欲擒故纵的方式来激励别人，确定苛刻的目标，严格地跟踪工作进展以保证任务的顺利完成。她在我身上培养出的洞察力从未消失过。母亲总是坚持要面对现实，她的一句名言是：“不要欺骗你自己。事实上它就是这样。”

她总是警告我说：“如果你不学习，你将一事无成，绝对一事无成。学习没有任何捷径可言。不要欺骗你自己！”

这些就是每天萦绕在我脑海里的生硬而又坚定的忠告。每当我欺骗自己，以为一笔交易或一项业务中潜在的严重问题会奇迹般出现转机时，母亲的话总能让我警醒。

从我入学开始，母亲就告诉我优秀的必要性。她知道怎样对我严厉，同时也知道如何拥抱我，亲吻我。她让我确信自己是被需要和被爱的。如果我带回家的成绩单上有 4 个 A 和 1 个 B，我的母亲就会问我为什么得了个 B。不过，她最后总是会以祝贺我得了 A 来结束话题，然后给我一个热情的拥抱。

母亲总是不厌其烦地检查我是否在做家庭作业，就好像我现在总是要检查每天的工作一样。我还记得小时候在楼上卧室写作业的时候，老是听到母亲的声音从客厅里传来："作业做完了没有？如果没做完就别下来！"

但只有在厨房的桌子上和母亲一起玩儿金拉米牌（gin rummy games）时，我才感受到竞争的乐趣。记得我还在读一年级时，中午一放学，我就像赛跑一样从学校飞奔回家，希望能有机会和母亲玩儿金拉米牌。每当她赢了我，当然通常都是这样，她会将她的牌一下子扣在桌子上，喊道："金！"这会立刻使我疯狂起来。所以每次我都迫不及待地回家，期盼能够有机会赢她。

我想这就是我在棒球场、冰球场、高尔夫球场和商场上颇有竞争心理的肇端吧。

母亲给我的最伟大的一份礼物也许就是自信心。这也是我试图在和我共过事的每一位执行官身上寻找并建立的东西。自信心给了你勇气，并能充分释放你的能量。它可以让你承受更大的风险并获得比你想象的更为辉煌的成功。帮助别人建立自信心是领导工作中不可或缺的一部分。它来自为这样的人提供机会和挑战，让他们做从来没想过自己能做的事情，即在他们每获得一次成功之后，尽可能通过一切方式奖励他们。

我的母亲从来没有管理过任何人，但是她知道如何去建立一个人的自尊心。我从小就有口吃，而且似乎很难克服。有时候我的口吃会让我很难堪，甚至会引来不少笑话。在大学里的星期五，天主教徒是不准吃肉的，所以我经常点一份烤面包夹金枪鱼。不可避免地，女服务员准会给我端来两份而不是一份三明治，因为她听我说的是“两份金枪鱼三明治”[1]。

我的母亲总是为我的口吃找一些完美的理由。她会对我说：“这是因为你太聪明了，没有任何一个人的舌头可以跟得上你这样聪明的脑袋瓜。”事实上，这么多年来，我从未对自己的口吃有过丝毫的忧虑。我充分相信母亲对我说的话：我的大脑比我的嘴转得快。

多年来我一直不知道，母亲在我身上倾注了多少关爱和信心。几十年后，当我翻看以前我在运动队拍的照片时，我惊奇地发现，我几乎总是整个球队中最为弱小的一个。读小学的时候，我曾当过篮球队的后卫，那时我的个头儿几乎只有其他几位队员的四分之三。

然而，我对此居然从来没有一丝察觉。现在，每当看着这些照片时，我总禁不住嘲笑自己就像一只小虾米。可笑的是，我竟然从未意识到自己的个子小。这一点充分说明了一位母亲可以为你带来多大的影响。她给了我那么多自信。她对我说，我想做什么都会成功。这句话总是萦绕在我耳边：“你尽管去做好了！”

我和母亲之间的关系亲密而且独一无二，温暖而又牢固。她是我的知己、我最好的朋友。我想这可能部分归因于我是她唯一的孩子，而且是在她年纪比较大（对于那个年代来说）时生下来的孩子，当时母亲 36 岁，父亲 41 岁。在此之前，我的父母尝试过多次，都没能拥有一个小孩。所以，当我终于在 1935 年 11 月 19 日降生在马萨诸塞州

1. tu-tuna sandwiches，听起来像 two-tuna sandwiches。

的皮博迪时，母亲便将她所有的爱都倾注到我身上，仿佛我就是那被人意外发现的瑰宝一样。

我并非出身豪门望族，却拥有更好的东西——无尽的爱。我的祖父母、外祖父母都是爱尔兰移民，他们和我的父母都没有高中毕业。在我 9 岁的时候，我的父母才买下我们的第一座房子。那是拉维特街 15 号一座很便宜的两层砖石房，那个地方是爱尔兰工人阶级在马萨诸塞州塞勒姆的聚居地。

我家房子的对面是一家小型工厂。父亲总是提醒我说，这可有个好处。“人们总是希望自己的邻居是一家工厂。在周末的时候邻居总是不在，他们不会影响你。他们会很安静。”我相信了他，从来没有意识到他是在为我增加信心。

作为波士顿—缅因通勤线上波士顿至纽伯里波特段的一名检票员，父亲工作得非常努力。每当“老杰克”早上 5 点钟穿着他那身熨得平整的蓝黑色制服和被我母亲浆得硬挺的白色衬衣出门上班的时候，他的神情就好像是站在上帝面前一样。几乎每天都是如此，父亲周而复始地在 10 个固定的车站进行检票工作：从纽伯里波特、伊普斯维奇、哈密尔顿 / 温汉姆、北贝弗利、贝弗利、塞勒姆、斯万普斯科特、林恩、GE 工厂到波士顿，然后再原路返回，总共加起来有 40 多英里。后来，我听说列车在波士顿郊外林恩的 GE 飞机引擎综合建筑群那里还有固定的一站，不禁心中大喜。

每一个工作日，父亲都盼着回到波士顿—缅因通勤线的列车上，就好像那趟列车就是他的家一样。父亲喜欢和人们打招呼，邂逅有趣的人。每当他走过列车客座车厢的中间过道时，他看上去就像是一位大使，一边心情愉快地检票，一边欢迎着椅子上一张张熟悉的面孔，当他们是非常亲密的朋友一般。

在每一个运营高峰，他都以微笑和热情面对乘客，高声地向大家说着爱尔兰人特有的恭维话。而在家里的时候，父亲总是表现得非常安静、内向，这正好和他在火车上快乐的性格形成了鲜明对比。这一点总是激怒母亲，她会抱怨说："你为什么不带一点儿在列车上瞎扯的废话到家里来呢？"事实上父亲很少这样做。

父亲是一位勤劳的工人，他工作的时间很长，而且从未耽误过一天的工作。如果听到了坏天气的预报，他总是让母亲在前一天晚上开车把他送到车站。他就睡在列车的一节车厢里，这样第二天就可以随时准备上班了。

父亲很少在傍晚7点以前回家，而且通常是母亲开车到车站接他。父亲回来的时候，腋下总是夹着一捆火车上乘客们丢下的报纸。所以从6岁开始，我每天就可以了解到时事和体育新闻了，多亏了这些被遗弃的《波士顿环球报》（*Boston Globe*）、《先驱报》（*Herald*）、《记录报》（*The Record*）。每天晚上读这些报纸成为我毕生的嗜好，直至今日我仍然读新闻成瘾。

父亲不仅让我开始了解在塞勒姆外发生的事，还以切身经历让我懂得艰苦工作的价值。此外，他还做了另一件影响我一辈子的事情——将高尔夫球带入了我的生活。父亲告诉我，他列车上的那些大人物谈论的话题总是离不开他们的高尔夫球赛。他觉得我有必要学学高尔夫球，而不是我总在打的棒球、橄榄球和冰球。当球童是邻居中大一些的孩子做的事情，可是在父亲的怂恿下，我很早就开始参与了——9岁时，我在附近的肯伍德乡村俱乐部当了一名球童。

我对父母的依赖到了令人难以置信的地步。很多次母亲出去接父亲的时候，列车老是晚点。那时我有十二三岁，列车晚点简直令我疯狂。我会跑出屋子，到拉维特街上看他们是否已经出现在回家必经的拐角处。我的心怦怦乱跳，担心他们会发生什么不测。我不能失去他们，他们是我的一切。

然而这种担心是不必要的，因为母亲将我培养得健壮、坚强和独立。她总是担心她会死得很早，成为夺去她家族成员性命的那种心脏病的受害者。在我 15 岁以前，母亲总是鼓励我要学会独立。母亲曾经让我一个人独自去波士顿看球赛，或者去看一场电影。我当年觉得自己这样真是很酷，但每次母亲出去接父亲回来特别晚时我可不觉得有趣。

塞勒姆是一个让男孩子们茁壮成长的好地方。这是一个有着强烈的工作道德感和崇高价值观的城市。在那个年代，没有人给自己家门上锁。星期六的时候，父母们甚至都不担心他们的孩子什么时候会去城里的派拉蒙。在那里，25 美分可以让你看上两场电影，吃一桶爆米花，而剩下的钱足够你在回家的路上再去买一个冰激凌。星期日，那里的教堂总是爆满。

塞勒姆是一个斗志旺盛、竞争激烈的地方。我喜欢竞争，我的朋友们也一样。我们每个人都是运动员，在一起玩儿这种或者那种体育项目。我们组织自己的棒球、篮球、橄榄球和冰球比赛，比赛的场地是“大坑”，就是北街一块被树和后院包围的尘土飞扬的平地。每到春季和夏季，我们就将地面上的碎石扫走，然后分组分队，有时甚至排出自己的联赛赛程表。每天我们都会从大清早一直玩到晚上 9 点差一刻，这时候城中心的汽笛声会响起，意味着我们该回家了。

那个年代，一个城市里有好几所社区学校，这使得每一种运动都有着激烈的竞争——即使在小学的校园里。我在由 6 人组成的皮克林语法学校橄榄球队中做四分卫。我的动作慢得可怜，不过我的胳膊非常强壮，还有两个队友相当能跑。我们在皮克林获得了冠军。我还是我们棒球队的投手，学会了如何扔出曲线球和下坠球。

然而，上了塞勒姆高中以后，我发现自己在橄榄球和棒球项目中早过了巅峰期。我的速度太慢了，没法玩儿橄榄球，而我在 12 岁时投出的具有杀伤力的曲线球和下坠球到了16岁时也没有任何突破。我投出的快球甚至击不碎一块玻璃，击球者只需坐在原地等着接球就行了。在高一时我还是首发投球手，可到了毕业前夕，我却变成了坐冷板凳的替补队员。非常幸运，我还可以成长为一名还算不错的冰球手，担当了高中校队的队长和主要得分手，不过到了大学，我的速度仍旧是我继续提高的主要障碍。我不得不放弃。

真要感谢高尔夫球，这是一项不需要速度的运动。是父亲早年的鼓励使我到肯伍德乡村俱乐部当了一名球童。每到星期六的上午，我就和我的朋友们在绿草坪公墓大门外的马路沿儿上坐着，等待某一个高尔夫球俱乐部的成员用车载上我们，带我们去几英里外的高尔夫球场。在最炎热的夏季，我们总会溜到一个被我们称作"黑岩石"的僻静地方，脱光衣服在丹弗斯河里游泳降温。

不过更多的时候，我们都是坐在绿草如茵的小山上，等着球童的主管"雅士"斯威尼喊我们的名字。斯威尼一头卷发，戴着一副眼镜，又高又瘦，每回他将球杆袋从球童小屋里取出来，靠在半扇门上，然后叫道"韦尔奇"，我就会马上丢下手中的扑克或者停止摔跤比赛，去看自己有什么任务。

几乎所有人都想给雷·布莱迪（Ray Brady）背球杆，因为他是整个球场上给小费最慷慨的人，而当时小费一般都给得很少。否则的话，你能指望的就只有每18洞所得到的1.5美元了。我们实际上是为星期一上午工作的，那时工人们都在修缮场地。这是球童们的上午，因为这时我们可以用我们捡到的高尔夫球和粘补好的坏球杆打上18洞。我们一般在拂晓的时候就会赶到那里，因为他们会在中午准时把我们赶走。

当球童给我带来了赚钱的机会，更重要的是让我学会了这种运动，同时我还得以见到一些成功人士。通过观看人们在高尔夫运动中的一些动作，我还发现打高尔夫球既可以使一个人表现得优雅，又可以使他显得很愚蠢。

除了当球童外，我还做过其他一些工作。有一段时间，我送过《塞勒姆晚间新闻报》(*Salem Evening News*)。我曾在假期的时候到本地的邮局干活儿。有3年时间，我还在艾塞克斯街上的索姆·麦肯商店卖过鞋，报酬以抽取佣金的方式支付。每卖掉一双普通鞋，我们可以得到7美分。如果你卖掉的是11号的“怪模样”鞋——一种带白边、紫色鞋尖的鞋，你就可以得到25美分或50美分。那个时候，为了得到这额外的25美分，我总要把鞋拿出来，把它们穿到顾客的一双臭脚上，并称赞说：“您穿这双鞋真好看！”

曾有一份暑期工给了我一个深刻的教训，说服我去做那些我不想去做的事情。那时，我在塞勒姆的帕克兄弟玩具厂（Parker Brothers）操作钻床，我的工作就是拿一小块软木塞，用脚踩踏板，在软木塞中间钻一个洞，然后再把软木塞扔进一个纸板做的大圆桶里。每天我都要做好几千个这种玩意儿。

为了打发时间，我总是做一种游戏，就是在领班来将盛木塞的大桶倒空之前，尽量将桶底填满。但是我很少能成功，这非常令人沮丧。每次回家我都感到头疼，我很讨厌这样。这份工作我坚持了不到3个星期，但学到了很多东西。

小时候我的鼻梁上就架上了眼镜。在我还没到可以工作的年龄以前，每年夏天，塞勒姆操场上的玩伴们都会搭乘一列特别列车，去缅因州一个叫老果园海滩的游乐园玩。这是我们整个夏天的一个亮点。我们一般早上6点半上车，两个小时以后到达目的地。我们在游乐园里多次乘坐过山车，两个小时就将身上带的5美元左右的钱花得一分不剩。

我们还有一整天的时间，但是这个时候已经身无分文了。于是我和伙伴们在沙滩上搜寻可以回收的空瓶子。我们挨个儿询问在沙滩上晒日光浴的人是否有空瓶子。一个瓶子卖两美分，这样我们就有足够的钱去买热狗，并且在回家之前还能多坐几回过山车。

另一方面，我从来没有觉得穷困，我并不极力地奢求什么。父母为我做出了许多牺牲，为我买最好的棒球手套，买最好的自行车。父亲还放纵母亲溺爱我，而母亲也的确如此。

母亲带我到芬威公园的露天看台去看特德·威廉姆斯为波士顿红袜队镇守左外野。她会下午早早地开车到学校来接我，带我到乡村俱乐部，这样我就可以比别的球童来得早些。作为一名虔诚的天主教徒，她总是带我到圣托马斯教堂，这样我就可以在6点的弥撒中做一名圣坛男童，而她则坐在教堂左边的第一排长椅上祈祷。

母亲是我最忠实的啦啦队队长，她曾给当地报纸打电话，要求他们为我的小小成功发布消息，无论是从马萨诸塞大学毕业还是获得博士学位。然后她将这些剪报贴在一个剪贴簿上，在这方面母亲一点儿都不感到难为情。

显然，母亲是我们家维持纪律的人。一次，父亲看见我在他的列车上，那次是我和几位同学逃学到南波士顿去庆祝圣帕特里克节（St. Patrick's Day）。父亲当着我朋友的面什么话都没有说，尽管我们当时都在喝着50美分一瓶的廉价麝香葡萄酒。不过父亲简单地将这件事情告诉了母亲，母亲把我叫来，狠狠地惩罚了我。

还有一次，我没有去参加圣坛的男童排练，而是去家附近的梅克公园结冰的湖面上玩冰球。玩的过程中，我一不小心掉到了湖里，全身都湿透了。为了掩饰所发生的一切，我脱下湿衣服，将它们挂到树上，然后在下面生起一堆火烤衣服。在1月的严寒中，我一边打着哆嗦，一边等着衣服干透。

起初，我认为这是一个相当聪明的掩饰办法，不过这种想法在我一跨进家门后便荡然无存。

我母亲只用了一秒钟就闻到了我衣服上的烟味。逃避圣坛男童的活动对于母亲这样一个虔诚的天主教徒来说真是一件大事，她平时总把耶稣受难像挂在墙上，虔心祈祷，还把我们教堂的老牧师詹姆斯·克罗宁神父尊为圣徒。于是她让我坐下，逼我忏悔，然后自行实施惩罚：把我脚上的湿鞋脱下来，用力地打我。

虽然母亲很严厉，但她同时也是一个温和的人。有一次，那时我还不到 11 岁，我在经过本城的狂欢节队伍中偷了一个球。你知道，就是那种你可以扔出去，将金属的牛奶瓶从底座上打下来赢得一个“丘比特仙童”玩具娃娃的球。

没过多久，母亲就发现了这个球，并问我球是从哪儿来的。当我承认这是偷来的时，她便坚持让我到克罗宁神父那里去，把球还给他，并忏悔我所做的一切。因为所有的牧师都认识我这个圣坛男童，所以我相信，我在忏悔室里一开口，他们就会听出我的声音。我很害怕他们。

我问母亲能否将球扔到北河里去，那是一条穿过城镇的浑浊的小河。和她谈判了一番之后，她同意我这样做。于是母亲亲自驾车带我来到北河的桥上，看着我将球扔到了河里。

还有一次，当时我在读高中毕业班，我给肯伍德乡村俱乐部最吝啬的一个会员当球童。那时候，我在那儿已经当了差不多 8 年的球童——就我的个人利益来说，时间也许太长了一点儿。我们打到了第 6 洞，从发球台开出的球只需飞出 100 码，就可以越过池塘。而今天，这家伙居然径直将他的球打到了池塘里，离岸边至少有 10 英尺。这时他要我脱掉鞋和袜子，跳到泥塘中去找他的球。

我拒绝了。而当他坚持的时候，我说了句“见你的鬼去吧”。同时我还把他的球杆也扔到了池塘里，告诉他你自己去找球和球杆吧，然后头也不回地走了。

这是我所做过的一件蠢事，甚至比我将冰球球杆摔到场地上还要糟糕。尽管母亲非常失望，因为这件事是以失去我的俱乐部球童奖金为代价的，但是她看上去好像很理解我的感受，她可以就这件事好好教训或惩罚我，可她并没有那么做。

另外一件更令人失望的事情是：我丧失了一个可获得免除 4 年大学学费的海军后备军官训练队（ROTC）奖学金的机会。在塞勒姆高中，我们一共有三个人通过了海军的考试：我和两位最好的朋友——乔治·瑞安（George Ryan）和迈克·蒂夫南（Mike Tivnan）。我父亲为我搞到了州议员的推荐信，同时我也通过了一连串的面试。我的朋友也都通过了面试。乔治免费去了塔夫茨大学，迈克去了哥伦比亚大学。我希望能够去达特茅斯学院或者哥伦比亚大学，但是我被拒绝了。

我始终都不知道个中缘由。

具有讽刺意味的是，这一次拒绝最终成了一次巨大的机会。在塞勒姆高中，我是一个为了学业而勤奋学习的好学生，不过并没有人说我是出类拔萃的，所以我申请了马萨诸塞大学的阿默斯特分校。这是一所州立大学，学费每学期 50 美元。加上食宿费用，总共不超过 1 000 美元，我就可以得到学位。

除了我的一个表兄以外，我是我们家族中第一个上大学的人。我没有家庭的楷模或者榜样去仿效，只有叔叔比尔·安德鲁在塞勒姆的发电站当工程师。我非常喜欢“工程师”的头衔，而且发现自己对化学情有独钟，于是就申请了化学工程专业。

我对申请大学的一些程序和要求知之甚少，也几乎没有去过那些地方。我没有考 SAT（美国大学入学考试），以为在 ROTC 考试中的成绩已经足够了。直到 6 月，也就是高中毕业的前几天，我才收到录取通知书。我肯定是被排在了尚待考虑的名单中——这一点不得而知。事实证明，到一个竞争不那么激烈的大学，而不是我心目中向往的达特茅斯或者哥伦比亚，到头来对我的好处可能更多。在当时的马萨诸塞大学，我所面对的竞争使我更容易脱颖而出。

虽然我从来没有缺乏过自信心，但是1953年秋天我在学校的第一个星期却并不是很好。我非常想家，以致母亲驾车3个小时从家里到阿默斯特的校园来看我。她想给我打打气。

“看看周围的这些孩子，他们从来没有想过回家。你和他们一样优秀，而且还要更出色。”

她说得对。回想在塞勒姆的时候，我不仅打球，而且几乎什么活动都参加，从当我们高年级学生班的司库，到任冰球队和高尔夫球队的队长，不过我从来没有真正离开过家，甚至都没有参加过一次过夜的野营活动。我本来以为自己是一条硬汉子，老于世故而且独立性强，可我完全被离家上学的感受击垮了。和其他同学比起来，我似乎还远没有做好上大学的准备。我们这里有从新英格兰大学预科班来的学生，有从久负盛名的波士顿拉丁学校来的学生，他们在数学方面都比我强。我还觉得物理非常复杂。

我的母亲却对这一切只字不提。她那些激励的话确实奏效了，不到一个星期，我便不再忧虑了。

我挣扎着度过了大学的第一年，不过在考试中我的成绩还不错，可以得到3.7的平均分（4分相当于优）。在以后的4年里，我年年都出现在优等生名单上。大学二年级的时候，我申请加入了美国大学优等生荣誉学会，并搬到了他们在校园池塘旁的集体宿舍。我们这个集体的啤酒消耗量总是名列前茅，而且在深夜纸牌游戏中和派对上玩得比谁都凶。

这是一群非常不错的年轻人，尽管我们被记过一两次留校察看的处分，但我还是能够一边玩得非常疯狂，一边仍然做完作业。我喜欢这儿的气氛。

马萨诸塞大学的教授们，特别是化学工程系的主任厄尼·林德塞（Ernie Lindsey），一直将我作为宠儿来培养。厄尼比较喜欢我，并在整个学业中指导我，就好像我是他的儿子一样。和母亲一样，他的支持给了我很大的信心。我曾经获得过几份化学工程的暑期工作，一个是在宾夕法尼亚州斯沃斯莫尔附近的太阳石油公司（Sun Oil），一个是在俄亥俄州的哥伦比亚南方公司（Columbia Southern），即现在的PPG 工业公司。1957 年，我是大学里两名获得化学工程学位的最优秀学生之一。而如果我选择去麻省理工学院，我可能只会成为一名中等生。以我为荣的父母给我买了一辆崭新的大众甲壳虫汽车作为毕业礼物。

在我读大四的时候，很多公司都对我表示了接收的意愿。我有很多可以选择的好工作，但是我的教授们都告诫我应该去研究院继续深造。我拒绝了公司的邀请，并决定到尚佩恩的伊利诺伊大学继续学习，因为我获得了那儿的奖学金，而且这所学校在化学工程研究方面一直排在前 5 位。我想对我的专业来说，这是一所很好的学校。

我来到新学校还不到两个星期就结识了一位漂亮的女生，并约她出去玩。这次星期六晚上的约会太尽兴了，最后我们来到了树林中的校园停车场。当我那辆大众车的车窗上因云雨之事蒙上一层水雾时，一道强光突然射了进来——那是学校的保安警察。接着，尴尬的我们就被抓了起来。我吓呆了，担心随后可能产生的一些后果。

20 世纪 50 年代是一个保守的年代，社会风气跟现在有很大的差别，而我正好又在更保守的中西部。警察把我们带到了校园派出所，并把我们关在那里，一直到第二天早上四五点钟的时候才让我们回家。

我的生活出现了危机。我想我可能会失去一切：我的奖学金、获得硕士学位的机会、我的事业。而且最为重要的是，我想到了母亲，如果她知道了我所做的一切，可能会有什么样的反应。我的命运将在星期一见过教务长后见分晓，他将最后决定如何执行纪律。

星期日的上午，我鼓足了全部勇气给哈里·德雷克莫（Harry Drickamer）博士打电话，他是化学工程系主任，而我对他的了解仅限于他那粗暴的名声。虽然我很害怕，但我知道他是我唯一的希望。

“德雷克莫博士，”我说道，“我遇到了一个严重的问题，校园警察因为我瞎胡闹抓住了我。我现在有些不知所措，我需要帮助。”

我将发生的一切告诉了他，当时我的裤子都快湿了。

“该死的，”他回答道，“在我所有的研究生里，你是第一个做出这种事情来的。这件事交给我处理好了，不过你从现在开始最好系好自己的裤子！”

德雷克莫所做的一切将我从尴尬处境中解救出来。我仍旧需要面对与教务长的艰难交涉，但是我没有被驱逐出校。不过，这次“恐怖事件”之后，我和哈里走得更近了。我们之间建立了很好的关系，他同样把我当作儿子一样看待。我们为橄榄球比赛打赌，我们就新闻评论产生争议。在楼道里，哈里总会无情地嘲笑我，不是因为红袜队的事揶揄我，就是拿我日渐稀少的头发开玩笑。

哈里在我的生活中起到了很重要的作用，他在我整个研究生学习中指导了我。我需要这种帮助。在伊利诺伊，我不如布鲁克林理工大学、哥伦比亚大学或明尼苏达大学的同学准备充分，所以在我的第一学年里，我同样也是勉强通过的，我必须为我的成绩而奋斗。我怎么看都不像一个明星。

1958 年，我结束了在伊利诺伊的第一学年，本来可以硕士毕业了，但当时整个国家经济不景气。没有 20 份工作等着我，我只得到两个工作机会：一个是在塔尔萨附近的俄克拉何马石油精炼厂，另一个是路易斯安那州巴吞鲁日的乙基公司（Ethyl）。在去乙基公司面试的飞机上，我和我伊利诺伊大学的伙伴在一起，这时发生了一件事。一位空中小姐过来对我说："韦尔奇先生，想喝点什么吗？"然后她转过去对我的同事说："加尔特纳博士，想喝点什么吗？"

我觉得加尔特纳"博士"比韦尔奇"先生"听起来悦耳多了，而我需要做的只是在学校再待上几年罢了，所以我并没有经过深思熟虑就决定留在校园里继续攻读我的博士学位。这样做有好处，因为市场不景气，而且我非常喜欢我在伊利诺伊的教授们，特别是德雷克莫和我的论文指导老师吉姆·威斯特沃特（Jim Westwater）博士。

在研究院，特别是攻读博士学位的时候，我几乎都是在实验室里度过的。早上8点来，晚上11点回家。有时候我仿佛觉得人们是以你灯亮的时间来判断你的。我的论文主要是写蒸汽供应系统中的凝结问题，所以我会花数小时气化水并观察气化水在一个铜盘上凝结。

日复一日，我用高速照相机拍摄表面上凝结的水滴的几何图案，我从这些实验中推导出了热传导方程。可笑的是，我完全沉迷其中，还以为自己是在做能获得诺贝尔奖的研究工作呢。

在吉姆·威斯特沃特强有力的支持下，我只用了3年时间就获得了博士学位，几乎比所有的人都要快，因为一般说来，一个普通研究生需要四五年时间才能获得博士学位。我根本不是攻读学位的天才人物。为了学位所要求的两门外语的达标，有一年暑假我连续3个月都在学习法语和德语。我走进考场，把脑袋里的东西往外倒，而我往脑子里灌输的所有东西竟然也都跑了出来。我确实顺利通过了考试，但是如果一周后你再问我一个法语或德语单词，我肯定答不出来。我的"知识"在我交上考卷后立即被清空了。

尽管我不是最聪明的学生，但是我可以集中精力去完成工作。而很多更聪明的学生完成他们的论文却有困难，他们得不出一个结论，我则完全是因为急躁的性格帮了我。

我一直觉得化学工程是商业职业所需要的最好的背景之一，因为课堂作业和必需的论文都教给你一个很重要的道理：许多问题都是没有限定答案的，真正重要的是你的思维过程。一道典型的考试题可能会像这个样子：一个滑冰者重 150 磅，在冰面上溜八字花样，冰层厚 1 英寸。温度每 10 分钟升高 1 度，一直升到 40 度，同时风速是每小时 20 英里，那么这个滑冰者什么时候会掉进冰里？

这个问题没有标准答案。

对于大多数商业问题来说也是如此。很少会有非黑即白的解答，而这个思维过程帮助你更为接近中间的灰色地带。而且在更多的情况下，商业中对嗅觉、感觉和触觉的要求和数字一样重要，有时甚至重于数字。如果我们一定要等待完美答案的话，则会错过整个世界。

1960 年我离开伊利诺伊时，我已经可以肯定什么是自己喜欢的，什么是自己想要做的，还有同等重要的就是，什么东西是自己不擅长的。虽然我的专业技术还算可以，但无论如何我都不是最出色的科学家。和我的很多同学相比，我的性格比较外向，我属于那种喜欢人胜过喜欢书、喜欢运动胜过喜欢科技发展的人。我认为对于一份既涉及技术又涉及商业的工作，这些能力和兴趣将是非常适用的。

我的这种体会有点儿像昔日的一种感觉，我觉得自己是一个相当不错的运动员，但远非特别出色。我想做的一些事情使得我和绝大多数博士有所不同。他们一般都会步入大学的课堂去授课，或者到实验室去做实验。我曾经不是很认真地考虑过教书，甚至接受了锡拉丘兹大学和西弗吉尼亚大学的面试，不过最后我还是决定放弃这种选择。

除了学位、长久的友谊以及思考问题的方式，伊利诺伊还给了我另外一样东西：一位了不起的妻子。第一次看见卡罗琳·奥斯本（Carolyn Osburn）是在学校的天主教堂里，那时是四旬斋（复活节前

40 天），我和她都在那里做弥撒。不过直到一个共同的朋友在市中心的酒吧里为我们相互介绍之后，我们才算真正认识。

卡罗琳身材修长，漂亮、练达、聪慧。她以优异的成绩从玛丽埃塔学院毕业，并且获得伊利诺伊大学每年 1 500 美元的奖学金，攻读英国文学硕士学位。1959 年 1 月在篮球赛上第一次约会以后，我们就形影不离了。5 个月后，我们订了婚，并于 11 月 21 日，也就是我过了 24 岁生日后的两天，在她的故乡伊利诺伊的阿灵顿结了婚。

蜜月的大部分时间我们都是驾着我的大众车穿越乡村，我们进入加拿大，去接受几份工作的面试。非常幸运，我得到了好几个工作机会，但其中只有两个比较合适：一个是在得克萨斯州贝敦的埃克森公司（Exxon）研发实验室工作，另一个是在马萨诸塞州皮茨菲尔德的 GE 新化学开发部门工作。

GE 邀请我去皮茨菲尔德，在那里我遇到了丹·福克斯博士（Dan Fox），他是负责公司新化学构想的科学家。这份工作非常吸引我。开发小组的规模比较小，主要是从事新塑料的研制工作。我觉得能够回到马萨诸塞很好。福克斯就像我以前的教授一样，给我的印象是睿智而且值得信赖。在福克斯身上，我看到了一位教练和楷模的风采，他能使每一个和他共事的人都发挥出自己的潜能。

在 GE，福克斯已经是一个英雄人物了，因为他为公司发明了历新（Lexan）塑料。GE 在 1957 年就开始销售历新了。这种产品是玻璃和金属的替代品，应用范围非常广泛，从电热咖啡壶到超音速飞机机翼上的轻型涂料，几乎无所不包。

和其他发明者一样，福克斯早已准备好着手下一个项目了，他希望能够率先研制出一种叫 PPO（Polyphenylene oxide，聚苯撑氧）的热塑产品。他告诉我 PPO 将会是下一代的伟大产品。他向我描述了这种产品无可匹敌的耐高温特性，还说这种产品甚至可以替代热水铜管和不锈钢医疗器械。他告诉我，我将是第一个负责把 PPO 从实验室里拿出去投入生产的员工。于是在一周之后，我接受了这份工作。

然而没有想到的是，在我 1960 年 10 月 17 日上班的第一天，我就感到失望了。

仅一年的时间，GE 的官僚主义作风几乎迫使我离开这家公司。

第二章

脱颖而出

我想要做的就是“脱颖而出”。如果我仅仅是回答他的问题，那么就很难引起注意。其实老板们在提出问题之前，脑海中早已经有了自己的答案，他们只是想得到再次的确认而已。为了显示与众不同，我想我的回答应该比提出的问题范围更广泛一些。我想给出的不仅是答案，还有意料之外的新鲜观点。

1961 年，我已经以工程师的身份在 GE 工作了一年，年薪是 10 500 美元。这时，我的第一位老板给我涨了 1 000 美元。我觉得这还不错，直到我后来发现我们一个办公室中的 4 个人薪水居然完全一样。我认为我应该得到比“标准”加薪更多的东西。

我去和老板谈了谈，但是没有任何结果。

沮丧之际，我萌生了跳槽的想法。我开始浏览《化学周刊》（*Chemical Week*）杂志和《华尔街日报》（*The Wall Street Journal*）上的“招聘信息”栏目，希望能够早日离开这里。我觉得自己陷入了一个大组织最底层的“旋涡”之中。我想出去。不久，我找到了一份收入不错的工作，这是一家设在芝加哥的国际矿物及化学公司（International Minerals & Chemicals），离我岳母的住所不远。看来这是一次抽身的机会。

这次早已确定好的标准的工资浮动让我看到了这家公司的吝啬，这是致使我感到愤怒、想离开的一部分原因。当初 GE 招聘我的时候，这家公司给人的感觉是到处铺满了红地毯，给人以无限的希望。他们说，我正是他们开发新型塑料产品 PPO 的合适人选。

当初我和卡罗琳来到马萨诸塞州的皮茨菲尔德时，我曾认为 GE 至少还有一点可取之处，那就是待遇还算诱人，并幻想这种待遇会进一步提升。我们来到 GE 时，口袋里只有一点儿零钱。我们开着那辆褪色的黑色大众，跋涉 950 英里从伊利诺伊来到 GE。当我于 1960 年 10 月加入 GE 的时候，正好赶上当地的工会罢工。为了躲开工会为阻止人们上班而设立的罢工纠察线，我在当地一个仓库里以“流水线开发专家”的名义报到上班。

很快，我的新老板伯特·科普兰（Burt Coplan）宣告了这段蜜月期的结束。科普兰是一个 40 岁出头、身材瘦削的开发部经理，他问我和我的妻子是否已经在城里找到了寓所。当我告诉他我们现在住在当地的旅馆时，他说：“这个……你知道，我们不负责解决这种问题。”

我几乎不敢相信。如果这不是我工作的第一周，也许我根本就不会放在心上，不过我不会再多说这件事。科普兰在面试我的时候比现在和蔼可亲。事实上，他也是个挺不错的人，他只是把处处节省看成了自己的工作。

他的行为使得 GE 看上去好像正处于破产的边缘。

我对 GE 所抱的幻想全部破灭了。我们搬出了旅馆，我住进了一家更便宜的汽车旅馆，而让妻子到塞勒姆和我母亲住了几个星期，直到我们找到了一家公寓。最后，我们搬进了第一大街一栋木质结构的二层房子，住在一层的一套小公寓里。那栋房子的女房东对暖气过于吝啬，所以我们不得不经常敲墙请求房东升高自动调温器的温度。即使这样，她还总是隔着纸一般薄的墙对我和卡罗琳喊道：“穿件毛衣！”为了给这个地方配些家具，我的父母给了我们 1 000 美元，让我们买了一套沙发和一张床。

第一年里，并不是所有的事情都那么糟糕，也有一些我很喜欢的事情：我可以有一个自主的环境为 PPO 的研制而设计和建立一个崭新的实验工厂，而且我还很喜欢在一个像小公司的团队中工作。

我和阿尔·戈万（Al Gowan）博士的合作非常密切，他是和我一起加入 GE 的。他最早开始用烧杯从事新型塑料的研究，而我主要是设计测试体积较大的塑料产品用的锅，并在本地的一家机器加工车间制作。我们从零开始，在我们办公室后面的附属建筑里建立了一个实验工厂。每天我们都进行几次实验，并测试不同的工序。

对于刚出校园的人来说，这确实是一次真正的挑战。

从事像 PPO 这种新塑料产品的研究工作，我们需要获得一切能得到的科学帮助。所以每个月至少有两次，我会开着车到 55 英里外纽约州斯克内克塔迪的 GE 中心研究与发展实验室，这是 PPO 诞生的地方。我会在那里花一整天的时间同研究人员和科学家们一起工作，并试图激发他们对这种产品潜在用途的兴趣。

当初，中心实验室完全是由公司直接投资的，所以实验室的科学家们没有直接的动力将精力放在商业性的事务上，更不用说什么商业化的东西了。他们无一例外都喜欢从事高深的科学研究，而现在我想要他们做的是让他们将时间花在一个已经不是发明研究阶段的产品上。我不是权威，所以只有通过劝说来达到我的目的。其实这非常容易引起 PPO 的发明者艾伦·海伊（Al Hay）的注意，当然还有他的几个同事，但还是有一些人对产品的商业化不感兴趣。

我每次都盼望着能够去研发实验室，因为我觉得“推销”我的项目很有趣，而实验室是最能提供帮助的地方。这些出差到头来还是比较合算的。每次出差我都开自己的大众车去，总共需要 4 加仑的汽油，每加仑 25 美分。而由于用自己的车，GE 会按每英里 7 美分给我报销。

所以每去斯克内克塔迪一次，我的兜里就会多出 7 美元来。这在现在看起来也许很愚蠢，但是我们所有人都会为了得到一些额外的现金立即开车去跑活儿。

尽管有这些好的条件，我还是一天比一天萎靡不振。那些在第一周发生的节省小钱的行为仍在继续着。在塑料大街红砖结构的楼房中，我们 4 个员工挤在一间又小又窄的办公室里。只有两部电话，我们必须将就着手忙脚乱地在桌子上递来递去。每次出差，科普兰都会要求我们在旅馆房间里挤住在一起。

对我来说，那“标准”的 1 000 美元的加薪就像谚语中那压倒骆驼的最后一根稻草。

所以我去见科普兰，并向他提出辞职。当我正准备开车再次穿过乡村时，科普兰的上司，一个来自康涅狄格的年轻主管鲁本·加托夫（Reuben Gutoff）叫住了我。他邀请我和卡罗琳去皮茨菲尔德的“黄紫菀”（Yellow Aster）共进晚餐，我们聊了很久。

我认识加托夫，我们曾在几次业务总结会上见过面。我们保持着联系，因为每次我都能提出一些超出他预期的看法。作为一名初级开发工程师，我给了他一份详细的成本报告，其中包括对我们新塑料产品的物理性质的详细分析；此外，我还给出了对全球主要竞争对手进行的产品分析，如杜邦（DuPonts）、道斯（Dows）和塞拉尼斯（Celaneses）。这份报告还列举了长期的产品成本，如尼龙、多丙烯、丙烯酸与我们产品的成本比较。

这根本不是什么意义重大的分析，但是它来自一个穿着白色实验服的家伙，就有些非同寻常了。

我想要做的就是“脱颖而出”。如果我仅仅是回答他的问题，就很难引起注意。其实老板们在提出问题之前，脑海中早已有了自己的答案，他们只是想得到再次的确认而已。为了显示与众不同，我想我的回答应该比提出的问题范围更广泛一些。我想给出的不仅是答案，还有意料之外的新鲜观点。

加托夫显然已经注意到了这一点。在 4 个小时的晚餐过程中，他拼命地挽留我，希望我继续留在 GE。他做出保证，答应给我加更多的工资，更为重要的是，他发誓杜绝公司的官僚作风。我吃惊地发现，他居然和我一样对公司的官僚作风感到失望。

这次我很幸运，因为很多 GE 的老板会很高兴让我离开的。毫无疑问，我对科普兰而言肯定是一个眼中钉、肉中刺。幸运的是，加托夫并不这么看（不过他并不是每天都和我在一起）。那次和他共进晚宴我并没有承诺留下来。在他回康涅狄格州西港家的两个小时旅途中，他停在高速公路旁的一个投币电话亭，给我打电话继续游说。那时已经是午夜 1 点了，我和卡罗琳早已进入了梦乡，而加托夫还在做他的工作。

加托夫确实表现出了他对我的关切。他答应给我涨一点工资（在科普兰给我涨 1 000 美元的基础上再涨 2 000 美元），答应负起更多的责任，以及杜绝官僚作风等。

在黎明后的几个小时，在欢送我的聚会举行之前，我决定留下来。那天晚上，在科普兰家，原本要举行告别会，站在一堆礼物中间，我告诉我的同事们我又不想走了。他们中的绝大多数人都感到很高兴，尽管我看到科普兰因为我又回来而深感焦虑。我忘了自己是否接受了那些礼物，不过我想应该是收下了。

加托夫的认可——他认为我与众不同而且特殊，给我留下了深刻的印象。从那以后，区别对待便成了我进行管理的一个基本原则。这份 40 年前我得到的标准涨幅的工资也许将我的行为推向了极端，不过区别对待本身就是非常极端的行为——奖赏那些最好的人才，同时剔除那些效率低下的。严格执行区别对待的措施确实可以催生真正的明星，而这些明星可以创建伟大的事业。

有些人认为区别对待太过分了，这样做会影响到士气。

这些人说区别对待的做法会严重影响到团队精神，但在我看来这是不可能的。你可以通过区别对待而建立一支强有力的团队。瞧瞧棒球队是怎么向赢得 20 场胜利的投手和打出 40 个本垒打的击球手们支付薪水的吧。这些运动员所做的贡献很容易估量出来——他们的统计数字摆在你面前，然而他们仍然是球队的成员。

每个人都一定认为自己对比赛有一份功劳，不过这并不意味着队里的每一个人都应该得到同等对待。

早在皮茨菲尔德的日子里，我便深刻地体会到比赛就是如何有效地配置最好的运动员。谁能够最合理地配置运动员，谁就会成功。这一点对于商业来说没有任何不同，这是鲁本·加托夫一再强调的。成功的团队来自区别对待，即保留最好的，剔除最弱的，而且总是力争提高标准。

我非常幸运能够在 GE 的第一年里就脱颖而出并认识到这个道理，尽管我是通过很艰难的方式学会的——我差点儿就离开了这家公司。

第三章

掀掉屋顶

当人们犯错的时候，他们最不愿意看到的就是惩罚，这时最需要的是鼓励和自信心的建立，而且首要的工作就是恢复自信心。

在我得到“中子弹杰克”这个绰号之前很多年，我实际上的确炸掉过一座工厂。

那是在1963年，即我来到GE不久。那年我28岁，在GE刚干了3个年头。我还清楚地记得那个春天，仿佛是昨天发生的一样。这是我一生中所经历的最为恐怖的事件之一。

爆炸发生的时候，我正坐在皮茨菲尔德的办公室里，街对面就是实验工厂。这是一次巨大的爆炸，爆炸产生的气浪掀开了楼房的房顶，震碎了顶层所有的玻璃。这次爆炸彻底动摇了所有的人，尤其是我。

爆炸的余响仍在我的耳边萦绕，我飞奔出办公室，径直跑向离塑料大街只有100码的红砖结构的工厂。我想，天呀，但愿没有人受伤。屋瓦和玻璃碎片七零八落，浓烟和尘土弥漫在整个楼房的上空。

我跑到3楼。我害怕极了。我的心怦怦狂跳，汗流浃背。爆炸带来的灾难比我预想的更糟，一大块屋顶和天花板掉到了地板上。

值得庆幸的是，没有人受重伤。

我们当时正在进行化学实验。在一个大水槽里，我们将氧气灌入一种高挥发性的溶剂中。这时，一个无法解释的火花引发了这次爆炸。非常幸运的是，安全栓正如原先设计的那样松脱了，因而槽顶直接冲向了天花板。

作为负责人，我显然有严重的过失。

第二天，我不得不驱车100英里去康涅狄格州的桥港，向集团公司的一位执行官查理·里德（Charlie Reed）解释这场事故的起因。他是我顶头上司鲁本·加托夫的老板。加托夫就是那个极力劝阻我不要离开GE的人，他也参加了会议，不过我才是准备挨批的人。我已经做好了最坏的准备。

GE的老板们对他们的经理们有着各种各样的期望。他们希望这些人能够为新产品想出更好的点子，他们希望这些人能将新产品打入市场并获得收益，但是他们不希望这些人炸掉一座工厂。

我知道我可以解释为什么会发生这次爆炸，而且还有解决这个问题的一些建议。但是当时我紧张得失魂落魄，我的自信心就像那座被炸毁的楼房一样开始动摇了。

我对查理·里德了解不多，然而一走进他在桥港的办公室，他很快就使我平静了下来。作为一名从麻省理工学院毕业的化学工程博士，里德是一位有着很深专业素养的杰出科学家。实际上，他在1942年加入GE以前，还在麻省理工学院做过5年应用数学的教师。他中等身材，头顶有点儿秃，眼神中总是流露出睿智的光芒。

里德对技术同样也有着很大的热情。他是个“跟企业结婚”的单身汉，是GE中级别最高的有着切身化学经验的执行官。里德知道在高温环境下做高挥发性气体实验时会发生些什么。

那天，他表现得异常通情达理，他几乎是以苏格拉底式的方法来处理这起事故的。他所关注的是我从这次爆炸中学到了什么，以及我是否认为自己能够修改反应器的程序。他还问我们是否应该继续进行这个项目。这一切都是那么充满理解，没有任何情绪化的东西或者愤怒。

“我们最好是现在就对这个问题有彻底的了解，而不是等到以后，等到我们进行大规模生产的时候，”他说道，“谢天谢地，没有人受重伤。”

里德的行为给我留下了深刻的印象。

当人们犯错的时候，他们最不愿意看到的就是惩罚，这时最需要的是鼓励和自信心的建立，而且首要的工作就是恢复自信心。我想，当一个人遇到不顺或者挫折时，人云亦云是最不可取的行为。GE 的工作总结中有一则笑话，说的是在某一位 CEO 头脑发热的时候，如果公司里有人跟着无原则地附合，员工们就会掏出白手绢，将它抛向空中，指责这个人云亦云的人。

在危急关头人云亦云很容易使得人们陷入我所说的“GE 旋涡”中，什么地方都有可能发生这种事情。你可以看到，一旦一位领导者失去信心，开始恐慌，并逐渐陷入自我怀疑的无底洞，就会发生所谓的“GE 旋涡”。

我曾看到这种事情同样也发生在市值数十亿美元公司的坚强、聪明且充满自信的总经理们身上。顺利的时候，他们一般都会做得很出色，但是一旦做了某些错误的计划或者一桩赔钱的买卖，而且并不是第一次时，自我怀疑的心理就开始慢慢地侵蚀他们了。于是他们开始对所有事情都没了主意，他们赞成每一个提议，为的是及早走出会议室或者是将这件事拖到以后再去处理。

这是一件非常可怕的事情，很少有人可以从这个“旋涡”中恢复过来。我曾经尝试所有可能的手段以帮助这些人摆脱“旋涡”，或者更好些，去避免它的发生。

不要误解我，我喜欢挑战人们的观点，没有人会比我更喜欢合理而又激烈的争论。这不是倔强或者坦率，这是工作。不过关键的是要知道什么时候去拥抱，什么时候去斥责。当然，武断的、不愿意吸取教训的人必须开掉，我们所要做的是帮助那些知道自己已经被过失侵蚀了自信的人们摆脱困境，重塑自我。

但这并不是说因为有了一个最高执行者，你就可以完全放松了。一个很好的例子就是我们的一个 A 类选手，他的职责是负责 GE 一项业务的全球性研发工作。就在上一年，我和他在一次年度高层会议前夜举行的鸡尾酒会上闲聊。那时我刚考察完 GE 在印度的研发业务，我为我所看到的一切感到振奋。于是我向他描绘了我对他的经营成果的印象，这个家伙居然告诉我，我在出差中看到的是一大堆假象。

“他们在印度所做的一切远没有达到你所想象的质量标准！”他说道。

他说的话激怒了我，我不能相信他。印度的工程师和科学家们同样都在他的薪水册里，他却将他的员工划分成三六九等：他所在的美国“这儿”的员工和印度“那儿”的员工。我一直知道，我很难让知识全球化的理念深入到整个机构中，将世界各地了不起的头脑加以开发利用。直到从最好的员工身上得到反馈，我才真正意识到这个问题比我想象中的要严重得多。

第二天在 GE 高层会议上，我当着现场 170 个人的面不点名地说了这件事。我把这件事当作一个例子，来说明为什么我们的公司没有最大限度地掌握知识全球化的概念。我请每一个人到镜子面前看一看自己，想想自己是否也是那种人。我们不可能让美国的研发团队做所有技术含量高的充满乐趣的工作，而将一些低价值、低技术含量的项目全都放到像印度这样的地方。到印度的这次出差使我感觉到，那儿的研发实验室里的科学家和在美国的科学家差不多，甚至更出色一些，而且他们比软件还要守规矩。

毫无疑问，这个家伙觉得我当众痛斥了他，特别是在他的同级面前。如果他不是我们公司最聪明、最有自信心的高级管理人员，我是不会这样做的。他是 GE 的一位全能明星，而不是一个无用的人。

会后一两天，他给了我一张便条，解释说他无意中“低估了印度那边的团队做出的重要贡献”，并且给我留下了一个坏印象。我于是马上打电话告诉他，我很感激他的便条，而且他没有必要那么紧张。

显然，这种树立反面教材的做法并不是在每个人身上都能奏效。你可以这样对待你最好的员工，前提是他们知道自己是最好的。我一般在规模较大的群体中才使用实例化的说明方法，因为这样对他们会更奏效一些。

这一点同样适用于这样一些人，他们在成功与失败之间“大幅振荡”。在大公司的一个最大的好处就是员工可能承担有着巨大潜在市场的大型项目，但是这一好处却被附和那些敢想敢为——不过最终可能失败——的人的做法所抵消，而这又导致不愿意承担风险的风气越来越盛行。

而支持富有雄心的员工的最好办法就是分散有潜力的小项目，赋予每一个员工积极的角色和足够资源，然后将这些小项目再整合成一个大的业务。一个最好的例子就是在 20 世纪 70 年代末，我们最初的想法是开发一种叫哈拉克（Halarc）的新款灯泡。这是一次雄心勃勃的尝试，我们试图制造一种革命性灯泡，使用寿命可以比一般的产品长 10 倍以上。看上去这将成为一种完美的解决环境问题的方法。

问题是无论这种产品多么“环保”或者说多么富有划时代的意义，也没有人愿意为了一个灯泡而花费 10.95 美元。我们的项目失败了。我们没有“惩罚”与哈拉克项目有关的任何人，相反，我们向他们所做的伟大尝试表示祝贺。我们给他们发放了奖金，并提升了几位哈拉克项目的研究人员到新的工作岗位。虽然没有获得令人满意的结果，我们还是给整个团队的成员以很大的奖励。我们希望公司的每一位员工都知道，即使是极大的失败我们也是完全可以接受的。

* * *

到了 1964 年，我们研制新型塑料的工作已经进行了很长时间，我们已经快要研制出一种可以销售的产品了。加托夫这时指派了一个叫鲍勃·芬霍尔特（Bob Finholt）的总经理来负责这项工作。他是一个梦想家，同时也是一个大思想家，他很快就让他的老板们相信我们在皮茨菲尔德已经做了一些事情；同时查理·里德也说服了董事会批准我们在 1964 年建立新塑料工厂。

这个投资 1 000 万美元的工厂将用来制造塑料产品 PPO，当初就是它吸引我来到 GE，同样也是它造成了实验工厂的灾难。我们获得这笔资金的主要原因是这种塑料比 GE 的第一代产品历新更为先进、更具突破性，而历新的出现刚刚建立了一个新的性能标准。

不过在何处建厂遇到了异议。部分原因是我们不想搬到印第安纳州的弗农山，我们曾在那里建立了第一个历新塑料工厂。于是我们选择了纽约州塞尔扣克的一片 450 英亩的土地。我是星期天带着妻子和 3 个孩子在皮茨菲尔德开车时发现这个地方的。我们 5 个人下车走遍了这里的每一个角落。这是一片美丽的土地，原来是可以跨越哈得孙河的纽约中央铁路公司的编组场。我很喜欢这个地方，直到孩子们累了，我才恋恋不舍地离开。

有些 GE 的行政长官对这个选址表示了异议，他们说这个地方离斯克内克塔迪只有 30 英里，而 GE 在那儿已经建立了我们最大也是最古老的一家生产工厂。我们的请求里肯定也有一些私心。我们希望能够自己单干，并且希望能待在我们原来的地方。为了说服他们，我们争辩说我们正在制作一种高新技术产品，需要和斯克内克塔迪的 GE

研发中心的化学家和科学家们进行讨论，同时我们还要去我们在皮茨菲尔德的实验室，离这里大约 50 英里。

我们赢得了这场争论和足够的资金。与此同时，鲍勃·芬霍尔特因为他富于创新的才能被提拔到总部负责战略策划。

这样总经理的职位就空缺下来，于是我准备申请这个空缺。

在塞尔扣克，和加托夫以及其他团队成员吃完晚餐后，我跟在加托夫的身后，一直来到石末饭店（Stone Ends）后面他停车的位置，我跳上了他的大众敞篷车的前座。

"为什么不让我试试鲍勃的位置？"我说。

"你在开玩笑吧？"加托夫问道，"杰克，你对市场一点儿都不熟悉，而这一点对于这种新产品是至关重要的。"

我不肯接受否定的回答。在又黑又冷的夜晚，我在加托夫的车上坐了一个多小时，试图说服他我的资历很适合这份工作——虽然他认为我的资历还有所欠缺。

现在轮到我游说加托夫了，我拼命地劝说他。我提醒他，当初他力劝我留在 GE 的情形。他当晚没有给我答复，但是我们把车开出停车场的时候，加托夫似乎明白了我是多么需要这份工作。

在随后的 7 天时间里，我给他打电话举出一些我适合这个职位的其他原因。不到一个星期，他给我打来电话，要我到他在桥港的办公室去一趟。

"你这家伙，"他说道，"你说服了我给你这份工作，说干就干吧。你最好准备一下交接工作。"

当天，我作为主管聚合物产品生产的总经理回到皮茨菲尔德。

我几乎没有时间庆祝。我刚刚得到这份新的工作，新的工厂也破土动工了，这时我们却发现 PPO 产品有着严重缺陷。我们发现在老化性实验中，超过一段时间以后，PPO 产品在高温下容易变脆，因而容易裂碎，而这是我们在设计中已经考虑要避免的。这样一来，这种产品就不可能成为热水铜管的替代品，而这本来是这种产品最大的卖点之一。

我的游说使自己一下子陷入了职业生涯可能被断送的危险中，这个时刻将永远定格在我的记忆里。1965年的一个寒夜，我与加托夫和艾伦·海伊——打着领结、发明PPO的GE研发实验室的科学家，来到塞尔扣克的工地上。当时我们穿着大衣、戴着手套站在一个大坑的上方，那个坑至少有30英尺深，足够将我们仨都埋起来。

由于这个新近发现的技术瑕疵和我们前面的这个大坑，我在GE的职业生涯仿佛马上就会一闪即逝。

“艾伦，你必须过来帮我们解决这个问题，否则我们都会死掉的。”我说道。

海伊转过身来，冷静地回答我说：“嘿，伙计，不要太着急。我马上就会有几种新的塑料产品。”

当时我真的有点儿想把他推到这个坑里去，我不知道自己卷入的是什么样的麻烦。我们的步子已经迈大了。这是一个1 000万美元的商业投资项目，而公司好像并不真正了解这一点。现在问题变得很清楚，我们没有可供工厂生产的产品。更为严重的是，发明这个产品的科学家并不知道如何去解决这个问题。

我们疯狂地用了6个月的时间才解决这个问题。在这一段时间里，我实际上是住在实验室里的。我们尝试了所有的方法，我们往PPO中添加了每一种可以防止其分裂的成分。丹·福克斯，这个说服我加入GE的科学家，带领一组皮茨菲尔德的化学家最终找到了解决方案，即将PPO和低成本的聚苯乙烯以及一些橡胶混合起来就可以解决分裂的问题。

我们不得不改变工厂的产品设计以加入这个混合工序，不过它确实奏效了。

这个故事终于有了皆大欢喜的结局。这种混合塑料产品叫改性聚苯醚（Noryl），最终成为今天在全球有着10亿美元销售额的成功产品。

我们的成功靠的是一群相信我们可以做任何事的疯狂之人。我们惊恐万状，同时又满怀梦想，疯狂地尝试所有方法，就为了让塑料产品能够取得成功。我们也许是世界上最大的公司之一，不过在皮茨菲尔德和塞尔扣克，我们认为自己是在一家小型的家族式的企业里工作，只不过我们的背后有一家“银行”作为后盾。

说到幸运，我在塑料产业中的全部经验就好像上帝来到我身边并说道：“杰克，现在轮到你了。抓住这个机会。”

我在这方面仍然是个新手。我还记得一个销售员第一次带我和卡罗琳去吃饭的情景，我觉得那很了不起。我是一名项目经理，从这个销售员所在的皮茨菲尔德实业煤矿公司购买了所有的原材料。他带我们去“弗洛斯河上的磨坊”（Mill on the Floss）——当地最好的餐馆吃饭，而且是免费的！

现在回想起来似乎非常天真，但是当时每一件事情都是一次新的体验。我非常喜欢所有那些时刻，而且我从细节中体会到很多乐趣。我过去常常乘坐双引擎的联合快帆号（Caravelle）喷气式飞机从康涅狄格州的哈特福德飞往芝加哥，到印第安纳州的弗农山生产历新的塑料工厂去。每一次旅行，空姐都会给每人分发一罐澳洲坚果和两小瓶苏格兰威士忌。我们在去机场的路上都盼望着这种款待。

有时，我几乎不敢相信别人付钱让我去做这些事情，我的母亲也同样不敢相信。我1964年第一次到欧洲出差的时候，母亲曾担心GE会不会给我报销费用。

“你确信他们会给你报销吗？”她问道。

所有这些全新的经验都是从零开始开展业务的一部分，而且其中的每一次经验都可以作为庆祝的借口。每当我们接到一份500美元的塑料球的订单，我们都会在回家的路上停下来喝啤酒庆祝。我们将每一个订单超过500美元的顾客的姓名贴到墙上，称之为“500俱乐部”。无论什么时候我们增加了10名新的顾客到俱乐部，我们就又有理由庆祝一番了。

啤酒和比萨饼是硅谷宴会的标准配置，在20世纪60年代中期，这同样也是塞尔扣克和皮茨菲尔德的标准配置！

每一次提升、每一次分红以及每一次加薪都是庆祝的原因。当我在1964年获得3 000美元红利时，我在刚买的新房子里举办了一次宴会，邀请了全体员工。我的房子在剑桥大街，这是皮茨菲尔德工人阶级聚居的地方。紧接着的那个星期一，我给自己买了第一辆绿色庞蒂亚克都市情人敞篷车。噢，我感觉自己就像站在世界之巅——不过很快我就意识到，事物是会发生变化的。

除了车以外，我还买了新西装。那个时候，我总是希望自己能够和别人有所区别。夏天，我会穿上哈斯派尔（Haspel）制作的棕褐色的毛葛西装，配以蓝色的、领口有纽扣的衬衣，然后系上有条纹的领带。现在看起来那个时候真的有点儿傻。此外，我还喜欢电话的另一端传来的“韦尔奇博士”的称呼。

一个美丽的春日，下班以后我到停车场去开我那辆崭新的敞篷车。我第一次压杠杆将车篷放下来。这时，一个液压管突然破裂，脏兮兮的黑色机油喷到了我的西服上，还毁了我那漂亮的新车前面的喷漆。

我一下子蒙了。我这段时间一直飘飘然的，而现在身上的浓重气味把我重新拉回了现实。这是一次很好的教训，即当你自以为是个大人物的时候，就会发生一些事情，让你清醒过来。对我来说，这样的事情将是最后一次发生。

我们的“家族企业”仍在持续发展，我也一样。我们一建起塞尔扣克的工厂，并开始销售改性聚苯醚，销售状况便一路攀升。在1965—1968年这段时间里，我们发展得非常快，我在这时也实现了下一个飞跃。1968年6月初，也就是加入GE近8年后，我被提升为主管2 600万美元塑料业务的总经理。这对我来说可是件头等大事，因为32岁的我成了这家公司最年轻的总经理。

这次提升使我进入了一个更大的、经过精心挑选的团体——每年的1月我都会受到邀请，去佛罗里达参加公司的高层管理会议，而且这也是我第一次得到期权。

我终于上路了。

第四章

在雷达下飞行

我喜欢“积极的冲突”，相信关于商业问题的公开、真诚的辩论能带来最好的决策。如果一个想法没有经过开诚布公的讨论，那么市场就会无情地抛弃它。

生活似乎顺风满帆，但还有一个遗憾。

我再也不能和父母分享成功的喜悦了。

母亲是在1965年1月25日去世的，这一天是我一生中最伤心的日子。她只活了66岁，但已经被心脏病折磨了很多年。

我在阿默斯特的马萨诸塞大学读本科时，母亲的心脏病第一次发作。当姨妈打电话告诉我这个消息时，我非常担心，几乎是冲出宿舍，跑向通往塞勒姆的高速公路。这儿离我的家有110英里。我竖起拇指请求搭过路车时非常焦虑，几乎无法忍受在路边站着等车。

在医院住了3周以后，母亲回家休养，过了一段时间，她的身体康复了。那时还没有β阻滞剂（beta-blockers）和分流手术（正是这些方法几年以后救了我自己的命）。3年以后，母亲的心脏病又一次复发，这一次几乎和第一次一样，不过最后总算好了。此后过了3年，母亲的心脏病第三次复发，这一次是致命的。那时她和父亲正在佛罗里达度假，我将奖金中的1 000美元给了他们，好让他们避开新英格兰的严冬。

这笔钱对我和母亲来说意义非常重大。当我把钱给她时，她万分骄傲。从我出生的那天起，她给了我所需要的一切东西。区区 1 000 美元的礼物使得我终于有一次回报的机会。对她来说，这钱反映了“她的作品”给她带来的快乐。她因我而骄傲。感谢上帝，我做到了这一点。我一生中最大的遗憾就是不能给她所有我能给予她的东西。

当父亲告诉我母亲住进了罗德代尔堡医院的时候，我立即从皮茨菲尔德赶到母亲的病房。母亲躺在床上，身形憔悴而虚弱。当天晚上她就去世了。我还记得那天坐在她的身旁，她要我帮她擦擦背。于是我用温水和肥皂给母亲擦洗，看得出来，她是那么高兴我能帮她擦背。此后，我和父亲回到了他们住的廉价汽车旅馆中的一居室。

我们再也见不到母亲了。

我悲痛至极。父亲和姨妈坐火车把母亲的遗体运回了塞勒姆，而我则开着父亲的车回家。我整晚都朝着北边开，只是在北卡罗来纳高速公路旁的汽车旅馆休息了一小会儿。我在那儿待了 4 个小时，辗转反侧，无法入眠。我没怎么休息，情绪非常激动。我一路上狂吼乱叫，踢车门发泄自己的不快。我觉得自己被骗了，我为上帝将母亲从我身边带走而感到愤怒、疯狂。回到家，我终于失声痛哭出来。

在圣托马斯使徒教堂的守夜和举行的葬礼实际上是对母亲一生的颂扬。在塞勒姆的灵堂，我们所有的亲戚、邻居和好几百个我不认识的朋友都来了，他们每个人都有一个我母亲告诉他们的关于她儿子杰克的故事。

这自然是因为母亲在不厌其烦地讲给朋友们的所有故事中都说到了她为我感到骄傲。

父亲也很难接受她的离去。他是一个心地善良且慷慨大度的人，他在自己还买不起车的情况下给我买了一辆新车。他繁忙的工作和母亲无微不至的爱护使得他对我的影响要小得多，不过我还是那么爱他。现在看着他拒绝接受生活中没有母亲的现实，我真是难过。

没了母亲，父亲就像一个掉队的战士一样。记得母亲在的时候，总是严格地限制父亲，让他吃不加盐的清淡食物，因为他患有水肿病。现在父亲丝毫不注意自己的饮食；没过多久，潴留便使他的脸开始浮肿，而且他开始发胖了。

可以说是对饮食的不注意导致了父亲的去世。他的水肿情况过于严重，后来住进了医院。听到这个消息，我立刻中断了欧洲的商业旅行赶回家。我在乘医院的电梯去他病房时父亲还活着，但我还没冲到他的病床前，他已撒手人寰。距离母亲去世的时间只有短短的 15 个月，1966 年 4 月 22 日，父亲随母亲而去，享年 71 岁。

我似乎跌进了痛苦的深渊。母亲和父亲都离开了，我感到无比的悲哀。我很庆幸自己还有妻子卡罗琳，是她使我重新振作起来。卡罗琳是一个坚强、聪明而且总是给予我支持的人。她总是告诉我，能有一个这么好的家庭是多么幸运。当时我们有 3 个健康的孩子，凯瑟琳、约翰和安妮，而马克是后来于1968年4月出生的。不仅在那时，而且在以后的许多时候，卡罗琳都是我坚强的后盾。

每当我担心工作上提出不同意见所造成的后果时，卡罗琳都会鼓励我努力去做自己认为是正确的事情，而不要管 GE 中的其他人会怎么想。在每一次升职后，她和儿女们都会用一些小旗帜将家里和汽车道装饰一番。

* * *

我被提升为主管塑料业务的总经理后，于 1969 年接受了公司的杂志《花押字》(*Monogram*)的采访。当记者来到皮茨菲尔德做我的访谈时，他称我为“韦尔奇博士”。我马上更正道：“我又不是出诊大夫，就叫我杰克吧！”

记者将这句话引到了文章中。

我现在的身份更像一个商人，而不再是一名工程师，所以现在我对“韦尔奇博士”这个称号感到很尴尬。我对这位记者吹牛似的说，我的员工们都是“一群狂热的人”，他们都自带“发动机”。我还夸耀说，我在塑料业务上做了一年总经理，我们所取得的成绩要比以往 10 年多得多。“这儿有金子，而我们都非常幸运能来到这里，挖这里的金矿。”

我真是个蠢货——对自己过于自信了。我声称我们将打破所有的销售和收益纪录，完全没有考虑到以前主管这份业务的经理们。我想那些读了这篇报道的人肯定会气急败坏的。幸运的是，GE 的官僚作风与我绝缘，我飞行在雷达下面，得以逃脱。

当我负责整个塑料产品的生产时——其中包括历新，我几乎相信自己继承了一笔无价的遗产。和改性聚苯醚相比，历新就像一匹良种马，这种产品像玻璃一样清亮，像钢铁一样坚硬，而且能防火、重量轻。那段时间，波音公司的每一架 747 大型喷气式客机平均要用 400 磅的历新，几乎有一半的金属器件被塑料替代。

多年以来，我们一直在销售一些改性聚苯醚的混成品，现在我们希望这种产品能够进入正轨。我们是二流的人在制造二流的产品。通过低价位，我们设法使其进入了商业领域，如商用机器的外壳、草地上的洒水装置、吹风机、一次性刮胡刀刀片以及彩色电视机等。不过我们仍然要为 500 磅的订单而不停奔波。当我们最后拥有历新的时候，我想我们可以与世界较量，而且我们有足够的本钱这么说。

看起来这种宣告难以让人接受，因为公司对塑料产品并不看好。曾负责塑料业务的那个家伙被提升为负责硅业务的总经理，而这项业务的规模要比塑料业务高出近 50%。硅业务的利润非常高，而塑料业务仅仅是维持收支平衡。

尽管如此，塑料业的前景仍然是非常广阔的。曾经有预言家说，塑料是 20 世纪 70 年代发展最为迅速的工业，比计算机和电子工程还要快，甚至连电影里都在说这件事。在电影《毕业生》中，达斯汀·霍夫曼甚至还被鼓励去争取一份塑料行业的工作！

于是我们增加了市场营销人员，开始对塑料产品进行促销活动，就像推销汰渍洗衣粉一样。

我们雇用了圣路易斯红雀队（St. Louis Cardinal）的投手鲍勃·吉普森（Bob Gibson）为我们做广告。我们做了一个电视广告片，镜头中一头公牛闯进一家瓷器商店，四处乱撞，制造了巨大的混乱，然而涂了历新的所有瓷器却没有受到任何损伤。在黄金时段，我们还邀请了喜剧广播演员鲍勃（Bob）和雷伊（Ray）到底特律来增加宣传效果。我们的广告片在早上 7 点半到 8 点之间播出，那个时候我们的目标顾客——汽车工程师正好在赶往通用汽车、福特、克莱斯勒公司办公室的途中，而那时一般都会堵车。我们还在通往工作地点的所有道路的两旁竖起了推销历新的广告牌。

一个广告画面是，当时已率领底特律老虎队（Detroit Tigers）赢得了 30 场比赛的丹尼·麦克林（Denny McLain）向我投来一个快速直球，而我正在底特律办公室的停车场里，手中拿着一块历新塑料片。当地媒体报道了此事。所有这些营销活动获得了极大的关注，因为这对于塑料工业来说是一种完全不同的市场推广方式。

我们希望用历新替换汽车上的每一个金属部件，从仪表板到车窗摇把等等。由于我们在底特律的办公室里只有 5 名职员，而且要和杜邦的 40 个人竞争，所以我们必须行动迅速而且富于创造性。我们是在与大的化学公司竞争，而且我们做得很好，这是因为我们能够超越它们。我们是在利用大公司的力量，以小公司的速度处理所有的事情。

我们腾飞了。到 1970 年，我们实现了我自夸的预测，我们在不到 3 年的时间里，使塑料业务增长了两倍多。不过，虽然功名显赫，我却显然已经得罪了公司总部的一些强权人物。

其中一个就是罗伊·约翰逊（Roy Johnson），他是 GE 人力资源部的主管。约翰逊的角色就像钥匙保管员，他直接向董事长弗雷德·博尔奇（Fred Borch）汇报，并最终对雷吉·琼斯负责，所以他对招聘决定起着重大的影响作用。

几年以后，我发现了约翰逊的一份备忘录，是 1971 年写给副董事长赫姆·韦斯（Herm Weiss）的。当时，公司正在考虑是否给我另一个提升的机会——主管化学和冶金部门的副董事长，这个职位负责集团 4 亿美元的销售业务。在备忘录里，约翰逊总结说，我应该得到这个提升的机会，但是这个任命“将会带来比一般情况下更大的风险。尽管杰克有很大的勇气，但他尚有许多严重的局限。一方面，他有很强的驱动力去发展一项业务，有着天生的企业家素质，富有创新精神和进取心，是一个天生的领导者和组织者，而且他还有着高学位的技术背景”。

“另一方面，”约翰逊接着说，“他多少有些武断，容易情绪化（过度情绪化），特别是面对批评时，在涉及他的业务细节时，太容易陷进去出不来；对于复杂的情况，他更倾向于他那快速的思维和直觉，而不是依靠坚实的准备工作和员工的支持来走出困境。此外，在自己的领域之外，他对于 GE 的其他业务有着某种‘反对现行秩序’的态度。”

我很高兴事后才发现这份对我的评论，否则我当时可能做出蠢事，尽管他有些话说在了点子上。那时候，我可能不会接受这个批评。约翰逊将我的“局限”归咎于“年轻和不够成熟”，不过幸运的是，他并没有阻止我获得这个职位。感谢上帝，赫姆·韦斯支持我。

回头看去，也难怪约翰逊和其他人对我持有保留意见。很显然，我并非天生就适合在公司做事。我对礼仪既不是非常尊重也不怎么宽容，我是个特别缺乏耐心的经理，尤其是对那些不能很好履行自己职责的人。

我比较生硬、直率，在某些人眼中甚至还有点儿粗鲁。我的言语不够文雅、明智。我不喜欢坐在那里听预先准备好的演讲，也不喜欢读报告。我更喜欢面对面地交谈，因为这样可以使经理们了解自己的业务，并能够得出自己的答案。

我喜欢“积极的冲突”，相信关于商业问题的公开、真诚的辩论能带来最好的决策。如果一个想法没有经过开诚布公的讨论，那么市场就会无情地抛弃它。正如我的好友及 GE 的前副董事长拉里·博西迪（Larry Bossidy）比喻的，我们的员工会议就好像是米勒清爽啤酒（Miller Lite）的商业广告，员工们大叫大嚷，声音雄厚，生气勃勃。

我从来不隐藏自己的思想或感情。在业务讨论中，我非常投入以至于有些情绪冲动，脱口而出一些别人认为难以接受的话。我说过，“我 6 岁的孩子都会比这做得好！”还说过，“不要像沃尔特·克朗凯特（Walter Cronkite）[1] 那样对待我！”这个意思所有人都明白：“你报道了坏消息，但是你没有告诉我怎样去解决问题。”

不能适应这种非正式和企业氛围的人只好自动辞职或被迫辞职，我也因此减少了由他们的不能胜任而导致的损失。傲慢和华而不实的人不能在公司中长期存在下去，只有适者才能获得加薪和分红，就像我今天这样。

我“踢人”，但我也“拥抱人”。

这些与众不同使得我就像传统习俗的背叛者，还招来荒谬的流言蜚语。这些关于我的谣传不过是谣传而已，有些谣言成了茶余饭后的

1. 沃尔特·克朗凯特，“二战”时期的美国记者。——编者注

玩笑话，但一般都没有什么事实依据。比如曾有闲言碎语说我像一头暴躁的公牛，跳到办公桌或会议桌上大发雷霆。

那纯属胡说八道。

尽管如此，我还是步步高升。尽管约翰逊对我持保留意见，我还是在 1971 年获得了化学和冶金部门负责人的职位，不过这同时也带来了新一轮的巨大挑战。到了 1971 年，我已经在 GE 的塑料部门做了近 11 年。现在我不得不去构思如何运作整个新的业务，包括碳化物切削工具、工业钻石、绝缘材料以及电子材料产品，此外还要和一些完全不同的人打交道。

我的首要工作就是密切关注我的团队。除了一两个人之外，我发现这里的员工都不太符合我的标准。我第一个承认我在那些日子里有了解聘这些人的冲动。但是在多年的实践中，我学会了用很多方法去做这件事。这是我们做过的事情当中最艰苦、最困难的事，而且它永远也不会变得容易起来。

如果说我知道有将这种事情变得容易的方法的话，那就是尽量让所有人在被告知离开时不感到太吃惊。每当我遇到我准备撤换的经理时，我都会至少和他谈上两三次话，表达我的失望，并且给他们机会改进。每次考核和总结业务能力后，我都会亲手写下一些意见。

也许有些人始终都不能理解我的坦诚，不过他们至少总能确切地知道自己处于一个什么样的位置上。

第一次谈话应该是表现吃惊和失望（如果有的话）的时候，而不是去通知某个人离开。在我的记忆里，当我和某人的最后一次谈话开始时，没有一次他们会感到震惊或者不可思议。

“看，”我说道，“我们都尽力了，我们都知道这样下去不行，该了断了。”

毫无疑问，到头来还是有些遗憾，但往往也得到了解脱。每当最后的交谈快要结束时，谈话的主题总会转移到："那我的待遇呢？"幸运的是，我的公司有足够的财力来缓冲遭受解职的打击。

到了这个时候，最大的挑战就是让所有的人都着眼于未来。让他们确信，当他们准备开始生命中新一轮的挑战时，现在就是转折点，这就像从高中到大学，从大学到工作的转折一样。他们可以忘掉过去所有的瑕疵，继续前进到另外一个新的环境里。

我看到很多人离开了他们之前未见成效的工作后生活得更好、更快乐。我们每一个人都有义务多多促成这种事情。

* * *

1971年，在我上任不久，我最终不得不给3位直接向我汇报工作的经理带来坏消息，不过我还是留下了几个老员工。我将我以前主管塑料公司的职位给了汤姆·菲茨杰拉德（Tom Fitzgerald），一个精力旺盛的爱尔兰人。塑料公司的员工中绝大多数都是工程师，汤姆则是唯一一个真正的商人。

我和他既是好朋友，又是业务上的精神伴侣。我将主管硅业务的经理解职，找来了我以前的同事沃尔特·罗伯（Walt Robb），他是位博士、研究工程师，是他从伊利诺伊把我招募到公司的，后来他离开了实验室，负责一项小型医学开发业务的运作工作。

在复合膜业务中，我换了经理。空缺的职位由查克·卡尔森（Chuck Carson）担任，他曾是我的财务主管，后来成了主管新薄片业务的负责人。薄片制造是一个很艰难的行业，我们的主要竞争产品——美国氨基氰福米卡家具塑料贴面（American Cyanamid's Formica brand，一种强力合成树脂）基本上占领了整个市场，而我们的产品层压胶布板（Textolite）几乎溃不成军，因为我们的分销商力量很弱。查克身体太强壮了，我们借用当时一个流行电视节目《贱民》（*The Untouchables*）中一个壮汉的名字，称他为"弗兰克·尼蒂"（Frank Nitti)。查克总能完成预算，但在提高商业利润和弱势的竞争地位方面却没有取得很大的成绩。

我和他尝试了所有的办法，试图妙手回春，使我们的业务量有所增长。这是我第一次看到员工们对糟糕的业务状况产生低落的情绪，面对面地同我们那几乎不可战胜的对手竞争，而且胜算的可能性小之又小。

直到那时，我一直认为所有的商业活动都是激动人心的。我相信只要你注入大量的资金和研究力量，就会开发出新的产品，伴随而来的就是未来销售的增长和成功。这是我第一次面对糟糕的业绩，也是我职业生涯中的一个教训，这个教训给我带来的影响是巨大的。幸运的是，我们其他的业务有着非常好的销售利润，特别是塑料——增长的真正驱动力。

我还深入地了解了这些新业务中的员工情况。例如，在我们底特律的冶金部门，我在早期的人力资源评估时要求见见销售管理团队。我几乎不能相信这支队伍的素质，他们让我听到的是冗长、中规中矩的演讲。他们对自己的工作没有热情，不能回答最常规的问题。我认为他们是最极端的例行公事型的销售力量——销售人员找不出任何新的理由来挽救他们的命运。

在评估之后，两名经理被撤职。不过，这时我遇到了一个特别的人——约翰·奥佩（John Opie），他当时是市场开发部的经理，35岁，但做这项业务已经有12年了。在遇见他的当天，我给了他第一次“火线提升”，让他担任全美销售经理。在会见了他所有“新”的区域销售经理后，我告诉奥佩，如果我是他，我会让这6个家伙都回家。最后，有5个人被辞退了。

很显然，这样做不符合常规，非常不符合常规，但是这样做震撼了整个队伍，奥佩恰恰利用这一点激发了整个企业的活力。工作勤奋又大公无私的奥佩逐渐成长为GE最优秀的运营执行官之一，并最终成为我的一名副董事长。

我没有刻意对官僚作风嗤之以鼻，但是我与众不同，因而对总部的一些人构成了一定的威胁。罗伊·约翰逊的评论就反映了我和纽约的公司员工之间的一些冲突。无论什么时候，只要我想招募一名关键人物，公司里的人就会端出候选人的名单，说这些是财务、人力资源和法律方面的“公司重点职位”。在这种情况下，我就不得不为每一个我希望招募的人拼了命争取。

我并不是每回都能如愿以偿地挑选到我所期望的职员，有几次我不得不雇用公司候选人名单上的人。有两个我被迫接受的财务经理并不是很有能力，所以最后我不得不罢免了他们。我曾经在试图提升一位年轻的律师鲍勃·赖特（Bob Wright）做塑料业务的法律总顾问上受到了很大的挫折，但事后证明我的决策是英明的。

我认为鲍勃不仅仅是一名律师，他在战略决策上也很有见地。他27岁，刚刚放弃私人执业。我被提升至部门主管时，我也提升了阿特·普奇尼（Art Puccini）做我的总顾问。此时鲍勃是替代阿特负责塑料业务的最佳人选，但是GE的法律总顾问有着不同的观点，他认为鲍勃的年龄和阅历作为人选还不够格，然后塞给我他的一些亲信名单。

我接受了其中一个，但后来又想出了一个办法解决这个问题。我在1973年让鲍勃·赖特负责塑料战略发展的工作，我可以直接安排这个职位而不会受到公司的干涉。虽然这对于一名律师来说几乎是一份不可思议的工作，但是鲍勃·赖特在这份工作中还是表现出了惊人的能力。他有无数新奇的想法，给这个职位带来了新的生机。18个月后，我们提升他为主管塑料业务的全美销售经理。他的快速反应能力和外向的性格使得他天生就适合这个职位，而且这个职位还给了他受用无穷的经验。鲍勃最后成了 NBC（美国全国广播公司）的董事长，后来他又成为 GE 的副董事长——从一个“被公司拒绝”接受年销售额远低于 1 亿美元部门的法律工作的职员开始，他走过了一段漫长的道路。

其实，总部和分支机构之间的矛盾在所有企业中都是普遍存在的，鲍勃·赖特的例子就是我找到的一种打击这种制度，但又不公开反抗这种制度的方法。在过去的 20 年里，我希望 GE 的人每天都可以为他们所需要的人创造机会——尽管我和我的职员也都试图将自己的候选人硬塞给别人。

官僚作风使我感到气馁的时候，我常常会采取一种回避而不是公开批评的态度，特别是对那些位高权重的人。早在 20 世纪 70 年代早期，我便开始思考运作整个 GE 的可能性。我公开地说起这种想法是在 1973 年，在我毫无顾忌地撰写我的工作总结时，谈到了我的长期职业目标是担任这个公司的 CEO。所以为了实现我的梦想，我就一定不能让运转中的“风车”发生倾斜。如果我抱怨这个体制，我就会被这个体制拿下。

我很幸运，因为这个体制屈服了。公司给了我许多令人难以置信的机会，使我拥有了很多处理不同事物的丰富经验。更为重要的是，公司允许我以自己的方式行事。

第五章

逼近大联盟

最后，我明白了我真正要寻找的是那些充满热情、希望做出点儿成绩来的人。简历并不能告诉你他们内心的渴望，你必须去“感觉”它。

1973 年 6 月，我又实现了一次飞跃。鲁本·加托夫被提升为全公司的战略计划负责人，而我则坐到他的位置上出任集团的执行官。这次提升意味着我将不得不搬到公司的总部去。除了要负责原来在皮茨菲尔德的化学和冶金部门外，我还要负责很多其他的业务：密尔沃基的医学系统、韦恩堡的电器零件，以及锡拉丘兹的电子元器件。

这是一个涉及众多产品并且年销售额超过 20 亿美元的职位。整个集团雇用了 4.6 万名员工，在美国有 44 座工厂，此外还有比利时、爱尔兰、意大利、日本、荷兰、新加坡和土耳其的业务。

这次提升确实是一件大事。仅在 16 个月以前，我被任命为 GE 的副董事长，那时我只有 36 岁。现在的这份新工作更使我成为人们关注的焦点，我逐渐成为一个真正的玩家。我到了纽约总部去看样板办公室，这个办公室和在费尔菲尔德的公司计划修建的办公室很类似，GE 将于 1974 年 8 月搬到那里。我为我的办公室挑选了家具，还有一套标志着某人在公司地位的天花板瓦片。

现在只有一个问题，而且是一个非常大的问题——我不愿意搬到公司在费尔菲尔德的新总部去。

13 年来，我一直住在皮茨菲尔德。我为家人和自己创造了理想的生活。从我 1960 年住过的微型公寓开始，我和卡罗琳已经无数次搬家，直到最后拥有了一套我们自认为是这个城市里最好的房子。

我们在这儿有个好朋友的关系网。我的 4 个孩子都还小，他们都还在当地的公立学校上学。皮茨菲尔德是一个绝好的培养孩子的地方，那儿景色宜人。我有相当多的朋友在皮茨菲尔德的乡村俱乐部，我们经常在那里一起玩儿高尔夫球或者进行板网球“你死我活”的比赛。此外，我在城里临时组成的冰球队里一直打到 30 多岁。我几乎认识这儿的所有人。

在这里，我感觉自己就像一条小池塘里的大鱼，我不愿放弃这里的一切。在皮茨菲尔德还有另外一个优点：我不用参与总部的斗争。

我在那年夏天的时候飞往纽约去拜访赫姆·韦斯，他当时已经是副董事长了。作为集团的高管，我需要向赫姆汇报工作。他身材高大，肩膀宽阔，沉稳，不做作。他还曾经是学院里的橄榄球和棒球明星，并且获得了《体育画报》(*Sports Illustrated*) 颁发的年度银质奖章。

我真的很喜欢他。我们都喜欢打高尔夫球，喜欢说俏皮话，喜欢赌星期天哪支橄榄球队会赢。他开始是我的老板，后来是我的伙伴和朋友。赫姆总是用他的羽翼保护我。看上去无论我走到哪里，都会有一位导师指引着我。我并不是在寻找一个人来替代父亲的位置，但是好人总是会出现，并向我伸出援助之手。

我总是盼望着和赫姆的每一次会面，而这次我来到他的办公室却心怀忐忑。我去他那里是为了请求他让我留在皮茨菲尔德。我争辩说我很多时间都要在那里处理业务，我还保证说每次的月度总部会议我都不会迟到。

不知是他心肠软，还是发慈悲，要么就是二者兼而有之，反正赫姆最后同意了我的请求。我简直是跳起来拥抱他的。在他可能改变主意或者将决定告诉雷吉之前，我就匆匆离开了他的办公室，我知道雷吉肯定希望我留在总部。后来雷吉知道了这件事，他几乎不能相信赫姆会允许我留在原来的地方。

我搬出了在塑料大街的旧办公室，来到皮茨菲尔德的伯克夏·希尔顿大厦二层的一套办公室，我在那里组织了一个5人工作小组。在随后的5年里，我信守了向赫姆许下的诺言——总部开会从不缺席。每当皮茨菲尔德的天气可能使得机场关闭时，我就在前一天晚上到达总部。如果偶尔碰到坏天气，我会在早上5点就跳上汽车，像个疯子一样开车到纽约，希望能在业务总结开始之前到达。

这个集团主管的职位是我到那时为止最好的工作，这项新的20亿美元的混合业务使得我有足够的空间来实践我所学到的所有东西。化学和冶金部门，包括塑料业务，都开始发展起来了。电器零件业务是一系列有着高利润的马达和小机械产品，不过销售的半数以上都在GE内部发生。电子元器件业务则是一项真正混杂的业务，从半导体到彩色电视机显像管和蓄电池，无所不包。这些电子元器件的业务中有些做得还不错，但有些确实是在亏损。在医疗业务方面，主要是销售X光设备，这方面的业务很有潜力，不过在1973年也开始出现亏损。

新的工作给了我将一个新的团队组织起来的机会。我发现了很多聪明、知识渊博、反应敏捷的员工，他们在财务、人力资源、战略策划和法律方面有着令人称道的技能。在和一些公司指派的稍微逊色的候选者合作多年以后，我幸运地最后从“系统”内部发现了两位有能力的GE执行官：汤姆·索尔森（Tom Thorsen）和拉尔夫·哈布雷格森（Ralph Hubregsen）。

我的财务主管汤姆聪慧、英俊、强壮而幽默。我的人力资源部主管拉尔夫不修边幅，却工作勤奋。他面部粗糙，雪茄烟一直吸到只剩烟屁，而且搞得到处都是烟灰。他是行政管理的恶魔，经常会通宵达旦地撰写我们将在总部会议上做的财务报告。但是你会发现，和他一起工作的感觉是最舒服的。

我开始从公司外部寻找我的战略计划的设计者，最后发现了来自布兹·艾伦–汉密尔顿公司（Booz Allen & Hamilton）的克雷格·莱曼特（Greg Liemandt），他是我从咨询公司招募的众多聪明职员中的第一个，这一点看起来其实很荒谬，因为我根本就不喜欢咨询。但克雷格和他们那些人不一样，他总是挑战传统的思维。

最后，我再次提拔了我以前的总顾问阿特·普奇尼，由他负责集团最重要的法律工作。阿特出生于布鲁克林，有药剂学和法学学位，加入 GE 已经好几年了。他是精明人和实干家的完美结合。

你会发现团队中有很多性格迥异的职员——有些是 GE 的内部人员，还有些是从外面招募进来的。不过我们都很朴实，毫不做作，也不拘泥于礼节，而且总是十分直率。

我们组织好了 6 名支持我工作的员工，搬进了集团在汉密尔顿 3 600 平方英尺的办公室。由于身边没有一位老板，所以我们很随意地穿着汗衫和牛仔裤工作；我们还冲着敞着门的办公室呼来喊去，当时给我的感觉是仿佛回到了大学生宿舍。

星期五的晚上，我们经常去宾馆的屋顶休息室休息，喝上几瓶啤酒，谈论一周的工作。我们一般在晚上 6 点半到那里，两个小时以后，我们的妻子们也会出现。等到那时候，我们几乎已经聊尽了上个星期所有夸张的故事。听我们讲关于战争的故事并不是她们最好的选择，但是她们很随和。她们之间非常友爱，就像我们一样。我们还常常在星期六晚上聚餐，或者在星期天下午开小型聚会，而且经常带上我们的孩子。

我们在尽情享受生活中最美好的时光，同时还有不薄的薪水。

我们将很多时间都花在对员工和战略的评估上，我们还租了一架小型喷气式飞机以便于行动。就我自己而言，能有一架飞机真令人兴奋。

但是卡罗琳另有看法。“杰克，你就像个傻瓜，”她说，“他们让你用这架飞机是想把你活活累死！”

她说得有一定道理，不过我还是喜欢这样。我们经常在星期一早上离开家，直到星期五晚上才回来。我们往返于印第安纳州的韦恩堡、威斯康星州的密尔沃基和俄亥俄州的哥伦布之间，就像平常串门一样。我敢保证有些经理肯定会想：可恶，这些家伙又来了。一般我们会在会议室里待上好几个小时，犹如层层剥笋，直到某个问题被我们搞得水落石出为止。有些人很喜欢这种讨论方式并称之为“智慧的碰撞”，但是我敢肯定另外一些人则盼望着早些离开这里。

我们有着两个世界里最好的东西——我们有一个大公司的资源，同时还拥有我早年在塑料业务中所感受到的那种大家庭的和睦氛围。为了努力做到监督在异地的各式各样的业务，我比以往任何时候都更清楚地知道，我的成功在很大程度上都取决于我所招募的员工，从我最初在塑料部门工作开始，我就懂得找对人的重要性。只有我找到了不起的人才，我的世界才会发生变化。

我是经历了很多的坎坷才认识到这一点的——其间我也犯了不少的大错，我第一次招聘员工时的自相矛盾就非常可笑。我最常犯的错误就是根据应聘者的外表来决定是否录用。在市场营销方面，我有时会聘用那些外表英俊、谈吐流畅的应聘者。他们中有些确实很优秀，不过同时也有些是徒有其表，外强中干。

我有时还犯无知的错误。我 30 岁的时候，开始在亚洲招聘员工。

我不会当地的语言，而且对当地的文化也知之甚少。所以在招聘时，如果一名应聘者的英语说得不错，我就很有可能接收他。过了一段时间以后，我才慢慢发觉，把语言能力当作“招聘过滤器”是一种很狭隘的方法。

我所犯的很多错误都反映了我自己的愚蠢偏见，这大概是因为我毕业于马萨诸塞大学的缘故。这所学校以前是一所农学院，现在开始在工程领域崭露头角，学院的家族式思维束缚了我。所以根据自己对工程方面的了解，我喜欢选择麻省理工、普林斯顿大学和加州理工的研究生，我本应提醒自己我是哪个学校毕业的。后来，我慢慢地发现，从哪个学校毕业并不能决定他们就有多好！

最初，我对那些受过多门学科教育、有着多个学位头衔的简历十分偏爱。他们应该是非常聪明而且求知欲旺盛的人，但是他们最后总是表现出不能集中精力在某一项业务上，不愿做出承诺并履行职责，缺乏对任何一件事情的紧迫感与热情。

对于招聘经验甚少的人来说，简历确实是一种杀伤力很强的武器。

最后，我明白了我真正要寻找的是那些充满热情、希望做出点儿成绩来的人。简历并不能告诉你他们内心的饥渴，你必须去“感觉”它。

在接手的新工作中，我发现我唯一真正熟悉的工作只在塑料方面。这是我思想上的一个很大转折。现在我不能再精确地掌握所有的专业细节，因而我对人才的需求更为强烈。

我和主管人力资源的合作伙伴拉尔夫·哈布雷格森总是全身心地投入到我们的业务中，我们会花上一整天的时间，在办公室里先和总经理以及其他的人力资源主管讨论，然后会见总经理的直接下属。在10~12个小时的热烈讨论后，我就会对我们业务中的中高层管理人员的情况有一个很好的了解。

这种工作方式在其他人中引起的反应是不可思议。没有人习惯于这种针对团队中每一个人的优缺点进行的充分讨论。

分管不同部门的4位副董事长承受住了这种激烈讨论的冲击，他们是主管医药器械业务的朱利安·查理（Julian Charlier）、主管化学和冶金业务的沃尔特·罗伯、主管电子元件业务的乔治·法恩斯沃思（George Farnsworth），以及主管电器业务的弗雷德·霍尔特（Fred Holt）。

法恩斯沃思确实是一位睿智的GE行家，他拥有自己独特的个性。他非常坦率、性格乖戾，不过也非常诙谐，是我十分喜欢的那种类型的人。霍尔特是另外一位聪明的GE老员工。他在GE待了很多年，几乎参与了公司的每一项大型业务，他似乎总能获得他想要的东西。他比我大将近20岁，见多识广。在他眼里，我就好像是一阵胃疼的感觉，不久就会消失的。

乔治和弗雷德是我管理过的头两位GE主流高管。他们总是认为我不遵守传统，但看上去他们还比较佩服我的热情，如果没有别的什么感觉的话。很明显，现在的工作将是弗雷德的最后一份工作，而乔治虽然对职位升迁并不是很在意，但他后来还是被提升去主管我们的宇航业务。

查理——这位从比利时列日一所小型医学研究所来的比利时人，现在主管我们的医疗业务。在我们两个都向加托夫汇报工作期间，我整整观察了他两年。查理是一个温文尔雅的欧洲人，他总是有许多宏伟的想法，但很少去付诸实践。他在密尔沃基城外建立了一个漂亮的新医学总部，从而使这项业务有了一个新的值得炫耀的地方。我欣赏他的活跃和创新能力，但是他的虎头蛇尾使我作为他的同事备感烦恼，后来他开始向我汇报工作时，我真的有一种要被逼疯的感觉。

我继续留着查理是因为我很欣赏他，但是他有些盲目乐观，这部分业务也不见起色。我们对此讨论过多次，最后决定他最好还是回到欧洲的另外一家公司去。

为了替换他，我在一个星期天晚上给沃尔特·罗伯打了个电话。我以前做塑料业务的时候，他总是在星期天晚上给我打电话，给我鼓励，和我闲谈，或替我出主意。

这次我星期天给他打电话，希望他能够接管医疗器械的业务。我的提议吓了他一跳。“你热爱技术，而且你的求知欲很强，”我说道，“你是最适合运作医疗器械业务的人。”

沃尔特以为我疯了。因为在短短20个月内，他已经从管理一个小规模的销售额仅有750万美元的医疗器械开发业务的负责人被提升为化学和冶金部门的经理，这是GE最大也是最赚钱的一项业务，它的销售额为5亿美元。

沃尔特只做了4个月就喜欢上了这份工作，但是现在我又要他接管我们的医疗器械方面的业务，这个业务占据了我们半数以上的收入——不过它正在亏损。沃尔特觉得我让他去运作一个不赚钱的业务有些困难，他没有认识到在威斯康星州做X光设备、起搏器和心电图仪器是他“一生中不可多得的良机”。不过，最后出于他对技术的喜爱，还有我的热情怂恿，他还是接受了这份工作。

沃尔特做的工作主要是将X光设备卖给放射线研究人员或者牙科医生。沃尔特上任后不久，EMI公司获得了重大的技术突破，即CT（计算机X光断层摄影术）扫描仪。这个突破对我们已有的X光设备造成了巨大的威胁，不过正是这一次巨大的挑战使得我们的竞争精神又一次得到了激发。

从GE实验室起家的沃尔特，现在又来到在纽约斯克内克塔迪的实验室，请他的科学家朋友们帮忙。由于EMI公司的发明已经在科技界引起了广泛的关注，所以很容易激发实验室的研究人员来把握这次研发机会。而我这时唯一能做的就是每周关注团队研究的进展情况，有时像根赶牛棒，有时又像个啦啦队队长。总共有 80 名研究人员夜以继日地工作，开发一种图像比 EMI 模型更快、更清晰的新设备，每一件事情似乎都因这件事情而开始启动。研究人员们实际上都住在实验室里，每天吃盒装的比萨饼，最后我们终于在密尔沃基一家租用的杂货店里设计出了我们的第一台扫描仪。

1976 年早些时候，就已经开始有订购这台价值 65 万美元的扫描仪的订单了。

我又一次看到了像一家小公司那样运作的好处。论证一个项目的可行性，投入大量的研发力量，并给他们足够多的资金，这就是成功的最好公式。

CT 扫描仪永远地改变了医疗器械部门的格局。在沃尔特刚接手它的时候，它还是一项销售额只有 2.15 亿美元的不赚钱的业务。到了 2000 年，这部分业务已经成了 GE 所有业务中的一颗璀璨的明珠，每年可以达到 70 亿美元的销售额，获得 17 亿美元的利润。

后来我将以前由沃尔特主管的化学和冶金部门分成了两块，并放缓了高速增长的塑料业务的发展。我将以前主管薄片制品的负责人查克·卡尔森调去负责低速增长但利润颇高的材料业务。

这时塑料业务方面呈现出一种困境。我的朋友汤姆·菲茨杰拉德当时负责的是硅业务，并且肯定是内定的塑料业务的负责人。不过正因为他是我的好朋友、我最亲密的工作伙伴，我对他的能力和弱点比其他任何人都更清楚，所以最后我决定将汤姆和我能在外面找到的最佳人选进行一下比较。

我说过，我在雇用人员上曾犯过错误，但再也没有比我即将犯的错误更大的了。

后来我选择了一位曾做过 GE 硅材料业务策划工作的“外人”，

而没有让汤姆做这份工作。作为一名 20 世纪 60 年代早期主管塑料业务的年轻经理，我在一次部门级会议上，为这位候选人的演讲所折服。他是整个领导团队中口齿最为清晰的一个，他的演讲技巧给我留下非常深刻的印象，因为我自己无论如何也不会演讲。我还记得自己在纽约州库珀斯敦的第一次演讲，面对着几百个 GE 的执行官，开讲前我不得不两次离开前排的观众席到洗手间去放松情绪。

我真的很高兴能将他吸引到我的队伍中来。他看上去是那么完美：仪表堂堂，健谈，给人的第一印象特别好。他为了获得更大的机会，曾经离开 GE 到另外一家化学工业公司，这使我印象更深刻了。将他请回来做集团的副董事长是一件大事。为了做到这一点，我除了必须获得公司在费尔菲尔德的人力资源部的同意外，还要获得赫姆和雷吉的同意。

但没过多久我就发现，我请回来的新人并不适合这份工作。我又犯了 15 年前通过外表来判断一个人能力的错误，我知道我必须纠正这个错误，但这确实是一件很令人尴尬的事情，因为我知道自己正处在争取继任雷吉职位的竞赛中。在争取雇用这个“外人”的时候，我还顶撞了人力资源部的主管罗伊 · 约翰逊，他一般都喜欢公司内部的候选人。所以我可能会遇到大麻烦。

在 6 个月内，我不得不到总部去告诉罗伊 · 约翰逊、赫姆 · 韦斯和雷吉 · 琼斯，我弄砸了这件事情，希望把他撤换掉。这一天真难熬啊，我又一次与原有的体制背道而驰。现在回想起来，我没有提拔我的朋友，可他不仅期待着提拔，而且完全应该得到提拔；同时我也为这个被我提拔的人感到难堪，因为这份工作对他来说显然是个错误。

赫姆的反应表示了对我的支持：“你犯了一个错误，但我很高兴你迅速地改正了它。”雷吉的回答很简单：“好吧。”但看得出来，他还有其他的想法，而约翰逊会用我的这次失误作为我还不够成熟的又一个例子。

* * *

弗雷德·霍尔特和法恩斯沃思不仅善良，而且很机智，他们知道GE的体制是如何运作的。这是我第一次深入到“传统的GE”中。他们的洞察力开阔了我的眼界，使我看清了另外一个世界。

关于弗雷德·霍尔特的故事多得数不胜数，但我记忆最深刻的是那次员工鉴定时所发生的事。在韦恩堡的时候，有一天在一次人力资源评估会上，弗雷德·霍尔特明显过高地评价了一个我熟悉的员工。

“弗雷德，你这样写到底想干什么？他并没有这么好。我们都知道这个家伙是个无用的东西。这个鉴定太荒谬了。”

出乎我意料的是，弗雷德·霍尔特居然同意我的意见。

“你想知道我为什么这么做吗？”他问道，“我不能把真实情况报送到总部去。那样的话，他们会要我赶走这个家伙的。”

弗雷德·霍尔特在那个年代并不是孤立的。他认为他自己是个好人，他可以在别人不能胜任某项工作时给予保护。当年的情况就是这样，没有人希望听到坏消息。在那个年代，员工在鉴定表中填的内容一般都是职业目标至少达到了他们上级工作岗位的标准，而上级们的回答往往是“完全有资格继续承担这个职位”——即使两者都知道这并不是真的。

20世纪80年代早期，当我决定精简机构的时候，很多“仁慈”的工作鉴定总会困扰我。这种“假慈悲”只会误导人们，并让他们在遭到解雇时有超乎正常的强烈反应。

从乔治·法恩斯沃思和他所主管的电子元器件业务中，我认识到自己对半导体业务并不满意，我一开始就不太喜欢这项业务。诚然，这项业务正在高速增长，但是它对我来说周期性太强，占用了太多的资金，于是我花了近一年的时间来减少这方面的业务。

乔治管理着纽约州哈得森瀑布的蓄电池业务，他们将 PCB（polychlorina biphenyls，多氯联二苯）当作电绝缘体。在对 PCB 的争论中，我从乔治身上学到了与政府打交道的经验，这些经验伴随我走过随后的 25 年。

* * *

1971—1977 年，我的责任越来越大，从负责 1 亿美元的业务到负责一个 4 亿美元的部门，再到负责 20 亿美元的集团。我知道了人的重要性，要支持那些最好的，剔除那些最弱的；我还学会了鼓励高增长的业务如医疗器械和塑料，以及如何摒弃所有低增长的经营。这是一整套经验。

到 1977 年年底的时候，我在皮茨菲尔德接了一个电话，是雷吉从费尔菲尔德打来的。他说他想见我，而且很急，于是我第二天早上就到了。

"我对你的评价很高，"雷吉说道，"但是杰克，你还不了解 GE。你只看到了公司的 10%，你要了解的比那要多得多。我为你安排了一项新的工作——消费品业务部门的执行官。但是杰克，这个机会在费尔菲尔德，你再也不能当小池塘里的大鱼了。如果你想有所作为的话，你就必须到这儿来。"

我非常兴奋自己能获得又一个提升的机会，即使这意味着我最终要离开皮茨菲尔德。卡罗琳盼望着离开，她希望在一个新的地方有一个新的开始，并且希望这次搬家能够有助于我们 4 个孩子的成长。

到现在为止，我 4 个孩子中的两个——凯瑟琳和约翰已经开始上高中了，而安妮正上九年级，马克也上五年级了。尽管我是个工作狂，但我们是一个亲密的家庭。每年开春时，我们都会腾出一周时间去滑雪。到了夏天，我们从来都没有耽误过两个星期的休假，总要去科德角租一间房子度假。

我承认，由于工作，我几乎不曾有过一个完整的假期。在科德角的时候，我经常每天两次悄悄地离开沙滩，找一个付费电话打电话到办公室去，看看有什么事情发生。滑雪的时候，我也总是溜进旅店里做同样的事情。

尽管如此，休假还是给了我们充足的时间在一起。我们常常数小时地玩儿棋类游戏，进行体育运动。我试图在游戏中通过加入娱乐性和竞争性鼓励他们。每当我回到家时，我总会做一些木质的徽章，比如“最佳不怕输运动员”“最佳小小高尔夫球手”或者“最有潜力棒球手”，然后分发给我的孩子们。我想我正在试图复制我母亲的金拉米牌游戏，而我的孩子像我一样——他们承受挫折的能力也不是那么强。

跟大部分十几岁的孩子一样，他们也不太愿意离开休假的地方，那儿的一切对他们来说都是那么美好。他们在学校都成绩优异，而且有很多朋友。

但是并非所有的事情都会一帆风顺。一天早上，我的儿子约翰正坐在学校的校车上，当车在车站停下来时，他的一个同学上了车，径直向他走过去，出其不意地打了他一拳。于是一场殴斗马上发生了，但是可怜的约翰，当时还只有八九岁，并不知道为什么会发生这种事。

直到晚上他在饭桌上谈到这件事时，我才向他解释说，我让这个小孩的父亲离开了 GE。我们对约翰的遭遇都感到难过——特别是我，总是记着这件事情，就好像它昨天才发生一样。

尽管我对新工作感到很兴奋，但我和孩子们一样，对离开皮茨菲尔德感到伤感。在我们离开之前，为了能保持和这个地方的联系，我在雷诺克斯附近的山顶买了 5 英亩不是很贵的土地。事实上，那天我们驾着别克客货两用轿车准备离开城镇，在不动产代理商的办公室门前停了下来，进去完成了这笔交易，当时我们的孩子正坐在车的后座上。不知怎么，这样做让我感觉好了一些。

作为一名部门主管，我到费尔菲尔德的晋升使我进入了一个新的组织梯队。这个部门的办公室是在公司总部大楼的 27 层，离最高层也就是雷吉自己的办公室，只有区区两层之遥。正如其他大公司一样，GE 也有它的组织层级，而我很幸运能够爬上这个阶梯。有时我觉得 GE 更像一个行政机关，它总共有 29 层，各级员工有着数以百计的头衔——从实验室到一个小组，到一个子分支机构，到一个分支机构，到一个部门，再到一个大的部门和集团。

这是一次意义巨大的跃迁，它使我加入到雷吉继任者的竞争中。我非常兴奋能有这个机会，但是我所担忧的是，在皮茨菲尔德上演的一切能否在费尔菲尔德的官僚作风中运作开来。

第六章

海阔凭鱼跃

“杰克，假设只有我和你在 GE 的商务飞机上，而不幸的是，它要坠毁了。你认为，谁应该是下一任 GE 董事长？”

1977 年 12 月的一个早晨，我驾车经过费尔菲尔德的 GE 总部前门的安全警卫，驶向蜿蜒的车道。那时所有的树木都光秃秃的，地上覆盖着积雪。我转入地下车库，将车子停在一个空车位上，走进电梯，上了西侧建筑的 3 楼。经过宽阔的走廊，我来到拐角处一间有玻璃幕墙的办公室，这是距雷吉 · 琼斯最远的一间。

这个地方非常安静和正规，冰冷而缺乏友善。我没有秘书和职员，但有 3 个经理人，他们曾经服务于和我竞争雷吉职位的主要对手之一。我还不认识在费尔菲尔德总部工作的成百上千个人。鲁本 · 加托夫曾说服我留在 GE，自己却在两年以前（1975 年下半年）离开了它。

那里仅有两张友好而熟悉的面孔：查理 · 里德，皮茨菲尔德工厂爆炸时曾大力支持过我的执行官，现在在皮茨菲尔德任公司的首席技术专家；迈克 · 艾伦（Mike Allen），前麦肯锡公司的顾问，我是在做塑料业务的年月里第一次遇见他的，他来总部做战略策划工作。这两个人都离我的办公室很远，并且冗务缠身。

真正使我感到孤独的是，我失去了我在费尔菲尔德最好的朋友和支持者赫姆·韦斯。他是GE的副董事长之一，一年前因癌症去世，他曾是我与公司高层联系的唯一真正的纽带。赫姆给我的最后支持是在董事会董事7月份的高尔夫球比赛上，陪我一起打过了3个洞。6星期后，1976年9月，他在纽约医院去世。后来我发现，他在最后的日子里曾让雷吉多关照我，因为我是个“能成大事的人”。

我真孤单，觉得自己就像汪洋中的一条小鱼，更别提什么“海阔凭鱼跃”了。当然，我在这儿曾多次出风头。以前在一天快结束时，在呈交一份商业报告或申请建筑一座新工厂的资金后，我仍很高兴回到皮茨菲尔德。然而这次情况不同，这次是长驻费尔菲尔德了。

过去我每天上班穿的是衬衫和牛仔裤，与5个亲密朋友一起工作。与雇用的人成为朋友，并与他们的家人来往交际，这可能破坏了公司的规矩。

但是，我们都顺利完成了工作，我们也都喜欢工作，我们感到我们是一个“家庭”，而不是一个商业公司。现在一切都过去了。在接下来的4个月里，我在斯坦福麦瑞特过着居无定所的生活，这让我“身在他乡”的感觉更加强烈，直到卡罗琳和4个孩子来到我们在康涅狄格州的新家。这是事情积极的一面，它可以让我一头扎进我的新工作中。

迁到费尔菲尔德使我提升得很快并进入新设的管理层。我是5个部门执行官之一，我们5个人，加上两个公司高级官员——GE的首席财务官阿尔·威（Al Way）和公司负责策划的高级副总裁鲍勃·弗雷德里克（Bob Frederick），都被公开确定为竞争雷吉职位的候选人。

其他4个部门的负责人是：约翰·伯林盖姆（John Burlingame），一个掌握着GE国际业务的物理学家；埃德·胡德（Ed Hood），掌管科技产品和服务部门的工程师；斯坦·高尔特（Stan Gault），一个在电器业务中经验丰富的人，掌管着工业部门；以及汤姆·范德史莱斯（Tom Vanderslice），原为富尔布赖特（Fulbright）学者，掌管能源系统。

雷吉将这个新的管理层纳入继任者的选择中，来检验我们运作自己并不熟悉的几亿美元业务量的技术和能力。我掌管消费品及其服务，这是唯一一个由雷吉于一年前创立、用以试验自己想法的部门。这份工作让我负责年收入为 42 亿美元的生意，占公司整个销售额的 20%。这份生意包括主要电器、空调、照明设备、家用电器和音响产品、电视机、收音机和电视台，还有 GE 信贷公司（GE Gredit）。

这种结构可以很好地帮助雷吉选择他的继承人，但对我来说却有问题。我的新顶头上司、副董事长“戴夫”沃尔特·丹斯（Walter“-Dave”Dance）倾向于扶持参与竞争的另一个候选人斯坦·高尔特。高尔特长期以来受到丹斯的保护，像丹斯一样，他将自己的整个职业生涯都倾注到我们的电器生意上。

丹斯对高尔特的支持是显而易见的，他对高尔特的各种决策都给予充分认同，但这让我的日子很难过。这是我在 GE 的 17 年时间里第一次没有上司的支持。高尔特在此前一年里曾经掌管我的部门，也毫无建树，所以我在这里走的每一步看起来都像是对他或丹斯的事后批评。

另一位副董事长杰克·帕克（Jack Packer）在这场竞争中也有他倾向的人选，我并不在其中。帕克是 GE 飞机引擎业的先驱之一，他一直支持这项事业以及参与其中的人。他倾向于他的两个直接工作汇报者——伯林盖姆和胡德，这使得汤姆·范德史莱斯和我像两个多余的人。

给我带来希望的是，两位副董事长丹斯和帕克之间的关系以及他们和雷吉的关系并不好，这就是雷吉没有选择他们的首要原因。雷吉曾和两位副董事长竞争他前任董事长的位置。他们人都不坏，不过因

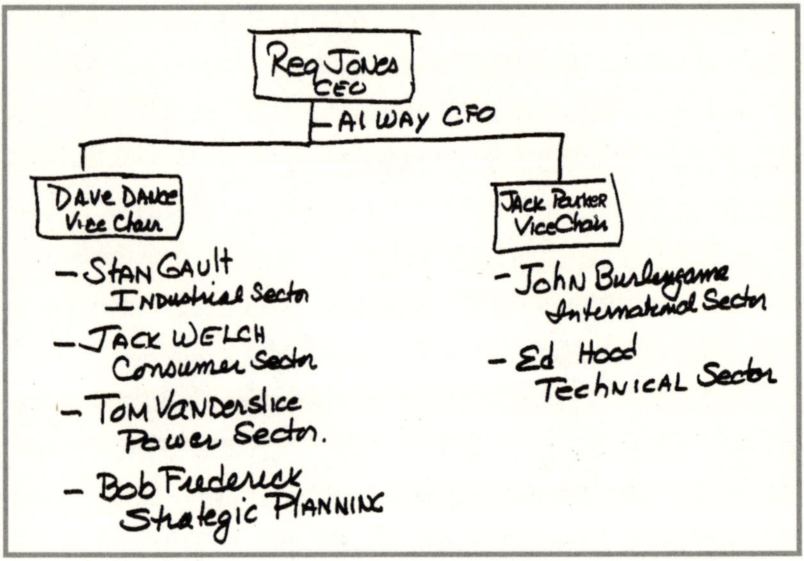

我绘制的 GE 高层领导序列图

为没有得到雷吉的职位，他们非常失望。

在商场上，没有什么比上司不想让你赢更糟的了。这种事可以在任何一个地方、任何一个层面发生，而且往往比我们所能想象到的发生得更频繁。直到我来为丹斯工作之前，这种事还从未发生在我身上。我经过了这段经历之后还能幸存下来，只是因为我做了自己认为正确的事情。我相信雷吉和制度是公平的。

假如竞任董事长是一项“永恒”的任务，我情愿放弃它。我不愿毁掉我的事业或放弃职业精神来等待这一职位。对我来说，继任对我比对其他人要简单。我知道我想得到这个机会，而且不用太长的时间我就会知道自己能否如愿以偿。

从第一天起，继任的过程就充满了浓厚的官僚主义味道，你可以感受到大楼里每天的紧张气氛。5 个部门领导都聚集在费尔菲尔德两座高楼组成的建筑群西边的那一幢楼里，我们每个人都有一间办公室、一间会议室和几个做辅助工作的职员。我们无论什么时候来到公司，最后都会在公司餐厅别别扭扭地吃午餐。我们埋头咀嚼着三明治，对自己说的话总是非常谨慎。

这真是糟透了。

这里成了我逃离政治斗争的避难所。幸运的是，为了做好这份工作，我需要尽可能少在费尔菲尔德逗留。我身后的团队既能干又灵活。我的人力资源部经理戴维·奥斯莱特（David Orselet）对我们的人才有着敏锐的嗅觉，同时他本身也是一个值得信赖的人——这一点对于人力资源部的人来说可谓无价的品质。

我当时并不知道这一点，但戴维在最后的选举中对我的支持是非常重要的。迪克·史莱格尔（Dick Schlegel），一个温和而机智的财务人员，同样也对我很支持。

迪克帮助我找到了后来在我的事业中扮演关键角色的两个人：来自 GE 信贷公司的丹尼斯·戴默曼（Dennis Dammerman），以及在电器公司待了很多年的财务分析专家鲍勃·尼尔森（Bob Nelson）。

丹尼斯在艾奥瓦州大芒德的一个农场里长大。他还是个孩子的时候，曾被拎起来放进粗麻布袋子，这样他可以夯实从家里的羊身上新剪下来的羊毛。青少年时期，他开始为一家电器公司工作，在他父亲的公司——戴默曼电子公司（Dammerman Electric），做一名电气工程师的学徒。这家公司的口号是：“一切都与电相关”。

1967 年从迪比克大学毕业后，丹尼斯到伊利诺伊州的布卢明顿去拜访一位朋友，而 GE 的一家电子部件厂正好在那里。他顺便走近工厂的门卫询问有没有工作机会。很幸运的是，他被带到经理那儿，并被雇用负责 GE 的财务管理项目。他才华横溢，吃苦耐劳，是任何人都可以信任的人。丹尼斯能力非常强，乐于接受任何艰巨的任务。

鲍勃·尼尔森是个读书人，毕业于卡尔顿大学，是个政治迷，具有令人难以置信的分析能力。鲍勃本想成为一位大学教授。他在芝加哥大学取得了公共研究与人文科学的硕士学位后，开始攻读美国研究的博士学位。后来于1966年加入GE的财务管理项目，走上从商之路。

丹尼斯和鲍勃日后共同成为我的财务导师，我事事依靠他们正确的判断，直到我从GE退休。丹尼斯成为我的首席财务官、GE金融服务集团的CEO和公司的副董事长，鲍勃成为财务服务公司的副总裁。

另外，我从皮茨菲尔德带来了一位朋友诺姆·布莱克（Norm Blake）做我的商业开发经理。诺姆是一个聪明、不屈不挠、极度活跃的企业家，我在塑料部门时曾跟他共事。他后来成为GE金融服务集团的执行副总裁，并于1984年离开公司，成为海勒国际公司（Heller International）的董事长。

我积极地投入这份新工作，正如我在皮茨菲尔德一直做的那样。只是现在我们从皮茨菲尔德起飞，去了解新的业务和人。我们一般在早上7点半开始进行总结，然后花上数个小时的时间进行层层分析。我们很少在晚上八九点钟以前结束工作，我们会一起出去吃晚饭，回顾一天的会议，评估每项业务里的人才。

由于得不到上司的支持，我干活儿的时候就当他不存在一样。最难以对付的是，电器业务的方向稍一变换就会被认为是对我的前任丹斯和高尔特的反击。他们掌管电器业务已超过10年之久，这么多年来，它是GE最心爱的业务。丹斯和高尔特打算大规模扩建在肯塔基州的路易斯维尔的电器区，并开始修建在马里兰州哥伦比亚东部的东电器区，还商讨在犹他州盐湖城再修建一个西电器区。

他们野心勃勃的计划反映了公司对业务潜力的传统观念。它源于“二战”后时代的经济繁荣，在这一时期，日益增多的中产阶级开始用新的电器来装饰他们的厨房。这项业务的持续发展是毫无疑问的，然而真正的问题在于，这种发展究竟有多快，以及我们如何应对我们在美国和全球的主要竞争者。我的新同事丹尼斯·戴默曼和鲍勃·尼尔森曾经营过多年的电器业务，他们强烈反驳了传统的观念。

通过观察，我们认为增长速度会放慢，所以这个巨大的扩张计划需要重新评估。公平地说，我认为丹斯和高尔特会得出同一个结论。其实比扩张更重要的是我们在路易斯维尔的地位，我们必须巩固并提高它，因为虽然销售额和利润都不错，但生产率却在持续下降。

许多年以来，总部听到的都是对电器问题保持乐观的声音。在路易斯维尔，一些经济学家、策划人和财务金融专家是这项业务的忠实听众与支持者，他们不愿承认战后的繁荣日子已经发生了变化。而且他们并不孤立，他们主张扩张的观点得到美国产业界的广泛认同。

在路易斯维尔，电器部门的管理者离开我们的制造与工程中心，到5公里开外的一栋15层大楼的顶楼上办公。他们坐在这具有象征意义的象牙塔内，而所有的“实干家”则回到电器生产区，制作白色的电器盒子。

通过我们小组的分析，我有了更充足的理由，于是我找到丹斯，建议他缩减他经营多年的业务。我等待着丹斯的反驳，但他没有。不过，我认为他将我的建议看成了我容易冲动的更好证明，最后他同意了我的意见。

我们很快着手缩减我们的规模，撤销了修建新电器区的计划，使路易斯维尔的业务更具竞争力。

解雇员工在路易斯维尔并不流行。我很幸运能有迪克·多尼根（Dick Donegan）这样一个盟友，他是丹斯和高尔特任命的，掌管电器业务。他制订了新计划，并有勇气去实践它们，而毫不理会自己以前的关系。虽然电器区痛苦的转变依然不能解决所有成本问题，但这些转变的确使我们具有了更强的竞争力，并提高了我们的利润率，让我们得以继续前进。

在电器业务方面，不断地裁员已持续了 20 多年。一个在 1977 年雇用超过 47 000 人的企业在今天只需要不到一半的人，大约 19 800 多个合同工与钟点工。这种规模缩减是糟糕的，正如做苦工的工人在竞争变化下遭到挤压一样。但在艰难的商业背景下，这种变化从未停止过。我简直数不清我在 20 世纪 80 年代初被问过多少次："现在结束了吗？"

不幸的是，它从未结束过。

"二战"后经济发达时的急需产品大部分为日用品，这是增长缓慢的市场上利润极低的产品。这些变化使得许多竞争者离开了电器行业，从福特汽车的菲尔科（Philco）和通用汽车的弗瑞吉戴尔（Frigidaire）到西屋电气（Westinghouse Electric），而 GE 选择了在这个非常困难的行业中留下继续战斗。为了能在这个行业中生存下来，我们不得不将更多的产品拿到美国以外制造，当时电冰箱的价格已从 1980 年的平均 1 000~1 200 美元降到了 700~800 美元。

这种残酷竞争的唯一好处是，亚洲的同类竞争者直至今天都很难进入美国市场。电器行业的经验不同于美国的汽车工业，后者稳定的价格增长会引起各式各样的国外竞争。

* * *

我于 1977 年被提升为事业部执行官后，虽然手中的业务很多，但没有什么比 GE 信贷公司更有前途的了。这就像塑料业务，它不同于主流业务，但我感到它充满了增长的潜力。

没有人注意 GE 信贷公司，它就像制造业公司中的一个孤儿，我们在 1933 年几乎是背着债务进入这一行的。在大萧条时期，我们通过向顾客提供信用服务来帮助我们的电器经销商销售他们的冰箱和电炉。我们也资助家具销售，因为大部分经销商也销售这些产品，但这是我们前 20 年所做的一切，从 20 世纪 30 年代到 50 年代。

然后我们扩展经营范围，为履带牵引机的结构设备提供经费，我们称它为“黄烙铁”。直到 60 年代末，我们才开始出租其他设备；到了 70 年代末，GE 信贷公司开始变得多样化，不过规模依然很小。那时，我们为房屋制造、二手贷款、商业地产、工业贷款和租约以及个人信用卡提供经费。

在那个年代，我并不懂财务的复杂性。我让一个职员将所有的专业术语翻译成普通的名词，我称之为“小老百姓的财务”，而这正是我所需要的。我像回到了研究生院一样学习财务知识，这样我才能和金融业的人熟悉起来。

我心里明白，与我所知道的工业业务相比，这种业务比较容易赚钱。你不用过多地投资到研发、修建工厂和日复一日地打造金属上；你不必建立工资等级。这种商业完全是知识资本——找到聪明的和具有创造力的人，然后运用 GE 决算表显示的雄厚财力。这在我看来就好像一座待人发现的“金矿”一样。

开发智能比机械性地生产产品要简单得多，每个雇员带来的利润在投入产出比上最为明显。虽然拥有不到 7 000 名雇员，但 GE 信贷公司的纯收益在 1977 年仍达到了 6 700 万美元。与此形成鲜明对比的是，电器业有 4.7 万多名雇员，却只有 1 亿美元的净利润。

这在今天几乎所有人看来都是很明显的，但对于 1977 年的我来说，这却是一个远见卓识。毕竟，我是一个仅仅知道“制造东西”的化学工程师。

GE 信贷公司在 20 世纪 70 年代末期做得不错，利润和交易每年都在增长，但考虑到其广阔的机会，我并不认为它增长得很快。1978 年春天，在我同信贷公司领导的最初几次接触中，他们没有给我留下深刻印象。我将他们——几个层面的管理人员召集到一间屋子里，针对他们业务上的知识刨根问底。“假设我们是在高中时代，”我说，“让我们从最基本的学起。”

我至今还清楚地记得当时我向一位保险业的领导问起了一个很简单的问题。他在陈述中用了许多我并不十分熟悉的术语，因此我不得不打断他问：“你认为‘任意性’的保险和‘合约性’的保险有什么区别？”在一番冗长的回答之后，我还是无法理解，他最后被激怒了：“你怎么能奢望我在5分钟里教会你我用了25年才学会的东西！”

不用说，他待不长了。

这件保险逸事绝非一件孤立的小事，它是意料之中的。GE信贷仅仅靠这帮人就能获得如此之高的利润，我想知道，如果这里全是一流的人才，它的潜力又会有多大？

但事实上，我们并不像期望的那样能轻而易举地得到这些人物。后来主管这项业务的约翰·斯坦格（John Stanger）是个精明的操盘手，他是这个体制的产物，根本不想撼动这艘大船。约翰倾向于接受别人本来的样子，而且他尚未发现公司许多其他领域里的人才。

在1978年春的C类人力资源总结会上，我向所有的GE信贷经理发出挑战，这一天过得十分艰难。会后，我们邀请所有人到斯坦福的一家俱乐部去，希望在轻松的气氛里更好地认识一下他们。但总的来说，大多数人并没有比白天表现得更好。

约翰·斯坦格聪明过人，我们只需要让他结识更好的人。一旦他得到这些人，我们的生意就会兴旺起来。在接下来的几年里，GE信贷的领导班子成员换了一大半，很多新来的同事来自GE的其他部门，而且很多来自基层。他们确实给我们部门带来了很大变化。

GE信贷里有一个唐突无礼但聪明有趣、说话飞快的小子，这些特点令他与众不同。他掌管贸易和企业财务部门，他就是拉里·博西迪。我从第一次遇上他就感到十分纳闷，这个家伙到底是从哪儿来的？

我是在信贷公司1978年于夏威夷召开的管理层会议上结识拉里的，那时我们在会场外一张乒乓球台上同场竞技。当时的球赛就像在进行生死大战，既要保证球不出边界，还要尽量打出像子弹出膛一样快而有力的球。比赛异常激烈，双方都专注于这只白色的小球，直到卡罗琳从我们住的旅馆的酒吧打来电话，提醒我不要误了飞机。然而我并不想离开，因为我已经被这个充满活力和竞争力的家伙深深感染了。

赛后，我没有让他走，他给我留下的最深印象就是他快捷的反应和敏锐的观察力，这更使我相信GE信贷的中级管理层人才辈出。正当我为找到一位将才而高兴时，拉里却投下一枚炸弹：他想离开公司，去孤星水泥公司（Lone Star Cement）。同几年前的我一样，他也有些受不了公司里的官僚习气。

我要求他继续逗留一段时日。

“你到底为什么要去这家水泥公司？”

“这个地方简直要把我逼疯了！”他这样回答我。

“给我一个机会，”我说，“你正是我们需要的人，这里会发生改变的。”

拉里最后留了下来。一年以后，也就是1978年，在雷吉的支持下，我提升他为GE信贷的CEO，他和约翰·斯坦格一道登上了GE最重要部门的舞台。在我成为董事长之后，拉里作为部门执行官于1981年来到了费尔菲尔德。3年以后，他成了我的一位副董事长。在接下来的7年里，他一直是我最重要的合作伙伴，后来他创办了自己的公司——联合信号（Allied Signal），并担任CEO。

拉里在GE资产（GE Capital）的最初表现也可圈可点。1977年公司基础还不雄厚，而他利用不到7 000人，创造了6 700万美元的利润，GE资产也因此爆炸式地成长起来，2000年，GE资产的8.9万名员工创造了52亿美元的利润，这些都归功于我们不可思议的领导者继任程序。

但并不是我接触到的每件事都进行得如此顺利。在接下来的董事长之位的竞争中，为了扩大我们在广播电视领域的知名度，我同发展部主管诺姆·布莱克一起，考虑收购考克斯有线通信和广播系统（Cox Communications）的计划。

1978年春天，我向董事会提出了我的建议，自信这次收购对GE的发展会大有帮助。我们已经拥有了一些电视台，GE实际上也是有线电视技术领域里的先行者之一。但公司早在20世纪70年代就基于受管制的考虑，决定退出有线电视业务领域，对此我和诺姆均持有不同的看法。我们认为有线电视有着光明的前景，而且坚冰即将被打破，转折点就要到来。雷吉也同意这个观点。

在接下来的14个月中，我们试图从联邦通信委员会（FCC）得到所有必要的支持，这时有线电视开始风靡。我想先从考克斯起步，因此我将鲍勃·赖特从塑料公司调到考克斯在亚特兰大的总部去主管有线电视业务，以期我们最后能得到考克斯的转播权。鲍勃在塑料部门的领导能力有目共睹，因此我想他的杰出才能和法律专业背景会使他尽快扩展有线电视业务，而且考克斯的管理层也很喜欢鲍勃。但随着时间的推移，联邦通信委员会的批文迟迟没有下来，考克斯家族开始提价。对我而言，事情其实很清楚，考克斯后悔和我们签约了。

考克斯有一个精明的律师班子。我们的协议看上去与其说是一份收购协议，倒不如说是一个考克斯可以依照他们的意愿随意做出卖与不卖决定的合同。协议允许考克斯随时退出，或许我该让他们退出，然而我却不能这么做。

我不得不分出很大精力，说服雷吉和董事会相信这个几亿美元的协议是一笔好买卖。现在，每次我和诺姆与考克斯公司的人见面，他们的要价都会不断飙升，我们明白已不可能在价格上同考克斯达成协议。考克斯实际上已决心不再卖给我们，而价钱仅仅是他们用来结束交易的手段。由于这笔大买卖没能成交，本已官僚化的董事长竞争变得更加危机四伏。

为了这些决定性的因素——收购及我在 GE 的前途，我们非常想达成这个协议。我和诺姆花费了大量的时间，绞尽脑汁地猜测他们是否会同我们达成一致。我们不想放弃。我和诺姆曾经在塑料部共事，我们两家人的关系也很近。在接下来的十多天里，我们不停地争论，无论是在办公室还是在彼此的家中。经历了深刻的自我反省之后，我最终不得不决定放弃。

1979 年夏天，我告诉了雷吉我的决定，他表示同意，但要求我在圣路易斯下一轮的董事会全体会议上就此事进行全面的解释。现在我不仅必须向雷吉坦承自己的灵魂，还要面对公司所有的董事。下一次董事会会议是一年一度的高尔夫球赛，高级管理人员和董事会成员都要参加，而我必须在大家面前坦承我一年多来一直吹捧的错误，那场面肯定万分尴尬。我不知道会遇到什么样的情形，但我将以最好的状态去面对这个异常艰难的局面。

在那次清晨的董事会上，我解释了为什么要放弃协议。董事们问了很多问题，包括："为什么不跟进上涨的价格？"在同考克斯谈判代表接触的 6 个星期时间里，我深切感到考克斯无论如何也不想同我们进行转让合作，但是我拿不出证据来。然而，它一味地追价对 GE 来说十分不利。

我认为那次会议进行得很顺利。我希望董事们会原谅我不能最后达成协议，并认识到这其实是项艰难的工作。我不知道他们实际上是怎么想的，但有些积极的信息在我同 3 位董事打高尔夫球时传入了我的耳朵。我正准备举杆将球打入第三个球洞时，一位董事会成员、恩斯特–威尼公司（Ernst & Whinney）的前任总裁迪克·贝克（Dick Baker）以其惯有的幽默同我开起了玩笑："希望你不要因为今天的窘迫而影响到这一杆。"

这时我的 7 号铁头球杆一不小心从手中滑了出去，我失声叫道："犯规！"两位董事不禁大笑起来。我将此视为一个积极的信号，因为这是我第一次看到这么一群严肃的人在我身边开起了玩笑。我想如果不是我状态很好的话，他们是不会这样拿我开涮的。后来，我发现一些董事十分欣赏我的竞争力，同时也欣赏我敢于放弃的勇气。

* * *

在所有这些变化的背景下，最重要的其实是雷吉的接班人问题。在这场角逐中，每个人都想出人头地。我们拼命工作，尽量同别人拉开差距。我始终没有从我的上司丹斯那里得到任何消息。我在 GE 信贷取得的成就并没有得到他的任何积极或消极回应，而且我不知道雷吉的立场。在我心里，我始终觉得他同我站在一起，但我从来都不十分确定。

这是一场赛马比赛，但所有马匹和骑手都被蒙上了眼睛。除了雷吉，没有人知道谁领先谁落后，而且雷吉也不打算告诉他的候选人他们在比赛中处于什么位置。

总部的流言蜚语让所有人都觉得雷吉中意的是阿尔·威，雷吉的财务主管，因为他每天都在与雷吉密切合作。阿尔打理着雷吉最大的收购业务——犹他国际（Utah International）的相关事宜，并且帮助他将我们衰败的计算机业务转让给霍尼韦尔公司。与此同时，丹斯对高尔特（他正在运营工业部门）的支持以及帕克对伯林盖姆和胡德的支持从未动摇过。

尽管我的直觉和心灵可以感受到来自雷吉的信任，但痛苦的是，我仍然对此疑心重重。这些不确定因素导致我开始考虑是否在比赛中途离开 GE 公司。同 GE 的所有人一样，我一直被猎头公司追逐着，但以往我都拒绝了他们。可是这一次，由于身陷不自信的旋涡之中，我积极地回应了猎头公司——海德思哲国际（Heidrick & Struggles）的加里·罗奇（Gerry Roche）的电话，想得到联合化学公司（Allied Chemical）的 CEO 职位。

现在回想起来，我当时是想试探一下，其实我并不想离开 GE，我只不过是不敢肯定自己在竞争中的位置。确切地说，这是一种不自信而致的自欺欺人。

当时，我对继任程序了解得很少。我根本不知道，1974 年年末最初的 19 个候选人名单拟出时（那时我仍在皮茨菲尔德），上面没有我的名字。我不知道 1975 年名单上只剩下 10 个名字时，仍然没有我的名字。我还不知道，人力资源部执行官罗伊·约翰逊一直在让我靠边站。一位人力资源部官员当时是这样评价我的："尽管过去在经营上有所成就，但不应列入最佳候选人名单。当前要务是获得无与伦比的业绩。与下级关系紧张。初显对公司运作的关注。当前困境严峻地考验着他，要密切观察。"

这其实很好解释，约翰逊认为我太年轻太莽撞，最要命的是，我好像并没把 GE 作为一生唯一的标志贴在额头上。他还认为我过于看重结果而置公司的常规和传统于不顾。但和约翰逊的保守不同，其实雷吉一直在支持我。我过去的成就让他认为，我至少还有机会和权利参与竞争。在他看来，我是个"大有发展"的人，天生是个能胜任更重要工作的人选。

幸运终于降临，1976 年，特德·勒维诺（Ted LeVino）接替约翰逊成为公司主管人力资源的高级副总裁。在继任这个问题上，他将最初的侯选者名单提供给雷吉，而这个问题也成为其日常事务的核心，列入了重要的议事日程。在人事上，GE 开始了大动作，特德挑战和他职位平级的“老家伙”，开始推行“能人统治”。雷吉开始依靠特德进行宣传。

1979年1月底，雷吉请我来到他的办公室，然后关上门，同我开始了第一次著名的“飞机面试”——我后来才逐渐明白，这次面试的目的是挑选接班人，而他的谈话对象是所有候选人。上一任董事长弗雷德·博尔奇也是通过类似的方式选出了雷吉。

“杰克，假设只有我和你在GE的商务飞机上，而不幸的是，它要坠毁了。你认为，谁应该是下一任GE董事长？”

大多数候选人，包括我，凭直觉立刻选择了爬出废墟并自己掌舵，但雷吉礼貌地解释说这不可能，因为我俩都在飞机上。

我坚持认为我能逃出那场劫难。

“不是这样，不是这样。”他打断了我，“我同你都不幸蒙难。那么，谁应该成为董事长？”

我开始绕起了圈子，力图做出回答。我告诉他，我对自己是最合适人选充满信心，所以实在提供不出另外的人选。

“等等，”他再一次打断我，“你完蛋了，谁应该得到这个职位？”

我最后只好告诉雷吉应该是主管公司的技术和服务业务的埃德·胡德。“埃德有思想，特别机警。另外我认为汤姆·范德史莱斯可以做副手，汤姆强硬而且有决断力，他们应该配合得很好。”汤姆掌管能源部门，同我一样，他缺少来自两位副董事长的支持。

接下来，雷吉开始询问起我对另外几位候选人的意见，并要求我把他们的优点和不足分别列出来，这些指标包括智力、领导能力、合作意识和公众形象。他努力找出谁应该同谁在一起工作，这很好理解，他不想让不和谐的主副关系在他的下一任身上重演。类似这样的谈话持续了好几个月。雷吉征集到所有高层领导人的意见，当然，还包括那两位副董事长的意见，尽管他们不在候选人之列。

雷吉将9位高层领导的意见汇总，没有人将最高职位给我。其中7人选择了斯坦·高尔特，另外两人选择了埃德·胡德。

6月的一天，雷吉又将我叫到了他的办公室。

“还记得我们有关飞机的谈话吗？”他说。

“当然，你杀了我。”我回答说。

雷吉大笑起来。“那好，这次，我们又到了一起，在一架商用飞机上，然后，飞机坠毁。”

“不会再来一次吧。”我抱怨道。

“杰克，这次轮到我死了，但你还活着，那么这回谁是GE的下一任董事长？”

“这样好一些，是我。”我不加犹豫地回答道。

雷吉问我将怎样组织领导班子，我告诉他在所有的候选人中，我最希望与埃德·胡德和伯林盖姆共事。我再次提到埃德·胡德是最合适的人选，我还提到伯林盖姆是因为我很欣赏他的睿智、分析能力以及从容的性格。

“那么，如果你做了董事长，你认为公司今后最大的挑战是什么？”

我确切地告诉了雷吉我的真实想法，而且我相信每一个候选人都会这样做。雷吉将我们的意见和想法拿到董事会的经营发展与赔偿委员会上供大家研究。这个委员会当时由联邦百货公司（Federated Department Stores）的董事长拉尔夫·拉扎勒斯（Ralph Lazarus）主持。显然，当雷吉汇总所有关于三人最高层组合的问题答案时，我的处境好多了。当然，这时斯坦·高尔特仍然获得了最多的7票，而我和埃德·胡德各为6票。

在这些谈话中，雷吉一如既往地保持着漠然的表情，对于我们究竟答得好不好他从不给任何暗示。有的时候，他看上去高不可攀。至少在我看来，他没有显露出任何的偏见或偏好。由于我们几个人存在许多不同，我根本拿不准他最终会不会选择我。他表现得好像一个英国政治家，而我只不过是街头的一个爱尔兰小伙。

至少从表面来看，他好像站在我的对立面。

然而很少有人，包括我在内，知道雷吉的外表和内心不完全一致。

有人把他描绘成一个彬彬有礼的政治家，有的描述他为3届总统及其内阁的顾问，还有位记者说他像一个勤劳的教堂执事。他的确是一个让人难以捉摸的人。但是，很多人都忽略了一点，那就是雷吉并不享有特权。他其实是一个自力更生的人，有着工人阶级的出身，并且奋斗自强。关于雷吉，可以借用美国喜剧之王鲍勃·霍普的台词做最恰当的表述："我是英国人，但我太穷了，做不了不列颠人。"

雷吉成长于特伦特河畔的斯托克。他的父亲在一家钢铁厂做工长，而他的母亲憧憬着美利坚的美好生活。在8岁半那年，穿着英国男校制服的雷吉终于到了美国，他们全家迁到新泽西的特伦顿郊区。在那里，他迅速改掉了自己的口音，学校里的很多同学都将这个聪明的外来者视为一种威胁。他的父母在当地的顶点橡胶制造公司找到了工作——他母亲是个计件工人，负责为梅森食品瓶的盖子挑选橡胶垫圈并码放整齐；他父亲是一名电工的助手。

在学校里，雷吉成绩优秀，通过做家教和在图书馆打工补贴家用，最终在宾夕法尼亚大学的沃尔顿分校完成了学业。1939年毕业后，他来到GE，并接连得到提升。雷吉在审计部门工作了8年，这使他几乎走遍了公司中所有的工厂。在1968年成为首席财务官之前，他先后担任过几个部门的经理。又过了4年，他成了GE的董事长。

我和雷吉显然有着很多的差异。但是，我们也有很多潜藏的共同之处，这些很少有人知道。首先，我们都是出身底层，凭借勤奋走到了今天的位置上。同我一样，他也是独生子，我们的父母也非常相似。

我们在唯一工作过的公司取得的业绩突出了公司的能人统治制度。

其次，我们都偏好数字和分析。我们都喜欢做准备工作，而且难以容忍那些不这样做的人。这么多年来，很多不知情的人都想不通，为何雷吉选中了我这样一个与他迥异的人，他们不会知道，其实我们还有如此之多的相通之处。

其实直到我写这本书时，我才知道我们还有这么多的相似之处，至于外人就更不清楚了。

这场角逐的第一个分水岭终于在1979年8月初到来了，此时距我初次来到费尔菲尔德正好18个月。8月2日，星期四的晚上，雷吉在纽约州拉伊的盲溪乡村俱乐部（Blind Brook Country Club）召开了一次董事会会议。会后，雷吉告诉他的两位副总裁，他决定将候选人名单缩减到3个人：我、伯林盖姆和胡德。

剩下来的候选人面临两条出路：要么保留目前的工作，要么走人。他说他决定在第二天早晨的董事会会议上征求意见——提名我们仨作为公司的副董事长，而杰克·帕克和丹斯在年底之前不得不退休。

第二天早上，杰克·帕克和丹斯在董事会会议上都发表了对雷吉提名我为第三候选人的反对意见。在董事中至少有一位强权人物表示了对斯坦·高尔特的支持。由于阿尔·威的财务经验很受一些人的青睐，所以在会上至少有3个人先后表示了对他的支持。然而，董事会最终倾向于雷吉的方案，包括杰克·帕克和丹斯，他们做出了让步，使得提名获得一致通过。

考虑到自己的未来，沮丧万分的杰克·帕克把我叫进他的办公室。“我希望你是从我而不是其他人那里知道这一切——我并不支持你，同时，我并不认为你是今后掌管GE的合适人选。我不希望看到你将这个公司推向衰亡。”我很钦佩他的直率和勇气，但是我丝毫不敢苟同他对我的评价。

多年以来，我一直不知道，其实雷吉在当时已经做出了决定——让我做GE公司的下一任CEO。但是有几个董事青睐另外几位候选人，所以雷吉将我们仨同时推为副董事长，这样做也是期望通过一段时间的观察来改变其他董事对我的看法。

在接下来的几个月里，斯坦·高尔特、汤姆·范德史莱斯、阿尔·威、杰克·帕克和丹斯先后离开了GE。而在随后的两年中，伯林盖姆、我和埃德·胡德直接向雷吉汇报工作。以前那种官僚主义的阴霾已不复存在，雷吉通过他那著名的“飞机面试”得出了一个准确的结论：我们三人将和衷共济。是的，我们的确做到了。

到了最后见分晓的时候了，雷吉要求我们作为副董事长、董事和公司代表，每人写出一份详细的自我鉴定书。他还要求我们写下各自的成长历程，以及我们将如何面对雷吉提出的“乘务员”考验——公司应该奉献给社会的东西。

此时我仍然担心一个很关键的问题，雷吉和董事会可能因为我的年龄把我筛选下去。我太年轻了，是3个人中最年轻的，才44岁，伯林盖姆已经58岁，埃德·胡德也有50岁了。我想在自我鉴定书中做出一个保证，如果我当选的话，我不会连任多于10年的。年轻意味着我如果当选，就会在这个至高无上的位置上待上过长的时间，当时我的想法是通过承诺来打消董事会对年龄的顾虑，并表示我不会在这个位置上待得过久。

我将这些忧虑告诉给我的一位密友“洛菲”安东尼·洛弗里斯科（Anthony “Lofie” LoFrisco），他认为我简直是疯了。他是纽约的一位律师，是我来费尔菲尔德后在银春乡村俱乐部（Silver Spring Country Club）结识的朋友。在一个星期天的下午，在我新迦南的寓所的游泳池旁，我们为这个“任期年限”展开了一场激烈的辩论，他坚持认为我会为我的承诺付出代价。

“你应该知道，一旦你坐上董事长的位置，你就不会离开，他们唯一能让你走人的办法，就是用煤渣砖将你的办公室砌成坟墓。”

“拉倒吧，你这个疯子！”我说。

拉里·博西迪和他家人当时也在场，而拉里也站在洛弗里斯科一边。最后，我只得妥协。在其后10年中，洛弗里斯科无数次提醒我：在我成功入主GE这个问题上，他居功至伟。

我后来发现，我对自己年龄的担忧并不是多余的，但问题也没有那么严重，两个董事当着雷吉的面表达了他们的看法：他们认为即使雷吉要任命我，也应该有个过渡。这个过渡就是先把董事长的职位交给伯林盖姆，然后再传给我。雷吉随即否决了这种意见，他明确地告诉董事会的所有人，如果韦尔奇得不到董事长的职位，那么，他必定会走人！

他说得对。

我花了大量时间起草了一份长达8页的自我鉴定书，交给了雷吉，并在上面标明：“这也许比我们俩需要了解和希望了解的那个韦尔奇更全面。”现在看来，那份鉴定书过于严肃和正式了。但是，这是一个44岁的人要战胜自身不成熟形象所做出的努力。在其后20年时间里，我一直在坚持贯彻其中的很多思想。

在鉴定书中，我首先谈及了很多同事抨击我的关键问题：我的不成熟和不敏感。我是这样为自己辩护的：我在GE这20年来的全部经验，加上我个人的成长历程，将足够满足董事长位置对所谓成熟和敏感的需要。

针对我过分苛求的天性，我是这样写的：“当我要求我的部下高质量完成工作时，我首先提醒自己，要同时为有前途的员工提供无数‘竞相提高’的机会，并尽可能创造一种和谐的氛围，以吸引那些有才干、有抱负的人。”

我用一段简短的语言总结了我对领导艺术的看法：“同我工作的人必须勤奋地工作，同时从中得到很多的乐趣，尽管刚开始时做不到，但到最后，我希望他们都能因为获得了自己不曾想到的成功，从而增强自尊和自信。”

对于考克斯收购战，我坦言我更多的是从失败中吸取了宝贵的教训。我发现，华尔街对于一笔生意的成与败漠不关心，尽管它的成交额是数亿美元，而且它是非常诱人和显赫的产业里的交易。GE 是如此庞大，以至于一笔交易的影响显得无足轻重。

“这只能使我更加清楚地认识到，企业必须为它的投资家们在经济周期中创造更加稳定而且高于市场平均收益的利润。”我写道，“我们的规模决定了这是唯一一种选择。要想完全实现这一策略，就要在短期利益和长期利益中找到平衡。”当时我还不知道，我这些基本原则后来证明是多么的正确。

最后，对于自己今后的工作，我着重强调：“今天，雷吉先生，我们三人同你仍存在很大的距离。但我相信，凭我的智力、阅历、自律性和最重要的领导力，我会赶上你。GE 就是我的职业生涯，而且年复一年，我觉得它对我越来越重要。我能否完成使命，将留待后人评说，而重要的是，我珍惜这个机会。”

我在推销“跑道”——我的发展能力，这也是我在用人时所看重的东西。我总是把宝押在“跑道”上。发展能力对于一个人尽快进入角色至关重要；更多情况下，它赋予了工作无尽的热情，并帮助人们更好地去实现自己。

在 1980 年夏天的投票选举中，我处于很有利的位置。我在人力资源部的一个好朋友戴夫·奥斯莱特能直接从特德·勒维诺处获得一些消息。尽管戴夫直接向特德汇报，并且效忠于他，但他还是抵挡不住我这样一位好朋友对相关信息的不断追问。

我还记得在我家的一次聚会上，我将可怜的戴夫堵在了厨房的冰箱旁，追问他对最后谁能胜出如何预测。这可能是我最糟糕的一次侵权，然而戴夫永远不会告诉我我在竞争中领先了，不过他还是很无奈地用很多方式暗示我，其实我会是最后的胜者。

1980 年 9 月，董事会的一个成员打电话来，向我发出一个不同寻常的邀请，此事给了我这样一个信息：我可能领先了。埃德·利特菲尔德（Ed Littlefield）20 世纪 70 年代末将犹他国际出售给 GE，因而成为一个重要股东，他请我做他在加利福尼亚赛普里斯角会员邀请赛上的搭档。利特菲尔德在 GE 的董事会中任犹他国际的董事长。当他将犹他国际出售给雷吉时，他实际上已经是 GE 的最大股东之一。我相信，如果不是雷吉的亲荐，他是不会邀请我的。

这是我第一次参加赛普里斯角会员邀请赛，并受到一次极友好的款待。埃德想将我介绍给他西海岸所有的朋友。我那爱尔兰人天生的好运气又降临了。在高尔夫球赛的第一天，我们跳过了几洞，开始打第六洞。第七洞的标准杆是 3 杆进洞，我走近球座，用 4 号铁头球杆把球打进洞。这是我 30 年高尔夫生涯中唯一一次一杆进洞，而这恰好就发生在赛普里斯角邀请赛第二洞时。这无疑是一个好征兆，让我得以顺利地结识所有人。

利特菲尔德是能为我坦率直言的几位董事之一，他的支持帮了我很大的忙。他同赛·卡思卡特（Si Cathcart）、G. G. 米切尔森（G. G. Michelson）、亨利·希尔曼（Henry Hillman）、沃尔特·丹斯、沃尔特·里斯顿（Walter Wriston）和约翰·劳伦斯（John Lawrence）一样，是我的热心支持者。这 6 位董事中的 5 位在我接下来的工作中扮演了非常重要的角色。

赛·卡思卡特，伊利诺伊工具厂的董事长，是一位非常容易相处的人。我第一次见到他时就喜欢上了他。他非常通情达理，并对各种问题有着自己独特的洞察力。在我担任 CEO 的日子里，赛·卡思卡特每年都给予我莫大的帮助，甚至退休后还答应我出任皮博迪的基德公司（Kidder）的老总，帮助它摆脱困境。

这时来自梅西公司的董事会新成员米切尔森给我留下了深刻的印象，但是在几年之后，我才开始逐渐认识到她聪敏、富于创造性的一面。她有着深刻的洞察力，对后来我在 GE 所作的每项决定都发挥着重要的作用。亨利·希尔曼是个充满活力的企业家，也是个冒险者，一个我非常乐于与之交谈的人。他聪明、富有而且有趣，从不对自己过分苛求。同我一样，他讨厌浮夸，经常这样问："我们是不是跑得够快了？"约翰·劳伦斯已经在 GE 董事会待了 23 年，他来自波士顿的名门望族，是全球棉花贸易商，他搭乘我父亲曾经工作过的那种通勤车。他酷爱高尔夫，经常在 GE 的赛事中与我来上一轮。我们在一起很开心。约翰也是雷吉的密友，并参与了选择的全过程。在我被任命之后，他随即光荣退休。

作为花旗集团的董事长，里斯顿是董事会上极具影响力的董事，并且是 20 世纪七八十年代美国数一数二的银行家。我同他第一次见面是在 1979 年的董事会迪士尼世界之旅中。当时他极力想将丹尼斯·戴默曼（当时为 GE 总公司的副总裁兼财务总监）挖到花旗集团并委以重任。我当时走到他面前，同他开玩笑地说，他虽然是 GE 的董事会成员，胳膊肘却朝外拐。

我想他当时把我的"攻击"当成了一件乐事。其实我当时的那种直率，要么是自讨苦吃，要么就成就一段非凡的友谊。事后证明结果是后者。沃尔特·丹斯是个强硬而聪明的人，同时有一种冷嘲式的幽默感。当他同一个他乐于交往的人在一起时，他是很富有支持力的。他从开始就一直支持我。

这些人都是董事会上支持雷吉的董事，他们同意雷吉于 1980 年

12月15日走进我的办公室同我拥抱。那是一个严冬的星期一，雷吉告诉我，我将得到董事长的职位，随后董事会在11月20日的晚餐会上一致通过了这项决定。雷吉给了董事会成员一个月的时间去认真考虑这项决定，可以提出任何问题。但在近一个月的时间里，没有人站出来表示异议。雷吉告诉我，董事会将在12月19日星期五的会议上正式选举我为董事长。他随后解释道，埃德·胡德和伯林盖姆将留下作为我的副董事长，他本人将帮我度过3个月的过渡期，直到4月1日我正式就职。

这一切全基于雷吉的勇气，他将一个同“典型的GE执行官”完全背道而驰的人推上了董事长的位置。

走到这个位置上我经历了艰苦的奋斗。尽管我现在得到了职位，但一些愚蠢的官僚主义的东西仍然存在。举个例子让你们感受一下当时GE的火药味有多浓：当时的副董事长保罗·弗雷斯科（Paolo Fresco）回想起曾在费尔菲尔德的走廊里遭到我的一个狂热支持者（当时是伯林盖姆的手下，却支持我）近乎身体上的冒犯。他称弗雷斯科为一头“蠢驴”，仅仅是因为他效忠于自己的上司。我得到任命后不久，保罗来到我这里。

“杰克，”他用一种典型的意大利政客的语气说，“这是我的辞呈。你应该知道我支持伯林盖姆，但我的候选人输了。”

我告诉他我反对他辞职，我并不在乎谁支持我，谁不支持我。这个意大利出生的好交际的家伙是我所遇见的最全球化的人，最后也成了我最好的朋友之一。在使GE成为一个名副其实的跨国大公司的道路上，他作为公司的副董事长做出了极大的贡献。

无论如何，这毕竟是一个值得庆祝的时刻。在任命决定后不久，《华尔街日报》这样评价GE的决定——“一个活跃分子的传奇故事”。为了使我结识更多的名流，雷吉筹划于2月24日为我在纽约的赫尔姆斯利宫（Helmsley Palace）举办一个大型聚会，正好抢在我4月1日正式就职之前。雷吉打算将我介绍给他的朋友们，并将他们之间的关系转到我的身上。这是一次盛大的聚会，云集了当时美国最富号召力的公司的CEO。

聚会之后是舞会。所有人都很放松，而且都多喝了那么一点点，除了雷吉，他当时一直努力将我无一遗漏地介绍给在座的所有五六十位贵宾。他希望给我一个完美无缺的开端。然而当晚他请我讲几句话的时候，出乎我的意料，他显然对我的言辞含混不清感到十分不满。

第二天早上，他做的第一件事就是冲进我的办公室，我从未见到他如此愤怒。

“我这辈子从来没有受到过这样的侮辱，”雷吉对我说，“你让我和客人们都感到十分难堪。”

我感到震惊。我度过了一段美妙的时光，以为昨晚是一次很棒的聚会。在接下来的4个小时里，我心中犹如打翻了五味瓶。我为我给雷吉带来的难堪而感到难过。我对他也感到非常气愤，因为我觉得他太拘谨了。我为自己感到遗憾，也许我没能给他们留下很好的印象。我不能相信我们的客人昨晚过得不愉快，他们不可能都在装假。我参加过的聚会太多了，分辨得出什么样的聚会是好聚会。

然而，在中午时，情况变了。

雷吉回到我的办公室。

“我想跟你谈谈，”他说道，“你看，我在3个小时里接到了20多个电话，而且众口一词，他们都认为这是他们10年来在纽约参加的最好的一次聚会。我很抱歉，我对你的态度太苛刻了。每一位客人都感觉很好，我听到的每一句话都是对你和这次聚会的赞美之词。他们很欣赏你。昨晚我误会了。”

谢天谢地！我总算松了口气。我简直等不及要开始行动了。

第二部分

重塑企业文化

第七章

面对现实与“阳奉阴违”

在我的一生中，我从来不愿意在某个人向我亲口陈述之前看到他的什么策划书。对我来说，这些会议的价值不在于这些书面材料，而在于那些来到费尔菲尔德的人们的头脑和心灵里的东西。我希望自己能够透过重重障碍进入他们的灵魂深处，了解他们的内心最深处到底是怎么想的。

1981年4月1日，就像一个在最后时刻赶上了班车的人，我终于得到了这个职位。

走到今天这么高的位置，自己多年来的经验不可谓不多，然而我似乎并不是如我自己所表现出来的那样自信。在别人看来，我踌躇满志，信心十足。那些认识我的人都把我描绘成一个胸有成竹、信心满满、有决断力、行动迅速、意志坚强的人。不过，我在心里对自己的很多方面都缺乏信心。每当我不得不站在人们面前的时候，我总要与自己口吃的毛病作一番艰苦的斗争。我烦躁不安地梳理着头发以掩饰自己日渐光秃的脑壳。有些人会问我身高多少，这时候我总要使自己相信我不是173厘米，而是比这个实际身高高上那么几厘米。

我虽然接受了这项工作，但其实有很多形式上的CEO技巧我并不具备。当时政府对经济领域的介入比以往任何时候都更加广泛，然而我却几乎从不与华盛顿的人来往。我与新闻媒体打交道的经验也很少。我参加的唯一一次新闻发布会是和雷吉一起，在会上GE宣布我将担任下一届董事长，那天我是照着事先写好的发言稿念了一遍。我与跟踪研究 GE 的华尔街分析家的会晤只有简短的一两次。我们的 50 多万大小股东根本不知道杰克·韦尔奇是谁，也不清楚他是否有能力进入美国最令人尊敬的企业家的行列。

但是我的的确确知道自己想要这家公司“感觉”起来是什么样子。那时我没有称之为“文化”，不过它确实是一种文化。

我知道它必须改变。

这家公司有很多优势。它是个总资产达 250 亿美元的大公司，年利润额为 15 亿美元，拥有 40.4 万名雇员。它的资产负债表状况极佳，它的产品和服务渗透到国民生产总值的方方面面：从烤面包机到发电厂，几乎无所不包。一些员工自豪地把 GE 形容成一艘“超级油轮”——硕壮无比而又稳稳当当地航行在水面上。我非常尊重这些说法，但我更希望这家公司像一艘快艇，迅速而又灵活，能够在风口浪尖之上及时转向。

我希望 GE 的运转能更像它旗下的塑料企业——我就来自这家企业，它是由充满自信的企业精英人士组成的，他们每天都是面对着活生生的现实进行决策。在 GE，每一个创纪录的事件都会引发一番庆祝活动，这些庆祝活动使公司生活变得有趣。然而，除了几个明显的特例，有趣并不是这个时代的准则。

我很清楚，即使是对于 GE 这样日益庞大的公司来说，保持小公司的灵活性对企业发展依然具有极其重要的意义。好的企业必须能够与经营不良的企业明显地区别开来。我希望 GE 能够做到在它所进入的每一个行业里都是数一数二的。我们的行动必须更加迅速，必须清除公司中存在的官僚主义积弊。

实际的情况是，到了 1980 年年底，如同美国的很多企业一样，GE 内部拥有太多的管理层级，它已经变成一个正规而又庞大的官僚机构。

GE 由 2.5 万多名经理管理着，平均算来他们每人直接负责 7 个方面的工作。在这个等级体系中，从工厂到我的办公室之间隔了 12 个层级之多。有 130 多名管理人员拥有副总裁或副总裁以上的头衔，头衔名称各式各样，如“公司财务管理副总裁”“企业咨询副总裁”以及“公司运营服务副总裁”等。

GE 在全美设有 8 个地区副总裁或“客户关系”副总裁，但这 8 个副总裁对销售并不直接负责。GE 当时的管理结构形成的官僚体制是非常庞大的。今天 GE 的规模比当时扩大了 6 倍，但我们只增加了大约 25% 的副总裁。我们的经理人员数量比当时还有所减少，现在他们平均每人直接负责 15 项工作，而不是原来的 7 项。在大多数情况下，从生产车间到 CEO 之间只隔了 6 个管理层级。

破除那些影响最坏的陈规陋习倒也没有花费太长的时间。

我们研发方面的负责人是阿特·布埃切（Art Bueche），他担任这个职务两个月后被我们换掉了。他想交给我一些卡片，上面写好了在即将召开的由 GE 各部门头头参加的公司策划会议上要提的问题。策划会议每年 7 月份都要召开，会议的主要内容就是那些厚厚的策划书，策划书里罗列着对销售、利润、资本支出的详细预测，以及其他无数的有关未来 5 年发展的数字。这些策划书可是维持 GE 官僚体制生命的血液。实际上，一些在费尔菲尔德的 GE 员工还很乐意给这些策划书评分排序，他们甚至给策划书的封面评分。这实在是个很棘手的问题。

我浏览着阿特递给我的卡片，吃惊地发现公司的活页便笺上满是“这下我可逮住你了”的问题。

“见鬼，我到底应该对此做些什么？”

“我总是向公司的高级管理人员提出这些问题，这可以让他们向实际执行的人们做些表示，说明他们已经研究过这些策划书了。”他回答道。

“阿特，这太荒唐了，”我说，“这些会议本应该是自发性的交流。我希望自己在会议上是头一次看到这些材料，然后对这些信息做出反馈。策划书是用来保证对话继续下去的。”

我最不愿意看到的就是弄出一系列比较困难的技术问题，其实只是想得到一些认可而已。假如我连应该由自己提的问题都提不出来，那么我还有什么必要坐在 CEO 这个位置上呢？公司职员没把心放在该放的地方，现在却忙于向上司们“买好”。

在公司总部，只知道翻看活页文件夹的，绝不只是主管人员或者我的副董事长们。每一次进行业务总结的时候，总部的官员都要往自己下属的脑子里填充各种问题。

我们有很多人每天都在围着我称之为“教条”的东西打转转。在我的一生中，我从来不愿意在某个人向我亲口陈述之前看到他的什么策划书。对我来说，这些会议的价值不在于这些书面材料，而在于那些来到费尔菲尔德的人们的头脑和心灵里的东西。我希望自己能够透过重重障碍进入他们的灵魂深处，了解他们的内心最深处到底是怎么想的。我需要看到各个公司领导人的肢体语言，需要看到他们论证自己观点时的激情和喜怒哀乐。

GE 有太多没什么积极意义的会议。每年春天，我们都要到路易斯维尔参加一个家用电器展评会。一大帮设计者和工程师带着硬纸板和塑料制作的模型赶来参加展评。他们向我们这些来自费尔菲尔德的领导询问对未来的冰箱、暖炉以及洗碗机模型有什么意见。

我从不知道这些模型中曾有多少被实际生产出来并摆上销售柜台，但我的确知道，这些模型中有一些是做过除尘处理并重新擦拭过的，因为它们在几年前的展会上就已经展出了。我还知道，来自费尔菲尔德的这帮人（包括我自己）所提出的那些意见根本就不会有什么参考价值。这种例行公事的展评对于每一个人来说纯粹就是浪费时间。

我希望打破这种形式主义怪圈的束缚。这种领导层扮演“检查和批准”角色的做法必须抛弃。

* * *

在我上任后召开的第一次夏季策划会议之后，我就开始着手在我的领导班子里面打造新的工作氛围。我想，让每一个人都离开自己原来的岗位而去别的地方待几天，应该是打破坚冰的一个好办法。在我早先的经历中，我们总是想办法利用一流的高尔夫球场给繁忙的商业事务开辟机缘——比如希尔顿黑德的港湾之城俱乐部以及霍姆斯特德的瀑布高尔夫球场。

那时我刚刚成为“月桂山谷”（Laurel Valley）的会员，这是一家非常不错的高尔夫球俱乐部，恰好位于匹兹堡郊外。1981 年秋天，我邀请了大约 14 个高层管理人员到月桂山谷来静养两天，这些人包括所有职能部门的负责人和 7 个事业部的总裁。这是我第一次真正试图在公司高层组建一个专业团队，这个团队后来被我们称为“公司高级管理委员会”（Corporate Executive Council，CEC）。

在这 14 个高层管理人员中，由至少七八个支持者组成一个核心，我们新的改革策略就由这个核心来确定。雷吉很有眼光，他挑选了约翰·伯林盖姆和埃德·胡德做副董事长。他们两个人都非常支持我，即使有时他们本人对公司变革的步伐也会有所保留，但绝不会破坏我的工作。

事实上，他们这些人集合在一起，为我提供了一种缓冲的力量。拉里·博西迪是我在乒乓球台旁发现的一个非常能干的家伙，他在 1981 年来到费尔菲尔德担任一个事业部的负责人，已经成为该企业的灵魂人物，我和他都非常痛恨官僚主义。我还得到了我的两位高级伙伴的大力支持，他们分别是首席财务官汤姆·索尔森和人力资源部总裁特德·勒维诺。

汤姆是一位来自皮茨菲尔德的老熟人，几年前他被雷吉提拔到费尔菲尔德出任 GE 的首席财务官。他很清楚我们想让他做什么。尽管他喜欢给我挑错，但我依旧喜欢他的坦率和机敏。勒维诺则是沟通 GE 老员工和新员工之间的桥梁，他的支持对于我初期采取的很多措施都具有举足轻重的影响。

我心里清楚，即使这 14 个公司高层管理人员并不是每一个人都支持我，我也会有足够的力量启动改革。抵达月桂山谷的第一天上午，我在会议室里摆满了空空的黑板架，急切地想了解每个人的想法。我在人群前面站起身，开始询问他们如何看待公司的“数一数二”战略，询问在哪些方面他们喜欢或者不喜欢 GE，以及有什么事情我们应该迅速改变。我们花了一些时间来讨论刚刚结束的策划会议，讨论如何来改进这些会议。创造一个促使大家开诚布公进行谈话的氛围并不容易，只有那些与我平时工作接触比较多的人愿意自由发言，大部分人都不想出头。

一个上午过去了，我们的谈话只有一半人参与。

高高兴兴地打了一下午高尔夫球，晚餐时的几杯小酌也轻松愉快，这使得大家紧张的心理松弛了一下，然而在此之后参与谈话的人们只是稍微多了一点儿。第二天的情况和第一天差不多。看来我有些操之过急了，他们中的很多人还不清楚自己处在什么状态，也不知道现在自己在做些什么。两天休假静养的目的没有达到，关于公司的改革问题我们没有达成任何共识。

我想我们需要一场革命。显然，依靠目前这支团队是无法完成这一使命的。

GE 的文化是在一个与现在非常不同的时代中形成的，在那个时代，命令与控制的组织结构大行其道。置身于这个环境，我对公司总部的职员有一种很强烈的成见。我感觉到他们奉行一种“阳奉阴违”的处世哲学：表面上他们表示赞同，也表现得很愉快，然而在自己的内心中却充满了不信任，甚至是激烈的批评。这种状况非常典型地反映了官僚主义者的行为方式：人前是笑脸相迎，背后却总要千方百计找你的“不对”。

组织的层级是公司规模过大带来的另一个问题。对此，我曾经用穿太多毛衣来作类比。毛衣就像组织的层级，它们都是隔离层。当你外出穿了 4 件毛衣时，你就很难感觉到外面的天气到底有多冷了。

早先我有一次到马萨诸塞州林恩的飞机引擎制造厂视察，视察快结束时我来到锅炉车间，在那里遇到了一大帮公司员工，他们同许多与我一起在塞勒姆长大的人相熟。在随意叙旧的谈话中，我偶然地了解到，仅仅为了监督锅炉操作他们就分出了 4 个管理层级！我简直不敢相信这一点。通过这种方式来挖掘管理层级的问题，真是很好笑，因此只要有机会我就会用这个例子。

另一个影响比较大的比喻是，我把公司比作一幢楼房。在我看来，楼层好比组织的层级，房屋的墙壁则如同公司各职能部门之间的障碍。公司为了获得最佳的经营效果，就必须将这些楼层和墙壁拆除，以便创造一个开放的空间，在这个空间当中，各种各样的想法都可以自由流动，而不受任何等级或职能的限制。

在 20 世纪七八十年代，大公司的管理层级太多——穿了太多的毛衣，有太多的楼层和墙壁。从当时 GE 的资本拨款审批程序中，我们非常容易看到层级过多的消极影响。我开始担任 CEO 时，几乎每一个重大的资本支出项目都要送到我这里来等待我的批准。为了购买诸如 5 000 万美元的主机一类的东西，人们会把一大包书面材料堆到我的办公桌上，必须经我签字才能实施。有那么几次，在我签字之前早已经有 16 个人签过字表示同意了，却还需要我最后再签一次字，而我多签上一个自己的名字究竟有什么价值?

我废除了这项程序，从那以来已经至少 18 年我没有在任何一份批准拨款的申请上签字。像我一样，企业的每一个领导都拥有来自董事会的明确授权，他们完全可以在授权范围内自主行使自己的权力。每年年初，公司汇总统计全年所需的资本支出，然后我们把这些资金进行分配，从 5 000 万美元到几亿美元不等。各个部门和下属机构拥有这些资金并决定资金的使用权限。只有那些离某项工作最近的人才最了解该项工作，这些人应该承担更大的责任。当他们知道一大堆的签字责任不能再往自己的上级那里推脱的时候，他们就会以更加严肃认真的态度来评价有关项目。

在那些日子里，我到处投掷手榴弹，力争把那些我认为阻碍我们前进的公司传统和无聊会议统统炸掉。1981 年秋天，在爱尔梵协会（Elfun[1] Society）的年会上我就投了这么一枚炸弹。爱尔梵协会是 GE 公司内部的一个管理人员俱乐部，是白领阶层的一个关系网络团体。在当时，成为一名爱尔梵协会会员被认为是进入管理阶层的“通行仪式”。

我对爱尔梵协会的所作所为没什么好感，我认为它是 GE 内部“阳奉阴违”传统的集大成者。

爱尔梵协会已经演变成一个由少数所谓精英分子组成的团体，这些人只不过是想在晚餐聚会的时候能够被自己的上司或者上司的上司看上两眼。我仍然记得在自己工作生涯的早期向他们交会费并参加了几次此类晚宴的情景。如果一个主管本地某项业务的公司副总裁要出席晚宴的话，整个宴会大厅就会人满为患，热闹非凡；每个人都想捞取点儿资本，露露脸。但是，如果来演讲的人对他们这些会员的升迁

1. Elfun 是 Electrical Funds 的缩写，其成员可向该协会的共同基金投资。

并不具有什么实质性的影响的话，爱尔梵协会想让屋子坐满就有点儿困难了。

1981 年秋天，作为新一任的 CEO，我被邀请在该协会领导成员的年会上发表演讲。人们普遍认为这应该是个不错的聚会，新官上任，照例都是要讲一些套近乎的场面话。我来到了康涅狄格州西港的长滩乡村俱乐部，这里早已聚集了来自全美各地的数百名爱尔梵协会领导成员。晚餐过后，我起身发表演讲。这次令人不快的经典演讲让与会者记忆犹新。

“非常感谢你们邀请我来这里讲话。今天晚上，我想对大家坦诚相告。首先我要告诉大家一个事实，并希望你们对此作一番深思。这个事实就是，我对你们这个组织存在的合理性持有严重的保留意见。”

我把爱尔梵协会描绘成一个只知道追寻往日情怀的机构。我告诉他们，我从来都无法确定他们最近的活动是什么。

“我看不出你们现在做的这些事情有什么价值，”我说，“你们现在是一个等级分明的社交俱乐部。不过，我并不打算告诉你们应该怎么做或者你们应该成为什么样子。爱尔梵协会未来应该扮演一个什么样的角色，这是你们自己的事情。怎样做对你们自己、对 GE 才真正有意义，由你们自己决定。”

我结束演讲的时候，下面是一片目瞪口呆的沉默。为了缓和气氛，我在大厅里来回穿梭，频频举杯，不停地忙了一个小时。不过，每个人都没什么心情跟我干杯。

第二天上午，我的一位高级助手弗兰克·多伊尔（Frank Doyle）像往常一样参加了爱尔梵协会的工作聚会，不过，这一次他是带着任务去的。他必须把我前一天晚上讲话的要点再强调一遍。弗兰克就像走进了回声激荡的山谷，大家议论纷纷，他们说自己的感觉就如同被火车碾过一般。像我前一天晚上所做的那样，弗兰克鼓动会员们进行勇敢的变革。

一个月以后，爱尔梵协会的会长凯尔·内萨默（Cai Neithamer）给我打电话说希望能面谈一次。凯尔是我们在宾夕法尼亚州伊利城的运输业务部门的一名工程师，我邀请他来费尔菲尔德与我共进午餐。凯尔随身带了些图表，不过更重要的是，他带来了关于爱尔梵协会未来发展的新构想，而且对此非常兴奋。凯尔的设想是把爱尔梵协会转变成一个 GE 社区的志愿者服务团体。当时里根总统正鼓励人们多参加志愿者服务活动，以填补政府撤出某些社会领域所形成的空白。

我的上帝！凯尔的远见卓识太让我激动了！我永远也忘不了那次面谈。尽管凯尔几年前就已经退休，我还是每年都要和他联系，听听他的意见。他和他的继任者做了一件多么了不起的工作！今天，包括已经退休的员工在内，爱尔梵协会已经拥有 4.2 万多名成员。在任何一个设有 GE 的工厂或者分支机构的社区，我们都会看到会员们为社区作贡献的身影。他们为高中的学生义务提供辅导，取得了非常好的效果。

艾肯高级中学是辛辛那提市的一所内城学校。在过去的 10 年间，通过 GE 志愿者的义务辅导，学校毕业生中被大学录取的比率从最初的不到 10% 提高到了 50% 以上。类似的志愿活动在每一所 GE 分部社区的学校得到广泛开展，比如阿尔伯克基、克利夫兰、达勒姆、伊利、休斯敦、里士满、斯克内克塔迪、雅加达、班加罗尔以及布达佩斯。

爱尔梵协会提供的志愿者服务种类繁多，从修建公园、运动场、图书馆到为盲人修理录音机，什么都做。现在，协会的大门向 GE 的所有员工敞开，不管你是工厂的一名普通工人还是公司的高层管理人员，你都可以加入到协会中来。会员资格只取决于你自己是否想义务为他人做点儿事情。20 年后的今天，这个当初差点儿就被我打入冷宫的组织，已经成为 GE 最优秀的组织之一。我热爱这个协会，热爱里面的人员，热爱它所秉持的价值观以及它所做的一切。

爱尔梵协会脱胎换骨般的自我更新，成为一个具有重要意义的象征性事件，这正是我苦苦寻觅的东西。

* * *

我所力图改变的事情并不只是局限在公司总部。一个眼界真正开阔的人自然要把目光投放到办公室以外更远的地方。1981 年的大部分时间我都用来带着一个团队回顾探讨公司的业务发展，就像 10 年来我一直做的那样。我对整个 GE 公司的三分之一有很好的把握，但我想更多地了解公司的其余部分。

我很快就发现，我在掌管 GE 家用电器和照明业务时所遭遇的官僚主义根本算不了什么，与我在公司其他业务部门看到的情况相比，简直是小巫见大巫。业务规模越大，员工参与的积极性就越低。从工厂的叉车司机到写字间的工程师，有太多的人是在“做一天和尚撞一天钟”。

工作的激情难以寻觅。斯克内克塔迪是我们动力涡轮业务的基地，那里的情形尤其令人沮丧。GE最初的主要业务是照明，后来照明业务的地位被动力涡轮取代，在很长的一段时间里，动力涡轮都是 GE 公司的旗舰业务。涡轮公司的技术先进，它的气动涡轮机是全世界都羡慕和嫉妒的对象。它拥有 20 亿美元的年销售额和 2.6 万名雇员，其中两万多人在斯克内克塔迪工作。涡轮公司的地位非常重要，而且它的“表现”也非常重要，尽管它的净收入只有 6 100 万美元。

动力涡轮公司代表了那些必须要改变的情形，需要改变的不是技术和产品，而是人们的态度。有太多的管理人员把他们的职位仅仅看作是公司对他们所提供服务的酬劳，是自己人生事业的顶点，而不是把它看作一个全新的机遇。他们有一种观点，认为客户能够订购到他们“令人羡慕”的机器实在是客户的“幸运”。企业经营本身的长期性，加上产品的生命周期和订单的迟滞效应都是以年来计，这一切都掩盖了缺乏活力、激情和进步缓慢的毛病。

我没想到，经过这些实地考察，我偶然发现一个相对较小而且困难重重的部门成为解决问题的终南捷径。我们的核反应堆业务部门位于加利福尼亚州的圣何塞。核电项目是 GE 公司在 20 世纪 60 年代上马的三大风险项目之一，其他两个项目是计算机和飞机引擎。我们的引擎业务日益发展壮大，但计算机业务被卖掉了，核电业务在当时看来充满了“希望”。

在那个时代恐怕没有什么业务会像核电行业那样经历了如此之多的波折。仅仅在两年前，即 1979 年，宾夕法尼亚州三英里岛的核反应堆事故把公众中残存的一点点支持利用原子能的呼声也彻底打消了。公共事业和政府部门开始对他们在核电方面的投资计划重新评估。颇具讽刺意味的是，GE 的这项曾经前途无量的业务会成为我“面对现实”信念的最理想的实践者。

在圣何塞工作的人们都是他们那个时代最优秀最聪明的精英。20 世纪五六十年代从研究生院毕业以后，他们就把自己的全部生命投入到核能利用这一拥有辉煌前景的行业中来。他们是那一代人中的比尔·盖茨，他们期待着能用自己的智慧改变我们的生活和工作方式，改变这个世界。

1981 年春天，我参观了这个身价几十亿美元的业务部门。在我两天的巡查中，他们的领导班子向我展示了一个颇为乐观的计划，预计每年能得到 3 份核反应堆的新订单。他们在 20 世纪 70 年代早期的销售记录确实是非常之好，平均每年能出售三四座核反应堆。看来他们根本没有把三英里岛事故的影响当回事儿。

他们对现实的反应令人感到荒唐，在过去的两年里他们连一份新订单都没有接到，而且 1980 年还出现了 1 300 万美元的亏损。尽管

1981 年他们实现小额的赢利，但核反应堆业务本身的亏损却是 2 700 万美元。

我听了一会儿，就直接打断了他们的陈述。

“各位，你们不要指望一年能得到 3 份订单，”我说道，“依我看，在美国，哪怕是一份订单你们也不会得到了。”

他们震惊了，开始与我争辩，言语之间也不再是那么委婉：“杰克，你确实不了解这个行业。”

他们说的或许是对的，但我更相信自己的洞察力。我也许应该庆幸自己没有把一生投入到这个行业。我尊重并喜爱他们的那股热情，尽管这种热情被误导了。

他们的争辩中富含感情色彩，但没有尊重现实。我要求他们在连一份来自美国的核反应堆订单也没有收到的前提下重新制订计划。

“如果只是依靠向现有的核电站出售核燃料和提供核能技术服务，公司业务如何支持下去？你们考虑一下，拿出一个方案来。”我说。

当时，GE 有 72 个反应堆在实际运转。对公共事业部门的管理人员以及政府监管者来说，核电站的安全都是最优先考虑的问题。我们有责任也有机会使这些反应堆能继续保留下来并安全运转。

显然，我们的探讨没能如他们所愿，我给他们的梦想泼了一大桶冷水。临近会议结束的时候，他们开始无奈地搬出另一个理由。

“如果我们在计划里不考虑订单，你就会打击员工的士气，当再有订单来的时候你就根本不可能把所有员工都动员起来。”

这不是我第一次，也不是最后一次听到绝望的公司领导团队使用这个理由。他们的逻辑和我在困难时期经常听到的另一个说法是一样的：“肉已经让你剔光了，你现在正在砍骨头，再砍下去，公司就要被你彻底毁了。”

这两个说法都站不住脚，这根本不是什么理由。管理中总是有那么一种倾向，对于成本这个烂苹果每次只舍得削掉那么一点点。无法避免的是，随着市场形势的恶化，经理们不得不一次次地回到原来的地方再削一点点。所有这一切只能给雇员们增加更大的不确定性。我还从来没有看到一家企业只是因为削减成本太多太快而倒闭的。

如果有利的时代机遇再次降临，我总是会看到企业的管理团队能够迅速动员起来并对新的形势加以充分利用。

幸运的是，在这个房间里的所有 GE 领导人中，核电业务部门的总负责人罗伊·比顿（Roy Beaton）博士是最现实的。他有些犹豫地接受了我交给他的任务。我离开圣何塞的时候，也不知自己究竟有没有得到什么成果。那个夏天，我和圣何塞的领导团队又有过几次更加激烈的交锋，他们请求将反应堆的订单改为一份或者两份来取代原来的 3 份。我毫不退让，坚决要求订单数是零，必须按照未来的业务发展全部依靠核燃料和技术服务的设想来制订新计划。

到 1981 年秋天，这个团队——总负责人现在是沃伦·布鲁格曼（Warren Bruggeman），他接替已经退休的比顿，终于制订出了新的计划并准备实施。他们将反应堆业务部门的支薪雇员从 1980 年的 2 410 名减少到了 1985 年的 160 名。他们将绝大部分建设反应堆的基础设施都拆掉，把力量集中到对先进反应堆的研究上，以备将来有一天世界对核能利用的态度可能会发生转变。他们的技术服务业务开展得非常成功，这预示着服务部门在 GE 未来的发展中将扮演重要的角色。由于这方面业务的成功，整个核能部门的净收入从 1981 年的 1 400 万美元增加到 1982 年的 7 800 万美元，1983 年则增长到 1.16 亿美元。

在与核能部门第一次会谈之后的将近 20 年里，他们只接到了 4 份订单，全都是订购技术上更先进的反应堆，而且没有一份来自美国。他们这个团队建立起了核燃料和核技术服务业务，每年都有可观的赢利。核能部门使 GE 对公共事业所担负的责任得到了落实，并且能够连续不断地支持对更先进反应堆的研究工作。

我在担任 CEO 的最初日子里遇到不少令人激动的事，这个成功的故事就是其中之一。这个故事和经济学没什么关系，更多地与我所追求的那种公司“感觉”有关。实际上，那些参与核能业务部门重组的员工并不是“典型的杰克·韦尔奇类型”的人，他们并不年轻，不引人注目，也不喜欢与人抗争。他们并不把官僚主义看作敌人，他们只是在 GE 追名逐利的人，是公司的主流。

我终于抓住了这样一个机会，从那些显而易见并不是韦尔奇门徒的人当中制造出了一群英雄，这是一个重大的转折点。它清清楚楚地向人们传递了这样一个信息：为了在新的 GE 公司中获得成功，你不必刻意把自己改造成一个什么特定的类型。不管你是什么长相，什么个性，你都可以成为 GE 的英雄。你需要去做的只有一点，就是面对现实并采取行动。这个信息所具有的价值非同凡响，特别是在那段时间里，有相当多的 GE 员工不知道他们做事的方式对不对，不敢确信是不是有一个“神经病”在领导公司。

在担任 CEO 的头几年，我到处引用核能部门的这个故事，一遍又一遍，极力强调做事情要从现实出发的重要性。“面对现实”听上去很简单，但事实上绝非如此。恰恰相反，我发现，让人们从眼前的实际出发，而不是从过去的经验或者自己的主观愿望出发来看待某种形势，实在是一件很不容易的事情。

“不要欺骗你自己，事情本来就是这个样子。”我母亲多年以前教导我的话语看来对 GE 一样重要。

在商业计划里尽可能不要与希望打赌。自欺欺人的幻觉会在整个公司蔓延，引导人们得出十分荒谬的结论。无论是 20 世纪 70 年代的家用电器、80 年代的核能发电，还是世纪之交的网络公司，让人们直面现实都是走向最终解决问题的第一步。

在我成为CEO时，我继承了GE很多伟大的传统，但直面现实却不是这个公司的强项。它“阳奉阴违”的传统使公司内部极难做到坦诚相待。我很幸运，核能业务部门和爱尔梵协会的成功改革使我拥有了有力的武器，我可以向人们清楚地展示我所希望的GE“感觉”起来究竟是个什么样子。

只要有机会，我就把这些故事一遍又一遍地向每一个GE的听众讲述。在随后的20年里，我同样用这些故事把自己的理念传递给整个公司。

渐渐地，人们开始听得进去了。

第八章

远　见

成为数一数二的企业绝不仅仅是个目标，而是实实在在的要求。如果做到这一点，那么我们就可以确信，在这新的10年结束时，我们的这个核心理念一定会给世界带来许多崭新的独一无二的产业。

我作为公司CEO第一次与华尔街的分析家们见面的时候也投了一枚炸弹。

1981年12月8日我动身前往纽约时，我担任这个新职务已经8个月了，我要把我关于“新GE”的重大信息传达给公众。我花了很大的精力准备讲稿，反复修改，反复排练，我热切地希望自己的演讲能让人们感到耳目一新。

毕竟，这是我第一次向公众表明，我将把GE带向何处。要知道，这事关公司愿景。

然而，那天来的分析家们想听的却是公司当年的财务状况以及取得了哪些成就。他们希望能提供详尽、全面的财务数字，这样他们就能把这些数字套进他们的模子，预测我们各个业务部门的赢利状况。他们喜欢这一套。在20分钟的演讲里，我只提供了一点点他们想要的数字，很快，我就以定性分析的方式探讨起我对公司的展望。

我们会面的地方是第五大道皮埃尔大酒店经过装饰的大舞厅。GE

的舞台布景人员在这里工作了一整天，在分析家们到来之前，我在讲台后面已经排练了好几个小时。今天似乎很难想象当时是多么较真儿。

我那天带来的“重大”信息（见附录A）是打算描绘一下未来商战的赢家，它们将是这样一些公司——“能够洞察到那些真正有前途的行业并加入其中，并且坚持在自己进入的每一个行业里做到数一数二的位置，无论是在精干、高效，还是成本控制、全球化经营等方面都是数一数二……80年代的这些公司和管理者如果不这么做，不管是出于什么原因——传统、情感或者自身的管理缺陷，到1990年，他们将不会出现在人们面前”。

成为数一数二的企业绝不仅仅是个目标，而是实实在在的要求。如果做到这一点，那么我们就可以确信，在这新的10年结束时，我们的这个核心理念一定会给世界带来许多崭新的独一无二的产业。这是那天我要传达的“硬”信息。

当转入“软”话题，如现实、质量、卓越，以及“人性因素”时，我能感觉到听众并不感兴趣。要想成为赢家，我们就必须把做到数一数二的“硬”核心理念与这些无形的“软”价值观结合起来，从而获得一种“感觉”，这种“感觉”就是我们所要追求的企业文化。演讲进行到一半时，我已经意识到，如果我和他们讨论我那篇有关液滴冷凝方面的博士论文，反响恐怕也不过如此。

他们那呆呆的眼神并没有让我泄气，我继续演讲。我演讲的很多内容在今天都可能被认为是些陈词滥调。而事实上，多年以后回过头来再看看那次演讲，内容严肃得连我都难以置信。

“我们必须让一种态度渗透到公司每一个员工的头脑里。我们要创建一种环境，允许人们——事实上，应该是鼓励人们，按照事情的本来面目看待事情，要按照事情自身的方式，而不是凭自己主观愿望的方式来处理事情。”我说道，“在全公司树立这种直面现实的观念是实施我们的核心理念——我们所做的任何事都数一数二的必要前提。”

我继续讲道，追求高质和卓越要形成一种氛围，在这种氛围里，所有的员工都能感到向自己的极限挑战是一件很愉快的事情，感到我们能够比我们心目中的自己做得更好。对“人性因素”的重视会培育一种良好的环境，在这种环境里，人们敢于创新，人们能够心中有数，“唯一限制他们自身的创造性和驱动力的是，他们前进得有多远，行动得有多快”。

如果所有这一切都能做到，如果这些软硬要求都能结合起来，那么，GE 的面貌将会焕然一新，我们将比那些规模只是我们几十分之一的公司“更加士气高昂，有更强的适应能力，具备更高的灵活性”。当时很多大公司的目标是随着国民生产总值（GNP）一同成长。我们将不仅是随着国民生产总值一同成长，还要让 GE 成为“拉动国民生产总值的火车头，而不是被动的最后一节车厢”。

最后，房间里沉闷的反应清楚地说明了一切，那些分析家认为我只是夸夸其谈，没提到什么实质性内容。我的一位员工曾无意间听到一位分析家嘟囔道：“我们根本不清楚他到底在讲什么。”我离开了酒店的大舞厅，我知道必须找到更好的宣讲办法。华尔街已经听到了我的声音，华尔街也打起了哈欠，后来我们的股票涨了 12 美分，股价没跌，看来我还算走运。

我确信我的这些理念都是对的，只是我还没有把它们变成现实。它们还处在被一张新面孔到处宣读的阶段。

为了准备与 GE 股票分析家的会面，公司在礼仪形式方面下了极大的功夫，不过这一切最终也没给我帮上什么忙。每一个细节，甚至包括每个人的就座安排，我们都考虑到了。分析家们很礼貌地坐在他们的座位上，GE 的工作人员在过道之间来回走动，收集分析家提问问题的卡片。卡片被送给其他 3 个来自 GE 的高层领导，包括首席财务官，他们都坐在房间另一边的长桌旁。他们的任务是把那些可能会引起尴尬、争论的问题，或者是他们认为我不会或者难以回答的问题，挑出来并剔除掉。

“球”最后传到我这里，由我上篮。

如今会见 GE 股票分析家和那天已经大不一样了。现在我们不用讲稿，而是在讲话中大量使用图表。听众总会提出问题或质疑，就如同我们在 GE 内部的工作会议上一样，我们愿意与外界进行知识信息方面的交锋。我们对投资者的想法有更好的把握，而那些股票分析家对 GE 的前景和战略方向也有了更多的了解。

我与华尔街的第一次接触可以说是个无奈的失败，但是在此之后的 20 年里，尽管步履蹒跚，甚至是进两步退一步，我们所做的每一件事最终仍然在朝着我当时勾画出的那个愿景目标迈进。我们不仅要实现“数一数二”的“硬目标”，还以近乎疯狂的执着要在公司内部获得那种“软感觉”。

我的这种核心理念来自自己早先管理企业的种种历练，我有过成功的经验，也有过失败的教训。这种核心理念还得到了彼得·德鲁克（Peter Drucker）的管理思想的支持，我是在 20 世纪 70 年代后期开始阅读德鲁克的著作的。在我接任 CEO 的时候，通过雷吉介绍，我和德鲁克见了面。我认为，如果这个世界上真有一个天才的管理思想大师的话，那么这个人就是彼得·德鲁克。他出版了许多管理书籍，每一本都充满了真知灼见。

正是在德鲁克提出的一系列严峻问题的启发下，“数一数二”这一理念才得以明确化。他问道：“如果你当初不在这家企业，那么今天你是否还愿意选择加入进来？”如果答案是否的话，“你打算对这家企业采取些什么措施？”

问题很简单——不过，正像大多数简单的事物一样，实际上它非常深刻。这些问题对 GE 来说尤其发人深省，因为我们经营的行业是如此之多。在那个时候，如果你要留在某个企业，那么企业有赢利这一个理由就足够了。至于对业务方向进行调整，放弃那些利润低、增长缓慢的业务，转入高利润、高增长的全球性行业，这在当时根本不是人们优先考虑的事情。

那个时候，整个公司内外没有一个人能感觉到危机的到来。无论是资产规模还是股票市值，GE 都是美国排名前十位的大公司，它是美国人心目中的偶像。当时，来自亚洲的威胁已经存在很多年了，美国的市场被一个一个地蚕食掉：收音机、照相机、电视机、钢铁、轮船，最后是汽车。我们看到，公司的电视机制造业务面临着来自全球——特别是日本的竞争，利润已经开始萎缩。我们还有其他一些业务，包括家用电器和电子消费品业务，都处于疲软的状态。

然而，假定当时你是处在我们的家用电器业务部门，整天忙忙碌碌地生产着烤箱和电熨斗，假定你就知道这些，业务也有赢利，你恐怕也会说："这就足够了，你还想干什么？"直到今天，我还在和某些人继续着这种荒谬的谈话。他们总是说："哦，业务现在不是在赢利吗？有什么问题吗？"

不，有时候这里面的问题可太多了。如果我们对这项业务的长期竞争力没有有效的解决方案，那么终将有一天业务会陷入困境，这只不过是个时间早晚的问题。

"数一数二"，"整顿、出售或者关闭"，我们的战略非常简单明了。经过讨论，人们开始理解这个战略，大多数人在理智上也同意这个战略。然而，一旦付诸实施，各种情感上的原因却使我们的行动面临重重阻碍。对于那些明显占据行业龙头位置的业务部门来说没什么大的麻烦，但是，我们的有些业务在各自行业中并不处于领先位置，这些业务部门的员工感觉到了极大的压力。他们不得不面对这样的现实：

他们必须尽快采取措施改善业务的经营状况；否则，费尔菲尔德那个新上来的家伙就可能把他们给卖掉。

像我们拟定的每一个目标和行动纲领一样，我每到一个地方都要反复宣讲“数一数二”的要求，一遍又一遍，直到我自己提到这几个词都开始有点儿恶心了。为了实现公司的目标，理智和情感的工作我都要做。公司所有的管理活动都要与我们的愿景目标保持一致。

像所有的愿景目标一样，“数一数二”战略也有自身的局限。

显然，有些业务已经变得非常大众化，即使你在行业里占据领先位置，这也很少甚至丝毫不会增加你的竞争力。比如说，在电烤箱或电熨斗行业中，成不成为第一其实没什么区别，这个行业面临着低成本进口产品的竞争，我们没有什么定价权。

另外，在一些产值达数万亿美元的市场上也是这样，如大洋两岸的金融服务市场。在这些行业中，只要你能给自己一个恰当而有力的定位——产品或者地区，那么是否成为全行业的第一或第二就显得不那么重要了。

愿景目标很简单，但要想把它灌输给 GE 的全部 42 个战略经营单位却极不容易。我花费了极大的心血与他们进行沟通。有很长一段时间，我一直考虑怎么做效果会更好一些。出人意料的是，1983 年 1 月，我在一次鸡尾酒会的餐巾纸上找到了答案。

不管在什么地方、什么时候，我阐述自己思想的时候总喜欢在纸上涂涂写写，这常常弄得别人要发疯。这一次是在新迦南的盖茨饭店，为了向我的妻子卡罗琳解释公司的愿景，我掏出一支笔在垫酒杯用的餐巾纸上画了起来。我画了 3 个圆圈，分别代表我们的三大类业务，即核心生产、技术以及服务。圆圈里列着具体的业务种类，比如，我把照明、大型家用电器、引擎、涡轮、运输以及建筑设备放到了核心业务圈里。

我告诉卡罗琳，我们要整顿、出售或者关闭没有包括在这 3 个圈里的业务（见下图）。这些业务要么是处于行业边缘、经营业绩不好，要么是市场前景暗淡，或者是干脆就不具备什么战略价值。我很喜欢这 3 个圈的表述方式。在后来的几个星期里，我和我的团队把它进行了扩充，增加了更多细节性的内容。

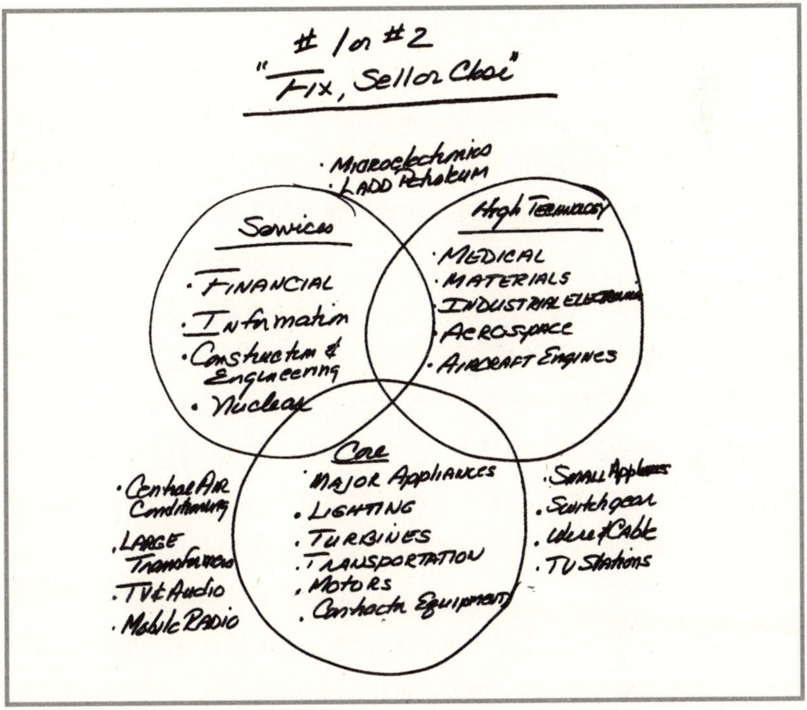

我所画的“整顿、出售或者关闭的业务”示意图

这个图的确可以把我的思想表达透彻，这正是我所需要的概念和表述工具：简洁而又实用。后来我就通过它来阐述和推进“数一数二”的愿景目标。我开始到处使用这个图，后来《福布斯》杂志还以

它为题在1984年3月刊登了关于GE的封面故事。

如果自己的业务部门被画到了圆圈里面，员工们自然会有一种安全感，甚至是自豪感。但是，对于那些没有被画到圆圈里的业务部门来说，各种各样的情绪都会出现，特别是在那些曾经是GE核心业务部门的企业或工厂，如中央空调、家用电器、电视机、音响设备以及半导体等部门，情形则更为混乱。这也很自然，身处“整顿、出售或者关闭”范围的业务部门，谁都会惴惴不安。

他们感到恼怒，觉得自己被出卖了。一些人质问道：“难道我是跟一群麻风病人在一起吗？当初来到GE，我可不是想成为今天这个样子。”工会的领导人和市政官员也开始抱怨，人们的反应之激烈有些出乎我的意料。我知道，对这些情况我必须集中精力认真对待。

* * *

在最初的两年里，“数一数二”战略引发了很多行动，但大部分规模都不大。我们出售了71项业务和生产线，回笼了5亿多美元的资金。我们完成了118项投资交易，包括收购兼并、建立合资企业以及参股性的投资，总投资额大约是10亿美元。钱不算多，但是这些举动却带来了莫大的精神文化方面的影响，这在整个公司的每个角落都能感觉到。尤其是我们中央空调业务的出售，在其周围的员工中引起了非常大的心理震动。

中央空调业务部门拥有3个工厂和2 300名雇员，规模并不大，赢利能力也算不上很高。1982年年中时我们把该部门以1.35亿美元的价格出售给了特灵公司（Trane Co.）。这件事引起了全公司的瞩目，因为空调业务部是基地设在路易斯维尔的大家电业务部的一个分部，恰好位于我们公司的中心地带，尽管它那10%的市场占有率与其他GE业务部门相比实在不怎么光彩。

初次接触这个部门时我还是一名事业部的主管，那时我就不喜欢它。我认为空调部门无法做到由自己掌握命运。你把GE品牌的产品卖给各地的分销商，比如艾斯管道公司（Ace Plumbing），由他们带着锤子和螺丝刀"叮叮咣咣"地把空调给客户安装上，安装完毕，他们就开着车一溜烟儿地回去了。结果呢？客户把分销商安装中出现的问题，把自己对分销商服务的不满，都一股脑儿地记到了GE的账上。我们经常收到客户的投诉，而实际上问题跟我们没关系，我们被自己无法控制的因素给限制住了。

由于我们的市场份额低，我们的竞争对手便能够获得最好的分销渠道以及独立的承包商。对GE来说，空调是一项有缺陷的业务。这些认识是我们在卖掉空调业务之后才深刻体会到的，这件事深深震动了路易斯维尔。

将空调业务卖给特灵这宗交易进一步增强了我的认识：把我们的弱势业务转给其他的优势企业，两者合并在一起，这对任何人都是一个双赢的结局。特灵在空调市场上占据领先位置，通过这宗交易，我们空调部门的人员一下子就把自己变成了赢家中的一员。转让交易完成一个月之后，一次电话交谈更加证实了我的这种认识。我给我们原来空调业务的总经理斯坦·戈尔斯基（Stan Gorski）打了个电话，他随同这次业务转让一起去了特灵公司。

"斯坦，情况怎么样？"我问道。

"杰克，我喜欢这儿。"他说道，"在公司，我的老板一整天都在考虑空调的问题。他喜欢空调，他认为空调非常了不起。而我每次和你通电话时，我们总是谈客户的投诉，或者是业务的赢利问题。你不喜欢空调，我知道。杰克，现在我们都是赢家，我们都能体会到这一点。在路易斯维尔，我像个孤儿。"

"斯坦，你带给了我一天的好心情。"在挂断电话之前我说道。

面对各种反对意见的狂轰滥炸，斯坦的话坚定了我的决心，无论如何，我都要把“数一数二”战略坚决实施下去。空调业务的出售促使我们建立了另一项基本原则，我们使用出售这项业务获得的1.35亿美元资金帮助重组其他业务。

我们出售每一项业务时都是按照同样的方式进行。我们从不把出售获得的收益计入净收入，相反，我们总是把这笔资金用来提高公司的竞争力。在过去的20年里，不管是对我们自己，还是我们的下属公司，我都不允许使用一次性的结构重组这个理由为完不成赢利目标辩解。结构重组的支出我们单独走账。

* * *

从我向雷吉书面保证自己有资格担任CEO的那天起，我就将“持续性的赢利增长”作为自己的经营目标。幸运的是，我们拥有不少强大的业务部门，业务种类也非常多元化，这从根本上可以保证我的这一目标的实现。毕竟，我们是在经营业务，而不是经营赢利。

将一项如空调这样的业务卖出之后，我们不仅能在账目上实现赢利，更主要的是我们会得到大量的现金，这使我们有了更大的回旋余地去考虑再投资或者是整顿其他业务部门，这也正是股东们期待我们去做并为此而支付薪水的动力。

我喜欢把对这笔现金的运用比作修补一所房子。当你没钱修补天花板时，你只能在下面放一只水桶，把从房顶渗进来的水接到桶里。等到你有钱了，你就应该把屋顶翻修一下，把漏洞堵上。GE从业务出售中获得的这笔钱就是这么花的。我们的行动要能切实加强我们的业务，要为公司作长远打算。

我们总能不时地听到一些人的批评，他们对如何做到“我们持续性的赢利增长”提出质疑。一位记者甚至这样认为，如果我们在某个季度因为关闭掉一项业务支付费用，而在另一个季度因为出售某项业务又有现金流入，那么我们的赢利就不可能具有持续性。

简直是瞎扯！我们的工作是当我们有钱时就要修补屋顶的漏洞。

如果你不这样做，你就不是在为全局谋划。你只有运用这笔钱，就像此处 GE 获得的这笔现金，你才会领悟企业管理究竟是怎么回事——做账不能生钱，经营才能生钱。

* * *

将空调业务出售引起了很大的震动，不过这一事件的影响基本上还局限在路易斯维尔，而接下来对犹他国际的出售才真的让我感到痛苦不堪。犹他国际这块业务是雷吉·琼斯在 1977 年花了 23 亿美元买进来的，当时这笔交易对雷吉、对 GE、对整个美国企业界都是创纪录的一桩并购案。

犹他国际是一家赢利能力很强的一流公司，它很大一块收入来自向日本钢铁业销售的炼钢用焦炭业务，它在美国还拥有一家小规模的石油天然气公司，在智利拥有一座已探明但还没有开发的铜矿。雷吉买下犹他国际主要是为了防范今后再发生 20 世纪 70 年代那样急剧的通货膨胀。

对我来说，随着通货膨胀的日益减弱，这家公司越来越不符合我的赢利持续性增长的目标。我的经营理念是要让每个人都能感觉到自己的贡献，这种贡献看得见，摸得着，还能数得清。而犹他国际的赢利状况起伏不定，严重扰乱了我的理念。

GE 每个季度对经营收入进行汇总，我们的收入来自全世界各个角落，都是一分钱一分钱挣来的，每个人对自己每一天的贡献都数得过来。当我担任事业部执行官和副董事长时，每逢开会我都与我的同事进行交谈，一起讨论为了实现这个季度或这一年的利润数字每个人要如何忘我地工作。这时，犹他国际的总裁站出来了，一下子把我们辛辛苦苦收获的利润成果冲得东倒西歪，不过他自己倒茫然不觉。

他可能会说：“我们的煤矿发生了罢工事件，这使得利润比最初的预计值减少 5 000 万美元。”这么大个数字会令我们所有人都发蒙。或者他可能会说：“原煤价格涨了 10 美元，我将多投入 5 000 万。”不管是哪种情况，犹他国际都会让我们辛辛苦苦取得的成果变得毫无意义。

我认识到，犹他国际的业务具有周期性的特点，这使我们很难实现利润持续增长的目标。我并不喜欢矿产资源业务，我感觉经营这种业务时，有很多事情会超出自己的控制能力。拿石油行业来说，一个卡特尔的行动会使任何个人的天才智慧难以有用武之地。

作为一个局外人，我相信杜邦公司1981年对大陆石油公司（Conoco）的并购具有同样的后果。杜邦收购大陆石油也是为了防范矿产资源（石油）涨价的风险。但是大陆石油的业务实在太庞大了，这同样使得杜邦很多业务单位各自的努力成果失去意义。我在伊利诺伊的一些研究生朋友加入了杜邦公司，我听他们以及杜邦塑料业务部门的另外一些朋友谈起过，大陆石油赢利状况的巨幅波动使他们个人努力的作用大为弱化。最终，杜邦还是在 1998 年把大陆石油给卖掉了。

矿产资源业务应该属于矿产资源公司。

尽管我不喜欢犹他国际，但对于出售它我还是迟疑不决，毕竟这是雷吉的一笔最大交易，而且到现在也才只有几年的时间。我的一切成功都是雷吉的功劳，我不希望因为把犹他国际出售得太快而显得对他不够尊重。在做出决定之前，我向雷吉做了一番陈述，说明出售犹他国际的理由。我与他通过电话联系，问他对这件事是怎么考虑的。

多年来，我给雷吉打了很多电话。尽管在我成为 CEO 时他离开了董事会，但我的任何一个重大举措都要事先告诉他。

关于犹他国际的电话交谈过去几天之后，雷吉给我回电话了，他认真地询问了一番，然后明确表态支持我。事实上，在 20 多年的时间里，不管是在公司内部还是在外面，他从来不在事后对我的决定说三道四。

在担任 CEO 的头一年里，我曾经私下里与朋佐石油公司（Pennzoil）的 CEO 休·利特克（Hugh Liedtke）在纽约的华尔多夫大厦会面。我想把犹他国际出售给他。他考虑了一会儿，认为收购犹他国际不合适。当时他想摸条更大的鱼——他最终在一场受到大肆炒作的与德士古（Texaco）的激烈收购战中把盖帝石油公司（Getty Oil）收到麾下。

我与其他潜在的美国买主联系，却没有一家公司对这笔交易感兴趣。

天无绝人之路，我的副董事长约翰·伯林盖姆想到了一个更好的主意。约翰发现，犹他国际最理想的战略购买者应该是 BHP 公司（Broken Hill Proprietary），这是澳大利亚的一家经营矿产资源的大公司。约翰与他们进行了接触，BHP 初步表示对此有兴趣。接着约翰就组建起一个工作小组，小组成员包括他自己、弗兰克·多伊尔以及他的老朋友保罗·弗雷斯科，保罗是特意被从欧洲调回来参与这项工作的。约翰和弗兰克在后方负责总体战略，保罗负责直接谈判。

由于交易本身的规模以及地理上的原因，与 BHP 的谈判相当麻烦，持续了好几个月。犹他国际的总部在旧金山，资产却遍布全世界，而 BHP 的总部在墨尔本。像任何一笔大交易一样，谈判过程总是起起伏伏。经过一番艰苦的工作，双方在 1982 年 12 月中旬达成了明确的意向。

我们真有些欣喜若狂了，犹他国际是个大摊子，我们的要价又高，想收购它的买主并不多。这宗交易是个大手笔，非常符合我们的战略目标，对 BHP 来说也同样具有非凡的意义。这项计划要提交给 12 月的董事会例会，等待它的最后批准。

在此次例会前的星期四晚上，公司的所有高级管理人员以及董事们都来到纽约的帕克·莱思酒店，我们要在这里举行每年一度的圣诞聚餐和舞会。我自己是提前一年开始组织这种社交聚会的，它能使管理层和董事们走得近些。我们的出售计划使这次晚会的每个来宾都兴致勃勃。然而，大约晚上 11 点钟时，我注意到一位员工陪同约翰·伯林盖姆急匆匆地离开了舞会。一个半小时以后约翰面无表情地回来了，我能看出他的身子有点儿不稳，不过仍旧很酷。

当然要比我随后的表现更酷。他来到我的桌子旁边，把坏消息向我做了报告。

“杰克，”他说道，“交易取消了。保罗给我打了电话，他说 BHP 刚刚跟他通了话，他们的董事会不同意，他们的财务状况也不允许。”

我沮丧极了，我一直指望着交易能够成功。在向着我所勾画的战略目标前进的道路上，出售犹他国际本来应该是极其重要的第一步。现在，乐队还在演奏，而我的大脑一片空白。我和卡罗琳一直等到晚会结束后，才回到华尔多夫的套房休息。当时和我们一起住在套房里的还有赛·卡思卡特和他的妻子考琪（Corky）。

赛很快就成为我在董事会的亲密朋友。那天晚上，他陪我讨论出售计划的种种备选方案，一直谈到凌晨 3 点钟。由于并不了解我们究竟在哪个环节上出现了问题，我们的探讨漫无边际。我的情绪低落至极，可怜的赛就这么听我喋喋不休地聊到深夜。

第二天上午，我和伯林盖姆把交易取消的消息通告给了每一位董事。自然，他们也很失望，但他们仍旧鼓励我不要灰心，回到原来的轨道继续努力。那个周五的晚上，当我回到酒店的房间时，我看到床上摆放着一个玩具熊，这家伙吮着自己的拇指，样子很可爱。小熊是赛的妻子当天上午出去买的，赛还在小熊身上别了一张纸条，上面写着：“不要让这件事把你击倒，你会找到解决办法的。”

担任 CEO 已经有 21 个月了，我真有点儿开始怀疑自己了，我不敢确信就职时的演说是不是把话说大了。赛的纸条鼓起了我的信心，他在后来的日子里向我提供了无数次有力的帮助，这张纸条只是其中的第一次。当然，像赛这样的人不止一个。从我接手工作的第一天起，董事会的所有成员就给了我不尽的支持。我需要他们的支持，不仅是这一次需要，在未来的任何时刻我都需要。

圣诞节过后，伯林盖姆—多伊尔—弗雷斯科小组继续开始工作。为了符合 BHP 公司的财务能力，他们把犹他国际的业务进行了拆分，包括把美国石油天然气生产企业莱德石油（Ladd Petroleum）从犹他国际的资产中拆出来。这样一来，BHP 终于能够在财务上接受这项交易了。在 1984 年第二个季度结束之前，BHP 把拆分后的犹他国际下属公司以 24 亿美元的现金价格买了过去。我们又花费了一年的时间才全部办妥所需要的政府批准手续。6 年以后，也就是 1990 年，我们把犹他国际的最后一项资产莱德石油以 5.15 亿美元的价格出售了。

空调业务和犹他国际的剥离出售使我对 GE 的战略及其实施情况感到颇为满意，甚至是太满意了。出售空调业务只是在其所属的大家电业务部门内部引起了一些骚动，而对犹他国际的处理在整个公司没有激起一点儿波澜。我们拥有犹他国际只有很短的一段时间，它从来没有真正成为 GE 的一个组成部分。

下一步，也就是对 GE 家用电器业务的出售，显然比空调业务和犹他国际的剥离出售困难得多。

* * *

我曾经有将近 6 年的时间监管我们的家用电器业务，我觉得这是一项很糟糕的业务。蒸汽熨斗、电烤箱、吹风机以及搅拌器都不是什么激动人心的产品。我记得这个业务部门推出的一项“突破性产品”是电动削皮魔杖，它可以使削土豆皮变得非常容易。

他们的业务都不属于我们所需要的“重大技术”类型。

这些产品都不应该属于新的 GE。来自亚洲的进口产品将强烈冲击这个市场，市场上的美国生产商无一不受到成本居高不下的困扰。这个行业的进入门槛很低，零售商的相互联合使现有的任何一个品牌的忠诚度都在日益下降。

我把这项业务划到我的 3 个圆圈之外。在我看来，出售这项业务是一个并不需要多高智商就能考虑出来的结论，将它卖掉之后我们不会失去任何东西，而且我们还能获得一笔资金在别的领域实施我们的“数一数二”战略。布拉克-戴科公司（Black & Decker，简称 B&D）显然是不知从哪里听说了我们对这项业务的态度，他们觉得这项业务对他们很合适。B&D 公司自认为他们在电动工具方面的品牌实力很强，而且在我们没有进入的欧洲市场上占据优势地位。他们的公司领导层雄心勃勃地要进入新的产品领域，并把目标锁定在家用电器行业。

1983 年 11 月，我接到了皮特 · 彼得森（Pete Petersen）的一个电话。他是一位投资银行家，也是 B&D 公司的一名董事，我们以前见过几面。

“你是不是准备把你们的家用电器业务卖掉？”皮特问道。

“你何出此言？”我说。

我们玩了一会儿猫捉老鼠的游戏，直到皮特说明他是代表 B&D 公司的董事长兼 CEO 拉里 · 法利（Larry Farley）来与我通话。

“那好，如果你是认真的，”我说道，“我可以为你做些什么呢？”

“这样，在一到五之间，一代表你永远不会卖，二代表你要卖个大价钱，三代表你准备按公平价格出售，你选择哪一个？”皮特问道。

“我的大家用电器业务差不多介于一和二之间，”我回答说，“我的小家用电器业务是三。”

“好，这正是我们感兴趣的。”皮特说道。

两天后，也就是 11 月 18 日，皮特、我和拉里坐在了位于列克星敦大街 570 号的 GE 纽约办公室里。拉里开列了一个长长的问题单，我对大部分问题做了回答，然后皮特直截了当地问我这项业务想卖多少。

“3 亿美元，一分都不能少，而且这项业务的总经理鲍勃·赖特不能随着这笔交易过去。”

鲍勃是从考克斯有线电视公司被我诱招回 GE 总部的，后来我安排他负责家用电器业务，我不想再失去他。第二天我见到了鲍勃，告诉他我跟皮特的谈话内容。我说：“不要担心，很快我就会交给你一项更好的工作。”

没多久，拉里和皮特就给了我们回音，他们同意继续往下深谈。尽管我们很小心谨慎，这项谈判中的交易还是透露了出去，在公司内部引起了争论。GE 的传统人士认为，在那些家用电器上打上 GE 标志为公司品牌带来了很大的好处。我们对此迅速做了一番调查研究，结果表明情况恰恰相反。消费者愿意选择 GE 的卷发器或者电熨斗当然不错，但这对公司并没有什么价值。另一方面，在当时甚至现在，那些大型的家用电器在消费者心目中占有更高的地位。

谈判进展得很顺利。我们彼此非常信任，双方都希望交易能够达成。每次谈判中发生争议，我们都能很容易地解决。皮特做事的坦率风格和诚挚态度对我来说很重要，后来我们有过多次合作。我与皮特第一次电话联系之后没几个星期，我们就把家用电器的业务出售给了他们。

出售家用电器的谈判的轻松气氛掩盖住了 GE 内部掀起的轩然大波，公司很多传统业务部门的员工变得惶恐不安。将 20 亿美元的犹他国际剥离出去，大家对此理都没理；但是卖掉只有 3 亿美元的家用电器业务——虽然这块业务的技术含量低，却引发了一场令人难以置信的抗议。我平生第一次收到来自员工的愤怒信件。

如果当时有电子邮件的话，估计 GE 的每个服务器都得阻塞。信件里差不多都是这些话：“不做电熨斗和烤箱，我们还是GE吗？”或者“你究竟是个什么人？如果你连这种事情都做得出来，你还有什么事不敢干！”

从冷水器上传来的嗡嗡嘤嘤的噪声的确很不好听。

接下来还有更多更多的噪声，实在是太多了。

第九章

"中子弹"岁月

任何一家公司，如果认为它可以提供终身的工作保证，那么它就走进了一个死胡同。只有满意的客户，而不是公司，才能给人们提供工作保证。现实会无情地撕毁公司与它的员工之间曾经存在的隐性契约。

20 世纪 80 年代初期，如果你供职于 GE 的某个即将出售的部门，你根本不必去担心杰克·韦尔奇是否知道它在做什么、要往哪里去。整个公司到处都充满混乱、焦虑和困惑。导致这一切的原因很简单，就是"数一数二"策略、3 个核心圈、业务的断然出售和对 GE 的大范围整顿。

在 5 年的时间里，大约四分之一的员工离开了 GE，总数达 11.8 万人，包括我们所出售企业的 3.7 万名员工。公司上上下下都感到紧张不安，不知道自己的明天会怎么样。

我还在火上浇油，投资数百万美元去做被认为是"非生产性"的事情。我在公司总部修建了健身中心、宾馆和会议中心，并且计划着要把我们在克罗顿维尔的管理发展中心升级。我的这些行动投入资金大约 7 500 万美元，目的就在于为公司营造"软"价值——"卓越"，这是我早在皮埃尔大酒店就已经提出来的理念。

但人们不理解。在他们看来，这完全是两码事。

我投资在脚踏车、会议室和高档卧房上的钱并不多，与同期公司花在建造和购置设备上的120亿美元相比，简直就是从口袋里掏出来的一点儿零花钱。但人们不这么想，投向全世界的各个工厂的120亿美元，他们看不见，而且这本来就是习以为常的事情。

对人们来说，这7 500万美元的象征意义太大了，大得让他们无法接受。我能够理解为什么很多GE的员工一时难以接受我的这些做法。

但我在内心深处坚定地认为，我做的是对的。

在那些日子里，也就是业务紧缩同时又大把花钱的那段时间里，我的一位关键性的支持者是人力资源部的负责人特德·勒维诺。他像一块坚硬的岩石，是连接过去的纽带，是受到每个人尊重的一名从普通员工提升的GE老兵，没有人会怀疑他的诚恳和正直。我看到过很多次，一些高级经理先是战战兢兢地与我会面，然后一到特德那里便恢复了常态。很多必须离开公司的高级管理人员的安抚工作都是特德亲自去做的。当年选举时他支持过我，更重要的是，他清楚他在做什么，并相信这是GE需要他做的。

特德的支持非常重要，因为人们对我的那些投资举动有太多看法，无论我怎样解释都不能使他们完全满意，公司里各种各样的贬损以及神经过敏般的风言风语非常多。我不会退缩，也不会逃避。我利用每一个机会来消除这一切。1982年年初，我开始每两周举行一次圆桌会议，与大约25名雇员边喝咖啡边谈公司现状。不管会议室里是否有行政助理或者经理人员，谈论的问题都是一样的。

有一个问题不可避免地成为会谈的焦点："你关闭工厂，辞退员工，与此同时却在脚踏车、卧房和会议中心上大把花钱，对此你怎么解释？"

我喜欢争论，虽然我没必要一定在争论中赢得胜利，但我需要赢得人心，赢得人们的支持。我跟他们说，花这些钱与业务紧缩两者是一致的，为了实现公司的目标，我们必须这么做。

我想改变一下人们的思维习惯。我们总想往里赚钱，越多越好，可就是不舍得往外投钱，既想让马儿跑得快，又不想让马儿多吃草。我坚持认为，我们只要最优秀的人才。我们最优秀的人才不应该在一所破旧的发展中心里待上 4 个星期，不应该在煤渣砖砌成的房子里接受培训。公司的客人来到我们总部，我们不能让他们去住三流的汽车旅馆。如果你想实现卓越，那么最起码你的环境应该体现出卓越。

在这些圆桌会议上，我解释说，健身房既能为大家提供一个聚会的场所，又能使人们更健康。公司总部聚集了很多专家，这些人并不制造或者销售什么具体东西。在这里工作与在车间厂房里工作很不一样。在具体的业务单位，你可以专心致志地谋求一张订单，也可以为推出一项新产品而兴高采烈。但在 GE 总部，你得把车停到地下停车场，乘电梯到达你的楼层，然后就在房间的一个小角落里坐下来开始工作，直到一天结束。自助餐厅是公共聚会的地方，然而大多数餐桌旁坐的都是整天在一起工作的人。

我想，健身房可以给大家提供一个更轻松随意的聚会场所，可以把不同部门、不同级别、不同职能的人，不管高矮胖瘦，都聚在一起。如果你愿意，它也可以成为一个商店和休息场所。假如投资 100 万美元就能让这些设想成为现实，我认为是值得的。尽管我修建健身房用心良苦，但面对大量解雇员工的举动，人们仍很难接受。

投资 2 500 万美元建设宾馆和会议中心也是基于同样的逻辑。公司总部像个孤岛，它位于纽约以北 60 多英里，周围都是乡村，还不在迈瑞特公园大道上。大家在工作之余都没有个像样的地方聚一聚。如果世界各地的员工和公司的客人来到 GE 总部，费尔菲尔德和周围地区也没有高档次的宾馆供他们下榻。因此，我要创建一个一流的环境供人们生活、工作和交流，这里应该拥有带壁炉的休息厅和可以站着喝酒的酒吧间，大家可以随意交流。

公司的传统人士感到震惊了，但我毫不动摇，因为我的目的就是要在公司里面创造一种一流的家庭般的闲适氛围，这样的氛围需要这样的环境。每到一个地方，我都大力宣讲在每一件事情上体现卓越的必要性。我必须以自己的行动表明这一点。

克罗顿维尔的情况也一样。我们公司有25年历史的教育中心实在太破旧了，外观也很难看。这里的单间客房太少，参加培训的经理们只能4个人住一个房间，给人的感觉简直就像是路边的汽车旅馆。我们应该让那些来到克罗顿维尔的员工和公司的客人都能感觉到，他们为之工作和与之打交道的是一家世界水平的大公司。尽管我是这么考虑的，还是有些人对此持批评态度，称之为“杰克的大教堂”。

对于20世纪80年代早期的这些抱怨，我的回答是，一家企业实际上就应该是一系列的悖论：

- **花费数百万美元建设不能直接带来产出的楼房，而把不具竞争力的生产厂关掉。**

这与我们成为世界一流大公司的目标是一致的。不这样做，我们就无法在吸引和留住最优秀人才的同时为消费者提供最低成本的产品和服务。

- **支付最高水平的薪资，却拥有最低水平的工资成本。**

我们必须获得世界最高水平的人才，必须给他们支付最高水平的薪资，但我们不能把我们不需要的人留在公司里。如果我们想少雇用人又能多产出，那我们就必须雇用更优秀的人。

- **管理长期，却“吃掉”短期。**

我总是认为任何一个傻瓜都能做到这两点中的一点。如果削减成本是以未来的发展为代价，那么你可以支撑个一年半载，甚至是两年，这并不难做到。如果是对短期不闻不问，只是梦想着未来，那就更容易了。对领导者的真正考验是如何权衡这两个方面，至少在任期的头10年里我经常遇到的一个借口就是“GE和你太注重短期了”。这是那些无所事事的人为自己进行辩解的另一个老掉牙的理由。

· 实现“软”价值，就需要“硬”措施。

只有意志坚定的人才有资格谈论诸如“卓越”或者“学习型组织”等所谓的软价值。没有强硬的措施，软的方面就不会奏效。软的价值只有在以行动为基础的公司文化中才能实现。

思考着这些悖论，这些截然两分却相辅相成的说法，我努力把它们落实到行动中去。我们需要以更少的投入获得更多的产出，需要在扩张某些业务的同时收缩一些领域；我们需要作为一个整体统一行动，但因为我们业务的多元化又必须考虑不同部门的特点；我们还需要以最好的方式来对待员工，如果我们想吸引和留住最优秀的人才的话。

不过，在一个充满了如此之多不确定性的环境里，我的这些悖论并没有得到太多人的理解。事实上，由于公司内部的纷争太大，这些言论都传到了公司外面。1982年年中，《新闻周刊》成了第一个公开使用“中子弹杰克”这个绰号的出版物，暗讽我是个一边解雇员工一边盖宾馆大楼的家伙。

我讨厌这个称呼，它有点儿伤人。不过，我更厌恶官僚作风和浪费的行径。无聊数字满天飞的公司总部以及涡轮业务部那低得可怜的利润额同样令我生气。

很快，“中子弹”这个称呼就在媒体上传开了，记者们似乎不用这个称号就不能写有关GE的文章。我的形象被歪曲了，这真有些令人心痛。在很多年里，人们都把我看成一个野蛮的人，认为我太注重公司的增长，雇用了太多的人，新建了太多的业务和设施——塑料、医疗，还有 GE 信贷公司等。现在，我成了“中子弹”。

我猜想，这大概也是个悖论吧。我不喜欢这个称呼，但我能够理解人们为什么这么叫我。

事实是，我们是第一家在主流业务还很健康和赢利的情况下开始大规模整改以增强自身竞争力的大公司。克莱斯勒的调整比我们早了几年，但他们所处的阶段不一样，他们是在政府的担保下苦苦挣扎以避免破产的命运。

幸好我们不曾面临这样的阶段。当时，我们看起来太良好了，太强大了，赢利太高了，根本不需要进行什么结构调整。1980 年我们的销售额是 250 亿美元，净收入 15 亿美元。在《财富》500 强中我们是第十大公司，我们的赢利能力排名第九。

然而，我们正在直面自己的现实。1980 年美国的经济处于衰退状态，通货膨胀严重，石油价格是每桶 30 美元，有人甚至预测油价会涨到每桶 100 美元。而日本得益于日元的疲软和良好技术，正在增加对美国的出口，我们的很多主体业务，从汽车到电子消费品，都会受到冲击。

我希望我们能面对这些现实，采取措施以提高成本方面的竞争力。我们当时正在做的也就是这些事情。

这种变化的环境对纽约、新泽西、康涅狄格三州地区很多公司的 CEO 们也有影响，我是最早注意到这种变化的。20 世纪 80 年代初期我曾经担任“行业联合行动”(United Way）的主席，每当我去和 CEO 们聊天，强迫他们多捐些款的时候，我总会听他们说：“我们很想掏钱给你，可我们实在掏不出来。”或者是这样说：“我们不能像过去一样掏那么多了，现在公司的境况很不好。”这些经历使我更加认可自己的这样一个观点：只有那些健康、不断成长、充满活力的公司才能履行自己对他人和社区的责任。

在麻烦到来之后再对陷入困境的公司进行整顿，其代价极其高昂，也更加痛苦。我们很幸运，前辈留给了我们一个财务状况良好的公司，因此我们能够以更慷慨、更人性的方式对待那些必须离开的人，尽管他们中的大多数人在当时并没有感觉到这一点。对我们的雇员，我们尽早通知并支付了优厚的离职金，而且我们的良好信誉对他们找到新的工作有很大的帮助。早一点离开，他们就能多一些就业机会。这个道理在 2001 年仍然适用。如果你是第一家开始裁员的网络公司，那么你的每一位员工都会找到更多新职位。但如果你是最后一家，那你的员工就只能面临失业了。

但是，当你关闭一个“健康”的老牌公司时，不少人却并不这样认为。我们在 1982 年关闭一家位于加利福尼亚州安大略的蒸汽熨斗生产厂的时候就遇到了这种情况。我们得知《60 分钟》栏目派了迈克·华莱士带着一个摄制组来采访这一事件。被《60 分钟》邀请去谈论关闭工厂不是件令人愉快的事情，最后的结局也不太让人满意。华莱士报道说，只是因为我们攫取的利润不够多我们就解雇了 825 人，并把这些工作转移到了美国以外的地方，如墨西哥、新加坡和巴西。他采访了我们以前的员工，他们说自己被公司出卖了；他还采访了一位宗教界领袖，那位宗教人士谴责关闭工厂的行为是“不道德的”。

这种观点在当时是可以理解的，但事实却有些出入。被关闭的工厂生产全金属熨斗，而消费者早已经很明显地偏爱塑料熨斗了。我们有 4 个工厂（其中一个在北卡罗来纳州）生产塑料熨斗，而安大略的生产线必须停工。每个人都为关闭工厂感到难过，但事情只能这样，这家工厂的单位成本在整个公司里是最高的，而我们必须提高公司的竞争力。

平心而论，《60 分钟》也为我们说了几句好话。该节目指出，在解聘之前6个月我们就给员工发出通知，而当时其他公司提前通知的时间通常只有一个星期。华莱士还报道说，我们资助成立了由州政府运作的就业中心，利用GE的设施为人们培训求职面试和其他技能。

我们做了很多工作，因为公司的财务状况允许我们这样做。我们将被解雇员工的人寿和医疗保险延长一年，并在工厂关闭之前为120名工人安排了其他的工作。有将近600名员工在年老后可以领取GE的养老金，而且我们还为这家工厂找到了一家买主，他们答应重新雇用很多以前GE的员工。当然，尽管做了这么多，失去工作总归是一件令人不愉快的事情。

当《60分钟》于1982年2月末指责我们“把利润看得比人重要”时，我担任CEO还不到一年。有些批评意见拿我们和IBM等公司做比较，当时IBM依旧坚持终身雇用制。实际上，IBM在1985年发起了一场广告运动来宣传其不解雇员工的政策。IBM有一条广告语：“……工作会有来有去，但人不会。”有几个GE的经理曾经把这些宣传品拿到克罗顿维尔的课堂上，直截了当地问：“对此你作何感想？”

那个时候，我天天受到“中子弹”这个绰号的攻击，这些宣传品确实让我感到难堪。

不过对IBM的人来说，当公司失去竞争力时，他们的好日子也就到头了。

任何一家公司，如果认为它可以提供终身的工作保证，那么它就走进了一个死胡同。只有满意的客户，而不是公司，才能给人们提供工作保证。现实会无情地撕毁公司与它的员工之间曾经存在的隐性契约。这些“契约”意味着企业对员工的终身雇用，意味着父爱般的、封建性的、难以名状的忠诚，意味着如果你把时间交给企业并努力工作，那么企业将照顾你的一生。

游戏规则在发生变化，人们必须注意到这是个竞争的世界。在这个世界里，没有任何一家企业能够成为安全的就业天堂，除非它能在市场竞争中获胜。

这种心理契约必须改变，而我想创立一个新契约。我要做到，对那些愿意参与竞争的人来说，GE 的工作是世界上最好的工作。如果他们与 GE 签了劳动合同，我们将给他们提供最好的培训，给他们提供大量的个人成长与增进专业技能的机遇，他们会有最合适的用武之地和发展空间。我们尽一切努力让他们拥有“终身就业能力”，尽管我们无法保证他们每一个人都能“终身就业”。

裁员从来都是一个企业领导人最不愿意面对的难题。任何人，如果他“很乐意裁员”，那他就该被辞退；反之，如果他“不能裁员”，那他也应该被炒鱿鱼。我从来没有低估这些裁员行动给公司带来的人力资源损失，以及给员工和社区造成的困难。对我来说，在采取任何行动之前，我都要用一个很简单的标准检验一下：“你愿意别人这样对待你自己吗？你做得是否公平合理？对这些问题，每天你都能照着镜子对自己回答说是吗？”

作为一家公司，当需要减轻激烈变革所引发的痛苦时，我们能够做到面对自己时问心无愧。我曾经讲了一千遍的一句话是：“我们并不是抛弃员工，而是抛弃那些业务岗位，因此岗位上的员工只能离开。”

全面减员或者工资冻结是削减成本的两种常用措施，但我们从来不采用其中任何一种方式。采取这两种措施的借口是“有难同当”，但这不是直面现实的态度，而且没有做到区别对待不同的员工。

管理或领导工作绝不能这么做。全公司上下统一削减 10% 的人力或者将工资冻结，必将伤害我们最好的业务和人才。2001 年春季，一些受经济形势影响的 GE 业务部门，如塑料、照明、家电等都在降低产量；与此同时，其他一些业务，如动力涡轮和医疗器械，人力却又明显不足。

不幸的是，在20世纪80年代，GE大部分业务的就业人数都在缩减。我们从1980年年底的41.1万人减少到了1985年年底的29.9万人。在离开GE的11.2万人中，大约3.7万人属于被我们出售的业务部门，而有大约1/5的员工出于生产率的原因而失去了工作。

从这些数字你可以看出，当时的情况无非是两种选择：要么我做“中子弹杰克”，要么公司可以拥有更多的工作岗位。自然，后一种选择让人比较舒服，但我最终还是成了“中子弹杰克”。我很幸运，我得到了众人的支持——来自家庭的、办公室的，以及董事会的，这足以使我挨过那段时间。回到家后，我显然有点儿意志消沉，但不管压力有多大，卡罗琳总是对我表示支持。每次谈话结束时，她都要说：“杰克，这是你认为对每一个人都正确的事情，你一定要做下去。”

在80年代，如果没有公司内部的强有力的支持核心，GE那么巨大的变革是不可能成功的。约翰·伯林盖姆和埃德·胡德曾经是我的竞争对手，现在我们成了工作伙伴。作为公司的两位副董事长，他们对我的所有行动都认真配合。还有两位在公司总部最具影响力的高层领导——人力资源总监特德·勒维诺和首席财务官汤姆·索尔森，也给予了我一贯的支持。我和汤姆在皮茨菲尔德时就是亲密的伙伴，大家能够在公司总部重聚并一起承担更大的工作，我们都很高兴。拉里·博西迪1981年被我提拔到费尔菲尔德负责一个新组建的材料与服务部门，他成了我的知音、挚友和董事会里的坚定支持者。

没有董事会强有力的支持，所有这些变革是不可能发生的。董事会成员听到了所有的抱怨，有时候愤怒的员工干脆直接给他们写信严词责问；他们也看到了媒体上所有的负面报道。然而，从变革的第一天起，他们就没有动摇过。

我刚成为CEO时，沃尔特·里斯顿在纽约对他遇到的每一个人说，我是这家公司历史上最好的CEO，即使我当时还什么都没做。这样的话听起来总会让人感觉不错，尤其是在我的那段“中子弹”岁月里。沃尔特是个意志坚定、胆略非凡的人，他总是跟我说，为了改变公司，我只需做我必须做的。

然而，要求我们取消那些变革决定的压力依旧很大。游说的人不只是来自公司内部，还有很多压力是来自市长、州长以及州和联邦的议员。

1988年，在一次去马萨诸塞州议会拜访期间，我遇到了州长迈克尔·杜卡基斯（Michael Dukakis）。

“你来麻省真是太好了，”杜卡基斯说道，“我们真诚地希望你能给这里增加更多的工作岗位。”

在我们见面的前一天，我们在马萨诸塞州林恩的飞机引擎和工业涡轮工厂又一次大出风头。他们拒签我们最新制订的全美劳动合同。在所有GE的工厂中，他们是唯一一家这么做的。

“州长，”我说道，“我不得不告诉你，如果我要在全球增设工作岗位的话，林恩会是我最后考虑的一个地方。”

杜卡基斯被镇住了，房间里出现了长时间的沉默。大家本希望我能谈谈我们对促进就业的承诺以及在马萨诸塞州可能的业务扩展。

“你是一名政治家，你知道如何计量你的选票。你不会在不能给你投票的选区修建新公路。”

“你这是什么意思？”他问道。

“在GE公司的所有地方企业中，唯有林恩一家不肯签订我们的全美劳动合同。多年来他们把这件事看成了家常便饭，并引以为荣。我为什么要把钱投到一个不断制造麻烦的地方？其他地方的人更想得到这些工作岗位，而且他们也值得我去投资。”

杜卡基斯州长咯咯地笑了起来。他立刻明白了是怎么回事，并派他的劳工部门负责人去林恩协商解决此事。事情的进展虽然很慢，但林恩的员工在2000年的确把全美劳动合同签了。

* * *

1984年秋天我遭到了另一次重大打击，当时《财富》杂志评出“美国十大最强硬的老板”，我被列在首位。这可不是我想追求的“数一数二”战略。还算幸运的是，文章也写了一些正面的东西。一位GE原先的雇员告诉杂志记者，他从来没有遇到过“具有如此多创造性商业理念的人。从未感到过有人给过自己如此大的启发”。另一个人则称赞我“给GE带来了最优秀的硅谷创业者所特有的激情和奉献精神”。

我喜欢这些话。不过，好听的话没多少，都让其他的评论给压住了。那些“匿名”的雇员说我很粗鲁，容不得“我觉得如何如何”的回答。另一个匿名人士则声称：“为他工作就像是一场战争。好多人被射中倒下了，而活下来的人还要继续下一场战斗。”文章说我使用提问题的方式攻击别人，用作者的话来说就是“批评、贬损、取笑、嘲弄”。

事实上，我们的会谈只是与人们一向习惯的那种方式不一样而已。我们坦率、严厉，富有挑战性。如果原先的经理们想知道为什么他们没有感觉到这一点，那只能说，对同一个故事，讲述的方式可能是太多了。

我离开办公室，起程前往加利福尼亚州时拿到了这篇文章。公司的董事埃德·利特菲尔德邀请我去波希米亚园度周末。我把文章拿给他看，他耸耸肩，把它扔在了一边。

但这件事却一直萦绕在我的脑海里，那篇文章让我度过了一个漫长的周末。这些公开报道的净效应就是“中子弹杰克”和“美国最强硬老板”的标签将在我身上贴好长一段时间。

不过，有些好笑的是，尽管拥有这些“伟大”的头衔，我走得仍然不够远，不够快。20世纪80年代中期，哈佛商学院的MBA们问我，在担任CEO的头几年里我最后悔的事情是什么？我说：“行动时间拖得太长。”

学生们哄堂大笑，但我说的是事实。

事实上，我对改革太过犹豫不决了。我花费了太长的时间来关闭不具竞争力的工厂，花费了太长的时间来安置公司员工并与经济学家、营销顾问、战略规划人员接触。为转变公司的官僚主义作风，我更是花费了长得多的时间，直到1986年我才把我们的片区体制取消，而它只不过是另一个管理上的隔离层，早在我刚刚接任时就应该把它砍掉。

这些片区的7位负责人是我们拥有的最优秀的人才。他们本应直接负责经营我们的业务，而处在这种监督性的位置上简直是对人才的浪费。我们把公司最优秀的管理人员提拔到这些岗位上，而到头来，这些岗位却使这些最优秀的员工变得平庸了。但是，一旦把这些岗位取消，情况就不一样了。没有这一中间层级，我们会更加清楚直接负责企业经营的人员的表现。

游戏规则改变了。没过几个月，我们就很清楚地看出来谁行谁不行。在1986年年中，4位高级副总裁离开了公司。这对公司来说是个重大的转折点。

媒体注意的是被裁掉的员工，但我们注意的是“能留下来的人”。我可以天天讲要直面现实，要在每一项业务上“数一数二”，或者要建立创新型组织，讲得自己口干舌燥，嗓子冒烟。但是，只有真正找到了我们自己的千里马，公司的改革才能真正走上正轨。我不应该在反对者身上浪费那么多的时间，幻想他们可能会“回心转意”。

当我们在所有关键职位上都拥有合适的人才时，我们的改革进程就快多了。让我给诸位讲讲在公司高层安排合适的人选是怎样一种情况。我想，这方面最好的例子应当是1984年3月任命丹尼斯·戴默曼担任首席财务官。

在那个时候，你可以向上千名员工提问谁会接替汤姆·索尔森的首席财务官职务，让他们列出5个人选，肯定没有一个人会提到丹尼斯的名字，因为丹尼斯当时在公司财务系统中的地位还远不够高。

我和汤姆之间的关系一直很复杂。我喜欢他的智慧、傲气，以及我们之间亲密的伙伴关系。他做事情锋芒毕露，尽管大力支持我们的改革目标，但他把自己看成了公司最强有力的职能部门保护人。

具有讽刺意味的是，他也是公司里最挑剔的人。对任何事情和任何人，包括对我，他都是一副坚决而又固执的态度。当改革推进到财务部门时，他总不肯触动自己这块神圣的禁地。我们谈了很多次，但他总是不同意。汤姆后来去了旅行者集团（Travelers）担任首席财务官。

财务部门拥有12 000名员工，机构极其庞大，而且本身已经是官僚作风的保护层，绝大多数“有必要了解”的研究都来自财务部门。当时，仅一项经营分析就耗资6 500万~7 500万美元。

财务部门已经成为一个独立的机构。它拥有全公司最好的培训项目，公司的佼佼者进入审计部门后，不停地从这个业务部门转到另一个部门，一转就是好几年。其结果是，我们拥有一个强大的但却是自行其是的财务机构。它控制着下面部门的运转，但它并不想改变公司，也不想改变它自己。

我指派丹尼斯接手这个职务，是希望他能领导他自己的革命。当我邀请他担任首席财务官时，他还只是GE金融服务集团房地产部的总经理，从来没有向董事会做过汇报。他当时只有38岁，成为我们公司历史上最年轻的首席财务官。

在我做事业部主管时，丹尼斯曾经在我手下工作过两年。在那段时间里，他表现出了令人难以置信的机敏、勇气和多才多艺。他可以今天深入考虑家电业务的最具体的细节，明天就去分析 GE 金融服务集团的最复杂的交易。在与C类人谈工作时，他能立刻了解到A类和B类人之间的差别。

同样重要的是，与其他几位候选人不同，丹尼斯身上没有丝毫官僚主义的作风，而我给予了他超乎寻常的提拔。尽管丹尼斯不知道自己是否能胜任这项工作，但我相信他一定能够做好，我会全力支持他。

财务部门对丹尼斯的接任自然感到非常意外，而丹尼斯本人对这一任命的惊讶程度并不亚于他们。1984 年 3 月的一天，当我在早上 7 点 15 分给丹尼斯打电话时，他正在 GE 金融服务集团的办公室里。我让他下午 6 点到盖茨饭店，也就是当年我在餐巾纸上画圆圈的那个饭店，与我见面。

我叮嘱丹尼斯要保密，不要把我们见面的事情告诉任何人。我至今都不知道在我们见面前的 10 个小时里他都想了些什么，不过我确信，他可能意识到了我要和他谈的是一件好事。只是他怎么也想不到，我将告诉他的是要他担任财务部门的最高职务。

当我到达盖茨饭店时，丹尼斯早已坐在酒吧间里等我了。我靠着他坐下，给自己要了杯饮料，便开门见山地跟他谈起来。

“丹尼斯，”我说，“我准备本周在董事会会议上提名由你担任高级副总裁和首席财务官。你看好不好？”

由于太吃惊，他只是结结巴巴地说：“好……好吧。”

激动过后，丹尼斯开始向我询问有关这项工作的各种问题。他问的问题实在太多，以至于我不得不打电话把卡罗琳从家里约出来跟我们一起谈话。我们一起庆贺了丹尼斯的提升。

他的任命公开之后，在公司里掀起了一场轩然大波，财务系统也受到了确确实实的震动。这正是我期望达到的效果。对丹尼斯的任命在公司里导致了一场危机，一场我们所需要的危机。为了推波助澜，我就丹尼斯的上任给他写了一篇3页的评论。丹尼斯和自己的团队都看了这封信。

在这封写于1984年5月的信中，我写道："我想澄清的第一件事是我并不'怨恨'这个部门。我认为这个部门的力量……已经使它成为公司里最优秀的单一职能机构。它曾经是使公司保持在一起的'某种黏合剂'，但那已经是过去。以前行得通的'控制'对明天来说是不够的……"

"对过去所做的每一件事都可以公开讨论——是讨论，而不是批评，从财务管理程序、它的投入、机构规模、培训工作，一直到总部和基层机构的编制和职能，都要重新考虑。"

口号和讲稿不会带来变革。变革的发生是因为你把正确的人放到正确的位置上促使它发生。先是人，接下来才是战略和其他事情。在很多方面，丹尼斯都是我们所需要的理想的公司内部的"外来人"，只有他才能打碎钳制我们公司的官僚财务系统。

一段时间过后，丹尼斯极大地改变了财务系统的面貌。他担任首席财务官已经两年了，一直不知疲倦地与官僚作风进行着斗争。总部的人喜欢数字，为使财务人员改掉对数字做不切实际分析的坏习气，我们花了好几年的时间。1986年，一份关于国际销售额的详细分析报告摆到了我的办公桌上，报告对GE未来5年的销售收入做了预测。预测对象是每一个国家，其中包括非洲大陆附近的一个小岛国——毛里求斯。

我感到既可气又可笑。报告的署名是戴夫·科特（Dave Cote），是我们总部的一名财务分析经理，比丹尼斯低两级。我让我的助手打电话把戴夫约到我的办公室里。

"戴夫，"我说道，"你看起来是个很机灵的人，可你为什么要写这些让一线人员看着莫名其妙的东西？销售额？ 5 年以后？毛里求斯？我都怀疑你是否知道毛里求斯在哪儿？！"

戴夫不知道该说什么好。如果不是让我看到了，他可能早在两个月以前就把这篇报告往下发了。那天我们给了这份报告一个善终。戴夫引起了我的注意，并在公司里得到了一系列的提升，最后的职务是家电业务的 CEO。他 1998 年离开公司，现在是总部设在克利夫兰的 TRW 的 CEO。

对于类似的事情，丹尼斯·戴默曼一直坚持不懈地进行着抗争，先后处理了不下 100 次同类的问题。在他担任财务总监的前 4 年里，他把财务部门的职员砍掉了一半，把我们在美国的 150 个工资支付系统进行了并购。他改革了财务管理制度——过去财务体系所处理的事情当中近 90% 是单纯的财务记录，只有 10% 是一般性管理，而现在近一半的内容是放在管理和领导上面。丹尼斯还改革了我们的审计部门，现在审计人员也成了业务部门的支持者，而不再是公司里的警察。

对我们来说，审计部门的角色转变是一大胜利，是一个非常重要的事件。审计人员从苛刻的"这下可逮住你了"的角色变成业务部门的伙伴，他们改变的不仅是自己的所作所为，也改变了自己的未来。如果没有这些年轻的明星团队的热情领导和支持，我们的 3 个关键计划——服务、"六西格玛"及电子商务，就不会有今天这样大的成就。他们坚持不懈地把来自 GE 任何一家公司的最好经验向全世界的 GE 公司进行介绍推广。

现在，GE 所有公司的首席财务官们都把自己看作是首席运营官而不是控制者。在担任首席财务官的 14 年里，丹尼斯将一个审计控制导向的财务系统转变成了一所培养管理精英的优秀学校。丹尼斯 1998 年升任公司的副董事长。审计部门的 3 个前负责人都已经成为

GE 的大明星：约翰 · 赖斯（John Rice）和戴夫 · 卡尔霍恩（Dave Carlhoun）现在分别是我们最大的两家公司——电力公司和飞机引擎公司的 CEO，杰伊 · 爱尔兰（Jay Ireland）成为 NBC 广播电台集团的 CEO。查伦 · 贝格利（Charlene Begley）36 岁，是 3 个孩子的母亲，曾经主管过 180 人的 GE 审计部门，后来在 2001 年成为特种材料业务部门的首席财务官。查伦的职位由 37 岁的林恩 · 凯皮特（Lynn Calpeter）接替，她现在是 NBC 广播电台集团的首席财务官。

法律部门也是一个类似的成功案例。那时我们的法律部门是一个糟糕的"名片夹"部门。如果公司遇到了什么问题，我们的律师基本上只知道应该给谁打电话。然后，我们的外部顾问就介入进来，公司自己的法律部门在后面提供支持服务。不像财务系统，我们找不到所需要的能够推动改革的内部人选。我与外面各种各样的律师进行交谈，希望他们能帮我找到最合适的人选。

就像丹尼斯就任财务总监一样，本 · 海涅曼（Ben Heineman）被我聘用为法律总顾问也非常出人意料。他是一名华盛顿特区的宪法律师，主要受理上诉最高法院的诉讼案件。本 · 海涅曼曾经做过罗德学者（Rhodes Scholar）、《芝加哥太阳时报》（*Chicago Sun-Times*）的记者、《耶鲁法学杂志》（*Yale Law Journal*）的编辑、最高法院的法官助手以及华盛顿的公益律师。他不再担任波特 · 斯图尔特（Potter Stewart）大法官的助手后，接手的第一个案子是为精神残障者辩护。他曾经在政府部门工作，做过健康教育与福利部的副部长；他还在私人企业里工作过，我 1987 年遇到他时，他是西德利–奥斯汀事务所（Sidley and Austin's）华盛顿办事处的合伙人。

对有些人来说，让本 · 海涅曼领导我们的法律部门是个很奇怪的选择。我不这样认为，不过连本自己都有些疑惑。在我们最后一次面谈之前，他说："别忘了，我是个宪法律师，不是公司法的律师，也不是那种纽约律师。”

“我不在乎这个，”我反驳说，“因为你可以雇用优秀的律师。这正是我想让你去做的。”

本·海涅曼与丹尼斯不同。我们的财务系统本来就藏龙卧虎，丹尼斯有一大批天才可供他调遣，但本·海涅曼没有，他只能走出去寻找天才。我给了他全权处理的自由，他可以向别人提供最好的事务所所能提供的待遇，还可以使之拥有公司股票期权。他有能力猎取到他们圈子里最优秀的人才。

这是慧眼识英雄的经典案例。

本·海涅曼过分倚重履历表。他一定要把某个人履历证明中的各种信息，从他们毕业的学校、在《法律评论》（*Law Review*）上的排名到他们为哪位联邦法官做秘书，一行一行地认真读完，否则他绝不谈论这个人。就这一点我们常常逗弄他。

我得承认，从这些他所依赖的履历表中，本·海涅曼发现了明星。他为我们招进了一批天才：约翰·塞缪尔斯（John Samuels）是杜威·巴兰坦事务所（Dewey Ballantine）的前合伙人，他负责我们的税务部门；布拉克特·丹尼斯顿（Brackett Denniston）曾任马萨诸塞州州长比尔·韦尔德（Bill Weld）的首席法律顾问，他负责诉讼部门；帕梅拉·戴利（Pamela Daley）做过费城的摩根·贝克尔–刘易斯事务所（Morgan Becker & Lewis）的合伙人，他主管并购业务；史蒂夫·拉姆齐（Steve Ramsey）曾负责司法部环境诉讼局事务，他负责我们的环境健康与安全事务；还有罗恩·斯特恩（Ron Stern），他曾经是阿诺德–波特律师事务所（Arnold & Porter）反垄断法部门的合伙人，现负责我们在华盛顿的反垄断法业务机构，2001 年罗恩·斯特恩的大部分时间是在布鲁塞尔度过的，这将是一个独一无二的经历。

本·海涅曼为 GE 的各个下属公司也都安排了具有同样才华的法

律总顾问。

我们得到的远不只是高明的法律建议。

本·海涅曼的3个同事后来离开了法律部门，开始在GE公司中扮演更重要的角色：亨利·哈伯施曼（Henry Hubschman）曾任飞机引擎公司的法律总顾问，现在是GE金融飞机租赁公司的CEO；弗兰克·布莱克（Frank Blake）曾是电力系统的总顾问，现在是GE业务发展部的负责人；杰伊·拉平（Jay Lapin）曾是家用电器公司的总顾问，后来成为日本GE的总裁。

本·海涅曼使他的机构脱胎换骨。今天，我相信GE拥有世界上最好的法律部门（尽管每个人都同意他们已经是最好的企业法律团队）。我们的律师对我们的公司和员工有着深入的了解，这是他们的优势。他们设计工作程序、制定战略。外面的法律公司则紧密地配合我们工作，他们是我们法律公司的合作伙伴。

颇具讽刺意味的是，我不应该为等待那些不愿意改革的人而痛苦地煎熬那么长时间。在过去的几年里，我得到的一个重要教训就是，在很多情况下我太谨小慎微了。我本应该把旧体制砸烂得更快些，把弱势业务出售得更早些。几乎每一件事都应该而且也能够更快一些完成。

说实话，我这个所谓的“美国最强硬的老板”还不够强硬。

第十章

美国无线广播公司并购案

看到GE要进入广播电视业务，当时有不少批评意见，他们问道："一个造灯泡的公司要买电视网，这个世界究竟怎么了？"广播电视业务给了我们新的力量和巨大的现金收入来源，以及我一直在寻找的躲避外国竞争的藏身之处，这种躲藏价值来自那些当时并不太引人注目的资产。

我永远也不会忘记那次在一家日本制造厂里看到的情景。那是20世纪70年代中期，我们与日本横河医疗设备公司（Yokogawa Medical Systems）建立了一家合资企业。在此之后，我们去参观东京郊外的横河制造厂。在参观的过程中，我被超声波探测器装配车间的情景震惊了。

这里的装配过程与美国的完全不同。我看到装配完成以后，一个工人解开衬衣，在自己的胸部抹了一些油膏，然后拿超声探测器在自己身上试测，迅速地完成了质量检查。接着，还是同一个人，把产品包裹好，放进箱子，贴上运输标签，送到装卸码头。

如果是在密尔沃基——GE最好的制造厂之一，完成这一工作所动用的人要多得多。

日本人难以置信的高效率既可敬又可怕，我在日本看到的事情在其他市场上同样存在。日本人将一个又一个行业的成本结构撕裂，美国的电视机、汽车以及复印机行业受到了严重冲击。

我一直在寻找一个可以避开竞争的行业。在 80 年代早期，我们似乎找到了 3 个行业：食品、制药以及广播电视。每个人都需要吃饭，而美国的农业在世界上占有重要的位置。我们评估了好几家食品公司，包括通用食品（General Foods），但得出来的数字让人无法接受，当时他们的市盈率比 GE 高得多。至于制药行业，这些数字差得更远。

政府对外国所有权的限制使广播电视行业更具有吸引力。同食品业一样，这一行业的现金流动很快，这有助于加强和扩张我们的业务。

日本的威胁后来导致了一项真正改变 GE 的交易——1985 年 63 亿美元的 RCA（美国无线广播公司）并购案。在当时，这是非石油行业历史上最大规模的一次企业并购交易。我们收购 RCA 是在兼并 NBC 之前，这一事件改变了我们。

广播电视网方面的业务总是能令我着迷。

在收购 RCA 之前，我们差一点儿收购了 CBS（哥伦比亚广播公司）。那是 1985 年春天，泰德·特纳（Ted Turner）正在努力进行对该电视网的恶意收购。CBS 的董事长汤姆·怀曼（Tom Wyman）与我在费尔菲尔德的 GE 总部共进晚餐，并讨论让 GE 参与收购的可能性。不过后来怀曼击败了特纳的威胁，也就不需要我们了。CBS 的收购事宜就这么泡了汤，但是我和怀曼的“秘密”会面却没有逃脱人们的注意。

在华尔街没有秘密可言。作为拉扎德·弗里尔斯（Lazard Freres）的合伙人，菲利克斯·罗哈廷（Felix Rohatyn）曾经促成当时很多笔较大金额的交易。尽管我还从来没有与他合作进行过收购业务，但我对他非常敬佩。他听说了我对 CBS 很感兴趣，而且还知道我在此之前曾努力想得到考克斯广播公司。菲利克斯与 RCA 的董事长“布莱德”索恩顿·布莱德肖（Thornton “Brad” Bradshow）是好朋友，他们当时正在讨论 RCA 的战略选择问题。

布莱德曾经做过 ARCO 的总裁，经营得非常不错，之后他于 1981 年进入 RCA，对该公司进行整顿。他话不多，很谦逊，但极富智慧，我和他一见如故。布莱德的工作干得非常不错，特别是鼓动电视制片人格兰特·廷克（Grant Tinker）负责 NBC 广播网。

最开始接触时，布莱德并没打算干很长时间。可笑的是，他找到了鲍勃·弗雷德里克（Bob Frederick）接替他的位置。鲍勃曾经是 GE 的一名高级管理人员，竞聘过雷吉的职务，他 3 年前加入 RCA 并担任了总裁兼首席运营官，鲍勃于 1985 年成为 CEO，布莱德留任董事长。布莱德对 RCA 能否靠自己的力量坚持住有过很多考虑。

菲利克斯突然给我打了个电话，询问我是否想见见布莱德。几天后，1985 年 11 月 6 日，我们在菲利克斯纽约的公寓里一起喝酒。布莱德穿着礼服，这样他可以在会谈完之后直接去参加另一个正式的晚宴。很快我们就聊到了一块儿。像我一样，布莱德对来自亚洲的竞争也很忧虑，他同样也在力图成为行业中数一数二的角色。

那天晚上我们始终没有谈更具体的交易问题，但我们都发觉自己很喜欢对方。菲利克斯真是个非常棒的撮合者。我和布莱德彼此很欣赏，我们对公司并购背后的战略意图也有共同的理解。我们的会谈时间很短——还不到一个小时。当我离开菲利克斯的公寓时，我们并没有预定第二次会谈时间。

在那个时候，我们只是在“约会”，但我能感觉出来，我们的真正目标是走向“婚姻”。

第二天，我成立了一个小组来研究 RCA，小组成员包括我们的首席财务官丹尼斯·戴默曼和业务开发部的负责人迈克·卡彭特（Mike Carpenter）。我们给这一工作项目命名的代号是“岛屿”。

感恩节的前一天，我们的小组聚在一起讨论是否采取下一步的行动。连续 4 个多小时，“岛屿”成员、拉里·博西迪，还有我，一直在反复讨论关于收购的利弊。对我来说，“利弊”从来都是我们如何经营 GE 的关键部分。把一大群人召集在桌子旁，不管职位高低，大家一起就某个困难问题进行争论，把问题的每一方面——出自每一个人的头脑，都仔细地加以考虑，但不要急于做出结论。

就并购 RCA 而言，“利弊”使我们不只把眼睛盯在广播电视网上，我们还看到了更多的东西。我们有一个规模不大的半导体业务，RCA 也有；我们有航天业务，RCA 也有；我们两家都生产电视机。如果两家能够合并，那么我们在这些业务领域的力量将变得强大得多。

我们进入电视台的业务领域已经有好几年了。CBS 也曾与我们有过接触，虽然不久这种接触就结束了，但这使我们对电视网行业具备了足够的了解。我们对 RCA 广播电视业务本身的估价是 35 亿美元，对其他业务的所有方面我们也都进行了评估。我们认为，如果其他业务只要求我们再支付 25 亿美元的话，那么这笔交易就基本值得考虑。

我们主要关注的是对 NBC 的估价。尽管 1985 年它的信用等级很高，但有线电视网络正在侵蚀着它的市场。我们特意把有线电视的威胁做了非常大胆的放大，在这样的假设前提下进行计算，最后我们得出的结论仍旧是交易可行。

我一直在问：“从现在起 10 年以后，在家用电器和广播电视网之间，你更愿意选择哪个行业？”

我们都同意先不忙着下结论，并决定每个人回家后在感恩节的长周末里继续考虑。星期一上班后我们做的第一件事就是聚在一起再次开会，所有的人都得出了同样的结论：这项交易是可行的，而且在电视网之外，RCA 的绝大多数业务对我们也非常合适。

事情就这么定了下来。

我于是告诉菲利克斯，如果价钱合适，我们会感兴趣。他安排了我和布莱德的另一次见面，那是在 12 月 5 日星期四，地点是布莱德在曼哈顿城中多塞特酒店的双层公寓。

简单寒暄过后，我们很快就进入正题。

“我们打算购买你的公司，”我告诉他，“这对我们的公司非常合适。”

这项交易显然对他们也非常合适。

我的出价是每股61美元，这比当时的RCA股票市价高了13美元还多。他停下来，以他那很专业的方式告诉我这个出价还不够。在我离开时，我们同意继续商谈这笔交易，最终价格暂不确定。

第二天，事情出了点儿麻烦。原来布莱德没有与鲍勃·弗雷德里克商量我们之间的会谈内容。鲍勃知道这件事以后很生气，他感到公司在背着他的情况下被出卖了。鲍勃为此事与布莱德吵了一架，并率领着一些董事在RCA的董事会里反对此项交易。不过，当他们的董事会在星期日即12月8日开会讨论此事时，布莱德已经有能力获得大多数人的支持来批准这项交易了。

之后，他打电话向我报告这个好消息，但他说交易价格还不合适。他继续让菲利克斯做他的代表。我也需要一位投资银行家，于是就请来了我的好朋友约翰·温伯格（John Weinberg），约翰当时经营着高盛公司。

在随后的几天里，我们在纽约一家酒店的套房里进行会谈，布莱德、鲍勃、菲利克斯与我和约翰进行谈判。最后，像通常那样，要价与出价已经相当接近了。布莱德每股要67美元，我给出65美元。交易终于达成，我的出价是每股66.5美元——可能比他希望的价格还多了50美分。

企业出售方的继续参与对这家企业的未来成功有着很重要的作用，一般在这种情况下我总要在谈判桌上做些友好的表示。

在星期三即12月11日晚上之前，我们完成了购买RCA的交易，总金额是63亿美元现金。

这笔交易还有一段很离奇的插曲。几个月以前，在8月份，RCA一位级别较低的律师给我们的律师打电话，说他愿意帮助我们废除一项古老的GE-RCA判决。原来，第一次世界大战期间，在美国政府的要求下，GE、AT&T和西屋电气公司为了国防目的，共同组建了RCA。

1933年，司法部决定把RCA分出去成为一家完全独立的公司，GE表示同意并这么做了。作为补偿，该公司原来在列克星敦大街570号的总部大楼归GE所有。然而，当年司法部在实施这次交易的判决中规定：限制GE购买RCA的普通股股票。好在到了1985年10月，司法部终于废除了延长这一限制条件50年的决定，为12月的交易清除了障碍。

真是送上门来的运气！我们所有人对这个判决的存在一无所知。

处理完那个星期三晚上的事情之后，我离开RCA法律部门的办公室，来到列克星敦大街的GE大楼参加庆祝。大楼还是那座大楼，自从1933年GE从RCA手中得到它之后，它就一直巍然矗立在这里。

多么美好的夜晚！

我们打开香槟，尽情地欢笑、互相击掌。我们所有人——拉里·博西迪、迈克·卡彭特、丹尼斯·戴默曼，还有其他人，都一下子变成了孩子。我永远也忘不了那一幕。我们望着窗外，夜雾笼罩之下，安装在洛克菲勒中心大厦上的RCA霓虹标志清晰可见，我心里感到一股力量在涌动。洛克菲勒中心与我们只隔着3个街区，我们几乎迫不及待地要把GE的标志竖立在那儿。那一刻，我们觉得自己是非常了不起的人。

从我与布莱德第一次见面到最后董事会批准，我们只用了36天就敲定了当时非石油行业最大的一起并购交易。这笔交易在12月12日对外公布，它成为GE的一个转折点。看到GE要进入广播电视业务，当时有不少批评意见，他们问道："一个造灯泡的公司要买电视网，这个世界究竟怎么了？"广播电视业务给了我们新的力量和巨大的现金收入来源，以及我一直在寻找的躲避外国竞争的藏身之处，这种躲藏价值来自那些当时并不太引人注目的资产。

收购 RCA 使我们得到了一个巨大的电视网和更多的战略选择空间，同时也照亮了一个新的、充满活力的 GE。由于结构调整和业务收缩，我们经历了太多的混乱和沮丧。收购交易改变了这一气氛。我还记得，在宣布收购消息几周以后，我去参加 1 月份在博卡举行的业务经理会议开幕式。我向主席台走去。

突然之间，大厅里的 500 来人站了起来，他们自发地向我欢呼致意，RCA 成了通向新时代的美好起点。

待收购交易完成之后，我们就把 RCA 的非战略性资产，包括唱片、地毯和保险业务出售掉了。我们不喜欢该唱片业务的文化氛围，地毯业务对我们不合适，一个小保险公司同样也不值得保留。在交易结束后的一年内，我们就已经从 63 亿美元支付价款中回收了 13 亿美元。

我努力争取格兰特·廷克留任，继续负责 NBC，让布兰登·塔蒂科夫（Brandon Tartikoff）与他搭档。他们两人多年来负责许多极受欢迎的节目，从《科斯比秀》（*The Cosby Show*）到《干杯》（*Cheers*），成绩有目共睹。廷克曾经签了 5 年的合同，合同在 7 月份到期。他每周都要在纽约和加利福尼亚之间来回奔波，对此他早已经厌倦了。尽管收购之前廷克就告诉布莱德他将离开公司，但我仍旧努力挽留他。我们在纽约共进晚餐，我许诺给他极高的薪水。除了钱，我也实在没有别的办法让他留下来，但我还是没能如愿。

好在从第一天起，我心里就有了备选方案。鲍勃·赖特在出售家用电器业务后一直负责 GE 金融服务集团的经营，他曾经被我们派去与考克斯广播公司谈判收购事宜，并留在考克斯有线电视公司做了 3 年的总裁。

鲍勃是理想的人选。他对这个行业有独到的见解，对 GE 非常熟悉，是我们进入陌生领域的可靠同盟者。1986 年 8 月，我委派鲍勃去负责 NBC。当时的媒体表示疑问："这个 GE 的家伙怎么能经营电视网呢？"

差不多 15 年过去了，鲍勃依旧留在 NBC，背后是一串串辉煌的足迹。

我们让 NBC 成为一个独立的企业，但对 RCA 及其他与 GE 有互补性的业务则立即进行了整合。为了减少经营费用，我们把两家各自的领导班子联合起来，组建新的管理团队。他们每周都与我见面。团队的目标是"1+1=1"：一个 GE 部门加一个 RCA 部门等于合并后公司中的一个部门。大家都同意了，由来自两家公司的最优秀的人士担任新的职位。

这不只是说说而已。整合后的业务部门的最高职务由 GE 的人出任，但在各个下属公司中，RCA 的人赢得了大多数一把手的位置。我们合并组成了美国最大的电视机制造企业，由来自 RCA 的人负责经营。联合后的航天以及半导体业务也是由 RCA 的人担任最高职务。负责政府服务和卫星通信公司第四业务部门的吉恩·莫菲（Gene Murphy）就来自 RCA，他后来成为 GE 航天和飞机引擎公司的总裁，最后出任 GE 的副董事长。吉恩具有军人风度，他总是言出必践，从不爽约。我称他为"正直先生"。

这些资产或者说筹码，给了我们以前不可能拥有的战略选择机会。在随后的年代里，每一份筹码都给 GE 带来了真正的价值。

* * *

遗憾的是，正在我进行自己职业生涯中最大的一笔交易时，我个人生活中最大的一桩“并购案”却走向了终结。

我与卡罗琳在婚姻上的麻烦已经存在很多年了。在我整个的GE岁月中，我一直是个极端的工作狂，而她则为抚育我们的4个孩子付出了巨大的代价。孩子们的成长让人欣慰，他们都做得不错。凯瑟琳是我们的长女，也是我们最大的孩子，她从杜克大学毕业后在哈佛商学院读研究生。我的长子约翰，从弗吉尼亚大学本科毕业，然后进入伊利诺伊大学攻读化学工程专业的硕士学位。我们的另一个女儿安妮，毕业于布朗大学，正准备到哈佛建筑学院攻读硕士学位。我们的小儿子马克，现在佛蒙特大学读一年级。

我和卡罗琳突然发现彼此不是同路人。除了我们之间的友谊和相互尊重，我们几乎没有什么共同的东西，这的确让人感到无奈和痛苦。我们最终还是友好地分手了，在1987年4月结束了我们28年的婚姻。卡罗琳去了法学院，拿到了法律学位，最后与她的一位同学结婚，对方也是一位律师。

突然之间，我发觉自己又成了单身汉。单身而又多金，就好像自己身材高大，满头秀发，每个人都要关心你，你得与许多有趣又有魅力的女人约会。

缘分从未真正降临，直到沃尔特·里斯顿和他的妻子凯茜安排我与简·比斯利（Jane Beasley）初次见面。简是一名很有魅力的律师，她在纽约的谢尔曼–斯特林（Shearman & Sterling）律师事务所为凯茜的兄弟工作。当她的老板打电话问她是否愿意与杰克·韦尔奇出去见个面时，她还以为老板指的是他们公司的另一位律师呢。

“我不会和他出去约会，”她说道，“他是我的同事。”

“不是他，”老板说，“这个杰克·韦尔奇是GE的董事长，他的年龄比你大一点。”

“那没关系，我不会嫁给那个家伙的。”她说道。

当时，简为了事务所一项未了的业务正在伦敦出差，半年后她才回来。1987 年 10 月，我们与里斯顿夫妇在提诺饭店共进晚餐，那是纽约的一家意大利餐馆。

由于有沃尔特在场，见面稍微有些拘谨。我必须正襟危坐，好好表现自己。不过，我和简在晚上 10 点钟就离开了提诺饭店，我们去了卢森堡咖啡馆。第二次约会是在史密斯–沃伦斯基饭店吃汉堡包，我们俩不约而同，都穿了皮夹克和蓝牛仔裤，真是够般配的。

简聪明、坚定、风趣，比我小 17 岁。她不爱浮夸，对任何事情都实事求是。她来自亚拉巴马州的一个小城镇。简还是个孩子时，就每天早上 5 点半起来，在父亲的农庄里摘利马豆，一直干到腰酸背痛。她的母亲是一名教师，因为家里有 3 个兄弟，简那时是个假小子。她后来上了肯塔基大学的法学院，毕业后来到纽约，成为一名公司收购兼并方面的律师。

我并不总是一个理想的约会伙伴。1988 年夏天，我邀请简去楠塔基特岛度周末。为了挤出时间，她不得不跟她的老板协商。周五晚上，我们一块儿去吃了晚饭。

第二天早上，我睡醒了，整装待发。

“你究竟要去哪里？”简问道。

“我要去打高尔夫球。”

“你在开玩笑吧？”她说道，“我不得不放弃了那么多东西才挤出这个周末，你却要去打高尔夫球？”

我实在不知道这有什么不对的。自从结婚以来我一直是这么过的：努力地工作一周，然后，在星期六早上，整装出门去与球友一块儿打高尔夫球。

可是这一次，我知道这个习惯从此要结束了。

我们开始变得认真起来，我们进行了一场“开诚布公”的谈话。

我告诉简，她不去滑雪或者打高尔夫球使我很苦恼。简则告诉我，我不去听歌剧让她很苦恼。我和她达成了一个协议，如果她同意去滑雪和打高尔夫球，我就去听歌剧。我确实需要一位全职的伴侣，一位愿意迁就我的日程并陪我商务旅行的伴侣。简只能放弃她自己的职业。她申请了休假，先陪着我尝试了一段时间。我很幸运，简终于决定把陪伴我作为她的全职工作了。

1989 年 4 月，我们在楠塔基特岛的家中举行了婚礼，我的 4 个孩子都参加了。在随后的几年里，我开始去听歌剧，并把它称为“丈夫的责任”，直到简后来终于解除了我的这项义务。

虽然我欣赏歌剧的水平没有提高，但教她打高尔夫球却使我的球技大有长进。

多年来我一直想要赢得俱乐部冠军，但从未如愿。我和简在一起使情况大有起色。虽然在遇到我之前从未打过高尔夫球，但简却连续 4 年在楠塔基特岛的桑卡迪–海德（Sankaty Head）赢得了俱乐部冠军——我赢过两次。简的确成了最理想的伴侣。

* * *

还是回来继续讲工作上的事情吧。我们在 RCA 交易中的第一个筹码是电视制造业务。

1987 年 6 月法国网球公开赛期间，我和保罗 · 弗雷斯科在巴黎招待客人们观赏 NBC 电视转播这一盛会。法国政府控股的汤姆逊电子公司的董事长阿兰 · 戈梅斯（Alain Gomez）也来到了我们的接待中心。他是一位很有趣、很有魄力的人。

我们事先已经约好第二天去他的办公室拜访他。我们见面时，情形和我第一次与布莱德会谈没有什么不同。我们各自的企业都需要帮助。汤姆逊拥有一家我想要的医疗造影设备公司，这家公司叫 CGR，实力较弱，在行业内排名第四或第五。而我们在美国医疗设备行业则拥有首屈一指的地位，从 X 光机、CT 扫描仪到核磁共振诊断仪等都是行业第一，但我们在法国没有明显优势。法国政府保持着对汤姆逊公司的控股，实际上是把我们关在了法国市场之外。

阿兰·戈梅斯明确地表示他不想把医疗业务卖给我们，我和保罗决定看看他是否对业务交换感兴趣，因此向阿兰说明，我们可以用自己的业务与他的医疗业务进行交换。我们两人都非常清楚我们不喜欢 GE 的哪些业务。我站起来，走到汤姆逊公司会议室的讲解板前面，拿起一支水笔，开始在上面列出我们能够与他们交换的一些业务。

我列出的第一个项目是半导体业务，对方不想要。然后，我列出了电视机制造业务，阿兰·戈梅斯立刻表示对这个想法很有兴趣。他的电视机业务规模不大，而且全都局限在欧洲范围之内。他认为，通过这项交换可以把他那不赚钱的医疗业务甩掉，同时又能使他一夜之间成为世界第一大电视机制造企业。

我们三人对这项交易很是兴奋，决定由保罗·弗雷斯科和阿兰的一名手下在一周之内开始谈判。阿兰陪我们出了电梯，一直把我们送到等候在他办公楼外面的轿车旁边。当车发动起来准备疾驰而去时，我一把抓住了保罗的胳膊。

“老天，”我说道，“我认为他是真想做这笔交易。”我们都咧嘴笑了。

我确信阿兰回到楼上之后也有同样的感觉。阿兰清楚，他的电视机公司规模太小，根本无法同日本人竞争。这笔交易可以使他获得规模经济和市场地位，从而使他可以应对一场巨大的挑战。我们的家用电子消费品业务年销售额为 30 亿美元，拥有员工 3.1 万人；汤姆逊的医疗设备业务年收入为 7.5 亿美元。

这笔交易将使我们在欧洲的市场份额增长 3 倍，即提高到 15%。我们将更有实力来对付 GE 的最大竞争者——西门子公司。在 6 周之内交易就顺利完成，并于7月份对外宣布。除了作为交换的医疗设备业务，汤姆逊还给了我们10亿美元现金和一笔专利使用费，这批专利权每年可以带来1亿美元的税后收入。而同时，汤姆逊变成了世界上最大的电视机生产商。

然而，我们出售电视机业务一事却成了很多人批评的对象。媒体指责我们是向日本人的竞争屈服，一些人则攻击我们不爱国，我甚至被人称为在战斗中开小差的胆小鬼。

这些批评都是一些媒体的胡说八道。通过交易，我们的医疗设备业务更加全球化，技术更加尖端，而且还得到了一大笔现金。每年专利使用费的收入就比我们前10年里电视机业务的纯收入还要多。

但两家公司在短期内都要做一番比较艰苦的调整。我们的欧洲医疗业务在10年内几乎一直亏损，汤姆逊公司的电子消费品业务也遇到了同样的情况。但我们都渡过了难关，最终双双取得了成功。

* * *

用了两年的时间，我们才找到半导体业务的解决方案。像我们一样，哈里斯公司（Harris Corp.）也拥有一个规模不大的芯片生产企业。7月份，哈里斯的董事长杰克·哈特利（Jack Hartley）给我打了个电话，他想来费尔菲尔德找我了解一下购买我们半导体业务的可能性。哈里斯主要是一家国防电子设备供应商，拥有一个小规模的半导体厂支持该公司的军售。哈特利认为，如果不能尽快扩大规模并获得大量民用产品订单的话，这家公司恐怕很难生存下去。

我从来都不喜欢半导体行业。我给董事会画的一张图（见下图）很清楚地表达了我的想法。这一行业属于资本密集型行业，周期性很强——它的产品周期很短。从历史上看，对行业内的大多数厂商来说，回报率也不高。如果撤出这个领域，我们能把资金投入到其他一些业务上，比如飞机引擎、医疗设备和动力涡轮等回报率更高的业务。

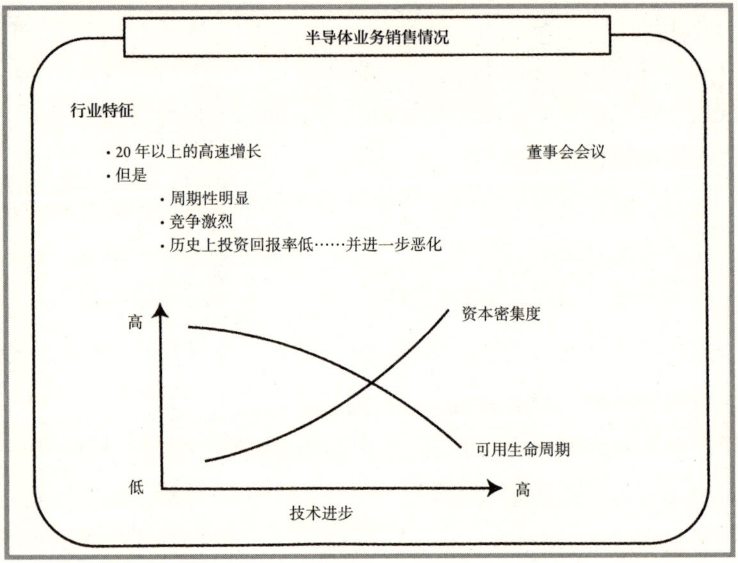

幸运的是，我们主要的全球竞争对手留在了半导体行业。这一行业耗费了他们大量的资本，并分散了他们管理上的注意力。

我原本就打算把半导体业务甩掉，因此与哈里斯的交易进行得很轻松。我要求的东西不多，只是想完成一个漂亮的脱身之举。吃午饭时，我和哈特利就已经把交易的纲要定了下来。我们在一张纸上写了6个要点，把它交给了我们的财务人员。

两个月以后，到1988年9月中旬，交易完成。哈里斯得到了GE的员工、设备和企业，我们则回收了2.06亿美元的现金。

将我们的航天业务处理出去花了长达5年多的时间。冷战已经结束，生产能力过剩，市场却越来越小。我们得出的结论是：必须从这一领域抽身。看起来比较合适的一个买家是马丁–玛丽埃塔公司（Martin Marietta），这是一家单纯的航天业务公司。

1992年10月下旬，我在一次商业会议上找到了马丁–玛丽埃塔公司的 CEO 诺姆·奥古斯丁（Norm Augustine）。诺姆有很强的正义感，而且聪明、思想深刻、颇具文采，是一个特别会讲故事的人。那年秋天的见面是在霍姆斯特德疗养胜地的大厅里，在此之前我们相互之间并不了解。我向他提议，我们应该在一起好好探讨一下各自航天业务的发展去向。他也想这样做，但比较犹豫，部分原因是害怕我们收购他的公司。

“我们很珍视我们的独立经营。”诺姆说道，“尽管我很想跟你对话，但我不想做任何损害我们的独立地位的事情。”

“我向你保证我们不谈这些。”我回答说，并建议回头私下里一同吃顿晚饭。

几天后，诺姆来到了费尔菲尔德。我们的人早已经把交易的事项和条件制成图表，供谈判使用。诺姆坐下来，边吃边听我谈。这项交易显然对双方都有好处。马丁–玛丽埃塔公司可以把规模扩得更大；对我们来说，GE 也可以从我不喜欢的军工领域安然脱身。军工这一领域太复杂，拜占庭式的政府审批制度使得 GE 成了一块谁都想咬一口的唐僧肉，司法部长们变着法儿地挑我们的毛病。

晚饭中间我们达成共识：抛开人们惯常的做法，列明我们不容商量的底线内容。为防止引起其他不必要的麻烦和给马丁–玛丽埃塔公司造成不良影响，我们都希望直截了当，并把了解谈判情况的人员减少到最小限度。在诺姆离开之前，我们的立场已经足够接近，交易可以考虑进行。

我们同意不让投资银行或外部的法律公司介入而缩小双方距离。在谈判过程中，诺姆曾有 3 个晚上秘密地来到我的办公室。当时马丁–玛丽埃塔公司的 100 名高级管理人员正在佛罗里达州的卡普蒂瓦岛上开会，奥古斯丁白天在卡普蒂瓦待着，匆匆吃过晚饭后便飞到纽约与我和丹尼斯·戴默曼谈判，一谈就是半个晚上。然后他再飞回去，在飞机上睡一觉，接着就得梳洗整装，准备参加他们公司的会议。连续 3 个晚上，我们都是忙到凌晨两三点钟。

第三个晚上之后，在一张鸡尾酒餐巾纸上，我们把交易的要点写清楚了，大家握手庆贺。我们的相互信任加快了谈判进程。我们还达成一致要控制银行家和律师的自私行径。这些外部人员经常为争抢业务而卖弄自己，总想证明自己是最聪明的。我告诉诺姆："不管什么时候，我们都可以通过电话联系，迅速解决问题。"

我们就是这么做的。3 个星期之后，交易完成。

当我们于 1992 年 11 月 23 日宣布这项交易时，在股票市场上，4 个小时内每家公司的市值就上涨了 20 亿美元。从费尔菲尔德的第一顿晚餐到宣布这项当时最大的航天行业并购交易，前后只用了 27 天。

交易金额是30亿美元，但马丁–玛丽埃塔公司最多能拿出20亿美元现金，因此丹尼斯·戴默曼想出了一个可兑换优先股的方案。这一方案解决了交易的融资问题，我们拥有了马丁–玛丽埃塔公司 25% 的股份。

交易的成功使我们继续获益。这项交易使马丁–玛丽埃塔公司的规模扩大了一倍，并引发了航天业的大规模并购浪潮。两年以后，马丁–玛丽埃塔公司与洛克西德公司（Lockheed）合并。到 1994 年，当我们把自己持有的马丁–玛丽埃塔公司可兑换股票全部出售时，我们净赚了 30 亿美元，价值已经翻了一番。

与马丁–玛丽埃塔公司、哈里斯公司的交易以及与汤姆逊的业务交换之所以能够成功，是由于我们拥有从 RCA 得来的筹码。在航天、半导体以及电视机制造行业，公司并购能够产生很大的规模效益，这是个关键因素。

我们最后一笔与 RCA 有关的交易直到 2001 年才完成。我们把 RCA 的卫星通信业务并入了 GE 金融服务集团，这样可以较好地满足此项业务对资金的巨大需求。我们建立了一个很强的卫星通信公司，拓展了 RCA 最初的业务范围。我们拥有 20 颗卫星，每一家有线网络都与我们接通，覆盖 4 800 万个家庭。然而，尽管我们是美国最大的固定卫星提供商，这项业务仍不够全球化。

在我们 2000 年 7 月的长期计划研讨会上，GE 金融服务集团的 CEO 丹尼斯 · 内登（Denis Nayden）和他的团队认为，我们必须通过收购其他公司来扩张这项业务，或者是把这项业务卖给其他公司。二者必选其一。丹尼斯勾画出一个寻找并购伙伴的战略，最后与 SES 公司进行了谈判。SES 是一家卢森堡公司，拥有 22 颗卫星，覆盖 8 800 万个家庭。我们把自己的卫星股票出售给了他们，总金额是 50 亿美元，现金和股票各持一半。这项交易使我们在新的 SES 公司拥有 27% 的股份，并使这家公司成为一家真正的全球化经营的企业。

RCA 交易的成功给予了我们一个巨大的电视网、拥有强大有线电视资源的电视台、一个国际化的医疗设备企业、一个占据重要地位的全球卫星公司，以及数十亿美元的现金——所有这一切都来自 1985 年 63 亿美元的最初投资。

对 GE 来说，RCA 是一个战略性的胜利。这次交易带给人们的情感鼓舞也具有同样重要的意义。

第十一章

人的企业

不管他们来自什么地方，GE 总是致力于发现和造就了不起的人。我强调过很多观点，但我尤为注重把人作为 GE 的核心竞争力，在这一点上我倾注了比任何其他事务都多的热情。

我担任董事长以后，从公司外面聘用了很多管理人员，其中乔伊丝·赫根汉（Joyce Hergenhan）是第一位。她心直口快、性格坚强，是一位很聪明的 MBA 毕业生，在处理复杂纠纷方面受过良好的训练。乔伊丝曾经担任过联合爱迪生公司（Con Edison）公共事业部门的高级副总裁，当时 GE 公共事业部门正饱受电力中断的困扰，招来的批评比发出的光多。

在见面之前，我简单地调查了一下她的背景，得知她是一个体育新闻迷。吃晚饭时，为了调节气氛，我决定给她出一个高难问题。以下是我的第一个问题。

“1946 年的红袜队中谁是二垒手？”

“鲍比·多尔。”她毫不迟疑地回答道。

我很有些惊讶。我是红袜队的终身球迷，并对 1946 年的世界联赛一直记忆犹新，就好像我还是 11 岁似的。

我决定继续问下去。“还不错，不过，是谁拿球时间太长了点儿？”

“哦，”她立即回答道，“你的意思是以挪士·斯劳特一垒打得分以后吗？”

“你说对了。”

“约翰尼·派斯基！”

当然，我不是因为乔伊丝的棒球知识而雇用她的。她贡献给公司的比这要多得多。16年来，作为我们的公共关系副总裁，她精心铸就着GE的声誉。

通过这种不落俗套的面试而聘用的人员不止乔伊丝一人。将近20年以前，有一次，我正开着自己的大众轿车在新泽西州的收费公路上行驶，突然引擎熄火了，我的车被拖到当地的一家修理站，在那里遇到了一位名叫霍斯特·欧博斯特（Horst Oburst）的德国技师。在随后的两天里，他一直忙碌着找零件，我们建立了很好的关系。我对他的胆量很是惊叹，便给他提供了一份工作。一周以后，他便到皮茨菲尔德的GE塑料公司上班了。

霍斯特在那里工作了35年，得到了好几次提升。

发现优秀人才可以通过各种各样的渠道。我一直相信：“你与每一个人的相遇都可视为一场面试。”

事实上，不管他们来自什么地方，GE总是致力于发现和造就了不起的人。我强调过很多观点，但我尤为注重把人作为GE的核心竞争力，在这一点上我倾注了比其他任何事务都多的热情。GE的用人制度在这一方面发挥了重要作用。对于那些痛恨官僚主义的人来说，正是我们用人制度的严格性给一切带来了活力。

在一个拥有30万名员工和4 000名高级经理的大企业里，我们所需要的绝不仅仅是能感触到的良好意愿，必须有一种合理的制度使员工们都懂得游戏规则。这一过程的核心是人力资源循环：4月在每一个主要公司的所在地进行的全天的 C 类会议，7 月两个小时的电视 C 类会议（追踪），以及 11 月的 C-II 类会议，全面检查 4 月所确定的事项。

这是正规的安排。

在 GE，我们还有一种非正规的暗示性的人事检查——在休息室里，在走廊上，以及在每一个公司会议上。对人的高度注意，也就是在无数的环境下考验每一个人，形成了 GE 的管理理念。总之，这就是 GE。

我们造就了不起的人，然后，由他们造就了不起的产品和服务。

尽管我们有制度，有书面的规定，有明确的日程表，但它绝不是静态的。除了日程表和提前认真准备以外，人事评估程序从来不是有规有矩的。

不管我们在书面上写了什么——实际上我们所有的内容都落实到书面上，我们所期望的绝不只是这些白纸黑字，我们所期望的是每一个人带到讨论桌上来的激情和意志。当经理们不惜承担风险地陈述他们的报告时，你就既弄明白了他们所讨论的内容，也弄明白了他们这些人。

有时我们会为一页纸争论一个小时。

为什么这些会议如此紧张激烈?

两个字：区别。

在制造行业，我们力图消除区别；而对人来说，区别就是一切。

“区别”并不容易做到。如何找到一个方法，从而将一个大公司的人们区别开来，这是最难做到的事情之一。多年来，我们使用了各种各样的钟形曲线和框图来区别人们的才能，这都是些用来给人们的成绩和潜力划分等级（高、中、低）的图表。

我们还使用“360 度评估”，也就是把同级和下级员工的意见都考虑进来进行评估。

我们喜欢这个想法——在头几年里它的确帮助我们找出了那些“媚上傲下”的害群之马。不过，像任何由同事主导的评估方法一样，时间一长，这一办法就开始走过场了。人们开始互相之间说好话，因而每个人都能得到很好的评级，大家相安无事。

现在我们只在很特殊的场合下才使用“360 度评估”。

我们一直在寻找一套能更有效地评价组织的方法，最终发现了一种我们真正喜欢的方法，我们称之为“活力曲线”（见下页图）。每年，我们都要求每一家 GE 公司为他们所有的高层管理人员分类排序，其基本构想就是强迫我们每家公司的领导对他们领导的团队进行区分。他们必须区分出：在他们的组织中，他们认为哪些人是属于最好的 20%，哪些人是属于中间的 70%，哪些人是属于最差的 10%。如果他们的管理团队有 20 个人，那么我们就想知道，20% 最好的 4 个和 10% 最差的两个都是谁，包括姓名、职位和薪金待遇，表现最差的员工通常必须走人。

做出这样的判断并不容易，而且也并不总是准确无误。是的，你可能会错失几个明星或者后起之秀，但是你造就一支全明星团队的可能性却会大大提高。这就是如何建立一个伟大组织的全部秘密。一年又一年，“区别”使得门槛越来越高并提升了整个组织的层次。这是一个动态的过程，没有人敢确信自己能永远留在最好的一群人当中，他们必须时时向别人表明：自己留在这个位置上的确是当之无愧的。

* * *

活力曲线要求我们把人分为 A、B、C 三类。

A 类是指这样一些人：他们激情满怀、勇于任事、思想开阔、富有远见。他们不仅自身充满活力，而且有能力带动自己周围的人。他们能提高企业的生产效率，同时还能使企业经营充满情趣。

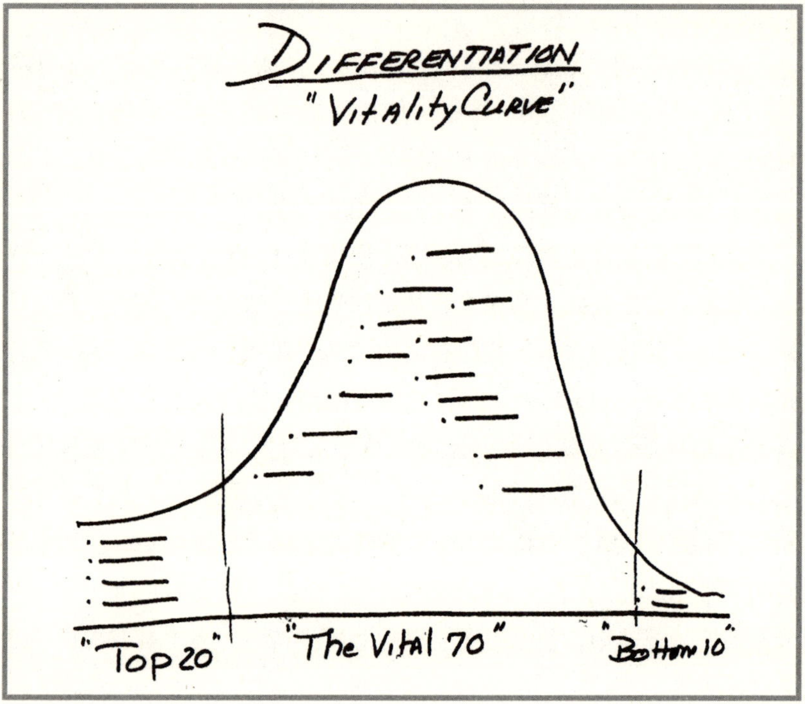

我绘制的“活力曲线”图

他们拥有我们所说的“GE 的 4E 领导能力”：充沛的精力（energy）；能够激励（energize）别人实现共同的目标；有决断力（edge），能够对是非问题做出坚决的回答和处理；最后一点，能坚持不懈地执行（execute）他们的承诺。

实际上，我们开始时用的是“3E 标准”：精力、激励以及决断力。当我们召开第一次 C 类会议时，我们用这个“3E 标准”来评估每一位管理人员。我们曾挖掘了几个经理，他们都精力充沛，能激励他们的团队，而且决断力强。从这家公司到另一家公司，我们总能遇到一两名符合“3E 标准”但又总觉得不太满意的经理。在回到总部之前，我们终于认识到我们遗漏了一些东西：这些经理所缺乏的就是实现既定目标的能力。因此，我们又增加了第 4 个 E——执行。“4E 领导力”就是这么来的。

在我看来，“4E 领导力”是由一个 P，即激情（passion）联系起来的。

正是这种激情，也许是比任何其他因素都更为重要的因素，将 A 类员工和 B 类员工区别开来。B 类员工是公司的主体，也是业务经营成败的关键，我们投入了大量的精力来提高 B 类员工的水平，我们希望他们每天都能思考一下为什么他们没有成为 A 类员工，经理的工作就是帮助他们进入 A 类队伍。

C 类员工是指那些不能胜任自己工作的人。他们更多的是打击，而不是激励；是使别人的目标落空，而不是实现目标。你不能在他们身上浪费时间，尽管我们要花费资源把他们安置到其他地方去。

活力曲线是我们区分 A 类、B 类和 C 类员工的动态方法，是 C 类会议所使用的最重要工具。将员工按照 20 ∶ 70 ∶ 10 的比例区分开来迫使管理者做出果断的决定。

活力曲线并不完美，我想把员工区分为 A、B、C 三类，但并不能完全准确地得以实现。有时候，甚至是很可能的，某个 A 类员工被划到主体的 70% 那部分里去。这是因为，并不是每个 A 类员工都具有在公司里实现更高发展的志向，尽管他们仍想在目前的位置上做得最好。

经理们如果不能对员工进行区分，那么很快他们就会发现自己被划进了 C 类。

活力曲线需要奖励制度来支持——调整工资、分发股票期权，以及增加更多的职务晋升机会。

A 类员工得到的奖励应当是 B 类的两三倍。对 B 类员工而言，公司每年也要确认他们的贡献，并提高其工资。至于 C 类员工，则什么奖励也得不到。每一次评比之后，我们会发给A类员工大量的股票期权。大约60%~70%的B类员工也会得到股票期权，尽管并不是每个B类员工都能得到这种奖励。

每一次在我们决定增加工资、分发股票期权或者提升职衔时，活力曲线都是我们的行动指南。每一个人所得奖励的基本依据就是自己在这条曲线上的位置。

对公司而言，失去A类员工是一种罪过，所以一定要热爱他们、拥抱他们、亲吻他们，而不要失去他们！每一次失去A类员工之后，我们都要进行事后检讨，并一定要追究造成这些损失的管理层的责任。

我们的做法很有效，每年我们失去的A类员工都不到1%。

这种制度，像任何其他制度一样，也有它的缺点。确定A类员工是一种管理上的乐事，每个人都喜欢做这种事；确认和奖励中间70%的有价值员工也没什么困难。

但是，处理底部的10%却要艰难得多。

新上任的经理第一次确定最差的员工时，不会有什么太大的麻烦。但到第二年时，事情就困难得多了。

第三年，则成了一场战争。

到了那时，那些明显最差的员工已经离开了团队，很多经理就不愿把任何人放到C类里去，他们已经喜欢上了团队里的每一个人。到第三年，假如说他们团队有30人的话，对于底部的10%，他们经常是连一个都确定不出来，更别说三个人了。

经理们会想出各种各样的花招来避免确定这底部最差的10%。有时候，他们把那些当年就要退休或者其他已经被告知要离开公司的人放进来。有些经理甚至干脆把那些已经离职的人列在最差员工的名单里。

我们有一家公司手法更高明，可谓是登峰造极之举，他们把一位在评估会前两个多月就已经去世的员工确定为底部的10%中的一个。

这是一项很艰难的工作，没有哪个领导人愿意作这种痛苦的决定。我们一直面临着强烈的反对意见，甚至是来自公司里最优秀员工的批驳之词。我试图亲自去解决这个难题，并时常感到内疚，因为自己还不够严厉。对任何一种想逃避的冲动，我都坚决把它压下去。如果一个GE的企业领导把分红或股票期权分配方案的推荐意见上交给我，却没有区分出底部最差的10%，我总是把这些意见全退回去，直到他们真正做出了区分。

不能坦诚直率地处理C类员工是个问题，这个问题在一位新的经理到来之后就容易解决了。由于对原来的团队没有感情上的依恋，他或她在确定最差的员工方面就不会有什么困难。

底部的10%很快就确定出来了。

有些人认为，把我们员工中底部的10%清除出去是残酷或者野蛮的行径。事情并非如此，而且恰恰相反。在我看来，让一个人待在一个他不能成长和进步的环境里才是真正的野蛮行径或者“假慈悲”。先让一个人等待着，什么也不说，直到最后出了事，实在不行了，不得不说了，才告诉人家：“你走吧，这地方不适合你。”而此时他的工作选择机会已经很有限了，而且还要供养孩子上学，还要支付大额的住房按揭贷款，这才是真正的残酷。

认为活力曲线残酷，这是根据错误的逻辑所得出的结论，是那种弥漫着假慈悲的企业文化所能产生的后果。试问，在学生们毕业时，为什么不能取消评定成绩？

绩效管理是人们生命中的一部分，从我们上小学一年级开始就是这样。区分的原则适用于橄榄球队、啦啦队以及各种荣誉社团；它适用于大学录取过程，你总是可能被一些学校接受，而被另一些学校拒绝。区分的原则在你毕业时依旧适用，你的毕业证书上可能会加上各种褒奖或赞扬的评语。

我们生命的头 20 年里一直经历着区分。我们清醒时绝大部分的时光是在工作场所度过的，为什么要在工作场所中停止区分呢？

我们的活力曲线之所以能有效发挥作用，是因为我们花了 10 年的时间在我们的企业里建立起一种绩效文化。在这种绩效文化里，人们可以在任何层次上进行坦率的沟通和回馈。坦率和公开是这种文化的基石，我不会在一个并不具备这种文化基础的企业组织里强行使用这种活力曲线。

* * *

一个典型的 C 类会议是什么样的呢？

我们前往各下属公司之前一个月，公司的行政办公室以及人力资源部的负责人比尔·科纳蒂（Bill Conaty）便准备好了一份包括所有主要公司的日程表（2001 年 C 类会议的日程安排参见附录 B）。

各下属公司要提前行动，他们必须认真准备所要求的各种信息。我们的目的并不是纸上谈兵，我们最重要的意图是想了解我们的人力资源战略是如何落实到各主要公司的具体经营中去的。

活页纸张、图框、表格，这些看起来都是令人生畏的，但是会议气氛却是比较随意的，大家彼此信任，充满激情，互相之间也时不时幽默一下。

毋庸置疑，会议上当然存在很多得失攸关的事情。此次评估会是我们这一年最重要的会议，会议是这样召开的：

上午，我们谈论公司和员工。

午餐时，我们集中讨论多元化问题。

下午，我们回顾业务变动和管理这些业务的人员情况，并确定由谁具体负责。

上午的会议最为关键。我们讨论员工的经历、晋升机会、活力曲线，以及他们的优点和缺点。我们有一个规定，对每个人都要找出他的长处和短处、取得的成绩以及需要进一步改进的地方。我们用大部分时间来讨论这些需要改进的地方以及这些经理是否有培养前途。

我们最近评估过一家制造企业的管理者，我们认为他的优点是完成了预定目标（高生产率、收益大幅度提高、“六西格玛”标准都不错），但是他的缺点也很明显，对人粗暴，听不进别人的意见。我们对他的优缺点进行了较长时间的辩论，决定给此人一个警告——他必须改变自己。

他正面临着成为C类员工的危险。如果一个人心胸不开阔，不能考虑别人的意见，则会成为坏事的人。

当然，我们也有轻松愉快的时刻。

我对每一个人都要仔细过问，而且经常使用一些不同寻常的方法。C类会议的书面材料里包括每个管理人员的照片和简历。如果看到照片里的人是肩膀低垂、睡眼惺忪或者是耷拉着脑袋的样子，我会毫不犹豫地把他指出来，说：“这家伙看起来暮气沉沉的！他能干好什么？他在这个岗位上都已经六七年了，一直没有升迁。这究竟是怎么回事？为什么不把他调走？”

显然，一张毫无表情的照片并不能告诉你什么东西，但我想要看到的是一场生动活泼的讨论会，我希望能听到公司的领导为他们的员工进行辩论。每一个参加完C类会议的人都必须知道，赛场上的一切——运动员、国歌、激烈对抗、决胜局、整场的比赛，都跟人有关。

2001年3月，我在我们新的CEO杰夫·伊梅尔特的陪同下再次来到皮茨菲尔德参加C类会议的考评。我翻看着材料，拣出了GE塑料公司一位很有潜力的经理的照片，照片很滑稽。

“如果这家伙真的有你们说的那样好，你最好让他换一张新照片。”我开玩笑说，“有些人很可能会因为这些照片产生误解。”

那天晚些时候，我遇到了那位员工，就逗弄他。

“吉兹，”我说，“你的行为没有一点像你的照片，你现在从事的这项了不起的工作与你的那张照片不怎么相称。”

我想照片的话题给他带来了乐趣（可能是新照片）。

所有这些照片旁边都是一个9个方格的表格，在里面要画上一个“×”，用来表示该管理人员的业绩和潜力（见下页），最好的等级表示在左上角的方格里，评判标准主要是公司目标，包括“4E领导力”以及我们的重点行动计划：以客户为中心、电子商务和六西格玛。

在每张照片下面，有些很简短的摘要，用来说明每个经理人的长处和短处。这些摘要大部分都是长处，但我们规定，必须至少有一条说明此人需要改进的地方。我们不允许任何的粉饰和隐瞒。有位经理的长处是“积极进取”“应用电子商务”，而其不足则是“前瞻性不够”。我们从来都不喜欢只盯着自己眼前这点儿工作的人，这些人很可能会在将来面临坐以待毙的困境。对另一个人的评价是“聪明、主动性强、富有朝气”，在短处这一方面是“执行能力不足”。不能实现既定的承诺，这最终是不可接受的。

摘要后面都要附上对各类评价和待改进地方的详细汇报材料，每一位员工也要求进行自我评价，这些自我评价要与上司对他们的评价放在一起。

* * *

在过去的几年里，我们都是在吃午餐时与各类“高潜力”员工见面。他们每一个人都被指派了一名辅导人，辅导人来自公司现有的领导团队。经过几年的努力，我已经使大家明确地认识到，这种辅导与解释公司报酬分配计划没有任何关系。我们要做的事情是人事开发，而且要使用产品开发那样的控制手段。

在这里，被辅导者就是“产品”。公司的领导，也就是他们的辅导

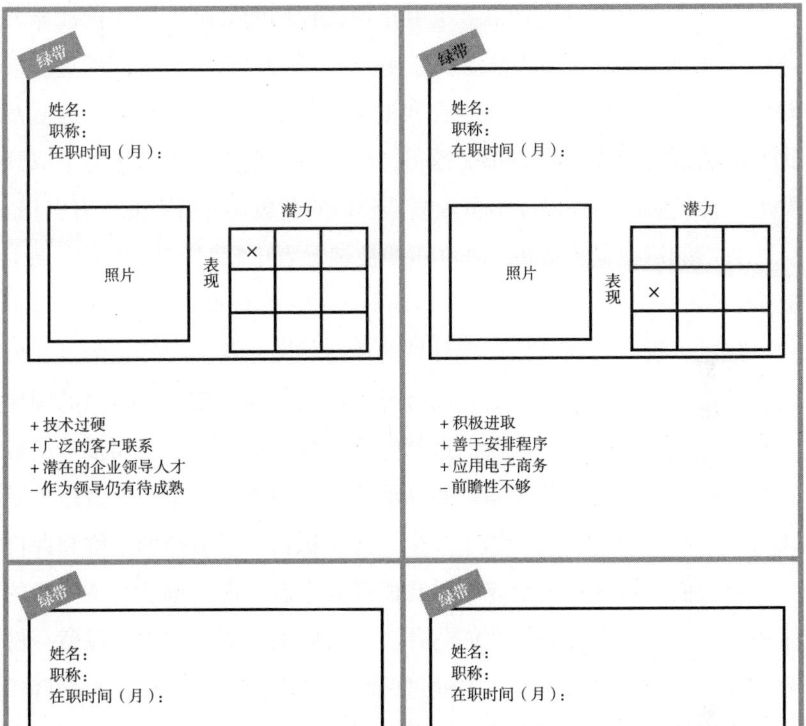
绿带
姓名：
职称：
在职时间（月）：
照片
潜力
表现
×
+ 技术过硬
+ 广泛的客户联系
+ 潜在的企业领导人才
– 作为领导仍有待成熟
绿带
姓名：
职称：
在职时间（月）：
照片
潜力
表现
×
+ 积极进取
+ 善于安排程序
+ 应用电子商务
– 前瞻性不够
绿带
姓名：
职称：
在职时间（月）：
照片
潜力
表现
×
+ 顶尖的业务领导
+ 对知识掌握异常快
+ 很好的顾问
+ 受同事尊敬
– 需要更多的决断力
绿带
姓名：
职称：
在职时间（月）：
照片
潜力
表现
×
+ 聪明、主动性强
+ 有全球意识
+ 适应角色很快
+ 优秀的辅导 / 顾问
– 执行能力不足

者，有义务去开发这些产品。也就是说，他们要么把他们的被辅导人带至 A 类的水平，要么找到新人。在吃午餐的过程中，我们就这些辅导项目展开坦率的对话。辅导者和被辅导者都要接受严格的规则。在我们的绩效文化中，双方都能懂得，他们每一个人都有责任来争取开发出一种优质产品并以此衡量业绩，公司的高级管理者对此负有责任。

我们的制度是有效的，1999 年的被辅导者中超过 80% 的人得到了提拔。

吃过午餐，会议开始回顾计划的执行状况。我们想知道的是，公司有哪些人参加了这些计划，而且是由谁来领导实施的。公司的领导团队要对照着年度目标向我们进行陈述。我们从每一家公司挑选出最好的经验，然后把这些经验带到其他公司。最重要的是，通过这个回顾会议，我们对每一项计划有多少人力在执行有了清楚的了解和评价。

当我们离开每一场会议时，我们都要带着一份明确的有待完成的任务单。这份任务单是由我们与各公司共同确定的，双方各保留一份。两个月后，即 7 月份，我们要通过两小时的电视会议追踪检查这些任务的执行情况。同样的任务单也用来确定 11 月份 C-II 类会议的日程，由此完成一个循环。

尽管这一程序的执行非常严格，但雇员们在年度态度调查中的回答让我很是奇怪。调查共有 42 个问题，我们发现，每次调查得分最低的总是这样一个判断：“公司对那些没有圆满完成任务的员工的处理意见很坚决。”

2001 年，只有 75% 的 GE 专业人员认同这一判断，而这同 1999 年相比已经有所提高了，当时只有 66% 多一点的人认同。对这一问题的满意水平之低与调查中其他问题的高分数形成了强烈的反差。当问到某个雇员他的 GE 生涯是否对他和他的家庭产生了良好的影响时，有 90% 以上的人做了肯定的回答。这一结果清楚地说明，在公司的每一个层次上，区分是多么重要，我们的雇员是多么想拥有一个更坦率、更富有进取性的环境。

* * *

在主要公司的C类会议期间，我们会花费至少一个小时与当地的工会领导面谈。我们希望当地的工会领导人能了解我们，也希望我们能了解他们及其所关心的事情。

我们与工会领导之间的相互尊重，在每一个层次上都是真诚而深刻的。在全国层次，我们与比尔·拜沃特（Bill Bywater）的苦斗持续了15年。比尔·拜沃特是国际电气工人联合会（IUE）的主席，其继任者是埃德·法尔（Ed Fire）。我们每年都要与他们聚会一两次。先是弗兰克·多伊尔，最后的7年是人力资源总裁比尔·科纳蒂，与我一起和他们会谈。我们坐在一起吃着晚饭，一面为工资、津贴以及其他一些诸如此类的问题争论不休。我认为，如果我们能够把自己的工作做好的话，我们的雇员就不需要一个组织来代表他们的利益——这是我们与工会领导人之间最大的立场分歧。我的观点总是遭到比尔和埃德的激烈驳斥，他们坚持要将工人组织起来。我们的分歧一直是公开的，我们之间从不隐瞒商讨的议题。在20多年里GE从来没有发生过大罢工。

在更广泛的劳工问题上，我的前任雷吉·琼斯有过一个创举——他建立了一个由大约10位工会领导和10位CEO组成的劳资管理小组。该小组与20世纪70年代产联–劳联的乔治·米尼（George Meany）和莱恩·柯克兰（Lane Kirkland）积极合作。我很喜欢这个主意，并参与了这个小组的工作，先是与莱恩·柯克兰一起，然后是与约翰·斯威尼（John Sweeney）一起担负领导工作。我和约翰都是笨头笨脑的爱尔兰人，但我们都真诚地尊重对方，我们努力在健康医疗、工会和教育等方面达成协议。尽管这个领导小组在政策上只取得了很有限的成功，但是，多次的会谈使我们能更好地理解对方的立场，这使我们受益匪浅。

我们与工会打交道的方式和我们与工人们相处的方式没有什么区别。很多外面的人士问我：“GE 的文化怎么可能与世界上各种不同的文化融合得那么好？”我对这个问题的回答永远都一样：尊重他人，给他们发言权。这是一条具有全球意义的启示。

* * *

每一天，每一年，我总觉得花在人身上的时间并不够。对我来说，人就是一切。我总是不断提醒我们的各级经理：必须分享我们对人的激情。今天，我在他们面前是“大人物”；他们回到公司后，在员工们看来，他们就是真正的“大人物”。他们必须把同样的活力、献身精神和责任心传递给员工，传递给那些远离杰克·韦尔奇的人们。对这些员工来说，杰克·韦尔奇可以说什么也不是。我的前妻卡罗琳总是提醒我，我曾经在 GE 工作了 10 年而不知道董事长是谁。所以我要求每一个 GE 经理都要记住的重要一条是：在其员工范围内，“他们就是 CEO”。

即使是我们最耀眼和最优秀的明星也知道这些规则。正如 NBC 的总裁安迪·拉克（Andy Lack）所言：“我和杰克已经是 8 年的老朋友了，我们的妻子几乎天天见面。但如果我开始走下坡路，做了 4 个令人难以置信的愚蠢决定，我知道他一定会炒我的鱿鱼。他会拥抱我，说他很难过，‘而且你可能再也不想与我共进晚餐了。’但是，他对解雇我绝不会有半点犹豫。”

这就是绩效的全部含义。

第十二章

再造克罗顿维尔，再造 GE

> 我想让这个地方重新焕发生机，并且想让这位前哈佛教授来领导这场变革。我把克罗顿维尔看作一个在交互式的开放环境中传播思想的地方，它可以成为打破等级制度的最理想的场所。我需要与公司下层的经理人员进行直接交流，让我的信息不会因老板们的层层阻隔而失真。

改革是没有选民的，而一场可以感觉得到的改革就更没有了。

1981 年 1 月上旬，正好是我被指定为董事长候选人之后两周，我正在佛罗里达参加 GE 的年度管理会议。从 1968 年起我每年都参加这个会议。我在晚饭前的一次鸡尾酒会上发现了吉姆·鲍曼（Jim Baughman）。吉姆是一名留着大胡子的学者，原来在哈佛商学院任教，曾经为 GE 做过几年顾问，一年前他被指定为我们在克罗顿维尔的管理开发中心的总负责人。

我在一小群人里找到了吉姆。

“我正要找你呢。”我说。

我拉着吉姆的胳膊，做了自我介绍，并简单寒暄了几句。我告诉吉姆，他应该为自己人生中的飞跃做好准备。

“我们准备在这家公司里进行全面改革，我需要克罗顿维尔成为改革的重要组成部分。”

如果没有克罗顿维尔，我们就没有一个新思想的传播者。我希望把我进行改革的道理传播给尽可能多的人，克罗顿维尔正是这样一个地方。

克罗顿维尔是坐落在纽约州奥西宁的一所占地 52 英亩的学院，这里曾经是 GE 早期管理变革的发源地。前任 CEO 拉尔夫·科迪纳（Ralph Cordiner）在20世纪50年代中后期建立起了这些设施，把他的分权思想灌输到了所有等级中。

数以千计的 GE 管理人员被引导要控制他们自己的业务经营，要对赢利和亏损负责。多年来，克罗顿维尔中心的教师在“蓝宝书”的基础上教授了大量很有实用价值的培训课程。“蓝宝书”将近 3 500 页，里面写的都是经理们应该或者不应该做什么。成百上千个总经理就是在这些信条的熏陶下成长起来的。在那些日子，从“蓝宝书”里总结出来的 POIM（计划—组织—协调—衡量）原则就如同《圣经》里的十诫一样。

一旦分权化过程完成，克罗顿维尔作为开发和培训领导能力的基地的作用就减小了，更多的时候是作为技术培训和危机时发布信息的讲坛存在。在 70 年代石油价格狂涨的时候，雷吉把数百名经理送进这里的研讨班，学习通货膨胀条件下的企业管理技能。

到 1980 年，这里的设施已经相当过时了。克罗顿维尔更像一个提供安慰奖励的地方，而不像 GE 公司的精华荟萃之地。这里的培训项目采用公开报名的方式，参加者良莠不齐，很多未来的公司领袖人才都不屑报名。在竞争雷吉职位的 7 个候选人中，只有两个曾经来克罗顿维尔参加过数周的总经理课程，这两位当中不包括我，虽然我仍旧记得 60 年代后期曾来此上过一周的市场营销课。我喜欢这些课程，但特别不喜欢这里的住宿条件。

到 1981 年，克罗顿维尔已经累了，真的累了。

我想让这个地方重新焕发生机，并且想让吉姆·鲍曼这位前哈佛教授来领导这场变革。我把克罗顿维尔看作一个在交互式的开放环境中传播思想的地方，它可以成为打破等级制度的最理想的场所。我需要与公司下层的经理人员进行直接交流，让我的信息不会因老板们的层层阻隔而失真。

但是，如果要克罗顿维尔做到这一点，它就必须改革。与吉姆·鲍曼在佛罗里达会谈之后，过了几周，我们又在费尔菲尔德见面了。我们一起吃了一顿长达3小时的午餐，就克罗顿维尔的未来展开了热烈的讨论。我想进行全方位的改革：学员、职员、内容，还有设施和外观。我希望它能集中于领导人才的开发，而不仅仅是职业培训；我希望它能成为一个可以触摸到公司最优秀人员的头脑和心灵的地方，在改革过程中聚合公司力量的精神纽带。

“我不希望那些发展潜力不大的人来到这个地方。”我告诉吉姆，“我要让最好的人才聚集到这里，而不是让那些已经疲惫不堪的人到这里讨取最后一次奖赏。”

如果我们打算让最优秀的员工来这里，那我们就必须把克罗顿维尔变成一个世界级的管理开发中心。我们必须在大刀阔斧对公司进行改革的同时，在调整产品结构和大规模收缩业务的同时，大笔投资改善这里的设施和条件。我们需要立即把大会议厅、阶梯教室翻修一新，并修建直升机停机坪，这样我们的公司领导往返这里就会更加方便快捷（从费尔菲尔德开车到这里是一个小时的路程）。我要求吉姆把我们的构想完善成一个方案，然后提交给董事会。他在1983年6月完成了方案起草工作，其中包括申请拨款4 600万美元在克罗顿维尔修建生活居住区。吉姆还一直记得，当我审阅完他的方案后，我把他最后一页的投资回报分析拿掉了。我在幻灯片上画了个“×”，并写了个词——“无限”。我用这个词强调指出，我们在这项投资上的回报将永远持续下去。

我是当真的。

工作进展缓慢。上任后，我参加的第一次 GE 经理培训班见面会与我早先参加的其他会议很相像。我们不是在克罗顿维尔见的面，这些 4 周管理课程班的经理们一股脑儿涌到了费尔菲尔德去参加当时的“董事长之夜”。那是 1981 年 6 月，在公司总部的大演讲厅里，我在 50 名经理人员面前站着。我们每一个人都西装革履，打着领带。课程班学员坐在前面，公司人力资源部的人员坐在后排。那天晚上，我的即席演讲还是围绕着我一直最为强调的主题进行：“数一数二”战略以及我要改变公司的“感觉”的愿望。

在讨论完我想把 GE 带往何处的话题之后，我开始接受公开的提问。

提问的人不多，在场的人没有对我的思想进行挑战，但是，演讲大厅里至少 70% 的人在用一种怀疑的目光看着我（你知道我指的是哪一种目光——那种人们根本就不认同你的目光）。

公平地讲，我确实吓着了他们。当时的情形是，我在前面来来回回踱着步。威胁着要整顿、关闭或者卖掉他们为其效力的企业，而后排就坐着那些能够决定他们职业生涯的人。这的确是对他们精神的一种痛苦折磨，只有很少的几个对官僚主义感到极度失望的人对此表示喜欢。

我完全理解大厅里充斥着的困惑和恐惧。见鬼，这些经理已经习惯了一个与我所说的不同的、更为传统的 GE。我努力寻找着恰当的词汇来传达我的信息。卓越、质量、企业家精神、所有权、直面现实，以及“数一数二”，这些主题排山倒海般地压向这些学员，压得他们一个劲儿地忧虑自己是否还能在 GE 继续干下去。

这种在费尔菲尔德大演讲厅里开课的做法被我坚持了下来。我用客车把经理们接到公司总部，在晚上开个座谈会，与他们进行面对面的交流，然后招待大家一顿晚宴。情形开始渐渐好转，但依然很费力气。

* * *

公司里的情绪随着媒体的报道和我们股票的价格起起落落。似乎每一个好消息都让整个公司振作一阵子，而每一篇悲观的文章也都让那些喜欢讽刺挖苦我们的人闹腾一番。

早在 1982 年 1 月,《财富》杂志的一篇文章——《努力让 GE 苏醒》就预测我们会进一步蓬勃发展。不到 6 个月之后，我就被他们贴上了“中子弹”的标签,《福布斯》杂志对此也大力附和，于 1984 年 3 月刊登了一篇封面文章——《对全新未来的惊人设计》。我记得第一次看到这篇报道是在直升机上，当时我和亨利·基辛格正从费尔菲尔德飞往纽约。亨利对媒体很有经验，他认为这篇报道肯定会引起轰动。不过，这些美好的感觉很快就找不到了。5 个月以后,《财富》杂志把我称为“美国最强硬的老板”。

至少在媒体上，我从王子变成猪猡，又从猪猡变成王子——非常之快。

幸运的是，股票市场还比较支持我。经过几年的徘徊停滞,GE 的股价开始大幅攀升，这再次使我们确信自己走的道路是对的。有很多年我们的股票期权不是特别值钱。1981 年，当我刚成为董事长时,GE 员工从股票期权中得到的收入总共只有 600 万美元。第二年期权收入涨到 3 800 万美元，1985 年为 5 200 万美元。

头一次,GE 的员工们开始从自己的腰包里感觉到了好时代的气息。

收获时代开始了。

每年我们在克罗顿维尔有 3 期最高级的管理课程，从 1984 年开始，每一次课程开班我都要去与学员们见面。我们要把他们所有人都重新改造一番。他们以往要学习来自其他公司的案例，我们改为解决 GE

的实际问题。吉姆·鲍曼聘用了一位密歇根大学的管理学教授，名叫诺埃尔·蒂奇（Noel Tichy）。蒂奇很有创造性，帮助吉姆重新设计了课程内容。他后来在1985—1987年担任克罗顿维尔的总负责人，为这里的工作倾注了巨大的热情，并引进了“行动学习”教学法。

克罗顿维尔开设的课程很多，从新员工定向课程到特定的技能培训项目都有。旨在培养领导能力的课程有3项：为最具潜力的高级经理开设的EDC（高级管理开发课程）、为中层经理开设的BMC（企业管理课程），以及为初级管理人员开设的MDC（管理开发课程）。

第一级是3周的MDC课程，每年推出6~8次，全部在克罗顿维尔的大教室里授课。每年参加这一课程的经理有400~500人。

在更高级的BMC和EDC课程中，蒂奇的“行动学习”概念是贯穿始终的核心教学方式，该方式要求面对真实的企业管理问题进行探讨和学习。课程都聚焦于一个核心国家、一个主要的GE企业，或者是公司在执行某些计划或政策方面的进展情况，如质量管理或全球化等。非常有意思的是，我们在柏林上BMC课时恰好是柏林墙倒塌的那一天。学员们目睹了这一事件，不过他们都安然返回，并且因这些经历而变得更成熟、更能干了。

我们每年推出3次BMC课程，每班大约60人。EDC课程每年只有一次，安排大约35~50位最具潜力的高级管理人员参加。这两类课程都是3周，课程的进度需精心安排，以使每一个班都能及时参加每季度一次的公司CEC（高级管理委员会）。学员们在这个会议上要用两小时的时间汇报学习成果并提出自己的建议。GE的35位高级领导——GE主要公司的CEO以及总部的高层管理人员，都要出席CEC会议。

这些学习班对行动极为重视，它们把学员们转变成了高层领导的内部顾问。学员们认真考察我们在世界上每一个发达国家和发展中国家的发展机遇以及其他成功的公司如何争取发展。他们仔细评估我们各项计划的实施进度和效果究竟如何。每一次课程之后，他们都带着收获回去，并落实到 GE 公司的下一步行动中去。这些学员都是我们真正关注的最优秀的内部员工，他们不仅给我们提供了极好的咨询成果，也在各个企业之间建立起了可以持续终生的友谊。

这些课程成了一个员工取得成就的重要标志。要参加 BMC 课程，必须经各公司领导的批准。至于参加 EDC 课程，则需经过人力资源总裁比尔·科纳蒂、我和一位副董事长的批准。所有这些提名都在我们的 C 类会议上经过讨论。

到 20 世纪 80 年代中期，克罗顿维尔教室里的对话内容开始好转，课堂上的气氛大为改观。1989 年，在我们给一大批经理人员分发完股票期权之后，我在开班仪式上向学员们问道："你们当中有谁得到了奖励？"

开始的时候，通常有大约不到一半的人举手。

"哦，我给每个人都带来了好消息。对那些拿到股票期权的，我向你们表示祝贺。如果你们不是 A 类员工，你们是不会得到这些奖励的。我们的股票现在牛气十足，而且随着我们经营业绩的增长会更加牛气冲天，你们一定会赚大钱的。"

此时，人群的另一部分，那些从来没有看到过股票期权的员工，正等待着我下面会说些什么。

"对于你们那些没有得到奖励的来说，这也是个好消息。"我说道，"现在你们知道了，你们的老板对你们并不是一视同仁。如果你的老板告诉你说，你是明星，那肯定是搞错了，因为我们所有的明星都得到了股票期权。你应该回去与你们的老板谈谈，问问他为什么没有让你得到这些奖励。"毫不奇怪，很多人并没有这么做，因为他们心里知道自己为什么没有得到奖励。

1991 年，我们决定，如果员工没有得到奖励，那么他们不能来克罗顿维尔参加最高级的课程；此外，所有的 A 类员工都应得到股票期权，并且都应获得来克罗顿维尔的机会。

1995 年，我在《财富》杂志上读到一篇文章，讲述的是百事可乐的罗杰 · 恩里科（Roger Enrico）与他的团队如何向公司的管理人员教授领导技能。我喜欢百事可乐的这种做法，并决定我们领导团队的每一位成员都要教一堂课。在此之前，我们的总部高层领导和各下属公司高级管理人员总是零零星星地讲些类似的这种课程。百事可乐的模式使得课堂上的学员能够更真切地观察和学习公司里做得最成功的榜样人物，也使公司领导能够更广泛地了解公司。现在，我们在克罗顿维尔的授课教师中有大约 85% 是 GE 的各级领导。

1986 年，克罗顿维尔的基础设施建设和翻修工作终于完成。与我们的新教学楼相配套，我们也有了一个新的生活居住区。最重要的是，教室里的人发生了真正的变化：更有活力、更有可能提出富有挑战性的问题，而且提出的问题——不论是对我还是对他们，都更加高明和富有挑战性了。

克罗顿维尔现在成了一个活力中心，为思想的有效交流提供源源不断的动力。

归根结底，教学是我为企业发展力图做好的事情之一。

* * *

讲课是我一生孜孜不倦地从事的活动。事实上，我一直很喜欢讲课。在获得博士学位以后，我甚至到几所大学面试过。我刚来 GE 的那些天里，我每天都给一位技师皮特 · 琼斯（Pete Jones）讲数学课。吃午饭时，我们就聚到我在皮茨菲尔德的办公室里上课。我知道他很聪明，希望他能回去继续上学。

皮特可能会跟你说我不是一位很有耐心的老师。有时候，我写在办公室黑板上的公式他理解不了，我就拿粉笔头扔他，但有时这种做法还真管点儿用。皮特后来离开 GE 去上学了，他拿到了学位，后来在皮茨菲尔德的中学里教了 30 年的书。

我很容易陷在克罗顿维尔，我的时间有很大一部分是在那儿度过的。我每个月都要出现在克罗顿维尔大教室一两次，每次都要待上 4 个小时。在过去 21 年里，我有机会与将近 1.8 万名 GE 经理进行了直接的沟通。来到克罗顿维尔总会令我活力焕发，这是我最喜欢的工作之一。

无论什么时候去克罗顿维尔，我从不发表演讲。我喜欢公开而广泛的交流，学员们教给我的与我教给他们的一样多。我愿意成为一个助推器，帮助所有人相互取长补短。我把我的想法带到每一堂课上，通过我们的交流使这些想法更加丰富，我希望每一个人都能给我以反馈和挑战。在过去的 10 年里，他们做到了这一点。

在我与他们交谈之前，我有时候会提前交给他们一份手写的备忘录，上面写着我准备讨论的一些问题。对那些 MDC 学员，我通常喜欢集思广益后的答复（见下页图）。

“我要讲一讲 A、B、C 三类员工。我想问一下你们如何看待这三类员工特征之间的区别……希望你们讨论一下。”

“你遇到的最大挫折是什么……我能否给你提供帮助？”

“你不喜欢 GE 职业生涯的哪些方面？你希望看到哪些方面发生变化？”

“你在参与提高质量的行动计划吗？你怎样在你的公司、你的部门、你的工作职责内加速这一计划的落实？”

如果是在 EDC 课程班上，我就会提出另外一些不同的问题。我会问他们，如果他们被任命为 GE 的 CEO，他们将做些什么。

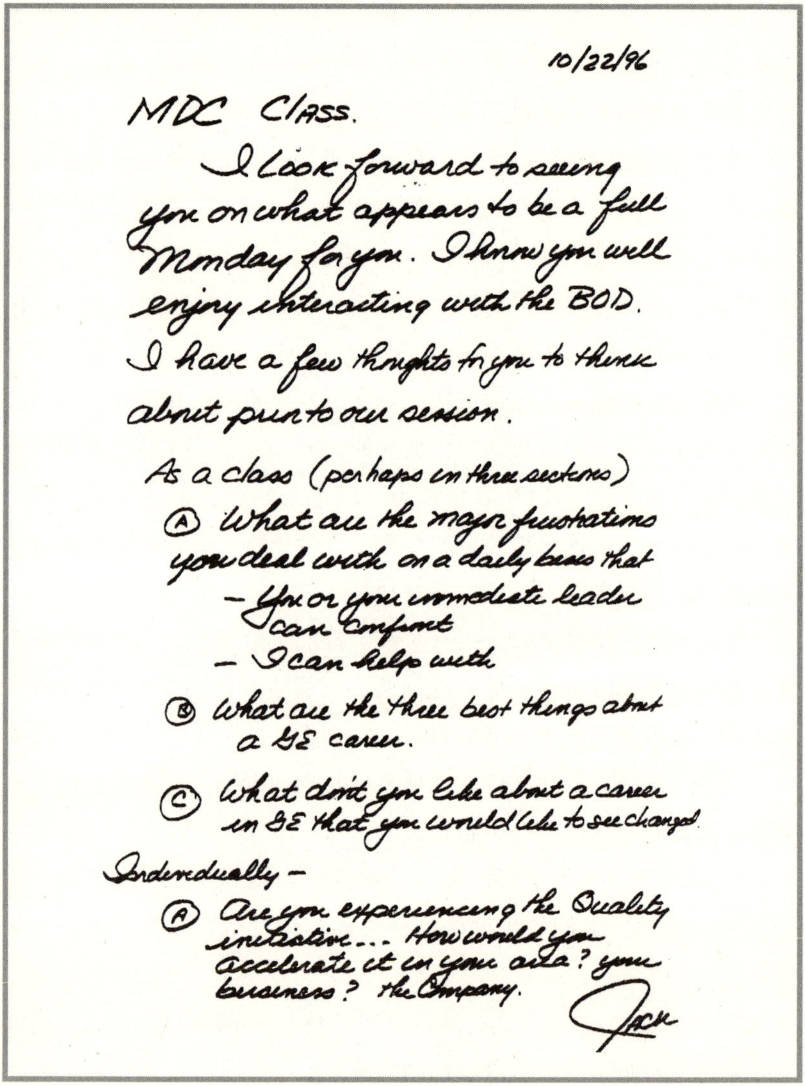

10/22/96

MDC Class.

I look forward to seeing you on what appears to be a full Monday for you. I know you will enjoy interacting with the BOD.

I have a few thoughts for you to think about prior to our session.

As a class (perhaps in three sections)

(A) What are the major frustrations you deal with on a daily basis that
- You or your immediate leader can confront
- I can help with

(B) What are the three best things about a GE career.

(C) What don't you like about a career in GE that you would like to see changed.

Individually –

(A) Are you experiencing the Quality initiative... How would you accelerate it in your area? your business? the Company.

Jack

我向 MDC 学员的提问手稿

“在最开始的 30 天里你会做些什么？你目前有没有关于自己上任

后要做些什么的‘想法’？你如何形成这些想法的？重点讲一讲你的这些想法。你是如何‘兜售’它们的？你准备建立起什么样的基础？哪些现行做法将会被你废弃？”

我还会要求每个人讲述一个他在过去的12个月里遇到的领导方面的两难困境，比如关闭工厂、机构转型、棘手的解雇纠纷，或者买入或卖出一家企业。我会把我自己的经历带到课堂上，引发大家的讨论。我很喜欢引用的一个故事发生在我与波音公司之间。我在1997年11月份见到了波音的董事长菲尔·康迪特（Phil Condit），那个时候我们正在努力争取赢得波音新型777喷气远程客机的引擎合同，合同价值十多亿美元。

当时我是去出席比尔·盖茨的西雅图年度峰会，我在晚宴后发表了一番演讲。那天晚上，我找到了菲尔，并以私人名义请他第二天共进午餐。我们两家公司的工作小组已经为777远程客机引擎的选择谈判了很长时间，而且谈得比较艰苦。我和菲尔都了解这些情况。我认真地做了阐述，向他说明为什么我们的引擎最适合于他们的飞机，以及为什么GE是他们最合适的伙伴。

菲尔很细心地听着，问了几个问题，然后用一个好消息结束了我们的谈话。

“饭吃完了，我们走吧。我可以告诉你，你们已经得到这笔生意了。”他说道，“不过，你还必须对我作个承诺，你绝不能把你们已经拿到这笔生意的情况告诉你的谈判人员。他们必须以诚信的态度继续谈判。”

我同意了。在后来的60~90天里，那些谈判人员总要给我打电话，说我们不得不对波音在价格上作更多的让步并提供更多的研发援助。我每一次都要告诫我的谈判手把最新的进展告诉我。然而，我不能让他们知道我与菲尔的谈话内容。

因此他们不停地让步、让步。

终于，直到有一天，我们又被波音挤捏了一把。我再也忍不下去了，抓起电话，拨通了菲尔的号码。

“菲尔，我要疯了，我在这里已经坐不下去了。我要打破我们之间的约定。”

“你已经走得够远了。”他回答说，“告诉你们的人可以说不了。他们已经得到了这笔生意。”

我愿与学员们分享的另一个两难困境发生在20世纪90年代后期，当时我们决定把肯塔基州路易斯维尔的电冰箱生产线搬迁到墨西哥去。根据对经济效益的测算，这个决定无疑是正确的。但是，另一方面，工会为使我们美国的生产商更具有国际竞争力，无论是在地区层次还是在全国层次，都提供了难以置信的帮助。

从纯商业的角度来看，经济效益的测算数字说明应该搬迁。然而，我们在路易斯维尔还有其他业务，而且全美工会的领导人正在努力做我们的工作。最后，我们决定在路易斯维尔仍然保留一条电冰箱生产线，为路易斯维尔保留了大约900个工作岗位。我告诉班上的学员，我们作这个决定会赢得人们的好感，这会帮助我们在路易斯维尔变得更有竞争力。当然，考虑到经济效益，这件事的确是个两难选择。

我给他们讲完这些以及其他诸如此类的故事，就点名让某些学员谈论一下他们自己的一些在伦理上和领导上进退两难的问题。蓄洪的闸门就这样一下子被打开了。与学员进行交流与讨论，是我在克罗顿维尔度过的最美好的时光。通过我们的这些讨论，教室里的每一个人在离开时都知道：在面对又一个艰难选择时他们并不孤独。

在初级班上，我一般先让学员作自我介绍。在4个小时的时间里，第一个小时基本上就是做这件事。我尽量多了解一些他们的个人信息。

我让他们每人自我介绍一分钟，然后就倾听他们对公司的看法——哪些方面喜欢或者不喜欢，以及如果他们处在我的位置会怎样改变这些情况。

克罗顿维尔的巨大价值还在于，我们的行动计划给公司带来的困惑能在这里得到清晰的反馈。在我们刚开始进行全球化努力时，来到这里的人们就问："为了在 GE 得到晋升，我必须接受全球化的工作任务吗？"

"当然不必。"我说，"但是如果你做过这类工作的话，你会有更好的晋升机会。这类工作对你和你的家庭都是一种成长的经历。"

当我努力把公司的经营内容转向服务时，班上的学员自然就会问："我们是不是不要产品了？"

"如果你没有伟大的产品，你就不会有服务。"我回答说。

在我们一开始推行"六西格玛"质量保证计划时，他们就问："为了在 GE 得到晋升，是否每个人都必须接受'六西格玛''黑带'训练？"

"训练对你的确有帮助。"我回答说，"这是又一个帮你脱颖而出的方法。"

1999 年我们推行电子商务计划时，学员们开始问，他们是否还需要继续接受"六西格玛"训练。有些人特别想跟上我们数字化努力的脚步，以至于他们不想花费两年的时间接受"六西格玛"训练。我回答说："'六西格玛'是一项基础教育，是对你进行区分的又一个标志，这个标志就如同你的本科或者研究生学历一样。而数字化只是一种工具，就像读或写，是每个人都应具备的能力。"

下课后，通常在返回总部之前，我都要和他们一起在娱乐中心喝一杯。3 天后，我会收到他们对下面 3 个问题的回答：

"你认为在我的陈述中哪些部分具有建设性？哪些内容帮助你澄

清了自己的认识？”

“你觉得有什么困惑或者苦恼的地方？”

“你认为对你最重要的启示是什么？”

他们的评论非常有帮助。在 20 世纪 80 年代初期，很多经理是带着困惑和苦恼离开的。我非常重视这些意见，并把他们的反馈带到下一堂课上。我非常虔诚地对待这些评论。如果有人在反馈意见上署了名，我有时会迅速给他们一个答复，特别是在我的讲话可能会产生误解时更是如此。

到 80 年代中期，这些反馈意见显示出我们的收获越来越多。在听完战略和愿景目标后，学员们说他们能够更好地理解公司的发展了。然而，学员们又说，他们从我这里听到的经常与顶头上司告诉他们的不一致，甚至还有些学员们的经理提醒他们说：“你们要做好思想准备，将在克罗顿维尔听到的都是些胡言乱语。”在公司组织的深处，阻力依然存在，而且很大。

到 1988 年，每年都有大约 5 000 名 GE 员工来克罗顿维尔参加各种各样的学习课程。我仍然一次又一次地向他们提出同样的问题，让他们给予评论和回答。员工说这些信息和愿景目标非常有意义，但他们经常加上一句：“我们公司不是这么回事。”真是该死，经过了这么多年的努力，这些信息仍然不能完全有效地传达给每一个人。

* * *

1988 年 9 月的一天下午，我心情沉重地离开了克罗顿维尔。我感到忍无可忍了。那天我们的座谈进行得特别好，学员们在课堂上尽情地倾诉着他们在对公司进行改革时遇到的种种挫折。我感到，我们必须把这种坦率和热情从教室里带回到每个人的工作场所。

在飞回费尔菲尔德的直升机上，吉姆·鲍曼不得不听我发泄着自己的情绪：“我们为什么不能让克罗顿维尔的坦诚氛围出现在公司的每一个地方？”

我没有让他回答这个问题，我知道我们应该做什么。

“我们必须让克罗顿维尔的课堂在整个公司再现。”

当飞机在费尔菲尔德着陆时，我们心里已经有了答案。我们的想法经过随后几周的充实完善，成为GE公司一项新的改革方案，被称为“群策群力”（Work-Out）计划。

克罗顿维尔的课堂交流之所以能够成功，是因为人们在这里感到说话很自由。尽管我的确是他们的“老板”，但我很少能够影响或者说根本影响不了他们个人的职位升迁，特别是对于那些较低级别的培训班学员。我们必须在所有的公司都创造出这种氛围。显然，我们不能让公司的领导组织这些交流会，因为他们认识自己的这些员工。让公司领导组织这些意见交流会，会议的坦诚度就要减弱，人们就更难敞开自己的心扉自由交谈。

我们想出了一个办法，就是聘请外面受过训练的专业人员来提供帮助。这些人员大多是大学教授，他们听员工们的谈话不会别有所图，员工们与这些人交谈会感到轻松。“群策群力”的运作方式就如同新英格兰地区的城镇会议，在这样的座谈会上，有大约40~100名员工受邀参加，他们可以自由地谈论对公司的看法，讨论他们看到的一些官僚行为，特别是在申请批复、报告、开会和检查中遇到的一些不愉快的事情。

“群策群力”是要自系统中去除不必要的工作。为达到这个目的，我们希望每个公司能够进行数百次的“群策群力”，这是项工作量巨大的工程。

一个典型的“群策群力”会议将持续两三天。会议开始时经理要到场讲话，他可能提出一个重要议题或安排一下总的会议日程，然后就离开了。在老板不在场的情况下，外部专业人员启发和引导着员工进行讨论。员工们需要把自己的问题列成清单，认真地对这些问题进行辩论，然后准备好在经理回来时向他反映。外部专业人员都是吉姆·鲍曼亲自确定的，共有24人。在他们的帮助下，员工和经理之间的这种交流变得容易多了。

“群策群力”会议真正的不同寻常之处在于我们坚持要求经理们对每一项意见都要当场做出决定。他们必须对至少75%的问题给予是或不是的明确答复。如果有的问题不能当场回答，那么对该问题的处理也要在约定好的时限内完成。任何人都不能对这些意见或者建议置之不理。由于员工们能够看到自己的想法迅速地得以实施，这对消除官僚主义起到了巨大的推动作用。

我永远不会忘记1990年4月我在家电业务部门参加的一次“群策群力”会议。会议在肯塔基州列克星敦的假日饭店会议室里举行，参加会议的员工有30人。一个工人正在陈述，他认为可以对电冰箱门的生产工艺进行改进，为说明自己的想法，他开始描述他所在生产线的部分流程。

突然，工厂的车间主任跳起来打断了他的讲话。

“你说的狗屁不通！”他说道，“你都不知道你在讲什么。你自己从来没有去过那里。”

他抓起了一支标记笔，开始在会议室前面的写字板上写了起来。还没等你弄明白是怎么回事，他已经“喧宾夺主”地给出了答案。很快，他的解决方案被接受了。

看到两位工人师傅为改进生产工艺进行争论，这绝对是一件令人兴奋不已的事情。想象一下，那些刚刚从大学出来的毕业生如果面对这条生产线的话，他们恐怕做不到这一点。而现在，这些富有经验的工人帮助我们把问题迅速地解决了。

人们开始忘记自己的本来角色，他们开始到处谈论自己的看法，这并不奇怪。

公司里流传着千百个这样的故事。到1992年，已经有大约20万名GE员工参加过“群策群力”会议。这一计划的意义可以用一位中年家用电器工人的评论进行总结，他说：“25年来，你们为我的体力劳动支付工资。而实际上，你们本来还可以拥有我的大脑，而且不用支付任何工钱。”

“群策群力”计划再次证实了我们很久以来的一个认识：与工作最相关的人最了解工作。GE公司发生的几乎每一件好的事情，不管是计划、行动，还是方针、政策，追根溯源，都与解放某些下属企业、某些团队或者某个人有关。“群策群力”计划解放了许多人。从克罗顿维尔孵化出的一个简单想法使我们得到了这样一个伟大的“群策群力”计划，它帮助我们创建起了一种文化。在这种文化里，每一个人都能发挥自己的作用，每个人的想法都受到重视；在这个文化里，企业经理人是在“领导”而不是“控制”公司。他们提供的是教练式的指导，而不是牧师般的说教，因而，他们最终取得了更好的结果。

* * *

终于，克罗顿维尔变成了学习的熔炉，我们最有价值的教师们在克罗顿维尔也变成了学生。通过他们的课堂功课和实地研究，他们培训了公司的各层领导，而且教学相长必然带来更多更好的方法。

事实上，克罗顿维尔成了我们最重要的工厂。很快，借助一个将永远改变公司面貌的理念，克罗顿维尔的生产力将变得更加强大。

第十三章

无边界：将理念进行到底

> 我预想中的无边界公司应该将各个职能部门之间的障碍全部消除，工程、生产、营销以及其他部门之间能够自由流通，完全透明。在无边界公司里，“国内”或者“国外”业务将没有区别，它意味着我们在布达佩斯或者汉城工作，就像在路易斯维尔和斯克内克塔迪一样自如。

我坐在海滩上，头顶是一把撑开的太阳伞。这是 1989 年 12 月，我和我的第二任妻子简正在巴巴多斯欢度我们推迟的蜜月。由于一项提前一年就已确定好的工作计划，我们在 4 月份结婚时没能如期度蜜月。现在，我们终于可以过我们的“罗曼蒂克假日”了。不过，像通常一样，我还是要谈工作，而不是你以为的枕边情话。

所幸，简也喜欢谈业务。

“群策群力”计划取得了巨大的成功，我们用它来清除隐藏在各个角落里的官僚主义，思想在公司里的流动越来越快了，我一直在寻找一种方式来概括这一切，而且这种东西能抓住整个公司，并能把思想带到另一个层次，让每一个人都能分享。

我向简讲述着自己的想法，试图得到一些启示。我思考的一个焦点问题是如何让 30 多万人的智慧火花在每个人的头脑里闪耀，这就像与 8 位聪明的客人共进晚餐一样，每个客人都知道一些不同的东西。试想，如果有一种方法能够把他们头脑中最好的想法传递给在座的所有客人，那么每人因此而得到的收获该有多大！这正是我一直苦苦追寻的。

巴巴多斯的桑迪–莱恩是个非常迷人的地方。我从来没有过如此充满加勒比风情的圣诞节，感觉真是大不一样。我躺在沙滩上，眼睛望着圣诞老人从一艘潜水艇里冒出头来，这可能恰恰给了我一种我所需要的灵感。那一天，我找到了一个理念，这个理念在下一个 10 年里将占据我的整个身心。

可怜的简。我的话翻来覆去，唠唠叨叨。我不停地讲着“群策群力”计划如何将公司里的各种界限打破。突然,“无边界”这个词一下子跃入了我的脑海，它正是我做梦都在为公司寻找的东西！这个词萦绕在我的脑海里，挥之不去。

听起来可能有些可笑，我感觉它就像是科学上的重大发现一样。

一周以后，我依旧全身心沉浸在我的最新理念中，直接从巴巴多斯去参加在博卡–拉顿举行的业务经理会议。博卡会议日程为两天，会议结束时我总要简单布置下一年的经营目标和任务。这一次，我草草写就的讲稿的最后 5 页全都是关于“无边界”行为的。我认为，我这些讲话的效果远比草草写下的讲稿要好（见下页图）。像通常一样，我还是有点儿高高在上。我早就体会到，对于任何伟大的设想，你都必须不停地督促、督促、再督促，直到“让每一根针都动起来”。

在我要结束讲话时，我称“无边界”这一理念“会把 GE 与 20 世纪 90 年代其他世界性的大公司区别开来”。对于这一前景我并不是大言不惭。我预想中的无边界公司应该将各个职能部门之间的障碍全部消除，工程、生产、营销以及其他部门之间能够自由流通，完全透明。在无边界公司里,“国内”或者“国外”业务将没有区别，它意味着我们在布达佩斯或者汉城工作，就像在路易斯维尔和斯克内克塔迪一样自如。

一个无边界公司将把外部的围墙推倒，让供应商和用户成为一个单一过程的组成部分，它还要推倒那些不易看见的种族和性别藩篱，它要求把团队的利益放到个人利益之前。

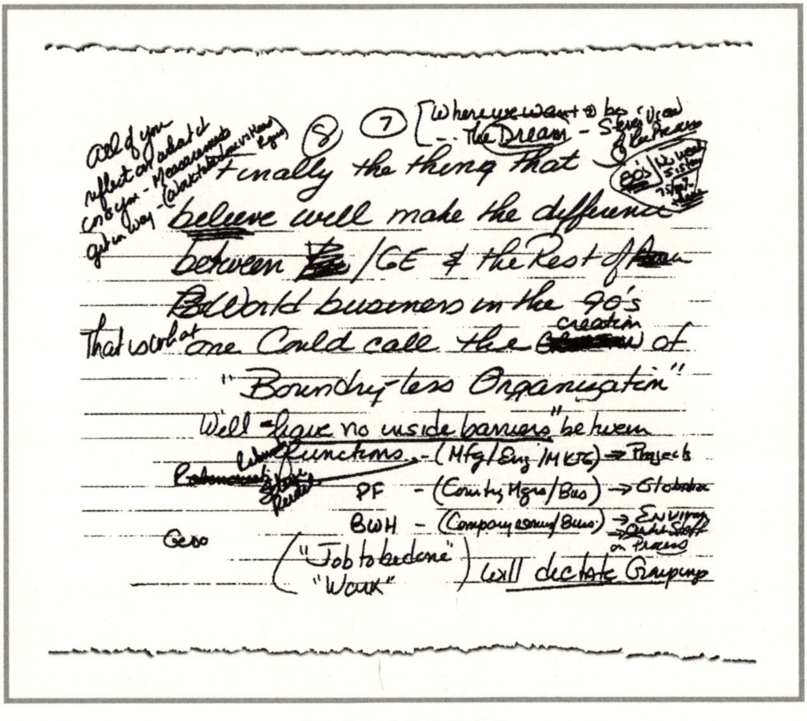

我为博卡会议写的讲稿

在我们公司的整个发展历史中，我们一直对发明者或者想出好主意的人进行奖励。而作为一个无边界公司，它将不再仅仅奖励千里马，它还要奖励伯乐，奖励那些甄别、发现、培养和完善了提供好主意的人。其结果是鼓励公司的各级领导与他们的团队一起分享荣誉，而不是独占，这将使我们所有人之间的关系产生巨大变化。

无边界公司还将向其他公司的好经验、好主意敞开大门。我们已经在采用“非本地发明”方面取得初步进展，我们从日本学习了弹性生产，它是及时库存的先驱。无边界要求我们将之推广得更加广泛，它提醒我们每一个人：我们的目标是“每天发现一个更好的办法”。这句话后来成了我们的口号，出现在世界各地的GE工厂和办公室的墙上。

“群策群力”计划已经开始在公司里建立起学习型文化，无边界理念则为我们的这一文化增添了新的动力。到1990年，我们的各个下属公司之间已经开始分享一些成果。“无边界”给了我们一个恰当的词来表达我们的文化，并使它成为我们日常生活的一部分。我们在每一次会议上都大声疾呼着“无边界”，我们用它轻松地揶揄某个不肯与人分享自己想法的员工，或者是用它批评某个不愿意把自己手下表现优秀的人调到公司其他部门工作的经理。有些员工开玩笑地对这些人说：“这可真正是无边界行为！”

他们已经领会了“无边界”的含义。

1991年，在C类会议的人力资源检查会上，我们开始对经理们的无边界行为进行评级打分。根据同级经理和上级的意见，他们每一位都被给予高、中、低三个等级的评价。如果一个人的姓名旁是一个空空的圆圈，那么他就要尽快改变自己，否则就得离开这个岗位或者离开公司。每个人都会得到反馈意见，知道公司对自己的评价，很快他们就了解到这个评价变得多么重要。

1992年，还是在博卡，我做了一些事情使得我们的价值观（包括无边界的理念）在实践中得到了体现。根据各自完成公司经营目标和保持公司价值观的情况，我们讨论着种种不同类型的经理，主要有以下四类：

第一种类型的经理能够实现预定的目标——赢利上的或者是其他

方面的，并且能够认同公司的价值观。他的前途自不必说。

第二种类型的经理是指那些没有实现预定的目标，同时也不能够认同公司的价值观的人。与第一种类型一样，他们的前途当然也不必说，只是后果令大家都不愉快而已。

第三种类型的经理没有实现预定的目标，但是能够认同公司所有的价值观。对于这样的人，根据情况的不同，我们会给他们第二次机会，或者是第三次机会。我已经看到，很多人真的重整旗鼓、东山再起了。

第四种类型是最难处理的，就是那些能够实现既定目标，取得经营业绩，却不能认同公司价值观的人——他们压迫员工工作，而不是鼓舞员工。他们是独裁者，是专制君主。然而太常见的情况是，我们所有人都曾经用另外一种欣赏的眼光来看待这些土霸王似的经理。我也曾经这样看待过他们。

也许在其他时候、其他情形下，这样做也没什么。但是，在一个无边界行为成为公认价值观的公司里，我们不能容忍第四种类型的经理人。

在博卡的500名业务经理面前，我不点名地解释了为什么前一年我们让4位公司经理离开GE，尽管他们实现了很好的经济效益。我在说明自己的这种观点的时候从不使用“出于个人原因离开”的传统借口。

“看看你们周围，”我说道，“今年，我们这里少了5个人。一个是因为没有完成经营任务被我们解雇，另外4个则是因为不尊奉我们的价值观而被要求走人。”

我解释说，有一个经理不相信我们的“群策群力”计划，他根本不知道无边界是什么意思，所以他被解雇了；另外一个不能建立强有力的团队；第三个不能激励他的团队；最后一个则一直没有领会全球化的理念。

“在这个话题上讲这么长时间，原因是它非常重要。没有具备这些价值观的人，我们就不要谈什么直面现实、坦诚、全球化、无边界、速度和激励。我们每一个人绝不能只说不做，我们的价值观一定要实实在在地体现出来。”

会场里一片默然，安静得连针掉在地上的声音都能听到。当我说明这几个经理人离职的主要原因是缺乏无边界行为时，这一理念开始真正进入人们的心灵深处。你能够感觉到他们在思索——是的，这一次是动真格的了。他们开始明白这些价值观究竟意味着什么了。

似乎是突然之间，“每天发现一个更好的办法”不再停留在一个口号的层面上，它成为无边界行为的本质，成为我们的期望。经过多年的 GE 硬件建设——重组、收购以及资产处理，无边界变成了我们后来所说的公司“社会结构”的核心。

这就是使 GE 与其他公司相区别的核心价值。

我们必须坚持卓越，绝不容许官僚主义。我们必须探索和应用最好的理念，无论它来自何处。我们必须珍视全球的智力资本及其提供者。我们必须满怀激情地促进客户的成功。与此同时，5 000 多名克罗顿维尔的员工用了 3 年多的时间来锤炼我们的价值观。我们非常重视这些价值观，把它们印刷到塑封卡片上（见下页图），以便我们所有人随身携带。

简而言之，我们想创造一种学习型文化，它将使 GE 比其各部分的简单相加更具力量，且远远强于这样简单叠加在一起的庞大企业。从我担任 CEO 的第一天起我就知道，我们绝不是几十家无关联企业的组合。很早的时候，我就提出了一个名词——“整合多元化”，来描述各个下属企业之间的理念，并使之成为整个 GE 公司创造的竞争优势。但这种想法没能行得通，它虽然商业化了，但人情味、个性化不够。

GE 价值观

我们所有人……永远坚定地保持正直的品格……

- 满怀激情地致力于促成客户的成功
- 看重“六西格玛”品质……确保用户是它的第一受益者……并用它加速公司的成长
- 坚持做到卓越，绝不容忍官僚主义
- 按照无边界的方式行事……时时探索和应用最好的理念，无论它来自何处
- 珍视全球内的智力资本及其提供者……尽可能地建立多元化团队

- 明了变化所带来的发展机遇……如数字化
- 建立一个清晰、简洁，以用户为中心的愿景规划……并在实施过程中加以更新和充实
- 创建一个“舒异”、兴奋、随意、信任的环境……奖励改善之举……取得成果即行庆祝
- 展示……对客户永远具有感染力的热情……4E 领导能力：欢迎并能应对高速变化的个人精力……创造能够激励他人的环境的能力……困难之中做出决定的决断力……以及坚持不懈付诸实施的能力

GE 价值观卡

寥寥几个词就能决定成败，这可真令人惊奇。

当然，一个词或者一句话是不够的。我们必须用一套制度来支持它才能使其发生。最主要的，我们必须改变奖励最优秀员工的方式。以前的制度是把年度分红作为最大的奖励，而奖励的依据是你所在的单个企业的业绩。

如果你做得好，即使整个公司业绩很不好，你仍然可以拿到你的分红。

我不能容忍这样一种想法，即整个公司的大船在下沉而船上的某些企业却只顾自己靠岸。但是，公司的薪酬体系并不支持我期望看到

的行为。如果我们想让每一家企业都成为理念的实验室，我们就必须按照一种能够加强这一概念的方式向人们支付报酬。

我们的薪酬体系不鼓励平均分享成绩。1980 年我被任命为董事长的那一天，我拥有了 1.7 万股 GE 股票的期权，后来获得了不到 8 万美元的收益——在得到期权奖励的 12 年之后。可以想象，其他管理人员的期权收入是多么少。那个时候，如果某些 GE 员工的基本年薪是 20 万美元，而且他们的业务单位当年经营业绩很好，那么他们的股票分红收入将是基本年薪的 25%，也就是 5 万美元，所以个人的基本收入远远超过了股票期权的价值。而我希望，对于员工们来说，整个公司的经营业绩比他们各自企业的经营成果更多，而公司的股价也越来越高。

1982 年 9 月，我来到董事会寻求对一项改革方案的支持。我们加大了期权奖励的幅度和频率。在 80 年代前期，当股票市场一路上涨时，员工们看到，他们从整个公司经营业绩中的得益远远超过了他们从各自企业中得到的任何收入。这再次强化了公司 500 名高层管理人员的分享理念。

我本应该做得更多、更快，但直到 1989 年我才把这项计划进一步扩大。那一年，公司里获得股票期权的不再是区区 500 人，而是我们的 3 000 名最优秀员工。今天，每年大约有 1.5 万名员工得到股票期权，而已经得到过股票期权的员工人数是这个数字的两倍。

这些期权计划的改革和不断上涨的股票行情推动了分享理念的发展。1981 年，对所有在 GE 工作的人来说，所实现的股票期权收入只有 600 万美元。4 年以后，这一数字上升到 5 200 万美元。1997 年，1 万名 GE 员工实现的期权收入为 10 亿美元。1999 年，大约 1.5 万名员工获得了 21 亿美元的期权收入。2000 年，约有 3.2 万名员工持有价值超过 120 亿美元的股票期权。

向员工分发股份和股票期权计划使GE员工成为这家公司最大的股东。

多么美好！每个周五我都会得到一份打印的名单，上面列着所有员工分得的股票期权和实现的收益。期权改变了他们的生活，帮助他们供孩子上大学，照顾年迈的父母，或者购置第二套住房。

最高兴的莫过于在名单上看到我不认识的名字，因为受益的不只是公司的上层人物——无边界正在为每一个人带来好处。

* * *

股票所有权改变了人们的行为，薪酬体系的改革为1990年发起的无边界行动增添了推动力。然而，这一切还不够，我们需要付出更多的努力。我们需要一种方法，它能够发现最好的思想并把它迅速地推向整个公司。

这就是我们后来的经营体系改革。

如同所有的公司一样，我们全年总是有一系列的计划和检查会议。无边界行动要做的就是把这些会议联系起来，创造出一种能让思想持续流动的经营体系。

我把每一个会议看作思想的一块积木，每一块都要建筑在另外一块的基础上，直到思想变得越来越博大，越来越完美。只有这样，我们才不仅仅是聚集在这里开一堆乏味冗长的企业会议。新来的员工经常说，GE与众不同的一点就是它不停地向员工灌输、强化自己的核心理念——这个会议强调，另一个会议还强调，接着下一个会议依然强调。

1月上旬，在有500名高级管理人员参加的博卡会议上，改革后的经营体系开始运转了。这个会议成为公司最优秀员工和最佳思想的庆祝会。在两天的会议日程中，各个层次的会议出席者都有10分钟的发言机会，他们要对某个具体的公司计划发表意见。博卡会议变了，它不再是冗长枯燥的演说，不再是旅途见闻的高谈阔论，而只是伟大思想的传递交流（参见附录D业务经理会议日程安排）。

3月，我们第一次在克罗顿维尔一个被我们称为“山洞”的房间里召开了公司CEC（高级管理委员会）会议。在会议上，各公司领导回顾近期的经营情况，并畅谈他们对公司各项计划的最新想法。我们希望与会的每个人都能提出一个能够应用到其他单位的好主意。

4月和5月，公司管理办公室和我们的人力资源总裁比尔·科纳蒂到现场检查各个公司的C类会议。这些会议可以称得上是充满乐趣的吵架，是关于我们最优秀员工的吵架会议。会议气氛积极、坦诚，既有花絮似的闲谈，也有严酷的激烈争论。通过会议，我们检查各项计划的进展情况，评估参与计划的公司员工的各项素质。

会议给我们提供了一个机会，让我们能够亲眼见到我们公司里最优秀、最有智慧的年轻人。我总是告诫克罗顿维尔的学员：“采取主动，这是获得互动时间的方法。”

7月，我们召开了一个两小时的电视追踪会议，检查一下我们已经达成一致的人事变动安排是否落实下去。在此之前，如果我们认为企业在某些行动计划方面的人力和其他资源投入不够，我们会在7月份的电视会议之前就进行调整。

6月和7月，各下属公司的主要领导来费尔菲尔德参加第一次战略计划会议，对公司的业务经营进行战略回顾。我们集中讨论了竞争者的情况，预测它们下一步的行动，争取做到先发制人。这就如同下国际象棋，我们要假定自己的对手都是来自俄罗斯的特级大师。

10月，公司的170名高级管理人员在克罗顿维尔参加年度会议。在这里，通过10分钟的角色模型介绍，我们在人力资源和战略回顾会议上发现的最优秀的思想得到了突出。

11月，我们召开第二次战略计划会议，各企业的主要领导在会上陈述下一年的经营计划。会议日程中有半天的时间用来讨论各项行动的具体计划。在这里我们又收获到了大量的新鲜思想。

然后，大家又回到博卡。在整个会议日程中，我们将一年来最有价值的好思想挑选出来。它使我们以另一个激动人心的新循环开始下一个年度。这个新循环里充满了更多的新鲜素材，每一个人都可以将其拿来使用。

为促进员工坚持不懈地分享各自的最好思想，我们建立了一个公司行动集团，即我们的业务拓展部。这是唯一一个经我批准可以扩大人员编制的公司部门。1991 年，我聘用了波士顿咨询集团（Boston Consulting Group）的加里·赖纳（Gary Reiner）担任业务拓展部的总负责人，我们将该部门的主要任务从收购兼并转变为促进各种好想法在公司内的流动。加里的集团由 20 名左右的 MBA 组成，这些 MBA 已经做了 3~5 年的咨询工作，他们都希望在真正的经营世界里闯荡一番。

他们都得到了这样一个承诺：如果他们集团的工作成功了，那么 GE 公司必须在两年之内把他们挖过来。他们只能被“偷”过来。他们向 GE 保证：他们不仅要促进这些理念的传递交流，还要帮助企业领导实施这些理念。我不想要一个只会向企业抱怨的行动集团，如果他们不能帮助企业把这些理念落到实处，那么他们必须走人。在过去的 10 年里，加里招募进他的集团里的 MBA 中十有八九最终会被 GE 正式聘用。他们当中大约有 65% 仍然留在 GE，其中几位已经成为公司的高级管理人员。

股票期权给了我们一个起点，业务经营体系则将点连成线，建立起了一个学习型的循环；否则，我们的一系列会议将只是例行公事，毫无生气。人力资源部的评估则使无边界计划深入人心，每一位员工都认同“群策群力”计划。最后，公司的行动集团使得这一切变化得以加速。

而所有这一切改革行动都得益于一个理念，就是我在巴巴多斯海滩突然冒出的那个想法。

* * *

我的博卡讲话之后仅 4 个月，我和劳埃德·特罗特（Lloyd Trotter）一起参加了一个C类会议。劳埃德是我们电子产品业务部主管生产的副总裁，他告诉我们，他创制了一种“矩阵”，这个矩阵可以帮助他从他的 40 个工厂里找到最好的生产管理方法。劳埃德首先确定 12 个对所有工厂都相同的衡量标准和程序，然后，他要求每个工厂的经理在每一个项目上给自己评分，项目包括存货周转、订单完成情况等等。

在矩阵的一条坐标轴上是他们自己的评分，分数从 1 到 5，其中 5 分最高；在另一条坐标轴上则是流程或程序等项目。当他把工厂的经理召集到一起开工作会议时，如果有谁给自己打了最高分，他就要求每位得最高分的经理解释一下自己是如何做到最好的。

有时，“5 分”经理在解释为什么给自己打这么高分时给出的理由不太站得住脚，那么很显然，劳埃德第一次寻找最佳实践的努力没有得到严肃的对待。这时会有很多经理感到十分尴尬。只有在下一次，真正的学习活动才开始展开。劳埃德举了个例子，在北卡罗来纳州的索尔兹伯里，工厂的存货周转率超过每年 50 次，而其他工厂的平均周转率只有 12 次。没过多长时间，其他工厂的经理就开始络绎不绝地来到索尔兹伯里，他们要学习参观这里的工厂到底是如何做得这么好的。

后来，自我评价的方法很快就被量化测评的方法所取代。

劳埃德有一个习惯，喜欢在最好的业务实践旁边画上圆圈，而对最差的画上方框。没多久，这些记号就被人们称为“光圈”和“棺材”——真是对劳埃德心目中不同地位的形象描述。

劳埃德的矩阵透明度很高，每个人都对它非常重视。没有人想落在最后，因此经理们争先恐后去业绩最好的工厂参观学习，想方设法把自己的工厂搞得更好。我们怎么知道那矩阵行之有效呢？在市场增长很缓慢的情况下，劳埃德的经营利润率依然从 1994 年的 1.2% 提高到 1996 年的 5.9%，在 2000 年，他们的利润率达到了 13.8%。

我到处宣讲劳埃德的矩阵，在每一个业务有共同之处的企业推广它，“特罗特矩阵”成了整个 GE 的热门工具。从销售地域的比较到企业之间的原材料储备分析，在任何一个地方，只要应用了矩阵分析方法，我还没见过在经营业绩上未取得显著改进的例子。

听起来真是不错，但是我发现它并没有在所有地方得到应用。无论什么时候完成一场收购交易，我们总是发现一些员工只知道待在自己的工作间，不肯到外面来看看并学习一下别人的长处。2001 年，在霍尼韦尔的整合会议上，我们遇到了伊利诺伊州自由港传感器厂的经理。这个厂的经营达到了“七西格玛”的质量水准。

坦白地讲，我当时被镇住了，我从未见过以这样高的标准和效率进行经营的工厂。2000 年，这个厂装运出厂的 1 100 万个部件中没有一个有瑕疵。我问会议室内 20 名霍尼韦尔公司的与会人员，他们当中有多少人曾经参观过这家工厂。没有一个人举手。如果是在 GE，这个可怜的工厂经理非得被来自 GE 各个企业的参观者踏破门槛不可。就像 1991 年的劳埃德一样，他的名字应该列入博卡会议的日程表。

只要得到一个想法，我们就迫不及待地把它宣扬出去。有些想法宣传得太早了点儿，最终没有淘出金子来。不过，如果我们看到一个想法真的为我们所喜欢，它就会被提交到博卡会议进行讨论。有的时候我“坠入爱河”的速度太快了。但是，如果这个想法最终没什么用，那么我“斩断情丝”的速度也会同样快。

在20世纪90年代早期，各种各样的理念和思想从公司的各个角落及公司外部涌来。我曾经拜访过沃尔玛的创始人山姆·沃尔顿先生，从他那里撷取了一个非常好的想法。1991年10月，山姆邀请我去阿肯色州的本顿维尔和他一起出席沃尔玛的经理会议。我第一次见到山姆是在1987年的纳什维尔，在他的一次地区经理会上。当时他同意把他的收款机数据提供给我们的照明公司（一个无边界行为的绝好例子），这样，通过把两家的数据联系起来，我们可以使沃尔玛货架上的灯泡更换得更快，并且无须太多的设计工作。

1991年，我乘飞机到达阿肯色州，山姆坐着卡车前来迎接我。他显然生病了，挂着静脉滴注袋，点滴化疗药物。在他的经理们面前，山姆让我讲了一下自己的故事，谈一谈将官僚主义从公司里清除出去是多么的不容易。接着，他开始讲，他鞭策经理们永远不要让官僚主义潜入并吞噬掉沃尔玛。我们花了两个小时愉快地交谈，与他的团队交流对官僚主义所带来的种种恶果的认识。

在回机场的路上，山姆带我去了一家沃尔玛商店。我们在商店的柜台间穿梭时，突然，山姆抓过一个麦克风，向整个商店宣布我们两个来了。“杰克·韦尔奇从GE来到了我们这家商店。”他说道，“如果你们有什么关于他们产品的问题，一定到这里来跟他讲一下。”很幸运，没有人来找我。不过，遗憾的是，仅仅6个月之后，山姆就去世了。他精心照看着自己创建的公司，直到生命的最后一刻。

在这次拜访中，我学到了一个我真正喜欢的沃尔玛理念。

每个星期一，本顿维尔沃尔玛总部的各个地区经理都要飞回自己的负责区域。在随后的4天里，他们要巡视自己的商店，考察竞争对手的各种经营情况。星期四晚上他们要飞回本顿维尔，星期五上午他们要与公司的高级管理人员开会，向他们汇报自己从现场得到的各种信息。如果一个地区经理发现某家商店或者某个地区商品卖得特别火，总部就会从其他商店调剂一批库存过去以补充销售缺口。

最基层水平上的客户，在每一家商店柜台旁的消费者，他们的需求每周都会被沃尔玛的最高管理层准确地感受到。

沃尔玛拥有非常先进的计算机存货控制系统。在星期五的会议上，销售经理要坐在会议室的前排，一个接一个地讲述各个基层单位的销售情况。负责公司信息系统的高科技人员也将出席会议，随时对地区经理的各种要求做出反应。

在我参加他们会议的那天，沃尔玛的经理们报告说，中西部的气候已经非常暖和，但东部还很冷。他们的防冻剂在一个地方出现过剩，但在另一个地方却很短缺。沃尔玛的与会人员当场便解决了这个问题。来自业务一线的经理对市场高度敏感，负责信息管理的人员则拥有高科技，将两者完美结合正是沃尔玛成功的秘诀之一。山姆和他的总裁戴维·格拉斯（David Glass）正是运用这种结合使得沃尔玛在不断成长的过程中始终保持了小公司一般的灵敏反应力。

我从本顿维尔回来后非常兴奋，一直思考着我们怎样应用沃尔玛的这种做法。山姆让我安排了几个 GE 的管理团队到他的公司，和他一块出席沃尔玛周五的会议。

一看到这种做法，我们的管理人员立刻就喜欢上了。他们把这种理念移植过来，将其融入 GE 的文化中。他们开始每周给他们一线的销售团队打电话。除了 CEO，公司的营销、销售、制造等部门的高级经理也要接听电话，这样他们可以对发现的任何问题——不管是运输、价格还是产品质量方面的问题，都能立即做出反应。

我们把这一做法称为“快速市场情报”（Quick Market Intelligence，QMI），并且在每次 CEC 季度会议上也实行这样的程序。这一做法非常有效，它把我们所有管理人员与客户之间的距离拉近了。我们在现场解决产品的货源问题，并能发现一些产品的质量问题，如果不是通过这种做法，这些问题一般要经过很长时间以后才能被发现。

我们各个企业的领导也把他们自己的好主意带到 CEC 会议上。1995 年，运输公司的 CEO 鲍勃 · 纳代利（Bob Nardelli）给我们讲述了一个获取人才的新途径。运输公司的总部在宾夕法尼亚州的伊利城，为了吸引最优秀的员工，他们进行了多年的努力。鲍勃说他发现了一个取之不尽、用之不竭的人才源泉，那就是美国庞大的初级军官（JMO）群体。这些人绝大多数都是美国军事学院的毕业生，已经在军队里度过了 4~5 年的时间。他们工作努力，聪明机敏，而且感情浓烈。他们都有领导经验，并且有极强的适应能力，因为他们曾经在世界上最为艰苦的地方服过兵役。

纳代利的想法像野火一样传递开来。我们雇用了 80 名退役的美国初级军官，后来我们请他们到费尔菲尔德待了一天。他们的素质给我们留下了极其深刻的印象，结果我们专门制订了一项计划，要求全公司每年招聘 200 名退役的美国初级军官到 GE 来工作。我们利用 C 类会议来评估各个企业聘用和提拔这些退役军官的情况。

今天，我们已经拥有 1 400 多名退役的美国初级军官，他们工作在 GE 的各个岗位。鲍勃的头脑中有了这样的好主意，而无边界行动则使它广为采纳，为整个公司提供了巨大帮助。

* * *

经营体系运作的关键是要理解这是一个不断学习和督促的过程，这个体系要用来不断地产生和重复强调那些好的理念。在 1999 年的各公司物资供应部门领导会议上，我们得知，电力公司通过使用供应商在线竞价系统节省了大笔进货开支。电力公司是从外面的一家公司购买的这套软件，价格是 10 万美元，另外还花了一些沟通费用。我们运输公司负责物资供应的杰克 · 菲什（Jack Fish）很喜欢这个主意，但他不想花费 10 多万美元来购买软件。

他想用别的办法建立这样一个在线竞价系统。回去后，他找到运输公司的信息技术部经理帕特·麦克纳米（Pat MacNamee），问他能否用较少的资金建立一个这样的系统。麦克纳米找来几位宾夕法尼亚州立大学的学生，又从我们在印度的软件工程师那里得到了一些帮助，仅用了3周时间，花费了1.7万美元，他们就开发出了一套系统样板。两周以后，他们通过该系统完成了第一笔在线交易，购进工业用手套。我是在11月份的第二次业务计划回顾检查会议上了解到这个情况的。2000年1月，我把帕特的名字放到了博卡的会议日程表中。

其他的企业很快开始学习这种做法，而我们一劳永逸地舍弃了几乎所有的外来卖主开发的竞价系统。

第二次见到杰克·菲什是在4个月以后的运输公司的C类会议上，杰克汇报了他的在线竞价系统的运作情况。他告诉我们，他当年的目标是他们部门的进货总额中有5 000万美元通过在线系统购买。当时，我巡视归来参加C类会议，很多其他GE公司的在线交易目标已经比杰克的高多了。电力系统公司的目标是10亿美元，另一家企业是3亿美元，还有一家是5亿美元。它们的确节省了大量的费用。每通过在线系统完成1亿美元的进货，我们的成本能减少500万~1 000万美元。

“杰克，”我半开玩笑地对他说，“我知道这听起来可能不太中听，但是把每个人引进门的是你，你是发明者，可现在，你的目标反而成了最低的。”

一周以后，在与同事们协商过之后，杰克·菲什给我发了一封电子邮件，将自己的新目标定为2亿美元，并跟我说他有能力超越这个目标。

他做到了。

拥有新想法的第一人在刚开始时是比较轻松的，他的目标为下一个人设置了标杆，从此新一轮你追我赶的循环就又开始了。

* * *

加里·赖纳的公司行动集团不仅传播理念，而且创造出自己的理念。在加里对我们1992年的第一次战略回顾会议的综合报道中，他发现，我们的销售价格每年下降1%，而进货成本却在持续上升。他用一个简单的示意图来说明这个趋势，这个图表被称为“怪物图表”。之所以说它是个怪物，是因为我们的销售价格和进货成本之间的差额日益减小。自然，我们的利润也就越来越低。

如果我们不对这个怪物采取些措施的话，它会把我们活活吞掉。

加里把他的这一分析结果提交到9月份的CEC会议上。在10月份的执行官会议和1993年1月份的博卡会议上，我们公司两名最优秀的主管物资供应的领导参加了会议，他们在会上提出了如何降低进货成本的方案。在1993年的C类会议上，我们深入评估了各公司负责物资供应的管理人员的工作业绩。

在随后的4年里，各公司负责物资供应的领导每个季度都要到费尔菲尔德参加物资供应季度会议。每次会议都有一位副董事长或者由我本人亲自出席，大家在会议上一起分享各个公司最好的物资供应管理办法。各公司的CEO都明白，他们必须把自己最优秀的员工送到这里来。如果他们没有做到这一点，那下次开会时我们将会见到新的面孔。

一旦我们有了更好的人，我们就会有更好的办法。我们对这一问题的重视最终将那头怪物——那张图表“干掉”了。

* * *

多年来，公司里涌现出很多促使业务经营体系改进的理念，其中最好的理念之一来自克罗顿维尔的企业管理课程（BMC）。这是一个非常好的例子，它说明了我们怎样把克罗顿维尔同整个公司的学习活动联系起来。1994年，鲍勃·尼尔森和财务工作团队完成了一份报告，报告分析了 GE 应该怎样做才能在 20 世纪末之前成为一家年销售额 1 000 亿美元、利润总额 100 亿美元的公司。当时，GE 的年销售额为 600 亿美元，税后赢利是 54 亿美元。

我很喜欢这个目标。1995 年 2 月份，在克罗顿维尔的一个管理课程班上，我鼓励他们为实现 1 000 美元的目标拿出更多新的主意。班上的一部分人为了评估 GE 在哪些方面做得比较好，与我们 10 家企业的高级管理人员进行了面谈；另外有一部分人走访了主要客户，听取了他们对我们发展前景的看法；第三部分人则访问了处于高增长中的公司主管人员，看看他们那里有没有值得我们学习的经验。

然而，具有讽刺意味的是，最好的一个理念并不是来自任何一家公司，而是来自宾夕法尼亚州卡莱尔的美国陆军军事学院。当时，我们在克罗顿维尔开设的是为期 4 周的 BMC 课程班，该班的负责人是蒂姆 · 理查兹（Tim Richards）。他起草了一个计划，把我们的课程与陆军军事学院上校们的课程合并。他了解到，军队的战略使命发生了重大转变，从过去应对冷战转变成适应新的世界形势。在新形势下，美国军队要准备应付数十场来自世界遥远地方的小规模武装冲突。

蒂姆认为这种课程合并是个很好的交流机会。“有时，恰恰是那些无意中得到的想法最后发挥了巨大作用。”他说道。

在 4 天的访问中，一位上校告诉班上的学员，我们的“数一数二”市场战略可能会对我们有阻碍作用，压抑我们的成长机遇。他说 GE 有众多的高智商管理人员，这些人足以聪明到把他们的市场定义得非常狭窄，狭窄得他们可以稳稳当当地保持住“数一数二”的位置。

像通常一样，这个班把他们在克罗顿维尔的学习体会和各项意见向 1995 年 6 月的公司管理会议做了汇报。当时我刚做完心脏手术，正在恢复身体，因此我没有听到他们的汇报。直到 9 月份，该班上的几个学员来到费尔菲尔德，我才从他们口中了解到这些内容。

学员们制作了8个示意图，其中一个图的内容就来自那位上校敏锐的洞察力，该图演示了如何重新定义市场份额。在图上，学员们推荐了一个“思维定式变革”的方案。他们认为，我们需要对现行产品市场全部重新定义，从而使得企业的市场份额没有一家超过10%。这将迫使每一个人以全新的态度看待他们的企业。这是一次极其重要的拓展思维的实践，也是我们在拓展市场方面的一个重大突破。

在将近15年里，我一直不断地强调在每一个市场上占据“数一数二”位置的必要性。现在，这个学习班的学员却在告诉我，我的基本理念之一阻碍了我们的进步。

我告诉他们：“我喜欢你们的想法！”坦白地说，我也喜欢他们把自己的想法展示到我面前时流露出的那份自信。

这才是最好的无边界行为。

在一个定义狭窄的市场上占据很高的份额，这样一件事给人的感觉应当是不错的，而且从图表上看，自己似乎也蛮伟大的。但是，学员们是对的：我们被现行的战略束缚住了。这再次证明，任何官僚主义都会把你所追求的任何美好事情统统搞砸。

我接受了他们的思想，而且，两周以后，在10月上旬的高级管理年度会议上，我把他们的思想融进了我的总结发言中（见下页图）。

“要做到这一点，你们必须睁开双眼，盯住每一个发展机遇。也许，我们对‘数一数二’或者‘整顿、出售或者关闭’的强调束缚了你们的思维，限制了你们的视野。”

我要求每一个公司都要重新定义他们的市场范围，给出一到两页的“崭新思考”，并在11月份的第二次业务计划回顾会议上把它们提交上来。

通过这种更广阔的市场视野，我们改变了自己的成长速度，也再次坚定了自己的决心，使我们更加雄心勃勃地在服务领域进行扩张。

1981 年，GE 自己给出的“市场定义范围”是 1 150 亿美元；今天，我们进入的“市场定义范围”是 1 万亿美元，这给我们提供了更大的成长空间。举例来说，在医疗系统方面，我们过去衡量市场份额只考虑诊断造影设备市场，现在我们则用整个医疗诊断设备市场来衡量，包括所有的服务设备、放射线医疗技术以及医院信息系统。

电力系统公司过去把它的服务业务主要定义为供应备用设备以及利用 GE 技术的维修工作。按照这种定义，我们在价值 27 亿美元的市场中占据了 63% 的份额。这个结果看起来相当好，简直是太好了。但是，如果我们重新定义市场，把整个的发电厂维修都包括进来，那么电力系统公司将只在 170 亿美元的市场中占据 10% 的份额。

如果你继续把市场定义的范围扩大，把燃料、动力、存货、资产管理以及金融服务都包括进来，那么，你所处市场的潜在价值就有 1 700 亿美元之巨，而我们在其中拥有的份额仅仅是 1%~5%。

又一次，重新定义市场的行动打开了我们的眼界，激发了我们的雄心。

在此后的 5 年里，GE 的主营业务增长速度翻了一番，尽管业务种类还是那些，但都注入了新的活力。我们的营业收入从 1995 年的 700 亿美元增长到了 2000 年的 1 300 亿美元。促使 GE 成功发展的因素有很多，但是，这一新的思维方式无疑发挥了极其重要的作用。我由衷地喜欢这个故事：我们向克罗顿维尔的学习班提出挑战，而他们最终在宾夕法尼亚陆军军事学院的上校军官那里发现了这个伟大的理念。

这是最好的无边界行为。我们的员工真正是在“找一个更好的办法”，而且正是它使得 GE 与世界上其他公司区别开来。你可以用成果来衡量这一点，我们的营业利润率从 1992 年的 11.5% 增长到了 2000 年创纪录的 18.9%；在我们的工业部门，我们的流动资本周转率从 4.4% 提高到了 2000 年的 24%，这也是创历史纪录的数字；我们的营业收入达到 1 300 亿美元，净收入为 130 亿美元。

无边界的理念帮助我们很多平凡的人做出了绝不平凡的事业。

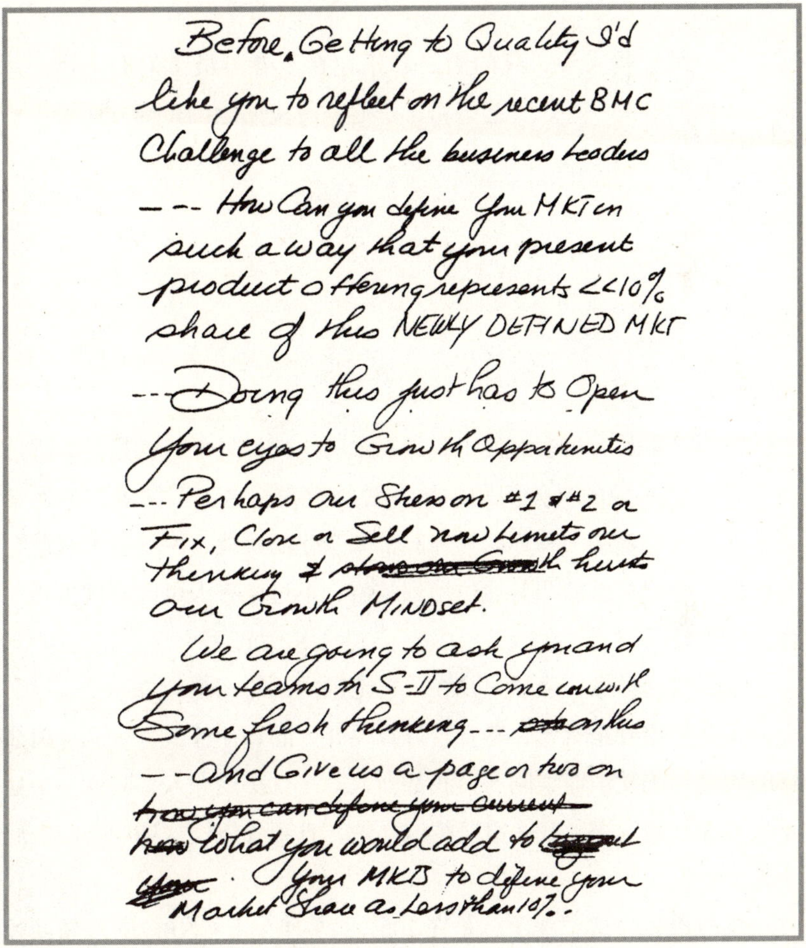
Before Getting to Quality I'd
like you to reflect on the recent BMC
Challenge to all the business leaders
--- How Can you define Your MKT in
such a way that your present
product offering represents <<10%
share of this NEWLY DEFINED MKT
-- Doing this just has to Open
Your eyes to Growth Opportunities
--- Perhaps our Obsession on #1 #2 or
Fix, Close or Sell now limits our
thinking & ~~[illegible]~~ hurts
our Growth MINDset.
We are going to ask you and
your teams in S-II to Come in with
Some fresh thinking--- ~~[illegible]~~
-- and Give us a page or two on
~~how you can define your current~~
~~[illegible]~~ What you would add to ~~[illegible]~~
~~[illegible]~~ Your MKTs to define your
Market Share as Less than 10%.

我在 1995 年 10 月 GE 高级管理年度会议上的总结发言草稿

第十四章

“深潜”

对于我来说，我的满足和乐趣在于参与员工们的工作，和他们打成一片，一起兴奋，一起就解决问题的正确方向展开争论。

作为董事长有很多好处。我最喜欢利用的好处之一就是可以挑选一个自己感兴趣的具体问题，然后对此做我称之为“深潜”的运动。这实际上就是认准一种你认为你能带来变化的挑战，一种看来有乐趣的挑战，并把自己的职务地位抛到脑后，不过，有人可能有理由将此称为“捣乱”。

我经常这样做，当然只是在公司范围内的每一个地方。

我总是跟着感觉走，感觉告诉我要介入的每一件事——从X射线管的质量到优质工业金刚石，我都介入。一旦决定介入，我就一个猛子扎下去开始深潜。我一直坚持这样做，直到我担任这项职务的最后几天。

我的最后一次“深潜”是在2001年5月介入CNBC财经新闻频道事件。

在退隐两年之后，卢·多布斯（Lou Dobbs）又回到CNN新闻频道做《货币之线》（*Moneyline*）栏目的主持人。对于在晚上6点半到7

点半时间档我们的 CNBC 推出的《商务中心》(*Business Center*)栏目来说，他的复出是一个潜在的威胁。在多布斯离开《货币之线》后的两年里，我们的联合主持人罗恩·因萨纳（Ron Insana）和休·赫雷拉（Sue Herera）的收视率一直看涨。4月底，休给我打了个电话，问我能否发一封电子邮件来鼓舞一下他们团队的士气，为迎战多布斯5月14日的复出做好准备。

CNBC 一直是我非常喜爱的一个项目。休·赫雷拉从来到 CNBC 的第一天起就成为我们的顶梁柱，她给 GE 和我们的女性栏目带来很大的帮助，我一直把她看作自己的朋友。由于 CNN 要重用多布斯，她取消了自己的休假计划，全力以赴应付这项挑战。

“休，不用发电子邮件了，我何不亲自到你们的工作室与你的团队见面呢？”

“好，欢迎。”她说。

在一周的时间里，我一直坐在 CNBC 的新泽西工作室里，吃着饼干，喝着汽水，与罗恩、休以及他们 15 人左右的团队成员一起考虑着几十个应对方案。对我来说，感觉上好像又回到了 10 年前的“群策群力”会议上。团队提出一个方案，即把节目延长，并在下午6点钟开播，这样可以比《货币之线》提前30分钟。我喜欢这个方案，也喜欢他们提出的其他几个想法。

在我离开会场时，我答应给他们再额外拨付 200 万美元以加强节目的推广宣传工作。在返程的车上，我给安迪·拉克打了个电话，安迪那天已经被任命为 NBC 的总裁。我问他能否在多布斯复出的那天早上把休和罗恩请到《今日》(*Today*)栏目里与观众见面。然后，我又同NBC体育节目总裁迪克·埃伯索尔（Dick Ebersol）通了电话，他同意在周末的 NBA 季后赛中播出《商务中心》的节目预告。

那周的最后一天，NBC 的所有人——从电脑制图到布景设计人员都参加到大讨论中来了。

多布斯的复出无疑会夺走一部分观众，但我们绝不会让他轻易做到这一点。这将是一场持久战，但我们要赢得第一场战斗的胜利。

那天快结束时，我的继任者杰夫·伊梅尔特打电话来跟我闲聊，我向他坦白，我又在CNBC当起“项目经理”来了。杰夫曾经在GE的塑料和医疗设备部门工作过，这段经历使他了解到我究竟是怎样“捣乱”的。

“杰夫，我可以向你保证，这是我今天唯一的一次‘捣乱’。我能够‘捣乱’的日子不多了，只剩下两个多月，到那时候你就可以摆脱我了。”

感谢老天让我写这本书，它使我在工作交接过程的大部分时间里没有给杰夫“捣乱”。

我和杰夫在星期天晚上一起出发前往东京，因此我没能现场观看他们栏目的首播情况。CNBC的团队每天都给我发一封电子邮件，让我随时了解他们的工作情况。星期一，多布斯复出的第一个晚上，《商务中心》与他打了个平手。到星期四，《商务中心》的收视率就明显地高多了。幸运的是，我在星期五下午5点半从东京赶回了家，正好能够赶上收看当周的最后一次节目。

罗恩和休的主持非常精彩，他们的团队赋予了这个栏目以新的生命。我为他们感到高兴，他们赢得了第一场较量。真是太棒了！

在过去的许多年里，我进行过数以百计的“深潜”。这些“深潜”并不都很成功，而且我的很多想法一直没有被采纳。对于我来说，我的满足和乐趣在于参与员工们的工作，和他们打成一片，一起兴奋，一起就解决问题的正确方向展开争论。

除了我的董事长头衔，我认为我之所以能够“顺利地完成深潜”，是因为员工们相信我是在全力帮助他们。尽管我们各自解决问题的方式有所不同，但我们解决问题的共同目标是一样的。他们知道，如果我的想法被丢在一边，我不会因此感到不愉快。

另一个我经常“捣乱”的地方是 GE 医疗设备公司。我以不同的方式介入这家公司已经有 28 年了，我喜欢这家公司的技术、员工和客户，与医疗设备公司的员工在一起工作给人的感觉很特别。在 20 世纪 70 年代和 80 年代初期，我是 CT 扫描仪和 MRI 设备的“实际项目经理”。

90 年代初期，我喜欢上了另一个项目，即超声波成像技术，在这项无侵扰无辐射的技术领域，GE 是个落后者，但我确信我们会做得更多。

1992 年年初，我玩笑般地成了非正式的“项目经理”。为提高产品的竞争力，我们曾打算收购一家公司，终因交易价格太高而放弃。此后我们就开始了自己进行技术开发的努力。我告诉医疗设备公司的 CEO 约翰·特兰尼（John Trani），抛开正常的报告程序，所有的项目报告直接提交给他。约翰喜欢成果，并通过组建可靠的、能够攻克任何技术难关的小组来获得成果。

这个技术攻关团队是在一座老式的生产大楼里组建起来的，我们将这座大楼装饰一新，让他们觉得自己是胜利者。公司的研究实验室为这个项目提供了很多格外优越的条件。该项目经理退休后，我们决定到 GE 外部，在整个超声波技术行业里寻找一个人接替这个位置。我亲自对候选人进行面试，向他们介绍我们在超声波技术方面的发展意向。很多技术专家对我们表示质疑，因为我们的起步较晚。

我们找到了奥马尔·伊什拉克（Omar Ishrak），他是孟加拉人，是一位天生搞超声波研究的人。他曾经为我们的一家主要竞争对手工作过。我们所有人都认为他就是我们所需要的人，最后聘用了他。

我们投身于激烈的竞争之中。我确保奥马尔得到了足够的帮助和尊重。每次我去密尔沃基巡视我们的医疗设备公司，总要抽出很大一部分时间接见奥马尔和他的超声波研究团队，尽管那时他们还只是整个业务部门的很小一部分。

我成了奥马尔最大的啦啦队队长。他雇用非常优秀的员工，很多来自他们的技术圈子，其余的是GE的老员工。我们从1996年的一无所有一跃而成为2000年的行业第一，创建了一家赢利能力极高的企业。我们年收入增长速度达20%~30%，今天这家公司的年收入已经超过5亿美元。奥马尔现在已经是公司的高级管理人员，我从他的成功中得到的快乐与他一样多。

在医疗设备公司的另一次“深潜”与GE的X射线仪和CT扫描仪所用的射线管质量有关。事情的开始是在1993年，当时我在几个城市巡访GE客户。我们的医疗设备客户认为我们的CT技术是最先进的，但他们对我们的射线管寿命抱怨声很大。我回来后，发现我们的射线管平均只能用2.5万次，比我们竞争对手的射线管寿命短了一半。

我们的CT设备非常好，它的黯然失色是因为公司有阿喀琉斯之踵（即致命弱点）——射线管。

我到密尔沃基与约翰·特兰尼和他的团队一起审视了这个问题，在一个生产像医疗设备这样的高科技产品的企业里，零部件生产部门有时被当成二等公民。约翰带我视察了我们的射线管生产车间。具有讽刺意味的是，该车间与我们的超声波技术研发部门同在一座大楼里，就是那座经过翻新的大楼。虽然只是隔着一层薄薄的墙壁，两家的待遇却大不相同，射线管生产车间就像是公司里的弃儿一样不招人待见。

我们对这件事的处理态度非常认真。我们对负责全部医疗设备生产的经理进行询问，问他是否愿意接管射线管生产这项任务，并直接向特兰尼汇报工作。但他认为我们是一派胡言。他是个传统型的生产经理，射线管的生产原来也一直由他负责。在他看来，接手这项“射线管工作”不值得，钱不比现在拿得多，也没有“一定会成功的保票”，这对他的职业生涯没什么好处。

我们很幸运，我们最终找到了正确的人选。特兰尼推荐马克·奥内托（Marc Onetto）负责射线管部门的整顿和技术攻关。马克是个精力充沛、热情洋溢的法国人，当时担任我们欧洲的医疗设备业务服务部门的总经理。

我邀请他来费尔菲尔德，跟他强调这项工作的重要性，以及为什么必须把 CT 扫描仪的寿命从 2.5 万次提高到 10 万次。我保证他可以得到他所需要的一切资源。

我们给了马克一笔资金，让他改进他的工厂，并帮助他引进优秀人才。引进的技术人才中包括迈克·艾道奇克（Mike Idelchik），这是一位工程师中的工程师，一直负责设计飞机引擎。迈克离开了飞机引擎的技术基地来到这里担任工程经理，他和他的工程师在改进射线管的工作中发挥着关键作用。在这项工作的推进过程中，迈克得到一个极具诱惑力的工作机会，对方的条件是让他离开 GE。马克让我出面干预。我花了一个星期天的晚上与迈克面谈，希望他能留下来。他答应了。迈克后来成为照明公司负责工程的副总裁，在他面前还有更大的管理任务等着他。

马克想出了一个口号“射线管——设备的心脏”，以此来表明这个以前被忽视的部件的重要性。他把这个口号张贴到每一个地方，让所有人都注意到。

在随后的 4 年里，他每周都给我发一份传真，向我汇报他们团队的工作进展。马克回忆说，他从我那里得到过一份回函，上面写着：“太慢，太法国化，加快行动，否则换人。”马克把这些回复信件都锁到了他的抽屉里。

其他的时候，我会写信对他们取得的进步表示祝贺。马克就会把这些短函贴在工厂，让每一个人都看到（见下图）。

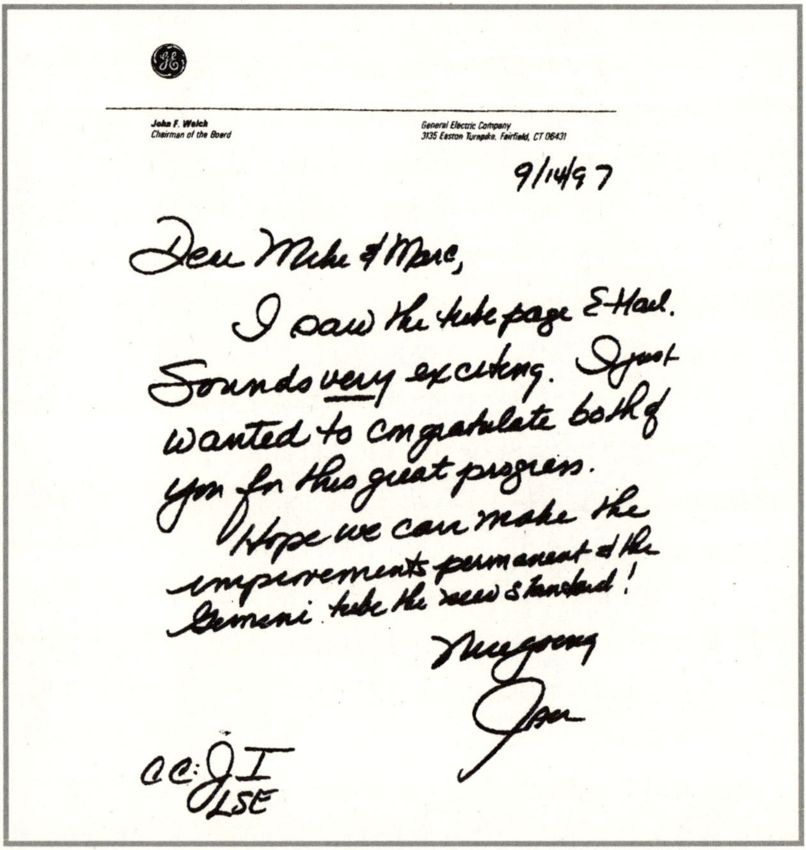
John F. Welch
Chairman of the Board

General Electric Company
3135 Easton Turnpike, Fairfield, CT 06431

9/14/97

Dear Mike & Marc,

I saw the tube page E-Mail. Sounds very exciting. I just wanted to congratulate both of you for this great progress.

Hope we can make the improvements permanent & the Gemini tube the new standard!

Regards
Jack

cc: JI
LSE

我的贺信传真

在5年的时间里，这个团队把射线管的寿命从2.5万次提高到接近20万次。到2000年，利用“六西格玛”技术，他们研制出了平均寿命达到50万次的新型射线管，并且被定为行业标准。这一关键部件的突破，使我们推出了迄今为止销售最快的 GE“光速”（Lightspeed）牌 CT 扫描仪。

通过将射线管作为设备的核心部分，我们的团队把部件生产部门员工的思想情绪扭转了过来。射线管项目的成功使得每一个人都受益匪浅。马克得到提拔，在整个医疗业务部门领导我们的“六西格玛”行动，现在已是一位高级管理人员，负责公司的全球医疗设备供应网。

还有一次“深潜”是在我们的工业钻石公司，那是项还在发展中的业务。1998 年，GE 塑料公司的 CEO 加里 · 罗杰斯（Gary Rogers）和工业钻石公司的总裁比尔 · 伍德波恩（Bill Woodburn）向我请求，说他们要来费尔菲尔德与我“秘密会谈”。

我不知道他们要跟我谈什么。GE 从 20 世纪 50 年代就开始生产工业钻石。这些钻石是石墨在极高的温度与压力下发生反应而转化生成的，这些钻石不是宝石首饰，主要应用在重工业里的切割刀具和研磨轮上。

加里和比尔向我出示了一包棕色的天然矿石和 6 个包着蓝色麂皮的宝石盒子，里面盛着的是绚烂夺目的宝石级钻石。他们两人说话本来就很轻柔，这一次几乎是窃窃私语。他们告诉我，我们的科学家发明了一种方法，能够从矿土中提取天然棕色金刚石，并完成自然转化过程，获得纯净的珍贵钻石。这种新工艺技术的实质就是重新创造出在地核深处数千年里生成钻石的条件，将大自然已经开始的过程最后完成。

我惊呆了，同时为这一新技术可能产生的巨大商机而兴奋不已。我迫不及待地把自己投入进去，和他们一起讨论这项伟大而又有趣的工程——眼前重达 28 克拉的宝石，进入一个全新的、我们一无所知的消费行业所带来的挑战，以及由于我们的技术而使整个行业全部改观的机遇。

我立刻成了比尔的头号支持者。我帮助他组织各种资源，在随后的 3 年里与他参加了无数次会议，为每一件事——从给我们的产品命名到如何为产品定价，提供咨询。

听起来是不是很容易？

事实上，没有什么事情比进入这个已经有几个世纪历史的古老行业更加困难的了。由于担心我们会破坏钻石的定价，古老的安特卫普钻石贸易与批发商协会不择手段地要把我们排挤出这个行业。他们出具虚假的鉴定报告，蔑称我们的钻石是人造的赝品，不值得拥有。安特卫普的联合抵制使我们无法向他们批发出售，即每次出售 50~100 颗，而只能按照零售的方式每次向他们出售一颗或两颗。

为启动销售，我们向自己的员工打折出售，现在员工们的购买量大约是每月 10 万美元。我甚至以这种折扣向我们董事会的成员推荐购买，希望在 GE 2000 年的股权代理声明书中披露这一购买情况，借此制造一些公众效应。

有几个董事买了我们的钻石，价格从 2.6 万 ~41 万美元不等。可是有谁知道这件事呢？所有的媒体都曾大肆宣传各位董事的工资报酬和额外津贴，但唯独对购买钻石的事情不予任何报道。在你最需要媒体的时候，他们却都睡着了。

在我们的第二个全年计划中，我们准备完成 3 000 万美元的销售额，这比我们最初计划的三分之一还少。要在一个年营业额达数十亿美元的行业取得重大突破，这个计划显然不是我们的理想目标。我们的团队总是提醒我要有耐心，这是一项正在成长中的事业，又是一个我所珍爱但不得不留给我的继任者的项目。

我要留给后来人的另一个理念是在 2000 年秋天我访问日本时萌发出来的。我去过日本很多次，我发现要想吸引日本最优秀的男毕业生加入 GE 公司很困难。尽管我们在这方面的工作已经有相当的起色，但仍然有很长的一段路要走。

最后，有一点启发了我。我发现，将 GE 与其他日本公司区分开来的最好机会之一就是将目光放到女性身上。日本公司不太愿意雇用女性职员，而且她们在公司里也极少能晋升到很高的位置。

我再一次加速行动起来。很幸运，我们有安妮·爱芭娅（Anne Abaya）。安妮是 GE 金融服务集团的高级管理人员，一名理想的会说日语的美国女性。她同意去东京担任 GE 日本公司的人力资源总裁。我给她拨了 100 万美元发动一场广告运动，将 GE 定位为“女性首选的公司”。

我不知道我们已经在日本雇用了多少人才。2001 年 5 月，当我和杰夫前往日本做商务旅行时，我们与 14 位发展潜力很大的女性职员共进了一顿私人晚餐。她们中包括 GE 塑料日本公司的首席财务官、GE 医疗设备日本公司销售与市场部的总经理、GE 消费金融日本公司的营销总监，以及 GE–东芝硅晶公司和 GE 医疗设备公司的人力资源总裁。

这些年轻的职员给我和杰夫留下了从未有过的深刻印象，这使我再次确信，雇用日本女职员带来的好处是多么巨大。

这次“深潜”的确才刚刚开始，但我知道，杰夫一定会将其推进到一个更高的水平。

我喜欢这些“深潜”带给我的兴奋感，可能比那些首当其冲承受我“捣乱”的人要多。

我绝对敢打赌，杰夫一定会做出他自己的“深潜”，而且会从这些“捣乱”中得到同我所获得的一样的快乐。

第三部分

商海沉浮

第十五章

唯我独尊

自信与自负之间仅一步之遥。这一次，自负占了上风，给我上了一堂终生难忘的课。

“我的天哪，杰克，你还要干什么？把麦当劳买下来吗？”

那是 1986 年 4 月，我在奥古斯塔高尔夫球场的第三洞发球时，四五个人在第七条球道上同我说笑。当时我们宣布购买 RCA 已经过了 4 个月，而且我刚刚买下了华尔街最老的投资金融公司之一——皮博迪的基德公司。

他们不过是在说笑，但的确有些人对我们最近的决策不以为然，至少有三位 GE 董事会成员对此不很热心，包括两名在金融服务界经验最丰富的董事——花旗银行董事长沃尔特 · 里斯顿（Walt Wriston）和摩根公司（J. P. Morgan）总裁卢 · 普雷斯顿（Lew Preston）。他们同当时的 Champion International 公司董事长安迪 · 西格勒（Andy Sigler）一道警告我说，这项业务与我们从事的其他业务有很大的不同。

“人才天天都在坐电梯，上上下下的，一转眼就会跑，”里斯顿说，“而你买下的不过是一堆家具。”

1986 年 4 月，我在堪萨斯城的一次董事会上据理力争，最后博得了大家的一致首肯。

这是狂妄自大的典型表现。自 1984 年成功收购安裕再保险公司（Employers Reinsurance）、1985 年成功收购 RCA 后，我有点儿收不住了。说实话，我已经目中无人。虽然从内心深处讲，我还在摸索公司的一种正确“感觉”，而在公司收购的前线，我自认为没有自己办不成的事情。

不久，我就会认识到，自己这一步迈得太大了。

收购基德公司的理由非常简单。在 20 世纪 80 年代，LBO（杠杆收购）大行其道。GE 的资金已经在 LBO 热潮中扮演了一个重要角色，曾在过去的 3 年里为 75 家公司的收购提供资金支持，包括早期 LBO 的一个成功案例——比尔 · 西蒙（Bill Simon）和雷伊 · 钱伯（Ray Chamber）并购吉布森贺卡公司（Gibson Greeting Cards）。

我们开始厌倦筹集所有的资金、承担所有的风险而眼巴巴地看着各个投资银行将大把的前期费用收入腰包。我们考虑的是，基德公司可能会给我们一个契机，以便获得更多的生意，进入新的分销渠道，而不必再向华尔街的某个中介机构支付昂贵的费用。

完成收购 8 个月后，我们发现自己卷入了一桩震动华尔街的前所未有的公共丑闻。基德公司的明星级投资银行家马蒂 · 西格尔（Marry Siegel）承认向伊凡 · 博斯基（Ivan Boesky）出售内部股票信息，以换取成箱的现金。他还承认，基德公司曾经从高盛公司的理查德 · 弗里曼（Richard Freeman）那里非法获取情报用于交易。他承认了两项重罪指控，并配合美国律师鲁迪 · 吉里安尼（Rudy Guiliani）开展调查。

结果是，1987 年 2 月 12 日，全副武装的联邦警探拥进了纽约汉诺威广场 10 号的基德公司办公室。他们对套汇部经理理查德 · 威格顿（Richard Wigton）进行搜身检查，铐上手铐并带离了大楼，他们还以涉嫌内部交易的罪名逮捕了曾在基德公司做套汇人的蒂姆·泰伯（Tim Tabor）和高盛公司的弗里曼。对威格顿和泰伯的指控最终撤销了，而弗里曼将被判入狱4个月、罚款100万美元。

虽然非法交易发生在GE收购基德公司之前，但是作为新主人，我们却被迫承担了法律责任。犯罪嫌疑人被捕后，我们便开始调查，全面配合证券交易委员会（SEC）和吉里安尼。调查显示，公司的控制系统漏洞百出。基德公司的董事长拉尔夫·德农西奥（Ralph DeNunzio）与该丑闻没有任何牵连，但是，显然西格尔享有很大的自由度。

西格尔彻底掌控了股票交易部分，当他要求风险套汇人进行某项交易时，几乎没有人会提出疑问。他还有一个导致他罪行败露的怪癖：他将收到的每一张粉红色电话留言单都保存在文件柜里。有了这些留言单和基德公司的详细电话记录，要勾画出西格尔的交易情况并不十分困难。

吉里安尼完全可以吊销基德公司的营业执照并令其关门大吉，但他要求我们解雇大部分高层管理人员。当时GE的一名副董事长拉里·博西迪用了几个周六的上午与吉里安尼协商解决办法。最后的结果是，我们支付了2 600万美元的罚金，关闭了基德公司的套汇部，并同意改进控制和流程体系。而在我们进行这些工作的同时，拉尔夫·德农西奥以及数名关键性人物决定辞职。

至于高级管理层，剩下的不过是里斯顿曾经告诫过我们的——只是家具而已。于是，我们不得不着手寻找能够重建公司信任的人物。我想到的最理想人选是赛·卡思卡特。此人精明能干、忠心耿耿，是一个我完全可以信赖的人。赛在GE的董事会任职15年，曾经担任过伊利诺伊工具厂的董事长。

我往芝加哥打电话找到了他，谈了我希望他来主持基德公司工作的想法，而他的第一反应却无法叫人振奋。

“你那糨糊脑袋出了什么毛病？”他问道。

“赛，你听好了，要么我过去找你，要么你来纽约，我们好好谈谈这件事。”

几天以后，我和拉里·博西迪在纽约的一家意大利小餐馆跟他会面。赛在一张黄色的便笺纸上罗列了15条理由来证明我出的是馊主意，他还列出了6个他认为比他更适合负责这项工作的人选。我看了看他写的东西，把纸揉成了一团。

“赛，我们遇到的问题很严重，而你是唯一能够帮助我们的人，”我说，“我们必须稳定局势，让基德公司回到正轨上来。这项工作至多不过一两年的时间，你和考琪在纽约将会有一次了不起的经历。你要退休还太年轻了。”

我的劝说恐怕比这要多得多，因为我和拉里太需要他了。赛最后同意回家与妻子考琪商量一下。幸运的是，考琪对来纽约感到兴奋无比，而赛也想帮助我们。几天以后，他回电表示同意接受这份工作。

* * *

5月14日，也就是吉里安尼撤销对威格顿和泰伯起诉的第二天，赛作为基德公司的CEO和总裁走马上任了。拉里·博西迪于上午10点整通过基德公司的内部广播系统宣布了这项变化。对此，并不是所有人都举双手欢迎。不过《华尔街日报》的一篇文章引用一位不愿意透露姓名的基德公司官员的话说：“这正是我们所需要的一个脚踏实地干活儿的人。”

我们遇到的问题之一是，马蒂·西格尔并非一个简单的贪钱贪出丑闻的人，而是基德公司的明星人物。他不仅相貌英俊，温文尔雅，在这个职位上获俸禄最丰，而且还是华尔街投资银行家中的佼佼者。

媒体称西格尔是“基德特许经营”，他也是基德公司中许多交易人崇拜的偶像。由于对两项内部交易指控认罪，西格尔支付了 900 万美元的罚金，并被判处两个月监禁，缓期执行。至于为什么他已经拥有了那么多还要与博斯基和不干不净的钱搅在一起，则是所有人心中的不解之谜。

基德公司中有不少员工靠西格尔的特许经营为生。失去了这个特许权的同时，公司的士气也一落千丈。赛在公司中的进展逐渐深入下去时，发现情况很不妙。当他问及采购问题时——一种任何一个生产部门的人都会问及的问题，谁都不知道这个部门的负责人是何许人也，也不知道这个部门在哪里。奖金机制也是随心所欲。拉尔夫通常是与公司的上层人物坐下来，一个个地谈判年终奖金的数量。

说实在的，看到基德公司的奖金数额，我们大多数人都目瞪口呆。当时，GE 全公司一年的奖金总额为 1 亿美元，而公司的利润为 40 亿美元。基德公司的奖金总数要高出许多，达到 1.4 亿美元，而公司赢利仅仅是我们的 1/20。

赛记得，在基德公司员工拿到奖金支票的那天，公司简直在一个小时内就“人去楼空”了。“你就是放一发炮弹，也炸不到一个人。”他告诉我。他们大多数人的生活习惯已经全部依赖这些年终奖金了。这是一个我和赛都感到陌生的世界。

当赛第一次做奖金计划时，他让基德公司的每一个人都提交一份各自当年所取得成就的清单。然后他便发现，同一笔交易中总有 6 个人声称自己是起到主要作用的功臣，每个人都认为是自己促成了该桩买卖。这种态度典型地说明了问题的实质：这是一种权力型公司文化氛围，每个人都高估了自己的价值。

老天会在什么地方垂青于我们是个运气问题，这个说法在华尔街是最贴切不过的了。说起平民致富的情况，无论从人数还是从金额上看，华尔街都超过了世界上任何其他地方。自然，这里有明星级人物，他们赚的每一分钱都是应得的，而他们身边的人们却完全不同。在这个世界上，恐怕只有在华尔街，人们才会把10万美元的加薪视为小费。

当你把一张1 000万美元的支票递给某人时，对方可能会瞪着你说："1 000万？街上那家伙刚刚拿了1 200万！"而"谢谢"的字眼在基德公司几乎是听不到的。

好年头疯狂花钱就够糟的了，遇到坏年头，我简直要疯了。这个时候，人们就会争辩道："是啊，这一年的确不容易，但你至少应该按去年的标准给他们，否则他们就会跳槽到街对面去了。"

这个地方玩得最好的是"我们赢、你们输"的游戏。

华尔街当年的情况应该是好一些的，因为那时各个公司都是私人的，股东们都在玩儿自己的钱，而不是"别人的钱"。"群策群力"和团队精神是天方夜谭。如果你从事的是金融投资或是贸易，而你的部门当年干得不错，那么整个公司如何就无关紧要了。他们要得到他们的那一份。

在这个地方，救生船总能把百万富翁成功地送到彼岸，虽然泰坦尼克号沉入了海底。

赛在基德公司的日子非常艰难。他改善了控制体系，雇用了一些好员工。1987年10月，也就是他上任5个月后，股票市场崩溃了，基德公司的贸易利润消失了。那一年，基德公司亏损达到了7 200万美元，我们不得不将5 000人的员工队伍削减约1 000人。

对于我们所有人来说，基德公司与GE之间的公司文化差异之大是显而易见的。我悔不该当初没有听取董事会上的反面意见。我想脱离困境，但要寻找一条不会输个精光的脱身办法。我希望在卖掉公司之前能够取得一些成果。

赛也想脱身。他在公司的影响力很稳定，但就职两年后，他感到基德公司需要的是一个永久型领导人。我们雇用了一家猎头公司来找人替换赛，但未能如愿。

我和拉里问当时在GE金融服务集团任执行副总裁的老朋友迈克·卡彭特是否愿意掌管基德公司。我和丹尼斯·拉里是在20世纪80年代末认识的迈克，当时我们在努力收购坐落在芝加哥的一家有轨车租赁公司——全联盟公司（TransUnion）。那笔生意我们输给了鲍勃（Bob）和杰伊·普里茨科（Jay Pritzker），但认识了迈克，他当时在波士顿咨询集团工作，刚刚完成对全联盟公司的战略分析。

1983年，我聘请他负责GE的业务开发。迈克在RCA交易中是个重要角色，在GE金融服务中负责我们的LBO业务时也干得非常漂亮。他希望独当一面，便于1989年2月同意接受基德公司这个非常艰巨的任务。

赛又待了几个月，帮助迈克接任。迈克继续着赛的努力，即树立公司一盘棋的风气。他还为基德公司的每一个公司制定了明确的经营战略。结果，利润回升了，基德公司由1990年亏损3 200万美元的局面一举改观，1991年获利4 000万美元，1992年获利1.7亿美元。

我们还是想抽身出来，便与美国Primerica公司的桑迪·韦尔（Sandy Weill）开始接洽。我们已经接近成交，眼看就要彻底摆脱了，然而，在1993年阵亡将士纪念日假期期间，谈判破裂了。那个周末的星期五，我和桑迪原则上达成了一致。我们都觉得在华尔街谈判要速战速决，可能的话就在周末期间完成，以免走漏风声，否则你就会很快失去自己的员工而陷入任人宰割的境地。当时的首席财务官丹尼斯·戴默曼周末期间就最终协议进行谈判，同时与去了楠塔基特的我保持电话联络。

我原计划在阵亡将士纪念日返回，最终完成与桑迪的交易。

然而，事与愿违。等我返回时，显然我们已经不可能按照刚开始谈判时商谈的那样成交了。桑迪通过大量收购公司建立起了一个企业王国，因而打了美国商界最漂亮的一仗。我是他最疯狂的崇拜者之一，但与他谈判却异常艰难。到了星期一，那个将使我们完全脱身的交易方案已支离破碎、面目全非了。

那天晚上，我花了几个小时时间，试图使谈判回到原来的起点。几番努力之后，我发现已是毫无希望，便走下大厅对桑迪说："这笔买卖对我们不合适。"他露出一丝微笑。我们握了握手，从此一直保持着朋友关系。

美国 Primerica 交易失败后，迈克返回他的岗位，我们则从前台消失了。1993 年，利润达到了 2.4 亿美元，局面似乎稳定了下来，至少我当时是这么以为的。

* * *

1994 年 4 月 14 日星期四的晚上，我正准备离开办公室去度个周末长假，这时迈克打来了电话，是那种你一辈子都不想接到的电话。

"我们遇到麻烦了，杰克。"他说，"一个交易者的账户里出现了我们无法确认的 3.5 亿美元的窟窿，而他已经失踪了。"

我当时还不知道谁是约瑟夫·杰特（Joseph Jett），但后来几天了解到的情况是我不情愿知道的。卡彭特告诉我，杰特负责公司的政府债券业务，已经多次虚报业务量以提高自己的奖金收入。伪造的业绩表面上使基德公司的报表收入大大上升。要清理这堆"垃圾"，我们将不得不用第一季度的收入来冲抵看起来是 3.5 亿美元的亏空。

迈克给我的消息叫我痛心疾首，3.5 亿美元！我简直无法相信。

这一打击太沉重了。我冲向浴室，吐得天昏地暗。我给已经在机场等我的简打了个电话，把我知道的情况告诉了她，并叫她回家。那天晚上，我给在克罗顿维尔教课的丹尼斯·戴默曼打了个电话。

等他拿起电话，我告诉他："这个电话是你的噩梦。"

事实上，这是我自己的噩梦。从一开始并购基德公司，我就铸成了大错。起初，这只不过是有点儿头疼、有点儿尴尬的问题，谁料到现在发展到了这步田地。

丹尼斯带着一个 8 人小组赶到基德公司办公室，开始周末的连轴作业。我没有多少可以做的，因为他们做的是硬邦邦的审计工作，检查收支账目。我坐在电话旁边，等待丹尼斯的最新消息。如果我也赶到那里，我可能会把他们逼疯的。

到了星期日下午，我不得不亲自去看一看。我赶到后，丹尼斯和迈克说，他们可以肯定报表上的收入数字是假的。我们还没有获得所有的资料，但因为两天后就要发布我们第一季度的收入情况，所以他们确信我们需要将 3.5 亿美元的非现金资产作冲销处理。

我用了好几个小时的时间，试图弄清楚数亿美元的钱究竟是如何在一夜之间消失的。这看起来是不可能的，但我们显然对于这种业务的了解太不够了。后来我们才发现，杰特利用基德公司电脑系统中的一个纰漏钻了空子。

那个星期天的晚上，我给 GE 的 14 位业务领导人拨了电话，通报所发生的一切，并向他们一一致歉。我沮丧透顶，因为这一突发事件会打击股票价格，伤害到 GE 的每一位员工。

我为这一灾难的降临自责不已。

在此之前的那一年，也就是 1993 年，杰特的虚构业绩达到了基德公司固定收入部门的近 1/4，还因此获得了当年基德公司“最佳员工”的称号。我们也批准了迈克关于给杰特发放 900 万美元现金奖金的请示，即使在基德公司，这也算得上是巨额奖励了。一般情况下，我一定会全面过问此事，我会深入调查一个人怎么会取得这么大的成就，并且坚持要会见他。但是，我没有那么做。

这全是我的错，因为我没有提出我通常会问的“为什么”之类的问题。事实证明，基德公司文化与我们的差异，绝不亚于基德公司员工眼中的 GE。

我们的业务领导人对这次危机的反应典型地体现了 GE 的公司文化，尽管季度性财务结算已经完成，他们中许多人还是立即提出为基德公司填补亏空。有的说他们能从自己管辖的公司中另外筹集 1 000 万美元，有的说 2 000 万美元，有的甚至许诺 3 000 万美元，用来填充这个窟窿。虽然为时已晚，但是他们这种伸出援助之手的意愿，与基德公司人员找出的各种借口形成了极其鲜明的对比。

他们不仅没有出来填窟窿，而且还怨声不断，嘀咕着这场灾难会对他们的收入产生什么样的影响。“这会把一切都毁了，”有人说，“我们的奖金打水漂了，那我们怎么能留住人呢？”两种企业文化及其差别从来没有如此清晰地印在我的脑海里。我耳朵里听到的都是：“我没做，从来没有看见，我从来没有见过他，我没跟他说过话。”好像大家谁都不认识谁，或者都不为别人工作。

简直令人作呕。

那天晚上，我们开除了杰特，并将另外 6 名员工调离。夜里，我回到家后告诉简要“夹着尾巴做人”，因为我们将度过一个漫长而艰苦的时期。

“媒体会对我穷追不舍的，等着瞧吧。”

残酷的报道铺天盖地。我再一次由一名王子沦为猪猡。在一年的时间里，我们无数次出现在《华尔街日报》头版靠右手的地方。《时代》杂志给我起了个新的绰号，叫“瓮中杰克”（Jack in the Box）。《新闻周刊》一名作家声称“你能听到立柱裂开的声音”。

《财富》的封面故事在评论这场灾难时，可笑地下了定论：基德公司的丑闻要归因于 GE 的管理不善。这真是胡扯！基德公司的问题仅限于基德公司。这都是由于聘用了一个小人，而控制力度也不够。

基德问题的内部调查工作由加里·林奇（Gary Lynch）领导。林奇曾是证券交易委员会的执法官，后来加入了戴维斯·波克-沃德威尔公司（Davis Polk & Wardwell）。在GE审计人员的鼎力支持下，他发现，问题的主要原因在于忽略了杰特的业务。林奇报告中说，对异乎寻常的业务利润的多次质疑“要么得到的是不正确的解释，要么被忽视，要么被回避……而随着利润率的提高，对杰特活动的怀疑常常被打消或藏在肚子里”。

在基德公司，固定收入部成了摇钱树，取得的利润超过了公司的总利润。对于他们所说的话，公司言听计从，没有什么人质疑他们获得成功的基础是什么。在华尔街，有此教训的并非只有我们。迈克尔·米尔肯（Michael Milken）和德雷克塞尔·伯纳姆（Drexel Burnham）就是活生生的例子，但是，像弗兰克·扎布（Frank Zarb）和皮特·彼得森那样的顶级领导人也在为雷曼兄弟的交易优势而苦苦挣扎。我们不乏前车之鉴，但是我们没有吸取他人的教训。

后来，证券交易委员会的一名行政法官发现，杰特在基德公司的营私舞弊行为已经到了“丧心病狂”的地步。卡罗尔·福克斯·福拉克（Carol Fox Foelak）法官发现，杰特用误导和自相矛盾的解释故意欺骗了他的上级主管、审计人员和其他人。她下令禁止杰特与任何经纪人接触，并判他支付罚金840万美元。

基德公司给我们带来了数年的麻烦，还使我们损失了一些最优秀的业务领导人才。到了1994年6月中旬，我不得不辞退我的朋友迈克·卡彭特。这是我做出的最艰难的决定。迈克是一位出色的业务管理人才，是他向杰特问题发起攻击的，而这个问题并非因他而起。

他是这一丑闻的最大受害人。媒体非要他的命不可，否则铺天盖地的负面报道就不会休止。我和他长谈了一次，最后我说：“他们是不会罢手的，除非你离开。”他表示理解，并表现出了君子风范。杰特的顶头上司埃德·赛鲁罗（Ed Cerullo）——基德公司固定收入部的主管领导，在迈克离任后几周也辞职了。

为填补迈克的空缺，我们临时将丹尼斯·戴默曼调到基德公司，任董事长兼CEO，同时调GE金融服务集团的另一位精明的老将丹尼斯·内登任总裁兼首席运营官。

4个月以后，也就是1994年10月，我们终于达成协议，以6.7亿美元的价格卖掉基德公司，外加购买佩恩·韦伯公司（Paine Webber）24%的股权。皮特·彼得森再一次扮演了重要的角色。GE金融服务集团与佩恩·韦伯公司的CEO唐·马伦（Don Marron）之间的谈判曾在10月初的一个周末破裂过。

我致电给唐，看看还能不能重新达成一致。唐请来了他多年的朋友皮特作为这笔交易的顾问。我和唐并不十分熟悉，因此皮特成了谈判中的关键人物。我和皮特、唐、丹尼斯之间很快达成了原则上的一致，并握手成交。接着，我要去亚洲进行一次商务旅行，为期10天，由丹尼斯负责最终谈判。这期间，皮特给我打过几次电话，以解决几个障碍问题。我记得有一次是在凌晨3点，当时我在泰国。

大约用了10天的时间，我们的买卖成交了，从此我们4人之间的友谊从未动摇过。

这个故事的结尾有点儿戏剧性。2000年年中的一个星期五下午，我正打算离开办公室，皮特给我打来了电话。

“杰克，对不起这会儿打扰你，”他说，“不过我是想让你过个愉快的周末。”

皮特说，他和唐已经达成协议，将佩恩·韦伯公司以108亿美元的价格卖给瑞士银行UBS。“我们刚刚为你挣了20多亿美元，希望你能同意。”

“这是让我过一个好周末？”我嚷道，“你是让我一年都好过了！”

唐和他的一班人马以及基德公司的几个关键人物一起使交易获得了巨大的成功。这一成功使我们从买下基德公司到出售佩恩·韦伯公司为止的14年里，最终平均每年获得税后回报10%。这绝不是金钱方面的成功，但最终结果要好过其他一些项目。

然而，不论为了多少钱，我们都不愿意回头再经历一次这样的过程。

* * *

基德公司的经历使我永生难忘。公司文化很重要，的确很重要。20世纪90年代末期的网络热潮中，GE金融服务集团证券部的几个人享受着成功的喜悦，如同在自己的客厅做短线操作的人们。他们表示，只要他们能够拥有一些他们用GE的资金投资的证券，他们就绝不离开GE。

我让他们看得远一些。有些人听从了我的劝告，媒体也在煽动我们，声称我们没有"随波逐流"。我们没有跟随新经济的步伐，"完全置身事外！"

于是，我在10月份的一次高级会议上指出，在GE只存在一种货币，那就是GE股票。虽然业绩表现的不同意味着不同数量的股票，但是大家都是在同一条船上。然而，同一种公司文化、同一种价值观和同一种货币并不意味着同一种风格，GE的每个公司都有自己的个性。

出于同样的文化差异的原因，我放弃了看上去不错的战略投资项目——并购硅谷高科技公司的机会。我不想用20世纪90年代末期开始发展起来的文化来污染GE。公司文化和价值观念的意义太重大了。

自信与自负之间仅一步之遥。这一次，自负占了上风，给我上了一堂终生难忘的课。

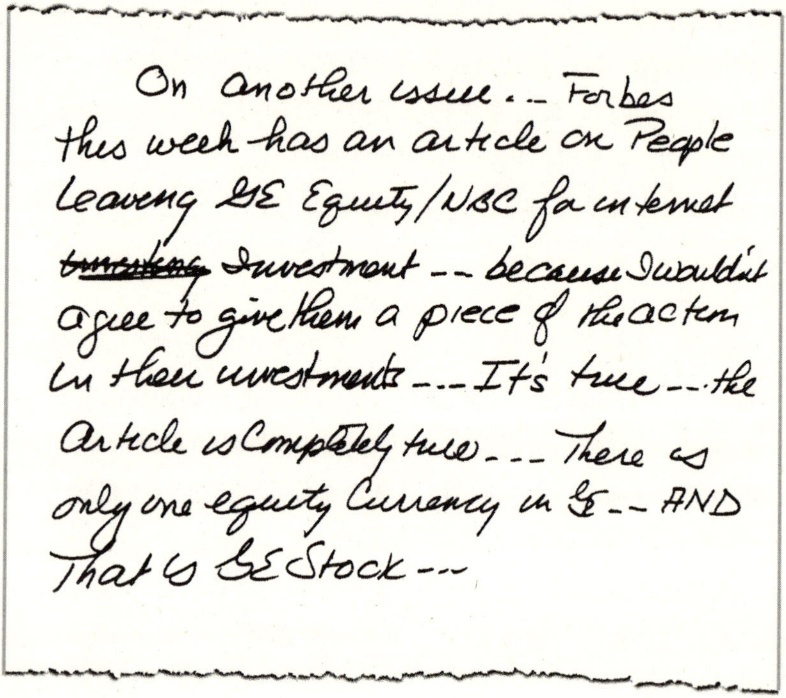

On another issue -- Forbes this week has an article on People leaving GE Equity/NBC for internet ~~investing~~ Investment -- because I wouldn't agree to give them a piece of the action in their investments --- It's true -- the article is completely true --- There is only one equity Currency in GE -- AND That is GE Stock --

我在一次讲话中指出：在 GE 只存在一种货币，那就是 GE 股票……

第十六章

GE 金融服务集团：增长发动机

这个不寻常的增长故事在许多人中流传，并从不同的角度被描述着。GE 之外的大多数人所不了解的是成功背后的全力以赴，以及创新和进取精神。

1998 年 6 月的一个晚上，我坐在家里的沙发上，翻看第二天 GE 金融服务集团董事会上要讨论的“交易议案”，其中有一项提请批准的议案是我执掌董事会 20 年来所遇见的最疯狂的一个。

建议书提出购买一批由泰国政府控制的破产融资公司的 11 亿美元汽车贷款业务。我知道这个国家正处于历史上最萧条的时期，而我们是唯一还能运营的汽车融资公司。

我向坐在我对面的简迅速地解释了这个交易议案。

“提出这个建议的家伙连屁股坐稳的机会都不会有，”我对她说，“我们会在 5 分钟之内把他轰出会议室。”

这可不是那种推磨式的董事会议。我们每年都要为许多企业提供融资，每月都要仔细研究潜在的交易。在这些会议上，参与讨论的是拥有总共 400 多年丰富商务经验的 20 多位 GE 局中人。他们对议题都已经过深思熟虑，而且会畅所欲言。

这班人在我们做出决定之前已经仔细审视了成千上万个交易。尽管所有的提案都要经过严格的初审之后才能提交董事会，而且一般来说90%的提案最终都能获得通过，但是我们还会退回20%的提案要求重新审议。

那天晚上，我读着这项泰国交易的细节，心里确信该提案没有什么通过的希望。这个方案提出与高盛公司各出资50%，这将使我们控股这家泰国公司1/9的汽车业务。为此，我们必须额外聘用1 000名员工，以发放贷款、收取付款、处理召回汽车。如果我们的投标被接受，我们就可以按照市值45%的价格获得贷款业务。提出这个议案的是负责GE金融服务集团泰国业务的马克·诺邦（Mark Norbom）。

第二天上午，我面带微笑地走进位于费尔菲尔德的会议室。

“泰国汽车贷款？”我笑着说，“我可是迫不及待了。”

我翻到马克提案的地方，皱起眉头，又摇了摇脑袋。

“我们怎么可能在几个月之内就聘用并培训那1 000名员工呢？”我问道。

马克的回答给我留下了深刻印象。他说他的团队已经筛选了4 000名求职人员，面试了2 000多人，并准备好了1 000份合同，只待中标了。他告诉我们，在泰国，汽车是人们最看重的财产。人们几乎愿意为之付出一切，他们甚至愿意睡在车里，直到无力支付贷款为止。

听了马克的一番谈笑风生和热情洋溢的说辞之后，我们批准了这项建议。说到因为一次成功的演示和满腔的热情而改变自己原来的想法，在我的记忆中这是一个最好的例子。

我走进会议室时在想，这个家伙要滚蛋了；而我走出会议室时在想，多么利落！

马克是对的。在后来的3年里，GE做得很成功，公司在泰国赢得了源源不断、利润不菲的汽车生意。这笔交易又促成了在亚洲购买不良资产的其他几个项目，使 GE 和当地经济都受益匪浅。

马克也做得不错，他成了日本 GE 的总裁。

泰国的这笔小买卖，只是 GE 金融服务集团成千上万个交易之一，它表明了从前的小摊位是如何成长为 GE 最有价值的一部分的。1978 年，当我作为一名部门主管首次了解这个公司时，GE 金融服务集团赢利 6 700 万美元，资产 50 亿美元。到了 2000 年，GE 金融服务集团赢利 52 亿美元，占 GE 总收入的 41%，资产 3 700 亿美元。

这个不寻常的增长故事在许多人中流传，并从不同的角度得到描述。GE 之外的大多数人所不了解的是成功背后的全力以赴，以及创新和进取精神。

1978 年，我所看到的是一个巨大的机会。这不仅仅是在收支平衡表上所看到的利润数字，而且是把资金和智慧这两大原材料融合在一起时所拥有的额外的力量。

由于我终身都在自己做事，亲力亲为，事无巨细，我很难相信事情“看上去”竟如此简单。这个公司已经显示它拥有很好的项目，资产良好，可以产生非常出色的投资回报。仅举一例：飞机租赁业务能够获得 30% 以上的回报。

我热衷于将原则和从制造业所产生的现金流与金融创新结合起来，发展壮大公司。当然我们需要合适的人来使之付诸实现。

丹尼斯 · 戴默曼总是用本 · 富兰克林的名言提醒我：“不收回成本就挣不到利息。”幸运的是，GE 金融服务集团已经形成的公司文化要求促成交易的人从头到尾做完项目。如果你提出了一个议案，那么你最好确保所建议的项目取得成功，否则你最好亲自接管并取得成功。

我确信机会是无限的，我们需要做的不过是领导公司往前走。好的人才和充足的资金投入就能产生巨额利润。

看到拉里 · 博西迪在打乒乓球，我非常高兴。拉里和 GE 金融服务集团的 CEO 约翰·斯坦格是能够翻云覆雨的人。通过我们在夏威夷的比赛，我理解了他的苦衷。1978 年，GE 信贷是个“孤儿”，不在公司主营业务之内。我刚加盟时，GE 塑料也是如此。拉里希望能够将 GE 金融服务集团推到舞台的中央。作为来自 GE 金融服务集团内部的审计人员，他知道应当怎么做。

我在 GE 金融服务集团所做的第一个大动作是，1979 年我征得了雷吉的批准，把拉里放在了首席运营官的位置。我和拉里一样，并非一个追求完美外在形象的 GE 高管。他完全不拘小节，人们从背后就能认出他来，因为他的衬衫下摆总在风中飘动。他的夏装概念就是套装配条白色的皮带，脚上换一双光亮的白皮鞋。由于在商界的知名度不断提高，拉里现在成了《GQ》[1] 杂志的封面猛料。

他还是一个非常出色的家庭型男人。他的妻子南希把他们的 9 个孩子都带得很好。拉里也帮助做家务，但他常常工作到深夜，周末也加班工作。他们有 3 个孩子也来为 GE 工作，包括现在负责商用设备融资的保罗。该企业名列 GE 的 20 强公司之一，资产达 380 亿美元。

我和拉里在许多问题上的思路都一致，尤其在用人的问题上。我们不仅在 C 类会议上研究人的问题，还开展月度评估，让人们快马加鞭。我们看到人们真像是上足了弦一般，每月都提出项目——有时候，还得事后解释自己将如何摆脱困境。

* * *

我在涉入 GE 金融服务集团事务的 23 年中，亲眼看到它成长的 4 个显著阶段：从 1977—1985 年，CEO 约翰·斯坦格和拉里·博西迪将最好的人才吸引进了 GE 金融服务集团。80 年代后期，博西迪（当时的副董事长）和 CEO 加里·温特（Gary Wendt）开始大幅度扩大公司，

1. 美国男性时尚杂志，全称为 *Gentlemen's Quarterly*，专门为时尚男士提供各种关于最新时装风潮、趋势、美食旅行等资讯。——编者注

使之成为一台收购机器。

整个90年代，温特和首席运营官丹尼斯·内登创建了一个全球性金融服务公司，使之成为这10年里前所未有的交易领袖。目前，以丹尼斯为CEO、迈克·尼尔（Mike Neal）为首席运营官的领导班子正在扩大这个全球性联盟，并将“六西格玛”和数字化的生气引入金融服务领域。

回头看看那些年保持的两位数的年增长速度，简直就像是在做梦。我至今还记得当时是如何为GE金融服务集团的一笔9 000万美元交易而坐卧不安的。相较于泰国的汽车贷款以及我们今天在董事会上可能承诺的几十亿美元，这实在算不得什么，但那是1982年啊。

正是那个时候，我和拉里·博西迪、丹尼斯·戴默曼在波多黎各的一次GE金融服务集团管理会议上，争论着是否应当从鲍德温联合公司（Baldwin United）那里收购美国抵押保险公司（American Mortgage Insurance）。为了这笔交易——当时是GE金融服务集团最大的一笔买卖，我们简直筋疲力尽，反复研究报价多少，担心着任何潜在的麻烦。

这是个角度问题。在我们1983年决定收购美国抵押保险公司之前，丹尼斯实际上是亲自签署每一笔保单，因为他的保险业务量太小，找不到什么理由买一台签字机。收购交易完成后，我们不仅能够买一台机器，还成了这个行业的领头羊。

一年之后的1984年，我们打破了那笔小小的9 000万美元交易的纪录，用11亿美元收购了安裕再保险公司。约翰·斯坦格和丹尼斯·戴默曼第一次了解安裕再保险公司是在1979年，它是美国三大财产和伤害再保险公司之一。保险商要求我们充当“骑士”，击垮不受欢迎的康涅狄格通用保险（Connecticut General Insurance）的投标。当时，我们的保险资产并不雄厚。安裕再保险公司希望我们，而显然不是在行业内颇有地位的康涅狄格通用保险，能够成为他们的母公司。

但是，安裕再保险公司遵循的是他们自己关于理想的“白衣骑士”的定义，找到一家对保险业一无所知的公司——盖帝石油公司。在这桩10年来最臭名昭著的交易中，盖帝最终被德士古收购，而德士古对于保险公司来说没有任何用处。有了前些年工作的背景，我们便能迅速地了结安裕再保险公司项目。我与德士古的CEO约翰·麦金利（John McKinley）商谈了这笔11亿美元交易的最后细节问题。

当时，我们还算是“雏儿”。交易结束后，当安裕再保险公司一班人来到费尔菲尔德与我们共进周日晚餐时，他们告诉我们年度收入将低于交易中预计的数字。

我立刻要求在价格上打折扣。我在高盛公司的朋友约翰·温伯格是我们收购交易的代表。我打电话到奥古斯塔，将他从高尔夫球场上拽了下来，咆哮着说了收入预计降低的事情。我要他给麦金利打电话调整收购价格。

幸好，麦金利是个君子，他接受了新提出的收购数字，给了我们2 500万美元的折扣。最后，我们支付的是10.75亿美元。到今天我还为此感到尴尬，但是我当时还是个新手，可能有些过于急功近利了。

安裕再保险公司的收购使公司迈出了一大步。我们成功地经营了安裕再保险公司，净收入由1985年的1亿美元上升到了1998年7.9亿美元的顶峰，直到1998年和1999年，我们遭受到严格定价和暴风雨的打击。2000年，我们只挣了5亿美元。

我们任命罗恩·普雷斯曼（Ron Pressman）为CEO，以使业务重新纳入轨道。从前是审计师的罗恩曾创建了利润丰厚的房地产公司，能够完美地将智慧和原则结合在一起。价格情况好转了，六西格玛起了作用，如果老天爷不捣乱，罗恩就能使生意重新红火起来。

* * *

我们在 20 世纪 80 年代所做的大多数事情都是谨小慎微的,GE 金融服务集团的特征之一就是“先走再跑”的市场模式。在投身某个具体市场之前，我们首先要小心地试探一番。

我们从来没有为 GE 金融服务集团制定什么宏伟的战略性目标。

我们没有必要做到数一数二。市场是巨大的，我们需要做的不过是用 GE 的头脑来武装 GE 的收支平衡表，以求发展。

在 20 世纪 70 年代，我们的重点是传统型消费贷款，比如抵押贷款和汽车租赁，同时涉足交通运输和房地产投资。

在 80 年代，我们的重点转向加大公司发展力度，同时严格控制风险。我们没有改变 70 年代的传统型风险意识，我们所做的仅仅是聘请有特殊才华的人。我们让这些人解放思想去寻找创意，并由此创造投资机会，获得公司的成长。

我们的确成长起来了，生意从四面八方源源不断涌来。在过去的 20 年中，GE 金融服务集团一跃发展成为多个设备管理企业，从卡车、有轨车到飞机，无所不包。我们跨入了私人信用卡领域，扩大了房地产的活动。GE 金融服务集团由 1977 年的 6 个小融资公司发展到 2001 年的 28 家范围各不相同的企业。

如果说人的因素可以改变一切的话，那么这里就是最好的课堂。多年来，我们引进了大量优秀人才——拉里·博西迪、诺姆·布莱克、鲍勃·赖特、加里·温特以及丹尼斯·内登，他们每个人都是公司内外的一把好手。

公司自己培养人才获得成功的最好例子是丹尼斯·内登。他 1977 年从康涅狄格大学毕业后直接担任飞机火车融资部门的市场营销助理。在过去的 20 年中，他一步步上升至温特的得力助手的位置，直到 1998 年被任命为 CEO。

我们用来自工业企业的人才将GE金融服务集团从一个纯融资机构发展成为拥有交易和经营技能的企业。GE金融服务集团目前的高级领导层中，有一半人是从工业领域成长起来的。

我们的经理都知道如何经营企业。如果某项交易难产了，我们很少简单处理。我们痛恨注销坏账，相反，我们会接手自己经营。我们拥有经营能力，可以经营不良资产。

1983年，当一笔给Tiger International的贷款进入不良状态时，我们就接管了企业而成为有轨机动车租赁公司。当我们的一些客用飞机租赁期满而市场疲软时，我们就把飞机改造为货机，启动了独立的空运航线——博立航空。我们在飞机租赁方面的长期经验促使我们于1993年和1994年收购了Polaris公司，扩大了我们与爱尔兰吉尼斯·匹特航空的资产业务。今天，GE金融飞机租赁公司（GECAS）管理着180亿美元的资产。

* * *

我们用一笔笔生意，无论规模大小，建设着GE金融服务集团，其中大部分生意是在我们的月度董事会议上提出的。公司对于投入融资服务的赌注总是小心翼翼。我没有给20世纪70年代起就运行的GE金融服务集团风险程序增加任何新的规矩，不过我也没有减少规矩。所有超过1 000万美元的证券交易以及所有超过每家客户1亿美元的商业风险投资项目，都必须提交董事会讨论。

随着我们的成长，我们从来没有改变过审批权限规定。

我介入了几乎所有交易，因此所有的好决策都有我的功劳，所有的坏决策也都有我的过错。我们的确卷入了20世纪80年代的力量型产权收购热。在其中一项LBO交易中，我们在1989年为收购广告牌公司帕特里克传媒（Patrick Media）提供了融资。该企业现金流情况良好，有一定的成长性。只有一件事使我感到不安——出售帕特里克的是都市传媒（Metromedia）的老板、著名的生意人约翰·克鲁格（John Kluge）。

我不太懂广告牌，但我知道，只要是约翰·克鲁格卖的，我就不应当买。我在谈判考克斯项目的时候就认识了约翰。我非常喜欢他，但我知道他是最精明的投资人之一。我本应该相信自己的直觉，抬腿走人。当 20 世纪 80 年代末期广告牌的使用率进入低谷时，我们取得这家公司的所有权，避免了价值 6.5 亿美元的坏账。我们重建了公司，最终于 1995 年取得了过得去的利润。

我们还完成了 1988 年蒙哥马利商业中心（Montgomery Ward）的 LBO 交易。这次几乎是个"本垒打"。我们的合伙人伯尼·布伦南（Bernie Brennan）是名列《福布斯》400 强的世界首富之一，他的商业中心生意兴隆。后来，零售业受挫，尽管新的管理班子付出了顽强的努力，中心艰难挣扎着，但最后仍于 2000 年破产。

然而，好项目远远超过坏项目，而且项目的领域也不同寻常。比如，我们进入了汽车拍卖业。我一直喜欢这个行当，曾在 1980 年那次不成功的谈判期间在考克斯广播公司见识过。考克斯拥有汽车拍卖业的"领头羊"曼海姆（Manheim）。这是一种纯服务型业务，投资很小，收益非常好。当时经营汽车租赁的埃德·斯图尔特（Ed Stewart）自 20 世纪 80 年代初就开始收购小型拍卖公司。埃德最终买下了 20 多家汽车拍卖公司，与福特汽车成立了八二开的合资企业。

参加一场拍卖就像是走进跳蚤市场，市场建在地面上，围着一些木头露天看台，游走的小贩们卖着热狗、豆子和哈里-戴维森牌（Harley-Davidson）皮带。拍卖人每分钟卖一辆二手车，因而曼海姆也是我们卖掉企业的原因。他们比我们要大得多，有机会统一这个行业。我们挣到了钱，然后于 90 年代初把拍卖行卖给了曼海姆。

董事会讨论的许多最好的项目——其中有些是最疯狂的，均来自加里·温特。1986—1998年期间，他作为GE金融服务集团的CEO，领导企业取得了迅速发展。他所提出的项目既富于想象力，又具有创新性。加里不仅是个精明的生意人，还具有一种他人少有的能力，能够告诉你怎么做才能使某一笔不怎么样的生意起死回生。

加里是一位训练有素的工程师，哈佛的MBA，天生的谈判家。1975年，他在佛罗里达一家房地产投资信托公司主持工作能力测评时，被聘为GE信贷的房地产融资经理。后来，他负责所有商业融资项目，于1984年成为GE金融服务集团的首席运营官。1986年年中，GE金融服务集团CEO鲍勃·赖特离任去负责经营NBC，拉里·博西迪便让加里·温特接任CEO。加里和拉里继续合作，共建GE金融服务集团。

* * *

到了1991年，拉里希望自己独当一面。他已经55岁，是公司的副董事长，但是他在GE实在不可能再升迁了，因为我还能做10年的CEO。拉里希望有机会经营一家大公司，而加里·罗奇给了他这个机会。

6月下旬的一个星期一上午，拉里带着这个消息走进我的办公室。

"杰克，"他说，"你知道是我该挪动一下的时候了。我不希望坐在这里度过自己此后的职业生涯。现在机会来了，我打算抓住它。"

"你打算什么时候动？"我问道。

"明天就会宣布。"

"那么，你已经下决心了？"我问道。

"是啊，我必须这么做。"他说。

那是一次令人动情的会谈。我们回顾了遥远的过去，一直从1978年说起，当时我和他在夏威夷一起打乒乓球，并说服他留在GE。我们在泪水和欷歔声中相互拥抱。

然后，拉里告诉我，他将担任新泽西的工业产品公司联合信号（Allied Signal）的 CEO。

拉里说，联合信号十分令他满意，因为该公司正处于转型期，而且位置在东北地区，这样他就不必搬家了。

加里·罗奇事后给我来了电话。我说："加里，你带走了我最好的朋友和伙计。我是左脸流泪右脸笑啊，因为他有能力经营世界上任何一家公司，他应该有他自己的舞台。"

* * *

在90年代，加里·温特想在自己去过的所有地方都插上一面旗帜。他告诉他的一班人马不要对一些"小伤亡"耿耿于怀。"我们会取得战争的胜利，"他说，"你们必须夺取阵地。"

虽然所有企业都在致力于全球化，但谁也不如 GE 金融服务集团实践得那么成功。欧洲处于经济萧条时期，加里发动了大规模的攻势。1994 年，加里和他的一班人夺取了 120 亿美元的资产，其中大部分是海外资产。1995 年，他们的步子加快了一倍以上，共获取资产 250 亿美元，其中 180 亿美元为美国之外的资产。

GE 金融服务集团在推进着全球化进程，收购着消费品贷款公司、私人信用机构和从卡车挂车到有轨机动车的租赁买卖。

这些项目背后的故事足够写好几本书。1995 年夏天，加里在度假期间和他的欧洲业务开发经理克里斯托弗·麦肯齐（Christopher Mackenzie）一起驱车穿过东欧。克里斯托弗是加里手下的智多星，负责为他开发项目。回来后他们热情高涨，要在那个地区做各种各样的生意。他们手中还有一个议案，要购买布达佩斯的一家银行。我们很喜欢匈牙利，而那家银行与已经在那个国家生根的 GE 照明公司非常匹配。

我们还在波兰和捷克共和国收购了几家银行，并运用这些银行推动当地市场的个人融资业务。购买捷克银行时有一个非常有趣的插曲：银行的主人还拥有一家电器分销公司和一座装满俄国电视机的库房。我们在对方确保我们不会陷入那项捷克电器业务之后，同意了收购交易。

如今，这三家银行都有可观的赢利，年度净利润达到 3 600 万美元左右。加里的驱车旅行还是值得的。

还有一件趣事发生在全球消费品信贷公司CEO戴夫·尼森（Dave Nissen）提议收购宠物保险公司（Pet Protect）的时候。宠物保险公司是专门出售猫狗寿险和健康保险的英国第二大保险公司。这家公司可以归为泰国汽车贷款那一类，当时已是苟延残喘。

1996 年，戴夫开始做陈述时这样说："这条狗还是能狩猎的。"

我对宠物保险市场了解不多。我们经调查发现这项业务每年以 30% 的速度增长，年度保险额达 9 000 万美元。从猫和狗的投保比例角度说，英国的市场仅次于瑞典，为 5% 比 17%，因此市场潜力很大。

GE 金融服务集团董事会成员、财务总监吉姆·邦特拿这个项目大开玩笑。吉姆审评该项目时奚落说，主要险种包括"狗主人突然生病住院而致的床位费用"，但不包括"狗咬人造成的灾难性损失"。

我们批准了项目建议，但不是因为我们了解宠物保险行业，而是因为我们信任那些提出此项建议的人。

这个项目标价 2 300 万美元，仍然是笔小生意。我们遇到过许多大一些的项目议案，提出了一些重大的疑问。1997 年有一次，尼森提议收购奥菲纳银行（Bank Aufina），那是瑞士一家大银行所属的消费融资机构。我对此有些犹豫。

瑞士银行家们是全世界银行的主宰力量，他们为什么会同意出售实际上还不错的资产呢？这似乎不合逻辑。尼森解释说，瑞士银行家是真正的银行家，喜欢做大买卖，对国际性投资银行更感兴趣，而个人贷款和汽车融资业务则属于支流。

最后，我们收购了瑞士的两家公司。2001 年，这两家公司赢利 7 800 万美元。

这些买卖是尼森要建立一个全球性消费品金融公司的宏伟计划的一部分。使 GE 金融服务集团在欧洲露脸的第一笔大买卖是我们于 1990 年收购的伯顿集团（Burton Group）的个人信用卡业务。该集团是英国最大的服装零售商。第二年，戴夫又收购了哈罗德公司和弗雷泽商行。

在这个项目的艰苦谈判过程中，哈罗德公司的领导人表现出咄咄逼人、与众不同的谈判风格。当他不喜欢谈判的进展方向时，他就会离开会谈室，并告诉大家他 5 分钟后回来，到时要给他一个更好的答案。在他将这种把戏玩到第 10 次时，尼森和他的一班人用卡片拼出了大写的“SCREW YOU”（去你的吧）字样。

哈罗德公司的头儿回到房间后，大家把字母举了起来。他大呼痛快。幽默消除了谈判的紧张气氛。很快，他们成交了。

在加里和丹尼斯推动 GE 金融服务集团全球化发展的同时，它在美国的业务也非常活跃。负责商务融资的迈克 · 高迪诺（Mike Gaudino）提出了一些非常有趣的项目。我每天都在审视我想收购的各家公司，而迈克在审视他想拯救的公司。他常常指出，美国有一半以上的公司属于非投资级别。迈克每年来董事会六七次，带来一些陷入困境、已经破产的公司，更多的是正走向破产的公司的情况。在评判公司领导层的同时，迈克也在挖掘我们应收账目回款和库存变现的能力。这是颠倒视角审视企业的方式，与我们所熟悉的角度正相反。

最好的例子是加拿大一家大型零售连锁公司——伊顿（Eatons）。1997 年，伊顿面临财务困难。其他贷款人已经不愿意再提供融资，而迈克要求获准提供 3 亿美元的贷款，以帮助该零售商扭转破产的命运。但是，在出现了又一次大滑坡之后，这家公司最后不得不清算结账。不过迈克已成功地收回了我们所有的投资，并取得了所有预计的投资回报。通过为伊顿这样的企业摆脱困境，迈克名声大振。在过去的 6 年中，他做的 200 多个项目中只有一次败笔。迈克的反传统做法和强劲的收购动作，使公司由 1993 年的收支平衡发展到 2000 年净收入接近 3 亿美元。

* * *

加里·温特已经成为 GE 金融服务集团发展的大祭司。他把业务开发放在公司文化一个重要组成部分的位置上。除了 200 多人从事寻找收购机会的工作以外,GE 金融服务集团的每个领导每天早上来上班时都在思考有哪些潜在的交易。这是加里带给公司的发展意识。《哈佛商业评论》将 GE 金融服务集团视为成功收购的典范，大量评述加里和他的一班人马是如何开展公司收购业务的——引用的案例不胜枚举。

在 20 世纪 90 年代，加里和丹尼斯·内登完成了 400 多笔收购交易，涉及总资产价值超过 2 000 亿美元。

加里生来就是做生意的料，谈判就是加里的一切。丹尼斯·内登记得自己和加里在香港时，他们走进一家商店买收音机。加里与售货员讨价还价了一个小时，要把价格降下来，最后高高兴兴地买了“便宜货”。接着在街上行走时，他在一个橱窗里看到了跟自己买的收音机完全相同的展品，标签上的价格比他费尽九牛二虎之力砍下来的价格还要低，他险些气晕过去。

整个周末他都气急败坏的。

加里也喜欢制定销售战略。迈克·尼尔谈起过自己的一次经历，那是 1989 年，他第一次向加里提交进入董事会前需要初审的项目建议。迈克想收购从事电信设备租赁业务的康泰尔信贷公司（Contel Credit）。在迈克的整个陈述过程中，加里似乎很不耐烦，但他一言未发，直到尼尔讲完。

“迈克，”他说，“这可能是我们遇到的最糟糕的一个收购项目建议。但是我们还有一笔买卖，又大又能赚钱。那是一个商务飞机项目，我们非常喜欢。我们打算让你在董事会上首先提出你自己的项目，然后再提交我们喜欢的那个项目。杰克很少连续否决两个项目。你可以给我们做铺垫，帮我们搞定。”

迈克走进董事会，提出了项目建议。我们认可了他的项目，而加里看好的那笔生意被否决了。

面对大量的项目建议，我们非常严苛，但是加里的成功率非常高。

在日本允许外国投资之前几年，加里就已经派了一支小型业务开发队伍到日本寻找潜在机会。20世纪90年代中期，日本经济萎缩，银行和保险业不堪重负，手里握着大量不良投资项目。不良贷款回天乏术，他们需要新的资金、新的股东。

当日本打开外国投资大门的时候，加里的早期基础工作使得 GE 资产领先他人一步。

1994 年的第一笔交易是并购微型轴承（Minebea）。这是一家 10 亿美元的消费品金融公司，也是一家滚珠轴承公司的子公司。加里和当时负责 GE 日本业务的杰伊·拉平一起创造性地策划了多个消费品融资、保险和设备租赁项目。在我们的电器业务中担任过律师的杰伊是个非常出色的地区领导。经过艰苦的努力，他赢得了日本管理阶层和商界的信任。他热爱日本和日本人民，他们也知道这一点，并做出了积极的反应。在我访问日本期间，他在自己家中举办的宴会使我认识了许多日本最大公司的 CEO 以及一些主要拿主意的领导人。

到了 1998 年，我们在日本的名气真正打响了。GE 金融服务集团领导团队当年在寿险、消费融资和租赁领域又成交了两笔交易，使我们成为日本金融服务领域的一个重要角色。

第一个项目是在那年的2月，我们与东邦共同人寿保险公司（Toho Mutual Life Insurance）成立了5.75亿美元的合资企业。迈克·弗雷泽（Mike Frazier）向董事会提交了这个项目建议。迈克也在GE当过审计师。他曾在费尔菲尔德为我工作，并在80年代初担任过日本GE的总裁。迈克成功地统一归并了13个收购项目，建立了一家强有力的美国保险公司。现在，在加里的大力支持下，他把自己的业务扩大到了日本。

对此，我感到有些担心了，开始往回收缩。东邦是一家破产了的公司，收购的规模和范围使我震惊。另外，这是一个我们不熟悉的国度，而我并不了解那里的法律。我要确信迈克和他的一班人已经做好了调查研究工作，评测了所有风险，所以我们反复磋商了多次。12月间，他在日本和美国之间往返多次，以消除我们和卖方的顾虑。生意在圣诞节前几天成交了。

第二笔生意在1998年7月宣布，是以60亿美元的价格购买日本第五大消费品金融公司雷克公司（Lake）的消费品贷款业务。雷克通过自动取款机提供短期消费品贷款。它在日本各地拥有600个分支机构和近150万客户，因而使我们成为日本消费品金融领域的一个重要角色。这是一个极其复杂的项目，公司实质上已经倒闭。我们花了近3年的努力才最后成交。

1996年，戴夫·尼森的第一次提议被否决了，因为我们不想接收那家公司的债务。第二年的第二次提议比第一次没有多少进步。最后，到了1998年，尼森和他的一班人提出了一个非同寻常的框架，才使项目取得了成功。我们将买下雷克的个人贷款业务，同时帮助成立另外一家公司来处理雷克的其他资产，包括该公司业主购买的价值4亿美元的艺术品。我们同意，如果我们实现了某些收入目标的话，我们将向雷克的股东们额外付款。

为了促使交易成功，我们不得不找日本的20家不同银行，说服他们将他们在雷克的债务打折。尼森的班子甚至还聘请了克里斯蒂拍卖行（Christie's）来为挂在雷克办公室的毕加索和雷诺阿的作品估价。虽然我们并不需要买下所有这些昂贵的艺术品，但是如果雷克能够通过出售这些资产以及其他资产而获得更多的现金的话，那么根据我们的额外付款条款规定，我们就可以少支付一些。

在将雷克项目提交GE金融服务集团董事会批准之前，尼森和他的一班人通过了加里、丹尼斯·戴默曼和首席财务官吉姆·帕克的8次初审。

我喜欢他们的提案。收购了雷克后，我和沃伦·巴菲特一起在塞米诺尔打高尔夫球时，他告诉我他实在是喜欢我们刚刚在日本完成的这笔交易。在我的心目中，沃伦总是坐镇奥马哈，一副精明机智的样子。我以为他并不很了解国际上的事，但是他比谁的触角都要多。

“你是怎么知道雷克的？”我问道。

“这是我见过的最好的买卖之一，”他说，“如果不是让你抢了先，我就会把它拿下来。”

2001年，GE金融服务集团参加投标重组一家金融公司——菲诺瓦（Finova）时，沃伦表现得凶猛了一些。作为菲诺瓦的一个主要债券持有人，沃伦在努力解决公司的困难。我很想与沃伦合作，但是他不能跟我们携手，因为他在莱卡迪亚已经有了一个合作伙伴。我们投了标，但沃伦提高了报价，赢得了菲诺瓦项目。

这一回是我们站在圈外往里看。

* * *

加里·温特可以说有点儿古怪。你永远不知道他会从哪里冒出来，或者处于什么样的心情中。他尤其讨厌的是监督。无论是拉里·博西迪，还是鲍勃·赖特或是我本人，任何老板的监督都会使他暴跳如雷。

如果身边有个老板时不时地跟他说“不”，他真的会怒不可遏。

1998年年末，与加里的分手是CEO继任程序造成的必然结果。

总裁丹尼斯·内登和常务副总裁迈克·尼尔都做好了准备。丹尼斯已经在GE工作了21年，是个出色的进取型人物、超级保险商，具备处理大型复杂交易的能力。他最突出的特点是他的执着，他能够全心全意扑在一个项目上，直至没有任何纰漏。如果说加里是个出主意的人，那么丹尼斯总能使之成为现实。

我一直把迈克·尼尔看成是GE金融服务集团的灵魂。他与大多数经理的不同之处在于，他并没有财务方面的背景。他当过GE供应公司的销售经理，必须学习业务，而他的确学了。迈克的最大强项是他与人打交道的方式。他深受大家的喜爱，而且聪明机智，随时能够消除办公室里的紧张气氛。

吉姆·帕克自1989年起担任首席财务官，是公司成长过程中的一个关键角色。他有很好的判断能力，对业务了如指掌。

丹尼斯·戴默曼在他的职业生涯中曾经三次脱离业务。他使我们备感宽慰的是，我们在GE金融服务集团所拥有的专家搭就了通往下一代领导人的桥梁。

有了这么一个已然就绪的接任班子，我和加里讨论的结论是，他不想为GE下一任CEO工作。他赢得了受之无愧的待遇，他离任的待遇就表明了这一点。而且我们还少了一个竞争者。

2000年6月，康塞科保险（Conseco）和金融服务公司陷入了困境。1998年，该公司的股票下降了33%，1999年下降了41%，需要紧急援助。康塞科的主要股东欧文·雅各布斯（Irwin Jacobs）和托马斯·李协会（Thomas Lee & Associates）希望加里能够帮助他们脱离困境。事实上，加里是扭转局势的最佳人选。

他最终能够成为自己的老板。

我最喜欢的交谈之一是接听雅各布斯的电话，他告诉我为什么应当把加里从非竞争协定中解放出来。雅各布斯第一次给我打电话时问我需要多少钱才肯让加里获得这种解放。

“欧文，你肯定以为我是个土包子。你要我自己跟自己谈判吗？”

欧文问我 2 000 万美元够不够。

“算了吧。我不会放他走的。他太聪明，太宝贵了。”

欧文来过数次电话，提出了更高的价格，但距离加里的价值差得太远。

不久以后，我接到康塞科的董事、临时董事长、CEO 戴维·哈金斯（David Harkins）的一个电话。戴维和欧文一样和善，试图劝说我达成交易，且每次都稍稍提高一些价格。后来的两天里，他又来了几个电话。我们签订了协议。我同意取消非竞争协定，条件是康塞科必须为加里买断所有 GE 的债务，同时签订 1 050 万美元的保函，让 GE 以每股 5.75 美元的价格购买康塞科的股票，这是协议时的市场价。

这笔交易漂亮的地方是，所有人都是赢家。加里找到了自己理想的地方，当自己的老板，可以用自己的智慧创造奇迹。康塞科使自己的股票价格稳定了下来，而我们可以坐在一边再次为加里加油。我们沾着这场游戏的边，可以随着他一同发展。

* * *

加里离任后，我任命丹尼斯·戴默曼为 GE 金融服务集团的新董事长，同时他又被推选为 GE 的副董事长。我们把丹尼斯·内登从首席财务官的位置提拔到总裁兼 CEO 的职位。我感觉，他们两人作为 GE 金融服务集团多年来获得成功的功臣，能够展示我们所需要的领导才能，带领公司进入新世纪。他们保持着队伍的团结，而 GE 金融服务集团在自己的优势基础上继续发展。1999 年和 2000 年，公司收购了价值 470 亿美元的资产，其中 330 亿美元在美国之外。2000 年，GE

金融服务集团的净收入增长了17%，达到52亿美元，又一次创下年度收入增长达两位数的纪录。

* * *

数字并不是故事的全部。

我最喜欢的图表是长期负责风险管理的吉姆·柯里卡（Jim Colica）于2001年6月在GE的一次董事会上提供的（见下图）。它展示了GE金融服务集团的成长、范围和风险内容。虽然个别交易中有不少瑕疵，但是，我们的业务多样化和风险控制的理念保障了公司的持续增长。1980年，GE金融服务集团拥有10家企业，资产110亿美元，仅在北

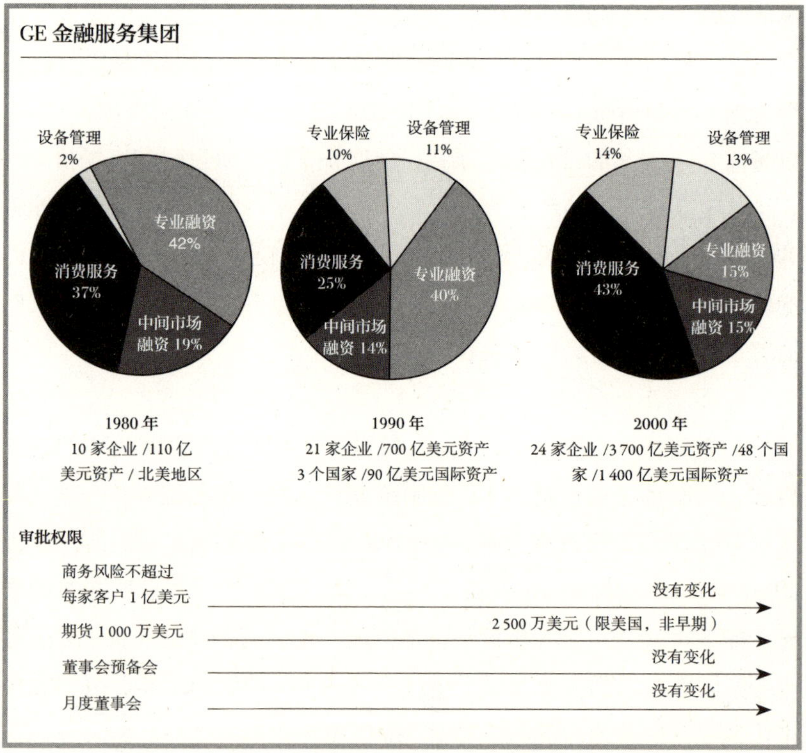

美发展。到 2001 年之前，GE 金融服务集团拥有 48 个国家的 24 家企业和 3 700 亿美元资产。

GE 金融服务集团是将金融和制造业融为一体的典范，让创造型人才与制造业的原则以及资金结合在一起，这种做法的确奏效了。

第十七章

NBC 与电灯泡的结合

人们总是跟我说："你怎么能买下 NBC 呢？你对戏剧或者喜剧根本就是一窍不通。"

的确如此。不过我同样不会造飞机引擎或涡轮机。我在 GE 的工作是进行资源运作，也就是人和钱的整合。

1985 年 12 月，当我们宣布收购 RCA 时，NBC 还处在鼎盛时期。整个电视网价值 30 亿美元，拥有 8 000 名生气勃勃的员工。在黄金时间收视率、午夜节目安排和周六上午儿童节目等方面，NBC 几乎都是第一名。在收视率最高的 20 个电视节目中，我们拥有 9 个，包括收视率最高的电视系列节目《科斯比秀》，还有《家庭纽带》《干杯》和《夜间法庭》。

我脑子里首先考虑的是，我们怎样让它运转下去呢？在我们于 1986 年 6 月完成收购之前，我在并购会议期间花费了大量的时间试图把握电视这个行业。

显而易见的是，支撑 NBC 的是两名顶梁柱型的人物：NBC 总裁格兰特·廷克和他的娱乐部主任布兰登·塔蒂科夫，是他们选择的节目将 NBC 推上了冠军的宝座。

格兰特厌倦了长年往返于纽约和加利福尼亚之间，便在收购的当日告诉我，他不会留下来了。格兰特认为他的领导班子已经到位，能够保持 NBC 的领先地位。他向我保证，所有人包括布兰登在内，都会留在 NBC。

幸运的是，我有一个老朋友，是独立电视制作人唐·奥尔麦耶（Don Ohlmeyer），我是通过纳比斯科的罗斯·约翰逊（Ross Johnson）认识他的。我们曾在纳比斯科–迪那海岸公开赛上一起打过高尔夫球。作为朋友，唐打电话告诉我，布兰登正跃跃欲试。

布兰登 30 岁时就成了大型电视网中最年轻的娱乐业总裁。他在 NBC 的所有重头戏中都起到了重要的作用，包括《洛杉矶法律》《迈阿密风云》《干杯》《科斯比秀》《家庭纽带》和《宋飞正传》。

我不想失去他。

我给他打了电话，请他于 5 月 12 日到纽约的普里马韦拉跟我一起吃晚饭。我们谈得很投机。他跟我一样，是个棒球迷。我向他保证，一切都会比过去好得多。一个月以后，他签署了一份为期 4 年的新合同。有布兰登领导我们的娱乐队伍，我相信 GE 在电视网络业中能够取得成功。

那年夏天，我面试了格兰特·廷克的员工，试图寻找能够代替他担任 NBC 的 CEO 职务的人选。他们都是些好员工。格兰特向我推荐当时负责新闻部的拉里·格罗斯曼（Larry Grossman），但是，拉里没有我想要的那种商业眼光和优势。

我告诉格兰特，我不能接受他的任何候选人。我请格兰特去见见鲍勃·赖特，他是我第一天见到时就觉得适合这个职位的理想人选。我安排格兰特飞往费尔菲尔德，与鲍勃和他的妻子苏珊一起吃晚饭。苏珊是鲍勃取得成功的一个重要伙伴。虽然格兰特和鲍勃相互很投缘，但是，什么也打消不了格兰特想提拔自己手下的念头。

尽管如此，两个月后的 8 月份，我仍任命鲍勃为 NBC 的 CEO。

人们的反应是在我的预料之中的。大家无法理解，一个“造灯泡的”怎么能够经营电视网呢？而我深信鲍勃适合这个工作。他在 GE 塑料、GE 家用电器和 GE 金融服务集团都跟我共过事，还担任过 GE 金融服务集团的 CEO。

鲍勃有很多优势。他在考克斯有线电视的 3 年经验使他能够帮助我们跨越电视网络界的传统业务领域；他善于管理人才和创新；他同时还是个慷慨大方的人，将商务友谊发展到更高的层次，并且在他人遇到困难时，他总是立即施以援手。

在我和鲍勃欢庆 NBC 娱乐业务成功的同时，已经有清晰的迹象表明我们即将遇到麻烦。NBC 似乎还沉湎于过去，娱乐部分力量强大，但是有线电视正在失去观众。新闻方面已经赤字多年，到了 1985 年，每年的亏损大约为 1.5 亿美元。娱乐业务的典型问题是，开销方面似乎太大手大脚了。

NBC 并没有及时面对这些现实。

我们首先着手解决新闻部的亏损问题。带着这个问题，我们再一次去找 NBC 的新闻部总裁拉里·格罗斯曼。

我和拉里好像生活在两个世界里。在他职业生涯的早期，他在 NBC 从事广告业务，后来成了 PBS（美国公共广播公司）的总裁，然后格兰特于 1984 年又把他请了回来。

在我们的早期交往中，拉里邀请我和鲍勃以及我们的妻子到他家，与 NBC 的明星人物及其配偶聚会，他们包括《午夜新闻》的主持人汤姆·布罗考（Tom Brokaw）以及《今日》节目的联合主持人布赖恩特·冈贝尔（Bryant Gumbel）、简·保利（Jane Pauley）。

格罗斯曼夫妇为我们安排了非常不错的晚会。

但只有一个问题：那天晚上要进行 1986 年世界职业棒球锦标赛的第 6 场比赛，有我所钟爱的红袜队对纽约梅兹队。从 6 岁开始，我就对红袜队着迷到了死去活来的地步。

NBC 正在直播这场比赛，我怀疑拉里是否知道现在是锦标赛时间。那天晚上的结果是红袜队历史上最悲惨的一次，比尔·巴克纳（Bill Buckner）竟然让球从他两腿之间溜了过去，最后，红袜队在第10局输掉了比赛。

我吃惊地发现，拉里对比赛的重要性竟然如此不敏感，不过他可能同样感到沮丧，因为我会那么在意如此一桩“小事”。那是一个别别扭扭的晚上，但还不是我们之间最后一次不愉快。

尽管我们要求 NBC 新闻部减少亏损，然而，拉里在 11 月份进行预算审查时竟提出要求增加开支，着实让我大吃一惊。

拉里痛恨这种会议，他认为西服革履地谈论开支问题是一种屈辱。他的经营理论是，电视网络业在新闻公正的旗帜下进行新闻报道就应当赔钱。他那轻蔑的态度只能加剧我们之间的摩擦。开完会，我已忍无可忍了。

那天夜里，我陷入了深思。第二天上午，我决定直面这个问题，便请鲍勃和他坐直升机到费尔菲尔德开会。

“拉里，我不喜欢昨天的会议。”

“你为什么不喜欢？”他问道。

“我不喜欢你对我们提出的费用问题无动于衷。”

我一直没有打动他，我们似乎相距非常遥远。几个小时之后，拉里看了看手表，说：“杰克，我必须到此为止了。我得赶回纽约，因为我约了伯格大法官吃晚饭。”

“拉里，如果你想跟什么伯格法官吃饭，你最好赶紧解决这个问题。你是为鲍勃·赖特工作，你是为 GE 工作。立即调整好费用支出，要么就走人。”

我又忍受了拉里 18 个月，直到他于 1988 年 7 月离开。

在办理调离手续期间，拉里与许多人一样，最后坐在了埃德·斯坎伦（Ed Scanlon）的沙发上。我是在收购 RCA 会谈期间遇见的埃德。他是 RCA 的人力资源部门负责人，这样他理论上也负责 NBC 的人力资源工作，尽管 NBC 自我感觉是相当独立的。我的确非常喜欢埃德，他很直率，善于交际，在融合 RCA 和 GE 公司文化方面做了不少贡献。

我想留住他，但是没有与他在 RCA 的位置相匹配的职务。我认为他是 RCA 最好的人力资源官员，觉得他能够帮助 GE 与 NBC 做好衔接。埃德住在新泽西，如果要他负责 NBC 的人力资源工作，他只需自洛克街 30 号的大楼下 40 层楼。电视网络业备受公众瞩目，这一点对埃德有吸引力。

他接受了这个工作。

真幸运，我们终于可以喘口气了。埃德善于沟通，他与所有人都处得很好，无论是工会领导，还是广播人才，或是他们的代理商。我和鲍勃会跟他密切合作 15 年。

* * *

NBC 的成功使得许多高层经理更加难以面对新的现实。1987 年 3 月，在劳德代尔堡的喜来登·博纳旺蒂尔饭店召开的管理会议上，鲍勃请我讲话。这有点儿像 6 年前在西港召开的第一次会议。

这不是所有人都喜欢的会。

在晚餐前，我对鲍勃的 100 位高级经理讲话，告诉大家 NBC 必须转变，以适应一个新世界。“有线电视要来了，这会改变你们的生活。这个房间里有太多的人还生活在过去。太多的人还在搭乘娱乐这列容易赚大钱的火车过日子，而火车不会永远跑下去。你们必须掌握自己的命运，否则，鲍勃就会来掌握你们的命运。”

对于一流的人才来说，这可能是个真正的机会。

“对于蠢材来说，”我说道，“这最多也就是小事一桩。”

喜欢我这番讲话的人不会超过 20%，其他人则认为我应当被抓起来或关起来。

为寻找替代拉里·格罗斯曼的人选，我们付出了长期而艰苦的努力。《午夜新闻》的主持人、NBC 事务主任汤姆·布罗考极力推荐迈克尔·加特纳（Michael Garmer）。迈克尔在新闻方面的资历非常优秀。他担任过《华尔街日报》的头版编辑，《得梅因纪事报》（*Des Moines Register*）和《路易斯维尔信使报》（*Louisville Courier-Journal*）的编辑。尽管个性上有些浮躁，但他在编辑工作和财务方面是一流的。看起来他是个理想的人选，而且从许多方面看的确如此。

加特纳于 1988 年 7 月加入 NBC，而他的第一个管理动作最终将引导 NBC 取得巨大的成功。

蒂姆·拉塞特（Tim Russert）一直是拉里·格罗斯曼的副手，而加特纳希望用自己的人。因此，鲍勃·赖特建议拉塞特去做经营工作。蒂姆过去做过州长马里奥·科莫（Mario Cuomo）和参议员帕特·莫伊尼汉（Pat Moynihan）的助理，但从来没有从事过经营工作。

迈克尔让他去担任 NBC 华盛顿分社的主任，蒂姆不情愿去，担心自己是离开纽约的权力中心而被发配出去了。我和他谈了一个小时，向他解释为什么他应当立即接受这项工作去管理 NBC 新闻部最大的现场运作机构。这是他向大家展示他作为一名经理的才华的机会。

蒂姆调到华盛顿工作对大家都是一件好事。1989 年，他聘用凯蒂·库里克（Katie Couric）为驻华盛顿的通讯记者。这是她辉煌事业的开端。

1991 年 4 月，凯蒂成为《今日》节目的主持人并立即吸引了观众，建立了与上午档观众的融洽关系。收视率开始上升了，凯蒂也成为该节目为期最长的明星。不幸的是，1998 年，凯蒂遭遇了重大的个人悲剧——她的丈夫杰伊·莫纳汉（Jay Monahan）患结肠癌去世。

整个美国与她一起陷入悲哀。为了提高人们对结肠癌的警惕，她甚至在向全美播出的电视节目中播出自己接受结肠癌检查的过程，让人们重视检查。在最近的一次体检中，我的医生告诉我，由于凯蒂的努力，已经有人向他预约了第二年的体检。

与此同时，在《午夜新闻》各部门主任的每日电话会议上，蒂姆·拉塞特来自华盛顿的见解给迈克尔留下了深刻的印象。1990年，迈克尔让他担任《媒体面对面》（*Meet the Press*）节目的专题讨论组成员。一年以后，蒂姆取代加里克·厄特利（Garrick Utley）成为该节目的主持人，加里克带着周末版《今日》节目搬到了纽约。

蒂姆在许多方面都体现出与众不同之处。他使《媒体面对面》成为收视率最高的节目，同时自己也成为引发争议的电视政治评论家。他并没有因为自己的名声大振而昏了头。他为人正直，在任何地方都备受人们的欢迎，尤其在GE。他愿意去我们的任何一家工厂发表讲话、与员工见面。

我不知道他是否了解我们的股票期权计划。我接到通知说他的10年期期权在3个月后到期时，给他打了个电话说："你知道，你放在抽屉里的这一张纸值很多钱，离到期日还剩90天了。"

"杰克，我有信心。"他说。事实证明，他的信心和机智超过了我们大多数人，他将期权握到了最后几天。

加特纳不仅把蒂姆放在了走向成功的岗位上，还让杰夫·朱克（Jeff Zucker）成为《今日》节目的制片人。杰夫从哈佛一毕业就跟着NBC体育部主任迪克·埃伯索尔担任汉城奥运会的助理。迪克很喜欢他，便一直保护着他，让他介入《今日》节目。在埃伯索尔的鼓励下，加特纳和鲍勃决定任命26岁的杰夫为《今日》节目的制片人。在杰夫的领导下，《今日》节目大获成功，使他们的这种信心得到了千百倍的回报。2001年，杰夫被任命为NBC娱乐部的总裁。现在，我们需要他在那里创造出自己的奇迹来。

迈克尔所管辖的地盘里并非一切都那么完美。他对电视的陌生，再加上他的管理风格，也带来了一些问题。他对 NBC 新闻部费用结构进行攻击的勇气，虽然得到我们的赏识，却没有使他获得人们的支持。但对迈克尔来说，他遭受的最大打击是《日期变更线》(*Dateline*）节目一则专题新闻引发的重大争议。1992 年 11 月 17 日，《日期变更线》播发了关于美国通用汽车公司（General Motors，GM）轻型货车安全性的部分评述。"等着爆炸吗？”描述的是通用汽车在撞击下爆炸的情形。1993 年 2 月 8 日，通用汽车公司控告 NBC 歪曲碰撞试验。

内部调查发现，部分报道的事实有疑点。尽管简 · 保利没有介入 GM 的报道，但她还是同意在《日期变更线》中公开道歉，因此平息了事件。这是团队精神的最好体现。简这么做非常漂亮，观众对她的信任大大说明了问题。

虽然迈克尔 · 加特纳并不直接负有责任，但他一直没有从《日期变更线》事件中振作起来。迈克尔在 3 月 2 日辞职之前，正在努力将尼尔 · 夏皮罗（Neal Shapiro）从 ABC（美国广播公司）那里挖过来，做《日期变更线》节目的制片人。尼尔在各个方面都很具有创新精神和真诚的态度，当之无愧地成为 NBC 最受欢迎的人之一。他不仅恢复了节目的可信度，还扩大了节目，每周都占用三四个小时的黄金时间。该节目为 NBC 取得了巨大的成功，尼尔成了功臣。2001 年，他成了 NBC 新闻部的总裁。

《日期变更线》事件结束后，鲍勃几乎面试了新闻部的所有人，以找人替代加特纳。汤姆 · 布罗考再一次扮演了重要的角色。汤姆的名声很好，是 NBC 新闻部的公众人物。在他 30 年的职业生涯中，他是许多年轻新闻工作者的“辅导员”。

汤姆是个不知疲倦、严于律己的人，一直是鲍勃的得力助手。鲍勃在 NBC 新闻部的几乎所有重大决策上都采纳了汤姆的建议。在鲍勃面试了所有当然的候选人之后，汤姆又一次提出建议：鲍勃应当与安迪·拉克谈谈。当时安迪是 CBS 的一个制片人。

安迪和鲍勃在多塞特酒店吃了一顿耗时长久的晚餐，给鲍勃留下了深刻的印象。那次晚餐之后，鲍勃希望我见他一面。几天以后，我见了他。

我想我跟所有人都说过，安迪是我工作面试那么多人当中最令人兴奋的一个。他与我遇到的所有新闻领导人都大不相同。他幽默诙谐、举止自然、精力充沛，一切都那么自然随意——现在，你知道这些都是我非常喜欢的特性。

他彻底把我迷住了。

谈了 20 分钟之后，我转向鲍勃说："我们还等什么？"

"那就这样吧。"鲍勃说。

我看了看安迪，问道："你怎么没有激动得跳起来呢？我们给你的可是一份很了不起的工作。"

他回答道："在听说了关于你们俩的事之后，我在想自己能不能获得足够的资源让新闻部重整旗鼓。"

我们两人都向他保证，他能够获得扭转新闻部业务局面所需要的一切支持。

星期天，安迪给鲍勃打电话说，他接受了这份工作。星期一上午，他辞去了 CBS 的差事，于 1993 年 4 月初上任了。

* * *

与此同时，鲍勃正在开发有线电视。

我们收购 NBC 时，这个电视网的有线电视方面的唯一资产是艺术与娱乐频道 1/3 的股权。鲍勃立志要大规模进入有线电视业务，而且准备工作即将完成。1987 年年初，他聘用了在美国国会工作了几年的汤姆·罗杰斯（Tom Rogers）。汤姆从事的是通信政策工作，是蒂姆·沃思（Tim Wirth）众议员在国会的助理。鲍勃让汤姆负责扩大NBC的有线电视业务。他与业内有着良好的关系，是个非常出色的谈判家、机敏过人的战略家。

汤姆和鲍勃首先找到了有线电视业的一位先驱查克·多兰（Chuck Dolan）。查克在长岛创建了有线电视系统公司（Cablevision Systems），该公司现已成为美国最大的有线电视经营商之一。查克还启动了Bravo电视频道，与他人一起创办了HBO，并且开发了一批有线电视产业。鲍勃认识查克和他的家人，80年代初还差点儿离开考克斯去担任有线电视系统的总裁。

1989年1月，他们达成了合股协议，由NBC出资1.4亿美元购买查克的彩虹资产（Rainbow Properties）50%的股份。这笔交易使我们在Bravo、美国电影经典（American Movie Classics）、美国体育频道（Sports Channel USA）以及美国各地的地区性体育服务设施都拥有股权。NBC还要购买法庭电视（Court TV）、独立电影频道（Independent Film Channel）、历史频道（History Channel）和浪漫经典（Romance Classics）的股份。

鲍勃与查克的这笔交易使得合股公司的双方都能够提出我们从头开始所需要的新思路，我们的第一个大项目是CNBC——财经新闻网络。我从一开始就喜欢这个创意，我认为财经频道在市场上是有机会的，而且与娱乐和体育不同的是，财经节目制作不涉及版权费用的问题。

当时，我们唯一的竞争对手是财经新闻网络（FNN），而且它还处于亏损状态。查克同意与我们按五五开的比例共同经营CNBC。1989年4月，CNBC开播了。

到1991年，我们的累计亏损达到近6 000万美元。财经新闻没有火起来，而FNN于是年1月破产。当时，FNN已经接入3 200万户家庭，而CNBC的用户数量为2 000万。查克没兴趣收购破产了的FNN。

他受够了。查克撤出了在CNBC的50%的股份，我们便单独去收购FNN。

我们以为用5 000万美元就能将它收购。然而我们吃惊地发现，西屋电气公司和道·琼斯的开价竟然达到6 000万美元。当竞价至1.5亿美元时，鲍勃和汤姆·罗杰斯回来说他们还需要500万美元。虽然现在看来愚蠢至极，但是包括我自己在内的GE一班人非常恼火，因为收购价格竟然是我们对这笔交易评估价值的3倍。幸好我们当时急需一个财经电视网，于是在增加了500万美元之后，我们成交了。

这笔交易使我们的渠道扩大了一倍以上。我们留下了FNN中最优秀的人才，包括如今担任我们收视率最高的《商务中心》新闻节目主持人的罗恩·因萨纳和休·赫雷拉，以及主持《权力午餐》（*Power Lunch*）节目的比尔·加里菲斯（Bill Griffeth）。

* * *

在娱乐节目方面，事情也不太顺利。

1988—1992年，我们推出了十几个节目，都没有打响。在这方面我一钱不值。收购了NBC以后，我去过一次好莱坞，观看一些可在黄金时间推出的试播节目。

你应该去听一听每一个试播节目的展示和疯狂的成功预测。每一个节目都是精品：了不起的制作人、追求轰动效应的明星、艾美奖的获奖者，每一部喜剧都是《宋飞正传》再生，每一部正剧都是《急诊室的故事》。

感谢老天，业内竟然有那么多乐观主义者。

事实上，我从没看到任何人预测得完全正确。大多数节目最终都以惨败告终。最后播出的大约有十分之一，而播出的节目中有五分之一获得成功就非常幸运了。像《宋飞正传》《弗雷泽》《老友记》那样能够真正打响的连续剧大约只有千分之一的概率。

人们总是跟我说："你怎么会买下 NBC 呢？你对戏剧或者喜剧根本就是一窍不通。"

的确如此。不过我同样不会造飞机引擎或涡轮机。我在 GE 的工作是进行资源运作，也就是人和钱的整合。我能向我们的飞机引擎设计工程师提供的帮助，跟我能给予在好莱坞挑选节目的人们的帮助一样多（或者说一样少）。

我们做得不怎么样。NBC 过去走红的节目大多数都已"油尽灯枯"。1991 年，布兰登·塔蒂科夫离开 NBC，去经营派拉蒙公司。鲍勃任命布兰登的副手沃伦·利特菲尔德为娱乐部总裁。沃伦接手的是个烂摊子。我们没有任何新节目，而电视广告市场也遭遇了 20 年来最严重的"大跳水"局面。NBC 的利润从 1989 年 6.03 亿美元的最高点，下滑到了 1992 年的 2.04 亿美元。

那一年，我们不得不做出一个艰难的决定。1992 年，我们在博卡讨论应当由谁把《今夜秀》（*The Tonight Show*）从约翰尼·卡尔森（Johnny Carson）手里接过来。这是一个极其棘手的问题，因为当时杰伊·莱诺（Jay Leno）和戴维·莱特曼（David Letterman）都在我们的电视网。

接近半夜时分，我和首席财务官丹尼斯·戴默曼走进正在激烈讨论的会议室。大部分东海岸的与会者喜欢莱特曼，而西海岸的人则倾向于莱诺。鲍勃希望这两个人都能留下。他担心选择了一个会使另一个转身投向 CBS，而 CBS 当时在半夜没有什么节目。我和丹尼斯坐在会议室的后面，听着人们的辩论。这时，鲍勃转过身来。

"我说，你们是怎么想的？"

"你知道我没有资格选择任何人，"我说，"不过，如果我是你，我会这么做：我会选择 GE 的价值观。你喜欢莱诺的价值观，他对分台有好处，他是个好人，而美国大众会发现确实如此。”

由于选择了莱诺，我们备受责难。莱特曼离开我们，去了 CBS，在起始阶段还占了上风。

批评声不绝于耳，连格兰特·廷克也加入了批评者的行列。我很喜欢格兰特，并且认为我和他的关系不错。1994 年，他出了一本书，责怪我和鲍勃造成了业务滑坡。

他把我任命鲍勃为电视网负责人的决定说成是一种“自杀性的安排”，说我们让杰伊·莱诺接任约翰尼·卡尔森的决定是错到家了。他声称我们收购 FNN 钱花得太多，并且将 CNBC 列入了黑名单。

“除了它的股票还有一口气之外，CNBC 已经长不出人样来了。”廷克在他的书中说，“我一直怀疑杰克是否看它的节目，也不知道他是怎么看待这些节目的。”

格兰特恶狠狠的评论让我非常吃惊，直到我注意到他这本书的合著人是巴德·鲁凯泽（Bud Rukeyser）。巴德曾是 NBC 的公共关系负责人，于 1988 年春天以不够客气的条件离开了 NBC。

在业务下滑的同时，我们又遇到了新的问题。我们与查克·多兰合伙，打算做 1992 年巴塞罗那夏季奥运会的 3 个频道有线电视直播节目。只要另外支付 125 美元，有线电视用户就可以观看 3 个频道共计 1 000 多个小时的直播和录像节目，中间不插播任何商业广告。这一方案彻底失败了。

我们原先期望在 4 000 万户家庭中，能够与 300 万户愿意接受这种安排的家庭签订协议。结果，我们只吸引了 25 万户人家。我们被打了一记闷棍，在媒体领域和经济方面。光是这 3 个频道直播节目，我们的损失就达到 1 亿美元。虽然鲍勃相信查克会遵守协议，但我们的财务人员担心其中大部分难以兑现，尽管多兰是我们五五开的合伙人。

查克是个非常难缠的谈判对手，同时又是你见到的最令人尊敬的家伙。我们在11月份收到了他的支票，他支付了3个频道直播项目的损失中他应承担的5 000万美元。

直播项目只是我们困难时期的另一个例子。

1992—1994年，我们花费了大量的时间处理所有这些问题，并寻找解决办法。由此引发了我们与许多影视公司的交流，包括派拉蒙、迪士尼、时代华纳、维亚康姆和索尼。我们的目标并不是现金流，我们是在努力重振雄风，使NBC成为一个更大、更强的角色。我们与迪士尼和派拉蒙走得最近。

1994年夏天的一个晚上，我和丹尼斯·戴默曼以及我们的顾问们与迪士尼的CEO迈克尔·艾斯纳（Michael Eisner）以及迪士尼的一班人马共进晚餐。我们达成的初步谅解是：迪士尼购买NBC49%的股份，但掌握经营控制权，而我们保持大股东地位。我的主要条件是鲍勃·赖特做迪士尼电视制作工作室和NBC业务的CEO。

迈克尔喜欢这个方案，我和丹尼斯激动极了。

但是，到了早上，迈克尔改变了主意，不想做这笔买卖了。我们又认真讨论了数次，包括与派拉蒙的马蒂·戴维斯（Marty Davis）谈判，但结果都是一样。在我们进行这些谈判的同时，媒体自然听到了风声。有关GE处理NBC的计划的各种猜测充斥着整个1994年。

我和鲍勃·尼尔森、丹尼斯准备了一份分析报告，论述了我们为什么认为从长远来说应留在电视网行业。当时的资产价值为40亿~50亿美元。我们相信，我们能够创建价值高出许多的资产，且下滑的空间非常有限。1994年10月，我将分析报告带到了董事会，建议我们继续留在这个行业。

我给董事会成员们一个个地做工作，以寻求他们支持这个决定，这是我第一次也是最后一次这么做。他们一致同意保留NBC，于是我们向公众宣布了我们对这个行业的承诺。

* * *

与此同时，沃伦·利特菲尔德在开发新节目方面取得了成功。鲍勃决定给予沃伦更多的支持，并聘用了唐·奥尔麦耶负责西海岸业务，就是在塔蒂科夫问题上给我透露消息的那个老朋友。沃伦和唐是一对最佳搭档。沃伦常常深入到节目的细节，而唐是个粗线条人物，这个身高 1.90 米、虎背熊腰的家伙具有宣传促销的本领。他经营着自己的制作公司，做得非常成功。事实上，为了得到他，我们买下了他的公司。他那大块头的形象帮助我们赢回了对伯班克工作室（Burbank Studio）的自豪感。在上一任班子任期内就开始播出的《宋飞正传》和《为你痴狂》（*Mad About You*）已经迷倒了观众。

他们两人携手的 18 个月内，在唐的领导下，他们又推出了《弗雷泽》《老友记》和《急诊室的故事》。公司业务出现了转机。

新闻部在安迪·拉克的领导下也在享受胜利的喜悦。1993 年 4 月安迪上任的时候，我们排名第三，与前两名相差甚远。我们的新闻节目没有一个是名列前茅的，无论是《今日》《午夜新闻》还是《日期变更线》。有人甚至提出建议，让我们把《今日》节目第二个小时的时间让出来，因为收视率太低了。

安迪作为新闻部总裁上任不到两个月，就在一次业务讨论会上提出了一些他的同事们认为非常疯狂的建议。他要把《今日》节目从 GE 大楼的三楼制作室中搬出去，并在洛克菲勒中心的街面上建一个新的制作室。

他认为这么做一定能够改变局面。

“我们可以用凯蒂·库里克和布赖恩特·冈贝尔来造成轰动效应，并吸引观众，”安迪说，“这可不是什么廉价的主意，要花我们 1 500 万美元。如果失败了，那就是一次惨败。”

“不！不！不！”我高声叫道，“不会失败。这是个伟大的思路。就这么办！”

“丹尼斯，”我说，“你有办法找到1 500万美元。”

18个月后，也就是1994年的秋天，《今日》节目搬进了新的制作室，并从此走向成功。巨大的玻璃窗允许人们往制作室内窥视，同时，节目进入了洛克菲勒中心，因而《今日》成了纽约市的一个旅游景点。每个星期五上午，《今日》在广场的室外音乐会直播常常能够吸引成千上万的人们。

在另一方面，已经在《今日》工作了15年的布赖恩特·冈贝尔对“晨练”感到厌倦了。他和他的代理人向安迪明确表示想进行一些新鲜的尝试。安迪和鲍勃开始考虑替代人选，而解决方案就在我们自己的后院。

作为NBC的纽约分台，WNBC的总裁比尔·博尔斯特（Bill Bolster）一直面临着如何改进《今日》节目之前5点到7点档早间节目这个问题。几年前，他看过马特·劳尔（Matt Lauer）在第九频道主持的采访节目。

从那以后，马特的事业便停滞不前了。事实上，有一天早上，他在一家修剪树木的公司的卡车后面看到了“诚聘英才”的告示。他打了个电话，并留言想得到这份工作。第二天比尔·博尔斯特给他打电话时，马特还以为是那家园林公司，没想到是博尔斯特带来了一份更好的工作，一份好得多的工作！

他聘请马特做WNBC早间新闻节目的联合主持人。1992年年末，马特上任不久的一天，我一大早就开始为CNBC挠头，在6点半观看他在WNBC上的节目。我和比尔一样，觉得马特是屏幕的主宰者。他并不张狂傲慢，但很有人格魅力，看起来是替代布赖恩特的理想人选。

不到一年，我就开始了我的“战役”。

我无休止地给安迪打电话，仿佛自己是马特最好的代理人。博尔斯特有“同盟军”了。

“你认为马特·劳尔怎么样？”

“他很不错。”安迪说。

“你打算什么时候给他那份工作？”

“他还需要再多磨炼磨炼。”

“哎呀……得了！行动吧！”

1994年，《今日》节目的制片人杰夫·朱克让马特试着读新闻稿。逐渐地，当布赖恩特休假时，马特就上来顶替。大家都喜欢他的风格。

CBS用很好的条件让布赖恩特脱离了早间节目，并让他主持自己的黄金时段节目。我们都为布赖恩特感到高兴。

1997年年初，马特代替了他的位置。结果证明，凯蒂·库里克和马特是很好的搭档，他们立刻吸引了早晨的观众。

1996年在早间节目中名列榜首的《今日》栏目拉开了与第二名——ABC的《早安美国》（*Good Morning America*）之间的距离。第二年，汤姆·布罗考主持的《午夜新闻》仍然保持第一名的地位。《日期变更线》节目的制片人尼尔·夏皮罗与联合主持人简·保利和斯通·菲利普斯（Stone Phillips）一起，扭转了因通用汽车事件给我们的黄金时段杂志节目造成的不利局面。

安迪的确让新闻部的工作运转起来了。

* * *

使CNBC运转起来的人叫罗杰·艾利斯（Roger Ailes），他曾经当过乔治·布什总统的政治顾问、拉什·林博（Rush Limbaugh）的电视节目的制片人。鲍勃发现了罗杰，并于1993年8月聘他为CNBC的CEO。我立刻举双手赞成。罗杰是个脾气暴躁、容易激动的人，但满脑子都是主意。他为 CNBC 营造了一种全新的形象，策划了黄金时间的节目安排，并打造出了克里斯·马修斯（Chris Matthews）那样的人物——克里斯，为报道华盛顿负面消息的节目带来了生机。罗杰还白手起家创建了一种“领导人谈话”网络，叫作“美国在说”（America's Talking）。

他使 CNBC 的经营利润从 1993 年的 900 万美元提高到 1995 年的 5 000 万美元。我们与微软公司合资创建 MSNBC 是罗杰离开公司的一个间接原因。他不喜欢我们将他的宝贝“美国在说”纳入 MSNBC 的决定。1996 年 1 月，我痛心地失去了罗杰。他后来创建了福克斯新闻频道（Fox News Channel），并获得了巨大的成功。

我们安排将 WNBC 推向纽约第一名宝座的比尔·博尔斯特替代罗杰的位置。比尔在 CNBC 屏幕上播发实时股票市场价格，将我们的商务报道制作得好像快节奏的体育赛事。他将股票市场的《赛前节目》（*Pregame Show*）扩大为 3 小时的《扬声器》（*Squawk Box*）节目。

《扬声器》节目发掘出一批新人：马克·海恩斯（Mark Haines）、乔·克南（Joe Kernen）和戴维·法柏（David Faber）。他们的即兴评述和敏锐的观点，使得股市在开盘之前就沸沸扬扬了。该节目办得红红火火，吸引了美国几乎所有的 CEO 来观看。

报道股市的是 CNBC 的当家花旦玛丽亚·巴蒂罗莫（Maria Bartiromo），采用的常常是“一线”或交易场内报道的形式。她的内部独家报道使自己赢得了美国最佳财经记者的称号，享誉全美。

主持盘后节目《商务中心》的是罗恩·因萨纳和休·赫雷拉，该节目具有与 ESPN 的《体育中心》（*Sports Center*）一样的权威性。在他们的努力下，该节目成为电视上最权威的财经新闻节目。

在比尔安排全天的节目设置的同时，我不断地“骚扰”他。我把《华尔街日报》和《纽约邮报》相同内容的财经报道剪报拿给他，让他采用《纽约邮报》那种更加直截了当、更加具有娱乐性的风格。

不管怎么样，生意就是游戏。比尔和他的队伍在 NBC 纽约新闻部前主任布鲁诺·科恩（Bruno Cohen）的领导下，已经"玩"得很好了。

在那以后的 5 年当中，CNBC 的利润上升到了 2000 年的 2.9 亿美元，成为有线电视行业中赢利最丰厚的产业之一。

到了 1996 年，NBC 翻身了，经营利润首次超过了 10 亿美元。《急诊室的故事》成为电视上连续剧的头号节目，《宋飞正传》是情景喜剧的第一名。CNBC 获得了赢利并在迅速发展。在《今夜》节目的主持人杰伊·莱诺战胜了 CBS 的戴维·莱特曼后，美国承认了他最佳午夜节目主持人的地位。

* * *

1995 年年末，鲍勃·赖特知道微软在考虑投资于 CNN，便开始与他们谈判携手的可能性。我们一直就希望能够开发有线电视新闻频道，但是从零开始的费用太高了。1995 年 10 月，在一次 NBC 战略研讨会议上，鲍勃描述了他正在与微软谈判的情况。

我们正在苦苦思考如何与微软建立良好的关系，其中的一种可能就是签订一份许可协议。我站起身，走到图板架前，引导大家讨论各种方案，最终描绘出了一张与过去许多 GE 交易相似的合伙框架。在这个框架中，我们将建立两个五五开的合资企业：一个在有线电视领域，由 NBC 控制；另一个在互联网领域，由微软控制。

于是，汤姆·罗杰和鲍勃开始与微软的人马讨论这一概念。微软最初对于使用我们的新闻收集业务以及开发在线新闻频道非常感兴趣。但在它眼中，有线电视是次要的，这就使得谈判更加困难。在 1995 年 12 月计划召开新闻发布会公布伙伴关系的头天晚上，我们还有几个悬而未决的难点问题。

汤姆和他的人马已经整夜未眠，希望能够完成交易。比尔·盖茨关于有线电视的考虑是最后一个有待讨论的问题。

到了早晨7点，离NBC纽约工作室的大型新闻发布会只有两个小时的时间了，我们还没有成交。

计划中的新闻发布会是十分隆重的，将通过卫星连接在香港的比尔和在德国的汤姆·布罗考。为了成交，鲍勃·赖特请我找盖茨干预一下。

我给比尔打了电话。比尔担心他会陷入有线电视的重大亏损。

“杰克，”比尔问道，“你相信有关有线电视的预测吗？”

“我认为，有线电视并不是没有脑子，”我回答道，“你们的人就去啃互联网的骨头吧，我们会让有线电视成功的，对此我毫不怀疑。”

在有线电视的表现方面，我给比尔一些保证，确保微软在我们未能将频道接入更多家庭的情况下避免重大损失。

“这就够了。”他回答说。

大约在新闻发布会前40分钟，我和比尔·盖茨达成了一致。结果，2000年，MSNBC扭亏为盈，MSN成为互联网新闻网站的冠军。

MSNBC同时也给了NBC一个推出布莱恩·威廉姆斯（Brian Williams）的机会。布莱恩于1993年加入电视网，一直支持汤姆·布罗考的《午夜新闻》，并主持一些周末节目。安迪·拉克给了他一个独特的节目：《跟布莱恩·威廉姆斯看新闻》（*The News with Brian Williams*）。

虽然大家很少在电视上看见布莱恩，不过他可能是你见过的最有趣的家伙。事实上，我想他有这样的才华，如果不是已经投身于新闻主持人行当的话，他完全可以有自己的午夜节目。

鲍勃和汤姆·罗杰斯继续寻找着互联网的机会，投资了数个网络公司，并在后来将他们并购成一个名为NBCi的新上市公司。与许多其他网络公司一样，NBCi过于注重广告收入。2000年年初互联网广告市场崩溃时，其业务模式便无法运转了。2001 年，我们重新收购 NBCi，并用它作为宣传 NBC 其他节目的门户。

* * *

将近 1997 年年底时，我和鲍勃得到了一些坏消息。电视黄金时间最热门的情景喜剧明星杰里·宋飞（Jerry Seinfeld）打算辞职。杰里不仅是美国最受欢迎的喜剧演员，也是我最喜欢的演员。1997 年 12 月的一个星期天，我们在鲍勃的纽约公寓里吃早午餐时，努力说服杰里再演一季剧集。

一年以前，我们已经遇到过这个问题，并说服了宋飞留任到 1997 年年底。当时，鲍勃给我打电话，让我去他的办公室，看看我能不能帮着解决这个问题。那是一次很特别的会谈。为了说服杰里留下来，我们给了他一沓股票期权和内部股票，而杰里要我解释那些东西的意义何在。这是一个无法用金钱衡量的时刻：我装作自己是在上一堂财经课，而学生有可能装聋作哑，也可能喜上眉梢。

我们当时说服了他回头，而在 1998 年到来之际，他又一次要离开。这一回，杰里带来了两位了不起的朋友——乔治·夏皮罗（George Shapiro）和霍华德·韦斯特（Howard West），他们本来可以像老式好莱坞经纪人一样闪亮登场。鲍勃用典型的 GE 图表方式做了一个很好的演示。他向杰里表明，他将是唯一一个自己的电视连续剧仍然在热播而本人已经离开的电视明星。在整个电视历史上，没有任何节目能够在第九个年头还在吸引越来越多的观众。

杰里希望在事业巅峰时期隐退，而鲍勃反驳说杰里甚至还没有看到巅峰。谈得太漂亮了，我们还另外提出给杰里 1 亿美元的 GE 股票，只要他再多留一年。

我和鲍勃都觉得已经成交了，这种感觉持续了大约 10 天。圣诞夜，我在佛罗里达接到杰里从伯班克打来的电话。

“杰克，”他说，“做出这个决定对我来说并不轻松，而且我实在不想令你失望。”

我感觉难受极了，因为我知道我们失去了他。

“杰克，现在是圣诞夜，我还待在自己的小房间里。所有的人都回家与家人团聚去了，而我还在这里写剧本。我不能再多干一年了，杰克，我不能这样。”

“我多希望你做出的不是这样的决定。”我说。

我对他为我们所做的一切表示了感谢，我尊重他的选择。他希望能在巅峰时刻隐退。他的确这么做了。

* * *

我们不仅损失了杰里，我们还损失了美国橄榄球联赛（NFL）。我们从1965年起就一直转播职业橄榄球赛事，但1998年年初，我们却丢掉了美国橄榄球联赛的转播权。

否决这项议案并不是一个很难做出的决定。NBC没有一个人——甚至是体育部的人愿意去碰一下为取得转播权而需要支付的金额数字。

当然，我最喜爱的报纸《纽约邮报》总是拿这样的事情“开涮”，他们在头版登出我“丢了球”之后的面部特写照片。

但是，这不是一次“失球”。我们否决了这个8年要价40亿美元的生意，因为这个数字简直让人发疯。

失去NFL之后，我们便致力于同世界自由摔跤联合会（World Wrestling Federation，WWF）负责人文斯·麦克马洪（Vince McMahon）一起，在2001年组成一个新的橄榄球联赛，取名终极橄榄球联赛（XFL）。结果我们惨败而归，而我成了众矢之的。如果你在别的行业把生意搞砸了，你通常能够予以掩盖，在电视业则是不可能的。

所有人都一如既往地观看比赛，尤其是批评家们。

我和公司里的所有人一样热烈支持XFL。我们在星期六晚上没有什么节目，而文斯·麦克马洪很有天赋，WWF也办得极其成功。由明尼苏达州州长杰西·文图拉（Jesse Ventura）来宣布这一消息，更使此事增加了戏剧效果。我们组建了新联赛，在一些主要市场共有8支球队。

我们的问题是，我们永远无法决定XFL应当属于娱乐还是橄榄球项目。当他们把拉斯韦加斯的赌注登记经纪人带到训练基地时，灾难开始了。这些经纪人不喜欢XFL提出的疯狂规则，因为那样的话，比赛的投注比例更难设计。我们的体育部认为我们需要赌球带来的信誉和知名度，如果改变了规则，就等于堵死了XFL今后更加娱乐化的道路。

第一场比赛开始时收视率非常高，尽管如此，在漫长的赛程中我们还是失去了观众。体育评论把我们批得体无完肤，联赛得到的唯一报道是一些关于XFL将如何威胁职业橄榄球之神圣感的论述。

球迷们既不喜欢我们的娱乐，也不喜欢我们的橄榄球。哀乐奏起来了：谁也不观看比赛，大家都在看着我们的惨败。

为期12周的赛季一过，我们便“鸣金收兵”了。XFL以惨败告终，我们为此损失了6 000万美元，同两部失败的情景喜剧损失相当，而这类喜剧中，80%都是不成功的。除了扫人兴致外，经济上的打击倒也不算大。GE规模庞大的一大好处就是能够承受这种跌宕起伏。你并不总是需要将一切都联系起来看。

虽然XFL失败了，但是迪克·埃伯索尔所做的其他事情几乎样样都是成功的。1989年加入的迪克是鲁恩·阿利奇（Roone Arledge）——《周一足球之夜》（*Monday Night Football*）和奥林匹克赛事报道的创始人的门生。迪克继承了鲁恩的事业，成为电视体育的大师。

1995年，迪克获得了体育节目制作中最大的成功。国际奥林匹克委员会在其 20 年的历史中第一次同意，不经过竞标就将转播权交给 NBC。NBC 对 1988 年汉城奥运会、1992 年巴塞罗那奥运会和 1996 年亚特兰大奥运会的电视转播为迪克奠定了成功的基础。

1995 年，接近 7 月底的时候，鲍勃和迪克给我打电话，带来了一个新奇的建议。迪克和他的团队想向奥林匹克委员会提出前所未有的方案，要求拿下 2000 年悉尼奥运会和 2002 年盐湖城冬奥会的投标。迪克相信，通过一次争取两届赛事，他们就能够一次获得两个机会，并避免通常的投标过程。

他们想立刻采取行动。为了获得批准，迪克安排了一次电话会议：鲍勃在楠塔基特海面的一艘船上，丹尼斯 · 戴默曼在缅因州的小屋，我在楠塔基特的夏季住宅里。

要价实在是狠：12 亿美元。

"迪克，最糟糕的情况会是怎样？"我问道。

"我们会赔掉 1 亿美元。"他回答说。

我们都同意去争取一下。迪克立刻乘坐 GE 的专机赶往瑞典，与国际奥委会主席萨马兰奇会面，然后又飞往蒙特利尔与奥委会电视转播权负责人迪克 · 庞德会面。

在 72 小时内，他"锁定"了这两届比赛。

几天以后，迪克又在考虑做得更多些。到了 1995 年 12 月初，也就是 4 个月以后，我们又取得了另外 3 届奥运会的转播权——雅典、都灵和 2008 年奥运会，总计 23 亿美元。

奥运会交易给电视网，尤其是电视网的有线电视部分带来了巨大的机会。在两大有线电视网上转播奥林匹克的机会，使得负责有线电视销售的戴维 · 扎斯拉夫（David Zaslav）可以大幅度增加节目播放时间，并将 CNBC 和 MSNBC 的"触角"伸向数百万户家庭。今天，CNBC 已经承诺要进入 8 000 多万户家庭，1995 年只有不足 2 500 万用户的 MSNBC，而到 2002 年会进入 7 000 多万户家庭。

* * *

多年来，NBC 已经为 GE 获取了巨大的利润。

我们从它的财务结果和品牌中获得了利润，大多数雇员会非常骄傲地穿上带有 NBC 徽标的 T 恤衫。鲍勃认为 NBC 不仅仅是家电视网络公司，他的眼光总是很准确。电视网受众在继续减少，更加证明他在有线电视上下注的英明。CNBC 是财经新闻的佼佼者，而 MSNBC 则是在 25~54 岁年龄组观众中 24 小时播报有线新闻的冠军。虽然在我撰写本书时，NBC 的家庭受众排名下降到了第三名的位置，但它仍然是 18~49 岁年龄组受众心目中的电视网络领袖，而这个年龄段是广告商眼中最重要的群体。

经过所有这一切之后，鲍勃 · 赖特已经成为电视历史上执掌电视网时间最长的领导人。他证明了“造灯泡的”也可以在电视行业中做大、做强。

第十八章

能屈能伸

只有诚实、正直且为正确之事斗争的有实力的公司，才能跟政府较量得起。

幸运的是，我们既正直，又拥有那种实力。

1945 年，我住在马萨诸塞州的塞勒姆。一天，我爬上楼梯去我父母住的二楼卧室，只听到妈妈在哭泣。这是儿童时代给我留下的最深刻的印象之一，那年我才 9 岁。在那以前，我还从来没听见妈妈哭过。我走进门，看到妈妈站在卧室的熨衣板前，一边给我爸爸熨烫衬衫，一边泪水哗哗地往下淌。

"噢，老天啊，"她说，"富兰克林·罗斯福去世了。"

我惊呆了。我不明白为什么总统的去世会让妈妈那么伤心，一点也不明白。但是，18 年后肯尼迪被暗杀时，我的内心也涌起相似的感觉，两眼死死盯着电视。

母亲对罗斯福的离世有那样的反应，是因为她从心底里相信是他拯救了我们的国家，拯救了我们的民主。她信任他，信任我们的政府。我父亲也是如此。他们两人都相信，政府服务于人民的意志，保护着它的公民，总是做正确的事情。

许多年来，我对政府有着父母那样的信任感，但是那种信任感已经数次受到了严峻的考验。我近距离观察过政府，有对的，有错的；有好的，也有几乎是邪恶的；有诚实勤奋的公仆，也有政治利益至上，阴险狡猾、自私自利之徒。

我见到过糟糕的政府做错过许多小事，而我遇到的第一件大事发生在 1992 年。

当时，我正在南加利福尼亚的佛罗伦萨开董事会。这时，我们的总顾问本·海涅曼把我拉到一边。他告诉我,《华尔街日报》会在第二天，也就是 4 月 22 日，报道一场官司，原告是上一年 11 月被开除的一名 GE 副总裁埃德·拉塞尔（Ed Russell）。

这可不是一场因不当解雇而引发的寻常官司。曾经负责我们在俄亥俄州的工业钻石业务的拉塞尔指控我们与南非的德比尔斯（De Beers）合谋操纵钻石价格。他声称，他被开除的原因是他对老板格伦·海纳（Glen Hiner）与德比尔斯之间关于操纵钻石价格的一次会议表示了不满。

那天下午，我离开董事会议，与本和我们的公共关系副总裁乔伊丝·赫根汉一起开会商议。我知道拉塞尔在撒谎。一方面，GE 塑料的领导人格伦·海纳的诚实正直是毋庸置疑的；另一方面，拉塞尔被开除的原因是他个人表现方面的问题。我知道这些，是因为在一个关键的时刻，我曾经写信给他的上司，告诉他拉塞尔必须走人，而这一点连拉塞尔本人也不知道。

1974 年，他作为战略策划人员加入 GE 后不久，我就遇见了他。他在我们的灯泡业务中被提拔上来，并于 1985 年成为 GE 超级磨料部门的总经理。这正是我们工业钻石业务的品牌。我对这部分业务非常熟悉，因为在 70 年代初，我在皮茨菲尔德管理过这项业务。起初，拉塞尔干得不错，公司收入和利润的增长比较可观。但是，1990 年，他遇到了惨败，利润从上一年的 7 000 万美元下降到 5 700 万美元。

1991年期间，拉塞尔的问题还在继续，业绩没有改善，而且他在一系列审查中无法向他的上司——负责我们塑料生意的格伦·海纳做出解释。我为此忧心忡忡。多年来，我一直是支持拉塞尔的，而且当时也是我批准他担任GE超级磨料总经理的。

但是到了9月，我和海纳在皮茨菲尔德对拉塞尔做了最后一次审查。他完全不能够回答我的问题。而且，他还说他不打算回答有关他所负责业务中的一些直截了当的问题，因为他认为那不是会议的目的。我的财务分析师鲍勃·尼尔森当时也在场，他与我一样对拉塞尔的回答感到非常吃惊。

第二天，我给格伦·海纳写了一张便条，总结了头一天的会议情况。在纸条上面，我写了我的看法："拉塞尔7月份的表现愚蠢至极，而昨天他好像表现得完全失控……拉塞尔必须走人。"

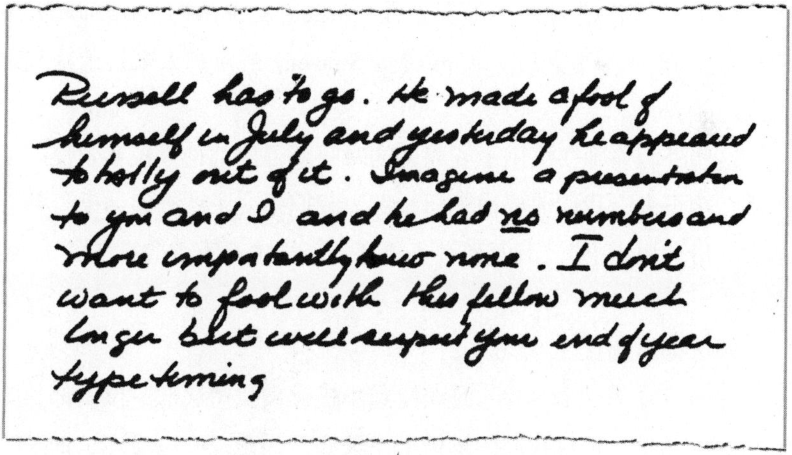
Russell has to go. He made a fool of himself in July and yesterday he appeared totally out of it. Imagine a presentation to you and I and he had no numbers and more importantly knew none. I don't want to fool with this fellow much longer but will accept your end of year type timing

我指示格伦·海纳解雇拉塞尔的便条

过了一个月，海纳打电话叫他回到皮茨菲尔德，并于11月11日将他开除了。

现在，拉塞尔提起了诉讼，并胡乱指控海纳的错误行径。在应诉之前，我想起了我给海纳的便条，并要求将便条给我传真到佛罗伦萨。幸运的是，我的便条上面写得非常清楚，拉塞尔被开除的原因是由于他个人的表现问题，而且是我开除了他，不是拉塞尔捏造罪名控告的目标人物——海纳。

我和本、乔伊丝给《华尔街日报》和其他记者起草了一份声明，明确表示拉塞尔被解雇的原因是“表现不佳”，而且他还曾多次与GE人员谈话，试图获得更优厚的离职待遇。拉塞尔在多次谈话中从未提及反垄断的问题，他是个被解雇的心怀不满的人。

第二天的报道带来了更糟糕的消息：拉塞尔已经说服司法部就他关于操纵价格的指控开展刑事侦查。当《华尔街日报》的一名记者向我提到这个问题时，我称那“纯属胡说八道”。我们开始了自己的调查，请来了阿诺德–波特律师事务所（Arnold & Porter）的律师和温斯顿–斯特劳恩律师事务所（Winston & Strawn）的辩护人来讨论这起诉讼案。

这些外聘律师仅仅用了6周多的时间就得出结论：拉塞尔没有说实话。接下来，我们需要说服司法部。我们提交了调查的结果，并起草了一份“白皮书”，上面列举了拉塞尔证词中严重歪曲事实的12处内容。

司法部对此置之不理。

1994年2月，我和本·海涅曼到华盛顿去找司法部一位副部长陈述我们的意见。她对我们的辩护毫不关心，而是一心一意地求证某项指控成立。没有什么可以阻挡她。为了避免操纵价格方面的指控，她建议我们承认犯有某项重罪，并支付罚金。

这是我绝对不能接受的。我们没有做错任何事，而政府方面对案子的态度是建立在谎言基础上的。我们必须予以全面反击。

当政府有要求时，大陪审团的指控通常是例行公事。我们在华盛顿进行了 3 天的会谈后，她指控我们和德比尔斯非法合谋操纵价格。她不相信自己的助手，而是用政府的经费外聘了一名律师。

8 个月以后，10 月 25 日那天，法庭审理在俄亥俄州哥伦布的一个联邦法院进行。辩护团由丹·韦布（Dan Webb）负责，由阿诺德–波特律师事务所的比尔·贝尔（Bill Baer）和 GE 的内部法律诉讼负责人杰夫·金德勒（Jeff Kindler）提供大力支持。

辩护团的工作做得非常成功，他们驳斥了政府的指控，而我们完全不需要提供证词。

12 月 5 日，法官乔治·史密斯（George Smith）在聆听了政府方面的所有证词之后，完全驳回了这个案子。“政府的同谋理论完全不成立。”他说，“政府的指控没有法律依据……即便从完全有利于政府的角度来看待这些证词，也找不到合理的事实”证明 GE 有罪。

拉塞尔案件的大获成功，证明了我们应当为自己认为正确的事情而斗争。政府并没有什么可指控的，只是下意识地厌恶大公司。在辩护方为自己辩护之前，法官们几乎从来不会在庭审期间就驳回一宗刑事反托拉斯案。但是，我们的这个案子就是如此结束的。我们斗争了三年，在这三年中，每次提及此案，媒体都对我们进行负面报道。只有事实告诉我们，我们是对的。

这是政府最糟糕的状态。他们动用了联邦调查局，找到了一个被开除的雇员，却一无所得；他们花费了大量的时间去捕风捉影；他们高价聘请了外来的“枪手”——有些政府官员通过这种手段出了名。

当然，我们也不是尽善尽美。一年以后，在一宗完全不同的案子中，政府做对了。

* * *

这个故事也是从本开始的。1990 年 12 月的一个星期六的下午，他给我家里打电话。

“你绝对不会相信，”他说，“我们有一个雇员，他跟以色列的一名空军将军一起在瑞士的一家银行开了个账户。”

我简直不敢相信自己的耳朵。如果我在 GE 极力宣讲过什么的话，那就是诚信。这是我们的最高价值，具有至高无上的重要性。在每次公司会议上，我在结束自己的发言时从来没有忘记强调要诚信。

当本在那个星期六给我往家里打电话时，我们只知道以色列报纸上报道的内容以及一名 GE 员工在那里得到的消息。媒体报道说，我们飞机引擎业务部门的一名雇员赫伯特·斯坦德勒（Herbert Steindler）与空军将军拉米·多坦（Rami Dotan）合谋，从为以色列 F-16 战斗机提供 GE 引擎的主合同中将资金抽调出来。

19 个月以后，在经历了媒体的狂轰滥炸，并收拾完这个烂摊子之后，我们不得不处分了 21 名 GE 的主管、经理和雇员，向美国政府支付了 6 900 万美元的刑事和民事罚款，并在一个国会委员会上做证。我们飞机引擎业务部门的负责人不得不站在联邦法庭上代表公司认罪，而一位 GE 的副董事长在华盛顿花了一个星期的时间，以恢复我们的引擎业务。

听到本给我的消息，我差一点儿背过气去。设想一下你在给一个窃贼付工资的滋味吧。斯坦德勒立即被停职，而当他拒绝与我们的内部调查人员合作时，我们于 3 月开除了他。我们从威尔默-克特勒-皮克林律师事务所聘请了一批外部律师，以帮助 GE 的审计队伍进行调查。他们在第二年的大部分时间里，几乎住在了辛辛那提，那里是我们飞机引擎业务的总部。他们与我们的审计人员一起，调查了合同的每一个环节，与每一位参与者谈了话。他们在 9 个月的时间里，审阅了 35 万页文件，与 100 多名证人进行了交谈。

结果发现，多坦在斯坦德勒的帮助下，设立了一个虚假的新泽西转包商。斯坦德勒的一个密友拥有这家公司，然后他们用这家公司将大约 1 100 万美元的资金转移到多坦和斯坦德勒在瑞士银行的联名账户上。多坦是个既苛刻又爱威胁人的客户。早在 1987 年，有些员工就对多坦的一些交易提出过疑问。但是，那个空军将军以一个以色列伟大爱国人士的形象出现，能够避开繁文缛节，而斯坦德勒说服了他的上司什么都不需要担心。

只有一位员工故意违反我们的政策而获得了直接的经济利益，那就是斯坦德勒。将他一脚踢出去非常容易，但问题是，另外 20 名 GE 员工并没有得到一分钱，而且他们对这个阴谋没有任何意识。这 20 名员工在 GE 工作的时间加起来有 325 年了，有些人几乎在 GE 度过了自己的全部职业生涯——长达 37 年。许多人都有良好的历史记录和出色的业绩表现。他们中有两个人还是公司的经理，是我们飞机引擎业务部门负责人布赖恩 · 罗（Brian Rowe）的好朋友。

布赖恩在飞机制造业是个有传奇色彩的人物，是个至今仍热爱引擎设计工作的先驱。布赖恩很爱他的手下，对于怎么处理他们，感到非常为难。布赖恩的犹豫不决是可以理解的。除了最后进了牢房的斯坦德勒以外，涉入此案的大多数人都属失察之过，而不是故意的。他们谁也没有从中得到任何个人利益，他们是因为“智”不如人，或者说是懈怠，或者说是忽略了危险信号。

除了斯坦德勒，所有人的介入都是不明不白的。对大家来说，如此一来，怎样处分就很难决定了，对布赖恩来说更是如此。

唯一有益的一面是我发现了比尔 · 科纳蒂这个人才。比尔后来成为整个 GE 的人力资源部门负责人，当时他刚刚接任飞机引擎公司的人力资源工作。他挑起了处理此案的担子，确保每个人都能够根据不同情况得到公平的处理。所有涉入此案的员工都收到了一封长信，信中根据我们的内部调查详细列出了我们的“考虑”或“指控”。他们有机会在他们聘请的律师以及我们出资的情况下，陈述他们的情况。然后，比尔拿出对每个员工的处理意见。

在两个月中的一段时期内，我、比尔、布赖恩和本几乎天天通电话。

老实说，让我和本坐在费尔菲尔德严肃处理这个事件，要比可怜的布赖恩处理此事容易，因为他的多年好友卷入了此事。幸运的是，我们三个都非常尊重比尔，而他能够弥补我们仨之间的分歧。

最后，我们对涉及的21人中的11人做出了解聘或劝退处理，剩下的6人被降职、4人遭到严肃批评。有一名公司经理被迫降职，另有一名经理也辞职了。

此事给全公司传达了一个清晰的信息：如果将军和上校们可以如同什么事情也没有发生过一样继续当官的话，那么军士们是不会被枪毙的。我们希望经理们清楚，如果在他们的管辖范围内出现了违反诚信原则的事情，那么他们就要为此负责，因为不重视诚实正直原则而导致“当官的被枪毙”，这在GE是一件大事。

这件事从许多方面都给我上了一课，无论是内部的纪律问题，还是外部与华盛顿以及媒体的关系问题。在GE之外，有一种观点开始抬头：是因为竞争的压力和对利润的追求，人们才会行骗。有些人不愿意面对现实——公司里有热线电话，有调查人员，有主动举报政策，有领导人对诚实正直的不断强调，因而这是件很少有的违纪事件。

1992年7月，我前往华盛顿，在众议员约翰·丁格尔（John Dingle）主持的一个议会委员会上做证。我发现丁格尔非常严厉，但诚实而公道。我能期望的也就是这些。在前往国会之前的一周，我们与司法部达成了协议，同意支付6 900万美元的罚金。

做证绝不是我喜欢做的事情，但是我对自己的话感觉强烈，而且我希望能够亲口说出来。我对委员会说：“卓越和竞争并非与诚实和正直水火不容。”

我还补充说：“主席先生，如果从一个城市规模的角度说，我们的员工人数与圣保罗或坦帕的人口不相上下。我们没有警察，没有监狱。我们必须依靠我们员工的诚信，这是我们的第一道防线。不幸的是，我们的系统还不够好。但是我非常骄傲地说，我们在世界各地的27.5万名员工中，有99.99%每天早上起来后，就以我们的绝对诚信在努力地竞争着。他们不需要警察或法官，每天早上照镜子时，他们只需要看看自己的良心。

“在世界各地，他们每天都面对着最强大的对手，都要付出110%甚至更多的努力——为了竞争，为了成功，为了发展壮大，而同时他们本能地、不屈不挠地遵守我们在一切工作中绝对正直诚实的承诺。在他们的眼里，所有这一切之间，并没有什么矛盾。”

那天，我得到了公平的听证机会。虽然我是出于那倒霉的原因才去的，但是我为能够阐述这个观点而感觉良好，而且，到了今天，我更加强烈地感到，诚信是竞争的基础。

* * *

25年以来——其中20年我身为CEO，我不得不处理的最头疼的一件事是PCB（多氯联二苯）事件。

PCB是一种液态化学物质，1977年以前常作为绝缘体用于电器产品，起到防火的作用。2000年12月，PCB成为环境保护署（EPA）哈得孙河疏浚方案中的焦点问题。

环境保护署是在克林顿政府执政的最后日子里提出这个计划的。这是科学和常识被极端观点之喧闹声所淹没的一个典型例子——他们怂恿政府惩罚一个全球化的公司。

多年来，这场关于 PCB 的争论已经演变成一场运动。极端主义者死死抓住类似 PCB 这样的问题，进而怀疑公司的基本职能。在这些人的眼里，公司都是些没有人性的东西，是没有道德标准和感情的。

GE 不仅仅是砖瓦和建筑构成的，使它富有生命力的是那些具有血肉之躯的个人，他们与那些批评家住在同一个社区，他们的孩子去的是同样的学校。他们拥有同样的希望和梦想，同样有心灵和肉体上的痛苦。

公司就是人。

当公司规模扩大时，它就容易成为攻击目标；而如果公司获得了成功，那么它就是更大的攻击目标。

事实上，GE 是世界上拥有最好的环境和安全纪录的企业之一。它旗下的 300 多处生产和组装厂，在遵纪守法问题上几乎与任何政府都没有争议。它在美国的近 60 个设施都已经达到了美国联邦管理部门认可的健康和安全方面的“星级”标准。

在过去的 10 年中，我们减少了 17 种消耗臭氧的化学物质的排放量，减少幅度超过 90%，总排放量减少 60% 以上。

这一切都不是偶然的。我们所有的工厂经理都要经过严格的培训，并且每年都要向他们的 CEO 和负责环境计划的副总裁汇报工作情况。每三个月，我都要审阅每个企业最新的环境和安全情况报告。

总而言之，我们对待环境和工人安全问题的态度，与我们做任何其他事情都一样，即制定高标准，按标准进行检查，要求有出色的表现。

我们并不完美，谁都不完美，但是我们总是在努力做到最好。

资金从来就不是问题。GE 有实力做正确的事情，而且我们知道，从长远来看，做正确的事情总能提高我们的利润。只有了解了这些情况之后，你才会理解，我们为什么对 PCB 问题如此坚持自己的意见。

对于我来说，PCB 事件是在 1975 年圣诞节前几个星期偶然发生的，当时我是皮茨菲尔德的公司执行官。有一天，我在锡拉丘兹访问一家半导体工厂，一位部门经理不经意间说起纽约环境保护部（DEC）不久将举行一次听证会。他说该听证会的重点是他在纽约州北部地区的两家电容器厂因向哈得孙河排放 PCB 而可能违反了规定。

我过去从来没有跟 PCB 打过什么交道，但是作为一名化学工程师，我对工厂排放问题是熟悉的，因此我对该听证会感到很好奇。

几天以后，我在我的皮茨菲尔德办公室开始了漫长的一天。我决定驱车翻过山去奥尔巴尼，看看那里正在发生什么事。我坐在听证会房间的后面，因此谁也不知道我在场。

那天，GE 的专家证人正在做证。那是我们聘用的一位生物学家、一个实验室的副总裁。他声称他的检验结果表明，从哈得孙河打上来的鱼所含有的 PCB 水平是可以忽略不计的。但是，我们的专家无论看上去或听上去都不像是个专家，他似乎对自己的工作没有把握，他无法直截了当地回答问题。我坐在后面，越听越冒火。

我知道，如果他不能说服我，那么他也就不能说服正在聆听的官员。

听证会结束后，我给我的法律总顾问阿特·普奇尼打电话，请他从皮茨菲尔德赶过来。问题看来非常严重，我不得不在那里过夜了。我和阿特叫那位“GE 专家”到我的汽车旅馆房间里。我们让他带我们逐字逐句地看一遍他那份手写的详细的质量控制报告。我们一直对他提问到凌晨两点半，最后得出结论——他的工作做得很不到位。我们感觉无法使用他的数据，也不能让听证会官员使用这些数据。

我真想掐死他。

第二天，我告诉我们的外聘辩护律师不要依赖他的数据，同时也通知听证会的官员。两个月以后，那位环境保护部官员临时裁定说

“PCB 污染”的原因是“公司滥用权力和政府管理不当”，因为我们使用 PCB 是合法的，而且我们有该州的排放许可。

最后，我卷进去了。我和阿特与环境保护部司法行政长官彼得·伯利（Peter Berle）——后来伯利当上了国家奥杜邦协会（National Audubon Society）的主席，商谈解决问题的办法。环境保护部的那个听证会官员名叫阿贝·索弗（Abe Sofaer），是哥伦比亚大学的法学教授，他帮助我们进行协调。我们同意向一个河道清理基金支付 350 万美元，支持对 PCB 的研究并停止使用该化学物质。纽约环境保护部同意因此不再进一步追究我们对哈得孙河的责任。

我和伯利最后签署了解决协议。《纽约时报》刊登了我们两个人的照片（见下页），下面的标题是“GE 与州里的 PCB 协议被誉为解决其他污染问题的指南”。《纽约时报》引用索弗的话说，这一解决办法是“解决连带责任案例中的成功先例”。州长休·凯里（Hugh Carey）后来主动提出要喝一杯哈得孙河里的水，以表明他相信河水没有被污染。

1976 年 9 月 8 日的这份协议甚至要求州政府，如果需要采取进一步措施来保护公共健康和资源的话，可以找联邦政府获得资金。这一点在协议的第三页写得清清楚楚：“本协议就哈得孙河含有 PCB 而采取补救措施规定的资金，如果出现不足以确保保护公共健康和资源的情况，则环境保护部将竭尽全力从 GE 之外的渠道获取额外所需资金。上述之‘竭尽全力’包括环境保护署应制订一个获取这些资金的行动计划，包括尽可能迅速地向联邦机构或其他资金来源渠道提出申请。”

但是，事情并没有就此结束。

协议的基础是动物研究。我想知道 PCB 是否会导致人类罹患癌症，以及我们的工人是否有危险。我知道，如果公司资助的某项研究要具有任何可信度，我必须请来我能够找到的最受尊敬的科学家。于

THE NEW YORK TIMES, THURSDAY, SEPTEMBER 9, 1976

Associated Press

Peter A. A. Berle, left, Commissioner of Environmental Conservation, and John F. Welch, a vice president of the General Electric Company, sign an agreement in Albany settling the case of the PCB's dumped into the Hudson.

G.E.-State Pact on PCB Is Praised As Guide in Other Pollution Cases

Special to The New York Times

ALBANY, Sept. 8—The Columbia University law professor who conducted hearings on state pollution charges against the General Electric Company said here today that yesterday's agreement to stop the company's chemical contamination of the Hudson River was "an effective precedent for dealing with situations of joint culpability."

The comment, by Prof. Abraham T. Sofaer, came after Commissioner Peter A. A. Berle of the State Department of Environmental Conservation and John F. Welch, a G.E. vice president, signed a quasi-legal agreement under which the company pledged to stop dumping toxic PCB's (polychlorinated biphenyls) by July 1, 1977.

G.E. uses PCB's to make capacitors—an electronic device for storing a charge—at plants employing about 1,200 workers in Hudson Falls and Fort Edward, north of Albany. After the manufacturing process, the PCB's have been routinely discharged into the Hudson for about 25 years.

In recommending the agreement, Professor Sofaer, whose hearings earlier this year covered 11 days of testimony, noted that G.E. had "requested and obtained" Federal and state permits to dump PCB's into the Hudson.

Until exactly a year ago, Professor Sofaer noted, when former State Environmental Commissioner Ogden R. Reid began an action against the company, "no one had ever claimed that G.E.'s PCB discharges violated state water quality standards." Governor Carey joined Commissioner Berle in saying that the agreement emphasized the "shared responsibility of the state and G.E. in PCB pollution of the Hudson."

That is why, Mr. Berle said, both the state and G.E. will cooperate in attempts to cleanse a 50-mile stretch of the Hudson, from Fort Edward to Albany, of PCB's now encrusted in the earth as sludge beneath the river.

From what is described as "reclamation" of the river, G.E. and the state will each pay $3 million. The company has agreed to put up $1 million more for state-directed research into toxic chemicals.

《纽约时报》关于 PCB 事件的报道

是，我去见欧文·谢利科夫（Irwin Selikoff）博士，当时他是西奈山环境医学院院长。谢利科夫自从发现接触石棉可能导致肺癌以后，已经成为环境方面的权威人物。他仔细地倾听着我的请求。我问他能否到我们的工厂去，研究一下接触 PCB 最多的 GE 员工。多年来，这些员工整天的工作都是与 PCB 打交道。

我给予谢利科夫可以完全接触我们员工的权力。他组织了一支研究队伍，并在我们设在爱德华堡的工厂建立了一个实验室。谢利科夫首先检查了来自 GE 两个工厂的 300 多名志愿人员。他的那项最终于 1982 年完成的研究使我确信，PCB 不会致癌。

谢利科夫对死亡率的研究发现，在接触 PCB 达 30 年的工人当中，没有一例因肺癌死亡或出现其他严重副作用。一般情况下，按照他所研究的人口数量——即便是从来没有接触过 PCB 的人口计算，至少可以预计有 8 例会死于癌症。

还有一些科学家研究了大量接触 PCB 的市政工人和西屋电气员工。政府的国家职业安全与健康学院（NIOSH）的亚历山大·史密斯（Alexander Smith）博士就他 1982 年的研究工作做出了最简明扼要的总结。他写道："如果存在因接触 PCB 而出现的人类健康受损情况，那么我们就可以预计在接触 PCB 最多的人群中应当最容易发现这种情况。但是，在所有发表的职业病或流行病研究报告（包括我们的研究报告）中，没有一份表明职业性接触 PCB 与任何健康受损的结果有任何关联。"

关于 PCB 的问题在很早以前的两次虚惊事件中就已经被提出来了。第一次是在 20 世纪 30 年代，当时有一种叫作光蜡（Halowax）的化学混合物含有 PCB，导致了一种严重的粉刺症状，而且在有些病例中导致了肝部疾病而致死亡。有一位哈佛科学家研究了这一事件后第一次报告说，PCB 是这种混合物中毒性最大的组成部分。

但是，在对此进行了深入研究后，他于 1939 年纠正了自己的观点，说 PCB“几乎是无毒的”。不幸的是，他的自我纠正几乎没有得到认可。将近 40 年后，到了 1977 年，国家职业安全与健康学院编写的一份政府报告声称，“‘光蜡经验’继续被错误地引用”。

即使到了今天，如果某个记者来电话，声称自己在那些光蜡事件中发现了一些科学家和政府都拒绝相信的新的“爆炸性证据”，那你绝对不必感到惊讶。

另一场虚惊是 1968 年发生在日本的油病（Yusho）事件。大约有 1 000 人在烹调中使用了一种从稻壳提炼的素油之后，出现了严重的粉刺和其他症状。当人们在这种油中发现了 PCB 后，该事件就被称作“PCB 油病”。

但是，日本科学家后来分析发现，这种油还有含量很高的另外两种氯化物，都是 PCB 的高温副产品。他们还检查了日本电气工人，发现他们血液内的 PCB 含量高于油病患者。但是，这些工人并没有生病。当科学家们给猴子注射 PCB 和另外两种化学物质时，他们的结论是，导致油病事件的不是 PCB，而是那另外两种化学物质。

正是由于这些虚惊事件，美国研究员雷纳特·金布罗（Renate Kimbrough）博士开始为美国政府首先在老鼠身上进行 PCB 实验。金布罗博士发现，被大量注射 PCB 的老鼠，肝部的肿瘤增大了。20 世纪 70 年代中期，她大量进行这方面的研究，当时她在疾病控制和预防中心工作，后来又在环境保护署工作。正如我 1975 年需要谢利科夫那样具有无可争议的正直感和资深的知名科学家来重新研究 PCB 一样，这一次，在 1992 年的 4 月，我们请金布罗博士承担这个使命。

在公司内部，我们的 PCB 工作由史蒂夫·拉姆齐（Steve Ramsey）负责。拉姆齐曾经是司法部环境执法部门的负责人，现在负责 GE 的环境和安全工作。他和 GE 的一位科学家史蒂夫·汉密尔顿（Steve

Hamilton）博士知道，批评家们对 GE 资助的研究还抱有怀疑态度。于是他们成立了一个咨询委员会，对金布罗项目和其他研究进行平行审查。该委员会由美国政府和学术研究人员组成，由国家癌症学院的前任院长阿瑟·厄普顿（Arthur Upton）博士领导。

金布罗研究了 1946—1977 年在哈得孙瀑布和爱德华堡的两家 GE 生产厂工作的几乎所有雇员。我们聘请了私人侦探，通过工资记录和过去的电话号码簿对其中的一些工人进行跟踪调查，还检查了死亡证明书。调查研究涉及的过去和现在的员工合计约 7 705 人。

1999 年，金布罗博士提交了一份惊人的报告。因各种癌症而死亡的 GE 工厂员工比率等于或远低于总人口和当地人口的相应死亡率。

在做出最后决定之前，作为对金布罗研究工作的审查，环境保护署请南加利福尼亚大学诺里斯综合癌症中心的一位流行病学家发表意见。在他写给环境保护署风险方法组负责人的信中，托马斯·麦克（Thomas Mack）博士是这么说的："我发现金布罗的报告结构组织得很好，分析很恰当，解释得也很不错。跟踪调查工作是完整的……我的结论是，报告中的总结是合理的。我认为，降低 PCB 的优先级别是适宜的。"

我们是在根据《信息自由法》提出一次请求后，从环境保护署文件档案中才知道麦克的观点的。他写的最后一句话表露了他的心迹："我相信这对你不是十分有用，但是，我只能做到这些。"

我怀疑，如果我们没有运用法律手段从环境保护署那里把这封信挖出来的话，它是否能够重见天日。

在这场旷日持久的辩论中，GE 被描述成自哈得孙瀑布和爱德华堡生产厂向哈得孙河"倾倒"PCB 的不负责任的大公司。

事实是，我们从来没有"倾倒"过 PCB。PCB 的应用是由消防和建筑规范决定的，因为 PCB 解决了长期存在于电气设备中的问题。

过去使用的绝缘材料容易失火，可能会引起爆炸，而PCB被认为是一种救命的化学物质。纽约州批准了我们的PCB排放，并因此签发了许可证。

我们的批评家们在把PCB用作攻击的靶子时，又是怎么说我们的呢？

首先，他们说GE的“超级基金”场地比任何其他公司都要多[1]。言外之意是，我们做错了什么事。这种场地我们的确有很多，确切地说是85处。但是，这个数字代表的是我们悠久的历史和庞大的规模。GE创建于1892年，我们拥有的工厂和工厂坐落的城市数量比世界上任何一家公司都要多。我们像大多数其他公司一样，合法地处理我们的垃圾，需要时均获得了政府的许可。

在大多数“超级基金”场地，GE的责任低于5%，剩余的责任属于其他几十个机构，包括城市、其他公司和垃圾运输公司。GE认真地担负起了自己在这些场地的责任。在过去的10年当中，我们花费了将近10亿美元来清理垃圾。

批评我们有这些场地，就好比批评某人长了白发。白发与秉性毫无关系，它说明的只是年龄问题。

另一种常见的指责是说我们在向《超级基金法案》提出质疑，以便逃脱清理的责任。是的，我们的确曾经对这项法案的一部分提出过质疑，然而美国人似乎习惯于进出法庭，无论是交通违章还是谋杀案件。

但是，当环境保护署颁布《超级基金法案》时，事情却不是那样。根据法律，我们实际上只有一个选择：依法行事，否则就将付出3倍的代价和每日的罚款。法律授予环境保护署无限制颁布法令的权

1. 1980年，美国国会通过了一项法案，以处理过去存放垃圾的场地。该法案被称为《超级基金法案》(Superfund Act)。

力。你在被勒令做工作的时候并没有什么听证的机会；你的听证机会要等到许多年之后，而且届时还要看环境保护署是否告诉你工作已经完成了。

这是一种“先斩后辩型”法律。

我们认为那是错误的。我是一名化学工程师，不是宪法律师，但是，我无法理解根据我们的宪法该法律怎么会成立，因为它剥夺了你要求适当程序的权利。环境保护署的河道疏浚提案就是利用了这个法律。

如今，环境保护署说哈得孙河可以安全地游泳、划船、趟水玩耍并用作饮用水水源，秃鹰和其他野生动物在哈得孙河谷大量栖息。政府的疏浚提案依据的是一项疯狂的风险检测：如果一个人连续 40 年每星期吃半磅鱼，那么这个人患癌症的机会将增加千分之一。换句话说，你要是一年吃 52 餐鱼并吃上 40 年，患癌症概率的增长幅度也不过是千分之一。我们为什么不理智地得出结论说，这个风险实际上微乎其微？

我们不用理会哈得孙河鱼被禁止食用 20 年这个事实，也不去理会从 1977 年以来河水和鱼身上的 PCB 含量已经下降了 90% 的说法；20 多项研究——其中大多数完全独立于 GE 之外，均表明 PCB 与癌症之间没有关联。到了最后，我们发现在同样接触 PCB 的情况下，在老鼠身上发生的事不会发生在人类身上。现在，鱼身上的 PCB 含量水平已经下降到百万分之三至百万分之八，而食品与药物管理局说鱼类市场的安全标准是百万分之二。

请设想一下环境保护署议案的工程规模。他们提议从哈得孙河清除 80 亿磅淤泥，以获取大约 10 万磅的 PCB。为此，疏浚工程每年需要 6 个月的时间，每星期 6 天，每天 24 小时连续工作，需要大约 50 艘船日夜在河里忙碌，同时需要数英里的管道来输送 PCB。

环境保护署建议沿河建设工厂烘干淤泥，然后用成千上万辆卡车和有轨机动车运走。淤泥清出之后，环境保护署的提案建议将 20 亿磅砂石填回到河里。潜水员要重新种植因疏浚工程而毁坏的 100 万株水生植物。

所有这些都完成之后，疏浚工程还是不能从哈得孙河清除 PCB。填埋的 PCB 会流入河的下游，需要进行二次处理。

想象一下某人提出一项从哈得孙河清除任何东西的商业计划。要挖开河岸，要破坏生态系统，要砍伐树木以便拓宽穿过农场和院落的道路，方便运走他们想清理的东西。

那将是个环境灾难。

为什么有人要拿哈得孙河开刀呢？环境保护署自己在 1984 年就否决了疏浚计划，声称会毁灭生态系统。从那以后，什么都没有发生变化，除了政治以及鱼身上的 PCB 含量减少了 90% 这个事实。

GE 在研究、调查和清理方面已经花费了两亿多美元，从老设施中排放的 PCB 已经从每天 5 磅（2.27 千克）减少到每天 3 盎司（约 0.085 千克）。我们相信现在已经拥有了相关技术，可以将每天的渗漏减少到零。通过源头控制，外加河里的自然沉淀作用，鱼身上的 PCB 含量能够减少到疏浚工程可能得到的水平，而且不需要二次处理，也不需要破坏哈得孙河。

环境保护署提案令人疑惑不解的是，没有分析是否有破坏性较小的替代方案。

这不是钱的问题。只要能将事情做对，我们愿意付出任何数目的资金。

为了将情况告诉给哈得孙河上游的人们，并解释我们为什么反对疏浚工程，我们花费了 1 000 多万美元开展了一场信息运动。此举也引起了争议。关于该运动中所发布的信息，人们并没有什么异议。活动家们认为我们应当保持沉默，让做什么就做什么。

在披露事实方面，我们取得了一些进展。民意测验表明，从华盛顿到达奇斯县的哈得孙河上游的人们反对环境保护署疏浚提案的比率为3 ∶ 1；哈得孙河上游反对疏浚工程的当地政府和机构超过60%。环境保护署在做出最后决定以前，应当听一听受他们议案影响最大的人们的意见。

不幸的是，这个问题已经不再是有关PCB、人类健康和科学的问题，不是关于怎么做才对哈得孙河最有利，而是一个政治问题，是一个要惩罚一家成功公司的问题。

你有没有反过来想一下，如果是我们认为PCB对人类有害，那么我和我的同事们会不会采取这种立场呢？绝对不会！

没有什么比公司的诚信更重要的了，这是任何机构最为重要的价值观念。它不仅意味着人们必须遵守法律的条文和精神，还意味着要做正确的事情，并为你认为是正确的事情而斗争。

在PCB问题上，我们自己已经确信PCB对我们的员工或邻居们没有危害。我们已经花费了数亿美元的资金，运用最好的科学手段，以最能够满足生态要求的方式清理我们的场地和哈得孙河，而且我们还会继续投入一切必要的资金。

自从那一天我看到我母亲因富兰克林·罗斯福的死而哭泣的场面后，我又见识了许多。是的，我已经成为一个怀疑论者，但愿还不是对政府的悲观论者。只有诚实、正直且为正确之事斗争的有实力的公司，才能跟政府较量得起。

幸运的是，我们既正直，又拥有那种实力。

第四部分

改变游戏规则

第十九章

全球化

全球化的创意跟其他创意一样，由播种到枝繁叶茂，最后长成了一个花园。一开始，我们从市场的角度考虑全球化问题，后来转为寻求产品和部件，最后又发展到挖掘各国知识资本的阶段。

如果你喜欢商业，你就一定喜欢 GE。

如果你喜欢创意，你就一定喜欢 GE。

在这个地方，各种创意和想法都可以在 20 多个不同的业务部门、30 多万名员工之中畅通无阻地自由流动。

无边界行为方式让创意可以来自任何地方。我们在一系列经营会议中规范了自己自由联想的风格，让各种会议密切地融合在一起。我们可能在召开 C 类会议，审查动力系统的经理们的业绩表现，而这时可能有人出主意说要从匈牙利挖掘人才。

我们会讨论医疗设备领域的问题，交流匈牙利最近的权力变化情况。不知不觉之中，人们谈及了东欧最近出现的一些新动向。会议内容没有局限，充满了幽默气氛，形式上也是无拘无束，效果很显著。最好的做法和最好的人才总是从各个部门中涌现出来，推动着我们的业务发展。结果，这种无边界行为方式为我们创造了一种不断学习的“社会结构”。

在 20 世纪 90 年代，我们主要追寻的是四大理念：全球化、服务、六西格玛和电子商务。

每一种理念都源自某个小小的想法；而一旦进入了运作系统，这种想法就像种子一般获得了成长的机会。我们的四大理念现在都已经“茁壮成长”，为我们在过去的 10 年中获得的飞速增长起到了巨大的作用。

这可不是“嘴上功夫”。

在 GE，我们对理念的定义是，必须能够抓住所有人——规模大、范围广、普及性强，对公司能够产生重大影响。一种理念应当有长久的生命力，能够改变公司的基础构架。不论理念来自哪里，我从来都是啦啦队队长。我总是热情洋溢地追随着每一种理念，几乎狂热到了发疯的地步。

理念可以来自任何地方，而且无所不在。全球化理念的发展受益于保罗·弗雷斯科的情有独钟。产品服务理念的迅速发展源自克罗顿维尔的一堂课，课上建议我们更广泛地界定我们的市场，以便加快增长的步伐。六西格玛的理念原是 1995 年一次员工调查时的突发奇想。我们的员工虽然认为我们的质量还是不错的，但是他们相信还可以提高许多。而电子商务的理念姗姗来迟，引人争议，但是它的到来，只是因为我们不能忽略之。我们曾经投身于一场变革，结果糊里糊涂地陷了进去。我们信任我们的运作系统所教给我们的一切。

为了使这些理念取得成效，我们需要从上层就投入全部的热情。除了热情之外，还要有强大的活力。我们不仅为每一种理念投入了最好的人才，还培训他们、评估他们并宣扬他们的成绩。归根到底，每一种理念都应当能使人得到发展并提高经济效益。

每一个企业的领导人都必须是吹鼓手，谨小慎微和基于理性的支持是无济于事的。他们必须确保我们投入了最佳选手来负责每一种理念。我们要确保回报——加薪、赠送股票期权以及认可在公司的角色，且必须十分诱人。

要看一个组织是否重视某种理念，只要注意观察他们安排的领导班子即可。在这一点上，GE的六西格玛获得的成功就是最好的验证。如果我们没有安排最好、最聪明的人才，它可能只是被理解为一个“质量计划”。

我们在所有的会议上都强调我们的理念，无论是1月在博卡召开的会议、季度性会议、4月的人力资源评估会、7月的策划会议，或是10月的公司高管会议，以及11月的经营策划会议。

战鼓声声，我们在不断跟踪进展情况。

我们采用年度员工调查的方式，来了解这些理念在公司里扎下了多深的根。1995年，我们开始在1 500名员工（如今是1.6万名）中进行不记名民意测验。我们用这种调查来帮助校正我们的方向，并且用作言者无罪的探测器。调查的题目都是直接关于那些理念的——我们的信息是否已经传达到位。

比如，我们在1995年启动六西格玛时，就询问员工们是否同意这句表述：“本企业采取的措施清楚地表明了质量是重中之重。”在我们的700名高级管理者当中，大约有19%的人表示不同意；到2000年，这个数字下降到了8%。1995年，3 000名基层经理中有25%表示不同意；5年之后，这个数字下降到了9%。

理念的成功在于重视程度和真情的承诺。战鼓声不能停止，每一个领导层的动作都必须表明对理念的完全承诺。

理念的作用出现在了它应当出现的地方——经营业绩。1995—2000年，我们的营业增长率翻了一番，而我们的经营利润从1995年的14.4%上升到了2000年的18.9%。

* * *

GE从来就是一家全球性的贸易公司。

早在19世纪末，托马斯·爱迪生就在伦敦的霍尔邦高架桥安装了电力照明系统，规模达3 000只灯泡。世纪之交，GE在日本建造了最大的发电厂。公司一些早期的CEO们用一两个月的时间乘船去欧洲和亚洲寻找商机。

我很早就开始了全球化步伐。

20世纪60年代中期，我和鲁本·加托夫成立了两家塑料领域的合资企业，其中一家是与日本的三井石化（Mitsui Petrochemical）合作，另一家是与荷兰的化学和纤维公司AKU合作。三井和AKU都是大型化工公司，我们那小小的特殊塑料制品项目看来不能引起它们的关注。我们已经被拴进了长期协议里，必须设法脱身。

我永远都忘不了我与三井的最后谈判。我和塑料制品公司销售负责人汤姆·菲茨杰拉德与三井的代表们一起在东京的大仓饭店共进午餐。我们脱了鞋，坐在地板上。在经过了一两天的谈判以后，我已经起草了两份意向书，打算彻底改变我们的关系。一份是在象征性地支付一些款项之后彻底分手的方案，另一份是三井继续留在交易中并逐渐退出的方案。

午餐期间，三井公司明确表示跟我们一样很希望退出。我高兴极了，我期望着能够进行谈判，就立即将那份“留在交易中”的文件递交给他们。等我看了我手里的那份文件后，我才意识到我拿错了文件。

我叫了出来：“噢，天哪，有个拼写错误。”

我把文件夺回来，从我的公文包里取出了那份结束交易的意向书。他们签了字，从此我们可以自由地在日本另外寻找合作伙伴了。汤姆一定无数次地讲述过这个故事，以表明他的老板多么愚蠢。

我们也从AKU的交易中退了出来，这次我没有搞砸。当时AKU

已经建设了一个试验工厂，打算生产 PPO，并且已经为该项目投入了 2 000 万 ~3 000 万美元的资金。他们对 PPO 的主要兴趣是要把它用作一种纤维。当产出的聚合物无法用于那种用途时，他们便没有了兴趣。

但是，他们的副董事长与我在他的安海姆办公室见面时，表示希望得到几百万美元来终止合资企业，以便部分冲抵他们已经发生的亏损。我告诉他，如果要经过 GE 的官僚程序的话，我需要数月的时间，而且届时能否得到批准还是个未知数。但是，我说我有权决定 50 万美元以下的款项，可以立即给他付款。他接受了。于是我们在欧洲成立了我们自己的全资公司。

在日本，我们知道我们需要销售渠道，因此我们希望找一家相对小一些的合伙人。在调查了几家公司之后，我们选择了成濑公司（Nagase & Co.），当时该公司主要是经销柯达胶卷。我和成濑家族的负责人达成了协议，将产品和技术投入了合股企业。他们投入的是他们所拥有的有关日本复杂的经销市场的知识。我们一起投资于当地工厂，为日本市场生产混合塑料制品。如今，它已经成为我们在亚洲的塑料制品业务的中心。我们将这个模式应用到 20 世纪 70 年代末与横河的一家仪器公司横河正造（Shozo Yokogawa）合作的医药系统交易中。

这些商务关系及其背后的交易如今已经经过了 25 年以上的时间，即使在现实改变了的情形下，生意还是那么红火。GE 可能看上去非常大，但是它是由许许多多的小业务组成的。我们与成濑和横河交易的成功坚定了我们的想法，即最成功的伙伴关系是与小型公司打交道，因为项目对于他们的经营来说是至关重要的。而无论何时出现了需要解决的问题，我们的人都能接触到最上层，不需要经过大量的官僚手续。

我记得自己曾经因为日本人需要那么长的时间来做出一个决定而

灰心丧气。然而，一旦他们做出了决定，你甚至可以放心地把自己的房子押上去。在35年多的时间里，我在日本几乎所有的商务关系最后都发展成为牢固的个人友谊。

我当上CEO以后，头几年我做的美国以外的生意只有寥寥的一两笔，每年只到欧洲和亚洲访问一次，检查业务情况。我们早期的项目之一是1986年与日本的Fanuc（富士通自动数控）合资的，该项目与横河和成濑的合伙关系非常相似。我一直非常崇敬Fanuc和它的首脑正卫门稻叶（Seiuemonlnaba）博士。他们无疑是机床数字化控制领域的市场领袖，而我们正努力要做一个工厂自动化项目。销售“未来工厂”理念的业务GE一直开展不起来。“是要自动化？还是要移民？或者消失？”我们有这样的口号，但是没有什么生意。我们所有的只是美国的销售渠道和少数几种好产品。

我让当时负责GE日本的查克·皮珀（Chuck Pieper）拜访一下正卫门博士，看看我们两家公司之间有什么可以一起做的。查克拜访了Fanuc数次，为我在1985年11月与正卫门博士在纽约的会谈奠定了基础。

我们两人一拍即合，我们的销售渠道和Fanuc的产品技术将结成一段美好的“姻缘”。在经过了几轮会谈之后，我们达成了全球性的交易，交易总值为两亿美元，这是我们在20世纪80年代最大的一笔国际交易。和成濑、横河一样，Fanuc和正卫门博士成为我们伟大的合作人，我们的五五开合资公司蒸蒸日上，挽救了我们的“未来工厂”理念。

实际上，我在80年代的前期并没有把自己的工作重点放在公司的全球化发展方面。我还解散了一个独立的国际部，并且明确要求各企业的CEO负责自己的国际业务。那个国际部有点儿像个记分员和帮手。

我一直认为所谓全球化公司是不存在的：公司是无法全球化的，公司的业务则可以。我无数次地在自己的各种讲话中明确表示，各个业务口的CEO们都要负责他们自己的业务全球化工作。

20世纪80年代早期，GE唯一真正的国际化业务是塑料制品和医疗设备系统。GE金融服务集团过去只是在美国进行过金融投资。我们的其他业务都或多或少地有全球性销售业务，其中两项业务——飞机引擎和动力系统，规模较大。但是，这些基本上都属于出口业务，相关设施无一例外都在美国。70年代，GE与法国国营飞机发动机研究和制造公司（Snecma）成立了一个合资企业，其业务范围是飞机引擎，服务于最普及的商业飞机——波音737飞机。

真正使我们启动这方面业务的是保罗·弗雷斯科。1986年，他被任命为国际业务高级副总裁，总部设在伦敦，地位与所有的业务领导相同，只是没有经营职责。保罗代表着我们的国际业务。他个子很高，相貌英俊，文质彬彬，且一副迷人的模样，是全世界都熟知的人物。他是个律师，意大利后裔，1962年加入GE，一直负责着过去的国际部。他当过欧洲、中东和非洲分部的副总裁，也是公司里最好的谈判家之一。

保罗成了“全球化先生”，是我们所有全球化活动的先行者。他每天早晨一起床，就思考着如何让公司在美国之外发展壮大。在每一次会议上，他都要怂恿他的同事们作全球化扩张计划。有时候，他显得非常絮叨，总是缠着各个CEO，要了解他们的国际业务的细节，总是催促人们去做更多的交易，以使公司真正走向全球。他是个不知疲倦的全球化人物，在任何时区都感觉很舒服，且至少每个月要出国一次。

15年来，我都和他一起在全世界旅行。我们每年都要出国3次，每次一两个星期。我们在一起度过愉快的时光，而且在大多数旅行中，我们都带上妻子。我们 4 个人亲密得如同一家人。幸运的是，我们的妻子成了最好的朋友。当我们在建立商务关系、进行业务谈判的时候，她们总是出去探索我们所访问国家的风景和文化。

如果说全球化业务有哪一年是突破口的话，那应该就是 1989 年。一开始是英国的 GEC 有限公司董事长阿诺德·温斯托克（Arnold Weinstock）先生打来一个电话。GEC 跟我们注册的公司名完全一样，虽然我们两家从来没有任何联系。直到 2000 年，他们把自己的名字改为马可尼（Marconi）后，我们才能够购买 GE 这个名字的所有权利。

温斯托克给我打电话是因为他的公司正面临敌意接管的危险，想看看我们是否能够给予帮助。于是，我和保罗、丹尼斯·戴默曼、本·海涅曼前往伦敦与英国的 GEC 有限公司领导见面。温斯托克所说的接管企图已经成为头条新闻，一些财经记者在跟踪着我们的一举一动。就在我们即将成交时，我们中断了谈判，回到我们的伦敦办公室，而他们则仔细地研究我们的提议。我们达成默契，即温斯托克与我联系时用我们副董事长埃德·胡德这个名字做暗语。

他打过数次电话，但办公室的一个助理反复告诉他我们正在开会，会后再给他回电话。温斯托克最后找到了保罗的秘书林。她知道埃德·胡德是谁，但还是走进会议室说："我想是一个记者来的电话，他声称自己是埃德·胡德。他的英国口音很重。"

"噢，不是，"我说，"我忘了告诉别人，温斯托克会用埃德·胡德的名字做暗号。"

可能在温斯托克看来，我们是在做"冷处理"。

如此并没有什么帮助。他自己也是一个冷静的客户，与我见到的所有人一样聪明机智、诡计多端。从某种意义上说，他是个两面人。在办公室外，他是个了不起的演说家，充满了魅力和风度。他把自己的赛马与女王的纯种马拴在一个马厩里。他的几套住宅都富丽堂皇，摆满各种了不起的艺术品，他还有个美丽的妻子。他是个热情大方的主人。

而在他那简陋的办公室里，他是个典型的“抠门会计”。GEC 的伦敦总部办公室充分体现了他那吝啬的作风。光线暗淡，家具稀少，走廊狭窄得必须侧着身才能从敞开的办公室大门边通过。

盥洗室的入口设在敞开式楼梯的狭小平台上。如果你排队进盥洗室，你永远有可能被里面出来的人撞下两级楼梯。

身穿吊带裤、坐在吊灯正下方的温斯托克是一副令人恐惧的模样。他常常从眼镜上方凝视对方，俯身在一大堆财务账册中。他用彩色铅笔在账册上做着记号，并在低于期望值的数字上画上圆圈。

尽管他是个非常复杂的人，但我发现他从总体上看非常迷人。

我们的谈判最终于 1989 年 4 月导致产生了一系列合资企业，我们并购了 GEC 的医疗设备系统、电器、动力系统和配电的业务。我们的协议使 GE 拥有了一个很好的工业型企业，在动力领域站稳了脚，从而进入了欧洲燃气涡轮机业务。我们还拥有了 GEC 电器生意 50% 的股份。

那一年的晚些时候，保罗帮助我们稳稳地买下了匈牙利最大、最古老的企业之一通斯拉姆（Tungsram）的大部分权益。我们一直想在奥地利找个地方，打算在匈牙利边境地区建一个照明厂，这时我们发现通斯拉姆可能要出售。即使在计划经济体制下，这家公司也很有名望，拥有许多技术。它是最大的照明公司之一，仅次于飞利浦、西门子和 GE。

保罗带着一小队人马到了匈牙利，开始与对方谈判。他在谈判桌上度过了一天之后，晚上就会从他在布达佩斯下榻的希尔顿饭店给我打电话，向我作详细汇报。谈判进行了没多久，保罗注意到一些奇怪的反应。他的谈判对手似乎开始对他与我在电话中私下谈过的事情做出了反应。

保罗向我透露说，他相信匈牙利人在监听我们的谈话。于是我们开始说些疯狂的内容，看看第二天的谈判桌上有没有反应。不出所料，对方的确有所反应。于是，我和保罗开始用电话来设计第二天的谈判。他告诉我对方要求我们出 3 亿美元购买大股东期权。

“听着，明天，如果他们要你花 1 亿美元以上的话，我要你立刻离开谈判室。”

第二天，保罗发现他们对价格表现得比较实际了一些。一旦我们需要打保密电话时，就会安排一名 GE 主管坐火车越过边境去维也纳，或者用美国使馆的隔音电话厅。而在其他时候，我们就用饭店的电话“玩游戏”。最后，大家都没有受到伤害。

我们达成了交易，用 1.5 亿美元购买了通斯拉姆 51% 的股权，剩余部分到 5 年之后付清。午夜时分，保罗用伏特加同对方一起祝贺成交。

第二天，柏林墙就被拆除了。我们在不了解这个背景的情况下，在东欧谈成了第一笔大买卖。自从托马斯·爱迪生给了我们电灯泡业务以来，照明几乎完全成了美国人的生意。通斯拉姆交易以及我们在 1991 年收购的英国索恩照明（Thorn Lighting）的大股东权益，使 GE 成为世界上最大的电灯泡制造商，在西欧的市场份额超过了 15%。

那年，另一件难忘的全球化事件是我在 1989 年 9 月底到印度的一次旅行。保罗第一次把我拖到了那里，而我立即发现自己非常喜欢那里的人民。保罗在那里已经与一位印度知名的房地产企业家辛格（K. P. Singh）建立了强有力的关系。

辛格是真正意义上的印度大使。他个子高高的，穿着整洁，仪态高雅，是个标准的绅士。他为我们安排了连续 4 天的商务会议和晚上的庆祝活动。

我们在德里与商界和政界要人——包括前总理拉吉夫·甘地，进行了一整天的会谈之后，又度过了一个令人终生难忘的夜晚。他邀请所有有名望的人到他自家大院里参加了一场巨型晚会。有两个乐队在演奏音乐，而数百名宾客同时欣赏着撒满花瓣的池塘和来自世界各国的美食佳肴。

这是何等的欢迎场面！

我们又进行了两天的商务会谈。在这次旅行中，我们计划选择一家高科技合作伙伴，帮助我们开发医疗系统低成本的低级产品。与Fanuc合作并启动了早期日本生意的查克·皮珀当时已经被提升为GE亚洲医疗系统的负责人。他已经进行了大量筛选，最后剩下两位候选人。他将他们带到德里的一家饭店与我们见面。这两位都是印度成功的企业家：一个锋芒毕露，另一个含蓄内敛。

我和保罗喜欢锋芒毕露的家伙所做的方案。在此人结束了充满激情的展示之后，那个比较安静的阿齐姆·普莱姆吉（Azim Premji）进来做了一个深思熟虑后的介绍，解释了为什么他的公司威普罗（Wipro）适合与GE合伙。查克相信普莱姆吉对我们更合适。参加了我们所有会议的辛格持中立态度，他认为两家都非常不错。

我们离开以后，查克给威普罗做了书面答复。我和保罗同意收回自己的意见，支持查克与普莱姆吉成立五五开的合资企业。这家医疗设备企业办得很兴旺，而威普罗进而大幅度扩大其软件能力，使之成为印度高科技行业的招牌。普莱姆吉身家数十亿美元，成为世界上最富有的商人之一。

我们在印度的最后一天，辛格安排我们参观泰姬·马哈尔陵。头天晚上，我们飞往斋浦尔。虽然我们认为在印度的第一个晚上非常特别，可是我们还什么都没有看到呢。

辛格已经打算尽自己的最大努力招待我们了。披红戴绿的骑士们在大象和马上迎接我们进入饭店——那是大君以前的宫殿。鲜花将饭店的整个前花园点缀成 GE 徽标。

在斋浦尔的那个晚上，大君在自己的宫殿举办了晚宴。晚宴结束后，又为我们特别安排了我一生中见到的最大的一次焰火表演。我们沿着蜿蜒的走道，一直走到屋顶，坐在巨大的蒲团和漂亮的老式地毯上。

我有点儿坐卧不安了：这实在是一种“皇室待遇”。他们的确希望 GE 能够热爱印度、投资于印度，并为我们开了所有的绿灯。

第二天，当我们的车驶向泰姬陵时，我被强烈的反差惊呆了：肮脏不堪的街道上到处都是牲畜，而泰姬陵完全超出了我的想象。那是一座气势磅礴的建筑，在阳光的照耀下呈现出灿烂炫目的粉红色，而在这辉煌的建筑的后面，隔江相望的是巨大的卫星通信雷达——古老的建筑和现代化的设施交融在同一幅画面里。

辛格和他朋友们的努力奏效了。他们向我们展示了我们热爱的印度和印度人民。在那里，我们看到了各种机会。旅行归来，我成了印度的吹鼓手。

在下个月的年度公司官员会议上，我把印度描绘成一个值得押宝的伟大国家。我希望在印度那个地方下赌注，是因为那里有强有力的法律体系、潜在的市场以及具有出色技能的巨大的人口。

在我的眼里，印度是一个巨大的市场，在其 8 亿人口中，1 亿以上的中产阶级正在迅速发展。印度人民受过高质量教育，也都说英语，而且这个国家有许许多多的企业家正努力摆脱官僚政府的沉重桎梏。

印度从知识的角度说是个非常发达的国家，但是基础设施极其落后。我认为，政府部门将致力于解决基础设施问题，并因此减少一些繁文缛节。

我完全错了。我们试图在那里建设照明和电器公司，但是进展不下去；动力发电项目总是断断续续；金融服务和塑料制品业务马马虎虎，只有医疗系统红火起来。

我同时又是完全正确的。印度的真正优势体现在其人民的聪明才智和高涨的热情上。我们在那里找到了科学技术、工程设计和行政管理方面的出色人才，而这些人才至今仍然服务于 GE 的各个公司中。

* * *

20 世纪 90 年代初期，我们将最好的人才投入到全球化工作中，通过收购和建立联盟关系继续推动着全球化发展的车轮。1991 年年底，我们采取了两个重要步骤。我们任命我们最好的一名企业 CEO——吉姆·麦克纳尼（Jim McNerney）承担起新设立的职位——GE 亚洲区总裁。吉姆到那里不是去经营任何企业，而是去促进该地区的发展，向企业领导人们展示该地区的潜力。他的全部工作就是寻找交易机会，建立商务关系，努力成为亚洲的吹鼓手。他是个说服力很强的家伙，具有不凡的影响力。

吉姆在 GE 亚洲分部上任 8 个月之后，我们又将在谢内克塔迪负责我们动力发电企业销售和市场营销工作的德尔·威廉森（Del Williamson）派到中国香港，负责全球销售工作。将销售中心转移到香港是合乎逻辑的，因为在美国，已经没有人再来买发电厂了。商业机会在亚洲，而从心理上说，看到像德尔这样的高级人物在“远离谢内克塔迪故乡”的地方从事高层经营管理工作，这对于整个公司的意义也是巨大的。

这两个动作的象征意义震动了整个系统。我们突然听到人们在说：“他们是动真格的，全球化真的动起来了。”数字说明了问题。我们的全球销售额从 1987 年（当时我们任命保罗为高级副总裁）的 90 亿美元，亦即总收入的 19%，上升到今天的 530 亿美元，占我们总收入的 40% 以上。

* * *

我们的全球化战略的另一个重要部分是“与众不同”。我们把自己的大部分精力放在正在变革或其他人并不看好的地区。我们认为，在那些地区能够产生最好的风险回报。

20世纪90年代初期至中期，欧洲在走下坡路时，我们看到了许多机会，尤其在金融服务领域。在90年代中期，墨西哥比索贬值，经济处于混乱状态，我们在那里收购和成立的合资企业数量超过了20家，大幅度扩大了我们的生产基地。90年代末期，我们将金融服务业务转移到了长期排斥外国投资的日本。这些都是投机性的转移，但不是传统意义上的投机。我们到当地建立企业是为了长期的利益。

1994年，我们在法国收购的CGR、在匈牙利收购的通斯拉姆和在意大利收购的新皮尼奥内（Nuovo Pignone）都是政府经营的亏损或微利状态中的企业，这些企业给了我们新的渠道或好的技术，有助于我们将医疗、照明和动力系统业务全球化。

GE金融服务集团从90年代初期就开始了全球化的扩张活动。它的重点在欧洲，收购的是保险和金融公司。自从1994年加里·温特聘用了伦敦的克里斯托弗·麦肯齐以后，业务活动开始大量上升。在加里的大力支持下，克里斯托弗开展了在欧洲大举扩张的业务活动。在90年代末，加里在日本领导了类似的工作。1994—2000年，GE金融服务集团收购的1 610亿美元的资产中，890亿美元在美国之外的地区。GE金融服务的全球化活动起步并不早，但是一旦启动了之后，它的确是全力以赴。

我们没有“一夜暴富”的案例。汤姆森医疗设备交易至少用了10年的时间才见效，而收购通斯拉姆也是如此。但是，最令我们感到欣慰的成就之一是收购了3家政府拥有的公司——CGR、新皮尼奥内和通斯拉姆，并将它们改造成生机勃勃的营利性机构。

也有一些思路没有“淘出金子”。我们在选择一家公司要进入中国市场时，首先从照明业务开始。我们认为我们的全球性竞争对手应当在中国，结果，中国几乎所有的市长都在建立灯泡工厂。到了今天，中国共有 2 000 多家灯泡制造商。

并非我们着手的所有全球化交易都走向了成功，有些还给我们留下了惨痛的教训。我只记得有一次，也许是两次，信任和诚实正直被抛弃了。最糟糕的一次是 1988 年，我和保罗到荷兰的艾恩德霍芬，与飞利浦公司的 CEO 会谈。我们已经听说他有兴趣卖掉公司的电器业务。如果那笔买卖成交，我们在欧洲的电器市场就拥有了强大的地位。

他是在 20 世纪 80 年代中期当上飞利浦 CEO 的，对于如何改革他的公司有一些大胆的设想。一天晚上，他在飞利浦大楼的工作晚餐上告诉我们，他打算卖掉他的主要电器公司（飞利浦在这个领域是欧洲的第二大公司），并且在考虑卖掉飞利浦的医疗设备业务。他甚至不知道自己是否想继续留在照明领域，尽管这个荷兰公司是我们在电灯泡业务领域最大的竞争对手。

他喜欢半导体和电子消费品。

晚餐结束后，我们冒雨赶往机场。路上，我对弗雷斯科说：“你有没有在一个房间里同时听到过从两个完全不同的角度谈论同样的业务？我们两人不可能都对，我们有一个人最后会火烧屁股的。”

那天的会谈之后，我们开始谈判飞利浦的电器业务。那个 CEO 安排他的总裁与保罗谈判。经过几个星期的努力后，我们就价格问题达成了一致，便认为可以成交了。这时，令人震惊的变故发生了。

在他们握手后的第二天，那位总裁带来了惊人的消息：“对不起，保罗，我们打算和惠尔浦（Whirpool）合作。”

我给那个 CEO 拨通了电话。“这不公平。”我说。

他表示同意。“你把保罗派过来吧，我们这个星期内解决这个问题。”

当时正在意大利科尔蒂纳度假的保罗立刻离开妻子飞到了艾恩德霍芬。他星期四用了一整天的时间就新交易进行谈判，同意为飞利浦的电器业务支付更多的资金。到星期五中午，细节问题也完成了。飞利浦方面叫保罗回自己的饭店去。

“我们下午 4 点之前过去，到时我们带去打印好的正式文件，就可以签字了，”那位总裁说，“到时我们喝一杯香槟。”

大约 5 点左右，他出现在保罗的饭店时，抛出了第二枚炸弹。

“我很抱歉，我们要跟惠尔浦合作。他们又回来了，报的价比你们高。”

保罗简直不敢相信。当他在半夜时分给我打电话时，我被震怒了。飞利浦在一项交易上动摇一次已经够糟糕的了，第二次谈判是我在高层商务交易中所从来没有见过的。

所幸，在我担任 CEO 的 20 多年时间里，经手了成千上万次兼并、合伙和交易，这种事情很少发生，而像艾恩德霍芬那次公然背信弃义的情况，也就是那么一次。

* * *

全球化的创意跟其他创意一样，由种子到枝繁叶茂，最后长成了一个花园。一开始，我们从市场的角度考虑全球化问题，后来转为寻求产品和部件，最后又发展到挖掘各国知识资本的阶段。

以印度为例。我对这个国家的智力问题是非常乐观的，但是，这方面智力的应用远远超出了我可能梦想到的地步。印度在软件开发、设计工作和基础研究方面的科技人才是不可思议的。我们在 2000 年设立了一个 3 000 万美元的中央研发中心，现在已经进入了第二阶段，到 2002 年完工时我们的投资将增加 3 倍。它将是 GE 在全世界最大的多领域研究设施，最终将雇用 3 000 名工程师和科学家。目前，我们已有 1 000 多人，包括 250 名博士。

印度拥有大量受过高等教育的人，可以很好地承担许多不同的工作。GE 金融服务集团将它的客户服务中心搬到了德里，结果是轰动性的。比起我们在美国和欧洲的运作，我们在印度的全球客户服务中心质量更好，费用更低，数据采集率更高，更易为客户所接受。GE 的所有工业企业都跟着 GE 金融服务集团到了那里。我们接受了彼得·德鲁克的建议，将 GE 从美国“后院”搬到了印度“前厅”。

我们可以在印度聘请到的从事客户服务和数据采集工作的人才，是我们在美国不可能吸引过来的。在美国，客户呼叫中心的人才流动性太大，而在印度，这些是人人垂青的工作。有些人考虑全球化会伤害发展中国家和这些国家的人民，我并不这么认为。当你看见那些因为获得了这些工作机会生活水平明显提高而两眼发亮的人们时，全球化给人的感觉从来没有那么好过。

最近这些年，随着更多的当地人才承担起领导工作，我们的全球化创意已经越来越多地赋予公司国际性色彩。在开展全球化工作的初期，我们不得不雇用驻外美国人。这些人对于我们起步时期获得的成功是至关重要的，但是，我们曾一度难以摆脱这种“依赖”。

我们通过强制性大量减少美国“驻外人员”来加快 GE 的全球化发展的步伐。通过检查每月各企业减少驻外人员情况，我们获得了两大利益：第一，我们必须更快地提拔更多的当地人到关键的岗位上去；第二，推行这项政策的第一年，我们的费用就减少了 2 亿美元。如果我们派遣某个美国人到日本工作，付出的工资是 15 万美元的话，公司的总支出将超过 50 万美元。我经常提醒我们的公司领导们：“你是愿意用三四个聪明能干、熟悉当地情况和语言的东京大学毕业生，还是找你在公司里的一个朋友呢？”

随着开展激动人心的升迁工作，我们的全球化步伐又前进了一大步，这表明我们的努力得到了回报。东京大学有一位 1975 届毕业生叫“富士”藤森良明（Yoshiaki“Fuji”Fujimori），1986 年参与了我们的业务开发工作。2001 年 5 月，藤森良明由亚洲医疗设备系统负责人的位置被提升为在皮茨菲尔德的 GE 塑料的总裁和 CEO。

他是领导 GE 全球化企业的第一个日本人——从 40 年前我在塑料制品企业起步至今，已经走了这么远的路了。

a

b

c

a

父亲与母亲。

大约摄于 1930 年。

b

我的母亲格蕾丝·韦尔奇。

摄于 1920 年。

c

母亲的心肝宝贝。

摄于 1939 年。

a

b

e

d

c

a

1945 年与儿时伙伴比尔 · 库伦（左）和迈克 · 蒂夫南（中）在缅因州的老果园海滩。

b

准备投一个曲线球，我的一个好“邻居”在街对面接着。摄于塞勒姆，1950 年。

c

1950 年我开始爱上了高尔夫。

d

塞勒姆高中毕业照。摄于 1953 年。

e

在波士顿—缅因通勤线上工作的“老杰克”，就是在那儿，他萌发了“送杰克去学高尔夫”的念头。

a

b

c

d

a

与卡罗琳在楠塔基特岛度假。

b

我的孩子们（从左至右）：凯瑟琳、约翰、安妮和马克。

c

1993年，我的孙子杰克来我的办公室玩，发现这篇文章很有趣。

d

1996年，与孙子杰克在楠塔基特岛。

a

b

c

d

a

我的儿子约翰、他的妻子杰姬以及他们的 5 个孩子。

b

与女儿安妮及新添的外孙女克莱尔在一起。

c

与孙女卡罗琳在楠塔基特岛休假。

d

2001 年 6 月，与凯瑟琳的儿子卢克在马克和希拉的婚礼上。

a

b

c

d

a

1990 年，巴巴多斯的圣诞老人来到海滩，帮助我构思了“无边界”概念。

b

1991 年，与简在卡普里岛度假。

c

1993 年，与简在印度大君的宫殿里看烟火。

d

1992 年，在卡普里岛与弗雷斯科夫妇和费奥尔夫妇一起休假（从左至右）：玛尔琳 · 弗雷斯科、吉诺 · 费奥尔、我、科莉 · 费奥尔、简、保罗 · 弗雷斯科。

a

b

c

d

a

1997 年，在爱尔兰与一个真正的高尔夫职业选手心心相印，她就是我的妻子简。

b

最佳造型——请注意这个球的位置！

c

在奥古斯塔与我在 GE 的高尔夫球友在一起（从左至右）：戴夫 · 卡尔洪、比尔 · 麦多夫、我、杰克 · 查德韦尔。

d

我与简在加拿大落基山脉与 GE 董事会成员、我的好友赛 · 卡思卡特及其夫人在一起打高尔夫。

a

b

c

a

1995年，在桑卡迪－海德俱乐部的比赛上与我的搭档、儿子约翰在一起。

b

2000年奥运会期间，我与简在悉尼的《今日秀》节目中“取代”了马特和凯蒂。

c

2000年4月，与我的家人在里士满GE年度股东会议上（从左至右）：女婿史蒂芬·麦克米伦与女儿安妮、儿媳希拉与儿子马克、简、我、儿媳杰娅与儿子约翰、女儿凯瑟琳。

a   b

c   d

a

在改性聚苯醚塑料工厂未来的厂址塞尔扣克“往坑里看”（从左至右）：我、艾伦·海伊、鲁本·加托夫。

b

我们生命中的重大时刻，我们为此付出了许多。20世纪70年代早期与塑料公司领导团队一起“掀掉屋顶”。

c

GE新上任的部门经理。摄于1973年。

d

雷吉·琼斯将这个“新人”介绍给GE员工。摄于1981年。

a

b

c

d

a

我任董事长后的第一次董事会——一次相当正式的集会。

b

我任董事长后的第一张正式照片，与副董事长埃德·胡德（左）和约翰·伯林盖姆在一起。

c

1985年，在纽约与鲍勃·弗雷德里克和索恩顿·布莱德肖宣布价值63亿美元的RCA交易成功。

d

新任副董事长拉里·博西迪于1984年加入公司董事会。

a

b

c

d

a

20 世纪 80 年代末与苏联最高领导人戈尔巴乔夫在一起。

b

在老布什总统为英国伊丽莎白女王所设国宴上。
我很遗憾父母没能看到这激动人心的场面。

c

1999 年夏天，与前总统克林顿在马撒葡萄园岛。

d

2001 年，在布什总统的就职典礼上向布什表示祝贺。

a

b

c

a

与工人一起进行一次小小的“深潜”。摄于 1995 年。

b

第一次赴印度途中与K. P. 辛格和保罗 · 弗雷斯科在一起。

c

挥拳代表提出了一个创意。

a

b

c

d

a

1993 年，在环球旅行中小憩，与保罗 · 弗雷斯科（左一）、拉里 · 博西迪和简在一起。

b

与鲍勃和苏珊 · 赖特共同庆祝 NBC 的成功。

c

简和我的好友安东尼 · 洛弗里斯科及夫人埃莉诺尔在一起。

d

在印度与简（前排左二）、K. P. 辛格（后排左一）、保罗 · 弗雷斯科（后排右一）及保罗的夫人马琳（前排右二）在一起。

a 

 b

 c

a

1995年，与比尔·盖茨、鲍勃·赖特在MSNBC的成立仪式上。

b

与最聪明的人在一起。我与沃伦·巴菲特手持《财富》杂志颁发的“最受尊敬的人物”塑像在弗兰克·卢尼佛罗里达的家里乐开怀。

c

在本顿维尔向山姆·沃尔顿及沃尔玛领导团队学习“快速市场信息”方法。GE未来的副董事长约翰·奥佩站在最左边。

a   b

c   d

a

1998 年，在克罗顿维尔的“大坑”里。

b

我与罗莎娜 · 巴多斯基在工作中。

c

在 1997 年年度报告会议上与副董事长保罗 · 弗雷斯科（左）、约翰 · 奥佩和吉恩 · 莫菲在一起。

d

在我的会议室举行领导层会议（从下方左边开始）：保罗 · 弗雷斯科、加里 · 赖纳、丹尼斯 · 戴默曼、比尔 · 科纳蒂、约翰 · 奥佩。

a

b

c

a

会见“新人”：2000 年 11 月与杰夫 · 伊梅尔特在纽约。

b

新团队（从前排左边起按顺时针方向）：总裁、董事长当选人杰夫 · 伊梅尔特、GE 副董事长鲍勃 · 赖特、丹尼斯 · 戴默曼，以及我这个即将退休的 GE 老员工。

c

在纽约证券交易所具有重大意义的一天。一位 CNBC 记者询问我对联合技术收购霍尼韦尔的看法。我回答说：“很有趣，我会关注的。”

在家跟我 8 个最好的
小朋友中的两个在一起。

第二十章

持续增长的服务业

在服务技术方面的大量投资已经彻底改变了我们服务业的基础。如果没有这些在技术上大量的投资以及我们关于六西格玛的承诺，签订长期服务协议就没有可能。

几乎与 GE 的所有其他业务一样，服务业的增长完全取决于人。

除了我们的医疗设备行业以外，公司里大多数制造大型硬件设备的人都把服务看作“售后市场”——为我们销售出去的飞机引擎、机车和发电设备提供备件。

“售后市场”这种说法本身就把服务放在了次要位置。

在我们的大型设备企业中，工程师们喜欢花时间去钻研那些最新的、最快的和最有力的，他们不怎么考虑“售后市场”。这种想法并非只限于工程师，我们的销售人员也是将主要精力放在客户对新设备的需求方面。

我们一直在努力推动服务工作的开展，但没有取得显著的成效。在三英里岛事件迫使我们的核企业停止建设新的反应堆以后，我们只好成立一个服务公司，以求能够生存。服务公司成立了，业务性质改变了，而最后他们在这个基本上为零增长率的市场中取得了两位数的收入增长。

在医疗设备方面，公司一直强调服务。公司的主要买主是放射科医师，他们也是设备的用户。自从 1976 年我们首次推出 CT 扫描仪以来，我们都是在“连续服务”的旗帜下开展销售工作的。这个口号是向放射科医师们表明，通过软件升级，他们就能够得到“下一代模型”。也就是说，他们不需要扔掉价值百万美元的机器设备，一切从头开始。这种连续服务的概念带来了服务收入的提高，也扩大了设备市场的份额，因为客户的投资“寿命”延长了。

在 1986 年担任医疗设备业务 CEO 的约翰·特兰尼，就是凭借这个早期的基础发展起来的。他是一名强有力的领导人，对数字尤其着迷。在约翰的眼里，服务业的机会更大。医疗系统是第一个推出长期服务合同的，也是唯一开展远程诊断服务的。该系统建立了全球性设施，用他们安装的设备提供每周 7 天、每天 24 小时的远程诊断服务。

根据所在的不同时区，世界各地的客户都可以从常驻在巴黎、东京或密尔沃基的技术代表那里直接在网上得到答案，而且通常都能排除故障。他们对服务方面的重视程度也与设备问题一样，因而医疗设备业务见到了成效。公司的总体医疗设备收入在 1980—2000 年增长了 12 倍，而服务是增长的一大部分。在 70 多亿美元的全部医疗设备收入中，1980 年的服务收入占 18%，1990 年为 31%，2000 年为 41%。

除了这两项业务外，我们并没有取得什么进展。前文说到的 1995 年的那堂课呼吁我们重新定义我们的市场，那是一个转折点。当其他业务更广阔地进行市场定位时，服务的重要性就不言而喻了。

1996 年 1 月，我在博卡指出，我们过去一直是一家“有我不多没我不少”的公司。我们也许有十几位高级主管人员争论我们应当每年销售 50 台还是 58 台燃气涡轮机，或者数百台飞机引擎。但是，“我们按照惯例是在以 1 万台涡轮机和 9 000 台飞机引擎为基础，看待我们的服务业务机会。”

这个状况必须改变。

克罗顿维尔那堂课后，1995 年 11 月我们召开了一次 C 类特别会议，重点讨论服务员工的配备问题。1996 年 1 月，我们在飞机引擎行业首次对组织机构进行非同寻常的重大改组。我们设立了一个新职位——引擎服务副总裁，并将公司与 P&L 中心分开。我们安排了一位真正的变革代理——曾担任飞机引擎业务首席财务官的敢说敢干的比尔·瓦里奇（Bill Vareschi）负责此项工作。

比尔是个咄咄逼人、固执己见、坚强实际的家伙，他正是我心目中可能实施这个创意的人选。他从审计人员中抽调出了一位年轻的金融新星杰夫·伯恩斯坦（Jeff Bornstein）。杰夫和他的老板一样，从来不惧怕清除“绊脚石”，比尔和杰夫将 1996 年的大部分时间用于组织所有的服务业务。

他们有几个大的问题需要处理。我们在全世界都拥有引擎维修服务商店。1991 年，我们从英国航空公司（British Airways）那里收购了威尔士的一家大型维修服务商店，作为向英国航空公司销售我们的新型 GE-90 引擎交易的一部分。这个商店并不赢利，主要是维修劳斯莱斯引擎，因此英国航空公司想甩掉它。该商店是我们涉足维修其他制造商引擎的第一个重要动作。1996 年，比尔在丹尼斯·戴默曼的帮助下收购了已经由国有转为私有的巴西塞尔玛维修公司（Celma）。于是，我们具备了维修普拉特-惠特尼（Pratt&Whitney）引擎的能力。两年以后，我们又收购了巴西 Varig 维修服务公司，从而能够用更低的成本维修 GE 引擎。

1996 年年末，引擎服务业务收入自 1994 年的 22 亿美元增加到 30 亿美元，并走上了繁荣的轨道。但是，这个行业已经开始整合了。1996 年，迈阿密的格林尼治航空公司（Greenwich Air Services）收购了一家飞机引擎大修业务公司 Aviall，我问比尔和其他人为什么我们没有去收购它。1997年2月中旬，格林尼治再一次动手，宣布收购了另一家维修服务公司UNC的计划。

我再一次给比尔打电话，问道："这是怎么回事？"通过新的并购，格林尼治的力量更加强大了。我要求密切关注该公司。在格林尼治宣布收购计划后的第十天，我与飞机引擎业务的CEO吉恩·莫菲和比尔·瓦里奇开了个电视会议，想了解用什么代价才能收购格林尼治。比尔正在"消化"塞尔玛，觉得我们已经拥有足够的设施，可以依靠自己的力量发展业务。

可是，我越想越觉得焦虑不安。我不想抱着侥幸心理，希望我们的竞争对手当中没人会走在我们的前面去收购格林尼治。我催促吉恩和比尔晚上再考虑一下，第二天继续召开电视会议。

这次会议上，他们同意试上一试。认识格林尼治的创办人兼CEO吉恩·科尼斯（Gene Conese）的瓦里奇同意打个电话，为我们安排星期天上午的会面。我和丹尼斯·戴默曼结束电视会议时，我抓住他的胳膊说："我们必须把此事搞定。"他与我一样对此很积极。

3月2日，我飞到迈阿密，跟比尔·瓦里奇一起到吉恩·科尼斯家里与他见面。他非常喜欢交朋友，是个白手起家的精明企业家。当我们在他家餐厅坐下喝咖啡时，他显然有兴趣出售公司。虽然吉恩并没有直接说出来，但我有一种感觉，他会想，自己已经把这个服务网络建立起来了，"你们这些家伙当时到哪儿去了？"

那天上午，我们就该交易进行谈判。当时格林尼治的股票交易价格为每股23美元，我报价每股27美元来收购该公司。吉恩还价35美元，最后，你可以想象得到，在经过几个小时的谈判以后，我们以31美元成交。那一个星期里，我们的人马全力以赴地工作，而丹尼斯后来也赶来，推动工作的继续进行。

到了第二个周末，我又回到那里，利用星期五和星期六晚上的时间就最后的细节问题进行协商，最后的成交价格为15亿美元。当我称赞吉恩精明时，我可不是随意地恭维一声。吉恩希望确保用自己的投资换取GE股票，他那么做了，而在交易结束时，股票价格上涨了3倍。这笔交易的确使我们在飞机维修服务领域上了榜，收入在一夜之间增长了60%。

有了格林尼治，我们拥有了真正的公司，收入超过了50亿美元。比尔不得不领导企业走上一个新的台阶。为此，他必须调整这个组织结构。具体地说，他必须把人们设计新引擎的这种工程化思维模式，引导到已安装引擎的升级换代方面。我们把业内最好的设计工程师维克·西蒙（Vic Simon）调离设计岗位，去负责工程维修服务工作。我们还从GE运输调来一位年轻而“潜力巨大”的制造经理特德·托贝克（Ted Torbech）给比尔当维修服务的制造经理，并将该职位提升到公司副总裁的级别。

这两项人事调动达到了再次强调服务工作重要性的目的。在飞机引擎业务的总收入中，服务业务的收入比例从1994年的不足40%上升到2000年的60%以上。

* * *

在电力和交通运输系统，我们用同样的模式取得了同样的效果。现在，我们需要扩大我们的基地了。

为了普及该经验，我们于1996年成立了一个委员会，每季度将GE的所有服务业领导人集中到费尔菲尔德，而我或者副董事长保罗·弗雷斯科必定有一人参加。于是，每个人的表现情况立即会又一次清清楚楚地摆在大家面前，而到下一次会议情况往往会改变。会上的这种集思广益，对引起收购方面的兴趣和制定长期服务协议等事宜大有裨益。

在服务业增长的过程中，并购工作起到了重要作用。1977—2000

年，医疗设备系统共收购了 40 家服务公司，动力系统收购了 31 家，飞机引擎方面收购了 17 家。甚至连交通运输领域也于 2000 年加入了并购的行列，用 4 亿美元收购了哈门实业（Harmon Industries），那是一家堪萨斯城的铁路信号和服务公司。

我们有 3 个独立的业务领域——交通运输、动力和飞机，与高科技飞机公司哈里斯公司成立了各出资 50% 的合资企业。这是集思广益的又一个很好的例证。这些信息系统公司让铁路公司知道列车的地点，让公共事业公司知道哪里的管道出现了问题。从那以后，我们又于 2001 年非常漂亮地收购了哈里斯在动力和交通运输业务中 50% 的股份。

我们在运作系统的每一个步骤中都强调进行更多的技术投资。各个领域都产生了效益，大多数情况下都使我们在技术研发方面的投资获得了 3 倍的回报，2000 年年收益达到了 5 亿美元。

在服务技术方面的大量投资已经彻底改变了我们服务业的基础。如果没有这些在技术上大量的投资以及我们关于六西格玛的承诺，签订长期服务协议就没有可能。而要执行长期协议，就要求我们拥有精确的模型来预测今后 10~15 年的安全性成本。假如设备的运行状况出乎意外，业务领导人就要承担亏损的责任，因此这些合同还强调努力安排更多的服务技术方面的资金。

这些技术投资大大密切了我们和客户之间的关系。如今我们提供的服务升级，使得我们的客户能够从他们已经安装的设备中获得更高的生产力和更长的设备使用寿命。

在这个过程中，我们学到了许多东西。

我们早期的一些技术升级过于精密，对于客户来说，回收期需要 3~5 年，而不是一两年或者更短的时间，使他们很难做出合理的投资决策。我们改善了这个情况，现在将重点放在制定各行各业的客户快速回收解决方案，无论是延长某飞机引擎的使用寿命、提高某公共事业工厂的动力输出，还是增加 CT 扫描仪的患者“吞吐量”。例如，2001 年，西南航空公司向我们订购了 300 套升级系统，每套 100 万美元，用于提高他们的几架老式波音 737 飞机引擎的使用年限和油料使用效率。

我们的机车业务图表最能显示硬件领域的高科技价值了（见下图）。机车销售数量从 1999 年 905 辆的最高点下降到 490 辆，也就是 8 年里的最低水平。1993 年，销售了 440 辆机车，经营利润只达到 1.44 亿美元。而 2001 年，由于高科技服务业务的增长，经营利润粗略计算将与 1999 年高峰时期的水平持平，比 1993 年同样机车数量的利润大约高出 3 倍。

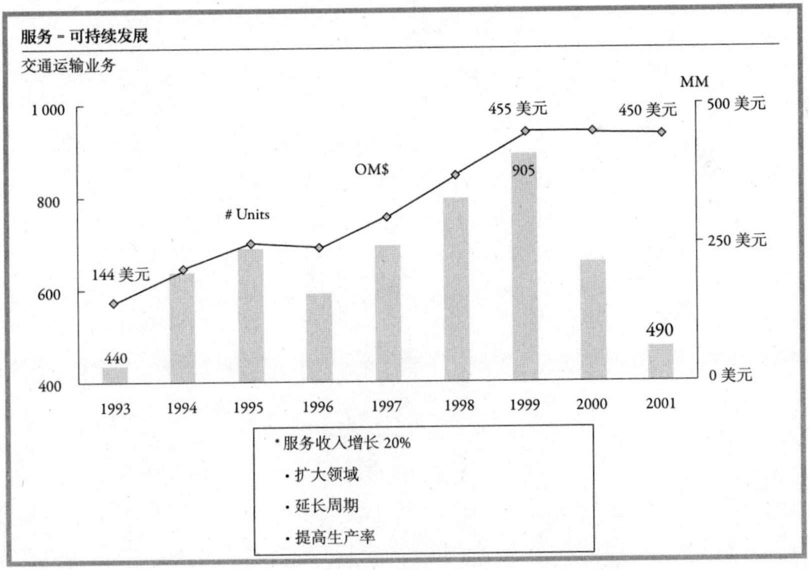

与所有工作一样，某种创意是否奏效的试金石是数字。我们的产

品服务业务从1995年的80亿美元上升到了2001年的190亿美元，到2010年应当能够达到800亿美元。我们的长期服务业务量增长了10倍，即从1995年的60亿美元增长到2001年的620亿美元。

如今，我们还在花费同样的时间，以确保我们已经安装的“插座”在不断提高生产率，同时我们还在寻找新的“插座”。

第二十一章

六西格玛的里里外外

一台 100 万美元的机器可以从一个盒子里拿出来，接上墙上的电源就立即能够操作。这就是六西格玛的最佳状态。

在我担任 CEO 的 20 年中，我只缺席过一次公司 CEC（高级管理委员会）会议。那是 1995 年 6 月，是我们最重要的会议之一。

会前，我已经邀请了我的朋友和过去的同事拉里·博西迪到克罗顿维尔来，讨论一下六西格玛质量问题。拉里那时已经是联合信号公司的 CEO。

我未能出席那次会议是有充足理由的。当时我刚刚做完心脏手术，正卧床在家，还在休养身体。

自从 1 月底从印度回国以来，我总是感觉疲惫不堪。我想我是感染了某种病毒，使我感觉懒洋洋的。我一辈子也没有睡过午觉，可是从那时起我就在办公室的沙发上午休。我几乎看过了纽约的所有医生，而且一定是接受了所有的检查，但他们什么也没有发现。

我的不适还在继续，后来严重到简去找我的医生，描述了我的症状，带回了一些硝酸甘油备用。

4 月底的一个星期六晚上，我和简与朋友洛弗里斯科夫妇在费尔菲尔德的斯帕齐餐厅吃晚饭。我们吃了不少比萨饼，喝了不少红酒。我和简回家时已经很晚了，便直接上了楼。当我在卫生间刷牙时，我感觉自己的胸部像是被炸了一下。过去我曾经有过胸痛的情况，而且由于家族中有心脏病史，我至少有 20 多次怀疑自己得了心脏病。但是，这次的感觉是我过去从来没有过的。

这回是有点儿绞痛，或者是胳膊发酸。这回是真的有问题了。

我感觉好像胸部压了一块大石头。

我忙大声叫简。她来到卫生间，赶紧拿出了硝酸甘油。我拿起一片压在舌头下面，很快就感觉轻松了一些。接着，我感觉一阵心慌。我没有拨打 911，而是叫简去开车，我们直接开往桥港医院，她在那里的托管委员会工作。路上，我们在 25 大道上飞驰，我一眼看到了一家医院的标志，便大声叫简在下一个路口出去。

结果那个标志不是桥港医院，而是桥港的圣文森特医疗中心。当简闯过一个红灯时，一个警察拦住了我们。当我们解释了发生的情况以后，他闪着警灯、响着警笛带我们到了医院。

凌晨 1 点，简的车停在了急诊室门口。我冲出车，跑步穿过一个拥挤的候诊区，跳上了一张空轮床。

“我快要死了！”我叫嚷着，“我快要死了！”

我的叫声吸引了护士们的注意，她们立刻给我实施静脉硝酸甘油注射。疼痛感消失了。化验证实我的确是心脏病发作。5 月 2 日，也就是星期二的那天，罗伯特·卡瑟塔（Robert Caserta）大夫切开了我的主动脉，给我做了血管造影。他是个体育迷，康涅狄格大学和扬基队的仰慕者；而由于我上的是马萨诸塞大学，我死心塌地地支持红袜队。手术后不久，我回到了病房，这时，胸部又一次感到压了一块巨石，血管堵上了。我的心脏病又发作了。他们急忙将我送到心脏病房，此时一位牧师想给我作最后的祷告。

我盯着监视器，看到卡瑟塔大夫试图再次打开血管而没有成功，与此同时，一位外科医生正站在一旁，准备做我害怕的分流术。

“不要放弃！”我叫道，“再试试。”

我又在让人生厌了，在那里发号施令——不过，幸运的是，大夫忍受了。他打开了血管，我也就不需要外科医生了。

过了三四天，等我出院以后，我给不少人打电话咨询，包括亨利·基辛格和迪士尼的迈克尔·艾斯纳，他们两人都做过分流术。迈克尔的话非常鼓舞人，他告诉我那种手术没有什么大不了的。亨利强烈建议我去马萨诸塞总医院做手术。GE 的医生索尔·米尔斯（Saul Milles）大夫也是这个意见，并带着我的血管造影片子飞往波士顿。

索尔是个大圣人，也是位出色的医生。多年来，我的胸疼和对心脏病的怀疑一直在困扰着他。索尔不得不忍受世界上疑心病最重的三个人：拉里·博西迪、保罗·弗雷斯科，还有我。我们仨无论去哪里，总是带上一大堆药，而且总是一有什么不适就立即给他打电话，抱怨这里疼那里不舒服的。我们加在一起花费的医药费用可能比 GE 里 100 名员工加起来都要多。在过去的几年中，索尔的工作由我们目前的医务主管鲍勃·加尔文（Bob Galvin）医生和他的搭档肯·格罗斯曼（Ken Grossman）承担。

1995 年 5 月 10 日，我正在家中与保罗和比尔·科纳蒂开业务会议，索尔带来了不好的消息。他告诉我，通过片子已经证实，我需要做开胸手术。他已经为我预约，第二天就去马萨诸塞总医院，第三天就动手术。这一切来得那么突然，实在是一个巨变。由于我的家庭病史，以及过去 15 年来的心绞痛，我一直惧怕这一时刻的来临。但是，我没有多少时间考虑这些。

星期三夜里，我给孩子们打通电话，将这个消息告诉了他们。星期四那天，我和索尔、简到了波士顿，去见将为我做手术的卡里·埃金斯（Cary Akins）大夫。对于星期四夜里的事情，简比我记得更清楚。她在回忆当时的情况时说，凌晨4点的时候，我转向她说："如果出了什么差错，别让他们放弃。即使他们无法肯定，我希望你知道，我会在这里竭尽全力的。"

什么差错也没有发生。事实上，一切都很顺利。我很幸运，医生非常了不起。卡里用3个小时做了5处分流术。从那以后，我们成了密友。我们每年都要看望对方一两次，在医院之外。分流术一开始让人非常难受，全身上下疼痛难忍。幸运的是，你能感觉到自己在一天天好起来。7月5日，我回到了办公室，而到了月底，我又回到了高尔夫球场。8月中旬，在楠塔基特的桑卡迪-海德俱乐部冠军赛中，我赢了头三场，但在36洞的决赛中输掉了比赛。

当我回到家中休养时，拉里·博西迪来电话建议他撤出6月份的CEC会议。他担心会造成现在我不在而他又回到GE的印象。我理解他对此的敏感，并告诉他不必担心。

"去吧，把你关于六西格玛的一切想法都告诉他们。"

我感觉我们可能正处在一个关键的时刻。我知道拉里是施以援手的最佳人选。共事多年，我们两人对于质量工作一直不那么热心。我们都觉得早期的质量计划过于强调口号，而轻视了结果。

90年代初期，我们没有重视我们的飞机引擎业务中的一个"德明计划"（Deming）。我没有把它当作一种创意，因为我觉得这个计划过于理论化了。

GE内部的意见是错不了的。我们在1995年4月的员工调查中发现，质量问题已经为许多员工所担忧。"新拉里"的态度变了，变得对六西格玛非常热衷。他说，对于大多数公司来说，每100万次操作中平均出现差错3.5万次，而如果达到了六西格玛的质量水平，则生产或服务程序中每100万次操作中出现的差错将少于3.4次。

也就是说，完美率能够达到 99.999 66%。

在工业领域，操作的正确率通常在 97% 左右，也就是三西格玛和四西格玛之间的水平。举个例子说，就是每周手术失误 5 000 次，每小时遗失邮件两万份，每年开错药方成千上万份。想起来实在不容乐观。

无论怎么说，拉里为我们的团队做了一次出色的展示说明。他证明了六西格玛的确可以节省大量开支，而不仅仅是“感觉良好”的利润。我们的团队很喜欢他所说的话，我也收到几个与会者打来的电话，他们都表示了肯定意见。

我回到工作岗位，并得出了结论：拉里的确钟爱六西格玛；大家都觉得六西格玛是对的；我掌握了调查结果，表明 GE 有质量问题。

一旦各种条件都得到满足，我就迷上了六西格玛，并立刻启动了这个计划。

我们为此安排了两名关键人物。公司创意负责人加里·赖纳和我多年的财务分析家鲍勃·尼尔森进行了成本效益分析。他们证明，如果目前 GE 的运作为三西格玛、四西格玛，那么该质量水平上升到六西格玛时所节省的开支为 70 亿 ~100 亿美元。这可是一个大数目，等于销售收入的 10%~15%。

有了这个数字，我们就不难决定全力开展六西格玛行动。

和我们的其他重大创意一样，一旦我们决定启动，我们就会不遗余力。我们的第一个动作就是任命加里·赖纳为六西格玛的终身负责人。由于他头脑清晰，工作起来全心全意，因此他能将我们的热情转化为具体方案。

接着，我们请来了在亚利桑那州斯科茨代尔管理六西格玛学院的前摩托罗拉经理米克尔·哈里（Mikel Hazy）。哈里是六西格玛狂热分子。10 月，我们请他到克罗顿维尔参加我们的年度公司高管会议。我取消了我们往常的高尔夫球活动——可以说是绝无仅有的一种姿态，这样，我们170人就可以聆听哈里讲述他的计划了。

在整整4个小时的时间里，他兴奋地从一个写字板架跳到另一个写字板架，写满了各种统计公式。我简直不知道他到底是个疯子还是个空想家。听课的人当中，包括我在内，大多数都不怎么明白那些统计学语言。

但是，无论如何，哈里的讲演成功地吸引了我们的想象力。他给了我们足够的实际案例，来表明他计划的意义。那天，大多数人在听完讲演后都对自己缺乏统计学知识而忧心忡忡，但是同时又对这个计划的可能性兴奋不已，其切入点的原理尤其受屋子里工程师们的欢迎。

我意识到这远远不只是工程师的数字问题，但是它更多的意义是什么，我心中一点儿底都没有。从大的方面来说，六西格玛是关于质量控制和统计数字的。看起来是这样，却又远远不只这些。最终，它通过提供对付难题的方法，能够驱使领导层把工作做得更好。六西格玛的核心是将公司从里往外翻个个儿，让公司将着重点向外放到客户身上。

1996年1月，我们在博卡推出了六西格玛计划。

"我们不能再等下去了，"我说，"这个房间里的所有人都必须带头抓质量。这个问题是没有投机性可言的。摩托罗拉用10年时间所办到的，我们必须在5年实现——不是通过走捷径，而是通过学习他人。"

我想，单单是短期财务影响就足以证明计划的可行性。从长远角度说，我想其意义会更加深远。

我在博卡会议的结束语中，将六西格玛称为公司前所未有的最雄心勃勃的工作。"质量问题可以真正地使GE从最了不起的公司之一这个地位上升到全球商界绝对最了不起的公司。"（我又在下定论）

那年离开博卡时，我们摩拳擦掌地要把六西格玛做成重磅炸弹。我们对各个业务公司的CEO们说，他们要将各自最好的下属变为六西格玛领导人，也就是说，要把我们的人从现有的岗位上撤下来，给他们安排两年的项目任务，使他们能够达到六西格玛术语中所谓的“黑带”水平。

项目任务的头4个月将结合课堂培训和实际方法的应用。每一个项目都必须与业务战略和利润挂钩。每一个企业都产生了“黑带”级项目，提高了呼叫中心的回复率，增强了工厂的生产能力，减少了开单失误和库存数量。在我们的六西格玛计划中，一个基本的要求就是，我们要进行跟踪检查。我们安排一名财务分析师验证每一个项目的结果。

我们还培训了数千名“绿带”级人员，他们要经过为期10天的培训，学习六西格玛的原理以及在日常工作环境中解决问题的方式方法。这些人并不脱产，相反，他们获得的是增进日常工作的一个方法。

在被我称为“六西格玛小人物班”的高级管理人员课程上，我们做了各种各样的试验，以便掌握这个原理。我们叠了些纸飞机，在房间里抛掷，测量它们会落在何处。我对“黑带”课老师说，我不希望我们的员工会从窗户往里看，看见我们在玩儿纸飞机。看着这些纸飞机落在房间各处，就是我们学习方差的开始。

如同所有创意一样，我们用奖励机制做支持。我们调整了整个公司的奖惩计划：奖励的60%取决于赢利结果，40%取决于六西格玛结果。2月，我们把大部分股票期权发给了参加“黑带”培训的员工，而这些员工应当是最出色的。

2月，我们把期权推荐申请表发出去以后，电话便一个接一个地打了进来。有一个典型的电话是这样的：

“杰克，我的期权不够。我们公司得到的期权不够用。”

“你这是什么意思？你们有足够的期权，可以确保所有的‘黑带’都有。”

“是的，但是我们不能把所有的期权都只给我们的‘黑带’啊。我们还得考虑很多其他人。”

“为什么？我觉得你们最好的员工是‘黑带’。他们应当得到期权。”

“呃……可他们不代表所有的最佳员工。”他们说。

我的答复是：“你只需要把最好的员工放到六西格玛计划里去，然后给他们期权。我没有更多的期权给你了。”

我总是希望我们的奖励机制能够确保我们将最好的员工安排到每一项创意里去。谁也不愿放弃时时刻刻表现自己的最佳才能。他们要达到的目标很高，需要最好的经理来促使他们达到目标。我们在六西格玛的创意上遇到了阻力。一开始，只有 1/4 或者 1/2 的“黑带”候选人是最好的、最聪明的，而剩下的都是滥竽充数。

其中一个比较突出的案例是我们在审查由迈克·高迪诺负责的 GE 金融服务集团的商业融资业务时发现的，该交易涉及的大部分是非投资类公司。要为这些交易寻找一名六西格玛型领导人不是一件容易的事情。

这一点在 1996 年的 I-S 经营战略审查会上是个显而易见的问题。我们要求所有的 CEO 将他们各自的六西格玛型领导人带来，以展示他们在这个创意上的进展。

迈克已经找到了一个人负责此项工作。现在，他只好坐在那里，看着他选的人在演讲中“投三不沾的球”。于是，所有在场的人都非常清楚，六西格玛在这个企业里没有任何进展。当时，大家都开玩笑地说，这个六西格玛领导人在电梯还没有到达总部的首层时就“决定离开”了。

下一次，迈克决定不再心存侥幸了，他安排了一名最优秀的员工来负责。史蒂夫·萨金特（Steve Sargent）接任了这个工作，他表现得非常出色。后来，史蒂夫成了GE金融服务集团的六西格玛领导。2000年，他再次被升职，担任我们欧洲设备金融业务的CEO。这种I-S战略审查程序取得了效果。迈克获得了更好的质量计划，而且5年之后，GE又出现了一个企业的CEO。

我们还用股票期权计划让“黑带”们去发现最薄弱的环节。如果这个创意或任何创意要获得成功，那么一开始就必须由最出色的人来负责。在这个问题上，我非常执着，坚持不考虑让在1998年年底前没有受过至少“绿带”培训的人担任管理职务。即便有了我这样一个啦啦队队长，再加上在C类会议和其他场合的强调，我们还是花了3年的时间，才把所有的最佳员工放在六西格玛计划中。

在一次审查中，核业务部门向我们推荐了一个叫马克·萨沃夫（Mark Savoff）的人负责服务工作，他们在推荐中没有将他在六西格玛方面的背景说清楚。我们的人力资源部门负责人比尔·科纳蒂给加利福尼亚打电话说：“我们想让他过来，跟我们谈谈他六西格玛方面的资历。”马克从圣何塞飞到费尔菲尔德，使我们确信了他在六西格玛方面的坚定立场。

于是，他得到了这份工作，后来又得到升职，负责GE的整个核业务。

如今，我们在推荐任何人从事任何工作时，六西格玛方面的条件总是介绍得清清楚楚。

我们在第一年共培训了3万名员工，在培训方面投入了2亿美元，并节约了1.5亿美元左右的支出。

我们已经取得了一些初步成果。例如，GE金融服务集团在一年当中收到的抵押客户来电为30万个，其中有24%不得不使用语音邮件或拨打两次电话，因为我们的员工忙不过来或当时不在。一个六西格玛小组发现，我们的 42 个分部中有一个分部在回答来电方面达到了近乎 100% 的程度。该小组分析了这个分部的系统、运作流程、设备、布局安排和员工配备情况，并将其“克隆”给另外 41 个分部。过去客户有将近 1/4 的时间联系不到我们，如今第一次拨打电话就能找到 GE 人员的概率达到了 99.9%。

GE 塑料也是一个很好的例子。历新聚碳酸酯具有非常高的纯度标准，但还是不能满足索尼高密度光盘驱动器和音乐光盘的要求。有两个亚洲的供货商获取了索尼的所有买卖，而将我们晾在了一边。一个“黑带”小组解决了这些问题，在设计上改进了生产工艺，使我们获得了索尼所要求的颜色和静电质量。我们的水平从 3.8 西格玛提高到了 5.8 西格玛，因而赢得了索尼的生意。

第一年，我们在整个公司范围内应用了六西格玛，用于降低成本、提高生产力、调整有问题的工艺流程。在一个极端的例子中，我们有一个企业发现，通过应用六西格玛，它能够大大提高工厂的生产能力，从而在 10 年内无须做任何生产能力方面的投资。

下一个阶段的工作就是应用六西格玛的统计方法调整并设计新产品。在这方面，动力系统最大限度地体现了六西格玛的重要性。90 年代中期，市场对发电厂的需求非常一般，我们新设计的燃气涡轮机发电厂被迫停产。剧烈的振动导致转轮咔啦咔啦作响。1995 年，已安装的 37 个运行机组中有 1/3 只好拆除。

通过应用六西格玛程序，1996 年年末，振动减少了 300%，问题得到了解决。从那以后，在每天超过 210 个运行机组中，没有一台遭受计划外拆除的命运，比六西格玛的标准还要高。解决了这个问题，我们在新技术燃气涡轮机市场就占到了领先地位，且正好赶上了 90 年代末期的能源需求热。由此，GE 获得了新型发电厂的全球市场主要份额。

在新产品设计方面，我们的医疗设备系统企业走在了前面。运用六西格玛设计并投放市场的第一个主要产品是一种新型 CT 扫描仪，叫作“光速”（LightSpeed），于 1998 年面市。胸部扫描用传统的机器需要 3 分钟时间，而现在，用这种新产品只需要 17 秒。更叫人高兴的是，一位放射科医师写信给我说，他简直不敢相信，一台 100 万美元的机器可以从一个盒子里拿出来，接上墙上的电源就立即能够操作。这就是六西格玛的最佳状态。在过去的 3 年里，医疗设备系统共推出了 22 种运用六西格玛程序的产品。

2001 年，医疗设备系统的全部收入中，有 51% 将来自六西格玛的设计，而且每一种投放市场的新产品都应用了六西格玛。如今，这已经是我们所有企业的方向。

* * *

我们的六西格玛项目由 1996 年的 3 000 个上升到了 1997 年的 6 000 个，那年我们实现了 3.2 亿美元的生产率收入和利润，比我们原先设定的 1.5 亿美元目标翻了一番多。效益显示在我们的财务结果中。到了 1998 年，我们通过六西格玛节省了 7.5 亿美元的投资，并于第二年节省 15 亿美元。

我们的经营利润从 1996 年的 14.8% 上升到 2000 年的 18.9%，六西格玛正在发挥着作用。

我们对结果感到欣慰，但是，我们还是经常听到人们说，我们的客户没有感觉到质量上有什么区别。我们认为，问题是市场上的许多产品在我们启动六西格玛之前已经开发了多年。

我们不得不到西班牙走一趟，这才找到了解决办法。

1998 年 6 月，我在考虑聘请一名全职的六西格玛副总裁，这是我作为 CEO 设立的第一个也是唯一一个新职位。当时，我在西班牙的

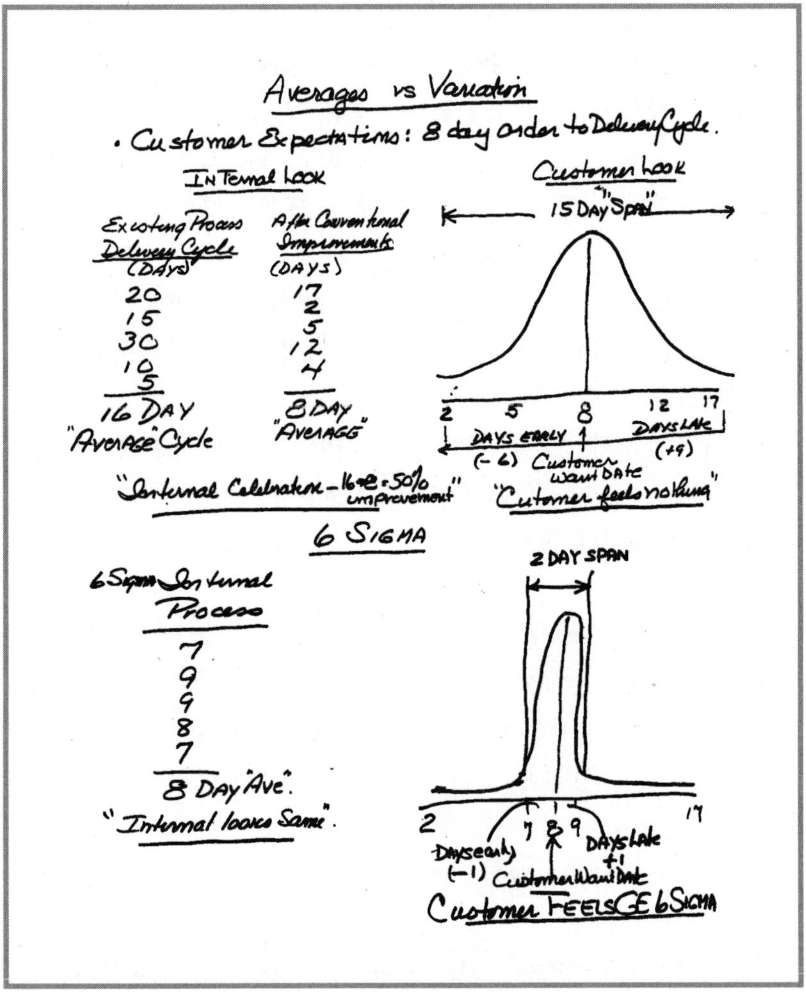

我以图表的形式就应用六西格玛前后向客户交货日期的变化做了个对比，同时分析了内部运作情况。我通过图例说明，交货周期可以从过去的 15 天范围缩减到应用六西格玛之后的两天，从而使客户能够切身感受到 GE 应用六西格玛后带来的好处。

卡塔赫纳参观我们一个新的塑料工厂，以便与皮特·范阿比伦（Piet van Abeelen）及其小组一起作项目审查。皮特是全球塑料产品制造经理，已经在荷兰海岸贝尔根奥普佐姆的一家工厂里展现出了六西格玛的力量。皮特和他的一班人马通过应用六西格玛在没有实质性增加投资的情况下，将每周2 000吨历新的产量翻了一番，达到每周4 000吨。皮特完全掌握了六西格玛究竟能起什么实际作用，并能够用最简单的语言予以解释。

那天，我们在卡塔赫纳现场一个大庄园后面吃午饭。我问皮特有没有兴趣到费尔菲尔德来承担我正在考虑设立的职务。我告诉皮特，他要建立一支很小的队伍，两三个人，在全公司讲授并传播六西格玛经验。这个工作对他很有诱惑力，因为他身上有这种教师“细胞”，而且还很多，尽管他当时正负责着一个庞大的全球制造系统，拥有数千名员工。

非常幸运的是，他签字同意了。

关于为什么我们的客户没有感觉到我们的六西格玛带来的进步，皮特找到了答案。皮特的理由非常简单。他让我们所有人都明白了，六西格玛只关乎一个问题——方差！包括我自己在内，我们都学过这个问题，是我们在教室里扔纸飞机的时候学的。但是，我们从来就没有按照皮特解释的方法来看待这个问题。他将平均值和方差联系在一起，这是一个突破。

我们抛开了平均值，通过压缩我们称为的“数值范围”把注意力集中在方差上。我们希望客户在需要时能够得到他们所需要的。从客户需要产品那一天起，数值范围就在测量方差，无论是这种需求的几天前还是几天后。如果能将数值范围减到零的水平，那么客户就总是能够在他们提出需要时得到产品。

我们的内部问题是，我们总在根据一个平均值来测量有多少进步，而平均值只是计算了我们的制造或服务周期，并没有将客户联系在一起。打个比方说，如果我们能够将交货时间从平均的16天减少到8天，那么我们的进步就是50%。

而我们还在那里愚蠢地欢庆胜利呢！

但是，我们的客户则什么也没有感觉到，除了方差和不确定性。有些客户收到所订产品时晚了9天，而有些则早了6天。当我们应用六西格玛和包含数值范围在内的基于客户的方法来指导工作时，交货的数值范围从15天降到了两天。现在，客户确实感受到了进步，因为收到所订产品的时间更加接近他们所希望的日期了。

听起来很简单，而且的确是简单，只要我们掌握了的话。

我们开展六西格玛工作3年以后才真正掌握了它。压缩数值范围对所有人来说都容易理解，并且成了公司上下各级的“战斗口号”。我们需要的正是要破解六西格玛的复杂性。我们的塑料业务将他们的数值范围从50天减少到5天，飞机引擎从80天减少到5天，抵押保险从54天减少到1天。

现在，我们的客户注意到了！

数值范围还有助于我们集中测量对象。过去，在大多数情况下，我们使用的是销售人员与客户和工厂双方商谈后承诺的交货日期。而我们却没有测量客户真正想要的是什么，以及他们什么时候要。

今天，我们又向前迈进了一步。我们测量的数值范围是从要求交货日期到我们的客户第一次实现收入：CT扫描仪的周期是客户要求的日期到机器第一次为患者服务的时间，飞机引擎维修车间的周期为引擎从飞机机翼上拆下到飞机再次上天的这段时间，发电厂的交货周期为客户订购时间到开始发电的时间。

于是，每一份订单都附上了客户启动日期的标签，跟踪方差的图表挂在了所有的工厂里。这样，对所有人来说都一目了然。运用这些测量办法，方差的概念“活”了，客户能够看见、感觉到我们所做的一切。

六西格玛是一种全球通用的语言。无论在曼谷还是上海，人们对方差和数值范围的理解与克利夫兰和路易斯维尔的人们都是一样的。

我们进一步扩展了这个创意，用我们称之为“六西格玛：从客户出发，为客户服务”（Six Sigma：At the customer，for the customer，ACFC）的口号，让它直接与客户见面。也就是说，我们将 GE 的“黑带”和“绿带”带到客户的商店，以帮助他们提高业绩。

一旦得到客户的认可，我们便取得了成效。2000 年，飞机引擎领域在 50 家航空公司做了 1 500 个项目，帮助客户获取了 2.3 亿美元的经营利润。医疗设备系统的项目有将近 1 000 个，为他们的医院客户创造了 1 亿美元以上的经营利润。

通过将我们的内部测量与我们的客户需求并轨，我们赢得了更密切的客户关系和更多的客户信任。

* * *

我们发现，六西格玛不仅仅属于工程师们。在质量计划方面，一种常见的错误理解是认为这些计划只是针对技术脑瓜的。而实际上，它适用于任何工种中最好的、最聪明的员工。

工厂经理可以运用六西格玛来减少废品，增强产品的稳定性，解决设备问题，或提高生产能力。

人力资源经理需要它来减少聘用员工所需的时间。

地区销售经理可以用它来预测可靠性、定价政策或价格方差。

同理，管道工、汽车修理工和园艺工人可以用它来更好地理解客户的需求，调整自己的服务以迎合客户。

虽然六西格玛在 NBC 的许多领域都起了作用，但是我们在选择情景喜剧方面的“命中率”却没有因此提高。

我必须承认，我很难找到什么例子来说明六西格玛对律师和咨询人员有何益处。也许对于他们来说，应用六西格玛很困难，因为他们的生活如何与方差无关。

总体来说，六西格玛正在从根本上改变公司的文化，以及我们开发人力资源的方法，尤其是我们“极具潜力”的人才。多年来，我们一直在实施出色的功能性培训计划，尤其在财会领域。但是，公司的业务多样化让我们感到很难制订一个统一的培训计划。六西格玛给我们的正是我们所需要的用于通用管理培训的方法，因为它既可以用于客户服务中心，又适合于生产环境。

2000 年，GE 的高级管理人员中有 15% 经过了“黑带”级培训；到 2003 年，这个数字应当能够达到 40%。杰夫·伊梅尔特的接班人很有可能是某个六西格玛“黑带”级人物。

在过去的几年里，我在克罗顿维尔的会议上经常开玩笑说，我之所以在电子商务方面启动晚了，是因为我们首先在完善六西格玛。

“当我最终写我自己的书的时候，”我对班里的学生们说，“我会这样写：我知道在我们投身于电子商务之前，必须在 GE 采用六西格玛创意。电子商务需要速度和准确无误地满足需求，而六西格玛能够给予我们这些东西。”

整个班级会哄堂大笑。他们都很年轻，也很聪明，他们知道我在理解互联网的意义问题上，一直表现得很迟钝。

互联网方面的变革是下一步的任务。

第二十二章

电子商务

电子商务是我所见过的唯一能使30天前制定的目标在30天之后看起来荒诞不经的活动，因为这条学习的“曲线”实在是太陡了。每当我们回头看看当时以为自己知道的事情时，我们总是会大吃一惊。

互联网革命几乎与我擦肩而过，幸亏简让我对它产生了兴趣。许多年来，她一直通过网络和朋友们联系。晚上，在我研究文件加班工作时，她总是坐在我的对面，打开电脑，不停地打字。

简从1997年起就在网上进行股票交易，在网上掌握自己的账户情况。她做得非常好，于是我让她也替我关注我的股票。无论我们去什么地方，简的笔记本电脑总是跟着我们一起旅行。每当她试图说服我也用笔记本电脑时，我总是拒绝，因为我认为我不会打字，要电脑没用。

“杰克，”她反对说，“连猴子都能学会打字。”

但是，到了1998年年末，我开始听见人们在上班时说起在网上采购圣诞商品。最后，我认真对待起这个问题，在博卡会议上谈起圣诞假期时，说了互联网的重要性。那只是一个开始，而互联网真正让我动心是3个月以后的事情。

1999年4月，我和简在墨西哥的一个度假胜地庆祝我们的10周年结婚纪念日。这回，她可不像我在巴巴多斯那样浪漫。

简全神贯注地摆弄她的笔记本电脑。有一天下午，她告诉我网上的人们在谈论GE一只股票分割的可能性，以及我的接班人计划。她叫我过去看看GE在雅虎的公告栏。我被人们对公司的一些说法迷住了。

“看看是可以的，”简笑着说，“可你永远不会回答。”

她哄我写了几封电子邮件，又带我看了几个网站。我一边享受假期，一边产生了上网查看新闻以及人们对GE的最新评论的急迫念头。有一回，我甚至把简一人丢在游泳池边，自己回到房间去上网。

20分钟以后，她回来了，发现我正趴在她的电脑旁。

她知道我上瘾了。巴巴多斯又回来了。

我很晚才参与到电子狂欢中，但是我一进去就大吃了一惊。我终于看到了这项新技术能对GE产生什么样的影响。我不很肯定具体什么时候、用什么方式和内容，我只知道我们必须大张旗鼓地进入这个领域。

在90年代后期的网络氛围中，每个人都在迅速地遗忘一些大型的老公司，所有注意力都集中在某人又启动了某项互联网业务上。当时一个时髦的论题是“旧经济对新经济”，但我并不感冒。人们只在互联网上买卖商品，正如人类100年前在马车上交易一样，唯一不同的是技术。

是的，这种新型的交易方式速度更快，更加全球化，对企业的影响很大。当我们意识到在互联网上建立商务网站并非像获得诺贝尔奖那样困难时，我们开始对互联网有了深入的了解。在网上开发一个拍卖网站既简单又节约了运输成本。

一旦我们认识到数字化的简单易行，那么有此认识的大公司们显然没有什么可惧怕的，而且事实上它们只会得到进一步的发展。

我画了一张图（见下页），帮助我了解互联网及其对 GE 的影响。当时，对所有跟网络沾边儿的东西，人们都会如痴如醉。我在整个公司里使用这张图，并把它带到了投资领域。它引发了大量的对话，并有助于安慰那些担心自己要去玩昨日游戏的员工。这张图还在向投资人保证，GE 有了一个必胜的游戏计划。

在网络公司的模式下，由于在互联网上的开发成本以及品牌广告、兑现承诺等方面的支出，费用会大幅度上升，而亏损的加剧与这些费用是成正比的。收支平衡点在哪里是模糊不清的，而且几乎永远取决于收入情况。

对于过去的大公司来说，唯一的额外支出是用于网络开发的。大公司已经有了强有力的品牌和系统来满足订货要求。由互联网产生的节支部分迅速体现出来。达到收支平衡所需要的时间更短，投资回报更加有把握，而收益一般并不依赖收入情况。

这张图罗列了 GE 相对于电子网络公司的优势。我们不需要提高广告费用；我们已经建立了品牌；我们不需要设立兑现承诺的机构或建设库房来运送货物；六西格玛已经到位，能够提高我们的运作效率；我们可以应用数字化的手段来突出优势，取消公司内的低附加值工作。每一个流程都能够得到改善，生产率可以得到提高。由这项技术产生的效率对于大公司而言是极其可观的。

通过电子商务，我们可以扩大我们的市场，找到新的客户。GE 的供货基地可以变得更加全球化。我们在规模优势方面所做的技术投资体现了规模大实际上是有好处的。对于我来说，互联网世界的利润所在是：“旧经济”型公司在生产率和市场份额方面的收益抑制了“新经济”模式的增长机会。

有些持怀疑态度的人认为我们在 GE 已经不可能再提高效率了，

他们常问我，在 GE 这个柠檬里还有没有可以榨出来的汁。网络给了我们一个全新的柠檬，一个柚子，甚至是一个西瓜——全都放在一个盘子里。

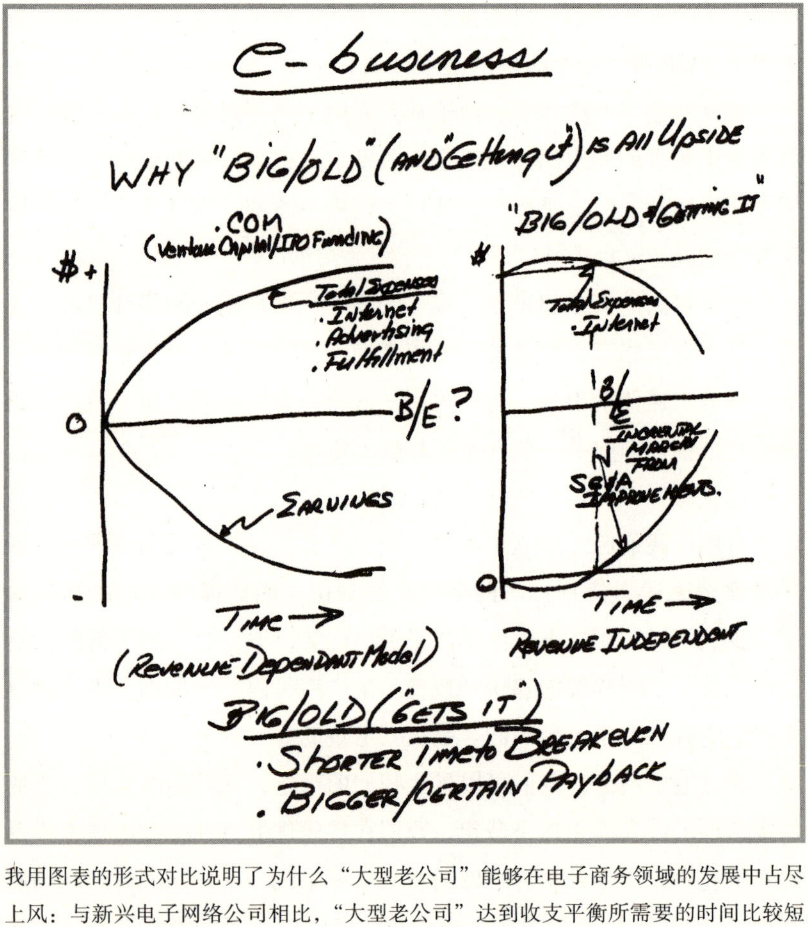

我用图表的形式对比说明了为什么“大型老公司”能够在电子商务领域的发展中占尽上风：与新兴电子网络公司相比，“大型老公司”达到收支平衡所需要的时间比较短，回报更大，更有把握。

* * *

在我们眼中，互联网的机会分成三块：采购、制造和销售。

“采购”部分，每年我们为集团采购的商品和服务达到500亿美元。如果将其中的一部分业务转向网上招标，我们就能够接触更多的供货商，降低成本。即便是网络采购只占很小的一部分，我们能够节省的开支也非常可观。

一开始，我们听说我们所有的采购业务能够节省支出10%~20%左右。计算到最后的利润时，能够节支5%~10%。在许多情况下，新供货商会带来一些新的成本——质量验证成本、各种税费、运费和其他费用。但是，2000年我们在网上招标中的60亿美元采购业务仍然节省了大量的开支，而2001年我们预计在网上采购的数额将达到140亿美元。

对于GE来说，通过数字化能够实现的“制造”部分的改善是我们的“秘密宝藏”。大公司都有一些“粗活儿”，比如在巨大的车间工作，生产成堆的纸张。通过数字化我们可以免去大量的此类粗活儿以及其他单调乏味的工作，从而能够提高许多公司的工作质量。2000年，我们获得的收益为1.5亿美元。2001年，我们预计即使投入6亿美元的项目实施成本，从数字化“制造”部分仍可节支10亿美元。

在“销售”方面，有了互联网，我们能够进一步提高我们的服务。我们可以更快地兑现承诺。新老客户无须多次拨打电话就可以收到所订货物的发运信息。发货人从此不再需要欺瞒客户说货物已经上路了。在结合六西格玛的情况下，互联网能够帮助我们为客户提供更好的服务。2000年，我们在网上的销售收入达到70亿美元，2001年预计为140亿~150亿美元。

* * *

一旦融入我们的运作系统，数字化便启动了。1999年1月，在博卡的管理会议上，我要求我们的高级管理者仔细考虑一下，并在6月份的战略会议上提出他们的最佳电子商务计划。3月份，我邀请电子商务方面的4位外部权威中的一位参加了CEC会议，即Trilogy Systems公司的乔·利曼特（Joe Liemandt），其他三位分别为IBM的卢·郭士纳（Lou Gerstner）、朗讯科技的里奇·麦金（Rich McGinn）和思科的约翰·钱伯斯（John Chambers）。

乔谈到的关于网络公司构成的威胁，着实让我们感到恐惧万分。郭士纳关于网络以及网络公司职能的一些更加实际的观点，让我们的心神安定了一些。里奇描述了目前还处在襁褓之中的互联网的情况，以及它最终会发展成什么样子。约翰向我们展示了通过互联网来科学规范我们的内部程序并减少成本产生的最大益处。

乔·利曼特给我们"通了电"。我认识他时，他还是皮茨菲尔德的一个孩子。他已故的父亲在我们开展塑料制品业务的早期就是我的战略规划人。乔用非常肯定的措辞描述说，外面有成千上万的年轻人在等着将我们"除名"。

他老实告诉我们："你们是些又大又肥、麻木不仁的家伙，你们正坐在那里等死呢。"

他那毫不留情的预测正是我们需要用来激励公司的。我们把在不同办公楼里的各个小组集合在一起，分析讨论各种互联网模式，以使我们能够像亚马逊一样通过网络开展图书销售业务那样开展我们的事业。

我们以典型的变革热忱，指定这些小组为DYB（destroyyourbusiness.com，意为"摧毁你的企业"）网络小组。DYB小组的目标就是为我们现有企业确定一种新型的商务模式，而不必受那些按照"旧路子"运作的企业的影响。

我上的第二堂互联网课是在1999年春天的一次商务旅行中。我在伦敦见到了负责消费品金融业务的36岁的CEO。在我们检查业务时，他无意中提到他刚刚见过他的顾问。

我问他："你的顾问？怎么不是你给那些很有潜力的人才当顾问？"

"不是的，不是那么回事，"他说，"我有个23岁的伙计，每星期都要花三四个小时教我如何使用互联网——他是我的顾问！"

我立刻对这个主意产生了浓厚的兴趣，尤其是那么年轻的CEO还在用顾问。第二天，我正在布达佩斯给一群匈牙利企业家作午餐演说，与往常一样，我认为自己是在传授各种智慧。讲演结束后，有几个听众冲上前来，礼节性地表示"讲得太好了"。接着，他们说："你有一个伟大的想法是我们永远忘不了的。"我内心暗暗失望，因为我"雄辩的讲演"只让他们记住一个想法。他们对我说，我那关于顾问的主意给了他们很大的启发。

我一回到美国，就立即要求我们最高职位的50名领导人去请互联网顾问，最好是30岁以内的。这些顾问大多数比我们小一半以上，他们每星期跟我们这些"原始人"工作三四个小时。我请了两个顾问，我的正式顾问是在GE的公共关系部工作的帕姆·威克姆（Pam Wickham），她在建设GE的第一个塑料网站中起到了关键作用，后来被提升到总部工作。

我的助手罗莎娜（Rosanne）是我日常工作中的"救星"。每次我卡在哪儿了，就会冲着门外喊："罗，快来救命！"她就马上进来帮助我脱离由于我想超水平发挥而陷入的困境。她总是能够解决我的问题。

2000年年初，我们将这个计划扩大到公司内的3 000名高级经理。这是将公司弄个"底朝天"的好办法。我们那些聪明而精力旺盛的年轻经理们来与公司的高级管理层见面。是的，他们在向领导们传授互联网的知识。但是，通过互联网课程期间多次轻松的交谈，经理们也同时在发现新的人才，对于在公司里真正发生的事情有了更好的了解。

我们甚至聘请一位“顾问”进入我们的董事会。1999 年 10 月，我请太阳微系统公司（Sun Microsystems）的 CEO 斯科特·麦克尼利（Scow McNealy）当董事。我们曾经请他给我们所有的想法挑毛病。他不仅那么做了，而且在我们 1999 年的公司经理会议上以直言不讳的方式做了一次精彩的陈述，吸引了我们所有人。

斯科特不仅是个出色的、具有建设性的批评家，还成了高尔夫球好手。以我的年纪，他获胜的概率在上升。斯科特还极富幽默感。我收到过他的一封邮件，说他和他妻子苏珊就要有第四个孩子了。“我是不会感到吃惊的，”斯科特写道，“我们一直在玩儿冰球[1]，却一直没有什么结果。”

在 GE，我们在努力学习着，但是仍然承受着巨大的压力——要求我们仿照网络公司那种交易模式，投身于可能会适得其反的事物中去的压力。其中一个例子是第三方电子交易。我们和其他人一样，几乎忘了一条最根本的商务规则：永远不要让任何人插在你和你的客户或你的供货商之间。这种关系需要很长的时间才能建立起来，具有很高的价值，是永远不能失去的。

在避免这种错误方面，我们有一个非常好的例子，那就是“塑料网”（Plastics Net）。它是一家网上塑料商，所提供的是任何人都能够找到的产品，从所有售出的产品中提成——在互联网理应摆脱制造商和买主之间的“第三者”时还充当着中间商。

在我们这边，我们有“聚合物天地网”（Polymerland.com）。于

1. 英文 hockey 指冰球、曲棍球，但有时也指精液，这里用的是双关语。——译者注

2001 年 6 月被选为副董事长的加里·罗杰斯（Gary Rogers），当时是 GE 塑料业务的 CEO，是公司里走在电子商务最前沿的人。与“塑料网”不同的是，他知道我们有产品可出售，还有所出售产品的信息。当时，“聚合物天地网”每周的网上销售额还不足 1 万美元，这实在不值得一提，但是超过了“塑料网”。

为了开展业务，塑料公司改变了自己的销售奖励计划，鼓励网上销售，并在各地区设置了全职电子商务专家，从而使得客户可以放心地在网上采购。我非常喜欢塑料公司的这种模式，不断地给管理班子打电话、发电子邮件。我要得到他们每天的数字。这是一种非常好的学习经历，而且乐趣无穷。大家都听腻了我关于塑料公司网站的絮叨，于是一窝蜂地拥向“聚合物天地网”。

经验在四处传播。

我们原先认为 1999 年塑料业务的网上销售收入能达到 5 亿美元，结果是 10 亿美元。我们低估了这种机会。我们没有做那么好的梦，因为我们认为那是在做脑部手术，但结果不是。今天，“聚合物天地网”每周的销售收入为 5 000 万美元，而 2001 年的年销售收入将达到 25 亿美元。

表现出色的并非只有塑料业务。2000 年，我们整个公司的在线销售收入为 70 亿美元。虽然这些收入的大部分来自现有客户，但我们还赢得了新的客户，并从现有客户中获得了更大的份额。

在网络白热化时期，我们做的另一件蠢事是急于建立网站——任何网站。它体现了我们的热情和精力，但到了 2000 年年初，局面开始失控了。我们的电器业务开发了一个娱乐性新网站，叫“搅拌汤勺”（MixingSpoon.com）。网站搞得很好，有食谱、讨论栏、优惠券下载、购物忠告，一切厨师所需要的东西都应有尽有。问题是，它根本不卖电器。

它成了我们称为“网络尘埃”的样板——那些看上去十分漂亮但在经济上没有任何理由存在的网站。我们得到的教训是，如果你不能将荧屏变成钱，无论是直接的商品还是间接的更优质服务，那么当初就不应当建立它。

我们的 DYB 小组很快得出结论：互联网代表着更多的是机会，而不是威胁。我们重新设定了它们的任务，使它们成为“GYB”（growyourbusiness.com，意为“发展你的公司”）小组。它们不再与主流业务分离，而是将自己的数字化小组融入到现有的业务模式中去。

1999 年 6 月，我发出了公司内部的第一封电子邮件（我知道我迟到了）。在 48 小时内，我在我们单独建立的一个网站上收到了将近 6 000 封回复。世界各地每个公司的员工，包括工厂的工人和高层管理人员，通过他们回复的电子邮件，告诉我他们的想法、印象、反应、抱怨、担忧和兴奋。每个人都“入局”了。

* * *

我们的电子商务创意产生了许多经营的新方法。塑料公司将电子探测器安装在部分主要客户的仓库里，当材料存储量下降时，其会自动向 GE 的库房发出警告，通过互联网发出新的添货订单。GE 金融服务集团用网络来监测某个贷款客户收入报表的日常现金流动情况。如果该客户可能出现资金短缺情况，公司就会立刻知道，从而减少了潜在亏损的危险。现在，GE 大多数企业领导的电脑屏幕上都有电子报表，实时更新所有重要数据，以帮助他们管理企业。

每个星期五，高级管理层的所有人员都能够共享 GE 最大的 22 个企业在采购、销售和制造方面的数字。这些数字是一个缩影，表示的是每一个企业在网上采购了什么，进行了多少次招标活动，招标中价格下调了多少，以及当年的目标是什么或提高到什么程度。这些每周的数字非常直观，能够激励每一个人工作得更加勤奋。

电子商务是我所见过的唯一能使30天前制定的目标在30天之后看起来荒诞不经的活动，因为这条学习“曲线”实在是太陡了。每当我们回头看看当时以为自己知道的事情时，我们总是会大吃一惊。

另一堂重要的课是思科的约翰·钱伯斯给我们上的。他劝告我们关闭网上、网下工作流程并举的“双轨”通道。在我们听从他的建议之前，人们还是依赖纸张文件，而不去真正地运用数字化手段来提高生产力。在约翰演讲后几个月内的时间里，有150名以上的GE经理去效仿思科。大家都想了解思科是怎样实现工作流程数字化的。不久以后，我们就搬走了打印机，将复印机联了网，又将所有的出差和费用报告、奖励信息和内部财务报告都放在了网上。

每个人都开始用数字化来考虑问题了。今天，禁止在办公室出现纸张的GE业务管理者绝非个别现象。对于整个公司来说，这是一次了不起的洗脑经历。

那年春天，我坐着听取我们抵押保险业务的电子商务总结。他们的业务领导人大致介绍了他们的一项战略，即从工作流程中取消了他称之为“接触点”的程序——由员工处理的文件审批手续。如果能够实现，那么他们预计，企业的日常开支将减少30%。

这是我们的“电子制造”（e-make）战略的开始。我们预计，工作流程的数字化能够大大节省开支，可达100亿美元之多，也就是我们行政费用总额的30%。机会是难得的，我们总是在为提高效率而奋斗，而在数字化方面，我们发现了削减经费这个日思月想的目标。

最终，电子商务将提高许多工种的效率。以销售为例，今天，销售人员与客户见面的时间从原来的30%提高到35%。销售人员在行政管理、催促交货、为应收款争执、寻找迟滞货物等方面花费的时间太多了。让互联网来做这些事情效率会更高。我们正在增加销售人员与客户的见面时间，让他们的职责从接订单、催货的角色转变到真正的顾问身份。

在我们的医疗系统业务中，丹佛的医生或放射科医师已经可以连接到他们的主页，将他们的医治患者数量与世界各地成千上万个不知姓名的同行作比较。这种相对业绩数据让他们能够看到他们与其他医院相比是什么情况。在网上，我们有各种服务项目，可以解决他们所发现的任何缺憾。

在我们的动力系统中，当地公共事业公司的总工程师可以到他们的主页上，拿自己的热效率和涡轮机的油料燃烧情况与将近 100 家不知名的公共事业公司作对比。然后，只要再点击一下，他们就能够从我们这里订购服务项目，以达到世界级的性能标准。

电子商务与 GE 的基地是互为补充的。

电子商务成为公司 DNA 的一部分，其原因是我们最终意识到它是 GE 再造、变革的途径。

至于我，我还在跟我的电脑较劲儿。

“嗨，快来救命！我又被卡住了！”

第五部分

回顾与展望

第二十三章

“回家吧，韦尔奇先生”

朋友们问起我与霍尼韦尔的这笔交易。我指着外面的那块地说：“想象一下，你买下了这个漂亮的高尔夫球场，为了结束这笔买卖，城市官员要求你把第二、第三、第四、第五和第八洞——水边最好的几个洞，交给另一个球场使用。然后他们还叫你放弃自己的部分房产。”

2001年6月7日，星期四，我们飞往布鲁塞尔，希望能赢得欧洲委员会的最终支持，让GE整合霍尼韦尔国际公司440亿美元的资产。早在8个月前，我就和霍尼韦尔公司董事长迈克·邦西格诺（Mike Bonsignore）在纽约NBC《周六晚间实况》（*Saturday Night Live*）节目中宣布了这项决议。从那时起，两家公司数以千计的员工就在为这一并购的实现而积极努力着。

在我与霍尼韦尔的航空电控系统负责人迈克·史密斯从纽约起飞之时，我们在布鲁塞尔的同人已经向着解决欧洲并购事务促进会提出的问题迈出了重要的一步。本周早些时候，我们提出蜕资霍尼韦尔公司4.25亿美元的太空产品销售额——这是一次较大的让步，以此来确保欧洲委员会的支持。

这些让步的内容包括放弃霍尼韦尔为短程喷气机生产的新型飞机引擎以及霍尼韦尔的引擎启动装置。GE及其最大的引擎竞争对手劳斯莱斯（Rolls Royce）和帕瓦特都曾是这些产品的客户。由于美国和其他 11 个国家的反托拉斯官员已经认为这些资产剥离是必要的，所以我们感觉这些让步是有意义和及时的。

那天我正在波士顿哈佛商学院讲课，临走时竞争委员会委员马里奥·蒙蒂（Mario Monti）从办公室打来的电话让我吃了一惊，他取消了原定在星期五举行的面谈。这个电话恰好在我们去布鲁塞尔的前一天晚上打来。这显然不是一个好兆头。

尽管如此，我们还是起程前往布鲁塞尔，那时我们的人还在谈判桌上，揣摩事务促进会对我们的建议会有什么反应。谈判是艰难的，因为促进会让你不停地给自己的建议提出解决方案。实际上，你是在和自己谈判。

虽然有困难，我仍然希望结束谈判并达成协议。我和迈克·史密斯在飞机上过了一遍会议的概要。委员会的要求可能超出了我们预先的准备，在这种情况下，迈克可以让我领会到他每一笔航空电控系统生意中的策略性暗示。我试图找出 3 000 万 ~5 000 万美元的“贿赂”来满足委员会。

这是个痛苦的过程。迈克和他团队中的许多产业都是从零做起的。当我们谈到可能的生产线剥离时，我感觉我像是在夺走他的孩子。如果哪个老板卖掉了我经营的塑料生意的一部分，我也会伤心欲绝的。

突然，我在飞机上接到一个电话，是丹尼斯·戴默曼和本·海涅曼从布鲁塞尔打过来的。事务促进会要求的是数以十亿计，而不是百万计的额外让步。

我和迈克合上了会议概要，因为再怎么强扭也无法达成这项协议。

* * *

这项被媒体称为历史上最大的工业兼并从一开始就够清白的。

2000 年 10 月 19 日，我与老朋友阿齐姆·普莱姆吉在纽约证券交易所（NYSE）见面。这位企业家是我 11 年前第一次去印度时认识的，他来庆祝他的威普罗公司在纽约证券交易所上市，我来帮他更快地启动他的新股票。

下午 4 点阿齐姆敲了收盘钟后，我们来到交易大厅。CNBC 的一位记者在采访完阿齐姆后，将麦克风塞到了我面前。这位叫鲍勃·皮萨尼（Bob Pisani）的记者问我对联合技术公司（United Technologies）将收购霍尼韦尔的报道有何感想。

“这是个不错的主意。”我勉强答道。

“那你将如何做出反应？”他问道。

“我们必须回头好好想一想这个问题。”

事实上，我几乎要瘫倒在地。我瞅着股票行情收报，看到霍尼韦尔的股价攀升了近 10 美元。来自鲍勃·皮萨尼的消息让我吃了一惊，确实是大为震惊。

8 个月前我们就看好了霍尼韦尔，我认为它对 GE 再合适不过了。霍尼韦尔的业务能对我们公司的飞机引擎、工业系统和塑料这 3 个主要领域形成补充，产品层次上也没有直接的重叠。比如，霍尼韦尔在生产小型商用机引擎上占有领先地位，而 GE 则在大型机引擎方面具有显著优势。总体来看，这项并购将给 GE 带来 250 亿美元的收入和 12 万名雇员。

2000 年 2 月初，在仔细看过财务状况图表后，所有职员都对公司报价不满意，认为我们为收购霍尼韦尔所提出的价格不妥当。当时，股票的交易价为 50~60 美元。

然而，自 2 月份以来，事情发生了很大的变化。1999 年年底将联合信号公司和霍尼韦尔公司合并且成为公司董事长的拉里·博西迪，于2000年4月离任。在接下来的季度里，霍尼韦尔宣布无法达到预计赢利，于是股票下跌。就在我去交易所之前，霍尼韦尔的股价已跌至 36 美元。

一个季度的疲软使整个公司的市值从2000年年初的500多亿美元下跌到350亿美元。

我走出交易所，很想多了解一些情况。晚饭前，我开始打电话。我联系到董事会成员赛·卡思卡特，提醒他我们已经看好了这项并购。就目前的股票价格来看，它非常具有吸引力。我让丹尼斯·戴默曼带一队人马第二天早上来纽约办理可能的收购事宜。

恰巧我们正在选我的继任者，于是我打电话给最后3个候选人，让他们能从思想上跟上我们未来的规划。他们全都想争取这件事，尤其是吉姆·麦克纳尼，公司飞机引擎业务的CEO。

实际上，在过去的几个星期里，麦克纳尼和他的首席运营官戴夫·卡尔霍恩一直在和外部银行的一帮人考察与霍尼韦尔合并的可能，是他们建议我们这么做的。我还知道GE工业系统的CEO劳埃德·特罗特也看上了霍尼韦尔的工业业务，甚至在霍尼韦尔与联合信号合并之前就看上了。

第二天早上，星期五，几支由GE人员组成的队伍在费尔菲尔德挤上了两架直升机来到纽约，他们带上了反映公司以往状况的数据。我打电话给大通银行（Chase Manhattan）的董事长比尔·哈里森（Bill Harrison），问他的副董事长兼投资银行负责人乔夫·布瓦西（Geoff Boisi）可否做我们的顾问。结果他同意了，并很快来到GE位于洛克菲勒中心的办公室，和我们的工作组一起进行数字上的计算。

通过电视会议，吉姆·麦克纳尼和戴夫·卡尔霍恩参加了讨论。他们相信霍尼韦尔高科技的航空电控系统正好适合我们的飞机引擎业务——产品根本不存在重叠，霍尼韦尔的小型机引擎业务能使我们进入原来无法与劳斯莱斯或帕瓦特竞争的市场。劳埃德·特罗特对工业业务的分析也得出了同样的结论——事实上和GE的产品没有任何重叠。

电视会议快结束之时，我们得出结论，和联合技术相比，我们只需稍加投入，就能让霍尼韦尔觉得我们更具吸引力。而联合技术与霍尼韦尔有更多的重叠产品，而且更具有潜在的反托拉斯问题。我们意识到必须马上采取行动，因为我们听说这两家公司的董事会都在开会，准备最后批准合并。

在还价问题上我们有个优势——联合技术的并购条款已经泄露。我们很清楚我们面临的是什么。联合技术打算通过购买股票收购霍尼韦尔，在这笔交易中，霍尼韦尔的股票索价每股 50 美元出头，总共 400 亿美元。

我想联合技术公司给了个好价钱，但我知道我们能给得更多。

我和丹尼斯探讨了这项交易可能对我的退休产生的影响。我本打算 2001 年 4 月 30 日离任，也就是我 65 岁生日后的第五个月。如果我们做成了这笔生意，我就还得留在公司直到整个项目完成。我不可能将这样一项并购生意扔到新手头上。

另一方面，我也不能坐守不前，让这笔大生意在 GE 的历史中就这么擦肩而过。假如我们得到了霍尼韦尔，我还会待一段时间，可这并不会拖延决定谁是我的继任者，只是那个人被称为“继任董事长”的时间比原定计划要长几个月而已。

丹尼斯以及我曾电话联系过的董事会成员的意见都一样，认为我们应该继续出价。

大约在上午 10 点半，我打电话到位于新泽西莫里斯敦的霍尼韦尔总部，找到该公司的 CEO 迈克·邦西格诺。他告诉我，他和他的董事会正讨论联合技术的出价事宜，并已经进入了执行阶段。迈克的行政助理不想中断董事会议。

所幸，我的行政助理罗莎娜·巴多斯基认识迈克的这位助理，她曾经是拉里·博西迪的候补行政助理。罗莎娜打电话给她，让她相信这件事非常紧急。她向迈克转达了我的意思，如果不终止会议，我将立即举行新闻发布会，宣布我们向霍尼韦尔出价。迈克·邦西格诺接过电话，说董事会将在5分钟后完成与联合技术的交易。

“别，”我说，“我想给你出个更好的价钱。”

我告诉迈克我会马上乘直升机，在一个小时内到莫里斯敦面见他和他的董事会。他却说没有必要，并补充道，如果我们是认真的，他需要的是书面的东西。

“没问题，我立刻给你发传真。”

我在一张纸上起草好了我们出价的基本纲要，10分钟后的11点20分他就收到了。我提议用GE的一股换霍尼韦尔的一股。

“迈克，我真的很想尽快到莫里斯敦，澄清你脑子里的所有问题。”我写道。

经过我的传真和后来的几次电话讨论，霍尼韦尔的董事会休会，暂将联合技术搁置一边。而联合技术的董事会已经通过了这项交易，正等着霍尼韦尔的答复。让迈克推迟决定为我们叩开了谈判的大门。

股市收盘时，联合技术公司发布声明说，并购会谈已经结束。同时有消息透露我们已进入这项交易。

星期五晚上我离开办公室时，事情已经有了眉目。我和简到市中心去见NBC董事长安迪·拉克及其夫人贝茜。我们在公园南大道边上的21街一家名叫“平原”的意大利餐厅共进晚餐。白天我无法和简联系，所以在吃晚饭时，我兴奋地将这个消息告诉了她。

她觉得难以接受，但表示谅解。她正盼望着我4月份退休呢。我们已经开始计划在费尔菲尔德新购买一座小点儿的房子，一星期前我还为康涅狄格州谢尔顿的一间办公室签下了租约。我们还计划6月去意大利卡普里岛度10天的假。如果我们做成了这笔生意，就意味着我和妻子的假期计划可能改变。

* * *

早晨的报纸报道说我们正在和霍尼韦尔进行谈判。

星期六下午，我同丹尼斯·戴默曼、本·海涅曼和凯斯·谢林（Keith Sherin）——继戴默曼之后的新任首席财务官，在纽约见到了迈克·邦西格诺、霍尼韦尔公司的法律总顾问彼得·克林德勒（Peter Kreindler）以及他们的首席财务官理查德·沃尔曼（Richard Wallman）。我们聚集在霍尼韦尔时代广场的法律公司——世达律师事务所。经过两个小时的价格谈判，出现了僵局。我们的出价——全部以GE的股票计算，略低于450亿美元，比联合技术公司答应付出的多出近50亿美元。但我提出用GE的一股换霍尼韦尔的一股，可迈克希望得到1.1股，并且立场坚定。我们退让了一步，同意换1.055股。

我们握手成交，达成了协议。

迈克和他的董事会审查了协议后，让我向他们保证我在并购进行期间留任。我同意了。

我赶紧回到公司，以便我们的律师能够完成附属细则。晚上6点20分，我为了庆祝这笔交易成功，坐上了去扬基体育馆的地铁，那里将举行世界联赛的开场赛，由扬基队对梅兹队。

我赶上了比赛。

* * *

星期天，律师们和投资银行的人为完成协议忙碌着。在局外人看来，他们可能认为这样一笔交易易如反掌。实际上，在过去的3年里，我们一直关注着霍尼韦尔。在联合信号还是个独立公司时，吉姆的飞机团队就在研究它的各种数据。霍尼韦尔尚未被并购时，劳埃德的工业团队就看上它了。正当联合信号和霍尼韦尔的并购案正在进行而且股价下跌之时，机会出现了。

联合技术的报价使得我们的出价显得很自然。

这次很像和 RCA 的那笔交易，只不过这回的战略中心是飞机。得到霍尼韦尔，我们的飞机业务就能扩大一倍，所涉及的引擎产品范围更广，甚至覆盖到我们不曾有过的产品——高科技航空电控系统，那是飞机的指挥中心。

并购还将使我们的工业业务扩大一倍。在化工产品方面将增加一些新的生产线，塑料制品中将增加尼龙产品。像与 RCA 的那次交易一样，它还提供了一些合适的业务，比如涡轮增压器，可作为今后发展的筹码。

但这两笔交易有明显的不同。RCA 那次，我们是付出 GE19% 的市值以获得 14% 的收入，而从霍尼韦尔那里，我们付出 8% 的市值就能获得 16% 的收入。我感觉用经营 GE 的一套方法能对霍尼韦尔的资产作更多的安置：提高服务的竞争力，增加六西格玛计划，用电子商务启动霍尼韦尔的运作。我们已计算出这些启动工作和其他一些有效措施将为公司节省 15 亿美元。

而且，这笔交易是在我们公司的强盛时期进行的。2000 年，我们的收入达到了创纪录的 127 亿美元，增长了 19%，账面收入达到 1 300 亿美元。我们已经连续 5 年达到两位数增长了。

为向华尔街的分析家及新闻媒体透露这个消息，整个星期天，我和 GE 的公关经理贝思·科姆斯托克（Beth Comstock）都在处理有关细节材料的工作。贝思是个明星。我是在 NBC 发现她的，她起初在 NBC 任新闻公关负责人，后来又在鲍勃·赖特手下任网络公关经理。她在这方面极具天分，所以她从 NBC 来到了 GE。

由于更多的细节公开，周日早上，贝思麻利地答复着记者们了解细节的电话，她还安排了新闻发布会来宣布这项协议。我知道媒体会对我留任 CEO 的事大做文章，我可不想被说成是紧抓着这个职位不放。世上最简单的事本应是急流勇退。我还建议贝思在新闻发布会上放个幻灯片，表现一个人为了保住宝贵的性命用手拼命抓住东西不放。我想不妨和新闻媒体开个玩笑（结果我们没能很快地将幻灯片做成）。

不管怎么样，我们在周日深夜签完了所有的文件。

* * *

第二天早上，我和迈克·邦西格诺草草吃过早餐后，为媒体和分析家们举行了整整4个小时的招待会。NBC的8H演播厅是《周六晚间实况》的播出地点，上午9点，新闻发布会就在这个挤满了人的演播厅里开始了。我与迈克坐在舞台的导演席上，流利地回答着提出的问题。

"我想让你们见见我在过去72个小时的约会对象。"

"是呀，"迈克答道，"在这72个小时里，我和杰克在一起的时间比和妻子在一起的时间还要长。"

我们列举了这项交易的理论依据。我尽量让大家明白，我们完成这次并购，不是为了让我在这个职位上多待一阵子。

"这可不是个不能离开位置的老蠢货的故事，"我说，"别担心，我不会再做一笔500亿美元的交易，好在这里再混6个月。"

当有人问我是否能获得有关部门的批准时，我说这根本不会有问题。我预计这笔交易会在2月成交。

"它将是你们所见到的最清白的交易。"（我至今相信这一点，谁都相信，除了欧洲委员会。）

那天晚上，我感觉好极了。从我们召开的新闻发布会到与华尔街分析家们的会面，一整天都进展顺利。因为耗时太长，所以我一直待在纽约，没有回费尔菲尔德的家。取下隐形眼镜时，我把一只眼睛的角膜给划伤了。由于疼痛难忍，我无法入睡。

我打电话给我的医生，他叫我立即去纽约医院。真不走运，我碰上了一位不会说英语的出租车司机，他一开始就把我带错了方向。我午夜才到达医院急诊室，那里挤满了人。我排了两个小时的队才看上病，幸运的是，医生很快缓解了我的疼痛。

我从第一大街往回走，希望找到一辆出租车。等了很长一段时间我才拦上了一辆，凌晨3点后我才上床睡觉。

我突然有所领悟。半夜发生的意外很快把我带回了现实。回想起来，那可能就是个不祥的兆头。

* * *

我完全没有料到的就是欧洲委员会漫长的反托拉斯调查。上一年，委员会批准了联合信号和霍尼韦尔的合并，所以我有信心这次不会有什么问题。霍尼韦尔只需做些态度上的改善，再给法国电子公司泰利斯公司（Thales）一点儿让步，大约3 000万美元，就可获得批准。

事实上，欧洲委员会在世通公司和Sprint公司两大电信公司的合并以及时代华纳与百代唱片公司的合并问题的处理上就不符合正常程序。这些合并都存在产品重叠的情况。

1月份我们隐约感到有些不妙。我们听说泰利斯又回来了，他们要求委员会强迫实行各种霍尼韦尔的蜕资方式。

我于1月11日乘机抵达布鲁塞尔，与蒙蒂委员及其随员初次会面。GE的欧盟联络员约翰·瓦萨罗（John Vassallo）和我们公司主管外联事务的律师也参加了会议。我要求委员会在3月6日前告诉我们他们所谓“第一阶段”的决定。否则，漫长的“第二阶段”将会拖到7月。

蒙蒂委员在会议一开始，就高度评价了双方成员之间的出色合作。经过一段时间的讨论后，我强调了获得第一阶段批准的急迫性，每个来到这里的公司都会这样。

在当时的情况下，我们有充足的理由获得第一阶段的批准。霍尼韦尔和联合信号的合并进行了一年，但两者并没有完全成为一个整体。

任何过度的延误都会使问题恶化。我说我将尽我所能确保我们快速回应委员会所关注的问题。

我还告诉委员会，听说有些竞争对手正将欧洲委员会的审查过程看成是对霍尼韦尔资产的一次“钱袋”勒索。我们知道他们对这笔交易垂涎欲滴。

蒙蒂委员回答说，我们的对手不会影响到这笔交易。

“我保证在这次调查中绝不存在勒索之嫌。”他说。

当我问到是否会对客户和竞争者的意见给予同样的重视时，蒙蒂委员和委员会并购案件组负责人恩里克·冈萨雷斯–迪亚斯（Enrique Gonzalez-Diaz）说，两者对于整个过程都很重要，而且很有必要。

冈萨雷斯–迪亚斯认为竞争对手是实际信息的很好的来源，他必须倾听他们的意见。但是，他又说，他听取意见的时候往往会“半信半疑”（我后来才理解这句话的完整含义）。

“你们认为我还该做点儿别的吗？”我问，“我以前从未亲身经历过这样一个过程。”

“我想你的所作所为是无可指摘的，”蒙蒂委员答道，“我们会非常诚恳的，会寻找各种途径推进进程。我向你保证。”

会议结束后，我和蒙蒂委员私下里花了两个半小时吃了顿午餐。我发现他亲切而睿智，就是有点儿古板。

席间我们畅所欲言，我觉得我们之间很和谐，只是他坚持叫我韦尔奇先生。

“蒙蒂先生，请叫我杰克好了。”我说。

“等这笔交易结束了我才会叫你杰克。”他说。

不管怎样，饭后分手时，我对尽快得到决定感到非常乐观。然而到了 2 月中旬，我们听到了不妙之音。好像是事务委员会准备对这项交易作更广泛的调查，那样就会花 4 个多月的时间。我决定飞回布鲁塞尔，希望能够阻止可能的拖延。

* * *

我于2月25日一个阳光明媚的星期天下午离开佛罗里达的家，直接飞往布鲁塞尔。我们星期一一大早就到了目的地，当时天正下着小雪。本·海涅曼和一帮律师为一个战略会谈已经先期来到了这里，然后我们所有人都到了欧洲委员会的总部。

会议伊始，蒙蒂委员照本宣科，似乎已经打定主意要把截止日期拖延到7月。

我为自己争辩了一个小时，并且认为取得了一点儿进展。我的争辩主要围绕GE在欧洲的业绩进行。其显著的成功给以前的国有公司注入了活力，在欧洲有8.5万名雇员，而且GE和霍尼韦尔不存在任何重叠产品。为了解决某些问题，我们还提供了非蜕资补救方案，就像霍尼韦尔与联合信号早期所做的那样。

我再次强调了快速做出决定的重要性。

蒙蒂委员似乎被我的争辩感动了，他建议我们先回旅馆，他和他的同事们再考虑一下我陈述的观点。大约下午6点半，我们接到电话，可是得到的结果仍然是他们没有改变看法，他们将进入第二阶段。

更糟的是，他们对该项交易提出了不寻常的反对理由，这些理由远远超出了一般反托拉斯所应考虑的问题。他们想研究一下GE和霍尼韦尔合并后对整个飞机业的“范围影响”。

我很喜欢蒙蒂委员，但我没能打动他。虽然失望，可这也是可以预料的，没有什么理由可以让委员很快批准这项交易。最大的反对声来自它的欧洲成员，特别是劳斯莱斯和泰利斯。不仅是它们，还有我们的竞争对手，其中联合技术公司和罗克韦尔·柯林斯公司（Rockwell Collins）的反对呼声很高。

然而这笔交易实施的前景在我看来仍然是乐观的。尽管存在管制上的障碍，两家公司的工作人员都在为确保交易结束前做好所有主要并购决议而忙碌着。

5 月 2 日，我们得到一个好消息，美国司法部批准了这项交易，前提是我们同意出售霍尼韦尔的军用直升机引擎业务，并对小型喷气机引擎和辅助动力装置开展服务业务。

6 天以后，欧洲委员会拿出了一份长达 155 页的反对意见书。意见书同他们此前说的进行第二阶段审查的话大同小异，只是内容更为详尽。

第二阶段的最后部分是 5 月底的一个为期两天的听证会。就是在听证会上真正出现问题了。案件组和委员在扮演了数月的调查员和公诉人后，摇身一变成为法官和陪审团。他们根据他们自己的提议做出裁决。

听证会本身是毫无价值的。

第一天，我们就指出委员会的陈述是有漏洞的。我们请来的经济学家和客户以及我们自己的法律人员驳倒了委员会的陈述。最终为委员提建议的恩里克·冈萨雷斯–迪亚斯在听证会上进进出出，有时离席时间长达半个小时。

第二天，竞争对手们亮相了。这时出现了不少值得注意的事情。联合技术公司提交了一份与事实不符的书面陈述。正在分离出柯林斯包装上市的罗克韦尔·柯林斯公司，在听证官员面前的表现跟面对潜在的投资者时完全不一样，根本无法自圆其说。在这次会议中，冈萨雷斯–迪亚斯很少离开座位。

听取了竞争对手们长达一整天的陈述后，听证会官员总共只给了我们 15 分钟来反驳他们的指控和索赔要求。

这是怎样的一个过程呀，听证会上的公诉人俨然已经是法官了！

* * *

听证会后，在委员会的并购事务促进会快要做出决定之际，我于6月7日又去了布鲁塞尔，这是我的最后一次布鲁塞尔之行。我和霍尼韦尔的迈克·史密斯（Mike Smith）在飞机上接到了一个坏消息，委员会的要求正在增加。上午8点半，我们一到布鲁塞尔就直奔康拉德饭店，GE和霍尼韦尔小组及律师正在那里研究当天接到的这个消息。

我们已准备在6月8日周五早上的会议上达成一致意见。我和小组成员们研究到深夜，双方一致同意做些让步，我们的价钱提高了3倍，达到13亿美元，还第一次包括了一些关键的航空电控系统。

星期五早上，我和蒙蒂先生没有参加会议，因为蒙蒂先生认为双方立场分歧太大了，建议由我们的工作人员参加会议就可以了。会议如期召开了，霍尼韦尔和GE在会上提出了13亿美元的建议。

晚上我离开布鲁塞尔到卡普里岛与妻子、马琳（Marlene）和保罗·弗雷斯科共度周末。保罗是我以前的合作伙伴，GE的董事会成员，现在已成为菲亚特的董事长，总能给我一些有用的建议。周一晚上，我回到布鲁塞尔，和GE小组成员一起吃晚饭。丹尼斯告诉我，他们那天早上和事务促进会的会议研究了委员会对GE报的13亿美元的冷漠反应。

他还讲了一件令人啼笑皆非的逸事。

上星期五做出13亿美元报价的同时，我们附加了明显的让步措施，其中就有一些诱人的航空电控系统的部件。星期一上午，一位事务促进会成员问我们的人，为什么报价不包括位于华盛顿州雷德蒙的霍尼韦尔公司一幢大楼里生产出的一种无人知晓的部件。

丹尼斯被问得哑口无言。我们这边甚至没人知道他们说的究竟是什么部件。只有一位对霍尼韦尔业务和生产地点了如指掌的竞争对手，才可能说出这些小得几乎看不到的事情。

而那就是让冈萨雷斯–迪亚斯心生疑虑的事。

6月12日，我们回到谈判桌上，报价提高到了19亿美元。霍尼韦尔的总顾问彼得·克林德勒曾对我们的让步提议给予关键指导，他向事务促进会作主要陈述。他声明把霍尼韦尔公司最好的航空电控系统产品加进该项交易中，应该能让委员会满意。事务促进会问了许多问题，他们好像对此挺感兴趣的。

星期二下午，本、彼得和我同意了GE–霍尼韦尔并购案的最后报价。彼得写信给本，告诉他达到多少钱和怎样的具体蜕资方式，我们才能算履行了并购协议中规定的义务。我们为做到这一步付出了很多，但我们认为在这种情况下，仍然可以做成这笔交易。6月14日是委员会规定的提交建议书的最后期限，我们将提交22亿美元的蜕资清单。

彼得在信中告诉我们，为了尽快结束这笔交易，我可以在第二天给蒙蒂委员3.4亿美元的甜头。那样我们的出价就是22亿美元。

所有人都建议我一个人去参加6月13日的会议，不知道我将会单独会见蒙蒂委员，还是会有其他人在场。

我走进蒙蒂先生位于洛瓦路的办公室，迎接我的是他的助手。看到只有我一个人来了，她好像很吃惊。

"您的随行人员呢？"她问。

"只有我自己。我来听听官员们对我们最后报价的反应。"

蒙蒂先生走出来，带我进了他的办公室。在一阵简短而诚恳的问候之后，我们走进一间会议室，里面坐满了并购事务促进会的官员和他们的随行成员。

放下公文包后，我在桌子的另一端坐了下来。我对面坐了近10个政府官员。蒙蒂委员的身边是并购事务促进会调查组的负责人恩里克·冈萨雷斯–迪亚斯、竞争委员会主任亚历山大·绍布（Alexander Schaub）和并购事务促进会的主任格茨·德劳兹（Götz Drauz）。

蒙蒂委员在会议开始时宣读了一份声明，感谢我们的小组成员所做的积极努力。可他在总结他的发言时说，我们的提议还不够充分，然后继续念了他们起草的一串要求。我记录着蒙蒂委员建议我们蜕资的一个又一个霍尼韦尔业务。

他所建议的蜕资项目又将增加大约五六十亿美元，基本上否定了GE和霍尼韦尔之间达成的所有并购的想法。

“蒙蒂先生，我对这些要求感到极为震惊。”我说道，“我不可能接受这些。如果这就是你们的立场，我今晚就回去。我要回去写书了。”

桌子对面那个身材矮小的圆脸德国人亚历山大·绍布大笑起来。

“这将是你那本书最后一章的内容，韦尔奇先生，”他说，“标题就是‘回家吧，韦尔奇先生’。”

这一番话打破了会议室的紧张气氛。所有人都发出咯咯的笑声，可我的心却沉了下去。

后来大家又讨论了GE金融飞机租赁公司（GECAS）的全面和部分销售，我们的飞机融资和租赁业务，还有其他重大的蜕资项目。但是没有任何进展。

当晚，我和蒙蒂先生进行了第二次会面，时间不到20分钟。我告诉他，我们和霍尼韦尔公司在协议中已经做了很大的让步。我还告诉他，明天我们会提交最后的报价。

他点点头，我就离开了。

第二天，6月14日，我们在电话中进行了简短的通话。我谈到我们又向霍尼韦尔让步3.4亿美元，总报价已达22亿美元。

“昨天让我谈这个问题确实有些为难，因为我们的差距有数十亿美元。”我说，“但这将是我们最后的报价。”

他谢谢我告诉他这些，可他对我的报价仍然不感兴趣。

我们回到律师事务所，GE和霍尼韦尔的小组成员已经在那里一起度过了好几个星期。我们全都筋疲力尽。虽然我只与事务促进会见了几次面，我们的两个小组却花了大量时间和他们一争输赢。

GE 和霍尼韦尔标明蜕资总额 22 亿美元的正式提交书在当天送到了委员会办公室。

离开布鲁塞尔之前，蒙蒂委员打电话向我告别。他说我们之间的交往很愉快，而且第一次叫我“杰克”。我向他表示感谢，并向“马里奥”告别。

“现在交易结束了，”他说，“我可以对你说，‘再见，杰克。’”

“再见，马里奥。”

* * *

在那个时刻，我不相信他们会放弃这些好处——连同美国的蜕资，总共有 25 亿美元的让价，约占主要航空生产线的 40%。

我希望并购事务促进会好好考虑一下这些。

事务促进会的决定备受关注。许多报纸和杂志纷纷批评委员会反对我们这笔交易的做法，华盛顿的政客公开抨击这项决定，敦促委员会重新考虑这件事。

看到已经形成了公众的舆论压力，我们和霍尼韦尔商定作最后的尝试。于是，6 月 25 日星期一，丹尼斯、本和我在纽约会见了迈克·邦西格诺和彼得·克林德勒。我们同意以私人方式卖出 GECAS 的 19.9%，给一个或多个 GE 选择的投资者，并请一人作为 GECAS 五人董事会的独立董事长，但我们表示不会接受竞争对手做 GECAS 的小股东。迈克和彼得赞同我们的意见。

我们讨论了航天蜕资项目，同意将 GECAS 的 19.9% 出售同 11 亿美元的霍尼韦尔资产剥离结合起来，这个售价只有 6 月 14 日所提供的 22 亿美元的一半。迈克和彼得一致认为这是我们需要做的最后一步。

第二天早上，我打电话给蒙蒂先生，问他能否在布鲁塞尔见见我和迈克·邦西格诺，以便我们交上最后的提议书。他认为这个时候见我们不太合适，最好是由我们在欧洲的律师递交新的提议书。我让他也这样告诉迈克·邦西格诺。我和迈克表示，只要我们得到了蒙蒂委员的通知，我们就准备去布鲁塞尔。

我们的律师遵照旨意交上了提议书，很快蒙蒂委员就来找我们了。6月28日星期四下午，蒙蒂先生与我和迈克开了个电话会议，他称我们上次的报价“不够”，说如果我们早两个月提交就好了。

“我们尽力对我们所听到的一切做出反应，我们为此付出了这么多，这样的结果显然太令人失望了。”我告诉他。

迈克·邦西格诺也表达了同样的心情。

迈克下午5点半左右打回电话，告诉我他准备在早晨发送最后的请求。

我劝告他，我们已经将所有的东西都给他们了，现在应该做的只有激怒委员会。

“杰克，我要用尽我的最后一枚子弹。”他说道。

* * *

第二天早上，我收到了霍尼韦尔的一份新提议书。这封两页纸的信也被迈克公之于众了，他在信中让我还是按照6月14日的提议，蜕资22亿美元。但他也让我修改一下GECAS的建议，让欧洲委员会同意小投资者和独立董事会成员的加入。总之，为了符合委员会的立场，霍尼韦尔除了提出以前的所有蜕资意见外，还加上一个烦琐的GECAS概念。

作为交换，迈克提出并购协议的修改意见。他降低了霍尼韦尔的价格，从用GE的1.055股换霍尼韦尔的一股，降到以GE的1.01股换霍尼韦尔的一股。

我们不能接受这样的条件。自从12月当选继任董事长以来，杰夫·伊梅尔特参与了霍尼韦尔的每项决定，他和副董事长们与我的意见一致，认为这样的提议并不明智。我们为双方公司那些在这项交易中为并购计划努力工作数月的人们感到难过，但我们无法同意霍尼韦尔的提议。

然后我打电话给GE董事会，解释了我们的处境，并就拒绝霍尼韦尔提出的并购协议的修改一事取得了董事会的赞同。这倒不是个困难的决定，委员会已经毁掉了做这笔交易的战略理由。

“委员会所追求的东西使我们失去了这项交易的主要战略性的理论基础，”我在给迈克的信中这样写道，“出于同样的战略性原因，你为迎合委员会而提出的新建议对我们的股东没有意义。”

委员会驳回了霍尼韦尔的请求，这对于双方来说都是不幸的。这项交易是那么合情合理，我们都为它付出了最大的努力。

对我来说，如果这项交易正值我职业生涯的中期，那它不过是又一次挥棒击球不中的例子。可它出现在我任职最后的日子里，在我推迟了我的退休以后，GE失去的这最大一笔生意越发显得损失惨重。

我和蒙蒂委员之间从未有过个人恩怨。我和他总是坦诚地交往，我们都尽力克服我们的差异。遗憾的是，我们都在一套规则下做事，以至于委员会成了我们的反对者和仲裁者。

一旦并购事务促进会消除了这项交易的战略性理由，我们的股东就无利可图了。

这并不是我个人的事。

但同他们有关系——我们的员工就是我们最大的股东。

* * *

周末，我参加了一个婚宴，在费尔菲尔德乡村俱乐部的门口喝着鸡尾酒，看着外面的高尔夫球场和长岛海峡。四周碧水环绕，真是一块风景宜人的地产。

朋友们问起我与霍尼韦尔的这笔交易。我指着外面的那块地说："想象一下，你买下了这个漂亮的高尔夫球场，为了结束这笔买卖，城市官员要求你把第二、第三、第四、第五和第八洞——水边最好的几个洞，交给另一个球场使用。然后他们还叫你放弃自己的部分房产。"

相信这番话能让他们明白我在布鲁塞尔的遭遇。

在今天这样一个具有高度监控性和好打官司的世界里，公司很容易成为议论的目标，自由泛滥的官僚主义作风对 CEO 来说是根永远的刺。在我们这个事件中，我们有两次都是在正当合理的过程中被否决的。

美国环保署（EPA）引用的是《超级基金法案》，就是说，你要么满足他们的清理要求，要么就面对 3 倍的损失和一天 27 500 美元的罚金。只有在你完成了所有的工作时，你才有上诉权，而那已是好几年以后了。

正是因为它缺乏公正的程序，我们才在联邦法庭上指出该法规违宪。

欧洲委员会驳回霍尼韦尔并购案，又没有合理的审查过程。官僚主义者可以持最极端的立场，并且没有任何妥协的动机。在美国，反托拉斯机构要阻止一笔交易必须有法院指令，在欧洲则不然。公司应该拥有一种权利进行公平公开的听证，这个听证应由公正的法庭在合理的时间内举行。

只有政府能阻止这类不公正事件的发生。

再进一步说，公司应该争取同样的权利，就好像一个人为一张交通罚单奋力抗争——争取当庭申辩的机会。

第二十四章

CEO 到底是干什么的

像其他工作一样，当 CEO 也有利有弊，当然是利大于弊。早在一年前就把工作日程安排得满满当当的，每天还要想办法挤入新的日程。工作时间虽已超长，你还得和时间赛跑。无论你做什么，工作都不会离开你，你考虑的问题总是那样有趣。

当 CEO 可不是什么好差事！一大堆乱七八糟的想法涌进我的脑海：超越极限、狂野、快乐、粗暴、疯狂、激情、永恒运动、平等交换、开会至深夜、不可思议的友谊、美酒、庆典、漂亮的高尔夫球场、在真正的较量中做出重大决策、危机与压力、多次挥棒击球、少有的几次本垒打、成功的喜悦、失败的痛苦。

这样也不错！酬金很高，不过真正的收获是在过程中感受到的快乐。

像其他工作一样，当 CEO 也有利有弊，当然是利大于弊。早在一年前就把工作日程安排得满满当当的，每天还要想办法挤入新的日程。工作时间虽已超长，你还得和时间赛跑。无论你做什么，工作都不会离开你，你考虑的问题总是那样有趣。

当 CEO 有各种各样枯燥的外界职责，但是内心的职责一点儿也不枯燥，至少对我来说是这样，因为议程由我来制定。我应邀参加了不少正式宴会和企业联合会的会议。最棒的一点在于，我不是非去不可。有的宴会的确很特别，比如白宫的国宴，你甚至希望你父母能活着亲眼看到。在那里我见到不少才华横溢的人，本来我只能在书本上认识他们，我发现他们大多数都谦恭有礼，风趣大方。

没有一天称得上是例行公事。5月底，我正在写这本书，其中有一天被我排得满满的，从早上8点半到晚上8点半会议不断。第二天，华纳出版公司（Warner Books）的CEO拉里·基尔什鲍姆（Larry Kirshbaum）揶揄我，要我多下点儿功夫在我的书上。

“看在老天的分儿上，拉里，”我回答道，“昨天我什么也干不了。我整天都忙个不停。”

“怎么了？”他问。

听了我的解释，他坚持要我写在书里。

昨天就是我们所说的“交易日”（Deal Day）。早上8点半，GE金融服务集团董事会开始了每月例会，这次会上，我们有很多东西需要回顾，从出价55亿美元收购在日本的一家破产的人寿保险公司的资产，到贷款5亿美元在密西西比建一个发电厂。GE金融服务集团的CEO丹尼斯·内登在领导团队开始分析现状之前，向他们介绍每一笔交易的基本原则。

GE的财务总监吉姆·邦特负责为GE金融服务集团领导团队作各项交易的分析。在会议的头一天，他通过电子邮件将一两页的交易小结及自己的个人建议在各成员中传阅。作为GE金融服务集团董事会的老成员，吉姆一贯眼光挑剔。这个才华横溢的疯子总能从数字中找到幽默和潜在的危机。2000年秋天，我留他在公司再做两年，他精明的头脑和玩世不恭的态度真是一笔难得的财富，我希望我们的新CEO能受益于他敏锐的洞察力。

在最近的一次会议上，他向我和杰夫·伊梅尔特敲响了警钟，因为我们未征求他的意见就擅自公开了对一项交易的赞成意见。他以嘲弄的口气写道："根据路透社 2001 年 5 月 17 日的报道，既然董事长和董事长接班人希望这样……若有人在这一点上有异议，请现在提出，否则就永远别说。"

我们花了 4 个小时讨论了 11 项生意，5 项是美国以外的。9 项得到赞成，一项 40 亿美元的收购意向被打回去再讨论，一项价值 1.11 亿美元的资助纽约市 4 幢办公楼建设的生意被枪毙了。我们已至少两次栽在不动产生意上。随着纽约处处竖起了起重机，人人都在担心市场饱和。只有邦特除外，他喜欢这种交易的结构，并且承认说："我知道别人会说：'邦特，你疯了吗？'"

我们很少不采纳他的建议，这就是其中一次。

休会期间，我从大厅里抓了一个三明治带回会议室，继续主持仍未解决的霍尼韦尔收购计划的战略会议。我们飞机引擎部的 CEO 戴夫 · 卡尔霍恩从辛辛那提飞来，许多霍尼韦尔公司的人也从凤凰城来参加这个会议。

我们正在同欧委会举行听证会，研究这一并购计划在竞争中的影响。尽管我并不认为这里存在任何反托拉斯的问题，我们仍希望通过放弃一些原则来博得委员会对此事的赞同。我们需要知道霍尼韦尔对每个事项的战略价值的看法。

有关霍尼韦尔的会议开了整整两个小时，以至于原定下午 1 点的一个会议推迟到了 3 点才开，这个会是我一直期望的，因为它全是关于人的：前 6 个星期对 C 类区域所作视察的汇总。人力资源部的比尔 · 科纳蒂为 5 个小时的会议准备了资料，杰夫 · 伊梅尔特在这里主持，我则试着成功地克制自己。

我们在基层视察期间，时常从各项业务中"发掘"三四名新星，并积极为他们创造新的机会。最后，我们参加综合会议时，不可避免地发现已有四五项不同的工作适于每名新星去做。因此，这次会议让我们重新整理了我们在该领域的承诺，并就执行官在各项业务中的换位问题进行了热烈的讨论。

我们总结回顾了所有 GE 企业中的领导继任计划，并讨论了关于职位最低的 10% 的执行官的计划。有时候，这 10% 的人在一个企业里比另一个企业中的中层官员做得还要出色，于是制造出很大的压力。

这次，我们从整体上回顾了一下霍尼韦尔的并购案，包括飞机引擎、工业和塑料部门的新组织。我们花了一个小时讨论霍尼韦尔公司的执行官们在即将合并的公司中能任何职，以及 GE 的哪些人员需要调换。我们从 50 来位候选人名单中选出了大约 35 名经理参加 2001 年高级管理开发课程（EDC）。这可是件大事，因为我们实际是在向我们所有的领导者展现未来的蓝图。

多年来，这类会议的重点之一就是多样性。从 2001 年的明细小结中可以看出，女性和少数民族的管理层人员与 1996 年相比增长超过了 70%。在增加的 3 000 名行政管理者中，30% 以上都是“多样化”的。

多样化副总裁的数量 2000 年达到了 25%，现在代表了 GE 副总裁的 16%。这还算不上六西格玛，但是超过 300 亿美元的 GE 收入现在都由女性和少数民族执行官来管理。我们的管道正在迅速地建立，我们的顾问计划已经奏效。

在会议的最后半小时里，我们回顾了在基层视察过程中每个创意的两三种最佳实施，杰夫肯定会在6月份召开的CEC会议上对此赞不绝口。

整个会议到晚上 8 点才结束，我最不愿想的是，我又要回去写这本该死的书了。

* * *

当然，也不是每天都那么紧张，CEO 要做的事也不是一成不变的。

每个人的做法都不一样，不能说谁做得对，谁做得不对，也没有唯一的评判标准。我当然也没有什么制胜法宝，不过既然现在是在写这本书，我就冒昧地说一下我的一点儿经验，与大家共勉，希望其中一些会对大家有所帮助。以下就是我从中筛选的几点。

诚信

一位费尔菲尔德大学商学院的大一学生在一次讨论会上问我："你如何能将虔诚的天主教徒和优秀的商人这两个形象同时兼顾呢？"

我以强调的口气答道："我就是做到了！"

答案很简单：做人要以诚信为本。一旦形成这种人格，不论在何种有利或不利的情形下，它都支持我做的一切。不可能所有的人在所有的事上都同意我的看法，我也不可能任何时候都正确，但只要大家明白我做事诚信就行了。这样才能建立与客户、供货商、分析家、竞争对手及政府部门的良好关系。这是为企业确定基调。

我从不制订两套方案，只有一条路可走，那就是走直路。

企业与社会

每个人对企业在社会中扮演的角色都有自己的见解，我也一样。

我认为一个强大、有竞争力的公司才能对整个社会负起责任，只有健康的企业才能提高并丰富人类及其社区的生活。

一个强大的公司，不仅是通过纳税这一主要方式服务于社会，它更为全球提供了符合和超过安全环保标准的世界水平的设施。强大的公司会不断投资到人力和设备中。健康发展的公司提供良好而稳定的工作，职员可以获得充足的时间、精力和各种资源，加倍地回报给社会。

另一方面，没有实力在生死线上挣扎的企业往往会成为社会的负担。它们的利润几乎为零，交的税也少得可怜——即便交的话，它们也要想尽一切办法省下每一分钱，而在提高员工素质和改善工作环境上，几乎不作资金投入。经常裁员的威胁让员工没有安全感和稳定感，总为自己的未来担心。这样一来，它们就更不可能有时间和金钱帮助其他人了。

我在马萨诸塞的皮茨菲尔德亲眼看到过此类事情，在 GE 工作的头 17 年我几乎都在那个城市度过。我见过两种企业，一种是健康的，一种是失败的。我们拥有一个充满活力、不断成长的企业。我们请了有能力的人员，建起新的实验中心。我们有全身心投入的员工，他们为社区建设出了不少力。在同一条街上，GE 的变压器厂 10 年来一直苦苦挣扎，亏损却年年增加——这个厂变得毫无竞争力，于是我们在 80 年代把它关闭了。从长远来看，亏损的企业不可能为社会带来长期利益。

我们不得不关闭变压器厂时，皮茨菲尔德城愤怒了。然而并不是我或者 GE 更偏爱塑料而不是变压器，或者更偏爱一个城镇而不是另一个，这是企业的健康发展状况及它对整个社会的隐患所决定的。

作为一名 CEO 最首要的社会职责，就是确保公司能够赢利，而只有一个健康发展的成功企业才有能力、有条件去做好事。

定调

整个企业的工作是从最上层的领导开始的。我经常跟我们各公司的领导说，他们工作的力度决定了他们所领导的企业的工作力度，决定了他们工作的努力程度及与下属的沟通能否获得成百上千倍的效用。所以，CEO 为整个公司定下了基调。每天，我都努力深入每一位员工的内心，我要让他们感觉到我的存在。

当我到很远的生产工厂（欧洲、亚洲或其他地方）出差时，每天我要花上 16 个小时与数百（如果没有达到上千的话）名员工沟通。在克罗顿维尔，我成功地组织了 1.8 万名经理相互交流。每次对人力资源问题进行回顾时，我总是与工会领导会面，了解他们的想法，也让他们知道我的想法。我不希望自己只是年终报告中的一张照片，我想让 GE 公司的每个人都了解我。

集体智慧最大化

让每一位员工全身心投入到工作中来是 CEO 工作中的一大块内容。让每个人把最好的想法拿来，与其他人交流，这就是秘诀。没有什么比这一点更重要了。我把自己比作海绵，吸收并改进每一个好点子。首先，要做到善于接受每个人、每个部门提供的最好想法。其次，在整个机构中交流传播这些想法。"群策群力" 推动了无边界行为，使这些想法和建议不断得到改进和发展，然后被付诸实践。我们用这个价值观严格地评估每一个人，以此强调它的重要性。把所有的会议联系起来（"运营系统"），从人力资源到战略，使这些新的想法更加完善。在克罗顿维尔的经历帮助我们相互学习，并找出了每个人的闪光点。

寻找更好的出路，及早地把新知识拿出来与大家分享，在今天已成为 GE 的第二天性。

人为先，策为后

让合适的人做合适的事，远比开发一项新战略更重要。这一宗旨适用于任何企业。我在办公室里坐了多年，看到不少似乎很有希望却从来没有任何结果的策略。我们曾经有过一个关于超音速的很好的计划，但是，直到我们找到了一位这方面的专家，才使这个计划得以实施。在飞机引擎、动力能源和交通运输方面，我们有着多年的服务策略，但是，在我们找到一位有勇气打破陈规的人来领导这项事务之前，服务一直是“二等公民”。

我们费了很多周折，才知道我们获得了世界上最好的策略，但是如果没有合适的人选去发展、实现它，这些策略恐怕也只能“光开花，不结果”。

不拘礼仪

官僚作风往往令人窒息，非正式的管理方式则能让人呼吸顺畅。创造一种非正式的气氛更有利于竞争，而过于官僚化是最大的障碍。不拘礼仪并不等同于直呼其名，乱停车，衣着随意，它的意义更为深远。它的宗旨就是要让每个人都起到作用，并且让每个人都知道他们所起的作用。头衔并不重要，也没有肩章，没有从办公室的角落里发出的僵硬指令，只有每个人都能感受到并可以不断扩大的一种开放精神。“掩饰你的错误”是愚蠢的。激情、和谐和奇妙的主意能从各个阶层、各个角落不断涌现出来，这才是关键。每个人都受到欢迎，并得到鼓励去追求成功。

自信

傲慢自大是致命的，充满野心也一样。自大与自信有明显的区别。拥有适度的自信会在竞争中获胜，判断是否自信的标准是有没有勇气敞开胸怀，不论来源于何处，只要是有意义的变动和新的思想都能接受。自信的人也敢于面对别人在观点上的挑战。他们喜欢那些丰富思想的智慧碰撞，他们决定了一个企业的开放性和兼容性。那么你如何才能发现这种人才呢？找出那些自我感觉良好的人，那些不怕展示自己的人。

千万不要为任何机构里的任何该死的工作而妥协“自我”。

热情

每次我去克罗顿维尔，向一个小组或团队提问，拥有什么样的素质才能称得上一名“顶级的玩家”，我常常高兴地看到第一个举起手来的人说：“是工作热情。”俗话说一美遮百丑，对我来说，极大的热情就是那“一美”。如果有哪一种品质是成功者共有的，那就是他们比其他人更在意。没有什么细节因细小而不值得去挥汗，也没有什么大到不可能办到的事。多年来，我一直在我们选择的领导者中发掘工作热情，热情并不是浮夸张扬的表现，而是某种发自内心深处的东西。

优秀的企业能够燃起员工的工作热情。

拓展

拓展就是使超出你想象的可能变为现实。我总是把年度计划作为一个很好的例子。

你可能知道编程是怎么一回事。有个专业小组为了实施一个计划在总部工作了一个月，并为了提高他们预计的最小销售量而努力。总部的一个工作小组也加入到相关会议中来，目的是使公司的收益最大化。这个专业小组拿出各种图表，列出经济形势不佳、竞争激烈等不利因素，然后说：“我们能做到 10。”而高层经理那天早晨走进来，却希望他们能提到 20。

计划往往是关在房间里制订出来的，没有顾客在现场。但你知道会有什么可能。通过无数次幻灯片演示和数小时的商讨，计划最终定在了 15。

这是在缩减计划上做的无用功。

专业小组又飞回来，相互击掌祝贺，他们不必对总部唯唯诺诺，而高层经理也认为这是不错的一天，因为目标计划又提升到了新的高度。

为什么会这样做？多年来，所有的人都知道，如果完成计划，就会得到赞许，提高待遇；如果完不成计划，就会受到惩罚。

每个人都按照这一规则行事。

在一个提倡拓展的环境中，同样一个行业小组会被要求带着体现他们想法的“执行计划”来，即他们认为在“拓展”范围内可能达到的最高数量。讨论围绕的是新的方向和成长计划，以及激励人的东西。

会议结束了，每一位与会成员都透彻地理解了这一计划将达到什么目的，他们该做些什么。执行计划反映的是实际情况。这个小组明白，他们的执行计划将与上一年和竞争中的相对表现作比较，而非同一个协商后的内定数字作比较。他们的拓展目标总在鞭策他们。

我们始终没有做出一个“拓展的执行计划”，然而我们所做的远比我们想象的结果好得多，比华尔街的预计更胜一筹。

形成拓展的思维习惯并非易事，也不是整个 GE 公司上下都具有这一品质。有时我们发现，有的低层经理把拓展的数字作为预计数，谁没达到就惩罚谁，我想这种情况可能不再多见了，但也不敢肯定。

无论如何，我们会不断努力地“拓展”。

庆功

经营不能没有乐趣。对于太多人来说，它只是“一项工作”。

我发觉庆祝永远是激励整个组织的有效方法。从我在 GE 塑料的最初岁月起，我总是想尽办法去庆祝一次哪怕小小的胜利。

在克罗顿维尔，我问学生们：“你们有没有足够的庆祝活动？”他们变得沉闷起来，小声答道：“没有。”我常常感到很沮丧。

我喜欢鼓励他们庆祝。

我会跟他们讲：“别看着我，我不会为你们开庆祝会的。在 GE 公司，我们也不会安排什么庆祝升任副总裁的仪式。你必须学会自己去庆祝。你有这个权利，回去后付诸实践吧。也不必太过破费，一小桶啤酒或两人晚餐都可以。”

“你的任务是让你的小组成员与欢乐相伴，当然，他们必须努力创造效益。”

酌情调整薪酬

这一点你必须做得合情合理。

一次，我惊奇地看到第四季度的收益很可观，却没有利润，我问：“这到底是怎么回事？”

“是这样的，我们开展了第四季度的销售竞争，每个人都干得非常出色！”

“那利润到哪里去了呢？”

“我们没有要求他们创利润。”

这是一个简单得不能再简单的通病：要求多少就完成多少，报酬有多少就完成多少。

静态的计划会变得陈腐无用，市场条件在变化，新的商业项目在发展，新的竞争对手在不断出现。我经常在家里推敲这样的问题：“我们是在检验和奖励我们所需要的特定行为吗？”

不调整衡量标准和酬金，结果往往事与愿违。

区别对待造就强大的企业

没有人愿意充当上帝，把人分成三六九等，特别是分出最底层的10%。区别对待是每个经理都感到棘手却不得不面对的问题。我认为我的工作就是探讨这个问题，每天贯彻下去，并要求所有人都这样做。我从第一天起就认为，这是造就强大企业的必经之路。对我们而言，活力的不同造成了工作的区别。我们运用这个方法，坚持不懈地推动领导者们去努力提高自己的团队。年复一年，经理们不得不把业绩最差的人排除掉，这正是对付官僚作风的良策。我们的调查显示，我们越是深入最基层，对我们最差表现的关注也就越多。较基层的执行官远比高层经理更不愿意遭受落后的冲击。

区别对待是很难做到的。谁觉得这很容易办到，谁就不适于在这个企业中生存。如果谁做不到这一点，也是一样。

留住人才

我们总是告诉我们的企业领导："你拥有这个企业，但你只是在雇用人员。"我和比尔·科纳蒂都感到，我们担负着这750名最高层经理的人事责任。我们负责他们的成长、收获和进步，我们运行着一个人力资源工厂，造就优秀的领导者。

我们企业的CEO们明白，如果他们发掘出人才更大的潜力，是能得到回报的。我们的无边界文化改变了规则，将储备最优秀的人力资源变成了资源共享。

当然，在给某个领导者打电话说"很抱歉，您失掉了某某"时，有时我也会听到一声叹息。

放弃最优秀的人才当然不是正常的行为。但接下来，我们就要谈到从候选人名单中选出谁来填补空缺。有我们这样的用人机制，后来的人比原先走掉的人干得更出色。

随时做出评价

做出评价对我来说无时不在，就像呼吸一样。在能人统治中，没有什么比这更重要。我随时都要做出评价，不论是在赠送股票期权时，还是在提升某人时，甚至在走廊里跟某个人撞个满怀时也是如此。

我总是想让每个人都清楚地认识到自己目前所处的位置。每年，我都写张纸条，跟年度奖金一起附在我的陈述报告中。我会写上两三页纸，概括我对员工来年的期望，和上年的信放在一起。上年的信则做上红色标记，以保持程序上的连续性。

这些纸条起了不少作用。我从中回顾了每个企业的运营，并权衡了一下我的哪些想法更重要。我的陈述报告表明会有后续工作跟上，我也很注重这一点。这项工作十分耗时，有时为此甚至要工作到周日深夜，我真希望当初没有启动这件事，但我必须善始善终。对我来说，它是一条必须遵守的纪律（附录C中有我给接班人杰夫·伊梅尔特写的信。和我写的其他东西相比，这些都应当算作嘉许之词）。

文化的重要性

基德公司在这方面给了我一个教训。在霍尼韦尔与联合信号合并的过程中，我看到了文化的重要性。两个公司合并一年之后，仍有少数人因为哪一方的文化是主流的问题而争论不休。当戴姆勒-克莱斯勒作为"平等合并者"加入时，麻烦就更大了。

所以说，从一开始就确定我们文化的基调对我们以后的快速发展是非常有益的，反对者必须尽快离开。

一个真正想做到智能最大化的企业就不能让多种文化并存。在20世纪90年代末期的国际互联网狂潮中，GE金融服务集团股票组中的一些人突然觉得他们是天才了。他们在投资GE公司的过程中，认为自己应该在公司里起一定的作用。

我们告诉他们一边儿待着去。在我们这里只有一种货币——带有GE价值观的GE股票。

90年代末期，我们在加州放弃了对许多高科技企业的收购，原因就是为了保持自身的文化。我不希望GE在网络公司的狂潮中迷失自我。

但这也并不是说 GE 人没有自己的个性空间，或者不能因出色的表现得到丰厚的报酬。在个人风格和待遇面前，我们的文化会做一定的让步，但绝不能遭到破坏。

策略

商界的成功并不是通过浮夸的预测得来的，而是在变化发生时能够迅速做出正确反应的结果。这就是为什么策略必须有灵活性和预见性。

我的长期金融分析家和 GE 历史的研究专家鲍勃·尼尔森在他提交的关于普鲁士将军赫尔穆特·冯·莫尔特克（Helmut von Moltke）的一篇文章中，向我透露了他的这一想法。莫尔特克的信念给我们带来了一连串值得思考的问题，多年来，这些问题对我来说远比在策略性计划书中处理的资料更有用。

以下 5 个简单的问题使我对生活有了策略性的思考：

· 你了解你的企业以及你的竞争对手在全球的准确地位吗（市场份额多少，产能如何，当今在区域内的能力）?
· 在过去的两年里，你的竞争对手采取了哪些行动以改变竞争局面?
· 你又在这两年里做了什么来改变这一局面?
· 在未来的两年里，你最害怕你的竞争对手采取何种措施来改变竞争?
· 你在今后的两年里将会采取何种防范措施来避开他们的策略?

竞争对手

经过长期验证，我总结出两条关于如何应对竞争的“真谛”。

其中一条是这样的：“我们失掉了原来的市场份额，是因为我们的竞争对手疯了，他们将他们的产品到处分发。”在我的从业生涯中，这种话听得我耳朵都生茧子了。通常，这句话到头来只是谬论。事实上，此时的竞争对手在成本上占据了一个更有利的位置，或是他们的行动有着充分的策略性理论基础。过了好一阵子，我才醒悟过来，不得不扪心自问：“我们哪个地方出了错，而他们没错？”

另外一条是：一支队伍是奔着超过领先竞争对手的目前位置而来的。这个假想的含义是，当我们正在开发新产品时，我们的竞争对手还在睡大觉呢。事实并非如此。

我们努力研制 GE-90 型飞机引擎。工程师们说服我：如果我们开发这种新型的引擎提供给波音公司的远程 777 客机，我们正好满足了他们对 9 万磅推力引擎的需求。他们说帕瓦特和劳斯莱斯没有能力依靠现有的技术达到 9 万磅，但事与愿违。后来帕瓦特和劳斯莱斯成功地研制出 9.4 万磅推力的引擎。

幸好这个计划还算有了圆满的结果。我们新型引擎的推力能达到 11.5 万磅，这正是波音 777 远程飞机所需要的。我们依靠我们的引擎，签下了这种飞机的绝大部分供应合同。

尽管不容易，我们还是费尽心机，试图了解每一项新的产品计划，同时认真考虑最精明的竞争对手将如何胜过我们。

千万别对对手掉以轻心。

基层

我从来不认为老待在总部就好，当了 CEO 更强化了我这一观点。自从 1972 年第一次得到任命以来，我就想走出办公室，和那些真正干实事的人在一起。我至少花了三分之一的时间跟 GE 的各种企业在一起，我不清楚作为 CEO 应该在基层花多少时间才合适。不过，我明白我每天都在努力尽量不在办公室里办公。

我时常提醒自己：总部大楼内不可能制造或出售什么产品，扎根基层才是了解实情的最有效途径。

市场 vs 思想

市场是不成熟的，但有时思想是成熟的。我们之所以宗教般狂热地追求“数一数二”“修复”“销售”或者“退出”的策略，是因为没有什么东西比这个更真实、更成熟了。从不同的角度来观察同样的一项业务，完全有可能改变我们的想法。我们要求每一个业务部门去重新定义他们的市场，这样他们的市场份额不会超过 10%，于是貌似成熟的市场成了发展的机会。要知道，即使是几匹野马，时间一长看上去也像纯种马了。以同样的业务量，我们的收入增长率在 90 年代后期增长了两倍多。

创意 vs 策略

在过去的 20 年里，我们确实拥有了 4 项创意——全球化、服务、六西格玛和电子商务。

创意是层出不穷的。它们使公司发生了巨大的变化，同时它们也相互促进。GE 运营系统中的一切都强调着这 4 个创意。

另一方面，我们还需要短期的策略步骤来为一个职能或公司重新注入活力和能量。这里有 3 个例子。我们提高了采购的领先地位，使供应商全球化，这使我们节省了好几百万美元。通过鼓励雇用本地人并将公司包装成国际化企业，我们减少了外国服务部门的美籍雇员（FSE），将他们调派回国，这也使我们节省了好几百万美元。我们利用互联网减少了内部的旅行访问，这又使我们节省了好几百万美元，并且还有助于我们解决工作与生活的时间平衡问题。我们的员工减少了日常飞行的里程数，却能待在家里过得更好。

理解基本原则和快速恢复方法之间的区别，能够帮助一个组织保持活力。

交流者

我是我们所有行动蛮横的拥护者——从以前要求我们面对现实，到要求我们改变公司文化、重塑公司形象的创意。每当我有了一个我希望贯彻或传达到公司里去的主意或信息，我都是怎么说也说不够。我不断地重复、重复，再重复，在会议上，在作总结时，年年如此，直到我窒息得说不出话来。

我总是觉得自己必须“超越极限”，才能让公司的几十万人接受一个想法。

我翻看21年前我在博卡时发表的一些讲话的手写便条，回想起我总是从不同的角度、不同的侧重点，不知道反复多少次重复同一个话题、同一件事情。“无边界”是我最难说好的词，我上百万次磕磕绊绊地说出来，可我从不回避它。

我的行为经常是过分的，也许还是强迫性的，但对我来说却非常奏效。

员工调查

我们几乎使用了所有的方法来获得员工的反馈信息：克罗顿维尔、C类会议、活力曲线，以及股票期权。这些方法强迫管理人员以一种坦诚的方式来和员工们沟通。1994年，让员工调查变得有意义对我们来说是一次巨大的突破。

我们没有问员工们对餐厅饭菜质量的看法，也没有过问福利计划。我们问的问题始终都围绕着一个基本的主题：“你从年度报告中读到的公司是不是你现在正为之效力的公司？”

我们没有通过投票的方式来管理公司，而是在完全相信我们员工坦诚的前提条件下，通过不记名在线调查的方式帮助我们将侧重点放在正确的创意上。我们不仅将调查结果拿给我们的员工看，还给董事会的成员看，给证券分析家们看。我刚开始这样做时，着实让证券分析家们吓了一跳，但是我们的确在这些表格上下了极大的功夫。

知道并且面对我们员工的所思所想，是我们成功的一个关键性因素。

提升职能

每当我认为一个公司的职能不如应有的那样强时，我就会责备自己不是一个合格的领导，例如采购上 10 亿美元的零件、产品和服务的过程。

采购部门曾经是安顿那些在制造业里不怎么成功的人的地方。20 世纪 80 年代中期，我们的购买成本居高不下，我们显然需要作一些改变了。我成立了一个委员会，每个季度将公司的采购领导召集起来，到费尔菲尔德见我。有些业务部门的 CEO 认识到他们要派什么人去时，简直魂飞魄散。

我通常一眼就能看出一些能力比较差的人。

我们在负责服务的领导、六西格玛领导及电子商务的倡导者中间也进行了同样的尝试。将委员会和这些领导召集在一起，到费尔菲尔德来见我或一位副董事长，使我们可以将公司里最优秀、最出色的员工挑选出来。

我们一旦充分地调动和挖掘了这些领导的积极性和潜力，思想就会像水往低处流那样传向公司其他部门和人。

广告经理

维护公司的形象和声誉是CEO显而易见的职责之一。我可能将它推向了极致。在这20多年里，我看了宣传公司及产品的数以千计的广告。我从来都不允许任何一个自己不喜欢的广告被播出。

我们拥有非常出色的两人广告宣传团队，开始由莱恩·维克斯（Len Vickers）领导，后来由理查德·科斯特洛（Richard Costello）领导。1978年，为了一个新的GE宣传标语，莱恩·维克斯让几个广告商来参加了角逐，最后BBDO赢得了这次角逐。BBDO富有创意头脑的菲尔·杜森伯里（Phil Dusenberry）想出了一个好标语——“GE：我们为生活创造最美好的东西”。

我一听到这个标语，就喜欢上了它。有时我对这个过程的细致管理让广告商和我们的人都受不了。我喜欢琢磨广告，有强烈的个人观点，而且希望对GE所有的广告宣传都感到自豪。我认为星期天早上的电视新闻节目将吸引美国的思想领袖，于是我们的很多广告都被安排到这个时段。我的一些观点和看法继续影响着我们的广告宣传。就在我即将退休的几个月前，我还在检查我们将在电视上播出的一则新型节能型冰箱的广告。

形象很重要，我确信这是我的职责。

有张有弛的管理

知道什么时候应该干涉，什么时候该放手让人去做，纯粹是一个需要勇气的决定。我干涉过在医疗设备系统中出现的试管问题，但我没有参与我们在癌症探测方面的最大突破——一个价值270万美元的扫描仪计划和定价程序。

这里面很大一部分纯属直觉。当我感到干涉可以产生很大的影响时，我就会严加管理。每当我知道我起不到什么作用时，我就会放手让别人去干。

在这里，一致性并非必需贯彻的。有些时候为了工作能够尽快完成，可以不用太拘束和守规矩。你可以选择和挑选机会，因为此时你的干涉可能起到重大的作用。当我认为自己能玩的时候，我喜欢亲自上场；当我认为自己不属于这个游戏时，我也很喜欢在一边呐喊助威。

图表制作者

2000 年 11 月，我可能是唯一一个 65 岁了还在为演讲画商业图表的老头。我总是认为画图比别的方法更能理清我的头绪。将一个复杂的问题用简单的图表表示出来，对于我来说是一件非常兴奋的事情。在每一个分析会议上，我都会和财务及投资关系小组待上很久，一张图表接着一张图表地画，然后撕掉，然后再画。我喜欢画图表，因为我从中得到不少有用的东西。可笑的是，我们总是认为最后一张图表是我们“画过的最好的一张”。

投资者关系

华尔街在这份工作中发挥着至关重要的作用。我们换了负责维护投资者关系的人。我们拥有一批杰出的人才，但是过去的模式对于金融业务人员来说是一项没有前途的工作。他们一般都会在总部待着，被动地回答分析家和投资者提出的问题。

20 世纪 80 年代末，我们选择了一些年轻有为并且对市场非常敏感的财务经理，这种模式终于转变了过来。他们每个人都成了 GE 股票主要的市场推广人员，他们不停地拜访投资家，宣传 GE。这份防御性的后卫型工作终于转变成一份主动的中卫型工作。所有拥有这份工作的人每天早上起来时，都会觉得他们被 GE 的股票价格所衡量。由于他们敏感的财务意识，他们已经在业务上得心应手，利用这份工作提高了他们的营销和表达能力。

这个职位从无人问津转变成一个最热门的应聘岗位。它还是一个锻炼人的极佳起点：沃伦·詹森（Warren Jensen），我们1989年新模式下的第一人，当了NBC的首席财务官，接着又成为达美航空公司（Delta Airline）的首席财务官，而现在他是亚马逊网络公司的首席财务官；马克·贝格尔（Mark Begor）是前者的继任，现为NBC的首席财务官；杰伊·爱尔兰是第三个，他现在是NBC广播电台集团的董事长；还有马克·瓦尚（Mark Vachon），在这个岗位上做了三年，他是一个特别乐于助人的人，已经同意再待上两三年，帮助我们做到CEO顺利交接之时。

我们整个的投资关系队伍由两个人组成。这是因为我们的明星背后有一个强大的支持者——乔安娜·莫里斯（Joanna Morris）。她是我们审计人员中有硕士学位的人，人们经常用她培养新星的事来逗弄她，她非常喜欢训练这些未来的明星。她已经结婚，并有两个孩子，希望在费尔菲尔德定居下来，不愿四处奔波。

我们现在只需要两个人来讲述GE的故事——比我们20年前要少得多，而且现在事业才刚刚开始，而不是结束。

打滚

“让我们进去打滚吧。”这是我经常说的一句话。它的意思是让大家聚在一起，一般都是随意的，就一个复杂的问题进行争论。参与其中的唯一资格是你知道如何去做，不论头衔或者职务。我们在公共关系问题、环境问题、博卡的会议日程以及M&A这笔大交易中“打滚”。我们不需要纸和备忘录，我们只需要新思路，然后我们暂且把各种结论放在一边，再继续打滚。在无拘无束的打滚中，我们做出了不少很好的决定。

这些决定一般都与放弃等级制度的概念有关。所有人都知道，他们是这张桌子上地位相等的伙伴，在这里他们的意见可以非正式地、坦诚地说出来。

你的后院是别人的前厅

这句话应该归功于彼得·德鲁克。我们只是实践了它。

不要自己办食堂，让一个食品公司去做吧；不要开一个打印车间，让一家打印公司去做吧。你们应该明白，你们真正的附加值在何处，这样你们才可以将你们最优秀的员工和最丰富的资源集中在某个地方。

规划中的后院永远都不会是最吸引你的地方，我们应该将它转变为别人的前厅，因为这对他们来说是最吸引他们的。我们曾经这样做过多次。这就叫“利用外部资源”。这也是我们在20世纪80年代早期解雇一些人、把这些工作岗位剔除的原因。

一些政治家和经济学家声称，美国所有的工作机会都是由小型企业提供的，每逢这个时候，我就会觉得很不舒服。事实上，这些工作中的很多机会都是从大公司转移出去的。

速度

在克罗顿维尔，即使在我做CEO的最后几天，都有人不停地抱怨说我们的速度不够快。我知道自己很少因为做事而感到遗憾，但是却往往因为做得不够快而感到非常遗憾。我从来不记得自己说过：“我希望能再给我6个月的时间，让我想清楚，然后再作决定。”

我想在我早年加入GE时，无论对人、对工厂，还是在投资方面，我的果断应该是我能够脱颖而出的一个重要原因。尽管如此，40年后我将要从GE退休时，我的一个最大的遗憾就是在很多时候我的行动还不够快。如果有两个问题：有多少次我应该推迟一个决定？有多少次我希望我能够动作快一点儿？这时候，我会发现后者出现的频率比前者要多得多。

忘记零点

在一个大公司里，小的东西容易迷失。当业务和公司发展起来时，它们的规模会成为阻力，而不是动力。大规模的缺点——交流不畅、多层次性以及缺乏规范性，所有这些都对创造一个充满活力的氛围产生了副作用。

小公司的优点——灵活、高速以及交流的便捷，在大公司里往往会失去。在塑料部的经历告诉了我小规模的好处，“就像你自己拥有它一样”。我承担了CEO的工作后，知道将项目分割成小项目，再将它们放到主流之外才是发展的道路。

我们有很多将大宗业务分割成相互独立的小项目的成功范例。我们几乎在所有领域都这样做了——塑料中的改性聚苯醚、CT扫描仪以及医疗设备业务中的超声波，还有GE金融服务集团中的融资和财务问题。并非所有的分割都是成功的，但是每一次总有一点是相同的：将业务分割开以后，会使大家的精神状态更好、更有活力，并有合适的资源作为支持。

较小的风险能够取得令人瞩目的成绩，能够造就英雄，既颂扬那些成功者，也为那些失败的人庆祝，因为他们充分体现了冒风险的价值。

我们当然明白规模意味着什么。一个公司在处理关于它的规模问题时，最棘手的就是如何去“管理”它。规模既可以用作解放的杠杆；也可能使你麻痹。我们每天都应该记住，规模的益处就是它让我们能够做更多的事情。

上面这些只是些想法，对我有用的一些东西，再有就是很多的运气。

* * *

在过去的24年里，我有一个幸运符——一个棕褐色的皮革公文包，它跟着我走遍了每一个地方。我的助手罗莎娜给它起了个绰号叫“幸运先生”。我是在1977年的亚特兰大高尔夫球比赛中赢得这个公文包的，同年，我第一次来到费尔菲尔德。它度过了它最美好的时光，现在已经被弄得破旧不堪了。就像罗莎娜说的：“它看上去真恶心，就像一个病人！”

我对“幸运先生”非常好，它对我也非常好，我永远都不会抛弃它。它唯一一次没在我视线里，是罗莎娜为了修补它里面的一个口子，把它带回家一个晚上。不过这并不是说我迷信什么，我从来都没有想过为自己增加运气。

最后一天我离开总部时，我和“幸运先生”在一起。正如我的朋友拉里所说：“这就是杰克。他不再需要一个新的。他来的时候带的是它，走的时候带的还是它。”

第二十五章

来自高尔夫的启示

高尔夫是一种你总是想做得完美无缺的运动。如果你喜欢一项公平交换的比赛（我当然喜欢这种比赛），高尔夫球赛就是最能让人兴奋的。

做GE的CEO是我一生中最大的乐事。如果还有一次选择的机会，我宁愿去当一名专业的高尔夫球员。自从在肯伍德乡村俱乐部当球童的日子起，高尔夫就成为我毕生最热爱的运动。是父亲使我开始学习这项运动的，他是正确的：和我小时候玩儿的冰球和橄榄球不同，高尔夫才是伴随我一生的运动。

这种运动结合了我所热衷的东西：人和竞争。我一生中最牢固的友谊就是在高尔夫球场上结下的。任何一个曾经从开球台打出稳健的第一杆或在果岭按标准杆把球推进14英尺外洞里的人，都了解这项运动的诱人之处。

总的来说，我是个自学成才的球员。9岁时我就开始学了，那时是和肯伍德的一些比我大的球童一起练习。背着半打缠带的球杆，我很幸运自己的杆数能低于120杆。如果想在星期一早上（球童们的时间）之外的时间可以更多地练习，我就必须悄悄地溜到场地上去。

在高尔夫运动中，似乎每件事情后来都发生了。当初为了5个好球杆，我可以不惜一切代价。现在别人都免费为我提供成套的最好的球杆，而且我还有幸在全球最好的场地上练习高尔夫球。

不过，我想我从来没有忘记过当球童的日子。2000年的夏天，我发现64岁的自己又开始用力地拖着球杆袋，这一次是为我7岁的孙子杰克，当时他正在参加楠塔基特岛桑卡迪–海德俱乐部为高尔夫初学者举办的比赛。

小杰克的动作比我第一次打球时好得多。我的动作一直就像一名典型球童的姿势——没有过多的花架子，而且握杆的姿势总是错误的。我就那么推着球到处跑。我很少练习，就想外出比赛。我曾经在塞勒姆高中担任过副队长，还参加了大学的新生队。

我的高尔夫朋友拿我开玩笑，说我曾向每一个我遇到的人请教打球的技巧——球员、球童、更衣室的看守，甚至是俱乐部的服务员。所有秘诀都值得一试。我总是要最新生产的球和最新上市的发球杆，为了能打远一点儿我不择手段。有一次，为了得到一些专业意见，我去找杰里·皮特曼（Jerry Pittman），他是佛罗里达赛区了不起的塞米诺尔前职业选手。我问他："怎样才能使我的开球杆多打10码呢？"

"你今年多大岁数了？"他问道，"你去年又是多大？为什么你就不明白呢？"

我不想明白这些事情，因为我确信自己可以做得更好。

事实上也确实是这样。高尔夫是一种你总是想做得完美无缺的运动。如果你喜欢一项公平交换的比赛（我当然喜欢这种比赛），高尔夫球赛就是最能让人兴奋的。

我想不出来一种更富于交际性的运动。我在打高尔夫时还遇到过一些当今最伟大的人，很多都成了我毕生的朋友，如40年前在皮茨菲尔德伯克夏高山乡村俱乐部（Berkshire Hills Country Club）遇到的约翰·克雷格（John Kreiger）、25年前在康涅狄格州里奇菲尔德银春乡村俱乐部遇到的安东尼·洛弗里斯科和卡尔·沃伦（Carl Warren），还有15年前在桑卡迪–海德遇到的雅克·伍尔史莱格尔（Jacques Wullschleger）。

在公司，我还同飞机引擎部的查克·查德韦尔（Chuck Chadwell）和戴夫·卡尔霍恩以及GE供销部的比尔·麦多夫（Bill Meddaugh）玩儿4人对抗赛。我们水平相当，竞争激烈，一天至少打36洞，有时还能打54洞（有几年他们的奖金不得不"无缘无故"地减少）。

做GE的CEO给了我机会，在高尔夫球场上结识很多有趣的人。户外体育比赛不仅给我带来了美妙的早上和下午，还给我带来了一些有趣的故事。我还记得一次在楠塔基特岛和几个朋友打球。他们是沃伦·巴菲特、比尔·盖茨以及我的朋友弗兰克·卢尼（Frank Rooney），他将他妻子的制鞋公司卖给了沃伦。这次比赛中我和盖茨一队，对抗沃伦和弗兰克。

当我们打到第一洞结束时，沃伦将球轻推入洞，正好是标准杆。

"噢，"比尔·盖茨这时说，"比赛结束了。"

"这是怎么回事？"我不解地问道。

比尔解释说他和沃伦打了一个赌，第一个打了标准杆的赢得1美元。如果他们打到第9洞还没有一个标准杆，那么杆数低的那个赢。这两个世界上最富有的人在一起比赛，而赌注却只有1美元。

有一次，我以为他们要走回俱乐部会所去了。

我遇到的另一件有趣的事情和梅尔维尔公司（Melville）前董事长弗兰克·卢尼有关。很多年以来，他和沃伦说好了每周在一起工作一次。我想他们肯定是将所有这样的时间都用来打球了。一次，我和弗兰克在一起打球，他打到了78杆，几乎和他的年龄一样，击败了我。

后来针对这件事我给沃伦写了一张便条，说到他的员工很显然工作不够努力。

沃伦马上给我回了信。“没有一个伯克希尔–哈撒韦（Berkshire Hathaway）的员工可以打破80杆的纪录，不过我也不记得工资单上有个叫弗兰克·卢尼的人。”他说道。

高尔夫甚至给我带来一个GE董事会的成员。大约3年前，《高尔夫文摘》（*Golf Digest*）列出了一个CEO高尔夫球手的名单，并将太阳微系统公司的斯科特·麦克尼利列在首位。而我呢，则紧随其后排在第二。斯科特很快向我发出了挑战：“如果我要成为第一的话，我想确信自己是真正的第一。杰克，你选地方——任何时间，任何地点，我们将一决雌雄。”

我一看到这个消息，就给他打了个电话。我们确定了时间，斯科特那年夏天宽宏大量地来到楠塔基特岛，和我打了36洞，那次我赢了。两个星期后，斯科特送给我一个镌刻着“韦尔奇杯”字样的纪念品。第二年，为了保卫这个战利品，我在奥古斯塔再一次跟斯科特打了36洞，这次我又赢了。2000年，他赢了一场“简化”的比赛，我们只打了18洞，这一次的战利品现在在加利福尼亚（我说这是一次“简化”的比赛准会气死斯科特的）。

只是我第一次击败斯科特后，我才邀请他来我们的GE董事会。这是一次绝好的时间安排，因为这正好让我们可以初步达成电子商务的合作。

我非常幸运。在我的高尔夫技术刚刚开始提高时，斯科特出现了。在打高尔夫的这些年里，我在球场上只知道把球好歹推进18个洞就完了，能赢只是因为在果岭或果岭周围的短杆打得好。

直到1989年和简结婚后，我的技术才提高到了一个新的水平。那时我的差点大约是10，但在教她打球的过程中，我发现自己进步了很多。有一时期我的差点降到2或3，并且还在桑卡迪–海德俱乐部赢得了两次俱乐部冠军。而在遇到简之前，我往往在第一轮或第二轮比赛中就被淘汰了。

我不明白为什么会这样，但是当我第一次教她时，我确实使自己减缓了速度，并且注意分析了自己的姿势。当我告诉简挥杆时尽量往后摆得远一点时，我感觉到自己也不得不同样这样做了。所以现在我自己也在练习摆得远一点，我也开始学习如何收杆。在此之前，我从来没有完成过挥杆动作。

现在，每当我准备来一次重击时，我就不停地对自己说，弗雷德·卡普尔斯（Fred Couples），弗雷德·卡普尔斯，弗雷德·卡普尔斯。我认为他的收杆姿势非常完美，而且总是试图把他的挥杆动作铭记在心，这样我就可以学着他的样子来打球。

教简打球使我注意分解动作，集中精力在力学上。由于逐渐掌握了技术要领，我发现自己在比赛的最后环节不再慌张了。我打得更好了，而且我也越来越喜欢这项运动了。

1992 年，在桑卡迪–海德俱乐部比赛开始的前 10 天，我每天都打 36 洞。最后我的差点到了 2，从而赢得了比赛。

两年以后，我又赢得了一次比赛。在最后的决赛中，我赢了我的朋友雅克·伍尔史莱格尔（Jacques Wullschleger）。他是一个非常厉害的高尔夫球手，在过去的 16 年里，我们同场竞技 40~50 次。100 场比赛中，他可以赢我 99 次。而幸运的是，第 100 次，也就是我赢的那次，是在 1994 年的俱乐部冠军赛上。在这次延长赛中，在打到第 37 洞的时候，我打了一个 15 英尺的推球入洞，以低于标准杆一杆的成绩赢得了这场比赛。

雅克是个非常特别的人。在那次输了我之后，他花了数天的时间，雕了一个木制的桑卡迪灯塔送给我作为纪念品。

我曾参加过的最广为人知的一场比赛是 1998 年春的佛罗里达达

人杯比赛，比赛在佛罗里达的韦恩·休伊曾加（Wayne Huizenga）球场举行。《今日》节目的联合主持人马特·劳尔认识高尔夫职业选手格雷格·诺曼（Greg Norman），并请他来参加我们的比赛。这是一场友谊赛，对一帮水平一般的比赛者来说，格雷格简直就是鹤立鸡群。他随便打了打，70 杆，低于标准杆 2 杆；马特打了 78 杆。

我实际上杆数低于格雷格，我从蓝球台开的球打了 69 杆，而他从金球台开球打了 70 杆。这对于我来说是一个非常令人兴奋的日子。我想要告诉全世界的人，将记分卡电传给每一个我认识的人看。在一周以后的商务会谈中，每当有人问起我这场比赛的结果，我总是说：“稍等一下。”然后我就会从衣兜里掏出记分卡。

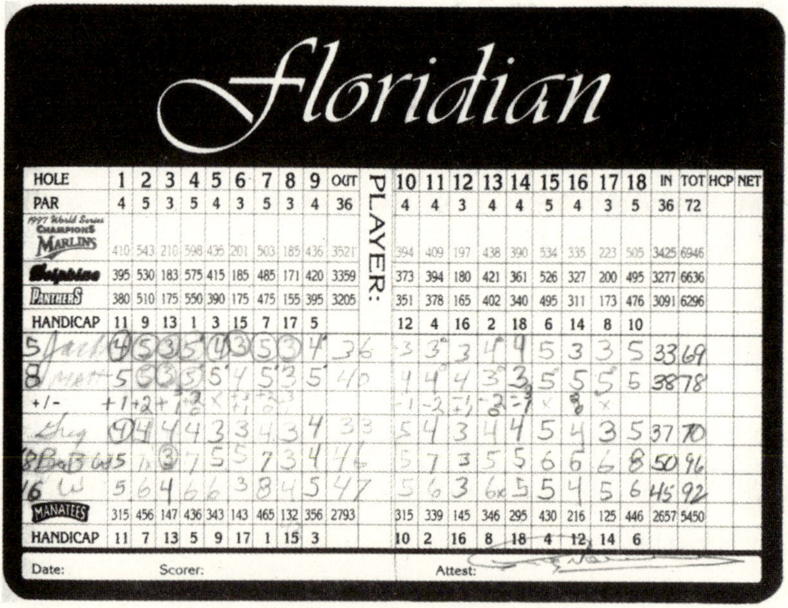

Floridian

HOLE	1	2	3	4	5	6	7	8	9	OUT	PLAYER:	10	11	12	13	14	15	16	17	18	IN	TOT	HCP	NET
PAR	4	5	3	5	4	3	5	3	4	36		4	4	3	4	4	5	4	3	5	36	72		
1997 World Series Champions Marlins	410	543	210	598	436	201	503	185	436	3521		394	409	197	438	390	534	335	223	505	3425	6946		
Dolphins	395	530	183	575	415	185	485	171	420	3359		373	394	180	421	361	526	327	200	495	3277	6636		
Panthers	380	510	175	550	390	175	475	155	395	3205		351	378	165	402	340	495	311	173	476	3091	6296		
HANDICAP	11	9	13	1	3	15	7	17	5			12	4	16	2	18	6	14	8	10				
5 Jack	4	5	3	5	4	3	5	3	4	36		3	3	3	4	4	5	3	3	5	33	69		
8 Matt	5	5	3	5	5	4	5	3	5	40		4	4	4	3	3	5	5	5	5	38	78		
+/-	+1	+2	+1	[illegible]	[illegible]	[illegible]	[illegible]	[illegible]				-1	-2	[illegible]	-2	-1	[illegible]	[illegible]	[illegible]					
Greg	4	4	4	4	3	3	4	3	4	33		5	4	3	4	4	5	4	3	5	37	70		
18 Bob	5	7x	3	7	5	5	7	3	4	46		5	7	3	5	5	6	6	6	8	50	96		
16 W	5	6	4	6	6	3	8	4	5	47		5	6	3	6x	5	5	4	5	6	45	92		
Manatees	315	456	147	436	343	143	465	132	356	2793		315	339	145	346	295	430	216	125	446	2657	5450		
HANDICAP	11	7	13	5	9	17	1	15	3			10	2	16	8	18	4	12	14	6				

Date: Scorer: Attest:

我与格雷格·诺曼的高尔夫比赛记分卡

格雷格也非常有趣。他在我的记分卡上签名，并允许我拿着它到处炫耀，即使这不过是一场非正式的比赛。我告诉他，等我四处炫耀之后，他会变成从女性开球用的红球台，而我从好手用的金球台开球。可能我宣传得有点儿过分了，特别是在我“胜利的故事”出现在杂志和报纸上时，唐·伊穆斯（Don Imus）甚至开始在广播里谈这件事情。

有一次，格雷格给我打电话，并开玩笑地问我：“杰克，你已经告诉全世界的人了吗？”

“你发现还有我没通知的人吗？”我大笑着回答，“如果有，请将他们的地址告诉我。”

第二十六章

"新人"

杰夫的表现使我回想起我一生中最快乐的时光：那是39年前的一天，为了庆祝我的第一个孩子凯瑟琳诞生，我夹着一罐糖果走进我在塑料大街的实验室。

刚开始还是先不说他的名字，我们都叫他"NG"。这是我们称呼"新人"（New Guy）的代号。

将我的继任者的情况保密，这一点很容易做到，而这也是唯一一件容易做的事情。选择继任者的工作不仅是我职业生涯中最为重要的一件事，而且是我曾经面临的最困难也最痛苦的选择。整个过程几乎使我发疯，给我带来了无数个难眠的夜晚。

至少有一年的时间，这是我每天早上思考的第一件事，也是每天晚上占据我整个头脑的事情。

使问题变得难以解决的原因是我们有三个非常好的最后候选人：杰夫·伊梅尔特，他主管我们医学系统的整块业务；鲍勃·纳代利，他负责能源系统的工作；以及吉姆·麦克纳尼，他主管飞机引擎的业务。他们三个都超出了我们的期望，他们的表现都非常出色。

他们中的任何一个都完全有能力管理GE。这不仅是因为他们是非常优秀的领导者，而且他们都是我的好朋友，我知道我肯定要使他们中的两个人失望。

我知道，这是我必须处理的最为困难的事情之一。

在经过长时间且有些强迫性的思考和讨论过程之后，我们做出了决定，和我 20 年前一样，我知道自己喜欢什么和不喜欢什么。如果我在得到这份工作的几年后就着手选择继任者，那就有可能和雷吉在选择我时所做的一样。他的继任遴选工作做得很完美，经过了深思熟虑，而且他的举措博得了业界的一致赞誉。在这 20 年里，公司发展得如此之快，我可以稍微改变一下做法。

从几年以前以业务为中心的模式开始，GE 已经发展为一个非常规但是合作非常紧密的企业，并由坚定的价值观和荣誉支撑着。每一个候选人都是社会发展的产物。他们在变革中成长起来，有着充足的自信心。我们的步骤，从每季度的 CEC 会议到经常耗时一整天的 C 类总结，使我们走得更近，而且能够更加深入地相互了解。

我根据以下的一些想法和观点，开始了整个挑选继任者的工作进程。

第一点，我希望我的继任者成为 GE 无可争议的领导者。我担心自己给他留下了一些失望消极的员工，因为这些员工的低落情绪很容易使得整个公司好不容易才建立起来的精神和价值观发生动摇。

第二点，我希望将官僚主义因素排除在整个过程之外。权力的交接对企业来说是一个很大的震荡过程，此时的焦点应该放在公司外部，而不应该是在内部。当年，在我完成最后的接任工作后，一切马上变得极度官僚化和分裂。雷吉并不是有意造成这种官僚化的局面，是这个遴选的过程导致的。将所有的候选人召集到总部，这样雷吉就有机会让每一个人看得更清楚，不过它的代价就是那场严重的官僚主义动荡。

第三点，我必须确信董事会对这个决定是非常关注的，是设身处地地认真考虑过的。为了今后的工作，公司的董事们必须团结在一个人的周围。在我早年一些比较关键的岁月里，我有幸能得到这样一股力量来支持自己。这是天赐的好运。在我处于“最低谷”时，董事会的支持对我来说是非常有益和珍贵的，这一点在我被称为“中子弹杰克”时以及受困于皮博迪的基德公司问题时最能体现出来。

第四点，我希望选择足够年轻的候选者，在未来至少10年的时间里来做这份工作。虽然一个CEO马上就可以产生一定的影响，但我总觉得人们应该承担自己的决定产生的后果，特别是自己的错误。我肯定有过类似的情况。一个在职时间比较短的领导者有可能试图做出一些疯狂的举动，好在公司中留下他自己的印记。我看到过很多类似的例子。在我当公司董事长的这一段时间里，有些公司就已经换了五六个不同的CEO。我不希望这种事情在GE发生。

上面就是我在1994年春着手这件事时所想的一些问题。当时我58岁，还有7年的时间就要离开这个位置了。我觉得我们需要充足的时间来做出正确的决定。选择自己的继任者是一件很困难的事情。你的赌注是未来，而不是过去。我们需要选择能够在变化的环境中生存并发展的人，他将把GE带向一个新的水平：5年、10年，甚至20年。

1993年11月，我任命比尔·科纳蒂做我们人力资源部高级副总裁时，我告诉他我俩最重要的一项工作就是为公司挑选下一任CEO。“我和你将要长期关注的一件事就是为这个职位找到最合适的人选。”

事情确实是这样。当时我们不知道这件事几乎会耗尽我们所有的力气。

几个月以后，也就是1994年的春天，斟酌挑选的工作开始了。我们从来都备有应对“突发性事件”的继任计划：一旦我发生不测时可以接替我位置的人选名单。现在，我们第一次比考虑紧急情况看得更远，撒了更大的网，来筛选有充分潜力的人在2001年接替我的位置。

在我们匆匆记下这些名字之前，我们执行发展部门的副总裁查克·奥克斯基（Chuck Okosky）将一名“理想的CEO”应该具备的条件和要素进行了归纳，列了一个名单。

这些特点完全囊括了我想要的技能和特性：诚实、价值观、经验、愿景、领袖气质、锐利、名望、公平、精力、平衡性，以及勇气。查克的名单上还包括这样的品质，如“学习知识的无穷欲望”和表达“勇敢的主张”。我也加入了自己的一点希望，如“对任何详细复杂的事情能应对自如”以及“有胆量和耐心去做高风险的事情”。

不过这个方法并没有起到很大的作用。当我们准备按照这个标准开始实施时，连圣人都不能说是完全胜任的。

我、比尔和查克在C类员工名册中反复斟酌挑选，总共列出了23名候选人。这个名单中不仅包括高级副总裁要位上的很突出的人选，还第一次列出了16位潜力颇大、分散在更广泛领域的候选人，其中包括成为最终候选人的三个人。这些人中最年轻的只有36岁，年纪最大的是58岁，显然后者肯定是紧急时刻的候选人。候选人来自很多不同的部门，既有负责我们不同业务的CEO，也有我们年轻的副总裁。这是我们1994年最有希望的候选人。

我们为每一位候选人写出了一个发展计划，为每一个人设计了升迁的机会，直到2000年。我们希望在多种业务上给这些年轻人更宽广、更深入、更全面的展示机会。

我和比尔在1994年6月向董事会的管理发展委员会正式提出了继任者的问题。我们向董事们展示了写着23名候选人的“理想CEO”名单，还有我们为16位有发展潜力的候选人所设计的详细的发展计划。这样，从那时起，他们职业生涯中所有关键性的决定都来自这个继任者培养计划。

尽管我们的计划做得非常周到详细，但看看今天的结果还是使我们清醒。23 名候选人当中现在只有 9 人继续留在 GE。其中一个当然是新 CEO，3 人是副董事长，还有 5 人将分别负责 GE 的大业务。有 11 人出于各种各样的原因离开了 GE，包括 7 人现在正在其他公司当 CEO 的候选人；还有 3 人退了休，其中包括两位副董事长。

这些年来，我们像老鹰一样关注着这些家伙。我们不停地在他们面前制造新的考验。有 8 个仍是竞争者的候选人到 1998 年的 6 月为止已经尝试了 17 种不同的工作。我们免去了吉姆·麦克纳尼 GE 亚太区总裁的工作，当初任命他是让他履行我们的全球化承诺。吉姆在生产、信息服务和金融服务等方面已经有了一些经验，他成了我们主管照明设备业务的 CEO。两年之后，我们又让他去当了主管飞机引擎业务的 CEO。

鲍勃·纳代利曾经在我们的电器和照明设备业务部门工作过，接着又成为负责交通运输系统的 CEO，后来我们又任命他为能源系统的负责人。

杰夫·伊梅尔特将他的绝大多数时间花在了塑料业务上，接着尝到了电器工业残酷竞争的味道，后来又重新回到了塑料部门。他于 1977 年成为主管医疗设备系统的 CEO。

1994 年 6 月第一次董事会陈述后，我们决定在每年的 6 月和 12 月举行一次董事会对继任者的评估会。我自己在每年的 2 月还要做一次实时的评估，这个时候我会抽出一部分资金作为激励奖金，发给我们的高级执行官们，每年 9 月讨论给予股票期权的时候再做一次评估。

为了帮助董事们对这些候选人有一些会议室外的接触，他们每年 4 月会和这些候选人在奥古斯塔打高尔夫球，每年 7 月在费尔菲尔德打高尔夫球或网球。我们还举行一年一度的圣诞派对，也邀请配偶们参加。在每一次类似的活动中，我和助手罗莎娜都要认真地安排四人对抗赛的位置和午餐时的座次，以确保董事会的成员们至少有一次和不同的候选人进行交流的机会。

1996年，我希望董事会的成员们能有一次机会进行更深入的调查，不用我在场。我请赛·卡思卡特主席带他的委员会到每一个业务部门去参观。赛·卡思卡特是一个很好的朋友，一位卓越的董事会成员，还是一个私人顾问。他智慧而坚强，在我需要被拧一下时，他会很热情地给我一下；他为人慷慨，每当他认为我需要称赞时，他也会毫不犹豫地说："好样的！"

当雷吉提名我为董事长时，两位董事赛·卡思卡特和米切尔森已经是董事会的成员了。为了保持延续性，我希望他们和第三个成员弗兰克·罗兹（Frank Rhodes）在交接时能够继续留任。弗兰克·罗兹也是遴选委员会的成员，但是他们三个都准备退休了。我请求董事局暂时延缓他们的退休时间，这样公司可以从他们的经验中受益很多。弗兰克和克劳迪娅·冈萨雷斯（Claudio Gonzalez）以及安迪·西格勒是赛·卡思卡特委员会的成员。克劳迪娅·冈萨雷斯是金佰利（Kimberly-Clark）墨西哥策划执行部门的CEO，安迪·西格勒是尚皮恩国际的前董事长。

他们同每一个部门的领导及他们的团队度过了一天的时光，包括晚上在一起进餐或者打球。没有一件事情是我筹划的。在那以前，一些候选人打电话过来问我："杰克，下面应该做些什么？"

"现在该你们自己表演了。"我回答道。我想让董事会的人知道，每个部门的领导者是以什么方式处理事情的。他们中有些人会给出详尽的报告，另一些人可能就只有几张纸。有些人会和他的员工们一起去完成某项任务，另一些人可能只需要一两个助手就搞定了。每一次旅行之后，赛·卡思卡特都会给我一张字条，说明委员会的印象。

第一份名单提出后4年，有人退休、卸任或被淘汰，总之原来的

23位候选人缩减为8位实打实的候选人。我们继续围绕着那份“理想的CEO”名单做工作，添加或者删除一些限制条件，但是看上去似乎只有超人才能满足这些条件。最后，比尔、查克和我于1998年制定了对我来讲非常有用的8个基本目标：

1. 选择最强有力的领导。

2. 寻求最优化公司行政管理者才能的方案。

3. 在交接完成后，尽量留住所有的竞争者，使他们进入下一届行政管理工作。

4. 将损害组织机能的竞争最小化。

5. 在最后决定做出之前，创造机会更加深入地了解和评价每一位竞争者。

6. 考虑到公司的规模和复杂性，我们需要给出必不可少的交接时间。

7. 提前考虑在全体选举的公告中所需的条款并写出框架。

8. 尽量让可选择的时间长一些，与第4和第5个目标保持一致。

这只是个理想的列表，但这个列表还是相当不错的。我们没有实现所有这些目标。我后来也认为第3个想法是不现实的。我们不会留住所有的候选人，我后来认识到我们也不应该留下他们。基本目标中的第4个和第5个到头来证明是互相矛盾的。将他们召集到费尔菲尔德，然后更“深入”地了解和评估他们，已经冒了损害组织机能的风险。其他的目标都坚持了下去。

我从选择继任者的过程中得到的一个最重要的教训就是，必须防止所有的内部官僚主义行为。这一点也许让人感到难以置信，但最后表现出来的情况就是这样。当整个过程结束之后，“决赛选手”们告诉我，他们也是这样看的。

我们的价值观起到了非常重要的作用，如果任何一个候选人要花招，就会遭到同伴们的唾弃。1998 年年末，我们确定了最后的 3 位候选人，媒体开始大力施压，不过他们仨并没有做出任何损害他人名誉的事来。事实上，他们只会做相反的事情。

我们让他们仨继续在各自的岗位上做他们当前的工作，使得他们除了自己的业务外，不用再费神在其他业务上——鲍勃·纳代利在斯克内克塔迪，杰夫·伊梅尔特在辛辛那提，吉姆·麦克纳尼在密尔沃基。不搞政治，不对他们的朋友以前干的事“事后诸葛亮”，不用再对付组织中的新官僚阶层。他们各自的缺陷是很明显的。我不想像雷吉那样，把我们所有人都召集到费尔菲尔德，然后一个接着一个地进行考察和评估。

我不需要进行更深入的考察了。三年来我一直都跟这三人打交道，不过我还是为更好的观察创造了机会，而不用将他们都叫到总部来。举个例子，1997 年，我将他们都列入了 GE 金融服务集团董事会，在每月一次的例会后，我都会和他们一起吃顿饭。在这些正式的宴会上，我尽量让气氛变得不那么正式。我们开玩笑，我还问他们对 GE 金融服务集团董事会实施的这些举措有些什么看法。这样做确实奏效了一段时间，不过到了后来，每个人都觉得有些尴尬，于是我们就不再这么做了。

我还做了另一件事情。这有点儿像雷吉那时的选择过程，不过这次是在办公室以外。1999 年的春天，我邀请了 11 位主要部门的 CEO，参加我举行的私人宴会。席间，我问他们对我们现有的业务有些什么想法，如什么业务我们应该继续保留，什么业务我们应该抛弃，以及应该由谁来组成最高的领导团队。我请他们选择三个领导者，我不想强迫任何人陷入只许选择一个的踌躇中。

这些会晤非常有助于组织一支团队，但对于选择一个公认的领导者却没有什么用处。

我在2000年的春天又重复了这样一个过程，这次我将重点放在他们所负责的业务之外。我想知道他们对我们当前的工会协商和环境问题有什么看法，我还让他们坦诚地交换了对彼此的看法。这次同样也没有什么特别的情况。他们对彼此都非常尊重，也非常喜欢。此外，我还提了很多关于我们这个选举过程及其意义的问题，即他们对这个过程哪些地方满意，哪些地方又觉得不够好。

我问他们仨的问题中，一个最重要同时也最富挑战性的问题是："如果你没有被选为CEO，你会离开吗？"他们中的两个——其中一个比另一个表达得更直接，说毫无疑问他们会离开；还有一个说他希望得到这份工作，他非常喜欢这家公司和公司里的员工，所以他会留下来看它如何发展。我对这番话打了一个折扣，因为我想猎头公司绝对不会放过他们。事实上，他们获得了如此之多的瞩目，所以到最后，事实证明了我的这个假设是多么的正确。所以那个时候，我下定决心不再努力让他们仨都留下来，因为这是不现实的。

从一开始，我并不是将整个过程看成简单地提名一个CEO，我还希望利用副董事长的位置来满足这些新人，以便能够创建一支更强大的团队。我不想使未能接任我位置的人或未能与我的继任者共事的人失望。我觉得最佳的方案应该是：当时GE金融服务集团董事会的CEO丹尼斯·戴默曼，负责NBC的鲍勃·尼尔森。他们两人在我的宴会交谈中，总是和别人很融洽。丹尼斯·戴默曼在1997年被任命为副董事长，鲍勃·尼尔森在2000年7月被任命为副董事长。丹尼斯从一开始就是我们培养的对象，而鲍勃则在成为副董事长以后才真正加入继任者的角逐中。

当媒体在2000年越炒越热时，整件事的不确定性也开始攀升。在我的克罗顿维尔课堂上，有人问我将以什么方式把这三人留在GE，再有，当他们中的一个当了CEO后，这个人的位置由谁来代替。华尔街的分析家们也问我同样的问题。

我有过很多想法，有好有坏，但是直到6月的一个周末，我才有了一个真正的好主意。这个主意是我在淋浴时产生的，其实我的很多好想法都是在这种时候产生的。由于三人中的两人肯定会离开，所以我决定"丢掉"他们。

我决定马上指定继任者，而不是等到他们被提升或者离开时再考虑。杰夫、鲍勃和吉姆可能会在他们这份工作最后的5个月里过得不是很舒畅，但是在他们离开以后，他们所负责业务的新主管必须得到很好的锻炼，以承担这份工作。他们各自所在的机构应该知道他们的下一任领导是谁，而且早一点儿选出他们的接班人会减少一些不必要的流言蜚语。我还认为这样做会使华尔街放心。

在我们的C类会议中，每一个企业的领导者都必须提名他或者她的继任者。这成了一个常规性的过程。2000年4月，随着11月最后任命CEO的日子临近，我给我们所有的主管写了一封信，并请他们所有人至少花一个小时的时间，讨论谁来接他们的班。这些讨论使得这3位候选人中最受欢迎、最被需要的接班人浮出了水面。

星期一早上，我非常高兴地告诉比尔和丹尼斯我在周末产生的新想法，他们也显得热情高涨。我们现在就可以将我们认为合适的众多CEO人选安排在新的重要位置上。因为董事会对所有人已很了解，所以打个电话就很容易在当周召集到董事们，告诉他们这个新的想法。他们喜欢这个想法。

现在，我必须将这个决定告诉鲍勃、杰夫和吉姆。我承认，这看起来可能有点儿不公平，但是我这样做对他们的员工和我们的股东们而言，是利益最大化的做法。

尽管这样，他们还是吓了一跳。

"喔，你是说，我要么被提升，要么就走人，是吗？"一个人问道。

"对，情况是这样。你曾经告诉过我，如果事情不如你愿，你就会离开，所以当时你就准备好了迎接挑战。现在我要说：'好吧，这里有个人，他将来代替你。现在你需要训练他 6 个月。'"

"怎么是这样的结局！"他回答道。

"瞧，我知道这样做是有一点儿残酷，但这是不可避免的。我现在必须这样做。"

他们中没有一个认为这是一件好事，但他们知道，这样做确实符合公司的最大利益。我们已经确定了三个人作为我们新的首席运营官人选，他们全都只有 43 岁。

戴夫·卡尔霍恩曾经是全体审计人员的负责人，后来担任过一系列的 CEO 职位，如亚洲的塑料业务、交通、照明设备和再保险业务。他不仅聪明、风趣、敏捷、热爱运动，还很善于公关。戴夫在吉姆·麦克纳尼主管飞机引擎业务的部门是一个非常出色的首席运营官。

我第一次遇到约翰·赖斯（John Rice）是在斯克内克塔迪和年轻审计人员共进午餐的时候。他有着与众不同的个性、精辟的见解。我马上就喜欢上了他。我告诉他："你不用再做财务工作了，来做运营工作吧。"约翰这样做了，并且直接进了电器制造公司。在一系列提升之后，他先是接替了戴夫·卡尔霍恩在亚洲塑料业务的 CEO 职务，接着又担任了 GE 交通运输业务的 CEO。这些经历使得他很自然地成为鲍勃·纳代利在能源系统业务中的首席运营官。

乔·霍根在成为 GE-Fanuc 的 CEO 之前，主要工作是负责塑料部门中的全球性业务。乔已有 43 岁，但看上去好像才 15 岁。他可能进每一个酒吧都得出示身份证。他看上去好像是这样，但他确实是一位慎重成熟的经理人，有着极佳的交际能力和天生的领导才能。他在杰夫手下做首席运营官之前，我们曾让他在医疗器械系统中干了几个月的电子商务主管工作。

让这三个明星做这些新工作是一个改变游戏规则的举措。虽然30万名员工，包括我，还不知道他们的董事长将会是谁，但我们最大的三个业务部门都已经知道了他们的新CEO将会是谁。

对外界，我说这次变动是“我们领导权交接过程中一个很自然的步骤”。不过对于那些想讨论这次人事变动或其他涉及继任者问题的记者，我一概采取了回避的态度。

鲍勃、杰夫和吉姆也同我一样，我们都不希望事情被媒体搅和得一团糟。我天真地认为我可以完全使媒体不乱说话，毕竟，关于我的继任者的第一个故事在1996年就开始炒得沸沸扬扬。当我们进入9月时，即离任命我的继任者只有两个月时，几乎所有的媒体都将注意力转移到了GE的接任事宜上来。

一周大概有三四天，《商业周刊》《华尔街日报》《金融时报》，还有伦敦的《星期日泰晤士报》上都会出现与GE接任事宜相关的报道。这些文章不仅提到了有希望的候选人，还对他们进行各种预测和介绍，全然不需要我们的帮助。

当这些报道见诸媒体的时候，我正在澳大利亚看奥运会。我在宾馆的房间里看到这些电传过来的文章，很惊奇我们公司的接任事宜会引起如此广泛的关注。我同样也觉得非常可怕，因为我知道，这会给三位候选人带来多么大的压力。

深夜1点半，我在宾馆的房间里用笔记本电脑给他们三个人各写了一封电子邮件：

杰夫、吉姆、鲍勃：

非常抱歉你们不得不承受媒体的这些胡言乱语。

我本来以为，我可以让每个人留在自己的业务领域工作，这样我的接任工作就会比雷吉做得更好。结果表明，媒体会将每一次的接任转变成冲突。谢谢你们这些非常不错的家伙。公司非常幸运，你们能够一直坚持下来。你们在做任何一件事情时出色的成绩和非凡的态度使得这个过程对我来说变得更具挑战性。谢谢你们真的这么优秀。

这封信是我的真实想法。下面是我收到的一个典型的回复：

杰克，最基本的一点是，我们非常幸运能够成为其中的一员，这种感情压倒了公众的密切关注带来的不快。成长、挑战和乐趣会使这件事情永生难忘，不论下一步会发生什么。你为GE所做的这些是完全正确的，我确信我们全都支持这个程序。

你最喜爱的参赛者

这些回复充分展现了他们的品质，而这使得我更加难以做出选择。我有时开玩笑说，现在我希望他们中的一个人做出一些愚蠢、疯狂的事情，因为一个丑闻会使做出决定的过程变得容易很多。当我和董事会又一次讨论这个问题时，我想让董事们了解，这对我来说是多么困难。山姆·纳恩（Sam Nunn），这位来自乔治亚州的前美国参议员，从1997年开始就已经是我们董事会的成员了，他给了我一个回答。

“杰克，”山姆说道，“不要再为选择这些人中的一个而自责了。你已经使他们很出名了。他们将拥有全美最好的工作，况且还不清楚他们谁会最终获得这个职位。这就意味着他们都是非常不错的。他们到了今天这一步，你已经为他们的职业生涯做了很多了，如果他们没有被发现，他们根本就走不到现在这步。”

这些话着实让我宽慰了许多，不过这并没有使他们三人日子好过些。当这些报道泛滥时，他们都在佛蒙特州斯托的一个保诚投资会议（Prudential Securities Investment Conference）上，而且还在一起吃早餐。

他们是屋子里所有人关注的焦点。几天以后，我偶然碰到了约翰·布莱斯通（John Blystone），他也参加了这个会议。约翰在 1996 年离开 GE，到 SPX 公司当了 CEO。

“你真应该感到骄傲，”他告诉我，“他们在开会时还互相开玩笑，他们互相支持。坐在那里的股东们看到了公司的最高层像一个团队那样运作。你对此应该感到非常高兴才对。”具有讽刺意味的是，约翰不知道他是我们 1994 年第一次列出的 16 名新星之一。

事实上，我确实以他们仨为荣。每个人都或多或少有一点儿区别，但他们全都是非常优秀的人才。在赢利、市场份额和员工士气方面，他们都以创纪录的成绩运作着各自负责的业务。

鲍勃在 1995 年曾被调去管理一项动力涡轮机业务，这一业务的净收入连续 3 年都在走下坡路。他发动技术骨干去解决这个问题，从动力能力的缺陷方面找到了可以提升的地方，并促使涡轮机的需求量如火箭般急剧增长。他还建立了一个非常好的运行机制，充分利用了这次机会。他总共进行了几十次全球性的收购。

他将 1995 年开始只有 7.7 亿美元运营收入的业务发展成为 2000 年的 28 亿美元的业务。更为重要的是，1999—2002 年，他保持着每年净收入增长 10 亿美元的业绩。众所周知，全球在税后还能有 10 亿美元收入的企业是不多的，而鲍勃在此后的 3 年内每年都可以为公司创造 10 亿美元的利润增长。

吉姆同样也取得了非常出色的成绩。在他主管我们飞机引擎业务的 3 年里，他为 GE 创造的利润比 GE 最大的 20 个业务中的任何一个业务创造的利润都要多。他使这个业务从 1997 年的 78 亿美元增长到 2000 年的 108 亿美元，平均每年增长 21 个百分点。他发展了服务业，使其最终占据了整个业务利润的一半以上。他还使得 GE-90 引擎，这个体积最大而且能量也最大的引擎，成为波音 777 远程喷气式飞机的引擎，这是一次出色的战略性成功。

杰夫同样也将我们的医疗设备系统方面的业务带入了一个新的阶段。他构思了一个全球产品公司的概念，这家公司将成为公司每一项业务的典范——从世界的每一个角落寻找人才、元件和成品。他完成了很多次并购，并能够将它们很好地整合起来。他将医疗设备这种硬件业务做得更像一个信息公司。

三年里，他领导这个企业创造了新的利润和收益纪录，销售收入从 1996 年的 39 亿美元增长到 2000 年的 72 亿美元，同样也是每年 21 个百分点的增长率。杰夫使我们在欧洲成为强劲的竞争者，同样也使我们成为亚洲的第一。此外，医疗设备部门还利用六西格玛技术，比公司的其他部门创造了更多的产品。

并不仅仅是他们出色的成绩使我难以做出抉择。我不时会回想起和这三人共同度过的日子，他们曾经参加我在克罗顿维尔的学习班。早在他们成为每个部门的 CEO 时，我花了很多时间和他们在一起，进行各种各样的讨论。我培养他们，看着他们成长，在经历了非常艰苦的工作后，他们终于成为自信心很强的领导者。

我第一次遇到杰夫还是他 1982 年在哈佛商学院念 MBA 的时候，当时他选择了 GE，放弃了摩根士丹利。摩根士丹利的一个合伙人试图说服他放弃 GE。

“去 GE？听着，如果你到摩根士丹利工作，你只用 6 个月的时间就可以在杰克 · 韦尔奇面前演讲。但是如果你去 GE，可能，如果可能的话，你在你的第 10 年才会瞥到他一眼。”在杰夫加入 GE 的第 30 天，他已经和我以及其他 5 位从公司营销团队来的同事坐在了一张桌子上。

和很多坚强的经理人一样，杰夫也经历了很多挫折，我在那个时候只不过是他的陪衬而已。1989 年，为了增长他的经验，我们把他调到电器公司这样一个锻炼人的部门。这次调动工作给了他更多的经验，而且其增长速度比我们想象的要快得多。一次，在新投入使用的生产冰箱的流水线上出现了压缩机故障事故，杰夫果断地做出召回所有压缩机的决定。杰夫和 7 200 名员工昼夜奋战，排除了 300 万个压缩机中存在的故障。在这次危机中，在每月举行的运营评估会上我一直仔细观察他。

另外一次我对他感到不安是他在塑料部门时日艰难的 1994 年。作为 GE 塑料美国业务部门的总经理，他签订了大量固定价格的塑料订单。当年正好遇上了原材料价格上涨，但他已经向我们的顾客做出了承诺。这一次他损失了 5 000 万美元的净收入。当杰夫 1995 年 1 月来到博卡谈这件事时，他总是试图避开我。他很晚才去吃饭，很早就上床睡觉。最后有一天晚上，当他走出房门准备冲向电梯时，我突然出现了。

我一把抓住他的肩膀，让他转过身来。

“杰夫，我是你最大的支持者，虽然你遇到了你在公司最困难的一年，但那只不过是最困难的一年。我爱你，我知道你能够做得更好。你如果不能解决这个问题，我就会让你下台。”

“你看，”他说道，“如果结果不尽如人意，你不需要亲自来辞退我，我自己会离开的。”

当然，最后他解决了这个问题，而且此后他成功地完成了每一个项目。

我还能说出关于鲍勃和吉姆的类似故事。对于我来说，这是一次感情上的抉择。这里面有着无数的心血、汗水、亲情和感情。

我在作决定时从来没有遇到过困难，然而这次却不一样。

在 2000 年 7 月的董事会议上，我们和遴选委员会花了 3 个小时，反复讨论了每一个候选人的优缺点。这是一次开诚布公的会议。从头到尾，我控制住自己不要做出任何决定。我要将自己的看法留到最后才公开。在早上的会议告一段落后，我们照例和各个部门的 CEO 打高尔夫球、郊游。我告诉委员会，让他们在讨论结束并休息了一晚后，提前一个小时来参加第二天早上的会议。

直到 2000 年的 10 月 29 日，一个星期天的晚上，我才提出了我的推荐意见。因为董事会要视察一个动力涡轮机厂，我们来到了南卡罗来纳州的格林维尔。这次视察活动是在一年前就安排好了的，这可能是我做过的最不明智的安排。这将给鲍勃·纳代利造成他不应该承担的压力，但是我想让董事会的成员们知道，这里的气氛是多么的热烈。谢谢鲍勃，没有什么地方比动力系统更热烈了。第二天，他表现得很好。

至少从雷吉时代开始，我们就有一个传统，就是每年和许多现任董事及前任董事一起，在奥古斯塔打一周的高尔夫球。这次打完后，我们飞到格林维尔，在一品红俱乐部（Poinsett Club）的私人房间里共进午餐，这是一幢漂亮的老式南方豪宅。

那个星期天的晚上，在我们做出继任者决定之前，还有点儿小事要做。事情是这样的，《60 分钟》节目即将播出我的简介，来自动力系统的鲍勃的团队和我们的董事会成员在一起，关注着餐厅里的每一个电视屏幕。

当橄榄球赛使《60 分钟》拖延了近半个小时以后，我开始有点儿紧张了。雷斯利·斯塔尔（Lesley Stahl）对我的采访进行得很成功，但是你并不知道会有什么样的反响。他们为 15 分钟的介绍用掉了 23 个小时的录像带。

一个人如此暴露在大家面前时，什么事情都会发生。事实上，雷斯利很照顾我，整个过程完成以后，我觉得很放松。

晚餐过后，我们的董事被安排到附近的希尔顿酒店。我们在那里订了一个楼上的会议室，专门用来开这次特别的会议。为了保证会议的内容不被泄露，我们让GE的保安在外面守候。这里唯一不是董事会成员的是比尔·科纳蒂，他从一开始就和我一起安排遴选接班人程序。鲍勃和他的团队分别回到了他们的房间或家里。

10点刚过，我宣布开会。

“我们要下结论了。”

在接下来的大约15分钟里，我告诉了董事会，为什么我认为杰夫应该是这个“新人”。他在我们的医疗设备部门取得了很多出色的成绩，并将成为GE未来的模范。我觉得杰夫同时拥有智慧和协调的能力，浓缩了各种优秀的个性，这一点对于我来说是很重要的——他真正能够做他自己。尽管竞争激烈，但我认为他就是最佳的人选。

丹尼斯·戴默曼和鲍勃·赖特谈了他们的一些想法。丹尼斯回忆了他1982年在哈佛商学院第一次面试杰夫的情形。他主要谈到他的领导才能和以客户为中心的思想。鲍勃接着这个话题又谈了一些。然后，董事会的每一位成员都加入了进来，他们都一致表示同意。在会议的最后，弗兰克·罗德斯着力强调了杰夫学习和成长的能力。他说，在他看来，杰夫拥有最出众的学识，他应该是最正确的选择。

这是我曾参加过的最成功的一次会议。每一个人都希望说些什么，我们都承担着相同的责任。董事会议中至少有两名董事提出试图留下其他两位候选人之一的可能性。失去那么多人的确令他们很痛苦。

“你肯定你不希望留下一个吗？”一位董事问道。

“我已经想过这个问题了，”我说道，“我知道这样会出现什么结果。任何一个成为这家公司董事长的人必须充满自信心，并且热情高涨。我想让他充满成就感，我不希望他得小心提防着谁。”

这时我让比尔·科纳蒂谈谈他的看法，他曾经偏向于留下两者之一。比尔说，他最初认为其他两位候选人的经验和技能非常丰富和高超，我们至少应该试图留下他们其中的一位，但最后他不得不同意我的看法。

最后，我们都觉得没有被选择的两位应该去其他公司当CEO。

我用下面的这句话结束了会议："我不希望现在就做出最后的决定，我们再用3个星期的时间来好好思考一下。你们有什么想法，请随时给我打电话。"我告诉董事会的成员，感恩节前的星期三，我将再次召集遴选委员会的成员，重新讨论这个决定并请求他们最后的批准。

午夜，我们结束了格林维尔两小时的会谈。我的助手罗莎娜这时进入了会议室，将所有的会议用纸收了起来。

在10月的格林维尔会议召开前6天，有些事改变了我离开公司的时间表。我们宣布了对霍尼韦尔的收购，于是我同意继续留任CEO直到整个整合过程结束，而原计划我要在4月离任的。这次交易是我们公司史上最大的一次，从而引发了媒体的争相报道，继而也影响到了这次交接的过程。

但是，从我们内部来说，我们中间没有一个人认为这次交易会产生任何影响。确实没有什么影响。我最终将在2001年的9月离任，比我们在1994年制订的计划推迟了4个月。

在随后的3个星期里，至少有半打董事给我打来了电话，对这个决定和过程表示赞同。他们还试图使我打起精神来。虽然我对这个决定感到很激动，但是我仍然非常痛苦，因为我必须告诉鲍勃和吉姆他们将得不到这份工作。

感恩节前的星期三，我召集了遴选委员会的全体成员，获得了他们的同意，将任命杰夫为董事长的决议递交给将在星期五举行的全体董事大会。为了避免又一轮的交接报道引起公众的注意，我们在感恩节的假期里做出了决定。其实有很多人希望我们在常规的12月15日董事大会上宣布这项决定。

我召集全体董事在星期五下午 5 点休市以后进行正式投票选举。

11 月 24 日，当全体董事一致同意杰夫当选董事长之后，我 5 点半给还在南卡罗来纳和家人一起度假的杰夫打了个电话。

“董事会做出了最后决定，这对于你来说是个绝好的消息。我希望你最好明天到棕榈滩来。带上你的家人，我们会等你们吃午饭。”我查看了精心设计的日程安排。

这次，我们没有用 GE 公司的飞机，而是安排了一架包机，上午 10 点半到查理斯敦去接杰夫、他的妻子安迪和他们的女儿萨拉。为了保证安全，杰夫以赛的儿子詹姆斯·卡思卡特（James Cathcart）的名义包乘这架飞机。赛还从他的俱乐部叫来一辆汽车，将杰夫·伊梅尔特接到我的家里来。最后为了安全起见，飞机将在斯图尔特飞机场降落，而不是 GE 飞机经常降落的西棕榈滩。

当车停下来时，我已经站在汽车道上，准备通报他这个最好的消息。我们在北棕榈滩的一家意大利餐厅吃了午饭。午饭后，简带着杰夫的妻子和女儿去了我在伊斯特波因特的公寓。我和杰夫回去准备星期一在纽约召开记者招待会。碰巧，比尔·科纳蒂当时在佛罗里达度周末，他也过来帮忙。我们审核了已经起草并准备向外公布的任命书，并将代表新人的“NG”从中挑出来，然后填上杰夫的名字。

丹尼斯·戴默曼、鲍勃·赖特和他们的妻子当天晚上也乘飞机赶来了，这样我们所有人就可以在我家为杰夫庆祝。我们度过了一个美好的夜晚。但我还是有一块心病，因为我的工作只完成了一半，而且是比较容易的一半。

第二天，当我不得不告诉鲍勃和吉姆，他们将得不到这份工作时，我感到非常的难过。

星期天，我一直等到下午两点才打电话。我已经了解到三位候选人直到年底的工作安排，这样我就知道在哪儿可以找到他们。

我打电话时，鲍勃和吉姆都在家。

“我和董事会将召集一次会议。我最好出来总结一下这个决定及其背后的合理性。”

我没有打算在电话里告诉他们，他们将得不到CEO的工作，因为我觉得我应该当面告诉他们这个消息，不过我也不想给他们一种希望增加的错觉。为了准确表达我的意思，上面的话我在家里至少练习了十多次，甚至在打电话前我还和简排练了一次。

我冒着瓢泼大雨，在下午3点到达了西棕榈滩的飞机场。这场影响了大半个美国的东部暴风雨完全有可能造成感恩节假期的飞行事故。很多飞机场都关闭了，飞机停在飞机场上。当我告诉飞行员我们不按照原计划降落到威彻斯特飞机场，而是到辛辛那提时，他们吓了一跳。在起飞都很麻烦的恶劣天气里，他们必须改变所有的飞行计划。

飞行员说恶劣的天气要使我们在地面上多待几个小时，于是我躺在沙发上，思考我该说些什么。我憎恨那些我必须做的事情，这就像你不得不选择一个孩子，而放弃另一个孩子。这看上去是那么的不公平。他们为公司呕心沥血，他们从来没有同我或彼此间有过不公平竞争。

他们付出了百分之一千的努力。

在这个事件中，我要他们仨去完成某件事，他们全都完成了；接着又是另一件事，然后他们又全都完成了。他们大大超过了我们的期望。现在我不得不告诉他们其中的两个他们职业生涯中最坏的消息——我没有任何别的话来鼓励他们，只能说他们将在别的地方获得更好的CEO职位。

那天下午，天黑得比较早。我5点半离开棕榈滩时，天已经全黑了。我大概在7点到达了辛辛那提的伦肯航空基地。那个地方潮湿、阴沉、黑暗，这是一个寒冷的夜晚。在薄雾下，我走在飞机跑道的柏油路面上，朝着一个有微弱灯光的私人飞机库走去。我觉得非常孤独，身边只有我的旧公文包。

周围没有一个人。当我来到门口时，吉姆已经在那里了。我和他打了个招呼，然后我们马上来到一个小型的会议室。

“很显然，”我说道，“这会是我一生中最难的一次谈话。”

吉姆的失望马上显露在他的脸上。

“我选择了杰夫。如果要生谁的气的话，就恨我吧。把我的头像钉在墙上，用飞镖扎我。我甚至不能告诉你这是为什么，我是凭我的直觉。我有三个金牌获得者，却只有一枚金牌。”

吉姆开玩笑说没有重新计票。当时正值佛罗里达总统竞选的混乱之中，说他有多么宽容和亲切也不过分。

“我想让你知道我是很希望得到这份工作的，但是我同样也想告诉你，我认为这个过程是公平的，因为你在整个过程中一直都是公正的，你给了我们每一个机会。”

在接下来的40分钟里，我们谈得很好。我们谈到了人生、他的父亲以及他在GE的18年经历。我告诉吉姆，从我们1982年的第一次见面开始，他已经取得了巨大的进步。我还回忆起他是如何被我们在皮茨菲尔德的一位老员工格雷格·莱门特从麦肯锡咨询公司挖来的。从他在我们信息服务部门的第一份工作开始，到最后这份工作，他为我们做了许多非常好的事情，没有人比他对我们的飞机引擎公司做出的成绩更大。

“你的最后两年是你做得最好的两年，而且你一天比一天做得更好。无论你到哪里，你都将会是一位非常出色的CEO。”

我回到了飞机上，把我们的飞行员又吓了一跳。

“我们不去威彻斯特了，我们现在必须飞到奥尔巴尼去。”他们忙乱地做完准备工作后，我们穿越了浓密的云层，在9点到了奥尔巴尼一个空荡荡的飞机场。这里仍然潮湿、寒冷。因为顺风，我们比预期的时间到得要早，那时鲍勃并不在那里。

他不在我反而感到一身轻松，对他说他没有得到这份工作对我来讲尤其困难。在他们仨中间，我认识鲍勃的时间最长，我在70年代末就认识他了，那时他是一间工厂的经理。他的父亲在GE工作了一生，和杰夫的父亲一样。

当鲍勃于1988年离开GE加入凯斯公司时，他是为数不多的几个我试图力劝他们留下来的经理之一。我没能说服他留下来，但是3年后他又回来了。从那时起，我观察他，并非常欣赏他的经营成绩。他所创造的数字是我40年里见过的最辉煌的数字，同时也是GE历史上最好的经营纪录。

在我到了10分钟以后，鲍勃准时出现了。我们在又大又空的休息室的沙发一角坐了下来，那儿只有我们两人。

我告诉了他这个消息，他的失望之情溢于言表。

“我本来还能做些什么？”他问道。

“鲍勃，你比我曾梦想过的做得多得多，你做出了非常出色的成绩。所有人都爱你，而且你也将成为一名出类拔萃的CEO。但是我不能回答你这个问题。我不能提供令你满意的信息。你做了每一件我们要求做的事情，而且做得更多。我相信杰夫是让这家公司继续向前发展的正确人选。这里只有一个人应该受到责备，那就是我。”

我和鲍勃进行了一次长时间的深入讨论，我无法满足他想知道更多信息的需求。他出色的经营成绩使得他很难接受这个决定。

我再次试图去缓解他失望的心情。

“鲍勃，你将是一个最出色的CEO，外面有一个更大更幸运的公司在等着你。”

我们握了手，然后紧紧地拥抱着。

回到飞机上，我要了一大杯加冰的伏特加酒，最后回到了威彻斯特。我呆呆地看着窗外的夜色，啜饮着我的酒，沉浸在深深的矛盾之中。整件事情结束了，我也宽慰了。我为杰夫感到高兴，也为我们充分自信地选出了最好的接班人而感到高兴。同时我也很痛心，让两个为公司做出了这么多贡献的朋友失望了。我发誓要当他们的经纪人，只要我可以做到，我将不遗余力地帮助他们。

我们星期一召开的记者招待会非常成功，我对杰夫的表现非常满意。他显示出了所有我在他身上看到的自信心和品质。会场上唯一的不足是，我们俩都没有检查对方的服装。我们俩在会场出现时，都穿着同样的蓝色衬衣和蓝色西装。

媒体将这件事作为笑料进行了报道。

这件事结束后，我花了几天的时间和我的朋友们商讨鲍勃和吉姆的工作问题。他们是海德思哲国际咨询公司的加里·罗奇和斯宾塞·斯图尔特（Spencer Stuart）的汤姆·奈福（Tom Neff）。汤姆游说我让两者之一到他的客户朗讯科技去。我告诉汤姆说，我认为这不是一个好主意。

10天以后，吉姆被聘为3M公司的CEO，鲍勃则成为家得宝公司的CEO，我们的一个董事肯·朗万（Ken Langone）在鲍勃的新工作中起到了重要的作用，他在接任工作中非常积极，在最后结果刚出来时便迫不及待地招募鲍勃到家得宝，他是家得宝的缔造者，并拥有相当大的股份。

当吉姆、鲍勃和他们的妻子加上雷吉、我和杰夫在GE大厦的彩虹室（Rainbow Room）参加我们一年一度的圣诞晚会时，我想，没有什么比这更能说明GE的价值观了。当我在演讲中提到他们的名字时，我们的董事们和主管们都起立向他们鼓掌。

没有人比我鼓得更起劲。

我真正感到自豪的是几个星期以后在博卡的时候。那时，我正盼望能有一个机会，让杰夫发表他当选新董事长以后的第一次演讲。这时，新当选的总统乔治 · W · 布什邀请了很多 CEO，包括我，去参加他在奥斯汀举行的一个经济短会。所以，在博卡我只做了一个简单的开场白，就离开了会议现场，这是我 33 年来第一次离开我们的行政管理会议。

这是一个预料之外但是非常走运的中断，因为这给了杰夫一个机会去做他自己的事情，而我不用再坐在前排了。我晚上回来时，一盘他主持会议的录像带早已放在了我酒店的房间里。

看着他开始运作整个公司，我感到由衷的喜悦。杰夫是那么的睿智、敏捷、有远见，而且令人难以置信的强大。

他是 CEO！

在博卡会议的结束语中，我告诉大家我在酒店房间电视屏幕上看到了杰夫的表现，我为他感到自豪，那感觉就像第一次当上父亲一样。杰夫的表现使我回想起我一生中最快乐的时光：那是 39 年前的一天，为了庆祝我的第一个孩子凯瑟琳的诞生，我夹着一罐糖果走进我在塑料大街的实验室。

在博卡，我表现得就像杰夫的父亲一样，他的父亲在 GE 的飞机引擎部门已经工作了 38 年，我们可以看到他的胸脯总是挺得高高的。

我确信，这个“新人”就是正确的选择。

后记

大约20年前，我站在纽约皮埃尔酒店的讲台后面，向华尔街那些分析家描述我构想的GE前景。尽管当时我的预期目标非常宏大，但我无论如何也没想到这家公司及其员工能达到今天的高度。

我们抛弃了官僚主义，创造了一个世界级的企业，其卓越的模式被各大洲认可。我相信，我将离开的GE是一个真正由能人统治的公司，一个汇集了拥有良好价值观和刚正不阿的品质、全心投入、满腔热情的人的公司。

这个公司每天都充满了这样那样的好点子，这里的人的确每天早上一起床就开始探寻更好的点子。

这真是一段奇妙的旅程。GE是一个百年企业，然而,GE这20年的发展就公司的悠久历史而言，只是短暂的一瞬。更令我激动的还是GE未来20年的发展前景。我知道这壮丽的未来会在一个相当出色的管理团队的带领下到来。

我在GE的头10年每天就像在打仗。我们在斗争中不断调整策略，并为此受到指责。这里没有温和的革命。

当然，这里也没有简单的组织框架的重组。

与外界的传闻相反，我在大多数时间都是小心谨慎的。开除那些没有能力或不愿意面对现实的管理者让我等了太长的时间。我曾在进行某些并购时犹豫不决，拥抱互联网时步伐缓慢，甚至在抛弃那些官僚主义的繁文缛节时也显得有些胆怯。

几乎所有这些工作都应该而且能够处理得更迅速一些。

尽管如此，GE 还是一个锐意变革、利用自身规模承担更多风险并将核心目标放在客户而非自己身上的公司。我一直认为，当一个机构内部的改进速度低于外部变化的速度时，公司离关门也就不远了。

唯一的问题是什么时候动手。

学会改革对于一家百年老店来说是件非同寻常的事，但我即将离开的 GE 恰恰做到了这一点。一个放手让多样化业务部门依靠自身的力量发展得更快、更好的操作系统，激发了我们学习和共享新构思的激情。

是优秀的人才而不是宏大的计划成就了一切。我们在招募、培训、开发和奖励人才方面花了很多的时间。如果最优秀的人才没有倾注全力不断提高自己，我们的目标和成功会受到很大的限制。

全球化是我们的业务扩展的必然结果。我们在全球范围内寻找最好的产品和人才。我们医疗系统中的 Proteus 放射治疗仪就是一个很好的例子。这款在北京制造的产品是跨洲供应链的产物，其 719 个部件都是质量最高、成本最低的。其零部件来自美国、加拿大、墨西哥、北非、摩洛哥、班加罗尔、韩国、中国台湾，以及西欧和东欧的国家和地区。其扫描部件的发电机由印度制造，悬浮装置在墨西哥生产，而电子管则来自美国。上述的所有零件被运至北京组装。

六西格玛统领全局。

* * *

一般这类自传都应该以预言作为结束……

但预言是非常困难的。

当我成为董事长时，一般的看法可凝练成三个“不可避免”的趋势：你可以将一桶价值35美元的石油卖到100美元，只要你能弄到它；日本的制造业迅猛发展，大有赶超美国之势；目前20%的通货膨胀率有可能永远保持在两位数。

预言到此为止。

然而，显然还有一些因素会影响我们对市场、组织、管理方面的看法和观点。

在当今的中国，市场经济已经空前繁荣。在新的世纪里，这个国家将对全球经济产生巨大的影响。中国的企业家从未像今天这样开放，这样愿意变革。中国的高层领导将借着经济高速发展的东风把国家治理得更加繁荣昌盛。

那些坐在会议室里、轻松地划分市场份额的人不要忘记了，这块蛋糕中将有一半是要留给中国人的。在今天的中国，有一些你可能闻所未闻的公司发展迅猛，会在未来10年以巨无霸的身份出现在我们面前，威胁我们的基本生存。

所以，中国并不仅仅是个巨大的市场，它的民族工业正在成为强大的竞争对手。

中国经济实力的增长将使欧、美、日之间的关系更加复杂化，贸易摩擦将会加剧。我不知道以后的贸易保护主义会以什么样的形式出现，但我确信对此的争论将在很长一段时间里成为热点。

官僚主义体制已经没有生命力。未来的公司组织实际上将会是无层级、无边界的，是一个由更多的电子技术、更少的人员进行管理的信息网络系统。各种信息将变得更加透明，再也不会有某位领导能一手遮天，使偏于一隅的办公室拥有巨大权力。

管理者用于商业决策所需的大部分信息将出现在一个“数码管理驾驶舱”的电脑显示屏上。这个驾驶舱包含每一段的实时数据，并在公司业务发生滑坡时自动示警。

尽管可以前所未有地获得信息，但使公司高效运作的主导力量仍然是人的正确判断和英明决策。

* * *

在我离开 GE 之前几个月的一天晚上，我在纽约第五大道的一家商店买套头衫。一位雇员帮我去仓库找我穿的尺码，这时商店老板走到了我的面前。

“韦尔奇先生，”他说，“我能跟你谈谈吗？”

他是一个非洲裔年轻人，说他在头天晚上查理·罗斯（Charlie Rose）的访谈节目中见过我。他对我谈到的观点很感兴趣，但还想请教我一个问题。在访谈节目中我曾指出，不断地裁掉公司里最差的10% 的员工对公司的良好发展至关重要。

这位经理把我带到一个楼梯口的下面，这儿有个隔间，所以没有人能听到我们的谈话。

他解释说，他的店里有 20 名员工。

“韦尔奇先生，”他问，“难道我一定要让其中的两位走人吗？”

“原则上是这样，如果你想拥有第五大道上最优秀的售货员团队的话。”

我听到了关于我的节目的反馈，但不是从公司内部，而是来自第五大道的一位服装店老板，这让我忍俊不禁。我想那位老板一定理解了：如果你想成为同行中的佼佼者，其道路是相当艰难的。

因为要做到这一点，需要自信、勇气和顽强的意志，当你的决策受到某些人的抵触时，要顶得住压力。

* * *

鲍勃·纳代利和肯·朗万在家得宝的关系常常成为我们谈论的话题。肯是一个让人过目难忘的人物，他身材魁梧、爱出风头、乐观开朗、固执己见，而且相当精明，是一个理想的董事。但我在 1999 年把他推荐到董事会，是因为他认识每个人，绝对是每个人。我希望杰夫能有肯做啦啦队队长，正如20年前沃尔特·里斯顿为我大声喝彩一样，让肯去告诉每一个人：杰夫会是全美最好的 CEO。

最初事情比较顺利。在鲍勃加入家得宝的头几个星期里，我听说肯在纽约对鲍勃的工作赞不绝口。我因为这件事给他打了个电话。

“好吧，我听你的，”他笑着说，“从现在起只有杰夫、杰夫、杰夫。”

几个星期以后，《财富》杂志的记者帕蒂·塞勒斯（Patty Sellers）又告诉了我一件事情，说她曾经为一篇即将发表的写家得宝的文章采访过朗万。当我问她肯对杰夫有什么看法时，她答复说肯对鲍勃推崇备至，但从来没有谈到杰夫。

我现在有了证据。于是我叫来了肯，将他斥责一番。

“你这狗娘养的，”我开玩笑地说，“我听说你现在还在到处推销鲍勃。但是你答应过我，说只谈杰夫、杰夫、杰夫！”

我知道肯有理由有复杂的感情。作为家得宝的创始人和 GE 的董事，他同时看到了两位出类拔萃的 CEO。而我，必须逼他“诚实”。

* * *

在 2001 年 9 月离开 GE 之前，我有许多次说再见的机会。让我难忘的是，2001 年 1 月初在博卡拉顿有 GE 的 550 位高层领导参加的辞别会。经历了 33 年（我的大半生）中的许多次这种会议之后，这次是我参加的最后一次。

1981 年我接管了一个非常优秀的公司。我相信我的继任者会接管一个更优秀的公司，并把它变得更伟大。这就是董事长工作的全部。

我想在结尾时把我的意思表达清楚。我在我的便笺簿上草草记下我的想法，像我平时做的那样。我花了两天的时间来构思我要讲的内容，我不想表现得太伤感。

我想让所有人明白，GE 在今后的两个 10 年里应该比过去 20 年变化更快。

那天早上我给他们讲的一些话可以应用到其他任何一个企业当中去。这番话的中心思想很简单：请忘记我们已经取得的成功，忘记昨天。

“我 20 年前得到这份工作，我们在一起进行了很多变革，”我说，“这是一段有趣、精彩、充满美好回忆和长久友谊的旅程。对于我们曾在一起做的许多事情，请忘记它们吧。”

“这将成为一个全新的游戏：你闻所未闻的变化正在以你闻所未闻的速度进行着。那些抓住了它的人将是多么的幸福，而那些与之失之交臂的人又将是多么的不幸和害怕。”

在我演讲的最后，我要求所有人把这个公司掀个底朝天，摇晃它，掀掉屋顶。

我的演讲受到了热烈的欢迎，这样的结局令我和我的老朋友们感到万分激动。

博卡的一个惯例是在三天日程的最后一个夜晚，由乔伊丝·赫根汉，也就是我以前的公共关系经理，现在 GE 基金的总裁，宣布下午高尔夫和网球赛的成绩。

那是一个寒风凛冽的日子，实际上一些人由于天气寒冷，打了 4 个洞后已经从球场上退出。乔伊丝宣布了我的成绩，并且说：“我相信这里的每个人都有一个最喜爱的杰克·韦尔奇故事，但因为我有麦克风，所以你们得听听我的。”

我想：不会是又一次告别吧。

“13 年前，”她说，“我在纽黑文医院住院做外科手术。手术后我接到了杰克的电话，他说要来看我。我并不激动，而是告诉他，我不想见他，因为我的头发太乱了。”

“他的回答是纯杰克式的：‘我简直不能相信你说的话。我是来为你欢呼的，又不是和你跳上床的！’这就是杰克。我当时都快要死了却还在担心我的头发，而杰克的幽默、坦诚和友善使我很快找回了自我。”

550 人在球室里欢呼，我的脸有点儿红了。她说的是真的。我猜这该是一个小公司董事长或路边杂货店老板对员工说的话。

杰夫·伊梅尔特接着发言，这时成群的侍者在屋里走来走去，端着装满香槟的玻璃杯。他当晚说了很多关于我的美好故事。他回忆起我 1981 年在皮埃尔大酒店的发言，当时我告诉分析家们我的梦想是创造一家公司，这家公司可以使人的发展超出他们的极限。杰夫说他和在场的每个人都经历过他们认为不可能做到的事。

我被杰夫的话触动了，特别是大伙站起来欢呼时。杰夫在迷宫般的桌子中间挤出一条路走向我，我们紧紧地拥抱。然后我坐下，希望大家都坐下。

他们不愿坐下。我最后跳上椅子，举起杯与在场所有的人干杯。

“我们在一起，做了许多我们没有想到的事，我们去了我们没有想到的地方，我们实现了我们认为不可能的梦想。我来自一个跟你们大多数人类似的地方，我很感谢你们出色的工作。感谢你们给我的特殊待遇。我爱你们大家。”

这是个不平凡的夜晚，我真希望我的母亲也能在场。

致谢

在我生命中的每一刻，我都幸运地和很多朋友携手同行，给予我支持、鼓励和爱护，使我周围的世界无比精彩。他们给我的人生带来无穷乐趣和新知，使我的状态越来越好。书中提到的一些人是那样不寻常，如我的母亲，这里就无须再提了。然而，还有许多其他的人，我在本书中未能提及，如我的写作顾问，来自伊利诺伊州的吉姆·威斯特沃特（Jim Westwater）博士，便是其中的一员。若不是他们的帮助，恐怕很多人还没听说杰克·韦尔奇这个家伙的名字。

我曾经说过，虽然我不是吊灯中最耀眼的一个，但多年以来我始终相信自己能使所有的灯泡放射出最大的光亮。我担心很难对所有给予我恩惠的人都致以谢意，所以如果有人被漏掉了，请接受我诚挚的歉意。也许我的感谢太肤浅、太轻描淡写，但其中包含着最真挚的谢意。

首先，我要感谢我的妻子简，感谢她对我的深爱和包容心。她是我最好的朋友和知音。当我沉迷于这本书时，简不仅理解我，更在各方面都给予我支持。我要感谢我的 4 个好孩子：凯茜、约翰、安妮和马克。我知道对于我这个公务缠身的人来说，要做一个称职的好父亲是不容易的，但孩子们总是尽力支持我，使我减少了许多后顾之忧。他们还带给我 8 个非常可爱的孙子、孙女，使我尽享天伦之乐，他们此后将成为我生活中更为重要的一部分。

在我的职业生涯中，我学会了要较好地完成一项工作，其关键在于要有能力强、高效率的助手来协助管理。我曾有 4 位这样的助手：在塑料公司的尤尼丝·赫尔利（Eunice Hurly）、我在集团工作时的路易丝·科瓦尔（Louise Koval）、我到费尔菲尔德后最初 7 年做 CEO 的赫尔加·凯勒（Helga Keller），最后是罗莎娜·巴多斯基。如果没有罗莎娜的帮助，我在公司中的好多日子都不好过。在过去的 13 年里，她始终如一地全力支持我。罗莎娜的助手休·拜耶（Sue Baye）则是 20 年如一日地帮着我处理各种繁杂的事情。

在我的一生中有许多恩师，在此我必须提到他们。在杰克·韦尔奇产生影响之前，GE 已是一家百年老店。能够从一些德高望重的前辈手中接过 GE 的大旗，我感到受宠若惊。我非常感谢弗雷德·博尔奇（雷吉·琼斯的前任），是他力排众议选我做副总裁，还有他的企业战略策划人杰克·麦基特里克（Jack McKitterick）。弗雷德和杰克都富有冒险精神，他们总能挣脱传统束缚，并热衷于新技术。虽然他们的新构想未必都能实现，但其中有不少是成功的。

当我想到 GE 的现在和过去，很难提到每个曾帮助过我的人。有些人在我刚到 GE 时给了我不小的影响，使我后来逐渐走向成功之路。惠特·里奇韦（Whit Ridgway）使燃气涡轮机的全球化业务上升到新的台阶；格哈特·诺伊曼（Gerhard Neumann）是喷气式引擎最早的倡导者；“嘀哒”克洛克（“Ticker”Klock）在 GE 金融服务中看到了希望。他们和他们的助手出色的才能为我们的后续工作打下了坚实的基础。

我要感谢塞尔扣克的每一个人，在那里我第一次成功地管理了一个部门。30 年来，从比利·麦克（Billy Mack）到凯文·默里（Kevin Murray）的每位员工都一直与我并肩作战。

千言万语也无法表达我对特德·勒维诺的感谢。作为前 GE 人力资源部负责人，他敏锐地洞察到 GE 需要大的改革。在董事长竞选中，他给我的支持也是至关重要的。我任职期间非常幸运地拥有几位精明且非常合作的人力资源部的搭档，他们是弗兰克·多伊尔、杰克·派弗（Jack Peiffer）和比尔·科纳蒂。在早期，有许多人对我们的重组计划提出怀疑时，是弗兰克力排众议使我们顺利渡过难关。

我对上述各位的赞扬都绝不夸张。无论是格伦·海纳（他成功地掌管着塑料事业部已有数年），还是身为分销、电器、塑料三个部门 CEO 的加里·罗杰斯。2001 年，我还兴奋地获悉杰夫·伊梅尔特提名加里为董事会的副董事长。

我们还有许多很了不起的执行官，他们以卓有成效的工作在 GE 公司的史册中留下了自己光辉的一笔。其中包括：电器部门的迪克·斯通希弗（Dick Stonesifer）和拉里·约翰斯顿（Larry Johnston）、电力能源部的杰克·厄克特（Jack Urquhart）、汽车事业部的吉姆·罗杰斯（Jim Rogers）、塑料制品部的尤维·瓦舍尔（Uwe Wascher）、交通事业部的卡尔·施莱默（Carl Schlemmer）。当初是卡尔独具慧眼说服我们在机车方面投资，虽然当时许多人对此不感兴趣，但今天交通事业部已成为 GE 的 CEO 摇篮。

我在前文中曾提到劳埃德·特罗特（工业部的 CEO）在商务运作方面具有非凡的能力，给我帮了大忙。在此我要特别感谢他在许多其他方面的功勋。比如他对 GE 的敬业精神堪称员工中的楷模，而且他成功地倡导了 GE 的非洲–美洲论坛（African-American Forum），该论坛使公司里的高级管理者与各层员工能畅所欲言，互相交流最科学的管理方法。

多年以来，我们拥有许多优秀的员工，他们与GE的客户保持着良好的关系。他们非常重要，不仅是在我们管理的转型期。他们中有：飞机引擎部的埃德·巴瓦利亚（Ed Bavaria）和查克·查德韦尔、动力部的德尔·威廉森、医疗器械部的吉姆·德尔莫罗（Jim DelMauro）、保罗·米拉贝拉（Paul Mirabella）和汤姆·邓纳姆（Tom Dunham）、交通运输部的戴夫·塔克（Dave Tucker），以及塑料制品部的查理·克鲁（Charlie Crew）、奥默·莫菲（Omer Murphy）和赫伯·拉姆拉斯（Herb Rammrath）。

我已经在本书中提到公司董事会的几个成员，但更多没有提到的无名英雄也是这个故事的重要组成部分。我要特别感谢桑迪·华纳（Sandy Warner），在每次会议上他总是能提出有价值的关于经济全球化的愿景展望。我还要感谢亨利·亨利（Henry Henley）、芭芭拉·普雷斯科尔（Barbara Preiskel）、韦恩·卡洛维（Wayne Calloway）、乔治·洛（George Low）、鲍勃·默瑟（Bob Mercer）、吉姆·卡什（Jim Cash），以及近期的一些合作者，如安德烈亚·琼（Andrea Jung）、安·富奇（Ann Fudge）和谢莉·拉扎勒斯（Shelly Lazarus）。

我们从RCA得到的不仅仅是后来成为副董事长的吉恩·莫菲。我们还得到了里克·米勒（Rick Miller），他成功地将GE和RCA的电视机生产业务结合起来；得到了约翰·里滕豪斯（John Rittenhouse），他也同样成功地组合了航天和国防业务。我们还得到了三位了不起的董事："布拉德"索恩顿·布拉德肖，前参谋首长联席会议主席、美国英雄戴维·琼斯（David Jones）将军（如果有英雄的话）和美国前司法部长威廉·弗兰奇·史密斯（William French Smith）。

我想有三个人不能忘记，是他们使公司的退休金保障体制更加完善可靠。他们是：埃德·马隆（Ed Malone）、戴尔·弗雷（Dale

Frey）——他十分出色地扩展了为退休人员提供服务的范围，以及现在的负责人约翰·迈尔斯（John Myers）。他们的工作是富有创意的，例如他们在纽约中央公园西一区对海湾西方大楼进行了投资。他们在20世纪90年代中期房地产市场不太景气时，接手这个地产。他们与唐纳德·特朗普（Donald Trump）合作，以后者的名气和在房地产方面的天才使这座大楼成为纽约赢利最高的酒店之一。

对于非GE员工，除了要感激彼得·德鲁克，另外一个就是拉姆·查兰（Ram Charan），他常常能激发我的灵感。我喜欢和拉姆一块儿讨论方案和企业规划。当我和他谈论到GE的价值和重要性时，他创造出一个术语——“社会建筑学”。

我要特别感谢比尔·莱恩，他在我每年做年报时帮了不小的忙。比尔对待年报的态度跟我一样认真。

我非常幸运地在业务助手以外也有很多好朋友。其中有两对特别要好：安东尼·洛弗里斯科和他的妻子埃莉诺尔，卡尔·沃伦和他的妻子唐娜。还有我在业务和社会上的朋友弗雷斯科、博西迪、赖特和普奇尼斯，他们带来了许多欢笑和美好的友情。

我每到一个地方，都要参加一个高尔夫球四人组，这令我的周末充满乐趣。年轻时在伯克夏丘陵乡村俱乐部，小组的成员有戴夫·丹瑟洛（Dave Dansereau）、皮特·琼斯和约翰·克雷格。在皮茨菲尔德的乡村俱乐部，小组的成员有塞尔·阿瑟顿（Sel Atherton）、厄尼·萨加林（Ernie Sagalyn）和吉姆·奥布莱恩（Jim O'Brien）。在银春俱乐部的小组成员有卡尔·沃伦、罗恩·韦伯（Ron Weber）和查克·洛奇（Chuck Lokey）。在费尔菲尔德的乡村俱乐部，是奥西·亚当斯（Ocie Adams）、汤姆·格雷厄姆（Tom Graham）、比尔·格雷（Bill Gray）、汤姆·克雷特勒（Tom Kreitler），还有我，我们5个人轮流。

我要感谢比尔·哈顿（Bill Hutton）和他的妻子琼。比尔90多岁高龄了，仍每天到信诚证券咨询的办公室。他是真正的绅士。比尔和琼多年前曾获得桑卡迪–海德俱乐部冠军，他们在简连球座上的高尔夫球都打不出去时，处处呵护着她。每当 GE 股票达到新高时，比尔仍会打电话到我办公室，让我知道，他仍在为我们加油鼓劲。

我还要感谢斯特拉特·谢尔曼（Strat Sherman）和诺埃尔·蒂奇，他们写了第一本关于我的书。与他们一起工作使我的许多思路变得清晰。诺埃尔在克罗顿维尔的复兴中也扮演了极其重要的角色。

写书和我以前做过的那些事不同。这对我是个极大的挑战，超乎我的想象。幸运的是，我得到了 GE 人在各方面的大量帮助，特别是杰夫·伊梅尔特和丹尼斯·戴默曼对我的帮助，他们提供了关于本书的一些有价值的批评和见解。我还要感谢鲍勃·尼尔森、布莱克特·丹尼斯顿（Brackett Denniston）、比尔·科纳蒂、贝思·科姆斯托克和乔伊丝·赫根汉，他们对部分原稿做了修改。帕姆·威克姆（Pam Wickham）和凯蒂·瓦尔纳（Katie Varner）帮助收集了重要的事实和图表。

NBC 的安迪·拉克为本书取了书名，我对此表示感激。《华盛顿邮报》的鲍勃·伍德沃德（Bob Woodward）给出了相同的建议，这促使我采用安迪的想法，毕竟，两位成功的记者各自给出了相同的结论，这对我来说是个好的想法。

我已经在本书中用我所知道的所有方式表达我对雷吉·琼斯的感激，感谢他对我坚定不移的支持。但是我还想在这里感谢他能让我和我的合作者约翰·拜恩通过两次长谈分享他的生活和他关于成功的观点。

对于本书，没有人比我的助手罗莎娜投入的时间更多，没有人比她的贡献更大。她放弃了很多周末休息时间并且工作到深夜，大大提升了本书的文字。她帮助修改了一些不妥的句子，提出了很多建议，并纠正了许多错误。

几位我童年时的朋友，特别是比尔·卡伦和乔治·赖安也曾帮助我回忆在塞勒姆时的一些细节。另外一位老朋友约翰·克雷格对回忆我们在皮茨菲尔德的生活特别有帮助。我还要感谢我的第一任妻子卡罗琳，她几次与约翰·拜恩谈我们在一起时的生活。

红十字会的负责人伯纳丁·希利（Bernadine Healy）给了我“阳奉阴违”这个词组，我认为这准确地说明了官僚主义者的言行举止。

是马克·麦科马克（Mark McCormack）说服我写这本书，他这几年每年都来看望我两次。我在麦科马克的IMG代理马克·里特（Mark Reiter），帮我联系了全美乃至全世界最好的出版商。

最后，也是最重要的，我要感谢我的搭档约翰·拜恩。我们在一块儿花了1 000多个小时来字斟句酌。约翰为了全面了解我的过去拜访了50多人。他的轻松与平和的态度使我们的团队保持稳定。有一次，在连续工作16个小时后，大家都开始打退堂鼓，而他以无比的热情和非凡的毅力又重新打开计算机来修改文章，这极大鼓舞了士气。

时代华纳出版公司起到了至关重要的作用。我们选择这家公司是因为他们热情的董事长拉里·基尔什鲍姆（Larry Kirshbaum）和责任编辑里克·沃尔夫（Rick Wolff）对此很感兴趣而且全身心投入。事实证明我们的选择是明智的。

拉里夜以继日地把初稿审了一遍。我们和他形影不离，他基本上和我、约翰住在一块儿。在一个深夜，我对拉里说：“你知道吗，每次我看到你的时候就好像看到镜子中的自己。”我非常喜欢拉里的人品和热情。

里克对这本书非常投入。我们戏称他为“火车司机”，因为他总是催促我们在最终期限前完工。由于“火车”常常晚点，所以执行主编哈维–简·科瓦尔（Harvey-Jane Kowal）和编辑主任鲍勃·卡斯蒂略

（Bob Castillo）不得不一次次地创造奇迹来使这本书如期出版。

再说一遍，我可能还是漏掉了一些人，没有他们的帮助恐怕你们今天看不到这本书。希望你们每个人都知道我心中深深的感激。

附录A

经济萧条中的快速发展[1]

我们将往哪里去？ GE将成为什么样的公司？公司的战略又是什么呢？

如果我此时能从口袋中取出一个密封的装有GE公司未来10年发展的宏伟蓝图的信封，这是再好不过的了。然而我不能，也不打算为了显示自己的智慧，往GE多种多样的创意上系蝴蝶结——这些多样化的创意包括为新建塑料工厂所投入的15亿美元拨款；收购像卡尔玛公司（Calma）那样的CAD/CAM供应商；在最近4个月中收购4家软件公司；为提高一家机车厂的生产效率和产量而许诺投资3亿美元；在斯克内克塔迪的研究中心新建一家微电子实验室；在罗利 / 达勒姆投资一家微电子应用程序中心，以及在弗吉尼亚州的夏洛茨维尔投资新建一家自动化实验室。

如果仅仅为了简洁的缘故，就把这些创意和其他单独的商业计划

1. 1981年12月8日在纽约皮埃尔大酒店的经济界代表大会上的发言。

硬塞到一个无所不包的、GE 完全核心战略的一个庞大的计划中，是根本没有意义的。

与许多分散的计划以及公司最初的战略相关，并起到促进作用的东西其实并不是核心战略，而仅仅是个核心理念，一个在 20 世纪 80 年代指引 GE 前进和调整我们多种计划和战略的简单的核心理念。

在试图阐明这些理念并与诸位分享的过程中，我们发现了班得斯的一位策划经理写给《财富》杂志编辑的一封有力的信件。这里我想与你们共同分享，因为他领会了我为 GE 公司所做的战略计划的大部分内涵，使我很难在此基础上更加精练。他是这样写的：

"因为你当前出色的战略计划实践途径符合一个普遍的规则：不停地寻求按数字指示着色的方法，这种方法自动地给出答案，却不断地遭受失败。

"冯·克劳塞维茨在他的经典之作《战争论》中总结道：人们不可能把战略简化为一个公式。过于细节化的计划必然会失败的，因为它会遭遇不可避免的摩擦，如偶发事件，执行中的偏差和反对的力量。反之，人的感情因素是最重要的：领导能力、士气和优秀将领的近乎直觉的悟性。

"继冯·莫尔特克之后，普鲁士总参谋部在实践中对这些概念加以完善。他们不期望行动计划能够延续到与敌人第一次接触之后。他们只制定广泛的目标，并强调抓住不可预见的机会——战略并不是冗长的行动计划，而是依据不断变化的环境而革新的核心观念。

"商业和战争在目标与管理形式上可能不同，但他们都要面对对立方的独立意志。每本入门指导书的内容在对付独立意志方面比较薄弱，或者未能应对现实世界展示的情况。"

现在让我将这种思想——战略并不是冗长的行动计划，而是依据不断变化的环境而革新的核心观念，与 GE 的管理结合起来。

事实上，正像我们所看到的，在20世纪80年代，通货膨胀是头号敌人，各国政府都要用某种形式的通货紧缩和财政措施与之斗争。其结果不外乎使世界增长速度减缓，比过去30年都要缓慢的增长速度明显会成为80年代计划的基础。

在80年代低速增长的环境下，当公司与国家都在与产量减少作斗争而同时被失业问题所困扰时，平庸的生产和服务商将没有生存空间。在这个经济萧条的大环境下，只有能够洞察到那些真正有前途的行业并加入其中，并且坚持要在自己进入的每一个行业里做到数一数二的位置——无论是在精干、高效，还是成本控制、全球化经营等方面都是数一数二，或在某项边缘科技方面遥遥领先，在市场竞争中有明显的优势，才能成为赢家。

当我们投入持续发展的工业环境中，当我们已在业界成为佼佼者时，对于GE的挑战是："我们自己的公司要做多大，发展速度要达到多快，要投入多少人力、财力来抓住机会，以保持住领先地位？"

另一方面，如果我们没有数一数二，也不可能看清获得技术优势的正确道路，那么我们就要问自己一个彼得·德鲁克式的尖锐问题："假如你对新业务还没有做好准备，那么你会在今天投入其中吗？"若答案是否定的，那么再问第二个问题："你将如何做好下一步准备呢？"

那些在80年代不这样做并出于种种原因（传统、感情、自身的管理不足）一意孤行地走向失败的管理者和公司，到1990年就将不复存在了。想一想，在1945—1970年的高速增长期内，几乎有一半本该跻身于《财富》500强的企业消失了，要么是得而复失，要么是因为增长乏力而悄无声息地从名单上掉出去。

我们确信这样一个核心理念——成为数一数二的公司不仅是一个目标、一个要求，它还将促进我们拥有一系列在世界范围内独一无二的业务，即使在10年以后也不会落伍。

围绕这个有形的核心理念的是那些无形的核心价值观——以统一占有支配地位的主题，由于GE的企业文化，这一主题将成为我们组织的第二特性。第一，我们要面对现实；第二，要追求优质和卓越；第三，要注重人的因素。

让我来描述我们所指的现实是什么。它看上去好像很简单，但任何组织或者集团的成员以其固有的思维而不是以他们所希望的方式来审视它时，我们又会发现这并没有看上去那么简单。我们必须将这种态度灌输到公司的每一个员工的思想中去。事实上，就是创造这样的一种氛围，可以鼓励人们去观察事物的本来面目，按照应有的而不是他们希望的方式处理事情。我们还将现实的观念植根于整个企业中，因为这是为顺利执行公司核心理念的前提之一，即在每一件我们所做的事情中，我们都应该去争当第一或者第二。

当我们谈到质量问题时，我们的意思就是创造一种环境氛围，使公司的每一个员工都能够为我们所做的产品和所提供的服务而感到骄傲。我认为这的确意味着我们所有的员工都准备去挑战自己的极限，而且在很多情况下，他们比我们理想的标准做得还要好，因为几乎每天我都可以在公司所有方面的业务中看到这种情形。

力争最优的观念创造了我们的第三个价值观，也是最后的一个价值观，我只能称之为“人力资源因素”。我将利用我们已经创建并将继续创建的良好人力资源政策为敢于尝试新鲜事物的员工们提供一个最优环境和氛围——在那里，人们只会觉得是由于他们自己的创造力和驱动力的限制，他们个人对优秀标准的评价的不同，而不是别的原因，决定他们能够发展多远、多快。

正是这三种价值观——现实、质量和人力资源因素，这些“软价值”交织在一起，使得一个公司不仅比只有其二十分之一或十五分之一的小公司更有活力，而且更容易适应环境并保持其灵活性。这些优点将使我们能够继续秉承我们的传统、我们的文化，而且我们同时还要给予我们的经理以充分的自主权，因为是他们在领导、在运营整个企业，是他们为我们的公司能够稳居第一或者第二的位置立下了汗马功劳。我们还为他们提供了充分的资源，这样他们就不必去回避将在商场上遇到的竞争对手。事实证明，我们应该让员工拥有像GE这么大规模的公司所能提供的优势——财务、技术和管理；同时，赋予他们公司主人翁的角色，使他们拥有更大的自由和灵活性，这是想在80年代成为赢家的企业必须做到的一点。

GE是由一系列各种各样的公司构成的，从石油到高科技，每一个单独的业务部门几乎都成为同行羡慕的对象。这些业务中，有的比他们想象的发展得还要快，但也有些业务至今还没有进入正轨。不过我们已经是一个成功的、多元化的、高利润的、工业化的企业。无论从哪个角度估算，我们在70年代都为国民生产总值和SQP400做出了巨大的贡献。我们实现了我们将在80年代做得更好的承诺。你们中的一些人很喜欢将GE和国民生产总值联系起来，如果真要联系起来的话，我想GE将是拉动国民生产总值的火车头，而不是跟在后面的货车车厢。

我预言你们将会从同样的角度来看待这家公司，而且我还请你们来审视和评价我试图描述的我们公司今后的发展前景。

谢谢各位的聆听。

附录 B

2001 年 C 类会议日程安排

1. Business Leadership（企业领导）

· Forecast Business and Organization Drivers During the Next Year and Discuss Required Organization and Leadership Changes (*On Organization Charts, Highlight Those With Less Than Two Years in Role*).

· Evaluation of Direct Report. Reference all EMS's from the e-EMS System for Performance/Promotability Discussion.

· Utilize Format Provided for Relative Rankings (20-70-10) for all Officers and SEB's.

· List Best Back-Ups for Each Direct Report Position (*indicate 60 Experience*).

· Use "Bar Chart" to Indicate Compensation Differentation and "Bucket Chart" to Illustrate Hire/Attrition Dynamics.

2. e-Business–Digitization（电子商务——数字化）

· CEO, CFO and Team to Review Digitization of Decision Support and

How You Are Changing Your "Leadership Day."

· Review your Vision/Actions of a Digitized Organization (*Fewer Layers. Front-Room/Back-Room Resources Redeployment, New Ideas*). Provide Examples of Your "Leadership Cockpit."

3. Quality–Customer Centricity（质量——以客户为中心）

· CEO/Quality Leader Discussion re 6 σ Organization Status and Vitality.

· Provide 6 σ "DNA" Summary of 2000 Promotions From MBB/BB Positions Into Operating Roles With Best/High Impact Examples. Discuss Future MBB/BB Pipeline.

· Discuss Quality Training Programs and Describe Plans to Achieve and Maintain 100% Employee Six Sigma Certification.

4. Globalization（全球化）

· CEO/Sourcing/Manufacturing Leader Review Describing Organization/Leadership Moves to Accelerate Major Sourcing Intiatives Globally (*Intellect, Technology, Auctions etc*).

· Review Metrics and Structure of your Global Business (*Team Measurements, Global vs. Regional Dynamics FSE and Localization Plans*).

5. Sales/Services–Technology（销售 / 服务——技术）

· CEO/Sates/Service/Technology Leader (*Service, Product*) Discussion regarding Performance and Effectiveness of the Leadership Team in Driving New Opportunities.

· Describe Processes and Resources for Seamless Integration of Sales and Service Teams to Drive Growth.

6. EB Talent（EB 人才）

· Rank the Performance of EB Employees (20-70-10) with Promotability Overlay (*Format Attached*). For Key Top Performers, Discuss Development Plans. For Least Effective, Planned Resolution.

· Use "Bar Chart" to Indicate Compensation Differentiation and "Bucket Chart" to Illustrate Hire/Attrition Dynamics.

7. Diversity（多样化）

· 2000 Progress/2001 Plans (Including EB* U. S. Diversity #'s) For All Populations.

· Review Status and Results of Staff Mentoring and Plans to Increase Diverse EB and Above Population.

· CEO/Affinity Group Leaders Review of 2001 Game Plans to Develop and Coach High Potentials.

8. Pipeline Development（管道开发）

· High Potential Lists and Best Bets for Officer and SEB.

· Nominations for EDC/BMC/Executive Assessments (*Include Name, Title, Band, Performance Rating, Divers, Status, Home Country*).

9. Honeywell Integration（霍尼韦尔整合）

· Detail Organization Opportunities and Key Talent.

10. Appendix（附录）

· "Bucket Chart" Back-UP for Officers/SEB's/EB's (#, *Name, Diversity Status. Title, "From/To"*).

· "Bar Chart" Back-Up (*Name, Ranking, Diversity Status, Title*).

企业领导评估表

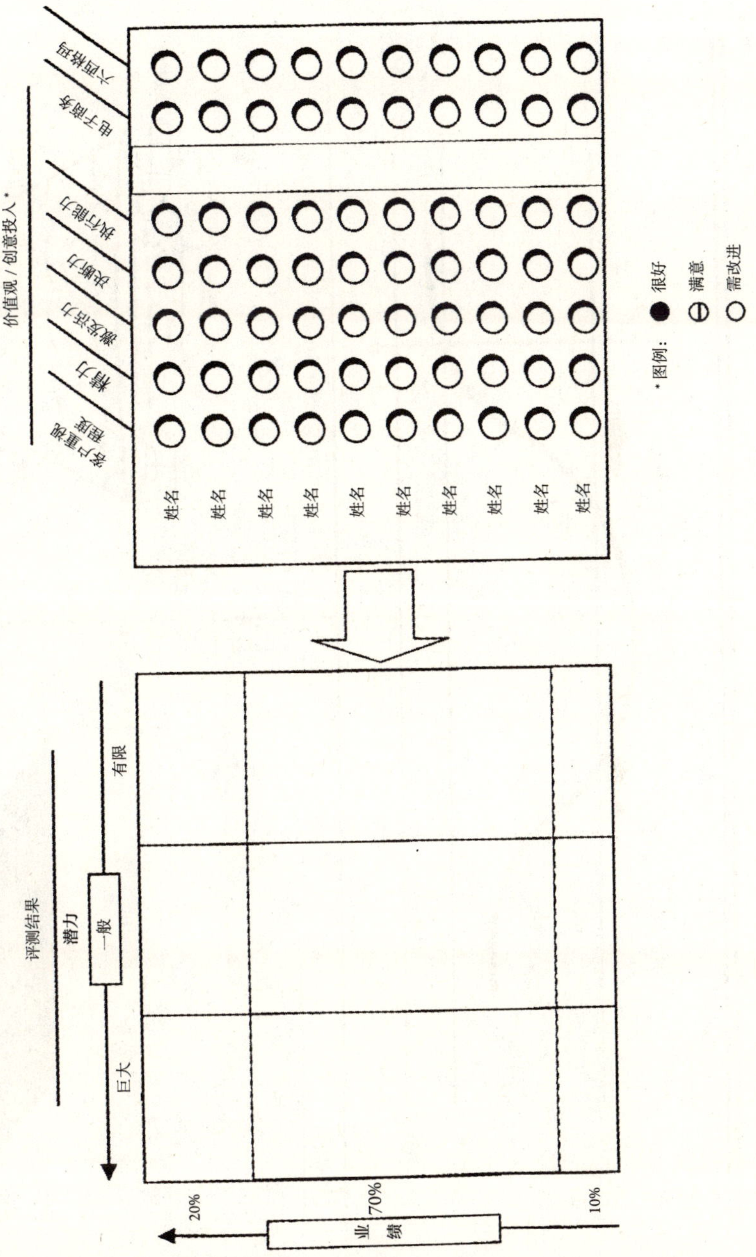

附录B

2001年C类会议日程安排

2001 年 C 类会议

EB 活力

业绩表现 / 晋升机会（图例：* 妇女，† 少数民族，δ 六西格玛经历

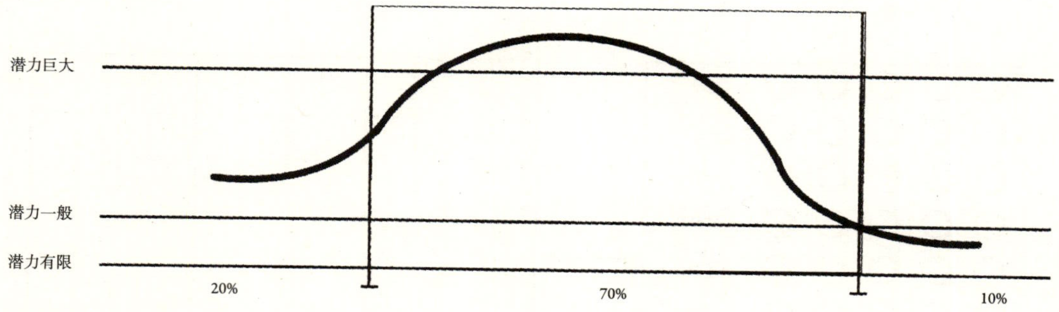

奖励差别

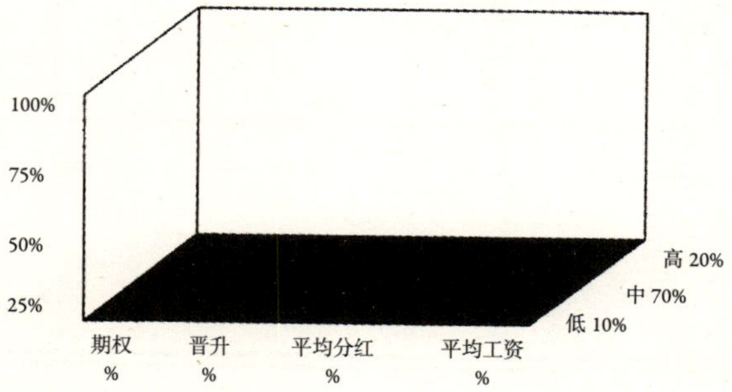

主管级人员综合情况（2000 年 C 类会议后）

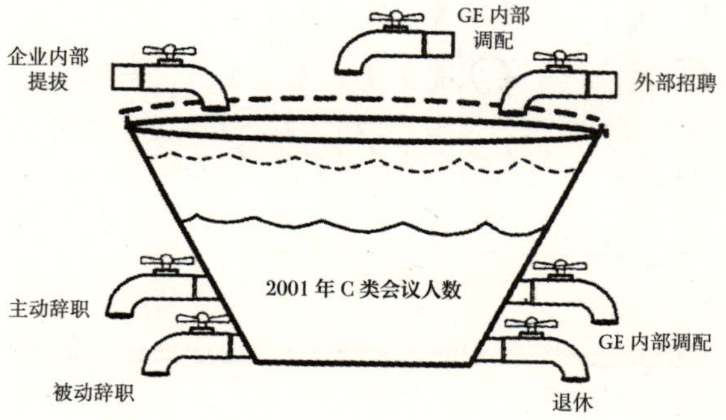

附录 C

致杰夫·伊梅尔特的信

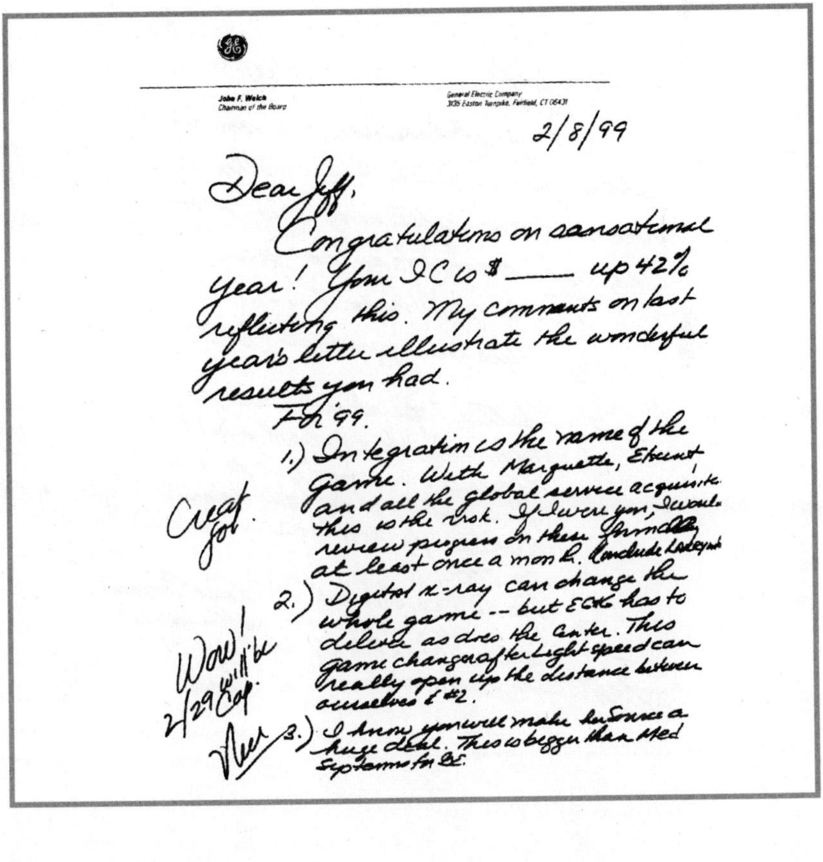

John F. Welch
Chairman of the Board

General Electric Company
3135 Easton Turnpike, Fairfield, CT 06431

2/8/99

Dear Jeff,

Congratulations on sensational
year! Your IC is $_____ up 42%
reflecting this. My comments on last
year's letter illustrate the wonderful
results you had.

For 99.

1.) Integration is the name of the
game. With Marquette, Elscint,
and all the global service acquisitions
this is the risk. If I were you, I would
review progress on these [illegible]
at least once a month. [illegible]

2.) Digital x-ray can change the
whole game -- but EC&G has to
deliver as does the Center. This
game changer after Light speed can
really open up the distance between
ourselves & #2.

3.) I know you will make [illegible] a
huge deal. This is bigger than Med
Systems for GE.

Great job.

Wow! 2/29 will be Cap.

Nice

这是我于 2001 年 2 月 19 日写给杰夫的信。信的大意是：

祝贺你！祝贺你在 GE 医疗领域的出色成绩，祝贺你被选为世界上最佳公司的 CEO，祝贺你在新的岗位上有如此好的开端。我早就知道你是好样的，但是你比我想象的还要好。

祝贺你，________美元才只是开始。

我期望着为你呐喊加油。只要你觉得有必要，随时都可以找我。

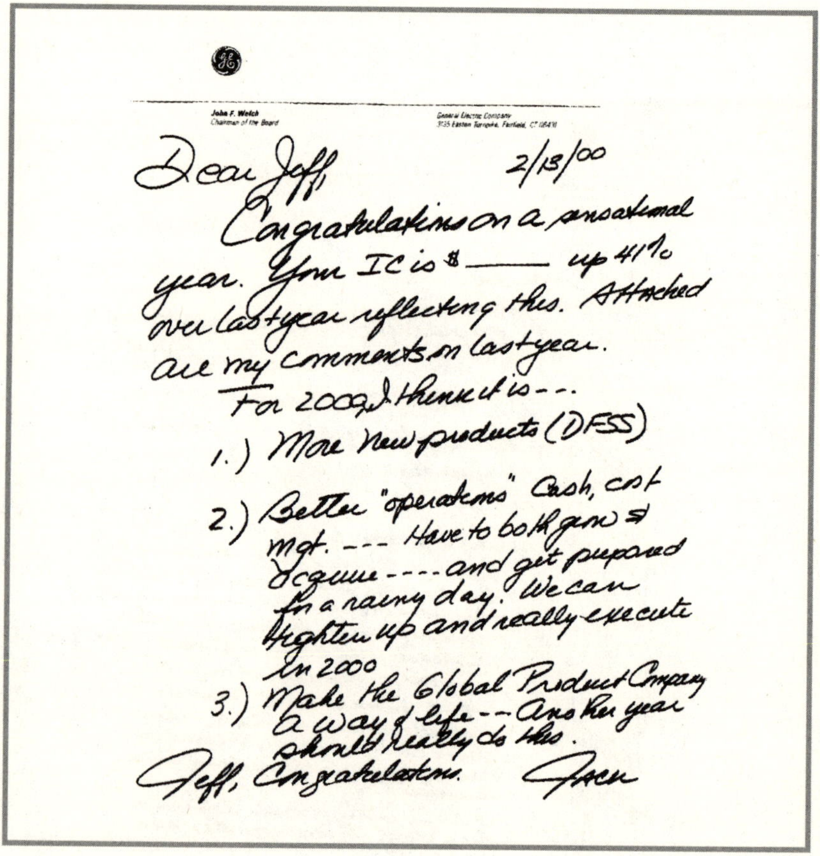

John F. Welch
Chairman of the Board

General Electric Company
3135 Easton Turnpike, Fairfield, CT 06431

Dear Jeff, 2/13/00

Congratulations on a sensational year. Your IC is $\$$____ up 41% over last year reflecting this. Attached are my comments on last year.

For 2000, I think it is...

1.) More new products (DFSS)

2.) Better "operations" cash, cost mgt. --- Have to both grow & acquire ---- and get prepared for a rainy day. We can tighten up and really execute in 2000

3.) Make the Global Product Company a way of life -- Another year should really do this.

Jeff, Congratulations. Jack

这是我于2000年2月13日写给杰夫的信。信的大意是：

祝贺你一年中取得的出色成绩。为此，你的分红为________美元，上涨41%。对于你去年的工作，我的总结是：

1）新产品增多了。

2）经营性收入和成本管理方面有了进一步提高……必须创收和兼并同时抓，并未雨绸缪。2000年我们可以动手实施我们的计划了。

3）搞活全球产品公司。再用一年时间应该可以了。

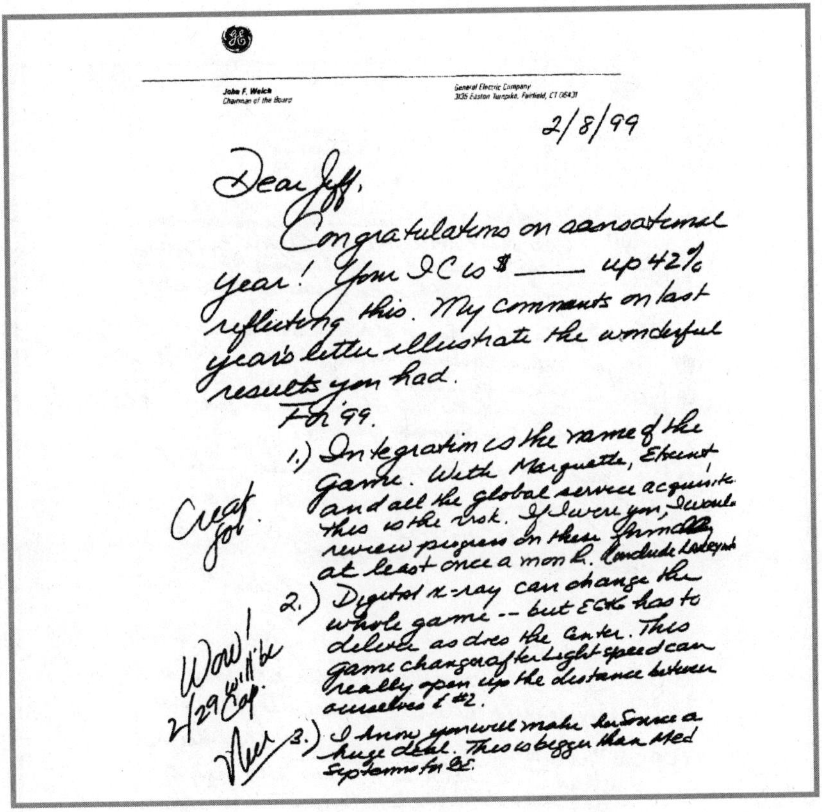
John F. Welch
Chairman of the Board

General Electric Company
3135 Easton Turnpike, Fairfield, CT 06431

2/8/99

Dear Jeff,

Congratulations on sensational year! Your IC is $____ up 42% reflecting this. My comments on last year's letter illustrate the wonderful results you had.

For '99.

1.) Integration is the name of the game. With Marquette, Elscint, and all the global service acquisitions this is the risk. If I were you, I would review progress on these [illegible] at least once a month. [illegible]

2.) Digital x-ray can change the whole game -- but ECG has to deliver as does the Center. This game changer after Light speed can really open up the distance between ourselves & #2.

3.) I know you will make [illegible] a huge deal. This is bigger than Med Systems for GE.

Great job.

Wow! 2/29 will be Cap.

Nice

这是我于 1999 年 2 月 8 日写给杰夫的信。信的大意是：

祝贺你一年中取得的出色成绩。为此，你的分红为 ______ 美元，上涨 42%。对于你去年的工作，我的总结是：

1）整合是上一年的主旋律。收购全球性服务设施是有风险的。如果我是你，我会很正式地至少每个月检查一次。

2）X 光机的数字化将改变整个游戏规则，但是公司必须运作起来。这种光速般快速的变化的确能扩大数一数二公司间的距离。

3）我知道你会把 Insonics 做成大交易，这比医疗系统还要大。

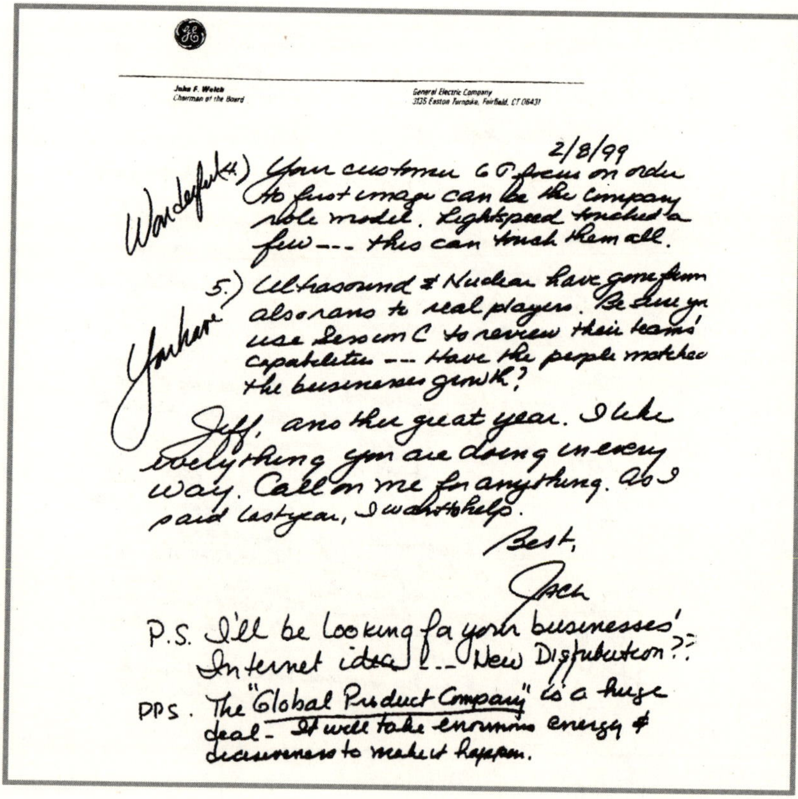

John F. Welch
Chairman of the Board

General Electric Company
3135 Easton Turnpike, Fairfield, CT 06431

2/8/99

Wonderful 4) Your customer CT focus on order to first image can be the company role model. Lightspeed touched a few --- this can touch them all.

Yahoo 5) Ultrasound & Nuclear have gone from also-rans to real players. Be sure you use Session C to review their teams' capabilities --- Have the people matched the businesses growth?

Jeff, another great year. I like everything you are doing in every way. Call on me for anything. As I said last year, I want to help.

Best,

Jack

P.S. I'll be looking for your businesses' Internet ideas --- New Distribution??

PPS. The "Global Product Company" is a huge deal - It will take enormous energy & decisiveness to make it happen.

4）你运用了六西格玛加强对客户的重视，堪称公司的典范。你的速度之快震撼了一些人，对大家是一个触动。

5）超声波和核业务已经启动。必须运用C类会议来审查领导团队的能力——人的发展与业务的增长是否同步？

杰夫，你又干了漂亮的一年。你做的一切我都非常喜欢。如果有任何需要，尽管给我打电话。正像我去年说的，我希望能够帮得上你。

另外：我想知道你公司关于互联网的想法……开辟新的销售渠道??

又及：全球产品公司是个巨大的项目，需要投入大量的精力来实现。

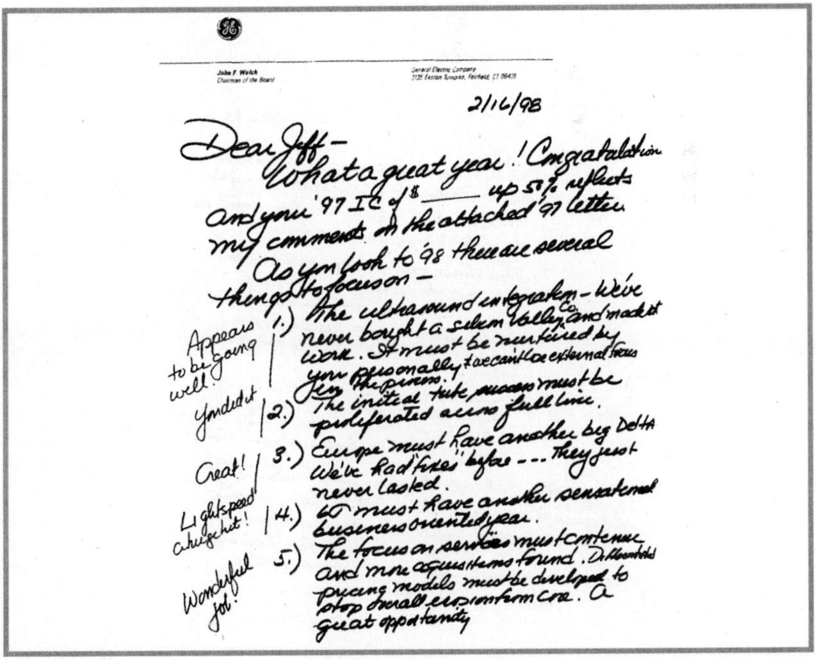

John F. Welch
Chairman of the Board

General Electric Company
3135 Easton Turnpike, Fairfield, CT 06431

2/16/98

Dear Jeff—

What a great year! Congratulations

and your '97 IC of $____ up 51% reflects

my comments on the attached '97 letter.

As you look to '98 there are several

things to focus on—

1.) The ultrasound integration—We've never bought a [illegible] Valley Co. and made it work. It must be nurtured by you personally & we can't [illegible] external focus [illegible] the [illegible].

2.) The initial [illegible] success must be proliferated across full line.

3.) Europe must have another big Delta. We've had "fixes" before — they just never lasted.

4.) [illegible] must have another sensational business oriented year.

5.) The focus on services must continue and more acquisitions found. Differentiated pricing models must be developed to stop [illegible] erosion from [illegible]. A great opportunity

Appears to be going well!

You did it

Great!

Lightspeed a huge hit!

Wonderful Job!

这是我于 1998 年 2 月 16 日写给杰夫的信。信的大意是：

祝贺你一年中取得的出色成绩。为此，你的分红为 ______ 美元，上涨 50%。

1998 年，你要重点抓下面几件事：

1）超声波整合。我们还从来没有收购过硅谷的公司并使之成功，因此你一定要亲自去做，并引进外部力量。

2）取得初步成功后必须全面铺开。

3）欧洲一定还会有一个大的增长。我们过去就经历过，但总不能保持。

4）必须用六西格玛再打一年漂亮的业务仗。

5）必须继续强调服务，寻找并购机会。必须制定不同的定价模式。

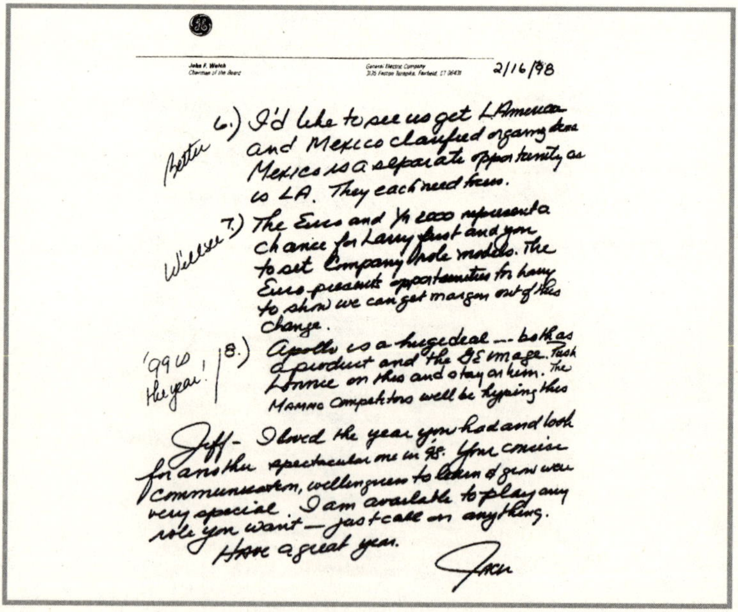

John F. Welch
Chairman of the Board

General Electric Company
3135 Easton Turnpike, Fairfield, CT 06431

2/16/98

Better 6.) I'd like to see us get L America and Mexico clarified organizations. Mexico is a separate opportunity as is LA. They each need focus.

We'll see 7.) The Euro and Yr 2000 represent a chance for Larry first and you to set Company role models. The Euro presents opportunities for Larry to show we can get margin out of this change.

'99 is the year! 8.) Apollo is a huge deal — both as a product and the GE image. Push Lonnie on this and stay on him. The Mammo competitors will be hyping this.

Jeff — I loved the year you had and look for another spectacular one in 98. Your concise communication, willingness to listen & grow were very special. I am available to play any role you want — just call on anything.

Have a great year.

Jack

6）我希望我们能够搞清楚拉美和墨西哥。拉美和墨西哥一样是独立的机会，都需要关注。

7）______是拉里和你设定公司模型的好机会……

8）______是一笔大买卖，既注重产品又体现GE的形象……

杰夫，我非常赏识你一年来的工作，希望1998年依然辉煌。你准确的表达能力以及学习和付出精神非常出众。需要我扮演什么角色都可以——无论什么事，给我打电话就行。

附录 D

业务经理会议日程安排

OMM2001

Operating Managers Meeting

Business Agenda

January 3-4, 2001
Operating Managers Meeting
Boca Raton, Florida

January 3, 2001 – Day I

7:30	Opening Remarks	*Jack Welch*
	Financial Report	*Keith Sherin*
	Honeywell Update	*Dennis Dammerman*
	Integrity	*Ben Heineman*
	NBC Update	*Bob Wright*
	Break	
	e-BUSINESS	
	Overview	*Jeff Immelt*
	Make	
	Driving Productivity Through Digitization	*Denis Nayden* *John Rice* *Joe Hogan* *Dave Calhoun*
	Break	
	Sell	
	Changing Industry Structure	*Larry Johnston*
	Growth Through Digitization	*Bill Meddaugh*
	Buy	
	e-Sourcing Best Practices	*Lloyd Trotter*
	e-Transactions	*Ted Torbeck*
	Integration of Make Buy, Sell	*Rick Smith*

January 4, 2001 – Day II

7:30	Overview	*Jeff Immelt*
	GLOBALIZATION	
	Global Best Practice Translations	*Gary Rogers*
	Sourcing Intellect Globally	*Scott Donnelly*
	Sourcing Services Globally	*Tiger VN Tyagarajan*
	Global Sourcing and Digitization	*Marc Onetto*
	Break	
	SIX SIGMA	
	Overview	*Piet van Abeelen*
	At the Customer	*David Joyce*
	Price Management Using Span	*Charlene Begley*
	Fulfillment Span	*Bill Driscoll*
	Break	
	SERVICES	
	The Installed Base Growth Opportunity	*George Oliver* *Ric Artigas* *Dennis Cooke* *Mike Neal*
	Stretch Break	
	Closing Remarks	*Jack Welch*

图书在版编目（CIP）数据

杰克·韦尔奇自传 /（美）杰克·韦尔奇，（美）约翰·拜恩著；曹彦博，孙立明，丁浩译 . -- 北京：中信出版社，2021.4

（中信经典丛书 . 002）

书名原文：Jack: Straight from the Gut

ISBN 978-7-5217-2888-0

Ⅰ. ①杰… Ⅱ. ①杰… ②约… ③曹… ④孙… ⑤丁… Ⅲ. ①韦尔奇（Welch, Jack 1935- ）—自传 Ⅳ. ① K837.125.38

中国版本图书馆 CIP 数据核字（2021）第 045575 号

杰克·韦尔奇自传

（中信经典丛书 · 002）

著　　者：[美] 杰克·韦尔奇　[美] 约翰·拜恩

译　　者：曹彦博　孙立明　丁浩

责任编辑：郝玉敏

出版发行：中信出版集团股份有限公司

（北京市朝阳区惠新东街甲 4 号富盛大厦 2 座　邮编　100029）

承 印 者：北京中科印刷有限公司

开　　本：880mm × 1230mm　1/32　　印　　张：115.5　　字　　数：2719 千字

版　　次：2021 年 4 月第 1 版　　印　　次：2021 年 4 月第 1 次印刷

京权图字：01–2001–4129

书　　号：ISBN 978–7–5217–2888–0

定　　价：990.00 元（全 8 册）

扫码免费收听图书音频解读

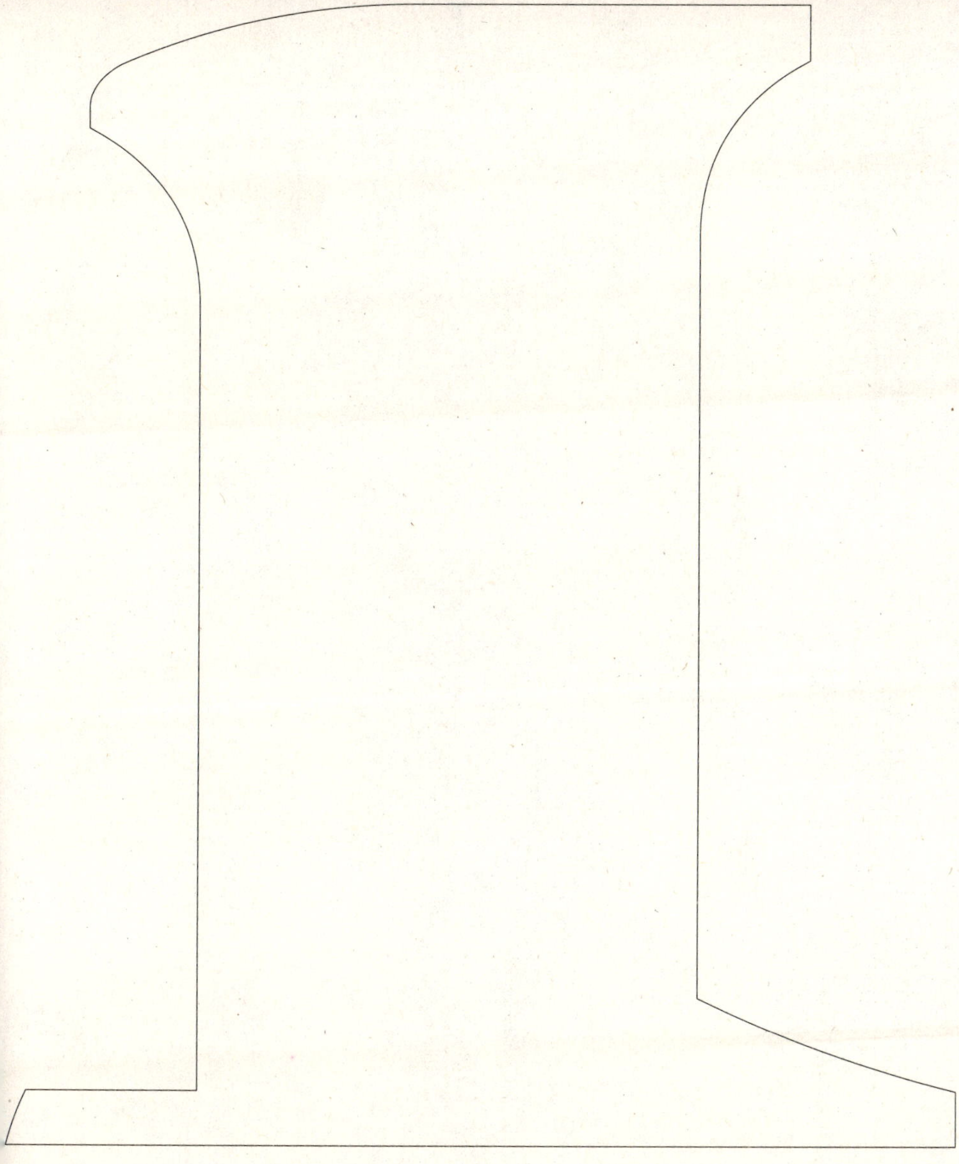

史蒂夫·乔布斯传

STEVE JOBS

[美] 沃尔特·艾萨克森
著

管延圻
魏群
余倩
赵萌萌
译

中信出版集团 | 北京

那些疯狂到以为自己能够改变世界的人，
才能真正改变世界。

苹果“非同凡想”广告，1997

The people who are crazy enough to think they can change the world are the ones who do.

——Apple’s “Think Different” commercial, 1997

目录

主要人物

1. 阿尔 · 奥尔康

(Al Alcorn)

雅达利公司总工程师，街机电子游戏《乒乓》(*Pong*) 的设计者，乔布斯年轻时的老板。

2. 比尔 · 阿特金森

(Bill Atkinson)

苹果早期雇员，为 Mac 开发图形界面设计。

3. 吉尔 · 阿梅里奥

(Gil Amelio)

1996 年成为苹果 CEO，收购 NeXT，把乔布斯请回苹果。

4. 克里斯安 · 布伦南

(Chrisann Brennan)

乔布斯在家园高中的女朋友，乔布斯女儿莉萨的母亲。

5. 诺兰 · 布什内尔

（Nolan Bushnell）

雅达利公司创始人，乔布斯的企业家偶像。

6. 莉萨 · 布伦南–乔布斯

（Lisa Brennan-Jobs）

乔布斯和克里斯安 · 布伦南的女儿，生于1978年，最初不被乔布斯承认。后来她成为作家，居于纽约。

7. 比尔 · 坎贝尔

（Bill Campbell）

乔布斯在苹果第一阶段工作时的市场营销主管；1997年乔布斯回归后，成为苹果董事会成员和乔布斯的亲密伙伴。

8. 埃德温 · 卡特穆尔

（Edwin Catmull）

皮克斯的联合创始人，后成为迪士尼高管。

9. 乙川弘文

（Kobun Chino）

加利福尼亚的一位曹洞宗禅师，乔布斯的灵魂导师。

10. 李 · 克劳

（Lee Clow）

顽皮的广告鬼才，制作了苹果的“1984”广告，与乔布斯合作30年。

11.“黛比”德博拉·科尔曼

（Deborah“Debi”Coleman）

早期 Mac 团队成员，后来负责苹果的制造部门。

12.蒂姆·库克

（Tim Cook）

坚定，冷静，1998 年被乔布斯任命为苹果首席运营官，2011 年 8 月接替乔布斯成为苹果 CEO。

13.埃迪·库埃

（Eddy Cue）

苹果的互联网服务负责人，在与内容供应商的周旋中是乔布斯的得力助手。

14.“安迪”安德烈娅·坎宁安

（Andrea“Andy”Cunningham）

里吉斯·麦肯纳公司的公关专家，在早期 Mac 的年代负责与乔布斯打交道。

15.迈克尔·艾斯纳

（Michael Eisner）

迪士尼的铁腕 CEO，达成与皮克斯的合作协议，后与乔布斯发生矛盾。

16.拉里·埃利森

（Larry Ellison）

甲骨文公司 CEO，乔布斯的密友。

17. 托尼 · 法德尔

（Tony Fadell）

朋克工程师，2001 年加入苹果开发 iPod。

18. 斯科特 · 福斯托

（Scott Forstall）

苹果的移动设备软件负责人。

19. 罗伯特 · 弗里德兰

（Robert Friedland）

里德学院毕业生，拥有一处苹果农场公社，在东方宗教中追寻精神家园，影响了乔布斯；后来经营一家矿产公司。

20. 让-路易 · 加西

（Jean-Louis Gassée）

苹果法国分公司经理，1985 年乔布斯被挤出苹果时，他接管了 Mac 部门。

21. 比尔 · 盖茨

（Bill Gates）

1955 年出生的另一位电脑天才。

22. 安迪 · 赫茨菲尔德

（Andy Hertzfeld）

活泼友善的软件工程师，早期 Mac 团队成员。

23. 乔安娜 · 霍夫曼

（Joanna Hoffman）

早期 Mac 团队成员，勇于对抗乔布斯。

24. 伊丽莎白 · 霍姆斯

（Elizabeth Holmes）

丹尼尔 · 科特基在里德学院的女朋友，早期苹果员工。

25. 罗德 · 霍尔特

（Rod Holt）

烟不离手的马克思主义者，1976 年被乔布斯聘用为 Apple Ⅱ 的电子工程师。

26. 罗伯特 · 艾格

（Robert Iger）

2005 年接替艾斯纳成为迪士尼 CEO。

27. "乔尼" 乔纳森 · 艾夫

（Jonathan "Jony" Ive）

苹果的首席设计师，是乔布斯的合作伙伴和亲密朋友。

28. "约翰" 阿卜杜勒法塔赫 · 钱德里

（Abdulfattah "John" Jandali）

叙利亚出生，在威斯康星州读硕士，乔布斯和莫娜 · 辛普森的生父；后来在雷诺市附近的布姆顿赌场担任餐饮经理。

29. 克拉拉·哈戈皮安·乔布斯

（Clara Hagopian Jobs）

亚美尼亚移民的后代，1946 年跟保罗·乔布斯结婚，1955 年领养了刚出生不久的史蒂夫·乔布斯。

30. 埃琳·乔布斯

（Erin Jobs）

安静，严肃，史蒂夫·乔布斯和劳伦·鲍威尔的第二个孩子。

31. 伊芙·乔布斯

（Eve Jobs）

精力旺盛，充满活力，史蒂夫·乔布斯和劳伦·鲍威尔最小的孩子。

32. 帕蒂·乔布斯

（Patty Jobs）

保罗和克拉拉·乔布斯在领养史蒂夫两年后领养的第二个孩子。

33. 保罗·莱因霍尔德·乔布斯

（Paul Reinhold Jobs）

威斯康星州出生的海岸警卫队队员，跟妻子克拉拉于 1955 年领养了史蒂夫。

34. 里德 · 乔布斯

(Reed Jobs)

史蒂夫 · 乔布斯和劳伦 · 鲍威尔的长子，有着父亲的迷人外表和母亲的和善性格。

35. 罗恩 · 约翰逊

(Ron Johnson)

2000 年被乔布斯聘用，负责发展苹果零售店。

36. 杰弗里 · 卡曾伯格

(Jeffrey Katzenberg)

迪士尼制片厂负责人，跟艾斯纳发生冲突，于 1994 年辞职，跟史蒂文 · 斯皮尔伯格和大卫 · 格芬一起创建了梦工厂。

37. 丹尼尔 · 科特基

(Daniel Kottke)

乔布斯在里德学院时最好的朋友，两人一起去印度朝圣。早期苹果雇员。

38. 约翰 · 拉塞特

(John Lasseter)

皮克斯的联合创始人及创新主力。

39. 丹 · 卢因

(Dan'l Lewin)

跟随乔布斯，相继在苹果和 NeXT 担任市场营销高管。

40. 迈克 · 马库拉

（Mike Markkula）

苹果的第一位大股东和主席，对乔布斯形同慈父。

41. 里吉斯 · 麦肯纳

（Regis McKenna）

公关奇才，从早期开始指导乔布斯，一直是乔布斯深信不疑的顾问。

42. 迈克 · 默里

（Mike Murray）

早期 Mac 的市场营销总监。

43. 保罗 · 欧德宁

（Paul Otellini）

英特尔 CEO，促成 Mac 使用英特尔芯片，但是没拿到 iPhone 项目。

44. 劳伦 · 鲍威尔

（Laurene Powell）

善解人意，性情温良，宾州大学毕业，之后去高盛工作，再到斯坦福商学院读书，1991 年嫁给乔布斯。

45. 乔治 · 赖利

（George Riley）

出生于孟菲斯市，乔布斯的朋友及律师。

46. **亚瑟 · 罗克**

(Arthur Rock)

传奇般的科技投资者，早期苹果董事会成员，对乔布斯而言如同父亲。

47. **“鲁比”乔纳森 · 鲁宾斯坦**

(Jonathan “Ruby” Rubinstein)

跟乔布斯一起在 NeXT 工作，1997 年成为苹果的硬件总工程师。

48. **迈克 · 斯科特**

(Mike Scott)

1977 年被马库拉聘为苹果总裁，试图管住乔布斯。

49. **约翰 · 斯卡利**

(John Sculley)

百事前高管，1983 年被乔布斯挖到苹果任 CEO，随后双方产生矛盾，于 1985 年把乔布斯排挤出局。

50. **乔安妮 · 席贝尔 · 钱德里 · 辛普森**

(Joanne Schieble Jandali Simpson)

威斯康星州人，乔布斯的生母，把乔布斯送人，还育有一女莫娜 · 辛普森。

51. **莫娜 · 辛普森**

(Mona Simpson)

乔布斯同父同母的妹妹，1986 年两人相认后关系日益密切。她的几部小说均以家人为蓝本，例如，《在别处》（母亲乔安妮），《凡人》（乔布斯及其女儿莉萨），以及《失散的父亲》（她父亲阿卜杜勒法塔赫·钱德里）。

52. 阿尔维·雷·史密斯

（Alvy Ray Smith）

皮克斯的联合创始人，后与乔布斯发生矛盾。

53. 伯勒尔·史密斯

（Burrell Smith）

Mac 团队里天真、聪明、躁动的程序员，20 世纪 90 年代患上精神分裂症。

54. “阿维”阿瓦迪·泰瓦尼安

（Avadis “Avie” Tevanian）

在 NeXT 与乔布斯和鲁宾斯坦共事，1997 年成为苹果的软件总工程师。

55. 詹姆斯·文森特

（James Vincent）

热爱音乐的英国人，在苹果的广告代理公司与李·克劳和邓肯·米尔纳（Duncan Milner）共事的年轻合伙人。

56. 罗恩·韦恩

（Ron Wayne）

在雅达利与乔布斯相识，成为苹果初创期乔布斯和沃兹尼亚克的第一个合伙人，但是不明智地放弃了他在苹果的股权。

57. 史蒂夫·沃兹尼亚克

（Stephen Wozniak）

家园高中的明星电子极客，设计的电路板被乔布斯成功地加以包装并推向市场，与乔布斯共同创立了苹果公司。

前言

本书是如何诞生的

2004年的初夏，我接到史蒂夫·乔布斯（Steve Jobs）打来的电话。多年来，他对我还算友好，偶尔还会格外热情一下，特别是当他希望即将推出的新产品能上《时代》杂志封面或者CNN（美国有线电视新闻网）专题报道的时候，而我先后供职于这两家媒体。在我离开之后，就没有太多他的消息了。电话里，我们聊了一些关于我刚刚加入的阿斯彭研究所（Aspen Institute）的情况，我邀请他来科罗拉多的校园进行演讲。他说他很乐意，但不想登台讲话，而是想和我散散步、聊聊天。

当时我并不知道他喜欢在散步的过程中进行严肃的对话，所以这通电话让我有些费解。后来我才知道，他是想让我写一本关于他的传记。我刚刚出版了本杰明·富兰克林（Benjamin Franklin）的传记，正在着手完成阿尔伯特·爱因斯坦（Albert Einstein）的传记。因此我最初的反应是，他是不是把自己看作这些伟人的“后继者”了。当然这是半开玩笑的。我认为他还处在事业的波动期，等待他的还有诸多跌宕起伏，所以我拒绝了他的请求。我说，现在还不是时候，再等个一二十年，等你退休了。

我认识他是在 1984 年，当时他来曼哈顿与《时代》杂志的编辑们共进午餐，顺带夸耀他最新推出的 Mac 电脑（Macintosh）。那个时候他的脾气就不太好，他指责《时代》杂志的一名记者，因为对方报道的一个故事披露了太多事实，他觉得受到了伤害。但后来，通过与他的对话，我发现自己被他的强烈情感所吸引，就如同其他很多人多年来被他吸引一样。自那以后，我们就一直保持联系，即便在他被迫离开苹果公司时，彼此的联络也未中断。当他需要推销某样产品时，比如一台 NeXT 电脑或者一部皮克斯（Pixar）出品的电影，他就会突然间再次向我施展他的魅力。他会带我去曼哈顿下城的一家寿司餐厅，告诉我他正在兜售的东西是他制造出的最棒的产品。我喜欢这个家伙。

乔布斯重新执掌苹果公司之后，我们将他搬上了《时代》杂志的封面，此后不久，他就开始给我们正在做的 20 世纪最有影响力人物系列专题出谋划策。当时他已经展开了“非同凡想”（Think Different）的宣传活动，在他的电视广告片里出现的众多历史人物中，有一些也正是我们在考虑的，而乔布斯发现，评估人物的历史影响力很有意思。

在拒绝了为他写传记的建议后，我还是时不时听到一些他的消息。有一次，我发电子邮件询问他，苹果公司的标识是不是如同我女儿告诉我的一样，是在向伟大的英国计算机先驱阿兰·图灵（Alan Turing）致敬。图灵破译了战争时期德国的电码，最后却食用浸过氰化物的苹果自杀了。乔布斯回复我说，他希望自己曾经考虑过这一点，但实际上并没有。从这件事起，我开始逐渐了解苹果公司的早期历史，并一点一点搜集这方面的资料，没准儿哪天我想写一本这方面的书呢。我的爱因斯坦传记出版后，有一次，在帕洛奥图（Palo Alto）的一个新书活动上，乔布斯把我拉到一边，再一次提出，以他为主题的书肯定很有意思。

他的坚持让我很为难。众所周知，他非常注意保护自己的隐私，而我推测他应该从来没有看过我写的书。于是，我还是回答道，也许将来的某个时候吧。但是，到了 2009 年，他的妻子劳伦·鲍威尔（Laurene Powell）直言不讳地对我说："如果你真的打算写一本关于史蒂夫的书，最好现在就开始。"他当时刚刚第二次因病休假。我向劳伦坦承，当乔布斯第一次提出这个想法时，我并不知道他病了。几乎没有人知道，她说。他是在接受癌症手术之前给我打的电话，直到今天他还将此事作为一个秘密，她这么解释道。

就在那个时候，我决定要写这本书了。让我惊喜的是，乔布斯欣然允诺，他不会干涉这本书的写作过程，甚至不会提前阅读它。"这是你的书，"他说，"我不会看的。"但那年秋天的晚些时候，他似乎开始重新考虑此番合作，而我不知道的是，他被又一轮的癌症并发症侵袭了。他不再回我的电话，我也把这个项目暂时搁置了起来。

之后，出人意料的，2009 年岁末的新年前夜，他在傍晚时分给我打来电话。在帕洛奥图的家中，陪伴他的只有他的妹妹——作家莫娜·辛普森（Mona Simpson）。妻子劳伦和三个孩子去滑雪了，糟糕的身体状况让他未能同行。他追思往事，跟我聊了一个多小时。他先是回忆自己 12 岁的时候曾经想要做一个频率计数器，当时他在电话簿上查到了惠普的创始人比尔·休利特（Bill Hewlett）的号码，并给他打电话，想要得到一些零部件。乔布斯说，他重新回到苹果公司的这 12 年，从创造新产品的角度来说，是他最高产的一个阶段。但他还有一个更重要的目标，那就是像休利特和戴维·帕卡德（David Packard）一样，建立一家充满了革命性创造力的公司，而且这家公司要比惠普更能经受岁月长河的涤荡。

"我小的时候，一直以为自己是个适合人文学科的人，但我喜欢电子设备。"他说，"然后我看到了我的偶像之一，宝丽来的创始人埃德温·兰德（Edwin Land）说的一些话，是关于既擅长人文又能驾驭科学的人的重要性的，于是我决定，我要成为这样的人。”这好像是在向我暗示这本传记的主题（这一次，这个主题至少是合理的）。在我写的富兰克林以及爱因斯坦的传记中，最让我感兴趣的话题就是，一个具有强烈个性的人身上集合了人文和科学的天赋后所能产生的那种创造力，我相信这种创造力也是在21世纪建立创新型经济的关键因素。

我问乔布斯为什么希望我来做这本传记的作者。“我觉得你很擅长让别人开口说话。”他这么回答。这个答案有些出乎我的意料。我知道我必须采访很多人，这些人要么被他炒过鱿鱼，要么被他伤害过、遗弃过，抑或被他以其他方式激怒过，我以为我跟这些人交谈会让乔布斯不舒服。的确，当我的一些采访对象的言论传到乔布斯耳中时，他表现得有些愤怒。但几个月后，他开始鼓励人们跟我交流，这其中甚至包括他的敌手和前女友。他也没有对任何事情做出限制。“我做过很多并不值得自豪的事情，比如23岁时让我的女友怀了孕，以及我处理此事的方式。”他说，“但我没有什么不能对外坦露的。”他并未对我的写作内容设限，甚至没有要求提前阅读。他的唯一一次介入也仅仅发生于我的出版商选定封面设计时。当他看到早期的封面设计时，他极不喜欢，并要求重新设计一版。我欣然同意。

我总共与他进行了40余次会面。其中一些是很正式的谈话，在他位于帕洛奥图的住所的客厅里进行，有一些是在长途散步或者驱车行进的过程中完成的，还有一些是通过电话。在为期两年的访问中，他与我越来越亲近，也越来越愿意向我吐露心声，但是有时候我还是可以感受到他身上那种被苹果的老同事们称为“现实扭曲力场”（reality distortion field）的力量。有时，这是因疏忽引起的记忆错误，我们都会如此；但有些时候，乔布斯则是在向我和他自己编织现实在他头脑中的印象。为了验证并充实他的故事，我采访了100多人，包括他的朋友、亲戚、对手、敌人以及同事。

他的妻子劳伦也没有对我的写作加以约束或控制，同样没有要求提前看到书的内容。事实上，她还鼓励我坦率地描述乔布斯的全部：他的优点以及他的缺点。她是我见过的最聪明也是最理性的人之一。“他的生活以及性格中，有一部分是非常糟糕的，这是事实，”她早先告诉我，“你不用为他掩饰。他很擅长讲故事，他的故事本身也非常精彩，我希望看到整个故事都能被如实地叙述。”

这项使命完成得如何，我交给读者们评判。我确信会有一些人的记忆有别于书中所述，或者有人认为我陷入了他的扭曲力场之中。在我写一本关于亨利·基辛格（Henry Kissinger）的书时也有类似的经历，那本书在某种程度上为本书提供了有益的借鉴。我发现人们对于乔布斯有着十分强烈的肯定或否定的情感，罗生门效应[1]十分明显。但我已尽自己所能去公正地平衡不同意见，并对信息来源做到透明。

这是一本关于一个富有创造力的企业家的书，关于他过山车一般的人生，关于他炽热强烈的个性。他对完美的狂热以及积极的追求彻底变革了六大产业：个人电脑、动画电影、音乐、移动电话、平板电脑和数字出版。你可能还会想到第七个产业：数字产品零售商店。对于零售连锁产业，他算不上彻底变革，但他的确对这个产业进行了重新描绘。此外，他通过开发应用程序（App），为数字内容开辟了一个全新的市场，而不再像以前一样只能依赖网站。随着时间的推移，他不仅制造出革命性的产品，还在自己的第二次努力下成就了一家充满生命力的公司，这家公司继承了他的基因，集中了一群极富想象力的设计师和大胆创新的工程师，他们能够将他的设想发扬光大。2011

1. 罗生门效应（Rashomon effect），源自黑泽明的电影《罗生门》，意指事件相关人各执一词、难辨真相的情形。

年 8 月，在乔布斯即将卸任苹果公司 CEO 之际，这个在他父母的车库中诞生的公司成为世界上市值最高的公司。

我希望这也能是一本关于创新的书。如今，美国正在寻找方法保持自身的创新优势，全世界都在努力建设创造性的数字时代经济，乔布斯成了创造力、想象力以及持续创新的终极标志。他深知 21 世纪创造价值的最佳途径就是将创造力与科技结合起来，所以他创建了一家公司，在这里，跳跃的想象力与高超的工程学技术结合到一起。他和他的同事们能够以全新的方式思考：他们所做的并非是针对目标人群的普通产品改进，而是在消费者还没有意识到其需求的时候，就为其提供全新的设备和服务。

他不是众人尽可效仿的模范老板，也算不上人类楷模。他就像被恶魔驱使一样，可以让身边的人狂怒和绝望。但他的个性、激情与他的产品之间是相互关联的，就好像苹果的硬件和软件一样，均是整体系统的一部分。因此，他的故事既有启发性，也有告诫意义，其中充满了创新、品质、领导力和价值观方面的经验。

莎士比亚的《亨利五世》——一个关于任性幼稚的哈尔王子成长为狂热又敏感、冷漠又感性、鼓舞人心又并不完美的君主的故事——开头就是一段呼唤：“啊！光芒万丈的缪斯女神，你登上了无比辉煌的幻想的天堂！”哈尔王子要做的很简单，只需要传承他那位国王父亲的事业。而对于史蒂夫·乔布斯来说，那光明的创新天堂之旅，始于他的两对父母，以及一个学习如何点石成金的山谷。

Courtesy of Steve Jobs

1	2
3	4

1. 1956 年，保罗·乔布斯和史蒂夫·乔布斯
2. 位于森尼韦尔的家，苹果公司就是在这儿的车库里诞生的
3. 1972 年，家园高中年刊中的史蒂夫·乔布斯
4. 在鲍姆家的后院里，他们拿出当年恶作剧用的床单，上写“沃兹尼亚克–鲍姆–乔布斯联合出品”（SWAB JOB）

Courtesy of Steve Jobs

第一章　童年

被遗弃与被选择

领养

第二次世界大战后，保罗·莱因霍尔德·乔布斯（Paul Reinhold Jobs）从海岸警卫队退役时，与他的队员们打了一个赌。他们已经到达旧金山，在这里，他们的舰船退役了，保罗打赌说他会在两周之内给自己找到一个妻子。他是一个肌肉结实、有着文身的引擎机械师，身高6英尺，长相有几分像詹姆斯·迪恩[1]。他约到了克拉拉·哈戈皮安（Clara Hagopian），一个来自亚美尼亚移民家庭的甜美风趣的女孩。女孩看上的并不是他的容貌，而是他和他的朋友们可以使用一辆轿车，这是她当晚原定与之出行的对象们做不到的。10天以后，1946年3月，保罗与克拉拉订婚，同时也赢了那场赌局。事实证明，这是一段幸福的婚姻，两人厮守了40多年，直至死亡将他们分开。

保罗·莱因霍尔德·乔布斯在威斯康星州日耳曼敦的一家奶牛场长大。尽管父亲是个酒鬼，有时候还会虐待他，但在保罗粗犷的外表下有着一颗温柔宁静的心。高中退学后，他穿梭于中西部地区，做机械师的工作，直到19岁那年加入海岸警卫队——虽然他并不会游泳。他被安排在美国海军的“梅格斯号”运兵船（USS M.C. Meigs）上，“二战”中的大多数时间都在为巴顿将军向意大利运输部队。他作为一名机械师和锅炉工，表现不俗，并为他赢得了不少奖励，但他偶尔也会惹上一点儿小麻烦，所以军衔从来没有高过一等兵。

克拉拉出生在新泽西州，她的父母逃离土耳其控制下的亚美尼亚之后，落脚在这里。在她童年时，全家搬到了旧金山的米申区。她有一个很少对外提及的秘密：她曾经结过婚，但她的丈夫在战争中身亡

1. 詹姆斯·迪恩（James Dean），美国著名演员，20世纪50年代美国青年文化的标志，1999年，被美国电影学会评选为百年来最伟大 的男性演员之一。

了。所以当她第一次和保罗约会时，心中已经准备好迎接崭新的生活。

和许多从战争中走过的人一样，他们已经经历了太多的刺激，所以当战争结束之后，他们渴望安定下来，生儿育女，过平静的生活。他们没有多少钱，所以搬到威斯康星州与保罗的父母一起居住了几年，然后又去了印第安纳州，在那里，保罗找到了一份工作——在国际收割机公司（International Harvester）做机械师。他喜欢修理汽车，业余时间靠买下旧车修好后再卖出去赚钱。最后，他辞去了工作，成了一名全职的二手车商人。

然而，克拉拉深爱着旧金山。1952 年，她终于说服丈夫，全家搬回了旧金山。他们在日落区买下了一套公寓，地处金门公园南端，面朝太平洋。保罗在一家信贷公司找到了一份“回收人”的工作——撬开不能偿还贷款的车主的车锁，将车拖回并重新处置。有时候他也会买下这样的车，修好后出售，就这样靠赚到的钱过着小康生活。

他们的生活中却始终缺少一样东西。他们想要一个孩子，但克拉拉经历过一次宫外孕而丧失了生育能力。1955 年，也就是结婚 9 年后，他们开始寻求领养一个孩子。

与保罗·乔布斯一样，乔安妮·席贝尔（Joanne Schieble）也来自威斯康星乡村的一个德裔家庭。她的父亲名叫亚瑟·席贝尔（Arthur Schieble），他移民美国后辗转来到了格林贝（Green Bay）的郊区。他和妻子在这里拥有一家水貂饲养场，还成功涉足了其他一些生意，其中包括房地产和照相凸版印刷。他很严厉，尤其是在对待女儿的恋爱问题上，他坚决反对女儿和初恋对象的交往，因为此人不是天主教徒。所以，当在威斯康星大学读研究生的乔安妮爱上了一个来自叙利亚的穆斯林助教“约翰”阿卜杜勒法塔赫·钱德里（Abdulfattah “John” Jandali）时，他威胁要与之断绝父女关系，就一点儿也不让人惊讶了。

钱德里来自一个显赫的叙利亚家庭，是家里 9 个孩子中年纪最小的一个。他的父亲拥有多家炼油厂和其他多种产业，在大马士革和霍姆斯也有大量财产，还一度控制了那一地区的小麦价格。钱德里后来提到，他的母亲是一位“传统的穆斯林女性”，她就是“保守、顺从的家庭主妇”。和席贝尔家一样，钱德里家族也十分重视教育，几代以来，家庭成员都被送到伊斯坦布尔或者巴黎索邦大学就读。阿卜杜勒法塔赫·钱德里就曾被送到一所耶稣会寄宿学校，尽管他是个穆斯林。他在贝鲁特美国大学（American University in Beirut）拿到了学士学位，然后来到了威斯康星大学，在政治学系攻读博士学位。

1954 年的夏天，乔安妮和阿卜杜勒法塔赫一起去了叙利亚。他们在霍姆斯待了两个月，乔安妮从男友的家人那里学会了做叙利亚菜。他们回到威斯康星后，乔安妮发现自己怀孕了。当年他们都是 23 岁，但决定先不结婚。乔安妮的父亲当时已经气息奄奄，他威胁说，如果她跟阿卜杜勒法塔赫结婚，就跟她断绝父女关系。在他们那个小小的天主教社区，堕胎也绝不是一件容易的事情。1955 年年初，乔安妮来到旧金山，被一名好心的医生收留，这位医生为未婚的准妈妈们提供庇护，帮她们接生，然后安排秘密的收养。

乔安妮提出了一个要求：领养她孩子的人必须要大学毕业。所以医生将这个孩子安排给了一位律师和他的妻子。1955 年 2 月 24 日，乔安妮生下了一个男孩。而安排好的那对夫妇希望领养个女孩，所以他们退出了。因此，这个男孩没能成为律师的儿子，而是成为了一个高中退学生的儿子，这个人对机械有着极高的热情，他的妻子谦逊温和，是一名记账员。保罗和克拉拉给孩子取名为史蒂文·保罗·乔布斯（Steven Paul Jobs）[1]。

1. 即史蒂夫·乔布斯。

但是，乔安妮关于孩子的养父母必须要大学毕业的要求并没有改变。当乔安妮发现这对夫妇甚至连高中都没有念完时，她拒绝在领养文件上签字。即使史蒂夫已经在乔布斯家安定下来了，僵局仍持续了数周。最终，乔安妮放宽了要求：乔布斯夫妇必须承诺设立专款，送这个孩子上大学，并需要在保证书上签字。

乔安妮迟迟不愿在领养文件上签字还有一个原因。她的父亲快去世了，而她计划在父亲离去后与钱德里结婚。她还怀有一丝希望：一旦他们结婚，她就可以把儿子要回来。因为有时候想到儿子的事还是会很伤心，她准备日后向家人和盘托出。

亚瑟·席贝尔 1955 年 8 月离世，即领养程序结束后的几个星期。那年的圣诞节刚过，乔安妮和阿卜杜勒法塔赫·钱德里就在格林贝的使徒圣菲利普天主教堂（St. Philip the Apostle Catholic Church）完婚了。第二年，钱德里拿到了国际政治学的博士学位，他们又要了一个孩子，是个女孩，名叫莫娜。乔安妮 1962 年和钱德里离婚后，过上了梦一般游荡的生活，这些都被她女儿——后来成为杰出小说家的莫娜·辛普森——描绘在她的凄美小说《在别处》（*Anywhere But Here*）中。因为史蒂夫的领养程序非常私密，所以直到 20 年后，史蒂夫和他妹妹才得以相认。

史蒂夫·乔布斯很早就知道了自己是被领养的。“我的父母在这件事情上对我很坦率。”他回忆道。他记得很清楚，六七岁的时候，他坐在自家屋前的草地上，向住在街对面的女孩讲述这件事情。“这是不是说明你的亲生父母不要你了？”女孩问。“天哪，我当时就像被闪电击中了一样。”乔布斯这么说，“我跑回家，大声哭喊。我父母说：‘不是这样的，你要理解这件事情。’他们当时很严肃，直盯着我的眼睛。他们说：‘我们是专门挑的你。’他们两人都这么说，并且放慢语速向我重复这句话。他们一字一顿地说出了每一个字。”

被遗弃，被选择，很特别，这些概念成为了乔布斯的一部分，也影响了他对自己的看法。他最亲密的朋友们认为，一出生就被遗弃这个事实给他留下了几道伤疤。“我认为，他想完全掌控自己制造的每一样东西的那种强烈欲望，就来源于他的性格以及刚出生就被抛弃这件事。”跟乔布斯共事了很多年的德尔·约克姆（Del Yocam）这么说。格雷格·卡尔霍恩（Greg Calhoun）看到了另一种影响：“他想控制外界环境，而且他把产品看作自己的一种延伸。”格雷格在大学毕业后就与乔布斯关系密切。“史蒂夫经常向我讲起他被亲生父母遗弃的事，他因此深受其害，”他说，“这件事造就了他独立的性格。他遵循着另外一套行为方式，这是因为他生活在自己的小世界里——与他的生长环境截然不同的世界。”

后来，乔布斯 23 岁时（这正是他的生父抛弃他时的年纪）有了自己的孩子并抛弃了她。（最后他还是担负了作为一个父亲的责任。）孩子的母亲克里斯安·布伦南（Chrisann Brennan）说，被领养一事让乔布斯“满身伤痕”，这也解释了他后来的行为。“他曾经被遗弃过，但后来他也遗弃了别人。”克里斯安如是说。20 世纪 80 年代早期与乔布斯一起在苹果公司共事的安迪·赫茨菲尔德（Andy Hertzfeld）是少数几个与乔布斯和布伦南都保持紧密联系的人。“史蒂夫身上的关键问题是，为什么他有时候会失控般变得残酷并伤害别人，”他说，“那还要追溯到他一出生便被遗弃这件事上。真正的潜在问题是，史蒂夫的生活中，永远有‘被遗弃’这样一个主题。”

乔布斯否认了这点。“有些人认为，因为我被亲生父母抛弃过，所以我非常努力地工作以求出人头地，这样我父母就会后悔当初的决定，还有一些类似的言论，都太荒谬了。”他坚称，“知道自己是被领养的也许让我感觉更加独立，但我从未感觉自己被抛弃过。我一直都觉得自己很特别。我的父母让我觉得自己很特别。”之后，每当有人称保罗和克拉拉为乔布斯的“养父母”或者暗示他俩不是他的“亲生父母”时，乔布斯就会异常愤怒。“他们百分之一千是我的父母。”他说。另一方面，当谈及他的亲生父母时，他显得很草率：“他们就是我的精子库和卵子库，这话并不过分，因为这就是事实，他们扮演的就是精子库的角色，仅此而已。”

硅谷

从很多方面来说，保罗和克拉拉夫妇为他们的儿子创造的童年是 20 世纪 50 年代后期的典型模式。乔布斯两岁那年，他们领养了一个女儿，取名叫帕蒂，三年后他们搬到了郊区的一栋房子里。保罗担任“回收人”的 CIT 信贷公司将他调到了帕洛奥图的办事处，但他承受不起那里高昂的生活费用，所以他们选择了位于南边的山景城落脚，那里的生活开销相对低廉。

保罗·乔布斯想把自己对机械和汽车的热爱传递给儿子。“史蒂夫，从现在开始，这就是你的工作台了。”他边说边在车库里的桌子上划出一块。乔布斯还记得父亲对手工技艺的专注曾让自己印象深刻。“我觉得爸爸的设计感很好，”他说，“因为他什么都会做。要是家里缺个柜子，他就会做一个。给家里搭栅栏的时候，他给我一把锤子，这样我就能跟他一起干活儿了。”

50 年后，当年的栅栏依然包围着山景城那处房子与院落。乔布斯向我展示的时候，轻抚着栅栏的木板，回想起了父亲深深植入他脑中的一课。老乔布斯说，把柜子和栅栏的背面制作好也十分重要，尽管这些地方人们看不到。“他喜欢追求完美，即使别人看不到的地方他也会很关心。”

父亲继续着翻新、出售二手车的事业，并在车库里贴满了他喜爱的汽车的图片。他会向儿子介绍车辆设计的细节——线条、排气孔、铬合金以及座椅的装饰。每天下班后，他就换上工作服，窝在车库里，史蒂夫也常常跟着他。“我原本想让他掌握一点儿机械方面的技能，但他不愿意把手弄脏。”保罗后来回忆说，“他从没有真正喜欢过机械方面的东西。”

在引擎盖下修修补补根本吸引不了乔布斯。乔布斯承认：“我对修汽车没什么兴趣，但我特别喜欢跟爸爸待在一起。”即使随着年龄的增长，他越来越意识到自己是被领养的，他还是越来越喜欢跟爸爸黏在一起。乔布斯差不多 8 岁的时候，有一天他发现了一张父亲在海岸警卫队时的照片。“他在轮机舱里，上身赤裸，看上去很像詹姆斯 · 迪恩。对一个孩子来说，那一刻只能用‘哇，天哪’来形容了。哇，天哪！我的父母也曾经年轻过，而且长相也很不错。”

通过汽车，父亲让史蒂夫第一次接触到了电子设备。“他对电子设备并没有很深的了解，但他在修理汽车和其他物件时就在跟电子设备打交道。他为我展示了电子设备的基本原理，我觉得很有趣。”更有趣的是去废品堆里寻找零部件的过程。“每个周末，我们都有一次废品站之旅。我们会寻找发电机，或者化油器，还有各种各样的元件。”他还记得看着父亲在柜台前谈价格。“他很擅长讨价还价，因为他比卖家更清楚零件的合理价格。”这也帮助实现他父母当初领养他时许下的承诺。“我上大学的钱是这么来的：我父亲会花 50 美元买下一辆已经开不动的福特猎鹰（Ford Falcon）或者其他什么破车，花几个星期修好它，然后以 250 美元的价格卖出去——而且他不会去报税。”

乔布斯家的房子位于迪亚布洛大道 286 号，和他们周围的房子一样，都是由房地产开发商约瑟夫 · 埃奇勒（Joseph Eichler）建造的。埃奇勒的公司于 1950~1974 年在加州的各个地区兴建了超过 11 000 幢房屋。受到弗兰克·劳埃德·赖特（Frank Lloyd Wright）“适合美国普通百姓的简单现代之家”这一设想的启发，埃奇勒建造了廉价房屋，这些房屋的特点是：落地的玻璃墙、开放式的平面设计、无遮蔽的梁柱构造、水泥地面以及大量的滑动玻璃门。“埃奇勒做得很好，”乔布斯有一次和我在附近散步时说，“他造的房子整洁漂亮，价格低廉，质量上乘。他们把干净的设计和简洁的品位带给了低收入人群。房子本身有很棒的小特色，比如地板下安装了热辐射供暖设施。我们小的时候，铺上地毯，躺在上面，温暖舒适。”

乔布斯说，他对埃奇勒建造的房屋的欣赏，激发了他为大众制造设计精良的产品的热情。“我喜欢把很棒的设计和简便的功能融入产品，而且不会太贵。”他一边向我指出这些房屋的干净典雅之处，一边说道，“这是苹果公司最初的设想，我们在设计第一台 Mac 时就尝试这么做，并在 iPod 上实现了这一设想。”

乔布斯家的街对面曾经住着一位成功的房地产经纪人。“他也不是很聪明，”乔布斯回忆说，“但看起来他好像赚了不少钱。于是我爸爸就想：‘我也能干这一行啊。’我记得他非常勤奋，去上夜校，通过了执照考试，进入了房地产业。紧接着，房地产市场崩溃了。”结果，乔布斯一家经济拮据了差不多一年时间，当时史蒂夫还在上小学。他妈妈在生产科学仪器的瓦里安联合公司（Varian Associates）找到了一份记账员的工作，他们家也给房子办理了第二份抵押贷款。有一天，他的四年级老师问他：“关于这个世界，你有什么不明白的？”乔布斯回答说：“我不明白为什么我爸爸一夜之间就破产了。”虽然如此，乔布斯还是很为父亲感到骄傲，因为他身上从来没有那种卑躬屈膝的态度和圆滑诡诈的作风，尽管这些特质能让他成为一名业绩更好的经纪人。“想卖出房子，你就必须巴结别人，爸爸不擅长这个，他也不是这样本性的人。这一点我很钦佩他。”后来，保罗·乔布斯做回了老本行——机械师。

父亲宁静又温和，这些特质后来得到了乔布斯的赞扬而不是仿效。他还是一个坚决果断的人。乔布斯举了一个例子：

> 住在我们隔壁的是一个在西屋电气公司（Westinghouse）供职的工程师。他还没有结婚，属于“垮掉的一代”那种类型的人。他有一个女朋友，她有时候会做我的保姆。我的父母都要工作，所以放学后我就去他们家待几个小时。他会喝醉酒，然后还会打他女朋友。有天晚上她吓得魂不附体地跑到我们家来，那男人也醉醺醺地跟过来了，我爸爸拦住他，让他平静下来：“她是在这儿，但你不准进来。”他就站在那儿。20 世纪 50 年代的时候，我们以为万事都是平静祥和的，但这个家伙就属于那种生活一团糟的工程师。

这个地区与遍布美国的成千上万个树影稀疏的地区不同的一点是，即便是个一无所长的人也想成为工程师。“我们搬到这里时，每个角落都能看到杏子和李子果园，”乔布斯回忆说，“但因为军事投资的关系，整个地区开始急速发展起来。”乔布斯受到硅谷历史的熏陶，渴望自己也能施展拳脚。宝丽来的埃德温·兰德后来告诉他，艾森豪威尔曾要求自己帮助制造 U-2 侦察机上的照相机，以用来监视苏联的威胁。胶卷被装在小罐子里，然后送到森尼韦尔的美国国家航空航天局埃姆斯研究中心（NASA Ames Research Center），这里离乔布斯家不远。“我第一次见到计算机终端，就是我爸爸带我去埃姆斯中心的时候，”他说，“我觉得自己彻底爱上它了。”

其他的国防项目承包商也于 20 世纪 50 年代陆续在周边地区落地生根。1956 年，生产潜射弹道导弹的洛克希德公司导弹与空间部门（The Lockheed Missiles and Space Division）成立，恰好在 NASA 隔壁。4

年后乔布斯一家搬到这里时，该部门已经雇用了20 000名员工。几百米之外就是西屋电气公司，其生产的设备是用来为导弹系统制造电子管和变压器的。“拥有尖端科技的军事公司云集于此，”他回忆道，“这太不可思议了，太高科技了，生活在这里真让人觉得兴奋。”

国防工业的复苏引发了一场依托科技的经济急速发展。这场发展的根基还要回溯到1938年，当时戴维·帕卡德（David Packard）和他的新婚妻子搬进了帕洛奥图的一座公寓，很快他的朋友比尔·休利特（Bill Hewlett）也在这座公寓的一个小屋里安顿了下来。房子有一间车库——这间车库后来成为硅谷的标志之一。在这里，他们敲敲打打，制造出了自己的第一件产品：一台音频振荡器。到20世纪50年代，惠普已经成为一家制造技术仪器的快速成长的公司。

幸运的是，附近有一个地方为那些企业规模已经超出车库的创业者提供了更大的发展空间。斯坦福大学的工程系主任弗雷德里克·特曼（Frederick Terman）在学校拥有的土地上开辟了一座占地700英亩的工业园区，提供给那些可以将学生们的创意商业化的私人企业。这一举动也让此地区变身为科技革命的摇篮。第一家租户便是瓦里安联合公司，也就是克拉拉·乔布斯工作的地方。乔布斯说：“特曼的伟大计划对技术产业在此地发展壮大的推动作用，是其他任何事情都无法比拟的。”在乔布斯10岁那年，惠普公司已经拥有9 000名雇员，并且成为每一个渴望稳定收入的工程师都梦寐以求的一流企业。

在硅谷的发展中，最重要的一项技术当属半导体。在新泽西的贝尔实验室中与人共同发明了晶体管的威廉·肖克利（William Shockley），也搬到了山景城，他在1956年创办了一家公司，用硅代替当时普遍使用的且较为昂贵的锗来制造晶体管。但随后肖克利变得越来越乖僻，他放弃了硅晶体管项目，这也导致了他麾下的8名工程师——最著名的有罗伯特·诺伊斯（Robert Noyce）和戈登·摩尔（Gordon

Moore）——离他而去并创办了仙童半导体公司（Fairchild Semiconductor）。该公司一度拥有 12 000 名员工，然而 1968 年，诺伊斯在一场争夺 CEO（首席执行官）宝座的权力斗争中失败，公司分裂了。诺伊斯带走了戈登·摩尔，创办了集成电路公司（Integrated Electronics Corporation），他们巧妙地将公司简称为“英特尔”（Intel）。他们的第三名员工是安德鲁·格鲁夫（Andrew Grove），他在 20 世纪 80 年代通过将业务重心从存储器芯片转移到微处理器上而使公司发展壮大。仅仅几年时间，这一地区就出现了超过 50 家生产半导体的公司。

半导体产业的爆炸式发展与摩尔发现的著名现象有关，他在 1965 年绘制的一张图表显示，集成电路每个芯片所能容纳的晶体管数目大约每两年就会翻一番，性能也会提升一倍，而且这一趋势还会继续。这一发现在 1971 年得到了再次证实，当时英特尔公司成功地将一个完整的中央处理器蚀刻到了一块芯片上，制成了英特尔 4004，他们称之为“微处理器”。摩尔定律直至今日依然基本准确，它对产品性价比的可靠预测让包括史蒂夫·乔布斯和比尔·盖茨在内的两代年轻企业家可以对自己的未来产品做出成本推测。

芯片产业赋予该地区一个全新的名字。从 1971 年 1 月起，每周发行的专业类报纸《电子新闻》（*Electronic News*）的专栏作家唐·赫夫勒（Don Hoefler）开始了一组系列报道，标题为“美国硅谷”。这一绵延 40 英里的圣克拉拉谷，从南旧金山穿过帕洛奥图，一直延伸到圣何塞，贯穿其中的是该地区的商业主干道“国王大道”（El Camino Real），这条道路曾经连接着加州的 21 所教会，而现在，这条繁忙的道路所连接的企业和新兴公司每年吸引着全美三分之一的风险投资。“成长于此，我受到了这里独特历史的启发，”乔布斯说，“这让我很想成为其中的一分子。”

像大多数孩子一样，他开始受身边大人们的热情的影响。“住在我周围的父亲们大都研究的是很酷的东西，比如太阳能光伏、电池和雷达，”乔布斯回忆道，“我对这些东西充满了好奇，经常向他们问这问那。”这些邻居中最重要的一个人，拉里·朗（Larry Lang），跟乔布斯家隔了 7 户人家。“他是我心中惠普工程师的标准形象：超级无线电爱好者、铁杆电子迷，他会带东西给我玩。”当我们走近朗的老房子时，乔布斯指着车道说：“他把一个碳精话筒、一块蓄电池和一个扬声器放在车道上。他让我对着话筒说话，声音就通过扬声器放大出来。”乔布斯的父亲曾经告诉过他，话筒一定要有电子放大器才能工作。“所以我跑回家，告诉爸爸他错了。”

“不对，肯定需要放大器。”父亲的口气很肯定。当史蒂夫提出异议时，父亲说他疯了：“没有放大器是不可能工作的，这其中是有诀窍的。”

“我不停地对我爸爸说不是那样的，让他亲眼去看看，最终他跟我一起走到邻居家，看到了。他说：‘我还是赶紧走人吧。’”

这件事在乔布斯的心中印象深刻，因为这是他第一次意识到父亲不是万事通。然后，他发现了一件让他更加不安的事情：自己比父母还要聪明。他一直很仰慕父亲的智慧和才能。“他没有受过良好的教育，但我以前一直认为他特别聪明。他不怎么看书，却会做很多事情。机械方面的东西他几乎样样精通。”然而碳精话筒这件事让他的想法开始动摇，他意识到自己实际上比父母更聪明、更敏捷。“这种想法出现在脑海中，对我来说是一个重大的时刻。当我意识到自己比父母更聪明时，我为自己有这样的念头而感到异常羞愧。我永远忘不了那一瞬间。”他后来告诉朋友，这个发现，再加上自己是被领养的这个事实，让他觉得自己有些孤立，就如与世隔绝一般，脱离了父母，也脱离了世界。

此后不久，他又意识到了另一件事情。他不仅发现自己比父母聪明，还发现其实父母是知道这一点的。保罗和克拉拉是一对很慈爱的父母，他们愿意改变自己的生活来适应这个非常聪明也非常任性的儿子。他们愿意竭尽全力去适应他，给他特别的对待。很快，史蒂夫也发现了这点。“父母都很了解我。他们意识到我的不同寻常之后就有了很强的责任感。他们想尽办法让我学到更多东西，送我去好学校。他们愿意满足我的需求。”

所以在乔布斯成长的过程中，伴随他的不仅仅是曾经被遗弃的感觉，还有一种自己不同于常人的感觉。在他心中，后者在他的个性形成中扮演的角色更为重要。

学校

在乔布斯上小学之前，母亲就已经教他阅读了，但这反而造成了一些麻烦。“在学校的最初几年，我觉得很无聊，所以我就不断惹麻烦。”很快大家就发现，不论是从天性上还是他接受的教育上，乔布斯都不是一个愿意服从权威的孩子。“我遭遇的是自己从未遇到过的另一种形式的权威，而且我不喜欢它。他们几乎都要制服我了。差一点儿他们就把我身上所有的好奇心都赶走了。”

他就读的学校是蒙塔·洛马小学，在他家 4 条街之外，是由一群 20 世纪 50 年代的低矮建筑组成的。他靠玩恶作剧来打发自己的无聊。“我有个叫里克·费伦蒂诺（Rick Ferrentino）的好朋友，我们会惹上各种各样的麻烦，”他回忆说，“比如我们会制作小海报，上面写着‘带宠物上学日’。那太疯狂了，到处都能看到狗撵猫。老师们都气疯了。”还有一次，他们设法让别的孩子说出了自己自行车锁的密码。“然后我们跑出去把所有的锁都调换了位置，没人能骑走自己的车。他们直到那天晚上才解决了这一难题。”到他三年级的时候，恶作剧开始有了一点儿危险的成分。“有一次，我们在老师瑟曼夫人（Mrs. Thurman）的椅子下面点燃了炸药。她吓得都抽搐了。”

不出所料，乔布斯在读完三年级之前被送回家了两三次。不过父亲当时已经把他当作特殊的孩子来对待了，他以平静但有力的态度向学校阐明，他希望学校也能这么对待自己的孩子。“听着，这不是他的错，”乔布斯回忆当时父亲是这么对老师说的，“如果你提不起他的兴趣，那是你的错。”在乔布斯的记忆中，父母从来没有因为他在学校犯错而惩罚过他。“我爷爷是个酒鬼，还会用皮带抽我爸爸，但是我连一巴掌都没有挨过。”他又补充说，他的父母“都知道责任在学校，学校没有激发我的学习兴趣，而是让我去背一些没用的东西”。他开始展现出性格中的多面性，敏感又偶尔迟钝，易怒而又超然，这也是他以后生活中的状态。

等到他即将升入四年级的时候，校方认为最好将乔布斯和费伦蒂诺放到不同的班级里。教高级课程的是一名干劲十足的女教师伊莫金·希尔（Imogene Hill），人称“泰迪”，用乔布斯的话说，她成了“我生命中的圣人之一”。在观察了乔布斯几个星期后，她意识到对付他最好的方法就是收买。“有一天放学后，她给了我一本练习簿，上面都是数学题，她说要我带回家把题目解出来。我心想‘你是不是疯了’，这时她拿出一只超大的棒棒糖，在我看来地球也不过这么大吧。她说，你把题目做完之后，如果大多数都做对了，我就把这个给你，再送你 5 美元。我用了不到两天就做完交给她了。”几个月之后，他不想再要奖励了：“我只想学习和让她高兴。”

她会帮乔布斯弄到一些小工具，让他可以做些打磨镜头、制作相机之类的事情。“我从她身上学到的东西比从其他任何老师那儿学到的都要多，如果没有她的话，我一定会坐牢的。”这再一次印证了乔布斯是个特殊的孩子。“在我们班，她只关心我一个人。她在我身上看到了一些东西。”

她看到的不仅是乔布斯的智慧。多年后，她很喜欢展示当年的班级在“夏威夷日”拍的一张照片。那天乔布斯出现的时候没有按要求穿夏威夷衫，但在照片中，他穿着一件夏威夷衫坐在前排中央。原来，他成功说服另一个孩子把自己的衣服脱下来给了他。

四年级快结束时，希尔夫人给乔布斯做了测试。“我的得分是初中二年级水平。”他回忆说。不光是他自己和他的父母，连老师们也发现了，他在智力上真的是非常特别，学校允许他连跳两级，直接升入七年级。这也是可以让他挑战自我并受到激励最简单的方法了。他的父母明智地决定让他只跳一级。

这样一种过渡有些突然。这个有点儿社交障碍的孩子本来就不合群，他又发现自己身处一群比自己大一岁的人中间。更糟糕的是，他读六年级的地方是另一所学校：克里滕登中学。这所学校地处一个充斥着少数族裔帮派的社区，离原来的蒙塔·洛马小学不过 8 条街之隔，在很多方面却像另一个世界。“打架几乎天天发生，厕所里的敲诈也是如此，”硅谷记者迈克尔·S. 马隆（Michael S. Malone）这样写道，“学生们经常把刀带到学校来展现自己的男子气概。”乔布斯到这里的时候，一群学生刚因为轮奸而被监禁，附近学校因为在一场摔跤比赛中打败了克里滕登而导致己方的校车被毁。

乔布斯经常被欺负，到七年级上到一半的时候，他给父母下达了最后通牒。“我坚持要他们送我去别的学校。”他回忆说。就经济负担而言，这对他的父母是个艰难的挑战。当时他们家勉强能够收支平衡。但那样的时刻，毫无疑问，父母最终一定会满足他的意愿。“他们一开始反对，我就告诉他们，如果要我回到克里滕登的话，我就再也不上学了。所以他们就打探了一下最好的学校在哪里，然后倾尽所有，在一个更好的地区花 21 000 美元买下了一座房子。”

这回搬家仅仅是向南移了3英里，来到了南洛斯阿尔托斯（South Los Altos）一处由杏树果园改造成的毫无特色的居民区。他们的新家位于克莱斯特路2066号（2066 Crist Drive），是一栋平房，有三间卧室，以及一个面对马路、带卷帘门、设施齐全的车库。在车库里，保罗·乔布斯可以修汽车，而他儿子可以玩他的电子设备。这栋房子的另一个意义重大之处就是它正好坐落于库比蒂诺–森尼韦尔（Cupertino-Sunnyvale）学区内，这是硅谷最安全也是最好的学区之一。“我搬来这儿时，这些角落里都还是杏树。”我们走过他家的老屋前，乔布斯指给我看，“住在那里的那个家伙教我怎么做一名有机作物园丁，以及如何制作堆肥。他不管种植什么东西都要追求完美。我一生中再没吃过比那儿更好的食物了。也就是从那时候起，我喜欢上了有机水果和蔬菜。”

尽管乔布斯的父母对于宗教信仰并不是十分狂热，但他们还是希望自己的孩子能受一点儿宗教教育，所以大多数的星期天他们都会带他去路德教堂（the Lutheran Church）。这一活动在他13岁那年结束了。乔布斯一家订阅了《生活》杂志，1968年7月，该杂志在封面上刊登了一张令人震惊的照片，照片上是比亚法拉的一对饥饿的儿童。乔布斯把杂志带到教堂，质问牧师：“如果我举起我的手指头，上帝在我举之前就知道我要举哪一根吗？”

牧师回答说：“是的，上帝无所不知。”

于是，乔布斯拿出那期《生活》杂志的封面，问道：“那么，上帝知道这些吗？他知道这些孩子身上会发生什么事情吗？”

“史蒂夫，我知道你不明白，但是，是的，上帝知道这一切。”

乔布斯宣布，他再也不想崇敬这样一位上帝，他再也没有去过教堂。不过，他倒是花了好几年时间研究并尝试实践佛教禅宗的教义。几十年后，他反思自己的精神感受时说，宗教应该更多地强调精神体验，而不是一味遵守教条。“当基督教太过基于信仰，而忽略了以耶稣的方式生活或者从耶稣的角度看世界时，它的精髓就消失了，”他告诉我，“我觉得不同的宗教就好比通往同一栋房子的不同的门。有时候我觉得这栋房子存在，有时候我又觉得它不存在。这是最神秘的。”

乔布斯的父亲当时在光谱物理公司（Spectra-Physics）工作，该公司坐落在旁边的圣克拉拉，为电子设备和医疗产品生产激光器件。作为一名机械师，他为工程师们设计的产品制作样机。他的儿子被那种对完美的追求深深吸引。“激光仪器要求极其精准的调校，”乔布斯说，“真正尖端的激光仪器都非常精密，比如飞机上使用的或者用于医疗的。工程师们会对我爸爸说：‘这就是我们想要的，我们还想要用一整块金属板一体成型来保证膨胀系数的一致。’然后爸爸就要想办法去实现。”大多数样机都是从零开始制作的，这就意味着保罗·乔布斯必须定制各种工具和模具。他的儿子被此深深吸引，却很少去车间看看。“要是他能教我用铣床和车床的话，一定会很有意思的，但遗憾的是，我从没去过他的车间，因为我对电子的东西更感兴趣。”

一年夏天，保罗·乔布斯带着史蒂夫去威斯康星州参观他们家的奶牛场。乡村生活对史蒂夫毫无吸引力，但有一幅画面深深刻在了他心上。他看到了一只小牛犊的出生，让他惊讶的是，这只小动物才落地几分钟就挣扎着站起来开始走路。“这不是它通过学习获得的技能，而是与生俱来的，”他回忆说，“人类的婴儿就没有这种能力。我觉得这很了不起，虽然别人都不这么想。”他用软件与硬件的术语来形容这个现象：“就好像是设计好的一样，动物身体里的某些东西和它大脑里的某些东西在它出生后立刻开始协同作用，而不需要去学习。”

到了九年级，乔布斯去了家园高中（Homestead High）。这所学校的校园有些杂乱，由几栋两层楼的砖砌建筑构成，这些建筑都被刷成了粉色，当时有 2 000 名学生。“学校是由一位著名的监狱建筑师设计的，”乔布斯回忆说，“他们想要把学校建得坚不可摧。”乔布斯那时候爱上了走路，他每天都独自走过 15 条街去上学。

他没什么同龄的朋友，却认识几个沉浸在 20 世纪 60 年代晚期反主流文化浪潮中的高年级学生。那时候，极客和嬉皮士的世界开始显现出一些重叠。“我的朋友们都很聪明，”他说，“我对数学、科学和电子学感兴趣，他们也是，而且大家都喜欢迷幻药和反主流文化。”

那时候，他的恶作剧一般都会用到电子设备。有一次，他在家中连接了几个扬声器。扬声器也可以用作麦克风，他在自己的衣柜里建了一个控制室，这样就可以偷听其他房间的声音了。有天晚上，他正戴着耳机偷听父母房间的声音，父亲逮到了他，愤怒地要求他拆除整套系统。很多晚上，他都会造访他以前的工程师邻居拉里·朗的车库。朗最终把那只令乔布斯魂牵梦萦的碳精话筒送给了他，还让他迷上了希斯工具盒（Heath kits）——当时广受欢迎的用来制作无线电设备或其他电子装备但需要自己组装的工具套装。“希斯工具盒里面有各种各样用不同颜色编号的插件板和零部件，还有解释其使用原理的操作手册。”乔布斯回忆道，“它让你意识到你能组装并搞懂任何东西。你做完几个无线电装置后，就会在目录里看到电视机，你会说这个我也能做，即便你并不会真的去做。我很幸运，因为当我还是个孩子的时候，我的父亲以及希斯工具盒都让我相信，我能做出任何东西。”

朗还让乔布斯加入了惠普探索者俱乐部，这是个每周一次的聚会，每周二晚在公司餐厅举行，大概有 15 个学生参加。“他们会从实验室里请来一位工程师，给我们讲讲他正在研究的东西，”乔布斯回忆说，“我爸爸会开车送我去。我感觉那儿就是我的天堂。惠普当时是发光二极管（LED）行业的先锋，所以我们就会讨论发光二极管的一些问题。”因为当时父亲为一家激光公司工作，所以乔布斯对发光二极管特别感兴趣。有一天晚上，聚会结束之后，他拦住了惠普的一名激光工程师，获得了参观他们全息摄影实验室的机会。但最让他印象深刻的还是见到了当时惠普正在开发的小型计算机。“我在那里第一次见到了台式计算机，它被称为9100A，是一台被神化了的计算器，但也确实是第一台台式计算机。它身形巨大，大概有40磅重，但它真的很美，我爱上了它。”

探索者俱乐部的孩子们被鼓励做一些项目，乔布斯决定做一台频率计数器，这是用来测量一个电子信号中每秒的脉冲数量的。他需要一些惠普制造的零件，所以他拿起电话打给了惠普的CEO：“那个时候，所有的电话号码都是登记在册的，所以我在电话簿上寻找住在帕洛奥图的比尔·休利特，然后打到了他家。他接了电话并和我聊了20分钟，之后他给了我那些零件，也给了我一份差事，就在他们制造频率计数器的工厂工作。”乔布斯高中第一年的暑假就在那里工作。“我爸爸早上开车送我去，晚上再把我接回家。”

他的工作主要就是在一条流水线上“安装基本元件”。一部分工友对这个爱出风头的孩子有些不满，因为他是通过给CEO打电话才得到了这份工作的。“我记得我告诉一个监督员‘我喜欢这玩意儿，我喜欢这玩意儿’，然后我问他最喜欢做什么，他回答说‘我喜欢鬼混，我喜欢鬼混’。”乔布斯与在楼上工作的工程师们相处甚欢。“每天上午10点，他们那儿都会供应甜甜圈和咖啡。我会跑上楼跟他们混在一起。”

乔布斯喜欢工作。他曾经送过报纸——下雨的时候父亲会开车送他；在他高中第二年的时候，周末和暑假他都在一家巨大的电子器材商店哈尔泰克（Haltek）做仓库管理员。如同他父亲那个堆满汽车零件的废品站一样，这家到处都是电子设备的商店也是拾荒者的天堂。这家商店延伸了一整个街区，那些新的、旧的、回收的、过剩的部件塞满了架子，未经分类就扔进了箱子，还有的就堆在户外的院子里。“在仓库后面靠近海湾的地方，他们用栅栏围起了一块区域，里面放着北极星潜艇的内部元件，都是从潜艇上扒下来当作废品卖掉的，”他回忆说，“所有的操纵装置和按钮都在。它们都是军绿色或灰色的，但是开关和灯泡罩是琥珀色和红色的。那些开关都是老式的大型手柄式开关，当你打开开关的时候，那感觉实在太棒了，就好像你要炸了芝加哥一样。”

在店里堆满了厚厚目录的木制柜台前，人们会为了开关、电阻、电容和最新的存储芯片讨价还价。乔布斯的父亲以前也曾为汽车部件讨价还价，因为他比店员还清楚零件的价格，所以每次都能还价成功。乔布斯在这点上学习了父亲。他热衷于谈判并从中获得实惠，这也让他对电子零件有了更充分的了解。他会去电子产品的跳蚤市场，比如圣何塞交换大会，为了一块带有值钱芯片的电路板跟人讨价还价，然后把那些芯片卖给哈尔泰克商店的经理。

15 岁那年，在父亲的帮助下，乔布斯拥有了自己的第一辆汽车。那是一辆双拼色的纳什大都会轿车（Nash Metropolitan），他父亲为之配备了一台英国 MG 公司生产的发动机。乔布斯并不怎么喜欢这辆车，但他不想让父亲知道，更不想错过自己拥有汽车的机会。“现在回想起来，纳什大都会看起来是最酷的车了，”他后来说，“但当时它是全世界最土里土气的车。不过，不管怎么样，它也是一辆车，这就很好了。”不到一年，他通过各种各样的工作攒够了钱，可以换一辆带阿巴斯（Abarth）发动机的红色菲亚特 850 轿跑车了。“我爸爸帮我买车并检查了车况。把挣的钱攒起来去买某件东西，那种满足感太让人兴奋了。”

也是在那一年夏天，在他即将升入高中第三年的时候，乔布斯开始抽大麻。“那年夏天我第一次抽大麻，当时我 15 岁，之后就经常抽了。”有一次他父亲在他的菲亚特车上发现了一些大麻。“这是什么？”

他问。乔布斯平静地回答说："大麻。"这是他一生中为数不多的一次直面父亲的愤怒。"那是我唯一一次真的和爸爸发生争执。"乔布斯说。但他父亲又一次屈从于他的意愿。"他要我保证以后再也不抽大麻了，但我不愿意保证。"实际上，到了高中第四年，他已经同时使用迷幻药和大麻了，并且还在探索睡眠剥夺的致幻效果。"我开始加大吸食大麻的剂量。我们偶尔也会用迷幻药，通常是在旷野中或是在车里。"

高中的最后两年，乔布斯的心智也快速发展，他发现自己既沉浸在极客的电子世界中，又喜欢文学和创造性的尝试。"我开始听很多音乐，阅读科技以外的书，例如莎士比亚、柏拉图的作品。我爱看《李尔王》。"他还爱读《白鲸》（*Moby Dick*）和迪伦·托马斯（Dylan Thomas）的诗作。我曾问他为什么喜欢李尔王和阿哈船长，这两个是文学作品中最固执、最执着的角色，但他没有回答我，我也没有再提。"我高中第四年的时候上的大学英语预修课非常棒，任课老师长得很像欧内斯特·海明威。他会带我们一大帮人去优山美地（Yosemite）国家公园踏雪。"

乔布斯听的一门课日后成为了硅谷传奇的一部分，这就是约翰·麦科勒姆（John McCollum）教授的电子学。麦科勒姆以前是位海军飞行员，他像个杂耍艺人似的，通过各种小把戏来激起学生的兴趣，比如让特斯拉线圈产生电火花。他会把自己储藏室的钥匙借给他宠爱的学生，这个小储藏室里堆满了晶体管之类的零部件。他有一种奇普先生（Mr. Chips）般的魔力，可以给学生解释清楚电子学原理，并把原理联系到实际应用中，例如怎样将电阻和电容串联和并联，然后用这些知识来制作放大器或者无线电设备。

麦科勒姆的教室在校园边缘一座厂房模样的建筑里，紧邻着停车场。"就在这儿，"乔布斯凝视着教室的窗户说，"隔壁就是以前的汽车修理课教室。"这样一种空间上的并列关系也突出了他们这一代与父辈那一代在兴趣上发生的转变。“麦科勒姆先生觉得电子学就是新的汽车维修。”

麦科勒姆信奉军事化的纪律以及对权威的尊重，乔布斯则不然，他已经不再掩饰自己对权威的厌恶，他的态度结合了怪异而顽固的激情和超然的叛逆。“他经常一个人在角落里做自己的事情，压根儿不想跟我或者班上的其他人有任何交流。”麦科勒姆后来说。他从来没有放心地把储藏室的钥匙给过乔布斯。有一次乔布斯需要一样市面上找不到的零件，他就给制造商底特律的伯勒斯公司（Burroughs）打了一个对方付费电话，告诉他们自己正在设计一个新产品，想要测试一下那个部件。几天之后，这个部件用航空包裹寄到了乔布斯手上。当麦科勒姆问他从哪儿弄来的时候，乔布斯带着一种目空一切的骄傲讲述了事情的经过——他是怎样打对方付费电话并且编故事的。“我很愤怒，”麦科勒姆说，“我不希望我的学生做这样的事情。”乔布斯的回应则是：“我没钱打电话，而那家公司很有钱。”

麦科勒姆的课程是三年，但乔布斯只上了一年。在一个项目中，他制造了一台带有光感器的装置，光感器遇到光后就会开启电路。任何一个学过科学课的高中生都能做出这样的装置。他更感兴趣的是研究激光——他从父亲那儿学到的东西。乔布斯和几个朋友一起，通过使用安装在扬声器上的镜面反射激光，实现了用于各种派对的音乐灯光表演。

第二章　奇特的一对

两个史蒂夫

沃兹

还在麦科勒姆班上的时候，乔布斯与一个本校的毕业生成了朋友，此人就是史蒂夫·沃兹尼亚克（Stephen Wozniak）。沃兹尼亚克一直是老师最喜欢的学生，并因为在班上展现出的杰出才能而成为全校的传奇人物。他的弟弟曾经和乔布斯一起参加过游泳队，而他本人比乔布斯大了将近5岁，对电子学的了解也远超乔布斯。但从情商以及社交方面的能力来说，他依然是个高中生极客。

和乔布斯一样，沃兹尼亚克也从父亲那里学到了很多。但两人学到的东西是不同的。乔布斯的父亲是个高中辍学生，他在修理汽车的过程中学会了如何通过买卖零部件赚取可观的利润；而沃兹尼亚克的父亲是人称“杰里”的弗朗西斯·沃兹尼亚克（Francis Wozniak），是加州理工学院工程系的杰出毕业生，还是校橄榄球队的四分卫，他十分崇尚工程学，并且瞧不起那些从事商业、市场或销售的人。他后来成了洛克希德公司的火箭专家。“我记得他告诉我，工程学是世界上最重要的，”史蒂夫·沃兹尼亚克后来回忆说，“工程学将社会带入了一个新的水平。”

沃兹尼亚克最早的记忆之一，就是在一个周末去了父亲工作的地方，看到了一些电子部件，父亲“把我跟这些部件一起摆在桌上，这样我就可以拿着玩了”。父亲试着让显示器上的一条波形保持平直，以证明自己设计的电路能够正常工作，而沃兹[1]在一旁看得入了迷。“我能看到，爸爸做的任何事情都是重要的，而且他做得很棒。”那个时候的沃兹就会问父亲各种问题，都是关于屋子里随处可见的电阻和晶体管的，父亲就会拿出一块黑板，给他解释这些部件是干什么

1. 即史蒂夫·沃兹尼亚克，也称沃兹。

的。“他会从原子和电子讲起，给我解释电阻是干什么的。我上小学二年级的时候他就给我解释电阻是怎么工作的了，不是用方程式，而是用很具体形象的方式。”

沃兹的父亲还教给了他其他一些东西：绝不撒谎，这深深扎根于他那单纯、不善社交的个性之中。“我父亲信奉诚实——极端的诚实。那是他教我的最重要的事情，我从没有撒过谎，到今天也是如此。”（仅有的例外就是他搞恶作剧的时候。）除此之外，这位父亲还给儿子灌输了对于野心家的厌恶，这一点沃兹与乔布斯不同。他们结交 40 年以后，2010 年，在一场苹果公司的产品发布活动上，沃兹回顾了他们之间的这种差异。“我爸爸跟我说，你总是想做一个中庸的人。”他说，“我不想成为一个像史蒂夫那样的高端人物。我爸爸是个工程师，那也是我想做的。我太腼腆了，永远不可能成为像史蒂夫那样的商业领袖。”

到了四年级，沃兹尼亚克成了他自称为“电子小孩”的那一类人。对他来说，盯着一只晶体管要比跟一个姑娘眉来眼去来得容易。他就以矮矮胖胖、有点儿驼背的形象示人，大多数时间他都埋头于电路板中。在乔布斯还在为了一个连他父亲都解释不清的碳精话筒而迷惑的年纪，沃兹尼亚克就已经在使用晶体管搭建对讲系统了，这个系统带有放大器、继电器、灯和蜂鸣器，连接了相邻的 6 座房子中孩子们的卧室。乔布斯还在玩希斯工具盒的时候，沃兹尼亚克已经在组装来自世界上最先进的无线电制造商哈里克拉夫特（Hallicrafters）的发射器和接收器了，他还和父亲一起获得了业余无线电执照。

沃兹花了大量的时间在家阅读父亲的电子学期刊，他着迷于关于新式计算机的那些故事，比如强大的埃尼阿克（ENIAC）。因为精通布尔代数，他惊奇地发现其实计算机系统一点儿也不复杂，反而非常简单。八年级的时候，他基于二进制理论造出了一台计算器，把 100

只晶体管、200 只二极管、200 只电阻装在了 10 块电路板上。在当地一项由空军举办的赛事上，尽管参赛者中还有十二年级[1]的学生，但他的这台计算器还是赢得了最高奖。

与沃兹同龄的男孩已开始跟女孩约会、参加各种派对，而他觉得这些都比设计电路更为复杂，他显得更加不合群了。“之前我还挺受欢迎的，大伙一起骑自行车或一起做些别的，但突然间我就被孤立了，”他回忆说，“很长的一段时间都没有人跟我说话。”他找到了一个发泄的办法：搞些幼稚的恶作剧。十二年级的时候，他做了一个电子节拍器，就是那种音乐教室里用来打拍子的、会发出“滴答”声的装置，然后他意识到“滴答”声听上去很像是炸弹定时器的声音。于是他把一些大块电池的标签撕掉，把它们绑在一起，然后放进了学校的储物柜里。他设定好装置，一旦柜门被打开，“滴答”频率就会变高。那天晚些时候，他被叫到了校长办公室。他还以为是因为他又一次获得了学校的最高数学奖。然而，等待他的是警察。校长布吕德先生（Mr. Bryld）在装置刚被发现时就被叫到了现场，他一把抓起那个玩意儿，紧贴胸口，抱着它勇敢地跑到了操场，然后把上面的电线拆掉。沃兹强忍着，但还是控制不住笑了出来。那天他真的被送到了青少年拘留中心，在那儿过了一夜。那是一次难忘的经历。他在里面教其他犯人把通到天花板上风扇的电线接到铁窗上，这样一旦有人碰到就会被电击一下。

对沃兹来说，被电击就好像是获得荣誉奖章一样。成为一名硬件工程师让他很自豪，但这也意味着触电是家常便饭。他曾经发明过一种轮盘赌游戏：4 个人把拇指按在槽里，球落下之后，其中的一个会被电到。“搞硬件的人才愿意玩这个游戏，搞软件的都太胆小了。”他

1. 十二年级：即美国的高中四年级，相当于中国的高中三年级。

这么强调。

到了十二年级，他在喜万年公司（Sylvania）得到了一份兼职工作，人生中第一次有机会在计算机前工作。他从书上自学了FORTRAN语言，并阅读了当时大多数电子系统的使用说明，从数字设备公司（Digital Equipment）的PDP-8开始。之后，他研究了最新的微芯片的规格，开始使用这些最新的元器件重新设计计算机。他为自己设定的挑战是：使用最少的元器件来实现。“我关上房门，在自己的房间里独自完成了这项工作。”他回忆说。每天晚上，他都会努力在前一天的基础上进一步完善自己的设计。到这一学年结束时，他已经成为这方面的专家了。“我设计的计算机，使用的芯片数量只有市面上产品中所用芯片数量的一半，但我的设计还停留在图纸上。”他从没有跟他的朋友提到过这些。毕竟，大多数17岁的孩子都在忙着干其他事情。

十二年级那年，在感恩节周末，沃兹拜访了科罗拉多大学。学校放假了，但他找到了一个工程系的学生，那个人带着他参观了实验室。沃兹尼亚克请求父亲送他去那里读书，尽管州外学生的学费并不是他们轻易拿得出的。他们达成了一个协议：沃兹可以去科罗拉多大学读一年，但一年之后必须转回离家较近的迪安扎社区学院（De Anza Community College）。1969年秋天抵达科罗拉多之后，沃兹将大把的时间用在了恶作剧上（包括印发大量写着“去你妈的尼克松”的传单），以至于未能通过一些课程的考试，还被学校处予留校察看的处分。此外，他编写了一个程序，不停地计算斐波那契数列，占用了大量的计算机运行时间，学校威胁要他承担费用。于是他履行了与父母的约定，转学到了迪安扎。

在迪安扎愉快地度过了一年后，沃兹尼亚克决定休学去赚钱。他在一家为加利福尼亚州的交通部门生产计算机的公司里找到了工作，一名同事还给了他丰厚的馈赠：将一些多余的芯片送给他，让他将一直停留在图纸上的计算机变成现实。沃兹尼亚克决定使用尽可能少的芯片，一方面作为对自己的挑战，另一方面也是不想利用同事的慷慨。

沃兹的大多数工作都是在附近一个朋友家的车库中完成的，此人就是当时还在家园高中读书的比尔·费尔南德斯（Bill Fernandez）。为了让工作顺利完成，他们喝了很多克雷格蒙特奶油苏打水，然后骑着自行车去森尼韦尔的西夫韦超市退还瓶子，换到钱后再买更多汽水。“正是因为这个，我们才把它叫作奶油苏打水电脑。”沃兹尼亚克回忆说。这其实是一台可以做乘法的计算器，通过一系列开关将数字输入，然后用小灯显示的二进制码呈现结果。

1970 年秋天，奶油苏打水电脑完工后，费尔南德斯告诉沃兹尼亚克，他应该见见家园高中的一个人。“他叫史蒂夫，跟你一样喜欢恶作剧，也跟你一样喜欢电子学。”这应该是继 32 年前休利特走进帕卡德的车库之后，硅谷历史上意义最重大的一次车库会面。“史蒂夫和我就在比尔家门前的人行道上坐了很久，分享彼此的故事——大多是关于我们搞的恶作剧，还有各自做过的电子设计，”沃兹回忆说，“我们有如此多的共同点。一般来说，我很难向别人解释清楚我做的设计，但史蒂夫一下子就听明白了。我喜欢他。他瘦巴巴的，但是充满了活力。”乔布斯也印象深刻。“沃兹是我见过的第一个比我还懂电子学的人，”他从专业的角度这么说，“我立刻就喜欢上他了。我比自己的实际年龄要显得更成熟，而沃兹正相反，我们拉平了。沃兹非常聪明，情商方面却像是我这个年纪的人。”

除了对计算机的兴趣，两人还都热爱音乐。“那时候是音乐的鼎盛时期，”乔布斯回忆说，“就好像贝多芬和莫扎特还活着一样。真的，人们回顾那个时期时真的会这么想。沃兹和我深深沉醉其中。”尤为值得一提的是，沃兹让乔布斯迷上了鲍勃·迪伦（Bob Dylan）。“我们一直追随着圣克鲁兹的一个家伙，他会放出迪伦的行踪动向，”乔布斯说，“迪伦会录下自己所有的音乐会，但他身边的一些人不是很谨慎，所以这些磁带很快就到处都是了。盗版也到处都是，而这个家伙收集了他所有的磁带。”

搜寻迪伦的录音带很快就变成了两人的合作项目。“我们两个会游走于圣何塞和伯克利地区，到处寻找迪伦的盗版磁带并收集它们，”沃兹说，“我们会购买迪伦歌词的小册子，然后熬夜解读这些歌词。迪伦的话可以触动我们心中的创造性思维。”乔布斯说：“我有超过 100 个小时的磁带，包括他 1965 年和 1966 年巡回演出的每一场演唱会。”也是在这些演唱会上，迪伦尝试了电子乐。乔布斯和沃兹两人都购买了高端的 TEAC 牌双卷盘录音设备。“我把我的调成低速挡，把好几场演唱会录到一盘带子上。”沃兹尼亚克说。乔布斯的痴迷程度与他不相上下。“我没有买大的扬声器，而是买了一副很棒的耳机，我会躺在床上听上好几个小时。”

乔布斯在家园高中的时候曾经组织过一个俱乐部，进行音乐灯光表演，也搞些恶作剧（他们曾经把一个刷了金色漆的马桶坐垫粘到了一个花盆上）。他们的俱乐部叫作“巴克鱼苗”（Buck Fry Club）[1]，借以取笑校长的名字。当时已经毕业的沃兹尼亚克和朋友艾伦·鲍姆（Allen Baum）也在乔布斯高中三年级结束的时候加入了他的校内圈子，欢送即将毕业的四年级学生。40 年后，当乔布斯再一次回到校园时，他在当年那场恶作剧发生的地方停了下来，指给我看：“看见那个阳台了吗？我们就是在那儿挂的标语，也是在那儿巩固了彼此的友谊。”在鲍姆家的后院里，他们拿出一条已经扎染成学校标志性绿白相间颜

1. “Buck Fry”将两个单词第一个字母互换，就成了“Fuck Bry”，这是英语恶作剧的常用伎俩。

色的大号床单，在上面画了一只巨大的竖起中指的手。鲍姆慈爱的犹太母亲甚至帮他们一起画，还告诉他们怎么处理色彩渐变和阴影部分，好让整个画面看上去更加真实。“我知道这是什么意思。”她窃笑着说。他们设计了一个由绳子和滑轮组成的装置，这样一来，在毕业生们行进到阳台下方时，床单会缓缓落下，他们还在上面签上了巨大的字母“SWAB JOB”，均是取自三个人名字中的字母，意思是“沃兹尼亚克-鲍姆-乔布斯联合出品”。这场恶作剧成了学校的传奇，也让乔布斯再一次被停学处分。

在另一场恶作剧中，使用到了沃兹尼亚克发明的一个可以发射电视信号的便携装置。他会带着这个装置走进一个大家都在看电视的房间（比如说宿舍），然后悄悄按下按钮，电视画面就会受到静电干扰而变得模糊。有人站起来猛敲电视机的时候，沃兹就松开按钮，于是画面就会恢复正常。一旦那些毫不怀疑的观众们开始顺着他的意愿不断起身，他就会提高难度。他会让画面一直模糊着，直到有人去碰一下天线。最终他会让一群观众以为扶着天线的同时还必须单脚着地或者手放在电视机顶部。多年以后，在一场主题演讲上，乔布斯也遇到了视频无法播放的麻烦，他放下演讲稿，讲述了当年和沃兹一起玩这个装置时的快乐。“沃兹会把它装在口袋里，然后走进一间宿舍，那里有一群人在看《星际迷航》，他就开始在电视机上捣乱，这时就会有人站起来去修，他脚刚抬起来，沃兹就会让电视恢复正常，脚落地之后沃兹又再次让电视画面变模糊。”乔布斯站在台上，把自己的身体扭曲成“Pretzel”[1]的样子，笑着说，“不出5分钟，就会有人被气成我现在这个样子。”

1. Pretzel，一种弯曲形状的椒盐饼，这里用来比喻乔布斯扭曲的形体。

蓝盒子

恶作剧与电子技术的终极结合——也是促成苹果公司成立的疯狂表演——在一个周日的下午启动了，当时沃兹尼亚克看到了母亲留在厨房桌子上的《君子》(*Esquire*）杂志上的一篇文章。当时是1971年9月，他正准备第二天出发去伯克利——他的第三所大学。那篇文章是罗恩·罗森鲍姆（Ron Rosenbaum）写的《小蓝盒的秘密》(The Little Blue Box)，描绘了黑客和电话飞客是如何通过模拟AT&T（美国电话电报公司）网络上接通线路的特定音频免费拨打长途电话的。“这篇长文刚读到一半的时候，我就给我最好的朋友乔布斯打电话，然后读了一部分给他听。”沃兹尼亚克回忆说。他知道，那时候已经开始读高中四年级的乔布斯一定也会非常兴奋。

文中有一个叫约翰·德雷珀（John Draper）的关键人物，他是一名黑客，外号“咔嚓船长”[1]，这是因为他发现早餐麦片附赠的哨子发出的声音与电话网络中用以传输呼叫的开关发出的音频是一样的，都是2 600赫兹。这样就可以骗过系统，允许长途电话接通，而不产生额外的费用。文章中还提到，其他一些可以作为内部线路控制的单音频信号的信息，可以在《贝尔系统技术期刊》(*Bell Sytem Technical Journal*）中找到。而AT&T立刻要求各地图书馆将这本期刊下架。

那个周日的下午，乔布斯接到沃兹的电话后，立刻意识到他们必须马上找到那本技术期刊。“几分钟之后沃兹就来接我，我们去了斯坦福大学线性加速器中心的图书馆，想看看能不能找到。”乔布斯回忆道。那天是周日，图书馆关门了，但他们穿过一扇很少上锁的门进到了里面。“我记得我们在书架上猛翻，最后是沃兹找到了那本期刊，上

1. 即 Captain Crunch，也是著名麦片品牌。

面有所有的频率。那种感觉简直就是‘天哪’，我们翻开它，所有的信息都有。我们一直对自己说：‘这是真的，天哪！这是真的！’所有信息都写得清清楚楚——音调、频率。”

那天晚上，沃兹尼亚克在森尼韦尔电子商店关门之前跑了进去，买到了制造模拟声音发生器需要的零部件。乔布斯此前在惠普探索者俱乐部的时候就做过一个频率计数器，他们用这个计数器来调校他们需要的声音。只要一拨号，他们就能复制并录下文章中指定的声音。到了午夜，他们准备好测试了。很不幸，他们使用的振荡器不够稳定，无法准确复制能够骗过系统的声音。“我们使用史蒂夫的频率计数器可以发现振荡器的不稳定性，”沃兹尼亚克说，“但就是没办法让它工作。我第二天一早就要去伯克利了，所以我们决定，等我到那儿之后，就着手制造一个数字版的蓝盒子。”

从未有人做过数字版的蓝盒子，但沃兹生来就是迎接挑战的。他从电器连锁店Radio Shack买来二极管和晶体管，在同宿舍一个拥有完美音准感的同学的帮助下，于感恩节之前就完成了制作。“这是我设计过的最让我自豪的电路，”他说，“直到今天我仍然觉得难以置信。”

一天晚上，沃兹尼亚克从伯克利驱车前往乔布斯家中测试蓝盒子。他们想打电话给沃兹在洛杉矶的叔叔，但是弄错了电话号码。不过这无关紧要，因为这套装置终于可以使用了。“嗨！我们正在给你打免费电话！我们正在给你打免费电话！”沃兹尼亚克大喊着。电话那头的人有点儿摸不着头脑，也有点儿不耐烦。乔布斯插话了：“我们正在加利福尼亚给你打电话！在加利福尼亚给你打电话！用一只蓝盒子给你打电话！”这番话很可能让对方更加困惑了，因为他也在加利福尼亚。

起初蓝盒子只是用来找乐子或者搞恶作剧的。最过火的一次，他们打给梵蒂冈，沃兹尼亚克假装是亨利·基辛格，想要跟教皇通话。

“我正在莫斯科参加峰会，我需要跟教皇通话。”沃兹回忆起当时自己说的话。他被告知当地时间是早上5点半，教皇还在睡觉。当他再次打过去的时候，接电话的是一名充当翻译的主教，但对方并没有真的让教皇接电话。“他们意识到沃兹是冒牌的，”乔布斯回忆说，“我们当时在一个公用电话亭。”

也就是那时候，发生了一件具有里程碑意义的事情，也确立了今后他们合作关系的模式。乔布斯认为蓝盒子不该再停留在业余爱好阶段了，他们可以制作然后销售。“我把剩下的元件都集中起来，比如说盒子、电源和数字键盘，然后想出了定价方式。”乔布斯说，这也预示了他日后在创立苹果公司过程中将扮演的角色。成品差不多有两副扑克牌那么大，所有的零部件价值40美元，乔布斯决定以150美元的价格出售。

追随着诸如“咔嚓船长”这样的飞客的脚步，两人也给自己起了别名。沃兹尼亚克成了“伯克利蓝”（Berkeley Blue），乔布斯叫作“奥拉夫·图巴克”（Olaf Tobark）。他们会敲响各个宿舍的门，寻找感兴趣的人，然后把蓝盒子连上电话和扬声器进行演示。潜在的买家在一旁看着，他们就会现场演示，诸如给伦敦的丽兹酒店打电话，或者是拨打澳大利亚的“打电话听笑话”服务电话。“我们做了大概100个蓝盒子，几乎全卖出去了。”乔布斯回忆说。

这样的快乐和获利在森尼韦尔的一家比萨店里结束了。乔布斯和沃兹尼亚克正准备带着刚做完的一台蓝盒子开车去伯克利。乔布斯需要用钱，急需出售这台机器，所以他就向邻桌的几个人推销。那帮人很感兴趣，乔布斯就走到电话亭，往芝加哥打了一个电话做演示。他们说要到车里去拿钱。“于是沃兹和我就走向那辆车，我手上拿着蓝盒子，那家伙上了车，手伸到座位底下，拔出了一把枪。”乔布斯回忆道。他从没有如此靠近过一把枪，吓坏了。“他拿枪指着我的肚子说：

‘把它拿过来，兄弟。’我的神经一下子绷紧了。车门就在那儿，我想是不是可以猛关上车门砸他的腿，然后我们趁机逃跑，但很有可能他会朝我们开枪。所以我慢慢地、小心翼翼地把蓝盒子递给了他。”这种抢劫真的太奇怪了。抢走蓝盒子的家伙给了乔布斯一个电话号码，说如果蓝盒子有用的话，以后会想办法把钱付给他。当乔布斯照着号码打过去的时候，还真的找到了那个家伙，他不会用蓝盒子。乔布斯巧妙地说服此人在一个公共场合跟他和沃兹见面，但最终他们还是胆怯了，决定再也不跟那个持枪的男人打交道，即便那样做有可能拿回那 150 美元。

这次恶作剧为他们日后更重大的创举铺平了道路。“如果不是因为蓝盒子，就不会有苹果公司，”乔布斯后来回忆说，“这一点我百分百确定。沃兹和我学会了怎样合作，我们也获得了信心，相信自己可以解决技术问题，并且真的把一些发明投入生产。”他们创造的仅用一小块电路板的装置，竟可以控制价值数十亿美元的基础设施。“你无法想象那给了我们多少信心。”沃兹也有同样的感触，“出售它们也许不是个好主意，但这让我们看到，我的工程技术和他的远见卓识结合起来，我们可以做出怎样一番事业。”蓝盒子的这段奇妙经历为两人之间即将诞生的合作关系建立了一个模板：沃兹尼亚克就是个文雅的天才，他创造出一项很酷的发明，然后就算送给别人，他也很高兴；乔布斯会想出法子让这个发明方便易用，然后把它包装起来推向市场，赚上一笔。

第三章　出离

觉悟，修行……

克里斯安·布伦南

1972年春天，乔布斯即将高中毕业时，开始与一个叫作克里斯安·布伦南的女孩交往。这个嬉皮士风格的女孩超凡脱俗，虽与乔布斯同龄，但比他低一年级。她有一头浅褐色的秀发，绿眼睛，高颧骨，有些柔弱，十分迷人。她承受着父母婚姻破裂带来的痛苦，变得十分脆弱。“我们一起制作了一部动画片，然后开始交往，她成了我的第一任正式女友。”乔布斯回忆说。布伦南后来说：“史蒂夫很疯狂，这也正是他吸引我的地方。”

乔布斯的疯狂是以一种有教养的方式体现的。他开始了伴随他一生的强制性饮食计划——仅仅食用水果和蔬菜——所以他又瘦又结实，就像惠比特犬一样。他学会了眼睛一眨不眨地盯着别人，他喜欢在长时间的沉默中断断续续地加入语速极快的讲话。这样一种激情和冷漠的奇怪组合，再加上那一头及肩长发和稀疏的胡茬儿，让他看上去就像个疯癫的萨满巫师。他时而展现超凡魅力，时而让人毛骨悚然。“他不断变化形象，看起来有点儿半疯，”布伦南回忆说，“他经常焦虑不安，好像有无尽的黑暗包围着他。”

乔布斯当时已经开始服用迷幻药，在森尼韦尔郊外的一处麦田里，他让布伦南也加入其中。“感觉很好，”他回忆说，“那段时间我听了很多巴赫的音乐。就在一瞬间，整个麦田似乎都在演奏巴赫的乐曲。在当时，那是我人生中最美妙的感触。巴赫的音乐在麦田里飘荡，我觉得自己就是交响乐的指挥。”

1972年夏天，乔布斯毕业之后，他和布伦南搬到了洛斯阿尔托斯一座山上的小屋里。“我要去小屋里和克里斯安同居了。”有一天他如此向父母宣告。他父亲怒不可遏。“不准去，”他说，“除非我死了。”父子俩刚刚因为大麻的事情争吵过，但这一次乔布斯还是非常任性。

他说了声再见就走出了家门。

那年夏天，布伦南用了很多时间画画。她非常有才华，画了一幅小丑的画送给乔布斯，他一直把它挂在墙上。乔布斯平时就写写诗，玩玩吉他。他有时候会对布伦南非常冷血和粗鲁，但有时候又十分迷人，可以轻易说服别人接受自己的想法。“他很开明，又很残酷，”她回忆说，“真是一个奇怪的组合。”

暑假期间，有一次乔布斯的红色菲亚特着了火，他差点儿因此丧命。当时他正行驶在圣克鲁兹山区的天际线大道上，与他同行的是高中认识的朋友蒂姆·布朗（Tim Brown）。布朗朝后看了一眼，发现引擎在往外冒火花，于是镇定地对乔布斯说：“靠边停车，你的车着火了。”乔布斯照做了。父亲尽管与他发生了争执，但还是驱车来到山区，把菲亚特拖回了家。

为了想办法赚钱买一辆新车，乔布斯让沃兹尼亚克开车带他去了迪安扎学院，到那里的公告板上寻找招工启事。他们发现，圣何塞的西门购物中心（Westgate Shopping Center）正在招募大学生，要他们穿上戏服逗小孩子玩。为了每小时三美元的报酬，乔布斯和沃兹尼亚克以及布伦南穿上厚厚的全套戏服，戴上帽子，扮演梦游仙境的爱丽丝、疯帽子和白兔子。真诚又亲切的沃兹尼亚克觉得这一切十分有趣：“我说：‘我想做这个，这是我的机会，因为我喜欢小孩子。’我从惠普请了假。我想史蒂夫会觉得这是个烂工作，但我把它当作一次愉快的经历。”乔布斯确实做得很痛苦：“太热了，那些服装又很重，只要在里面待上一会儿，我就会产生揍那些小孩儿的冲动。”“耐心”这个词从来就与乔布斯沾不上边儿。

里德学院

17年前，乔布斯的父母领养他的时候曾经保证：他一定会上大学。所以他们一直努力工作，为他的大学专款省吃俭用，等到乔布斯高中毕业时，这笔专款虽不多，但也足够他上大学的费用了。但越来越任性的乔布斯把这件事变得很艰难。一开始，他根本就不想读大学。“如果我没有读大学的话，我应该会直接去纽约。”他一边回忆，一边思考着如果当年选择了那条道路，自己的世界（也许是我们所有人的世界）会有怎样的不同。当他的父母坚持要他上大学时，他以一种被动而富有侵略性的态度进行了回应。尽管州立大学的学费更加亲民，比如当时沃兹就读的伯克利，但他不考虑州立大学。他也不想去斯坦福，尽管就在家门口，而且可能会给他提供奖学金。“去念斯坦福的人，他们已经知道自己想要什么了，”他说，“他们一点儿艺术细胞都没有。我想要上的是更富有艺术性的、更有趣的学校。”

他坚持认为唯一的选择就是里德学院，这是位于俄勒冈州波特兰市的一所私立文理学院，也是全美最贵的大学之一。乔布斯去伯克利看望沃兹的时候，接到了父亲的电话，父亲说里德学院的录取通知书到了，同时还试图劝说史蒂夫不要去那里，母亲也劝他。他们说，里德的学费太高了，根本不是他们所能承受的，但他们的儿子下了最后通牒：如果他不能去里德学院的话，那么他就哪儿都不去。如往常一样，父母又一次妥协了。

里德学院的在校生只有1 000人，规模只有家园高中的一半。学校以自由精神及嬉皮士生活方式著称，与这样一种生活方式并存的是学校严格的学术标准及核心课程。5年前，迷幻启蒙运动领袖蒂莫西·利里（Timothy Leary）在他的“精神探索联盟”高校之旅中，曾经盘腿坐在里德学院的草地上，大声呼喊：“就如同过去所有我们在其中寻找神性的伟大宗教一样……那些古老的目标都隐喻着现在——打开心扉、自问心源、脱离尘世（turn on, tune in, drop out）。”许多里德学院的学生把这三条告诫奉为座右铭，学校在20世纪70年代的退学率超过了三分之一。

1972年的秋天，乔布斯要开学了，他的父母开车带他来到波特兰，但他又做出了叛逆的举动：拒绝父母送他进校园。事实上，他甚至连“再见”和“谢谢”都没有说。后来他回想这件事的时候，充满了愧疚：

> 这是一生中真正让我觉得羞愧的一件事。我当时不够体贴，伤害了他们的感情。我不该那么做的。他们为了能让我去那儿读书竭尽全力，但我就是不愿意他们在我身边。我不想让任何人知道我有父母。我就想像个搭火车四处流浪的孤儿一样，突然出现在校园，没有根，没有与外界的联系，也没有背景故事。

1972年下半年，乔布斯来到里德学院的时候，美国的校园生活发生了根本性的转变。美国对越南的战争，以及随之而来的征兵热潮，都在逐渐平息。校园中的政治激进主义渐渐消退，许多宿舍的卧谈会主题都已换成对自我实现的兴趣。乔布斯深受一系列关于精神和觉悟的书籍影响，尤其是《此时此地》（*Be Here Now*），这是一本介绍冥想及致幻剂的美妙之处的书，作者是拉姆·达斯导师（Baba Ram Dass），本名叫理查德·阿尔珀特（Richard Alpert）。“这本书意义深远，”乔布斯说，“它改造了我和我的很多朋友。”

这帮朋友里和乔布斯最亲密的是一个留着稀疏胡子的大一新生——丹尼尔·科特基（Daniel Kottke），他是在抵达里德学院一周后见到乔布斯的，和乔布斯一样喜欢佛教禅宗、迪伦和迷幻药。来自纽约一个富人区的科特基聪明又温和，对佛教的兴趣让他那花童一般和蔼可爱的举止显得更加柔和。精神上的探索让他不再追求物质享受，尽管如此，他还是对乔布斯的录音机印象深刻。“史蒂夫有一台 TEAC 牌双卷盘录音设备，还有大量迪伦的录音带，”科特基回忆说，“他真的很酷，又科技感十足。”

乔布斯开始经常和科特基及他的女友伊丽莎白·霍姆斯（Elizabeth Holmes）混在一起，尽管第一次见面时他就羞辱了伊丽莎白，他不停追问要多少钱才能让她跟另一个男人上床。他们会一起搭便车去海边玩，参加宿舍里关于生命意义的说唱，去当地的哈雷·克里希纳寺庙参加爱心活动（love festivals），还会去禅宗中心吃免费的素食。“这些很有意思，”科特基说，“也极具哲学层面的意义，对于禅宗，我们是非常严肃的。”

乔布斯开始跟科特基分享其他关于禅宗的书，包括铃木俊隆（Shunryu Suzuki）的《禅者的初心》（*Zen Mind, Beginner's Mind*）、帕拉宏撒·尤迦南达（Paramahansa Yogananda）的《一个瑜伽行者的自传》（*Autobiography of a Yogi*）、理查德·莫里斯·比克（Richard Maurice Bucke）的《宇宙的意识》（*Cosmic Consciousness*），以及丘扬创巴（Chögyam Trungpa）的《突破精神唯物主义》（*Cutting Through Spiritual Materialism*）。他们在霍姆斯房间屋顶阁楼的狭小空间里开辟了一间冥想室，在里面布置了印度花布、一块手纺纱棉毯、蜡烛、熏香，还有冥想坐垫。“天花板上有一扇小门，是通向阁楼的，那里空间很大。”他说，“我们有时候在那里服用迷幻药，但大多数时候，我们只是在里面冥想而已。”

乔布斯对东方精神，尤其是佛教禅宗的信奉，并不是心血来潮或年轻人的一时冲动。他投入了他特有的那种激情，这些东西也在他的性格中根深蒂固。“史蒂夫是个十足的禅宗信徒，”科特基说，“禅宗对他的影响非常深。这一点你可以从他极简主义的美学观点和执着的个性上看出来。”佛教对直觉的强调也深深影响了乔布斯。“我开始意识到，基于直觉的理解和意识，比抽象思维和逻辑分析更为重要。”他后来说。然而，他的激情让他很难实现真正的涅槃；内在的平静、内心的平和、为人的圆润这些禅修者的特质，并未在他身上显现出来。

他和科特基还喜欢玩一种源于 19 世纪德国的变种象棋——克里斯皮尔棋（Kriegspiel），游戏中两名玩家背靠背坐着，每个人都有自己的棋盘和棋子，但无法看到对手的情况。旁边会有一名裁判员告知他们走的每一步棋是否违反规则，他们则必须想办法弄清楚对手的棋子分布情况。“最疯狂的一盘棋是有一次下暴雨的时候，他们俩坐在壁炉旁。”当时作为裁判员的霍姆斯回忆说，“他们两个服了迷幻药后开始下棋，下得非常快，我几乎都跟不上他们。”

在大一那年，还有一本书深深影响了他（也许影响得有点儿过分），那就是《改变生活的新饮食方式》（*Hope's Edge:The Next Diet for a Small Planet*），作者是弗朗西斯·摩尔·拉佩（Frances Moore Lappé），书中颂扬了素食主义对个人以及对我们整个星球的益处。“我就是那时候发誓不再吃肉的，为了自己，也为了地球。”乔布斯回忆道。但这本书也进一步将他推向了极端的饮食习惯，包括暴饮暴食后又催吐、禁食，或者连续几个星期都只吃固定的一两样食物，比如胡萝卜或苹果。

乔布斯和科特基在大一这年成了严格的素食主义者。“史蒂夫比我还深陷其中，”科特基说，“他完全靠吃麦片活着。”他们会去一个农民合作社买东西，乔布斯会买一盒麦片，吃上一个星期，再买点儿散装的健康食品。“他会买一些椰枣和杏仁，还有许多胡萝卜，他有一台冠军牌榨汁机，我们会做胡萝卜汁和胡萝卜沙拉。曾经有个故事说史蒂夫吃了太多的胡萝卜，皮肤都变成橘黄色了，这个故事可不完全是瞎编的。”朋友们都记得，史蒂夫的皮肤有时候会呈现出一种日落时分太阳般的橘黄色。

乔布斯在读过20世纪初出生在德国的营养学狂热者阿诺德·埃雷特（Arnold Ehret）所著的《非黏液饮食治疗学》（*Mucusless Diet Healing System*）一书后，饮食习惯变得更加怪异。埃雷特坚信饮食中只应该包括水果和不含淀粉的蔬菜，这样的话就可以防止身体产生有害的黏液，他还提倡定期通过长时间的绝食来清理身体。这就意味着，即使是麦片也不能再吃了，还有米饭、面包以及牛奶。乔布斯开始提醒朋友们，他们的百吉饼中也隐藏着产生黏液的危险。“我以我惯有的方式疯狂地陷入其中。”他说。有一次，他和科特基整个星期都只吃苹果，之后乔布斯开始尝试更加纯粹的绝食。一开始先是两天不吃东西，最终发展到一周甚至更长的时间，然后通过摄入大量的水和多叶蔬菜来结束绝食。“一周过后，你就会有很美妙的感觉了，”他说，“不用消化食物，就可以让你获得很多活力。我当时状态很好，我觉得自己随时可以走路去旧金山。”

素食主义与佛教禅宗、冥想与灵性、迷幻药与摇滚乐——那个时代寻求自我启迪的校园文化中，这几样标志性的行为被乔布斯以一种近乎疯狂的方式集于一身。尽管如此，在他骨子里，电子极客的暗流仍在涌动，并在将来的某一天与他身上的其他特质完美地结合。

罗伯特·弗里德兰

有一次，为了筹集一些现金，乔布斯决定卖掉自己的IBM电动打字机。他走进之前答应要买这台打字机的那个学生的宿舍，发现对方正在和女友云雨。乔布斯准备离开，但那个学生请他坐下，等他们结束。“我当时想‘这太离谱了吧’。”乔布斯后来回忆说。他和罗伯特·弗里德兰（Robert Friedland）的友谊也从此开始。乔布斯的一生中，弗里德兰是少有的能以个人魅力蛊惑他的人。乔布斯吸收了弗里德兰身上一些独具魅力的特质，有几年的时间甚至将他视为自己的精神导师——直到后来把他看作吹牛高手。

弗里德兰比乔布斯大了 4 岁，但当时还在读本科。他的父亲是奥斯维辛集中营的幸存者，后来在芝加哥成为一名成功的建筑师。弗里德兰原本是在缅因州的鲍登文理学院读书的，但是读大二的时候，他因为身上携带了价值 125 000 美元的 24 000 片迷幻药而被捕。当地报纸拍到了他被带走时的现场照片：一头及肩的波浪金发，正冲着摄影师微笑。他被判在弗吉尼亚州的一座联邦监狱服刑两年，于 1972 年被假释。那年秋天他来到了里德学院，立刻开始竞选学生会主席，他宣称需要洗刷“司法不公”强加给自己的罪名。最终他赢得了选举。

弗里德兰曾经听过《此时此地》的作者拉姆·达斯导师在波士顿的一次演讲，他和乔布斯、科特基一样深深迷恋着东方精神。1973 年的夏天，弗里德兰去印度拜访了拉姆·达斯的印度教导师尼姆·卡罗里（Neem Karoli Baba），也就是信众们所熟知的马哈拉杰 – 吉（Maharaj-ji）。那年秋天，弗里德兰从印度回来后，已经起了一个宗教名字，走到哪里都是一双凉鞋和一身飘逸的印度长袍。他在校园外租了一个房间，就在一个车库顶上，很多个下午，乔布斯都会去那里找他。弗里德兰确信觉悟的状态确实存在，并且这种状态可以通过努力而获得，这让乔布斯十分着迷。“他让我达到了一种全新层次的觉悟。”乔布斯说。

弗里德兰也觉得乔布斯十分有魅力。“他总是光着脚走来走去，”他后来对一位记者说，“让我感到震撼的是他的激情。他只要对一样东西感兴趣，就会把这种兴趣发挥到非理性的极致状态。”乔布斯熟练掌握了利用凝视和沉默来征服别人的技巧。“他的招数之一就是死死盯着正在和他讲话的人。他会一直注视着对方的眼睛，然后问一个问题，要对方在不回避他目光的情况下回答。”

据科特基说，乔布斯的一些性格特质——包括一些伴随他职业生涯的特质——都是吸收自弗里德兰。“弗里德兰教给了史蒂夫现实扭曲力场。”科特基说，“他极富魅力，也会骗人，可以让事态屈从于他的超强意志。他很机智，充满自信，还有一点儿独断专行。史蒂夫对此很是钦佩，他和罗伯特待在一起的时间久了之后，也变成了这个样子。”

乔布斯也从弗里德兰身上学会了怎样让自己成为焦点。“罗伯特是个非常善于交际也非常有魅力的人，一个真正的推销员。”科特基回忆说，“我第一次见到史蒂夫的时候，他羞涩又谦逊，非常内敛。我想是罗伯特教会了他怎样销售产品、怎样与别人交往、怎样展现自我、怎样控制局面。”弗里德兰身上的气场很强。“他走进一个房间，别人立刻就会注意到他。史蒂夫刚刚来到里德学院的时候则恰恰相反。他跟罗伯特相处一段时间后，身上的羞涩逐渐褪去。”

星期天的晚上，乔布斯和弗里德兰会去波特兰西边的哈雷·克里希纳寺，通常科特基和霍姆斯也会去。他们会放肆地高歌、狂舞。“我们会让自己进入一种癫狂的状态。”霍姆斯回忆说，“罗伯特会失去理智一般疯狂地跳舞，史蒂夫则平静很多，完全释放自己似乎会让他觉得尴尬。”之后就会有人给他们奉上堆满了素食的纸盘子。

弗里德兰管理着波特兰西南40英里处一家220英亩的苹果园，果园的主人是他一位来自瑞士的古怪的百万富翁叔叔，名叫马塞尔·穆勒（Marcel Müller），他靠垄断当时罗德西亚[1]的公制螺纹构件市场而发了财。弗里德兰在迷恋上东方宗教后，把这处果园改造成了一个公社，叫作团结农场（All One Farm），乔布斯、科特基、霍姆斯以及其

1. 津巴布韦的旧称。

他一些寻求觉悟的人会在那里过周末。农场里有一座主楼、一座大仓库和一间花园小屋，科特基和霍姆斯就睡在花园小屋里。乔布斯和另一个公社成员格雷格·卡尔霍恩负责给格拉文施泰因苹果树剪枝。“史蒂夫管理着苹果园，”弗里德兰说，“我们当时在做有机苹果汁生意。史蒂夫的工作就是带领一群怪人给果树剪枝，然后把果园打扫干净。”

哈雷·克里希纳寺的僧人和信徒们也会来农场，帮着准备素食盛宴，洋茴香、香菜和姜黄的香味四处飘散。“史蒂夫来的时候总是很饿，于是就狂吃一通，”霍姆斯回忆说，“然后他就要去吐掉。很多年来我都以为他有贪食症。这让我们非常苦恼，因为我们费尽周折才弄好一顿饭，他最后却把吃下去的食物都吐了。”

乔布斯开始有点儿无法忍受弗里德兰宗教领袖般的行事风格了。“也许他看到了太多弗里德兰的本质。”科特基这样说道。尽管这个公社最初的目的是成为逃避物质主义的庇护所，但弗里德兰开始像做买卖一样管理公社。他的信徒们被要求砍柴然后出售柴火，生产苹果榨汁机和柴火炉子，参加各种商业活动但得不到报酬。有一天晚上，乔布斯睡在厨房的桌子下面，看着人们进进出出，从冰箱里偷别人的食物，他都被逗乐了。他不喜欢公社经济。“事情开始变得非常物质主义，”乔布斯回忆说，“每个人都了解到自己在为罗伯特的农场拼命工作，于是大家一个接一个地离开了。这一切让我觉得恶心。”

很多年以后，弗里德兰已经成了一位亿万富翁，管理着铜矿和金矿——产业遍及温哥华、新加坡和蒙古。我在纽约与他相约小饮。那天晚上我给乔布斯发了电子邮件，提到了这次相遇。不到一个小时，他就从加州打来电话，提醒我不要听信弗里德兰的话。他说，弗里德兰因为旗下的几处矿产破坏环境而陷入了麻烦，曾经打电话联系他，请求他与比尔·克林顿交涉，但他没有回应弗里德兰。“罗伯特总是标榜自己是个精神至上的人，但他越过了从魅力到欺骗的界限。”乔布斯说，“你年轻的时候认识的某个号称精神至上的人最后变成了彻头彻尾的淘金者，这真是件非常奇怪的事情。”

退学

乔布斯很快厌倦了大学生活。他喜欢待在里德学院，只是不想去上那些必修课。实际上，他惊讶地发现，尽管里德学院有着嬉皮士的氛围，但也有非常严格的课程要求，学生需要阅读《伊利亚特》这样的作品，还要研究《伯罗奔尼撒战争史》。沃兹来访的时候，乔布斯挥舞着自己的课程表抱怨说：“学校强迫我上这么多课程。”沃兹回答：“是的，大学就是这样的。”乔布斯拒绝去上那些必修课，而是去上自己感兴趣的课，比如舞蹈课，在那里他既可以享受艺术，还有机会见到女孩子。“我绝不会不去上必修课，这就是我们性格上的差异。”沃兹尼亚克感叹道。

乔布斯后来说，把父母的钱花在了根本不值那么多钱的教育上，他也开始有负罪感。“我那工薪阶层的父母省下来的钱全花在学费上了，”他在那场著名的斯坦福大学毕业典礼演讲中提到，“我不知道自己想要干什么，也不知道大学能如何帮我搞清楚自己的人生目标，我却在花着父母的毕生积蓄。所以我决定退学，我也相信一切都会顺利。”

他并不是真的想离开里德学院，他只是不想再付学费，也不想再去上那些提不起他兴趣的课程了。让人吃惊的是，校方竟然容忍了这一切。“他有一颗渴求知识的心，这极具吸引力，”教导主任杰克·达德曼（Jack Dudman）说，“他拒绝机械地接受事实，任何事情他都要亲自检验。”即使在乔布斯停止交学费之后，达德曼还是允许他旁听课程，并且可以继续待在宿舍和朋友们在一起。

“我一退学，就不用去上那些我不感兴趣的必修课了，我可以去上那些看起来有意思的课。”他说。这其中有一门书法课非常吸引他，因为他注意到校园里的大多数海报都画得很漂亮。“我学到了衬线字体和无衬线字体，怎样在不同的字母组合间调整间距，以及怎样做出完美的版面设计。这其中所蕴含的美、历史意味和艺术精妙之处是科学无法捕捉的，这让我陶醉。”

这也再一次证明，乔布斯总是有意识地将自己置身于艺术与科技的交汇处。在他所有的产品中，科技必定与完美的设计、外观、精致、手感、人性化甚至是浪漫结合在一起。他是追求友好图形用户界面的先锋。在这方面，那门书法课程是意义非凡的。“如果我大学的时候从没有上过那门课，那么 Mac 计算机里绝不会有那么多种字形以及间距安排合理的字体，其他的个人电脑上也不会有这些（事实上，Windows 复制了 Mac，采用了 Mac 的字形字体）。”

在此期间，乔布斯在里德学院作为一名边缘人物，过着放荡不羁的生活。他大多数时间都光脚走路，下雪天的时候穿着凉鞋。伊丽莎白·霍姆斯为他做饭，努力照顾到他那过分的饮食习惯。他会拿汽水瓶去换零钱，继续每个周日去哈雷·克里希纳寺吃免费的素食，穿着羽绒服住在他以每月 20 美元的价格租下的没有供暖的车库房间里。他需要钱的时候，就去心理学系的实验室，维护那些用于动物行为实验的电子设备。克里斯安·布伦南也会偶尔来访，他们的关系时好时坏，他的主要精力还是放在了自己的心灵以及对个人觉悟的追求上。

“我当时身处一个神奇的时代，”他后来回忆说，“提升我们觉悟的是禅宗，还有迷幻药。”即便是后来，他依然赞扬致幻剂让自己得到了更多启发。“使用迷幻药是一段意义非凡的经历，也是我一生中最重要的事情之一。迷幻药让你看到硬币的另一面，当药效退去之后你就记不清楚了，但你知道有这么一回事。它让我更清楚什么是重要的——创造伟大的发明，而不是赚钱。我应该尽我所能，在历史和人类思想的长河中留下一些东西。”

禅宗与游戏设计艺术

雅达利

1974年2月，在里德学院晃荡了18个月之后，乔布斯决定搬回父母在洛斯阿尔托斯的住处，然后找一份工作。这并不是什么难事。20世纪70年代,《圣何塞水星报》(*San Jose Mercury*)的分类广告版面上，科技类的招聘广告最多时曾达到60页。其中的一则广告吸引了乔布斯的目光，其广告语是："在享乐中赚钱。"那一天，乔布斯走进了游戏制造商雅达利公司(Atari)的大厅，对着被他不修边幅的发型和装扮吓了一跳的人事主管说，如果得不到一份工作，他是不会离开的。

雅达利的创始人是高大健壮的企业家诺兰·布什内尔(Nolan Bushnell)，此人是个充满魅力、能说会道的梦想家，换句话说，他是一个被人竞相模仿的时代偶像。成名之后，他喜欢开着劳斯莱斯四处转悠，吸食毒品，在浴缸里开员工会议。他有一项能力——是弗里德兰也具有的、乔布斯日后也学会了的——就是将个人魅力转化为说服力，通过个性的力量进行劝诱、胁迫以及扭曲事实。他手下的首席工程师叫作阿尔·奥尔康(Al Alcorn)，一个健壮、快乐又很理性的人。他就像个家长一样，一方面要帮助布什内尔实现他的梦想，另一方面又要控制住他的狂热。1972年，布什内尔指派奥尔康研发一款视频游戏《乒乓》(*Pong*)，游戏中两名玩家分别操纵屏幕上两根移动的光标充当球拍，拦截充当乒乓球的小光点(如果你不到30岁，问问你的父母)。利用500美元的投资，奥尔康做出了一台游戏主机，然后将它安装在了森尼韦尔国王大道的一家酒吧里。几天之后，布什内尔接到电话说机器坏了。他派奥尔康去查看，发现问题出在游戏机被硬币塞满了，再也塞不进去了。他们靠这个狠赚了一笔。

当乔布斯穿着凉鞋来到雅达利公司求职时，有人通知了奥尔康。奥尔康回忆道："我被人告知：'有个嬉皮士小子在大厅里，他说我们不雇他，他就不走。我们该打电话报警还是让他进来？’我说，快带他进来！”

乔布斯由此成为雅达利公司首批50名员工之一，岗位是技术员，薪水是每小时5美元。“现在想想，雇用一名里德学院的辍学生真有点儿不可思议，”奥尔康说，“但我在他身上看到了一些东西。他非常聪明，富有激情，对技术狂热。”奥尔康让乔布斯与一个叫唐·朗（Don Lang）的工程师一起工作，此人的思想极其保守。第二天朗就开始抱怨了：“这家伙是个该死的有体臭的嬉皮士。你为什么要这么对我？还有，我根本没法儿跟他相处。”乔布斯坚信，虽然他不用香体剂，也不定期洗澡，但他以水果为主的素食习惯不仅会消除黏液，还能去除他的体味。这是个错误的理论。

朗和其他人想赶走乔布斯，但布什内尔想出了一个解决方案。“他的体味和行为举止对我来说并不是问题，”他说，“史蒂夫是很麻烦，但我挺喜欢他。所以我让他上夜班，这样就可以把他留下了。”乔布斯会在朗和其他人下班之后过来上班，工作一整晚。即便已经隔绝到如此地步，他还是因为自己的鲁莽无礼出了名。在一些碰巧跟人交流的场合，他会肆无忌惮地称别人为“蠢货”。现在回想起来，他依然坚持自己的评判。“我那么耀眼的唯一原因就是，其他人都太糟糕了。”乔布斯回忆说。

尽管他很傲慢——或者正是因为他的傲慢——他获得了雅达利公司老板的青睐。“他比其他与我共事过的人更加有哲学气质，”布什内尔回忆道，“我们曾经讨论过自由意志和宿命论的比较。我倾向于认为事情都是命中注定的，我们的人生都是被规划好的。如果有足够的信息的话，我们可以预知一个人的行动。史蒂夫的观点与我正相反。”这一观点与他“意志的力量可以改变现实”的信念是一致的。

乔布斯通过改进芯片，做出了更有趣的设计和更人性化的人机交互，进而完善了公司的一些游戏。布什内尔夸大事实的本事以及按自己规则办事的意愿影响了乔布斯。除此之外，乔布斯发自内心地欣赏雅达利开发的游戏的简单性。游戏没有使用手册，简单到即便是一个喝醉酒的初学者也能很快上手。雅达利的《星际迷航》游戏仅有的说明就是："1. 投入硬币；2. 躲开克林贡人。"

并不是所有同事都讨厌乔布斯。一个叫作罗恩·韦恩（Ron Wayne）的绘图员与他成了朋友，此人之前经营着自己的公司，生产老虎机，但之后生意失败了。然而乔布斯觉得开一家自己的公司这个主意很吸引人。"罗恩是个很了不起的人，"乔布斯说，"他开过公司。我从没有遇到过他这样的人。"乔布斯向罗恩·韦恩提议两人一起做生意，他说自己可以借来5万美元，然后他们可以设计并销售老虎机。但是韦恩曾经在生意场上吃过苦头，所以拒绝了。"我说那是损失5万美元最快的方法，"韦恩回忆说，"但我很佩服他，他有很迫切的欲望去开始自己的事业。"

一个周末，乔布斯到韦恩的公寓拜访，像往常一样讨论哲学问题。这时韦恩说有些事情要告诉他。"我想我知道你要说什么，"乔布斯回答，"我觉得你喜欢男人。"韦恩承认了。"那是我第一次遇到熟人中有同性恋，"乔布斯回忆道，"他给我灌输了关于同性恋的正确观点。"乔布斯追问他："你看到一个漂亮的女人会有什么感觉？"韦恩答道："就好像你看到一匹漂亮的马，你欣赏它，但你不想和它上床。你只是纯粹欣赏它的美。"韦恩说自己就是想把这个告诉乔布斯。"雅达利公司没人知道，在我的一生中，知道这件事的人也屈指可数，"韦恩说，"但我觉得告诉他没有任何问题，他会理解的，而且这也不会影响到我们的关系。"

印度

1974年年初，乔布斯急切地想要赚钱，原因之一就是前一年夏天去过印度的罗伯特·弗里德兰鼓励他也去印度进行一次精神之旅。弗里德兰在印度师从尼姆·卡罗里大师，尼姆是20世纪60年代嬉皮士运动的精神导师。乔布斯决定也要去印度，还叫上了丹尼尔·科特基与他同行。驱动乔布斯的并不单纯是冒险精神。"对我来说这是一次很严肃的探索，"他说，"我迷上了觉悟的想法，想要弄清楚我到底是什么样的人，我该怎样融入这个世界。"科特基补充说，乔布斯的这次探索之旅也有一部分原因是他不知道自己的亲生父母是谁。"他心里有个洞，他想把它填上。"

当乔布斯告诉雅达利的同事们自己要辞职去印度寻找精神导师的时候，奥尔康被逗乐了。"他走进来，盯着我，然后宣布：'我要去寻找我的导师了。'我说：'不会吧！太棒了！记得给我写信！'然后他说希望我能承担他的费用，我告诉他：'做梦！'"奥尔康有了一个主意。雅达利在生产一些配件，这些配件要运往慕尼黑，在那里组装完毕后由都灵的一家批发商负责配送。但是有一个问题。因为游戏都是为美国市场设计的，帧频是每秒60帧，到了欧洲就会有让人沮丧的冲突，因为那里是每秒50帧。奥尔康简单地向乔布斯描述了补救方案，然后花钱送他去欧洲解决问题。"从那里去印度路费会便宜一点儿。"他说。乔布斯同意了。就这样，奥尔康送走了乔布斯，还叮嘱他："代我向你的导师问好。"

乔布斯在慕尼黑待了几天，解决了游戏机的冲突问题，但在这一过程中，他把一群西装革履的德国经理搞得狼狈不堪。他们向奥尔康抱怨，说乔布斯的穿着和身上的味道像个流浪汉，而且举止粗鲁。"我说'他解决问题了没有'，他们回答'是的'，我说'下次你们再有什么问题，尽管给我打电话，我这儿还有很多像他那样的人'，他们说'不用，下次再有问题，我们自己会解决的'。"对乔布斯来说，德国人老是让他吃肉和土豆，这让他非常不高兴。"他们甚至没有素食这个词。"他在给奥尔康的电话中抱怨。

他乘火车来到都灵见批发商后，日子好过了一点儿，意大利面和主人的热情招待让他很高兴。"我在都灵度过了很美妙的几个星期，这是座充满活力的工业城市，"他回忆说，"那个批发商是个很棒的人。他每天晚上都带我去一个地方吃饭，那儿只有 8 张桌子，没有菜单。你只需要告诉他们自己想吃什么，他们就会给你做。其中一张桌子是为菲亚特的董事长预留的。那个地方真是太好了。"接下来他去了瑞士卢加诺，见了弗里德兰的叔叔，然后从瑞士搭航班到了印度。

到了新德里，一下飞机，乔布斯就感觉到跑道上扬起的阵阵热浪，尽管那时候才 4 月份。之前有人给了他一家酒店的名字，但是那里客满了，所以他去了出租车司机竭力推荐的另一家。"我敢肯定他拿了酒店的小费，因为那地方实在太糟糕了。"乔布斯问老板酒店里的水是否过滤过，并且傻乎乎地相信了他的回答。"我很快就得了痢疾，我病了，而且很严重，发高烧，一个星期内我的体重从 160 磅掉到了 120 磅。"

等恢复到又可以行动的时候，他决定离开新德里。于是他去了印度北部城市赫尔德瓦尔，那里靠近恒河的源头，每三年就会有一次盛大的宗教集会。恰巧，1974 年举行的是 12 年一轮的最大规模的集会，被称为"大壶节"（Kumbha Mela）。超过 1 000 万人涌进了这座常住人口不到 10 万、面积接近帕洛奥图的小镇。"到处都是教徒，帐篷里住着这个导师、那个导师。还有人骑着大象，无奇不有。我在那儿待了几天之后决定离开。"

他换乘火车和公共汽车来到了喜马拉雅山脚下，一座靠近奈尼塔尔（Nainital）的村庄。那里是尼姆·卡罗里大师居住（或者曾经居住过）的地方。乔布斯到达那里的时候，大师已经不在人世了，至少不在今世。乔布斯从一户人家那里租下了一个房间，房间的地上有一块床垫。这户人家给他吃素食，帮他恢复了健康。“之前的一个旅行者留下了一本英文版的《一个瑜伽行者的自传》，我读了好几遍，因为也没什么其他可干的事。我在各个村落之间游荡，痢疾症状也消失了。”一起在此处静修的有一个叫作拉里·布里连特（Larry Brilliant）的流行病学家，他在印度致力于根除天花，后来负责管理谷歌的慈善机构以及斯科尔基金会（Skoll Foundation）。他成了乔布斯的终生好友。

有一次，乔布斯听说一个年轻的印度教圣人要举办信徒聚会，地点是一名富商位于喜马拉雅山脉的住处。“我有机会遇到一个有灵性的人，并且和他的信徒交流，也有机会好好吃上一顿。我们走近房子的时候就能闻到食物的香味儿了，我非常饿。”乔布斯吃东西的时候，那位圣人——其实也不比乔布斯大几岁——从人群中选中了他，指着他，然后开始疯了一样地大笑。“他跑过来，抓住我，发出两声‘嘟嘟’声，然后说‘你就像个小孩一样’。”乔布斯回忆道，“我并不喜欢他的这些举动。”圣人抓着乔布斯的手，带他离开了那群虔诚的信众，走上了一处高地，那儿有一口井和一小方池塘。“我们坐下来，他拿出了一把剃刀。我以为他是个疯子，开始有点儿担心，这时候他又拿出了一块肥皂——我当时留着长发——他给我的头发打上肥皂，然后给我剃了个光头。他告诉我他是在拯救我的健康。”

丹尼尔·科特基在那年的初夏到了印度，乔布斯回到新德里去见他。他们坐着公共汽车，漫无目的地晃悠。这个时候，乔布斯已经不是在寻找传授智慧的导师了，而是在通过苦行体验、克制物欲和返璞归真来寻求觉悟。他做不到内心的平和。科特基记得乔布斯曾在村里的集市上与一个印度妇女有过一次激烈的争吵，他坚称那个女人在她出售的牛奶里掺了水。

但乔布斯有时候也很大方。他们来到靠近中国西藏的马纳里镇（Manali），科特基的睡袋被偷了，他的旅行支票也在里面。“史蒂夫承担了我的饮食开销，还给我买了回新德里的车票。”科特基回忆说。他还把自己剩下的100美元都给了科特基，帮他渡过难关。

在印度待了7个月后，那年秋天乔布斯起程回家，途中在伦敦逗留，拜访了一个他原本想在印度碰面的女人，然后从伦敦搭乘一班便宜的航班回到了奥克兰。在印度期间，他只零星地给父母写过几次信——那是他经过新德里时到美国运通公司驻当地办事处取邮件的时候写的，所以当父母接到他从奥克兰机场打来的电话，让去接他的时候，他们很惊讶。他们立刻从洛斯阿尔托斯开车出发。“我的头发被剃光了，身上穿着印度棉袍子，皮肤也被晒成了又黑又红的颜色，”他回忆说，“所以我坐在那儿，他们俩从我身边走过了差不多5次，妈妈才终于走上来说：‘史蒂夫吗？’我说：‘嗨！’”

乔布斯被带回了洛斯阿尔托斯的家，在那里试着找回自己。他会通过各种途径来寻求觉悟。早上和晚上他会冥想和禅修，其他时间会去斯坦福大学旁听物理学或者工程学的课程。

探寻

乔布斯对东方精神、印度教、佛教禅宗以及寻求觉悟的浓厚兴趣，并不仅仅是一个19岁青年的心血来潮。纵观他的一生，他追随并遵循着东方宗教的许多基本戒律，比如对“般若”的强调——通过精神的集中而直观体验到的智慧和认知。多年之后，乔布斯坐在自己位于帕洛奥图的花园中，回想起了印度之旅对他的深远影响：

我回到美国之后感受到的文化冲击，比我去印度时感受到的还要强烈。印度乡间的人与我们不同，我们运用思维，而他们运用直觉，他们的直觉比世界上其他地方的人要发达得多。直觉是非常强大的，在我看来比思维更加强大。直觉对我的工作有很大的影响。

西方的理性思维并不是人类先天就具有的，而是通过学习获得的，它是西方文明的一项伟大成就。而在印度的村子里，人们从未学习过理性思维。他们学习的是其他东西，在某些方面与理性思维同样有价值，那就是直观和经验智慧的力量。

在印度的村庄待了7个月后再回到美国，我看到了西方世界的疯狂以及理性思维的局限。如果你坐下来静静观察，你会发现自己的心灵有多焦躁。如果你想平静下来，那情况只会更糟，但是时间久了之后总会平静下来，心里就会有空间让你聆听更加微妙的东西——这时候你的直觉就开始发展，你看事情会更加透彻，也更能感受现实的环境。你的心灵逐渐平静下来，你的视界会极大地延伸。你能看到之前看不到的东西。这是一种修行，你必须不断练习。

禅对我的生活一直有很深的影响。我曾经想过要去日本，到永平寺修行，但我的精神导师要我留在这儿。他说那里有的东西这里都有，他说的没错。我从禅中学到的真理就是，如果你愿意跋山涉水去见一位导师的话，往往你的身边就会出现一位。

事实上，乔布斯确实在他洛斯阿尔托斯的家附近找到了一位导师。《禅者的初心》一书的作者铃木俊隆管理着旧金山禅宗中心，他每周三晚上会去那里开讲座，并和一小群追随者一起冥想。一段时间之后，乔布斯和其他人觉得不够，于是铃木让自己的助手乙川弘文（Kobun Chino）开办一家全天候开放的禅宗中心。乔布斯和女友克里斯安·布伦南，以及丹尼尔·科特基和伊丽莎白·霍姆斯都成了忠实的追随者。他还开始一个人去塔萨加拉禅宗中心（Tassajara Zen Center）修行。这座寺庙靠近卡梅尔，是乙川弘文的另一处教学点。

科特基觉得乙川弘文很有趣。“他的英语非常糟糕，”他回忆说，“他说话就像是在吟诵俳句，话语极富启发性。我们就坐在那儿听他讲，有一半的时间我们根本不知道他在说什么。我把这个看作轻松的插曲。”他的女朋友霍姆斯则更加投入。“我们会去参加乙川弘文的冥想，我们坐在蒲团上，他坐在讲台上。”她说，“我们学会了怎样不理会外界的打扰。这是很神奇的一件事。有一天晚上，我们在和乙川弘文一起冥想，这时外面下起了雨，他就教我们怎样利用环境声音让自己集中注意力继续冥想。”

而乔布斯的投入是全身心的。“他变得非常严肃，妄自尊大，让人难以忍受。”科特基说。乔布斯开始每天都和乙川弘文见面，每几个月都会一起静修、冥想。“与乙川弘文的碰面对我来说是一段意义非凡的经历，我后来尽可能多地与他待在一起。”乔布斯回忆说，“他有一个在斯坦福做护士的妻子，还有两个孩子。他妻子常常上晚班，所以我总是晚上去他家找他。她一般会在午夜时分到家，然后把我赶走。”他们有时候会讨论乔布斯是否应该完全投身到精神追求中，但乙川弘文不赞成这么做。他说乔布斯可以边工作边进行精神修行。他们两人的关系是深厚的，也是持久的——17 年后乙川弘文主持了乔布斯的婚礼。

乔布斯对自我意识的疯狂追寻也导致他开始尝试原始尖叫疗法（Primal Scream Therapy），这一疗法由洛杉矶的精神治疗医师亚瑟·亚诺夫（Arthur Janov）发明，当时刚刚开始流行。这一疗法基于弗洛伊德的理论：心理问题都是由儿童时期被压抑的痛苦造成的。亚诺夫认为，这些问题可以通过再次经历那些痛苦时刻来治愈——通过尖叫来彻底地发泄那份痛苦。在乔布斯看来，这一疗法比谈话疗法要好，因为这其中包含了直观的感受和情感上的活动，而不仅仅是理性的分析。“这种疗法不需要你去思考，”他后来说，“而需要你去行动：闭上眼睛，屏住呼吸，全身心投入其中。这之后你就会获得更深刻的见解。”

一群亚诺夫的信徒在尤金市的一座老旧酒店里经营着一家名为“俄勒冈感觉中心”的机构，而负责管理的正是乔布斯在里德学院的精神导师罗伯特·弗里德兰，他的团结农场就在附近。1974 年年底，乔布斯报名参加了那里一个为期 12 周的治疗，花费了 1 000 美元。“史蒂夫和我都在追求个人成长，所以我想和他一起参加，”科特基说，“但是我没有那么多钱。”

乔布斯曾经向自己的密友透露过，他参加治疗是因为饱受童年经历带给他的痛苦：被领养并且对亲生父母一无所知。“史蒂夫非常渴望了解自己的亲生父母，这样他就可以更好地认识自己。”弗里德兰后来说。乔布斯曾经从养父母那里听说过，自己的亲生父母都是大学毕业生，父亲可能是叙利亚人。他甚至曾经想要雇用一名私家侦探，但还是决定暂时不那么做。“我不想伤害我的父母。”他回忆说，这里指的是他的养父母。

“自己被领养这一事实让他很挣扎，”伊丽莎白·霍姆斯说，“他觉得这是自己在情感上需要控制的一个问题。”乔布斯承认了这些，他说：“这件事一直困扰着我，我要把精力集中在这上面。”他对格雷格·卡尔霍恩更加坦诚。“对于被领养一事，他做了很多自我剖析，也跟我说了很多。”卡尔霍恩说道，“原始尖叫疗法和非黏液饮食，都是他用来净化自己的方法，并希望借此来洞悉其身世带给他的沮丧。他告诉我，他的父母抛弃了他，他感到非常愤怒。”

约翰·列侬（John Lennon）在 1970 年也接受了同样的原始尖叫疗法，那年 12 月，他和塑胶洋子乐队（Plastic Ono Band）发布了歌曲

《妈妈》。这首歌描述的是列侬对于抛弃了自己的父亲以及在他少年时期就死去的母亲的感情。副歌部分有一段让人无法忘怀的旋律："妈妈不要走，爸爸快回家……"乔布斯经常放这首歌。

乔布斯后来说，事实证明，亚诺夫的方法并没有什么效果。"他提供的只是一个现成的、老套的解决方法，太过简单了。很明显，它不可能促成任何自我省悟。"但霍姆斯坚信，治疗让乔布斯变得更自信了。"他接受完治疗之后有了改变，"她说，"他原本性格是很粗暴的，但那段时间他很平静。他的自信心增强了，自卑感减弱了。"

乔布斯开始相信自己可以把自信心传递给其他人，推动他们去完成以前认为不可能的事情。霍姆斯与科特基分手后，加入了旧金山的一个邪教组织。该组织希望成员切断与过去所有朋友的联系，但是乔布斯完全无视这条禁令。有一天，他开着自己的福特牧场主（Ford Ranchero）客货两用车来到了邪教的大本营，他对霍姆斯说自己要开车去弗里德兰的苹果农场，她也必须一起去。更过分的是，他说她也得开上一段路，尽管她根本不会开手动挡的车。"我们到了开阔的路上之后，他让我坐在驾驶座上，他负责换挡，直到我们的时速达到每小时 55 英里，"她说，"然后他开始放迪伦的磁带《路上的血迹》（*Blood on the Tracks*），把头枕在我的膝盖上，睡着了。他的态度就是他什么都会做，因此你也要什么都会。他把自己的性命交到了我手里，这让我做到了以前我认为自己做不到的事情。"

这就是日后成为他"现实扭曲力场"个人魅力的美好的一面。"如果你相信他，你就能做成事情，"霍姆斯说，"如果他认为某件事应该发生，那他就会尽力让它发生。"

打砖块

1975年年初的一天，阿尔·奥尔康正坐在雅达利公司的办公室里，罗恩·韦恩冲了进来。“嘿！史蒂夫回来了！”他喊道。

“天哪，快让他进来。”奥尔康回答。

乔布斯光着脚走了进来，穿着一身橘黄色的袍子，手里拿着一本《此时此地》，他把书递给奥尔康，坚持要他也看看。“我能回来工作吗？”他问。

“他看起来像个哈雷·克里希纳寺的僧人，但见到他我很高兴，”奥尔康回忆道，“于是我说，当然可以！”

为了公司内的和谐，乔布斯再次被安排上晚班。沃兹尼亚克当时在惠普工作，就住在附近的一处公寓，他会在晚饭后去找乔布斯玩游戏。他在森尼韦尔的一家保龄球馆里爱上了《乒乓》游戏，他还开发出了一个版本，可以连接到自家的电视机上。

1975年夏末的一天，对当时盛传的“球拍类游戏即将完蛋”的言论嗤之以鼻的诺兰·布什内尔决定开发《乒乓》的单机版本：玩家不再跟对手竞争，而是将球击向一堵墙，每击中一次，墙上就会减少一块砖。他把乔布斯叫进办公室，在自己的小黑板上画出了草图，然后叫他去设计。布什内尔告诉他，如果使用的芯片少于50个，那么每少用一个，就会有一笔奖金。布什内尔心里清楚乔布斯并不是一个杰出的工程师，但是他猜测乔布斯会招来总在附近晃悠的沃兹尼亚克，他猜对了。“我把这看作买一赠一，”布什内尔回忆道，“沃兹是个更加优秀的工程师。”

当乔布斯邀请沃兹帮忙，并提出两人平分收入的时候，沃兹很兴奋。“这是我人生中接到的最美妙的一次邀请，我可以真正设计一款人们会用到的游戏。”他回忆说。乔布斯说任务必须在4天内完成，并且要使用尽可能少的芯片。乔布斯没有告诉沃兹，截止日期其实是自己定的，因为他需要赶去团结农场帮忙迎接苹果丰收。他也没有提到少用芯片会有奖金。

“这样的一款游戏需要耗费大多数工程师几个月的时间，”沃兹回忆说，“我觉得我肯定完成不了，但史蒂夫让我相信自己一定可以。”于是他接连4天没有睡觉，完成了任务。白天在惠普上班的时候，沃兹就在纸上画设计草图。下班之后，匆匆吃上一顿快餐，他就会赶到雅达利，在那儿待一晚上。沃兹尼亚克在设计的时候，乔布斯就坐在他左边的凳子上，将芯片布线到电路板上。“史蒂夫捣弄电路板的时候，我就玩我最爱的赛车游戏《极速赛道10》（*Gran Trak 10*）。”沃兹尼亚克说。

令人惊讶的是，他们真的在4天时间里完成了任务，而且沃兹只用了45块芯片。虽然后来对此事的描述有多个版本，但在多数版本中，乔布斯只给了沃兹基本酬金的一半，而节省5枚芯片得到的奖金被他独吞了。直到10年以后，沃兹尼亚克才知道乔布斯得到奖金的事情［他看到了一本讲述雅达利公司历史的书《咔嚓》（*Zap*）中的故事］。“我想史蒂夫需要那笔钱，他只是没有告诉我事实而已。”沃兹后来说道。当他说起这件事的时候，停顿了很长时间，他也承认这事让他很痛苦。“我希望他当时能对我实话实说。如果他告诉我他需要那笔钱，他应该知道我肯定会把钱给他的。他是我的朋友，帮助朋友是天经地义的事情。”对沃兹尼亚克来说，这件事展现了他们两人性格上的差异。“对我来说，道德总是很重要的，我直到现在都不明白，他明明收到了那笔奖金，却告诉我他没有拿到。”他说，“但你也知道，每个人都是不同的。”

10年之后，这个故事被报道了出来，乔布斯给沃兹尼亚克打电话否认。“他告诉我他不记得做过这事，如果他做过这种事的话，他应该会记得，所以他应该没有做过。”沃兹回忆说。当我直接询问乔布斯的时候，他很反常地变得很安静，很迟疑。“我不知道那些传言都是从哪儿冒出来的，”他说，“我拿到的钱，分了一半给他。我跟沃兹之间一直都是这样的。沃兹 1978 年起就不再工作了，1978 年之后他就再没做过任何工作，但他在苹果的股份还是和我一样多。”

会不会众人的记忆都混乱了，乔布斯真的没有少付沃兹钱呢？“有这样的可能，我的记忆全是错的、混乱的。”沃兹告诉我，但停顿了一会儿之后改口了，“但不是这样的，我记得这件事的细节，那是张 350 美元的支票。”他和诺兰·布什内尔以及阿尔·奥尔康都进行了复核。“我记得我跟沃兹谈论奖金的时候，他很不高兴。”布什内尔说，“我说是的，你们每省下一枚芯片都会得到一笔奖金，然后他就摇了摇头，咂了咂嘴。”

不管事情真相到底如何，沃兹后来都坚持说这件事情不值得再讨论了。他说，乔布斯是个复杂的人，善于耍手段只是展现了那些助他成功的诸多特性中的阴暗面。沃兹尼亚克永远不会那样，但正如他所说，他也永远创建不了苹果公司。“我宁愿让这件事就这么过去了，”当我再三提起这件事时，他如此回答我，“我不想因为这件事就评判史蒂夫。”

雅达利的这段经历塑造了乔布斯对于商业和设计的独特态度。他非常欣赏雅达利“投入硬币——躲开克林贡人”这样的游戏简洁性和用户友好性。“那种简洁性影响到了他，让他成为了一个十分注重产品的人。”罗恩·韦恩这样说道。乔布斯还吸收了诺兰·布什内尔那股强势的态度。“诺兰是不允许别人对他说不的，”奥尔康说，“史蒂夫最初以为这样才能做成事情。诺兰从不会谩骂别人，史蒂夫有时候会。但他有同样积极的态度，这种态度让我惧怕，但它确实能办成事情。在这一方面，诺兰称得上是乔布斯的导师。”

布什内尔也同意这一说法。“企业家身上有一种很难描述的气质，我在乔布斯身上看到了那种气质，”他说，“他感兴趣的不仅仅是工程技术，还包括商业方面的一些东西。我教他，如果你表现得好像你能做某件事，那就能起作用。我告诉他，你装得好像自己掌控了一切，别人就会以为你真的掌控了一切。”

第五章　Apple Ⅰ

开机，启动，接入……

1976 年，丹尼尔 · 科特基和乔布斯在大西洋城举行的个人电脑节上展示 Apple Ⅰ

慈爱的机器

20 世纪 60 年代末，各种文化潮流在旧金山和硅谷交汇。技术革命伴随着军事承包商的增加而兴起，并迅速扩展到电子公司、微芯片制造商、视频游戏软件设计师和计算机公司。这里出现了黑客的亚文化群——云集于此的有资深玩家、电话飞客、电子朋克、业余爱好者以及纯粹的极客，包括那些不愿遵照惠普模式行事的工程师和他们不合群的孩子们。这里有准学术性的团体在研究迷幻药的效果，参与者包括来自帕洛奥图增强研究中心（Augmentation Research Center）的道格·恩格尔巴特（Doug Engelbart），他后来参与发明了电脑鼠标以及图形用户界面；还有肯·凯西（Ken Kesey），他为了歌颂毒品举行了一场声光盛宴，请来了一支乐队表演，而这支乐队就是后来的“感恩而死”（Grateful Dead）。在这里，湾区垮掉的一代发起了嬉皮士运动，伯克利的言论自由运动诞生了一批叛逆的政治活跃分子。在这背景下，一系列实现自我、追求心灵启迪的行为风靡一时：禅宗和印度教，冥想和瑜伽，原始尖叫和感觉剥夺，伊莎兰治疗法[1]和埃哈德研讨训练。

嬉皮士信仰与计算机力量的交融、思想与科技的结合都在史蒂夫·乔布斯的身上得到了体现。他早晨冥想，然后去斯坦福旁听物理学课程，晚上在雅达利工作，并梦想着创办自己的事业。“有些奇妙的事情正在这里上演，”回首彼时彼处，他说道，“最好的音乐来源于此——感恩而死、杰弗逊飞船乐队（Jefferson Airplane）、琼·贝兹（Joan Baez）、詹尼斯·乔普林（Janis Joplin），集成电路以及《全球概览》（*The Whole Earth Catalog*）之类的事物也在这里诞生。”

1. 发源于加州著名的伊莎兰学院，通过按摩帮助个体重新寻回身心的自由和活力。

起初，技术人员和嬉皮士们并没有多少交集。很多反主流文化的人认为电脑是不祥的，是奥威尔式的专制统治工具，为五角大楼和统治阶层所独有。在《机器神话》（*The Myth of the Machine*）一书中，历史学家刘易斯·芒福德（Lewis Mumford）警告说，电脑正在一点一点吞噬我们的自由，损害“有益人生的价值观”。那一时期穿孔卡片上的一条警示语——“请勿折叠、卷曲或损坏”——成为左派反战人士的讽刺用语。

但到了 20 世纪 70 年代初期，人们的想法开始转变。“计算机一度被定义为官僚机构的控制工具，人们对此不屑一顾，后来成为个人表达与自由解放的象征，并被欣然接受。”约翰·马尔科夫（John Markoff）在他研究反主流文化群体与计算机产业关系的书《睡鼠说了什么》（*What the Dormouse Said*）中这样写道。理查德·布劳提根（Richard Brautigan）在他 1967 年创作的《慈爱的机器照看一切》（All Watched Over by Machines of Loving Grace）一诗中就描绘过这样的场景，而当蒂莫西·利里宣称个人电脑已经成为新的迷幻药，并将他那句著名言论[1]改写成“开机，启动，接入”（turn on, boot up, jack in）时，电脑致幻便得到了证实。后来乔布斯与音乐人波诺结识，两人经常讨论为什么那些来自湾区的沉溺于摇滚乐和毒品的叛逆反主流文化分子最终帮助创建了个人电脑产业。“那些开创了 21 世纪的人都像史蒂夫一样，他们是来自西海岸、吸着大麻、穿着凉鞋的嬉皮士，他们会从不同的角度看问题。”他说，“东海岸、英格兰、德国以及日本的等级制度不鼓励这种与众不同的思考方式。60 年代孕育的这样一种无政府主义的思维模式，恰恰有助于人类对一个尚不存在的世界展开想象。”

有一个人在推动反主流文化人群与黑客的联合中发挥了作用，他

1. 这句话即前文的“turn on，tune in，drop out”。

就是斯图尔特·布兰德（Stewart Brand）。这个爱开玩笑的梦想家在数十年间不断制造快乐和创意，参与了20世纪60年代初在帕洛奥图的迷幻药研究。他与一同接受试验的肯·凯西创办了赞美迷幻药的“旅行节”，他还出现在汤姆·伍尔夫（Tom Wolfe）的《令人振奋的兴奋剂实验》（*The Electric Kool-Aid Acid Test*）的开头，他与道格·恩格尔巴特合作创造了利用声光演示新技术的方法，并称其为“演示之母”。“我们这一代的大多数人都将电脑看作集权控制的化身而蔑视它，”布兰德后来写道，“但有一小部分人——也就是后来被称作黑客的人——欣然接受了电脑并开始将它们转变成解放的工具。这一举动后来被证明是通向未来的正确道路。”

布兰德经营着一桩名为“全球卡车商店”（The Whole Earth Truck Store）的生意，刚开始只是一辆四处游荡的卡车，出售各种很酷的工具和教育材料。1968年，为扩大影响范围，他创立了《全球概览》。创刊号的封面就是那张著名的从太空拍摄的地球照片，副标题是“通往工具之路”。潜在的含义是科技也能成为人类的朋友。布兰德在创刊号的第一页上写道：“一个关乎私密的个人力量的领域正在蓬勃发展，这样的力量可以让个人实现自己的教育，找到自己的灵感，塑造自己的环境，与任何感兴趣的人分享自己的经历。《全球概览》的宗旨就是寻找和推广可以协助这一发展进程的工具。”紧随其后的是巴克敏斯特·富勒（Buckminster Fuller）写的一首诗，开头是这样的：“我在那些可靠的工具和器械中看到了上帝。”

乔布斯对《全球概览》着了迷。他尤其钟爱的是1971年的停刊号，当时他还在上高中，之后他一直带着这期杂志，去了大学，去了团结农场。“在停刊号的封底上，有一幅清晨乡间小路的照片，就是那种如果你有冒险精神，会在搭便车旅行时看到的景象。照片下面有一行字：‘求知若饥，虚心若愚。’（Stay hungry, Stay foolish.）”布兰德将乔布斯视为该杂志致力于颂扬的那种混合文化的最完美的化身。“史蒂夫就处在反主流文化与科技的交汇处，”他说，“他看到了工具为人所用的本质。”

布兰德出版这份杂志得到了波托拉协会（Portola Institute）的帮助，这是一个致力于当时计算机教育这个新兴领域的基金会。该基金会也帮助成立了人民电脑公司（People's Computer Company），这并不是一家公司，而是一个出版通讯的组织，他们的口号是：“向人民传输计算机的力量。”该组织偶尔会在周三的晚上举行聚餐，戈登·弗伦奇（Gordon French）和弗雷德·摩尔（Fred Moore）是两位常客，他们决定成立一家更正式的俱乐部，大家可以在这里分享个人电子设备的最新消息。

他们受到了《大众机械师》杂志（*Popular Mechanics*）1975 年 1 月刊的启发，这期杂志的封面图片是第一台个人计算机——阿尔泰（Altair）。阿尔泰其实没什么——只是价值 495 美元的一堆零部件，还必须被焊接到一块电路板上才能执行非常少的任务，但对业余爱好者和黑客们来说，它预示着一个新纪元的到来。比尔·盖茨和保罗·艾伦（Paul Allen）看了那一期杂志后，就开始研发用于阿尔泰的 BASIC 语言版本。乔布斯和沃兹尼亚克也被这期杂志深深吸引了。当阿尔泰的评测样机来到人民电脑公司的时候，弗伦奇和摩尔即刻决定，阿尔泰就是俱乐部首次会议的中心议题。

家酿计算机俱乐部

新成立的组织叫作家酿计算机俱乐部（The Homebrew Computer Club），它如同《全球概览》一般，融合了反主流文化与科技。这个俱乐部之于个人电脑时代，就如同土耳其人咖啡馆（Turk's Head coffee-house）之于约翰逊博士[1]那个时代，思想在其间得以交流和传播。1975年3月5日，会议在弗伦奇位于门洛帕克的车库中举行，摩尔为此做了传单。“你想搭建自己的计算机吗？抑或是终端机、电视机、打印机？”传单上这么写着，“如果是的话，来参加与你志趣相投的人们的聚会吧！”

艾伦·鲍姆在惠普的公告栏上看到了这张传单，然后打电话告诉了沃兹尼亚克，沃兹同意跟他一起参加。“那天晚上是我一生中最重要的夜晚之一。”沃兹尼亚克回忆道。另外还有差不多30人出现在当晚的聚会上，弗伦奇的车库都被挤爆了，大家轮流介绍自己的兴趣爱好。摩尔的会议记录显示，沃兹尼亚克说他喜欢“视频游戏、酒店里的收费电影、科学计算器设计以及电视机设计”，后来，沃兹坦承自己当时极度紧张。会上演示了阿尔泰计算机，但对沃兹来说，更重要的是他见到了一枚微处理器的规格表。

当他想到微处理器（带有一整块中央处理单元的芯片）时，他有了一个想法。他一直在设计一台终端机，带有键盘和显示器，可以连接到一台小型机上。利用一枚微处理器，他就可以将小型机的一部分性能转移到终端机上，这样终端机就可以变成一台独立的小型台式机。这个主意在他脑海中萦绕了很久：键盘、屏幕、计算机整合在一套个人装置中。“我脑子里突然就冒出来这个关于个人电脑的设想，”他说，“那天晚上，我开始设计后来成为Apple I计算机的草图。”

起初他打算使用与阿尔泰相同的微处理器——英特尔8080，但每枚芯片“比我一个月的房租还贵”，所以他就开始寻找替代品。他找到了摩托罗拉6800，一位惠普的同事能以40美元一枚的价格搞到。

1. 英国著名作家塞缪尔·约翰逊（Samuel Johnson），他和多位友人定期会在土耳其人咖啡馆聚会。

之后他又找到了MOS科技公司（MOS Technologies）制造的一款芯片，在电子特性上与摩托罗拉6800是一样的，但每枚只要20美元。这样一来，他的机器的价格就会更低廉，人们买得起，但也为此付出了一个长期的代价——英特尔的芯片后来成为行业标准，而苹果的电脑因为与之不兼容而饱受困扰。

每天下班以后，沃兹尼亚克就回到家，一边看电视一边吃晚饭，然后就回到惠普公司连夜研究他的计算机。他把零件散布在他的小隔间里，搞清楚它们放置的部位，然后焊到主板上去。之后他开始编写软件程序，能够让微处理器在屏幕上显示图像。因为承担不起使用电脑的花费，他所有的代码都是手写的。几个月之后，他准备好测试了。“我在键盘上按了几个键，然后就震惊了！那些字母都显示在了屏幕上。”那天是1975年6月29日，一个星期天，个人电脑历史上具有里程碑意义的时刻。“那是历史上第一次，”沃兹尼亚克后来说，“一个人在键盘上按下几个键，然后在面前的屏幕上看到对应的字符立刻被显示了出来。”

乔布斯也大吃一惊。他连问了沃兹尼亚克好几个问题：这台电脑能交换信息吗？是否有可能添加一块磁盘作为存储器？他还开始帮沃兹尼亚克找来零件。最为重要的就是DRAM（动态随机存取存储芯片）。乔布斯打了几个电话，就免费从英特尔得到了一些芯片。“史蒂夫就是那样的人，”沃兹尼亚克说，“他知道怎么跟销售代表说话。我就不行，我太腼腆了。”

乔布斯开始跟随沃兹尼亚克一起参加家酿计算机俱乐部的会议，他背着显示器帮忙组装。这个会议已经吸引了100多个狂热爱好者，会议地点也转移到了斯坦福线性加速器中心的大礼堂。会议由另一位反主流文化与计算机产业融合的代表人物李·费尔森施泰因（Lee Felsenstein）主持，他手拿指示器，态度随意自由。他是工程学院的辍学生，曾经参加过言论自由运动，也是一名反战分子。他也曾为地下报纸《伯克利芒刺报》（*Berkeley Barb*）写过文章，之后又干回老本行，成了一名电脑工程师。

每次会议开场，费尔森施泰因都会进行一个“映射”环节，发表一些简短的评论，然后由一名指定的爱好者进行正式的演示，最后是“随机存取”环节，大家随意走动，互相交流。沃兹由于太害羞，通常不会在会上发言，但大家在会议结束后会聚集在他的机器旁，他就会很自豪地演示他的进展。摩尔为这个俱乐部灌输的精神就是交换与分享，而不是做买卖。沃兹说：“这个俱乐部的主题就是乐于奉献，帮助他人。”这是黑客伦理的一种体现：信息应该是免费的，也不能迷信权威。“我之所以设计 Apple Ⅰ，就是因为我想把它免费贡献给别人。”沃兹尼亚克说。

但比尔·盖茨不是这么想的。他和保罗·艾伦完成了阿尔泰电脑的 BASIC 语言编译器后，家酿计算机俱乐部的成员复制了该编译器并且在没有付费给他的情况下相互分享，这让盖茨很是惊讶。于是他给俱乐部写了那封著名的信：“请大多数业余爱好者们意识到，你们的软件都是偷来的。这公平吗？……你们这样做只会让别人不再愿意编写好的软件。谁能承受得起无偿进行专业的工作？……如果有谁愿意付钱的话，给我来信，我会很感激。”

与盖茨类似，史蒂夫·乔布斯也不希望沃兹尼亚克的发明——不管是蓝盒子还是电脑——是免费的。所以他说服了沃兹，让他不要再免费送出他的设计原理图。反正大多数人也没时间来自己搭一台电脑，这是乔布斯的理由。“我们为什么不做好主板然后卖给他们呢？”这就是他们合作关系的一个写照。“每次我设计出一样很棒的东西，史蒂夫就会找到办法来赚钱。”沃兹说。他承认，他自己绝不会有赚钱的想法。“我心里从没有想过要卖电脑，”沃兹回忆道，“是史蒂夫说的，我们把这些拿出来给大家看看，卖出去一些。”

乔布斯想到了一个计划，付钱给雅达利公司的一个熟人，让他帮忙绘制电路板，然后制作50张左右。这样的花费是1 000美元上下，另外还有给设计者的酬劳。他们可以把每块电路板卖40美元，利润大概是700美元。沃兹不相信他们能把电路板都卖掉。“我甚至看不出怎么收回成本。”他回忆说。因为银行拒付他的支票，他已经惹恼了房东，现在每个月只能用现金付房租。

乔布斯知道怎样说服沃兹。他没有争辩说他们一定能赚钱，而是说这一定会是一次有趣的经历。“即使我们赔了钱，我们也能拥有一家公司。”乔布斯说，当时他们正开着他的大众汽车转悠，“在我们的一生中，至少有这么一次，我们会拥有一家公司。”这句话对沃兹尼亚克的诱惑太大了，比变成富人的诱惑还要大。沃兹尼亚克回忆道：“想象一下那种情景，我就兴奋，两个最要好的朋友创办一家公司！天哪！我立刻就同意了，我怎么可能拒绝？”

为了筹集所需资金，沃兹尼亚克以500美元的价格卖掉了自己的惠普65计算器，但是最后买家只给了一半的钱。乔布斯则把自己的大众汽车卖了1 500美元。当初他父亲就反对他买这辆车，乔布斯也必须承认父亲是对的。事实证明那辆车的确让人头疼。实际上，买下这辆车的人两个星期之后就回来找乔布斯，说引擎坏掉了。乔布斯同意支付一半的维修费用。虽然有这些小挫折，但在把各自微薄的积蓄投入之后，他们现在已经拥有了1 300美元的运营资本，还有产品设计以及一个计划。他们就要创立自己的电脑公司了。

苹果诞生

既然决定开公司，就要给公司起个名字。乔布斯之前又去了一次团结农场，在那里给格拉文施泰因苹果树剪了枝，沃兹去机场接他。在回洛斯阿尔托斯的路上，两人讨论了好几个名字。他们考虑过一些典型的技术词汇，比如“矩阵”（Matrix），或者自己创一个新词，像“Executek”，融合了“执行”与“科技”的意思，又或者干脆用个直白又无趣的名字，比方说“个人电脑股份有限公司”(Personal Computer Inc.)。决定名字的截止日期是第二天，因为乔布斯准备递交申请文件了。最后，乔布斯提议叫“苹果电脑公司”[1]。“我那段时间正在吃水果餐，”他解释说，“我刚刚从一个苹果农场回来。这名字听上去有意思，有活力，不吓人。‘苹果’削弱了‘电脑’这个词的锐气。还有，这能让我们在电话簿上排在雅达利之前。”他告诉沃兹，如果到第二天下午还想不到更好的名字，那就用“苹果”。结果，他们真的用了。

“苹果”——这是个明智的选择。这个词立刻释放出友好而简洁的信号。这个名字既有一点儿标新立异，又不会让人觉得古怪。名字里带有一点点反主流文化、返璞归真的气息，又十分美国化。这两个词放在一起——苹果电脑——制造了一种有趣的分裂感。“这个名字有点儿无厘头，”迈克·马库拉（Mike Markkula）说，他后来成了这家新公司的第一任董事长，“它会让你仔细回味。苹果和电脑，这两者根本扯不上关系啊！如此一来，就增加了我们的品牌知名度。”

沃兹尼亚克还没有准备好全身心加入苹果。他骨子里还是惠普的人，至少他是这么想的，他还想保留自己在那儿的工作。乔布斯意识到自己需要一个盟友，一来是要帮助说服沃兹，二来是在自己和沃兹有意见分歧的时候打破僵局。所以他请来了朋友罗恩·韦恩，那个曾经开过老虎机公司后来又在雅达利供职的中年工程师。

韦恩知道，要让沃兹尼亚克离开惠普很困难，当下也没有必要让

1. 苹果公司当时名为 Apple Computer，之后公司名称中去掉了 Computer。

他离开那儿。当前的关键问题是说服他将他的电脑设计归为苹果公司所有。“沃兹对自己设计的电路有一种家长情结，他希望这些电路能有其他应用，或者也可以让惠普使用，”韦恩说，“乔布斯和我意识到，这些电路将会是苹果公司的核心。我们在我的公寓里讨论了两个小时，终于让沃兹接受了这个条件。”他的理由是，一个伟大的工程师，只有和一个伟大的营销人员合作，才有可能被世人所铭记，这就要求沃兹的设计全部专属于这家新公司。乔布斯很高兴，也很感激，因此他将新公司 10% 的股份赠予了韦恩，让他成了苹果公司的皮特·贝斯特（Pete Best）。更为关键的是，当乔布斯和沃兹在某个问题上有分歧时，韦恩可以决定最后的结果。

“他们两个很不一样，却组成了一支强大的队伍。”韦恩说。乔布斯有时候像恶魔附身一般，而沃兹则像个被天使控制着的孩子。乔布斯有虚张声势的本事，这让他可以做成事情，虽然有时候要操纵别人。他有时候极富魅力，甚至让你着迷，但他也可以冷酷、残忍。而沃兹尼亚克却很害羞，有点儿社交障碍，这让他显得如同孩子般可爱。“沃兹在某些方面十分聪明，但他就像个天才白痴一样，跟陌生人打交道的时候就会手足无措。”乔布斯说，“我们是最佳拍档。”乔布斯敬畏沃兹在技术设计方面的才华，沃兹则佩服乔布斯的商业能力，这样相得益彰。“我从来都不愿意跟别人打交道，也不想触怒别人，但史蒂夫就有这个本事，给陌生人打电话还能让人家帮他做事，”沃兹尼亚克说，“他对他认为不聪明的人会很粗暴，但他从没有粗鲁地对待过我，即使到了后来，有些问题我给不出让他满意的答案的时候，他也没有粗鲁地对待我。”

在沃兹尼亚克同意让他的新电脑设计成为苹果公司的财产之后，他还是觉得这些设计应该首先提供给惠普，因为那是他工作的地方。“我觉得，在我还供职于惠普的情况下，把我做出的设计告知他们是我的责任，”沃兹尼亚克说，“这是正确的，也是符合伦理标准的。”于是，在1976年的春天，他向惠普公司的经理们展示了自己的成果。会上的高级主管对这个设计印象颇佳——也有些难以取舍，但最后他还是说这不是惠普所能开发的。至少就现阶段而言，它还只是业余爱好者的玩具，无法融入公司的高品质细分市场。“我很失望，”沃兹回忆道，“但这也意味着我可以自由地投入苹果公司的合作关系中了。”

1976年4月1日，乔布斯和沃兹去韦恩在山景城的公寓起草合作协议。韦恩说他有“用法律术语书写文件”的经验，所以这份三页纸的协议是由他完成的。他的“法律术语”确实运用得很好，各个段落都是以这样华丽的辞藻开头的：“在此注意……在此进一步注意……据此，考虑到各方利益分配……”但对于股权和利润的分配是简单明了的——45%—45%—10%，协议中还规定，任何超过100美元的支出都需要得到至少两名合伙人的同意。此外，各方的责任也都划分明确。“沃兹尼亚克主要负责电子工程的执行，乔布斯负责电子工程和市场营销，韦恩负责机械工程以及文书工作。”乔布斯用小写字母签上了自己的名字，沃兹小心翼翼签上了草体字，韦恩的签名是难以辨认的潦草字体。

之后韦恩就退缩了。乔布斯开始计划借入并花掉更多的钱，韦恩便想起了以前自己公司失败的教训，他不想再经历一次那样的过程。乔布斯和沃兹都没有个人资产，但韦恩在他的床垫里藏了金币（他担心全球经济崩溃）。因为苹果公司是非常简单的合伙人关系，而不是公司体系，所以合伙人个人需要对债务负责任，因此韦恩担心潜在的债权人会向自己追债。所以11天之后，他就回到了圣克拉拉的办公室里，带着一份“退出声明”和一份合作协议修正案。修正案开头写道：“经过协议各方的重新评估，韦恩将不再以‘合伙人’身份参与公司运作。”文件中提到，作为对他持有的10%公司股份的回购，他得到了 800 美元，此后不久又得到了 1 500 美元。

如果当初他留在了苹果公司并继续持有这 10% 的股份，那么到 2010 年年底，这些股票的价值大约是 26 亿美元。然而，现在他住在内华达州帕朗市的一座小房子里，玩玩老虎机，靠社会保险金度日。他宣称自己毫不后悔。“我做了当时对我最有利的选择。”他说，“他们两个都是疯狂的家伙，我知道自己的承受能力，我不准备冒那样的险。”

苹果公司正式成立之后不久，乔布斯和沃兹尼亚克就共同登台，在家酿计算机俱乐部进行了一次演示。沃兹展示了他们最新生产出来的一块电路板，描述了上面使用的微处理器、8kb 的内存，以及他编写的 BASIC 语言的程序版本。他还强调了“关键部件”是人性化的键盘，而不再是笨重的、让人困惑的由大堆灯泡和开关组成的面板。然后轮到乔布斯讲话。他指出苹果的产品与阿尔泰不同，所有的关键元部件都已经内置在机器中了。然后他问了大家一个问题：人们愿意花多少钱来购买这么一台完美的机器？他是在努力让大家看到苹果电脑的惊人价值。这是他在后来几十年的产品发布会上一直沿用的华丽辞藻。

然而观众并不是很感兴趣。苹果电脑使用的是二流的微处理器，而不是英特尔 8080，但是有一个重要人物留了下来，想要获得更多信息。他的名字叫保罗 · 特雷尔（Paul Terrell）。1975 年，他开了一家叫 Byte Shop 的电脑商店，就在门洛帕克的国王大道上。一年之后，他已经有了三家店，并且计划将其发展为全国连锁。乔布斯非常兴奋能给他私下做演示。“看看吧，”他说，“你会喜欢上你看到的东西。”特雷尔看后印象深刻，把自己的名片给了乔布斯和沃兹。他说：“保持联系。”

“我来跟你联系了。”第二天，乔布斯光着脚兴冲冲地走进了 Byte Shop。他做成了买卖。特雷尔同意订购 50 台电脑，但是有一个条件。特雷尔并不想要只值 50 美元的印刷电路板，因为顾客买了这个之后还要再去买芯片，然后自己组装。这也许能吸引一些狂热的爱好者，但大多数顾客不愿意这么麻烦。他要的是完全组装好的产品，为此他愿意每台出价 500 美元，货到付款，现金结账。

乔布斯立刻给还在惠普上班的沃兹打了电话。“你现在坐着吗？”他问。沃兹回答说没有。不管怎样，乔布斯还是把消息告诉了他。“我被震惊了，完全震惊了。”沃兹尼亚克回忆说，“我永远都忘不了那一刻。”

为了完成订单，他们需要价值 15 000 美元的零部件。在家园高中和他们一起搞恶作剧的艾伦·鲍姆以及他的父亲愿意借给他们 5 000 美元。乔布斯想从洛斯阿尔托斯的一家银行借一些钱，但银行经理看了看他——不出所料地拒绝了。他去了哈尔泰克商店，提出拿苹果公司的股权换取一些零部件，但商店老板认为他们只是“两个年轻的邋遢小子”，也拒绝了。雅达利的奥尔康愿意卖给他们芯片，但必须预付现金。最终，乔布斯说服克拉默电子公司（Cramer Electronics）的经理亲自打电话给保罗·特雷尔，确认对方是否真的下了一个 25 000 美元的订单。当时特雷尔正在开会，他听到广播里在叫他，说有紧急来电（乔布斯不停地打电话）。克拉默公司的经理对他说，两个衣着邋遢的小子走进自己的店里，挥舞着一张 Byte Shop 的订单。订单是真的吗？特雷尔确认了订单的真实性，克拉默商店同意将零件预支给他们，账期为 30 天。

车库工厂

乔布斯一家位于洛斯阿尔托斯的房子，成了这50块Apple I主板的组装车间。主板必须在30天内送到Byte Shop，因为零件的付款期限就是30天。所有人都加入了——乔布斯和沃兹，还有丹尼尔·科特基和他的前女友伊丽莎白·霍姆斯（她已经脱离了之前加入的邪教组织），以及乔布斯怀孕了的妹妹帕蒂。帕蒂空出来的卧室，以及厨房的桌子，还有车库都变成了工作地点。霍姆斯曾经上过珠宝课程，所以她被安排焊接芯片。“大多数我都做得不错，可是有几个被我滴上了助焊剂。”她说。这让乔布斯很不高兴，他埋怨道：“我们可没有多余的芯片。”事实的确如此。他把霍姆斯调到厨房桌子上去负责记账和文书工作，他自己负责焊接。他们做完一块电路板后，就交到沃兹尼亚克手中。“我会把装好的主板连接上电视机和键盘进行测试，看看能不能工作。”他说，“如果能工作的话，我就把它装进盒子里，如果不能的话，我还要找出哪只管脚没插好。”

保罗·乔布斯也停下了自己修理汽车的副业，这样一来，苹果公司的一帮人就能占用整个车库了。他在车库里放了一张长长的旧工作台，在他刚弄好的石膏板墙上挂了一张电脑示意图，还装了一排贴好标签的抽屉用来放零件。他还用好几台加热灯搭了一个高温箱，这样就可以测试主板在高温下连夜运转的状态。每当他的儿子脾气爆发的时候（这是很常见的现象），保罗·乔布斯就会把自己的冷静传输给他一些。“怎么啦？”他会说，“火烧屁股了？”作为交换，他偶尔会把电视机借走，因为这是家中唯一的一台，他要看橄榄球比赛的终场。这时候，乔布斯和科特基就会到外面的草坪上弹吉他。

乔布斯的母亲并不介意自己的家被一大堆零件和客人占领，但是儿子越来越怪异的饮食习惯让她很受挫。“史蒂夫的饮食强迫症总是招来她的白眼，”霍姆斯回忆说，“她只想要儿子健康，而史蒂夫却会发表一些奇怪的宣言，比如‘我是个果食主义者，我只吃由处女在月光下采摘的叶子’。”

12 块组装好的主板经过沃兹尼亚克检验合格后，被乔布斯送到了 Byte Shop。特雷尔有点儿吃惊——没有电源，没有外壳，没有显示器也没有键盘——他期待的可不是这样的产品。但乔布斯死死盯着他，他只好同意收货付钱。

30 天之后，苹果公司已经接近赢利状态了。“这些主板的实际造价比我们预想的要低，因为我买的零件价格很划算，”乔布斯回忆道，“所以我们卖给 Byte Shop 50 块主板收回的钱，足够支付 100 块主板的材料费。”通过把剩下的 50 块卖给朋友和家酿计算机俱乐部的同仁，他们可以真正实现赢利了。

伊丽莎白·霍姆斯正式成了苹果的兼职记账员，时薪 4 美元，她每周从旧金山回来一次，想办法把乔布斯支票簿上的数目移入总账。为了看上去像一家正规公司，乔布斯租用了接听电话服务，所有的留言都会被转给他母亲。罗恩·韦恩为公司设计了商标，他使用维多利亚时代插图小说风格的华丽线描，画的是牛顿坐在一棵树下，边框上还引用了华兹华斯的一句诗：“一个灵魂，永远孤独地航行在陌生的思想海洋。”（A mind forever voyaging through strange seas of thought, alone.）这是略显古怪的一句格言，它其实更加符合罗恩·韦恩的自身形象，而不是苹果公司。也许更加贴切的诗句来自华兹华斯对法国大革命发起者的描述：“能活在黎明时光是何等幸福 / 但风华正茂就是人在天堂！”（Bliss was it in that dawn to be alive/ But to be young was very heaven！）正如后来沃兹欣喜地谈到的：“我想我们参与了历史上最伟大的革命，我很高兴自己是其中的一分子。”

沃兹已经开始思考下一代机器了，所以他们把当时的机型称为

Apple I（苹果I型）。乔布斯和沃兹不停地奔走于国王大道，希望电子商店能够出售自己的电脑。除了卖给Byte Shop的50台以及卖给朋友的50台，他们又开始生产100台供给零售商店。果然，他们两人之间又有了矛盾：沃兹想以成本价出售，而乔布斯想好好赚上一笔。乔布斯赢了。他设定了一个零售价，差不多是成本的三倍，在特雷尔和其他商店支付的500美元批发价的基础上又上涨了33%，也就是666.66美元。“我一直都很喜欢重复的数字，”沃兹尼亚克说，“我的‘打电话听笑话’服务的号码是255-6666。”他们两个都不知道，666是《圣经·启示录》中“恶魔的数字”。很快他们就遭到了抗议，特别是在当年大热的电影《凶兆》（*The Omen*）重点突出了数字666之后。（2010年，一台原版Apple I在佳士得的一场拍卖中以213 000美元售出。）

这台新机器的第一次专题报道出现在1976年7月的《界面》杂志（*Interface*）上，这是一本面向业余爱好者的杂志，现在已经停刊。乔布斯和朋友们还在家中动手组装机器，但报道文章中已经称他为“市场总监”和“雅达利的前私人顾问”了。这让苹果听上去像个真正的公司。报道中称，“史蒂夫与许多电脑俱乐部进行交流，以掌握这一新兴产业的脉搏”，并且还引用了乔布斯的解释，“如果我们可以了解他们的需求、感受和动机，我们就可以做出正确的回应，生产出他们所需要的产品。”

那个时候，除了阿尔泰，他们已经有了新的竞争者，其中最著名的是IMSAI 8080和处理器科技公司（Processor Technology Corporation）的SOL-20。后者是由家酿计算机俱乐部的李·费尔森施泰因和戈登·弗伦奇设计的。1976年的劳工节周末，第一届年度个人电脑节在新泽西州大西洋城一座陈旧的酒店里举办，酒店位于当时已经开始破败的木板路上。所有人都有机会展示自己的产品。乔布斯和沃兹尼亚克搭乘环球航空公司的航班前往费城，他们将Apple I放在一只雪茄箱子里，沃兹正在开发的第二代样机放在另一只箱子里。费尔森施泰因就坐在他们后面一排，他看到 Apple I 后，称之“十分平庸”。这番评论让沃兹失去了信心。“我们听见他们在用很高深的商业术语讲话，”他回忆说，“用的都是我们从没有听过的类似商业术语的缩略词。”

沃兹大多数时间都待在酒店房间里，研究他的新样机。展览大厅的后面有一张桌子被安排给苹果公司，沃兹太害羞了，根本没勇气站在那里介绍产品。当时在哥伦比亚大学就读的科特基从曼哈顿搭乘火车来到了这里，他坚守在桌旁，乔布斯则四处走动观察竞争对手的情况。他看到的东西并不能打动他。他确信，沃兹尼亚克是最好的电路工程师，Apple I（当然也包括它的第二代）在功能上绝对可以击败所有对手。然而，SOL–20 拥有更加迷人的外观。它有一个造型优美的金属盒子，附带键盘、电源以及线缆。看上去，这才是成年人设计的产品。相比之下，Apple I 就显得和它的发明者一样邋遢不堪。

第六章 Apple Ⅱ

新时代的曙光

Apple Ⅱ

一体机

乔布斯在个人电脑节的展厅考察了一番后，意识到 Byte Shop 的保罗·特雷尔说对了：个人电脑应该以整套设备的形式呈现给消费者。他决定，下一代的苹果电脑需要自带一个漂亮的箱子和内置键盘，整合其他关键元素，从电源到软件到显示器。“我的想法是制造第一台整合所有部件的电脑，”他回忆道，“我们的目标客户不再是少数喜欢自己组装电脑、知道如何购买变压器和键盘的业余爱好者。希望电脑拿到手就可以运行的人，其数量是业余爱好者的 1 000 倍。”

1976 年的那个劳工节周末，在酒店房间里，沃兹尼亚克在完善新一代机器的样机——也就是后来的 Apple Ⅱ，乔布斯希望这台机器能将他们的事业带上一个新的台阶。这台机器只被他们带出过房间一回。那是在某一天的深夜，他们将它带到了一间会议室，连接上彩色投影电视进行测试。沃兹尼亚克有一个绝妙的想法，可以让机器芯片运行出色彩，他想要看看这种方法在一台使用投影仪显示图像的电视机上能否起作用。“我想，投影仪使用的色彩电路不同，和我的色彩生成方法一起工作的时候可能会发生错误，”他回忆道，“所以我就把 Apple Ⅱ 连接到了这台投影仪上，结果运行非常完美。”他在键盘上一番敲击之后，彩色的线条和螺旋图案就在屏幕上出现了。唯一一个见到 Apple Ⅱ 的局外人是酒店的技术员。他说他见过所有的机器，但这一台才是他愿意购买的。

要生产整套的 Apple Ⅱ 需要大量的资金投入，于是他们考虑将股权出售给更大的公司。乔布斯去找了阿尔·奥尔康，希望能得到机会向雅达利的管理层进行推销。奥尔康安排他与公司的总裁乔·基南（Joe Keenan）会面，此人相比奥尔康和布什内尔要保守许多。“史蒂夫进去向他推销，但是乔根本无法忍受他，”奥尔康回忆说，“史蒂夫的个人卫生状况让他很不满。”当时乔布斯光着脚，还一度把脚搁到了桌子上。“我们不但不会买你的东西，”基南吼道，“还要请你把脚放下来！”奥尔康回忆自己当时的想法：“完了，没戏了。”

9月，康懋达电脑公司（Commodore Computer）的查克·佩德尔（Chuck Peddle）来到乔布斯家中观看他的演示。“我们打开了史蒂夫家的车库门，让阳光照射进来，查克走了进来，穿着西装，戴着牛仔帽。”沃兹回忆道。佩德尔非常喜欢 Apple Ⅱ，他于数周后在公司总部安排了一场演示，公司高层应邀参加。“你也许有兴趣花几十万买下我们公司。”乔布斯到那儿后说了这样一句话。沃兹尼亚克记得当时自己被这个“荒唐的”建议惊得目瞪口呆，但乔布斯坚持要这么做。几天之后，康懋达公司打来电话说，他们认为研发自己的电脑更加省钱。乔布斯并不沮丧，他全面考察了康懋达公司后，认为该公司的管理层“太卑劣”了。对于失去了这笔投资，沃兹尼亚克并不感到遗憾，但是当9个月后该公司推出了他们自己的电脑“Commodore PET”的时候，作为一名工程师，他在感情上受到了极大的伤害。“那玩意儿让我恶心，”他说，“他们太急于求成了，所以做出这么一个蹩脚的产品。他们本来可以拥有苹果的。”

对康懋达公司的出售未果也让一直暗藏在乔布斯与沃兹尼亚克间的冲突浮出水面：他们对苹果公司的贡献真的一样多吗？他们之间的利益又该如何分配？杰里·沃兹尼亚克一直都认为工程师的价值要远超过企业家和营销人员，他觉得大多数钱都应该归他儿子所有。乔布斯来家里做客时，杰里当面向他说出了自己的不满。“你不配得到这么多，”他告诉乔布斯，“你没有做出过任何产品。”乔布斯哭了起来，这在他身上是很常见的事情。他历来都不擅长控制自己的情绪，以后也不会擅长。乔布斯告诉沃兹尼亚克，他愿意停止他们的合作关系。“如果我们不能对半分账的话，”他对自己的朋友说，“你可以全部收为己有。”然而，沃兹尼亚克比父亲更加了解自己与乔布斯之间的共生关系。如果不是乔布斯的话，他可能还在家酿计算机俱乐部的会议上免费发放自己设计的电路板的原理图，是乔布斯将他的独创性的设计转化成了蓬勃发展的生意，正如当年的蓝盒子一样。他同意继续保持合作关系。

这是个明智的决定。要想让 Apple Ⅱ 取得成功，需要的不仅仅是沃兹尼亚克杰出的电路设计能力。Apple Ⅱ 需要成为一台完整的全功能消费产品，这就需要乔布斯施展拳脚了。

乔布斯第一步便是请以前的合伙人罗恩·韦恩设计一个箱子。罗恩·韦恩回忆说：“我想他们没什么钱，于是我就做了一款不需要使用工具加工的箱子，普通的五金商店就能制造出来。”他的设计结果出来了：一个有机玻璃制成的壳子，附带有金属条以及一扇可以盖住键盘的卷门。

乔布斯并不喜欢这个箱子。他想要的是简单又精致的设计，可以让苹果电脑从那些配有笨重的灰色金属箱的电脑中脱颖而出。有一次他在梅西百货的家用电器通道闲逛时，厨艺公司（Cuisinart）的食品加工机触发了他的灵感，他决定要一个光滑的机箱，由轻便的模制塑料制成。在一次家酿计算机俱乐部的会议上，他出价 1 500 美元，请一名当地的技术顾问杰里·马诺克（Jerry Manock）将这个设计制造出来。乔布斯的着装形象让马诺克有些半信半疑，他要求乔布斯预支报酬。乔布斯拒绝了，但马诺克还是接受了这份工作。几个星期后，他就做出了一个简单的发泡成型的塑料箱，整齐简洁，看上去很有亲和力。乔布斯十分激动。

接下来是电源的问题。像沃兹尼亚克这样的数字极客是不大会关注电源这种不起眼的部件的，但乔布斯认为这是一个关键部件。具体地说，他想在不使用风扇的情况下供电，这也是他整个职业生涯的一贯追求。计算机内部的风扇有悖于禅意，它们的噪声会让人无法集中精力。乔布斯去雅达利公司咨询奥尔康，他了解老式的电气工程。“奥尔康把一个叫罗德·霍尔特（Rod Holt）的聪明家伙介绍给我，这是个烟不离手的马克思主义者，结过多次婚，精通所有事物。”乔布斯回忆。和马诺克以及其他第一次见到乔布斯的人一样，霍尔特打量了他一番，满腹狐疑。“我收费很高的。”霍尔特说。乔布斯感觉到此人一定物有所值，于是说钱不是问题。“他就这么说服我为他工作了。”霍尔特说，他后来加入苹果公司，成为一名全职员工。

霍尔特并没有使用传统的线性电源，而是制造了一个与示波器上使用的相类似的开关电源。这就意味着，在1秒内，通断电的次数不是60次，而是上千次，这样电源存储电能的时间就大大减少，散热量也随之减少。“那个开关电源和Apple Ⅱ电脑上的逻辑电路板一样，都是革命性的发明。”乔布斯后来说，“罗德并没有因此得到太多的赞誉，但他应该名垂青史。现在所有的电脑都使用开关电源，而这都是盗用了罗德的设计。”尽管沃兹尼亚克天赋异禀，电源设计却非他能力所及。“我只大概知道开关电源是个什么东西。”沃兹说。

乔布斯的父亲曾经教导过他，追求完美意味着：即便是别人看不到的地方，对其工艺也必须尽心尽力。乔布斯将这一理念应用到了Apple Ⅱ的内部电路板布局上。他否决了最初的设计，理由是其中的线路不够直。

这种完美主义的激情也让乔布斯更加放纵自己的控制欲。大多数的黑客和业余爱好者都喜欢定制和改装自己的电脑，往上面插上各种部件。对乔布斯来说，这会威胁到无缝的用户体验。沃兹骨子里就是一名黑客，因此他并不认同。他想要Apple Ⅱ带上8个扩展槽，可以让用户随心所欲地插上小型电路板或者外接设备。乔布斯坚持只能有两个扩展槽，一个给打印机，另一个给调制解调器。“通常我是个很好说话的人，但这一次我告诉他：‘你要是只想要两个扩展槽的话，就自己去做一台吧。’”沃兹回忆道，“我知道，像我这样的人最终总是会想出点儿东西来加到电脑上的。”这场争执以沃兹的胜利告终，但他能感觉到自己的影响力正在减弱。“当时我还能有那样的话语权，但我不会一直都有。”

迈克·马库拉

这一切都需要用钱。“加工塑料箱子要花费大概10万美元，”乔布斯说，“实现量产需要差不多20万美元。”他又回去找诺兰·布什内尔，想让他投资一笔钱，以小部分股权交换。“他问我能不能投入5万美元，他会把公司三分之一的股权给我，”布什内尔说，“我当时自认为很聪明，拒绝了他。现在想想这件事，觉得挺有意思的，当然更多的是欲哭无泪的感觉。”

布什内尔建议乔布斯去找唐·瓦伦丁（Don Valentine）试试。唐是个心直口快的人，曾在国家半导体公司（National Semiconcluctor Company）任营销经理，后来创办了风险投资界的先驱企业——红杉资本（Sequoia Capital）。瓦伦丁穿着蓝色西装和系领扣的衬衫，打着棱纹领带，开着奔驰来到了乔布斯家的车库。布什内尔回忆说，瓦伦丁后来给他打电话，半开玩笑半严肃地问：“你为什么要让我去见那些连人类都算不上的怪胎？”瓦伦丁说不记得是否说过这样的一句话了，但他承认自己当时觉得乔布斯的样子和身上的气味都很怪异。“那时候史蒂夫努力要成为反主流文化的化身，”瓦伦丁回忆说，“他留着一撮胡子，非常消瘦，看上去就像胡志明。”

当然，如果仅仅以貌取人，瓦伦丁也不可能成为硅谷的顶尖投资者。让他烦恼的是，乔布斯对市场营销一窍不通，而且满足于到各个电子商店挨家叫卖这种销售模式。“如果你想要我给你投资的话，”瓦伦丁告诉他，“你必须找一个合作伙伴，这个人要了解销售，还要能写商业计划书。”当有长者给乔布斯建议的时候，他有时候会愤怒，有时候又显得很热切，在瓦伦丁面前，他表现出的是后者。“给我三个推荐人选吧。”他回复说。瓦伦丁照做了，乔布斯见了这三个人，并与其中一个一拍即合——这个人叫迈克·马库拉，他在苹果公司未来 20 年的发展中扮演了关键的角色。

马库拉当时才 33 岁，但已经处于退休状态，之前他先后供职于仙童公司和英特尔，英特尔上市之后，他凭着股票期权赚了几百万美元。他是个谨慎又精明的人，作为高中时期的体操运动员，每步行动都力求精准，同时他还精于定价策略、销售网络、市场营销以及财务。在享受自己新赚来的财富时，尽管已经有所克制，但还是显得极尽奢华。他先是在太浩湖边给自己建了一座房子，之后又在伍德赛德的山区建了一座超大豪宅。他第一次去乔布斯的车库与其会面时，没有像瓦伦丁那样开深色奔驰，而是开着一辆锃亮的金色克尔维特（Corvette）敞篷车。“我到车库的时候，沃兹就在工作台边，他立刻就开始展示 Apple Ⅱ。”马库拉回忆说，“我没有太关心他们两个的长头发，而是被桌上的东西吸引了。头发什么时候都可以剪。”

乔布斯立刻就喜欢上了马库拉。“他个子不高，在英特尔的时候寻求晋升市场营销的最高职位遭遇过失败，我觉得这些都让他很想去证明自己。”他的正直和公正也给乔布斯留下了深刻的印象，“你可以看得出来，即便他有能力骗你，他也不会那么做。他有很强的道德意识。”沃兹尼亚克也对他印象颇佳。“我觉得他是世界上最好的人，”他说，“更棒的是，他真的很喜欢我们的产品！”

马库拉向乔布斯提议一起撰写商业计划书。“如果计划书很好，那我就投资，”马库拉说，“如果不好的话，你也免费得到了我好几个星期的时间。”乔布斯开始在傍晚拜访马库拉家，考虑各种方案，整夜整夜地谈话。“我们做了很多设想，比如有多少家庭会拥有个人电脑，好几个晚上我们都工作到凌晨 4 点。”乔布斯回忆说。最终，大部分的计划书是由马库拉完成的。“史蒂夫会说，我下次把这一部分带给你。但他一般都不能准时完成，所以只好我来做。”

马库拉的计划中设想了一些方法，来开拓业余爱好者以外的市场。“他谈到了将电脑带入寻常百姓家，推广到普通人当中，用来做一些诸如记录食谱、记账这样的事情。”沃兹回忆说。马库拉做了一个大胆的预测：“两年之后，我们就会成为一家《财富》500 强的公司。”他说，“这是一个产业的萌芽，十年一遇的机会。”苹果公司最终用了 7 年时间才跻身《财富》500 强，但马库拉的预言中蕴含的精神得到了证实。

马库拉成为拥有公司三分之一股权的合伙人，作为回报，他主动提出为公司提供高达 25 万美元的信用贷款。苹果成了股份有限公司，马库拉、乔布斯和沃兹尼亚克三人各持 26% 的股份，剩下的股份保留，用以吸引未来投资者。他们三个在马库拉家游泳池边的小屋会面，签订了协议。“我当时想，迈克也许再也见不到自己那 25 万美元了，我很钦佩他敢于承受这种风险。”乔布斯回忆道。

这时候有必要说服沃兹尼亚克全职加入苹果公司了。“为什么我不能一边在这里工作，一边保留惠普的职位作为我的铁饭碗呢？”沃兹问道。马库拉说这样是行不通的，他给了沃兹几天时间做决定。“创办一家公司，我觉得很不安稳，因为这就意味着我要督促周围的人去做事，还要对他们加以控制。”沃兹回忆说，“很久之前我就决定了，我永远都不想当发号施令的人。”于是他跑到马库拉的小屋，宣布自己不会离开惠普。

马库拉耸了耸肩，说好吧，但乔布斯非常沮丧。他给沃兹打电话，对他好言相劝，还让朋友帮忙去说服沃兹。他又哭又叫，大发雷霆，甚至还跑到沃兹的父母家，痛哭流涕，寻求杰里·沃兹尼亚克的帮助。这时候沃兹的父亲意识到，利用 Apple Ⅱ 真的可以狠狠赚上一大笔，于是他站到了乔布斯这边。"不管是在公司还是在家，我开始接到父母、兄弟和很多朋友打来的电话，"沃兹回忆说，"他们每个人都跟我说，我的决定是错误的。"但这些没有起到丝毫作用。接着，艾伦·鲍姆——高中时代巴克鱼苗俱乐部的好友——给他打电话了。"你真的应该放手一搏。"艾伦说。他说如果沃兹全职加入了苹果，并不一定非要进入管理层，还可以继续当工程师。"那正是我想听到的，"沃兹尼亚克说，"我可以待在组织架构的最底层，当一名普通的工程师。"他给乔布斯打电话，告诉他，自己准备好入伙了。

1977 年 1 月 3 日，新的公司——苹果电脑有限公司——正式成立了，它买断了 9 个月前乔布斯和沃兹成立的旧公司的全部股权。几乎没有人注意到这一点。那个月，家酿计算机俱乐部在会员中做了一次调查，发现在 181 名拥有个人电脑的人中，只有 6 个人拥有苹果的产品。但是，乔布斯深信不疑，Apple Ⅱ 会改变这一局面。

对乔布斯来说，马库拉是一个父亲般的人物。他像乔布斯的养父一样，迁就他的强烈意愿，但最终像他的生父一样抛弃了他。风险投资人亚瑟·罗克（Arthur Rock）说："马库拉和史蒂夫之间就是一种父子关系。"马库拉开始向乔布斯传授市场和销售方面的经验。"迈克真的非常照顾我，"乔布斯说，"他的观念与我也十分一致。他强调说，你永远不该怀着赚钱的目的去创办一家公司。你的目标应该是做出让你自己深信不疑的产品，创办一家生命力很强的公司。"

马库拉把自己的原则写在了一页纸上，标题为"苹果营销哲学"，其中强调了三点。第一点是**共鸣**（empathy），就是紧密结合顾客的感受。"我们要比其他任何公司都更好地理解使用者的需求。"第二点是

专注（focus）。“为了做好我们决定做的事情，我们必须拒绝所有不重要的机会。”第三点也是同样重要的一点原则，有一个让人困惑的措辞：**灌输**（impute）。这涉及人们是如何根据一家公司或一个产品传达的信号来形成对它的判断。“人们确实会以貌取物，”他写道，“我们也许有最好的产品、最高的质量、最实用的软件等，如果我们用一种潦草马虎的方式来展示，顾客就会认为我们的产品也是潦草马虎的；如果我们以创新的、专业的方式展示产品，那么优质的形象也就被**灌输**到顾客的思想中了。”

在乔布斯的职业生涯中，他比任何一位商业领袖都更加了解消费者的需求，他聚焦于一系列核心产品，一直十分关注——有时甚至过度关注——营销策略、产品形象乃至包装的细节。“当你打开 iPhone 或者 iPad 的包装盒时，我们希望那种美妙的触觉体验可以为你在心中定下产品的基调。”他说，“这是迈克教我的。”

里吉斯·麦肯纳

新公司成立后的第一件事，就是要将硅谷杰出的公关人员里吉斯·麦肯纳（Regis McKenna）招至麾下。麦肯纳来自匹兹堡的一个工人大家庭，外表的魅力掩盖了他骨子里的冷酷坚韧。大学辍学的他曾先后供职于仙童公司和国家半导体公司，后来创办了自己的公关和广告公司。他有两项专长：一是把对他的客户进行独家专访的机会留给自己熟识的记者；二是策划令人难忘的广告方案，为诸如微芯片这样的产品提升品牌知名度。其中有为英特尔打造的一系列色彩绚烂的杂志广告，以疾驰的赛车和扑克筹码为主要元素，取代了以往枯燥的性能图表。这些引起了乔布斯的注意。他致电英特尔公司询问广告的设计方。他被告知了这样一个名字：里吉斯·麦肯纳。“我问他们里吉斯·麦肯纳是什么，”乔布斯回忆说，“他们告诉我是一个人的名字。”乔布斯打去了电话，却未能直接与麦肯纳通话。他的电话被转给了一个叫作弗兰克·伯奇（Frank Burge）的业务经理，此人只想把乔布斯打发走。之后，乔布斯几乎每天都会打电话过去。

最终伯奇同意了，驱车前往乔布斯的车库与之会面，他回忆起自己当时的想法：“天哪，这个人肯定是个怪胎。我跟这个小丑待在一起的时间越短越好，但是又不能显得无礼。”之后，当他见到邋里邋遢、不修边幅的乔布斯时，有两件事触动了他。“第一，他是个异常聪明的年轻人；第二，他侃侃而谈的东西我一句都听不懂。”

于是，乔布斯和沃兹尼亚克获邀去拜访“麦肯纳，本人”——他的名片上就是这么写的。这一次，一贯羞涩的沃兹尼亚克变成了刺儿头。麦肯纳瞥了一眼沃兹正在写的关于苹果公司的文章，提出文章的技术性太强，需要修改得生动一些。“我不想任何公关人员碰我的稿子。”沃兹恶狠狠地说。于是，麦肯纳让他们离开了自己的办公室。“但史蒂夫立刻给我打了电话，说他想再跟我见一面。”麦肯纳说，“这一次他是一个人来的，我们聊得很投机。”

麦肯纳让自己的团队为 Apple Ⅱ 设计宣传册。团队要做的第一件事就是换掉罗恩·韦恩设计的维多利亚木版画风格的华丽标识，因为它不符合麦肯纳色彩斑斓、活泼顽皮的广告风格。于是，艺术指导罗布·雅诺夫（Rob Janoff）被指派去设计一个全新的标识。“不要设计成可爱风格的。”乔布斯命令道。雅诺夫想出了两个版本，都是简单的苹果图标，一个是完整的苹果，另一个则是被咬了一口的苹果。第一个看上去太像樱桃了，于是乔布斯选择了第二个。乔布斯还挑选了另一个版本，其中的苹果由六种颜色的水平色条构成，在大地的绿色和天空的蓝色中间夹着另外四种炫丽的颜色，但这一版本的印刷费用也因此大大提高了。在宣传册顶端，麦肯纳放上了一句格言，这句话被普遍认为出自列奥纳多·达·芬奇，也成为乔布斯设计理念的决定性准则："至繁归于至简。"（Simplicity is the ultimate sophistication.）

首次盛大的产品发布会

Apple Ⅱ 的发布时间选在首届西海岸电脑展览会期间。该展会将于1977年4月在旧金山举办。展会的组织者是一名家酿计算机俱乐部的中坚会员——吉姆·沃伦（Jim Warren）。乔布斯在得到展会的信息之后立刻为苹果公司预定了一个展位。他想确保得到展厅最前端的位置，这样就可以用最盛大的方式来发布 Apple Ⅱ，于是他预先支付了5 000 美元，这让沃兹大感震惊。"史蒂夫认为这是我们的重要发布，"沃兹尼亚克说，"我们要让全世界知道，我们有很棒的电脑，我们是一家很棒的公司。"

这是马库拉的营销准则的一次实际应用：通过给人们留下深刻的印象，从而把你和产品的卓越品质"灌输"给他们，这是至关重要的一点，尤其是发布新产品的时候。因此，对苹果公司的展区位置，乔布斯下足了功夫。其他的参展商用的都是普通的桌子和硬纸板做的牌子。苹果则用上了盖着黑色天鹅绒的柜台，以及一大块背光式的有机玻璃，上面印着雅诺夫新设计的公司标识。他们展示的是仅有的三台 Apple Ⅱ 成品，但在周围堆满了空的包装箱，这样就显得他们拥有充足的存货。

送到展会的电脑箱子上都有细小的污点，这让乔布斯大为光火，他让为数不多的几名员工把这些污点都打磨掉。"灌输"工作甚至还扩展到了乔布斯和沃兹尼亚克的穿衣打扮上。马库拉让他们去见一个旧金山的裁缝，定做了三件套西装，但两人穿上之后显得有点儿滑稽，就好像小孩子穿着晚礼服一样。"马库拉解释了我们必须怎样盛装打扮，以怎样的形象登台亮相，以及怎样举手投足。”沃兹尼亚克回忆说。

这些努力是值得的。置于漂亮的米黄色箱子内的 Apple Ⅱ 显得既牢固结实又亲切友好，完全不像其他展台上那些镀着金属的丑陋机器或者干脆裸露的电路板。苹果在这次展会上接到 300 份订单，乔布斯还遇到了一个日本的纺织品制造商水岛聪（Mizushima Satoshi），后来此人成为苹果在日本的第一位经销商。

然而，华丽的服装和马库拉的谆谆教导都无法阻止闲不住的沃兹搞些恶作剧。他展示的一个程序会根据人们的姓氏来猜测国籍，然后冒出一些跟种族有关的笑话。他还自己印制并分发恶作剧的小册子，介绍一种新型的名叫“扎尔泰”（Zaltaire）的电脑，附上了各种从别的广告上抄来的夸张言辞，诸如“想象一辆有 5 个轮子的汽车……”乔布斯轻易地信以为真，甚至还因为 Apple Ⅱ 在和扎尔泰的对比中不相上下而颇感自豪。直到 8 年后，沃兹将一份镶了框的宣传册送给乔布斯做生日礼物，他才意识到当年是谁制造了这场闹剧。

迈克·斯科特

苹果现在是一家真正的公司了，拥有一批员工，获得了信贷额度，每天都要承受来自顾客和供应商的压力。公司甚至最终搬出了乔布斯的车库，进驻库比蒂诺的史蒂文斯溪大道上租来的办公室——这里距离乔布斯和沃兹读高中的地方仅仅一英里。

乔布斯并没有从容地承担自己身上日益增加的责任。他一直都是喜怒无常、令人生厌的。还在雅达利公司的时候，他的行为招致自己被赶出办公室，只能上晚班，但在苹果公司，这是不可能的。“他变得越来越专横，批评人的话也越来越尖锐，”马库拉说，“他会告诉别人：‘那个设计看起来就是一坨狗屎。’”他对待沃兹尼亚克手下的年轻程序员兰迪·威金顿（Randy Wigginton）和克里斯·埃斯皮诺萨（Chris Espinosa）的方式尤为粗暴。“史蒂夫会走进来，很快地扫一眼我做的东西，然后告诉我那全是垃圾，而他根本就不知道我做的是什么，也不知道我为什么要做这个。”威金顿说道，他当时刚高中毕业。

乔布斯的个人卫生问题也依然存在。尽管各种证据摆在面前，但他还是坚信，他的素食习惯意味着他不需要使用香体剂，也不需要经常洗澡。“我们把他请出门外，让他去洗个澡，”马库拉说，“开会的时候还不得不看着他的脏脚。”有时候，为了缓解压力，乔布斯会把他的脚泡在马桶里，让同事们颇感不适。

马库拉不愿意再面对这些问题了，他决定聘请迈克·斯科特（Mike Scott）为公司的总裁，对乔布斯加以管束。马库拉和斯科特于1967年的同一天加入仙童公司，两人的办公室相邻，生日也是同一天，所以每年还一起庆祝生日。1977年2月，斯科特步入32岁，在他们的生日午餐上，马库拉邀请他成为苹果公司的新任总裁。

从履历上看，斯科特是个完美的人选。当时他正管理着国家半导体公司的一条生产线，身为管理者却充分了解工程学，这是他的一大优势。然而，他自身有一些问题。他超重，饱受痉挛和健康问题的折磨，神经高度紧张以至于闲逛的时候都会紧攥着拳头。他有时候还十分爱争辩。在跟乔布斯过招的时候，这可能是好事，也可能是坏事。

沃兹尼亚克十分赞成雇用斯科特。和马库拉一样，他也厌恶解决那些由乔布斯引起的矛盾。不出所料，乔布斯对这一决定十分抵触。“我当时才22岁，我知道自己还没做好准备管理一家真正的公司，”他说，“但苹果就是我的孩子，我不想放弃它。”失去控制权对他来说是异常痛苦的。在鲍勃的大男孩汉堡（Bob’s Big Boy hamburgers，沃兹最喜欢的餐厅）和美好地球餐厅（Good Earth restaurant，乔布斯的最爱）的午饭桌上，乔布斯就这个问题斗争了很久。最终，他极不情愿地同意了。

迈克·斯科特人称“斯科蒂”（以便将他和迈克·马库拉区别开），他有一个主要的职责：管住乔布斯。这一任务通常是在乔布斯喜欢的会面方式中进行的：一起散步。“我们第一次散步，我就告诉他要多洗澡，”斯科特回忆说，“他说，作为交换，我必须看他的关于果蔬饮食的书，并且将其视为减肥的一种方法。”斯科特一直没能接受果蔬饮食，也没减轻多少体重，而乔布斯在个人卫生问题上也只是做了一点小小的改变。“史蒂夫坚持每周只洗一次澡，他坚信，只要自己还在坚持果蔬饮食，一周洗一次就足够了。”斯科特说。

乔布斯喜欢控制别人，不喜欢被控制，但斯科特就是过来管束他的，这注定会成为他跟斯科特之间的一个问题，尤其是当乔布斯发现斯科特是少数几个不会屈服于他的意志的人之一时。“史蒂夫跟我之间的问题就是，我们谁更顽固。这可是我的强项。”斯科特说，“他必须受到管制，但他显然不喜欢那样。”正如乔布斯后来所说：“我朝斯科蒂吼的次数是最多的。”

早期的一次争议出现在员工编号的分配问题上。斯科特把“1号”给了沃兹，“2号”给了乔布斯。不出所料，乔布斯要求当“1号”。斯科特说：“我不会让他得逞的，那样只会让他更加自负。”乔布斯大发脾气，甚至痛哭流涕。最终，他提出了一个解决方案：他想要当“0号”。斯科特在员工编号这件事上妥协了，但美国银行的工资系统中要求员工编号必须是正整数，所以乔布斯还是“2号”。

除了个人性格外，两人之间还有更加实质性的分歧。杰伊·埃利奥特（Jay Elliot）有一次在餐厅偶遇乔布斯，继而被苹果公司雇用，他注意到了乔布斯的显著特点：“他的执着是一种对产品的激情，对于完美产品的激情。”而迈克·斯科特从不会让对完美的追求凌驾于产品的实用性之上，Apple II 机箱的设计便是例证之一。苹果曾经在潘通公司（Pantone Company）的帮助下确定所用塑料的颜色，该公司有超过 2 000 种不同的米黄色。“没有一种能让史蒂夫满意，”斯科特对此感到十分惊讶，“他想要创造一种全新的颜色，我不得不阻止他。”在调整机箱设计的过程中，乔布斯花了好几天时间，苦苦思索边角应该多圆润。“我根本不关心它到底多圆润，”斯科特说，“我只想赶快确定下来。”另一场争论是关于工程师使用的工作台。斯科特想要标准的灰色，而乔布斯坚持要定制纯白色的。这一切最终导致两人在马库拉面前摊牌，争夺采购订单的签署权。马库拉站在了斯科特这一边。乔布斯还坚持要改变对待顾客的方式。他想让 Apple Ⅱ 有一年的保修期。这个想法让斯科特目瞪口呆，因为保修期一般只有 90 天。在他们对此问题的一次争论中，乔布斯又一次潸然泪下。他们在停车场散步以平复心情，斯科特再次屈服了。

沃兹尼亚克开始反感乔布斯的处事风格。沃兹说：“史蒂夫对别人太苛刻了。我想让我们公司像一个大家庭一样，大家都能愉快工作，分享自己的劳动成果。”而乔布斯则觉得，沃兹尼亚克就是个长不大的孩子。“他非常幼稚，”乔布斯说，“他开发出了一个很棒的 BASIC 版本，但之后就是没能认真编写我们需要的浮点 BASIC，最后我们不得不和微软做交易。他太不专注了。”

但性格上的冲突暂时还没有到失控的地步，主要是因为公司的运营状况不错。身为一名分析师，本·罗森（Ben Rosen）撰写的通讯报道对科技界产生了深远的影响，他也成了 Apple Ⅱ 的热情歌颂者。一名独立开发者编写出了第一款供个人电脑使用的电子制表和个人财务程序 VisiCalc，在一段时间内，这款程序只能在 Apple Ⅱ 上运行，这使得 Apple Ⅱ 成了企业和家庭有理由购买的一样产品。公司开始吸引有影响力的新投资者。风险投资界的先驱亚瑟·罗克第一次见到马库拉派来的乔布斯时并未被他打动。“他看起来好像刚从印度见完导师回来，”罗克回忆说，“闻起来也是。”但在仔细考察了 Apple Ⅱ之后，罗克投资了，并且加入了苹果的董事会。

在接下来的 16 年中，各种型号的 Apple Ⅱ共售出了接近 600 万台。相比其他电脑，Apple Ⅱ真正开创了个人电脑产业。沃兹尼亚克理应得到历史的铭记，因为是他设计出了 Apple Ⅱ中令人赞叹的电路板和相关的操作软件，这是 20 世纪最伟大的个人发明之一。但是，是乔布斯把沃兹的电路板整合成了一台完美的机器，加上了电源和漂亮的箱子，也是他创办了这家依靠沃兹的电脑而迅速崛起的公司。正如里吉斯 · 麦肯纳后来说的：“沃兹设计出了一台伟大的机器，但如果没有史蒂夫 · 乔布斯的话，这台机器到今天还只能陈列在业余爱好者的商店里。”尽管如此，大多数人还是将 Apple Ⅱ看作沃兹尼亚克的发明。这激励着乔布斯去追求下一次伟大的革新——属于他自己的革新。

第七章　克里斯安和莉萨

被遗弃者……

乔布斯高中毕业那年的夏天，他和克里斯安·布伦南开始同居，从那之后，布伦南就在乔布斯的生活中进进出出。1974年，乔布斯从印度回来之后，两人在罗伯特·弗里德兰的农场度过了一段时光。“史蒂夫邀请我去那儿的，那时候我们年轻、自由、无忧无虑。”她回忆说，“那里有一种能量注入我心中。”

在他们搬回洛斯阿尔托斯之后，两人的关系基本上变成了普通朋友。乔布斯住在家中，在雅达利上班；布伦南住在一间小公寓里，很多时间都待在乙川弘文的禅宗中心。到1975年年初，她开始跟两人共同的朋友格雷格·卡尔霍恩（Greg Calhoun）交往。“她跟格雷格交往，但偶尔又会回到史蒂夫身边。”伊丽莎白·霍姆斯回忆说，“这种现象当时在我们中间很正常。我们的约会对象都是换来换去的，毕竟是70年代。”

卡尔霍恩和乔布斯、弗里德兰、科特基以及霍姆斯一起就读于里德学院。与其他人一样，他也深深沉迷于东方精神。中途退学后，他加入了弗里德兰的农场。在那里，他找到一个8英尺宽、20英尺长的鸡舍，将它放置在一堆煤渣砖上，又在笼子里搭了个卧铺，就这样把它改造成了一处小房子。之后他就住了进去。1975年春天，布伦南搬进鸡舍与卡尔霍恩同住，第二年，他们决定去印度进行自己的朝圣之旅。乔布斯建议卡尔霍恩不要带布伦南同去，说她会妨碍他的精神探索，但最终两人还是一同前往了。她说：“史蒂夫的印度之旅深深触动了我，让我想亲身去体验一番。”

这是一段非常虔诚的旅程，从1976年3月开始，持续了将近一年。他们一度用光了所有的钱，于是卡尔霍恩搭便车去了伊朗，在德黑兰教英语。布伦南则待在印度。卡尔霍恩的教学工作结束之后，他们分别搭便车前往阿富汗会合。那时候的世界是另外一个样子。

一段时间后，两人的关系破裂了，他们从印度返回的时候也没有同行。到 1977 年夏天，布伦南又搬回了洛斯阿尔托斯，在乙川弘文的禅宗中心的空地上搭帐篷生活了一段时间。这时候乔布斯已经搬出了父母的房子，和丹尼尔·科特基一起，在库比蒂诺的城郊租下了一间月租金 600 美元的房子。那是一个奇怪的场景：两个自由奔放的嬉皮士住在一栋被他们称为“郊区牧场”的房子里。“房子有 4 间卧室，我们有时候会把其中一间租给各种各样疯狂的人，有一段时间还租给了一个脱衣舞女。”乔布斯回忆道。科特基不明白乔布斯为什么不自己买套房子，因为当时他已经有那个经济实力了。“我觉得他是想有个伴儿吧。”科特基推测。

尽管布伦南与乔布斯的关系断断续续，但她很快也搬进了他们的房子。这样一来，房间的分配问题就成了一出闹剧。房子分成两个大房间和两个小房间。毫无疑问，乔布斯霸占了最大的一个房间，而布伦南（既然她并没有和史蒂夫同居）搬进了另一个大房间。“剩下的两个房间小得像是给婴儿住的，我一个都不想要，于是我就搬进了客厅，睡在一块泡沫垫子上。”科特基说。他们把一个小房间变成了冥想和服迷幻药的地方，就像他们在里德学院的时候在阁楼上开辟的那块空间。房间里堆满了苹果电脑包装箱里用的泡沫填充物。“邻居家的小孩经常会过来玩，我们就把孩子们往泡沫上扔，非常有意思，”科特基说，“但后来克里斯安带了几只猫回来，它们会往泡沫上撒尿，于是我们只能把泡沫全扔掉了。”

同住一个屋檐下，克里斯安·布伦南和乔布斯有时候会激情重燃。几个月后，她怀孕了。“在我怀孕前，史蒂夫和我的关系已经断断续续维持了 5 年，”她说，“我们不知道怎样在一起，也不知道怎样分开。”1977 年的感恩节，格雷格·卡尔霍恩搭便车从科罗拉多州来拜访他们，布伦南把怀孕的事情告诉了他。她说：“之前史蒂夫和我复合了，现在我怀孕了，但我们的关系又开始时断时续，我不知道该怎么办。”

卡尔霍恩注意到，乔布斯对此毫不关心。他甚至还想劝说卡尔霍恩留下来和他们住在一起，然后去苹果公司工作。“史蒂夫根本不管克里斯安和她怀孕的事情。”他说，“他有时候会非常关心你，但之后又完全不管不顾。他的性格中有一面冷漠得吓人。”

当乔布斯不想为一件事情分散注意力的时候，他就会完全忽略它，就好像此事完全不存在一样。有时候，他不仅能对别人扭曲现实，甚至也能对自己扭曲现实。在布伦南怀孕这件事上，他就简单地让自己置身事外。遭到质问的时候，他就说并不知道自己是孩子的父亲，尽管他承认自己和布伦南上过床。“我不确定那就是我的孩子，因为我确信跟她上过床的不只我一个人。”他后来告诉我，“她怀孕的时候，我们俩都不算是真正在交往。她不过是住在我们的房子里而已。”布伦南确定孩子就是乔布斯的。那段时期她没有跟格雷格或其他男人有过交往。

他是在欺骗自己呢，还是真的不知道自己就是孩子的父亲？“我认为他就是不愿去想这事儿或承担责任。”科特基猜测。伊丽莎白·霍姆斯同意这一说法。“他考虑过到底要不要承担起一个父亲的责任，但最终还是决定放弃。他对人生有其他规划。”

结婚自然更不用考虑。“我知道她不是我想娶的那个人，我们在一起不会快乐，婚姻也不会维系太久，”乔布斯后来说，“我希望她能把孩子流掉，但她有些不知所措。她反复思考之后，打算留下孩子，其实我也不知道她的决定到底是怎样的——我想是时间替她做出了决定吧。”布伦南告诉我，留下孩子是她自己的选择：“他说他赞成堕胎，但并没有逼迫我。”有趣的是，鉴于自己的身世，乔布斯却坚决反对一种做法，布伦南说：“他强烈反对我把孩子送人领养。”

还有一个很讽刺的巧合。乔布斯和布伦南当时都是 23 岁，而乔安妮·席贝尔和阿卜杜勒法塔赫·钱德里也是在23岁时有了乔布斯。乔布斯还没有找自己的亲生父母，但他已经从养父母那里知道了一些情况。“那时候我并不知道年龄上的巧合，所以它没有影响到我和克里斯安对此事的讨论。”他后来说。他否认自己沿袭了生父在23岁那年逃避现实和责任的行事风格，但承认这个颇为讽刺的巧合让他十分震惊。“当我发现乔安妮也是23岁怀上我的时候，我想——天哪！”

乔布斯和布伦南之间的关系急速恶化。“克里斯安会摆出一副受害者的姿态，说史蒂夫和我联合起来对付她，”科特基回忆说，“史蒂夫就会笑笑，并不把她当回事儿。”布伦南后来也承认，自己当时情绪不是很稳定。她开始摔盘子、扔东西、在家里乱丢垃圾，还用炭笔在墙上写些粗俗的话。她说乔布斯的麻木不仁不断激怒着她。“他是个性格明朗的人，但十分冷酷，真是很奇怪的性格组合。”科特基被夹在了两人中间。“丹尼尔不是个无情的人，他是受到了史蒂夫行为的影响，”布伦南说，“他有时候会对我说‘史蒂夫对待你的方式不对’，但也会和史蒂夫一起嘲笑我。”

罗伯特·弗里德兰拯救了她。“他听说我怀孕了，就让我立刻到农场去，在那儿把孩子生下来，”她回忆说，“我于是去了。”伊丽莎白·霍姆斯和其他朋友当时还住在农场里，他们找了一个俄勒冈州的助产士来帮她接生。1978年5月17日，布伦南产下了一个女婴。三天之后，乔布斯飞到农场看望他们，顺便帮孩子起名。公社里的惯例是给孩子起一个带有东方精神的名字，但乔布斯认为孩子是在美国出生的，坚持要给她起一个符合美国文化的名字。布伦南也同意这点。他们给她起名莉萨·妮科尔·布伦南（Lisa Nicole Brennan），并没有让她随乔布斯的姓，之后乔布斯就返回苹果公司上班去了。布伦南说：“他不想和孩子或者我扯上任何关系。”

她和莉萨搬到了门洛帕克，住在一户人家后面又小又破的房子里。

因为布伦南觉得自己没有能力打官司争取抚养费，所以她们母女靠政府救济金生活。最终，圣马特奥县起诉了乔布斯，试图证明他和孩子的亲子关系，并让他承担经济责任。起初，乔布斯下定决心把这场官司打到底。他的律师们想让科特基作证，称自己从未见过他们上床，同时他们还想搜集证据，以证明布伦南当时还跟别的男人发生过关系。“我曾经在电话里对史蒂夫吼道：‘你知道那不是真的。’”布伦南回忆道，“他想让我带着孩子出现在法庭上，然后证明我是个荡妇，任何人都可能是孩子的父亲。”

莉萨出生一年之后，乔布斯同意进行亲子鉴定。布伦南一家对此感到很吃惊，但乔布斯知道，苹果公司即将上市，最好在此之前把事情解决掉。DNA测试在当时还是新鲜事物，乔布斯在加州大学洛杉矶分校进行了测试。“我曾经看到过关于DNA测试的介绍，我很乐意进行测试，把事情搞清楚。”他说。结果是决定性的。报告显示：“亲子关系的可能性是94.41%。”加州法院判决乔布斯开始支付每月385美元的抚养费，签署协议承认亲子关系，并偿还5 856美元的政府救济金。他享有探视权，但很长一段时间内，他并没有行使这项权利。

即便法院已经做出了判决，乔布斯有时还是会歪曲事实。“他最后在董事会上把整件事告诉了大家，”亚瑟·罗克回忆道，“但他一直坚称，他不是孩子父亲的概率非常大。他有点儿妄想。”他告诉《时代》杂志的记者迈克尔·莫里茨（Michael Moritz），只要分析一下数据，就会发现“全美国28%的男性都有可能是孩子的爸爸”。这种论断不但是错误的，还是荒谬可笑的。更糟糕的是，后来克里斯安·布伦南听说了乔布斯的言论，她误以为乔布斯是在夸张地形容她可能跟全美国28%的男人上过床。“他就是想把我描绘成一个荡妇，”她回忆说，“他在我身上打上荡妇的标签，这样他就不用负责任了。”

多年以后，乔布斯对自己当时的表现十分懊悔，平生罕见地承认了如下事实：

> 我真希望当时以另一种方式处理整件事情。那时候我还没有准备好做一个父亲，所以没有勇敢地面对。但是当亲子鉴定结果显示她是我女儿的时候，我绝没有怀疑过。我同意提供她的抚养费直到她 18 岁，还给了克里斯安一笔钱。我在帕洛奥图找了一处房子，装修好，然后让她们免费住在里面。她母亲送她去最好的学校读书，费用也是由我来承担的。我努力把事情做好。但如果让我重来一次的话，我肯定会做得更好。

这场官司结束之后，乔布斯继续着自己的生活，尽管没有脱胎换骨，但在有些方面，他确实成熟了许多。他戒掉了迷幻药，不再奉行严格的素食主义，也减少了花在禅修上的时间。他开始剪时髦的发型，到旧金山的高档服装店威尔克斯·巴什福德（Wilkes Bashford）购置西装和衬衫。他还和里吉斯·麦肯纳的一名员工开始了一段正式的恋爱关系，这个女人名叫巴巴拉·亚辛斯基（Barbara Jasinski），是一个有波利尼西亚和波兰血统的美女。

当然，乔布斯的骨子里还留有几分孩子般的叛逆。他和亚辛斯基、科特基三人喜欢到斯坦福大学附近的 280 号州际公路边的费尔特湖里裸泳，乔布斯还买了一辆 1966 年产的宝马 R60/2 摩托车，在车把上挂上了橙色流苏。他还是很惹人讨厌。他瞧不起餐厅里的女侍者，经常把食物退回并称之为“垃圾”。1979 年，在公司的第一次万圣节派对上，他穿上袍子扮成了耶稣基督，自认为这是带有些许讽刺意味的有趣行为，却招致诸多白眼。即使在他刚刚开始的居家生活中，他也表现出一些怪癖。他在洛斯加托斯山区买下了一间不错的房子，在家中布置了一幅马克斯菲尔德·帕里什（Maxfield Parrish）的画、一台博朗（Braun）咖啡机和双立人刀具。但由于他在挑选家具的时候太过挑剔，家中大多数地方还是空的，没有床，没有椅子，也没有沙发。在他的卧室里，中间放着一张床垫，旁边有镶在相框中的爱因斯坦和马哈拉杰－吉的照片，地上还有一台 Apple Ⅱ。

图形用户界面

一个新孩子

Apple Ⅱ的问世把苹果公司从乔布斯家的车库推向了一个新兴产业的顶峰。它的销量急剧上升，从1977年的2 500台猛增到1981年的21万台，但是乔布斯并没有满足。Apple Ⅱ不可能长盛不衰，而且他知道，无论自己如何从电源线到机箱对其进行包装，人们永远都只会将它视为沃兹尼亚克的杰作。他需要一台属于自己的电脑。不仅如此，用他自己的话说，他需要一件在宇宙中留下印迹的作品。

最初，他希望Apple Ⅲ能承担这个角色。Apple Ⅲ内存更大，屏幕可以一行显示80个字符（而不是40个），并且能区分大小写字母。沉浸在对工业设计的狂热中的乔布斯，严格限定了机箱的尺寸和形状，并拒绝任何人对其进行修改，即便是在工程师往电路板上增加了更多的部件之后。其结果是附加的小电路板因连接不稳定而频繁失灵。1980年5月，Apple Ⅲ上市，但销量惨淡。工程师兰迪·威金顿总结道："Apple Ⅲ有点儿像集体狂欢时怀上的孩子，事后大家都头疼得厉害，至于这个野孩子，人人都说不是自己的。"

那个时候，乔布斯已经疏远了Apple Ⅲ项目，正焦急地想办法创造出更加与众不同的东西。起初他想过用触摸屏，但后来又泄气了。一次触摸屏技术的演示会上，他迟到了，坐立不安地待了一会儿，然后突然打断了正在演示的工程师，很无礼地说了句"谢谢你们"。工程师们被他弄糊涂了。"你想要我们离开吗？"其中一个问道。乔布斯说是的，然后就痛斥同事们浪费了他的时间。

之后，他和苹果公司从惠普雇来了两名工程师，设计一台全新的电脑。乔布斯为新电脑挑选的名字能让最迟钝的精神病医生也闻之一怔，随后恍然大悟：莉萨（Lisa）。其他电脑也有以设计者女儿的名字命名的，但是莉萨是被乔布斯抛弃的女儿，他甚至还没有完全承认那孩子是自己的。“他这么做也许是出于内疚吧。”安德烈娅·坎宁安（Andrea Cunningham）说，她当时供职于里吉斯·麦肯纳公司，负责莉萨项目的公关事务。“我们要把莉萨视为一个缩略词，想出和它对应的一句短语。这样就可以宣称这不是以乔布斯女儿的名字来命名的。”他们把这个缩写逆推，得到了“本地集成系统架构”（Local Integrated Systems Architecture），尽管这个短语毫无意义，它还是成了莉萨这个名字的官方解释。工程师们私下把这个名字解释为“莉萨：编造的愚蠢缩写”（Lisa: Invented Stupid Acronym）。多年以后，当我向乔布斯问起这个名字的时候，他坦率地承认：“这很显然是以我女儿的名字命名的。”

莉萨被定位成一台售价 2 000 美元的电脑，采用 16 位微处理器，取代了 Apple Ⅱ 上使用的 8 位微处理器。沃兹当时仍在 Apple Ⅱ 项目中埋头苦干，因为缺少了他的才华，工程师们开始制造一台中规中矩的电脑，它使用传统的文本显示，也无法释放微处理器的强大性能去完成激动人心的任务。这款产品日渐显现出它的平庸，乔布斯逐渐失去耐心。

然而，有一名叫比尔·阿特金森（Bill Atkinson）的程序员给这个项目注入了一些活力。他是神经系统科学专业的博士生，也尝试过不少迷幻剂。最初受邀加入苹果时，他拒绝了。但是后来苹果公司给他寄去一张不可退票的机票，于是他决定用上这张机票，让乔布斯设法说服他。“我们正在创造未来。”在长达三个小时的劝说接近尾声时，乔布斯表示，“想象一下在海浪的最前端冲浪是什么感觉，一定很兴奋刺激吧；再想象一下在浪的末尾学狗刨游泳，一点儿意思都没有。来苹果吧，你可以吸引全世界的目光。”于是，阿特金森入伙了。

蓬松的头发和长长的胡子并不能掩盖阿特金森脸上的活力，他拥有沃兹的创造天赋和乔布斯追求卓越产品的热情。他的第一份工作是开发一个程序，该程序可以自动拨打道琼斯的服务热线，获取报价，然后挂断电话，以此来追踪股票投资组合。"我必须尽快完成，因为一本杂志刊登的 Apple Ⅱ广告上出现了这样的场景：丈夫在厨房的餐桌旁盯着满是股价图表的 Apple Ⅱ屏幕，而妻子正对着他微笑。但实际上根本就没有这样的程序，所以我必须创造一个。"接下来他又成功地将Pascal语言移植到Apple Ⅱ上，这是一种高级编程语言。乔布斯起初很抵制Pascal，因为他觉得Apple Ⅱ有BASIC就足够了，但他告诉阿特金森："既然你对这个有这么大的热情，我就给你6天时间来证明我是错的。"阿特金森做到了，从此乔布斯对他很是尊敬。

到1979年的秋天，Apple Ⅱ的潜在继任者已经有了三种机型。有命运凄惨的Apple Ⅲ，还有已经开始让乔布斯失望的莉萨项目，另外一个是乔布斯当时还不知道的一个小项目。这个项目致力于制造一款廉价的电脑，研发代号为"安妮"（Annie），开发者名叫杰夫·拉斯金（Jef Raskin），他曾是位教授，还教过比尔·阿特金森。拉斯金的目标是制造价格低廉的、就像家用电器一样的"大众电脑"——整合了电脑、键盘、显示器和软件的全功能设备——并且拥有图形界面。他试图让苹果的同事们关注一家优秀的研究中心，这家研究中心就坐落在帕洛奥图，是图形界面技术的先驱。

施乐PARC

施乐公司的帕洛奥图研究中心（Palo Alto Research Center）常被叫作"施乐PARC"，它成立于1970年，目的是为数字领域的创想提供成长环境。这里距离康涅狄格州的施乐公司总部3 000英里，无论是好是坏，这里都脱离了总部的商业压力。在这里工作的诸多梦想家中，有一位叫艾伦·凯（Alan Kay）的科学家，他的两句格言深得乔布斯认同：“预见未来最好的方式就是亲手创造未来”（The best way to predict the future is to invent it）以及“对待软件严肃认真的人，应该制造自己专属的硬件”（People who are serious about software should make their own hardware）。凯提出了小型个人电脑的理念，他称之为“动态笔记本”（Dynabook），使用简便，即便是小孩也能轻松操作。于是，施乐PARC的工程师们开始研发友好的用户图形界面，以取代电脑屏幕上那些拒人于千里之外的命令行和DOS提示符。他们想到，可以把桌面的概念应用到屏幕上。屏幕上会有很多文件和文件夹，用户可以移动鼠标来点击自己想要使用的内容。

图形用户界面（英文缩写为GUI）的发展，也受到了当时施乐PARC另一个先锋概念——“位图显示”——的推动。那个时候，大多数电脑还是基于字符的。你在键盘上输入一个字符，计算机就会在屏幕上显示那个字符，通常是荧光绿色的字符衬上深色的背景。因为字母、数字和符号的数量是有限的，所以这样的显示方式并不需要大量的电脑代码或是很强的处理器性能。位图显示则相反，屏幕上的每一个像素都是由电脑内存控制的。要在屏幕上显示某些内容——比如一个字母，电脑就要控制每个像素的明暗，如果是彩色显示的话，则要控制每个像素的颜色。这会占用大量的系统资源，但是能够支持炫丽的图像、字体和惊人的显示效果。

施乐PARC开发的电脑样机（比如“奥图”电脑）采用了位图显示和图形界面，面向对象的编程语言Smalltalk也是如此。杰夫·拉斯金认为这些特性是电脑产业的未来，于是他开始催促乔布斯和苹果的其他同事去施乐PARC考察一番。

拉斯金却遇到了麻烦。乔布斯认为他是个让人难以忍受的理论家，用乔布斯的原话来说，就是个“糟糕透顶的白痴”。因此，拉斯金只好找来自己的朋友阿特金森，让他去说服乔布斯关注一下施乐PARC

的研究进展，因为在乔布斯“不是天才就是白痴”的分类中，阿特金森是属于天才这一边的。拉斯金不知道的是，乔布斯正在进行一项更为复杂的交易。施乐的风险投资部门想要参与苹果公司在 1979 年夏天进行的第二轮融资。乔布斯开出了条件：“如果你们愿意揭开施乐 PARC 的神秘面纱，我就同意你们投资 100 万美元。”施乐公司接受了，同意向苹果展示其新技术；作为回报，他们能以每股 10 美元的价格购买 10 万股苹果公司的股票。

一年之后，苹果公司上市了，施乐花 100 万美元购买的股票已经价值 1 760 万美元，但在这场交易中，苹果公司获益更多。乔布斯和同事们在 1979 年 12 月参观了施乐 PARC 的技术成果，但乔布斯觉得自己看到的并不是全部，于是几天之后又得到了一次更加全面的展示。拉里 · 特斯勒（Larry Tesler）是奉命进行展示的施乐科学家之一，他对有机会展示自己的工作成果非常兴奋，因为这些从来都得不到远在东部的老板们的赏识。但另一名展示者，阿黛尔 · 戈德堡（Adele Goldberg），对于公司愿意把自己最宝贵的科研成果拱手示人感到震惊。“那么做是无比愚蠢、彻底疯狂的，我想尽办法，阻止乔布斯获取太多信息。”她说道。

第一次展示会上，戈德堡得逞了。乔布斯、拉斯金以及莉萨团队的负责人约翰 · 库奇（John Couch）被带到大厅，在那里，一台施乐的“奥图”电脑已经准备就绪。“只给他们展示了很有限的几个应用，最主要的是一个文字处理程序。”戈德堡回忆说。乔布斯并不满意，他致电施乐总部，要求得到更多信息。

于是，几天之后，他又一次造访了施乐 PARC，这次他带来了一个更为庞大的团队，包括比尔 · 阿特金森和曾经在施乐 PARC 工作过的苹果程序员布鲁斯 · 霍恩（Bruce Horn）。这两个人都知道该寻找什么。戈德堡说：“我上班后，发现公司里很喧闹，有人告诉我，乔布斯和他的一群程序员正在会议室里。”施乐的一名工程师在展示那个文字处理程序的更多细节，想以此应付他们。但乔布斯越来越不耐烦了，他不停地喊：“别说这狗屁玩意儿了！”施乐的几个人聚在一起商量了一下，决定向乔布斯展示部分核心技术，但仅仅是一点点。他们同意特斯勒展示一下编程语言 Smalltalk，但只能展示“非机密”版本。“这就足够让他眼花缭乱了，他不会知道我们还有机密部分的。”团队负责人这么告诉戈德堡。

但他们错了。阿特金森和其他人都读过施乐 PARC 发表的论文，所以他们知道自己并没有得到全部信息。乔布斯给施乐风投部门的负责人打电话抱怨，远在康涅狄格的公司总部立刻打来了电话，命令施乐 PARC 向乔布斯和他的团队展示全部成果。戈德堡愤然离场。

当特斯勒真正开始展示全部的成果时，苹果的一群人都惊呆了。阿特金森盯着屏幕检查每个像素，他靠得如此之近，以至于特斯勒都能感觉到他呼出来的气扑到自己脖子上。乔布斯跳了起来，兴奋地挥舞着胳膊。“他跳来跳去的，我都不知道他有没有看清楚整个演示，但事实证明他是看到了的，因为他不停问问题。”特斯勒说，“我每展示一部分，他都会发出惊叹。”乔布斯反复说自己不敢相信施乐还没有把这项技术商业化。“你们就坐在一座金矿上啊，”他叫道，“我真不敢相信，施乐竟然没有好好利用这项技术。”

Smalltalk 的演示展现了三项惊人的成果。第一项是电脑之间如何实现联网，第二项是面向对象编程是如何工作的。但乔布斯和他的团队对这些并不感兴趣，因为他们的注意力完全被图形界面和位图显示屏幕吸引了。“仿佛蒙在我眼睛上的纱布被揭去了一样，”乔布斯后来回忆，“我看到了计算机产业的未来。”

历时两个多小时的施乐 PARC 会面结束之后，乔布斯开车带着比尔·阿特金森返回位于库比蒂诺的苹果公司。他车开得很快，思维转动得很快，嘴上说得也很快。“就是它了！”他喊道，把每个字都说得铿锵有力，“我们要把它变成现实！”这是他一直以来寻找的突破：将电脑推广到普通人家，让人们享受到埃奇勒建造的房屋一般美好又廉价的设计，以及厨房电器一般的简易操作。

“实现这个目标需要多久？”乔布斯问。

“我不确定，”阿特金森回答，“也许6个月吧。”这个预测过于乐观了，但也激发了大家的动力。

“伟大的艺术家窃取灵感”

苹果公司对施乐PARC的这次技术盗窃，有时被形容为工业史上最严重的抢劫行为之一。乔布斯偶尔也会骄傲地承认这一说法。“归根结底，我们只是想尽量了解有史以来最棒的发明，然后将它运用到我们正在做的事情中。”他有一次说，“毕加索不是说过吗？‘好的艺术家抄袭创意，伟大的艺术家窃取灵感。’在窃取伟大的灵感这方面，我们一直都是厚颜无耻的。”

乔布斯认同的另一个说法是，与其说是苹果公司实施了抢劫，不如说是施乐公司自己酿下了苦果。“他们就是一帮白痴，根本没有意识到电脑的巨大潜力。”他如此形容施乐的管理层，“在这场计算机产业最伟大的胜利中，他们被打败了。施乐本可以称霸整个计算机产业的。”

以上两种说法都有道理，但并不能说明全部问题。如同T.S.艾略特（T. S. Eliot）所说的：概念与产物之间投射着一道影子。在创新的过程中，新颖的想法只是一部分，具体执行也同样重要。

乔布斯和他的工程师们对在施乐PARC看到的图形界面技术进行了巨大改进，然后又将技术付诸实践，而施乐公司永远无法实现。比如说，施乐的鼠标有三个按键，结构复杂，每只造价 300 美元，移动不够平滑。乔布斯在第二次造访施乐 PARC 之后没几天，就找到了 IDEO（一家当地的工业设计公司），他告诉该公司的创始人之一迪安·霍维（Dean Hovey），自己想要一种简单的、只有一个按键的、造价只要 15 美元的鼠标，“而且它要能在塑料面板和我的牛仔裤上正常使用”。霍维答应了。

得到提升的并不仅仅是细节，还有整个概念。施乐 PARC 的鼠标并不能用来在屏幕上拖拽窗口，而在苹果工程师们设计出的界面上，用户不仅可以任意拖拽窗口和文件，还可以将它们拖到文件夹中。施乐的系统中，不管是调整窗口的大小还是更改文件的扩展名，用户都必须选择一条指令后才能执行操作。苹果的系统将桌面的概念转化为虚拟现实，允许用户直接触摸、操作、拖拽和移动文件。苹果的工程师和设计师每天都受到乔布斯的鞭策。他们协同工作，完善了桌面概念：添加了漂亮的图标和位于窗口顶端的下拉菜单，以及双击鼠标打开文件和文件夹的功能。

施乐的管理层并没有忽略他们的科学家在 PARC 创造出来的东西。事实上，他们的确尝试过利用这些研究成果——而这一过程恰恰证明了为什么好的执行力和杰出的创意同样重要。在苹果的莉萨和 Mac 问世之前，早在 1981 年，施乐就推出了他们的“施乐之星”（Xerox Star），这台电脑上运用了图形用户界面、鼠标、位图显示、窗口以及桌面概念。但它运行缓慢（保存稍大一点儿的文件就耗费数分钟），价格昂贵（零售价高达 16 595 美元），且主要瞄准的是计算机网络化的企业市场。它的销售情况十分不好，仅仅卖出去了三万台。

“施乐之星”刚刚发布，乔布斯和他的团队就去一家施乐经销商那里查看情况。但他觉得这台机器毫无价值，他告诉同事们根本犯不着花钱买一台。“我们都松了一口气，”他回忆说，“我们看得出来，施乐没能把产品做好，但我们可以，而且价格要便宜得多。”几个星期之后，乔布斯给“施乐之星”团队的一位硬件设计师鲍勃·贝尔维尔（Bob Belleville）去了电话。“你这一辈子做出来的东西都是垃圾，”乔布斯说，“干脆来为我工作吧。”贝尔维尔同意了，一起跳槽的还有拉里·特斯勒。

乔布斯十分兴奋，开始插手莉萨项目的日常管理，当时，该项目的负责人是曾经的惠普工程师约翰·库奇。乔布斯完全忽略了库奇的存在，直接与阿特金森和特斯勒通气，灌输自己的想法，尤其是关于莉萨的图形界面设计。“他会在任何时间给我打电话，凌晨两点或者早上 5 点，”特斯勒说，“我喜欢这样。但是莉萨项目的头儿们不高兴了。”乔布斯被要求停止越级管理。他安分了一段时间，但很快又按捺不住了。

阿特金森认为应该把屏幕的深色背景换成白色的，这引发了一次重大冲突。屏幕背景色的改变可以实现阿特金森和乔布斯都想要的一个特性：WYSIWYG，这是“所见即所得”（What you see is what you get）的缩写。你在屏幕上看到的是什么样，打印出来就还是什么样。“硬件团队一片哀号，”阿特金森回忆说，“他们说，这样的话就必须使用一种持久性差且闪烁严重的磷光体。”阿特金森只好搬来乔布斯帮忙，乔布斯自然站在了他的一边。硬件团队抱怨连连，但之后还是实现了这个功能。“乔布斯本人算不上是个工程师，但他十分擅长评估别人的答案。他能看得出来工程师是心存戒备还是缺乏自信。”

阿特金森的伟大功绩之一（时至今日我们已经对它习以为常，感觉不到它的神奇）就是实现了屏幕上窗口间的重叠，这样一来“上面的”窗口就叠在了“下面的”窗口上。这一功能让人们可以像堆叠桌子上的文件纸张一样移动屏幕上的窗口，在你移动上面的窗口时，下面的窗口就会被隐藏起来或者被显示出来。当然，在电脑屏幕上，并没有层层像素隐藏在你看到的画面下，所以在你看到的“上面的”窗口之下，并没有隐藏的窗口。制造窗口重叠的假象，需要编写复杂的代码，其中运用到了“区域”（region）这样一个概念。阿特金森强迫自己一定要做出这个效果，因为他觉得自己在施乐 PARC 见过这个功能。而实际上，施乐 PARC 的人从来没能实现这个功能，他们后来还对阿特金森完成这一壮举表示了震惊。“我终于知道什么叫‘无知者无畏’了，”阿特金森说，“正因为我不知道这个任务是如此困难，我才得以完成它。”阿特金森拼命工作，以至于一天早上，他在恍惚之中开着一辆克尔维特撞上了一辆停在路边的卡车，差点儿送命。乔布斯立刻驱车前往医院探望。阿特金森恢复意识后，乔布斯对他说：“我们很担心你。”阿特金森苦笑了一下，回答道：“不用担心，我还记得那些‘区域’。”

乔布斯还狂热地追求页面滚动的平滑度。当你滚动浏览一个文件时，文件内容不应该一行一行地滚动，而应该十分平滑地予以呈现。“他固执地认为，界面上的任何东西都要给使用者留下好印象。”阿特金森说。他们还想要一个可以操纵光标向任意方向移动的鼠标，而不仅仅是上下左右。这就需要使用一个滚球，而不是通常使用的两个轮子。一个工程师告诉阿特金森，这样的鼠标是不可能批量生产的。阿特金森在吃晚饭的时候向乔布斯抱怨了这件事，等他第二天上班时，发现那名工程师已经被乔布斯解雇了。接任的工程师见到阿特金森的第一句话就是：“我能做出那种鼠标。”

阿特金森和乔布斯在一段时间内成为挚友，大多数晚上都在美好地球餐厅一起吃饭。但约翰·库奇和莉萨团队中的其他专业工程师们（大多都是惠普工程师那种类型的传统保守之人）痛恨乔布斯插手莉萨项目，也被他不断的侮辱所激怒。双方在观念上也有冲突。乔布斯想要制造面向大众的电脑，操作简单、价格低廉，适合普通人使用。

他回忆说："像我这样的人，我们想要制造适合大多数人的电脑，而那帮和库奇一样在惠普干过的人，他们的目标是企业市场，我们之间进行了激烈的拉锯战。"

斯科特和马库拉一心要给苹果公司带来秩序，也越来越担心乔布斯制造分裂的行为。于是，1980 年 9 月，他们秘密策划了公司的重组。库奇成为莉萨项目不容置疑的管理者。乔布斯失去了对以自己女儿命名的电脑的控制。他同时被解除了研发部门副总裁的职务，被任命为董事会的非执行主席，也就是说，他依然代表苹果公司的公众形象，但手中再无实权。这深深刺痛了乔布斯的心。"我很难过，感觉被马库拉遗弃了。"他说，"他和斯科蒂觉得我无法胜任莉萨项目的管理工作。这件事让我愤恨了很久。"

第九章　上市

名利双收

1981 年，乔布斯与沃兹尼亚克

期权纷争

1977 年 1 月，马库拉加入了乔布斯和沃兹尼亚克的生意，将这两个新手创立的事业转变成了苹果计算机公司（Apple Computer Co.），当时他们对公司的估价是 5 309 美元。过了不到 4 年，他们认为公司上市的时机到了。苹果公司造就了自 1956 年福特汽车之后，超额认购最为火爆的首次公开募股（IPO）。到 1980 年 12 月底，苹果的估值已高达 17.9 亿美元。没错，是“亿”。这也让 300 个人变成了百万富翁。

丹尼尔·科特基却不在其中。他一直都是乔布斯的挚友，两人一起读大学，一起去印度，一起待在团结农场，一起经历了克里斯安·布伦南的怀孕风波。苹果公司还在乔布斯的车库时，他就加入了公司，到公司上市时，他仍然以时薪员工的身份在那里工作。但是他的级别不够高，无法获得 IPO 之前奖励给员工的股票期权。“我完全相信史蒂夫，我想，他会像我以前照顾他那样照顾我，所以我没有催促他。”科特基说。苹果公司方面对此给出的理由是：科特基是一名领时薪的技术人员，不是领固定薪水的工程师，而只有全职的工程师才可以得到期权奖励。然而即便如此，他也完全有资格获赠一些“发起人股”，但乔布斯对此十分冷漠。“史蒂夫就是忠诚的反义词，”苹果公司早期的工程师、一直与乔布斯保持着朋友关系的安迪·赫茨菲尔德说，“他完全处在忠诚的对立面，他总会抛弃那些和自己亲近的人。”

科特基决定守在乔布斯的办公室外，当面请他解决这个问题。但每次碰面，乔布斯都对他置之不理。“最让我难过的是，史蒂夫从没跟我说过我没有资格得到期权，”科特基说，“作为朋友，他有义务告诉我。我问到关于股票的事情，他就让我去跟我的经理谈。”IPO 之后过了大约 6 个月，科特基终于鼓起勇气，冲进乔布斯的办公室，想要解决这个问题。但当他走进办公室后，乔布斯的冷漠让他惊呆了。“我气疯了，大哭了起来，再也说不出话来。”科特基回忆道，“我们的友谊在那一刻彻底破裂了，太伤心了。”

设计出电源的工程师罗德·霍尔特分到了很多股票期权，他试图让乔布斯改变主意。“我们必须为你的朋友丹尼尔做点儿什么。”他说，并且建议他们两人从自己的期权中拿出一部分送给科特基。霍尔特说：“你给他多少，我就给他多少。”乔布斯说：“好的，我什么都不给他。”

沃兹尼亚克在处理此事的态度上，自然是与乔布斯截然不同的。在苹果的股票公开上市之前，他就把自己期权中的 2 000 份以极低的价格卖给了 40 名中层员工。大多数受益人都赚到了足够买一套房子的钱。沃兹尼亚克为自己和新婚妻子买下了一幢梦幻般的屋子，但她很快与他离婚，并得到了房子。后来，他又把自己的股份赠予了那些在他看来受到了不公正待遇的员工，包括科特基、费尔南德斯、威金顿和埃斯皮诺萨。所有人都喜欢沃兹尼亚克，在他的慷慨捐赠之后更是如此，但很多人也同意乔布斯对沃兹的评价，认为他“极其天真幼稚”。几个月后，公司的公告板上出现了一张联合慈善总会（United Way）的海报，画面上是一个穷困潦倒的人。有人在海报上涂鸦道：“1990 年的沃兹。”

乔布斯可不天真。在 IPO 之前，他已经和克里斯安·布伦南签好了协议。

乔布斯是此次 IPO 的公众形象，他也帮助挑选了负责 IPO 的两家投资银行：一家是传统的华尔街公司摩根士丹利；另一家是旧金山的汉布里克特－奎斯特（Hambrecht & Quist），这并不是一家传统的投行，当时的服务只针对部分领域。“摩根士丹利当时是极端保守的公司，史蒂夫对他们公司的人十分无礼。”比尔·汉布里克特（Bill Hambrecht）

回忆说。尽管苹果的股票必然会迅速暴涨，但摩根士丹利计划将股价定为每股 18 美元。“我们把这只股票定价为 18 美元，接下来会怎么样？”他问那些银行家，“你们难道不会把这只股票卖给你们的优质客户吗？如果卖的话，那你怎么可以收取我 7% 的佣金？”汉布里克特意识到，体系中存在着基本的不公平，他提出了自己的想法：在 IPO 之前，通过反向竞拍来为股票定价。

苹果公司在 1980 年 12 月 12 日的早晨上市了。银行家们最终定下的股价是 22 美元一股。当天收盘时，股价已经涨到了 29 美元。乔布斯赶到汉布里克特 - 奎斯特的办公室，观看了开市。在 25 岁这一年，他的身家达到了 2.56 亿美元。

老兄，你发财了！

在史蒂夫 · 乔布斯的一生中，他贫穷过，也富裕过；既做过亿万富翁，也尝过破产的滋味，所以他对待财富的态度是很复杂的。他是个反对物质主义的嬉皮士，但他把朋友准备免费送出的发明转化成了获利的工具；他是佛教禅宗的狂热信徒，在印度进行过朝圣之旅，但之后又认定创业才是自己的使命。然而，很奇怪的是，这些特性在他身上并没有彼此矛盾，而是完美交织在了一起。

他对一些物品有着强烈的喜好，尤其是那些设计优雅、工艺精湛的物品，比如保时捷和奔驰汽车、双立人刀具和博朗电器、宝马摩托车和安塞尔 · 亚当斯（Ansel Adams）的摄影作品、贝森朵夫（Bösendorfer）钢琴和邦 · 奥陆芬（Bang & Olufsen）的音响设备。但不管多么富有，乔布斯居住的房子从来都是朴实低调的，家中摆设之简单，即便一个震颤派[1]的教徒看了也会自惭形秽。他出行的时候从不会有浩浩荡荡的随行人员，他也没有个人助理，甚至从未雇过保镖。他买下一辆豪华轿车，但从来都是自己开。马库拉邀他一起买里尔（Lear）喷气式飞机的时候，他拒绝了（不过后来他要求苹果公司给他购置了一架湾流飞机）。和自己的父亲一样，乔布斯在和供应商讨价还价的时候态度也十分坚定，但他不允许对利润的追求凌驾于他对制造伟大产品的狂热之上。

在苹果公司上市30年后，他回顾了当年一夜暴富的感受：

> 我从来没有为钱担心过。我成长在一个中产阶级家庭，所以我从没担心过会挨饿；我在雅达利公司的时候，意识到自己是个还不错的工程师，所以我知道自己肯定可以维持生计；我读大学和在印度的时候，自己选择了过苦日子，尽管后来我开始工作了，我还是过着十分简单的生活。我经历过贫穷，那种感觉很美好，因为我不用为钱担忧，后来我变得特别有钱了，还是不用为钱担心。我看到苹果公司的一些人大赚一笔后就觉得自己要过不同的生活，他们买下劳斯莱斯汽车和许多房子，每所房子都有管家，然后再雇一个人管理所有的管家。他们的妻子去做整形手术，把自己变得稀奇古怪。这不是我想要的生活方式。这太疯狂了。我答应过自己，不会让钱毁了我的生活。

乔布斯并不是一个特别乐善好施的人。他曾短暂地创立过一个基金会，但发现负责管理基金会的那个家伙十分烦人，总是谈及做慈善的新方法以及如何运用捐赠。乔布斯开始轻视那些总是把慈善挂在嘴边或是认为自己可以彻底改变慈善事业的人。早些时候，他曾悄悄

1. 美国的基督教新教派别，其教徒共同生活，生活方式很简朴。

送出一张 5 000 美元的支票，帮助成立拉里·布里连特的塞瓦基金会（Seva Foundation），该基金会致力于帮助穷人对抗疾病，乔布斯甚至同意了加入其董事会。但在一次会议上，乔布斯与董事会中一位著名的医生发生了争执，乔布斯认为基金会应该雇用里吉斯·麦肯纳来帮助筹款以及处理公关事务，但这位医生提出了异议。这次争议以乔布斯在停车场痛哭流涕结尾。第二天晚上，在感恩而死乐队为塞瓦基金会举办的慈善音乐会的后台，乔布斯与布里连特重归于好。然而，在苹果完成 IPO 之后，布里连特带着几位董事会成员——包括维维·格里维（Wavy Gravy）和杰里·加西亚（Jerry Garcia）——来到苹果公司募集善款的时候，乔布斯并没有满足他们。相反，他努力说服他们，自己之前捐赠的一台 Apple Ⅱ 和 VisiCalc 程序可以帮助基金会简化他们计划中的针对尼泊尔民众失明情况的调查。

乔布斯最慷慨的一次个人赠予是送给自己的父母保罗·乔布斯和克拉拉·乔布斯的，他送出了价值约 75 万美元的股票。老两口出售了其中一部分，用以偿还洛斯阿尔托斯的房子的抵押贷款，他们的儿子也回到家中庆祝。“这是他们人生中第一次没有背负贷款，”乔布斯回忆道，“他们请来了几个朋友，到家中开派对，那场面太温馨了。”但他们并没有考虑换一套好点儿的房子，“他们对那个没有兴趣，”乔布斯说，“他们对现在的生活很满足。”他们唯一的奢侈举动就是每年都乘坐“公主”号游轮度假。据乔布斯说，穿越巴拿马运河的那条航线是“爸爸的最爱”，因为这会让他想起自己在海岸警卫队的时候，他们的船穿越巴拿马运河驶往旧金山退役的情景。

苹果公司的成功使乔布斯声名远播。1981 年 10 月，《公司》（*Inc.*）成为第一家将乔布斯搬上封面的杂志。“这个人永久改变了商业世界。”（This man has changed business forever）杂志上如此宣称。封面上的乔布斯留着整齐的胡子和时髦的长发，穿着牛仔裤和白衬衫，还有一件有些过于光滑的西装。他靠在一台 Apple Ⅱ 上，用他从罗伯特·弗里德兰那里学来的迷人眼神直视着镜头。杂志文章写道："史蒂夫·乔布斯说话的时候是极富热情的，他能预见未来，也正在努力创造未来。"

接下来是《时代》杂志，它在 1982 年 2 月推出了一个关于年轻企业家的专题报道。封面上是一幅乔布斯的画像，依然带着他极富魅力的眼神。故事中写道，乔布斯"实际上单独开创了个人电脑产业"。由迈克尔·莫里茨撰写的人物简介中写道："6 年前，这家公司还窝在乔布斯父母家中的卧室和车库里，在他的带领下，该公司有望在今年实现6亿美元的销售额，而乔布斯才不过26岁……作为管理人员，乔布斯有时候对待下属脾气暴躁、严苛无情。他自己也承认：'我得学会控制自己的情绪。'"

尽管已经名利双收，但乔布斯还是把自己看作一个反主流文化的孩子。有一次访问斯坦福大学的课堂时，他脱下了自己的威尔克斯·巴什福德西装和鞋子，坐在桌子上，盘腿打坐。学生们问了一些诸如苹果的股价何时会上涨之类的问题，乔布斯一概置之不理，而是开始讲对于未来产品的激情，比如某一天造出一台和书本一样小的电脑。渐渐地，不再有人问商业方面的问题，乔布斯开始向这些衣冠整齐的学生们提问。"你们中还有多少人是处男处女？"他问道。下面有人不安地傻笑。"你们中有多少人尝试过迷幻药？"笑声更大了，只有一两个人举起了手。后来，乔布斯对这一代的孩子颇有微词，在他看来，这群孩子比他那一代的人更加物质主义，更加追求名利。"我上学的时候，20 世纪 60 年代的那股思潮刚过，实用主义、目的性很强的社会风气还没有盛行，"他说，"现在的孩子根本不愿意用理想主义的方式来思考，连接近理想主义都谈不上。他们自然不会让现今的任何哲学问题占用他们太多的时间，因为他们要忙于学习自己的商科专业。"他说，自己那一代人就不一样。"20 世纪 60 年代的理想主义之风仍然影响着我们，我认识的与我年龄相仿的人中，大多数人的心里都永远打上了理想主义的烙印。”

第十章　Mac 诞生了

你说你想要一场革命……

Courtesy of Steve Jobs

1982 年的乔布斯

杰夫·拉斯金的宝贝

杰夫·拉斯金是那种能让史蒂夫·乔布斯着迷或者是厌烦的人。事实证明，两者他都做到了。拉斯金是个很有哲学家气质的人，有时幽默顽皮，有时又呆板沉闷，他学习过计算机科学，教过音乐和视觉艺术，管理过一家室内歌剧院，还组织过街头剧场。他 1967 年在加州大学圣迭戈分校完成的博士论文中提出，计算机应该拥有图形界面，而不是基于文本的界面。他在厌倦了教书之后，就租了一只热气球，飞到校长家上空，大声喊出了自己的辞职决定。

1976 年，乔布斯找人为 Apple Ⅱ 编写操作手册，他给当时已经拥有一家小型咨询公司的拉斯金打了电话。拉斯金来到乔布斯的车库，看到了在工作台上埋头苦干的沃兹尼亚克，并被乔布斯说服，答应以 50 美元的报酬为他们编写操作手册。后来，拉斯金以全职形式加入了苹果公司，任出版部门的经理。他有一个梦想，就是为大众制造价格低廉的电脑。1979 年，他说服了迈克·马库拉，成为了小规模研发项目“安妮”的负责人。然而拉斯金认为，用女人的名字命名电脑带有性别歧视的意味，所以他更换了项目代号，用的是自己最喜欢的一种苹果的名字：Mac（McIntosh）。但为了避免与音频设备制造商 Mac 实验室（McIntosh Laboratory）的名字冲突，他故意改变了拼写方式。于是，新电脑的名字变成了 Macintosh（简称 Mac）。

拉斯金预想中的电脑售价是 1 000 美元，像家用电器一样操作简单，并且将屏幕、键盘和电脑本身整合为一体。为了降低成本，他计划使用 5 英寸的小屏幕，以及非常便宜（性能也很落后）的微处理器——摩托罗拉 6809。拉斯金自诩为哲学家，他不断地把自己的想法记录在本子上，并称之为“Mac 之书”。他还会偶尔发表一些宣言，其中之一叫作“数以百万计的电脑”，开头就表达了他远大的志向：

"如果个人电脑的称谓真正名副其实的话，那么任何一个家庭都应该拥有一台。"

从1979年到1980年年初，Mac项目一直处于奄奄一息的状态。每隔几个月，它就会面临被解散的命运，但每一次拉斯金都能让马库拉善心大发，项目也就因此得以延续。它的研究团队只有4名工程师，办公地点在苹果公司以前的办公楼，紧邻美好地球餐厅，跟公司新建的主楼隔了几个街区。办公室里堆满了玩具和无线电遥控的飞机模型（拉斯金的最爱），看上去就像个为极客们打造的日托中心。大家会时不时地停下手中的工作，玩一场组织松散的Nerf球游戏。正如安迪·赫茨菲尔德回忆的："这让大家都在自己的办公区域四周围上了纸板做成的挡板，以便在游戏的时候提供遮挡，这么一来，办公室看上去就像个用纸板围成的迷宫。"

团队中的明星是一个叫伯勒尔·史密斯（Burrell Smith）的年轻工程师。他有一头金发，长着一张娃娃脸，内心却严肃认真，他自学成才，十分崇拜沃兹尼亚克编写的代码，自己也想做出一些耀眼的成就。阿特金森在苹果的服务部门发现了在那里工作的史密斯，惊叹于他随时想出补救方法的能力，于是将他推荐给了拉斯金。史密斯后来饱受精神分裂症的折磨，但在20世纪80年代初期，他还是将自己疯狂的热情投入夜以继日的工作中，并展现了完美的工程天赋。

乔布斯十分赞赏拉斯金的想象力，但并不同意他为了降低成本而牺牲产品性能。1979年秋季的一天，乔布斯告诉拉斯金，集中精力把他反复念叨的"终极完美"的产品做好就行。"你不用担心价格，只要把电脑的性能列出来就好。"乔布斯告诉他。作为回应，拉斯金送上了一份充满讽刺的备忘录，其中列出了当时所有人梦寐以求的功能：高分辨率彩色屏幕，无须使用色带、能以每秒1页的速度打印彩色图像的打印机，可以不受限地访问ARPA（美国国防部高级研究计划署）

网络，还能够识别语音和合成音乐，“甚至可以模拟卡鲁索与摩门大教堂合唱团共同演唱并伴有各种混音效果的场景”。备忘录最后总结道：“漫无边际地列出期待的性能是毫无意义的。我们必须设定一个价格目标和相应的一系列性能，同时还必须关注当下以及不远的未来的科技。”换句话说，乔布斯认为只要对产品有足够的热情就可以扭转现实，但拉斯金对此并不认同。

因此，他们两人之间注定会有冲突，尤其是乔布斯在1980年9月被逐出莉萨项目后，他开始寻找其他能让自己创造辉煌的地方。不可避免地，他的目光落到了Mac项目上。拉斯金志在“为大众制造一台拥有简单图形界面和简洁设计的廉价电脑”，此番宣言触动了乔布斯的心灵。同样不可避免的是，一旦乔布斯盯上了Mac项目，拉斯金的日子也就到头儿了。“史蒂夫开始将他的想法灌输给我们，杰夫陷入了苦闷的思考之中，会有怎样的结果一目了然。”Mac团队的成员乔安娜·霍夫曼（Joanne Hoffman）回忆说。

第一次冲突是关于拉斯金钟爱的低性能微处理器——摩托罗拉6809。这是一次理念之争：拉斯金打算将Mac价格控制在1 000美元以下，而乔布斯下决心建造一台完美无比的机器。于是，乔布斯开始强烈要求Mac换上性能强劲的摩托罗拉68000，这也是当时莉萨使用的微处理器。1980年圣诞节前，在没有告知拉斯金的情况下，乔布斯给了伯勒尔·史密斯一个极具挑战性的任务：设计一台使用摩托罗拉68000的样机。就像自己的偶像沃兹尼亚克一样，史密斯不分昼夜地投入任务当中，工作了三个星期，在编程中运用了各种惊人的创举。在他成功之后，乔布斯如愿让所有Mac换上了摩托罗拉68000，拉斯金只能郁闷地重新计算Mac的成本。

还有更大的麻烦等着拉斯金。他想要的那款廉价微处理器无法完全驾驭那些炫目的图形——窗口、菜单、鼠标等，这均是他们在施乐 PARC 见过的东西。当初正是拉斯金说服大家去参观了施乐 PARC，而且他本人也很喜欢位图显示和窗口的概念。但是他并不迷恋那些漂亮的图形和图标，也很反感用鼠标取代键盘的想法。“项目里的一些人过于追求用鼠标完成所有操作了，”他后来埋怨说，“还有一个例子就是滥用图标，在所有的人类语言中，图标都是一种很让人费解的符号。人类发明表音文字是有原因的。”

拉斯金以前的学生比尔·阿特金森这次站到了乔布斯的阵营中。他和乔布斯都想使用更强大的处理器，以支持炫丽的图形效果和鼠标的运用。“史蒂夫不得不把这个项目从杰夫手里夺走。”阿特金森说，“杰夫是个很坚定、很固执的人，史蒂夫把项目夺过来是正确的。世界得到了一件更好的产品。”

乔布斯和拉斯金之间的分歧不仅仅只是在产品理念上。他们的个性也水火不容。“我认为他是那种喜欢发号施令的人，”拉斯金曾经说，“我感觉他不值得信赖，他受不了别人发现他的不足。他也不喜欢那些不将他奉若神明的人。”乔布斯对拉斯金也很不屑。“杰夫非常的自命不凡，”乔布斯说，“他对界面并没有太多了解。所以我决定从他的人马里挖来几个精兵强将，比如阿特金森，再让我手下的几个人加入进来，接管整个项目，然后造出一台低价版的莉萨，我可不想制造一堆垃圾。”

团队中的一些人觉得与乔布斯共处实在太困难了。“正是乔布斯给整个团队带来了压力、权力争斗和激烈的冲突，而不是化解这些让人分心的事情。”1980 年 12 月，一名工程师在交给拉斯金的一份备忘录中写道，“我很喜欢和他交谈，也很仰慕他的思想、实用性的观点和充沛的精力，但我觉得他提供不了我需要的那种充满信任、支持和氛围轻松的工作环境。”

其他很多人也意识到，尽管乔布斯有喜怒无常的毛病，但他非凡的魅力和团队影响力足以引领大家改变世界。乔布斯告诉员工，拉斯金只是一个空想家，而自己是一个实干家，他会在一年之内完成 Mac 项目。很明显，从莉萨项目中被逐出后，他需要证明自己，而竞争可以进一步激励他。他公开与约翰·库奇打赌，宣称 Mac 会在莉萨之前完工，赌注是 5 000 美元。“我们能够造出一台比莉萨更便宜也更好的电脑，而且我们能更快完成它。”他告诉团队里的人。

拉斯金原定于 1981 年 2 月举办一场全公司范围的自带午餐的研讨会，但乔布斯为了树立自己在项目组的威信，宣布取消了这场研讨会。然而那天拉斯金碰巧走过会议室，发现里面坐了上百人在等着自己发言。乔布斯根本没有把取消研讨会的决定通知项目以外的其他人。于是拉斯金就走进去发表了一番讲话。

这件事导致拉斯金向迈克·斯科特递交了一份言辞激烈的备忘录，斯科特又一次陷入了艰难的境地：身为公司的总裁，他又要去管束那个喜怒无常的联合创始人兼大股东了。备忘录的标题是“为（和）史蒂夫·乔布斯工作”，拉斯金写道：

> 他是个糟糕透顶的管理者……我一直都很喜欢史蒂夫，但我发现自己无法为他工作……乔布斯经常错过预定安排。这个人尽皆知，几乎已经流传成笑话了……他总是不经过思考就行动，而且判断力很差……他不给别人应得的赞扬……经常发生的情况是，你告诉他一个新想法，他会立刻攻击这个想法，说它是毫无价值的甚至是愚蠢的，并且告诉你研究它纯粹是在浪费时间。光这个就已经很糟糕了，但如果他听到的是一个好点子，他很快就会到处宣传，就好像是他自己想出来的一样……他喜欢打断别人的讲话，从不耐心倾听。

那天下午，斯科特叫来了乔布斯和拉斯金，让他们在马库拉面前摊牌。乔布斯开始喊叫。他和拉斯金只在一件事上达成了共识：两人谁都无法为对方工作。当年在莉萨项目上，斯科特选择了支持库奇。这一次，他认为最好能让乔布斯赢一次。毕竟，Mac 只是个小规模的开发项目，而且办公地点在别处，这样一来就可以让乔布斯离开公司总部了。于是，拉斯金被要求休假。"他们想要迁就我，给我找点儿事情做，我觉得挺好，"乔布斯回忆，"对我来说就好像回到了当年的车库一样。我有了自己的小团队，一切尽在我的掌控之中。"

拉斯金遭到驱逐看起来也许不是很公平，但事后证明，这对 Mac 项目起到了积极的作用。拉斯金想要的机器内存小、处理器差，使用的是磁带存储，没有鼠标，图形效果也很糟糕。与乔布斯不同，他也许可以将价格压到接近 1 000 美元，也许可以帮助苹果公司赢得市场份额。但他永远也达不到乔布斯的高度：乔布斯创造并推广的电脑改变了整个个人电脑产业。实际上，我们也可以看看，如果当年按照拉斯金的思路发展，会是怎样的结果。拉斯金后来受雇于佳能公司，制造了他一直想要的电脑。"就是佳能猫（Canon Cat），这是一个彻底的败笔，"阿特金森说，"没人想要它。史蒂夫将 Mac 变成了简洁版的莉萨，它不单单是消费类电子设备，更是一个运算平台。"[1]

德士古塔

拉斯金离开后没几天，乔布斯就出现在安迪·赫茨菲尔德的小隔间里。安迪是 Apple Ⅱ 团队的一名年轻工程师，有着一张娃娃脸和顽童般的行为举止，就像他的朋友伯勒尔·史密斯一样。赫茨菲尔德

1. 1987 年 3 月，第 100 万台 Mac 下线，苹果公司在上面刻上了拉斯金的名字后，将它送给了拉斯金，这让乔布斯大为不悦。2005 年，拉斯金死于胰腺癌，此前不久，乔布斯也被诊断患上了该疾病。

回忆说，他的大多数同事都很害怕乔布斯：“因为他动不动就会发怒，而且他喜欢把心中所想毫无顾忌地说出来，通常都是很难听的话。”但赫茨菲尔德还是因为他的到来而感到兴奋。“你很棒吗？”乔布斯一走进来就问道，“我们 Mac 团队只想要真正有才华的人，我不知道你是不是足够好。”赫茨菲尔德知道怎样回答：“我告诉他是的，我觉得自己很棒。”

乔布斯离开后，赫茨菲尔德继续自己的工作。那天下午，他注意到乔布斯正在小隔间外盯着自己看。“我有个好消息告诉你，”乔布斯说，“你现在是 Mac 项目的成员了。跟我来。”

赫茨菲尔德回答说，他还需要几天来完成手头正在忙的 Apple Ⅱ 产品。“还有什么比制造 Mac 更重要的事情吗？”乔布斯问道。赫茨菲尔德解释说，他要把他的 Apple Ⅱ 上的 DOS 程序弄好，然后交给某人。“你这么做就是浪费时间！”乔布斯说，“谁在乎 Apple Ⅱ 啊？用不了几年 Apple Ⅱ 就会消亡了。Mac 才是苹果公司的未来，你现在立即开工！”说完，乔布斯一把拔掉了 Apple Ⅱ 的电源线，赫茨菲尔德一直在弄的代码也毁了。“跟我来，”乔布斯说，“我带你去你的新办公桌。”乔布斯开着他的银色奔驰，载着赫茨菲尔德和他的电脑等所有物品，来到了 Mac 项目的办公室。“这就是你的新办公桌，”他说着，把他带到了伯勒尔·史密斯隔壁的工位，“欢迎来到 Mac 团队！”赫茨菲尔德打开抽屉后才发现，那张桌子是拉斯金的。事实上，拉斯金离开得太匆忙，有几个抽屉里还塞满了他的杂物，包括一些飞机模型。

1981 年春天，乔布斯在为自己的 Mac 团队招兵买马，他招募成员的首要标准就是要对产品有激情。有时候，他会把应试者带入一个房间，里面有一台被布盖住的 Mac 样机，然后他会像变戏法一样把布揭开，观察对方的反应。“如果他们两眼放光，立刻拿起鼠标开始操作，史蒂夫就会微笑着雇用他们。”安德烈娅·坎宁安回忆说，“他就是想看到他们喊出一声：‘哇！’”

布鲁斯·霍恩（Bruce Horn）是施乐PARC的一名程序员。他的一些朋友，比如拉里·特斯勒决定加入Mac项目后，霍恩也考虑过加入。但另一家公司提供了一份很好的工作，还有15 000美元的签约奖金。乔布斯在一个周五的晚上给他打了电话：“你明天早上必须到苹果公司来，”他说，“我有很多东西要给你看。”霍恩照做了，乔布斯也借此机会成功地将他招至麾下。“史蒂夫如此痴迷于制造一台让人拍案叫绝的设备，并想凭借它来改变世界。”霍恩回忆说，“他强大的人格魅力让我改变了主意。”乔布斯向霍恩完整展示了塑料外壳是怎样铸造成型的，又怎样以完美的角度拼装在一起，以及内部的电路板看上去有多漂亮。“他想要我看到，整个项目必定会取得成功，方方面面都已经考虑周全了。我说，哇，这种对产品的狂热可不是每天都能见到的。于是我就签约了。”

乔布斯甚至还尝试了让沃兹尼亚克重新入伙。他后来告诉我：“沃兹那时候已经做不出什么成绩了，这让我很不满。但我又想，管它呢，要是没有他的聪明才智的话，我也不会有今天的成就。”但是，就在他刚开始让沃兹对Mac产生兴趣的时候，沃兹在圣克鲁兹驾驶着他新买的单引擎比奇飞机尝试起飞时，飞机坠毁了。他差点儿丧命，并因此丧失了部分记忆。乔布斯陪他在医院里度过了一段时间。但当沃兹康复后，他觉得是时候离开苹果公司了。在从伯克利退学10年后，他决定重返校园拿到自己的学位，并以洛基·浣熊·克拉克（Rocky Raccoon Clark）的名字登记入学。

为了给整个项目打上自己的印记，乔布斯决定项目名称不应该再使用拉斯金最爱的苹果种类了。在各种访谈中，乔布斯一直把电脑比作思想的自行车：人类创造了自行车，从而让自己的移动比秃鹰还要高效；与之类似，电脑的发明也将使人们的思维效率大为提高。于是有一天，乔布斯宣布，从今以后，Mac 更名为“自行车”（the Bicycle）。然而这一决定并不受欢迎。“伯勒尔和我认为这是我们听说过的最愚蠢的事情，我们都拒绝使用新名字。”赫茨菲尔德回忆道。不到一个月，这个变更名字的想法就被放弃了。

到 1981 年年初，Mac 团队已经扩展到了差不多 20 人，乔布斯觉得他们该有个更大的办公区了。于是他们都搬到了一栋棕色墙面的双层建筑的二楼，这里和苹果公司的主楼大约隔了三条街。新办公室紧邻一家德士古加油站，因此被称为“德士古塔”（Texaco Towers）。丹尼尔·科特基尽管仍在为股票期权的事情伤心，还是被招来给几台样机连接电路。著名的软件工程师巴德·特里布尔（Bud Tribble）设计的开机启动画面，是一句亲切的——“hello!”乔布斯觉得办公室里需要更有活力一点儿，于是让他们去买一套立体声音响。“趁他还没有改主意，伯勒尔和我立刻跑出去，买回了一台银色卡式立体声音响。”赫茨菲尔德回忆说。

乔布斯很快就取得了全面的胜利。在赢得了与拉斯金之间的 Mac 团队管理权之争的几个星期后，他又为将迈克·斯科特从苹果公司总裁的位置上赶下来贡献了一臂之力。斯科特已经变得越来越反复无常。他时而横行霸道、恃强凌弱，时而又会鼓励下属、培养员工。他冷酷无情地推行了一轮裁员之后，终于失去了员工中大多数人的支持。除此之外，他也开始遭受一系列肉体上以及精神上的病痛折磨，包括眼部感染以及间歇性嗜睡症。在斯科特前往夏威夷度假期间，马库拉召集了公司的高层，询问是否应该开除斯科特。大多数人，包括乔布斯和约翰·库奇在内，都表示同意。于是马库拉接管工作，成为公司不怎么管事的临时总裁。如此一来，乔布斯发现自己可以完全不受约束地在 Mac 项目中为所欲为了。

第十一章　现实扭曲力场

以自己的游戏规则行事

© Norman Seeff

1984 年，最早的 Mac 团队：乔治 · 克罗、乔安娜 · 霍夫曼、伯勒尔 · 史密斯、安迪 · 赫茨菲尔德、比尔 · 阿特金森，以及杰里 · 马诺克（自左至右）

安迪·赫茨菲尔德加入Mac团队后，另一名软件设计师巴德·特里布尔给他介绍了项目的基本情况，让他知道了还有大量工作尚未完成。乔布斯希望项目能在1982年1月之前完工，也就是说只剩不到一年时间。“这太疯狂了，”赫茨菲尔德指出，“不可能的。”特里布尔说，乔布斯是不能接受违背自己意愿的事情发生的。“能最好地形容这种情况的就是《星际迷航》里的一个术语，”特里布尔解释道，“史蒂夫拥有现实扭曲力场。”赫茨菲尔德有些疑惑，特里布尔便进一步解释道：“有他在的时候，现实都是可塑的。他能让任何人相信几乎任何事情。等他不在的时候，这种力场就会逐渐消失，但这种力场让我们很难做出符合实际的计划。”

特里布尔回忆说，自己是从《星际迷航》中著名的一集——“宇宙动物园”中学来的这个短语。“在那一集中，外星人通过极致的精神力量建造了新世界。”他说，他使用这个短语既是一种称赞，也是一种警示。“陷入史蒂夫的扭曲力场中是一件很危险的事情，但也正是这种力场让他可以真正地改变现实。”

起初，赫茨菲尔德认为特里布尔一定是夸张了。但在对乔布斯进行了两个星期的观察后，他有了切身感受。“现实扭曲力场是几种因素的混合物，其中包含了极富魅力的措辞风格、不屈的意志和让现实屈从于自己意图的热切渴望。”他说。

赫茨菲尔德还发现，没有人可以避开这股力量的影响。他说：“让人惊奇的是，即使你敏锐地意识到了现实扭曲力场，它还是可以在你身上产生作用，我们经常讨论有没有方法可以屏蔽这个力场，但一段时间之后，大多数人都放弃了，只能认为它是一种自然力量。”有一次，乔布斯宣布，办公室冰箱里的苏打水都会被替换成奥德瓦拉（Odwalla）牌有机橙汁和胡萝卜汁，之后团队里就有人制作了一批T恤，前面写着“现实扭曲力场”，背后写着“它藏在果汁里”。

在某种程度上，称之为“现实扭曲力场”只是为乔布斯喜欢说谎的性格换了种好听的描述。事实上，它是一种更复杂的掩饰行为。乔布斯会断言一些事情——可能是世界历史上的一个事件，或者是叙述一场会议上某人提出了一个观点——但完全不考虑事实是什么。这源自他对现实的有意蔑视，不光是对别人，也对他自己。“他可以欺骗他自己，”比尔·阿特金森说，“这就让他可以说服别人相信他的观点，因为他自己已经接受并吸收了这个观点。”

当然，很多人都会扭曲现实。当乔布斯这么做的时候，通常都是一种策略，意在实现某个目的。天性诚实的沃兹尼亚克就惊叹于这种力量的效果。“当他对于未来有一些不合常理的想法时，比如当他告诉我，我只用几天时间就能设计出‘打砖块’游戏的时候，他的现实扭曲力场就会起作用。你意识到那是不现实的，但他就是有办法让它变为现实。”

当 Mac 团队的成员们陷入乔布斯的现实扭曲力场时，他们就好像被催眠了一样。“他让我想起了拉斯普京[1]，”黛比·科尔曼（Debi Coleman）说，“他会死死地盯着你，眼睛一眨不眨。哪怕他端给你一杯毒药，你也会乖乖地喝下去。”但是，和沃兹尼亚克一样，她也认为现实扭曲力场是充满力量的：它让乔布斯激励自己的团队，在掌握的资源远不及施乐及 IBM 的情况下，改变了计算机产业的进程。“那是一种自我实现的扭曲，”她说，“你完成了不可能完成的任务，因为你并没有意识到那是不可能完成的。”

现实扭曲力场的根源在于乔布斯内心深处不可动摇的信念：世界上的规则都不适用于他。这在他身上是有迹可循的：小时候，他就经

1. 拉斯普京（Rasputin），俄国尼古拉二世时期的神秘主义者、俄国沙皇及皇后的宠臣，有高超的催眠术。

常可以让现实屈服于自己的欲望。叛逆与固执在他的性格中根深蒂固。他觉得自己很特别：他是被上天选中的，他是觉悟者。“他认为有一些人是很特别的——比如爱因斯坦、甘地以及他在印度遇到的那些导师，而他就是其中之一，”赫茨菲尔德说，“他跟克里斯安讲过这些。有一次他甚至暗示我，他是受到过上天启示的。这些话就像是从尼采口中说出来的。”乔布斯从没有研究过尼采，但他的天性与尼采的一些思想不谋而合：对权力的渴望，以及“超人”（Überman）的特殊本性。尼采在《查拉图斯特拉如是说》（*Thus Spoke Zarathustra*）中写道：“精神现在拥有了自己的意志；被世界所驱逐的人，终于赢得了自己的世界！”如果现实与乔布斯的意愿不一致的话，他就会忽略现实，他的女儿莉萨出生时，他就是这么做的；多年以后，当他第一次被诊断患上了癌症时，他也是这么做的。即使平时一些小小的叛逆行为，比如汽车不装牌照，或是将车停在残疾人停车位上，他也表现得好像完全不受规则和现实的约束。

乔布斯的世界观的另一个重要方面就是他二元的分类体系，换言之，他采用非黑即白的思维方式。人要么是“觉悟的”，要么是“饭桶”；人们的工作成果要么是“最棒的”，要么是“完全的垃圾”。Mac的设计师比尔·阿特金森在这样的二分法中获得的总是积极的评价，他有如下描述：

> 在史蒂夫手下工作太难了，因为“神”与“白痴”之间的两极分化太严重了。如果你是神，你就高高在上，存在于神坛上，绝不能犯错误。我们当中被认为是神的那些人，比如说我，都知道自己实际上也是凡人，我们也会做出糟糕的工程设计，也会像任何人一样吃饭放屁，所以我们总是害怕会被赶下神坛。而那些被认为是白痴的人，他们其实也是辛勤工作的杰出工程师，但他们就会觉得自己永远都得不到赏识，永远无法摆脱白痴的身份。

但这样的分类并不是永恒不变的。尤其是当乔布斯的看法是关于想法而不是关于人的时候，他有时会很快推翻自己先前的判断。特里布尔在向赫茨菲尔德介绍现实扭曲力场时，特别叮嘱他：乔布斯就像高压交流电一样善变。“他告诉你某样东西是糟糕的或者绝妙的，并不代表他明天还会这么想。”特里布尔解释说，“如果你告诉他一个新想法，他通常会告诉你，他认为这个想法很愚蠢。但之后，如果他真的喜欢上了这个想法，一个星期之后，他会找到你，然后把你的想法再提出来，就好像是他自己想出来的一样。”

这种脚尖旋转技巧的大胆程度，即便是迪亚吉列夫[1]看了，也会眼花缭乱。赫茨菲尔德说：“如果他的一个论点没能说服别人，他会娴熟地切换到另一个论点。有时候，他会突然把你的观点占为己有，甚至都不承认自己曾有过不同的想法，这会让你猝不及防。”布鲁斯·霍恩是和特斯勒一起从施乐 PARC 跳槽到苹果的程序员，他就多次亲历了这样的事情。“某一天，我会跟他提一个自己的想法，他会说那太疯狂了。”霍恩说，“到下一周，他会跑过来跟我说‘嘿！我有个很棒的主意’——而那正是我的主意！我跟他说：‘史蒂夫，一个星期之前我就跟你说过这个了。’他就会说：‘知道了知道了。’然后继续讲下去。”

乔布斯的大脑电路中似乎缺少一个装置，这个装置可以调节在他脑中闪现的冲动观点的峰值。于是，在跟他打交道的过程中，Mac 团队运用了音频上的一个概念——低通滤波器（Low pass filter）。在乔布斯向大家灌输观点时，他们学会了将他的高频信号的振幅减小。如此一来就可以平滑地输出数据集，并且为他不断变化的态度提供一个让人不那么紧张的平均值。“几个周期后，”赫茨菲尔德说，“我们就学会

1. 迪亚吉列夫（Diaghilev），俄国艺术评论家，创办了著名的俄国芭蕾舞团。

了怎样低通过滤他的信号，以及如何不对他的极端态度做出反应。”

乔布斯做出这些极端的行为是因为他缺乏情感上的敏感性吗？不，恰恰相反。他的情感理解能力是超强的。他有着超乎凡人的阅人能力，可以看出他人心理上的优势、弱点。他能在别人毫无防备的情况下，直击对方心灵的最深处。他凭直觉就能看出一个人是在说谎还是真的知道一些事情。这让他成为了哄骗、安抚、劝说、奉承、威胁他人的大师。“他就是有这种特异功能，能准确地知道你的弱点是什么，怎样能让你觉得自己很渺小，怎样能让你畏缩。”霍夫曼说，“这是那些知道如何操纵他人、极富魅力的人身上的共同特质。你知道他能摧毁你，这就让你感觉自己变弱了，你渴望得到他的认可，然后他就可以把你推上神坛并彻底拥有你。”

安·鲍尔斯（Ann Bowers）成为应对乔布斯的完美主义、任性及强硬性格的专家。她曾是英特尔公司的人力资源总监，但自从嫁给了其联合创始人鲍勃·诺伊斯（Bob Noyce），鲍尔斯就退居二线。1980年，她加盟苹果公司。每当乔布斯发脾气时，她都会给予安慰，俨然一位母亲的角色。她会去他的办公室，关上门，态度柔和地告诫他。“我知道，我知道。”他说。“好吧，那么，请别再这样做。”她会坚持道。鲍尔斯回忆说：“他会消停一阵儿，但大约一个星期后，我就会再次接到电话。”她发现，他几乎无法控制自己的情绪。“他志向高远，如果人们无法达到他的要求，他根本无法忍受。他无法控制自己。我能理解为什么史蒂夫会生气，他通常是正确的，但这确实伤人。这造就了一个令人恐惧的氛围。他具有清醒的自我意识，但这并没有帮助他调整自己的行为。”

乔布斯与鲍尔斯夫妇成了密友，乔布斯甚至可以随时去他们位于洛斯阿图斯山丘的家中拜访。她能听到他的摩托车从远处驶来，并说：“史蒂夫要来吃晚饭了。”有一阵子，这里成了乔布斯的第二个家。

"他是如此聪慧，也如此缺少爱。他需要一位成熟的、父亲一般的角色的陪伴，鲍勃就是，而我则成为母亲一样的角色。"

乔布斯的苛责与尖锐也有一些好处，那些没有被他摧毁的人都变得更为强大。他们能更好地完成工作，既是出于畏惧，又是渴望取悦他，也是意识到自己身上背负着这样的期待。"他的行为让你在情感上饱受折磨，但如果你能挺过去，它就能起到积极的作用。"霍夫曼说。有时候，你可以对抗乔布斯，这样的话不但可以幸存下来，还能茁壮成长。但这并不总能成功，拉斯金尝试过，短时间内他成功了，但之后还是被摧毁了。但如果你平静而自信，如果乔布斯审视你一番后认为你清楚自己在干什么，他就会很尊重你。多年来，无论是在他的私人生活还是职业生涯中，他的核心圈子里聚集的都是真正的强者，而不是谄媚者。

Mac 团队也深知这一点。从 1981 年开始，他们每年都会将一个奖项颁发给最能勇敢面对乔布斯的人。这个奖在一定程度上是个玩笑，但也有认真的成分，乔布斯知道这个奖并且还很喜欢它。第一年，该奖被授予了乔安娜·霍夫曼，她来自一个东欧难民家庭，脾气火暴、意志强硬。比如，有一天，她发现乔布斯以一种完全扭曲事实的方式更改了她的市场规划，她愤怒地冲向他的办公室。她回忆说："在我上楼梯的时候，我就告诉他的助理，我要拿把刀插进他的心脏。"公司的法律顾问阿尔·艾森斯塔特（Al Eisenstat）跑过来制止了她。"但史蒂夫听我说完后做出了让步。"

霍夫曼在 1982 年再一次赢得了这个奖项。"我记得我当时很羡慕乔安娜，因为她敢于面对史蒂夫，而我却没那个胆子。"那一年加入 Mac 团队的黛比·科尔曼说，"然后，1983 年，我赢得了那个奖项。我认识到，我必须坚守自己的信念，乔布斯也很尊重这种做法。从那以后，我开始得到晋升。"最终，她成为制造部门的负责人。

一天，乔布斯冲进了阿特金森手下一名工程师的小隔间，说出了自己常说的那句话："这是狗屎。"阿特金森回忆说："那个家伙回答，'不，这其实是最好的方法'，然后他向史蒂夫解释了自己在工程方面做的一些权衡。"乔布斯败下阵来。阿特金森告诉他的团队，乔布斯的话不能照字面理解，需要转化一下。"我们把'这是狗屎'解读为一个问句，它真实的意思是：'告诉我，这为什么是最好的方法？'"但这个故事的结尾让阿特金森也觉得很有教育意义。最终，那名工程师找到了一个更好的方法，来实现乔布斯之前指责的那个功能。"正因为史蒂夫挑战了他，他才找到了更好的方法。"阿特金森说，"这意味着，你可以反驳他的意见，但也应该认真听他说的话，因为他通常都是正确的。"

乔布斯这种攻击性的言行，一定程度上是受到了他的完美主义的驱使，他无法容忍那些为了让产品及时面世或为了压缩成本而做出合理妥协的人。"他不会在产品上做出妥协，"阿特金森说，"他是个控制欲极强的完美主义者。如果哪个人不愿意把产品做到完美，那他就是笨蛋。"举例来说，1981 年 4 月，在西海岸电脑展览会上，亚当·奥斯本（Adam Osborne）发布了第一款真正意义上的便携式个人电脑。它并不出众——屏幕只有 5 英寸、内存也不大，但运行状况尚可。正如奥斯本那句著名的宣言："够用就好，多出来的功能都是浪费。"乔布斯认为这个想法很可怕，好几天的时间里，他都在嘲笑奥斯本。"这家伙就是不明白，"他走在苹果公司的走廊里还反复骂道，"他不是在创造艺术品，而是在制造垃圾。"

一天，乔布斯走进了拉里·凯尼恩（Larry Kenyon）的办公隔间，他是负责 Mac 电脑操作系统的工程师，乔布斯抱怨说开机启动时间太长了。凯尼恩开始解释，但乔布斯打断了他。乔布斯问道："如果能救人一命的话，你愿意想办法让启动时间缩短 10 秒吗？"凯尼恩说也许可以。于是，乔布斯走到一块白板前开始演示，如果有 500 万人使用 Mac，而每天开机都要多用 10 秒，那加起来每年就要浪费大约 3 亿分钟，而 3 亿分钟相当于至少 100 个人的终身寿命。“这番话让拉里十分震惊，几周过后，乔布斯再来看的时候，启动时间缩短了 28 秒。”阿特金森回忆说，“史蒂夫能看到宏观层面，从而激励别人工作。”

受到乔布斯的影响，Mac 团队也充满激情地要制造一款完美的产品，而不仅仅是可以赚钱的产品。“乔布斯认为自己是艺术家，他鼓励设计团队的人也把自己当成艺术家。”赫茨菲尔德说，“我们的目标从来都不是打败竞争对手，也不是狠赚一笔，而是做出最好的产品，甚至比最好的还要好一点。”乔布斯还带领团队去曼哈顿大都会博物馆参观蒂芙尼（Tiffany）的玻璃制品展览，因为他觉得，大家可以从路易斯·蒂芙尼（Louis Tiffany）创造出可以量产的伟大艺术品这个例子中获益匪浅。“我们谈论道，这些玻璃制品并不都是路易斯·蒂芙尼亲手制作的，但他成功地将自己的设计传授给了别人。”巴德·特里布尔回忆道，“我们对自己说：‘既然我们要制造产品，就把它做得漂亮点儿吧！’”

他所有这些暴躁、恶劣的行为都是必要的吗？也许不是，而且这些行为也并非都是合乎情理的。还有其他方式可以激励他的团队。尽管 Mac 后来被证明是一件伟大的产品，但由于乔布斯的鲁莽干预，它的生产进度已远远落后，预算也严重超支。受到残酷对待的员工在感情上也很受伤，大多数人都已心力交瘁。“史蒂夫用不着让员工如此恐惧也可以让他们为团队做出他的贡献，”沃兹尼亚克说，“我喜欢更加耐心一点儿，不要有那么多矛盾冲突。我觉得一家公司可以像一个和睦的家庭一样。如果 Mac 项目是以我的方式运行的话，事情可能会一团糟。但我想，如果能把我们两人的风格中和一下的话，结果会比只用史蒂夫的方式要好一点儿。”

然而，尽管乔布斯的行事风格有时让人士气全无，但他有时也会激励人心。他给苹果的员工们注入了持久的热情，让他们去创造革命性的产品，也让他们相信，自己可以完成看上去不可能完成的事情。他们制作了T恤，上面写着“我爱每周工作90小时”。出于对乔布斯的畏惧以及想取悦他的强烈愿望，他们的工作都超出了自己的预期。乔布斯禁止团队为了降低Mac成本或是赶进度而在产品上做出让步，这也同时排除了一些看似合理实则粗劣的折中方案。“多年以来，我认识到，当你拥有真正优秀的人才时，你不必对他们太纵容，”乔布斯后来解释说，“你期待他们做出好成绩，你就能让他们做出好成绩。最初的Mac团队让我知道，顶级的人才喜欢一起工作，而且他们不能容忍平庸的作品。你到那个Mac团队里随便找个人问问，他们会告诉你，那些痛苦都是值得的。”

大多数人确实这么认为。“他会在开会的时候大喊：‘你这个蠢货，你从来就没有把事情做对过。’”黛比·科尔曼回忆道，“类似的事情好像每个小时都会发生。但我还是认为，能够和他并肩作战，我真的是世界上最幸运的人。”

第十二章　设计

大道至简

包豪斯式的美学标准

和大多数在埃奇勒建造的房子中长大的孩子不同，乔布斯了解这些房子，也知道它们好在哪里。他喜欢“为改变混乱繁杂而生的现代简约主义”这样的概念。他还喜欢听父亲讲述不同的汽车上纷繁的设计细节。所以，从苹果公司建立之初，他就相信杰出的工业设计——多彩简单的标识以及Apple Ⅱ使用的雅致时髦的机箱——可以突出自己的公司，也让公司的产品显得与众不同。

在公司搬出乔布斯的车库后，第一个办公场所在一栋小建筑里，这里还有索尼公司的一处销售办事处。索尼以其独特的风格和令人难忘的产品设计而闻名，所以乔布斯经常到他们的办公室去研究宣传材料。“他走进来，邋里邋遢的，抚弄着产品宣传册，指出一些产品设计上的特点。”曾在那儿工作的丹·卢因（Dan’l Lewin）说，“时不时地，他还会问我：‘我能把这个册子拿走吗？’”到1980年，乔布斯把卢因聘请到了苹果公司。

从1981年6月起，乔布斯开始参加在阿斯彭举办的一年一度的国际设计大会（International Design Conference）。这一时期，他对暗色调、工业气息十足的索尼风格的喜爱逐渐减弱。那年会议的焦点是意大利风格，出席的有建筑师兼设计师马里奥·贝里尼（Mario Bellini）、电影制片人贝纳多·贝托鲁奇（Bernardo Bertolucci）、汽车制造商塞尔吉奥·平尼法瑞那（Sergio Pininfarina）和菲亚特汽车公司的女继承人、政治家苏珊娜·阿涅利（Susanna Agnelli）。“我就是去膜拜那些意大利设计师的，就好像电影《告别昨日》（*Breaking Away*）中的孩子膜拜意大利自行车手一样。”乔布斯回忆说，“那次会议真是一个奇妙的启示。”

在阿斯彭，乔布斯接触到了包豪斯运动中干净、实用的设计理念，这一理念深受赫伯特·拜尔（Herbert Bayer）的推崇，被他运用到了建筑、家居房屋、无衬线字体排印以及阿斯彭研究所的家具上。拜尔和他的导师沃尔特·格罗皮乌斯（Walter Gropius）以及路德维希·密斯·凡德罗（Ludwig Mies van der Rohe）一样，也认为艺术和应用工业设计之间不应该有区别。包豪斯拥护的现代主义国际风格告诉人们，设计应该追求简约，同时具有表现精神。它通过运用简洁的线条和形式来强调合理性和功能性。密斯和格罗皮乌斯宣扬的准则中就包括“上帝就在细节之中”（God is in the details）和“少即是多”（Less is more）。正如埃奇勒的房屋一样，艺术性和大规模生产的能力结合到了一起。

1983年的阿斯彭设计大会上，乔布斯发表了一篇主题演讲，题为“未来绝对不会和过去相同”（The Future Isn't What It Used to Be），公开阐述他对包豪斯风格的拥护。演讲在一个巨大的音乐帐篷中举行，乔布斯称赞了包豪斯风格的简单朴素，也预言了索尼风格的消亡。“当下工业设计的潮流就是索尼的那种高科技感，要么是金属灰色，要么就涂成黑色，加一些怪异的设计。”他说，“这么做很容易，但不够好。”他提出了一个源自包豪斯风格的替代方案，更加忠实于产品的功能和本性：“我们要做的就是让产品科技感十足，然后用上简单干净的包装，让科技感一目了然。我们会把产品放在小包装盒里，让它们看上去纯白漂亮，就像博朗生产的电器一样。”

他反复强调，苹果公司的产品会是干净而简洁的。“我们会把产品做得光亮又纯净，能展现高科技感，而不是一味使用黑色、黑色、黑色，满是沉重的工业感，就像索尼那样。”他朗声说道，“我们的设计思想就是极致的简约，我们追求的是能让产品达到在现代艺术博物馆展出的品质。我们管理公司、设计产品、广告宣传的理念就是一句话——让我们做得简单一点儿，真正的简单。”苹果奉行的这一原则也在它的第一版宣传册上凸显出来："至繁归于至简。"

乔布斯认为，简约化设计应与产品的简单易用性结合起来。设计上的简单并不总能带来操作上的简易。有时候，设计得太漂亮、太简化，用户用起来反而不会那么得心应手。"我们做设计的时候，最重要的事情就是让产品特性一目了然。"乔布斯告诉一群设计专家。举个例子，他高度赞扬自己为 Mac 创造的桌面概念："人们直观上就知道该怎么处理桌面。你走进办公室，桌子上有一堆文件。放在最上面的就是最重要的。人们知道怎样转换优先级。我们在设计电脑的时候引入桌面这个概念，一定程度上就是想充分利用人们已经拥有的这一经验。"

那个周三的下午，在乔布斯演讲的同时，另一场演讲正在一个小型会议室里进行，发言人是 23 岁的林璎（Maya Lin）。前一年的 11 月，林璎设计的越南战争纪念碑在华盛顿落成，她也因此一举成名。乔布斯和她成了亲密的朋友，并邀请她访问苹果公司。有林璎这样的人在身边的时候，乔布斯会有些羞怯，于是他找来了黛比·科尔曼，带着林璎参观。"我和史蒂夫一起工作了一个星期。"林璎回忆说，"我问他，为什么电脑看上去就像笨重的电视机？为什么你们不把它做得薄一点儿？为什么不做成平板的便携式电脑？"乔布斯回答说，那正是他的目标，只是现在技术还没有成熟。

那一时期，乔布斯觉得工业设计领域没有多少令人兴奋的事情。他有一盏理查德·萨珀（Richard Sapper）设计的台灯，这是他很欣赏的一个作品，同时，他还喜欢伊姆斯夫妇（Charles and Ray Eames）设计的家具，以及迪特尔·拉姆斯（Dieter Rams）设计的博朗产品。但没有人能像当年的雷蒙德·洛伊（Raymond Loewy）和赫伯特·拜尔两位大师一样，推动工业设计领域的发展。"工业设计界真的没有什么激动人心的事情，尤其是在硅谷，而史蒂夫急切盼望改变这一局面。"

林璎说，“他的设计理念是，造型优美，但不能华而不实，同时还要充满乐趣。他崇尚极简派的设计风格，这源自他作为一名佛教禅宗信徒对简单的热爱，同时他又竭力避免因过度简单而让产品显得冷冰冰的，要保留产品的趣味感。他对待设计充满热情、极其严肃，同时也带有一点儿玩乐精神。”

随着乔布斯设计鉴赏力的不断提升，他开始尤其青睐日式风格，还渐渐地和三宅一生及贝聿铭这样的明星人物进行更多接触。他的禅修经历对此有很大影响。“我一直都认为佛教——尤其是日本的佛教禅宗——在审美上是超群的。”他说，“我见过的最美的设计就是京都地区的花园，这一文化的产物深深打动了我，而它们都直接源自佛教禅宗。”

像保时捷那样

杰夫·拉斯金设想中的Mac就像一只四四方方的手提箱，可以将键盘翻起来盖住屏幕从而合上电脑箱。乔布斯接管项目之后，他决定牺牲便携性，改用一个不会占用太多桌面空间的独特设计。他把一本电话簿扔到众人面前，然后宣布，电脑占用的桌面面积不能超过这本电话簿，这让一群工程师吓傻了眼。于是，设计团队的杰里·马诺克和他雇来的天才设计师大山特里（Terry Oyama）开始研究一个方案：将屏幕放到机箱的上方，再用上可拆卸的键盘。

1981年3月的一天，安迪·赫茨菲尔德吃完饭回到办公室，发现乔布斯正站在一台Mac样机旁，和公司的创意总监詹姆斯·费里斯（James Ferris）激烈地争论着。“我们要设计出一个经典的外形，不会过时的那种，就像大众的甲壳虫汽车一样。”乔布斯说。受他父亲的影响，他对经典车型的外形轮廓十分赞赏。

“不，不对，”费里斯说，“外形应该性感诱人，就像法拉利那样。”

“法拉利也不对，”乔布斯反驳，“应该更像保时捷！”这么说并不奇怪，乔布斯当时就拥有一辆保时捷928。（费里斯后来离开了苹果公司，到保时捷担任广告经理。）一个周末，比尔·阿特金森来了，乔布斯把他带到外面去欣赏那辆保时捷。他告诉阿特金森：“伟大的艺术品不必追随潮流，它们自身就可以引领潮流。”他还十分欣赏奔驰汽车的设计。“多年来，他们把汽车的线条做得更加柔和，但细节之处的用心依然清晰可见，”一次他在停车场周围散步时说，“这正是我们要在Mac上实现的目标。”

大山特里拟出了一个初步的设计方案，并制作了一个石膏模型。Mac团队的成员们聚集到一起观看展示，然后发表自己的看法。赫茨菲尔德大赞“可爱”，其他人似乎也很满意，但乔布斯给出了猛烈的批评：“这造型太方方正正了，必须再多一些曲线美的感觉。第一个倒角的半径要再大一点儿，斜角的尺寸我也不大喜欢。”他把刚刚熟练掌握的工业设计术语用上了，其实指的就是电脑相邻两个面之间的弯曲过渡。但紧接着，乔布斯还是给出了一句响亮的称赞。他说：“这是一个开始。”

每一个月左右，马诺克和大山特里都会将这样的流程重复一次，当然是根据乔布斯前一次的批评进行了改进。每次最新的模型都会像变戏法一样现出庐山真面目，而前几次的模型则在它旁边一字排开。这不仅有助于大家对改进之处给予评价，也能防止乔布斯坚称自己的某条建议或意见被忽视了。“到第四个模型的时候，我已经很难看出它跟上一个之间的不同了。”赫茨菲尔德说，“但史蒂夫总是很挑剔也很肯定地说，他喜欢或者讨厌某个细节，而他说的东西是我几乎觉察不到的。”

一个周末，乔布斯去了帕洛奥图的梅西百货，又开始研究各种电器，特别是厨具公司的产品。周一，他冲进办公室，让设计团队去买了一台厨具公司的电器，然后根据它的轮廓、曲线和斜角提出了一系列新的建议。于是大山特里尝试了一种新的设计，但看上去就像是一台厨房电器，乔布斯觉得行不通。这让整个进程停顿了一个星期。最终，乔布斯还是批准了 Mac 的机箱设计。

乔布斯一直坚信，电脑的外形必须富有亲和力。所以，它不断地被改进，看上去就像一张人脸。磁盘驱动器安装在屏幕的下方，使得整台机器比大多数电脑都要狭长，使人联想到一张脸。靠近底座有一块凹进去的地方，就像是下巴；乔布斯还把顶端的塑料边框变得更细，这样 Mac 就不会像莉萨那样有个克鲁马努人（Cro-Magnon）般的额头，外形更加好看。这款苹果机箱的设计专利属于史蒂夫·乔布斯、杰里·马诺克和大山特里。“虽然这个设计不是史蒂夫亲手画出来的，但正是他的思想和灵感成就了这个设计。”大山特里后来说，“老实说，在史蒂夫告诉我们之前，我们根本不知道电脑的‘亲和力’指的是什么。”

乔布斯对于屏幕上显示的内容也同样痴迷。有一天，比尔·阿特金森兴奋地冲进德士古塔。他刚刚想出了一个绝妙的算法，可以在屏幕上快速画出圆和椭圆。要在屏幕上画圆，通常需要计算平方根，68000 微处理器并不支持这个功能，但阿特金森想出了一个变通的方法，因为他发现，一组奇数序列相加可以得到一组完全平方数序列（例如，1+3=4，1+3+5=9，等等）。赫茨菲尔德回忆说，在阿特金森演示的时候，所有人都震惊了，除了乔布斯。“圆和椭圆挺好的，”他说，“不过，要是能画出带圆角的矩形，你觉得怎么样？”

“我认为我们用不着这个。”阿特金森说道，他解释说那几乎是不可能做到的。“我想把图形程序做得精简一点儿，能满足基本的需要就可以了。”他回忆道。

“圆角矩形到处都有啊！”乔布斯说着就跳了起来，显得更加激动，“你就看看这个房间里！”他指出白板、桌面和其他一些东西都是带圆角的矩形。“你再看看外面，就会发现更多，基本上哪儿都有！”他把阿特金森拖出去转了一圈，指着车窗、广告牌和街道指示牌给他看。“走了3条街，我们发现了17处这样的例子，”乔布斯说，“走到哪里我都能指出来，后来他完全信服了。”

“最后直到他指着一个‘禁止停车’的标示牌时，我说：‘好了，你说对了，我认输。圆角矩形也要成为我们电脑上的基本要素。’”正如赫茨菲尔德回忆的：“第二天下午，比尔回到了德士古塔，脸上带着大大的笑容。他在演示中可以飞快地画出漂亮的圆角矩形。”在莉萨和Mac，以及后来几乎所有的苹果电脑中，对话框和窗口都带上了圆角。

还在里德学院的时候，乔布斯旁听了书法课，从而爱上了各种衬线字体和无衬线字体，以及合适的字距和行距。“在我们设计第一台Mac的时候，当年的记忆都冒了出来。”他后来在谈及书法课的时候说。因为Mac采用了位图显示，它可以支持无数种字体——从优雅的到古怪的，然后在屏幕上逐个像素地显现出来。

为了设计这些字体，赫茨菲尔德招募了来自费城郊区的高中好友苏珊·卡雷（Susan Kare）。在给这些字体命名时，他们采用了费城梅因莱恩区火车线路上车站的名字：欧弗布鲁克（Overbrook）、梅里昂（Merion）、阿德莫尔（Ardmore）和罗斯蒙特（Rosemont）。乔布斯觉得这一过程十分有趣。一天傍晚，乔布斯路过他们那里，也开始给字体想名字。那都是些“从没有人听说过的小地方”，他抱怨说：“应该用世界级的大城市来命名！”因此，字体被重新命名为：芝加哥、纽约、日内瓦、伦敦、旧金山、多伦多和威尼斯。

马库拉和其他一些人从来都无法欣赏乔布斯对于版面设计的痴迷。

“他对于字体的了解很让我们惊讶，而且他一直坚持要设计好看的字体。”马库拉回忆说，“我一直说：‘字体?!?难道我们就没有更重要的事情了吗？’”事实上，Mac上各种漂亮的字体，再结合激光打印技术和强大的图形功能，推动了桌面出版产业的诞生，也成为了苹果公司的盈利点。同时，它也让普通人——不管是中学校报记者还是编辑PTA（家长和教师联谊会）时事通讯的母亲，都享受到了掌握字体知识带来的奇异乐趣，而这种乐趣，之前只有印刷工人、满头白发的编辑和其他跟油墨打交道的人才能体会得到。

卡雷也开发了图标——例如放置被删除文件的垃圾箱，图标也体现了图形界面的内涵。她和乔布斯很合得来，因为他们都喜欢简约设计，也都想让Mac成为一台充满创意的电脑。“他通常在一天快要结束的时候过来，”她回忆说，“他总想知道最新的进展，他品位一流，对视觉细节的判断也很准确。”有时候，乔布斯会在星期天早上过来，所以卡雷那个时间段都会去上班，好向他展示最新的成果。她会时不时地遭到否定。她设计了一个兔子图标，用来表示增加鼠标的点击速率，但遭到了乔布斯的反对，理由是这个毛茸茸的生物看上去“太娘娘腔了”。

乔布斯在窗口、文件以及屏幕顶端的标题栏上也耗费了大量精力。他要求阿特金森和卡雷反复修改，因为他对标题栏的样子总是不满意。乔布斯不喜欢莉萨上使用的标题栏，因为它们太黑、太粗糙了。他希望Mac上的标题栏能够更加平滑，再有些细条纹。“我们做了20种不同的标题栏才让他满意。”阿特金森回忆说。卡雷和阿特金森曾一度抱怨说，乔布斯在标题栏的修改上耗费了他们太多时间，而他们有更重要的事情要做。乔布斯大发脾气。“你能想象一下每天都要看着它是什么感觉吗？”他吼道，“这不是件小事，这是我们必须做好的事！”

克里斯·埃斯皮诺萨找到了一个方法，既可以满足乔布斯对设计的要求，又可以满足他疯狂的控制欲。苹果公司还在车库里办公的时候，埃斯皮诺萨就是沃兹尼亚克的助手之一，在乔布斯的劝说下，他从伯克利退了学，乔布斯的理由是，学习的机会有很多，但研发 Mac 的机会只有一次。他自己决定在电脑上设计一款计算器程序。“大家都聚到一起，看克里斯向史蒂夫展示程序，他屏住了呼吸，等待史蒂夫的反应。”赫茨菲尔德回忆说。

“这只是个开始，”乔布斯说，“但基本上来说，很烂。背景颜色太深，一些线条的粗细不对，按键也太大了。”根据乔布斯提出的批评，埃斯皮诺萨日复一日地对程序进行完善，但每次展示的最新版本都会受到新的批评。最终，在一个下午，乔布斯再次出现的时候，埃斯皮诺萨展示了他灵机一动做出的解决方案——“史蒂夫·乔布斯自己动手做的计算器程序”。这个程序允许用户改变线条的粗细、按键的大小、阴影、背景及其他属性，从而实现计算器外观的调整和个性化。乔布斯没有只顾着笑，他开始认真地根据自己的喜好调整计算器的外观。大约 10 分钟后，他终于得到了让自己满意的答案。毫无疑问，他的设计出现在了最终问世的 Mac 上，并在之后 15 年的时间里一直作为标准使用。

尽管乔布斯关注的重点在 Mac 上，但他还在寻求为所有的苹果产品创造统一的设计风格。于是，在杰里·马诺克和非正式团体“苹果设计协会”的帮助下，乔布斯组织了一次选拔赛，为苹果挑选世界级的设计师，如同博朗公司的迪特尔·拉姆斯一样。这个计划命名为“白雪公主”，起这个名字并不是因为对白色的偏爱，而是因为比赛中需要选手设计的产品是以七个小矮人的名字命名的。最终的赢家是德国设计师哈特穆特·艾斯林格（Hartmut Esslinger），他曾负责设计了索尼特丽珑（Trinitron）电视的外观。乔布斯飞到巴登 – 符腾堡州的黑森林地区与他会面，给乔布斯留下深刻印象的不仅是艾斯林格的激情，还有他开着奔驰以超过 100 英里的时速狂奔的勇猛精神。

艾斯林格虽然是德国人，但他提出“苹果产品的 DNA 中应该有土生土长的美国基因”，有独特的加利福尼亚风情，就像“好莱坞和音乐一样，有一点儿叛逆，还有自然散发的性感魅力”。他的指导思想是“形式追随情感”（Form follows emotion），这套用了那句众人皆知的“形式追随功能”（Form follows function）。他制作了 40 个模型来阐述这一概念，当乔布斯看到这些模型的时候，他宣布：“对，就是这样！”“白雪公主”的外观立即被运用到了 Apple Ⅱ 上：白色的机箱，紧致的圆润曲线，既能散热又起到装饰作用的细密通风槽。乔布斯给艾斯林格提供了一份签约合同，前提条件是他必须搬到加州居住。两人握手达成协议，用艾斯林格不那么谦虚的话说：“那次握手开启了工业设计史上最具决定性的一次合作。”艾斯林格的公司——青蛙设计[1]——1983 年年中在帕洛奥图成立，并从苹果公司得到了一份每年 120 万美元的大合同，从那时起，所有的苹果产品上都可以见到这句自豪的宣言：加利福尼亚设计（Designed in California）。

乔布斯从父亲身上学到，充满激情的工艺就是要确保即使是隐藏的部分也要做得很漂亮。这种理念最极端也是最有说服力的例证之一就是乔布斯会仔细检查印刷电路板。电路板上有芯片和其他部件，深藏于 Mac 的内部，没有哪个用户会看到它，但乔布斯还是会从美学角度对它进行评判。“那个部分做得很漂亮，”他说，“但是，看看这些存储芯片，真难看。这些线靠得太近了。”

1. 2000 年，“青蛙设计”（frog design）更名为“青蛙 设计”（frog design），并迁至旧金山。当初艾斯林格为公司挑选这样一个名字，不仅是因为青蛙具有形态变化的能力，也是为了向自己的祖国德意志联邦共和国［(f)ederal (r)epublic (o)f (g)ermany］致敬。他说：“小写字母体现的是包豪斯运动的无层级语言观念，强化了公司民主合作的精神。”

一名新手工程师打断他，并声称这有什么关系——“只要机器能运行起来就行，没人会去看电路板的。”

乔布斯的反应和往常一样：“我想要它尽可能好看一点儿，就算它是在机箱里面的。优秀的木匠不会用劣质木板去做柜子的背板，即使没人会看到。”几年之后，在Mac上市后的一次访谈中，乔布斯再一次提到了当年父亲对他的教导：“如果你是个木匠，你要做一个漂亮的衣柜，你不会用胶合板做背板，虽然这一块是靠着墙的，没人会看见。你自己知道它就在那儿，所以你会用一块漂亮的木头去做背板。如果你想晚上睡得安稳的话，就要保证外观和质量都足够好。”

在迈克·马库拉的影响下，乔布斯意识到漂亮的产品包装和展示也同样重要。人们会因为封面设计而评判一本书的优劣，也会凭借Mac的包装盒来判断它的好坏。所以，乔布斯为Mac的包装选择了全彩设计，并不断对其进行改善。“他让大家重做了50次，”阿兰·罗斯曼（Alain Rossmann）回忆说，他是Mac团队的成员之一，后来娶了乔安娜·霍夫曼，“用户一打开包装，这些东西就会被扔进垃圾箱，但他还是执着于包装的式样。”对罗斯曼来说，这显得有点儿本末倒置：一方面，大把的钱被花在了昂贵的包装上；另一方面，他们又试图在存储芯片上压缩成本。但对乔布斯来说，要让Mac在性能和外观上都给人惊艳的感觉，每个细节都是至关重要的。

最终的设计方案敲定后，乔布斯把Mac团队的成员都召集到一起，举行了一个仪式。他说：“真正的艺术家会在作品上签上名字。”于是他拿出一张绘图纸和一支锐意（Sharpie）笔，让所有人都签上了自己的名字。这些签名被刻在了每台Mac的内部。除了维修电脑的人，没有人会看到这些名字，但团队里的每个成员都知道那里面有自己的名字，就如同每个人都知道那里面的电路板已经被设计得尽善尽美了。乔布斯一个一个叫出大家的名字，让他们签名。伯勒尔·史密斯是第一个。乔布斯等到了最后，其他 45 个人都签过名后，他在图纸的正中间找到了一个位置，用小写字母潇洒地签下了自己的名字，然后他以香槟向大家祝酒。“在这样的时刻，他让我们觉得，自己的成果就是艺术品。”阿特金森说。

过程就是奖励

竞争

1981年8月，IBM推出了他们的个人电脑，乔布斯让自己的团队买了一台并进行了详细的分析。大家一致认为这是一款很糟糕的产品，克里斯·埃斯皮诺萨称其"性能低下，毫无创新"，这话不无道理。它使用的是过时的命令行提示符，屏幕也只能显示字符，而不是图形界面的位图显示。苹果的员工显得过于自信了，他们没有意识到，企业的技术经理也许更愿意从IBM这样的老牌企业购买产品，而不愿从他们这家以水果命名的公司购买什么。IBM发布个人电脑的那天，比尔·盖茨恰巧在苹果公司的总部参加一场会议。"他们看上去根本不在意，"他说，"他们用了一年时间才意识到发生了什么。"

有一件事展露出了苹果公司狂妄的自信：他们在《华尔街日报》上刊登了一幅整版广告，标题是："欢迎IBM——真的。"它把即将来临的电脑产业大战定位成了两家公司之间的竞争：生气蓬勃而又叛逆的苹果和老牌巨头IBM。当时和苹果公司表现同样出色的康懋达公司、坦迪公司（Tandy）以及奥斯本则被归入了"不相干公司"的行列。

乔布斯在整个职业生涯中，都喜欢把自己看作一位对抗邪恶帝国的反抗者，一名与黑暗力量做斗争的绝地战士或佛教武士。IBM是他的完美陪衬。乔布斯把即将到来的产业战争看作商业竞争和精神较量的结合体。"如果因为某个原因，我们酿下大错，IBM战胜了我们，那我个人的感觉就是，我们将进入计算机领域长达20年的黑暗时代。"他告诉一个采访者，"一旦IBM控制了市场，他们几乎总是会停止创新。"即使30年后的现在，在回顾那场竞争时，乔布斯还是把它当作神圣的改革运动："IBM本质上就是最差状态下的微软公司。他们不是创新的力量，而是邪恶的力量。IBM就像AT&T、微软或者谷歌一样。"

对苹果公司来说，不幸的是乔布斯还将矛头对准了 Mac 的另一个竞争对手：苹果公司自家生产的莉萨。这在一定程度上是心理原因。他曾经遭到过莉萨项目的驱逐，现在他要打败它。乔布斯还认为，良性的竞争也是一种激励下属的方法。正因如此，他才跟约翰·库奇赌 5 000 美元，坚称 Mac 会在莉萨之前上市。问题是，良性竞争逐渐升级成恶性竞争。乔布斯总是把自己手下的一帮工程师描绘成酷小孩，与莉萨团队那群惠普工程师风格的无趣之人形成鲜明对照。

更实质性的问题是，他当初放弃了杰夫·拉斯金生产廉价、低性能便携电脑的计划，将 Mac 重新定义为拥有图形用户界面的台式机。这样一来，Mac 就成了小尺寸版本的莉萨，很有可能削弱莉萨的市场影响力。当乔布斯敦促伯勒尔·史密斯围绕摩托罗拉 68000 微处理器来设计 Mac，并让 Mac 的运行速度超过了莉萨时，这一状况就变得愈加真实。

负责管理莉萨电脑应用软件的拉里·特斯勒意识到，让许多软件在两款机器上共用是相当重要的。于是，为了促成两个团队间的合作，他安排史密斯和赫茨菲尔德来到了莉萨的工作区，演示一下 Mac 的样机。25 名工程师聚到了一起，认真聆听演示内容，刚进行到一半，门被猛然推开了。冲进来的是里奇·佩奇（Rich Page），他负责莉萨的大部分设计工作，是个性格冲动的工程师。“Mac 会毁了莉萨的！”他大吼道，“Mac 也会毁了苹果公司！”史密斯和赫茨菲尔德都没有做出回应，于是佩奇继续咆哮：“乔布斯想要毁了莉萨，就因为我们没让他来管。”他说着，好像要哭出来一样：“没人会买莉萨的，因为大家都知道 Mac 就要问世了！但你们根本不在乎！”他冲出房间，猛地关上了门，但过了一会儿又闯了进来。“我知道这不是你们的错，”他对史密斯和赫茨菲尔德说，“史蒂夫·乔布斯才是问题所在。告诉史蒂夫，他正在毁掉苹果公司！”

乔布斯的确把Mac变成了莉萨的低价竞争者，并且使用的是莉萨不能兼容的软件。更糟糕的是，这两款机器与AppleⅡ都不兼容。没有人全面管理苹果公司，也就没有人能管得住乔布斯。

彻底的控制

乔布斯不愿意让Mac兼容莉萨的架构，并不只是出于竞争或复仇目的，还有一个形而上层面上的原因，就是他对于控制权的迷恋。他认为一台电脑要真正做到优秀，其硬件和软件必须紧密相联。如果一台电脑要兼容那些在其他电脑上也能运行的软件，它必定要牺牲一些功能。他认为最好的产品是“一体的”，是端到端的，软件是为硬件量身定做的，硬件也是为软件度身定制的。正因为此，才使得Mac有别于微软（以及之后谷歌的安卓）所创造的环境，Mac上使用的操作系统只能在自己的硬件上运行，而微软和安卓的操作系统可以在许多不同厂家制造的硬件上运行。

“乔布斯是一个固执的杰出艺术家，他不希望看到自己创造的东西被二流的程序员给糟蹋了。”ZDNET的编辑丹·法伯（Dan Farber）写道，“这就好像街边的某个人在毕加索的画作上涂了几笔或是改写了鲍勃·迪伦的歌词一样。”到后来，乔布斯软硬件结合的一体化产品理念也让iPhone、iPod和iPad从诸多竞争者中脱颖而出。这一理念造就了伟大的产品，但这并不总是占领市场的最佳战略。“从最初的Mac到最新的iPhone，乔布斯的系统一直都是封闭的，用户无法对其进行干预或修改。”《Mac信徒》（*The Cult of Mac*）一书的作者利安德·卡尼（Leander Kahney）说。

乔布斯当初和沃兹尼亚克争论是否应该在AppleⅡ上设置扩展槽，从而允许用户在电脑主板上插入扩展卡来增加一些新功能时，就表现出了他心中那种控制用户体验的强烈欲望。沃兹尼亚克在那场争论中获得了胜利——Apple Ⅱ 上有 8 个扩展槽。但这一次，这台电脑是属于乔布斯的，不是沃兹尼亚克的。Mac 不会有扩展槽。用户甚至都不能打开机箱碰到主板。对业余爱好者或者黑客来说，这就少了很多乐趣。但对乔布斯来说，Mac 是为大众设计的，他想让用户的体验是可控的。他不希望看到有人往扩展槽里随便插上电路板，以破坏他的优雅设计。

"这反映了他喜欢掌控一切的个性。"贝里·卡什（Berry Cash）说。卡什于 1982 年被乔布斯聘请到苹果担任市场策划，成了德士古塔的常驻员工。"史蒂夫在谈到 Apple Ⅱ 的时候会抱怨说：'我们没有控制权，只能看着那些人对它做疯狂的事情。我再也不会犯这种错误了。'"他甚至设计了专门的工具，这样的话用户就无法使用常规的螺丝刀来打开机箱。"我们要把它设计成只有苹果员工才能打开的产品。"乔布斯告诉卡什。

乔布斯还决定取消 Mac 键盘上的光标方向键。要移动光标，唯一的方法就是使用鼠标。这就迫使一些传统用户必须适应鼠标的指向和点击这样的操作，尽管他们并不情愿这么做。和其他的产品开发者不一样，乔布斯不相信顾客永远是正确的。如果他们抵制使用鼠标的话，那他们就错了。这又一次证明，乔布斯把制造伟大产品的激情摆在了比迎合消费者的欲望更为重要的位置上。

取消方向键还有另一个好处（也是坏处）：它迫使苹果公司以外的软件开发商们针对 Mac 的操作系统编写专门的程序，而不是编写一个通用的程序从而能安装到不同的电脑上。这有助于应用软件、操作系统和硬件设备间的紧密的垂直整合，而这正是乔布斯所钟爱的。

将 Mac 的操作系统授权给其他厂家，进而允许别人制造出 Mac 的仿制品，这样的提议令渴望端到端整体掌控局面的乔布斯极为反感。

新上任的 Mac 营销总监迈克·默里（Mike Murray）精力充沛，他在 1982 年 5 月交给乔布斯的机密备忘录中提出了一份授权计划。“我们希望 Mac 的用户环境可以成为行业标准，”他写道，“但这其中有一个障碍：如果想要使用这个用户环境，就必须购买 Mac 的硬件。很少有公司（实际上根本就没有）可以创造并维持一个无法与其他厂家共享的行业标准。”他建议将 Mac 的操作系统授权给坦迪公司。默里认为，坦迪旗下的 Radio Shack 商店拥有的客户群与苹果公司不同，所以不会严重影响苹果产品的销售。但以乔布斯的天性，他必然反对这样的计划。他无法想象自己的完美创作不在自己的控制之下。最终，Mac 依照乔布斯的标准，仍然作为一个封闭的用户环境存在，但正如默里所担心的，在一个到处都是 IBM 兼容机的世界里，Mac 想要守住行业标准的地位将会遭遇重重困难。

年度机器

随着 1982 年临近尾声，乔布斯开始相信，自己将成为《时代》杂志的“年度人物”。一天，他和《时代》旧金山分部的总编迈克尔·莫里茨一同出现在德士古塔，他还鼓励同事们接受莫里茨的采访。但最终，乔布斯并没有登上该杂志封面。《时代》将“计算机”选为了年终刊的主题，并称之为“年度机器”。

和主题报道一起的有一篇乔布斯的介绍，是根据莫里茨的报道，由杰伊·科克斯（Jay Cocks）撰写的，而科克斯以往只是负责摇滚乐信息方面的编辑。文中写道：“他有高超的推销技巧，他的盲目信仰甚至让早先的基督教殉道者都嫉妒不已，正是他——史蒂夫·乔布斯——开启了个人电脑产业。”这是一篇内容十分丰富的文章，但也不乏粗糙之处，以至于莫里茨本人（在他写了一本关于苹果公司的书，又进入风险投资公司红杉资本、和唐·瓦伦丁成了合伙人之后）也予以驳斥，并抱怨说自己的报道被“一个来自纽约、日常工作是记录摇滚音乐界不羁生活的编辑断章取义，还添加了一些八卦消息”。那篇介绍文章中引用了巴德·特里布尔关于乔布斯“现实扭曲力场”的言论，还提到乔布斯“有时候会在会议上突然哭起来”。最精彩的一句引用也许来自杰夫·拉斯金，他说乔布斯“可以成为杰出的法兰西国王”。

让乔布斯沮丧的是，杂志公开了一件事：他有一个被他抛弃的女儿——莉萨·布伦南。就是这篇文章提到了乔布斯说过的那句话：“全美国28%的男性都有可能是孩子的爸爸。”这激怒了克里斯安。乔布斯知道是科特基把莉萨的事情告诉了杂志，他在Mac团队的办公区当着一群人的面痛斥了科特基。“《时代》的记者问我，乔布斯是不是有个叫莉萨的女儿，我说没错。”科特基回忆说，“朋友是不会让朋友否认自己是一个孩子的父亲的。我不会让我的朋友这么浑蛋，否认自己是个父亲。他真的很生气，觉得受到了冒犯，然后当着所有人的面说我背叛了他。”

但真正伤害了乔布斯的是，他终究没能被选为“年度人物”，正如他后来告诉我的：

> 《时代》已经决定要让我成为“年度人物”了，当时我才27岁，所以我真的很在意这件事，我觉得那很酷。他们派迈克尔·莫里茨来写篇文章。我们两个同龄，而我当时事业已经非常成功了，我能看得出来他对我很是嫉妒，他又恰好掌握了有利条件。所以他写了一篇恶毒的诽谤文章。纽约的编辑们看到这篇文章后说，我们不能让这种人当“年度人物”。这真的让我很伤心。不过也是个很好的教训，它告诉我永远不要为了那样的事情过分激动，因为媒体就像马戏团一样。他们用联邦快递把杂志寄给了我，我

记得当时拆开包装的时候，满心希望在封面上看见自己的脸，结果却是个电脑的雕像。我还想：“怎么回事？”然后我看了那篇文章，写得太糟糕了，我真的哭了出来。

事实上，没有理由相信莫里茨当时嫉妒乔布斯，或者故意想进行不公正的报道。乔布斯也从没有被定为“年度人物”，尽管他自己希望是那样。那一年，编辑们（我也在其中，只是资历较浅）早就决定刊登“计算机”而不是某个人了，而且他们提前几个月就委托著名的雕塑家乔治·西格尔（George Segal）制作一件艺术品，作为折页封面上的图像。雷·凯夫（Ray Cave）当时是杂志的一名编辑。“我们从没有考虑过乔布斯，”他说，“你无法把电脑比作人，所以那是我们第一次决定选用一个无生命的物体。请西格尔做雕塑是件大事，我们从没有想让某个人出现在封面上。”

1983年1月，苹果公司发布了莉萨——比Mac早了整整一年，乔布斯在和库奇的这场赌局中输掉了5 000美元。尽管乔布斯并不是莉萨团队的一员，他还是以苹果董事长及形象代言人的身份前往纽约为莉萨做宣传。

乔布斯从自己的公关顾问里吉斯·麦肯纳那里学会了如何以戏剧化的方式限量派发独家专访的机会。来自指定媒体的记者按次序一个个被带进他在卡莱尔酒店的套房，对他进行采访。房间里的桌子上摆着一台莉萨电脑，周围用切花装饰着。宣传计划要求乔布斯专注于介绍莉萨，不要谈及Mac，因为对Mac的猜测可能损害莉萨的销售，但乔布斯没能控制住。根据那天对他的采访而写成的大多数报道——包括刊登在《时代》、《商业周刊》、《华尔街日报》以及《财富》上的——都提到了Mac。“今年晚些时候，苹果公司将推出一款性能稍弱、售价更低的莉萨版本，即Mac。”《财富》报道说，“乔布斯将亲自领导那个项目。”《商业周刊》引用了乔布斯的话：“Mac 问世后，将成为全世界最不可思议的电脑。”他还坦承 Mac 和莉萨是无法兼容的。这就像是在发布莉萨的同时给它送上了死亡之吻。

莉萨确实慢慢地消亡了。不到两年，它就停产了。“它太贵了，我们试图把它卖给大公司，但我们擅长的是出售给个人用户。”乔布斯后来说。不过这让他看到了一线希望：莉萨刚刚面世几个月，有一件事情就很明显了，那就是，苹果公司必须把希望寄托在 Mac 身上。

我们当海盗吧！

随着 Mac 团队的不断扩大，它从德士古塔搬到了位于班德利大道（Bandley Drive）的苹果公司主办公区，并于 1983 年年中在班德利 3 号楼安顿下来。那里有一个可以玩电子游戏的现代化中庭大厅，游戏都是由伯勒尔·史密斯和安迪·赫茨菲尔德挑选出来的，还有一套东芝的 CD 音响系统，配上了马丁·洛根（Martin Logan）扬声器和 100 张 CD 光盘。从大厅就能看到软件小组的员工，他们的办公区域被玻璃围住，看上去就像待在鱼缸里一样，厨房里每天都备有奥德瓦拉果汁。逐渐地，中庭里的玩物越来越多，最醒目的就是一架贝森朵夫钢琴和一辆宝马摩托车，乔布斯觉得这些东西可以让员工迷上简洁高雅的工艺风格。

乔布斯对招聘流程有着严格的控制，目的是招到具有创造力、绝顶聪明又略带叛逆的人才。软件小组会让应聘者玩史密斯最爱的电子游戏《守护者》（*Defender*）。乔布斯会问一些他常问的古怪问题，以考验求职者在突发状况下的思维应变能力，以及他们的幽默感和反抗精神。有一天，他和赫茨菲尔德、史密斯一起，面试一个应聘软件经理的人，这个人一走进来，身上的保守和刻板气息就显露无遗，很明显无法管理鱼缸里的那群天才。乔布斯开始无情地捉弄他。“你是几岁失去童贞的？”乔布斯问。

应聘者听得一头雾水：“你说什么？”

“你还是处男吗？”乔布斯问道。应聘者坐在那儿，显得格外紧张不安，于是乔布斯换了个问题：“你服用过多少次迷幻药？”赫茨菲尔德回忆说：“那个可怜的家伙满脸通红，于是我试图转移话题，问了他一个很直白的技术问题。”但是，当应聘者开始唠唠叨叨地回答问题时，乔布斯打断了他。“咯咯，咯咯，咯咯，咯咯……”他发出这样的声音，一旁的史密斯和赫茨菲尔德也都笑了起来。

“我想我不适合这份工作。”那个可怜的人说着就起身离开了。

乔布斯虽然有很多让人讨厌的行为，但他也能给自己的队伍注入团队精神。在把别人贬得一文不值之后，他又能找到办法激励他们，让他们觉得成为Mac项目的一员是一项美妙的事情。每半年，他都会带着团队的大部分人，去附近的一处度假胜地举行为期两天的集思会。

1982年9月的那次集思会是在蒙特雷附近的帕加罗沙丘（Pajaro Dunes）进行的。大约50名Mac团队成员坐在小屋里，面朝着壁炉。乔布斯坐在他们前面的一张桌子上。他小声地说了一会儿话，然后走到一个画架旁，开始逐一列出自己的想法。

第一条是“绝不妥协”。这一条在日后的岁月里被证明是一把双刃剑，因为大多数技术团队都会妥协。另一方面，Mac最终要成为乔布斯和他的队伍所能做出的最“酷毙了”（Insanely Great）的产品，但它又不能再花上16个月才上市，远远晚于计划时间。提出一个计划中的完工日期后，他告诉他们：“即便错过上市日期，也不能粗制滥造。”换作愿意做出妥协的项目经理，也许会敲定一个完工日期，之后不得再做出任何改动。但乔布斯不是这样的人，他的另一句名言就是："直到上市，产品才能算是完工。"（It's not done until it ships.）

另一张纸上写下了一句公案[1]一样的短语，他后来告诉我那是他最爱的一句格言。上面写的是："过程就是奖励。"（The journey is the reward.）他喜欢强调 Mac 团队是一支有着崇高使命的特殊队伍。未来的某一天，他们会回顾这段共同度过的时光，对于那些痛苦的时刻，只是过眼云烟，或者付之一笑，他们会把这段时光看作人生中奇妙的巅峰时刻。

演讲的最后，有人问乔布斯是否想做一些市场调查，看看顾客的需要。"不，"乔布斯回答，"因为在看到我们的产品之前，顾客并不知道他们想要什么。"然后他拿出了一个日记本大小的装置，问道："你们想看点儿好东西吗？"他翻开之后，大家发现那是一台可以放在腿上使用的电脑，键盘和屏幕接合在一起，就像笔记本一样。他说："这是我的梦想，希望我们能在 80 年代中晚期造出这种电脑。"他们正在创建一家基业长青的公司、一家创造未来的公司。

接下来的两天，各团队的负责人和颇具影响力的计算机行业分析师本·罗森都发表了演讲，晚上的时间就用来举行泳池派对和跳舞。到最后，乔布斯站在众人面前，发表了一番独白。"随着时间的流逝，这里的 50 个人所做的工作将会对整个世界产生深远的影响。"他说道，"我知道我可能有一点儿难以相处，但这是我一生中做过的最有趣的事情。"多年之后，当时观众中的大多数人想到乔布斯的那句"有一点儿难以相处"时都会笑起来，并且都同意他的说法：能深远地影响世界，是他们一生中最大的乐趣。

接下来的一次集思会是在 1983 年 1 月底，莉萨发布的当月。会议的调子有了转变。4 个月前，乔布斯在他的挂图上写下了"绝不妥

1. 佛教禅宗用语。

协”(Don't compromise)，这一次，他的格言变成了“真正的艺术家总能完成作品”(Real artists ship)。火气一下子被拱了起来。阿特金森未能得到在莉萨发布时接受采访的机会，他冲进乔布斯的酒店房间，威胁要辞职。乔布斯努力安抚他，但他根本不吃这一套。乔布斯发怒了，“我现在没时间处理这个。”他说，“我还有60个员工全身心投入在Mac项目上，他们在等着我去开会呢。”说完他就径自走开，去给自己的忠实员工们演讲了。

乔布斯发表了一通振奋人心的演讲，宣称他已经就使用Mac这个名字一事和Mac音频实验室解决了纷争。（事实上，当时此事仍然在谈判之中，但那样的时刻需要乔布斯略略施展他的现实扭曲力场。）他拿出一瓶矿泉水，象征性地给台上的样机施了洗礼。阿特金森在很远的地方就听到了巨大的欢呼声，他叹了口气，也加入了人群中。接下来的派对上，有泳池裸泳，有沙滩上的篝火，还有整晚播放的音乐，嘈杂的声音导致卡梅尔的海滩酒店（La Playa）明确拒绝他们再次入住。几个星期之后，乔布斯设法让阿特金森被评为了“苹果特别员工”，这意味着加薪、获得股票期权以及自主选择项目的权利。此外，公司还同意，当Mac启动阿特金森创作的画图程序时，屏幕上都会显示：“MacPaint——作者：比尔·阿特金森。”

举办1月的集思会时，乔布斯的另一条著名言论是“当海盗，不要当海军”。他想给自己的团队灌输叛逆精神，让他们像侠盗一样行事：既为自己的工作感到自豪，又愿意去窃取别人的灵感。就像苏珊·卡雷说的：“他的意思是，我们的团队里要有一种叛逆的感觉，我们能快速行动，做成事情。”为了庆祝乔布斯几周之后的生日，团队在通往苹果公司总部的马路边买下了一块广告牌，上面写着：

史蒂夫，28岁生日快乐。过程就是奖励。

——海盗们贺

Mac团队最酷的程序员之一史蒂夫·卡普斯（Steve Capps）认为，需要为这种新的精神升起一面海盗旗。他拿了一块黑布，让卡雷画成一面骷髅旗。骷髅所戴的一只眼罩被她画上了苹果的标识。一个周日的深夜，卡普斯爬到了新落成的班德利3号楼的楼顶，在建筑工人留下的一个脚手架支柱上升起了那面海盗旗。这面旗帜高高飘扬了几个星期，后来莉萨团队的成员在一次深夜突袭中偷走了它，并给Mac团队送去了一张索取赎金的通知。卡普斯为了把旗子抢回来，带人突袭了莉萨团队，并成功地从一个负责看管海盗旗的秘书手中夺回了它。一些心态成熟的人担心乔布斯的海盗精神正在逐渐失控。"升海盗旗这件事真的非常愚蠢，"亚瑟·罗克说，"这是在告诉公司的其他人，他们不够出色。"但乔布斯喜欢这样，一直到Mac项目完成，他始终让那面海盗旗猎猎招展。"我们很叛逆，我们想让大家知道这一点。"他回忆说。

Mac团队的资深成员意识到，他们可以勇敢地面对乔布斯。如果他们清楚自己在说什么，乔布斯就能容忍反对的声音，甚至微笑面对，表达赞赏之情。到1983年，那些最熟悉他的现实扭曲力场的人有了进一步的发现：如果必要，他们可以不动声色地忽略他的命令。如果事实证明他们是正确的，乔布斯就会欣赏他们的叛逆态度和敢于无视权威的意愿。毕竟，他自己就是如此。

迄今为止，乔布斯的叛逆精神影响最重大的一次是在为Mac选择磁盘驱动器这件事上。当时苹果公司有一个部门是生产大容量存储设备的，他们开发了一套磁盘驱动系统，代号"崔姬"（Twiggy），它可以读写那些纤薄、精致的5.25英寸软盘，年长一些的读者（那些还记得模特崔姬是谁的人）一定还能回想起那种软盘。但到了1983年春天，莉萨准备上市的时候，崔姬系统的高故障率已经很明显了。因为莉萨还带有一个硬盘驱动器，所以对它来说情况并不算太糟。但 Mac 没有硬盘，所以它就面临着危机。“Mac 团队开始感到惊慌了，”赫茨菲尔德说，“我们只用了一个崔姬系统作为软盘驱动器，又没有硬盘可以备用。”

1983 年 1 月，在卡梅尔的那次度假中，他们讨论了这个问题，黛比·科尔曼把崔姬系统故障率的数据给了乔布斯。几天之后，乔布斯开车来到苹果公司在圣何塞的工厂，视察崔姬的生产过程。生产中的每个流程，都有超过一半的产品不合格。乔布斯愤怒了。他气得满脸通红，开始咆哮，气急败坏地说要开除那儿的所有员工。Mac 工程团队的负责人鲍勃·贝尔维尔镇定地把他带到了停车场，在那儿和他一边散步一边讨论替代方案。

有一个办法，也是贝尔维尔一直在探索的，就是使用索尼公司刚刚研发的新型 3.5 英寸磁盘。这种磁盘被包裹在更加牢固的塑料中，小巧到可以塞进衬衫口袋。还有一个办法，就是使用日本的一家小供应商阿尔卑斯电子公司（Alps Electronics Co.）生产的索尼 3.5 英寸磁盘的仿制品，这家公司一直为 Apple Ⅱ 供应磁盘驱动器。阿尔卑斯电子公司当时已经获得了索尼的技术授权，如果他们能及时生产出自家版本的驱动器的话，价格将便宜不少。

乔布斯和贝尔维尔以及苹果的资深员工罗德·霍尔特（帮乔布斯设计 Apple Ⅱ 第一款电源的人）一起飞到了日本，寻求解决问题的办法。他们从东京乘坐高速列车前往阿尔卑斯电子公司的工厂。那里的工程师甚至连一件可以使用的样机都没有，只有一个未完工的模型。乔布斯觉得不错，但贝尔维尔对这种状况感到震惊。他认为，阿尔卑斯电子公司绝不可能在一年之内将它准备就绪，然后应用到 Mac 上。

接着，他们又参观了另外几家日本公司。乔布斯举止十分粗鲁，穿着牛仔裤和运动鞋去跟那些身穿深色西装的日本经理会面。对方按照惯例郑重地递给乔布斯一些小礼物，但这些礼物经常被他丢在一边，他也从没有回赠过礼物。工程师们列队欢迎他，向他鞠躬，然后恭敬地送上自己的产品供他检查，而他只会冷笑一声。乔布斯既讨厌他们的产品，又讨厌他们的谄媚。"你给我看这个干什么？"他在一家工厂的时候厉声问道，"这就是一块垃圾！随便找个人做出来的驱动器都比这个好。"虽然接待方的大多数人都对他的举止感到震惊，但有一些人似乎被他逗乐了。他们事先听说过关于他令人生厌的作风和鲁莽行为的传闻，现在总算亲眼见识了。

参观的最后一站是坐落在东京一片死气沉沉的郊区的索尼工厂。在乔布斯看来，这家工厂很杂乱，粗鄙。很多工作都靠手工完成。他痛恨这一点。回到酒店后，贝尔维尔主张使用索尼的磁盘驱动器，因为它们已经可以直接用到Mac上了。乔布斯不同意，他决定跟阿尔卑斯电子公司合作，自己生产驱动器，同时命令贝尔维尔停止与索尼的一切合作。

贝尔维尔认为，最好在一定程度上忽略掉乔布斯。他向迈克·马库拉解释了情况，马库拉悄悄告诉他，采取一切必要措施，确保在短时间内准备好一款磁盘驱动器——但是不要告诉乔布斯。贝尔维尔在自己的顶级工程师们的支持下，向索尼的一位高管提出，让索尼的磁盘驱动器准备好应用在Mac上。万一阿尔卑斯电子公司无法按时供货，苹果公司就会转用索尼的产品。于是索尼把开发这款驱动器的工程师嘉本秀年（Hidetoshi Komoto）派到了苹果公司。嘉本毕业于普渡大学，幸运的是，他对于这项秘密任务充满了幽默感。

每当乔布斯离开公司办公室，前去视察Mac团队工程师的时候——基本上是每天下午，他们都会赶紧找个地方让嘉本藏起来。有一次，乔布斯恰巧在库比蒂诺的一处报刊亭遇到了嘉本并且认出了他（两人在日本见过），但乔布斯并没有起疑心。最险的一次是有一天，乔布斯出人意料地急匆匆来到Mac团队的办公区，而当时嘉本正坐在一个办公隔间里。Mac的一名工程师一把抓住他，指了指清洁间。“快点儿，躲到里面去。拜托！现在就去！”赫茨菲尔德回忆说，当时嘉本一脸迷惑，但还是跳起来一头冲进了清洁间。他在里面待了5分钟，直到乔布斯离开。事后，Mac团队的工程师们向嘉本道歉。“没关系，”他回答道，“但美国的商业习惯真是非常奇怪，太奇怪了。”

贝尔维尔的预言变成了现实。1983年5月，阿尔卑斯电子公司承认，至少还需要18个月才能生产出索尼驱动器的仿制品。在帕加罗沙丘休假时，马库拉追问乔布斯打算怎么办。最终，贝尔维尔打断了他们的对话，说自己可能有阿尔卑斯驱动器的替代产品，并且很快就可以投入使用。乔布斯困惑了一会儿，但很快就明白了自己为什么会在库比蒂诺遇到索尼的顶尖磁盘设计师。“你这个浑蛋！”乔布斯冲口而出，但语气中并没有愤怒。他咧开嘴笑了起来。赫茨菲尔德说，乔布斯在知道了贝尔维尔和其他工程师背着他做的事情后，“收起了自己的傲慢，感谢他们没有服从自己的命令，做了正确的事”。毕竟，如果是乔布斯遇到这样的状况，他也会这么做。

第十四章　斯卡利来了

百事挑战

1984 年，乔布斯与约翰·斯卡利

求爱

迈克·马库拉从来就没想过要当苹果公司的总裁。他喜欢设计自己的新房子，驾驶自己的私人飞机，靠股票期权过着奢华的生活。他并不喜欢裁决纠纷，也不喜欢领导一群很难伺候的自我主义者。他之前被迫赶走了迈克·斯科特，然后很不情愿地当上了总裁，但他答应过妻子，这份差事只是暂时的。到 1982 年年底，马库拉已经在这个职位上干了差不多两年，妻子给他下了最后通牒：马上寻找接班人。

虽然跃跃欲试，但乔布斯知道自己还没有能力管理公司。他很高傲，但还是有自知之明的。马库拉也赞成乔布斯的想法。他告诉乔布斯，要担任苹果公司的总裁，他还稍显毛躁和不成熟。于是，他们开始在公司以外寻找合适人选。

他们最中意的人是唐·埃斯特里奇（Don Estridge）。他白手起家，创建了 IBM 个人电脑部门，并且开创了这条产品线。尽管乔布斯及其团队对此不屑一顾，但如今 IBM 个人电脑的销量已经超过了苹果。埃斯特里奇为保护团队免受纽约州阿蒙克市 IBM 总部企业文化的影响，将其公司设立在佛罗里达州博卡拉顿。和乔布斯一样，埃斯特里奇富有上进心，能启发灵感，才思敏捷，还有一点儿叛逆。而和乔布斯不同的是，他能够让别人觉得他的一些绝妙想法也是他们的。乔布斯飞到博卡拉顿，开出了 100 万美元薪水外加 100 万美元签约奖金的条件，但是埃斯特里奇拒绝了他。埃斯特里奇不是那种会投敌的人，而且他也愿意做机构的一部分，喜欢做海军，而不是海盗。乔布斯讲述的当年用蓝盒子盗打电话的故事，让埃斯特里奇觉得很不舒服。当别人问起他在哪儿工作时，他喜欢从口中说出“IBM”这个名字时的感觉。

于是，乔布斯和马库拉找来社交广泛的企业猎头格里·罗齐（Gerry Roche），帮他们另择人选。他们决定不局限在技术高管这个圈子里。他们需要的是一位懂得广告宣传和市场研究的消费产品营销专家，得有大企业人士的风范，能在华尔街吃得开。罗齐将目光锁定在当时最红的消费产品营销奇才、百事公司百事可乐部门总裁约翰·斯卡利（John Sculley）的身上，他的“百事挑战”（Pepsi Challenge）系列推广活动在广告宣传方面曾经取得了巨大胜利。乔布斯在给斯坦福大学商学院的学生们演讲时，听到了一些关于斯卡利的好评，斯卡利之前也曾在这个班做过演讲。于是乔布斯告诉罗齐，他很乐意见见斯卡利。

斯卡利的背景和乔布斯很不一样。他母亲是曼哈顿上东区一位很有身份的夫人，出门会戴上白手套；他父亲是一位体面的华尔街律师。斯卡利被送到圣马克学校读书，后来在布朗大学获得了本科学位，在沃顿商学院获得了商学学位。作为一名富有创新力的营销和广告专家，他在百事公司步步高升，对产品开发和信息技术却没有什么热情。

斯卡利为了看望他和前妻所生的两个十几岁的孩子，飞到洛杉矶过圣诞节。他带孩子们去了一家电脑商店，那里产品营销的糟糕状况让他觉得非常惊讶。孩子们问他为什么这么感兴趣，他说他正打算北上库比蒂诺会见史蒂夫·乔布斯。孩子们惊叹不已。尽管是在电影明星聚居地长大的，但对他们来说，乔布斯才是真正的名人。这让斯卡利对于去苹果公司担任乔布斯老板的事情格外上心。

斯卡利初到苹果公司总部时，那里平实的办公室和轻松的氛围让他大吃一惊。“大多数人都穿着随意，甚至没有百事公司的维护人员穿得正式。”他说道。午餐时，乔布斯静静地拨弄着盘子里的沙拉，但当斯卡利提出大多数主管都觉得计算机带来的麻烦要比其用处多的时候，乔布斯突然用一种传道士的口吻说：“我们想要改变人们使用计算机的方式。”

在回程的飞机上，斯卡利理了理自己的想法，最后写出了一份长达 8 页的备忘录，内容是关于向消费者和企业主管推销电脑的。这份备忘录里的一些内容虽然还很简单——里面全是加了下划线的短语、图表和方框，却意味着斯卡利对设法销售比汽水更有意思的东西产生了热情。他的建议里有这样一条："投资店内营销，让顾客知道苹果公司的产品有主富他们生活的潜力，从而吸引顾客。"（他喜欢使用下划线。）他仍然不愿离开百事，但是乔布斯激起了他的兴趣。"我被这位年轻的、急性子的天才征服了，我觉得更深入地了解他将会很有意思。"他回忆说。

因此，斯卡利同意在乔布斯下次来纽约的时候再次同他会面，而那天恰好是1983年1月在卡莱尔酒店举行莉萨电脑发布会的时候。一整天的记者会后，苹果公司的人惊奇地看到一位意外造访的客人。乔布斯松了松领带，向大家介绍了斯卡利，称他为百事公司的总裁和一位潜在的大公司客户。在约翰·库奇展示莉萨电脑的时候，乔布斯时不时地突然插进来补充评论，频繁地称赞莉萨在改变人机互动的本质方面具有"革命性"且"不可思议"，这是他最喜欢的两个词。

接着，他们前往四季餐厅。这家餐厅由密斯·凡德罗和菲利普·约翰逊（Philip Johnson）设计，优雅与力量并存，恍若人间天堂。乔布斯一边吃着特制的素食，一边听斯卡利介绍百事公司在营销方面取得的成功。斯卡利说："百事新一代"（Pepsi Generation）营销活动销售的不仅是一种产品，而且是一种生活方式和乐观的人生态度，"我觉得苹果公司有机会创造'苹果新一代'"。乔布斯热情地赞同了斯卡利的说法。另一方面，"百事挑战"宣传活动旨在聚焦产品，结合广告、活动和公关来造势。乔布斯说，发布一款新产品能引起举国沸腾，这正是他和里吉斯·麦肯纳希望苹果公司做到的。

谈话结束时已近午夜。"这是我一生中最兴奋的一个夜晚，"在回卡莱尔酒店的路上，乔布斯对陪在身边的斯卡利说道，"你不知道我有多开心。”而当斯卡利最终回到康涅狄格州格林尼治的家中时，他难以入睡。跟乔布斯打交道要比跟装瓶工谈判有趣多了。“这刺激了我，唤起了我心中压抑已久的、成为一名思想建筑师的愿望。”他后来说道。第二天早晨，罗齐给斯卡利打电话说：“我不知道你们俩昨晚都干了些什么，但是我告诉你，史蒂夫·乔布斯可高兴坏了。”

求贤之旅仍在继续，斯卡利摆出一副“你很难聘请到我，但又并不是完全没有可能”的姿态。2月的一个周六，乔布斯到东部拜访斯卡利，坐着豪华轿车来到格林尼治。他看到斯卡利新盖的房子极尽奢华，落地窗从地板一直延伸到天花板；他很欣赏那扇重达300磅的定制橡木门，安装非常讲究，平衡性也很好，手指轻轻一推就打开了。“史蒂夫对此非常着迷，因为他跟我一样，是个完美主义者。”斯卡利回忆说。斯卡利感到乔布斯身上有一种明星般迷人的特质，而他认为自身也具有这种特质。这种迷恋的感觉不太正常。

斯卡利平时都开着一辆凯迪拉克，但是（意识到客人的品位）他借了妻子的奔驰450SL敞篷车，载着乔布斯去参观百事公司占地144英亩的奢华总部，这和苹果公司的简朴风格大相径庭。对乔布斯来说，这彰显了充满活力的新兴科技公司和《财富》500强公司之间的差别。车子载着他们弯弯曲曲地穿过修剪整齐的田地和一座雕塑花园（这里有罗丹、摩尔、考尔德和贾科梅蒂的作品），来到一座由爱德华·达雷尔·斯通（Edward Durrell Stone）设计的混凝土玻璃建筑。斯卡利的大办公室配有波斯地毯、9面窗户、一座小型私人花园、一间隐匿的书房和独立卫生间。乔布斯参观公司健身中心的时候惊讶地发现，主管们有一个带按摩浴池的专用区域。“这太奇怪了。”他说。斯卡利马上表示同意，他说：“实际上，我是反对这样划分的，我有的时候也会去员工区锻炼。”

他们再一次会面是几周后在库比蒂诺，当时斯卡利刚从夏威夷参加百事一家装瓶公司的会议回来，途经这里。Mac电脑营销经理迈克·默里负责带领团队迎接斯卡利的访问，但他并不了解这次会面的真正意图。“在未来几年里，百事公司最终可能会购买成千上万台Mac电脑，”默里在给Mac团队成员的一份备忘录中欣喜地写道，“去年一年里，斯卡利先生和某位乔布斯先生成为了朋友。斯卡利先生被认为是行业中顶级的营销专家之一，因此，让我们好好招待他吧。”

乔布斯希望和斯卡利分享他对Mac电脑的兴奋之情。“这款产品对我来说比我做过的任何事情都重要，”乔布斯说道，“我希望你成为苹果公司以外第一个见到它的人。”他变戏法一般从塑料袋里拿出Mac样机，进行演示。斯卡利觉得乔布斯和他的电脑一样，令人难以忘怀。“他看上去更像是一名演出主持人，而不是商人。每一步都计划好了，就好像排练过一样，恰到好处。”

乔布斯事先让赫茨菲尔德和他的手下们准备了一个电脑屏幕欢迎画面，好让斯卡利开心。“他真的很聪明，”乔布斯说，“你无法相信他有多聪明。”乔布斯解释说，斯卡利可能会为百事采购很多Mac电脑。“这听起来有点儿可疑。”赫茨菲尔德回忆说，但他和苏珊·卡雷还是制作了一个显示画面，带有百事公司和苹果公司标识的瓶盖和罐子在屏幕上一跃而出。赫茨菲尔德十分兴奋，甚至在演示的时候挥舞起了胳膊，但是斯卡利并没有什么热情。“他问了几个问题，似乎并不是很感兴趣。”赫茨菲尔德回忆说。他最终变得对斯卡利毫无好感。“他是个不可思议的骗子，从头到尾都在装模作样。”他后来说道，“他装作对技术很感兴趣的样子，但其实他并不感兴趣。他是个搞营销的，这就是搞营销的人的本质——靠装模作样赚钱。”

乔布斯于3月来到了纽约，向斯卡利发起了猛烈攻势，事情的发展到了关键时刻。“我真的觉得你很适合，”乔布斯在和斯卡利散步穿过中央公园的时候说，“我希望你来和我一起工作。我能在你身上学到很多东西。”乔布斯曾结识过一些忘年交，知道怎样利用斯卡利的自负和不安全感。他的话奏效了。“我被他征服了，”斯卡利后来说，“史蒂夫是我所认识的最聪明的人之一。对于创新，我们都富有激情。”

斯卡利对艺术史很感兴趣，于是他带乔布斯走向大都会博物馆，他想试试乔布斯，看他是否真的愿意向别人学习。“我想看看他在自己没有涉猎过的领域里的学习能力如何。”斯卡利回忆说。他们漫步在希腊和罗马古迹之间，斯卡利详细解释着公元前 6 世纪的早期雕塑和一个世纪后的伯里克利时代的雕塑有什么区别。乔布斯喜欢学习在大学从未学过的这些历史典故，因此他似乎沉浸其中了。“我感觉自己真的像个老师，在教一个聪颖的学生。”斯卡利回忆说。斯卡利又一次沉溺在幻想里，他认为他们俩很相像。“我在他身上看到了自己年轻时候的影子。我那时也没有耐心，固执、傲慢、冲动。我的脑子里总是充满了新鲜的想法，装不下任何其他的事情。我也不能容忍那些做事达不到我要求的人。”

他们继续着这次长时间的漫步。斯卡利透露说，他度假的时候，会带着自己的写生簿去巴黎左岸画画；如果没有成为生意人，他会成为一名艺术家。乔布斯回答说，如果不和计算机打交道，他可能会在巴黎做一名诗人。他们继续沿着百老汇大街走，来到第 49 街的殖民地音像店（Colony Records），乔布斯把自己喜欢的音乐介绍给斯卡利，包括鲍勃·迪伦、琼·贝兹、埃拉·菲茨杰拉德（Ella Fitzgerald）和温德姆·希尔唱片公司（Windham Hill）的爵士乐歌手的作品。然后他们又一路返回到中央公园西路和第 74 街交汇处的圣雷莫（San Remo），乔布斯当时正计划在这里购买一幢两层的塔式顶楼公寓。

在公寓的一个露天平台上，事情终于有了圆满的结果。斯卡利当时紧贴着墙——他恐高。首先他们谈了钱的问题。“我告诉他，我需要 100 万美元的薪水、100 万美元的签约奖金，如果最后成不了，还要 100 万美元离职补偿。”斯卡利说。乔布斯答应了这些条件：“就算我自掏腰包，我们都得解决这些问题。因为你是我见过的最优秀的人。我知道对苹果公司来说你是完美的，而苹果公司应该得到最好的人才。”接着，他补充说，他还从没有为自己真正钦佩的人工作过，然而他知道斯卡利教给他的东西将会是最多的。乔布斯看着斯卡利，眼睛一眨不眨。他一头浓密的黑发给斯卡利留下了深刻的印象。

斯卡利最后还是有一点儿犹豫，他试探性地提议说也许他们应该只做朋友，那样他可以作为局外人给乔布斯提出建议。“只要你在纽约，我都希望能和你在一起。”斯卡利后来讲述了接下来那个最为激动人心的时刻，“史蒂夫低着头，看着自己的脚。在一段沉重的、尴尬的沉默之后，他向我抛出了一个问题，让我几天都无法释怀，‘你是想卖一辈子糖水呢，还是想抓住机会来改变世界？’”

斯卡利感觉就像有人往他的肚子上狠狠揍了一拳。除了默许，他无言以对。“他有一种非凡的能力，永远都能得到自己想要的东西，能够很好地判断一个人，并知道该说些什么来赢得那个人的心。”斯卡利回忆说，“4 个月来，我第一次意识到自己无法说‘不’。”冬日的太阳开始西沉，他们离开公寓，穿过公园，回到了卡莱尔酒店。

蜜月

马库拉最后说服斯卡利接受了 50 万美元的薪水和同等数额的奖金，斯卡利到达加利福尼亚的时候，正好赶上了 1983 年 5 月苹果公司管理人员在帕加罗沙丘的集思会。尽管他只带了一套深色西装，其余的都丢在了格林尼治的家中，但仍然很难适应苹果公司轻松的氛围。在会议室前方，乔布斯坐在地板上，盘着腿、光着脚、心不在焉地玩着脚趾。斯卡利试着提出一个方案：他们将讨论如何区分他们的产品——Apple Ⅱ、Apple Ⅲ、莉萨和Mac，以及是否应该围绕产品线、市场或者职能来组织公司。结果，这次讨论慢慢变成了自由交换观点、提出抱怨和进行争辩的一次活动。

乔布斯一度攻击莉萨项目组，说他们制造了一个失败的产品。“是啊，”有人回击说，“你们的Mac还没有发布呢！你为什么不等到自己的产品问世以后再来批评别人？”斯卡利吓了一跳。在百事公司，没有人会这样反驳董事长。“接着，众人开始责怪史蒂夫。”这让斯卡利想起以前从一位苹果公司广告业务员那里听来的笑话：“苹果和童子军有什么不同？答案是，童子军有大人管着。”

就在大家争吵的时候，发生了一次小地震，房屋开始发出隆隆声。“快到海滩去。”有人喊道。于是所有人都冲出门向海边跑去。然后又有人喊道，上一次地震引发了海啸。于是大家又转过身往回跑。“优柔寡断、意见冲突、自然灾害，这些都预示着接下来会发生什么。”斯卡利后来说。

不同产品团队之间的竞争是很残酷的，但是也有开心的一面，比如海盗旗引发的那场闹剧。乔布斯自夸他的Mac小组一周工作90个小时，黛比·科尔曼还制作了许多连帽运动衫，上面炫耀地印着：“我爱每周工作90小时！”这促使莉萨团队制作了一些衬衫进行回应，上面印着：“一周工作70小时，但产品已面市。”Apple Ⅱ团队虽然乏味枯燥，但赢利不少，于是他们写道：“一周工作60小时——赚钱养活莉萨和Mac。”乔布斯轻蔑地将Apple Ⅱ团队的人称为“克莱兹代尔马”（Clydesdales，一种拉重物的马），但是他心里明白一个令人痛心的事实：真正拉动苹果这辆马车的也只有这些驮马。

一个周六的早晨，乔布斯邀请斯卡利和他的妻子利兹（Leezy）来家中共进早餐。他和当时的女友巴巴拉·亚辛斯基住在洛斯加托斯一栋漂亮而寻常的都铎建筑风格的房子里，亚辛斯基是个聪慧、矜持的美丽女子。利兹带了一个平底锅来，做了素食煎蛋卷（乔布斯当时已经慢慢脱离了严格的素食主义）。“很抱歉，房子里的家具不多，”乔布斯道歉说，“我还没抽出时间来买家具。”他一直以来就有这样一个癖好：对工艺有着严格的标准，而且崇尚斯巴达式的简朴，这让他不愿意购买任何他不喜欢的家具。他有一盏蒂芙尼台灯、一张年代久远的餐桌和一台连接着索尼特丽珑电视的激光影碟机，但是房内没有沙发和椅子，取而代之的是泡沫塑料制成的垫子。斯卡利微微一笑，误以为那跟他职业生涯早期“在凌乱的纽约城公寓里疯狂的、斯巴达式的生活”相似。

乔布斯向斯卡利坦言，他觉得自己年轻的时候就会死去，因此他需要尽快取得成就，在硅谷的历史上留下自己的名字。“我们在这个世界上的时间都很短，”那天早上围坐在桌旁的时候，乔布斯告诉斯卡利，“我们或许只有机会做几件真正伟大的事情，并把它们做好。我们谁也不知道自己能活多长时间，我也不知道，但是我感觉必须趁着自己年轻，多取得一些成就。”

在他们建立友情的最初几个月里，乔布斯和斯卡利每天都会聊很多次。“史蒂夫和我成了知己，就像永远的伴侣一样。”斯卡利说道，“我们通常只说半句话或半个短语就够了。”乔布斯不断讨好斯卡利。他每次造访斯卡利，跟他探讨一些问题时都会说：“你是唯一能理解的人。”他们反复告诉对方在一起共同工作是多么快乐，事实上他们这些话说得太多了，多得甚至令人担心。一有机会，斯卡利就会寻找自己和乔布斯的相似之处并指出来：

> 我们志趣相投，因此能够说出对方没说完的话。史蒂夫会在凌晨两点钟打电话叫醒我，跟我聊他突然想到的一个点子。“嗨！是我。”他会这样对一个迷迷糊糊拿起电话的人说。他毫无恶意，只是完全没有意识到当时是几点。很奇怪，我以前在百事的时候

也干过这种事。史蒂夫会把他第二天早上要做的一个演示拆得七零八落，删除一些幻灯片和文字。而我早年在百事的时候也这么做过，试着将公众演讲变成一个重要的管理工具。身为一名年轻的主管，我那时总是急不可耐地要把事情做完，并且常常觉得要是自己来做肯定比别人做得更好。史蒂夫同样如此。有时候我感觉自己在看一部电影，而史蒂夫在片中扮演的就是我。我们俩异乎寻常地相似，这推动着我们之间那种令人惊叹的合作关系不断发展。

这是一种自我欺骗，迟早会酿成灾祸。乔布斯很早就察觉到了这点。"我们的世界观、人生观、价值观都不同。"乔布斯说，"他来了几个月之后，我就开始认识到这点。他学东西并不快，而他想提拔的人往往都是些笨蛋。"

然而乔布斯知道，他可以加深斯卡利心中认为他俩很相似的想法，以此来操纵斯卡利。而他对斯卡利操纵得越多，就越是看不起斯卡利。Mac 团队里一些精明的旁观者，比如乔安娜·霍夫曼，很快就意识到正在发生的状况，并预料到这种局面会使乔布斯和斯卡利之间本就不可避免的破裂来得更猛。"史蒂夫让斯卡利觉得自己很杰出，"她说，"斯卡利之前从没这样觉得，他被冲昏了头脑，因为史蒂夫把许多他并没有的特点都加在了他身上。这样史蒂夫就把斯卡利搞得晕头转向，让斯卡利对他更加着迷。然而当斯卡利并不符合所有这些评价的事实变得越来越明显时，史蒂夫的现实扭曲力场已经为事件的爆发埋下了隐患。"

斯卡利的热情最后也冷却下来。他正试图管理一家功能紊乱的公司，而他的管理存在一个弱点，那就是他总想取悦别人，而这个问题在乔布斯身上并不存在。简单地说，斯卡利是个很有礼貌的人，而乔布斯不是。因此，当他看见乔布斯粗鲁地对待自己的同事的时候，他会有些畏缩。“我们晚上 11 点会去 Mac 项目的办公楼，”他回忆说，“他们会把代码拿给他看。有时候他甚至看都不看一眼，拿过来就立刻扔回给他们。我就问他，你怎么这样就把人家否定了？他会说：‘我知道他们能做得更好。’”斯卡利试着教导他。“你得学会控制情绪。”有一次他对乔布斯说。乔布斯表示同意，但是他天生就无法过滤自己的情绪。

斯卡利开始相信，乔布斯善变的个性和对人飘忽不定的态度深深根植于他的心理构成中，或许这反映出他性格里有轻微的两极化。乔布斯的情绪波动很大。他有时候欣喜若狂，有时候又低沉沮丧。有时候他会没有任何征兆地开始严厉斥责别人，斯卡利就得让他平静下来。“20 分钟以后，我会接到另一个电话，让我过去，因为史蒂夫又在发脾气了。”他说道。

他们第一次产生重大分歧是在给 Mac 定价时。按照最初的设想，Mac 的售价将是 1 000 美元，但由于乔布斯对设计进行了更改，成本提高了，于是计划售价又被调整为 1 995 美元。然而，当乔布斯和斯卡利开始为盛大的发布和营销工作制订计划时，斯卡利认为他们需要将售价再提高 500 美元。对斯卡利来说，营销成本就像其他任何生产成本一样需要计入售价。乔布斯愤然拒绝了。“这会破坏我们所有的理念，”他说道，“我想让它成为一次革命，而不是努力榨取利润。”斯卡利说这是个很简单的选择：他可以保持 1 995 美元的售价，也可以拿营销预算去举办一场盛大的产品发布会，但二者只能选其一。

“有个坏消息，”乔布斯告诉赫茨菲尔德和其他工程师，“斯卡利坚持要求我们将 Mac 的定价从 1 995 美元上调至 2 495 美元。”果不其然，工程师们大为震惊。赫茨菲尔德指出，Mac 是为像他们自己这样的人设计的，定价过高将会“违背”他们的立场。于是乔布斯向他们承诺："不用担心，我不会让他得逞的！"但最后还是斯卡利获胜了。虽然这件事已经过去了 25 年，但当乔布斯回忆起当时的决定时依然非常气愤。"这是 Mac 销量下滑的主要原因，然后微软才得以占领市场。"他说道。这个决定让他感到他正在失去对自己的产品和公司的掌控，而这就如同把猛虎逼入角落一样危险。

第十五章　Mac 的发布

在宇宙中留下印迹

“1984”广告

真正的艺术家总能完成作品

1983 年 10 月，苹果公司在夏威夷举行销售会议，乔布斯上演了一出根据电视节目《约会游戏》（*The Dating Game*）改编的小品剧，掀起了会议的高潮。乔布斯扮演主持人，三位“单身汉嘉宾”分别是比尔·盖茨和另外两位软件领域的高管——米切尔·卡普尔（Mitch Kapor）与弗雷德·吉本斯（Fred Gibbons）。开场音乐演奏完毕，三位嘉宾就座。盖茨看上去就像个高二的学生，他说“微软期望 1984 年全年收入的一半都来自为 Mac 电脑研发的软件”。台下 750 名苹果销售人员对他的话报以热烈的掌声。乔布斯胡子刮得很干净，精神饱满，他笑着问盖茨是否认为 Mac 电脑的新操作系统会成为行业的新标准之一。盖茨答道：“要创建新标准并非只做出一点儿不同的东西就够了，而是需要真正全新且能抓住人们想象力的东西。在我见过的所有机器中，只有 Mac 电脑符合这一标准。”

尽管盖茨当时这样表示，但是微软正逐渐褪去苹果主要合作者的身份，而更多地以竞争对手的姿态出现。微软仍将继续为苹果公司编写应用软件，如 Word，但是其快速增长的那部分收入则来自为 IBM 个人电脑编写的操作系统。1982 年，苹果个人电脑 Apple Ⅱ 的销量为 27.9 万台，IBM 个人电脑及其同类产品共售出 24 万台。但 1983 年的数据则呈现了大逆转：Apple Ⅱ 电脑销量 42 万台，IBM 个人电脑及其同类产品销量 130 万台，而 Apple Ⅲ 电脑和莉萨电脑都彻底失败。

就在苹果销售人员抵达夏威夷参加销售会议时，《商业周刊》（*Business Week*）当期的封面报道凸显了这一形势转变，其标题为“个人电脑：赢家是……IBM”。文章详细介绍了 IBM 个人电脑的崛起。“对市场主导权的争夺已经结束，”《商业周刊》宣布，“通过惊人的闪电出击，IBM 用两年的时间获取了超过 26% 的个人电脑市场份额。同时预计到 1985 年，该公司将占领全球一半的市场。除此之外，IBM 兼容机还将占据 25% 的市场份额。”

这一切都令将在三个月后（即 1984 年 1 月）发布的 Mac 电脑压力更大，它将成为扭转败局的关键。在销售会议上，乔布斯决定全力以赴，一决高下。他走上台，历数 IBM 自 1958 年以来的所有失误，然后声音里带着可怖的意味开始描述 IBM 正如何试图主宰整个个人电脑市场：“难道让 IBM 主宰整个电脑产业吗？难道让 IBM 控制整个信息时代吗？难道乔治·奥威尔在《1984》中的描述会成真吗？”话音刚落，一块屏幕徐徐落下，播放了一段专为 Mac 电脑制作的广告片，这则即将推出的 60 秒广告有点儿科幻电影的意味。在数月之后，这则广告注定要名垂史册。但当时，它肩负着重振苹果公司销售人员低落士气的目的。一直以来，乔布斯都将自己想象成一个抗击黑暗势力的反叛者，并从中获取能量。现在，他也这样激发自己的团队。

不过当时还有一个障碍。赫茨菲尔德和其他工程师必须完成 Mac 电脑的编程工作，而程序已定于 1 月 16 日（周一）交付运行，距离交付日只剩下一周的时候，工程师们认为他们无法按时完成工作，程序还存在一些毛病。

当时，乔布斯正在曼哈顿的君悦酒店（Grand Hyatt）为媒体沟通会做准备，因此，同工程师们的电话会议就定在周日上午进行。软件经理镇定地向乔布斯说明了情况，赫茨菲尔德和其他人都围着电话，屏息凝神。他们只要求将期限延长两周，公司可以先给经销商一个“演示版”软件，只要新程序在当月月底完成，就能马上进行替换。片刻沉默之后，乔布斯并没有生气。相反，他用冰冷阴沉的语气告诉工程师们，他们真的很棒。事实上，这些人的确非常棒，乔布斯相信他们能够搞定。“我们绝不会推迟！”他郑重声明。电话另一头，班德利大楼工作间里的工程师们都倒吸了一口气。“这个东西你们已经做了好几个月了，再多两个星期也不会有很大差别。你们还是赶快把它做完。我会在一周后将你们的程序交付运行，上面会标有你们的名字。”

“好吧，我们得完成它。”史蒂夫·卡普斯说道。他们确实做到了。又一次，乔布斯用自己的现实扭曲力场让团队成员完成了自认为不可能完成的任务。周五，为熬过最后三个通宵，兰迪·威金顿带来了一大包巧克力口味的浓缩咖啡豆。1月16日周一早晨8点半，乔布斯来到公司，发现赫茨菲尔德趴在沙发上，几近昏睡。他们聊了聊剩下的一些小毛病，乔布斯认为这并不成问题。赫茨菲尔德拖着疲惫的身子钻进自己的蓝色大众高尔夫（车牌 MACWIZ），开车回家睡觉。过了一会儿，苹果公司位于弗雷蒙的工厂开始生产印有彩色条纹苹果标识的盒子。乔布斯曾称，真正的艺术家总能完成作品，现在他们名副其实。

“1984”广告片

1983年春，乔布斯开始计划 Mac 电脑的发布，他希望那部广告片能和自己所创造的产品一样富有革命性、令人惊奇。“我想要一种能让人们当场停下来观看的东西，”他说道，“我想要的是一声惊雷。”这个任务落在了 Chiat/Day 广告公司的肩上，该公司在收购了里吉斯·麦肯纳的广告业务后，拿下了苹果公司的合同。负责这项工作的是李·克劳（Lee Clow），他身材瘦高，皮肤晒成了棕色，胡须浓密，头发蓬乱，喜欢憨笑，双眼熠熠放光，他是 Chiat/Day 广告公司洛杉矶威尼斯海滩分部的创意总监。克劳经验丰富，为人风趣，看似散漫却很专注。他与乔布斯之间的合作持续了30年。

当时，克劳和他的两位团队成员——文案史蒂夫·海登（Steve Hayden）和艺术总监布伦特·托马斯（Brent Thomas）——一直在玩味着一句反驳乔治·奥威尔小说的话：“这就是为什么 1984 不会变成《1984》。”乔布斯很喜欢这句话，并让他们加以演绎，用于 Mac 电脑的发布当中。于是，他们编写了一个 60 秒广告的故事脚本，看上去有点儿像科幻电影中的场景。广告讲述了一个反叛的年轻女子，从奥威尔式思想警察的追捕中逃脱，当老大哥[1]正在大屏幕上进行控制人心的讲话时，她将大锤砸向屏幕。

这个广告抓住了个人电脑革命的时代精神。许多年轻人，尤其是反主流文化人士，认为计算机是奥威尔式的政府和大企业用以消除人们个性的工具。但在 20 世纪 70 年代末，电脑也被视作能够释放个人能量的工具。这则广告恰恰抓住了后一种心态，将 Mac 电脑塑造成为个人自由而战的斗士——面对邪恶的大企业意欲统治世界并实行完全的精神控制，唯有苹果这家冷静、反叛、英勇的公司能够阻止它。

乔布斯喜欢这个创意。事实上，这则广告的观念与他有着特殊的共鸣。乔布斯幻想自己是一个反叛者，他招入 Mac 团队的人都充满了黑客气质和海盗精神，他喜欢将自己与这种价值观联系起来。尽管乔布斯离开位于俄勒冈州的“苹果社区”创办了苹果公司，但他仍然希望别人将自己看作一个反主流文化的人，而非大企业文化的代言人。

然而在内心深处，乔布斯意识到自己正日益摒弃黑客精神。有些人甚至指责乔布斯出卖了黑客精神。当沃兹尼亚克秉承家酿计算机俱乐部的准则，免费分享自己对 Apple I 电脑的设计时，乔布斯坚持将产品（主板）卖给俱乐部的成员。尽管沃兹尼亚克不愿意，但乔布斯想让苹果成为一家商业公司，让它上市，而不是无偿地向曾在车库里一起奋战的朋友分发股票期权。现在，乔布斯要推出 Mac 电脑，他很清楚这一产品违背了黑客信条的许多原则。Mac 电脑的价格过高，不

1. 英国作家乔治·奥威尔小说《1984》中的角色，极权主义的象征。

设插槽，这样电脑爱好者就无法插入自己的扩展卡或在主板上添加自己期望的新功能。他甚至将 Mac 电脑设计成一个无法从外部进入的电脑，光是打开塑料外壳就需要用到特殊工具。Mac 电脑是一个封闭和受控的系统，它更像是老大哥设计的东西，而非出自黑客之手。

因此，乔布斯希望通过“1984”广告片向自己和世界重新确立他所希冀的自我形象。广告中的女主角是意图挫败老大哥世界的反叛者，她穿着纯白色背心，上面印有一台 Mac 电脑。刚刚凭借《银翼杀手》（*Blade Runner*）一片大获成功的雷德利·斯科特（Ridley Scott）被乔布斯起用，作为广告片的导演。乔布斯借此可以将自己和苹果公司与那个时代的赛博朋克[1]精神联系起来。通过这则广告，苹果公司能够在那帮想法与众不同的叛道者和黑客之中获得认同，而乔布斯也能重塑自己的形象。

斯卡利最初看到故事脚本时持怀疑态度，但乔布斯坚持认为，他们需要具有革命性的东西。他得以拿到一笔空前的预算——75 万美元来拍摄广告，广告预计在超级碗（Super Bowl）上首映。雷德利·斯科特在伦敦完成了广告片的拍摄，为了表现群众如痴如醉聆听老大哥在屏幕上讲话的场面，他找来了数十个真正的光头来拍摄这一幕。女主角的扮演者是一位女子铁饼运动员。广告片以金属灰色调为主，渲染了一种冷漠的工业环境背景，斯科特以此诱发人们联想到《银翼杀手》的反乌托邦氛围。当老大哥在屏幕上宣布“我们必胜”时，女主角的锤子击碎了屏幕，一切都在一阵闪光和烟雾中消失。

乔布斯在夏威夷销售会议上展示这段广告时，人们激动不已。于是，他决定在 1983 年 12 月的董事会会议上播放这则广告。广告播放

1. 赛博朋克（cyberpunk），又称数字朋克、网络叛客、电脑叛客等，是科幻小说的一个分支，以计算机或信息技术为主题，情节通常围绕黑客、人工智能及大型企业之间的矛盾展开。

完毕，会议室的灯重新亮起来后，所有人都沉默了。梅西百货公司加利福尼亚分公司的 CEO 菲利普·施莱因（Philip Schlein）趴在桌子上。马库拉静静地凝视前方，一开始别人还以为他是被这则广告的力量所折服。但接着，他问道："有谁想另找一家广告公司？"斯卡利回忆说："大多数人都认为这是自己看过的最差的广告片。"斯卡利此时信心全无，他让 Chiat/Day 公司廉价卖掉已经买下的两个广告时段，一个 60 秒，另一个 30 秒。

乔布斯为此愤怒不已。一天晚上，沃兹尼亚克溜达到 Mac 办公楼——此前的两年时间里他一度淡出苹果公司，在苹果的工作并不固定。乔布斯逮住他说："过来看看这个东西！"他找来一台录像机，开始播放"1984"广告片。"我一下子被震住了，"沃兹回忆说，"我认为它是最了不起的东西。"乔布斯告诉他，董事会决定不在"超级碗"大赛中播放这则广告，沃兹尼亚克就开始询问广告时段的价钱。乔布斯说要 80 万美元。在一贯的善意冲动下，沃兹尼亚克立即提出："好吧，如果你愿意出一半钱，我就付另一半。"

不过，他最终根本无须出这一半的钱。广告公司把 30 秒的广告时段卖掉了，但是出于消极反抗的心理，他们没有出售那个时长 60 秒的广告时段。"我们告诉苹果公司，60 秒的卖不掉，而事实上我们根本试都没试。"李·克劳说道。斯卡利也许是为了避免同董事会和乔布斯摊牌，于是决定由负责营销的比尔·坎贝尔（Bill Campbell）来考虑怎么做。坎贝尔曾担任过橄榄球教练，他决定用这 60 秒的广告时间放手一搏。"我认为我们应该努力争取一下。"他告诉自己的团队。

第十八届"超级碗"大赛中，突击者队和红人队比赛的第三节刚开始，占优势的突击者队就触底得分。但是，电视没有即时重播这一得分画面，相反，全美的电视屏幕突然诡异地黑屏了足足两秒。接着，屏幕上开始出现一幕可怕的黑白画面——一支队伍踩着令人毛骨悚然的音乐前进……超过 9 600 万人观看了这则和以往任何广告都不一样的片子。广告的结尾处，人群惊恐地看着老大哥消失，此时，旁白平静地念道："1 月 24 日，苹果电脑公司将推出 Mac 电脑。你将明白为什么 1984 不会变成《1984》。"

这则广告红极一时。当天晚上，美国三大电视网和 50 个地方电视台都播放了关于该广告的新闻，让它在前 YouTube 时代获得了前所未有的病毒式的旺盛生命力。这则广告最终被《电视指南》(*TV Guide*)和《广告时代》(*Advertising Age*)评为有史以来最伟大的商业广告。

爆炸式宣传

多年来，史蒂夫·乔布斯已成为产品发布大师。以 Mac 电脑的发布为例，雷德利·斯科特的惊人广告仅仅是产品发布的一部分，还有一部分是媒体报道。乔布斯知道如何激发媒体进行爆炸式宣传，这种宣传方式威力强大，会像连锁反应一样越来越疯狂。只要有重要的产品发布，乔布斯就会重复使用这一方法，从 1984 年的 Mac 电脑到 2010 年的 iPad 发布都是如此，这已经成为一种现象。他就像一个魔术师，能够一遍又一遍地施用相同的伎俩，即便记者们已经目睹多次，也知道事情会如何发展。有一些窍门是他从里吉斯·麦肯纳那里学来的，麦肯纳擅长引导和激发自负的记者。但是，在如何挑起记者的兴奋之情、操纵新闻工作者的竞争本能和通过透露独家新闻获得丰厚回报方面，乔布斯也有着自己的直觉。

1983 年 12 月，他带着自己的天才工程师安迪·赫茨菲尔德和伯勒尔·史密斯，前往纽约拜访《新闻周刊》，想让对方写一篇关于"创造 Mac 电脑的小伙子们"的报道。在进行了 Mac 电脑的演示之后，他们被带上楼与凯瑟琳·格雷厄姆（Katherine Graham）见面。格雷厄姆是媒体界的一位传奇人物，她对所有新生事物都充满莫大的兴趣。之后,《新闻周刊》杂志派遣自己的科技专栏作家和一位摄影师前往帕洛奥图去见赫茨菲尔德和史密斯。最后发表的报道共 4 页，其中介绍了这两位工程师，溢美之情尽显，此外还配上两人在家中的图片，令他们看上去就像是新时代的天使。文章对史密斯接下来的打算也做了引述："我想要打造 90 年代的计算机，明天就开始。"文章还描写了两人的那位老板的反复无常和领袖魅力。"乔布斯有时会发怒，高声为自己的想法辩护，但并不会动不动就咆哮；乔布斯认为光标键已经过时，有传言称，他曾因员工坚持表示苹果电脑应该有光标键而威胁要开除对方。但是，当乔布斯处于最佳状态时，他是魅力和急躁的奇特融合体，时而含蓄，时而酷毙了。而'酷毙了'正是他最喜欢用来表达自己激情的短语。"

当时还在《滚石》杂志工作的科技作家史蒂芬·列维（Steven Levy）来采访乔布斯，乔布斯立即要求该杂志将 Mac 团队登在封面上。"简·温纳（Jann Wenner）同意换下英国著名歌手斯汀而让一群电脑狂人登上封面的可能性几乎为零。"列维如此认为。他是对的。乔布斯带列维去吃比萨，谈论对 Mac 电脑团队的报道："《滚石》杂志的处境岌岌可危，净登些烂文章，它正在拼命发掘新的话题和受众。Mac 电脑就是《滚石》的救命稻草！"列维反驳说,《滚石》杂志事实上很好，并问乔布斯最近真的读过《滚石》吗？乔布斯说自己在飞机上读了上面一篇关于 MTV 的文章，他认为这篇文章就是"一坨狗屎"。列维回答说，那正是自己写的文章。值得赞扬的是，乔布斯并没有转换话题停止评论，尽管他确实换了个目标，开始抨击《时代》杂志一年前对他的"肆意捏造"。接着，在谈论 Mac 电脑的时候，他又变得豁达了。他表示，人类一直都在从超前的知识进步中获益，并且在使用超前者所研发出来的东西。“能够创造出在人类经验和知识史上占有一席之地的东西，是一种美妙和令人欣喜若狂的感觉。”

列维的报道并没有登上《滚石》的封面。但是后来，乔布斯参与的所有主要产品的发布——无论是在NeXT、皮克斯还是多年后重回苹果公司——都登上了《时代》杂志、《新闻周刊》或《商业周刊》的封面。

发布会：1984年1月24日

和同事完成Mac软件的那个早晨，安迪·赫茨菲尔德到家时已筋疲力尽，他想，自己或许会在床上至少躺上一天。但是当天下午，仅仅睡了6个小时后，他就开车回到了办公室，他想要确认软件是否存在问题。大多数同事也和他一样，他们正躺在地板上，昏昏沉沉但又兴奋不已，这时候乔布斯走了进来。“嘿，赶紧起来，还没完呢！”他说道，“我们需要为Mac电脑做一个演示！”乔布斯计划在一大群观众面前戏剧性地揭开Mac的面纱，并且想在电影《烈火战车》（*Chariots of Fire*）鼓舞人心的主题曲中向人们展示机器的特性。“这周末就要完成，为预演做好准备。”他补充道。赫茨菲尔德回忆说，办公室里的人听了他的话都抱怨起来，“但是我们讨论了一阵子就意识到，如果能做出令人印象深刻的东西，肯定很有意思。”

Mac的发布仪式定在8天之后的1月24日，与苹果年度股东大会同期举行，地点在迪安扎社区学院的弗林特礼堂。除了电视广告和疯狂的媒体预热，发布仪式也是其新产品发布的一个组成部分——乔布斯能将新消费产品的发布变成具有划时代意义的时刻，产品在一片热闹与喧嚣中正式揭晓，观众推崇备至，记者也被兴奋席卷。

赫茨菲尔德完成了一个了不起的壮举——在两天时间内编了一个

音乐播放器程序，让电脑能够播放《烈火战车》的主题曲。但乔布斯听过后觉得很糟糕，于是他们决定用录音代替。另一方面，乔布斯完全被语音发生器所折服，这个程序能够将文本转变为迷人的电子语音。他决定以此作为演示的一部分："我要 Mac 成为第一台可以自我介绍的电脑！"乔布斯邀请"1984"广告的文案史蒂夫·海登来撰写脚本。史蒂夫·卡普斯设法让"Mac"这个词在屏幕上以大字体滚动展示，苏珊·卡雷（Susan Kare）则设计出了开场画面。

在发布仪式前夜的预演中，这一切都没能顺利进行。乔布斯讨厌动画在屏幕上滚动的方式，不断要求做出调整。此外他对舞台灯光也不满意，他让斯卡利在礼堂的不同座位上感受各种调整带来的效果并给出意见。斯卡利从来没有对舞台灯光的变化考虑过多，也没想过自己要不断给出调试意见，就像病人要告诉眼科医生哪个镜片能更清晰地看到视力表一样。预演和调试持续了 5 个小时，直到深夜。斯卡利回忆说："他把人都逼疯了，发言展示中有一点儿问题，他都要对舞台工作人员发火。我当时都以为我们没法为第二天上午的展示做好准备。"

最主要的是，乔布斯为自己的演示很是焦躁。斯卡利自认为是个优秀的作家，于是他建议乔布斯对讲稿做一些改动。据回忆，乔布斯对此有些烦躁，但是两人的关系当时仍然很好，乔布斯不断赞扬和激励斯卡利。"我觉得你就像沃兹和马库拉一样，"他告诉斯卡利，"你就像苹果公司的又一个创始人。他们创立了苹果，但是我和你在创造未来。"斯卡利欣然接受了乔布斯的鼓舞，多年后，他仍然能复述乔布斯的这些话。

次日上午，可容纳 2 600 人的弗林特礼堂被挤得水泄不通。乔布斯穿着一件蓝色双排扣西装，里面是一件笔挺的白衬衫，打着浅绿色领结。"这是我人生中最重要的时刻，"在后台等待活动开始时，乔布斯对斯卡利说,“我真的很紧张。你可能是唯一知道我对这次发布会感受的人。”斯卡利抓住他的手，握了片刻，低声祝他好运。

作为苹果公司的董事长，乔布斯首先登台，宣布股东大会正式开始。他用自己的方式开场：“我想用迪伦——鲍勃·迪伦 20 年前的一首歌来开场。”他笑了笑，然后低下头开始诵读《时代在变》(The Times They Are A-Changin' ）的第二段。在诵读这十行歌词时，他的声音高亢，语速很快，直至结尾：“……此刻的失败者终将胜利 / 因为时代在变。”这首歌让乔布斯这位千万富豪董事长保持住了自己反主流文化的自我形象。他最喜欢的版本来自迪伦与琼·贝兹的一场现场演唱会——1964 年万圣节在林肯中心交响音乐厅举行，他还有这场演唱会的盗版录音带。

接着，斯卡利上台汇报苹果公司的营收状况。他枯燥无味的讲话让观众们开始变得烦躁不安。终于，他以一段富有个人感情色彩的话收尾。“在苹果公司过去 9 个月的时间里，对我来说最重要的事情就是有机会与史蒂夫·乔布斯发展一段友谊。”他说道，“我们之间所建立的默契，对我来说意义非常重大。”

乔布斯再次上台，灯光暗了下来，他用一种戏剧性的方式，喊出了在夏威夷销售会议上的战斗口号。“1958 年，IBM 错过了收购一家羽翼未丰的公司的机会。这家小公司发明了一种被称为静电复印的新技术。两年后，施乐公司诞生了，IBM 追悔莫及。”观众都笑了起来。这段话赫茨菲尔德在夏威夷和其他地方都听过，但是此刻再度聆听觉得更富激情，倍感震撼。在历数了 IBM 的其他失误后，乔布斯语锋一转，加快了节奏，谈到了当前的状况：

> 如今到了 1984 年。IBM 想占有一切。苹果被视作唯一能够与之抗衡的希望。经销商最初张开双臂欢迎 IBM，现在他们害怕 IBM 主宰和控制未来，他们回到了苹果的怀抱，认为苹果能够保障自

己在未来的自由。IBM 想占有一切，苹果是它控制整个产业的最后一道障碍，它正把枪口指向苹果。我们能让 IBM 主宰整个电脑产业吗？我们能让 IBM 控制整个信息时代吗？乔治·奥威尔的描述会成真吗？

随着他的发言将现场气氛推向高潮，观众们从喃喃低语转为热烈鼓掌，最后开始疯狂地欢呼和高喊着回应。但他们还没来得及回答关于奥威尔的问题，整个礼堂就陷入了黑暗，随即，“1984” 电视广告出现在屏幕上。广告播映结束后，全场起立，欢声雷动。

天生就知道如何激荡人心的乔布斯穿过黑暗的舞台，走向一张小桌子，桌上摆着一个布包。“现在，我要亲自向各位展示 Mac。” 他说道，“接下来你们在大屏幕上所看到的画面，都是这个包里的东西实现的。” 他拿出电脑、键盘和鼠标，熟练地组合起来，在观众的又一阵掌声中，他从衬衣口袋里拿出了一张新的 3.5 英寸软盘。《烈火战车》的主题曲响起，Mac 屏幕上的图像被投影到大屏幕上。有那么一瞬，乔布斯屏住了呼吸，因为昨晚的演示从未成功。但是现在，一切运行得完美无缺。“Mac” 的字样在屏幕上横向滚动，接着下方出现了“酷毙了” 的字样，就像用手慢慢写上去一样，观众安静了片刻，尚未从这美妙的展示中回过神来。在寂静中，可以听到有人倒抽气的声音。然后，一系列屏幕截图开始接连快速出现：比尔·阿特金森的 QuickDraw 图形程序包之后，屏幕上紧接着就展现了不同字体、文件、图表、图画、象棋比赛、电子表格，以及一张乔布斯的渲染图——图中他的脑海里浮现出一台 Mac。

展示结束后，乔布斯笑着介绍了一个新玩意儿：“最近，关于 Mac 我们已经说得很多了，但是今天，有史以来第一次，我要让 Mac 自己说话。” 说完，他怡然地退到电脑后，按下鼠标，Mac 发出了轻颤但可爱的低沉声音，它成了第一台介绍自己的电脑。“你好，我是 Mac。从包里面出来的感觉真好。”它致以开场白。要说这台电脑有什么不会做的事，那就是还不知道应当在观众爆发疯狂欢呼和尖叫的时候停顿一下。它继续快速独白：“我还不习惯公开演讲，但我想要和大家分享自己第一次见到 IBM 大型机时的感想。千万不要相信一台你搬不动的电脑。”欢呼声又一次响起，几乎淹没了 Mac 的最后几句话。“显然，我能说话。但是现在，我想要坐下来聆听。接下来，让我非常自豪地请出一个人，他就如同我的父亲一样——史蒂夫·乔布斯。”

礼堂里一片喧闹，人们又蹦又跳，疯狂地挥舞着拳头。乔布斯缓缓地点了点头，双唇紧闭但笑得很开心，接着他低下头开始哽咽。掌声持续了将近 5 分钟。

当天下午，Mac 团队回到班德利 3 号楼后，一辆卡车开进了停车场，乔布斯把所有团队成员都召集起来。卡车里是 100 台全新的 Mac 电脑，每一台都配有一个个性化的铭牌。“史蒂夫为每位团队成员逐个送上一台电脑，同他们微笑握手，其余的人就在周围欢呼。”赫茨菲尔德回忆道。Mac 的诞生过程令人筋疲力尽，许多人都被乔布斯可恶、粗暴的管理风格伤害过。但是，无论拉斯金还是沃兹尼亚克，抑或是斯卡利或公司其他任何人，都不可能创造出 Mac。它也不可能诞生于常规的市场调查组和产品设计团队。Mac 发布当天，来自《大众科学》（*Popular Science*）的一位记者问乔布斯做过什么类型的市场调研工作。乔布斯语带嘲讽地回应：“亚历山大·格雷厄姆·贝尔在发明电话之前做过任何市场调研吗？”

第十六章　盖茨与乔布斯

当轨道相交

1991 年，乔布斯和盖茨

因Mac而合作

在天文学中，当两颗星体轨道交织，由于引力相互作用，就会出现双星系统。在人类历史上也有类似情形，同领域两位超级巨星之间的关系与竞争谱写出他们所属的时代之音。例如，20世纪物理学界的两位巨匠阿尔伯特·爱因斯坦和尼尔斯·玻尔（Niels Bohr），以及美国建国初期的政治家托马斯·杰斐逊（Thomas Jefferson）和亚历山大·汉密尔顿（Alexander Hamilton）。20世纪70年代末，人类步入了个人电脑时代。在其发展的前30年中，出现了两位重量级人物，他们都生于1955年，都中途辍学，精力充沛，他们演绎了个人电脑领域的“双星系统”。

这就是比尔·盖茨与史蒂夫·乔布斯。尽管两人对技术和商业的融合都抱有相似的雄心，但是他们背景不同，个性迥异。盖茨的父亲是西雅图一位杰出的律师，母亲是一名民众领袖，并担任众多著名机构的董事。他就读于当地最好的私立学校湖滨中学（Lakeside High），并从此走上技术极客的道路。但盖茨绝对称不上反叛者、嬉皮士或灵性追寻者，也不是反主流文化人士。他没有做过“蓝盒子”去盗用电话线路，而是为学校编写排课程序，在这个程序的帮助下，他得以和自己心仪的女孩上同样的课程；他还为当地交通管理部门编写了一个车辆计数程序。进入哈佛大学之后不久，盖茨决定辍学，但并非因为要跟随印度灵性导师寻求觉悟，而是为了创立自己的软件公司。

与乔布斯不同，盖茨懂计算机编程。他更务实、更有原则，并且拥有很强的分析处理能力；乔布斯则更相信直觉、更浪漫，并且在技术实用化、设计愉悦感和界面友好方面有着更高的天分。乔布斯狂热地追求完美，以致他为人非常苛刻，他的管理主要依靠自身的领袖魅力和四溢的激情。盖茨做事更有条理。他会频繁召开产品评估会议，并在会上精准地切入问题核心。乔布斯和盖茨都可能做出粗鲁无礼的举动，但是盖茨的无礼刻薄通常并不针对个人，更多的是出于对技术的深刻理解，而非情感上的麻木不仁。在职业生涯的早期，盖茨似乎就和那些典型的极客一样，有些阿斯伯格综合征[1]的倾向。乔布斯会用能灼伤人的眼神盯着对方，而盖茨有时会无法与人进行眼神接触，但他很富有人情味儿。

“他们两个人都觉得自己比对方聪明，但是史蒂夫总体上认为与自己相比，比尔稍逊一筹，尤其在品位和风格上。”安迪·赫茨菲尔德说道，“比尔瞧不起史蒂夫则是因为史蒂夫不会编程。”从两人结识起，盖茨就被乔布斯所吸引，并有些嫉妒他蛊惑人心的能力。但同时，他也认为乔布斯“极其古怪”，而且“作为一个人，有着奇特的缺陷”。盖茨反感乔布斯的无礼，以及他的那种倾向——“不是觉得你狗屁不如，就是在试图引诱怂恿你”。而在乔布斯看来，盖茨太狭隘。乔布斯曾说：“如果他年轻的时候服过迷幻药或是进行一下禅修，那他整个人的心胸就会更为开阔。”

个性和性格上的差异，终究使他们走上了对立面并引发了数字时代的根本分立。乔布斯是个完美主义者，渴望掌控一切，并且很享受艺术家这种不妥协、不让步的性情；他和苹果公司将硬件、软件和内容无缝整合，铸成一体，这种数字化战略堪称典范。盖茨则是商业和技术领域里精明务实、深谋远虑的分析师，他愿意将微软的操作系统和软件授权给各种不同的制造商使用。

两人相识 30 年后，虽有些勉强，但盖茨还是对乔布斯产生了一丝敬意。“他真的对技术了解不多，但他有一种惊人的天赋，知道什么

1. 阿斯伯格综合征：一种泛自闭症障碍，其重要特征是社交困难，伴随着兴趣狭隘及重复特定行为。

东西能成功。”盖茨说道。但反过来，乔布斯从来没有充分肯定过盖茨的长处。“比尔基本上缺乏想象力，也从没创造过什么东西，这就是为什么我觉得他更适合像现在这样做慈善，而不是留在技术领域。”乔布斯是这么说的，尽管他的说法并不公允，“他只是无耻地盗用别人的想法。”

当苹果开始着手研发Mac时，乔布斯前去拜访盖茨。微软曾为苹果的Apple Ⅱ编写过一些应用程序，其中包括名为“Multiplan”的电子表格程序。这一次，乔布斯想鼓动盖茨和微软为其即将推出的Mac电脑编写更多程序。坐在盖茨位于西雅图华盛顿湖边的会议室中，乔布斯勾画出一幅诱人的图景——加利福尼亚的某家自动化工厂将会大批量生产界面友好的大众电脑。在他的描述中，硅元件被送进工厂，完整的Mac电脑鱼贯而出。微软团队因此给该项目取了个代号，叫“沙”（Sand）[1]。他们甚至又把它演绎成了一句话的缩略词：史蒂夫的神奇新机器（Steve’s Amazing New Device）。

盖茨创立微软，是源于为阿尔泰计算机编写BASIC语言版本（BASIC是Beginner’s All-purpose Symbolic Instruction Code的缩写，即初学者通用符号指令代码，是一种编程语言，非技术人员能够用它更容易地编写出可以跨平台运行的软件程序）。乔布斯希望微软为Mac编写BASIC程序，因为尽管乔布斯多次敦促，沃兹尼亚克从未改进Apple Ⅱ的BASIC语言版本以提高处理浮点数的能力。此外，乔布斯还希望微软能为Mac电脑编写一些应用软件，如文字处理软件、图表和电子表格程序。当时，乔布斯已功成名就，盖茨还只是个跟班：1982年，苹果公司的年销售额达10亿美元，而微软只有3 200万美元。

1. 沙中含硅，制造电脑的硅材料实际上是从沙子里面提取出来的。

盖茨签下了合同，除 BASIC 程序外，还为苹果公司开发图形界面版本的软件——全新的电子表格程序 Excel 和文字处理程序 Word。

盖茨当时常去库比蒂诺观看 Mac 操作系统的演示，但他并没有觉得自己看到的东西有多了不起。“我记得第一次去的时候，史蒂夫运行了一个应用程序，不过就是一些东西在屏幕上跳来跳去，”他回忆说，“这是唯一能够在他们机器上运行的应用程序。当时 MacPaint [1] 还未完成。”此外，乔布斯的态度也令盖茨反感。“我们此行有点儿被诱骗的诡异感觉。史蒂夫说，我们也不是真的需要你们，我们正在做的这个东西很伟大，它还处于保密状态。这是他自己惯用的销售方式，潜台词是‘我不需要你，但可能会让你参与进来’。”

Mac 团队的“海盗们”也觉得盖茨令人难以忍受。“你会发现，比尔·盖茨不是个很好的听众——他不能忍受任何人向自己解释某个东西如何运作，他要抢在别人前面提出他对这个东西如何运转的推断，猜想他觉得这个是怎么运作的。”赫茨菲尔德回忆道。他们向盖茨展示 Mac 的光标如何不闪烁而能在屏幕上流畅地移动。盖茨发问：“你们用什么硬件来绘制光标？”赫茨菲尔德感到非常自豪，因为他们只依靠软件就实现了这个功能。他回答说：“我们没有用任何特殊的硬件！”盖茨不信，坚持认为必须有某种特殊硬件的支持，光标才会出现这样的移动效果。Mac 团队的一位工程师布鲁斯·霍恩后来说：“你还能跟这样的人说什么呢？这件事让我明白，盖茨不是那种能够理解或欣赏 Mac 简洁之处的人。”

尽管两队人马互有戒心，但想到微软为 Mac 制作图形界面软件，这一合作能将个人电脑带入一个新境界，双方都非常兴奋，他们前往一家豪华餐厅吃饭庆祝。微软很快组建了一个大型团队负责这个项

1. 苹果早期的图形处理软件。

目。“我们在 Mac 项目上的人比苹果公司的还多，”盖茨说道，“他们有十四五个人，我们有将近二十人。我们真的把命都押在这上面了。”尽管乔布斯觉得他们没什么品位，但微软的程序员们非常坚持不懈。“他们一开始做出的应用程序很糟糕，”乔布斯回忆说，“但是他们坚持努力，越做越好。”最后，乔布斯对 Excel 非常喜爱，以至于和盖茨做了个秘密协议：如果微软在未来两年的时间里只为 Mac 做 Excel，而不开发 IBM 个人电脑版本，那么乔布斯就同意撤掉 Mac 的 BASIC 团队，而无限期使用微软开发的 BASIC 程序。盖茨很精明，他接受了这一提议，此事却激怒了苹果公司遭到解散的 BASIC 团队，也让微软在日后的谈判中获得了优势。

盖茨和乔布斯暂时建立了良好的关系。那年夏天，他们前往威斯康星州日内瓦湖的花花公子俱乐部，参加行业分析师本·罗森举办的一个会议。当时没人知道苹果正在开发图形界面。盖茨回忆：“当时所有人好像都觉得 IBM 个人电脑就是一切。这样很好。但是史蒂夫和我就暗自得意，嘿，我们也有个好东西。当时他也多多少少透露出我们在做什么了，但没有人真正理解。”盖茨成了苹果公司的常客，他说：“每次聚餐我都去，已经成了那儿的一分子了。”

盖茨很喜欢频繁地造访库比蒂诺，在苹果公司，他有机会观察乔布斯和雇员们古怪的交流方式以及乔布斯的执着。“史蒂夫用自己超级蛊惑人心的方式，宣称 Mac 将如何改变世界，疯了似的让人们超负荷工作，气氛异常紧张，人际关系也很复杂。”有时，乔布斯上一秒还很兴奋，下一秒就开始与盖茨分享自己内心的恐惧。“我们周五晚上出去吃饭的时候，史蒂夫还在大谈一切都很好。第二天他就一定会说：‘哦，该死，我们就要卖这玩意儿？哦，天哪，我得提高价格，抱歉这样对你，但是，我的团队都是一群白痴。’”

施乐公司推出“施乐之星”电脑时，盖茨见识到了乔布斯的现实扭曲力场。一个周五，苹果和微软团队共进晚餐，乔布斯问盖茨“施乐之星”卖了多少，盖茨回答说600台。第二天，乔布斯全然忘了盖茨刚刚告诉大家“施乐之星”售出了600台，当着盖茨和整个团队的面，说“施乐之星”卖了300台。“这时，他的整个团队成员们开始看着我，好像在说：‘你要不要告诉乔布斯他在瞎扯淡？’”盖茨回忆，“我没蹚那浑水。”还有一次，乔布斯及其团队成员到微软参观，并在西雅图网球俱乐部吃晚餐。乔布斯开始宣扬Mac机器和软件将非常易于使用，根本就用不着使用手册。“他那样子就好像在说，如果有人想过Mac应用程序要配上使用手册，那这人一定是天大的白痴。”盖茨说，“我们这边就在想：‘他是认真的吗？是不是不该告诉他，我们有人正在做使用手册？’”

一段时间过后，苹果和微软之间的关系开始出现问题。双方最初的计划是将微软的一些应用程序，如Excel、Chart和File，打上苹果的标识，并且和Mac进行捆绑销售。乔布斯推崇一体化的系统，这样一来，计算机从包装盒里拿出来就能直接使用。他还打算在Mac上预装苹果自己开发的软件MacPaint和MacWrite。“每台电脑上的每个应用能给我们带来10美元的收入。”盖茨说道。但是这种方式令软件制造领域的竞争对手很不舒服，如莲花公司（Lotus）的米切尔·卡普尔。此外，当时微软的一些软件程序可能会迟些才能完成。因此乔布斯援引合同中的某个条款，决定不预装微软的软件；这样，微软就得努力把自己的软件直接卖给消费者。

盖茨对此并没有太多抱怨。用他自己的话来说，乔布斯“反复无常”，自己已经习惯了这一点。而盖茨当时也在猜想，或许这种分拆实际上对微软有好处。“如果单独销售软件，我们能赚更多。”盖茨表示，“如果你愿意相信自己能获得不错的市场份额，那事情发展成这样反倒更好。”后来，微软把软件卖给了其他各种平台，并在开始为 IBM 个人电脑开发文字处理软件 Word 后，立即停止赶工 Mac 版的 Word 软件。乔布斯退出捆绑销售的决定，最终让苹果比微软更受伤。

Mac 版本的 Excel 软件发布时，乔布斯和盖茨共同在纽约绿苑酒廊餐厅（Tavern on the Green）参加媒体答谢晚宴。当被问及微软是否会为 IBM 个人电脑开发 Excel 软件时，盖茨没有透露他和乔布斯的契约，只是说“以后”可能会。乔布斯拿过麦克风，开玩笑地说，“我相信，‘以后’我们都会死。”

图形用户界面之争

从与微软打交道的第一天开始，乔布斯就在担心微软会盗用 Mac 的图形用户界面并开发自己的版本。微软正在开发 DOS 操作系统，并授权给 IBM 和兼容电脑使用。DOS 系统采用老式的命令行界面，会显示出小而呆板的系统提示符，如 C:\>。乔布斯及其团队担心微软会抄袭 Mac 的图形界面的思路。安迪·赫茨菲尔德注意到，微软方面的联系人就 Mac 操作系统如何运作询问了太多细节问题，这令苹果更感忧虑。“我跟史蒂夫说，我怀疑微软打算抄袭 Mac。”赫茨菲尔德回忆说，“但是他并不那么担心，因为他觉得，就算有 Mac 作为范本，微软也没有能力做出像样的操作系统。”事实上，乔布斯也感到担心，非常担心，只是不想表现出来。

他的担忧不无道理。盖茨相信图形界面是未来的方向，他觉得微软完全有权像苹果一样，仿照施乐 PARC 所开发的东西，开发自己的图形界面。后来，盖茨坦率地承认：“我们多少是这么想的：‘嘿，我们也看好图形界面，我们也见识过施乐 PARC 的成果。’”

Mac 最初定于 1983 年 1 月发布。在双方最开始的合同中，乔布斯说服盖茨同意，一年之内微软不得将任何图形软件卖给其他公司。

但对苹果来说不幸的是，他们没有想到 Mac 会推迟一年发布。因此，1983 年 11 月，盖茨宣布微软计划为 IBM 个人电脑开发 Windows 操作系统，此举完全在其权利范围内。Windows 操作系统采用图形界面，有窗口、图标和可以指向并点击的鼠标。盖茨在纽约赫尔姆斯利大饭店（Helmsley Palace Hotel）主持了一次乔布斯风格的产品发布会，这是微软当时所举办的最豪华的发布活动。当月，他还在拉斯韦加斯举行的计算机分销商展览会（COMDEX）上发表了自己的首次主题演讲，盖茨的父亲当时在现场帮助播放幻灯片展示。在题为“软件人体工程学”的演讲中，他说计算机图形将“超级重要”，界面将更加友好，鼠标将成为所有电脑的标配。

乔布斯对此很愤怒。他知道自己无计可施——微软有权这么做，因为微软答应不做图形操作软件的合同即将到期。尽管如此，他仍然对微软进行了猛烈的抨击。他命令迈克·贝尔奇（Mike Boich）“叫盖茨马上过来”，贝尔奇当时在苹果公司是负责与外部软件公司联系的。盖茨来了，一个人，而且愿意和乔布斯讨论问题。“他叫我来是想冲我发脾气。”盖茨回忆说，“我来到库比蒂诺，就好像自己应该来一样。我告诉他‘我们在做 Windows 操作系统’，我对他说‘我们把整个公司都押在了图形界面上’。”

他们的会面地点在乔布斯的会议室。盖茨发觉自己被 10 名苹果员工包围着，他们都迫切地想看到乔布斯和他对质。赫茨菲尔德说：“史蒂夫开始对比尔大呼小叫的时候，我看得很入迷。”乔布斯没有辜负围观员工的期望。“你在盗用我们的东西！”他叫喊道，“我信任你，而你却在偷我们的东西！”赫茨菲尔德回忆道，盖茨只是冷静地坐着，直视史蒂夫的眼睛，接着他用刺耳的声音反驳道：“好了，史蒂夫，我觉得我们可以换一种方式来看待这个问题。我觉得现在的情况更接近于这样：我们都有个有钱的邻居，叫施乐，我闯进他们家准备偷电视机的时候，发现你已经把它盗走了。”后来，这段话成了一个经典的反驳。

乔布斯的情绪化反应和操控人的技巧，在盖茨为期两天的造访中都爆发了出来。两人此次的交涉也清晰地表明，苹果和微软的共生关系就如两只蝎子跳舞，双方都小心翼翼地周旋，他们知道无论谁出刺都会给双方造成问题。在会议室对峙后，盖茨私下平静地向乔布斯演示了研发中的Windows操作系统。“史蒂夫不知道该说些什么，”盖茨回忆道，“他完全可以说‘哦，它违反了某些协议’，但是他没有。他当时说的是‘哦，它可真是一坨狗屎’。”盖茨听了很高兴，因为这样他就有机会暂时让乔布斯平静下来。“我说：‘是的，它是坨可爱的狗屎。’”听盖茨这么一说，乔布斯又百感交集。“在这次会面的过程中，他粗鲁无礼至极。”盖茨回忆说，“接着，有那么一会儿他几乎都快哭了，就好像在说：‘哦，就让我宣泄一下自己的痛楚吧。’”盖茨则变得非常平静。“别人情绪激动的时候，对我更有利，因为我比较不容易激动。”

乔布斯提议两人一起出去好好走走，一般他想要进行严肃谈话的时候都会如此。他们在库比蒂诺的街道上走了很久，在迪安扎学院来来回回，他们停下一起吃了晚饭，然后又接着往前走。“我们不得不边走边说，但我并不擅长这个，”盖茨说道，“这时候他开始说：‘好吧，好吧，只是你们别搞得太像我们做的东西了。’”

乔布斯也没有其他的话可以说了。他要确保微软会继续为Mac编写应用程序。事实上，斯卡利之后曾威胁将微软告上法庭，而微软为了反击，以威胁停止开发Mac版的Word、Excel及其他应用程序作为回击。如果微软真的这么做，就会毁掉苹果。因此，斯卡利被迫妥协，签署了一份合同。他同意微软有权在其即将推出的Windows系统中使用苹果公司的部分图形功能。作为回报，微软同意继续为Mac编写应用程序，并且在一段时间内只允许苹果独家使用 Excel，而不会用于 IBM 兼容机中。

事实上，微软直到 1985 年秋季才发布 Windows 1.0 操作系统。即使花了这么长时间进行开发，它仍然是一款劣质产品。它窗口平铺，缺乏 Mac 界面的简洁。相比之下，Mac 采用的是比尔·阿特金森设计的神奇的重叠窗口“截取”算法[1]。因此，评论家嘲笑它，消费者唾弃它。然而，就像微软的其他产品一样，Windows 操作系统因为他们的不懈努力，后来主宰了个人电脑操作系统领域。

乔布斯从未走出这场愤怒。“他们完完全全盗用了我们的东西，因为盖茨毫无廉耻。”事情发生近 30 年后，乔布斯这样对我说。盖茨得知后，回应道：“如果他觉得自己说的是事实，那么他还真是走进了自己的现实扭曲力场。”从法律意义上来说，盖茨没错，多年来，此案的法律裁决都判定盖茨无错。而在现实情况中，盖茨的说法也很合理。尽管苹果公司签署了合同，有权使用自己在施乐 PARC 看到的东西，但其他公司也必然会开发出相似的图形界面。正如苹果公司所发现的，无论在法律上还是现实中，计算机界面设计的“外观和感觉”都很难受到保护。

不过，乔布斯的沮丧之情也可以理解。苹果公司一直以来在执行上更富创新，更有想象力，也更有品位，而且他们的设计更好。但是，虽然一开始微软只做出了一系列粗制滥造的复制品，它最终还是赢得了操作系统之争。这一事实说明世界并非完美：最好、最具创新性的产品并非总是赢家。这也致使乔布斯在此事 10 年后对微软大肆批判，虽然他说的话多少有点儿夸张，但也有几分道理。“微软唯一的问题

1. window clipping，即让计算机处理器只计算窗口中显示的部分，而略去对未显示部分的计算，从而节省了处理器的运算时间，提高系统运算速度。

就是他们没有品位，一点儿都没有。”他说，“并不是狭义上的没有品位，而是广义上的，他们没有独到的见解，也不会在产品中注入多少文化……因此，我想自己之所以感到难过并不是因为微软成功了，我对他们的成功没有异议，大部分都是他们应得的。我难过的是，他们做的确实只是三流产品。”

第十七章　伊卡洛斯[1]

凡升起的……

1. 希腊神话中的人物，忘记父亲的告诫，飞得太高，他羽毛上的蜡被太阳熔化而掉到海中死去。

春风得意

1984 年 1 月，Mac 的发布使得乔布斯的名气如日中天，他的一次曼哈顿之行便是佐证。当时，他应邀参加小野洋子（Yoko Ono）为儿子肖恩·列侬（Sean Lennon）举办的派对，并送给 9 岁的肖恩一台 Mac 电脑。肖恩很喜欢。艺术家安迪·沃霍尔（Andy Warhol）和基斯·哈林（Keith Haring）当时也在，他们如此着迷于自己通过 Mac 做出来的东西，以致当代艺术几乎发生了天翻地覆的转折。在用过 QuickDraw 软件之后，沃霍尔自豪地惊呼："我画了个圈。"沃霍尔坚持要乔布斯也送一台 Mac 给摇滚明星米克·贾格尔（Mick Jagger）。当乔布斯和比尔·阿特金森一同来到贾格尔的联排别墅时，贾格尔有些疑惑。他并不太知道乔布斯是谁。后来，乔布斯告诉自己的团队："我觉得他一定是嗑了药，要么就是脑残了。"不过，贾格尔的女儿杰德立刻喜欢上了这台电脑，并开始用 MacPaint [1] 软件画画，于是乔布斯把电脑送给了她。

乔布斯买下了曼哈顿中央公园西街圣雷莫公寓顶楼的复式住宅，他曾带斯卡利看过这处房产，又聘请了贝聿铭公司的詹姆斯·弗里德（James Freed）对其进行翻修，但是由于对细节一贯挑剔，他从未搬进去过。后来，他把这处公寓以 1 500 万美元的价格卖给了波诺。他还在伍德赛德购置了一幢老式西班牙殖民地风格的豪宅，有 14 间卧室，可以俯瞰帕洛奥图。这幢豪宅最初由美国铜矿大亨丹尼尔·考恩·杰克林（Daniel Cowan Jackling）建造。乔布斯搬了进去，但从未着手进行装修。

在苹果公司，乔布斯的地位也开始恢复。斯卡利并未设法削弱乔

1. MacPaint：由苹果公司开发的位图绘图软件。

布斯的权力，相反给了他更多控制权。负责莉萨电脑和Mac电脑的部门合并了，由乔布斯管理。他正步步高升，春风得意，却没有因此变得更加圆熟。事实上，当乔布斯站在莉萨团队和Mac团队成员面前，告诉大家将如何进行合并时，他展示出的近乎粗鲁的直言不讳让人记忆深刻。乔布斯表示，合并后的所有高层职位都将由他所率领的Mac部门中的领导者担任，而莉萨电脑部门四分之一的员工都会被裁员。“你们失败了，”他直视着莉萨团队的人说道，“你们是二流团队，二流队员。这里许多人都是二流或三流队员，因此今天，我们遣散你们其中一部分人，让你们有机会在硅谷的兄弟公司工作。”

比尔·阿特金森同时供职于莉萨团队和Mac团队，他觉得这种合并方式不仅冷酷无情，而且不公平。“这些人工作非常努力，他们是杰出的工程师。”他说道。但是，乔布斯坚持认为：如果你想建设一个由一流队员组成的团队，就必须敢下狠手。这是他从Mac团队中总结出的重要管理经验。“这个道理很简单，团队扩张时，如果吸收了几名二流队员，他们就会招来更多二流队员，很快，你的团队里甚至还会出现三流队员。”他回忆道，“Mac的经验告诉我，一流队员只喜欢同一流队员合作，这就意味着你不能容忍二流队员。”

当时，乔布斯和斯卡利相信彼此之间的友谊依然牢固。他们经常热情洋溢地频繁表达对彼此的喜爱，看上去就像贺曼贺卡[1]里走出来的一对高中情侣。1984年5月，斯卡利加入苹果一周年。为了庆祝，乔布斯为他在黑羊餐厅举行晚宴，那儿是库比蒂诺西南丘陵一带的一家高雅餐厅。让斯卡利吃惊的是，乔布斯还叫来了苹果公司的董事会、

1. 贺曼贺卡：成立于1910年，深受消费者青睐的贺卡品牌，贺曼公司至今为美国最大规模的私营公司之一。

高层管理人员，甚至一些来自东海岸的投资者。在鸡尾酒会上，大家都向斯卡利表示祝贺，他回忆道："史蒂夫神采奕奕地站在人群中，不住地点头，露齿微笑。"晚宴开始时，乔布斯以一句夸张的祝酒词为晚宴做了开场白："对我来说，最快乐的日子有两个，一个是Mac上市之时，另一个是约翰·斯卡利同意加入苹果公司的那天。"他说道，"今年是我整个人生中最棒的一年，因为我从约翰那里学到了很多。"接着，他送给斯卡利一本当年大事记的影集。

作为回应，斯卡利也滔滔不绝地讲述了过去一年与乔布斯搭档的欣喜之情，他的结束语让在场的每个人都感到难忘，虽然原因各异。"苹果公司只有一个领导者，"他说，"那就是史蒂夫和我。"他眼光望向房间的另一端，与史蒂夫目光交错，看到他脸上的笑容。"当时就好像我们彼此心有灵犀一样。"斯卡利回忆道。但是，他也注意到亚瑟·罗克和其他一些人的古怪表情，或许甚至是怀疑的神色。他们担心乔布斯正完全控制着斯卡利，他们雇用斯卡利是为了控制乔布斯，然而现在很明显，控制权在乔布斯手上。"斯卡利非常渴望得到史蒂夫的认可，以至于他无法对史蒂夫保持强硬态度。"罗克后来回忆道。

对斯卡利来说，让乔布斯高兴并听从他的专业意见，这可能是一个明智的策略，他认为这样比采取对立的态度要好。这没错，但是，他未能认识到，在乔布斯的天性里，控制权不能共享。乔布斯天生就不知道什么是服从，他开始越发强烈地表达自己对公司运营的看法。例如，在1984年的公司经营战略会议上，乔布斯逼迫苹果公司的市场和销售部门通过竞标的方式获得为各产品部门的服务权（这就意味着，比如Mac小组不能决定使用苹果的销售团队，转而需要创建一支自己的销售队伍）。没有人赞成这种方式，但是乔布斯不断努力想要通过这个方案。"人们指望我来掌控局面，让乔布斯坐下闭嘴，但我没有这么做。"斯卡利回忆说。会议不欢而散，他听到有人低声说："为什么斯卡利不让他闭嘴？”

乔布斯决定在弗雷蒙建一家最先进的工厂，用来生产 Mac，这时他的审美激情和控制天性越发达到极致。他想要把机械设备也涂成明亮的色调，就像苹果的彩虹标识一样，但是他在颜色选择上花了太多时间，以至于苹果公司的生产总监马特·卡特（Matt Carter）最后决定就用原本的米色或灰色。乔布斯去工厂参观时，又下令把机器重新喷刷成他想要的鲜艳色彩。卡特对此表示反对，他认为这都是些精密设备，重新喷刷可能会造成问题。卡特说的没错。一台最贵的机器被喷成亮蓝色后就再也无法正常工作了，它被人戏称为“史蒂夫的愚作”。最后，卡特辞职了。“跟他抗争太费精力了，而且常常是为一些毫无意义的东西，我受够了。”他回忆道。

乔布斯找来 Mac 团队的财务主管黛比·科尔曼接任卡特的职位。科尔曼精力充沛、为人和善。前文说过，Mac 团队有一个对抗乔布斯最佳人物年度大奖，科尔曼曾赢得该奖，但她也知道如何在必要的时候迎合乔布斯的奇想。苹果公司的艺术总监克莱门特·莫克（Clement Mok）通知科尔曼说乔布斯想把墙都刷成纯白色，科尔曼反对说：“工厂不能刷成纯白色，那样到处都会是灰尘和脏东西。”莫克的回复是：“对史蒂夫来说，多白都不过分。”科尔曼最后只好随他去了。纯白色的墙壁，亮蓝色、黄色或红色的机器，整个工厂车间“看上去就像亚历山大·考尔德[1]的作品展”。科尔曼这样描述。

当被问及为何对工厂的外观如此重视时，乔布斯说，这样做是为了保持追求完美的激情：

我会到工厂去，戴上一只白手套检查灰尘。我发现到处都是灰

1. 亚历山大·考尔德（Alexander Calder），美国著名雕塑家、艺术家，动态雕塑的发明者。

尘——机器上、机架顶部、地板上，然后就叫黛比清理。我跟她说，我们要一尘不染，这让黛比非常恼火，她不明白为什么要这么干净。而我当时也无法说明这个原因。明白吗？在日本所看到的东西对我影响非常大。我十分钦佩日本的一部分原因就在于他们的团队精神和纪律意识，而这也是我们的工厂所缺少的东西。如果我们连保持工厂一尘不染都做不到，那么也无法让所有机器都保证运转。

一个周日的早晨，乔布斯把自己的父亲带到了工厂。保罗·乔布斯一向很讲究，要确保自己的工艺严格，工具也要摆放整齐；史蒂夫很自豪地向父亲展示，自己也能做到这样。科尔曼当时也陪同参观。“史蒂夫当时高兴得不得了，”她回忆说，“他很自豪地向他父亲展示自己的这一创造。”乔布斯向父亲解释工厂的运作方式，保罗似乎很欣赏。“他触摸了每样东西，感觉非常喜欢，它们看起来是如此干净、如此完美。乔布斯则一直看着他。”

不过，当法国总统密特朗的夫人达妮埃尔·密特朗来工厂参观时，气氛就不那么融洽了。密特朗夫人对古巴很欣赏，那次她是陪同丈夫来进行国事访问的。乔布斯让乔安娜·霍夫曼的丈夫阿兰·罗斯曼来做翻译。密特朗夫人通过自己的翻译人员，就工厂的工作条件问了很多问题，而乔布斯一直在解释自己先进的机器人和技术。乔布斯谈论了准时生产制（JIT）计划后，密特朗夫人却开始询问工人的加班工资。乔布斯很恼火，于是开始描述自动化如何帮助自己压低了劳动成本，他知道这个话题会让她不高兴。“工人的活儿很重吗？”她问道，“他们有多少休假时间？”乔布斯按捺不住了。“如果她对工人的福利这么感兴趣，”他对密特朗夫人的翻译说，“告诉她，随时欢迎她来这儿工作。”翻译听了脸色苍白，什么都没说。过了一会儿，罗斯曼介入进来，用法语说：“夫人，乔布斯说，感谢您的到访及您对工厂的兴趣。”乔布斯和密特朗夫人都不知道到底发生了什么，而那位翻译顿时感到如释重负。

事后，乔布斯开着奔驰车驶上高速公路，准备回库比蒂诺，一路上对罗斯曼对待密特朗夫人的态度感到异常愤怒。当时车速超过每小时 100 英里，一名警察拦下了车，准备开罚单。几分钟后，警察正潦草地书写罚单，乔布斯按起了喇叭。“有什么问题吗？”警察问道。乔布斯回答说：“我赶时间。”令人惊讶的是，那位警察并没有生气，而只是照常开完罚单，并警告如果乔布斯的车速再超过每小时 55 英里并被抓住，就要进监狱。结果警察刚离开，乔布斯就重新回到高速路上，再次加速到每小时 100 英里。“他肯定认为常规对自己无效。”罗斯曼对此惊叹不已。

在 Mac 发布几个月后，乔安娜·霍夫曼陪同乔布斯前往欧洲，她也见识到了同样的情形。“他非常令人讨厌，觉得自己可以不受任何事情的束缚。”她回忆说。在巴黎的时候，她已经安排好与法国的软件开发商们进行正式晚宴，但是乔布斯突然决定不去了。他扔下霍夫曼独自上车，说自己要去拜访艺术家福隆（Folon）。“结果他的缺席让开发商们很生气，都不愿意跟我们握手。”霍夫曼说道。

在意大利的时候，乔布斯打一见面就不喜欢苹果公司在当地的总经理——一位肉乎乎、圆嘟嘟的男士，他以前在传统行业工作。乔布斯直截了当地对他说，自己对其团队及销售策略都不以为然。“你不配销售 Mac。”乔布斯冷冷地说。不过，比起他挑选的餐厅来说，这位倒霉的经理受到的对待还算是好的了。乔布斯点了一份素食，但服务员还是殷勤周到地往他盘子里倒上了含有酸奶油的酱料。乔布斯的反应令人讨厌至极，以至于霍夫曼不得不靠威胁来阻止他。她低声对乔布斯说，如果他再不冷静下来，就把自己的热咖啡倒在他腿上。

欧洲之行中，最根本的分歧集中在销售预测上。在其现实扭曲力场的影响下，乔布斯总是让自己的团队做出更高的预测。在最初撰写Mac商业计划时，他这样做过，但这份计划最后又反过来给他带来了麻烦。在欧洲的时候他故伎重演，不停地威胁欧洲的经理们，只有拿出更高的预测数据，才能得到他的拨款。经理们坚持实事求是，霍夫曼不得不从中进行调和。“行程最后，我整个身子都不由自主地颤抖。”霍夫曼回忆道。

此次欧洲之行，乔布斯第一次见到了让–路易·加西（Jean-Louis Gassée）——苹果公司的法国经理。加西是少数几个成功对抗乔布斯的人。“他对事实有自己的见解，”加西后来评论道，“对付他的唯一方法就是以其人之道还治其人之身，反过来更狠地威胁他。”当乔布斯像通常一样威胁说如果不调高销售预测，他就会削减对法国公司的拨款时，加西彻底怒了。“我记得自己当时抓住他的衣领，叫他少来这套，然后他就退缩了。”加西说道，“我以前也是个火气大的人，是个浑球。所以我也能看出史蒂夫身上的这种性格。”

不过，乔布斯能游刃有余地收放自己的个人魅力，这让加西印象深刻。密特朗发起了“大众信息技术计划”（informatique pour tous）——宣扬普及大众电脑，技术领域的各种学术专家都前来参与其中，如马文·明斯基（Marvin Minsky）和尼古拉斯·尼葛洛庞帝（Nicholas Negroponte）。在法国时，乔布斯在布里斯托酒店面对该计划的参与者发表了演讲，向人们描绘了一幅图景：如果法国所有的学校都配备电脑，这个国家将会出现多大的进步。巴黎也唤醒了乔布斯的浪漫心情。加西和尼葛洛庞帝都曾讲过乔布斯在那里为伊人憔悴的故事。

一落千丈

Mac刚发布时引发了一阵热潮，但到1984年下半年，其销量就开始急剧下滑。问题是根本性的。这是一台虽然精美却运行缓慢、动力不足的电脑，再多的宣传也无法掩盖它的缺点。它的美丽之处在于其界面看上去像一间阳光明媚的游戏室，而不是一块闪烁着绿色字母和呆板命令行的幽暗屏幕。然而，这也造成了Mac最大的弱点：采用文本方式显示，一个字符只占用不到一个字节；而Mac采用像素方式显示用户想要的优雅字体，这样，每个字符所需要的内存就比前者多出二三十倍。莉萨电脑为了解决这一问题，将内存扩展至1 000K以上，而Mac的内存只有128K。

另一个问题在于，没有内置硬盘驱动。乔安娜·霍夫曼曾坚持，要使用内置硬盘作为存储设备，乔布斯因此称她为“施乐偏执狂”[1]。Mac只有一个软盘驱动器，你如果想要复制数据，有可能会落下肘关节发炎的毛病，因为你得来回装卸软盘。此外，Mac没有风扇，这是乔布斯武断顽固的又一佐证。他觉得，风扇会增大电脑的噪声。没有风扇散热造成了很多组件故障，并让Mac赢得了“米色烤面包机”的绰号，而这一绰号显然无益于提高产品的流行度。Mac电脑外形诱人，因而在发布的前几个月，销量非常好；但当人们逐渐认识到这款电脑的局限后，销量便逐渐减少。霍夫曼后来感叹道：“现实扭曲力场可以作为一种鞭策，但最后总是要被现实打破的。”

1984年年底，莉萨电脑销量几乎为零，Mac的销量跌至每月10 000台以下，乔布斯在绝望之下做出了一个低劣而又不合规矩的决定。他决定在库存的莉萨电脑上安装Mac仿真程序，并作为新产品

1. 施乐推出的电脑采用内置硬盘存储。

出售，命名为“Mac XL”。由于莉萨电脑已停产，且不会再投入生产，因此乔布斯这次要做自己都不看好的东西，就有点反常。“我很愤怒，因为它根本就不是什么 Mac XL。”霍夫曼说道，“这么做的目的就是为了把剩下的莉萨电脑都卖出去。它卖得很好，但接下来我们不得不停止这个可怕的骗局，我也因此辞职了。”

这种负面情绪在苹果公司 1985 年 1 月的广告中也有所体现。这次的广告试图再次激起人们反对 IBM 的情绪共鸣，就像“1984”广告那样。不幸的是，这两则广告之间有一个根本区别：“1984”广告以一种英勇乐观的基调结束；但是这次，李·克劳和杰伊·恰特（Jay Chiat）写的新故事脚本，名为“旅鼠”（Lemmings），内容则是身着深色西装、被蒙住双眼的企业管理者迈向悬崖，走向死亡。从一开始，乔布斯和斯卡利就感到不安，这个故事似乎无法传达出苹果正面和光辉的形象，相反，只会侮辱购买过 IBM 电脑的每一位企业管理者。

乔布斯和斯卡利要求广告公司想想其他创意，但广告公司拒绝了。其中一位员工说：“你们去年还不想要‘1984’广告呢！”根据斯卡利的说法，李·克劳补充道：“我会把自己的全部名声和一切都压在这个广告上。”然而当雷德利·斯科特的弟弟托尼把广告拍出来后，这个创意显得更糟了。行尸走肉般的经理们朝着悬崖前进，口中唱着葬礼版的《白雪公主》插曲，“嘿——嚯，嘿——嚯”，而枯燥的电影制作使得这部广告片比故事脚本还要沉闷。“我简直不敢相信，你竟然要放这么个广告来羞辱全美国的商务人士！”黛比·科尔曼看过广告后冲乔布斯吼道。营销会议上，她站起来表达了自己对这个广告的无比厌恶之情。“我郑重其事地在乔布斯桌上放了一封辞职信。信是在我的 Mac 电脑上打出来的。我觉得这个广告对企业管理者是一种侮辱。我们可是刚刚才在个人电脑领域立足。”

不过，乔布斯和斯卡利屈从于广告公司的意愿，在美国“超级碗”大赛中播放该段广告。两人一同前往斯坦福体育场观看比赛，同行的还有斯卡利的妻子利兹——她受不了乔布斯，以及乔布斯情绪亢奋的新女友蒂娜·莱德斯（Tina Redse）。在这场沉闷比赛的第四节的尾声时，苹果公司的广告播出了。球迷们抬头看着大屏幕，几乎没有反应。而在整个美国范围内，大多数反馈都是负面的。“它侮辱了苹果的目标用户群。”一家市场调研公司的总裁告诉《财富》杂志。苹果公司的营销经理随后建议，公司可能需要在《华尔街日报》上买个版面进行道歉。杰伊·恰特则威胁道，如果苹果敢这么做，他的广告公司就会买下旁边的版面，为苹果的道歉广告道歉。

同年1月，乔布斯前往纽约接受一对一的记者采访，其间表露出自己对该广告和苹果公司整体现状的不安。像以前一样，里吉斯·麦肯纳公司的安迪·坎宁安负责乔布斯在卡莱尔酒店的安排和后勤。乔布斯到达酒店后，命令坎宁安重新布置一遍套房，而当时已是晚上10点，第二天就要接受采访。另外，他觉得钢琴摆放的位置也不对，草莓也不是他想要的品种。但是，最大的问题在于他不喜欢房间里摆放的花。他想要马蹄莲。“我们为马蹄莲到底长什么样大吵了一场。”坎宁安说道，“我知道马蹄莲是什么，因为我结婚的时候就用过，但是他坚持要另一种类型的百合花，还说我很蠢，因为他认为我不知道真正的马蹄莲什么样。”于是坎宁安只好出去买。幸好这里是纽约，她这么晚还能买到乔布斯要的那种百合花。房间重新布置好后，乔布斯又开始挑剔她的穿着。“这身套装好恶心。”他对她说。坎宁安知道乔布斯有时会爆发出无名怒火，因此她试图让他平静下来。“你看，我知道你在生气，我也知道你的感受。”她说。

“你知道个屁！”乔布斯吼道，“我的感受，你知道个屁呀！”

30岁

对于大多数人，尤其是那些宣称绝不能相信30岁以上的人的那代人来说，30岁是一个里程碑。1985年2月，为了庆祝自己的30岁生日，乔布斯在旧金山圣弗朗西斯酒店的宴会厅举办了一场非常正式但又搞怪的派对——来宾被要求打黑领带、穿网球鞋。约有1 000人应邀出席。请柬上写着："有句古老的印度谚语是这样说的，'在人生的头30年里，你培养习惯；在后30年，习惯塑造你。'过来跟我庆祝我的30岁吧。"

宴会上，有一桌坐的都是软件业巨头，包括比尔·盖茨和米切尔·卡普尔。另一桌坐着乔布斯的老朋友，如伊丽莎白·霍姆斯，她还带来了一位身着燕尾服的女伴。安迪·赫茨菲尔德和伯勒尔·史密斯穿着租来的礼服，脚上踩着松软的网球鞋，一旁旧金山交响乐团演奏着施特劳斯的圆舞曲，两人伴着音乐起舞的样子使这场派对更加令人难忘。

由于鲍勃·迪伦拒绝了邀请，派对上献唱的是埃拉·菲茨杰拉德。她主要唱自己的传统曲目，偶尔也会改编一下曲目，如将《伊帕内玛姑娘》（The Girl from Ipanema）唱成"库比蒂诺小伙儿"。她要听众点歌，乔布斯就点了几首。最后，她用一首慢节奏的《生日快乐》结束了表演。

斯卡利走上台，提议为"技术领域最重要的远见者"干杯。沃兹尼亚克也走上台，送给乔布斯一个相框，里面装着一张1977年西海岸电脑展览会上子虚乌有的"扎尔泰"电脑宣传单，Apple II电脑就是在该展会上发布的。唐·瓦伦丁对乔布斯10年间的转变感到惊奇。"他以前就跟胡志明似的，认为绝不能相信任何一个30岁以上的人，现在却和埃拉·菲茨杰拉德一起，给自己办了个这么棒的30岁生日宴会。”他说道。

许多人都为这个挑剔的家伙准备了特别的礼物。例如，黛比·科尔曼就为乔布斯找到了第一版《最后的大亨》(*The Last Tycoon*)，这是弗兰西斯·斯科特·菲茨杰拉德（F. Scott Fitzgerald）的一部小说。乔布斯却将所有礼物都留在了酒店房间里，这个行为虽奇怪但也与他的性格相符。乔布斯一件礼物都没拿回家。沃兹尼亚克和一些苹果公司的元老没有吃派对上的山羊乳干酪和鲑鱼慕斯，派对结束后，他们聚在一起去丹尼餐厅吃饭。

“一个艺术家到了三四十岁还能做出惊人的东西来，这是很罕见的。”乔布斯对作家戴维·谢菲（David Sheff）说道，言语中流露出渴望之情。谢菲于乔布斯 30 岁生日的当月，在《花花公子》杂志上发表了一篇言语亲密的长篇访谈。“当然，有些人天生就有求知欲，永远像小孩一样对生命充满敬畏，但是这种人很少。”这次采访涉及许多话题，但是在变老和面对未来的问题上，乔布斯给出了最尖锐的反思：

> 你的想法会在自己的头脑中创建出模式，就像脚手架一样。大脑中的化学反应蚀刻出思维的模式。在大多数情况下，人们会陷入这些模式，就像唱片上的针槽，并且再也出不来了。
>
> 我会永远保持与苹果的关系。我希望这一生，能让自己的生命历程和苹果的命运彼此交错，就像编织一幅挂毯那样。可能我会离开苹果几年，但我终究是会回来的。而这就是我可能想要做的事情。关于我，应该谨记的关键一点就是，我仍然是个学生，我仍然在新兵训练营。
>
> 如果你想让自己的生活过得富有创造性，像艺术家一样，就不能常常回顾过去。不管你做过什么，以前是怎么样，你都必须心甘情愿地接受一切，并将一切抛诸脑后。

外界越是试图强化你的形象，你就越难继续做一名艺术家，这也是为什么很多艺术家要说，“再见，我得走了，我要疯了，我要离开这里。”然后他们就离开了，在某处休隐。也许之后他们又会重新出现，变得有些不同。

乔布斯说出这番话，似乎是有预感自己的生命将很快改变。也许他的生命历程确实会与苹果的命运彼此交错，也许他这时候应该将过去的自己抛诸脑后，也许是时候说“再见，我得走了”，然后重新回来，带着不同的思考方式。

出埃及记

1984 年 Mac 发布后，安迪·赫茨菲尔德休了一段时间假。他需要重新充电，并远离自己的上司鲍勃·贝尔维尔。赫茨菲尔德不喜欢他。有一天，他得知乔布斯给 Mac 团队的工程师每人发放了最高 5 万美元的奖金，他们团队工程师的工资此前一直没有莉萨团队的高。于是他找到乔布斯要自己的那一份。乔布斯回复说，是贝尔维尔决定休假的人没有奖金。赫茨菲尔德后来听说这其实是乔布斯的决定，于是来找乔布斯对质。最开始，乔布斯含糊其词，后来又说：“好吧，就算你说的是真的，又对事情有什么改变呢？”赫茨菲尔德说，如果乔布斯扣着奖金不发是为了让他回来，那么出于原则，他根本就不会回来。乔布斯态度软化了，这却给赫茨菲尔德留下了不好的印象。

在休假快结束时，赫茨菲尔德与乔布斯约好共进晚餐，他们从办公室出来，走过几个街区，来到了一家意大利餐馆。“我真的想回来，”他告诉乔布斯。“但是现在情况好像真的很糟糕。”乔布斯隐约有些心烦意乱，但是赫茨菲尔德继续说下去，“软件开发团队士气彻底低落，几个月都没做出什么东西来，伯勒尔也非常沮丧，年底之前就会走人。”

这时，乔布斯打断了他。“你根本不知道自己在说什么！”他说道，“Mac 团队现在很棒，我正在享受自己一生中最好的时光。你已经跟我们完全脱节了。”他的眼神里透露出极为挖苦的意味，但又试图表现自己是被赫茨菲尔德的评论逗乐了。

“如果你真的这么认为，那我觉得自己肯定没法回来了。”赫茨菲尔德闷闷不乐地说，“我想要回归的那个 Mac 团队甚至都已经不复存在了。”

“Mac 团队必须成长，你也一样，”乔布斯回应道，“我希望你回来，但是如果你不愿意，那也随你。反正你也并非自己所想象的那样重要。”

因此，赫茨菲尔德没有回来。

1985 年年初，伯勒尔·史密斯也准备离开苹果；但他又担心，如果乔布斯试图说服他留下，那么自己就很难离开。乔布斯的现实扭曲力场太强大了，史密斯难以抗拒。于是，他同赫茨菲尔德一起商量如何冲破乔布斯的现实扭曲力场。“我想到了！”有一天，他告诉赫茨菲尔德说，“我想到了一个完美的辞职方法能抵抗他的现实扭曲力场。我会走进史蒂夫的办公室，解开裤子，在他的办公桌上小便。对这种事他还能说什么呢？这方法肯定能行。”而 Mac 团队打赌，即便再勇敢，伯勒尔·史密斯也没胆量这么做。在乔布斯生日聚会前后，他终于决定要豁出去了，他同乔布斯约好了见面。当史密斯走进乔布斯的办公室时，他惊奇地发现乔布斯笑得很开心。“你真的要那么做吗？真的要那么做吗？”乔布斯问他。他已经听说了史密斯的这一计划。

史密斯看着乔布斯。“我真的有必要这么做吗？如果万不得已，我会的。”乔布斯看了他一眼，史密斯又觉得确实没必要这么做。于是，他的辞职并没有那么戏剧化，而且他离开的时候拿到了很好的报偿。

很快，另一位了不起的 Mac 工程师布鲁斯·霍恩也决定离开。当他跟乔布斯告别的时候，乔布斯说："Mac 的所有问题都是你的错。"

霍恩回答道："好吧，史蒂夫，事实上，Mac 的许多好处也是我的错，我还得像疯了似的把这些好处都给弄进去。"

"没错。"乔布斯认可了这一回应，"如果你留下，我就给你 15 000 股股票。"霍恩拒绝了，乔布斯于是又展现出温柔的一面。"好吧，给我个拥抱。"他说。于是，他俩拥抱在一起。

不过，当月最轰动的新闻还是苹果公司创始人之一史蒂夫·沃兹尼亚克的离开。也许是因为个性不同，这两位创始人之间从未有过激烈的冲突。沃兹尼亚克仍然充满梦想和童趣，乔布斯比以往更加紧张易怒。但是，在苹果的管理和战略问题上，两人有着根本的分歧。当时，沃兹尼亚克低调地在 Apple Ⅱ 部门做中级工程师。作为公司的招牌人物，他很谦卑，并尽可能地远离管理和公司政治。在他看来，有理由相信乔布斯并不欣赏 Apple Ⅱ；而 Apple Ⅱ 电脑仍然是苹果公司的摇钱树，而且 1984 年圣诞期间，其销量就占公司产品销量的 70%。"公司里其他人也认为 Apple Ⅱ 团队的成员不重要。"他后来说道，"尽管在当时，Apple Ⅱ 是我们公司多年来销量最大的产品，而且未来几年它仍然可能是最畅销的机型。"沃兹尼亚克甚至强迫自己去做一些与性格不相符的事。有一天，他拿起电话打给斯卡利，痛斥他在乔布斯和 Mac 部门浪费了太多注意力。

沮丧万分的沃兹尼亚克决定悄然离去，创办一家新公司，制造自己发明的万能遥控器。有了这个装置，用户只需通过几个简单的按钮，就能控制家里的电视机、立体声音响和其他电子设备。他将自己的想法告诉了 Apple Ⅱ 部门的工程师主管，但他觉得自己并不那么重要，没必要通知别的部门，也没必要告诉乔布斯和马库拉。因此，直到看到《华尔街日报》报道，乔布斯才第一次得知此事。当记者致电时，沃兹尼亚克真诚坦率地回答了记者的问题。他说，是的，自己觉得苹果公司怠慢了 Apple Ⅱ 部门。“苹果的发展方向已经严重错误，并持续 5 年了。”他表示。

不到两周后，沃兹尼亚克和乔布斯一同前往白宫，时任美国总统的罗纳德·里根授予他们首届国家技术奖章（National Medal of Technology）。里根引用第 19 任总统拉瑟福德·海斯（Rutherford Hayes）初次见到电话时所说的一句话：“一项惊人的发明，但是谁想要用这个东西呢？”然后打趣道：“我觉得，他当时可能弄错了。”鉴于沃兹尼亚克离开苹果公司的尴尬情形，苹果公司之后并未举行庆祝晚宴，斯卡利或其他高层也没有来华盛顿。乔布斯和沃兹尼亚克在领奖之后一起出去散步，在一家三明治店吃了些东西。沃兹尼亚克回忆说，他们亲切地聊了聊，对他们之间存在分歧的问题避而不谈。

沃兹尼亚克想让自己和苹果公司友好地分手，这是他的风格。于是，他同意以兼职的方式代表公司出席活动和展览，薪酬是 2 万美元。这种渐渐疏远方式很得体，但是乔布斯心里就没有那么舒服了。在华盛顿领奖几周后的一个周六，乔布斯前往哈特穆特·艾斯林格在帕洛奥图的新工作室，后者的青蛙设计公司为了处理苹果公司的设计而搬到了这里。乔布斯碰巧在那里看到了一些草图，是该公司为沃兹尼亚克的新遥控器设计的，他暴跳如雷。苹果公司同青蛙设计公司的合同中有一条写着，苹果公司有权禁止青蛙设计公司为其他公司做计算机相关产品的设计，乔布斯援引了这一条款。“我通知他们，”乔布斯回忆说，“我们不能接受他们做沃兹的项目。”

《华尔街日报》得知此事后联系上了沃兹尼亚克，后者像往常一样坦率真诚。他说乔布斯在惩罚他。“史蒂夫·乔布斯恨我，可能是因为我针对苹果说的话。”他告诉记者。乔布斯这种行为显得很小气，但他之所以如此，部分原因是他知道产品的外观和风格就是产品品牌的一部分，其他人不像乔布斯这样明白这个道理。如果沃兹尼亚克的设备和苹果公司的产品使用同一种设计语言，就可能会让人误会他的设备是苹果公司的。“这并非私人恩怨。”乔布斯告诉《华尔街日报》，解释说自己想要确保沃兹尼亚克的遥控器不会像苹果生产的东西一样。“我们不想看到自己的设计语言用在别的产品上。沃兹得找到自己的资源。他不能利用苹果的资源，我们不能给他特殊待遇。”

至于青蛙设计公司已经为沃兹尼亚克做了的东西，乔布斯表示愿意个人支付这笔费用。但即便如此，该公司的管理者也都吃了一惊。乔布斯要求青蛙设计公司把为沃兹尼亚克设计的图纸交给自己或毁掉，对方拒绝了。乔布斯不得不向他们发送信函，援引苹果公司的合同权利。青蛙设计公司的设计总监赫伯特·法伊弗（Herbert Pfeifer）冒着激怒乔布斯的风险，公开驳斥乔布斯关于同沃兹尼亚克的争端并非私人恩怨的说法。“他这是仗势欺人，”法伊弗对《华尔街日报》说，“他们之间有私人问题。”

听说了乔布斯的所作所为后，赫茨菲尔德异常气愤。他家离乔布斯的住处大约相隔 12 个街区，即使在他离开苹果后，乔布斯有时也会顺路去他家坐坐。“我对于沃兹尼亚克遥控器的事非常气愤，以至于乔布斯后来到我家来，我都没让他进门。”赫茨菲尔德说道，“他知道自己错了，但是试图把自己的所作所为合理化，也许在他自己的现实扭曲力场里，他能做得到。”而沃兹尼亚克即便是生气的时候，也像泰迪熊一样温顺。他换了一家设计公司，甚至同意继续留任苹果公司做发言人。

摊牌，1985年春

1985年春，乔布斯和斯卡利之间出现了裂痕。原因是多方面的。有些只是业务上的分歧，譬如，斯卡利意图维持Mac的高价来达到利润最大化，而乔布斯则想要让它的价格更实惠。另一些就是奇怪的心理因素，源自他们最初对彼此的狂热和不现实的迷恋。斯卡利苦苦渴求乔布斯的喜爱，而乔布斯则渴望在斯卡利身上获得父亲和良师益友般的感觉。当两人的热情开始降温时，就产生了情绪上的反弹。但是，造成两人之间裂痕日益加深的根本原因仍在他们自己身上。

对乔布斯来说，问题在于斯卡利从来都没有成为一个懂产品的人。他没有努力，也没有显示出自己有能力理解苹果公司所做产品的精妙之处。相反，斯卡利觉得乔布斯太过沉迷于细微的技术调整和设计细节，这只会适得其反。他过去做的工作是销售汽水和零食，产品的配方在很大程度上与自己无关。他对产品也没有天生的热情，而这正是乔布斯所能想象的最深重的罪孽之一。"我试图教会他工程上的细节，"乔布斯后来回忆说，"但是，他不知道产品是怎样创造出来的，一段时间以后，这种培养变成了争论。但我知道，我的观点是正确的。产品就是一切。"他觉得斯卡利很愚蠢。但斯卡利渴望得到乔布斯的喜爱，并且产生了自己和他很相似的幻觉，这更加剧了乔布斯对他的蔑视。

而斯卡利觉得问题出在乔布斯身上，当乔布斯不再处于"求爱期"或有所图时，就常常很令人讨厌，他粗鲁、自私并且对其他人没有好脾气。斯卡利经历过寄宿学校和大客户销售工作的打磨，他觉得乔布斯的行为粗鲁可鄙，其程度就和乔布斯鄙视他对产品细节缺乏激情一样。斯卡利能和善、关切、彬彬有礼地对待错误，乔布斯则做不到。有一回，他们计划与施乐公司董事会副主席比尔·格拉文（Bill Glavin）会面，斯卡利恳请乔布斯到时候不要失礼。然而，刚一就座，乔布斯就跟格拉文说："你们这些家伙完全不知道自己在做什么。"会面不欢而散。"对不起，但我控制不住自己。"乔布斯告诉斯卡利。这只是许多类似情况中的一例。正如雅达利公司的阿尔·奥尔康后来评论的，"斯卡利想让别人高兴，并会顾及人际关系。史蒂夫对此则不屑一顾。但他对产品的关注又是斯卡利永远达不到的，而且乔布斯会侮辱任何一个算不上一流队员的人，以避免苹果出现太多的笨蛋。"

董事会对于两人关系的动荡越发警觉。1985 年年初，亚瑟·罗克及其他一些心怀不满的董事对他们俩进行了严厉的训诫。他们告诉斯卡利，本来应该由他来运营公司，他应该用更大的权力履行管理苹果公司的职责，少花心思同乔布斯交好。他们告诉乔布斯，他应该解决 Mac 部门内部的混乱状况，而不应该告诉别的部门如何做好本职工作。之后，乔布斯回到办公室，在自己的电脑上打着："我不再批评公司其他部门，我不再批评公司其他部门……"

1985 年 3 月，Mac 的表现持续令人失望，其销量只有预测的 10%，乔布斯躲在自己的办公室里生气，或是在大厅里训斥其他人。他的情绪起伏更大，对周围人的辱骂也更甚。中层主管们开始起来反抗他。营销主管迈克·默里在一个行业会议上与斯卡利私下会面。两人走向斯卡利的酒店房间时，乔布斯看到了，于是要求一起去。默里叫他不要跟过来。默里告诉斯卡利，乔布斯正在造成严重的破坏，必须把他从 Mac 部门的管理层踢走。斯卡利回答说，自己还没有到要和乔布斯摊牌的地步。默里后来直接给乔布斯发了一份备忘录，批评他对待同事的方式，并谴责其"人身攻击式的管理方式"。

有好几个星期的时间，两人之间的问题似乎存在某种解决的可能。乔布斯开始着迷于一种平板显示屏技术，这是帕洛奥图附近的伍德赛德设计公司（Woodside Design）研发的，管理这家公司的是一位名叫史蒂夫·基钦（Steve Kitchen）的古怪工程师。另一家创业公司做出的触摸屏也让乔布斯兴致很浓，利用这种技术，用户可以直接用手指控制设备，而无需鼠标。这两种技术可能有助于实现乔布斯创造“Mac书”（Mac in a book）的愿景。在和基钦的一次散步中，乔布斯在门洛帕克附近看到一幢建筑并说道，他们可以开设一处科研基地，以实现这些想法。它可以叫苹果实验室（AppleLabs），由乔布斯来管理，这样，他又能重回带领小团队开发伟大新产品的喜悦之中。

斯卡利对这种可能性感到高兴。这将使乔布斯回到自己最擅长的领域，并且能让他远离库比蒂诺，不再给公司造成破坏，从而可以解决两人之间的大部分管理问题。他还物色了一个候选人——让－路易·加西，替代乔布斯担任 Mac 部门的管理者。加西是苹果公司在法国的主管，曾在乔布斯造访法国时与之对抗。他乘飞机前往库比蒂诺，并表示，只要能保证自己管理整个项目而不是在乔布斯手下工作，他就会接受这份工作。董事会成员之一梅西百货的菲尔·施莱因竭力说服乔布斯，他如果能发明新产品并激励一个充满激情的小团队会更好。

但经过一番思考，乔布斯认为这并非他想走的路。他拒绝将控制权弃让给加西，后者明智地回到了巴黎，以躲开无可避免的权力冲突。在这个春季之后的日子里，乔布斯摇摆不定。他有时想要维护自己作为企业管理者的身份，甚至写下备忘录，要求取消免费饮料和头等舱航空旅行的福利，以节省开支；有时候，他又想离开，去管理新的苹果实验室研发团队。

当年 3 月，默里发出了另一份备忘录，并标明“请勿流传”，发送给了多位同事。“过去 90 天里，苹果公司出现如此多的混乱、恐惧和运转失常，是我在苹果这三年里从未见过的。”他在开头这样写道，“普通员工觉得我们就是一艘没有舵的船，在迷雾中漂流。”默里曾两头倒，有几次他还与乔布斯密谋诋毁斯卡利。但是在这份备忘录中，他把错误归咎于乔布斯。“无论公司的运转失常是原因还是结果，史蒂夫·乔布斯现在都在掌控着一个看似坚不可摧的权力基础。”

三月底，斯卡利终于鼓起勇气告诉乔布斯，他应该放弃Mac部门的管理权。一天傍晚，他走进乔布斯的办公室，为了让两人的会面更加正式，他还带上了人力资源总监杰伊·埃利奥特。“没有人比我更钦佩你的才华和远见。”斯卡利开场道。他以前也说过这样的奉承话，但这次，显然后面会出现一个“但是”来打断这些赞美。事实确实如此。“但是，这真的行不通。”他说道。被“但是”打断的恭维话又继续下去。“我们彼此之间已经发展出深厚的友谊，”他继续说道，有些自作多情，“但是我对你管理Mac部门的能力失去了信心。”斯卡利还斥责乔布斯在背后说自己的坏话，把他当笨蛋。

乔布斯看上去惊呆了，说出了一句无关轻重的质疑，意思是在这方面斯卡利应该多给他点儿帮助和指导。“你得花更多时间与我相处。”他说。接着他开始回击。他说斯卡利对电脑一无所知，管理公司一塌糊涂，并且自从斯卡利进苹果公司以来，就不断地令自己失望。然后，乔布斯又出现了第三个反应，他哭了起来。斯卡利则坐在那儿咬指甲。

“我会把现在的情况反映给董事会，”斯卡利说道，“我会建议他们让你离开Mac部门的管理岗位。我希望你知道这些。”他力劝乔布斯不要抵抗，并同意去开发新技术与产品。

乔布斯从座位上跳了起来，转过身来，目不转睛地盯着斯卡利。“我不相信你会这么做。”他说，“如果你做了，会毁掉公司的。”

在接下来的几个星期，乔布斯的行为出现了很大波动。他一会儿说自己要离开公司总部去管理苹果实验室，一会儿又开始争取支持去推翻斯卡利。刚同斯卡利示好，转眼又在背后大肆抨击斯卡利，有时候这种反复会发生在同一天晚上。一天晚上9点，他打电话给苹果公司法律总顾问阿尔·艾森斯塔特，说自己对斯卡利失去了信心，需要艾森斯塔特的帮助来说服董事会炒掉斯卡利；而两个小时后，他又一个电话吵醒斯卡利，对他说："你很了不起，我只想要你知道，我喜欢跟你合作。"

4月11日的董事会会议上，斯卡利正式提出，自己想要乔布斯离开Mac部门负责人的职位并专注于新产品开发。接着，最顽固最独立的董事会成员亚瑟·罗克说话了。他受够他们两个人了：在过去一年里，斯卡利没胆量负责指挥管理，而乔布斯则"像个任性的小孩儿"。董事会需要替他们解决这一争端，为此，董事会将跟他们分别进行谈话。

斯卡利离开了会议室，这样乔布斯可以先陈述。乔布斯坚持认为斯卡利才是问题所在，说斯卡利不懂电脑。罗克的回复则是对乔布斯的训斥。他怒吼道，乔布斯这一年的所作所为很愚蠢，而且他无权管理一个部门。即便是乔布斯最坚定的支持者——梅西百货的菲尔·施莱因，也试图劝乔布斯优雅退位，去为公司管理研究实验室。

轮到斯卡利单独与董事会见面时，他发出了最后通牒。"你们可以支持我，那我就负起掌管公司的责任，否则我们什么也做不了，你们只能再去给苹果找一个新的CEO来。"斯卡利说，如果获权，他不会贸然行动，但会在接下来的几个月安抚乔布斯进入新的角色。董事会一致支持斯卡利。他有权在自己认为正确的时机将乔布斯革职。此时，乔布斯正在会议室外等着，他完全明白自己要输了；看到老同事德尔·约克姆，乔布斯走过去与他拥抱。

董事会做出决定后，斯卡利试图与乔布斯和解。乔布斯要求在接下来的几个月里慢慢过渡，斯卡利同意了。当天晚上，斯卡利的行政助理南妮特·巴克霍特（Nanette Buckhout）打电话给乔布斯，想知道他现在怎么样。乔布斯还待在自己的办公室里，精神沮丧。斯卡利已离开了，乔布斯就过来同巴克霍特交谈。他对于斯卡利的态度又开始疯狂地摇摆。"约翰为什么要这样对我呢？"他说道，"他背叛了我。"

然后，他又换了另一种态度，认为自己或许应该花些时间来修复同斯卡利的关系。“约翰的友谊比任何事情都重要，我觉得自己也许应该这样做，专注于我们的友谊。”

策划政变

乔布斯并不习惯别人对自己说“不”。1985年5月初，他来到斯卡利的办公室，要求给他更多时间来证明自己能够管理Mac部门。乔布斯表示，他将证明自己是个运营人才。斯卡利没有让步。乔布斯接着又直接挑战对方：叫斯卡利辞职。“我觉得你真的已经乱了阵脚，”乔布斯对他说，“你来苹果的第一年确实挺好，一切都很美妙，但是后来出问题了。”一向平和的斯卡利回击了，他指出乔布斯没能完成Mac的软件，没能开发出新机型，也没能赢得新顾客。两人的会面演变成了一场关于谁是更烂的管理者的争吵。乔布斯走后，斯卡利转了个身，背对着办公室的玻璃墙落下了眼泪。玻璃墙外都是围观他们争吵的人。

5月14日，周二，Mac团队向斯卡利和其他苹果公司领导者进行季度回顾报告。事情至此达到高潮。乔布斯仍然没有放弃该部门的控制权，他目中无人地带领Mac团队来到董事会会议室。他和斯卡利开始就Mac部门的使命发生冲突。乔布斯认为这个团队的任务就是销售更多的Mac电脑，斯卡利说它应该服务于苹果公司的整体利益。和往常一样，苹果公司的部门之间几乎没有合作，Mac团队当时正计划开发新的磁盘驱动器，这种驱动器不同于Apple II团队正在做的那个。根据会议记录显示，两人的辩论持续了整整一个小时。

之后，乔布斯介绍了其团队正在进行的项目：一款更强大的Mac，这款机器将取代已经停产的莉萨电脑，以及一款名为“文件服务器”（FileServer）的软件，Mac电脑用户可以通过该软件在网络上共享文件。但斯卡利首次得知这些项目都会推迟发布。他冷酷地批评了默里的营销业绩、鲍勃·贝尔维尔错过的工程期限，以及乔布斯的整体管理状况。虽然如此，乔布斯还是在报告会结束时，当着所有其他人的面，要求斯卡利再给自己一次机会，让他证明自己能够管理一个部门。斯卡利拒绝了。

当晚，乔布斯带领 Mac 团队在伍德赛德的妮娜咖啡馆（Nina's Café）吃晚饭。让－路易·加西当时也在苹果公司总部，因为斯卡利要他来准备接管 Mac 部门。乔布斯邀请加西一起吃晚饭。鲍勃·贝尔维尔举杯祝酒："敬我们这些真正明白史蒂夫·乔布斯所构想的世界的人。"这句话是回应那些以"乔布斯所构想的世界"来诋毁乔布斯的人的。其他人离开后，贝尔维尔陪乔布斯坐在他的奔驰车里，鼓励他发起战斗同斯卡利抗争到底。

乔布斯精于操控别人，只要他愿意，他就能哄骗和迷惑其他人而不觉羞愧。但是，他并不善于算计和搞阴谋，尽管有些人不这么看；他不愿意也没耐心与别人交心。"史蒂夫从不玩办公室政治——天生就不会，后天也没去想。"杰伊·埃利奥特指出。此外，他天性傲慢，不屑于溜须拍马。例如，他在试图争取德尔·约克姆的支持时会不由自主地说，自己在运营管理方面比约克姆在行得多。

几个月前，苹果公司已经获得了向中国出口电脑的许可。乔布斯收到邀请，需要动身去中国，到人民大会堂签署协议的日期是美国阵亡将士纪念日[1]的那个周末之后。斯卡利决定自己去签协议，乔布斯表示没问题。乔布斯计划利用斯卡利不在公司的时间，发动政变。在临近阵亡将士纪念日的一周时间内，他同许多人分享了自己的计划。"约翰在中国的时候，我要发动政变。"他告诉迈克·默里。

1. 5月最后一个星期一。

关键7天：1985年5月

5月23日，周四：在Mac部门的高层例会上，乔布斯向核心成员讲述了自己推翻斯卡利的计划，还画了一张图表以说明自己将如何重组公司。他还向公司人力资源总监杰伊·埃利奥特透露了这个计划，埃利奥特直言这个阴谋不会得逞。埃利奥特曾和一些董事会成员谈过，力劝他们支持乔布斯，但他发现大多数董事都站在斯卡利一边，苹果公司的大多数高级职员也是一样。尽管如此，乔布斯执意要将这个计划进行到底。他甚至还在去停车场的路上将自己的计划透露给了加西，而加西来这里正是为了接替他的工作。“我把这事告诉了加西，这是个错误。”乔布斯多年后自我挖苦道。

当晚，苹果的法律总顾问阿尔·艾森斯塔特在自己家为斯卡利夫妇和加西夫妇举办了一个小型烧烤聚会。当加西告诉艾森斯塔特乔布斯的密谋时，艾森斯塔特建议他通知斯卡利。“史蒂夫正在策划阴谋，想要发动政变除掉约翰。”加西回忆说，“在阿尔·艾森斯塔特家，我用食指轻轻指着约翰的胸口，说：‘如果你明天出发去中国，就会被取代。史蒂夫正密谋除掉你。’”

5月24日，周五：斯卡利取消了自己的中国之行，决定在周五上午的苹果公司高级职员大会上与乔布斯对质。乔布斯迟到了，他发现自己平时的座位被人占了，他平时坐在会议桌的一头，旁边是斯卡利。于是，他挑了个最远的位置坐下。他穿着量身定做的威尔克斯·巴什福德西装，看起来精神饱满。斯卡利面色苍白，向大家宣布，自己取消了今天的日程安排，来此解决所有人心中的问题。“我注意到你想把我赶出公司。”他说道，眼睛直视乔布斯，“我想问问你，这是真的吗？”

乔布斯没料到会这样，但是他从不羞于诚实地表达自己，尽管这样很残忍。他眯着眼，眨都不眨地盯着斯卡利。“我觉得你对苹果公司有害，而且我认为，你是管理公司的错误人选。”他语调冰冷、不慌不忙地回答道，“你真的应该离开苹果。你不知道如何经营，也从来没有经营过公司。”他指责斯卡利不理解产品开发流程，接着他又抛出了一句尖刻的、以自我为中心的话：“我要你来是为了助我一臂之力，可是你从来没有帮到过我。”

会议室里的其他人都一动不动地坐着，斯卡利终于发火了。他小时候有过口吃，但已经20年没犯了，现在他又结巴起来。“我不信任你，我也不能容忍缺乏信任。”他结结巴巴地说道。当乔布斯声称，在经营企业方面，他比斯卡利更好时，斯卡利决定赌一把，他让房间里的所有人对这个问题进行投票。“他通过这个聪明的举动赢了。”乔布斯回忆道，这件事在25年后仍然让他觉得痛楚，“当时是执行委员会的会议，斯卡利说：‘我，还是史蒂夫，你们选吧。’他设计了这整件事，从而让人觉得，选我的人肯定是白痴。”

突然，纹丝不动的旁观者们骚动起来。德尔·约克姆不得不第一个发言，他说自己欣赏乔布斯，希望他能继续在公司发挥一定的作用。虽然乔布斯盯着他，但是约克姆鼓起勇气总结说，他“尊重”斯卡利并会支持他管理公司。艾森斯塔特直面乔布斯，说了差不多的话：他欣赏乔布斯，但是支持斯卡利。里吉斯·麦肯纳是一位外部顾问，他坐在一群高级职员中间，回答更直接。他看着乔布斯，说他还没有准备好管理公司，这句话他之前也对乔布斯说过。其他人也支持斯卡利。对比尔·坎贝尔来说，这个抉择尤为艰难。他很欣赏乔布斯，但又并不特别欣赏斯卡利。当告诉乔布斯自己有多欣赏他时，坎贝尔的声音抖了一下。虽然决定支持斯卡利，但是他敦促乔布斯和斯卡利解决彼此之间的问题，并让乔布斯在公司里担任别的职位。“你不能让史蒂夫离开苹果。”他告诉斯卡利。

乔布斯看上去都快崩溃了。“我想我知道大家的立场了。”他说完冲出了房间。没有人追上去。

他回到自己的办公室，召集了Mac团队共事已久的心腹成员，忍不住开始哭泣。他说自己有必要离开苹果。当他快走出办公室的门时，黛比·科尔曼拦住了他。她和其他人劝他静下心来，不要轻举妄动，他应该在周末重组团队，也许能想到办法阻止苹果公司分裂。

斯卡利被自己的胜利击毁了。他像一个受伤的战士，走进阿尔·艾森斯塔特的办公室，并要他一起去兜兜风。当他们坐上艾森斯塔特的保时捷时，斯卡利悲叹道：“我不知道自己是否能继续做下去。”艾森斯塔特询问他是什么意思，斯卡利回答说：“我想我会辞职。”

“你不能，”艾森斯塔特抗议道，“苹果会垮的。”

“我打算辞职，”斯卡利重申道，“我觉得自己不是管理苹果的正确人选。”

艾森斯塔特回答说：“我觉得你这是在逃避。你得勇敢地面对他。”然后，他开车把斯卡利送回了家。

斯卡利的妻子利兹很惊讶地看到丈夫在中午就回来。“我失败了。”他神色落寞地对利兹说。利兹是个心理不稳定的女人，她从来都不喜欢乔布斯，也不赞赏丈夫对乔布斯的迷恋。因此，在听说发生了什么事后，她跳上自己的车，一路加速来到乔布斯的办公室。得知乔布斯已经前往美好地球餐厅，她又赶到那里。在停车场，乔布斯正同黛比·科尔曼及其他Mac核心成员走下车来。利兹径直走到他面前。

“史蒂夫，能和你谈谈吗？”她说。乔布斯惊呆了。“你知不知道，能认识像约翰·斯卡利这样好的人是多么难得？”她质问道。乔布斯避开了她的目光。“我跟你说话的时候，你难道就不能看着我的眼睛吗？”她问。乔布斯照做了，老练地眼睛眨都不眨地盯着她，利兹反而退却了。“算了，别盯着我了。”她说道，“当我看大多数人的眼睛时，我能看到他们的灵魂。可我看你的眼睛时，只看到一个无底洞，一个空洞，一个死区。”说完，她就走了。

5月25日，周六：迈克·默里当天来到乔布斯位于伍德赛德的住所，向他提供一些建议。默里劝乔布斯应该考虑接受产品架构师的职位，启动苹果实验室项目，离开总部。乔布斯似乎愿意考虑这个建议。但首先，他得和斯卡利和解。于是，乔布斯拿起电话，向斯卡利伸出了橄榄枝，这令斯卡利感到惊讶。乔布斯询问，明天下午能否见个面，一起在斯坦福大学的山上散步。以前，两人关系和睦的时候，他们经常这样散步。也许走一走他们就能把事情解决掉。

乔布斯不知道斯卡利已经同艾森斯塔特说过要辞职，但是当时，这已经不重要了。一夜之间，斯卡利已经改变了主意。他决定留下来，尽管前一天两人大吵一架，但他仍然渴望乔布斯能喜欢自己。于是他同意第二天下午见面。

如果说乔布斯当时真的在准备调和彼此之间的矛盾，那么这个想法并没有在他当晚想看的电影中体现出来。他和默里准备看电影，结果乔布斯选了《巴顿将军》（*Patton*）——一部永不投降的将军的史诗。但是，他把《巴顿将军》的录像带借给父亲了，乔布斯的父亲曾为巴顿将军的部队运送过士兵。于是，两人开车到乔布斯的父母家去取录像带。但是家里没人，乔布斯也没有钥匙。他们环视这幢房子，看有没有门窗没上锁，但最后还是放弃了。音像店里也没有《巴顿将军》，最后他们不得不勉强看了《危险女人心》（*Betrayal*）。

5月26日，周日：按照计划，当天下午，乔布斯和斯卡利在斯坦

福大学校园后面碰头，两人在起伏的丘陵和马场上走了几个小时。乔布斯重申了自己的请求，他认为自己应该在苹果公司担任一个运营职位。这一次，斯卡利的立场很坚定，不停地说不行。斯卡利力劝乔布斯带领自己的小团队接受产品架构师的职位，但是乔布斯拒绝了这个提议，因为他觉得这会让自己变成一个“有名无实的领导者”。乔布斯无视现实，建议斯卡利让权给自己。如果这话不是出自乔布斯之口，肯定会令人惊讶。“你来当董事长，我来当总裁兼CEO，为什么不这样呢？”他说道。乔布斯说这话的时候一副非常认真的模样，斯卡利惊呆了。

“史蒂夫，这个提议完全没有意义。”斯卡利回复道。接着，乔布斯又提议他们一起分担管理公司的责任，他来处理产品方面的问题，斯卡利则负责营销和商业上的问题。董事会不仅让斯卡利有了底气，他们还命令斯卡利让乔布斯服从。“公司只能由一个人掌管，”他回答说，“董事会支持的是我，而不是你。”最后，他们握了握手，乔布斯又一次同意考虑接受产品架构师的职位。

开车回家的路上，乔布斯拐到了迈克·马库拉家。马库拉不在家，于是乔布斯就留了个口信，让他第二天晚上到自己家来吃晚饭。乔布斯还邀请了他在Mac团队的心腹。他希望他们能够说服马库拉，让他明白支持斯卡利是愚蠢的。

5月27日，周一：这一天是美国阵亡将士纪念日，天气晴朗温暖。Mac团队的黛比·科尔曼、迈克·默里、苏珊·巴恩斯（Susan Barnes）和鲍勃·贝尔维尔，提前一小时来到乔布斯位于伍德赛德的家中，这样他们就能够一起商量一下对策。夕阳西下时，他们坐在院子里。科尔曼表示，乔布斯应该接受斯卡利的提议，担任产品架构师，帮助创办苹果实验室。默里也曾这样劝过乔布斯。在所有心腹人员中，

科尔曼是最愿意讲求实际的。在新的组织计划中，斯卡利安排她管理制造部门，因为他知道科尔曼忠于的是苹果，而不仅仅是乔布斯。其他一些人则更为强硬。他们想要劝服马库拉支持他们的重组计划，让乔布斯管理公司，或者至少让他保留对产品部门的控制权。

马库拉到了之后，表示同意听取他们的意见，不过有一个条件：乔布斯必须保持安静。"我非常想听听Mac团队的想法，但不想看到乔布斯怂恿他们叛乱。"马库拉回忆说。入夜后气温下降，他们走进装修简陋的屋里，围坐在壁炉边。乔布斯的厨师做了全麦素食比萨，摆在牌桌上。马库拉则慢慢吃着本地种植的奥尔森樱桃，这是乔布斯贮存的，放在一个小木箱里。为了不让谈话变成牢骚会，马库拉让大家集中于非常具体的管理问题，例如，制作"文件服务器"软件时，是什么造成了问题，以及为什么Mac电脑的分销系统没有对需求改变做出反应。大家说完后，马库拉直截了当地拒绝支持乔布斯。"我说过，我不会支持他的计划，一切到此为止。"马库拉回忆表示，"斯卡利才是老板。他们都疯了，情绪激动，聚在一起密谋反抗，但这不是做事情的方式。"

与此同时，斯卡利这一天里也在征求意见。他是否应该屈从于乔布斯的要求？几乎所有他咨询过的人都声称，有这种想法简直是疯了。即便只是问出这种问题，也让人觉得斯卡利在踌躇，他仍然在绝望中渴望乔布斯的垂青。"我们支持你，"一位高级管理人员告诉他，"我们希望你能展现出强大的领导力，你不能让史蒂夫重回运营岗位。"

5月28日，周二：在大家的支持下，斯卡利挺直了腰杆儿。马库拉告诉斯卡利，乔布斯前一天晚上试图推翻他。这无异于火上浇油，斯卡利怒火中烧。这天上午，他走进乔布斯的办公室与他对质。斯卡利表示，自己已经同董事会谈过并得到了他们的支持。他希望乔布斯

离开。然后，他开车前往马库拉家，向他阐述自己的重组计划。马库拉问了些细节问题，最后祝福他。返回办公室后，斯卡利又给其他董事会成员打了电话，只是想确认他们仍然支持自己。他成功了。

当时，斯卡利打给乔布斯，想让他明白现在的状况。董事会已经最后通过了斯卡利的重组计划，并将于当周开始实施。加西将接手乔布斯心爱的Mac团队以及其他产品，乔布斯将不掌管任何团队。斯卡利仍有和解之意。他告诉乔布斯可以继续留在苹果，担任董事长兼产品架构师，但不履行任何运营职责。但此时，即便是成立一个研发小组，例如苹果实验室，都已经不在讨论范围之内了。

一切终成定局。乔布斯意识到自己不可能翻案，也无法再扭曲现实。他泣不成声，开始给比尔·坎贝尔、杰伊·埃利奥特、迈克·默里和其他人挨个打电话。乔布斯打到默里家的时候，默里的妻子乔伊斯正在打越洋电话，接线员打断了她的电话，说有一个找默里的紧急电话。乔伊斯告诉接线员说，但愿这电话真的重要。“没错。”她听到乔布斯的声音。默里接过了电话，听到乔布斯正在哭。“结束了。”他说，然后挂断了电话。

默里担心乔布斯太过伤心，可能做出什么鲁莽之事，于是他回拨过去。电话那头没人接。于是默里开车去了伍德赛德。他敲了敲乔布斯家的门，没人应答，于是他绕着屋子走了走，爬上屋外比较高的台阶，往卧室里看。在一个没有家具的房间里，乔布斯躺在一张床垫上。他开门让默里进来，两个人一直聊到黎明。

5月29日，周三：乔布斯终于拿到了一盘《巴顿将军》的录像带，并在当天晚上重温了一遍，但是默里阻止了他再次发起另一场抗争。相反，他劝乔布斯周五来公司，听斯卡利宣布重组计划。做好士兵，而不是叛军司令，除此之外，别无选择。

像一块滚石

乔布斯悄悄地溜进了座席的后排，看斯卡利向苹果员工们解释公司重组计划。有很多人瞥见了他，但鲜有人向他打招呼，更没人过来跟他热络。他目不转睛地盯着斯卡利，即使多年后，斯卡利也仍然记得“史蒂夫蔑视的目光”。“他的目光很坚毅，”斯卡利回忆道，“就像穿筋透骨的X射线，直击你柔软脆弱的地方。”斯卡利站在讲台上，假装没有注意到乔布斯。有那么一瞬，他回想起两人的一次愉快旅行。那是一年前，他们前往马萨诸塞州剑桥市拜访乔布斯心目中的英雄埃德温·兰德，他被赶出了自己创办的宝丽来公司。当时，乔布斯带着厌恶之情跟斯卡利说：“他不过是损失了几百万，他们就把他赶出了公司。”现在，斯卡利反思到，自己正在夺走乔布斯的公司。

斯卡利继续自己的演讲，仍然无视乔布斯。他将组织结构图展示了一遍，介绍加西将负责整合后的Mac和AppleⅡ团队，并出任新负责人。图表上有一个孤立的小方框写着“董事长”一职，却没有连接到任何其他部门和个人，甚至也没有与斯卡利的名字连上。斯卡利简要提到，乔布斯将在这个职位上发挥“全球架构师”的作用，说到这里时，他依旧无视乔布斯的存在。介绍完毕，会场响起了稀稀拉拉的掌声。

赫茨菲尔德从朋友处得知了这个消息后，驱车回到了苹果总部，这是他离职后第一次回来。他想要对这位昔日的老战友表达自己的同情。“我还是难以想象，董事会居然赶走了史蒂夫。虽然他有时候会很难相处，但很明显，他是苹果公司的心脏和灵魂。”赫茨菲尔德回忆道，“AppleⅡ部门一些反感史蒂夫的人似乎扬眉吐气了，还有一些人觉得这次动荡是个人升迁的机会，但是大多数苹果员工对于未来感到忧虑、沮丧和不确定。”赫茨菲尔德一度以为乔布斯可能会同意创办苹果实验室。他曾设想，如果这样的话，自己会回来为他工作。但是这个设想并未实现。

接下来的几天时间，乔布斯都待在家里，拉下百叶窗，电话直接转入答录机，只见自己的女友蒂娜·莱德斯。鲍勃·迪伦的磁带一放好几个小时不停，尤其是《时代在变》这一首。16个月前，他向苹果公司的股东揭开Mac的面纱时，朗诵了这首歌的第二段歌词。歌词的结尾很棒："此刻的失败者终将胜利……"

周日晚上，安迪·赫茨菲尔德和比尔·阿特金森以及前Mac团队的一小组人来到乔布斯家，想为他驱散阴霾。乔布斯隔了好一会儿才给他们开门，把他们带进了厨房边上的一个房间，这是他家为数不多的有家具的角落。在莱德斯的帮助下，他给他们端上了自己叫来的素食外卖。"到底发生了什么？"赫茨菲尔德问道，"真的有这么糟吗？"

"不，是更糟，"乔布斯一副愁眉苦脸的样子，"比你能想象的更糟糕。"他指责斯卡利背叛自己，并表示只有自己能管理苹果公司。乔布斯抱怨，他的董事长角色完全是名誉性质的。他被赶出自己在班德利3号楼的办公室，搬进一个几近空旷的建筑，他戏称它为"西伯利亚"。赫茨菲尔德将话题转向以前的快乐日子，他们开始怀念过去。

迪伦在那一周刚发布了一张新专辑《皇帝讽刺剧》(*Empire Burlesque*)。赫茨菲尔德给乔布斯带了一张，在他家的高科技唱片机上播放。最著名的一曲是《当夜幕降临》(When the Night Comes Falling from the Sky)，充满启示录的意味，似乎很适合这个夜晚。但是乔布斯并不喜欢，觉得它几乎和迪斯科一样。乔布斯沮丧地认为，自从《路上的血迹》这张专辑后，迪伦就在走下坡路。于是，赫茨菲尔德将唱针移到了最后一首歌曲《黑眼睛》(Dark Eyes)，没有电子乐的伴奏，只有吉他和口琴，回荡着迪伦一个人的歌声。这首歌节奏缓慢，感情哀伤。赫茨菲尔德本以为这能让乔布斯想起他所喜爱的迪伦的早期作品，但乔布斯同样不喜欢这首歌，也不想再听这张专辑里的其他歌曲。

乔布斯过激的反应不难理解。对他而言，斯卡利一度曾是个父亲般的人物。迈克·马库拉也是，亚瑟·罗克亦然。而那个星期，他们三个都抛弃了他。“小时候被拒绝的深切感受再次笼罩了他，”乔布斯的朋友兼律师乔治·莱利（George Riley）说道，“这是他个人（负面）信念的一个深层部分，这种信念定义了他是谁。”当乔布斯被马库拉和罗克这样父亲般的人物拒绝后，他再次感到自己被抛弃了。“我觉得自己像被人猛击了一样，没有空气，无法呼吸。”多年后，乔布斯这样回忆说。

失去亚瑟·罗克的支持让乔布斯尤为痛苦。“亚瑟就像我的父亲一样，”乔布斯多年后回忆道，“他庇护着我。”罗克给他讲过歌剧，与妻子托妮在旧金山和阿斯彭招待过他。乔布斯从来都不是个喜欢送礼物的人，但他偶尔会给罗克买些礼物，例如他去日本的时候，就给罗克买了一台索尼随身听。“我记得有一次驾车去旧金山，我跟他说，‘天啊，美国银行的大楼真丑。’他就说，‘不，它是最好的。’然后继续为我讲解，而他当然是对的。”即便是多年后讲述起这件事，乔布斯的眼中都会满含泪水。“他选择了斯卡利而不是我。这真的对我是个很大的打击。我从来没想过他会抛弃我。”

更糟的是，他心爱的公司现在正掌握在一个他认为是笨蛋的人手上。“董事会认为我不会运营公司，这就是他们做出的决定。”乔布斯说道，“但是，他们犯了一个错误。他们应该将我和斯卡利分开处理。就算他们觉得我还不够格管理苹果，也应该解雇斯卡利。”尽管内心的悲伤渐渐消失，乔布斯对于斯卡利的愤怒——被背叛的感觉——却更为深刻。他们两人共同的朋友试图打圆场。1985 年夏末的一天晚上，鲍勃·梅特卡夫（Bob Metcalfe）邀请斯卡利和乔布斯来自己在伍德赛德的新家做客。梅特卡夫在施乐 PARC 的时候，与人共同发明了以太网。“这是个可怕的错误，”他回忆道，“约翰和史蒂夫就坐在房间的两端，一句交流也没有，我才意识到自己没法修复他们之间的裂痕。史蒂夫是个伟大的思想家，但在待人方面也可能是个十足的浑蛋。”

斯卡利告诉一些分析师，乔布斯与苹果公司没有关系，尽管这个人的头衔是董事长。这又加剧了两人关系的恶化。“从运营的角度来看，不管是现在还是未来，都没有乔布斯的事。”斯卡利说道，“我不知道他会做什么。”他直率的评论震惊了在座的分析师，大家倒吸了一口凉气。

乔布斯想，或许跑去欧洲能有所帮助。于是6月，他动身去巴黎，在苹果的一场活动中致辞，并参加了美国副总统乔治·H.W.布什（George H. W. Bush）的晚宴。不久，他又从法国直接去了意大利，和女友在托斯卡纳的山间开车兜风。乔布斯还买了一辆自行车，可以自己一个人骑出去玩。在佛罗伦萨，乔布斯沉浸在当地的建筑和建筑材料的质地中。尤为难忘的是铺路石，它们都来自托斯卡纳小镇附近费伦佐拉的一家采石场 Il Casone。这些石头有着沉静的蓝灰色，颜色饱满悦目。20年后，他决定，大部分大型苹果店的地面就要用来自 Il Casone 采石场的砂岩铺设。

Apple Ⅱ电脑当时刚刚进入俄罗斯市场，因此乔布斯又前往莫斯科，并在那里偶遇阿尔·艾森斯塔特。由于苹果公司一些必要的出口许可没有获得美国政府的批准，乔布斯和艾森斯塔特于是同商务专员一起，在驻莫斯科的美国大使馆拜访了迈克·默文（Mike Merwin）。默文警告他们说，美国法律严格禁止与苏联共享技术。乔布斯很恼火。在巴黎的贸易展上，副总统老布什刚刚鼓励过他把计算机引入苏联，以“掀起自下而上的革命”。他们在一家以烤串闻名的格鲁吉亚餐厅吃晚饭，席间，乔布斯继续宣泄不满。“这明显是对我们有利，你怎么能说违反了美国法律呢？”他质问默文，“俄罗斯人有了 Mac 以后就能打印他们所有的报纸了。”

在莫斯科，乔布斯还显示了自己争强好胜的一面，他坚持谈论托洛茨基——一位充满领袖魅力的革命家，失宠后被开除出党，最后被斯大林下令暗杀。跟随乔布斯的克格勃特工曾一度建议，乔布斯应当降低自己对这个话题的热情。“你不应该谈论托洛茨基，”他说，“我们的历史学家已经研究了他的情况，我们已经不再承认他是伟人了。”但这样的提醒并没有用。当他们前往国立莫斯科大学面对计算机专业学生进行演讲时，乔布斯仍以对托洛茨基的赞扬作为开场。他是乔布斯所能认同的革命家。

7 月 4 日，乔布斯和艾森斯塔特参加了在美国大使馆举办的国庆聚会。在写给大使亚瑟·哈特曼（Arthur Hartman）的感谢信中，艾森斯塔特指出，乔布斯计划来年在俄罗斯更积极地拓展业务，“我们初步计划在 9 月重返莫斯科”。斯卡利希望乔布斯变成一位“全球架构师”。事情发展到现在，这个愿望几乎一度成真，但它最终并没有发生。一场巨变即将在 9 月拉开序幕。

第十八章　NeXT

自由的普罗米修斯

NeXT 的标识

海盗弃船

在一次由斯坦福大学校长唐纳德·肯尼迪（Donald Kennedy）举办的午宴上，乔布斯结识了生物学家保罗·伯格（Paul Berg）。伯格是诺贝尔奖得主，闲谈中对他讲述了基因拼接和重组领域取得的进展。乔布斯喜欢摄取信息，尤其是和知识渊博的人在一起的时候。1985年8月，乔布斯从欧洲回来，正在琢磨接下来要做些什么。他打电话给伯格，询问能否再聚一次。他们在斯坦福大学的校园里散步，最后在一家小咖啡店里吃午饭，探讨问题。伯格向乔布斯解释了在生物实验室做实验的困难程度，做一个实验并获得结果可能需要数周时间。“为什么不在计算机上进行模拟实验呢？”乔布斯问道，“这样不仅你自己能够更快地开展实验，而且，终有一天，美国的微生物学新生都会用到保罗·伯格的基因重组软件。”伯格解释说，对大学实验室来说，具备这种能力的计算机太贵了。“突然间，乔布斯就为这种可能性兴奋起来，”伯格回忆说，“他想到要创办一家新企业。他年轻、富有，要为自己今后的生活找点儿事做。”

乔布斯一直以来都在拜访学者，询问他们对计算机工作站的潜在需求。自1983年以来，他就开始对此产生兴趣。当时，他造访布朗大学计算机科学系，向他们展示Mac，却被告知：在大学实验室里，需要比这强大得多的机器才能做出些有用的东西。学术研究人员的梦想是拥有一台强大的个人工作站。作为Mac部门的负责人，为了生产这种计算机，乔布斯推出了一个新项目。该项目被戏称为“大Mac”（Big Mac），将采用Unix操作系统和友好的Mac界面。但是1985年夏天乔布斯被逐出Mac部门后，他的继任者让-路易·加西便取消了这一项目。

事情发生后，乔布斯接到了里奇·佩奇悲愤的控诉电话，佩奇之前一直在设计大Mac的芯片组。乔布斯被解除管理职务后，不满的苹果员工曾陆续找他谈话，力劝他创办一家新企业来拯救他们，佩奇正是其中之一。劳工节的周末，创办新公司的计划开始酝酿。乔布斯同Mac软件原主管巴德·特里布尔谈话，并说出了自己的想法——创建一家专门生产强大的个人工作站的公司。他还邀请到其他两位Mac部门员工加盟——工程师乔治·克罗（George Crow）和总监苏珊·巴恩斯这两人一直都在考虑辞职。

新团队还有一个关键的职位空缺：一个可以向高校营销新产品的人。很明显，这一职位的合适人选是丹·卢因。他曾在索尼工作，早在1980年乔布斯就聘请了卢因。卢因在苹果工作时组织过一个高校联盟，向多家大学批量出售Mac电脑。丹·卢因的名字虽然比丹尼尔·M. 卢因（Daniel M. Lewin）[1] 少了两个字母，却拥有克拉克·肯特 [2] 般轮廓鲜明的外貌、普林斯顿式的优雅，以及大学游泳队明星成员的魅力。尽管背景不同，卢因和乔布斯却有着共同的兴趣：卢因的大学毕业论文对鲍勃·迪伦和魅力型领导力进行了研究，而乔布斯对这两个话题都有所了解。

卢因的高校联盟对Mac团队来说是个天赐良机。但是，乔布斯离开后，卢因很泄气。比尔·坎贝尔也将营销部门进行了重组，降低了高校直销的重要性。劳工节那个周末，卢因本打算给乔布斯打电话，结果乔布斯先打了过来。他驱车来到乔布斯那空荡荡的豪宅，与他一边散步一边讨论创办新公司的可能性。卢因对此很兴奋，不过还没准备好做出任何承诺。在接下来的一周，他要同比尔·坎贝尔前往奥斯汀，他想在那之后再作决定。

1. 丹尼尔·M. 卢因，数学家和企业家，是阿卡迈科技公司（Akamai Technologies）的联合创始人。
2. 克拉克·肯特，超人作为地球人所使用的名字。

从奥斯汀回来后，卢因给出了自己的答案：他决定加入。这个消息来得正是时候，9 月 13 日，苹果公司即将召开董事会会议。尽管乔布斯名义上仍然是该公司的董事长，但失去实权后，他就再没有参加过苹果公司的任何会议。他打电话给斯卡利，说自己要参加这一天的董事会会议，并要求在议程最后加上一项“董事长报告”。他没有告诉斯卡利自己要报告什么，斯卡利以为他会对最新的重组进行批评。相反，到乔布斯发言时，他向董事会描述了自己创办新公司的计划。“我想了很多，现在是时候继续我的生活了。”他以此开始自己的发言，“很明显，我该做些什么。我才 30 岁。”然后，他根据已经准备好的便笺，描述了自己的计划——为高等教育市场开发一款计算机。他承诺，新公司不会同苹果公司存在竞争关系，并且只会带走少数非关键员工。他提出辞去苹果公司董事长一职，但希望仍能与苹果公司合作。乔布斯提议，也许苹果愿意购买其产品的经销权，或者授权新公司的产品使用 Mac 软件。

对于乔布斯可能会聘请苹果员工，迈克·马库拉颇有微词。

“你凭什么带走任何一个人？”他质问乔布斯。

“别生气，”乔布斯向他及董事会其他成员保证，“我要带走的都是些级别很低的员工，你们不会想念他们的；况且，他们反正都要辞职了。”

董事会最初表示希望乔布斯的新公司能一切顺利。私下讨论后，董事们甚至提议，苹果公司可以向这家新公司注资，占 10% 的股份，并且让乔布斯仍然留在苹果公司董事会。

当晚，乔布斯连同 5 名“反叛的海盗”又一次在他家见面吃晚饭。乔布斯愿意接受苹果公司的投资，但是在座的其他人认为这样做不明智。他们还一致认为最好现在马上一起辞职，这样就能和苹果公司一刀两断了。

因此，乔布斯写了一封正式信函，告知斯卡利将要辞职的5位员工的姓名，并附上自己精巧的小写签名。第二天一早乔布斯就开车前往苹果公司，赶在7点半的员工会议之前将这封信交给了斯卡利。

“史蒂夫，这些都不是低级别职员。”斯卡利读完信后说道。

“好吧，但这些人早晚都会辞职，”乔布斯回答说，“他们会在今天上午9点之前递交辞职信。”

从乔布斯的角度来看，自己是诚实的。这5位准备弃船的员工并非部门经理，也不是斯卡利高层团队的成员。事实上，他们都觉得公司的重组削弱了自己的权力。但在斯卡利看来，这些都是重要的员工：佩奇是苹果公司的资深员工，卢因是苹果在高等教育市场的关键人物。而且，他们知道大Mac计划，虽然该计划已被束之高阁，但是这仍然属于专有信息。不过，斯卡利看上去很乐观。他没有驳回这一提议，而是询问乔布斯是否会留在董事会。乔布斯表示自己会考虑一下。

7点半，斯卡利走进会议室，告诉自己的高级职员团队，公司里将有哪些人要离开。会场一片哗然。大多数人认为，乔布斯违反了董事长的职责，并且对公司表现出惊人的不忠。据斯卡利回忆，坎贝尔当时大喊道：“我们应该曝光他的欺诈行为，这样苹果公司的人就不会继续把他当作救世主！”

尽管坎贝尔后来成了乔布斯真正的拥护者和董事会成员里的支持者，但他承认自己那天早上的确火药味儿十足。“我非常非常愤怒，尤其是他要带走丹·卢因。”坎贝尔说，“卢因已经同高校建立了关系。他总在嘟囔和史蒂夫共事多么难，可现在却要走人。”事实上，坎贝尔气得走出会议室，往卢因家里打电话。卢因的妻子说他正在洗澡，坎贝尔就说：“我等着。”几分钟后，她说卢因还在洗。坎贝尔又说了一遍：“我等着。”卢因最后终于接了电话，坎贝尔问他乔布斯说的是不是真的。卢因承认是的，坎贝尔听了什么都没说便挂了电话。

在感受到高级职员的愤怒后，斯卡利开始征询董事会的意见。他们同样认为，乔布斯曾向他们保证自己不会带走重要员工，如今看来，他误导了他们。亚瑟·罗克尤其感到气愤。虽然在美国阵亡将士纪念日的那次摊牌，罗克支持斯卡利，但是他已经修复了同乔布斯父子般的关系。就在一周前，他还邀请乔布斯带女友蒂娜·莱德斯到旧金山去，这样他和妻子就能见见她。4 人在罗克位于太平洋高地（Pacific Heights）的家中吃了一顿愉快的晚餐，乔布斯当时并没有告诉他自己正在组建新公司。因此，从斯卡利口中得知这一消息时，罗克觉得自己遭到了背叛。“他来到董事会，向我们撒谎。”罗克后来怒吼道，“他跟我们说他正考虑组建一家公司，而事实上他已经组建好了。他说准备带走几个中层职员，结果却要带走 5 位资深人士。”马库拉的反应虽然较为平和，但也觉得愤怒。“他在走之前就偷偷笼络了一批高层管理人员，带走了他们。做事不能这样，这种行为让人不齿。”

周末，董事会和高级职员说服斯卡利，表示苹果公司将向它的联合创始人乔布斯宣战。马库拉发表了一份正式声明，指控乔布斯“直接违反了自己在董事会会议上的声明，他曾表示不会在自己的公司中聘用任何重要的苹果公司员工”。这份声明还表示，“我们正在权衡应该采取哪些可能的措施”。《华尔街日报》援引比尔·坎贝尔的说法，他对乔布斯的行为“感到震惊”。该报还引用了另一位不愿具名的董事的话：“在我进行过商业合作的企业中，从来没有见过人们如此愤怒。我们所有人都觉得他意图欺骗我们。”

同斯卡利会面后，乔布斯觉得事情可能会顺利进行，于是他一直保持沉默。但在读完《华尔街日报》的报道后，乔布斯觉得自己必须做出反应。他给自己偏爱的几位记者打了电话，邀请他们第二天来自己家，私下通报一下情况。然后他又打给安德烈娅·坎宁安，叫她来帮忙，坎宁安曾处理过乔布斯的宣传事务。“我赶到他位于伍德赛德的空屋大宅，”她回忆说，“发现他和他的5个同事挤在厨房里，而一些记者在外面的草坪上等着。”乔布斯告诉她说，自己准备开一个正式的新闻发布会，并把自己想说的一些贬损之辞统统告诉了她。坎宁安震惊了。“这会给你带来负面影响。”她告诉乔布斯。最后，他让步了，决定将辞职信副本发给记者，并且在公开场合只发表一些不痛不痒的评论。

乔布斯觉得，辞职信寄到苹果公司就行了，但是苏珊·巴恩斯认为这样会显得太过傲慢，并劝服了他。于是，乔布斯驾车前往马库拉家递辞职信，结果发现苹果公司的法律总顾问阿尔·艾森斯塔特也在那儿。他们进行了15分钟的紧张谈话，在乔布斯还没来得及说出些令自己后悔的话前，巴恩斯就上门把他接走了。乔布斯留下了辞职信，这封信是在Mac电脑上写的，并通过新的激光打印机打印了出来：

> 亲爱的迈克：
>
> 今早的报纸报道，苹果公司正考虑撤去我的董事长职务。我不知道这些报道的消息来源，但是它们对公众具有误导性，对我来说也不公平。
>
> 你应该记得，在上周四的董事会会议上，我表示，自己决定创办一家新公司，并且提出辞去董事长一职。
>
> 董事会拒绝了我的辞职请求，并要求我将此事推迟一周解决。鉴于董事会对于我成立新公司提议的鼓励，以及苹果公司表示将进行投资，我同意了这个要求。周五，我告诉约翰·斯卡利哪些人将加入我的新公司，他明确表示苹果公司愿意讨论彼此之间可能的合作领域。
>
> 随后，公司似乎对我及新公司采取了敌对姿态。因此，我必须坚持，请立即接受我的辞职请求……

正如你所知，公司近期的重组让我没有工作可做，甚至无法接触到定期的管理报告。我不过才30岁，希望自己仍然能够有所贡献和成就。

我们曾共同做出了一番成就，鉴于此，我希望我们的分离能够友好而不失尊严。

你真诚的，

史蒂文·P. 乔布斯

1985年9月17日

当后勤部门的一个家伙去乔布斯办公室整理他的物品时，发现地上有一个相框。里面是一张照片，照片上乔布斯和斯卡利正在热烈交谈，下面的题词是7个月前写的——“致伟大的想法、伟大的经历和一段伟大的友谊！约翰”。玻璃镜框已被摔碎，乔布斯在离开时把它扔到了地上。从那天起，他再没有跟斯卡利说过一句话。

苹果公司宣布乔布斯辞职的消息后，其股价立刻上涨了1美元，涨幅接近7%。“东海岸的股东总是担心这些不靠谱的加利福尼亚人来经营公司。”一位科技股票通讯的编辑解释说，“现在，沃兹尼亚克和乔布斯都走了，这些股东都松了口气。”然而雅达利公司的创始人、10年前便成为乔布斯良师益友的诺兰·布什内尔对《时代》杂志表示，他们会非常想念乔布斯。“苹果的灵感将从哪里来？百事可乐味道的苹果还能续写全部的美妙传奇吗？”

经过几天努力，双方仍然未能达成一致，斯卡利和苹果公司董事会决定起诉乔布斯，称其“违背受托义务”。该诉讼清楚地列出了乔布斯被指控的罪状：

作为苹果公司的董事长和领导者，乔布斯理应忠于苹果公司的利益，他却不顾对苹果公司负有的受托义务……

（a）暗中计划组建一家公司与苹果公司竞争。

（b）暗中策划其竞争性公司不正当地利用苹果公司的计划来设计、开发和营销新一代产品……

（c）暗中挖走苹果公司的重要员工……

当时，乔布斯拥有650万股苹果股票，占该公司的11%，价值超过1亿美元。他立即开始卖出自己的股票。仅仅5个月，他就将所有的苹果股票都卖掉了，只留下了1股，这样如果自己愿意，就能参加股东会议。愤怒让乔布斯拼命想要创建一家以苹果为对手的公司，怎么运作都可以。"他对苹果很气愤。"刚加入新公司的乔安娜·霍夫曼表示，"苹果在教育市场已经很强，新公司针对该市场只是因为史蒂夫的报复之心和愤懑之情。他这么做都是为了复仇。"

当然，乔布斯并不这么认为。"我没有任何挑衅的意思。"他对《新闻周刊》说。乔布斯再次把自己最偏爱的记者邀请到伍德赛德的家中，这一次，他没有叫安迪·坎宁安过来劝自己保持谨慎。他驳斥了苹果公司指控他不正当地从苹果公司引诱5名员工。"这些人都给我打过电话。"他告诉那群在他的空屋子里来回转悠的记者，"他们早就考虑离开苹果公司。他们在苹果公司已经不被重视了。"

他决定与《新闻周刊》合作一篇封面报道，说出自己的故事。他在这次采访中真情流露。"我最擅长的就是发现一批天才，然后和他们一起创造东西。"他告诉《新闻周刊》说。他表示，自己对苹果会永远怀有感情。"我会永远记得苹果，就像所有男人都会记得自己爱上的第一个女人那样。"但是，如果有必要，他也会反抗苹果公司的管理层。"如果有人公开说你是贼，那你就得做出回应。"苹果公司威胁控告乔布斯的行为太过分，也令人伤心。这表明，苹果不再是一家拥有自信、充满叛逆精神的公司。"很难想象，一家市值20亿美元、拥有

4 300 名员工的公司会竞争不过 6 个穿牛仔裤的人。”

为了反击乔布斯，斯卡利找到沃兹尼亚克，劝他站出来说话。沃兹尼亚克从来没有控制欲和报复心，但是他也从不犹豫、诚实地谈论自己的感受。“史蒂夫是一个会侮辱人、伤害人的家伙。”他的话登上了那一周的《时代》杂志。他透露，乔布斯曾打电话找他，要他加入自己的新公司——这本来是狡猾的一招，用以进一步打击苹果公司当前的管理层，但是沃兹尼亚克表示自己不想成为这种游戏中的一部分，他也没有回复乔布斯的电话。根据《旧金山纪事报》（*San Francisco Chronicle*）的报道，沃兹尼亚克讲述了乔布斯曾经以可能会与苹果产品造成竞争为幌子，阻止青蛙设计公司参与他的远程遥控器项目。“我期待他们能做出伟大的产品，我也祝愿他成功，但是我不信任他的人品。”沃兹尼亚克告诉这家报纸。

靠自己

“对史蒂夫来说，最好的事情就是我们解雇他，叫他滚蛋。”亚瑟·罗克后来说道。许多人也认为，这种严厉的爱会让乔布斯更明智、更成熟。但事情并非如此简单。离开苹果后，在自己创建的新公司里，乔布斯能够释放自己的所有天性，无论好坏。他自由了。结果是一系列炫目的产品，但都遭遇了市场失败的重挫。这才是真正的经验学习。他后来的巨大成功，并非因为在苹果的下台，而是下台后华丽的失败。

他得以放纵的第一个天性便是对设计的热情。他为新公司选择的名称相当简单：Next。为了让其更加与众不同，乔布斯决定，需要设计一个世界级的标识。于是，他设法找到企业标识大师保罗·兰德（Paul Rand）。当时，这位出生于布鲁克林的平面设计师已经 71 岁，他曾设计出商界最知名的一些标识，包括《君子》杂志、IBM、西屋电器、美国广播公司以及联合包裹运送服务公司（UPS）。兰德当时已与IBM签订了合作协议，IBM公司的管理者表示，兰德为另一家计算机公司设计标识显然会造成冲突。于是，乔布斯拿起电话打给IBM的CEO约翰·埃克斯（John Akers）。埃克斯当时不在，乔布斯非常执着，最后联系到了IBM的副董事长保罗·里佐（Paul Rizzo）。两天后，里佐发现要拒绝乔布斯简直就是不可能的，于是许可了兰德为乔布斯的新公司设计标识。

兰德飞到了帕洛奥图，和乔布斯一同走了走，听取了他的构想。乔布斯说，计算机将是一个立方体。他喜欢这种形状，完美而简单。因此，兰德决定将标识也做成立方体效果，并且倾斜28度，活泼漂亮。乔布斯询问兰德能否做出几个备选方案来供自己考虑。兰德表示，自己从不为客户做不同的备选方案。“我解决你的问题，你付钱给我。”他告诉乔布斯，“我设计出来的东西你用也行，不用也罢，都得付钱给我，但是我不做备选。”

乔布斯很钦佩这种想法。他对此也有同感。于是，乔布斯做出了赌博般的决定：以10万美元的巨额，让兰德为新公司设计一个标识。“我们的关系非常清楚，”乔布斯说，“他具有艺术家的纯粹品质，但精于解决商业问题。他外表强硬，像个倔老头，但是内心就和泰迪熊一样。”这是乔布斯所给予过的最高评价之一：艺术家的纯粹品质。

兰德只用了短短两周就完成了工作。他再次飞到帕洛奥图，来到乔布斯在伍德赛德的家中，送上了设计结果。他们先是共进晚餐，然后，兰德递给乔布斯一个小册子，典雅别致、色泽明快，里面描述了自己的构思过程。册子的最后一页，兰德呈现了自己选择的标识。“从设计、色彩搭配和定位来看，这个标识就是运用对比原则的杰作。”他的小册子中写道，“倾斜角度活泼漂亮，它充满了随和、友善、圣诞贴纸般的自然，以及橡皮图章式的权威感。”“Next”这个词被分成了两行，填补了立方体的立面，只有“e”是小写，从整个词中脱颖而出，兰德的小册子将“e”解释为“教育（education），卓越（excellence）……$e=mc^2$”。

要预测乔布斯对于某个东西的反应通常很难。他可能会认为它很低劣，也可能觉得它很杰出，但你绝对猜不到他会是哪一种反应。但是面对兰德这样的传奇设计师，乔布斯很有可能接受他的创意。乔布斯盯着最后一页，抬头看了看兰德，拥抱了他。不过，他们有一个小分歧：兰德在字母“e”上使用了暗黄色，而乔布斯希望能改成更为明亮和传统的黄色。兰德用拳头猛击桌子，说：“我做这行已经50年了，我知道自己在做什么。”乔布斯妥协了。

公司现在不仅有了新的标识，还有了个新名字。它不再叫Next，而变成了NeXT。其他人也许还不明白重视标识的必要，更不会为了一个标识花上10万美元。但对乔布斯来说，一个好的标识意味着NeXT正在以世界级的感觉和身份起步，尽管它还没有设计出自己的第一款产品。马库拉教过他，一家伟大的公司给人的第一印象就必须映射出自己的价值观。从这一点来看，这个标识简直酷毙了。

作为免费赠品，兰德同意为乔布斯设计个人名片。兰德提出一个方案，要设计一种色泽艳丽的名片，乔布斯对此很是喜欢，但是在“Steven P. Jobs”这个名字中字母P后面的缩写符位置问题上，两人产生了长久而激烈的分歧。兰德想把缩写符的位置靠右放一点儿，这样用铅字印刷的时候，这个符号就会比较清晰。史蒂夫比较喜欢缩写符离P更近一点儿，就放在“P”的曲线下，比较适合数字排版。“就这样，一件小事情引发了非常大的争论。”苏珊·卡雷回忆道。这一次，乔布斯占了上风。

为了将NeXT标识完全体现在真实的产品中，乔布斯需要一位值得信任的工业设计师。他和几位备选者谈了谈，但是没有人比他推荐给苹果公司的巴伐利亚狂人哈特穆特·艾斯林格更合适。艾斯林格的青蛙设计公司在硅谷设有工作室，由于乔布斯的缘故，艾斯林格和苹果公司签订了合同，收入颇丰。说服 IBM 公司允许保罗·兰德为自己设计 NeXT 标识，是乔布斯相信现实能被意志扭曲的一次小小奇迹。然而，与接下来说服苹果允许艾斯林格为 NeXT 工作相比，这要算是很容易的事情了。

但这并没有阻止乔布斯去尝试。1985 年 11 月初，苹果对乔布斯提起诉讼 5 周后，乔布斯就写信给艾森斯塔特（诉讼由他发起），要求取消诉讼。“我这个周末同哈特穆特·艾斯林格聊过，他建议我给你写一封信，表达我想同他及青蛙设计公司合作 NeXT 新产品的原因。”乔布斯写道。令人惊讶的是，乔布斯的说法是，他自己不知道苹果公司正在做的东西，但是艾斯林格知道。“NeXT 对于苹果公司产品设计的现状和未来都一无所知。我们也不会和其他那些同样对苹果不了解的设计公司合作，因为那样可能会不经意地设计出外观类似的产品。而哈特穆特他们了解苹果，能够确保不会让设计与苹果的产品类似，因此这对苹果公司和 NeXT 公司都最有利。”艾森斯塔特回忆，自己为乔布斯的厚颜无耻瞠目结舌，他对此做出了简短的回复。“我曾代表苹果公司表达过担忧，你所从事的业务会利用苹果公司的机密商业信息。”他写道，“你的信函无论如何无法减轻我的忧虑。事实上，它加深了我的担忧，因为你在信中表示自己‘对苹果公司产品设计的现状和未来一无所知’，而这一说法并非事实。”更令艾森斯塔特惊讶的地方在于，就在一年前，正是乔布斯本人强迫青蛙设计公司放弃沃兹尼亚克遥控装置的项目。

乔布斯意识到，为了同艾斯林格合作（以及各种其他原因），必须解决苹果公司提出的诉讼。幸运的是，斯卡利愿意考虑撤销诉讼。1986 年 1 月，他们达成庭外和解，不涉及经济损失。为了回报苹果公司放弃诉讼，NeXT 公司同意了种种限制条款：其产品将作为高端智能终端直接销售给高校，而且 NeXT 公司不能在 1987 年 3 月之前推出产品。苹果公司还坚持，NeXT 的机器“不能使用与 Mac 兼容的操作系统”。后来的情况表明，如果当时苹果公司的要求刚好相反，会对自身更为有利。

诉讼解决后，乔布斯继续游说艾斯林格，直到这位设计师决定逐步终止与苹果公司的合同。1986 年年底，青蛙设计公司终于能够同 NeXT 合作了。艾斯林格坚持完全的自由，就像保罗·兰德一样。“有时候，你必须对史蒂夫采用大棒政策。”他表示。和兰德一样，艾斯林格是一位艺术家，所以乔布斯也愿意放任他自由设计，其他人可享受不到这种待遇。

乔布斯命令，计算机必须是绝对完美的立方体，每条边都正好 1 英尺长，每个角都是 90 度。他喜欢立方体，它们庄严但也有玩具的感觉。但是，NeXT 立方体是乔布斯式功能适应形式的例子，而非形式适应功能。本来电路板能够很好地契合传统的比萨饼盒的形状，但在 NeXT 电脑这里，为了适应立方体的结构，电路板必须重新配置和安装。

更糟的是，完美的立方体生产起来也很困难。大部分模具铸造出来的零件都不是纯直角，而是会稍微超过 90 度，因为这样比较容易把零件从模具中拿出来（就像平底锅锅沿的角度稍微超过 90 度，煎饼会比较容易拿出来一样）。但是，艾斯林格下令，不能有这种“拔模角度”（draft angles），不能破坏立方体的纯粹和完美。乔布斯对此表示狂热支持。因此，每一面都必须分开制作，使用价格 65 万美元的模具，在芝加哥的一家专业机器加工厂制作。乔布斯对于完美的热情已然失控。当他注意到模具在机箱底盘上留下的微小细纹时，他就会飞到芝加哥，说服铸模工人重铸，直到完美。而这种微小瑕疵是其他任何计算机制造商都能接受的。“大部分铸模工人都想不到会有名人专程飞来找自己。”NeXT 项目的一位工程师戴维·凯利（David Kelley）指出。乔布斯还让这家公司购买了一台价值 15 万美元的砂光机，用来去除模具面相交处的所有细纹。乔布斯坚持镁合金外壳应该是亚光黑色，而这样，如果有瑕疵就会更明显。

凯利还得设法做出曲线优美的显示器支架，乔布斯坚持要让显示器有俯仰角度调整功能，这使得这项任务难上加难。“你会想要发出理智的声音。”凯利告诉《商业周刊》，“但是当你跟他说‘史蒂夫，这样做太贵了’或者‘不可能做得到’时，他就会说：‘你真够没劲的。’他会让你觉得自己是个思想狭隘的人。”因此，凯利及其团队日夜奋战，想尽办法将每一个美学奇想变成可行的产品。一位前来应聘营销部门职位的应聘者看到乔布斯掀开罩在机器上的盖布，露出有优美线条的显示器支架，上面放了个煤渣砖一样的东西，以后显示器将会放在这个上面。在这位造访者百思不得其解的眼神的注视下，乔布斯激动地把俯仰角度调整的功能演示了一遍，他已经以个人名义申请了这项专利。

乔布斯一直认为，产品看不见的地方也应该和露在外面的部分一样精美，就像他的父亲教他修建篱笆时那样。当他发现自己在 NeXT 可以不受约束时，就任由自己在这方面走向极端。乔布斯要求机器内部的螺丝一定要有昂贵的镀层，甚至坚持把立方体的内部也涂成亚光黑色，即便只有维修人员才能看得到。

乔·诺切拉（Joe Nocera）当时为《君子》杂志写稿，记述了乔布斯在 NeXT 员工会议上强烈的情绪表现：

> 如果说他坐着开完了员工会议，就不太准确，因为乔布斯从来没有耐着性子坐到会议结束。他控制局面的途径之一就是不断地动来动去。这一刻他还跪在自己的椅子上，下一分钟就懒散地窝在

椅子里了，过了一会儿又干脆离开椅子，开始在身后的黑板上狂涂乱画。他有很多怪癖，包括咬指甲，还有用他那令人胆怯的认真劲儿盯着说话的人。他的手不知为何有些发黄，总是在焦躁地移动。

最让诺切拉震惊的是，乔布斯“可以说是故意表现得缺乏人际交往技巧”。当别人说出乔布斯认为愚蠢的意见时，要他对此不发表意见简直是不可能。他似乎早有准备，急迫地想要贬低、羞辱他人，以显示自己更聪明。例如，当丹·卢因拿出一份组织结构图时，乔布斯转了转眼珠。“这些东西狗屁不是。”他最终插话道。不过，他的情绪仍然喜怒无常，就像在苹果公司时一样，一会儿把人捧成英雄，过一会儿又把人贬成笨蛋。一位财务人员来到会议室，乔布斯慷慨地称赞他“在这个项目上的工作非常非常出色”，但是前一天乔布斯才对他说过“这笔交易跟垃圾没什么两样”。

NeXT 最初的 10 名员工中，就有 1 名是室内设计师，负责帕洛奥图总部的设计，这是 NeXT 公司的第一个总部。虽然乔布斯租下的大楼是新建的，设计也漂亮，但他将内部设施全部拆毁重建。墙壁换成了玻璃，地毯换成了浅色的硬木地板。1989 年，NeXT 公司搬到雷德伍德一个更大的地方时，这一过程再次上演。尽管大楼是全新的，但是乔布斯坚持要将电梯挪走，让大堂显得更为恢宏。在大堂的中心，乔布斯委托贝聿铭设计了一段宏伟的楼梯，看上去就像飘浮在空中一样。承建商表示这个设计没法实现，但乔布斯坚持能够做到，最终也确实建成了。多年后，乔布斯把这款楼梯变成了苹果零售店的特色。

NeXT 计算机

NeXT 公司成立的最初几个月，乔布斯和丹·卢因四处奔波，常常和其他一些同事一起走访校园，征求意见。在哈佛大学，他们遇见了正在Harvest餐厅就餐的莲花软件公司董事长米切尔·卡普尔。当时，卡普尔正往面包上涂黄油，乔布斯看着他问道："你听说过血清胆固醇吗？"卡普尔回答说："我们来做个交易，你别评论我的饮食习惯，我也不谈论你的性格。"虽然卡普尔只是开玩笑，但他事后的确认为"人际沟通不是他的长项"。莲花公司最终还是同意为 NeXT 操作系统编写电子表格程序。

乔布斯想要在机器中预装出色的内容，于是工程师迈克尔·霍利（Michael Hawley）开发了一部电子词典。一天，他发现自己在牛津大学出版社工作的一位朋友参与了莎士比亚作品集新版的排版。这意味着，霍利或许可以拿到他们的排版，而且如果对方同意就能把这本书装入 NeXT。"于是，我打电话给史蒂夫。他说这主意很棒，我们就一起飞到牛津。"在 1986 年春天的一个美丽的日子，他们在牛津郡中心的出版社大楼见面，乔布斯提出，一次性支付 2 000 美元且每卖出一台电脑支付给出版社 74 美分，以获得牛津版莎士比亚作品集的版权。"这对你们而言就是轻而易举的收入，"乔布斯表示，"你们将走在潮流的前列，这是别人从来没有做过的事情。"出版社大体上同意了，然后他们一同前往拜伦曾经驻足的小酒馆，喝啤酒、玩撞柱游戏。到发布时，NeXT 电脑还将囊括一部字典、一部百科汇编和一部《牛津引语词典》，这使得 NeXT 电脑成为实现可搜索式电子书概念的先驱之一。

NeXT 电脑没有使用现成的芯片，乔布斯让工程师们设计定制芯片，能够在一个芯片上集成多种功能。这已经够困难的了，而乔布斯还在不断修改他想要的功能，这就使得这项工作几乎不可能完成。一年后，这成了产品延迟发布的一个主要原因。

乔布斯还坚持建设自己的全自动化和未来感十足的工厂，就像他曾经对Mac项目的设想一样。他并未从那次经历中学乖。这次，他犯了同样的错误，而且有过之而无不及。由于他强迫症似的不断修改配色方案，机器设备和自动装配线被喷涂了一遍又一遍。墙壁是博物馆式的纯白色，就和Mac工厂一样，工厂里还摆放着价值2万美元的黑色皮座椅，修造了一截定制的楼梯，就和NeXT公司总部一样。乔布斯坚持重新配置总长165英尺的装配线上的所有机器，从而在生产时，可以让电路板从右向左移动，这样在有人来参观时，站在观景台上就会看到更漂亮的生产流程。原始电路板从装配线的一端进入，20分钟后，做好的电路板再从另一端出来，完全无须人工接触。这种流程是学习了日本的“看板管理”（Kanban），只有当负责下一个流程的机器能够处理另一个零件时，负责上一个流程的机器才会开始执行自己的任务。

在对待员工问题上，乔布斯依然十分苛刻。“他对施展魅力和公开羞辱这两种方式的运用，在大多数情况下非常奏效。”特里布尔回忆道。但有时候也不尽然。工程师戴维·保尔森（David Paulsen）在NeXT工作的前10个月里，每周工作90个小时。之后，他辞职不干了，他回忆说：“一个周五下午，乔布斯走进来，跟我们说，他对我们正在做的东西非常之不屑一顾。”《新闻周刊》采访乔布斯，问他为什么要对员工如此严厉，乔布斯说这样才会使公司更好。“我的一部分责任就是成为一个质量标杆，很多人并不知道如何适应那种追求卓越的环境。”另一方面，他仍然保持着自己的精神和领袖魅力。乔布斯组织了大量的实地考察以及外出集思会，还经常请合气道大师来公司参观。他仍然表现出英勇的海盗气质。苹果解雇了Chiat/Day广告公司，它曾做过“1984”广告，还在报纸上刊登平面广告，上面写着“欢迎IBM——真的”。乔布斯就在《华尔街日报》买下了一整版版面，宣称“恭喜 Chiat/Day 广告公司——真的……因为我能保证：离开苹果后是重生”。

也许苹果和后苹果生活之间的最大共同点便是乔布斯的现实扭曲力场。1985年年底，NeXT 在圆石滩（Pebble Beach）举行了第一次外出集思会，乔布斯的现实扭曲力场在离开苹果后第一次展现了出来。他对自己的团队断言，第一台 NeXT 在18个月内就能出货。当时情况已经很明显，这是不可能的。一位工程师建议现实一点儿，将出货期改为1988年，乔布斯驳回了这个提议。“世界不会静止不动，如果我们这样做，领先的技术就会把我们甩下，而我们已经做出来的东西就不得不被扔进垃圾桶。”他争论道。

Mac 团队的老成员乔安娜·霍夫曼是敢于挑战乔布斯的人之一，她又一次这样做了。“现实扭曲具有激励价值，我觉得这很好。”她说，当时乔布斯站在白板前，“但是，出货日期会影响产品的设计，所以在设定这种日期的时候，如果还扭曲现实就会带来大麻烦。”乔布斯不同意：“我觉得我们必须赌一把，而且，我认为，如果错过了这个时间，我们的信誉就会受损。”尽管很多人都怀疑之所以不能推迟，是因为目标如果没有实现就可能资金短缺，但乔布斯并没有提及这个原因。他自己在 NeXT 公司投了700万美元，但是按照他们当时的资金消耗速度，这笔钱只能撑18个月；如果那时还无法通过出货获得收入，他们就没钱了。

3个月后，即1986年年初，他们为又一次外出集思会回到了圆石滩，乔布斯训话时开场说道：“蜜月结束了。”到1986年9月在索诺马的第三次外出集思会时，看上去 NeXT 已经走上了财政末路，下一次的集思会遥遥无期。

救星佩罗

1986 年年底，乔布斯向风投公司发出了招股说明书，300 万美元可购买 NeXT 公司 10% 的股份。也就是说整个公司的估值为 3 000 万美元，这一数值是乔布斯凭空想出来的。NeXT 公司已经消耗了近 700 万美元，但这笔钱毫无成效，只体现在一个很棒的标识和一些时髦的办公室上。没有收入，没有产品，也没有即将发布产品实现营收的迹象。因此，毫不奇怪，风投公司都没有参与投资。

不过，倒是有一位颇具胆量的牛仔为 NeXT 公司神魂颠倒。罗斯·佩罗（Ross Perot）是个矮小精干的得克萨斯人，他创办了电子数据系统公司（Electronic Data Systems），后以 24 亿美元的价格卖给了通用汽车公司。1986 年 11 月，佩罗碰巧看到了美国公共广播公司的一部纪录片《创业者》（*The Entrepreneurs*），其中有一部分是关于乔布斯和 NeXT 公司的。佩罗当下就十分欣赏乔布斯及其团队，他看着电视时就说："我会帮助他们完成想法。"这句话与斯卡利过去常说的话极其相似。次日，佩罗就打电话给乔布斯，提出："如果你需要投资者，给我打电话。"

乔布斯确实需要，非常需要。然而他也足够冷静，不轻易表露。过了一周他才回复佩罗的电话。佩罗派了一些自己的分析师来评估 NeXT，而乔布斯则谨慎地直接同佩罗打交道。佩罗后来表示，自己人生中的最大憾事之一就是，1979 年，当年轻的比尔·盖茨前来达拉斯拜访时，自己没有收购微软，或是买下大量股份。佩罗打电话给乔布斯的时候，微软刚刚上市，市值 10 亿美元。佩罗错过了发大财和拥有一番有趣历险的机会。因此，他非常不愿意再犯下类似的错误。

乔布斯向佩罗提出的价钱，比数月前不动声色地向其他不感兴趣的风投公司提出的条件高出三倍。在乔布斯再投入 500 万美元后，佩罗可以用 2 000 万美元买下 NeXT 公司 16% 的股份。这意味着，该公司的估值将达到大约 1.26 亿美元。但是，钱并不是佩罗考虑的主要因素。同乔布斯会面后，他宣布自己入伙。"我挑选骑师，骑师挑选马匹并驾驭它们。"他对乔布斯说，"你们就是我赌的骑师，因此，你们看着办。"

除了 2 000 万美元的救命钱，佩罗也为 NeXT 公司带来了同样宝贵的一些品质：他是公司为人乐道、精神昂扬的摇旗呐喊者，给公司带来了信任的氛围。"就创业公司而言，这是我在计算机行业 25 年时间里所见过的风险最小的公司。"他告诉《纽约时报》，"我们请一些专业人士看了硬件，他们都被震住了。史蒂夫和整个 NeXT 团队是我所见过最厉害的完美主义者。"

佩罗还出入于社会和商界人士的上流社交圈，这完善了乔布斯的社交网。一次他带着乔布斯前往旧金山参加一个正式的晚宴舞会，这个晚宴是戈登·格蒂（Gordon Getty）和安·格蒂（Ann Getty）为西班牙国王胡安·卡洛斯一世举办的。当这位国王询问佩罗自己应该与谁会面时，佩罗立刻介绍了乔布斯。两人很快就进入了佩罗后来所说的"兴奋无比的谈话"之中，乔布斯绘声绘色地描述着计算机行业的下一波浪潮。最后，卡洛斯一世写了一张纸条递给乔布斯。"怎么了？"佩罗问道。乔布斯回答："我卖了一台电脑给他。"

佩罗走到哪儿都会讲起类似这样的关于乔布斯的许多传奇。在华盛顿的全国记者俱乐部做简短介绍时，他把乔布斯的人生故事夸大成一部恢宏的年轻人历险记：

> ……他穷得上不起大学，晚上在自己的车库里工作，摆弄电脑芯片，这是他的爱好。他的爸爸就像诺曼·洛克威尔（Norman Rockwell）画中的人物，一天他走进来说："史蒂夫，要么做些能卖的东西，要么就去找份工作。"6 天后，在父亲为他做的木箱

中，第一台苹果电脑诞生了。这个高中毕业生切切实实地改变了世界。

这段描述中唯一真实的地方就是关于保罗·乔布斯的，他确实像诺曼·洛克威尔画中的人物。也许最后一句，乔布斯改变世界的那句，也是对的。显然，佩罗相信自己的故事。和斯卡利一样，他也在乔布斯身上看到了自己的身影。“史蒂夫跟我很像，”佩罗告诉《华盛顿邮报》的戴维·雷姆尼克（David Remnick），“我们一样的古怪，我们性情相投。”

盖茨和NeXT

比尔·盖茨跟乔布斯就不是性情相投了。乔布斯曾说服盖茨为Mac做软件应用，最后给微软带来了丰厚利润。但是，比尔·盖茨抗拒乔布斯的现实扭曲力场，因此，他决定不为NeXT平台开发专门软件。盖茨会定期到加利福尼亚看NeXT的演示，但是每次他都不以为然。“Mac真的是独一无二，但是我个人不太理解史蒂夫的新电脑有什么特别之处。”盖茨对《财富》杂志表示。

造成这种情况的部分原因在于，这两位彼此竞争的巨头无法做到互相恭敬。1987年夏天，盖茨第一次造访NeXT公司位于帕洛奥图的总部，乔布斯让他在大堂里等了半个小时，盖茨甚至透过玻璃墙看到了乔布斯只是在里面走来走去地闲谈。“我到NeXT，喝了最贵的奥德瓦拉牌胡萝卜汁，见识了如此豪华的科技企业办公室。”盖茨回忆道，带着一丝笑容摇了摇头，“我们的会面史蒂夫迟到了半个小时。”

根据盖茨的说法，乔布斯的推销说辞很简单。“我们曾一起做过Mac项目。”乔布斯说，“结果对你怎么样？非常好。现在，我们一起做这个，也会非常棒。”

然而，盖茨对乔布斯很粗暴，就像乔布斯对其他人一样。“这款机器就是垃圾，”他说，“光驱的反应时间太长，机箱太他妈贵，整个东西就是胡扯。”当时盖茨就决定，微软不会分散其他项目的资源来为 NeXT 开发应用程序，这样做毫无意义，他还在随后的每次到访中都重申了这一点。更糟的是，他的一再公开表态，致使其他软件公司也不愿意花时间为 NeXT 开发软件。“为它开发？我会在它上面撒尿。”他在《信息世界》（*Info World*）上说。

一次，两人碰巧出席同一次会议并在走廊上遇见，乔布斯开始因为盖茨拒绝为 NeXT 开发软件而训斥他。“等你有市场的时候我会考虑。”盖茨回答说。乔布斯生气了。“当着周围所有人的面，他们俩开始大声争吵。”阿黛尔·戈德堡回忆说，她是施乐 PARC 的工程师，当时也在场。乔布斯坚持认为 NeXT 会是计算机产业的下一波浪潮。然而这次争执跟以往一样，乔布斯越是激动，盖茨就越是一言不发。最后盖茨摇摇头走开了。

在两人的争执以及偶尔不情愿地表示出的尊重背后，是基本理念上的差异。乔布斯看好硬件和软件集成的端到端一体化系统，这就致使他要创造出与其他软件和机器都不兼容的计算机。而盖茨推崇不同的公司做出互相兼容的机器，自己以从中获利：这些硬件设备都运行同一个标准的操作系统——微软的 Windows 操作系统，并都能运行同样的软件应用程序，如微软的 Word 和 Excel。“他的产品有一个有趣的特点，就是不兼容性，”盖茨告诉《华盛顿邮报》说，“它不运行任何已有的软件。它是一台超级棒的电脑。如果要我来设计一款不兼容的计算机，我觉得自己做不到他那么好。”

1989 年，在马萨诸塞州剑桥市的一个论坛上，乔布斯和盖茨先后现身，陈述彼此截然相反的世界观。乔布斯谈到，每隔几年，计算机产业就会出现新的浪潮。Mac 电脑借图形界面推出了革命性的新方法。现在，NeXT 通过将面向对象的编程方法与采用光盘为存储介质的功能强大的计算机捆绑起来，正在引领新一轮的革命。乔布斯表示，每个大型软件厂商都意识到了自己必须成为新浪潮的一部分，“除了微软”。轮到盖茨讲话时，他重申乔布斯控制软件和硬件端到端一体化的系统终究会失败，就像苹果与微软 Windows 操作系统的竞争一样。“硬件市场和软件市场是分开的。”他说。当被问及乔布斯的方法可能会产生的伟大设计时，盖茨示意大家看看还在台上的 NeXT 样机，嘲笑道：“如果你想要黑色，我可以给你一罐油漆。”

IBM

乔布斯想出了一记漂亮的柔术招式来对抗盖茨，这一招可能永远改变计算机产业的权力制衡。这需要乔布斯违背自己的本性做两件事：授权自己的软件给另一个硬件制造商，并和 IBM 合作。乔布斯的个性有几分务实，虽然不多，但因此他能够克服自己的不情愿。但是他从来没有全心投入于此，这也就是为什么他同其他公司的联盟会如此短暂。

一切始于一次聚会，一次令人难忘的聚会。1987 年 6 月，《华盛顿邮报》发行人凯瑟琳·格雷厄姆举办了她的 70 岁生日宴会，共有 600 位嘉宾出席，其中包括美国前总统罗纳德·里根。乔布斯从加利福尼亚州赶来，IBM 董事长约翰·埃克斯从纽约州过来。这是两人的第一次见面。乔布斯借此机会唱衰微软，并试图让 IBM 放弃微软的 Windows 操作系统。“我忍不住告诉他，我认为 IBM 将整个软件战略都压在微软身上，这太冒险了，因为我不觉得微软的软件有多好。”乔布斯回忆说。

令乔布斯高兴的是，埃克斯回应道：“你打算如何帮助我们呢？”没过几周，乔布斯就和软件工程师巴德·特里布尔出现在IBM位于纽约州阿蒙克市的总部。他们演示了NeXT，这令IBM的工程师难以忘怀。尤为意义重大的是，NeXT电脑面向对象的操作系统NeXTSTEP受到了格外关注。“NeXTSTEP会处理很多导致软件开发过程迟缓的琐碎的编程问题。”IBM智能终端部门的总经理安德鲁·海勒（Andrew Heller）表示，他非常欣赏乔布斯，以至于也给自己刚出生的儿子起名为史蒂夫。

双方的谈判一直持续到1988年，其间乔布斯对于微小的细节频频发怒。在颜色和设计问题上出现分歧时，他会在会议中途离席，只有特里布尔或丹·卢因才能令他平静下来。乔布斯似乎分不清IBM和微软哪一个令自己更害怕。4月，佩罗决定在自己的达拉斯总部举办调停会议，一项令人震惊的交易就此诞生了——IBM将获得授权使用NeXTSTEP软件的目前版本，如果IBM喜欢这款软件，还会将它用在自己的一些工作站上。IBM给NeXT发送了一份125页的合同。乔布斯读都没读就扔掉了。“别来这一套。”他边说边走出办公室。他要一份简单的、只有几页的合同。不到一周，他所要求的合同就送到了。

乔布斯希望直到10月NeXT电脑隆重推出之前，都不让比尔·盖茨知道他与IBM的合作。但是，IBM坚持立即宣布。盖茨得知后怒不可遏，他很清楚，这可能会让IBM放弃对微软操作系统的依赖。“NeXTSTEP和任何东西都不兼容。”他愤怒地对IBM的高管说。

起初，乔布斯似乎成了盖茨最可怕的噩梦。其他依赖于微软操作系统的电脑制造商也找到乔布斯，让其授权生产NeXT兼容机和使用NeXTSTEP，其中最著名的是康柏公司和戴尔公司。甚至有公司表示，如果NeXT放弃硬件业务，他们愿意付更高的价钱。

这对乔布斯来说难以接受，至少在当时是这样。他停止了关于生产NeXT兼容机的商谈，对IBM的态度也开始冷淡，这慢慢发展为相互的冷淡。当IBM发起该项合作的人离职后，乔布斯来到阿蒙克会见其继任者吉姆·坎纳维诺（Jim Cannavino）。在洁净的房间里，两人进行了一对一的谈话。乔布斯提出，IBM需要支付更多的钱才能继续双方的合作并得到NeXTSTEP更新版本的授权。坎纳维诺没有做出任何承诺，他随后也拒绝回复乔布斯的来电。于是，之前的合同中止了。NeXT公司得到了一笔授权费，但始终没有得到改变世界的机会。

1988年10月，NeXT发布会

将产品发布变成戏剧作品，乔布斯将这一艺术发挥到了登峰造极的地步。NeXT电脑全球首发式定于1988年10月12日在旧金山交响乐堂举行。乔布斯想要超越自己，他要澄清质疑。在发布会前几周，他几乎每天都要开车去旧金山，藏身于苏珊·卡雷的维多利亚风格的房子里。苏珊·卡雷是NeXT的图形设计师，她为Mac设计了最初的字体和图标。由于乔布斯操心发布会的每一个细节，从措辞到绿色背景的色调，所以要由卡雷来帮忙准备每一张幻灯片。"我喜欢这种绿。"他自豪地说，当时他们正在一些工作人员的注视下进行预演。"很棒的绿色，很棒的绿色。"众人一致低声说道。乔布斯精心制作、润色并修改了每一页幻灯片，就好像自己是T.S.艾略特，要将埃兹拉·庞德（Ezra Pound）的建议写进《荒原》（*The Waste Land*）一样。

所有细节都很重要。乔布斯亲自核查了邀请名单，甚至还有午餐菜单（矿泉水、牛角面包、奶油乳酪、豆芽）。他挑选了一家视频投影公司，并支付了6万美元聘用他们负责视听支持。他还聘请了后现代主义戏剧制作人乔治·科茨（George Coates）筹划这次发布会。不出所料，科茨和乔布斯决定采用庄重而极为简单的舞台外观。一个极简主义的舞台，背景是黑色的，桌子上罩着一块黑布，黑色遮布披在电脑上，旁边摆着一瓶简约的花束，完美的黑色立方体将在这种布置下揭晓。由于硬件和操作系统都还没真正完成，有人提议用模拟展示。但乔布斯拒绝了。他决定现场示范，尽管他知道，这会像走钢丝而没有安全网一样。

3 000 多人来到了现场，他们在发布会开始前两小时排队进入交响乐堂。大家没有失望，至少这次展示表演没有令他们失望。乔布斯在台上待了 3 个小时，他再一次成为《纽约时报》记者安德鲁 · 波拉克口中的“产品发布界的安德鲁 · 劳埃德 · 韦伯[1]，舞台风格和特效技术方面的大师”。《芝加哥论坛报》（*Chicago Tribune*）的韦斯 · 史密斯（Wes Smith）称，NeXT 的发布会“之于产品演示，就像梵蒂冈第二届大公会（Vatican II）之于教会聚会一样”。

“很高兴能回来。”乔布斯以他一贯的开场白引发了观众的欢呼。他开始述说个人电脑架构的历史，并向现场观众承诺，他们即将见证一个“10 年中才会发生一次或两次的历史性事件——一个新的架构即将推出，并将改变计算机的面貌”。乔布斯说，通过对全美国的大学进行长达三年的调研，公司设计出了 NeXT 软件和硬件。“我们意识到，高等教育行业的人需要的是个人大型主机。”

同以往一样，他的演讲有些溢美之词。乔布斯说，该产品“令人难以置信”，是“我们所能想象的最好产品”。他甚至称赞机器内部看不到的部件的工艺也很完美。他用手指托着一个 1 平方英尺大小的电路板，这个电路板将放在 NeXT 1 立方英尺的机箱中。他热情地说道：“我希望你们一会儿能有机会看看这个东西。这是我一生中见过的最漂亮的印刷电路板。”乔布斯接着展示了这台电脑播放讲话的功

1. 安德鲁 · 劳埃德 · 韦伯（Andrew Lloyd Webber），世界知名音乐剧作家。

能，他播放了马丁·路德·金的《我有一个梦想》和肯尼迪的《不要问》(*Ask Not*)。他还展示了发送加载音频附件的邮件的功能。他俯下身，对着电脑的麦克风，录下了自己的声音："嗨，我是史蒂夫，在这个极富历史性的一天，我发出了这条消息。"然后，他叫观众给这个消息加上"一片掌声"，观众们照做了。

乔布斯的管理理念之一就是，不时地孤注一掷，"把公司压在"一些新点子或技术上，这样做至关重要。NeXT 发布时，他就举了一个例子来加以夸耀：采用高容量（但速度慢）的读写光盘，而不是用软盘来备份数据。后来，事实证明这是一场不明智的赌博。"两年前，我们做出了一个决定，"乔布斯说道，"我们见识到一些新的技术，并决定赌一把。"

接着，他开始介绍另一个功能——能更好地证明乔布斯的先见之明。"我们做出了第一批真正的电子书。"他说。他提到电脑里包含了牛津版的莎士比亚全集和其他大部头："自古腾堡以来，印刷书本的艺术还未出现过进步。"

有时，乔布斯会幽默地展示自己的自知之明，他用电子书演示来取笑自己。"有一个词有时会被用来形容我——'mercurial'。"他说道，然后顿了顿。观众们会意地笑了，尤其是那些坐在前排的人，多是 NeXT 的雇员和原 Mac 团队的成员。接着，他把这个词输进了电脑的词典，读出了第一条释义："水星的，与水星有关的或来自水星的。"他边把页面往下拉边说："我想他们说的应该是第三种意思——'情绪多变'。"笑声更多了。"如果我们继续往下拉，就能看到它的反义词'saturnine'。这个词又是什么意思呢？只要双击一下这个词，我们就能马上查到它，来看看：'情绪冷淡稳定。行动或改变迟缓。性格阴郁或阴沉。'"在等待观众的笑声平息之时，乔布斯脸上出现了一点儿笑容。"好吧，"他总结道，"这么看来，我觉得'mercurial'这个词也不是那么糟。”掌声过后，他用《牛津引语词典》展示了更巧妙的一点，关于他的现实扭曲力场观点。他选用的引语来自刘易斯·卡洛尔的《爱丽丝镜中奇遇记》(*Through the Looking Glass*)[1]。当爱丽丝感叹，不管自己多么努力尝试，都无法相信不可能的事情。白皇后反驳道：“为什么，有时我都来得及在早餐前想通 6 件不可能的事。”又是一阵会意的笑声，尤其是前排的观众。

这些欢呼声都是糖衣炮弹，为了转移观众对于坏消息的注意力。当宣布新机器的价格时，乔布斯采用了自己在产品演示中的常用伎俩：一口气说出产品众多的特点，将它们描述成“价值成千上万美元”的东西，让观众想象这个产品的确价值昂贵。这样抬高观众的心理预期后，他就开始宣布定好的价格，让产品的真实价格看起来比较低。“我们打算以每台 6 500 美元的价格卖给高等教育人士。”大厅里响起了稀稀拉拉的掌声，来自忠实的追随者。但是，他的学术顾问小组一直在努力将价格维持在 2 000~3 000 美元，而且他们认为乔布斯也承诺过。他们中有些人震惊了。一旦他们发现可供选购的打印机又得花 2 000 美元，并且由于光驱速度缓慢，最好再配一个外部硬盘，这又需要 2 500 美元时，大家会更吃惊的。

而 NeXT 还有一个令人失望之处，乔布斯只得含糊其词：“明年年初，我们将会推出 0.9 版，适于软件开发者和勇于尝鲜的终端用户。”乔布斯的笑略带紧张。他的意思是，机器和软件的真正发布，即 1.0 版，不是 1989 年年初。事实上，他还没有设定确切日期。乔布斯只是表示，1.0 版将会在 1989 年第二季度推出。1985 年年底第一次 NeXT 外出集思会回来时，乔布斯曾拒绝乔安娜·霍夫曼推后发布日期的提议，他承诺要在 1987 年年初完成机器。现在，很明显，这款

1.《爱丽丝梦游仙境》的续作。

电脑的发布会要推迟两年多。

事实上，发布会结束时气氛也没那么糟糕。乔布斯请来一位旧金山交响乐团的小提琴手，同台上的 NeXT 一起演奏巴赫的《A 小调小提琴协奏曲》。人群中爆发出欢快的掌声。狂热中，人们忘记了价格和推迟发布的不愉快。就在此后，一位记者问乔布斯为什么这款电脑会推迟这么久，乔布斯回答说："并不迟，它领先了时代 5 年。"

乔布斯和媒体打交道已经有了自己的标准做法，他给自己钦点的媒体提供"独家"采访，但条件是把关于他的报道放在封面。不过，这一次他的"独家"手段太过分了，虽然并没有造成真正的伤害。他在产品发布之前答应了《商业周刊》的凯蒂 · 哈夫纳（Katie Hafner）独家专访的请求，但他又和《新闻周刊》和《财富》杂志达成了同样的协议。然而没想到的是，《财富》杂志的高级编辑苏珊 · 弗雷克（Susan Fraker）和《新闻周刊》的梅纳德 · 帕克（Maynard Parker）是夫妻。在《财富》的选题会上，当人们正兴冲冲地谈论乔布斯的独家新闻时，弗雷克说自己碰巧了解到《新闻周刊》也拿到了乔布斯的独家承诺，而且将会比《财富》杂志的报道提前几天出来。结果，乔布斯只上了两家杂志的封面。《新闻周刊》称他为"芯片先生"，刊出了一张他俯身靠近美丽的 NeXT 电脑的图片，并宣称这是"数年内最激动人心的机器"。《商业周刊》放了一张乔布斯身着深色西装的照片，看上去像个绅士，十指相扣如同传教士和教授那样。但是，哈夫纳尖锐地报道了关于乔布斯对独家新闻的操纵。"NeXT 谨慎地分配着媒体对员工和供应商的采访，通过审查来控制采访报道的内容。"她写道，"这个策略奏效，但也付出了代价；这种行为显示出史蒂夫 · 乔布斯自利和无情的一面，也正是这点让他在苹果深受伤害。乔布斯最突出的特征就是需要控制权。"

当宣传炒作平息下来后，市场对 NeXT 电脑的反应平淡，尤其是它还未上市销售。比尔·乔伊（Bill Joy）是竞争对手 Sun 公司的首席科学家，聪明幽默。他称 NeXT 为“第一款雅皮士终端”，这应该是有保留的恭维。比尔·盖茨一如既往地对 NeXT 进行公开批驳。“坦白地说，我很失望。”他告诉《华尔街日报》，“1981 年，当乔布斯向我们展示 Mac 的时候，我们真的因此而激动，因为当你把它和别的电脑放在一起时，它不同于以往人们见过的任何机器。”NeXT 电脑不是这样。“整体来看，它的大部分功能真的都无足轻重。”他说，微软将继续其计划，不为 NeXT 编写软件。在 NeXT 的发布会后，盖茨给自己的员工写了一封诙谐的邮件。“所有现实都被完全搁置。”邮件开头写道。回想起这封邮件，盖茨笑着说，这可能是“我写过的最好的邮件”。

1989 年年中，NeXT 电脑终于开始销售了，工厂已经准备好每月生产 10 000 台——结果这款电脑每月的销量只有约 400 台。漂亮的工厂装配机器人被喷刷得很好，却无事可做，而 NeXT 还在继续烧钱。

第十九章　皮克斯

技术与艺术相遇

卢卡斯影业的电脑部门

1985 年夏天，乔布斯在苹果公司正处于失势中。一天，他和艾伦·凯一起散步，后者曾在施乐 PARC 工作，此时是苹果公司职员。凯知道，乔布斯对创意与技术的交融很感兴趣，于是建议他一同拜访自己的朋友埃德·卡特穆尔（Ed Catmull）。卡特穆尔当时是乔治·卢卡斯（George Lucas）电影制片厂电脑部门的负责人。乔布斯他们租了一辆豪华轿车，驾车前往马林郡，来到卢卡斯天行者牧场（Skywalker Ranch）的边上，卡特穆尔及其小小的电脑部门就在这里。“我感到很震撼，回公司以后就试图说服斯卡利把它收购下来。”乔布斯回忆道，“但是管理苹果公司的那帮家伙对此不感兴趣，而且他们正忙着把我赶出去。”

卢卡斯影业电脑部门有两个主要组成部分：一个团队研发硬件和软件来使图像数字化；另一个电脑动画团队制作动画短片，由颇具天赋的卡通爱好者、导演约翰·拉塞特（John Lasseter）负责。卢卡斯当时已经完成了他的《星球大战》（*Star Wars*）三部曲的第一部，正陷入一场争吵不断的离婚案中，他需要卖掉这个电脑部门。卢卡斯叫卡特穆尔尽快找到买家。

1985 年秋，在一些潜在买家都踌躇不决时，卡特穆尔和联合创始人阿尔维·雷·史密斯（Alvy Ray Smith）决定自己买下这个部门并寻找投资者。于是，他们打电话找到乔布斯，又安排了一次会面，两人驱车前往乔布斯位于伍德赛德的家中。乔布斯先是抱怨了一通斯卡利的愚不可及和背信弃义，然后提议自己全资买下卢卡斯影业的电脑部门。卡特穆尔和史密斯拒绝了。他们想要一位主要投资者，而不是一个新的所有者。不过很快就有了一个折中办法：乔布斯出资购买多数股权，并担任董事长，但由卡特穆尔和史密斯来运营。

“我之所以想收购这个部门，是因为我真的很喜欢计算机图形。”乔布斯后来回忆道，“看到卢卡斯影业电脑部门这些人的时候，我意识到，在融合艺术与技术的领域，他们走在了其他人前面，而这个领域一直都是我的兴趣所在。”乔布斯知道，在未来数年里，计算机将会比现在强大上百倍，他相信这会给动画和逼真的3D图形带来巨大进步。“卢卡斯团队正在研究的问题需要非常强大的计算处理能力，这使我意识到他们必将引领历史。我喜欢这样的发展方向。”

乔布斯提出的条件是，向卢卡斯支付500万美元，然后自己再投入500万美元，从而将这一部门变成独立的公司。这比卢卡斯一直以来所要求的金额低得多，然而时机对乔布斯来说刚刚好。于是，双方决定通过谈判达成交易。

卢卡斯影业的CFO发现乔布斯傲慢又易怒，在谈判各方即将举行会谈时，这位CFO对卡特穆尔说：“我们必须建立正确的等级次序。”他的计划是，将所有人和乔布斯都聚集在一间会议室里，然后这位CFO晚到几分钟，以表明他才是主持会议的人。“但是有趣的事情发生了，”卡特穆尔回忆说，“史蒂夫在CFO缺席的情况下按时开始了这次会议，而当那位CFO走进来时，史蒂夫已经掌握了会议的控制权。”

乔布斯只见过乔治·卢卡斯一面，卢卡斯提醒他说，比起做电脑，这个部门的人更关心制作动画电影。“你知道，这些家伙都是在拼命做动画。”卢卡斯对乔布斯说。卢卡斯后来回忆表示：“我确实提醒过他，这个部门基本是按埃德和约翰的计划来开展工作的。我觉得在他看来，买下这家公司是因为它也符合他自己的计划。”

1986年1月，他们达成了最终协议。协议约定，乔布斯投资1 000万美元后可持有该公司70%的股份，其他股份分配给埃德·卡特穆尔、阿尔维·雷·史密斯及其他38名创始员工，包括前台接待。该部门最重要的硬件是皮克斯图像电脑（Pixar Images Computer），并且新公司以此命名。最后的问题就是在哪里签合同，乔布斯想在自己位于 NeXT 的办公室，而卢卡斯影业的人想在天行者牧场。最后，双方都做出了妥协，在旧金山一家律师事务所会面。

有那么一段时间，乔布斯没有进行过多干预，让卡特穆尔和史密斯自行掌管皮克斯。每隔一个月左右，他们会进行一次董事会会议，通常是在 NeXT 的总部，乔布斯总把焦点放在财务和战略上。然而，由于个性使然以及控制本能的驱使，乔布斯很快就变成了强势角色，显然比卡特穆尔和史密斯预想的更为强势。针对皮克斯公司硬件和软件的未来，乔布斯提出了一堆想法，有的合理，有的古怪。而他虽然只是偶尔前往皮克斯的办公室，但每次现身他都能让人心潮澎湃。“我从小就加入了美南浸信会（Southern Baptist），那时我们经常同那些生活腐化却极具蛊惑力的牧师们一起开培灵会。”阿尔维·雷·史密斯说，“史蒂夫显然深谙此道，深知口舌的力量和语言的网络能让人深陷其中。开董事会会议的时候，大家也意识到了这个问题，于是我们发出了一套信号——摸鼻子或拽耳朵。如果有人陷入了史蒂夫的现实扭曲力场，我们会用这一招把他拉回现实。”

乔布斯一直都很欣赏硬件和软件整合的优势，皮克斯的图像电脑和渲染软件就是如此。它还制作出色的内容，如动画电影和图像。这三种要素都得益于乔布斯将艺术创意和技术的结合。“硅谷的人并不尊重好莱坞的创意特质，好莱坞的人则认为技术人员是那些只需雇用而无须见面的人。”乔布斯后来说道，“皮克斯则同时尊重好莱坞和硅谷的文化。”

最初，皮克斯公司希望硬件能带来收入。皮克斯图像电脑售价 12.5 万美元，主要购买者是动画师和平面设计师，不过这款电脑也在医疗行业和情报领域找到了特殊市场。（医疗 CAT 扫描数据能够被转换成三维图形，来自侦察飞机和卫星的信息也能通过该款电脑进行转换。）由于要销售给美国国家安全局，乔布斯必须接受安全调查，对于被指派来调查他的 FBI（美国联邦调查局）特工来说一定感觉有趣极了。据一位皮克斯高管讲述，有一次，调查员打来电话询问毒品使用问题，乔布斯如实回答，丝毫不加掩饰。他会说“我上回用这种毒品是在……”，偶尔他也会回答“不”，他从未用过那种特定毒品。

乔布斯要求皮克斯开发一款成本更低的图像电脑，售价在 3 万美元上下。他坚持由哈特穆特·艾斯林格进行设计，尽管卡特穆尔和史密斯对其收费价格表示反对。最后，这款新电脑跟皮克斯图像电脑很相似，是一个立方体，中间有一处圆形凹陷，但带有艾斯林格招牌式的纤细纹路。

乔布斯想要把皮克斯电脑卖给大众市场，于是他让皮克斯的人员在各大城市开辟销售办事处，办事处的设计由他本人审核通过。他的想法是，有创意的人很快会想到使用这款电脑的各种方法。“我认为，人是创造性动物，面对工具，他们能想出发明者未曾想过的各种聪明的使用方法。”乔布斯后来说道，“我觉得这会同样适用于皮克斯电脑，就像 Mac 一样。”但是，皮克斯电脑从未完全进入普通消费者市场。它们售价太高，专门为之编写的软件应用程序也不多。

在软件方面，皮克斯有一个渲染程序，名为雷耶斯（Reyes，Renders Everything You Ever Saw），意为渲染你所见的一切，用于制作 3D 图形和图像。乔布斯担任董事长后，皮克斯开发了一种新语言和界面，名为 RenderMan。他们期望这款软件能够成为 3D 图形渲染领域的标准，就像 Adobe 公司的 PostScript[1] 之于激光打印那样。

1. PostScript 是一种主要用于电子产业和桌面出版领域的页面描述语言和编程语言。

乔布斯认为，皮克斯的软件也应该像硬件那样，尝试进入大众市场，而不是仅限于专业市场。他从来都不满足于只针对企业市场或高端专业市场的做法。“他非常沉迷于大众市场产品，”皮克斯的营销总监帕姆·克尔温（Pam Kerwin）说，“他会构造一些宏大的愿景，想象RenderMan能够怎样为所有人服务。他在会议中不断产生新想法，设想普通用户将如何用它做出惊人的3D图形和逼真的图像。”皮克斯团队试图劝阻他，他们认为RenderMan并不像Excel或Adobe Illustrator那样易于使用。这时，乔布斯就会走到一块白板前，告诉他们如何把它做得更简单，更便于使用。“我们不禁频频点头，兴奋地说：‘是的，是的，这样很棒！’”克尔温回忆说，“等他走了以后，我们又考虑了一会儿，觉得‘他想的都是些什么鬼主意’。他身上的奇特魅力实在是强大，你和他交谈之后就几乎被洗脑了。”后来事实证明，普通消费者对于这种能让他们渲染出逼真图像的昂贵软件并无兴趣。RenderMan没有成功进入大众市场。

不过，倒是有一家企业渴望将动画师的绘画自动渲染成彩色图像用于电影拍摄。罗伊·迪士尼（Roy Disney）在迪士尼公司发动了一场董事会革命，他是该公司创始人沃尔特·迪士尼的侄子。当迪士尼公司的新任CEO迈克尔·艾斯纳（Michael Eisner）问罗伊想要担任什么角色，罗伊表示他想要重振公司历史悠久却日渐衰落的动画部门。他的首轮举措之一就是设法将动画流程计算机化，而皮克斯赢得了迪士尼的这份合同。皮克斯为迪士尼量身定做了一款软硬件套装，名为CAPS，即电脑动画制作系统（Computer Animation Production System）。1988年，这套设备首次投入使用，负责制作动画片《小美人鱼》（*The Little Mermaid*）中的最后一幕——国王特里同挥别爱丽儿。在此之后，CAPS就成了迪士尼极为依赖的设备，迪士尼为此又购买了数十台皮克斯图像电脑。

动画

皮克斯的数字动画业务——制作动画短片的团队——最初只是副业，其主要目的是对外展示自己的硬件和软件。约翰·拉塞特负责这个团队的运作，他有着可爱的脸庞和气质，对艺术的完美追求与乔布斯不相上下。拉塞特出生在好莱坞，从小就喜欢观看周六早间的卡通节目。九年级时，读完记述迪士尼工作室历史的《动画的艺术》（*The Art of Animation*）后，他写了一份读书报告，那时的他就明白了自己想要怎样度过一生。

高中毕业后，拉塞特进入了由沃尔特·迪士尼创办的加州艺术学院（California Institute of the Arts），学习动画专业。暑假和课余时间，他研究迪士尼的档案文件，还在迪士尼乐园的丛林巡航游乐项目做导游。迪士尼乐园的导游经历让他懂得了把握时间和节奏对于讲故事的重要性，在创作一帧一帧的动画时，掌握这一概念很重要但也绝非易事。拉塞特大学三年级时拍摄的短片《小姐与台灯》（*Lady and the Lamp*）为他赢得了学生奥斯卡奖（Student Academy Award）。这部短片借鉴了《小姐与流浪汉》（*Lady and the Tramp*）等迪士尼电影，也展露出了他的惊人天赋——赋予无生命的东西（譬如台灯）以人的个性。毕业后，他得到了一份注定要从事的工作——在迪士尼制片厂（Disney Studio）做动画师。

但是拉塞特在迪士尼的工作并不顺心。“我们一些年轻人想要给动画艺术带来《星球大战》的水准，却受到了约束。”拉塞特回忆说，“我的幻想破灭了，后来卷入了两个上司之间的斗法，动画部门的头儿解雇了我。”1984 年，埃德·卡特穆尔和阿尔维·雷·史密斯聘请了拉塞特，而《星球大战》的水准正是出自卢卡斯影业。当时，乔治·卢卡斯就已经在担忧电脑部门的成本了，他们拿不准卢卡斯是否真会同意雇用一位全职动画师，因而拉塞特的职位是“界面设计师”。

乔布斯入主公司后，拉塞特和他开始分享彼此对于图形设计的激情。“我是皮克斯唯一的艺术家，因此和史蒂夫在设计感觉上有很强的共鸣。”拉塞特说道。他很幽默，很合群，讨人喜欢，爱穿花哨的夏威夷衫，办公室里堆满古董玩具，喜欢吃芝士汉堡包。乔布斯易怒，是个身形瘦削的素食主义者，喜欢简朴整洁的环境，但他们的确十分契合。拉塞特是个艺术家，而艺术家在乔布斯眼里不是英雄就是笨蛋，拉塞特在他眼里显然属于英雄那一类。乔布斯对他恭敬有加，真心钦佩他的才华。拉塞特则理智地将乔布斯视作赞助人——能够欣赏艺术工作并且知道如何将其与技术和商业进行融合。

乔布斯和卡特穆尔决定，为了展示皮克斯的硬件和软件，应该让拉塞特再制作一部动画短片，参加 1986 年的 SIGGRAPH（美国计算机协会计算机绘图专业组大会）。这是计算机图形学界的年度会议。拉塞特的办公桌上放着一盏 Luxo 台灯，用作图形渲染的模型，并决定把 Luxo 变成一个栩栩如生的动画角色。一位朋友的小孩给了他灵感，拉塞特又在故事中添加了一个小台灯（Luxo Jr.）的角色。拉塞特向另一位动画师展示一些测试帧时，对方力劝他用这两个角色讲一个故事。拉塞特表示，自己只是在做一部短片，但那位动画师提醒他说，即便只有几秒也能讲述一个故事。拉塞特将这个告诫铭记于心。《顽皮跳跳灯》（*Luxo Jr.*）最后的成片只有两分多钟，但是它讲述了一个故事：台灯爸爸和台灯孩子把一个球推来推去，后来球爆了，小台灯很伤心。

乔布斯非常激动，特意从 NeXT 公司压力重重的工作中抽身，和拉塞特飞赴 SIGGRAPH。这一年的大会于 8 月在达拉斯举行。“天气太热太闷，我们一走出去，就觉得热气像网球拍一样迎面挥了过来。”拉塞特回忆说。展会共有一万人参加，一切都让乔布斯很喜欢。艺术创作激励着他，尤其是当它与科技相融合时。

电影放映礼堂门口排了长长的队，乔布斯不是那种会乖乖等着进场的人，他三言两语就说服了负责人让他们先进去。《顽皮跳跳灯》赢得了观众长时间的起立鼓掌，并被评为最佳影片。“哦，哇！”乔布斯在结束时欢呼道。“我真的懂了，我懂了什么是最重要的。”正如他后来解释的，“我们的电影不仅仅拥有好技术，而且是唯一有艺术内涵的。皮克斯是在融合艺术与科技，就像 Mac 曾经做的那样。”

《顽皮跳跳灯》获得了奥斯卡提名，乔布斯飞去洛杉矶参加颁奖典礼。最终该短片没能获奖，但是乔布斯从此决心每年都制作一部新的动画短片，尽管这个决定并没有太多商业上的理由。随着皮克斯处境的日益艰难，乔布斯坚持残酷地削减预算，毫不手软。而当拉塞特要求将刚刚省下的钱拿来做下一部电影时，乔布斯却同意了。

《锡铁小兵》

乔布斯在皮克斯的人际关系并非都这么好。最严重的一次冲突是同阿尔维·雷·史密斯——卡特穆尔的联合创始人。史密斯来自得克萨斯州北部农村，在浸信会的熏陶下长大，是个拥有自由精神的嬉皮士，担任电脑图像工程师。他身材高大，笑声爽朗，很有个性，有时也很自负。“阿尔维光芒四射，笑容友善，在会议中有一大堆拥护者。”帕姆·克尔温说道，“阿尔维这样的个性可能会触怒史蒂夫。他们都是有远见的人，精力都很旺盛，也都非常自负。阿尔维不愿意像埃德一样息事宁人，无视一些不高兴的事。”

史密斯认为，乔布斯的领袖魅力和自负致使他滥用职权。“他就像个电视节目中的布道者，”史密斯说，“他要控制别人，但是我不愿意做他的奴隶，这就是我们发生冲突的原因。而埃德更愿意顺其自然。”

开会时，乔布斯有时会说一些离谱或不真实的东西来确立自己的主导地位。史密斯特别乐于在这种情况下和乔布斯叫板，他会边笑边说，最后露出得意的笑容。这让乔布斯感到很不爽。

有一次董事会会议上，因为新版皮克斯图像电脑的电路板遭遇延期，乔布斯开始训斥史密斯和皮克斯的其他高管。当时，NeXT 电脑的电路板也推迟了很久。史密斯指出了这一点："嘿，你们的 NeXT 电路板更迟呢，所以别对我们大呼小叫了。"乔布斯顿时大发雷霆，或者用史密斯的话来说就是"完全不可理喻"。当史密斯觉得被攻击或遭遇对抗时，会不由自主地冒出西南部口音。乔布斯于是挖苦着模仿他。"这简直就是欺负人，我完全爆发了。"史密斯回忆道，"我还没反应过来，我们俩就已经面对面了，相隔只有 3 英寸，彼此朝着对方大吼。"

乔布斯对于会议中的白板极具控制欲，于是魁梧的史密斯推开他，开始在白板上写写画画。"你不能这样！"乔布斯大喊。

"什么？"史密斯回击道，"我不能在你的白板上写字？放狗屁！"听到这话，乔布斯摔门而出。

史密斯最终辞了职，成立了一家新公司，制作数字绘图和图像编辑软件。乔布斯拒绝史密斯使用他在皮克斯时编写的代码，这又进一步加深了彼此的敌意。"阿尔维最终得到了他需要的东西，"卡特穆尔说，"但是，他这一年的压力都很大，还染上了肺病。"最后，结果还算不错，微软收购了史密斯的新公司。自己成立的公司，一家卖给乔布斯，另一家卖给盖茨，这样的人也只有史密斯了吧。

即便在境况最好的时候，乔布斯的脾气也很暴躁。而当皮克斯的三项努力——硬件、软件和动画内容——都在赔钱时，乔布斯就越发如此了。"我制订了这些计划，结果却得不停地投钱进去。"他回忆说。他会责骂皮克斯的人，但还是会给他们开支票。已经被苹果驱逐，又被困在 NeXT，他不能接受再一次打击了。

为了止损，乔布斯下令进行一轮大规模裁员。他缺乏对待他人的同情心，冷酷地执行了这一决定。正如帕姆·克尔温所形容的：“对于要解雇的人，他在感情上和财务上都不留余地。”乔布斯坚持裁员立即开始，且不支付遣散费。克尔温拽着乔布斯在停车场周围散步，请求他至少提前两周告知员工们这一消息。“好吧，”乔布斯回答道，“但通知应该倒推回两周生效。”卡特穆尔当时在莫斯科，克尔温疯了似的给他打电话。卡特穆尔回来后研究出一个遣散计划，给予被解雇员工微薄的补偿，稍微平息了事态。

皮克斯动画团队曾一度试图说服英特尔公司，希望承接对方的部分商业广告制作业务。然而，乔布斯没有一点儿耐性。一次会议上，乔布斯正痛斥英特尔的营销总监，说到一半又拿起电话，直接打给英特尔的 CEO 安迪·格鲁夫。格鲁夫在某种程度上仍然算是乔布斯的老师，他想要给乔布斯上一课，他支持英特尔公司的经理。“我支持自己的员工，”他回忆道，“史蒂夫不喜欢被当作供应商来对待。”

在乔布斯提出皮克斯应该在如何处理中央处理器性能以制作 3D 图像方面给英特尔一些建议时，格鲁夫也称得上是乔布斯的导师。英特尔工程师接受了皮克斯的建议，乔布斯便回复邮件说，英特尔应该为此支付皮克斯费用。但对方回答说：“关于互相交流有关微处理器的好点子，我们过去没有为此买单的打算，将来也没有。”乔布斯将英特尔的回复转发给格鲁夫，说“英特尔在理解电脑图像方面表现得如此让人失望”，他们的回复还“极端傲慢”。格鲁夫对此做出了严厉的回复，他说：“友善的公司和友善之人都互相共享思想”。格鲁夫补充说他经常免费和乔布斯共享思想，乔布斯不应该太唯利是图。“我有很多缺点，但我并不忘恩负义。”乔布斯回应说，“所以，我的态度有了 180 度的大转弯——我们愿意免费提供帮助。感谢你把这么浅显的道理告诉了我。”

皮克斯为普通消费者市场，或至少是认同乔布斯对于设计的狂热之情的普通消费者们，创造出了一些强大的软件产品。乔布斯仍然希望，在家中创作非常逼真的3D图像能够成为桌面排版热潮的一部分。例如，皮克斯的Showplace软件，用户能够用它改变3D物体的阴影，这样，在不同的角度下，能以适当的阴影展现出现实物体的模样。乔布斯觉得这个软件很酷，但是大多数消费者觉得这种功能可有可无。乔布斯的激情误导了自己，Showplace就是一个例证：该软件拥有如此多神奇的功能，却缺少乔布斯一向要求的简单性。皮克斯无法与Adobe公司竞争，后者做的软件并不像Showplace那样高级，但更简单，也更便宜。

即使皮克斯的硬件和软件产品线都失败了，乔布斯还是会保护动画团队。对他来说，这已经是一个拥有魔力的艺术之岛，能给予他深层次的情感愉悦，他愿意培养它，为它赌上一把。1988年春，资金实在太紧张了，于是他召集了一次痛苦的会议，宣布全面深度削减开支。会议结束后，拉塞特及其动画团队十分害怕，几乎不敢再向乔布斯要更多的钱来拍摄另一部短片。但最后，他们还是提起了这个话题，乔布斯静静地坐着，满脸疑虑。如果同意这个项目，他就得再从自己腰包里掏出近30万美元。过了一会儿，乔布斯问他们是否已有了故事板。卡特穆尔带他来到动画办公室，拉塞特立即开始了自己的表演：展示故事板，自己配音，尽情地展现对自己产品的激情。乔布斯被感染了。

故事是关于拉塞特的心爱之物：经典玩具。它以一个单人乐队玩具锡铁小兵（Tinny）的视角展开。锡铁小兵遇见了一个让自己又爱又怕的人类小宝宝，它逃到沙发下后，发现其他玩具也被吓坏了躲在这里。但是，当小宝宝撞到头后哭起来时，锡铁小兵又爬出来哄他开心。

乔布斯表示自己会提供资金。“我看好约翰在做的东西。”他后来说道，“那是艺术，是他关心的东西，也是我关心的东西。我总是同意他的计划。”看完拉塞特的单人表演展示后，乔布斯只说了一句话：“约翰，我只要求一件事——把它做好。”

《锡铁小兵》(*Tin Toy*) 赢得了1988年奥斯卡最佳动画短片奖，这是首部获此殊荣的电脑制作的动画短片。为了庆祝，乔布斯带着拉塞特和整个制作团队来到绿地餐厅——旧金山一家素食馆。拉塞特抓起放在桌子中央的小金人，举得高高的，向乔布斯敬酒道：“你所有的要求，便是要我们做一部伟大的电影。”

迪士尼的新团队——CEO 迈克尔·艾斯纳以及电影部门主管杰弗里·卡曾伯格（Jeffrey Katzenberg）——开始要求拉塞特重回迪士尼。他们喜欢《锡铁小兵》，认为这种动画故事——让玩具拥有生命和人类的感情——还有很大的发挥余地。但是，拉塞特感激乔布斯对自己的信任，认为皮克斯才是自己唯一能够开创电脑动画新天地的地方。他告诉卡特穆尔：“我可以去迪士尼，在那儿做个总监，或者留在这儿，谱写历史。”于是，迪士尼反过来开始接触皮克斯，希望签署制作协议。“无论是从讲故事还是从技术运用的层面上来看，拉塞特的动画短片真的令人叹为观止。”卡曾伯格回忆说，“我非常努力地想让他回到迪士尼，但是他忠于史蒂夫和皮克斯。如果你打不过对方，那么就加入他们。我们决定找出能够加入皮克斯的方法，让他们为迪士尼制作关于玩具的电影。”

至此，乔布斯已经从自己腰包里掏了近5 000万美元投入皮克斯，占其离开苹果时所拿到钱的一半以上，而NeXT公司当时还在亏钱。对此，他非常精明实际。1991年，乔布斯强迫皮克斯所有员工放弃期权，作为交换，他会再投入一笔私人资金。不过，对于艺术和科技融合所能做出的成就，乔布斯却倾注了浪漫之爱。他曾认为，普通消费者会喜欢用皮克斯的软件来制作 3D 图形，但现实并非如此。这种错误的想法很快便被他直觉上的先见之明所取代，那就是自 1937 年迪士尼公司拍出《白雪公主》后，再没有比让艺术和数字技术相融合能给动画电影带来更大变革的了。

乔布斯表示，回首过去，如果自己能了解得更多，就会更早地专注于动画，而不会费心去推动皮克斯的硬件和软件应用。但另一方面，如果乔布斯早就知道硬件和软件都不会赢利，那么他也不会接手皮克斯。“命运似乎诱骗我去做这件事，而这也许是为了把它做得更好。”

第二十章　凡人

爱就那么回事儿

Courtesy of Steve Jobs

1991 年，乔布斯与劳伦·鲍威尔

琼·贝兹

1982年乔布斯还在开发Mac时，通过一个为监狱募捐电脑的慈善基金负责人米米·法里纳（Mimi Fariña）认识了她姐姐——著名的民谣歌手琼·贝兹。几星期后，他和贝兹在库比蒂诺共进午餐。“我本来并没期望太高，结果她却那么机智风趣。”他回忆道。当时，他和巴巴拉·亚辛斯基的恋情正接近尾声，他们曾经一起去夏威夷度假，一起在圣克鲁兹山生活，甚至一起去过贝兹的演唱会。当乔布斯与亚辛斯基激情退去，他对贝兹日渐认真起来。他当时27岁，贝兹41岁，但他们的恋情持续了几年时间。“我们两个人偶然相遇，从朋友发展为情人，认真地谈了一场恋爱。”乔布斯不无伤感地回忆道。

伊丽莎白·霍姆斯是乔布斯在里德学院时的好朋友，她认为乔布斯跟贝兹交往的原因之一——除了她美丽风趣、天资聪颖外——是她曾经是鲍勃·迪伦的情人。“史蒂夫喜欢这种与迪伦的关联。”她后来说。贝兹和迪伦在20世纪60年代初曾经相恋，后来他们作为朋友一起演出，包括1975年的滚雷巡演（Rolling Thunder Revue）。（乔布斯还有非法录制的这些演唱会的唱片。）

结识乔布斯时，贝兹已经有一个14岁的儿子加布里埃尔，是她与前夫反战活动家戴维·哈里斯（David Harris）所生。午餐中她告诉乔布斯，她正在教儿子如何打字。“你是说在打字机上打字？”乔布斯问。她说“是”，他跟着说：“可是打字机都老掉牙了。”

“打字机老掉牙了，那么我呢？”她问道。一阵尴尬的沉默。贝兹后来告诉我：“当我说出那句话时，就意识到答案是那么显而易见。这个问题就那样悬在空中，我感到恐惧。”

令Mac团队大吃一惊的是，有一天乔布斯带着贝兹冲进办公室，向她展示Mac的样机。他对保密问题是那么在意，却会把这台计算机曝光给一个局外人，这令他们目瞪口呆，但更令他们意外的是这个人居然是琼·贝兹。他送给加布里埃尔一台 Apple Ⅱ 电脑，后来又送给贝兹一台 Mac。乔布斯会去贝兹家显摆他喜欢的那些特色功能。“他很和善、很耐心，但他的知识太高深了，要教会我不太容易。”她回忆说。

他是突然暴富的千万富翁；她是个世界名人但活得脚踏实地，也没那么有钱。那时她看不懂他，30 年之后再谈起他时，她仍然觉得他让人迷惑不解。在他们恋爱初期的一次晚餐时，乔布斯谈起拉夫·劳伦（Ralph Lauren）和他的马球服装店，她承认她从未去过。“那儿有一件漂亮的红裙子，会非常适合你。”他说，然后开车带她直奔斯坦福购物中心（Stanford Mall）里的专卖店。贝兹回忆道：“我对自己说，这简直太棒了，我跟着世界上最有钱的男人，他想让我拥有一条漂亮的裙子。”到了专卖店，乔布斯给自己买了一大堆衬衫，并让她看那条红裙子，说她穿上会棒极了。她赞同。“你应该买下它。”他说。她有一点点惊讶，告诉他她买不起。他没说什么，然后他们就离开了。“难道你不觉得，如果一个人像那样说了一整晚，就一定是去给你买的吗？”她问我，看起来对这件事真的很令人迷惑不解。“红裙子的秘密交给你来解读吧。我是觉得有一点儿奇怪。”他会送给她计算机，却不送裙子；当他送花给她时，一定会说那是办公室里什么活动剩下的。“他既浪漫，又害怕浪漫。”她说。

在 NeXT 计算机的开发阶段，乔布斯到贝兹在伍德赛德的家，向她展示 NeXT 强大的音乐功能。“他让它演奏了一曲勃拉姆斯的四重奏，然后告诉我，电脑最终会比人演奏得更好听，甚至连意境和节奏都会更好。”贝兹回忆说，她非常排斥这种想法，“他越说越兴奋，我却越听越愤怒，我在想，你怎么能这么亵渎音乐？”

乔布斯会跟黛比·科尔曼和乔安娜·霍夫曼吐露他跟贝兹的关系，

他对是否可以跟她结婚这个问题有些烦心：她已经有了个十几岁的儿子，可能已经过了想再要更多孩子的阶段。“有时候他会贬低她，说她只是个‘事件’歌手，而非迪伦那种真正的‘政治’歌手。”霍夫曼说，“贝兹个性很强，而乔布斯又很有控制欲。再加上，他总是说他想生儿育女，他知道跟她是不会有的。”

就这样，过了大约三年，他们终止了恋情，慢慢变成了朋友。“我以为我爱她，但其实我只是非常喜欢她，”他后来说，“我们是注定无法在一起的。我想要孩子，而她不想再要了。”贝兹在 1989 年的回忆录中谈到了她跟丈夫的分手，以及为什么她没有再婚：“我注定一个人，从离婚后就一直这样，偶尔有些小插曲，大多也更像是露水情缘。”在该书结尾的致谢辞中，她写了这样一段温馨的话：“感谢史蒂夫·乔布斯，为了迫使我使用文字处理器，硬是在我家厨房里放了一台。”

寻找乔安妮和莫娜

乔布斯的母亲克拉拉有吸烟的嗜好。他 31 岁时，也就是离开苹果公司一年之后，母亲患上了肺癌。在她弥留之际，乔布斯陪在病床边，用以往少有的方式跟她聊天，问了一些一直压在心底的问题。“跟爸爸结婚的时候，你是处女吗？”他问道。她虽然难以启齿，却还是挤出了一丝微笑。她这才告诉他，之前她结过婚，她的前夫上了战场就再没回来。她还透露了一些她和保罗·乔布斯如何领养他的细节。

此后不久，乔布斯就找到了他生母的下落。从 20 世纪 80 年代初开始，他就聘用了一个侦探，开始悄悄地寻找生母的下落，但什么线索都没有找到。后来乔布斯注意到他出生证上一个旧金山医生的名字。“他的姓名在电话簿上可以查到，所以我给他打了个电话。”乔布斯回忆说。那个医生没帮上忙。他声称他的记录在一场火灾中全部烧毁了，不过那不是真的。事实上，就在接到乔布斯的电话后，这个医生写了一封信，装在信封里封好，上面写着“我死后交给史蒂夫·乔布斯”。不久后他就去世了，他的遗孀把这封信寄给了乔布斯。信中，医生说他的母亲是威斯康星州一个未婚的研究生，名字叫乔安妮·席贝尔。

乔布斯聘请了另一位侦探，几周后找到了她的下落。在把乔布斯送人后，乔安妮还是嫁给了乔布斯的生父“约翰”阿卜杜勒法塔赫·钱德里，他们后来又生了一个孩子，叫莫娜。钱德里5年后抛弃了她们，乔安妮又嫁给了一个生活经历丰富的滑冰教练乔治·辛普森（George Simpson）。那场婚姻也没能长久，1970年她开始带着莫娜四处流浪（她们俩现在都用的是辛普森的姓），后来到了洛杉矶。

乔布斯一直犹豫要不要让保罗和克拉拉——他心目中“真正的”父母——知道他在寻找自己的生母。他担心他们不高兴，这种敏感对他来说实属少见，从中也可以看出他对养父母的感情之深。所以直到1986年年初克拉拉·乔布斯去世之后，他才与乔安妮·辛普森取得联系。“我绝不希望让他们感觉我不把他们当成父母，因为他们完完全全就是我的父母。”他回忆说，“我是那么爱他们，因此我不想让他们知道我在寻找生母，甚至当有记者发现真相时我也会让那些人守口如瓶。”克拉拉去世后，他决定告诉保罗·乔布斯。他父亲觉得完全可以接受，并说自己毫不介意史蒂夫跟他的生母取得联系。

就这样，在某一天史蒂夫给乔安妮·辛普森打了电话，说了自己是谁，并安排去洛杉矶跟她见面。后来他说这主要是出于好奇心：“我相信环境比遗传对你的影响更大，但你还是会对你的血缘有点儿好奇。”他还想安慰乔安妮，她当初把他送给别人领养是没问题的。“我想见我的生母，主要是为了看看她过得好不好，我还要感谢她，因为我很高兴我没有被堕胎。她当时只有23岁，为了把我生下来，她承受了很多。”

当乔布斯来到她在洛杉矶的家时，乔安妮激动不已。她知道他很出名、很富有，但她不太清楚是因为什么。她的感情顿时奔涌而出。她说她当时承受了很大压力才在他的领养文件上签字，而且她是在被告知他会在新的父母家非常幸福才签字的。她一直很想念他，并为自己所做的事情感到痛苦。她反反复复地道歉，即使乔布斯一直安慰她说他能够理解，而且事情的结果还好。

平静下来后，她告诉乔布斯他有个同父同母的亲妹妹——莫娜·辛普森，现在在曼哈顿，是个雄心勃勃的小说家。以前她从未告诉过莫娜她有个哥哥，就在那天她打电话给莫娜公布了这个消息——或至少是一部分信息。“你有个哥哥，他很棒，很有名，我要带他来纽约见你。”她说。莫娜当时正致力于写一部小说的结尾，是关于她母亲以及她们如何从威斯康星州游历到洛杉矶的经历，书名叫《在别处》。读过这本书的人不会惊讶，乔安妮向莫娜说起自己长子的方式有点儿怪异。她不肯说他是谁，只是说他曾经很穷，现在有钱了，很好看也很有名，有长长的深色头发，住在加利福尼亚。莫娜当时在《巴黎评论》(*The Paris Review*）工作，那是乔治·普林顿（George Plimpton）主办的文学期刊，办公室在他位于曼哈顿东河附近别墅的一层。莫娜和同事们开始猜她哥哥是谁。约翰·特拉沃尔塔（John Travolta）？那是大家认为最可能的一个谜底。他们还猜到了其他演员。其间某个人说了句“也许是苹果公司那几个创始人之一呢”，但是没人想得起他们的名字。

他们的会面安排在瑞吉酒店（St. Regis Hotel）的大堂。乔安妮·辛普森把莫娜介绍给乔布斯，结果居然真的是苹果的创始人。“他非常直率可爱，就是个普通的、和善的人。”莫娜回忆道。他们一起坐在大堂聊了一会儿，然后他带着妹妹一起出去散步，就他们两个人。

乔布斯兴奋地发现有个跟自己这么像的亲妹妹。他们都对自己的艺术非常执着，对周围环境善于观察，敏感而又倔强。当他们共进晚餐时，他们会注意到相同的建筑细节或有趣的事物，之后会兴奋地对此谈论。“我妹妹是个作家！”他喜形于色地告诉苹果的同事们。

1986年年底，普林顿为《在别处》举行庆祝会时，乔布斯专程飞到纽约陪同莫娜出席。他们的关系越来越亲密，尽管当中也有磕磕绊绊，这也在所难免——想想他们都那么有个性，又是在这样的情况下才得以团聚。“一开始莫娜对我的出现并不是很兴奋，尤其她妈妈在感情上又对我那么投入。”乔布斯后来说，“但随着我们渐渐相互了解，我们就成了很好的朋友，而且她是我的亲人。我不知道没有她我该怎么办。我难以想象会有比她更好的妹妹。我那个同样是领养的妹妹帕蒂跟我从不亲密。”莫娜对他的感情也同样越来越深，有时还会非常护着他，虽然她后来写了本关于他的小说《凡人》(*A Regular Guy*)，其中描述了他的各种怪癖，让人看了很不舒服，但很准确。这本小说情节巧妙，扣人心弦。

会引起他们争论的事情之一就是她的着装。莫娜穿得像一个生活困顿的小说家，而乔布斯会怪她衣着“不够迷人”。有一次他的评论实在惹恼了她，她给他写信说：“我是个年轻作家，这是我的生活，我没想当模特。”他没有回信。但没过多久，从三宅一生的时装店寄来一箱衣服，这位日本时装设计师因其简洁风格和科技元素而成为乔布斯的最爱之一。“他会去为我买衣服，”她后来说，“他能选出非常棒的，正好是我的尺码，颜色也很适合我。”有一套裤装他特别喜欢，包裹里居然有三套完全一样的。“我还记得我寄给莫娜的第一箱衣服，”乔布斯说，“是些淡灰绿色的亚麻裤子和上装，很衬她的红头发。”

失散的父亲

当时，莫娜·辛普森一直在努力寻找他们的父亲，他在她5岁的时候就离开了。通过曼哈顿两位知名作家肯·奥莱塔（Ken Auletta）和尼克·派勒吉（Nick Pileggi），她结识了一位退休后开侦探所的纽约警察。“我把当时仅有的一点儿钱都给他了。”辛普森回忆说，可是并没有找到她父亲。后来她在加利福尼亚遇到另一位私家侦探，通过机动车管理局搜索到了阿卜杜勒法塔赫·钱德里在萨克拉门托的一个地址。辛普森通知了哥哥，然后从纽约飞过去找那个人。显然，那就是她的父亲。

乔布斯对见生父丝毫不感兴趣。“他没有善待我，”他后来解释，“我并不是对他有意见——我很高兴我活下来了。最让我不满的是他对莫娜不好。他抛弃了她。”乔布斯自己也抛弃了私生女莉萨，当时他还正在试图恢复父女之间的关系，但这并没有减轻他对钱德里的反感。辛普森一个人去了萨克拉门托。

“当时非常紧张。”辛普森回忆道。她发现父亲在一家小餐馆工作。他见到她似乎很高兴，但是对整个局面都表现得很被动。他们聊了几个小时，他讲述了离开威斯康星之后，他如何从教书转到了餐饮生意。他的第二次婚姻很短暂，之后又跟一个有钱的年长些的女人有过一段长一些的婚姻，但再没有过孩子。

乔布斯之前告诉辛普森不要提起他，所以她只字未提。但是她父亲不经意地提到，在她之前，他和她母亲还曾经有过一个男孩。“他怎么样了？”她问。他答道：“我们再也没见过那个孩子。他不在了。”辛普森犹豫了一下，没说什么。

接下来还有更惊人的。钱德里描述他曾经经营过的餐馆，强调说曾经有些很不错，比现在萨克拉门托的这个要漂亮。他有点儿激动地说，真希望她能看到他在圣何塞北部经营的那个地中海餐厅。“那个地方真棒，”他说，“所有科技界的成功人士都会去那儿，甚至包括史蒂夫·乔布斯。”辛普森惊呆了。“是真的，他来过，而且他很友善，小费给得很多。”她爸爸接着说。莫娜强忍着没有脱口而出——史蒂夫·乔布斯是你儿子！

跟父亲告别后，她偷偷用餐馆的付费电话打给她哥哥，安排在伯克利的罗马咖啡厅（Expresso Roma）见面。像是还嫌这个家庭的故事不够丰富多彩，他居然把莉萨也带来了。莉萨已经上小学了，跟她妈妈克里斯安生活在一起。他们到咖啡厅时，已经快晚上 10 点了，辛普森把故事一股脑儿地讲了出来。当她提到圣何塞附近那家餐厅时，可想而知乔布斯大吃一惊。他还记得去过那儿甚至还见到了他的生父。“这真是神奇，”他后来谈道，“我去过那家餐厅几次，而且我记得见到了老板。他是叙利亚人，我们还握过手。”

尽管如此，乔布斯还是不想见他。“那时我已经很富有了，我不敢肯定他会不会来敲诈我或是去跟媒体说什么。”他回忆道，“我让莫娜别跟他谈起我。”

莫娜·辛普森从没提过，但是多年以后钱德里在网上看到有人谈到他和乔布斯的关系。（一个博客注意到，辛普森在一本书里把钱德里列为她父亲，据此猜到他一定也是乔布斯的父亲。）当时钱德里已经第四次结婚，在内华达州雷诺市西部的布姆顿俱乐部酒店（Boomtown Resort and Casino）担任餐饮经理。2006 年，他带着新任太太罗希利去看望辛普森时，提起了这个话题。“史蒂夫·乔布斯是怎么回事？”他问道。她证实了这个传闻，但补充说她觉得乔布斯没有兴趣见他。钱德里看似接受了这一切。“我的父亲很能体谅人，他讲起故事来是把好手，但他也是个特别特别被动的人。”辛普森说，“他从未联络过史蒂夫。”

辛普森用她寻找钱德里的故事作为第二本小说的蓝本，也就是1992年出版的《失散的父亲》（*The Lost Father*）。（乔布斯说服NeXT标识的设计师保罗·兰德为这本书设计封面，可是按照辛普森的说法："简直糟透了，我们根本没用它。"）她还找到了在美国和在叙利亚霍姆斯的多名钱德里家族成员的下落，并于2011年开始写一部关于她叙利亚家族起源的小说。驻华盛顿的叙利亚大使为她举行了一次晚宴，她住在佛罗里达的堂兄夫妇也专程飞来参加。

辛普森以为乔布斯迟早会去见钱德里，但是随着时间的推移，他却越发对此不感兴趣。2010年，乔布斯和儿子里德来辛普森在洛杉矶的家里参加她的生日晚宴，里德还花了些时间看他亲生祖父的照片，乔布斯却视而不见。他似乎也不在乎自己的叙利亚血统。每当中东问题在谈话中出现，这个话题好像他既不感兴趣也不会如往常一样提出很鲜明的看法，即使叙利亚在2011年"阿拉伯之春"运动中受到波及，他的态度也没什么两样。当我问他，奥巴马政府是否应该在埃及、利比亚和叙利亚进行更多干预时，他说："我觉得没有人真正知道我们到底该在那里做些什么，你干预也是完蛋，不干预也是完蛋。"

另一方面，乔布斯跟他的生母乔安妮·辛普森却保持着友好的关系。多年来，乔安妮和莫娜常常在乔布斯家过圣诞节。那些时刻很温馨，但也很耗感情。乔安妮常常会流泪，反复诉说她是多么爱他，很抱歉当初放弃他。乔布斯会安慰她说没关系。有一个圣诞节，乔布斯曾跟母亲说："别担心，我的童年很棒。我好好地长大了。"

莉萨

莉萨·布伦南（Lisa Brennan）的童年就没有那么棒了。她小时候，父亲几乎从不来看她。"我不希望做父亲，所以我就不做。"乔布斯后来说，语气中只有些微的自责，但他偶尔也能感觉到这种牵挂。莉萨3岁时的一天，乔布斯开车路过他给克里斯安和莉萨买的房子时，决定停下来看看。莉萨还不知道他是谁。他坐在门前的台阶上跟克里斯安聊天，没敢进屋去。这样的场景每年会出现一两次。乔布斯会突然跑来，简单讨论一下莉萨的择校问题或其他事情，然后就开着他的奔驰车离去。

但到了莉萨8岁的时候，也就是1986年，他来得更加频繁了。他已经从开发Mac的巨大压力和后来跟斯卡利的权力之争中解脱出来。他当时在NeXT，环境更为平静友善，公司总部在帕洛奥图，离克里斯安和莉萨的住处很近。再加上，到了三四年级就可以看出，莉萨是个聪明又有艺术天赋的孩子，她的写作能力已经受到老师的特别关注了。她充满勇气，活力十足，还有一点儿她爸爸的叛逆气质。她看起来也有点儿像他，弯弯的眉毛，略带中东味道的棱角。有一天，出乎同事们的意料，乔布斯把她带到了办公室。她在走廊里玩侧手翻，还尖叫着："快看我呀！"

阿维·泰瓦尼安（Avie Tevanian）是NeXT的一名工程师，瘦高个儿，爱交际，后来成了乔布斯的朋友。他回忆说，时不时地，他们一起出去吃饭时，就会在克里斯安家停一下，接上莉萨。"他对她特别和蔼。"泰瓦尼安回忆说，"他是素食者，克里斯安也是，但莉萨不是。他对此也没意见。他建议她点鸡肉，她就照做。"

吃鸡肉成了莉萨在父母之间穿梭时的一个小小放纵，她的父母都是素食者，而且对自然食品都有精神崇拜。"我们去那些满是酵母味的商店买菜，买菊苣、藜麦、块根芹、外面包裹角豆粉的坚果。那些地方的女人都不染头发的。"她后来写到她与母亲一起的时光，"但我们有时候会吃外国大餐。有几次我们去一个美食店买热气腾腾的腌制烤鸡，一卷一卷的鸡肉在烤叉上转着，烤鸡装在衬着锡箔的纸袋里，我们就坐在车里用手拿着吃。”她父亲对饮食习惯有着近乎狂热的执着，对自己吃什么更是吹毛求疵。有天她目睹了他知道汤里有黄油之后，把一大口汤吐了出来。在苹果的一段时间，他在饮食方面的要求有所放松，后来就又成了一个严格的素食者。还在很小的年纪，莉萨就开始意识到他的饮食癖好反映了一种人生哲学：苦行和极简将会让人更加敏锐。“他相信匮乏即是富足，自律产生喜悦。”她说，“他知道一个大多数人不知道的道理：物极必反。”

同理，父亲的疏离和冷漠也使得他偶尔的慈爱越发显得可贵。“我不跟他一起生活，但他有时候会来我家，就像神那样在我们中间待上一会儿或几小时。”她回忆道。莉萨很快就变得很好玩儿了，乔布斯会跟她一起散步。他也会跟她一起在帕洛奥图老城安静的街道上滑轮滑，常常会在乔安娜·霍夫曼和安迪·赫茨菲尔德家停一下。他第一次带她去见霍夫曼时，就直接敲开门宣布：“这是莉萨。”霍夫曼顿时明白了。“很显然那是他女儿，”她告诉我，“没人会有那样的下巴。那是个标志性的下巴。”霍夫曼小时候因父母离异，直到10岁才知道父亲是谁，那是段痛苦的成长经历，因此她鼓励乔布斯努力做一个好父亲。乔布斯听从了她的建议，后来还为此而感激她。

有一次他出差去东京时带上了莉萨，他们住在时尚兼具商务风格的大仓酒店（Okura Hotel）。一楼有间雅致的寿司餐吧，乔布斯要了大盘大盘的鳗鱼寿司，他非常喜欢，甚至破了一下荤戒。寿司上包裹着精盐或薄薄的甜酱，莉萨还记得那种入口即化的感觉。他们父女之间的距离也随之融化了。后来她写道：“我感觉那是第一次，我跟他在一起，面对一盘盘的肉食，感觉那么放松和满足；冷沙拉后那种丰盛、纵容和温暖的感受，意味着曾经封闭的空间被打开了。他一个人时没那么严肃了，在那大大的屋顶下坐在小小的椅子上，跟那些肉食、跟我在一起，从神变成了人。”

然而，事情并非总是那么甜蜜轻松。乔布斯很善变，对莉萨也一样。拥抱和冷落总是在循环上演。这次他可能玩得很高兴，下次他就可能很冷漠或根本不用心。“她对他们的关系总是不敢肯定。”赫茨菲尔德说，“有一次我去参加她的生日会，史蒂夫该来的，可是他来得特别特别晚。莉萨极度焦虑和失望。但是他最终出现时，她一下子就好起来了。”

反过来，莉萨也学会了耍脾气。这些年来，他们的关系就像是坐过山车，每次的低点都因他们共有的固执而延长。每次闹翻后，他们可以好几个月相互不讲话。两个人都不擅长主动道歉，或是做出和好的努力——即使是在他反复跟健康问题作斗争的时候也是如此。2010年秋季的一天，他伤感地跟我一起翻看一箱老照片，看到莉萨小时候他去看她时拍的一张照片。“也许我那时去看她的次数太少了。”他说。这一年他都还没有跟她说过话，我问他是否想给她打个电话或发个邮件。他茫然地盯着我看了一会儿，就低下头继续翻别的老照片去了。

罗曼史

关于女人，乔布斯可以是非常浪漫的。他经常会戏剧性地坠入爱河，跟朋友们分享恋爱中的每一次起伏，也在分手后公开展现他的失落。1983年夏天，他跟琼·贝兹去硅谷参加一个小型的晚餐聚会，身边坐了一个宾夕法尼亚大学的本科生，名字叫珍妮弗·伊根（Jennifer Egan），而那个女孩还不太清楚他是谁。当时乔布斯和贝兹已经意识到他们不会永远在一起、永远年轻了，而乔布斯发现自己被伊根迷住了。伊根当时在旧金山一家周刊做暑期实习。他找到她，给她打电话，带她去杰奎琳咖啡厅（Café Jacqueline），那是电报山附近一家以素食舒芙蕾为特色的小餐馆。

他们约会了一年，乔布斯常常飞来东部看她。一次在波士顿的Macworld大会上，他告诉一大群观众自己是如何深陷爱河的，必须搭航班赶去费城看望他的女朋友。观众也为之动容。他到纽约时，她也会坐火车赶去纽约，跟他住在卡莱尔酒店或杰伊·恰特的上东区公寓，他们会在卢森堡咖啡厅（Café Luxembourg）吃饭，并曾几次去看他在圣雷莫那套打算重新装修的公寓，还会去看电影甚至（至少一次）歌剧。

很多个夜晚，他和伊根还会煲几个小时的电话粥。他们争执不休的话题之一是他源于佛教修行的一个信条：要避免对物质的执着。他告诉伊根，我们的消费欲望是不健康的，要过一种不执着、非物质的生活以达到觉醒。他甚至寄给她一盘他的禅宗师父乙川弘文的录像带，是讲由于对物质的执着追求引发的问题。伊根反驳说，他在制造电脑和其他让人们着迷的产品，这难道不是跟他推崇的哲学背道而驰吗？“他为这种矛盾而困扰，我们因此常常激烈地辩论。”伊根回忆说。

最后，乔布斯对自己产品的骄傲战胜了人们不该迷恋这种东西的想法。1984年1月，Mac问世时，伊根正从佩恩来到她母亲在旧金山的公寓过寒假。一夜成名的史蒂夫·乔布斯有一天突然出现在门口，震惊了伊根母亲的晚宴客人。他搬了一台尚未拆箱的Mac，径直走到伊根的卧室去安装。

如乔布斯告诉少数几个朋友的那样，他也告诉伊根，他预计自己不会很长寿。他说正因如此，他才会那么马不停蹄，那么缺乏耐心。“对他想要做成的事情，他觉得迫切需要尽快去做。”伊根后来说。到1984年秋季，伊根明确表示她现在太年轻了，谈婚论嫁还为时过早，他们的关系也因此而逐渐转淡。

此后不久，也就是1985年年初，当乔布斯跟斯卡利在苹果的矛盾形成之初，有一天他赶去开会，顺便去找一个跟苹果基金会合作、帮助非营利组织募捐电脑的人。那人的办公室里坐着一个柔美的金发女子，结合了自然纯净的嬉皮士气质和计算机咨询师的扎实敏锐。她的名字叫蒂娜·莱德斯（Tina Redse）当时为人民电脑公司工作。“她是我见过的最美的女人。”乔布斯回忆说。

第二天他给她打电话，约她吃晚饭。她拒绝了，说她跟男朋友一起生活。几天后，他同她在附近的公园散步，再次约她出去，这次她告诉她男朋友她想去了。她非常诚实坦率。晚饭后，她哭了起来，因为她知道她的人生就此会被打乱。事实的确如此，没过几个月，她就搬进了乔布斯在伍德赛德那座没装修的大房子。“她是我真正爱的第一个人，”乔布斯后来说，“我们是那么心意相通，我不知道谁还能比她更理解我。”

莱德斯来自一个问题家庭，乔布斯跟她分享自己被领养的痛苦。“我们都在童年受到伤害。”莱德斯回忆说，“他对我说，我们都生错了地方，正因如此，我们才属于对方。”他们充满激情，也喜欢公开表现他们的感情；他们在NeXT大堂亲热的场景，很多雇员都记忆犹新。他们吵架也同样公开，在电影院，在伍德赛德的访客面前，都曾发生过。然而他常常称赞她的纯洁和自然。我们后来讨论乔布斯对超凡脱俗的莱德斯的痴迷时，就像有充分见地的乔安娜·霍夫曼所说的那样：“乔布斯会把柔弱和多愁善感当作一种气质。”

当乔布斯1985年被排挤出苹果时，莱德斯跟他去欧洲旅行，陪他在那里疗伤。某晚，在塞纳河的一座桥上，他们浪漫多于严肃地争论着一个想法：留在法国，也许永久地定居在那儿。莱德斯很渴望那样，但是乔布斯不想。他很受挫但依然野心勃勃。“我做的正是我想做的。”他告诉她。尽管他们后来各奔东西，却一直保持着精神交流。25年之后，她在给他的一封令人心酸的邮件中追忆了在巴黎的那一幕。

1985年夏，天色昏沉，我们在巴黎的一座桥上，倚在光滑的石栏上，凝视碧水荡漾桥下。你的世界崩裂、停滞，等着你重新选择，重新安排。我想逃离过去遇到的一切。我也曾试图说服你跟我一起在巴黎开始新的生活，摆脱过去的自己，体验别样的人生。我希望我们可以穿越你那破碎的世界、黑暗的深渊，隐姓埋名，重新开始，简单生活。我为你做简单的晚餐，每天厮守，就像孩子玩一个美妙的游戏，不带任何目的，只为游戏本身的快乐。我多希望你能先想一想再大笑着说："我能干什么呢？我已经把自己搞得没人敢用了。"我多希望，在冷酷的未来降临之前，在这一刻的犹疑之中，我们选择过简单的生活，安稳到老。在法国南部的一个农场，儿孙绕膝，尽享天伦，生活温暖而充实，像一条新鲜出炉的面包，小小的世界弥漫着耐心和亲密的芳香。

这段恋情起起伏伏持续了 5 年。莱德斯讨厌住在他简陋的伍德赛德的房子里。乔布斯聘请了一对曾在潘尼斯之家餐厅（Chez Panisse）工作的时髦的年轻夫妇担任管家和素食厨师，而他们让她感觉自己像个外人。她有时会搬出来到她自己在帕洛奥图的公寓居住，尤其是在她跟乔布斯的一次大吵之后。她曾在通向他们卧室的走廊墙壁上写道："忽视是一种虐待。"她为他着迷，可是也因为缺少他的关心而困扰。她后来回忆，爱上一个如此以自我为中心的人，那种痛苦令人难以置信。深深地关心一个似乎没有能力关心别人的人，那是一种特殊的地狱般的感觉，她不愿任何人去体验。

他们的不同体现在很多方面。"在从残忍到仁慈的坐标轴上，他们分别接近相反的两极。"赫茨菲尔德后来说。莱德斯的仁慈体现在大大小小很多方面：她总是给街上的流浪汉钱，她做义工去帮助那些（像她爸爸一样）患精神疾病的人，她努力让莉萨甚至克里斯安跟她在一起都感觉很舒服。她比其他任何人都更多地说服乔布斯要多陪伴莉萨。但是她没有乔布斯那样的野心或进取心。在乔布斯眼里她超凡脱俗、不食人间烟火，这也使他们很难保持在同一频段上。“他们的关系充满了风暴，”赫茨菲尔德说，“由于他们的个性，他们之间会有很多很多争吵。”

他们还有一个哲学层面的根本分歧，莱德斯认为审美品位从本质上说是个人的事情，而乔布斯认为审美具有普适性，可以被教授。她说他受包豪斯运动的影响太大。“史蒂夫认为我们应该对大家进行美学教育，告诉人们应该喜欢什么，”她回忆说，“我不认同这种想法。我认为如果我们认真地倾听，无论对自己还是对其他人，就可以让我们内心深处真实的东西浮现出来。”

如果他们长时间在一起，就相处不好。但当他们分开后，乔布斯又会对她思念不已。最终，1989 年的夏天，他向她求婚。而她无法接受。她告诉朋友，那会让她发疯的。她在一个不和睦的家庭长大，而她与乔布斯的关系与之表现出太多的相似。他们是异质相吸，她说，但是这种组合太易燃了。“对于史蒂夫·乔布斯这样一个标志性人物，我不会是个好妻子，”她后来解释说，“我可能经常会搞砸。在我们单独相处时，我受不了他的刻薄。我不想伤害他，但我也不想站在一边看着他伤害别人。那很痛苦，很累。”

他们分手后，莱德斯帮助建立了 OpenMind 网站，这是加利福尼亚一个精神健康资源网络。她碰巧读到了一本关于“自恋人格障碍”的精神病学手册，发现乔布斯完全符合其中的描述。“简直太符合了，充分解释了我们曾经面临的难题，这让我认识到，期待他更友善或别那么以自我为中心，就像期待一个盲人可以看见世界一样。”她说，“这也解释了当时他对他女儿莉萨的一些做法。我想问题出在怜悯心上——他缺失了怜悯的能力。”

莱德斯后来结婚了，有两个孩子，然后又离了婚。一直以来，乔布斯都会时不时地公开表达对她的思念，即使是在他有了幸福的婚姻之后。当他开始跟癌症斗争之后，她又跟他恢复了联络，给他支持。每当她回忆起他们的相恋，都会很动情。“虽然我们的价值观有冲突，让我们没办法像曾经希望的那样在一起，”她告诉我，“可我几十年前对他的关心和爱却从未消失过。”同样，一个下午，乔布斯在他的起居室里回忆起她时，突然哭了起来。“她是我见过的最纯洁的人。”他说着，泪水从他的脸颊滚落，“她身上有种灵魂的力量，我们之间精神相通。”他说他一直很遗憾他们没能走下去，他知道她也同样感到遗憾，但这是命中注定的。他们两人对此亦有共识。

黛安娜·沃克的摄影集

在过去近 30 年的时间里，
摄影师黛安娜·沃克与史蒂夫·乔布斯一直保持着特殊的友谊。
以下一组照片选自她的摄影集。

1982 年，库比蒂诺的家中。由于他在挑选家具的时候太过挑剔，家中大多数地方还是空的。

在他的厨房。“在印度的村庄待了 7 个月后再回到美国，我看到了西方世界的疯狂以及理性思维的局限。”

a

b

a

1982 年，斯坦福大学。“你们中还有多少人是处男处女？你们中有多少人尝试过迷幻药？”

b

摆弄莉萨电脑。“毕加索不是说过吗，‘好的艺术家抄创意，伟大的艺术家窃灵感。’在窃取伟大的灵感这方面，我们一直都是厚颜无耻的。”

1984 年，与约翰·斯卡利在纽约中央公园。“你是想卖一辈子糖水呢，还是想抓住机会来改变世界？”

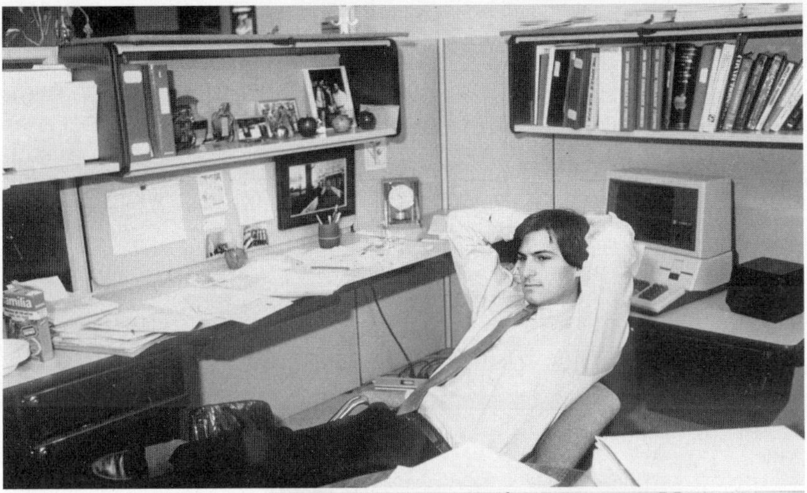

a

b

a

1982 年，苹果办公室。当被问到是否要做市场调查时，他回答说：“不，因为人们不知道他们想要什么，直到你把它摆在他们面前。”

b

1988 年，NeXT 电脑公司。离开苹果后，在自己创建的新公司里，乔布斯能够释放自己的所有天性，无论好坏。

1997 年 8 月，与约翰·拉塞特。拉塞特有着可爱的脸庞和气质，对于艺术的完美追求与乔布斯不相上下。

a

b

a

1997 年，在重新掌权苹果公司后，他在家中准备波士顿 Macworld 大会的演讲。“在那种疯狂中，我们看到了天才。”

b

在波士顿的 Macworld 大会做演讲前几小时，他和盖茨在电话中敲定了与微软的合作。“比尔，感谢你对这家公司的支持，我想世界因为有它会变得更好。”

波士顿的 Macworld 大会上，盖茨在位于西雅图的微软总部通过卫星连线介绍两家公司准备合作。“那是我有史以来最糟糕、最愚蠢的舞台设计。说它糟糕是因为那让我看起来很渺小。”

1997 年 8 月，在帕洛奥图家中的后院与妻子劳伦 · 鲍威尔。她对他的生活来说是最合适的后盾。

2004 年，位于帕洛奥图家中的办公室。“我喜欢活在人文和科技的交叉点上。”

来自史蒂夫的家庭影集

2011 年 8 月，乔布斯的病情非常严重。
我们在他家中浏览他在婚礼和度假时拍摄的照片，
以便我用在这本书中。

a

b

a

1991 年，结婚典礼。仪式由史蒂夫的禅宗师父乙川弘文主持。乙川挥杖敲锣，燃香诵经，唱着圣歌向他们表达祝福。

b

与他自豪的父亲保罗 · 乔布斯在一起。史蒂夫的妹妹莫娜找到了他们的生父后，史蒂夫一直拒绝见他。

a

b

a

婚礼蛋糕是优山美地山谷尽头半月石山的形状。劳伦和史蒂夫在切婚礼蛋糕，一旁是乔布斯与前女友的女儿莉萨·布伦南。

b

劳伦、莉萨和史蒂夫。婚礼之后，莉萨很快搬到了他们家，在那里度过了她的高中时代。

2003 年，史蒂夫、伊芙、里德、埃琳和劳伦在意大利的拉维罗。即便在休假时，他也经常投身工作。

a

b

a

史蒂夫在帕洛奥图的麓山公园倒拎着伊芙："她是个炮筒子，比我见过的任何孩子都要倔强。像是报应一样。"

b

2006 年，与劳伦、伊芙、埃琳和莉萨在希腊的柯林斯运河。"对年轻人来说，现在整个世界都是一样的。"

a

b

a

2010年与埃琳在京都。跟里德和莉萨一样，埃琳也和父亲去日本做了一场特殊的旅行。

b

2007年，与里德在肯尼亚。“当我被诊断出患有癌症时，我跟上帝做了笔交易：无论如何，我一定要看到里德毕业。”

黛安娜 · 沃克的另一幅摄影作品。2004 年拍摄于他在帕洛奥图的家中。

与家人在一起

劳伦·鲍威尔

根据乔布斯的恋爱史，做红娘的这时候应该可以大概勾勒出适合乔布斯的女人了。聪明，而不自负；足够刚强，能承受跟他在一起的压力，又足够超脱能免于争端；受过良好的教育，独立，又愿意为他和家庭做出改变；能适应现实，却又带着点儿超凡脱俗；足够世故，知道怎么管理他，又有足够的安全感，不用总是管着他；当然最好还是个漂亮苗条的金发美女，平易近人，有幽默感，喜欢有机素食。1989 年 10 月，乔布斯跟蒂娜·莱德斯分手后，刚好有这样一个女人走进了他的生活。

更准确地说，是刚好有这样一个女人走进了他的课堂。乔布斯同意在斯坦福商学院的“高屋建瓴”系列讲座中讲一场。那是个周四的晚上。劳伦·鲍威尔是商学院的新研究生，她班里的一个同学拉她去听这个讲座。他们到晚了，所有的位子都满了，所以他们坐在过道上。后来有人过来说他们不能坐在那儿，鲍威尔就带着她的朋友径直走到第一排，坐在了两个预留座位上。乔布斯到场后，被引导到她旁边的座位。“我向右侧一看，一个美女坐在那儿，在我等着被介绍时，我们就聊了起来。”乔布斯回忆道。他们调侃了几句，劳伦开玩笑说她坐在那儿是因为她中了彩票，奖品是他带她去吃晚饭。“他太可爱了。”她后来说。

演讲结束后，乔布斯在讲台边跟学生们聊天。他看到鲍威尔离开，然后又回来了，站在人群外围，后来又走了。他冲出去追她，商学院院长都没能抓住他聊几句话。他在停车场追上她说：“不好意思，不是说你赢了彩票，我应该请你吃饭吗？”她大笑。“周六怎么样？”他问。她同意了，给他留了她的联系方式。乔布斯要开车去伍德赛德那边圣克鲁兹山的托马斯·福格蒂酒庄（Thomas Forgaty Winery），出席

NeXT 教育销售团队的晚宴。走到一半，他突然转身回来了。“我想，哇，跟教育团队相比，我更愿意跟她一起吃饭，所以我跑回到她的车旁，问她今晚就一起吃饭怎么样。”她同意了。那是一个美丽的秋夜，他们走进帕洛奥图的一家时髦的素食餐厅圣迈克尔巷（St. Michael's Alley），结果在那待了 4 个小时。“从那以后我们就一直在一起了。”他说。

阿维·泰瓦尼安坐在酒庄的餐厅，与 NeXT 教育销售团队的其他人一起等着乔布斯。“史蒂夫有时候是不靠谱，但是我跟他通话的时候，就意识到的确有什么特别的事情发生了。”他说。午夜之后，鲍威尔一到家就给她最好的朋友、当时在伯克利读书的凯瑟琳（凯特）· 史密斯 [Kathryn（Kat）Smith] 打电话，在她的答录机上留言说：“你不会相信我刚才碰上了什么事！你不会相信我遇到谁了！”史密斯第二天早上回电话，了解了事情的经过。“我们之前就知道史蒂夫，他是我们感兴趣的人，因为我们是商科学生。”她回忆说。

安迪·赫茨菲尔德等人后来推测，鲍威尔是有意安排了跟乔布斯的相遇。“劳伦人很好，但是她可能会算计，我想她一开始就锁定了他。”赫茨菲尔德说，“她的大学室友告诉我，劳伦收集有史蒂夫的杂志封面，发誓说她一定会遇到他。如果史蒂夫真的被算计了，可真够讽刺的。”但是劳伦后来坚持说不是那么回事儿，她去参加那个讲座只是因为她的朋友想去，而且她都有点儿搞不清要见的人是谁。“我知道演讲人是史蒂夫·乔布斯，但我脑子里想的是比尔·盖茨，”她回忆说，“我把他们搞混了。那是 1989 年。乔布斯在 NeXT 工作，对我来说他还没什么大不了的。我热情不高，但是我的朋友想去，于是我们就一起去了。”

“我一生中真正爱过的只有两个女人，蒂娜和劳伦。”乔布斯后来说，“我原来以为我爱琼·贝兹，但我其实只是很喜欢她。我爱的，只有蒂娜和劳伦。”

劳伦·鲍威尔1963年出生在新泽西，很小就学会了自立。她父亲是一名海军陆战队的飞行员，是在圣安娜一次坠机事件中牺牲的英雄；他当时在引领一架受损的飞机着陆，两机相撞后，他坚持飞行避开居民区，而没有及时跳伞逃生。她母亲再次结婚，结果那个男人糟透了。但她母亲觉得自己不能放弃这段婚姻，因为她没有经济来源养活一大家子人。有10年的时间，劳伦和她的3个兄弟只好忍受着家里的紧张气氛，循规蹈矩，自己解决问题。“我学会了一个很明确的道理：永远要自立。”她说，“我为此而骄傲。我跟金钱的关系是，它是实现自立的一种工具，但它不是我这个人的一部分。”

从宾夕法尼亚大学毕业后，她在高盛做固定收益交易策略师，接触数目巨大的资金，为公司做自营交易。她的老板乔恩·科尔津（Jon Corzine）想说服她留在高盛，可她最终觉得这份工作没有什么意义。“你可以变得真正成功，”她说，“但你只是在为资本的积聚做贡献。”因此3年后，她辞职去了意大利佛罗伦萨，在那里住了8个月，然后来到了斯坦福商学院。

他们在周四共进晚餐之后，她邀请乔布斯周六到自己在帕洛奥图的公寓来。凯特·史密斯开车从伯克利赶来，装作她的室友，这样就也能见到乔布斯了。她回忆说，他们的关系充满激情。“他们又是接吻又是亲热，”史密斯说，“他为她着迷。他会打电话问我：‘你看怎么样，她喜欢我吗？’我处在多么奇特的位置啊，这个偶像级人物居然会这样给我打电话。”

1989年年末的新年前夜，他们三个人一起去伯克利，到名厨爱丽丝·沃特斯（Alice Waters）开设的餐厅潘尼斯之家就餐。同行的还有乔布斯的女儿莉萨，当时她11岁了。晚餐上发生的某件事引起了乔布斯和鲍威尔的争吵。他们各自离去。鲍威尔留在凯特·史密斯的公寓过夜。第二天早上 9 点，有人敲门，史密斯打开门，细雨中乔布斯站在那儿，手捧他采的一束野花。“我能进来见见劳伦吗？”他说。她还在睡着，他走进卧室。几个小时过去了，史密斯等在客厅里，没法儿进去拿衣服。最后，她只好在睡衣外面披了件外套，去毕兹咖啡店（Peet’s Coffee）买了些吃的。乔布斯直到午后才从卧室出来。“凯特，你能来一下吗？”他问。他们都聚到卧室里。“你知道，劳伦的爸爸已经去世了，劳伦的妈妈也不在这儿，既然你是她最好的朋友，我就来问你吧。”他说，“我想娶劳伦。你会祝福我们吗？”

史密斯趴到床上认真地想了想。“你愿意吗？”她问鲍威尔。她点头同意了。史密斯宣布：“好吧，你得到答案了。”

然而，这并不是一个肯定的回答。乔布斯有个特点，他会在一段时间对某件事近乎变态的专注，然后突然之间又去关注其他事情。在工作上，他会在想做的时候专注于想做的事情，对其他事他就没反应了，全然不管其他人多么努力地想让他参与进来。在他的个人生活中，也是如此。有时他和鲍威尔会在公开场合尽情表现他们之间的感情，让在场的每个人都觉得尴尬，甚至包括凯特·史密斯和鲍威尔的妈妈。在伍德赛德那幢几乎没有任何家具的大宅里，清晨，他会放年轻善良的食人族乐队（Fine Young Cannibals）的《她让我疯狂》（She Drives Me Crazy）的音乐把鲍威尔叫醒。而其他时候，他又会对她视而不见。“史蒂夫会走两个极端，有时高度专注，好像她是宇宙的中心，而有时又表现出冷漠的距离感，专注在工作上。”史密斯说，“他有能力像激光那么专注，当他的光芒照耀在你身上，你会沐浴在他的关爱之中。而当他的光芒转移到其他关注点时，你就会感觉非常非常的黑暗。这让劳伦感到非常困惑。”

1990 年的第一天，她接受了他的求婚，之后他有几个月都没再提这件事。最后，凯特·史密斯向他发难了。他们当时坐在帕洛奥图的一处沙箱边上。这到底是怎么回事？乔布斯回答说，他需要确切地感觉到劳伦可以受得了他过的这种生活以及他这种人。9月，她等够了，搬走了。10月，他送给她一枚钻石订婚戒指，她又搬了回来。

12月，乔布斯带鲍威尔去他最喜欢的度假地，夏威夷的康娜度假村。他第一次去那里还是9年前，当时他在苹果疲惫不堪，就让助理给他找一个能让他解脱的地方。第一眼看去，他并不喜欢那个地方——夏威夷大岛的海滩上散落着几栋茅草屋顶的小房子。那是个家庭式度假村，所有人集体就餐。但是没过几个小时，他就开始把那儿看作天堂。那种简单、空灵的美打动了他，以后他总是尽可能地来这里。他尤其享受12月跟鲍威尔一起在那儿度过的时光。他们的爱情终于瓜熟蒂落。圣诞节前夜，他再一次、更正式地宣布他想跟她结婚。很快，另一个因素促成了这个决定。在夏威夷时，鲍威尔怀孕了。“我们确切地知道是在哪里怀上的。”乔布斯后来大笑着说。

婚礼，1991年3月18日

鲍威尔的怀孕并没有彻底解决这件事。乔布斯又开始为结婚这个念头犹豫不决，虽然他在1990年的年初和年终都那么戏剧性地求婚。鲍威尔愤怒地从他家搬回了自己的公寓。有一段时间，他也感到郁闷，或者干脆置之不理。然后，他又想也许他还在爱着蒂娜·莱德斯；他给她送玫瑰花，试图说服她回到他身边，也许甚至结婚。他不肯定他想要什么，他让一大群朋友甚至相交不深的人感到惊讶——他问他们他应该怎么做。他会问，谁更漂亮，蒂娜还是劳伦？他们更喜欢谁？他应该跟谁结婚？在莫娜·辛普森的小说《凡人》里有一章就描写了这一段，书中的乔布斯“问了100多个人，他们觉得谁更美”。但那是小说，事实上，可能不到100个人。

最终，他做了正确的选择。如莱德斯跟朋友们所说，如果她回到乔布斯身边，她肯定撑不下来，他们的婚姻也一样。虽然他会为他与莱德斯之间的灵魂相通而感到难舍难分，但是他跟鲍威尔的关系更稳固。他喜欢她，爱她，尊重她，而且跟她在一起觉得很舒服。他可能不会觉得她神秘，但她对他的生活来说是最合适的后盾。“他能跟劳伦安顿下来，真是太幸运了。她聪明，可以用智慧吸引他，可以包容他起伏多变的性格。”乔安娜·霍夫曼说，“因为她不多愁善感，史蒂夫可能会觉得她没有蒂娜神秘或怎样。但那很愚蠢。”安迪·赫茨菲尔德也有同感：“劳伦看起来跟蒂娜有很多相似之处，但其实完全不同，因为她更坚韧，就像是披了铠甲。这就是他们的婚姻成功的原因。”

乔布斯对此也了然于心。虽然他的情感容易波动，但他们的婚姻长久而忠诚、彼此信任，克服了婚姻中必须经受的所有起起伏伏和情感纠葛。

阿维·泰瓦尼安说乔布斯需要一个单身派对。这可没有听上去那么简单。乔布斯不喜欢派对，也没有一群铁哥们儿。他甚至连个伴郎都挑不出来。结果，这个派对最后只有泰瓦尼安和理查德·克兰德尔（Richard Crandall）参加。克兰德尔是里德学院的一个计算机科学教授，他向学校请了假，在 NeXT 工作。泰瓦尼安租了一辆豪华轿车，他们到乔布斯家时，鲍威尔出来开门，穿着西装还贴了假胡子，说她也想装成男人去参加。她只是开玩笑。很快，三个都不会喝酒的单身汉开车驶向旧金山，看看能不能凑合搞出一个单身派对。

泰瓦尼安之前没在乔布斯喜欢的福德梅森的格林斯素食餐厅订到位子，因此订了一家酒店里的时髦餐厅。面包刚一上桌，乔布斯就宣布：“我不想在这儿吃饭。”他逼着他们站起来走出去，泰瓦尼安觉得太恐怖了，他当时还不适应乔布斯在餐厅的举止。他带着他们去北海滩的杰奎琳咖啡厅，就是他喜欢的那家供应蛋奶酥的地方，那确实是个更好的选择。饭后，他们坐着豪车穿过金门大桥去索萨利托（Sausalito）一家酒吧，在那里三个人都点了龙舌兰酒，但都浅尝辄止。“作为单身派对那并不成功，但是对像史蒂夫这样的人来说，那是我们能做的最好的安排了，而且也没有其他人自告奋勇来做。”泰瓦尼安回忆说。乔布斯对此很感激。他想让泰瓦尼安跟他妹妹莫娜·辛普森结婚。虽然最后没有结果，但是由此可见乔布斯确实很喜欢他。

鲍威尔对于即将面临怎样的局面应该早有准备。她在策划婚礼时，做请柬设计的人来他们家展示几个备选方案。屋子里没地方坐，她就坐在地上把样品展示出来。乔布斯看了一会儿，起身离开了房间。她们等着，他却没回来。过了一会儿，鲍威尔去他的房间找到他。“把她打发走，”他说，“我没法儿看她的东西。狗屎。”

1991年3月18日，36岁的史蒂夫·保罗·乔布斯和27岁的劳伦·鲍威尔在优山美地国家公园的阿瓦尼酒店（Ahwahnee Lodge）举行了婚礼。阿瓦尼建成于20世纪20年代，是由石头、水泥和木头堆砌的建筑，设计风格混合了装饰艺术（Art Deco）、工艺美术运动（Art & Crafts Movement）的影响以及公园管理方对巨大的石头壁炉的热爱。它最大的特点就是风景优美，透过直通天花板的巨大落地窗，可以看到半月石山（Half Dome）和优山美地瀑布（Yosemite Falls）。

大约50人参加了婚礼，包括史蒂夫的父亲保罗·乔布斯和妹妹莫娜·辛普森。莫娜带来了未婚夫理查德·阿佩尔（Richard Appel），他是个律师，后来成为电视喜剧作家（《辛普森一家》的创作者，其中霍莫的妈妈就是用了他妻子的名字）。乔布斯坚持他们都乘统一的包车前来，他想控制婚礼的每个细节。

仪式在阳光厅进行，外面大雪纷飞，冰川观景点（Glacier Point）

在远处隐约可见。仪式由乔布斯的禅宗师父乙川弘文主持。乙川挥杖敲锣，燃香诵经，大多数客人都难以理解。“我以为他喝醉了。”泰瓦尼安说。其实他没有。婚礼蛋糕是优山美地山谷尽头那半月石山的形状，但由于它是按严格的素食标准制作的——没有蛋、奶或任何精炼的食品，很多客人都觉得难以下咽。之后，他们一起去散步，鲍威尔的三个高大威猛的兄弟开始打雪仗，场面激烈喧闹。“你看，莫娜，”乔布斯跟他妹妹说，“劳伦是乔·纳马斯的后人，而我们是约翰·缪尔的后人。”[1]

安家

在天然食品方面，鲍威尔跟她丈夫的兴趣一致。在商学院时，她曾在奥德瓦拉果汁公司做兼职，帮助那家公司做了第一个营销方案。由于鲍威尔从她母亲身上认识到自我独立的重要性，所以跟乔布斯结婚后，她觉得有自己的事业很重要。因此她建立了自己的公司泰拉维拉（Terravera），制作速食有机餐，配送给加利福尼亚北部的很多商店。

他们不再住伍德赛德那幢孤零零、阴森森、空荡荡的大房子，而是搬到了帕洛奥图老城一个适合家庭居住的社区，房子迷人又低调。这是一个相当显赫的圈子，眼光独到的风险投资家约翰·杜尔（John Doerr）、谷歌创始人拉里·佩奇（Larry Page）、Facebook 创始人马克·扎克伯格（Mark Zuckerberg），还有安迪·赫茨菲尔德和乔安娜·霍夫曼，都住在这里。但这儿的房子并不引人注目，没有高高的树篱或长长的车道遮挡别人的视线。相反，这些房子一栋挨着一栋地

1. 乔·纳马斯（Joe Namath），美国著名橄榄球四分卫。约翰·缪尔（John Muir），被誉为“美国国家公园之父”，著作影响力深远。此句意为鲍威尔家善武、乔布斯兄妹这边善文。

排列在安静、平展的街道两旁，路边有宽阔的人行道。“我们想住在一个孩子们可以走着去找朋友玩的社区。”乔布斯后来说。

如果这处房子是乔布斯自己从头设计的，肯定不会设计成这样，它不是他喜欢的那种极简主义和现代主义风格。房子不显眼，也不大，不是那种会让人路过时驻足关注的建筑。它建于20世纪30年代，是当地设计师卡尔·琼斯（Carr Jones）的作品，他的专长是精心打造“故事书风格”的英式或法式乡村小屋。

这是座两层的红砖房，木梁露在外面，屋顶铺着小圆石头，拼成曲线的图案，让人想起科茨沃尔德的农舍，或者是一个殷实的霍比特人的家。能看出加利福尼亚风格的一点是，房子的两翼围成一个传教士风格的庭院。两层高的穹顶起居室并非中规中矩，地上铺着瓷砖。一头是一个大大的三角形窗户，直通天花板的顶部。乔布斯买下这幢房子时，窗子是彩绘玻璃的，像教堂一样，乔布斯把它换成了透明玻璃。他和鲍威尔做的另一个改动就是扩建了厨房，增加了一个烧木柴的比萨炉，以及一个新房间，可以放下一张长长的木餐桌，成为这个家庭主要的聚集地。翻新工作计划在4个月内完成，结果用了16个月，因为乔布斯不停地修改设计。他们把后面的小房子也买下来拆掉，做出一个后院。鲍威尔把它变成了一个美丽的植物园，种满了各种季节的花卉，以及蔬菜和香草。

乔布斯迷上卡尔·琼斯用旧材料的方式，包括用过的砖头、木头的电话线杆，以此来打造一种简单而又结实的结构。厨房的横梁是曾用于金门大桥打水泥地基的模子——建这座房子时，金门大桥正在建设。“他是个自学成才、工艺精细的手艺人。”乔布斯一边说着，一边介绍每一个细节，“他更重视创造而不是赚钱，他也一直没能发财。他从未离开过加利福尼亚。他的灵感都来自在图书馆阅读书籍和《建筑文摘》（*Architectural Digest*）。”

乔布斯在伍德赛德的房子里没有配备什么家具，只有最基本的必需品：卧室里的一张床垫和一个抽屉柜，餐厅里的一张牌桌和几把折叠椅。他希望身边只出现他欣赏的东西，这就意味着很难简简单单地出去买很多家具。而现在，他要生活在一栋正常社区的房子里，有妻子，很快还要有个孩子，就必须为生活的基本需求做出让步。但是这很难。他们买了床、梳妆台、摆在客厅的一套音响系统，但是要买沙发就需要更长时间。“我们纸上谈兵用了 8 年，”鲍威尔回忆，“我们花了很多时间问自己，沙发的用途是什么？”买电器也是个哲学问题，而不仅仅是冲动的购买行为。多年以后，乔布斯向《连线》杂志描述了选购一台新洗衣机的过程：

> 我们发现，美国人制造洗衣机和干衣机的理念完全是错误的。欧洲人则好得多——但是他们洗衣服要多花一倍的时间！欧洲洗衣机洗衣服只是美国洗衣机用水量的四分之一，你衣服上残留的洗涤剂也少得多。最重要的是，它们不会把你的衣服洗坏。他们用的肥皂和水都比美国人少得多，但是洗出的衣服却干净得多，柔软得多，寿命也长得多。我们在家花了些时间讨论我们该怎样取舍，结果我们讨论了很多设计问题，但也讨论了我们家的价值观。我们是最关心用一个小时而不是一个半小时洗好衣服呢，还是最关心我们的衣服洗后感觉特别柔软也更耐久呢？我们在意用水量吗？我们用了大概两星期时间，每晚在餐桌上讨论这个问题。

最终他们购买了德国生产的米勒牌（Miele）洗衣机和干衣机。“它们带给我的兴奋感超过了多年来我使用的任何高科技产品。”乔布斯说。

乔布斯为带有穹顶的卧室购买的唯一一件艺术品是安塞尔·亚当

斯（Ansel Adams）的一幅摄影壁画：在加利福尼亚隆派恩拍摄的内华达山脉冬季的日出。这张巨幅壁画是亚当斯为他女儿制作的，他女儿后来卖掉了它。有一次被乔布斯的管家用湿布擦了，乔布斯找到了一个曾经跟亚当斯一起工作的人，去掉了一层，修复了这幅壁画。

这栋房子实在太普通了，以至于比尔·盖茨夫妇来做客时有点儿困惑。“你们所有人都住在这儿？”盖茨问，他当时正在西雅图附近建造一处66 000平方英尺的豪宅。尽管乔布斯当时已经再度入主苹果，是一个世界闻名的亿万富翁，他还是没有保镖，也没有住家的佣人，他甚至白天都不锁后门。

他唯一的安全问题来自伯勒尔·史密斯，这让人既惊讶又悲伤。这位头发乱糟糟的、性情天真的Mac软件工程师曾经是安迪·赫茨菲尔德的亲密助手。离开苹果后，史密斯逐渐患上了精神分裂症。他跟赫茨菲尔德住在同一条街上，随着病情的恶化，他开始光着身子在街上闲逛，有时候会砸汽车和教堂的玻璃。他接受大量药物治疗，但是效果不明显。有一段时间他又失去控制，开始晚上到乔布斯家扔石头砸玻璃，留下恐吓信，还有一次往房子里扔了个鞭炮。他遭到逮捕，之后继续接受治疗，案子也就撤销了。“伯勒尔那么有趣且天真，可是4月的一天他突然就崩溃了。”乔布斯回忆说，“那真是最怪异、最悲哀的事情。”

史密斯最终完全陷入自己的世界中，大量服药，直到2011年还在帕洛奥图的街道上游荡，没法跟任何人交流，甚至是赫茨菲尔德。乔布斯很同情史密斯，经常问赫茨菲尔德自己还能帮上什么忙。有一次史密斯被关进监狱，还拒绝说出自己是谁。三天后赫茨菲尔德发现了，给乔布斯打电话请他帮忙把史密斯放出来。乔布斯帮了这个忙，但是他出人意料地问了赫茨菲尔德一个问题：“如果类似的事情发生在我身上，你会像照顾伯勒尔那样照顾好我吗？”

乔布斯的伍德赛德公馆在离帕洛奥图10英里的山里。这座房子具有1925年西班牙殖民复兴风格，有14间卧室。乔布斯想拆掉重新建一座面积只有三分之一、极其简洁的日本风格的现代主义居所。但是在20多年的时间里，他跟保护主义者打起了旷日持久的官司，他们希望保存这座建筑的原样。（2011年，他终于得到许可可以拆掉这所房子，但是到这时，他已经不想再建另一个家了。）

有时候，乔布斯会用他半废弃的伍德赛德宅邸——尤其是游泳池——开家庭派对。比尔·克林顿当总统时，他和希拉里·克林顿每次来看在斯坦福上学的女儿，就住在其建于50年代的度假屋里。由于主体建筑和度假屋都没有家具，克林顿一家来的时候，鲍威尔会找来家具和艺术品供应商进行暂时性的装饰。有一次，就在莫妮卡·莱温斯基事件爆发不久，鲍威尔在对家具做最后检查时，发现一幅画不见了。她担心地问先遣队和特工是怎么回事。一个人把她拉到一边解释说，那幅画上是一个衣架和一条裙子，鉴于莱温斯基事件里那条蓝色裙子，他们决定把那幅画藏起来。（克林顿在一个深夜打电话给乔布斯，问他应该如何处理莱温斯基事件。“我不知道是否真有其事，如果有，你必须告诉大家。”乔布斯这样对总统说。克林顿在电话那头沉默了。）

莉萨住了进来

在莉萨八年级上到一半的时候，她的老师给乔布斯打电话。有些问题很严重，校方说，可能的话，她最好从她妈妈家搬出来。乔布斯跟莉萨出去散步，询问了当时的情况，请她搬来跟他住。莉萨已经长大成人，刚满14岁。她考虑了两天，然后说“好”。她已经知道自己想住哪个房间了——紧挨着她爸爸卧室的那间。有一次她在那儿的时候，没有人在家，她就躺在空荡荡的地板上找了找感觉。

那是一段艰难的时光。克里斯安·布伦南有时会从几个街区外的住处赶过来，站在院子里朝他们嚷嚷。当我问起她近来的行为以及导致莉萨从她家搬走的原因时，她说，她至今还是没想清楚那段时间到底发生了什么事。但是后来，她给我写了一封很长的邮件，说有助于解释当时的情况。邮件中，她说：

> 你知道史蒂夫是如何让伍德赛德市允许他拆掉他的那座房子的吗？鉴于那座房子的历史价值，有一群人想保护它，但是史蒂夫想拆掉它，建一座有果园的家。多年来，史蒂夫对那座房子置之不理，让它年久失修，以至于无法修护。他达到目的的手段，就是对其不管不问。由于他对那座房子什么都不做，甚至可能很多年就让窗户洞开，那房子就破败了。很聪明，不是吗？……同理，莉萨十三四岁的时候，他用了类似的方法削弱我对莉萨的抚养权、破坏我的幸福生活，以此达到让莉萨搬去他家的目的。他开始时用了一种策略，然后又换成另一种更容易却对我更具破坏性、对莉萨更是问题重重的策略。这么做可能不是最正直的，但是他得到了他想要的。

莉萨在帕洛奥图高中的4年时间都跟乔布斯和鲍威尔住在一起，也开始使用“莉萨·布伦南–乔布斯”这个名字。他试图做个好父亲，但有些时候又表现得冷漠和疏远。当莉萨感觉必须逃开的时候，她会躲到附近一个朋友家去。鲍威尔尽量给予关照，莉萨的大多数学校活动也是她去出席的。

到高年级后，莉萨开始崭露头角。她加入了校刊《钟楼》（*The Campanile*）的编辑部，成为联合编辑。她的同学本·休利特（Ben Hewlett）是她爸爸第一个老板的孙子，他们一起曝光了学校董事会给管理层秘密加薪的事件。到了上大学的时候，她知道自己想去东部。她申请了哈佛，并在申请表上模仿了她爸爸的签字，因为他当时不在家。她被录取，于 1996 年入学。

在哈佛，莉萨为校报《克里姆森报》(*The Crimson*) 工作，后来又为文学刊物《代言人》(*The Advocate*) 工作。跟男朋友分手后，她去伦敦的国王学院留学一年。她跟父亲的关系在她的大学时代一直不太平。她就算回家，两人也会为了些鸡毛蒜皮的小事争吵不休：晚饭吃什么，她对她同父异母的弟妹们是否足够关心，等等。他们会几个星期甚至几个月不跟对方讲话。有时争吵太激烈了，乔布斯会中断她的经济来源，她就跟安迪·赫茨菲尔德或其他人借钱。有一次，莉萨认为她父亲不会给她付学费了，赫茨菲尔德借给她两万美元。"他因此对我大发雷霆，"赫茨菲尔德回忆说，"但第二天一早他就给我打电话，让他的会计把钱汇给了我。"乔布斯没有参加 2000 年莉萨的哈佛毕业典礼。他说："她甚至都没有邀请我。"

然而，这些年里也有些美好的时光，例如有一年夏天莉萨回家的时候，参加了一场为电子前线基金会 (Electronic Frontier Foundation) 举办的慈善音乐会的演出，地点在旧金山有名的菲尔莫尔礼堂 (Fillmore Auditorium)。这个礼堂因感恩而死乐队、杰弗逊飞船乐队和吉米·亨德里克斯等曾在此演出而闻名。她演唱了特雷西·查普曼的圣歌《说说革命》(Talkin' bout a Revolution) —— "穷人会站起来 / 得到他们应得的……" 她父亲当时就站在后排，抱着刚 1 岁的女儿埃琳。

在莉萨搬到曼哈顿成为自由作家之后，乔布斯跟她的关系继续起伏不定。他们的问题随着乔布斯对克里斯安的不满而恶化。他给她买了一座价值 70 万美元的房子，记在了莉萨名下。但是克里斯安说服莉萨签字转到自己名下，然后把房子卖了，用这钱跟一个精神导师出去旅行，并在巴黎生活了一阵子。钱花完以后，她回到旧金山，成为一个艺术家，创作“光绘”（Light Painting）和佛教曼荼罗。“我是个‘通灵者’，我对进化的人性和升华的地球的未来做出富有远见的贡献。”她在她的网站上说（赫茨菲尔德帮她维护这个网站），“当我创作这些画并和它们共处时，我体验着神圣微振的形状、颜色和音频。”有一次克里斯安需要钱治疗严重的鼻窦感染和牙科疾病，乔布斯拒绝支付费用，这又导致莉萨好几年没跟他说话。这种情况还会不断重演。

莫娜·辛普森把所有这些，加上她的想象，作为了她第三部小说《凡人》的蓝本。该小说于1996年出版。这本书的主角以乔布斯为原型，在一定程度上符合事实：它描写了乔布斯的低调慷慨，他的一位朋友才华横溢，却患上骨病并不断恶化，乔布斯为他购买了一辆特制的汽车；它还准确地描述了他在处理和莉萨关系中许多有损形象的方面，包括他最初否认他们之间的血缘关系。但其他部分纯属虚构：例如，虽然克里斯安在莉萨很小的时候就教她开车，但是书里的“简”5岁时开着辆卡车翻山越岭去找她父亲的情节当然从未发生过。另外，小说里还有些小细节，用新闻学术语来说，是过于精致、无据可考，例如全书第一句就给人当头一棒，莫娜这样描写基于乔布斯的这个角色：“他是个忙得连马桶都不冲的人。”

表面上，这部小说对乔布斯的虚构描述看起来很苛刻。辛普森描述她的主角，“不觉得有任何必要迁就其他人的希望或梦想”。他的卫生习惯也跟乔布斯本人一样不靠谱。“他不信任香体剂，经常说只要饮食习惯正确，用薄荷橄榄油皂，你既不会出汗也不会有体臭。”但是这部小说在很多层面上的描写都是很抒情和微妙的，看到结尾，这个人的形象就更加饱满了。他失去了对他创建的这家伟大公司的控制权，他尝试着欣赏他曾遗弃的私生女。最后一个场景是，他和女儿一起跳舞。

乔布斯后来说，他从未读过这部小说。“我听说是关于我的，”他告诉我，“如果它是关于我的，我真的会很愤怒，可是我不想对我妹妹发怒，所以我没读。”但是，这本书面世几个月后，他告诉《纽约时报》他读了这本书，并在主角身上看到了自己的影子。“这个角色的25%左右完全是我，直指我那些怪癖，”他对记者史蒂夫·洛尔（Steve Lohr）说，“当然我不会告诉你是哪25%。”他妻子说，实际上乔布斯只瞟了这本书一眼，然后让她替他读，看看他应该如何理解。

这部小说出版前，辛普森把书稿寄给了莉萨，但最初她只读了开头。“在开始的几页里，我看到了我的家庭、我的趣事、我的物品、我的想法，我在叫简的角色中看到了我自己。”她说，“在事实之间夹杂着创作——对我来说那就是谎言，可是那又跟事实那么接近。”莉萨很受伤，她为哈佛的《代言人》杂志写了一篇文章说明原因。她的第一稿语气非常尖刻，后来在发表前她进行了一些修改。她感觉辛普森以友谊为名侵犯了自己。“我不知道，那6年以来，莫娜一直在收集素材。”她写道，“我不知道当我寻求她的安慰、索取她的建议时，她同样也在索取。”最终，莉萨和辛普森达成了和解。她们一起去咖啡厅讨论这本书，莉萨告诉辛普森她没能读完它。辛普森说她会喜欢那个结局。多年来，莉萨跟辛普森的关系时好时坏，但是比跟她父亲的关系更加亲密。

孩子们

1991年，在跟乔布斯的婚礼几个月后，鲍威尔生下了第一个孩子。头两个星期，这个孩子被称为“乔布斯小男孩”，因为事实证明，决定孩子的名字只比选择洗衣机容易一点点。最后，他们给他起名为里德·保罗·乔布斯（Reed Paul Jobs）。“保罗”是乔布斯父亲的名字，而“里德”（乔布斯和鲍威尔都坚持说）是因为好听，而不是因为是乔布斯大学的名字。

里德长大后在很多方面都像他父亲：聪明敏锐，目光锐利，富有魅力。但跟他父亲不同的是，他行为友善，谦虚优雅。他富有创造力，从小就喜欢穿上戏服扮演各种角色。他也是个出众的学生，对科学很感兴趣。他的眼神像他父亲，但是他显然很有爱心，一点儿都没有他父亲天性里的暴虐。

埃琳·锡耶纳·乔布斯（Erin Siena Jobs）生于 1995 年。她有些文静，有时候得不到父亲足够的关心。她继承了父亲对设计和建筑的热爱，但她也学会了在感情上保持一点儿距离，以免被他的疏远所伤害。

最小的孩子伊芙于 1998 年出生，她是个有主见又有趣的暴脾气，她既不黏人也不胆怯，知道怎么左右她爸爸，跟他讨价还价（有时候会占上风），甚至还拿他开玩笑。她父亲开玩笑说，她是那个将来会掌管苹果的人，如果她不当美国总统的话。

乔布斯跟儿子里德关系很亲密，但跟女儿们就疏远些。像他对待别人那样，他有时会关注她们，但当他脑子里想着别的事情时，又会完全忽视她们。“他专注于工作，有时候他没能陪伴女儿们。”鲍威尔说。有一次，乔布斯向妻子赞叹，他们的孩子们都出落得那么好，“尤其是我们没能总是陪在他们身边。”这让鲍威尔哭笑不得，她可是在里德两岁的时候就放弃了自己的事业，并决定要更多的孩子。

1995 年，甲骨文公司的 CEO 拉里·埃利森（Larry Ellison）为乔布斯 40 岁的生日举办了一场派对，科技明星与大亨云集。埃利森跟乔布斯是好朋友，经常带乔布斯一家乘他的豪华游艇出游。里德把埃利森称作“我们的大款朋友”，这个有趣的例子说明了他父亲是多么不愿炫富。乔布斯从他的佛教修行中学得的道理是：物质只把生活填满而不使之充实。“我认识的其他所有 CEO 都有保镖，”他说，“他们甚至在家里都有保镖。那样的生活太变态了。我们不想那样养大我们的孩子。”

巴斯和胡迪救场

杰弗里·卡曾伯格

“挑战不可能完成的任务，其乐无穷。”沃尔特·迪士尼曾经这样说。这种处事态度很合乔布斯的口味。他赞赏迪士尼对细节和设计的执着，感觉皮克斯跟迪士尼创建的电影制片厂是天生一对。

沃尔特·迪士尼公司已经获得皮克斯计算机动画制作系统的使用授权，并由此成为皮克斯公司计算机的最大用户。有一天，迪士尼电影部的负责人杰弗里·卡曾伯格邀请乔布斯到伯班克的工作室观看制作技术。当迪士尼的一行人陪同参观时，乔布斯突然转身问卡曾伯格：“迪士尼对皮克斯满意吗？”卡曾伯格兴高采烈地说满意。接着乔布斯又问：“那你认为我们皮克斯对迪士尼满意吗？”卡曾伯格说他觉得应该满意吧。“错，我们不满意。”乔布斯说，“我们想跟你们合作一部电影，那样我们才会满意。”

卡曾伯格很愿意。他很欣赏约翰·拉塞特制作的动画短片，也曾经想诱惑他回迪士尼，但没有成功。于是，卡曾伯格邀请皮克斯团队来讨论合拍电影的事宜。卡特穆尔、乔布斯和拉塞特在会议室一落座，卡曾伯格就看着拉塞特，开门见山地说：“约翰，既然你不愿意来为我工作，我们就用这样的方式来合作吧。”

不仅迪士尼公司跟皮克斯彼此之间有一些共同点，卡曾伯格跟乔布斯也是如此。两人都善于施展魅力，当兴之所至或情绪高涨时也都富有攻击性（甚至更糟）。即将离开皮克斯的阿尔维·雷·史密斯当时也参加了这次会议。“卡曾伯格跟乔布斯之间的很多共同点都给我留下了深刻印象，”他回忆说，“他们都是具有惊人口才的暴君。”卡曾伯格对此自鸣得意。“所有人都认为我是个暴君，”他告诉皮克斯团队，“我也确实是个暴君，但我通常是正确的。”可以想象，乔布斯也会这么说。

同样富有激情的卡曾伯格和乔布斯，两人之间光是谈判就用了好几个月。卡曾伯格坚持要皮克斯授权迪士尼使用其专利技术制作3D动画。乔布斯说不行，最终他胜利了。乔布斯也有他自己的要求：皮克斯要对制作的电影及其角色拥有部分所有权，并要和迪士尼共同控制影片版权和续集。“如果那是你想要的，”卡曾伯格说，“我们就不用谈了，你现在就可以走。”乔布斯没走，而是在这个问题上做出了让步。

两位同样瘦削的公司首脑剑拔弩张、针锋相对，这给拉塞特留下了极为深刻的印象。“单单看着史蒂夫和杰弗里那个架势，我就佩服得五体投地。”他回忆说，“那就像是一场击剑比赛，他们都是高手。”但在当时，卡曾伯格拿的是重剑，而乔布斯拿的只是把花剑。当时皮克斯濒临破产，远远比迪士尼更需要这次合作机会。另外，迪士尼资金雄厚，可以负担整个项目，而皮克斯不能。1991年5月达成的协议是：迪士尼将完全拥有影片及其角色的版权，并控制创作权，可以在任何时候以很少的违约金为代价停掉这部影片，有权利（而无义务）制作皮克斯接下来的两部电影，也有权（不一定跟皮克斯一起）使用该影片的角色制作续集；皮克斯则获得票房分成的大约12.5%。

约翰·拉塞特的创意被称为“玩具总动员”（Toy Story），灵感来自他和乔布斯共有的一个理念：产品是有灵魂的，是为了一个使命才被生产出来的。如果物体也有情感，它的情感应该是基于它渴望实现自己的价值。例如，杯子的使命在于盛水，如果它有情感，那么它会杯满则喜，杯空则悲；计算机屏幕的使命是跟人互动；独轮车的使命是在马戏团供人骑行。而玩具，它们的使命就是供孩子们玩耍，因此它们的恐惧就是被抛弃或被新的玩具取代。所以，一个最受喜爱的旧玩具和一个闪闪发亮的新玩具联袂出演的兄弟电影极富戏剧效果，尤其是所有活动都围绕着同孩子们分离的玩具展开。如原脚本开篇时所说：

"每个人都有在童年时失去玩具的痛苦经历。我们的故事从一个玩具的视角展开，他一度失去并努力尝试寻回对他来说最重要的事情：跟孩子们玩耍。这是所有玩具存在的意义，也是他们存在的情感基础。"

经过反复讨论，两个主角的名字最终定为"巴斯光年"（Buzz Lightyear）和"胡迪"（Woody）。每隔两周，拉塞特和他的团队就会把最新的脚本或片段给迪士尼的合作伙伴看。在早期试镜时，皮克斯制作的动画显示出惊人的技术水平。例如有一幕，胡迪在一个梳妆台上，光透过百叶窗洒进来，影子投在他的格子衬衫上——这个效果几乎是不可能通过手工渲染来实现的。但是，要让迪士尼对情节方面满意，就难上加难了。对于皮克斯每次的演示，卡曾伯格都会推翻大部分情节，大声道出他的具体评论和意见。旁边总有一群手捧记事本的随从，确保卡曾伯格说的每个建议和奇思怪想都能得到后续落实。

卡曾伯格着力推动的一点是要让两个主角的个性更尖锐。他说，虽然这是部叫"玩具总动员"的动画电影，但是它不应该只以儿童为目标观众。"开始的时候没有情节，没有真正的故事，没有矛盾冲突。"卡曾伯格回忆说。他建议拉塞特看一些经典的兄弟电影，例如《逃狱惊魂》（*The Defiant Ones*）或《48 小时》（*48 Hours*），其中都有两个迥然不同的角色不得不同舟共济的故事。另外，他一直强调他所说的"尖锐"，这意味着胡迪这个角色要对巴斯这个游戏箱里新来的入侵者更充满嫉妒、更刻薄尖酸、更带有挑衅性。"这是个玩具吃玩具的世界。"在一处情节中，胡迪把巴斯推出窗外后说。

经过卡曾伯格和其他迪士尼负责人的多轮修改，胡迪几乎被去掉了所有的魅力。有一幕，他把其他玩具扔下床，还命令弹簧狗（Slinky）来帮忙。正当弹簧狗犹豫不决的时候，胡迪吼道："谁说你的工作是思考了，弹簧香肠？"然后弹簧狗问了一个不久以后皮克斯团队总会自问的问题："这牛仔为什么这么可怕！"正如给胡迪配音的汤姆·汉克斯有一次感叹的：“这家伙实在太讨厌了！”

停！

1993年11月，拉塞特和他的皮克斯团队做好了电影的前半部分，并到伯班克给卡曾伯格和其他迪士尼管理人员看。动画长片部门的总监彼得·施奈德（Peter Schneider）对卡曾伯格让外人为迪士尼做动画的想法一直不满，他当场宣布这个电影简直一团糟，命令停止制作。卡曾伯格也同意了。“为什么会这么糟糕呢？”他问同事汤姆·舒马赫（Tom Schumacher）。“因为这已经不再是他们的电影了。”舒马赫直言不讳地说。他后来解释说：“他们遵从了杰弗里·卡曾伯格的所有修改意见，因此这个项目也就完全走样了。”

拉塞特意识到舒马赫说得没错。“我坐在那儿，屏幕上放映的东西令我感觉很尴尬，”他回忆说，“那个故事里充斥着一群我见过的最不开心、最尖刻的角色。”他请迪士尼给他一次机会，回皮克斯去返工。卡曾伯格同意了。

乔布斯跟埃德·卡特穆尔承担了该片联合执行制片人的角色，但他自己没有过多参与这次创作过程。对照他的控制欲，尤其是在审美和设计方面，在这件事上他的自我克制显示了他对拉塞特和皮克斯其他艺术家的尊重，也显示了拉塞特和卡特穆尔让乔布斯保持距离的能力。但是乔布斯还是帮忙协调跟迪士尼的关系，皮克斯团队也对此很感激。当卡曾伯格和施奈德叫停《玩具总动员》的制作后，乔布斯用个人资金支持工作继续进行。他也站在拉塞特他们一边反对卡曾伯格。“他把《玩具总动员》都搞乱了，”乔布斯后来说，“他想把胡迪写成一个坏人。当他叫停这个项目时，我们就把他踢了出去，我们说‘这不是我们想要的’，然后按照我们一直希望的去做。”

3个月之后，皮克斯团队拿出了一个新版本。胡迪的形象从统领安迪其他玩具的暴君式老板转变成了英明的领导者。他在巴斯光年到来后表现出的嫉妒被描绘得更值得同情，配乐用了兰迪·纽曼（Randy Newman）的歌《奇怪的事》（Strange Things）。胡迪把巴斯推出窗外的那一幕，被改写成是胡迪发起的一个小把戏引起的一场意外，其中还出现了顽皮跳跳灯（向拉塞特的第一部获奖动画短片致敬）。卡曾伯格和迪士尼公司通过了这个新版本。1994年2月，电影恢复制作。

卡曾伯格对乔布斯的成本控制意识印象深刻。"即使是在早期的预算过程中，史蒂夫对成本都非常关注，希望尽量可以低成本、高效率。"他说。后来，迪士尼批准的1700万美元的预算不够用了，尤其是在卡曾伯格要求将胡迪的个性尖锐化以后，必须要做很多重大改动。所以乔布斯只能申请更多经费来完成这部电影。"听着，我们是说好了的。"卡曾伯格对他说："我们把运营控制权给了你，你也同意了我们提出的资金规模。"乔布斯大发雷霆。他给卡曾伯格打电话或干脆飞去找他，用卡曾伯格的话说："只有乔布斯能那么疯狂地没完没了。"乔布斯坚持迪士尼应该对成本超出预算负责，是卡曾伯格把最初的构思搅得一团糟，因此才需要额外返工。"等一等！"卡曾伯格反击道，"我们是在帮你。你得益于我们富有创造性的帮助，而你现在却要让我们付钱给你。"两个控制狂互不相让，争论到底谁帮了谁的忙。

埃德·卡特穆尔比乔布斯要圆滑得多，他能够解决问题。"我对杰弗里的看法比其他一些做这部电影的同事要正面得多。"他说。但是这件事确实促使乔布斯开始策划如何在未来对迪士尼有更大的影响力。他不想仅仅做个承包商，他喜欢控制局面。这意味着皮克斯未来必须把自己的资金带进项目，并且跟迪士尼重新谈判。

随着电影制作的进展，乔布斯越来越为之兴奋。他跟很多公司谈过出售皮克斯——从贺曼贺卡公司（Hallmark Cards）到微软，但是看到胡迪和巴斯的诞生，他意识到他可能即将改变电影业。当电影一幕幕完成后，他会反复观看，并邀请朋友到他家分享他的新爱好。“我都没法儿跟你说我在《玩具总动员》出品前总共看了多少个版本，”拉里·埃利森说，“到最后，这就变成了一种折磨。我还得去他家看最新的那10%改进的内容。史蒂夫执迷于把一切都做好——无论是情节还是技术，任何不完美的东西，他都不会满意。”

1995年1月，迪士尼在曼哈顿中央公园一处帐篷里举行了电影《风中奇缘》(*Pocahontas*)的新闻发布会，乔布斯受邀参加。这次活动进一步加强了乔布斯认为对皮克斯的投资会有所回报的想法。在现场，迪士尼的CEO迈克尔·艾斯纳(Michael Eisner)宣布，《风中奇缘》的首映式将在中央公园的大草坪举行，采用80英尺高的巨幅屏幕，观众多达10万人。乔布斯本身就是表演大师，知道如何举办一场成功的首映式，但即使是他都被这个计划震惊了。巴斯光年的那句口号——“飞向太空，宇宙无限！”(to infinity and beyond)——突然看似值得留意了。

乔布斯决定，当年11月发布《玩具总动员》的时候就是皮克斯上市的最佳时机。然而，即使那些一贯非常积极的投资银行家也都觉得不靠谱，认为那根本不可能。皮克斯烧钱已经烧了5年，但是乔布斯决心已定。“我有些紧张，我认为我们应该等到第二部电影推出之后，”拉塞特回忆说，“史蒂夫否定了我的建议。他说我们需要钱，我们可以用一半资金做电影，然后跟迪士尼重新谈合同。”

飞向太空！

1995年11月，《玩具总动员》共举行了两场首映式。迪士尼在洛杉矶历史悠久的埃尔卡皮坦大剧院(El Capitan)举办了一场，还在隔壁建了一个游乐屋，用来展示所有的电影角色。皮克斯也有一些入场券，但是当晚的活动和邀请嘉宾的名单基本都是迪士尼决定的；乔布斯甚至都没去参加。第二天晚上，乔布斯在旧金山租了与前者不相上下的雷根西剧院（Regency），举办了他自己的首映式。到场嘉宾不再是汤姆·汉克斯和史蒂夫·马丁这些影星，而是硅谷的那些大腕儿：拉里·埃利森、安迪·格鲁夫，当然还有史蒂夫·乔布斯。很显然这是一场史蒂夫的演出。他——而不是拉塞特——占据了舞台，向观众介绍影片。

这种双首映式的安排凸显出一个日益严重的问题：《玩具总动员》到底是一部迪士尼电影还是一部皮克斯电影？皮克斯只是帮助迪士尼制作电影的动画承包商吗？抑或是，迪士尼只是帮助皮克斯出品电影的发行商和营销商？正确的答案在某个折中位置。问题是其中牵涉的大腕们——主要是迈克尔·艾斯纳和史蒂夫·乔布斯——能否达成这样的合作关系。

当《玩具总动员》获得巨大的商业成功和业界认可后，抉择变得更为艰难。影片上映第一周就收回了成本，美国国内公映的票房达到3 000万美元。接下来，该影片打败了《永远的蝙蝠侠》（*Batman Forever*）和《阿波罗13号》（*Apollo 13*），成为当年的票房冠军——美国国内收入1.92亿美元，全球总收入3.62亿美元。根据著名影评网站"烂番茄"（Rotten Tomatoes）的统计，接受调查的全部73个影评家100%都给出了好评。《时代》杂志的理查德·科利斯（Richard Corliss）称其为"本年度最具想象力的喜剧"；《新闻周刊》的戴维·安森（David Ansen）赞叹其"不可思议"；《纽约时报》的珍妮特·马斯林（Janet Maslin）认为孩子和成人都要看，该影片是"一部难以置信的智慧之作，体现了迪士尼最好的双层次作品的传统"。

对乔布斯来说，唯一的问题就是，像马斯林这样的评论家谈论的是“迪士尼传统”，而不是皮克斯的出现。事实上，她的影评里根本没提及皮克斯。乔布斯很清楚，这是必须要加以改变的一个观念。当他和约翰·拉塞特参加《查理·罗斯秀》(*Charlie Rose Show*)时，乔布斯强调《玩具总动员》是一部皮克斯出品的电影，他甚至想说明这个新制片厂的诞生是具有历史意义的。“自从《白雪公主》出品以来，每一家主要的电影制片厂都在试图打入动画产业，而到目前为止，迪士尼是唯一一家制作出动画长片而且大获成功的。”他对罗斯说，“皮克斯现在成了第二家。”

乔布斯立场鲜明地把迪士尼说成只是皮克斯电影的发行商。“他一直说：‘我们皮克斯的人是干实事的，你们迪士尼的人都是笨蛋。’”迈克尔·艾斯纳回忆说，“但正是我们让《玩具总动员》成功的。我们帮着塑造了这部电影，我们集各部门之力，从市场部到迪士尼频道，才让这部电影一炮走红。”乔布斯得出结论：“这是谁的电影”这个根本问题，必须通过合同解决，打口水仗没有意义。“《玩具总动员》大获成功后，”他说，“我意识到，我们必须跟迪士尼重新签合同，这样我们才能建一个电影公司，而不是只当个供应商。”但是为了能和迪士尼平等谈判，皮克斯必须有资金。这就需要一次成功的IPO。

股票公开发行在《玩具总动员》上映整一周后进行。之前乔布斯打赌电影定会成功，这个冒险的赌局有了巨大的回报。和之前苹果公司的IPO一样，早上7点，主承销商在旧金山办公室开庆祝会，届时股票发售开始。原计划股票发行价格是14美元，以确保可以卖掉。乔布斯坚持定价22美元，这样一来如果发行成功，公司可以获得更多资金。然而事实证明，发行之成功甚至超出了他最大胆的想象，一举超过网景成为当年最大的IPO。开盘半小时，股票价格就飙升至45美元，因为买盘太多，交易不得不延迟进行。接下来，价格继续上升至 49 美元，并在当天以 39 美元收盘。

当年早些时候，乔布斯还曾经希望把皮克斯卖掉，收回他投资的 5 000 万美元。而股票公开发行第一天结束时，他持有的公司 80% 的股票价值就已经涨到原来的 20 多倍，达到惊人的 12 亿美元，相当于 1980 年苹果上市时他获得收益的 5 倍。但是乔布斯告诉《纽约时报》的约翰 · 马尔科夫（John Markoff），钱对他来说意义不大。“我的未来不需要游艇，”他说，“我做这个从来都不是为了钱。”

IPO 的成功意味着皮克斯不再需要依靠迪士尼的资助才能完成电影。这正是乔布斯想要的砝码。“因为我们现在可以承担电影一半的成本了，我就可以要求一半的利润，”他回忆说，“更重要的是，我想要品牌联合。这些电影将既是皮克斯的，也是迪士尼的。”

乔布斯飞去跟艾斯纳共进午餐，艾斯纳被他的大胆惊呆了。他们之前签的是三部电影的合同，皮克斯刚刚制作了一部。双方都有自己的撒手锏。当时，卡曾伯格在跟艾斯纳决裂后已经离开迪士尼，与史蒂文 · 斯皮尔伯格（Steven Spielberg）和大卫 · 格芬（David Geffen）一起创立了梦工厂（Dream Works SKG）。乔布斯说，如果艾斯纳不同意跟皮克斯重签合同，原定的三部影片一旦完成，皮克斯就会去跟另一家电影公司合作，比如卡曾伯格的新公司。而艾斯纳手里的砝码则是，一旦那样，迪士尼就会自己制作《玩具总动员》的续集，并使用胡迪、巴斯以及所有拉塞特创造的角色。“那就像是要猥亵我们的孩子，”乔布斯后来回忆说，“约翰一想到那种可能性就哭了。”

最终双方达成了和解方案。艾斯纳同意皮克斯为将来制作的电影注入一半资金并享有一半利润。“他不认为我们会制作出很多大片，所以他认为他给自己省了些钱。”乔布斯说，“这个安排最终对我们非常好，因为皮克斯接下来会连续制作出 10 部大片。”他们也就品牌联合达成协议，虽然经历了很多次讨价还价。“我最初的立场是，这是迪士尼的电影，由迪士尼出品，但是后来我让步了。”艾斯纳回忆道，“我们开始谈判迪士尼的字号多大，皮克斯的字号多大，就像 4 岁小孩一样。”到 1997 年年初，他们签订了合同——未来 10 年制作 5 部影片——甚至还成了朋友，至少在当时是这样。“那时候艾斯纳还是很讲道理的，对我也还公平，”乔布斯后来说，“但是经过 10 年的时间，我得出的结论是，他是个阴暗的人。”

在给皮克斯股东的一封信里，乔布斯说明，所有电影都赢得跟迪士尼平等共享品牌的权利——包括广告和玩具——是这项合作里最重要的方面。“我们希望皮克斯成长为一个跟迪士尼享有同等信誉的品牌，”他写道，“但为了让皮克斯赢得这种信誉，消费者必须要知道是皮克斯在创作这些电影。”在职业生涯中，乔布斯因创造伟大的产品而闻名于世。然而，他创造伟大的公司和品牌价值的能力同样不凡。他创造了他的时代中最好的两个品牌——苹果和皮克斯。

第二十三章　再度降临[1]

何等野兽，终于等到它的时辰

Courtesy of Steve Jobs

1996年的乔布斯

1.《再度降临》(The Second Coming）是爱尔兰著名诗人叶芝（William Butler Yeats，1865~1939）的一首诗作，“何等野兽，终于等到它的时辰。”（“What rough beast, its hour come round at last.”）是其中一行诗句。

万物解体

乔布斯1988年首度推出NeXT计算机时，引起了热烈反响。可是到第二年计算机最终上市时，市场的热情却冷却了。乔布斯那种让媒体眼花缭乱、心生敬畏、趋之若鹜的才华开始失效，负面新闻也层出不穷。“NeXT 跟其他计算机不兼容，而当时，这个行业正向操作系统可更换的方向发展。”美联社记者巴特·齐格勒（Bart Ziegler）报道说，“因为相对来说，可以在 NeXT 上使用的现有软件很少，所以它很难吸引消费者。”

NeXT 试图将自己重新定位为一个新产品类型——个人工作站的领跑者，目标用户是那些希望兼顾工作站的强大功能与个人计算机的易用性的人，但是这群消费者当时已经从快速发展的 Sun 公司买到了这样的产品。NeXT 在 1990 年的收入是 2 800 万美元，而同年 Sun 公司的收入是 25 亿美元。IBM 放弃了接受 NeXT 授权软件的协议，所以乔布斯被迫做了一件违背他本性的事情：虽然他根深蒂固地认为硬件和软件应该是一个不可分割的整体，但是在1992年1月，他同意授权 NeXTSTEP 操作系统在其他品牌的计算机上运行。

出乎意料的是，乔布斯当时的一个拥护者竟是让－路易·加西，他曾经取代了乔布斯在苹果的职务，后来也被逐出苹果。他写了一篇文章称赞NeXT产品是多么具有创造性。“NeXT也许不是苹果，”加西说，“但史蒂夫仍然是史蒂夫。”几天之后，加西家来了一位访客，加西的妻子跑上楼去告诉他，史蒂夫在楼下。乔布斯感谢加西写了那篇文章，并邀请他参加一个活动，届时英特尔的安迪·格鲁夫将和乔布斯一同宣布，NeXTSTEP 将被移植到 IBM/ 英特尔平台上。“我当时坐在史蒂夫的父亲保罗·乔布斯旁边，他备受尊重，”加西回忆说，“他带大儿子很不容易。看到史蒂夫跟安迪·格鲁夫站在台上，他是那么自豪和高兴。”

一年以后，乔布斯不可避免地改变了策略：彻底放弃硬件的制造。这是一个痛苦的决定，一如他当年在皮克斯放弃硬件制造那样。他关注产品的方方面面，但硬件才是他的情之所钟。他为出色的设计心潮澎湃，痴迷于生产细节，会花上好几个小时注视着他的机器人为他制造完美的产品。但现在，他不得不解雇一半以上的人力，把他钟爱的工厂卖给佳能（佳能拍卖掉了那些时尚的家具），留得一家聊以慰藉的公司，把操作系统授权给那些生产死板机器的制造商。

到了20世纪90年代中期，乔布斯在新的家庭生活和电影产业的惊人成功中找到了一些快乐，却对个人计算机产业倍感失望。“创新实际上已经停止。”1995年年底他对《连线》杂志的加里·沃尔夫（Gary Wolf）这样说，“微软占据了市场，但几乎没有创新。苹果输了。台式电脑市场进入了黑暗时代。”

同一时期，他在接受安东尼·帕金斯（Anthony Perkins）和《红鲱鱼》杂志（*Red Herring*）的几位编辑采访时，也表现得阴郁沮丧。一开始，他就展示出“坏脾气史蒂夫”的那一面。帕金斯和他的同事们刚到不久，乔布斯就从后门溜出去“散步”，45分钟都没有回来。杂志的摄影师开始拍照时，他又嚷嚷着讽刺挖苦，迫使她停下来。帕金斯后来写道：“操纵欲、自私自利、毫不掩饰的粗鲁，我们搞不明白他这些疯狂举动背后的动机是什么。”等他终于坐下来接受采访时，他说，即使是网络的出现也难以阻挡微软的主导地位。“Windows赢了。”他说，“很不幸，它打败了Mac，打败了Unix，打败了OS/2。一个低劣产品胜出了。”

NeXT在销售软硬件一体化产品方面的失败，带来了对乔布斯整个理念的质疑。“我们犯了一个错误，即试图复制苹果的模式，制造整个设备。”他在1995年说，“我想我们应该意识到世界正在改变，应该马上转型为一家软件公司。”虽然他努力尝试，但他总是无法为此而感到兴奋。他本来想制造出色的端到端一体化的产品赢得消费者的喜爱，可是现在陷入了这样一个企业软件销售业务里，目标客户是那些会把 NeXT 软件安装到各种不同硬件平台上的公司。“我的心不在这儿。”他后来悲哀地说，“不能直接向个人销售产品让我很沮丧。我来到这个世界上，不是为了卖企业产品，不是为了把软件授权给别人将之装在那些蹩脚的硬件里。我从来都不喜欢这样。”

苹果坠落

在乔布斯出局后的几年，苹果公司由于暂时统领桌面排版系统，还可以轻松获取高额利润。当时自我感觉犹如天才的约翰·斯卡利于 1987 年发表了一系列今天看起来颇为尴尬的宣言。乔布斯希望苹果“成为一家出色的消费品公司”，斯卡利写道：“这是个愚蠢的计划……苹果永远不会是一家消费品公司……我们不能因为我们改变世界的梦想就扭曲现实……高科技不能作为消费品去设计和销售。”

乔布斯对此惊愕不已。20 世纪 90 年代初，苹果在斯卡利的领导下市场占有率持续下降，他对斯卡利的愤怒和蔑视也与日俱增。“斯卡利引进下三滥的人和下三滥的价值观，把苹果给毁了。”乔布斯后来悲叹，“他们只在乎如何赚钱——主要为他们自己，同时也为苹果，而不在乎如何制造出色的产品。”乔布斯感觉斯卡利对利润的追逐是以牺牲市场份额为代价的。“Mac 之所以输给微软，是因为斯卡利坚持尽可能地榨取每一分利润，而不是努力改进产品和降低价格。”结果是利润最终消失。

微软用了几年时间模仿 Mac 的图形用户界面，到 1990 年就已经推出了 Windows 3.0 系统，从此走上了统领台式电脑市场的征途。1995

年8月发布的Windows 95成为有史以来最成功的操作系统，而Mac的销售量开始暴跌。“微软只是剽窃他人的成果，然后坚持下去，利用它对IBM兼容机的控制。”乔布斯后来说，“苹果也是活该。我离开后，它没有发明任何新东西。Mac几乎没有改进。面对微软，它只能坐以待毙。”

乔布斯对苹果的沮丧是显而易见的。有一次，他在一个学生家里给斯坦福商学院俱乐部成员演讲，那个学生请他在一个Mac键盘上签名。乔布斯说，如果他能把自己离开苹果后被加到Mac上的键都拿掉，就可以签名。他拿出汽车钥匙，抠掉了他曾经禁止使用的四个箭头光标按键，还有最上面一行的“F1、F2、F3……”等功能键。“我在一个一个键盘地改变世界。”他面无表情地说，然后在残缺不全的键盘上签了名。

1995年圣诞节，在夏威夷的康娜度假村休假时，乔布斯跟他的朋友、甲骨文强势的董事长拉里·埃利森在海滩散步。他们讨论收购苹果，然后让乔布斯回去重掌大局。埃利森说他可以安排30亿美元的融资。“我会买下苹果，你作为CEO会立即获得25%的股份，我们可以重现它过去的辉煌。”但是乔布斯表示反对。“我认定我不是那种能做恶意收购的人，”他解释说，“如果他们请我回去，那就不一样了。”

到1996年，苹果的市场份额已经从20世纪80年代末16%的最高点下降到4%。1993年取代斯卡利担任苹果CEO的迈克尔·斯平德勒（Michael Spindler）试图把公司卖给Sun、IBM和惠普。失败后，斯平德勒在1996年2月被吉尔·阿梅里奥（Gil Amelio）取代。阿梅里奥是一位研发工程师，曾任国家半导体公司CEO。在他任期第一年，苹果公司亏损了10亿美元，股票价格从1991年的70美元暴跌到14美元，而当时，高科技泡沫正把其他股票的价格推向史无前例的高点。

阿梅里奥没那么喜欢乔布斯。他们第一次见面是在1994年，当时阿梅里奥刚刚被选入苹果的董事会。乔布斯给他打电话说："我想过去见你。"阿梅里奥于是邀请他到国家半导体公司的办公室。后来阿梅里奥回忆了当时透过办公室的玻璃墙看着乔布斯到来的情景——他看起来"像个拳击手，富有攻击性又带着难以捉摸的优雅，或者说像一只高贵的丛林猫，时刻准备扑向猎物"。阿梅里奥后来记述道，他们寒暄了几分钟——这已经远远超过乔布斯习惯的长度，然后乔布斯突然宣布了他的来意，他想让阿梅里奥帮助他回到苹果担任CEO。"只有一个人可以重整苹果大军，"乔布斯说，"只有一个人可以带领公司走出困境。"乔布斯认为Mac的时代已经过去，是时候创造一些新的并具有创新性的东西了。

"如果Mac已死，什么会代替它？"阿梅里奥问。乔布斯的回答没能打动他。"史蒂夫似乎没有一个清晰的答案，"阿梅里奥后来说，"他好像只是有一些零散的想法。"阿梅里奥认为他正在目睹乔布斯的现实扭曲力场，并且很自豪没有受其影响。他不客气地把乔布斯请出了办公室。

到1996年夏天，阿梅里奥认识到他面临着一个严重的问题。苹果公司把希望寄托在创造一个叫Copland的新操作系统上，但是阿梅里奥成为CEO后不久就发现，这个系统只是一纸空谈，既不能实现苹果所需要的更好的网络连接和内存保护功能，也无法如期在1997年交货。阿梅里奥公开承诺，他将很快找到一个替代品。但问题是，他没有替代品。

所以苹果需要一个合作伙伴提供稳定的操作系统，最好还是像Unix那样的操作系统，以及具备面向对象的应用程序层。当时，有一家公司显然可以提供这样的软件——NeXT，但是还要过一段时间苹果才会关注到这一点。

苹果先是锁定了一家由让 – 路易 · 加西创建的公司 Be。加西开始商谈把 Be 卖给苹果，但是 1996 年 8 月在夏威夷跟阿梅里奥开会时，他过于自以为是了。他说他想带 50 人的团队加入苹果，并要公司 15% 的股权，价值大约 5 亿美元。阿梅里奥听罢目瞪口呆。苹果当时对 Be 的估值只有 5 000 万美元。经过几番讨价还价，加西无法接受低于 2.75 亿美元的报价，他以为苹果没有其他选择了。加西对别人说："我拿住了他们的要害，我要一直捏到他们疼为止。"这话传到阿梅里奥耳朵里，那感觉可不太好。

苹果的首席技术官埃伦 · 汉考克（Ellen Hancock）赞成采用 Sun 公司基于 Unix 的 Solaris 操作系统，尽管它还没有一个友好的用户界面。而阿梅里奥居然开始倾向于使用微软的 Windows NT 操作系统，他认为可以做一些外观上的改动，使之看起来感觉就像个 Mac，又能跟 Windows 用户可以使用的大量软件相兼容。比尔 · 盖茨非常渴望达成这项合作，开始亲自给阿梅里奥打电话。

当然，还有另外一个选择。两年前，《Macworld》杂志的专栏作家（苹果软件前布道者）盖伊 · 川崎（Guy Kawasaki）曾经发表了一篇模拟新闻通稿，开玩笑说苹果即将收购 NeXT，然后让乔布斯担任 CEO。文中模仿迈克 · 马库拉问乔布斯："你想把下半辈子用来卖裹着层糖衣的 Unix，还是用来改变世界？"乔布斯回应说："我现在是个父亲了，我需要一个稳定的收入来源。"文章评论说"由于他在 NeXT 的经历，人们期待他会把一种从未有过的谦卑感带回苹果"。文章还拟引了比尔 · 盖茨的话说，现在会有更多乔布斯的创新可以供微软抄袭了。当然，这篇新闻稿里所有的话都是玩笑，但是现实总有一个奇怪的习惯——要追上嘲讽的步伐。

向库比蒂诺蹒跚前进

“谁跟史蒂夫的关系够好，能给他打个电话？”阿梅里奥问他的员工们。由于跟乔布斯两年前的会面不欢而散，阿梅里奥不想亲自打这个电话。但是结果表明，他的确不必，NeXT 已经开始向苹果伸出橄榄枝。NeXT 公司的一位中级产品推销员加勒特·赖斯（Garrett Rice），在没有请示乔布斯的情况下就直接拿起电话打给了埃伦·汉考克，问她是否有兴趣看一下 NeXT 的软件。汉考克派人去跟他见面。

到 1996 年感恩节，两家公司已经开始中层级别的磋商，乔布斯直接给阿梅里奥打了个电话。“我要去日本，但是我一周内就回来，我一回来就见你。”乔布斯说，“我们见面前你不要做任何决定。”虽然与乔布斯有段不愉快的过去，但阿梅里奥接到这个电话还是很振奋，为可能与他合作感到惊喜。“对我来说，接到史蒂夫的电话，那感觉就像是在闻一瓶极品葡萄酒的醇香。”他回忆说。他答应在他们俩见面之前，他不会跟 Be 或任何人敲定交易。

对乔布斯来说，跟 Be 的竞争亦公亦私。NeXT 已在走下坡路，能被苹果收购是一根救命稻草。另外，乔布斯有时十分记仇，加西在他的仇人名单中位列前茅，尽管乔布斯在 NeXT 工作时两人的关系貌似得到了和解。“加西真是个邪恶的家伙，”乔布斯后来坚持说，“他是我这辈子认为真正邪恶的少数几个人之一。1985 年他在背后捅了我一刀。”（这番话并不十分公正）而在乔布斯看来，斯卡利至少还算是个绅士，是从前面捅他刀子的。

1996年12月2日，史蒂夫·乔布斯在时隔11年后，再次踏上了苹果位于库比蒂诺的土地。在高管会议室，他见到了阿梅里奥和汉考克并展示了 NeXT。又一次，他在那块白板上狂写乱画，这次他是在讲计算机系统的 4 次浪潮，以及 NeXT 的发布如何将此次浪潮推至顶点。

他尽其所能吸引着听众，尽管事实上他面对的是他并不尊重的两个人。他尤其擅长伪装谦逊。“可能这是个完全疯狂的想法。”他说，但是如果他们感兴趣，“我愿意采用任何一种你们想要的合作方式：授权软件，把公司卖给你们，或者别的方式都行。”事实上，他是渴望把公司全部卖掉，因此他着力推荐这个方式。“如果你们了解得更多，你们会决定想要的不仅仅是我的软件，”他对他们说，“你们会想收购整个公司并收编所有员工。”

几周以后，乔布斯和家人去夏威夷度圣诞假期，拉里·埃利森也在那里，他去年这时候也在那里度假。“你看，拉里，我想我找到了一种方式重回苹果并获得控制权，而且你也不用去收购它。”沿着海滨散步时，乔布斯这样对埃利森说。埃利森回忆说：“他解释了他的策略，即促成苹果收购 NeXT，然后他就可以进入董事会，离 CEO 的位子仅一步之遥。”埃利森认为乔布斯忽视了一个关键问题。“但是史蒂夫，有件事我不明白，”他说，“如果我们不收购公司股权，我们怎么赚钱呢？”这再次显示了他们的欲求是多么不同。乔布斯把手搭在埃利森的左肩上，把他拉到自己跟前，他们的鼻尖几乎要碰上了，他说：“拉里，这就是为什么有我做你的朋友非常重要。你已经不缺钱了。”

埃利森还记得自己当时嘀咕着回答：“我可能是不需要这些钱了，但为什么要让富达（Fidelity）的那些基金经理赚到这些钱呢？为什么要让别人赚？为什么不应该是我们？”

“我想如果我回到苹果，而我不持有苹果的股份，你也不持有苹果的股份，我就会占据道德高地。”乔布斯回答说。

“史蒂夫，这块道德高地可真是块昂贵的地产。”埃利森说，“你瞧，史蒂夫，你是我最好的朋友，而苹果是你的公司，我会听你的。”虽然乔布斯接下来说他不打算靠恶意收购来夺回苹果，但是埃利森觉得那是不可避免的。“任何人只要跟阿梅里奥聊上半个小时就会认识到，他除了自我毁灭干不了别的。”他后来说。

NeXT 和 Be 的终极对决于 12 月 10 日在帕洛奥图的花园庭院酒店（Garden Court Hotel）举行，评委包括阿梅里奥、汉考克和另外6位苹果高管。NeXT 先上，由阿维·泰瓦尼安展示软件，乔布斯则尽情发挥他那催眠术般的销售技巧。他们展示了这套软件如何在屏幕上同时播放4段录像，如何制作多媒体文件，如何连接互联网。“史蒂夫推销起 NeXT 操作系统来让人眼花缭乱。”阿梅里奥说，“他赞美着那些优点和长处，就好像他在描述奥利弗·斯通饰演麦克白是如何出色。”

之后加西上场，他的表现就像是胜券在握一样。他没有做新的演示，只是说苹果团队知道 Be OS 的性能，问是不是还有其他问题。整个过程很短。在加西做推介时，乔布斯和泰瓦尼安在帕洛奥图的街上散步。过了一会儿，他们碰上了之前在评选现场的一位苹果高管。“你们会赢的。”他告诉他们。

泰瓦尼安后来说，那并不出乎意料。“我们有更好的技术，我们有完整的解决方案，而且我们有史蒂夫。”阿梅里奥知道，让乔布斯重回苹果是把双刃剑，但是让加西回来也面临同样的问题。一位早年间 Mac 团队的老员工拉里·特斯勒向阿梅里奥建议选择 NeXT，但是他加了一句：“无论你选择哪家公司，你都会面临着自己的地位被人取代——史蒂夫或让－路易。”

阿梅里奥选择了乔布斯。他给他打电话说，自己计划向苹果董事会提请授权他谈判 NeXT 的收购事宜。他问乔布斯是否愿意参加会议，乔布斯说愿意。当乔布斯走进会议室看到迈克·马库拉那一刻，场面很是动情。马库拉曾经是他的导师，就像他的父亲一样，但自从他 1985 年站在斯卡利一边之后，他们就再也没讲过话。乔布斯走过去跟他握手。然后，乔布斯在没有泰瓦尼安和其他任何后援的情况下，自己做了 NeXT 演示。最终，整个董事会完全被征服了。

乔布斯邀请阿梅里奥去他在帕洛奥图的家里谈判，这样可以有个友好的环境。阿梅里奥开着经典的 1973 年款奔驰车出现，乔布斯对此印象深刻。他喜欢这部车。在刚刚装修一新的厨房里，乔布斯烧水泡茶，然后他们在比萨炉前的木头餐桌边落座。财务部分的谈判进行得很顺利，乔布斯想避免加西所犯的狮子大开口的错误。他建议苹果以每股 12 美元的价格收购 NeXT，总价值将达 5 亿美元。阿梅里奥说价格太高了，他还价到每股 10 美元，总价 4 亿美元。跟 Be 不同的是，NeXT 有实际的产品、确实的收入，以及出色的团队；尽管如此，乔布斯还是对这个报价感到惊喜。他立即接受了。

谈判的一个胶着点是乔布斯希望苹果付给他现金。阿梅里奥坚持说他应该与公司共存亡，只能付给他股票，而且他要同意持股至少一年。乔布斯不愿意。最后，双方都做出了让步。乔布斯将拿到 1.2 亿美元的现金和价值 3 700 万美元的股票，并承诺持有这些股票最少 6 个月。

一如既往地，乔布斯喜欢在散步时进行一些谈话。当他们在帕洛奥图闲逛时，他提出希望被纳入苹果的董事会。阿梅里奥试图劝阻他，说有太多历史问题，这样做为时尚早。“吉尔，这太伤人了，”乔布斯说，“这曾是我的公司。而自从跟斯卡利交恶，我就被驱逐至今。”阿梅里奥说他能理解，但是他不敢肯定董事会是什么态度。在跟乔布斯谈判之前，阿梅里奥已经暗下决心，“我要按照自己的逻辑往前推进”，并且“要回避他的人格魅力”。但是在散步过程中，跟其他很多人一样，他完全陷入了乔布斯的“力场”。“我被史蒂夫的旺盛精力和热情吸引住了。”他回忆说。

在长长的街区里转了几圈之后，他们回到乔布斯家，正赶上劳伦和孩子们回来。他们一起庆祝谈判顺利，然后阿梅里奥开着奔驰离开了。“他让我觉得就像是个交了一辈子的朋友。”阿梅里奥回忆说。乔布斯的确很擅长这一手。后来，当乔布斯把他赶出苹果后，阿梅里奥回忆起乔布斯那天的友善，伤感地说：“我痛苦地发现，那只是一个极端复杂人格的一个侧面。”

在通知加西苹果要收购 NeXT 之后，阿梅里奥还有一个更难完成的任务：通知比尔·盖茨。结果证明的确如此。“他勃然大怒。”阿梅里奥回忆说。乔布斯把这单生意做得这么漂亮，盖茨觉得很不可思议，但是可能并不惊讶。“你真的认为史蒂夫·乔布斯有什么真家伙吗？”盖茨问阿梅里奥，“我了解他的技术，只不过是炒 Unix 的冷饭，根本不可能运行在你们的机器上。”盖茨跟乔布斯一样会越说情绪越激动，阿梅里奥回忆说，盖茨这样咆哮了两三分钟。“难道你不明白乔布斯根本不懂技术吗？他只是一个超级销售员。我真无法相信你会做出这么愚蠢的决定……他根本不懂工程，他说的、想的里面 99% 都是错误的。你们买下那堆垃圾到底是为了什么？”

多年以后，当我向盖茨问起这件事时，他已经不记得自己当时有那么沮丧了。他认为收购 NeXT 没有真正给苹果带来一个新的操作系统。“阿梅里奥为 NeXT 支付了一大笔钱，坦率说，NeXT OS 系统从来就没有真正运行过。”不过，这次收购倒是让阿维·泰瓦尼安加盟进来，他能够帮助改进现有的苹果操作系统，并最终融入了 NeXT 的核心技术。盖茨知道这次交易注定会使乔布斯重掌大权。“但这就是命运无常，”他说，“他们最后买来的是一个大多数人认为做不好 CEO 的人，因为他对此没什么经验，但他是个才华横溢的家伙，有出色的设计品位和技术品位。他适当地掩饰了疯狂，就被任命为临时 CEO 了。”

虽然埃利森和盖茨都认为乔布斯是要夺回苹果，但是乔布斯自己感觉很矛盾，他犹豫当阿梅里奥还在的时候到底要不要回苹果担任一个重要角色。在宣布收购 NeXT 几天前，阿梅里奥邀请乔布斯全职加入苹果，负责操作系统的开发。然而，乔布斯一直不让阿梅里奥做出任何任命。

最后，在要做出这个重大宣布的当天，阿梅里奥把乔布斯请到了办公室。他需要一个答复。“史蒂夫，你是想拿了钱就走人吗？”阿梅里奥问，“如果那是你想要的，也没问题。”乔布斯没有回答，他只是看着阿梅里奥。“你想成为正式员工，还是做一个顾问？”乔布斯还是一言不发。阿梅里奥出去找到乔布斯的律师拉里·松西尼（Larry Sonsini），问他乔布斯到底想要什么。“我也不知道。”松西尼说。阿梅里奥回到办公室，关上门，又试了一次：“史蒂夫，你在想什么？你有什么感觉？拜托，我现在需要一个决定。”

“我昨晚一夜没睡。”乔布斯回答。

“为什么？出了什么事？”

“我在思考所有要做的事情，还有我们这个交易，都压在了一起。我现在真的很累，想不清楚。不要再问我任何问题了。”

阿梅里奥说那不可能。他总得说点儿什么。

最后，乔布斯回答说：“好吧，如果你必须要对外说点儿什么，就说是董事长顾问吧。”阿梅里奥照做了。

当晚——1996 年 12 月 20 日——在苹果总部 250 名欢呼雀跃的员工面前，阿梅里奥宣布了这个消息。阿梅里奥按乔布斯的要求，把他的新角色描述为仅仅是兼职顾问。乔布斯没有从侧面上台，而是从礼堂后面走进来，穿过走道登上舞台。阿梅里奥之前告诉大家乔布斯可能太累了不会讲话，但是到那时乔布斯已经被掌声振奋了。“我非常激动，”他说，“我期待着重新认识一些老同事。”《金融时报》的路易丝·基欧（Louise Kehoe）之后上台向乔布斯提问，听起来几乎是指责一般，问他是否最终会接管苹果。“噢，不会的，路易丝。”他说，“现在我的生活中有其他很多事情，我有家庭，我要参与皮克斯的业务。我的时间是有限的，但是我希望可以贡献一些想法。”

第二天，乔布斯开车去皮克斯。他越来越喜欢这个地方，他想让员工们知道他会继续担任总裁，并深度参与工作。但是皮克斯的员工很高兴看到他要回苹果做兼职工作，乔布斯的关注少一些可能反而会是件好事。当有重要谈判时他作用巨大，但是如果他有太多空闲时间就可能是危险的。那天到了皮克斯以后，他去拉塞特的办公室，解释说即使仅仅作为苹果的顾问，也会占用他很多时间。他说他想得到拉塞特的祝福。“我一直在想，这将导致我有很多时间不能陪伴家人，也有很多时间不能陪在另一个家——皮克斯。”乔布斯说，“但我想做这件事的唯一原因是，这个世界如果有苹果就会变得更好。”

拉塞特温和地微笑着。“我祝福你。”他说。

第二十四章　复出

此刻的失败者终将胜利[1]

1997 年，阿梅里奥请沃兹尼亚克上台，而乔布斯慢慢地躲到了后排

1. 鲍勃 · 迪伦的歌《时代在变》中的一句歌词。

在幕后彷徨

“你很少能见到一个艺术家在三四十岁时还能有令人惊叹的作品。”乔布斯即将30岁的时候这样说。

乔布斯30多岁的时候，即自他1985年离开苹果后的10年间，确实少有建树。但是在他1995年步入40岁以后，却成就卓著。那一年《玩具总动员》发行上映，第二年苹果收购NeXT，使他一举重返他当年创建的公司。回到苹果，乔布斯将证明，即使超过40岁的人也可以是最好的创新者。二十几岁，他就改变了个人电脑，现在，他将同样改变音乐播放器、唱片产业的商业模式、移动电话、应用软件、平板电脑、书籍，以及新闻业。

他之前告诉拉里·埃利森，他的回归策略是把NeXT卖给苹果，借此进入董事会，然后在那儿等着阿梅里奥出错。当乔布斯坚持说他的动机不是钱时，埃利森可能感到迷惑不解。但那的确部分属实。他既没有埃利森那种明显的消费需求，也没有比尔·盖茨那种投身慈善事业的内在冲动，亦没有那种想看看自己在《福布斯》排行榜上能爬多高的竞争意识。在他那自我意识的需求和个人动力的驱使下，他要通过创造足以令世人敬畏的传奇来获得满足。这实际上包括两个方面：制造不断革新、不断变化的伟大产品，以及建立一家有持久生命力的公司。他希望跟埃德温·兰德、比尔·休利特和戴维·帕卡德这些人一起在万神殿占据一席之地，甚至比他们还要高一级。要实现这些，最好的方式就是回到苹果，夺回他的王朝。

然而……当回归的时机真的到来时，他却有一种奇怪的游移不定的感觉。削弱吉尔·阿梅里奥的力量，他倒不会觉得不好意思。那是他的本性，而且一旦他认定阿梅里奥不知道自己在做什么，他就别无选择。但是当权力之杯到了嘴边，他会奇怪地开始迟疑，甚至不愿接受，也许是故作姿态。

1997 年 1 月，他作为一位非正式的兼职顾问入职苹果，如他之前告诉阿梅里奥的那样。他开始介入一些人事问题，尤其是会保护他从 NeXT 带过来的员工。但是在其他大多数方面，他都异乎寻常的被动。他对不让他加入董事会的决定感觉不快，而让他管理公司的操作系统部门的建议也让他觉得是贬低了他的价值。阿梅里奥得以创造了这样一种局面：乔布斯既是局内人又是局外人，这可不是和睦之道。乔布斯后来回忆：

> 吉尔不希望我在，而我认为他是个笨蛋，这在我把公司卖给他之前就知道。我想，我现在就是做做形象大使，在类似 Macworld 这样的活动上露一小脸，主要是为了作秀。这没问题，因为我还在皮克斯工作。我在帕洛奥图市中心租了一间办公室，可以每周在那儿工作几天，再开车去皮克斯待一两天。这日子不错。我可以慢下脚步，多陪陪家人。

事实上，在 1 月初的 Macworld 活动上，乔布斯就做起了形象大使，而这次的经历让他更坚定地认为阿梅里奥就是个笨蛋。将近 4 000 位忠实的苹果迷争先恐后地汇集到旧金山万豪酒店的大宴会厅，聆听阿梅里奥的主题演讲。介绍他上台的是演员杰夫 · 高布伦（Jeff Goldblum）。“在《侏罗纪公园 2：失落的世界》里，我饰演了一位混沌理论专家。”他说，“我想，这使我有资格在苹果的活动上讲话。”然后他把舞台交给了阿梅里奥。阿梅里奥走上台来，穿着件俗丽的西装，里面是件立领衬衫，领子紧紧地贴着脖子——“看起来像拉斯维加斯的滑稽演员。”《华尔街日报》的记者吉姆 · 卡尔顿（Jim Carlton）后来写道。或用另一位科技作家迈克尔 · 马隆的话说：“看着就像是你刚离婚的舅舅第一次出来约会”。

更大的问题是，阿梅里奥之前去度假了，又跟他的演讲稿作者大吵一架，而且拒绝彩排。当乔布斯到达后台时，对现场的混乱局面倍感沮丧。看着阿梅里奥站在讲台那儿笨拙地做着前后脱节的、没完没了的演讲，乔布斯气愤不已。阿梅里奥对讲词提示器上蹦出来的那些讲点并不熟悉，很快就开始忘词，思路也断断续续。就这样过了一个多小时，观众们面面相觑。中间倒是有几次让大家松口气的间歇，诸如他把歌手彼得·加布里埃尔（Peter Gabriel）请上台演示一个新的音乐软件的时候。他还指出了坐在第一排的穆罕默德·阿里。这位拳王按计划是要上台推介一个关于帕金森综合征的网站，可是阿梅里奥一直没请他上台，也没解释他为什么在场。

阿梅里奥啰唆了两个多小时，最后终于把所有人都等着为之欢呼的人请上了台。“乔布斯大步跨上舞台，自信而有型，魅力四射，跟阿梅里奥的笨手笨脚形成了鲜明对照。”卡尔顿写道，“即使是猫王归来也不会引起比这更大的轰动。”观众纷纷起立，震耳欲聋的掌声持续了超过一分钟。杂乱无章的 10 年就此终结。最后，他挥手请大家安静，直入主题。“我们要再创辉煌。”他说，“Mac 10 年来没有什么进步，所以 Windows 赶上来了。我们必须拿出一个更好的操作系统。”

乔布斯鼓舞人心的演讲本可以作为结束语，弥补阿梅里奥的可怕表现。不幸的是，阿梅里奥又回到舞台上，继续嘟嘟囔囔了一个小时。最后，活动开始后过了三个多小时，阿梅里奥终于准备结尾，再次请乔布斯上台，然后出乎意料地把史蒂夫·沃兹尼亚克也请了上来。现场又是一阵骚动。但是乔布斯显然反感这样的安排，他不想参与这样三个人举起手臂庆祝胜利的一幕。于是，他慢慢地躲到了后排。“他无情地破坏了我策划的落幕式，”阿梅里奥后来抱怨，“他个人的感觉比苹果的媒体形象更重要。”这是苹果刚刚进入新纪元的第 7 天，一切就已经很显然，权力的中心难以保持不变了。

乔布斯立即开始把他信任的人安排到苹果的高层位置。“我想确保来自 NeXT 的真正优秀的人，不会被当时在苹果担任高级职位的没那么优秀的人从背后捅刀子。”他回忆说。曾经赞同苹果选择 Sun 公司 Solaris 系统而不是 NeXT 的埃伦 · 汉考克，在乔布斯的“笨蛋名单”上位列前茅，尤其是她仍然想在苹果的新操作系统中采用 Solaris 的核心技术。当一个记者问她在这一抉择中乔布斯将扮演什么角色时，她草率地回答：“没有角色。”她错了。乔布斯的第一步动作，就是确保用他从 NeXT 带来的两个朋友接替她的职责。

他指定他的好朋友阿维 · 泰瓦尼安负责软件工程。硬件方面，他找来了乔恩 · 鲁宾斯坦（Jonathan Rubinstein），当年 NeXT 还有硬件部门时，鲁宾斯坦担任同样的职务。当乔布斯直接给他打电话时，他正在英国的斯凯岛度假。“苹果需要帮助。”乔布斯说，“你想加入吗？”鲁宾斯坦的确很想，他及时赶回来参加 Macworld 大会，也看到了阿梅里奥在台上的出丑表现。形势比他预想的还糟。他和泰瓦尼安常常在会议中交换眼神，感觉仿佛是误入了精神病院，大家都在说着疯话，而阿梅里奥坐在桌子那头，一副神志不清的模样。

乔布斯不经常来办公室，但是他经常给阿梅里奥打电话。一旦他成功地把泰瓦尼安、鲁宾斯坦等他信任的人安插在高管位置上，他就把注意力转向了杂七杂八的产品线。他的眼中钉之一就是“牛顿”（Newton），这是一款手持个人电子设备，宣称有很好的手写识别率。其实它也并非如大家玩笑中的以及《杜斯别里家族》（*Doonesbury*）连环画里说得那么糟糕，但是乔布斯讨厌它。他很鄙视用手写笔在屏幕上写字的想法。“上帝给了我们 10 支手写笔，”他会挥舞着他的手指说，“我们不要再多发明一个了。”再加上，乔布斯把“牛顿”看作约翰 · 斯卡利的主要发明，是斯卡利最喜爱的项目。仅这一点，就足以让它在乔布斯的眼里永无出头之日。

“你应该把‘牛顿’砍掉。”一天他打电话给阿梅里奥说。

这是个毫无来由的建议，阿梅里奥难以接受。“什么意思，砍掉？”他说，“史蒂夫，你有没有概念，那要花多少钱？”

“停产，核销，处理掉。”乔布斯说，“花多少钱不重要，如果你把它处理掉，人们会为你喝彩。”

“我仔细研究了‘牛顿’，它是能赚钱的，”阿梅里奥说，“我不支持把它处理掉。”然而，到5月，他宣布了分拆“牛顿”部门的计划。之后经过长达一年磕磕绊绊的跋涉，它的生命走向终结。

泰瓦尼安和鲁宾斯坦会到乔布斯家里向他汇报公司的情况，很快，硅谷的大部分人都知道了乔布斯在暗中削弱阿梅里奥的权力。这倒并不是场处心积虑的权谋之战，只是乔布斯的自然之举。控制欲是他骨子里的本性。路易丝·基欧，就是阿梅里奥在12月宣布乔布斯回归时便有此预见、向他们二人提问的那位《金融时报》记者，率先就此写了文章。“乔布斯先生已经开始垂帘听政。”她在2月底如是报道，“据说他正在指导苹果决定哪些业务应该砍掉。他们说，乔布斯先生已经催促一些苹果前员工回到公司，并强烈暗示说他在计划掌管大局。根据与乔布斯先生关系密切的一位人士所说，他已经认定阿梅里奥先生和他任命的人无法让苹果重现辉煌。他打算把他们替换掉，以确保‘他的公司’得以生存。”

当月，阿梅里奥必须面对一年一度的股东大会，并解释为什么1996财年最后一个季度的销售量与上年同期相比暴跌了30%。股东们在麦克风前排着队发泄他们的愤怒。阿梅里奥完全不知道自己把会议开得多么糟糕。“这是我做过的最好的一次演讲。”他后来得意扬扬地说。然而苹果董事长[1]、杜邦公司（DuPont）前CEO埃德·伍拉德（Ed

1. 马库拉当时已降职为副董事长。

Woolard）却听得大惊失色。“这真是场灾难。”他妻子听到一半时在他耳边说。伍拉德也这么认为。“吉尔穿得很酷，可他看起来很蠢，说话也像个傻瓜。”他回忆说，“他答不上问题，不知道自己在说什么，也激发不了大家的信心。”

伍拉德拿起电话打给乔布斯，他们还从未见过面。他借口说想邀请他去特拉华州给杜邦公司的高管演讲。乔布斯婉拒了，但是据伍拉德回忆：“那次邀请是个小伎俩，是为了能跟他讨论吉尔的问题。”他把谈话引向那个方向，然后直截了当地问乔布斯对阿梅里奥是什么印象。伍拉德记得乔布斯当时比较谨慎，只是说阿梅里奥不适合现在的工作。而据乔布斯自己回忆，他当时更是直言不讳：

> 我对自己说，我要不就告诉他实话，吉尔是个笨蛋，要不就避而不谈。一方面，他是董事会成员，我有义务告诉他我的看法；另一方面，如果我告诉他，他会告诉吉尔，那样吉尔就再也不会听我的了，而且还会把我带进苹果的那些人都灭掉。不到30秒，所有这些想法在我脑子里一一闪过。我最后觉得我应该告诉他真相。我非常在乎苹果，所以我就给他真相。于是我说，这个家伙是我见过的最差劲儿的CEO，我想，假如做CEO也需要拿执照的话，他根本拿不到。等我挂上电话，我想，我可能刚刚做了件非常愚蠢的事。

那年春天，甲骨文的拉里·埃利森在一次聚会上见到阿梅里奥，把他介绍给了科技记者吉娜·史密斯（Gina Smith）。她问苹果情况如何。“你知道，吉娜，苹果就像一条船，”阿梅里奥回答，“船上满载着宝藏，但是船身有个洞。我的工作就是让所有人都朝同一个方向划船。”史密斯看起来很迷惑地问：“是的，但是，那个洞怎么办？”从那时起，埃利森和乔布斯就一直拿这个关于船的比喻开玩笑。“拉里给我讲这个故事的时候，我们正在吃寿司，我真是笑得都直不起腰来了。”乔布斯回忆说，“他就是那样一个小丑，还特别把自己当回事儿。他坚持让所有人称呼他为阿梅里奥博士，以此提醒别人尊重他。”

《财富》杂志消息灵通的科技记者布伦特·施伦德（Brent Schlender）认识乔布斯并且熟悉他的想法。3月，他写了一篇文章，详细描述了苹果的混乱局面。“苹果计算机公司正步入危机，面对销售剧减、科技战略错乱、品牌价值流失等一系列问题，行动迟缓、手足无措，它已成为硅谷管理失控、说着科技呓语的典型代表。”他写道，“从权谋家的角度看，似乎乔布斯可能会策划接管苹果，尽管有好莱坞的诱惑——最近他在管理皮克斯，制作《玩具总动员》和其他电脑动画影片。”

又一次，埃利森公开表示想要对苹果进行恶意收购，然后让他“最好的朋友”乔布斯做CEO。“乔布斯是唯一可以拯救苹果的人。”他告诉记者们，“只要他开口，我随时准备助他一臂之力。”跟狼来了的故事一样，埃利森又一次发表的收购之语没有得到多少人关注，所以当月晚些时候，他告诉《圣何塞水星报》的丹·吉尔摩（Dan Gillmore），他正在组建一个投资团，将融资10亿美元，收购苹果的多数股权。（苹果公司当时的市值约为23亿美元。）这条消息公布当天，苹果的股票价格就飙升了11%，交易量巨大。更搞笑的是，埃利森还设立了一个电子邮箱 savapple@us.oracle.com，请公众投票他是否应该将此举进行下去。

乔布斯被埃利森给自己揽的活儿逗乐了，由于他还没想好如何回应这种做法，便对此避而不谈。“拉里时不时会提起这个想法，”他告诉一位记者，“我试图解释过，我在苹果的角色是个顾问。”而另一方面，阿梅里奥却勃然大怒。他给埃利森打电话，想斥责他，可是埃利森不接电话。所以阿梅里奥就给乔布斯打电话，乔布斯给他的答复模棱两可，但也半真半假。“我确实不知道这是怎么回事。”他告诉阿梅里奥，“我认为这一切都疯了。”然后他又说了句连半真都算不上的安慰话。“你跟我交情很好。”他说。乔布斯本可以发表一个声明，拒绝埃利森的想法，就能停止外界的猜测。但是让阿梅里奥非常烦恼的是，乔布斯没有这样做。他一直冷眼旁观，那既符合他的利益也符合他的本性。

阿梅里奥更大的麻烦在于，他失去了董事长埃德·伍拉德的支持。伍拉德是一位直率而明智的工程师，他懂得如何聆听。乔布斯不是唯一一个跟他谈到阿梅里奥缺点的人。苹果首席财务官弗雷德·安德森（Fred Anderson）警告伍拉德，公司马上会违反与银行签订的保证条款，他还谈到了士气低落的问题。在 3 月的董事会上，其他董事变得焦躁不安，否决了阿梅里奥提出的广告预算。

另外，媒体也不再支持阿梅里奥 。《商业周刊》的封面标题以问句开场：“苹果一盘散沙？”《红鲱鱼》杂志刊登了一篇编者按，大标题是“吉尔·阿梅里奥，请辞职”。而《连线》杂志的封面上，苹果的标识变成了一颗神圣之心，戴着荆冠，被钉在十字架上，标题是“祈祷”。《波士顿环球报》（*Boston Globe*）的迈克·巴尼克尔（Mike Barnicle）抱怨苹果多年来经营不善，写道：“那些笨蛋怎么还在拿薪水？他们手里有着举世无双的让人亲近的电脑，却把它变成了 1997 年波士顿红袜队替补队员的技术水准。”5 月底，阿梅里奥接受《华尔街日报》记者吉米·卡尔顿的采访，对方问他能否扭转外界认为苹果已陷入“死亡螺旋”的看法。阿梅里奥直视着卡尔顿的眼睛说：“我不知道如何回答这个问题。”

乔布斯和阿梅里奥在 2 月签订最终协议后，兴高采烈、蹦蹦跳跳地宣布：“你跟我要出去喝瓶好酒庆祝一下！”阿梅里奥提议从他的酒窖拿酒，带上夫人们一起庆祝。直到 6 月他们才敲定这个时间，尽管气氛日益紧张，他们还是过得很愉快。食物和酒恰如共进晚餐的人一样不搭：阿梅里奥带了一瓶 1964 年的白马庄（Cheval Blanc）和一瓶蒙哈榭（Montrachet），每瓶价值均在 300 美元左右，而乔布斯选择了雷德伍德的一家素食餐厅，餐费总共 72 美元。阿梅里奥的妻子后来评价说："他真是有魅力，他夫人也是。"

乔布斯可以随意地吸引别人，让人倾倒，而且他喜欢这样做。像阿梅里奥和斯卡利这样的人都愿意相信，既然乔布斯在向他们施展魅力，就意味着他喜欢和尊重他们。这会给人一种印象：有时对那些渴望奉承的人，他会给予不真诚的奉承。乔布斯可以轻易吸引他讨厌的人，而他伤害起他喜欢的人来也同样是驾轻就熟。阿梅里奥没有看到这一点，因为他和斯卡利一样渴望得到乔布斯的认可。的确，他连描述自己如何渴望与乔布斯搞好关系的用词都几乎跟斯卡利一样。"当我为一个问题困扰时，我会跟他一起讨论，"阿梅里奥回忆说，"我们十有八九是能够达成一致意见的。"他情愿相信乔布斯真的尊重他。"我敬佩乔布斯解决问题的方式，而且感觉到我们正在建立一种相互信任的关系。"

就在他们共进晚餐后不久，阿梅里奥的梦想就破灭了。他们谈判期间，阿梅里奥曾坚持乔布斯要持有他得到的苹果股票至少 6 个月，越长越好。这 6 个月的时限在 6 月到期。当一笔 150 万股的大宗交易发生时，阿梅里奥给乔布斯打了电话。"我要告诉人们那些出手的股票不是你的。"他说，"记住，你我之间有个共识，你要出手之前会先通知我们。"

"没错。"乔布斯回答。阿梅里奥把这个答复理解为乔布斯没有卖出他的股票，于是发表了一个声明予以否认。可是直到证券交易委员会公布申报文件时，才发现乔布斯确实卖掉了他的股票。"该死，史蒂夫，我直接问过你，你说不是你。"乔布斯告诉阿梅里奥说，他卖股票是因为“一时对苹果该往何处去感到沮丧”，而他不想承认是因为他“有点儿尴尬”。多年以后当我问起他时，他只是说：“我不觉得我需要通知吉尔。”

为什么乔布斯要在他是否卖了股票的问题上误导阿梅里奥呢？一个很简单的原因：乔布斯有时候会回避事实。哈特穆特·索南费尔德（Helmut Sonnenfeld）曾经这样描述亨利·基辛格：“他撒谎不是因为那符合他的利益，而是出于天性。”乔布斯生性就喜欢误导人，或者有时候故作神秘，只要他觉得有理由。另一方面，他有时也会诚实得近乎残忍，讲出那些我们大多会粉饰或隐瞒的事实。撒谎和实话实说都只是他那尼采式的人生态度的两个侧面。一般规律对他不适用。

阿梅里奥出局

乔布斯拒绝澄清拉里·埃利森的收购说法，又秘密地卖掉了他的股票。而且还不认账。阿梅里奥终于开始相信乔布斯是冲着他来的了。“我最终接受了这个事实，我太愿意、太渴望相信他是跟我站在一起的。”阿梅里奥后来回忆说，“史蒂夫操纵我出局的计划在一步步向前推进。”

乔布斯确实是一有机会就说阿梅里奥的坏话。他无法控制自己，而且他的批评还是实话。但是还有一个更重要的原因让整个董事会开始反对阿梅里奥。弗雷德·安德森认为自己有责任将苹果岌岌可危的状况告知埃德·伍拉德和董事会。“是弗雷德告诉我现金短缺，员工在流失，还有更多的重要员工在考虑离开。”伍拉德说，“他讲得很清楚，这艘船很快就要搁浅，甚至他自己都在考虑离开。”伍拉德看到阿梅里奥在股东大会上的拙劣表现后，本来就已经在担心，听了弗雷德的话之后就更加忧心忡忡。

伍拉德请高盛研究出售苹果公司的可能性，但是这家投行说不太可能找到一家合适的战略投资者，因为苹果的市场份额已经降得太低了。在6月的一次董事会执行会议上，阿梅里奥不在场时，伍拉德对当时的董事讲述了他对形势的判断。“如果我们继续让吉尔担任CEO，我想只有10%的机会可以避免破产，”他说，“如果我们解雇他并说服史蒂夫接任，我们有60%的机会生存下去。如果我们解雇吉尔而史蒂夫又不来，就必须找一个新的CEO，那我们有40%的机会幸存。”董事会授权他去问乔布斯是否愿意回来，无论结果如何，他们都要在7月4日国庆假期召开董事会紧急电话会议。

伍拉德和妻子飞去伦敦，计划在那儿观看温布尔登网球公开赛。白天他看看网球，晚上就在公园酒店他的套房里给美国的相关人士打电话，因为那正是美国的白天时间。到他离开时，他的电话费账单高达2 000美元。

他首先给乔布斯打了电话，告诉他董事会将解雇阿梅里奥，并希望乔布斯回来担任CEO。乔布斯虽然一直百般嘲弄阿梅里奥，并在苹果的发展方向这个问题上努力推行自己的想法，但是当这个职位突然摆在眼前时，他却变得扭捏起来。“我会帮忙的。”他回答说。

“作为CEO？”伍拉德问。

乔布斯说不是。伍拉德力劝他至少担任执行CEO。乔布斯又拒绝了。“我会当顾问。”他说，“不拿工资。”他还同意成为董事会成员——这是他曾经渴望的，但是婉拒了做董事长的要求。“现在我只能付出这么多。”他说。谣言流传开以后，他通过邮件给皮克斯员工发了一份备忘录，安慰他们说他没有抛弃他们。“三周前我接到苹果董事会的电话，让我回苹果去做CEO。”他写道，“我拒绝了。然后他们又让我做董事长，我也拒绝了。所以别担心——那些疯狂的谣言只是谣言。我没有离开皮克斯的计划，你们甩不掉我。”

为什么乔布斯不抓住这个机会？为什么他会不想接受这个他似乎已渴望了20年的职位？当我问他这些问题时，他说：

> 我们刚刚把皮克斯做上市，我很高兴在那儿做CEO。我从未听说过有人同时做两家上市公司的CEO，即使是临时的，我甚至不确定那是否合法。我不知道我该怎么做，或我想怎么做。我很喜欢有更多时间跟家人在一起，我左右为难。我知道苹果的情况一团糟，所以我想：我愿意放弃现在这么好的生活方式吗？皮克斯的股东们会怎么想？我跟一些我尊重的人进行讨论，最后在一个周六的早晨给安迪·格鲁夫打电话——实在太早了。我给他列举好处和坏处，说到一半，他打断我说："史蒂夫，我才不在乎苹果会怎么样。"我愣住了。就是在那个时刻，我认识到我是在乎苹果的——我创建了它，它的存在对世界是件好事。就是在那个时候，我决定暂时回去帮他们招聘CEO。

实际上，皮克斯的员工们很高兴乔布斯可以少一点儿时间在公司。他们私下（有时甚至公开）表示，他们很兴奋现在苹果要占用乔布斯的时间了。埃德·卡特穆尔曾是个不错的CEO，他很容易就可以重操旧业，正式或非正式地接管公司。至于享受跟家人在一起的时光，乔布斯是注定永远不可能获得"年度最佳父亲"奖的，哪怕在他有大把空闲时间的时候。他在给予孩子关注方面有所进步，尤其是对里德，但是他主要的关注点还是他的工作。他对两个小女儿经常表现冷淡，跟莉萨又再度疏远，作为一个丈夫也常常是脾气暴躁。

那么，他在接管苹果这件事情上犹豫不决的真正原因是什么？尽管他非常固执并且永远有强烈的控制欲，但是当他对某件事感觉不确定时，他也会迟疑并有所保留。他苛求完美，并不太善于退而求其次或适应可行的方案。他不喜欢处理复杂的事物，也不想委曲求全，无论是产品、设计还是房子装修，都是如此。在涉及个人承诺时也是这样。如果他明确知道一个行动是正确的，没人能阻止他。但如果他有怀疑，他有时就会退缩，倾向于不去想那些并非完全适合他的事情。就像当初阿梅里奥问他想担任什么角色时那样，乔布斯会一言不发，对那些让他不舒服的状况视而不见。

这种处事态度的部分源起是，他倾向于认为所有事都是非黑即白的。一个人不是英雄就是蠢材，一个产品不是奇迹就是垃圾。但是他可能会对更加复杂、不清晰或差别不明显的事情表现出困惑：结婚、买沙发，抑或是承诺经营一家公司。另外，他也不想做注定失败的事情。“我想史蒂夫是想评估一下苹果是否可以被挽救。”弗雷德·安德森说。

伍拉德和董事会决定继续向前推进，解雇阿梅里奥，即使乔布斯还不确定作为“顾问”他将承担多少职责。当伍拉德从伦敦打来电话时，阿梅里奥正要跟妻儿以及孙子孙女们一起去野餐。“我们需要你退位。”伍拉德简单地说。阿梅里奥回答说现在不是讨论这个问题的合适时间，但是伍拉德认为他必须要坚持。“我们将会宣布要把你换掉。”

阿梅里奥还想反抗。“记得吗，埃德，我当初告诉董事会需要三年时间让这家公司重新站起来。”他说，“现在我连一半还没走到。”

“董事会认为我们不想再继续讨论了。”伍拉德答道。阿梅里奥问都有谁知道这个决定，伍拉德实话实说：董事会其他成员加上乔布斯。“史蒂夫是我们讨论这件事的人之一。”伍拉德说，“他的观点是你是个好人，但是你对计算机行业了解得不多。”

“你们怎么会在做这样的决定时把史蒂夫扯进来？”阿梅里奥生气地说，“史蒂夫连董事会成员都不是，他到底为什么会参与这样的讨论？”但是伍拉德没有让步。阿梅里奥挂上电话，继续跟家人去野餐，之后才告诉他妻子。

乔布斯时常会有一种奇怪的表现，一会儿浑身是刺，一会儿又渴望交流。对此，他常常完全不在乎别人会怎么想。他可以跟人绝交，再也不想跟他们讲话，但是有时他也会有自我辩白的冲动。所以那天晚上，阿梅里奥接到乔布斯的电话很惊讶。“吉尔，我只是想让你知道，我今天跟埃德谈了这件事，我真的感觉很糟糕，”他说，“我想让你知道我跟局势的这些变化完全没有关系，那是董事会做出的决定，但是他们问了我的意见。”他告诉阿梅里奥他尊重他是“我所见过的最正直的人”，然后又主动给出了一些建议。“休6个月的假，”乔布斯告诉他，“当年我被踢出苹果时，立即开始了新的工作，后来很后悔。我真应该好好享受那段时间。”他说任何时候阿梅里奥如果需要建议，都可以来找他。

阿梅里奥非常惊讶，稀里糊涂地表达了谢意，便挂掉了电话。阿梅里奥跟妻子转述了乔布斯的话。“很大程度上，我还是喜欢这个人，但是我不信任他。”他告诉她。

“我以前完全被史蒂夫给骗了。”她说，“我真觉得自己像个傻瓜。”

“不光你一个人这么想。”他说。

史蒂夫·沃兹尼亚克当时是公司的非正式顾问，知道乔布斯要回来他很兴奋（他轻易地宽恕了他）。“这正是我们所需要的。”他说，“因为不管你对史蒂夫怎么看，他就是知道如何重现魔力。”乔布斯战胜了阿梅里奥，他毫不奇怪。正如不久以后他对《连线》杂志所说的：“吉尔·阿梅里奥遇到史蒂夫·乔布斯，比赛就已经有了胜负。”

周一，苹果的高级雇员被召集到礼堂。阿梅里奥看起来很平静，甚至很放松。“很遗憾地通知大家，我离开的时间到了。”他说。接下来，轮到接受了临时CEO职务的弗雷德·安德森讲话，他明确表示他会在乔布斯的指导下工作。这样，自从整整12年前7月4日那个周末丧失大权后，乔布斯重新登上了苹果的前台。

事实很明显，无论是否愿意公开承认（或甚至向他自己承认），乔布斯都即将控制大局，而不仅仅是当个“顾问”。那天他一登上舞台——穿着短裤、运动鞋和他标志性的黑色高领衫——就开始努力让他热爱的这家公司重现活力。“好了，告诉我这个地方出了什么问题。”他说。下面有人窃窃私语，乔布斯打断了他们。“是产品出了问题！”他回答，“那么产品出了什么问题？”下面又有些人尝试回答，乔布斯给出了正确答案。“产品糟透了！”他嚷道，“它们不再性感了！”

伍拉德成功地说服乔布斯同意，他担任的这个“顾问”将是个很活跃的角色。乔布斯批准了一个声明，说他已经“同意在苹果深度工作90天，帮助他们，直到他们找到新的CEO”。而伍拉德在这个声明里用了个巧妙的说法，乔布斯回来“做一个统领团队的顾问”。

乔布斯搬进了行政楼层董事会会议室旁边的一间小办公室，明显地避开阿梅里奥在角落里的大办公室。他参与到公司业务的所有方面：产品设计、业务整合、供应商谈判，以及广告代理商评估。他还认为必须止住苹果高层员工的流失，所以他决定给他们的股票期权重新定价。苹果股票已经跌了太多，期权已经变得毫无意义。乔布斯想降低行权价格，这样期权就又有价值了。当时这在法律上行得通，但是不被认为是良好的公司行为。在回到苹果的第一个周四，乔布斯召集了董事会电话会议，提出了这个问题。董事们犹豫不决。他们要求用点儿时间做一下法律和财务研究，看看这个变化意味着什么。“这事必须尽快做。”乔布斯告诉他们，“我们的人才正在流失。”

即使是他的支持者、时任薪酬委员会主席的埃德·伍拉德也表示反对。“在杜邦公司，我们从来没做过这样的事。”他说。

“你们是让我来解决问题的，而人才是问题的关键。”乔布斯争论道。当董事会建议进行一项可能会耗时两个月的调研时，乔布斯爆发了。“你们疯了吗?!”他问。他默默地停顿了很久，然后继续说：“诸位，如果你们不愿这样做，我下周一就不回来上班了。因为我将面临成千上万个比这困难得多的决定要做，如果你们在这样的决定上都不支持我，我注定会失败。所以如果你们不批准，我就辞职，你们可以怪到我头上，你们可以说‘史蒂夫没准备好做这份工作’。”

第二天，经过与董事会磋商，伍拉德给乔布斯打电话。“我们准备批准这项计划，”他说，“但是一些董事会成员并不喜欢它。我们感觉好像你在拿枪顶着我们的脑袋。”最高层员工的期权被重新定价为13.25美元（乔布斯一份期权也没有），这是阿梅里奥被解雇当天的股票价格。

本应宣告胜利并感谢董事会，乔布斯却继续不满于必须向一个自己并不敬佩的董事会汇报。“停车吧，这样下去不行。”他告诉伍拉德，“这家公司岌岌可危，我没时间哄董事会开心，所以我需要你们全都辞职。要不然我就辞职，下周一不回来上班了。”只有一个人可以留下，他说，那就是伍拉德。

董事会大部分成员都大吃一惊。乔布斯还没承诺回来全职工作或是承担比“顾问”更多的角色，居然就觉得自己有权逼迫他们离开。然而，残酷的现实是，他的确有这个权力。他们无法忍受乔布斯愤然离开，况且，继续做苹果董事会成员的前景当时对他们来说也不是那么诱人。“在他们经历了那一切后，大多数人都很高兴终于得以解脱。”伍拉德回忆说。

董事会又一次默许了。他们只提了一个要求：可否除了伍拉德之外再多留一位董事？那样看起来好一些。乔布斯同意了。“那是个糟糕的董事会，是个可怕的董事会。”他后来说，“我同意留下埃德·伍拉德和一个叫张镇中（Gareth Chang）的家伙，那家伙没什么作为。他不算太差，就是个普通人。但是伍拉德是我见过的最棒的董事会成员。他是个杰出的人，是我遇到过的最可信赖的、最明智的人之一。”

在被要求辞职的人中，还有迈克·马库拉。1976年，作为一个年轻的风险投资家，他造访了乔布斯的车库，爱上了工作台上那台新生的计算机，提供了25万美元的贷款，成为第三个合伙人以及新公司三分之一股权的所有者。在之后的20年间，他一直是董事会成员，迎来送往了很多位CEO。他曾经是乔布斯的支持者，但是也跟他暴发过冲突，最显著的一次就是1985年的紧要关头，他站在了斯卡利一边。现在乔布斯回归，他知道，自己离开的时间到了。

乔布斯可以很尖刻冷漠，尤其是对惹怒他的人，但他对那些早年跟他并肩作战的人也会很有感情。沃兹尼亚克当然就属于这一类，虽然他们后来各奔东西；还有安迪·赫茨菲尔德和Mac团队的其他一些人。最终，迈克·马库拉也被归到了这一类。"我曾深感遭到背叛，但是他就像我的父亲，我一直都很在乎他。"乔布斯后来回忆说。因此，当要让马库拉从苹果董事会辞职时，乔布斯一个人开车去他在伍德赛德山间城堡一样的豪宅，亲自向他说明。如往常一样，他建议出去散步。他们带着野餐桌踱步到一片红杉林。"他告诉我他想要一个新的董事会，因为他想从头开始，"马库拉说，"他担心我会难以接受，我没有，他才松了口气。"

接下来的时间，他们探讨了苹果未来的发展重点。乔布斯雄心勃勃地想建立一家可以长盛不衰的公司，他问马库拉如何实现。马库拉回答说，长盛不衰的公司都知道如何重塑自我。惠普就是在不断这样做：它以生产小仪器起家，后来成为生产计算器的公司，再后来成为生产计算机的公司。"苹果在个人电脑领域被微软挤出了局。"马库拉说，"你必须重塑公司，做点儿其他东西，比如其他消费品或电子设备。你必须化蛹成蝶，完成彻底的蜕变。"乔布斯没多说什么，但是他同意这一观点。

原董事会在7月底开会，批准换届。绅士风范的伍拉德看到乔布斯穿着牛仔裤、运动鞋来参加会议，不禁略为吃惊，而且他担心乔布斯会责怪原董事会成员把事情搞砸了。但是乔布斯只愉快地说了声“嗨，大家好”，他们就开始投票接受辞职，把乔布斯选入董事会，还授权伍拉德和乔布斯寻找新的董事会成员。

不出所料，乔布斯的第一个人选是拉里·埃利森。埃利森说他愿意加入，但他讨厌参加会议。乔布斯说他只要来参加一半的会议就行。（过了一阵子，埃利森就只参加三分之一的会议了。乔布斯找来一张埃利森被《商业周刊》登在封面的照片，放大到真人大小，贴在一块硬纸板上，放在他的椅子上。）

乔布斯还找来了比尔·坎贝尔。他曾经在20世纪80年代初负责苹果的市场部，然后卷入了斯卡利和乔布斯的斗争，最后站在了斯卡利一边，但是后来他变得特别讨厌斯卡利，因而乔布斯原谅了他。他现在是Intuit公司的CEO，也是经常跟乔布斯一起散步的朋友。“我们坐在他家后院，”坎贝尔回忆说，他就住在离乔布斯在帕洛奥图的家5个街区远的地方，“他说他要回苹果了，希望我加入董事会。我说：‘天啊，我当然愿意。’”坎贝尔曾在哥伦比亚做过橄榄球教练，据乔布斯说，他的伟大天赋就是“可以让二流球员发挥出一流水平”。乔布斯告诉他，在苹果，他可以跟一流球员一起工作。

伍拉德帮忙请来了杰里·约克（Jerry York），约克曾经先后在克莱斯勒公司和IBM担任首席财务官。其他人选，乔布斯考虑后都否决掉了，其中包括梅格·惠特曼（Meg Whitman），当时是孩之宝公司（Hasbro）的儿乐宝事业部（Playskool）总经理，还曾经担任迪士尼的战略规划师（1998年，她成为eBay的CEO，后来竞选加州州长，但并未成功）。他们出去共进午餐，乔布斯又施展了他惯用的阅人即时二分法——不是天才就是笨蛋；惠特曼最后没有被他归到天才那一类。“我觉得她就像根电线杆子一样木。”他后来说，当然这并不准确。

这些年来，乔布斯请到很多优秀的领导者加入苹果董事会，包括美国前副总统阿尔·戈尔（Al Gore）、谷歌的埃里克·施密特（Eric Schmidt）、基因泰克（Genentech）的亚瑟·莱文森（Art Levinson）、GAP和J. Crew公司的米奇·德雷克斯勒（Mickey Drexler），以及雅芳（Avon）的钟彬娴（Andrea Jung）。他一直确保他们是忠诚的，即使是对错误的忠诚。虽然他们都身居要职，但是有时他们似乎对乔布斯满心敬畏，而且很渴望取悦他。

他一度邀请美国证券交易委员会前主席亚瑟·莱维特（Arthur Levitt）加入苹果董事会。莱维特很激动，他在1984年就买了他的第一台Mac电脑，沉迷于苹果电脑并以此为荣。他兴奋地造访库比蒂诺，跟乔布斯讨论他的角色。可是之后乔布斯看到了一篇莱维特关于公司治理的演讲，其中的观点是董事会应该承担强势而独立的角色，乔布斯因此给他打电话收回了邀请："亚瑟，我想你在我们董事会里不会快乐，我想我们最好不要邀请你了。"莱维特说乔布斯当时这样告诉他："坦率地讲，我认为你提出的那些观点，虽然对有些公司合适，但确实不适合苹果的文化。"莱维特后来写道："我很受打击……很显然，苹果的董事会不是为了独立于CEO行事而设计的。"

波士顿Macworld大会，1997年8月

员工们收到了宣布苹果股票期权重新定价的备忘录，上面是这样签署的——"史蒂夫和管理层"。很快，众人皆知他在主持公司所有的产品评估会议。再加上其他一些乔布斯在深度参与苹果业务的迹象，7月苹果的股票价格就被从13美元推升到20美元。1997年8月，苹果的忠实拥护者聚集在波士顿的Macworld大会，现场极其火爆。超过5 000人早来了好几个小时，涌进公园广场酒店的城堡会议厅，等

待乔布斯的主题演讲。他们要亲眼见证他们的英雄归来，也要看看他是否真的准备好再次成为他们的引路人。

当乔布斯 1984 年的照片出现在头顶的大屏幕上时，观众爆发出热烈的欢呼。“史蒂夫！史蒂夫！史蒂夫！”甚至是主持人还在介绍他的时候，人们就开始呼喊。当他最终跨上舞台——穿着黑色背心、无领白衬衫、牛仔裤，带着顽皮的微笑，现场的尖叫声和闪光灯组成的场景堪比任何摇滚明星的出场。他首先提醒了观众他的正式职务。“我是史蒂夫·乔布斯，皮克斯的主席和 CEO。”他这样自我介绍，大屏幕上还播放了一页幻灯片予以展示说明。现场稍微安静了下来。然后他解释了自己在苹果的角色。“我和其他很多人一样，在一起努力帮助苹果更加健康起来。”

但当乔布斯在舞台上走来走去，用手中的遥控器播放着头顶屏幕上的幻灯片时，显而易见他现在掌管着苹果的大权——而且很可能会一直如此。他的演讲细致入微，不用讲稿，并解释了为什么苹果的销售额在过去的两年间下滑了 30%。“苹果有很多出色的人才，但是他们在做错误的事情，因为计划本身就错了。”他说，“我发现很多人迫不及待地想去支持一个好的发展战略，但这样的战略没有出现。”观众又爆发出尖叫、口哨和欢呼声。

在他演讲的过程中，他的热情越来越强烈地奔涌而出，当说到苹果应该怎么做时，他开始说“我们”和“我”——而不是“他们”。“我认为你们要买苹果电脑时要用独特的思维方式。”他说，“买苹果电脑的人就是有与众不同的思维方式。他们代表了这个世界的创新精神，他们要去改变世界。我们为这种人制造工具。”当他强调那个句子中的“我们”时，双手环成杯形，手指点着自己的胸脯。然后，在结束语中，当他谈到苹果的未来时也一直在强调“我们”这个词。“我们也要用不同的思维方式，为那些从开始就购买我们产品的人服务。因为很多人认为他们是疯子，但是在那种疯狂中我们看到了天才。”全场掌声雷动，人们都站起来，满怀敬畏地互相看着，有人还在擦拭脸上的泪水。乔布斯清楚地表明，他和苹果的“我们”是一体的。

微软合约

1997 年 8 月，乔布斯在 Macworld 大会上演讲的高潮部分是一个出人意料的公告，并同时登上了《时代》和《新闻周刊》的封面。在演讲即将结束时，他停顿了一下，喝了口水，用平缓些的语气说：“苹果生存在一个生态系统里，它需要其他伙伴的帮助。在这个行业里，破坏性的关系对谁都没有好处。”为了渲染效果，他又停顿了一下，然后解释道：“我要宣布我们今天新的合作伙伴之一，是一个意义重大的合作伙伴，它就是微软。”微软和苹果的标识同时出现在屏幕上，观众们顿时惊呆了。

苹果和微软已经在各种版权和专利问题上争斗了 10 年，最令人瞩目的就是微软是否剽窃了苹果图形用户界面的外观和感觉。1985 年乔布斯刚被苹果解职，约翰·斯卡利就签订了一个投降条约：微软可以在 Windows 1.0 上使用苹果的图形用户界面，作为回报，微软保证两年内 Excel 只用于 Mac。1988 年，微软推出 Windows 2.0 之后，苹果提起诉讼。斯卡利声称 1985 年的合约不适用于 Windows 2.0，而且后来微软对 Windows 所做的改进（例如抄袭比尔·阿特金森发明的窗口“截取”算法）更是赤裸裸的侵权。到 1997 年，苹果已经输掉了那场官司及若干上诉，但是旧诉讼的余波和新诉讼的威胁一直存在。另外，克林顿总统的司法部也正准备对微软发起大规模的反垄断诉讼。乔布斯把首席检察官乔尔·克莱因（Joel Klein）请到帕洛奥图。喝咖啡的时候，乔布斯告诉他，不要急着从微软收取巨额罚款，只要让他们陷在官司里就行。那样就会给苹果一个机会绕过微软"迂回进攻"，开始提供有竞争力的产品，乔布斯解释说。

在阿梅里奥时期，微软跟苹果已经全面摊牌。微软拒绝给未来的Mac操作系统开发Word和Excel，这可能会毁了苹果。替比尔·盖茨说句话，他并不只是简单的小心眼儿。可以理解，他会犹豫要不要投入地为未来的Mac操作系统做开发，因为似乎没有人（包括处于变化中的苹果领导层在内）知道那个新的操作系统会是什么样子。就在苹果收购NeXT以后，阿梅里奥和乔布斯一起飞去拜访微软，但是盖茨当时难以判断他们两个谁做主。几天以后他私下给乔布斯打电话。"嗨，这他妈是怎么回事，我是要把我的应用软件放在NeXT操作系统上吗？"盖茨回忆当时自己这样问道。乔布斯说了些"吉尔是自以为是"的话，盖茨回忆道，然后乔布斯暗示说局面很快就会明朗起来。

阿梅里奥的革职让领导权的问题得以部分解决，这时乔布斯首先打电话给盖茨。乔布斯回忆说：

> 我给比尔打电话说，我会扭转这个局面。比尔一直都对苹果狠不起来。是我们让他进入了应用软件领域。微软的第一批应用软件就是为Mac开发的Excel和Word。所以我给他打电话说"帮个忙"。微软当时在侵犯苹果的专利。我说，如果我们继续打官司，几年以后我们可以赢得10亿美元的专利罚金。这一点你知我知。但是如果那样的话，苹果反而撑不到那个时候。所以让我们想想如何立即解决这个争端。我所需要的就是微软承诺继续为Mac开发软件，并且微软要向苹果投资，这样微软也能从苹果的成功中获益。

当我向盖茨复述乔布斯的话时，他确认内容非常准确。"我们有一群人愿意做 Mac 的东西，而且我们喜欢 Mac。”盖茨回忆说。他已经跟阿梅里奥谈判了 6 个月，而提案越来越长、越来越复杂。“这时史蒂夫进来说，嗨，那个交易太复杂了。我想要一个简单的。我想要个承诺，我想要笔投资。于是我们 4 个星期就搞定了。”

盖茨和他的首席财务官格雷格·马菲（Greg Maffei）一起到帕洛奥图去设计合作框架，之后的下一个周日，马菲自己来处理细节。当他来到乔布斯家时，乔布斯从冰箱里拿了两瓶水，然后带马菲出去在帕洛奥图周围散步。他们都穿着短裤，乔布斯还光着脚。当他们在一座浸礼会教堂前坐下时，乔布斯直入主题。“我们只关心两件事。”他说，“一个为 Mac 开发软件的承诺和一笔投资。”

虽然谈判进展很快，但是直到乔布斯在波士顿的 Macworld 大会做演讲前几个小时，合同的最终细节才得以确定。他在公园广场酒店城堡会议厅彩排时，手机响了。“嗨，比尔。”他说，他的声音在古老的礼堂回响。然后他走到一个角落里，小声说话以防别人听见。这通电话打了一个小时。最后，剩下的几个问题都解决了。“比尔，感谢你对这家公司的支持。”穿着短裤的乔布斯蹲在那儿说，“我想世界因为有它会变得更好。”

在 Macworld 大会的主题演讲中，乔布斯介绍了跟微软合作的细节。一开始，那些忠实的苹果拥护者还发出叹息和嘘声。尤其让他们伤心的是乔布斯宣布，作为和平条约的一部分，“苹果决定把 IE 作为 Mac 的默认浏览器”。全场嘘声一片。乔布斯迅速补充道：“由于我们提倡选择自由，我们也会提供其他浏览器，用户当然可以随心所欲地更改默认设置。”台下爆发出一些笑声和零星的掌声。观众的反应开始转变，特别是当他宣布微软将向苹果投资 1.5 亿美元换取无投票权的股份。

然而现场舒畅的气氛一下子被打乱了，因为乔布斯犯了一个错误，一个在他的舞台生涯中很少出现的视觉效果和公共关系方面的失误。“今天我恰巧有位卫星连线的特殊客人——”他说，然后突然间，比尔·盖茨的脸出现在巨幅屏幕上，赫然耸现在乔布斯和整个礼堂面前。盖茨的脸上露出淡淡的微笑，抑或是傻笑。观众全都惊得目瞪口呆，紧接着嘘声和倒彩声响成一片。那个场景真是“1984 老大哥”广告的残酷再现，你甚至会预计（或希望）一个女运动员会突然从过道跑出来，扔出锤子正中目标，让那画面消失掉。

但那的确不是广告，对现场的嘲讽毫不知情的盖茨在位于西雅图的微软总部开始连线讲话。“在我的职业生涯中做过的最令人兴奋的一些工作，就是跟史蒂夫在 Mac 上的合作。”他缓慢而庄重地说，声音尖细而单调。当他接下去开始兜售为 Mac 开发的新版微软 Office 软件时，观众安静下来，之后似乎开始慢慢地接受了这个新的世界秩序。当盖茨说到新的 Mac 版 Word 和 Excel“在很多方面会比我们给 Windows 平台开发的版本更先进”时，甚至还得到了一些掌声。

乔布斯意识到盖茨的脸笼罩在他和观众们的头顶是个错误。“我本想让他来波士顿。”乔布斯后来说，“那是我有史以来最糟糕、最愚蠢的舞台设计。说它糟糕，是因为那让我看起来很渺小，让苹果看起来很渺小，而似乎一切都掌握在比尔的手中。”当盖茨看到此次活动的录像时，同样也觉得很尴尬。“我并不知道我的脸在屏幕上会显得那么夸张。”他说。

乔布斯试图用一段即兴演讲来安抚观众。“如果我们想进步并看到苹果好起来，我们必须放弃一些东西。”他对观众说，“我们必须放弃这种‘如果微软赢，苹果就必须输’的观念……我想，如果我们想在 Mac 上使用微软 Office，我们最好还是对开发它的公司表达一点儿谢意。”

微软的公告加上乔布斯的激情回归，给苹果打了一针强心剂。当天的股市交易结束时，苹果股价飙升 6.56 美元——涨幅 33%，收盘于 26.31 美元，是阿梅里奥辞职当天股价的两倍。这一天的暴涨让苹果的市值增加了 8.3 亿美元。公司从死亡边缘走了出来。

第二十五章　非同凡想

iCEO 乔布斯

致疯狂的人

李·克劳是Chiat/Day广告公司的创意总监，正是他为Mac电脑上市打造了震撼的广告片——“1984”。1997年7月初的一天，他正驾车行驶于洛杉矶，这时车载电话响了，是乔布斯打来的。“嗨，李，我是史蒂夫，”乔布斯说，“你猜怎么着？阿梅里奥刚刚辞职了。你能过来一趟吗？”

苹果当时正在挑选新的广告代理商，而乔布斯还没有看到满意的。所以他希望克劳和他的公司（当时已经更名为TBWA\Chiat\Day）来参与竞争。“我们必须证明苹果仍然生机勃勃，”乔布斯说，“而且它仍然代表着与众不同。”

克劳说他不参与广告比稿。“你知道我们的水平。”他说。然而乔布斯开始恳求，他说很难拒绝其他参与比稿的广告代理——包括BBDO和阿诺国际传播（Arnold Worldwide）——而直接起用“老关系”。克劳于是同意带一些创意脚本飞到库比蒂诺。回忆当年的那一幕，乔布斯潸然泪下：

> 想到这件事就会让我哽咽，真的让我哽咽。显然，李还是那么爱苹果。他不愧是最棒的广告人。当时他已经10年没有比过稿了。可他来了，他把他的心都掏出来了，因为他和我们一样爱苹果。是他和他的团队带来了这个无与伦比的创意——“非同凡想”（Think Different），比其他人的要好上10倍。我激动得说不出话来，现在一想到这个，我还是忍不住流泪：李那么在乎苹果，还有他那个棒极了的“非同凡想”。每当我发现自己身处一种纯粹——一种精神与爱的纯粹之中，我就会忍不住掉眼泪。这感觉就这么撞进了我的心，一下子抓住了我。当时就是这样。那种纯粹，我永远都不会忘记。他坐在我的办公室里给我看那些创

意，我就忍不住哭了。每次一想到这个，我还是忍不住要哭。

乔布斯和克劳一致认为苹果是世界上最伟大的品牌之一——如果加上感情因素可能排进前五名——但是需要让大家意识到它的与众不同之处。所以他们想要一个品牌形象宣传，而不是一系列突出产品的广告。其创意目的并不是赞美计算机可以做什么，而是赞美富有创造力的人们在计算机的辅助下可以做什么。“这不是在说处理器速度或者内存，”乔布斯回忆说，“而是在说创造力。”它的目标受众不仅仅是潜在的顾客，还包括苹果自己的员工。“我们苹果的员工已经忘记了自己是谁。要回想起你是谁，方法之一就是要想起你的偶像是谁。这就是那次宣传活动的缘起。”

克劳和他的团队尝试了很多种方式去赞美那些“非同凡想”的“狂人”。他们用席尔（Seal）的歌曲《疯狂》（“若不疯狂，便会灭亡……”）做了一段视频，但是没能拿到这首歌的版权。之后他们又尝试了各种版本，用过美国诗人罗伯特·弗罗斯特（Robert Frost）朗诵《未选之路》（The Road Not Taken）的录音，也用过罗宾·威廉姆斯（Robin Williams）在《死亡诗社》（*Dead Poet's Society*）中的演讲录音。最终他们决定，需要撰写原创的广告词，于是他们开始写初稿，开头就是：“致疯狂的人……”

乔布斯一如既往地要求严格。当克劳的团队飞过去给他看一个版本的广告词时，乔布斯冲着年轻的广告撰稿人爆发了。“这是狗屎！”他咆哮着，“这是广告公司制造出来的垃圾，我恨它！”这是那位年轻的撰稿人第一次见乔布斯，他站在那儿哑口无言。后来他再也没有去见过乔布斯。但是那些能勇敢面对乔布斯的人——包括克劳和他的同事肯·西格尔（Ken Segall）以及克雷格·谷本（Craig Tanimoto）——成功地跟他一起创作了一段朗朗上口的广告词。在最初的60秒版本中，读起来是这样的：

> 致疯狂的人。他们特立独行。他们桀骜不驯。他们惹是生非。他们格格不入。他们用与众不同的眼光看待事物。他们不喜欢墨守成规。他们也不愿安于现状。你可以认同他们，反对他们，颂扬或是诋毁他们。但唯独不能漠视他们。因为他们改变了寻常事物。他们推动人类向前迈进。或许他们是别人眼里的疯子，但他们是我们眼中的天才。因为只有那些疯狂到以为自己能够改变世界的人……才能真正改变世界。

乔布斯认同其中的全部情绪，还亲自撰写了包括“他们推动人类向前迈进”的几句话。到8月初Macworld大会在波士顿召开时，他们已经有了一个初步的版本，他向自己的团队进行了展示。他们都认为它还不够完善，但乔布斯在他的主题演讲中用上了这些概念以及“非同凡想”这个短语。“一个绝妙的理念正在萌芽，”他说，“苹果品牌代表的是那些跳出固有模式进行思考的人，那些想用计算机帮助自己改变世界的人。”

他们争论了语法问题：如果“非同”（different）是修饰动词“想”（think），那应该以副词的形式出现，即“想得不同”（think differently）。但是乔布斯坚持说他想要把“非同”当成名词来用，就像“think victory”（思考胜利）或“think beauty”（思考美丽）里的用法一样。同时，这也体现了一种口语用法，诸如“think big”（野心勃勃）这类短语。乔布斯后来解释说：“我们在推出它之前讨论了它的正确性。如果你想想我们要表达的意思，就知道它是合乎语法的。不是想‘同样的事’，而是想‘不同的事’。想一点儿不同的事，想很多不同的事，非同凡想。而‘想得不同’就表达不出我想要的意思。”

为了让人们联想到《死亡诗社》的精神，克劳和乔布斯想让罗宾·威廉姆斯朗读这段旁白。威廉姆斯的经纪人说威廉姆斯不做广告，于是乔布斯尝试直接给他打电话。他联系上了威廉姆斯的妻子，但她不让他直接和威廉姆斯通话，因为她知道乔布斯多么擅长说服别人。他们还考虑了玛雅·安吉洛（Maya Angelou）和汤姆·汉克斯。那年秋天，在一场比尔·克林顿出席的筹款晚宴上，乔布斯把总统拉到一边，请求他打电话给汉克斯，说服汉克斯来做这件事，但是总统“搁置否决”了这个请求。最终他们选定了理查德·德莱福斯（Richard Dreyfuss），他是位忠实的苹果迷。

除了电视广告，他们还创造了历史上最令人难忘的一系列平面广告。每则广告都有一个标志性历史人物的黑白肖像，除此之外只有角落里的苹果标识和广告语“非同凡想”。更酷的是，这些肖像都没有说明文字。其中有些人——爱因斯坦、甘地、列侬、迪伦、毕加索、爱迪生、卓别林、马丁·路德·金——很容易辨认，但是另一些就不那么容易叫出名字，需要加以猜测或询问别人那是谁：玛莎·葛莱姆（Martha Graham）、安塞尔·亚当斯、理查德·费曼（Richard Feynman）、玛利亚·卡拉斯（Maria Callas）、弗兰克·劳埃德·赖特、詹姆斯·沃森（James Watson）、阿梅莉亚·埃尔哈特（Amelia Earhart）。

这些人大多是乔布斯心目中的偶像。他们都富有创造力，敢于冒险，不惧失败，赌上自己的职业生涯去做与众不同的事情。作为一个摄影迷，乔布斯亲自参与照片筛选，确保为偶像们选到完美的肖像。“这张甘地的照片不对劲儿。”有一次他对克劳发火。克劳解释说，那张由摄影师玛格丽特·伯克－怀特（Margaret Bourke-White）拍摄的甘地在纺车边的著名照片，肖像版权归时代与生活图片社所有，不能被用于商业用途。于是，乔布斯给时代公司的主编诺曼·珀尔斯坦（Norman Pearlstine）打电话，软磨硬泡地让他破了一次例。他打电话给尤妮斯·施赖弗（Eunice Shriver），说服她的家族同意公开一张她哥哥鲍比·肯尼迪（Bobby Kennedy）在阿巴拉契亚山间旅行的照片，他很喜欢那一张；他还亲自跟吉姆·汉森（Jim Henson）的孩子们沟通，拿到了这位已故提线木偶剧演员的最合适的照片。

他同样给小野洋子打电话要一张她已故丈夫约翰·列侬的照片。她给他寄了一张，但那不是乔布斯最喜欢的。“在广告投放之前，我在纽约，去了一家我喜欢的日本小餐馆，并告诉她我会在那里。”他回忆说。当他到达时，小野洋子来到他面前。“这张好一些，”她说着，递给他一个信封，“我想我会见到你，所以我就随身带着这个。”这就是那张她和约翰拿着花一起坐在床上的经典照片。苹果最终使用的也正是这张照片。“我能看出来约翰为什么会爱上她。”乔布斯回忆说。

理查德·德莱福斯朗读旁白的效果很好。但是李·克劳有了另一个想法。如果乔布斯自己读这段画外音会怎么样？“你得明白，”克劳对他说，“你应该这样做。”于是，乔布斯坐进录音室，试录了几次，很快就完成了一条录音，大家都很喜欢。当时的想法是，如果用它，他们不会告诉大家是谁在说这些话，就像他们不给偶像们的肖像配说明文字一样。最终人们会猜出那是乔布斯。“使用你的声音，效果会非常强烈，”克劳说，“这是一种表明你再次拥有这个品牌的方式。”

乔布斯无法决定用自己的声音还是仍然用德莱福斯的版本。最后，到了广告必须提交给电视台的那晚，它将在《玩具总动员》的电视首映式上播出，这是个合适的时机。一如既往，乔布斯不喜欢被强迫做出决定。最后，他告诉克劳两个版本都发出去，这样他就可以思考到早上再决定。到了早上，乔布斯打电话告诉他们用德莱福斯的版本。“如果用我的声音，人们发现后会觉得那是关于我的广告。”他告诉克劳，“可那不是。那是关于苹果的。”

自从离开了苹果农场，乔布斯就把自己定义为一个反主流文化的孩子，这个定义也延伸到了苹果公司。在“非同凡想”和“1984”等广告中，他利用对苹果品牌的定位重申了自己的叛逆性格，尽管当时他已经是一个亿万富翁，这也让“婴儿潮”一代的其他人和他们的孩子纷纷效仿。“从他年轻时我第一次见到他，他就有无比强烈的直觉，知道他想让他的品牌对人们产生什么样的影响。”克劳说。

极少有其他公司或领导者——可能根本没有——敢于把他们的品牌跟甘地、爱因斯坦、马丁·路德·金、毕加索联系在一起。乔布斯能够鼓励人们定义自己——作为反企业的、富有创造性的、敢于创新的叛逆者，而且只通过使用什么电脑就实现了这种定义。“史蒂夫创造了科技行业唯一一个时尚生活品牌。”拉里·埃利森说，“人们会因为拥有某些品牌的汽车而骄傲——保时捷、法拉利、普锐斯，因为我开什么车能一定程度上说明我是什么样的人。人们对苹果的产品有同样的感受。”

从“非同凡想”宣传活动开始，乔布斯会在每周三下午跟他的主要代理商、营销部门和公关部门开三个小时的自由讨论会，探讨广告战略，这个惯例在乔布斯于苹果公司的岁月里一直延续了下去。“地球上再没有哪个 CEO 像史蒂夫一样对待市场营销，”克劳说，“每周三他都在审定新的电视广告、平面广告和广告牌。”会议结束时，乔布斯常常带克劳和他的两个同事——邓肯·米尔纳（Duncan Milner）和詹姆斯·文森特（James Vincent）——一起去苹果戒备森严的设计工作室看开发中的产品。“当他向我们展示正在开发的东西时，会变得激情澎湃。”文森特说。乔布斯在产品创造过程中就和营销专家们分享他的激情，可以确保他们制作的每一个广告中都灌输了他的情感。

iCEO

当“非同凡想”广告的制作接近尾声时，乔布斯自己想了些不同的事。他决定正式接手公司经营，至少是暂时性的。自从10周前阿梅里奥离职后，他一直都是头顶“顾问”名号的实际领导者，弗雷德·安德森只是名义上的临时CEO（interim CEO）。1997年9月16日，乔布斯宣布他将接手这个职务，临时CEO这一名称也自然被缩写成了iCEO。他的承诺显得没什么把握：不领薪水，也不签合同，但是他的行动没有丝毫踌躇。他掌管一切，唯我独尊。

那个星期，他把高层管理人员和员工召集到苹果的礼堂开会，会后给他们提供啤酒和素食野餐，庆祝他的新角色和公司的新广告。他穿着短裤，光着脚在园区走来走去，满脸胡茬儿。“我回来差不多10个星期了，工作非常辛苦。”他说，看起来疲惫但很坚定，“我们做的不是什么值得骄傲的事情。我们是在努力回到好产品、好营销和好分销这些最基本的东西上来。苹果已经忘了怎么把最基本的东西真正做好。”

接下来几个星期，乔布斯和董事会一直在寻找一位正式的CEO。有很多人选浮出水面——柯达的乔治·M.C.费希尔（George M. C. Fisher）、IBM的萨姆·帕尔米萨诺（Sam Palmisano）、Sun公司的埃德·赞德（Ed Zander），但是可以理解，如果乔布斯一直是个活跃的董事会成员，大多数人选都会对这份差事犹豫不决。据《旧金山纪事报》（*San Francisco Chronicle*）报道，赞德拒绝做候选人，因为他“不想让史蒂夫总是窥探他、质疑他的每一个决定”。有一次，乔布斯和埃利森捉弄了一个应聘该职位的愚蠢的计算机顾问，他们给他发了一封邮件说他被选中了，后来这事登在报纸上，而他们只是在戏弄他，搞得既好笑又尴尬。

到12月，很明显乔布斯的iCEO地位已经从过渡性的（interim）转变为无限期的（indefinite）。随着乔布斯继续管理公司，董事会悄悄搁置了CEO的遴选。“我回到苹果，在招聘机构的帮助下，花了将近4个月的时间，想要聘请一位CEO，”他回忆说，“但是他们没找到合适的人，所以我最终留了下来。苹果当时的糟糕状况无法吸引任何人才加盟。”

乔布斯面临的问题是，同时管理两家公司是极其艰难的。回想起来，他觉得自己的健康问题就是从那时候开始的：

> 很艰苦，非常艰苦，那是我一生中最糟糕的一段时间。我的家庭生活刚刚开始。我还有皮克斯。我早上7点上班，晚上9点回家，孩子们都已经睡了。我不能说话，是真的不能，我精疲力竭。我无法跟劳伦说话。我能做的事情只有看半个小时电视，浑身瘫软地坐在那里什么也干不了。我开着辆黑色的保时捷敞篷车在皮克斯和苹果之间奔忙，那差点儿要了我的命。我开始有肾结石。我会匆匆忙忙地赶去医院，医生给我屁股上打一针杜冷丁，我才能熬过去。

尽管这样的日程安排让乔布斯饱受折磨，但是他在苹果工作得越深入，就越发意识到自己无法离开。在1997年10月的一次计算机展销会上，迈克尔·戴尔（Michael Dell）被问到如果他是史蒂夫·乔布斯并接管了苹果会怎么做，戴尔回答说：“我会关闭公司，把钱还给股东。”乔布斯怒气冲冲地给戴尔发了封邮件。“CEO应该是有些档次的，”邮件中写道，“我能看得出，你不那么想。”乔布斯喜欢通过树敌来鼓舞他的团队——他对IBM和微软都这样做过——对戴尔也是如此。他召集管理层启动一个为制造和销售设计的按订单生产系统时，把迈克尔·戴尔的照片放大放在屏幕上，还在他脸上画了个靶子。“我们来找你麻烦了，老兄。”他说道。他的队伍一阵欢呼。

他的动力源泉之一就是要打造一家基业长青的公司。12岁那年，他在惠普公司做暑期兼职时就学习到，一家妥善经营的公司能够大量催生创新，远胜于任何一个有创造力的个人。"我发现有时最好的创新就是你组织一家公司的方式，"他回忆说，"如何建设一家公司，这整个概念都让人着迷。当我有机会回到苹果时我意识到，如果没有这家公司我就毫无价值，因此我决定留下来重新建设它。"

消灭兼容机

关于苹果的激烈争论之一，就是它是否应该更积极地把操作系统授权给其他电脑厂商，就像微软授权 Windows 那样。沃兹尼亚克从一开始就赞成这种做法。"我们有最漂亮的操作系统，"他说，"但是要想拥有这个系统你必须花双倍的钱来购买我们的硬件。那是个错误。我们本应做的，是计算一个合适的价格来授权这个操作系统。"艾伦·凯是施乐 PARC 中心的明星，他 1984 年加入苹果，也致力于实现 Mac 操作系统软件的开放授权。"软件人员总是要在多平台上工作的，因为你想让软件在各种机器上运行。"他回忆说，"同时，那也是一场重大的战役，很可能也是我在苹果输掉的最大一场战役。"

比尔·盖茨通过授权微软的操作系统正在建立起巨大的财富。1985 年，就在乔布斯被排挤出局的时候，盖茨敦促苹果也实现操作系统的对外授权。盖茨相信，即使苹果抢走一些微软操作系统的用户，微软还是可以通过为 Mac 及其兼容机的用户制作不同版本的应用软件来赚钱，例如 Word 和 Excel。"我绞尽脑汁让他们更积极地授权。"他回忆说。于是他给斯卡利发了一份正式的备忘录提出自己的理由。"这个产业发展到目前的阶段，如果没有其他个人电脑制造商的支持和信任，苹果已经不可能靠自己的创新技术去创造一个标准。"他在备忘录中提出，"苹果应该把 Mac 技术授权给 3~5 家主要的制造商，以推动'Mac 兼容机'的发展。"盖茨没有得到回复，因此他又写了第二份备忘录，推荐了一些适合制造 Mac 兼容机的公司，还加了一句："我将尽我所能帮助推进授权工作。请给我打电话。"

苹果一直拒绝把 Mac 的操作系统授权出去，直到 1994 年，CEO 迈克尔·斯平德勒允许了两家小公司——Power Computing 和 Radius——生产 Mac 兼容机。1996 年吉尔·阿梅里奥接管公司后，又增加了摩托罗拉。结果表明这是一个值得怀疑的商业战略：每卖出一台兼容机，苹果收取 80 美元的授权费，但是这些兼容机并没有让苹果扩大市场，反而挤压了苹果自己的高端计算机销售，而卖出一台苹果电脑的利润能达到 500 美元。

然而乔布斯反对兼容机项目还不仅仅是出于经济上的考虑，他打心眼儿里反感这种做法。他的核心原则之一就是硬件和软件应该紧密结合。他喜欢控制生活中的方方面面，而对计算机来说，唯一的方式就是制造全套设备，全方面负责用户体验。

因此一回到苹果，乔布斯就把消灭兼容机作为首要任务之一。1997 年 7 月，就在他协助解聘阿梅里奥几个星期后，新版的 Mac 操作系统发布，乔布斯不允许兼容机制造商升级到新系统。8 月，当乔布斯出现在波士顿 Macworld 大会现场时，Power Computing 总裁"国王"斯蒂夫·卡恩（Stephen "King" Kahng）组织了支持兼容机的抗议活动，并公开警告说，如果乔布斯不继续授权，Mac 操作系统只有死路一条。"如果平台关闭，这个系统就完了，"卡恩说，"彻底毁灭。这是死亡之吻。"

但乔布斯并不这么认为。他给伍拉德打电话，说他要把苹果从授权业务中解脱出来。董事会默许了这个决议，9 月他就跟 Power Computing 达成协议，付给对方 1 亿美元收回授权，而苹果可以使用对方的用户数据库。很快他也终止了对其他兼容机制造商的授权。"让其他公司在垃圾一样的硬件上使用我们的操作系统、蚕食我们的销售额，这简直是世界上最愚蠢的事情。”他后来说。

产品线评估

乔布斯的一个过人之处是知道如何做到专注。“决定不做什么跟决定做什么同样重要。”他说，“对公司来说是这样，对产品来说也是这样。”

一回到苹果，乔布斯就开始在工作中应用他的专注原则。有一天他在走廊里遇到一个年轻的沃顿商学院毕业生，他曾是阿梅里奥的助手，说他正在收尾以前的工作。“嗯，很好，因为我正需要人干点儿烦琐的工作。”乔布斯对他说。这个人的新任务是在乔布斯跟苹果的几十个产品团队开会时做记录，让各个团队介绍正在进行的工作，促使他们证明产品或项目有理由继续进行下去。

他还征用了一个朋友，菲尔·席勒（Phil Schiller）。席勒曾在苹果工作，但当时是在图形软件公司Macromedia。“史蒂夫会把团队叫到只有20个座位的会议室，但他们会来30个人，想要用PowerPoint展示一些史蒂夫根本不想看的东西。”席勒回忆说。因此乔布斯在产品评估过程中做的第一件事就是禁止使用PowerPoint。“我讨厌人们用幻灯片而不用脑子，”乔布斯后来回忆说，“每次遇到一个问题，他们就做幻灯片。我想让他们投入进去，当场拿出方案，而不是放一堆幻灯片。知道自己在说什么的人不需要PowerPoint。”

产品评估显示出苹果的产品线十分不集中。这个公司在官僚作风的驱动下对每个产品炮制出若干版本，去满足零售商的奇思怪想。“真是荒谬，”席勒回忆说，“无数的产品，大部分都是垃圾，由稀里糊涂的开发团队制造。”光是Mac就有很多个版本，每个版本都有不同的、让人困惑的编号，从1400到9600。“我让他们给我解释了三个星期，”

乔布斯说，“我还是搞不明白。”最后他干脆开始问一些简单的问题，比如：“我应该让我的朋友们买哪些？”

当无法得到简单的回答时，他就开始大刀阔斧地砍掉不同的型号和产品。很快他就砍掉了 70%。“你们是聪明人，”他对一个小组说，“不应该把时间浪费在这样的垃圾产品上。”很多工程师被他这种粗暴、严苛的手段激怒了，因为这样会导致大规模的裁员。但是乔布斯后来宣称，优秀的员工，包括有些项目被毙掉的员工，都赞成这种做法。“工程团队无比兴奋，”他在 1997 年 9 月的一次员工会议上说，“开完会，有一些产品刚被砍掉的人激动得一跳三尺高，因为他们终于明白了我们在朝哪个方向前进。”

几个星期过去了，乔布斯终于受够了。“停！”他在一次大型产品战略会议上喊道，“这真是疯了。”他抓起神奇的记号笔，走向白板，在上面画了一根横线一根竖线，做成一个方形四格表。“这才是我们所需要的。”他继续说。在两列的顶端，他写上“消费级”和“专业级”。在两行的标题处，他写上“台式”和“便携”。他说，他们的工作就是做四个伟大的产品，每格一个。“会议室里鸦雀无声。”席勒回忆说。

在 9 月的董事会上，乔布斯介绍这个计划时，现场同样鸦雀无声。“吉尔曾在每次会议上追着我们批准越来越多的产品，”伍拉德回忆说，“他一直在说我们需要更多产品。而史蒂夫来了以后说我们需要更少的产品。他给我们画了个四格矩阵，说这就是我们应该专注做的。”一开始董事会并不接受。他们告诉乔布斯这是在冒险。“我能成功。”他回答。董事会从来都没有投票赞成过这个新战略。但乔布斯说了算，他勇往直前。

结果是，苹果的工程师和管理人员突然高度集中在四个领域。专业级台式电脑，他们开发出了 Power Macintosh G3；专业级便携电脑，开发出了 PowerBook G3；消费级台式电脑，后来发展成了 iMac；消费级便携电脑，就是后来的 iBook。乔布斯后来解释说，字母“i”就是为了强调设备要和 Internet 结合得天衣无缝。

这意味着公司要退出其他业务领域，例如打印机和服务器。1997 年，苹果在销售 StyleWriter 彩色打印机，基本上就是惠普 DeskJet 的另一个版本。惠普通过卖墨盒赚走了大部分钱。“我不明白，”乔布斯在这个产品的评估会上说，“你们准备卖 100 万台却赚不到钱吗？真是疯了！”他站起来，离开会议室，给惠普的总裁打电话。咱们解除合约吧，乔布斯建议，我们会退出打印机业务，让你们自己做。然后他回到会议室宣布他们这一决定。“史蒂夫审视一番情况后，会立即知道我们需要从中脱身。”席勒回忆说。

乔布斯做的最高调的决定就是彻底扼杀“牛顿”项目，就是那个带有不错的手写识别系统的个人数字助理。乔布斯讨厌它，因为它是斯卡利最喜欢的项目，因为它不完美，也因为他讨厌手写设备。早在 1997 年年初他就试图让阿梅里奥砍掉它，但只成功地说服他解散了这个部门。到 1997 年年末，乔布斯做产品评估时，发现它还在。他后来这样描述这个决定：

> 如果苹果当时的处境没有那么危险，我可能会钻进去研究怎么改进它。我不信任这个项目的负责人。我强烈地感觉到它有真正优秀的技术，但是因为管理不善搞砸了。停掉它，我就解放了一些优秀的工程师，他们可以去开发新的移动设备。最终我们走对了路，做出了 iPhone 和 iPad。

这种专注力拯救了苹果。在乔布斯回归的第一年，他裁掉了 3 000 多人，扭转了公司的财务状况。到 1997 年 9 月乔布斯成为临时 CEO 时，之前的一个财政年度苹果已经亏损 10.4 亿美元。“我们离破产不到 90 天。”他回忆说。在 1998 年 1 月旧金山的 Macworld 大会上，乔布斯登上了一年前阿梅里奥当众出丑的舞台。他留着络腮胡子，穿着皮夹克，讲述着新的产品战略。在结束演讲时，他第一次使用了后来变成他标志性结束语的那句话："噢，还有一件事……"这一次，"还有一件事"就是"考虑利润"（Think Profit）。当他说出这句话时，观众席爆发出了热烈的掌声。在经历了两年的巨额亏损后，苹果终于在该季度赢利，获得了 4 500 万美元利润。1998 年整个财年，苹果实现了 3.09 亿美元的盈利。乔布斯归来，苹果归来。

第二十六章　设计原则

乔布斯和艾夫的工作室

2002 年，乔布斯与乔尼·艾夫

乔尼·艾夫

1997 年 9 月，乔布斯重返苹果公司出任 iCEO，他将高管层召集在一起进行动员讲话。在听众席上有一位细腻又充满热情的英国人——乔纳森·艾夫（Jonathan Ive），30 岁，是苹果公司设计团队的主管。大家都叫他乔尼（Jony）。他当时正打算辞职，他受够了公司一心想要把利润最大化而疏于产品设计的做法，而乔布斯的讲话动摇了他辞职的念头。“我记得非常清楚，史蒂夫宣布我们的目标不仅仅是赚钱，而是制造出伟大的产品，”艾夫回忆道，“基于这一理念所做出的决策会与从前有本质的不同。”艾夫和乔布斯很快就一拍即合，成为他们那个时代最伟大的工业设计搭档。

艾夫在伦敦东北部的清福德镇长大。父亲是一名银匠，在当地的大学教授传统技艺。“他是一名极其出色的工匠，”艾夫回忆道，“他给我的圣诞礼物就是带我到学校工作坊里度过一天。圣诞节假期时学校里没有人，他会帮我做我想要的任何东西。”但前提是，乔尼必须把想要做的东西亲手画出来。“我一直都很欣赏手工制品的美。我开始意识到对产品付出的心血至关重要。我最无法忍受的就是从产品中感觉出草率的态度。”

艾夫进入了纽卡斯尔理工学院（Newcastle Polytechnic）学习，并利用业余时间和暑假在一家设计顾问公司工作。他曾经设计了一支钢笔，笔帽上有一个可以拨弄的小球，让使用者和钢笔建立有趣的“情感互动”。他的毕业设计是一套麦克风和听筒，由单一的白色塑料制成，用于和有听力缺陷的儿童交流。艾夫的公寓里摆满了泡沫模型，这些模型帮助他获得了更完美的设计。此外，他还设计过一台自动取款机和一款流线型电话机，这两个作品都曾获得英国皇家艺术学会奖（Royal Society of Arts）。和其他设计师不同，他不仅能勾画出精美的草图，还关注工程学以及内部元件的工作原理。大学时期，乔尼在使用 Mac 做设计时突然开窍了。“我开始了解 Mac，并且觉得我和制造这个产品的那群人在冥冥之中有种联系。”他回忆道，“我突然理解了公司是什么，或者说‘应该是什么’。”

毕业之后，艾夫和他人合伙在伦敦成立了一家名为橘子（Tangerine）的设计公司，并和苹果公司签订了咨询合同。1992 年，乔尼移居到加州的库比蒂诺，开始在苹果公司的设计部门工作。1996 年，这一年恰好是乔布斯回归前夕，乔尼成为设计部门的主管，却很不开心。阿梅里奥并不看重设计。“没有那种为产品付出心血的感觉，因为我们都在努力扩大利润，”艾夫说，“这些高管只要求我们这些设计师设计产品应有的外观，然后工程师再把成本压到最低。我准备辞职了。”

直到乔布斯重新接管苹果之后讲了那一番鼓舞人心的话，艾夫才决定留下来。但起初乔布斯打算从外面招聘一个世界级的设计师，他找过 IBM ThinkPad 笔记本的设计师理查德·萨珀，还有设计过法拉利 250 和玛莎拉蒂 Ghibli 一代跑车的乔吉·乔治亚罗（Giorgetto Giugiaro）。后来他去苹果的设计工作室走了一圈，决定跟和蔼热情、为人诚实的艾夫成为搭档。“我们讨论了产品在形式和材料方面的种种可能，”艾夫回忆道，“我们的看法一致。我突然明白了自己为什么会爱上这家公司。”

最初，艾夫是向乔恩·鲁宾斯坦汇报，鲁宾斯坦是乔布斯指派的硬件部门主管，但是艾夫后来和乔布斯发展成了一种直接的、异常牢固的伙伴关系。他们开始定期一起吃午餐，而乔布斯每天下班之前都要去艾夫的设计工作室聊一聊。“乔尼的身份很特殊，”乔布斯的妻子鲍威尔说，“他常来我们家玩，两家人之间的关系也变得更亲密。史蒂夫从来不会故意伤害他。在史蒂夫的生活中，大多数人都是能够被替代的，但乔尼不可替代。”

乔布斯随后向我表达了他对乔尼的尊敬：

乔尼给苹果公司乃至全世界带来的改变是巨大的。在各方面他都是一个极聪明的人。他懂得商业概念和营销概念，接受新事物的速度很快。他比其他任何人都更为理解苹果公司的核心理念。乔尼是我在公司里的“精神伴侣”。大多数产品都是我们一起构想出来的，然后我们会再把其他人拉进来，问他们：“嘿，你们觉得怎么样？”对每一个产品，他既有宏观见解，又能考虑到细枝末节。他明白，苹果是一家注重产品的公司。他不仅仅是一个设计师，这也就是他向我直接汇报工作的原因。他是整个公司里除我之外最有运营权力的人，任何人都无权干涉他做什么或不做什么。这也是我的意图。

和大多数设计师一样，艾夫喜欢分析某个特定设计背后的理念以及如何一步步地构思出这个设计。对乔布斯来说，他的判断更注重直觉。他会明确地指出自己喜欢的模型和草图，放弃那些不喜欢的。而艾夫接下来会按照乔布斯的思路和喜好，进一步完善设计理念。

艾夫的偶像是为博朗电器公司工作的德国工业设计大师迪特尔·拉姆斯。拉姆斯崇尚的设计理念是“少而优”（Weniger aber besser）。同样，乔布斯和艾夫也在为如何能让每一个新设计变得简洁而绞尽脑汁。自从在第一本苹果手册里宣称“至繁归于至简”以来，乔布斯就以追求简洁为目标。追求简洁不是要忽视复杂性，而是要化繁为简。“要把一件东西变得简单，还要真正地认识到潜在的挑战，并找出漂亮的解决方案。”他说，“这需要付出很大努力。”

在艾夫这里，乔布斯终于找到了“灵魂伴侣”。他要的是真正意义上的简洁，而不是表面功夫。有一次，艾夫坐在他的设计工作室里，表达了他对简洁的看法：

为什么我们认为简单就是好？因为对一个有形的产品来说，我们喜欢那种控制它们的感觉。如果在复杂中有规律可循，你也可以让产品听从于你。简洁并不仅仅是视觉上的，也不仅仅是把杂乱无章的东西变少或抹掉，而是要挖掘复杂性的深度。要想获得简洁，你就必须要挖得足够深。打个比方，如果你是为了在产品上不装螺丝钉，那你最后可能会造出一个极其烦琐复杂的东西。更好的方式是更深刻地理解"简洁"一词，理解它的每一个部分，以及它是如何制造的。你必须深刻地把握产品的精髓，从而判断出哪些不重要的部件是可以拿掉的。

这就是乔布斯和艾夫一致认同的基本原则。设计不仅是关于产品的外观，而且必须要反映出产品的精髓。"在大多数人看来，设计就和镶嵌工艺差不多，"乔布斯在重新接管苹果后对《财富》杂志说，"但是对我而言，'设计'一词绝无任何引申含义。设计是一个人工作品的核心灵魂，并最终不断地由外壳表达出来。"

这样一来，苹果公司的产品设计过程就和工程及制造结合到了一起。艾夫这样描述苹果 PowerMac 的一个系列："只要不是绝对必需的部件，我们都会想办法去掉，"他说，"为达成这一目标，就需要设计师、产品开发人员、工程师以及制作团队的通力合作。我们一次次地返回到最初，不断问自己：'我们需要那个部分吗？我们能用它实现其他四部分的功能吗？'"

乔布斯和艾夫在法国的一家厨具店闲逛时，悟出了产品设计、产品本质和产品制造这三者之间的联系。艾夫看中了一把刀，把它拿起来，但很快就失望地放下了。乔布斯也是同样。"我们都发现了刀把和刀片之间有一丝胶粘的痕迹。"艾夫回忆道。他们后来讨论了好的设计是怎么被制造给毁了的。"我们都不愿去想，自家的刀是被粘接起来的。”艾夫说，“史蒂夫和我都很看重这种问题，这种设计会破坏作为一件厨具应有的纯粹和本质，我们的想法很一致，就是如何让我们的产品看起来纯粹且浑然天成。”

对大多数公司来说，设计是被工程技术引领的。工程师们制定产品的规格和要求，然后设计师们再据此设计模型和外壳。但对乔布斯来说，这个过程截然不同。在苹果公司创立之初，乔布斯首先确定了Mac电脑的外壳，工程师们才依此制造合适的主板和元件。

在乔布斯被迫退出之后，这一过程又变成了以工程师为主导。“在史蒂夫回来之前，工程师会指着处理器硬盘说‘这些是内部元件’，然后设计师们会想办法把这些部件装进外壳，”苹果公司的营销副总裁菲尔·席勒说，“按这种方式来做，你只会得到糟糕的产品。”但是当乔布斯回来与艾夫成为搭档之后，天平又向设计师这一端倾斜了。“史蒂夫一直在影响着我们，设计是我们的成功之道。”席勒说，“设计师再次主导工程师了，而不是‘反之’。”

双方偶尔也会出现争执。比如，乔布斯和艾夫坚持在iPhone 4的边缘使用拉丝铝材料，而工程师担心这会造成天线信号不佳（详见第三十九章）。但在通常情况下，苹果产品——包括iMac、iPod、iPhone和iPad——的独特设计让苹果与众不同，并在乔布斯回归后的几年里走上了巅峰。

工作室探奇

乔尼·艾夫所在的设计工作室位于苹果公司园区无限循环路2号楼的一层，掩映在染色玻璃窗和厚重的钢制大门之后。门口处有一张玻璃接待台和两名前台。除非特殊许可，否则即使公司高层也不被允许入内。我为完成本书与乔尼所做的大部分采访都是在别处进行的，不过在2010年的一个下午，他邀请我去他的工作室参观，并谈到了他和乔布斯是如何在这里合作的。

大门入口的左边是一组年轻设计师的工位；右边是一个类似洞穴的大房间，里面有6张长条钢桌，用来展示和试验设计中的产品。大房间的旁边是一间计算机辅助设计工作室，里面全都是工作站。再往里走的一个房间有几台铸型机，可以把电脑屏幕上的设计制成泡沫模型，另外还有一台机器人控制的喷漆机器，可以让模型看起来更逼真。银色的金属装潢让整个房间看上去空旷又富有工业气息。外面的树叶透过染色玻璃窗投下移动的光影，电子乐和爵士乐回荡在空气中。

当乔布斯身体状况尚佳而且不外出时，几乎每天，他都会和艾夫一起吃午餐，然后下午去工作室看一看。他一进门，就会查看几张桌子上那些正在设计的产品，看看它们是否符合苹果公司的发展战略，并亲手检查每一个产品的演进设计。通常都是他们两人单独相处，其他设计师见到了也会礼貌地和他们保持距离。如果乔布斯要处理具体的事情，他就会把负责机械设计的主管或者艾夫的助手叫过来。如果某些想法让他感到兴奋，擦出了有关企业战略的思想火花，他就会让首席运营官蒂姆·库克（Tim Cook）或者营销副总裁菲尔·席勒加入他们的讨论。按照艾夫的描述，这就是他们的工作常态：

> 在这间伟大的屋子里，你可以看到我们正在研发的所有产品。史蒂夫一进来，就会坐在其中一张桌子前。举例来说，假如我们正在设计一款新的iPhone，他就会搬个凳子坐在那儿，把玩桌上不同的模型，用手去感受它们，评价哪一个才是他最喜欢的。然后，我俩再一起去看其他桌子上的产品，看看那些产品设计的情况。他能够把握公司的全局，包括iPhone、iPad、iMac和笔记本电脑，以及其他我们正在考虑的产品。这可以让他看清公司的主要任务是什么，以及各种事物之间的联系。他会问："有意义

吗？它是否会让我们快速成长？”或者类似的问题。他能够看出事物之间的联系，这对一个大公司的管理者来说绝非易事。单凭桌上的模型，他就能看出公司在未来三年的发展。

在我们的设计过程中，对话占据了很大一部分。当我们在桌旁把玩模型的时候，有些对话是反复进行的。他不喜欢看复杂的图纸。他需要亲眼见到并感受这些模型。他是对的。当我发现我们做出的模型只是一堆垃圾时，我惊讶极了，虽然它们从计算机辅助设计的角度来讲是没有问题的。

他喜欢来这里，因为这里安静而温馨。如果你是一个注重视觉感受的人，你一定会觉得这里是天堂。这里没有一本正经的设计评价，所以也没有各种烦琐的表决。我们会顺利地做出决定。正因为我们每天都保持沟通，而且从来也没有死气沉沉的汇报，所以我们也没有大的分歧。

我前去拜访的那天，艾夫正在监督两款模型的制作，其中一个是为欧洲市场设计的新插头，另一个是为Mac电脑设计的连接线。几十个彼此之间只有细微差异的泡沫模型在喷漆之后被展示出来，等待检查。有些人会觉得奇怪，设计主管竟然会为这种工作操心烦恼，而乔布斯竟然也会如此。自从有了为Apple Ⅱ特制的电源，乔布斯就不仅仅关注工程部分，还关注此类部件的设计。他被列为MacBook配套的白色变压器及磁性连接器的专利人。事实上，截至2011年年初，乔布斯已成为美国212项专利的发明人之一。

艾夫和乔布斯对苹果产品的包装也相当痴迷，并申请了多项专利。比如，2008年1月1日，美国将D558572号专利授予了iPod Nano包装盒。一打开盒子，就会看到4张图片说明iPod是如何被放置进像摇篮一样的盒子里的。2009年7月21日，D596485号专利被授予了

iPhone 的包装盒——配有坚硬的上盖以及内部光滑的塑料小托盘。

早些时候，迈克·马库拉就教过乔布斯“灌输”这一招。要知道，人们会根据封面来评判一本书的好坏，同理，苹果产品漂亮的外部装饰和包装也能说明里面是个好产品。无论是 iPod Mini 还是 MacBook Pro，苹果用户都很享受这种感觉：打开精致的盒子，看到里面放置着迷人的产品。“史蒂夫和我在包装上花了很多时间，”艾夫说，“我很享受打开包装的过程。一旦拆包被设计成一种仪式般的程序，产品也就变得特殊起来。包装就像一座剧场，它能够制造故事。”

艾夫也有着艺术家的敏感天性，有时也会因为乔布斯抢了他太多风头而懊恼。多年来，乔布斯的这个习惯也让其他同事感到很不舒服。艾夫对乔布斯的个人情感有时过于强烈，所以很容易受伤。“他在得知我的一些想法之后说：‘不好，这个想法不怎么好，我更喜欢另一个。’”艾夫说，“然后我坐在听众席上听他阐述刚才的想法，说得就像他自己想出来的一样。我格外注重一个点子的出处，甚至会用笔记本记满我的各种点子。所以，当他把设计的功劳归于自己的时候，我觉得很受伤害。”当外面的人把乔布斯奉为苹果公司唯一的创意之源时，艾夫也会很生气。“这让公司显得很脆弱。”艾夫诚恳地说，不过语气变得缓和多了。随后，他话锋一转，肯定了乔布斯在公司里的真正角色。“在其他很多公司里，创意和杰出的设计常常会淹没在流程中。”他说，“如果不是史蒂夫在这里催促着我们，和我们一起工作，并且排除万难把我们的想法变成产品，我和我的团队想出来的点子肯定也早就灰飞烟灭了。”

第二十七章　iMac

“你好（又见面了）”

iMac

回到未来

乔布斯和艾夫搭档之后的第一个成功之作就是 iMac ——面向家用电子市场的台式计算机，它于 1998 年 5 月问世。此前，乔布斯对这个产品有明确的说明：它应该是一个一体化的产品，键盘、显示器和主机被组合到一个简单的装置中，从箱子里面拿出来就能用；而且设计要独特，要能体现品牌文化；价格定在 1 200 美元上下（当时苹果公司没有标价在 2 000 美元以下的计算机）。“他告诉我们，要回到 1984 年第一台 Mac 电脑那个设计理念，设计成一体式的消费电子产品。”席勒回忆道，“这就意味着设计部门和工程部门必须通力合作。”

最初的计划是开发一款“网络计算机”（network computer），这一概念得到了甲骨文公司的拉里·埃利森的支持，它特指一种廉价的、没有硬盘驱动器的终端，主要用来连接互联网和其他网络。但是苹果公司的首席财务官弗雷德·安德森认为，为了使产品动力更加强劲，还是要增设一个磁盘驱动器，这样它就可以成为一台正式的家用台式计算机。乔布斯最终采纳了他的建议。

负责硬件的部门主管乔恩·鲁宾斯坦决定给计划中的新机器采用苹果高端专业版电脑 PowerMac G3 的微处理器和内核，并安装了一个硬盘驱动器和一个光盘托盘。但是乔布斯和鲁宾斯坦做了一个大胆的决定——新机器不再配备普遍使用的软盘驱动器。乔布斯引用了冰球明星韦恩·格雷茨基（Wayne Gretzky）的名言：“要向着冰球运动的方向滑，而不是它现在的位置。”在当时他这个做法非常前卫，但是最终大多数计算机都取消了软盘驱动器。

艾夫和他的第一助理丹尼·柯斯特（Danny Coster）开始计划这种未来主义的设计。乔布斯不客气地否决了他们最初设计的几十个模型，然而艾夫知道怎么去温和地引导他。艾夫认同所有的模型都不完美，但是他指出了其中一个有希望的——曲线形的有趣外观，看上去也不像是一块钉在桌子上挪不走的板子。“它带着一种刚刚来到你桌上，又随时可能会飞到其他地方的感觉。”他这样告诉乔布斯。

在下一次展示之前，艾夫又完善了这个模型。这一次，乔布斯带着他那“不是杰作就是狗屎”的评判标准喊着说他喜欢。他带着泡沫模型在总部到处游走，充满信心地向他信赖的中层和董事会成员们展示。苹果公司一直在广告中宣传自身所做的一切都“非同凡想”，然而直到那时，也没有人提出过什么东西让苹果计算机与市面上的其他计算机相比多么与众不同。这一次，乔布斯终于有了新玩意儿。

艾夫和柯斯特提出要把机箱塑料外壳设计成海蓝色——之后这种颜色被命名为“邦迪蓝”（bondi blue），灵感来自澳大利亚的邦迪海滩。而且外壳是半透明的，你可以看到机器内部。“我们想要传递一种感觉，就是计算机能够根据我们的需求而改变，就像变色龙那样。”艾夫说，“这就是我们喜欢半透明的原因。虽然有固定的颜色，却又不呆板，可以一眼看到里面，有种调皮的感觉。”

无论是比喻还是现实，这种半透明都把内部的工程学构造和外壳设计联系在了一起。乔布斯一直坚持要让芯片整齐地排列在电路板上，即使它们不会被人们看到也要这么做。但现在，它们能被人看见了。通过这个半透明外壳，人们将能够看到乔布斯对产品的用心，而这种用心贯穿于所有元件的制造以及组装过程。这种有趣的设计将传达简约的理念，同时也体现出真正达到简约所需要的深度。

在这如此简约的塑料外壳中也蕴含着十足的复杂性。艾夫和他的团队与苹果公司在韩国的制造商合作，力求完善外壳的制作过程，他们甚至去了一家生产糖豆的工厂，学习如何把半透明色彩做得更富活力。每个外壳的成本超过60美元，是普通计算机外壳成本的3倍。换作其他公司，可能会就此进行专门论证，讨论半透明外壳是否能帮助提升销量，并证明额外的成本是值得的。但乔布斯不需要这种论证。

他们还在 iMac 外壳的顶部设计了一个内嵌的提手。它的趣味性和象征意义要大于其功能性。这是一台台式计算机，不会有什么人真会提着它到处走。但艾夫是这样想的：

> 当时，人们对科技产品还比较陌生。当你畏惧一样东西的时候，你不会去触碰它。我就看到我妈妈不敢碰计算机。所以我想，如果它上面有个提手，就能使一种关系变为可能。它是易于接近的，是与生俱来的，它允许你去触摸它。它使你觉得它与众不同。糟糕的是，要制造一个凹陷的提手要花费很多钱。这要是在以前的苹果公司，我的想法肯定会被否决。但让人惊喜的是，乔布斯第一眼看到它的时候就说了一句："这太酷了！"我没向他仔细解释为何要这样做，但他就是自然而然地领会了。他认为，这就是 iMac 友好及有趣的方面之一。

乔布斯还要面对制造工程部门的反对，这些反对者得到了鲁宾斯坦的支持。面对艾夫对美学的需求和"异想天开"，鲁宾斯坦提出了现实的关于成本的考虑。"当我们把做提手的建议提交给工程部门时，"乔布斯说，"他们提出了 38 种不能这么做的理由。然后我就说：'不，不，我就是要这么做。'然后他们问：'那么，为什么？'我回答道：'就是因为我是 CEO，我认为这么做没问题。'结果他们就这么不情愿地照做了。"

乔布斯还邀请 TBWA\Chiat\Day 广告公司的李·克劳和肯·西格尔一行人来到苹果，看看这里正在做的事情。他把他们带进戒备森严的设计工作室，并戏剧性地展示了艾夫设计的半透明的泪滴形外壳，看起来很像 20 世纪 80 年代一部电视动画片《杰森一家》（*The Jetsons*）里关于未来的场景。在那一瞬间，他们惊呆了。“我们非常震惊，但没人敢说出来。”西格尔回忆道，“我们的真实想法是：‘天哪，他们知道自己在做什么吗？’这简直太出格了。”乔布斯请他们给这台计算机起个名字。西格尔给出了5个，其中一个就是“iMac”。起初，乔布斯哪个都不喜欢，所以西格尔在一周后又拿出了一张列表，但是他说他的公司还是更倾向于“iMac”。乔布斯回答说：“现在我倒觉得这个名字不那么讨厌了，不过也算不上喜欢。”随后他试着把这个名字印在一些模型上，然后接受了它。iMac的名字由此诞生。

离iMac完工的日子越来越近了，乔布斯那传说中的坏脾气又冒了出来，尤其是遇到生产方面的问题时。在一次产品测评会上，他发现制造的进度变慢了。“他表现出令人恐惧的愤怒，而且是绝对纯粹的愤怒。”艾夫回忆道。乔布斯围着桌子走了一圈，从鲁宾斯坦开始，把在座的人都挨个儿骂了一顿。“知道吗，我们是在努力拯救公司，”他大喊，“而你们却要把它毁了！”

和当年的Mac团队一样，iMac团队也是跌跌撞撞地赶在发布会的前一刻完工了，但还是没能逃过“最后一劫”。在一次发布会预演中，鲁宾斯坦拿来两台赶制出的样机。在此之前，包括乔布斯在内，这里的所有人都没有见过最后的成品。乔布斯在台上看到，在机器的前方、显示屏的下方有一个按钮。他按了下按钮，CD托盘弹了出来。“这他妈是什么鬼东西?! ”他一点儿也不客气。“我们谁都没有说话，”席勒回忆说，“因为他当然知道那是CD托盘。”乔布斯继续责骂。他坚持说，这原本应该是一个干净利落的CD插槽，就像高档汽车里用的那种优雅的吸入式光驱。盛怒之下，他把席勒赶出了演讲厅。席勒于是向鲁宾斯坦求救。“史蒂夫，这就是当时我们讨论组件时我向你展示的光驱。”鲁宾斯坦解释道。“不，从来就没有什么CD托盘，只是一个CD插槽。”乔布斯坚持着。鲁宾斯坦也没有让步。乔布斯的愤怒一点儿都没有减弱。“我当时几乎要哭出来了，因为要做任何改变都为时已晚。”乔布斯后来回忆道。

他们停止了预演，接下来的那一刻，大家认为乔布斯似乎要取消整个产品发布会。“鲁比[1]看着我，就好像在说：‘我疯了吗？’”席勒回忆道，“这是我和乔布斯合作的第一个产品发布会，我也第一次明白了他的心态：如果有什么不对劲儿就干脆取消。”最终，他们达成了共识——在下一代 iMac 中把托盘式光驱变成带插槽的吸入式光驱。“只有确定了我们将尽快生产带插槽的光驱，我才可以放心地筹备发布会。”说到这里，乔布斯已经眼含泪水。

此外，他计划展示的一段视频也出现了问题。在这段视频中，乔尼·艾夫向大家讲解他的设计理念，并问大家：“你们认为‘杰森一家’应该拥有什么样的计算机？这在昨天看来遥不可及。”这时，会出现一个两秒的卡通片段——简·杰森正看着一个屏幕，接下来的两秒片段是杰森一家在圣诞树前“咯咯”地笑。在预演中，一个制作助理告诉乔布斯，他们必须删掉这四秒的画面，因为他们没有得到哈娜-巴贝拉（Hanna-Barberra）制作公司的许可。“我就要放在这儿！”乔布斯冲他喊道。那个助理向他解释这样做会违反相关法规。“我才不在乎，”乔布斯说，“我们就要用它。”最后这段视频被保留了。

李·克劳正在准备一系列彩色的杂志广告。他给乔布斯发了一些排版后的打样，很快便接到了乔布斯怒气冲冲的电话。乔布斯坚持说广告中的蓝色和他们挑出来的 iMac 照片上的蓝色不一致。“你们这帮家伙不知道自己在干什么，”乔布斯嚷道，“我要另找别人做这个广告，因为你们把它给毁了。”克劳反驳道：“你再去比比看。”乔布斯根本不在办公室里，却一直坚称自己是对的，而且不停地喊叫。最后，

1. 鲁比，鲁宾斯坦的昵称。

克劳让他冷静地坐下来，再对比一下原始的照片。“我最终向他证明了这个蓝色就是他要的那个蓝色。”几年之后，在Gawker网的“史蒂夫·乔布斯讨论区”里冒出来一个帖子，发帖人曾经在加州帕洛奥图的全食超市（Whole Foods）工作，这家超市离乔布斯的住宅只隔几个街区。帖子写道：“一天下午，我正在整理购物车，看到一辆银色的奔驰停在残疾人停车位上。史蒂夫·乔布斯正在车里对着他的车载电话大喊大叫。当时正值第一代iMac发布前夕，所以我非常肯定我没有听错，他在大喊：‘去他妈的！不够蓝!!!’”

一直以来，乔布斯都会绞尽脑汁准备揭幕时那戏剧性的一刻。就在上次的预演因为CD托盘事件而中止之后，他又预演了好几次，以确保它在正式发布会上令人瞩目。他一次次地演练那个高潮时刻——他走到舞台另一边，揭开遮布，然后宣布：“向新的iMac问好吧！”他要求灯光恰到好处，把iMac的半透明效果衬托得光彩夺目。但是在几次预演之后，他仍然不满意，这也让人想起了1984年Mac电脑发布会预演时的那一幕，当时斯卡利目睹了他在舞台灯光上的纠结：他要求把灯光再调亮一些，而且要早点儿开，但是他始终不满意。

最后他走下舞台，坐在观众席正中央的位子上，把两条腿搭在前排的椅背上。“咱们调吧，直到调好为止。”他说。工作人员又尝试了一次。“不对，不对。”乔布斯抱怨道，“这根本不行。”又试了一次，这次灯光的亮度够了，但出现得太晚。“我已经懒得再说你们了。”乔布斯喊道。最后，iMac终于在灯光下闪亮登场。“对了！就是这样！非常好！”乔布斯兴奋地大叫。

一年之前，乔布斯把他早期的导师兼合作者迈克·马库拉从董事会开除。但是出于对iMac的自豪之情，以及iMac与Mac之间千丝万缕的联系，乔布斯私下把马库拉邀请到苹果总部，让他提前看一下产品。马库拉觉得iMac棒极了，但他唯一反对的就是艾夫设计的鼠标，他说它看起来太像一个冰球了，人们不会喜欢的。乔布斯不同意他的观点，但后来事实证明马库拉是对的。除此之外，iMac 像它的老前辈 Mac 电脑一样无与伦比。

iMac 发布会：1998 年 5 月 6 日

在 1984 年的 Mac 电脑发布会上，乔布斯就创造了一套新的舞台效果——产品发布就像一场划时代的盛会，整场盛会以“要有光”[1]的神圣时刻为高潮：天地分开、一束光射下来、天使歌唱、唱诗班合唱《哈利路亚》。而对此次产品发布的盛会，乔布斯有两个希望，一是使苹果公司起死回生，二是再次颠覆个人计算机的形象。因此，乔布斯特意为这次发布会选择了库比蒂诺市迪安扎社区学院的燧石礼堂（Flint），这也是举办 1984 年发布会的地点。为了消除疑虑、重整旗鼓、在开发者社区获得支持，并快速启动 iMac 营销，他愿意全力以赴。不过，他这么做的另外一个原因就是他很喜欢做“发布会总指挥”。和酝酿新产品一样，准备一场盛会也能大大激发他的热情。

他还不忘显示自己多愁善感的一面。作为开场白，他首先对着第一排观众席上他邀请的三位嘉宾礼貌地“喊话”。他曾经和这三个人渐行渐远，但是现在，他需要他们重新加入他的团队。“我曾经和史蒂夫·沃兹尼亚克在我父母家的车库里成立了苹果公司，现在，他就在这里。”他说着，用手指向沃兹，观众爆发出一阵掌声。“后来，迈克·马库拉加入了我们。不久之后，我们还迎来了我们的第一任总裁，迈克·斯科特。”他接着说，“他们今天都来到了这里。如果没有他们三个人，今天我们谁也不会来到这里。”掌声又响了起来，他的眼眶

1. 引自《圣经》，“上帝说，‘要有光。’于是便有了光。”

湿润了。观众席中还有安迪·赫茨菲尔德以及当年 Mac 团队的大部分成员。乔布斯向他们微笑致意。他相信自己会让他们感到骄傲。

在用幻灯片展示了苹果公司新的产品策略和新计算机的性能之后，乔布斯准备公开他的新宝贝了。"现在的计算机是这副样子的。"他说着，身后的大屏幕上出现了一套米色的、方方正正的计算机配件和显示器。"而我要荣幸地向你们展示，从今天起，计算机会变成什么样子。"他揭开了舞台中央桌子上的遮布，灯光洒下，崭新的 iMac 闪现在大家面前，熠熠生辉。他按了一下鼠标，就像在 Mac 电脑的发布会上那样，屏幕上快速闪现着介绍计算机各种奇妙用途的图片。最后，"你好"（hello）的字样出现了，用的还是 1984 年 Mac 电脑上的有趣的字体，但是这一次在"你好"下面还加了一个括号，里面写着"又见面了"（again）。这一刻，雷鸣般的掌声再次响起。乔布斯站在那儿，自豪地看着他的 iMac。"它看起来像是从外星来的。"他说，观众大笑，"显然是来自一个不错的星球，那儿的设计师更棒。"

乔布斯又一次推出了标志性的新产品，这也是一个新纪元的开端。它履行了"非同凡想"的承诺。计算机不再是米色的方形主机和显示器、缠得一团糟的电线和厚厚的安装手册；在你面前的是一部友好的、生气勃勃的装置，手感顺滑、赏心悦目，就像一只知更鸟的蛋[1]。你可以拎着那可爱的小提手把它从典雅的白色盒子里面提出来，然后通上电源。那些以前害怕碰计算机的人现在也想拥有一台，而且他们还想把它摆在房间中最显眼的地方，好让人羡慕甚至是嫉妒。"这是一台结合了科幻之光和奇思妙想的机器，"史蒂芬·列维在《新闻周刊》中这样写道，"这不仅是近几年来推出的外观最酷的计算机，同时也是一个强有力的宣告——硅谷这家最初的'梦想'公司终于不再'梦游'

1. 知更鸟蛋的蛋壳是蓝色的。

了！”《福布斯》将 iMac 称为“一个产业的华丽转身”。已被驱逐的约翰·斯卡利也表示：“他采用的是和 15 年前一样的简单策略：制造大受欢迎的产品，发动无比强大的营销攻势。这个策略让当时的苹果公司大获成功。”

唯一吹毛求疵的声音来自一个熟悉的角落。iMac 屡获殊荣之际，比尔·盖茨确信这只是一时的潮流而已。他对一群拜访微软公司的财务分析师说：“苹果公司现在唯一胜出的就是颜色方面。”盖茨指了指一台他故意漆成红色的 Windows 计算机，“我们不用花太多时间就能做到，我认为不会很久。”乔布斯气坏了。他告诉一个记者说，盖茨——这个曾被他公开嘲笑“完全没有品位”的人，根本没搞清楚是什么让 iMac 比其他计算机更有吸引力。“我们的竞争对手大错特错的地方就在于，他们认为这只是时尚，只是表面功夫而已。”他说，“他们会说：‘我们也要在这破机器上喷点儿漆，不就是这么回事儿吗。’”

1998 年 8 月，iMac 正式发售，售价 1 299 美元，上市 6 个星期就售出 27.8 万台，到年底售出了 80 万台——成为苹果公司历史上销售速度最快的计算机。最值得注意的是，32% 的购买者是首次购买计算机，12% 的购买者曾经使用的是 Windows 计算机。

除“邦迪蓝”之外，艾夫很快就为 iMac 设计出了 4 款看起来非常诱人的新颜色。为同一款电脑提供 5 种颜色必定会为制造、库存、分销带来巨大挑战。对大多数公司来说，包括曾经的苹果公司，都会有专门的研究和会议来讨论成本和利润。而乔布斯看到新颜色时非常激动，并马上召集其他高管到设计工作室。“我们要使用所有这些颜色！”他兴奋地对他们说。在众人离开之后，艾夫惊讶地看着自己的团队。“在其他公司，做这样的决定要花上好几个月，”艾夫回忆道，“而史蒂夫只用了半个小时。”

乔布斯还希望对 iMac 做出一个重大改进：去掉讨厌的 CD 托盘。

“我看过一套非常高端的索尼立体声音响用的就是吸入式光驱，”他说，“所以我去找了光驱制造商，让他们为 9 个月之后上市的新版 iMac 制造吸入式光驱。”鲁宾斯坦试图劝乔布斯不要做这个改动。他预计今后的趋势是光驱不仅能播放音乐，还能刻录音乐光盘。而且这种新功能将先在托盘式光驱上实现，然后才是吸入式光驱。“如果你要做吸入式光驱，那你就会永远在技术上落后一步。”鲁宾斯坦坚持道。

“我不在乎，我就是要这么做。”乔布斯毫不让步。他们当时正在旧金山的一家寿司店吃午餐，直到饭后散步时，他们的对话仍在继续。“就算是我以个人名义请你帮个忙，帮我做吸入式光驱吧。”乔布斯请求道。鲁宾斯坦当然不能拒绝，但是后来事实证明，鲁宾斯坦是正确的。松下推出了一款读写兼备且能刻录的 CD 光驱，而且是先装在那些使用“过时的”CD 托盘的计算机上。这件事的影响在之后的几年中以非常有趣的方式逐渐扩散开来：它导致了苹果公司无法满足用户想要自己刻录音乐光盘的需求，但是这也恰恰促使苹果公司发挥想象力，大胆地寻找一条越级攀升的道路，直到后来，乔布斯意识到他必须进军音乐市场。

第二十八章　CEO

多年之后，疯狂依旧[1]

EPA photographer Monica M. Davey

2007 年，乔布斯与蒂姆·库克

1. 美国著名流行音乐歌手保罗·西蒙（Paul Simon）的一首歌曲名。

蒂姆·库克

在重返苹果公司之后的第一年，史蒂夫·乔布斯推出了“非同凡想”广告和iMac，再一次向世人展现了他的创意和远见。这一点，他在苹果公司的第一阶段就表现出来了。但对于他是否能运营好一家公司这一点，大家都没有把握。在此之前，他在这方面的能力未曾表现出来。

乔布斯开始投入一些以细节为导向的很现实的工作里，这让曾经与他共过事的人很惊讶，之前的他充满了奇思妙想，世间的条条框框似乎在他身上毫无约束作用。“他成为了一个经理人，而非之前的身份——行政官或空想家。他的改变确实让我又惊又喜。”董事长埃德·伍拉德回忆道，是他诱使乔布斯回来的。

他的管理准则是“专注”。他取消了多余的生产线，去除了正在开发的新的操作系统软件中无关紧要的功能。他还放下了对产品制造过程的控制欲，把从电路板到成品计算机的制造全部外包了出去。他对供应商的要求极其严苛。当他开始接管苹果公司的时候，产品的库存期已超过两个月，这比任何一家科技公司都要长。就像鸡蛋和牛奶一样，计算机的贮存期限也很短，这么长的库存周期对利润造成的潜在损失威胁高达5亿美元。到1998年年初，乔布斯把库存期缩短为一个月。

乔布斯的成功来之不易，因为“怀柔政策”仍然不在他的原则之内。当他断定安邦快运（Airborne Express）下属的一家分公司运送零件的速度不够快时，他让苹果公司的一个经理去终止合约。这位经理反对，说这样做可能会导致法律诉讼，乔布斯回答：“你就告诉他们，如果他们糊弄我们，那他们永远别想再从我们这儿拿到一分钱，永远。”结果，那位经理辞职了，案子闹上了法庭，用了一年的时间才解决。“如果我能继续待下去，我的股票期权现在会值1 000万美元，”那位经理说，“但是我知道我不可能坚持得住，无论如何，他都会把我炒了。”新的经销商被规定把库存减少75%，最终也做到了。“乔布斯丝毫不能容忍差错。”这家公司的CEO说。另一个例子是，当VLSI公司出现问题无法按时送来足够的芯片时，乔布斯在会议上大发雷霆，大骂他们是“没有生殖器的浑蛋”[1]。最终，VLSI还是把芯片准时送到了苹果公司。该公司的高管们还专门做了背后印有“FDA团队”的夹克衫。

在乔布斯手下工作了三个月之后，苹果公司的运营主管因为不堪压力而辞职。在之后将近一年的时间里，乔布斯亲自负责运营，因为他认为来面试的人“都是些在生产制造方面观念陈旧的家伙”，他回忆道，他想找一个能够建立准时制工厂和供应链的人，就像迈克尔·戴尔做的那样。1998年，他遇到了蒂姆·库克。当时蒂姆·库克37岁，彬彬有礼，是康柏计算机公司的采购和供应链经理。后来，他不仅成为苹果公司的运营经理，又逐渐成为乔布斯运营苹果公司不可或缺的幕后搭档。乔布斯回忆道：

> 蒂姆·库克从前是做采购的，这恰好是我们需要的背景。我发现，他和我看待问题的方式是一样的。我在日本参观过很多采用准时制生产的工厂，也曾为Mac和NeXT建过这样的工厂。我知道我想要什么，然后我遇到了蒂姆，他和我想的一样。于是我们开始合作，不久之后，我越发确信他十分清楚自己该做什么。我们的设想差不多，我们也可以在高级战略的层面上互动。我很健忘，而他总能提醒我。

1. 原文是“Fucking Dickless Assholes”，缩写即为FDA。——译者注

库克在亚拉巴马州的罗伯茨代尔长大，这是一个位于莫比尔市和彭萨科拉市之间的小镇，距离墨西哥湾大约半小时的路程。他的父亲是一家造船厂的工人。库克先是在奥本大学学习工业工程，随后又在杜克大学取得商业学位。在接下来的 12 年里，他在北卡罗来纳州的三角研究园（Research Triangle）为 IBM 工作。乔布斯面试他的时候，库克刚到康柏公司工作。他一直是位逻辑严谨的工程师，康柏公司的职位似乎是一个更加理性的选择，但是他被乔布斯释放出的光芒吸引了。“在乔布斯首次面试我的 5 分钟之内，我就决定把谨慎和逻辑都抛在脑后，我要加入苹果。”他后来说，“我的直觉告诉我，加入苹果，为一个创意天才工作，这是我这一生唯一的机会。”于是他从康柏辞职加入苹果。“工程师应该是通过理性的分析做出决定，但是难免会出现依赖本能和直觉的时刻。”

在苹果公司，库克成了贯彻乔布斯直觉的角色。他默默耕耘，全心投入工作，至今未娶。大多数日子里，他都会在凌晨 4 点半起床，收发邮件，然后去健身房运动一个小时，6 点刚过就到达办公室；他在每周日的晚上都要安排电话会议，为下一周的工作做准备。在一个易怒、暴躁的老板手下，库克总是用冷静的态度以及亚拉巴马州人特有的那种镇静的口音和沉着的目光来控制局面。“尽管库克也会感到开心，但他一贯的表情就是皱眉，他的幽默感也是一本正经的、不露声色的，”《财富》杂志的亚当·拉辛斯基（Adam Lashinsky）这样写道，“在会议上，他以让人不适的长时间停顿而出名。每到这时，你听到的都是他在撕他常吃的能量棒包装纸的声音。”

在任职初期的一次会议上，库克听说苹果公司的某一家中国供应商出了问题。“这太糟糕了，”他说，“应该有人马上去中国处理这件事。”30 分钟后，他看着还在桌前坐着的一位运营主管，面无表情地说：“你怎么还没走？”那位主管站起来，没带任何行李，直接开车去了旧金山机场，买了机票飞往中国。他后来成了库克的第一副手。

库克把苹果的主要供应商从100家减少到24家，并要求他们减少其他公司的订单，还说服许多家供应商迁到苹果工厂旁边。此外，他还关闭了公司的19个库房中的10个。库房减少了，存货就无处堆放，于是他又减少了库存。到1998年年初，乔布斯把两个月的库存期缩短到一个月。然而到了同年9月底，库克已经把库存期缩短到6天；第二年9月，这个数字已经达到惊人的两天——有时仅仅是15个小时。另外，库克还把制造苹果计算机的生产周期从4个月压缩到两个月。所有这些改革不仅降低了成本，而且保证了每一台新计算机都安装了最新的组件。

高领衫和团队合作

20世纪80年代初，乔布斯在日本拜访时曾问索尼公司的主席盛田昭夫（Akio Morita），为什么公司里的所有人都穿着制服？“他看起来非常惭愧地告诉我，在战后，人们都没有衣服穿，所以像索尼这样的公司必须要给员工提供每天的衣物。”乔布斯回忆道。几年之后，制服成为他们标志性的穿着，尤其是在索尼这样的公司。而且这也成为一种凝聚员工的方式。“我也想让苹果这样做。”乔布斯回忆道。

作为一家注重时尚风格的公司，索尼聘请了著名设计师三宅一生为他们设计制服。这是一款防撕裂尼龙面料的外套，袖子可以拆卸下来，变成一件背心。“所以我给三宅一生打电话，请他给苹果公司的员工设计一件背心。”乔布斯回忆道，“我带回来一些样品，然后对大家说，如果我们都穿这种背心，那该多好。但是天啊，我被喝了倒彩。所有人都不赞成这个建议。”

不过，在这个过程中，乔布斯和三宅一生成了朋友，也会定期去看他。乔布斯又有了新的想法，他想给自己设计一套制服，一是为了日常方便穿着（这是他的基本原则），二是传达一种标志性的风格。“我很喜欢三宅穿的黑色高领衫，让他帮我做几件，结果他帮我做了上百件。”乔布斯看出了我的惊讶，所以他指了指衣柜里面成堆的衣服。“我穿的就是这种，”他说，“这些够我穿一辈子了。”

虽然乔布斯天性独裁专制——从不信奉共识，但他着力于在公司内部营造一种合作的文化。很多公司都为会议很少而自豪，乔布斯却独独相反：每周一是高管会议，每周三下午要开营销战略会议，此外还有无数的产品评论会。他不喜欢用 PowerPoint，也不喜欢正式的讲话，他坚持让所有参会者一起讨论问题，利用各方优势，听取不同部门的观点。

因为他坚信，苹果公司的一个巨大优势就是各类资源的整合，从设计、硬件、软件，直到内容。他希望公司的所有部门都能够并行合作。他把这称为“深度合作”（deep collaboration）和“并行工程”（concurrent engineering）。所以，一个产品的开发过程并不是像流水线一样先从工程到设计，再到营销，最后分销；相反，这些部门是同时进行工作的。“我们的方针就是开发高度整合的产品，这也意味着我们的生产过程也必须是通过整合和协作完成的。”乔布斯说。

这一政策也应用到了重要职位的招聘上。他会安排候选人直接面见公司的主要负责人——库克、泰瓦尼安、席勒、鲁宾斯坦还有艾夫，而不是只见一下应聘部门的部门经理。“然后我们就会一起讨论他们能不能入选。”乔布斯说。他这样做的目的是避免“笨蛋大爆炸”，免得公司上下充斥着“二流人才”：

> 对生活中的许多事情来说，“最佳”和“一般”之间大约相差 30%。无论是品质一流的飞机还是最棒的美食，它们可能也只是比平均水准高 30%。但是当我见到沃兹尼亚克时，我认为他比普通工程

师要优秀50倍。很多要开会解决的事在他的脑子里就能完成了。Mac团队就致力于成为一个全部由他这样的一流选手组成的团队。人们总是说他们和别人合不来，他们不喜欢团队合作。但是我发现，一流选手喜欢和一流选手共事，他们只是不喜欢和三流选手在一起罢了。在皮克斯，整个公司的人都是一流选手。当我回到苹果，我决定也这么试一下。首先就需要一个协作式的招聘过程。当我们招聘时，即使那个人是要去营销部门，我也会让他和设计部的人以及工程师们聊聊。我一直把罗伯特·奥本海默（J. Robert Oppenheimer）视为榜样，我知道他在建立原子弹项目小组时的招聘要求。我没有他那么优秀，但这是我渴望达到的目标。

招聘过程很严苛，但是乔布斯能够慧眼识人。当他们想找人设计新的苹果操作系统的图形界面时，乔布斯收到了一个年轻人的邮件，于是就叫他到公司来。面试进展得并不顺利，年轻人显得太紧张。这天晚些时候，乔布斯碰见了他，他正沮丧地坐在大厅里。年轻人问乔布斯可不可以向他展示一个作品。乔布斯在他身后不以为然地看着，他看到了一段用Adobe Director制作的视频：所有图标都在屏幕的下方排成一排，当年轻人把鼠标停在某一个图标上时，鼠标就会像放大镜一样把那个图标膨胀变大。"我说，我的天啊，然后当场就雇了他。"乔布斯回忆道。这一界面特征成为苹果操作系统Mac OS X中一个非常受人喜爱的部分，这个设计师又接着设计出了多点触控屏幕的惯性翻页功能（是指在手指停止滑动之后，页面仍能够自动翻页一段时间，真让人喜欢）。

乔布斯在NeXT公司的经历使他成熟，却没有使他更圆熟。他依然还没有给他的奔驰车挂牌照，而且仍旧把车停在前门旁边的残疾人停车区，有时候还要占两个车位。这辆奔驰车的笑话流传开来。员工们还做了一个标志——“非凡泊车”[1]，更有甚者，把残疾人车位标志上的轮椅也改成了奔驰的标识。

在大多数会议结束的时候，乔布斯都会宣布下一步要做的决定或是战略，通常用他简单粗暴的方式。他会说：“我有个绝妙的点子。”即便这个主意是刚刚有人提出过的。或者他会说：“这简直烂透了，我一点儿都不想这么做。”偶然遇到尚未准备好处理的事务，他就会暂时放在一边。

员工们能够甚至是被鼓励去挑战他，有时他还会因此而尊敬你。但是在他处理你的意见时，你必须准备好迎接他的回击，他甚至会把你骂个狗血淋头。“你永远不可能当时就赢得这场辩论，不过有时你会在最后胜出。”和李·克劳一起工作的创意广告人詹姆斯·文森特说，“你提出一些观点，他说：‘这是个愚蠢的想法。’之后他又回来，说：‘我们就这么做吧。’你会忍不住想说：‘我两个星期前提出来的时候，你说这是个愚蠢的想法。’但是你不能这么说，而只能说：‘这点子很棒，我们就这么做吧。’”

人们还要忍受乔布斯偶尔提出的无理要求或错误主张。无论是对家人还是同事，他都经常会非常坚决地去宣称一些跟现实没什么关系的科学或历史事实。“这世界上一定有什么事是他完全不了解的，但是他会利用他疯狂的表现力和坚信不疑，去说服人们相信他知道自己在讲什么。”艾夫说，并认为乔布斯的行为“古怪得可爱”。乔布斯有时火眼金睛，能够发现别人注意不到的细节。李·克劳回忆起，有一次他给乔布斯看一段广告片，是按照乔布斯的意见做过小改动的，但他还是被乔布斯长篇大论地批评了一顿，说他“把这个广告给彻底毁了”。于是克劳只好给乔布斯看之前的那些版本，试图证明他是错的。

1. 原文为“Park Different”，改编自苹果公司的广告语“非同凡想”。——译者注

“有一次他发现我们多剪掉两个镜头，这两个镜头是一闪而过的，几乎不可能被发现。”克劳说，“但是他要求每幅画面都要和背景音乐结合得恰到好处，他的想法完全正确。”

发布会总指挥

就在 iMac 发布会大获成功之后，乔布斯开始精心设计每年四到五次的产品发布会和演讲。他精通演讲艺术，以至于公司的其他主管都不敢和他较量。在《乔布斯的魔力演讲》（*The Presentation Secrets of Steve Jobs*）一书中，卡迈恩·加洛（Carmine Gallo）写道：“乔布斯的演讲往往会刺激听众大脑中多巴胺的分泌。”

乔布斯最为重视舞台上那戏剧性的揭幕，所以他对事前保密的要求十分严格。苹果公司甚至为此事上过法庭。他们甚至通过起诉关闭了一个名为“畅想秘密”（Think Secret）的个人博客，博主是哈佛大学的学生尼古拉斯·西亚雷利（Nicholas Ciarelli），也是 Mac 的拥趸。他在这个博客中发表了一些对苹果未来产品的猜测和抢先播报。虽然这种行为（另外一个例子就是 2010 年苹果起诉了 Gizmodo 网站关于提前披露 iPhone 4 消息的行为）受到了批评，但它们帮助提升了大众对苹果产品的期待，甚至到了白热化的程度。

乔布斯的产品发布会都是精心安排的。他会穿着黑色高领衫和牛仔裤缓步上台，手里拿着一瓶水。听众都带着教徒般的虔诚，整个活动更像是一场宗教复兴大会，而不是公司的产品发布会。记者们被安排在中间的区域。乔布斯会亲自撰写和修改演讲内容的幻灯片和要点，他会给朋友和同事观看并征求意见。妻子劳伦说：“每一页幻灯片他都要改上六七次。在每一次演讲前，我都会陪他准备几个晚上。”他把每一页内容都做成三种不同风格的幻灯片，然后让劳伦选出最好的一个。“他对此十分投入。他会把每句话翻来覆去地说，改变一两个词，再重新说一遍。”

发布会的展示方式也体现了苹果产品的简约——贫乏的舞台、几个道具，背后却是真正的精密复杂。苹果的产品工程师迈克·埃万杰利斯特（Mike Evangelist）开发了 iDVD 软件，并帮助乔布斯准备这部分的演讲。在发布会的前几周，他和他的团队花了几百个小时，为乔布斯找那些要刻录进 DVD 并要在台上展示的图片、音乐和照片。“我号召了公司里所有我们认识的人，让他们交来最好的家庭录像和照片。”埃万杰利斯特回忆道，“作为一个完美主义者，这些素材中的大部分乔布斯都不喜欢。”埃万杰利斯特认为乔布斯不可理喻，不过后来他也承认，不断的敦促带来了更好的效果。

下一年，乔布斯让埃万杰利斯特上台演示 Final Cut Pro——一款视频编辑软件。在预演中，乔布斯坐在观众席中央，这让埃万杰利斯特十分紧张。乔布斯来者不善，他听了一分钟之后就打断他，不耐烦地说：“你要是搞不定，我们就要把这段演示从主题演讲中删掉。”菲尔·席勒把埃万杰利斯特叫到旁边，教他怎么让自己放松下来。他终于通过了下一轮预演，在正式发布会上也表现得很好。他说，他珍视的不仅是乔布斯最终给他的赞赏，还包括他在预演过程中的苛刻评估。“他迫使我要更加努力，而且最终我做得比预期的要好。”他回忆说，“我相信这是史蒂夫·乔布斯带给苹果的最重要的影响力之一。他无法容忍自己和他人的不完美。”

从iCEO到CEO

两年多的时间里，乔布斯在苹果董事会的导师埃德·伍拉德一直在催促他把 iCEO 前的“i”（临时）去掉。乔布斯不仅一直拒绝接受这个职位，更让大家困惑的是，他每年只拿 1 美元年薪，而且也没有领取期权。乔布斯喜欢开玩笑说："50 美分是出勤，另外 50 美分要看工作表现。"自他 1997 年 7 月回归以来，苹果的每股股价已从将近 14 美元涨到了 2000 年年初互联网泡沫顶峰时期的 102 美元以上。1997 年，伍拉德恳请乔布斯至少取回一小部分股权，但乔布斯拒绝了："我不希望公司里的同事认为我是为了钱才回来的。"如果他当初接受了伍拉德的请求，他的股票价值如今已达到 4 亿美元。但事实上，他这两年多只拿了 2.5 美元的工资。

他坚持挂着"临时"名号的主要原因是他对苹果公司的未来有一种不确定感。但是随着 2000 年临近，很明显苹果已经东山再起，而这都归功于乔布斯。他和妻子劳伦一起长途散步时讨论了这件事，大多数人现在都认为这是水到渠成的，而他却觉得这仍然是个重大的决定。如果他去掉了"临时"一词，苹果公司将可能实现他所有的设想，包括有可能让苹果进军计算机产业以外的市场。他最终做出了决定。

伍拉德非常兴奋，他表示董事会愿意给他巨额股份。"我直截了当地和你说吧，"乔布斯告诉他，"我更想要一架私人飞机。我刚刚有了第三个孩子，我不喜欢搭商业航班，我只是想带全家去夏威夷度假。当我飞去东海岸的时候，我更愿意让我认识的飞行员开飞机。"他是一个对商业航班和航站楼毫无好感和耐心的人，即便是被美国运输安全管理局（TSA）接管之前也是一样。董事会成员拉里·埃利森爽快地答应了乔布斯的要求（乔布斯用过几次他的飞机，为此苹果公司在 1999 年向埃利森支付了 10.2 万美元）。埃利森还说："看在他做出那么多贡献的份儿上，给他 5 架飞机都不为过！"他后来又说："这是一个完美的'致谢礼物'，他拯救了苹果，却不求回报。"

所以，伍拉德愉快地答应了乔布斯的要求——一架湾流 V 型飞机，此外还赠予他 1 400 万份期权。但是乔布斯的回应出乎所有人的意料，他想要更多："2 000 万份。"伍拉德既困惑又生气。董事会只有权从股东那里分出 1 400 万份期权。伍拉德说："你说你不要别的，我们给了你一架飞机，你说你只要飞机。"

乔布斯回答："我从来没有在期权的问题上坚持过，但是你曾建议说我最多能拿到公司 5% 的期权，这就是我现在想要的。"这个口角使原本的庆祝场面顿时尴尬起来。最终，他们研究出一个复杂的解决方案：2000 年 1 月，以现价授予乔布斯 1 000 万股股票，但是视同已在 1997 年授予；2001 年他还将再获得另一半期权。更糟糕的是，互联网泡沫破裂之后股价下跌，乔布斯从未行使过这笔期权。到 2001 年年底，乔布斯要求把期权的行权价格调低后再度授予。这场期权之争到后来仍旧会困扰公司。

虽然没有从期权当中获利，但乔布斯对飞机还是非常满意的。不出所料，他为飞机内部的设计大费周章，前后共花了一年多的时间。他雇了一名设计师，从埃利森的飞机开始练手。很快，设计师就要被他逼疯了。打个比方，在埃利森的 G-5 飞机的机舱之间有一扇门，门上有按钮分别控制开与关。乔布斯要求在他的飞机里，要换成二合一可以转换的按钮；他还不喜欢按钮那光滑的不锈钢材料，要把它们都换成拉丝金属的。最终乔布斯得到了一架他心目中的飞机，他很喜欢它。埃利森说："我对比了一下我们俩的飞机，他的改装确实更好。"

2000年1月，在旧金山的Macworld大会上，乔布斯发布了新的操作系统Mac OS X，其中使用了苹果公司三年前从NeXT购买的一些软件。这是个恰当的时机，不完全是巧合——就在 NeXT 的操作系统被合并进苹果计算机时，乔布斯发觉自己也想"合并"回苹果公司。阿维·泰瓦尼安把 NeXT 操作系统中基于 UNIX 的 Mach 内核转换成了

Mac OS 内核——也被叫作“达尔文”(Darwin)。这种内核提供内存保护机制、升级的网络功能，以及抢先式多任务处理功能。这正是 Mac 需要的操作系统，而且也为后来的 Mac OS 系统奠定了基础。包括盖茨在内的一些批评人士发现，苹果并没有完全采用 NeXT 的操作系统。事实的确如此，因为苹果并不想直接推出一个与以往完全不同的新系统，而是想对现有的系统进行更新。老的 Mac 程序中的应用软件都适用于或易于转换到新系统中，而苹果电脑的用户都会发现，升级后的系统多了很多新功能，而不仅仅是全新的界面。

自然，Macworld 大会上的苹果爱好者们对这一消息反应热烈。当乔布斯展示系统桌面时，鼠标滑过使图标依次变大，大家欢呼雀跃。但是，掌声最热烈的时刻是他每一次在结尾时的“保留节目”——“哦，还有一件事……”他谈了关于他在皮克斯公司和苹果公司的工作，并表示这种双重身份是行得通的。“所以我今天很高兴地宣布，我要摘掉‘临时’这个帽子。”他说道，脸上带着灿烂的笑容。人们激动地起立尖叫，就像是看到披头士乐队再聚首了一样。乔布斯咬了咬嘴唇，调整了一下金丝镜架，换上一副优雅而谦卑的面孔，说：“你们让我觉得有点儿不好意思了。我每天都和世界上最聪明的人们一起工作，无论是在苹果还是在皮克斯，但是这些成就是团队合作的结果。我代表苹果公司的每一个人，接受你们的谢意。”

第二十九章　苹果零售店

天才吧和锡耶纳沙石

顾客体验

乔布斯不喜欢失去对任何事情的控制，尤其是关系到顾客体验的事情。但是他面临着一个问题，在这个过程中有一个部分他还没有控制到——那就是在商店里购买苹果产品的体验。

Byte Shop 的时代已经结束。计算机行业的销售已经从本地的计算机专卖店过渡到了大型连锁商店和量贩店，但是在这些地方，大部分店员既不具备苹果产品的基本知识，也没有意愿去为顾客解释产品的独特性能。乔布斯说："所有的销售员都只关心那 50 美元的销售提成。"其他的计算机都很普通，但是苹果计算机有一些创新的功能，价格也更高。他不希望 iMac 被放在戴尔和康柏的旁边，然后不懂行的店员向顾客背诵出每台计算机的配置。"除非有办法在商店里就把我们的理念传达给顾客，否则我们就完蛋了。"

1999 年中后期，乔布斯开始极其秘密地面试一些能开发苹果零售店的管理人员。其中一个候选人热爱设计，他就像是天生的零售商一般拥有孩童般的热情——罗恩·约翰逊（Ron Johnson）当时是塔吉特公司（Target）负责销售规划的副总裁，主要工作是发布外观独特的新产品，比如迈克尔·格雷夫斯（Michael Graves）设计的茶壶。约翰逊回忆起他们的第一次会面时说："史蒂夫非常容易沟通。他穿着高领衫和破旧的牛仔裤，开门见山地谈起他为什么想要开零售店。他告诉我，如果苹果想要成功，那一定是通过创新取胜。但如果你无法把创新之处传达给顾客，你就无法通过创新取胜。"

2000 年 1 月，约翰逊来参加第二轮面试。乔布斯建议他们一起出去走走。早上 8 点半，他们去了斯坦福购物中心，这是一栋向四处伸展的不规则建筑，里面有 140 家商铺。当时这些商铺都还没开门，于是他们一边在里面上上下下地走来走去，一边讨论着购物中心的布局、大型购物中心相对于其他商店来说扮演了什么角色，以及某些专卖店成功的原因。

他们一直走走谈谈到上午 10 点，商铺纷纷开门了，他们先去了艾迪堡（Eddie Bauer）。这家商铺有两个入口，一个直接面对购物中心内部，另一个连着停车场。乔布斯说苹果零售店只能有一个入口，这样能够更好地控制顾客体验。他们一致认为艾迪堡的商铺过于狭长，而最好的情况是让顾客一进来就能了解店铺的整体布局。

在这家购物中心里没有科技类的店铺，约翰逊将原因解释为："传统观念认为，交通不太便利的地方一般租金都比较便宜。当消费者要买计算机这种大件的、又不经常购买的商品时，还是愿意开车去那里，因为那边的租金会便宜些。"乔布斯不同意这个说法。他认为苹果零售店应该开在繁华街区的购物中心里——那种区域客流大——无论租金有多贵。他说："我们不能让顾客驱车 10 英里去看我们的产品，而是要在 10 步之内。"尤其是 Windows 用户，一定要给他们设好"埋伏"。"如果路过这里，他们会出于好奇心走进来。如果我们把店面做得足够吸引人，一旦我们有机会向他们展示我们的产品，我们就赢了。"

约翰逊认为商铺的面积能够体现品牌的重要性。他问道："苹果有 GAP 那么大牌吗？"乔布斯说，比 GAP 大多了。约翰逊于是说，那苹果零售店也应该比 GAP 的大。"否则你就是个无关紧要的牌子。"乔布斯向他描述了迈克·马库拉的名言：一家好的公司要学会"灌输"——它必须竭尽所能传递它的价值和重要性，从包装到营销。约翰逊很喜欢这个概念。这绝对可以应用到零售店中。他说："零售店将成为品牌最强有力的实体表达。"约翰逊描述了自己年轻时第一次踏进拉夫·劳伦开在曼哈顿麦迪逊大道与 72 街交叉口处的店铺时所看到的——四下镶嵌着木板，如大厦般宏伟的店面散发着艺术气息。"每当我买了一件Polo衫，我都会想起那栋大厦，那是对拉夫理念的实体表达。”他还说，“米基·德雷克斯勒对GAP也采取了同样的策略。当你想到GAP品牌时，马上就会联想到它巨大的商铺——洁净的空间、木质地板、白色墙面和整齐叠放的衣物。”

考察结束之后，他们开车回到公司，坐在会议室里把玩着公司的产品。产品的数量不多，不足以装满一个传统意义上的商店的货架，但这反而是一个优势。他们决定要建立一个以“少”为“益”的商店，简约、通透，给人们提供很多试用产品的位置。约翰逊说：“大多数人并不了解苹果产品。他们认为苹果是一个异类。如果你想要转变形象，从异类变成炫酷有趣，那么建造一个能给人们提供试用空间的商店会很有帮助。”商店风格也将沿袭苹果产品的特点：有趣、简单、时髦、有创意，在时尚与令人生畏之间拿捏得刚刚好。

苹果样板店

当乔布斯说出打造苹果零售店的设想时，董事会成员并未露出喜悦之情。他们提出，捷威计算机（Gateway）在开了郊区的零售店之后就走向了衰落。但是乔布斯认为他能够做得更好，因为苹果零售店将开在地段更昂贵的购物中心里，不过他的分析似乎并没让董事会放心。“非同凡想”和“致疯狂的人”可以拿来做不错的广告词，但是董事会在犹豫是否该把它们当成公司的战略方针。亚瑟·莱文森在2000年被乔布斯邀请加入董事会，此前他是基因泰克公司的CEO。他回忆说：“我当时挠着头想，这点子可真够疯狂的。”“我们是一家小公司，还比较边缘化。我说，我不敢确定自己会支持这种做法。”埃德·伍拉德当时也对此表示怀疑，“捷威就做过这样的尝试，最后失败了，而戴尔并没开零售店，通过直销也取得了成功。”乔布斯没有把董事会的阻挠放在心上。最后一次讨论时，乔布斯已经换掉董事会中的大部分成员。这一次，既是出于个人原因，也是因为不想再和乔布斯玩这种“拔河比赛”，伍拉德决定辞职。不过在他辞职之前，董事会已经批准开设4家苹果零售店，进行试运营。

在董事会里面倒是有一个人一直都支持乔布斯，他就是GAP的前CEO米勒德·米基·德雷克斯勒。这个在纽约布朗克斯区出生的零售界大亨，在1999年被乔布斯拉进了苹果的董事会。他曾经把死气沉沉的GAP连锁店变成了美国休闲文化的标志。他也是这个世界上极少数的在设计、形象和消费者需求方面与乔布斯同样成功和精明的人。另外，他还强调端到端的控制模式：GAP商店只出售GAP品牌的产品，而且GAP产品几乎只能够在GAP商店里独家销售。德雷克斯勒说：“我不再把产品放进百货商店，因为我必须控制我自己的产品，从生产制作到最终销售。史蒂夫也是这样的人，我想这也是他把我拉进来的原因。”

德雷克斯勒给了乔布斯一个建议：在苹果园区附近秘密建立一个模拟商店，按照正式的店面进行装潢布置，然后就在那里讨论，直到有完整的想法。于是，约翰逊和乔布斯就在库比蒂诺租下了一间空置的库房。接下来的6个月里，每周二上午他们都在那里进行头脑风暴会议，一边在里面来回走动，一边完善他们的零售理念。这个商店的性质和艾夫的设计工作室很相似，都是乔布斯的避风港。乔布斯用他那可视化的方式通过触摸和观察里面的变化，不断地想出新点子。乔布斯回忆说：“我很喜欢自己一个人到这儿来走走，只是随便看看。”

有时，他也会让德雷克斯勒、拉里·埃利森以及其他可以信赖的伙伴过来看看。埃利森说：“有很多个周末，只要他没有让我看《玩具总动员2》里的新场景，他就会让我去库房看模拟商店。他对美学和服务体验的每一个细节都力求完美。搞得我不得不和他说：‘史蒂夫，如果你还要我去看那个商店，我就不去找你了。'”

埃利森的甲骨文公司当时正在开发手持结账系统软件，这样就不必再设一个现金收银台。每一次拜访，乔布斯都会刺激埃利森找到简化付款流程的办法，减少一些不必要的步骤，比如出示信用卡和打印凭条。埃利森说：“如果你见过苹果零售店和苹果产品，你就会了解到史蒂夫对美学和简约主义的热爱——这种包豪斯设计体系和绝妙的简约主义，从进入商店一直贯穿到付款流程。这意味着对步骤的绝对简化。史蒂夫明确地告诉了我们他对付款流程的要求。”

德雷克斯勒看到接近完工的模拟商店之后，提出了一些批评。“空间太琐碎了，还不够干净。还有太多让人分心的建筑结构和色彩。”他强调要让顾客一进入这个零售区域，只需看一眼，就了解这里的流程。乔布斯同意他的观点：简约、减少分心的因素，是一家商店成功的关键，对产品来说也是一样。德雷克斯勒说：“在那之后，他做了一些修正并且成功了。他的愿景是能够完全控制产品的全流程，从设计到销售。”

2000 年 10 月，就在约翰逊觉得即将大功告成的时候，他在周二例会前的半夜醒来，头脑中冒出一个可怕的想法：他们犯了一些根本性的错误。他们围绕着苹果的主要产品线把商店分成若干个区域：有 PowerMac、iMac、iBook 和 PowerBook。但是乔布斯开始发展出一个新的概念：使计算机成为你所有数字生活的中枢。换句话说，你的计算机能够处理相机里的视频和照片，或许有一天也能用作音乐播放器来听歌，或者阅读书和杂志。黎明时分，约翰逊计上心头：商店内部不能只按照公司的四款计算机产品线进行划分，还应该考虑到顾客想做什么。他说：“比如，我想可以有一个‘电影区’，在那里我们可以用几台 Mac 电脑和 PowerBook，运行 iMovie 软件，向顾客展示怎么从摄像机中导入文件并编辑。”

周二一大早，约翰逊就来到乔布斯的办公室，并陈述了这个临时冒出的关于重新组织商店格局的新想法。他早就听说过他的老板经常会口不择言，极力挖苦，但这次他才算是真正领教了。乔布斯爆发了：“你知道这个变化有多大吗？”他嚷道，“我他妈为这个商店玩命干了6个月，你今天才告诉我全部都要改。”然后他突然安静下来：“我累了，我不知道还能不能从零开始设计一间商店。”

约翰逊语塞，乔布斯也没有再让他开口。在开车去模拟商店（大家已经汇合在那里等着开周二会议）的路上，乔布斯告诉约翰逊，一会儿不要跟他或团队的任何成员说话。于是这7分钟的车程里，两人一直保持沉默。当他们抵达时，乔布斯已经把刚才的信息过了一遍。“我知道罗恩是对的。”他回忆道。乔布斯做了这样一个令约翰逊惊讶的开场白：“罗恩认为我们错了。他觉得我们不应该按照产品来划分区域，而是应该考虑到顾客的活动。”他停顿了一下，继续说，“你们知道，他是对的。”他说他们将重新设计布局，即使这样会把首次亮相的时间从原定的1月再拖延三四个月。“我们只能一次成功。”

乔布斯喜欢向人们讲述他所做的每件漂亮事都有过返工的时候。只要他觉得不够完美，就会重来。那天，他对团队也讲了这些故事。他讲到了在制作《玩具总动员》的时候，胡迪这个角色原本是一个令人讨厌的家伙；还有Mac的制造过程中也出现过一些问题。他说：“如果你发现有些事做得不对，你不能只是忽略它，然后说‘以后再处理’，这是其他公司的做法。”

苹果样板店终于在2001年1月完成了改装工作，乔布斯首次邀请董事会前往参观。他先是在白板上向大家讲述了他的设计理念，然后带大家乘面包车前往两英里外的样板店。在了解了乔布斯和约翰逊建好的商店之后，大家一致同意让项目继续进行。董事会认为，苹果零售店将把零售和品牌之间的关系提升到一个新的高度，同时也能确保消费者不会把苹果电脑看成戴尔或康柏那样的大众化商品。

但大多数外界专家都不看好苹果零售店。《商业周刊》发表了一篇题为“抱歉，史蒂夫，这就是苹果零售店无法成功的原因”的文章，其中写道：“也许这次乔布斯不再‘非同凡想’了。”苹果的前首席财务官约瑟夫·格拉齐亚诺（Joseph Graziano）的话也被引用到文章中：“苹果公司的问题就在于，他们仍然认为成长的秘诀是：当这个世界已经格外满足于奶酪和脆饼时，他们应该去卖鱼子酱。”零售顾问戴维·格斯丁（David Goldstein）也断言：“不出两年，他们就会闭门歇业，并为这个错误付出痛苦而沉重的代价。”

木材，石头，钢铁，玻璃

2001 年 5 月 19 日，第一家苹果零售店在弗吉尼亚州的高端购物中心泰森角（Tyson's Corner）开业了。亮白色的柜台、浅色的木地板，店内还悬挂着一张印有“非同凡想”的巨幅海报，上面是约翰·列侬和小野洋子坐在床上。那些怀疑论者估计错了。当初，捷威计算机商店每周的平均客流量只有250人左右。截至2004年，苹果零售店每周的平均客流量已经达到 5 400 人。在这一年，苹果零售店的收入达到 12 亿美元，并因为突破 10 亿美元量级而创下了零售业的新纪录。每家零售店的销量每隔 4 分钟就会由埃利森的软件汇总成电子表格，快速地生成关于如何整合制造、供应和销售渠道的信息。

随着零售店越来越受欢迎，乔布斯便开始插手方方面面。李·克劳回忆道：“零售店刚开业时，在一次营销会议上，乔布斯让我们花半个小时的时间决定店内厕所的标识该使用哪一种灰色。”波林–赛温斯基–杰克逊建筑事务所（Bohlin Cywinski Jackson）为店面提供设计方案，但是主要方面还是由乔布斯作决定。

乔布斯尤其关注楼梯的设计，苹果零售店的楼梯和他以前为NeXT办公楼设计的楼梯如出一辙。他每去一个正在兴建的店铺时，都会对楼梯的设计提出改进建议。为此楼梯递交的两项专利申请书上都把他作为主要发明者：一个专利是采用了透明玻璃踏板和玻璃混合金属钛的支架，另一个专利是采用含有多层玻璃压制而成的整块承重玻璃系统。

1985年，在被苹果驱逐之后，乔布斯去了意大利，佛罗伦萨人行道上的灰蓝色石头给他留下了深刻印象。2002年乔布斯得出一个结论：浅色的木地板有些平庸——你很难想象此种担忧会困扰史蒂夫·鲍尔默（Steve Ballmer）这样的人——就决定改用那种石头做地面。一些同事建议他用混凝土，成本是石头的十分之一，而且也可以模仿出石头的颜色和纹路。但是乔布斯坚持必须用真正的石头。灰蓝色的锡耶纳沙石有着清晰的纹理感，来自佛罗伦萨外围费伦佐拉的一个家庭自营采石场——Il Casone。约翰逊说："我们只从山上采集的石头中挑选了3%，因为它们必须要有合适的颜色、纹路和纯度。史蒂夫对石头的颜色和完整性非常挑剔。"所以佛罗伦萨的设计师千挑万选，再叫人把它们切成尺寸适当的石块，并在每一个石块上面做好标记，以确定哪一块石头和哪一块相邻。约翰逊说："铺在佛罗伦萨人行道上的石头，一定能经受住时间的考验。"

苹果零售店的另一个特色就是"天才吧"（Genius Bar）。这是约翰逊和他的团队用两天外出集思的时间想出来的。他让每个人描述他们享受过的最好的服务。几乎每个人都提到了在四季酒店和丽思卡尔顿酒店的一些美好经历。所以约翰逊派出了第一批共5名零售店经理去参加丽思卡尔顿酒店的培训项目。他还想到一个点子，就是建立一个融礼宾服务台与吧台特色于一体的服务设施。"如果我们在吧台都配上些最聪明的Mac专家，你看怎么样？"约翰逊对乔布斯说，"我们可以叫它‘天才吧’。”

乔布斯觉得这个点子太离谱了，而且还反对这个名字。他说：“你不能叫他们‘天才’，他们是极客。他们没有那种交际能力来贯彻‘天才吧’的宗旨。”约翰逊也不知所措了。但是第二天，他碰巧遇到苹果公司的法律总顾问，对方告诉他：“对了，史蒂夫刚才让我去给‘天才吧’这个名字注册商标。”

苹果位于曼哈顿第五大道上的零售店在2006年开业，这家新开张的店把乔布斯的很多创意激情集结到了一起：立方体、标志性的楼梯、玻璃，以及极致的简约主义。约翰逊说：“这是真正的‘乔布斯店’。”每天营业24小时，全年无休，开业第一年的客流量就达到平均每周5万人（还记得捷威的客流量吗——平均每周250人），这也证明了乔布斯选址在繁华地段的策略是正确的。乔布斯在2010年自豪地说：“这家店每平方英尺带来的平均收入比世界上任何一家店都多，而且总收入也比纽约的任何一家店（包括萨克斯百货和布鲁明戴尔百货）要多——这是实实在在的美元，还不仅仅是每平方英尺的平均收入。”

乔布斯还把产品发布会上的那种戏剧性的手法用到了零售店的开业典礼上。人们开始奔走于各个开业典礼，并且整夜在门外排队，就是为了能成为首批进店的人。盖瑞·艾伦（Gary Allen）为苹果零售店的狂热拥护者们开设了一个网站，他说：“在我14岁儿子的建议下，我在帕洛奥图第一次熬夜排队，这成了当时一项有趣的社会活动。我们熬过好几次夜，还有5次在其他国家，我们还遇到了很多很棒的人。”

2011年7月，在第一批苹果零售店开业10年之后，全世界已经有326家苹果零售店。最大的店在伦敦的科芬园，最高的店在东京的银座。每家店的年平均收入是3 400万美元，2010财年的净销售总额是 98 亿美元。但是零售店的贡献还不仅仅是这些。零售店为苹果公司贡献的收入仅占 15%，但它们在制造话题和提高品牌认知度这些方面做出了间接的贡献，提升了整个公司的业务。

2011 年，即使在与癌症作斗争时，乔布斯也仍然在花时间设想未来的店铺规划。比如，他想在纽约中央车站建一个这样的店铺。一天下午，他向我展示了一张第五大道店的照片。他指着两边各 18 块玻璃的外墙对我说："这是当时流行的玻璃技术，但我们必须自己制造高压玻璃脱泡机。"然后，他拿出一张图纸，上面的 18 块玻璃已经变成了 4 大块巨大的玻璃。他说这是他下一步要做的，这是对美学与技术结合的又一次挑战。他说："用现在的技术，我们不得不让这个立方体外形矮一英尺，但是我不想这样做，所以我们必须在中国造一些新的玻璃脱泡机。"

罗恩·约翰逊对这个提议并不感兴趣。他认为 18 块玻璃比 4 块玻璃要好看些。他说："这家店铺的外观比例刚好和通用汽车大楼的柱廊协调一致。它像一个珠宝盒那样熠熠发光。我认为如果玻璃的透明度太高，也会成为一个错误。"他为此和乔布斯争辩，但没有用。约翰逊还说："一旦技术有了新突破，他就要利用起来。而且，对史蒂夫来说，'少'永远意味着'多'，越简单越好。所以，最好就是能用更少的元素搭建起一个玻璃屋，不但更加简约，而且是站在技术的前沿。这就是史蒂夫最喜欢做的，无论是对于他的产品还是他的零售店。"

第三十章　数字中枢

从iTunes到iPod

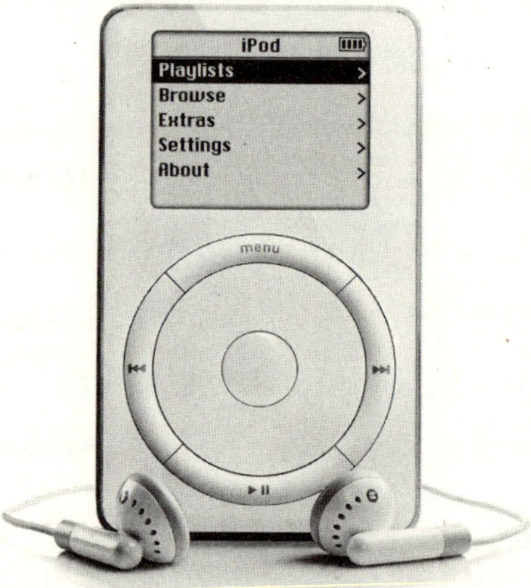

2001 年，最早的 iPod

连点成线

每年，乔布斯都会带着他最有价值的员工进行一次“百杰”外出集思会。这 100 名员工的挑选原则很简单：如果你只能带上 100 人跳上救生船去开创下一家公司，你会带上谁？在每一次秘密会议结束时，乔布斯会站在一块白板前（他非常喜欢白板，因为白板能让他完全掌控现场，而且方便讨论要点），问大家：“我们下一步应该做的 10 件事情是什么？”人们会互相争论，让自己的建议能被采纳。乔布斯会把这些建议写下来，然后再删掉那些他认为愚蠢的。几轮辩论下来，整个小组将最终确定十大“最应该做的事”。乔布斯会把最后七件全部画掉，然后宣布：“我们只能做前三件。”

到 2001 年，苹果已经为自身的计算机产品做了不少创新。现在是“非同凡想”的时候了。那一年，乔布斯白板上的“下一步做什么”清单中又多了一些新的可能性。

那时候，数字领域被蒙上了一层阴影。互联网泡沫破裂了，纳斯达克指数也比最高时下降了超过 50%。只有 3 家科技公司在 2001 年 1 月的“超级碗”大赛中上了广告，而上一年这个数字是 17。与此同时，通货紧缩更加严重。自乔布斯和沃兹尼亚克创立苹果公司以来的这 25 年中，个人计算机成为数字革命中的核心产品，但是现在，专家预测它的核心地位即将结束。《华尔街日报》的沃尔特·莫斯伯格（Walt Mossberg）写道：计算机“已经衰变成了无聊的东西”。捷威的 CEO 杰夫·韦特泽恩（Jeff Weitzen）宣称：“我们已经明确地要改变个人计算机作为核心产品的局面。”

就在这个时候，乔布斯宣布了一项新的重大战略，这不仅将改变苹果，也将影响整个技术产业。个人计算机不会成为边缘化的副线产品，而将成为一个“数字中枢”，整合各种数字设备，包括音乐播放器、录像机，以及相机。你可以用计算机连接并同步所有这些设备，它也可以管理你的音乐、图片、视频、信息，以及乔布斯称为“数字生活方式”中包含的方方面面。苹果公司将不再仅仅是一家计算机公司——事实上“计算机”这个词也将从“苹果计算机公司”的名称中剥离，Mac将得到重生，至少在下一个10年中，成为各种新潮数字产品的中心，包括 iPod、iPhone 和 iPad。

乔布斯年近30岁时曾做过一个关于唱片的比喻。他一直在思考为何人在30多岁后就会变得思维僵化、缺乏创新意识。他说：“人们被卡在这些固有的形式中，就像唱片中某一段固定的凹槽，他们永远无法摆脱出来。当然，有些人天生就有强烈的好奇心，永远有一颗孩子般的心，可惜这样的人太稀少了。”45岁时，乔布斯准备从他的凹槽中跳出来。

有很多原因可以解释，为什么他能比其他任何人更清楚地预见到未来的数字革命，并全身心投入这一潮流之中：

· 一直以来，他都站在人性和科技的交叉点上。他热爱音乐、图片和视频。他也热爱计算机。数字中枢的本质就是把我们对创意艺术的欣赏和伟大的工程技术结合起来。乔布斯在很多次产品介绍的最后都会展示一个简单的页面：上面有一个路标，标示着“人文”和“科技”的十字路口——他正处在这个位置，而且也是基于此，他才先人一步，有了对数字中枢的设想。
· 因为他是一个完美主义者，所以他要求把产品的所有部分都整合在一起，从硬件到软件，从内容到营销。在台式计算机领域，这一策略并未胜过微软—IBM 模式——一家公司的硬件可以向另外一家的软件开放，反之亦然。但如果计算机成为数字中枢，对苹果这样一个整合了计算机、数字设备和软件的公司来说，乔布斯的策略绝对是一个优势。这将意味着移动设备中的内容可以和计算机无缝连接，受其控制。

- 他对简约有一种与生俱来的追求。2001 年以前，就有人发明了便携式音乐播放器、视频编辑软件和其他各类数字时尚产品。但是它们都过于复杂。它们的用户界面甚至比你的录像机更令人困惑，更无法与 iPod 和 iTunes 相提并论。
- “孤注一掷”是他最喜欢的词之一，他也愿意把这个词用在他的新构想上。互联网泡沫的破裂导致其他科技公司减少了对新产品的投入。他回忆说：“当所有人都在削减开支的时候，我们反而决定要在情况低迷时继续投资。我们主要会投资在研发上面，发明出一些新东西，一旦低潮期过去，我们就已经领先于竞争对手了。”这种投入造就了苹果公司持续创新最辉煌的十年。

火线

乔布斯关于“计算机将成为数字中枢”这个设想，要追溯到苹果公司在 20 世纪 90 年代初开发的“火线”（FireWire）技术。火线是一条高速的串口，能够将数字文件（比如视频）从一台设备快速转移到另一台设备。日本的摄像机制造商采用了这一技术，之后乔布斯决定把火线用在 1999 年 10 月上市的新版 iMac 上。他开始预见到，火线将成为苹果系统的一部分，用来把视频文件从摄像机中转移到计算机上，然后再进行编辑和发布。

为了让这一功能得以实现，iMac 需要有一款出色的视频编辑软件。为此，乔布斯决定去 Adobe 公司找他的老朋友。Adobe 是一家出品数字图像软件的公司。乔布斯请他们制作一款适用于新的 Mac 版本的 Adobe Premiere 软件，当时这一软件在 Windows 系统中很流行。可是，

Adobe 公司高层断然拒绝了他，这让乔布斯备受打击，他们说："Mac 的用户太少，要单独为它做一个软件不太划算。"乔布斯愤怒了，觉得自己遭到了背叛。他后来跟我说："我让 Adobe 出了名，他们却这样对待我。" Adobe 随后又拒绝为 Mac OS X 系统定制其他的流行软件，比如 Photoshop，即使 Mac 电脑在使用这类软件的设计师和创意人士中非常受欢迎。整个局面更加糟糕了。

乔布斯永远都不会原谅 Adobe，10 年后，他向 Adobe 发起了一场公开的战争——不允许 Adobe Flash 在 iPad 上面运行。他得到了一个宝贵的教训，而这更坚定了他的决心：要对一个系统中的所有关键元素实施端到端的控制。他说："当 1999 年 Adobe 背叛了我们之后，我的第一个想法就是，在我们所涉足的任何领域，必须同时控制硬件和软件，否则我们迟早要受制于人。"

所以，从 1999 年开始，苹果为 Mac 操作系统制作应用软件，目标用户就定位在横跨艺术和科技交汇处的群体。这些软件包括数字视频编辑软件 Final Cut Pro，为入门级用户开发的 iMovie，制作视频或音乐光碟的 iDVD，和 Adobe 竞争的照片编辑软件 iPhoto，用于音乐制作和混音的工具"车库乐队"(GarageBand)，管理歌曲的 iTunes，以及购买歌曲的 iTunes 商店。

数字中枢的创意很快清晰起来。乔布斯说："我是通过摄像机才理解到这一点的。使用 iMovie 软件能让你的摄像机价值增加 10 倍。"你不用再花几百个小时坐在那里看原片，而是在你的计算机上进行编辑，制作漂亮的淡入淡出效果、添加背景音乐、把你的名字加在片尾字幕中，也过一把当制片人的瘾。它激发了人们的创意，让人们表达自己，制作出一些富有情感的作品。"在那一刻，我觉得个人计算机正在演变成另一种东西。"

乔布斯还有一个想法：如果计算机成为一个中心，还可以使便携式设备变得更简单。这些数字设备中的很多功能——比如编辑视频或图片——都不太好用，因为屏幕太小了，很不适合功能太多的菜单。计算机就可以简单地解决这些问题。

而且，乔布斯还观察到，如果将设备、计算机、软件、应用程序、火线整合到一起，就能让这些功能发挥得更好。他回忆道："我更加相信，端到端一体化的解决方案是正确的。"

这个方案的绝妙之处在于，苹果是唯一一家提供这种整合方案的公司。微软做软件，戴尔和康柏做硬件，索尼生产数字设备，Adobe开发应用程序。但是只有苹果把这些整合到了一起。乔布斯在接受《时代》杂志采访时说："我们是唯一一家掌握硬件、软件、操作系统全部设备的公司。我们能够为用户体验负全部的责任，我们能做到其他公司做不到的事情。"

苹果在数字中枢战略中的第一个突破是对视频的整合。你可以用火线把视频传到苹果电脑上，然后通过 iMovie 编辑成一个作品。然后呢？你还可以把作品刻录进一些 DVD 里，这样你和你的朋友就能在电视上欣赏。他说："所以我们花了很多时间和光驱制造商进行合作，以给用户生产出能刻录 DVD 的光驱。我们是第一个这样做的公司。"和往常一样，乔布斯格外关注为用户制造出尽可能简单的产品，这也是成功的关键。迈克·埃万杰利斯特曾在苹果负责软件设计，他回忆起当初为乔布斯展示早期版本的用户界面时的情景。在看了一些界面截屏图之后，乔布斯跳起来，抓起一支记号笔，在白板上画了一个简单的长方形。他说："这是新的应用程序。它有一个窗口，你把视频拖拽进这个窗口，然后按下'刻录'按钮。就这么简单。这就是我们现在要做的。"埃万杰利斯特目瞪口呆，然而这一想法却为 iDVD 的简便功能奠定了基础。乔布斯甚至还帮助设计了"刻录"按钮的图标。

乔布斯意识到，数码照相也是一个即将爆发的领域，所以苹果也开发了一些让计算机成为“照片中心”的方法。但是至少在第一年里，他错过了一个绝好的机会。当时，惠普和其他一些公司正在制造刻录音乐 CD 的光驱，但是乔布斯意气用事，坚持让苹果专注于视频而不是音乐。另外，乔布斯还坚持让 iMac 装配一种“更高雅”的吸入式光盘插槽而不是传统的托盘式光驱，这就意味着 iMac 错过了配备第一代刻录光驱的机会，因为当时只有托盘式光驱才能具备这种功能。他回忆道：“我们错过了这班船，所以我们需要迎头赶上。”

一家创新型的公司不仅仅要做到推陈出新，而且还要在落后时知道如何迎头追上。

iTunes

不久，乔布斯就意识到音乐将是一笔大生意。2000 年，人们正热衷于把音乐从 CD 拷贝到计算机上，或者从文件分享服务商那里（比如 Napster）下载音乐，然后把自己挑选的音乐刻录进空白 CD。那一年，美国的空白 CD 销量达到 3.2 亿张，而美国总人口也不过 2.81 亿人。这说明有一些人非常喜欢刻录 CD，但是苹果无法满足这一人群的需求。乔布斯告诉《财富》杂志：“我就像一个笨蛋。我知道我们错过了，我们必须努力追上去。”

乔布斯在 iMac 上加了一个 CD 刻录光驱，但这还不够。他的目标是把这一过程变得更简单：从 CD 上传输音乐到计算机，用计算机管理音乐，然后刻录。其他公司已经在制作一些音乐管理软件，但这些软件既笨拙又复杂。乔布斯有一个特长是，一眼就能看出市场上充斥着二流产品。他看了市面上所有音乐应用程序，包括 Real Jukebox、Windows Media Player，以及惠普推出的和刻录光驱配套的一款软件，然后得出了结论：“它们都太复杂了，即使是天才也只能搞明白其中一半的功能。”

这时，比尔·金凯德（Bill Kincaid）出现了。他之前是苹果公司的一名软件工程师。有一天，他一边驱车前往加州的威洛斯赛道，准备开着他的福特跑车在赛道上驰骋，一边听着美国公共广播电台（NPR）的节目（虽然有点儿不搭调）。他听到一条新闻在介绍一种叫作 Rio 的便携式音乐播放器，能够播放一种叫 MP3 的数字音乐格式。当他听到播音员的一句话时突然兴奋起来：“但是别激动，苹果迷们，因为 Rio 和苹果电脑不兼容。”金凯德自言自语道：“哈哈，这个我可以做到。”

为了给苹果电脑写 Rio 的管理程序，金凯德叫来了他的两个朋友：杰夫·罗宾（Jeff Robbin）和戴夫·海勒（Dave Heller），他们之前也是苹果公司的软件工程师。三人制作的软件叫作 SoundJam，给苹果电脑用户提供了一个专为 Rio 设置的界面，一个用来管理计算机里音乐的点唱机，而且在播放音乐时屏幕上还可以显示那种迷幻的律动。2000 年 7 月，当乔布斯催促他的团队做出音乐管理软件时，苹果公司果断出手，买下了 SoundJam，还把三个发明人带回了苹果公司。（他们三个人一直留在苹果公司，罗宾在接下来的 10 年里继续管理音乐软件开发团队。乔布斯认为他非常有价值，所以有一次当《时代》杂志的记者想要采访罗宾时，乔布斯的条件是不要公开他的姓氏。）

乔布斯亲自上阵，和他们三人合作，把 SoundJam 变成了苹果产品。但它的功能太多，导致屏幕显示也很复杂。乔布斯要求他们必须把软件改得更加简单有趣。之前的界面是用户可以按照歌手、歌曲名或是专辑名进行搜索，但是乔布斯坚持把它改成了一个简单的输入框，你可以直接输入任何你想搜索的信息。从 iMovie 开始，团队把这个系列的软件界面改成了统一的拉丝金属风格的外框，并给音乐软件取了名字——iTunes。

作为数字中枢战略的一部分，乔布斯在 2001 年 1 月的 Macworld 大会上发布了 iTunes。他宣布，所有苹果电脑用户都可以免费使用该软件。“和 iTunes 一起加入音乐革命吧，它可以把你的音乐设备的价值增加十倍！”他的结束语引发了热烈掌声。随后，iTunes 的广告语也出来了——“扒歌，混制，刻录”（Rip，Mix，Burn）。

就在那天下午，乔布斯和《纽约时报》的约翰·马尔科夫碰巧见了面。采访进行得很不顺利，但是最后乔布斯坐在他的 Mac 电脑前展示 iTunes。“它让我想起了我的年轻时代。”当屏幕上出现了迷幻风格的屏保时，他这样说道。这让他想起了曾经服用迷幻药的时候。乔布斯对马尔科夫说，服用迷幻药是他这辈子做过的两三件最重要的事之一。没有这种经历的人永远也不可能完全理解他。

iPod

数字中枢战略的下一步就是制造一个便携式音乐播放器。乔布斯意识到，苹果可以设计一个和 iTunes 配套的设备，让收听音乐变得更简单。由计算机来完成复杂的任务，而音乐播放器的功能要简单。iPod 因此诞生了。在接下来的 10 年里，iPod 使苹果公司从一家计算机生产商转变成了世界上最有价值的科技公司。

乔布斯对这个项目怀有特殊的热情，因为他非常热爱音乐。他跟同事们说：“市场上现有的这些音乐播放器实在是太差劲儿了。”菲尔·席勒、乔恩·鲁宾斯坦，以及团队的其他成员都表示同意。在开发 iTunes 的时候，他们试用了 Rio 和其他音乐播放器，然后高兴地把它们扔在一边：“我们坐在一起，讨论着这些东西到底有多差劲儿。”席勒回忆道，“它们最多能装 16 首歌曲，而且你根本不知道怎么用。”

2000 年秋天，乔布斯开始督促设计便携式音乐播放器，但是鲁宾斯坦回应说还缺少一些重要的部件，他让乔布斯再等一阵子。几个月之后，鲁宾斯坦开始选择合适的小液晶屏和可充电的锂电池。不过，最大的挑战在于要找到一个尺寸足够小但存储空间大的硬盘。之后，2001 年 2 月，他去了日本的苹果供应商那里做例行访问。

在和东芝公司开完例会之后，工程师们提到，他们正在实验室研发一项新产品，到 6 月可以完成。那是一个只有 1.8 英寸见方的硬盘（大约是 1 美元硬币的大小），带有 5G 的容量（大约能存放 1 000 首歌曲），但当时他们不知道可以用它来做什么。当东芝的工程师把这个小硬盘展示给鲁宾斯坦时，他立刻就想到该怎么用它了。把 1 000 首歌装进口袋！这主意太棒了！但他当时没露一丝声色。乔布斯当时也在日本，他正在东京的 Macworld 大会上做主旨演讲。他们当晚就在乔布斯下榻的大仓酒店见了面。鲁宾斯坦告诉他："我知道现在该怎么做了，我只需要一张 1 000 万美元的支票。"乔布斯马上就批了。后来鲁宾斯坦开始和东芝谈判，希望买下所有小硬盘的专有权，然后，他便开始物色可以领导开发团队的人选。

托尼·法德尔（Tony Fadell）是一名傲慢的程序设计师，也是一个创业者。他喜欢打扮成赛博朋克的造型，却总是面带迷人的微笑。当他还是密歇根大学学生的时候，就已经创立了三家公司。他曾在一家制造手提设备的公司通用魔力（General Magic）工作，在那里他结识了曾经逃出苹果的安迪·赫茨菲尔德和比尔·阿特金森，接着他还在飞利浦电子（Philips Electronics）混迹了一段日子。那时他为了抵制保守古板的文化而留着漂白的短发，打扮成叛逆的造型。后来，他想出了一些关于制造更好的数字音乐播放器的点子，他走遍了里尔网络（RealNetworks）、索尼和飞利浦推销他的创意，但没人买账。一天，他到科罗拉多州的范尔去和他的叔叔滑雪，正坐在升降机上的时候，手机响了。电话是鲁宾斯坦打来的，他说苹果公司正在寻找一个能制造“小型电子设备”的人。法德尔丝毫没有胆怯，他信心十足地说自己绝对是制造这种设备的天才。鲁宾斯坦便邀请他前往库比蒂诺。

法德尔原以为他是去做 PDA（个人数字助理），也许是“牛顿”（苹果之前尝试研发的 PDA）的后继型号。但是当他和鲁宾斯坦见面时，话题很快就转向了已经上市三个月的 iTunes。鲁宾斯坦告诉他：“我们一直在努力将市场上现有的 MP3 播放器连接到 iTunes 上，但是它们太糟糕了，非常糟糕。我们认为我们应该做一个自己的播放器。”

法德尔很兴奋：“我非常热爱音乐。我以前在里尔网络时就一直想尝试做些和音乐相关的工作，而且我还和 Palm 公司提过一个 MP3 播放器的方案。”他同意加入团队，至少以顾问的形式参与。几周之后，鲁宾斯坦坚持说，如果法德尔要领导这个团队，那么他必须成为全职的苹果公司员工。但是法德尔很抗拒，他喜欢自由的状态。鲁宾斯坦认为法德尔在发牢骚，所以感到很愤怒，他告诉法德尔：“这是能改变你一生的决定，你永远都不会后悔的。”

鲁宾斯坦决定来硬的。他召集了一屋子的人，有二十几个，这些人都是负责 iPod 项目的。当法德尔进来时，鲁宾斯坦告诉他：“托尼，如果你不签约成为全职员工，我们就不做这个项目了。你来还是不来？你必须现在就决定。”

法德尔直视着鲁宾斯坦的眼睛，又看了看其他人，然后说：“苹果公司经常发生这种胁迫人签约的事情吗？”他停顿了一下，说“好吧”，然后极不情愿地和鲁宾斯坦握了一下手。法德尔回忆道：“这件事让我和乔恩之间在之后的很多年关系一直都不稳定。”鲁宾斯坦同意他的说法：“我觉得他永远都不会原谅我当年的做法。”

法德尔和鲁宾斯坦注定要发生冲突，因为他们都认为自己是 iPod 之父。从鲁宾斯坦的角度来看，乔布斯早在项目开始的几个月前就给他布置了任务，他找到了东芝的硬盘，又确定了显示屏、电池和其他重要元件，然后他让法德尔把这些组合起来。他和其他人都很讨厌法德尔那种处处邀功的行为，所以戏称他为“夸夸其谈的家伙”。但是法德尔认为，在他来到苹果公司以前自己就已经有设计 MP3 的计划，而且他已经在其他公司兜售了一圈，最后才同意加入苹果。关于他们谁对 iPod 的功劳最大、谁能落得“iPod 之父”的称号，在此后多年的各类采访、文章、网页甚至是维基百科中，一直争论不休。

但是在最初的几个月里，他们忙得没有时间吵架。乔布斯希望 iPod 能在圣诞节之前上市，也就是说，在 10 月就要准备好发布。他们研究了其他正在设计 MP3 的公司，想找到一家能够为苹果公司提供基础服务的，最后锁定了一家叫 PortalPlayer 的小公司。法德尔告诉 PortalPlayer 的团队：“这个项目将会改造整个苹果公司，而且 10 年之后，苹果公司将成为音乐公司，而不再是计算机公司。”他说服他们签下了独家协议，然后他们就开始修正 PortalPlayer 的一些缺陷，包括复杂的界面、较短的待机时间，以及只能容纳 10 首歌曲的小播放列表。

“就这个！”

总有一些值得铭记的会议，不仅是因为它们标志了一个历史性的时刻，而且明确了领导者的运作方式。2001 年 4 月，在苹果公司四层的会议室里就有这样一个会议，乔布斯确定了 iPod 的一些基础问题。在会上，法德尔要向乔布斯讲解他的提案，听众有鲁宾斯坦、席勒、艾夫、杰夫 · 罗宾，还有营销总监斯坦 · 吴（Stan Ng）。

一年前，法德尔在安迪 · 赫茨菲尔德家举办的生日聚会上见过乔布斯，他也听说过许多关于乔布斯的故事，其中有很多都堪称骇人听闻。不过由于他并不真正了解乔布斯，所以他那天不免有些忐忑。“当他走进会议室的那一刻，我不由得挺起身，心想：‘哇，这就是乔布斯！’我开始小心翼翼起来，因为我早就听说过他的野蛮无理。”

整个演讲以介绍“潜在市场”和“竞争对手在做什么”开始。和往常一样，乔布斯显然没有耐心听这些。法德尔说：“我能感觉到，他没耐心在一张幻灯片上花上一分钟的时间。”当翻到“市场上的其他播放器”这张幻灯片时，他挥手示意法德尔停止。他说：“不要担心索尼。我们知道自己在做什么，但是他们不知道。”于是，会议不再播放幻灯片，乔布斯开始向团队抛出一连串的问题。法德尔学到了一课：“史蒂夫关注当下，说话直来直去。有一次他告诉我：‘如果你一定要用幻灯片来讲，那说明你不知道自己要讲什么。’”

乔布斯希望在展示中看到实物，这样他就能够触摸、审视和把玩。为此法德尔带来三个不同的模型到会议室。鲁宾斯坦指导他要按照顺序展示它们，这样，他的首选也许会被乔布斯看中。他们把最后要展示的模型藏在了桌子中央一个倒扣的木碗里。

在这一轮演示中，法德尔先从一个盒子中拿出了 iPod 要使用的各种元件，并把它们摆在了桌上，有 1.8 英寸的硬盘、液晶显示屏、几种主板和几种电池，每一样都标注了成本和重量。在展示的过程中，大家讨论了未来一两年内这些部件的价格和尺寸会如何降低。有一些元件可以像乐高积木那样拼接，从而产生出不同的组合。

接下来，法德尔开始展示他的模型。这些模型都是由泡沫聚苯乙烯制成的，里面填入了一些铅，以模拟真实的重量。第一个模型有一个插槽，用来放可拆除的音乐存储卡。乔布斯表示不喜欢，理由是太复杂。第二个模型拥有动态存储器（dynamic RAM），成本很低，但是断电后所有数据都会消失。乔布斯也不满意。接下来，法德尔把这些“乐高”元件组合在一起，展示了带有 1.8 英寸硬盘的设备。乔布斯似乎提起了兴趣。随后就到了整个会议的高潮部分——法德尔把木碗揭起，一个组装完毕的成品模型出现在大家面前。“我本来以为要多拼几次乐高元件，但史蒂夫喜欢的硬盘组装方式正是我们已经做好的那样。”法德尔回忆道。他甚至有些吃惊：“我曾经在飞利浦工作，如果要做出这样的决定，一定要经过很多轮 PowerPoint 演示会议和会下研究。”

接下来轮到了菲尔·席勒发言：“下面来说说我的点子。”他走出房间，然后拿来一堆 iPod 的模型，它们的正面都有一个相同的装置，也就是后来著名的滚轮设计。他回忆道：“我一直在想怎么浏览播放列表。你不可能按几百次按钮。如果有个转盘岂不是很好？”通过大拇指旋转转盘，你可以滚动所有的歌曲。而且你转的时间越长，列表下拉的速度就越快，所以你可以很容易地浏览几百首歌。乔布斯大叫：“就这个！”他让法德尔和工程师们按照这个构思开工。

自从项目开始，乔布斯每天都投入其中。他最主要的要求就是：“简化！”他会浏览用户界面的每一个页面，并且会做严格的测试：如果要找某一首歌或者使用某项功能，按键次数不能超过三次，而且按键的过程要自然。如果他觉得导航不够清楚，或者需要按键三次以上，他就会非常生气。法德尔说：“有很多次，在用户界面设计的问题上，我们绞尽脑汁去思考和讨论，自认为已经考虑得很周全了，但乔布斯还会说：‘你们想过这个吗？’然后我们就心想：‘真见鬼！’他会重新定义这些问题或方法，我们的小麻烦就会迎刃而解。”

每天晚上，乔布斯都会在电话里讲述他的想法。法德尔和其他人，包括鲁宾斯坦，他们会联合起来一起“对付”乔布斯给他们中的任何一个人抛出的难题。他们会互相通电话，交流乔布斯的最新建议，然后计划怎样把乔布斯引导到他们希望的方向上去。这个方法半数会有效。法德尔说：“我们会一起讨论乔布斯最新的想法，同时也在努力预测他会怎么想。每天都会有这样的问题，比如要不要有开关、按键用什么颜色，或者是定价策略。在他的管理方式下，我们必须相互合作，彼此照应。”

乔布斯还有一个重要的观点，那就是应该把尽可能多的功能集合在iTunes软件里，用计算机操作，而不要让iPod有太多功能。他后来回忆说：

> 为了让iPod真正易于操作——关于这一点，我内心经过了很多挣扎——我们需要限制它本身的功能。相反，我们把这些功能放在了计算机里的iTunes上。比如，你不能在iPod上制作音乐清单。但你可以用iTunes来制作，然后再用iPod进行同步。这个问题有一些争议性，但是Rio和其他播放器不成功的原因就在于它们太复杂了。它们必须要有制作音乐清单的功能，因为它们不能和计算机上的音乐播放软件整合在一起。所以，同时拥有iTunes软件和iPod，我们就能够让计算机和设备一起工作，同时，我们也能把复杂度控制得恰到好处。

所有的“简洁”中最为玄妙的、让同事们大吃一惊的是：乔布斯决定iPod上不能有开关键。这在之后的大部分苹果产品中都实现了。开关键是没有必要的，从美学和神学的角度来看，开关让人不快。如果一段时间不操作，它会自动进入休眠状态；当你触摸任意按键时，它又会自动“醒来”。但是没有必要专门设定这样一个流程：按下去—等待关机—再见。

突然之间，一切都准备就绪了：一张可以承载1 000首歌曲的芯片，一个可以操控1 000首歌曲的界面和滚动式转盘，能够在10分钟之内下载1 000首歌的火线连接，还有一块能持续播放1 000首歌的电池。乔布斯回忆说：“我们突然间彼此相视，说：‘这个东西一定会很酷。’我们知道它到底有多酷，是因为我们每个人都知道自己多想要拥有一部。而且产品的概念也变得简洁诱人——把1 000首歌曲装进你的口袋。”有一个广告撰稿人建议把它命名为“Pod”[1]，而乔布斯沿袭了iMac和iTunes的命名方式，把它改为iPod。

那么，这1 000首歌曲从哪儿来？乔布斯知道，有些歌曲可以从正规购买的CD中拷贝，这是合法的，但是还有一些是来自非法下载。仅从做生意的角度考虑，乔布斯将得益于非法下载——它使用户以更低廉的成本填满自己的iPod，而且以乔布斯的反主流文化传统，他也不会对那些因之受损的唱片公司抱有同情。但是他主张知识产权保护，艺术家们也应当劳有所得。所以，在开发工作接近尾声时，他决定iPod只能单向同步。用户可以从计算机里把歌曲转移到iPod上，但是不能把iPod上的歌曲转移到计算机里。这样就防止人们把已经同步到iPod上的歌曲复制给其他人。他还决定，在iPod的塑料包装上印一条简明的标语：“不要盗版音乐。”（Don’t Steal Music.）

“白鲸的白”[2]

乔尼·艾夫一直在摆弄iPod的泡沫模型，反复设想成品的样子。一天早上，在他开车从旧金山的家里到库比蒂诺的路上，一个想法突然跳了出来。他在路上打电话告诉他的同事：iPod的正面要用纯白色外壳，然后与背面光滑的不锈钢壳进行无缝连接。艾夫说：“很多小型消费类产品给人的感觉都是‘用后即弃’的，缺少文化内涵。关于iPod，我最得意的地方就是其中有一些元素为它赋予了意义，让它历久弥新。”

1. 意为“豆荚”，形容外形精巧。
2. 引自《白鲸记》（*Moby Dick*）第42章的章名。

白色不是简单的白色，而是“纯净”的白色。他回忆道：“不只是机身，耳机、连接线，甚至是电源适配器也要是白色的，‘纯净’的白色。”但其他人都认为耳机当然应该是黑色的，和其他耳机一样。艾夫说：“但是史蒂夫立刻就决定要用白色，这给产品增加了‘纯度’。”蜿蜒的白色耳塞线使 iPod 成为一个标志。艾夫是这样描述的：

> iPod 包含着一些非常有意义且不易被丢弃的元素，但是也有一些非常安静和内敛的部分。它不会搔首弄姿，它是内敛的，但那平滑的耳机又是个疯狂的创意。这就是我喜欢白色的原因。白色并不仅仅是一种中性的色彩，它既纯净又安静，醒目、出挑但又不张扬。

李·克劳所在的 TBWA\Chiat\Day 广告公司的团队希望凸显 iPod 的独特内涵和白色外壳，而不是做一个传统的介绍产品功能的广告。詹姆斯·文森特（James Vincent）是一个又高又瘦的年轻英国人，他曾在一个乐队里担任乐手，还做过 DJ。他是最近刚加入 TBWA\Chiat\Day 广告公司的。出于职业习惯，他在设计苹果广告时，自然而然地将受众集中在新千年一代的音乐发烧友，而不是叛逆的“婴儿潮一代”身上。在艺术总监苏珊·艾琳珊甘（Susan Alinsangan）的协助下，他们创作出一系列 iPod 的广告牌和海报，然后摊在乔布斯的会议室桌上供他审阅。

他们把最保守的提案放在了桌子的最右边——白色背景中一张 iPod 的特写照片，而最左边的是最有图像感和符号感的设计——一个人边听 iPod 边跳舞的剪影，白色的耳机线也随之舞动。文森特说：“这幅图表达了人与音乐之间紧密的情感联系。”他建议创意总监邓肯·米尔纳说，大家都要坚定地站在最左边，看能否把乔布斯引到这款设计上来。乔布斯一走进来，就马上走到了最右边，看着干巴巴的产品图片说："这个看起来不错，我们来讨论一下。"文森特、米尔纳和克劳站在另一头都没有挪动脚步。最后，乔布斯抬起头来，看了看那张符号化的图片，说："哦，我猜你们喜欢这一张。"他摇了摇头："但它没有展示出产品，人们都不知道这是什么东西。"文森特提出他们想使用这张图片，但是会再加上一句广告词："把 1 000 首歌装进口袋。"这样就不言自明了。乔布斯又往桌子的最右边看了一眼，最终同意了他们的想法。不出所料，他很快就声称这是他的创意——要推出更多符号化的广告。乔布斯回忆道："我听到一些怀疑的声音：'这样的广告怎么能真正卖出一台 iPod 呢？'这就到了 CEO 要发挥作用的时候了，我要促成这个创意。"

乔布斯意识到 iPod 还有一个优势，那就是苹果品牌是一个可以把计算机、软件和设备整合起来的系统。这就意味着 iPod 也能促进 iMac 的销售。反过来说，也就意味着苹果公司可以把原本要为 iMac 广告花费的 7 500 万美元投入 iPod 的广告上，还能获得双倍的成效——其实是 3 倍，因为这些广告能给整个苹果品牌注入新的光彩和活力。他回忆说：

> 我当时有了这个疯狂的想法——通过宣传 iPod 来销售更多的苹果电脑。另外，iPod 也能把苹果定位成一个创新和年轻的品牌。所以我把 7 500 万美元转移到 iPod 的广告费用上。虽然从产品类别上来说连对其投入其中的 1% 都嫌多，但这意味着我们完全占领了音乐播放器的市场。我们的投入是其他公司的数百倍。

电视广告决定使用乔布斯、克劳和文森特商定的舞者的剪影，配合着背景音乐。克劳说："选择背景音乐成为我们每周营销会议的主要乐趣。我们会播放一些很前卫的音乐，史蒂夫会说'我讨厌这个'，然后詹姆斯就会去说服他。"苹果广告让很多新乐队流行起来，最著名的例子就是“黑眼豆豆”（Black Eyed Peas），那首《嗨，妈妈》（Hey Mama）就是这一系列广告的经典。当一则新广告进入制作环节时，乔布斯经常会动摇，他会打电话给文森特，坚持说要取消这个广告。他会说“这听起来有些浮夸”，或者“这有点儿普通”，“我们取消吧”。詹姆斯会一阵慌乱，但仍努力劝说乔布斯：“要坚定，这会是一个很棒的广告。”乔布斯每次都会妥协，然后广告继续制作，最后他还是会喜欢它。

2001年10月23日，乔布斯在一次标志性的产品发布会隆重推出了iPod。邀请函很调侃：“提示：这不是一台Mac。”在描述了产品的技术参数之后，到了揭幕产品的时刻。这一次，乔布斯没有像往常那样走到一张桌子前揭开遮布，而是说：“我口袋里刚好有一个。”他把手伸进牛仔裤口袋，拿出了一个炫目的白色机器：“这绝妙的小机器里面装着1 000首歌曲，而且刚好能放进我的口袋。”说完他把iPod又放回了口袋，在观众的掌声中从容地走下台。

最初，在技术极客中有一些对于iPod的质疑，尤其是关于399美元这个价格。在博客圈里流传着一个笑话，说iPod的全称是“白痴给我们的产品定的价”[1]。不过，消费者中还是掀起了iPod热潮。不仅如此，iPod也代表了苹果品牌的核心价值——诗意与工程紧密相连，艺术、创意和科技完美结合，设计风格既醒目又简洁。简便的操作得益于整合的端到端一体化的系统——从计算机到火线、设备、软件，再到内容管理。当你从盒子里拿出一台iPod，它美丽得耀眼，让所有其他音乐播放器都黯然失色，看起来都像是在乌兹别克斯坦设计和制造的一样。

自第一代Mac电脑诞生以来，还没有哪个产品能够有如此清晰的

1. 原文为“idiots price our devices”，首字母缩写恰好是iPod。——译者注

愿景，并有力地推动了公司的未来发展。乔布斯当时对《新闻周刊》的史蒂芬·列维这样说：“如果有人好奇为什么苹果公司会存在于世，我就要拿这个来解释。”当时，沃兹尼亚克一直对整合的系统心存怀疑，后来他改变了这个想法。“哇，要说这个是苹果公司的产品，那一点儿都不奇怪。”沃兹尼亚克在 iPod 推出后非常兴奋，他说：“毕竟苹果公司一直都在做硬件和软件，现在它把两者整合起来，效果更好。”

就在列维拿到 iPod 试用样品的那天，他正好要与比尔·盖茨共进晚餐，于是他把样品拿给他看。列维问：“你看过这个了吗？”列维描述当天的情景：“盖茨就像是科幻电影里的外星人。当外星人看到了一个新奇的物件，就会在自己和这个物体之间建立一条能量通道，这样就能把所有关于这个物体的信息都灌进大脑。”盖茨摆弄着 iPod 的转盘，试了试所有的按键组合，他的眼睛一直盯着屏幕，最后说：“这看起来是个很棒的产品。”然后他停顿了一下，露出疑惑的表情，问道：“这只能在 Mac 上面用吗？”

第三十一章 iTunes 商店

“我是花衣魔笛手”[1]

1. 原文为“I’m the pied piper”，是海滩男孩乐队（The Beach Boys）的一首歌曲名。

华纳音乐

2002年年初，苹果公司遇到了一个挑战。iPod、iTunes软件和计算机之间的无缝连接可以让你更方便地管理音乐，但是如果要得到新的音乐，你必须要离开这样一个“舒适”的环境，去外面购买CD，或者在网上下载歌曲。如果选择第二种方式，通常就意味着要涉足文件分享和盗版服务的灰色地带。所以，乔布斯希望给iPod用户提供一个简单、安全且合法的下载音乐的方式。

音乐产业也面临着一个挑战。它其实已经受到了一系列盗版的侵害——Napster、Grokster、Gnutella、Kazza——人们可以从这些服务商那里下载免费歌曲。正是在一定程度上受到了这样的冲击，2002年正版CD的销量下降了9%。

用二流的不专业的水准，仓促制定保护数字音乐版权的通用标准，音乐公司的高层们都陷入了极度混乱。当时，华纳音乐的保罗·维迪奇（Paul Vidich）和同属AOL时代华纳集团的比尔·拉杜切尔（Bill Raduchel）为此正在和索尼公司合作，协同制定规则，他们希望把苹果公司也拉进来。于是，一行人在2002年1月飞到库比蒂诺去见乔布斯。

会议进行得并不顺利。维迪奇因为感冒喉咙嘶哑，所以他让助理凯文·凯奇（Kevin Gage）来做介绍。乔布斯坐在会议桌的主导位置，不耐烦地晃来晃去，看起来还有些愤怒。凯奇讲了4页幻灯片之后，乔布斯摆手打断了他：“你们可以自己解决的！”所有人都转过头来看维迪奇。维迪奇努力地清了清嗓子：“没错。”停顿了很久之后他又说：“但我们不知道该做什么，你要帮助我们找到方向。”乔布斯后来回忆，他当时确实有点儿吃惊。不过他最后同意了让苹果公司和华纳及索尼合作。

如果音乐公司达成了一致，为了实现音乐文件保护而开发一个标准化的编码解码器，那么各种网上商店就会激增。这样的话，乔布斯要建立一个用来控制网上销售的 iTunes 商店就难了。不过，索尼公司给了乔布斯这个机会。在 2002 年 1 月的库比蒂诺会议之后，索尼公司决定退出上述计划，因为它希望拥有自己专有的格式，并可以从中获得版税收益。

索尼公司的 CEO 出井伸之在接受《红鲱鱼》杂志的编辑安东尼·帕金斯采访时说："你知道史蒂夫，他有自己的打算。虽然他是个天才，但是他不愿意和别人分享一切。大公司很难与他合作……那简直是一场噩梦。"索尼公司北美区总裁霍华德·斯金格（Howard Stringer）补充道："说实话，寻求与他合作简直就是在浪费时间。"

后来，索尼公司和环球音乐集团合作，创建了一个叫作 Pressplay 的订阅服务。同时，AOL 时代华纳、贝塔斯曼（Bertelsmann）及百代唱片（EMI）和里尔网络合作，推出了 MusicNet。这两个平台都不会把自己的歌曲授权给对方，所以它们各自拥有一半的资源。而且它们仅为用户提供播放功能，不提供下载，所以如果你的订阅过期了，就无法再访问。另外，它们还有诸多复杂的限制条款和笨拙的界面。事实上，这两款软件因为"不分伯仲"，在《计算机世界》杂志（*PC World*）评选出来的"历史上最差的 25 款科技产品"中并列第九。杂志上这样写道："这些产品惊人的愚蠢功能说明唱片公司仍然没有理解用户需求。"

本来，乔布斯完全可以放任盗版的存在，免费音乐意味着能卖掉更多的 iPod。但是，因为他真的热爱音乐，也热爱创作音乐的艺术家，所以他反对这种偷窃创意产品的行为。他后来告诉我：

从苹果公司创立之初，我就意识到，我们的成功是来自知识产权。

如果人们可以任意复制或偷取我们的软件，我们早就破产了。如果知识产权不受到保护，我们也没有动力再去制作新软件或设计新产品了。如果没有了对知识产权的保护，那么很多创意公司就会消失，或者根本不会出现。其实说到底，道理很简单：偷窃是不道德的。这样做会伤害其他人，也有损自己的名誉。

然而他知道，阻止盗版的最佳办法——其实也是唯一办法——就是提供一个比那些音乐公司推出的愚蠢服务更加吸引人的选择。他告诉《君子》杂志的安迪·兰格（Andy Langer）："我们相信，有 80% 下载盗版音乐的人都是不得已的，只是没有给他们提供合法的选择而已。所以我们说：'我们创立一个合法的途径吧。'这样大家都会受益。音乐公司能赢利，艺术家能赢利，苹果公司也能赢利。而用户也会有所收获，因为他们既享受到了更好的服务，又不必偷窃。"

就这样，乔布斯开始创立"iTunes 商店"，并争取五大唱片公司的数字音乐的销售权。他回忆道："我从来不会花太多时间去说服人们做对自己有利的事。"这些公司都担心定价模式和专辑的拆分，乔布斯回应说这项新服务只会在 Mac 上使用，只占有 5% 的市场。虽有小小的风险，但可以尝试。他说："我们把市场份额小作为优势来说服音乐公司，即使 iTunes 商店失败了，也不会造成太大损失。"

乔布斯提议把每首歌曲的价格定为 99 美分——这是个简单又容易让人心动的价格。唱片公司将从中抽取 70 美分。乔布斯坚持认为，这种做法比音乐公司喜欢的月度订阅的模式更有吸引力，因为他认为（后来也被证明是正确的），人们和他们喜欢的歌曲之间有一种情感联系。他们希望拥有《给恶魔的同情》和《暴风雨中的庇护》，[1] 而不仅

1.《给恶魔的同情》（Sympathy for the Devil），滚石乐队的一首歌曲名。《暴风雨中的庇护》（Shelter from the Storm），鲍勃·迪伦的一首歌曲名。

仅是租用。当时他对《滚石》杂志的杰夫·古德尔（Jeff Goodell）说：“我觉得也可以发起第二波订阅服务模式，但是它恐怕不会成功。”

乔布斯还坚持在 iTunes 商店出售单首歌曲，而不仅是整张专辑。这就造成了和唱片公司之间最大的分歧，因为唱片公司赚钱的模式是在一张专辑中主打两三首好歌，另外填充十来首一般的作品，然后一起打包出售。为了获得想要的歌曲，消费者就必须买下整张专辑。一些音乐人也从艺术家的立场反对乔布斯“拆分专辑”的做法。九寸钉乐队（Nine Inch Nails）的主唱特伦特·雷泽诺（Trent Reznor）说：“一张好的专辑具有一定的连贯性，所有歌曲之间是互相支持的。这也是我喜欢制作音乐的原因。”但反对无效，乔布斯回忆道：“盗版和网上下载早已将专辑分解了。如果你不能出售单首歌曲，那你也无法和盗版竞争。”

问题的核心是热爱科技的人和热爱艺术的人之间的分歧。乔布斯两个都爱，这一点在他为皮克斯公司和苹果公司工作时都有所体现，因此他也为二者之间建立了桥梁。正如他后来所说的：

> 当我去皮克斯公司工作时，我开始意识到这个巨大的分歧。科技公司不懂创意，他们也不欣赏依赖直觉的思维方式，比如唱片公司的 A&R 部门[1]听了 100 个人演唱之后就能感觉到哪 5 个人会成功。他们之所以认为创意人员只是整天窝在沙发里，自由散漫，是因为他们从来没见过在皮克斯这样的地方，创意人员是多么富有紧迫感和专业素养。另一方面，音乐公司也对技术完全没概念。他们认为自己总能从外面雇到一些技术人员。但是这就像苹果公司去找人制作音乐一样。我们只能得到二流的 A&R 人员，就像

1. A&R 全称为“artist and repertoire”，是唱片公司下属的一个部门，负责发掘、培养歌手或艺人。

音乐公司只能找到二流技术人员一样。我属于少数人，既懂得发明技术需要直觉和创造力，也知道制作艺术作品需要接受真正的专业训练。

乔布斯与时代华纳旗下的AOL的CEO巴里·舒勒（Barry Schuler）有老交情，于是开始就如何把唱片品牌融入iTunes商店寻求他的建议。舒勒告诉他："盗版颠覆了所有人的认知。而能够与之抗衡的就是把iTunes做成一种端到端一体化的服务，从iPod到商店，你就能最好地保护这些音乐。"

2002年3月的一天，舒勒接到了乔布斯的电话，并决定要维迪奇加入这个电话会议。乔布斯问维迪奇，是否可以带上华纳音乐的总裁罗杰·艾姆斯（Roger Ames）一起来库比蒂诺开会。这一次乔布斯表现得很有亲和力。艾姆斯是个幽默风趣又聪明的英国人，属于乔布斯喜欢的类型（就像詹姆斯·文森特和乔尼·艾夫）。所以"好脾气的史蒂夫"出现了。在会议初期，乔布斯甚至还难得地搞起了"外交"。当iTunes的主管埃迪·库埃（Eddy Cue）和艾姆斯争论起为什么英国的广播没有美国的那么有活力时，乔布斯打断了他们，说："我们虽然懂技术，但不算懂音乐，所以不要争了。"

会议一开始，艾姆斯请乔布斯支持一种新的带有防复制功能的CD格式。乔布斯很快就同意了，然后把话题转向了他想讨论的内容。他说，华纳音乐应该帮助苹果公司建立一个简洁明快的网上iTunes商店，然后再向整个业界进行推广。

艾姆斯之前在一次董事会会议中提出，希望集团的AOL部门能够提升他们刚起步的音乐下载服务，但没有获得支持。他回忆道："当我用AOL下载了歌曲，我在我那台烂电脑上怎么也找不到这首歌。"所以，当乔布斯展示了iTunes商店的雏形时，艾姆斯大感震撼。

他说："对，对，这正是我们一直期待的模式。"他同意华纳音乐加入，并负责聚拢其他的音乐公司。

乔布斯飞到美国东部，向时代华纳的其他高层展示 iTunes 服务。维迪奇回忆道："他坐在一台苹果电脑前，就像是一个孩子在玩他心爱的玩具。和其他 CEO 不同，他对自己的产品全心投入。"艾姆斯和乔布斯开始敲定 iTunes 商店的一些细节，包括一首歌曲能被下载到不同设备上的次数，以及防复制系统怎么运作。他们很快就达成了一致，并开始集结其他的唱片公司。

"放养猫"[1]

环球音乐集团的 CEO 道格·莫里斯（Doug Morris）是他们要拉拢的关键人物。他旗下有很多"必备艺人"，包括 U2 乐队、埃米纳姆（Eminem），以及玛利亚·凯莉（Mariah Carey），还有魔城唱片（Motown）和 Interscope-Geffen-A&M（IGA）两大巨头。莫里斯很希望能够合作。他比任何人都更担心盗版问题，也受够了唱片公司里那些二流技术人员的水平。莫里斯回忆道："这简直就像当年的荒蛮西部。没有人愿意卖数字音乐，他们宁愿和盗版同流合污。我们在唱片公司里所做的努力全部失败了。音乐人和科技人员之间的技能属性差距太大了。"

艾姆斯和乔布斯一起徒步前往莫里斯在百老汇的办公室。在路上，艾姆斯向乔布斯简要地提示了一下稍后要谈的内容。这些提示收到了效果。让莫里斯惊叹的是，乔布斯把一切都整合在 iTunes 商店里了，

1. 原文为"Herding cats"，猫是以喜欢自由著称的，向来不喜欢被驯服，因此驯服一只猫绝非易事，意指"非常困难的事"。这也是一首歌曲的名字。

在方便了用户的同时也保证了唱片公司的利益。莫里斯说："史蒂夫做了一件伟大的事，他提出了一个完整的系统——iTunes 商店、音乐管理软件和 iPod。整个过程非常顺畅，他把这些服务都打包了。"

莫里斯承认乔布斯具有唱片公司普遍缺乏的技术视野。他和自己的技术副总裁说："我们当然要依靠乔布斯来做这些，因为环球音乐集团里没有一个人了解技术方面的知识。"但这番话并没有使环球的技术人员愿意与乔布斯合作，莫里斯只能压制住他们的反对意见，并快速促成合作。他们给苹果的数字版权管理系统 FairPlay 又增加了一些限制条款，保证已购买的歌曲不会被下载到太多设备上。但是总的来说，他们都比较认同乔布斯与艾姆斯及其华纳的同事研究出来的 iTunes 商店的概念。

莫里斯很欣赏乔布斯，他立刻打电话给音乐集团旗下公司 IGA 的董事长吉米·约维内（Jimmy Iovine）。约维内是个语速很快又有些急性子的人，和莫里斯是很好的朋友，在过去 30 年中他们几乎每天都有交流。莫里斯回忆道："当我遇到史蒂夫，我就感觉到他是我们的救世主，所以我立刻把吉米找来，给我们增加点儿印象分。"

乔布斯也可以在自己乐意时表现出超乎寻常的好脾气，在约维内飞到库比蒂诺来会面时，他就展露了这一面。"看，多简单。"他对约维内说，"你们的技术同事永远不会做这个，在唱片公司里没有人可以把它变得足够简单。"

约维内马上给莫里斯打了电话，他说："这家伙的确与众不同！你说得没错，他有个现成的解决方案。"接下来两人又抱怨了他们是如何在过去两年里与索尼公司合作却一无所获的。约维内告诉莫里斯："索尼永远解决不了问题。"他们最终达成一致，终止与索尼的合作，加入苹果阵营。约维内说："索尼错过这个好机会的原因让我简直不敢相信，这真是个可以记入史册的大错。如果部门之间合作不力，史蒂夫会解雇有关人员，但是索尼内部一直搞得一团糟却没人出面解决。”

实际上，索尼给苹果提供了一个清晰的反面教材。他们的消费电子产品部门能制造出时髦漂亮的产品；他们的音乐部门也签约了当红的艺人（比如鲍勃·迪伦），但是由于每一个部门都在竭力保护自己的利益，所以整个公司也无法合作推出端到端的服务。

索尼音乐的新总裁安迪·拉克（Andy Lack）面临着一项艰巨的任务——与乔布斯谈判，争取把索尼的音乐放进 iTunes 商店里出售。拉克是一个精明能干、不服输的人。他曾是哥伦比亚广播公司的制片人、美国全国广播公司的总裁，在电视新闻界是个响当当的人物。他看人很准，而且很有幽默感。他意识到，对于索尼来说，在 iTunes 商店出售音乐是一个既疯狂又必要的选择——对于唱片行业来说很多决定都是这样做出的。苹果将采用一种强盗式的做法，不仅要从歌曲中抽取利润，还要连带促进 iPod 的销售。拉克认为，既然是唱片公司促成了 iPod 的成功，那么他们也应该从 iPod 的销售利润中分一杯羹。

乔布斯可以和拉克在许多问题上达成一致，他也对拉克表示，自己想要成为音乐公司真正的合作伙伴。“史蒂夫，如果我们合作，你要答应每出售一台 iPod 就要给我一些好处。”拉克提高了声调对他说，“虽然你的机器不错，但是我们的音乐也促进了它的销售。这就是我认为的真正的合作关系。”

“我答应你的条件。”乔布斯不止一次说出这样的话，但是之后他就会私自到道格·莫里斯和罗杰·艾姆斯那里去抱怨，说拉克根本没弄明白，他对音乐产业并不在行，而且也没有莫里斯和艾姆斯聪明。拉克说：“经典的史蒂夫风格就是，他会同意一些事，但永远不会实现。他会把你诱进一个局，然后置之不理。他的表现是病态的，但这点在谈判中很有用。他的确是个天才。”

拉克知道，他是最后的抵抗者，除非能获得业内其他人的支持，否则自己无法赢得这场战役。但是乔布斯不惜甜言蜜语，并用苹果公司的营销优势把其他人拉拢得很好。拉克说：“如果整个业界结成联盟，我们就可以拿到授权费，这样我们就会有两个收入来源，这正是我们梦寐以求的。我们帮助提升了 iPod 的销量，所以这个要求也是合理的。”当然，这也是乔布斯端到端一体化战略的精妙之处：iTunes 上的歌曲首先促进了 iPod 的销售，从而拉动 Mac 的销售。让拉克更为恼火的是，索尼公司原本也可以采用这种策略，但是它的硬件部门、软件部门以及内容部门永远都无法统一步调。

乔布斯也在努力拉拢拉克。一次在纽约出差期间，他邀请拉克来他住的四季酒店顶楼的套房。乔布斯还特意为两人订了一份早餐——燕麦片和鲜莓，而且“格外殷勤”。拉克回忆道：“但是杰克·韦尔奇教我不要‘被迷惑’。莫里斯和艾姆斯就抵挡不住诱惑。他们会说，‘你不懂的。你应该去投怀送抱。’他们也的确这么做了。这样一来，我就成了孤零零一个人。”

即使后来索尼同意了在 iTunes 商店出售音乐，但双方的关系仍旧充满争议，每一轮合同续签和条款更改都要经过一番激战。乔布斯说：“和安迪共事，你得忍受他的‘自我’过度膨胀。他从来都没有真正懂得音乐行业，他也从来都没做出过什么贡献。有时，我甚至觉得他是个侦探。”当我复述了乔布斯的这番话后，拉克回应道：“我是在为索尼和整个音乐行业争取利益，所以我能理解他为什么觉得我是个侦探。”

不过，仅仅把唱片公司拉拢进 iTunes 还不足够。有很多音乐人在合同中有这样的条款：他们可以自己控制数字歌曲的发行，或者禁止他们的歌曲从专辑中被抽出单独售卖。所以乔布斯又开始拉拢各种顶尖的音乐人。他从中收获了乐趣，同时也发现，这比想象中要困难得多。

在iTunes发布之前，乔布斯约见了至少20位主流歌手，包括波诺、米克·贾格尔，以及雪儿·克罗（Sheryl Crow）。“他会在夜里10点给我家打电话，不管不顾，说他还是需要得到齐柏林飞船乐队和麦当娜的支持。”华纳唱片的罗杰·艾姆斯回忆道，“他已经下定决心，但是这些歌手中，有几位是谁都无法说服的。”

或许最奇怪的会面就要算“德瑞博士”（Dr. Dre）去苹果总部拜访乔布斯的那次。乔布斯喜欢披头士乐队和鲍勃·迪伦，但是他承认最近流行起来的说唱音乐让他动摇了。现在，乔布斯想要埃米纳姆和其他说唱歌手同意将自己的歌曲加入iTunes商店里出售，所以要先与德瑞博士套近乎，因为他曾是埃米纳姆的导师。当乔布斯向他展示iTunes商店和iPod之间的完美结合时，德瑞博士惊呼：“天哪，终于有人走对路子了。”

乔布斯喜欢的另一种风格完全不同的音乐人，是小号演奏家温顿·马萨里斯（Wynton Marsalis），他当时正在西海岸为林肯中心爵士乐队进行募捐巡演，并要会见乔布斯的妻子劳伦。乔布斯坚持让他来到了帕洛奥图的家里，然后给他展示了iTunes。他问马萨里斯：“你想找什么音乐？”“贝多芬。”小号手答道。“看看iTunes能做到什么吧！”乔布斯努力让马萨里斯不要走神儿。“看看iTunes的界面是怎么工作的。”马萨里斯之后回忆道：“我对计算机方面的东西不怎么感兴趣，而且我也一直在向他强调这一点。但是他在那里摆弄了两个小时，就像着了魔一样。过了一会儿，我的视线从计算机转移到他身上，因为我着迷于他的热情。”

乔布斯在2003年4月28日推出了iTunes商店，发布会在旧金山的莫斯康尼会议中心举行。那天他头发修得很短，有点儿谢顶，脸上特意留着胡须。乔布斯走上台，首先讲了Napster是怎样“体现出互联网就是为音乐分享而服务的”。他说，它的下一代，比如 Kazaa，就提供免费的音乐。你怎样和它们竞争？为了回答这个问题，他开始介绍这些免费服务的式微。下载的内容不可靠，而且质量通常很差。“很多歌曲都是 7 岁小孩编的码，他们做得并不怎么样。”此外，也不提供试听和专辑封面。之后他还补充了一句：“最糟糕的一点——这是偷窃行为，会遭报应的。”

那么，为什么这些盗版网站还这么猖獗？乔布斯说，是因为没有别的选择。像 Pressplay 和 MusicNet 这样的订阅服务“把你像罪犯一样对待”，他一边说，一边展示了一张穿着条纹囚服的囚犯照片。接下来的一页是鲍勃·迪伦的照片。“人们想要拥有自己喜欢的音乐！”

在和一些唱片公司进行了很多轮谈判之后，他说：“他们想加入我们，和我们一起改变世界。”iTunes 商店起初会有 20 万首歌曲，之后的每一天都会有新增曲目。他还说，有了 iTunes 商店，你可以得到你想要的歌曲，把它们刻录成 CD，不用担心质量问题，可以在下载之前试听曲目，还可以用 iMovie 和 iDVD 以这些歌曲为配乐“制作你自己的音乐大碟”。价格如何？ 99 美分。他说，还不到一杯星巴克拿铁咖啡价格的三分之一。为什么花这个钱是值得的？因为要从 Kazaa 下载一首优质的歌曲需要 15 分钟，而 iTunes 只需要 1 分钟。为了省 4 美元而花费整整 1 个小时，他说：“你赚得比最低时薪还要低！”还有……“用 iTunes 下载歌曲，不再‘偷窃’。你种下的是善因。”

最热烈的掌声来自观众席的前排，几大唱片公司的老板都坐在那里，包括道格·莫里斯，他旁边是戴着棒球帽的吉米·约维内，还有华纳音乐的所有高层。负责 iTunes 商店的埃迪·库埃预计，苹果将在未来 6 个月销售 100 万首歌曲。但事实上，iTunes 商店在 6 天内就卖掉了 100 万首。乔布斯宣告：“这将作为音乐行业的一个转折点被载入史册。”

微软公司

“我们被干掉了。”

这是微软公司负责 Windows 系统开发的主管吉姆·阿尔钦（Jim Allchin）发给 4 个同事的一封直言不讳的邮件，发件时间是下午 5 点，吉姆刚刚看完 iTunes 商店的发布会。整封邮件只有两句话，除了上面的这句，还有一句：“他们是怎么把音乐公司给拉进来的？”

那天晚上，负责运营微软在线业务的戴维·科尔（David Cole）回信了：“一旦苹果把 iTunes 引入 Windows 系统（我觉得他们不会愚蠢到不进军 Windows），那我们才是真的有麻烦了。”他说，Windows 团队需要“把这种解决方案推向市场”。他还补充道：“我们的关注点和目标要集中在端到端服务上，直接传递用户价值，这是我们现在还没能做到的。”即使微软有自己的网络服务（MSN），但它并没有像苹果那样提供“端到端的服务”。

比尔·盖茨在当晚 10 点 46 分发表了评论，标题是“还是苹果的乔布斯”——他的沮丧表露无遗。他说：“史蒂夫·乔布斯有种惊人的能力：把关注点放在真正有价值的地方，能找来会做用户界面的人，以及革命性的营销手段。”他还表达了自己非常惊讶于乔布斯能说服那么多唱片公司加入 iTunes 商店。“这在我看来很奇怪。音乐公司提供的服务都太不人性化了。但不知为什么，他们却决定把这个绝好的机会让给苹果。”

还有一点让盖茨觉得奇怪：除了苹果之外，没有其他公司推出过购买歌曲的服务，而都是采用按月订购的方式。他写道：“我说奇怪并不是指我们搞砸了——至少，如果我们搞砸了，那么 Real、Pressplay 和 MusicNet，甚至每个公司也都搞砸。既然乔布斯已经做了，那我们就需要赶快去找一些同样好的用户界面、拿到同样好的版权……我认为我们需要一些计划来证明，即使乔布斯又一次让我们措手不及，我们也可以迅速行动起来，做出更好的东西。”这种私下的说法让人吃惊，无异于承认：微软再一次被赶超，被打了个措手不及，它也将再次复制苹果的模式，奋起直追。但是和索尼一样，微软从来都没有完成这个任务，即使乔布斯已经给他们指明了方向。

事实上，苹果继续向微软开火，而且还是以科尔预计到的方式——苹果把 iTunes 软件和商店引入了 Windows 系统。但是这也引起了内部的激烈争论。首先，乔布斯和他的团队需要决定是否要让 iPod 和 Windows 计算机兼容。起初，乔布斯是反对的，他回忆道：“如果 iPod 只能用在苹果电脑上，就可以促进苹果电脑的销售，而且销量比我们预期的更多。”但是 4 位主要高层席勒、鲁宾斯坦、罗宾和法德尔都不同意他的观点。他们的争论主要围绕苹果公司的未来。席勒说：“我们觉得，我们应该立足于音乐播放器市场，而不仅仅是苹果电脑。”

乔布斯一直希望苹果公司能建立起独立统一的乌托邦，在这个神奇的围墙花园里，硬件、软件和外围设备完美结合，创造一种绝妙的体验，某一个产品的成功也能促进所有关联产品的销售。然而现在，他正面临一个压力——让他最热门的新产品和 Windows 计算机配置在一起，这显然违背了他的天性。乔布斯回忆道：“这场拉锯战持续了好几个月。所有人都站在我的对立面。”有一次，他甚至宣称 Windows 用户只能等他死了才可以使用 iPod。但是他的团队仍在竭力推动这个建议。法德尔说：“iPod 的确需要打入个人电脑市场。”

最终，乔布斯决定：“除非你们可以证明给我看这具有商业价值，否则我不会同意的。”这实际上是他让步的方式。其实抛开情感和教条来说，很容易证明 Windows 用户购买 iPod 所体现的商业价值。他们请来了专家，分析了很多种销售情况，结果每种情况都证明这样做能带来更多利润。席勒说："我们制作了一张数据表。在任何一种情况下，无论将各种苹果电脑如何搭配，它们的销量都无法超过 iPod 的销量。"有时乔布斯愿意放下身段做出妥协，但他在让步这个问题上从来都没有好名声。一次会议上，他们向他展示了分析结果。他说："去他的！我已经厌烦了听你们这群浑蛋说话。你们爱怎么做就怎么做吧。"

但这又带来了另一个问题：如果苹果允许 iPod 和 Windows 计算机兼容，那么它是否要为 Windows 用户开发一个新版本的 iTunes 音乐管理软件？和往常一样，乔布斯认为硬件和软件应该一体化。用户体验依赖于 iPod 和计算机上的 iTunes 软件的完全同步（从某种意义上可以这么说）。席勒反对专门制作一个软件，他回忆说："我觉得这样做太荒谬了，因为我们又不是做 Windows 软件的。但是史蒂夫一直坚持说：'既然我们要做这件事，就应该做得漂亮。'"

席勒的意见起初占了上风。苹果先通过一家外部公司 MusicMatch 的软件来实现 iPod 和 Windows 系统兼容。但是这个软件太笨拙了——这也证明了乔布斯的观点是对的。之后，苹果迅速为制作 Windows 版本的 iTunes 迈出了第一步。乔布斯回忆道：

> 为了让 iPod 在 Windows 计算机上使用，我们起初和一个制作播放器软件的公司合作，并告诉了他们连接 iPod 的秘诀，但是他们做得太差了。这是整个世界上最糟糕的事情，因为这家公司控制了用户体验中的关键部分。所以我们容忍了这个讨厌的外部播放器长达 6 个月，之后我们终于写出了 Windows 版的 iTunes 软件。最终，你还是不想让其他人去控制用户体验。人们可能对此有非议，但我一直非常坚持这个做法。

把 iTunes 装在 Windows 系统里，也意味着要和所有的音乐公司重新谈判。因为此前签订的协议中明确约定，保证 iTunes 仅仅是为 Mac 用户这一小众群体服务的。索尼公司尤其反对这个改变。安迪·拉克认为这是乔布斯又一次在合同签订之后修改条款——也确实如此。但是当时，其他的唱片公司都对 iTunes 的新举动感到高兴，这样一来索尼公司也不得不停止抵抗。

2003 年 10 月，乔布斯在一次产品推介会上发布了 Windows 版本的 iTunes。“在我们加上这个功能之前，人们以为我们永远不会这样做。”他一边说，一边在大屏幕前挥手——幻灯片上写着“冰封地狱”[1]。这次展示还包括 iChat 的界面外观，以及米克·贾格尔、德瑞博士和波诺的视频。“这对音乐人和音乐来说都是个很新潮的玩意儿。”波诺这样评价 iPod 和 iTunes，“所以我才要来拍苹果的马屁，要知道我可不是到处拍马屁的人。”

乔布斯从来都不是谦虚保守的人。他对着正在欢呼的人群宣布：“Windows 版的 iTunes 很可能是 Windows 系统里最棒的应用程序！”

微软一点儿也不领情。比尔·盖茨在接受《商业周刊》采访时说：“他们现在采取的策略和当初进攻计算机市场时一样，他们要同时控制硬件和软件。我们和苹果的做法一直不太一样，我们会给用户更多选择。”直到三年之后，即 2006 年 11 月，微软终于对 iPod 宣战，推出了 Zune 播放器，和 iPod 外观类似，但没有 iPod 轻巧。两年过去，它的市场份额还不到 5%。又过了几年，乔布斯直截了当地指出了造成 Zune 缺乏灵感的设计和市场疲弱的原因：

随着年纪增长，我越发懂得“动机”的重要性。Zune 是一个败

1. 老鹰乐队（The Eagles）的一首歌曲名“Hell Freezes Over”，这里用的是过去式“Hell Froze Over”，以此强调苹果已不再如此。

笔，因为微软公司的人并不像我们这样热爱音乐和艺术。我们赢了，是因为我们发自内心地热爱音乐。我们做 iPod 是为了自己。当你真正为自己、为好友或家人做一些事时，你就不会轻易放弃。但如果你不热爱这件事，那么你就不会多走一步，也不情愿在周末加班，只会安于现状。

“铃鼓先生”[1]

安迪·拉克在索尼参加的第一次年度会议是在 2003 年 4 月，和苹果公司推出 iTunes 商店的时间在同一周。他在 4 个月之前被指派掌管音乐部门，花了很多时间和乔布斯谈判。实际上，他带着最新版本的 iPod 和关于 iTunes 商店的介绍，从库比蒂诺直接飞到了东京。在 200 位经理面前，他从口袋里拿出了 iPod，“就是这个。” CEO 出井伸之和索尼北美区总裁霍华德·斯金格看了看。“随身听的大敌来了。这并不是个徒有其表、滥竽充数的东西。我们收购一家音乐公司的原因就是为了能做出这样的产品。我们可以做得更好。”

但是索尼并没有做到，它拥有前卫的便携式随身听系列，有一家很棒的唱片公司，还有多年制造精致的消费电子产品的经验。它拥有所有能与乔布斯的“硬件、软件、设备、内容销售整合战略”相匹敌的资本。那它为什么失败了？一部分原因在于索尼是一家像 AOL 时代华纳这样的大公司，旗下有多个分支（“分支”这个词本身就不吉利），每个分支都有自己的“底线”。在这样的大公司里，如果让多个分支为了共同目标而协同运作，通常是很难实现的。

乔布斯没有把苹果公司分割成多个自主的分支，他紧密地控制着

1. 铃鼓先生（Mr. Tambourine Man），鲍勃·迪伦的一首歌曲名。

他所有的团队，并促使他们作为一个团结而灵活的整体一起工作，全公司只有一条“损益底线”。蒂姆·库克说：“我们没有财务独立核算的事业部，全公司统一核算。”

此外，和其他很多公司一样，索尼也很担心“内部相残”。如果他们推出了一个音乐播放器，以及一个方便人们分享数字音乐的服务，那么唱片分支的销售就会受到影响。乔布斯的一个商业原则就是：永远不要害怕内部相残。他说：“与其被别人取代，不如自己取代自己。”(If you don't cannibalize yourself, someone else will.) 所以，即使 iPhone 的出现会蚕食 iPod 的销售，或者 iPad 影响了笔记本电脑的销售，都没有阻碍他的想法。

这一年 7 月，索尼聘请了一位唱片业资深人士杰伊·萨米特（Jay Samit）来制作一款和 iTunes 类似的、属于自己的服务软件。这款软件被命名为 Sony Connect，能够在线销售音乐，并能够在索尼的便携式音乐设备上加以播放。《纽约时报》报道说：“这一举动马上就被看作电子产品和内容领域的结合，虽然有时二者是冲突的。内部纷争是随身听发明者和便携音乐播放器市场第一大巨头索尼被苹果打败的原因，很多人都这么认为。”2004 年 5 月，Sony Connect 发布了。但是只维持了三年，索尼就关闭了这项服务。

微软愿意把 Windows Media 软件和数字版权授予其他公司，就像他们在 20 世纪 80 年代授权操作系统一样。但另一方面，乔布斯不会把苹果的 FairPlay 授权给其他的设备制造商，这个软件只能在 iPod 上运行；而且他也不允许其他网上商店销售供 iPod 播放的歌曲。一些专家认为，这将最终导致苹果损失市场份额，就像 20 世纪 80 年代计算机大战时那样。哈佛商学院的教授克莱顿·克里斯坦森（Clayton Christensen）告诉《连线》杂志：“如果苹果继续依靠这种‘专有制’

结构，iPod很可能变成一个小众产品。”［虽然这个预言没成真，但克里斯坦森依然是世界上最有预见性、最富洞察力的商业分析师之一。乔布斯深受他的著作《创新者的窘境》（*The Innovator's Dilemma*）的影响。］比尔·盖茨对此也有相同的看法。他说：“做音乐没什么特别的。这一点在个人电脑方面得到了体现，容许选择，是行之有效的方式。”

2004年7月，里尔网络的创始人罗伯·格拉瑟（Rob Glaser）试图绕开苹果的限制，推出了一项名为Harmony的服务。他曾经努力说服乔布斯把苹果的FairPlay格式授权给Harmony，但是未能如愿，于是格拉瑟就把FairPlay格式做了逆向工程，并使用在Harmony出售的歌曲上。格拉瑟的策略是让Harmony出售的歌曲能够在任何设备上播放，包括iPod、Zune和Rio。之后他还发布了以“选择自由”为口号的营销活动。乔布斯怒不可遏，发布新闻稿称，苹果“非常吃惊里尔网络采用黑客式的不道德手段侵入iPod”。作为回应，里尔网络发起了一次网络请愿，广为呼吁：“嗨，苹果！不要毁了我的iPod。”随后的几个月内，乔布斯一直保持沉默，但是在10月，他发布了一款新版的iPod软件，不再支持从Harmony购买的任何歌曲。格拉瑟说：“史蒂夫是个独一无二的家伙，你和他做生意的时候就能感受到这一点了。”

同时，乔布斯和他的团队——鲁宾斯坦、法德尔、罗宾以及艾夫——也在不断地推出新版本的iPod，产品大受欢迎之余，更稳固了苹果的领先地位。2004年1月，苹果宣布了第一项重大的改革——推出iPod Mini，比最初的iPod小很多，和一张名片差不多大，但是容量也更小，价格不变。有一段时间，乔布斯曾想过放弃这个想法，因为他不理解为什么有人会花同样的价钱买更小的容量。法德尔说：“他平时不怎么运动，所以他也不知道iPod Mini在跑步或去健身时有多方便。”事实上，iPod Mini真正使iPod站稳了市场，消灭了其他经营小体积闪存播放器的竞争者。在iPod Mini发布18个月之后，苹果在便携式音乐播放器市场中的份额从31%增加到了74%。

2005年1月，苹果引入了iPod Shuffle，这是一个更具革命性的创新。乔布斯注意到iPod上面的“随机播放”功能非常受欢迎，它可以让使用者以随机顺序播放歌曲。这是因为人们喜欢遇到惊喜，而且也懒于对播放列表进行设置和改动。有一些用户甚至热衷于观察歌曲的选择是否是真正的随机，因为如果真的是随机播放，那为什么他们的iPod总是回到诸如内维尔兄弟乐队（The Neville Brothers）这儿来？这个功能引出了iPod Shuffle。当鲁宾斯坦和法德尔努力制造一款体积更小、价格更低的闪存播放器时，他们一直在尝试把屏幕的面积缩小之类的事情。有一次，乔布斯提出了一个疯狂的建议：干脆把屏幕全部去掉吧。“什么?!”法德尔没有反应过来。“去掉屏幕。”乔布斯坚持。法德尔担心的是用户怎么找歌曲，而乔布斯的观点是他们根本不需要找歌曲，歌曲可以随机播放。毕竟，所有的歌曲都是用户自己挑选的，他们只需要在碰到不想听的歌曲时按“下一首”跳过去。iPod Shuffle的广告词是：“拥抱不确定性。”（Embrace uncertainty.）

随着竞争者的踌躇不前和苹果的不断创新，音乐日益成为苹果公司的一大块业务。到2007年1月，iPod的销售收入占到了苹果总收入的一半，同时也为苹果品牌增加了价值。然而更大的成功来自iTunes商店。自从在2003年4月发布后的6天内卖出100万首歌曲开始，iTunes商店在第一年一共卖出7 000万首歌曲。2006年2月，iTunes商店卖出了第10亿首歌曲，买家是来自密歇根州西布鲁姆菲尔德的16岁男孩阿历克斯·奥斯特洛夫斯基（Alex Ostrovsky），他买的是酷玩乐队（Coldplay）的《音速飞行》（Speed of Sound）。乔布斯亲自打电话向他祝贺，并赠送了他10部iPod、1台iMac，还有1张价值1万美元的音乐礼品券。2010年2月，乔治亚州的伍德斯托克，一位71岁的老人路易·舒尔策（Louie Sulcer）下载了第100亿首歌曲——约翰尼·卡什（Johnny Cash）的《世事如此》（Guess Things Happen That Way）。

iTunes 商店的成功还带来了一个微妙的好处。2011 年，出现了一种重要的全新商业模式：iTunes 商店成了这样一项服务，它能把信任它的用户的在线身份和支付信息收集起来。苹果与亚马逊、维萨（Visa）信用卡、贝宝（PayPal）在线支付、美国运通银行，以及其他一些服务商合作，将信任它们的用户收录进数据库，里面包含了用户的邮箱地址和信用卡信息，方便他们以安全和便利的方式进行在线购买。比如，苹果还可通过在线商店提供杂志订阅服务，在订单达成之后，苹果将代替杂志出版商和订阅者建立直接的联系。随着 iTunes 商店开始销售视频、应用程序和订阅服务，截止到2011年6月，该数据库中已有 2.25 亿活跃用户，把苹果带入了数字商业的新时代。

第三十二章　爱音乐的人

他生命中的音乐轨迹

2004 年，吉米 · 约维内、波诺、乔布斯与伊凡斯

他的iPod里面有什么歌？

随着 iPod 现象越来越热，从总统候选人、二线明星到初次约会的人、英国女王，只要是戴着白色耳机的人，见面时都会被问到这样一个问题："你的 iPod 里面有什么歌？" 这个热门话题开始于《纽约时报》记者伊丽莎白·布米勒（Elisabeth Bumiller）在 2005 年年初写的一篇文章，文章是分析时任美国总统的乔治·W. 布什（George W. Bush）在被问到这个问题时的回答。她写道："布什的 iPod 里面大部分都是传统的乡村音乐。其中包括范·莫里森（Van Morrison），他的那首《棕色眼睛的女孩》（Brown Eyed Girl）是布什的最爱，还有约翰·弗格迪（John Fogerty）那首主打曲《中外场》（Centerfield）。" 她还找来《滚石》杂志的编辑史蒂芬·列维分析布什的歌单。列维评论道："有趣的地方在于总统喜欢的歌手都不喜欢他。"

史蒂芬·列维在《完美之物》（*The Perfect Thing*）一书中写道："只要把你的 iPod 交给一个朋友、你初次约会的人，或者是飞机上那个坐在你身旁的陌生人，你就像一本书一样被打开了。所有人只需要用转盘浏览一遍你的歌曲库，从音乐角度上说，你就一丝不挂了。暴露的不仅仅是你的喜好，而是你是一个怎样的人。" 所以，有一天，当我和乔布斯坐在他家的客厅里听音乐时，我让乔布斯给我看看他的 iPod。我们坐在那里，浏览了他最喜欢的音乐。

不出所料，这里面有迪伦的所有 6 张系列合辑，包括多年前在乔布斯刚刚迷上迪伦时，和沃兹尼亚克用磁带录下来的那几首当时尚未正式发行的歌曲。另外还有 15 张迪伦的其他专辑，从 1962 年的第一张《鲍勃·迪伦》开始，到 1989 年的《噢，仁慈》（*Oh Mercy*）。乔布斯花了很多时间和安迪·赫茨菲尔德及其他人争论迪伦后来的专辑，事实上，自从 1975 年的《路上的血迹》之后，迪伦的表现就不如从前了。但有一个例外就是 2000 年的电影《天才小子》(*Wonder Boys*) 中的插曲《一切都已改变》(Things Have Changed)。不过，他的 iPod 里没有 1985 年的《皇帝讽刺剧》(*Empire Burlesque*)，这是赫茨菲尔德在乔布斯被赶出苹果的那个周末送给他的专辑。

他的那部 iPod 里的另一部分珍藏是披头士，包括 7 张专辑：《一夜狂欢》(*A Hard Day's Night*)、《艾比路》(*Abbey Road*)、《救我！》(*Help!*)、《顺其自然》(*Let It Be*)、《魔法神秘之旅》(*Magical Mystery Tour*)、《遇见披头士！》(*Meet the Beatles!*)，以及《佩珀中士孤心俱乐部乐队》(*Sgt. Pepper's Lonely Hearts Club Band*)。独唱专辑没有收录其中。接下来是滚石乐队的 6 张专辑：《情感救援》(*Emotional Rescue*)、《闪光点》(*Flashpoint*)、《"跳回去" 精选大碟》(*Jump Back*)、《一些女孩》(*Some Girls*)、《手指冒汗》(*Sticky Fingers*)，以及《为你文身》(*Tattoo You*)。对于迪伦和披头士的专辑来说，乔布斯放进去的几乎都是整张专辑，但是他也认为专辑可以并且应该被拆分，在他的 iPod 里，滚石乐队和其他歌手都是每张专辑收录了三四首歌。此外，他的播放列表里还有曾经的女友琼·贝兹的歌，是从 4 张专辑中挑选出来的，其中有两首不同版本的《爱就那么回事》(Love Is Just a Four-Letter Word)。

这个 iPod 中的歌曲反映出它的主人是一个生活在 20 世纪 70 年代但心却埋在 60 年代的孩子。那个时候的艺术家包括了艾瑞莎（Aretha)、比比金（B.B. King)、巴迪·霍利（Buddy Holly)、布法罗·斯普林菲尔德乐队（Buffalo Springfield)、唐·马克林（Don Mclean)、多诺万（Donovan)、大门乐队（The Doors)、詹尼斯·乔普林、杰弗逊飞船乐队、吉米·亨德里克斯（Jimi Hendrix)、约翰尼·卡什、约翰·麦文盖博（John Mellencamp)、西蒙和加芬克尔（Simon & Garfunkel)，甚至还有演奏《我是一个信徒》(I'm a Believer) 的门基乐队（The Monkees)，以及演奏《乌利布利》(Wooly Bully) 的 Sam the Sham 乐队。只有四分之一的歌曲出自当时的流行歌手，比如一万个骗子乐队（10 000 Maniacs）、阿丽西娅·吉丝（Alicia Keys）、黑眼豆豆、酷玩乐队（Coldplay）、蒂朵（Dido）、绿日乐队（Green Day）、约翰·梅尔（John Mayer，既是乔布斯的朋友，也是苹果的朋友）、莫比（Moby，同上），以及波诺和 U2 乐队（同上）、席尔，还有“会说话的头”朋克乐队（Talking Heads）。古典音乐方面，有一些巴赫的曲目，包括《勃兰登堡协奏曲》（Brandenburg Concertos）。此外还有三张马友友的专辑。

2003 年 5 月，乔布斯告诉雪儿·克罗他正在下载一些埃米纳姆的歌曲，还说“他已经开始进入我的生活了”。詹姆斯·文森特还带他去看了埃米纳姆的演唱会。即便如此，乔布斯也没有把这个说唱歌手放进他的播放列表里。在演唱会结束后，乔布斯对文森特说：“我不知道……”他后来告诉我：“埃米纳姆是我欣赏的一个艺术家，但我只是不想听他的歌，他不能让我产生像我对迪伦那样的共鸣。”所以，乔布斯 2004 年的音乐收藏并不是最新潮的，却是他生命中的音乐轨迹，20 世纪 50 年代出生的人会与之产生共鸣，甚至非常欣赏。

在他装满那个 iPod 7 年之后，他的喜好并没有太大改变。2011 年 3 月，iPad 2 面市时，他把他喜欢的音乐转存到了里面。一天下午，我和他坐在他家的客厅，他的手指在全新的 iPad 上滑动，带着一种怀旧的情绪，点击着他想听的歌曲。

我们先听了一些迪伦和披头士的歌，然后他似乎心事重重，选择了一首格林高利圣咏——《主的灵》（Spiritus Domini），是由本笃会僧侣合唱团（Benedictine monks）演唱的。他恍惚出神了一会儿，喃喃自语着：“简直太美了。”之后，他播放了巴赫的《F 大调第二勃兰登堡协奏曲》（Second Brandenburg Concerto）和《十二平均律曲集》（*The Well-Tempered Clavier*）中的一段赋格曲。他说，巴赫是他最喜欢的古典音乐家。他尤其热衷于比较格伦·古尔德（Glenn Gould）弹奏录制的两个版本的《戈登堡变奏曲》（Goldberg Variations）之间的区别。古尔德第一次录制是在1955年，当时他刚22岁，还是个没什么名气的小钢琴师；1981年第二次录制时，距离古尔德去世仅一年时间。在一个下午，乔布斯在按顺序播放完两个版本的《戈登堡变奏曲》后说道："它们就像白天与黑夜。第一版热情洋溢、年轻有活力，弹奏速度很快，像是神示；而第二个版本更加简洁，主题鲜明。你可以感受到一个经历丰富的灵魂，更加深沉而充满智慧。"那天是乔布斯第三次休病假期间，我问他更喜欢哪个版本。他说："古尔德本人更喜欢第二版。我以前喜欢早期的版本，有活力的那一版。但是现在我能感受到他在两次演奏之间所经历的一切。"

然后他从宏伟的古典乐跳到了20世纪60年代，播放了多诺万的《捕风》（Catch the Wind）。当看到我面露疑惑，他说："多诺万真的有些好作品，真的。"他切换到了《柔美之黄》（Mellow Yellow），但他后来也说这首歌也许不是最好的证明。"我们年轻时觉得它更好听。"

我问他，有哪些我们童年时代的歌曲到如今还历久弥新。他浏览了iPod的播放列表，找到了感恩而死乐队1969年的歌曲《约翰叔叔的乐队》（Uncle John's Band）。他随着旋律点头轻唱起来："当生活看起来很简单时，危险正在你门外……"一时间，我们回到了那个躁动的、在冲突中戛然而止的60年代。"喔—哦，我想知道的是你还善良吗？"

然后，他换到了琼尼·米雪儿（Joni Mitchell）。他说："她把她的女儿送给别人收养了，这首歌就是关于这个女儿的。"他播放了《小小格林》（Little Green），我们听着那悲伤的旋律和歌词讲述着一个母亲不得不放弃孩子时的感受："你用你的新姓氏签订所有的文件，你觉得悲伤而遗憾，但是你不必羞愧。小格林，希望你有个美好的未来。"我问乔布斯是否还会经常想起自己被领养的事情。他说："不，不怎么想。不太常想起。”

他说，那段日子，他想得更多的是关于成长，而不是自己的身世。这时他选择了琼尼·米雪儿最著名的一首歌《正反两面》(Both Sides Now)，歌词是关于成长和智慧：“现在我看人生，看得到两面。看到得与失，却仍然迷惘。那时以为的人生，也许是幻象。人生啊，我真的不知道。”就像格伦·古尔德先后两次录制巴赫的《戈登堡变奏曲》一样，米雪儿也在很多年之后重新录制了《正反两面》，在 1969 年的第一版之后，她又在 2000 年录了一个哀伤婉转的版本。他播放了第二版，并说道：“人们变老的过程真是有趣。”

他还补充道，有一些人并没有随着年龄的增长而更成熟。我问他想到了谁。他回答：“约翰·梅尔是世界上最棒的吉他演奏家之一，但是我觉得他挥霍了大把时间，他的生活失控了。”乔布斯很喜欢梅尔，还偶尔请他在帕洛奥图吃晚饭。梅尔在 27 岁时参加了 2004 年 1 月的 Macworld 大会，当时乔布斯介绍了 GarageBand 录音软件。自那之后，梅尔就成了 Macworld 大会的常客。乔布斯点击了梅尔最重磅的歌曲《地心引力》(Gravity)，歌词是关于一个充满爱的男人梦想着丢掉地心引力的方法：“地心引力正在和我作对，地心引力要让我倒下。”乔布斯摇着头评价道：“我觉得他本质上是一个很好的孩子，他只是失控了。”

在听歌环节的最后，我问了他一个早就被问滥了的问题：“如果披头士和滚石乐队二选一，你会选哪个？”他回答：“如果地下室着火了，我只能救出一套碟片，我想我会拿披头士的。但是更难的选择是在披头士和迪伦之间。有些人复制了滚石，但是没有人能复制迪伦或披头士。”当他正在沉思我们是何等幸运、能在成长道路上听到这么棒的音乐时，他 18 岁的儿子走进了房间。乔布斯感叹道：“里德是不会理解的。”又或许里德能理解一些。他正穿着印有琼·贝兹的 T

恤衫，上面写着“永远年轻”（Forever Young）。

鲍勃·迪伦

在乔布斯的记忆中，唯一让他紧张得舌头打结的时刻就是见到鲍勃·迪伦。2004年10月，迪伦在帕洛奥图附近演出，当时乔布斯正处在第一次癌症手术后的恢复期。迪伦不是一个爱社交的人，不是波诺和鲍伊（Bowie）那样的人。迪伦从来都不能被称为是乔布斯的朋友，而且他也不在乎是或不是。不过，他曾邀请乔布斯在演唱会之前在他住的酒店见面。乔布斯回忆道：

> 我们坐在他房间外面的露台上，谈了两个小时。我真的非常紧张，因为他是我心目中的英雄之一。而且我也怕他本人不像我想象中那么聪明，或者他只是在“模仿”自己，就像很多人那样。但是我很高兴，因为他说话入木三分，他的一切都和我想象的一样。他非常开朗和真诚。他和我谈论他的生活，谈论写歌的过程。他说：“有时一些旋律就那么来了，我并不是刻意要做出曲子来。那样的事不会再有了，我怎么都不能再那样写曲子了。”他停顿了一下，然后用他沙哑的嗓音微笑着对我说：“但是我还是会哼出这些调调。”

迪伦再一次到附近演出时，他邀请乔布斯在演出前到他乘的旅行车上来坐坐。他问乔布斯最喜欢什么歌，乔布斯提到了《多余的清晨》（One Too Many Mornings），于是迪伦当晚就唱了这首歌。演出结束后，乔布斯走在回家的路上，一辆旅行车驶过他身旁，发出了刺耳的刹车声，车门滑开了，“喂，你听到我为你唱的歌了吗？”依旧是迪伦沙哑的声音。然后车就开走了。当乔布斯讲起这段故事的时候，他表示非常欣赏迪伦的嗓音。他回忆道："他是我心目中经久不衰的英雄之一。我对他的喜爱随着时间而生长，现在已经成熟。我无法想象他在那么年轻时就取得了成功。"

在演唱会见到迪伦之后的几个月，乔布斯想到了一个伟大的计划。iTunes 商店将推出一套迪伦的打包专辑，里面收录了迪伦的每一首歌曲，总共超过 700 首，售价 199 美元。乔布斯将成为迪伦进军数字时代的监护人。但是迪伦的唱片公司属于索尼，索尼的安迪·拉克对这笔生意并不感兴趣，除非 iTunes 做出一些让步。另外，拉克认为 199 美元的价格太低了，贬低了迪伦的价值。拉克说："鲍勃是国家级的珍宝，而乔布斯要把他的作品以一个低价放进 iTunes，把他商品化。"这就触及了拉克和其他唱片业高层人士与乔布斯争论的核心：是乔布斯成了价格制定者，而不是他们。所以拉克拒绝了乔布斯的合作建议。

乔布斯说："那好吧，我直接给迪伦打电话。"但是迪伦也没有处理过类似事件，所以他交给他的助理杰夫·罗森（Jeff Rosen）来处理。

"这真的是个坏主意。"拉克对罗森说，并向他展示了一些数字。"鲍勃是史蒂夫的偶像，史蒂夫会给他开出更高的价钱。"无论是从生意还是从个人角度出发，拉克都不想让乔布斯得逞，甚至还想借机将他一军。所以他私下里和罗森达成协议："如果你能暂时拖延一下乔布斯，我明天会给你 100 万美元的支票。"拉克后来解释说，这笔钱只不过是抵扣后续版税的预付金而已："是很多唱片公司的一项财务处理程序罢了。"罗森在 45 分钟之后回了电话，接受了拉克的提议。他回忆道："安迪和我们一起解决了此事，并请求我们不要和乔布斯合作，我们同意了。我想这是安迪给了我们一笔预付版税。"

不过，到 2006 年，拉克卸任索尼 BMG 的 CEO，乔布斯开始了新一轮谈判。他寄给迪伦一台 iPod，里面装着迪伦所有的歌曲，然后他向罗森介绍了苹果的营销计划。8 月，他宣布了这一重大交易。迪伦允许苹果以199美元的价格打包出售他录制过的所有歌曲，再额外提供他的最新专辑《摩登时代》（*Modern Times*）的抢先预定。乔布斯宣布说："鲍勃·迪伦是我们这个时代最值得尊敬的诗人和音乐家之一，而且他是我个人的偶像。"这套773首歌的专辑还收录了42首稀有作品，比如：1961年在明尼苏达州的一间酒店录制的《涉水而行》（Wade in the Water）；1962年格林尼治村煤气灯咖啡馆（Gaslight Café）现场音乐会版本的《英俊的莫利》（Handsome Molly）；1964年纽波特民谣音乐节上现场弹唱的《铃鼓先生》，这也是乔布斯最喜欢的一个版本；还有1965年的《歹徒布鲁斯》（Outlaw Blues）清唱版本。

作为交易的一部分，迪伦还拍了一部关于iPod的电视广告，并推广他的新专辑《摩登时代》。这是"汤姆·索亚让他的小伙伴帮他给栏杆刷漆"[1]的一次惊世骇俗的翻版。在过去，让名人做广告需要支付一大笔钱。但是到了2006年，情况完全变了，很多艺人希望出现在iPod广告里，因为这样的曝光更容易走红。詹姆斯·文森特在几年前就预料到了这种情况，当时乔布斯还在想着怎么和一些音乐人联系，并支付给他们拍广告的费用。文森特回答说："不用着急，情况很快就会变化。苹果是一个与众不同的品牌，甚至比大多数艺人的品牌更酷。我们应该先着重和他们谈我们给他们创造的机会，不要急于支付。"

李·克劳回忆起当时苹果和广告公司的确有一些年轻员工不愿意让迪伦出面做广告。克劳说："他们都担心他不像以前那么受欢迎了。"乔布斯对此完全不予理会，能和迪伦合作已经让他激动万分了。

乔布斯开始格外关注迪伦广告的每一个细节。罗森飞来库比蒂诺，

1.《汤姆·索亚历险记》中的一段情节，讲汤姆·索亚是如何利用智慧让小伙伴们帮他刷漆而又得到了许多礼物的故事。

和乔布斯一起挑选广告里使用的歌曲，最后他们选中了《有一天，宝贝》(Someday Baby)。克劳先用替身代替迪伦制作了一个样片，乔布斯批准了，然后再派人去纳什维尔让迪伦本人拍摄。但是等正式的片子回来之后，乔布斯又不满意了。他说这不够特别，他想要一个新的风格。所以克劳又请了另一个导演，罗森又说服迪伦全部重新拍摄。这次沿用了 iPod 平面广告使用过的剪影风格，轻柔的背光下，迪伦戴着牛仔帽，坐在一张高脚凳上，抱着吉他漫不经心地边弹边唱；另一个镜头中，一个嘻哈风格的女子戴着报童帽、拿着 iPod 翩翩起舞。乔布斯很喜欢。

这则广告体现了 iPod 营销策略的“光环效应”：它为迪伦赢得了年轻一代的歌迷，就像 iPod 促进了苹果电脑的销售那样。在这则广告的推动下，迪伦的新专辑在发行后的第一周就跃居“公告牌”(Billboard)排行榜的第一名，超过了当时人气正旺的克里斯蒂娜·阿奎莱拉(Christina Aguilera)和说唱组合 Outkast。自 1976 年的《渴望》(*Desire*)专辑以来，迪伦在 30 年后再次荣登宝座。《广告时代》杂志刊登了以“苹果对迪伦的推动作用”为题的文章，其中写道：“这次 iTunes 和迪伦的合作不是通常意义上的‘和明星签协议’，不是大品牌斥巨资请一个明星代言那么简单。他们打破了陈规，这次是强大的苹果品牌为迪伦先生开拓了年轻歌迷的市场，并帮助他把专辑卖到了他们自从福特政府时期以来从没有到过的地方。”

披头士

在乔布斯珍贵的 CD 收藏中，有一张是自制的专辑，里面是约翰·列侬和披头士的《永远的草莓地》(Strawberry Fields Forever)，有十几个版本。它成为印证乔布斯追求完美哲学的一组华彩乐章。安迪·赫茨菲尔德找到了这张CD，并在1986年复制了一张送给乔布斯，但乔布斯有时会和同事们说这是小野洋子给他的。一天，我坐在乔布斯在帕洛奥图家中的客厅里，乔布斯在几个带有玻璃门的书架上翻腾了一通，把这张CD找了出来，然后播放给我听。他还向我描述了这张CD带给他的感悟：

> 这是一首复杂的歌曲。最有趣的是看到整个创意的过程：他们反复地修改，直到几个月后才创作出最满意的作品。列侬一直是我最喜欢的披头士成员。（当我们听到第一次录制过程中列侬让乐队暂停，然后重新修改旋律时，乔布斯笑了。）你听到刚才他们绕了一小段吗？但是效果不好，所以他们回去从头开始。这一版非常粗糙，听起来也就是普通人的水准。你其实可以想象，普通人也可以这样做，做到这个水平。不是在写词或构思方面，而是演奏。但是他们没有就此罢休。他们是那么追求完美，精益求精。在我三十几岁时，他们的这种精神给了我很大的影响。你完全可以看到他们为此付出了多少。
>
> 他们在每两次录音的中间都会做很多工作。他们不断地倒回、修改，直到接近完美。（当我们听到第三次录音时，他向我解释曲谱是如何变得更加复杂了。）在苹果公司，我们也经常用这种方法对待我们的产品。即使已经做出了一些新的笔记本电脑或iPod的样机，我们也会从某一个版本出发，不断地改进再改进，包括设计细节、按键，或者是功能操作。这需要大量的工作，但是最终产品会变得更好。很快，人们就会说："哇，他们是怎么做到的?! 有什么绝招？"

因此，我也能够理解乔布斯为何会为iTunes里缺了披头士而极度不安了。

他和披头士的控股公司苹果唱片公司（Apple Corps）[1]的恩怨已经超过了30年，很多记者都用“漫长而曲折的道路”来形容二者之间的关系。矛盾开始于1978年，苹果计算机公司（Apple Computer）刚成立不久，苹果唱片公司就以“商标侵权”为由将它告上了法庭，因为披头士之前的唱片公司也叫“苹果”。官司在三年后了结，苹果计算机公司赔偿了苹果唱片公司8万美元。双方还达成了协定（现在看来这真是个天真的协定）：披头士不得生产任何与计算机有关的产品，而苹果计算机公司也不得推销任何与音乐有关的产品。

披头士乐队遵守了约定，没有一个成员参与计算机行业。但是苹果计算机公司却最终进军了音乐领域。于是，1991年官司再起，原因是苹果电脑上增加了播放音乐文件的功能。还有一次是在2003年，当时iTunes音乐商店刚刚发布。披头士的一名资深律师发现乔布斯是一个为所欲为的人，完全不会顾及法律的约束。2007年，官司终于结束，判决苹果公司向苹果唱片公司支付5 000万美元，以获得全球范围内对“苹果”名称的使用权，并且允许披头士在唱片和控股公司中继续使用“苹果唱片”这一商标。

但是，还有一个问题没有解决，就是把披头士的作品拉进iTunes。为了促成合作，披头士和拥有他们大多数歌曲版权的百代唱片公司必须要针对数字版权的处理方式进行谈判。乔布斯后来回忆道：“披头士所有成员都希望把歌曲放进iTunes，但是他们和百代就像老夫老妻那样，彼此厌烦却又不能分道扬镳。事实上，我最爱的乐队一直未能进入iTunes是我非常希望解决的问题。”事实证明，他后来真的做到了。

1. 披头士乐队早在1968年就注册了名为“苹果”的唱片公司。

波诺

波诺是 U2 乐队的主唱，他非常欣赏苹果的营销策略。这支来自爱尔兰都柏林的乐队曾是世界上最棒的乐队。2004 年，在乐队成立将近 30 年之际，他们希望重整旗鼓。他们制作了一张非常棒的新专辑，其中有一首歌，主音吉他手“刀刃”（The Edge）[1] 宣称这首歌是“摇滚乐之母”。波诺意识到他需要想办法给这首曲子一些推动力。于是他给乔布斯打了一个电话。

波诺回忆道：“我需要从苹果那里得到一个具体的帮助。我们有一首歌叫《眩晕》（Vertigo），里面有一段吉他演奏的即兴片段，我认为非常有感染力，但是这种感染力需要人们听很多很多遍之后才能体现出来。”波诺担心通过电台宣传歌曲的方式已经过时了，所以去乔布斯在帕洛奥图的家中找他，借着他们在花园里散步的机会，进行了一次“不寻常的推销”。多年来，U2 乐队曾拒绝了累计 2 300 万美元的广告邀请。而如今，他们想免费为乔布斯拍 iPod 广告——或者至少是进行一次双赢的合作。乔布斯回忆道：“他们从来没有拍过广告。但是他们已经深受盗版下载的伤害，他们更喜欢 iTunes 的运作模式，而且他们认为，我们能把他们推广到年轻群体中。”

不仅是歌曲，波诺希望让乐队也出现在广告里。要是换成其他的 CEO，都会在广告里尽可能多地展示 U2 乐队，但是乔布斯对此持保留态度。苹果从来不会在 iPod 广告里清晰地展现人物的脸孔，而是只有剪影。（当时还没拍迪伦的广告。）波诺回答说：“你的广告里有苹果迷的剪影，那下一步为什么不做些艺人的剪影？”乔布斯认为这值得一试。波诺留下了一张尚未发行的专辑《如何拆除原子弹》（*How*

1. 本名戴维·荷威·伊凡斯（David Howell Evans），The Edge 是波诺给他取的绰号。

to Dismantle an Atomic Bomb）给乔布斯听。波诺说："他是乐队之外唯一一个拥有这张专辑的人。"

一系列会谈就此开始。乔布斯飞来和吉米·约维内进行商谈，后者所在的环球音乐集团负责发行 U2 乐队的作品。乔布斯来到约维内位于洛杉矶荷尔贝山的家中，U2 乐队的主音吉他手刀刃和经纪人保罗·麦吉尼斯（Paul McGuinness）也在场。另一次会谈是在乔布斯家的厨房，麦吉尼斯在日记本背面写下了合作细节。U2 乐队将出现在电视广告片中，苹果要通过多个渠道大力推广 U2 的新专辑，从"公告牌"排行榜到 iTunes 主页。乐队不会获得直接的报酬，但是可以从 U2 特别版 iPod 的销售中分得版税。和拉克一样，波诺也认为艺人们应该从每一台 iPod 的销售中分成，他坚持这一原则，并用一种特定的方式为乐队做出了努力。约维内回忆道："波诺和我要求史蒂夫为我们制作一批黑色的 iPod。我们不仅仅是赞助了广告，我们做的是品牌联合推广。"

"我们希望推出自己的 iPod，和普通的白色版本不同。"波诺回忆道，"我们想做黑色的，但是史蒂夫说，'我们已经尝试过白色以外的其他颜色了，但是行不通。'"几天以后，乔布斯变得温和起来，暂时接受了这个建议。

广告片的设计是 U2 乐队成员各自的近景镜头配合部分剪影，同时也有像往常一样的边听着 iPod 边跳舞的女人剪影。广告已经在伦敦开机了，然而苹果这边又出了状况。乔布斯还是不喜欢黑色的 iPod 特别版，而且版税和推广资金也没有最终决定。他打电话给监管广告公司的詹姆斯·文森特，告诉他把手头的工作暂缓。乔布斯说："我认为这么做不合适。他们没有意识到我们给了他们多少价值，这样下去真的很糟糕。我们想想其他的广告形式吧。"文森特是 U2 乐队的铁杆乐迷，他知道这则广告，无论是对乐队还是对苹果来说，影响力会有多大。他请求乔布斯给他一个机会，让他打电话给波诺，然后商量一下怎么把事情做好。乔布斯把波诺的手机号码给了他，于是文森特拨通了波诺的电话，他正在都柏林家中的厨房里。

波诺也正在仔细考虑，他告诉文森特："我觉得这样不行。我们乐队是不会情愿这么做的。"文森特问他出了什么问题。波诺回答说："在都柏林，当我们还是少年时就说过，我们永远不会做'蹩脚'的事。"文森特虽然是一个熟悉"摇滚俚语"的英国人，但他还是不太明白波诺的意思。波诺解释说："就是不会为了钱而做一些垃圾的事情。我们热爱我们的歌迷，我们认为如果我们出现在广告里，会伤了他们的心。这种感觉很不好。我们很抱歉耽误了你们的时间。"

文森特又问，苹果还需要做些什么才能达成这次合作。波诺说："我们把我们认为最重要的东西都给了你们，那就是我们的音乐。但是你们为我们提供了什么？如果只是拍广告，我们的歌迷会认为我们在为你们服务。我们需要更多。"文森特还不知道 iPod U2 特别版的情况，也不清楚版税的安排，所以他把这些作为好处提了出来。文森特对波诺说："这是我们认为最有价值的回馈。"波诺从第一次和乔布斯见面起就在争取这些条件，并一直想办法敲定此事。"那就太好了，但是你要让我确信我们是否真的能这么做。"

文森特马上打电话给乔尼·艾夫，向他说明了情况。艾夫也是一个 U2 迷（他早在 1983 年就在纽卡斯尔看过他们的演唱会）。艾夫说他已经做好了一个黑色外壳配红色转盘的 iPod，就像波诺要求的那样，配合《如何拆除原子弹》专辑封面的颜色。接着文森特打电话给乔布斯，并建议他让艾夫带着黑红配色的 iPod 去趟都柏林，乔布斯同意了。文森特又给波诺打了电话，问他是否认识乔尼·艾夫，没想到他们不仅见过，而且还彼此欣赏。波诺笑道："'认识'乔尼·艾夫？我简直是爱上这个家伙了。我情愿喝他的洗澡水。"

“那还真有点儿重口味。”文森特回答道，“那让他来拜访你，给你看看你们的 iPod 有多酷，怎么样？”

波诺说：“我会开着我的玛莎拉蒂去接他。他还可以住在我家里，我还会带他出去喝酒，保证把他灌得烂醉如泥。”

第二天，就在艾夫飞往都柏林的途中，文森特马上去做乔布斯的工作，希望他转变心意。乔布斯说：“我不知道我们是否在做正确的事情。我们不希望为任何人这样做。”他担心的是，一旦为某些艺人在每台 iPod 中抽版税的问题上开了先河，接下来会后患无穷。文森特向他保证与 U2 的合作模式只此一例。

“乔尼到了都柏林，我把他安顿在我的客房，很安静，向窗外眺望还可以看见铁轨和大海。”波诺回忆道，“他给我看了这款漂亮的黑色 iPod，上面配着深红色的转盘，我说很好，我们就这么做吧。”他们还去了一家当地的酒吧，讨论了一些细节，然后打电话给在库比蒂诺的乔布斯，问他是否同意。乔布斯针对合作的每一项细节和设计都讨价还价了一番，这着实让波诺印象深刻，他说：“有这样一位如此注重细节的 CEO，真是太出乎我的意料了。”当一切都敲定之后，艾夫和波诺痛快地喝了几杯。他们都很喜欢酒吧。几杯下肚之后，他们决定给加州的文森特打电话。但是文森特不在家，所以波诺给他的电话答录机留了言——文森特说他永远不会删除这条留言：“我正在和你的朋友乔尼在一起，在美得冒泡的都柏林。我们都有点儿醉了，而且我们对这个新的 iPod 赞不绝口，我甚至不敢相信它确实存在，而且就拿在我的手里。谢谢你！”

乔布斯在圣何塞租下了一座古典剧场，作为发布 iPod 电视广告和 iPod 特别版的场地。波诺和刀刃与他一起出现在舞台上。U2 的新专辑在发行第一周就售出了 84 万张，而且长居“公告牌”排行榜的第一名。后来，波诺在接受媒体采访时表示，他是免费拍这个广告的，因为"U2 从广告中获得的价值和苹果一样多"。吉米·约维内还补充道，这次合作将为乐队"争取到更年轻的听众"。

更为绝妙的一点在于，与计算机和电子产品公司合作，是摇滚乐队贴近时尚、吸引年轻一族的最佳方式。波诺后来解释道，并不是所有和企业的合作都是"与魔鬼做交易"。他告诉《芝加哥论坛报》的乐评人格雷格·科特（Greg Kot）："我们看一看，'魔鬼'是一群创意人才，比很多摇滚乐队的人更有创意。如果他们是一个乐队，那主唱就是史蒂夫·乔布斯。这些人设计出了音乐文化中继电吉他之后最美的艺术品，那就是 iPod。艺术的作用就是驱赶丑陋。"

2006 年，波诺和乔布斯又谈了一笔生意。这次是请苹果参与到波诺的"红计划"（Product Red）市场活动中来，这个活动呼吁为非洲的艾滋病预防项目募集资金、提升公众防病意识。乔布斯对慈善活动从来没什么兴趣，但这次他同意为波诺的活动做一款红色的 iPod。不过他并不是很情愿，比如他不喜欢此次活动的商标设计：把公司名用圆括号括起来，再把"RED"（红色）一词放在括号的右上角，就像这样：（APPLE）^{RED}。乔布斯坚持道："我不希望把'苹果'放在括号里。"波诺回应说："但是史蒂夫，这是我们这个活动的统一标准。"他们的对话进入了白热化，一直到吐出了脏话，最后双方决定暂时搁置争议。最终，乔布斯做出了一些妥协。波诺可以照自己的意思设计广告，但是苹果的任何一款产品、任何一家零售店都不能出现把"苹果"放进括号里的标示。新款 iPod 被标示为（PRODUCT）^{RED}，而不是（APPLE）^{RED}。

波诺回忆道："乔布斯有时很火暴，但是那些时刻也让我们成为更亲密的朋友，因为在你的一生中也不会有几次机会和人进行如此富有激情的讨论。他非常有见解。在我们的活动结束后，我和他谈话，他总是能提出一些想法。"乔布斯和家人偶尔会去法国里维埃拉的尼斯，拜访波诺夫妇及他们的 4 个孩子。在 2008 年的一次假期中，乔布斯租了一条船，把船停泊在波诺家附近。他们一起吃饭，波诺还为乔布斯播放他和U2乐队计划放进新专辑《消失的地平线》（*No Line on the Horizon*）中的歌曲。不过，即使他们是朋友，乔布斯仍然是一个强硬的谈判者。他们又尝试进行一次合作，为《穿上你的靴子》（*Get On Your Boots*）做广告和特别发行。但没能达成共识。2010年，波诺因背部受伤取消了巡回演唱会，鲍威尔寄给他一个礼品篮，里面有一张《弦乐航班》（*Flight of the Conchords*）搞笑系列剧的DVD、一本《莫扎特的大脑与战斗机飞行员》（*Mozart's Brain and the Fighter Pilot*）、自家花园采集的蜂蜜，以及一盒止痛膏。乔布斯在最后一样礼品上附了一张纸条，写道："止痛膏——我喜欢这玩意儿。"

马友友

有一位古典音乐家，乔布斯既尊敬他的为人，又欣赏他的艺术造诣，这就是马友友，一位多才多艺的艺术家，他的人就像他的大提琴曲一样和蔼而深邃。他们在1981年相遇，当时乔布斯在参加阿斯彭国际设计大会，而马友友正在参加阿斯彭音乐节。乔布斯被马友友追求"纯粹"艺术的精神深深打动，并成为了他的乐迷。他曾邀请马友友去他的婚礼上演奏，但是马友友当时去了外地演出。几年之后，马友友来到乔布斯的家，坐在客厅里，拿出了他的1733斯特拉迪瓦里大提琴，演奏了巴赫的曲目。他告诉乔布斯夫妇："这是我本来希望在你们的婚礼上演奏的曲子。"乔布斯泪流满面，告诉他："你的演奏是我听过的最棒的，有如上帝驾临，因为我不相信一个凡人能做到这样。"在后来的一次拜访中，他们围坐在厨房里，马友友让乔布斯的女儿埃琳摸了摸他的大提琴。当乔布斯被确诊癌症后，他请求马友友答应在他的葬礼上演奏。

第三十三章　皮克斯的朋友

……当然还有敌人

《虫虫危机》

在苹果开发出iMac之后，乔布斯和乔尼·艾夫开车去了皮克斯，把iMac展示给那儿的伙伴们。乔布斯认为这款活力十足的机器能够吸引“巴斯光年”和“胡迪”的创造者，而且他很高兴看到艾夫和约翰·拉塞特都具备这种把艺术和科技有趣结合的天赋。

皮克斯就像一座避风港，得以让乔布斯排解在库比蒂诺的压力。在苹果，管理人员时而兴奋时而疲累，乔布斯又情绪多变，经常把大家弄得不知所措。在皮克斯，编剧和插画师无论彼此合作还是和乔布斯在一起，都更加平和，举止行为也更加和善。换句话说，领导者的性格奠定了整个公司的风格，就如同苹果带着乔布斯的影子，而皮克斯也深受拉塞特的影响。

乔布斯陶醉于电影制作过程的趣味性，并深深着迷于魔法般的计算机特技，比如计算机模拟制作雨滴折射出阳光，或青草叶在微风吹拂下晃动。同时他也克制自己不要去控制创意过程。在皮克斯，他懂得了要给创意人员天马行空的自由空间。这在很大程度上是因为，他很欣赏拉塞特这样一位具备绅士气质的艺术家，能像艾夫一样，激发出自己最好的一面。

在皮克斯，乔布斯的主要任务是“谈生意”，他与生俱来的强硬态度绝对是个优势。在《玩具总动员》发行上映后不久，他就和杰弗里·卡曾伯格谈崩了。卡曾伯格在1994年夏天离开迪士尼，加入了史蒂文·斯皮尔伯格和大卫·格芬的团队并成立了新的工作室——梦工厂。乔布斯认为，当卡曾伯格还在迪士尼工作时，皮克斯团队曾和他讨论过关于第二部电影《虫虫危机》（*A Bug's Life*）的内容，但卡曾伯格盗取了这个昆虫卡通动画电影的创意，在梦工厂制作了《小蚁雄兵》（*Antz*）。乔布斯说：“当杰弗里还在负责迪士尼的动画业务时，我们就和他讲过《虫虫危机》的创意。在过去60年的动画片历史中，还没有人想过以昆虫为角色制作动画电影，拉塞特是第一人。这是他最精彩的创意之一。之后杰弗里离开了迪士尼，加入了梦工厂，他‘一眨眼’就想到了一个动画电影的主题——哦！昆虫。他假装好像从没听过这个创意似的。他是个骗子，满嘴谎话。”

其实这并不是事实。真实的情况更加有趣。卡曾伯格在迪士尼时，并不知道《虫虫危机》的创意。但是在离开迪士尼去了梦工厂之后，卡曾伯格仍然和拉塞特保持着联系，而且还时不时地给他打电话，不过大都是“嗨，伙计！最近怎样，随便问问”之类的对话。所以，当拉塞特去环球影业旗下的特艺公司（Technicolor）时，路过梦工厂，他打电话给卡曾伯格，约出来见一面，在场的还有拉塞特的几个同事。卡曾伯格问他们下一步有些什么计划，拉塞特告诉了他。“我们向他描述了《虫虫危机》，以一只蚂蚁为主要角色，而且还给他讲了整个故事，主角组织其他蚂蚁并在一群昆虫马戏团演员的帮助下，一起打败了蚱蜢。”拉塞特回忆起那时的情景，“我当时应该警觉一些的。杰弗里还一直在问我打算何时上映。”

1996年年初，拉塞特开始担心了。他听到一些传言说梦工厂正在制作一部关于蚂蚁的动画电影。他打电话给卡曾伯格，直截了当地质问他是怎么回事。卡曾伯格干咳了几声，闪烁其词了几句，然后问他是从哪里听到的。拉塞特再次追问，卡曾伯格才承认确有其事。一向彬彬有礼的拉塞特大喊道：“你怎么能这样？”

卡曾伯格说：“我们很久以前就想到这个创意了。”还解释说，这是梦工厂的业务发展总监和他提起的。

“我才不信呢。”拉塞特回答。

卡曾伯格承认，他后来加速了《小蚁雄兵》的制作是为了和迪士尼的前同事竞争。梦工厂的第一部主要作品是《埃及王子》（*The*

Prince of Egypt），计划在 1998 年感恩节期间上映。后来他听说迪士尼也计划在同一个周末首映皮克斯的《虫虫危机》，所以他加快了《小蚁雄兵》的进度，以迫使迪士尼改变《虫虫危机》的首映日期。

“去你妈的！”平时几乎没说过脏话的拉塞特彻底愤怒了。之后的 13 年里，拉塞特再没有和卡曾伯格说过一句话。

乔布斯怒不可遏，在发泄情绪这方面，他显然比拉塞特更放得开。他打通了卡曾伯格的电话，破口大骂。卡曾伯格提出了一个条件：如果迪士尼改变《虫虫危机》的首映日期，不和《埃及王子》竞争的话，他们就可以放慢《小蚁雄兵》的制作。乔布斯回忆道：“这是个无耻的敲诈，我不接受。”他告诉卡曾伯格，他无能为力，无法让迪士尼改变首映日期。

卡曾伯格回答：“你当然做得到。你连大山都可以搬动，你还教过我该怎么做！”他说，当皮克斯濒临破产时，是他给《玩具总动员》投了钱才拯救了整个公司。“我曾经这样支持你们，可如今你却帮他们来反咬我一口。”他认为，如果乔布斯愿意，完全可以放缓《虫虫危机》的制作而不被迪士尼知道。如果这样，卡曾伯格说他也会暂停《小蚁雄兵》的制作。“我根本不想谈。”乔布斯回答道。

卡曾伯格的抱怨是有理由的。显然，艾斯纳和迪士尼打算用皮克斯的新电影来报复卡曾伯格离开迪士尼并创办同类动画工作室的行为。“《埃及王子》是我们制作的第一部作品，在我们宣布了首映日期之后，他们的安排很明显是带有挑衅性质的。”卡曾伯格说，“我的看法和《狮子王》里说的很相似——如果你把爪子伸到我的笼子里来抓我，那咱等着瞧。”

双方都没有妥协，这场“蚂蚁电影之战”也在媒体上炒得沸沸扬扬。迪士尼希望乔布斯保持安静，因为理论上看，过分夸大对手的不是，反而有益于《小蚁雄兵》的曝光。但是乔布斯没那么轻易被说服。

“很少有坏人会赢的。”他告诉《洛杉矶时报》。作为反击，梦工厂精明的营销专家特里·普莱斯（Terry Press）说：“史蒂夫·乔布斯该吃药了。”

《小蚁雄兵》在1998年10月初首映了。这是一部不错的电影，伍迪·艾伦（Woody Allen）还为这个生活在英教徒社会、渴望表达个人主义观点的神经质蚂蚁配了音。《时代》杂志报道称：“这是伍迪·艾伦已久未制作的‘伍迪·艾伦式’喜剧。”该片在美国取得高达9 100万美元的票房，全球票房达1.72亿美元。

按照计划，《虫虫危机》于6周后上映。这部动画电影更具史诗情节，灵感来自伊索寓言《蚂蚁与蚱蜢》的故事，并加入了更加精彩的电脑特技表现细节，使得银幕上从昆虫的视角看到的青草让人震撼。《时代》杂志的评论家理查德·科里斯（Richard Corliss）对这些特效的喜爱之情溢于言表：“电影的设计做得太精彩了——满银幕的树叶和迷宫，如同伊甸园，各种丑陋的、毛茸茸的、可爱又滑稽的角色——相比之下，梦工厂的电影就像广播那样缺乏表现力。”《虫虫危机》的票房收入是《小蚁雄兵》的两倍，在美国本土达1.63亿美元，全球票房3.63亿美元（也一举打败了《埃及王子》）。

几年后卡曾伯格碰到乔布斯，试图重修旧好。卡曾伯格坚持说自己在迪士尼时从没听过关于《虫虫危机》的内容；如果听过的话，按照他和迪士尼的协议，他还能从利润中得到一些分成，所以他没有撒谎。乔布斯笑了，接受了这个说法。卡曾伯格说：“我请你更改首映日期，你不同意，所以你也不能反对我保护自己的‘孩子’。”他回忆，乔布斯当时“变得非常冷静，像个禅师”，并表示理解。但是乔布斯事后说，他从来没有真正原谅过卡曾伯格：

> 我们的电影票房胜过了他的。这种感觉好吗？不，我们仍然觉得很糟糕，因为人们开始谈论好莱坞人人都在做昆虫电影。他从约

翰那里窃取了天才创意，而这是永远不能被弥补的。这样做太没良心了，所以我永远不再相信他，即使事后他试图补偿也没用。在他的《怪物史莱克》（*Shrek*）获得成功后，他来找我，和我说诸如“我已经改了，我现在完全平静下来了”此类的屁话。我的回应是，得了吧，杰弗里。他工作很努力，但是我不想看到他的道德观成为这个世界的主流。好莱坞的人经常撒谎，这是个奇怪的现象。他们撒谎，是因为在这一行不用对自己的行为负责任——零责任。所以，他们都可以侥幸过关。

卡曾伯格就显得和蔼多了。他把乔布斯看作“世界上真正的天才”之一，并且他还学会要尊重乔布斯，尽管他们之间的关系总是起起伏伏。

比打败《小蚁雄兵》更重要的，也是比这场战争更刺激的是，皮克斯证明了自己并不是昙花一现的奇迹。《虫虫危机》赚得的收入和《玩具总动员》相当，证明了第一次成功并不是偶然。乔布斯之后说：“在商业界有个很经典的理论，叫作‘第二个产品综合征’。”症结在于对第一个产品的成功缺乏理解。“我在苹果就对此深有体会。我的感觉是，如果做成了第二部电影，我们就成功了。”

“史蒂夫自己的电影”

《玩具总动员2》在1999年11月上映，比第一部还要轰动，在美国获得2.46亿美元的票房，全球票房达到4.85亿美元。既然皮克斯的成功已经得到认可，那么是时候盖一栋可以展示形象的总部大楼了。乔布斯和皮克斯的设施管理团队在爱莫利维尔市找到了德尔蒙食品公司（Del Monte）一个废弃的水果罐头厂，这个位于伯克利和奥克兰之间的工业区就在旧金山海湾大桥的另一端。他们拆除了旧工厂，乔布斯委托苹果零售店的建筑师彼得·伯林（Peter Bohlin）为这块 16 英亩的区域设计一栋新大楼。

乔布斯事无巨细地参与到新大楼的设计中，从整体设计理念到建材和建造方式这些最细枝末节的地方。皮克斯总裁埃德·卡特穆尔说："史蒂夫坚信，设计对路的建筑物会对文化起到积极的作用。"乔布斯控制着大楼的建造，就像导演精心操控电影的每一个场景。拉塞特说："皮克斯大楼是史蒂夫自己的电影。"

拉塞特最初的想法，是建造一个传统样式的好莱坞工作室——为创作团队分别建造不同的背景和房屋。但是迪士尼的同事说，他们并不喜欢这样的新园区，仿佛创作团队被隔离开了，乔布斯认同这个看法。实际上，他走向了另一个极端——一栋庞大的建筑围绕着中庭，为员工们的"偶遇"制造机会。

虽然生活在数字世界里，又或许因为他太了解数字生活带来的孤立感，乔布斯非常推崇面对面的交谈。他说："在我们这个网络时代，有一种想法认为，创意通过邮件和网络 iChat 聊天就可以被开发出来。这是个疯狂的想法。创意产生于自发的谈话和随机的讨论中。比如你偶遇某个人，你问最近在做些什么，然后你说'哇'，很快你就会蹦出各种想法。"

所以，乔布斯把皮克斯的大楼设计成了一个推崇"偶遇"和"计划外合作"的场所。他说："如果一栋大楼没有这样的功能，你就会失去很多由于偶遇而产生的创意和奇想。所以我们设计这栋大楼的目的是希望员工们走出办公室，多到中央中庭来走走，因为他们会遇到一些平时见不到的人。"大楼的前门、主楼梯和走廊都能通到中庭，那里有咖啡厅和信箱，几间能透过玻璃窗看到中庭的会议室，还有一座能容纳 600 人的剧场，以及两个小放映室。拉塞特回忆道："史蒂夫的理论从第一天起就见效了。我接连遇见一些几个月都没碰见的人。我还从来没见过哪座大楼的设计能如此鼓励合作和激发创意。”

乔布斯更进一步，决定在整栋大楼里只建造两个大的卫生间，一男一女，和中庭连接在一起。皮克斯的总经理帕姆·克尔温回忆道：“他一定要坚持这么做。但我们有些人觉得这有点儿夸张了。有个怀孕的员工说她不能为了上厕所还要走上10分钟的路。这件事最后还引起了很大的争议。”极少反对乔布斯的拉塞特也表示无法赞同。最后他们采取了折中的办法：在两层中庭的两边各设立男女卫生间。

根据设计，由于大楼的钢筋要外露出来，为了挑选出最好的颜色和材质，乔布斯看遍了美国各地所有制造商提供的钢筋样本。他最后选择了阿肯色州的一家工厂，让他们把钢材喷成纯净的颜色，并确保卡车司机在运输中丝毫不能磕碰。他还坚持要把所有的钢筋用螺栓固定，而不是焊接。他回忆道：“我们喷砂处理了钢材，并在表面刷了透明涂层，所以人们能看到钢筋的本来面目。建筑工人搭建的时候，他们可以让家人在周末过来参观。”

整栋建筑最古怪的地方就是“爱的酒吧”（The Love Lounge）。一个动画制作人在搬进自己的办公室之后，在后墙发现了一扇小门。门外是一条低矮的过道，可以由此爬到一个金属板覆盖的房间，里面是一些中央空调的阀门。这个制作人和他的同事“私吞”了这个秘密房间，用圣诞彩灯和熔岩灯装饰了一下，摆放了一些动物印花图案的长凳、几个流苏抱枕、一张可折叠的鸡尾酒桌、几瓶烈酒、一套吧台设施，还有印着“爱的酒吧”的餐巾纸。他们还在走廊里安装了一个摄像头，以便查看外面的动静。

拉塞特和乔布斯带来一些重要人物，并邀请他们在“爱的酒吧”的墙上签名。签名者包括迈克尔·艾斯纳、罗伊·迪士尼、蒂姆·艾伦（Tim Allen），以及兰迪·纽曼。乔布斯很喜欢这里，但是因为他不怎么喝酒，所以他有时也把它叫作“禅房”。他说，这个房间让他回想起他和丹尼尔·科特基在里德大学时期的经历，但与毒品无关。

分道扬镳

2002年2月，在呈给美国参议院的一份声明里，迈克尔·艾斯纳严厉批评了乔布斯为苹果iTunes制作的广告：“某些计算机公司在整版的广告和广告牌上写着‘扒歌、混制、刻录’。换句话说，所有买这款计算机的人可以去盗歌，并分享给朋友。”

这并不是个高明的评论。它误读了“扒歌”（Rip）的意思，认为广告中有引导大众“偷窃他人财物”（Rip someone off）的嫌疑，其实这是指从CD上把文件输入计算机。更关键的是，这条消息彻底把乔布斯激怒了，艾斯纳应该预计到这一点——这仍然不高明。皮克斯最近刚推出了与迪士尼合作的第四部电影《怪物公司》（*Monsters Inc.*），并一举超过前三部，全球票房达到5.25亿美元。到了迪士尼和皮克斯即将续约的日子，艾斯纳并没有把事情变得更简单，还在呈给参议院的声明里公开拆台。乔布斯觉得难以置信，他打电话给迪士尼的一位高层人士发泄不满：“你们知道迈克尔对我做了什么吗？”

艾斯纳和乔布斯分别来自东西海岸，生活背景不同。但是两人有一个共同点，那就是固执己见，不愿妥协。他们都热衷制造好的产品，而这也通常意味着苛求细节，批评起人来丝毫没有温言软语。为了研究出更方便的路线，艾斯纳曾经一遍一遍地搭乘迪士尼乐园动物王国的“野生动物”号（Wildlife Express），以提升游客体验；这和乔布斯不断研究iPod界面、希望把界面做得更加简洁的举动极为相似。然而，两人在管理人方面的确都不怎么在行。

他们两个都擅长逼迫别人，却不喜欢被逼迫，所以当彼此试图去威慑对方时，气氛就变得很不愉快。遇到任何意见不合的情况，两人都倾向于认为对方在撒谎。此外，艾斯纳和乔布斯都不认为自己能从对方那里学到什么，而且他们谁也不可能先低头，哪怕是装作自己不懂而需要讨教。乔布斯把过失全都推到了艾斯纳身上：

> 我认为最糟糕的事情，就是皮克斯成功地让迪士尼重现活力，当迪士尼每况愈下时，皮克斯就一部接一部地推出精彩的电影。你可能会想，迪士尼的那位CEO会很好奇皮克斯是怎么做到这些的。但是在我们长达20年的合作中，他来皮克斯拜访的时间累计只有两个半小时，只是发表几句祝贺的话。他从来都没好奇过。我十分震惊。好奇心是很重要的。

这话说得严苛了一点儿，艾斯纳拜访皮克斯的时间不只这么短，有几次来的时候乔布斯也不在场。但是艾斯纳的确对皮克斯在艺术或技术方面的造诣没什么好奇心。同样，乔布斯也没有花什么时间学习迪士尼的管理方法。

乔布斯和艾斯纳正式开战是在2002年夏天。乔布斯一直都很欣赏沃尔特·迪士尼的创意精神，主要是因为他“培育”了一家能够沿袭几代人的公司。乔布斯把沃尔特的侄子罗伊看作这一历史传承和精神的化身。罗伊依然在迪士尼的董事会里，虽然他和艾斯纳的矛盾也越来越大。乔布斯对罗伊说，在艾斯纳任职CEO期间，皮克斯不会和迪士尼续约。

罗伊·迪士尼和他在董事会里的一位亲密同伴斯坦利·高德（Stanley Gold）开始提醒其他董事关于皮克斯拒绝续约的事情。这促使了艾斯纳在2002年8月下旬向董事会所有成员发了一封措辞激烈的邮件，他坚信皮克斯最终会同迪士尼续约，一部分原因是迪士尼拥有皮克斯迄今为止制作的电影和动画人物的版权。他还补充，在皮克斯制作完《海底总动员》(*Finding Nemo*)之后，迪士尼将在谈判中居于更有利的地位。他写道："昨天我们第二次看了皮克斯将在明年5月发布的新电影《海底总动员》。这将是对皮克斯这些工作人员的真实考验。这部电影虽然不错，但是没有他们之前的电影好。当然，他们肯定自认为很棒。"这封邮件出现了两个主要问题：第一，邮件透露给了《洛杉矶时报》，这让乔布斯暴跳如雷；第二，艾斯纳预测错了，大错特错。

《海底总动员》成为了皮克斯（也是迪士尼）当时的巅峰之作，一举打败《狮子王》，成为历史上最成功的动画电影，美国国内票房达到3.4亿美元，全球票房高达8.68亿美元。截至2010年，《海底总动员》的DVD也成为史上最畅销的DVD，累计售出了4 000万张。该片更是成为迪士尼乐园中最受欢迎的主题之一。此外，《海底总动员》的画面质感丰富细腻，在艺术方面成就非凡，还获得了奥斯卡最佳动画长片奖。乔布斯说："我喜欢这部电影，因为这是关于冒险以及学会让你爱的人也去冒险的故事。"《海底总动员》的成功为皮克斯的现金储备增加了1.83亿美元，并为和迪士尼的最终摊牌准备了5.21亿美元的"战争资本"。

就在《海底总动员》制作完毕后不久，乔布斯向艾斯纳开价，但这种过于一厢情愿的要求显然会被拒绝。相对于现有协议下的五五分成，乔布斯提出了一个新的协议——皮克斯将拥有电影和卡通人物的全部版权，而且只分给迪士尼7.5%的发行分成。另外，在现有协议下的最后两部电影——正在制作的《超人特攻队》(*The Incredibles*)和《汽车总动员》(*Cars*)，将被转入新的协议下。

不过，艾斯纳还握着一张有力的王牌。即使皮克斯不续约，迪士尼也有权制作《玩具总动员》和其他所有皮克斯制作过的动画电影的续集，而且迪士尼还拥有合作产生的所有卡通人物的版权，从胡迪到尼莫，就像拥有米老鼠和唐老鸭一样。艾斯纳已经计划——或者说是威胁——既然皮克斯拒绝再做下去了，那就让迪士尼自己的动画工作室制作《玩具总动员 3》。乔布斯说："当你听说有哪家公司要做《灰姑娘 2》时，你肯定会觉得恐怖吧。"

艾斯纳在 2003 年 11 月迫使罗伊·迪士尼离开了董事会，但是这场混乱并未结束。罗伊·迪士尼发布了一封言辞尖刻的公开信，信中写道："公司已经丢失了重点，丢失了创意的能量，也丢失了传统。"罗伊对艾斯纳的不满还包括没能让迪士尼与皮克斯建立一种积极的关系。到了这时，乔布斯已经决定不再与艾斯纳合作。所以在 2004 年 1 月，他公开宣布与迪士尼停止谈判。

通常情况下，乔布斯能够控制住自己，不会把在家里饭桌上和朋友探讨的过激言论公开化。但是这一次他忍不住了。在一次和记者的电话会议中，他说，当皮克斯在制作精彩的作品时，迪士尼动画正在生产"破衣服"。他嘲笑了艾斯纳的关于"迪士尼为皮克斯的电影做出了创造性贡献"的说法："事实上，我们已经多年没有和迪士尼在创意方面进行合作了。你可以比较我们的电影和迪士尼最近推出的三部电影在创意质量上的差别，两家公司的创意能力一目了然。"除了建立一支更好的创意团队之外，乔布斯还打赢了一场品牌大战，皮克斯对影迷的吸引力已经不亚于迪士尼。当乔布斯打电话给罗伊·迪士尼，帮他打气时，罗伊回答道："我们认为皮克斯已经成为动画界最强有力而且是最值得信赖的品牌。等'邪恶的巫婆'死去，我们又可以一起合作了。"

约翰·拉塞特对乔布斯决定与迪士尼决裂的消息大为震惊。"我担心我的'孩子们'，那些人会怎么对待我们创造出来的这些角色呢？"他回忆道，"就像匕首刺中了我的心。"拉塞特在皮克斯的会议室把这一消息告知其他高层人员时流下了眼泪；第二次流泪，是在皮克斯大楼的中庭里面向约800名员工讲话时。“这种感觉就像，你有一群可爱的孩子，而现在不得不放弃他们，而且还把他们交给了被控有虐童罪的人来收养。”之后，乔布斯走上中庭的讲台，试图让气氛平缓下来。他向大家解释了不再和迪士尼合作的原因，并保证：皮克斯作为一家具有标志性意义的公司，一直在向成功的目标迈进。一位在皮克斯任职很久的技术人员奥伦·雅各布（Oren Jacob）说：“他有一种绝对的能力让你去相信他。突然之间，我们都有了信心，无论发生什么，皮克斯一定会成功的。”

迪士尼的首席运营官鲍勃·艾格（Bob Iger）不得不介入此事，控制损失。当周围的人正惊慌不安的时候，他依然保持着理智和冷静。艾格来自电视行业，曾任美国广播公司（ABC Network）的董事长，该公司于1996年被迪士尼收购。他举止大方合宜，善于灵活处理事件；同时也懂得慧眼识人，具有幽默感，善解人意；为人低调不多言，才得以稳坐如今的位子。不同于艾斯纳和乔布斯，艾格有着异乎常人的冷静，并从不自傲。艾格回忆道：“史蒂夫通过宣布与我们停止谈判，获得了一些关注。我们启动了危机处理程序，我也制造了一些解决问题的契机。”

从弗兰克·威尔斯（Frank Wells）任总裁开始，艾斯纳在迪士尼掌权已超过10年。威尔斯为艾斯纳减少了很多管理工作，才使得他能够专心出谋划策，提出有价值的建议，改进每一个电影项目、主题公园火车、电视节目以及其他产品。但在1994年，威尔斯由于直升机失事不幸去世，之后，艾斯纳一直没有碰到合适的新人选。卡曾伯格提出接替威尔斯的职位，这就是艾斯纳把他挤走的原因。1995年，迈克尔·奥维茨（Michael Ovitz）成为新任总裁，但好景不长，干了不到两年就离职了。乔布斯之后做出如下评价：

在艾斯纳任职CEO的第一个10年中，他干得不错，但是在最后

10年里，他真是差劲儿透了。弗兰克·威尔斯的去世成了分水岭。艾斯纳是一个非常有创意的人，他提出了很多精彩的建议。所以当弗兰克负责运营时，艾斯纳像只蜜蜂一样全身心投入各个项目，提升每个项目的品质。但是当艾斯纳全盘接手运营时，他就变成了可怕的管理者。没有人喜欢为他工作，大家觉得自己没有任何权力。他的战略计划团队就像盖世太保那样，在这里，如果没有得到批准，你一分钱都不能动用。不过，即使我和他的关系破裂，我依然尊重他在前10年取得的成就。而且我确实很欣赏他的某些性格。他是个有趣的家伙，聪明又机智。但是他也有让人不快的一面，他的自我过于膨胀。起初，艾斯纳对我还算合理公正，但10年来，随着相处的时间增加，我开始看到他的阴暗面。

2004年，艾斯纳最大的麻烦就在于他不知道动画部门已经是一团糟了。最新推出的两部电影《星银岛》（*Treasure Planet*）和《熊的传说》（*Brother Bear*）并未达到迪士尼应有的水准，甚至没有达到收支平衡。动画片是迪士尼的命脉，正是它们衍生了主题公园、玩具和电视节目。一部《玩具总动员》成就了一部电影续集、一部迪士尼冰上表演、一部在迪士尼海上巡游船上表演的《玩具总动员》音乐剧、一部以“巴斯光年”为主角的电视电影、一本计算机故事书、两款电子游戏、销量达2 500万个的电动玩具、一条服装生产线，以及迪士尼主题公园里的9个场景。相比之下，《星银岛》可就没有这么好运了。

艾格后来解释道：“迈克尔还没有意识到，迪士尼在动画片上出的问题已经很严重了。这也反映到了他对待皮克斯的态度。他并不觉得他有多么需要皮克斯。”此外，艾斯纳喜欢谈判，痛恨妥协，而这种性格并不适合和乔布斯一起共事，因为乔布斯也是这种人。艾格说：“每一次谈判最终都要以妥协来收尾。但是他们两个谁都不愿妥协。”

僵局在2005年3月的一个周六晚上被打破了。艾格接到了前参议员乔治·米切尔（George Mitchell）和迪士尼其他董事会成员的电话。他们告诉艾格，再过几个月，他将取代艾斯纳成为迪士尼的CEO。第二天，艾格起床之后，分别给他的女儿、乔布斯，以及约翰·拉塞特打了电话。他直截了当地说，他非常重视皮克斯，并希望能够达成合作。乔布斯非常兴奋。他喜欢艾格，甚至惊异于他们之间在冥冥之中的联系：他的前女友珍妮弗·伊根和艾格的妻子威罗·贝（Willow Bay）曾是宾夕法尼亚大学时期的室友。

那年夏天，在艾格正式接任之前，他和乔布斯进行了一次“试合作”。苹果将推出一款既能播放音乐又能播放视频的iPod，艾格想在iPod上面播放电视剧。但是在谈判中，乔布斯表示不想做得太公开，因为和往常一样，他希望在产品被正式发布之前保留神秘感。在当时有两部很受欢迎的美剧，《绝望主妇》（*Desperate Housewives*）和《迷失》（*Lost*），都是由美国广播公司（ABC）推出的。而美国广播公司恰好属于艾格的管辖范围。艾格拥有好几部iPod，从早上5点晨练一直用到深夜。他早就想着怎么能够把iPod和电视剧结合起来，所以立刻就决定植入美国广播公司最热门的电视剧。艾格说：“我们用了一个星期的时间谈这项合同，其中的条款比较复杂。这次合作很重要，因为史蒂夫会看到我是怎么做事的，而且这也会让每一个人看到，迪士尼其实是能够与史蒂夫合作的。”

为了发布这款带有视频功能的iPod，乔布斯在圣何塞租了一座剧院，还邀请了艾格作为“神秘嘉宾”。艾格回忆道：“我从来没有参加过苹果产品的发布会，所以我不知道这会是个多大的场面。对于我们的关系来说，这是一次真正的突破。他认为我是个准技术专家，并且敢于冒险。”乔布斯又像往常一样进行了精彩的表演，首先是演示新款 iPod 的所有功能，它为什么能被称为“我们做过的最好的产品之一”，以及 iTunes 商店将开始销售音乐视频和短片。之后，按照他的习惯，他以“还有一件事”（And yes, there is one more thing）作为结束语——“新款 iPod 将开始销售电视剧。”全场顿时掌声如雷。他还提到了美国广播公司播出的两部最受欢迎的电视剧。“谁拥有美国广播公司？是迪士尼！我认识他们！”他兴高采烈地说。

艾格上台时，看起来和乔布斯一样轻松自若。他说：“史蒂夫和我最兴奋的一件事，就是精彩的内容和伟大的科技相结合。”他又补充道：“今天能在这里宣布我们和苹果的关系又进了一步，我感到非常高兴。”在适度的停顿之后，他接着说：“不是和皮克斯，而是和苹果。”

他们友好的拥抱也意味着，皮克斯和迪士尼的新一轮合作再一次成为可能。艾格回忆道：“这也体现了我的行事方式，化干戈为玉帛。我们曾经和罗伊·迪士尼、康卡斯特（Comcast）、苹果和皮克斯都有过战争。我希望改善和他们的关系，尤其是皮克斯。”

艾格与艾斯纳一起参加了香港迪士尼乐园的开幕式，这是艾斯纳在任职 CEO 期间的最后一次大动作。庆祝活动包括常规的迪士尼队伍在主街上的游行。艾格发现，在游行队伍中，近 10 年出现的最新的卡通人物都是由皮克斯打造出来的。他回忆道：“我当时有一种恍然大悟的感觉。我站在迈克尔旁边，但是我什么都没有说，因为这就像一场对他这些年在动画业务管理上的控诉。继《狮子王》、《美女与野兽》（*Beauty and the Beast*）和《阿拉丁》（*Aladdin*）之后的 10 年完全是一片空白。”

艾格回到伯班克之后做了一些财务分析。他发现在过去 10 年中，迪士尼在动画方面其实是亏损的，而且对附属产品的营销也没有什么推动作用。在接任 CEO 之后的第一次会议中，他向董事会报告了财务分析的结果。董事会成员也表现出愤怒，因为他们从来没有被告知过这些。艾格告诉董事会："如果动画片业务没有了，公司也就完了。一部热卖的动画片对拉动全公司的业务有显著的效果，而我们经营的每一个分支却都处于衰落趋势——包括出现在游行中的卡通角色、音乐、主题公园、电子游戏、电视节目、互联网、消费产品。如果我们不能制造出有拉动效应的动画片，公司是不会成功的。"之后，他又给董事会提供了一些可供选择的方案：第一，沿用现在的动画片管理模式，但他认为这样做不会有成效；第二，重组董事会，但是他不知道该找谁来加入；最后一个方案就是收购皮克斯。他说："问题是我不知道皮克斯愿不愿意出售，如果他们愿意，那也会贵得吓人。"董事会准许他去考察一下这笔交易的可能性。

这一次艾格用了不同寻常的方式。当他第一次和乔布斯提起这件事的时候，坦陈了自己在香港的感悟，他认为迪士尼是太需要皮克斯了。乔布斯回忆道："这就是我很喜欢鲍勃·艾格的原因，他是个心直口快的人。在谈判中这么早就泄露底牌是一种最愚蠢的做法，至少按照传统的规则来说是这样的。他就那么把他的牌摊在桌面上，说了句'我们完蛋了'。我立刻就喜欢上了这个家伙，因为我也是这种人。所以我们就马上把所有的牌都摊在桌上，看看他是在哪里摔的跟头。"（事实上，这并不是乔布斯惯常的操作模式。通常情况下，在谈判最初的阶段，他都会抱怨其他公司的产品或服务不好。）

乔布斯和艾格在帕洛奥图的苹果园区一起走了很久，又到了位于森尼韦尔的艾伦公司（Allen & Co.）的度假中心。起初，他们商定了一个新的发行计划：皮克斯将收回所有之前制造的电影和卡通人物的版权，作为回报，迪士尼将掌控皮克斯的一部分股权；对于未来的电影，皮克斯将向迪士尼支付一定的发行费用。但是艾格担心这么做会把皮克斯变成迪士尼的一个强大的竞争对手，即使迪士尼拥有一部分股权，也可能会造成不好的结果。所以，他开始向乔布斯暗示，也许他们可以做得更大。他说："我想让你知道，关于这个问题我有个超出常规的想法。"乔布斯似乎很鼓励他把话说出来，他回忆道："没过多久，我们就明确了这场合作将以收购的方式进行。"

但是首先，乔布斯需要得到约翰·拉塞特和埃德·卡特穆尔的支持，所以他邀请他们来到家中。乔布斯开门见山："我们需要了解一下鲍勃·艾格。我们应该和他合作，帮助他重建迪士尼。他是个很不错的人。"起初，拉塞特和卡特穆尔都对此表示怀疑。拉塞特回忆道："他能看出来，我们当时都很震惊。"乔布斯继续说："如果你们不想这么做，完全可以，但是我希望你们在决定之前认识一下艾格。我和你们的感觉一样，但是我越来越喜欢这家伙了。"他向他们讲述了当时是如何轻松地把美国广播公司的电视剧放在 iPod 上面的，然后补充道："这和艾斯纳时期的迪士尼简直是天壤之别。艾格是个直来直去的人，从来不会变幻无常。"拉塞特还记得，他和卡特穆尔坐在那里，听得目瞪口呆。

艾格开始了行动。他从洛杉矶飞到拉塞特所在的城市，到拉塞特家共进晚餐，见了他的妻子和家人，和他们聊到深夜。艾格还与卡特穆尔一道晚餐，之后独自拜访了皮克斯工作室，没有任何随行人员，也没有和乔布斯一起。艾格说："我和所有导演一对一交谈，他们都向我推销自己的电影。"艾格对拉塞特的团队印象深刻，这一点令拉塞特很自豪，这也让他对艾格有了兴致。他说："在皮克斯，我从来没有像那天那样自豪过。我们所有的团队和推介讲演都很精彩。让鲍勃大吃一惊。"

实际上，在看了皮克斯准备在之后几年推出的作品——《汽车总动员》、《美食总动员》（*Ratatouille*）以及《机器人瓦力》（*WALL-E*）——之后，艾格对迪士尼的首席财务官说："天哪，他们的产品真不错。我们必须要把这笔生意谈下来。这关系到我们公司的未来。”他承认他对迪士尼制作的动画片没有信心。

双方最后商定，迪士尼将用 74 亿美元收购皮克斯的股份，乔布斯也将由此成为迪士尼最大的个人股东，拥有迪士尼近 7% 的股份；相比之下，艾斯纳所拥有的股份仅为 1.7%，罗伊·迪士尼的股份为 1%。迪士尼动画将归属皮克斯，由拉塞特和卡特穆尔运营。皮克斯可以保留其独立身份，皮克斯的工作室和总部可以继续留在爱莫利维尔市，原有的电子邮件域名也可以继续使用。

艾格告知乔布斯，于某个周日的早晨带上拉塞特和卡特穆尔去参加一个在洛杉矶世纪城召开的迪士尼董事会的秘密会议，以示尊重他们在此次巨额交易中的地位。当三人准备从停车场出发时，拉塞特对乔布斯说：“如果我一会儿兴奋得忘乎所以或者滔滔不绝，你就拍一下我的腿。”结果在会议中乔布斯还真的拍了一下他的腿，但除此之外拉塞特的推介演讲堪称完美。他回忆道：“我讲了我们怎么制作电影，我们的理念是什么，我们之间的互信，以及我们是怎么培养创意人才的。”董事会问了很多问题，乔布斯让拉塞特回答了其中的大部分。乔布斯自己则谈到了把艺术和科技联系起来是一件多么令人兴奋的事情。“这就是我们的文化理念，和苹果是一样的。”乔布斯说。艾格回忆道：“每个人都惊讶于他们是如此引人注目和热情洋溢。”

然而，在迪士尼董事会通过收购决议之前，迈克尔·艾斯纳有些动摇，并试图阻止这次合作。他打电话给艾格说这个价格太贵了。“你可以自己解决动画片的困境。”艾斯纳说。艾格问：“怎么解决？”“我知道你可以的。”艾斯纳说。艾格有些生气了，他问道：“迈克尔，你自己都解决不了，凭什么认为我能做到？”

艾斯纳说他想召开一次董事会来反对这次收购——即使他已经不是董事会成员了，也不算是公司高层。艾格拒绝了，但是艾斯纳给公司的大股东沃伦·巴菲特（Warren Buffet）和董事长乔治·米切尔打了电话。这位前议员说服了艾格，让艾斯纳表达自己的意见。“我告诉董事会，我们不需要买下皮克斯，因为我们已经拥有了皮克斯制作的85% 的动画片。”艾斯纳说道。他指的是对于皮克斯已经推出的电影，迪士尼可以从收入中获得一定比例的分成、有权制作所有电影的续集，并拥有所有卡通人物的版权。“我对他们说，现在皮克斯只有 15% 不属于迪士尼，所以你们将得到的也只有这 15%，其他的就要看皮克斯接下来的电影如何了。”艾斯纳承认，皮克斯运营得很好，但是他认为好景不会太长。“我向大家列出了历史上屡获殊荣、却又走向失败的制片人和导演名单，都是斯皮尔伯格、沃尔特·迪士尼之类的人物。”他还计算了一下，要让这笔生意做的值得，皮克斯的每一部新片的收入必须要达到 13 亿美元。“我知道我把乔布斯气疯了。”艾斯纳事后回忆道。

在艾斯纳离开会议室之后，艾格逐项反驳了他的观点。“让我来告诉你们，他刚才的演讲中出现了哪些错误。”他开始说道。当董事会成员听完双方的观点之后，他们通过了艾格的提案。

艾格飞到爱莫利维尔去见乔布斯，并和乔布斯一起，向皮克斯的员工宣布了收购的决定。但是在他们宣布之前，乔布斯和拉塞特还有卡特穆尔单独聊了一会儿。他说：“如果你们两个有任何一个人有异议，我可以告诉他们‘谢谢，不必了’，然后取消这个交易。”他说这句话的时候并不很情愿。在当时的形势下，取消这个交易几乎是不可能的了，但是乔布斯还是听到了他期待的回应。“我觉得可以。”拉塞特说，“我们就这么做吧。”卡特穆尔也同意了。三人拥抱在了一起，乔布斯流泪了。

之后，所有人都聚集到了中庭。乔布斯宣布：“迪士尼要收购皮克斯了。”一些员工哭了，但是当乔布斯解释了这次合作的内容之后，员工们开始明白，从某种程度上来说，这其实有一些反向收购的意味。卡特穆尔将成为迪士尼动画部门的负责人，而拉塞特将出任首席创意官。讲话的最后，大家都欢呼喝彩。艾格本来站在边上，乔布斯邀请他来到中间的舞台上。当他讲到皮克斯特立独行的文化，以及迪士尼是多么需要培养这种文化并向皮克斯学习时，人群中爆发出热烈的掌声。

“一直以来，我的目标不仅仅是制作杰出的作品，还要建立卓越的公司。”乔布斯之后说道，“沃尔特·迪士尼做到了。以这样的方式合并之后，皮克斯仍然是一家卓越的公司，同时我们也帮助迪士尼保持着卓越公司的地位。”

苹果脱颖而出

蛤、冰块和向日葵

自从 1998 年推出 iMac 后，乔布斯和乔尼·艾夫将诱人的设计变成了苹果电脑的招牌。他们推出了橙色蛤壳式笔记本电脑，以及标榜“禅意”、外观如冰块般的专业台式电脑。有些产品就好比你从衣橱角落里翻出的喇叭牛仔裤，当时看起来比现在回想起来要更好；这些产品体现出苹果对设计的热爱，这种热爱有时过于强烈。但是，苹果因此脱颖而出，并获得了在“Windows 世界”中生存所需要的名气。

苹果公司于 2000 年推出的 PowerMac G4 Cube 非常迷人，最终进入纽约现代艺术博物馆。该产品是一台边长只有 8 英寸的完美立方体，跟舒洁面巾纸盒一般大小。它是乔布斯审美观的纯粹表达，它的精密源于极简主义风格。该机器从外部看不到按钮；没有 CD 托盘，只有一个微小的插槽。同早期的 Mac 一样，该款产品也没有风扇。这里表达的是纯粹的禅意。“当看到一个外表如此贴心的东西时，你会想：‘噢，哇，这里面也一定超出想象。’”乔布斯在接受《新闻周刊》采访时说道，“我们通过简化去除多余的东西，取得进步。”

G4 Cube 并非虚有其表，其功能也很强大。但是，该产品并不成功。它已然被设计成一款高端台式电脑，但是乔布斯想要将其推向大众市场，就像他的几乎所有产品一样。结果，Cube 在两个市场的表现都不好。普通的专业人士并不追求在自己的桌上放一台宝石般的雕塑，而大众市场消费者宁可购买一款平淡无奇的台式机，也不愿花两倍的价钱买这款产品。乔布斯曾预计，苹果公司每季度将卖出 20 万台 Cube。但在其销售的第一季度，只卖出了预计的一半。第二季度，销量低于 3 万台。乔布斯后来承认，Cube 设计过度且定价过高，就像当年的 NeXT 电脑一样。但是，渐渐地，乔布斯吸取了自己的教训。在制造 iPod 这类设备时，他会控制成本并做出必要的权衡，让产品能够在预算内按照预定时间发布。

2000 年 9 月，苹果公司的营收不佳，部分原因是 Cube 的销售业绩太差。当时，科技泡沫开始破裂，苹果公司在教育市场正处于衰落状态。苹果公司的股价之前一直处于 60 美元以上，在一天之内下跌 50%；至同年 12 月初，其股价已低于 15 美元。

但这些都没能阻止乔布斯继续推动个性鲜明，甚至是喧宾夺主的新设计。当纯平显示器具备了商业可行性后，他决定用新产品取代 iMac；iMac 是一款半透明的台式电脑，就像《杰森一家》里的东西。艾夫想出了一个有些传统的模型，将电脑主机和纯平显示器合而为一。乔布斯不喜欢这个提议，一如在皮克斯和苹果常做的那样，他立即决定重新思考方案。他觉得艾夫提出的设计缺少纯粹性。“如果你要把所有东西都塞到显示器后面，那干吗要纯平的显示器？”乔布斯向艾夫发问道，“我们应该让每个元素都忠于它本身。”

当天，乔布斯早早回到家，开始仔细考虑这个问题，并把艾夫也叫来了。他们漫步至花园，乔布斯的妻子在花园里种了许多向日葵。“每年我都在花园里做些疯狂的事儿，当时就是种了很多向日葵，给孩子们一个满是向日葵的家。”她回忆道，“乔尼和史蒂夫当时正在思考产品的设计问题，然后乔尼问：‘把屏幕像向日葵的构造那样和底座分离开来怎样？’他感到很兴奋，并开始画起了草图。”艾夫很喜欢用自己的设计来表达一个故事，他意识到，向日葵造型能传达出纯平显示器的流畅性和出色的响应功能，仿佛随时可以迎着太阳转动。

在艾夫的新设计中，Mac 的屏幕连着一个铬合金活动支颈，这样整个显示器不仅看上去像向日葵，也让人联想到《顽皮跳跳灯》中小台灯的俏皮个性，该动画片是约翰·拉塞特为皮克斯制作的第一部短片。苹果为这一设计申请了许多专利，大多数都计入艾夫名下，但就其中一项设计——“平板显示器和底座之间由一个活动组件连接”，乔布斯将自己列为主要发明者。

现在回想起来，苹果Mac的一些设计似乎有点儿太过可爱了。然而其他电脑制造商处于另一个极端。人们以为计算机行业应该充满创新，但实际上，这一行业充斥着设计粗糙的通用型电脑。戴尔、康柏和惠普这些公司，曾经贸然地尝试过新造型并把电脑喷涂成蓝色，后来也都将电脑制造外包出去，并展开价格竞争。苹果凭借大胆的设计和开创性的应用，如iTunes和iMovie，成为唯一有所创新的企业。

英特尔芯片

苹果公司的创新并非流于表面。1994年起，该公司就一直在使用PowerPC芯片，该微处理器由IBM和摩托罗拉联合生产。在当时几年的时间里，该芯片比英特尔公司生产的芯片更快，苹果公司曾在自己幽默的广告中吹捧过这一点。然而，当乔布斯重回苹果时，摩托罗拉在生产新版本芯片方面已开始落后。这引发了乔布斯和摩托罗拉CEO克里斯·高尔文（Chris Galvin）的争吵。1997年，乔布斯回到苹果后，立即决定停止授权同类电脑制造商使用Mac操作系统。他打电话向高尔文提议，如果摩托罗拉加速研发可用于笔记本电脑的新版PowerPC芯片，那么苹果公司可能会考虑为摩托罗拉破例，授权其StarMax Mac兼容机使用Mac操作系统。两人的对话越来越激烈。乔布斯对高尔文说，摩托罗拉的芯片烂透了。高尔文也是个有脾气的人，立即反驳。乔布斯挂了他的电话。摩托罗拉停止生产StarMax电脑，而乔布斯则开始暗中计划抛弃摩托罗拉/IBM的PowerPC芯片，转而投向英特尔的怀抱。换芯片并不容易，这相当于要重新编写整个操作系统。

乔布斯并没有给予董事会任何实质性权力，但他还是秘密地同董事会成员一起从各个角度讨论想法，并仔细思考战略。会议中，他会站在白板前，主导自由讨论。就是否应该转移至英特尔架构，董事们讨论了 18 个月。“我们就这个事情进行辩论，提出了很多问题，最终一致决定有必要这么做。”董事会成员亚瑟·莱文森回忆道。

保罗·欧德宁（Paul Otellini）时任英特尔公司总裁，后来成为该公司 CEO；他开始与乔布斯私下碰头。两人相识于乔布斯努力保全 NeXT 公司的时候，欧德宁后来回忆：“他的傲慢态度那时还算有所收敛。”欧德宁性格冷静幽默，2000 年过后的最初几年，他和乔布斯谈生意的时候，发现乔布斯“暴躁脾气又回来了，不像当初那样谦恭”，但欧德宁并不生气，反而觉得很有趣。英特尔公司与其他电脑制造商也有合作，乔布斯希望拿到比那些公司更好的价格。“我们必须用有创造性的方式来谈拢数字。”欧德宁说。两人的大多数谈判都在长距离散步时完成，这是乔布斯喜欢的方式。有时他们会走到斯坦福校园上面架设被称作“盘子”的电子望远镜的山丘上。散步开始时，乔布斯会以一个故事开头，阐述自己如何看待计算机演进的历史，而散步结束时，已经在就具体数字讨价还价了。

“人们都觉得英特尔是个难对付的合作伙伴，这是安迪·格鲁夫和克雷格·巴雷特（Craig Barrett）掌管英特尔时给人的印象。”欧德宁说，“而我想要告诉大家，英特尔是一家可以合作的公司。”于是，英特尔派出一支精干团队与苹果公司合作，在 6 个月的期限内成功完成了芯片转换。乔布斯邀请欧德宁参加苹果公司百杰集思会。欧德宁身着兔子装一样的英特尔实验室外套，拥抱了乔布斯。2005 年两家公司就合作发表了公开声明，一向矜持的欧德宁又一次做出了同样的举动，大屏幕上闪烁着“苹果和英特尔终于走到了一起”的字样。

比尔·盖茨对此感到十分惊奇。他对于设计色彩花哨的电脑机箱并无兴趣，但是秘密换掉电脑内部的 CPU，并能按时无缝完成，这是他真正钦佩的壮举。多年后我采访盖茨，提起乔布斯的成就，他告诉我："如果你说，好，我们现在要换掉微处理器芯片，但是一拍都不能落下，这听起来是不可能的，但他们基本做到了。"

期权

乔布斯的怪癖之一便是对于金钱的态度。1997 年重回苹果时，他声称自己是这样一种人：可以为 1 美元的年薪工作，为的是公司的利益，而非个人利益。但是，对于不受常规的董事会审查和业绩考核约束的巨额期权激励政策（即授予大量以一个既定价格购买苹果股票的权利），他却推崇备至。

当他于 2000 年年初甩掉了头衔中的"临时"二字，正式成为 CEO，他从埃德·伍拉德和董事会那里得到了一大笔期权（还有那架飞机）。有悖于他一直以来所表现出的那种不贪财的形象，他索要的期权数量甚至比董事会最初的提议还要多，这令伍拉德大跌眼镜。不过就在乔布斯将这些期权收入囊中后没多久，这一切都变得毫无价值。受累于 Cube 令人失望的销量，加之互联网泡沫的破裂，苹果股价于 2000 年 9 月一泻千里，令这些期权变得一钱不值。

雪上加霜的是，《财富》杂志 2001 年 6 月刊登了一篇题为"天价 CEO：巧夺豪取"的封面报道，直指 CEO 薪酬过高的问题。那期杂志的封面上就是扬扬得意的乔布斯。虽然他所持有的期权此时并无价值，但在这些期权被授予的当时，技术估值方法（被称为"布莱克－斯科尔斯估值法"）给它们的定价高达 8.72 亿美元。《财富》声称这"绝对是"有史以来给予 CEO 的最高报酬。真是悲惨至极。用 4 年的艰辛工作带领苹果起死回生的乔布斯兜里几乎没有一分钱，此时却成了贪婪 CEO 的典型代表，这让他看起来像是一个伪君子，也损害了他的自我形象。他给编辑写了一封言辞激烈的信，表示自己的期权实际上“价值为零”，既然《财富》报道的价值是 8.72 亿美元，他愿意打个五折把这些期权卖给《财富》。

与此同时，鉴于旧的期权基本上已经一文不值，乔布斯希望董事会能授予他另外一大笔期权。他对董事会坚称，这样做更多的是为了让自己获得应有的认可，而不是发大财，也许这也是他内心的一种信念。“这跟钱并没有多大的关系。”后来在证券交易委员会就这些期权提起的一起诉讼中，乔布斯在作证时说了这样一句话，“每一个人都希望得到其他人的认可……我觉得董事会当时并没有真正地认可我。”由于他的期权已经没有价值，他认为董事会应该主动向他提出新的股权激励，而不是等他开口索要。“我认为我的工作很出色，期权会让我感觉好一些。”

事实上，乔布斯亲手选定的董事们并没有亏待他。他们于 2001 年 8 月决定授予他另外一大笔期权，当时公司的股权略低于 18 美元。问题在于，乔布斯还担心个人形象问题，特别是在《财富》发表那篇文章之后。除非董事会同时取消旧的那笔期权，他不想接受这些新的期权。但这样做在财务上会有负面的影响，因为这实际上等于期权的重新定价，会导致冲减当期利润。避免这个“可变会计”问题的唯一方法就是在新期权授予至少 6 个月后再取消旧的期权。此外，乔布斯开始就新期权的授予速度问题与董事会讨价还价。

直至 2001 年 12 月中旬，乔布斯才接受了新的期权，而且又等待了 6 个月之后才取消了旧的期权。但那个时候，苹果股价（经过分股后的调整）已经上涨了 3 美元，达到了 21 美元。如果行权价定在这个新的水平，那么每一份期权的价值便会下降 3 美元。于是苹果的法律顾问南希·海宁（Nancy Heinen）在分析了近期的股价之后，帮着选定了 10 月份的某一天为基准，那一天的股价是 18.30 美元。她还签批了一系列的会议记录，刻意显示董事会是在这一天批准这个期权计划的。对乔布斯来说，这一倒签行为可能价值 2 000 万美元。

最终，乔布斯又一次在分文未得的情况下遭到了公众的恶评。苹果股价持续下跌，到 2003 年 3 月，即使是新的期权都已经一钱不值，乔布斯索性把期权全部卖出，得到了 7 500 万美元——从他 1997 年返回苹果公司直至 2006 年新期权授予完毕，这相当于他每年入账 830 万美元。

如果《华尔街日报》没有在 2006 年就期权的日期倒签现象刊登那个影响巨大的系列报道，这一切本来算不了什么。报道中并没有提到苹果公司的名字，但苹果的董事会委派了一个三人委员会（阿尔·戈尔、谷歌的埃里克·施密特，以及曾在 IBM 和克莱斯勒任职的杰里·约克）对公司的内部行为展开了调查。“一开始我们就决定，如果史蒂夫确实负有责任，我们不会姑息迁就。”戈尔回忆说。委员会发现了乔布斯以及其他一些高管的期权激励中的违规之处，并立即向证券交易委员会递交了调查结果。报告中说，乔布斯对日期倒签行为是知情的，但他最终并没有从中获得经济利益。（迪士尼公司董事会的一个委员会也发现，皮克斯公司在乔布斯主政期间也曾有过类似的倒签行为。）

针对这类倒签行为的法律模糊不清，特别是苹果公司最终并没有一个人因此获益。证券交易委员会用了 8 个月的时间完成了调查，并于 2007 年 4 月宣布不追究苹果，这“部分是基于公司对委员会调查工作迅捷、全面、出色的配合以及（它）及时的主动汇报”。尽管证券交易委员会发现乔布斯对倒签行为确实知情，但撇清了他有任何不当行为的嫌疑，因为他“对会计上的影响并不知情”。

但证券交易委员会控告了当时担任董事的前首席财务官弗雷德·安德森以及公司法律顾问南希·海宁。退役空军上尉安德森长着一个方方的下巴，为人极度正直，曾以他的机智与平和在公司具有影响力，以擅长控制乔布斯的臭脾气而闻名。证券交易委员会仅控之以“疏忽”责任，无非涉及某些期权政策（不是给乔布斯的那些）中的文书工作，而且允许他继续出任企业的董事。但是，他最终辞去了苹果董事一职。

安德森认为自己成了替罪羊。当他与证券交易委员会达成和解，他的律师发布了一份声明，将某些罪责加到了乔布斯的头上。声明说，安德森已经“提醒过乔布斯先生，期权应该按照董事会实际批准的日期定价，或者进行会计定价”。而乔布斯回答说“董事会之前已经批准了”。

海宁最初奋起反击对她的指控，最终同意和解，交了一笔 220 万美元的罚金了事。类似的，苹果公司本身也同意支付 1 400 万美元的损失赔偿金，了结了一起股东诉讼。

“为了一个人的面子，发生了这么多本可避免的问题，这很罕见。”乔·诺塞拉在《纽约时报》撰文指出，“我们现在说的依然是乔布斯。”无视规则与制度，他制造的风气让海宁这样的人难以违背其意愿。有时，他有伟大的创新，但其身边的人却因此而付出代价。尤其是在补偿问题上，由于难以违背他一时的怪念头，许多聪明人犯了严重的错误。

在某些方面，乔布斯在薪酬问题上的立场与他的停车怪癖有异曲同工之处。他拒绝使用 CEO 专有车位，却霸占了残疾人停车位。他希望被（他自己和其他人）看成一个愿意为 1 美元年薪工作的人，却又希望得到大笔的期权。从一名反主流文化的叛逆者变为一名商业创业者，他自身充满了矛盾。他希望在心灵上得到的启迪和感悟，与他通过股票和期权获得的财富并无关联。

第三十五章　第一回合

死之警示

Courtesy of Mike Slade

在乔布斯 50 岁生日派对上，劳伦·鲍威尔搂着伊芙（蛋糕后），还有埃迪·库埃（窗边），约翰·拉塞特（拿相机的），以及李·克劳（留着胡子的）

癌症

乔布斯后来推测，自己之所以会得癌症，是因为1997年辛苦工作了一整年，同时管理着苹果公司和皮克斯公司。由于两头奔忙，他患上了肾结石和其他疾病，甚至到家后会虚脱得说不出话来。“癌症可能就是那个时候开始生长的，因为当时我的免疫系统非常弱。”他说道。

并没有证据表明疲劳和免疫系统薄弱会导致癌症。不过，乔布斯的肾脏问题确实间接让医生发现了癌症。2003年10月，乔布斯偶然碰到了自己的泌尿科医生，她让乔布斯做一下肾脏和输尿管的CAT扫描。他之前一次CAT扫描检查还是在5年前。这一次的扫描显示肾脏没有问题，却显示出胰脏有一层阴影。于是，她叫乔布斯安排一次胰腺检查，但他并未听从。一如既往，乔布斯会刻意忽视自己不想处理的事情，但是医生坚持一定要做检查。“史蒂夫，这很重要，”几天后她对乔布斯说，“你需要检查一下。”

她的语气十分迫切，乔布斯不得不听从。他一大早就去了医院，在研究过扫描结果后，医生们告诉了他一个坏消息，他的胰脏上有个肿瘤。其中一位医生甚至建议他尽快安排好后事，换言之，就是说乔布斯只有几个月的寿命了。当天晚上，医生们将内窥镜从乔布斯的喉咙放入肠内，以便将一根探针深入他的胰脏，从而获取一些肿瘤细胞进行活组织切片检查。鲍威尔回忆说，她丈夫的医生在检查完后高兴得哭了。因为那是胰岛细胞或是胰腺神经内分泌肿瘤，很少见，但生长较慢，因而更容易成功治愈。乔布斯很幸运——能及早发现这一肿瘤，这也算是定期肾脏检查的意外发现。这样，医生就能够在肿瘤大面积扩散前进行切除手术。

拉里·布里连特是乔布斯第一批电话通知的人之一，两人当年在印度静修时相识。“你还相信上帝吗？”乔布斯问他。布里连特说相信。接着两人开始讨论印度大师尼姆·卡罗里·巴巴曾教给他们的通向上帝的几条路径。然后布里连特询问乔布斯有什么不妥，乔布斯回答说：“我得了癌症。”

亚瑟·莱文森当时是苹果公司董事会成员，他正在主持自己的基因泰克公司的董事会会议，电话响了，屏幕显示是乔布斯打来的。会议休息时间刚到，他就赶忙回电话给乔布斯，并得知了肿瘤的消息。莱文森有癌症生物学背景，基因泰克公司研制癌症治疗药物，自然而然，莱文森成了乔布斯的顾问。英特尔公司的安迪·格鲁夫也一样，他成功对抗了前列腺癌。乔布斯在那个周日联系了格鲁夫，他一听到消息就立刻驱车赶往乔布斯家，一待就是两个小时。

令朋友和妻子感到害怕的是，乔布斯不愿进行肿瘤切除手术，而手术是唯一可行的治疗方法。那之后几年过去了，乔布斯对我说，“我当时真的不想让他们把我的身体切开，因此我努力寻找其他可行的方法。”言语中略带一丝遗憾。具体来说，他找的方法就是实行严格的素食，摄入大量新鲜胡萝卜和果汁。除此之外，他还进行针刺疗法，尝试各种草药疗法，有时也会采用在互联网上或在美国各地寻医问药获得的疗法，甚至还请过灵媒。有一阵子，他受到一位在加利福尼亚州南部开设自然疗法诊所的医生影响，这个医生主张使用有机药草，果蔬汁断食，经常洗肠、水疗，并发泄自己所有的负面情绪。

“最大的问题在于他还没准备好开刀，”鲍威尔回忆说，“很难强迫一个人这样做。”但她还是尝试了。她劝乔布斯说：“身体是为精神而存在。”乔布斯的朋友也多次劝他接受手术和化疗。“有一次，他告诉我他尝试通过吃些杂七杂八的草根进行治疗，我说你疯了吧。”格鲁夫回忆道。莱文森说，自己“每天恳求”乔布斯进行手术治疗，却发现“挫败感非常强烈，因为自己没法儿与他沟通”。这种分歧甚至差点儿让两人友谊破裂。“癌症不是这么治的，”当乔布斯谈论自己的饮食疗法时，莱文森坚持说道，“不动手术，想依靠这些有毒的化学物质来除掉肿瘤，根本不可能。”饮食医生迪恩·奥尼什（Dean Ornish）是使用替代疗法和营养疗法的先驱，在一次陪乔布斯长时间散步时，甚至他也坚持认为传统的手术治疗有时是正确的选择。“你真的需要动手术。”奥尼什对乔布斯说。

自 2003 年 10 月肿瘤确诊以来，乔布斯顽固地坚持了 9 个月。这部分是因为其现实扭曲力场的不良影响。“我觉得，史蒂夫强烈渴望世界按照自己所设想的那样运行，”莱文森推测道，“有时这是行不通的，现实是无情的。”另一部分原因在于乔布斯有着可怕的意志，能够完全忽略自己不想处理的事情。这给他带来了许多重大突破，但也可能造成适得其反的效果。“他能够忽略自己不想面对的东西，”他的妻子解释说，“他天生就是这样。”无论是与家庭和婚姻有关的个人问题，还是涉及工程或业务的专业问题，或是健康和癌症问题，乔布斯有时干脆就置之不理。

乔布斯认为自己能把事情变成所希望的样子——他妻子称这为“异想天开”——以前，他也的确能够如愿以偿，然而他的癌症却是个例外。鲍威尔发动了乔布斯所有亲近的人，包括他妹妹莫娜·辛普森，目的是让他回心转意。最终，2004 年 7 月，CAT 扫描结果显示肿瘤已长大并可能扩散，这令他不得不面对现实。

2004 年 7 月 31 日，周六，乔布斯在斯坦福大学医学中心接受了外科手术。他所进行的并非是完整的“魏普尔手术”——切除大部分胃和肠道及全部胰脏。医生们考虑过实施完整的手术，但最终决定不采用如此彻底的做法，而只是切除了乔布斯的部分胰脏。

手术后第二天，乔布斯在医院病房用 PowerBook 连接到 AirPort Express 无线基站，给公司员工发送了一封邮件，宣告自己完成了手术。

他安慰员工们，自己所患的胰腺癌类型“在每年确诊的各种胰腺癌病例中只占1%，如果发现得及时（我就是），可通过手术切除来治愈”。他表示自己不需要化疗或放疗，并计划于9月复工。“在离开的这段时间，我已让蒂姆·库克负责苹果公司的日常运营，因此我们不应该乱了阵脚。”他写道，“我敢肯定，8月我会经常联系你们中的一些人，并期待在9月见到你们。”

手术带来的一个影响对乔布斯来说很成问题，原因在于他近乎强迫的饮食习惯，以及从十几岁起就一直坚持的节食和禁食的怪异实践。胰脏会分泌出一种酶，让胃消化食物并吸收营养，部分胰脏被切除后，人体就难以获得足够的蛋白质。因此，医生建议患者应该多餐，并保持营养丰富的饮食，食用各种肉类、鱼类蛋白质，以及全脂牛奶。但乔布斯从来没有这样做过，也永远不会这样做。

他在医院住了两周后，挣扎着进行力量恢复。“我记得回来以后，我坐在那个摇椅上，”他边说边指着客厅里的那张摇椅，“我没有力气走路。休养了一个星期后，我才能在街区走动。我强迫自己走到几个街区之外的花园，然后再走到更远的地方，不出6个月，我的精力基本都恢复了。”

不幸的是，癌细胞扩散了。在手术中，医生们发现肝脏上有三处转移。如果不是拖了9个月才手术，医生们也许可以在癌细胞扩散前就把整个肿瘤切除，虽然这也并不确定。乔布斯开始接受化疗，这进一步加剧了他在饮食上面临的挑战。

斯坦福大学毕业典礼演讲

乔布斯隐瞒了他继续与癌症抗争的实情，他告诉大家，他已被“治愈”了，这一如他2003年10月癌症确诊后的缄口不言。这样保密并不稀奇，它是乔布斯本性的一部分。更为令人惊奇的是，他决定公开谈论自己的健康问题。除了登台演示产品，乔布斯平时很少做演讲，但他仍然接受了斯坦福大学 2005 年毕业典礼的演讲邀请。在癌症确诊之后，即将 50 岁的他，处于一种反思状态。

为了完成演讲，乔布斯找到了杰出的编剧艾伦·索金（Aaron Sorkin），其作品包括电影《好人寥寥》（*A Few Good Men*）和电视剧《白宫风云》（*The West Wing*）。乔布斯给他发了电子邮件，表达了自己的一些想法。"当时是 2 月，他没有回复。于是 4 月的时候我又发了一次邮件，他说：'哦，好啊。'然后我又发了些新想法给他。"乔布斯回忆道，"后来终于电话联系上了，他不停地说'嗯'，但是一直到 6 月初，他什么都没给我。"

乔布斯有点儿不安。以前产品展示的脚本都是他自己写的，但是他从来没有在毕业典礼上做过演讲。一天晚上，他开始自己撰写演讲稿，除了征求妻子的意见，没有其他任何人的帮助。最终，他写出了一篇非常亲切简洁的讲话稿，充满朴实的个人感受，是完美的乔布斯作品。

美国作家亚历克斯·黑利（Alex Haley）曾说过，演讲最好的开场是"我来给你们讲个故事吧"。没人愿意听别人说教，但是人人都喜欢听故事。而这正是乔布斯选择的演讲方式。他的开场白是这样的："今天，我想向你们讲述我人生中的三个故事，就是这样，没什么大不了的，三个故事而已。"

第一个是从里德学院退学的故事。"我不用再去上自己不感兴趣的必修课，可以去听更有趣的课程。"第二个故事是被苹果公司解雇如何变成了对自己有益的经历。"成功的沉重又重新被初学者的轻松所取代，对所有事情都不再那样确信。"尽管现场有架飞机拖着一张敦促乔布斯"回收所有电子废物"的条幅，不停地在演讲场地上方盘旋，但是学生们都听得异常专注。不过，深深吸引他们的是第三个故事——确诊患有癌症及这一事实所带来的想法。

> 记住自己很快就要死了，这是我面对人生重大选择时最重要的工具。因为，几乎一切——所有外界的期望、所有骄傲、所有对于困窘和失败的恐惧——这些东西都在死亡面前烟消云散，只留下真正重要的东西。记住自己终会死去，是我所知最好的方式，避免陷入认为自己会失去什么的陷阱。你已是一无所有，没理由不追随内心。

乔布斯的极简主义令这场讲话简洁、纯粹，充满魅力。无论文集里还是 YouTube 上，你都找不到比这更好的毕业演讲了。有些演讲可能更重要，如乔治·马歇尔（George Marshall）1947 年在哈佛大学的演讲——宣布重建欧洲的计划，但是没有哪个演讲比乔布斯的更富魅力。

50 岁的雄狮

乔布斯的 30 岁和 40 岁生日都是和硅谷名人及各界名流共同庆祝。但是，2005 年，在他做完癌症手术后，妻子为他的 50 岁生日举办了一个惊喜派对，主要邀请了他最亲密的朋友和同事。派对在朋友们位于旧金山的家中举行，著名大厨爱丽丝·沃特斯（Alice Waters）呈上了来自苏格兰的鲑鱼、北非名菜库斯库斯，还有各种田园时蔬。沃特斯回忆说："场面温馨亲密极了，大人小孩都坐在一起。"娱乐活动是一出即兴表演，由《对台词》（*Whose Line Is It Anyway?*）的演员表演。乔布斯的好朋友迈克·斯莱德（Mike Slade）也去了，还有来自苹果公司和皮克斯的同事，包括拉塞特、库克、席勒、克劳、鲁宾斯坦和泰瓦尼安。

在乔布斯病休期间，库克把公司打理得很好。在他的带领下，苹果公司个性十足的员工们表现良好，同时，库克又避免让自己进入公众视线。在某种程度上，乔布斯喜欢强势的人，但是他从未真正让他人代理自己的工作或分享自己的舞台。做他的替补很难，出风头了该死，不出众也该死。库克成功避开了这些危险。在发号施令时，他冷静果断，但同时，他并不追求别人的注意或喝彩。"有些人反感什么好处都算在史蒂夫头上，但是我对这些从来都不在乎。"库克表示，"老实说，我倒希望自己的名字从不出现在报纸上。"

乔布斯病假结束回到苹果后，库克重新做回了自己以前的工作——紧密地整合苹果公司各个行动部门，也依然平静地面对乔布斯的怒气。"我知道，人们会把史蒂夫的一些评论误会成大叫大嚷或干脆反对，但事实上那只是他表达激情的方式。我就是这样面对他的情绪化作风的，我从不觉得他是在针对我。"在很多方面，库克都和乔布斯截然相反：他镇定，情绪稳定（正如 NeXT 机器中安装的辞典所解释的那样），属于土星型而非水星型的。"我是个谈判高手，但他可能比我更好，因为他大胆又冷静。"乔布斯后来表示。又夸赞了库克几句之后，乔布斯不动声色地说出了自己的保留意见："但蒂姆本身不是搞产品的人。"他是认真的，但很少这么说。

2005 年秋，在结束病休之后，乔布斯任命库克为苹果公司的首席运营官。当时他们共同飞往日本，乔布斯并没有征询库克的意见，直接告诉他说："我决定让你担任首席运营官。"

那段时间里，乔布斯的老朋友乔纳森·鲁宾斯坦和阿维·泰瓦尼安决定离开苹果。他们分别是硬件和软件方面的团队管理者，1997 年乔布斯回归苹果后重新聘用了他们。泰瓦尼安已经赚了很多钱，准备退休。"阿维是个出色的家伙，人很好，比鲁比更踏实，不自大。"乔布斯说，"阿维的离开是苹果公司的一个巨大损失。他独一无二，是个天才。”

鲁宾斯坦的离职略有争议。他对于库克的晋升感到不满，也因为他在乔布斯手下工作了 9 年，身心俱疲。他们的争吵越发频繁。还有一个实际问题：鲁宾斯坦曾多次与乔尼·艾夫发生冲突，艾夫曾在鲁宾斯坦手下工作，现在直接向乔布斯汇报。艾夫经常挑战工程制造的极限，做出目眩神迷但难以实现的设计。鲁宾斯坦天性谨慎，他的工作则是用一种可行的方式来组建硬件，于是他常常否决艾夫的设计。“话说回来，鲁比以前在惠普工作，”乔布斯说道，“他从来不会深入探究，他没什么进取心。”

有一次，苹果需要为 PowerMac G4 制作用来固定提手的螺丝。艾夫认为这些螺丝也应该进行抛光和塑形，但鲁宾斯坦认为，这样做的成本将是“天文数字”，而且会将项目推延数周，于是否决了这个想法。他的工作是提供产品，也就意味着有权衡决策的权力。艾夫认为这种做法不利于创新，于是直接越过鲁宾斯坦找到乔布斯，同时还绕过他联系中级工程师。“鲁比会说，不能这么做，会拖延工期。我就说，我觉得可以。”艾夫回忆道，“我也确实知道可以，因为我已经背着他找过产品团队。”在这件事和其他事件中，乔布斯都站在艾夫这边。

有时，艾夫和鲁宾斯坦互不相让，几乎大打出手。最后，艾夫跟乔布斯说：“选我还是他。”乔布斯选择了艾夫。至此，鲁宾斯坦已经准备离开。他和妻子在墨西哥购置了一处地产，他想休息一段时间，在那儿建造一个家。后来，他进入奔迈公司（Palm）工作，该公司想要与苹果公司的 iPhone 竞争。对于奔迈公司聘请自己的前员工，乔布斯十分愤怒，以至于向波诺抱怨。波诺是一家私人股本集团的联合创始人，该集团由苹果公司前首席财务官弗雷德·安德森掌管，并持有奔迈公司的控股权。波诺给乔布斯回信道：“你应该淡定点儿。你这样就好像披头士因为赫尔曼的隐士乐队（Herman’s Hermits）带走了自己的巡演工作人员而发毛一样。”乔布斯后来承认自己反应过度。“他们的彻底失败减轻了这件事造成的伤害。”他说。

乔布斯建立起了一支新的管理团队，争议更少，服从更多。除了库克和艾夫，主要成员还包括：斯科特·福斯托（Scott Forstall），运营iPhone软件；菲尔·席勒，负责市场营销；鲍勃·曼斯菲尔德（Bob Mansfield），制作Mac硬件；埃迪·库埃，处理网络服务；以及彼得·奥本海默（Peter Oppenheimer），担任首席财务官。虽然这一顶级管理团队的成员在表面看似一样——都是中年白人男性——但他们风格各异。艾夫情绪化，富有表现力；库克如钢铁般冷静；他们都知道自己应该对乔布斯恭敬有加，但同时也需要反驳他的想法并乐于与之争论。这个平衡很难拿捏，不过他们都做得很好。库克说：“我很早就意识到，如果你不说出自己的意见，他就会把你赶走。他会采取对立的立场以激发更多讨论，因为这样做可能会带来更好的结果。因此，如果你不习惯反对他的想法，那么就无法在苹果待下去。”

自由发表意见的重要场合是每周一上午的管理团队会议，上午9点开始，持续三四个小时。讨论的重点常常着眼于未来：每款产品接下来该怎么做，应该开发哪些新东西？乔布斯会利用这个会议加强苹果公司的共同使命意识。这种集中式控制，使得苹果公司犹如一个优秀的苹果产品那样紧密整合在一起，并且防止了部门之间的斗争，这种斗争令分散式管理的企业陷于窘境。

乔布斯还利用这个机会强调公司的焦点所在。当年在罗伯特·弗里德兰的农场，他的工作是给苹果树剪枝，以让它们茁壮成长，这一举动后来成为他精简苹果公司的隐喻。乔布斯不鼓励每个团队出于营销的考虑增加产品线，也不允许主意满天飞，他坚持苹果公司一次只着重于两三个优先项目。“在无视身边噪声这方面，没有人比乔布斯做得更好。”库克说道，“这样，他就能够集中精力在几件事情上，拒绝其他许多事情。很少有人擅长于这一点。”

为了使他和他的团队新学到的制度化，乔布斯建立了一个被称为“苹果大学”的内部中心。他雇用了耶鲁大学管理学院院长乔尔·波多尔西（Joel Podolny）来搜集一系列案例，以分析公司做过的重要决定，例如启用 Intel 微处理器以及开启 APP 商店。上层主管们都要拨出时间把这些例案传授给新员工，以便将苹果特百的决策风格植入公司文化。

在古罗马，当胜利的将军凯旋时，传说会有一个仆人，在他身边重复“死亡警示”（memento mori）。意思是，记住你终会死亡。必死的警示有助于英雄们正确地看待事物，培养谦逊的性格。乔布斯的死之警示来自医生，但这并未让他谦逊起来。相反，在手术恢复后，他甚至更富激情。正如他在斯坦福大学演讲时所说的那样，疾病提醒着自己，已没有什么可失去的，因此他应该全速向前、锐意进取。“他带着一种使命回来了。”库克说，“虽然他现在是在掌管一家大企业，但他不断采取一些大胆的举动，我觉得除了他，没有人会这么做。”

有那么一阵子，有迹象，或者至少有希望表明，乔布斯的个人风格有所缓和，癌症和 50 岁的来临让他在心烦意乱的时候少了几分粗野。泰瓦尼安回忆说：“手术后刚回到公司的时候，他完全没有耐心。如果不高兴，他会冲人大吼大叫，或者怒气冲天地咒骂对方，但是不会采取彻底摧毁对方的举动。他那样只是为了让对方做得更好。”泰瓦尼安说完沉思了片刻，然后补充警告道：“除非他觉得某人真的很差，必须走人，这种情况每过一阵子就会出现。”

然而不管怎样，坏脾气的人毕竟回来了。大多数同事对此早已习惯，而且他们也知道如何应付。最让他们心烦的地方在于，乔布斯的怒气会惹恼陌生人。艾夫回忆说：“有一次我们去全食超市买沙冰，做沙冰的是个年纪比较大的女人，乔布斯抱怨她做沙冰的方式，把对方搞得很烦。后来他又很同情那个女人，说‘她年纪比较大，也不想做这种工作’。他根本就没有把这两件事联系起来，一副全然与此无关的样子。”

在与乔布斯的一次伦敦之行中，艾夫负责挑选酒店，这是份吃力不讨好的差事。他最终选择了亨佩尔酒店（The Hempel），这是一家静谧的五星级精品酒店，有着精致的极简主义风格，艾夫觉得乔布斯会喜欢。然而刚一登记入住，艾夫就打起精神，准备迎接乔布斯的责难。果然，一分钟后电话响了。“我讨厌这房间，”乔布斯说道，“狗屎一样。我们走。”于是，艾夫拿上自己的行李，来到前台。面对一脸惊愕的服务员，乔布斯直截了当地说明了自己的想法。艾夫意识到，包括他自己在内的大多数人，如果觉得某样东西很拙劣，通常不会直接说出来，因为不愿招人厌恶，“这其实是一种虚荣的性格。”这种解释过于宽容。不管怎么说，乔布斯没有这种特质。

艾夫天性善良，因此很困惑乔布斯这样一个让他深深喜爱的人，为什么会有这种行为。一天傍晚，在旧金山一间酒吧里，他前倾着身子，极度认真地向我分析道：

> 他是个非常非常敏感的人。这就是他有反社会行为、粗鲁和如此肆无忌惮的原因之一。我明白脸皮厚和绝情的人为什么会很粗鲁，但是我不明白敏感的人为什么也会这样。有一次我问他，为什么会对一些事情如此生气。他回答说：“但是我没有一直生气。”他就是有这种非常孩子气的特点，会为某些事情格外较真儿，但又不会一直这样。但是说真的，也有一些时候，他非常沮丧的时候，他的宣泄方式就是去伤害别人。我觉得，他认为自己有这样做的自由，社交的正常规则并不适用于他。因为他非常敏感，也清楚地知道如何能够真正地伤害某人。他也确实会这样做，但并不经常如此，只是偶尔。

乔布斯失控时，经常会有一个聪明的同事把他拉到一边，让他平静下来。李·克劳便是个中高手。“史蒂夫，我能跟你谈谈吗？”他会在乔布斯公开贬低别人时轻声说道。克劳会走进乔布斯的办公室，向他解释大家是如何努力工作的。有一回，克劳说：“你羞辱别人，只会削弱对方的力量，而起不到激励作用。”这时，乔布斯就会道歉，说自己明白了。但是之后，他还是老样子。“我就是这样。”他会这样说。

然而，在对比尔·盖茨的态度上，乔布斯确实更加成熟了。1997年，微软曾同意继续为Mac电脑开发优秀的软件，但一直谈判未果。此外，微软一直以来在复制苹果公司的数字中枢战略上都失败了，这也弱化了作为苹果竞争对手的身份。盖茨和乔布斯在产品和创新上采用了截然不同的方式，而两人之间的竞争也给彼此带来了惊人的自我意识。

2007年5月的数字大会（All Things Digital）上，《华尔街日报》的专栏作家沃尔特·莫斯伯格（Walt Mosskerg）和卡拉·斯威舍（Kara Swisher）努力想让盖茨和乔布斯接受一次联合采访。莫斯伯格先邀请了乔布斯，乔布斯并不经常参加这样的会议，他表示如果盖茨去，自己就会去，这令莫斯伯格感到惊讶。听闻此事后，盖茨也接受了采访邀请。但是，《新闻周刊》对盖茨的采访差点儿令该计划搁浅。该周刊的记者史蒂芬·列维就苹果公司的“Mac对决PC”电视广告发问时，盖茨爆发了，因为该系列广告拿Windows用户开涮，将其塑造成十足的笨蛋，而将Mac描绘成新潮的产品。“我不明白他们为什么要表现出自己高人一等的样子，”盖茨说道，情绪越来越激动，“诚实在这些广告里不重要吗？或者，就算你真的很酷，是不是就意味着能随心所欲地撒谎？这里面一丝一毫的事实都没有。”列维又火上浇油，询问新的Windows操作系统Vista是否抄袭了Mac的许多特性。“如果你真的关心事实，可以自己去查一下，看看到底是谁先展现出这些东西的。”盖茨回应道，“如果你只是想说‘史蒂夫·乔布斯创造了世界，我们其他人只是跟着他亦步亦趋’，那随便你。”

乔布斯打电话给莫斯伯格表示，鉴于盖茨在《新闻周刊》采访中所说的话，进行联合采访没什么意义。但是莫斯伯格成功将事情扳回正轨。他希望这一晚间联合采访是一次亲切友好的讨论，而不是辩论会。但是当天早些时候，乔布斯单独接受莫斯伯格采访时，对微软进行了猛烈抨击，莫斯伯格的希望似乎要落空了。当提及苹果公司为 Windows 操作系统制作的 iTunes 软件非常受欢迎时，乔布斯开玩笑说：“这就像是往地狱里的某人身上浇冰水一样。”

当晚的联合采访开始前，乔布斯和盖茨会在嘉宾休息室里见面，莫斯伯格很担心。盖茨与助手拉里·科恩（Larry Cohen）先到达，科恩之前已经向盖茨简要汇报了乔布斯的评论。几分钟后，乔布斯缓步走了进来，从冰桶里拿出一瓶水，坐了下来。片刻沉默之后，盖茨开口了，脸上全无笑意：“我猜我就是那个地狱里的人。”乔布斯顿了一下，露出了自己招牌式的顽皮微笑，把冰水递给了盖茨。盖茨情绪有所缓和，紧张的气氛一扫而光。

这次联合采访最终成为两人之间的精彩对话，两位数字时代的天才谨慎而热情地谈论彼此。最令人印象深刻的是，当坐在观众席的技术战略家丽丝·拜尔（Lise Buyer）提问，两人从对方身上学到了什么时，他们给出了直率的回答。“好吧，我愿意放弃很多东西来拥有史蒂夫的品位。”盖茨回答道。现场爆发出一阵笑声，气氛有些紧张；10 年前，乔布斯曾说过一句话，他不满意微软是因为它完全没有品位。但是盖茨坚称自己说这话是认真的，乔布斯的“直觉品位是与生俱来的，无论是对人还是对产品”。他回忆起自己和乔布斯当年坐在一起，检查微软为 Mac 开发的软件。“史蒂夫能够根据对人和产品的感觉做出决定，你们懂的，对我来说这甚至很难解释清楚。他做事的方式非常不同寻常，我认为很神奇。既然如此，我也只能感叹‘哇’了。”

在盖茨说这些话时，乔布斯盯着地板。他后来对我说，盖茨的诚实和风度让他颇感震动。轮到乔布斯回答时，他也一样诚实，尽管并非像盖茨那样有风度。他描述了苹果和微软的理念鸿沟，苹果欲打造端到端一体化的产品，微软则将自己的软件开放授权给彼此竞争的硬件厂商。他指出，在音乐市场，集成的做法更好，这个已经有iTunes/iPod组合可以证明，但是在个人电脑市场，微软的分离政策发展得更好。这番话随即引出了一个潜在的问题：在手机市场，哪种方法会更好？

接着，他提出了一个精辟的观点。在设计理念上的差异导致他及苹果公司更不善于同其他公司合作。“因为沃兹和我创办公司的时候，所有东西都是自己在做，因此我们不是很善于与人合作。”他说道，“我认为，如果苹果天生能够多一点点合作精神，会非常好。”

第三十六章　iPhone

三位一体

可以打电话的iPod

至2005年，iPod销量暴涨，当年售出2 000万台，数量惊人，是2004年销量的4倍。该产品对于苹果公司的营收越发重要，占当年收入的45%。同时，iPod还带动了Mac系列产品的销售，为苹果公司塑造出时髦的企业形象。

而这也是乔布斯担忧的地方。“他总在担心有什么会让我们陷入困境。”苹果公司董事会成员亚瑟·莱文森回忆道。乔布斯得出结论：“能抢我们饭碗的设备是手机。”他向董事会说明，手机都开始配备摄像头，数码相机市场正急剧萎缩。同样的情况也可能发生在iPod身上，如果手机制造商开始在手机中内置音乐播放器。“每个人都随身带着手机，就没必要买iPod了。”

乔布斯曾当着比尔·盖茨的面承认自己天生不善于合作，而此刻，他的第一个策略就是与另一家公司合作。摩托罗拉公司新任CEO埃德·赞德和他是朋友，于是，乔布斯开始商议与摩托罗拉的畅销手机刀锋（RAZR）系列合作。该系列手机配有摄像头，双方准备合作，在其中内置iPod。摩托罗拉ROKR手机就此诞生。但是，该系列手机既没有iPod迷人的极简风格，也没有刀锋系列便捷的超薄造型。它外观丑陋，下载困难，只能容纳近百首歌曲。这是典型的委员会讨论之下形成的产品，与乔布斯喜欢的工作方式相悖。RAZR系列手机的硬件、软件和内容并非由同一家公司控制，而是由摩托罗拉公司、苹果公司及无线运营商辛格勒（Cingular）共同拼凑而成。《连线》杂志在其2005年11月号的封面上嘲讽道：“你们管这叫未来的手机？”

乔布斯怒不可遏。在一次iPod产品评述会议上，他对托尼·法德尔及其他人说：“我受够了跟摩托罗拉这些愚蠢的公司打交道。我们自己来。”他注意到市场上手机的奇怪之处：它们都很烂，就像以前的便携式音乐播放器一样。“我们会坐在一起谈论有多么讨厌自己的手机，”他回忆说，“它们太复杂，有些功能没人能搞明白，包括通讯录。简直就跟拜占庭一样混乱不堪。”外部律师乔治·莱利还记得自己当时坐在会议室里检查法律问题，乔布斯觉得厌烦了，于是拿起莱利的手机，历数各类缺陷，指出这完全就是“脑残”设计。乔布斯及其团队十分兴奋，因为他们看到了打造一款自己想用的手机的前景。“这是最好的动力。”乔布斯后来说道。

另一个动力是潜在的市场。2005 年，全球手机销量超过 8.25 亿部，消费者从小学生直至上了年纪的祖母。由于大多数手机都很烂，因此一款优质时髦的手机会有市场空间，就像之前在便携式音乐播放器市场一样。起初，乔布斯把这个项目交给了研发 AirPort 无线基站的团队，理由是该手机是一款无线产品。但是他很快意识到，这实际上是一款消费类电子设备，和 iPod 一样，于是又将该项目重新分配给法德尔及其团队。

他们最初设想在 iPod 的基础上制作一款手机，让使用者用滚轮选择手机功能，并且不用键盘就能输入数字。但这样的设计并不自然。“使用滚轮有很多问题，尤其是拨号的时候，”法德尔回忆说，“会很麻烦。”用滚轮浏览通讯簿很方便，但是想输入点儿什么就很不方便。团队一直在努力让自己相信，人们的电话主要是打给已经存储在通讯簿里的人，但是他们知道，这样其实是行不通的。

当时，苹果还有一个项目处于进行中：秘密打造一款平板电脑。2005 年，项目组之间互相交流后，平板电脑的理念融入了手机计划之中。换言之，iPad 的想法实际上先于 iPhone 出现，并且帮助塑造和催生了 iPhone。

多点触控

乔布斯夫妇有一位朋友的丈夫是微软的工程师，当时在进行平板电脑的研发。这位工程师 50 岁生日时举办了一场晚宴，邀请乔布斯夫妇和盖茨夫妇出席。乔布斯有些不情愿地去了。“其实史蒂夫那天晚上对我挺友好。”盖茨回忆说，却对寿星“不是特别友好”。

那位工程师不停地透露微软平板电脑的情况，这让盖茨很恼火。“他是我们的员工，掌握着我们的知识产权。”盖茨回忆道。乔布斯同样很恼火，盖茨担心会引发自己不想看到的后果，他的担心成真了。乔布斯回忆道：

> 这个家伙缠着我说，微软这款平板电脑软件将如何彻底改变世界，淘汰所有的笔记本电脑，苹果应该使用他开发的微软软件，但是他设计的这个产品完全是个败笔。就是因为它配有一支手写笔，而只要有手写笔，这产品就废了。晚宴上他跟我说了近十遍这些玩意儿，我都烦死了，回到家我就说：“去他妈的，让我们告诉他真正的平板电脑应该是什么样的。”

第二天，乔布斯一来到公司就召集自己的团队说：“我要做一款平板电脑，不要键盘和手写笔。”用户能够通过手指触摸屏幕输入，这意味着平板电脑的屏幕需要使用一种被乔布斯形容为“多点触控”（multi-touch）的技术，能够在同一时间处理多个输入。“你们能做出一个多点触控、反应灵敏的样品给我吗？”他问道。团队成员花了 6 个月左右，做出了一个粗糙但可行的样机。乔布斯把样机交给了苹果公司另一位用户界面设计师，一个月后，这位设计师建议增加卷页功能——让用户能够轻扫屏幕移动图像，就像在实际生活中移动一张照片一样。乔布斯回忆说：“我很喜欢这个想法。”

但在乔尼·艾夫的记忆中，多点触控技术的研发却不是这样来的。他说，当时自己的设计团队已经在为苹果 MacBook Pro 的触控板研发多点触控输入技术，他们还多方实验，试图将这种技术移至电脑屏幕。他们还用投影仪在墙上演示了这项技术。艾夫对团队成员说："这将改变一切。"但他很谨慎，没有立即展示给乔布斯。由于团队是在业余时间研发的这项技术，因此他不想打击大家的积极性。"因为史蒂夫会很快给出意见，所以我不会在有别人在场的时候向他展示东西。"艾夫回忆说，"他可能会说'这就是一堆狗屎'，然后打消掉我们的想法。我觉得这些想法还很脆弱，还处在孕育之中，需要温柔对待。如果他对此不屑一顾，那就太可惜了，因为我知道这项技术很重要。"

于是，艾夫选择在自己的会议室里私下向乔布斯展示团队的想法。他知道，在没有观众的情况下，乔布斯不大会做出草率的判断。幸运的是，他很喜欢这项技术。"这就是未来。"乔布斯高兴地说。

事实上，这个主意非常好，乔布斯意识到，可以用它解决手机界面的问题。由于手机项目更为重要，于是乔布斯暂时搁置了平板电脑的研发，将多点触控界面用于手机大小的屏幕上。"如果能用在手机上，"他回忆说，"那么我就知道，我们还能再回过头来把这个技术用在平板电脑上。"

乔布斯召集法德尔、鲁宾斯坦和席勒前往设计部门的会议室，进行秘密会议，艾夫在会上演示了多点触控技术。法德尔不禁惊呼"哇"，每个人都喜欢这项技术，但是还不确定能否在手机设备上予以实现。他们决定兵分两路：一组人马研发滚轮手机，代号 P1；另一组人马研发多点触摸屏手机，代号 P2。

特拉华州一家小企业 FingerWorks 已经制作出一系列多点触控板。该公司的创始人约翰·埃利亚斯（John Elias）和韦恩·韦斯特曼（Wayne Westerman）是美国特拉华大学的学者。FingerWorks 公司已经研发出具有多点触控功能的平板电脑，并申请专利，保护自己将手指动作转化为有用功能的技术，如触控缩放和滑动浏览。2005 年年初，苹果公司悄悄收购了该公司及其全部专利，两位创始人也受雇于苹果。FingerWorks 不再将其产品销售给他人，并将新专利归入苹果公司名下。

在滚轮 P1 项目和多点触控 P2 项目进行了 6 个月后，乔布斯把核心圈子成员召至自己的会议室，进行最终抉择。法德尔一直以来都在努力研发滚轮模型，但他承认团队还未找出简单的拨号方式。多点触控方案风险更高，因为不确定能否将其工程化，但是该方案也更激动人心，更有前景。“我们都知道，这就是我们想做的东西。”乔布斯意指触摸屏，“那么，就让我们实现它吧。”这就是他所谓的拿公司一搏的时刻，风险高，但如果成功了，回报也高。

鉴于黑莓手机的流行，几位团队成员主张也为其配备键盘，但乔布斯否决了这种想法。物理键盘会占用屏幕空间，而且不如触摸屏键盘灵活、适应性强。“物理键盘似乎是个简单的解决方案，但是会有局限。”乔布斯说道，“如果我们能用软件把键盘功能实现在屏幕上，那你想想，我们能在这个基础上做多少创新。赌一把吧，我们会找到可行的方法。”最后，产品出来了，如果你想拨号，屏幕会显示数字键盘；想写东西，调出打字键盘。每种特定的活动都有对应的按钮可以满足需求，但当用户观赏视频时，这些键盘都会消失。软件取代硬件，使得界面流畅而灵活。

乔布斯花了半年时间协助完善屏幕显示。“这是我所拥有过最复杂的乐趣，”他回忆说，“就像参与到《佩珀中士》变奏曲中一样。”很多现在看似简单的功能，都是当时创意头脑风暴的结果。例如，手机团队担心手机放在口袋里不小心碰到会播放音乐或拨号，他们就会思考如何解决这个问题。乔布斯打心眼儿里讨厌开关切换，他觉得那样“不优美”。解决方案是“移动滑块来解锁”，屏幕上简单有趣的滑块，用来激活处于休眠中的机器。另一个突破是，在用户打电话的时候，传感器能够做出判断，不会认为是手指在进行操作，从而避免出现耳朵意外激活某些功能的问题。当然，图标都是按照乔布斯最喜爱的形状进行设计的，这是比尔·阿特金森为第一款 Mac 电脑设计的软件形状：圆角矩形。

会议一个接一个，乔布斯参与到每个细节的讨论之中，团队成员们成功想出简化手机其他复杂功能的方法。他们添加了一个大指示条，用户可以选择保持通话或进行电话会议；找到了一种浏览电子邮件的简单方法；创造了能够横向滚动的图标，用户可以选择启动不同的应用程序。这些改进使得手机更加易于使用，因为用户可以直观地在屏幕上进行操作，而无须使用物理键盘。

金刚玻璃

乔布斯很喜欢在做一样东西时尝试用不同材料，就像他对待某些食物时那样。1997 年，他回归苹果后，开始着手制造 iMac，用半透明和彩色塑料做出了漂亮的产品。接下来是金属，他和艾夫用光滑的钛板制作出 PowerBook G4，淘汰了塑料外壳的 PowerBook G3，两年后又用铝制材料对该款电脑进行了重新设计，似乎只为了证明他们非常喜欢尝试不同的材料。之后，阳极电镀铝板被用在了 iMac 和 iPod Nano 上，这种材料是将铝进行酸浴和电镀，使其表面氧化。乔布斯得知这种材料的产量达不到他们的需要后，就在中国建了一家工厂进行生产。非典期间，艾夫前往该厂监督流程。“我在工厂宿舍里住了三个月，改进流程。”他回忆道，“鲁比和其他人认为不可能做到，但是我想做，因为乔布斯和我都觉得阳极电镀铝能够真正让产品完美起来。”

再接下来是玻璃。“在搞定金属材质后，我看着乔尼说，我们必须掌握玻璃材质的使用。”乔布斯说道。在苹果零售店，他们做出了巨大的玻璃窗和玻璃楼梯。而对于 iPhone，苹果公司原计划像 iPod 一样，使用塑料屏幕。但是，乔布斯认为玻璃屏幕会更好，感觉更优雅实在。于是，他开始寻找结实耐划的玻璃。

很自然地，他们将眼光投向了亚洲，苹果零售店的玻璃就产自那里。但是乔布斯的朋友约翰·西利·布朗（John Seeley Brown）建议他先和温德尔·威克斯（Wendell Weeks）谈谈。威克斯是位于纽约北部的康宁公司（Corning Glass）的 CEO，年轻而充满活力；布朗是该公司的董事会成员。于是，乔布斯拨通了康宁公司的总机，报上了自己的名字，说想要同威克斯通话。威克斯的助理接了电话，说会把电话内容转达给威克斯。“不，我是史蒂夫·乔布斯，”他回答说，“叫他接电话。”助理拒绝了。乔布斯打电话给布朗，抱怨自己遭遇了“典型的东海岸那一套”。威克斯听说此事以后，打到了苹果公司总机，表示要与乔布斯通话。结果总机要求他写下自己的请求传真过来。乔布斯得知后，喜欢上了威克斯，并邀请他来到库比蒂诺。

乔布斯向威克斯描述了自己想为 iPhone 寻找的玻璃类型，威克斯告诉他，康宁公司在 20 世纪 60 年代就研发出一种化学交换过程，能够做出一种被他们称为“金刚玻璃”的材料。这种玻璃非常结实，但当时找不到市场，于是就停产了。乔布斯怀疑他们的玻璃不够好，开始解释玻璃是如何制成的。威克斯被逗乐了，因为在这个话题上，他可比乔布斯在行得多。“你能闭嘴吗？”威克斯插话道，“让我来给你讲讲科学好吗？”乔布斯吃了一惊，陷入沉默。威克斯走到白板前，开始讲解金刚玻璃的化学原理——离子交换反应在玻璃表面产生一个压缩层。乔布斯打消了疑虑，并希望康宁公司在 6 个月内生产尽可能多的金刚玻璃。威克斯回答说：“我们没有这个能力，我们的工厂现在都不生产这种玻璃。”

“别害怕。”乔布斯回答。这让威克斯目瞪口呆，他虽然是个幽默自信的人，但还不习惯乔布斯的现实扭曲力场。他努力向乔布斯解释，不切实际的信心并不能克服这一工程难题，但是乔布斯一再拒绝接受他的说法。他目不转睛地盯着威克斯说：“行的，你们能做到，动动脑子，你们能做到的。”

威克斯回忆这件事的时候，摇了摇头，一副不可置信的表情。“我们在 6 个月内做到了，”他说，“我们生产出了从未制造过的玻璃。”康宁公司在肯塔基州哈里斯堡有一家工厂，之前主要生产液晶显示器，一夜之间改头换面，开始全面生产金刚玻璃。“我们把自己最优秀的科学家和工程师都调到这个项目上，我们成功了。”威克斯的办公室很通风，里面只摆放着一件纪念品画框，写着 iPhone 推出后乔布斯发来的信息：“如果没有你，我们做不到。”

威克斯最后同乔尼·艾夫成了朋友，艾夫偶尔会前往纽约州北部，造访威克斯的湖畔度假屋。“我会给乔尼展示相似的玻璃材料，他仅凭感觉就能知道这些玻璃不一样，”威克斯说道，“只有我们公司的研究负责人能做到这一点。当你给史蒂夫展示东西的时候，他当下就会表示喜欢或讨厌。但是乔尼会摆弄它，进行思考，找到这个东西的微妙之处和潜在用途。”2010 年，艾夫带领自己的高层团队成员来到康宁公司，和厂里的领班一起制作玻璃。当时，康宁公司正在研发一种更为结实的玻璃，代号“哥斯拉玻璃”（Godzilla Glass）。该公司希望，有一天能够做出足够坚韧的玻璃和陶瓷材料，用于 iPhone 生产，这样 iPhone 手机就无须使用金属外框。“乔布斯和苹果让我们更优秀，”威克斯说，“我们所有人都对自己的产品非常狂热。”

设计

在许多重大项目上，如《玩具总动员 1》和苹果零售店，乔布斯都会在其接近尾声的时候叫停，要求做出重大修改。iPhone 的设计过程也逃不开这个命运。其最初设计是将玻璃屏幕嵌入铝合金外壳。一个周一早晨，乔布斯走到艾夫跟前说："我昨晚一夜没睡，因为我意识到我就是不喜欢这个设计。"这是自第一台 Mac 问世后乔布斯最重要的产品，可他就是看不顺眼。艾夫瞬间意识到，乔布斯说的没错，于是很沮丧："我记得自己当时感到非常尴尬，因为居然要等到他来发现这个问题。"

问题在于，iPhone 的重点是屏幕显示，而他们当时的设计是金属外壳和屏幕并重。整个设备感觉太男性化，太注重效能，是一款任务驱动型产品。"伙计们，在过去 9 个月你们为了这个设计拼死拼活，恨不得杀了自己，但是我们要改掉它。"乔布斯告诉艾夫的团队，"我们要没日没夜没有周末地工作，如果你们愿意，我现在就给你们发几把枪，把我们全干掉。"然而团队成员并没有迟疑，同意修改。"这是我在苹果最值得骄傲的时刻之一。"乔布斯回忆说。

新的设计出来了，手机的正面完全是金刚玻璃，一直延伸到边缘，与薄薄的不锈钢斜边相连接。手机的每个零件似乎都是为了屏幕而服务。新设计的外观简朴而亲切，让人忍不住想要抚摸。而这也意味着，必须重新设计制作手机内部的电路板、天线和处理器，但是乔布斯认可了这种改动。"其他公司做了这么长时间可能都已经发货了，"法德尔说，"但是我们按下了复位键，重新来过。"

这款手机完全密封，这不仅体现了乔布斯的完美主义，也展现了他的控制欲。手机无法打开，也不可能更换电池。就像 1984 年最早的 Mac 一样，乔布斯不想让人在里面乱动。事实上，2011 年，发现第三方修理店能够打开 iPhone 4 后，苹果公司放弃了之前使用的小螺丝，而改用一种五角形防撬螺丝，用市面上的螺丝刀无法打开。由于无须更换电池，iPhone 可以更薄。对乔布斯来说，总是越薄越好。“他始终以纤薄为美，”蒂姆·库克说道，“从我们所有的产品上就能看出。我们有最薄的笔记本电脑，最薄的智能手机，我们的 iPad 也很薄，而且以后会更薄。”

iPhone 发布

iPhone 即将发布时，乔布斯决定像往常一样，让某家杂志独家参与发布会预演。他通过电话联系到时代集团总编约翰·休伊（John Huey），开始了自己惯用的夸张言辞。“这是我们做过的最好的东西。”他说道，他本来想把这个独家报道机会给《时代》杂志，“但是《时代》杂志的人都不够聪明，不配写，于是我打算给别人。”休伊把他介绍给列夫·格罗斯曼（Lev Grossman）——《时代》杂志一位悟性高、精通文字的作家。格罗斯曼在其独家报道中一针见血地指出，iPhone 并没有真正发明许多新功能，而只是让这些功能实用了很多。“但这很重要。如果工具不顺手，我们往往会觉得是自己太傻，没有阅读使用手册，或者手指太肥……如果工具很糟，我们会觉得自己也很逊。如果有人改进了工具，我们会觉得自己也完美了点儿。”

2007 年 1 月，iPhone 在旧金山 Macworld 大会亮相。乔布斯邀请了安迪·赫茨菲尔德、比尔·阿特金森、史蒂夫·沃兹尼亚克，以及 1984 年首款 Mac 的研发团队，就像之前 iMac 发布时一样。在其辉煌的产品演示生涯中，这可能是乔布斯最好的一次。“每隔一段时间，就会出现一个能够改变一切的革命性产品。”他开场说道。乔布斯举出了两个较早的例子：最早的 Mac，它“改变了整个计算机行业”，以及第一台 iPod，“改变了整个音乐产业”。接着，经过一番小心翼翼的铺垫，他引出了自己即将推出的新产品。“今天，我们将推出三款这一水准的革命性产品。第一个是宽屏触控式 iPod，第二个是一款革命性的手机，第三个是突破性的互联网通信设备。”他又将这句话重复了一遍以示强调，然后他问道：“你们明白了吗？这不是三台独立的设备，而是一台设备，我们称它为 iPhone。”

5 个月后，即 2007 年 6 月底，iPhone 上市销售，乔布斯夫妇前往位于帕洛奥图的苹果零售店，感受人们的兴奋。由于乔布斯经常在新产品开始销售的第一天去店里，所以有些苹果迷已等在专卖店里期待他的到来，他们跟他打招呼，就好像他们碰到摩西去买《圣经》一样。赫茨菲尔德和阿特金森也出现在忠实苹果迷中间。“比尔排了一晚上的队。”赫茨菲尔德说。乔布斯挥了挥手臂，笑了起来：“我送了他一部。”赫茨菲尔德回答：“他要 6 部。”

iPhone 立刻被博客写手们奉为“耶稣手机”。但是苹果公司的竞争对手强调，售价 500 美元很难成功。“这是世界上最贵的手机，”微软公司的史蒂夫·鲍尔默在接受美国全国广播公司财经频道（CNBC）的采访时这样说道，“它确实对商务人士没有吸引力，因为没有键盘。”微软又一次低估了乔布斯的产品。至 2010 年年底，苹果公司已售出 9 000 万部 iPhone，其利润占全球手机市场利润总额的一半以上。

“史蒂夫了解人的欲望。”艾伦·凯说道。凯是施乐 PARC 的先驱，他在 40 年前就设想过推出一台 Dynabook 平板电脑。凯善于做出预言性的评价，于是乔布斯询问他对于 iPhone 的看法。“把屏幕做成 5 英寸宽，8 英寸长，世界就是你的了。”凯说。而他当时并不知道，iPhone 的设计源自平板电脑的想法，并将应用于平板电脑上，而苹果的平板电脑实现了并且实际上超越了凯所设想的 Dynabook。

第三十七章　第二回合

癌症复发

2008 战役

到 2008 年年初，乔布斯的主治医生以及他本人都已经清楚认识到，他的癌细胞正在扩散。2004 年医生切除他的胰脏肿瘤时，他请专家对癌症基因进行了部分测序。这有助于医生确定问题出现在哪些致癌位点上，并对他采取他们认为最有效的定位靶向治疗。

他也在接受止痛治疗，一般都是用吗啡成分的镇痛药。2008 年 2 月的一天，鲍威尔的好朋友凯瑟琳·史密斯在他们帕洛奥图的家里做客时，跟乔布斯一起出去散步。"他告诉我，当他实在难受时，他就专注于疼痛，钻进去，似乎就能把疼痛驱散了。"她回忆说。但是事实并非总是如此。乔布斯疼的时候，会充分表达出来，让身边每一个人都知道。

还有另外一个健康问题越来越严重，之前并未像癌症或疼痛一样引起医疗研究人员的足够重视。他面临进食问题，体重不断下降。部分原因是他切除了大部分胰脏，而胰脏的功能是分泌消化蛋白质和其他营养素所需要的酶。另一个原因是镇痛用的吗啡让他缺乏食欲。此外还有心理原因，医生们都不知道该怎么应对，更别说治疗了——自从十多岁起，乔布斯就沉迷于严格的节食和禁食。

即使是结了婚有了孩子，他依然保留了那些令人质疑的饮食习惯。他会连续几个星期吃同样的东西——胡萝卜沙拉加柠檬，或只是苹果——然后同样突然地摒弃那种食物，宣称他不再吃了。一如他十几岁时一样，他还是会禁食，而且会在饭桌上虔诚地宣讲他所遵循的饮食方法都有怎样的好处。鲍威尔在他们刚结婚时还是个严格的素食主义者，但是在丈夫做手术后，她开始让家里的饮食更多样化，增加了鱼和其他蛋白质。儿子里德也曾是素食主义者，现在成了个不折不扣的杂食动物。他们知道，让乔布斯从多种来源摄取蛋白质是非常重要的。

乔布斯家聘请了一位温文尔雅又多才多艺的厨师布里亚·布朗（Bryar Brown），他曾经在潘尼斯餐厅为爱丽丝·沃特斯工作。他每天下午都会来家里，用鲍威尔在花园里种植的香草和蔬菜做一桌丰盛的晚餐。每当乔布斯提出任何奇思怪想——胡萝卜沙拉、罗勒意大利面、香茅汤之类——布朗都会静静地、耐心地想办法做出来。乔布斯一直对食物极其挑剔，而且倾向于对任何食物都立即做出极端的评价：美极了或糟透了。一般人会觉得毫无区别的两个鳄梨，乔布斯尝一口就会宣称，一个是世界上最好吃的而另一个就难以下咽。

2008 年年初，乔布斯的饮食失调问题越来越严重。有的晚上，他会盯着地板，完全无视长桌上摆着的各种美食。其他人刚吃到一半，他会突然站起来，一句话不说就走掉。这给家人造成很大压力，他们眼看着他在 2008 年春天体重骤减 40 磅。

2008 年 3 月，《财富》杂志刊登了一篇文章，题为"史蒂夫·乔布斯的麻烦"，这令他的健康问题再度受到公众关注。文章透露，乔布斯试图通过饮食治疗癌症已经有 9 个月时间，文章还调查了他与苹果股票期权日期倒签事件的瓜葛。在这篇文章的采写过程中，乔布斯把《财富》总编安迪·瑟沃（Andy Serwer）请到库比蒂诺——与其说是请，不如说是命令，向他施压，希望他撤掉这篇文章。他逼近瑟沃的脸问道："那么，你就算发现了我是个浑蛋，这又有什么新鲜的呢？"他从夏威夷的康娜度假村用卫星电话打给瑟沃在时代公司的老板约翰·休伊，说了同样颇有自知之明的话。他提出只要《财富》砍掉这篇文章，他就可以召集一群 CEO 来开个座谈会，并且可以与《财富》讨论什么样的健康问题适合披露。然而，《财富》还是刊登了这篇文章。

2008 年 6 月，乔布斯推介 3G 版 iPhone 时，他的消瘦甚至抢了产品发布的风头。在《君子》杂志的一篇报道中，汤姆·朱诺（Tom

Junod）描述舞台上那个“干瘪”的人——“穿着曾经象征他刀枪不入的战衣，像海盗般骨瘦如柴”。苹果发表了一个声明，谎称乔布斯体重减轻是“偶染微恙”的结果。过了一个月，质疑声依然不绝于耳，公司就又发表了一份声明，说乔布斯的健康是“私事”。

《纽约时报》的乔·诺切拉写专栏谴责对乔布斯健康问题的处理方式。“在关于其 CEO 真实情况的问题上，苹果根本不值得信任。”7 月末他这样写道，“在乔布斯先生的领导下，苹果创建了一种保密文化，这种文化在很多方面效果不错——猜测每年 Macworld 大会上苹果会推出什么产品，已经成了该公司最好的营销手段之一，但也正是这种文化毒害了它的公司治理。”他在写这篇文章时，从苹果那里得到的所有反馈都是这纯属“私事”，但他出乎意料地接到了乔布斯本人打来的电话。“我是史蒂夫·乔布斯。”他开门见山地说，“你觉得我是个认为自己可以凌驾于法律之上的傲慢浑蛋，而我觉得你是个把大部分事实都搞错了的烂人。”在这段“引人入胜”的开场白之后，乔布斯表示可以提供一些关于他健康状况的信息，但是诺切拉不能将之公之于众。诺切拉接受了这个条件，但是他可以报道说，虽然乔布斯的健康问题已经不仅仅是偶染微恙，“但还不足以危及生命，他的癌症也没有复发”。乔布斯给诺切拉的信息已经比他给苹果董事会和股东的信息还多了，但是那不是完整的事实。

部分源于对乔布斯体重骤减的忧虑，苹果的股票价格从 2008 年 6 月初的 188 美元下滑到了 7 月底的 156 美元。雪上加霜的是，不久，彭博社（*Bloomberg News*）误发了提前准备好的乔布斯的讣告，最后上了 Gawker 网。几天后，乔布斯在他的年度音乐活动上引用了马克·吐温的名句。“关于我死亡的报道是严重的夸大。”他在发布新的 iPod 产品系列时说。但是他那消瘦的外形还是让人无法安心，到 10 月初，股价跌到了 97 美元。

当月按照计划，环球音乐集团的道格·莫里斯要到苹果公司跟乔布斯会面。乔布斯改变了计划，把他请到自己家里。莫里斯惊讶地看到乔布斯的病容和痛苦。莫里斯要参加在洛杉矶希望之城国家医学中心举办的一场盛会，为对抗癌症筹款，他希望乔布斯出席。乔布斯一向回避慈善活动，但是这次他决定出席，既是为了莫里斯，也是为了这个主题。活动在圣莫妮卡海滩上的大帐篷里举行，莫里斯告诉2 000位来宾，是乔布斯让音乐产业重新焕发了生机。当晚的演出有史蒂维·尼克斯（Stevie Nicks）、莱昂内尔·里奇（Lionel Richie）、埃里卡·巴杜（Erykah Badu）和阿肯（Akon）献唱，一直持续到后半夜，乔布斯被冻坏了。吉米·约维内给了他一件带帽子的毛衣，他整晚都把帽子套在头上。“他是那么虚弱，那么冷，那么瘦。”莫里斯回忆说。

《财富》杂志的资深科技记者布伦特·施伦德那年12月就要离职了，他的告别作品将是同时采访乔布斯、比尔·盖茨、安迪·格鲁夫和迈克尔·戴尔。这样一次采访很难组织，然而就在采访日的前几天，乔布斯打来电话声明要退出。“如果他们问为什么，就说我是个浑蛋。”他说。盖茨一开始很不高兴，后来发现了乔布斯健康状况的实情。“当然，他有非常非常充分的理由，”盖茨说，“他就是不想说出来。”12月16日，苹果宣布乔布斯将取消出席1月份Macworld大会的计划，而过去11年来他都是在这个论坛上发布重量级产品。至此，他的健康状况更加明了。

网络上充斥着对乔布斯健康状况的各种猜测，其中很多都接近事实。乔布斯为之愤怒，感觉自己的隐私遭到了侵犯。他也因为苹果没有更积极地反击而感到不悦。因此在2009年1月5日，他撰写并发布了一封误导公众的公开信。他宣称他不出席Macworld是因为想有更多时间跟家人在一起。“如大家所知，2008年全年我的体重一直在下降。”他补充说，“我的医生们认为他们已经找到了原因——是荷尔蒙失调导致我维持身体健康所需的蛋白质流失，精密的血液检验已经证实了这个诊断。这个营养问题的解决办法相对很简单。”

这封公开信里有一部分事实，但只是很小一部分。由胰脏分泌的荷尔蒙中有一种胰高血糖素可使血糖升高，与胰岛素（的降血糖作用）相互拮抗。乔布斯的癌细胞转移到肝脏，并造成了严重的破坏。实际上，他的身体在自我毁灭，所以医生在给他用药来降低胰高血糖素水平。他确实是有荷尔蒙失调，但那是由于他的癌细胞扩散到肝脏造成的。他不但自己不肯承认这点，而且也希望公众不要这么认为。不幸的是，这在法律上是有问题的，因为他经营着一家上市公司。但是乔布斯对网络世界对待他的方式感到愤怒，而且想还击。

尽管乔布斯的公开信语调乐观，但当时他非常虚弱，而且饱受疼痛的折磨。他接受了新一轮的化疗，副作用很大，皮肤开始干裂。为寻求各种治疗方法，他飞到瑞士巴塞尔，尝试了一种试验性的荷尔蒙传导的放射线疗法。他还接受了一种在鹿特丹发明的试验性疗法，叫作肽感受器放射性核素疗法。

在法律顾问越来越强烈的建议下，一周后乔布斯最终决定休病假。他在 2009 年 1 月 14 日给苹果员工的另一封公开信中宣布了这个消息。首先，他把这个决定归咎于那些博客和媒体的窥探行为。“很不幸，对我个人健康的好奇不仅持续干扰着我和我的家人，也干扰着苹果的每一位员工。”他说。但是接下来他承认，对他“荷尔蒙失调”的治疗并非如他之前宣称的那么简单。“在过去几周我得知，我的健康问题比我原来想象的要更加复杂。”蒂姆·库克将再次接手日常的运营工作，但是乔布斯说他仍然担任CEO，并继续参与重大决策，而且6月就会回来上班。

乔布斯一直在向比尔·坎贝尔和亚瑟·莱文森咨询，他们既是他的个人健康顾问又是公司的联合独立董事。但是董事会其他成员就没有获得同样充分的信息告知，而且股东最初得到的信息是错误的。这引起了一些法律问题，证券交易委员会立案调查苹果公司是否向股东隐瞒了“重大信息”。如果公司允许错误信息传播或隐瞒了跟公司财务前景相关的真实信息，将构成证券欺诈，是一项重罪。由于舆论认为乔布斯和他的魔力跟苹果的再度崛起紧密相关，他的健康问题似乎就符合了“重大信息”的标准。但这是法律的灰色地带，必须要把 CEO 的隐私权考虑在内。在乔布斯这个案例中，要实现信息公开与保护隐私的平衡尤为困难，因为他既重视自己的隐私，又比大多数 CEO 都赋予了公司更多的个人风格。他还令这个任务难上加难。他变得非常情绪化，痛骂起任何建议他不应该那么神秘的人，常常又是咆哮又是流泪。

坎贝尔很珍视跟乔布斯的友谊，他不想因所承担的任何诚信责任而去侵犯乔布斯的隐私，因此他提出辞去董事职务。“保护他的隐私对我来说非常重要，”他后来说，“我们是 100 万年的朋友。”律师团最终决定，坎贝尔无须辞去董事会职务，但是不应继续担任联合首席董事。雅芳总裁钟彬娴接替了这一职位。证券交易委员会的调查无果而终，董事会也齐心协力保护乔布斯免受那些让他公开更多信息的要求。“媒体希望我们能透露更多个人细节。”阿尔·戈尔回忆说。“应该由史蒂夫来决定是否需要提供超出法律要求的信息，但是他非常坚决地认为他不希望自己的隐私受到侵犯，他的愿望应该得到尊重。”我问戈尔，2009 年年初董事会是否应该提供更多信息，当时乔布斯的健康问题比股东们被误导去相信的状况要严重得多，他回答说：“我们聘请了外部律师去研究法律规定和最佳做法，然后我们完全是按章行事。我说起来像是在辩解，但那些批评真的让我烦透了。”

有一位董事会成员有不同意见。克莱斯勒和 IBM 前首席财务官杰里·约克没有公开置评，但是私下向《华尔街日报》的一位记者吐露，当他知道公司在2008年年底隐瞒了乔布斯的健康问题时，觉得很“恶心”。“坦白地说，我真希望当时我已经辞职了。”2010年约克去世时，《华尔街日报》发表了他的评论。约克还向《财富》杂志提供了非公开信息，该杂志在2011年乔布斯第三次休病假时对之进行了披露。

苹果公司的一些人不相信那些引述约克的话是准确的，因为约克当时没有正式提出反对意见。但是比尔·坎贝尔知道这些报道是真实的，因为约克在2009年年初曾经向他抱怨过。“杰里在深夜多喝了点儿白葡萄酒，凌晨两三点钟打电话来说：‘去他妈的，我才不相信那些关于他健康的鬼话，我们得确认一下。’然后等我第二天早晨给他打电话时，他会说：‘哦，没什么，没问题的。’这样说来，在某个晚上，我敢肯定他会喝多了然后跟记者说些什么。”

孟菲斯

乔布斯的肿瘤治疗团队的负责人是斯坦福大学的乔治·费希尔，他是胃肠癌和结直肠癌领域的知名专家。他已经警告了乔布斯几个月，说他可能必须要考虑肝移植，但是这种信息是乔布斯拒绝接纳的。鲍威尔很高兴费希尔能反复提出这种可能性，因为她知道她丈夫要经过反复刺激才会考虑这个建议。

2009年1月，就在他宣称自己的“荷尔蒙失调”很容易治疗之后，乔布斯终于被说服了。但是还有一个问题。他在加利福尼亚登记等待肝移植，但是很显然，他在那儿根本来不及等到一个可移植的肝脏。跟他的血型匹配的捐献者数量很小，加上制定美国器官移植政策的机构——器官共享联合网络（United Network for Organ Sharing）所采用的机制，是优先考虑肝硬化和肝炎病人而非癌症病人。

病人没有合法途径在排位过程中插队，即使是像乔布斯这样富有的人也不行，他也没有那样做。器官接受者是根据他们的终末期肝病模型（MELD，Model for End-Stage Liver Disease）评分结果被选中的，该模型通过实验室检测荷尔蒙水平来决定移植需求的迫切性，同时也考虑病人已经等待的时间。每一例捐献都被严格审计，公开网站上能查到相关数据（optn.transplant.hrsa.gov/），你可以在任何时候上网查看你的排位情况。

鲍威尔成了这个器官捐献网站的忠实用户，每天晚上都会去查还有多少人在排位，他们的 MELD 分数是多少，以及他们排了多久。“你可以算出来，我算了一下，要等到他在加利福尼亚得到一个肝脏，时间早就过了 6 月，而医生们认为他的肝脏可能在 4 月左右就会出问题。”她回忆说。因此她开始四处打听，得知同时在两个州进行排位是允许的，有 3% 等待移植的病人会这样做。尽管有批评认为这是偏向富人，但多处排位并没有政策限制，只是操作很困难。有两个主要的要求：一个是排位者必须能够在 8 小时内赶到选定的医院，这一点乔布斯有私人飞机可以做到；另一个是，选定医院的医生必须在把病人加入排位前对其进行当面评估。

担任苹果公司外部法律顾问的旧金山律师乔治·莱利是位细心的田纳西绅士，他跟乔布斯的关系很近。他的父母都是孟菲斯卫理公会大学医院（Methodist University Hospital）的医生，他在那里出生，他的朋友詹姆斯·伊森（James Eason）在那儿运营一家移植机构。伊森的机构是全美国最好的，也是最忙的，2008 年他和他的团队做了 121 例肝移植手术。他不介意其他地方的人在孟菲斯重复排位。“这并不是钻政策的空子，”他说，“这是人们在选择他们希望在哪儿看病。有些人会离开田纳西去加利福尼亚或其他地方寻求治疗，也有人像这样从加利福尼亚来我们田纳西看病。”莱利安排伊森飞到帕洛奥图，对乔布斯进行所需的检查评估。

到 2009 年 2 月下旬，乔布斯在田纳西排上了队（在加利福尼亚也同时排队），然后开始了焦急的等待。3 月的第一周他的情况迅速恶化，而等待的时间预计还有 21 天。“太可怕了，”鲍威尔回忆说，“当时觉得我们来不及了。”每一天都变得越发折磨人。到 3 月中旬，他在排位中上升到第三名，然后第二名，终于到了第一名，但是之后日子一天天过去。讽刺的是，即将到来的圣帕特里克节和“疯狂三月”[1]（孟菲斯进入了 2009 全美锦标赛而且是分赛场）等活动创造了更大的捐献可能性，因为喝酒会导致交通事故飙升。

事实正是如此，在 2009 年 3 月 21 日，一位 20 多岁的年轻人在一场车祸中丧生，他的器官可以移植。乔布斯和妻子立即飞往孟菲斯，他们在凌晨 4 点前抵达，伊森在那边等着他们。汽车在停机坪等候，一切都已经安排好了，他们当即签署了一系列许可文件，之后就赶往医院。

移植成功了，但是结果并不乐观。当医生们取出他的肝脏时，发现包围内脏的腹膜上有斑点。另外，他的肝脏上到处都是肿瘤，意味着癌症很可能已经扩散到了其他部位。显然，癌症变异和生长的速度很快。医生们取了样本进行基因定位。

几天后，他们需要施行另一项程序。乔布斯坚持拒绝把胃排空，当他们给他使用镇静剂时，他把一些镇静剂吸进了肺里，导致了肺炎。当时医生们以为他会死掉。他后来这样描述：

> 我差点儿死掉，因为在这个例行程序中他们搞砸了。劳伦在那儿，他们用飞机把孩子们也接来了，因为他们认为我挺不过那个晚上。里德跟劳伦的一个兄弟在参观一些大学，他们派私人飞机在达特

1. “疯狂三月”（March Madness），即每年一度的美国大学篮球锦标赛（NCAA）。

茅斯附近接上他，告诉他发生了什么事，另一架飞机把女儿们也接来了。他们以为那是最后一次机会见到清醒的我，但是我挺过来了。

鲍威尔负责监控整个治疗活动，她整天待在病房里，警惕地盯着每一台监视器。“劳伦就像一只美丽的雌虎保护着他，”乔尼·艾夫回忆说。乔布斯一能见客他就来了。鲍威尔的妈妈和三个兄弟时常来陪她，乔布斯的妹妹莫娜·辛普森也不离左右。她和乔治·莱利是乔布斯唯一允许替换鲍威尔看护他的人。“劳伦的家人帮我们照顾孩子们——她妈妈和兄弟们太好了。”乔布斯后来说，“我非常虚弱也很不合作，但是像这样的经历会把你们深深地团结在一起。”

鲍威尔每天早晨7点钟来，收集相关数据，录入一个电子报表。“因为同时进行许多监测，那些数据非常复杂。”她回忆说。当詹姆斯·伊森和医生团队9点钟到达时，鲍威尔会跟他们开个会，协调乔布斯治疗的各个方面。在她晚上9点钟离开前，她会做一份报告，汇总每个关键指标和其他监测结果的走势，以及她希望第二天得到答案的一系列问题。“这能让我集中注意力去想一些问题。”她回忆说。

伊森所做的一切即使在斯坦福也是史无前例的：他主管了治疗过程的所有方面。鉴于他经营这家机构，他可以协调移植康复、癌症监测、疼痛治疗、营养、康复和护理等各个方面。他甚至还会去便利店买乔布斯喜欢的功能饮料。

有两位护士来自密西西比州的小镇，她们成了乔布斯的最爱。她们都是健壮的家庭妇女，不会被乔布斯吓到。伊森安排她们专门护理乔布斯。“要管理史蒂夫，你必须要坚持。”蒂姆·库克回忆说，“伊森能管住史蒂夫，强迫他做别人无法让他做的事情，那些为他好但可能做起来并不愉快的事。”

虽然备受呵护，乔布斯有时还是几乎要发疯。他很气恼自己不能控制局面，有时他甚至会产生幻觉或是发怒。即使在他几乎失去知觉时，他那坚强的性格使他硬撑了过来。有一次在他进行深度麻醉时，胸科医生要往他脸上戴麻醉面罩。乔布斯把面罩扯掉，嘟囔着说他讨厌这个面罩的设计，拒绝戴它。虽然他几乎无法说话，但他还是命令医生拿来五种不同的面罩，选出一个他喜欢的。医生们看着鲍威尔，非常为难。她最终成功地转移了他的注意力，他们才能够给他戴上面罩。他也讨厌他们安装在他手指上的氧含量监视器，他告诉他们那个东西太难看也太复杂，他还建议了可以使之设计得更简洁的种种方式。“他高度关注周围环境和物体的任何一个细微差别，这让他筋疲力尽。”鲍威尔回忆说。

一天，在他半清醒状态的时候，鲍威尔的好朋友凯瑟琳·史密斯来探望他。她跟乔布斯的关系并不是一直都很亲密，但是鲍威尔坚持让她来到乔布斯的病床边。他示意她走近些，要来纸和笔，写道，“我要我的 iPhone。”史密斯从边柜上把它拿过来交给他。他手把手地教她“移动滑块解锁”的功能，还让她玩菜单。

乔布斯跟莉萨·布伦南－乔布斯关系早已变得很紧张。那时她已经从哈佛毕业，搬到了纽约，很少跟她父亲联络。但是这一期间她两度飞到孟菲斯，这让乔布斯很是感激。“她能那样做，对我意味着很多。”他回忆说。可惜他当时并没有告诉她。乔布斯周围很多人发现，莉萨像她爸爸一样爱发号施令，但是鲍威尔乐于接受她，尽量让她参与进来。她希望能恢复乔布斯和莉萨的关系。

随着乔布斯健康状况的好转，他那易怒的性格又回来了。他的胆管尚未切除。“当他开始康复时，他迅速地从感激阶段直接返回到暴脾气和控制狂的模式。”史密斯回忆说，“我们都猜想他去鬼门关走了一遭回来，是不是会变得友善些，可是他没有。”

他吃东西也还是那么挑剔，而这比以往都更成问题。他只吃水果沙冰，还会要求把六七种不同口味的摆在他面前，供他挑选一种满意的。他把勺子放在嘴边尝一小口就会断言，“这个不好，那个也不好。”最后伊森反击了。“你知道，这不是口味问题，”他教育乔布斯，“别再把这个当成食物，从现在开始就把它当成药。”

每当有苹果的同事来探望他，乔布斯就情绪高涨。蒂姆·库克会经常过来向他汇报新产品的进展。“每次话题转移到苹果，你就可以看到他神采奕奕，”库克说，“就像灯点亮了一样。”乔布斯深深地爱着这家公司，他似乎是为了能够重返公司而活着。细节问题会让他充满力量，当库克描述新一代的iPhone时，乔布斯会花上一小时的时间来讨论它的命名——他们商定叫iPhone 3GS——以及“GS”两个字母的字号和字体，包括是否应该大写（是）和是否斜体（否）。

有一天莱利安排了一次惊喜之旅——参观Sun工作室（Sun Studio）。那个红砖建筑的摇滚乐圣地，猫王、约翰尼·卡什、比比金（B. B. King）等很多摇滚乐先驱都曾在此录制唱片。乔布斯一行被单独安排参观，并由一个年轻员工介绍历史，这个年轻人跟乔布斯一起坐在杰瑞·李·刘易斯（Jerry Lee Lewis）曾坐过的满是烟头烫痕的长凳上。乔布斯可以说是当时音乐产业里最有影响力的人物，但那个年轻人没认出憔悴的他。他们走的时候，乔布斯告诉莱利：“那个孩子非常聪明。我们应该录用他来做iTunes。”莱利通知了埃迪·库埃，他安排那个男孩飞去加利福尼亚面试，最终聘用他参与建设iTunes商店早期节奏布鲁斯（R&B）和摇滚乐曲库的工作。后来莱利回到Sun工作室看望朋友们时，他们说这件事证明，如他们的口号所说——你的梦想在Sun工作室依然可以成为现实。

归来

2009年5月底，乔布斯与妻子和妹妹乘私人飞机从孟菲斯归来，蒂姆·库克和乔尼·艾夫在圣何塞机场迎接他们。飞机一落地，大家就涌上了飞机。“你可以在他的眼中看到那种归来的兴奋。”库克回忆说，“他充满斗志，迫不及待。”鲍威尔开了一瓶气泡苹果酒，提议为她丈夫干杯，大家热烈拥抱。

艾夫满心的疲惫。他开车从机场回乔布斯家，一路上都在跟乔布斯讲他不在的时候让一切照常运转有多么困难。他还抱怨那些媒体文章说苹果的创新全部仰仗乔布斯，如果乔布斯不回来创新就会消失。“我真的很伤心。”艾夫告诉他。他感觉“备受打击”，而且卖力不讨好。

乔布斯回到帕洛奥图之后，也陷入了类似的低落状态。他开始意识到，对公司来说他可能并不是不可或缺的。在他休息期间，苹果的股票走势良好，从他在2009年1月宣布病休时的82美元涨到了5月底他回来时的140美元。乔布斯病休后不久，在一次跟分析员的电话会议上，库克一改淡定的风格，富有煽动性地宣讲了为什么即使乔布斯不在，苹果也会继续高歌猛进：

> 我们相信，我们在地球上存在的目的就是创造伟大的产品，这一点不会改变。我们一直专注于创新。我们崇尚简约而不是复杂。我们相信我们需要拥有并控制我们制造的产品背后的重要技术，并只参与那些我们可以做出重大贡献的市场。我们相信要对成千上万的项目说不，这样我们才能真正专注于那些对我们来说确实重要和有意义的少数项目。我们相信团队间的深度合作和相互启发，这让我们用别人没有的方式进行创新。坦白地说，这家公司的每一个团队都在不懈地追求完美，我们能诚实地对待自己，承

认错误，并有勇气去改变。我认为，无论是谁在做什么工作，这些价值已经深深地扎根在这家公司，苹果将表现非凡。

这听起来像是乔布斯会说的（和已经说过的），但是媒体把它命名为“库克教义”。乔布斯心生怨气，深感沮丧，尤其是对于最后一句。那可能是事实，乔布斯不知道应该为此感到骄傲还是伤心。坊间传言他可能不会再做 CEO，而是退居二线做董事长。这种说法让他更加不顾一切地想起身下床、克服病痛，再次开始他那有利于康复的长时间散步。

在他回来几天后，苹果按计划有一次董事会，乔布斯出人意料地露面了。他缓缓地踱进会议室，并留下来参加了大部分会议。到 6 月初，他开始在家里主持每日例会，到月底他就回公司工作了。

与死神擦肩而过的他，现在会变得更加平和成熟吗？他的同事们很快就得到了答案。在回来工作的第一天他就接二连三地发脾气，这让他的高管团队大吃一惊。他让那些 6 个月没见的同事狼狈不堪，撕毁了一些营销方案，训斥了几个他认为工作质量拙劣的人。但真正惊人的还是那天下午晚些时候他对几个朋友说的话。“我今天过得最开心，”他说，“我无法相信我感觉多么富有创造力，整个团队是多么富有创造力。”蒂姆·库克对这一切都泰然处之。“我从没见过史蒂夫能克制住自己不表达他的观点或情感，”他后来说，“但这很好。”

朋友们注意到乔布斯保留了他易怒的特点。在他康复期间，他购买了康卡斯特公司（Comcast）的高清有线电视服务，有一天他给该公司的老板布莱恩·罗伯茨（Brian Roberts）打电话。“我以为他打电话来是要夸奖我们的服务，”罗伯茨回忆说，“相反，他告诉我‘它烂透了’。”但是安迪·赫茨菲尔德注意到，在他那粗鲁之下，乔布斯变得更真诚了。“以前，如果你请史蒂夫帮忙，他可能会做截然相反的事情。”赫茨菲尔德说，“那是他的叛逆本性。而现在，他实际上会尽量帮忙。”

他的公开回归是在9月9日，在公司例行的秋季音乐活动上，他登上了舞台。观众起立鼓掌将近一分钟，然后他做了个不太常见的个人化的开场白，提到他接受了肝移植。“没有这样的慷慨捐献，我将无法出现在这儿，”他说，“所以我希望我们都能够同样慷慨地成为器官捐献者。”一阵欢呼之后他又说：“我站起来了，我回到了苹果，我爱这里的每一天。”他随后揭幕了新的iPod Nano产品系列——内置摄像头，抛光镀铝材质，配有九种不同的颜色。

到2010年年初，他已经恢复了大部分体力，重新投入工作，迎接乔布斯的是他、也是苹果最多产的一年。自推行苹果的数字中枢战略以来，他已经打出两个本垒打：iPod和iPhone。现在，他要再次出击。

第三十八章　iPad

后PC 时代

你说你想要一场革命

2002 年，微软一位工程师把乔布斯惹毛了，这源于他一直在吹嘘自己研发的平板电脑软件，用户可以用手写笔在屏幕上输入信息。当年，一些制造商推出了使用该款软件的平板电脑，但并未改变世界。乔布斯一直渴望向人们展示平板电脑的正确做法——没有手写笔！但是，当看到苹果公司正在研发的多点触控技术后，他决定将其先用于 iPhone。

当时，平板电脑的想法还只是在 Mac 硬件团队中酝酿。2003 年 5 月，乔布斯接受沃尔特·莫斯伯格的采访时说："我们没有制作平板电脑的计划。事实证明，人们需要键盘。只有那些已经有了许多电脑和计算机设备的有钱人才会对平板电脑感兴趣。"是的，他这是在误导竞争对手，就像宣称自己只是"荷尔蒙失调"一样。事实上，在苹果公司大多年度的百杰集思会上，平板电脑都被纳入未来项目的讨论之中。"我们在多次集思会上都会花大量时间讨论平板电脑的想法，因为史蒂夫一直渴望制作这样一款产品。"菲尔·席勒回忆道。

2007 年，乔布斯在考虑低成本上网本计划时，意外推动了平板电脑项目。在某个周一的一次头脑风暴会议上，艾夫说，为什么要在屏幕旁边装上键盘呢，那样又贵又笨重。他提议利用多点触摸界面，将键盘的功能纳入屏幕中。乔布斯对此表示赞同。于是，苹果公司放弃了设计上网本的想法，将资源投入平板电脑项目，令其快速运转起来。

平板电脑项目伊始，乔布斯和艾夫需要研究出合适的屏幕尺寸。项目团队设计了 20 个模型——都是圆角矩形，但大小和长宽比略有不同。艾夫将模型排列在设计工作室的桌子上。下午大家一到，就可以揭开罩在桌上的丝绒布，摆弄这些模型。"我们就是这样确定屏幕尺寸的。”艾夫说。

乔布斯一如既往地主张最为纯粹的简洁设计。这就需要明确平板电脑的核心本质。答案就是显示屏。因此，平板电脑项目的指导原则即是，所有功能和设计都必须服从屏幕的需要。艾夫问道：“怎样才能不让众多功能和按钮分散对于屏幕显示的注意力？”在每一个步骤上，乔布斯都会推进删除和简化。

有一次，乔布斯看着模型，略有不满，他认为模型不够自然和友好，无法让人随意地拿起来。艾夫敏锐地指出了问题所在：平板电脑的形状要让人觉得有冲动去拿，而且可以随意用一只手就抓起来。边缘的底部需要再圆润一点，这样会让人觉得拿起来很舒服，而不用小心翼翼地抬起来。这意味着，必须把必要的连接接口和按钮都设计在平板电脑的边缘，同时设备的边缘又很薄，薄到让人忘却它的存在。

关注专利申请的人应该会注意到，2004 年 3 月，苹果公司申请了编号为 D504889 的专利，并于 14 个月后通过。这项专利的发明者中就有乔布斯和艾夫。专利申请中附有一张圆角矩形平板电脑的草图，草图上一个男子随意地用左手拿着这部平板电脑，右手食指触碰屏幕，图上的平板电脑看上去正是后来推出的 iPad。

由于Mac电脑当时已开始使用英特尔公司的芯片，乔布斯最初计划在iPad中采用凌动芯片（Atom）——英特尔公司正在研发的低电压芯片。英特尔公司CEO保罗·欧德宁极力促成两家公司一起进行设计工作，乔布斯也比较倾向于信任他。英特尔公司的处理器速度全球最快，但是其芯片往往用在带外接电源的计算机中，从来不需考虑电池的续航时间。于是，托尼·法德尔极力主张采用基于ARM的架构，其芯片更为简单，耗电更少。苹果公司很早就开始同ARM合作，最早的iPhone产品就使用了该架构的芯片。法德尔获得了其他工程师的支持，相信有可能挑战乔布斯并且说服他。在一次会议上，当乔布斯坚持认为最好信任英特尔公司能做出优秀的移动设备芯片时，法德尔吼道："错了！错了！错了！"当时，法德尔甚至把自己的工牌拍在会议桌上，威胁要辞职。

最终，乔布斯松口了："我听你的，我不会反对我最优秀的员工。"事实上，他走向了另一个极端。苹果公司在获得ARM构架授权的同时，收购了帕洛奥图一家150人的微处理器设计公司P. A. Semi，并让其设计一款定制的系统单芯片（System-on-a-Chip）；这款名为A4的芯片基于ARM架构，由三星公司在韩国制造。乔布斯回忆道：

在高性能方面，英特尔公司最好。他们制造的芯片速度最快，如果你不在乎功耗和成本的话。但是他们的芯片上只有处理器，因此需要许多其他部件。我们的A4芯片将处理器、显卡、移动操作系统和内存控制都集成于一个芯片之中。我们曾想要帮助英特尔公司，但是他们不怎么听我们的。多年来，我们都跟英特尔反映，他们的图形芯片很差劲儿。每个季度，我和其他三名苹果公司高管都会跟保罗·欧德宁开会。开始的时候，我们一起做出了很棒的东西。他们希望这个联合项目可以为今后的iPhone制作芯片。我们没有继续合作的原因有二：一是他们真的很慢，就像蒸汽轮船一样，不是很灵活，而我们习惯快速前进；二是我们不想把什么都教给他们，因为他们可能会把我们的东西卖给竞争对手。

据欧德宁说，iPad本可以采用英特尔芯片。问题在于苹果公司和英特尔公司无法谈拢价格，“没有合作主要是因为成本原因。”他说道。而这也是乔布斯控制欲——确切地说是强迫症——的一个表现，他想要控制产品的每一个环节，从芯片到材料。

2010年1月，iPad发布

2010年1月27日，iPad在旧金山亮相激起的狂热，令乔布斯通常在产品发布会上所能激起的热情黯然失色。《经济学人》杂志的封面上，乔布斯穿着长袍，头顶光环，手持被称为“耶稣平板电脑”的iPad。《华尔街日报》也发表了类似的赞美报道：“人类上一次对一个平板如此兴奋，是因为上面写有十诫。”

似乎是为了强调这一产品的历史意义，乔布斯邀请了苹果公司当年的许多参与者。更意味深长的是，他还请来了詹姆斯·伊森和杰弗里·诺顿。伊森一年前刚刚为他做了肝脏移植手术；诺顿则是2004年为他做了胰腺手术，iPad发布当天，他携妻带子，与乔布斯的妹妹莫娜·辛普森一起坐在观众席中。

乔布斯以一贯的大师风格为新产品的登场铺陈渲染，就像三年前发布iPhone时一样。这一次，屏幕上显示出一台iPhone和一台笔记本电脑，中间标着一个问号。“问题是，两者之间还可能存在别的东西吗？”他问道。这个“东西”必须能用来很好地浏览网页、电子邮件、照片、视频、音乐、游戏和电子书。他给予了上网本概念致命的一击，说道："上网本无论从哪个角度来讲都乏善可陈！"来宾和员工欢呼起来。"但是我们有这样一个'东西'，它叫 iPad。"

为了强调 iPad 的亲和性，乔布斯从容地走到一把舒适的皮革椅子和一张边桌前，拿起了一台 iPad；实际上，出于他的品位，椅子是勒·柯布西耶（Le Corbusier）设计的，边桌则是埃罗·沙里宁（Eero Saarinen）的作品。他热情地说："它比笔记本电脑亲和得多。"接着，乔布斯开始浏览《纽约时报》的网页，给斯科特·福斯托和菲尔·席勒发送电子邮件，题目是："哇，我们真的在发布 iPad。"然后他翻阅相册，使用日历，在 Google 地图上放大埃菲尔铁塔的图片，观看了《星际迷航》和皮克斯《飞屋环游记》的一些视频片段，展示 iBook 书架，并播放了鲍勃·迪伦的《像一块滚石》，这首歌他曾在 iPhone 发布时播放过。"这难道还不够牛吗？"他问道。

在最后一张幻灯片中，一个路牌上标识着"科技"与"人文"两条街的交汇口。乔布斯着重阐述了其人生的一个理念，这一理念也在 iPad 身上得到了体现。"苹果之所以能够创造出 iPad 这样的产品，是因为我们一直在努力融合科技和人文艺术。"他总结道。iPad 是《全球概览》的电子化身，在这里，创意与实用工具相遇。

但 iPad 最初收到的反应并非颂歌。由于产品同年 4 月才上市，观看过乔布斯演示的一些人不太清楚这到底是个什么东西。一个增强型 iPhone？《新闻周刊》的丹尼尔·莱昂斯（Daniel Lyons）写道："自从 Snooki 和 The Situation[1] 好上之后，我还没有如此失望过。"莱昂斯曾在一个网络模仿秀中扮演"假史蒂夫·乔布斯"。Gizmodo 网站发表了一篇撰稿人文章，题为"iPad 的八大逊处"（Eight Things That Suck about

1. Snooki 和 The Situation 是美国真人秀节目《泽西海滩》（*Jersey Shore*）中的两个演员在剧中的外号。

the iPad)，列举出 iPad 的种种缺点：没有多任务，没有摄像头，不支持 Flash，等等。甚至就连 iPad 的名字也遭到博客圈的调侃，被恶搞成女性卫生用品。当天，“#iTampon”[1]这个标签在 Twitter 话题榜上排名第三。

比尔·盖茨也少不了冷嘲热讽一番。“我仍然认为，手写笔和真正的键盘，也就是上网本，会是主流，”他对布伦特·施伦德说，“我没有当初 iPhone 发布时的那种感觉。iPhone 发布的时候，我心里想：‘天哪，微软的目标不够高。’iPad 是个不错的阅读器，但是它没有任何地方会让我觉得：‘噢，我多希望这是微软做出来的。’”他坚持认为，微软的手写笔输入方案会成为行业标准。盖茨对我说：“多年来，我都一直预言今后会出现配备手写笔的平板电脑。要么我是对的，要么我就死定了。”

在发布会第二晚，乔布斯非常恼火和沮丧。当我们聚集在他家的开放式厨房吃晚饭时，他在餐桌旁来回踱步，用自己的 iPhone 收发电子邮件，浏览网页。

> 在过去 24 小时内，我收到了约 800 封电子邮件。大多数都是在抱怨。没有 USB 线！没有这个，没有那个。有些人会说，“靠，你怎么能这样做呢？”我一般不回复别人的邮件，但是这封我回了：“你父母会为你这么有出息而感到骄傲的。”有些人不喜欢 iPad 这个名字，等等。我今天有些郁闷，有点儿受到打击了。

不过他那天也收到了一封值得高兴的贺电，发信人是奥巴马总统的办公厅主任拉姆·伊曼纽尔（Rahm Emanuel）。但他在晚餐时指出，奥巴马总统上任以来还没跟他通过电话。

1. Pad 有女性卫生护垫的意思。Tampon 是女性卫生棉条。

4月，当iPad开始销售、人们亲手拿到它之后，公众的挑剔情绪开始消退。《时代》杂志和《新闻周刊》都将其做了封面报道。列夫·格罗斯曼在《时代》杂志撰文写道："撰写苹果公司产品文章的难题之一在于，它们常常伴随着天花乱坠的宣传。另一个难处是，有时候炒作都是真的。"他对iPad的唯一保留意见就是："虽然它是进行内容消费的好设备，但是对于内容创造并无多大助益。"事实确实如此。电脑，尤其是Mac，已成为人们制作音乐、视频、网站和博客的工具，并能让全世界的人都看到。"iPad将重点从内容创造转移至仅仅是吸收和使用内容。它让你成为观者，把你变成被动消费者，消费其他人的杰作。"乔布斯将这一批评放在心上，并着手改进，确保下一代iPad能够加强方便用户进行艺术创作的功能。

《新闻周刊》的封面标题是"iPad好在哪儿？哪儿都好"。之前用Snooki刻薄评论iPad的丹尼尔·莱昂斯修正了自己的观点。"在观看乔布斯演示的时候，我第一感觉就是，这好像没什么大不了的，"他写道，"就是个大点儿的iPod Touch，不是吗？后来，我有机会用了一下iPad，一下子就爱上了它：我也想要一部。"莱昂斯和其他人一样，意识到这是乔布斯的得意之作，体现了他主张的所有理念。"他有种不可思议的能力，能够创造出一些小工具，我们原先不知道自己需要它们，等推出以后我们却发现自己离不开它们，"莱昂斯写道，"封闭的系统可能是传达苹果知名的技术禅理的唯一途径。"

关于iPad的大部分争论都着眼于其封闭的端到端一体化系统是卓越的还是注定失败的。Google这时开始扮演20世纪80年代微软的角色，该公司推出了移动系统安卓。这是一个开放平台，所有硬件制造商均可使用。《财富》杂志就这一话题进行了讨论。迈克尔·科普兰（Michael Copeland）写道："没理由封闭。"但是他的同事乔恩·佛特（Jon Fortt）反驳道："封闭系统的名声虽差，但是它们很好用，对用户有好处。在技术领域中，恐怕没人能比史蒂夫·乔布斯更能证明这一点。苹果公司能够通过捆绑硬件、软件和服务，并进行紧密控制，成功超越竞争对手，推出完美的产品。”二人一致认为，在 Mac 之后，iPad 将是开放还是封闭这一问题最清楚的测试。“A4 芯片把所有功能都集成于一张芯片上，这表明苹果的控制癖已经到了一个新的高度。”佛特写道，“现在，对整个硅谷、设备、操作系统、应用程序商店和支付系统，苹果公司都具有绝对发言权。”

4 月 5 日中午之前，乔布斯来到帕洛奥图的苹果零售店，这是 iPad 开始销售的日子。丹尼尔·科特基也来了，他是乔布斯在里德学院和苹果公司早期的亲密伙伴，两人曾一起服用迷幻剂。科特基对当初没有得到发起人期权的事情早已释怀。“已经 15 年了，我想再见见他。”科特基回忆道，“我拉住他，说自己准备用 iPad 来写歌词。他当时心情很好，这么多年来，我们总算有了一次愉快的聊天。”乔布斯的妻子鲍威尔及小女儿伊芙在商店的角落里看着他们聊天。

沃兹尼亚克曾主张尽可能开放硬件和软件，他也在不断修正自己的意见。如以往一样，iPad 上市当天，他和苹果迷们彻夜排队等待苹果零售店开门。这一天，他骑着一辆赛格威两轮自平衡电动车，来到圣何塞的维利菲尔购物中心（Valley Fair Mall）等待。一位记者向他询问苹果生态系统的封闭性。他回答说：“苹果把用户引进围栏并让他们留在里面，但是这也有一些优势。我喜爱开放式系统，但我是个黑客。而大多数人只想要简单方便易用的东西。史蒂夫的天才之处就在于，他知道如何把东西变得简单，而要做到这一点有时就需要控制一切。”

以前，人们会互相询问：“你的 iPod 里面有什么？”现在，这个问题变成了：“你的 iPad 上有什么？”连奥巴马总统的下属也在玩 iPad，他们认为 iPad 是技术时髦的象征。经济顾问拉里·萨默斯（Larry Summers）下载的应用包括彭博财经资讯、拼字游戏Scrabble和《联邦党人文集》。白宫办公厅主任拉姆·伊曼纽尔下载了大量报刊应用，白宫沟通顾问比尔·伯顿（Bill Burton）的iPad上装有《名利场》的应用和一整季的美剧《迷失》。政治顾问戴维·阿克塞尔罗德（David Axelrod）下载了美国职业棒球大联盟和全国公共广播电台的应用。

有一个故事打动了乔布斯，他转发了给我。迈克尔·内尔（Michael Noer）在福布斯网站上发表了一篇文章：他在哥伦比亚首都波哥大北部农村的一个奶牛场，正在自己的iPad上读一部科幻小说，一个打扫马厩的6岁小男孩走了过来。小男孩很好奇，内尔于是把iPad递给了他。在没人指导也从未见过电脑的情况下，这个小男孩开始凭自己的直觉使用iPad。他开始用手指在屏幕上滑动，启动应用程序，玩弹球游戏。“史蒂夫·乔布斯设计出了一个强大的电脑，连目不识丁的6岁孩子都能在没有指导的情况下使用。”内尔写道，“如果这还不算神奇，那我真不知道有什么东西称得上神奇了。”

不到一个月，苹果公司就售出了100万台iPad，iPhone花了两倍的时间才达到这一销量。至2011年3月，即iPad发布9个月后，其销量已达1 500万台。从一些数据来看，它已成为有史以来最为成功的消费产品。

广告

乔布斯对于iPad原来的广告并不满意。像往常一样，他全身心投入营销工作之中。乔布斯同詹姆斯·文森特和邓肯·米尔纳一起合作，他们的广告公司现在改名为TBWA/Media Arts Lab，处于半退休状态的李·克劳也会给出一些建议。他们做出的第一个广告场景很温馨，一名男子穿着褪色的牛仔裤和运动衫，斜靠在椅子上，膝盖上放着 iPad；他在上面查看邮件，浏览相册，阅读《纽约时报》，看电子书和视频。没有文字，只有蓝色面包车乐队（Blue Van）的《来吧，我的爱》（There Goes My Love）作为背景音乐。“史蒂夫批准了这个广告方案后，又发现自己很讨厌它，”文森特回忆道，“他觉得这片子看起来就像陶瓷谷仓家居店（Pottery Barn）的广告一样。”乔布斯后来告诉我：

> 解释 iPod 是什么很容易——把 1 000 首歌装进你的口袋——我们很快就做出了标志性的剪影广告。但是，很难说清楚 iPad 是什么。我们不希望把它展示成一台电脑，也不想把它弱化成一台可爱的电视机。第一组广告表明我们不知道自己在做什么。它们太休闲，太惬意了。

为了做 iPad 的广告，詹姆斯·文森特几个月都没有休息。终于，iPad 开始销售，广告也同步播出了，他开车带着家人前往棕榈泉观看柯契拉音乐节（Coachella Music Festival），参加演出的有他最喜欢的乐队，包括缪斯乐队（Muse）、信仰破灭乐队（Faith No More）和退化乐队（Devo）。他刚到那儿没一会儿，乔布斯的电话就来了。“你的广告烂透了。”他说，“iPad 正彻底改变世界，我们需要有冲击力的东西。你这都是小把戏。”

“好吧，那你想要什么？”文森特回敬道，“你一直都没能告诉我你想要什么。”

“我不知道，”乔布斯说，“你得给我点儿新东西。你给我看过的东西都差得远呢。”

文森特开始争辩起来，乔布斯突然暴怒。文森特回忆说：“他开始冲我大吼大叫。”文森特也被激怒了，于是两人的争吵开始升级。

文森特喊道：“你得告诉我你要什么。”乔布斯回喊道：“你得给我展示一些东西，等我看到我想要的东西就知道是什么了。”

“噢，太棒了，让我把这记下来，发给我的创意人员：我看到我想要的东西就知道是什么了。”

为此，文森特非常沮丧，一拳打在了旅馆房间的墙壁上，在上面留下了一个大凹痕。当他终于走出屋外与家人坐在水池边时，他们都很紧张地看着他。他妻子最后开口问道：“你还好吧？”

文森特及其团队花了两周时间拿出了一系列新的备选方案，他要求在乔布斯家里而不是办公室中展示，希望这样的环境更放松。故事板架在茶几上，文森特和米尔纳共展出了12种方案。A方案鼓舞人心，令人激动。B方案采用幽默手法，让喜剧演员迈克尔·塞拉（Michael Cera）在一个假房子里针对人们使用iPad的方式发表有趣的评论。C方案用名人，D方案完全采用白色背景，E方案演绎一个小情景喜剧，F方案直截了当地进行产品演示，等等。

在仔细考虑了这些方案后，乔布斯明白了自己想要什么。不要幽默，不要名人，也不要产品演示。“广告要发出一份声明，”乔布斯说，“它应该是一个宣言，告诉人们iPad很了不起。”他曾宣布iPad会改变世界，他希望广告能够强化自己的宣言。乔布斯认为，在未来一年左右的时间里，其他公司会跟风推出平板电脑，而他希望人们记住，iPad才是真正的平板电脑。“我们需要这个广告能够站起来，向人们宣告我们的成就。”

他突然离开了自己的椅子，有些虚弱，但笑着说：“我要去做按摩了，开始干活儿吧。”

于是，文森特、米尔纳以及文案埃里克·格伦鲍姆（Eric Grunbaum）开始制作乔布斯想要的广告片，他们称之为“宣言”（The Manifesto）。这部广告片的节奏很快，激昂的节拍，生动的画面，它宣告iPad是革命性的产品。他们选择的音乐是耶耶耶合唱团（Yeah Yeah Yeahs’）女主唱凯伦·欧（Karen O）的一首《金狮》（Gold Lion）的副歌部分，颇具冲击力。画面展示出iPad神奇的功能，一个强有力的旁白宣告道："iPad很薄，iPad很美……它非常强大，它不可思议……它是视频，是照片。能装下你一辈子都读不完的书。它已经是一场革命，而一切才刚刚开始。"

"宣言"广告片完成后，广告团队又尝试了更为柔和的手法，由年轻导演杰西卡·桑德斯（Jessica Sanders）拍摄了一段生活纪录片。最初，乔布斯挺喜欢这两个新广告。但没一会儿，他就开始反对，和他讨厌之前陶瓷谷仓式广告的理由如出一辙。"该死，"他大喊道，"这些就跟维萨卡的广告一样，典型的广告公司产品。"

他曾要他们做出新颖的广告，要与众不同；但最终，他意识到自己不想偏离自己所谓的苹果的声音。对乔布斯来说，苹果的声音有一系列特质：简单、干净、宣告式。"我们一直在探讨更生活化的广告方案，而史蒂夫似乎也慢慢产生了兴趣；结果突然他又说自己讨厌这个东西，它没有苹果的感觉。"李·克劳回忆道，"他叫我们找回苹果的声音，一种非常简单诚实的声音。"于是，他们又重新采用干净的白色背景，用一系列特写镜头以及"iPad是……"的短语来展示它的所有属性和功能。

应用程序

iPad广告没有介绍设备本身，而是讲述你可以用它做什么。事实上，iPad的成功不仅来自其漂亮的硬件，也来自其应用程序，用户可以借此进行各种有趣的活动。最开始只有数百种应用程序可供免费或低价下载，但很快，应用程序的数量就已成千上万。你可以玩"愤怒的小鸟"，也可以追踪股票信息、看电影、阅读电子书和杂志、获知新闻、玩游戏，消磨大把时光。硬件、软件和应用程序商店的整合让一切都变得很简单。但是，苹果公司也在对那些想要为iPad开发软件和内容的外部开发者有控制地开放应用程序商店；这个平台就像一个精心管理和控制的社区花园。

应用程序热潮始于iPhone。2007年年初，iPhone刚刚推出时，你无法购买苹果公司外部的开发人员开发的应用程序，乔布斯最初也拒绝向外部开发人员开放。他不想让外人为iPhone创建应用程序，因为这样可能会把iPhone搞得乱七八糟，让iPhone感染病毒，或者破坏其完整性。

董事会成员亚瑟·莱文森和一些人主张开放iPhone应用程序。“我给他打了很多电话，游说他开放应用程序。”莱文森回忆说。如果苹果不允许我不鼓励开发者制作应用程序，而其他智能手机制造商允许，那么这实际上就将竞争优势拱手相让。苹果公司营销总监菲尔·席勒赞同莱文森的说法。“我无法想象，我们能创造出iPhone这样强大的产品，却不愿意授权开发者制作应用程序，”席勒回忆道，“我知道消费者会喜欢。”在苹果公司外部，风险投资家约翰·杜尔认为，开放应用程序平台能够催生出新型创业者，他们会创造出新的服务。

乔布斯一开始拒绝就此进行讨论，部分原因是，他认为其团队没有精力解决授权第三方应用程序开发者所涉及的复杂问题。他希望团队能专注。“于是他根本不愿意谈论这个问题。”席勒说。但是iPhone推出后不久，他又愿意听取大家就这个问题的争论。“每谈论一次这个话题，史蒂夫就好像更开放了一些。”莱文森表示。在四次董事会会议上，他们都就此问题进行了自由讨论。

乔布斯很快就想到了一个两全其美的好办法。他将允许外部开发人员编写应用程序，但是他们必须遵循严格的标准——接受苹果公司的测试和批准，并且只能通过iTunes商店出售自己的应用。这种方法既能获得授权众多软件开发者所带来的优势，又能保持足够的控制，以保护 iPhone 的完整性和用户体验的简单性。“这找到了一个好的平衡点，绝对是一个最佳解决方案，”莱文森说道，“能带给我们开放的好处，但同时又保留了端到端的控制。”

2008 年 7 月，iPhone 应用程序商店在 iTunes 上开放；9 个月后，下载量就达 10 亿次。2010 年 4 月 iPad 开始销售时，应用程序商店已经拥有 18.5 万个 iPhone 应用程序。大多数应用程序也能在 iPad 上使用，虽然大屏幕的优势并没有被利用到。但是，不到 5 个月的时间，就已经出现了 2.5 万个专门为 iPad 编写的新应用程序。至 2011 年 6 月，苹果应用程序商店中的 iPhone 和 iPad 应用程序已达 50 万个，下载量超过 150 亿次。

应用程序商店在一夜之间创造了一个新的产业。创业者们在宿舍、车库，以及主流媒体企业开发出了许多新的应用程序。约翰·杜尔的风投公司成立了 iFund 基金，提供 2 亿美元为最好的创意进行股权融资。杂志和报纸看到了最后的希望，他们此前一直免费发布电子内容，也许能凭借应用程序对电子内容进行收费，就像将精灵收回了魔瓶一样。富于创新的出版商专门为 iPad 创造出新的杂志、书刊和学习材料。例如，曾出版过麦当娜的《性》（*Sex*）以及《蜘蛛小姐的茶会》（*Miss Spider's Tea Party*）等作品的高端出版社卡拉威（Callaway）决定破釜沉舟，完全放弃印刷业，而专注于利用交互式应用程序进行书籍出版。截至 2011 年 6 月，苹果公司已向应用程序开发者支付了 25 亿美元。

iPad 和其他基于应用程序的数码产品预示着数码世界的根本性转变。在网络发展的第一阶段，20 世纪 80 年代，上网通常需要拨号进入一个服务商网络，如美国在线、CompuServe 公司或 Prodigy 公司，这些服务商会提供一个围墙网络“花园”，里面都是服务商精心挑选组织的内容，同时这些“花园”会有一些出口，更为大胆的用户可以通过这些出口访问整个网络。第二阶段始于 20 世纪 90 年代初，浏览器开始兴起，所有人都能利用万维网超文本传输协议，通过浏览器浏览互联网上的数十亿个网站。雅虎和谷歌等搜索引擎的崛起，使用户可以轻易地找到自己想要的网站。而iPad的发布预示着一种新的模式。应用程序就像老式的围墙花园。创作者能够为下载这些应用程序的用户提供更多功能。但是应用程序的兴起也意味着牺牲网络的开放性和连接性。应用程序之间不易建立连接，也不易搜索。由于iPad可以同时使用应用程序和网络浏览，因此它同网络模式并无竞争。但是，它确实为内容创造者和消费者提供了一种替代方案。

出版和新闻

乔布斯用iPod改变了音乐产业。而iPad及其应用程序商店的出现，开始改变所有媒介，从出版到新闻，再到电视和电影。

自从亚马逊的Kindle表明市场对于电子书有兴趣后，苹果公司也着手创建了iBook商店，出售电子书，就像iTunes商店出售音乐一样。不过，iBook商店的模式与之有一个细微不同。在iTunes商店，乔布斯坚持所有歌曲都必须以低廉的价格出售，最初是99美分。亚马逊的杰夫·贝佐斯（Jeff Bezos）也曾试图在电子书销售方面采取类似的模式，将图书最高售价限定在9.99美元。乔布斯进入电子书领域，向出版商提出了唱片公司得不到的条件：他们可以在iBook商店中任意设置图书价格，苹果则从销售中提成30%。起初，这种方式可能会让iBook商店里的电子书比亚马逊的贵。为什么人们要在苹果花更多钱来买书呢？沃尔特·莫斯伯格在iPad发布活动上向乔布斯发问，乔布斯回答道："这不成问题，价格还是一样的。"他说得没错。

iPad发布第二天，乔布斯就向我讲述了自己对于图书的想法：

亚马逊搞砸了。它用批发价买了一些书，但用低于成本价的9.99

美元进行销售。出版商对此深恶痛绝，这会影响他们以28美元的价格销售精装书的能力。因此，在苹果还未进入电子书领域之前，一些书商就已经停止向亚马逊供书。于是，我们跟出版商说："我们采用代理模式，你们定价，我们抽成30%。确实，消费者会多出点儿钱，但是反正这就是你们想要的结果。"不过，我们也要求，如果有别的地方比我们卖得更便宜，那么我们也能以更低的价格进行销售。于是，他们找到亚马逊说："你们得跟我们签订代理合同，否则我们就不会给你们书。"

乔布斯承认，在音乐和图书领域，他可以都实行两种模式。他拒绝与音乐公司建立代理模式及赋予他们自己定价的权力。为什么？因为他不必如此。但是电子书就得这样。"我们不是最早进入图书业务的。"他说，"鉴于现有的情况，对我们最有利的策略就是借力使力，和出版商建立代理模式。我们成功了。"

2010年2月，iPad发布活动之后不久，乔布斯前往纽约同新闻界的高管们会面。两天之内，他会见了鲁珀特·默多克（Rupert Murdoch）、默多克的儿子詹姆斯，新闻集团旗下《华尔街日报》的高管，《纽约时报》高管小亚瑟·苏兹贝格（Arthur Sulzberger Jr.），以及《时代》杂志、《财富》杂志和其他时代集团旗下杂志的高管。"我想帮助有质量的新闻业，"他后来说道，"我们不能依赖于博客发布新闻。我们比以往都更需要真正的报道和编辑监督。因此，我想找到一种帮助人们创作数字产品的渠道，让他们能够真正赚到钱。"鉴于自己已经让人们购买数字音乐，他希望在新闻业也能收到同样的效果。

然而，出版商对于他送出的救命稻草持怀疑态度。同苹果合作意味着需要将自己30%的收入都给苹果公司，但是这并非最大的问题。

更重要的是，出版商担心，在苹果的系统下，他们无法再与订阅用户建立直接联系，无法获取订阅用户的电子邮件地址和信用卡号，进而无法直接向用户收钱、沟通和营销新产品。相反，苹果将拥有这些消费者，向他们发送账单，将他们的信息存入自己的数据库。而且由于苹果公司的隐私政策，只有用户明确同意的情况下，苹果公司才能共享用户的信息。

乔布斯尤其想要和《纽约时报》达成交易，他认为《纽约时报》是一份伟大的报纸，但由于不知道如何对数字内容进行收费而陷入衰退的危险之中。2010 年年初，他对我说："我已经决定，今年的个人项目之一就是帮助《纽约时报》，不管他们愿不愿意。我认为，他们搞清楚如何对数字内容进行收费，这对整个美国都很重要。"

纽约之行期间，他与 50 名时报集团高管在一家亚洲餐厅普拉娜（Pranna）的包房里共进晚餐。他点了一杯芒果奶昔和纯素意大利面，这两样在菜单上都没有。他在包房里展示了 iPad，并解释为数码内容制定出消费者愿意接受的适中价格有多重要。他画了一个图表，列出可能的价格和相应的销售量。如果《纽约时报》免费，会有多少订阅量？图表上已经标明了这个极限数字，因为《纽约时报》已经通过网站免费提供电子版内容，并有约 2 000 万定期访问者。如果他们定价非常高呢？这个数据也有；印刷版订阅者年费超过 300 美元，约有 100 万订阅者。"你们应该找到一个中间点，能达到 1 000 万电子版订阅者，"乔布斯对他们说，"这意味着，你们的电子版应该非常便宜、订阅非常简单，每月最多 5 美元。"

《纽约时报》的一位发行主管坚持，报纸需要所有订阅用户的电子邮件和信用卡信息，即使他们是通过苹果应用程序商店订阅的；乔布斯表示苹果公司不会公布这些信息。这激怒了那位高管。他说道，如果《纽约时报》拿不到这些信息，那么想都不要想这件事情。乔布斯说："好吧，你们可以找订阅用户要啊，但是如果他们不愿自动把这些信息给你们，那也别怪我。如果你们不喜欢这种模式，那就别用我们的平台。又不是我让你们陷入这种困境的。是你们自己过去5年都在免费发行电子版，却没有收集到任何用户的信用卡信息。"

乔布斯还私下会见了小亚瑟·苏兹贝格。乔布斯后来说："他是个不错的人，对《纽约时报》的新大楼非常自豪，这也是应该的。我把我认为他们应该做的事都告诉了他，但是没什么结果。"一年后，2011年4月，《纽约时报》才开始对电子版进行收费，并遵守乔布斯设立的政策，通过苹果应用商店销售部分订阅。乔布斯曾建议他们月收费定价5美元，然而《纽约时报》最终的定价接近其建议定价的4倍。

在时代－生活大厦，《时代》杂志的编辑里克·斯坦格尔（Rick Stengel）做东请来乔布斯。乔布斯喜欢斯坦格尔，因为他曾指派乔希·奎特纳（Josh Quittner）带领一个精英团队，每周为《时代》杂志编写iPad版本的应用程序。但是这次，斯坦格尔还邀请了《财富》杂志的安迪·瑟沃，乔布斯看到他不太高兴。他不留情面地告诉瑟沃，自己仍为两年前《财富》杂志披露其健康细节和股票期权问题而耿耿于怀。"我处于低谷的时候你们还来踩两脚。"他说。

时代集团的问题和《纽约时报》一样：该集团不希望苹果公司拥有其订阅用户并阻止自己直接向用户收费。时代集团希望创建的应用程序能够将读者跳转到自己的网站上完成订阅。苹果拒绝了。《时代》杂志和其他杂志提交过跳转订阅的应用程序，但均被苹果拒绝进入应用程序商店。

乔布斯试图与时代华纳的CEO杰夫·比克斯（Jeff Bewkes）亲自商谈；比克斯是一位精明的实用主义者，没有废话。几年前，就iPod Touch视频权的问题，两人已打过交道；乔布斯想获得美国家庭影院频道（HBO）的独家授权，影片只要在该频道播出后即可通过苹果设备下载观看，但未能成功说服比克斯；不过，他很佩服比克斯的坦率和果断。而比克斯则钦佩乔布斯既是一位战略思想家，又能掌控最微小的细节。“史蒂夫能随时从总体原则进入细节。”他说。

乔布斯致电比克斯，提出就时代集团旗下杂志载入 iPad 做一笔交易；他一开始就警告说平媒业“糟透了”，“没有人真的想买你们的杂志”，苹果公司为他们提供一个销售电子版的绝好机会，但“你们这些家伙居然不接受”。比克斯完全不同意乔布斯的这些说法。他表示，自己很愿意通过苹果公司销售时代集团的数字订阅产品，苹果公司 30% 的抽成也不成问题。“我现在就告诉你，你帮我们卖掉一份，就可以拿走 30%。”比克斯告诉乔布斯。

乔布斯回答说：“好啊，这已经比其他人进步多了。”

“我只有一个问题，”比克斯继续说道，“如果你卖掉了我的杂志订阅，我给你 30% 的抽成，那么订阅用户算谁的——你还是我？”

“鉴于苹果公司的隐私政策，我不能给你所有的订阅者信息。”乔布斯回答说。

“好吧，那么我们得把一些其他事搞明白，因为我不想自己的整个订阅群聚集到你手上，最后成为苹果商店的订阅用户。”比克斯说道，“今后你一旦取得了垄断，就会来找我，告诉我杂志不应该每本定价 4 美元，而应该是 1 美元。如果有人订阅了我们的杂志，我们需要知道订阅者是谁，我们需要能够建立与订阅者达成互动的网上社区，我们需要有直接向他们发送续订信息的权力。”

乔布斯与鲁珀特·默多克的进展要更为顺利。默多克新闻集团旗下拥有《华尔街日报》、《纽约邮报》、遍布全球的地方报纸、福克斯电影公司及福克斯新闻频道（Fox News Channel）。乔布斯会见默多克及其团队时，他们也要求拥有通过苹果应用程序商店订阅的用户信息。但是，在乔布斯拒绝了他们的要求后，有趣的事情发生了。默多克并非一个易被说服的人，但是他知道自己在这个问题上并无筹码，于是接受了乔布斯的条件。“我们希望能够拥有这些订阅用户，也奋力争取了。”默多克回忆道，“但是史蒂夫不肯在这种条件下合作，于是我就说，‘好啦，那就按你说的合作吧。’我们觉得再继续浪费时间毫无意义。他不会退让，而且如果我站在他那个角度，我也不会退让，于是我就同意了。”

默多克甚至还推出了一份专门为iPad量身定做的仅有电子版的报纸《日报》（*The Daily*）。这份报纸将按照乔布斯的条件在苹果应用程序商店中销售，价格为每周99美分。默多克亲自带队来到库比蒂诺展示这个应用程序的设计。毫不意外，乔布斯不喜欢他们的设计。“你介意让我们的设计师来帮忙吗？”他问道。默多克没意见。“苹果的设计师尝试设计一个新方案，”默多克回忆道，“我们的人也回去做了一个新设计。10天后我们再次来到苹果公司，当时我们和苹果的设计都进行了展示，而乔布斯竟然比较喜欢我们这个。这让我们挺吃惊的。”

《日报》并非通俗小报，也不是严肃报纸，而是类似《今日美国》（*USA Today*）这样的中端产品。然而这份电子报并不是很成功，但它却让乔布斯和默多克建立了亲密的关系。默多克准备在2010年6月举行新闻集团年度管理层集思会，并请乔布斯前来发言；乔布斯的原则是从不出席这样的活动，但这次却破例接受了默多克的邀请。晚宴后，詹姆斯·默多克带他主持了一个近两小时的采访。“对于报纸在技术上的表现，他非常不客气地进行了批评。”默多克回忆道，“他对我们说，我们很难走上正轨，因为我们在纽约，而擅长技术的人都在硅谷。”时任《华尔街日报》数字网络部门总裁的戈登·麦克劳德（Gordon McLeod）并不能完全接受乔布斯的说法，他略微进行了反驳。最后，麦克劳德来到乔布斯跟前说：“谢谢，这是一个美好的夜晚，但是你可能会砸了我的饭碗。”默多克向我描述当时的场景时轻声笑了笑。“最后确实是这样。”他说。采访过后不到3个月，麦克劳德就离职了。

作为在新闻集团集思会上讲话的回报，默多克得洗耳恭听乔布斯对福克斯新闻网的看法。乔布斯认为福克斯新闻具有破坏性，对整个国家都有危害，并且会是默多克的一个名誉污点。“福克斯新闻搞砸了，”乔布斯在晚餐时对默多克说，“现在的核心问题不再是自由派和保守派，而是破坏性和建设性，而你们却和具有破坏性的人同流合污。福克斯已经成为我们社会一个非常具有破坏性的力量。你们可以做得更好；如果你再不注意，就会遗臭万年。”乔布斯认为默多克对福克斯的发展并不满意。“鲁珀特是一个建设者，而非破坏者，”乔布斯说，“我和詹姆斯见过几面，我认为他也同意我的看法。我可以这么说。”

默多克后来表示，自己已经习惯了乔布斯这样的人抱怨福克斯。“在这个问题上，他有点儿左翼倾向。”默多克说。乔布斯让默多克的员工把肖恩·汉尼提（Sean Hannity）和格伦·贝克（Glen Beck）一周的节目做个合辑，他觉得这两人比起比尔·奥赖利（Bill O'Reilly）的节目更具破坏性，默多克也同意这么做。乔布斯后来告诉我，他也要乔恩·斯图尔特（Jon Stewart）的团队做一辑类似的节目给默多克看。默多克表示：“我会很高兴看到这些节目，但是他没有发给我。”

默多克和乔布斯相处融洽。第二年，他曾不止一次前往乔布斯在帕洛奥图的家，共进晚餐。乔布斯开玩笑说，默多克要来的时候，他得把餐刀藏起来，怕妻子会把默多克开膛破肚。据说，默多克曾打趣乔布斯家的有机菜肴：“在史蒂夫家吃晚饭是一个很棒的经历，只要能赶在当地餐馆打烊前出来就好。”遗憾的是，当我询问默多克是否说过这句话时，他已经记不得了。

2011年年初，按照默多克的行程安排，他将于2月24日经过帕洛奥图，于是他发了条短信给乔布斯。他不知道那一天是乔布斯的56岁生日，乔布斯回短信邀请默多克共进晚餐时也没提起这个特殊的日子。“这是我为了防止劳伦不让他来的方法，”乔布斯开玩笑说，“那天是我的生日，所以她只得同意我把鲁珀特叫来。”埃琳和伊芙当时也在，而里德在晚餐快结束时才从斯坦福大学慢悠悠地过来。乔布斯展示了自己的游艇设计，默多克觉得内部很漂亮，可是外部“有些简单”。默多克后来说：“他说了很多建造这艘游艇的事情，显然，他的健康状况挺乐观。”

晚餐时，他们谈到了在企业中注入创业精神和敏捷文化的重要性。默多克认为索尼公司未能做到这一点，乔布斯表示赞同。“我曾认为，一家真正的大企业不可能具有鲜明的企业文化，”乔布斯说，“但是，现在我相信这是可能的。默多克就做到了，我觉得我在苹果公司也做到了。”

晚餐上大部分谈话都围绕教育展开。默多克刚刚聘请了乔尔·克莱因（Joel Klein）负责启动数字课程部门；克莱因曾担任纽约市教育局局长。默多克回忆说，对于技术能够改变教育的观点，乔布斯有些不屑一顾。但是乔布斯和默多克都认为，纸质教科书业务将会被数字学习材料淘汰。

事实上，教科书领域是乔布斯的下一个变革目标。他认为，现在已经是时候让数字技术摧毁这个每年 80 亿美元的产业了。许多学校出于安全考虑，没有储物柜，以至于孩子们得背着沉重的书包上下学，这也令乔布斯感到震惊。“iPad 会解决这个问题。”他说。乔布斯想要聘请优秀的教科书编写者来制作电子版教科书，并让其成为 iPad 的一个特色。此外，他还与主要教材出版商会面，如培生教育出版集团（Pearson Education），并商议合作。“国家认证教材的过程很腐败。”乔布斯说，“但是如果我们让教材免费，并在 iPad 上提供教材，那么就无须认证这个环节。美国糟糕的经济形势还会持续 10 年，我们这样做可以帮政府规避认证流程，把这部分钱省下来。”

第三十九章　新的战斗

昔日重现

谷歌：开放与封闭

2010年1月iPad发布后几天，乔布斯在苹果园区举行了员工大会。然而，他并没有为这款变革性的新产品欢欣鼓舞，反而开始痛斥谷歌，因其决定进入手机领域与苹果竞争，并开发了安卓操作系统。乔布斯对此十分愤怒。“我们没有涉足搜索领域，”他说，“他们却进入了手机业务。没错，他们想要终结iPhone，我们不会让他们得逞。”几分钟后，当会议进入别的议题时，乔布斯又转回去长篇大论地攻击谷歌的著名价值观口号。“我想回到刚才开始时的话题再说一件事。这个‘不作恶’的口号就是扯淡。”

乔布斯觉得自己遭到了背叛。在iPhone和iPad研发期间，谷歌公司CEO埃里克·施密特是苹果的董事会成员；谷歌公司的两位创始人拉里·佩奇和谢尔盖·布林（Sergey Brin）视施密特为良师益友。乔布斯感到被利用了。安卓的触摸屏界面正在越来越多地采用苹果首创的功能——多点触控、滑动操作和应用程序图标网格。

在谷歌研发安卓一事上，乔布斯曾努力劝阻。2008年，他曾前往与帕洛奥图相距不远的谷歌总部，与佩奇、布林以及安卓研发团队负责人安迪·鲁宾（Andy Rubin）大吵了一架。由于施密特当时是苹果董事会成员，他回避了一切关于iPhone的讨论。“我曾说，如果我们保持良好关系的话，苹果会保证谷歌在iPhone上的入口，并确保会在iPhone主屏幕上为谷歌放置一两个图标。”乔布斯回忆道。不过他也威胁，如果谷歌继续研发安卓系统并使用任何iPhone的功能，如多点触控，他会提起诉讼。起初，谷歌避免复制某些功能；但是2010年1月，宏达电子（HTC）推出了一款安卓手机，并大张旗鼓地宣扬其多点触控功能以及与iPhone在观感上的诸多相似之处。乔布斯就是在这种背景下认为谷歌的“不作恶”口号就是“扯淡”。

于是，苹果起诉了宏达电子，并将安卓作为连带起诉对象，称其侵犯了苹果20项专利。被侵犯的专利包括多点触控、滑动解锁、通过双触点滑动进行缩放，以及判断手持姿态传感器。在发起诉讼当周，乔布斯坐在帕洛奥图的家中，我从未见过他如此生气：

> 我们的诉讼是这样说的："谷歌，你他妈的抄袭了iPhone，完全抄袭了我们。"这是偷窃。如果有必要，就算用尽最后一口气，花光苹果账户上的400亿美元，我也要纠正这个错误。我要摧毁安卓，因为它是偷来的产品。我愿意为此发动核战争。他们怕得要死，因为他们知道自己有罪。除了搜索引擎，谷歌的产品——包括安卓和Google Docs——都是狗屎。

几天后，乔布斯接到了施密特的电话，他在2009年夏天就已退出苹果董事会。施密特提议两人一起喝杯咖啡，于是他们在帕洛奥图购物中心的一个咖啡厅里会面。"我们一半的时间都在聊着个人问题，剩下一半时间就是乔布斯在说谷歌偷窃苹果用户界面设计的事。"施密特回忆说。当谈论到后面这个话题时，大部分时间都是乔布斯在说话。他说谷歌欺骗了他，言语中五味杂陈。"我们把你们抓了个正着。"他对施密特说，"我对和解没有兴趣。我不想要你们的钱。就算你们拿出50亿美元要求和解，我也不会要的。我有的是钱，我只要你们停止在安卓上使用我们的创意，这才是我想要的。"两人的谈话没有解决任何问题。

这场争端的背后有着更深刻的问题及令人不安的历史渊源。谷歌将安卓作为一个"开放"的平台；各个硬件制造商都可以在自己的手机和平板电脑上免费使用它的源代码。乔布斯则固执地信奉苹果应该将其操作系统与硬件封闭地整合起来。20世纪80年代，苹果没有授权他人使用Mac操作系统，而微软则将其操作系统授权给多个硬件制造商使用，并最终主宰了操作系统市场；在乔布斯看来，微软的操作系统剽窃了苹果的界面。

将微软在20世纪80年代的所做和谷歌在2010年的努力所为放在一起比较虽不恰当，但也足以令人不安和愤怒。这体现了数字时代的大辩论：封闭还是开放，或者用乔布斯的话来说，一体化还是碎片化。是像苹果所主张的以及乔布斯自身完美主义的控制欲所推动的那样，将硬件、软件和内容都整合在一个干净漂亮的系统中以确保简洁的用户体验好，还是通过创造能够在不同设备上修改使用的软件系统，让用户和制造商都拥有更多选择并释放更多创新比较好呢？施密特后来对我说："史蒂夫管理苹果有其独特的方式，和20年前一样，苹果是封闭系统的优秀创新者，他们不希望别人在未经许可的情况下进入自己的平台。封闭平台的好处就是控制。但是谷歌相信，开放是更好的方式，因为这能带来更多可能性和竞争，并给予消费者更多选择。"

25年前，乔布斯就曾为了其封闭策略向微软宣战，现在他又向谷歌宣战。那么，比尔·盖茨看到此情此景会有何感想呢？"从控制用户体验的角度来说，更为封闭的系统会有一些好处；当然，他有时也确实从中获益。"盖茨对我说。但是，他补充道，苹果拒绝授权iOS操作系统，这一行为让竞争对手，如安卓，有机会获得更大的市场空间。此外他还认为，各类设备和制造商之间的竞争，能够带来更多创新，同时给消费者更多选择。"并非每家公司都会在中央公园附近建造金碧辉煌的门店。"盖茨拿苹果在第五大道的零售店打趣道，"但是，为了争夺用户，他们总会有所创新。"盖茨指出，个人电脑的大多数进步都是因为消费者有很多选择，而总有一天，移动设备领域也会如此。"我认为，开放的方式最终会成功，不过这是从我的经历而言的。从长远来看，一以贯之的事物，你没法一直做下去。"

乔布斯则相信"一以贯之的事物"。即使安卓正在赢得市场份额，但他却丝毫没有动摇，仍然推崇控制和封闭的环境。当我把施密特的说法告诉乔布斯后，他指责道：“谷歌说我们比他们施加了更多的控制，我们是封闭的，他们是开放的。好吧，我们来看看结果——安卓一团糟。安卓系统的手机屏幕大小和版本都不同，有上百种样子。”即使谷歌的做法最终会赢得市场，乔布斯也非常排斥。“我喜欢为整个用户体验负责。我们做这些不是为钱，而是因为我们想要创造伟大的产品，而非安卓这样的垃圾。”

Flash，应用程序商店，以及控制

乔布斯坚持端到端的控制也表现在其他斗争中。在员工大会上，他不仅攻击了谷歌，也抨击了Adobe公司的网站多媒体平台Flash，认为它是“懒人”做出来的东西，“漏洞多”，耗电高。他表示，iPod和iPhone永远不会运行Flash。“Flash在技术上一团糟，性能差，并且有严重的安全问题。”他在那周晚些时候这样对我说。

乔布斯甚至封掉了那些借助Adobe官方提供的转码器将Flash代码编译为能适用于苹果iOS系统的应用。他鄙视编译器，开发者只用编写一次代码，然后通过编译器就能把代码移植到多个操作系统中去。“允许Flash跨平台移植，这意味着产品受限于所有平台都必须支持的特性，因而只能是平庸至极的，”乔布斯说，“我们花费了很多精力让我们的平台变得更好，如果Adobe只能和所有平台都有的功能兼容，那么开发者根本得不到任何好处。因此我们希望开发者利用苹果更好的特性，这样，在我们的平台上，他们的应用程序能比在其他平台上运行得更好。”在这个问题上，他是正确的。如果苹果放弃了让平台与众不同的能力——允许它们像惠普和戴尔的机器一样变成大路货——那这也意味着苹果自身的灭亡。

此外，还有一个个人原因。1985年，苹果投资了Adobe公司，两家企业联手发起了桌面出版革命。“我帮助Adobe公司成名。”乔布斯强调。1999年重回苹果后，乔布斯让Adobe公司为iMac及其新操作系统制作视频编辑软件和其他产品，但是Adobe拒绝了，并专注于为Windows开发产品。不久之后，Adobe公司的创始人约翰·沃诺克（John Warnock）退休了。“沃诺克离开后，Adobe公司的灵魂也消失了。”乔布斯说，“他是我愿与之打交道的创新者。他走以后，留下的只是一群西装革履的家伙，Adobe公司也变成了垃圾。”

博客圈的Adobe布道者和Flash支持者开始抨击乔布斯，认为他的控制欲太过火了。于是，乔布斯决定撰写并发表一封公开信。他的朋友，苹果董事会成员比尔·坎贝尔专程前往乔布斯家中通读这封信。“是不是有种我在给Adobe挑刺的感觉？”他问坎贝尔。“不，你写的都是事实，就这样发表吧。”坎贝尔回答道。这封公开信大多着眼于Flash的技术缺陷。尽管有坎贝尔的指点，但是乔布斯在公开信的结尾处还是禁不住感慨于两家公司之间的历史纠葛。他指出：“Adobe是最后一家完整采纳Mac OS X标准的大型的第三方软件开发商。”

那年晚些时候，苹果提高了对跨平台编译器的一些限制，而Adobe公司则推出了能够利用苹果iOS系统主要特性的Flash创作软件。这是一场痛苦的战争，但乔布斯占据了更大主动权。最后，它推动了Adobe和其他编译器开发者更好地利用iPhone和iPad的界面及其特性。

而当苹果意欲严格控制哪些应用程序可以下载到iPhone和iPad上时，乔布斯承受了更大的压力。防范含有病毒或侵犯用户隐私的应用程序理所当然；要求涉及订阅的应用程序必须让用户通过iTunes商店订阅而不能跳转至其他网站进行订阅，这至少也有其商业上的道理。但是乔布斯及其团队更进一步：他们决定禁止任何诋毁他人的应用程序，不论是具有政治争议性的，还是被苹果审查员视为含有淫秽内容的。

当一个以马克·菲奥里（Mark Fiore）的政治漫画为蓝本开发的应用程序被拒时，苹果试图扮演保姆的问题就凸显出来了。该应用因攻击布什政府的虐囚政策而被认为违反了不许诋毁他人的禁令。2010年4月，菲奥里赢得了普利策社论漫画奖，苹果的决定也被公之于众，并遭到嘲笑。苹果不得不收回成命，乔布斯也公开致歉。“我们对自己的错误感到愧疚，”他说，“我们尽可能做到最好，也尽可能快地学习——但我们的确曾以为这条规定是有道理的。”

这已经不仅仅是一个错误了。如果我们想用 iPad 或 iPhone，那么苹果就能控制我们可以看到和下载的应用程序。乔布斯似乎有成为奥威尔笔下的老大哥的危险，而也正是他在 Mac 的“1984”广告中令人欢欣鼓舞地摧毁了老大哥。乔布斯对这个问题十分上心。有一天，他打电话给《纽约时报》的专栏作家汤姆·弗里德曼（Tom Friedman），讨论如何画定界线却又不至于落得审查者的臭名。他要弗里德曼带领一个咨询小组，帮助自己画定界线；但是与弗里德曼合作的出版商表示，这样做存在利益冲突的问题，因此咨询小组的事情也就不了了之了。

色情作品禁令也带来了麻烦。“我们相信，苹果有道德责任让色情远离 iPhone，”乔布斯在回复一位消费者的邮件中写道，“需要色情的人可以用安卓。”

这引发了瑞安·泰特（Ryan Tate）与乔布斯的电子邮件对话；泰特是科技八卦网站硅谷闲话（Valleywag）的编辑。一天晚上，泰特喝着史汀格鸡尾酒，给乔布斯发了一封电子邮件，谴责苹果公司严格控制用户所能下载的应用程序。“如果迪伦今天是 20 岁的话，他会怎么评价你的公司？”泰特质问道，“他是否会认为 iPad 和‘革命’根本没什么关系？革命的核心是自由。”

出乎意料的是，几个小时后，即午夜过后，乔布斯对泰特进行了回复。“没错，”他说，“远离那些窃取用户私人数据程序的自由，远离那些榨干电池电量的程序的自由，远离色情的自由。是的，自由。时代在变[1]，一些传统的个人电脑使用者觉得他们的世界正在逝去。没错。”

泰特在回复中提到了对于 Flash 和其他话题的看法，然后又回到了审查问题。“你知道吗？我不想要‘远离色情的自由’。色情有什么不好的！我觉得我妻子也会同意。”

乔布斯回复道：“等你有了孩子，可能就会更关心色情的问题了。这与自由无关，苹果是在为用户做正确的事情。”末了，他反驳道：“顺便问一句，你又干过什么了不起的事情？你创造过什么东西没有？还是说你只会批评其他人的工作，贬低他人的动机？”

泰特承认这给自己留下了深刻的印象。“很少有 CEO 会这样跟消费者和博客写手一对一交流，”他写道，“乔布斯打破了一般的美国高管模式，他应该为此受到赞誉，而不仅仅因为他的企业做出了如此卓越的产品：他依照自己对于数字生活的强烈意志创建并重建了自己的公司，而且他愿意公开辩护自己的观点——大力地、直言不讳地、在周末凌晨两点这个时段。”博客圈中许多人也赞同这一说法，他们给乔布斯发邮件赞扬他的争论精神。乔布斯也很自豪，他把同泰特的往来邮件和一些称赞转发给了我。

尽管如此，对于苹果公司禁止用户查看富有争议的政治漫画和色情作品，人们仍然感到不安。幽默网站 eSarcasm.com 发起了一项网络运动，名为“是的，史蒂夫，我想要色情作品”。网站宣称：“我们是

1. 乔布斯在这里引用了鲍勃·迪伦的著名歌曲《时代在变》，一语双关。

肮脏、痴迷色欲的恶徒，需要一天 24 小时接触淫秽内容。或者，我们只是想要一个没有审查的开放社会，一个不由技术独裁者决定我们能看什么、不能看什么的社会。”

当时，乔布斯和苹果公司正同硅谷闲话的附属网站 Gizmodo 开战；一位倒霉的苹果工程师在酒吧落下了一部还未发布的 iPhone 4 测试机，Gizmodo 拿到了它。依照苹果公司的投诉，警方搜查了该网站记者的住所。这一事件令人质疑，除了控制癖以外，苹果公司是否太过傲慢嚣张。

乔恩 · 斯图尔特是乔布斯的朋友，也是苹果迷。2010 年 2 月乔布斯前往纽约会见传媒高管时，曾私下拜访斯图尔特。但这也没能阻止斯图尔特在《每日秀》（*The Daily Show*）中将矛头对准乔布斯。“事情不应该是这样的！微软才应该是邪恶的那个！”斯图尔特半开玩笑地说道。他身后的屏幕上出现了“appholes”[1] 的字样。“哥们儿，你们曾是反叛者，是处于弱势的人。但是现在，你们倒成了老大哥了？还记得‘1984’广告吗，推翻了老大哥的牛 × 广告？照照镜子啊，兄弟！”

同年春末的时候，董事会成员也开始讨论这个问题。亚瑟 · 莱文森在董事会会议上提出了这个问题。之后他在一次午餐的时候告诉我说：“史蒂夫的态度有些傲慢，这是他个性使然。他会本能地反抗，并有力地摆出自己的信念。”在苹果还是充满反抗意识的弱势企业时，有这种傲慢态度没什么问题。但是现在，苹果已经是移动市场的主导者了。“我们需要转变心态，符合自己大企业的身份，并处理狂妄傲慢的问题。”莱文森表示。阿尔 · 戈尔也在董事会会议上谈到了这个问

1. 用 apple 和 asshole（浑蛋）合造的词，意为苹果很浑。

题。“苹果的境况正发生巨大改变，”他回忆道，“它不再是向老大哥挥锤的人了。现在，苹果公司做大了，人们认为它傲慢嚣张。”一旦涉及这个问题时，乔布斯就变得很防备。“他还在调整，”戈尔说，“他更善于做一个处于弱势的人，而不是谦逊的巨人。”

对于这类谈话，乔布斯毫无耐心。他告诉我，人们之所以批评苹果，是因为“谷歌和 Adobe 这样的公司在污蔑我们，企图摧毁我们”。那么对于人们认为苹果有时太傲慢的看法，他怎么看呢？“我对此毫不担心，”他说，“因为我们并不傲慢。”

天线门：设计与工程谁说了算

在许多消费类产品企业中，设计师和工程师之间关系紧张；设计师想要产品美观，工程师需要确保产品满足功能需求。在苹果，乔布斯将两者都推向了极致，因此设计师和工程师之间的关系更为紧张。

1997 年，他和设计总监乔尼 · 艾夫共同进行创意决策，他们常常认为，工程师需要克服那种觉得某事做不了的怀疑态度。iMac 和 iPod 的成功，让他们更加坚信自己的信念——了不起的设计能够激发工程师做出超人的壮举。每当工程师表示有些事情做不了时，艾夫和乔布斯就会逼迫他们努力尝试，而且通常都会成功。但偶尔会有些小问题。例如，艾夫认为涂层会削弱自己设计的纯粹性，从而让 iPod Nano 很容易被刮花，但这并没有给苹果公司造成危机。

在设计 iPhone 的时候，艾夫的设计欲望撞上一个不可能被现实扭曲力场改变的物理学基本法则——金属不宜放在天线附近。物理学家迈克尔 · 法拉第（Michael Faraday）已经证实，电磁波在传播的过程中会绕过金属的表面，而无法穿过金属。因此，用金属外壳包裹手机会造成“法拉第笼”（Faraday Cage）的现象，削弱进出的信号。起初，

iPhone 的设计是在底部使用塑料壳；但是，艾夫认为这会破坏设计的完整性，要求全部使用铝质材料。这样的做法成功了，于是，在设计 iPhone 4 时，艾夫要求使用钢圈。钢圈是机身的支撑结构，看上去圆润饱满，并部分充当手机天线。

这就有个大问题。要作为天线使用，钢圈必须有一个微小的缝隙。但是，如果用户的手指或汗湿的手掌遮住了这个缝隙，就会造成信号部分损失。工程师建议在钢圈外部喷上涂层，以防止该问题的出现，但是艾夫认为这会影响拉丝金属的外观。iPhone 团队在各种会议上都向乔布斯反映了这个问题，但是乔布斯认为工程师们只是在玩“狼来了”的把戏。他说，你们能行的。不过，他们也确实做到了。

解决方案近乎完美，但并非完美。iPhone 4 在 2010 年 6 月发布时看起来棒极了，但是一个问题很快就浮出了水面：如果用户以某种方式拿着手机，尤其是用左手拿着手机时，手掌就会盖住钢圈上的小缝隙，于是就会出现信号丢失的问题。这种问题发生的概率大约为 1%。由于乔布斯要求对未发布的产品进行严格保密，就连 Gizmodo 网站在酒吧里拿到的那台测试机也装的是假外壳，iPhone 4 并没有像大多数电子设备一样进行实用测试。因此，在大众抢购之前，这一缺陷并没有被人发现。“问题在于，设计高于工程和对未发布产品进行高度保密的双重政策是否对苹果有益。”托尼·法德尔后来表示，“总的来说，这样做有好处；但是不受制约的权力是件坏事，而事情就是这样的。”

一个普通手机出现一些信号丢失问题根本不会成为新闻，但这是 iPhone 4，是让所有人惊叹的产品。这一故障问题被大家称为“天线门”。7 月初，《消费者报告》（*Consumer Reports*）进行了一些严格的测试，表示鉴于天线问题，不推荐消费者购买 iPhone 4。此举将“天线门”事件推向高潮。

就在“天线门”炒得沸沸扬扬之时，乔布斯正和家人在夏威夷康娜度假村度假。最开始，他还在为自己和苹果公司辩护。亚瑟·莱文森接二连三地跟他通电话，乔布斯坚持认为，这是谷歌和摩托罗拉在作怪。“他们想要打倒苹果。”他说。

莱文森让他谦虚一点。“我们来看看到底是不是有问题。”他说。当他再次提到公众认为苹果公司态度傲慢时，乔布斯很不高兴。这违背了他非黑即白、是非分明的世界观。乔布斯认为苹果是一家讲原则的公司。如果别人看不到这点，那是他们的错，而苹果没有理由放低姿态。

紧接着，乔布斯觉得受到了伤害。他认为这些批评是针对他个人的，他感到很痛苦。“他内心深处认为，自己绝不会像某些商界的纯实用主义者那样去做一些明显错误的事情。”莱文森表示，“因此，如果他认为自己是对的，那么他就会往前冲，而不是质疑自己。”莱文森劝他不要沮丧，但没有用。“去他妈的，这事根本不值得费这么大工夫。”他跟莱文森说。最后，蒂姆·库克让他从低落的情绪中摆脱出来。库克跟乔布斯说，有人认为苹果将成为另一个微软，自满又傲慢。第二天，乔布斯转变了态度。“让我们把这个问题弄个水落石出。”他说。

从AT&T收集到信号丢失的统计数据后，乔布斯意识到，虽然实际情况并没有舆论所声讨的那样夸张，但确实是个问题。于是，他从夏威夷飞回公司。不过在回去之前，他打了几通电话，召集了几个值得信赖的老手，那些都是30年前Mac创始团队的聪明人。

他首先打给了公关老手里吉斯·麦肯纳。“我准备从夏威夷回来处理天线问题，我需要你的意见。”乔布斯对他说。他们约好次日下午1点半在苹果会议室见面。第二个电话打给了广告人李·克劳。他曾想要放弃和苹果合作，但是乔布斯欣赏他并将他留下了。克劳的同事詹姆斯·文森特也接到了乔布斯的电话。

乔布斯还决定把儿子里德也带回公司一同参加会议；里德当时在读高中四年级，刚和他从夏威夷回来。“我接下来两天会全天不停地开会，希望你也能来，这两天你能学到的东西比在商学院两年还多。”他对里德说，“你将会和世界上最优秀的人才共处一室，看看一切是如何运作的。”在回忆这段经历时，乔布斯有些热泪盈眶。“我愿意再经历一次这样的事件，只要想让他有机会看看我工作时的样子。”他说，“他应该看看自己的父亲在做什么。”

到会的还有苹果公司的公关主管，沉着冷静的凯蒂·科顿（Katie Cotton）以及其他7名高管。会议持续了整个下午。乔布斯后来回忆说：“这是我人生中最棒的会议之一。”会议一开始，他就拿出了自己收集的所有数据。“事实都摆在这儿，我们应该做些什么？”

麦肯纳最为沉着和直接，他说：“只需摆出事实和数据，不要表现得傲慢狂妄，但要坚定和自信。”其他人，包括文森特在内，都劝乔布斯表现得更有歉意些，但是麦肯纳不同意。他建议道：“不要夹着尾巴召开新闻发布会，你应该直接跟他们说：‘手机不完美，我们也不完美。我们是凡人，在尽自己最大的努力做事，而数据在这里。’”麦肯纳的提议被采用了。当讨论到乔布斯的傲慢形象时，麦肯纳劝他不必多虑。“我不认为让乔布斯表现得谦卑一些就能解决问题。”麦肯纳后来解释道，“正如史蒂夫形容自己的那样，‘所见即所得’。”

周五，苹果在公司礼堂举办了新闻发布会，乔布斯采纳了麦肯纳的意见。他没有卑躬屈膝，也没有道歉，只表示苹果理解这个问题并会尽力改正，这样他就得以平息问题。接着，他话题一转，称所有手机都有些问题。后来他告诉我，自己在发布会上的语气有些“太恼怒”，但事实上，他的表述冷静而直接。他用了四个简短的陈述句：“我们不完美。手机不完美。我们都知道这一点。但是我们想要让用户满意。”

他表示，如果有人不满意，他们可以退货或者免费获得苹果提供的胶套。结果，iPhone 4 的退货率只有 1.7%，还不到 iPhone 3GS 和大多数其他手机退货率的 1/3。在发布会上，他又接着报告了一些数据，表明其他手机也有类似问题。但这并不完全属实。苹果的天线设计让 iPhone 4 比大多数手机的天线都要差一点儿，包括之前的 iPhone 版本。但是，媒体对于 iPhone 4 信号丢失的疯狂报道确实夸大其词了。“这捏造出来的数据令人难以置信。”他说。对于乔布斯既没卑躬屈膝，又没有责令召回，大多数消费者并没有感到震惊，相反他们认识到乔布斯是对的。

iPhone 4 的存货已经售罄，排在等候名单上的人们现在要等上三周时间——之前还只需要两周的时间。它成为苹果历史上销售最快的产品。乔布斯在发布会上断言其他智能手机也有同样的天线问题，媒体遂将话题转移至他的说法是否正确。即使乔布斯所言不实，这也比讨论 iPhone 4 是否是个有缺陷的无用产品要好。

一些媒体观察家对此感到难以置信。newser.com 的迈克尔·沃尔夫（Michael Wolff）写道：“通过一场大胆的表演，乔布斯向人们展示了他的坚定、正义及无辜，从而成功地回避了问题，消除了批评，并将火引到了其他智能手机厂商身上。这是现代营销、企业公关和危机管理的新高度，你只能目瞪口呆充满敬意地问他们：你们是怎么成功摆脱问题的？或者更准确地说，他是如何摆脱问题的？”沃尔夫将其归功于乔布斯的洗脑能力，称他是“最具有魅力的人”。如果换作其他 CEO 会卑微地进行道歉，并大量召回问题产品，但乔布斯不必如此。“他冷酷瘦削的外表，他的专制，宗教般的影响力，神一样的地位，使他有特权决定什么东西重要什么东西微不足道。”

漫画《呆伯特》（*Dilbert*）的创作者斯科特·亚当斯（Scott Adams）也同样感到难以置信，不过更多的还是欣赏。几天后，他发表了一篇博客文章，惊叹乔布斯"占据制高点的举动"，称其将会成为新的公关标准。乔布斯自豪地把这篇文章发送给很多人。"苹果对 iPhone 4 问题的回应并未遵循公关套路，因为乔布斯决定重新改写游戏规则。"亚当斯写道，"如果你想知道天才什么样，那么研究一下乔布斯的措辞吧。"通过宣称手机都不完美，乔布斯用一个不争的事实改变了争论的语境。"如果乔布斯没有把问题从 iPhone 4 引向所有智能手机，我可能会画一幅爆笑漫画，展示一款一拿到手里就无法使用的手机。但是，一旦问题变成了'所有智能手机都存在问题'，幽默的机会也就随之溜走了。没有什么能比一般性的枯燥事实更能扼杀幽默的了。"

太阳升起[1]

在乔布斯的职业生涯完满之前，有几件事情需要解决。其中一件就是结束与他喜爱的披头士乐队之间的"三十年战争"。2007 年，苹果同苹果唱片公司就商标之争达成和解；该唱片公司是披头士的母公司。1978 年，苹果唱片公司起诉刚刚起步的苹果计算机公司，称其使用自己的名字。但是商标案和解之后，披头士的音乐仍未能进驻 iTunes 商店，成为唯一遗落在外的著名乐队。这件事的主要原因在于苹果唱片公司还未同百代音乐公司就如何处理数字版权达成一致，而百代音乐公司拥有披头士大部分歌曲的版权。

2010 年夏，披头士和百代音乐公司找到了解决方案，并与苹果举行了四人峰会。乔布斯和负责 iTunes 商店的副总裁埃迪·库埃主持会议，邀请了杰夫·琼斯（Jeff Jones）和罗杰·法克森（Roger Faxon）：琼斯代表披头士的利益，法克森是百代音乐公司的总裁。既然披头士

1.《太阳升起》（Here Comes the Sun），披头士乐队的经典歌曲。

已经准备好进军数码市场，苹果会如何为这一里程碑添加一点儿传奇色彩呢？乔布斯期待这一天很久了。事实上，三年前在计划如何吸引披头士加入时，他就曾和广告团队、李·克劳及詹姆斯·文森特一起构思了一些广告创意。

“史蒂夫和我想尽了一切能够做的事情。”库埃回忆道。其中包括重新设计 iTunes 商店主页，购买广告牌放上披头士乐队最好的照片，以及播放一系列经典苹果风格的电视广告。顶级的方案是一套价值 149 美元的套装产品，其中包括披头士的全部 13 张专辑、《昔日大师》（*Past Masters*）两张精选集以及能勾起怀旧之情的 1964 年披头士华盛顿体育馆演唱会视频。

大体原则都达成一致后，乔布斯亲自帮助挑选了广告需要的照片。每个广告结尾都是一张黑白静照，年轻的保罗·麦卡特尼（Paul McCartney）和约翰·列侬，微笑着，在录音棚里低头看一首乐曲。这使人想起了乔布斯和沃兹尼亚克的一张旧照，照片上是两人一起查看苹果电路板。库埃说：“让披头士进入 iTunes 是我们进入音乐业务的终极目标。”

第四十章　飞向太空

云端，飞船，宇宙无限

iPad 2

在 iPad 开始销售之前，乔布斯就已经在思考 iPad 2 上该有什么了。它需要前置和后置摄像头——大家都知道会是这样——而且他肯定希望它更加轻薄。但是有一个他专注思考的外设问题是大多数人没有想到的：人们用的保护套遮盖了 iPad 的美丽线条，也削弱了屏幕的效果。他们把本应轻薄的东西弄得太厚了，给一个原本各方面都充满魔力的电子设备披上了件大路货的外衣。

大约就在那个时候，他读到一篇有关磁铁的文章，剪下来交给了乔尼·艾夫。磁铁的吸引力可以被精确地聚焦在一个锥形区域里，这也许可以用于连接一个可分离的保护盖。那样，保护盖就可以覆盖 iPad 的正面而无须包裹整个设备。艾夫的团队里有个家伙研究出了如何用有磁性的合页连接一个可分离的保护盖。当你打开它时，屏幕会被唤醒，而且这个保护盖还可以折叠成一个支架。

这不是高科技，只是纯粹的机械应用，但是它很迷人。这也是乔布斯追求端到端一体化集成的另一个例子：保护盖和 iPad 是一起设计的，因此磁铁和合页可以无缝连接。iPad 2 会有很多改进，但是这个大多数 CEO 都会不屑一顾的小盖子，却将博得最多赞许的微笑。

iPad 2 按计划在 2011 年 3 月 2 日于旧金山发布，由于乔布斯又在休病假，大家并未期待他会出席。但是等请柬发出去以后，他又让我尽量到场。现场一切照旧：苹果的最高管理层坐在第一排，蒂姆·库克吃着能量棒，音响系统大声播放着应景的披头士乐队的歌，最后是《你说你想要一场革命》(You Say You Want a Revolution ）和《太阳升起》(Here Comes the Sun)。开幕前的最后一分钟，里德·乔布斯跟两个满脸稚气的大一室友赶到了现场。

“我们做这个产品那么久，我可不想错过今天。”乔布斯缓步走上舞台时说。他瘦得吓人，却带着欢快的笑容。观众爆发出欢呼声，全体起立鼓掌。

乔布斯的 iPad 2 展示从新的保护盖开始。“这次，保护盖跟这个产品是一起设计的。”他解释说。接下来他开始回应一项质疑：原来的 iPad 更擅长消费内容而不是创造内容。这种说法不无道理，因此乔布斯一直为之耿耿于怀。这次，苹果改编了 Mac 上两项最有创造性的应用——GarageBand 和 iMovie，开发了适用于 iPad 的版本，功能强大。乔布斯演示了如何在新版 iPad 上轻松地作曲和编曲，或给你的家庭录像添加音乐和特效，以及发布和分享这些创作。

又一次，他用人文街（Liberal Arts Street）和科技街（Technology Street）交汇的画面结束了演讲。这次，他用最清晰的方式表达了他的信条：真正的创意和简洁来自产品的一体化——硬件、软件，以及内容、保护盖和销售员——而不是让这些部分都开放和各自为政，就像过去的 Windows 个人电脑和现在的安卓设备那样：

> 苹果的基因决定了只有技术是不够的。我们笃信，是科技与人文的联姻才能让我们的心灵歌唱。后 PC 时代的电子设备尤其如此。大家都在涌入这一平板电脑市场，可是他们把它看成是下一代 PC，硬件和软件要由不同的公司制造。而我们的体验，以及我们身体中的每一块骨骼，都在说那种方式是不对的。这些是后 PC 时代的电子设备，需要比 PC 更加直观和简单易用，其软件、硬件和应用都要比在 PC 上更加无缝地结合。我们认为，我们不仅有合适的硅芯片构造，而且有合适的组织构造，来制造这种产品。

这种构造不仅植入了乔布斯创建的企业，而且也植入了他的灵魂。发布会结束后，乔布斯精神焕发。他到四季酒店来，跟我、他夫人、里德和里德的两个斯坦福同学共进午餐。与之前不同的是，这次他真的是吃东西了，虽然还是有些挑剔。他点了鲜榨果汁，结果他把果汁退回去三次，每次都说是瓶装的；他还点了一份什蔬意大利面，尝了一口就说没法儿吃，推到一边去了。可是接下来他把我的蟹肉沙拉吃了一半，然后给自己点了一整份，并且在吃完以后又吃了一碗冰激凌。而最后，这家对客人百依百顺的酒店甚至还端上了一杯终于能达到他要求的果汁。

第二天在家中，他依然情绪高涨。他计划第三天一个人飞到康娜度假村，我要求看看为了这次旅行他都在他的 iPad 2 上安装了什么。有三部电影：《唐人街》(*Chinatown*)、《谍影重重 3》(*The Bourne Ultimatum*) 和《玩具总动员 3》(*Toy Story 3*)。我还发现，他只下载了一本书：《一个瑜伽行者的自传》(*The Autobiography of a Yogi*)。这是一本冥想与灵修指南，他十几岁时第一次阅读，后来在印度再次阅读，从那以后他每年都会重读一遍。

上午刚过了一半，他就想吃东西了。他仍然太虚弱，不能开车，所以我开车带他去一个购物中心的咖啡厅。咖啡厅还没开门，但是老板已经习惯了乔布斯在非营业时间敲门，他高兴地接待了我们。“他承担了让我胖起来的使命。”乔布斯开玩笑说。他的医生们要求他吃鸡蛋，作为优质蛋白质的一个来源，所以他点了鸡蛋卷。“得了这种病，加上所有的疼痛，会时刻提醒你你是会死的，而一不小心这就会对你的大脑产生奇怪的影响。”他说，“你不会制订超过一年的计划，这很不好。你需要强迫自己像你要活很多年那样去制订计划。”

这种神奇想法的一个例子就是他计划建造一艘豪华游艇。在他做肝脏移植手术之前，他和家人曾经租用游艇度假，去墨西哥、南太平洋或地中海。在很多次航行中，乔布斯都会厌烦或开始讨厌所乘游艇的设计，因此他们会缩短行程，然后飞到康娜度假村。但有些时候航行很成功。“我最好的一次假期就是我们沿着意大利海岸线航行，然后去雅典——雅典挺没劲儿的，不过帕特农神殿非常震撼，然后到土耳其的以弗所，那里保留着那种古老的大理石的公共厕所，中间还有一个地方供音乐家演奏小夜曲。”他们到达伊斯坦布尔后，乔布斯聘请了一位历史学教授做他们的导游。最后他们还洗了土耳其浴，那位教授的讲解让乔布斯对青少年文化的全球化有了深刻的认识：

> 我受到了真正的启示。我们都穿着浴袍，他们为我们制作了土耳其咖啡。教授讲解了这里的咖啡制作方法跟其他地方有多么不同，而我认识到，“那又他妈的能怎么样呢？”即使是在土耳其，又有哪个孩子会在乎什么土耳其咖啡呢？一整天我都在观察伊斯坦布尔的年轻人。他们都在喝世界上其他孩子喝的饮料，他们穿的衣服看起来就像是从GAP买的，他们也都在用手机。他们跟别处的孩子没什么两样。这让我意识到，对于年轻人来说，现在整个世界都是一样的。我们在制造产品时，没有一种东西叫土耳其手机，土耳其的年轻人想要的音乐播放器，也不会跟世界上其他地方的年轻人想要的不一样。我们现在就是同一个世界。

那次愉快的航行之后，乔布斯自娱自乐地开始设计，之后又反复地重新设计一艘他有朝一日想要建造的游艇。2009年再次病重时，他几乎取消了这个计划。“我认为我活不到它造好的那个时候，”他回忆说，“那让我非常悲伤，但是我又觉得做这个设计是件有意思的事，而且也许我侥幸可以活到它造好的时候。如果我停止设计，然后我又多活了两年，那么我会气疯的。所以我就坚持了下去。”

在咖啡厅吃完鸡蛋卷后，我们回到他家，他给我看所有的模型和设计图。不出所料，这艘计划中的游艇是流线型的极简抽象艺术风格。柚木甲板平直完美，不加任何装饰物。如苹果零售店一样，船舱的窗子都是几乎从地面直到天花板的大块玻璃，而主要生活区设计有40英尺长、10英尺高的玻璃墙。他让苹果零售店的总工程师设计了一种特殊的可以支撑船体结构的玻璃。

当时这艘船已经在由荷兰的游艇定制公司Feadship建造，但是乔布斯仍然在对设计改来改去。“我知道有可能我会死掉，留给劳伦一艘造了一半的船，”他说，“但是我必须继续做下去。如果我不这么做，就是承认我快要死了。”

几天以后，他和鲍威尔将会庆祝他们结婚20周年。他承认，有时候他没有给予她应得的感谢。“我非常幸运，因为当你结婚的时候，你根本不知道未来将会怎样。”他说，“你都是凭直觉。这是我做得最棒的一件事，因为劳伦不仅聪明漂亮，而且事实证明她是个非常好的人。”他的眼睛湿润了。他谈起其他的女朋友，尤其是蒂娜·莱德斯，但是说他最终做了正确的选择。他还反省了他是多么的自私和苛刻。“劳伦要应付这一切，还要照顾我的病况，”他说，“我知道跟我生活在一起可不是件享受的事情。”

他种种的自私特征之一，就是他经常不记得纪念日或生日。但这一次，他决定策划一个惊喜。他们当年在优山美地的阿瓦尼酒店举行的婚礼，因此，他决定在结婚纪念日时再带鲍威尔去那里。但是当乔布斯打电话去时，酒店房间已经预订满了。他请酒店联系上预订了当初他和鲍威尔结婚时住的套房的人，询问他们是否愿意放弃。“我提出为他们支付另一个周末的费用。”乔布斯回忆说，“那人非常好，他说，‘20年，拿去吧，房间是你们的了。’”

随后他还找出一个朋友拍摄的结婚照，然后放大印在厚厚的纸板上，装在一个精美的盒子里。

他翻看着自己的iPhone，找到当时他写了放在盒子里的那段话，大声读了出来：

> 20年前我们相知不多。我们跟着感觉走，你让我着迷得飞上了天。当我们在阿瓦尼举行婚礼时天在下雪。很多年过去了，有了孩子们，有美好的时候，有艰难的时候，但从来没有过糟糕的时候。我们的爱和尊敬经历了时间的考验而且与日俱增。我们一起经历了那么多，现在我们回到20年前开始的地方——老了，也更有智慧了——我们的脸上和心上都有了皱纹。我们现在了解了很多生活的欢乐、痛苦、秘密和奇迹，我们依然在一起。我感觉依然像在天上飘着，双脚从未落回地面。

读完一段，他已经不能自已、泣不成声。哭过之后，他说他给每个孩子都做了一套照片。“我想他们可能愿意看到我也曾经年轻过。”

iCloud

2001年乔布斯就预见到：你的个人计算机将成为日常生活中的多种电子设备——例如音乐播放器、摄像机、移动电话和平板电脑——的“数字中枢”。这正与苹果创造简单易用的端到端一体化产品的能力相契合，就这样，这家公司从一个高端小众计算机公司转变为全球最有价值的科技公司。

到2008年，乔布斯已经预见到数字时代的下一个浪潮。他相信，未来你的桌上电脑将不再会是你的内容中枢。取而代之，中枢将被转移到“云端”。换句话说，你的内容将被存储在你所信任的公司管理的远程服务器上，你可以在任何地方任何设备上使用。接下来乔布斯用了三年时间去实现这个设想。

他起初走错了一步。2008年夏天他发布了一个叫作MobileMe的产品，是一项昂贵的收费服务（每年99美元），它允许你把通讯录、文件、图片、视频、邮件和日历存储在“云端”，并可以在任何设备上同步。理论上，你可以在你的iPhone或任何计算机上接入你的数字生活的方方面面。然而，这存在一个很大的问题，用乔布斯的话说，这项服务烂透了。它非常复杂，设备同步得不好，邮件和其他数据会随机丢失。沃尔特·莫斯伯格在《华尔街日报》上刊登评论文章，大标题是“苹果的MobileMe漏洞百出难以信赖”。

乔布斯怒不可遏。他把MobileMe团队召集到苹果园区的礼堂，站在台上问：“有没有谁能告诉我MobileMe是要做什么用的？”在团队成员回答后，乔布斯追问道：“那他妈的为什么它做不了那个？”接下来的半个小时他一直在斥责他们。“你们玷污了苹果的声誉，”他说，“你们应该相互憎恨，因为你们令彼此失望。连我们的朋友莫斯伯格都不再写赞美我们的文章了。”大庭广众之下，他炒掉了MobileMe团队的负责人，换成了埃迪·库埃，库埃当时负责苹果所有的互联网内容。如《财富》杂志的亚当·拉辛斯基在对苹果企业文化的分析文章中所说：“问责制得到了严格执行。”

到2010年，显然谷歌、亚马逊、微软等都在力争成为可以最好地存储内容和数据并在各种设备上进行同步的公司。因此乔布斯加倍努力。那年秋天他向我做了如下说明：

> 我们要成为管理你与“云端”之间关系的公司——从“云端”中流畅地播放你的音乐和视频，存储你的图片和信息，甚至包括你的医疗数据。苹果率先认识到你的计算机会成为一个数字中枢。因此我们编写了这些应用——iPhoto、iMovie、iTunes——并将它们与我们的设备整合在一起，就像iPod、iPhone和iPad一样，效果棒极了。但是在接下来的几年间，这个中枢将从你的计算机转移到“云端”。因此这是同一个数字中枢策略，但是中枢的位

置变了。这意味着你总是能访问你的内容而且不必再同步。

我们做这样的转型非常重要，正如克莱顿·克里斯坦森所说的“创新者的窘境”，即发明了某个事物的人往往是最后一个看到它过时的，而我们当然不想落在后面。我会让 MobileMe 免费，我们会让同步内容变得简单。我们正在北卡罗来纳州建一个服务器群。我们可以提供你需要的所有同步，那样我们就可以锁定客户。

乔布斯在每周一的晨会上讨论这个设想，而且它渐渐形成了一个新战略。“我在凌晨两点给各团队的人发邮件，并对问题进行充分讨论。”他回忆说，“我们对此做了很多思考，因为它不是一项工作，它是我们的生命。”尽管一些董事会成员，包括阿尔·戈尔在内，质疑让 MobileMe 免费的想法，但他们还是支持了它。这将是他们未来 10 年把客户圈进苹果领地的关键战略。

新的服务被命名为 iCloud，2011 年 6 月由乔布斯在苹果全球开发者大会的重要讲话上发布。他还在休病假，而且在 5 月还因为感染和疼痛住院数天。一些好朋友劝他不要做这个演讲，因为这需要进行很多准备和彩排，但是在数字时代开启又一次结构调整的前景似乎让他充满力量。

当他在旧金山会议中心登上舞台时，他在平时常穿的“三宅一生”黑色高领衫外面套了件 VonRosen 黑色羊绒衫，还在蓝色牛仔裤里穿了件保暖裤。但是他看起来比任何时候都更加消瘦。观众起立长时间鼓掌——“非常感谢，我深受鼓舞。”他说——但是几分钟内苹果的股价就下跌超过 4 美元，到了 340 美元。他在做着悲壮的努力，但是他看起来非常虚弱。

他把舞台交给菲尔·席勒和斯科特·福斯托，他们演示了 Mac 和移动设备的新操作系统，然后乔布斯亲自展示 iCloud。“大约 10 年前，我们有了我们最重要的一个预见，”他说，“PC将成为你数字生活的中枢。你的视频，你的照片，你的音乐。但是在过去几年这个预见破灭了。为什么？”他不厌其烦地描述了把所有的内容同步到每一个设备上是多么困难。如果你在iPad上下载了一首歌，用你的iPhone拍了一张照片，在你的电脑上存了一段视频，你就要把USB数据线在各个设备上插来拔去才能实现这些内容的共享，最后你会觉得自己像个旧时代的电话接线员。“让这些设备保持同步快把我们逼疯了，”他对台下笑声越来越大的观众说，“我们有一个解决方案。它是我们的下一个重要预见。我们要把PC和Mac降级为仅仅是一个设备，我们要把数字中枢转移到‘云端’。”

乔布斯非常清楚，这个“重要预见”实际上并不真的很新。他甚至还拿苹果的上一次尝试开玩笑：“你可能会想，我为什么要相信他们？就是他们给了我MobileMe。”观众们忐忑不安地笑着。“权且让我说那不是我们的最佳状态吧。”但是当他演示iCloud时，显然它要更好。邮件、联系人和日历条目瞬间同步。应用、照片、书籍和文件亦是如此。最让人印象深刻的是，乔布斯和埃迪·库埃跟多家音乐公司达成了协议（跟谷歌和亚马逊不同）。苹果的云端服务器将有1 800万首歌曲。如果你的任何电子设备或计算机上有这些歌曲中的任何一首——无论你是合法购买的还是盗版的——苹果将允许你在所有设备上使用这首歌的高质量版本，而无须费时费力把它上传到“云端”。“就是这么简单。”他说。

这个简单的概念——一切都将无缝连接——一如既往的是苹果的竞争优势。微软已经对其云计算“Cloud Power”大肆宣传了一年多，而早在三年前其首席软件架构师——传奇的雷·奥兹（Ray Ozzie）——就曾向全公司发出了振奋人心的动员：“我们的愿望是人们只需要购买一次多媒体内容，然后就可以用他们的……任何电子设备接入和享用。”但是奥兹在2010年年底辞职，而微软的“云计算”从未在消费类电子设备上实现。亚马逊和谷歌都在2011年推出了云服务，但是他们都没有能力整合硬件、软件和各种电子设备中的内容。苹果控制了这个产业链上的每一个环节，并且，通过设计使之全都共同工作：电子设备、计算机、操作系统、应用软件加上内容的销售和存储。

当然，只有当你使用某款苹果设备、待在苹果的封闭空间里时，这一切才能无缝合作。这就为苹果带来了另一个好处：消费者被捆绑住了。一旦你开始使用iCloud，就会很难切换到Kindle或安卓设备。你的音乐和其他内容无法同步到那些设备上；事实上，它们甚至可能会无法工作。苹果30年来抵制开放系统的努力达到了高潮。“我们思考了是否要为安卓做一个音乐应用，”第二天吃早餐时他告诉我，“我们把iTunes装到Windows上以便能销售更多的iPod。但是，除了让安卓的用户高兴之外，我没看到把我们的音乐应用装到安卓系统上有什么好处。而我并不想让安卓的用户高兴。”

新园区

乔布斯13岁时，他就从电话簿上查到了比尔·休利特的号码，并打电话索要一个自己在尝试制作频率计数器时用到的零件，结果他得到了在惠普仪器部做暑期工作的机会。也就是在那年，惠普在库比蒂诺置地扩建计算器部门。沃兹尼亚克去那儿工作，就是在那里，他利用夜里的时间设计了Apple Ⅰ和Apple Ⅱ电脑。

惠普2010年决定弃用库比蒂诺园区，而这一园区就在苹果的无限循环路1号楼总部东侧1英里处。乔布斯悄悄地安排买下了惠普的园区和毗邻的物业。他欣赏休利特和帕卡德打造一家传世公司的方式，也很自豪自己在苹果做了同样的事情。现在他想要一个能展示苹果形象的总部，这在西海岸的科技公司中是前所未有的。他最终聚积了150英亩土地，其中大部分在他少年时代还是杏树园。他投身到新园区的设计建设中，这将是一个传世的项目，融入了他对设计的激情和他对创建一家传世公司的热情。“我想留下一个标志性的园区，可以体现这家公司的价值观，代代相传。”他说。

他聘请了他认为是世界上最好的建筑公司——诺曼·福斯特爵士（Sir Norman Foster）的公司，它曾经修建了很多设计精美的建筑，如复原柏林的国会大厦，以及伦敦的圣玛丽斧街30号。不出所料，乔布斯深度参与到建筑规划中，事无巨细，一切都要过问，以至于几乎无法形成最终的设计方案。这将是他的传世之作，他力求完美。福斯特的公司派出了50名建筑师，2010年全年，他们每隔三个星期都要给乔布斯看改进过的模型和各种选择方案。他会一次又一次地提出新的概念，有时甚至是全新的形状，让这些建筑师从头再来并提供更多的备选方案。

当他第一次在他的起居室向我展示那些模型和规划时，这个建筑的形状就像一条蜿蜒的巨型跑道，它由三个相连的半圆组成，并环绕着一个巨大的中心庭院。墙壁是落地窗，内部是一排排的办公室，阳光可以直射在过道上。“这样大家会面的空间就随处可见，方便灵活。”他说，“而且每个人都能够晒到太阳。”

下一次他再给我看规划时，已是一个月之后。我们在他办公室对面的大会议室里，桌子上放着建筑模型。他已经做了一个重要改动。所有的办公室都会跟落地窗有一段距离，这样长长的走廊就会沐浴着阳光，还可以作为公共空间。他跟一些建筑师有一个争论，建筑师希望这些窗子可以打开，而乔布斯从来不喜欢让人们拥有能够打开东西的想法。“那只会让人们把东西搞砸。”他宣称。在这一点上，如在其他细节上一样，他赢了。

当晚他回家后，在晚餐上展示了设计图，里德开玩笑说那个建筑从空中看去让他想到男性生殖器。乔布斯把这个评论当作里德青春期的心理反应而不屑一顾。然而第二天他向建筑师们提起了这个说法。“很不幸，一旦有人这样跟你说了，你就永远无法把那个形象从你头脑中抹去。”他说。等到我下次见他时，建筑的形状已经被改成了一个简单的环形。

新的设计意味着在整个建筑中将没有一块平直的玻璃。一切都是弧形的并加以无缝连接。乔布斯长久以来一直迷恋玻璃，而他为苹果零售店定制巨型落地窗的经验使他非常自信地认为，量产巨大的弧形玻璃是可能的。规划中的中心庭院直径有 800 英尺（要比 3 个典型的城市街区还长，或几乎相当于 3 个足球场的长度），他通过重叠幻灯片向我展示它可以将罗马的圣彼得广场围绕进来。他脑海中挥之不去的记忆之一就是曾经覆盖这里大部分区域的果园，因此他从斯坦福聘请了一位资深园艺家，要求园区 80% 的区域都是自然风貌，有 6 000 株树木。“我让他要确保有一片新的杏树园，”乔布斯说，“以前你在哪儿都能见到杏树园，甚至是在街角上，它们是硅谷遗产的一部分。”

到 2011 年 6 月，这座共 4 层、300 万平方英尺、可容纳 12 000 多名员工的建筑终于规划完成，准备公布于众。乔布斯决定在全球开发者大会发布 iCloud 的第二天，低调而非公开地向库比蒂诺市议会报告这件事。

尽管他精力有限，但他那天的日程安排得很满。罗恩·约翰逊创建了苹果零售店并经营了 10 多年，现在决定要去 J.C. 彭尼公司（J. C. Penney）做 CEO，那天早晨他来乔布斯家讨论他辞职的相关事宜。之后，乔布斯和我去帕洛奥图一个叫 Fraiche 的卖酸奶和燕麦粥的小咖啡厅，在那儿他兴致勃勃地谈论起苹果产品的前景。当天晚些时候司机送他去圣克拉拉市参加苹果和英特尔最高管理层的季度例会，讨论未来把英特尔芯片用到移动设备上的可能性。当晚，U2 在奥克兰大体育场举行演唱会，乔布斯本来考虑去看。但是后来他决定用这个晚上向库比蒂诺市议会展示他的园区规划。

乔布斯轻车简从来到市议会，他穿着在全球开发者大会上的那件黑色毛衣，看起来很放松。他站在讲台前，手里拿着遥控器，用 20 多分钟的时间向议员们展示了园区设计的幻灯片。当那简洁的、未来主义的、正圆形的建筑的透视图出现在屏幕上时，乔布斯停下来微笑着。“它就像一艘飞船降落了。”他说。过了一会儿他又补充道：“我想我们搞不好会造出一座世界上最棒的写字楼。”

之后的周五，乔布斯给一位很久以前的同事安 · 鲍尔斯（Ann Bowers）发了封邮件，她是英特尔联合创始人鲍勃 · 诺伊斯的遗孀。她在 20 世纪 80 年代初期曾担任苹果的人力资源总监和女训导，负责在乔布斯发脾气以后训斥他并安慰受伤的同事们。乔布斯问她第二天是否可以来看他。鲍尔斯刚巧在纽约，但她回来后周日就去了乔布斯家。当时他又已经很虚弱，疼痛发作，没什么精神，却迫不及待地向鲍尔斯展示新总部大楼的透视图。“你应该为苹果而骄傲，”他说，“你应该为我们所创造的东西而骄傲。”

然后他看着她，专注地问了一个几乎让她站立不稳的问题：“告诉我，我年轻的时候是什么样子？”

鲍尔斯尽量诚实地回答了他。“你那时非常冲动，非常难以相处，”她说，“但是你的视野让人折服。你告诉我们，‘过程就是奖励。’结果表明你说得没错。”

“是的，”乔布斯回答，“我确实在这个过程中学到了一些东西。”然后，过了几分钟，他又重复了一遍，像是在让鲍尔斯和自己安心。“我确实学到了一些东西。真的。”

第四十一章　第三回合

暮色下的抗争

家庭纽带

乔布斯一直热切盼望着参加2010年6月儿子的高中毕业典礼。“当我被诊断出患有癌症时，我跟上帝做了笔交易——无论如何，我一定要看到里德毕业，这个信念支撑我挺过了 2009 年。”他说。已经读高中四年级的里德，跟他父亲 18 岁的时候惊人地相似——那洞察一切又略带叛逆的微笑、那专注的眼神，还有那一头浓密的深色头发。但里德也从母亲那儿继承了对人友善和极富同情心的特质，而这却是他父亲所不具备的。他感情丰富，愿意与人为善。每当乔布斯身体不适时，常常闷闷不乐地坐在厨房的餐桌前盯着地板发呆，这时，唯一能让他眼前一亮的就是看见里德走进来。

里德深爱着他的父亲。就在我开始写作本书不久，他来到我的住处，像他父亲经常做的那样，提议我们出去散步。他热切地告诉我，他父亲不是一个唯利是图的冷酷商人，他的动力来源于他对事业的热爱和对苹果产品的自豪。

在乔布斯被诊断出患有癌症后，里德开始去斯坦福的肿瘤学实验室做暑期实习，通过 DNA 测序去寻找结肠癌的基因标志。在一次实验中，他追踪到了基因变异如何在家庭成员间传播。“我病了以后，能让我感到一丝安慰的极少事情之一，就是里德可以有很多时间跟一些优秀的医生一起做研究。”乔布斯说，“他对此表现出的热情正像我在他这个年龄时对计算机的那种热情。我认为 21 世纪最大的创新将是生物学与技术的结合。一个新的时代正拉开序幕，就像我在他的年龄时，数字时代正拉开序幕一样。”

里德以他的癌症研究为基础，在他水晶泉高地中学（Crystal Springs Uplands School）的班级做了毕业报告。当他描述着如何用离心机和染色法做肿瘤的 DNA 测序时，他的父亲和其他家人一起坐在观众席中，面带微笑。“我幻想着将来里德和他的家人住在帕洛奥图这儿的一栋房子里，他在斯坦福做医生，每天骑着自行车去上班。”乔布斯后来说。

2009 年，当乔布斯看似不久于人世时，里德迅速成熟起来。父母在孟菲斯时，他照顾着两个妹妹，已经颇具家长风范。不过等到 2010 年春天他父亲的健康状况稳定下来后，他就又恢复了爱打趣调侃的个性。一天吃晚饭时，他跟家人讨论带女朋友去哪儿共进晚餐。他父亲建议去伊尔弗纳奥餐厅（Il Fornaio），那是帕洛奥图高级餐厅的代表，但是里德说他没订到位子。“你想让我试试吗？”他父亲问。里德拒绝了，他想自己解决。生性有点儿羞涩、在家排行老二的埃琳建议说她可以在家里花园中搭一个帐篷，她和妹妹伊芙可以在那儿为他们奉上一顿浪漫的晚餐。里德站起来拥抱了她，承诺说改天一定要享用一下。

一个周六，里德作为学校“神童”(Quiz Kids）团队的四名选手之一，参加了一家当地电视台举行的比赛。除了去参加马术表演的伊芙，全家人都来给他加油。在电视台的工作人员乱糟糟地做准备时，他父亲努力控制着自己不耐烦的情绪，坐在摆着一排排折叠椅的家长席中，尽量不引人注意。但是他穿着标志性的牛仔裤和黑色高领衫，很容易被认出来，一个女人直接拉了把椅子坐到他旁边开始给他拍照。乔布斯没有看她，站起身挪到了那排座位的另一端。当里德上场时，他的姓名牌上写的名字是“里德·鲍威尔”。主持人问他们长大以后想做什么。“癌症研究者。”里德回答说。

比赛结束后，乔布斯开着他的双人座奔驰 SL55，带着里德，妻子鲍威尔开着自己的车，带着埃琳紧随其后。在回家路上，鲍威尔问埃琳对爸爸拒绝给他自己的车挂牌照怎么想。“叛逆呗。”埃琳回答说。后来我问了乔布斯这个问题。“因为人们有时候会跟踪我，如果我有牌照，他们会跟到我家来，”他回答说，“但现在有了谷歌地图，这种说法也就不成立了。所以我想，实际上，只是因为我没有牌照。”

在里德的高中毕业典礼上，乔布斯用iPhone给我写了一封邮件，得意地说，“今天是我最快乐的一天。里德就要高中毕业了，就是现在。我把一切杂务都抛开了，我就在现场。”当晚一些好朋友和家人在他家举行了派对。里德跟每个家庭成员都跳了舞，包括他父亲。之后，乔布斯把儿子带到仓库，让儿子从他的两辆自行车里挑一辆，他觉得自己不会再骑了。里德开玩笑说那辆意大利的看起来有点儿颜色太鲜艳，所以乔布斯让他选旁边那辆结实的8速自行车。当里德说他很感激时，乔布斯回答说：“你不用感激，因为你有我的DNA。”不久以后，《玩具总动员3》公映。对于皮克斯的这一三部曲，乔布斯从一开始就精心培育，而最后这一部是围绕着安迪离开家去上大学的种种感情故事。“我真希望我能永远和你在一起。”安迪的妈妈说。“你永远都在。”安迪回答。

乔布斯跟他两个小女儿的关系就稍显疏远。他对埃琳的关注更少，埃琳比较安静内向，似乎不知该怎么跟他相处，尤其是当他语出伤人的时候。她是个淡定而有魅力的少女，有种比她父亲更成熟的敏感。她认为自己想要成为一名建筑师，也许是因为她父亲对这个领域的兴趣使然，而且她对设计有很好的感觉。但是当她父亲给里德看新苹果园区的设计图时，她就坐在厨房的另一边，似乎她父亲并没有想到要叫她过去一起看。2010年春天她最大的愿望是让父亲带自己去参加奥斯卡颁奖典礼。她热爱电影。不仅如此，她还想跟父亲一道乘他的私人飞机去，而且跟他一起走红地毯。鲍威尔自己愿意放弃这次奥斯卡之旅，并试图说服乔布斯带埃琳去，但是他否决了这个想法。

就在我的写作快要完成的时候，鲍威尔告诉我埃琳想让我对她进行采访。我本来自己是不会提出这种要求的，因为她那时刚满16岁，但是我同意了。埃琳强调的观点是，她理解为什么她父亲不能经常给予她关注，而且她也能接受。“他既要做父亲又要做苹果公司的 CEO，已经尽了全力，而且还兼顾得不错。”她说，“有时候我也希望能得到他更多的关注，但是我知道他的工作非常重要，而且我觉得那很酷，所以我没问题。我也不太需要更多的关心。”

乔布斯曾许诺，在每个孩子 13 岁以后都会带他们去他们自己选择的地方旅行一次。里德选择了京都，他知道他父亲对那座美丽的城市散发出来的禅意有多么迷恋。在埃琳 2008 年满 13 岁时，她同样选择了京都。然而乔布斯的病情迫使他取消了那次旅行，他答应等他好一些，2010 年再带她去。但是等到 2010 年 6 月他又不想去了。埃琳为此垂头丧气，但并没有抗议。取而代之的是，她母亲带她跟一些朋友一起去了法国，把京都的旅行改到了 7 月。

鲍威尔担心丈夫会再次取消，所以当全家在 7 月初飞到夏威夷康娜度假村时，她激动不已，因为这是去京都旅行的第一步。可是在夏威夷乔布斯患上严重的牙痛，他没在意，就好像他单凭意志就能让龋齿消失一样。结果那颗牙坏掉了，必须要补。再之后就发生了 iPhone 4 的天线危机，他决定带着里德赶回库比蒂诺。鲍威尔和埃琳留在了夏威夷，希望乔布斯能回来继续按计划带她们去京都。

让大家都松了一口气但又略为惊讶的是，乔布斯在新闻发布会后真的回到了夏威夷，接上她们一起去了日本。“这真是个奇迹。”鲍威尔跟一个朋友说。里德在帕洛奥图家里照顾伊芙，埃琳跟父母一起住在俵屋旅馆（Tawaraya Ryokan），乔布斯喜欢这家酒店的极简风格。“那儿真是美妙极了。”埃琳回忆说。

20 年前，乔布斯曾带着埃琳同父异母的姐姐莉萨 · 布伦南 – 乔布斯来到日本，当时她差不多就是埃琳这个年龄。最让莉萨难忘的就是跟父亲一起分享美食，看着这个以往对食物那么挑剔的人品尝鳗鱼寿司和其他佳肴。看到他吃得那么快乐，莉萨第一次感觉到跟他在一起很放松。埃琳也回忆了类似的经历：“爸爸确切地知道他每天中午想去哪儿吃午饭。他告诉我他知道一家超级美味的荞麦面馆，他带我去那儿，真是太好吃了，结果后来就很难再吃荞麦面，因为其他地方都做不出那种味道。”他们还发现附近有一家小小的寿司店，乔布斯在他的 iPhone 上给它加的标签是“我吃过的最棒的寿司”。埃琳也有同感。

他们还参观了京都有名的佛教禅宗寺庙。埃琳最喜欢的是西芳寺，也被称为“苔寺”，因为在它金色池塘周围的花园里生长着 100 多种苔藓。“埃琳真的非常高兴，这让人倍感欣慰，也帮助改善了她和她爸爸之间的关系。”鲍威尔回忆说，“那是她应得的。”

他们的小女儿伊芙则有着不同的个性。她有勇气、有自信，绝不会被她父亲吓倒。她热爱骑马，而且决心要骑到奥运会上去。当一个教练告诉她那将需要很多努力时，她回答说：“准确地告诉我我需要做些什么。我会去做。”教练告诉了她后，她就开始勤奋地遵照课程去训练。

要搞定她父亲很难，但伊芙精于此道。她常常给他的助理直接打电话，确保把某件事记入他的日程。她还是个相当不错的谈判专家。2010 年的一个周末，一家人正在规划一次旅行，埃琳希望推迟半天出发，但又不敢跟父亲讲。当时只有 12 岁的伊芙自告奋勇承担了这个任务。晚餐时，她有条有理地向父亲提出这个请求，俨然一位正在最高法院陈辞申辩的律师。乔布斯打断了她说：“不行，我不想那样。”但是很显然，他更多是觉得好玩而不是厌烦。晚上伊芙还跟妈妈一起分析了多种可以促成她的提案的方法。

乔布斯开始欣赏伊芙的这种精神——而且在她身上看到了很多自己的影子。“她是个炮筒子，比我见过的任何孩子都要倔强。”他说，

“像是报应一样。”他非常理解她的个性，可能因为跟他自己很相像。“伊芙要比很多人想象的敏感得多。”他解释说，“她太聪明了，她比别人强，不知不觉中就会疏远别人，结果发现自己没什么朋友。她还在学习怎样做她自己，但同时也需要磨磨棱角，这样才能得到她需要的朋友。”

乔布斯跟妻子的关系有时很复杂，但彼此忠诚。劳伦·鲍威尔是个善解人意、富有同情心的人，对乔布斯而言，她是一个稳定的力量，这也说明乔布斯可以通过在自己周围集结一些意志坚定、通情达理的人来弥补他的自私冲动。她静静地参与公事，坚定地照顾家事，犀利地处理医疗事务。在他们刚结婚的时候，她和别人一起创办了一个全国性的校外项目——“直通大学”（College Track），帮助家境困难的孩子读完高中考入大学。从那时起，她就成了教育改革运动的领导力量。乔布斯很欣赏妻子的工作：“她在直通大学做的事情让我印象深刻。”但他总体上还是不太看得上慈善事业，也从未去过她的校外活动中心。

2010 年 2 月，乔布斯跟家人一起庆祝了 55 岁生日。厨房装饰了彩带和气球，孩子们给了他一顶红丝绒的玩具王冠，他真的戴上了。既然他已经从折磨了他一年的病痛中康复了，鲍威尔希望他能对家庭更加关心。但是在很大程度上，他又恢复了对工作的关注。“我觉得那对家人来说，尤其是对女儿们来说，很难以接受。”她告诉我，“病了两年之后，他终于好了一点儿，孩子们期待他能够更关注他们，但是他没有。”她说她希望，他性格的两方面都能够在本书中得到反映，而且不能断章取义。“跟很多有非凡天分的人一样，他并不是在所有方面都同样优秀。”她说，“他没有社交风度，不会设身处地替别人着想，但是他高度关注如何发挥人性的作用、让人们获得力量，如何使人类进步，并给人类创造正确的工具去追求进步。”

奥巴马总统

2010年初秋，在去华盛顿的一次旅行中，鲍威尔见到了白宫的一些朋友，他们告诉她，奥巴马总统将于10月访问硅谷。鲍威尔建议，总统或许愿意跟她丈夫见上一面。奥巴马的助手们喜欢这个想法，认为这种安排也跟总统新近对竞争力的关注很契合。另外，风险投资家、乔布斯的好朋友约翰·杜尔之前曾经在总统经济复苏顾问委员会的一次会议上，谈到了乔布斯关于为什么美国在失去竞争优势的观点。他也建议奥巴马应该跟乔布斯会面。所以，总统的行程上被留出了半个小时的时间，并安排二人在旧金山机场的威斯汀酒店见面。

然而问题是，当鲍威尔告诉丈夫这个安排时，他却说不想去。乔布斯对她背着他安排了这件事感到不悦。“我不想被安插进一个象征性的会谈，就为了他能在行程表上记录他见了一个CEO。”他告诉她。鲍威尔坚持说奥巴马“真的很想见到你”。乔布斯回答说如果真是那样，奥巴马应该亲自打电话来提出邀请。这个僵局持续了5天。她把在斯坦福上学的里德叫回家来吃饭，试图让他劝说父亲。乔布斯最后态度软了下来。

这次会谈实际上持续了45分钟，乔布斯说话丝毫不留情面。“看你的架势，你就想当一届总统吧。”一开场乔布斯就这样对奥巴马说。否则，他说，奥巴马政府应该对企业更友好一些。他描述了在中国建一家工厂有多么容易，而这在现在的美国几乎是不可能的，主要是由于监管和不必要的成本。

乔布斯还抨击了美国的教育体系，说它陈旧得毫无希望，而且被工会制度掣肘。在教师工会瓦解前，几乎没有希望进行教育改革。他说，教师应该被当作专业人员对待，而不是工厂组装生产线上的工人。校长应该有权力根据教师的水平决定聘用或解雇他们。学校每天应至少开放到下午6点，一年的开课时间应为11个月。他还说，他非常奇怪美国的教室里依然是老师站在讲台上用教科书讲课。所有的书、学习资料和测试都应该是数字化的，而且是互动的，为每个学生专门定制，并提供实时反馈。

乔布斯主动提出要组织一个会议，找六七个真正能解读美国所面临的创新挑战的CEO来，总统接受了这个建议。因此乔布斯起草了一份名单，计划12月在华盛顿开会。不巧，在瓦莱丽·贾勒特（Valerie Jarrett）和总统的其他助理添加了一些人名后，这个名单就扩充到了20多人，这些人以通用电气总裁杰弗里·伊梅尔特（Jeffery Immelt）为首。乔布斯给贾勒特发了封邮件说，这个名单过于冗长，他不打算去了。事实上他的健康状况那时又突然出现问题了，因此他当然也无法参加，杜尔也私下里向总统做出了解释。

2011年2月，杜尔开始筹备在硅谷为奥巴马总统举行一个小型晚宴。他跟乔布斯以及夫人们一起去帕洛奥图一家希腊餐厅埃维亚（Evvia）吃饭，并为这场晚宴拟定了一个小范围的来宾名单。被选中的科技巨头包括谷歌的埃里克·施密特、雅虎的卡罗尔·巴茨（Carol Bartz）、Facebook的马克·扎克伯格、思科的约翰·钱伯斯（John Chambers）、甲骨文的拉里·埃利森、基因泰克的亚瑟·莱文森和网飞公司（Netflix）的里德·哈斯廷斯（Reed Hastings）。乔布斯对这次晚宴细节的关注延伸到了食物。杜尔给他发了建议的菜单，他回复说餐厅建议的几道菜——虾、鳕鱼、扁豆沙拉——太过花哨，“而且不是你的风格啊，约翰”。他尤其反对菜单中的甜点——用松露巧克力装饰的奶油派，但是白宫的先遣人员驳回了他的意见，告诉餐厅总统喜欢奶油派。由于乔布斯过于消瘦，很怕冷，杜尔把室温调得很高，以致扎克伯格大汗淋漓。

乔布斯坐在总统旁边，做了如下开场白：“无论我们的政治理念是什么，我希望你了解，我们来这儿是为了做任何你要求的事情来帮助我们的国家。”尽管如此，晚宴从一开始就变成CEO们没完没了地建议总统可以为他们的企业做些什么。比如钱伯斯就强烈建议推行海外报税优惠政策——大型企业如果在某个时期内把在海外获取的利润拿回美国投资，就可以免税。总统听得很烦，扎克伯格也是，他转身跟坐在他右边的瓦莱丽·贾勒特小声说：“我们应该讨论什么对国家是重要的。为什么他只是说什么对他有利？”

杜尔把讨论拉回到主题，让每人都建议一些切实可行的方案。轮到乔布斯时，他强调需要有更多训练有素的工程师，建议对任何在美国拿到工程学位的外国留学生都应该颁发签证，让他们留在美国。奥巴马说那只有在《梦想法案》（Dream Act）的范围内才会实现。该法案允许小时候非法移民到美国的外国人在高中毕业后成为合法居民——这曾经是共和党政府禁止的。乔布斯觉得这正体现了政治是如何导致社会瘫痪的。“总统是个聪明人，可是他一直在向我们解释为什么事情做不成。”他回忆说，“把我气坏了。”

乔布斯继续敦促要找到一种方式培养更多的美国工程师。他说，苹果在中国的工厂雇用了70万名工人，这就是为什么需要3万名工程师去支持这些工人。“你在美国雇不到那么多工程师。”他说。这些工厂的工程师不必是博士或天才，他们只需要掌握基本的制造业工程技术。技术学校、社区大学或贸易学校都可以培养。“如果你能培养出这些工程师，”他说，“我们可以把更多的制造厂搬回来。”这个观点给总统留下了深刻的印象。接下来的一个月里，总统跟助手们提到了两三次：“我们必须找到方法，把乔布斯告诉我们的那3万名制造工程师培养出来。”

乔布斯很高兴奥巴马在跟进这个想法，那次会后他们还通过几次电话。他还主动提出帮奥巴马做2012年总统竞选的政治广告。（他

2008 年就提出过同样的建议，但后来奥巴马的策略师戴维·阿克塞尔罗德不够听话，他就烦了。）“我认为政治广告糟糕透了。我愿意请李·克劳重新出山，我们可以给他做出非常棒的广告。”那次晚宴后过了几周，乔布斯这样告诉我。乔布斯一直在跟疼痛奋战，但是关于政治的讨论让他兴奋不已。“每过一段时间，就会有一个真正的广告大师参与进来，就像哈尔·赖尼（Hal Riney）在 1984 年为里根竞选连任制作的‘美国的早晨’（It's morning in America）。那正是我想为奥巴马做的。”

2011 年，第三次病休

癌症复发时总会发出些信号，乔布斯对此已了然于心。他会失去食欲，并开始全身疼痛。他的医生们会给他做一些检查，但什么都查不到，就让他安心，说他看起来一切正常，但是他心里清楚。癌症有它的信号通路，在他感受到那些迹象几个月以后，医生们就会发现癌症果然复发了。

2010 年 11 月初，这样的身体不适状态又开始了。他浑身疼痛，吃不了东西，只能靠一个护士来家里给他静脉注射补充营养。医生们没发现有更多肿瘤的迹象，他们以为这只是另一次周期性的对抗感染和消化不良的反应。乔布斯从来都不是一个能默默忍受疼痛的人，所以他的医生们和家人对他的抱怨早已习以为常。

他和家人一起去康娜度假村过感恩节，但是进食情况并未改善。在那里，客人们是在同一个房间进餐的，其他客人都假装没有注意到消瘦憔悴的乔布斯在吃饭时坐立不安、抱怨不止、对他的食物碰都不碰一下。他的健康状况丝毫没有泄露，也算是该度假村及其客人们品质的一个有力证明。回到帕洛奥图以后，乔布斯变得越发情绪化和难以相处。他认为自己快要死了，他告诉孩子们，一想到他可能再也不能为他们庆祝生日了，他就会哽咽。

到圣诞节时，他的体重下降到115磅，比正常时的体重低了50多磅。莫娜·辛普森随前夫——电视喜剧作家理查德·阿佩尔——以及孩子们一起来帕洛奥图度假，气氛活跃了一些。两家人会一起在室内玩游戏，例如Novel，游戏中，参与者看谁能炮制出一本书中最让人信服的第一句话，以此互相愚弄。乔布斯低落的情况一度似乎有了转机。圣诞节后几天，他甚至能跟鲍威尔一起出去吃晚饭。新年假期时，孩子们去滑雪度假，鲍威尔和莫娜·辛普森轮班在帕洛奥图的家里陪着乔布斯。

然而，到了2011年年初，他的健康状况每况愈下，已经不再是另一个简单的不适状态了。医生们查出了新肿瘤的证据。癌症加剧了他的食欲不振。医生们要努力确定在他目前的瘦弱状态下，他的身体能承受多少药物治疗。他有时候疼得弯下腰，呻吟着告诉朋友们，他身体的每一寸都像挨了打一样。

这是一个恶性循环。癌症的早期症状会引起疼痛，而吗啡和其他止痛药又让他食欲不振。他的一部分胰脏被切除了，并移植了新的肝脏，所以他的消化系统有缺陷，不能很好地吸收蛋白质。体重下降使得积极的药物治疗更加困难。他的虚弱，以及有时要用免疫抑制剂来防止身体排斥移植的肝脏，都使他更容易受到感染。体重下降也导致疼痛感觉神经周围的油脂层变薄，加剧了他的疼痛感。而且他会有极端的情绪波动，生气和抑郁的回合都被拉长，进一步抑制他的食欲。

多年来乔布斯对食物的态度使得他的进食问题更加严重。年轻时，他学到可以通过禁食获得一种快感和愉悦。因此尽管他知道应该吃东西——他的医生们请求他摄入高质量的蛋白质，但他承认在他潜意识里仍然本能地想要禁食、想要像他十几岁时就学到的阿诺德·埃雷特水果养生法那样节食。鲍威尔一直告诉他那是种疯狂的举动，甚至指出埃雷特56岁时绊了一跤，撞到了头就死了。当看到乔布斯在饭桌前沉默地低着头发呆时，鲍威尔会非常愤怒。“我想让他逼着自己吃东西，”她说，“家里的气氛真是太紧张了。”他们的兼职厨师布里亚·布朗还是每天下午来家里做一桌健康美食，但是乔布斯会用舌尖尝一两种就说所有的都没法儿吃。有一天晚上他宣布说，“我也许能吃一点南瓜派。”好脾气的布朗居然一个小时就做出了一个漂亮的派。虽然乔布斯只吃了一小口，但布朗还是备受鼓舞。

鲍威尔咨询了很多研究进食失调问题的专家和精神病学家，但是乔布斯却一直回避他们。他拒绝为他的消沉接受任何药物或其他方式的治疗。“当你有某种感受时，”他说，“例如对你的癌症或困境感到悲伤或愤怒，试图掩饰这些感受就是在虚伪地过日子。”事实上他走向了另一个极端。他变得难以相处、爱哭，激动地向身边所有人哀叹他快要死了。消沉的情绪让他更不爱吃东西，这也成了恶性循环的一部分。

网上开始出现乔布斯形容枯槁的照片和视频，很快，关于他病重的传言四起。鲍威尔意识到，问题在于那些传言是真的，而且不会散去。乔布斯两年前肝脏出问题时，就是犹豫再三才休了病假，这次他同样抗拒这个休病假的想法。这就像要离开他的故土，不知道还能不能回来。2011年1月，当他最后不得不接受这个无可回避的现实时，董事会成员都已有心理准备。在电话中他告诉他们，自己希望再次休病假。会议只开了三分钟。以前他经常跟董事会讨论，如果他出了什么事，他认为谁可以接替他，还提供了短期和长期的各种选择。但是在当前的情况下，毋庸置疑，蒂姆·库克要再次接管日常的运营工作。

接下来一个周六的下午，乔布斯让妻子召集他的医生们开会。他发现，自己正面临着一个从不允许在苹果发生的问题——他的治疗是零零散散的，而不是综合全面的。他有多种多样的疾病，每一种都是由不同的专家治疗的——肿瘤学家、疼痛专家、营养学家、肝脏病学家和血液学家——但是他们并没有以一种有序的方式被紧密地协调起来，就像詹姆斯·伊森在孟菲斯所做的那样。“医疗行业的主要问题之一就是缺少个案服务专员或协调人，他们的作用就像是橄榄球队里的四分卫一样。”鲍威尔说。在斯坦福尤其如此，似乎没有人负责研究营养跟止痛以及肿瘤学之间的关系。因此，鲍威尔把斯坦福的各种专家请到家里开会，也从其他地方请来一些治疗理念更前卫或更综合的医生，例如南加州大学的戴维·阿古斯（David Agus）。他们一起拟定了对付疼痛并协调其他治疗的新方案。

有赖于尖端科学的发展，医生们得以让乔布斯总是比癌症的蔓延快上一步。他是世界上最早接受癌症肿瘤基因和正常基因做测序治疗的 20 个人之一。当时这项治疗耗资超过 10 万美元。

基因测序和分析由斯坦福、约翰·霍普金斯和哈佛 - 麻省理工博德研究所的研究团队合作完成。了解乔布斯体内肿瘤的特殊基因和分子特征后，他的医生们就可以挑选特定的药品，直接针对导致他的癌细胞异常生长、有缺陷的分子位点进行治疗。这种方法，称为定位靶向治疗法，比传统的化疗方法更为有效，化疗会破坏身体里所有细胞的分裂过程，无论是癌细胞还是健康细胞。这种定位靶向治疗并非药到病除，但时常效果显著：它使医生可以筛选大量的药品——常见或不常见的，已经上市的或还在研制的——从中选出三四种可能最有效的。当他的癌细胞变异、一种药物不再有效时，医生们就可以换下一种药物继续治疗。

虽然鲍威尔谨慎地监管着丈夫的医护手段，但乔布斯是对每种新的治疗方案最后拍板的人。2011 年 5 月发生了典型的一幕，乔布斯跟乔治·费希尔和其他斯坦福的医生、博德研究所的基因测序分析师，以及他的外部顾问戴维·阿古斯一起开了个会。他们都聚集在帕洛奥图四季酒店的一个套间里。鲍威尔没有来，但是儿子里德在场。在三个小时的会议中，斯坦福和博德的研究人员介绍了他们发现的他体内癌症基因特征的新信息。乔布斯如往常一样情绪不安。博德研究所的一个分析师误用了 PowerPoint 幻灯片做介绍。他训斥了他，并解释为什么苹果的 Keynote 演示软件更好，甚至说要教他怎么用。会议结束时，乔布斯和他的团队已经了解了所有的分子数据，评估了每种潜在治疗方案的原理，并列出了要确定每种治疗方案优先级所需要做的测试。

他的一位医生告诉他，有可能他的癌症和其他相似的癌症很快会被归为可控制的慢性疾病，可以一直被遏制，直到他死于其他问题。“我要么就是最先这样跑赢癌症的人之一，要么就是最后死于这种癌症的人之一。”一次乔布斯在跟医生们开会后这样告诉我，“不是最先上岸的，就是最后被淹死的。”

来访者

在乔布斯 2011 年宣布病休时，情况看起来很紧急，连一年多没有联系的莉萨·布伦南 – 乔布斯都安排一周后从纽约飞了回来。她跟父亲的关系建立在层层叠叠的怨恨之上。在她人生前 10 年，乔布斯基本上对她弃之不顾，可以理解这带给她怎样的创伤。雪上加霜的是，她还继承了父亲浑身是刺的性格，以及在他看来她母亲的愤世嫉俗。“我跟她说过很多次，如果时光可以倒流，我希望在她 5 岁的时候我曾是个更好的爸爸，但是现在她应该放下过去，而不是一辈子都记恨在心。”就在莉萨回来前，乔布斯这样回忆说。

莉萨的这次来访很顺利。乔布斯开始感觉好一些，他有心情去弥补伤害，并对周围的人表达他的感情。32 岁的莉萨平生第一次在认真地谈恋爱。她的男朋友是来自加利福尼亚的一位正在打拼的年轻的电影制作人，而乔布斯居然心情好到建议她结婚后搬回帕洛奥图来。“你瞧，我不知道我还能在这个世上活多久。”他告诉她，“医生们也无法告诉我。如果你想更多时间见到我，你就得搬到这边来。为什么不考虑一下呢？”虽然莉萨没有搬到西海岸来，但是乔布斯还是为与女儿的和解感到高兴。“我原来并不肯定我想让她来，因为我病着，不想再有更多复杂的事情。但是我很高兴她来了。这帮我解决了压在心底的很多问题。”

乔布斯那个月还接待了另一个想要修缮关系的来访者。住在不到 3 个街区外的谷歌联合创始人拉里·佩奇，当时他刚刚宣布计划从埃里克·施密特手里接管公司的控制权。他知道如何取悦乔布斯：他询问是否可以过来请教一下做一个好 CEO 有什么秘诀。乔布斯仍然对谷歌感到气愤。“我的第一个想法是，‘去你妈的。’”他回忆说，“但是后来我想了想，意识到在我年轻的时候每个人都帮助过我，从比尔·休利特到在惠普工作的邻居。所以我给他回电话说没问题。”佩奇来到他家，在乔布斯的客厅里，听他讲如何创造伟大的产品和生命力持久的公司。乔布斯回忆道：

> 关于专注和人的选择，我们谈了很多。如何知道应该信任谁，以及他如何打造一支可以依赖的团队。我给他讲了阻碍以及必须采用什么样的拦截战术去防止公司变得松散或充斥着二流选手。我强调的主要事项就是专注。要想清楚，谷歌成熟以后想成为什么样的公司。现在摊子铺得到处都是，那么，你想专注去做的 5 个产品又是什么？把其他的都扔掉吧，因为它们会拖你的后腿，它们会把你变成微软，导致你生产的产品虽符合要求但不伟大。我尽量做了我能做的。我会继续与像马克·扎克伯格一样的人做这

样的事。我余生的一部分时间会用来做这个。我可以帮助下一代记住当下伟大企业的血统，以及如何把这些传统发扬光大。硅谷一直非常支持我。我应该尽我所能做出回报。

乔布斯2011年病休的公告也引发了其他人到帕洛奥图的朝圣之旅。例如，比尔·克林顿就曾登门拜访，讨论从中东到美国政治的所有事情。但最令人感动的来访者是另一位生于1955年的天才，那个30多年来作为乔布斯的对手和伙伴、共同定义了个人电脑时代的人——比尔·盖茨。

比尔·盖茨对乔布斯的痴迷从未消减过。2011年春天我跟盖茨在华盛顿共进晚餐，他到华盛顿是为了谈他的基金会的全球健康项目。他惊讶于iPad的成功，以及乔布斯即使在生病期间都那么专注于寻找方法去加以改进。“我现在只不过是在把全世界的人从疟疾这类灾病中解救出来，而史蒂夫仍然在创造惊人的新产品。”他有些伤感地说，“也许我应该留在那场游戏里。”他冲我微笑，以确认我感觉到他在开玩笑，或至少是半开玩笑。

通过两人共同的朋友迈克·斯莱德，盖茨安排了5月来看乔布斯。在原计划的前一天，乔布斯的助理打电话说乔布斯的状态不够好。于是他们重新定了日程。一天下午，盖茨开车来到了乔布斯家，他从后门走到敞开的厨房门口，看到伊芙正在餐桌上学习。“史蒂夫在吗？”他问。伊芙指向了客厅。

他们在一起待了三个多小时，追忆过去。只有他们两个。“我们就像这个行业里的两个老家伙在回首过去。”乔布斯回忆说，“他比以往我看到的任何时候都开心，我一直在想，他看起来真健康。”盖茨也同样惊讶于乔布斯虽然瘦得吓人，但还是比他预想的要精力充沛。乔布斯对自己的健康问题毫不避讳，至少在那一天，感觉他很乐观。他告诉盖茨，他的一系列靶向药物治疗方法就像“青蛙从一片荷叶跳到另一片”，试图总是比癌症快上一步。

乔布斯问了些关于教育的问题，盖茨描述了他对未来学校的设想——学生们自己观看讲座和视频课程，而课堂时间用来讨论和解决问题。他们一致认为，迄今为止，计算机对学校的影响小得令人吃惊——比对诸如媒体、医药和法律等其他社会领域的影响小得多。盖茨说，要改变这一点，计算机和移动设备必须致力于提供更多个性化的课程并提供有启发性的反馈。

他们也谈了很多关于家庭乐趣的话题，包括他们多么幸运，娶了适合的女人，也有了很好的孩子。“我们大笑着说，他能遇到劳伦是多么的幸运，是劳伦让他保持了一半的心智健全。而我能遇到梅琳达，让我保持一半的心智健全，也很幸运。”盖茨回忆说，“我们也讨论了做我们的孩子是多么富有挑战的事情，以及我们如何能减轻他们的压力。这次谈话比较私密。”其间，伊芙晃到了客厅，她跟盖茨的女儿詹妮弗一起参加过马术表演，盖茨向她询问了她的马术训练情况。

在谈话接近尾声时，盖茨称赞乔布斯创造了“那些令人难以置信的东西”，以及在20世纪90年代末从那些差点儿毁了苹果的家伙手里把它拯救了出来。他甚至还做了个有趣的让步。纵观他们的职业生涯，彼此对于数字世界最根本的一个问题都抱有对立的理念——硬件和软件应该紧密整合还是应该更加开放。“我曾经相信那种开放的、横向的模式会胜出。”盖茨告诉他，“但是你证明了一体化的、垂直的模式同样也可以很出色。”乔布斯也承认说：“你的模式也成功了。”

他们都是正确的。他们各自的模式都在个人电脑领域取得了成功，Mac跟多种使用Windows系统的机器同时存在，可能在移动设备领域也会是如此。但是，在跟我追溯完他们的讨论后，盖茨补充了一条警告性的说明：“一体化的模式之所以成功，是因为有史蒂夫在掌舵。

但那并不意味着它将在未来的多个回合中获胜。”在描述了他们的会面后，乔布斯也感觉有必要加上一句对盖茨的警告：“当然，他的分散模式可行，但并没有制造出真正伟大的产品。这是问题的所在，并是最大问题。至少在一段时间内是。”

这一天来了

乔布斯还有很多想法和项目要付诸实施。他想颠覆教科书产业，通过为 iPad 开发电子教材和课程资料，拯救那些背着沉重的书包蹒跚而行的学生们的脊柱。他还想跟最早的 Mac 团队的朋友比尔·阿特金森合作，设计新的数码技术，改善像素水平，让人们即使在光线不足的情况下也可以用 iPhone 拍摄出出色的照片。他还想把自己在电脑、音乐播放器和电话方面所做的创新也应用到电视机上，让它们变得简洁高雅。“我想发明一种非常简单易用的一体化电视机，”他告诉我，“它将可以跟你所有的电子设备以及 iCloud 无缝同步，”用户将无须再摆弄复杂的 DVD 和有线电视的遥控器，“它将具有你能想象到的最简单的用户界面。我终于开始着手做这件事了。”

但是到 2011 年 7 月，他的癌细胞已经扩散到骨骼和身体的其他部位，而医生们难以找到对症的药物进行治疗。他很疼，睡眠不规律，筋疲力尽，不得不停下工作。他和鲍威尔之前还预订了一艘帆船，准备那个月底全家去航海，但是这些计划都搁浅了。那段时间，他已经基本上不能吃固体食物了，每天大部分时间都在卧室看电视。

8 月，我接到消息说他希望我去一下。我在一个周六的上午来到他家，他还在睡觉，我跟他的妻子和孩子们坐在满是黄玫瑰和各种雏菊的花园里，直到他派人来叫我进去。我看到他蜷缩在床上，穿着卡其色的短裤和白色套头衫。他的腿瘦骨嶙峋，但是笑容很轻松，思路依然敏捷。“咱们得抓紧，我只有一点儿力气了。”他说。

他想给我看一些私人照片，让我选几张用在这本书里。因为他太虚弱了，下不了床，所以指点我去房间的各个抽屉里找，我小心翼翼地把照片拿给他。我坐在床边，一张一张地举起来给他看。有些照片会让他讲出许多故事，而有些，他只是嘟囔一声或是微微一笑。我从未见过他养父保罗·乔布斯的照片，所以当看到一张照片上一个帅气而贫穷的 20 世纪 50 年代的父亲抱着个刚会走路的孩子时，我非常惊讶。“没错，那是他，”乔布斯说，“你可以用这张。”然后他指示我打开窗边的一个盒子，里面有一张照片是他父亲在他的婚礼上慈爱地望着他。“他是个伟大的人。”乔布斯静静地说。我低声嘀咕了一句“他应该为你感到骄傲”之类的话。乔布斯纠正我说：“他确实为我感到骄傲。”

有那么一会儿，这些照片似乎让他精神为之一振。我们谈到了他一生中很多人对他的看法，从蒂娜·莱德斯到迈克·马库拉，再到比尔·盖茨。我想起盖茨上次来看乔布斯之后说的话，就是关于苹果虽然证明了一体化的策略可行，但前提是“因为有史蒂夫在掌舵”。乔布斯认为这么说很愚蠢。“任何人都可以用这种方式创造出更好的产品，不只是我。”他说。于是我问他能不能说出另一家公司，它们也因坚持端到端一体化的策略而做出了伟大的产品。他思索了一会儿，努力想找出个例子来。“那些汽车公司，”他最后说，但是又加了一句，“或者至少它们曾经是。”

当我们的讨论转移到当前经济和政治的糟糕局面时，他提出了一些尖锐的观点，说全世界都缺少强有力的领导。“我对奥巴马感到失望。”他说，“他的领导力出现问题是因为他不愿意得罪别人或让那些人滚蛋。”他猜到了我在想什么，会心地笑着说：“是的，我就从来没有这种问题。”

两个小时以后，他话少了，所以我站起身准备告辞。“等等。”他又示意我坐下。过了一两分钟他才有足够的力气讲话。“当初，我对这个项目有很多恐惧，”他最后说，他指的是决定跟我合作写这本书的事，“我真的很忧虑。”

“那你当初为什么要这么做呢？”我问。

“我想让我的孩子们了解我。”他说，“我不经常在他们身边，我希望他们知道这是为什么，并理解我做的事情。另外，在我生病以后，我意识到如果我死了，其他人肯定会写我，而他们根本不了解我。他们会全都搞错。所以我想确保有人能听到我想说的话。”

两年以来，他从未问过我在这本书里写了些什么或我得出了哪些结论。但是此时此刻他看着我说：“我知道在你的书里会有很多我不喜欢的内容。”这句话更多的是提问而不是陈述。他盯着我，等待一个答复，我笑着点了点头，说肯定会是那样。“很好。”他说，“这样它就不会看起来像是本内部著作。我一时半会儿不会读它，因为我不想被气疯。可能我一年后会读——如果我还活着的话。”说到这儿，他闭上了眼睛，已经没有力气了，于是我悄悄地离开了。

整个夏天，他的健康状况不断恶化，乔布斯开始慢慢地面对一个不可回避的现实：他不会再回苹果做 CEO 了。他辞职的时间到了。他为这个决定斟酌了几个星期，其间跟他妻子、比尔·坎贝尔、乔尼·艾夫和乔治·莱利都讨论过这个问题。“我期望为苹果做的事情之一，就是为如何正确地移交权力做出一个榜样。”他告诉我。他拿公司过去 35 年间历次艰难的过渡开着玩笑。“这一切充满了戏剧性，像是在第三世界国家一样。我的一个目标就是把苹果建设成全球最好的公司，而一个有序的过渡对此非常关键。”

他决定做出这一过渡的最佳时机，就是 8 月 24 日公司董事会的例会。他非常想亲自到场宣布，而不是发封电子邮件或电话接入会议，所以之前他一直强迫自己吃东西以恢复体力。会议前一天，他决定可以参加，但是需要轮椅的帮助。公司做好安排，把他接到总部，然后尽量秘密地用轮椅把他推到董事会的会议室。

他在 11 点前到达，董事会正在对各种委员会报告和其他例行事宜进行收尾。大多数人都知道要发生什么事情。但是大家并没有直入主题，而是由蒂姆·库克和首席财务官彼得·奥本海默先介绍了本季度业绩和未来一年的展望。之后，乔布斯平静地说，他有些个人的事情要宣布。库克问，自己和其他高管是否应该离开，乔布斯停顿了 30 多秒，最后决定让他们离开。会议室里只剩下 6 位外部董事，他开始大声朗读由他口授写并反复修改了几个星期的一封信。“我总是说，假如某天自己无法继续履行苹果 CEO 的义务、无法满足大家对这一职位的期待，我会第一个告诉你们。”信这样开头，“不幸的是，这一天来了。”

这封信的内容简单直接，只有 8 句。信中，他建议由库克接替他，并提出自己继续担任董事长。“我相信苹果最灿烂、最有创造力的日子还在前方。我期待着以一个新的角色注视着它的成功，并为之做出贡献。”

现场长时间的沉默。阿尔·戈尔第一个讲话，他历数了乔布斯在任期间的种种成就。米基·德雷克斯勒补充说，看着乔布斯对苹果的变革是“我在商界看到的最不可思议的事情”。亚瑟·莱文森称赞了乔布斯为平稳过渡做出的努力。坎贝尔什么都没说，但在移交权力的正式决议通过后，他眼睛里闪着泪光。

吃午饭时，斯科特·福斯托和菲尔·席勒进来展示一些正在开发中的产品的模型。乔布斯不断提出问题和想法质疑他们，尤其是关于第四代无线网络的容量以及未来的电话需要有什么功能。其间福斯托展示了一个语音识别软件。正如他所担心的，乔布斯在演示过程中抓过手机，开始试验他能不能把它搞晕。“帕洛奥图是什么天气？”他问道。软件回答正确。问了一些问题之后，乔布斯突然挑战它说：“你是男的还是女的？”令人惊奇的是，那个软件用它的机器人声音回答说，“他们没有给我分配性别。”现场的气氛顿时活跃起来。

但话题转到平板电脑时，有人以胜利的口吻说惠普突然放弃了这个领域，因为无法跟 iPad 竞争。但是乔布斯却神情严肃，说这其实是个悲伤的时刻。“休利特和帕卡德创建了一家伟大的公司，他们以为把它交到了可靠的人手里。”他说，“可是现在这家公司正处于分裂和毁灭之中，太悲哀了。真希望我能留下更强大的遗产，这样的话，那样的事就永远不会发生在苹果身上。”他准备离开时，董事会成员都聚过来跟他拥抱告别。

在跟高管团队开会宣布了这个消息之后，乔布斯跟乔治·莱利一起乘车回家。他们到家时，鲍威尔正在后院的蜂房采集蜂蜜，伊芙在帮她。她们脱掉防护服，把蜂蜜罐拿进厨房，里德和埃琳也都在那儿，大家要一起庆祝这次优雅的交接。乔布斯尝了一勺蜂蜜，夸赞说甜美无比。

那晚，他向我强调说，他希望在健康状况允许的情况下继续积极工作。“我会参与新产品的开发和营销，以及我喜欢做的事情。”他说。但是，当我问到放弃他亲手创建的公司的控制权感觉如何时，他的语气充满留恋，开始使用过去时。“我有过很幸运的事业，有过很幸运的人生。”他回答说，“我已经做了我能做的一切。”

第四十二章　遗产

无比辉煌的创新天堂

EPA photographer John G. Mabanglo

2006 年 Macworld 大会上。幻灯片上是 30 年前的乔布斯和沃兹尼亚克

火线

乔布斯的个性体现在他创造的产品里。正如苹果的核心理念，从1984年最初的Mac到整整一代人以后的iPad，一直都是端到端的软硬件整合，乔布斯本人也是如此：他的激情、完美主义、阴暗面、欲望、艺术气质、残酷以及控制欲，这一切都跟他的商业理念和最终的创新产品交织在一起。

这种融合在其个性和产品中的最显著特征之一就是极致。他的沉默跟他的咆哮一样骇人，他训练自己可以一直盯着人看而不眨眼。有时候这种极致是迷人的，那种鬼才式的迷人，比如在他热切地解释鲍勃·迪伦音乐之深刻的时候，或是在揭幕产品时，无论什么在他口中都能变成苹果有史以来最不可思议的产品。然而有时，他的极致又很恐怖，例如当他厉声谴责谷歌或微软对苹果进行剽窃的时候。

这种极致促成了他对世界的二元论观点。苹果的同事们称其为乔布斯的天才/白痴二分法。你不是这个就是那个，有时候一个人同一天就能得到这两种评价。这一观点同样适用于他对产品、对想法，甚至对食物的看法：不是“史上最棒”，就是差劲儿、脑残、没法儿吃。因此，发现任何瑕疵都可能引发乔布斯一顿咆哮。一道金属涂层、一颗螺丝钉的曲线、一个机箱上蓝色的深浅、一款导航屏幕的直观性——他会一直骂它们“烂透了”，直到某个时刻他突然称赞它们“完美至极”。他把自己看作一个艺术家，他也确实是，所以他纵容自己具有艺术家的性情。

他对完美的追求使得他要求苹果对每一款产品都要有端到端的控制。如果看到伟大的苹果软件在其他公司的蹩脚硬件上运行，他就会浑身难受，甚至更糟。同样，一想到让未经审核的应用或内容污染苹果设备的完美，他也会有过敏反应。这种把硬件、软件和内容整合成统一系统的能力使他可以贯彻简洁的理念。天文学家约翰尼斯·开普勒（Johannes Kepler）曾说过：“自然喜欢简洁与统一。”史蒂夫·乔布斯也这么说。

数字世界最根本的分歧是开放与封闭的对立，而对一体化系统的本能热爱让乔布斯坚定地站在了封闭一边。从家酿计算机俱乐部传承下来的黑客精神倾向于开放的方式，几乎没有中央控制，人们可以自由地修改硬件和软件、共享代码、用开放的标准写程序、避开专利系统，有跟多种设备和操作系统兼容的内容和应用。年轻的史蒂夫·沃兹尼亚克就曾在那个阵营：他设计的 Apple Ⅱ 就很容易拆开，而且预留了很多插槽和端口可以让人随心所欲地使用。而从 Mac 开始，乔布斯成了另一个阵营的开创者。Mac 就像是一部电器，硬件和软件紧密结合，无法修改。这牺牲了黑客精神，却创造出一种无缝而简单的用户体验。

之后乔布斯下令，Mac 的操作系统不会供其他任何公司的硬件使用。微软则采取了截然相反的策略，允许 Windows 操作系统在各种机器上授权使用。这虽然没有催生出最优雅的计算机，但是却帮助微软统治了操作系统世界。当苹果的市场份额缩小到 5% 以下时，微软的策略被视为个人电脑领域的胜利者。

然而从长期看，乔布斯的模式证明是有一些优势的。当其他计算机制造商都在商品化时，苹果即使以很小的市场份额都能保持极高的利润率。例如在 2010 年，苹果的收入只占个人电脑市场的 7%，但是却获得了营业利润的 35%。

更重要的是，在 21 世纪初，乔布斯对于端到端一体化的坚持使苹果获得了发展数字中枢策略的优势，让用户可以将桌上电脑跟各种便携设备无缝连接。例如，iPod 就是这个紧密接合的封闭系统的一部分。要使用它，你就必须使用苹果的 iTunes 软件，并从 iTunes 商店下载内容。其结果就是，iPod 高雅而令人愉悦，正如后来的 iPhone 和 iPad 一样，跟那些不提供端到端无缝体验的杂牌竞争产品形成鲜明的对比。

这个策略行之有效。在 2000 年 5 月，苹果的市值是微软的 1/20。到 2010 年 5 月，苹果超过微软成为全球最有价值的科技公司。到 2011 年 9 月，苹果的价值高出微软 70%。2011 年第一季度，Windows 个人电脑的市场份额缩水 1%，而 Mac 的市场份额增长了 28%。

彼时彼刻，移动设备领域烽烟再起。谷歌采取了开放策略，其安卓操作系统可供任何平板电脑或手机制造商使用。到 2011 年，谷歌的移动市场份额与苹果持平。安卓系统开放策略的不足之处在于其导致的分裂状态。不同的手机和平板电脑制造商把安卓系统修改成了几十种不同的版本和风格，难以开发一致的应用程序或充分利用其特性。两种策略都有其价值。有些人希望拥有使用更开放系统的自由，并有更多的硬件选择；其他人显然更偏爱苹果紧密的整体性和可控性，这使得产品界面更简单、电池寿命更长、更易于操作、内容处理更容易。

乔布斯理念的缺陷是，他那想愉悦用户的欲望导致了他不愿意对用户授权。对开放环境最有思想的倡导者之一是哈佛的乔纳森·齐特林（Jonathan Zittrain）。在他的著作《互联网的未来：光荣、毁灭与救赎的预言》（*The Future of the Internet—And How to Stop It*）中，开篇就是乔布斯介绍 iPhone 的场景，他警示世人，用“被一个控制网所束缚的无菌器材”来代替个人电脑会有怎样的不良后果。反应更强烈的还有科里·多克托罗（Cory Doctorow），他在波音波音（Boing Boing）网站撰写了一篇宣言，题目叫“我为什么不会买 iPad”。“它的设计中融入了很多周到的想法和精巧的元素，但是也有对其主人显而易见的轻蔑。”他写道，“给你的孩子们买一部 iPad 并不会使他们认识到世界是要你们去剖析与重组的。它会告诉你的后代，即使是换电池这样的事情你也必须要留给专业人员去做。”

对于乔布斯来说，一体化的理念事关正义。“我们做这些事情并不是因为我们是控制狂，”他解释说，“我们做这些是因为我们想创造伟大的产品，因为我们关心用户，因为我们愿意为全部的体验负责，而不是去做别人做的那些垃圾。”他相信他是在为人们提供服务，“人们在忙着做他们最擅长的事情，他们希望我们去做我们最擅长的。他们的生活很繁忙，他们有其他事情要做，而不是去想怎样整合他们的计算机和电子设备。”

这种理念有时会跟苹果的短期商业利益发生冲突。但是在一个充斥着低劣设备、难以预测的错误信息和恼人的用户界面的世界里，这种理念带来了以诱人的用户体验为特征的非凡产品。使用一款苹果产品就好像走在乔布斯喜爱的京都禅意花园里一样，让人肃然起敬，而这两种体验都不是通过崇尚开放或百花齐放来实现的。落在一个控制狂手里的感觉有时候也不错。

乔布斯的极致还表现在他的专注力上。他会设定优先级，把他激光般的注意力对准目标，并把分散精力的事情都过滤掉。如果他开始做某件事——Mac早期的用户界面，iPod和iPhone的设计，把音乐公司引进iTunes商店——他就会非常专注。但是如果他不想处理某件事——法律纠纷、业务事项、他的癌症诊断、某件家事——则会坚决地忽视它。那种专注使他能够说“不”。他只保留几个核心产品，砍掉一切其他业务，让苹果回到正轨。他剔除按键让电子设备简单化，剔除功能让软件简单化，剔除选项让界面简单化。

他把这种专注的能力和对简洁的热爱归功于他的禅修。禅修增强了他对直觉的信赖，教他如何过滤掉任何分散精力或不必要的事情，在他身上培养出了一种基于至简主义的审美观。

遗憾的是，禅修未能使他产生一种禅意的平静或内心的平和，而这一缺憾也是他遗产的一部分。他常常深深地纠结和不耐烦，这些个性他也无意掩饰。大部分人在大脑与嘴巴之间都有个调节器，可以调整他们粗野的想法和易怒的冲动。乔布斯可不是。他很看重自己残酷诚实的一面。“我的责任是当事情搞砸了的时候说实话而不是粉饰太平。”他说。这一点使他富有魅力又能鼓舞人心，但也使他有时候——用技术词汇来说——像个浑蛋。

安迪·赫茨菲尔德有一次告诉我：“我真的特别想让史蒂夫回答的一个问题是，‘为什么你有时候要那么刻薄呢？’”甚至乔布斯的家人都奇怪，他到底是先天缺少能避免乱箭伤人的过滤机能呢，还是有意回避了那个机能。乔布斯称是前一种。“我就是我，你不能期待我成为另外一个人。”在我问这个问题时，他回答说。但我认为如果他想的话，其实可以控制自己。当他伤害别人时，并不是因为他感情上意识不到。正相反，他可以把人看透，明白他们内心的想法，知道如何随心所欲地结交他们、诱惑他们、伤害他们。

其实乔布斯人格中令人不快的一面并非必要，那对他的阻碍大于帮助。但有时候，那确实能达到某种目的。礼貌圆滑、会小心不去伤害别人的领导者，在推动变革时一般都没那么有效。数十名被乔布斯辱骂得最厉害的同事在讲述他们冗长的悲惨故事时，最后都会说，他使他们做到了做梦都没想到的事情。他创建了一支都是一流员工的团队。

乔布斯的传奇是硅谷创新神话的典型代表：在父母的车库里开创一家企业，并把它打造成全球最有价值的公司。他没有直接发明很多东西，但是他用大师级的手法把理念、艺术和科技融合在一起，就创造了未来。他欣赏图形界面的威力，就以施乐公司无法做到的方式设计了 Mac；他领会了把 1 000 首歌装进口袋的快乐，就以索尼尽其全部资产和传承都无法成就的方式创造了 iPod。有些领导者通过统揽全局去推进创新，有些是通过把握细节。乔布斯两者兼顾，并且不懈努力。正因如此，30 年间他推出的一系列产品改变了所有产业：

· Apple Ⅱ，采用沃兹尼亚克的电路板并把它变成第一台不再仅供业余爱好者使用的个人计算机。
· Mac，引发了家用电脑革命并普及了图形用户界面。
·《玩具总动员》和其他皮克斯大片，开创了数字影像的奇迹。
· 苹果零售店，重新塑造了商店在品牌定义中的角色。
· iPod，改变了我们消费音乐的方式。
· iTunes 商店，让音乐产业重获新生。
· iPhone，把移动电话变成了音乐、照片、视频、邮件和网络设备。
· 应用商店（App Store），生成新的内容创造产业。
· iPad，推出平板计算技术，为数字报纸、杂志、书籍和视频提供了平台。
· iCloud，使计算机不再担任管理我们内容的中心角色，并让我们的电子设备无缝同步。
· 苹果公司本身，乔布斯认为这是他最伟大的创作。在这里，想象力被培育、应用和执行的方式极具创造力，这使苹果成为全球最有价值的公司。

他很聪明吗？不，不是格外聪明。相反，应该说他是个天才。他的奇思妙想都是本能的、不可预见的，有时是充满魔力的。他真是数学家马克·卡克（Mark Kac）所说的那种魔术师天才，他的洞见会不期而至，更多地要求直觉而非大脑的处理能力。他像个探路者一样，可以吸收信息，嗅到风中的气味，并对前路先知先觉。

史蒂夫·乔布斯就这样成为我们这个时代的一位企业管理者，一个世纪以后他一定还会被人们铭记。在历史的万神殿里，他的位置就在爱迪生和福特的身旁。在他的时代，他超越众人，创造了极具创新性的产品，把诗歌和处理器的力量完美结合。他的粗暴使得跟他一起工作的人们既让人不安又令人振奋，而他借此打造了世界上最具创造力的公司。他能够在苹果的DNA中融入设计的敏感、完美主义和想象力，使之很可能，甚至此后几十年，都是在艺术与科技的交汇处成长得最茁壮的公司。

还有一件事……

传记作者理应是为传记做结语的人，但这是史蒂夫·乔布斯的传记。尽管他没有把他那传奇般的控制欲强加于这个项目，但我如果不让他最后说几句话就这样把他推上历史的舞台，我怀疑自己无法准确地传达出他的那种感觉——他在任何情况下展现自我的那种方式。

在我们交谈的过程中，他屡次谈到他希望自己留下什么样的遗产。以下就是那些想法，是他的原话：

> 我的激情所在是打造一家可以传世的公司，这家公司里的人动力十足地创造伟大的产品，其他一切都是第二位的。当然，能赚钱很棒，因为那样你才能够制造伟大的产品。但是动力来自产品，而不是利润。斯卡利本末倒置，把赚钱当成了目标。这种差别很微妙，但它却会影响每一件事：你聘用谁，提拔谁，会议上讨论什么事情。
>
> 有些人说："消费者想要什么就给他们什么。"但那不是我的方式。我们的责任是提前一步搞清楚他们将来想要什么。我记得亨

利·福特曾说过，“如果我最初问消费者他们想要什么，他们应该是会告诉我，‘要一匹更快的马！’”人们不知道想要什么，直到你把它摆在他们面前。正因如此，我从不依靠市场研究。我们的任务是读懂还没落到纸面上的东西。

宝丽来的埃德温·兰德曾谈过人文与科学的交集。我喜欢那个交集。那里有种魔力，有很多人在创新，但创新并不是我事业最主要的与众不同之处。苹果之所以能与人们产生共鸣，是因为在我们的创新中深藏着一种人文精神。我认为伟大的艺术家和伟大的工程师是相似的，他们都有自我表达的欲望。事实上，在最早做 Mac 的最优秀的人里，有些人同时也是诗人和音乐家。在 20 世纪 70 年代，计算机成为人们表现创造力的一种方式。一些伟大的艺术家，像列奥纳多·达·芬奇和米开朗基罗，他们同时也是精通科学的人。米开朗基罗懂很多关于采石的知识，他不是只知道如何雕塑。

人们付钱让我们为他们整合东西，因为他们不能 7 天 24 小时地去想这些。如果你对生产伟大的产品有极大的激情，它会推着你去追求一体化，去把你的硬件、软件以及内容管理都整合在一起。你想开辟新的领域，那就必须自己来做。如果你想让产品对其他硬件或软件开放，你就只能放弃一些愿景。

过去，不同阶段有不同的公司成为硅谷的典范。很长一段时间里，是惠普。后来，在半导体时代，是仙童和英特尔。我觉得，有一段时间是苹果，后来没落了。而今天，我认为是苹果和谷歌——苹果更多一些。我想苹果已经经受住了时间的检验。它曾有过起起伏伏，但如今仍然走在时代的前沿。

要指出微软的不足很容易。他们显然已经丧失了统治地位，已经变得基本上无关紧要。但是我欣赏他们所做的，也了解那有多么困难。他们很擅长商业方面的事务。他们在产品方面从未有过应有的野心。比尔喜欢把自己说成是做产品的人，但他真的不是。他是个商人。赢得业务比做出伟大的产品更重要。他最后成了最富有的人，如果这就是他的目标，那么他实现了。但那从来都不是我的目标，而且我怀疑，那最终是否是他的目标。我欣赏他，欣赏他创建的公司，很出色，我也喜欢跟他合作。他很聪明，实际上也很有幽默感。但是微软的基因里从来都没有人文精神和艺术气质。即使在看到 Mac 以后，他们都模仿不好。他们完全没搞懂它是怎么回事儿。

像 IBM 或微软这样的公司为什么会衰落，我有我自己的见解。这样的公司干得很好，它们进行创新，成为或接近成为某个领域的垄断者，然后产品的质量就变得不那么重要了。这些公司开始重视优秀的销售人员，因为是他们在推动销售、改写收入数字，而不是产品的工程师和设计师，因此销售人员最后成为公司的经营者。IBM 的约翰·埃克斯是聪明、善辩、非常棒的销售人员，但是对产品一无所知。同样的事情也发生在施乐公司。做销售的人经营公司，做产品的人就不再那么重要，其中很多人就失去了创造的激情。斯卡利加入后，苹果就发生了这样的事情，那是我的失误；鲍尔默接管微软后也是这样。苹果很幸运，能够东山再起，但我认为只要鲍尔默还在掌舵，微软就不会有什么起色。

我讨厌一种人，他们把自己称为“企业家”，实际上真正想做的却是创建一家企业，然后把它卖掉或上市，他们就可以将其变现，一走了之。他们不愿意费力气打造一家真正的公司，而这正是商业领域里最艰难的工作。只有做到这一点你才能真正有所贡献，才能为前人留下的遗产添砖加瓦。你要打造一家再过一两代人仍然屹立不倒的公司。那就是沃尔特·迪士尼、休利特和帕卡德，还有创建英特尔的人所做的。他们创造了传世的公司，而不仅仅是赚了钱。这正是我对苹果的期望。

我不认为我对别人很苛刻，但如果谁把什么事搞砸了，我会当面跟他说。诚实是我的责任。我知道我在说什么，而且事实证明通常我是对的。那是我试图创建的文化。我们相互间诚实到残酷的地步，任何人都可以跟我说，他们认为我就是一堆狗屎，我也可以这样说他们。我们有过一些激烈的争吵，互相吼叫，但那可以说是我最美好的一段时光。我在别人面前说“罗恩，那个商店看起来像坨屎”的时候，没什么不良感觉。或者我会说“天啊，我们真他妈把这个工艺搞砸了”，就当着负责人的面。这就是我们的规矩：你就得超级诚实。也许有更好的方式，像个绅士俱乐部一样，大家都戴着领带，说着上等人的敬语，满嘴华丽委婉的词汇，但是我对此不太在行，因为我是来自加利福尼亚的中产阶级。

我有时候对别人很严厉，不过可能没有必要那么严厉。我还记得里德 6 岁时，他回到家，而我那天刚解雇了一个人，我当时就在想，一个人要怎样告诉他的家人和幼子他失业了。很不好受。但是必须有人去做这样的事。我认为确保团队的优秀始终是我的责任，如果我不去做这件事，没有人会去做。

你必须不断地去推动创新。迪伦本来可以一直唱抗议歌曲，可能会赚很多钱，但是他没有那么做。他必须向前走，1965 年在民谣中融入电子音乐元素时，他疏远了很多人。1966 年的欧洲巡演是他的巅峰。他会先上台演奏原声吉他，观众非常喜欢。然后他会带出 The Band 乐队，他们都演奏电子乐器，观众有时候就会喝倒彩。有一次他正要唱《像一块滚石》，观众中有人高喊“叛徒”，迪伦说：“搞他妈个震耳欲聋！”他们真那样做了。披头士乐队也一样。他们一直演变、前行、改进他们的艺术。那就是我一直试图做的事情——不断前进。否则，就如迪伦所说，如果你不忙着求生，你就在忙着求死。

我的动力是什么？我觉得，大多数创造者都想为我们能够得益于前人取得的成就而表达感激。我并没有发明我用的语言或数学。我的食物基本都不是我自己做的，衣服更是一件都没做过。我所做的每一件事都有赖于我们人类的其他成员，以及他们的贡献和成就。我们很多人都想回馈社会，在历史的长河中再添一笔。我们只能用这种大多数人都掌握的方式去表达——因为我们不会写鲍勃·迪伦的歌或汤姆·斯托帕德（Tom Stoppard）的戏剧。我们试图用我们仅有的天分去表达我们深层的感受，去表达我们对前人所有贡献的感激，去为历史长河加上一点儿什么。那就是推动我的力量。

尾声

一个阳光灿烂的下午，乔布斯感觉不太舒服，他坐在屋后的花园里，思考死亡。他谈到将近40年前他在印度的经历，他对佛法的研习，以及他对转世和精神超越的看法。“我对上帝的信仰是半信半疑。”他说，“我一生中的大部分时间里，都认为一定有超出我们所见的存在。”

他承认，当他面临死亡时，他可能更愿相信存在来世。“我愿意认为，在一个人死后有些什么东西依然存在。”他说，“如果你积累了所有这些经验，可能还有一点儿智慧，然后这些就这么消失了，会有些怪怪的。所以我真的愿意相信，会有些什么东西留存下来，也许你的意识会不朽。”

他沉默了很长时间。“但是另一方面，也许就像个开关一样。”他说，“啪！然后你就没了。”

再度沉默了片刻之后，他淡然一笑。“也许这就是为什么我从不喜欢给苹果产品加上开关吧。”

后记

2011年夏天，在史蒂夫·乔布斯还感觉他能够再次战胜癌症时，他建议我以他要辞去苹果CEO职务来结束本书，而他正打算在8月底公布这一消息。我已经将缺少结尾部分的原稿方案交给了出版社。就在我交上最终修订版之前，我和乔布斯一起讨论了书中使用过的许多故事，包括一些我认为他或许不怎么喜欢的事。他曾坚持让我叙述得真实一些，所以出现了很多关于他一些小毛病的花边新闻。我向他保证我已尽力把它们放进上下文中，作为个性复杂、充满激情的性格的一个方面。而正是这种个性——坚信普通规则并不适合于他——让他得以改变世界。

乔布斯很乐观。他知道他不会被作为礼貌文雅的典范而载入历史，他曾建言道，这本书读起来最好不要像一本内部书籍。他告诉我，他还要等上一阵子再来读这本书，比如一年之后。他的自信或者说现实扭曲力场还如此强大，我感到非常高兴。在那一刻，我相信他还可以再活上一年，还有机会读到这本书。看起来，他对自己可以重获健康以及在苹果重现活力如此自信，以至于我问他是否想要延迟这本书的出版，是否要看看情况再说。“不，”他回答说，“如果我做出了其他让人惊叹的事情，那你就可以再写一卷。”他对自己的想法报之一笑，然后补充说：“或者你至少可以写一篇很长的后记。”

遗憾的是，眼下的这段后记很短。

2011年10月3日，星期一，史蒂夫·乔布斯意识到他最后的日子到了。在他抗击癌症的努力中，他不再说“进入人生下一阶段”；取而代之，他的思想转变到——他任何时候改变焦点都是这样突然——自己即将面对的死亡。

他之前没有提到过关于自己葬礼的安排。劳伦曾经以为他希望火葬。这些年来他们也随意讨论过骨灰撒向何处的问题。但周一上午，乔布斯宣布他不希望被火化，他想挨着自己的父母葬在他们所在的公墓。

那个上午，苹果正在发布带有Siri声音识别软件的新iPhone 4s，乔布斯在最后一次参加董事会议时把玩过这款手机。从某种程度上来说，在苹果总部不大的“市政”会议厅里举办的发布会气氛稍显肃穆。史蒂夫最亲密的同事都知道他现在情况十分糟糕。发布会一结束，乔尼·艾夫、埃迪·克九、蒂姆·库克和其他几位都接到电话，并在周一下午依次与乔布斯道了别。

第二天早上，乔布斯给妹妹莫娜·辛普森打电话，告诉她赶快来帕洛奥图。莫娜在悼词中深情回忆：“他的声音满怀深情，可爱，让人喜欢，但感觉就像一个行李已经放在了车上的即将启程之人，对于离我们而去，他感到很抱歉，真的十分抱歉。”他开始与她告别，但她说她已经坐上了去机场的出租车，很快就到。“亲爱的，我现在告诉你，是因为我担心你可能赶不上了。”乔布斯回答道。他的女儿莉萨从纽约飞回来了，尽管这些年他们之间的关系反复无常，但她一直在试着做一个好女儿，她也确实做到了。乔布斯的另一个妹妹帕蒂也来到他的身边。

在人生的最后时光，乔布斯与深爱的家人们在一起。他并不是一位传统意义上的居家好男人，他自己也承认这一点。但对一个人的评价总应该考虑到方方面面。作为一位商业领袖，他可能严苛挑剔、喜怒无常，但他打造了一个狂热而忠诚的团队，这个团队深爱着他。作为一个有家之人，他可能很粗暴，还经常心烦意乱，但在他的婚姻中，他和女强人妻子之间有着完全的伙伴关系，非常浪漫。他还拥有四个孩子，他们在他生命的最后时光都陪伴着他，让他感受到爱。那个周二，他一直盯着孩子们的眼睛看。他一度长久地注视帕蒂和他的孩子们，然后看向劳伦，最后目光越过他们看向远方。“噢哇，”他说，“噢哇，噢哇。”

这是他遁入无意识状态前最后的话语，大约是下午两点。他的呼吸变得沉重。“即使是现在，他依然有着坚毅的、英俊的轮廓，一个专制者的轮廓，浪漫者的轮廓。”莫娜回忆道，“他的呼吸表明他就要开始一段艰辛的旅程，一段急剧升降的路程。”莫娜和劳伦整晚都陪在他身边。第二天——2011年10月5日，星期三——史蒂夫·乔布斯走了。他的家人都在他的身边，亲抚着他。

乔布斯的死，引起了全世界的真情表露。几百个城市和乡村都搭建起了临时祭坛，甚至包括祖科蒂公园，“占领华尔街”的积极分子正在那里抗议巨富商人的罪恶行为。这完全可以理解。那些醉生梦死的摇滚歌手和苦恼忧郁的公主王妃们死时，人们情感的表露通常都未能因此而得到释放。好不容易有一位企业家，尽管他可能也是一位巨富商人，但他是通过设计精美产品以让生命更加神奇而成为巨富的。

乔布斯逝世那天，劳伦和莫娜去了乔布斯挑选的公墓，并乘坐高尔夫球车绕公墓转了转。保罗和克拉拉·乔布斯的墓碑旁边没有空地了，劳伦又不喜欢那里的人带她看的其他地方：那里一个墓碑紧紧挨着另一个墓碑，一排排并列在普通的平地上。但劳伦和她丈夫一样，充满想象力而又固执己见。她指着一片宁静的山脊，山脊顶部是这片区域保留下来的最后一片杏园。乔布斯从小就很喜欢这样的果园。这里不行，公墓的人告诉劳伦。杏园不允许安置墓地。但这并没能制止劳伦。一再坚持之后，她让公墓的负责人深信，她的丈夫终将长眠于这片果园之中。乔布斯会以她为豪。

劳伦总是能够把乔布斯的原始喜好与她自己的高雅审美相结合。她定做的棺材工艺精巧，没用一枚钉子或螺丝钉。纯粹、简单。在非公开的葬礼仪式上，这尊棺材被放置在从苹果总部的设计工作室搬来的工业桌上，乔布斯在那张桌子边度过了无数个下午时光。乔恩·艾夫安排将这张桌子搬到了坟墓边。出席葬礼的约有 50 人，包括家人和朋友，他们都分享了乔布斯的故事。比如，迪士尼的鲍勃·艾格说，就在与迪士尼之间的交易宣布之前，他与乔布斯在皮克斯工作室附近散步 30 分钟。乔布斯告诉艾格，自己的癌症复发了，只有劳伦和医生知道；但乔布斯觉得他有责任让艾格知晓，因为艾格可能会因此而退出交易。“站在乔布斯的角度，这是一种非同寻常的姿态。”艾格说。

10 月 16 日的晚上，一场庄重的追悼会在斯坦福的纪念教堂举行，整个教堂都沐浴在一片烛光之中。劳伦和乔尼一起尽力把现场布置得更漂亮一些。有大约 100 名宾客出席，其中包括比尔·克林顿、阿尔·戈尔、比尔·盖茨和拉里·佩奇。早期苹果团队的成员，包括史蒂夫·沃兹尼亚克和安迪·赫茨菲尔德也来了。家庭成员包括乔布斯的四个孩子和两个妹妹——帕蒂·乔布斯和莫娜·辛普森。

“史蒂夫希望我在他的葬礼上演奏大提琴，”马友友在追悼会开始时说，“我说我更希望他按照我的方式。通常他都是随心所欲。”然后马友友表演了巴赫小组曲。其他两个朋友也表演了节目。波诺唱了《每一粒微沙》(Every Grain of Sand)，这是乔布斯最喜欢的鲍勃·迪伦的一首歌：

在愤恨的当下，

我能看见造物主之手，

在每片颤动的叶里，

在每粒微沙之中。

年轻而又深情的民谣歌手琼·贝兹唱了一首悲伤却又令人精神振奋的《低度摇摆，甜蜜战车》(Swing Low, Sweet Chariot)。

每一位家庭成员都详细叙述了一些故事，还朗读了诗歌。“他的思想从不受现实的束缚，”劳伦说，“他对可能性充满了史诗般的感觉。他看待事情是从完美主义的立场出发。”

擅长写小说的莫娜·辛普森制作了一首精美的颂文。“他感情强烈，”她回忆道，“即使是生病的时候，他的鉴赏力、辨别力和判断力依然保持不变。他找了 27 名护士之后才发现一个满意的。”莫娜谈到乔布斯对工作的热爱，说道：“即使是在生命的最后一年，他还在做他的项目，并让苹果的朋友们承诺要完成这些项目。”她还以更为个人化的方式强调了乔布斯对劳伦和四个孩子的爱。“尽管他实现了活着看到里德毕业的愿望，却不能参加自己女儿们的婚礼了。他希望领着她们走上教堂的走廊，就像我结婚的时候他领着我走过一样。”她说。这些阶段都没法记载了。“我们每个人（最后）都会在中途死去。在一个故事的中途，在许多故事的中途……”

三天后，公司追悼会在苹果总部举行。蒂姆·库克、阿尔·戈尔、比尔·坎贝尔都发言了，但乔尼·艾夫的颂词最抢风头，有趣且动情。

他重述了在斯坦福纪念教堂讲起的事。因为乔布斯太过挑剔，所以任何时候他们订了什么酒店，艾夫都会坐在电话旁等待那通必然会来的电话。乔布斯会在电话中说：“这个酒店太差劲了，我们走！”但当艾夫描述他的老板在会议上发表意见时，他能捕获到乔布斯异禀天才中随意流露出的思想光辉。“有时候很愚蠢，有时候实在糟糕透顶。但有时候他们走出房间去户外散步……就会产生一些大胆而又疯狂的、令人印象深刻的观点，或者一些简单的、不起眼的观点，而这些观点在微妙处、细节处都非常深刻。”

活动中最用心的设置还是来自乔布斯自己，他的声音就像是盘旋于阳光庭院上方的幽灵一般。库克介绍乔布斯，描述他在 1997 年重回苹果之时如何帮助设计“非同凡想”的商业广告。乔布斯未被公开的、自己配音的版本——而不是理查德·德莱福斯配音的版本——首次公之于世了。麦克风里传出他那辨识度很高的声音，在人群上空飘动，让人感觉心酸而又刺耳。“致疯狂的人。他们特立独行。他们桀骜不驯。他们惹是生非。他们格格不入。他们用与众不同的眼光看待事物。”感觉就像乔布斯正和大家一起坐在后面，诚挚而又激动不已地描述自己。“他们不喜欢墨守成规。他们也不愿安于现状。你可以认同他们，反对他们，颂扬或是诋毁他们，但唯独不能漠视他们。”乔布斯的声音在这时稍微加强了语气，带着兴奋，就好像他正坐在人群的前方，眼睛里还闪耀着光辉。人们不禁回想起他年轻时候说话的声音，以及在他最喜爱的贝兹或迪伦的音乐中，他如何永葆年轻。“他们推动了人类向前迈进，”那是乔布斯亲自写下的一句话，他接着发表了著名的总结词，这句总结词很适合那天，也很适合这本书，“或许他们是别人眼中的疯子，但他们却是我们眼中的天才。因为只有那些疯狂到以为自己能够改变世界的人，才能真正改变世界。”

沃尔特·艾萨克森

致谢

在此，我要深深地感谢约翰·杜尔和安·杜尔夫妇、劳伦·鲍威尔、莫娜·辛普森，以及肯·奥莱塔。正是在他们的无私帮助和最可宝贵的支持下，本书才得以付梓。爱丽斯·梅休是我在西蒙－舒斯特出版公司的编辑，同我有30年的合作关系；乔纳森·卡普是该公司的出版人。他们与我的代理人阿曼达·厄本一起，从始至终都对本书的创作给予了超乎寻常的关注与指导。还有，克拉里·曾伦为这些照片的跟踪拍摄做出了不懈努力，我的助手帕特·金多克也为我耐心细致地准备各种资料。我还要感谢我的父亲欧文和我的女儿贝特西，他们在阅读了这部作品后提出了宝贵的建议。如以往一样，我更要深深感激的是我的妻子凯茜，她为本书做了大量的编辑工作，并提出了有益的建议和忠告。

资料来源

采访（2009 ~2011）

Al Alcorn, Roger Ames, Fred Anderson, Bill Atkinson, Joan Baez, Marjorie Powell Barden, Jeff Bewkes, Bono, Ann Bowers, Stewart Brand, Chrisann Brennan, Larry Brilliant, John Seeley Brown, Tim Brown, Nolan Bushnell, Greg Calhoun, Bill Campbell, Berry Cash, Ed Catmull, Ray Cave, Lee Clow, Debi Coleman, Tim Cook, Katie Cotton, Eddy Cue, Andrea Cunningham, John Doerr, Millard Drexler, Jennifer Egan, Al Eisenstat, Michael Eisner, Larry Ellison, Philip Elmer-DeWitt, Gerard Errera, Tony Fadell, Jean-Louis Gassée, Bill Gates, Adele Goldberg, Craig Good, Austan Goolsbee, Al Gore, Andy Grove, Bill Hambrecht, Michael Hawley, Andy Hertzfeld, Joanna Hoffman, Elizabeth Holmes, Bruce Horn, John Huey, Jimmy Iovine, Jony Ive, Oren Jacob, Erin Jobs, Reed Jobs, Steve Jobs, Ron Johnson, Mitch Kapor, Susan Kare (email), Jeffrey Katzenberg, Pam Kerwin, Kristina Kiehl, Joel Klein, Daniel Kottke, Andy Lack, John Lasseter, Art Levinson, Steven Levy, Dan'l Lewin, Maya Lin, Yo-Yo Ma, Mike Markkula, John Markoff, Wynton Marsalis, Regis McKenna, Mike Merin,

Bob Metcalfe, Doug Morris, Walt Mossberg, Rupert Murdoch, Mike Murray, Nicholas Negroponte, Dean Ornish, Paul Otellini, Norman Pearlstine, Laurene Powell, Josh Quittner, Tina Redse, George Riley, Brian Roberts, Arthur Rock, Jeff Rosen, Alain Rossmann, Jon Rubinstein, Phil Schiller, Eric Schmidt, Barry Schuler, Mike Scott, John Sculley, Andy Serwer, Mona Simpson, Mike Slade, Alvy Ray Smith, Gina Smith, Kathryn Smith, Rick Stengel, Larry Tesler, Avie Tevanian, Guy "Bud" Tribble, Don Valentine, Paul Vidich, James Vincent, Alice Waters, Ron Wayne, Wendell Weeks, Ed Woolard, Stephen Wozniak, Del Yocam, Jerry York.

资料来源

参考文献

Amelio, Gil. *On the Firing Line*. HarperBusiness, 1998.

Berlin, Leslie. *The Man behind the Microchip*. Oxford, 2005.

Butcher, Lee. *The Accidental Millionaire*. Paragon House, 1988.

Carlton, Jim. *Apple*. Random House, 1997.

Cringely, Robert X. *Accidental Empires*. Addison Wesley, 1992.

Deutschman, Alan. *The Second Coming of Steve Jobs*.Broadway Books, 2000.

Elliot, Jay, with William Simon. *The Steve Jobs Way*. Vanguard, 2011.

Freiberger, Paul, and Michael Swaine. *Fire in the Valley*. McGraw-Hill, 1984.

Garr, Doug. *Woz*. Avon, 1984.

Hertzfeld, Andy. *Revolution in the Valley*. O'Reilly, 2005. (See also his website, folklore.org.)

Hiltzik, Michael. *Dealers of Lightning*. HarperBusiness, 1999.

Jobs, Steve. Smithsonian oral history interview with Daniel Morrow,

April 20, 1995.

Jobs, Steve. Stanford commencement address, June 12, 2005.

Kahney, Leander. *Inside Steve's Brain*. Portfolio, 2008. (See also his website, cultofmac.com.)

Kawasaki, Guy. *The Macintosh Way*. Scott, Foresman, 1989.

Knopper, Steve. *Appetite for Self-Destruction*. Free Press, 2009.

Kot, Greg. *Ripped*. Scribner, 2009.

Kunkel, Paul. *AppleDesign*. Graphis Inc., 1997.

Levy, Steven. *Hackers*. Doubleday, 1984.

Levy, Steven. *Insanely Great*. Viking Penguin, 1994.

Levy, Steven. *The Perfect Thing*. Simon & Schuster, 2006.

Linzmayer, Owen. *Apple Confidential 2.0*. No Starch Press, 2004.

Malone, Michael. *Infinite Loop*. Doubleday, 1999.

Markoff, John. *What the Dormouse Said*. Viking Penguin, 2005.

McNish, Jacquie. *The Big Score*. Doubleday Canada, 1998.

Moritz, Michael. *Return to the Little Kingdom*. Overlook Press, 2009. Originally published, without prologue and epilogue, as *The Little Kingdom* (Morrow, 1984).

Nocera, Joe. *Good Guys and Bad Guys*. Portfolio, 2008.

Paik, Karen. *To Infinity and Beyond*! Chronicle Books, 2007.

Price, David. *The Pixar Touch*. Knopf, 2008.

Rose, Frank. *West of Eden*. Viking, 1989.

Sculley, John. *Odyssey*. Harper & Row, 1987.

Sheff, David. "*Playboy Interview: Steve Jobs." Playboy*, February 1985.

Simpson, Mona. *Anywhere but Here*. Knopf, 1986.

Simpson, Mona. *A Regular Guy*. Knopf, 1996.

Smith, Douglas, and Robert Alexander. *Fumbling the Future*. Morrow, 1988.

Stross, Randall. *Steve Jobs and the NeXT Big Thing*. Atheneum, 1993.

"Triumph of the Nerds," PBS Television, hosted by Robert X. Cringely, June 1996.

Wozniak, Steve, with Gina Smith. *iWoz*. Norton, 2006.

Young, Jeffrey. *Steve Jobs*. Scott, Foresman, 1988.

Young, Jeffrey, and William Simon. *iCon*. John Wiley, 2005.

过程就是奖励

由于本书的全球出版时间两次提前，英文原稿也是分三批收到，短时间内完成50多万字的文字翻译和复杂的审核校对工作，这对于我们的工作团队可谓一个前所未有的挑战。

中文版得以如期呈现，要感谢所有参与本书翻译、编校、印制和营销工作的团队成员，本书的译者招募和翻译协调由东西网－译言网执行，本书前言、第1至13章、25章、34章由管延圻翻译，第6至14章由汤崧翻译，第15至19章、第34至36章、第38至39章由余倩翻译，第20至25章、第37章、第40至42章由魏群翻译，第26至33章由赵萌萌翻译；本书的译校由赵嘉敏、李婷、张文武、猛犸等完成；特别感谢蒋晞亮、徐智明、程三国、李治、王曦、陈戈、荀靓、林木、乔江涛、Apple4us团队（张亮、黄继新、飞猪、詹光耀、胡维等）、常仕洺，以及丁川、曹爱菊、温慧、李耀、孔彦、相里闵鹤、Dado等。在本书出版过程中，还有很多人在全力以赴协助我们，在此一并表示感谢！

在本书面世两年后，2013 年 8 月，我们与英文版开始了同步全面修订。其间除增加了沃尔特·艾萨克森新写的后记之外，还对内容进行了仔细的核对、增删，使之更加完善。

参加此次修订的有王冬军、常青、方如、潘桂英、安烨，其中潘桂英还承担了后记的翻译工作。希望这次修订的版本不会让读者失望。

图书在版编目（CIP）数据

史蒂夫·乔布斯传 /（美）沃尔特·艾萨克森著；
管延圻等译 . -- 北京：中信出版社，2021.4
（中信经典丛书 . 002）
书名原文：Steve Jobs
ISBN 978-7-5217-2888-0

Ⅰ. ①史… Ⅱ. ①沃… ②管… Ⅲ. ①乔布斯（Jobs,
Steve Paul 1955-2011）—传记 Ⅳ. ①K837.125.38

中国版本图书馆 CIP 数据核字（2021）第 045576 号

史蒂夫·乔布斯传
（中信经典丛书 · 002）

著　　者：［美］沃尔特·艾萨克森
译　　者：管延圻　魏群　余倩　赵萌萌
责任编辑：许可
出版发行：中信出版集团股份有限公司
（北京市朝阳区惠新东街甲 4 号富盛大厦 2 座　邮编　100029）
承 印 者：北京中科印刷有限公司

开　　本：880mm × 1230mm　1/32　　印　　张：115.5　　字　　数：2719 千字
版　　次：2021 年 4 月第 1 版　　印　　次：2021 年 4 月第 1 次印刷
京权图字：01-2011-6192
书　　号：ISBN 978-7-5217-2888-0
定　　价：990.00 元（全 8 册）

服务热线：400-600-8099
投稿邮箱：author@citicpub.com

扫码免费收听图书音频解读

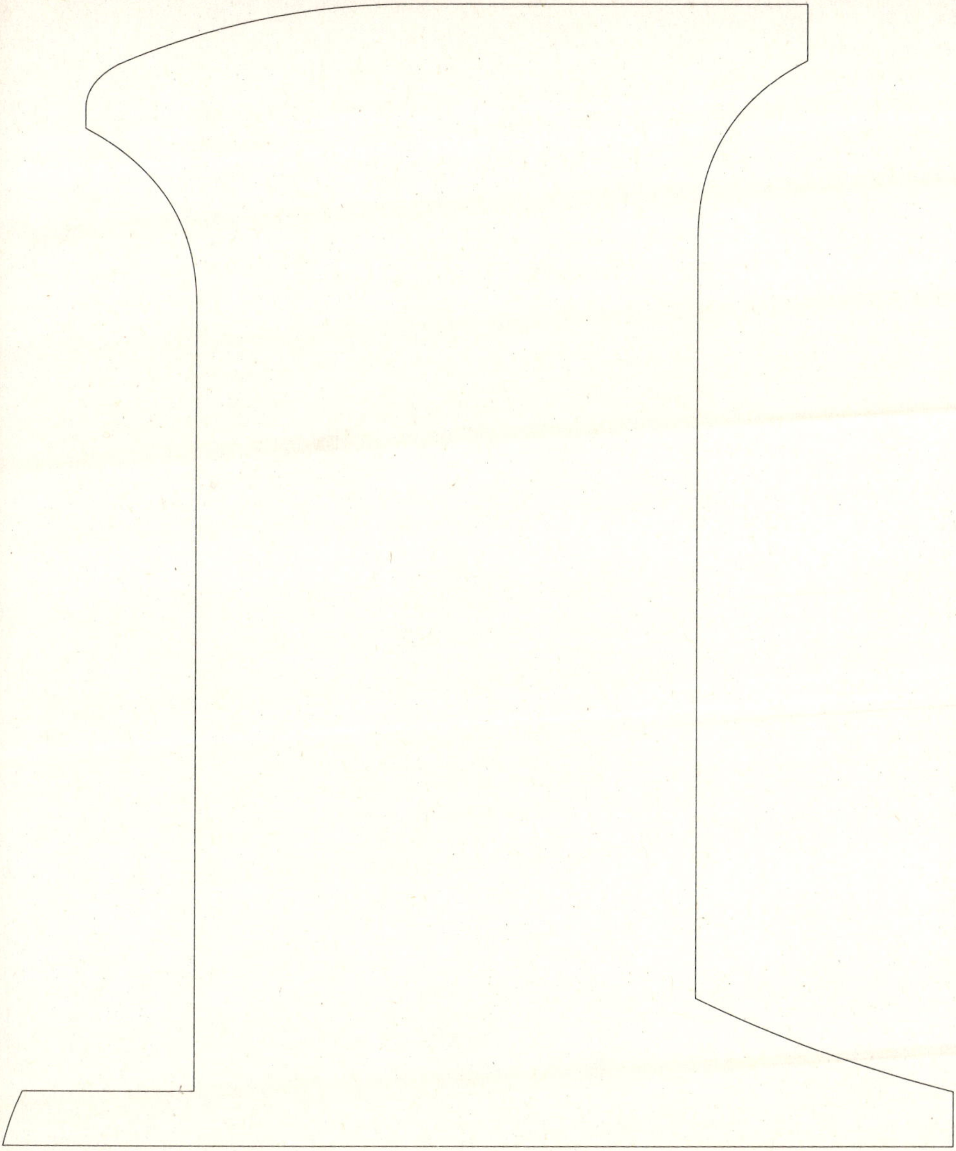

只有偏执狂才能生存

ONLY THE PARANOID SURVIVE

HOW TO EXPLOIT THE CRISIS POINTS THAT CHALLENGE EVERY COMPANY

[美] 安迪·格鲁夫
著

安然
张万伟
译

中信出版集团 | 北京

目录

前言

只有偏执狂才能生存

如果放任自流，战略转折点就会将企业置于死地。

我信奉“只有偏执狂才能生存”(Only the Paranoid Survive) 这句格言。初出此言是在何时，我已记不清了，但如今事实仍是：只要涉及企业管理，我就相信偏执万岁。企业繁荣之中孕育着自我毁灭的种子，你越是成功，对你垂涎三尺的人就越多。他们会一块块地窃取你的生意，直至最后一点儿都不剩。我认为，一名管理者最重要的职责就是常常提防他人的袭击，并把这种防范意识传递给手下的工作人员。

让我不惜承受偏执之名的事情有很多。我担心产品会出岔子，也担心在时机未成熟的时候就介绍产品；我担心工厂运转不灵，也担心工厂数量太多；我担心用人是否正确，也担心员工士气低落。

当然，我还担心竞争对手。我担心有人正在算计如何比我们做得多快好省，从而把我们的客户抢走。

但是这些疑虑与我对所谓“战略转折点”（strategic inflection points）的感受相比，就不值一提了。

稍后我会解释战略转折点的含义。这里我姑且说，战略转折点就是企业的根基即将发生变化的那一刻。这个变化有可能意味着企业有机会上升到一个新的高度，但它也同样有可能标志着企业没落的开端。

技术上的变化可能导致战略转折点的出现，但战略转折点又不仅仅取决于技术上的变化。竞争对手也可能导致它的出现，但它也不仅仅取决于竞争的反应。它是企业发展方向上的全面变动。因此，单单运用新技术，或与过去一样同竞争对手搏斗，都不足以解决问题。它的力量是在暗中渐渐聚集的。你知道有变化，却不知道什么在变。

我们直截了当地说吧，如果放任自流，战略转折点就会将企业置于死地。那些由于经历了转折点的变化而开始衰退的企业，很少能够复兴。

然而，战略转折点并不总是一条导向灾难之路。当企业的发展方向改变时，那些善于用新方法经营企业的领导者就会获得用武之地。对新手来说也好，对在任者来说也好，战略转折点都可能意味着一个新的发展机会。

你可以是战略转折点的承受者，也可以是它的引发者。我在英特尔公司就曾身兼此二职。20世纪80年代中期，日本的存储器厂家把我们推入了巨大的转折点，我们不得不退出内存芯片的生产，而转入另一个较新领域，即微处理器的开发。我们全力经营的微处理器业务又把其他公司纷纷推入转折点。它们很难再立足于计算机中央处理器产业。经受了转折点的影响，又成为它的引发者之后，我可以确定地说，前者的处境更为艰难。

我是在技术工业之中成长起来的，我的许多经验都源于那里。本书中有许多事例，采用的都是我所知道的技术概念及技术例证。但是，战略转折点虽然常由技术事件引起，却不仅仅局限于技术工业范围。

自动取款机的发明已使银行业务发生变化。如果互相联通的低成本计算机可以用于医疗诊断或咨询，它一定会改变医疗事业。如果所有的娱乐项目都能以数字的方式创作、贮存、发送和显示，那么整个传媒工业就会改弦易辙。一句话，战略转折点是所有企业中的根本转变，无论它是技术型企业还是非技术型企业。

我们生活在一个技术飞速变化的时代，它的震荡波传遍所有的产业。无论你靠什么为生，对你影响重大的变化都越来越有可能发生。新方法的出现会引发始料未及的新竞争。

你居住的地点无足轻重。从前，漫漫长路仿佛一道天堑，把我们与地球另一边的人们远远隔开。但是，技术的发展一天天、一点点地在填平这道天堑。无论是谁都有可能成为我们每个人的合作者或竞争者，他们与在我们楼下工作的同事并无二致。技术的变化迟早会触及和改变你的企业中的根本部分。

这种发展是建设性的，还是破坏性的呢？我看两者兼而有之，且都不可避免。技术上可能做到的事，总有一天会变成事实。我们无力阻止这些变化，也不能熟视无睹。相反，我们应该集中精力与之周旋。

无论是在公司的业务上，还是在个人的前途上，处理战略转折点的方法都比较相似。

如果你是一名企业经营者，就应该认识到仅凭一些事前的计划是不可能预测这种变化的。这是不是意味着不必做计划了呢？当然不是。计划的制订应该仿效消防部门。谁也不能预料下一次火灾将在何处发生，因而要做的事就是组建一支精力充沛、效率很高的队伍，使之能够像处理普通事件一样处理意外事件。理解战略转折点的本质及具备对付它的手段，可以帮助你维护公司的兴盛，救公司于水深火热之中，并使之在新秩序下蓬勃发展。这是你的职责，没有人能够代替你去做。

如果你是一名雇员，你迟早会受到战略转折点的影响。在你的部门发生了翻天覆地的变化、你所在的公司被无情地吞没之后，有谁知道你的工作会是怎样的？有谁知道你还有没有工作？说实话，除了你自己，还有谁关心这些？

前不久，你进了一家公司，满心以为可以终身不愁。但是，当公司自己都没有终身可言时，雇员还能指望什么呢？

公司使用了几十年的经营良方已成为历史，它们在挣扎着适应变化的格局。那些历经数代坚持不解雇雇员的公司，如今一次裁员就把万名员工赶上街头。

可叹的是，没有人欠你一份工作。这完完全全是你自己的事，只由你一人负责。你唯一的雇员就是你自己。全世界的几百万名职工正在与你竞争。你需要把握自己的前途、自己的技术、自己的行动安排。保护自己的事业免受侵害，并使之从各种环境中获益，是你的职责。没有人能够代替你去做。

身为英特尔公司的高级管理者，我却是学习战略转折点的学生。对战略转折点的思考，帮助我们的企业在日益激烈的竞争中求得生存。我是一个工程师、一个经理人，但我常常认为我还有必要做一个老师，把我的思考所得、经验教训公之于众。

本书并非回忆录。我每天的工作就是与客户和商业伙伴打交道，并不断地猜测我的竞争对手有何图谋。本书中有些地方涉及我在这些交往中的所见所闻，但这并不表示公开竞技，它们只是一些商务性质的商谈，对英特尔公司和其他公司都有用。我应当对此表示尊重。因此，请原谅我在这些故事中用了一般化的描述并隐去了人物的真名，这是不得已而为之的。

本书叙述的是变化中的规则具有的影响力，也就是说，如何在未开垦的土地上走出你自己的路。我希望通过具体事例以及我与他人的经验反思，使你意识到经历剧变是怎样一种情形和怎样建立一个用以对付剧变的框架模型。

如上所述，本书也与个人事业前途有关。随着企业在新的基础上建立，或为了运营而在新的环境中重建，个人的事业也就随之或毁灭，或飞跃。希望这本书能教给你一些困境求生的方法。

我们就以战略转折点中期的形势作为本书的开始吧。有些东西正在经历剧变、焕然一新，但是你却正忙于寻找求生之路，无暇顾及变化本身的意义。只有在回忆之中，这种意义才能逐渐清晰。首先，让我讲述一个令人痛心的故事：1994 年秋，英特尔公司的一流产品奔腾微处理器出了问题。

第一章

风向变了

如今新规则盛行，它们强大到足以让我们损失差不多5亿美元。

在担任英特尔公司的董事长兼首席执行官的同时，我还在斯坦福大学商学院兼职教授战略管理课程。我和另一位教授罗伯特·布格尔曼（Robert Burgelman）给学生们评分的方法，常常是在学期末检查一遍他们的出勤情况，趁着记忆还清晰的时候为学生们的课堂表现打分。

在1994年11月22日，也就是感恩节前的那个星期二的上午，我觉得给学生们打分花费的时间比平时要长，于是我想给办公室打电话，说我不能去公司了。正在这时，电话铃响了起来。一位负责对外联络的领导有急事要找我谈。她告诉我，美国有线电视新闻网（CNN）要派人来英特尔公司，他们已风闻奔腾处理器的浮点问题。

我要向前追溯一段。首先，简单地介绍一下英特尔公司。1994年，英特尔公司是收入超过100亿美元的计算机芯片生产厂家，在全球首屈一指。公司有26年的历史，在此期间曾领导生产了现代技术中两项最重要的组件——存储器芯片和微处理器。1994年，我们的业务大多数是围绕微处理器开展的，业绩相当不错，效益非常好，年增长率大约为30%。

1994年对我们来说是不寻常的一年，其中还有一个原因。就在这一年，我们最新一代的微处理器——奔腾处理器——全面投入了生产。这个项目非常重要，涉及我们的千百家直接客户，即计算机厂家。在这些厂家中，有的满腔热忱地拥护这项新技术，有的则不然。我们把全部精力投入这个项目中，做了大量的产品广告，以吸引计算机买家。在公司内部，我们在全球建立了 4 个生产基地。该项目取名为"1 号任务"，好让所有的雇员都明白我们的工作重点所在。

就在这种情形下，麻烦出现了。早在几个星期之前，在一个由对英特尔感兴趣的人组成的互联网论坛上，一些雇员就听到了名为"奔腾 FPU 中故障问题"的评论（FPU 是浮点运算器的缩写，是芯片中处理重荷数学运算的部分）。一位数学教授告知他们，奔腾芯片在数学运算能力上存在问题。这位教授说，他在研究一些复杂的数学题时，机器出现了除法错误。

我们对这个问题并不陌生，早在数月之前就遇到过。这是由芯片上的一个微小的设计错误引起的，在 90 亿次除法运算中会出现 1 次错误。最初，我们极为重视这件事，因此组织研究了这个问题，想弄清楚 90 亿次中的 1 次错误究竟意味着什么。研究的结果使我们松了一口气。比如，平均每位使用空白表格程序的用户会在使用该程序的每 27 000 年中遇上 1 次计算错误。这个时间比芯片的半导体出现其他问题的时间长得多。因此，我们一面摸索和试验其改进方法，一面把该芯片投入市场。

就在此时，在互联网上有关此事的讨论引起了财经新闻界的注意。商界的一份周刊在头版头条详细准确地刊登了这些评论内容。这之后一星期内，其他商业报刊也转载了这些评论，但并未大张旗鼓。事情好像也就这样了。直到感恩节前的那个星期二依然没什么变化。

CNN 的人来了，要和我们谈谈。他们看上去非常愤怒。制片人已经开始与我们公共关系部的负责人谈话了，他的语气咄咄逼人，就像是在法庭上指控我们一样。我和负责对外联络的一位领导通电话时，感到形势不妙。于是我把学生们的作业收好，立即赶回办公室。形势果真不妙。CNN 的人制作了一则令人非常不悦的短片，将于次日播出。

这之后的几天，每一家大型报纸都开始报道这件事情，有的标题为“奔腾芯片出现故障，计算准确性无法保证”，有的是“奔腾芯片：买还是不买？”电视台的记者们埋伏在我们总部外面，网上的来函问询络绎不绝。每一个美国人似乎都对此很感兴趣，接着又波及其他国家。

用户开始要求我们更换芯片。根据我们的更换规定，在更换之前要查明问题，并进行评估。那些用户表示，为了能够更换芯片，他们可以多进行几次除法运算。对于其他的用户，我们则跟他们一起查看研究分析的结果，把有关此事的报告白皮书送交他们审阅，尽量使用户放心使用该芯片。一个星期后，这个双管齐下的办法收到了良好的效果。外界打来的电话渐渐少了，我们可以致力于改进我们的更换工作了。尽管媒体还常常跑来骚扰我们，但是，无论是从计算机的销售还是从用户的更换要求来看，我们都正在切实解决问题。

12 月 12 日星期一上午 8 点，我走进办公室，看到我的助手在平常用来夹电话留言的小夹子里夹了一张折叠着的计算机打印稿。这是一份通讯社报道，与平常一样，只有标题：IBM[1] 停止运送所有基于奔腾芯片的计算机。

问题再一次恶化了。IBM 的行为举足轻重，因为它是 IBM。近年来 IBM PC 机[2] 的市场业务虽不像前些年那样红火，但它毕竟是 IBM PC 机的创始人，而且选中了英特尔技术作为其基础。是 IBM 让英特尔的微处理器名声大振。

1. IBM，即国际商业机器公司。——编者注

2. PC 机，即个人计算机。——编者注

PC 机问世以来的 13 年，IBM 一直是该行业的头号大腕，它的行为自然受到普遍关注。

电话铃声再次响起，人们从世界各地打来电话询问情况。我们的“其他”用户也想知道发生了什么事情。一星期前，这些用户的语气还是积极的、建议性的，而现在，他们迷惑不解、焦急不安。我们又退到了防御的位置。

处理此事的大多数雇员都是在近十年间进入英特尔公司的。这些年，公司的业务蒸蒸日上。他们的经验就是：只要努力工作，一步一个脚印走，就能够有好收成。现在，预期的成功忽然成了泡影，一切变得不可捉摸。我们的雇员心神不宁，甚至感到恐惧。

问题还有另一面。他们即使走出了英特尔公司的大门，回到家里，还要面对朋友和家人奇怪的目光，或谴责，或不解，好像在问：“你们都在做什么？我在电视上看到的太多了，他们说你们的公司贪得无厌、专横傲慢。”我们的雇员从前跟人提起自己在英特尔公司工作时，无不受到啧啧称赞，而如今他们听到的却是一些贬毁公司的笑话，比如，“用奔腾芯片帮助一个数学家后得到了什么？——一个精神错乱的科学家”。他们无处可逃：每一顿家庭晚餐，每一场假日聚会，都充斥着这个话题。这种变化令他们难以承受。只要想到第二天早上还要回公司接电话、装配产品，他们就垂头丧气。

我的日子当然也不好过。自从英特尔公司创立，我就从事这项工作，至今约有30年了。这期间我也经历了一些严重的业务困难，但是这次非同寻常，要比其他几次棘手得多。事实上，这次与其他几次的问题毫无相似之处，每走一步都不一样，它发生在我们不熟悉的艰难地段。我白天拼命工作，回家的路上却立刻感到情绪消沉。我感到我们仿佛被敌军围困，正遭到狂轰滥炸。为什么会发生这样的事呢？

离我办公室20英尺[1]远的528会议室成了英特尔公司的战争总部。椭圆形的会议桌原先只供12人开会，然而现在它每天都要接待好几拨30人以上的参会者。他们挤满了房间，有的坐在书柜上，有的靠墙站着，有的来回走动，有的从前排人的手中取回公函，离开房间去执行大家已经一致同意的计划。

经过数天与公众舆论的斗争以及对电话和诋毁文章的处理，我们知道公司不得不进行重大变动。

1. 1英尺约为0.3米。——编者注

这之后的那个星期一，12 月 19 日，我们彻底改变了方针政策。我们决定，为所有要求更换部件的用户更换部件，无论他们是用机器做统计分析还是玩电子游戏。这个决定非同小可，那时我们已将数以百万计的芯片装船送出，没有人知道有多少会被退回——可能只是几片，也可能是全部。

我们组织了一批基层职员来应付洪水一般的电话问询。在这以前，我们从未有过这么大量的客户业务，因为我们从不需要应付消费者提出的种种问题。而现在，我们几乎天天都要和客户打交道，而且这成了一件相当重要的事。电话接线员队伍最初是自愿组成的，由来自英特尔公司各个部门的雇员组成，包括设计师、市场经理和软件工程师。他们都放下了手头的工作，坐到了代用桌前，接电话、记名字、记地址。我们开始系统地管理几十万片芯片的更换工作。我们的后勤人员押送着这些芯片来来往往，而且设立了服务网，为那些不愿自己动手的顾客更换芯片。

我们初次发现浮点问题的那一年夏天，就已经改进了芯片的设计，仔仔细细地反复检查，以确保这种变化不会引发任何新的问题。在芯片事件爆发时，我们已经将改进版的芯片投入生产，现在我们又决定加速新老产品更替。

为此，我们取消了工厂的圣诞节假期，又把生产线上的旧材料全部拆卸抛弃，以加快生产速度。

最终结果是，我们耗费了巨资——4.75 亿美元，主要是更换部件的费用，也包括从生产线上拆卸的旧材料的价值。这相当于研发部门半年的预算，或奔腾处理器 5 年的广告费用。

我们开始走上全新的企业发展之路。

我们这里出了什么事呢？是一件大事，一件非同寻常、意料之外的事

26 年来的每一天，我们都自评产品的优劣，是我们制定了质量标准和特殊要求，并把我们认定合格的产品装船运输。总之，是我们设计、孕育了这些产品，因而我们拥有绝对的权利与义务来判断产品何时为优，何时为劣。没有人对我们的权利表示怀疑，我们的判断通常是准确无误的。26 年来，我们率先生产了一系列经典产品：动态随机存取存储器（DRAM）、其他类型的存储器芯片、微处理器、插件式计算机等。我们的产品已经成为数字电子设备的基本组成元件。而如今，我们忽然成了众人目光的焦

点，他们脸上奇怪的表情似乎在说："你们有什么资格来告诉我们孰优孰劣？"

此外，我们通常不把微处理器出售给计算机用户，而只售给计算机厂家。这样，过去不论出现什么问题，我们总是在会议室里与厂家、工程师讨论，把数据分析作为解决问题的根据。而如今，每天忽然有25 000名计算机用户打来电话，说："给我新组件！"我们是在应对那些并非直接从我们公司购买产品而又对我们怒气冲冲的人。

最令人难以接受的是我们公司在外面的形象。我还是认为公司是一家充满活力和创造力的新企业，与其他具有活力和创造力的新企业相比，只是规模稍大一些而已。这种优势有可能立刻不复存在。我们的雇员仍然把公司利益置于个人利益之上，一旦出现问题，他们就会在没有任何人下达命令的情况下，从不同的部门走到一起来，为此付出令人难以置信的时间和精力。而如今，外界似乎把我们视为大型公司的典型，公众还认为这家大型公司正在闪烁其词、推诿搪塞。外界对我们公司的看法和我对我们公司的看法大相径庭。

出了什么事？现在怎么会是这样？这一次是哪里发生了变化？的确是有些东西改变了，然而，"不识庐山真面目，只缘身在此山中”。在这件事发生的过程当中，我们并不知道究竟是什么东西起了变化。

我们怎么了？

大约一年之后，我再回想这件事，终于看到了长期影响我们的两大因素。正是它们促使微处理器中一个小小的浮点差错升级为在6周内损失5亿美元的局面。

第一个因素就是我们改变产品形象的企图。几年前，我们开始了一次关键的销售活动——“Intel Inside”项目。这是该行业有史以来规模最大的运动，事实上，它被列为最重要的用户销售活动之一。它的目的是告诉计算机用户，他们的计算机内部安装的微处理器，就是英特尔处理器。

像其他成功的用户销售活动一样，这次活动的作用是强调事实。即使在此之前，你要是问一个人有一台什么样的计算机，他先会说“我有一台386”——这指的就是计算机内的微处理器芯片——然后才会介绍计算机的品牌，装有什么样的软件等。计算机用户本能地知道，计算机的身份等级主要取决于内部的微处理器。这显然对我们极为有利。它赋予我们特殊的身份，并且帮助用户认识我们以及我们的产品。

我们发起这次活动，为的是把这一信息传播给更多的用户和未来的客户。我们设计了鲜明的广告语，与使用我们微处理器的厂家合作，在宣传它们产品的广告中展示我们的广告词，并在计算机上贴上印有该广告的胶贴纸。美国及海外有数百家厂家参加了这次活动。

我们为了宣传品牌耗资甚巨。我们在世界各地矗立着写有“Intel Inside”的广告牌，用多种不同的语言在电视上做商品广告。在中国，我们还发送了成千上万带有“Intel Inside”字样的自行车反光罩。1994 年，调查显示我们的广告词已经与可口可乐或耐克并肩成为最广为人知的广告词之一。因此，我们的品牌产品奔腾芯片一出现问题，用户就直接把矛头指向我们。

造成这次大破坏的第二个因素就是我们企业的规模。这些年来，我们已经成为世界最大的半导体生产厂家。几年前还被我们视为庞然大物的那些美国公司、厂家，在规模上已被我们超过。我们的规模甚至超过了 10 年前曾威胁我们生存的日本厂家（第五章中将详细讲述）。我们还在飞速发展，速度超过了大多数大公司。不仅如此，我们的规模还在大多数企业客户之上。我记得在英特尔公司成立早期，这些企业客户还被认为是规模极其庞大的集团公司。在这条成长的道路上，我们的规模发生了逆转，就像长大了的孩子忽然低下头看他的父亲一样。

这一切在过去10年中变化得很快。特别是对规模的自我认识时不时触动着我们。我们大都是从其他公司对我们业务的尊重中得知我们的规模大的。虽然如此，这并不是我们赖以生存的东西。这种意识只是慢慢产生的，而且不过是产生了而已。

现在，我们正在应付自身巨大的规模和特殊的身份所造成的后果：一个既令人不快又棘手的后果。在客户的眼中，我们的形象已经很高大。不幸的是，只有经历一次大破产，我们才能意识到这一点。

这些变化是潜移默化的，但是时间长了也就积少成多。旧的商业规则不再适用，新的规则正在盛行，它的威力迫使我们采取行动，从而耗费5亿美元的巨资。

但问题在于，我们不仅没有意识到规则在变，而且对于现在应该遵守哪些规则一无所知。

在此事发生之前，我们向计算机厂家供应产品的情况一直良好，而且竭尽全力保证产品的质量。我们向这些计算机公司的工程师出售产品，也向计算机用户出售产品。

我们办事快速灵活，就像所有优秀的新企业一样，我们工作努力，也得到了很好的回报。然而，忽然之间，这一切都变得远远不够了。

我们身上发生的事情，同样发生在其他许多企业的身上。所有的企业都根据一套不成文的规则来经营，这些规则有时却会变化，并且常常是翻天覆地的变化。然而，没有什么明显的征兆为我们敲响警钟。它悄然发生在你们身上，也悄然发生在我们身上，毫无征兆。

这就好比在行船之时，风向变了，可是因为某些因素——比如风在高空转向——而你在地面上却丝毫没有感觉到。突然，船倾斜了，过去适用的一切现在已经毫无帮助，你必须在船倾倒之前迅速改变航向。然而要想获得正确的航向，你就必须感受到风的新方向及其强度。此时此刻，要采取决定性的行动是非常困难的。

这种现象极为常见。一家企业总是要给其他企业带来变化的。竞争和技术都会引起变化，规则的出现和消失更加剧了变化。有时这些变化只影响到单一的公司，其他时候则会波及整个行业。因此，能够识别风向的转变并及时采取正确的行动以避免沉船，对于一家企业的未来是至关重要的。

老板总是最后一个得知真相的人

奔腾浮点事件发生后的三个月内，微软公司的新系统 Windows 95 项目被延缓，苹果公司也延缓了新软件 Copland 的推出。商业报刊大肆渲染视窗计算器和苹果的文字处理系统 Word 软件中长期存在的缺陷，闹得家喻户晓。除此之外，迪士尼公司的《狮子王》游戏光盘和直觉（Intuit）公司的税务程序也由于存在问题而成为报纸每日披露的对象。不仅是英特尔公司发生了变化，其他高科技企业也在劫难逃。

我认为这种变化并非高科技企业独有的现象。我在报纸上看到了无数其他行业出现类似的事例。传媒公司、电信公司，还有银行和医疗保健单位，都由于行业上发生的变化而经历了巨额投资、互相吞并及经济损失。这些变化中的绝大多数都与技术有关，这是由于技术赋予了每个行业的公司以改变其周围秩序的能力。

如果你在这些企业工作，并且处于中层管理岗位，你就很可能比整家公司和高层管理人员更早感觉到风向的变化。中层管理者，尤其是那些与外界打交道频繁的人，比如销售人员，通常是意识到规则变化的第一批人。但是，他们却很难如实地把这些变化向高层管理者解释清楚。因此，高层管理者有时直到很晚才明白周遭世界的改变——老板则是最后一个得知真相的人。

我举一个例子。我听到过一些评论，是有关一家公司大力宣传的某种新软件的。我们已经使用过这家公司生产的其他产品，但当时我们公司信息技术部的经理说，如果我们试用这种新软件，可能会遇到意想不到的麻烦，因此她说还是等到这种新软件的下一代出炉时再做决策。我们的市场部经理说，其他公司也持相似的态度。

我给该公司的总裁打了个电话，把我听到的评论告诉了他，并问："你们是否考虑改变策略，直接研发下一代产品呢？"他回答说："办不到。"他们仍坚持原计划，并且不承认他们的策略存在任何问题。

我把这件事告诉信息技术部经理，她说："呃，他总是最晚得知真相的人。"和其他公司的总裁一样，他稳坐在固若金汤的宫殿之中，外界发生的事情必须过五关斩六将才能传到他耳朵里。我们的信息技术部经理则身处外围，市场部经理也在他的位置上遭遇了小小的战斗。

我是最晚得知奔腾危机含义的人之一。只有在遭受了一场枪林弹雨般的指责非难之后，我才意识到形势变了，我们需要适应新环境。如果我们改变方向，就能保住这一众人皆知的品牌，保住用户心中的巨人形象；如果我们知错不改，坚持老路，那我们不仅会失去与未来客户搞好关系的机会，还将给公司的名誉和财务带来严重的破坏。

这次的教训就是，我们所有人都必须亲自去接触变化的风向。我们要深入客户，不论是已有的客户还是有可能因为我们目光短浅而失去的未来客户。我们要深入基层的雇员，鼓励他们告诉我们我们应该知道的情况。我们要征求那些以评估和评论我们职业的人的意见，比如记者，还有金融界的人物。把地位颠倒一下，反过来问他们一些我们最关心的问题，比如有关竞争对手或行业发展趋势的问题。这些直截了当的举措会迅速使我们的感觉和直觉敏锐起来。

第二章

10 倍速变化

这种转变给企业带来了深刻的影响，企业对这种转变的处理决定了企业的未来。

我们做经理的喜欢谈论变化。顺应变化已成为企业管理中的经典论调。然而，战略转折点远远不止变化本身。这就好比 6 级湍流对水面状态造成的变化，即使是专业的放筏好手面对这种极为危险的猛烈湍流，也来不得半点儿疏忽大意。这可不是普通的水流。

前文谈到了在战略转折点中期的经历。现在，我想回过头来分析一下它形成的原因。

影响企业竞争力的六大因素

对企业竞争力的大多数分析属于静态分析。这种分析描述了在某一特定时期内存在的相关因素，并解释这些因素如何相互作用，从而给企业带来利益或造成麻烦。可是，如果这些因素的平衡被打破，形势发生重大的变化，那么静态分析就毫无用武之地。例如，这些相关因素中的一个的重要性增加了 10 倍，传统的竞争力分析就无法帮助我们理解企业应当如何经营了。

不过，上述分析仍为研究影响企业的因素提供了良好的方法。哈佛大学的迈克尔·波特（Michael Porter）教授提出了传统竞争力的各种因素。现在，让我们浏览一下这种分析方法的内容。好几代商业人士和商学院学生都接受了这些因素的理论。因此，我想以此作为讨论的出发点。波特认为影响企业竞争力的因素有五个。根据我的理解，它们是：

- 公司现有竞争对手的实力、活力和能力：
  竞争对手数量多吗？它们的资本是否雄厚？它们是否清清楚楚地瞄准了你？
- 公司的供应商的实力、活力和能力：
  供应商数量是很多，让你的业务有足够的选择余地，还是只有几家，所以它们可以扼住你的咽喉？它们是充满挑衅、贪得无厌，还是较为谨慎稳妥，并把对客户情况的长远评价作为企业指导？
- 公司的企业客户的实力、活力和能力：
  企业客户数量是很多，还是仅仅依靠一两家主要客户做生意？它们是倚恃激烈的竞争而对你求全责备，还是采用较为温和的态度？
- 公司潜在竞争对手的实力、活力和能力：
  这些对手现在还没有出现，但是形势一变，它们就可能加入。这样看来，它们可能比现有的竞争对手更加强大有力、资金更加雄厚，态度也更加强硬。

· 你的产品或服务项目采用其他方式投产或发送的可能性：

这常常叫作“替代方式”，我认为这是最致命的一点。新技术、新方法可以颠覆旧秩序，建立新规则，使商业环境发生翻天覆地的变化。这就类似于公路运输和航空运输对铁路运输的冲击，集装箱货运对传统海运的冲击，超级市场对小商店的冲击，微处理器对运算的冲击，以及数字媒体对娱乐的冲击。

近来，新改进的竞争力理论在这五个因素之上又增加了第六个因素：

· 互补企业因素：

互补企业就是为客户提供互补型产品的其他企业。每家公司的产品都要和其他公司的产品结合，才能发挥更大的作用。有的产品甚至不与其他产品结合就无法使用。汽车需要汽油，汽油也需要汽车。计算机离不开软件，软件也离不开计算机。[1]

互补企业通常和你的公司在利益上同呼吸、共命运，它们的经营方向和你们通常是一致的。我把它们叫作“旅伴”。你们双方齐心协力之时，便能共同前进，互相支持。可是，新技术、新方法能够颠覆旧秩序，改变互补企业对你的影响，甚至会使你的“旅伴”与你分道扬镳。

这六个因素如图 2–1 所示。

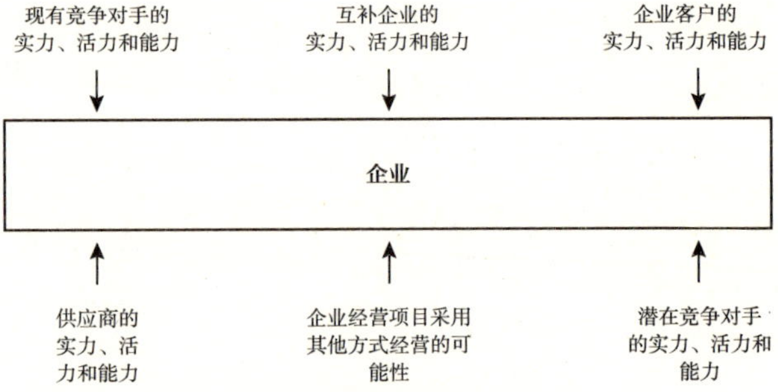

图 2–1　六大因素图

1. 参见布兰登伯格（Adam M. Brandenburger）与奈勒鲍夫（Barry J. Nalebuff）合著的《正确的游戏：以游戏理论塑造策略》（*The Right Game: Use Game Theory to Shape Strategy*）一文，刊登于 1995 年 7 月至 8 月的《哈佛商业评论》（*Harvard Business Review*），第 60 页。

超竞争因素

当企业中的某一部分发生了重大的变化，超过了企业以往能够承受的程度时，成败就在此一举了。风起了，接着台风来袭；浪起了，狂涛紧随其后。竞争因素出现了，超竞争因素也出现了。我把上述六个因素中的其中一个发生的这类剧变叫作“10 倍速变化”，意为该因素在短期内的势力增至原来的 10 倍。我们用图 2-2 来表示。

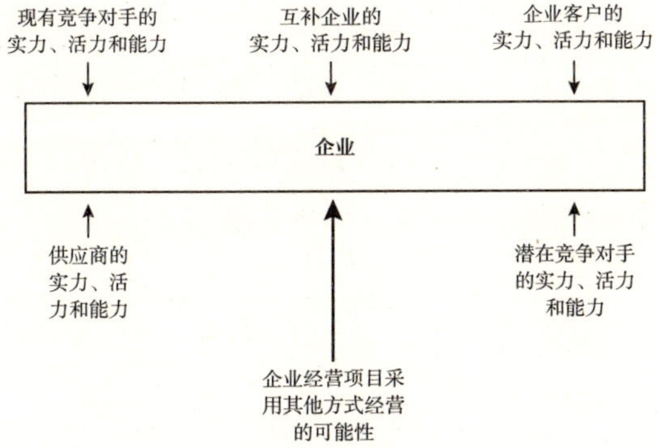

图 2-2　加入 10 倍速因素的六大因素图

当企业从图 2-1 的状态演变到图 2-2 的状态时，它就面临着一场剧变。在 10 倍速因素面前，你可能会失去控制自己命运的能力。在企业中发生了从未发生过的事，你的决策与行动对企业不再起作用。这里，我们很快就要听到这句震撼人心的话——“变化出现了”。

面临 10 倍速变化的时候，要想管理企业简直难于上青天。从前的管理手段无一奏效，我们失去了对企业的控制，而且不知道如何重新控制它。最终，业界将达到一个新的平衡。一些企业强盛，另外一些衰败。但是，图 2-3 中的转变时期却显得格外变幻莫测、令人费解。

如今，没有人会事先为你敲响警钟，提醒你已站在转变的边缘。这是一个渐变的过程。各因素的力量悄然积聚，并使企业的特性发生改变。只有开端和结尾两种状态是明确可辨的，中间的转变过程则潜移默化、扑朔迷离。

这种转变给企业带来了深刻的影响。企业对这种转变

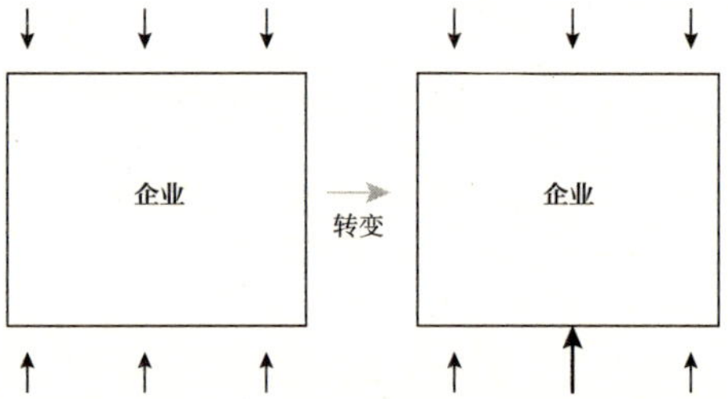

图 2-3　企业在两种状态之间的转变

的处理决定了企业的未来。我想用转折点的思想来解释这个现象。

战略转折点

什么是转折点？数学上，当曲线的斜率变化比率（也就是它的“二阶导数”）开始改变符号，比如由负转正的时候，我们就遇上了拐点。物理学上的转折点，指的是凸面线转化为凹面线（或相反）的那一点。从图 2-4 可以看出，曲线经过拐点之后，开始改变原来的方向而向另一方向弯曲。

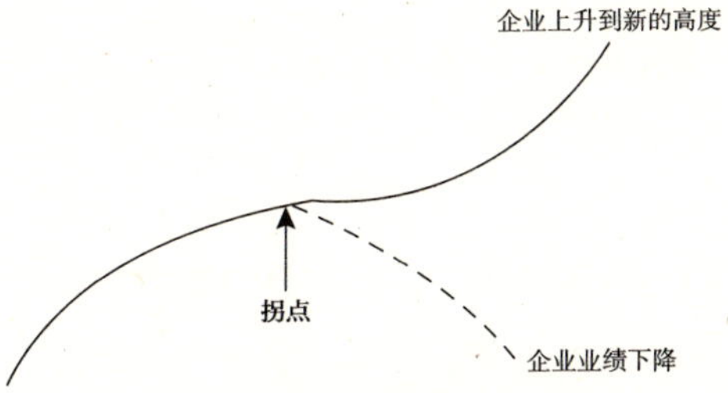

图 2-4　拐点曲线

企业上的战略问题也是一样。在拐点上，旧的战略图被新的替代，使企业能够上升到新的高度。但是，如果你不经历拐点（转折点），你的企业就会先上升到一个高峰，然后滑向低谷。转折点出现的时候，经营者迷惑不解地观察到“形势不同了，有些东西发生了变化”。

换句话说，战略转折点出现时，各种因素的平衡无论是在结构上、企业经营方式上还是竞争方式上都实现了新旧交替。在战略转折点出现之前，企业比较近似于过去的形态，而在战略转折点出现之后，它更趋近于未来的形态。在这个点上，曲线发生了微妙却又深刻的变化，再也不可能回到原来的状态。

战略转折点究竟会在什么时候出现呢？即使是在回顾往事的时候，我们也不容易精确地找出它。设想你是一名徒步旅行者，和许多朋友一起出去却迷路了。某些多虑之人总是第一个问领路人：“你能确保我们走的路没错吗？我们该不会迷路了吧？”领路人摆了摆手把他撵走，继续前进。一路上没有路标，也没有其他熟悉的标记，领路人越来越不安，终于在某个点停了下来，挠挠头皮，懊恼地说：“嗨，大伙儿，我想咱们确实是迷路了。”企业管理上与此相对应的点就是战略转折点。

既然回顾往事的时候还不能说清何时出现了战略转折

点，那么身处其中的时候又怎么能回答这个问题呢？经历转折点的人感觉到转折点的时间并不一致，就像队伍中的人感觉到迷路的时刻有先有后。

身处转折点中的人们展开了激烈的争论。有人说："我们的产品如果价廉物美一些，就不会有问题。"他说的可能有点儿道理。另一个人说："这是经济衰退时期，资本支出一反弹，我们就会复苏。"他说的可能也有些道理。还有一个人刚从一个展览会上回来，百思不得其解地说："整个业界都疯了。现在的人都是怎么用电脑的?!"他的话并未引起大家的注意。

在这种情况下，我们怎么才能知道哪些迹象意味着转折点的出现呢?

通常情况下，认识这个问题需要几个阶段。

第一阶段，你有些不安，感觉到情形与以往有些不同。事态今非昔比，客户对你的态度发生了变化。原来硕果累累的开发组再也拿不出像样的产品了。竞争对手们——包括你以前的那些手下败将和一些几乎闻所未闻的公司——正在窃取你的生意。展览会的内容都像是奇谈怪论。

第二阶段就是你对公司业务的看法和实际情况大相径

庭。公司声明与实际操作存在偏差，暗示着一场你未曾经历的异常的混乱正要爆发。

第三阶段出现的是新立场、新看法和新举措，好像迷路的队伍重新找到了方向（这可能需要 1 年，也可能需要 10 年）。最终的结局是，一套新的公司声明诞生了，高层领导班子也改组了。

用徒步旅行来比拟经历战略转折点还不够。在我看来，新旧经营方式之间的危险转变就好比一次死亡之谷的探险。你走了进去，心里很清楚有一些同行者走不到山谷的那一边，但是，高层领导人只指定了一个模糊的行进目标，并不考虑伤亡人数，中层领导人的职责也就是支持上面的决定。人们没有其他选择。

队伍中的人对于正确方向意见不一。一段时间后，大家都明白这是一场巨额投注的游戏。每个人的态度都越来越强硬、严肃、斩钉截铁，几乎像宗教分派一样互不相容。在以往大家通力合作的地方爆发了“圣、战”。同事之间、老友之间互相争斗。高层领导人要做的每一件事——确定方向、制定策略、鼓励合作、激昂士气——都变得非常困难，几乎不可能实现。中层领导人要做的每一件事——执行政策、服务客户、培训雇员——也都难上加难。

既然转折点是不定型的，那么你怎样才能知道应该在什么时候采取正确的措施以变应变，来挽救公司和个人的前途呢？很遗憾，你不能。

但你不能等到知道答案后再行动：时间就是一切。如果你能在公司仍然健全、外部业务仍能保护你在内部试验新的经营方式的时候实行改革，你就能更好地保存公司的力量，保护雇员的利益和你的战略地位。但是，那就意味着你要在情报尚不完全、情况尚不清楚的时候就采取行动。即使是那些平常笃信科学管理方法的人，也不得不靠感觉和个人判断来行事。可悲的是，一旦卷入了战略转折点的急流，就只有感觉和个人判断能够作为你的指南了。

好消息是，虽然是你的判断将你送入了困境，但它也能救你出来。关键在于训练你的直觉，使你能够在众多信号中挑拣出异常信号。这些信号可能早就出现了，只是没有引起你的重视。战略转折点出现之时，就是你觉醒和倾听之时。

第三章

计算机产业的形态

不仅计算的基础改变了，竞争的基础也改变了。

在竞争的冲击力带来的所有变化中，最难应对的就是当其中的一股力量变得非常强大时，它改变了一个产业中商业运作的本质。历史上有无数的事例可以证明这一点，例如火车为交通带来了革命。当代的事例也很多，例如超级市场正在扫荡零售店。无论发生在什么产业、什么地方、什么年代，这些变迁发展带来的教训和历史都是一样的。

下面我将详细讲述一个我曾亲历的事例来说明其完整的过程。当可以以简单易得的微处理器为基础制造计算机时，个人计算机便随之登上了舞台，它带来的成本效率是原先计算模式的10倍。在5年多的时间内，由于性能的改变，计算机的成本下降了90%，这样的降速、降幅真是前所未有。计算机领域发生的如此重大的变化对整个计算机产业产生了深远的影响。

战略转折点之前

计算机产业过去是纵向分布的。如图3–1所示，这意味着一家旧式计算机公司将拥有自己的半导体芯片供给，依照自己的设计在自己的工厂用这些芯片制造自己的计算机，开发自己的操作系统软件（该软件对所有的计算机

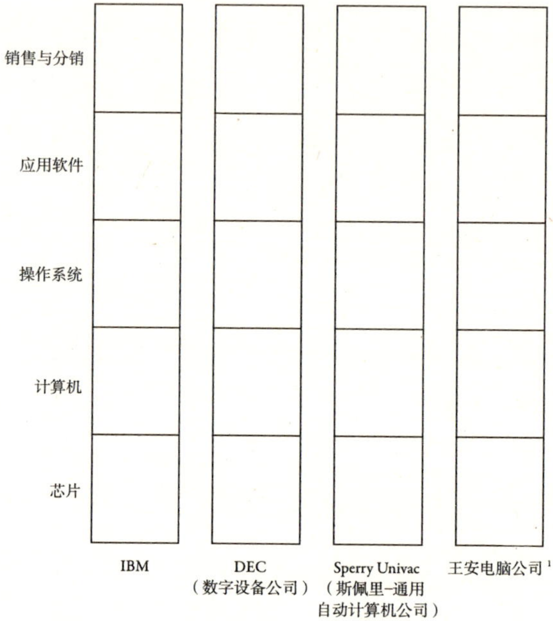

图 3–1　1980 年前后旧式纵向型计算机产业分布

运用至关重要），在市场上出售自己的应用软件（该软件可处理诸如往来账目、预订机票，或百货商店存货管理一

1. 王安电脑公司于 2002 年提出破产保护申请，2005 年被荷兰著名的 IT（信息技术）服务企业 Getronics NV 公司收购。这本书的部分资料以作者写作时或数据统计时的实际情况为准，后文类似情况不再另行标注。——编者注

类的事务）。公司自身的这些芯片、计算机、操作系统和应用软件将作为配套设备由公司的销售人员售出。这就是我们所说的纵向分布。请注意“自己”这个词出现的频率，事实上我们也可以用“专利”这种说法，因为它在本质上就是旧式计算机工业的代名词。

在这个产业中，一家公司是以一个纵向专利集团与其他计算机公司的纵向专利集团进行竞争的。销售人员向客户展示自己的纵向集合物，而客户公司则必须在不同的专利系列产品中做出选择。

这样的组合既有优势也有劣势。优势在于，一家公司开发了自己的芯片、硬件和软件，由自己的员工出售及进行售后服务，一切协调可以合为一个无缝的整体；劣势在于，一旦客户购买了一个专利系列产品，便会深深地陷入其中。如果遇到了问题，你不能只抛弃纵向系统的一部分，而是不得不放弃整个系列产品——这样做的代价实在太大。因此，纵向分布式计算机公司的客户在做出第一个选择前往往要经过深思熟虑。显而易见，围绕第一笔交易的竞争是极其激烈的，因为只要赢得了这一回合便会收到长期的效益，这就是数十年来商业运作的方式。

随后，微处理器出现了，紧跟其后的是建立在它之上的个人计算机带来的 10 倍速力量。这 10 倍速力量的到来是因为如今技术可以把以前放在很多块芯片上的东西存放到一块芯片上，而且同一块微处理器可以用来制造各种各样的个人计算机。由于微处理器成为计算机产业的基本构件，大批量的生产便能带来效益，计算机制造的成本也非常划算，这样，个人计算机无论对于家庭还是商业来说都成了极受欢迎的工具。

随着时间的流逝，这就改变了计算机产业的整体结构，一个新型的横向式产业体系出现了。在这种新的模式下，没有一家公司拥有自己成套的装置。顾客可以从横向式结构的芯片柜台上挑一块芯片，从计算机柜台上挑选一个某品牌的计算机，从操作系统柜台上挑选一种操作系统，从零售店或计算机超市的货架上随意选一个成品应用软件，然后将这一切带回家中，再把它们组装在一起，期望它们能协同工作。这也许有些费力，可大家乐于克服这种困难，并且更加努力，因为现在可以只花 2 000 美元就买回一个从前标价 10 倍的计算机系统。这种诱人的前景使得顾客能克服现有的缺憾问题，以便充分利用处理商务的新奇力量。渐渐地，整个计算机产业的结构发生了改变，如图 3–2 所示的新兴的横向产业体系出现了。

在图 3–2 中，横向各项代表技术及竞争领域。在芯片领域中，使用英特尔微处理器架构的微处理器供应商与提供其他类型架构的微处理器公司，如摩托罗拉等进行竞争。在计算机领域，很多不同的计算机生产厂家，如康柏、IBM、帕卡德·贝尔、戴尔等，供给一种基本的计算机设计。由它们生产的计算机本质上是相似的，只是在竞争中，

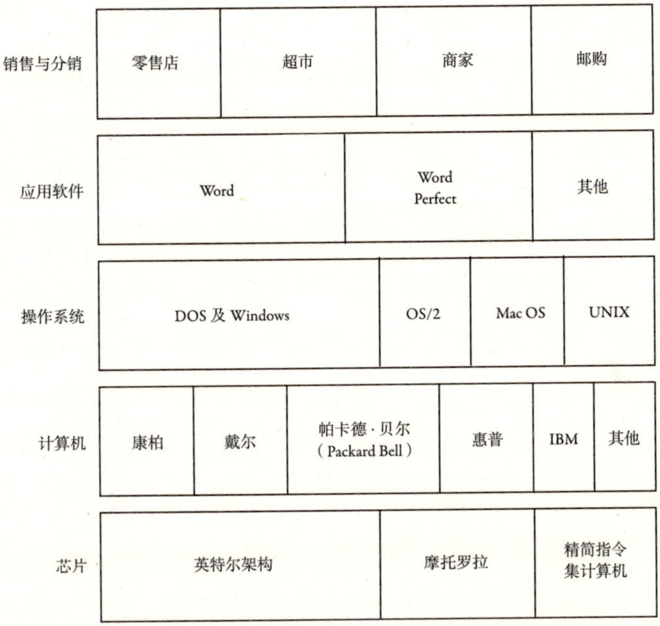

图 3–2　1995 年前后新的横向式计算机产业分布（并非按比例展示）

各计算机公司的工程师们对其原型有所改进。

同样，在操作系统中也有一些声誉甚佳的品牌。20世纪80年代最流行的微软公司的早期操作系统DOS，在90年代得到改良，变得更易于使用，Windows系统便出现了。它与IBM的OS/2、苹果公司的Mac OS和一些基于UNIX的操作系统进行竞争。

只要到附近的计算机商店转一转，人们就会注意到各式各样的应用软件充斥货架，彼此竞争去吸引顾客。它们有试算表、文字处理、数据库包和日历软件等，计算机产品的销售也日益综合化。零售店与商家竞争，而商家又与超市竞争，它们都出售数家公司制造的计算机及软件开发商的产品，就像很多杂货店销售不同品牌的牙膏一样。

由此可见，在整个20世纪80年代，计算的方式已经改变。旧式纵向的方式已进化至新式横向的方式。先是个人使用的计算机发展为PC机，然后重要的计算不断地开始按此方法进行。一段时间以后，整个产业结构转变为横向结构，如图3-3所示。

现在回顾起来，我也无法说清计算机产业的战略转折点始于何处。是在20世纪80年代早期当PC机开始出现时吗？还是在80年代后半期基于PC技术的网络开始大幅

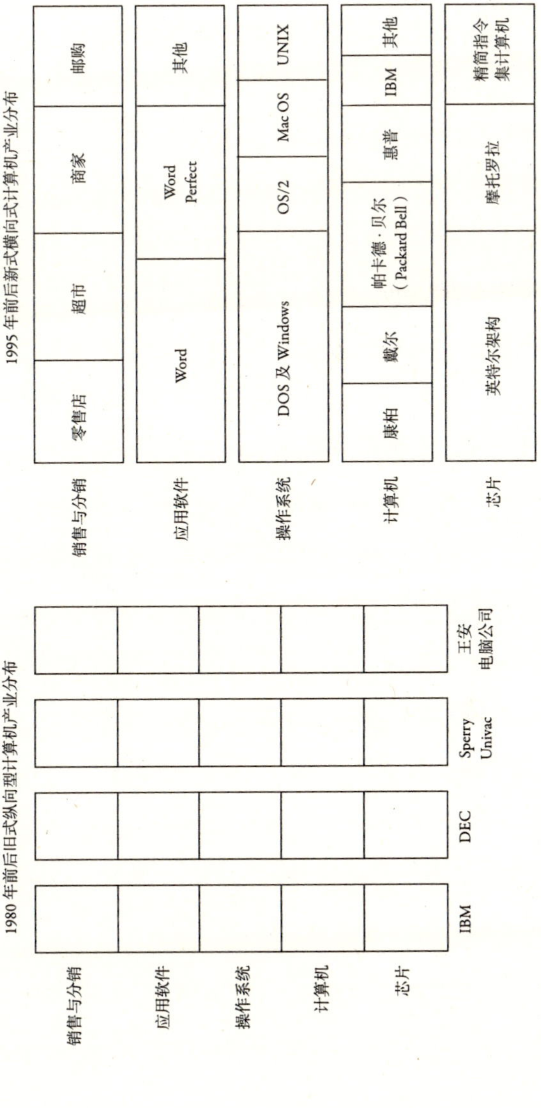

图 3-3　计算机产业的转型（并非按比例展示）

发展时？很难说清楚。可是有些事实还是很清楚的：进入80年代后，原先的计算机公司仍然很强大，它们充满活力并继续向前发展。IBM曾预计它将在80年代末期成为一家营业额达上千亿美元的大企业，但正是在80年代末期，很多大型的旧式纵向型计算机公司实际上正处于关闭和重组之中，而一批新面孔已登上了舞台。计算机产业内这种更新换代一直让我想起人的“变脸”。不知不觉中一张脸消失了，与此同时，一副新面孔显现了。你无法准确地说出第一张脸消逝和第二张脸新生的那转瞬一刻，你所知道的只是在那过程的开始见到的是一副模样，而到结束时又是另一副模样，可你就是说不出面庞在某一确切的时刻是此而非彼。情况就是这样，即使你在回顾时也是如此。

这种转型越深入，昔日旧式纵向体系中成就辉煌的计算机公司的日子就越艰难，但与此同时，新秩序为一批新企业的茁壮成长提供了机遇。于是，康柏公司成为《财富》杂志500家幸运公司中发展最快的一个，年收入高达10亿美元。这些公司把握住了新兴工业中的发展动力，它们顺应了新的经营模式，因而得以发展，其他公司如戴尔和网威（Novell）也是这样。后文将有关于它们的详述。

战略转折点之后

不仅计算的基础改变了，竞争的基础也改变了。在同一水平领域内的竞争者们为争取最大的份额而在技术和市场上奋力地争斗着。这种新的计算方式的力量源泉在于大规模的生产和销售，胜利者无疑日益强大，而失败者逐渐地衰弱。

1981 年以后，当 IBM 选择英特尔作为自己的 PC 机内置微处理器时，英特尔已成为微处理器制造产业中最受欢迎的一员了。从此，计算机产业的成员们，即计算机制造厂家和操作系统供给者们，发现将自己的产业建立在英特尔架构的微芯片上更容易获得经济效益。为什么是这样呢？因为英特尔每年生产的产品更多。如果你将自己的产业建立在这一行的领军者之上，你自己的业务也必将发展壮大。

应用程序的开发者们也受到市场占有率因素的驱使，他们面临的选择是：要么将自己的产品建立在微软公司市场占有率更高的Windows系统上，要么建立在市场竞争份额较小的操作系统上。逐渐地，他们决定将前者列为自己的基础，而这也一步步地增强了英特尔的微处理器和微软的操作系统的力量。

计算机产业从旧的模式向新的模式的转型并不是一蹴而就的。它花费了多年时间，由许多小步骤聚积而来——大型机在新的应用上败阵于PC机，程序员转移了注意力，旧软件公司萎缩，新软件公司勃兴。就这样一点一滴地，无数的事例终于汇成了计算机产业的转型。

让我们以一家大型机公司为例来看一看从纵向产业结构向横向结构转型的情况。具体来说，就从IBM的角度来看吧。IBM在旧式产业体系中是最强盛的，那么这一场变化给IBM带来了什么呢？

最明显的是IBM的发展速度减缓，因为很多计算机由主机转移至立足于微处理器的个人计算机去了，可这并不是全部。IBM是由这样一群人组成的：他们在纵向计算机产业体系中一次又一次地获胜，数十年来一直是竞争的赢家，IBM的管理者就是在这样的世界里成长起来的。他们因为在这个框架中开发产品和在市场竞争中获胜，凭取得的业绩得到提拔，长期的成功实践进一步增强了他们对纵向产业体系的信念。因此，当计算机产业发生改变时，他们试图继续用传统的思维去对待产品开发和市场竞争，因为那些经验在过去是非常成功的。

有些非常简单的事例，如OS/2的命名，足以显示IBM缺乏把握横向产业体系的能力。OS/2的思想是作为一种新型的个人计算机操作系统而问世的，是1987年与IBM的一种新型个人计算机生产线——PS/2（第二代个人系统）——同时出现的。虽然不一定是这么一回事，人们却总以为OS/2只能运行于PS/2之上，但仅此一点足可妨碍OS/2的发展，因为绝大多数的个人计算机并不是由IBM自己制造的，而是由IBM的众多竞争者生产的。

事实上，这个事例的意义远不止于此。IBM用了很长的时间对OS/2进行了必要的修改以适应其他计算机厂家生产的计算机，用了更长的时间将自己的操作系统推销给其他计算机制造商，即自己的竞争对手，这样才可以使已习惯于用DOS和Windows系统的这些厂商将OS/2应用于它们的计算机上。

我碰巧目睹了IBM的一个经理是如何想方设法劝说另一大型个人计算机生产厂家在它的PC生产线采用OS/2的，他的业务领域同时涉及个人计算机的PS/2生产线和OS/2操作系统。这是我所见到的最奇特的业务谈判。双方首先把自己视为PC机产品的竞争者，尽管这位IBM代表的主要任务是推广OS/2，但他在情感方面却非常不情愿同自己的对手洽谈。与此同时，另一家计算机厂家的代表也不情愿在操作系统这样重要的技术上依靠 PC 机行业的竞争对手 IBM。会谈的气氛是尴尬而紧张的，而结果从未落实，OS/2 至今也未能赢得广泛的市场。

很明显，旧有的世界已不复存在。情况已发生变化，在早期的计算机产业中越成功的那些厂家面临的改变难度也就越大。

赢家与输家

当一种产业经历战略转折点的剧变时，固守传统模式的人也许会遇到麻烦。但从另外的角度来说，新开创的一番天地又给人们——原本不属于我们讨论的产业中的一些人——提供了参与并成为新成员的机会。

在前面的例子中，我提到过康柏公司。作为一家计算机公司，它成了新的横向产业体系的一员，为此得到了飞速发展。尽管它原先的产品紧随 IBM，生产 IBM 便携式个人计算机，但当 1985 年一种新型微处理器的诞生为占据市场领先份额创造了条件时，它抓住机会，超越了 IBM。成功的第一步推动康柏不断发展，其所占 PC 机生产份额越来越大，最后甚至超过了 IBM，成为世界上最大的与 IBM 机器兼容的 PC 机生产商。

也有其他一些人刚刚出道就进入这个新秩序，没有受到旧概念、旧规则的束缚。20 世纪 80 年代早期，迈克尔·戴尔（戴尔公司的总裁）开始在他得克萨斯大学的宿舍里用零部件给朋友们组装计算机，他基本上了解横向 PC 机产业顾客们渴盼低成本标准计算机系统的欲望。后来，戴尔在此基础上创建了一家公司，他认为除了他的大学同学，其他人也会对满足他们特殊需要的计算机售卖服务感兴趣。这种供货渠道是直销，即客户打来电话，公司将计算机商品邮寄给客户。当时没有一家旧式计算机公司愿意考虑尝试通过邮购方式售卖计算机，因为这太不正常了。正如狗不会飞一样，人们也不会购买邮售的计算机，至少在过去，没有人尝试过。

如今，位于得克萨斯州奥斯汀的戴尔计算机公司每年营业额可达 50 亿美元，它仍忠实于自己的初衷——按照顾客的具体要求组装计算机，再邮售给顾客。这一切只可能发生在低成本、大批量生产和大批量消费的计算机世界中。

在新的横向计算机产业前十强中，几乎没有一个是从旧式纵向型计算机产业体制发展而来的。这便是一个很好的证明，说明过去成功的企业很难彻底改变自己去适应新的产业结构。

也有一些旧体制下的企业努力革新，摒弃旧的模式，适应新的产业结构。20世纪80年代早期，安迅（NCR）公司在大幅改革之前，是纵向计算机体系的一家大公司，该公司是最早的一批认识到变革的巨大力量的公司之一。它经过数年的努力，在被美国电话电报公司（AT&T）收购前，就把所有的计算机生产线转至普通的微处理器上。它放弃了自己独特的芯片生产和硬件设计，在软件上做出重大调整，结果是原先只能在其特有的产品结构上运行的软件现在可以运用于各式微处理器了。

优利（Unisys）公司是由两家独立的计算机公司斯佩里和宝来（Burroughs）合并而来的纵向计算机公司。这家资产达数十亿美元的公司原属旧式计算机产业体系，当战略转折点给纵向体系造成严重破坏时，该公司的日子也很难过。优利公司尽管曾辉煌地设计了一流的计算机，但它却适时做出了调整，将战略重心转向软件开发和围绕新的横向计算机产业产品的服务上。事实上，该公司逐渐得出结论，即自己无力抵抗整个业界的变化，因此它进行自我调整，去适应新的变化。

有时这些变化更富有戏剧性。20 世纪 80 年代早期，Novell 公司不过是一家小型公司，追随着旧式计算机产业的潮流制造硬件，开发网络软件并运行于自己的硬件之上。它也遇到过麻烦，公司当时的负责人雷·诺达（Ray Noorda）事后常说他们并不缺乏应对策略，只是拿不出足够的资金支付给自己的供应商。因此他们放弃了自己的硬件业务，集中力量开发软件，而在软件方面，它是不必为供应商的账单而犯愁的，接着它将自己的软件转向廉价的标准 PC 机。由于迅速地采用了新的经营之道，Novell 公司成为新的横向产业体系中网络行业的“先行者”，并于 80 年代末成长为资产达数十亿美元的软件公司。

Novell 公司的经历颇有教益。作为硬件制造厂家，Novell 公司缺乏生产规模，很难在竞争中取胜。作为第一家普及运行于 PC 机上的网络软件的公司，它占领了正在发展中的网络市场的巨大份额，并进行大规模生产，从输家转变为赢家。

事实上，我们从中还可得出其他两方面的教益。首先，当战略转折点席卷某一产业时，原有产业结构中的成员越是成功，其身受变革带来的威胁则越大，而其本身则越不愿自我改变以适应变化；其次，新进入一个拥有强大竞争对手的既定产业并向对手挑战所付出的代价可能极大，而当该产业结构即将崩溃时，公司所需的代价便会极小，这样就为康柏、戴尔和Novell这样的公司提供了机遇。它们几乎都是从白手起家发展为产业巨人的。这些公司共同的特点就是它们都本能地遵循了横向产业体系的成功规则。

横向产业体系的新规则

横向产业体系公司的生死存亡依赖于规模生产和批量投放市场。它们拥有自己的规则，在激烈竞争的横向计算机产业中成绩斐然的公司都熟知这些不言而喻的规则。遵循了规则，公司就有了竞争和成功的机会；摒弃了规则，不论自己产品的质量如何优异，不论计划完成得多么圆满，公司都会举步维艰。

那么这些规则是什么？总共有三条：

- 第一，不要盲目地标新立异。不要仅仅为了战胜竞争对手便进行改进，还需考虑同时可为客户带来实质性的好处。个人计算机产业史上的失败历历在目，就是因为制造厂商表面上为生产“更好的PC

机”的欲望所动，实质上偏离了行业主流标准。但是PC机的好坏与兼容性又密不可分，因此品质不同的“更好的PC机”就成了技术上的逆喻。

- 第二，在这个超级竞争的横向世界中，当出现了技术革新或有了其他根本性的变化之时，机遇就敲响你的大门了。抓住这个机遇最先做出反应的公司——而且是只有最先做出反应的公司——在其他人还在犹豫不决时就率先行动，才算真正拥有机遇，抓住了时间，战胜了竞争对手。在这种产业中，时间上的优势是赢得市场份额最保险的方法。与此相反，若是逆新技术潮流而行，不管它们的愿望多么美好，付出的努力多么巨大，都将面临失败，因为它们浪费了宝贵的时间。
- 第三，依照市场所能承受的限度去定价，依照产品数量去定价，然后拼命地设法降低成本，以期从你的最少投入和你的适当定价上盈利，此举能帮你取得量产量销的规模效益或者说规模经济形态。必要的大规模投资将会奏效并具深刻意义，因为作为大规模的投入者，你有能力扩展并从投入中盈利，分摊并收回成本。与之相反，以成本为基础的定价经常会将你引入利基市场，使你只能掌握特定利润，而这在当今规模生产型的产业中是不太能获利的。

我认为对于以横向式为基础的产业来说，这些规则算是具有普遍性的。同时，我也认为在产业和贸易的很多部门中存在着指向横向结构的趋向。当一种产业中竞争愈加激烈时，各家公司会被迫退至其最强的方面并开始专业化，这样无论它们最终占据何种阵地都可成为世界专业结构的领先者。

为什么会这样呢?

在我们所举的例子中，纵向计算机公司必须同时生产计算机平台、操作系统和软件，而横向计算机公司只需提供某一方面的产品，如计算机平台、操作系统或软件。横向产业因其突出的功能特性，一般会比纵向产业更符合成本效益。简单地说，在多个领域中都成为一流要比仅在一个领域中领先艰难得多。

当产业模式由纵向型转向横向型时，每一个参与者都得经过战略转折点的锤炼。最终结果是，随着时间的流逝，越来越多的公司必须遵循这些规则。

第四章

它们无处不在

战略转折点是很普遍的现象，它们不局限于当代，不拘泥于高科技产业，也不只是发生在别人身上。

当小镇上新开了一家沃尔玛超市时，对于那里的每个零售商来说，环境都改变了，一个巨大的10倍速因素产生了。当声音技术在电影业中普及时，每一个无声电影演员都亲身经历了10倍速力量的技术革新。当集装箱装运改变了海洋运输业时，10倍速因素让世界上主要港口重排序列。

用10倍速因素的目光去阅读报纸，人们经常会发现潜在的战略转折点。一度盛行于美国的银行合并是否与10倍速变化有关？迪士尼兼并美国广播公司（ABC）或时代华纳公司与特纳广播系统合并的建议与10倍速变化有关系吗？美国电话电报公司的自我解体又是怎么回事？

在随后的章节中，我将讨论当战略转折点形成时，人们应对的方法和技巧，以及人们常见的反应和行动。在本章中，我将概述从各个产业中撷取的战略转折点实例，从别人痛苦的经历中吸取教训。我们可以及时识别即将作用于我们的战略转折点，做到了这一点，我们就赢得了一半的胜利。

由于绝大多数的战略转折点都伴随着一个影响其产业的某个因素的10倍速变化，我将主要运用迈克尔·波特教授的竞争分析模式构架来描述一些事例。它们的直接诱因是竞争力量的10倍速变化、技术上的10倍速变化、顾客作用的10倍速变化、供应者和互助企业作用的10倍速变化，以及规章的建立和清除带来的10倍速变化。10倍速因素到处可见，人们因此会问：每一个战略转折点都会表现出10倍速变化吗？每一个10倍速变化都会导致战略转折点吗？我认为，从实际运用上来说，这两个问题的答案都是肯定的。

10倍速变化：竞争

世界上有竞争，还有超级竞争。当超级竞争——10倍速力量来临时，商界的面貌随之改变。有时超级竞争的本质非常明显，下文的沃尔玛超市的故事就是一例，但有时超级竞争是悄悄降临的，虽说它的经营方式与你平常所用的不一样，但它同样可以吸引你的客户。软件公司NeXT的故事是一个很好的例子。

沃尔玛：小镇中势不可当的力量

从小镇杂货店的立场来看，沃尔玛超市是个竞争对手，当然，其他杂货店也是竞争对手。但是，沃尔玛超市的“准时化”物流系统更加高明，它的存货管理是建立在现代扫描器和卫星通信基础上的。汽车不断往返于超市和中心之间补充存货，它以大规模进货力图降低成本为基础，拥有系统化公司规模的培训规划以及精选店址系统，这样便可找到竞争较为薄弱的地带。与杂货店原先面对的竞争比较而言，这一切聚积起来，就形成了一个强有力的 10 倍速因素。对于小镇杂货店来说，一旦沃尔玛超市在镇上生根，情况将会发生巨大的变化。

竞争场上出现一个格外强大的对手就是召唤自己变革的一道命令，想继续沿袭原先的做法已经行不通了。

有什么办法可对付沃尔玛超市呢？走专业化发展道路是个很好的尝试。大量贮存，集中力量于市场的某一部分可以有效地抵消整体规模上的不足，就像“家用品商店”、“办公用品商店”、“玩具反斗城”和其他专卖店一样；可以从事面向顾客的服务，例如“基本用品”商店实行全面的计算机管理顾客数据库服务，你也可以重新界定自己的业务范围；可以提供不寻常的产品服务，比如提供一种环境服务以赢得顾客的认同。例如一家独立的书店变革为咖啡屋加书店的形式，就更能与其他拥有沃尔玛式竞争优势的连锁书店一决高下。

NeXT：软件公司

当史蒂夫·乔布斯与他人共同创建苹果公司时，他所建立的是一家极为成功的、完全纵向的个人计算机公司。苹果公司生产自己的硬件，设计自己的操作系统软件，创建自己的图形用户界面（即采用以图形方式显示的计算机操作用户界面）。它甚至试图开发自己的应用程序。

当乔布斯于1985年离开苹果公司时，除了他满怀的各种美好愿望，他还要重新创造一个同样成功的故事。他希望将事情做得更好。正如他的新公司的名称所寓意的，他希望创造“新”一代的超强硬件、比苹果公司的麦金塔（Macintosh）界面功能更好的图形用户界面，以及比麦金塔能处理更高级任务的操作系统。他的软件将使用户依据自己特定需要把现有的软件板块重新组装，无须从头开始即可制作专门的应用程序。

乔布斯希望把自己的硬件、基本软件和图形用户界面组合起来创造一个自成体系的、别具一格的计算机系统。这项事业花费了他好几年的时间，他的目标初见端倪，NeXT计算机和操作系统基本上实现了所有目标。

然而当乔布斯全神贯注于他那雄心勃勃且无比复杂的开发时，他忽视了一个重要方面，这使得他后来绝大多数的努力付诸东流。在他和员工们不分昼夜地开发那异常讲究的计算机时，一种大量生产的、可广泛应用的图形用户界面——微软 Windows 上市了。Windows 并没有麦金塔先进，更不用说和 NeXT 界面相比了，它与计算机及应用程序之间也不是完全吻合协调的。但是，它价格低廉又很实用，最重要的是它可以运行于廉价而功能日益强大的个人计算机之上。到 20 世纪 80 年代后期，成百上千家 PC 机制造厂家可以生产个人计算机了。

当乔布斯在 NeXT 公司挑灯夜战时，外面的世界已经发生了变化。

乔布斯创建 NeXT 公司时，他心目中的竞争对手是麦金塔，在他的竞争雷达显示屏幕上,PC 机甚至显不出影像，毕竟，PC 机在当时并没有易于使用的图形界面。

但是当三年后 NeXT 计算机系统出现时，微软公司在 Windows 方面的不懈努力即将改变 PC 机的环境。Windows 世界与麦金塔世界有一些共同的特点，即它能提供图形用户界面。但是，它保留了 PC 机世界的本质特点，那就是 Windows 可应用于无论在何处生产的成百上千家厂商的计算机上。这么多厂商激烈竞争的结果是个人计算机的价格比苹果机低廉得多。

当史蒂夫·乔布斯和他的公司开始研制 NeXT 产品时，他们似乎走进了一台现代历史资料和文物的储放器。数年来，他们努力地工作，与心目中的对手竞争着，可当最后时刻来临时，他们发现竞争对手完全不是想象中的那个，而是更为强大。尽管他们并没有意识到，但 NeXT 公司确实已处于战略转折的那一刻了。

NeXT 产品没能腾飞。事实上，尽管投资者不断地注入资金，NeXT 公司还是觉得不够。他们除了进行艺术般的软件开发，还努力维持一项昂贵的计算机开发项目，此外，他们要建造一家高度自动化的工厂以便生产大批量的 NeXT 计算机——大批量的，但可惜未能实现。到 1991 年，即 NeXT 公司成立 6 年后，它陷入了财政危机。

公司的一些管理者主张在硬件方面认输，把自己的力量投入 PC 机的规模生产上。在很长一段时间里，乔布斯拒不接受这个建议，他不喜欢 PC 机，在他眼中，PC 机粗陋不堪，而且因为行业已有许多人，很难达成一致的行为标准。简单地说，乔布斯认为 PC 机业界一团糟。真实的情况是他的观点是正确的，但当时他未能认识到的一点是，他所鄙视的 PC 机产业糟乱的局面正是源于它的力量深处，它的威力也正在这里：很多计算机公司彼此竞争，为更多的客户提供更强的使用价值。

有些管理者感到很沮丧，便辞职了，但他们的想法并未随他们而去。当 NeXT 公司的资金越来越少时，乔布斯终于面对现实，接受了粗陋、一团糟的 PC 机。他丢下了一直奋斗不止的宏大计划，终止了所有的硬件开发项目和全新的自动化工厂，并解雇了一半的员工。在向 PC 机工业的 10 倍速力量低头后，软件公司 NeXT 诞生了。

史蒂夫 · 乔布斯是个人计算机产业里有争议的天才奠基人。他 20 岁的时候便预见了 10 年后能创造千亿美元产值的全球化产业。但 10 年后，当乔布斯 30 岁时，他深陷于自己的过去而不能自拔。在他过去的历史中，他口中“酷毙了的计算机”已经赢得了市场。图形界面是功能强大的微分器，因为 PC 机的软件非常蠢笨。而当情况发生变化时，他下属的很多管理者有更清楚的认识，而乔布斯难以放弃让他成为充满激情与效率的先驱者的信念——只有在企业面临生死存亡的关头时，他才放弃了长久坚持的信念。

10倍速变化：技术

技术一直在进步，打字机进化了，汽车进化了，计算机也进化了。绝大多数的进步是渐进式的：竞争者引发下一步的改进，我们做出反应，他们对此再做出回应，如此循环往复。然而技术进步亦有突飞猛进的时刻，过去无法实现的事情现在可以达成了，而过去可以实现的事情现在则可以做得更好、更快、更经济。

我们可以审视一些事例，因为事情已经过去，所以现在看起来清晰多了。可就在我写这本书的时候，技术进步还在孕育中。再过几年，它们很可能会带来同样或者更大的变化。数字娱乐会取代电影吗？数字信息会代替报纸杂志吗？远程银行会使传统银行成为古迹吗？计算机互联网的拓展会给医疗界带来全新的变化吗？

当然，并不是所有可能的技术都会产生深远的影响。电动汽车没有，商业核能发电也没有。但有些技术已经成功了，有些在将来可望成功。

有声电影取代无声电影

当《爵士歌王》（*The Jazz Singer*）于1927年10月6日

首映时，“情况发生变化了”。过去电影是无声的，从此它们变成有声的了。这一本质变化给无声电影业中许多演员和导演的生活带来了深远的影响。有些人顺应这些变化；有些人努力去适应但以失败告终；有些人固守原来的状态，在发生了巨大变化的环境面前采取否定的态度，并为自己的行为寻找理由，质问怎么会有人喜欢有声电影。

一直到1931年，查理·卓别林依然在与有声电影做斗争，当年他接受采访时声称：“依我看，有声电影顶多能坚持6个月。”卓别林受到大批观众的爱戴，他演技高超，这些使他能在20世纪整个30年代成功地出演无声电影。然而，即使是查理·卓别林，也无法永远与潮流对抗。卓别林最终在1940年上映的《大独裁者》（*The Great Dictator*）中开口说话了。

其他人则转变迅速。葛丽泰·嘉宝（Greta Garbo）是无声电影业中的超级影星，当有声电影问世时，她的工作室于1930年为她在《安娜·克里斯蒂》（*Anne Christie*）影片中安排了说话的角色，全美各地都在广告中欢呼“嘉宝说话了”。这部影片在商业上极为成功，亦受到评论界好评，嘉宝仍然是无声电影界中的红星，同时她也成功地实现了由无声电影到有声电影的过渡。如此轻松敏捷地跨越了战略转折点真让各家公司羡慕不已。

然而，电影业能同样辉煌地度过由数字技术引起的另一个战略转折点吗？那时演员将被形貌、声音等各方面逼真的数字技术产品取代。皮克斯公司的电影《玩具总动员》就是这方面的一个例子。它是新技术下第一部达到正片长度的影片。从我写作本书之时算起，3 年后、5 年后或 10 年后，这种技术将发展到何处？依我看来，该技术将带来又一个战略转折点。发展的步伐是永远不会停止的。

船运业内的剧变

正如有声技术改变了电影业一样，科学技术也彻底地改变了世界船运业。短短 10 年的时间，其实就船运业历史而言也就是一瞬间，船运业的生产力却发生了 10 倍速变化。它的诱因是造船设计的标准化、冷冻运输船只的发明，还有最重要的集装箱运输的改进——此项技术使得便捷的货物装卸成为可能。这种变化的结果是原先持续不断的成本增长趋势得以逆转，港口装卸货物方式上的技术突破的时机终于来临了。

同电影业的情形一样，有些港口发生了变化，有些港口尝试了但以失败告终，还有很多港口坚决抵制这种变化的趋势。结果是，新技术引发了世界范围的装卸港口的重组。在本书写作的时候，其国土沿海处到处可见现代化港口设备的新加坡，已经跃升为东南亚地区的主要船运中心了。西雅图成了美国西海岸最主要的集装箱港口之一，而纽约港由于没有空地安装现代设备一直不断地亏本，尽管它曾是历史上的主要港口。未采纳新技术的港口极有可能经重新开发而成为购物中心、娱乐场所或海滨公寓住宅综合区。

每经过一个战略转折点，都会出现赢家和输家。一个港口的成败取决于它如何应对吞噬了它的 10 倍速技术变革力量。

PC 机革命：一个否定现实的故事

科技发展史上有一个基本规则，即只要可能发生的事一定会变成事实。因此，当 PC 机给它的某一特定性能带来低 10 倍的成本时，它对整个计算机产业产生影响并改变其面貌就只是时间上的问题了。这种变化不是一两天可以结束的，它缓缓而来，就像图 4-1 所表示的价格 / 性能发展趋势一样。

计算机产业里有些人能推测出这种趋势的到来，并得

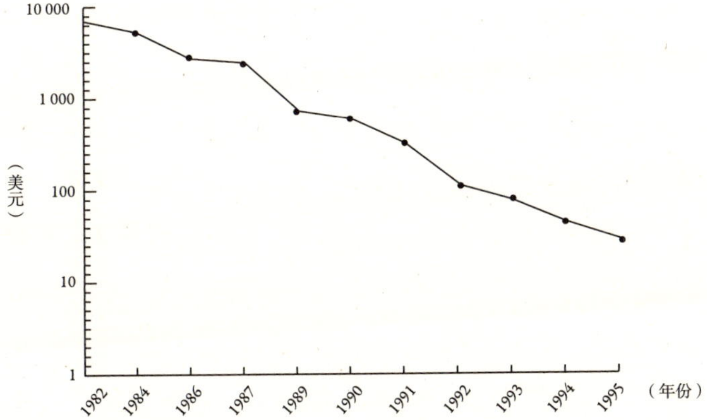

图 4-1　计算机经济：百万条指令 / 秒之成本（计算能力测试），以当年成形系统价格为基础

资料来源：英特尔公司

出结论，即以微处理器为基础的 PC 机的价格 / 性能特性最终会取胜。有些公司，如安迅公司和惠普公司，就修改了它们的战略以便充分利用微处理器的力量。另外一些公司持否定态度，就像卓别林对待有声电影一样。

它们的否定表现为各种形式。1984 年最大的小型机制造商 DEC 像卓别林对待有声电影的态度一样，称 PC 机为“廉价、短命、不十分精确的机器”。而事实上 DEC 公司在 20 世纪 60 年代闯入计算机领域时，市场占主流的是大型机，而它开发的是设计简单、价格低廉的小型机，正是在这种战略指导下，它发展为大公司。然而当它所处的环境中出现新技术革新时，DEC——当年挑战大型机世界的革命者——与大型机时代的保守者们一起抵制这次革新。

还有一个坚持否定立场的事例。IBM 的管理者们一直把 20 世纪 80 年代末、90 年代初所遭遇的麻烦归因于世界经济萧条，他们年复一年坚持着这种观点，而此时 PC 机正不断地改变着计算机世界的面貌。

为什么这些精明、有创造力的计算机公司的管理者们那么难以面对技术变化带来的战略转折点的现实呢？是他们感觉迟钝，没有听到变化的消息吗？是他们坚信曾给他们带来辉煌业绩的力量能战胜任何新技术变化的结果吗？还是因为面对计算机产业新面貌的直接后果——例如必要的大幅裁员——太痛苦而难以接受？我们很难知道真实的原因，但他们的反应都极为平常。我认为，所有因素都在起作用，但最后一个原因，即拒绝面对痛苦的新现实，是最重要的。

和查理 · 卓别林最终转向新环境最为相似的或许是陈汉卿（Steve Chen），即极其成功的克雷（Cray）超级计算机的主要设计者。有报道说他创建了自己的公司，以高性能、工业标准化的微处理器芯片为基础。陈汉卿先前工作的公司试图创造世界上运行最快的超级计算机，它是旧有计算机体系理想的最后维护者之一。但当陈汉卿描述自己如何趋向规避过的新技术时，他谨慎地说道："这次我换了一种方法。"

10倍速变化：用户

用户远离原先的购物习惯也许可以为战略转折点提供最微妙、最内在的诱因。说它们微妙、内在是因为用户改变其购物习惯的时间漫长，行动迟缓。在分析商务活动失败的历史时，哈佛商学院教授理查德·泰德洛（Richard Tedlow）得出一个结论。他认为商务上的失败要么是公司背离了自己的用户，即它们随意地改变了过去行之有效的战略（显著的变化），要么是因为它们的用户抛弃了它们（微妙的变化）。[1]

认真地思考一下：目前美国整整一代的年轻人在他们

1. 理查德·泰德洛教授于 1993 年 10 月 7 日在英特尔总部发表演说时指出："一家优秀的公司之所以遭遇麻烦，有以下三个原因：要么公司脱离用户，要么用户脱离公司，要么两者同时发生。"

成长的过程中已将计算机视为习以为常之物。对他们来说，用鼠标点击屏幕就和他们的父母摁电视机开关一样平常。他们使用计算机格外地舒畅，而计算机的死机对他们而言和冬日清晨父母无法发动汽车是一样的感受：他们不过耸耸肩，嘟哝几句而已，接着就重新启动机器。当这些年轻人上大学时，他们从校内联网的计算机上获得课外作业，在互联网上从事研究，用电子邮件安排周末活动。

将这些年轻人作为未来消费者的消费品公司，需要关注那些无处不在的变化，比如如何获取消息和制造消息，如何处理生意和过好生活。若不这样，他们的公司就会失去顾客的关注。这不正反映出日益逼近的人口定时炸弹吗?

变化的汽车需求品位

这一切都不新奇。在整个 20 世纪 20 年代，汽车市场经历了细微、缓慢的变化。亨利 · 福特在论及 T 型车时有句口号：“它带你到远处，又送你归来。”（It takes you there and brings you back.）它已成了早期汽车魅力的缩影，即汽车是一种基本的交通工具。1921 年，美国汽车销量中一半以上是福特车，但第一次世界大战后情况发生了变化，人们开始在生活中更加关注品位与休闲。通用汽车公司的阿尔弗雷德·斯隆（Alfred Sloan）预见到一个为“每个钱包和目的”而存在的市场。由于通用汽车公司引进了新的生产线且每年都开发新的型号，20 年代末，该公司无论是在利润还是在市场占有率上都已遥遥领先，可以预计它将在利润上领先福特公司 60 多年。通用汽车公司正是抓住了市场变化并顺应了这个变化。

观念在改变

有时用户群方面发生的变化代表了一种微妙的态度变化。然而这种变化是不可阻挡的，它可以拥有 10 倍速力量。现在回首 1994 年用户对奔腾处理器浮点缺陷的反应就可以清楚地看到这种变化。随着时光的流逝，英特尔用户群的重心已由计算机制造者转移至计算机用户。始于 1991 年的“Intel Inside”项目已在计算机用户的头脑中留下了印象。他们明白了即使自己没从我们这儿购买任何东西，他们事实上也是英特尔公司的用户。这就是一种观念变化，这个变化实际是由我们引发的，但由于我们置身于英特尔之内，却未完全领悟。

奔腾处理器浮点事件是个孤立的事件，是发展道路中偶遇的一个坎坷，或用电子术语来说，是“噪声”。或者该说它是“信号”吗？它是否表明在我们销售和服务对象方面发生了根本性的变化？我认为是后者。计算机产业经过长足的发展，基本达到了根据自己愿望购买产品的人为用户的阶段。他们对计算机的要求和对其他家用电器一样。英特尔被迫开始调整自己以适应新的形势，计算机产业中的其他成员也是这样。我们大家面临的环境已经变了，好消息是我们大家都有一个更广阔的市场，坏消息是这个市场比我们寻常所见的冷酷得多。

问题的关键是，对于消费品企业来说是“人口定时炸弹”的新生代，对我们而言却象征了计算机业务的好消息。无数年轻人在成长过程中已熟知计算机，他们把我们的产品视为生活中必不可少的组成部分。但是（生活中总有那么多的但是），他们对产品的要求越来越高，对产品的缺陷越来越明了。计算机产业中的所有人都做好准备应对这种微妙的变化了吗？我看未必。

超级计算机的双重噩运

有时，六大竞争因素中不止一种会发生重大变化。各因素综合产生的合力比单纯某一因素引起的战略转折点更具威力。超级计算机工业——计算机工业中供应最先进的计算机，便是极好的例子。超级计算机的用途可涵盖一切：从核能研究到天气变化，它的方法与旧式纵向型计算机产业相似。它的用户群主要依靠政府开支、国防项目和其他“大型研究”项目。

然而，当“冷战”结束时，两种因素几乎同时发生了变化：一方面是技术上转向以微处理器为基础；另一方面则是政府开支日渐减少，削减国防费用的压力不断加大。其结果是一个产值高达10亿美元的行业突然陷入困境之中，而从前它是美国先进科技的象征和骄傲，是强大国防力量的体现。最突出的例子便是克雷计算机公司。它是由超级计算机时代的偶像西摩·克雷（Seymour Cray）创立的，由于缺少资金已无法维持公司运作了。另外，它也揭示了一个真理，即前一个时代辉煌的巨星往往是最后一个适应变化的人。他是最后一个屈服于战略转折点这一原理的人，比绝大多数人输得更为惨烈。

10倍速变化：供应商

在商业中，人们经常把供应商当成习以为常的角色。

它们的作用就是为我们提供服务，我们往往小看它们。我们常常以为我们总是可以找到更加合适的人替代它们。但有时，也许是由于技术上的变化，也许是由于工业结构上的变化，供应商可以变得很强大。是的，它们非常强大：事实上，它们可以影响整个产业体系其他部分运作的方式。

航空公司在做准备

近年来，旅游业中的供应商们已试图开展准备工作。最大的供应商应数航空公司。过去它们的惯例是每售出一张机票，给予旅行社10%的佣金提成。尽管支付给旅游经纪人的佣金是航空公司的第三大开销（位于人事劳务费和燃料费之后），航空公司一直努力避免改变提成比例，因为它们85%的机票都通过旅行社售出，它们不想因此冒犯旅行社。然而，上涨的物价和行业缩减最终迫使航空公司降低支付给旅行社的佣金。

面对收入的大幅减少，各家旅行社还能一如既往吗？航空公司的决策出台数天后，美国两家最大的旅行社就公布了向顾客加价的决定。这种加价能持久吗？如果提成率保持降低的趋势，而顾客拒绝加价，那么旅行社该怎么办？有关机构预测，40%的旅行社将就此倒闭。也许这个由供应商引发的独立事件会加速战略转折点的到来，并进而改变整个旅游业的面貌。

第二货源的终结

当我们采取措施中止第二货源时，英特尔作为微处理器的强劲供应商，加快了计算机产业的结构转变。

第二货源曾是计算机产业中普遍的现象。它指的是供应商为了确保其产品拥有广阔的市场，转而与其竞争对手合作，向对手提供自己掌握的技术信息。这样，对手也可以供应己方的产品了。

从理论上说，这种离谱的竞争行为对各方均有利：产品的开发者由于供应范围的扩大而拥有了更多的用户；第二货源供应者作为技术接纳人明显受益，同时它几乎不用给出任何回报。产品的最终用户因为供应商队伍的扩大也可受益，他们坐享供应商们为了争夺用户而进行激烈竞争所带来的繁荣。

然而，实践的结果并不像人们想象的那么好。当市场需要某类产品时，第二货源供应商们通常还没来得及开始生产，结果是原供应者和用户并没有从扩大的供应上受益。当该产品被全面生产，供应开始满足需求时，第二货源也在进行产品的制造。这样，多家公司就变成针对同一产品展开竞争了。用户对此可能感到欣喜，但产品原供应者的利益受到了侵害，英特尔公司所遭遇的实际情况就是这样。

到 20 世纪 80 年代中期，我们发现此项举措的负面影响大于它带来的效益，因此我们改变了决策。严峻的商业形势（第五章将详述）坚定了我们的信念，我们决定在提供技术时要求有形补偿。

我们的竞争对手当然不愿支付费用，因为原先这些技术基本上是无偿获得的。因此，在向新一代微处理器过渡的过程中，我们不再向第二货源提供技术，我们成了向用户提供微处理器的唯一供应商。最终，我们的竞争对手们只好不再等待我们的施舍，自己开发类似的产品，但这花了它们几年的时间。

这看似微小的变化对整个 PC 机产业带来的影响却是巨大的。核心的产品，即绝大多数个人计算机依赖的标准微处理器，只能从我们——它的开发者处得到。这又带来了两个结果：首先，我们对用户的影响力与日俱增，在他们眼中，这也许就是一股 10 倍速力量；其次，由于绝大多数个人电脑都依赖于单一供应商的微处理器，它们也越来越相似。这又影响了软件开发者们，他们可以集中精力开发软件，以服务于众多计算机制造厂家生产的相似计算机。计算机产业结构的重组，即将计算机制造成彼此相似的产品，极大地得益于它们共同依赖的常见微处理器。

10倍速变化：互补企业

当技术变化影响你的业务互补企业，即你依赖其产品的那些公司时，它们同样也会对你的业务产生深远的影响。个人计算机工业和英特尔公司都依赖于个人计算机软件公司。如果重大技术革新影响了软件生产领域，通过相互依赖关系，我们也会受到波及。

有一种观点认为，为互联网设计的软件将变得越来越重要，最终将在个人计算机领域盛行。如果事实如此，它将间接地影响我们的业务，我将在第九章中深入地讨论这个问题。

10倍速变化：营运规则

迄今为止，我们已讨论了当影响商业竞争的六大力量在10倍速因素作用下发生变化时可能随之发生的变化。

书中的图展示的是自由市场，即未受任何外部机构和政府制约的市场的运作。但在真实的商业生活中，这些营运规则的建立和废除，同样可以带来我们讨论过的深刻的影响。

专利药品的消亡

美国药品行业的历史为我们提供了一个极好的例子，让我们看到营运规则的实施是如何改变环境的。20世纪初，由酒精和麻醉剂制造的专利药品可以自由售卖，根本没有任何标志告诫使用者提防其危险和易上瘾的特性。专利药品的泛滥最终导致政府对放入药瓶中的药品加以监管，并通过立法要求所有药品制造厂商标明所生产的“灵丹妙药”的成分。1906年，美国国会通过了《联邦食品与药品法》。

一夜之间，药品行业发生了翻天覆地的变化。标明成分的要求暴露了专利药品的真相，它们包含了各种可怕的成分，如酒精、吗啡、大麻和可卡因等。这就迫使药品制造商们要么重新设计产品，要么下架自己的药品。随着关于食品与药品的一系列法案的通过，竞争场上换了新的面貌。现在制药公司若想留在制药业之内，就必须培养与先前完全不同的知识与技能。有些公司度过了这个战略转折点，而很多其他的公司则消亡了。

电信业的重构

营运规则方面的变化有助于改变其他大型行业的本质。美国的电信通信业即是一例。

1968 年以前，美国的电信通信业实际处于一种垄断状态。AT&T 设计和生产自己的设备，包括从电话机到转换系统的方方面面，并提供当地短程通信和长途电话通信的所有连接手段。到 1968 年，联邦通信委员会规定：电话公司不可以强求地方用户必须使用其设备。

这项决定改变了电话机和转换系统的境况。它向外国制造厂商，包括日本各主要电信公司打开了市场。原先由发展缓慢的“贝尔妈妈”（Ma Bell）所垄断的业务突然间转到了竞争对手的手中，例如加拿大的北方电信公司（Northern Telecom）、日本的 NEC 和富士通公司，以及像 ROLM 这样的从硅谷中崛起的新秀。过去，电话机作为 AT&T 向用户提供服务的一部分，现在却已成为在街头拐角的电器商店里就可以随便买到的产品了。它们中的绝大部分生产于亚洲劳动力成本低廉的地区；它们的形状、规格和功能各异，而且彼此间价格竞争激烈，人们熟悉的电话铃声也为各种不同的振铃声所取代。

但这一切只是更大变化的前奏。

20世纪70年代早期，根据AT&T的竞争对手MCI公司一项反垄断诉讼的结果，美国政府做出裁决，要求中止贝尔体系，并将长途业务与当地短程业务分开。据说，在经过数年的联邦法庭辩论之后，当时AT&T的董事长查尔斯·布朗有一天早上召集公司成员，告诉他们为了避免公司纠缠于凶吉未卜的诉讼案中，他决定自动将公司业务分开，因为联邦法庭的辩论可能还要持续好多年。到1984年，此项决定成为“最终裁决修正案”的基础，它由联邦法官哈罗德·格林监督而成，规定了长途电话公司与7家地方电话公司业务合作的方式。电话业务垄断一夜间便崩溃了。

我曾在那段不安定的时日里探访AT&T，向其转换系统分部销售英特尔微处理器。我现在还清晰地记得该公司经理们惊恐的神情。在他们职业生涯的大部分时间中，他们都做着同样的业务，对事情发展的方向茫然无知。而传统的部门对部门，经理对经理的财政、人际和社会规则彻底被打破。

这些事件对整个通信业的影响是同样巨大的。一个极富竞争性的长途电话产业产生了。在随后的10年中，AT&T 40%的长途电话市场被一批竞争者占领。有些公司，如MCI和Sprint就成为拥有数十亿美元资产的大型企业。一批被称为“贝尔宝宝”的经营地方电话系统业务的独立公司也产生了。它们中的每一家都拥有超过10亿美元的年收入。它们的任务就是把当地的个人用户和公司联系起来，并和颇具竞争性的长途电话网联结。“最终裁决修正案”使得它们成为当地业务的垄断者，并在它们可能参加或不参加的那些业务上接受一系列的限制。

如今，由于技术上的革新再次引发更深入的规则变革，诸多“贝尔宝宝”公司本身也面临着类似的巨大变化。移动电话技术的迅猛发展和覆盖面可达60%美国家庭的地下电缆网络，提供了连接个人用户的多样化方式。就在我写作本书的同时，美国国会正努力消除这些技术变化带来的影响。不管电信法案将如何被重写，不管卓别林和克雷这样的人如何抗击这些变化，它们终将到来。在此转折点的另一边将会有一个更具竞争色彩的商业天地展现在电信业的面前。

当然，我们回首往事，可以很清晰地看到90年前制药业的营运规则和10年前重塑电信业的事件，确实都代表了这些产业的战略转折点，但此时此刻，我们却很难断定目前我们经历的逆流，是否也是一个战略转折点。

私有化

世界上大部分地区的商业已卷入“规则变化之母”——私有化或民营化的浪潮之中。从中国、苏联到英国，一直在国营垄断体制下经营的公司如今在瞬息万变的决策下被置于竞争的环境之中，它们没有应付竞争的经验。在过去，它们没有必要从市场中招徕用户，因为不管怎么说，一家垄断性企业难道需要向顾客献殷勤吗？

例如，AT&T 过去从来没有竞争方面的经历，它从不需要为自己的产品和服务做广告以争取市场。因为只要有用户存在，那便是它的客户。它的管理成长于规则性环境中，其管理人员只需适应管理规章即可，全体员工已习惯了家长式统治的工作环境。

在“最终裁决修正案”颁布后的 10 年的自由天地中，AT&T 丧失了 40% 的长途电话市场。然而，它也从实践中学会了用户市场技巧。现在，AT&T 在电视上做广告，去争取用户，每次用户与公司发生业务往来时都会收到公司的致谢函。公司甚至开发了一种颇具特色的声音，以表明自己的存在，那是一种热情而低沉的电脑合成的铃声。这些都表明了昔日视市场商业行为为异物的AT&T已经拥有了居于世界领先水平的用户市场开发意识。

德国国有电信公司预定在1997年年底实行自由经营。为引领重新命名为德国电信（Deutsche Telekom）的公司渡过难关，公司监督委员会任命了一位日本索尼公司的45岁的用户市场部经理诺恩·萨默，担任下一届首席执行官。这项行动本身即表明公司董事会已充分认识到未来将迥异于过去。

当昔日在计划经济体制下运作的公司突然被投入竞争的环境之中，其所能感受到的变化将是巨大的。管理阶层必须善于在纷乱的世界产品竞争市场中突出自己的优势，而公司的每个员工实际上都必须和世界各地同行业其他企业的员工为生存而展开竞争，这就是最大的战略转折点。当此类根本性剧变席卷整个经济领域时，它会带来剧烈而突然的变动，会影响整个国家的法律制度、社会形势和人民的生活方式。苏联的情形即是如此，中国也是这样，只不过后者显得更为井然有序。

我在本章中试图向大家表明战略转折点是很普遍的现象，它们不局限于当代，不拘泥于高科技产业，也不只是发生在别人身上。具体的战略转折点各不相同，但都拥有类似的特点，表 4-1 可以让我们很快地回顾本章事例揭示的内容。当我审视它时，战略转折点的多样变化性和无处不在给我留下了深刻的印象。

我们应该记住，这个世界上既有赢家也有输家。我们还应该记住，从广义上说，一家公司的成败取决于其适应变化的能力。战略转折点为我们提供了机会，也带来了威胁，正是在这样发生根本性变化的时刻，那句“要么适应，要么灭亡”的老生常谈显示了其深刻的意义。

表 4-1　战略转折点：变化及结果

事例（类型）	发生的变化	采取的行动	结果
沃尔玛超市（竞争）	进入小社区的超级市场	有些商店专业化，例如成为专卖店的终结者	家用品商店及“玩具反斗城”兴盛；很多商店倒闭
NeXT 公司（竞争）	配备 Windows 系统的 PC 机诞生	NeXT 成为软件公司	NeXT 作为小型但盈利的公司得以生存
有声电影（技术）	无声电影消亡	葛丽泰·嘉宝发声	嘉宝成为明星，其他明星陨落了
航运业（技术）	新技术提高生产力	新加坡、西雅图采用集装箱方式；旧金山、纽约则没有	新加坡、西雅图港兴盛；旧金山、纽约港衰落

（续表）

事例（类型）	发生的变化	采取的行动	结果
PC 机（技术）	PC 机价格 / 性能更卓越	有些公司采纳微机作为构件，其他公司成为系统集成商	适应性强的公司兴盛；其他公司则面临困境
人口定时炸弹（客户）	孩子们与计算机的关系越来越紧密	面向孩子们的光盘、教育与娱乐软件增长	计算机变得无处不在
旅行社（供应商）	航空公司削减佣金	旅行社向用户加价	旅行社面临的经济形势更加严峻
电信（规则）	设备及长途电话业务上的竞争	AT&T 调整自身，面向竞争的消费者市场	AT&T 加上各个“贝尔公司”的总值为 10 年前的 4 倍
私有化（规则）	政府垄断与补贴的终结	德国电信任命诺恩·萨默为首席执行官	未来还面临痛苦的调整

第五章

“为什么不自己动手？”

虽然战略转折点对所有身处其中的人都是一次惨痛的经历，但它却有助于我们打破僵局，跃至新高度。

企业管理，尤其是危机中的企业管理，是极其个人化的事情。

多年前，在我参加的一个管理培训班上，老师播放了“二战”影片《晴空血战史》（*Twelve O' Clock High*）中的一个片段。影片中，一个飞行中队藐视上级命令，已走到了自我毁灭的边缘。上级派了一名新的指挥官来重整这支队伍。在赴任的路上，指挥官停下了车，走出车门，点燃了一支烟，凝视着远方。他吸完最后一口烟，把烟头往地上一扔，用力一踩，回头对司机说：“好，中士，我们走吧。”老师反复地播放这一片段，它精彩地表现了人们如何下定决心接受这项艰巨而又前途未卜的任务——带领一个群体历尽千难万险。就在这一刻，领导者决定勇往直前，直达目标。

我常常想起这个片段，心中与那位军官颇有同感。看电影的时候，我未曾想到自己在数年之后也会处于同他类似的境地。除了在危机中的个人经历，我还要讲述我是如何在全身心的震撼之中认识了战略转折点，又如何举步维艰地经历它的。这需要看问题的客观态度，依据信念行动的意愿，以及鼓舞他人接受你的信念和热忱，这的确不是一件容易的事。

接下来我要讲一讲英特尔公司是如何停止创建初期的业务，投入另一完全不同的业务领域的——这一切都发生在巨大的危机之中。在走过战略转折点的过程中，我受益匪浅。本书的后半部分将是对这些往事的追述。这里有一些细节性的描述，请读者耐心地读下去。虽然这些故事发生在英特尔公司，但我相信它的经验教训具有普遍的意义。

先看一看英特尔公司的历史。英特尔公司创建于1968年。每一家新兴的企业都有自己的核心理念，我们的理念很简单：半导体技术的发展已使我们能够在一块芯片上安装更多的晶体管，我们认为这极具应用前途。晶体管数量的增多为用户带来了两项显著的收益：低成本和高性能。我们的想法可能过于简单，但大致说来是这样的。安装大量晶体管的芯片和安装少量晶体管的芯片耗资相等，因此相比之下，安装晶体管的数量越多，单个晶体管的成本就越低。此外，排列密集的小型晶体管可以更快地传递电子信号，因此使用这种芯片的机器——计算器、盒式录像机或计算机——性能将更加优越。

我们考虑了面临晶体管数量的增加应该如何采取行动的问题，答案很明显，我们应该制造计算机存储器使用的芯片。换句话说，就是在芯片上安装更多的晶体管，增大计算机的存储容量。因此我们认为这种方法必将带来比其他方法更高的成本效益，世界将属于我们。

开始时，我们的目标定得不高，最初的产品是 64 比特（bits）存储器，也就是说，它能存储 64 位数字。但在今天，经过了不懈的努力，它已可以存储 6 400 万位数字，的确今非昔比。

在英特尔公司创建时期，有一家大型计算机公司就已建议制造该装置——64 比特存储器。同行业的 6 家公司开展了项目投标，我们奋力挤入该行列，成为第 7 家投标企业。我们夜以继日地设计芯片、开发生产线，仿佛这是件主宰我们生死存亡的大事。我们终于在众多厂家中率先研制成功第一台功能型 64 比特存储器，我们胜利了。对于一家新兴企业来说，这是一次伟大的胜利！

接着我们又努力开发另一种芯片：256 比特存储器。这是一项更为艰巨的任务，但我们凭借日夜不懈的努力，终于在第一代产品问世不久后推出了第二代产品。

在 1969 年，这些产品算得上技术奇迹。所有计算机厂家和半导体厂家的每一位工程师，都购买了一台以满足自己的好奇心。然而这两种产品的生产设备却无人问津。当时半导体存储器只不过是一台新奇有趣的设备而已，因此我们继续投资开发下一代芯片。

根据工业传统习惯，这一代芯片必须含有比以往数量更多的晶体管。我们的目标是把容量提高到原来的4倍，即1 024比特，这就要求我们投下巨额技术赌注。我们决心孤注一掷。由存储器工程师、技师和测试工程师等人组成的队伍兢兢业业地工作着，只是彼此间有些摩擦。沉重的压力使我们在工作中唇枪舌剑，争论不休。尽管如此，工作照常进行。这一次，我们大获全胜。

新装置轰动一时，我们只好转而应付顾客的大量需求。我们的公司在租来的一座小楼里办公，我们的人员虽长于设计新品，却穷于应付生产技术问题。一些大型计算机公司的芯片订单雪片似的飞来，生产任务之庞大，令人难以置信。我竟然因此在夜里梦见一台用硅制包装绳和硅制口香糖拼凑而成的机器。1103是该装置的名字，直至今天，看到某块电子表上显示了这个数字，我和其他过来人仍会感到精神为之一振。

前两种新奇玩意儿无人问津，后一种则炙手可热，供不应求。在经历了风风雨雨之后，英特尔成长为一家真正的企业，存储器芯片的生产也成为一个新行业。回首往事时，我清楚地看到，与技术困难及紧随其后的生产问题所做的斗争在英特尔人的心上留下了不可磨灭的印记。我们学会了更好地解决问题，更加注重明确可知的后果（用我们的话叫“输出”）。从以往的唇枪舌剑之中，我们学会了如何既做工作上的对手，又做生活中的朋友（我们称之为“建设性对抗”）。

作为发起人，我们当时拥有存储器芯片市场100%的份额。20世纪70年代早期，其他一些公司也涉足这个行业，获得了部分业务。它们是一些小的美国公司，规模和构成与我们相似。它们是友尼森（Unisem）公司、先进存储器系统公司（Advanced Memory Systems），还有莫斯特克（Mostek）公司。你可能没听说过这些公司，因为它们早已不复存在了。

到20世纪70年代末期，这个行业中大约出现了十几家公司，互相拿出最新的技术成果展开激烈的竞争。它们相继成为新一代芯片的发明者，赢家并不总是我们公司。当今一位著名的金融分析家曾把存储器的行业竞争喻为拳击比赛：“第二轮英特尔赢、第三轮莫斯特克赢、第四轮德州仪器获胜，我们接着进行第五轮的比赛……”我们赢得了股市，虽然进入芯片行业只有10年，我们仍是主要的竞争者。英特尔仍然代表存储器，反过来，存储器也通常意味着英特尔。

在死亡的幽谷徘徊

20 世纪 80 年代初，日本的存储器厂家登台了。在这之前的 70 年代末，我们曾在一个低谷时期收回投资、缩减产量，那时日本厂家第一次出现了，它们填补了产品的空缺。当时，它们帮了我们大忙，减轻了我们的压力。但是到 80 年代初，它们开始变得势不可当。

情况开始发生变化，从日本回来的人讲述了可怕的故事。例如，他们说在日本的一家大公司，开发存储器的人占满了整座大楼。楼里的每一层都在研制不同的存储器，所有的工作都在同时进行：在研究 16K（1K 代表 1 024 比特）的楼上，是研究 64K 的人，再往楼上走就是研究 256K 的人，甚至有传闻说有人正在秘密研制一种百万比特的存储器。在我们这个位于加利福尼亚州圣克拉拉的小公司看来，这一切都是那么可怕。

质量问题又向我们袭来。惠普公司的经理声称，日本生产的存储器在质量上长期明显优于美国生产的同类产品。事实上，日本产品的质量水平在我们当时看来是不可能达到的。我们先是狡辩，矢口否认存在这种事。我们对这些不详的情报加以猛烈批判——在这种处境中的人通常都会这样做。直到我们确信了这些情况大致属实之后，才开始着手改进我们产品的质量，但我们已经明显地落后了。

除此之外，日本公司还在资金上占有优势。它们拥有（或者听说它们拥有）滚滚的财源——政府拨款？母公司给的交叉补贴？还是通过金融市场的神秘活动获得无穷无尽的出口厂家低成本资金？我们不得而知，但事实毋庸置疑：20 世纪 80 年代，日本公司建起了现代化大工厂，产量之大令我们望而生畏。

日本厂家正在成为存储器产业的弄潮儿，它们就要从我们手中夺走世界半导体市场。冰冻三尺，非一日之寒。如图 5–1 所示，这个变化经历了 10 年之久。

我们奋力拼搏，改进质量，降低成本，但日本厂家也展开了反击。它们最重要的武器就是使用户能够以惊人的低价购买高质量的产品。有一次，我们拿到了一家日本大公司发送给它的销售人员的一张备忘录，上面写道："用定价永远比别人低 10% 的规则获胜……找出 AMD（另一家美国公司）和英特尔的接口……以低于它们 10% 的价格开价……如果它们重新开价，你们再降 10%……坚持到底

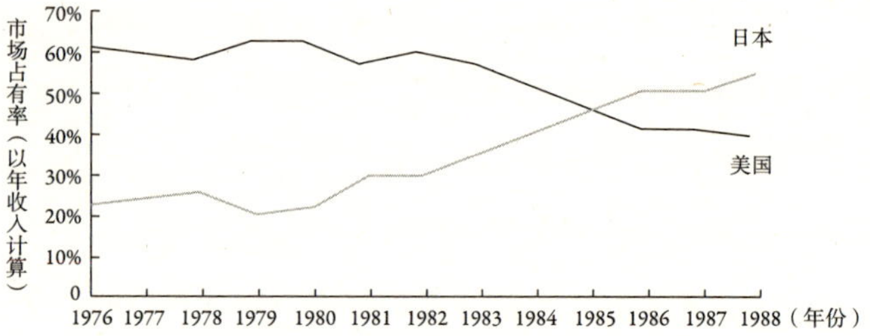

图 5-1　全球半导体市场占有率

资料来源：Dataquest, Shearson Lehman Brothers

才是胜利！”

这样的事真令人灰心丧气，但我们坚持抗争。我们做了许多尝试，想在市场上争得立足之地，试图发明一种叫作“增值设计”的特殊用途存储器，把更先进的技术投入存储器的生产。但我们无法与一降再降的日本产品的价格抗衡，最多只能在市场上收回产品的贷款利息。当时在英特尔公司有句名言：“如果干得不错，我们的售价可以只是日本存储器的两倍，不过仍有希望卖出去。但是如果它们的售价一降再降，这样做有什么好处呢？”

最重要的是，我们一直在研发上耗费巨资。毕竟我们是一家以技术为基础的公司，认为一切问题都可以从技术上找到解决途径。我们的研发主要围绕三项不同的技术展开，其中耗资最多的就是存储芯片。但是与此同时，我们还有一支人员较少的队伍正在研究公司 1970 年左右开发的另一项产品：微处理器。微处理器是计算机的大脑，负责运算，而存储芯片只负责记录信息。生产微处理器和存储器芯片的硅片技术很相似，只不过两者在设计上不尽相同。微处理器的市场容量和发展速度都比不上存储器芯片，因此并未得到我们足够的重视。

存储器芯片的开发主要是在俄勒冈州的一座装备了新设施的基地进行，微处理器的开发者只好与这些偏僻之地的厂家共用生产设备。我们对于业务重点的选择基于我们的身份：毕竟，存储器是头号产品，存储器就是我们自己。

即使是在存储器销售困难重重的时候，我们的日子也不算难过。1981 年，IBM 最早的 PC 机采用了我们的领先产品，即未被我们足够重视的微处理器，并且需求量猛增，IBM 始料未及。因此 IBM 转而请求我们助其提高 IBM 的 PC 机的产量，其他 PC 机的厂家也上门求助。1983 年和 1984 年年初，我们的市场销量居高不下。我们所有的产品都供不应求。人们纷纷向我们要求生产更多的部件，我们只好一再加大产量，以保证供应。我们努力地扩大生产能力，在一些地方修建厂房，并扩招雇员以增加产量。

然而，1984 年秋，一切都变了。业务发展减缓了，好像再也没有人愿意购买芯片，我们的订单如春雪一般消失无踪。我们先是感到难以置信，接着只好缩减产量。但是，在那样一段长时间的扩产之后，我们缩减产量的速度已经跟不上市场的滑坡了。生意萧条的时候，仓库的货物还在不断积压。

在与高质量、低价位、大批量生产的日产部件竞争的过程中，我们一直在赔钱。然而由于整个市场形势不错，我们还能咬牙坚持，希望奇迹出现，把产品卖个好价钱。我们当时还有这个经济能力。但是，生意一滑坡，其他产品再也无法填补用于竞争的花费了，这时我们的经济损失开始恶化。我们急切地需要一种不同的存储器战略，来止住伤口的大出血。

我们不断地开会、争论，却没有达成任何协议。有人建议采用“力争”策略：“我们建立一家巨型工厂，专门生产存储器，把日本人打败。”还有些人认为应该采取前卫技术，运用才智，在技术方面而不是生产方面“力争”，拿出点儿日本人拿不出来的东西。还有人仍然坚持生产特殊用途存储器。而事实上，在存储器成为全球统一的产品之后，生产特殊存储器的可能性已经微乎其微了。争论越是继续，我们的经济损失就越大。这是形势严峻、令人大失所望的一年。我们努力工作，却不知事态是否会好转。我们迷失了方向，在死亡的幽谷中徘徊。

我还记得1985年的一天，那时我们已经在漫无目的的徘徊中度过了一年。这一天，我正在办公室里，意志消沉地与英特尔公司的董事长兼首席执行官戈登·摩尔谈论我们的困境。我朝窗外望去，远处，大美利坚游乐园的“费里斯摩天轮”正在旋转。我回过头问戈登：“如果我们被踢出董事会，他们找个新的首席执行官，你认为他会采取什么行动？”戈登犹豫了一下，答道：“他会放弃存储器的生意。”我死死地盯着他说道：“你我为什么不走出这扇门，然后回来自己做这件事呢？”

放弃存储器！

此言既出，戈登鼓励我试试，于是我们开始了艰难的跋涉。说实话，我刚刚开始考虑放弃存储器业务的时候，还只能含糊其词地和同事们商量这件事——我的确感到难以启齿。在我们所有人的心目中，英特尔就等于存储器。我们怎么可以放弃自己的身份？如果没有了存储器业务，我们还称得上一家公司吗？这简直不可思议。和戈登商量是一回事，和其他人商量积极实行又是另外一回事。

我和同事商量此事时，态度犹豫不决。我的听众根本不愿听我说话，我感到言尽词穷，他们则充耳不闻。我觉得越来越沮丧，但我越感到沮丧，脑子就越迟钝，说话就越发不加掩饰。这样一来，反而有一些话在无意中被直接、明确地说了出来，而这些话引起了更多人的反驳。这样，明里暗里反对我的人越来越多。

我们无休止地争论着。我记得在一次讨论会中，我请一位高层管理者把他对于现在处境的看法写下来，他闪烁其词，不愿落笔。我还以为能从他自己写的备忘录里找到某些套住他的东西，却因为他的逃避而没有找到。时间一个月一个月地过去了，我们还在玩这些莫名其妙的游戏。

有一次，我来到一个偏远的英特尔基地，像往常一样和地方高层管理者共进晚餐，他们想听一听我对存储器业务的态度。那时我还没有做好充分的准备说要放弃存储器，因为我们仍然处于探索“放弃”含义的早期阶段，还在考虑放弃存储器后，我们这群人能做些什么的问题。但是，我又不能装出这事不可能发生的样子，只好给了他们一个中立但更倾向于放弃的回答，他们立刻大做文章。其中一个人咄咄逼人地问道：“你是说你能想象没有存储器的英特尔公司吗？”我勉强咽下一口饭，说：“我想我能。”立时四座哗然。

我们的公司有两个如教条般坚定的信念，都把存储器看作生产和销售的顶梁柱。第一条是：存储器是我们的“技术先驱”，意思是我们总是首先开发与革新存储器产品的技术，因为它检验起来比较方便。从存储器上被淘汰的技术，才用在微处理器或其他产品上。第二条是“完整产品线”教条。它的意思是，销售人员有了完整产品线才能顺利工作。如果他们没有完整的产品线，那么客户就倾向于选择拥有完整产品线的同类企业。

这两条信念都根深蒂固，因此我们的人不可能豁达冷静地讨论放弃存储器的提议。我们将改用怎样的技术先驱呢？没有了完整的产品系列，我们的销售人员怎么开展工作呢？

在英特尔基地吃饭的那个晚上就是这样。晚上余下的时间都花在讨论这两个问题上面，那里的管理者和我越来越对对方感到失望。

这就是有关这个议题的一次典型讨论。其实，负责存储器的高层管理者在讨论了数月之后仍然不知如何是好。

最终，他得到了另外一份工作，走人了。他的接替者一上任，我就直截了当地命令他：“放弃存储器！”这样，在几个月令人沮丧的讨论之后，我终于把我的意图表达得一清二楚。但是，这位新经理也只做到了一半。他虽然宣称我们不再研发既定的新产品，但他却说服了我同意让他们小组完成手里剩余的工作。也就是说，他竟然劝我让他继续研发那种我们两人都知道卖不出去的产品。我想，我们即使是在理智上已经决定要怎么做，感情上仍然很难接受这个新方向。

我只好向自己解释说，这样大的变动是需要分几小步来走的。然而，几个月后，我们发现这种“半路子”决策显然站不住脚。最后，我们终于下定决心：从领导层到整家企业都彻底放弃存储器。

我们咬了咬牙，安排销售人员去通知客户。这是一件可怕的事：客户将做何反应？会不会因为我们让他们失望，就停止与我们的一切生意往来？实际上，他们的反应不过是打个大呵欠而已。客户知道我们已经不是市场上的大腕了，他们几乎已经猜到我们会退出市场，许多客户早已和别的供应商签好合同。

我们把这个决定通知客户时，就有一些人说道：“你们下这个决心，可花了不少时间啊。”可见，与我们公司没有情感牵扯的人早就看出我们应该走哪条路了。

因此，我认为如今各大公司频频更换首席执行官，也就可以理解了。每天似乎都有企业高层让出位置，而且常在出现战略转折点的时候。大多数情况下总是由“空降兵”接任其职务。

“空降兵”未必比原来的领导精明能干。他们只有一点优势，但却至关重要：和那些一生为公司效力、对公司的点点滴滴牵肠挂肚的人相比，这些新经理不存在情感上的难题，因而更能不偏不倚地做出决策。真乃当局者迷，旁观者清。

在企业经历剧变时，现有的管理者要想坐稳交椅，就必须从旁观者的角度来客观地看待形势。他们必须挣脱情感的羁绊，走过战略转折点。我和戈登象征性地走出房门、踩灭烟头，再回来着手这一工作，就是这个意思。

走过战略转折点

存储器业务的危机及其应对手段使我懂得了战略转折点的含义，这绝大多数是个人的经验。在一种因素的重要性猛升到我们能力所不及的10倍时，我感到渺小、无助。在企业发生根本性的变化时，我被重重的迷惑吞没。每当连在亲密无间的同事面前都无法开口陈述实情时，我就感到心灰意冷。而在打破铁的常规、转入一个新方向时，我又欣喜若狂。虽然这是一次惨痛的经历，它却使我成长为一名更好的管理者。

我从中学到了一些基本原则。

我懂得了战略转折点的“点”字是误用。它不是一个点，而是漫长的、艰辛的奋斗。

就拿这件事来说，20世纪80年代初，日本企业就已在存储器业务上占了上风。1984年年中，英特尔的业绩全面下滑。我和戈登的那次谈话发生在1985年年中，直到1986年年中，我们才开始退出存储器业务。后来，又经过了一年，我们才开始收回效益。我们总共花了3年时间，才走过了整个战略转折点。而10年之后回首，这一切似乎都已压缩到很短的时间里。现在看来，那漫长艰难的3年是一种浪费。我们花时间与不可避免的结局抗争，试遍了各种“灵丹妙药”，想在市场上找到一个实际上不可能存在的立足之地。财政赤字不断上升，迫使我们只能毫不留情地抛弃过去，转入新方向。尽管对形势的正确认识仅是谈话中恍然大悟的一瞬间，谈话的成果却花费了数年时间去实现。

我还认识到，虽然战略转折点对所有身处其中的人都是一次惨痛的经历，但它却有助于我们打破僵局，跃至新高度。假如我们没有改变企业战略，则必然会陷入极其恶劣的经济困境，必然会失去在业界的重要地位。在剧烈的变动之后，事态有所好转。

结果如何呢？386微处理器大获成功，成为当时首屈一指的微处理器。这应该归功于俄勒冈州的原存储器开发组的辛勤劳动。

我们不再是半导体存储器公司。在探求公司的新身份时，我们意识到微处理器是我们一切劳动的核心所在，于是自称为“微型计算机公司”。这个说法先是在公开发言、文献资料和广告上出现，但是多年以来，386名声鼎沸，我们的领导和雇员越来越与之难舍难分。最终，外界也开始认同我们的新身份了。

到1992年，微处理器的巨大成功使我们成为世界上最大的半导体公司，甚至超过了当年曾在存储器业务上打败我们的日本公司。直到今天，世人仍然把英特尔等同于微处理器，以至于我们的非微处理器产品很难脱颖而出。

假如当时我们踌躇不决，就可能失去全部的机会。我们可能还在摇摆不定：究竟是一门心思地去争回日益减少的存储器份额，还是正视旧有业务的势微力薄，转而去闯一闯微处理器的大世界？我们一旦迟疑，就会鸡飞蛋打，两头扑空。

最后一个教训非常重要：在英特尔的业务形势发生变化，管理者四处寻找挽救存储器的“灵丹妙药”，唇枪舌剑地试图打赢一场必败之战时，是基层员工帮助我们实现了这个战略转变，是他们挽救了公司的生命和财产。

在那段时间里，我们为微处理器业务投入越来越多的生产资源。然而，这并不是高层管理者的战略方向所致，其功劳应归于中层管理者们的日常决策。生产策划人员、财务管理人员等员工每日围坐于桌前，商讨产品的分布问题。他们一点点地缩减正在赔本的存储器业务，而将我们的硅片生产设备移用到微处理器等获利产品上。中层管理者们的日常工作调整了英特尔的战略姿态。我们决定退出存储器业务时，我们的 8 家硅片厂中，仍然从事存储器生产的已经只剩下 1 家，中层管理者们的工作减轻了退出存储器的决定对企业造成的猛烈震撼。

这不奇怪。战壕里的士兵总是更早地得知战局即将发生的变化。销售人员比管理人员更快看到顾客需求的变化，财务分析人员是看到企业根本转变的第一人。

生产策划人员和财务分析人员在客观的世界里面对严格的资源系统和大量数字，而高层领导则被蒙蔽在过去的胜利之中，对外界变化一无所知。只有当遭遇周期性的经济危机、目睹毫不留情的财政赤字时，高层领导才能鼓足勇气告别过去，开始未来。

我们的经历特殊吗？我不这样认为。英特尔是一家经营有方的大公司，富于合作精神，雇员素质很高，业绩一向良好。毕竟那时公司创建还不满 17 年，却已拥有好几个主要业务领域。我们干得不错，但战略转折点几乎葬送了我们，我们差点儿成了另一家友尼森公司、另一家莫斯特克公司和另一家先进存储器系统公司。

第六章

如何觉察它们?

大多数的战略转折点并不是“呼”的一下到来，而是如卡尔·桑德堡描写雾的那首名诗所形容的那样，“蹑着猫足而至”。

某一变化什么时候会真正成为战略转折点呢？在企业管理中无时无刻不在发生变化，有的微小、有的重大、有的转瞬即逝、有的具有划时代的意义。我们需要处理所有的变化，但它们并非都代表战略转折点。

如何才能知道某一系列变化代表什么呢？换句话说，我们怎样从“噪声”中分辨出“信号”呢？

X光技术是10倍速因素吗？

几年前，IBM的核心技术人员告诉在英特尔和其他公司工作的同行，日本半导体厂家正在投入巨资大规模生产半导体元件。用它们的精良设备制造的产品，其性能要比用普通的技术制造的更优越。这些设备上用以鉴定芯片属性的不是普通光，而是X光。IBM的人说，日本人正在建造的此类工厂已有十几家。他们认为日本人对X光技术的投资意味着半导体制造工业中的根本变化，这足以使美国厂家的地位一落千丈。假如他们说得不错，那么X光技术就将成为一个10倍速技术因素，将导致战略转折点的出现，打得我们永世不得翻身。

IBM认为这种技术发展是一大危险因素，于是决定大规模投资X光设备。我们的人对此事的态度很认真。IBM的技术人员精明强干，预感到这一威胁来者不善，而且很多人对此都持相同观点。尽管如此，英特尔的技术人员在研究之后却认为，X光技术问题百出，并不值得投入生产。更重要的是，他们认为根据我们现有技术的发展趋势来看，将来一定能够生产出性能更优越的产品。

从IBM和英特尔对X光技术威胁的反应上可以看出，前者视之为“信号”，而后者视之为“噪声”。我们决定不采用X光法。（10年之后再回头来看，我们是对的。到本书写作的时候为止，据我所知，无论是IBM还是日本厂家，都没有在生产上应用X光技术的近期打算。）

在这件事上，精明强干的人和性格严肃的人面对同一事件下了不同的结论。这一点儿也不奇怪，在信号和噪声之间并不存在百试百灵的区分法。正因为不存在这样的区分法，我们所做的每一步决定都需要时时回头检验。10年前，我们认定X光技术不是一个10倍速因素，但是，我们还是得时时留心观察它，看它是增长、减少，还是原样不动。

不妨把你周围环境中的变化（不论它是否是技术性的）看作雷达屏幕上的一个光点。最初你并不知道它代表什么，但你一遍一遍地扫描，查看该物体是否正在接近你，并确定它前进的速度和形状。即使它只在你的边缘地带游荡，你还是不能放松警惕，因为它的路径和速度随时有可能改变。

X 光技术也是如此。它在我们的雷达屏幕上出现已有多年了。此时我们仍不认为有对其投资的必要。但 1 年之后、3 年之后、5 年之后，或者我们竭尽高成本效益的其他技术之后，平衡有可能被打破，从前被视为噪声的因素就可能以信号的身份出现，我们必须留意它。这些因素并不是一成不变的。因此，对于可能成为你的企业中的 10 倍速因素的那些发展变化，一定要保持长久的警惕。

RISC 和 CISC 的较量

X 光技术事件仅是潜在的 10 倍速因素的一个简单例子。IBM 的技术人员持一种意见，英特尔的同行持另一种意见。我们是根据集体的判断行事的。

当分歧发生在公司内部而不是公司之间的时候，事态就复杂多了。这里有一个很好的例子，就是持续至今的 RISC 和 CISC 的大较量。RISC 和 CISC 是两个计算机术语的缩写，分别代表精简指令集计算（Reduced Instruction Set Computing）和复杂指令集计算（Complex Instruction Set Computing）。在这里，我们只需要知道它们代表着两种不同的计算机设计方式（即微处理器）就行了，我们要讨论的是处理分歧的方式。

对它们各自优点的争议几乎使计算产业分化为两大阵营。CISC 是旧方法，而 RISC 是新技术。要完成等量的任务，CISC 芯片的设计比 RISC 的需要更多晶体管。

英特尔的芯片是以 CISC 旧型为基础的。20 世纪 80 年代后期，有些公司开始向 RISC 技术进军。当时，英特尔的微处理器 386 仍然在市场上出售，下一代的英特尔微处理器 486 正在开发之中。486 在构造上与 386 一致，但它是一种性能更高的先进的微处理器；它使用与 386 一样的软件，但运算效果更好。这在英特尔是一项极其重要的决定，以方便顾客为旧的微处理器购置软件，也能与新的微处理器兼容。

我们中的一些人认为 RISC 意味着一种 10 倍速力量的改良，如果落在其他公司手里，就会威胁我们的核心业务。所以，为了两面下注、以防万一，我们为开发以 RISC 技术为基础的高性能微处理器做了大量的工作。

但是，这个项目有一个重大缺陷。虽然RISC芯片运算更快、价钱更低，它却不能与市面上销售的绝大多数软件兼容。直至今日，兼容与否仍是决定产品畅销与否的一个主要因素。因此，生产不兼容芯片的主意并不十分吸引人。但是，在坚守兼容规则的同时，我们没有忽略雷达屏幕上的光点。那些倾向于RISC的工程师和技术经理开始设计与486并肩工作的辅助型芯片。他们当然希望技术发展的力量将他们的芯片推向主流。不论怎样，该项目继续进行，最终推出了一种新型的微处理器：i860。

现在，我们同时有了两种非常先进的芯片：一种是486，以CISC技术为基础，与所有PC软件兼容；另一种是i860，以RISC技术为基础，运算极快但与现有软件无一兼容。我们不知如何是好，因此决定把两者全部推出，让市场来做决定。

事情却没有那么简单。每一种微处理器架构都需要计算机相关产品的支持，包括软件、销售及技术上的支持。这要耗费无数资源。即便像英特尔这样的公司，也无法两头兼顾。我们现在却有着两支互相竞争的队伍，对内部资源的要求越来越高。众所周知，“芥菜籽必要茁壮生长”，所有发展项目总是有星火燎原的可能。对资源和市场注意力（比如面对客户时应该重点介绍哪一种微处理器）的争夺导致了我们内部的激烈争论，微处理器部门几乎因此而被划为两派。与此同时，我们的举棋不定已使客户产生怀疑：英特尔究竟代表什么，486 还是 i860？我眼看争论升级，心里越发不安。这是关乎公司的核心——微处理器业务的大事。几年前，我们刚刚放弃了存储器业务，转向了微处理器，并围绕它改组了公司。这件事并不牵涉 10 年后可能出现的问题，如 X 光技术问题，它只是需要一个刻不容缓的决定、一个举足轻重的决定。一方面，如果 RISC 趋势意味着战略转折点而我们却按兵不动，那我们的微处理器霸主地位就不会长久。另一方面，386 的出众表现似乎会延伸到 486，甚至将来的新一代微处理器。我们该不该放弃一个至少目前稳操胜券的产品，去参加与其他 RISC 架构的大战——一场我们并没有显著优势的大战呢？

我虽然是技术人员出身，却不是专门研究计算机科学的。因此，我对此事涉及的架构问题并不专业。我们公司有许许多多这方面的专业人员，而他们却分裂为两大对立阵营，每个阵营都百分之百地相信自己的芯片是最好的。

同时，我们的客户与其他企业的合作伙伴各有各的意见。一方面，康柏公司的 CEO 是我们的主要客户，他在技术上非常内行。他站在我这边，鼓励我们把所有精力都投入原有 CISC 微处理器生产线的改良中去。他认为这种架构在这 10 年之内还不会被淘汰。他不愿意我们分散资源，在无益于康柏公司的产品上花费时间和金钱。另一方面，为我们的微处理器提供大量配用软件的微软公司的关键技术经理却鼓励我们朝“860 PC”的方向前进。欧洲一家客户的总经理对我说：“安迪，这就像搞时装，需要花样翻新。”

486 正式推出时，客户群体的反应极好。我还记得在芝加哥召开的产品介绍会上，来自世界各地的计算机产业界的要员纷纷表示愿意制造以 486 为基础的计算机。我当时想：“RISC 的有无权且不论，我们怎么能不全力支持 486 的发展势头呢？”这之后，RISC 和 CISC 的较量结束了，我们重新把重点放在了 486 及其后继产品上。

6 年之后，回顾这次较量，我摇了摇头，不相信我们竟然曾打算脱离传统技术的正轨，放弃直至今天还颇有拓展空间和发展势头的产品。现在，RISC 技术并不像当时那样对 CISC 技术产生威胁；而当时，我们确实认真考虑过公司主要资源的转移事宜。

信号或噪声：孰是孰非

有时，标志着战略转折点出现的事件非常明显。我认为，要得出结论说后来造成AT&T解体的“最终裁决修正案”是一件重要的大事，并不需要花费九牛二虎之力。美国食品药品监督管理局（FDA）的成立和药品真实标签（即必须标示药品成分）法案的通过，也明显地使专利药品的世界发生了永久性变化。毫无疑问，这些事件代表了该企业环境中的重要变化。

事情常常没有那么简单。大多数的战略转折点并不是“呼”的一下到来，而是如卡尔·桑德堡描写雾的那首名诗所形容的那样，“蹑着猫足而至”。它们常常只有在你回忆往事的时候，才显现出来。最后，如果你问自己何时才对面临战略转折点产生最初的一点儿朦胧意识，你就会想起一些好像是微不足道的琐碎小事来。正是它们暗示着竞争力的改变。在从前的存储器风波中，去日本访问的英特尔人回来报告说：那些原来对我们毕恭毕敬的日本商人如今似乎开始对我们睨而视之。他们从日本回来后就说：“有些东西变了，和以前不同了。”这些观察和评论使我们更强烈地感到一次真正变化的迫近。

那么，如何才能知道某种变化是否标志着战略转折点呢？

要想从噪声中分辨出信号，你就需要尝试回答下列问题：

1. 你的主要竞争对手是否将要发生某种改变？先判断谁是你的主要竞争对手。请回答一个我称为“良方”测验的假想问题。你自问：如果你有一支枪，枪里只有一颗子弹，那么你会把这颗子弹用在哪一个竞争对手身上？直截了当地问这个问题。人们常常能够发自内心地予以回答，而且很少犹豫不定。当你感到不能再像从前那样一清二楚地给出答案，你手下的人也倾向于把这颗子弹留给那个从前“受之有愧”的竞争对手的时候，就是警钟敲响之时。竞争对手的重要性发生了变化，常常意味着大事来临。
2. 自问一下，你的主要互补企业是否就要发生某种改变？那些在前些年对你而言举足轻重的公司，现在是否已退居二线？其他公司是否遮盖了它们的光芒？如果是这样，那就可能标志着产业动态的转移。
3. 你周围的人是否显得不知所从？那些从前非常精明

强干的人，如今是否忽然显得主次不分？考虑一下这个问题。你和你的管理人员都是借助企业中演变的力量登上机构的最高层的。你们的基因适应的是原有的企业形态。但是，如果企业发生了根本变化，那么原来使你胜任的优势就会反过来妨碍你看清新的趋势。这种变化的一个标志就是你周围的人忽然丧失了看清形势的能力。反过来，可能犯迷糊的就是你自己。这并不总是因为岁月不饶人，而是由于你身边的事情发生了变化。

有益的“卡桑德拉”

你的机构里的“卡桑德拉”经常能够帮助你辨识战略转折点。你可能还记得，卡桑德拉是预言特洛伊城陷落的那个女祭司的名字。同样，有些人能够很快发现即将到来的变化，并为大家早早拉响警报。

“卡桑德拉”工作在公司的各个部门，但是中层管理者居多。他们常常来自销售部门，与高层管理者相比，他们更早得知变化的到来，这是因为他们在“户外”活动的时间更长，更容易接触实际生活中的风向。换句话说，他们不是那种依靠老办法把事情办好的人。

由于“卡桑德拉”工作在公司的前沿阵地，他们对外界危险的敏感性比幽居高宅深院的高层领导高很多。坏消息对他们个人有着立竿见影的影响。销售业绩不佳，推销员得到的回扣就少；技术不能用于市场，工程师的前途就变得渺茫。因此，他们能比我们更严肃认真地看待警示。

有一个晚上，我查看电子邮件，发现一封我们的亚太地区销售经理写来的信。他告诉我一些在他管辖范围内发生的要事，认为这与某一潜在竞争因素有关。他讲的故事非常普通，我们早已知悉，但一谈起这个新因素来，他就显得极为关注，甚至口气上有些害怕：“我不是大惊小怪。我知道常有这种事，但这件事的确使我牵肠挂肚……”他并没有建议公司采取什么措施，只是请我留意该发展变化，认真对待此事。

我听到这个消息的第一个反应是不屑一顾。我在加州比他在“敌占区”感觉安全得多。我的这种看法对不对？他的看法对不对？当然，在“敌占区”工作并不能成为他判断正确的理由，我可以说我对总体形势的认识比他更清楚。但是，我已经懂得应当尊重他人写信的语气变化。我会比从前更加密切地注视这个新因素的发展变化。实际上，我从那时起就决定对它的含义进行更加广泛的研究。

你不必去寻找这些“卡桑德拉”，如果你是管理者，他们就会来找你。他们会向你热情地“兜售”他们的担忧，就像推销员兜售他们认为非常不错的东西一样。不要与他们争论，即使很费时，也要尽你所能侧耳倾听，听听他们知道的事情，了解这些事情令他们担忧的原因。

把倾听他们诉说的时间看作学习企业边远外围形势的一项投资。这“边远”可以指地理上的距离，也可以指技术上的差异。打个比方，春天来了，雪总是从外围开始融化，这是因为外围部分更多地暴露在外。对外围消息中的因素进行分析，最有助于区分信号与噪声。

这里有一点细微的区别。我说“看看企业外围发生的事情”和我说“看看企业中发生的事情”是不同的。在普通情况下，我与总经理、销售经理和生产经理交谈，得知企业中发生的事情。但是，他们报告事件的角度和我相差不远。而从那些与我远隔重洋的人或工作地位远低于我的人那里听取情报时，我却可以根据他们的看法准确地了解业务问题。他们的看法的出发点和我们不同，这使我获得了从平时交谈中得不到的洞察力。

当然，不能把所有的时间都花在倾听这些闲谈上，但是，你的确不能不听。在听的过程中，你会产生一种感觉，知道哪些消息是待琢璞玉，又有哪些人利用你的兼听之明，用噪声来包围你。慢慢地，时间长了，你就能够有选择地收听这些新闻了。

有的时候，“卡桑德拉”带来的并非灾难之潮，而是看待问题的新方法。在英特尔公司抉择RISC和CISC的较量达到高潮的时候，我茫然无措，这时总工程师要求见我。他坐下来，向我陈述了他的观点，并以我闻所未闻的客观态度冷静地陈述了另一派的看法。他的远见卓识弥补了我在这个领域里的技术空白，增强了我的自信心，使我更清楚地了解了眼下正在进行的争论。虽说这次交谈并未确定我的立场，但它却为我提供了一个更好地评价他人观点的参照标准。

再拿英特尔退出存储器业务的事来说吧。英特尔这家存储器公司是怎样演变到20世纪80年代中期8家工厂中只有1家生产存储器芯片的地步的？这要归功于财务人员和生产计划人员的自行安排，是他们的决定缓和了公司退出存储器业务这个突变造成的巨大冲击。他们坐在桌边，月复一月地分配芯片生产任务，把硅片资源从看似浪费的存储器生产转移到更有希望的产品，如微处理器中去。这些人员没有决定公司退出存储器业务的职权，但他们却可以积跬步以至千里，慢慢地对产品分配实行微调。数月之后，他们的努力使得公司最终比较容易地从存储器业务中脱身。

管理大师彼得·德鲁克曾引用一句对企业家的定义，说企业家就是那些把资源从低收益项目的生产转到高收益项目生产中去的人。[1]一名激情洋溢、聪明智慧的中层管理者正是这样处理他掌管的资源的。这些资源可以是生产计划人员对硅片的分配，也可以是他对自己的工作和精力所做的安排。他们这是有心栽花还是无意插柳？初看时像是无意，但我认为实际上并非如此，而是明智的选择。

避开最初模型的陷阱

“卡桑德拉”长于识别10倍速因素的最初信号，但是这些信号常常与其他一些似是而非的问题掺杂在一起。例

1. 此引言见于德鲁克所著《创新与企业家精神》（*Innovation and Entrepreneurship: Practice and Principles*）一书第19页。原文称：“法国经济学家赛伊（J. B. Say）早在1800年左右就指出，企业家把资源从低收益项目的生产转到高收益项目的生产中去。”

如，互联网真的非常重要吗？我们将用电子仪器管理全部银行业务吗？交互式电视机会不会改变我们的生活？数字媒体会不会改变娱乐行业？

你首先要意识到，很多制造概念的生产商在大张旗鼓地叫卖鼓吹，拼命地宣扬其产品的重要性。我们怀疑他们是很自然的，因为他们值得怀疑。

然后，你在研究关于这些东西的第一手资料时，就会发现他们常常言过其实。早些时候，在互联网上挨个检索信息极为费时，好不容易找到了有关的信息，却是一本老掉牙的市场手册。电子银行管理并非取代印章的巧妙方法，交互式电视似乎在宣传它的巨幅广告墨迹未干之时就销声匿迹了。

但我们也不能关掉雷达屏幕，只埋头经营自己的事务，对那种初看时就糟糕透顶的新事物完全不管不顾。在评价变化的意义时存在一种危险，就是我所说的“最初模型陷阱”。

1984 年，苹果公司推出麦金塔机型的时候，我认为它不过是一件可笑的玩具而已。它的缺点比比皆是，例如没有硬盘（那时所有 PC 机都有硬盘），而且速度之慢令人难以忍受。因此该机型的图形接口在我看来毫无意义。

对它的第一印象蒙蔽了我的眼睛，使我无法看到图形接口更重要的一些特点，比如它们使以之为基础的所有应用程序合为一体，学会一种后就可一劳永逸。但是我却由于一叶障目而不见森林。

1991 年，苹果公司开始讨论一种他们称为“个人数字助理”的便携式计算仪器（personal digital assistant，简写为 PDA）。那时英特尔公司内外有许多人把它看作一种 10 倍速因素，认为它有重构 PC 机产业的威力。许多人说，PDA 对 PC 机的影响，可以与 PC 机对主机的影响媲美。为了避免对这种可能性视而不见，我们投放大量资金和人力，开始大规模地参与 PDA 浪潮活动。1993 年，“苹果的牛顿”出现了，但它的缺点很快遭到了批评。

这件事对于 PDA 现象有什么意义？是不是由于最初模型让人失望，就能表明它不是一个 10 倍速因素？许多东西的最初形式都不是令人满意的。第一台带有图形用户接口的商用计算机——麦金塔机型的前身莉萨（Lisa）并未得到很好的承认。第一个 Windows 系统曾多年来被认为品质低劣，许多人说它只是“有着一张漂亮脸蛋儿的 DOS 系统”。然而，图形接口，尤其是 Windows 系统，现已成为塑造计算机产业的 10 倍速因素。

我的看法是，不能只凭最初模型的质量来判断它是否具有战略转折点意义。你大概还记得对第一台 PC 机的反应吧？你当时很可能并不认为它会成为什么革命性的机器。互联网也是如此。现在，坐在与互联网相连的计算机前，盯着屏幕，等着网页的内容慢慢成形，想象一下吧，如果传送的速度提高到原来的 2 倍，会是怎样？提高到 10 倍呢？如果设计其内容的人不是业余人士，而是专业编辑，那么内容又会是怎样的？你可以根据 PC 机迅速演变改进的历史，推导出这些现象的发展变化。

研究这些新机器时，你可能会得出这样的答案：即使它们的质量提高 10 倍，也不会引起顾客的兴趣。即使某一公司采用了它，“良方”测验的答案也不会改变，互补企业也不受影响。生活还是照常，只不过多了一件工具而已。

但是，如果你的直觉认为改进 10 倍之后，这件事物就足以引起人们兴奋而成为新的威胁因素，你就很可能处在观察一个战略转折点开端的边缘了。因此，应该训练自己深入地思考问题，把最初模型的优劣与该产品或技术的长期潜能和长远意义区分开来。

辩论大战

确定某项特定的发展变化是否为战略转折点，最好的方法是广泛深入地展开辩论。辩论应当包括技术性讨论（例如 RISC 生来就比别的快 10 倍吗）、市场讨论（我们是在尝试流行款式还是在做长久生意），以及对战略后果的考虑。（如果我们进行大的变动，会对微处理器业务造成怎样的影响？如果我们不进行大的变动，又会对它有什么影响？）

这些问题越是复杂，就应有越多管理层人员加入讨论。因为来自不同管理层的人们有着根本不同的观点和专长，他们的“基因组成”也不一样。

辩论还应该有公司外的人士参与，比如客户和合作伙伴。他们擅长的专业领域各不相同，利益上也有分歧。他们会把各自的专长和私人的利益带入我们的讨论（如康柏公司的总裁劝说我们发展 CISC 技术），但这无妨：只有当一家企业能够满足企业外的各种利益的时候，它才能获得成功。

这种辩论十分费时劳神，因而被人视为畏途。它需要勇气，一种明知山有虎、偏向虎山行的勇气。你在辩论中可能会暴露知识上的缺陷，也可能会因为倾向于某种不受欢迎的意见而遭到同事们的反对。然而尽管如此，到了该确定战略转折点的时候就必须确定，除此之外别无捷径。

如果你是一名高层管理人员，那你不要认为花时间征求专家的意见和信念是懦夫的表现。人们不会为那些在复杂决定上独断专行的领导人树碑立传。你应当花时间去听取这些意见，直至你听到某些意见开始重复为止，直至你自己的心里产生了信念为止。

如果你是一名中层管理人员，也别做一名懦夫。不要对公司事务坐视不管，等高层管理人员做了决定再在喝啤酒的时候发表意见——“我的天，他们怎么这样愚钝？”你从现在起就应该参与。为了公司，为了自己，你都应该参与。不要借口不知道答案而躲避发表意见，在这种关头，没有人知道答案。拿出你最深思熟虑的意见，将其清楚有力地陈述。判断你是否真正参与的标准，就是别人是否听到了你的看法，并且听懂了。很明显，人们在辩论中不可能保持所有的观点居于主流，但是各种各样的意见都有助于得出正确的答案。

如果你不是管理人员，又该怎么办呢？如果你是推销员、计算机设计员或技术员，手下没有任何人，该怎么办？让别人做决定吗？正好相反，你拥有的第一手资料名正言顺地使你相当于一名知情晓事的管理者。你正是这些辩论中的未来参与者，你的经验深度弥补了你对问题广度和立场理解的不足。

了解辩论的目的究竟是什么十分重要。不要以为辩论到最后，大家会达成一致的意见，那太天真了。但是，通过表述各自的观点，参与辩论的人会渐渐完善他们的论点和论据，使之对问题的焦点更加清晰。逐渐地，每一派都会摆脱自己观点的模糊状态，更透彻地理解对方的看法，看清整个问题的面目。这种辩论的过程好比摄影师冲洗照片时加大反差的过程，最后得出的是更加清晰的影像，能使管理人员下达的决定更加明智，正确率也更高。

很少有显而易见的战略转折点。对于同一件事，消息灵通的人与善心好意的人会有完全不同的理解。因此，很有必要让所有相关人员都加入辩论的队伍。

对激烈辩论的畏惧情绪是可以理解的。带领企业走过战略转折点的过程中，有许多事情令人畏惧，高层管理人员也不例外。但是，如果按兵不动，后果会更糟糕，到那时，事态将比任何时候都恐怖。

与数据争论

现代管理规则建议我们在辩论或争论时都应持有数据。这个建议很好。人们常常用意见代替事实，用情感代替分析。

然而，数据说明过去，而战略转折点表示未来。当数据表明日本存储器厂家开始占据主要地位时，我们已经处在求生的挣扎之中了。

你应该清楚何时使用数据，何时离开数据。这样做听起来有些变化无常，然而你的确要学会如何与数据争论。有的时候，经验告诉你，某一种因素目前还很微弱，在数据分析中显得无足轻重，但它却有着巨大的发展潜力，将来会改变你的企业经营规则。也就是说，在处理那些刚刚萌芽的影响趋势时，你很可能要走出数据的硬性分析，更多地依赖直觉和见闻判断。

担忧

人们只有在摆脱因说话不当而受惩罚的后顾之忧，能够畅所欲言时，才有可能在一起有效地讨论难题，得出解决方案。

这方面的专家——著名品质管理大师W.爱德华·戴明博士曾呼吁消灭企业中的担忧情绪。[1]我觉得他想得过于简单，因而不敢苟同。作为一名管理者，最重要的职责就是营造一个理想的环境，使雇员们在其中孜孜以求市场繁荣。但除此以外，担忧最能激发热情，他们担心竞争、担心破产、担心被人误解、担心丢掉工作。这些担忧都是强大的推动力。

我们如何培养职员的忧患意识？只有以身作则，才能做到这一点。如果我们担心有一天有些东西会改变企业的游戏规则，那么我们的同事就会感觉到这种担忧，并和我们共同担忧。他们会提高警惕，时时注意雷达屏幕上的动静。当然，这样一来，他们可能会因疑神疑鬼而错敲警钟，把一些无关紧要的变化当作战略转折点，但是，最好是重视这些信号并常常加以分析，竭力排除它们的干扰，以免漏掉大鱼，忽视了那些将来可能一举摧垮公司的变化。

1. 戴明博士是振兴整个日本企业品质管理的美国人。此处的引言见于他的名著《转危为安》（*Out of the Crisis*, Cambridge: Massachusetts Institute of Technology Center for Advanced Engineering Study, 1988）。

正是担忧促使我每天查看电子邮箱，寻找问题：客户的不满，新产品发展趋势的下跌，骨干人员的不良情绪等。正是担忧促使我每晚仔细阅读商业报纸上有关竞争对手最新动态的报告，并收集一些兆头不祥的文章，等待次日的后续报道。正是担忧使我倾听“卡桑德拉”的诉苦，否则我真想大喝一声：“够了，天不会塌下来的！”然后回家去。

简而言之，担忧可以是自满的对立面。那些特别成功的人常常容易自满。公司一旦练就了对付环境的过硬本领，公司里的人就容易自满。但是，环境一发生改变，这种公司的反应就是最慢的。一剂担忧药会使它们的生存本能敏锐起来。

正是由于这个原因，我觉得英特尔闯过 1985 年和 1986 年的难关十分幸运。至今，许多管理者对大势已去的感觉仍记忆犹新。他们很容易回味失败的恐惧，因而反败为胜的愿望非常强烈。我觉得对历史重演的害怕是导致我们获胜的一个重要因素。

如果你是中层管理者，你就有额外的事要担心：担心自己会因带来坏消息而受到惩罚，担心上面的人对外围的坏消息掩耳不闻。这些担忧会妨碍你直陈己见，而没有其他东西比这一点更有害于公司的利益了。

如果你是高层管理者，记住“卡桑德拉”的职责就是提请你注意战略转折点。所以，千万不可“斩杀使节”，并告诫你的下层管理者也要对提请他注意的低层雇员刀下留情。

我极力强调这个问题的重要性。要消除人们对战略讨论会发言的后顾之忧，没有多年时间是不行的。麻烦一旦出现，就会像战火一般燃遍整家公司，使所有的人三缄其口。

一旦恐惧的气氛包围了公司，外界的坏消息就无法传递进来，公司就会处于麻痹状态。有一位市场调查专家告诉我，在她的公司里，她所写的实情调查报告要经过层层过滤，才能提交总裁。每过滤一次，坏消息就少一点儿。删除坏消息的人常有句口头禅：“我觉得他们不爱听。”这家公司的高层领导从来听不到坏消息，公司业务也每况愈下。从旁观者的角度看，这是因为管理层对外面发生的事情一无所知。我坚信不疑地认为该公司的坏消息处理传统是罪魁祸首。

前文已经说过，我的亚太销售经理和总技术员是如何和我谈论他们的看法并向我发出警告的。他们两人都是充满自信的长期雇员，对英特尔的传统非常适应。他们对进行“建设性对抗”很熟练，极为重视建议产生的结果。他们知道自己是怎样帮助集体做出更好的决定，并设计出更好的解决方案的。他们对公司办事的不成文规定了如指掌，能够克服踌躇不决的心态，敢于冒风险吐真言。其中一个前来告诉我在他看来的一个严重问题，这可能是正确的警告，但也可能显得很傻，然而他却能够打消顾虑，畅所欲言。另一个对我陈述他对 RISC 的看法时，就好像在说：“嗨，格鲁夫，别摆架子了，我来教你些东西。”他知道，我不会因此觉得难堪。

从一开始，英特尔公司就竭力推倒知情人士和管理人士之间的隔墙。知情人士包括精通本行的推销员以及浸泡在最新技术之中的计算机设计师和工程师。管理人士则负责分配资源、制定预算、调派雇员或裁撤雇员。对于处理战略变化而言，这两种人没有孰优孰劣之分，他们都有责任帮助公司制定出色的战略。最好是两者都对对方的功绩表示尊重，却又不被对方的学识或地位吓倒。

描述这样一种环境很容易，但要创造和维持它却非常难。剧烈的变化或象征性的变动无益于此，它要求把公司的传统看作日常生活的一部分，不断促进知情人士和管理人士之间的交流，设计出对两者都有利的问题解决方案。对尽职尽责、敢于承担风险的人，要给予奖励。此外，要坚守公司管理过程中的是非准则。最后，还要清除那些不能遵守公司规矩的人员。在我看来，英特尔公司在维护传统方面取得的成功，是它在战略转折点中求得生存的重要原因。

第七章

让混乱统治一切

决心来自实验。只有一改旧辙，才能柳暗花明。

在管理层如何看待变化的问题上，有一点可以肯定，那就是身为管理者的我们痛恨变化，在变化涉及我们自己的时候更是如此。走过战略转折点的过程中常包含迷惑、悬念和混乱，这对于管理者来说是个人层面上的事，对于整家企业来说则是战略层面上的问题。这两个层面之间的密切联系出人意料。

敏感问题

一家公司如何走过战略转折点，首先取决于一个软性的、有些敏感的问题：管理层怎样从情感上看待危机。

这并不奇怪。商界人士不仅是管理者，也是常人。他们有感情，他们的感情和企业的兴衰息息相关。

一个高层管理者的地位，是他对本行、本产业和本公司尽心尽力的结果。多数情况下，个人与工作是不可分离的。因此，当企业陷入困境的时候，不论你在商学院或管理培训班学过什么分析数据的妙招，个人情感上的反应仍然比客观的分析强烈得多。

中层管理者常常也不例外。但是，战略转折点出现后，中层管理者的工作通常风云变幻。公司对战略转折点的处理成功与否，决定着个人的前途。

企业经历战略转折点的时候，管理者的感受与个人遭受严重失落之后的各种体验很相似。这很正常，因为战略转折点的初期阶段就是充满失落的阶段——失去了公司在业界的领先地位，失去了公司的身份，失去了对公司命运的掌握，失去了职业的保证——最糟糕的是被迫隶属于胜者而产生失落感。但是，与个人悲痛情绪的发展阶段（否认、发怒、讨价还价、情绪压抑，最后承认、接受）不同的是，战略转折点中的情感发展阶段是否认、逃避或转移话题，最后接受事实，采取永久性行动。

据我所知，在每个战略转折点的初期阶段，人们都会否认事实。在英特尔的存储器事件中，我曾想："假如我们早一点儿动手开发 16K 存储器芯片，日本人就不可能超过我们。"

逃避或转移话题指的是高层管理者采取的个人措施。当企业面临核心业务的重大变化时，他们似乎会全身心地投入一些与此毫不相关的谋利或合并。他们之所以参与这些活动，我看是因为他们需要一些值得他们每日关注的事情、值得花费时间思考和改进的问题来填充他们的生活，否则，他们就要苦苦思索如何对付迫在眉睫的战略危机。

在这种时候，高层管理者们常常忙于火热的慈善筹资、参加外面的许多董事会或是宠物活动项目。他对他最珍贵的资源，即时间的分配，能否反映战略危机的存在？我看未必。看一看处于战略转折点中期的某大公司首席执行官的典型日程安排就明白了。

星期一

8：30—9：30　最新战略计划研究会

10：00—10：30　审查年度设计奖金颁发计划

11：00—12：00　管理与测量系统

13：00—13：15　审阅教育报告

13：30—14：00　最新质量评估

16：00—16：45　准备参加董事会议

17：25　前往东海岸某市

18：30—21：30　与董事们共进晚餐并开会

在东海岸某市住一夜

星期二

8：00—9：00　早餐会议

9：30　前往第二个东海岸某市

11：00—11：45　商务协会培训会议

12：00—14：00　商务协会培训

14：00—20：30　商务协会委员会议

在第二个东海岸某市住一夜

星期三

8：15—11：45　慈善会总管会议

12：15—13：30　前往位于东海岸的公司总部

14：00—17：00　行政人员会议

18：00　前往第三个东海岸某市

在一座工厂密集的小镇住一夜

星期四

3：30—5：00　与夜班员工共度工厂庆典

5：30—9：15　第二座工厂庆典

9：30—10：30　第三座工厂庆典

11：00—11：50　第四座工厂庆典

12：00　前往公司总部

14：30—16：15　行政人员会议

星期五

8：15—8：30　委员会议事日程

8：30—9：00　第三季前景展望

9：00—12：00　行政人员会议

13：15—17：00　审阅公司情况报告——北美分部

他的所作所为并不特殊。说句实话，我回顾过去的时候，常常感到惊奇：在存储器事件发生之前的几年，风暴已明显地逼近我们，而我竟然还把大量的时间花在写书上。在写这本书的时候，我也不知道风暴是否正在逼近。再过几年，可能就知道了。

回头说一说我最喜欢的例子——并购。如果我有一桩价值数十亿美元的并购生意，那么所有与此有关的事情都值得我花费心机。我必须拼命地、高效地工作，使这件事在重要性上远胜过那些日常的事务。我必须把所有的注意力都转移到这件事上来。每天早晨我照镜子的时候，就可以说："我可没时间去管那些无足轻重的鸡毛蒜皮之事。今天夜里我的投资顾问有非常重要的事与我相商。"在这种情形下，对日常琐事的不管不顾是可以理解的，甚至是值得赞同的，这件并购的事让我从那些令我手足无措的事情中解脱。一些大型的日本用户电子公司对电影制片厂的接管，很大程度上也是由于高层管理者有必要从主要业务滑坡这种难以控制的僵局中逃脱。

逃避现实的不仅是那些不称职的高层管理者。优秀的企业领导同样经历过这种思想斗争，但是他们最终能够接受事实，采取行动。差一点儿的领导做不到这一点，常常被革职，由一些或许并不比他们能干但却免遭情感羁绊的外界人士取代。

这是十分关键的一点。企业领导的更换常常并不是为了寻求更加精明能干的领袖人物，而是因为有必要寻求一些和公司的过去没有情感牵扯的人来管理公司。

成功带来的惰性

高层管理者之所以晋升到今天的职位，是因为他们在过去业绩不凡。慢慢地，他们学会了顺应自己的个人优势来管理公司。因此，他们总是凭借从前成功的经验，尤其是“夺冠时期”的显赫业绩来制定公司的战略战术。

我把这种现象叫作“成功带来的惰性”，它可谓危险之极，能够使我们更加严重地否认事实。

当环境发生变化，过去的技术和优势不再重要的时候，我们几乎本能地坚持走老路。我们不愿承认周围发生了变化，就像孩子不喜欢他看到的东西，就闭上眼睛，从1数到100，以为讨厌的东西会自动消失一样。我们同样闭上眼睛，拼命干活，全心全意按老办法办事，希望数到100之后就万事大吉。这时候你常能听到这样一句话：“再给我们一点儿时间就好了。”

战略矛盾[1]

当我们开始做出反应时——也许为时已晚——又立刻遇到另一情感障碍：有意识地、清清楚楚地承认当前事件

1. 罗伯特·布格尔曼与作者本人合写过一篇专文，探讨“战略矛盾”，同名文章刊载于《加州管理评论》第38卷第2期（1996年冬季号）上。此术语的来源是心理学上的“认知矛盾”。里诺·菲斯汀格尔（Leon Festinger）曾在其著作《认知矛盾理论》（*A Theory of Cognitive*, Evanston, IL: Row, Peterson and Company, 1957）中指出：“新的突发事件或为一个人所知，或直接发生在他身上，这就造成他暂时的认知矛盾对象——与有关行为的既有知识、看法或认识不再一致。是什么使这个人难以改变他的行为呢？第一，改变可能带来痛苦和损失；第二，现有行为表面看上去似乎还不赖；第三，做新的改变也许根本就不可能。”

的重要性。即使我们在行动上已经开始调整以适应新的环境，但语言上仍然很难把问题表达清楚。再看一看英特尔是如何退出存储器业务的。公司调整晶片分配已有一段时间了，然而当别人直截了当地问及我们的计划时，我却张口结舌，词不达意。

我见过处在战略转折点的公司犯同样的错误：言行不一。我把这种不一致称作“战略矛盾”。它的出现无疑表明了公司正在经历战略转折点。

战略矛盾为何不可避免？它是由什么原因造成的？适应变化最早的是那些通过每日的工作慢慢适应外界新情况的雇员。英特尔的生产计划员把晶片资源从存储器生产上转到微处理器生产上，是因为后者更加有利可图。而当时，我们高层管理者还陷在过去的辉煌带来的惰性之中：毕竟我们是以存储器厂家的身份发展到今天的，存储器是我们的强项，是我们的身份标志。这样就形成了一线雇员和中层管理者实施某种举措，高层管理者却唱着立场相反的高调的局面。

怎样才能知道出现战略矛盾了呢？

只有在允许公开辩论的情况下，高层管理者邀请中层管理者或销售人员自由发言的时候，战略矛盾才能水落石出。在英特尔公司就是如此。我站在人群的面前接受提问时，有些对本行及环境都很熟知的雇员会提出一些具体的问题，做出一些细节性的评论，使我觉得难以为公司的处境再做辩护。他们常常先问我对某一产品、用户和技术采取什么特殊战略，我就把早已准备好的答案背一遍，接下来他们就问“那么……”或“你是说……”

这些问题常是对我所给的笼统回答的犀利剖析。当然，他们这样问可能是因为我没有把问题说清楚，但也可能是由于我的老套答案和外面的现实并不相符。如果是后一种情况，那么这就有可能是战略矛盾的第一迹象。它常使我提醒自己：“格鲁夫，留神听着，这里有些不对劲。”

战略矛盾的出现是人们对战略转折点的本能反应，因此探查战略矛盾的有无，是确定战略转折点的最佳方式。公司里的人开始提问题：“我们怎么说一套、做一套？”到了这种时候，就很有可能暗示着战略转折点正在酝酿。

实验

虽然公司的行动和管理者的言论之间的矛盾可以理解，但是随之而来的却是可怕的萧条和痛苦。矛盾产生的心理不安越来越严重，即使是最明智的人也感到扑朔迷离。你知道一些重要的东西变得和从前不同了，却说不出它们究竟是什么东西，说不出这种变化有多么重要，也不知道何去何从。

战略矛盾的解决并不是轻而易举的，也必须通过实验得到。把企业中原有的条条框框放松一些，让人们试验不同技术、研究不同的产品、开发不同的销售渠道、争取不同的客户。从前，管理层总是致力于维持公司的秩序；这一次，不妨容忍一下新事物。只有一改旧辙，才能柳暗花明。

这个操作命令就叫作："让混乱统治一切！"

这样的混乱不是样样都好，它解决问题的速度非常慢，使所有人精疲力竭。但是，没有实验和混乱，旧秩序绝不可能让位于新秩序。

令人左右为难的是，如果不是长期以来在进行实验，就不可能在遇到麻烦的时候临时突击。中心业务一旦改变，采取行动就太晚了。最理想的形式是你长期以来都在不断地试验新产品、新技术、新销售渠道、新改进方式和新客户单位。之后，你如果感觉变化出现，就会有许多实验成果来扩充你的锦囊妙计，你的公司就会有更强的实力来扩大实验的范围，容纳日益严重的混乱，公司就更容易为改组找到新的方向。

早在微处理器成为我们业务中心的十几年前，英特尔公司就在试验开发微处理器这个产品了。多年以来，它并不是我们的主流产品。实际上，我们不但没有靠它盈利，还花了很多钱对它进行研究和市场开发。然而我们坚持下来了，微处理器的业务渐渐发展起来了。后来，环境发生了改变，我们就能够把重心转移到这项更具吸引力的新业务上来。

实验并不是一帆风顺的。第六章讲到 20 世纪 80 年代末英特尔公司内的 i860 RISC 处理器和 486 CISC 处理器的竞赛。虽然我们在战略上全心全意维护微处理器的兼容产品系列，但我们仍然同意最优秀的一些技术人员把他们的精力和创造力投入开发 i860 的新架构。

这样做也有益处。旧技术一旦过时，我们就应该转向新技术。为新技术所做的实验使我们在必要的时候能够迅速转向。

然而，在我们扩大这次实验的规模并使之触及市场的时候，实验本身就成了影响公司的一大因素。它分散了我们的精力，把公司原来的微处理技术面目搅得模糊不清，最终将削弱整个微处理器业务的上升势头。一句话，它制造了混乱。要对付它有两种方法，一是利用我们在标准微处理器市场上的发展前途开创 RISC 的新路，二是果断地中止这个实验。

保护罩

在许多运动中，时间就是一切。在企业事务中也是一样。早早采取行动可能会收到效果，一拖延就可能失败。

我所说的“早”是指企业现有的实力还没有被削弱，资金流动尚有保证，组织系统仍然健全的时候。健康的企业状况为你提供了一层保护罩，你可以安全地在其中筹划将来如何改组公司。在保护罩的保护下策划变动，比业务全面滑坡之后再变动容易得多。

换句话说，高层领导最好尽早接受战略转折点不可避免这个事实，赶在 10 倍速因素吸完企业的元气之前采取措施。行动越早、越果断，必要的变革对企业的损伤就越小。

不幸的是，我们事实上常常反其道而行之。正是由于前文所述的情感因素的影响，很多管理者采取的行动太迟，导致原来可以保护他们的企业保护罩被磨穿。

原因很简单。在战略转折点初期阶段，还不至于人心恐慌。初期阶段时，不愿行动的人们可以说：“我们就不要点金成铁了。”或者：“我们怎么能够把众多精英调离养家糊口的生计，去搞那些前途不确定的新项目？”最引人警觉的就是：“公司承受不了更多变动啦！”意即：“我不准备让公司承受它应当承受的变动。”

回顾我的管理生涯，我发觉自己并未发起过任何重大的变动，不论是资源转换还是人才流动。我也不希望一年多前做过这样的事。回想一下英特尔的存储器事件。我们当时在存储器业务上亏损已有一段时间了，可是直到其他产品业务也相继出现滑坡的时候，我们才做出反应，直到资金形势严峻，我们才被迫采取行动。NeXT 公司的情况也是如此：它在现金周转不灵后才改弦易辙。此外，原先业绩显赫的康柏公司在个人计算机商务做成一笔较少盈利的生意后，花了很长时间才采取有力的措施。康柏的董事会决定大刀阔斧地行动时，公司已经有 6 个月的收入、利润和市场份额下降记录，损失已达 7 000 万美元，还经历了一次史无前例的员工解雇。

这种慢反应倾向总使人想起“当局者迷，旁观者清”

的真理。有一天，我见到一家公司的经理，他正在苦苦思索一个战略变化问题。我鼓励他大胆转向新方向。当然，我来鼓励他易如反掌：我不需要做任何事情，而他却得停产某些已经许诺给客户的东西。他心里知道应当采取行动，事实上也的确做出了一些正确的决定。可惜在我看来，这些变动太微不足道了，只是改变了一些周边的小计划——他们放弃了这种产品的某些成功型号——实际上他要做的是全部放弃，然后重新布置资源，转到明显更有前途的方向上。我不比他聪明，只是不必对这些变动负责而已。我在英特尔的存储器危机中扮演了管理者的角色，同样由于行动太迟而备受谴责。

对悄然而至的新环境的担忧应该促使我们谨慎从事。除了在商界中磨炼多年的判断力、直觉和观察力，我们还应该有紧迫感。实际情况是，由于经验丰富，管理者常常知道应该行动，也知道该做什么，但我们不相信直觉，或者不愿意靠直觉办事，因此没有好好利用我们的企业保护罩。我们应该训练自己克服行动太迟的毛病。

产业新图

在产业环境变迁时，行动太迟的错误最为危险。日常的业务背后，有着一张隐而不现的产业结构图，由许多约定俗成的规则和各种各样的相互关系构成，还包括经营企业的方式方法、已完成的任务、未完成的任务、重要的事件、次要的事件、哪些人的观点可取、哪些人常常犯错等。在业界的海洋中遨游多年之后，人们近乎本能地了解这些东西，常常不假思索就能应答如流。

然而，产业的结构一旦发生变化，这些构件也会随之发生变化。多年来一直在你的脑海里浮现的产业结构图虽曾为确定企业行动方案立下汗马功劳，如今却已黯然失色。但是，你还没有机会画一张新图来代替它，还没有琢磨出今天与昨天的区别所在，还不知道现在是哪些因素在掌管生杀大权。

计算机业界的所有人士都不得不应对产业结构从纵向到横向的变化。横向模式的根本意义在于持有某一横向层面中最大股份的公司就是赢家。英特尔意识到了这一点，更坚定地认为应该与其他所有横向层面兼容，使我们的微处理器业务朝高容量、低成本方向迈进，争取扩大我们的规模和范围。同样，康柏公司于 1991 年进行大重组和战略转移时，其行动也表明了公司已经认识到横向模式中的规模与范围的重要性。[1]

战略转折点来临时，管理层必须不断地调整产业战略图。我们都能自然而然地去考虑这个变化，但是，我们脑海里的图形总是变得模糊不清，因而把它用书面形式表达出来很有必要。

怎么开始呢？每家公司都有组织报表，有时有厚厚的几摞。这些报表说明了公司系统内部的关系。如果它们能够帮助雇员们处理公司内部的事务，那么相应的产业图表也就对理解企业之间的关系大有裨益。因此，请绘制一张这样的表（第九章将介绍我如何通过制表了解互联网）。

企业需要大量地试验新技术和新分配方式，同样，作为高层管理者，你应当在实验中探索新产业结构的详细情况。拿出你正在成形的图表给同事们看看。友好的讨论将会使你思路清晰。这样做还有一点好处，就是这些讨论为

1. 哈佛商学院的小艾尔弗雷德 · D. 钱德勒（Alfred D. Chandler）教授在其《规模与范围》（*Scale and Scope*, Cambridge, MA: Belknap Press, 1990）一书中指出：多种经过变革的产业所采取的某种新运作模式，都以其经营规模和范围为关键因素。

组织系统做好了应变的准备。

在现代企业中，对市场因素的迅速反应取决于中层管理者的独立行动。他们包括技术管理者、技术专家和市场专家，他们对行业的知根知底是企业做出正确决策的关键所在。高层管理者和技术管理者如果在产业形势的看法上取得一致，那么他们承认环境变化以及做出正确反应的可能性就会大大增加。他们在产业结构图及其动态上达成共识，是使原有企业成为适应性企业的关键所在。

无论是高层管理者、中层管理者，还是技术管理者，改进产业结构图都能引导你做出更好的决策，并使你对自己的决策更具信心。

第八章

乱中求治

在战略转型的最后阶段，明确的前进方向万分重要：我们追随什么，不追随什么。

每当我回顾穿越战略转折点初期阶段的经历的时候，总想起古老西部影片中的经典片段：一群骑行人在穷山恶水之中艰难地跋涉。他们并不清楚前方确切的路，只知道不能回头，相信最后总会到达心中的乐土。

带领企业走过战略转折点就像在陌生的领地行军一样。企业的规则有的没有建立，有的闻所未闻，因此，你和同伴的手里没有新环境的地图，也不清楚自己想到达的目的地在哪里。

事态很紧张。手下人常常在经历战略转折点的时候对你失去了信心，也对其他人失去了信心。更糟糕的是，你也开始怀疑自己。管理层互相埋怨，内部矛盾接踵而至，争论战日益升级，一发不可收拾。

这时，作为领导人的你开始朦胧地意识到新方向的召唤，但是你的公司已经士气低落，疲惫不堪。使企业维持到今天已消耗了大量的精力，你必须找到补充精力的源泉，激发你自己和手下人的热情，恢复往日的生命力。

我把你和你的公司正在拼命征服——不然就灭亡——的穷山恶水看作死亡之谷，它是战略转折点中的必经之地。你无处可逃，也无法改变其凶险的面目，但你可以更有效地对付它。

穿越死亡之谷

为了成功地穿越死亡之谷，第一件事就是设想公司到达彼岸后的形象。你不仅自己要看到这个形象，还要把它清清楚楚地展现给你那些疲惫、灰心又迷惑的雇员。英特尔到底会是一家什么公司？——广泛生产半导体部件的公司、存储器公司，还是微处理器公司？ NeXT 呢？它将是计算机公司还是软件公司？你要经营的书店究竟是什么样子的？是让读者在其中边喝咖啡边看书的，还是折价让利型的？

这些问题的答案应当简明扼要，适于记忆，便于理解。1986 年，英特尔推出了一个口号："英特尔，微处理器公司。"这正是我们竭力争取的目标。这句话丝毫未提及半导体或存储器，它表达了我们公司穿过 1985—1986 年存储器劫难的死亡之谷之后的形象。

管理学作家把这种形象设计称为"愿景"。对我来说，这个词太高深了。你要做的只是抓住公司的精髓，看准业务的焦点。要清楚地为公司形象下定义，除了回答"它是什么"，还要回答"它不是什么"。

回答后面这个问题比较容易，因为在竭力摆脱困境时，你会有强烈的愿望表明自己不想成为什么样的公司。1986年，我们知道自己不再想作为一家存储器公司。在与该行业殊死搏斗的过程中，我们知道自己力不从心，因而产生了强烈的退出念头。

这个过程中会有危险：我们可能会把公司的身份过于简单化，把战略过于集中化。有的人会说："那我这部分业务怎么办？……公司不感兴趣了吗？"正因为这样，英特尔仍然从事除微处理器之外的其他业务，甚至保留着相当数量的其他种类半导体存储器业务。

过于简单化的危险还不算太糟糕。如果我们的每位管理者都争先恐后地在重新定焦范围中抢占一席之地，公司又不得不向他们退让，对公司身份的定义就会流于宽泛而不切实际。

让我们通过下面这个事例看一看坚定的战略焦点的重要性。莲花公司（Lotus）在最初10年是一家个人计算机软件公司，尤以其作为试算表的空白表格程序而闻名。由于公司本身出现的一些差错，更重要的是竞争对手的存在（就像日本存储器厂家对我们造成重大影响一样，微软公司的应用软件在冲击着莲花公司），莲花公司的势力渐渐被削弱。然而这期间，莲花公司开发了一种新一代软件，将其安装在产品 Notes 中间，希望它能带来像空白表格程序那样的效益。尽管莲花公司在空白表格程序及其有关软件的苦海中挣扎许久，公司管理层还是决定把重点从空白表格程序上转移开。在这艰难的几年中，该公司仍然坚持投资开发 Notes，使之成为充斥公司宣言的主要市场项目及发展项目。

当然，这件事还在进行之中，但从为公司绘制明确蓝图的角度看，莲花公司的管理层做得对。正是莲花公司在 Notes 上的优势促使 IBM 最终以 35 亿元的价格买下了这家公司。

再来看一个反例—— 一个对自己要做什么都心中无数的公司。我们想和一家公司合作，以使各自的产品相互配合使用，于是我见了那家公司的一名高层管理者。为了使合作成功，他们需要明确地决定采用何种技术、不采用何种技术。和我交涉的是公司里第二级别的一名管理者，他犹豫不决、心烦意乱。他好像想和我们合作，但是为了合作，必须采取一定的行动，而他一想到这一点就头脑发僵、四肢不灵。

几天以后，我们在报上看到他的上司——公司的首席执行官毫不含糊地发言支持我们两家公司的合作。我从报上撕下这篇报道，在同事面前挥了挥，说道："生意成交了。"我的快乐只持续了24小时。第二天，报纸上发表更正文章，说那完全是一个大大的误会。

试想一下，作为一个市场或销售部门经理，被上司的含糊其词误了大事是怎样的心情，看到报上出现的关于他的"当天"的最新指令的报道又有何种感觉。在这样出尔反尔的上司手下任职，工作动力从何而来?

领导人为何常常不愿领导别人?我实在感到费解。我猜想过去，可能是由于领导人必须在同事、职员和雇员们仍在喋喋不休地争论该走哪条路时，就走在他们前面做出决定，这个决定必须果断、明确，然而它的成败却需要多年之后方见分晓。这样做无疑需要十足的信心和勇气，对领导人来说是一次严峻的考验。相比之下，缩小公司的规模就容易得多，自信心不足也问题不大——关闭工厂，裁减员工的效果立竿见影，财务人员举双手赞成，自然是个无惊无险的大好决策。

走过战略转折点的经历就是公司从过去的形象向将来形象根本转变的过程。这个过程之所以极为艰难，是因为公司的各个部分都是在过去建造成形的。如果你和你的员工过去经营的是一家计算机公司，你能想象把它变成软件公司会是怎样一种情形吗？如果你们原来经营的是各种半导体业务，那么它摇身一变成了微处理器公司又会是怎样的情况？因此，为了在战略转折点中求得生存，必须更换一些管理层的人员。

我记得我们开过一个经理会议，讨论英特尔的“微处理器公司”的新方向。董事长戈登·摩尔说道：“我们若是认真沿这个方向走，5 年之内，我们的行政领导中有一半将转变为软件型领导。”他的言下之意是说，这个会议室的人若不转变专业方向，就要被人代替。我巡视着整个房间，心中暗想：今后谁去谁留？后来的事实证明，戈登·摩尔是对的。我们管理层的人员有一半转变了他们的方向，另一半则离开了公司。

对新事物的察觉、想象和感知只是万里长征第一步。对这一点要做到心中有数，也要客观冷静。不要妥协放弃，也不要自欺欺人。如果你定的目标高不可攀，那么逃出死亡之谷的概率就不会太大，这无异于自取灭亡。

资源再分配

德鲁克说过，企业体系的转型过程中最关键的就是资源从旧产业到新产业的全盘转移。3 年间，英特尔的生产计划专家逐渐地削减存储器生产中使用的硅片资源，并把它转用在微处理器上。这样做就等于把珍稀资源从低盈利产业向高盈利产业转移。不过，原材料并非唯一的资源。

与原材料同等重要的资源是你手下的精英——他们的知识、技术和专长。我们曾把一名负责下一代微处理器的主要经理调离原职，让他监管一条今后几年内未必能够盈利的新的通信生产线。这就是调动了一项价值极高的资源。虽然他在原来的岗位上成绩显著，但可以顶替他的仍不乏其人。相反，新岗位正亟待他的赴任。

时间是一项极为宝贵的资源，然而时间又是有限的。英特尔从“半导体公司”转向“微处理器公司”时，我意识到应该学一些软件知识。不管怎么说，我们所做的一切都取决于软件业范围内的计划、思想、目标和愿景。因此，我开始特地投入相当的时间接触软件专家们。我到软件公司访问公司领导，定时电话联系，约定见面时间，向他们请教有关软件业务的知识。

这对个人来说有点儿冒险意味。我必须放下架子，承认自己在该领域的无知，和我从未谋面的要人交谈，事先根本不知道他们将做何反应。这也需要勤奋努力。我在与他们面谈时做了详尽的记录，有的记录内容我能看懂，有的则不知所云。于是我把不懂的部分带回公司，向我们自己的专家请教。这就好像回到学校学习一样（幸运的是，英特尔是一家学校型的公司，十分赞赏和鼓励有着20年工作经验的资深人士重回基层学习技术）。

要承认自己才疏识浅、有必要学习新知识，并不是件容易的事。对一名深受他人敬重已成习惯的高层管理者来说更是困难。但是，如果任其发展，他人对你的敬重就会形成一堵墙，阻碍你学习新的东西。要克服这些需要自律。

个人时间的重新分配尤不可少。我开始学习软件业务时，不得不从别的事上挤出时间来。换句话说，我成了自己时间的“生产计划专家”，需要重新调配工作时间。这样就出现了问题，从前常常能够与我见面的职员不容易再见到我，他们开始问道：“你对我们的工作不再关心了吗？”我尽力安慰他们，并重新为经理们分配任务。一段时间后，他们习惯了，接受了，就像接受英特尔转型期间的种种其他变化一样。但是，这对他们和我来说都不是容易的事。

资源的再分配听起来百益而无一害：它意味着你把更多的注意力和精力投入前程似锦的产业。但与此同时，你不可避免地削弱了其他的资源：生产资源、管理资源、你自己的时间。公司在战略转型中需要把所有资源和规则重新调配，否则，它们就会成为言之无物的陈词滥调。

还有一点，如果你处在领导地位上，那么你本人的时间分配具有极其重要的意义，它比任何发言都更能体现哪些是公司的重点、哪些是非重点。

战略变化不是凭空发生的，它和你的日程安排密不可分。

战略行动

战略行动的一个例子就是为了争取战略目标而进行的资源分配与再分配。我深信公司战略由一系列这样的行动组合而成，而非从上至下贯彻的传统战略计划。根据我的经验，战略计划总是空口白话，对公司的实际工作无所裨益。相反，战略行动总是富有成效。

它们之间有何不同？战略计划是我们打算做的一些事情，而战略行动则是已经迈出的或正在迈出的步子，它代表着我们的长期预算。战略计划就像政治演说，战略行动则需要脚踏实地。战略行动的形式不拘一格，可以是把崭露头角的职员分配到新岗位，可以是在以前没有业务的地方设立销售点，也可以是中断某一长期苦心经营的产业的发展。所有的行动都是实实在在的，它们标志着企业经营方向的改变。

战略计划常常诉诸语言，对于管理层之外的人士来说犹如天书；而战略行动则直接触及雇员的生活。就像我们从存储器生产转到微处理器生产上时，销售人员就面临着推销两种产品的任务。战略行动改变了他们的工作。不仅如此，它还会引起惊诧与恐慌。我们把那名经理从久经考验的、可靠的微处理器业务岗位转到前途未卜的新领域中去时，情况就是这样。

战略计划包含的都是将来发生的事情，与我们今天要做的实事关系甚微。因此，不需要过分关注战略计划。

与之相反，战略行动就在眼前，它需要我们刻不容缓的重视。战略行动的力量来自它的即时性。即使战略行动只使公司发生了区区几度角的小转向，只要这些战略行动的预期效果和公司穿过战略转折点后的预期形象吻合，这些行动就能相互作用，迸发更大的威力。正是由于这个原因，我认为公司转型最有效的途径就是经历一系列循序渐进的变化，变化的方向要与我们已经明确指定的最终形象保持一致。

但是，战略转折点也能够受益于高强度、大规模的战略行动。这里的大规模指的是该行动受到许多人的注视、听闻和询问。举个例子，前文提到过我们打算与之合作的那家公司，其首席执行官的讲话刊登在报上，引起了大家的普遍关注：“这就是说……”这就是大规模强调战略新方向的绝好机会。不幸的是次日报上发表更正消息，断送了这个良机。

战略转折点中的战略行动能够引人注目固然不错，但要选好正确时机。战略行动，尤其是涉及资源再分配的战略行动，就好比接力赛中运动员的表现：他们必须在最适宜的一瞬把接力棒传给队友，过早或过迟送棒都会影响该队的速度。

处理从旧到新的资源转换时间时，也要将此牢记于心。从旧产业、旧任务或旧产品中挪走资源的时间如果太早，只能成事之 80%。只要再添一把劲，就能大获全胜。如果在旧产业中沉迷太久，必将丧失抓住新产业、开发新领域和熟悉新秩序的好时机。其中有一段黄金时间，你在旧产业上的投资恰好能推动你走过转型期，接洽为新领域部署资源的那一时刻。选择时机的两难问题如表 8-1 所示。

表 8-1　资源转换两难问题

资源转换过早	资源转换恰到时候	资源转换过迟
原任务未能完成	现有战略仍然有效； 新威胁与新机会已明显出台	转型机会丧失； 滑坡趋势不可逆转

什么时候才是黄金时刻呢？就是现有战略仍然有效，企业业绩仍在上升，客户与互补企业仍然交口称赞，然而雷达屏幕上却出现了值得警惕的重要光点的那一时刻。如果研究表明新机会的确属实且前途无量，就请把资源转到新领域。

你很有可能犯后一种错误，那样会耽误太多时间。过早行动的后果远不及太迟行动的后果严重。如果行动过早，原有的产业仍然健全，即使做错决定，也容易及时挽回。比如，可以把调配到新岗位上的人员重新调回原岗位，他们早已在原岗位上驾轻就熟，重操旧业不成问题。但是管理层总是倾向于抓住老枝不放手，做出战略行动总是太迟而非太早，这样就很可能陷入不可逆转的滑坡趋势。

简单地说，在变化发生之时，经理们几乎都知道该朝什么方向走，但通常行动太迟、动作太少。更正这个倾向的方法是：提前行动，并且大刀阔斧地行动。你会发觉这样更接近正确做法。

每家公司的黄金行动时间并不相同。有些公司知道自己应该在什么时间迅速反应、采取行动。它们可以等着其他公司尝试了技术的局限和市场的容纳能力之后，再尾随、赶上并超过它们。

我把这种战略称为“尾灯”方法。在雾中驾驶时，跟着前车的尾灯灯光行路会容易得多。“尾灯”战略的危险在于，一旦赶上并超过了前面的车，就没有尾灯可以导航，从而失去找到新方向的信心与能力。

当一名行动的快手也有许多风险。最大的风险莫过于难以区分信号和噪声，常在非转折点上大做文章。还有，即使他们反应正确，也容易赶在市场变化之前行动，因而极有可能遇上第六章中提到的“最初模型陷阱”。

但是，抛开这些危险之后，就能发现更多的益处：早早行动的公司正是将来能够影响行业结构、制定游戏规则的公司。只有早早行动，才有希望争取未来的胜利，扭转不利的命运。

近年来，英特尔人认为开发个人计算机，使之成为通用信息设备的机会到了。但是，这并不是十拿九稳的事情：PC 机在传统上用作数字输入终端的替代设备，只能显示涉及商业、贸易领域的数字和文本。这些年来，技术的进步使PC机获得极为引人注目的视觉功能：它可显示彩色画面，可以发声并播放视频图像，同时还保留了重要的传统特性，即交互功能。

我们看到了利用这些功能的可能性，预期PC机将成为身边发生的信息及娱乐革命潮流的中心，但大多数人却认为革命将围绕比电脑更为人熟知的电视机展开。因此，我们极力宣传以PC机为发展中心的观点，口号是："它就是PC！"我们在整个行业范围内散布这种见解。同时，我们在公司内部进行了各种技术开发，力图使PC更具竞争力。我们在该观点未盛行一时之际，就开始塑造自己的未来。我们想成为早早行动的公司。

在战略转型期常出现一个问题：是投入全部精力向一个明确的战略目标进军，还是做墙头草，两边观望？这个问题常以此种方式出现——一个雇员问我："安迪，我们该不该在微处理器之外的产业投资？别把所有的鸡蛋都放进一个篮子里。"或者问道："安迪，我们可不可以在搞个人计算机的同时开发一下电视机？"我比较赞同马克·吐温的那句精辟之言："把所有的鸡蛋都放在一个篮子里，然后看好那篮子。”[1]

追求一个战略目标，尤其是在你死我活的竞争之中追求这个目标实非易事，它需要花费企业的全部精力。

这里边有几点缘故。首先，没有一个简明扼要的战略方向，就很难带领企业走出死亡之谷。到达目前的地点已经消耗了大量体力，雇员们面临死亡之谷灰心丧气，相互指责。这种情况下，即使目标明确单一，走到对岸已属不易，若同时存有多个目标，就根本无法领导这支士气低落的队伍。

竞争在追逐着你（这是常事，也正是“疑者生存”的原因），要到达死亡之谷的彼岸，就不能被后面的人赶上。而要做到这一点，就只有专注于某一方向，以最快的速度奔跑。你可能会辩解说，既然被人追逐，就应当左躲右闪，而不该直线前进。我不这么认为，因为左躲右闪分散了精力，总体投入更大。对焦不清晰，企业的资源和精力就会

1. 此引言见于马克·吐温的名著《傻瓜威尔逊》（*Pudd'nhead Wilson*）：“看哪，傻瓜开口道：‘千万别把所有的鸡蛋放在一个篮子里！’这话的含义就是‘不要分散你的金钱和注意力’，不过，智者却说：‘把所有的鸡蛋都放在一个篮子里，然后看好那篮子。’”

流于涣散浅薄，就像水面足有一平方千米，水深却只有一米一样。

其次，身处死亡之谷时，你可以想象彼岸的景色，但这时你所想的究竟是实是虚，谁也没有把握。尽管如此，你还是要为自己设定明确的路径和行进速度，否则不久之后，水源和体力就要告急。

路径选错了，你就会死亡。但是大多数公司的死亡并不是由于选错路径，而是由于三心二意，在优柔寡断的决策过程中浪费了宝贵的资源，断送了自己的前途。最危险的莫过于原地不动。

战略清晰的必要性

公司目标未定、行进迂回之时，管理层的士气必然低落。管理层的士气一低落，雇员们必然茫然不知所措，因而一事无成。正因为这样，公司需要一位强有力的带头人来确定前进的方向。它不必是最佳的方向，但一定是最明确、最坚定的方向。

处在死亡之谷中的企业有一种倒退栽入混乱泥潭的自然趋势。它们对管理层发出的含混不清的信号高度敏感。

公司的领导常在无意之中成了混乱的制造者。有一次，一个商报记者和我谈起他采访一家日本大公司的领导的经过。这位记者当时正在撰写该公司的传记，便请公司领导阐明公司的战略。被采访者怒而答曰："我凭什么告诉你我们的战略！好让你帮助我们的竞争对手吗？"我觉得，这个人之所以不愿阐明他的战略，不是因为担心帮到竞争对手，而是由于他根本就没有战略可以告人。我对这家公司的一贯印象就是它态度暧昧、模棱两可。

另一种制造混乱的途径是领导核心层出现几种声音。在转型期内，雇员对公司领导的言论极为关注，常常是一石激起千层浪。前文说过的那个首席执行官在报上发布了公司的战略方向，后来竟然又收回。出尔反尔使他信誉扫地，今后想再赢得人心恐怕更加困难。换句话说，迈错一步后再想回头，不得不花费巨大力气。

我的意思是，假如公司的领导不能明明白白地描绘出死亡之谷那一边的情形，那么还能有希望号召全体员工接受陌生的新任务，在不确定的环境中为迷茫的未来努力工作吗?

在战略转型的最后阶段，明确的前进方向万分重要：我们追随什么，不追随什么？在转折过程的中间阶段，我们有必要让混乱统治一切，在混乱中探寻各种求生手段。但是这一阶段造成的含糊局面必须理清，你必须为职员注入新的活力，选定新的方向。这一步就叫乱中求治。

聆听“卡桑德拉”诉苦的时代一去不复返了。诉诸实验的时代也一去不复返了。现在要做的就是对你的队伍下达一清二楚的前进命令，把公司的资源连同你自己的资源——时间、洞察力、对外发布的演讲和告示——投入这个明确的新方向。因为对外的演讲和告示比在公司内部雇员面前的讲话更具可信度。最重要的是，你应当成为新战略的模范带头人，这是证明你的认真和投入的最佳方式。

怎样做一个战略的模范带头人？你要表现出对该战略方向的兴趣，积极关注与新方向相适应的各个细节情况，从不适应新方向的行业上收回注意力、精力和投资。不要担心做得过火，要相信你的一言一行都对公司有着深刻的影响。

你可以做得过火，对一些不适合当前战略需要的重要领域置之不理。忽视这些重要的东西自然很危险，但这是一个必冒之险。如果你矫枉过正，以致忽略了日常工作中的某些基本要点，回头再拾起来也不迟。只有错过了大规模战略转变的大好时机，才是不可挽回的错误。

这种时候，你的日程安排成了举足轻重的战略工具。许多管理者在拟定日程安排时总是拘泥于过去的活动，总是按照过去的做法安排面谈、参加会议和其他活动。打破这个条条框框，抵制请柬和约会的诱惑。这些事在从前早就做过了。试问自己："参加这个会议能使我学到有关目前对我来说是生死攸关的新技术和新市场的知识吗？能使我认识对我的新方向有帮助的人士吗？能告诉我新方向的重要性吗？"如果能，你就去；如果不能，就别去。

我的意思是选择方向时千万不要两头观望，贻误时机。如果这样做，手下人必然感到迷惑，不久就将退出。你不仅迷失了方向，还会继续消耗公司的能量。

在新战略行动的执行中要以身作则。还有一个难点，就是大公司的领导由于工作性质，常常缺少与经理们和雇员们的直接交流。你不可能和每个人都谈话，不可能一眼看遍所有人并和他们谈你的观点。因此，你要像强力磁石吸引铁屑一样，尽量把你的决定、心愿和见解向外铺开一定的范围，使你的手下人伸手可及。

要触及数量庞大的人，就应该尽全力和他们交流，澄清自己的意见，怎样做都不过分。不断地向雇员们发表讲话，到他们的车间去，把他们召集起来，一遍一遍地解释你的意图（特别留心回答“这就是说……”这类问题，这常常是赢得别人理解的最佳途径）。你的新思想和新论点需要一段时间才能被人接纳，但你会发现，不断重复会使新方向的概念更加明晰，使雇员们理解得更加透彻。因此，尽量多讲话、多回答问题——表面上看似乎是颠来倒去的几句老话实际上能起强调战略思想的作用。

在这里，中层管理者起着特殊的作用，他们比任何人都能够帮你传播信息。把他们看作为你宣扬新方向的有力工具，千万不要忽视他们的重要性。挤出时间来和他们接触，否则你就会有失去他们全力协助你的风险。

在雇员们面前露面的最大好处是可以测试自己能否抵挡他们提出的各种问题，前提是公司的传统提倡鼓励他们随意提问。雇员们的问题大多正中要害，他们只有在自由的气氛中才能这样提问——也只有他们，才能提出这样的问题。你的思想里只要出现一个战略逻辑性错误，他们就会嗤之以鼻，并马上质疑。

这可不是好玩的事。你可能更愿意隐匿自己的战略思想，避免让他们抓到破绽。在大庭广众面前漏洞百出难道不是件令人尴尬的事吗？但是，在我看来，在雇员面前出点儿差错还是小事，因为仍有改正的余地。若跳过这一步，把这差错带入市场，就无法挽回了。

技术可以帮你这个忙。电子邮件为我们接触大批人群提供了极好的方式。在大多数现代企业中，计算机都已联网，可以向网上任何一台计算机传递信息。一名管理者只要在计算机前面花上几分钟，就可以把他要说的话传给几十、几百，甚至几千个职员。其信息传递之迅速，非电子通信不能及。

有一点值得注意：如果你的信息表述得很清楚，你就会收到回信和别人提出的问题。回答这些问题不必花你太多的时间，写上两三行就能概括你的思想精华。这是件一举多得的事，你发出的信息不仅被收信人阅读，他们还会通过联网的机器把它传递给其他雇员。因此，用电子邮件回答这些问题和在雇员讨论会上回答问题非常相似。答案要简明扼要，这样就能把雇员们引向你所想的方向。

每天我都要花上两个小时左右阅读世界各地的人写来的信，并给他们回信。我并没有用整块的时间从事这项工作，但我总是保证在一天结束之前读完全部的信。我发觉这种方式非常适合于传递我的思想、反应、偏爱和倾向。

与此同等重要的是，我收到的电子邮件使我能够接触许许多多其他人的思想、反应、偏爱和倾向。更多的“卡桑德拉”通过这种方式向我汇报外围的情况。我目击了许多辩论，听到了更多的业务杂谈和有些从未谋面的人发来的消息。这些收获比我走过英特尔员工住宅楼的大厅里听到和看到的多得多。我们从前常说“走访式管理”，现在应该用手指敲击键盘来代替走访。英特尔目前已是一家大规模的跨国公司，我费尽所有时间也不可能走访 60 多座职工楼。因此，电子邮件变得更为重要。

很长一段时间以来，管理人员试图用闭路电视或预先录制好的录像带作为宣传战略方向的工具。这可能是件合情合理的事，也不太难办到，但它的效果不好。这种单向的方式限制了与员工的交流往来，他们没有机会问“这就是说……”这类问题。如果雇员们没有机会当面提问或通过电子邮件探知你的想法，那么你所传递的信息就一文不值。

不要仅仅因为那样做容易就去做。公开、双向的关于战略变化的交流不是一件容易的事，但却是非做不可的。

整旧迎新

戈登·摩尔说过，5 年内，我们的员工队伍将由软件型员工组成。这的确是个远见卓识，而且对于其他面临 10 倍速因素的公司同样适用。简而言之，管理层不改变，公司就不会改变。我并不是指管理人员一定要卷铺盖搬光，我是说他们每个人都需要调节自己，以适应新环境的要求。他们可能要重回学校念书；可能要接受新任务，到一个不熟悉的岗位上工作几年。他们必须适应，否则就会被那些更加适应公司新前景的人员替代。

我们根据戈登的提议改组了管理层。当然，有些管理者辞职了，由英特尔内部更能胜任该工作的职员代替。更多的是原来的管理者学到了新知识。前文说过，我本人就花费了大量时间到个人计算机软件公司去学习战略，并与那些公司的管理者保持联系。其他人也采取了相似的方式向新课题转变。还有一些管理者甚至回到基层，获得更适应新方向的亲身技术体验之后再返回管理层。我们常常这样做——在公司转变方向时，管理者以这种方式学习技术是为众人所承认和接受的。

适应性行为不仅是英特尔公司一家所独有。惠普公司在这50年间就经历了对新方向的适应过程。我有幸看到它的调整方法。近年来，惠普公司的管理层决定把英特尔微处理器技术作为它将来微处理器需求的基础。这个决定意味着惠普公司的计算机产业——现在虽然还使用本公司设计的微处理器——今后就要转向使用对市场竞争来说更加方便可用的英特尔的微处理器了。

这对惠普公司的业务是一次深刻的变化，做出这个决定历尽了艰难。我们两家公司曾在一起开会，我在会上听到了对方的一些讨论。仅仅是匆匆的一瞥，我就意识到为何惠普公司以善于渡过转型期而闻名。该公司的代表的讨论理智冷静、心平气和，进展虽缓慢，却绝不在原地兜圈。

有些管理者认为有必要猛然转到新方向上，但他们却无法把公司里的其他人都带上新路。我看过苹果公司1983—1993年的首席执行官约翰·斯卡利的一段录像。他在哈佛商学院演讲时说，他的管理生涯中所犯的最大错误有两个：一是没有使苹果软件适用于英特尔的微处理器；二是没有改进当时革命性的苹果激光打印机，使它在苹果以外的PC机上也可适用。听到他的话，我吃了一惊。这使我看到斯卡利对横向产业结构含义的理解。但他本人似乎不够坚定，因而不足以克服苹果公司已有的成功惰性，毕竟苹果公司作为不折不扣的纵向型计算机公司已有 15 年的历史了。

王安实验室也是一个有趣的例子。在创始人王安博士的领导下，公司经历了一次巨大的转变，从生产台式计算器的厂家转变为分布式文字处理系统的先驱。王博士深谙这些技术，在公司里的地位极为重要。他一言九鼎，其预见通常准确无误，但是，1989 年 PC 革命浪潮正高时，王博士却病重在床。由于公司没有了他的掌舵，也没有其他高层管理者接替他的工作并确定公司在变化中的立场，公司迷失了战略方向。这一次，公司没能走过转型期，以破产告终。

为什么苹果公司和王安电脑公司不能于乱中求治？

成功地穿过战略转折点的公司，似乎有一种存在于自下而上的行动和自上而下的行动之间的对立统一。自下而上的行动是从中层管理者开始的，他们由于工作性质的关系首先觉察外界风向的改变。他们的岗位在外围，因此最早察觉变化的出现（记住，雪总是先从外围融化），也最早对此做出反应。但是，同样由于他们工作的性质，他们只能在局部范围内做出小的变动。生产计划专家可以改变硅片的分配，但却无法左右市场策略。他们的行动必须和来自高层领导的行动在半途相遇。高层管理者虽然不易触及风向，但他们一旦决定转至新方向，便可以改变整家企业的战略。

当自下而上与自上而下的行动处于同等强度时，效果最佳。

我们可以用图 8–1 这幅 2 × 2 矩阵图来说明这一点。

4 个象限中最好的一个是右上象限——强有力的自下而上的行动与自上而下的行动取得大致平衡。

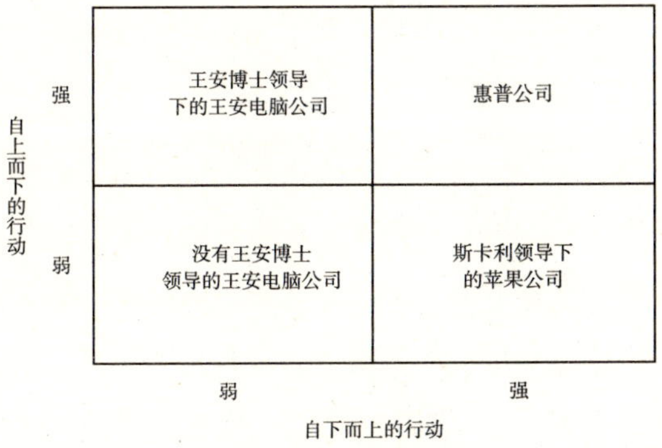

图 8–1　动态对立统一图

动态对立统一

如果这些行动以动态的面目出现，如果高层管理者既能让混乱统治一切又能反过来于乱中求治，上述的对立统一将产生极佳的效果。高层管理者稍稍放松控制时，就会有自下而上的行动出现。他们做各种实验，采取各种产品策略，使公司同时朝多个方向前进，混乱随之统治一切。这种富有创造力的混乱局面上台之后，公司日后的前进方向会逐渐明朗，这时候，乱中求治就是高层管理者的责任了。在两种截然不同的状态之间做钟摆式的运动，是经历战略转型的最佳途径。

动态对立统一必不可少。带领公司走出死亡之谷的智慧，并不只是高层管理者脑子里盘算的具体事件。如果高层管理者的任命取决于公司世代相传的习惯，那么他们的思想必定拘泥于过去。如果他们来自公司外部，那么他们很可能不了解与公司新方向有关的详细情形。高层管理者必须依靠中层管理者。然而，导航的重任又不能完全由中层管理者来承担。他们拥有的知识丰富详尽，又有亲身的工作实践，但是他们的经验和见解只局限于小范围内，缺乏统领整家公司的雄才大略。

我付出了很大代价才明白这个道理。20 世纪 80 年代中期以前，英特尔还未出现危机，战略计划体系是不折不扣的自下而上型。中层管理者必须制订区域战略计划，然后在历时很长、议事极为具体的讨论会上把他们的思想、战略、要求和计划报告给高层管理者。这种讨论会的单向性极浓——中层管理者全权负责准备口头报告及发言，而高层管理者则坐在会议桌的另一边，时不时地提几个问题，大多是指出发言者的逻辑漏洞和数据上前后矛盾的地方。我们的问题几乎都是吹毛求疵，根本没有起到指点战略方向的作用。

只有公司的首要战略还是生产质量更高、容量更大的半导体存储器，以迎合竞争的需要，这种讨论才能起作用。讨论会上具体入微的商谈，告诉我们应当开发哪种技术及怎样开发它，哪些产品将以这项技术作为基础，等等。

我们开始步入第五章所描绘的战略转折点之后，这种系统不再适用于应付大转变的弊端就渐渐暴露了。原来负责存储器产品的中层管理者怎能回答“我们还有机会在存储器产业中独占鳌头吗”这类全局性的问题？负责微处理器的管理者也无法提出诸如“英特尔继续把技术资源浪费在问题迭出的存储器上，而使崭露头角的微处理器产业两手空空，这样做对不对”这种基本性的问题。高层管理者应当参与出谋划策，不畏艰难地采取一些行动。我们到了最后，由于财政赤字的无情逼迫，也只好这样做了。但我们意识到这并不是制定战略的最佳途径。

我们需要的是上下平衡型的相互作用，即知识丰富却眼界欠广的中层管理者和高瞻远瞩、统观全局的高层管理者互补不足，联手行动。两者对立会引起激烈的争论，但正是通过争论，大家看清了死亡之谷另一边的清晰景象，从而更有利于确定前进的方向。

一家企业若能够一贯成功地处理这两个发展阶段——争论（混乱统治）和目的鲜明地前进（扫除混乱），那么该企业就可称得上一个坚定有力的适应性组织。

这种企业有两个特点：

1. 它容忍争论，甚至鼓励争论。

激烈的互不相让的争论围绕需要研究的问题展开，参加争论者无论职位高低、背景如何都可自由发言。

2. 它能够做出明确的决策，接受明确的决策，并使整个组织齐心协力地拥护该决策。

具有以上两个特点的组织更善于应付战略转折点。

尽管这种描述听起来在情在理、令人神往，但真正设身处地管理起来却不容易，特别是从外部调入公司的经理并不熟悉钟摆运动中的微妙变化。我想起一个例子：有一次，我们从公司外部招了一位非常能干的高层管理者，用以填补我们管理层在计算机专业技术方面的空白。他脚踏实地，工作努力，也很喜欢公司里互相交流的氛围。但是，他还是没能明白让公司顺利发展的原因所在。

有一次，他组织了一个委员会，对由某人提议调查的某一问题进行研究。这位管理者自始至终很清楚自己的目标，但他却没有将其告知委员会，而是希望中层管理者们自下而上地提出这个目标，以达到同样的效果。可是委员们却纷纷提出不同意见，他真是进退两难。到最后，他不得不专断地把自己原来设定的目标硬性下达给委员会，而这时委员们已经唇枪舌剑地争论了好几个月，早已打定自己的主意。他的独裁型目标下达方式到了最后这样一个阶段，自然行不通。我们公司的合作传统将其拒之门外，而他还不明白错在哪里。

彼岸

许多公司经历了战略转折点而生存，并且仍然保持竞争和获胜的实力。它们走出死亡之谷之后，比以前更加强盛、繁荣。

惠普公司成为资产达 300 亿美元的公司，大多依靠计算机业务的成功，它是仅次于 IBM 的第二大计算机公司。

英特尔公司依靠以微处理器为中心的战略，成为全球最大的半导体生产厂家。经过奔腾处理器失误危机而幸存的英特尔，实力比从前更雄厚，与客户的关系更协调。

NeXT 公司仍以软件公司的身份为计算机行业添砖加瓦。

AT&T 和“地方贝尔公司”蒸蒸日上，其市场价值上升到 AT&T 解体前的数倍。

新加坡港与西雅图港的发展趋势喜人。

华纳兄弟电影公司飞速成为主要的传媒公司。

死亡之谷彼岸的景象代表了一种新的行业秩序，在经历转变之前是很难预见的。未看到这片新天地时，管理者们在脑海中并没有一幅设想图。公司在走过战略转折点的过程中不得不经历一段时期的迷惑、实验和混乱，然后才能理清思绪，确定单一的前进方向，拨开层层迷雾，到达死亡之谷彼岸的目的地。我们必须聆听“卡桑德拉”的预言，主动引发争论，不断解释公司新方向，使之更趋清晰化。经济损失和人员更换是不可避免的。我们还要认清并接受这样一个事实，即不是所有的人都能安全地到达彼岸，那些无法幸存的人将面临与从前迥然不同的生活。

毫无疑问，穿越战略转折点为我们设下的死亡之谷，是一个组织必须历经的最大磨难。然而，当10倍速因素向我们逼近时，我们只有以变应变，或屈服于必然的衰败，除此之外别无选择。

第九章

互联网：信号还是噪声？威胁还是希望？

任何能对收入达千亿美元的企业产生影响的东西都是不容小觑的。

写这本书的时候，网景公司的股票上市了。我听说过这家公司，认为它前景颇佳。但是，它的股票在上市头一天就直线上升且势头不减，确实令我惊讶不已。我不明白为何它会受到如此难以置信的优待。它的确是一家很有前途的公司，越来越多的投资者对它刮目相看，但我认为除此之外仍存在其他原因。

网景的业务前提与正在发展的互联网密不可分。当其他以互联网为基础的公司也像网景一样骤然上升时，投资者对互联网的热衷显然并不逊于对网景的厚爱。

媒体也不落后，长篇的专栏文章以排山倒海之势紧随而来，使以互联网为基础的软件公司，如网景和太阳（Sun）公司，以及微软公司为代表的既定产业秩序三者间的对抗逐渐升级。

情况在发展，情况在改变……

到底什么是互联网

为了那些不熟悉互联网而又惮于提问的读者，我们暂退一步解释一下这个概念。简单地说，互联网就是互相联网的计算机构成的网络。如果你在加利福尼亚有一台个人计算机与互联网相连，你就可以和网上的其他计算机交换数据，无论它们是在加州、纽约、德国，还是在中国香港，正如图 9–1 所示。

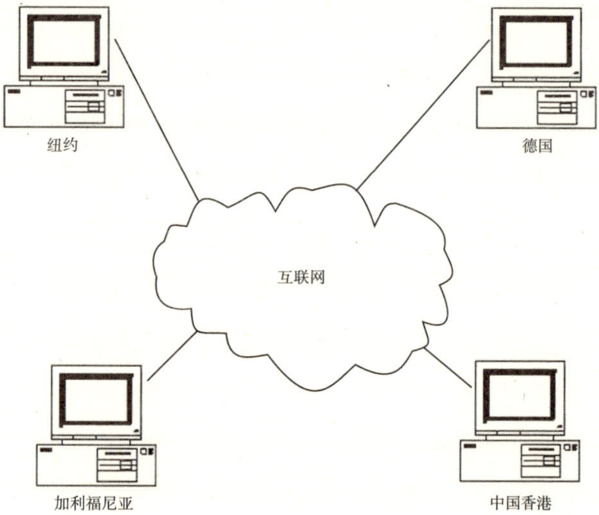

图 9–1　个人计算机与互联网相连

互联网起源于 20 世纪 60 年代末期政府启动并投资的各大型研究用计算机互联网络。原来的设想是在国家普通电话基础设施遭受核打击而瘫痪之后，以此作为通信方式。随后，其他计算机纷纷加入。人们开通了越来越多的大学网络、公司网络和政府网络，并与在此之前已经存在的网络再相连。这样，互联网不断发展壮大。它前进的驱动力是这样一个信条：上网的计算机越多，网络的使用越广。我倾向于把互联网中所有计算机之间的连接网络看作一个“相互连接的合作团体”。

要建立这种“相互连接的合作团体”，重要的一点是确定一系列连接规则，以便遵循这些规则的网络能够轻而易举地加入已有的网络。我猜想 19 世纪铁路网络的演变发展大概也经历了类似的过程。数不胜数的铁路公司先要在铁轨铺设的尺寸的采用上达成协议。协议一达成，各铁路环线、支线便可接入遍布美国各地的铁路网。货车车厢可以从加州前往堪萨斯州，走过许多不同铁路公司所有的路段，相接处无任何不便。同样，如今在加州发出的一批数据也可穿过许多线路段——穿过许多不同网络的相接处到达目的地，如位于堪萨斯州的一台计算机。换句话说，互联网为计算机数据提供了一个通用的“铁轨铺设尺寸”。

计算机网络发展至今已有数十年。最初，该网络的作用是使政府和学校的研究人员之间互通信息。它平缓地发展着。后来，互联网又与另一现象发生交叉，它就是由大量互联的个人计算机而形成的局域网（Local Area Network，简写为 LAN）。

局域网原是与互联网毫无关联的网络，它是 PC 机在公司及其他机构数目激增的结果。最初，PC 机只用于个人的问题解决，后来它们逐渐相互连接。连接的目的原是共用价格高昂的打印机，后来转变为互相交换数据。各家机构数量众多的个人计算机在局域网内相连之后，人们立刻意识到可将局部区域与互联网相连。二网相连使各公司的内部网络成为“相互连接的合作团体”的一部分。这时，互联网的发展与 PC 网络的发展合二为一。局域网的加入使互联网的发展呈现一日千里之势。

互联网不仅发展速度骤升，网上用户的性质也发生了变化。原来的网上用户是一些大学的研究人员，他们通过网络互送研究报告和调查数据。数以百万计的个人计算机入网之后，互联网成了连接 PC 机用户的一种方式。

如此复杂的网络怎么跟得上如此迅猛的发展？这完全是因为它是“相互连接的合作团体”。每家公司在加强自身网络的同时，也加强了整体的网络。这就好比在成功的合作团体中，人们为个人利益而工作，就是在为整个合作团体的利益而工作。

互联网的信息传送方式也使传送容量急剧扩大。最早的设想是开辟更多的路径，用以通过长途电话线路传送信息，以便在一条路径不通时，系统能够自动找到另一条路径。这是通过分解数据实现的，一大串数据信息被分解为较小的信息块或信息包，使其更容易被线路上的位流吸收并带走。这种方式扩大了传送容量且不用额外投资。它就好比用最后一班飞机运送一批乘客。想找到一大片空座位容纳这批人已不可能，但是分散开来后，各个乘客就容易找到空座位。航空公司甚至愿意低价出售这种机票，因为它并不想让机上留有空座位。互联网上的数据包就好比坐在长途电话线上的空座位上的乘客，它占用了其他用户传送的数据包之间留出的空位。这种传送方式极其有效地利用了已有的电话线路网络。

另有两个事件促进了互联网的发展。第一件事是个人计算机升级到多媒体 PC 机，能够处理彩色画面、照片、声音，甚至视频图像。第二件事是 CERN（欧洲一家核子研究组织）的研究员提姆·伯纳斯–李（Tim Berners-Lee）成功研制一种对用户来说极为方便的数据连接方式：键入一个关键词（如一个公司名称）之后，互联网就会展开自动检索，把与该公司有关的所有资料提取出来供你查询。在互联网上，彩色图像和伯纳斯–李检索法相结合的部分叫作万维网（World Wide Web，简写为 WWW）。

对计算机用户来说，自己桌上的计算机能成为通向全球各地数百万台计算机的窗口，简直是一个奇迹。计算机内的信息能够以彩色画面或照片显示，还能够发声及播放视频更使这个奇迹充满了诱人的魅力。

总而言之，这个奇迹的出现是 4 个因素共同作用的结果：互联网的不断发展，局域网上的大量计算机通过“通用的铁轨铺设尺寸”与更大网络相连的可行性，多媒体向个人计算机的传播，以及伯纳斯-李的检索方法。正如具有一定组成成分的化学物质能够自燃一样，这些因素使公众对互联网的兴趣陡增。但这是昙花一现还是持久变化的开端呢？

我在写这本书的时候，英特尔的年中战略讨论会开幕了。我将在会上描绘我所看到的商业环境，并提醒大家注意重要的变化。我感觉互联网即是过去一年中最重大的环境变化。

有这种感觉还不够。我还必须回答一个问题：它对英特尔来说会不会是个 10 倍速因素？如果是，我们该怎么办？

比特和被窃取的眼球

思考良久之后，我认为连接世界各地的计算机影响深远，必然波及许多行业。

互联网是一种通信技术，它自然会冲击电信工业。这种冲击会是 10 倍速的吗？想一想用电话传递信息的费用。互联网上的数据包传送技术利用了已有的基本设施，高速高效，而且比普通电话通信费用低得多。换言之，互联网上的数据传送是一种比传统电话通信更高效、更低耗的商品化联通方式。

人们把越来越多的本该通过电话传送的信息转化为数据，使互联网的高效性更上一层楼。这好比发送传真与在电话中读文件之间的不同，传真更为高效低耗，因为它能在短时间内传送大量的信息。这一切都意味着电话公司有可能收入日减。

但是，互联网的信息传送也为电话公司开创了新的业务机会。它们可以利用已经投在建设联通设施上的巨额资金。长途电话公司因此陷入两难境地：是拥抱互联网，还是躲避它？

换言之，互联网对于电信工业有利有弊。以短期来看，互联网的发展很有可能是一个威胁；长远看来，包含图片、音频和视频的数据将使互联网使用范围更广，新的业务机会也随之而来。我们把互联网对电信工业的利弊归纳为表9-1。

表 9-1　互联网对电信产业的利弊一览表

积极作用	消极作用
1. 带来全新的数据通信业务	1. 传统电话业务可能被数据通信取代（后者的高效传送不易造成线路拥挤）
2. 利用了在基本设施上的投资	2. 电信业可能会商品化
3. 图片、声音和录像意味着更多的数据（传送量更大）	

互联网同样对软件行业产生了巨大影响。它为软件传播提供了极为便利的途径。试想，在互联网上流动的是一批比特（数位），而一个软件就是一批比特。今天，软件厂家把这些比特装入软盘或只读光盘中，用色彩鲜艳的纸盒包装起来，像洗涤剂或面包一样陈列在零售店的货架上。

但是，用互联网来传送文字处理软件或电子游戏软件中的比特，效率更高、费用更低。既然数位可以从一台计算机自由地流向另一台计算机，那么软件，甚至是大容量软件，也可以从一台计算机流向另一台计算机，甚至流向100万台计算机。不必使用纸盒和货架，也不需要中间人。整个销售过程显然效率更高，软件升级或修改的简便易行更不在话下。

从零售商的角度看看这个现象，它们已经靠销售那种鲜艳夺目的盒装软件创立了大规模的业务，互联网对它们会不会产生沃尔玛超市对小零售店那样的影响？它的确像是一个10倍速因素。

影响软件业的另一因素是互联网为软件的设计提供了崭新的基础。这个基础与互联网上的计算机类型毫不相关，它适用于任何一种计算机。如果软件的设计瞄准这个新的箭靶，会不会令英特尔公司及其他围绕我们的产品建立业务的计算机厂家和软件开发公司门前冷落？对它们、对我们来说，这会不会是一个10倍速冲击？

这还不是事情的全部。所有的媒体公司都将卷入这个旋涡。过去几年中，每家媒体公司如Viacoms和时代华纳都开设了实验性的“新媒体”分部，研究的重点大多设在全球互联网上。在美国的东海岸和西海岸，新公司正如雨后春笋般冒出，专为那些想在网络上占据一席之地的公司服务，当然，也为了知道究竟有多少人对这些新公司感兴趣。广告公司也将加入。

和对电信业与个人计算机业的影响相比，互联网对媒体的冲击更大。据估计，全球广告费用约为 3 450 亿美元，目前，这笔费用全部用在报纸、杂志、电视、广播的广告上。通用汽车公司、可口可乐公司和耐克公司等都把巨资投入传统的广告媒体，却对个人计算机业和电信业方面的广告潜力视而不见。这种情况很快就会改变。

媒体产业的前后变化如图 9–2 和图 9–3 所示。

从图上可以看出，互联网，准确地说是万维网，是广告企业主——通用、可口可乐、耐克等——向消费者传递信息的另一途径。要大规模地利用万维网传送广告，就要“赚足大众眼球”，就是说要把消费者的注意力从报纸、杂志、广播和电视上吸引到万维网上来。如果这项事业得到大规模的发展，显然旧产业，即报纸、杂志、广播和电视网络的收入将不如从前，而新产业即联网业（指的是全球互联网创建者与计算机生产者）的效益必将上升。后者的繁荣显然意味着前者的损失。

大规模地在万维网上做商品广告，要求我们从传统媒体中大量转移公众的注意力。互联网上传送的信息应当比如今传统媒体上的信息更加吸引人。为了使计算机屏幕充

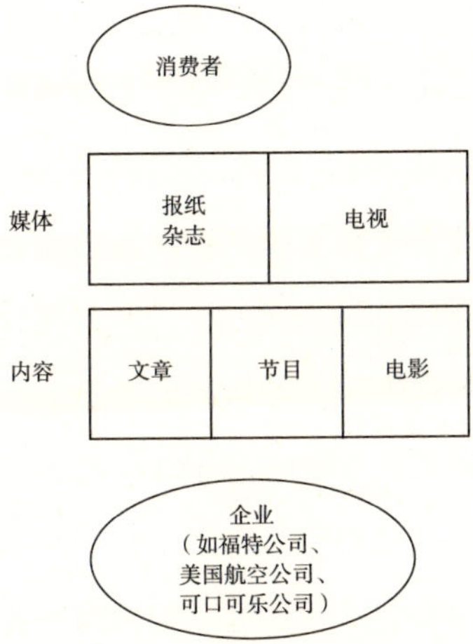

图 9–2　互联网冲击前的媒体产业

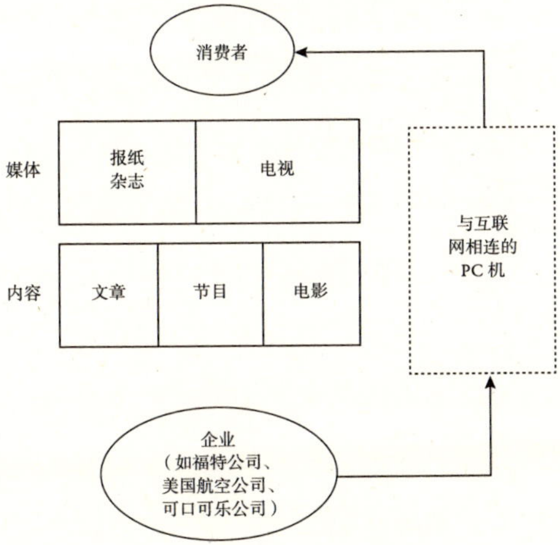

图 9–3　互联网冲击后的媒体产业

满活力，许多研究实验已经开展：如使图形呈现三维立体感的技术，能使观众在其中穿梭往来有如室内漫步；利用高质的音频、视频效果使广告内容更加丰富多彩。所有提高与改进都将使万维网上的信息传送效果日新月异，赶上并超过我们所熟悉的电视信息。今后两年内，PC 机的生产速度大有可能超过黑白电视机和彩色电视机的生产速度的总和，这表明与互联网相连的 PC 机将成为电视机的重要替代产品。

媒体产业规模宏大，对新手发展极为有利。当然，新手参加将意味着传统媒体产业的效益下降，除非市场扩大，涉及更大人群，使所有的媒体公司皆大欢喜。我们将目睹新媒体产业的诞生，如果此话不假，那么新媒体产业必然代表一个 10 倍速变化！

英特尔公司的形势

开始为即将开幕的会议准备英特尔企业环境评估报告时，我要考虑的事情太多了。很明显，如果联网计算机成为新媒体产业的基础，我们的业务将获益匪浅。个人生产力的提高在 20 世纪 80 年代促进了公司的发展，员工之间的数据互通又在 90 年代加速了公司的腾飞。同样，公司在下一个 10 年将成为商务信息的传送媒体，发展势头仍将不减。为了实现这个目标，信息内容应制作得形象逼真，物体应呈三维立体状，音频和视频技术必不可少。这样大量的信息处理越来越离不开先进的微处理器，我们的业务前程似锦。

但是（总躲不开“但是”），如果互联网上使用的软件能与任一型号的微处理器兼容，我们就不得不面临来自四面八方的竞争。目前，这些竞争者还不能真正算数，因为它们的芯片和个人计算机用户通常使用的软件并不兼容。这样，我们的产品有可能商品化，而且这不是唯一的威胁。

一些业界人士已在大力宣扬价格低廉的“互联网设备”。这些简化了的计算机依靠互联网上其他地方的大型集中式计算机存储和集结数据，并随时向计算机用户传送所需要的软件和数据。有人提出，使用这种计算机的用户不再需要具备计算知识，因为在背后操纵大型计算机将成为可能。这种互联网设备可使用简单便宜的芯片。这对我们的业务自然大为不利。

围绕这点有许多问题需要回答。最为重要的是，这种计算设备在技术上可行吗？可能可行，也可能不太可行。

至少，我们不能违背计算的本质。廉价的微处理器常常运转缓慢。简单便宜的微处理器无法制作足以抓住眼球的信息内容。当然，人们也可以使用25年前还很不错的电视机，它比现在的电视机便宜多了。但是用户并不愿意使用过时的电视机和计算机，他们要求廉价，却不愿冒技术倒退的风险。

其中还涉及一个关键问题。1995年，用户购买的PC机约为6 000万台。他们的购买动机是什么？我认为他们购买计算机有两种用途：第一是用于处理用户自己的数据和个人应用；第二是通过集体网络或电话系统与其他计算机用户互通数据。互联网的出现使计算机具备了第三种用途，即接收其他计算机上的、由和你毫无关联的个人或组织制备或拥有的应用软件和数据。每个人都能通过这种覆盖面广且价格低廉的连接方式，即“相互连接的合作团体”，获取这些数据并加以应用。

最后这种用途在今天令人称奇，前景亦不可估量，但是它能够真正有效地代替前两种用途吗？我认为不能。我看这三个方面的应用将会合而为一，遍布这一领域。个人计算机凭借它的完美功能和独特魅力足以灵活地适应这三个方面的需求。只能满足三者之一的计算机设备与一机三用的设备相比，显然大为逊色。

准备口头报告时，我意识到应当再画一张利弊权衡表，把上述应用都包括在内，如表 9–2 所示。

表 9–2　互联网对英特尔公司的利弊一览表

积极作用	消极作用
1. 应用软件更多了	1. 微处理器可能商品化
2. 连线费用降低	2. 大部分功能依赖于集中式计算机
3. 软件传递费用降低	3.“互联网设备”可使用廉价微处理器
4. 媒体业务展开；需要高能微处理器	

威胁还是希望

在讨论表 9–2 中的添加内容之前，我来问一个基本的问题：互联网真是一个庞然大物吗？或者只是故弄玄虚？

我觉得它的确是一个庞然大物。任何能对收入达千亿美元的企业产生影响的东西都是不容小觑的。

它对英特尔来说是否意味着战略转折点？它是否以 10 倍速的方式改变了影响英特尔及其互补企业业务的

因素？

面对这张利弊表，我觉得我们的客户和供应企业都不会受到强烈的影响。让我们再做一次“良方”测验。英特尔会不会把留给当前某竞争对手的子弹转而用在将来某个更具威慑力的对手身上？直觉告诉我，不会。当然，将来的新竞争对手是会出现，但它们将和现在一样扮演互补竞争企业的角色。我当然不愿意消灭为我们提供新机遇的互补企业。

我的旅伴名单会有变动吗？确实如此，那些原是和我们竞争对手互补的企业，现在生产的软件既适用于以我们的芯片为基础的计算机，又适用于以其他芯片为基础的计算机。这使它们也与我们互补。每天都有新的公司成立，利用互联网提供的机会开展业务。创造性的能源和资金纷纷倾注而入，其中许多是用来开发我们的芯片的新用途的。因此，我的旅伴数目将会增多，而不是减少。

我们的员工会怎样呢？他们是否会退出，或感到迷惑不解？我觉得不太可能。我们的许多员工一直在追踪互联网的发展变化，以研究人员的身份和畅销产品用户的身份做了大量调查研究和市场开拓。我们之中掌握这项技术者不乏其人。

我们再检验一下有无战略矛盾。我们的言行是否统一？我们积极地使用万维网互通英特尔公司的信息，与这项业务分支中的关键人物始终保持联系，甚至还和那些提倡现在就发展不用英特尔芯片的廉价“互联网设备”的人交换意见。我没有察觉到战略矛盾的迹象。但是作为公司总裁，我很可能是察觉到变化迹象的最后一人。

这些都表明互联网对英特尔来说并非战略转折点。但是，所有变化如此铺天盖地、势不可当，因此虽说传统判别方式否定了它，我们在心底仍感到它确是一个潜在的战略转折点。

我们该做的事

权衡之后，我认为互联网对英特尔来说，希望多于威胁。但是，我们不会坐等机会的降临。我们（也包括我自己）应该采取哪些与以往不同的行动呢？

我决定用商务环境评估报告一半以上的篇幅来讨论互联网问题。这个决定虽然下得轻巧，但要堂而皇之地向同事们做报告却不容易。换句话说，我还得学习。

我阅读一切可以阅读的文章，花费大量时间在与万维网相连的计算机上查找资料，了解竞争对手的情况和一些奇闻怪事。我走访其他公司，包括那些第一眼就被我认作敌人的公司，尽管它们致力于向市场推广“互联网设备”以代替 PC 机的策略削弱了我们的业务。我还向自己公司里的专家求教如何改进互联网上的 PC 机。

渐渐地，我得到了清晰的认识。我把报告讲稿收集起来，最终宣读给我们管理层的 40 多个管理者。他们中的一些人对这个主题比我熟悉得多，但也有些人压根儿没有想过这个问题。听完之后，有人评论道：“这是你迄今为止做的最精彩的战略分析。”有人却说：“你干吗在互联网上浪费这么多时间！”不论怎样，我成功地转移了管理层的讨论重点。

涉及互联网时，公司里似乎有一种窘迫的气氛。人们对它的了解比口头透露的少。公司的传统习惯要求人们对互联网非常熟悉，因此雇员们碍于面子，不好意思问一些基本的常识问题。我觉得他们对互联网的知识了解实际上是极为肤浅的。所以，我们为高层管理者及销售人员开设了实践课程，使他们通过亲身体验获得关于万维网现状的第一手材料。我们希望这门课程能够逐渐弥补他们知识背景上的空白，避免他们在人前直接表现出自己的无知。

应该承认，我自己的知识也是极为肤浅的。但是，随着了解逐渐深入，我越来越相信，软件业的三种应用来源——个人软件、电话网络软件和互联网软件——将合而为一地成为今后软件业的驱动力。我还相信媒体和广告业的发展将赋予我们越来越多的机会。

要利用这一切，还要解决几个问题。我们的人员组成有必要跟上时代，与新的环境更为协调。我们有了无数新旅伴，如过去和我们毫不相干的软件公司，正在为它们的产品升级换代的电信公司，还有广告公司、媒体公司和宣传产品的厂家，它们以前并未接触计算机世界，现在忽然意识到应该开始接触，从而希望学习我们的技术。对于这些新旅伴，我们要认识、了解它们，与其建立合作关系。

我们有没有时间、精力和公司制度扮演这个复杂得多的角色？为了使公司内部问题简单化，我们必须重新考虑整个企业组织结构，对它加以修饰改进。这样一种变化将波及成千上万个雇员。他们应当明白，公司为什么要对这几年来颇为成功的业务进行改动。

英特尔的经营之道遵循集团战略目标指引的三个方向：第一个方向关乎我们的微处理器业务，第二个方向关乎我们的通信业务，第三个方向则关乎我们经营计划的执行。此外，我们补充了第四个目标，把为互联网所做的相关工作背后的必要驱动力包含在内。设定这个目标之前，公司里出现了意见分歧，有些人认为我们应当把与互联网有关的事项归属在前三个目标范围之内。我的看法正好相反，认为应当使互联网独立，并使之与其他三个目标并肩同行，这样才能向全公司宣传有关互联网的活动的重要性。

这就是我们现在的境况。

到了这里，只剩下最后一个问题，万一那些拥护“互联网设备”的人最后得胜，怎么办？

“互联网设备”可能会倒退。二三十年前，计算机的发展趋势就是从大型计算机向小型计算机传送智能。我不相信互联网会倒退并顺应那种趋势。但是，我的想法也正是在这二三十年逐渐形成的，因此，我很可能是最后得知真相的人。

所以，英特尔为将来做准备的过程中还有一步要走。我觉得应当在我们的市场潜力最大的时候走这一步，即组织设计制造一批以英特尔芯片为中心组件的，质量最好的廉价“互联网设备”。放手让负责这项工作的人脱离我们的战略轨道，让他们当一当“卡桑德拉”。让他们及早告诉我们这项技术是否可行，告诉我们现在被我当作噪声的会不会实际上是个强烈的信号，它是否意味着变化又出现了。

第十章

职业转折点

环境改变而引发的职业转折点同人们主动要求的转折点没有本质的区别。

1998年，在担任英特尔公司首席执行官11年后，我卸任了。我这样做只是正常接任程序的一部分。我一直认为培养接班人是管理者工作的一部分，并且经常重复这种观点。现在，我这么做了，我也希望其他人能够这样做。

多年来，关于我可能的继任者，英特尔的董事会成员不断形成一种共识。我们经常讨论这个话题，因此，这么多年来，我们不断向可能的接任者施加工作压力。公司内外对我职位的改变已经形成了普遍预期。我继续履行主席的职责，每天上下班，像以前一样参加许多同样的活动。尽管如此，我知道这一定不同了，这种不同还会随着时间的推移而增加。

职业改变总会消失的，这是一种温和的改变，就像它温和地出现一样。但是它仍然使我想起了每年在我们身边出现的无数职业改变。有些就像我的改变一样非常自然，但更多的是在不利的环境中出现的。考虑一下这一情况：相关数据统计，1998年将会出现价值10 000亿美元的并购活动。这个数字会极大地改变公司的雇佣结构，也许会改变100万人的命运。

今天，在工作中还有许多其他的力量进一步改变了我们的工作环境。我在第九章中讲述的网络狂潮已经成长和加速，正在日益影响无数公司的运营方式。它摧毁了现存的商业模式，创造了许多新的模式。在这一过程中，许多工作发生了改变。

1998 年，亚洲各经济体经历了从飞速发展到突然逆转的巨大转变。这些经济体对新产品和服务的需求带动了全世界经济的增长。亚洲经济的突然逆转产生了巨大的后果，影响了亚洲和世界其他地区无数人的工作。

很显然，如果环境的改变会引发公司的战略转折点出现，那么它们会导致这些公司的职员更大的职业转折点出现。

环境改变并不是导致个人职业生涯动荡的唯一诱因。对不同生活方式的渴望或者多年从事紧张工作的厌倦感，都能促使人们重新评估他们的需求和愿望，从而积聚一种力量，足以同产生于任何外部环境的力量一样强大。换句话说，你自身思考和感觉的器官就是你的环境的一部分，这同你作为一个员工所处的外部环境一样。任何一种巨大的改变都能影响你的职业生涯。

那么公司处理巨变的方式是否可以应用到个人的职业中呢？

你的职业就是你的生意

我一直都认为，每个人，无论他是职员还是个体户，都像一个独立的生意人。你的职业几乎就是你的生意，你就是自己的首席执行官。就像一家大公司的首席执行官一样，你必须负责市场力量、阻击竞争者、利用替代者，你所做的事情还有其他的方式可实现，要留意这种可能性。你的责任就是保护你的生意免受伤害，让自己处在可以从工作环境的改变中受益的境地。

随着环境条件发生改变——这是不可避免要发生的——这种“一个人的生意”也要沿着同样的弧状轨迹运动，最后抵达一个临界点，也就是首席执行官行动的时候。比如，由你来决定你的职业生涯是向上发展还是飞速下滑。换句话说，你要面临一个职业转折点。

正如战略转折点标志着公司的危机点一样，一个职业转折点也是由工作环境中细微而深远的转变引起的，你的职业未来发展将由你做出的回应行动而决定。尽管那些行动不一定会造成你职业生涯的立即断裂，但是它们的冲击将会及时释放力量，并产生持久而深远的影响。正如我们所看到的，战略转折点是公司困难时刻的反映，克服苦难的努力在群体成员之中传播。职业转折点对个人来说甚至更为剧烈，因为一切都落在了他的肩膀上。

职业转折点非常普遍。这让我想起了一个故事。在本书第一次出版时，一个商业记者采访我，把我和这个故事联系了起来。这个人曾经是一位银行家，他工作得非常开心，而且业绩突出。但是有一天，情况改变了，当他来到银行上班时，却发现银行已经被另一家更大的银行并购了。短期内，他失业了。他决定转换工作，去当股票经纪人。他知道他必须经历磨难。尽管他对财务问题非常熟悉，但是他知道，银行家的技能同股票经纪人的技能不太一样。因此，他去股票经纪人学校学习，最后成了一名老练的股票经纪人。

短时期内，事情进展顺利，未来看起来充满光明。然而，在我们见面之前不久，网络经纪公司开始出现。这个人的几名客户离开了他，因为他们更愿意采用成本更低的网络公司做业务。真是不祥之兆啊。

这次，这位老兄决定趁早行动。他一直对写作怀有极大的兴趣，并且很有这方面的天赋。之前当银行家积累了金融知识，后来做股票经纪人，这方面的知识更多了。因此，他开始做一名商业记者，这是一份不太赚钱的工作，但是却不太可能被技术取代。这次的转变不是创伤，主要是因为这是他自己发起的，同以前的不一样——以前都是由外部环境引发的。

在应对战略转折点时也涉及许多要素。最重要也是最困难的，就是要警惕你所处的环境的改变。当你在公司内部工作时，常常会免遭世界上许多事情的侵扰，这些事情都和你所在公司的良好运行有关。当你得到这份工作时，即使你在内心深处知道它不可能是你剩余职业生涯中一直要做的工作，你仍然可能会为了公司而默默地放弃自己的福利。但是忽视了你公司运行的环境，就像一家大公司的首席执行官一样，你也可能会是最后一个知道潜在改变会对你的职业产生影响的人。

你怎么应付这种情况呢?

精神消防演习

把你的警报系统打开，对你生意中潜在的战略转折点更加警惕，提前进行精神消防演练，以防万一。简而言之，对你的职业多一点点偏执。

假如你是一家大公司的首席执行官，你必须敞开心扉，欢迎外部的评论和刺激。读报，参加行业会议，同其他公司的同行通过网络联系。在可能与你相关的变革成为必然趋势之前，你或许会听到关于它的流言蜚语。因此，你需要仔细聆听同事和朋友的谈话。

在公司里，助人为乐的“卡桑德拉”是那些身处前沿的员工，他们能够率先感受到潜在的变化，并且把战略转折点的最初消息带给首席执行官。在职业转折点中，“卡桑德拉”可能是关心你的朋友或者家人，他们身处不同的行业或者竞争环境之中，能够推测出你还没有感觉到的变革之风。也许他们已经受到针对你的变革浪潮的冲击，也许他们已经在自己的行业内经历了职业转折点，即使他们的行业和你不同，也可以给你传授一些经验教训。

当不同的消息源——新闻报道、业内谣言和公司流言，以及你的“卡桑德拉”全都彼此得到了印证时，那就真该打起精神、加倍留意了。

设想一下，问问自己下面这些问题：

· 这些逸闻暗示了变革可能会发生在你的身上吗？

· 一个重要的改变怎样表明你的处境？

· 你能从公司发布的商业信息中发现这种改变的蛛丝马迹吗？

· 你能从公司的财务状况中预测到这种改变即将在你身上发生吗？
· 你能向老板提出你的担忧吗？
· 如果你受到了这种改变的影响，你会怎么做呢？
· 你的公司受到行业变革影响的可能性有多大？
· 那些行业变革对你的公司而言是暂时的挫折，还是长期行业重组的前兆？其中的区别非常重要，因为你的公司可以从前者中恢复，对你的职业不产生任何影响；后者则会对你的公司产生持久性影响。
· 考虑一下其他行业的发展可能会对你的工作产生的连锁反应。当一种新的机器或者计算机系统出现时，它是否会改变你所在部门的工作方式？你是否可以利用这种新技术像以前一样把工作做好？你对学会这种新方法是否充满信心？如果答案都是否定的，你应该怎么办呢？
· 也许你所在的公司败给了竞争对手公司。这意味着什么呢？可能你所处的行业很好，但是所在的公司有问题？或者整个行业正在转变？提出并回答这些问题非常重要，因为你评判事情的标准会随着环境而改变。如果你所在的公司正在败给竞争对手，那

> 么你可以继续利用自己的技能，只是需要寻找一种方式从这艘沉船上逃走，跳到一艘更可能成功驾驭竞争海域的船上。当这个行业发生了根本变化，而你却不改变自己的技能时，那么你在获胜和失败的公司中都不会有立足之地。这种情况确实可以归为职业转折点。

通过和同病相怜的同事展开激烈的讨论，你可以清楚地发现职业转折点的存在。你需要培养不断质疑工作环境的习惯。通过审视隐含在日常工作中的默许假设，你识别和分析变革的能力将得到磨炼。也就是说，要养成对自己工作环境进行自我辩论的习惯。

时间就是一切

就像商业中的战略转折点一样，成功驾驭职业转折点也取决于时间观念。你能发现一些事情可能在发生改变的预兆吗？你已经预料到了一个改变并且为它做好了准备吗？还是你要一直等到迹象确凿无疑时才会采取行动呢？

如果应对职业转折点的战略和应对公司转折点的战略

有什么区别，那就是前者更受情绪的影响。这是毫无疑问的，毕竟，你可能花费很多心血才做到了目前的职位。更为重要的是，你已经对自己职业生涯的提升寄予了希望。当有迹象表明你的职业轨迹出现下滑时，你的整个身心都会试图否认这种情况。

你总是努力想使自己相信：因为你是非常优秀的，所以你不会受到这种变革的影响。你会想："这也许会发生在其他人身上，但是和我无关。"这是一种危险的想法。这是"成功惯性"在起作用。由环境变化引发的职业转折点同人们自己改变的职业转折点之间没有什么本质区别。

历史为我们提供了大量的例子。19 世纪初，在英国，随着机器织布机的应用日益普遍，机器织出的布比传统手工布便宜很多，这就意味着整个手工艺人阶层、技术精湛的能工巧匠和普通的织布工全都失去了独立生存的能力，被迫在工厂从事毫无技术含量的工作。自动化的兴盛导致大量马具制造工——技艺超群的和蹩脚的全都失业了。今天，小农场主在同农业的大联合的竞争中努力苟延残喘。没有人能够免受环境改变的影响，无论他的技术多么高超、多么坚不可摧，都是无法幸免的。

否认可能来自两种完全不同的源头。如果你已经在职业生涯中非常成功，那么成功的惯性可能会阻止你认清危险。如果你只是犹豫不决，害怕变革，害怕放弃你已经取得的成就，那么你可能就会不愿意认清现实处境。任何一种否认方式都需要你付出时间，导致你在转折点或者转折点附近错过行动的最佳时刻。

正如在管理企业一样，人们很少会及早产生改变职业的想法。大多数的时候，当你回顾过去时，你都会希望早点儿做出改变。在现实中，在现存工作的良性发展阶段——也就是一切进展很好时做出改变，要比你在职业开始下滑时做出同样的改变痛苦得多。

再者，如果你是第一个利用职业转折点的人，你就可能在新工作中找到最好的机会。简单地说，早起的鸟儿有虫吃，晚来的只有残羹剩饭。

为了改变而锻炼

早期预感到职业转折点的时间非常珍贵。就像运动员为了比赛而锻炼一样，这是你为了改变而锻炼的时候。设想自己身处不同的角色。尝试了解这些角色。同扮演这些角色的人谈谈。问自己一些相关的问题。问问自己如何才能胜任这些角色。为了大改变而训练自己的头脑。

试验是为了改变而做准备的关键方法。那位银行家/股票经纪人还在做股票经纪人时就开始准备转向商业新闻。这样做有几个目的：提高了他的写作技能，测试了未来改变的可行性和实用性，在放弃主要收入源之前同潜在的商业资源建立联系。在这样做的同时，他证明了如果全身心地投入写作，他完全可以独立生活。

试验可能有许多不同的方式。可以是第二职业的兼职，正如上述的例子一样；可以是回到学校做兼职；可以向当前的公司提出要求，接受全新的工作。这些都是探索职业生涯新方向、为职业转折点做好准备的方式。

在试验时，要避免随意行动。不要盲目采取措施，不要仅仅是为了朝着与你正在做的事情有所不同的方向前进。通过对发生在你身上的变革的性质的理解来引导自己。这样一来，这种试验就会推动你朝着一个方向前进，帮你解决变革带来的那些问题。寻找一些东西，让你可以利用自己的知识或者技能，从而更好地免受你所发现的变革浪潮的影响（最好是找一份可以首先利用变革的工作。随波逐流胜于奋起抗争）。

在你开始穿越职场生涯的死亡之谷时，把你想要实现的东西形象化非常重要。问问自己下面这些问题：

- 你认为你所在行业的特性在两三年后会是什么样的？
- 这是你想从事的行业吗？
- 你工作的公司在这个行业中处在成功的有利处境吗？
- 你需要什么技能来促使你在职业生涯中取得新进展？
- 对于你想实现的职业成就，是否有人为你树立了榜样呢？

记得我在第八章中讲述的事情吧，当时戈登·摩尔发表了一个见解，如果我们要从一家半导体公司转变成一家微处理器公司，那么我们一半的管理都必须变成软件型的。这个论述精辟地切中了公司工作方式战略转变的本质，同时也促成了许多人的职业转折点，包括我自己的。即使他没有为我们树立榜样，至少也为我们提供了一个想法——让我们明白必须学习什么以及必须怎样改变。

同自己对话可以帮你认清现存的职业转折点，有关未来的性质的对话将会帮你集中精力，并允许你一步步地稳步前进，而不是在外部世界的驱使下飞奔前行。

有两件法宝可以帮你穿越职业死亡之谷：清晰和信念。清晰是指对你职业生涯的走向有明晰且准确的认识：明白你的职业生涯将是什么样的，同时也知道它不应该是什么样的。信念是指你穿越职业死亡之谷的决心，出现在职位的另一面，而那一面符合你已经确定的标准。

当一家公司穿越死亡之谷时，它涉及对战略转折点的驾驭，首席执行官要对新行业的前景做出清晰的描述，率领公司全体同人共同穿越谷底。作为你自己职业的首席执行官，你也必须为自己提供愿景和承诺。这两者都令人望而生畏。通过和自己对话认清前进的方向，半夜醒来满腹疑虑却仍然坚定自己的信念，这两者都很困难。但是，你别无选择。如果消极不作为，你将被动采取行动。

作为单个的个体，你只有一份职业，你在职业转折点取得成功的最好机会就是抓住它，集中精力，全力以赴，不能有丝毫的犹豫和动摇。

你必须硬着头皮承认，要把你的职业支持体系、经验和自信恢复到以前的水平需要一段时间。你将失去的支持体系的一部分就是身份—— 一个品牌——公司给你的东西。无论你加盟一家公司还是独自创业，你都必须放弃一个身份，打造一个新的。这需要时间和精力，当然，它也将验出你的勇气。但是它也将给你一种独立感和自信，这将帮你应对不可避免的下一个职业转折点。

一个新世界

经历职业转折点并不是一个轻松的过程，也并非一帆风顺、毫无危险。这需要你充分利用所有的资源、理解你所希望加入的新世界，并具有掌控职业的决心、调整技能以适应新世界的能力，以及应对变革带来的恐惧和焦虑的坚决。

这有点儿像移民到一个新的国家。你打好包，离开了一个熟悉的环境，你对这里的语言、文化和人耳熟能详，无论好的、坏的，你都能够预测到。你来到一个新的地方，面对着新的习惯、语言，以及新的危险和不确定性。

在这种时候，回顾过去就很有诱惑力，但其产生的不良后果也是非常可怕的。不要抱怨事情本身，它们永远不会再回到过去了。把你全身心的精力都投入适应新世界、学习新技能、塑造周围环境上。旧世界仅存有限的机会或者完全没有，而新世界则为你提供了一个灿烂的未来，值得你为之冒险。

第十一章

生命转折点

前列腺癌——它的危害同样是10倍速变化，所以我要更快地做出决断。

秘书的脸出现在会议室窗外。我从她的表情看出，是我等的那通电话打来了，我向其他人说了声“请原谅”，然后赶忙走了出去。出门一问，电话果然是我的泌尿科医生打来的，我立即奔回办公室。

他单刀直入地说：“安迪，你长了一个肿瘤。主要在前列腺的右侧，左边也有那么一丁点儿，属于中度扩张性的那种。”他似乎是为了安慰我，又说道：“幸运的是，它已经转移的可能性极小。”他显得那么心平气和，就好像我们谈的只是我咽喉炎的化验结果。但是我们谈的恰恰不是咽喉炎，而是前列腺癌。

还是让我从头说起吧。

我的第一次PSA

事情大约发生在一年前，当时为我家工作了20年的家庭医生退休了。1994年秋，我的新家庭医生为我做了一次体检以建立一份新的健康档案。体检包括了一系列血液测试，除了一项结果，所有指标都正常。那是一项叫作PSA（前列腺特异抗原）的检查，我的检查结果为5，而实验室计算机提供的正常值是0~4。

我不知道这意味着什么。事实上，我不认为我以前做过这项检查。医生给出的结论是：“这偏高了点儿，多半没什么大不了的，但我认为你得去找个泌尿科医生看看。”因为他看上去并没把这当回事儿，我也就没太把这件事放在心上。但我还是告诉了自己一个当护士的女儿。她又告诉了自己的一个医生朋友，巧的是，这位医生刚刚发表了一篇讨论体检中使用PSA的利弊的长篇论文。我女儿问我是否愿意和他谈谈，我说当然愿意。

不谈不知道

通过这场谈话，我竟然介入了当今医学界最具争议性的一个课题。用我的话概括起来说就是：PSA 检查测量的是一种可同时被正常前列腺和前列腺中癌变组织释放的物质。健康腺体的PSA值少有例外，因此高于PSA正常值可以作为前列腺癌的警报。但这仅仅是可能，并不意味着一定是。何况告诉一个人他的PSA值偏高将导致他进行一系列越来越复杂、越来越痛苦的确诊检查。况且，一旦被确诊为癌，患者将不得不做出一系列艰难的选择。对患者来说，没有一种选择是令人轻松的，没有一种治疗方案是绝对有把握的，并且都会有令人讨厌的副作用，比如失禁或者阳痿。

但是，我女儿的医生朋友又说，前列腺癌不一定是致命的。医学实验结果表明，所有死于其他原因的男人中有半数人的前列腺中有癌变组织。因此，我的这位新朋友说，为什么还要不加区分地让不被怀疑的人去做这个检查呢？它只可能引出更多的检查，然后是一系列的都让人不好受的选择。

他把他的论文底稿给我寄来一份。那是一篇配有图表、充满学术术语的医学论文。但是我从字里行间看出的信息足以使我本来就不高的看泌尿科医生的劲头大幅减退了。

那时候正好是 1995 年年初，到了我的休假时间。我准备在山里待一个月，除了滑雪，再写一本书。过了一段时间，PSA 的问题又回到了我的意识中。我手上有台电脑，又有点儿空闲时间，于是我开始在 CompuServe（美国最大的在线信息服务机构之一）上寻找有关信息。要做到这一点并不难，我找到了一个前列腺癌座谈网址。前列腺癌的患者及他们的亲属们在此讲述他们各自的故事，并且互相之间有问有答，十分热烈。PSA 这个词几乎出现在每一条消息中。

我还在该网址上发现了斯坦福大学泌尿系主任托马斯·A. 斯坦美博士所写的一篇长长的综述性论文。我把它下载到自己的计算机上并从头读到尾。

我发现了一些基本的事实，比如：1994 年有 20 万个男人被确诊患前列腺癌，其中有 3.8 万人被断言将死于该病。这使前列腺癌成为男性的第二大杀手（仅次于肺癌）。

论文分析说前列腺癌的死亡率之所以如此低，是因为大多数前列腺癌并不是扩散性的。我却想这会不会是因为大多数前列腺癌患者是在老年时期被发现的，因此他们可能等不到前列腺癌发作就先死于其他疾病了。（这对我来说可不是一个好兆头，我才 58 岁，而且身体一直十分健康。因此斯坦美博士的这番理论并没让我轻松多少。）

接着，文章又谈到了治疗方案的选择。我女儿的朋友是对的，所有的方案都不怎么样，最为常见的办法是手术切除。这就是说得切掉整个前列腺，再重建相关的内脏器官。这是一个大手术，恢复期很长，并且副作用相当多。斯坦美博士只在他的文章里暗示了一下这种手术会有多糟。我在座谈网上看到做过此手术的一个飞行员写的帖子，真是苦不堪言。他说手术使他失去了健康、工作和家庭。这真使我十分苦恼。

但是我从这篇论文中得到了一个极为重要的知识，就是 PSA 是肿瘤大小的标志。我的数字 5 意味着我的肿瘤有一块方糖那么大。我试着想象自己身体里有一块方糖大小的肿瘤，这让我不寒而栗。

有篇文章里提到一本由一名前列腺癌患者和他的医生共同写的一本书。我订购了一本，并从假期结束就开始读。那是一本很值得一读的书，书中全面地列举并综述了各种治疗方案，但却没有做出任何承诺。它原原本本地反映了文献中的种种矛盾，却没能指出一种最佳的治疗方案。

我又回到医院，重测了一遍 PSA。当然，我期望出现一个不同的值，比如 4（正常值的上限）。我这样做的目的是想知道以前的测试是否真的准确无误。我把我的血液标本分成两份，分别送到两个实验室。不幸的是，我的期望——完全不同的数值——并未出现，一个值是 6.0，另一个是 6.1。看起来那块“方糖”还在长大。

这些检查终于使我坐不住了。我去看了一个泌尿科医生。他先用手指检查我的前列腺（这叫作直肠指诊），并没发现什么。但因为有 PSA 值在，他一周后给我做了活体组织检查（不是一次令人舒服的经历，但也谈不上可怕）。活检的结果呈阳性，这才有了前面“安迪，你长了一个肿瘤”的说法。

调查研究

我再次去泌尿科医生那儿的时候，他把几种选择摆在我面前：手术、放疗、冷冻手术（即用冷冻的方法毁掉肿瘤），最后还有一种，就是什么都不做，听天由命。后者被委婉地称为“期待的等待”。他还告诉我，在我这种情况下，“手术最有可能除掉肿瘤”。他让我觉得其他的几种治疗办法都比不上手术。

他向我列举了手术可能引起的并发症，但又保证说：“别担心，我们对付每种并发症都有一手。”他诊室的墙上挂满了各种新奇玩意儿的招贴画，比如阴茎移植和真空泵。我知道这些都是为恢复性机能而制作的装置，但它们只激起了我对中世纪酷刑的联想。我又被送进医院做了两个更为复杂的检查。第一个是骨扫描，他们用一台仪器扫描我全身的骨骼，寻找转移的迹象——后期前列腺癌患者癌细胞有向骨头扩散的倾向。第二个是 MRI（磁共振成像），一个既长又不舒服的过程，寻找转移到腹部的迹象。两个检查结果均为阴性，但我感觉它们都不是十分精确，所以很有可能有什么病，它们却查不出来。

我还想知道更多，因此我给认识的医生打电话，得到负责各种治疗方法的一堆权威医生的姓名和电话号码。我决定重新开始我的调查工作。这一次，我准备从阅读最原始的文献入手。我从买的那本前列腺癌患者写的书上抄下第一批书名，由我妻子到斯坦福大学借回来。从此，我的生活走上了新的轨道。

白天，我打电话预约看医生。这真是一桩苦差事。那些医生总是不在，而等他们打回电话的时候，我又总在开会，因此预约一次总要打六七通电话才行。晚上，我阅读医学论文，总结论文中的数据，或将不同文章中的数据进行比较。当有什么新的参考文献引起我的兴趣时，我就让我的妻子下次去图书馆的时候给我捎回来。这一套程序让我想起年轻的时候自己就是这么学习半导体知识的。

与此同时，生活还要继续。这对我来说反倒是件好事，因为这意味着只有在做调查研究的时候，我才会想到癌症。唯一受影响的是睡眠时间。好在前列腺癌在很长一段时间里都没有症状表现，我的精力一如既往，承受得住额外的工作量。

一开始，那些论文混乱得让人吃不消。但我越往下读就越清楚——跟我30年前学习半导体时一模一样。这多少在我这次挺吓人的经历中增添了一种奇怪的乐趣。我永远记得我第一次穿过医院里一道写着“放射肿瘤室”的门时那种毛骨悚然的感觉。

每一次就诊都会引出下一次就诊，每一篇文章都会引出更多的文章。一个医生朋友按照我给他的专家名单在计算机上进行了一番检索，将他们近6~9个月发表的论文——在我现有的参考资料出版之后写成的文章——搜集给我。其中不乏对我整个调查研究颇有价值的资料。阅读它们使我摸到这个领域发展的脉搏，既包括最新的发现，又蕴含着各种矛盾和冲突。

每一个医学专业——不论是外科手术、冷冻手术，还是放射学的不同分支——都说自己的方法是最好的。我听了一段名为“向前列腺癌宣战”的多学科医学会议的录音。我可以感觉到贯穿全会的、隐藏在表面客套下的那种强烈的对彼此的不以为然。我从中得到的印象是，在社会上的每个人所说的话正是他上一次在类似会议上谈过的，也是他下一次会议上将要说的。唱高音的永远只唱高音，唱中音的永远只唱中音，唱低音的也永远只唱低音。然而，患者的身家性命依赖于思想的交流，而不是这种孤芳自赏，所以我意识到我得自己来做这项跨专业的研究了。

我的收获

我学到的最重要的一点是PSA的使用彻底改变了整个前列腺癌领域。PSA的使用仅始于10年前，但它的出现使一切都提前发生了。一般说来，PSA检查使前列腺癌的诊断比用其他方法，比如直肠指诊，提前了5年。

这不仅使我们可以更早地进行治疗，从科学的角度来讲，更重要的是我们终于能够依靠PSA测量复发率，从而比较不同治疗方案的效果。过去通常需要10年以上才能用直肠指诊等临床手段查出复发情况，现在由于PSA可以早得多地发现复发现象，人们对各种疗效的了解过程大大加快了。

因为PSA检查能加快对肿瘤的发现，你就比以往更有机会尽早开始治疗。我遇见的一个医生对我说，在PSA值相对较低的时候接受任何一种治疗，效果都不错。与此相反，等PSA升高，哪一种治疗恐怕都救不了你的命。作为肿瘤大小的标志，高PSA值意味着肿瘤很大，而大肿瘤一般都已扩散到前列腺以外的其他部位并且多半开始转移。

一听此言，我大惊失色。我去医院做了超声成像检查以确定我体内的肿瘤的形状和位置。多数超声波仪器的图像十分模糊，以至于一般不把它作为一种诊断手段。但我去的是一所大学医院，那里的仪器十分精密，再加上由专家来做，准确性大大提高。检查发现我的囊外扩散，即肿瘤扩散到前列腺以外的概率是 60%。我听后非常沮丧，但我很快就发现这一点没什么好奇怪的。

我看到的最有用的一篇文章可能就是最近由约翰斯·霍普金斯大学的一群医生通过对 700 名患者手术后 10 年的情况进行调查而写的报告。在调查中，他们将临床发现，即每个病人手术前的检查结果，如 PSA 值、直肠指诊确定的肿瘤大小，以及活检结果等与病理学家手术中的发现联系起来，并制成表。这张表十分有用，它能使我在一分钟内通过术前的检查结果，查到可能的癌症特性的统计数字。我的 PSA 值为 6，肿瘤主要位于前列腺内的一侧，活体检查为中度扩张性。当我把我的一套检查结果放到表中相应位置上时，它显示出我的囊外扩散可能性正好是 60% 左右。

这张表的意义在于它指出了手术后癌症的复发率与术前的医学检查之间的关系。它表明了尽管医生在深思熟虑后认为这些病人是适合做手术的，并且手术也是由全美最优秀的前列腺外科医生做的，但很多病人还是复发了，他们的 PSA 再次升高说明了这一点。当把这些病人分类时，数据显示那些癌组织完全在前列腺内部的，复发率最低；有囊外扩散的病人的复发率较高；而癌细胞已穿透前列腺到邻近器官的病人，复发率最高。从这些数据中，我可以看出手术好像在 PSA 较低的情况下效果最好。

以我为例，如果没有出现囊外扩散，数字表明假设给我做手术的医生很棒，我 10 年内的复发率只有 15%。如果确有囊外扩散，我在相同时间内的复发率将达 60%，而我又有 60% 的可能性属于后者。计算表明我 10 年内的复发率为 40%，这个比例并不让我满意。很显然，即便是一切顺利，手术也不是对人人都有效。

还有后遗症的问题。正是 CompuServe 上的那位飞行员所说的，术后可能会很糟。糟糕的程度在于我看的是谁的数据了。据写论文的医生所言，后遗症并不可怕。但我还读了一篇直接询问病人得来的报道，却发现关于失禁和阳痿的情况要严重得多。这不得不让我猜想：到底是病人在向第三者描述病情时比向自己的医生描述时更容易悲观，还是在第二篇报道中的病人更具代表性？这反映了全美国的泌尿科医生——而不仅仅是少数优秀医生——的普遍水平。但不管怎么样，这足以刺激我去了解其他治疗方式。

其中最引人注目的要数体外放疗了。手术是靠切除肿瘤以至全部前列腺，而放疗靠的是轰炸性地摧毁前列腺部位的病灶，并且是有选择地针对癌变组织而不是健康组织进行摧毁。然而医学界就这一点争议很大。因此，尽管看起来大家都赞同放疗的副作用比手术小的观点，但它的疗效却是另一个问题了。

因为大多数泌尿科医生都先入为主地认为手术效果最好，所以要想了解放疗的疗效就特别难。于是，比较年轻和健康的病人，尤其是那些肿瘤较小因而被认为是手术的最佳人选的患者都被选去做手术，只剩下年老的和身体不好、肿瘤也比较大的病人去组成接受放疗的主体。后面一组人的疗效当然较差，但这又被反过来当作送早期病人去手术、晚期病人去放疗的证据。

然而在近几年，随着越来越多的PSA值较低的患者克服了这种偏见而选择了放疗，有数据显示在肿瘤早期进行放疗的疗效也越来越好。我读了一篇把放疗结果与病人最初PSA值进行对照的论文。当我把放疗结果和手术结果的数据放到一起，尽量使它们的原始PSA一一对应时，我发现疗效相差并不多，至少手术后5年是这样的。

当年我研究半导体设备时，我就学会把我的研究结果和其他人已经发表的结果加以比较，并且对任何不同之处做出评价。但在医学领域好像没那么回事。医生们主要关心的是发表他们自己的数据；他们通常不把自己的数据和别人的进行比较，即便是在他们自己的领域也是如此，更不必说用其他方法治疗哪怕是同一种病了。所以我就一直不停地做着这种比较研究。

这时候我知道了另一种放射技术。即把带放射性的粒子直接植入前列腺内。这并不是一个新发现，几十年以前就有人尝试过，但没成功，好像是因为粒子安置得不均匀，中间留下不少“冷点”，没有把肿瘤消灭得足够干净。

近几年来，这项技术得到了改善。依靠超声仪的帮助，医生们可以把粒子放置得比以前均匀得多，并把“冷点”的概率降到最低。粒子在身体里待上6~9个月，放出辐射。粒子的辐射能量最终将消散，而粒子将一直留在原处。粒子疗法一般和体外放疗法结合使用，就是为了确保没有遗漏——就算粒子在前列腺内的位置变了，该组织里的每一处都将得到一定的辐射。

尽管在我的参考书中提到了粒子疗法，我却找不到近期出版的有关它的好论文。我给放射性粒子生产厂家的技术服务部打了个电话，从他们那儿得到不少信息。至少从5年疗效来看，这种方法很不错。技术服务部的人还告诉了我使用这种技术的几位医生的姓名。就在这时，有人出版了一篇包含几百个接受粒子源植入治疗和体外结合放疗法病人10年后数据的论文。和其他论文不同的是，它把结合放疗法的病人的治疗结果和出版过的最好的手术治疗的结果进行了比较。总的说来，两者非常接近。

好像还嫌事情不够复杂似的，一个医生朋友传真给我一份关于一种新的治疗方法的文摘。这是粒子技术的一种变化，叫作高剂量放射。在这种技术里，一个个高放射性粒子的一头系着线，通过数条空管被暂时插入前列腺内。整个过程在病人局部麻醉的情况下进行。其疗效甚至好于一般的粒子治疗，尤其在降低副作用方面可谓更胜一筹。这两种粒子疗法中最让我心动的是它们的复发都不在原发区，这意味着就算癌变复发了，它也不会出现在前列腺处，而是身体别处的某个部位。这表明结合放疗法在除掉前列腺内的肿瘤方面确实有效。如果在治疗时肿瘤已经转移，那就没有任何一种治疗方案（无论是手术还是放疗）能有回天之力了。

无论如何，这些事实足以使我采取行动了。我准备去看的两个医生恰好都在西雅图。一个采用将粒子留在体内的疗法，另一个采用将高剂量粒子短期植入体内后取出的疗法。后者的疗法对我有独特的魅力。很显然，它使人可以计算并控制放射性粒子在体内的时间，从而最终使得辐射的威力正好与肿瘤的大小、形状和位置相符。我的肿瘤在前列腺右侧，治疗时就可将放射的重点放在该侧，而不至于使整个前列腺受到高强度的辐射。这是一项可控制的技术，是一种个性化方案。

我的医生把高剂量放疗比作“聪明弹”，而体外放疗甚至是粒子植入更像是地毯式轰炸。这十分重要，因为放疗的副作用来自周围器官，如尿道和直肠对放射的敏感。如果能大量地杀死癌细胞而将辐射对邻近器官的影响减至最小，从理论上讲，患者就能得到最好的疗效，产生最少的副作用。事实上，这正与我的医生治疗的结果相符。我坐在他的办公室里，倾听着他的方案，然后问道：“如果你得了我的病，你会怎样？”他犹豫了一下，说：“我可能会做手术。”我充满困惑地离开了，但没忘记带上从两名医生那儿弄来的更多的未发表过的数据，以便丰富我的表格。

据说还有一种疗法：冷冻术。这种方法无须开刀切除肿瘤，也不用放射线将其摧毁，而是医生用蘸满液氮的线团在麻醉状态下插入前列腺，将肿瘤冻掉。我找不到任何确凿的疗效记录，而且它的副作用似乎不在手术之下，因此把它归在考虑之外。

我还发现了一种新观点：无论是放疗还是手术，只要辅以服用某种睾丸抑制激素便可使肿瘤收缩，从而提高疗效。我想，收缩的肿瘤会比较好切，也比较好摧毁。因为激素既有助于手术又有助于放疗，我便按照“聪明弹”放疗医生的建议开始服用激素了。激素自有其副作用，虽说是暂时的，但我还是开始轻度拉肚子，并且性欲全无。

与此同时，我继续去看三位知名医生。他们都坚决地反对结合放射治疗，或是任何一种放射疗法。例如，其中的一位指出那将导致直肠开口术（这把我吓了个半死）。另一位说除了手术，没有任何治疗方法可以使PSA值降到0。这使我大惑不解，因为有些PSA值是前列腺组织本身释放的，而放疗并不毁坏前列腺组织，为什么不让患者在治疗后保留一点儿PSA值呢？我们的谈话总是越来越激烈，而我的问题也总是得不到解决。

为了寻找对策，我给“聪明弹”放疗医生打了个电话。

使我惊讶的是，他对此争端的态度十分公正平和，即便是在他揭穿问题的实质时也是如此。比如他从来没遇上过一例需要做直肠开口术的；他分析那只可能在最早的病例中出现，那时直肠已为过度放射所伤。他向我保证，以今天的技术，绝不可能再出现那样的情况。

这听起来不错，但我还有最后一个问题："那么，为什么你自己还要去做手术呢？"他想了一下，最后说："你知道，在学医的全过程里，教授们总是向你灌输治前列腺癌就得手术这一金字法则，我想它还在左右我的思维吧。"

我的调查研究继续着。我和采用了不同疗法的人交谈，包括两个采用了"聪明弹"的患者。等我的调查全部结束的时候，我已经和15位医生和六七个病人谈过了，得到了一些重复的信息。我把找到的全部相关数据联系起来，很明显，有时癌症会随着时间的流逝再度出现，不论是用哪种疗法，每一种疗法的效果差别都不会很大。它还表明，不论哪种情况的复发，其比率都会缓慢地逐年上升。

无论如何，是下决心的时候了。

我的决定

1995年7月，我和妻子，还有几个朋友一起进行了为期一周的自行车旅行。每天骑几个小时车的感觉真不错，这让我暂时远离了那些烦人的数据。而就在我骑车的时候，脑子里还是免不了思考我的问题。渐渐地，想法越来越清晰。当我把这些想法写在纸上时，它看上去就像一张资产负债表。

赞成手术方案：

这是公认的首选：每个人都认为这是比较好的方案。他们会不会都错了？如果肿瘤确实只在前列腺内部，这个办法看起来不错。

赞成粒子源植入加放疗方案：

并发症看来较少，如失禁和阳痿。最重要的是这种办法简便易行。如果肿瘤已发展到前列腺以外，放射仍有效，因为体外放疗的有效范围大于前列腺本身。

我把这张纸看了又看，总结出如果我确实知道肿瘤在前列腺内部，我就去做手术。如果我确实知道它转移了，我就采取结合放射疗法。数据表明两者概率相当。

外科医生爱出的反对放疗的一张牌考虑的是长期效果，即针对10年以上的疗效，手术明显好于放疗。其实这在我的数据中并不十分明显。PSA值出现至今不过10年，因此依我看，手术和放疗的可比数据充其量不过10年。但我突然想到，即便是在我看来更胜一筹的结合放疗也只能多给我10年的健康，这简直比出钱买10年的缓刑还贵，更不必说我将承受的肉体上的痛苦了。我做事情有一个原则：往前要了解到10年以前，往后要了解到10年以后。PSA值出现在过去10年中，而它正在改变着前列腺癌的诊断与治疗。因此我推测，往后10年里将发生一些重大的事情。

然而我这一套理论的基础是：结合放疗的疗效与手术相当。所有的外科医生都否认这一点，放射科医生们的肯定又好似底气不足。我又回到我的数据和分析上，它们都显示出疗效是一样的——粒子也许还要好些。

我决定用我自己的表格赌一把。旅行进行到一半的时候，我打电话预约了几周后接受高剂量放疗。

治疗

“聪明弹”医生说如果我能再做一次比上一回更细致的MRI，将帮助他的“武器”更好地定位。我的运气真是好极了。所有拥有此设备的大学医院正好在试验一种新技术，可以把一种化学物质注射到体内，使其与MRI机的磁场发生反应而在前列腺表面形成红点，从而勾画出肿瘤图像。我对这项技术佩服得五体投地。我可以清楚地看到肿瘤所在的位置，令我欣慰的是，我的肿瘤看起来没有扩散到囊外，它的大小果然如方糖那么大。我让他们把这张照片尽快寄给我在西雅图的医生。

然后我就动身前往西雅图了。我必须在星期二早上5：30前赶到医院注册。我星期一的工作很忙，这真是太好了：让我没时间去想星期二的事。但是当我坐在晚班飞机上，抛开了白天的一切，在没有电话、没有计算机的时候，焦虑笼罩着我。尽管妻子陪在我身边，我却不想说话。

第二天一早，我上了手术台。一开始和非手术病人没什么不同：各种各样的提问，护士问着十分相似的没完没了的问题，量体温，验血，如此这般。然后是麻醉，虽然说的是局部麻醉，它还是让我几乎不省人事。手术过程中，他们是怎么在我的前列腺上插了16根空心针的，我完全不记得了。我只记得有个泌尿科医生（手术是由一个放射科医生和一个泌尿科医生共同完成的，后者的责任是把空心针插入正确的位置）。当我从昏迷中苏醒过来时，那个泌尿科医生向我演示他是怎样通过一根插入我尿道内的光纤电缆，将那些针准确地插到位的，那看起来就像是把针一根根朝他的眼睛上插过来一样。真是奇怪。

我被推进了一台电子计算机断层扫描（CT）仪，以进一步检查针的位置。后来我看到我身体中插着那一根根针的照片，这让我联想起豪猪。接着他们开始做放射分析。根据我的前列腺的形状和大小、肿瘤的情况以及针的分布，他们得算出放射性粒子顺着空心针进出的时间。我的MRI结果这时候正好用得上。医生们以MRI提供的肿瘤图像为根据，做出他们的计算。

做计算的是两个年轻人。他们看起来不像是医生，倒像是在给英特尔公司设计芯片。他们一算起来就没个完。我终于忍不住了，问道："你们用的是什么计算机？"他们认真地回答是286，那是我们13年以前推向市场、4年以前就已经停产的产品。

其后的48个小时里，我4次被推进放疗室。每一次，一个机器人似的玩意儿把放射性粒子一个接一个塞进空心管，然后就算大功告成。他们取出了所有的针之后，我的医生十分高兴地向我表示祝贺："您可以出院了。"

第二天，我飞回了家。到家的第二天，我就上班了。我一共只请了三天假。随后，大概过了两个星期，我就一切正常了。于是，体外放疗阶段开始了。作为补充治疗，体外放疗共做 28 天，每天只不过几分钟的事，却实在很麻烦。

每个工作日的早上 7：30，我都得赶到附近的医院，脱衣服，做放疗，穿衣服，然后去上班。放疗做了一周以后，正如他们预测的那样，我每天下午开始觉得疲倦。我就每天下午 4 点下班，而不像通常是 6：30 或 7 点。到了家，我睡上个把小时，然后起身，打开计算机，把一天的工作做完。

有时下午较晚的时段有会，我就去附近的旅馆开个房间，睡上一个小时，再精神抖擞地回办公室开会。我也顾不上别人对我下午去旅馆开房间怎么想了，但愿他们别往坏处想。

让我最恼火的是，我的体重增加了，可能是我不得不改变食谱的缘故。由于我的肠道受到副作用的影响，我不能吃粗纤维，而只能吃些更油腻的东西。我 5 周内长了三四磅[1]，这对我来说是够多的。

28 天终于过去了，我挺过来了。不再有什么激素反应、放疗、午睡啦！一两周以后，我开始吃蔬菜，开始减掉增加的体重，并重新获得往日的精力。最重要的是后者。放疗后 3 周，按照日程表的安排，我将在瑞士日内瓦召开的 1995 年世界电信大会上发言。发言稿的准备很不容易，而且这是我职业生涯中最重要的一次演讲。在大会和其他活动的间歇，我游览了欧洲。全过程中，我身体的各个系统工作正常，一切都和以前一样。

也不能完全这样说。就在我刚刚结束放疗时，他们检测了我的 PSA 值，从这开始，以后我一辈子都离不开这种以发现复发为目标的检查了。尽管疗效不错，至少从情感上它也将提醒我，事情已经不可能完全“和以前一样”了。

从那时起至今已有半年，我经历了 3 次 PSA 值检查。我的精力、健康、身体机能（包括性功能）好像和以前没什么不同。然而，每过一段时间，我都得面对一次 PSA 值检查的威胁。尽管前 3 次检查结果都很好，我却知道这种

1. 1 磅约为 0.45 千克。——编者注

恐惧将在我往后的生活中一直存在。

经验之谈

通过这次前列腺癌的亲身体验，我得出如下结论。

肿瘤总是要长大的。有时它们长得快些，有时会很慢，但总是要长的。因此，我认为对待肿瘤，应该果断地及早采取有效措施加以解决。

我采取了激素加高剂量植入辐射加外部辐射的方法。而对其他人，如参议员多尔和施瓦可夫将军，则是手术比较有效。如果我的好朋友得了这种病，我的忠告是："调查、选择、去治疗——而且要快。你需要采取主动进攻的态度。消极等待只能更糟。"

所有的争论都不复存在，PSA值检查是上帝赐的礼物。除了不患癌，它给了你能得到的最宝贵的东西——时间。我不能苟同我女儿的医生朋友的观点，认为只因没有完美的治疗方案就该否定做PSA值检查的意义。按照他的观点，是否我们也应该取缔直肠指诊？毕竟，它们的作用是差不多的：它们都是前列腺癌出现的信号。PSA只是在时间上早些罢了。

我认为每个中年男人都完全有必要定期进行这项检查。基于有些前列腺癌发展得很快，我建议把检查周期定在一年。你应该像熟知你的胆固醇指标一样了解你的 PSA 值。记住，它是一个信号。PSA 给你的是提早行动的时机。千万不要坐失良机。

我把这段经历和从中学到的东西与几个朋友和合作者谈了谈。我了解到他们中有三个人的PSA值超标。他们都感到担心和疑惑，但却什么都没有做。我还有个朋友，他家里有两个亲戚都得了前列腺癌，这意味着他自己患此病的可能性高于普通人，但他却从来没做过PSA检查。每当我召开工作会议，看着眼前的那群同事时，我真想冲他们喊一句："你们这些家伙知道自己的 PSA 值是多少吗？"

在这个领域里没有一个好的把关人。不能过分相信你的全科医生，因为前列腺癌的领域非常复杂和多变；不能过分依赖泌尿科医生，他们会很自然地偏向于手术，因为他们是外科医生，手术是他们最了解的治疗方式。他们会说其他任何一种治疗方法都注定是试验性的，即使它有同样多的相关数据。但对这些数据的分析使我得出结论，即可行的非常规治疗是存在的。

这一切让我想起第一次进行投资咨询时令人不快的

经历。

过了一段时间，我终于明白了，那些投资顾问，不管他们的本意有多好，有多大才干，他们总是偏向他们所在的机构。我总结出我得自己给自己拿主意，我得自己管理自己的投资。与此相仿的是，在诊治前列腺癌这一医学领域里，每位患者都别无选择地面临这样一种状况。如果你自己管理自己的投资，那么我想你也应该自己管理自己的生命。做做调查研究，得出自己的结论，别把任何人的话当成圣经。对刚入门的人来说，先找出你的情况在表格中对应的位置——它们应该被看作前列腺癌患者的权益书。

依我之见，正确的答案只有在医生比较了各种不同的治疗方案之后才能得到。做到这一点，最好的方法是做比较性的工作。坦白地说，我并不觉得我在这方面的经历有多了不起。在斯坦美博士的文章（就是我刚开始这一艰苦历程的时候从 CompuServe 里下载的那篇）中，他说道："……当面对一种我们所不能理解的重病时,（我们每个人）就变得像孩子似的害怕了，并且四处找能告诉我们该如何去做的人。对医生来说，他们的最高责任就是向病人提出医治前列腺癌的各种选择。"我认为我们与这一理想还相距甚远。

附录

英特尔与微软的对话

安迪·格鲁夫与比尔·盖茨进行公开对话，对他们合作中的分歧直言不讳。

自1978年开始，英特尔公司总裁安迪·格鲁夫和微软公司总裁比尔·盖茨联手，建立了美国有史以来最赚钱的商业同盟。他们在近20年之内，通过竞争与互补的崭新的商业合作方式，从称霸世界的苹果电脑和IBM手中夺得了个人电脑产业的霸主地位。近几年来，两巨头又先后生产出更高效的微处理器和Windows软件，更在个人电脑方面独执牛耳。直到今天，即使在互联网的时代，两巨头仍高踞其上，有计划、有步骤地利用联网电脑，改变着从电话到电视的方方面面。

尽管格鲁夫和盖茨的商业同盟在个人电脑领域无可匹敌，但他们并非天造地设的合作伙伴。他们都固执、洞察力敏锐，对事物有独到见解，但他们身上的不同之处太多。盖茨现年40岁，是西雅图上流社会的子弟，在优越的环境中长大，哈佛大学肄业。格鲁夫已经59岁，出生于匈牙利，年幼时经历过纳粹的残暴统治；后来到美国，读完大学及研究生课程，最终获加州大学伯克利分校博士学位。盖茨人到中年，开始发福，看上去有点儿玩世不恭；格鲁夫神采奕奕，衣着讲究，像个商业节目主持人。

最近，两巨头应一家新闻机构之约，在美国帕洛阿尔托进行一次公开对话，披露了他们合作中的一些逸事，对电脑的发展表达了自己的看法，而且对他们合作中的分歧直言不讳。

盖茨：那是在1978年，我第一次见到格鲁夫，那对我们来说可是件大事。当时微软只有11个人，而英特尔已有1万人。多么悬殊的差距啊！

格鲁夫：从理论上说，我和比尔每季度见一次面，事实上，每年会见面两三次。会谈轮流在各自的总部举行。每次会谈前，双方的下层管理人员都会磋商，设定议事日程，然后我们开始会谈。每次会谈常常持续四五个小时。

盖茨：在20世纪70年代末80年代初，微软同英特尔签订了多项开发合同。最初的几年，我和你很少见面。我还记得一点，英特尔的联系人忽视微软的存在——我是说，他对微软的某个项目毫无反应。为此，我去贵司与你共进晚餐，而你却大发雷霆。

格鲁夫：那可不是个愉快的晚上。我记得连厨房的人都跑来看我们吵些什么。在这之后，只有我吃完了自己的那份饭。

盖茨：是呀，我们的观点大相径庭。

格鲁夫：自此之后，我们两家公司里的职员继续往来、做生意，而我们俩却很长一段时间不说话。

盖茨：几年后，我们才又一次共进晚餐，并开始定期会晤。微软同英特尔一起，努力开发一种更简单、更快速的微处理器。

20世纪80年代以前，苹果电脑是个人电脑产业的霸主。80年代初，IBM采用了英特尔的微处理器和微软的操作系统，取代苹果电脑而成为个人电脑产业的老大哥。与此同时，英特尔与微软也成为个人电脑产业方面的巨人。

格鲁夫：但在1986年，IBM失去了对个人电脑的控制，原因是它不愿采用我们的386微处理器。正是那时，康柏公司闯入个人电脑领域，因采用我们的386微处理器而迅速崛起。这时，我们就不再是两个新手陪一个老手做游戏了，我们转而成了平等的竞争对手，那位老手不再出现。

盖茨：是的，康柏决定在IBM之前采用386系统是一个伟大的转折。不过，它还未能在电脑功能方面处于领导地位。自那以后，个人电脑工业没有领导者，我们俩都觉得有必要也有机会去填补这一空白。在最后几年中，我们双方的合作更为密切。

自80年代后期至今，英特尔和微软填补了这一空白，成为个人电脑产业的霸主，建立了牢不可破的地位。

我们最近一次出现矛盾是在去年：贵公司的伙计们

开发了一种无须添加硬件即可让个人电脑拥有多媒体功能的软件。那是个好主意，但问题在于你的软件与“Windows95”不兼容。

格鲁夫：这些矛盾的发生是因为我们的事业各有侧重点。去年，微软在做它有史以来最大的事情，即发布“Windows95”。微软的人专心致志、沉浸其中。我承认，当时我们没意识到，我们开发的软件事实上与“Windows95”不兼容，这就产生了我们之间的矛盾。

盖茨：去年夏天我们一起在圣何塞吃饭，我在那儿第一次清楚地说明了问题所在。我说：“你们那些伙计没错，他们精明得很，但你们搞的东西与‘Windows95’不兼容。”在这之后的一段时间里，我们达成一致：只要目标相同，我们就共同发展好了。英特尔明智地放弃了，这值得赞扬。

格鲁夫：其实我们别无选择。基本上是我们投降了。

盖茨：不，那不是投降。如果英特尔真的发布自然信号处理系统软件，那对你自己也没有任何好处。使我们无可匹敌的一个重要原因，是我们精神上的相互依靠。有人问过我：“如果微软不与人合作，它能成功吗？”那天晚上，我看着微软和英特尔利润增长的图表，心想：这是怎样一种依存关系！我们又创造了怎样一种成功的奇迹呢！尽管我们有过种种矛盾，但从未挡住彼此发展的道路。

格鲁夫：有一本书，名为《合作竞争》。作者把比赛理论运用到商业中，提出商业竞争中“互补者”的概念。微软和英特尔就是典型的“互补者”。通过我们之间的合作，我们学会了容纳他人的观点，放弃目光短浅的偏见，这已是我们双方的共识。

盖茨：我们之间并没有排他性的关系。如果明天有人走进微软，说他所在的公司有一种更快、更便宜的微处理器……

格鲁夫：哦，其实你们这样做过，你们试过别人的芯片，但失败了。

盖茨：你们也一样。我们并不赞许英特尔所做的每一件事，但我们尊重你们的想法。

格鲁夫：我对微软的人最深的印象是，他们是高深的战略家。他们绕来绕去，游刃有余。不过他们的防御心太强，有时一点小小的分歧也会招致他们强烈的感性反应，从而阻止了创造性的探讨。在合作 15 年之后，我们已知道这会像风一样吹过，他们会冷静下来。当然，英特尔的许多人也一样容易情绪激动。

盖茨：谢天谢地，还没有什么人被打得鼻青脸肿。

（谈话时间为1996年，因此谈话中的“去年”指1995年。）

致谢

本书中的观点有两个实践来源。第一个来源，也是最重要的来源，是我在英特尔公司多年的管理经验。多年来，我经历了不少战略转折点。第二个来源是我的教学经验。5年来，我在斯坦福大学商学院的研究生院与另一位老师共同讲授企业战略管理课程。借助学生们的视角，我回顾了自己和他人的一些经验。第一个实践来源是亲身处理变化的经验，第二个则与它互补，是从外到内的剖析。

因此，我向英特尔的管理者同行和斯坦福的学生们致以谢意。我特别感激和我合作的老师罗伯特·布格尔曼教授。他不仅在个案教学方法方面是我的良师益友，而且帮助我理清和扩展了思路。

我原本没有写这本书的意愿，是来自双日出版公司（Doubleday）的哈丽雅特·鲁宾找到我并告诉我有这个必要。她对这个课题的深刻理解、对内容主旨的一贯坚持，以及对基本概念的细致阐发，都对本书的写作极有帮助。

另外，我要感谢罗伯特·西格尔，他一直致力于为我的事例找到正确的出处，收集注解中使用的参考文献。他精益求精地为我改正了许多不正确之处，以及和上下文不一致的地方。

我要最衷心地向凯瑟琳·弗雷德曼致以谢意。在把基本思想写成书的整个过程中，我都得到了她的鼎力相助。她对这个课题理解得很深，又能够跟上我的思路；同时，她组织文章的才能简直令人称奇。这些对于我的写作来说都是无价之宝。

她洞察到个人前途和公司战略之间的相似和联系，这对我也是一个极为有用的帮助。她的幽默感也帮助我避免了许多可能犯的错误。

最后，我真诚地感谢我的妻子夏娃。她负担了双重的责任，支撑着我经历了数十年的风风雨雨，这次又帮助我在写书过程中回忆过去的经历，并为我校对书稿以确保文路清晰。

1996 年 2 月

于圣克拉拉

图书在版编目（CIP）数据

只有偏执狂才能生存 /（美）安迪·格鲁夫著；安然，张万伟译 . -- 北京：中信出版社，2021.4

（中信经典丛书 . 002）

书名原文：Only The Paranoid Survive：How to Exploit the Crisis Points That Challenge Every Company

ISBN 978-7-5217-2888-0

Ⅰ . ①只… Ⅱ . ①安… ②安… ③张… Ⅲ . ①企业管理 Ⅳ . ① F272

中国版本图书馆 CIP 数据核字（2021）第 045579 号

只有偏执狂才能生存

（中信经典丛书 · 002）

著　　者：[美] 安迪 · 格鲁夫
译　　者：安然　张万伟
责任编辑：杨杉杉
出版发行：中信出版集团股份有限公司
（北京市朝阳区惠新东街甲 4 号富盛大厦 2 座　邮编　100029）
承 印 者：北京中科印刷有限公司

开　　本：880mm × 1230mm　1/32　　印　　张：115.5　　字　　数：2719 千字
版　　次：2021 年 4 月第 1 版　　印　　次：2021 年 4 月第 1 次印刷
京权图字：01-2010-3493
书　　号：ISBN 978-7-5217-2888-0
定　　价：990.00 元（全 8 册）

扫码免费收听图书音频解读

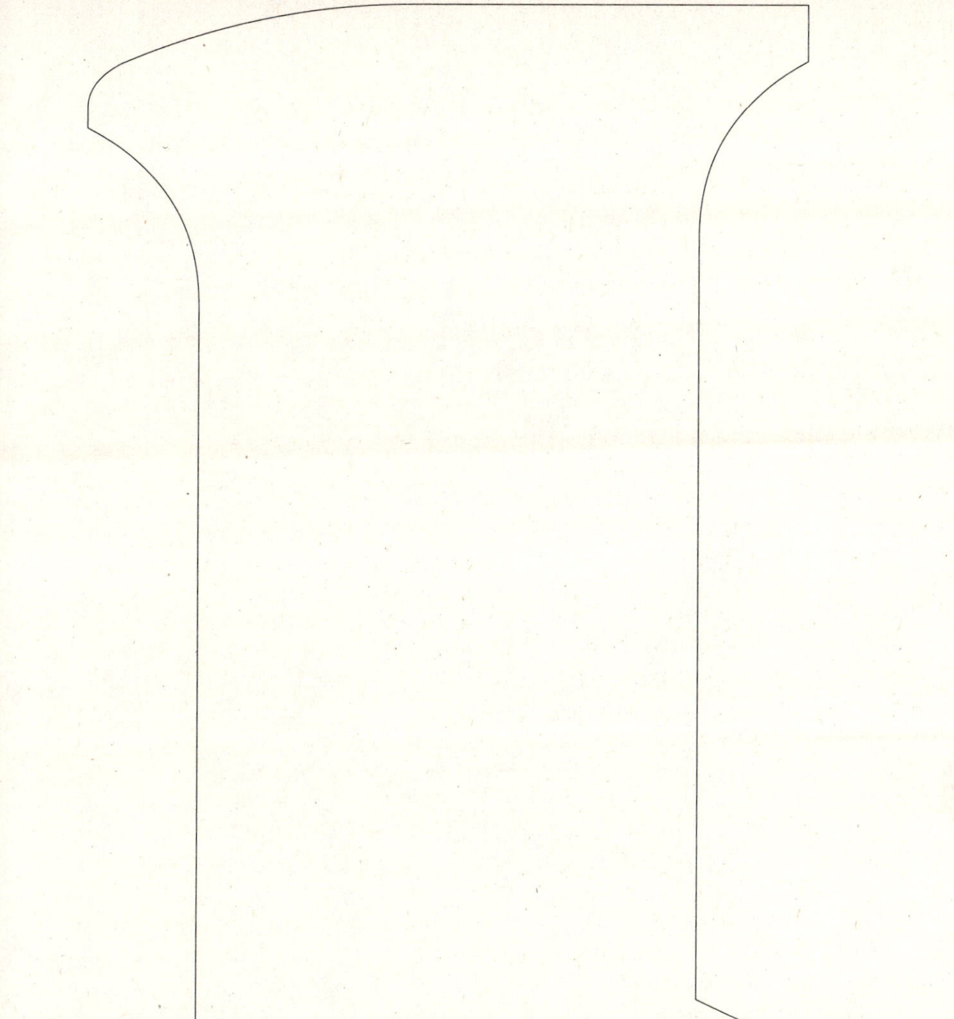

谁说大象不能跳舞？

WHO SAYS ELEPHANTS CAN'T DANCE?

[美] 郭士纳 著

张秀琴 音正权 译

中信出版集团 | 北京

谨以此书献给成千上万的 IBM 人

他们从来没有抛弃过他们的公司、他们的同人以及他们自己

他们是 IBM 再创辉煌的真正英雄

编者的话

杰克·韦尔奇、郭士纳的名字在职业经理人，甚至许多并非企业高管的普通读者当中颇具知名度和影响力。作为出版者，我们引以为豪的就是将他们的自传和对管理最为权威的论著《赢》最早引进中国，并将《谁说大象不能跳舞？》引进出版。

然而，阅读是思想的开始，而不是终点。这些年中国企业的发展和企业家群体的成长超过这个国家以往任何时代，如果说对韦尔奇的单纯膜拜仍然在继续，则不失为一种思想上的停滞。幸好它没有发生。由此，我们想到了重新整理已经出版的杰克·韦尔奇和郭士纳的作品，将“中信十年人物经典”作为一个系列出版，以期为更多人的思考提供参考和镜鉴。换句话说，是想在企业家成长的路上捧上自己的一把新土。

在这个世界的任何角落，企业家都不是“无土栽培”的。他们的成长和发展需要社会环境、商业环境等众多外围条件。在我们看来，他们中的一些人如果生于战乱，也颇有成为将才的可能。而他们之所以成为企业家，首先是他们的性格、知识、能力等个人因素足以令其成为一个优秀的人，其次就是中国经济飞速发展提供的机遇与挑战的催化——所谓“时也，势也”。

站在出版者的角度，令我们欣慰的不仅仅是柳传志、王石、马云这些企业家中的佼佼者在阅读我们的出版物，更重要的是，在中国数以十万计的中小企业的创业者、管理者，甚至是那些身处规模庞大企业各个岗位的普通员工，也在阅读我们的管理图书。我们相信如此庞大的智力资源才是中国企业，乃至中国经济最强劲的引擎。

如今再看韦尔奇、郭士纳的种种论述，一如当年，无法从中找到对现实局面简单直接的解决方案。但是沿着其中的许多思路去思考，仍然有助于很多人解决自己工作中的问题、面对管理上的困境。从蹒跚学步，到摸着石头过河，中国企业和他们的领导者正在从小学生，逐步向行业旗手的新征程开拔。如果说，我们出版杰克·韦尔奇等人的作品是在坚持什么的话，那就是坚持着一份期盼，期盼中国企业的领导者，也能从中国经济奇迹中脱颖而出，成为世界级的商业领袖。而他们之中，也将有人登上企业管理者的最高峰，一如当年的韦尔奇、郭士纳，令世界瞩目。

在如此恢宏的历史中，我们要做的不过是，为您提供知识，以应对变化的世界。

编者

2015 年 10 月

目录

第二部分 战备决策

第三部分 IBM 文化

第四部分 教训篇

第五部分　**经验谈**

附录

序

我从来没有想过要写一本书，因为我不是一个写书的人。直到现在，我也没有时间伏案反思我 35 年的从商生涯，更没有耐心长时间地坐在那里写一本书。在我的整个职业生涯中，我都不敢贸然告诉别人该如何管理他们的企业。

坦率地说，我不敢确信别人是否对我的思想感兴趣。我阅读过别人的许多著作，但多数并非关于商业方面的。每天在办公室里待 12 个小时，回家后谁还会想去阅读别人的办公记录呢?

我总以为，你不可能仅仅坐在办公室里，就可以成功地管理好自己的企业。这就是我在 IBM 公司（国际商业机器公司）担任 CEO（首席执行官）的 9 年间坚持四处走访的原因所在：此间，我的飞行里程达到了 100 万英里，并会见了无数 IBM 的客户、商业伙伴以及员工。在过去的两年里，就在人们开始猜测我是否退休在即的时候，我还在想，正是在这些会见中，一个外出走访的 CEO 才能够获得关于公司、世界以及未来的许多宏伟蓝图的认识。然而，有多少次——无论是在大型会议还是在小型聚会中，甚至是在与 CEO 们和国家领导人的私人会晤中，我都惊奇地发现，人们总是在问我："你是如何令 IBM 起死回生的？""你刚到那里的时候,IBM 是个什么样子？""IBM 的问题出在哪里？""你做了什么特别的事使 IBM 东山再起了？""你在这一过程中学到了些什么？”

许多人都说，他们想知道这些问题的答案，因为他们自己的公司、组织或者政府机构也面临着一些与 IBM 在 20 世纪 90 年代初期濒临倒闭时类似的问题。国外的商务人士也面临着一个任务，就是如何把传统企业转变为与世界经济接轨的、务实而灵活的现代企业，所以他们似乎对这些问题特别感兴趣。

就在我宣布自己有引退的意愿以后，我在《今日美国》（*USA Today*）上看到了一篇有趣的文章。该文指出：人们期待郭士纳能够做一些比写书或者打高尔夫球更有意义的事。这是一个好主意，但是自从宣布打算引退以来，我已经收到了数千封来信和电子邮件，其中大部分都表示希望我能够告诉他们，我在 IBM 有什么样的经验和教训。我还应邀在一个电视广告中与高尔夫球名将杰克 · 尼克劳斯（Jack Nicklaus）以及加里 · 普莱耶（Gary Player）一起亮相。对于我来说，目前满足所有这些“公众要求”最容易的方式就是，远离高尔夫球并着手写一本书。

下面我就要告诉你有关我重振 IBM 的故事了。

当然，如果没有 IBM 同事们的帮助，就没有 IBM 的起死回生和今日的辉煌，也就没有呈现在大家面前的这本书。从许多方面来说，这不仅是一本关于我的书，同时也是一本关于他们的书，他们都是重振 IBM 的英雄。这些英雄当中有许多都是公司的领导者，其中最重要的要算丹尼 · 韦尔什和彭明盛[1]了，他们是我们服务公司的缔造者；还有软件集团的创始人约翰 · 汤普森；把

1. Sam Palmisano，2002 年 3 月接替郭士纳任 IBM CEO，他的中文名字是“彭明盛”。——编者注

混乱的信息整合起来并形成了世界上最有力品牌的阿比·考恩斯坦姆；帮助我把高科技语言转译成管理用语的尼克·多诺弗里奥；把生产力水平、纪律、深入的调查分析理念贯穿到公司之中（在我来IBM之前，这些工作似乎并没有得到足够的重视）的3位伟大的高级财务主管杰里·约克、里克·托曼和约翰·乔伊斯；在许多重大决策上给予我智力支持和咨询帮助的，我多年的同事拉里·里奇尔迪；最后，还有使IBM真正拥有了健全的人力资源部门，并在公司文化转型中发挥核心作用的人力资源部负责人汤姆·布沙尔。

实际上，在IBM的转变过程中，成千上万的IBM人也都为此做出了巨大的贡献，他们接听电话、勇于承担重任，并在我们承担重振公司这个让人筋疲力尽（时而令人恐惧，时而令人振奋）的任务过程中，表现出他们的宽容和理解。为了他们，我决定写这本书。

我是在没有合著者和代笔者的情况下写这本书的（所以，我敢打赌这是我的最后一本书了，我没有想到写一本书有这么难）。我会为书中所出现的任何误导读者的错误负全部责任。而且书中所陈述的都是我个人的观点，并不一定都代表IBM公司以及IBM其他员工的想法。

我的确从IBM的一些老员工那里得到了许多帮助，他们是乔恩·伊瓦塔、马克·哈里斯以及麦克·温。米歇尔·安德尔则熟练而耐心地、一次又一次地帮助我整理稿件。我衷心感谢他们，还有每一位帮助过我的人。

引言

本书不是我的自传。除了我的孩子，我并不奢望任何人阅读这本书（而且，对于他们是否愿意阅读本书，我也完全没有把握）。然而，为了给我的观点提供一些相关的背景，我决定简要陈述以下这些历史背景。

1942 年 3 月 1 日，我出生于美国纽约米尼奥拉市。

我父亲从一个送奶车司机做起，最终成为 F&M Schaeffer Brewing 公司的调度员。我母亲做过秘书、房地产销售人员，并最终成为一所社区大学的教学管理人员。我还有一个哥哥和两个弟弟。直到 1959 年我上大学之前，我们一家人都住在米尼奥拉的同一所房子里。

我成长于一个信仰天主教的中产阶级家庭，家教严格，但又充满温暖。所以无论我在事业上取得什么样的成就，都是与我父母的影响分不开的。父亲是一个不爱说话的人，他非常爱学习且注重内省——这种内省是不需要更大范围听众的赞许和肯定的。母亲勤劳善良，对所有的孩子一视同仁，要求极其严格。是她，督促我们追求卓越、追求成就，并最终走向成功。

在我的家庭中，教育是首要的问题。父母每 4 年就要抵押一次房产以支付孩子们的学费。我入的是公立小学，毕业后就去了米尼奥拉的天主教中学——Chaminade 中学。1959 年中学毕业，我申请到了达特茅斯学院一份丰厚的奖学金，自此开始了自我奋斗的人生历程。对于我的家庭来说，达特茅斯学院提供的那份奖学金是一份巨大的恩惠，没有它，我可能根本没有办法踏进大学的校门。

4年后，我获得了工程学学士学位，毕业后又到哈佛大学商学院继续学习了两年（那时候，你可以从本科院校一毕业就直接到商学院读书，这种做法后来被大多数商学院取消了）。

23岁的时候，我从哈佛毕业就直接进入商界。

1965年6月，我加盟纽约麦肯锡咨询公司。我的第一个任务就是为标准石油公司（Socony，美孚的前身）做一项高级管理人员的报酬研究。我永远不会忘记开展该项研究的第一天，当时我对高级管理人员的报酬问题一无所知，对石油行业也知之甚少。不过幸好我是公司里的新人，公司一般不会委我以重任。但是，麦肯锡公司却是一家要求员工迅速成长的公司：几天之内，公司就委派我去和一位比我大好几十岁的高级经理面谈。

随后的9年里，我一步一步成长为麦肯锡公司的高级职员。我负责管理公司的财务，同时也担任公司高级管理委员会委员。我是负责3个主要客户的合伙人，而这3个客户中有两个是金融服务公司。

在麦肯锡公司我所学到的最重要的事情就是，如何对一家公司的基础有一个具体的理解。麦肯锡公司就是专门为自己的客户深入分析其市场定位、竞争态势以及战略方向的。

刚过而立之年，我就清楚地意识到，我并不甘心把顾问工作当作自己的职业。尽管我喜欢智力挑战、快节奏，以及与高级管理人士接触，但我还是发现自己越来越不喜欢扮演一个顾问的角色。记得我曾对自己说："我再也不想走进一个房间，然后将一份报告呈交给会议桌对面的人，我真正想成为的是会议桌对面的那个人——那个能做决策和采取行动的人。"

与麦肯锡公司其他许多成功的合伙人一样，我在做顾问期间也曾收到过客户的邀约，邀请我加盟他们的公司。但是多年来，这些邀约都没有能够打动我，并足以令我下决心离开麦肯锡公司。然而，1977 年，我终于接受了美国运通公司的邀请。那时，运通公司是我最大的客户，而且加盟时我担任的是该公司的旅游服务集团负责人的职务（实际上，就是负责美国运通卡、旅行支票以及旅行办公业务）。我在美国运通公司一待就是 11 年，那也是一段非常有趣，而且我个人也感到很满意的时光。10 年间，我们的团队使旅游服务业务的收入复利增速提升为 17%；运通卡的发行量也从 800 万张增加到 3 100 万张；我们还围绕着公司卡、销货以及信用卡加工业，开拓了各种新业务。

在美国运通公司，我学到了许多东西。一开始我曾失望地发现，公开的意见交流（从某种意义上说，那是我在麦肯锡公司所学到的，在不采用等级制度的情况下，一种完全自由的解决问题的方式）在一个大型的、以等级制度为基础的机构中并不起作用。我还清楚地记得，上任的第一个月中我在这件事情上所处的尴尬境地：那时，我邀请了一些我认为专业水平很高的人前来就决策问题进行讨论，而没有顾及他们都是等级比我低 2~3 个级别的员工。因此，我的团队对我的这一行为几乎是表示半反抗态度了！于是，我开始试图建立一种这样的机构，即在这个机构中既允许等级制度的存在，同时又允许机构中各个级别的人聚集在一起，共同探讨解决问题的办法。

在这里，我还培养了一种信息技术战略价值观。想想美国运通卡所显示出来的信息技术含量吧！尽管在20世纪70年代之前我们并没有意识到这一点，但它实际上就是一个大宗的电子商务。数百万在全世界旅游的人都携带着运通公司这张银白色的塑料卡片，在世界各地进行购物和享受服务。每个月他们都会收到一张账单，账单上列明他们的这些交易，所有的交易都可以转换为以某种货币形式结账。如果没有数千名，那至少也有数百名彼此并不相识或许再也不会见面的人，在世界各地同时进行交易，所有这些交易大多是通过大规模的全球数据处理中心进行电子商务处理的。多年来，我在该项业务中为之努力奋斗的就是它的技术含量。

同样是在美国运通公司，我第一次领教了“老IBM”的厉害。我绝不会忘记，在那一天事业部经理给我打电话说，他最近在公司的一个大数据处理中心安装了一台阿姆达尔（Amdahl）电脑——该数据处理中心一直都是全部使用IBM产品的。这位经理说，IBM的产品代表那天早晨来到我们公司并告诉他，由于我们公司的数据处理中心购买了阿姆达尔电脑，所以IBM将取消对我们数据处理中心的所有支持性服务。听完之后，我简直惊呆了。鉴于美国运通公司当时还是IBM最大的客户，所以我无论如何也想不到IBM会如此对待自己的客户。我立即给IBM当时的CEO打电话，询问他是否知道并同意该公司的这一做法。我没有联系到这位CEO，而是和他的一位行政助理通了话，这位行政助理说他会记下我的话并转给CEO。IBM到底还是头脑冷静（或者说是聪明）的人多，所以那场风波总算过去了，但我却永远不会忘记。

1989年4月1日，我离开了美国运通公司，结束了《商业周刊》（*Business Week*）所谓的在运通公司的“漂亮的10年竞赛”，来到了RJR纳贝斯克（RJR Nabisco）公司。这是一家大型袋装食品公司，是前不久在原纳贝斯克公司和R. J. 雷诺兹（R. J. Reynolds）烟草公司合并的基础上组建的。当猎头公司找到我时，该公司已经名列“美国90家最受尊敬的公司”之一。该公司当时刚刚经历了美国现代商业史上最疯狂的一次风险投资：众多的投资公司为该公司的非公开杠杆收购（LBO）展开了一场极其激烈的竞标，最终中标的是联合风险投资公司（Kohlberg Kravis & Roberts Co.，简称KKR）。然后，KKR就找到了我，让我到这家目前处于非公开和负债累累状况中的公司担任CEO。

之后的4年，我又投入全新的挑战之中。尽管从美国运通公司开始，我就已经清楚地掌握了一家消费品公司的运营规则，但是我在RJR纳贝斯克公司的大部分时间却都是用在了对非常复杂而且负担过重的资产负债表的管理上。20世纪80年代杠杆收购的肥皂泡，在RJR纳贝斯克公司购并成立后不久就破灭了，并给这次购并活动带来了潮水般的麻烦。事后看来，KKR的确是在RJR纳贝斯克公司身上花了太多的钱，同时对于RJR纳贝斯克公司来说，以后的4年就变成了为平衡资产负债表再筹集资金的过程，而且还要努力保持公司各事业部之间的某种平衡。为此，我们不得不在起初的12个月中卖掉了价值110亿美元的资产，每年还要支付利率高达21%的债务。当然，我们有很多贷款人和债权人委员会，还砍掉了最高管理层的过度开支（例如，当我来RJR纳贝斯克公司的时候，该公司旗下已经拥有32名职业运动员，他们都是由公司支付其薪水的“RJR纳贝斯克队”的队员）。

对我来说，那是一段艰难的时光。我喜欢建构商业，而不是肢解它们，同时我们也可以从所做的每件事中获得学习的机会。从 RJR 纳贝斯克公司的工作实践中，我学到的一条重要经验就是：现金在一家公司中具有十分重要的意义——“自由现金流量”是衡量一家公司是否健康发展以及公司绩效高低的一个最重要的指标。

我也从 RJR 纳贝斯克公司的工作实践中进一步培养了管理者和所有者之间的良好关系。在麦肯锡公司的时候，我就已经对这种关系有所体验，因为麦肯锡公司就是一家合伙人共有的私营公司，管理者有必要与股东利益保持一致——不是通过诸如股票期权这样的无风险工具，而是通过把管理者自己的钱投放到公司之中，使自己与所有者之间的利益保持一致。这种方法也成为我以后带到 IBM 公司的一个重要管理哲学。

截至 1992 年，一切都清楚地显示出，RJR 纳贝斯克公司本身运营得很好，但是杠杆收购却并没有给公司的所有者们带来预期的经济回报，KKR 也正准备退出，于是我也萌生了退出该公司的想法。本书下面将开始讲述我的故事。

第一部分

掌舵领航

第一章

IBM 情缘

1992 年 12 月 14 日，我刚从一个慈善晚宴上回来，这些晚宴大多充满温情善意，但却少有刺激和促进作用。参加这样的晚宴是纽约城 CEO 生活的一部分，我作为 RJR 纳贝斯克公司的 CEO 当然也不能例外。当我刚走进自己位于第 5 大道的公寓还不到 5 分钟，电话铃就响了。那是楼下服务员打来的，现在已经将近晚上 10 点，服务员却告诉我说："伯克先生想在今天晚上尽快见到你。"

我很纳闷，因为我住的这个地方，左邻右舍是不会这么晚给自己邻居打电话的。于是我问服务员，是哪位伯克先生，他现在在哪里，以及他是否希望非得在今晚见面？

服务员答道："是吉姆·伯克，他就住在这幢公寓的楼上，他的确非常想在今晚与你面谈。"

我并不十分了解吉姆·伯克，但我却对他在强生公司的领导才能敬佩不已，例如在处理无麻醉品美国之友（Partnership for A Drug-free America，简称 PDFA）的案例上他就表现得非常成功。早些年，伯克还因为处理泰诺污染危机而成为商界传奇人物。我不知道他为何这么急切地要见我，当我给他回电话时，他立刻就下楼来了。

一见到我，他就开门见山地说："我听说你有可能要回美国运通公司去做 CEO，但我不希望你那样做，因为我为你准备了一个更大的挑战。"关于我打算重返我曾经工作过 10 年的美国运通公司的说法，很有可能是他听到了什么谣传。实际上，1992 年 11 月中旬，美国运通公司董事会的 3 位成员曾在纽约城的"天空"俱乐部与我进行了秘密会晤，在会晤中他们邀请我重返运通公司。运通公司董事会是否给当时的 CEO 吉姆·罗宾逊施加了压力迫使他下台还很难说，如果是真的，我也会很惊讶，但是华尔街和媒体却一直在流传这样的猜测。然而，我还是礼貌地告诉与我会晤的那 3 位董事，我没有兴趣重返美国运通公司。虽然我很留恋在那里任职的岁月，但我不打算再回去修正那些在我看来很难避免的错误（罗宾逊两个月后离开了运通公司）。

我告诉伯克这些真相。他立刻对我说，IBM 的一个高级职位很快就会空缺，希望我考虑一下是否愿意去填补这个空缺。不用说，我感到十分惊讶。尽管众所周知，而且媒体也广为报道了 IBM 公司正面临着严重的问题，但还是没有任何迹象表明他们马上就要更换 CEO。于是我说，我认为自己不能胜任 IBM 的管理工作，因为我没有相应的技术背景。他说："我很高兴你不打算重返美国运通公司，但是请你再考虑一下到 IBM 任职的事。"那天的谈话就进行到这里。

随后的几周里，媒体却炒作得很厉害。《商业周刊》刊载了一则题为《IBM 董事会将清理门户》的报道，《财富》杂志也刊载了一则报道——《国王约翰（董事长兼 CEO 约翰·埃克斯）戴着一顶不好戴的王冠》。似乎所有的人都对 IBM 该如何运作有一套自己的理论。在阅读这些报道的时候，我也很庆幸自己不在该公司任职，因为媒体至少表面上认为 IBM 的好日子已经到头了。

搜猎

1993 年 1 月 26 日，IBM 宣布公司董事长兼 CEO 约翰·埃克斯已决定退休，同时公司成立一个搜猎委员会，以便在公司内外考察合适的 CEO 候选人。该委员会的负责人就是吉姆·伯克，不久他又给我打电话了。

1993 年 1 月，我给伯克的答复和 1992 年 12 月的答复是相同的：我不合格，而且我也不感兴趣。但他还是强调说："再考虑一下吧！"

于是，他和委员会在美国展开了一场公开的高级 CEO 搜猎行动。诸如通用电气公司（GE）的杰克·韦尔奇、联合信号公司（Allied Signal）的拉里·博斯迪、摩托罗拉公司的乔治·费希尔以及微软公司的比尔·盖茨，都在他们的搜猎名单中。当然，搜猎名单中也包括 IBM 公司内部的高级经理。搜猎委员会还与许多技术公司的首脑人物进行了一系列的会晤，大约是在就谁才应该坐他们公司的头把交椅这件事征求意见（太阳微系统公司 CEO 斯科特 · 麦克尼利公开对一个记者说，IBM 应该聘用“一个差劲的人”才是）。在这场被认为是一项头号交易的搜猎行动中，委员会聘用了两家招聘公司，其中重要的负责人是内华达斯宾塞 · 斯图尔特管理咨询公司（Spencer Stuart Management Consultants N. V.）的汤姆 · 内夫和海德思哲国际咨询公司（Heidrick & Struggles）的格里 · 罗奇。

那年 2 月，我还遇见了伯克和委员会的同事汤姆 · 墨菲——墨菲当时是大都会 ABC 公司的 CEO。尽管干劲十足，但他们还是没能找到一个技术专家型的，但又具有广泛基础并能给公司带来变化的领导人。事实上，伯克在整个搜猎过程中所传递出来的信息都是一致的，那就是他在搜猎委员会刚成立时就说过的：“我和委员会成员在新的领导人应该是什么样的以及从哪里来的等方面，都是没有偏见的。最重要的就是，这个人必须是一个经实践证明有能力的领导人——一个通才和能驾驭变革的人。”

在 2 月的这次会晤中，我再次告诉伯克和墨菲，我真的不认为自己是 IBM 一个合格的 CEO 人选，而且我也的确不希望再掺和到这场 CEO 搜猎过程中去了。

我们之间的谈话就这样再次友好地结束了。当他们离去以后，我猜他们一定还要继续广泛地搜猎，当然也会有同时出现好几个候选人的情况。

专家不得不说的话

我阅读过报纸杂志上华尔街以及硅谷电脑预言家和专家们在那一时期对 IBM 所做的评论。所有这些评论都加重了我对该公司的怀疑，而且我相信其他许多候选人大概也和我的想法差不多。

在这些评论家中，最突出的大概要数当时几乎在所有媒体上都频频露面的两个人——查尔斯·莫里斯和查尔斯·弗格森。他们写了一本书，叫作《电脑大战》(*Computer Wars*)，该书对 IBM 的未来持一种悲观的论调。在书中他们写道："IBM 几乎已经不可能再继续成为工业界的一支生力军了。比尔·盖茨，这个让工业界所有人既爱又恨且拒绝接受的软件业巨头，也曾经在一个不设防的时刻说过，IBM'将在几年之内倒闭'。盖茨的话或许是对的。自从 1980 年以来，IBM 就是一个失败者，一个几乎在所有电脑技术领域都落后的失败者……传统的大型电脑并没有在一夜之间消失，但它们却已经是过时的技术了，而且它们曾经在其中引领时尚的王国也已经萎缩。"

莫里斯和弗格森在书中得出结论："目前的问题是，IBM 是否还能够生存下去。而从以上这些分析中显然可以看出，其生存前景的确堪忧。"

莫里斯和弗格森还撰写了一篇更长也更为技术性的，甚至是更为悲观的关于 IBM 公司的报道，还把该报道以每份几千美元的价格卖给了一些公司和研究所。这篇报道着实让那些贷款给 IBM 公司的几家商业银行受到了不小的惊吓，而且担惊受怕的还不仅仅是这些银行。

IBM 的独家新闻报道者、《华尔街日报》(*Wall Street Journal*)

记者保罗·卡罗尔那年也出版了一本书，以记事的形式叙述了IBM的衰落。在该书中，卡罗尔说："在IBM重整旗鼓（如果还能够重整旗鼓的话）之前，其局面看来相当艰难，IBM将再也不能引领电脑行业了。"

即便是《经济学家》(*Economist*）这本谨慎且可信赖的杂志也在连续6周里发表了与IBM有关的三个主要报道和一段长篇的编者按。"萦绕在该公司周围的还有两个问题，"编者按写道，"在一个以迅疾的科技变革为推动力，并不断涌现出小型和微型公司的行业中，一家像IBM这样规模的公司尽管组织完善，但是能够迅速应变竞争环境吗？还有，IBM能从急剧下滑的电脑主机市场（IBM正是依靠这一市场赚取了大量利润）上转型，从诸如电脑服务和软件等这些扩张中的市场份额中赚取利润吗？"

"这两个问题的答案或许都是：不可能。"

一向以审慎著称的《经济学家》也指出："IBM的失败已被视为对美国的一次打击。"

决策

1993年2月总统日那一周的周末，我的思想发生了转变。当时我住在佛罗里达的家中，喜欢在附近的海滩上一边散步一边整理我的思绪。这是一种很好的自我疗法。那个周末，我和平常一样进行着每天饭后一小时的散步，就在那一刻我突然发现自己改变了对IBM的看法。促使变化的一个主要原因就是，当时RJR纳贝斯克公司所发生的变化。正如我在引言中所指出的，KKR显然已经放弃实施计划中的杠杆收购活动，原因有二：首先，正如布赖恩·伯勒斯和约翰·希亚利尔在《大收购》(*Barbarians at the Gate*)一书中所讨论的，在1988年疯狂的拍卖活动中，KKR以过高的价格购买了RJR纳贝斯克公司。这意味着，KKR除了无力实现所有杠杆收购计划中的重建项目，甚至没有充足的经营杠杆以带来预期的回报。其次，根据菲利浦·莫里斯的说法，来自烟草行业的营业收入也因为RJR纳贝斯克杠杆收购后不久所造成的价格战而备受压力。在这里，菲利浦·莫里斯只不过是在按照麦当劳公司创始人雷·克罗克的建议行事——克罗克曾经说过："当你看见自己的竞争对手快要淹死的时候，应该赶快抓起消防水龙头并放到他嘴里。"

KKR显然是在采取临阵脱逃战略。正如那天我在海滩上散步时思考的那样，我决定我也应该采取同样的行动。因此，正是我不愿意在RJR纳贝斯克再继续待下去的想法，促使我更多地考虑去IBM公司。

我给多年的好友弗农·乔丹打了电话，在电话里我征求他对此事的意见。乔丹是一名华盛顿律师，也是RJR纳贝斯克公司的一位董事。他证实了我对KKR的感觉，即KKR果然打算取消收购RJR纳贝斯克公司的计划，而且公司的混乱状况也将结束。另外，显然吉姆·伯克也已经与乔丹讨论过有关想让我去IBM的事，因为乔丹知道我是IBM的CEO候选人之一。和往常一样，乔丹的建议总是一语中的，他说："IBM才是锻造你的地方，因为你是从哈佛商学院毕业的，所以大胆去吧！"

促使我思想转变的第二个原因就是：我总是习惯于接受挑战。IBM的那个职位是一个令人羡慕，甚至有点让人害怕的职位，但同时也是一个吸引人的职位。1989年，我加盟RJR纳贝斯克公司也是出于同样的原因。所以从2月15日起，我就在考虑准备接受IBM提供的那个职位以及相关的问题了。乔丹逐渐向伯克透露了我的这些想法，同时我也开始准备向伯克以及委员会提出一些我所关心的问题和顾虑。

过了几天，伯克就给我打电话了，我说我希望考察一下IBM的那个职位，我需要更多的信息，尤其是关于公司短期和中期规划方面的信息。同时媒体以及专家对该公司的悲观态度让我十分担忧，因为我曾从RJR纳贝斯克公司汲取了一个血的教训，那就是：一家面临着太多挑战的公司，肯定离破产不远了。

我告诉伯克，我想与保罗·里佐会晤。20世纪80年代以来，保罗一直是IBM公司的一名高级经理。他已经于1987年退休了，但又于1992年11月被IBM公司董事会返聘回来协助约翰·埃克斯扭转公司的颓势。所以我希望伯克安排我和保罗一起仔细看看公司的预算以及1993年和1994年的规划。

伯克很快就做出了回应。2月24日，我参加在华盛顿特区帕克海厄特酒店举行的一次商务会议时，腾出了一个半小时的时间与保罗在我的房间里秘密会面。保罗给我带来了公司现有的财政和预算资料。我们之间的讨论是在一种非常严肃的气氛中开始的，因为IBM的销售和利润都在以惊人的速度下滑。更重要的是，现金状况也着实令人担忧。我们仔细查看了每一条生产线以及很多很难加以评估的信息。保罗还明确指出了公司一个生死攸关的问题：电脑主机的年收入已经从1990年的130亿美元下滑到了1993年的不足70亿美元，如果这种态势明年得不到控制，那么一切都完了。他还证实，媒体关于IBM在寻求将公司拆分成几个独立的运营单位的报道，也是确有其事。我感谢保罗的诚实和洞察力以及对我的信任，敢于将所有信息毫无保留地告诉我。

当他离开时，我曾经确信，我绝对不再愿意去 IBM 公司了。因为根据这些信息资料，IBM 获救的可能性不超过 20%。一般来说，消费品公司往往会有一些有长久生命力的品牌。但是，对于 20 世纪 90 年代的科技公司来说，显然不是如此。在这个时代和这个行业中，一个产品从诞生、兴起、大获成功，到挫败、消失乃至被人们遗忘，所有过程都有可能在几年之内完成。当第二天早晨醒来时，我已经认为 IBM 与我的未来没有任何关系了。这家公司正在迅速下滑，现在的问题是：是否有人——任何人，能够及时地扭转该公司的颓势。

但是，伯克并未就此罢休，他这种坚持不懈的姿态或许更多的是由于他越来越发现找不到合适的人选来担此重任，而不是因为他格外认为我就是一个最合适的人选。在这一点上，我曾经怀疑他只是在力图尽自己的职责罢了。

两周后，我回到了佛罗里达稍事休息，而伯克和墨菲坚持要与我见上最后一面。于是我们选在了一幢新房子里，那是猎头公司的老总格里·罗奇和他妻子在我住的地方附近社区里刚建好的房子，罗奇仅仅是充当了一回主人的角色。在他的新起居室里，只有伯克、墨菲和我 3 个人。在我的记忆中，那是一个漫长的下午。

伯克在那天下午做了我所听过的最为新颖的招聘演说："为了美国，你应该承担这份责任。"他认为，IBM 就是美国的财富，因此扭转 IBM 的颓势应该是我义不容辞的职责。

我的回答是，如果我觉得自己胜任的话，他所说的也不是没有道理。然而，我还是认为这是一项完不成的任务——至少是我力所不能及的任务。

伯克继续坚持，他说他正准备请比尔·克林顿总统给我打电话，告诉我，我必须承担这项任务。

汤姆·墨菲，这个在我们先前的会谈中一直让伯克多说话的人，这一次也忍不住对我频频劝说。正如其朋友所指出的，墨菲是一个非常有说服力的人。他强调说，作为一个变革性的企业领导人（这是他的用词），我的经历表明我就是IBM所需要的人。而且他还相信，凭我的能力和正确领导，IBM没有理由不起死回生。墨菲重申了我在伯克甚至是保罗·里佐那里所听到的话：IBM并不缺能人和天才，公司所存在的问题本质上也不是什么技术性的问题。

公司的文件柜里塞满了五花八门的制胜战略，可是公司依然毫无起色。此时公司需要的是压得住阵的掌舵领航人下大手笔起死回生。墨菲翻来覆去再三强调，新领导人所要解决的难题恐怕得从战略和文化等层面上推行改革入手，而这正是我在美国运通公司和RJR纳贝斯克十分擅长的。

那个漫长的下午结束时，我已经准备好做出我人生中的一个重要的职业决策，我答应了伯克和墨菲的请求。现在回想起来，我似乎已记不清当时是出于什么样的目的答应他们的。或许是因为吉姆·伯克的爱国精神，还有汤姆·墨菲的观点，激发了我应对世界级挑战的极大勇气。无论如何，我们握手达成一致并同意起草一揽子财务计划书和公告。

事后想起来也真是有趣，因为无论伯克还是墨菲都认为，将IBM拆分成几个独立的单位是一个不错的办法。但如果他们意识到，公司不仅陷入了财政危机，与客户之间丧失了联系，而且也正高速驶向一个灾难性的后果，那么他们还会这么认为吗?

那个下午我回到家，将我的决定告诉了家人。像往常一样，在这个美满的家庭中，我总是可以最大限度地得到放松。我的一个孩子说："当然，爸爸，你肯定能办得到！"另一个保守一点的孩子则认为我失去了理智。但是我的妻子，起初是感到十分惊讶，接着就强烈地支持我的决定并为之兴奋不已。

第二章

走马上任

在接下来的10天当中，我们首先忙着准备一份聘用合同。但这事做起来并不轻松，原因很多。最大的原因就是，RJR纳贝斯克公司是一家杠杆收购公司，CEO被视为公司的所有者，而且CEO本人也会在公司中持有大量的股权。最后清算的结果表明，我在RJR纳贝斯克公司拥有240万美元的股权以及260万美元的期权。在IBM，股票所有权只是对高级经理的一种奖赏，IBM董事会和人力资源部的管理者显然还不能普遍接受这一观点，即公司的管理者也可以持有公司的大部分股权。这就是我对IBM这家大公司的第一印象。

从某种程度上说，每一项准备工作都很不容易，我的第二个任务就是把我的决定告诉KKR和RJR纳贝斯克公司的董事会。3月20~21日是周末，也是一年一度的“纳贝斯克黛娜海滨高尔夫球比赛”的日子。纳贝斯克公司邀请了所有的重要客户前来参加这一活动，而且这也是我应该参加的重要活动。我也知道亨利·克拉维斯（KKR的一个高级合伙人）将会前来参加，于是我决定届时与他讨论一下我的决定。当时我的名字已经被列入IBM的CEO候选人名单，并且出现在媒体上，KKR和RJR纳贝斯克的董事会肯定会为此而感到不安。在先前几周与KKR的会谈中，我明显感觉到气氛有些紧张。终于,3月21日（星期日），在我下榻的黛娜海滨酒店的房间里，我告诉亨利·克拉维斯我准备接受IBM的职位了。听完我的话以后，他很不高兴，但表面上仍然保持着礼貌和平静。他努力说服我放弃这一决定。但是，我很明确地表示，我不会再回头了。尽管我们从没有讨论过，但心里都很清楚，我们都在做同样的事情，那就是退出RJR纳贝斯克。我只不过更早一些完成了这个退出而已（KKR在一年之后也开始了它的退出计划）。

第二天（星期一），我从加利福尼亚赶回来，开始了一个多事之周。IBM董事会将在一周后召开会议，显然那个搜猎委员会已经停止了搜猎行动——因为谣传中的其他候选人接二连三地宣布或者向媒体透露，他们对IBM的职位不感兴趣。星期二的《华尔街日报》报道了我就是唯一的候选人。随后，其他一些主要商业期刊也做了相同的报道。也应该是结束这一场繁重搜猎行动的时候了，于是我和伯克都同意于3月25日（星期五）那天宣布我的就职消息。

IBM 于星期五的早晨举办了新闻发布会（尽管那天早晨出版的《商业周刊》在封面上已经宣布我业已接受 IBM 的职位）。新闻发布会是在上午 9 点 30 分开始的，地点是纽约的希尔顿酒店。约翰·埃克斯、吉姆·伯克和我都在发布会讲了话。伯克希望我能够解释一下 3 个月来已被媒体炒得似乎是十分公开但又支离破碎的搜猎行动。并且，他也继续做了说明："世界上只有很少几个人能够胜任这个职位。我想告诉你们的是，郭士纳就是这极少数人中的一个，但我们还是在全世界范围内广泛搜猎到了 125 人，然后在这些人中进行挑选……最终，我们又回到了起初的名单上。我们曾把这些范围内人的名字进行了编号，以便使我们的搜猎行动不至于压力太大——但我还是要再说一句，我们还是白忙活了一场。你们或许很想知道，郭士纳就是该名单中我第一个面谈的人，他名字前的代号就是'有能力'。我了解所有其他的候选人——可以说是非常了解，但没有人比郭士纳更能胜任这个职位了。我们提供了一个特殊的职位，而且只有唯一的一个，这个职位就是为郭士纳准备的。尽管许多人会认为相关的技术背景是这个职位的关键，从一开始我们也在搜猎行动中特别强调了候选人的技术背景，但实际情况是，我们的搜猎名单上一共有 15 个条件，其中一个是：'最好是有信息和高科技行业的工作经验，但杰出的商业领导人不受此条件的限制。'除此之外，郭士纳符合所有其他的 14 个条件。"

我知道，当我在 30 多个记者的闪光灯下走向讲台的时候，我的生活从此将发生改变。同时，我还必须在这些从没有停止过的、令人目眩的闪光灯前完成整个新闻发布会。如果说在美国运通公司和 RJR 纳贝斯克中所见到的大同小异，那这一次就与前两次截然不同了。我现在是一个公众人物了，因为 IBM 是一个不同于任何公司，甚至不同于任何一家大公司的地方，它是一本制定基本原则的教科书——一本全球性的教科书，它的一举一动都会吸引全世界的目光。我这是在接受一个十分具有挑战性的职位，而且是在一个有目共睹的状态下接受这个令人敬畏的职位。

本质上，我是一个内向的人，坦率地说，我不善于和媒体打交道。首先，环视整个行业，我发现在我的眼睛所及之处，那些高级经理过去和现在都在忙着努力使自己的利润最大化；但无论是过去还是现在，我都认为正是这种追求利润最大化的努力产生了巨大的勇气，这种勇气或许在短期内可以帮助公司，但从长远来看它会损害公司的名誉和客户的信任。

因此，那天早晨我是以极其复杂的心情去面对那些摄像机和闪光灯的。那是一生中最令我激动的时刻，同时我也知道那是一场大型展示秀，一场无法避免的活动。当你接受了这个职位的同时，你也就等于要接受所有公众的关注。接受 IBM 的 CEO 一职，几乎就像是竞选公职，所以我最好是能够习惯于成为公众瞩目的中心。

我的发言十分简短，就是想在正式发言中避免那些复杂的问题，诸如我为什么会觉得自己胜任这个职位，以及我打算如何来扭转 IBM 的颓势等。但是，在接下来回答问题的漫长时间里，我还是没有能够回避对这些问题的回答。不用说，我没有能够为记者们提供更多的信息，因为在我真正加盟 IBM 之前，根本就不知道我会在加盟该公司以后遇到什么样的问题。

会晤IBM 领导班子

在新闻发布会之后，就是一系列的 IBM 内部会议。公司人力资源部安排的第一次会议，是给全世界各地负责运营的总经理们召开一次电话会议，强调公司的权力根基仍然在这些分公司领导那里。

然后，我们又乘直升机离开曼哈顿，飞往北边 30 英里以外的位于纽约阿蒙克的公司全球总部。尽管我曾经是 IBM 一些分公司的客户，但还从来没有去过 IBM 总部大楼。大楼给我留下了难以忘怀的第一印象：它让我想起了政府办公楼——走廊又长又安静，好像没有尽头一般，一间间办公室大门紧闭（到处都很安静，只有地上崭新明亮的橙色地毯似乎才打破了一些过于静谧的气氛）。无论是办公楼中摆放的艺术品，还是其他陈设，都无法表明这是一家电脑公司。更令人吃惊的是，CEO 办公室里也没有电脑。

我被引到一间宽敞的会议室，会见公司的管理班子——IBM 的最高层，一共 50 个人。我已忘记当时在座的女性穿什么样的衣服，但却清楚地记得当时所有男士，除了我，都清一色地穿白衬衫——我穿的却是蓝色衬衫，这似乎与 IBM 高层经理的风格相去甚远（数周以后，也还是和这群人在一起开会，我就改穿白衬衫了，但我却发现他们穿了其他颜色的衬衫）。

约翰·埃克斯建议召开这次会议，以便让我能初步认识这些高层管理班子的成员。然而，我却把这视为一个重要的自我介绍的机会，或者至少是为新同事制定一个新的日常工作日程的机会，于是我努力提前组织好我要对他们说的话（实际上，在为这本书做准备的时候，我找到了当时写的一些便条——这是我在非正规场合不经常做的事）。

首先是埃克斯将我介绍给大家。管理班子中的每个人都礼貌地坐着，除了一句“欢迎，我很愿意成为您管理班子中的一员”这样的客套话以外，再没有其他什么了，反倒是我主动在会上说了 40~45 分钟的话。

我是从解释我为何要接受这份工作说起的——我告诉他们，并不是我主动需要这份工作，而是接受邀请承担这份工作，实际上是承担一份责任，一份对我们国家的竞争力和经济健康发展都关系重大的责任。当时，我心里想的但没有说出来的话是：如果 IBM 失败了，那就绝对不仅仅是一家公司的失败。除此之外，我还表示，无论我还是董事会，对于什么才是必须做的，都没有什么先入之见；我告诉他们，在座的所有人（包括我自己）都没有理由居功自傲。但同时，我也的确需要他们的帮助。

接着，我又告诉他们我以前的一些经历：“如果 IBM 就像人们所说的那样是一个官僚机构，那就让我们来尽快消除这些陋习吧。让我们将决策的权力下放到任何需要决策权的地方，但这并不总是正确；我们必须平衡决策权下放和中央决策之间的关系，还要关注普通的客户。如果公司机构过于臃肿，那就开始精兵简政！让我们在第三个季度结束前完成这些任务吧！”我还解释了精兵简政的含义：“我们必须将自己的成本降到竞争对手的水平，这样才有可能成为行业中最优秀的公司。”我告诉他们，我们不能再说“IBM 不裁员”了，“我们的员工一定已经发现，所谓的不裁员只不过是在自欺欺人，也是对过去一年里所发生事情的一种熟视无睹”（事实上，自 1990 年以来，已经有将近 12 万名员工离开了 IBM 公司，其中有些是自愿离职的，也有一些是非自愿的，但是公司却仍然固守着那个“不裁员”的谎言）。

在那次会议上，最重要的就是我关于公司结构和战略问题的讲话。那时，专家和 IBM 的股东们都说，IBM 应该拆分成一些较小的、独立的单位。我说：“这样做或许对，但也有可能不对。我们当然希望分化并以市场为决策动力，但是难道我们就没有某种独特的能力提供全面的解决方案和连续的支持吗？难道我们就不能同时也销售个性化的产品吗？”（事后看来，显然即便我以前也强调过，但我还是怀疑分化战略的可行性。）

接着我又谈到员工的士气问题：“觉得对不起员工是没有用的，因为他们不需要任何狂热喝彩的演讲。我们需要的是领导艺术，一种方向感和动力，这种方向感和动力并不仅仅来自我，而且来自在座的所有人。我不希望在这里看见太多预言厄运的人，而是希望能干的人在这里找得到一些短期的能成功的项目和长期的令人振奋的项目。”我告诉他们，已经没有时间再去追究到底是谁造成了公司的这些问题，而且我对此也没有兴趣。“我们只有很少的时间用来找出问题，而大部分时间和精力将用于解决问题和采取行动。”

在听取完他们的职业计划以后，我指出，据媒体报道，“新 CEO 都不得不从公司外部带来大批自己的人”，但我希望自己不需要这样做，因为 IBM 历来是一个人才济济的地方——也许就是世界上最优秀的人才库。所以我告诉他们：“如果有必要，我会从外部引进人才。但是，你们中的每一个人都最先有机会展现你们自己的才能，我也希望你们能给我一些时间来证明我自己的能力。现在每个人都是站在新的起跑线上，你们过去所取得的成就或遭受的失败都与我无关。”

我继续介绍了我的管理哲学和管理实践：

· 我将按照原则而不是程序实施管理。
· 市场决定我们的一切行为。
· 我是一个深信质量、强有力的竞争战略与规划、团队合作、绩效工资制和商业道德责任的人。
· 我渴求那些能够解决问题并能帮助同事解决问题的人，我会开除那些政客式的人。
· 我将致力于战略的制定，执行战略的任务就是你们的事了。只需以非正式的方式让我知道相关的信息，但不要隐瞒坏消息——我痛恨意外之事，不要试图在我面前说谎，要在生产线以外解决问题，不要把问题带到生产线上。
· 动作要快。不要怕犯错误，即便是犯错误，我们也宁愿是因为行动太快而不是行动太慢。
· 我很少有等级制度的观念。无论是谁，也无论其职务高低，只要有助于解决问题，大家就要在一起商量解决。要将委员会会议和各种会议减少到最低限度。取消委员会决策制度，让我们更多一些坦率和直截了当的交流。
· 我对技术并不精通，我需要学习，但是不要指望我能够成为一名技术专家，分公司的负责人必须能够为我解释各种商业用语。

然后，我在自己认识水平的基础上向他们提出了一些建议。刚上任90天中我们一共有5个优先性任务，分别是：

· 暂时冻结流动资金。我们就要面临流动资金短缺的危险。

- 确保我们将在1994年实现赢利，并向全世界以及IBM各分公司传个口信：公司经营业已稳定。
- 开发和实施1993—1994年的关键客户战略，这将会使客户相信，我们又回来为他们的利益提供服务了，而不是强迫他们接受我们的“固定产品”（电脑主机），以便减缓我们自己短期的财务压力。
- 在第三季度开始的时候要完成精简裁员任务。
- 开发一个中期的商业战略。

最后，我对这5个90天优先性任务做了分配。我要求每个分公司的负责人都要交给我一份10页纸的报告，内容包括：客户需求、产品种类、竞争力分析、技术前景、经济情况、长期和短期的关键问题以及1993—1994年的发展前景。

我还要求所有的与会者向我描述他们对IBM公司的总体看法：我们将采取什么样的短期步骤以进一步加强客户关系、提高销售业绩以及应对激烈的竞争？我们应该如何思考我们的长期和短期商业战略？

同时，我让每一个人都倾其全力地管理公司，而且不要告诉媒体关于公司的问题，并帮助我起草一个走访时间表，以便让我能够与客户和员工尽早实现沟通和交流。“让我知道在以后的几周中你们的会议安排，以及提醒我是否应该参加这些会议。”

然后，我走到他们身旁，和他们一一握手，会议就这样结束了。

当我回顾自己在IBM的9年所持的观点时，我惊奇地发现，我所说的几乎都变成了现实。无论是媒体的报道、客户的感受，还是我自己的领导原则、所需要完成的以及已经完成的工作，几乎都在我正式开始 IBM 职业生涯 4 天之前的那个 45 分钟的会议上讨论过了。

选举

在接下来一周的星期二——1993年3月30日，我参加了IBM董事会的例会。正是在这次会议上，我正式被选举为 IBM 董事长和 CEO，两天后生效。

从某种程度上说，我是怀着忐忑不安的心情走进会议室的，因为吉姆·伯克一周前曾说过，有两个董事会成员不太高兴推选我为新 CEO。当我走过去和 17 位董事中的 16 位（有一位缺席了）——握手寒暄的时候，我真的很想知道那两位董事是谁。

在那次会议上，我了解到几件至今仍然难以忘记的事情。这个董事会中还存在一个“执行委员会”，共8名成员，其中有3名是现在或以前的公司员工。后来我得知，这个“董事会中的董事会”负责公司具体的财务前景规划，而后才交由董事会全体讨论。

董事会全体会议将焦点放在了大范围的问题上，从日程安排上它似乎就是一个例行业务董事会。执行委员会收到从存储事业部送来的一份报告，该报告被重新命名为 AdStar，作为公司整体战略的一部分，把营运分公司的股票分配给母公司的股东；执行委员会还收到一些来自国内和国际销售分公司负责人之手的业务报告、管理档案的归类讨论以及 4.4 亿美元的收购建议申请书等。如果董事们感觉这些东西很危急，就会小心翼翼地将它们从中途拦下，不让我知道。

在讨论财务报告时，执行委员会的气氛很活跃。委员会也听取了这样的报告，即 3 月份统计的公司在硬件上的季度毛收入比去年同期下降了 19 个百分点，而且 S/390 主机系统的价格也已经比去年同期下降了 58%。到第二天（第一季度结束），公司的股价下降了 50 美分，现金状况也急剧恶化。现在的一个主要问题就是，要批准一个新的财务计划以授权公司将银行贷款额度增加到 47 亿美元，并通过对美国商业应收款项（指出售、打折和向客户“借款”以便尽快获得现金）发行优先股、转让和证券化筹集资金 30 亿美元。

显然，这个财务计划中尚有太多不确定性因素，但执行委员会还是就此闭会了，大家礼貌地道别后就都离开了。

我和约翰·埃克斯后来在会晤中谈到了 IBM 公司的问题。我们俩曾一起参加过好几届的“纽约时报公司董事会”年会，也曾在其他一些 CEO 级别的活动中经常见面，在他离开 IBM 之前我们就已经有很深的私交了。我们同病相怜，所以在一起的时候会讨论很多关于员工的问题。对于许多针对他的报告，他坦然地表示了惊讶和指责。他还对我在开会时所用的便条发表了他的看法，我想我只能同意这些看法中的 75%。给我印象深刻的是，为什么他在对董事们持批判态度的情况下仍然能够让这些董事各就各位、各司其职。

埃克斯那天谈得最投入的业务问题就是 IBM 的微电子业务。我知道，公司已与摩托罗拉公司进行过深入谈判，建立一家合资公司，并以此确保一部分埃克斯所谓的“技术业务”安全出口。我问他这个决策有多紧迫，他回答说“非常紧迫”。关于与摩托罗拉公司的合作协议，基本上就是一个英特尔微型程序制造权的授权许可问题。

他说基础研究单位对公司没有什么贡献，所以应该精简人员。他还十分关心 IBM 的硬件业务、主机业务以及中频产品。当回头再看自己的会议便条时，我发现，他显然是理解了我们在几年的时间里所要解决的大部分问题。我的会议讲话便条中有一个明显的缺点，那就是缺乏对文化、团队合作、客户以及领导艺术的关注——事实证明，这些因素都是 IBM 最棘手的课题。

埃克斯那天搬到了康涅狄格州斯坦福的一间办公室，据我所知他从来没有停留于过去，躺在自己的功劳簿上吃老本。

我仍然满心忧虑地回家了。我能将这一切都搞定吗？谁会帮助我呢？

第三章

呛了几口水

1993年4月1日，我开始了我的IBM生涯。IBM的股价也达到了13美元[1]。《纽约时报》的专栏文章对我扭转IBM公司颓势的做法表示了赞同，并进一步提出建议："IBM拥有太多的智慧，但思想仍然守旧，所缺少和需要的就是大胆的冒险精神。"

IBM的公司专车于早晨6点45分将我从康涅狄格州的家中接到公司那时在纽约韦斯特切斯特所拥有的办公区（而不是位于阿蒙克的总部大楼）。与高层管理团队将上周我所布置的工作核对

1. 为随后的股权分割所做的调整。

完后，内德·劳腾巴赫——后来成为IBM公司在美国以外所有销售项目（IBM把这叫作“世界贸易”）的负责人，邀请我参加正好那天召开的全美总经理大会。

当我到达那个大而宽敞的办公大楼（现在它已经是万事达卡国际公司的总部办公大楼）时，我发现自己走到了一个紧闭的大门前。读卡机就在大门的旁边，但是IBM的安全保卫机构还没有颁发通行证给我。所以当我这个新上任的CEO走到大门前时，还不得不敲门。过了一会儿，一个穿着整洁的女人来了，她用相当怀疑的眼光仔细地打量了我一番，才给我开门。我想，在她看来，我可能更像是一个外面的闲人。

我绕了一圈终于找到会议室——原来就在入口附近。我将永远不会忘记IBM的会议给我留下的第一印象。长长的会议室里，坐满了IBM在各个区的元老级负责人，旁边是年轻一些的高级经理。所有负责人一律是白人男性，但较为年轻的辅助人员则背景各异。这是一次运营评估会议，每一个执行官都将在会议上对自己的业务进行陈述。我注意到，坐在后座上的人常常是拼命地写着什么，然后偶尔给坐在桌前的人递条子，看上去这就像是一次美国国会听证会。

在午茶时间，我问内德·劳腾巴赫：“这些人当中，哪些人是来旁听而不是参加会议的？”

他回答道：“就是那些高级经理的行政助理。”

这就是我在IBM第一天上任参加的第一次会议，它让我看到了等级森严的行政助理制度。IBM中数百名高级主管都有助理协助他们工作，这些助理都是来自最优秀、最聪明并崭露头角的经理。他们的任务各不相同，但据我所知，行政助理承担着主要的行政职责，以及在某些时候要做的一些秘书性质的杂事。从总体上说，行政助理负责安排事务、记笔记、观察以及学习，但不和客户接触，也不学习业务或者开发领导能力。然而，如果一个人想在 IBM 晋升到高级经理的职位，按照常规他必须首先做几次行政助理。

快到中午的时候，我提前退出会议，来到了阿蒙克总部，与杰克·库恩勒共进午餐。库恩勒是公司总裁、董事会成员和约翰·埃克斯的首席技术官，掌管公司所有关键的技术性决策。在午餐过程中，他愉快地给我提供了帮助。与我和埃克斯的认识一致，显然 IBM 已经过分关注将自己在个人电脑行业中所败给英特尔公司和微软公司的市场份额重新夺回来。库恩勒几乎是在狂热地描述着合并 PowerPC 和 OS/2 的技术战略——PowerPC 和 OS/2 是 IBM 开发的两个产品，公司力图凭借这两个产品夺回被英特尔公司的微处理器以及微软公司的个人电脑软件所抢去的市场。这是一个周全的技术战略，十分激动人心，但却没有把握是否可以持续推行。

午餐后，我重新回到了“世界贸易”执行分会，听取我们公司在全世界业务发展前景的报告。总体上说，这些前景报告都很混乱。于是，我驱车前往公司的另一幢办公大楼以会晤一些年轻的高级经理，他们当时正在接受一项重要的培训。随后，我又回到了阿蒙克，给我的雇员留下了口信。接着就是和 IBM 人力资源部负责人、传奇人物沃尔特·巴尔迪克一起度过了这一天中最后一段工作时间。

巴尔迪克在 IBM 的 CEO 搜猎行动结束之前就宣布了自己退休的决定，但我还是希望他能够留下来至少帮我渡过难关。IBM

人力资源部多年来工作进展和管理都不错，这体现在许多方面，包括开发多样化的招聘、培训以及高级经理培养计划等。巴尔迪克主持人力资源部事务已经长达13年之久，而且他还有可能成为美国人力资源职业协会主任。

或许大家尚不太清楚，巴尔迪克还是一个强有力的幕后操纵者。他是IBM多年来高薪聘请的高级经理，是一个对IBM公司文化的打造和发展具有主导性影响的人物，他感兴趣的主要是制度和程序。实际上，在他离开公司以后，有些人还给我提供了一份我所见到过的最让我吃惊的文件，这份文件大约有60页，标题是《做人力资源、规划和项目副总裁W. E.巴尔迪克的行政助理》。这份文件起草于1975年3月17日，阐明了为什么IBM的公司文化中会有这么多极其压抑的因素，同时也向我们展示了做巴尔迪克的行政助理所需要具备的素质，它们是：

· 每时每刻都要身着白衬衫和正装外衣。
· 随身携带充足的硬币，以应巴尔迪克不在办公楼时打电话之需。
· 巴尔迪克办公室人员的生日聚会应该是15分钟的“什锦”聚会。生日蛋糕、餐叉、餐巾以及蛋糕刀都由巴尔迪克的秘书执掌。行政助理要坐在距离门口最近的地方，便于接听电话。
· 巴尔迪克有3个钟：一个放在办公桌上，一个放在台子上，另一个放在办公室外面的窗台上。3个钟都要天天对时，打电话给9-637-8537以核对准确的时间。
· 巴尔迪克喜欢嚼无忧牌薄荷口味无糖口香糖。当他的口香糖盒子空了的时候，你就要将旧盒子放到他办公桌里，然后为他购买一盒新的口香糖。

那天我和巴尔迪克待在一起的时候几乎都是在讨论正在进行（在我加盟 IBM 之前就已进行）的两个关键人员的搜猎计划：一个是能取代巴尔迪克职位的人，另一个是一位首席财务官（CFO）。原来的首席财务官弗兰克·梅兹迫于压力于 1 月份退休了——就是那次要为公司搜猎一位新 CEO 的董事会会议上做出的决定。我在 IBM 上任的第一天，没有什么能比找到这两位人员更重要的了。为一家需要大量流动资金的公司融资 650 亿美元并令其起死回生，是一项极其艰巨的任务，没有一个优秀的首席财务官和一个人力资源总监是完全不可能的。

到下午 6 点 30 分，我已经完成了我在 IBM 第一天的所有工作。我和多年的助理伊莎贝尔·卡明斯坐在一起——尽管她很想退休，但我还是说服她加盟到 IBM。伊莎贝尔是一个天赋很高的人，也是我所写的这本书中众多英雄人物之一，如果她再晚一点出生，一定会成为美国公司中的高级女主管，而且是最优秀的一个。然而，在加盟 IBM 之前，她已经在我的管理班子中工作了 15 年，是我说服她不要退休的，因为我知道如果没有她，我自己一个人是不可能顺利度过在 IBM 的初期的——这也是最艰难的阶段。在 IBM 第一天最后的时间里，我们坐在一起分享这一天的经历以及最大的感受（伊莎贝尔这个总是能和我面对面合作的人，发现有 9 个人，包括几个行政助理和一个组织规划负责人都向她汇报工作）。

早期的重中之重

在接下来的两周中，大大小小的会议接连不断：有与直接向我汇报的主管的，有与首席财务官和人力资源总监候选人进行面试的，还有走访 IBM 主要分部的。其中最重要的一个会议发生在我工作的第二天。我已经要求我的哥哥迪克前来公司一趟，与我讨论一些有关公司的事情。迪克几乎是从大学一毕业就来到了 IBM 公司，已在 IBM 公司工作多年，是公司一颗迅速升起的新星，他曾经在公司的欧洲分部工作，并在公司的亚太分部大展才华。我以为他一定早就是公司的一个高级经理——受人尊敬的管理委员会精英中的一员了，但他却因为无法查明的莱姆病，在其事业正如日中天的时候被疾病所困扰。在约翰·埃克斯离任前6个月，他就已经请了病假，但几个高级经理曾要求他重返公司，为公司做一些顾问工作。他最重要的任务就是协助时任“大型系统事业部”负责人的尼克·多诺弗里奥，以确认如何处理主机业务。

我和迪克（或者称其为里奇，家人一般都这样称呼他）儿童时代就很亲密，他是家里的长子，我总是步其后尘——我想，兄弟俩都能做得比较成功，这并不多见。成年以后，我们各自单独生活，但我们总是在家庭聚会中交流彼此对各自公司中一些事务的看法。我从来都没有感觉到，我们俩都有志向在各自的公司中攀爬更高的职位。

无论如何，当他走进 IBM 的 CEO 办公室，看到我坐在里面，却是一个令人心酸的时刻。如果不是因为健康原因，现在坐在这里的很有可能是他而不是我了。实际上，迪克是做好了充分准备才到我办公室来的，特别是他还强烈反对那种认为电脑主机业务已经没有前途的预言，也反对那种热衷于聚集公司所有资源去打赢个人电脑大战的歇斯底里的做法。以下是直接从他给我的报告中引用的话：

“我们业已容忍信息产业中赞成这样一种观念模式，即电脑主机是昂贵的、复杂的和不易受影响的，而电脑工作站则是便宜的、易于操作的和对商业需求反应灵敏的。然而，这种观念模式并不正确，这是在容忍我们的竞争对手、自负的领导人以及我们的客户夸大电脑主机和电脑工作站之间的差异。这样做的结果就是，S/390（电脑主机）的销售量急剧下滑、阿姆达尔公司和日立公司的信誉急剧上升、电脑主机在主要公司的首席信息官（CIO）心目中的信誉急剧丧失，以及IBM对客户具有最大的吸引力这种信心也在销售部门中丧失殆尽。

“我们应该尽快降低硬件产品的价格，简化软件产品的定价，致力于开发一种简单的、便于实施的和有效的交流项目，以便重新改变电脑主机和电脑工作站之间定位的变化，突出电脑主机在首席信息官信息源中的重要位置。”

如果说真正令IBM起死回生的重大事件就是那三四件事，那么重新摆正电脑主机业务在公司所有业务中的位置就是其中之一。而且在这件事上，没有人能比我哥哥迪克阐释得更及时和清楚明了了。

迪克还给我提供了一些他称之为“兄弟建议”的建议：

· 要在家中和办公室中使用个人电脑，使用内部信息系统。因为你的前任没有这样做，所以你就要这样做，这可以展现你与他的不同之处。

· 杜绝短视的建议、拉帮结派以及背后说坏话的行为。这些道理看上去显而易见，但在 IBM 却是一种取巧的方式。
· 要知道，你在公司内外所说的和所做的每一件事都会被人们分析和解释。
· 找一个没有私心的私人顾问。
· 给母亲打电话。

在接下来的几个月里，我仍然想从迪克那里获得更多的建议，但是，IBM 有太多的人都在等着看我是否会提拔迪克，而我却不愿这样做，因为这对他、对我都没有好处。我们交谈过几次，但都很简短，而且都没有他第一次与我在公司会晤时所说的话那样对公司和我有那么大的影响。

4 月 13 日，我在纽约的 IBM 办公室中面试杰里·约克。杰里那时还是克莱斯勒公司的首席财务官，也是我在那周想要面试的两个候选人之一。那是一次真正难忘的面试，杰里来的时候身穿刻板的白色衬衫和蓝色正装外套，浑身上下都打理得利索而完美——典型的西点军校风格。他不是一个腼腆的人，也不是拐弯抹角的人，所以他直接告诉我他想要这个职位，并向我出示了他策划的一系列他认为应该在 IBM 公司尽快予以实施的财务计划。他的直率、厚道、坦然以及分析能力都给我留下了深刻的印象。显然，他是一个务实——十分务实的人，也正是我所需要的和 IBM 所缺少的那种人。那周的后几天，我又面试了另一位首席财务官候选人，但我还是认为杰里是最合适的人选，于是杰里于 5 月 10 日加盟 IBM 公司。

我也亲自面试了人力资源部总监候选人格里·查尔内基。格里是一家银行的运营官，但他以前曾有过做人力资源官的职业背景。随后的两周里，我们又联系过几次，有的时候是打电话，有的时候是直接会晤。尽管我喜欢格里精力充沛的模样和直率的性格，但我对他是否已经做好准备出任人力资源部总监还是把握不大。他说："或许在别的公司会是这样，但在 IBM，成为 IBM 起死回生的一部分，我已经做好了准备。"

后来的事实证明，决定录用格里是我在 IBM 早期的招聘计划中做得不太成功的少数几个案例之一。很快我就发现，格里很难回到他过去做人力资源官时的状态并管理好 IBM 的人力资源部。在 4 个月里，他的言行举止更像是一个副 CEO。这倒并不是说格里的想法有问题——实际上，他对公司文化的变革有重大的影响。然而，公司却并不像接受我一样接受格里，不久他就遭到了同事们的反对，并于 1 年任期届满便离开了 IBM。

当然，在起初的几周里，我首要的任务就是私下里和每一位高级经理会晤。他们有不少人都带来了我在第一次见面会上要求他们准备的 10 页纸的报告，大多数人都对他们的业务进行了更加专业的分析。在那几周进行的所有会晤中，我都对我的管理班子做出评价，尽量弄清他们所面临的问题，他们对这些问题的解决方法、思维清晰度、执行的程度，以及他们的领导潜能到底怎样等。

当时，我最信任的一个人就是保罗·里佐。正如我在前面所说，里佐是退休以后又被董事会返聘回来协助约翰·埃克斯工作的。此前，他已在 IBM 担任了 22 年的高级经理。退休以后，他成为北卡罗来纳大学商学院的系主任，并准备在北卡罗来纳盖一所新房子安家落户。他最需要做的一件事情就是重返 IBM，但是他没有，因为他太爱 IBM 了，以至于不忍心看着 IBM 没落。

当我来到 IBM 的时候，里佐正负责一项联邦主义的项目——将公司拆分为几个独立的单位。这并不是里佐想出来的主意，而是因为当时公司缺乏首席财务官，他基本上要负责监管公司在美国以外所有的财务问题。他还负责监视所有正在将大量资金抛向公司的大部分部门以供其抢夺的投资银行家们，在这些投资银行家的眼中，美元就是他们在公司各部门插上自己标签的先导。这让我想起了淘金热，每个人都可以看见他所保荐的单位（一个或几个）的股票首次公开上市。我们正将数千万美元用于会计事务，以便产生首次公开上市所需要的簿记，因为 IBM 的财务制度还不能支持独立单位制度。此外，里佐还要负责筹集额外的资金等财务活动。

对于我来说，要求里佐留下来是一件轻而易举的事，而且我对他的所作所为也极为满意。接下来的一年中，他还是一个骨干、一个聪明的导师，以及一个十分有洞察力的战略家和员工的合作伙伴——他是 IBM 起死回生的又一个英雄人物。

就在那 4 个月的最初几周中，还发生了一件特别的事。一天早晨，我像往常一样早早起床走出房间，当我打开车门时，我突然发现有人坐在我的汽车后座上，他就是小托马斯 · J. 沃森——IBM 前任 CEO 和 IBM 创始人的儿子。小沃森就住在我家马路对面，但他就在我的汽车里给了我一个大大的惊喜。他想搭我的车去和我一起工作，虽然他已经 79 岁了，而且已经于 1971 年退休。

他是一个开朗的人，更是一个精力旺盛的人。他说，他对于公司中所发生的一切感到很气愤；他还说，我需要“自上而下”

地对公司实行整改，并采取一切必要的措施使公司重新回到正轨上。

他答应支持我，并敦促我尽快采取行动，因为从他自己职业生涯的经验以及特别是他自己所采取过的一次又一次大胆的行动来看，他认为我也需要这样做。当我们俩一起到达公司的时候，我已经意识到，他多么希望自己能够为公司分忧啊！

4月15日，我首次对公司的非总部地区进行了正式视察。我仔细地选择了一个地方——位于纽约约克敦海茨的公司研究实验室。如果说IBM有自己的灵魂，那么这个实验室就是它的灵魂。该实验室命名为“T. J. 沃森研究中心”，这里所具有的求知热情曾引领着IBM在过去的几十年中取得许多重大的发明性成果，正是依靠这些发明性成果IBM才得以创建电脑产业。

实验室之行是我首次在IBM的“公开”亮相，也是一次重要的亮相，因为我知道，这里是我最容易受到攻击的地方。这里的研究人员会不会不接受我这个公司领导人？公司里已经有人称呼我为“饼干怪兽”了，只因为我以前在RJR纳贝斯克工作过。

我站在该实验室报告大厅的讲台上发表演讲，大厅里已经挤满了人，而且我的演讲还通过广播转播，以便让那些因为挤不进大厅、只好站在食堂里的员工也能听到。IBM在全世界其他分部的研究机构也同样通过转播收听我的演讲。

守旧的研究人员说，他们都太看重创意了，因而与现实世界脱离了联系。天哪！就是这些研究人员，就是在他们的脸上，我读出了IBM的痛苦和问题所在！我不知道他们是否用心或者有所领悟，但他们的确都来倾听了我的演讲。

我的演讲重心很快就转换到关于关注点、速度、客户、团队合作，以及如何消灭掉公司所有问题和痛苦——我说自己非常骄傲成为 IBM 的一员，我也强调研究单位对 IBM 未来的重要性。但是，我告诉他们，或许需要找到更好的方式，将我们的客户和我们的研究人员更紧密地联结在一起，以便 IBM 的伟大发明能够帮助人们解决更现实和更紧迫的问题。

演讲结束以后，下面虽然也有掌声，但我仍然不能确定他们的心里在想些什么。

股东会议

或许在我的 IBM 生涯最初几个月里，最令人痛苦而难忘的就是公司的年度股东会议。我知道，几年前他们就已经开始例行召开股东会议了。本次会议的地点选在佛罗里达州坦帕，时间是 4 月 26 日。不用说，正值公司面临着如此巨大而明显问题的时刻，这一次的年会对我来说无疑是一次极具挑战性的首次股东会议。因为我来公司不到 3 周，几乎很难确认公司产品的问题所在，更不用说对这些问题做出解释，至于对这其中所包含的技术问题做出说明那就更是难上加难了。显然，IBM 的股东们十分生气，几乎要吃掉我——或许他们这样做是应该的。因为 IBM 的股价从 1987 年的每股高达 43 美元，下降到那天召开股东会议时的每股 12 美元。而在前一年的股东年会中，公司股票的每股价格还不到 6 美元。

所以那天上午 10 点，当我走上会议室讲台时，2 300 名股东已经迫不及待地期待着会议早点开始了——那是我所见过的规模最大的一次会议。眼前出现的是一片银发的海洋——显然，佛罗里达州众多的退休人员都是 IBM 的股东。在会议上我做了简短的发言，请求他们要有耐心，我也清楚地向他们保证，我将尽快采取行动，利用一切可能的机会将公司的关注点转移到客户身上。

我的发言获得了他们礼节性的掌声，接着就开始了火药味十足的激烈争论。股东一个接一个地站起来，对公司和公司董事会提出了强烈的指责，而这些董事会成员就坐在我面前的第一排。那真是一场灾难，董事们受到了一轮又一轮的指责和攻击。股东总算对我还比较客气，因为他们知道我不是肇事者，但他们也表示，如果不尽快采取措施扭转公司的颓势，他们将不再有耐心等待下去。那真是一个漫长而又使人筋疲力尽的会议——我想，对于每个人来说都是如此。

我记得，那天晚上，当我独自乘坐 IBM 公司的专机飞回纽约的时候，我脑子里所想的都是关于公司董事会的问题。显然，从这次股东年会来看，公司更换董事会已经势在必行，而且越快越好。我转身对身边的飞机乘务员说："这真是艰难的一天啊，我想我最好还是喝点什么。"

她说："您不是说要喝酒吧？"

"当然是要喝酒！"我回答道，"你们这里有什么样的伏特加？"

"在 IBM 的飞机上是没有酒的，因为公司禁止在飞机上喝酒。"

我说："你认为会不会有人能够改变这一规定呢？"

"当然，或许您就可以，先生。"

"那就改变这一规定，立即执行。"

第四章

到现场走走

到公司各分部进行实地考察，对于我来说是至关重要的。我不想把自己对公司的了解只建立在对总部员工印象的基础上，而且，公司各个分部的负责人也急切地想见一见我这个新上任的CEO。因此，就在股东年会召开的那天过后，我就飞往法国去会见那里职位最高的负责人——IBM欧洲、中东和非洲区（我们称其为“EMEA”区）负责人。我在一周之内就走访了EMEA位于法国、意大利、德国以及英国的各个分部。在会见当地的高级经理、举行全体员工大会以及走访客户的时候，我发现IBM的业务在这里已经属于夕阳产业了。

IBM 欧洲、中东以及非洲区，是一个包括 44 个国家、拥有 9 万名员工的巨型机构，其年收入在 1990 年就达到了 270 亿美元，但从那以后就一直在下滑，电脑硬件的毛利润率也从 1990 年的 56% 下降到了 1992 年的 38%。最重要的是，就在总收入不断急剧下滑的同时，总支出却只下降了 7 亿美元，税前利润率也已经从 1990 年的 18% 下降到了 1992 年的 6%。

无论我走到哪里，听到的都是相同的业务信息，那就是：电脑主机的销售量在急剧下滑，电脑主机的价格也比竞争对手的高得多，在迅速成长的客户机服务器（个人电脑中心）市场细分中缺少份额，以及公司形象的惊人贬损。在我先前所阅读的报告材料中，最让人心神不安的就是："我们估计，1993 年，我们的净现金流量下降了 8 亿美元。我们有望保本，但却无力长期给公司提供股利。"

尽管我也从出行中学到了不少东西——尤其是与当地的客户会晤时学到了很多东西，但最重要的信息还是来自 EMEA 区内部。显然，该区上下都充满了恐惧、不安以及对内部程序中所存在问题的担忧。因此，我们有必要对内部程序进行必要的修补，这或许是解决问题的方案之一。关于各个单位之间的价格转换、事业部自主权的更改以及其他一些内部问题，大家进行了长时间的讨论。当 EMEA 的高级经理们总结将对公司采取的行动计划时，头号问题就是"把各个国家的业务视为优化重点"。

我带着对所见到问题（曾有人警告我，我一定会看到这些问题）的正确了解回到了美国，这些问题就是：公司在 EMEA 势力范围之内的每个国家中都有着重复和臃肿的机构设置（在 EMEA 的 9 万名员工中，就有 2.3 万名工作人员在支持性部门）。

回到美国时，我也认识到，EMEA 有着极富天才的员工、非常有献身精神的团队以及我所见过最为能干的机构。随后的几个月，我一直在重复着这一结论。飞回家的路上，我问自己：“这些真正的天才为何会允许自己身陷如此的泥潭之中呢？”

全世界都听到了“咔嗒”一声

正如保罗·里佐与我在华盛顿特区秘密会谈时所指出的，IBM 要想持续发展——至少是在短期内持续发展，必须依靠电脑主机业务。公司 90% 以上的利润都来自这些大型“服务器”以及那些启动它们的软件业务。不需要哈佛商学院 MBA 或者麦肯锡公司顾问的提醒，我们就已经知道，电脑主机的命运就是 IBM 的命运。同时，无论 IBM 还是电脑主机都面临着走向没落的危险。

在一次会晤活动中，我的要求就是让与会者简要汇报一下他们的业务状况。在与尼克·多诺弗里奥的首次会晤中，他当时负责管理 S/390 业务，我至少还记得发生的两件事。第一件就是，我驱车前往他位于纽约萨默斯（大约位于阿蒙克以北 15 英里的地方）的办公室，并重复经历了我在 IBM 第一天上任时所经历的一切。我又一次发现自己没有入门通行证进入那幢结构复杂的、里面装满了 IBM 公司所有主要产品的集团员工的办公楼，而且那里的人也都不认识我。最后，我终于叫到了一个人给我开门，并找到了尼克，于是我们进入以下的一幕（即第二件事）。

那时，IBM 任何会议是否重要的一个标志就是看它是否使用了时下正红火的投影仪以及幻灯片——IBM 人将此称为“胶片”，没有人知道为什么会这么称呼它。当我走进会议室时，尼克已经在播放第二张“胶片”了，就像对待他的管理班子中一些重要人物一样，鉴于我的到来，他礼节性地关闭了投影仪。在很长一段时间尴尬的沉默之后，我简短地说：“我们来谈谈你的业务吧。”

之所以要提到这一段小插曲，是因为尽管不是出于有意，但这件事却造成了很可怕的后果。当时，屋子里一共有 6 个人，当天下午，关于我的到来导致了正红火的投影仪关闭这件事通过电子邮件在全世界疯传开来。这多可怕呀！其效果差不多就像美国总统禁止在白宫会议上使用英语一样。

顺便说一句，在叙述这段经历的时候，我绝不是在暗示尼克不精通他的业务。从许多方面来说，他是技术教父，可以拯救 IBM 的电脑主机业务，而且他强大的技术支撑作用，再加上他不寻常的将复杂技术转化成普通语言的能力，都是能够在未来日子中给我提供强有力帮助的巨大资源。我们进行了一次不寻常的会晤，而且我在那天中所听到的，就是直接促使我在 IBM 上任以来做出第一个重大决策的动因。

关于电脑主机的决策

本来我希望自己遵循所有管理理论所建议的那样，尽量不要在刚上任的 90 天内做出任何重大的决策。但我发现，这些建议却只能存在于理想的理论世界之中，在现实世界中并不实用。公司正在大出血，核心问题就出在 S/390 主机，因此在加盟公司两周后我不得不做点什么了。

在随后召开的一次会议（会议地点是我在阿蒙克的办公室附近的一个会议室）上，电脑主机团队公布，主机业务在销售量方面已经急速下滑，更糟糕的是，过去的15个月里其市场份额也突然下降。我问他们，为何我们的市场份额会下降得如此厉害。他们的回答是："日立公司、富士通公司以及阿姆达尔公司同类产品的价格比我们低30%~40%。"

我又问了一个浅显的问题："那为什么我们不降低价格，以避免它们像打鼓一样打击我们呢？"

回答是："这会造成我们在最需要利润的时候反而丧失更多收入和利润。"

于是，我明白了公司的问题所在：无论是出于有意还是无意，公司都想榨取S/390产品的最后一点利润，而这个产品本身却正在走下坡路。我果断地告诉他们，榨取利润的战略已经结束了，现在的任务是回过头来与我一起开展一个激进的降价计划，而且我们将在两周后的一次重要客户会议上宣布这一计划。

这对财务人员来说，无疑是一块难啃的硬骨头。毫无疑问，新的首席财务官需要采取替代性的战略，即既然客户很难在最近几年就转向竞争性的电脑产品，那么就让S/390持续保持几年高价。这样做所获得的年收入（数亿美元）也会在短期内为公司的重建提供强有力的支撑，但这也会给客户带来痛苦并有悖于他们原先对我们的期望，这个期望就是：尽快解决问题，而不是回避问题。从长期来看，我们应该打碎公司最大的家当——或许还应该打碎公司本身。因此，我们下定决心，要将几乎是给IBM带来最主要利润的产品价格大幅下调。

那天，我们还做出了另外一个重要的决策——更确切地说，是重申了一个在我还没有加盟IBM之前的好几个月就已经制定了的决策。S/390事业部的技术团队已经采取了一个大胆的行动，以便让S/390产品采用全新的技术。那就是，从一个大家都知道的双级技术转向CMOS技术。如果这个极其复杂的项目能够成功，既能大幅降低S/390产品的价格，又不会造成利润的丧失，同时又大幅度地提高S/390产品在同类产品中的竞争力。如果该项目失败了，那么S/390也就寿终正寝了。

但该项目并没有失败！使该项目获得成功的是欧洲和美国IBM实验室中的精英们，他们不愧为新IBM的英雄。我总是要感谢（也很庆幸）那些在我加盟IBM之前就已经做出这项决策的极其有远见的人。我所做的只不过是将该决策重申了一下，并在未来的4年里尽力给该项目的实施提供10亿美元的资助。

我敢说，如果没有这项进军CMOS的决策，我们一定会在1997年就已经退出电脑主机市场了。实际上，关于该项目的决策，从某种程度上说还是在当时公司一个主要竞争对手——日立公司的启发下做出的。那时，双级系统已经越做越大了，但该技术却因为耗资巨大，迫使日立公司不得不退出该业务领域。

CMOS技术的效益不仅在理论上站得住脚，在实践中也没有让我们失望。我们现在正在建造一个更大型、更有力的系统，这在采用双级技术的人看来是不可想象的。因此，如果你想知道20世纪90年代初在IBM投资10亿美元的回报是多少的话，我想一个合理的估计就是，该投资的回报在1997年以后一定看涨——到2001年年底，涨到190亿美元。

第一次战略会议

5月16日星期日，我出席了在弗吉尼亚州尚蒂伊一个会议中心召开的为期两天的封闭式战略会议。有26位IBM的高级经理前来参加这次战略会议，大家穿着都很随意，但表情和态度却很严肃和正式。

这次会议结束的时候，我差不多筋疲力尽了，就像是呛了几口水一样难受。他们在会议中所采用的技术行话、缩略语以及晦涩的术语，足以让任何人晕倒。但真正让人难受的还是，在你意识到这样一个事实之后，即尽管与会者都极其聪明、非常有献身精神以及十分自信应该做些什么，但大家却提不出几个真正的战略问题以供讨论。大家不止一次地提到了客户细分问题，但在这方面我们所做的却与我们的竞争对手相去甚远。会议中大家各执一词，很难形成统一的观点。我也的确被他们搞糊涂了，那或许是我在IBM第一年中过得最糟糕的日子。走出会议室时，我很难受，因为我知道，墨菲和伯克都错了——IBM需要的只是一个技术精英为所有的员工指路！

我几乎没有时间自责，因为那天晚上我们召开了或许是我在IBM职业生涯中最重要的一次会议：IBM客户论坛。

尚蒂伊的客户论坛

在我加盟IBM之前，客户论坛就已经是IBM的例会了。美国所有最大公司的大约175名首席信息官都会来参加，因为他们想知道IBM又有什么新举措。他们中的许多人是代表IBM的重要客户来的，而且他们既可以成就我们的事业，也可以挫败我们的事业。

星期二晚上，我在晚宴中会晤了几位首席信息官，他们所持的观点与我在欧洲的所见所闻不谋而合。他们对IBM感到很生气，担心“电脑主机已经死了”的预言会成为不断扩大的现实。个人电脑巨子已经使媒体相信，世界上伟大的信息技术基础结构——支撑商业银行、航空公司以及工厂等的基础设施，或许已经转向了台式电脑。但这些首席信息官知道，这并不是真的，他们也为IBM不捍卫自己的立场而感到生气，还为其他一些事情而担忧，例如电脑软件和硬件的价格等问题。他们对IBM的官僚习气非常不满，对IBM难以整合的现状也不满——无论是一个解决方案的整合还是地域的整合都很难。

第二天凌晨，我扔掉了准备好的文稿，决定做一次即兴演讲。我站在这些最重要的客户面前，发自内心地向他们讲述了我心里想说的话。一开始我就告诉他们，现在掌握IBM的人曾经就是IBM的一个客户——我就是信息技术产业的一个长期客户。我做IBM客户的时间比我在IBM任职的时间要长得多；我也是一个信息技术的忠实信徒，我坚信信息技术必将改变这个世界每一项事务的状态。因此，我对信息技术具有一种战略性的眼光，而且我将把这种战略性的眼光带到IBM以及IBM的每一位客户身边。

我强调指出，IBM的电脑主机业务仍在继续。我也同意首席信息官们所说的，我们已经无法确认自己在个人电脑行业的角色，也同意大家指出的，我们的产品价格过高，我们公司确实也存在官僚主义。我还告诉这些首席信息官我的亲身经历，即当我还在运通公司和RJR纳贝斯克公司任职时，我就与那时的首席信息官曾经谈到过对 IBM 的恶劣印象。

我还向他们介绍了我的打算：

- 我们将重组 IBM，以客户为导向，实施公司的优先性战略。
- 我们将赋予实验室研究人员更多的自由，让他们放开手脚进行和实施以客户为基础的研究方案。
- 我们将更加注重产品的品质、更易于合作以及重塑 IBM 在行业中的领导地位（但不是原来的垄断地位）。
- IBM 的所有方面都将发生改变，而且是从倾听我们客户的呼声开始，即按照我们客户的意见做出客户所期盼的成绩来。

最后，我宣布公司关于主机价格问题的重大决定。我们的团队已经在过去的两周中付出了辛勤劳动，就在昨天晚上，大家还努力将各项建议整合在一起。我不想具体细说该决定——这将是这次会议晚一些时候的议事日程，但我可以明确告诉大家，IBM 的主机——包括软件和硬件的价格一定会下调，而且是快速下调。也就是说，一个 IBM 主机处理单元的价格将从本月的 6.3 万美元下调到 7 年后的不到 2 500 美元。这是个令人难以置信的下降幅度（96%）。主机软件的价格和绩效将有所提高，平均说来大约在今后的 6 年里每年上升 20%。

正是该计划拯救了 IBM。短期内公司曾面临着一个几乎是不可能解决的危机，那就是该计划要从公司榨取数十亿美元的利润和潜在的年收入。所以，如果该计划不管用，我可能就是 IBM 的最后一个 CEO 了——“最后的路易斯”。庆幸的是，它果然是一个管用的计划，IBM 卖给客户的主机数量已经于 1993 年下降了 15%，到 1994 年却上升了 41%，1995 年又上升了 60%，1996 年则上升了 47%，1997 年上升 29%，1998 年上升 63%，1999 年上升 6%，2000 年上升 25%，2001 年上升 34%。这意味着，IBM 已经起死回生，并令世人震惊。尽管价格不是 IBM 求生存的唯一理由，但如果我们没有在关键时刻走价格这着儿险棋，这一切都不会发生。

第五章

“热烈拥抱”计划

4月底，我们召开了一次“公司管理委员会”，与会者就是3月份参加宣布我当选CEO那次会议的原班人马——公司的50名最高层主管。

在会上，我告诉他们我在这3周中的体验和心得。一开始我就说，我看到了许多积极的因素在继续，特别是在研究、产品开发以及许多人所表现出来的积极能干的态度等方面。

然而，也存在着问题，比如：

- 失去了客户的信任，另外，产品质量问题也引起了一些客户的极大不满，他们对此进行了指责。

· 盲目地追求公司分立，经理们热衷于说“给我一个助理”。
· 跨部门的问题没有得到及时解决。
· 市场部负责人和零售部负责人之间关系十分紧张。
· 绩效评估系统混乱且存在着争议，这会给一线的零售带来严重问题。
· 五花八门的联合没有任何意义。

我宣布了“热烈拥抱”计划。50 名高级经理中的每个人都要在未来的 3 个月内，至少拜访公司 5 个最大客户中的一个。他们此行的目的就是要倾听，要显示出我们对客户的关注并恰当地采取行动。他们的直接下属（大约有 200 名高级经理）也要做相同的事。在每一次的“热烈拥抱”式拜访活动中，我要求他们能够递交一份 1~2 页的报告，这些报告可以直接交给我，也可以交给那些可以直接解决客户问题的人。我希望这些拜访活动能够减少客户的成见，即在别人看来我们公司总是难以接触。我还清楚地指出，拜访活动也没有理由仅仅停留于公司 5 个最大的客户。显然，这是一次外界对我们公司信任度的大检阅。

“热烈拥抱”计划也是 IBM 公司文化改革的第一步，强调我们将从外至内建设自己的公司，并使公司的所有事情都以客户为导向。对我而言，这的确是一个重要的方法，它不仅带来了轰动效应，而且当人们意识到我的确是认真阅读了每一份报告时，他们的行动和反应速度相应也快多了。

撤销管理委员会

还是4月底那一天的下午，又召开了一次“管理委员会”会议（IBM内部称其为“MC”会议）。要知道，在管理委员会谋得一职，是每一个IBM高级经理梦寐以求的事情，也是事业上的顶峰。当我加盟IBM公司时，该委员会有6名成员，其中就有埃克斯和库恩勒。管理委员会每周开1~2次会，通常是正规的全天会议，还有大量的会议提案。公司所有的重大决策都在该委员会上提交讨论。

该委员会中有些成员是最近才任命的，但就在我来公司后的第一次管理委员会上，我告诉他们一个让他们感到十分沮丧的决定，那就是公司今后不再设管理委员会这一机构。因为我希望自己能够更有决策权，而不是由管理委员会来更多地行使公司决策权。尽管直到数月以后，管理委员会才正式撤销，但作为IBM数十年的主导性管理决策机制，它的使命早于1993年3月寿终正寝了。

从某种程度上说，管理委员会的兴起和消亡就是IBM公司整个刻板的等级制度兴起与消亡的写照。在我看来，这简直就是一个奇怪的管理公司的方式——明显的中央集权式管理，这种管理方式最终会导致权责不分。管理委员会是IBM出了名的有争议体制的组成部分，在这一体制中，各个事业部的建议权会与具有同样权限的公司管理人员的建议权产生分歧和对抗。当我一想到技术产业的复杂性以及重要业务和产品决策所包含的风险性等因素，我就会理解这种体制，或许在创立之初它确实是一个精彩创新。但问题是，随着时间的流逝，IBM的员工已经学会了如何开发新的管理机制以加快自己的议事日程。因此，20 世纪 90 年代初，真正有争议的机制已经明显地让位于事先安排好的共识性管理体制。公司的管理人员不是要提出有争议的建议，而是要使公司在最大范围内达成共识。于是，人们就期盼管理委员会能够提供一个包含众多可能性的、直截了当的建议。在通常情况下，管理委员会的使命就是一个形式上的盖戳批准行为。

我没有花太多的时间来仔细挖掘 IBM 的公司发展史，但我早就听说过行政助理制度就是这种官僚主义管理机制的产物。

会晤业内专家

上任后的最初几周，除了做其他事以外，我还安排了多次与电脑和电信行业各位领导之间面对面的会谈。其中有 TCI 公司的约翰 · 马龙、微软公司的比尔 · 盖茨、英特尔公司的安迪 · 格鲁夫、NCR 公司的查克 · 埃克斯雷以及莲花软件公司的吉姆 · 曼齐。这些会晤对我帮助很大，他们对 IBM 的看法或许还没有他们对行业的洞察力对我更有启发。正如你所预料的那样，我的许多来访者都是带着一颗虔诚的心来的。

与安迪 · 格鲁夫的会晤算是其中最直接进入主题的一次了。格鲁夫以他可爱的直截了当的方式坦率地告诉我，IBM 在微处理器行业没有前途，所以 IBM 应该停止用 PowerPC 芯片与英特尔公司竞争。只有停止这场竞争，两家公司之间的关系才不至于越来越紧张。我感谢格鲁夫的忠告，但对于他关于 IBM 应该怎样做的建议还是无法真正理解。于是，我只好把格鲁夫的忠告囫囵吞枣地放在了心里。

从内容来看，与比尔·盖茨的会晤并没有什么特别的，根本上说他只是给我提供了这样一条信息，那就是：IBM应该坚持做自己的主机业务，而不是个人电脑业务。与盖茨会晤时的一些偶然事件，则要比与他的交谈更有纪念意义。

我和盖茨是在5月26日上午8点见面的，地点是在纽约麦迪逊大街。很巧，我也打算在同一天稍后的时候在那里会晤莲花软件公司负责人吉姆·曼齐。所以，IBM的安全保卫人员糊涂了，他们不认识盖茨，所以称他为“曼齐先生”，并给了他一张曼齐的通行证。当盖茨到达第40层楼的时候，他对此感到不高兴了。但无论如何，我们还是进行了一次有益的讨论（让我失望的是，我并没有在他身上看到著名的摇摆动作）。

更值得一提的是这次会晤之后所发生的事——我和盖茨以及我们的办公室人员都同意，在我们会晤之前和之后都不向外界公开。然而，媒体还是在盖茨离开IBM办公大楼两个小时之后知道了我们这次会晤的所有细节。到了晚上，几乎所有人都知道盖茨的通行证被IBM的安全保卫人员弄混了。盖茨显然不想说明在同一天我还要会晤曼齐，从某种程度上说，这次弄混事件似乎更进一步证明了IBM——或许是郭士纳在技能上的缺乏。

快速失血的财务

4月底，我们公布了公司第一季度的经营业绩，但这并不是让人高兴的业绩：收入下降了7%，毛利润也从50%下降到39.5%，降幅超过10%，公司的税前亏损是4亿美元，而在上年同期IBM的税前利润接近10亿美元。

5月底，我看到了4月份的业绩，这些数据中没有一点夸张的成分。4月份，公司的利润又下滑了4亿美元，这样公司在前4个月中就一共亏损8亿美元。同期，IBM的主机业务销售量也下降了43%。其他一些大宗业务，包括软件业务、维修业务、融资业务以及众多与主机业务销售情况紧密相关的业务，也都因此而销售量大降。公司唯一增长的业务领域是服务，但其市场份额却相对较小，因而利润也不大。员工总数也略有下降：从年初的30.2万人下降到4月底的29.8万人。包括特定应用软件事业部和半导体事业部在内的好几个事业部都举步维艰。

几乎与这些糟糕的经营业绩一样糟糕的还有，尽管公司可以在财务总额上有所增加，但公司内部预算和财务管理制度还是漏洞百出。公司不是只有一个而是有两三个预算体系，因为IBM矩形组织结构中每一个部门（也就是各个地域的事业部和产品事业部）都坚持要有自己的预算，结果导致公司没有一个统一和固定的预算，财务分配当然也就不断地出现争议和变化，可想而知要想做出统一的决策是相当困难的。

如果听任主机业务以及众多与主机相关业务如此继续下滑，那么IBM的前景就十分危险了。我们正以最大的努力运用融资租赁的方式来支撑资产负债表的平衡，但是还必须采取其他一些方法来稳定公司的经营状况。

与媒体的早期接触

公司与媒体之间只有一个非常短暂的蜜月期，这是可以理解的，因为情况一般都是这样。我们不可能整天在媒体的监督和报道之下对一家病入膏肓的公司动大手术，扭转乾坤，并且有太多的工作要去处理，不可能将每天所取得的进步形成书面报道，再说这些进步也是花上数月和数年才能够取得，而不是数小时或数天就能够取得的。美联社的一名记者曾希望跟踪报道我在 IBM 第一天工作的全部经过，《今日美国》也说要为我每天的工作制定一个“每天进展表”。我对他们说：“不了，谢谢。我们需要大量安静的时间，仔细考虑我们下一步的任务。”这对于一个习惯于每日报道 IBM 问题的记者来说，是一个无情的拒绝。

我加盟 IBM 的第一天，就把我的公关经理戴维·卡里斯带了过来。卡里斯已经跟随我多年，20 世纪 80 年代他回到美国运通公司。在我看来，他是美国最优秀的公关经理，也是 IBM 历史上第一个真正的职业公关人员，并从事着高级公关工作。几十年来，公关和销售一起被认为是公司的高级工作。

卡里斯加盟 IBM 的时候，公司的公关工作简直是一团糟。IBM 也有一些天才的员工，但公关部门的员工大多初衷良好却缺乏培训。即便他们都是受过系统培训的职业公关人员，也无法在像 1993 年的 IBM 这样一个漏洞百出的公司中大展身手。特别是 IBM 的高级经理们也认为，公司唯一真正的问题就是每天来自媒体的轰炸。他们觉得，如果媒体对 IBM 的正面报道更多一点，那么公司就会转而赢利，而且方方面面也都会重新走向正轨。

尽管我最明显的优先性任务就是与 IBM 的客户和员工进行会晤和交谈，但我也不得不抽出一点时间来与媒体打交道，所以我面临着来自各方面的压力。最初的几个月，在每个特定的日子里，都会有来自主要媒体超过 65 宗对我进行采访的请求。如果再加上来自地方性报纸以及电脑行业报纸的采访要求，那就有数百宗了。如果再加上来自全世界的采访要求，那简直不计其数。

我不知道自己在有限的时间里该如何处理这些事务，因为我已经答应接受《纽约时报》、《华尔街日报》、《商业周刊》、《财富》、《今日美国》以及《金融时报》的单独采访，但媒体的反应却告诉我——而且是不断地、大声地告诉我，这还远远不够。

我最需要的就是时间，但我知道自己的时间并不多。来自媒体、华尔街以及股东等各方面的压力在不断增大。我们已经做了不少事，我将不得不公开，而且是尽快公开我扭转 IBM 颓势的计划。

第六章

财务止血

1993年7月，压力越来越大了，公司的财务状况一团糟；员工们也希望新领导能够做点什么——什么都行，只要能够给他们带来一种方向感就好。特别是媒体也失去了耐心（倒不是说我认为媒体对于IBM的未来有什么特别值得一提的真知灼见，而是由于IBM公司当时处于一种极其脆弱的状态，所以媒体的报道无论是好是坏，都会给客户的态度带来灾难性的影响）。

7月14日，《今日美国》以一篇很长的封面文章报道了我在IBM第100个工作日的情况，开头部分是这样写的：

IBM的股东和客户或许都对郭士纳在IBM担任CEO工作

100天之后会出现什么样的奇迹充满了期盼，但是这个蜜月期于星期五就已经结束了——IBM并没有发生任何机构变革或战略改革。

“显然郭士纳并不是一个能创造奇迹的人。”电脑分析家尤尔里克·韦尔如是说。自从郭士纳上台以来，IBM的股票下跌了6%，“IBM什么也没发生改变，因为郭士纳什么也没有做。”S·G·沃堡的电脑分析家戴维·吴如是说。

尽管我自认为已经做了很多，但现在该是采取一些重大决策，并将这些决策公之于众的时候了。在与客户、员工以及业内人士接触以后，再加上我个人在周末和往返飞机上的反思，我的确已经准备好做出以下4个关键性决策：

·保持公司的完整性。

·根本改变公司的经济模式。

·再造商业模式。

·出售生产不足的资产，以筹集资金。

另外，我还决定，在1993年夏天我将不再公布任何重大的决策。

保持公司的完整性

我已经记不清自己具体是在什么时候决定要让IBM保持完整性的，也记不清是什么时候首次正式公布这一决定的。我一直强调，IBM公司的规模和它在全球的广泛分布就是公司一个独特的竞争优势。然而，我也知道，做出这样的决定也不是什么太难的事，原因如下：

当电脑产业初现端倪的时候，其产业模式就是作为一个整体的、不可分割的一揽子面貌出现在客户面前的。当一家公司买了一台电脑以后，随之而来的就是诸如微处理器和存储器等这些与系统相吻合的所有基础技术产品、所有与硬件相匹配的软件以及所有的系统安装和维护，这些都是进行捆绑式销售的。客户基本上是在购买系统的同时也购买安装和调试，客户在这一过程中只需一次付款。这种模式是 IBM 创造的，而且很久以来，在美国也只有很少的几个竞争对手是以整合的形态出现在电脑产业的，通常这些竞争对手称为 BUNCH，即巴勒斯电脑公司（Burroughs）、通用自动计算机公司（Univac）、美国国立现金出纳机公司（NCR）、控制数据公司（Control Data）以及霍尼韦尔公司（Honeywell）等。同样的整合式电脑公司也出现在日本和欧洲。

20 世纪 80 年代中期，又出现了一个新的电脑产业模式，该模式认为，纵向联合的方式已经不再是企业发展的出路，一些新兴的、成功的信息技术公司将提供一揽子业务中小范围和横向的部分产品。因此，出现了一些只销售数据库的公司，还有一些只销售操作系统的公司，以及只销售存储设备的公司等。突然之间，电脑产业中的竞争对手一下子从过去的少数几个演变成了数百个乃至数千个，其中大部分竞争对手只销售单一的和一小部分电脑产品。

正是在这种新环境下，IBM 遭受了挫折，也正是在这种情况下，公司内外的许多观察家和专家都强调要将 IBM 分割成几个独立的事业部，以应对公司所处的逆境。然而，这种解决问题的方案在我看来只是一个机械式的反应——在没有真正了解什么才是导致电脑产业市场分割真实原因的情况下，对新竞争对手的所作所为而采取的一个机械反应。

以下这两个因素，是真正推动客户支持这一新的、细分的供应环境的原因：

· 客户想打破 IBM 对该行业的经济垄断，撕开 IBM 的价格保护伞，这种价格保护伞使得 IBM 能够以捆绑价格销售其产品，并从中获得相当高的利润。

· 客户对将运算能力传递给员工个人越来越感兴趣（其术语是"分布式"运算，与主机的"集中式"运算相对应）。

IBM 在传递分布式运算方面十分缓慢，而许多小型公司则填补了这一空白。这些公司在传递整体的组合式解决方案方面没有一席之地。因此，他们为基本的 IBM 系统提供附加产品，并围绕 IBM 的中央处理集线器建立自己的产品。显然，当 IBM 不愿意进入个人电脑市场的时候，这些就是英特尔和微软的所作所为。

因此，客户其实并不想要一个完全只提供细分产品的供应商。他们更高的目的是要将更激烈的竞争引入电脑市场，并寻找一家新运算模式的供应商。

他们的这一目的达到了。到 20 世纪 90 年代初期，电脑产业中出现了数万家公司。尽管其中有很多只生存了数月或数年就从市场上消失了，但是这一动力机制给电脑产业带来了冲击——电脑产品的价格更低，选择性也更大（值得一提的是，个人电脑产业巨子微软公司取代了IBM，成为电脑产业的老大。所不同的只是当年IBM依靠的是电脑主机业务，而微软公司依靠的则是台式操作系统）。

尽管电脑产业中所发生的这些重大重组活动的结果是良好的，但也带来了一个非常不理想的后果，那就是：客户现在不得不将技术整合到一个可以应用的方案之中，以便符合他的业务要求。以前，有一个总承包商名叫IBM、巴勒斯或者霍尼韦尔；现在，新的产业结构中客户只有自己将所有的电脑整合工作承担下来。

由于整个电脑产业尚缺乏统一的产业标准，因而这一问题将变得更加复杂。电脑产业中的竞争者与我所知道的其他产业的竞争者不同，它们都在试图制定“自己”独特的标准，如果没有很高的价格，它们是不会让产业中其他公司与自己的标准相关联或者了解自己的标准的。因此，标准的不和谐和要求的重叠，使得产生一个简单的解决方案都显得十分困难（在下文中，我将继续深入讨论这一问题）。

作为20世纪90年代早期信息产业界的一个大客户，我最清楚公司整合正成为一个巨大的问题。在美国运通公司，我们钱包大小的塑料信用卡就是在全世界流动的移动数据，这一事实带来了巨大的技术挑战。我所需要的就是一个信息技术平台和一个合作伙伴，以便让我能够以自己喜爱的方式经营业务。因此，当我1993年加盟IBM的时候，我相信，为一些公司整合所有的产品部件（部分产品）并将解决方案交给客户一定具有极其重要的作用。为什么呢？因为到头来，每个产业都有一个整合者。当然，在这些环节中的不同阶段，还会有只为某一个成品提供部分产品的企业，例如，汽车工业中的钢铁制造商、家用电器的零配件制造商，或者金融服务中的营销商或税务申报代理。但是，在零部件到达客户手中之前，有人不得不坐在生产线的最后，将所有这些部分产品以一种有创造价值的方式整合到一起。实际上，这个坐在生产线最后的人，就是在担负着将产品部件（部分产品）转换成价值的责任。我相信，如果说 IBM 有什么独特的位置或独特的行为能力的话，那么它就应该是坐在生产线最后的人的那个角色。

那时候，还广为流传的另一个神话就是，信息技术产业将继续向完全的分布式运算方向演变或转移。一切都将越来越地方化、自给化、小型化以及更为廉价，直至世界上所有的信息都可以通过某人的一块手表进行操纵。许多人还将信息的民主化价值推向了极致，他们接受了信息产业所许下的诺言，即所有的零配件都可以通用，或者用行业术语来说就是可以“兼容”。

但是在我跨进 IBM 的门槛之前，我就已经知道这是一个空头许诺了，我已经在另外一个方面花费了太多的时间。那种认为所有这些复杂的、难以整合的和具有选择性的技术，将会被那些愿意成为自己总承包商的客户所购买的想法，是毫无根据的。

不幸的是，1993 年，IBM 出于对行业内其他公司的错误认识，走上了一条错误的道路。公司正在走向分裂——也可以说正走向毁灭。

现在，我不敢确定 1993 年的我或者是任何一个其他的人是否能够重塑一个新的 IBM。但是，鉴于 IBM 的规模和它在全球的广泛分布，摧毁它这一独特的竞争优势并将 IBM 分裂成一个个独立的电脑零部件供应商——如大海中一条小鱼一样微不足道，无疑是一种罪过。

在尚蒂伊召开的那个盛大的 4 月客户论坛，以及我与其他一些客户和首席信息官的会见活动明显地告诉我，这个世界上最不应该做的事情就是用多个光盘驱动公司、用多个操作系统运营公司以及用多种 UNIX 语言来管理公司。这些客户和首席信息官也清楚地告诉我，我们实施整合战略的能力几近丧失，而且在 IBM 能够提供一种那时我们还不能提供的价值之前，还必须做许多事。但这些客户和首席信息官同时也认为，只有 IBM 才有能力尝试整合并交付完美的解决方案，将复杂的技术应用到解决商业难题中来。

因此，保持 IBM 的完整性就成为第一个战略决策，也是我所做的最重要的一个决策——不仅是在 IBM，也是在我整个职业生涯中最重要的一个。那个时候，我不知道该如何具体发挥这家整合过的公司的潜力。但我知道，如果 IBM 能够成为最前沿的技术整合器，那么我们就一定能够给客户和市场交出一份特别的答卷。

结果是，我们抛弃了那些为所有生产部分产品的公司提供首次公开上市服务的投资银行，也抛弃了那些只会按照官方财务报告的要求制作财务报告以便卖弄其个人能力的会计师，还抛弃了那些坚决认为打印机事业部应该被称为“Pennant”以及存储事业部应该被称为“AdStar”的著名会计师。

我们停止了一切会导致公司每个事业部业务流程和业务系统产生分裂的内部活动，这是一件既费时间又耗精力的事。例如，即便是在财务混乱的时期，我们也不得不仅仅在美国范围内就聘用 70 多家不同的广告机构（以后就更多了）。人力资源部的员工也无可奈何地改变了补助计划，以防止出现这种情况，即当有员工从公司一个事业部转到另外一个事业部工作的时候，就好像是进入了另一个国家、另一种语言体系、另一种流行趋势或者另一种客户群。

我开始告诉客户和员工们，IBM 将保持完整。我记得，我的这一决策在高级经理团队中产生了复杂的反响——那些认为这样做就等于是使公司得救的人感到十分高兴，而那些将公司分立看成是自己可以从“泰坦尼克号”上脱身并乘上救生船的人，则感到万分沮丧。

改变我们的经济模式

那个夏天第二个重大决策就是重建 IBM 的基本经济结构。从听上去有点夸大其词的公司发展指导方针来看，带来利润的业务是一个相对简单的系统。你必须以一个可以接受的价格来销售产品，从而带来利润；你必须在这些销售量的基础上获得一个好的毛利润；你必须节约自己的开支，但又必须在销售、研究和开发、建设厂房和购置设备、可持续性财务控制、开发和运营广告等诸多方面进行投资。如果年收入、毛利润以及开支之间都能够相互衔接得很好，那么利润就会增长，还会出现正向现金流量。

不幸的是，IBM 上述各个因素之间并没有衔接好：IBM 的年收入增长缓慢，因为公司主要就是依靠主机业务赚取利润，而主机业务的销售量却一直下滑；公司的毛利润也在飞速下滑，因为我们不得不降低主机的价格以获得竞争力；唯一使公司这条大船稳定下来的办法就是，确保开支以高于毛利润下滑的速度下降。

开支成为一个关键问题。经过数月努力，首席财务官吉里·约克以及他的团队终于确定了 IBM 的开支—年收入比率，即产生 1 美元的年收入需要多少美分的开支。平均来说，我们的竞争对手一般花上 31 美分就能带来 1 美元的年收入，而我们则要花上 42 美分才能获得 1 美元的年收入。当我们将这些数据用乘法计算得出总的年收入时，我们发现，我们存在着 70 亿美元的开支问题！

既然将主机重新定位为一个长期的挑战性业务项目，而且我们还必须同时面临降低主机价格以及由此而引发的毛利润下降等问题，那么唯一能够拯救公司的方法——至少在短期内能够拯救公司，就是大规模地削减不具有竞争力的开支。

因此，我们做出了两项重要的财务决策：第一，把分给股东的年底分红从每股 2.16 美元下调到每股 1 美元；第二，削减开支 89 亿美元。不幸的是，第二个决策意味着我们将不得不裁员 3.5 万人，这是继 1992 年约翰·埃克斯裁员 4.5 万人之后的又一次大裁员。这也意味着，很多人会为此遭受痛苦，犹如雪上加霜。但是，为了生存，我们别无选择。

再造商业模式

早期所采取的这些节约开支的做法，对于维系 IBM 的生存固然必不可少，但我知道，这还远远不足以打造一家充满活力、发展的和成功的公司。为了实现后一个目标，我们还需要对 IBM 几乎所有臃肿的业务流程进行彻底改造。因此，1993 年，我们开始实施一个巨大的再造项目，后来变成了 IBM 这家全球公司最大的再造项目，至少也是最大的再造项目之一。它持续了 10 年之久，随着项目的不断拓展，IBM 内部几乎所有的管理流程都发生了变化。

再造是艰难、枯燥和痛苦的。当时我的一位高级经理说道："再造就像是在你的头上点火，然后再用一根大棒灭火。"但是，IBM 的确需要一场自上而下的全面业务流程再造。

杰里·约克领导了这场再造。通过指明一些明显的浪费现象，他仅仅在当年就从我们的开支中削减了 28 亿美元。然而，对于那些并不明显的地方，整个再造做起来就显得十分艰巨和困难了。公司臃肿而缺乏效率，所以绝对需要自上而下地裁减冗员。

我们正在运转中的库存系统、财务系统、执行系统以及配送系统等，都在不同程度上属于老主机时代的变种，当时为了迎合 24 个独立事业部机制改革的需要，我们对这些系统又做了大大小小的修改。今天 IBM 只有一个首席信息官，但在当时 IBM 却有 128 个（确切数字）拥有首席信息官头衔的人——他们都负责管理自己的系统装置和为自己生产的应用软件准备设备基金，结果这种业务流程相当于是 19 世纪的铁路系统，拥有不同的铁轨、不同的标准以及不同的铁路所有的车辆分类方法。当一个财务问题需要好几个事业部联合起来解决时，我们却没有一个共同的方式来讨论。因为那时，我们一共有 266 个不同的总分类账户。有一次，人力资源部的人员真是气极了，因为他们发现，在公司某一个事业部被解雇的人却在另外一个事业部得到了聘用。

针对公司内部所存在的这些问题，我们采取的方法就是发动全面进攻，而不是循序渐进地推进再造计划。在任何一个特定的时间里，都会有 60 多个重大再造项目同时进行，还有数百个在独立的单位和事业部里开展。

大部分再造工程都集中在11个领域。前6个我们称之为核心启动领域，是指这些业务领域大多与公司外部世界相关。它们分别是：硬件开发、软件开发（后来，这两个单位合并成产品开发部）、执行、整体供应链、客户关系管理以及服务。其余5个则主要关注的是公司内部流程问题，我们把它们叫作启动项目。它们分别是：人力资源、采购、财务、不动产以及信息技术（最后一个是个令人奇怪的领域，至少乍看起来是这样的）。

当我来到IBM公司的时候，我并没有太自以为是，但我的确是以为自己发现了一家世界上最优秀的公司的内部信息技术系统。然而，最令我震惊的是，每年我们仅在这一个领域中就花费了40亿美元，却还是得不到我们所希望的、能够帮助我们开拓业务的基本信息。这是一个陈旧过时的系统，无力为大家的信息沟通提供服务。我们拥有数百个数据中心和遍布全世界的网络。但是，它们中的大部分都被闲置着或没有得到充分有效的利用。

到1995年年底，我们就已经从信息技术系统节约了20亿美元的开支。我们将155个数据中心削减为16个，还将31个固定的内部交流网络削减为1个。

不动产是一个特别庞大的项目。IBM在美国的不动产和基建部门的规模已经十分庞大，以致都可以单独成立一家公司了。20世纪90年代，该事业部就已经聘用了240名员工。我们拥有数千万平方米、位于市中心的高档办公大楼，这些建筑都是IBM于20世纪70年代以及80年代鼎盛时期建设的。在美国几乎所有的大城市里，你不愁看不到至少一幢IBM大楼，美国以外的海外市场亦是如此。然而，到了20世纪90年代，许多房地产设施都未被充分利用，或者被租了出去。同时，我们还在曼哈顿中心办公大楼租用了一整层用于产品介绍，租金是每年 100 万美元。

我们出售了 3 000 多平方千米没有得到开发的土地，还出售了一些不需要的一级不动产，例如位于亚特兰大那座最高的大楼。从外部聘用供应商并将该部门的全职人员裁减为 42 名，同时在公司位于纽约韦斯特切斯特的总部附近，将 21 个公司办公地点压缩为 5 个。

仅 1994—1998 年，从不动产项目再造中节省出来的资金总额就高达 95 亿美元。自从再造工程开始以来，我们已经总共节省了 120 亿美元。硬件开发的时间也从过去的 4 年下降到现在的 16 个月——有些产品的开发时间还要更短，产品交付及时率从 1995 年的 30% 提高到 2001 年的 95%，采购运输成本则下降了 8 000 万美元，消除坏账 6 亿美元，销售成本下降了 2.7 亿美元，材料成本下降了将近 150 亿美元。

筹集资金

那年夏天，我们大刀阔斧实施的第四个行动计划，就是出售非生产性资产并筹集资金。只有很少人知道 1993 年 IBM 面临着多么巨大的流动资金缺口。面对这种危险状况，我们是否申请破产都还是一个谜。同时，公司尚有一些资产可以出售以帮助公司渡过流动资金短缺的难关。但问题是，是否可以在公司进入“现金流量缩水，而公司的债权人又不再愿意给予支持和合作”这个可怕的恶性循环之前，将这些资产销售出去呢？

杰里·约克以及他的团队于 1993 年秋天着手出售所有那些对于公司已经不再有必要的资产。我们卖了公司在纽约的总部大楼。

我们过去还曾在公司培训中心投入太多的资金——在那个培训中心，每年我们要养活和安置数千名员工。1993年，我们在阿蒙克总部附近大约1小时车程的地区有4个单独的办公区，其中有一个——以前曾是古根海姆位于长岛黄金海岸的家，就几乎被IBM的人力资源部占用了。

前10年里，IBM还收集了大量重要的精美艺术品，这些艺术品都放置在存储箱中，谁也看不到。其中有一些偶尔会拿出来在IBM的公共展览馆（位于曼哈顿第57大街的IBM大楼中）展示一下，还有专门的展览馆管理员以及其他专职员工负责管理这些收藏品。1995年，这些收藏品中的一部分在索斯比拍卖行进行拍卖，所得收入是3 100万美元。不幸的是，这一拍卖活动受到众多艺术界人士的指责。出于某种原因，这些艺术界人士认为，IBM可以裁减员工并让他们失业回家，但必须将这些绘画等艺术品存放在IBM位于纽约的展览馆中，以备偶尔拿出来供人们参观鉴赏。

或许在第一年里，我们采取的最大出售活动就是出售IBM的联邦系统公司，该部门主要是为美国政府上项目。我们利用当时美国政府热衷于对工业实施保护政策，同时也有许多买主愿意出高价增强他们的凝聚力，将该部门全部出售了。要知道，IBM的联邦系统公司是一家有着辉煌历史的公司，它在各种有关国家安全和空间计划方面都有重要的技术突破。然而，它同时也是一个永久性的低利润业务领域，因为我们从来没有成功地将这个高投入的业务领域纳入商业运营中来。劳拉公司（Loral）以15亿美元的价格于1994年1月将联邦系统公司买走了。

这个出售非生产性资产的计划持续进行了好几年，到了

1995年和1996年，公司筹集资金的任务已经完成得差不多了。然而，为了突出业务重点（我将在下文具体介绍这方面的问题），我们还需要对公司实行精简政策。

关于远景规划

在扭转公司颓势方面，我有很多经历，其中首先学会的是：如果你不得不做一些非常糟糕的事，那就尽快去做并确保让所有人都知道你所做的以及为什么要这样做。当你在等待时机成熟以便推出大举措的时候，无论是拖延问题、隐藏问题，还是零零星星地解决部分问题，总会带来负面效应。我相信，最好的办法应该是迅速地将问题置于脑后，继续前进。

有太多的人在关注IBM未来的命运，以至于我们只能采取一种方法与他们交流包括削减开支以及再次裁员在内的所有决策，那就是召开新闻发布会。

7月27日早晨在曼哈顿酒店一个大型会议室里，我们召开了新闻发布会。似乎那年有两个热门话题保准可以吸引大批记者——就业和IBM。因此，当IBM宣布要公布有关就业的消息时，新闻发布会现场就满是记者了，他们都是目前世界上一些重要的电视台和报纸杂志的记者。

从根本上说，这是我首次公开亮相——首次公开讨论我在IBM所学到的和打算要做的。会前，我曾精心准备演讲稿，但鉴于IBM长期以来给人留下了刻板守旧的印象，我决定即兴演讲。没有道具，也没有参考，就我一个人站在那里向听众说出我不得不说的话。

我在新闻发布会上所说的一些话，后来经常被引用：

我现在想做的就是发布一些你们所期盼的信息。关于我打算什么时候制定一个 IBM 的远景规划，有各种各样的猜测，而我想对大家说的是，现在 IBM 并不需要什么远景规划。

会场上鸦雀无声，你几乎都可以听见记者们眨眼睛的声音。

我继续说道："现在 IBM 最需要的是为它的每个事业部制定一系列非常务实的、以市场为导向的和高度有效的战略——能够拓展市场和增加股东收益的战略。而这也正是我们目前正在做的。

"现在，我们的头件大事就是使公司重新实现赢利。我是说，如果你要为一家公司制定一个远景规划，那么这个远景规划的第一个框架最好是赚钱并使公司扭亏为盈。

"因此，我们现在正致力于使 IBM 实现赢利，这也是我们今天所要讨论的问题。

"公司的第二件大事，"我说，"是打赢客户信任这一仗。为此，我们也正在做大量的工作，而且它们也不是什么远景规划，而是人们正在努力实现为客户服务的目标。"

我接着说："第三件大事是，我们将在客户机服务器领域加大力度。现在，我们是世界上做出最多客户机服务器方案的公司，而且我们也仍然扮演着我们一直扮演的'主机公司'的角色。还有，我们将准备在客户服务方面做出更多的努力……

"第四件大事是，我们将继续扮演行业中（实际上是）绝无仅有的整体服务供应商的角色。但是，我们的客户也告诉我们，他们需要 IBM 成为一个整体方案公司，为此我们将做出更多的努力并培养必要的技能，以完成这个客户期盼的任务。

“最后一件大事是，我们正在做许多我们称之为‘客户回应’的事情，即更加关注客户、缩短产品生产周期、加快产品交付速度以及提高服务质量。”

发布会上的大多数记者对于公司所采取的节约开支的做法表示支持。“这是IBM所实施的最为现实的重建计划。”分析家戴维·吴对《华尔街日报》的记者如是说。

《再造企业》的作者之一迈克尔·哈默对《纽约时报》的记者说：“郭士纳越早采取这样的节约开支的做法越好——这是原来的IBM所无法容忍的，它也是自上而下的改革中最重要的一环。”

至于公司的远景规划，这个行业自会有充足的时间给我做出定论。

《电脑大战》的合著者、无孔不入的查尔斯·弗格森对《纽约时报》的记者说：“郭士纳令人难以置信地实施了节约开支的方案，并使IBM公司至少在未来5年中都能够很好地生存下去。现在最艰巨的任务就是决定采取什么样的战略，并为IBM的未来开拓赢利空间。”

《巴伦周刊》的观点则更为坦率：“乔治·布什或许会把这称为‘与远景规划有关’的事情，其他人或许会把这称为‘与远景规划无关’的事，IBM董事长郭士纳却说‘IBM现在并不需要什么远景规划’。郭士纳上周对记者说，IBM公司现在最需要的是‘以市场为导向……为每一个事业部制定战略’。换句话说，就是需要一个最好的工具包。

“然而，事实上，IBM新任CEO对于IBM这个生病的电脑巨人的确有一套自己的治疗方案，尽管它既不富有诗意也不辉煌，相反它只不过是治疗公司厌食症的一种方法。”

《经济学家》杂志则质疑道：“但是，削减成本真的就是一种生存战略吗？”《经济学家》杂志称我保持IBM完整性的举措是一种“短视”行为，该杂志说：“随着个人电脑变得越来越便宜、功能越来越强大以及越来越容易与网络进行连接，愿意在IBM购买所有电脑产品的消费者会大大减少。的确，IBM所拥有的多种业务领域会使IBM拥有更强的竞争力，但前提是它们不被‘蓝色巨人’的巨额营业费用所拖垮，并且务必做到不相互践踏，否则这种竞争优势就会荡然无存。或许，在使郭士纳先生相信有必要分裂IBM公司之前，尚需要以几个季度的重大损失为代价。那些投资降至18年来的最低点，而且还要再次面临今年年底分红被减半的IBM股东，或许还在幻想他们的刀斧手能够在一夜之间扭转乾坤。”

我不知道我当时是否对这一评论感到惊讶——我想是的，但我敢肯定我被这一评论激怒了——而且我有充分的理由。

许多记者在撰写报道的时候，都把我的远景规划原意中的“现在”一词漏掉了。因此，他们就把我所说的话演绎成了“IBM并不需要什么远景规划”。这是一种不准确的报道，而且它也在很大程度上歪曲了我所说的意思。

我说的是，IBM现在不需要什么远景规划，因为我已经在上任后的最初90天中发现，IBM的档案柜中已经充斥着大量的远景规划文稿。在行业的重大技术发展趋势上，我们从来都不乏准确的预测。实际上，大多数业内重大变革都是我们所发明的技术带来的。

然而，同样明显的是，IBM僵化了，已经不能根据任何预测来采取行动了，而且还缺乏解决这一问题的简单易行的方法。拥有足够多优秀和富有洞察力人才的IBM，也乐于接受一个大胆的成功的诀窍——这个诀窍越是高级、越是复杂，人们就越喜欢。

但那不管用，真正的问题在于：走出去，使每天的市场都发生一些变化。我们的产品并不差，我们的员工也很优秀，我们的客户也都是与我们有着长期成功合作关系的老顾客，我们所欠缺的就是没有把工作做到位。就像我那时经常对IBM员工所说的那样："如果你不喜欢痛苦，唯一的方法就是把痛苦转嫁给你的竞争对手。因为他们就是抢夺你市场的人，就是抢走你股东权益的人，就是使你无力供养你的子孙上大学的人。所以，唯一的解决之道就是将痛苦转嫁给你的这些竞争对手，并使IBM重获成功。"

扭转IBM颓势，重在实施。我们必须停止招聘那些怨天尤人的人，也必须停止那些会把IBM的内部结构和机制弄拧的做法。我不希望有任何借口，也不指望有一个人们可以期待、能在某种程度上带来神奇转型的长期计划。我想要的——也是IBM所需要的，是一种巨大的紧迫感。

连专家也遗漏的一点就是，我们已经做出了一些根本性的战略决策，这些决策就是公司发展远景规划的早期组成部分。我没有在4月份的会议上论及它们——至少我没有尽可能直截了当地讨论它们，是因为我不希望竞争对手察觉到我们的前进方向。能够使IBM实现根本好转的关键战略决策，已经在那个极其有意义的一天之前就做好了。它们就是：

· 保持公司的完整性，确保公司不分立。

· 再投资主机业务。

- 保留核心半导体技术业务。
- 保证基本的研发预算。
- 一切以客户为导向，把 IBM 转变为一家以市场为驱动力的公司，而不是一家关注内部、以流程为驱动力的企业。

你可能认为这些决策中的大多数只不过是 IBM“沃森传统”的回归，但是在 1993 年 7 月公布的一项建立在过去经验上的战略，却会使我们遭到世人的嘲笑。如果 1993 年的 IBM 并不需要什么远景规划，那么第二个不需要的就是：我站起来对大家说 IBM 所有的事情都很好，而且我们会再接再厉让它更好。那会给我们所有的委托人——客户、员工以及股东带来灾难性的影响。

因此，我在 IBM 最初的几个月中所面临的真正独特的挑战，就是反对那些会摧毁 IBM 公司的机械式反应，并关注日常执行工作，在寻求能够建立 IBM 在行业中独特位置的成长战略的同时，确保公司的安全和稳定。这一切都是在以后的一年里所完成的任务。

第七章

打造领导班子

1993 年年底，我逐渐将注意力转移到整个 IBM 的团队建设、高层管理班子以及董事会建设上。

如果你今天问我，什么是我在 IBM 任职期间自认为做得最出色的一件事，那么我会说就是打造 IBM 的领导班子——当我卸任的时候，我的接班人是一个 IBM 的老员工，而且我们所有主要业务单位的负责人也必须是 IBM 的老员工。

我认为，如果我加盟 IBM 时带来一帮公司以外的人，并神奇地在 IBM 老员工的岗位上做得比老员工们更好的话，现在还要这样做或许太天真也太危险。我就是一个来自公司外部的人，而且是来自一个根据我的经验，你或许也能够经营得好的、一家处于相对简单的行业且经营状况良好中的小型公司。当然那时我不知道会加盟 IBM，因为 IBM 对于我来说是一家巨大且太复杂的公司。更重要的是，IBM 还拥有众多天才，他们都具有独特的经验。如果我不给这些本土团队成员一个机会的话，他们很可能就会带着他们的才能和学识另谋高就了。这样，我就不得不寻找以不同方式行事的人来充当管理班子的成员了。

我们需要做出许多关系重大的业务决策。因此，选拔一个我能信任的人至关重要。但这并不是一件容易的事。建设一个管理班子，实际上是一个日常性的、需要逐个人和逐个业务领域予以开展的工作。我阅读他们写来的报告、观察他们与客户之间的交往、在会议中与他们座谈，并对他们的思维清晰性、是否具有信心和勇气，以及是否能够根据我的眼色灵活行事等做出评估。我还需要知道，他们是否能够坦率地与我直接讨论他们的业务问题。

在我上任之初的第一个月里，我就废除了“管理委员会”制度，这实际上就是在大声地宣告，IBM 的管理文化将有重大变革。然而，我仍然需要一个高层执行委员会与我一起共同管理公司。因此，11 月，我创建了一个“公司执行委员会”（CEC），包括我在内，共有 11 名成员。

有了“管理委员会”的前车之鉴，我宣布 CEC 将不允许做以下这些事：不能接受解决问题的委托，不能行使代表权或者为业务部门代做决策，只关注跨部门的政策问题。

不久，公司文化就将 CEC 完全视为“管理委员会”的替代机构，即把能够成为 CEC 的成员当作在公司中的最高荣誉。我从来没有把在CEC中谋得一席之地视为对某人价值的一种真正肯定或成功人士的象征。但有时候，你也不得不在既存的体制中工作。如果所有有能力的IBM员工都希望通过努力工作在CEC中谋得一席之地，在某种情况下这对我也没有什么不好。

同时，我还创建了一个"全球管理委员会"（WMC），以鼓励公司内部各个业务部门之间的沟通和交流。WMC有35名成员，每年召开4~5次会议，还有一个为期两天的分会，该分会主要讨论运营单位的成果以及全公司范围内的倡议。在我看来，其主要的目的还是让高级经理团队为一个共同目标而努力工作。这些会议组织为高级经理提供了这样一个机会，即他们可以在这些会议上握住另外一个高级经理的手说："我已经想出了一个好主意，但我需要你的帮助。"

建立一个新的董事会

我初到IBM的时候，有一项最具有革命性意义但却最少被注意到的改革措施，那就是对IBM董事会的改革。当我刚到公司董事会的时候，一共有18位董事，其中4位是IBM的老员工，他们分别是：约翰·埃克斯、杰克·库恩勒、约翰·欧佩尔（在埃克斯之前，他是IBM的CEO）以及保罗·里佐。我认为，这样的董事会规模过于庞大，且内部的人员也太多，特别是这些内部人员还都是公司现任和前任的、在执行委员会中具有主导地位的人员。

显然，搜猎CEO的行动、媒体对公司公开的严厉批评，以及公司股东年会上尖锐而深刻的指责，这一切都给董事会成员造成了严重的精神打击。在公司治理的一系列讨论活动中，我十分赞同他们中一些人的观点，尤其是吉姆·伯克和汤姆·墨菲的观点。

我想大多数的董事都对自己在董事会的去留问题怀有复杂的心情，有些人会很愿意有一个光荣退出的机会。伯克和墨菲提出了一个精彩的建议：每位董事都自己提交辞呈，而且董事委员会将决定未来董事会的合理结构。

结果有 5 名董事于 1993 年离开了董事会，1994 年又有 4 名董事离开了。墨菲和伯克是自己要求退休的，比 IBM 规定的退休时间提早了一年。他们的行动无疑是一个信号，是在告诉其他人：现在该是把位置让给新人的时候了。有些人离开是出于自愿，但也有一些人选择离开是因为他们发现公司现在的流程很令他们反感或者是出于个人的难处。但无论如何，我们顺利地解决了董事会的问题。令所有人吃惊的是，对此媒体竟显示出了少有的平静。

到 1994 年年底，我们组建了一个只有 12 名董事的董事会。我是唯一的公司内部的人，过去那个由 18 人组成的董事会中只有 8 名董事继续留任，这 8 个人都是在一年前才进入董事会的。

从 1993 年开始，我们开始引进新人，最先引进的就是查克·奈特——艾默生电气公司董事长兼 CEO。当查克还是卡特彼勒公司（Caterpillar）一名董事的时候，我就已经认识他了。他是一个务实的人，也是一个对自己、对 CEO 以及他的董事会成员都严格要求的人，这也是我十分敬重的。他还被尊称为美国历史上最早的 CEO 之一，而且，他的当选也是重建 IBM 董事会的重要一步。

1994 年，我们又将麻省理工大学校长查克·维斯特和福特汽车公司董事长兼 CEO 埃里克斯·特罗特曼请来担任 IBM 董事会成员。美国报业协会总裁兼 CEO 卡西亚·布莱克和美孚石油公司董事长兼 CEO 路·诺托也于 1995 年加入我们的董事会队伍中，接着就是 1996 年进入董事会的尤尔根·道曼恩——德国赫斯特公司（Hoechst AG）董事长、1997 年进入的三菱商事株式会社总裁原稔（日本商界最高层的领导人之一）、1998 年进入美国运通公司的总裁兼首席运营官（后来是董事长兼 CEO）肯·谢诺尔特，以及 2001 年进入的礼来公司（Eli Lilly）董事长兼 CEO 西德尼·陶里尔。

由这些人所组成的董事会，为我们后来所取得的成功立下了汗马功劳。有力、投入和有效，已经是公司一贯的、符合最严格的标准的治理方式。实际上，1994 年，“加州公共雇员退休系统”（CalPERS）董事会——这个管理着世界最大公共补偿基金的董事会，将 IBM 董事会治理方法列为最优秀的董事会管理方法之一。自那以后，其他组织才认同 IBM 董事会的变化。

与员工的沟通和交流

就在我们改革董事会和高级管理体制的同时，也很有必要为我们公司员工的沟通和交流打开明确而连续的通道。任何一家公司成功实现改革必不可少的前提条件就是，公开承认自己所面临的危机。如果员工不相信公司有危机存在，他们就不会做出牺牲来实施改革。因为没有人会喜欢改革。无论你是一个高级经理，还是一个门卫，改革都意味着不确定性和潜在的痛苦。

因此，危机是肯定存在的，而 CEO 的工作就是把这些危机找出来与自己的员工进行沟通和交流，告诉他们这些危机的范围、严重性以及影响。同样重要的是，你作为 CEO 还必须能够告诉员工如何终止这些危机——新的战略、新的公司模式以及新的公司文化，即终止危机的方法。

所有这一切都需要 CEO 投入巨大的精力用于沟通、沟通、再沟通。我相信，如果没有 CEO 多年持续地致力于与员工进行当面沟通，而且是用朴素、简单易懂和具有说服力的语言去说服员工并让他们都行动起来，那么公司就不会实现根本的改革。

就我的 IBM 生涯而言，这就意味着，我要在某些时候，从那些在与“自己的人”进行沟通和交流时有着强烈控制欲的事业部负责人手中夺过麦克风，并告诉这些负责人，在与员工进行沟通时，如何确立他们的优先性问题、说话的声调以及个人形象问题。在某些公司，有时候这样的行为或许是恰当的，但是在 20 世纪 90 年代初期的 IBM 公司，这样做却并不恰当。这是一个我们都要面对的危机。为此，首先就要将我们的公司理解为一家完整的公司、一家由前后一致的思想指引的公司。在这家公司中唯一可以这样与员工进行沟通和交流的就是 CEO——我。

在我上任的早期阶段，这些沟通活动对于我来说是绝对至关重要的。我所要传达的信息十分简单，我站在 IBM 遍及全球的员工面前——而且是没有拿演讲稿，对他们说道：“显然，我们过去所做的那一套并不管用。在 3 年中，我们亏损了 160 亿美元。自从 1985 年以来，已经有 17.5 万名员工失业了。媒体以及我们的竞争对手都把我们叫作保守而过时的恐龙，我们的客户也很不高兴而且是很生气，我们没有像我们的竞争对手那样发展壮大。

难道你们不认为有什么地方不对劲了吗？难道我们不应该尝试一些别的方法吗？”

我也发现了 IBM 内部信息系统的能量，因此我开始以“亲爱的同人”为称呼给员工们写信。这些信件也是我在 IBM 所实施的管理体制十分重要的组成部分。在我上任后的第 6 天，我就给他们写了第一封信：

董事长办公室

1993 年 4 月 6 日

敬致：IBM 全体同人

主题：我们的公司

上任伊始，我就在我的办公室电脑中发现，PROFS 邮件是 IBM 的一个重要的沟通和交流工具。感谢所有给我发来道喜信、祝愿信、建议以及意见的人。

我知道你们都能理解我不可能给你们每个人单独回信，但是我的确想借此机会感谢那些在信中提到了一些经常性和严肃的公司问题的人。

你们对 IBM 的一片赤诚之心深深地打动了我，而且很显然你们也希望重振 IBM 的雄风——越快越好，让 IBM 重新占据电脑市场的领导地位。无论是已经离开 IBM 的人，还是继续留下来的人，都是这样想的。这些都有力地说明，我们的员工对成功的渴望就是我们公司的力量所在。

你们中有些人受到了伤害并为此而感到生气，因为你们在多年忠诚于公司以后，却被宣布为“多余的人”，并在媒体的有关绩效评定结果中曝了光。

我的确意识到，我是在公司正急剧走下坡路的痛苦时刻来到公司的。这对于每个人都是一件痛苦的事情，但是我们也都知道，这也是不可避免的。我所能给你们的保证就是，我将尽我最大的努力尽快地让这个痛苦时期成为历史，以便我们能够开始展望未来，拓展业务。

我希望你们能知道，我不认为那些离开 IBM 的人就一定是不太重要、不太合格或者比公司中其他人的贡献小；相反，我们都欠他们一份巨大的人情，因为他们都是给 IBM 做过巨大贡献、值得赞赏、了不起的人。

最后，你们在信中告诉我，重振公司的士气对于我们所制订的所有业务计划来说都是一件重要的事情，对此我完全赞同。在未来的几个月中，我打算走访尽可能多的公司营业部门和办公室，而且只要一有时间，我就会去和你们会晤以共同商讨如何巩固和加强公司的力量。

郭士纳

这封信在 IBM 员工中引起了强烈的反响。对于我来说，它们无疑是我在 IBM 最初的黑暗日子中的一种安慰、支持和力量。有一封回信写道：

我流下了喜悦的泪水。

还有一封是这样的：

谢谢、谢谢、谢谢，IBM 复苏了。

同时，IBM 员工也从不害怕说出自己的反对意见。我就曾经收到过一封非常坦诚、直率和直截了当的来信——哎呀，我只能说，在我年轻的时候，我可是绝对不敢给自己的老板写这样的信，就更不要说给 CEO 写信了。他是这样写的：

得了吧！收起你的那套噱头吧！干点实事，缩短订单的循环周期，向市场提供一些新产品，找到新的市场，倾听那些目前还不是我们的客户、但只要我们有产品他们就会成为我们客户的人。

别再做那些伤人心的事情了。干点实事会让你不至于在每 6 个月后就让越来越多的人痛苦。

还有一名员工在信中这样表达对我的欢迎：

欢迎你！还有，不要担心自己并不懂多少微型芯片知识，只要你不把它们和巧克力片混淆在一起就足够了。

有一名员工，即便就在他的老板面对我们竞争对手的成功而惴惴不安的时候，还抽出了时间和精力来讽刺我的走访活动：

我认为你有 3 个方面的态度和观点尚待改正。你如此的平易近人，且如此愿意接受信息反馈，这让我感觉与你交换意见是一件轻松愉快的事。

1. 你为 IBM 人制定了一个重要的长幼尊卑制度：首先是客户，其次是 IBM，第三才是某人自己的事业部。这听上去就像是麦肯锡的等级制度。我给你提供一个更为合适的长幼尊卑排序——而且这也是 IBM 的一个传统，那就是：首先是某人自己，第二和第三都保持不变。尊重个人是个人健康成长的不二法门，不仅对个人来说如此，对一个组织或社会也不例外（麦肯锡的等级制度是这样排序的：首先是客户，其次是公司，最后才是个人。这种等级制度蔑视员工和他们的家人）。

你说我们有必要做自我检查，并对我们一直以来的运营方式做检查。我也很看重自我反思，并给出以下建议以供你参考（它们都会为你提供管理案例）。

2. 你似乎既想要竞争又大力强调打击竞争的重要性。我意识到这种态度是一种文化上的认同，但是我也相信，这也是一种不必要的、不健康的和最没有生产力的社会互动形式。例如，IBM 内部的竞争思维（IBM 人打击 IBM 人）就是你所竭力反对的。你也强调了取悦客户的必要性，我同意那是一个目标，并承认它是一个与“打击竞争”不同的目标。为达到这些目标，我们所要采取的方法也应该是不同的。如果不清楚自己的目标，我们将很可能找不到有效的方法去实现这些目标。

这里尤其要指出两点：你提到了“挫败某人的锐气”和“驳他们的面子”。难道这些听起来像是健康的态度吗？这些“某人”可也是有朋友、有家庭的人呀！他们甚至有可能就是你的朋友和亲戚。拥有这种想法和态度的竞争一定是一种牺牲别人以达到自己目的的竞争，就其实质来说，它就是对个人的不尊重。

就这个主题（异端文化：反对竞争的案例）我已经给你寄去了一盒录了音的磁带，并随磁带附上一个简短的说明。显然，这盒磁带和短信是被行政助理拦下了，并没有到你手中。如果你有兴趣就该主题展开进一步的探讨，我会再给你寄磁带。

3. 你声称衡量我们是否成功的一个最重要的标准，就是我们的每一项信息技术消费预算的百分点。在我看来，这似乎是一个不健全的想法。百分点是有限的，最多不会超过 100 点。使用它来作为衡量标准，任何一家公司想要实现赢利就必须以牺牲另外一家或者多家公司为代价。如果我们能够思维开阔一些、考虑如何才能制作更大的馅饼，那么我们每个人就都能够体验成功者的感觉。比如，如果为了增加价值而在信息技术上多花点钱，这样做我们尽管会丢掉百分点，但却同时实现了公司的成长并赚取了更多的钱（我猜我们已经在 20 世纪 80 年代丢掉了太多的百分点，但是我们也正是在那个时候实现了扩张和每个季度赚取 10 亿美元的利润）。相反，我们对获取 100% 的读卡机市场有多大的兴趣？

尽管在这封信中我所关注的是“有待改善的方面”，但我想再次强调的是，我敬佩你的为人，并尊重你已经和正在从事的工作。我期盼着能和你合作。

姓名略

又及：我不知道这是否是真的，但我确实听说，你走访位于北卡罗来纳州罗利的办公地点的活动是被事先安排好了的：你所经过的路线是事先安排的，你将要参观的大厅，他们也事先重新粉刷了墙面并铺设了新地毯。我想知道，如果你知道这一切是真的，并且它就是真的，你又会怎么想呢？

有时候我不得不为我自己所说过的话感到懊悔——几乎是有一半的话都会让我懊悔。我能说的就是，有人给我回信是一件好事，但是我却因为太忙而无法给每个给我发电子邮件的来信者一一回复！[1]

1. “附录 1” 中收录了其他一些员工的来信，我与他们之间的这些交流对 IBM 公司的改革十分重要。

第八章

打造一家全球企业

到此为止，我们所做的一切都只不过是在灭火。现在，我们需要做的就是重建IBM公司的基本战略。正如6个月来我一直所说的，这个战略将围绕我的一个信念展开，即IBM拥有独特的机遇——我们所拥有的独特的竞争优势，就是为我们的客户整合所有电脑产品零部件的能力。

然而，在我还没有为我们的客户整合这些电脑零部件之前，我首先必须整合IBM！因此，随着战略人员对于公司短期和长期发展规划的不断充实和完善，我也把关注点转移到3个领域中来，它们分别是：组织、品牌形象以及工资报酬。如果这些领域没有实质性的变化，它们将挫败任何关于公司整合的战略。

机构再造

IBM 是全世界除了政府以外最为复杂的机构。不仅是它的规模大（2001 年的销售额是 860 亿美元），也不仅是它的地域分布范围广（业务开展到 160 多个国家），最重要的是由于以下两个方面的原因：第一，几乎每一个机构甚至每个人都是 IBM 实际的或者潜在的客户。以前我曾经以为，我们总能够在一两个拥有明确市场的行业中确认出 12 个左右的主要客户，但是，IBM 的情况却不是这样。在 IBM，我们不得不准备为遍布全球的大大小小的每一个机构、每一个行业以及各种类型的政府提供服务。第二，IBM 的机构复杂性还表现在基础技术发展的比率和速度上。同样，按照先前的观点，我和我的管理班子能够确认出自己的公司在过去 12 年以及未来 12 年中的 4~5 个主要竞争对手（公司或者机构）。但是，在信息技术产业中，每年都会有数千个新的竞争对手出现——有些是在车库里出现的、有些是在大学里出现的，还有一些是在聪明企业家的脑子和思想里。产品更新换代的周期也由过去常见的 10 年缩短为现在的 9~10 个月。新的科学发现不断地冲击着建立在常规基础上的战略规划和经济假设。

因此，面对着遍布全球的形形色色的客户和不断更新的技术，IBM 的组织工作又谈何容易。

还有一个因素，也是使 IBM 的机构改革工作变得复杂的一个特别有趣的原因，就是 IBM 的员工基础特点。我们不是一个由管理者和工人组成的公司，而是一个拥有 30 万名聪明好学和有主见的职业人员的公司。我们获得的诺贝尔奖比世界上大多数国家都要多，而且我们拥有数万名科研人员，他们每个人都会在什么应该是最首要的问题，以及谁应该来管理公司等方面有着自己的独到见解。

随着对这些不和谐因素的努力克服和解决，公司经过多年演化逐渐形成了一种二元结构：拥有实力的海外（美国以外）分部，它们负责处理 IBM 在全球的扩张；以及同样拥有实力的产品事业部，它们负责处理基础技术方面。这种结构没有关注客户的意见。大部分海外分公司都致力于保护自己的利益，并试图拥有它们在当地所赚取的一切；技术事业部也自作主张地做一些它们认为能做或者想做的业务，而根本不顾及客户的需要或者公司的优先性问题。

在美国运通公司的时候，我就已经初次领略了 IBM 的这种状况，并希望 IBM 能够很快有所改观。当我来到美国运通公司时，美国运通卡是以 11 种不同的货币发行的，而在我离开该公司的时候，运通卡的货币种类已经增加到了 29 种以上。当我们带着运通卡周游世界的时候，我们就需要来自 IBM 的通用系统，IBM 是我们首要的信息技术投资人，而且我们也需要世界上所有重要国家的支持。

每到一个国家（如马来西亚、新加坡或者西班牙）的时候，我们都惊奇地发现，我们不得不使用当地的 IBM 管理系统重新办理我们的信用证明。IBM 设在其他国家的管理部门完全无视美国运通公司是它在美国的最大客户之一这一事实，它们关注的是自己的得失，全然不顾同美国运通公司的全球伙伴关系。

产品的状况与此类似。美国本土生产的产品你未必能在世界的其他地方购买得到。这是一件相当麻烦的事情，但是 IBM 似乎并没有从全球的观点来为它的客户考虑，也没有将自己的技术观点建立在客户需求的基础上。

我们的首要任务之一是改变 IBM 内部的基本权力结构。在美国本土，过去有 1 个全国性总部、8 个地区性总部、若干个隶属地区的区域性总部办事处，最后的地方单位被称为“贸易区”。每个总部都由一个以利润为中心的老板负责管理，这个老板积极努力增加自己的资源和利润。比方说，亚特兰大的一个银行客户希望 IBM 提供一套小额银行业务的解决方案，而无论这些优秀的银行业务专家是在纽约还是在芝加哥，当地的 IBM 老板都会忽视这些资源并使用自己的员工（有一天，我在阅读财经新闻的时候，发现 IBM 亚拉巴马和密西西比贸易区向媒体公布了各自的赢利状况。这使我大为震惊）。

每个级别的部门都存在冗员问题。在美国本土之外，例如在欧洲，由于有 2.3 万员工的支持，其权力结构非常僵化。在实际工作中，其他 IBM 员工要进入另一国家区经理的区域必须获得对方的同意。每个国家的 IBM 都有其独立体系。仅在欧洲，我们就拥有 142 个不同的财务体系。有关客户的资料无法在全公司范围内进行沟通；IBM 的员工首先属于各地分部，然后才属于 IBM。

打破地域分割和各自为政

我决定向 IBM 地域分割和各自为政宣战，组建拥有全球性行业团队的全球公司。我第一次碰到这种地域分割、各自为政类型的权力结构是在20世纪60年代末，那时我还是麦肯锡联合公司一名非常年轻的顾问。当时我们为花旗银行进行了一项重要的机构研究。研究的结果是，将花旗银行从一个地区分割、各自为政的机构转变为全球性的以客户为导向的机构，而且花旗银行在此后的10年中也成为大多数金融机构的楷模。

有了这样的楷模在心中，我要求IBM当时所有非美国区销售机构的总负责人内德·劳腾巴赫建立一个以客户为导向的机构。让整个机构接受这个新导向，是一个痛苦的甚至有时会引起混乱的过程。但是，到了1995年年中，我们已经准备好推行这一新举措了。我们以客户为基础，将公司划分成12个集团：11个行业集团（例如银行、政府、保险、商品流通以及制造等行业）和1个涵盖中小企业的行业集团。我们给所有这些行业集团都分配了财务会计人员，并宣布该集团将全权负责所有的预算和人事安排。那些国家区域经理迅速做出反应，不出所料，他们表示："这绝对行不通。"而且还有："你会毁了公司的！"

我绝对不会忘记我与当时大权在握的IBM欧洲、中东和非洲区负责人之间发生过的一次冲突。在去欧洲访问的过程中，我偶然发现欧洲区的员工收不到我定期寄发给全世界IBM员工的电子邮件。经过一番调查之后，我们发现原来是欧洲区的总负责人利用中央信息节点中途拦截了我发送的信息。当我问他原因时，他的回答很简单："这些信息对我的员工不适合。"还说："这些语言也很难翻译。"

第二天，我就把他召到了纽约阿蒙克。我向他解释说，他并没有什么员工，因为所有的员工都属于IBM。从那天开始，他就再也没有拦截过我从办公室发送的信息。他一脸的不快，点着头逃也似的离开了我的办公室。他是绝对不会采用新全球机构的战略的。果然，没过几个月他就离开了公司。

尽管我们从 1995 年年中就开始执行新的行业结构战略，但是至少是在 3 年以后，该战略才完全得到接受。地区负责人固守老体制，有时候是由于他们认为新战略会造成难以控制的局面，而更多的时候则是认为新战略有悖传统。

我们需要对资源、体制以及程序做大规模的调整，以便让新体制发挥作用。制定一个机构规划很容易，但是执行并且是执行好一个计划却需要 3 年的艰苦努力。

我绝不会忘记欧洲区一个特别固执的、而且是善于捏造事实的 IBM 国家区域总经理，他就是拒绝承认在他所负责的国家中大多数 IBM 员工都已经开始加入新的编制，并向全球领导人直接汇报工作。

每当新的全球领导人走访他的新团队时，国家区域总经理都会纠集一帮忠于自己的人，让他们充当新领导走访的对象，并对他们说："今天你们在座的都是数据库专家，那就谈谈数据库吧。"或者在第二次走访时，这位总经理又会对他纠集来的一帮信徒说："今天你们都是保险行业的专家。"我们最终识破并结束了他们的伪装。

第九章

重振品牌

如果 IBM 的品牌搞砸了，那么我们的一切努力——从精兵简政、重塑品牌，到制定战略和提高员工的士气等一切努力，就都等于零——尽管我们在其他事情上也很努力。我总认为，一家成功的公司必须有一个以客户或市场为导向的、强有力的营销网络。这就是我在推行第二步战略——打造一个全球性的企业的时候，一定要完善和加强 IBM 市场营销能力的原因。

IBM 在 20 世纪 80 年代因其在商业领域中的查理 · 卓别林式的杰出贡献而获得了众多奖项，这些奖项使 IBM 进入了个人电脑行业。然而，到了 20 世纪 90 年代早期，公司的广告系统陷入了一片混乱，在当时公司日益走向分立的趋势下，几乎公司每个分部的每个产品经理都设立了自己的广告部，并分别聘用不同的广告代理机构。1993 年，IBM 一共有 70 多家广告代理机构，每个机构都是独立的，其间没有任何的中央协调，这就好像是 70 多个喇叭同时吹响以吸引客户的注意。在同一份业内贸易杂志里，就会出现 18 种不同版本的 IBM 广告，这些广告的设计、用词甚至是标识都各不相同。

1993 年 6 月，我聘请阿比·科恩斯塔姆担任 IBM 公司市场营销负责人。阿比已经跟随着我工作多年——当我还在美国运通公司时，她就已经与我共事了。我们所需要处理的是一些非常重要和紧急的事务，所以，我需要一个能了解我并知道我的管理方法，而且不需要我多费口舌就能够领会我的意思的人。阿比就是不二人选。

阿比接手的是一项极其棘手的任务。在 IBM 从来就没有一个真正的市场营销负责人，各个事业部的人很少能够理解和接受阿比的角色。一开始，她还遭到了他们的蔑视。IBM 是建立在技术和销售基础上的，而且对于那个时候的 IBM 来说，“市场营销”就意味着“销售”。借用广为流传的定义，销售指的是完成营销所制定的任务和要求。如果经营得好，营销应该具有多方面的作用，包括市场细分、竞争对手分析、消费者偏好分析、公司和产品品牌管理以及广告和直接邮寄，而且这仅仅是其中的一部分。尽管 IBM 显然必须使销售量大于生产量，但它也还有必要重新树立自己的形象及在市场中的重要地位。当我来到 IBM 的时候，市场营销并不被认为是一门独特的职业学问，而且也不被当作一门独特的职业学问来管理。于是，我让阿比在 60 天之内完成一项 IBM 营销形势分析。

阿比的分析研究发现，尽管我们前面已经提到过存在着许多问题，但 IBM 的整体品牌仍然十分过硬。客户相信他们购买的 IBM 产品都是好产品。正如我所预料的，我们最大的优势就是一个整体的品牌，而不是划分开来各个部分的品牌。于是，市场营销的任务就是说明为什么客户愿意与作为一个整体的 IBM 有业务往来。

阿比知道，她必须结束 IBM 各个部门中广告业务相互独立、各自为政的现象。为此，我们开始逐步展开行动。因为尽管你可以强迫一个部门做它不愿意做的事，但是如果人们不买你的账，你的改革措施也就不会长久。因此，我们采取的第一步就是，解除 IBM 高级经理所拥有的广告预算、广告人员管理以及随心所欲地预定广告代理机构的自由裁决权。结果，有一个月，在重要的业内杂志上没有一篇 IBM 广告；而第二个月，这些杂志上却登载了众多的 IBM 广告，看上去仿佛是我们赞助的特刊。这种情况就真实地发生在 11 月和 12 月，因为那时各个市场营销部都想把他们广告预算中剩下的钱全都花掉。

阿比的工作就是要控制这些胡乱开支和滥做广告行为。我要求她在纽约帕利塞兹会议中心召开的一次会议中，递交一份规划书给新成立的全球管理委员会。那是一次严峻的会议，但是她做得很聪明。当 35 名全球管理委员会的委员走进会议室时，他们发现会议室的每一面墙上都布置满了来自公司各个广告代理机构的广告、包裹以及营销小册子。这简直就是一种对公司品牌的糟蹋和对公司产品的污染。

在阿比做完她的营销规划报告以后，我提出了一个问题：

“有没有人怀疑我们会把这件事做得更好？” 没有人吱声。

一个声音，一个机构

阿比决定将 IBM 所有分散独立的广告部门——不仅是在美国国内的，还有遍布全世界的 IBM 广告部门都集中起来，合并成只聘用一个广告代理机构来代理 IBM 的广告业务。同时，这也是历史上规模最大的一次广告机构合并。起先，很少有人知道她的这一计划——只有 IBM 内部的少数几个员工以及那个意向中的广告代理机构的首席执行官才知道。没有正规的广告评估程序，没有创意开发，也没有工作报告，阿比将程序降低到了最简单的程度，整个工作班子中就只有 4 个人，其中就有一人是当时管理 IBM 所有财务会计人员的负责人。经过 4 周的努力，她在饭店里召开了一次为期两天的会议（双方人员互用化名），讨论和思考这么大的举措中每一个步骤可能遇到的问题和挑战。

她和只有 4 个人（都是 IBM 的内部员工）的小团队最后一致决定，选择奥美广告公司全权代理 IBM 的所有广告业务，因为该公司拥有雄厚的全球广告代理业务专业水平和经验，而这正是 IBM 所需要的。也就是说该公司正好可以为我们所有的产品和服务以及公司在 160 多个国家的整体品牌做广告代理。

在我们最终签订广告代理协议之前，我要求阿比将 3 个奥美广告公司的高级员工带到公司总部来。我们打算与这些人讨论一下 IBM 的品牌问题，以便让我确信大家都对我们所要做的事很清楚——当面倾听他们对于成功所承诺的努力，而不管为这种努力需要付出多大的代价。有趣的是，这次会晤显示，他们有一个与我们相似的目标。他们详细讨论了他们对于 IBM 未来的打算，并为此辞退了几名财会人员。因此，在这次会晤中，我们双方都是以诚相待。

阿比给了我全力支持，但是其他人却要难办得多，这些人既有公司内部的也有公司外部的。许多产品事业部和海外地区部门都采用了一个“也应该可以”的方式，直到我们在集中处理大多数广告开支、媒体购买以及签订全球合同等项目的时候，他们才停止这样做。广告界本身也因为我们的这一举措而震惊万分。是啊，对于广告业来说，又有什么能比这一次的举措更加史无前例的呢？而且，这还是在守旧的和困难重重的 IBM 发生的呢！

《纽约时报》以头版报道了这次合并活动，《广告时代》（*Advertising Age*）也将这次行动称为“全世界为之动容的市场营销之弹”。但是，这却是极其准确的一发子弹。“因为，”《广告时代》继续说，“电脑产品、电脑品牌以及电脑出版物都很少有地区联系，也几乎没有一个有意义的世界性的方法……简单的一个机构就完成了郭士纳先生的集中控制，并将各个诸如个人电脑事业部这样的独立性地区部门整合到大家庭中来的战略。”

批评之声也总是有的。《华尔街日报》把这项决策称为“胆大妄为的”和“无谓的冒险”行为。该报的相关文章警告说：“如果那个唯一的广告代理机构无力发动一场速战速决的战役，那么 IBM 的复兴计划就要拖延好几个月了。”

情况还远不止如此。尽管许多地区经理对这一行动大加指责和攻击，1994 年广告代理公司还是以“四海一家的解决之道”为题发动了第一次战役。他们的一个富有创新精神的电视插播广告节目受到了热烈的欢迎。该广告强调的是一种国际主义精神，电视画面中所有的人，从捷克小孩到巴黎老人，都在用他们自己的母语讲话，而所有的讲话又都同时以字幕的形式出现在电视屏幕上。

这次战役重申了一条重要的信息，那就是：IBM 是全球的，而且我们将坚决团结在一起成为一个世界级的集成者。同时，它也标志着我们是一个与众不同的公司，能够改变和做出大胆的决策。就像我们所做出的合并广告代理机构决策一样，也能够快速行动，还敢于冒险并做有创意的事。此外，我们还更加平易近人。这次战役使我们的品牌更加人性化。

与这些创意相一致，我们还彻底革新了广告预算和媒体购买。我们知道，通过合并广告代理活动，我们可以节约开支，实际情况也证明了这一想法。但是，这并不是我们这次行动的真正原因，实际上我们很快就在营销和广告方面双倍增大了投入，还在以后的数年中一直坚持这种高投入的做法。

继“四海一家的解决之道”之后，我们又发起了一场名为“电子商务”的战役，帮助 IBM 确立了自己在当时业内最重要的潮流引领者地位（而且还远不止如此）。

尽管面临极大的困难，但阿比·科恩斯塔姆仍然为这次行动做出了巨大的贡献，并对事态的进展产生了重要影响。她不得不从零开始建立自己的营销部门，而且同时还要为一个有着机构分化、条块分割、政令不一的历史的公司打一场联合的和全球的战役。而所有这一切都是极其有悖 IBM 的历史传统的，所以阿比是 IBM 起死回生、扭转乾坤历程中的又一位英雄。

第十章

重新制定公司的工资待遇政策

老 IBM 的工资待遇由来已久，我想，这其中的大部分可能都是从小沃森管理哲学中继承下来的——小沃森于 20 世纪 60 年代和 70 年代创办了巨型 IBM 公司。鉴于公司在那个时候取得了如此巨大的成就，所以如果要说它的工资待遇制度不好似乎就是在说瞎话了。

让我简要地描述一下我到 IBM 以后所发现的工资待遇制度。

第一，各个级别的工资待遇主要就是由薪水这一块组成，并辅之以较少量的奖金、股票期权或部门绩效工资。

第二，工资待遇差别很小。

· 原则上所有员工的工资都会逐年增加，那些在评级中不合格的员工除外。
· 高级员工和较低级别的员工每年的工资涨幅差别不大。
· 工资增长与当年公司年收入关系不大。例如，如果预算增加了 5%，实际的工资增长幅度则在 4%~6%。
· 所有的技术性员工（例如软件工程师、硬件工程师、销售人员以及财务会计师）的工资级别都是统一的，无论他们中是否有些工作比其他工作需要更高的技能要求。

第三，过于强调福利。IBM 是一个非常具有家长式管理作风的机构，公司慷慨地为员工提供了各种形式的福利待遇：养老金、医疗福利、员工乡村俱乐部、终生就业的承诺以及优越的教育机会等，所有这一切都是其他美国公司所无法媲美的。

我所能说的就是，IBM 的做法与其他公司相比很少具有标杆性。但是从某种意义上说，IBM 又的确是一根标杆，因为它总是随心所欲，我行我素。

从根本上说，这是一种家族式管理模式，提供的是一种保障性的环境，在这样的环境中，平等和共享比以绩效为导向的差异更加重要。

在我来到 IBM 之前很早一段时期，我就已经对 IBM 的员工对 IBM 具有很强的归属感有所耳闻。然而，那可能都是公司在鼎盛时期的事了，公司的旧体制在我来 IBM 之前就已经因为财务危机而瘫痪了。数万名员工被我的前任辞退，这一举措冲击了 IBM 公司文化的灵魂。在我来公司之前，未来的医疗福利已很少能够到位；现任员工和已退休人员的共享福利待遇也受到了限制——其他人则非常痛苦地失去了自己的“IBM 人”的身份。

旧体制不仅严重脱离市场现实，而且无法满足强调家长式管理的传统 IBM 公司文化的要求，结果导致公司举步维艰，也使员工感到难过和不满。我们需要一个全新的方法——而且速度还要快。

绩效工资

我们对公司的工资待遇制度进行了 4 个主要方面的改革，待会儿我将具体说明这 4 个方面。这 4 项改革所反映的是一种与过去完全不同的管理哲学，对比如下：

旧	新
平均	有差别
固定奖金	活动奖金
内部标杆	外部标杆
津贴	绩效

这是一种完全的绩效工资制，而不论忠诚度和资历如何。它也是一种差别工资制，也就是说，我们所有的支出都将建立在市场的基础上，员工个人收入情况会因市场的变化以及自己各自不同的工作绩效而呈现出不同的水平，员工的奖金也建立在业务绩效以及个人贡献的基础上，随着个人在这些方面的差异而奖金数额也有所不同。而且，我们的股票期权奖励也会建立在个人的关键性技能以及我们的竞争风险基础上，并随着后者的变化而有所

不同。

现在，让我来具体介绍这 4 个方面的改革措施。

股权

你可曾想象过沃森的家庭财产？当然，老沃森先生（他和他的儿子小沃森在 1914 年创办了 IBM，是 IBM 鼎盛时期的 CEO，他们父子俩经营公司 56 年）有机会聚积可以与福特家族、休利特家族以及沃尔顿家族媲美的资产净值。当然，沃森父子也可以拥有与福特基金或休利特基金媲美的沃森基金，但是，他们却没有聚积这么大一笔财富！

为什么呢？显然沃森父子坚持认为应该限制他们所拥有的 IBM 股权。老沃森从不拥有超过 5% 的公司股权，并拒绝将股票期权奖励给自己或者其他的高级经理。他喜欢实行工资待遇现金制，并在支付员工薪水时再附加上一定比例的公司利润。

小沃森于 1956 年开始实行股票期权计划，但其范围也只限于非常少的几个高级经理。至于他自己所拥有的公司股权，根据他的那本著作《父亲、儿子和公司》（*Father, Son, and Co.*）的记述，他已经于 1958 年停止获取公司的股票期权了（直到 1971 年，他一直都是公司的 CEO）。因为他相信，他在当时就价值 200 万美元的股票期权将来会价值数千万美元，显然他觉得这已经足够了。

对于小沃森来说，公司的股票期权只是用来奖励高级经理的，而且也并没有把高级经理与公司的股东联系在一起。实际上，在前面提到的那本著作中，他还指出，“将来的现代化公司应该主要属于为其工作的员工，而不应该属于银行、共同基金或者那些从他们的父母那里不劳而获地继承了公司股票的股东。”

尽管我和小沃森有着许多共同的信念（特别是我们都有追求成功的激情），但是在以下这些方面我却和他有不同的见解。

我希望IBM人都能够像股东那样思维和行动——能够感觉到来自市场的压力，并充分利用资产和制定战略以便为公司创造竞争优势。一直以来，市场就是对工作绩效的一个绝对忠实的评估员，而且我所需要的是一个能够有力地推动IBM人由外而内地看待公司的激励机制。过去，IBM在游戏中既是雇主又是记分员，我需要我的新同事接受这样一个事实，即我们工作的轴心是外部因素——股市、竞争以及客户不同的需求，而不是我们管理班子的愿望和智慧。

然而，在我刚到IBM的日子里，股票期权除了可以作为通向公司外部的连接器，还在IBM发挥着更重要的作用。我既然已经下定决心维护IBM的完整性，那么现在就应该是我为此决心而有所付出的时候了。我刚刚已经说过，组织和重大决策在支持这一整合战略中所发挥的作用，然而，对于营造一个一劳永逸的团队环境来说，却没有什么能够比为大多数的IBM人提供一个统一的激励性工资待遇机会更为重要的了——这是一个主要由公司的整体运营情况而决定的机会。我一再向我的管理团队说，我们不要报告软件的每股赢利或者个人电脑的每股赢利——只有IBM固守着每股赢利。只有一种金融记分板，那就是媒体中每天的股价报告。结果就是，当IBM公司作为一个整体实现赢利时，我们都会从中获益；而当公司被分立经营时，我们就往往会蒙受损失。

于是，我们为IBM的“股票期权项目”做了3个重大的改革。

第一，首次向数万名 IBM 员工授予股票期权。1992 年，有 1 294 名 IBM 员工（几乎都是高层经理）获得了公司的股票期权。9 年后，有 72 494 名 IBM 员工被授予了公司股票期权，而且授予非高层经理的股票期权数量是高层经理所获得股票期权数量的两倍。

我要强调的是，扩大公司股票期权的授予范围，并不是我个人的管理哲学的一个总原则。实际上，我不是一个许诺至少要把公司的股票期权授予公司每一个人的公司计划狂。多数员工都只是把这些股票期权视为延迟发放的薪水，只要一有机会，他们就会把这些股票期权兑换成现金。

然而，IBM 是与众不同的——或许与世界上任何一家公司都有所不同，正如我在前面所说过的，IBM 是一个主要由单一的、有知识的员工组成的公司。其次，公司不具有多种业务，而是拥有一个巨大的、遍及全球 160 个国家、价值 860 亿美元的单一业务。

结果是，如果我们打算成功地完成公司整合的任务，那么工程师、营销人员、设计师以及其他遍及全球的 IBM 员工都必须采取统一的行动。为此，我必须让所有人都心往一处想。将公司的股票期权授予给这些人，无疑会有助于让大家的关注点都放在同一个目标上，放在一个共同的绩效记分板上。我需要让员工们相信，他们是在为一个统一的公司工作，该公司只有一个团队，没有独立的地域分割和各自为政。如果我不能做到这一点，那么使 IBM 起死回生、扭转乾坤的整个战略就会失败。

第二，在授予股票期权的时候，授予对象也包括高级经理在内，而且还更加直接了——我们建立在股票基础上的工资待遇制度，构成了高级经理薪水中最大的一块，将每年的现金工资待遇与公司的股票预期价值挂起钩来。这是我管理哲学的一部分。高级经理应该知道，除非使公司的长期股东获利，否则他们就无法获利。

第三，也是最后一个，关于股票期权的决策也是建立在一个我始终坚持的观点基础上的，那就是：IBM的高级经理将不会被授予股票期权，除非他们直接将自己的钱投入到公司的股票之中。我们为此提出了一个“高级经理股权指南”，有力地说明了这个道理，那就是“你必须为游戏付出一些代价”，天下没有免费的午餐。每个高级经理都必须和公司股东站在相同的位置上来思考问题：股票上升的时候，我们高兴；股票下跌的时候，我们难过（真正的难过，而不再是理论上的股权丧失了）。在我来IBM最初的日子里，我不断地在公开市场购买股票，因为我觉得让我自己的钱处于风险之中是很重要的。下面将具体说明高级经理的股权指南。

高级经理股权指南

你们有望拥有的IBM的股票价值（以美元计算）取决于你们的职位，以及你们的年薪和年终奖综合增长倍数，具体如下：

职位	最小增长倍数
首席执行官	4
高级副总裁	3
其他全球管理委员会成员	2
其他高级领导集团成员	1

令人讨厌的必然性

关于股票期权，还有一个历史性的注解。1993年，我发现自己是在用一种令人讨厌的方式使用股票期权，但这却是必需的，因为我们公司正面临着财政危机。我意识到我在IBM既没有什么技术才能上的优势，也不是什么管理天才，而且竞争对手已经系统地挖走了我们最优秀的员工。我知道，这个时候减少员工总数很重要，但是在这个危急的时刻或许更重要的是必须保留住我们最优秀的人才。

我想了很久，其中之一就是为重要员工授予股票期权。然而，在既定的股票期权计划中却没有这样的奖励制度，所以，唯一的办法就是召集一次股东大会。在争执激烈的坦帕股东会议上，你可以想象我要求股东们再单独召开一次会议以批准更多的管理股票会是一种什么样的情景！

我决定为那些我们最想留住的人才提供一个机会，即将他们手上基本不值钱的期权转换成新的、价格更低的期权。我讨厌这样做，因为半途重新改变规则并不是真正的游戏规则。但是，我能够通过我所相信的、因地制宜的和非常精确的术语来克服我个人的偏见，并使这个计划具有可行性，获得那时候公司的股东大会的通过。而且，我们将高级经理排除在这一计划之外，他们已经给我们制造了麻烦，所以他们必须以老价格来持有他们的旧股权，并且还要努力解决问题和麻烦。

这是一个非常重要和成功的计划。我说不出具体的数字，但是，我知道它帮助我挽留住了本打算加盟到竞争对手公司去的重要员工，这些人现在都在IBM的领导岗位上发挥他们的作用。

还有，它也向每个人——包括那些被排除在该计划之外的高级经理传递这样一条信息：我们果真是将我们的绩效与股票价格联系在一起，而且我们希望将我们的利益与股东的利益直接挂钩。最后，它还传递这样一条比较重要的信息：IBM的工资待遇将以绩效为基础，而不是只以工作年限为基础。

其他变革

我已经具体介绍过关于公司股票期权计划的改革，因为我想强调这样一个信念，即如果奖励制度与你的新战略不相吻合，那么你就无法实现组织转型。在这一章的结尾部分，我将继续介绍我们所实行的其他几项变革，这些变革使我们的工资待遇制度与新IBM相一致。

在我来IBM之前，高级经理奖金的发放主要是依据他们在各自的部门所做出的工作业绩。换句话说，如果你的部门做得很好，即使整个公司做得很差，对你的奖金也并没有什么影响，你仍然可以获得一笔可观的奖金。这种做法助长了一种以小我为中心的公司文化，这种公司文化与我所要在IBM创建的公司文化格格不入。

因此，从1994年开始，我们开始了一个巨大的变革。所有高级经理的年终奖中将有一部分由IBM公司的整体绩效来决定。这个变革计划中最不寻常的地方在于，它还包括那些直接向我汇报的员工——最高层的高级经理以及那些负责我们所有的事业部的高级经理。从那以后，他们的奖金就将全部建立在公司的整体绩效基础上。换句话说，无论是主管服务集团的高级经理，还是主管硬件集团的高级经理，他的奖金都将不仅取决于他们自己所在集团的业绩，也将取决于整个 IBM 的业绩状况。第二等级的高级经理的奖金中将有 60% 取决于公司整体的赢利状况，40% 建立在他们自己所在事业部的赢利状况的基础上。这一制度从那以后就一直实行了下去。

1993 年和 1994 年我所推行的所有改革中，没有什么能够比这一举措更具有影响力了。我在全公司范围内发布了这样一条信息："我们需要像一个团队一样团结在一起。郭士纳不是在开玩笑，他是真的希望我们能够实现我们整合公司的战略。"

我们给我们的员工做出了一项最为大胆的声明：20 世纪 90 年代中期，我们在全 IBM 范围内引进了浮动工资制。这就是我们要对所有的 IBM 员工所说的。我们想利用这种方式告诉大家，如果公司能够成功地扭转乾坤，那么他们中的每一个人都会从中获得奖金回报。在以后的 6 年中，我们一共给全球的 IBM 员工发放了 97 亿美元的奖金（有些国家或地区除外，因为这些地方的法律不允许有这种计划）。

浮动工资制度也是与公司的整体绩效直接挂钩的，以便确保所有的人都明白：如果他们能够与同事们齐心协力努力工作，他们就会获得奖金回报。

我们所做出的最后一项改革，可以说是最没有战略性但却最具有争议的改革，就是废除了家长式福利制度。我们的确无力承担这种制度，因为我们认为极度慷慨的福利制度本身坏了。相信我，我也愿意继续支持员工乡村俱乐部和免费的医疗计划。我们之所以砍掉这些计划，是因为公司已经不再能够支撑得起这些福利计划了。20 世纪 70 年代和 80 年代的高利润时代已经过去了——永远过去了，我们现在不得不为生存而战。我们的竞争对手中没有一个像 IBM 这样实行一揽子福利计划（即便是现在，在我们实施完了所有的改革措施以后，IBM 的福利计划也仍然说明我们是总部位于美国的跨国公司中最慷慨的公司）。

我们改革福利计划还因为旧的福利制度是与公司以前所许诺的终身聘用制度相一致的，例如，养老福利是需要员工在公司工作 30 年以后才可以享受的。新 IBM 不是一个担保你可以在这里拥有终生工作职位的公司（老 IBM 在进入困难时期以后，也没有能够履行终生聘用的许诺）。因此，我们必须制订一个更适合于现代劳动者的福利计划。

这些福利制度改革中的部分措施，在 IBM 员工的一小群人中引起了强烈的反对，但是大部分 IBM 员工还是无私地对这场对于公司的生存和成长绝对必要的改革表示理解。更重要的是，各个级别的员工都对工资待遇理念的全新改革表示了欢迎，即少一些家长式福利，让每一个人有更多的机会参与到我们的成功奖金回报计划中来。

后记：第一年结束了

第一年是以一个非常令人伤心的消息结束的：小沃森于 1993 年 12 月与世长辞。自从 4 月份那次他搭乘我的汽车之后，我只与小沃森见过一次面。在第二次的见面中，对于我要下决心保持公司的完整性这一做法，他极为高兴（他再一次用“我的公司”这一说法）。

在小沃森的追悼会上，我坐在教堂长椅上忍不住在想，如果小沃森知道我们在短短 9 个月的时间里就做出了这么大规模的改革，而且这些改革还激起了来自公司内外的强烈反响——无论是积极的还是消极的，他会怎么想呢?

我发现自己特别想再和小沃森一起共进午餐或者晚餐，并一起讨论即将出现的，但却也是尚需时日才能出现的“焕然一新的IBM”。我心中强烈地感觉到，就像许多其他成就伟业的伟大人物一样，小沃森是改革的核心和灵魂人物。

我筋疲力尽却满怀信心和勇气地飞到了佛罗里达度假。每年圣诞节，我都要在那里的海滩上度过。我有许多事情需要认真思索。

第十一章

重返海滩

在一个灰暗的早晨，我又重新回到了佛罗里达海滩。10 个月前，就在这里，我一边散步，一边思考着我与吉姆·伯克的谈话以及决定是否去 IBM 就职。如今我又走回到了同一处海滩，思考的却是自从上次散步以后所发生的一系列重大事件。

我不得不承认，我感觉不错。几乎没有人能够给我们提供拯救 IBM 的机会，但我知道，公司现在已经走向复苏。我们已经停止了流血、取消了公司分立计划，并澄清了 IBM 的基本使命。IBM 这艘巨轮上的漏洞已经修补好了，再也不会沉没了。

我的思绪转向了未来。我的第二步行动该是什么呢？逻辑和我自己的经验告诉我，首先就是指定一系列的优先性问题：挖掘新的投资增长点、建立强有力的现金头寸，以及更加精确地评估我们的竞争力状况。

然而，做到这几点还远远不够。即便我们能够扭转颓势实现成长，即便我们与客户之间建立了一些发展的契机，即便我们使公司更有效率且更少官僚气息，也不能真正地把 IBM 重新拉回到正轨上来。IBM 要成功地扭转乾坤，就必须重新获得它在电脑行业以及更为广泛业务领域中的领导地位。

我不记得自己是否笑了，但是，另一个问题又阻止了我过早的高兴，那就是：IBM 能够重新获得领导地位吗？当然，对于 CEO 来说，宣布公司将再次获得行业的领导地位是容易而且可以想象的，但是当我仔细思考已经发生的事情时，我对当初自己能否接受 IBM 的职位的所有怀疑又卷土重来了。

首先，信息技术公司的发展轨迹已经使这种重新获得领导地位的梦想几乎成为不可能。我想到了王安电脑公司、通用数据公司（Data General）、Sperry-Burroughs 公司［今天的优利公司（Unisys）］以及中恒公司（DEC）等。即便这些公司获得新生，也通常是通过与其他合伙人合并或者被别人购并而勉强重新获得生存的机会的。

频频面临麻烦，是电脑行业的发展轨迹。从根本上说，IBM 的传统优势已经一去不复返了。个人电脑不是竞争的最后阶段，主机也不是已经死了。但是，显然，在正在兴起的计算模式中，个人电脑就是其中的先行官，功能正迅速地从集中化计算系统和传统 IT 行业中消失，这反过来也改变了 IT 消费者的构成。IBM 的产品销售对象是商业机构、政府以及其他一些机构，但是 IT

产品的购买者却越来越变成普通的消费者、小型商业单位以及大公司中的部门负责人。

客户的购买品种也发生了改变。我们制造的是工业用的、过时的计算机和软件，然而，世界却似乎正在向着台式电脑、笔记本电脑和掌上电脑发展。我们所有的研发、工程以及严格的测试确保了我们的产品绝对不会出故障，可靠性、独立性以及安全性都是 IBM 公司产品品牌的有力保证。但是，人们似乎并不在意一天之中 3 次重新启动他们的电脑。

我们是通过直销人员进行产品销售的，自卖自夸、穿蓝西服的 IBM 客户销售代表既做销售，又兼业务和技术顾问。这是一笔极大的资产，但也是一种最昂贵的产品和服务销售方式。市场已经抛弃了这种销售模式，并将转向零售和免费电话销售模式。

总之，我们必须承担的任务很广泛，已经超出了首席信息官的控制范围，并遍及几乎每一个 IBM 所没有涉足的领域以及缺乏与客户保持强有力的关系的领域。而且，最不利于 IBM 的征兆还是，随着硬件越来越商业化，价值和利润已经从硬件转移到软件领域（还开始出现进一步向服务领域转化的趋向）。

再看一看我们所要面对的竞争对手！那些掌管着竞争对手公司的人，毫无疑问都是下一代超级资本家：比尔·盖茨、史蒂夫·乔布斯、拉里·埃里森以及斯科特·麦克尼利。这些都是胃口很大的人，无论财富有多巨大，他们都还要敛财。他们经营企业的方式也具有惊人的激情，他们能够吸引员工、敢于给付员工高薪并激发他们的工作热情——有活力、有进取心、坚忍不拔且愿意像钟表一样日夜不息地劳作。整个硅谷的精神气质就是，以“够好就行”的产品闪电般地进入市场。这不仅与 IBM 截然不同，也是一种全新的商业游戏方式。

即便没有这些强有力的竞争对手，我们自己的战略也会带来一些可怕的后果。我们所做的重组整个行业而不是国家区域、巩固我们的市场以及改变我们的工资待遇政策，距离整合 IBM 的目标尚远，而且也只不过是一些比较容易完成的任务。前面的路——为一个全新的世界设计一个战略，以及从顽固的 DNA 中再造一种新的公司文化，对于我们来说是一种全然不同的挑战。

我问自己："我该怎么办？这是不可能完成的任务吗？"坦率地说，很难说它不是一个不可能完成的任务，即便是对自己最亲密的同事我也会这样说。我可以清楚地预见到我未来 4 年的合同任期内会出现什么样的情景。我们有机会实现成长，或许还可以进攻并取代不少竞争对手，成为某些细分市场中的领导者。但是，要实现行业领导者的梦想，可能吗？那似乎是一个高不可攀的山峰。而且，如果我将那个任务确立为自己的目标，那我就非常有可能会失败——非常明显的可能性。

我不停地散步，不断地思索，天空中的乌云也逐渐散去了。是的，那是一些可怕的障碍，但我还不是来了吗？更复杂的挑战又如何？难道这不是一次有价值的冒险吗？如果我们并不渴求领导艺术，那么有一件事就应该是很明显的了：公司将绝对不会真正地实现整合，也绝对不会真正地发挥它的潜力。而且，这也是一件丢人的事。

我回忆起与吉姆·伯克在一起的时候他所说过的一句话："IBM 是国家的财富。"事实上，伯克并不是唯一一个跟我说这样的话的人，有好几个人都向我表述过同样的意思。在宣布我在 IBM 任职之后不久，我就邂逅了乔舒亚·莱德伯格。他是遗传学家，诺贝尔奖的获得者，住在曼哈顿大街。我们的初次相识是在那次斯隆—凯特琳癌症中心纪念大会上。“你要去 IBM ？”他问我，我回答“是的”。“那可是国家的财富，”他说，“不要把它弄糟了。”

那时，我想这只不过是一顶大帽子。从我自己的职业生涯来看，我所接触过的大多数的生意人，从根本上说，都只不过是在两种动力的驱使下从事商业活动，那就是金钱和权力。而且，我们当时也正处在商业历史时期中的一个最为虚张声势的时代。相反，当我来到 IBM 的时候，我感觉自己仿佛进入了时空隧道，回到了 20 世纪 50 年代。

事实就是，IBM 已经越来越令我喜爱，我已经开始理解伯克和莱德伯格博士所说的那句话的含义。公司是重要的，不仅因为它为客户、政府以及大学所做的一切，也不仅因为它所做出的发明创造以及所取得的那些意义重大的成就，而且也因为它所激发出来的公司行为方式。IBM 人曾经遭受过严重的打击、挫折和困惑，他们中的许多人也都已经缩回到自我保护的壳中去了；但是，从根本上说，他们仍然被一种虔诚的爱心——爱自己的公司之心激励着，也被做正确的事这一信念激励着。

你可以尽情地取笑 IBM（我们的竞争对手当然这样做过），但是一遇到重大问题的时候，IBM 就是必不可少的了，包括国家防卫、孩子的健康以及重大的科学发现等。请原谅我的夸张，但是在一个越来越由疯狂的科学家和爱开空头支票的人掌管的行业中，我们需要成功。

我并不是一个离开咨询业而进入管理行业就是为了做一个修理大王的人，也不是一个只乐在参与的人，我比谁都想获得成功。

但问题是，这不仅仅是一个成功的问题。在我的职业生涯中，我还是第一次处于一个全然不同的位置，来帮助一个真正重要的事物生存和繁荣，我并没有打算逃避这一职责。当我回到我位于海滩的家中时，我开始感觉十分兴奋。我告诉自己："你知道，我们能够成功！"

显然，木已成舟。我知道，无论对我个人还是公司，仅仅把接近死亡的 IBM 从生死线上拉回来是远远不够的。我们将尽最大的努力致力于一个艰苦的长途跋涉过程，即将我们的公司重新拉回到行业领导者的地位上。

我可以打赌（用大笔的钱打赌），进入 IBM 后最初几个月中的那些大胆的决策，以及所采取的那些"医治"公司这个"病人"的措施，将是我职业生涯中所从事过的最为艰难的工作。可是，我也有可能赌输，因为那些决策和措施不仅棘手，甚至是令人痛苦的事情；但无论如何，这些问题也还都是易于分析的，医治措施也都是简单明了的。

现在，在几乎做完了 10 年的后续工作，并有幸能够稍微远离 CEO 的日常繁杂事务之后，我可以毫不犹豫地说，那些决策和医治措施之后的事情才更为艰苦。如果不出意外，在 IBM 最初的 12~18 个月至少还有令人十分兴奋的好处——有许多高峰，也有许多的低谷，但却从没有时间来沾沾自喜或犹豫踌躇，因为我们置身于这样的态势中，每一个细节都不容掉以轻心。

在第二次海滩散步中，我意识到，毕竟初期的工作已经完成了，我们应该准备好开始一场新的战斗了。冲刺已经结束，而马拉松就要开始。

尽管问题已经不再是关乎 IBM 生死的事了，但是这个"国家财富”的最终命运还远没有定论。20 世纪 90 年代后半期所发生的事件将决定 IBM 何去何从：要么成为一个更加愉快、安全、舒适但却无关紧要的信息技术产业的参与者，要么重振雄风，再次成为一家举足轻重的公司。

关于这场马拉松比赛的结果已经做过了大量的记述。直到 1997 年，我们宣布 IBM 已经完全实现了转型。在公司内部，我们已经在公开讨论有关 IBM 重回行业顶尖位置以及再次主宰行业的事宜了——我们激情万丈，雄心勃勃，说得难听点就是痴心妄想，浮想翩翩。

在我 2002 年 3 月离开公司的时候，我们 IBM 已经成为 IT 服务、硬件、企业软件（不包括个人电脑）以及定制设计和高性能电脑芯片行业中的老大。IBM 的团队已经重新涉足多元市场——先前，我们曾经在这些市场中碰了一鼻子灰。我们翻新和改造了传统的产品线、启动了新的业务成长点，并抛弃了其他几个早期残留下来的业务。

我们在更高的层次上描述和引领行业的未来方向——这是一个业务和技术将不再分离而是互相交织在一起的未来，一个将由服务来驱动而不是由硬件或者软件产品来驱动的未来。我们发明了“电子商务”这个词，并在定义什么是以及什么不是网络世界的重要事情方面，扮演着领导者的角色。

IBM 的员工大约增加了 10 万人。我们的股票也分割成两倍并且股价增值 800%。IBM 的研发单位也迎来了一个新的黄金时代，9 年来它们获得的美国专利比其他公司的都多。我们甚至将超级运算与高级文化连接在了一起：我们的一种名叫“深蓝”的新电脑打败了世界国际象棋大师加里 · 卡斯帕罗夫。

简而言之，一旦我们重新站稳了脚跟，洗刷了失去似乎是不可撼动的行业领导者地位的耻辱，并决定让自己最好的日子重新再来的时候，IBM 的团队就走出了黑暗转型期的沼泽地，再次创造了辉煌。[1]

本书接下来的“战略决策”部分将介绍 IBM 改革的具体步骤。我不会逐个或逐月叙述所有已经实施过的、有效地指引了 IBM 前进方向的战略改革事件，我的意图是对那些最重要的战略改革进行摘要式的描述。其中有些可以说已经取得了成功，有些则正在进行中。在每一件案例中，我都会得出这样的结论，即它们要么就是严重背离了 IBM 以前的方向，从而被认为是“拿公司作赌注”的变革；要么就是与既定的公司文化格格不入，以至于它们都面临着被来自内部的抵制力量所摧毁的巨大风险。

而且，我将会指出，我给我的接班人留下了许多未完成的任务。我们的许多战略都还没有完全得到展开，其他一些则尚有待确认。更重要的是，IBM 文化的变革只是取得了形式上的成功，要确保该文化转型取得深层次的成功——我们唯一一个最为关键和艰巨的任务，将要求持续和加倍的努力，否则公司就将被束缚在对成功的沾沾自喜之中。

1. 参见“附录 3”中的有关 IBM 公司 1992—2001 年的绩效统计摘要。——编者注

第二部分

战备决策

第十二章

IBM 简史

在我阐述新 IBM 是如何建立起来的之前，我想，对 IBM 是如何成长为一家巨型公司（在 20 世纪 90 年代早期之前）以及又是什么因素导致它以惊人的速度衰落（至少是我的观点）等问题，做一个大概的说明是很有必要的。

公司的起源要追溯到 20 世纪早期。那时候，老托马斯 · J. 沃森合并了几家小公司，成立了“国际商业机器公司”。20 世纪前半叶，IBM 的“商业机器”包括广泛而大量不相关的系列商业产品，从刻度尺、奶酪切片机到钟表和打字机。最重要的问题是，在大多数人尚不知道什么是电脑之前的很长一段时期，IBM 就已经是计算机方面的先行者了。公司早期的电子制表机和打卡设备已将计算渗透到了商业、学术以及政府部门。例如，20 世纪 30 年代，美国联邦政府就挑选 IBM 作为帮助政府启动和实施“社会安全体系”计划的公司，这标志着它的一个巨大的成功。

主机的发明

和亨利·福特、约翰·D·洛克菲勒以及安德鲁·卡内基一样，托马斯·沃森是一个强有力的、家长式的领导人，他在自己公司的各个方面都打上了自己的印记。他的人生观和价值观——努力工作、体面的工作环境、公平、诚实、尊重、无可挑剔的客户服务以及工作是为了生活，界定了 IBM 的公司文化。由老沃森建起的家长式管理，既是公司的一笔财富，也是对公司的一个挑战（在他去世后的很长一段时间都是这样）。然而，这也使得 IBM 在经济大萧条后成为迫切需要工作安全和公平待遇的劳动者所向往的地方。

IBM 所发生的转型从很大程度上说是从小沃森开始的。1956 年，小沃森接替其父，担任 IBM 的 CEO，他大胆地将 IBM——乃至世界带入了数码电脑时代。

关于这一时期的事件有很多相关的报道，这些报道介绍了小沃森是如何“以整个公司为赌注”，开始启动一个叫作“S/360”的具有革命意义的新生产线——IBM 大获成功的主机系列最初的名字就叫“S/360”。

S/360 对于 IBM 的意义以及对计算领域所产生的巨大影响，就相当于 Windows 操作系统对于微软公司的意义及其对个人电脑所产生的革命性影响。S/360 和 Windows 一样，诞生了一个时代——一个 IBM 主宰了将近 30 年的时代。实际上，20 世纪 60 年代至 70 年代的 IBM，与 80 年代至 90 年代的微软之间有着巨大的相似性。两家公司都抓住了重大的技术革新的机遇，并给市场带来了全新的客户群；两家公司也都建立了自己在市场中的主导地位并从中大获其利。

从 IBM 来看，重大的技术革新来自集成电路的出现，即我们现在所谓的半导体芯片。当然，集成电路并不是 IBM 发明的（就像个人电脑也并不是微软发明的一样），但是沃森及其同事却看到了集成电路技术的重大意义。在没有出现集成电路之前，电脑是庞大的、需要占满一间屋子的机器，而且功率不高，可靠性也差，价格还十分昂贵。有了高密度的集成电路，许多这样的问题就都解决了。与传统的、用大量的精密元件建造电脑不同，集成电路可以将这些精密元件最小化并集中安装在一小块芯片上。

IBM 带给市场的新产品就是全兼容电脑和计算机外围设备的第 1 代产品系列。尽管，今天听起来，这并不像是一个具有革命意义的事情，但在多年前，这的确还是一个全新的概念。没有 S/360 之前，IBM 只是众多生产和销售电脑的普通公司之一，其他与之差不多的公司有巴勒斯公司、通用自动计算机公司、雷明顿–兰德公司（Remington Rand）、美国国立现金出纳机公司、美国无线电公司（RCA）、通用电气、霍尼韦尔公司以及斯佩里公司（Sperry）等。

每家公司的电脑都建立在一定的技术基础之上。它们之间不会相互合作，即便是同一家公司，每个电脑系统也都有自己的计算机外围设备，如打印机和磁带机。这意味着，如果客户想让某台电脑升级或者想利用某些新技术，他们就不得不全部抛弃自己所拥有的硬件和软件设备，重新购买一台电脑。用今天的行话来说，就是不得不“剥离和替换”所有的东西。

S/360代表着一种全新的方法。首先，它是用现代而高性能的集成电路建造而成的，这使它同时具有更强的功率、更大的可靠性以及更低的价格（与市场上所有的同类产品相比）。它将成为电脑家族的一分子——从非常小的处理器到非常大的处理器都可以用上它，以便让客户能够在需要的时候轻松地实现升级。为某一个处理器所开发的软件可以在任何一个S/360处理器中运行。所有的计算机外围设备——打印机、磁带机、读卡机等，也会和家族中的任何一个处理器兼容。对于客户来说，S/360是一个神来之笔；对于IBM的竞争对手来说，它则是一个致命的打击。

当然，S/360的发展远景规划是一回事，而真正使它成为现实则需要一个长期而艰苦的努力过程，差不多相当于登月计划一样艰难而漫长。其花费也差不多赶上了登月计划的开支。小沃森在回忆录中指出，该系统的研制所需要的费用比曼哈顿计划的费用还要多大约50亿美元（而且还是20世纪60年代的美元）!

“以主机为中心”的成长历程

尽管研制S/360使IBM承担了巨大的风险和巨额的开销，但是它也将IBM送入了一个全新的系列业务领域，并为公司开发出全新的系列产品生产技巧和技能——所有这些，直到1993年我加盟IBM的时候还在以这样或那样的形式存在于IBM之中。

IBM不得不进入半导体行业。为什么呢？因为那时还没有半导体业务。IBM不得不大量投资研究和开发以发明出全新的S/360所要求的新技术。这不是一个偶然事件，而是IBM研究历史上最为激进的时期。在这个时期，IBM的科学家和工程师们发明了内存芯片、关系数据库、诸如FORTRAN这样的电脑语言，并在计算机材料科学、芯片平版印刷以及磁记录等方面也取得了重大的进展。

1990年我们是如何最终成为世界上最大的软件公司的呢？因为如果没有一个操作系统、数据库、程序转换系统，或者软件工具以及程序语言，我们的S/360就没有用武之地。甚至是销售人员也不得不有所改变。S/360要求一支非常内行的、专家型的销售人员队伍，以便能帮助客户转换重要的商业程序，如财务、员工以及库存管理等。传统的销售人员已经不再能胜任这些工作了，公司不得不再设置一个产品服务和维修部门以及一个客户培训及教育分部。

别忘了所有这些，硬件、软件、销售以及服务，都是专门与S/360相配套的。无论是现在还是过去，尽管IBM都被认为是一个拥有数千种产品的综合性公司，但我要说的是，直到20世纪80年代中期，IBM都只是一家生产主机的单一产品的公司，其他一系列的价值数十亿美元的产品都只不过是围绕主机产品而建造起来的。

而且，主机产品也是公司的金矿。IBM在计算机市场上的份额呈火箭式上升，竞争对手猝不及防，许多障碍也就随之消失了。1965—1985年公司的年收入一直以14%的增长率持续增长，毛利润也以60%的惊人速度在增长，市场份额也惊人地突破了30%，并最终导致对该公司的反托拉斯审查。

公司文化的演变

最重要的是，这个为期数十年的持续成功也给 IBM 带来了与其近期历史紧密相关的其他方面的问题——公司文化问题。具体地说，就是一种在一个没有激烈竞争压力和威胁的环境下所形成的公司文化。关于 IBM，我从不认为它所存在的问题就只有沾沾自喜和津贴待遇那么简单，尽管这两个因素在我来公司的时候的确都存在；这也不是数万名员工懈怠、不愿意冒风险或者迟钝的问题，尽管 20 世纪 90 年代初期的 IBM 总体上就表现出了这个特征。

IBM 文化是两种主导因素的产物：一个就是前面我们已经具体讨论过的 S/360 的一路成功。当竞争压力很小的时候，当高利润和市场主导位置被认为是理所应当的时候，其他公司不得不赖以生存的经济因素和市场因素在 IBM 这里就不再适用了。在这样的环境下，你又能指望发生些什么呢？公司和它的员工与外部现实脱离了关系，因为市场中所发生的对于公司的成败并无必然的联系。

IBM 忽略了其公司文化中的所有陷阱。从公司所看重和奖励的行为、事情发生的快捷，到各种员工们引以为自豪的奢华的福利待遇和计划，都是 S/360 所带来的。这并不是真的摆脱了偏见的管理或者世界级的程序的产物，IBM 的主导地位使它产生了一种封闭自守和自给自足的公司环境。IBM 驾驭着唯一一匹千里马，虽然骑术高明，可惜这匹马终不堪重负，并没有将公司驮多远就累趴了。

另外一个关键因素，也是一个有时候会被忽视的因素，就是1969年1月31日（那是林登·B·约翰逊总统任职的最后一天）美国司法部对IBM的反托拉斯诉讼对IBM所造成的影响。这次诉讼案最终被取消了，而且被罗纳德·里根总统界定为“没有法律依据”。但是，在随后的13年里，IBM一直生活在要被联邦政府分家的阴影之中。这使你不得不认为，反托拉斯审查以一种非常现实的方式改变了IBM的商业行为。

那就看一看这一切对IBM的口头语的影响吧——这是任何一种文化（包括公司文化）的一个重要因素。尽管IBM遭受了反托拉斯诉讼，但是诸如“市场”、“市场位置”、“市场份额”、“竞争对手”、“竞争”、“主宰”、“领导”、“胜出”以及“击败”这样的词汇还是被统统地从公司的文字材料中清理了出去，并被禁止在公司的内部会议中使用。可以想象，公司内的工作场所中也不允许人们谈论“选择一个市场”或者“从某个竞争对手那里拿走市场份额”等。以后，甚至从“不准说”发展到了连想都不敢想。

反托拉斯诉讼就是导致IBM文化崩溃的“元凶”吗？不是。那么它是其中因素之一吗？我的一些在IBM工作了多年的同行认为是这样的。而且，如果就像古语所说的那样，成名要趁早，那么IBM恰恰就是贻误了战机的公司。恰恰就在那个已经结束了反托拉斯起诉又于20世纪80年代重新被提起（而且多年的诉讼也耗尽了公司的精力）的同时，业内的“下一件大事”也接踵而来。无论公司那时对此有多么充分的了解，公司还是不可避免地开始走下坡路了。

下一件大事

那个“下一件大事”并不是个人电脑的来临，而是一个观念的流行。IBM 主机业务的更加紧迫的威胁来自 UNIX 的兴起，这是一种由诸如太阳微系统公司和惠普公司率先研制出来的“开放式”操作环境。UNIX 的生存能力和经济性比 IBM 的主机产品更吸引客户。

在开放的、即插即用的 UNIX 环境中，许许多多的公司都可以为整体解决方案制造部分产品，这打破了 IBM 的设备整体控制权。几乎一夜之间，IBM 就被一系列所谓的“纯粹是为了玩玩”的公司——太阳微系统公司、惠普公司、SGI 公司、Digital 公司，以及所有软件和计算机外围产品合伙制造商所击败。

一旦认识到了这些，你就会开始理解约翰·埃克斯为何要把赌注压在建立一个松散的“小 IBM”联盟上。在埃克斯看来，垂直整合的工业时代已经终结，垂直整合的公司最终也将会消失。他对 IBM 的分解行动，就是为了迎接他所谓的新工业模式的到来。正如我前面曾经说过的，我不同意这一分解公司的方法，也不同意所谓的新工业方向。但是，我能够理解这种思想的起因。

在 UNIX 摧毁了传统电脑主机业务的基础以后，个人电脑制造商纷纷重拳出击电脑市场。尽管不能过于简单地认为 IBM 最大的问题就是没能主导个人电脑市场，但是显然公司充分理解个人电脑方面的两件事：

- 个人电脑将最终应用于商业和企业之中，而不仅仅是爱好者和学生使用它。因此，我们没有迅速地抓住个人电脑市场，且没有使之成为公司的优先发展业务。

· 因为我们并没有认为个人电脑将会挑战 IBM 的核心企业计算设备，所以我们放弃了对个人电脑最高的价值部分的控制，而微软却成功地拥有了操作系统；英特尔也成功地拥有了微处理器。当我加盟 IBM 的时候，这两家公司已经从 IBM 手中夺走了行业最高控制权。

第十三章

下大赌注

如果你想把IBM过去10年的改革历程做一个本质的归纳，那么这个英雄传奇可以归结为两个大的赌注：一个是对行业发展方向的赌注，另一个是对IBM自己战略的赌注。理解我们所做的和为什么要这样做，有助于拨敲历史的时钟并重返我们前面一章中所遗留下来的关于IBM历史的讨论。

记得在1994年，我描述过互联网革命来临之前的状况，IBM内部这样的信心在增长，即行业正处于一次根本变革的火山口上——强调计算机模式的变革总是每隔10年或者15年发生一次。当这一变革发生时，那些抓住了机遇并领导这次变革运动的公司将会做得非常好，而其他所有的公司也都会围绕着这些主导型公司转。

20 世纪 90 年代初期的首富企业，都与个人电脑业有着这样或那样的联系。当然，这其中也包括像戴尔公司和康柏公司这样的个人电脑制造商。但是，毫无疑问，它们中占主导地位的有几乎控制了 Windows 台式操作系统的微软公司和几乎控制了微处理器的英特尔公司。微软公司的 Windows 和英特尔公司的微处理器芯片已经被合称为“Wintel 两强霸权”，这足以说明这两家公司在业内的巨大影响力。

而 IBM，这家曾经在计算机领域引领潮流、曾经发明众多业内最重要的技术的公司，却在一天早晨从床上爬起来的时候，发现自己的重要性被人见人爱的台式计算机所取代了。那些曾经为跨国公司、大学以及世界各国政府制造电脑系统的人，现在则跟在那些语言程序和电脑游戏供应商头目的背后。这种局势尴尬而令人灰心。然而，无论目前的情势看上去多么糟糕，同后来比起来就都不算什么了。

他们的真实动机

没有人会认为个人电脑公司将会成为台式计算机的支柱。他们的野心直抵 IBM 电脑产品的核心——定位了商业计算机框架的大型服务器、企业软件以及存储系统。他们所设想的新计算机模式的名字——“客户机服务器”（Client /server）计算，就很好地揭示了他们的世界观和偏见。“客户”并不是指人，而是指个人电脑；“服务器”指的是为客户提供服务的主机以及其他商业系统，它们每天为数亿台个人电脑提供设备、程序和存储支持。

个人电脑领导者对商业客户所说的话也很简单且有说服力："你希望你的员工有效地使用你的商业数据、设备以及知识，而这些数据、设备和知识都被束缚在老式的后台办公系统中。现在，你所有的个人电脑都已经是微软的和英特尔的了，所以你的系统和你的个人电脑已无法一起工作了，你必须快点用新技术来更新你的系统。"

规划一个方案是容易的，但要从个人电脑转变到商业计算机并取代 IBM 的产品以及其他许多卖主，例如太阳微系统公司、惠普公司、数据设备公司（Digital Equipment）以及甲骨文公司（Oracle）的产品，个人电脑领导者尚需付出不懈的努力。IBM 的许多传统的竞争对手都认输了，并加入微软和英特尔的两强霸主行列中。惠普、优利以及其他所有的公司都很容易会选择这条路。所有步微软和英特尔后尘的公司，都认为信息技术行业的这个新技术模式是不可避免的。

简单地固执己见，声称这些新技术变革不会发生，并基于自己的集中式计算模式的老观念采取防卫行动，也是很容易的。

然而，事实却是，我们（IBM）什么也没有做。我们目睹了两股力量在行业中汇合，这种汇合使我们规划了一个非常与众不同，但同时也蕴藏着巨大风险的发展步骤。然而，或许因为其他的替代方法都不合意，所以，我们决定将公司未来的命运押在一个全然不同的行业观点上。

第一个赌注源自客户。我坚信客户对于一种要求他们将不同供应商的各种零件产品组装起来的行业机构会越来越不耐烦。客户机服务器模式在 20 世纪 80 年代出现的时候，是作为一个不可分割的部分出现的。因此，我们决定赌一把——如果我们那时大声地把这个赌注说出来，我们的业内同行一定会捧腹大笑。

我们的赌注就是：在未来的10年中，客户将逐渐看重那些能够提供整体解决方案，即能够将各种供应商所提供的电脑零部件进行整合的技术方案，以及（也是更重要的）能将技术整合到一个企业流程中的公司。我们还打赌，芯片速度、软件版本、专有系统以及其他类似的东西都会衰亡，而且过一段时间信息技术产业也将变成以服务为主导的产业，而不是以技术为主导的产业。

我们所下的第二个赌注是：将出现一种网络化的计算模式，这种计算模式将代替1994年出现的个人电脑主宰世界的局面。

让我们简要介绍一下我们那时的想法。

服务主导型模式

正如我前面指出的，我相信，行业分化成数千个玩家会使信息技术服务成为整个信息产业的一个巨大的成长型市场细分。所有的行业成长分析家和预言家——从我们自己到第三方公司的人——都这么认为。对于IBM来说，这显然意味着我们应该发展我们自己的服务业，这是我们的业务中一个很有希望的领域，但是却一直被视为次于IBM硬件业务的一个二等公民。十分明显，服务业务能够成为IBM一个巨大的年收入增长引擎。

然而，我们越是考虑这一行业发展趋势的长期意义，我们就越是有理由去形成这样一种观点：如果客户将需要一个集成者来帮助他们设想、设计并建立一个终极的解决方案，那么扮演集成者角色的公司就将对整个技术决策发挥极其重要的作用——从主机、设备到硬件和软件的选择。

这将是客户购买行为的一个具有历史意义的转折。服务型公司而不是技术型公司将首次成为执牛耳者。突然之间，这个看上去既合理又简单明了的决策——追求一个成长的机会，变成了一个牵涉到整个公司的战略。那就是我们的第一个大赌注——不仅要建构业内最大的服务业务，而且还要建构业内最有影响力的服务业务。

网络化模式

我们所下的第二个大赌注是：独立计算将让位于网络化计算。

这听上去并不像是一个非常大的或者很具有风险性的赌注，但是它同样是在 1994 年所下的一个赌注，而那个时候互联网还远没有成为主流。当时，变革的雷声已经隆隆作响，你可以发现某些行业特别是电信行业正在鼓噪“信息高速公路”，指的是未来要用高速宽带将工作场所、家庭以及学校连接起来。如果这个“有线世界”真的来临了，它将改变商业和社会的运行方式。

它还将大大改变计算的情形，至少有一点是可以肯定的，即这个世界上将会有一个公开的行业标准。对于将要加入一个真正的网络世界的所有企业、用户、设备和系统来说，要实现彼此之间无处不在的连接，舍此别无他法。如果这个基于标准的世界真的来临的话，那将极大地改变当时的竞争态势。

在任何一个其他的行业中，我们假定是有一个共同的标准存在的——我们理所当然地认为不含铅的汽油是可以用在所有使用汽油的汽车上的，我们不考虑插入设备、拧上灯泡或者打开开关等问题，所有这一切都会自动工作，因为这些行业中不同的制造商和服务商都认同自己行业中长期以来的共同标准。

信不信由你，在IT行业，这一切都是行不通的。从我自己的经验来看，IT行业是世界上唯一一个这样的行业，即在该行业中，供应商只生产与自己的产品相配套的产品，而一概不顾业内其他供应商的产品。一旦你买了一家制造商的一个电脑零件产品，你就注定要购买该制造商生产线上的所有其他产品。你可以想象一下，假如你从某个汽车制造商那里购买了一辆汽车，而你却只能从这家汽车制造商那里购买新轮胎、火花塞、过滤器、零配件甚至是汽油。

当然，我知道，这种专用模式植根于IBM在20世纪60年代和70年代所取得的压倒性的成功。其他公司——最著名的是微软公司，后来也模仿并完善了IBM的这种做法，并顽固地拒绝放弃这一做法，其理由就像IBM当初也抵制UNIX市场一样的简单。开放式计算，对于任何业务模式依赖于在架构的“致命点”上对客户实施控制的公司来说，都代表着一种巨大的威胁。

幸运的是，到了20世纪80年代，IBM内部已经出现了许多激进的思想，拥有这些思想的人迫不及待地希望公司加入开放式环境。而到了20世纪90年代中期，我们已经为断绝IBM的封闭式计算和打开我们的产品以便使我们的产品与其他行业领导平台的产品相兼容，做好了大量的技术和文化上的必要准备。

接着就是网络世界的到来。如果这个互相连接的和建立在标准基础上的世界成为主流，微软就将是最大的受害者。它贪得无厌的野心就会使它站不住脚，任何一款数码设备就不再只是某一台设备上的一部分了，也不再只为某一家公司所控制了。

后个人电脑时代的含义

网络化的世界还有一个含义：个人电脑的中心地位将被取代，一个非常快速和高宽带的网络将实现个人电脑的众多功能——这个功能既可以由公司内部的大型系统来完成，也可以由网络本身来完成。网络系统还可以将无数的新设备与网络连接起来，这些设备包括智能化电视、游戏操纵台、手提式电器、移动电话，甚至家用电器和汽车等。个人电脑将成为，也只会成为众多网络接口设备中的一种。而且如果未来的世界被数十亿不同种类的计算设备所占据，那么就会产生对这些唯一的计算设备更具威力的定制化芯片的大量需求。

对于 IBM 来说，更重要的是，越来越多的员工和企业都通过网络来开展业务活动，将会推动计算工作负荷的大量增加。管理和卸掉所有那些自由传输的数字信息这一巨大的任务，当然就不会是台式电脑所能完成的了。这些繁重的工作负荷将不得不由大规模的系统来管理，这意味着对计算设备产品有很高的要求，而且还要能够与网络相匹配。

最后，这一新的景观将改变有购买决策的人群。在个人电脑和客户机服务器的世界中，消费者、终端用户以及小部门负责人是购买决策的主导者，但是当世界又重新回到企业系统和主流业务战略阶段时，决策者就将再次变成首席技术官和高级业务领导人——IBM 认识并了解这些人。

那时，这一切都还远没有这么清晰、完整和纯粹，但是很显然计算世界的确将会以一种有利于发挥 IBM 的传统优势和资质的方式发生转型（至少从理论上讲是这样的）。

我们将不得不为此做大量的准备工作并承担巨大的风险——从持续不断地开拓我们自己所有的产品到打造服务业务，无不如此。但是，即便这一努力最终是为他人作嫁衣裳，那也是一个有理由为之奋斗和承担风险的事业。我们将把自己的命运牢牢地把握在自己的手里。我们已做好准备，背水一战。

第十四章

服务——整合的关键

在读到前面一章中关于 IBM 将大赌注压在服务上时，或许有人会感到奇怪。我是说，IBM 难道不是一直就以其卓越的客户服务而闻名吗？难道高品质的客户服务不是 IBM 的核心信条之一吗？难道 IBM 不是无论发生了什么，以及无论白天还是黑夜，总能在其客户需要的时候出现的吗？

作为一名客户，我总是高度评价 IBM 的卓越服务。这弥补了 IBM 产品效率较低和价格过高等缺陷，并（几乎）使客户接受 IBM 非常高昂的产品价格。

但是，我所要讨论的服务并不是指这些。我们下了大赌注的服务指的是另外一种服务——在产业剧烈分化，如同“宇宙大爆炸”般轰隆作响之前的20世纪60年代至80年代，根本就不存在强调客户需要的服务。传统的IBM的服务是完全与产品联系在一起的，更具体地说，产品就是IBM的标识。如果IBM的系统出问题了，IBM就会去修好它。然而，如果客户所购买的数据、康柏或者阿姆达尔公司的产品出了问题，或者如果客户想安装一些非IBM公司的设备，那么他们就得不到IBM公司的服务帮助，而只有自己想办法了。所以，传统的IBM的服务是其主要产品业务的一种辅助和延伸。

就像生命中所有的事情一样，好运总是在其中发挥着很大的作用。我在IBM就曾经被幸运之神光顾过两次，而遇见丹尼·韦尔什就是其中的第一次。在1993年的一次会议上，我遇见了丹尼，这位IBM的老员工那时主管着IBM的服务机构。另外一件值得庆幸的事是：互联网时代的到来以及我们在网络化世界中所下的赌注。巧合的是，丹尼此时也是新时代的IBM服务部门的负责人（而且职责更大）。

当我来到IBM的时候，丹尼掌管着一个属于IBM的全部分公司，名字叫作“整合系统服务公司”（ISSC）。ISSC是我们IBM公司在美国的服务和网络运营单位——一个很有希望的但却得不到公司重视的部门。实际上，它甚至不是IBM的一个独立的业务部门，而只是销售部门的一个下属部门。

任何人都不会忘记与丹尼的会面，他是一个了不起的人，对人友好，很喜欢笑，而且笑得很有魅力。他以前担任过空军领航员和空中防卫官员。他来到IBM的时候，起先是在IBM的一个为美国政府提供高科技系统项目——包括阿波罗登月计划中服务。

当“阿波罗 11 号”载着内尔 · 阿姆斯特朗具有历史性意义地从肯尼迪航天中心发射上天、奔向月球的时候，丹尼当时就在控制室里。

我们俩第一次私下会晤的时候，他没有浪费太多的时间用于寒暄，而是告诉我说，他认为公司的服务业务不应该是产品维护以及与之相应的为客户提供电脑编码。因为在他看来，公司应该明显地承担起在各方面为客户提供信息技术服务的任务，而且是代表客户的利益为客户提供这种服务，服务范围包括建构系统、确定设备、实地管理电脑以及让电脑为客户服务等。

听了他的这番话，我热血沸腾，倒不仅仅是因为他所描述的这些与我的想法不谋而合——当我还是一个 IBM 客户的时候，我就有和他一样的想法了（例如，我曾试图利用外包来经营 RJR 纳贝斯克的数据中心，只是没有成功），而且也因为他的这一主意与我们的整合战略不谋而合。丹尼是一个了解客户愿意把钱花在什么地方的人，他也知道这其中的意义——不仅是对 IBM 所具有的商业潜力的理解，也对即将到来的、以整体解决方案为中心而不是以分散服务为中心的行业重构的理解。

然而，丹尼同时也指出，要在 IBM 公司文化内部实施这样一个体系并不是一件容易的事情。为了获得真正的成功，我们就必须敢于对某些事物动真格的，从根本上改变它们。例如，如果需要，或者这样做对客户来说是最佳的解决方案的话，服务单位将有必要向客户推荐使用微软公司、惠普公司、太阳微系统公司以及其他主要业内公司（IBM 的竞争对手）的产品。当然，我们最好也能够维修这些公司的产品，并为之提供服务。

而且，丹尼还认为，服务单位将必须从常规的销售部门中脱离出来，因为如果服务单位出售任何非 IBM 的产品，我们的销售人员将绝对不会允许这样的 IBM 的服务人员成为他们中的一员。

最后，丹尼指出，服务业务将完全不同于那种以产品为基础的业务。一份大宗服务合同或许要持续 6~12 年。比方说，一份需要用 7 年时间来完成的外包合同或许在第一年中会亏本。所有这一切都是与 IBM 的传统产品销售概念相左的，也会给 IBM 的销售工资待遇体系以及财务管理体系制造麻烦。

与丹尼的会晤结束后，我的心情既激动又沮丧（这种复杂的心情，是我在 IBM 最初的日子里经常会有的）。我激动，是因为我发现了一个可以借以建构我们的客户整合能力的基础——这是我们迫切需要的，而且这样做也为整合 IBM 公司提供了存在的理由。我沮丧，是因为我意识到尽管这样做有充分的理由——这种服务模式是 IBM 独一无二的竞争优势所在，但是 IBM 的公司文化还是会反对这种模式。

因此另一个挑战也来了：建构这种强有力的新服务业务，并同时将服务单位整合到 IBM 之中来，以便让它不被视为是对整个传统产品单位的一种挑战，而是被视为与它们的一种新联盟。

我知道，完成这一任务将是一件极其艰难的事。我先前的工作经验告诉我，一家大公司内部的各个单位和部门之间出现激烈的矛盾是很普遍的现象。公司中的传统部门经常会抵制（公开地或默默地）新设立的部门，无论这个新部门是从本公司内部分化出去的，还是从外部新增添进来的。

机构建设

尽管丹尼认为他的服务单位应该是一个独立的业务部门，而不是销售部门的一个下属单位，但我一开始的时候还是没有马上将他的服务单位从公司销售部门中分离出来。相反，我还花了大量的时间与我的团队一起培养服务人员和销售人员之间的互相依赖感。服务人员必须懂得，销售人员能够引领他们入门；销售人员也应该意识到，服务人员能够给他们带来新的赢利途径。

然而，矛盾还是出现了。在关键的早期阶段中，似乎服务单位和公司中的其他单位之间总会一周爆发一次冲突。我们的许多产品主管或者销售负责人，走马灯似的来到服务单位，抗议服务单位为客户提供包括 IBM 竞争对手公司的产品在内的解决方案。我不止一次地发现，这些抗议的人群来到我的办公室，对服务部门的离经叛道进行了严厉的谴责。我的回答总是这样的："你们需要投入必要的资源与服务部门人员合作，以确保他们理解你们产品的竞争优势。把他们看作是你们产品的一条配送渠道吧，你们的竞争对手正在这样做！"

同时，我们开始整合 IBM 全球范围内的所有服务单位。正如我所说过的，丹尼·韦尔什掌管的只是美国范围内 IBM 的服务单位，而 IBM 在全球还有几十个这样的服务机构，它们分别拥有截然不同的服务程序、服务价格、服务内容、服务术语以及品牌名称。所以，我要求丹尼创建一个 IBM 全球统一的服务机构——仍然隶属于销售部门，并引进外包制度和全球网络化服务机制。这是一项艰巨的任务——在全球基础上形成一个共同的解决问题的方法，建立一套共同的方法论、术语、技能以及知识领悟和传播方法，而且每年还要招聘并培训数千名新员工。

到 1996 年的时候，我已经准备好将服务单位分离出来成为一个独立的机构，这就是我们 IBM 的“全球服务部”。这一变革对于我们的一些管理者来说，仍然是一件让人痛苦的事情，但是它最终还是被我的大多数同人当作一件必须要做的事接受了下来。

如果建设 IBM 全球服务部的努力失败了，IBM——或者至少是我想象中的 IBM，就将随之而失败。1992 年，服务在 IBM 中是一个价值 74 亿美元的业务领域（不包括主机）；2001 年，其价值就上升为 300 亿美元，而且员工总数也大约占 IBM 员工总人数的一半左右。我敢说，很少有公司能够以这样的速度来拓展自己的一个价值数十亿美元的业务领域。

客户之所以会在服务领域投入这么大的资金，其原因在于好几个方面，首先，技能型的 IT 职业人员如此供不应求，以至于数百万的 IT 工作职位都虚席以待。客户就是得不到他们所需要增添的工作人员。但是，主要原因还是我和丹尼在第一次会面时所讨论的：客户迫切需要有人能够给他们提供整合服务。这首先只是技术整合，但在网络化计算模式时代整合也会呈现出全新的层面，即由以核心业务程序为主的技术整合逐渐转变为程序之间的整合，例如报价、执行或者后勤等。

赌注的性质

当我说我在服务上下了一个大赌注的时候，让我介绍一下我们所赌的都是些什么。

我在服务型公司（麦肯锡公司和美国运通公司）和制造型公

司（RJR 纳贝斯克公司）都任过职，但我仍然要强调的是，服务型公司比其他类型的公司要难管理得多。

服务程序的管理所需要的技能是与制造型公司的管理所需要的技能完全不同的。我们缺乏在一个资产密集型的公司中建立一个以劳动力为基础的业务方面的经验，我们擅长管理工厂并开发技术，也懂得产品的成本和清仓以及制造等问题，但是，劳动密集型的服务业务却与此全然不同。在服务业中，你不能制造一种产品并把它销售掉，你所能销售的只能是你的能力和知识。而且，在创造这些能力和知识的同时，你就要把它交付给客户。所以，服务业的商业模式是全然不同的一种商业模式，其所依赖的经济理论也是一种截然不同的经济理论。

就拿外包业务来说，你所要告诉客户的就是："将你的 IT 资产——产品、设备和员工都转移到我的系统中来，我将全部掌握它们、管理它们，确保它们保值增值，并许诺你的公司将总是或差不多是引领技术潮流的公司。还有，我也可以保证你的公司的运营成本比现在要低。"

同时，你还要告诉你自己："我可以做好这一切，并可以创造利润。"

这一赌注是建立在双重基础上的，首先你必须愿意使用你的资产负债表。你不能在没有做出承诺的情况下就进入该领域，这个承诺就是，在可能长达 5~10 年的合同实现赢利之前，你必须承受挫折和失败。没有什么事情能比这更具风险性了，一旦你蹚了这水，你就全身都泡在水里了。

这也是在你的能力上所下的一个赌注，这个能力指的是你推动规模经济的能力——将大量的客户数据中心合并入"Mega

Plexes”（业内称之为“服务器农场”）之中的能力，或者是用 750 名员工应对原本需要 1 000 名员工才能服务 2~3 家客户的能力。

我们不得不打赌我们能够在一个月之内完成招聘、培训、工资待遇以及人力资源程序，以将 1 000 名以上的员工引进到公司服务业务中来——尽管我们从未试图做过任何和这事有一点类似的事情。实际上，直到 20 世纪 90 年代中后期，当服务业以每个季度 20% 以上的速度实现持续增长时，我们才知道，如果有更多的人手，我们甚至能够做得更好。但是，我们还是把招聘规模控制在了这个幅度之内，因为我们认为自己已经无力再进行员工招聘和资格培训事务了。

最后，我们还必须学会如何遵守规章制度、如何谈判可赢利的合同、如何给我们的技能报价、如何评估风险，以及如何避免糟糕的合同和糟糕的生意。

鉴于以上所有这些原因，就像我一再所说的那样，这是一个可遇而不可求的能力（尽管我们的竞争对手一直试图拥有这种能力）。你真正的赌注，实际上是下在你自己所要承诺投入的时间和资本上，以及建立在经验和纪律基础上而获得的成功。

展望

2002 年春天，当我写作本章时，IBM 的服务业和高科技领域的所有业务一样，正遭受着滑坡。我相信，这只是暂时现象，因为我还从没有看见过一种业务能够像服务业这样拥有如此惊人的自我更新能力。每当 IT 业转向一个新方向时，IT 服务业的机会就会随之得以再生。即便是在经济形式不好的时期，许多服务业都对那些寻求缩减开支的客户产生了极大的吸引力，外包业务就是其中的典型案例。

如果说 IBM 当初准备承担这种服务业务的时候，我们只是在凭借自己的直觉行事，那么今天，当我宣布 IT 行业以及我们的公司将在可预见的未来转变为服务主导型的行业和公司时，那就绝对不再是一个直觉行为了。自从 1993 年 IBM 开始实施财务重建计划以来，服务业已经为整个公司的年收入增长带来了大约 80% 的增长力——大约占 2001 年全年总增长收入 250 亿美元中的 200 亿美元。

在结束本章关于 IBM 的服务业务问题的讨论之前，我还必须要做一个补充说明：先前，当丹尼 · 韦尔什最先建立他的小服务单位的时候，他曾经找到我的前任并告诉我的这位前任：他必须成为 IBM 的头号销售领导人，成为一个有品位和个人魅力的管理者以及一个非凡的生意人。后来接替我成为 IBM CEO 的彭明盛——当时是 IBM 亚洲区负责人，接到了一个电话通知：他荣升为 ISSC 的总裁。彭明盛不仅使服务业务上升了一个台阶，而且他也是许多高级经理的榜样。他的事例告诉其他许多高级经理，他们必须懂得公司的未来在很大程度上有赖于服务业务的开展。

第十五章

开拓世界上最大的软件业务

如果我们关于一个计算时代的终结和一个新计算时代的来临的预言是正确的，那么我们就需要回答以下这些重要问题：在新计算时代，价值会转移到哪里去？战略基础何在？先前阶段客户对个人电脑的主导性关注（以及消费）方式将会怎样？

当然，能够保存大量数码内容，并能以高速和宽带移动的网络传动装置，将会有很大的市场需求。要处理这些巨大的信息量，客户就将需要供应商增加服务能力和存储空间；要设计和实施网络化的解决方案，客户也将需要大量的服务。但这里的关键似乎在于软件。这里所说的软件不是台式机操作系统及装在简装盒子中进行销售的那种应用软件。未来的软件将具有完全不同的系列特征。

新入行者应当遵循公开的标准。这种标准是每个竞争对手都能够使用和构建的。为什么呢？因为网络化的世界将必须把数亿甚至数十亿个应用程序和系统连接起来，客户将绝不会再允许某一家公司来控制所有连接的单元，即便该公司有这样的技术能力也不行。

我不是一个技术专家，因此我不打算试图解释互联网的理论基础。但我要说的是，互联网是建立在一系列开放的、名叫网络协议的技术要求基础之上的，我想这就足够了。只要电脑系统满足这些技术要求，它们就会互相连接起来并成为网络中的一部分。

这基本上就是客户机服务器的乌托邦式的承诺——无缝连接。当然，它们的这个承诺并没有兑现。现在，互联网实现了这个承诺，并且是在全球范围内实现了这个承诺。

璞玉

1993年，还很少有人——甚至包括知识渊博的业务主管，能够正确地回答这个问题："谁是世界上最大的软件公司？"我想几乎所有的人都这样回答："是微软公司。"实际上，IBM在1993年所销售的软件比任何一家公司都要多。

那么为什么会有这样的误解呢？这主要应该归因于这样一个事实，即IBM从来没有认为，也从不提及自己是一家软件公司，它也没有一个软件战略，甚至连一个统一的软件部门都没有。

对于IBM来说，软件就只是以硬件为基础的供货服务的一部分。鉴于每台电脑都需要操作系统，而且还特别需要数据库以及程序转换空间，IBM 建造了许多软件资产，但是公司却从来没有把这视为一种独特的业务领域。相反，这些软件资产都被埋没在 IBM 的硬件之中，或者是被当作一种附加产品销售了出去。而且，具有讽刺意味的是，这些软件产品也只能和 IBM 公司所生产的硬件产品相匹配，而与 IBM 公司以外的任何一家公司的电脑硬件产品都不兼容。

由此而来的第一个问题就是：我们不是没有真正的软件业务，而是没有一种软件意识。第二个问题则是：我们业已建立的大部分业务都是为主机世界而准备的，在这个主机世界中，客户的大量投资都用于较小型的和分散的系统之中。第三个问题是：出现了一个惹麻烦的新产品，叫 OS/2 系统。

我曾经是套装产品的消费者，这一背景帮助我理解了公司对自己产品的情感。但是，现在的情况却有所不同，而且这些情况还发生在更加与众不同的 IT 行业。所以，当我刚来 IBM 的时候，我并不理解这一切，但是当我为我们自己的信念而战——向台式计算机的优先性地位开战，用 IBM 的 OS/2 操作系统与微软的 Windows 相抗衡时，我很快就学会了这一切。OS/2 系统花费了我们数千万美元的资金，占用了我们许多高级管理人员的时间，而且还使我们的公司形象遭到了贬损。但是，我们还是以最经典的 IBM 模式奋战到底。

IBM 过去经常设计自己的操作系统以运营自己的硬件产品。然而，当个人电脑时代来临的时候，IBM 却对设计自己的操作系统不太投入，这致使它竟然请微软公司为自己的第一台个人电脑提供操作系统。微软抓住了 IBM 的这一失误，巧妙地建造了计算机领域中最有力的特权产品。

IBM 最高层的管理者们几乎都坚持要取消 20 世纪 80 年代的这一错误决策，并主张从微软的手中拿回操作系统制造特权（至少是从英特尔的手中拿回微处理器的制造特权）。但在我个人看来，这对于一个身处财务危机的公司来说，不啻一个巨大的赌注。

OS/2 系统建造之前的有关争论，是建立在技术优先性的基础之上的。我敢说，IBM 外部的许多人都毫无偏见地认为，IBM 的 OS/2 系统是更优秀的产品。对微软的 Windows 系统持反对意见的观点认为，微软的这个富有传奇色彩的高级系统聪明地利用了营销和公关手段，以低级产品来愚弄消费者，加大了对行业的控制并正致力于摧毁 IBM。

我的同行们似乎不愿意或者是不能够接受这样的一个事实，那就是这场战争已经结束而且战争的结局是 IBM 惨败——微软 Windows 系统的市场占有率是 90%，而 IBM 的 OS/2 系统的市场占有率却只有 5%~6%。

我们不仅在拿自己的鸡蛋硬是往十分强硬和顽固的石头上撞，而且我还不得不怀疑，是否有人关注过我们曾经讨论过的战略方向问题。如果我们真的相信个人电脑时代行将结束，那我们为何又要倾注我们所有的精力、资源以及形象去进行昨天的战争呢？台式计算机占主导地位的时代或许还清晰可见，但它已经不再是战略重心。持续在台式计算机上消耗精力和时间不啻是一种精力浪费，更不用说会与客户之间制造大量矛盾关系。我们的关注点应该放在未来。

IBM 在进行昨天战争时的最后一搏，是 1994 年引进了一种新的产品，名叫 OS/2 Warp 操作系统。但是，在我看来，现存的战略是一个不可避免的结局，所剩下的就只是如何去撤回这些过时的决策。因此，我提出了三个替代方案：前面两个是关于如何合理地立即结束该产品的生产线问题的；第三个则牵涉一个为期5~6年的撤销生产该产品的计划，该计划将花费我们数千万美元的资金，但是可为客户提供一系列帮助，以支持他们以一种更便于管理的方式，使用OS/2系统去迁移以Windows或者以UNIX为基础的系统。我想你知道一个前任消费者所做出的一个决策，而且IBM今天也在为那些仍然在使用OS/2系统的客户提供这方面的支持。

OS/2系统决策使整个IBM陷入了沮丧的情绪中。所有相关部门——技术部门、营销部门以及战略部门中的数千名IBM员工，都曾致力于这场战斗，他们相信自己的产品以及自己为之奋斗的理由。IBM之所以没能够保住自己的行业领导者的地位，是因为它没有制造个人电脑操作系统，这样的观点被事实证明不是别的，而是一种情绪反应。但是，我也还是从一小部分OS/2系统强硬支持派那里收到了一些信件。

战后展望

将昨天的战争抛在脑后，我们就很容易开始规划自己的未来。当我清查IBM内部还有什么可供利用的时候，呈现在我面前的是一幅复杂的情景：有一个大型但却分裂且难以管理的软件业务，软件业务对注定要开放的世界保持着封闭态度，软件的建造是为主机而不是为更小和更广泛的分散系统服务的，除了与硬件相连接的操作系统，软件业务已经给公司酿成了巨额亏损。

我们需要更长远的关注目光。快到1994年年底的时候，我决定让一个高级经理来统管IBM所有的软件资产，并要求这位高级经理建设一个杰出的、独立的软件业务。这个人就是约翰·汤普森。很早之前，他就以其IBM中最有思想和能力的管理者之一的身份吸引了我的注意，他表现出对技术的精湛理解；他也是一个聪明、很有思想的人，或许还是对我最重要的人，因为他能够将晦涩的技术术语转变成商业术语。

那时，约翰还是IBM服务器集团的负责人——该集团是公司的心脏。我们当时正在管理着一个关键的技术转移，而且他就任服务器集团负责人职位只有14个月，因此当我告诉他让他来从零开始负责建设一个新业务领域的时候，他感到很震惊。但是，就像我在IBM工作时所见到的许多次他处理类似事情时的情形一样，他接受了这一挑战并很快在新的岗位上有效和充分地发挥了他的聪明才智。

1995年年初，约翰所面临的问题极其复杂和艰难。IBM拥有4 000种软件产品，但所有这些产品都拥有不同的标识（其中多数都很难记忆或者根本就属于非“记忆”标识）。它们都是从全世界大约30个不同的工厂中生产出来的，这些工厂里没有管理系统，也没有一个软件公司应该具有的运营模式，而且还缺乏销售独立软件产品的技能。

在随后的两年中，约翰及其同事招募并培训了5 000名软件销售专业人员，这些人后来都成了IBM新销售部门的骨干，到2000年他们的队伍已经扩大到1万人。

约翰将30个软件实验室缩减为8个，并将60个软件产品标识压缩为6个。他组建了一个管理团队，制订了一个战略及相应的营销计划。他的团队改变了数千万美元的研究经费的投入方向，特别是将大量的资金用于新的营销和销售部门。IBM 的销售人员喜欢销售硬件，为什么呢？因为这和他们的销售定额以及经济利益相关。与受过专门软件销售培训的甲骨文公司或者美国国际联合电脑公司的销售人员相比，IBM 的销售人员的素质和技能差远了。

剩下的工作就是找到一种方向感、一个焦点和一个能够传递出这样一个信息的领导定位，这个信息就是：IBM 是在认真对待软件业务问题。约翰认为，他已经有了答案。

下这个软件赌注，我们是打算要使软件能从以下 3 个层面发挥它的作用：

· 最低层面，要有一个能够指导硬件运营的操作系统。
· 最高层面是拥有所有的应用程序软件，例如一个电子表格应用程序、一个计算所得税的程序或者一个图表设计程序。这也是一个终端用户在电脑屏幕上所能看见的程序。
· 中间层面是有一个能够连接两种产品的软件产品组合。

在最低层面上，微软拥有了占主导地位的操作系统，抛却 OS/2 系统的命运不论，我们认为微软的这个操作系统将在开放的标准中越来越商品化。

在最高层面上，诸如萨普（SAP）、仁科（PeopleSoft）和 JD 爱德华兹（JD Edwards）等这样的公司主宰了应用程序软件市场，而我们却是业内的无名小卒。

在中间层面上，诸如数据库、系统管理软件以及交易管理程序等产品，都是一些复杂而基本上看不见的产品（所以也被称为

"中间件"），只有那些最核心的技术专家才会对这些产品感兴趣。

然而，我们越是考虑在客户机服务器计算让位于网络化计算以后什么才是最重要的东西，中间件就越是不像一潭死水，反而更像是一个关键的战略领域。那时，我们还不能看见更伟大的图景，但是我们所看见的已经足以让我们为之奋斗了：更多的用户、更多的设备、更多的交易处理以及更多的整合应用程序、处理程序、系统、用户和机构的需求。没有一个操作系统可以将所有这些联系在一起，但是中间件就可以做到这一切。

然而，为了提供这种整合，中间件必须能够与所有主要电脑系统生产商的产品系统相兼容，以便与这些主要电脑系统一起连接成一个崭新的网络。用行业术语来说就是，新的中间件将必须在"跨平台"上工作，这也意味着我们将需要克服一个重大障碍。因为直到1995年产生这种想法之时，IBM所有的软件都是专用的，而且还只与IBM的硬件以及其他IBM的软件相兼容。

于是，我们向公司所有的关键性软件发动了一场规模巨大且持续数年的重写运动，目的是使这些软件不仅要能够实现网络化，还要能够在太阳微系统公司、惠普公司、微软公司以及其他公司的平台上工作。这是一个造价昂贵且复杂的工程，而且也给公司内部带来了许多紧张和矛盾——就像我们的服务战略所引发的矛盾一样。我们再一次与"敌人"合作了！

购并莲花软件公司

1995年年初，约翰·汤普森找到我，并告诉我他的一个一箭双雕的大胆创意，该创意不仅能够填补我们中间件业务领域的空白，还能够有力地打上合作计算时代的印记，而不是孤立计算。他的这个创意就是：购并莲花软件公司。从那以后，他还告诉我，他是胆战心惊地在做这些事情的，因为去“购买”一项技术而不是建构一项技术，这与 IBM 的一贯做法大相径庭。此外，尽管那时我和约翰相互之间尚不太了解，但他已经要求我签发一张巨额的支票了。

莲花软件公司是因为它的 1-2-3 电子表格程序软件才得以成名的，但是我们最想得到的“皇冠上的珠宝”却是该公司的一种名叫 Notes 群件的卓越产品——这是一种开创性软件，它可以支持数量巨大的计算机用户之间实现合作。

直到 5 月份，约翰 · 汤普森才说服我相信 IBM 应该购并莲花软件公司。于是，IT 业历史上规模最大的一次软件购并活动开始了。约翰就购并的可能性与莲花软件公司的 CEO 吉姆 · 曼齐交涉了好几次，但都无功而返。于是我们决定采取主动攻势：6 月 5 日，我给曼齐打了一个电话，告诉他我们将启动友好的接收计划。我不敢保证，但是我相信曼齐那时一定感到很吃惊。他的回答是不屈服的、冷峻的，但同时也是礼貌的——很简洁。

任何人都会告诉你，软件购并计划有风险。因为在软件购并中，你所购并的资产就是人。如果起关键作用的人决定离开被购并的公司（而且一旦购并计划得以完成，很多人都会因为财务问题而选择离开），那么你所花的大量的钱就只剩下了一些建筑、办公设备以及接触到装机用户的途径了。

做这种事我并不是第一次。在美国运通公司的时候，我们就购并了美国第一数据公司（First Data Resources），后者是一家拥有非常杰出的企业文化的私人公司，而且该公司也并不想被并入任何一家大公司。我知道这都是可以应对的。但是，这一次是兼并一家十分具有风险性的软件公司，而且我还有一种这样的感觉，那就是：在正式打响购并战第一枪之前，必须在争取对方公司员工方面打个胜仗。我们知道，我们的一举一动都将受到莲花软件公司员工的审视，为了获得他们的信任，我们必须努力打赢这场战争。

我们知道，莲花软件公司的员工——那时比 IBM 的员工人数还要多，有一种以互联网为核心的文化。于是，我们将互联网和 IBM 的主页混合在一起，以便快速地将我们的观点直接传递给莲花软件公司的员工和股东们。在我给曼齐打完电话一分钟以后，我们的信息——包括我们致莲花软件公司员工的信，就在互联网上出现了。正如所料，莲花软件公司的员工知道在哪里看到这些信息：他们上网并阅读到了这些信息。我们让两种截然对立的公司文化首次相遇了。

私下里说，我们也还是很担心这次购并计划可能要花上数月才能完成，友好的接收常常会演变成激烈的冲突、赤裸裸的矛盾以及法庭上的辩论。但是，我们的信息使每个人都有了一种很好的战略感，而且我想我们也提前做好了一切准备。星期二，曼齐打电话给我，那天晚上我们在曼哈顿共进了晚餐，在晚餐上我们进行了深入的讨论。我们两家公司将在随后两天中以一个小组的形式进行接触，以讨论公司文化、法律事务、员工以及报价等问题。星期五晚上，在律师事务所，我们最后握手成交了，成交价是 32 亿美元。到星期六时，双方公司的董事会都批准了该购并协议。一周之中，我们完成了 IT 产业历史上最大的一笔软件购并计划。

这也是IBM所进行的第一次友好接收活动——同样也是商界的一件新鲜事儿。《纽约时报》报道说："或许IBM接收活动中最引人注目的地方，而且据说也是这个时代最引人注目的，就是它违背了一个公认的道理，即购并一家主要价值不在于其所拥有的机器或不动产而在于其所拥有的员工的公司，是一件艰难的事情。"幸运的是，我们得以保留住了原莲花软件公司的所有员工，包括雷·奥奇耶这位开发Notes组件的天才（吉姆·曼齐继续留任了好几个月，但是他不喜欢在复杂的大公司中任职）。

当1995年7月购并计划结束以后，安装Notes的用户数量大约有200万个，到了2001年这个数目就变成了9 000万个。而且尽管互联网随后大幅减少了对基础合作软件的需求，但是莲花软件仍然是知识管理和合作领域中最有效的击球点。

最终，我们所得到的不仅仅是一家软件公司。从文化层面上说，事实证明我们可以让某些组织单独行动，并允许一个行动快速的团队开展活动。或许最重要的还是，友好的购并在IBM内外都传递了这样的一个信息：我们已经摆脱了挣扎在生死存亡线上的状况，现在可以郑重地重申自己在业内的重要影响地位了。

大约9个月后，同样也是在约翰·汤普森的敦促下，我们又进行了另一次重大的软件公司购并活动，这次的购并对象是得克萨斯州奥斯汀的智能管理软件系统公司（Tivoli）。这次购并活动使我们一下子跳跃式地进入了分散式系统管理软件产品市场（是一些较小的产品，但却是非常关键的中间件）。当我们决定购并智能管理软件系统公司的时候，它还是一家价值5 000万美元的公司；但是现在，其年收入加上从IBM转移来的一些业务已经超过了10亿美元。

当我写到这里的时候，IBM 的软件集团已经是世界上最强大的软件公司了，而且也是网络化计算时代的主导性网络公司。2001 年其年收入是 130 亿美元（仅次于微软），税前利润约为 30 亿美元（成长率是两位数）。拥有这种成绩，我们现在已经成为我们所参与其中的任何一个市场细分中的头号或者二号主导者。

IBM 软件的发展历程，就是整个公司在过去 10 年起死回生、扭转乾坤过程中的一个精彩的缩影。令人难以置信的技术资源被公开地散布在全 IT 行业中的各个领域，推动这场变革的巨大动力来自外部——互联网时代的到来。在这一即将出现的机遇的激励下，我们快速重组我们的资产和机构，并将资源大量用于购并新技术和开发新战略。

第十六章

敞开公司的仓库

我们重大战略赌注背后的逻辑都非常简单明了，那就是：如果想成就一家能够设计、制造和提供整体技术方案的公司，那就需要有服务能力；如果你已经开发和销售比其他任何一家公司多得多的软件产品，而且你也相信软件将成为网络化世界的链接单元，那么就应该把软件业务作为重点认真经营。

但是如果你将尖端技术销售给你的竞争对手，又会出现什么样的情况呢？设想一下可能发生的谈话吧：

你正与 IBM 的高级技术领导人谈话。他们都是一些既在 IBM 内非常知名也在各自领域中赫赫有名的人，许多人还曾在享有盛誉的科研机构及学术机构任职，其中大多数人都将毕生的精力投入到某一个或者两个能够将 IBM 的某种产品带入到市场中的突破性创新过程之中。现在，你要向他们解释，你打算将他们的劳动成果出售给那些在市场中正意欲打垮 IBM 的真正的竞争对手。

设想还有一次与公司销售人员的谈话。你要对这些每天都与戴尔、太阳微系统、惠普或者科源（EMC）等公司有着激烈冲突的销售人员说，这些竞争对手公司将有可能成为 IBM 公司尖端技术的最大买家。

你会发现，IBM 公司内部会围绕着基于出售技术构件（即所谓的零售市场或者初始设备制造业务）而建立新业务这一问题，展开一番激烈的争论。要知道，这和决定将为非 IBM 设备提供服务，以及让 IBM 软件与竞争对手的硬件相兼容一样令人难以接受。而且，就此而展开的争论已经不仅局限于 IBM 公司内部了。

现在设想另外一次谈话。这次你的谈话对象是戴尔、惠普、太阳微系统等竞争对手公司的高级领导人。一方面，你要求他们从你的公司购买技术，也就是要他们进入能使你赚钱的业务领域——你可以用这些赚来的钱投入到与他们的竞争战中，并用这些钱在市场中击败他们。

另一方面，你还要请他们相信你可以提供核心的技术构件，也就是说这些技术构件能够符合他们产品的需要——这些产品正是你竞争的主要对象。你答应他们，即便是在提供给他们的产品所需核心技术构件方面有些困难，他们也不会身处不利地位或者有丢饭碗之风险。可以想象，围绕着这一业务，大家都充满了互相怀疑的情绪。

1994年4月，我们宣布推动我们的技术在零售市场上进行销售，这同样是一次商业实用主义的做法和另外一次赌注——打赌我们会在一个无论对于IT产业还是IBM都是新颖的业务领域中获胜。销售技术构件与销售成品系统是完全不同的业务，两者之间无论在竞争对手还是买家方面都各不相同，其经济学原理也不一样。所以，我们不得不从零开始建设一个新的机构，但是两者的吸引力却不相上下：

- IBM的研究事业部成果颇丰，其所研制出来的技术成果远远超出了公司目前的商业化能力。我们并没有充分利用这一笔巨大的资产。
- 我们的技术分布越是广泛，我们对行业标准的制定以及行业未来发展的基本协议的影响能力就会越大。
- 出售我们的技术构件会补充庞大研发经费的不足，并开辟一个新的收入来源。
- 在后个人电脑时代，将会对所有能够进行网络接入的新数码设备的技术构件有很大的需求。

IBM的研究

正如我前面所说过的那样，半个世纪以来众所周知的是，IBM拥有一个世界上成果最多和最重要的科学研究实验室——IBM所拥有的诺贝尔奖比大多数国家所拥有的还要多。IBM也拥有世界上所有的重大科学奖项，而且还一直是众多信息技术产业发展的源头和基地。

然而，20 世纪 90 年代的 IBM 研发事业部却是一个问题重重的地方。我那些在研发事业部工作的同行眼看着公司被分割成碎片，并担心一旦公司被肢解以后自己机构的中央研发经费的出处问题。当他们听说我做出保持公司的完整性这一决定以后，大家就都松了一口气——尽管声音来自纽约约克敦海茨（我们的研发机构总部所在地），但是大家却都听见了。

IBM 之所以会走下坡路的一个明显但也是令人困惑的原因，就是公司无力将众多的科研成果迅速有效地推向市场。关系数据库、网络硬件、网络软件、UNIX 处理器以及其他更多的成果，都是在 IBM 的实验室中研制出来的，但是它们却被诸如甲骨文、太阳微系统、希捷（Seagate）、科源以及思科等竞争对手公司成功应用了。

我加盟 IBM 的第一年间，就经常会深入思考和研究这个问题，即为何 IBM 在将技术发明市场化方面做得如此失败呢？难道是 IBM 的研究人员在处理客户和商业产品方面缺乏兴趣？很快，我就发现答案是否定的。

主要的问题还是出在产品方面。IBM 一直以来就不愿采用科研新发现和新技术，也不愿意将它们商品化。为什么呢？因为在 20 世纪七八十年代，这样做就意味着拆 IBM 现有产品的台，特别是拆主机的台，或者就意味着与其他行业的供应商合作将新技术商业化。

例如，UNIX 就是 20 世纪 80 年代大多数关系数据库应用程序的支撑。IBM 开发了关系数据库，但是我们却没有使它成为成长最迅速的市场，它们都是只和 IBM 的系统产品相匹配的专用数据库。

起步

我们所能采取的最容易的方法，就是将技术出售授权给第三方。这一过程并不包括出售现实的软、硬件的部件，但是它的确允许其他公司获得我们的专利成果或者我们的工艺技术（顾名思义，“工艺技术”指的是IT行业中建造尖端的半导体和存储构件的技能和具体方法）。这一努力——许可、专利授权以及知识产权转让，对于我们来说是一次巨大的成功，在这一方面所获得的收入从1994年的5亿美元上升到了2001年的15亿美元。如果我们的技术团队能够自己组建一个业务领域，那么其收入水平将使其成为行业中最大的和最赢利的业务领域之一。

然而，这还只是打开公司仓库的第一步。

我们从只是出售授权使用IBM的技术，到现实地将IBM的技术构件出售给别的公司，一步步地前进。起初，我们只出售相当标准的产品，即这些产品在市场上都可以很容易购买到，但无论如何IBM还是选择自己制造这些产品。在这里，我们碰到了许多其他的竞争性技术供应商，例如摩托罗拉、东芝以及韩国的半导体制造商等。我们在市场所提供的主打产品就是名叫DRAMs的存储器芯片。

出售诸如技术构件这样的商品是一项饥一顿饱一顿的业务——要么就会取得重大成功，要么就会遭受惨重失败，因为该业务并不是主要由客户的需求来推动的，而是由供应商的决策能力来推动的。我们的DRAMs业务在1995年就带来了3亿美元的毛利润（“饱”），而在3年后却亏损了6亿美元（“饥”）。

我们并不是对该业务的性质缺乏成熟的认识，我们已经熟练掌握了其运作周期。然而，事实证明，1998 年的现象是行业历史上最糟糕的一次整体业务滑坡。

那么，我们为何还要在这个时候进入 DRAMs 业务领域呢？因为我们真的已经没有其他选择了。我们不得不向世界证明，我们真的是在出售我们的技术构件。我们技术的大多数潜在客户都在担心（非常贴切的说法就是“担心”）他们是否会开始依赖于我们，以及我们是否会在随后就决定取消出售基础构件的做法。

结果是，驾驭 DRAMs 的浪潮成了我们进入技术构件市场的通行证。我们是 1999 年退出技术构件市场的，但那个时候 DRAMs 已经引领我们进入了该市场细分的大门。现在，潜在的客户不会再担心我们作为技术构件供应商的可靠性，以及我们是否是真的在进入这一业务领域了。

我们已经准备好在技术构件业务领域中抓住即将出现的机会——计算时代的变革，正推动着芯片行业的战略基础发生根本性的转变。

正如我已经讨论过的，互联网接口设备的激增、数据和事务处理容量的爆炸性扩展，以及通信设备的持续扩建将推动这一行动，而所有这一切都会带来对芯片需求的大幅增加。令我们十分高兴的是，这些芯片还将与那些用在个人电脑上的、形似处理器的芯片有着根本的区别。

在这个新计算模式中，价值将转移到那些大型的、幕后的处理器芯片上。在遥远的未来，人们对特殊设计的芯片将会有巨大的需求，这种芯片将可以进入数百万甚至数十亿接口设备和数码应用程序之中。在不久的将来，人们还会对能够进入网络和通信设备中的芯片产生大量的需求。

这是一项高级开发，它不仅能让大型技术公司重放光彩，还为那些重要的和必不可少的引导性投资活动带来利润。在随后的4年里，IBM技术集团从一个无名小卒发展为定制微电子领域中的老大。我可以高兴地说，PowerPC微处理器已经在这里经历了它的复兴历程：悄悄地重新成为一个更简便、更便宜和更有效的处理器，它可以用在包括游戏操台等一系列范围广泛的客户应用程序之中。只要看一下IBM公司2001年和索尼公司以及任天堂公司（Nintendo）所签订的合同就可以知道，IBM生产智能型设备的潜力比2000年个人电脑行业的总产量还要大。

其结果，也是重要的一点，就是IBM现在已经开始在电脑行业以外的业务领域中实现了赢利，这在IBM历史上可是头一回。而且，这种多种经营的方式并没有使我们偏离我们的核心技术领域，我们只是把这些核心技术扩展到了一个全新的市场之中。

我们的技术集团仍然是一个年轻而具有开拓精神的团队。我们尚不能宣布我们的第三个战略业已取得成功。这是一项未竟的事业，剩下的只能由我的接班人来完成了。

无论如何，尽管我们的技术集团战略的经济效益尚不平衡，但是该战略对IBM起到了强有力的支撑作用，并具有巨大的潜力。首先，如果你认为应该围绕着核心竞争力和独特的优势建立一个大型机构的话，那么开发IBM技术宝库就是在为公司提供一个特别好的发展机遇。

其次，当时的事实证据也是相当明显的，那就是：有两家公司已经在过去的10年里，在技术构件领域分享了IT行业中最高的市场利润——这两家公司就是微软和英特尔。当然，其中有一家公司是因其绝对垄断地位而大获其利的，但毫无疑问，围绕着为市场提供基本的计算基础设施这一战略，已经被事实证明是业内最成功的业务经营方式。

第十七章

层层分解与资产重组

进入本章之前，我想作为外行就下面即将提到的模式方框图作一说明。我不是一个电脑技术人员，也不打算进计算拓扑入门班，我只是想运用这张大大简化了的行业结构图来说明我们是如何恢复 IBM 的经济活力的。这是一个相当艰难的任务，因为它需要迫使公司限制其野心，并将关注点放在有战略意义和经济意义的市场上。

模式方框图通常称为“层次结构图”，它也是计算机业内人士喜欢谈论的话题。层次显示了一个典型的计算环境中的大多数主要部分。这其中的底层基础就是那些可以组装成硬件成品的构件，位于结构图中间层次的是操作系统、中间件和软件应用程序，整个服务支持系统则居于整个结构图的最高层。当然，在现实世界中，它并不像这么简单。

现在你该知道，当 IBM 研制出 S/360 并把该系统分布在其组织结构（层次结构）中的每一个层次的时候，IBM 的战略是什么了。但是，30 年后，IT 行业模式发生了两次根本性的转变：第一次，是非常小的公司开始生产和提供 IBM 的“层次结构”中所发明和拥有了很长时间的计算技术构件，并且客户也开始自行购买和整合这些技术构件。

第二次，也是具有威胁性的一次，是另外出现了两个堆栈：一个建立在开放式 UNIX 操作系统基础上，另一个建立在封闭式的英特尔 / 微软平台基础之上。20 世纪 80 年代中期，当 IBM 已经拥有 30% 以上的行业市场占有率时，公司固然可以放心地忽视这些威胁；但是，到了 20 世纪 90 年代早期，当 IBM 的市场份额还不足 20% 并开始持续快速下滑的时候，要有力地反击这些威胁就已经是一个亡羊补牢式的艰巨战略任务了。

我们不得不接受这样的一个事实，那就是我们不可能事无巨细、全然兼顾。其他公司或许可以在 IBM 堆栈内部活得很好，但为了保留自己的竞争力，我们必须大力进行技术开发。因为我们要凭借这些技术开发去参与另外一些可以带来数十亿美元的堆栈，否则我们就会承担巨大的损失——我们所承担不起的损失。

我已经说过，我们决策的结果就是扩张进入 UNIX 以及微软 / 英特尔的市场，同时再造我们自己的硬件平台，以便在这个新的硬件平台上建构新的软件业务、服务业务以及构件技术业务。同样重要的是，我们还必须认真考虑，我们将在 IBM 内部堆栈

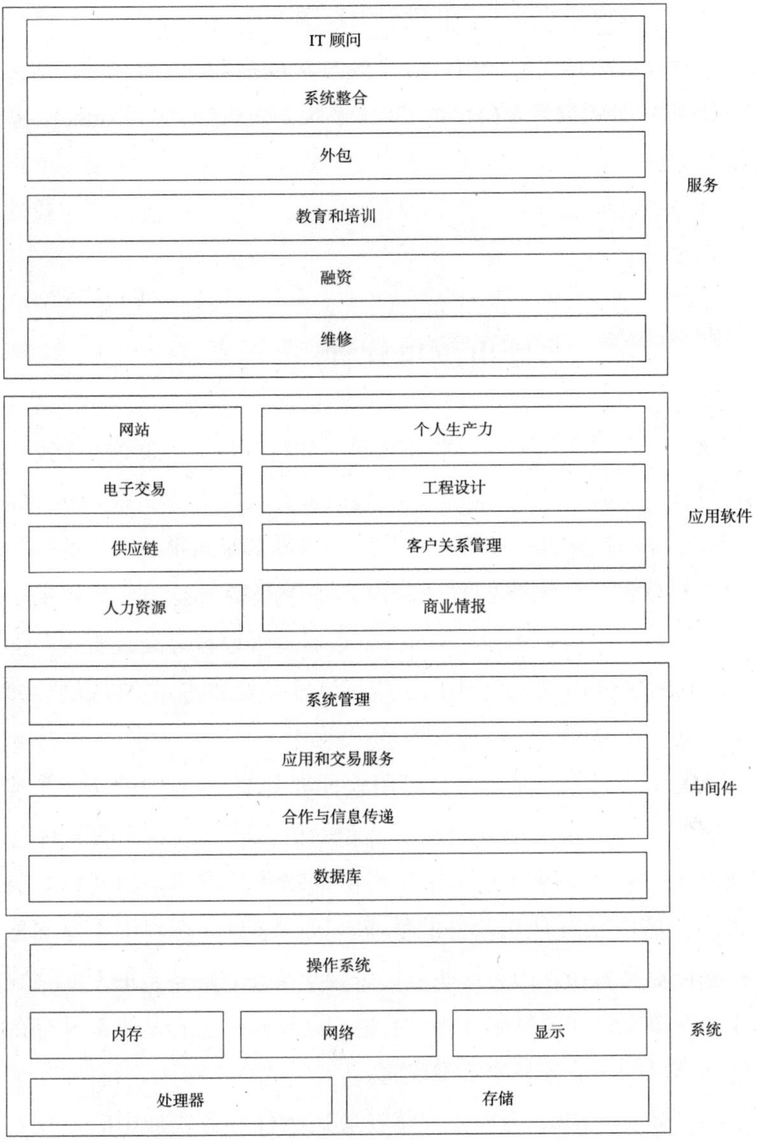
IT 顾问
系统整合
外包
教育和培训
融资
维修
服务
网站
个人生产力
电子交易
工程设计
供应链
客户关系管理
人力资源
商业情报
应用软件
系统管理
应用和交易服务
合作与信息传递
数据库
中间件
操作系统
内存
网络
显示
处理器
存储
系统

层次结构图

的什么地方来确立我们的长期势力范围。

我已经讨论过第一项，也是最为大刀阔斧的一项决策，即决定让IBM公司放弃拿自己的OS/2系统来对抗微软的Windows系统的做法，并围绕着中间件建构IBM公司自己的软件业务。20世纪90年代结束之前，我们又制定了另一项决策：撤出应用软件市场。

撤出应用软件

IBM在其当代史的大部分时期，都制造和销售过数百个商业应用软件，其客户有制造业、金融服务业、流通业、旅游业、保险业以及医疗保健行业等。这些应用软件都是为重要客户所制作的重要软件，然而我们自己却没有从中获得收益，相反几乎是血本无归。杰里·约克引用的一个数据就可以很好地说明这一情况：IBM在先前的12年中用于应用软件开发和购并的投资是200亿美元，但是利润回报却大约是–70%！

无论在过去还是现在，应用软件都是IT行业中的一个非常具有专业性的市场细分。从小企业的员工薪水给付组合软件包，到汽车设计软件或者甚至用于模拟生物和基因活动的高级复杂软件，都是IBM应用软件的供应范围。而且，客户中主要就是一些创业型公司，因为这些公司执着于关注它们各自的专业领域，比如汽车销售和金融服务等。有趣的是，这些公司从来都没有在建构自己的大业务量中获得成功。

当我怀疑IBM为何还要待在应用软件业务领域中时，有人告诉我，应用软件是整体解决方案中至关重要的部分（的确如此），而且我们的问题就是执行的问题，因此这些问题是可以解决的。于是，我们更换了高级经理、制定了战略，并研究我们是否应该购并好几家该领域中最优秀的公司。这些公司中的第一个候选对象就是SAP公司。

3年过去了，我们也采取了许多措施，花了数十亿美元，但是我们仍然没有成为整体解决方案的领导者，而且我们也没有能够体面地收回我们投入进去的大量资金。

然而，我们也的确做了一件“不错”的事情，那就是激怒了那些领导性应用软件供应商，如萨普、仁科以及JD爱德华兹等公司。这些公司如果愿意让它们的应用软件与我们的硬件产品和服务支持相兼容，那么它们就会为我们带来巨大的业务。为什么呢？因为客户经常会首先购买应用软件，然后再要求软件供应商告诉他们什么样的硬件可以与之相匹配。只要这些公司将我们公司视为一个竞争者，那么我们就把它们列为和太阳微系统公司以及惠普公司一样的竞争对手。

这里有一个案例：IBM有一个为流通业和制造业客户提供应用软件的细分市场，并为该细分市场确定了一个需要倾其全力才能完成的目标，即在该市场中增加5 000万美元的销售额（基础销售额大约是1亿美元）。为此，IBM大肆做广告、搞推广活动以及举行销售竞赛等，从而终于实现了这个目标。但在这一过程中，IBM却疏远了其他所有也在该细分市场中的软件公司，于是，这些公司反过来停止推荐使用IBM的硬件产品，这直接致使IBM的一个最受欢迎的硬件产品的销售额下降了10亿美元。

到了1999年，IBM终于承认自己是不可能一门心思只做应用软件供应商，也就是说，IBM不能在一个业务领域中只做一件事，而且还要比其他任何公司做得都要好。我们退出了应用软件开发领域，但是却拯救了好几个软件构件，这些构件都是过去由 IBM 成功开发并推向市场的。数千名软件工程师都被重新安排到其他岗位上，应用软件实验室也关门了，而且用于其中的投资也被取消或者出售掉了。

我们不再欺骗自己说 IBM 的利润就在应用软件业务这个“层次结构”中，这对我们来说是一件很重要的事情。同等重要的还有一个信息，那就是我们将准备和那些领导性应用软件开发商开展合作。也就是说，我们要告诉他们，我们将把应用软件这个细分市场让给你们，从而成为你们的合作伙伴而不是竞争对手，我们将与你们合作以确保你们的应用软件能够在我们的硬件上运行，而且我们的服务部门还将为你们的应用软件提供相关的服务支持。

并且，我们并没有只是在与他们共进午餐时简单地对他们说“让我们成为合作伙伴吧”就草草了事，而是详细地制定了双方都能够接受的责任、利益条款以及共同的目标等。

最先与我们签订合作协议的是西贝尔系统公司（Siebel），该公司拥有一个在市场上具有领导地位的客户关系管理软件包。西贝尔系统公司的 CEO 汤姆·西贝尔出于可以理解的原因，对于利用 IBM 的全球销售人员和服务机构来营销和支持他的产品这一设想很感兴趣。但是，基于对 IBM 做事情的敏捷程度（或者说是 IBM 缺乏敏捷）的观察，西贝尔告诉我们，他担心我们不能按照他的时间表签署这一合作协议。他与 IBM 的团队赌了一瓶好酒：如果整个签订协议的过程因为他所谓的西贝尔系统公司和 IBM 之间的“不匹配的文化差异”而流产，那他就赢了 IBM

团队一瓶好酒；否则，他就要喝掉一瓶好酒。

5天后，汤姆·西贝尔喝掉了一整瓶夏顿埃酒，因为合作协议最终成功签署了，而且我们还宣布了我们之间的合作关系和新联盟计划。在以后的两年中，我们一共签了180多个类似的合作协议。

事后想想，IBM就像一个没头没脑的人一样，先是急剧地发展业务，然后又把全部精力都用于做一个主要的集成商这一战略。20世纪90年代早期的应用软件公司将IBM视为一个主要的竞争对手，而现在他们则把IBM视为一个合作伙伴。我们发现，这样做给我们的年收入带来了数十亿美元的增长幅度，而且我们在2000年和2001年的市场份额还获得了显著的增加。

IBM的网络

有些人或许认为，把数据从集中式计算转移到分散式计算中来，或者是从一个设备中转移到另一个设备中来，或者从一个国家转移到另一个国家中来这样的任务，自然是电信公司的事情，因为电信公司已经提供声讯传输业务将近一个世纪了。然而，直到最近，电话公司才在数据传输方面小有技巧，而且声讯传输服务的技术基础也是与数据传输完全不同的，更何况电信行业是一个有着国家界限的、垄断的和被高度管制的行业。直到20世纪90年代中期，都还没有出现全球性的电信公司。

因此，在“客户需要什么，我们就做什么”这一精神的指导下，IBM在20世纪70年代和80年代就制造出了多种数据网络，以便让其客户能够在全世界范围内传输和转移数据资料。我们填补了一个重要的空白。

然而，到了 20 世纪 90 年代早期，在解除管制以及数字服务业潜在的年收益的推动下，电信公司也急剧地转变了它们的关注点。世界上所有的电信公司都在寻求一种全球化的途径，同时也在努力提高自己的数字传输能力。无论是在 IT 业，还是在电信行业，大家都在谈论如何往价值链前端进军。过去只为特定地理范围内的国家居民提供电话服务的美国电信公司已经快速地在拉丁美洲投资建设电话公司了，欧洲的电话公司也参加到这一潮流中来，并在世界的偏远地区都开通了无线网络。

在大约 24 个月的时间里，几乎世界上每一个主要电信公司的 CEO 都来到了纽约阿蒙克，要与我讨论他们的公司状况以及与 IBM 合作建设数字服务等问题。他们给我提供的建议五花八门——从最现代的合作共享活动到完全的合并都有。然而，以一两种方式使 IBM 接纳一个电话公司为其下属机构，对我来说并没有什么意义。与一个不同的行业中的管制性公司建立合伙关系，我并没有看到有多大利润可赚。此外，IBM 的基础业务尚存在许多问题，我不能再额外地增添负担和挑战了。

但这倒也让我产生了这样的想法，那就是：我们业已拥有大多数电信公司在未来的 5 年中都愿意与我们建立合作关系的资产，如果世界真的像我们所预料的那样朝着网络化时代发展——而且是朝着多样化的网络发展（互联网甚至在那时都有可能不再是重要的东西了），那么我们的网络价值就会无与伦比。因此，在通向最高数额的赌注之路上，我们选择了谨慎从事。我们曾经认为我们完全可以从与电信公司的合作中赚到 35 亿美元，但是疯狂的美国电话电报公司（AT&T）竟然将赌注下到了 50 亿美元。要知道，这样的一个高价格可是出在一个在 IBM 利润总额中只占很少百分点的业务上。

这并不意味着对电话电报公司来说就不是一次好的转型机会，因为一旦合作协议达成，电话电报公司将一下子超过它所有的竞争对手。对 IBM 来说，这也是一个漂亮的战略：我们可以借此从一个随着全球容量的大幅扩增而价值很快就要被瓜分殆尽的业务领域中脱身出来。而且，我们也可以因此避免为了维持网络而对其进行大量资本投资；还有，我们从层次结构的另一个部分中退出，这也并没有什么战略危险。

可以说，IBM 内部在理解这一点上还是有些困难的，许多人都产生了抵制情绪。有人激动地指出，我们这是在克扣自己的未来。当我们所有人都相信我们已经处在一个网络时代的边缘时，这些人就是看不到这个全球性发展趋势及其逻辑。公司于是再次出现了“一切都要做到最好”的争论，我们也再次选择了眼光长远地看问题。

个人电脑进退维谷

我在 IBM 任职期间，或许需要全面调整的最困难的业务领域，就是我们的个人电脑业务了。在将近 15 年中 IBM 几乎没有从个人电脑业务中赚到一分钱，而我们在那段时间中为个人电脑业务投入了数百亿美元。在技术创新、人体工程学设计等方面，IBM 个人电脑为我们带来了无数荣誉（特别是我们的 ThinkPad 系列）。但是，这些最终并没有给我们带来利润。相反，我们几乎每多卖一台个人电脑就要多赔一些钱。因此我们陷入了困境——如果销售额下降，这是好消息还是坏消息？

我们之所以会有如此差的个人电脑销售业绩，最重要的原因就是微软公司和英特尔公司控制了个人电脑的关键硬件和软件设备，并因此也控制了个人电脑的价格。当微软和英特尔在努力获取这些主导性位置的时候，我们倒也不是没事可干的袖手旁观者，20 世纪 80 年代我们在对个人电脑业务尚缺乏必要的热情的情况下，也进入了该业务领域。然而，我们一直就过低地估计了个人电脑市场的规模和重要性，也从来没有在物流配送中建立一个持续性的领导位置，物流配送负责人总是一会儿是公司仓库保管员，一会儿又是零售人员、配送人员或者是电话销售系统人员。最后，我们并没有在考虑成本和市场发展速度的基础上以一种全球的方式来制造和生产个人电脑产品。

尽管个人电脑业务领域的业绩是如此令人难以接受，但我们还是从来没有退出该领域的打算。这其中的原因有很多，有些原因可以说只适合于 20 世纪 90 年代的环境而不是现在。但是，我们完全有理由说，在那时从根本上讲，个人电脑代表了高收益和对关键客户的关注，一家公司的个人电脑业务就代表了该公司在行业中的形象。至于 IBM 是否应该放弃个人电脑业务这个问题，公司内部也进行过激烈的争论，但最终我们还是觉得我们不能全然放弃这个业务，而且这也是我们将来要为客户提供整合解决方案所需要的。

因此，我们采取了一个能够发挥我们在个人电脑业务方面的优势的战略，即主要进军移动计算领域和能够连接其他个人电脑的系统市场，并帮助它们以一种整合的方式发挥作用。我们早该这样做了。我们终于放弃了更商业化的细分市场，并从通过零售商店向客户出售产品的途径转移到直销渠道，例如IBM公司的网上销售和电话销售。后来，我们又将我们的大多数个人电脑开发和制造业务卖给了第三方，这样我们在该细分市场中的风险性就更小了。还有，这一做法尽管不是什么值得骄傲的事情，但至多也不是一个小污点，而且我也没有以此事为荣。

我们还采取了其他许多步骤以从部分堆栈中撤退出来，并关注我们的业务量问题。例如，我们退出了网络硬件业务领域，因为尽管我们是该业务的发明者，但我们却在随后的15年或者20年中失于对它进一步地开发和利用；我们还退出了DRAMs业务领域，因为正如前面所提及的，这是一个商品化的和陷入恶性循环的市场；2002年年中，我们还将硬盘驱动业务出售给了日立公司。当我写这些话的时候，公司正在积极寻找其他合作的机会。选择市场的过程和在独特的和可持续的竞争力基础上展开的竞争，对于新IBM来说是十分必要的，我知道这也是一个正在进行中的挑战。

误区、神话和教训

随着这一工作的进展，我希望公司的新任领导人能够汲取一些更深层次的教训，这些教训来自以下这些决策。

OS/2："最好的技术就一定能赢"的误区

我特别能理解IBM为什么难以接受。在计算机行业早期发展阶段，系统失败是经常性的状况，所以，谁要是技术好，谁自然就会成为那时的赢家。因此我们就拿我们的OS/2系统和

Windows 系统相抗衡，但我们失败了，于是我们的文化让我们无法理解——为什么我们的产品技术比别人的高超，但却在市场上大栽跟头呢？

首先，买家都是一些个人消费者，而不是高级技术官员。个人消费者并不太关心高级但却晦涩的技术容量问题，他们想要的就是个人电脑要容易使用，要有许多唾手可得的应用软件。随着个人消费品的日益增多——从汽车到口香糖，从信用卡到奥利奥饼干，营销和采购也越来越重要了。

其次，微软牢牢控制了所有的高级软件开发商，因此所有最优秀的应用软件都可以在 Windows 系统中操作。微软与个人电脑制造商之间的关系和协议也使这些制造商只愿意给市场提供 Windows 系统——这些个人电脑都预装了微软的 Windows 系统（甚至是 IBM 自己的个人电脑也同时预装了 OS/2 和 Windows 系统）。20 世纪 80 年代中期，仅 Windows 系统的营销和公关工作人员人数就比 IBM 的软件合伙人或者代理人多得多。我们高超的技术被打败了，被一个仅仅是合格的产品打败了，因为推出该产品的公司真正理解了客户的需要。对于一家像 IBM 这样的提供整体解决方案的公司来说，这是一个很痛苦但也是致命的教训。

应用软件："客户控制"的神话

"客户控制"是 IBM 等公司所用的一个术语，指的是一家公司保持它对自己的客户以及客户的钱包的控制。它揭示了这样一个问题，即一旦客户从一家公司购买了某件产品，那么公司就会培训自己的员工对该产品的熟悉性以及如何为客户提供支持性服务，以便让自己的竞争对手很难再夺走自己的客户。

作为昔日信息产业的客户，我总是对信息产业公司所说的这种客户控制很反感，也很讨厌。我的观点是，这只是一个供应商在给自己的客户提供服务的工作，而不是什么控制客户！

IBM 在"撤出"这个层次中所学到的就是我们可以成为提供整体解决方案的先行者，同时也可以和其他公司一起合作，为市场提供整体解决方案。实际上，从一个 IT 业客户的角度来看，我可以说，IT 合作伙伴或提供整体解决方案者，并不能由一家只拥有一项技术或者一个层次的公司来完全扮演。客户啊！请注意那些只提供 UNIX 或者只提供 Wintel 的公司是怎么回答你们的问题的！请小心那些只致力于开发诸如 Linux 的供应商！这些公司和供应商仍然在从他们的专用堆栈中看待这个世界。

在 IBM，我们现在关注的是另一个不同的层次：客户的业务流程以及我们如何才能将世界级的技术——既包括我们公司自己的技术，也包括其他主导性公司的技术，引进到这些业务流程中来。

个人电脑：还有种种问题仍然无法回答

为什么我们要决定退出应用软件领域、网络硬件领域、DRAMs 领域以及数据传输领域，但却不退出个人电脑领域？为什么甚至当我们在 OS/2 系统业务中业已失败的时候，我们还要决定继续留在硬件业务领域？我想那时 IBM 做出这些决策一定很痛苦，也付出了很高的代价。

如果从这些事件中可以汲取一个教训的话，那么我想就应该是战略观点的问题。1993 年我说过，我们在 IBM 中所做出的每一个决策都将由市场来决定，但是当事情发生在个人电脑业务上时，我们的关注点就不是客户，也不是我们的竞争对手了。

个人电脑产业的一个竞争对手正在证明着这样一件事，那就是客户就是愿意通过电话或者是后来的网站直接购买。但不幸的是，我们却在改变传统的销售渠道方面行动缓慢。为什么呢？那时一个不完全的也不令人满意的回答是：因为我们已经一直就在那样做了。

我不是说转向成本较低的直接销售渠道就不会给公司带来一些痛苦，也不是说真正地去实践一个战略观点会和只是说说这个战略观点一样的容易。市场，尤其是在一个竞争非常激烈的市场中，发展的趋势就是建立自己的地位、与竞争对手来争夺以及保卫自己的地位。但是，如果我们能将自己的关注点放在市场上并努力做好自己分内的事，那么今天 IBM 的个人电脑业务也就没有理由会落后于戴尔公司这么多了。

将我们的层次结构（以及我们的思想）向那些对 IBM 有积极影响的公司敞开吧。这样做会减少我们的经济损失，并提高我们对客户的整体服务能力。它还会有助于我们积攒足够的资源迎接未来的挑战。大笔的资金和大量的智力资源已经在诸如存储系统、自主性计算机、生物信息以及纳米技术等这些以前不会有多少成果，但现在却令人激动的新业务领域中得到了重新的配置。

这就是我们所要关注的一切。以后我还要回到这个话题上来。

第十八章

电子商务脱颖而出

你或许还记得前面我曾说过，我在 IBM 曾经被幸运之神惠顾过两次。第一次就是和丹尼·韦尔什的最初碰面，丹尼在 IBM 要转型成一个服务主导型公司这一点上与我有着共同的看法。信不信由你，丹尼也是我的第二次幸运事件的主角（而且这种幸运还是长久的）。

在我还没有加盟 IBM 之前很早的时候，行业中关于技术趋势问题的讨论中最广为提及的一个问题就是所谓的“集中”，即将电信、计算以及电子消费整合到一起来，换句话说，就是将传统的模拟技术与其正在出现的数字同类合并在一起。人们认为，这对于许多行业的转型来说，既是一个机会又是一个挑战。

对于这一观点我并不陌生。1983 年 2 月，在弗吉尼亚大学的一次演讲中，我对此发表了以下的看法：

“计算机和无线电通信技术给了我们充分的想象力和自由的空间，让我们可以大胆设想几年前人们还不敢想象的东西……技术已经使商务活动中的天涯变为咫尺，今天来自达拉斯美国运通公司的信用卡可以在吉隆坡购买飞机票，而且使用我们在亚利桑那州凤凰城的电脑系统，你还可以在不到 6 秒钟的时间里就完成购买行为。”

在我担任美国电话电报公司（AT&T）董事的短暂任期内，我弄清了“集中”的威力。那时，电话电报公司已经购买了一家电脑公司——美国国立现金出纳机公司。此前的几年中，IBM 也收购了一家名叫罗尔姆（ROLM）的电信设备公司。这两家公司的两次收购行动都是在“集中”上所下的大赌注，而且这样做的还不止它们两家公司。

如果你是那时候的一家电话公司，那么你也会迫切地想使自己的业务领域拓展到拨号电话和声讯服务以外的领域中去，从而为市场（家庭生活和商务活动）提供所有的价值含量高的服务——数据、娱乐以及交往服务。

如果你那时身处娱乐业或者媒体行业之中，“集中”则代表着最终的传播渠道。你不仅可以凭借它把你的所有信息内容数字化，而且还可以利用它在各种设备上进行信息内容传递——从个人电脑、智能电视机、蜂窝电话，一直到具有网络化功能的手表都可以！

信息技术行业也已做好充分准备以满足“集中”所带来的爆

炸性的市场需求——对可以管理、处理和存储世界上所有的数字信息内容的硬件和软件的需求。

因此，1993年在IBM开始思考公司发展战略的时候，当看到公司里面有许多人在讨论与“集中”有关的话题时，我也就没有什么奇怪的了。这也使我遇到了与我有着相同的公司发展战略构想的丹尼·韦尔什。

发现了“祥云”

1992年8月，丹尼完成了IBM历史最大的单宗业务合同——对西尔斯公司的所有数据中心业务实行外包服务。作为该合同的一部分，IBM和西尔斯公司将它们的私人数据网络整合成一个名叫Advantis投资公司的联合投资公司。这是典型的丹尼式的做事风格：他让IBM遍布全球的网络成为他的服务机构的一部分。当然，他也免不了受到一些人的质疑和指责，这些人对他把网络视为利润中心的做法并不认同。但是，丹尼还是一鼓作气完成了与西尔斯公司价值80亿美元的合同，并获得对网络更大的控制能力。

与西尔斯公司的联合投资项目最后还是瓦解了，我们获得了全部的所有权，Advantis投资公司也就成了我们“IBM全球网络”的一部分。于是，IBM全球网络机构成为世界上最高级的网络机构，同时它也是世界上最大的互联网服务供应商——一份真正无与伦比的资产、摇钱树和我们网络业务中的基础堆栈。

几年后，而且也正如我在前面一章中所介绍的那样，我们将全球网络以50亿美元的价格转手卖给了电话电报公司。我不能说，早在1993年的时候我们就已经知道我们最终将要卖出该业务。但在我与丹尼的第一次交谈中，我们就都认为，从长远来看，我们绝没有那么大笔的资金可以投入到网络业务中与电信公司展开必要的竞争，因为电信公司以其雄厚的资金和资产设备很容易在竞争中以价格击败我们。我们那时唯一拥有的就是互联网，但是互联网却有可能完全不属于我们所有。

正是在与丹尼的这些早期讨论中，我开始认识了“祥云”——它是非常可爱的、IBM经常使用的一种图形符号，可以揭示出网络将如何改变计算、通信以及所有的商业和人类交往的方式。“祥云”图像被展示在整个演示图的中间：它的一边是一个小图，代表着人在使用个人电脑、移动电话以及其他种类的网络连接设备；另一边是已经连接在互联网上的商业、政府、大学以及各类组织机构。该演示图所要表达的意思就是：“祥云”——网络，将支持那些数量多得令人难以想象的人、商业以及机构之间的交往和交易活动，并使这些交往和交易活动成为可能。

如果这些战略是正确的，而且“祥云”也真的能够成为所有这些交往互动活动的中心，那么它就会引发两场革命——一个是计算领域的革命，另一个就是商业领域的革命。

计算领域会发生革命，是因为“祥云”会将工作负荷从个人电脑上转移到其他所谓的客户设备上，以便在公司内部扩大企业系统并扩大“祥云”，也就是网络本身。这将与那种以个人电脑为创新和投资中心的潮流有着截然相反的意义——对于业已围绕个人电脑技术来开展所有业务活动的IT业来说，其含义也是明显的。

更重要的是，“祥云”所揭示的大规模的、全球范围的连接也将给数百万的商业、学校、政府以及消费者的交往互动方式带来革命性的变化。它将改变商业、教育、卫生保健以及政府服务等方式，带来自20世纪60年代数字数据处理程序引入以来商业领域中的又一次最大的转型浪潮。

因此，我做出这样的决策也就是很自然的事了，这个决策就是：委任某人领导一个团队，对我们是否真的相信“集中”（即网络）就是我们的未来，以及如果真是这样，我们该如何去就这一问题进行调查研究。丹尼就是我要委任的这个调查团队的领导人。当我打电话告诉他这个消息时，他的热情很高，从那以后他就“拥有”我们的网络，而且我还相信丹尼一定能够让他的团队完成这个调查任务。果然，3个月后，丹尼的调查团队呈交了调查报告以及一系列具体的方案。

网络计算蓝图

丹尼的调研团队满怀热情地相信，从技术可行性立场及商业机会来看，网络计算正是未来计算的发展方向。但他们所呈交上来的报告并不主要是一个互联网战略。这不奇怪，因为那个时候，除了大学和政府实验室中的一些科学家，尚很少有其他局外人听说过互联网，相信互联网将会成为大规模市场化的交往媒介的人就更少了，当然就更不会有人相信互联网会成为商业交易活动的主要平台了。（IBM内部有一个著名的例外，那就是：有一个名叫约翰·帕特里克的营销主管，他在将网络化世界的概念从一个技术术语转变成人们的日常思维对象方面具有独特的能力。帕特里克于是就成了我们的发言人，负责向我们的客户以及IBM的员工展示现实生活中的各种活动将如何从互联网中获得好处。）

无论我们是从总体上思考网络，还是具体地思考互联网，丹尼的调研团队所做的最重要的贡献就是向整个公司的人说明了这样一个道理：我们需要倾注公司所有的资源以引领这个即将到来的计算新浪潮，并占据有力的前沿阵地。

从IBM公司的传统看来，尤其是鉴于IBM在诸如S/360等专用设备中所获得的成功经验，这样的做法可能意味着给成功设置障碍。但事实上，与我们的一些竞争对手比起来，我们所面临的困难可能还要小一些，因为在此前很早的时候我们就已经开始致力于开放式的、标准化的计算领域，包括欣然接受所有重要的互联网标准和协议。而且，我们还为此做了大量的工作，其中有许多我们已经在前面说过了。

在软件领域，我们幸运地认识到，中间件将是网络化应用软件的黏合剂。我们必须使互联网能够使用这些产品，并为互联网开发一些新产品。

我们还必须围绕着后来所谓的万维网建立一个崭新的服务业务，而且因为网络化的世界就是要帮助客户转化他们的业务，所以，我们还必须提高自己在与电子商务有关的咨询以及执行服务方面的能力。

在构件技术领域，在20世纪90年代早期时才开始成为新收益来源的构件，已转化成在未来市场中有很大需求量的专用芯片的铸件。

我们还必须填补许多空白。1996年夏，IBM和莲花软件公司宣布了Domino的上市，这是为网络化世界所设计的第一个重要的Notes组件Web Server改编版。我们需要一个有行业优势的商业服务器，于是在至少一次失败的尝试以后，我们研制出了今天大家都知道的 Websphere。

最后，让整个公司一起努力向新的网络化世界进军，将是问题的关键。如果我要求某一个部门，例如全球服务部或者软件部门先行一步，那么其他部门难免就会起来抵制。因此，我们决定成立一个新部门来承担整个 IBM 的宣传工作，该部门的负责人就是那个名叫欧文·瓦拉达文斯基·伯格的优秀高级经理。欧文的工作就是向我们的每一个业务部门详细介绍我们的网络战略，并让他们改变他们的研发重点以及营销计划，以便迎接网络时代的到来（我们把欧文的这个部门称为“互联网事业部”，这至少代表了我们的一部分愿望）。

欧文是担任这一职务的最佳人选。他曾经在 IBM 的各个技术部门工作过——从 IBM 研究事业部到高级计算事业部，因此他拥有可靠的技术水平资格证明。同时，他在将十分复杂的技术转译成可以理解的和令人激动的创意方面也具有很强的能力——当然是用他那浓重的古巴口音。这一点很重要，不仅是因为公司业务部门中的许多人并不完全理解我们的战略，而且也因为如果没有这样的转译能力，欧文就很难对那些并非直接对自己汇报工作的人有效地施加影响。

我并不想低估我们在围绕着网络重新调整 IBM 的业务组合方面的困难和挑战。然而，我还是要毫不犹豫地说，更困难和更艰巨的工作还是与客户之间的争论以及告诉业内未来的网络世界将要往哪里去。

谈话付诸行动

就网络化战略，我所发表的第一次公开演讲是1994年3月对华尔街的一个分析家小组谈的，那时距离我的那个有名的“远景规划”演讲才几个月。然而这一次，我所说的却没有得到足够的重视。

我在谈话中围绕着6个“必要性”介绍了IBM的一个战略远景规划。其中的一个必要性就是，IBM要在未来我所谓的“以网络为中心的世界”中充当领导者。我所说的“以网络为中心的世界”当然是一个掷地有声的，而且我可以保证第二天的新闻中一定会报道的有关IBM大胆涉入未知的网络化计算的消息。事实果然不出所料。到了1995年秋天，我对我们的网络战略更有信心了，于是我决定将“以网络为中心的计算”作为IBM战略远景规划的核心。

1995年10月，《商业周刊》发表了一则封面报道，标题是《郭士纳的增长计划：是的，CEO的确有一个远景规划，这个远景规划就叫作以网络为中心的计算》。两周后的1995年11月13日，我在拉斯韦加斯的Comdex大型展会上，发表了我的第一次重要的、业内主题演讲。那时，Comdex是世界上所有个人电脑爱好者的最大的节日，而且我在演讲中所主要介绍的以网络为中心的计算，从此就要终结个人电脑在大学计算中心的主导地位了。

“假设你们大家每人都至少有一台个人电脑，”我说道，“你们中大多数人或许拥有好几台个人电脑，除非当我在这里讲话的时候，你们都悄悄地敲击你们笔记本电脑的键盘，否则它们就会像傻子一样待在那里——待在你们的公文包里、你们所住的旅馆的房间里、办公室中、你们的汽车中或者你们的家里。但是，在一个真正的网络化世界，我们就可以分享、整合计算能力。因此，这个世界将重塑我们的计算观念，特别是我们的个人电脑观念。15 年来，个人电脑一直是每个人的一个精美的装置，但具有讽刺意义的是，个人电脑还没有能够很好地配合我们最为个人化的生活空间，即没有满足我们的沟通、合作和交往互动的要求。”

这样的局面很快就要发生变化了。网景公司已经在头条新闻中公布了它的首次公开上市，微软也一下子醒悟并宣布自己将致力于网络领域，其他公司也都在纷纷加入类似的活动。一方面，这对于 IBM 有好处，因为有更多的声音都在赞扬网络化世界的好处了；另一方面，随着更多的人加入这场争论之中以及更多的竞争对手跳到网络世界的大舞台之中，这场争论本身也就很快喧宾夺主地淹没在网络的真正重要性和机遇里了。微软和网景就浏览器展开了一场大规模的竞争，电信公司以及其他新兴的服务供应商也加紧将员工和商业与网络进行连接，许多公司——既包括 IT 业公司也包括非 IT 业公司，都纷纷开始拥有、负债经营或者购并新闻、娱乐、天气预报以及音乐等网络“内容”。因为它们认为，数百万网虫会花钱接入所有这些数字在线信息。

这些对 IBM 来说都不是什么好消息。尽管我们希望被视为新网络时代的一个领导者，但我们却没有一个浏览器。我们已经准备放弃全球网络业务和退出为互联网提供链接的业务了。我们骄傲地口头发表讲话说，与我们的竞争对手纷纷争相主办自己的在线杂志和商业网站不同，我们将不去和我们的客户展开竞争，我们不打算成为一家数字娱乐公司或者媒体公司，而且不打算进入在线银行或者零售和仓储贸易领域。

简单地说，就是我们对于即将真正发生的变化有着截然不同的观点——对于互联网、商业或者社会关系的意义有着与众不同的看法。诸如“信息高速公路”或者“电子商务”之类的词汇，都不足以说明我们所讨论的话题。我们需要一个恰当的词汇来帮助我们的行业、我们的客户以及甚至是IBM员工来理解我们所要表达的为数字信息和在线商业提供接入服务这一业务。它将重塑非常重要的商业和人际交往及互动关系类型。最终，我们的市场营销和互联网团队想出了“电子商务”这个词。

坦率地说，当初我听到这个词的时候，并没有觉得它有多好，它似乎什么也没有说明，我也不认为它是特别容易记的词。它还有一个潜在的含义，即至少在它的核心理念中强调的是商务而不是技术。我们不能贸然地就将这个词用在我们的广告、演讲以及销售电话中，我们还需要赋予其意义并让行业中的其他人也使用这个词。而且，我们还必须找到一个平衡点，我们想被视为电子商务的设计师——新网络时代的规则制定者。所以我们决定不去大规模地使用“电子商务”这个词，我们不想使用一个不符合IBM的词汇或者理念。这个时候，围绕我们的观点，让大家对这个观点有一个意识和理解，对我们来说是更为重要的事情，而创造这种意识和理解的环境将需要大笔的经济和智力投入。

我们的高级经理是1996年11月在华尔街的一次见面会上首次介绍“电子商务”这个词的。它并没有得到特别热情的认可。好多月以后，我们的广告代理商奥美广告公司推出了一个很容易被记住的电视广告：一个黑白分明的办公室戏剧性地出现在一个蓝色的文字逻辑单格式中，办公室工作人员都在这个文字逻辑单格式里工作，因为他们知道多数的客户都对互联网迷惑不解，所以他们的工作就是向客户解释互联网及其真正价值所在。客户可以通过这个文字逻辑单格式直接购买你所需要的商品，这是一种鼓励。

从那以后，我们改变了从贸易展示会到直接邮寄活动的所有营销方式。每一位高级经理都要在他的出场或者讲话中将电子商务当作他们谈话内容的一部分。我们还经常与我们的工作人员进行沟通，以便让他们也懂得并参与到宣传活动中去。

IBM 已经在电子商务的营销和交往活动中斥资 50 亿美元。这是一笔不小的数目，但是它给我们的品牌和市场地位也带来了不可估量的回报。我将电子商务市场活动视为（在我的职业生涯中）我所见过的最精彩的品牌战略工作之一。

从某种程度上来说，这或许只是一个小成功。在唤醒世界、让这个世界知道网络就是商务的过程中，我们或许出于无心而导致了网络公司蔚为壮观的起起落落。

帝王的新经济

我惊奇地发现（尽管直到现在我应该对此有更深刻的认识了），几乎就在市场接受了网络就是现实的工作将发生的地方的同时——也就是 20 世纪 90 年代晚期，网络公司就如雨后春笋般大规模地出现了。

互联网在某种程度上被理解成了某种魔棒。如果正确地挥动这个魔棒，它就能彻底改变从基本的经济理论到客户的行为在内的所有事务；它也孵化出了一个新的阶层——出生在网络上的竞争对手，他们将在一夜之间摧毁现有的所有品牌和整个行业。还记得“新经济”吗？它将以“页面显示”、“眼球目视”以及“粘贴”等来代替传统商务活动中的“利润”、“自由现金流量”等衡量标准。

仅仅依靠一个网站，这些出生在网络上的网络公司在没有收入甚至连任何运营节余都没有的情况下，却一下子获得了巨大的市场价值，其价值数额之大是许多世界最知名的公司都望尘莫及的。如果你不是一家网络公司，时下流行的智慧一定会说你将是一家任由网络摆布的公司。

这就是我们时下的状况：我们最先倡导“网络就是现实的商务活动的媒介”这一理念，然后眼看着网络公司疯狂但却缺乏持续性地成长，并最终于2000年崩溃。我想说的是，有些话还是很有道理的，比如“我们的信仰者的勇气，使我们没有加入到这场愚人的淘金热运动中”。事后看来，实际情况就是，我仍然还是有些纳闷，我们为何能够如此轻松地远离疯狂的网络公司式的运动呢？

在1999年春天的一次对华尔街分析家的讲话中，我用一个不可当真的玩笑对“什么是不现实的”和“什么是现实的”这个十分严肃的话题进行了解释：

“有一些非常有趣的公司，或许它们中有一两家公司会在将来的某一天实现赢利，但我却把他们看作是暴风雨之前的萤火虫，都在进行煽动活动并展示它们的亮光；但暴风雨就要来临了——这是真正的巨变，那时现有的数千个组织机构就要抓住这个全球计算和交往的权力，并利用这个权力来改变它们自己。这才是真正的革命。”

我们从中学到了什么样的教训呢？当这场来也匆匆、去也匆匆的闹剧结束以后，它留给我们的真正教训又是什么呢？

对于客户来说，我认为最大的教训就是，那些心无旁骛、愿意踏踏实实地努力工作的人，都拥有一个一生中只有一次的机会——不仅要把事情做得更好和更快，而且还要敢于做一些实际上自己以前从未做过的事情。正如我在前文中所描述的，客户一直就在推动电子商务转型的过程中发挥着重要的作用——他们在这个领域进行了大量的投资，而且在可预见的未来他们也将继续发挥这个作用。

和客户一样，对于投资商来说，最大的教训就是：天下没有免费的午餐。我想，对于许多人来说，"电子"在"电子商务"中仿佛就是代表着"便捷"——很容易就赚到钱，很容易就获得成功，也很容易就获得舒适的生活。然而当你揭开其外包装，你会发现，电子商务实际上就是商务，而且真正的商务活动是一项严肃认真的工作。

对于 IBM 来说，教训就是：我们重新发现了我们曾经丢失的东西。我们发现我们的声音、我们的自信以及我们的能力再次成为行业的指南。我们所发出的信息被我们的客户认为是有利可图的和有价值的东西，而我们的竞争对手却做不到。电子商务的概念不仅大大鼓舞了我们员工的士气，也使我们的数千种产品和服务名声大振。网络化计算的崭新挑战，重新给 IBM 的研究赋予了活力，并为公司带来了一个新的科研成果频出的黄金时期。最重要的是，我们获得了从一开始就想获得的——重建 IBM 在行业中的领导地位。[1]

1. 关于 IBM 的电子商务理念的进一步论述，请参见"附录 2"。——编者注

第十九章

战略决策反思

当我回顾曾下的战略赌注，以及这些战略在过去 9 年中是如何发挥作用的时候，我就会有一种矛盾的心情。从一个层面来说，IBM 已经发生了如此巨大的变化，但从另一个层面来说，IBM 好像又没有什么大的变化。

如果你给 1993 年和 2002 年的 IBM 业务量拍一个快照，你会发现乍看起来两者之间少有变化。因为 10 年前，我们就已经拥有服务器、软件、服务、个人电脑、存储、半导体、打印机以及财务软件等业务；今天，我们仍然还有这些业务。当然，这其中有些业务已经获得了巨大的成长，还有一些则得到了重新关注。

但是，我们也从一些业务领域中退了出来，而且，我们也没有进行大的购并活动以进入全新的行业之中。

我的观点是，公司拥有的所有成功、所必需的资产都各就各位了。但是，所有的业务领域——硬件、技术、软件甚至服务领域，这些构成一个商业模式的组成部分的业务领域的生产能力，都远远地落后于市场现实的步伐了。没有人再像40年前那样认为S/360主机业务模式是优秀的和正确的了，而且到了20世纪80年代后期，该系统已经彻底过时，完全不能适应客户、技术以及竞争对手的变化了。

所需要采取的应对措施简单明了，但要胜利完成这些任务却也是相当艰难和充满风险的。我们必须把我们的业务、产品以及员工从自给自足和不受外界影响的隔离状态中拉出来，并让他们在现实世界中也能生存下去。

在技术层面上，正如我所描述的，这需要完成一个几乎不可能实现的任务，即把我们的整个产品线——我们所有的服务器、操作系统、中间件、编程工具以及芯片等都从专用转变为开放式的产品设备。仅这一项任务就足以杀了我们。IT行业的许多公司都试图从自己以前的专用产品供应方式中跳出来，但却很少有公司能够成功地完成这一任务。

这不仅是一次采取和支持一系列的工业标准化规范的技术决策问题，对于IBM来说，打破我们过去的专用制度，就等于是对公司具有历史意义的传统业务的一种背离；就意味着进入一个竞争性的场所，在这个场所中我们将对所有的来者保持开放的态度。

这种让公司的经济模式发生突变的做法可能会是灾难性的。

在IBM，它意味着毛利润的下降以及一系列的变化，意味着我们不得不在不影响效率的情况下努力降低我们的成本。

然而，这些决策中最艰难的部分，既不在技术方面，也不在所需要的经济转型方面，而是在它所要求的文化变革方面——数十年来，那些和IBM的成功一起成长起来的数十万员工的思想状态和性格特点，已经习惯了这种专用制度，但现在你却要让他们改变这些思想状态和性格特点以适应竞争和经济压力，这其中的难度是可以想见的。而且，你还要面临这样的挑战，那就是要让这些员工都能够在现实世界中生存、竞争和成功。这就相当于你在笼子里整天喂养一只狮子，但是有一天你却突然要教会它在野外独立生存下去。

这种文化巨变并不会因为高层经理的一个裁决就可以发生。正如我所发现的，我不能仓促地做出这样的决策，也不能改变人们的行为方式。无论如何，这是IBM改革中最为艰难的部分，而且那时我曾经认为这是一个不可能完成的任务。

第三部分

IBM 文化

第二十章

论公司文化

如果是在20世纪90年代初期，当一个人看见或者听到“IBM”时，他会联想到什么呢？或许是“大计算机”、“个人电脑”或者“ThinkPads”。但同时，他们也必然会想到“大公司”、“保守”、“严格的管理”、“可靠”以及“黑色正装和白色衬衫”。

十分有趣的是，后面这些联想并不是指IBM的产品或服务，而是指公司的员工和公司的文化。IBM或许在这一方面是独一无二的，那就是公司的文化和公司所制造、销售的产品一样出名。即便是在今天，如果你听到或者一想到“IBM”，你也会很快地联想到IBM的员工和企业类型（希望是积极的方面），而不是它的电脑或者软件。

我已经在3个不同类型的公司中担任高级经理超过25年了——在此之前，我还做过多年的公司发展顾问工作。直到我加盟IBM之前，我或许都会告诉你说，公司文化只是公司成立和成功的几个重要因素之一——其他的因素还有愿景、战略、营销以及财务等；我或许还会将对我的公司起作用的企业文化划分为积极的和消极的两个方面（“积极”和“消极”都是从它是否能够推动企业在市场中获得成功的角度来说的）；而且，我或许还会告诉你，我可以影响或者改变公司文化发挥作用的方式。

这些加盟IBM以前的想法都是正确的，但是在IBM公司它们就都不正确了。

在IBM任职10年间，我发现，公司文化并不仅仅是游戏的一个方面——它就是游戏本身！从根本上说，一个组织不过就是其员工所创造出来的价值的集合体。愿景、战略、营销以及财务管理——实际上所有的管理系统，都既有好的一面也有坏的一面。可是，如果没有这些因素（这些组织身上的DNA），那么所有的组织，无论是商业、政府、教育、医疗保健，还是任何其他的人类活动领域，都不可能取得长久的成功！

你或许和我一样也发现了多数的公司都在用相同的语言谈论着它们的公司文化——杰出的客户服务、追求卓越、团队合作、为股东赢利、为公司的行为负责以及正直和诚恳等。但这些价值观并不一定在所有这些公司中都转化成了相同的行为方式——员工是如何真正地去做他们的工作的、员工之间是如何实现交往和互动的以及他们的动机是什么等。这其中的原因就是，就像民族文化一样，多数真正重要的规章并未被写得到处都是。

你也可以很快发现——有时候可能在几个小时之内就可以发现，什么是公司文化所鼓励的或反对的，什么又是公司文化所奖励的或惩罚的。你也可以很快发现，某种公司文化是奖励个人进取还是奖励团队合作；或者，是看重承担风险的精神还是更看重在公司中形成一种默契。

关于文化是如何在大型组织机构中形成和演化的这一问题，我有这样的一个看法：成功的组织机构几乎总是会建立一种能够强化使组织更加强大的那些因素的作用文化氛围。当环境发生变化时，组织文化将很难发生变化。实际上，这个时候组织文化就会成为组织转型和改变自己适应能力的巨大障碍。

当一家公司是由一个极富远见的领导人建立的时候，情况尤其如此。公司最初的文化通常都是由它的创办人的思想状态所决定的，即这个人的价值观、信仰、喜好以及习性等。据说，所有的组织机构都只不过是某个人的影子的延伸。在IBM，这个人就是老托马斯·J. 沃森。

基本信仰

老沃森的影子可以在IBM的所有方面得到体现，并几乎已经成为IBM的部分DNA——从家长式管理到严格的股票期权计划、从公司聚会中不允许喝酒制度到主张雇员是已婚人士的制度。

作为一名白手起家的企业家，老沃森的个人经历给公司带来的是一种自尊、努力以及合乎商业道德规范的公司文化。甚至在许多政府呼吁用工平等、晋升平等以及工资待遇平等之前的很长一段时间里，IBM就已经连续数十年在这些方面成为行业中的领导者。正直感和责任感在 IBM 中所占的统治地位，是我在其他任何一家公司中所见不到的。IBM 的员工都很忠诚——他们忠诚于自己的公司，也忠诚于自己公司的所作所为。

而且，IBM 的公司文化还有更为显见的和更知名的（而且在现代人的眼里，也几乎是老套的）符号象征——从公开的庆功仪式、公司歌曲到着装规范。IBM 几乎把公司的概念首次演变成了一个几乎包括员工生活的所有的地方，而且，它也以同样的方式来看待它的客户。

当然，有点常识的公司及其领导人都知道，一个组织机构应该比任何一个人或者任何一个领导小组存活的时间更长。老沃森也意识到了这个问题，而且他有意识地和系统地把那些在他任职期间曾经使 IBM 获得成功的价值观制度化。他把这些价值观总结成他所谓的“基本信仰”：

· 精益求精。

· 高品质的客户服务。

· 尊重个人。

将这些信仰制度化，并不仅仅是在所有的办公室中贴满标语就可以了（尽管这些标语确实到处都是），信仰还要反映在公司的工资待遇、福利制度、管理制度、员工的教育和培训计划、营销以及客户支持之中。它们应该是公司的基本宗旨——极少有公司能够如此深入广泛地贯彻这些宗旨。

在很长一段时间里，这些宗旨在 IBM 都很管用。公司越是走向成功，就越是希望整理自己成功的原因——这也是一件好事。它会带来有组织性的学习、有效地传播知识以及对“我们是如何做的”有清晰的认识。尽管随着世界的变化，这些规则、指南以及风俗习惯会不可避免地与现实之间失去联系。

一个典型的例证就是 IBM 的员工着装规范。整个商界都知道，IBM 的销售人员——或者更确切地说是 IBM 的所有员工，都要穿着非常正规的职业套装。这项制度是老沃森在一次公司高层经理会议上宣布的——可以猜想，老沃森要求公司的所有高层经理都要穿着黑色正装和白色衬衫！换句话说，老沃森所要发出的信息就是：尊重你们的客户，并着装整齐。

然而，随着时间的流逝，客户已经改变了他们在工作时的着装，而且很少有技术型的买家会在公司中出现时身穿白衬衫和蓝色套装。然而，老沃森所发出的与客户相关的信息被遗忘了，着装规范却一直持续下去。当我于 1995 年废除了 IBM 的着装规范时，还曾经引起了媒体的轩然大波。有人认为，这一举措具有很大的预示性。实际上，这是我做的最为简单的一个决策——或者说，这根本就不能叫作一个“决策”。我们并没有用一种着装规范去替换另一种着装规范，我只是回到了老沃森先生当初想传达的意图中，并做出这样的决定：根据时间和场合以及你要会见的人（客户、政府领导人或者只是你在实验室中的同事）来决定你的着装。

这些影响公司价值观和行为方式的经过编纂的和临终遗言式的公司宗旨，对于那些成功的公司来说尤其是一个问题——而且经常是会带来灾难性后果的问题。我想，许多过去在艰难时刻栽了跟头的成功公司——包括 IBM、西尔斯公司、通用汽车公司、柯达公司以及施乐公司等，或许都十分清楚地看到了公司所面临的环境的变化；他们或许也知道并说出了变革的需要，甚至还为此制定了战略。我想，最糟糕的可能就是，他们无力改变那些在一个截然不同的时代所建立的高度制度化和复杂的公司文化。

就拿 IBM 的这些基本信仰来说，它们本身无可厚非，反而应该是任何历史时期的任何国家中的任何一个行业中的任何一家公司所应该遵循的标准宗旨。但是，这些信仰被放在 1962 年小沃森刚刚引进这些信仰的时候的世界，和它被放在 1993 年的世界，其所代表的意义就完全不同了——至少它们所被运用的方式发生了变化。

就说“高品质的客户服务”这个信仰吧。在 IBM 对行业具有绝对领导权的时代，“高品质的客户服务”这种公司和客户之间的双边互动关系变成了单边的关系，也就是说，那时 IBM 的“客户服务”实际上指的就是“在客户需要的前提下，用我们的机器服务”，而并非真正地去关注行业的变化，以及恰当地引导客户拓展他们的思维（这就像 IBM 在 S/360 发布期间所做的那些有名的事情一样）。我们基本上是在这样的一个假想中开展业务工作，这个假想就是：客户所需要的东西很久以前就已经安排好了，我们现在的工作就是继续向前把客户带到我们的下一个系统那里，而无论该系统什么时候才能研制出来。客户服务于是也就变成了烦琐的后勤行为——就像已经丧失激情很久的婚姻中的故作姿态一样，只不过是装装样子罢了。

“精益求精”也是一样。过去对于卓越的追求，现在变成了对于完美的固执地迷恋。它导致了一种僵化的企业文化的诞生，并且是检查、批准以及生效等这一系列缓慢的决策过程以及最终导致决策流产的始作俑者。当我来到 IBM 的时候，每隔 4~5 年才有新的主机产品发布，但是今天却是平均每隔 18 个月就有新的主机宣告投放市场（我想补充的是，这些主机都是质量高超的产品）。于是，我可以理解 20 世纪 90 年代初期在 IBM 流传的这样一句笑话："产品都不是在 IBM 被发布出来的，而是好不容易才从 IBM 逃离出来的。"

或许这其中最有力，也最有影响的信仰就是"尊重个人"。我来到 IBM 以后，脚下所踩的都是最为神圣的土地，所以，我必须每一步都小心谨慎。如今，"尊重个人"可是铁杆忠诚的战斗口号，也是 IBM 员工自称的"名副其实的 IBM 人"的战斗口号。

但是我不得不说，对于一家公司外部的人来说，"尊重个人"已经演化成了小沃森当初并没有想到的一些含义，即它培育了一种理所应得的津贴式文化氛围。在这种文化氛围中，"个人"不需要做任何事就可以获得尊重——他仅仅因为受聘为公司工作，所以就可以想当然地获得丰厚的福利和终生的工作职位。

或者这只是我对于这一文化的初步印象，后来我逐渐感觉到问题的真正所在并不是员工们觉得他们就是有这样的资格，他们只是已经习惯于经济衰退、价格战以及技术变革等现象，对于这些变故他们已经拥有了处事不惊的免疫能力。而且，他们中的大多数人甚至并没有意识到这种自给自足和封闭的系统同时也是对他们不利的东西。例如，我惊奇地发现，与竞争对手公司以及行业平均水平相比，IBM 员工的工资差距非常悬殊，尤其是在非常重要的技术和销售职业人员中。我们最优秀的员工所得到的工资报酬与他们的工作并不成比例。

"尊重个人"也逐渐意味着一个 IBM 的员工可以在广义的公共关系和法律法规范围之内做任何一件他想做的事情，而几乎不需要担负什么责任。假设你是一个业绩不佳的人，我们因此而解聘你，那我们就没有尊重你个人，因为我们没有对你进行培训，无论你是否愿意接受培训；假设你的老板要求做某事，而你不同意，那你就可以不理睬老板的这个要求。

这些都是十分严重的问题。经过多年的自我强化，这些问题变得越发根深蒂固了，最具有挑战性的还是它们几乎都是与那些有关公司以及员工良好、聪明和有创意的观点错综复杂地纠缠在一起，这使得任何试图触动甚至是摧毁它们的努力都显得十分疯狂。我们总不能把洗澡水和孩子一起倒掉呀！

面对挑战

坦率地说，如果我能够选择的话，我肯定不会选择去与IBM的公司文化针锋相对。因为一方面我的主要关注点在公司战略、分析以及衡量问题上，我已经从这些问题中看到了成功的希望，而且像其他所有人一样，我愿意做那些根据我的早年工作经验来看是管用和有效的事。当我发现公司里有许多聪明人的时候，我就知道我们能够从全新的角度来看待我们的业务、制定成功的战略、投资一个新业务领域，或者形成一个新的成本结构。

相比之下，去改变数十万员工的思想态度和行为模式就是一件非常非常难以完成的任务。商学院不会教给你该怎样去做这件事，你也不可能在一个与世隔绝的公司的总部来领导这一场革命；也不能仅仅依靠发表一两次演讲或者为公司写一个新的座右铭，并宣布说公司从现在开始拥护这一座右铭以作为新的公司文化；你既不能下命令取消这种公司文化，也不能创造一种新文化。

你所能做的，就是为公司转型创造条件。你可以提供鼓励，你可以指出并明确市场现实以及目标。但是在以后的日子里，你必须学会信任。实际上，从终极意义上来说，管理并不是让管理者去改变文化，而是去邀请员工自己来改变文化。

或许在这一过程中，最难啃的一块骨头就是让 IBM 的员工接受这个邀请了，因为他们已经习惯于等级制度，而且不愿意为公司的事务承担个人责任。与那种积极获取可利用资源和权威的行为相反，IBM 的员工一般都是等待老板来告诉他们做什么，然后如果他们不愿意，他们可以不理睬老板的命令。从根本上说，我的文化改革最深层的目标就是要让 IBM 的员工重新相信自己——相信他们有能力自己做决定，决定自己的命运；而且，相信他们自己已经知道自己该做什么。这就是要把他们从沮丧的心灰意冷中解脱出来，唤醒他们，让他们知道自己是谁——别忘了，你们就是 IBM！而且，还要让他们像一个求知若渴的、好学的和有主动精神的人一样，能够团结一致地思索和行动。

换句话说，在我努力让员工听我的话、理解我们需要往哪里去并跟着我向那个方向前进的同时，我还必须教会他们不要再做一个盲从者。这不是一个逻辑的和线性的挑战，这是一个反直觉的、以社会心理暗示为中心的和感性的东西，而不是理性的东西。

尽管这是一个极其艰巨的任务，但鉴于其至关重要，我们还是必须吞下这杯难饮的苦酒，承担这场文化改革的任务。我知道，这将至少需要 5 年的时间（这是我的保守估计）。我也知道这场革命的领导人必须是我——我必须为此付出大量的私人活动时间以便胜利完成这场革命。我将必须对我所做的事保持公开和坦率的态度，我还需要我的管理团队与我共同合作。我们必须公开坦言文化、行为、信仰——不能含糊其词。

第二十一章

颠倒过来的世界

对于一个从外面来到 IBM 的人来说，IBM 就像是一个温室，一个与外界隔离了很长时间的、封闭的热带生态系统。所以，这里孵化出了许多相当奇异的、世界上其他地方找不到的生命形式。而且，由于 IBM 深刻的排他性和内在性，以及其过于沉湎于自己的规章和矛盾，它已经失去了昔日的强大，变得很脆弱，任何来自外部的进攻都有可能伤害到它。

这种霸权式的封闭状态，即认为所有的重要问题都源自公司内部的老套观点，在我看来就是我们许多问题的根源。为了说明这种霸权式的封闭机制的功能性障碍影响范围之广，我必须首先简要描述一下它的一些表现。

这种机制从总体上来说，不关心客户的需要，而只注重公司内部争权夺利。只要一声命令，公司的所有项目就会立即停止运营；官僚主义体系保护的是各自为政，而不是鼓励合作；而且管理团队也主要是主持工作，而不是实际地去采取行动。IBM 甚至还拥有自己全部的内部语言体系。

这不是在嘲笑 IBM 的文化。正相反，正如我所说过的，这是公司独特的传统优势之一。但是，就像许多生物一样，它的肌体内也难免会生病——而且在医治它的过程中，第一步就是要确认它的病情症状。

客户是次要的

我可以举例说，20 世纪 60 年代和 70 年代的 IBM 自我吸收能力确实很有效。那个时候，客户对于数据处理程序到底能为他们做些什么尚缺乏足够的认识，因此，当 IBM 发明了这些强大而神秘的机器时，客户还需要 IBM 向他们解释说这些技术如何能够帮助他们更有效地管理公司。这样的一种世界观，过去和现在一直都是 IT 产业中的一个共同现象。IT 业做事的出发点是“我们能做些什么”，而不是“客户需要什么”。

但是，随着时间的推移，商界人士开始越来越认识到信息技术的重要性，以及它与他们所需要做的所有事情之间的紧密关联。我知道这一切，因为我就是他们中的一员。随着商业战略开始被列入技术的日程而不是其他，客户在 IT 业中的投入也越来越多，而且客户组织中已经实行的是业务经理负责制，而不仅仅是首席信息官制度。我们的IT业，尤其是IBM，需要为此做出新的调整。我们需要打开窗户迎接外面的世界。IBM现在已经面临着竞争压力，UNIX系统和个人电脑可以使数百个竞争对手击败IBM的产品。我们不能再像罗马教皇那样来管理和经营自己的公司和业务，不能再自信我们还拥有行业霸权，再想当然地以为那些边境上的蛮横的入侵者吓不倒我们。

然而，当我来到IBM的时候，我惊讶地发现，公司里面几乎没有关于客户和竞争的信息，也没有专业化的营销知识。我们的市场份额数据分析也是很成问题的，因为可以毫不夸张地说，IBM主要是根据自己的想象来界定市场的。

我们或许是对客户缺乏足够的认识，但是我们却对一个团体花费了很大的精力来关注，这个团体就是我们自己。在IBM文化中，组织以及一个人该如何适应组织，被认为是一个最重要的问题。例如，在早期的一些公开场合活动中，尽管我没有注意到这个问题，但我意识到，IBM的组织结构图（“路线图”）中的第一个部分肯定是要描述IBM的内部组织等级结构，而且，在公开场合中发言人的讲席位置也显示了发言者在组织结构图中的位置（大多数时间里都是和CEO非常靠近）。

组织任命宣布是一件大事。当你得到提升的时候，你就必须举行一次新闻发布会，在我们的电子公告栏上张贴一份书面的内部宣布。你的老板还会举行一次电话会议以向他的所有直接汇报人宣布这一好消息，这时候，你要坐在你老板的身边，面露微笑。每天晚上，我都会在我的信箱和电子邮件中发现成堆的微不足道的组织任命宣布，就像以下这个一样：

业已宣布在公司生产和开发部完成以下变动：

· IBM 制造和物流总监让 · 皮埃尔 · 布赖特继续向 IBM 制造和开发部高级副总裁帕特里克 · A. 图利汇报工作。对布赖特先生汇报的是：

让 · 皮埃尔 · 布赖特，（代）IBM 制造部总监。

拉尔斯 · G. 扬达尔被任命为 IBM 物流和采购部总监。他过去是 IBM 物流流程部总监。

· 对扬达尔先生汇报的是：

拉尔斯 · G. 扬达尔，（代）IBM 订单流程部总监。他的组织保持不变。

拉尔斯 · G. 扬达尔，（代）公司采购部总监。

扬达尔先生的其他机构保持不变。

我希望公司的员工能够关注客户和市场，而不是关注公司内部的职位。一个在生存线上挣扎的公司是不需要一个具有广泛领导关系的公布系统的。因此，我取消了在 IBM 的副总裁与传统的副总裁以及总监等之间的对立和分割，也废除了一切有关组织任命的新闻发布活动。

然而，我们有一些部门还是要冒险进行这些组织任命新闻发布活动，特别是我们的“个人电脑公司”。你总是能够知道个人电脑公司什么时候要宣布进行改组，因为高层经理会提前给媒体打电话向他们透露这一消息。在这一过程中，保准还会让记者们认识到这次改组活动动静是多么大。有一次，《华尔街日报》打电话要求我们让个人电脑公司高级经理停止打电话向外界透露有关改组的消息，因为大量的电话几乎塞满了记者的电话留言信箱，差点儿使记者们的电话陷于瘫痪。

“不”文化

我想，IBM 文化中最吸引我注意的方面，还是公司中任何人、任何团队以及任何事业部都喜欢说“不”。“尊重个人”在这里已经演化成一种对不合作行为的普遍的制度性支持。

你可以在个体层面上看到这一点。IBM 公司的这种“不”文化的一个最突出的表现，就是它的不赞同制度。当 IBM 的员工不同意他们同事的观点时，他们就会宣布他们将“不赞同”。

设想一下这样的场面吧：在组织中的任何一个层面，即便是一个跨部门的团队煞费苦心地构思出了一个全公司范围的决策，如果有高层经理认为该决策损害了他所在公司的地位或者与他的世界观相背离，那么这个决策照样会被不合作的利铲端掉。其直接后果就是：各个部门都各自为政地只关注自己的方法，个人恩怨加重，大量的优秀工作被置于危险境地或者被条块分割，关键性决策被严重延误、资源重置和浪费现象严重。多年后，我听说有人将 IBM 的公司文化描述为：没有一个人会说“是”，而人人都会说“不”。

这种情况越发糟糕了，因为这种不赞同态度至少已经侵入了公司同行的内部之间。通常情况下，不合作态度的表现就是保持沉默。这种沉默会在做决策的时候出现，但是等到决策会议一结束，这些已经习惯于使用不合作哲学的事业部就会回到自己的实验室或者办公室继续做自己愿意做的事情，仿佛刚刚做过的决策根本不存在！

以下是 1994 年分发给许多 IBM 员工的内部备忘录：

不赞同流程会在全年贯彻执行，尤其在春季（战略）和秋季

（承诺）计划期时加重。这条消息是 E/ME/A 正式“启动”今年的不赞同流程。

为确保该流程的成功进行，我需要知道你的事业部 / 产业中，在今年剩下来的时间里担任不赞同协调员的人员名单，只要你一向我证明这位协调官的身份和 VNET 网络访问身份，我就会立即将详细的指导和指南传送给你。最好能在 1994 年 5 月 20 日星期五之前将这些身份资料和协调员名单用 COB 商业通用语言发给我。

为今年的春、秋季的不赞同加重期做准备，也是一件极其重要的事情，因为我们都期望 E/ME/A 能够在与 NLS 网络链接服务相关的春季加重期内发布大量的不赞同计划。请注意，你的产品 / 产业经理人应该做好安排，及时将春季不合作计划的相关信息，通过你们的协调员，于 1994 年 6 月 3 日（星期五）之前传达给我（仅供参考：春季计划已经由 M&D 公布出来了）。注意，如果可能，请最好在最后期限之前将相关信息发给我。

请注意，我将不会让任何不赞同者进入 NCMS（不赞同管理系统），除非你能够及时地获得比尔、鲍伯的同意，或者他们的签名认可。

这也意味着你必须准备好，在必要的时候去竭尽全力地帮助_____/_____，如果需要，可以通过管理链直达郭士纳那里。

感谢你的帮助和关注。

这种在体制内足以停止体制运转的不赞同游戏，也会在事业部层面得到体现。那时候，公司内各个事业部之间的争斗，似乎要比整个公司和外部竞争对手之间的竞争还要激烈和重要。我刚到 IBM 的时候，就惊奇地发现 IBM 的一个硬件事业部在没有事先通知公司软件事业部的情况下，就和甲骨文公司——IBM 一个软件业务领域的竞争对手私自签订了合约。

不要误解我的意思，我所做的一切都是针对复杂的市场现实而做出的务实和灵活的应对之策。前面我已经讨论过“合作”的必要性，也就是说，在同一个公司中，我们的各个部门之间既是竞争对手又是合作伙伴。但为了实现这一目标，你就必须要对于作为一个公司你是谁、你的深层利益何在以及什么才是没有意义的事等问题有一个成熟的认识，并不是要你变成八面玲珑的变色龙。IBM 的产品销售人员向来就有互相之间争夺客户的传统，他们通常会诋毁 IBM 的其他产品，尽管这些产品拥有完全相同的容量并可以为客户提供一个解决方案。实际上，IBM 的各个事业部之间会争相对同一个客户进行投标，一个客户往往会获得来自 IBM 多个部门的投标书。

研发单位也会隐瞒他们正在进行的科研项目，以便不让其他分公司的人知道或者被其他部门的人利用了他们的知识成果。IBM 内部已经逐渐形成了一个内讧的泥潭，人们不再看重、追求或者奖励团队合作。

这种独特的紧张气氛和敌对情绪经常都扩展到我的办公室中来了。我发现，我仅仅要求某高级经理做某事是远远不够的，因为这并不意味着这事就算完成了。几天或者几周之后，当我发现这位高级经理并没有按照我的要求去办某事时，我问他为什么，他的回答会是“您的命令听上去像是一个温和的要求”或者“我不同意你的看法”。

具有讽刺意味的是，与此同时还有一些人会以我的名义来发布命令，例如："郭士纳说你应该……"或者"郭士纳希望你……"，接着，以我的名义发布命令的人还需要经常性地、持续不断地和大声地重复所说过的命令，这样这个命令才会最终得以执行。不幸的是，据我了解，许多这种假借我的名义的命令，都是在我不知情的情况下发布的，其中有一些是我根本就不希望发生的事情。于是，在忍无可忍的情况下，我不得不把所有假借我的名义发布命令的人召集在一起开一个会，会议的目的很特殊，那就是：禁止他们再以"郭士纳说"作为任何一个命令的主题。

有害的官僚机构

"官僚机构"一词，对于大多数组织而言，已经是一个拥有负面含义的贬义词。但事实上，如果没有官僚机构，任何一个大企业都将无法运转。官僚机构中的雇员，或者说管理层中的工作人员，能够在不同的流水线组织之间提供协调作用，并帮助建立和加强全公司统一的发展战略，以便使公司避免出现机构重复设置、混乱以及矛盾冲突等现象；还可以提供高度专业化的服务，而且这种服务因为其成本或者资源的短缺性而具有不可复制的特点。

官僚机构的这些功能对于像IBM这样的公司来说，都是至关重要的。例如，其中的协调作用对IBM来说就相当重要，因为IBM是一个拥有四向矩形结构的公司，这"四向"分别是：地理分布、产品、客户以及解决方案。IBM也特别需要一个涉及公司诸多方面的全公司统一的标准，也就是为全世界的全球性公司客户提供通用的商品。我们同时需要一个统一的公关流程，以便我们能够在需要的时候迅速、有效和聪明地采取行动。鉴于一个高度技术性的和全球性的公司的复杂性，我们明显还需要专业人员来为整个公司提供服务，也就是说，要有品牌专家和知识产权律师。

IBM的问题不出在官僚机构本身，而是出在官僚机构的规模以及人们对它的利用上。

在IBM的“不”文化中，各个部门之间充满了各种各样的矛盾：互相倾轧、互相隐瞒以及互相争夺地盘等；IBM管理层的工作人员就是步兵，他们不是去帮助各个部门间实现协调，而是操纵着各个部门间的纷争和保护各自的势力范围。

例如，有许多管理层工作人员就将大量时间花在了无休止的争论和公司各个单位之间的讨价还价上，而不是用在为客户提供高品质的产品上。公司的每个部门中的各个层级都有自己的管理班子，因为没有一个管理者会相信任何一个跨部门的管理班子会把工作做好。在决定跨部门问题的会议上，会有一大群人来参加，因为每个人都需要派代表来保护他的势力范围。

所有这些谋权行为的直接后果就是，IBM各个层级的官僚主义工作作风盛行——数万人都在试图保护自己的特权、资源以及各自单位的利益；还有数千人则在更加努力地在人群中发布命令和标准。

IBM专用语

我十分坚信语言所拥有的能量。一个公司对其不同的听众所采取的说话方式，往往更能够说明该公司对其自身的看法。我在每个公司工作时，都会竭力关注公司的“声音”——关注该公司与其所有重要的委托人之间的谈话。而且，我也会十分注意自己的言谈——无论是书面的、电子形式的还是面对面的交谈，我都会非常小心。

事实上，只要你倾听谈话者的说话方式，你就可以了解到很多情况。在20世纪90年代初期的IBM，普通的谈话都会充分地证明公司文化的与世隔绝性——通常是以一种令人同情的方式表现出来的玩笑。

IBM有一套只有IBM的员工在使用的特别语汇。就像联邦政府和其他官僚机构一样，我们IBM的人也喜欢创制和使用一些只属于我们自己的缩略语，比如MDQ、FSD、GPD以及SAA等。

所以，在我刚来IBM的时候，即便是我安静地坐在一个会议上，倾听完一整个会议讨论以后，也不会知道与会者都在说些什么。当然，我并没有那样安静地坐在会议上，而是打断发言人，要求他用简单的英语给我解释一下他刚才说的缩略语都指的是什么。那都是一些行话，但是IBM的员工们都很快就能知道它们指代的是什么。

以下是我所听到的一些最经常性被使用的和很有特色的IBM式的语言：

卷、拧、搅和（Crisp up, Tweak, and Swizzle）——一个人为了提高工作质量不得不像利用胶片做报告一样反复折腾。

把一个海洋的水都煮沸（Boil The Ocean）——想方设法把事情搞定。

全都打翻在地（All Over The Floor）——说明某事已经失

控了。

改进过的（Down-Level）——描述一个被（经过“卷”或者“拧”而交上来）改进过的文件。当我对某事有抱怨之词的时候，这个行话就会用在我的身上：“郭士纳，你这是在用一份‘改进过的’版本。”

层次设置（Level-Set）——在会议刚开始的时候，你所做的让所有人都从同样的事实出发开展工作的努力。

单说（Take It Off-Line）——两个或两个以上的人就会议上陷入僵局的问题达成了协议，也就是说，这些问题属于会后讨论的问题。

目标套索（Goat Roping）——召开一次会议，以便让几个人同意你的提议。

目标竞技表演（Goat Rodeo）——有许多重要人物参加的一次重要的“目标套索”会议。

强迫终止（Hard Stop）——无论如何，会议在这个时间里都要终止，这个时间就叫作“强迫终止”时间（我逐渐开始喜欢这个表达方法，而且至今仍然在使用它）。

一枝独秀（One-Performer）——公司中个人业绩最好的那个员工。

由管理层提出的解职（Management-Initiated Separtion）——被解雇。通常是使用它的缩略语形式，比如：“我被 Mis(解雇）了。”

脱离业务（Left The Business）——指业已被解雇的员工所做的事情。

测标间距（Measured Mile）——管理者将一个一年之内很

可能就要“离开商务”的人予以安置的位置。

后退（Push Back）——当有人不同意你的意见时你所处的境遇。

不赞同（Nonconcur）——在“后退”之前，人们所做的事情。

LOBS——业务线或者事业部（读起来就像是网球运动中的一个挑高球）。

我从来都提倡使用简洁的语言，以便让客户很容易就理解我们的意思——无论是在口头谈话中、书面合同中，还是在简单的通信联系中，皆是如此。因此，我决定停止传播这些公司内部的行话术语。在 1993 年的一个内部备忘录中，我写道：“我们也打算借这个机会给我们的一些组织单位重新命名，以便让这些名称更加容易被客户所理解，也更加透明清新（我们称此举为‘客户友好’行为）。而且，我们将不再使用‘LOB’这个词。我们的产品单位现在都叫作事业部。”

主持整个流程

来到 IBM 后不久，我就要求一位最高级别的管理人员给我提供一份关于公司中一个重大亏损业务的详细分析报告。因为，我不仅想从分析中获得一些见解，也想以此来测试一下他的水平。

3 天后，我问这位管理人员报告进展得怎么样了。他回答说：“我将和团队成员核实一下，然后再给你回信。”在那周的周末，我得到的答复是：“我将和团队领导核实一下，然后再告诉你有关消息。”（后来他的确给我消息了。）这样的情况大约重复上演了3次，在第3次的时候，我终于说：“为什么你不告诉我到底是谁在做这个事情呢？如果你告诉我，我现在就可以直接和他谈了呀。”

后来我才发现，原来IBM的高级经理经常都是主持人，而不是一个行动者。他们把工作组织安排下去，然后就等着这些工作完成以后对其进行审查。在你职业生涯的早期，你是一个工人；但是，当你爬到最高职位的时候，你的角色就是主持整个流程。然而，我所谓的高级经理，就应该是深挖细节、每天致力于解决问题以及身先士卒的人，而不仅是一个头衔；他们是对最终结果拥有所有权和承担个人责任的人，而且要把自己看成是一个推动者，而不是组织结构图中的一个高高在上者。

当我告诉那位高级经理，我希望他在解决问题的工作中成为一个直接的和积极的参与者，并要求他为此而承担责任的时候，他惊呆了。因为这可不是他所受的教育和训练所要求他做的，也不是那个时候的公司所期望有的行为。这个事件对我很有启发：我有一个庞大的高级经理团队，所以我必须培养一个核心领导班子。

我想，IBM的高级经理并不会像我这样来描述他们自己的行为，实际上他们只不过是在扮演着IBM长期以来的公司文化要求他们扮演的角色，这就是他们过去一贯的做事方式，而并不是说他们不聪明或者工作不投入。高级经理的这种表现，只不过是决定组织成员的活动和行为方式的、巨大而复杂的、马赛克式的组织嵌画的一部分。类似的情形还可以在那时候手中握有大权的行政助理身上发现，也可以在不合作系统以及“公司管理班子工作人员”身上找到影子。（IBM过去有一个习惯做法，即高级员工都会被选为“公司管理班子工作人员”，一旦你入选了，那么你就终身享有这个称号，就像大学中的终身聘用制一样。当选之后的工作业绩不影响你在这个班子中的地位。）

第二十二章

原则性领导

在一个组织程序已经变得不受其来源和内容的约束，而且其编纂出来的组织宗旨已经代替了个人责任的组织之中，你所面临的首要任务就是要全盘抹掉这个程序本身，以便让整个封闭的系统呼吸新鲜的空气。因此，我对整个 IBM 的组织程序进行了 180 度的大转变，只保留下了为数很少的几个组织程序规则、条例以及指导。

我们是从对原则进行陈述而开始这项转变工作的。为什么要有原则？因为我认为，所有高绩效的公司都是通过原则而不是通过程序进行领导和管理的。组织决策应该由懂得企业成功的主要推动力所在的领导来做出，同时这些领导人还要能够根据具体情况，聪明、灵活、因地制宜地把这些原则应用到实践中去。

“但‘基本信仰’怎么办呢？”你或许会问，“难道这些基本信仰就不能继续存续下去并被转化成你所说的原则吗？”对于这个问题，很不幸，我的回答是：“不能。”因为，“基本信仰”是沃森时代的产物，它们也只能在那个时代发挥它们的作用。尽管在以后的好几十年中，我们一直使用这些基本信仰，但是它们却已经从十分合理的原则演化成了一些根本无法理解的东西。所以，这些基本信仰充其量也只不过是一些陈词滥调式的道德说教，而我们现在需要的却是更有远见和洞察力的东西。

于是，1993 年 9 月，我起草了 8 个原则，在我看来，这 8 个原则应该能够成为 IBM 新文化的核心支柱。而且，我还把这 8 个原则以挂号信的形式邮寄给了 IBM 遍布全球的所有员工。现在，再次阅读这 8 个原则，我才惊讶地发现，在这些原则发布之后的 10 年中，IBM 文化所发生的变化是多么巨大。

以下就是这 8 个原则以及我对它们所代表的基本观点的简要阐述：

1. 市场是我们一切行动的原动力

在业务应该是什么以及应该如何经营业务的问题上，IBM 总是有自己的一套理解，而且还固执地坚持自己的这一套观念不放。实际上，整个 IT 行业都面临着这样的问题。我们都是把技术搞复杂并立即又把该技术变成废物的罪魁祸首。IBM 必须将关注点放在为客户服务上，并在这一过程中击败自己的竞争对手。一个公司的成功首先来自成功的客户服务领域，而不是其他任何地方。

2. 从本质上说，我们是一家科技公司，一家追求高品质的科技公司

关于“我们的公司是什么”和“应该是什么公司”这两个问题，争议颇多。实际上这并没有必要，因为答案很简单，那就是：科技将一直是我们最大的优势所在。我们所需要做的最重要的事情，就是努力将知识转换成产品，以便满足客户的所有需求。全公司的各个领域都会因为这个科技优势而大获其益，包括硬件部门、软件部门以及服务部门。

3. 我们最重要的成功标准，就是客户满意和实现股东价值

从公司外部来看，这是我们需要强调的另一个方面。我刚来IBM第一年期间，许多人，尤其是华尔街的分析家都问我这样一个问题，即衡量未来的IBM是否获得成功的标准是什么——营业利润、营业收入增长，还是其他？而我所知道的最好的衡量公司成功的标准，则是提高股东价值。而且，如果一个公司不能让自己的客户满意，那么它就不会是一个在财务或者其他任何方面获得成功的公司。

4. 我们是一家具有创新精神的公司，我们要尽量减少官僚习气，并永远关注生产力

对于我们来说，这是一项艰巨的任务。但是，快速变化的新市场却要求我们必须承担这个艰巨的任务，改变过去的经营方法。最具有创业精神的公司，都会通过扩展老业务和开拓新业务，接受创新、敢于承担风险和追求成长。这也正是我们所需要的精神状态。IBM必须更为迅捷地采取行动、更有效地工作以及更明智地进行开支。

5. 绝不要忽视我们的战略性远景规划

要想获得事业的成功，就必须有方向感和使命感。因为方向感和使命感可以让你（无论你是谁）在做任何事情的时候，都知道什么是最适合你的以及哪些是最重要的。

6. 我们的思想和行动要有一种紧迫感

我喜欢把这称为“建设性的不耐烦”。我们都长于调查、研究、开会以及讨论，但是，在这个时代的这个行业中，速度往往比洞见更有用。并不是说不应该制定规划或者战略，而是说，这些规划和战略会延误我们现在立即就采取行动的战机。

7. 杰出的和有献身精神的员工将无所不能，特别是当他们团结在一起作为一个团队开展工作时更是如此

终结官僚制和窝里斗的最好的方法，就是让所有的人都知道：我们所珍视的和将给予奖励的是团队合作精神，特别是那种将关注点放在为客户提供价值的团队合作精神。

8. 我们将关注所有员工的需要以及我们的业务得以开展的所有的社区的需要

这并不是一句收买人心的客套话。我们希望我们的员工有个人发展的资源和空间，我们也希望，我们的业务得以开展的社区因为我们的出现而越来越好。

这 8 项原则是一个重要的起步——不仅是在定义新 IBM 的首要任务上是一个重要的起步，也是对整个的流程管理理念的一个重要的初步挑战。但是，如果我们找不到将这些原则注入 IBM 员工的 DNA 中的好方法，这些重要的起步性努力就将很难有所收获。显然，劝诫和分析还远远不够。

那么动力杠杆又是什么呢？一个 CEO，或者一个州长或大学校长，怎样做才能让民众态度、行为以及思维发生变化呢？当然，不同的人在做不同的事情时都会有不同的动机。有些人是为了钱，有些人是为了进步，还有一些人是为了获得认可。对于一些人来说，最有效的动力是害怕——或者愤怒，而对于另外一些人来说，这却不管用；有些人看中的是做事过程中可以有所收获，或者有机会看见自己制造的产品所引起的具体效果。多数人可能会因为看到自己的产品逐渐在老化而激起他们进行变革的热情；还有很多人是因为受到远景规划的感召而奋起发动变革。

在过去的10年里，我就是以上述种种动力杠杆来推动IBM的管理改革的。

领导班子振作起来

1994年春天，我在纽约韦斯特切斯特县的一个酒店召开了我上任后的首次高级管理会议。与会者包括来自公司在全球各地的420名管理人员，他们分别代表公司的各个部门（还有一些在大厅中徒劳无益地等待新闻采访的记者）。这次会议的一个最重要的任务就是：将这些管理人员的关注点从关注他们彼此之间的利益冲突转移到公司外部去。

我在这次会议上的发言主题就是从两幅图表开始的：一幅是关于公司的客户满意问题，另一幅是关于市场份额问题。市场份额图表所显示出来的问题是惊人的——1985年以来，我们在行业中的市场份额已经飞速地下滑了一大半。客户满意图表也传达出了一些令人沮丧的消息：我们的客户满意度已经名列行业第 11 位，甚至落后于一些现在已经根本不存在的公司！针对这两个集体业绩不佳的表现，我总结说：“我们正在成为市场中的笑柄，竞争对手正在抢夺我们的业务，因此，我希望我们能够开始反击，也就是说，反过来使我们的竞争对手成为市场中的笑柄。这是一场只许成功不许失败的游戏，我们必须要在市场中胜出并给予竞争对手狠狠的反击。我可以向你们保证，我们的竞争对手正不怀好意地关注这些图表，而且他们一定还在说我们 IBM 不久以后就要破产了。”

我向他们展示了一些我们的竞争对手公司的 CEO 照片。一般人都会猜想到他们会是盖茨、麦克尼利以及埃里森等人。然后，我还大声朗读了这些人在谈话中有关蔑视 IBM 的原话——这些谈话不仅蔑视 IBM 公司，而且还大肆夸大我们公司的衰落以及质疑我们在行业中的重要地位。例如，拉里·埃里森就说过这样的话：“IBM？我们甚至连想都不想这家公司了。它是还没有死，但是，它已经微不足道了。”

“对于市场中所发生的这一切，你们有什么感想呢？”我问道，“这些家伙抢走了我们的市场份额。我不知道你们是怎么想的，但是我却一点也不喜欢出现这样的情况。而且，当听到有人这样评价我们的公司的时候，我会非常生气。每当万事达卡公司利用一个广告来攻击美国运通公司的时候，我就知道第二天一定有什么事情要发生了。当屋顶快要塌下来的时候，一般的建议会是派出一个增援部队到屋子里来，以防止屋子里的人做他们不应该做的事情。而我却不想派出这样的一个增援部队来，因为我知道我的工作就是让屋子里的人不要采取过激行为就可以了。

“你们知道，自从来到 IBM 以后，我已经收到了成千上万封电子邮件了，而且，这其中的每一封我都阅读过。我想告诉你们的是，这些邮件里，我想不起有哪一封是热情地讨论关于竞争对手问题的。它们中的绝大多数都是在热情地讨论 IBM 公司中其他部门的问题。所以在这里，我不得不把竞争对手对我们的恶意评论以及在市场中对我们的所为说出来，以期引起大家的愤怒。公司中存在的只关注公司内部各个部门之间的竞争，而不关注整个公司和外部竞争对手之间的竞争的做法，不是值得鼓励的行为，而是必须予以彻底根除的鄙俗行为。因为外部的竞争对手已经开始侵犯我们的内心，而不仅仅是头脑，他们还要侵犯我们的家庭，夺走我们的子孙上大学的钱。这就是他们正在做的事情。

“12.5 万名 IBM 的优秀员工都被迫离开了公司，他们失业了。这是谁造成的？是上帝吗？正是这些竞争对手的入侵造成了这一切。它们夺走了我们的市场，伤害了我们的员工。造成这一切痛苦的不是别人，就是周密谋划着要夺走我们生意的那些公司外部的竞争对手。”

就目前公司中所存在的决策执行不力，以及人们显然对此还愿意无休止地忍耐下去这一状况，我向与会者表达了我的困惑和不解。

“我们没有严格执行决策的要求以及其后续措施；我们也没有给决策的执行设置一个最后期限；甚至是当这些决策没有得到执行时，我们也没有提出任何质疑。但是，我们的确设置了一些任务压力，而且这些任务压力还会带来新的任务压力；可是我们却没有去执行这些任务，因为（再次）在我们的眼里，（公司）外部的竞争远没有公司内部的竞争重要。如果改革不符合自己的个人利益，那么 IBM 的大多数员工都会反对改革。在 IBM 有一个非常有力量的单词，其力量之大，是我在其他任何公司中都见不到的，这个词就是‘驳回’。似乎IBM的决策都只是一些建议，任何驳回都可以将这些决策置之不理。自从我来到IBM以后，我已经发现，正当IBM的员工忙于反对几年前公司所做出的决策之时，IBM的市场份额也正在持续下滑。

“当你们拥有的是这样的一个市场份额和这样的一个客户满意度的时候，那你们就没有太多的时间用来争论了。现在，大家的任务就是准备好一致对外，并开始夺回我们的市场份额。”我说道，“这将是一种以绩效为基础的公司文化。我将亲自过问公司中所有重要的新工作岗位候选人问题，因为我想找一个真正干事情的人，而不是那些只知道观察和争论的人来担任这些重要岗位的领导人。”

关于公司未来的机会和希望，我有一些想法，我也在会上把它们告诉给了大家。我说：“在我看来，来这里参加会议的人都是公司中乃至行业中最优秀的精英型人才，而且，以我在公司一年的工作经验来看，我相信IBM的潜力是无限的——但只有我们愿意实施我所发动的这场改革，这种潜力才能够得到充分的发挥。”接着，我描述了公司文化改革中所必需的行为变革方面的内容（见下文）。

“在我的词典里没有‘借口’，”我说道，“我们就是要去实施这场改革，而且我们还要一起去实施它。这将是一场团体性质的改革——无论是对于我们自己还是对于我们的同事来说，加入这场改革中的人都会得到授权和机会。要是你们中有人不适应这场改革，那他就应该考虑一下其他的选择了；而对于那些热心于改革的人，我则欢迎你到我们的团队中来，因为我知道光我一个人是无法完成这场改革的。”

行为变革要求	
从	到
公司自己自行推出产品	→以客户为导向（根据客户的要求生产产品）
以公司自己的方式行事	→以客户的方式行事（为客户提供真正的服务）
道德式管理	→成功导向型管理
将决策建立在秘闻和神话的基础上	→将决策建立在事实和数据的基础上
以关系为导向	→以绩效和标准为导向
一言堂（政策性统一标准）	→百花齐放，百家争鸣
对人不对事	→对事不对人（询问为何而不是问谁）
良好的愿望甚至比良好的行动更加重要	→职责明确（总是能够解决难题）
美国（阿蒙克总部）占主导	→全球共享
规则导向型	→原则导向型
只注重我的价值（个人主义）	→注重我们的价值（集体主义）
分析停顿（追求百分百的完美）	→有紧迫感地做决策和采取行动（只要有八成的希望即可）
组织中缺乏创新	→学习型组织
平衡式资金投入	→重点型资金投入

对我来说，这是一次激情洋溢的谈话，我希望听众们也能够以一种激情洋溢的方式接受我的讲话。我可以说，对于大多数与会者来说，这也是一次胜利的会议——当然是对那些希望实施改革的与会者来说的。那么对于其他与会者，这次会议又意味着什么呢？当然，所有的与会者都至少表达了对这场改革的认同。但

是，至于把改革的意图转变为改革的实践就是另外一回事了。

实际上，在随后的几周和几个月中，我听说，尽管有大多数的高层经理都对改革很支持，但他们还是为改革深感震惊。当然，他们感到震惊的不是我的想法和所表达出来的改革信息，而是我在改革中所传达出来的激情、愤怒以及我的方向和决心（例如“击败竞争对手”和“猛冲我们的业务”等），因为这些都完全违反传统 IBM 的做事方式，也十分不像一个 CEO 应有的做派。

对此我并不感到奇怪，或者难过。我并不是要有意地使这些高层经理感到震惊，我也没有打算哗众取宠以引起什么轰动效应。是的，IBM 需要一剂强心针式的休克疗法，而且还需要一次打开胸腔的大手术。但是，IBM 迫切需要的还是让管理团队认识我是谁以及我的做事风格是什么样的——我也知道，只有少数人和我面对面地共过事。出于种种原因，这些改革措施会在将来让这些管理人员暴露他们自己，所以我不得不让他们明白我好竞争的一面。

因此我就这样去做了。那些了解我的人将会告诉你：这并不是一个装装样子式的行为，我喜欢击败竞争对手，而且，我也极其痛恨失败。

成为领导人的一条新途径

那次会议后不久，事情就开始发生变化了。我可以感觉出一些激动人心的东西和一些希望。有些高层经理已经开始展示他们的个人领导艺术并投身于我所追求的改革实践中去了。

尽管我已经为这些敢于冒风险的人提供了支持和鼓励，但他们仍然被众多不愿意改革的保守派所包围。所以，敢冒风险的人既需要一个符号也需要一个体制来使他们的行为更具有效性。

这就是1995年2月“高级领导集团”(SLG)成立的原因，该集团的首要任务就是关注领导和改革方面的事务。为此，集团成员每年都要有几天的时间聚集在一起，讨论公司的发展战略问题，当然，我们也会花同样多的时间来讨论领导艺术问题。

鉴于该集团在符号意义上的重要性，以及把它与新鲜的想法持续地连接起来的必要性，我认为，没有必要将该集团的成员资格建立在机械的职称或头衔的基础之上。我想要的是一种灵活而生动的角色模式——而不管这些成员在组织结构图中的位置以及他们手下统管着多少人，优秀的设计师、优秀的市场营销人员以及优秀的产品开发人员，和高级副总裁一样，都是领导人。

另外，集团的规模也很重要。要我定期只与大约35个高层经理会晤可能是太少了点，但是，像第一次开会那样，一下子来了420人，那也太多了。我最终决定该集团的规模最多不得超过300人。而且，没有一个成员是终身制的。每年都会有一次优胜劣汰的改选活动：我的高层经理团队将聚集在一起重新组建该集团。在改选会议上，会有人被提议成为集团成员，但被提议者必须要获得整个团队的支持方可获得成员资格。新的“高级领导集团”成员的出现，将意味着原来的一个老成员在近期要退休了，或者是有人将要被告知：他将因为不符合我们的要求而被取消集团成员资格了。信不信由你，许多被取消资格的人，尽管当时非常失望，但经过我们的鼓励后来又都进步成为集团成员。

这是一个巨大的转折点，也是一个极具建设性意义的事。当初的高级领导集团成员中，到了2002年3月时就只有71个人继续留任。IBM的高层领导人缺乏流动性，以及公司早期的一些高层经理本身明显不具有团队领导能力这一事实，是导致这场改革的关键因素。如果CEO能够让高水准的，甚至是非常成功的高层经理不介意新的行为模式，那么这个CEO所领导的公司文化转型活动的速度就应该非常快了。

所以，我把提升和奖励拥护新公司文化的高层经理当作我最首要的任务来完成。这将会给正在等待提升的经理们提供这样一个信息，即通向成功的道路呈现出与过去截然不同的图景来。

员工们也特别想知道自己什么时候才可以成为一名高级领导集团的成员。我们的回答是：创建一系列的共同标准，以便让所有的领导人都拥有"IBM领导能力"，并遵照这些共同的领导能力标准行事。就像我们把程序性管理转型为原则性管理，即允许员工们以他们自己的方式和根据具体的情况来应用这些原则一样，我们的领导能力标准所描述的只是一些基本的要求，不同的人可以根据自己领导班子的风格、个性以及方法特点，采取丰富多彩的管理方法。

领导能力标准（见下文）成为IBM公司中对每一位高级经理进行评估的依据。不久，IBM的员工就会意识到，这将是他们在新IBM中追求进步的方法。

IBM的领导模式

对赢得市场的专注

· 对客户的洞察力

· 创新的思考
· 实现目标的动力

快速执行的能力

· 团队领导
· 直言不讳
· 团队精神
· 决断力

持续的动能

· 培养组织能力
· 教导 / 培养
· 工作奉献度

核心特质

· 对业务的热诚

而且，包括那些直接向我汇报的高层经理在内的所有高层经理，都必须学习 3 天——在这 3 天中，他们将与训练有素的顾问一起共事，以了解同事在领导能力方面是如何看待他们的，并制定出一个旨在提高领导艺术的个人规划。

付诸实施

尽管我积极地提倡原则性领导，以及围绕着领导能力标准构建管理培训和评估，但令人欣喜的是，我们所采用的新方法已逐渐不再具有过去老方法常见的那种编纂整理的痕迹。这也正是我所期望的——而且，它也给我们的领导行为和领导焦点带来了显著的变化（那些发现了新方法中宝贵特点的人的贡献就更不用说了）。

然而，两年后我意识到，IBM 的公司文化转型走向了僵化。问题并不出乎意料：它出现在多数老方法的死灰复燃上。越来越多的 IBM 员工开始接受新战略，并喜欢我们必须实施的这些新文化战略，但是，一下子要改变所有人思想中的先入之见却并非易事。人们相信新 IBM，但是他们同时也在权衡和比较，而且也仍按照过去的老方法在工作，仿佛他们仍处在旧 IBM 之中一样。

我需要采取新原则，并让这些原则在所有 IBM 员工的心中扎下根。为此，需要把这些原则进行简化并将之深入到员工日常工作和行为之中。既然人们所做的并非你所期望的，而是你所要检查的，那我还必须研究出一种方法以测量人们的行动效果。

1994 年下半年，我和一位同事会晤之后，感觉有必要进一步简化这些原则。“我计算了一下，直至周末，你每天都希望我们早晨醒来后要关注 20 多件事情，”这位同事对我说道，“我做不了这些事。并不是我不善于做这些事，而是我不知道你到底想要员工们做些什么。”

回想到当年早些时候召开的高层管理会议，我迅速地回答他说：“力争取胜、快速执行和团队精神。”这 3 个词抓住了我在那次会议上所有话的宗旨——在我看来，它们也概括出了所有 IBM 员工在制定自己的目标时所应该予以采纳的最重要的标准。从根本上说，这 3 个词也界定出了我们的新公司文化。它们不是空洞的口号，在我心中，这3个词中的每一个都有其具体的含义，它们分别是：

- **力争取胜：** 所有的IBM员工都应认识到，做生意是一项具有竞争性的活动，要么成功，要么失败，没有其他的选择。在新IBM中，那些缺乏竞争热情的人将找不到适合他们的位置。最关键的还是，机会存在于公司全球各地的各个分部，而不仅仅只存在于美国纽约阿蒙克总部。我们必须把市场确定为我们所有行动和行为的动机。
- **快速执行：** 这是一个需要速度和磨炼的事业。我们不能再执迷不悟地做一个完美主义者了，因为完美主义会使我们错失市场良机，并会使其他竞争对手夺走我们的科技发明。不要再一味地进行死研究了，在新IBM中，成功的人士都是动手做事的人——而且是快速而有效地做事的人。
- **团队精神：** 要使IBM像团队一样运转——一个实实在在的团队。

“力争取胜、快速执行和团队精神”像格言一样通过多媒体传遍了全公司，最终演变成公司的新绩效管理系统。作为我们年度规划的一部分，所有IBM的员工每年都要围绕这3个方面制定“个人业务承诺”（PBCs），并列举出在来年中为了这3个方面的任务所需要采取的行动。当然，具体的方法分别由他们各自的工作类型来决定，但总的方向要统一。PBC计划是强制实施的有效计划，与这些相应的绩效，将成为员工的考绩工资和活动工资的关键性决定因素。

当然，“采取行动”最终要落实到个人领导能力上来——个人不仅包括我自己，还包括乐于丢掉旧框框、愿意合作以及希望塑造 IBM 新文化模式的成千上万的 IBM 人。他们中的许多人都似乎已经清醒过来，并兴高采烈地从僵化和政治性的体制中脱身。

这其中有一个人特别值得一提，他就是汤姆·布沙尔。在第一次聘请 IBM 人力资源部负责人失败之后，我遇到了布沙尔并聘请他担任这一职务，此前，布沙尔曾经先后在联合技术公司（United Technologies）和美国西部地区电话公司（U.S.West）担任过人力资源部的高级职员。一想到布沙尔，我的脑海中就会出现"斗牛士"那勇猛倔强的形象：一个聪明、懂事、务实和努力的商界人士。他不属于那种传统的人力资源主管，相反，他是一个严肃稳重的商务人士。布沙尔对 IBM 所做的最大贡献要算是公司的文化变革，因此，他理所当然地成为 IBM 改革进程中的又一位英雄。

宣布我们的登月计划

你是否曾有过这样的感觉，即过去的东西历久弥新？有人也说过，失去的总是最美好的。我想，说这话的人一定为诸如 IBM 这样富有传奇色彩的商业帝国式公司工作过。

IBM 的黄金时代——其中大部分都是现实的，但至少也有一部分是虚幻的——在一些 IBM 员工的心目中留下了如此深刻而强烈的印象，以至于在这些人的眼里，现在公司所进行的所有改革都只会使公司变得越来越糟糕。他们总是希望改革能够停止下来，而无视市场和社会变化的现实。

正如事实所证明的那样，促使我们逃离辉煌过去的，就是

IBM 自己的由盛转衰。然而，我知道，这样的痛苦记忆并不会在人们的头脑中永久保持下去。因此，我决定将公司的危机极端化和中心化——当然不是不负责任的，也不是采取一般性的做法，即以一张快乐的脸出现在大家面前，并乐观地向大家宣布说公司会尽快扭转颓势。我没有在公司中火上浇油，但也不想让人们过早地失去紧迫感。

最后，公司终于结束了这种在生死存亡线上挣扎的时期。对老一套东西幻想的破灭，把 IBM 从过去的阴影中解救了出来。是什么使我们得以拥抱未来的呢？答案就是：我们的电子商务战略。我已经在从战略和运营角度讨论公司整合战略时论述过电子商务问题，但是，对于我来说，电子商务的出现，更大的意义还在于它影响了 IBM 员工的内心世界。

我决定宣布电子商务为我们的“登月计划”、我们振奋人心的使命和一个新时代的“S/360”。我们把它融入我们所有的业务领域中去——不仅融入我们的广告、产品规划、研究计划以及客户会议中，而且也贯穿在我们的交往和运营之中——从我的电子邮件、广播系统以及市政厅访问活动，到我们的内部转型衡量方式。它既给予了我们一种以市场为导向的使命感，也给我们自己的行为和实践提供了一个新的基础，换句话说，是给我们新的公司文化提供了一个基础。

更重要的是，电子商务还能够使我们将关注点转向公司外部。我们不再关注自己内部的小圈子，而是重新开始关注行业中的大事；我们把内部的讨论从“我们到底想成为什么”转变成“我们到底想做什么”。

不断地自我更新

加盟 IBM 后不久，我就开始认识到，公司过去和现在的企业文化中有其突出的优势所在——这种优势是任何一个公司都不想失去的。如果我们能够对 IBM 的公司文化做到去其糟粕、取其精华，那么我们就会重获无敌的竞争优势。

当我在写这些文字的时候，这场公司文化上的去伪存真战争仍在继续。实际上，IBM 正在经历着一场巨大的文化变革。“新 IBM”——结合我们的电子商务战略以及对市场中最有成长可能性的机会的关注，正准备开始起飞。IBM 员工又恢复了已经久违了的活力、动力和激情。IBM 的领导人——尽管与 IBM 早期的领导人有很大的不同，也在地球上最聪明的 30 万人心目中留下了深刻的印象。

以后我们将做些什么呢？在未来的 5 年中，将会发生两件事：

- 一方面，我们将再次陷入过于自信的陷阱。力争取胜、快速执行和团队精神将会像“基本信仰”一样，成为变味和老套的东西。“高级领导集团”也将会变成 IBM 昔日的“管理委员会”。
- 另一方面，我们又会发现新的拥有优势和活力的方法。我们能够不断地实践、不断地实现自我更新，还可以将这种不断的自我更新变成公司文化中永恒的一部分。

能够历久弥新的东西并不多。而 IBM 就因为环境条件、遗产、努力以及运气等综合因素，仍然得以在一个全新的（一个反直觉的）行业中保持着领先地位。我在给 IBM 公司股东的最后一个年度报告——2001 年年度报告中，对导致 IBM 得以常胜的这些特点有所介绍：

> 规模大但动作敏捷、具有创新精神但又有严格的规范制度、曾以科学精神和市场为导向、能够在全世界范围内产生知识资本，并把这些资本转化给消费者。这种新环境会持续不断地孕育学习、变革以及自我更新等。它是务实和专注的，但也是永远欢迎创新的。它奖励成果，最重要的是，它表现出对所做的每件事都有天分和激情。

在积累数十年的经验、知识、阅历以及独有特点的基础上，IBM 业已培养出一种处理复杂甚至是明显的内部冲突的能力。我们没有躲避或者抑制矛盾，而是学会应对它甚至利用它。这是在一个企业拥有十分正确的自我感时，才可以达到的一种平衡。

要保持这种平衡是一件艰难的事情，但是我对此持乐观态度。因为，一旦巨人苏醒，就会迸发出无穷的力量。IBM 的员工已经重新意识到他们是谁、他们能做什么以及如何去做，他们已经重新拾回尊严并重新燃起了希望。

另外，我们现在赖以生存的市场充满希望——这是有史以来最具有动态性、竞争性和全球性的市场经济（政治、文化和社会环境就更是如此）。只要 IBM 的员工坚持关注外部，这个世界就将充满生机。

第四部分

教训篇

我自己能从在IBM的工作中获得什么样的经验呢？

每当触及这个问题，我就会面对同样的担心和犹豫不决，那就是：我不能确定我就一定能够从自己的工作经历中汲取别人可以应用在实践中的任何真理性认识。从某种程度上说，我自己的工作经验在我看来都是一些类似于常识的东西。尽管我从一所著名的商学院毕业，但是多年前我所阅读过的学术界、理论界和顾问们写的那些商业著作，对于从事商务实践的我来说，其价值是有限的。我很抱歉说出这样的话，但这却是事实。

我之所以要写这一部分，承担这个约定俗成的任务，是因为我认为我所写的东西或许对于你——一个读者，具有相同的价值。

即便如此，当我反思自己在IBM以及其他公司的工作经历时，我还是要说，我学到了成功的企业和成功的高级经理应具有的3个宽泛和基本的特征：

· 他们都有自己的关注点。
· 他们都在执行方面具有卓越的品质。
· 他们都具有个人领导艺术。

这3个特征适用于所有规模和类型的企业：无论是大公司还是小公司，无论是非营利机构、大学，还是部分政府机构。在本部分的最后，我要强调对于复杂的大机构来说还特别具有意义的第四个问题：如何平衡机构整合与分权。

第二十三章

关键的关键——熟悉并热爱自己的事业

个人或者组织机构很少会承认自己缺乏焦点，即便在诚实的自我评估时也莫不如此。然而，根据我的经验，缺乏焦点是平庸的公司中最为常见的现象。它会以诸多形式表现出来，但主要体现在以下两个方面。

“这山望着那山高”

这是一种最为有害的情况。在我 35 年的从业经验中，我看到许多公司都在基本业务陷入艰难局面时选择了在一个新行业中碰碰运气的做法。这样做的公司实在太多了，我可以列出一个长长的名单来：施乐公司就选择了金融服务业务，可口可乐公司也涉及了电影行业，柯达公司还跨入了医药行业。

40 年前，当我还是哈佛商学院的学生时，一位营销学教授就指出，汽车无线电天线公司的情况就在于，他们认为自己只属于汽车无线电行业，而不是运输行业。这位教授认为，许多公司都将焦点放在了一个过于狭窄的细分市场之中，而对其市场的重大变化视而不见。我不想争论这一观点的前提基础，但我要说的是：一个生产汽车无线电天线的公司，是很难变成一个飞机制造商的。

太多的管理者都不想打这场艰苦的战斗（即复苏、复兴以及巩固他们的基本业务），或者他们只是很快就放弃基本业务。在 IBM 20 世纪 80 年代的动荡时期，公司关注点就从一向擅长的业务领域——建造大规模和功率强大的计算机转移开了，还购买了一家电话转换器公司（罗尔姆）；20 世纪 80 年代，当信用卡和旅游业务走向低谷的时候，美国运通公司的董事长就试图进入有线电视、娱乐以及图书出版领域；名列全球最大食品公司之一的纳贝斯克公司，也于 1985 年购并了一家烟草公司，而 14 年后，该公司又派生出烟草业务，其真正长期的结果就是逐渐淡化自己食品公司的身份。

丢掉了自己的核心竞争力，这对于一家公司来说是常有的事。竞争对手为此感到欣喜并从此兴旺起来，而这家公司却陷入了无底的深渊。

事实上，在大多数情况下，每家公司在自己的基础业务中都会有一系列竞争优势。转型或再造一个现存的业务非常艰难，但相信我，这还是要比将现存的业务扔掉并重新进入一个全新的行业容易许多。常言说得好：各人自扫门前雪，莫管他人瓦上霜；常言还道：切莫数典忘祖。历史经验表明，真正伟大和成功的公司，都能够坚持自己的基本业务并在某些时候进行艰难的自我更新。这些成功的公司绝对不会贸然进入一个自己不知深浅的全新行业大潮中。

“我们需要成长，因此让我们购并别的公司吧”

对于一个正在进行核心业务建构的公司来说，其能力的高低在很大程度上就看是否敢对购并热潮说“不”。太多的高级经理都患有“购并传染病”。当有机会在“努力恢复一个基础业务”和“进行一场大规模的购并”之间进行选择时，大多数高级经理都会选择后者。当我回顾自己在 IBM 的工作时，我发现成功的主要原因就是，我们没有去做不应该做的事。当时，IBM 可以进行购并的意向性公司有前世通公司（MCI）、北电网络公司（Nortel）、康柏、硅图公司（SGI）以及英国电讯公司（Novell），投资银行家们也随身携带着厚厚的优惠订购计划书，时刻准备规划一条通天大道，但这些意向都没有达成。

我可以说出许多投资银行家的故事，但印象最深刻的还是那位提出让 IBM 购并康柏公司的银行家。整个购并办理过程的结尾部分大概是这样的：永远呈现出蓝色的订购计划书显示，IBM 的股票价格将在购并后保持永远增长的势头。由于对这种过于美好的情况描述感到奇怪，我仔细检查了订购书的附录部分，并发现，IBM 的利润（税后收入大约是 500 亿美元）将在未来 5 年内被这次购并活动侵吞，而且我们将在整个过程中承受巨大的损失。当我要求首席财务官质疑那位银行家，问问他这个提议是如何被投资共同体认为是一个积极的正向购并建议时，我得到的回答是：“哦，投资者总是只看好的一面，这没什么。”是的，如果投资者的方案都是万灵丹的话，CEO 就再也不需要担惊受怕，甚至再也不需要工作了，而是可以成天去打高尔夫球啰！

然而，一回到现实世界，你就会发现，过去 20 年中大量实证的研究显示：一次购并活动获得成功的可能性远远低于其遭受失败的可能性。这并不是说我就认为购并在公司发展战略中几无地位可言。IBM 在我任 CEO 期间也进行了 90 次购并活动，其中最成功的部分就是那些可以整合进公司成长计划中的购并项目。IBM 对英孚美公司（Informix）的购并就是其中一个典型的案例。在数据库业务领域中，我们和甲骨文公司不相上下，而另一个数据库业务公司——英孚美公司却已经失去了其发展动力和市场领导地位。我们不需要借助购并英孚美公司以进入数据库业务领域，或者是借此加强已被削弱的市场地位。然而，我们的确需要更加迅速和更加有效地获得系列客户，这是我们通过单独战略所达不到的目的。

其他一些获得成功的购并活动也大体上与此类似：在这些购并活动中，我们基本上都是购买了我们本来必须自己开发的技术，但如果通过高度集中的购并方式，我们就可以提高我们在该技术领域中的主导地位。换句话说，如果购并活动能够和本公司的现有战略之间融合起来，那么购并获得成功的可能性就会达到最大。那些试图通过购并活动获得一个新的市场地位的企图，以及那些企图将两个很小的公司联合在一起的购并活动，十有八九会以失败告终。

无懈可击的战略

底线：一个成功的和有焦点的企业，一定会是对其客户的需要、竞争环境以及经济现状有着深刻理解和周全分析的企业。而且这一周全的分析还能够转化成日常活动具体战略的基础。

这听起来很简单，不是吗？然而，根据我的经验，真正以一种现实和客观（分析中愿望的因素往往要比现实因素多得多）的方式来做这些分析工作的公司并不多见；能够将这些分析转化成具体的、能够逐月进行跟踪调查的行动计划的公司就更少见了。

正如我在前文中所描述的，或许最让我不屑的评论就是公司远景规划问题。当年我在麦肯锡公司做企业发展顾问时，我惊奇地发现许多不同公司众多的高级经理都把“远景规划”等同于“战略”了。制定一个公司远景规划是一件很容易的事情，它简单得就像大个子鲁思（美国著名棒球运动员）成功地进行防卫一样。在过去的 20 年中，你知道鲁思成功地进行了多少次防卫吗？你知道他在一分钟之内成功地进行过多少次本垒打吗？

远景规划可以带来一种自信、一种安慰感，但这种自信和安慰感却是十分危险的。远景规划是最具有煽动性的，它们也可以在一个组织机构中，起到让员工们兴奋并为远景规划承担工作的作用。但是究其本身和实质来说，它们丝毫也没有起到指路的作用，即没有为一个组织机构指出如何将充满激情的远景规划转变为现实。

同样，好的战略也是从大量的定量分析开始的——这是一种困难和艰巨的分析任务，它需要智慧、洞察力以及冒险精神。刚到 IBM 的时候，我问道："我们的客户是如何看待我们的？让我看一看我们的客户满意度数据。"后来呈交给我的客户满意度数据显示出来的是一个积极的信号：从根本上说，我们的客户还是爱我们 IBM 的。

这都是一些统计分析，看上去似乎都是全面和准确的；然而，在我们所有的产品线都在失去它们市场份额的情况下，这些积极的数据分析就显得没有什么意义了。我花了一段时间，但最终还是发现，我们 IBM 的客户满意度测量方式，就是由销售人员挑选一些客户并要求这些客户帮助他们完成客户满意度调查。IBM 不会雇用傻瓜销售人员，这些并不傻的销售人员当然会挑选一些最好的和最喜欢 IBM 的客户来帮助自己完成调查任务。于是，我们一方面得到的是越来越多的积极的客户满意度数据分析，另一方面则每天都生活在自欺欺人的状态之中。

而且，IBM 的每个组成部分都在自行其是地做自己的客户满意度调查：我们一共有 339 种不同的客户满意度调查。除了由于调查方法的不同而造成的很难得到一个相同的观点，即便是同一个调查样本，也会由于是不同的销售人员所为而呈现出不同的观点来。

今天，我们只有 14 种综合客户满意度调查，它们都由一个独立的研究机构负责管理。调查人员也是公司外部人员（而非公司的销售人员），而且我们还会每年会见大约 10 万名客户和非客户人群。我们的客户满意度调查也会在全球 55 个国家中用 13 种不同的语言来进行，而且调查人员还会把我们公司的客户满意度与我们的竞争对手公司的客户满意度进行比较。更重要的是，这些调查数据还会每半周就成为公司发展战略和战术中的一部分。

以智取胜的战争

要制定一个优秀的战略，最艰难的部分或许就是务实的竞争能力分析。几乎所有的组织机构都会培养一种自豪感，并愿意认为自己是最棒的，这些组织机构中的管理者们也会鼓励这种荣誉感和自豪感。然而，这种拥有自豪和荣誉的家庭感往往也会妨碍真正的竞争力分析。

我们愿意认为自己的产品比竞争对手的产品好，也愿意认为客户更看重我们而不是我们的竞争对手。产品经理愿意自己的老板认为，自己给业内带来了最优秀的产品。但事实就是事实，良好的愿望也必须建立在一致和无偏见的基础之上，因为产品最终是要经受成本、特性以及功能等因素的检验的；收入报表和资产负债表的每一个部分也都要经受竞争对手完全客观的面对面的考验。这些产品的配送成本是多少？一共占用了多少销售人员？销售人员的工资报酬是多少？配送人员是怎么考虑他们和我们之间的关系的？这里面有大量的问题需要分析检验，还需要把所有这些分析检验数据综合起来进行深入而全面的竞争力评估分析。

竞争力分析不合格的根源，通常就是因为犯了这样的一个错误，即询问卖瓜的王婆，她的瓜甜不甜。对于大多数不想退出商业圈的管理者来说，要说“自己的瓜甜”显然是一个不证自明的公理。多数的管理者都不会就自己的管理能力，给自己的老板呈交一份不加修饰的、坦白直言的报告（要想从这些事业部总经理那里得到一份真正完全客观的业务分析，或许只有在这位事业部总裁新官上任的时候才可能实现。因为，新任的管理者不需要对以前的错误负责任，这是前任管理者所应该承担的责任和问题）。

好战略——事无巨细

一家公司管理班子的最重要的附加功能，就是确保公司的发展战略是由公司运营单位在务实的分析基础上制定出来的，而且确保这些战略既具有远见卓识又具有可操作性。所有的关键性假说，例如价格和行业增长速度等，都需要严格而务实的审查分析。

为何所有这些对于公司的焦点问题来说都是十分重要的方面呢？因为真正伟大的公司都会制定出可信的和可以操作的战略来。那些贸然进入一个新行业领域和试图通过购并而进入一个新业务领域的公司，则很少能够对他们自己现有的发展战略拥有信心。因为他们没有清晰地理解能够使他们的基础行业得以成功的5~6个关键性因素。这5~6个关键性因素，就是公司必须每天都要提前进行安排、衡量、调整以及重组的必备资源中的一些首要因素。

同样，好战略是事无巨细的，但在远景陈述上却是十分简洁的。这些好战略会以一种非常具体的定量分析方式制订出公司多年的发展计划：公司所应该追求的细分市场、必须获取的市场份额、必须管理的开支水平以及必须予以利用的资源。这些计划都将接受定期的审查并在某种程度上成为公司所有活动的根本推动力。

所以，当友好的投资银行家向你展示一个购并机会的时候，他所展示的那个分析数据并没有经过检验，而你的任务就是对该购并计划与你公司的战略之间的融合情况做出具体而详细的分析。实际上，如果一个公司首次从一个投资银行家那里听到一个吸引人的购并方案，此时该公司大多情况下是还没有制定出自己的好战略。好战略总是能够确认出关键性的漏洞、竞争弱势以及用购并方案对它们进行弥补的潜在可能性。在我的从商职业生涯中，我参与购并过多家公司，但没有一家是来自一个投资银行家新创建的。

难啃的骨头——资源配置

最后，确保公司的资源得到良好的配置，也是公司战略中最为关键的部分，而且也是最为艰难的部分。许多公司都把战略和运营视为两个各自独立的部分。战略可以每年制定一个，然后就是历经长时间的开会审查，以及争取一些更高层领导机构的批准过程；而战略好不容易批准下来以后，公司中的每个人似乎并不买账，而是继续用和以前差不多的方式在做业务。事实上，如果一个战略的确需要一种与过去完全不同的行动方式，那么许多公司中的资源重组工作——将资源从某些业务活动中调拨走，以便重新分配给更具有优先性的业务活动——就并没有真正很好地完成。

让我们回到 IBM 的客户满意度问题上来。我们建立了一套真正有效和独立的客户满意度测量体系，以便搞清楚我们的客户是如何看待我们公司以及我们的竞争对手公司的，很显然，接下来的最大问题之一就是我们所谓的“轻轻松松做业务”了。我们的客户喜欢我们的产品，喜欢我们广博的经验，也喜欢我们帮助他们解决问题的能力，但是，他们却也常常发现我们很难处理一些问题并快速地提供解决问题的答案。

要解决这个问题并不容易。我们没有大量的资本可以用来投入这些问题的解决上，实际上，我们任何一个项目都不可能因为需要最终解决问题而占用我们的大笔资金。全公司有数百个这样的项目，几乎涉及公司所有的员工——从销售人员、律师到电话接线员。

在一些公司中，这样一个平凡地融入了日常活动之中但又是公司战略内容所必需的项目，将会因为其自身的权衡及其在短期之内无法实现与日常活动之间的融合而流产。我们必须努力保持这些项目的活力、资金状况以及焦点。我们成功了，但事实也提醒我们：要使一个大型的组织划拨出有意义的资源，并关注那些很少或者根本不能够带来短期利益，但却能够在长期成功中起到关键作用的问题，是一件多么艰难的事啊！

不适者生存

关于公司发展的焦点问题，我的最后一点体会是：达尔文的“适者生存”的观念很不幸在许多公司的实践中都行不通。相反，“不适者生存”却在许多公司中大行其道。今天做得成功的事业部和产品线，总是希望将他们的现金和其他资源重新配置到现有的产品以及现有的市场之中。对于一家公司的领导人来说，寻觅合适的资源以资助新的公司成长点和新的业务领域，是最为艰难的一项任务。

尽管我们从没有使 IBM 的绩效达到我所希望拥有的那个水

平，但是我们一直在努力摆脱困境和实施新的大举措——投资大赌注。这需要一个与制定公司发展战略所完全不同的过程，也需要对我们的业务量进行一次严格的审查，以便对全公司的人说：投资资本属于公司，而且全部投资资本都属于公司，而不仅仅是可以自由支配的新资本。我们试图每隔几年就将我们的所有业务（成功的和不是十分成功的）当作一个重归于零的规划过程予以启动，这会使我们砍掉数千个研究项目、削减数百个产品、出售大量业务以及将资源重新配置到有前途的新投资领域之中。即便如此，我们也还是不能确保我们已经有效地重新配置了自己的资产资源。那些新投资必须得到保护以使它们免受常规预算周期的影响，因为如果事情一旦出现不妙，最有可能的情况就是，以利润为中心的经理们将很容易砍掉这些以未来为导向的项目。

我们不是在这里解释我们为避免出现问题和支持新业务所做出的大量努力，而是要以一种非常坚定的信心告诉大家一个十分重要的问题：焦点对于一个机构的成功来说是一个关键性的因素。如果一个管理团队没有搞清楚这个问题，也没有认真地在一个新成长的机遇中进行投资，那么它就很有可能步入歧途，喝下购并这杯苦酒，走向多样化经营之路——直至最终失败。

第二十四章

战略决策的实施——明天要有明天的战略决策

实施——完成任务、采取行动，是一个有效率的商业领导人所最不为人赏识的技能。在我担任顾问工作的时候，我参与了许多公司的战略制定工作，所以，我可以向你透露一个顾问工作的小秘密：为一个公司制定一个独特的发展战略是一件很困难的事情，如果该战略果真与业内其他公司的战略截然不同，那么它或许就会具有很大的风险性。这其中的原因就是：各个行业都是由一定的经济模式、具体的客户期盼，以及大家都共知的短期内不可能会发生改变的竞争结构所界定和限制的。

因此，要制定一个独特的公司发展战略是一件极其困难的事情，而且更困难的是：如果实际上你已经制定了一个这样的战略，你也很难能够做到恰当地应用它。有时候，某个公司并不具备一个独特的成本优势或者一个独特的专利优势，当然品牌优势也可以成为一个有力的竞争优势—— 一个竞争对手努力想争取以便取得和业内领导者平起平坐地位的优势。但是，这些优势都很少能够全面地阻挡竞争对手的侵入。

最终，常见的是，每一家公司基本上都在采用同一个战略。在大多数行业中，都是可以找到获得成功的4~6个关键推动因素的。例如，所有的人都知道产品选择、品牌形象以及不动产成本是零售行业中的关键成功因素。但是，要准确地找到某个行业成功的具体方法，即便是可能的，也是一件极其艰难的事。网络公司零售商就是一个很好的例子——它们因为没能认识中断一个基本行业的不可能性而使自己遭受惊人的失败。

因此，执行才是促成一个战略获得成功的真正关键因素。完成任务，正确地完成任务以及比下一个人更好地完成任务，要比梦想一个新的远景规划重要得多。

世界上所有巨型公司都会夜以继日地在市场、制造车间、后勤以及库存方面——总之是在一切可能的地方，与它们的竞争对手之间展开全面的执行任务竞赛。这些巨型公司很少会处于一个免受直接交锋式竞争的合适位置。

人们看重的是你的检查

在麦肯锡公司，我和同事经常会奇怪地发现：一个接一个的公司都已经投入了数千个小时的时间和数百万美元的资金，用于制定一个可靠而有效的战略方针，但等到这一战略制定出来以后却因为 CEO 不愿意在全公司范围内发动一场改革，而使投入其中的大笔时间和金钱白白浪费了。或者是因为 CEO 虽然认为该改革会在该公司中发生，但却失于对其执行过程进行检查。

在执行方面或许我所见过的最大错误，就是把期望和检查混为一谈。我曾经全面倾听过数百次这样的战略会议，即在这些战略会议中，优秀和可靠的战略业已制定出来，业务领导人也已经同意说“是的，这就是我们将要做的事情”；我也曾目睹文字优美，甚至是遣词造句精彩的战略报告在全公司范围内进行传播；我还看见了制作精美的录像带和面对面交谈中所表现出来的公司中人们对一个大胆的新战略方针的激情和热情。但是，却有太多的执行官并不知道：人们只会做你检查的事情，而不会去做你期盼的事。

执行就是把战略转化为行动计划，并对其结果进行测量。这是一项具体而复杂的任务，同时还需要对公司目前处于何种位置，以及公司距离理想位置还相差多远有着深刻的理解。良好的执行，包括树立一个可测量的目标并让人们为这一目标而承担职责。

但首先，这通常还需要公司能够做一些与众不同的事，重视一些过去不被重视的事情，拥有一些以前不具备的技能，以及在处理与客户、供应商和配送机构的日常事务中采取更为迅捷和更为有效的行动。所有这一切都涉及改革，而公司并不喜欢改革，因为员工不喜欢。

正如我在前文中所指出过的，IBM 在 20 世纪 80 年代末期和 90 年代初期就知道了计算机行业的未来发展方向，它也为应对未来的行业变化制定了大量战略，其中有一份战略文件就把未来的行业环境变化描述为“一大批快艇包围了一艘左摇右晃的超级油轮（IBM）”。20世纪90年代初期报纸上的新闻报道也说明了那时IBM的CEO也是极力地要求公司制定出一个新战略。那么结果怎么样呢？IBM的战略要求是清楚的，CEO也要求人们执行这些战略要求，但是公司却仍然处于水深火热之中。

执行是一件艰苦、困难和琐碎的事情，它需要确保公司这架机器能够一米接一米地、一千米接一千米地，以及一个里程碑接一个里程碑地向前行进。在战略的执行过程中必须实行责任制，而且当责任完不成的时候，必须迅速改变方针。管理者也必须按照要求汇报他们的工作业绩，以及解释他们的成功和失败原因。最重要的是，不要相信“天气预报”式的期望——只能相信未雨绸缪这个真理。

我认为，一家公司里有效的战略执行，是建立在以下3个基础之上的，即世界一流的业务流程、战略的透明性以及高绩效的公司文化。让我对这3个方面分别做简要说明。

世界一流的业务流程

在本部分的前文中，我曾经提到过，在所有的行业中，都可以找到5~6个可以借以提高领导绩效的动力因素。某个行业中最优秀的公司一般都会建构一个其竞争对手所无法比拟的业务流程。想想那些伟大公司吧：沃尔玛在商店管理、库存、商品选择以及价格方面都拥有超级的业务流程；通用电气公司也在成本管理和质量管理方面具有世界一流的业务流程；丰田公司则在产品周期管理方面具备最一流的业务流程。

在 IBM，我们知道产品设计是我们行业中一个关键的因素——在产品设计流程中，我们决定生产什么产品、生产具备何种特性的产品、以什么样的成本进行生产以及在什么时间把产品推向市场（产品设计也是其他一些行业——例如汽车行业中的一个关键性方面，但却不是所有行业——比方说石油行业中的关键因素）。

于是，在过去的 9 年里，我们十分努力地建造了一个世界一流的产品设计流程。它耗费了我们数百万美元的资金投入、数千小时的时间花费，最终改变了数万名 IBM 员工的工作方式（我们也在其他 6 个在我们看来是关键性成功因素的流程中付出了同样的努力和投入）。

伟大公司固然是不可能仅仅建立在流程基础上的，但请相信我，如果你的公司所拥有的是一个过时的、断断续续的和行动迟缓的流程——特别是那些你所在行业中引导你走向成功的关键性流程也具有这些特点，那么你必将会成为一个失败者。

战略的透明性

别忘了那句老话："船到桥头自然直。"

如果运动员并不知道他们所参与的将是一个什么样的运动，那么这个运动队就不会获得好成绩。如果每个人都能够在采取行动之前好好思考一下该怎么做，那么我们就可以避免出现困惑和被动局面。

打算全面击败竞争对手的公司，也要事先将自己的这一决策清晰地传达给自己公司中的所有员工，告诉他们"这是我们的使命”，“这是我们的战略”，“这是你们的工作方式”。但是高水准的战略执行还不仅仅是规劝和传达信息这么简单，在伟大公司中，战略执行会自然和本能地进行流动，而不是由于程序或规则指导书的引导才能得以进行流动。人为操纵或许只能在早期的培训活动中发挥一定的作用，但是当战斗正式打响以后，它们的作用就很有限了。

超级战略执行不仅是关于价值观和承诺的事情。在美国运通公司时，我们知道我们所提供的是业内最为优秀的客户服务——不是因为我们的培训手册中说它是最重要的，而是因为我们的一线员工、那些整天与客户在一起进行面对面交流的一线员工是这么认为的。他们知道，这是令我们获得成功的一个关键因素。

当你来到“家居货栈”超市（The Home Depot）的时候，超市优秀的销售人员会急切地寻找机会为你提供帮助，这样的员工就是对自己在公司成功中所起的作用有着很清晰的理解。他们的行为是发自成功的信心和信念，而不是来自程序性规定。

另一方面，有太多的公司却在向员工发送互相矛盾的信息。“我们想要行业中最高的产品质量。”1 月份一个 CEO 说道。“我们需要在全董事会削减 15% 的开支。”3 月份的时候首席财务官说道。当下一次又一个有关重要客户需求的矛盾信息传达出来时，该公司的员工们该如何面对自己的客户呢?

信息混乱是各个公司中普遍存在的和难以解决的问题。例如，我敢肯定，IBM 一方面总是在强调团队精神的重要性，然而另一方面公司中每个人的工资报酬却又都是建立在各自事业部绩效的基础之上；我们一方面总是在说我们视客户为最重要的因素，但另一方面，如果没有财务人员的签字，却没有一个客户部门的人有权做出价格决策。

如果你想在战略执行方面胜过你的竞争对手，那你就必须把相关公司战略以及价值观清晰地传达给你的所有员工，并在公司的每一个行为中强化这种价值观，还要允许员工有相应的行动自由，信任他们，相信他们将会根据这些价值观执行公司的战略。

高绩效的公司文化

超级的战略执行并不仅仅是做正确的事，还必须是比竞争对手更快、更经常和更有效地去做正确的事。这是一项任务艰巨的工作，要求公司中的员工能够超越普通的公司——雇员关系，具有一种超常的献身精神。所有这一切就是我所说的一种高绩效的公司文化。

高绩效的公司文化是一个只能意会、不可言传的东西。一旦你置身于一种成功的公司文化，你就会很快感觉得到它：公司的高级主管是真正的领导人和做事主动的人；雇员都愿意献身于公司追求成功的事业之中；产品都是一流的；每个人都关心质量问题；败给竞争对手——无论是在大的战斗中还是在小战斗中，都是一件让所有的员工很生气的事；中庸之道在这里没有藏身之地；要鼓励、重视和奖励追求卓越的行为。

简言之，拥有高绩效文化的公司，就一定是商业领域的赢家，而且该公司的员工对公司的忠诚度也很高，除了自己的公司不愿到其他任何公司去。

第二十五章

个人领导魅力

我故意将个人领导能力问题放在最后来论述，原因是，在我看来，它是机构变革过程中最为重要的因素。我在本书“文化”部分的章节中曾经提到过：伟大的组织机构，说到底都是某个人的影子和延伸。伟大的机构不是管理出来的，而是领导出来的；它们也不是行政过程的结果，而是由那些热切地追求成功的人在不断高涨的成就感的促使下辛勤努力的结果。

最优秀的公司领导人会给自己的公司带来高绩效的公司文化：他们会为自己的组织树立目标要求、制定测量手段，并赋予员工相应的职责；他们能够发动改革，能够不断地推动自己的组织去采取灵活应变的措施，并领先自己的竞争对手更快地采取行动。

个人领导能力是可见的——机构中的所有的人都可以看得见它。伟大的 CEO 会卷起他们的衣袖，亲自参与解决问题的活动；他们会身先士卒，而绝不是躲在员工的身后，指挥和主持别人做事；他们的身影每天都会出现在客户、供应商以及商业伙伴面前。

个人领导能力也是关乎战略和运营的事情。如果你告诉我，有一个公司的高层经理并不完全理解他所在行业的财政支撑为何物，那我就会告诉你，赶快卖空你手中所持有的该公司的股票吧。

个人领导能力还是一种沟通、一种开放态度，以及一种经常性并诚实地与自己的读者或听众交谈的意愿和智慧。领导人不会躲在公司的幕后说假话，也不会给别人传播坏消息留下口舌，他们相信自己的员工都理解公司的前进方向。

最重要的还是，个人领导能力也是一种激情。考虑了所有伟大的 CEO，包括沃尔玛公司的萨姆·沃尔顿、通用电气公司的杰克·韦尔奇、花旗集团的桑迪·韦尔、戴姆勒–克莱斯勒公司（Daimler Chrysler）的尤尔根·施耐普，以及英特尔公司的安迪·格鲁夫等人之后，我发现，他们都有一个共同的特点，那就是：对追求成功充满激情。他们希望每天甚至每个小时都能取得成功，而且还鼓励他们的员工取得成功；他们诅咒失败，当他们没有取得成功的时候，他们会采取纠正措施。这不是一种冷酷的、漠然的和空洞的东西，它是个人的一种能力；他们还会十分关注自己所做的是什么、代表的是谁以及如何去完成这些任务。

说到激情，当我还是哈佛商学院的一名学生的时候，我是无论如何也不会想到，激情还会成为个人领导能力中一个最为重要的因素。我甚至都没有在哈佛商学院的课堂上听到有人提到过这个词。

实际上，我知道，如果不是37年前发生了一件至今让我记忆犹新的事，我是不会对激情在领导能力中的作用这个问题如此敏感的。在哈佛商学院读书的最后一年，我因为找工作而经历了几次招聘面试，最后，我将主要意向集中在两家公司身上，它们分别是麦肯锡咨询公司——一家咨询公司，宝洁公司——一家系列日用消费品公司。那时，咨询市场和日用消费品市场被认为是美国MBA学员梦寐以求的两个热门领域。

那次给我留下深刻印象的事件，就发生在我的最后一次面试过程中——那是与宝洁公司的一个非常高层的经理，在俄亥俄州辛辛那提宝洁公司总部所在地进行的一次面试。那时，我只是一个可塑性很强的23岁青年，在面试之前，我还没有见到过如此高职位的公司管理者。

在面试过程中，我想这位高级经理一定是感觉到我的这种没有把握的心态了（的确，那时我所学习的东西都是为做顾问咨询工作而准备的）。他于是说了一些我一生都不会忘记的话："路易斯，让我们假设现在是星期五晚上，你现在要离开办公室去取最新的尼尔森报告（尼尔森市场研究组织提供的系列日用消费品市场份额分析数据）。拿到报告后你发现，上个月，公司在肯塔基州的市场份额下降了20%，在这种情况下，你会在第二天，也就是星期六，取消所有的原定活动安排，而来到办公室想出一个应对方案吗？"

我记得我当时被这个问题给问懵了，当时我并没有直接回答他的这个问题，我的反应是：我不知道。于是毕业后我就去了麦肯锡公司，因为我自认为自己或许更适合一个对“智慧”有着更高要求的环境，而很难对某个牙刷品牌在市场中的占有率上升或下降有太多的激情。

我犯了一个多么大的错误！正如我在前文中所说过的，10 年后，我又对超然而缺乏责任感的顾问工作感到厌烦了，我希望自己有机会去承担某项责任，去做一些实际的事情并不断地获取成功、成功、成功。宝洁公司的那位高级经理所描述的那种激情，就是一位高级经理所应该具备的获得成功的基本要素。

激情属于每一个人

所有伟大的公司高层管理者——CEO 以及他们的管理团队，都应该拥有追求成功的激情，并将这种激情展示出来，以其为生存基础，并且爱它们。现在，不要让我再犯错误了，我已经不是一个肤浅的大学生式狂呼喝彩的乐观主义者，也不是一个过分亲热和热烈的人了。别忘了我对个人领导能力的描述：它是从战略、文化以及沟通交流等方面的努力开始的，内容涉及考量、职责、可见性以及对公司的各个领域活动的积极参与精神等。没有这些，激情就会成为组织领导人的一厢情愿式的孤掌难鸣，而整个团队却被竞争对手打得稀里哗啦——犹如体育比赛时教练在边线上大喊加油，但整个篮球队却以 0：63 而惨败（在足球比赛中或许就是 0：8）。

真正的领导人所表现出来的激情，并不能代替缜密的思考、优秀的员工以及良好的战略执行。相反，激情只是一台品质优良的机器的电源，它可以使这台机器运转、活跃起来，并使之愿意更努力和更好地去运转。

将这种追求成功的激情展示出来，是每一个高级经理的管理方式的一部分。谁会愿意为一个悲观主义者工作？谁会愿意为一个总是持悲观态度的管理者工作呢？谁会愿意为一个总是强调公司或组织机构中所存在的缺点的管理者工作？谁会愿意为一个总是喜欢批判和挑剌而很少会给人以激情和希望的人工作？我们都喜欢为成功者工作，并成为成功的一部分。我认为，公司中各个级别的管理者都应该努力培养自己领导技巧中激情的一面。

我在“文化”部分的前文中，曾经讨论过并列举出 IBM 的“领导能力”标准。这些标准中有一个就叫作“有追求事业的激情”。当 IBM 的董事会在考虑由谁来接替我的职位时，他们就把激情作为这个 IBM 的 CEO 候选人所必须具备的一个个性特点（IBM 的 CEO 候选人所应该具备的其他条件，将在下文中列举出来）。我的接班人彭明盛，就是一个杰出的执行官——一个多才多艺的天才。然而，如果不是因为他对 IBM 所代表的是什么、对 IBM 的未来以及现在所能够做的等问题拥有一份很深刻的激情，即便他是一个多才多艺的天才，我也不会提名他来接替我担任 IBM 的新一任 CEO。彭明盛是一个充满激情的人，他会 24 小时关注成功并获取一个又一个更高水平的胜利。

IBM 的CEO 所必须具备的条件

精力

· 超凡的个人精力

· 耐力

· 强烈的行动意识

组织领导能力

· 战略意识
· 带动和鼓舞其他人的能力
· 最大限度发掘公司潜力的激情
· 组建强有力的团队
· 最佳地发挥别人的潜能

市场领导能力

· 杰出的语言表达能力
· 出席和参与业内以及与客户之间的 CEO 级别的活动

个人素质

· 聪明
· 自信，且自知自己之不知
· 善于倾听
· 决策果断——无论在业务活动中，还是在人事制度中
· 激情洋溢
· 坚决以客户为中心
· 天生就做事迅速且有影响力

正直

在结束本章之前，我还要就个人领导魅力说一说正直的问题。

据我所知，所有伟大的领导人或许都是严谨的人（实际上，他们全都是务实的人，这与通常人们所说的“严谨”之间还有很大的差别）。然而同时，他们又都是公正的人。公正或者平等，对于一个成功的组织领导人来说是至关重要的。一个伟大的领导人如果拉帮结派、赏罚不均，他就会有违道德标准并失去同事的尊重。

这些道理听起来都很简单，但要在日常工作中贯彻起来却并非易事。在 IBM 任职 10 年间，我已经数不清有多少次出现这样的情况，即某位高级经理会跑到我这里来找我，要求我给他一个原则和政策之外的特例。“约翰今年尽管没有完成他的任务，但他的确很努力。我认为我们应该继续给他发放高额奖金，以保持他的积极性，防止他离开公司。”“苏珊从竞争对手那里得到了一个邀约，如果我们为了挽留苏珊并给她提供和竞争对手所提供的一样多的优惠条件的话，我们就会违反财务制度中的工资待遇体系，但是，我们必须给苏珊一个特例。”“我知道，卡尔似乎卷入了一次性骚扰事件，而且，我们过去也对相类似的情况做过严厉的惩处，但卡尔却是X项目至关重要的人物，况且他也已经做出了深刻的道歉并表示以后再也不犯同样的错误了，因此，我们可以对他严加处罚，但不要开除他。”

在数百次这样的谈话中，事情总是呈现出两个方面，总是会有很好的理由去违反制度和制造例外。而且，在一个接一个案例中，在每一种情况下，高级经理都会以他自己的名誉破一次例。

然而，如果一个高级经理逐渐认为例外本来就是游戏的一个组成部分的话，那么他的领导能力也就随着其同事对他的信任的降低而有所减损。时间一长，该机构的文化也就更容易滋长说情风气而不是严格的执行决策了。那些没有一视同仁地和公正地严格要求遵守组织业已制定的良好原则和政策的机构领导人，必将是一个办事没有效率的失败者。

后记

本章原来打算在这里结束，但是鉴于 2002 年发生的所有有关公司违约的新闻，我必须再添加一个后记。我在前文中说过，所有的机构领导人都会不可避免地面临这样一个挑战，即保持自己组织中公正的环境和原则性裁决。但我认为，这里并不一定就涉及不诚实、违法或者说谎以及偷盗等行为。

一个不正直的人，无论如何都不应该被委任为任何公司或机构的领导人。而且，组织中的高级经理也应该是严格守法的公民。这不仅仅是一个机构保卫其安全的措施，也是任何组织都应该进行合适的检查和平衡以确保其得到遵守的管理原则。

如果以上所说的这些不应该的事情果真发生了，那么其结果就是一些坏人做出了一些令人不能接受的行为。我为这些人和这些行为感到羞耻和难为情。然而，他们的确也是公司世界中的一个非主流的小部分。我相信，我们绝大多数公司领导人都是好人，是努力工作并且正直的人，我们也期望，我们能够把权力和责任委任给这些正直的好人。

第二十六章

大象就是能跳舞

在我从商的大部分时间里，商海中似乎总是存在着这样一条不言而喻的公理，那就是：小的就是好的，而大的就是不好的。在这个广为流传的公理看来，小公司动作敏捷、有创业精神、反应迅速以及效率较高；而大公司则动作缓慢、官僚气息浓厚、反应迟钝以及缺乏效率。

但这纯粹是无稽之谈。我还从来没有见过有哪家小公司不愿意成长为大公司的，也从没有见过有哪家小公司不眼红大公司的研究和营销预算，或者是大公司销售人员的规模以及势力范围的。当然，在公开场合，小公司总是摆出一副“大卫与巨人歌利亚”

之战式的勇猛派头，但私下里他们也说："我希望我能够拥有某某大公司的资源！"

大，很重要。因为规模就是杠杆。深度和广度可以容纳更大的投资、更大的风险，以及更长久地对未来进行投入。

这不是大象是否能够战胜蚂蚁的问题，这是一只大象是否能够跳舞的问题。如果大象能够跳舞，那么蚂蚁就必须离开舞台。

这里我不是要讨论让大公司变得灵活、机动的所有因素[1]。我们前面讨论过的所有问题——焦点、执行以及领导能力，都是适用于任何规模的公司的。

然而，我还是要在这里强调一点，因为这一点对于让 IBM 重新开始跳舞关系重大，这就是大公司的"整合与分立"问题。

与"小就是好，大就是不好"相应的，这一公理在大公司中的表现就是：分立就是好，整合就是不好。

20 世纪 60 年代和 70 年代，麦肯锡咨询公司为全世界所有的公司树立了一个强有力的宣传榜样：公司分立就是好。麦肯锡首先在美国传播它的这一思想，接着于 20 世纪 70 年代将这种观念传播到了欧洲，并最终传到了日本（日本的多数公司断然拒绝接受这一观念）。

公司分立有着强有力的理论基础支持，而且在过去的好几十年里，这一观念几乎变成了所有的工业和金融机构的"基本原理"。其理论十分简单："公司分立好，因为它能更贴近客户做决

1. 大公司的创业行为这个问题，是我几十年以来一直十分关注的问题。参见哈佛商学院有关公司创业的案例研究——这些案例研究都是基于我在美国运通公司的工作经历而撰写的。（"哈佛商学院案例" 9-485-174 以及 9-485-176，copyright © 1985。）

策，以便更好地为客户服务；它也能赋予分公司的经理人更多的控制权，以便让他们更为迅速地做出决策。公司整合则不好，因为它不可避免地会延缓决策时间，以及容易对一线员工——与客户最接近的员工做出事后评价。而且，大公司难免动作迟缓且表现笨拙；而小公司则动作迅速、反应敏捷。因此，要尽可能地把大公司拆分成小公司。”

关于公司分立中的组织结构权力问题，该观念也有很多的说法，而且，在我看来，这种观念还会在大公司的组织行为中继续扮演重要的角色。然而，我认为，该观念在20世纪80年代和90年代，已经在许多公司中走向了极端，而且在很多的情况下，它给多数公司所带来的结果就是缺乏生产力和高度破坏性。许多经理人也开始表达出这样的想法，即如果他们控制不了自己业务领域中的所有问题，他们就会失去自己的决断地位。结果就是，每一个分立出去的业务部门都会拥有自己的数据处理中心、人力资源集团、财务分析团队以及规划组织等。事实上，决策唯有在只涉及某一个独立的业务部门的时候，才会是迅速的；而当决策不得不牵涉到总公司中的多个独立部门时，高度分立的模式就会因为各个分立部门之间的不配合而造成内部争斗和不恰当的客户反应。

然而问题还不仅仅出现在速度和成本上。在许多大公司中，分立出去的单位都变成了与总公司截然不同的另外一个世界，或者是被购并成为一个更大的马赛克式的大拼图中的一个部分。现在，这些公司正努力通过将过去分立出去的公司的各个部分重新整合起来而创造一种新价值。这种整合趋势遍布所有的公司领域：金融服务公司正努力通过将过去分散的产品部门整合起来而为客户提供综合服务，产业公司则正试图把对客户的价值重新定义为某种与传统产品大为不同的东西——通常是一种二次服务，媒体公司则努力为市场提供综合了各个机构优势的一揽子广告机会，电信公司也努力通过声音、数据以及娱乐等综合服务吸引和留住客户。

这种趋势不仅仅局限于公司。大学校长们也已经在创建一个跨系计划方面努力了数十年，他们想通过这一计划把各个零散的学术分支整合起来。例如，斯隆-凯特琳癌症纪念中心就已经在创建一个跨部门的治疗方案方面努力了多年，他们想为特殊癌症的治疗提供一个包括手术、化疗以及放疗在内的整体方案。无论是在大学中，还是在医疗中心，这都是一个艰苦的工作，因为各个系以及各个科室的负责人都已经习惯了多年传统的分立管理制度，而且也乐得享受过去那份精心维护的独立自主权。

分立的问题也存在于政府机构之中。美国情报部门是一个机构重叠的大杂烩，然而它却是一个相当独立的组织。当一个新的威胁产生的时候（比如美国国内的恐怖主义活动），情报局保护国家资产的原定使命，也就改变了方向——变为大范围的综合任务。

太昂贵，太缓慢

我认为在现如今这个竞争激烈、变动不迭的世界中，即便是有，也只有很少一部分大公司可以追求一种完全的公司分立战略。因为依靠公司分立战略来促使公司发生必要的重大变革，其代价太昂贵，速度也太缓慢。因此，每一个 CEO 都必须决定什么将是独特的地方化（分立），以及什么将是他公司中的共同部分。请注意我们这里没有用“集中”这个词，因为这不是集中与分立的问题。伟大的组织机构都会平衡共享活动和高度地方化的、独特的活动之间的关系。

共享活动通常可以分为三类：第一类是最简单的一类，与公司规模的杠杆作用有关，其中包括数据处理、数据和声音网络、采购和基本人力资源系统以及不动产管理等这些统一的职能部门。大体说来，这是一些建立在规模经济基础上的后台式职能部门。当一个事业部总裁哼哼唧唧地对你说“如果不让我自己管理自己的数据中心、管理我的不动产以及进行自行采购，那么我就无法管理好我的业务”时，作为CEO的你如果听信了这位事业部总裁的话，那你就是个十足的大傻瓜。即便是像通用电气这样一个由各种不同部门组成的公司，也会在它的后台流程中有效地开发其规模经济效益。

第二类与业务流程有关，它与市场和客户之间的联系更为紧密。在这里追求共同系统可以带来很大的好处，但大多会牵涉到把一个业务中的不同部分连接在一起，而且这种连接还不一定有意义。

我认为，这一类中包括共同的客户数据库、共同的执行系统、共同的物料编号系统，以及共同的客户关系管理系统，这些共同的活动可以使你的客户服务人员能够提供一个与你的公司有业务往来的客户的所有综合信息。

从表面上看，这些似乎都是一个公司中合理和有力的活动。但无论如何，它们通常会要求一些以利润为中心的经理人做一些困难的决策，即要求他们在如何管理他们的业务上削减他们的一些控制权。如果没有积极的直线管理活动，高级管理人员班子、顾问以及企业再造人员都将无法开展他们的这些活动。CEO 和高级经理都必须深入参与到这些活动中来，并争取做出务实的决策，然后再确保这些决策能够在全公司范围内得以加强和实施。这需要投入精力、时间以及卓越的执行过程。

步伐太快

在指出组织分立在许多组织机构中已经做得十分过火以后，我需要很快再补充说明事情的另一个方面，那就是，如今的许多 CEO 也正在寻找一种完美的乌托邦形态的组织整合战略。这就是第三类——也是最困难的一类共同活动领域，它涉及一个赢取市场的共同方法——通常是一个新的或者重新定义的市场。这些活动之所以很困难，是因为它们总是要求以利润为中心的经理人为了组织更大的整体利益而牺牲他们自己的利益。如此一来，这些活动就会在组织内部掀起巨大的争议，并导致剧烈和长时间的矛盾斗争。

这里有一个案例：在美国运通公司工作期间，我负责的是一项叫作“旅游服务业务”的工作，该业务包括美国运通卡事业部在内。它是美国运通公司最大和最赢利的一个业务部分。美国运通公司购并了一个经纪公司以作为进入一站式金融超市服务业务的台阶。在吸引这家经纪公司加入美国运通公司的过程中，经纪人答应这家经纪公司，他们将获得美国运通公司的运通卡成员资格。换句话说，他们将被允许给运通卡公司的其他运通卡成员冷不防打一个电话以劝使这些运通卡成员签约经纪账户。当这一消息被运通卡事业部的人知道以后，一场公开的反对活动就此开始了。运通公司中那些运通卡业务缔造者认为，运通卡服务是一种建立在信任、隐私以及个性化服务基础上的业务，从保证人那里冷不防地打个电话，这种服务方式与我们运通公司的客户服务定义完全不相符合。

这场矛盾延续了多年，而且运通公司的 CEO 所期望发生的整合或综合业务不仅从来没有实现，而且还造成了许多高级管理者的思想背离，他们不满于运通公司对那家经纪公司的最终处置方式。

无论一家公司中有多少差异很大的部分，如果你企图说服这些不同的部门联合起来去对付共同的敌人，或者是在一个有竞争力的行业中共同去争夺市场，都会是一件非常容易的事情。但是，进行组织整合就没有这么容易了：想一想那些业已建立起来的金融超市（以及几乎同样多的没有建立起来的金融超市）；再想一想娱乐和媒体行业中已经发生的那些合并和购并事件——纽约时报公司购买了有线电视公司和体育杂志、迪士尼公司购买了电视网络，以及著名的庞大合并项目，例如美国在线和时代华纳的合并等。

有多少次，我们都亲眼看到两家公司的 CEO 站在新闻发布会上，宣布一旦他们的公司合并成功，将会带来巨大的收益，而且他们这种独一无二的合并将会给市场带来新的服务和新的利益。你能说你看到过的这种情景不够多吗？

当然，我们也亲眼看到了所有这些宣布以后所发生的事情，那就是：他们失败了。为什么？因为在大多数情况下，这些 CEO 都必须要他们的员工去为这些合并活动做一些员工们不愿意做的和矛盾很大的事情。公司的各事业部一方面被要求与他们传统的竞争对手之间展开竞争，并将焦点放在保持自己在个别市场中的领导者地位；但另一方面他们又被要求加入公司中的其他事业部，以便与竞争对手展开更为广泛的竞争，而这同时也意味着各事业部都要牺牲一些他们在传统市场中借以取胜的关键性资源或者资产。

一方面要求一家公司中各个分立的单位要很好地完成传统使命，而另一方面又要他们在新使命中完成自己分内的任务，这种要求是要冒巨大风险的。因为这样做的后果就是激化矛盾冲突——多数时候是与资源配置有关，但同时也会与价格、品牌以及配送相关。

我要提出一个或许会让世界上所有的管理顾问都大为恼火的建议（这些顾问都在界定“新行业模式”和描述“互利共生”方面赚取了大量的金钱），这个建议就是：CEO 们除非万不得已，否则不应该追求第三类整合。

对于多数公司来说，整合只发生在第一类和第二类之中。第一类整合不需要动多大脑筋，因为大多数的后台职能部门都可以用规模经济整合在一起；第二类整合（即把与市场相关的“前台”部门整合在一起）可以带来可观的收益，但它需要很好的执行过程，否则收益就会被各个分部差不多全侵吞掉了；第三类整合几乎就是在拿整个公司做赌注，风险太大。

然而，如果确有必要，CEO 也可以拿整个公司为赌注，即把公司转型到一个新的模式中去，这也是一种真正的整合模式（最近我遇到了两个果真进行了第三类整合的 CEO，他们分别是媒体公司和娱乐公司的负责人，他们说他们现在正为自己的整合决策大为苦恼呢)。如果你决定走这条路(就像我在 IBM 所做的那样),那就请听听我的一些经验吧:我把促使公司实现成功转型(第三类整合)的关键几个步骤大致概括如下——当然我不可能在这里详细介绍这个问题,因为它内容太多,足以写成另一部书。所以,以下的这些步骤也只能是抛砖引玉式的介绍。

权力转移

据我所知,大公司中最让人感到惊奇和沮丧的是:公司中各个不同的部门之间都十分不合作甚至互相争斗,而且程度非常严重。这还不是个别或反常现象,而是普遍存在的正常现象——无论是公司、大学,还是某些政府机构都普遍存在着这种现象。个人和部门(分支机构、学院或其他任何名称)极力想保护他们自己的特权、自主权以及势力范围。

结果就是,如果一个领导人想要从根本上转移一个组织的焦点,那么他就必须首先把权力从现在大权在握的"大王"手中夺过来,并公开地把这些权力再转交给新大王。"孩子们,一起玩"的劝告或许在运动场上有时候还有效,但在大公司里却绝对会失效。

在 IBM,我们想围绕客户来整合我们的资源,而不是像过去那样围绕产品或者地域分布来划分资源。然而,IBM 的全球各个地区的负责人以及产品经理们都"拥有"他们所有的资源,如果我们不实行权力转移,就无法实施任何改革(除了礼貌性附和以及时不时点点头)。这就意味着要改变这些地区负责人和产品经理的预算控制权、员工加薪和奖金发放签署权，以及价格和投资决策权。我们基本上是把这些权力从过去拥有这些权力的人手中转移到了另外一些人的手中。

如果一个 CEO 认为他可以不对基本的权力（实际上就是重新决定由谁来“发号施令”）进行转移，就开始实施公司转型或者再造，那么这个 CEO 就是在自取灭亡。媒体公司就是很好的例子。如果一个 CEO 想为家庭数码服务构建一个真正的综合平台，那么他就不能让音乐事业部或者电影事业部墨守现有的技术或行业结构——尽管这些传统的方法会最大限度地带来短期利润。

计量和奖励未来而不是过去的业绩

我已经说过，人们只会做你检查的，而不会做你期望的。那些真正想在自己的组织中实施整合计划的领导人，就必须改革计量和奖励体制以加强组织的新发展方向。

我想起了美国运通公司的一位高级管理者，他是一个极力鼓吹整合战略的人，而且总是不停地在说这件事，然而在所有的财务报告中，其焦点却都集中在传统的、独立的利润中心上；我也记得有些可怜的家伙曾经在运通卡、旅行支票以及旅游事业部之间部署了整合任务，但结果却是：这些任务后来大部分都被忽视，最多也就是得到了马马虎虎的认可。因为美国运通公司的财务制度并不支持这些整合战略，一个经理人的年薪中有 98% 以上都取决于其所在部门的单独效益。“综合指数”（这已经变成奖金账目中的一个例行科目）对员工的薪金水平影响很小。

在 IBM，如果没有引入大规模的计量和工资待遇制度改革，我们就无法达到 IBM 公司所必需的整合目标。我已经解释过，负责 IBM 运营业务的管理集团的薪水，将不再建立在他们各自部门效益的基础之上，相反，他们的所有薪金都将取决于 IBM 公司总的效益状况。

当一个 CEO 对我说他正在考虑重新整合自己的公司，那我就要礼貌地告诉这位 CEO："如果你还没有准备好以整合的方式来管理你的工资待遇制度，那或许就不应该推行公司重新整合战略。"

财务测量结果也是一样。在我们停止实行 IBM 全球各地的地区单位赢利和亏损报告制度之前，我们是绝对无法形成一种综合的客户观点的——我们所拥有的就只能是一种地区观点。当然，许多地区领导人都极力反对这一改革措施！"没有损益（P&L）监督权，我们就无法管理我们的业务。""对不起，"我对他们说，"你们将不再管理业务，你们现在是公司全球综合客户机构中一个关键的支持部门。"

辟谣

就像我在这本书中所大量论述的那样，在实质性的改革变成系统性的和持续性的改革之前，CEO 的领导能力就是掌控执行的能力，即 CEO 们必须真正地参与到改革过程中来，而不是督促和委托别人去做，然后等到改革计划无法实施的时候又大感震惊。

我大约花了 5 年的时间去做这件事，在这 5 年里的每一天，我都要把注意力放在使 IBM 接受市场导向型新模式上。这是一场极其艰难的战斗，如果你选择了与我相同的道路，那你就必须准备好亲自参与到活动中去！改革任务是不能委托的，你又能委托谁呢？委托给那些被剥夺了自主权的、心怀恨意的运营团队？还是委托给那些会被失去权力的人攻击甚至杀死的高级经理班子？当然不能委任给这些人。所以，这还是一场孤军奋战，而且它也破解了一系列流传了20年的谣言，这些谣言就是：

· 没有真正的金融超市。
· 没有综合的、提供多种服务的电信公司。
· 没有完全综合的娱乐公司。
· 有许多金融服务公司都派生出他们的保险以及资金管理业务。
· 有许多电话公司都强制过户有线和无线系统资产。
· 有许多娱乐公司都对“收敛集中”持怀疑态度。

在过去的10年里，关于IBM的大多数新闻报道都集中在IBM公司的重组战略上。当然应该是这样的，因为没有重组，就没有IBM的今天。然而，正如我在前面所指出的那样，我们目前的战略将而且也应该随着IT行业持续的快速变化而不断进行改革。每个人的是非功过自有历史评说，但如果我自己有投票权，我会说，在IBM任职期间，我对公司最大的贡献就是把公司真正变成了一个整合的实体。当然，这也是我开展过的最为艰难和风险最大的改革。

第五部分

经验谈

从商35年来，我从许多角度对这个世界进行了观察。我曾经历过经济、行业以及产品周期大潮的起起落落；我也曾引进新产品、重振老产品以及断然砍掉长期以来状况不佳的业务和一开始就注定要失败的业务；我走遍了全世界的各大洲——除了南极洲，因为IBM还没有在南极洲销售很多电脑！我成了商业宴会中的贵客——在这些宴会中，主菜就是驴腿、熊掌和驼峰，而且我会毫不犹豫地吃下摆在我面前的一切，因为如果不这样那就是对主人的不敬。

还有，当我写这本书的时候，我已经是60岁的人了，这个年龄尽管在今天不算是高龄，但毕竟一生中大部分时光都已经逝去了。

很久以前我就答应自己，绝不会成为一个不停抱怨侍者和店员、对邻居大喊大叫，以及只要有人超速1英里就不停按喇叭的怪老头。是的，当我在思考本书的最后一个部分时——即在IBM工作了10年后，我的一些观察和心得体会，我正直面那些令人讨厌的诱惑——写下一长串的恼人之事。

我打算尽我最大的努力来拒绝那些诱惑，却做得不够彻底。然而，我还是想澄清一下，以下这些都只是我个人的观察体会，不一定代表我的IBM同人的观点。

第二十七章

行业

在我的职业生涯中——无论是做顾问还是做运营官，我大约在 6 个以上的行业里任过职。这些从业经验使我有资格这样说：信息技术产业是一个真正独特的行业。

1993 年加盟 IBM 的时候，我就做好准备迎接推动 IT 行业的技术挑战。然而，我还没有完全了解清楚计算机行业的特点和随之而来不寻常的实践。

让我们先从一些行业领导人开始吧。这里聚集着真正卓越的人才，无论是美国甲骨文公司的拉里·埃里森、太阳微系统公司的斯科特·麦克尼利，还是微软公司的比尔·盖茨、史蒂夫·鲍尔默以及苹果公司的史蒂夫·乔布斯，他们显然都是拥有杰出才能的佼佼者。他们都建立了正在运营中的重要公司，也都加倍拥有我所强调的那种热爱自己事业的激情，然而，他们同时也是我所遇到过的口才最棒的领导人。他们言论精彩、魅力独特并彼此吸引，更重要的是，他们都敢于从容不迫地批评别人的产品、驳斥别人的言论。

这里就像一出一年365天每时每刻都在上演的马戏一般。我不是指某个人，但我不得不说，我在这里目睹了我在其他行业见不到的行为。如果我真的说出哪怕一丁点儿忤逆这个行业正式商业会谈的话，我的律师就会约束和限制我，并把门从外面锁上不让我出去了。

当然，这个行业里也有较传统并成功的CEO，例如迈克尔·戴尔和安迪·格鲁夫，当然也包括数千个掌管着小公司的CEO，他们大多是专业的技术人员，正努力开创每个成功的机会，同时努力避免被大公司倾轧或者被吞掉。

有趣的是，在IT行业中没有贸易协会，而其他行业一般都有贸易协会，例如美国银行家协会、杂货制造商协会以及医药行业制造商协会等。这些协会代表各自行业中细分的不同团体，以及其他一些定期聚在一起讨论重要问题的团体。

苛刻地讲，诸如团队精神、为了共同的事业而进行合作，以及互相尊重等因素，在IT行业中好像都找不到。我也曾参加过银行和杂货行业的会议，并目睹过它们的CEO之间饮宴交际和个人关系状况，但是，如果被带到一间满是IT精英的屋子里，那我宁愿变成墙上的一只苍蝇！

在IT行业，我发现了另一件不同寻常的事情，就是该行业中所存在的竞争之战的本质。只要能够给自己的市场份额带来大的增长点，并能给竞争对手以毁灭性的打击，他们就会拼命去进行一场真正的殊死竞争。这不是一种虚张声势，在我看来，它是整个计算机行业普遍存在的一种独特战略。大多数行业都遵循着收益递减原则，即在市场竞争到达某个点之后，为了打败严防死守的竞争对手以增加市场份额，你的成本投入越多，你的收益却越少。所以，多数行业都努力在3~5个竞争对手之间保持一种平衡，而且共同瓜分某个公司的目的也很难实现（除非某个公司真的已经垮台了）。

然而在计算机行业，就完全是另一回事了。该行业遵循的是"收益递增"原则。在这项原则下，你很有可能会成为"标准"，而当你成为标准以后，你就会有效地"拥有"一个市场。这与"网络效应"有关，它强调的是，登录你网络的人越多，你的网络就会变得更有价值和更有利可图，竞争对手的机会也就越少。所以，IT行业中的竞争是真正凶残的战争。其目的总是要在客户账户上"清户"，并置竞争对手于绝境或死地。

我惊奇地发现，IT行业的第3个特点是，该行业受技术控制的程度几乎达到了荒唐的地步。IT公司真的相信他们所做出的异想天开的宣言，所有的公司每时每刻都在追寻下一次巨大的科技浪潮。

想想我们生活中所有那些革命性预言吧——无现金流通的社会、无纸化办公、个人电脑革命（可以通过你的手表获得你想要的所有帮助和服务），以及网络公司的世界（你将不用离开家就可以购物、上学、享受银行金融服务以及观察这个世界）；我们还被告知，电脑也将自动回应我们的语音指令。所有这一切都令人激动万分。

但这都是真的吗？果真都会发生吗？我们仍然在钱包里装着现金；也仍然在无支票化社会宣言之后继续使用着支票，而且是在更多地使用；无论走进世界哪一间办公室，你都不可能看不到成堆的办公用纸；个人电脑仍然是一种使用不方便、令人讨厌和效率不高的装置；网络公司也大多消失了。太阳依然每天早晨从东方升起，生活一切照旧。

为什么这些伟大的宣言没有得到实现呢？其原因有许多，但最最重要的一个原因就是：该行业明显地偏离了客户的需要。在线进行所有的金融业务交割而无须支票固然很有意义，我们的办公室中实现了无纸化办公当然也不错，然而，这些概念却忽视了人类的行为、人类的喜好、人类的偏见，以及那些非技术性组织机构和个人的要求。技术行业的人们或许会认为，所有客户在每天早晨醒来的时候都会说“我希望拥有更多的技术，我已经来不及去学习更多的电脑知识了”。

我只是希望这些无比聪明的技术人员能够花上一年的时间，从一个客户的角度来看一看客户对计算机技术所持的不同观点。这样一来，他们一定会发现，客户一般认为技术很难整合到日常生活和公司事务中去；他们也会发现，他们的承诺过于华而不实，而且他们的收益也没有他们所承诺的那么好；他们还会发现，管理者、员工以及客户所必须做出的许多关键性决策，最终与技术并没有什么关系；他们或许还会发现，技术有的时候甚至是一个障碍。

读到这里，也许你会感到奇怪：为什么我又要说自己喜欢在IT行业所待的这10年呢？尽管正如我前面所描述的，从正规的商业实践活动来看，IT 行业是一个巨大而非理性的行业，但的确也是一个世界上最令人激动的地方。如果你爱竞争，如果你爱胜出，如果你爱改革，如果你爱建构一些令人激动的新事物，如果你爱在一周 7 天中既接受智力挑战又接受情感挑战，那么就没有什么地方能比 IT 行业更适合你了。或许我会认为斯科特·麦克尼利有点儿凶，但我也发现他是一个很有趣的人，和他在一起相处很有趣，因为他正是一个容易被激怒的、真正的竞争对手。

第二十八章

体制

美国经济目前正面临着一个不好的后遗症。投资者在过去的几年中损失了数万亿美元，MBA 们也感到惶恐不安，因为他们从百万富翁变成了今天的失业者。

最混乱的还是，许多 CEO 和首席财务官都背叛了他们股东和员工的信任和忠诚，他们应该对所有的事务负责。不幸的是，尽管对他们的惩罚会减轻我们的一些震惊和愤怒，却无法挽回数千名美国人失去的工作和个人积蓄。近来新闻报道中披露的所有金融丑闻，都对整个商业界的名声造成了极大的损害。

无论如何，我们必须谨言慎行。所有的组织机构中——公司、政府以及联邦法院，都有人在营私舞弊、滥用职权、说谎以及变化无常地玩弄规则。即便如此，他们仍只是少数派。我们需要在不损害组织机构的前提下对这些犯罪分子进行惩罚，因为这些组织机构都是我们社会经济健康发展至关重要的部分。

管理者和政客们正在全美范围内搜查，所有涉嫌卷入那些曾经一度十分辉煌但却一下子惨败的商业活动中的人员，甚至包括只有一点牵连的人。那些过去从没有或很少报道公司会计制度的媒体公司，现在也对这些问题进行了严厉的指责，而仅仅就在几年前，这些公司还在骄傲地展示他们现在正指责的东西。网络公司的 CEO 和首席财务官，当然还有电信公司、媒体公司以及能源公司的 CEO 和首席财务官，过去都曾在财经新闻电台中出现，以鼓吹他们的预计收入情况。评论员也醉心于这些报道活动，因为大家都希望有更多的关于“新经济”的新闻。出版和广播媒体极力吹捧新经济，即便是这些公司的股票以高于其年收益的 300~400 倍的价格在销售，也很少会对其表示任何怀疑！

让我震惊的还不只是这些，而是几乎很少有人说，这场金融丑闻式的“电影”我们以前看过，而且也知道其高潮就是一次巨大的火车车祸。无论是加利福尼亚的淘金热、20 世纪 20 年代疯狂的工业扩张，还是 20 世纪 60 年代的企业大联合，以及 20 世纪 80 年代的杠杆收购，我们精彩而自由的经济体制都孕育了一次又一次疯狂的热情和投机。在这些电影中，没有造成灾祸的主要坏蛋，因为每个人都是坏蛋。实业家做出了不切合实际的承诺，公司执行官也变得贪婪起来，商业银行忘记了基本的信用政策规则，政客们也对新的产业巨子卑躬屈膝起来（还记得前两任总统选举期间，政客们的硅谷之行吗？），而且金融媒体也携带着不断增加的广告收入往银行跑，并热情地支持这场丑闻[1]。

有人喝酒就有人摆酒宴——尽管多数人都是这场闹剧中的“分一杯羹者”，但安排聚会和摆酒宴的也大有人在。现在被法院起诉涉嫌金融丑闻的人中有会计、管理者和公司执行官等，都是世界上最不可能成为前面我们所说的那些重磅炸弹式狂欢酒宴的提供者。

那么，谁才是摆酒宴的人呢？主要是投资银行家，为我们经济历史中所有疯狂的投机时期提供酒宴：他们建造了巨大的石油卡特尔、出售了铁路股份、为 20 世纪 60 年代的企业大联合推波助澜；后来又转过头来怂恿企业，将那些起初合并进来但并无意义的业务部分全部卖出去，并从中牟利。他们手中有无数的火柴可以用于点燃经济篝火，这些“火柴”就是：付息及税前利润付款报单（EBITDA）、首次公开上市（IPO）、杠杆收购（LBO）、管理层收购（MBO）、价格与收益比率最高限额（PERC）以及买卖债券提高收益率（PICK）。

投资银行家们能使资金收缩和膨胀。他们从怂恿 AT&T 公司购并所能看见的一切东西中赚取费用，接着又从帮助 AT&T 公司卖掉购并进来的东西中获取更多的费用。这真是一桩好生意，因为无论如何他们自己都能赚到钱。在所有这些经济投机狂欢活动结束后，经纪人都赚足了钱，受损失的却是投资者，他们把自己辛辛苦苦挣来的钱都输光了。蒙受损失的还有实业家，他们输掉了才气和名声。

1. 关于媒体对于这场金融丑闻的推波助澜作用，请参见《网络公司》杂志上约翰·卡西迪的一个非常有趣的研究报道：哈珀科林斯，2002 年 2 月。

那么，我们如何来修复这个体制呢？或许你们中的有些人要失望了，因为对于这个问题的回答是：并没有太好的修复方法。

禁止投资银行家的活动，这是不切实际的想法。别忘了，他们存在（而且将一直存在）的原因，就是人们总是在寻找一根魔棒来实现他们的梦想。我们很少需要管制，因为管制通常抑制经济的发展，它很少支持投资银行家的活动。

现在我们来讨论一些对于修复目前经济体制有所帮助的东西，例如，美国证券交易委员会应该禁止公司在新闻发布活动中使用预计收入数据资料；公司董事会应该几乎全部由本公司外部的董事组成；不应该要求员工把他们的大部分退休金和个人积蓄投在自己公司的股票中。

我的确认为，一个意义重大的变革有助于抵制下一次浪潮（相信我，我们在未来的10~15年中一定还会遇到下一次浪潮）。在我看来，这个变革就是改革我们的税收政策，以使它打击短期投机而鼓励长期投资——这种方法不是我的首创，已经有很多人在实施这种改革。我宁愿看到利润来自证券买卖税后的收入——这些税额可以按比率有所变化，比如说，如果证券买卖活动不到1年就发生一次，那就以70%的比率征税；如果是1~3年发生一次，那就征收40%的税；3~5年发生一次，那就征收20%的税；5年以上才发生一次，那就免税。这将会使小资产所有者以及家庭农场主得到帮助，而且鼓励公司的高级管理人员们超越自己对季度性短期绩效的追求行为。

我还主张将这一方法应用于股票期权收益上。那些在不到5年的时间里就出售股票期权的高级管理人员，将比那些持有股票期权的高级管理人员缴纳更多的税款，这也是授予执行官股票期权的唯一理由——使他们的利益与公司股东的利益一致起来。

我希望，通过这样的一种税收制度改革，至少可以获得回到“资本主义私有制”的好处。如果股东的巨额股票（养老基金和共同基金）因为短期交易而严重受罚，以及因为长期投资而及时受到奖励，那么这些公司管理者就成为公司绩效极具有建设性意义的监管者。

不幸的是，在过去大约 10 年的时间，美国的经济体制走的却是与此相反的道路。美国的管理者已经变得如此执迷于帮助小投资者，以至于我敢断定他们已经与大投资者脱离了联系——所有者最能够给董事会和管理委员会施加压力。

例如，股东会议——每年一次的投资者和管理者公开交流的机会，已经变成了由管理者控制的狂欢时光（不仅在美国是这样，在欧洲和日本也是一样）。我记得，20 年前，为年度会议精心准备、探讨公司重大事务是管理团队的应有之义务。现如今，却没有哪位严肃认真的股东愿意参加这样的年会，因为这些会议已经在管理者的许可下，变成了讨人嫌的人、社会上的工程技术人员以及愤愤不平的员工们炫耀的场所。我绝不会忘记电话电报公司的一次年度股东会议：在那次会议中，股东们不得不忍受关于支持和反对堕胎的两次长篇大论——因为管理者批准了两个与堕胎有关的提案。所有这一切都把本应该讨论的重要问题排挤到了一边（例如，电话电报公司将要如何提高长期业务的边际效益）。

除了以上股东会议这个良好的形式被不正确地利用以外，另一个良好的愿望在实施的过程中也走向了歪路，这就是众所周知的、美国新出台的一项规定：公平披露（FD）。该规定原本旨在确保所有的投资者——特别是小投资者，都有机会同时获得公司的相关信息。当初没有任何人质疑这一愿望良好的规定。

然而，该规定似乎也使公司的管理团队规避了大组织机构性投资者的审查，而这种审查过去可是对公司领导人最严格的检测。相信我，在过去如果你是一个 CEO 或者是首席财务官，你要准备和富达投资公司（Fidelity）或者美国运通公司的财务顾问召开一次为时 2~3 个小时的会议，那你现在的焦点就将是在务实的、互谅互让的气氛中为你对公司的管理行为进行解释和辩护。我怀疑这些东西在“强制决策”制度的规定下，即便现在还没有消失，以后也可能会消失的。

我的观点很简单：老练的大所有者能够也应该承担主要的管理责任。是的，管理者、董事以及财务会计人员都在里面扮演了角色，但我们应该从风险投资家的著作中摘选一页内容，这就是：所有者都是接近管理者的人，所有者不能一时心血来潮地抛售自己的股票，所有者必须通过一个完整的投资周期来观察一家公司——它们是确保公司领导能力有效的且最有力的因素。

第二十九章

旁观者清

多年来，我一直在我的办公室中贴着这样一条横幅：

有 4 类人

积极采取行动促使事件发生的人

被动接受所发生事件的人

对事件持旁观者心态的人

什么事也不关心的人

本书所介绍的 IBM 员工都属于积极采取行动促使事件发生的人。

被动接受所发生事件的人，是一个复杂的群体。他们中有些是快乐的追随者——是随大流的人，另外一些则对变革持抵制态度，我也在本书中对他们进行了详细的讨论。

我嫉妒第4类人——我在人生的各个阶段都会遇到这样的人，他们整天沉湎在自己的世界中，并对发生在当前的事件、社会变革以及时下的重大问题既不感到痛苦、恐惧，也不感到困惑。

现在我要进行讨论的是第3类人——对事件持旁观者心态的人。

大部分第3类人都不进行创造活动，而是对别人的创造活动进行观察和评价（你或许可以称呼他们为职业特定意见持有者）。所以，他们的社会价值，就是他们观察的洞见力，以及他们从一个局外者的角度对某一活动的评价附加值。

我想强调的是，这里的“社会价值”并不等同于“成功”。我认为，有许多观察者很少给社会带来附加值，但他们却非常成功，因为他们引起了人们的争论、激起了轰动效应、造成了娱乐效果，或者频繁地出现在电视屏幕上。同时，又没有什么事情比阅读一篇真正有洞见的杂志文章，例如基因工程或者先前的中东危机，更让人感到是一种享受。

作为世界上最大一家公司的CEO，我希望尽可能将每一分钟都花在与客户、员工以及股东相关的问题上，然而，我知道我不可能回避IBM观察者的观察和评论，我必须学会和他们打交道。因为，无论出于何种理由，如果他们决定不喜欢我或我所做的事情，那我的工作就将变得更为艰难了。

观察者也分为很多种。谈论他们是要冒很大风险的，因为他们总是最有权威的人。这就是我将要限制我自己对最权威观察者——也就是那些商业媒体和商业分析家进行讨论的原因。而且在讨论他们的时候，我将最大限度地保持客观性。

商业媒体

就像在其他任何职业中一样，商业媒体中的报道者也分为优秀的和不优秀的，即为报纸、杂志和电视提供商业报道的好记者和不怎么样的记者。我曾有幸与一些最优秀的记者合作过，他们会花时间去了解所要报道的公司以及行业，会提出一些很有见地的问题，更会写出颇具影响力的故事来。

在美国之外，日本记者给我留下的印象最为深刻。他们的工作非常周到——在东京举行的一次新闻发布会上，我发现日本一家大报业集团派来了 16 名记者。他们在撰写报道时也十分努力，其报道内容也总是很精确。日本的记者或许也是世界上最有进取心的记者。他们把跟踪你到你住的旅馆，以及在深夜时敲你的门，当作家常便饭。我们 IBM 在日本分部的负责人告诉我说，日本记者经常会在午夜时分敲他家的门，甚至还邀请他去喝啤酒！

我也必须学会应对，或者是要学会忍受那些不怎么样的记者。他们包括以下几种类型：

- 那些认为只有坏消息才叫新闻的记者。就有一个这样的记者整天待在互联网的聊天室中，收集 IBM 前任雇员对 IBM 的抱怨之词，并号召人们卖空 IBM 的股票。这个记者最爱做的事，莫过于在整个市场中传播消极的谣言。如果这个记者所写的故事导致我们公司的股票下跌，第二天这位记者所供职的那家出版物就会如实地报道说，IBM 公司的股票下跌就是因为自己出版物上的某个报道。多数人都会称此为廉价品。还有另一家出版物的一个记者，对 IBM 怀有深深的恶意，居然把他的名字和电话号码都公布在互联网的发牢骚网站上——这个网站是为那些对 IBM 有负面意见和体验的人服务的。

· 那些为了抢头版而不惜牺牲报道内容的记者。在记者招待会中，你总是要开口说话的，于是这些记者就总是在引诱、激将和试图使你说一些具有争议性的话题，有时候他们会针对同样的问题连问 3~4 遍。这类记者中的大部分并不关心或理解 IBM 正在进行什么样的活动。

· 那些让你认为他们是在有倾向性地进行报道活动的记者，实际上是想以一种截然不同的角度来报道。我已经想不起来这些记者曾经报道过什么赤裸裸的无耻谎言，但是，他们的报道中的确也存在着欺骗和虚假的成分，这些东西是绝不能被看作诚实报道的。

· 那些就是不喜欢你的记者。有一个憎恨 IBM 的记者出现在美国电视台中，并指出，IBM 的高级员工都是坏蛋。后来，他又打电话跟我们说，他打算写一篇关于我们公司的报道，并希望我们相信他是一个毫无偏见的人，你说我们能怎样？

无论何时，只要这些不怎么样的记者一出现，我就只有一个应对之策，那就是：拒绝与他们打交道。生命是短暂的，时间对于我是很宝贵的，还有其他许多更重要的事情需要我去为之花费时间。

说得少和做得好

在IBM任职的9年间，有一件事情使我备受媒体的攻击，那就是：与媒体不合作。而我的一些竞争对手一看到电视台的摄像机和记者手中的采访本，就会走不动路。最大的抱怨来自一份技术贸易方面的报纸，该报指出：“当我给比尔·盖茨打电话时，他会亲自接电话，为什么郭士纳就不能呢？”

当然，你知道我有一家公司要我管理，更重要的是，我总是认为，说得少和做得好要优于说得好而做得少。媒体喜欢预测、预言以及承诺。如果你在摄像机面前花费太多的时间，那么你就很可能会陷入说大话的陷阱。

因此，在我的整个职业生涯中，一年只接受2~3次记者采访。这些采访也几乎全是一个主要出版物重要报道的一部分，记者通常事先准备好一个采访提纲，这个提纲要能够说明该记者对IT行业发展趋势十分了解，并对IBM的发展战略有着深刻认识。是接受有这样一个精确采访提纲的记者的采访，还是接受一个只是泛泛地问许多不同方面问题的记者的采访？当然，我会选择前者。

我总是认为，在媒体面前说得越少越好。虽然这在某种程度上限制了自己跟媒体的接触，但我必须指出的是，我所接受的为数不多的几次采访所产生的影响，远远甚于我整天在媒体面前抛头露面。

分析家

分析家有许多种类型，他们分别是在股价、行业以及产品上有独特见解的观察家。就像在观察者中所出现的情景一样，分析家也分为非常优秀的和很不怎么样的。我曾评价过互联网分析家，他们中的许多人都曾误导过他们的委托人。

一些优秀的IBM证券分析家中的一位就给我留下了非常深刻的印象——因为他递交给我一份问题清单，这些清单上所列的问题都是在即将召开的IBM分析家会议上，他希望我能够给予回答的问题。这些分析家都是相当优秀的战略观察家。

我所认识的大多数证券分析家都既聪明又勤奋。然而，他们也感染上了一种让人十分虚弱的“病毒”，这种“病毒”在美国的公共资本市场上大肆传播，它就是：季度性目光短视。我惊讶地发现，太多的分析家都因为一叶障目，只见树木不见森林。换句话说，他们把森林划分成了复杂的迷宫——就像老式的英国住宅区。对于这些分析家来说，所有重要的事情就是，毫不犹豫地打通下一个短期赢利通路。至于你是否有最好的计划打通了整条通道（或者你是否有计划），他们则抛在脑后。如果他们预计在未来的90天中将实现每股赢利50美分，而且你也做到了，这时你就是英雄；如果他们预测赢利50美分，而你只实现了48美分，那你就是小丑或恶棍。

他们根本就没有考虑到90天根本就显示不出一个公司所做决策的好与坏，也没有考虑在大多数商业领域，很少有管理者能够在90天中获得什么实质性的成果，更没有考虑到一个公司在90天中所做的只能是管理收入。在反对这些分析家“季度性目光短视”行为的同时，我还必须承认，他们并不是这种“目光短浅症”的创造者，而只是大范围被传染了这种“病毒”的一部分。然而，经济制度却把他们转变成了电子表格迷，在每一季度中，你都要用正确的数字为他们填写宾戈卡（一种赌博游戏卡）。

我还需要指出的是，这些分析家有一个错误的观念，即他们持这样一种过于简单化的先入之见：营业收入的增长就是衡量一个公司优势的标准。当然，营业收入的增长是一个企业价值增长中的一个因素，但远非最重要的因素。以牺牲净收入为代价而片面追求营业收入的增长，是说明一个管理团队无能最有力的信号之一。在损益表的所有测量标准中，营业收入是记账管理中最容易管理的部分之一。在本书出版之际，我们就可以看到身边的类似案例——正在接受调查的和承认自己有这种造假行为的电信公司、网络公司以及软件公司，都是以牺牲净收入为代价、片面追求营业收入增长体制的金字塔中的组成部分。

这种对营业收入的片面追求也导致了另外一个后果，即以牺牲长期竞争地位为代价而最大化短期成果，也就是说，以牺牲市场份额为代价而抬高或维持价格。

在IBM，我们做了大量的工作，压低营业收入的增长却提高了基本股东价值：

· 我们不去参与那些只能扩大公司规模却很少带来利润的购并活动。
· 我们降低主机的价格以及由此带来营业收入的下降，以确保一个有效益的不断扩大的现金流量。
· 我们从根本上动摇了一些软件和存储器竞争对手的价格基础，过去我们一直在这些产品上保持着惊人的价格保护。

结果，我们在高成长领域大幅增加了市场份额。

- 我们卖掉了一些能够带来数十亿美元营业收入，却不适合IBM长期发展战略的业务。

我猜想，营业收入是分析家们发现最容易跟踪或者理解的东西。然而，最优秀公司的利润增长一定是快于其营业收入的增长。这些优秀的公司能够出色地管理好边际利润和开支，也知道最具有竞争力的优势是一个能够允许它们利用营业收入作为成本结构和市场导向型模式，通过这一武器与竞争对手作战。最重要的是，它们理解：是现金流而不是营业收入在推动企业的成功。

所以，在过去的10年中，IT行业中成长势头最为强劲的三大公司（戴尔、英特尔和IBM）都拥有两个共同特点，也就不足为奇了（通用电气、沃尔玛以及其他一些领导型企业也具有这两个共同特点）。其中第一个特点就是，把价格（营业收入）作为一个战略性竞争武器；第二个则是，能够很好地管理成本——所有的成本，包括税收、制造和配送。

当我们进入新的10年发展期时，公司领导人应该利用电子商务的空间，在制造、工程、供应链、人力资源生产力以及组织速度等方面更加有所创新。

几乎在所有的行业中，全球化正在引起生产力过剩，并由此引发商品化和价格下降。因此，成功将意味着使公司进入最适宜的规模——不一定是最大的规模。流程创新即公司的营业方式，将与公司产品的创新同等重要。

如果我是一家证券公司的研究负责人，我会要求我的证券分析师关注以下决定股东价值的5个方面：

1. 在一个成长型市场或者细分市场中，该公司是主导力量吗？（别忘了沃伦·巴菲特的观察：“当一个拥有良好声誉的管理者和一个有着坏名声的公司相遇时，发生改变的绝不会是后者。”）
2. 在这些细分市场中，该公司能够保持或者增加其市场份额吗？这种市场份额能够给公司带来持续的优势（成本、技术以及质量方面的优势）吗？
3. 增加的市场份额能够给公司带来现金流的增长——指的是所有开支过后的现金流，而不是无意义的付息及税前利润付款报单或者预计的现金流量。
4. 该公司是以一种聪明的方式在运用现金流量吗？

·避免无谓的或目光短浅的购并活动。

·在研发、营销以及公司其他的关键性领域加大投资。

5. 该公司管理团队的言行与股东的利益相一致吗？执行官拥有公司的大量股票（还是只持有公司期权）吗？他们是以分红的形式或者以配股的形式给股东返还现金吗？

我喜欢竞争对手执迷于将其公司的营业收入作为主要绩效目标。1993 年，听说康柏公司的领导人宣布其目标就是在 1996 年之前超过我们的市场份额时，我简直高兴坏了。分析家们也高兴极了！康柏公司的这位领导人大显身手地购并了数据设备公司，我又高兴坏了！但不知出于何种原因，这位领导人最终被解雇了，毫无疑问，失去了有这样绩效目标的领导，康柏作为一家公司也从此在市场上消失了。

第三十章

IBM 与社会

只要还在商界一天，我就能听到关于公司是否应该从事慈善活动的争论。有些人认为，公司的任何用于慈善事业的基金，都应该由公司的股东来决定，因为股东有权决定自己的钱应该用于何处。伯克希尔–哈撒韦有限公司（Berkshire Hathaway）的沃伦·E. 巴菲特就是持这种观点的人。另一些人则认为，公司是作为社会一部分而存在和发展的，因此，公司有责任支持社会的健康发展和社会的生机活力。

在说我自己的观点之前，让我先把这个问题放在某些视角中进行观察。2001 年美国的慈善捐款总额已经超过了 2 030 亿美元

（1970 年是 850 亿美元），而公司的慈善捐款总额才只有 110 亿美元——这是公司税前总收入的 1.2%。自 1970 年以来，公司慈善捐款数额在公司总税前收入中所占比率就没有多大的变化。在美国以外的其他地方，也很少有公司给非营利组织捐款的传统。

我是第二种观点明确的支持者。我相信，只有在一个健康和充满生机活力的社会环境中，公司才有可能取得成功。因为，公司的成功发展需要它的客户和员工所生存的社会也很强大，这就像公司成功发展离不开成功的研究、规划以及广告一样。因此，为自己的社区做贡献也是一项很好的业务。

然而，从某种角度来说，我又与巴菲特的观点有接近之处。我对所谓的“支票簿慈善”活动几乎不感兴趣。公司定期从自己的预算中划拨一部分资金用于慈善活动，并在一年中分别将之捐献给各种慈善机构，从某些方面来说，这固然是在做好事，但我认为，从许多方面来说，这也是一种低绩效的行为。

正如我刚才列举的数字所显示的，公司的慈善捐款在美国每年的现金慈善捐款总额中并不占有很大的比例。一次个人捐款活动募集的资金就有可能毫不费力地比所有公司所进行的慈善捐款数额还要多。

我坚决主张，公司在慈善活动中所扮演的角色能够而且也应该超越填写支票的层次。就像我们社会上那些杰出的组织一样，公司的确做得比社会上大多数组织都要好；最重要的是，公司也知道如何规划和管理自己的资源、与各种机构交往，以及从事其他许多有建设性意义的活动——这些活动对于所有非营利组织来说，也都是非常必要的。对于慈善机构来说，拥有这些领域的技能是很重要的，但是，这样的技能却很少能够在成功的、自我更新的组织中发现。还有其他一些组织在追求和保持卓越的过程需要借助于这些技能的帮助吗？政府当然不属于这样的组织，因为政府的技能似乎就是限制捐款和起草管制措施。个人则可以大规模慷慨捐出他们的财政资源，而且可以通过做数小时的志愿者工作为社会提供宝贵的价值。然而，他们却缺乏公司所具有的、可以用来解决大的体制性问题的实力和影响力。

让我给你举一个非常现实的例子：在过去的35年里，我最大的热情就是帮助振兴美国的公立学校系统。除了我的家庭、教堂以及我的工作，我生命中的核心就是这件事情了。1995年，我在美国全国州长联合会（美国50个州的州长组织）上发表讲话说，州长们应该在各自州里努力实施公立学校制度改革。州长们的反应是谨慎和不一致的。他们对我说："路易斯，我们同意你的观点，也想为此做出更多的努力，但是，没有商界的帮助，我们无法完成这一任务。我们需要商界敦促和推动我们对州立法、学校委员会以及学校管理官僚制度进行改革。我们需要你们与我们并肩作战，帮助我们一起来解释公立学校问题的紧迫性，并力促这一艰难的决策和改革得以实施。"

结果，那次州长会议之后，一个叫作Achieve的机构成立了。可以肯定，在过去的10年中，该机构在美国公立学校制度改革中发挥了最为重要的作用。它是一个现任州长和公司首席执行官们的联合组织，其目的旨在为美国教育改革制定一个共同的基本标准并为其提供动力。

显然，这不是"支票簿慈善"活动，它是务实的艰苦工作，而不是唱高调。它不会成为报纸的头版头条，但它在州长们看来，却是一项任务，一项CEO以及他们的公司为我们的孩子们所承担的独特的任务。

实施真正的变革

如果美国的所有公司都能够思考如何将这种独特的技能和资源应用到解决社会问题上，那么其给社会带来的效益，可就远远超过 110 亿美元现金捐款的很多倍了。

哈佛商学院的罗萨贝斯·莫斯·坎特教授称之为从“小改小革”模式向“真正的改革”模式的转换[1]。坎特教授指出，公司可以通过把社区的需要视为一个机会而不仅仅是一种责任，从而实现把社会责任转换为社会创新。她还指出，许多接受公司救济的组织所需要的并不是慈善捐款，而是改革。我同意坎特教授的这一观点。

我第一次接触到公司行使权力去帮助慈善事业，是在美国运通公司工作期间。20 世纪 80 年代，我们引进了一种叫作“相关事业营销”的概念。我们告诉所有管理班子成员，我们将从每一宗运通卡业务中提取 1 美分用于自由女神像的修复工作。另外，还从每宗旅行支票业务中再取 1 美分，从每宗新会员卡业务中抽取 1 美元，从每宗美国运通旅行商店超过 500 美元的度假活动业务中抽取 1 美元补充用于自由女神像的修复工程。这一行为的反应真是惊人：在非常短的时间里，我们就筹集了将近 200 万美元。然而，在给修复工作带来很大帮助的同时，美国运通公司得到的

1. “从小改小革到真正的改革：社会部门作为商业创新的 β 因素”，罗萨贝斯·莫斯·坎特，《哈佛商业评论》；1999 年 5~6 月号。

补充就是：自由女神像组织也接受了美国运通公司机智而漂亮的营销方式。我们显然是打开了与非营利组织进行合作的空间，并借此把这一信息传到社会的每一个角落。这是一种真正的将多余改革转变为真正改革的做法。

在IBM，公司要承担社会责任早已是由来已久的传统。从许多方面来说，它已经是IBM公司的一个DNA了。在我加盟IBM之前的10年间，公司的慈善捐款总额已达到13亿美元，这使得IBM成为全球最慷慨的公司。但是，IBM的慈善活动基本上都是现金捐款，而且这种做法遍布公司在世界各地的分部。有些捐赠受益人已经变得十分依赖于IBM公司，已经连续数十年一直接受IBM公司的捐助。

直觉告诉我，如果把自己的焦点和目标放在努力解决问题上，而不是仅仅扔点钱出去就了事，那我们会收到更好的效果。在改造IBM的过程中，我们也同样改造了慈善捐助活动，我们把焦点放在了利用技术来解决社会问题，尤其是教育问题上。

从实质上说，我们是从把捐赠受益人视为客户开始的，我们还为他们提供最好的上网技术，并派遣公司中的能人帮助他们与网络实现连接。通过卷起衣袖亲自动手，以及参与到他们当中去，我们帮助他们解决了大部分的问题。在教育领域，我们率先启动了一个名叫“重塑教育”的工程。它是从IBM的研究实验室中开始的——在那里，IBM的研究团队协同教师和教育行政人员工作（学生和家长们也经常参与进来），以寻找消除孩子与一流的教育之间最顽固障碍的方法（涉及教师培训方式问题，以及每天、每周和每年的时间利用问题等）。

我们的研究人员利用声音辨识技术发明了一种新的教学生阅

读的方法、可以提高教师技能和学生学习能力的数码文件夹、可以通报决策的数据库，以及帮助教师获得最优秀教学计划和学会如何批改学生作业的在线程序。1995年，我们开始在美国的各州、各学区以及美国以外的许多国家开展一项计划，即帮助我们的教育合作伙伴使用和调整这些新发明的教育技术。参加该计划的学生已经达到1 000万人，教师人数则达到6.5万人，而且还帮助不同年级和学科的学生提高了学习成绩。

最引人注目的是，该计划最大范围内的扩张和制度化，是在IBM慈善捐助用完以后发生的，也就是说，我们的教育合作伙伴现已开始利用这些创新并对其进行吸收和消化。无论在越南、巴西，还是在美国的西弗吉尼亚州以及北卡罗来纳州，都是如此。

把我们独特的资源（技术和才能）运用到社会问题解决中来，已经不仅仅局限于解决教育问题了，我们还把它延伸到了诸如“黑人联合大学基金”和2001年“9 · 11”事件援助活动之中。我们的员工同样也把这一战略体现在了他们的个人活动之中：2001年，在美国的IBM员工为许多社会和教育机构义务贡献了400万小时的工作时间和大约5 000万美元的个人捐款，将近1万名IBM员工为这些社会或教育机构董事会工作。我们支持这些员工的服务方式，还提供了必要的资金，并把这些小额技术拨款发放到那些IBM员工每年义务工作100个小时以上的组织中。对5 000名为K-12年级学生担任电子辅导员的IBM员工，我们为他们提供了万维网基础支持，即为之提供工具和特殊内容。我们也为那些在K-12年级学校提供义务服务的IBM员工提供4-1的网址命中率。

我希望更多的公司——无论是大公司还是小公司，都认同这个可以在其中大有作为的机会。他们可以利用这些机会，把他们的特殊资源和才能，而不仅仅是金钱，带到我们的社区中来。

完成这一任务的过程，就像是利用一个对公司很有必要的商业机会。它需要什么样的资源和计划？我们如何组织起来以便把工作做好？我们如何确保获得可测量的结果而不仅仅是实施一次活动而已？

既然在公司的其他活动中——广告、研究、营销或制造活动中，我们都不可能仅靠自己花费了多少来评估我们工作的有效性，那么为什么慈善活动就应该特殊呢？

第三十一章

一路走好，IBM

离开 IBM 之际，我心潮澎湃，思绪难平。

35 岁时，我带着自己的经验，怀着愉快的心情离开了麦肯锡公司，急切地奔向了新的生活，成了一名运营官。其实很多同事在我之前就离开麦肯锡公司并加入了客户的公司，我只不过步他们的后尘罢了。

11 年后，我离开了美国运通公司，主要原因是我不赞成公司当时执行的整体战略。如果当时美国运通公司不是那种情况，我可能今天还待在那里。

我以前就说过，对 RJR 纳贝斯克的借力购并从一开始就注定要失败。因此，我选择离开的时机是对的，不过带领IBM进行转型这样令人激动的挑战，也是我离开RJR纳贝斯克的重要原因。

离开IBM的感觉与前几次辞职的感觉迥然不同。前几次辞职时，我对未来的事业和新的挑战满怀期待。但是对于离开IBM以后的生活，我感到心绪难平，我发现自己在IBM任职的最后几个月里，总是对在IBM度过的日子进行回顾，这比以前离职时所想的要多得多。

我是作为一个外来人、一种改革力量来到IBM的。因此，我不得不做出许多困难的决定，在许多人们不愿意改变的地方强行改革IBM。在我心灵深处，我认为自己是一个名副其实的IBM人。有意思的是，除了沃森先生，我这样一个外来人在CEO的职位上比任何人坐的时间都要长。下面是我写给员工通报引退的信：

亲爱的员工：

1993年4月1日加盟IBM时，我从未想到过引退的这一天。当时的董事会叫我集中精力实现短期目标，即挽救公司。由于对IBM的了解很有限，因此坦白地讲，我当时心里也没底，而且我也不知道要多久才能完成这项任务。

感谢成千上万的IBM人的支持和指导，我们终于圆满完成了公司起死回生、扭转乾坤的任务。挽救公司，也是我受命于危难之时的使命，差不多已经在20世纪90年代中期完成了。但就在这时候，发生了一件事——这件事令我大吃一惊。这就是，我发现我已经爱上IBM了。因此，我和你们当中的许多人一样，决定在这家世界上最好的公司中度过自己的职业生涯。IBM充满了迷人的魅力，它是那么的重要，它曾遭受挫折、举步维艰、饱经沧桑。我热爱在 IBM 的每一分钟（或许，还不仅仅是每一分钟）。

9 年过去了，弹指一挥间。

现在，挥手道别的时间到了。过去，我一直采用电子邮件的形式告诉大家公司的重大发展事项以及发展战略方向。这次与大家道别，我想还是用这种形式。不久前，董事会选举彭明盛担任公司的 CEO,2002 年 3 月 1 日开始任职。同时，公司副董事长约翰·汤普森宣布退休，自 2002 年 9 月 1 日起不再担任董事会的职务。我知道所有 IBM 员工都和我一样，对约翰 36 年来为公司做出的贡献心存感激之情。在其 36 年辉煌的职业生涯中，约翰建立了公司的软件事业部，使我们在集中精力识别和探索新兴市场机遇方面达到了高峰。

应公司董事会以及彭明盛的请求，我将继续担任董事长一职至今年年底。从 3 月 1 日起，彭明盛就是我们新的带头人。而我的工作就是在彭明盛需要我的时候给予协助。

下面我想谈一谈这次公司领导交接过程的时间安排，因为有人认为 IBM 的 CEO 到了 60 岁就会被要求退休，事实上公司并没有这样的规定。公司没有任何规定或年龄限制要求我现在退休。我之所以这么做，是因为我觉得该是退休的时候了。公司已经做好了准备，而且新的公司领导人也做好了准备。对于公司的前途，我无比乐观、信心百倍。所有这一切，都让我相信可以功成身退了。

在过去的两年里，彭明盛和我建立了有力的合作关系，从而为公司领导人的过渡交接做好了一切准备。在英明的公司董事会的支持下，这次交接工作有序、透明、彻底。

你们有很多人都认识彭明盛，而且为他工作过。彭明盛是一个杰出的领导人，对公司的事业充满了热情，他忠诚于公司的信条和价值，并积极遵守促进公司成功的各项准则。除了这些品质，彭明盛的身上还流淌着 IBM 的血。因为，彭明盛一直在公司工作，因此他深悉公司的灵魂是什么，知道公司能独自完成难以置信的改变世界的创举，而且知道在以后的岁月怎样进行持续的改革。我相信，大家会像以前真诚地支持我那样，一如既往地支持彭明盛。

与大家在 IBM 相伴 9 年，将是我一生的荣耀。我们一起完成了许多工作，对此我感到无比自豪。由于篇幅的关系，请恕我不能一一道来。由于我们的同心协力和努力工作，IBM 又杀回了行业领先者的地位。如今，我们的发展战略是正确的，我们的创新能力无人能及，我们的公司文化正朝着正确的方向发展。而且，我们又重新找回了对公司的自信。想想 1993 年时，现在的这一切是多么遥不可及，那时有多少人认为我们成不了气候，而且极少有人相信我们能坚持下来。然而，大家没有放弃，是那样坚毅和决绝。由于大家的努力，IBM 保住了行业领先者的地位。

我说过，在 3 月 1 日以后我将尽我所能协助彭明盛和整个公司领导团队。我希望大家知道，即使我从董事会主席的位置上退下来，我仍然会支持伟大的 IBM 和杰出的 IBM 人。因为，我的一生属于 IBM。

路[1]

1. 郭士纳的昵称。——译者注

尽管我说了这么多，尽管我对 IBM 员工给予我的溢美之词无比珍视，但我意识到我一直（甚至从头到尾）是一名局外人。

我身边的大多数同事，如彭明盛、约翰·汤普森、尼克·多诺弗里奥以及其他人，他们和我一起工作，赢得了我为 IBM 的复兴而努力工作后方得到的信任，他们观察问题的视角是我永远也无法企及的。他们的职业生涯都是在 IBM 度过的，亲眼见证了 IBM 的兴衰荣辱：辉煌的日子、阴霾的日子以及转型的日子，这些他们都亲历其中。所以他们的根比我扎得更深，阅历比我更丰富。

对我来讲，1993 年 4 月 1 日以前的 IBM 是一栋满是房间但没有窗子的大厦，我也从来没有进去过。后来，我战战兢兢地走了进来，进来以后，我必须进行改革，而且我知道不进行改革的原因就在这些房间里。今天我仍然记得，刚进公司时，当我大致勾勒出我认为必须进行的改革时所发生的许多事，我的同事冲我说："嗨！我们以前也试过，但是没用。"对"以前的事"我无法深究，但我知道不进行改革的所有原因。

有时候，我会听到一些员工对以前特定经历的回忆，其中饱含着酸甜苦辣，这些经历影响着他们的生活或影响到公司的发展。最近，我请一位员工跟我聊一聊我的前任 CEO 们——汤姆·沃森的继任者们。这次谈话对我来讲非常美妙，而且我希望在 IBM 的日子里我能继续同新老员工进行沟通。我不想只在发展战略和公司文化上同员工进行沟通，因为在这方面我们已经做了很多。我们的战略性方向就是使 IBM 回到以研究为驱动的大型系统和基础设施的建造者这个根本上来。我们的企业文化改革就是要追求自沃森父子以来在 IBM 占主导地位的高绩效企业文化。

我未能同员工有更多个人的接触——为一块儿加盟伟大的IBM、一起训练和成长、一同胜利和失败，而共同欢笑和流泪。

是的，我确实一直是一个局外人。但是，这就是我的工作。因为我知道，彭明盛有机会跟我还未来得及沟通的那部分员工进行沟通。他所面临的挑战就是与员工进行沟通，避免员工出现退步；因为他知道，使IBM内视和自满的离心力在公司中有很大的力量。不断推进改革，同时在过去最好成绩（仅仅是最好）的基础上继续建设IBM，这就是IBM的CEO工作的真实写照。

附录

下面的材料，是对书中一些观点的进一步说明。

附录 1
与员工沟通的事例

我曾给 IBM 员工写过几百封信，这里只是其中一部分。本书所选的这些信，说明了我曾经和员工探讨过哪些问题以及我对这些问题所持的观点。在信中，我强调在 IBM 公司的改革过程中，信息传递是非常关键的步骤。这些信的大部分是面向所有员工的，也有一些是仅仅写给管理人员或高级经理的。

关于处理危难事务的信件
（Crisis Letters）

危机来临时，如果公司的 CEO 能够告诉所有的员工：公司发生了什么危机，管理层正采取什么行动解决危机，以及员工每个人可以为公司做些什么，那么公司就可以岿然不动。下面这些信讲述了 IBM 最近 10 年所遭遇的三大危机：第一次，是我们在 1993 年决定削减公司开支 80 亿美元时发生的；第二次，电脑"千年虫"问题让客户感到惶惶不安；第三次，"9 · 11"事件使员工心惊肉跳，也带来了严重的客户问题。

董事长办公室

1993 年 7 月 27 日

便函发送：IBM 全体员工

主题：今日通报

我想借此机会告诉大家我们公司所面临的现状，尤其是在当今的经济环境中，更重要的是在我们公布了亏损和重组这样一个大背景下。

4 月，我第一次给你们写回信时，我曾告诉大家，IBM 正处于十分困难的时期。不幸的是，到目前我们还没有完全克服这个困难。正如第二季度经营结果所显示的那样，在目前这种成本结构下，IBM 根本无法赢利。

4 月，我还告诉大家，我的首要目标是尽快将公司的规模打造合理。当然，尽量贴近客户，仍然是我最优先考虑的工作之一。

像过去那样一点一滴地削减企业的成本和规模，不但是不公平的，而且对企业有害。因为这样不仅使大家在思想上背上了包袱，同时也会使客户关系不确定，所以我们必须把企业改造为一个合适的规模，然后我们才可以集中精力关注企业增长。今天的公告中所要实施的事项，就是要实现上述目标。

我知道，大家以前已经听说过此事，而且每次都感到非常悲观。不过，我相信，如果我们对企业未来赢利状况的认识和需求是准确的，那么就可以渡过难关。

诚然，为了摆脱困境，我们必须调整目前的经营结构来满足市场的现实需求。但是我希望，我们能够以不太大的调整达到这个目标。

我知道，这些调整比大家预想的可能要更大、更深入，经历的时间也更长。每每想到这些事，我总是夜不能寐。我希望，我能够清楚地知道，这次调整会对各位产生什么样的影响。

我可以告诉大家：公司经营决定采用何种劳动力规模和生产力水平，才能使其具有竞争力。公司相关人士也正在研究哪些领域还会受到影响，对此我已经要求管理人员尽快行动起来。

如果可能，公司会实行道德关怀和志愿者规划。但是在某些情况下，裁员可能是不可避免的，我们会尽快把公司的决定告诉你们。

我可以向大家保证：采取这些措施是为了使 IBM 重获赢利能力。现在，我们没有任何赢利对公司的未来进行再投资。公司已经到了非常危急的时刻，因为如果没有资金对技术、人员和新兴市场进行投入，那么我们每个 IBM 人都不会有任何前途。赢利能力可以带来稳定，稳定可以带来增长，而增长则可以给大家带来安全和福利，这正是我们所希望的。

大家和我都有一个共同的心愿，就是希望把 IBM 打造成世界上最成功的公司。过去是这样，而且我坚信，将来仍然是这样。在我来公司这头几个月中，随着与客户和员工的接触，这种信念正与日俱增。

从到公司的那一天起，我的工作就是尽可能与大家、与客户进行交谈，我从交谈中发现，在我们公司中，正确的东西比错误的东西要多得多。因此我坚信，我们会自力更生解决目前的问题。

我们的员工技能是精湛的、对企业是忠诚的，我们的技术是一流的，我们的客户也希望我们成功。而且，我们的发展规模以及在全球的势力范围，使我们具有很强的竞争优势，这是任何企业都无法比拟的。

作为一个 IBM 人，我们引以为荣，备感自豪。我们的前途是光明的，因为我们具有无穷的力量。但是，我们也要解决目前所面临的问题，并集中精力再次促进公司的增长。这就是我今天写这封信的目的。

非常感谢大家为公司所做的贡献，同时我请求大家在我们今后几个月的推进中，保持耐心并一如既往地支持我的工作。

路

郭士纳

董事长和 CEO 办公室

1999 年 12 月 28 日

主题：解决“千年虫”问题

亲爱的员工：

我们现在已到了解决“千年虫”问题的最后冲刺阶段，我希望大家知道，我们处于什么状况。

尽管无人可以确信世界各地在世纪之交时会发生什么情况，但有些事情我们是知道的。我们的绝大部分客户，特别是世界上那些最大的公司以及政府机构告诉我们：他们已经做好了准备。这些客户包括银行、电话和能源公司、医院、航空公司以及航空运输监管机构。他们对系统进行了测试和再测试，而且许多客户已经公布说：他们已经为解决“千年虫”问题做好了准备。至于发展中国家和小企业的准备情况，我们仍然不太确定。我们知道，有些地方可能会因“千年虫”出现宕机等问题，但我们会很快发现和解决这些问题。

关于“千年虫”问题，我们还知道另外一件事，即为了帮助客户以及使我们自己的内部系统做好准备，公司花费了无数的精力和努力。这些都是与部分 IBM 员工及其家属的奉献和牺牲分不开的。我知道，在解决“千年虫”问题的最后冲刺阶段，许多员工为了加班加点工作而改变了休假计划。本周末，每个客户支持代表留守在工作第一线或处于整装待发的状态，而其他 IBM 员工也准备着随时听候召唤。

当“千禧年”来临时——首先是新西兰，然后是一个时区一个时区到达世界各地，我们可以自豪地说，我们IBM人已经做好了准备。在公司内部，我们已经解决了所有的问题；在公司外部（对客户来说），我们也做好了一切准备，随时可以帮助他们。再次，感谢大家为公司和客户做出的前所未有的努力。同时我们期望，所谓“千年虫”问题只不过是大家所宣扬的世纪之交的一场虚惊而已，我们对客户的这一承诺还是显示了IBM最好的状态。

本周是至为关键的一周，www.ibm.com将全程发布所有更新的信息。元旦以后，我将为你们庆功。

最后，我借此机会祝你们和你们的家人新年快乐，度过一个令人激动的新世纪和平安祥和的新千年。

路

郭士纳

董事长和 CEO 办公室

2000 年 1 月 11 日

主题：对“千年虫”问题的看法

亲爱的员工：

持续一周的紧张工作已经结束了，我们取得了明显的成绩，电脑系统“千年”过渡工作（无论是客户的还是 IBM 公司内部的）解决得比我们希望或预测的要好得多。上周，发生潜在严重问题的情况很少，而且我们很快对其进行了校正，但下一周我们仍然需要保持警惕。对过去的工作，我们感到非常满意，但未来情况如何还不得而知。

席卷全球的“数字化冬天”还没有引起人们真正的重视，凭借公司灵活的计划和世界各地数万名 IBM 员工的辛勤工作，公司和客户得以度过这一段相对平静的日子。

在康涅狄格州绍斯伯里，我有幸同千禧年中心的员工共度新年之夜，在此过程中我体会到一种难以言表的骄傲之情。因为我和这支专业化团队一起交谈，观看他们的工作，深知他们作为世界各地 IBM 员工的代表，为了公司和客户顺利度过千禧年而辛勤劳动、忘我工作。在此，我再一次向关键时刻坚守岗位的员工表示感谢，向过去几年来为这一前所未有的成功做出贡献的其他员工表示感谢。

回顾过去的成绩，我对 IBM 和 IBM 员工所做的努力备感钦佩：

· 为千年过渡工作，完成了几百万个对公司运作非常重要的项目——从个人电脑、服务器到应用软件、制造工具和设备、2 500 个供应商、750 个商业合作伙伴以及 200 个下属企业。

· 100 多万个客户使用我们公司技术支持网址。

· IBM 全球服务部加工处理了 10 亿多条客户代码。

· 在世纪之交那段时间，大约 5 万名员工坚守在岗位上或处于整装待发状态。

现在，我们已经迈进了新的一年。“千年虫”问题的解决是如此成功，这对客户和我们所有人来说，都是一个重大消息。这意味着为新千年过渡而锁定系统的客户，将会很快释放出大量被压抑已久的需求。我们必须抓住这个机遇，把过去抛在脑后，然后开始新的飞速发展。下周我们将公布第四季度的经营状况，之后我会把近期要优先处理的事项告诉大家。

路

郭士纳

董事长和 CEO 办公室

2001 年 9 月 11 日

主题：最新报道——今日悲惨事件

亲爱的员工：

今天，美国发生了灾难性事件，许多 IBM 员工跑来向我以及公司其他高级管理人员询问他们可以帮着做些什么。我想，无论是个人还是团体，我们都可以为美国做许多事，而且我们已经付诸行动了。

作为个人，我们可以听候召唤，尤其是来自纽约市和华盛顿特区的召唤，随时准备献血。当然，我们可以也应该去抚慰那些因为今天的事件而悲痛欲绝的公司员工。

不过，我们所能做出的最大贡献，就是作为一家公司来向他们提供帮助。我不必说大家也会知道，这种袭击的目的就是要扰乱我们的社会秩序并使其瘫痪。今天，许多国家领导人已经发表声明说，我们绝不能坐视这种可耻行径破坏美国的正常秩序。在过去的几个小时里，我们接到主要客户的电话，要我们帮助他们恢复运作，我们的人员正加班加点地为客户工作。因此，就像过去为避免发生“千年虫”问题所做的工作那样，在恢复被破坏的基础设施方面，我们肩负着十分艰巨的任务。此时此刻，我们最需要做的一件事，就是聚精会神地坚守岗位，做好准备随时接受召唤。

对于某些特别问题，诸如乘坐飞机或者拜访在纽约市和华盛顿特区的客户，我敦促你们接受最适合做决策的机构的指导意见。同时，正如我在今天早些时候写信要求你们的那样，希望你们在工作中继续谨慎行事，同时运用你们的最佳判断。

最后，我们要全力以赴寻找在纽约市和华盛顿特区的员工。我们将继续夜以继日工作，并随时向大家通报最新消息。

在此，对你们的关切之心以及将要承担的艰巨工作，我深表敬意。

路

郭士纳

董事长和 CEO 办公室

2001 年 9 月 13 日

主题：星期二事件最新报道

亲爱的员工：

这里，我向大家公布一下星期二发生悲惨事件以来，我们处于什么样的情况以及我们做了些什么。

首先，也是最重要的，除了几位员工，我们已经联系到当时有可能留在纽约市和华盛顿的所有公司员工。当然，我们也一直没有停止努力，直到找到每位员工为止。我知道，我们每个人都在为他们祝福和祈祷。

但不幸的是，我们在星期三得知有一位员工在被劫持的飞机上面，这个消息已经在 w3（IBM 员工网页）通报过。我知道，我们所有的人都为此深感悲痛。另外，我们还得到消息，部分员工家属遇难或受伤。刚才，我惊悉一名员工的女儿也在一架被劫持的飞机上。

听到这些不幸消息后，我的悲痛之情难以言表，但在这里，请允许我代表世界各地的所有 IBM 员工，向失去亲人的家属和朋友表示慰问。

下面我向大家通报我们将如何帮助客户。大家可能会感到惊讶，因为 IBM 有 1 200 家客户在世贸中心或一墙之隔的地方办公。星期三早晨以来，已经有几百家客户跟我们联系。目前，我们已经修复了 20 家完全瘫痪的紧急设施。现在，我们正夜以继日地修理很多大型服务器，数千个笔记本电脑以及工作站。我们提供了数千平方米的数据中心容量，重设了被毁的数据运行环境，帮助客户将其业务运行转移至 IBM 的设施上。此外，还帮助那些应急机构使用 IBM 的产品和服务。现在，数千名公司员工正为此通宵达旦地工作。

我连续收到几百名员工从世界各地写来的信。我相信你们能够理解我无法一一给你们回信，但我希望你们知道每封信我都看了。你们在信中流露出来的关切之情让我深为感动，大家的同情之心将在各方面帮助公司渡过难关。

员工个人在这次事件中有很多机会提供帮助。很多人已经提供了时间和技术上的帮助，不过，请大家继续严阵以待。许多人询问能否在公司内部献血，我们已经就此同红十字会进行了联系，他们建议最好到当地的社区机构去献血。事件发生后，IBM 在美国的许多机构计划在本周或下周献血。献血活动还会继续。

政府和志愿者机构已经建立了一些救灾基金，我从大家的邮件中得知 IBM 员工都是非常慷慨的，因为许多人经历过以往的几次全国性的紧急状态。我们将在 w3 上提供个人捐助方式的有关信息。

各机构，包括“联合之路”（United Way），在纽约市成立了一支叫作“9 · 11 基金会”的特殊基金。该基金将向“9 · 11”事件的受害者提供经济上的服务和帮助。IBM 已经承诺向“9 · 11 基金会”提供价值 500 万美元的捐助，包括现金、技术和技术服务。另外，IBM 还向其他机构和组织提供了无数产品和人力援助，这将帮助他们渡过目前的难关。

星期四我给大家写信时曾指出，目前我们能够做的最重要的事就是认真做好手头的工作，推动 IBM 向前发展。不管你在世界的哪个地方，请大家继续关注客户，关注你们的工作，并且相信纽约市和华盛顿特区的员工队伍将得到他们所需要的额外帮助。

你们的关心和自我奉献精神，让我为公司、为你们感到无上的荣耀。最后，让我们聚精会神、同心协力把工作做好。

路

郭士纳

董事长和 CEO 办公室

2001 年 9 月 21 日

主题：我们对“9 · 11”事件的反应

亲爱的员工：

这里向大家通报一下“9 · 11”灾难性事件发生后，公司和员工都做了些什么。

在上一封信中，我告诉大家我们为受影响地区的 2 000 多名公司员工（包括居住在世贸中心附近的全部员工）所做的工作，这些工作快速而详尽。在此，请允许我向那些为这些重要工作提供帮助的员工，尤其是公司管理人员和领导人表示感谢。

大家通过 w3 已经知道，公司员工桑德拉 · 库珀 · 普洛格当时在一架被劫持的飞机上。桑德拉的同事告诉大家（就像对我所说的那样），桑德拉敬业、友好，非常容易相处。我还在信中提到，另一名员工布赖恩 · L. 琼斯也在世贸中心失踪了。人们最后看到布赖恩时，他在第 78 层，正帮助同事和客户从富兰克林信托公司向大楼以外疏散。我在信中说，每一个 IBM 员工都希望布赖恩还活着，大家都陷入失去桑德拉的悲痛之中，并且向所有失去亲人或朋友的 IBM 员工表示同情。

为了帮助在第一次袭击中受到影响的企业和政府客户，公司积极动员起来，在这短短一封信中，要记录所有这些救助活动是不可能的。但在每一个客户故事的背后，在几百台服务器和 5 000 个工作站，以及 1.2 万个笔记本电脑背后，在线恢复应用和为客户安装 10 万平方英尺的临时设施背后，都有 IBM 员工的辛勤汗水。当然，客户团队也被动员起来，在他们背后予以支持的还包括：600 名客户工程师和客户服务代表，加上我们公司业务恢复部的 200 名项目经理和顾问，更不用提另外 1 000 名当地服务人员和全公司几千名为此提供帮助的员工。

星期二在纽约市斯特灵森林的业务恢复中心，我亲眼看到了员工辛勤工作的一幕。我看到，当指挥中心的 IBM 员工们发出求助电话时，来自公司各处的员工们积极做出回应。每个主要业务部门都坚守在第一线，团结协作就像一个团队。这就是战无不胜的 IBM。

我在斯特灵森林碰到的每个客户都让我转告大家，他们对各位付出的努力心存无比的感激。我们还接到一个又一个从世界领先的金融服务机构打来的电话，有的是从下曼哈顿区打来的，有的是从最大的欧洲和亚洲银行打来的。在电话中，他们对 IBM 员工向他们提供的超人般的工作表示谢意。其中一位 CEO 对我说：在处理这场危机时，IBM 孤身冲在第一线。本周一，当纽约证券交易所重新开盘时，一家经纪公司的总裁带领他的团队为 IBM 处理危机的优异表现而鼓掌。

我希望大家和我一起分享 IBM 员工给我们带来的荣耀，他们在代表客户利益方面的表现简直无可挑剔。对那些承担公司救助工作的员工，我们同样为他们感到骄傲。事件发生后，我们立即向红十字会提供了笔记本电脑和工作站，并且为在下曼哈顿 Ground Zero 的户外工作人员建立起救护通信网络。由于移动电话服务系统发生故障，我们的移动解决方案团队为工作人员（他们在寻找那些事件中丧失能力的人和老年人，进行救助、医疗和疏散）使用的手持通信设备设立了一个无线电子邮件网络。另外，公司还向纽约的家庭援助中心运送了200台台式电脑，向联邦紧急事务处理署提供Notes/Domino解决方案。大约500名员工从事这些工作。

除了向“9 · 11基金会”（它是我们和“联合之路”以及其他机构联合发起设立的）捐助了500万美元，我们立即负责起“9 · 11基金会”网站的管理和主持工作。目前，“9 · 11基金会”接到的捐助承诺已经超过1亿美元。

这里请允许我花一点时间说说公司在其他方面所做的工作。这种工作不容易像运送笔记本电脑、捐款和受援助客户那样以数字来进行衡量。但在未来的岁月中，大家站起来勇敢面对“9 · 11”挑战的情景，将是我心中永恒的记忆。这一切都记录在如潮水一般涌来的信件中，我已经收到了IBM员工寄来的几千封信，他们在信中询问提供援助的途径。

通常，写信人会在信的开头说：“我是亚特兰大的一个DB2数据库专家……”，或者“虽然我远在伦敦，但我对UNIX操作系统很有经验……”，或者“我们都在第10地区……”。有些无法乘飞机的员工会驱车几百英里，有时候甚至是几千英里，赶来提供帮助。有一位员工对我说，如果他不具有所要求的技能，他愿意马上学。

我接到身在都柏林的员工的来信，他们因为在公共节假日加班而获得了加班费。“9 · 11”事件发生后，他们把这些加班费都捐献了出来。还有些员工把浮动工资和休假工资捐了出来。一位获奖的服务器销售经理想知道，怎样才能把已经休过的7天假再“还”回来，这样他就可以用加班的钱帮助“9 · 11”事件的受害者。一位p系列服务器产品经理在另一次销售比赛中获得了一辆新跑车。他询问IBM除了捐助现金外，是否可以捐助其他值钱的东西，比如说车子。他还写信给我说：“这是我能够为正遭受痛苦的人以及寻找亲人的人所尽的绵薄之力。”

这里，我谨向所有的志愿者表示真挚的谢意。你们当中的一些人将接受召唤，其他人将接受另一种召唤，即推动伟大的IBM公司向前发展。

我收到的信件当中大约有一半是从美国境外寄来的。诚然，在“9 · 11”恐怖袭击事件中，受伤害的不仅仅是美国的公民和公司，也包括世界各国的公民和机构。我看见报道说，有来自80个国家的公民在这次事件中遇难。但是，我希望各位美国以外的员工知道：当看到你们在信中所表现出来的同情之心和团结之气时，我是多么的欢欣鼓舞。“9 · 11”事件给美国社会带来了很大的震荡。美国还是一个年轻的国家，对于世界上许多其他国家在历史上和现实中所不幸经历的那种野蛮袭击，美国在其本土上还没有经历过。

面对这种情况绝不是什么高兴的事。但自从上星期二事件发生以来，IBM及其员工身上所具有的伟大力量一次又一次展现出来，体现在他们无数次专业性工作上、关心之情上和个人奉献精神上。

在大家给我的信中，我还看到了IBM所蕴含的力量——大家对盲目仇视具有中东血统的人的行为表示了愤怒之情；在IBM这样的全球性公司中，用傲慢的语言和态度对待中东人，无论过去还是将来都是不能容忍的。

随着时间的推移，我们终将明白“9 · 11”事件留下的教训。

但有一点我们现在已经明白了：我们是一个强大的、富于同情心的公司。每次像现在这样的困境，都会展示 IBM 真正的风采。在过去的两周里，我们都看到了这一点，因为我们亲眼看到公司花费了几百万美元和几千个小时，帮助人们进行灾后重建，就像过去帮助日本神户大地震和其他地方进行灾后重建一样。

来 IBM 之前很久，我就听说 IBM 是十分团结和正直的公司。现在看来，我还没有完全认识到公司这种文化如此深厚，公司的员工是如此坚强和优秀。即使我们的客户、同事和社区提出的要求是最艰巨的，你们也能把它做好。能够作为你们的同人，我感到无比光荣。

路

关于变革公司文化的信件

在写给IBM各级员工的信中（有时是写给一般员工的，有时是写给经理和高级经理的），最常见的主题是：我们必须变革企业文化，以及我们必须进行变革的原因。我通常会发出像机构改革这样的一般性通报，然后以此为契机，促进文化方面的重要变革。

郭士纳
董事长和CEO办公室
1994年7月6日
发至：高级领导者

自从加盟IBM以来，在所有困扰我的问题中，公司职位问题是最令人头痛的。我在许多公司做过高级经理和顾问，但从未发现哪家公司在职位体系上与IBM公司相同。最近完成的一项全面调查使我坚信了这一认识。

除了IBM，几乎所有的公司都使用企业职务头衔，表示职员在公司中担任某种特定的高级职位。但在IBM，职务头衔并不代表职位，而是对员工的奖赏，所以员工的工作岗位虽然发生了变化，但职务却不随之变化。这种职务体系在工作中形成了一系列的混乱，包括：

· 两个人或更多的人从事相同的工作，而且工作的结果也相同，但是有的人有职务，有的人却没有；
· 之所以承担某种工作职责，是因为其职务，而不是其职位；

- 个人获得升迁是指职务上的升迁，而不是说他将要承担更大的责任；
- 高级管理人员往往会拒绝新机遇和新职责，因为他们对公司内部的以下观念心存疑虑：对某种企业职务头衔来讲，新工作并不能带来足够的声望；
- 只有在极个别情况下，有职务的人才会向无职务的人汇报。

人们普遍认为，IBM 的这种职务体系神秘莫测，常常掺杂着主观色彩。因此，这种职务体系使员工产生了过于关注公司内部事务的倾向，而忽视了对公司外部成功的追求。

我一直认为，工作头衔应由工作职位来定，而不是因为他是某个人；而且当我们决定由某个人担任某项特定工作时，他应该与担任同样工作的人享有同样的职务。另外，我还认为，是否实行奖励，应该以员工在市场、团队以及领导岗位上的业绩为基础；所有员工，包括我本人，都应该以一个常用标准进行考核，而不能因为其资历就一直担任某个职务。

鉴于目前职务体系的弊端，为提高效率，我将废除目前的企业职务体系。只有在下列情况下公司才会授予员工一个公司头衔，即这个头衔适合该员工带领一个重要的公司团队或承担重大的公司职责（如担任公司的高级经理）。在公司里，不担任公司职责的高级经理，一般会担任一个公司事务部的头衔。与公司中类似职位一样，业务部门头衔，尤其是业务部门领导职位，是其工作职责的体现。而既有公司职务头衔又有业务部门主管的员工，将只担任业务部门头衔。

公司人力资源部应该以公司事务部的工作指导原则为依据，制定IBM内部统一的职位头衔系统。

有一小部分员工可能会认为，我们正在丢掉公司的价值以及逐渐削弱员工对老IBM的自豪感。但是我们应该知道，世界已经发生了变化，我们也应该做相应改变，其中一个重要的改变就是必须培养对新IBM的自豪感。

我的目标就是，根据员工的工作绩效和不断取得的成绩，为其提供一个明确的职业发展之路。我希望公司所有头衔所反映的仅仅是工作职责而不是别的。同时，我希望所有的员工愉快地接受公司分配的新任务和新机会，因为这是员工在其职业生涯中必须面对的挑战，这种挑战不仅有利于员工个人职业的发展，公司也会从员工的工作中获益匪浅。IBM的未来在于它的人力资源，即在于我们每位员工的工作绩效，而不在于我们的工作表现和职务头衔。

在这里，我郑重强调：在IBM，最重要的是大家的工作质量、合作意识、团队精神以及对公司成功和赢利的贡献能力，这一切正是我们所努力追求的。在IBM，凡是工作出色的员工，不论他是谁，也不论他承担何种职责、有什么头衔，都应该褒奖他对公司的贡献，并在全公司宣传他的事迹。

路

郭士纳

董事长和 CEO 办公室

1997 年 8 月 14 日

主题：IBM 持股政策改革

亲爱的高级管理人员：

作为公司高级管理团队的成员，我们一起引领 IBM 走向未来。管理层持股在公司未来发展中将扮演举足轻重的角色，它确保将我们（即公司管理层）的利益同股东利益紧密联系在一起，同时它也是我们管理层对员工的一种承诺。我坚信，高级管理层持有一定数量公司股票，可以极大地推动股东的利益最大化。

过去几年，IBM 股票的业绩很好，这既是 IBM 经营良好的表现，也反映了股市的基本走势。由于 IBM 走势良好以及我们已经改革了整个工资（薪酬）战略，因此公司决定改变高级管理层持股方针，使其达到现金薪酬的一定倍数，即改革后薪酬除了薪水还包括完成工作指标的股权奖励。

根据公司新的持股政策，我希望大家利用公司提供的各种机会，投资 IBM 股票。作为公司高级管理层成员，大家可以通过行使股票期权和长期绩效奖励奖金进行持股。作为管理团队的领导人，我们应主要持有 IBM 的普通股，而不应像外部投资者那样追求投资组合多样化。也就是说，作为公司管理人员，如果因为解决资金短缺的不时之需而偶尔出售一些股份，是可以理解的。

最后，让我们为 IBM 的未来而欢欣鼓舞并贡献我们全部的力量。

路

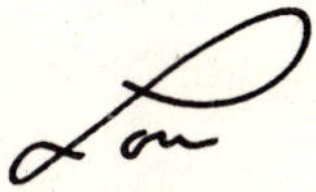

郭士纳

董事长和CEO办公室

1998年7月10日

主题：夏令营

亲爱的员工：

本周早些时候，我为IBM研究机构主办的一次活动致开幕词。在这次名为“’98夏令营”的活动上，来自IBM 80个不同部门的700名科学和工程专业的夏令营学生聚集在一起，畅谈到2020年技术将如何改变世界。就像参加一个“音乐聚会”一样，这些学生即席交换了自己的看法，并提出了一些具有鼓动性的、令人激动的想法，其中有些想法十分离奇。下面就是我在这次活动中所听到的一些想法：

- 包括同声翻译、语音识别、语音合成功能的像耳机和眼镜一样的便携式电脑技术。当有人用法语跟你讲话时，这项技术能根据你的需要进行转换，你听到的将是英语（俄语或日语）。
- 杂货店的结算装置。这种装置简单地打出交易明细，让你随身带走，它不鼓励你进行现金结算，而是以电子货币交易。
- 电子饮料。这种产品可以通过生物测定学和十亿分之一技术的“瓶装工厂”确认你的身份，同时生产出你所喜欢的饮料。

我从心底里希望这次夏令营活动能激发出真正改变世界（和 IBM）的创意的种子。而且，这次活动对我来说也是久久难忘的：

- 对于市场乃至整个世界来说，最重要的是解决方案。夏令营的学生没有有意识地使用“解决方案”这个词，他们所关注的不是快速增长的小型技术本身，而是这些技术如何用来改变商业、卫生护理、家庭生活、教育、政府和人际交往。我们的客户希望 IBM 能帮助他们应用有关技术，而这种能力，即运用技术和人力资源的能力，正是 IBM 的核心竞争力。对此，我们不能有丝毫的忽视。
- 只有像团队那样工作，才能产生最佳工作效果。当 IBM 不同的小组将其才能和知识融合在一起完成一项任务或抓住一个机遇时，我会为此而备受鼓舞。与个人相比，一个团队性的奇思妙想以及它所点燃的工作激情，会更有新意、更有创造力。

无疑，举办夏令营是一件大事，但我认为在实际工作中，我们并不需要以特别的日子来提醒自己：我们正为当今世界最重要行业中的一家极为重要的公司工作。正如大家所预想的那样，信息技术正在许多有意义的方面实实在在地改变世界。这对我们所有人来说，都是令人欢欣鼓舞的。

路

Lou

郭士纳

董事长和 CEO 办公室

1998 年 7 月 10 日

主题：领导 IBM

亲爱的管理人员：

给大家写信，是因为我们作为 IBM 的领导成员，受公司之托，管理员工或带领一个团队。目前，我们已经完成了一项重要的任务，即率领 IBM 重新杀回行业领导者的位置。在下一步工作中，我们不能仅仅依赖几个高级经理进行所有的决策，比如降低成本结构、重建销售渠道、建立电子商务战略等。公司战略的大部分已经开始实施。下一步工作取决于我们实施战略的能力，也依赖于我们如何动员全部 27 万名 IBM 员工。这一重任，我一个人是无力担负的。因此，让我们一起来领导 IBM 吧，IBM 的发展需要大家一起来推动。

今天我与大家在这里对话，是因为本周早些时候发生了一些非常有意义的事。正如今天我在给所有员工的一封电子邮件中所说的那样，我参加了由 IBM 研究部门主办的一次活动，这次活动是我加盟 IBM 以来所参加的最与众不同的一次。这次活动名为“’98 夏令营”，它使我有机会与多名非常有才能的年轻学子（这些大学生今年夏天在 IBM 的技术部门工作）进行面对面交谈。交谈中，他们向我提出了一些非常有意义的问题。

其中有一个年轻人提出了一个十分尖锐的问题，他提问的方式很有礼貌，但问题却振聋发聩。他说：“我有一些很好的想法，我希望在有生之年使这些想法得以实施。但事实上却很难，为什么这种情况会发生在像 IBM 这样的大公司，而不是小公司或刚起步的公司里？”

这个问题十分重要，它道出了目前 IBM 领导所遇到的一个难题，即 IBM 的优秀员工为何屡屡流失，或者说我们想招聘的人员为何对我们不屑一顾。

根据我的经验（这一点也为有关数据所证实），人们做出上述决定（辞职或不应聘）并不仅仅是因为薪水或职位头衔的缘故。他们之所以离开 IBM 或在其他地方另谋职业，是因为 IBM 不在意员工的想法，而且公司业务发展的速度太慢。我认为，我们把精力放在了一些不该放的地方，官僚作风严重，缺乏效率，或者他们（辞职者或不应聘者）担心会发生这些事。一言以蔽之，这就是我们的企业文化。

那么，是谁建立了我们的公司文化呢？我想，它不是某个人建立的，而是日积月累形成的。可以说，我们继承了老 IBM 的企业文化，而且认为“应该就这样”。目前我们面临两个选择，要么接受这种文化，要么改变它。现在，是行动起来改变这种文化的时候了。

是谁接受或拒绝员工的意见？是谁带领公司团队并为团队行动定调子？是谁决定公司的优先发展事项、决定公司投资并认可经营结果？是谁鼓励员工庆祝成功并品尝胜利的喜悦，以及从失败中吸取教训？是我们，是我们所有管理人员一起建立了这种文化环境。公司今天的企业文化完全是由我们这些管理人员一手打造的。

我认为，归根结底必须做好两方面事情。

第一，我们每个管理人员都必须认真思考我们所扮演的领导者角色，即我们所肩负的动员和鼓励身边员工的职责。这并不是一种“容易掌握”的能力。如果没有能创造这种（动员和激励）文化的领导，我们就不可能招聘到或留住所需要的人才。更重要的一点是，我们不能从公司 27 万名员工那里得到更出众的。过去，对管理者来讲，把活儿分派给员工，再把它干完就行了。但如今，对 IBM 领导职责的定义比以前更宽泛了。作为 IBM 的领导人，你当然需要领导的规划和具体的项目，但是你的职责还包括带领员工、建立工作团队，并创立高绩效的企业文化。

第二，应该具有强有力的管理工作和管理规划帮助你完成工作职责。今年，固定工资增加了 5 亿美元，另外还投入了 13 亿美元浮动工资。1996 年得到股票期权的员工数目比以前翻了一倍，到 1997 年又翻了一倍，到今年将会达到 3 倍。这些激励措施与公司管理层所必须执行的类似于日常琐事的“人力资源规划”并不相同。这些激励措施，是实施绩效奖励政策和鼓励公司成功所必需的行为和态度的强有力杠杆。完全可以说，今天的管理人员比 IBM 历史上任何时期的管理人员，都享有更大的判断力和判断范围，而且也因此必须在使用诸如补贴促进绩效方面行使更大的裁量权。

最后，我希望大家用自己的想象力和热情，为了你们奋斗的事业、为了公司，尤其是为了你所领导的团队员工，发挥自己的个人领导才能。我想，对于公司的成功而言，没有比这更重要的了。

下次再聊。

路

郭士纳

董事长和 CEO 办公室

1998 年 9 月 28 日

主题：管理矩阵

亲爱的管理人员：

7 月我向所有的 IBM 经理和团队领导人发出电子邮件后，我收到了许多回信。大家在回信中所表现出来的高度敬业精神让我深为感动。在回信中大家讨论了应该如何营造工作环境，即如何营造一种使 IBM 事业兴旺发达的企业文化。

今天，我想同大家讨论一个每次同员工开会都会遇到的问题。两个星期以前在北京同部分员工开会时，又遇到了这个问题。这个问题的本质是：我们应该如何对 IBM 进行矩阵管理，以及我们怎样在这样一个复杂的公司中实施我们的战略？

这样说吧，我们无法掩盖这样的事实，即 IBM 现在是而且永远是一个复杂的机构。从来就没有既庞大又简单的企业，事实上根本就不存在。所以，和其他大机构一样，我们现存的管理体系很大一部分是在解决公司的复杂性所带来的问题。

更为重要的是，我们必须记住：对客户来说，IBM 独一无二的价值在于我们有能力提供整体解决方案，同时我们还是一个值得信赖的、在电脑行业所有领域都能提供服务的顾问。这正是 IBM 的与众不同之处，也是我们的最大竞争优势。更进一步来讲，我认为 IBM 在整合产品、技术方面的能力和远见，是我们唯一的可持续竞争优势。

我们都知道，在技术领域不可能持续维持竞争优势。在一定时期内，有的竞争者可能因为拥有速度更快的处理器、功力更大的数据库或联网工具而暂时获得竞争优势。我并不想贬低技术领先优势。相反，我们必须通过努力和投资获得竞争优势。但是，我们无法年复一年地在某一项技术上保住市场优势。任何公司都做不到。但是，如果我们能把所有的优势整合在一起，那么我们将取得巨大的领先优势；这种优势，我们不但可以维持，甚至可以不断加强。

然而问题是，何种管理体系可以支持我们这种基本的整合战略？目前，许多公司仍在沿用传统的等级制度。这种制度相对较为清晰。谁决策，谁执行，一目了然。但这种传统系统是以命令为链条的，不仅速度太慢无法跟上时代的步伐，而且不利于培养员工跨机构的工作能力。公司等级制度表面上支持公司内部整合，但实际上它反对整合。公司等级制度设置了垂直的条条框框，并助长了声名狼藉的“孤立”思维方式。

毫无疑问，矩阵式环境使我们身为管理人员和领导者所承担的工作更具挑战性，同时也使我们的工作更为重要。但是，拙劣的管理矩阵甚至比等级制度更糟糕，因为这种管理矩阵既僵化又混乱；而良好的管理矩阵则是十分畅通和因地制宜的。管理矩阵的作用是不断变化的，管理团队时分时合。有关在特定情况下由哪个业务部门负责的规定，也没有制度化，这增加了公司各级领导的决策成本。管理矩阵决定了什么机会可以带来高额回报，以及应该向什么地方投放人员、资金和时间。

矩阵式管理是一项艰巨的工作，但确实起作用。比如，我们最近在英国的有线通信和无线通信方面就赢利了数十亿美元。来自不同地区、不同行业、产品和研发部门的员工和团队共同推动了业务的整合。例如像 Aptiva E 和 S 系列产品，就体现了整个 IBM 技术的特点，而研究和存储部门的出色联合使磁盘的容量越来越高。还有与软件集团、莲花软件公司、Tivoli 以及销售单位员工的合作，形成了新的团队。这些因素结合在一起，形成了公司增长势头最猛的业务。

不幸的是，我们都知道在许多情况下，我们无法像一个团队那样团结协作，各人都关注自己的优先事项和目标，而不肯帮助对方或接受对方的意见。另一种极端的情况是，大家将自己陷入每一道工作程序，坚持检查和审批。这样，我们总是在开会，无休止地开会。所有这一切将大家的精力消耗殆尽，也磨去了大家的棱角。

因此，我们可以得出以下结论：在管理方面，如果某个问题表现得时强时弱，那么这就不是某个管理部门存在的问题。我们不需要把管理“体系”固定下来（尽管我们将不断完善贯穿全公司的工作流程以及测量系统等方面的管理），我们需要的是对公司管理具有正确认识的领导人。

例如，如果我们的管理人员认为他们的工作职责就是监督生产线上的员工以及纠正其出现的错误，那么我们的管理系统都不会成功。除非我们的管理人员认为“我们的工作就是把公司所有的力量都传输给每一个接触客户的员工。我的工作就是帮助员工在业务中获胜”，这样我们的管理矩阵才能成功发挥作用，因为我们只有运用这种管理矩阵才可以把 IBM 的价值提供给市场。

不过令人欣慰的是，现在我每周都可以发现越来越多的公司领导人理解了矩阵管理的真谛，并在管理工作中加以运用。当他们审视我们的管理矩阵时，他们所看到的不再是那种令人头痛的、混乱的汇报体系，而是一家资产充裕的公司，一家员工和产品组合优良的公司，客户争着与我们合作，竞争对手嫉妒羡慕我们，而且一心一意想复制我们的管理矩阵。

公司领导人在管理方面的另一个认识也非常关键，即他们信任员工。公司领导人无须为保护自己的利益而亲自参加每一个会议，他们只需对员工说一声“现在你们就把活儿领走，我怎样才能帮你们取得成功”就行了。请大家记住：你们只有这样做，这种管理矩阵才能真正把 IBM 凝结成一个战斗的团队。请大家接受这种管理理念，而不是去反对它。

最后再说一句。你们当中有很多人给我写信，讨论我们在领导方面所面临的挑战。我不能直接一一回复大家的电子邮件，但是大家都知道我怀着极大的热情阅读了每一封来信。

路

郭士纳

董事长和 CEO 办公室

2000 年 8 月 23 日

发至：WMC

主题：论管理委员会

为了回答若干疑问，我想我应该进一步评价委员会，因为它是我们目前所进行的机构重组的一部分。

首先说一下我的管理哲学，我认为：委员会可能会发展成为一种危险的管理机制。从管理功能上讲，委员会从来都不是决策主体，其设立的主要目的是为了在公司进行上上下下、左左右右的沟通。会虽然不多，但委员会需要按照既定的日程开会，同时委员会需要定期补充新的委员，以保证委员会在促进公司成功方面发挥重要的作用。从管理实践看，委员会并没有实现上述目的。事实上，倒是个人领导和职责明确的管理团队推动了公司的成功。

这样说吧，我们都知道：IBM 的员工在工作中可以跨越部门之间的界限，这一点至为关键。我们最重要的竞争优势在于，我们具有在公司内部和客户之间进行整合的能力。因此，需要一种正规的管理机制进行协调和沟通。

下面让我们看一看各个新设委员会所发挥的作用：

运营委员会

彭明盛是公司首席运营官。我希望他管理公司的日常运营，并确保实现公司的中、短期目标。但大家都知道，IBM 实行这些目标，需要我们的各个运营单位毫无摩擦地进行密切配合。彭明盛将以运营委员会作为一个在他自己和团队之间沟通的工具，确保我们每一天都像一支团队那样在市场上进行有效工作。此外，运营委员会成员之间的讨论还会对许多运营问题的解决大有裨益，这其中包括改变市场模式、会见主要客户计划和定价问题等。

公司发展委员会

目前，约翰·汤普森负责保证把公司的战略构想变成现实，即将其变成富有竞争力、以市场为导向、适当的财务计划和实施规划。约翰履行职责的方式多种多样，其中最重要的是，他需要直接同运营部门打交道。不过，当某些战略问题比较重要或者约翰想听一听大家的意见时，他会把问题提交给公司发展委员会。最重要的是，我希望公司发展委员会能够加强我们的思维能力。

此外，公司发展委员会还将成为公司管理团队探讨公司购并和可替代性战略投资的舞台。

有关个人被分配到这两个委员会，如果因为具体业务的需要，还可以分配另外的合适人选参与委员会的工作。如果这些委员会未能完成原定的职责或者需要改革，我们会毫不犹豫地对其加以改变。对于委员会的这些成员，公司并不给予额外的工资待遇或提拔。

董事长顾问委员会

这个机构直接向我汇报工作，其成员包括高级管理团队的有关人员。董事长顾问委员会并不经常开会，但是我会要求它就公司的重大事项，比如分散投资、制定人力资源政策、确定执行官的领导职责以及进行行业定位等向我提供建议。

我希望上述 3 个新委员会明白，它们的作用很重要但也是有限的。别忘了，这 3 个委员会成立的同时，至少有 3 个委员会被裁撤了。我想随着公司不断向前发展，我们还会对这些作为沟通工具的委员会进行调整，而永恒不变的是我们永不熄灭的赢得市场的热情。

路

员工参与战略的制定和实施

在职业生涯初期，我发现：如果我让员工知道公司正在做什么以及为什么要这样做，那么一切问题就会迎刃而解。但在IBM的几年里，这对我来说却不啻于一场场战略上的赌博。我确保公司的员工知道公司正在做什么以及为什么要这样做，同时定期汇报工作进展情况。

郭士纳

董事长和 CEO 办公室

1994 年 3 月 24 日

亲爱的员工：

大家都记得，去年春天加盟 IBM 后不久，我曾说过：为公司每项业务制定实际的战略是我工作的重中之重。从那以后，我们在许多战略领域取得了惊人的进步。对于客户来说，无论是大中型企业，还是小商店和个人电脑用户，我们都以诚相待。对于我加盟 IBM 以来公司所做的一切，无论是发生在 IBM 内还是 IBM 外，我们已经做了一次大致的回顾，并对其中的对错进行了直言不讳的评价。我认为，我们已经钳制了竞争对手。对于实验室和生产线上的每一件产品、每一道工序、每一项研究和技术，我们都予以调查和讨论。

我们的工作还没有做完（事实上，我们的工作永远不会停步）。不过，我们已经将 15~20 个十分具体的决定我们未来的战略规划付诸实施，其中落实了专人负责实施 PowerPC 微处理器、

Workplace 操作系统、软件战略、品牌管理、程序再造和替代性销售等战略规划。

由于竞争的原因，我在这里不便向外界透露上述各项工作的细节，但是我确实希望广大股东了解公司战略的方向。为此，我将这些战略规划归纳整理为六大战略要点。这六大战略要点是 IBM 20 世纪 90 年代的行动指南，因为为了在市场中获得成功、发展以及增加股东的价值，我们必须向前冲。

今天下午我将会见一些证券分析家和有关媒体，并勾勒出这六大战略要点。其实大家在明天的报纸上都可以看到这些消息，但我希望大家能从我这里（而不是报纸那里）第一时间获得这些信息。在我这封信的末尾是关于如何获得我和证券分析家和媒体会谈详细内容的提示，这些内容在我同证券分析家会谈后大家就可以看到。

我认为，我们并没有失去昔日的优势地位。大家都知道，我们的行业正发生着日新月异的变化。因此，我们要想维持行业领先地位，就必须进行改革，即必须要改变我们的发展方略，更为重要的是，我们必须改变公司内部的工作方式以及和客户打交道的方式。但是如果我们固守传统，我们就无法做好我们认为必须要做的事。简单地说，就是我们无法执行有关发展战略。

与过去一样，我们目前面临的最大挑战仍然是战略规划的执行，即坚决地、快速地、脚踏实地地实施战略。在我和证券分析家的会谈中，大家会看到我们以后的路将怎么走。眼下，我们的工作，即我们每个人的工作，就是要实现我们的战略规划。

我越来越坚信，我们能够实现战略规划。今天，在公司的许多地方，我发现大家不断集中的注意力、日益增强的紧迫感和逐渐加快的工作步伐。

我们会有美好的前景。最后，让我们加快步伐把工作做好。

郭士纳

郭士纳

董事长和 CEO 办公室

1994 年 8 月 11 日

亲爱的员工：

你们（在北半球工作的员工）当中许多人很快就要去度假了，借此机会我想对本年度上半年的工作情况进行一次回顾，然后对下半年的工作进行部署。

最近的报告显示，公司第三季度将会继续赢利。确实，公司今年的业绩让人倍感自豪。今年我们推出了许多重要的新产品，包括主机、AS/400、RS/6000 产品以及 ATM 网络。今年，我们还成立了 IBM 全球网和新的网络服务事业部。前两个季度公司收入不断增长，利润持续稳定，而且我们还大大削减了公司开支。

无论怎么说，这都是一种进步，而且公平地说，我们因此获得了前进的动力。

回想两年前我们是多么艰难，因此面对现在的成绩，我们完全有理由坐下歇一歇，高呼“好日子又回来了”——感受一切又重新恢复正常，而我们又可以重新回到那个我们所熟悉和喜爱的运转良好的老 IBM。

但是在成绩面前，我们还不能停下来。过去的日子已经一去不复返，我们所处的行业正不断发生着飞速的变化。我们的竞争对手正不断侵蚀我们的市场份额，而我们的客户将重新评估整体信息技术需求，行业利润水平将持续下降。

现在还不是开庆功会的时候，我们必须着手集中精力解决两个全局性问题：第一，削减不必要的开支、避免重复建设、废除官僚机制；第二，实施公司经营战略。

大家都知道，公司的四大原则指出，我们应该坚持不懈地集中精力解决生产力问题。最近一些把 IBM 与竞争对手进行比较的研究显示，我们在成本结构方面仍然落后于竞争对手。公司许多基础的业务活动，比如存货管理、客户满意度以及信息技术仍然不具竞争力。此外，我在走访考察公司时发现，至今我们仍然沉溺于程式化工作、文山会海和官僚作风。

我们必须解决所有这些问题，而且必须尽快解决。我们已经开始实施“（企业）再造”行动，以此提高公司决策和市场反应能力。我们还进行了大刀阔斧的机构改革，但这些还远远不够，在以后的几个月中我们将采取更多的措施。

有一项工作十分重要，即为了在这次行业变革中获得成功以及重新成为行业最强者，我们必须实施我们所制定的经营战略，在所有经营过程中我们必须完成经营战略的实际目标和结果。我坚信，我们制定的战略是正确的。

尽管我们以前也曾制定过一些著名的战略规划（我仔细研究过这些计划，它们都具有前瞻性），可问题是我们从来就没有完整地实施这些计划。我们总是坐下来开会讨论，点头通过，但在实际工作中我们又回到原来的老路上。大家都承认必须改变，但我们就是不变。我们说公司需要战略，而且我们也制定了战略，但我们从来不实施这些战略。大家说我们希望 IBM 应保持行业领先地位，但我们却从未为此做我们所必须做的事。

这两三年来所发生的一切，即公司中的所有问题，都是因为我们没有做（我们知道）我们必须做的事所造成的。

大家发给我的电子信件中一个最常见的内容是：“我同意你

对改革必要性的所有论述，但在实际工作中我却从来没有任何改革措施。”我想，大家肯定为此而沮丧，说句心里话，我跟你们一样也时时感到沮丧。我可能会成为 IBM 的董事长，但不管大家相信与否，我也曾同大家一样退缩过。

无论阻力的惯性有多大，我们——作为一个整体，都要继续我们必须要做的改革。我们将实施公司的经营战略。我们将使 IBM 重新充满活力。

我们将实施我们的战略构想。正如你们在我上周所做的录像演讲中所看到的那样，我们必须做出三个承诺：

· 赢得市场的承诺

· 改革的承诺

· 相互之间的承诺

我们将模仿竞争对手的做法，他们已经模仿了我们许多年。

我承诺，我们将不会再无休止地开会讨论改革的必要性，也不会再走回原先经营的老路上去。

这里向大家道声歉，因为做出这些承诺并不是大家可以选择是否接受的事情，而是加盟 IBM 的前提条件。我们既不能在改革中退缩，也不能做改革的旁观者。

大家在促成有建设意义的改革方面扮演着积极的角色。在此，我向大家表示感谢，同时希望大家继续加倍努力。大家为公司上半年所取得的成功做出了积极的贡献。

对于没有进行这三个承诺的员工来说，在实际工作中可能会像火车一样脱轨。时光飞逝、光阴荏苒，最后祝大家旅途愉快。

郭士纳

郭士纳

董事长和 CEO 办公室

1994 年 10 月 20 日

亲爱的员工：

公司的一切正在好转。

几分钟之前，我签发了第三季度财务状况。由于大家还没有看到有关通知，这里我先把一些好消息透露给大家。财务状况表明，第三季度 IBM 将会继续赢利。

无论从什么角度来看，我们都正在取得进步。而且，我们还保持了在第四季度继续赢利的发展势头。事实上，我们将赢得市场。

财务数据只是公司情况好转的一个方面。更多有意义的事，从财务报表上并不能表现出来。这一切都是执行公司经营战略的结果。

不断增长的数据表明，我们将不断收获实施公司战略所结出的果实。由于整个公司像一个团队那样工作，部门之间的界限被打破了，因此我们开始扩大工作的数量和范围。种种迹象表明，我们开发技术的能力要强于以前。在增加客户机服务器市场份额方面，我们努力的方面是正确的，而且我们将在主要新兴市场取得优势。

最重要的一点是，我们将给客户带来更多的价值。

上述成就，对一家曾被有的人视为“恐龙”的公司，确实是一个了不起的进步。而且，我还可以向大家保证，我们在全球的客户正关注着我们的表现。

18个月以前，我们开始采取措施稳定公司的财务状况，以及使公司的成本结构更具竞争力。今天，我们的资产负债表更好了。尽管公司的整体开支仍然偏高，但我们比一年前更具竞争力，而且财务状况更好。目前，在服务客户和促进业务增长方面，我们比以前能集中更多的精力。

所有这些进步，并不能说明我们已经消除了影响公司发展的主要障碍。我们仍需面对巨大的挑战。我们所处的行业充满了机遇，同时也充满了危险。现在，我们还不能说已经取得了胜利，甚至还不能太乐观。

大家在公司转型时期起到了积极的作用，在此谨表谢忱。我知道大家进行了艰苦的工作，这让我非常感激。

诸位，请继续努力。请鼓励你身边的员工也加入我们的团队。另外，我们还需要解决一个难以克服的困难，这需要IBM全员参与，迎接挑战。

郭士纳

郭士纳

董事长和 CEO 办公室

2000 年 11 月 28 日

主题：首席隐私事务官

亲爱的员工：

这里告诉大家一件事，我们准备设立一个新的重要领导职位。之所以说其重要，是因为它涉及公司在世界各地的客户最为关注的一件事，即网络的保密问题。

我们都知道，困扰电子商务的难题之一是，它使电子商务企业具有强大的掌握和分析大量信息（诸如财务数据和客户的购买偏好及方式等）的新能力，因此可以更有效地为客户服务。但正是这种能力困扰着许多电子商务使用者，他们认为他们的私人信息可能因此被泄露或利用，这引起了立法上的真正关注。为了使电子商务发展到其应有的高度，就必须解决其保密性问题。

隐私问题的核心，不是技术问题，而是政策问题。目前所需要的保密政策的框架涉及信息技术产业、所有民营部门和公共官员（尽管我们行业的许多人都相信这一点）。在上述部门之间进行建设性的对话并非易事，但近年来我们 IBM 在这方面却大有进展。同时，为了回应客户对保密问题的担心，我们还努力打造了公司自己的保密体系和保密准则。我们在保密政策方面取得了不小的进步，但还有很多的工作要做。

这就是我准备设立首席隐私事务官的原因。我任命哈丽雅特·皮尔逊担任这一新职务。哈丽雅特是公司公共政策团队的领导人，是公司公共政策的最初推动者。哈丽雅特工作热情高昂，她是公司、电子行业乃至整个隐私事务行业的权威。哈丽雅特向拉里·里奇尔蒂汇报工作。

在公司外部，哈丽雅特代表 IBM 处理与客户有关的隐私事务。在公司内部，她在全公司推行隐私事务政策，并将隐私事务作为所有业务部门的资源。为了把公司的所有工作都统一起来，哈丽雅特将会带领一支全球性团队，在研究与技术部、市场销售、ibm.com 以及公司战略与政策机构之间进行协调。

在隐私保护方面，IBM 具有骄人的历史。我相信，市场将会证明 IBM 的保密能力是对市场的又一承诺，这从公司在隐私事务工作方面所制定的政策、采取的措施以及投入的技术上都可以看出来。

路

感谢信和表扬信

告诉公司每位员工我必须进行什么样的巨大改革以及进行改革的原因，是十分重要的。与之相同，感谢员工以及对员工的优异工作和辛勤工作进行表扬，也是十分重要的。我们需要集中精力于重要的工作，但是我们也要庆祝胜利和颂扬各路英雄。

郭士纳

董事长和 CEO 办公室

1994 年 3 月 15 日

主题：IBM 院士

亲爱的员工：

大家都知道，IBM 院士称号是公司授予科技员工的最高荣誉。它是对在职业生涯中持续获得著名成就的员工的表彰，同时也为 IBM 称号获得者继续驰骋技术领域提供了广阔的空间。

在 6 月的年度公司技术表彰活动上，我们正式宣布了 IBM 院士的名单。因为一个特殊的原因，我们在上周末对 IBM 院士的评选规则稍做变通。

在 6 月，存储器系统事业部的西莉亚·耶克–斯克兰顿博士被授予 IBM 院士称号。斯克兰顿博士是公认的高级磁记录的行业领导人之一。作为一名发明家和亲自实践的技术专家，斯克兰顿博士对 IBM 的存储技术做出了许多重要的贡献。她还是一名团队领导人，其领导多学科团队的能力在 IBM 闻名遐迩。

西莉亚到了绝症的晚期，因此星期六上午她的部门经理前往探视了她，并告诉她被授予 IBM 院士称号。她于昨天病逝。

我们与斯克兰顿博士在存储器系统及研究事业部的同事，对于她的去世表示万分的悲痛。

郭士纳

郭士纳

董事长和 CEO 办公室

1997 年 5 月 12 日

主题：深蓝

亲爱的员工：

我知道，在每个地方我都要向 IBM 员工祝贺深蓝（Deep Blue）课题组的优异表现。这是近年来 IBM 研发工作的顶点，它是 IBM 技术领先的强有力的例证。

尽管我希望能赢（而且我也非常高兴我们真的做到了），但我认为这场比赛的胜利并不像深蓝赢了加里 · 卡斯帕罗夫那么简单。这场比赛的结果证明，像深蓝这样功能强大的电脑可以成功地解决需要极高分析速度才能解决的难题。现在，我们可以应用我们所掌握的技术，对医学研究、空中交通管理、金融市场分析以及其他客户所关心的问题提供帮助。

在此，我还要向卡斯帕罗夫先生表示感激。世界上很少有人愿意在媒体的极度关注下，同深蓝这样的对手进行智力和理解力的较量。卡斯帕罗夫先生从来没有小看过这场比赛，相反他对此极为重视；作为这次人机大战的参与者，卡斯帕罗夫先生以他的诚意使我们在这次活动中获得了宝贵的经验。

路

郭士纳

董事长和 CEO 办公室

1997 年 5 月 13 日

主题：股票里程碑

亲爱的员工：

今天，在 IBM 历史上具有重要的里程碑意义，因为在今天早晨的交易中，我们公司的股价冲到了 177.125 美元，超过了 1987 年 8 月 20 日创下的 176.125 美元的历史纪录。对公司的股东来说，这无疑是一则利好消息，但更为重要的是，公司一半以上的员工也持有公司的股份。

不过，纪录还会被打破，里程碑还会被超越。事实上我相信，这只是新 IBM 万里长征的第一步。其他的里程碑可能也是同样重要的，比如让客户感到独一无二的满足感，加快营业收入增长速度（这两年，我们已经超越了原先的营业收入纪录，但以后我们会做得更好）以及重新确立技术领先优势。

我热切期盼的下一个里程碑是，公司员工总人数超过 1993 年我们建立新 IBM 时的人数。

在我眼里，大家是无往而不胜的。所有这一切你们都能做到——超越历史的里程碑，胜利就在眼前，道路就在你们的脚下。

在这里，我谨向大家鞠躬致谢，因为你们当之无愧。

最后，我忍不住还是要强调一句：让我们继续一往无前地工作，因为一切才刚刚开始。

路

信息沟通

所有机构的员工都常常抱怨说："为什么我们必须从电视或广播中听到关于公司的消息以后，才能从公司那里听到。"诚然，我们需要通过媒体把公司的重大事项首先告知股东，但我已经着手确保使公司信息在告知股东后，立即传达给公司员工。下面即为一例，是我们告诉员工我们将收购莲花软件公司。

郭士纳

董事长和 CEO 办公室

1995 年 6 月 5 日

亲爱的员工：

我承诺过会把公司所有的重要事务与大家一起分享，现在我就把不久前公司制订的一个收购计划向你们通报：莲花软件公司是软件开发行业的领先者，和 IBM 有长期合作关系，我们已向其发出了全资控股的收购报价。

今天下午东区时间一点半，我们将召开一个内部的新闻发布会。在会晤媒体之前，我想告诉大家：我们为什么做出这个收购决定，为什么我们会认为这次收购会收到 IBM、莲花软件公司以及我们两家共同服务的客户三方共赢的效果，以及下一步可能会发生什么。

经过深思熟虑，我认为这将是一个双赢的结果。

IBM 的优势包括：由精兵强将组成的全球性团队，无与伦比的客户基础，覆盖 140 个国家和地区的销售和分销网络，庞大的技术资源，有力的资产负债表，世界上最受尊敬的品牌，以及在电脑行业几十年来积累的经验。

莲花软件公司则有许多互补性优势，其中最重要的是其快速赢得市场接受的 Notes 和邮件产品，强大的应用软件组合，良好的品牌基础以及（当然包括在内的）行业内最具创新精神的员工。

我们的目标，就是同莲花软件公司联手，推动建立起一个真正开放的、可扩展的、相互合作的电脑使用环境，使人们可以跨越企业、公司和国家的界限进行工作和交流，而不用担心硬件和软件不兼容此类问题。

现在，全世界的人们都在千方百计地寻找一种技术，以使他们不论身处何地，都可以轻松地与同事、客户、供应商、教育机构一起获得或共享信息。这种技术是一种新的、功能更强大的互动方式，目前它正以迅猛的势头向前发展。IBM 和莲花软件公司合并以后，我们将能使客户更快地真正享受到这种好处。

根据收购计划，莲花软件公司将维持不动，并继续管理目前设在马萨诸塞州剑桥的公司总部。另外，莲花软件公司的主要职责是为 IBM 生产关键的互补性的软件产品。我们希望莲花软件公司管理层和员工继续留任，并和 IBM 从事软件工作的员工一道开发新的企业运算模型。

IBM 已经就收购事宜向莲花软件公司管理层提交了报价。在我们的报价后面，还附有一封致莲花软件公司董事长、总裁、CEO 吉姆 · 曼齐的信。IBM 和莲花软件公司就收购事宜进行了几次公开的讨论，现在我们所采取的行动意在对莲花软件公司进行善意收购。

IBM 的下一个收购步骤，就是在明天的《华尔街日报》和

《纽约时报》上发出收购的法律公告。

由于法律原因，我不能告诉大家更多的收购细节，但是我会将收购的进展情况随时告诉大家。另外，这封信的复制版本和其他相关材料将会在互联网的 IBM 网站的首页（http://www. ibm. com）上公布。同时，如果公司外部有人向你询问 IBM 收购计划情况，你应该把有关情况及时向公司通信部汇报，这一点十分重要。

在今年 4 月召开的年会上，我向大会汇报了我们在提高生产力和削减开支方面所取得的进步。这里我想再次强调的是，我们的目标就是要全面重建 IBM 的行业领导地位。现在，我们正大踏步朝这个目标迈进。我相信，同莲花软件公司的合并将大大加快实现这个目标的进程。

路

1995年6月5日

马萨诸塞州，剑桥，02142

剑桥帕克韦55号

莲花软件公司

董事长、总裁、CEO

吉姆·P·曼齐

亲爱的吉姆：

您同IBM高级副总裁约翰·汤普森会晤以后，想必已经知道，IBM谋求与莲花软件公司进行业务合并的想法由来已久。

由于您不赞成继续进行这项合并，我们于今天早晨宣布我们将以每股60美元的价格或总价33亿美元收购莲花软件公司所有未付清的普通股。这是全部支付现金的报价。我们认为，这是目前促成我们两家公司合并最快、最有效的途径。

对于您以及莲花软件公司的所有员工，我们深表敬意。我们认为，IBM和莲花软件公司对于信息技术未来发展的认识十分相似，都认识到信息技术的未来发展建议在真正开放和合作的计算机环境之中，那样人们可以跨企业、跨公司、跨国界进行工作和交流。IBM和莲花软件公司的合并将会使我们两家公司都可以很快达到这个目标。

对于IBM和莲花软件公司的股东、员工和客户来说，这无疑是一个真正双赢的机遇。利用IBM的金融资源、技术专长和无与伦比的客户基础，莲花软件公司将获得千载难逢的增长和拓展的机遇。

借助IBM在全球的营销和销售能力，我们两家公司将会快速发展Notes的用户基础，大大提高Notes的潜在销售水平以及作为公开行业标准被市场接受的程度。在与世界各地行业伙伴和客户的合作过程中，我们将帮助他们拥有这种进行运算、工作和交流的强有力的新方法。同时，我们也有实力和资源支持莲花软件公司邮件和应用产品。

我们希望这次合并既能得到您和莲花软件公司董事会的鼎力支持，同时又能得到莲花软件公司员工、股东以及莲花软件公司许许多多的忠诚客户、软件开发商和行业伙伴的支持。

我们非常钦佩您在莲花软件公司所培育的创造性工作环境和企业精神。对此，我们不想做任何改变。我们坚信，莲花软件公司员工在开发创新和成功产品方面是业内最棒的。我们希望维持莲花软件公司的现有状况不变，继续管理目前设在剑桥的总部，同时主要负责为IBM生产主要的互补性软件产品。

IBM公司管理层和公司顾问已经做好了同您、莲花软件公司所有其他董事会成员、管理层成员进行会晤的一切准备。在会晤过程中，IBM的顾问将就我们的报价回答您或贵公司其他人员所提出的问题。我们相信，双方达成的业务合并将有利于莲花软件公司和IBM的最根本利益。

同您一样，我们相信：信息技术的前景将是任何人都可以随时随地轻松地、实时地共享信息和进行交易，而不论其身处何处以及所使用的系统是什么。我们期待与您以及您的员工一道开发使世界各地的客户都可以实现上述设想的产品和系统。

IBM董事长兼CEO

郭士纳

附录 2
电子商务的前景

本书收录这篇附录的初衷是，它收集了我在 IBM 期间所发表的以电子商务为主题的所有演讲，从中我们可以看到 IBM 在电子商务方面所走过的历程。

然后，我又将这些演讲重读了一遍。

这就像是凝视一面巨大而毫不宽容的镜子。在许多方面，我们对电子商务的判断是准确的，而且在一定程度上左右了电子商务的发展。但是，几年后回过头来再看一看当初的这些演讲，我们清楚地看到，我们在有些方面没能完全预见到电子商务的发展趋势。我们当时认为很重要的一些东西，最后证明只是一些尝试，不过，这些尝试却预示着真正的、持久的、技术驱动的变革。事实就是如此。我还是应当对我们的历史持通达态度。

这里我对电子商务的发展不做详细的回顾，只是简要概述一下我是如何预见电子商务的发展（以及信息技术发展的一般历程）。下面，我将就电子商务对机构、个人乃至社会所有方面的影响发表我的看法。

如果从有关统计数据来看，我将不得不赞成这些关于电子商务的前瞻性讨论，同时也承认在未来的 3 年、4 年或 5 年里，电子商务的发展将从设想变成现实。

有的学者认为，当至少有 5 000 万人采用一项技术时，那么社会上又多了个新的大众媒体。广播的普及差不多用了 30 年，电视用了 13 年，有线电视用了 10 年。互联网建立了一个新的媒体标准。在万维网诞生不到 5 年的时间里，上网人数大约有 9 000 万人。

到2002年夏天，上网人数超过了5亿人，其中一半以上的人使用的是英语以外的语言。尽管在估计数据上有所差异，但许多追踪互联网这种函数式增长的机构预测，到 2005 年，全球互联网的交易额将达到 4 兆亿美元。

可以毫不夸张地说，网络的意义已经远远超过了沟通媒介或市场本身。其开发与应用，无论是现在还是将来，都将是促进商业、医疗保健、政府、教育和社会变化最重要的推动力。我们所处的时代是一个技术转型的时代，而且这种技术转型尚处于刚刚开始阶段。我认为，互联网技术的应用将会引领技术发展潮流至少 10 年，然后才会被作为世界主流技术的生物技术所替代。

但是别忘了，正如我在第十八章所说的，对于互联网这种匪夷所思的技术，人们并非都能理解它，为了描述互联网技术所带来的这种广阔的、迅猛的变化，我们不得不发明“电子商务”这个新词汇。

和其他众多改变世界的技术一样，网络技术也裹挟着混乱和错误信息，而且它的未来发展前景也系于个人的使用情况。也许大家应该记住，互联网技术的发展，最终将使每一个男人、女人和小孩只要敲几下键盘，就可以通过万维网浏览器阅读在线杂志、将电影下载到手表上或购买宠物食品和鲜花。

诚然，在 IBM 相信还有比上网聊天、浏览或甚至是在线进行零售业务更大的事发生时，有很多人幸灾乐祸地反复指出：老态龙钟的老 IBM 是根本做不好电子商务的。按照这些头脑顽固者的说法，我们现在所谈论的电子商务一开始的日子肯定不会好过。

我们当然同意网络将会改变世界。但是，我们应该首先这样看待电子商务的发展，即它必须改变像银行、医院、大学、零售商、政府机构这样的现存机构，包括改变其工作方式，将物理程序转化为数字程序，将企业的经营范围拓展到互联网领域。我们认为，只有个人通过网络才能从根本上改变付款、转账、买卖股票和更换驾驶执照的方式。

我们认为，电子商务从根本上讲是这样的：作为一项新技术，它将会使每一类企业和每一种交易都发生改变。但是请相信，这种技术——和其他技术一样，仅仅是一个工具而已。它不是什么秘密武器，更不是灵丹妙药。因此，它无法改变市场经济和客户行为的基础。在电子商务领域中，只有那些能克服电子商务的缺陷而且能真正理解电子商务仅仅是一种“商务”的机构，才能取得成功。电子商务是一种真正的严格的工作，需要人们认真面对。因此，只有那些积极从事改变流程、统一供应链、建立知识为基础的企业文化等枯燥的电子商务工作的公司，才能取得实际的持续性回报。

在 IBM 主办的由数百名世界领先企业 CEO 参加的会议上，我将电子商务的产生和电力的产生进行了一番比较。在人类能生产出电力之前，世界上许多运输工作都由骡子或马来完成。随着时间的推移，骡子或马的工作让位由电力驱动的机器来完成。不过，行业并没有发生改变，像拉、抬这样的基本动作也没有发生改变。但是，能够以最快速度从旧技术（以动物为动力）向新技术（以机器为动力）转型的公司，都取得了行业领先优势。电子商务的发展也莫不如此。

电子商务的第一个发展阶段就要慢慢结束了，这是一个试验性的推测摸索阶段。现在，已经逐渐步入了第二个阶段，即认真务实阶段。电子商务行业的领导者认为，当他们涉足电子商务后，既会得到一些好处，同时也面临着一些需要解决的实际问题，因此他们需要认真制定各自的战略发展方向。

这里，我简要说一下我对电子商务下一个发展阶段的看法。我认为，这将是一个技术应用的阶段，同时也是一个关于管理和领先地位挑战的阶段。

清除访问的障碍

想想看，信息技术的发展确实十分迅猛。它从最初由一小部分核心技术人员所掌握的主机高级人员持有阶段，发展到几千万乃至几亿个人电脑用户阶段，所用时间十分短，还不到40年。

网络的兴起，催生了像“互联世界”“全球访问”这样的在21世纪会长久存在的词汇。不过目前的事实是，世界上一半以上的人仍然需要使用电话。我在前面提过有5亿互联网用户，他们在互联网的发展初期就勇于尝试这项技术，但他们占全球人口总数的比例还不到10%。我们还有很长的路要走，因为目前世界上通过计算机和其他通信设备上网阅读或参加社区活动的人数并不多。但我相信，在不远的将来，我们将不再争论这个世界上信息拥有者和信息匮乏者之间是否存在所谓的“数字鸿沟”。这无疑是存在的，但存在时间的长短则完全是另外一回事情了。

这种划分与许多因素有关，例如教育和读写能力的差异、电话普及率和电力的普及率。计算和交流的障碍有两个，即电信费用和访问设备本身的费用。这两种费用正不断降低，而且一个比一个降得快。

八国集团以外的各国政府，正采取各种措施结束电信垄断行为，促进竞争，以及向网络运营商和服务提供商开放市场。尽管绝大多数国家在市内电话和长途电话的固定线路服务方面依然存在垄断（可能是国营式垄断，也可能是私营式垄断），但大多数国家（大概有 80%）已经开放了移动电话市场，以便于竞争。目前，世界上有的人打市内电话，三分钟只要一分钱，而另外一些人则要五角钱。

电子商务的第二个障碍，即访问设备本身的费用下降很快。如果只能以正蓬勃发展的个人电脑作为唯一的访问设备，那么上网冲浪则变成了有钱人的活动。随着其他大量低成本访问设备（包括联网型移动电话、个人数字助理、游戏控制板甚至是市场和政府设施中的信息亭）的不断涌现，世界上全部几亿台个人电脑将会黯然失色。在此后的几年里，将会生产几十亿台与网络连接的移动式访问设备，其中不包括个人电脑。

访问设备价格的大幅度下降并不是不可逾越的障碍。一些颇有思想的人断言，信息技术将不可避免地和永久地将世界分为两大阵营：能够访问网络的人以及被网络拒之门外无法访问的人。我不赞成这种过于绝对的论断。我认为，随着电信业竞争的扩大，IT 行业的不断创新，以及社会各阶层有思想的人登上领导岗位，将会有更多的机会（而且这种机会很大）缩小上述差距，并空前扩大向人们所提供的服务和信息水平，而不管他们的社会、政治背景或个人购买能力。

低成本访问设备的迅速发展，是信息技术更大范围普及的重要因素，但其作用还不只如此。尽管人们都在实际中使用各种发明，但技术实际上隐藏在人们的生活结构之中，例如身上穿的衣服，家里用的电器，路上开的车，甚至是我们所走的道，还有其他几千种我们从未想到是“电脑”的东西。有一点是很容易想到的，即将来有一天，与微型芯片、存储器和通信能力相配套的设备只要几美元。未来的应用设备应该能丰富人们的生活、便捷、有趣、实用和强大。

例如，当你所拥有的每一件物品都能不断向你汇报自己的位置，并且还“知道”自己应该所处的位置，那么盗窃者将很难得逞。对生产商和零售商来说，我们讨论的是关于下一代市场分析和客户服务。让我们设想一下，他们拥有的每个产品在市场中所获得的即时通信能力，包括如何使用产品、使用的价格以及使用的效果。这就像用尼尔森分析方法对每件事进行分析一样，不需要隔夜就可以做好。对百姓和社会来讲，想到衣服的好处，则是告诫穿衣者要注意环境的恶化；考虑到建筑物的好处，则是告诫建筑师要预防地震；而对供水者来说，则是考虑对付阴谋破坏者。

这一切在技术上都是可能达到的。当有一天我们看到这些设想都实现了，你就会知道，我现在并不是在胡乱猜测。但是对我本人将来是否能看到这些设想更多地得以实现，我表示怀疑。实现这些设想的日子已经不远了，大家只要看看已经发生的技术变化，就会明白这一点。

当我学习开车的时候，汽车还只是一种交通工具。如今，有些汽车还起到网络节点的作用，还有许多汽车带有当发生紧急情况气囊弹开时，将交通工具的位置报告给紧急情况处理部门的功能。现在，心脏起搏器市场的主导制造商都在其产品中安装了互联网定位装置，这样患者一旦发生了什么问题，就可以随时与医生联系。如果患者觉得在这些器具或沉重的装置中再安装一些电子用品会不方便，那么制造商会提供“电话上门服务”，即公司派遣自己的维修技术人员到患者家里，从网上下载合适的软件，然后把出现的问题处理好。IBM 的科学家正在研制一种“智能型厨房柜”，这种厨房柜可以“阅读”各种药瓶上面的文字，当各种药品的剂量合在一起可能会产生副作用时，它会发出语音警示。还有一家日本公司正在研制一种容量一品脱的啤酒气压器，当啤酒杯空了以后，它会自动提醒吧台侍者。

从任何一个角度来看——无论是技术与设备、与人，还是与日常生活琐事的关系，技术在我们生活中所发挥的作用都越来越普及，而且越来越不为人们所注意。尽管人们对技术要求越来越高，技术却越来越从我们的视线中淡出。

从另一个角度来看，这种现象也说明了所有的网络设施必须依赖于安全的全球性计算基础。在计算连续区的末端，所有的技术都呈现出前所未有的精妙性和复杂性。如果我们想继续推进技术发展的话，即通过将技术的应用简单化，而扩展其使用范围和影响，那么屏蔽技术的复杂性将是最重要的。

简化计算

所有企业都逐渐承认加入电子商务世界的重要性。因此，他们要么加入其中，要么同那些认为用骡子做动力也不错的世纪转型企业一样，听任命运的安排。电子商务的用户认为，电子商务是一条通向数字的涅槃之路，而企业则认为这条路充满了艰辛。

正如我们所看到的，计算机的普及正逐渐成为现实。随着电子商务设备种类和数量的增加，额外交易越来越多，数据流和网络拥堵逐渐增加，所有这一切都与电子商务使用数量和规模的日益不确定有关。同时，对系统和数据安全的威胁也大大超出了人们在几年前的预测。

无论是公共部门和民营企业的领导人，还是大型企业和小型企业的领导人都知道，电子商务的发展需要一个全新的信息基础作为支撑。这样，电子商务的运行才会比今天更安全、更可行和更值得信赖。但对于行业领导和生产、销售技术的人来说，又会出现一个极其悖论性的问题，即客户几乎不可能懂得如何来实施和管理这种全新的信息基础。

传统的解决方法——投入大量的人力去解决客户出现的问题既不能奏效，也不可能长久。因为电子商务的复杂性呈螺旋式上升趋势，其发展速度比人员解决难题的能力的发展速度要快得多。现在，世界上 IT 人员缺几十万人，10 年以后市场对 IT 人员的需求又会翻一番。即使是这种速度，还是缺少足够的技术人员保证系统正常运作。

因此，必须从根本上对电子商务的信息基础进行再造，使其有能力处理目前需要人去处理的许多问题。

IBM 的研究人员对人体自身管理（例如从心跳到免疫系统等每件事）和计算系统所要求的管理进行了大量比较。这种研究主要是考察人体自我意识可以让系统自己消除病毒，保护自己免受病毒的侵害，隔离和修复损坏的部件，发现异常情况并将其消除，在变动中进行自身改造，从而充分发挥自身所有部件的优势。

单独一家公司是无法研制或生产自主计算系统的。正因为如此，IBM 技术部门在 2001 年认为，这个新领域将成为整个 IT 行业下一步所面临的最大挑战。

融入网格

截至目前，互联网及其通信解决方案已经能使计算系统（计算系统一度是独立的，不论你是对个人电脑还是数据中心发送信息）进行信息共享和商业交易。事实上，在互联网发展的第一个阶段可以在计算机之间传递信息。而在互联网发展的第二个阶段（这个阶段基于另一套通信解决方案），计算机之间可以互联工作，例如可以将编程能力、存储能力和其他资源整合在一起，解决一般性问题。

这种大型安全的、共享资源的计算基础，又可称为“网格计算”。和许多信息技术（例如互联网本身）的主要商业领域一样，网格最早出现于科研、工程以及像高能物理、生命科学以及工程设计这样的学术机构。

IBM 最早的一个网格项目是与宾夕法尼亚大学合作完成的。其设计目的是让全世界所有的乳腺癌研究者在乳腺癌治疗应用方面进行合作，对同一女性多年来乳腺变化情况进行比较，从而进行更可靠的观察和诊断。

下一个公用设施

如果把大型计算网格的出现，加强系统本身管理能力的自动技术的发展，以及计算设备进入生活和企业结构速度的加快这些因素都结合在一起，我们会发现，这将是IT产业历史上更为关键的进步。这种进步将不仅改变IT产业向市场提供产品的方式，而且还会改变这些产品卖给谁以及客户认为产品的供应商是谁。这种进步，我们称之为“公用设施”计算。

这个概念的基础想法是使企业很快就能像获得水和电力那样获得他们所需要的信息技术。企业自己并不拥有水厂或发电厂，不久以后他们也不再需要去购买、储存和维护传统计算环境的方方面面，因为专业厂商可以通过网络应客户的要求，向其提供数据处理、存储、应用、系统管理以及安全维护等服务。

这种做法会给客户带来巨大的价值，其中包括：减少固定资产，将固定成本转化为可变成本，根据基础需求访问不受限制的计算资源，有机会去除令人头痛的技术循环、升级、维护、整合、管理。

“9 · 11”事件以后，世界各地在信息和系统安全方面受到更大的突发性事件的威胁，“on-demand”计算可以提供更为安全的信息基础以及进行系统疏散的能力，于是产生了一套能免除自然灾害或意外事件侵袭的系统——这些灾害和事件足以毁坏整个传统的数据中心。

首先应该从何处着手呢？我认为，我将会看到的一些事将与我们在客户第一次使用网络时所看到的事完全类似。最早实现的是系统内部或网络内部的应用。在“on-demand”计算的情况下，利用现存资源的能力与客户如何完全使用现存的IT投资等问题息息相关。除了更换个别硬件，购买容量更大的数据库和存储器，客户还应该有办法发挥现存资源的作用。

外部限制

特定时代的人需要解决至少一件变革性技术，包括理解、应用和合理规范技术的使用，这是十分常见的事。20世纪中叶的核能技术的发展和应用，即是最好的例证。同时，当代必须要解决两个（而不是一个）变革性的科学发展问题。我认为，其中每件事都与第一个问题息息相关，即无论是机构还是个人对技术的应用，都与网络技术有关。第二个问题涉及信息技术和分子生物学结合会产生什么后果。

具有分水岭意义的事件是发现人类基因图谱。这个项目所产生的数据装置达1 000万页信息。但真正困难的工作还在后面。对此，我们的一位研究人员描述说，这好比手中有一本书，却不认识这本书上的文字。因为，破译人类基因图谱所需要的数据分析比绘制人类基因图谱至少要大1 000倍，其信息量达100亿页。

破译人类基因图谱是一项非常有价值的工作。如果能成功破译的话，我们将能为目前无法治愈的疾病生产出更好的、更有效果的以及更适合每个人的药物，制定出新的医疗和护理方案，而且可以培植出适应性更强的、产量更高的新一代种子和作物。也就是说，我们将有很大可能减轻人类所遭受的痛苦，消除心脏病、艾滋病等顽症，就像我们以前攻克小儿麻痹和天花一样。

80年前，抗生素的出现为延长人类的寿命做出了巨大的贡献，20世纪20年代人类寿命比预期增长了20岁。现在我们就快要找到一个为人类延长20年寿命的新发现，本书的年轻读者将会发现：他们将比自己的父母在这个地球上生活更长的时间。也许有人不在乎多活20年，但我们所说的延长20年，绝不是那种被今天的人们所贬低的“老态龙钟”，而是充满创造力的、健康的 20 年。

真正的问题不在技术方面

技术正使许多事情成为可能（无论是网络层面还是分子生物学层面），为此我们可能会丧失分析能力。但不要忘记：技术为社会所带来的潜在好处，可能会被它所带来的社会问题所抵消。现在，我们就需要为技术的两面性做准备。因此，非常希望技术行业、客户、政府、政策制定者能认真考虑一下，技术继续向前发展可能会造成什么问题。

现在已经很清楚的是：网络引发了很多问题，比如医疗或经济记录的泄密，或新闻自由与个人隐私保护之间的矛盾。请考虑一下网络发展带来的隐私权问题吧。在私家汽车也与互联网连接的世界里，个人隐私会受到怎样的损害呢？答案就是：我们的行动受到每时每刻的监视，蜂窝电话不间断地汇报汽车的位置，或者与网络连接的心脏起搏器和其他医疗设备会实时收集有关心率、血压、胆固醇含量或血液酒精含量的数据。那么谁可以接触到你的大部分私人信息呢？可能是你的医生、执法机构、保险公司，也可能是你的老板或潜在老板。

前面我提过，在是否需要掌握信息这个问题上存在着很大的分歧。我希望我们可以真正将我们自己与技术联系在一起，以缩短这种数字上的界限。但当我们做这件事时，我怀疑我们是否正在创造一个可能无法弥合的新的基因界限，那样的话，则一部分人可以付得起为防止生育畸形或避免长期的痛苦而支出的费用，另一部分人则负担不起。

当医疗诊断和卫生护理一起发展而使我们更长寿、更健康时，我们仅仅是为我们所爱的人或所喜欢的事创造出更长时间的宝贵的享受吗？或者是否还有更值得让我们去做的事情？如果这些成为可能，或者还远没有成为可能，那么我们是否就不需要考虑为更长寿、更健康所必须生产更多的食品和建造更多的房屋而对社会结构、医疗设施、养老保险系统以及环境所造成的影响呢？

最后，在“9 · 11”事件发生以后，我们所有的人都不得不考虑：既然我们都生活在这个世界上，那么对我们生活方式的最大威胁是什么？是传统的军事进攻？是流氓或国家支持的恐怖分子袭击？还是来自国内被剥夺权利的极端分子的危险？这里，对国家支持的恐怖主义就不用多说。如今，我们都从不同的角度看待这个世界。这种新世界观的副产品之一是，对于我们所面临的威胁，我们应该从各个角度重新考虑其基本性质。

即使在“9 · 11”事件发生以后，执法部门和安全机构仍然坚信，对人民和社会的最大威胁不是来自大规模杀伤性武器，而是来自广泛的信息冲突以及他们所说的大规模武器扩散。没有人会把人类生命的丧失与电脑设备的损失等同起来。但是问题在于，由于恐怖分子掌握了电脑技术，这将对越来越高度信息化的军事设施、国家电网、供水或电信系统构成很大的威胁。

领导者所面临的挑战

本书反复强调的观点是，商业领域和公共部门的领导者都必须对以下一系列紧密相关的战略问题做出决定，其中包括技术开发、自愿打破常规、投资政策以及领导团队随时准备接受新的思维方式和工作方式。

这些是目前工作的重心，而且今天就需要进行抉择。明天的议事日程就是要改变长期困扰我们的一系列问题，包括网络发展对现存地缘政治结构以及支持地缘政治结构的经济学假说的影响。

我们将世界构造成民族-国家模式，而且改造了几乎每一个生活和社会准则以适应这种（民族-国家）模式，但网络世界对此并不遵从。网络世界的行动和发展并不受我们的国家界限、宗教联盟或政治结构等观念的规制。网络世界解决了由于历史上的民族、国家和文化分裂所造成的障碍。而且我相信，网络将会对政治机构所享有的并已经实施的对最重要事务（例如公民获得信息、教育和知识的权利）的控制能力发起一系列的挑战。在这个挑战过程中，我们将能看到民主政治运行方式的转变。

在这个全球性的、政治文化上互联的世界上，政府管理怎样才能形成可行性政策框架呢？在个人隐私方面，欧盟的政策框架与美国不同，而欧盟和美国又与中国迥然不同。

现在，我们应该从对全球规制这个层次上退回来，使世界上的每个人都表达他的政治观点。在不久以前，坐在家里或办公室就可以买书的想法是具有革命性的。假如有一天我们可以舒服地待在家里或很方便地待在办公室里进行投票，那么可能会出现什么事呢？我想，其意义将不只是提高公民参与代议制的政府管理。为什么不能摒弃政治从属关系或对国家的忠诚，由全球公民代表就全球事务进行复决呢？如果一个全球共同体对地球变暖和诸如关贸总协定等问题发表自己的看法，那么这对目前的单一政府意味着什么呢？

我想，随着我们所定义的国家利益和全球利益之间的冲突不断加剧，这一天虽然现在还没有到来，但也不会太遥远了。因此，有一天我们会生活在以下这种状态之中，即达成一个协议需要新的国际性合作和全球性公共政策。

我们又一次落在了技术发展的脚步后面。一些大学开始在其商业管理课程中开设电子商务。但是政治学、伦理学和法学院校也需要开设有关电子商务的课程吗？美国国会是世界上最具立法权威的机构之一，为了完成其职责，它设立了许多委员会和一些事务组，专门检查诸如网络化安全、出口限制和知识产权等问题。但总的来说，人们还不能从根本上理解应该采取什么措施，为电子商务的合理赋税之类的问题制定一个可行的政策框架。

在 20 世纪下半叶，世界各国聚集在一起建立多边国际机构，以促进经济增长，提高生活水平，以及预先阻止军事冲突。经济合作与发展组织（OECD）、国际货币基金组织和世界银行，就是因此而诞生的。1998 年我在经济合作与发展组织发表演讲，演讲的主题集中于以下问题：为迎接信息时代的挑战，是否应建立类似上述组织的全球性组织？为了发挥稳定和促进作用，我们在 21 世纪需要设立什么样的全球性机构？

所有这一切都在引导我思考以下问题：我们是否在正视对新的领导能力的要求。电子商务并不会使现实世界成功领导者所具有的那种特质变得过时。无疑，网络将会改变许多事情，但不能改变所有事情。热情、信息和智慧会永远发挥作用。正如我在讨论目前企业中普遍存在的信心危机时所指出的那样，企业整合比以前任何时候都要起作用。

我认为下面这种情况具有典型性，即无须处理技术问题的人，很少会费心思去理解技术的可行性和局限性。在核时代，这种情况是对的。但在技术普及到每个人都需要处理它的时代，我认为：我们需要政府、企业和政策制定方面的领导人向我们承诺，他们将以毕生精力面对挑战，努力学习如何使社会和技术和谐相容。

下一代领导人，无论他是公共还是民营部门的，都将必须进一步扩大对一系列经济、政治和社会问题的思考。这些领导人将：

- 具有更强的能力处理技术发展所带来的持续和间断的变化。
- 在认识和实践上更具全球性。
- 具有更强的平衡维护地方文化和承诺进行地区性或全球性合作之间关系的能力。
- 具有更强的接受以下事实的能力，即世界正迈向一个新的发展模式，在这个发展模式中每次努力所“缺少的”是相互开放和整合，而不是相互隔离。

和那些在高科技企业中工作了10年的人一样，我坚信高科技的作用是巨大的。但是我从来不相信技术本身会给我们提供解决问题的现成答案。对于像偏见、贫困和恐惧这些一直困扰人们和社会的最艰难、最重要的问题，技术并不能提供具有心灵意义的解决方案。只有具有自由的心灵和自决精神的人所采用的最人性化的方案，才能解决这些问题，因为这些人有能力进行选择、决策、思考和推理，并且有能力运用他们所掌握的工具，为最大多数的人带来最大的利益。

附录 3
IBM 改革的财务状况

附录 3 的图表概括说明了 1992—2001 年 IBM 的运营状况及财务状况。

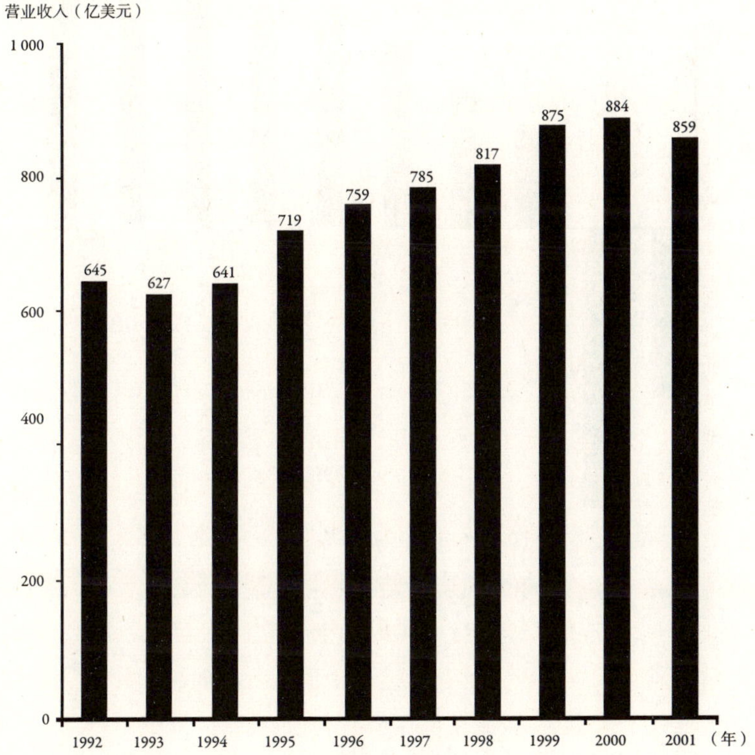

IBM 及其子公司

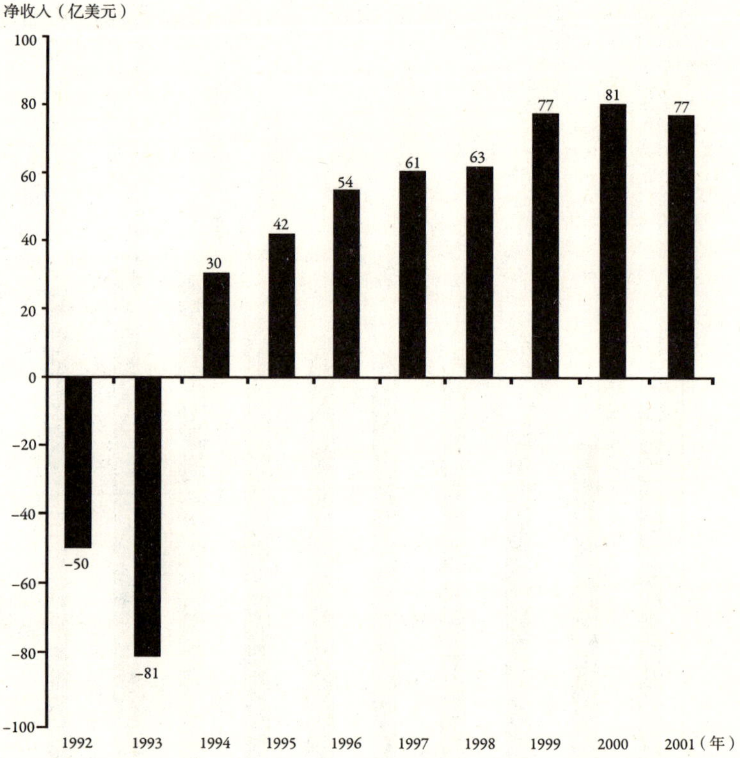
净收入（亿美元）
100
80
60
40
20
0
-20
-40
-60
-80
-100
-50
-81
30
42
54
61
63
77
81
77
1992
1993
1994
1995
1996
1997
1998
1999
2000
2001（年）

IBM 及其子公司

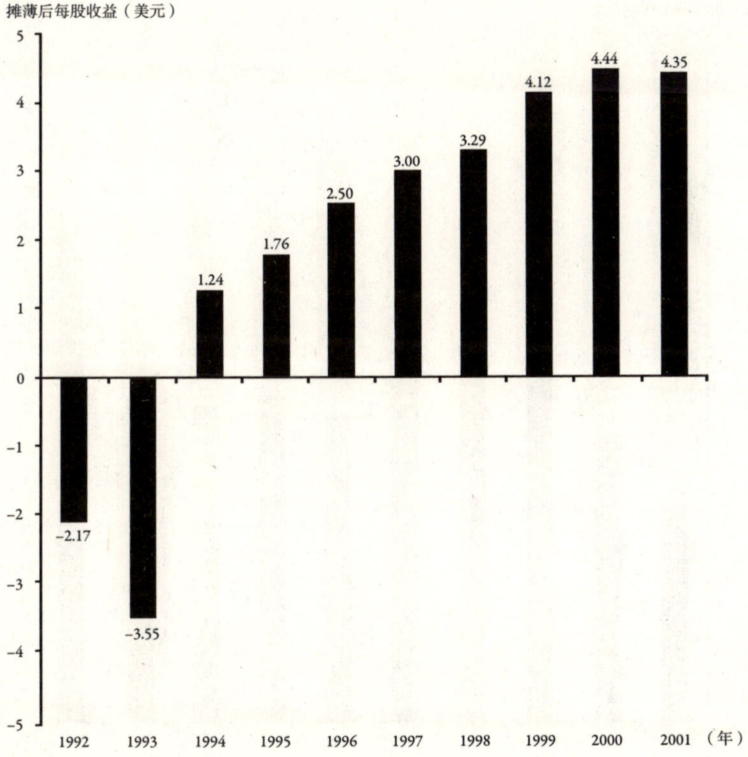
摊薄后每股收益（美元）
5
4
3
2
1
0
-1
-2
-3
-4
-5
-2.17
-3.55
1.24
1.76
2.50
3.00
3.29
4.12
4.44
4.35
1992
1993
1994
1995
1996
1997
1998
1999
2000
2001
（年）

IBM 及其子公司

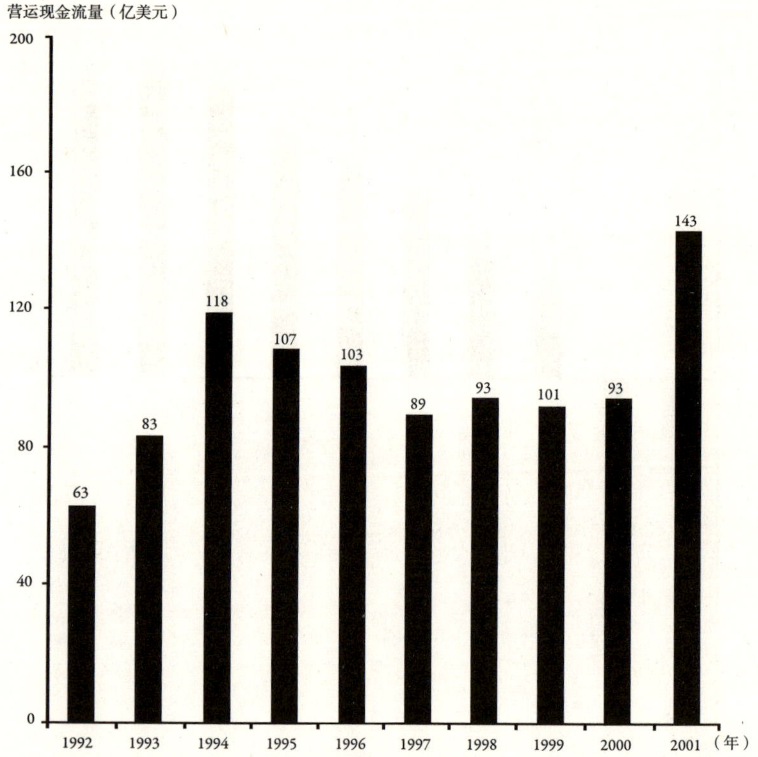
营运现金流量（亿美元）
200
160
120
80
40
0
63
83
118
107
103
89
93
101
93
143
1992
1993
1994
1995
1996
1997
1998
1999
2000
2001
（年）

IBM 及其子公司

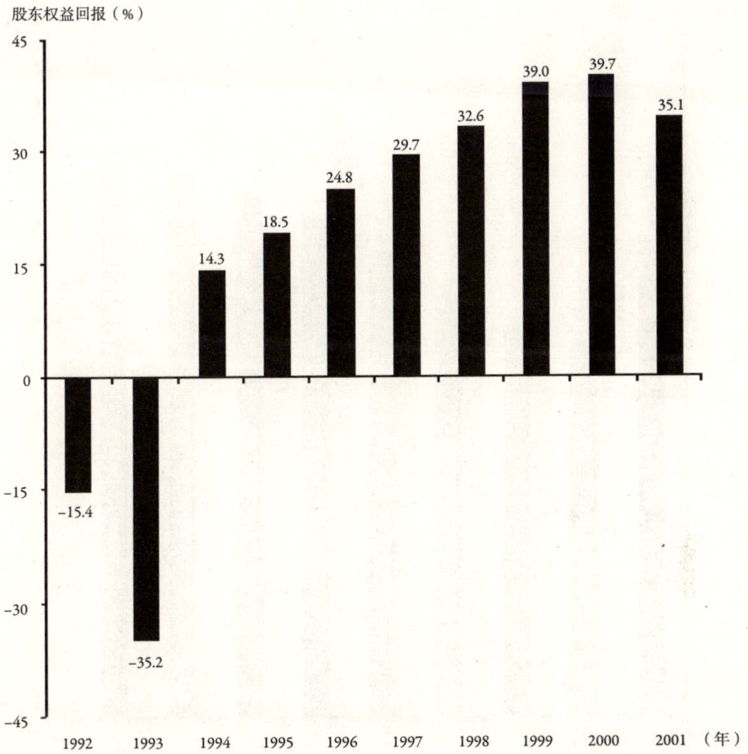
股东权益回报（%）
45
30
15
0
-15
-30
-45
-15.4
-35.2
14.3
18.5
24.8
29.7
32.6
39.0
39.7
35.1
1992
1993
1994
1995
1996
1997
1998
1999
2000
2001
（年）

IBM 及其子公司

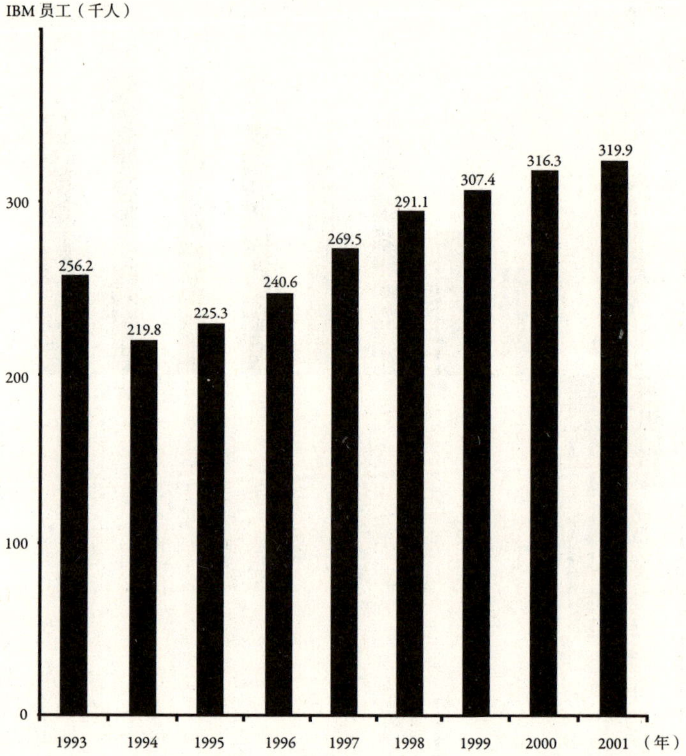
IBM 员工（千人）
300
200
100
0
256.2
219.8
225.3
240.6
269.5
291.1
307.4
316.3
319.9
1993
1994
1995
1996
1997
1998
1999
2000
2001
（年）

IBM 及其子公司

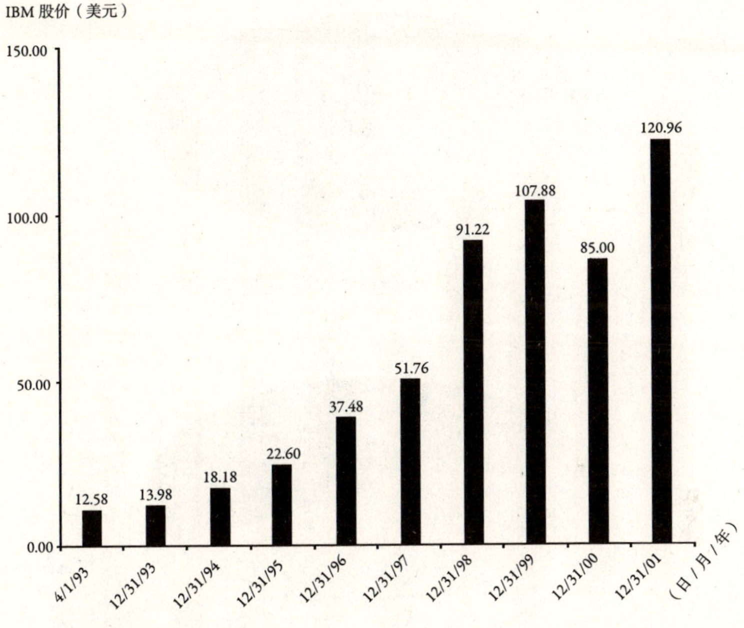

注：已按股票分割调整：1997 年 5 月，1999 年 5 月。

IBM 及其子公司

营业收入（亿美元）

1992 年

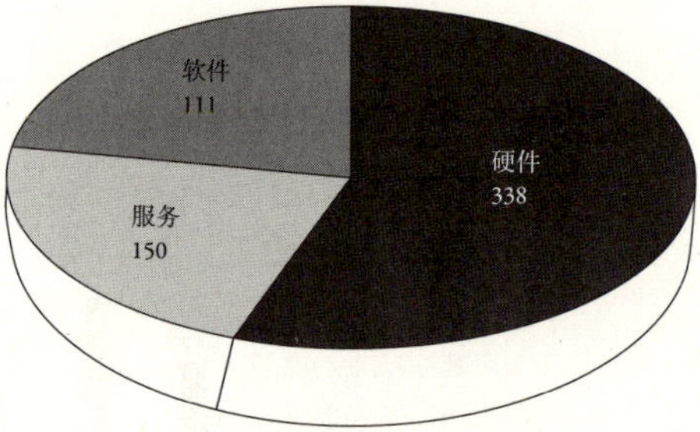

2001 年

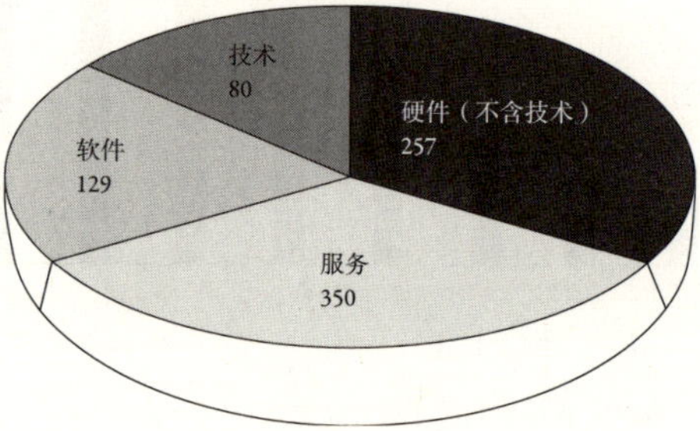

IBM 及其子公司

图书在版编目（CIP）数据

谁说大象不能跳舞？/（美）郭士纳著；张秀琴，音正权译 . -- 北京：中信出版社，2021.4

（中信经典丛书 . 002）

书名原文：Who Says Elephants Can't Dance？

ISBN 978-7-5217-2888-0

Ⅰ. ①谁… Ⅱ. ①郭… ②张… ③音… Ⅲ. ①IBM 公司—工业企业管理—经验 Ⅳ. ① F471.266

中国版本图书馆 CIP 数据核字（2021）第 045577 号

谁说大象不能跳舞？

（中信经典丛书 · 002）

著　　者：[美] 郭士纳

译　　者：张秀琴　音正权

责任编辑：李淑寒

出版发行：中信出版集团股份有限公司

（北京市朝阳区惠新东街甲 4 号富盛大厦 2 座　邮编　100029）

承 印 者：北京中科印刷有限公司

开　　本：880mm × 1230mm　1/32　　印　　张：115.5　　字　　数：2719 千字

版　　次：2021 年 4 月第 1 版　　印　　次：2021 年 4 月第 1 次印刷

京权图字：01-2010-3492

书　　号：ISBN 978-7-5217-2888-0

定　　价：990.00 元（全 8 册）

服务热线：400-600-8099

投稿邮箱：author@citicpub.com

扫码免费收听图书音频解读

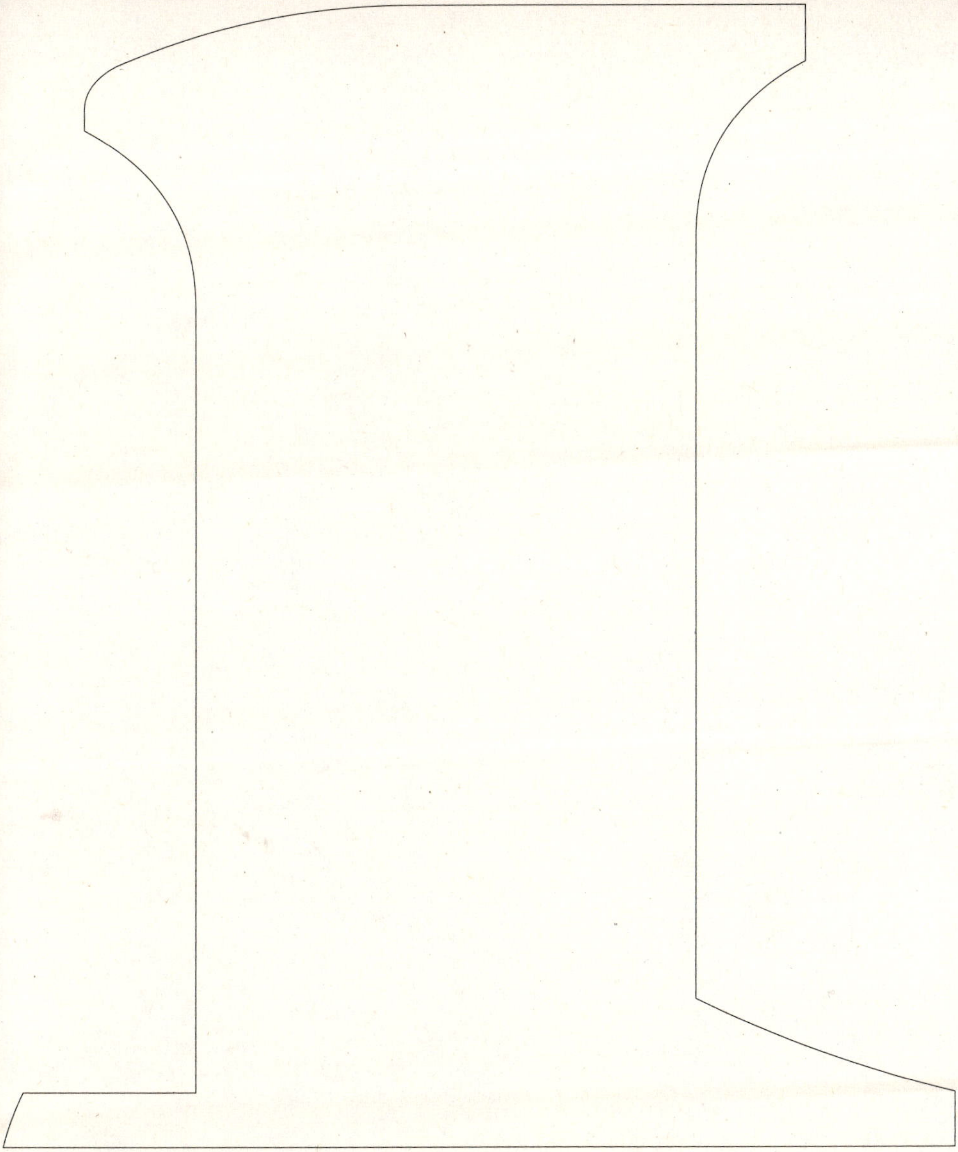

巴菲特传

BUFFET

THE MAKING OF AN AMERICAN CAPITALIST

[美] 罗杰·洛温斯坦
著

蒋旭峰
王丽萍
译

中信出版集团 | 北京

目录

中文版导读

2008年，“福布斯全美400富豪榜”上，79岁的巴菲特力压比尔·盖茨，以620亿美元的财富成为世界首富。

与其他富豪不同，巴菲特是唯一一个通过投资成为世界首富的人，美国人称其为100年来最伟大的投资者。按照他过去50多年的财富增长速度，到2010年他就会成为世界上第一个千亿美元富翁。

全世界的投资者都在追寻巴菲特成功的秘密，本书是第一部巴菲特的传记，是记录巴菲特通过投资成为世界首富的传奇经历的最重要的书，也是我们解读巴菲特投资成功之路的重要参考文本。

我们目前一个最大的疑惑就是：有很多投资家的投资水平不亚于巴菲特，有很多企业家经营管理的水平甚至高于巴菲特，但为什么他们积累的财富远远少于巴菲特？

通过这本巴菲特的传记以及巴菲特过去30年写给股东的信，我终于找到了问题的答案。

巴菲特说：“我是一个不错的投资家，因为我也是一个企业家；我是一个不错的企业家，因为我也是一个投资家。”

大部分人要么是企业家，要么是投资家，只在一方面擅长。而巴菲特既是投资家又是企业家，两手都很硬，这种独有的交叉性经验（crossover experience）是他取得巨大成功的最重要因素——“这种经验使我在商业和投资领域都能从容地做出正确决策。”

巴菲特并非生下来就同时具备这两种才能，他的才能也并不是一下子获得的，而是一步一步逐渐进化的：他先是小企业家，然后成为投资家，再成为既通过股市投资企业又在股市外收购企业的投资家加企业家，而且通过保险业务创造巨大现金流，把股票投资和收购完美地结合在一起。他的投资策略进化到一个新阶段，他的财富也不断上升到新的高度，最终成就了世界首富的惊人财富传奇。

这本书详细描写了巴菲特的三个进化阶段：

青少年巴菲特：成功的小企业家，从零到 9 800 美元

巴菲特在青少年时期（1930—1950 年）创办了一系列小企业。

巴菲特从小就持有强烈的赚钱欲望，12 岁时发誓要在 30 岁之前成为百万富翁：“如果成不了百万富翁，我就从奥马哈最高的楼上跳下去。”

6 岁时，他会在晚上挨家挨户地去兜售批发来的可口可乐，还把邻居都动员起来去捡别人打飞的高尔夫球，清洁整理后转手加价卖出。

他从 13 岁开始送《华盛顿邮报》，后来又送《华盛顿时代先驱报》。他一共建立了五条送报路线，每天早上要送将近 500 份报纸，同时还推销杂志来提高收入。这个业余兼职的初中生每个月可以挣到 175 美元，相当于当时一个标准白领的收入。

1945 年，他只有 14 岁，就拿出自己积攒的 1 200 美元，买了一个 40 英亩的农场，当上了小地主。

读高中时，巴菲特和朋友成立了一家小公司，买了好几台旧弹子球机，放到威斯康星大道上的理发店里，然后按小时收费，收入和理发店的老板五五分成。结果他每周都能挣到 50 美元，盈利相当高，这时巴菲特已经当上了小老板。

1947年6月从高中毕业时，巴菲特已经递送了差不多60万份报纸，挣到了5 000多美元。上大学前，他把弹子球公司转手，卖了1 200美元。

读大学时他又找到了一份送报的工作。当时他开着一辆1941年款福特车在美国西南部奔波，为《林肯周报》监督6个县城的50个报童每天的送报工作，工资是每小时75美分。巴菲特摇身一变，成为一个管理者。

1949年冬天，巴菲特又搞了一个“巴菲特高尔夫球公司”。到1950年7月，他一共销售了220打高尔夫球，从中赚了1 200美元。此时的巴菲特既是老板，又是经理人。

大学毕业时巴菲特把他各项经营的总收入加起来，已经攒下了9 800美元，和其他只会花钱的同学相比他有钱得很，甚至比那些全职工作的成年人的收入都高得多。这个万元户，在当时算得上一个小小富翁。

这时的巴菲特年仅19岁，却已经有13年的商业经验。

尽管他就读的沃顿商学院声名远播，但是那里的课程让人感到乏味。巴菲特毫不客气地说自己比教授懂得还要多。那些大学教授虽然都有一套完美的理论，却对巴菲特渴望获得的赚钱技巧一无所知。

正是这些宝贵的商业经验，使巴菲特对企业经营有着深入的了解，而分析企业经营的竞争优势，正是巴菲特一生投资成功的根本所在。

青年巴菲特：成功的投资家，从9 800美元到2 500万美元

巴菲特在青年时期（1951—1969年）通过股票投资成为一名千万富翁。

巴菲特的父亲是一个股票经纪人，巴菲特儿时经常去父亲的办公室，从小就对股票交易产生了浓厚的兴趣。他从10岁就开始进行股票投资。

到高中时，巴菲特已经是学校里的炒股高手。

但直到巴菲特大学毕业前，他和大多数散户一样，也只是看图表、做技术分析、猜股价趋势、到处打听小道消息、追涨杀跌，是一个普普通通的小股民，业绩也相当一般。

在 1950 年大学快毕业时，巴菲特读到了格雷厄姆的投资名著《聪明的投资人》，这让他茅塞顿开，原来真正的投资之道是价值投资。于是，他投身哥伦比亚大学格雷厄姆门下读研究生。1951 年，巴菲特毕业后在父亲的经纪公司做了 3 年经纪人，之后终于得到机会在格雷厄姆的投资公司工作了两年。在导师的言传身教下，巴菲特终于领会了价值投资的真谛，他的投资业绩大大改善，个人财富也从大学毕业时的 9 800 美元激增到 14 万美元。

1956 年春天，格雷厄姆解散了投资公司。巴菲特回到家乡创办了自己的投资公司，筹集到 10.5 万美元，他个人象征性地投入了 100 美元。他的报酬主要来自作为投资管理人以一定的比例从投资利润中分成。

直到 1969 年巴菲特因为股市过于狂热而解散合伙公司，在 1957—1969 年这 13 年期间，他取得了 30.4% 的年均收益率，远远超过了道琼斯工业平均指数 8.6% 的年均收益水平。这 13 年里，道琼斯工业平均指数下跌了 5 次，而巴菲特的合伙公司从来没有发生过亏损。

1969 年，巴菲特决定解散合伙公司，因为他认为股票市场正处于极度的投机狂热之中，真正的价值在投资分析与决策中所起的作用越来越小。巴菲特对合伙公司的资产进行了清算，在牛市最高峰出现很早之前就彻底离开了股市。

这是巴菲特的理性的最好体现，本书第 6 章对巴菲特解散公司、退出牛市经历的描述值得一读再读。

中年到老年巴菲特：投资家 + 企业家，从 2 500 万美元到 620 亿美元

管理合伙公司时，巴菲特的个人资产已达到 2 500 万美元。公司解散后他把大部分资金都悄悄投到伯克希尔 · 哈撒韦公司的股票上，巴菲特夫妇持股比例达 40% 以上。

通过伯克希尔 · 哈撒韦这家上市公司，巴菲特开始大量投资股票和收购企业，从 1965 年到 2007 年取得了 4 008 倍的投资收益率，远远超过同期美国标准普尔指数 68 倍的收益率，其良好的业绩推动了伯克希尔 · 哈撒韦的股价从每股 15 美元上涨到惊人的每股 13 万美元。2008 年，巴菲特的个人财富也增长到了 620 亿美元，成为世界首富。

巴菲特的投资业绩远远好于其他投资大师的一个重要原因是，他不仅从事股票投资，还进行大量的企业并购，双管齐下。

> 我和伯克希尔 · 哈撒韦的副董事长，也是我的老伙计查理 · 芒格，一直致力于通过全部持股或部分持股来拥有一批竞争优势出众而且由杰出经理人领导的企业。我们最希望获得的持有方式还是通过协商，以公平合理的价格买入全部的股权。但如果我们在股票市场中能够有机会以大大低于整体并购所需的平均价格出价买入一家优秀企业相当数量的股票的话，我们同样会非常高兴。事实上，协议整体收购与通过股市买入部分股权双管齐下的投资方法，使得我们相对于其他只局限于其中一种投资途径的资本配置者来说，拥有更加强大的竞争优势。伍迪 · 艾伦曾经这样解释为什么中庸之道往往更加有效："双性恋者真正的优势在于拥有相当于一般人两倍的周末午夜约会的机会。"[1]

1. Warren Buffett: the Chairman's Letter to the Shareholders of Berkshire Hathaway Inc., 1995.

巴菲特投资股票和收购企业的方法和策略非常相似："投资上市公司股票的成功秘诀与并购子公司没有什么不同。在这两种情况下，我们都希望能够以合理的价格取得拥有绝佳经济状况与德才兼备的管理层的公司。而在此之后，你需要做的只是监控这些特质是否还在继续保持。"[1]

需要说明的是，保险是巴菲特的核心业务，巴菲特称之为"未来几十年最重要的收入来源"。它提供了源源不断的巨额低成本资金，让巴菲特能够大规模收购企业或投资股票。在取得很高的投资回报后，巴菲特保险业务的资本实力大大增强，从而提供了更多的保险业务，带来了更多的保险，而更多的资金又带来更多的企业收购或股票投资，更多的回报再带来更多的保险，如此形成一个良性的循环，从而使巴菲特的伯克希尔·哈撒韦公司的企业版图越做越大，巴菲特的个人财富也越聚越多。更准确地说，保险家、企业家、投资家三位一体，这才是巴菲特成为世界首富的关键。

巴菲特投资成功的三个因素

分析巴菲特成功的个人因素时，我将其总结为三个关键因素。

一是智商，更准确地说是智慧。巴菲特是非常聪明的，但绝不是小聪明，而是大智慧。他对人、对事、对市场有着深刻的见解，总是能把握最根本的东西，用最简单最轻松的方式来解决问题。

二是财商。巴菲特在多年的经营和投资过程中，形成了一个综合的商业投资思考模式。他总是能抓住最重要的因素，提前很多年就准确判断出一家公司未来的长期发展趋势，从而对其内在价值做出准确

1. Warren Buffett: the Chairman's Letter to the Shareholders of Berkshire Hathaway Inc., 1996.

的估计。这使他能在价格合理的情况下大笔出手投资，从不亏损。而且巴菲特把股票投资、企业收购和保险经营三种商业模式非常和谐地融合在一起，形成了一个非常独特的经营模式。

三是情商。巴菲特说："投资必须是理性的。"巴菲特在市场大涨大跌中始终保持着高度理性，让人敬佩。1969 年，他在牛市狂热中退出市场。1973 年，他在市场暴跌后却勇敢进入。1987 年，在几年前股市崩溃的牛市狂热中，提早大量抛出，而在崩溃后又大量买入可口可乐等股票。他称自己成功的秘诀是：在别人贪婪时恐惧，在别人恐惧时贪婪。这个真理说起来容易，做起来却很难。

巴菲特之所以值得所有的投资人学习，不仅是因为他的投资业绩最高、在投资中赚的钱最多，还因为他捐赠的款项最多。2006 年，他把 85% 的资产，相当于 380 亿美元，全部捐赠给了慈善事业。

巴菲特说，他的目的不是赚钱，而是享受赚钱过程中的快乐。

我们学习巴菲特的目的并不全是赚钱，而是学习巴菲特做人、做事、做投资的基本原则，这些原则不仅体现了大师的智慧，而且可以帮助我们摆脱人生、事业、投资中的迷惑，找到一条确保长期成功的正确的道路。

巴菲特跟导师格雷厄姆学习一年后其投资业绩大大改善，这让他十分感慨：向大师学习几个小时，就胜过自己自以为是地苦苦摸索 10 年。

而我们只需用几个小时阅读本书，就能学习到投资大师巴菲特一生的智慧。

刘建位

汇添富基金管理公司首席投资理财师

致谢

我对沃伦·巴菲特的研究始于我成为伯克希尔·哈撒韦公司的一名股东，该公司的掌舵人正是巴菲特。我研究巴菲特有另一个优势，我在《华尔街日报》做了十几年的财经记者。理论上，本书既有投资者对这一行业的通晓，同时也具备一个记者的客观视角。至于我的愿望是否真的实现了，则需要读者自己来判断。

我于 1991 年秋开始创作这部书，当时巴菲特正致力于挽救所罗门兄弟公司。对于我的创作，巴菲特告诉我，他不会给予任何协助，当然也不会横加阻拦。他还对我说，他不鼓励也不反对我通过各种渠道来获得关于他的素材。巴菲特信守了这两个诺言，他允许我引用他撰写的大量文章，这本身就是极其宝贵的资料来源。

本书的完成得益于众多愿意配合的采访对象，其中包括巴菲特的家人、朋友、商业伙伴以及其他人，我要真诚地感谢每一位。

我将特别提及以下几个人，他们是罗克珊·勃兰特、肯·蔡斯、鲍勃·戈德法布、斯坦福·利普西、芭芭拉·莫罗和查理·芒格。对我的多次求教和询问，他们不厌其烦地耐心解答，他们的认真态度足以与最出色的记者相媲美。巴菲特的姐姐多丽丝、妹妹罗伯塔和他的三个子女苏珊、霍华德、彼得是他相亲相爱的家人，他们也为我深入了解巴菲特家族提供了极其宝贵与慷慨的帮助。

在这个信息时代，《华尔街日报》的布鲁斯·利维、《奥马哈世界先驱报》的詹妮·豪瑟和斯蒂芬·阿拉德都用自己的行动证明，优秀的图书馆管理员依然具有不可替代的重要性。同时，我也感谢《华尔街日报》的编辑们，他们允许我请长假来全力创作该书。

我还要特别感谢几位观察力敏锐而且态度宽容的读者——尼尔·巴斯基、罗伯特·古德曼、安德里亚·洛温斯坦、路易斯·洛温斯坦以及杰弗里·塔内巴姆。我的代理人梅拉尼·杰克逊自始至终都非常看好这本书，我对此十分感激。本书的编辑安·戈道夫对我也毫不掩饰地提出了切中要害的批评，如果没有这些批评，该书将逊色很多。对于我年幼的孩子马修、扎卡里和阿利森，这部书的创作跨越了他们迄今为止一半的人生。最后，我还必须感谢来自父母的一些禀赋，包括父亲对金融学的喜爱和坚定不移的道德观。

导言

在美国的投资史上，沃伦·巴菲特的地位始终无人可以撼动。他白手起家，从分析和投资股票做起，最终集腋成裘，积累了大量财富。他涉足投资业超过 40 年，足以证明他致富绝不是靠一朝一夕的运气。他的投资业绩一直跑赢美国股票市场，他不仅盈利比大盘平均水平高出一筹，而且从未有过盲目冒险投资的经历，更没有过一年的亏损记录。对于这种骄人的战绩，所有的市场专家、债券市场经纪人和学者都认为几乎是不可能实现的。

不论是在牛市还是熊市，不论经济是处于增长期还是衰退期，不论是在“二战”后纺织业发展的高峰期、越南战争中，还是垃圾债券涌现和信息化的时代，巴菲特的盈利能力始终稳如泰山。“二战”之后，美国主要股票的市值年均增长 11%，而巴菲特的复利年均收益率却高达 29.2%。

巴菲特的成就的更令人瞠目之处在于，他是依靠传统的长线投资起家的。当代华尔街的一些金融家之所以能暴富，是因为他们对手里掌握的公众财富进行巧取豪夺。巴菲特并不玩这种把戏，华尔街的投机商向来因为这种低级的手法而臭名远扬。实际上，巴菲特重新挖掘了纯粹资本主义的内涵，这是一种冷血的投资艺术，但也是一场公平的角逐。

那些投资于巴菲特公司的股东也赚得盆满钵满，而且他们财富的增长速度与巴菲特是一样的。他们赚到的利润有多丰厚，是他们自己都难以置信的。假如一个股东当巴菲特 1956 年在家乡奥马哈创业时，就给巴菲特 1 万美元的投资资金，并且对巴菲特一直不离不弃，那么他的财富到 1995 年底将会飙升至 1.25 亿美元。

这些仅仅是数字而已，巴菲特在华尔街的声誉更是让人难以企及。每年，追随巴菲特的信徒和投资者都像朝圣一样蜂拥到他的故乡——小城奥马哈，去聆听他条分缕析地讲授投资、经营和金融的秘诀。他的公司年会就像是全美国的一次盛会，其影响力丝毫不亚于猫王的演唱会。金融家们也纷纷来到奥马哈取经，将他的文章奉若《圣经》，像念经文一样背诵他的名言。

因为他总是能够迅速抓住问题的实质，所以从早年开始，他就有一大群崇拜者。在这些信徒蜂拥到奥马哈之前很多年，在巴菲特扬名立万之前很多年，在大学校园的聚会上，他会站在某个角落，一张娃娃脸上投射出明澈敏锐的眼神，旁边围坐着十几个喝得醉醺醺的兄弟，津津有味地听他高谈阔论。几年之后，这些兄弟都在华尔街发迹了，但是对巴菲特的这种顶礼膜拜依旧继续。巴菲特是这群朋友中年纪最小的，但是他会毫不紧张地往宽大的老板椅里一躺，兄弟们在他的脚边围坐一团，静听他讲述金融的玄妙。

在华尔街，巴菲特的平易近人给他赢得了一大批拥护者。金融往往会让人觉得像一座深奥的迷宫，巴菲特却能够像杂货店店员谈论天气一样把金融向大众讲明白。他从来都没有忘记，在任何一只艰深难懂的股票或债券背后，公司的经营活动都是实实在在、普普通通的。他把华尔街的那些分析术语抛到了一边，他希望美国小镇上的市民也能听明白自己的金融分析。

有一点让人感到很矛盾：越来越多的美国人对投资感兴趣，但是华尔街却变得越来越晦涩，越来越深奥，让人越来越看不懂，越来越没信心看明白。巴菲特出生于美国的大萧条时期，当时手里握有闲钱的人觉得自己有充分的能力理财，他们会购买蓝筹股和3A级的优质债券。大萧条给美国人留下了很大的心理阴影，但是“二战”后的经济繁荣让人们重拾信心。在当前的美国，数千万美国人都至少持有一只公司股票，但是很少有人在操作股票时会觉得得心应手，也几乎没有人还能够像他们的前辈那样谨慎。他们最多把公司的财务报告拿来扫上几眼，似乎从每天的房价和通货膨胀指数中就可以找到他们久久期待的“答案”。最糟糕的情况下，他们会干脆把资金交给不同的基金经理人来打理——这种做法要是被他们的祖父知道，那可是要让老爷子震怒的。

在这样一个金融知识变得日益复杂的时代，巴菲特的与众不同之处就在于他能够保持“下里巴人”的本色。巴菲特的大多数投资之道都是普通人可以借鉴学习的（这也是那么多人蜂拥到奥马哈的原因）。巴菲特之所以是个天才，主要取决于他是个性格上的强者，他富有耐心、自律性和思维理性。这些都是一些普通人身上常见的优点，但是在财富激情的冲击下想要保持这些优点并非易事，而这些品质对于想在股市里一展身手的任何人而言都是不可或缺的。从这种角度而言，巴菲特的性格和职场道路不啻为大众投资和美国商业的一本教科书。巴菲特从一开始就意识到了自己的定位，因此他形成了一个独特的习惯，那就是当自己有出格、冒险的做法时，就把它们记录下来。

巴菲特虽然是一名投资家，但他从不使用价格杠杆、期货、动态套期保值、现代投资组合分析和学界提出的其他艰深晦涩的分析工具。现代投资组合经理的思维更像交易商，巴菲特与他们的不同之处在于，他把自己的资本投在了精心选择且具有良好成长性的公司里。在这一点上，他的做法很像之前的金融巨头J·P·摩根。

深藏不露的摩根是华尔街的一代英杰，而巴菲特走的完全是另一条路线，他是一个平凡的美国中西部的“可爱大叔”。他有一句讽刺银行家的经典俏皮话：“那些银行家才是需要戴黑色套头面罩的家伙。”巴菲特这种平民化的幽默反而让他的形象更加高大，使他的影响力超过了之前的投资大师，也让美国民众找到了期盼已久的真正的创业英雄。

巴菲特的创业传奇一直都是美国人想要解开的谜团：一个纯粹的美国西部大叔在政客、银行家、商业巨头甚至恶人成堆的东部站稳了脚跟，实在让人觉得不可思议。这是对美国传统的一种颠覆，让人不由得想起东部第一代最真诚、最质朴的美国人已经不复存在了。欧洲人有自己尊崇的君王，而经典的美国英雄主义形象就是那种自力更生、从中部地区成长起来的精英，例如出身于肯塔基州的贫寒家庭的林肯总统、出身于密西西比河畔一个乡村的贫穷律师家庭的马克·吐温、出身于美国俄克拉何马州的平民家庭的喜剧大师威尔·罗杰斯。而今天，英雄难觅，这也是巴菲特的崇拜者蜂拥来到奥马哈的理由之一。

在杰克·纽菲尔德为罗伯特·肯尼迪所著的传记中，纽菲尔德也谈到了巴菲特：巴菲特不是一个英雄，而是一份希望；巴菲特不是一个传奇人物，而是一个普通人。尽管他极其聪慧，但身材并不伟岸。当他来到巴黎的时候，他唯一的反应是他对观光没有兴趣，只发现巴黎的饮食比奥马哈的要美味。他具有无与伦比的独立思考能力、专注于工作和不受外界干扰的能力，不过有时候这些特质会让他周围的朋友大跌眼镜。有一次，巴菲特去马撒葡萄园拜访《华盛顿邮报》的发行人凯瑟琳·格雷厄姆，这时他身旁的一个朋友在称赞日落之美，巴菲特却说自己没留心，似乎他必须特意留心才会注意到身边的日落。即便是在位于加利福尼亚州的海滨度假别墅里，巴菲特也会一连几周天天工作，很少会走到海边去散散心。

巴菲特虽然是个光芒四射的公众人物，但他其实也是一个性格很内向的男人。共同基金投资奇才彼得·林奇在20世纪80年代中期拜访过巴菲特，对巴菲特内心的静谧感到很诧异。他的所有文件都整整齐齐地按字母顺序码放在金属文件夹里，那种整齐细致的程度看起来完全像是另一个时代的人的所作所为。他没有股票交易员所用的各种分析设备，也没有林奇桌上一排排的电脑屏幕；他的办公桌上没有股票价格走势图，也没有电脑，只有一本剪报册和一台摆放在玻璃罩下面的老式股票行情自动收录器。就是这两样古董级物品目睹了这个办公室内的潮起潮落，见证着巴菲特的传奇历史，记录着他到底买进了哪些股票，又卖出了哪些股票。彼得·林奇每过几周就会把表现不太好的股票清仓，但是巴菲特的很多只股票，他自己一直持有了多年。面对巴菲特，彼得·林奇感受到一种突如其来的震撼，似乎自己乘坐时光机器回到了从前。

巴菲特身上唯一能够体现出现代化气息的就是他那架私人飞机了，除此以外，他对于享用自己的巨额财富似乎了无兴趣。他既不收藏古董，也没有豪华座驾，对于他而言，有个汉堡就是一顿美餐。他居住的房子位于普通街区的一条林荫道上，他的办公室也在同一条街上。他将不竭的激情都投入了工作，按照他的说法，那里就是他的舞台。只有在这方舞台上，他才能充分展露自己作为一个投资大师的能量，充分展示出一个真实的自我。

第 1 章

奥马哈的天才少年

奥马哈城位于密苏里河西岸，它就像镶嵌在翡翠项链上的一颗钻石。这个西部城镇富有活力和创业精神，能人辈出、锐意进取。

——美国电话电报公司广告语

这个体重6磅、早产5周的小男孩自从降生到世上，似乎对数字就有一种本能的迫切渴望。小时候，巴菲特就会到朋友鲍勃·拉塞尔家玩，坐在拉塞尔家的门廊前，静看门前的车水马龙，记下过往车辆的车牌号码。天黑之后，这两个孩子就会跑回家，在桌上摊开《奥马哈世界先驱报》，记下每个字母在报上出现的次数，在剪贴簿上密密麻麻地写满算术式，就好像在算欧几里得的数学难题一样。拉塞尔会拿出一本年鉴，大声念出一些城市的名字，巴菲特则会一个接着一个快速报出每个城市的人口有多少。棒球得分、赛马胜率……任何数字都是这个早熟的大脑的养料。每逢周日，母亲会让他洗漱干净，将头发梳得油亮有形，再把他往教堂的长椅上一放，让他好好听听布道。他倒不浪费时间，坐在那里扳着手指头开始算起神职作曲家的寿命来。他会站在起居室里手握乒乓球拍颠球，一边颠一边数，一玩就是一个小时。"大富翁"游戏他会玩个不停，兴奋地数着自己不断累积起来的虚拟财富。

蓝色眼眸、皮肤白皙、脸颊泛红的巴菲特不仅对数字很着迷，对金钱也很热衷。他第一个和财富有关的礼物是艾丽斯姑妈在圣诞节送给他的货币换算器，他自豪地将它别在腰间。5岁那年，巴菲特就在自家门外的过道上摆了个小摊，向过往的人兜售口香糖。后来他又改卖柠檬汁，这次不是在自家门前，而是换到了地段更加繁华的拉塞尔家门口。

9岁的时候，巴菲特和拉塞尔跑去拉塞尔家对面的加油站数饮料售卖机里掉出来的瓶盖数。这可不是9岁少年的无聊举动，他们是在做市场调查。市场上卖了多少瓶酷士牌橙汁？卖了多少瓶可口可乐？卖了多少瓶无醇啤酒？他俩会把这些瓶盖运到巴菲特家的地下室里分门别类地堆成堆。他们想知道哪种饮料的销售量最大，哪家公司的生意最好。

当大多数孩子还不知道何为公司的时候，巴菲特就从身为股票经纪人的父亲手里搞来成卷的股票行情机纸带，把它们铺在地上，用父亲介绍的标准普尔指数来试着解读这些报价数字。他会到高尔夫球场上去寻找用过的但可以再用的高尔夫球，出售给邻居来赚钱。他也会到阿克–萨–本赛马场，趴在扔满票根的地上，把那些被撕破丢弃的票根翻过来，竟然常常能发现一些中了奖却被误扔掉的赛马券。在酷暑难耐的内布拉斯加，巴菲特和拉塞尔顶着烈日，来到奥马哈乡村俱乐部，给大款们当高尔夫球童，每天挣3美元。傍晚时分，美国的中西部隐入迟暮的寂静中，他俩会坐在拉塞尔家前廊的摇摆沙发上嬉戏。没想到，纳西斯和斯塔德贝克斯大街上的车流和电车发出的叮当碰撞声让巴菲特又产生了奇思妙想。看到许多车辆经过拉塞尔家门前时，巴菲特会不无感慨地说道："要是能从他们身上赚到钱就好了。"拉塞尔的母亲伊芙琳在50年后回忆起巴菲特的往事时，还清晰地记得当年巴菲特的原话："这么多车！您没从这些司机身上赚到钱，太可惜了，拉塞尔夫人。"好像拉塞尔夫人非得在家门口设一个收费站才过瘾。

那么，巴菲特的这些想法是怎样形成的呢？

在家里的三个孩子中，沃伦·巴菲特排行老二，也是唯一的男孩。他的母亲来自内布拉斯加州的一个小镇，是个身材娇小、性情开朗的女人。她为人随和，是公认的贤妻良母，也有着"很好的经济头脑"。沃伦·巴菲特的父亲霍华德·巴菲特性情严肃但为人和善，对沃伦·巴菲特的一生产生了至关重要的影响——是他把儿子带入了股票和债券的世界，并为儿子未来的发展打下了良好的基础。但是，就目前大家掌握的情况而言，老巴菲特对于数字的精明还不敌儿子，他对赚钱的兴趣也不如儿子那么浓厚。那么，究竟是什么力量使得沃伦·巴菲特从舒适安逸的家中跑出来，甘愿在赛马场的地上爬来爬去捡票根，就好像地上满是珍珠一样呢？究竟又是什么，使得多年以后的他在商业伙伴面前一展身手呢？他能够对复杂的算术题进行心算，记忆力之强就像一部活百科全书一样，就连阿克伦城的人口他都能脱口而出。沃伦·巴菲特的妹妹罗伯塔断言："他生来就是如此。"

大家公认巴菲特一家都很温文尔雅、性格平和，而且做事持之以恒。他们精于生意，一分钱都要掰成两半花。最早来到美国的巴菲特家族先辈名叫约翰·巴菲特，是法国的一名纺织工人。1696 年，他在长岛北海岸的亨廷顿与汉娜·泰特斯完婚。约翰·巴菲特夫妇一直到南北战争结束后都在长岛居住，以种植业为生，但是他们志存高远，这与其家族的简朴生活很不相称。1867 年，悉尼·巴菲特受雇为他的祖父泽布隆·巴菲特开垦农场。当悉尼·巴菲特听说每天的工钱只有 50 美分时就愤然离开了农场。他找到一份工作后，驾着马车离开了奥马哈。1869 年，他开了自己的 S·H·巴菲特杂货店。当时，奥马哈城还处于发展初期，但是巴菲特一家的商业氛围已经很浓厚了。这家杂货店的位置与后来的美国富人办公林荫区相隔仅 1.5 英里。

奥马哈的木结构建筑群，傍依着密苏里河畔耸起的嶙峋崖壁。尽管它下面有开阔的平原，但其本身是多山的地形。在 1854 年与马哈印第安人（后来的奥马哈人）签订协议开放内布拉斯加的聚居地之前，这里一直是蛮荒之地。1859 年，当一个名叫亚伯拉罕·林肯的伊利诺伊州铁路律师到访此地之后，内布拉斯加便进入了快速发展期。几年之后，林肯总统将这个城市确定为联合太平洋铁路的东端终点站。

在一个好日子里，悉尼·巴菲特的杂货店开张了，当时正值铁路贯通美国大陆之后 3 个月。奥马哈成了一个全国瞩目的交通枢纽，火车经常从这里进出，隆隆声响彻整个中西部平原。来自四面八方的拓荒者、流浪汉、投机商、南北战争老兵、铁路工人、被释放的囚犯以及妓女蜂拥而至，形形色色的人都会光顾巴菲特家的杂货店，来买鹌鹑、野鸭和松鸡。泽布隆·巴菲特开始担心悉尼·巴菲特的前景，在写给他21岁的孙子的信中，他一再强调巴菲特家族的生意经就是“谨慎为本”：

> 你不要指望一口吃成个胖子，但我也希望今年春天生意能够更加红火。如果不行的话，你就赶紧关张，把欠债还清，保护好你的信誉，因为这比金钱还要重要。

不过，年轻的奥马哈城日益繁荣，悉尼·巴菲特一家也随之变得更加富裕殷实。悉尼·巴菲特扩建了杂货店，还让两个儿子来帮忙，其中小儿子欧内斯特·巴菲特继承了家族经商的本领，他就是沃伦·巴菲特的祖父。他和哥哥同时追求一个女孩，最终他获得了女孩的芳心并娶她为妻，自此兄弟两人割席断交。1915年，欧内斯特离开了这家位于闹市区的商店，在城西开了一家新店，名叫巴菲特父子商店。

这一次，欧内斯特再次精明地抓住了商机，因为奥马哈城的居民逐渐迁往河西岸。欧内斯特开展了送货业务和赊账销售。不久以后，富豪家的厨师纷纷打来电话向巴菲特父子商店订货，生意变得越来越兴隆。欧内斯特继承了巴菲特家族惜金如命的风格，他让仓储员每天轮班干11个小时，却只付少得可怜的2美元工资——刚好达到最低工资标准。高大凶悍的欧内斯特简直就像一个独裁者。

欧内斯特·巴菲特的儿子就是霍华德·巴菲特，也就是沃伦·巴菲特的父亲。霍华德对成为第三代杂货店老板丝毫不感兴趣。霍华德和欧内斯特一样富于独立思考精神，但性格更加温和，没有父亲那么暴躁。他曾在怀俄明州的一家石油管道公司工作过一小段时间，他真正的兴趣在于思考活动。还在位于林肯镇的内布拉斯加大学就读时，霍华德就当上了《内布拉斯加日报》的编辑，渴望以后能在新闻界打拼出一番天地。霍华德算不上十分英俊，但他头发乌黑，目光炯炯有神。作为校友会的主席，他不乏漂亮的女追求者。在大四时，他遇到了一个家境贫寒的乡下女孩，这个女孩很擅长社交。

利拉·斯塔尔在内布拉斯加州西点镇长大，该镇只有两千多人，位置偏僻荒凉。她父亲叫约翰·斯塔尔，经营着一份名叫《卡明县民主报》的周报。镇上大多数人都是德国后裔，这让说英语的斯塔尔一家感到有些不合群。利拉母亲的孤独感尤甚，大多数时间都卧床不起，精神萎靡，所以利拉和她的哥哥以及两个妹妹不得不从小就学会保护自己。利拉还要协助父亲经营《卡明县民主报》。从小学五年级开始，利拉就要坐在高高的板凳上排版，后来改用活字印刷机。有时候，当列车在西点镇停车时，她会冲上列车去采访乘客，挖掘一些素材，用来填充《卡明县民主报》上的栏目。每到周四，这个瘦小的女学生就会站在大得不成比例的印刷机旁边，小心翼翼而又适时准确地将印完的报纸拉出印刷机。这导致多年之后，只要家中的报纸开始印刷，利拉就会出现严重的头痛症状。

利拉 16 岁从高中毕业以后，为了筹集在内布拉斯加大学的学费，不得不去打了 3 年工。有一天，她出现在霍华德·巴菲特的办公室里，想在《内布拉斯加日报》谋一个职位。多年经受的风雨让她变得言语泼辣，幽默之中又带着一丝苦涩。她长得很美，身材娇小，淡棕色的卷发充满光泽。按她自己的说法，她“主修的专业就是结婚”——对于一个找不到出路就要重返西点镇的女孩而言，这不啻一门实用的“专业”。

霍华德给了她一份工作，并且很快就跟她约会了，两人同时坠入了爱河。霍华德在临近毕业时向利拉求婚。约翰·斯塔尔是一个读书人，他本希望女儿能念完大学再结婚，不过还是同意了两人的婚事。1925年12月26日，两人的婚礼在西点镇举行。利拉在后来的回忆录中提到，霍华德后来曾对她说："和你结婚是我这辈子最成功的一笔交易。"他俩根本没有度蜜月的闲情逸致，婚礼一结束，两人就直接坐上了去奥马哈的汽车。

朋友给霍华德在报社找到了一份工作，这也正是他梦寐以求的，但是他父亲的一位朋友在保险公司给他找了个周薪25美元的职位。霍华德自己放弃了理想职业的消息当时还一度被传得沸沸扬扬，正如利拉所说的那样："他屈从了父亲的意见，因为是父亲供他念的大学。"

这对新人搬进了位于巴克大街的一间平房，房子里有一个壁炉、两间卧室。对于利拉来说，这是一个艰难的开端，因为她没有什么干家务活的经验。由于霍华德要用车，利拉在去做兼职秘书或打字工作时就只能搭乘公共汽车，回家后还有一大堆家务活得干。最初几年，她有时每周比霍华德挣得还要多。1927年，利拉做了一个眼科手术，此后她的头痛症状又复发了。第二年，当生下第一个孩子多丽丝时，她突然发起高烧，达40摄氏度，吓坏了所有在场的人。两年之后，他俩又喜添贵子，这就是沃伦·巴菲特（以下简称巴菲特）。那是1930年8月30日，一个湿热的夏日，当天气温高达38摄氏度，暴雨倾盆。

自打出生那天开始，巴菲特就比他的实际年龄要显得老成。他学走路时总是弯着膝盖，似乎这样做就可以保证他不会摔得太惨。当母亲带着他和多丽丝去教堂时，多丽丝会到处乱跑，巴菲特却像小绵羊一样乖乖地坐在母亲旁边。利拉称他是"一个从来都不惹麻烦的乖小孩"。

巴菲特两岁时拍过一张照片，照片上的他矮矮胖胖、头发金黄、皮肤白皙，穿着系白鞋带的小靴子和白色短袜，一只手里握着一块方积木，抿着嘴微笑，双眼炯炯有神。他的头发小时候是金黄色，后来变成了赭褐色，但他的性格却没有任何改变。他从来不会去陌生的地方瞎逛，也从不惹是生非，比他小 3 岁的妹妹罗伯塔常常会保护他不受附近伙伴的欺负。有一次，霍华德带回家一副拳击手套，还找来一个男孩与巴菲特“决战”。利拉回忆说：“那些拳击手套后来根本就没用过。”巴菲特天性温顺腼腆，总能激起他姐妹或其他人对他的一种本能的保护心理，看上去他似乎天生就不会打架。

巴菲特出生的最初几年正值家中最困难的时期。当时，霍华德在联合街道银行担任证券销售员，而脾气乖戾的欧内斯特认为这是一个不稳定的职业，他在给巴菲特的叔叔克拉伦斯的信中写道：

> 我对股票相当了解。简单地说，任何人如果含辛茹苦攒钱到了 50 岁却要去股市上投资，那么他在我眼里绝对是个傻瓜，是个地地道道的傻瓜。

霍华德看到这封信后，在信笺上不屑地写道：“这真是对我事业的莫大鼓励。”但是不到一年，欧内斯特的预言就应验了。1931 年 8 月 13 日，在离巴菲特的一周岁生日还有两周时，银行倒闭了，霍华德沮丧地回了家。这是“大萧条”时期常见的情形，人们对生活的激情被无情地浇灭了。他的工作泡汤了，所有的积蓄也打了水漂。欧内斯特给了儿子一些时间来偿还杂货店的债款，这对于霍华德而言异常痛苦，因为他和巴菲特家族的其他成员一样，向来都反对借钱度日——“保护好你的信誉，因为这比金钱还要重要。”霍华德觉得前景暗淡，甚至一度考虑举家迁回西点镇。

但没过多久，霍华德便宣布巴菲特–斯克莱尼卡公司在法纳姆大街的联合州立银行大楼里开业了，这便是后来巴菲特生活和工作的地方。霍华德和他的合伙人乔治·斯克莱尼卡四处出售“投资证券，包括市政公司及公用事业股票及债券”。对于这次投资，霍华德拿出了极大的勇气，因为大萧条冲击了公众对经济的信心。奥马哈的市民起初以为能够侥幸躲过大萧条的冲击，但是到了 1932 年，小麦价格暴跌，农民只能靠救济过活，连填饱肚子都成了问题。

到了 1933 年，奥马哈镇有 11 000 多人登记申请政府救济。巴菲特–斯克莱尼卡公司在这样不景气的条件下开业，因此人们最初都觉得它只是个徒有虚名的公司，只不过可以让霍华德找个住处并收点佣金罢了。多年以后，公司才真正做成第一笔生意，而且佣金极低。身为奥马哈扶轮社会长的欧内斯特，更是毫不留情地告诉其他扶轮社成员，他儿子虽然创业心切但对股票了解甚少，建议他们不要把生意交给霍华德去做。利拉总是想方设法给家里人弄上一顿饭菜，为了让霍华德吃饱，她自己经常舍不得吃。家里的生活非常拮据，利拉甚至不再去参加教友的定期聚会，这样就可以省下 29 美分去买一磅咖啡。

巴菲特一家还受到中西部恶劣气候的侵扰，仿佛这像大萧条一样影响着他们的心情。“大萧条到来了，”利拉写道，“带着可怕的 45℃的热浪。”沙尘暴从俄克拉何马州滚滚而来，奥马哈城的市民只得紧闭房门来抵御这次灾害。在巴菲特 4 岁生日那天，一阵“滚烫的风”把桌上的纸碟和餐巾纸吹得满地都是，整个前廊都覆盖了一层红褐色的尘土。巴菲特和多丽丝常常会冒着酷暑待在屋外，望眼欲穿地等待卖冰棍的大叔从马车上跳下来，塞给他们一根冰棍解暑。比炎热的夏季更糟糕的是寒冬。在冬天，巴菲特和姐姐总是裹得严严实实的，然后步行 8 个街区到哥伦比亚小学上课。凛冽的寒风中，商人们把摩托车开得飞快，就像有付费电话在等着他们一样，因为他们怕车速一旦慢下来，发动机就很难再发动起来了。

到巴菲特开始念书时，父亲的生意有了起色。巴菲特6岁时，全家搬进了郊区一座砖房里，这栋都铎王朝式样的房子比原先的住处要宽敞许多。巴菲特一家曾经历过的苦难岁月也随着时间的流逝渐渐被人淡忘了。

不过，这段艰难岁月似乎在巴菲特心头留下了不灭的印记。自此，他就迫切地想要变得非常富有。他在5岁之前便有了这种念头，而且这种想法从来都没有从他脑海中消失过。

在巴菲特6岁时，全家人破天荒地去艾奥瓦州北部的奥科博吉湖度了一次假，他们在那儿租了一间小木屋。临行前，巴菲特用25美分搞到了6听可乐带在身上，度假时他绕着湖边到处找人以5美分一听的价格出售，最后成功卖完并挣到了5美分。回到奥马哈之后，巴菲特从祖父的杂货店里买回一些饮料，在夏日的夜晚挨家挨户地兜售，而此时其他孩子还忙着在街上嬉戏打闹呢。

自那以后，此类的赚钱点子便在巴菲特的脑中层出不穷。巴菲特挣钱并不是用来零花，而是有自己的目标，他在一笔又一笔地勾画着自己的宏伟蓝图。

巴菲特7岁时因为发了一场奇怪的高烧住进了医院。医生最后切除了他的盲肠，但他的身体依旧十分虚弱，医生们甚至担心他会小命不保。不过，只要是他一个人待着的时候，他就会拿起铅笔在纸上写下很多数字。当护士问他这些数字代表什么意思的时候，他说这些数字代表着自己未来的财富。巴菲特面带憧憬地说道："虽然现在我没什么钱，但是总有一天我会变得很富有，我也会成为报纸上的焦点人物。"医生都认为他危在旦夕了，他却从关于金钱的梦想中找到了慰藉。

霍华德执意不再让儿子经受自己曾经遭受过的苦难，他也决心做一个好父亲，而不是像欧内斯特那样贬损自己儿子。他对巴菲特一直抱有信心，对巴菲特所做的任何事情都坚定地给予支持。因此，尽管巴菲特继承了母亲乐天的性格，但他的整个世界还是在围绕着父亲公转。

霍华德身高 180 多厘米，在体力和其他方面都是家里的顶梁柱。为了养家，他拼命工作，在经营自己的证券交易所的同时，还与奥马哈的一些养殖场主合办了一家小公司，即南奥马哈饲料公司。但是，最让霍华德兴奋的不是金钱，而是宗教和政治。他是一个善于自律、信仰坚定的极右翼保守派（当地的一位银行家曾评价他是“上帝身旁的右派”）。

在霍华德看来，罗斯福正在加速使美元贬值，于是就把金币发给孩子们，还给家里添置了许多漂亮的装饰品——水晶吊灯、纯银的碟子、来自东方的挂毯，他认为有形资产比美元更能保值。他甚至储存了很多罐头，还买下了一个农场，目的是在发生恶性通货膨胀时给家人提供一个避难所。

霍华德一直重视培养独立思考的习惯，他秉持的这一原则比他对任何政治观点的信仰更坚定持久。当孩子们围坐在他身旁时，他会背诵一句爱默生的经典名言：

伟大的人，是那些大隐于世且能保持独立人格的人。

霍华德会向孩子们灌输宗教价值观，不过使用的是一种世俗的教育方法。他在一个成人主日学校授课，同时还在一所公立学校的董事会任职。每周他都会提醒巴菲特和他的姐妹要牢记对上帝的责任以及对社会的义务。他总喜欢对他们说：“并没有人要求你们承担所有的责任，但你们绝对不能推卸自己该尽的义务。”

霍华德不仅能牢记这样的名言警句，而且身体力行。他烟酒不沾。

如果跟他关系很好的客户购买的股票行情下挫，霍华德会觉得十分内疚，会用自己的钱回购。当有人向他抱怨一些社会痼疾时，他总是说："作为一个好公民，你觉得该做些什么呢？"

他喜欢惬意地坐在起居室的红皮椅上，用一台维克多牌留声机倾听美国作曲家斯蒂芬·福斯特的音乐、他喜爱的赞美诗和进行曲。他经常带全家到热闹非凡的联合车站享受周日晚餐，然后去中央大街的埃万斯冰激凌店大肆享用一番。尽管他经常会身穿一身庄重的黑色西服，但他的微笑总是那么阳光。霍华德以前的合作伙伴赫伯特·戴维斯评价说："他就是人们心中完美父亲的化身。"

他的几个孩子都唯恐辜负了父亲的期望。多丽丝甚至不愿挨着那些喝啤酒的朋友坐，因为她担心父亲会认为她沾染了不良习气。小女儿罗伯塔回忆起父亲时说："爸爸品德十分高尚，让你觉得必须要做一个好人才行。"

在三个孩子之中，对父亲最崇拜的还属巴菲特。父子俩在一起很亲密也很交心，他还会和父亲开一些比较过头的玩笑。有一次在教堂里，巴菲特对唱歌经常跑调的父亲说："爸爸，要么就你唱，要么就我唱，咱俩千万别一起唱。"霍华德还给儿子起了个爱称叫"火球"。

巴菲特10岁的时候，父亲带他乘上了开往纽约的夜班火车，父亲在几年中逐个带着孩子们去参观纽约。利拉看着巴菲特和他"最要好的朋友"手牵手地离开了家门，胳膊下还不忘夹着他那本集邮册。他们的行程包括看棒球赛，参观集邮展，去有玩具火车的地方玩耍。他们还去了华尔街，参观了纽约证券交易所。

巴菲特对股票的着迷程度丝毫不亚于其他孩子对飞机模型的喜爱。他常常跑到父亲日益兴隆的证券经纪公司去玩。在父亲的办公室里，巴菲特经常目不转睛地盯着那些放在镀金专柜里的股票和债券单据。在年幼的巴菲特看来，它们散发出一种奇异的诱惑力。巴菲特也经常兴冲冲地跑到楼下的哈里斯·厄珀姆证券经纪公司，很多当地的金融家经常出入这家经纪公司询盘报价。美国东部臭名昭著的股票投机商杰西·利弗莫尔每次来到奥马哈城的时候都要光顾这里，飞速下单，然后又悄无声息地离开。哈里斯·厄珀姆的股票经纪人对这个小小年纪、长着一双大耳朵的小孩很是放心，经常让他把股票价格抄写到黑板上。

回到家中，巴菲特就会整理自己的股价走势图，观察它们的涨跌趋势，试图参透其中奥秘的念头让他兴奋不已。11 岁的时候，巴菲特大胆地以每股38美元的价格买进了3股城市设施优先股，还给姐姐多丽丝也买了 3 股。多丽丝后来回忆起这段往事时说："我知道他很明白自己到底在干什么，他满脑子想的全是数字。"不过，这几只股票后来下跌到每股 27 美元。历经波折之后，股价终于回升到了每股 40 美元。这时巴菲特抛出股票，扣除佣金之后，赚到了他在股市上的第一桶金——5 美元。有意思的是，他的股票刚刚清仓，股价就飙升到了每股 200 美元。这也给小巴菲特上了很好的一课——**在股海沉浮中，投资者必须要有耐心和定力。**

少年时代的巴菲特在赛马场上表现得更为出色。受到赌马胜率方面概率论的启发，他和拉塞尔开发了一套供赛马者使用的参考系统。几天以后，他们就发现用自己的这套系统来帮助投注，效果很明显。于是，他们就把这套系统命名为"必胜马仔系统"，然后带着一大堆复印件来到阿克–萨–本赛马场。拉塞尔回忆说："我们觉得自己能够卖几套赚些钱，于是四处叫卖道：'买份必胜马仔系统吧！'不过我们没有营业执照，后来他们就把我们给赶跑了。"

巴菲特的种种创举都是建立在数字基础上的，他对数字的信任超过一切。而且，他并不像家人那样笃信宗教。从很小的时候开始，他做任何事都要找到数据支撑而且讲求逻辑严谨，因此想要让他颠覆信仰几乎是不可能的。他和父亲一样品格高尚，但不会皈依于一个无形之神。对于一个思想诚实的人，尤其对孩子而言，这种理性会带来一种深深的恐惧，即对死亡的恐惧。巴菲特也未能幸免。

每个周日，利拉和霍华德坚持让巴菲特去主日学校，即使积雪达到一米多深的时候也不例外。但是，当巴菲特坐在教堂里计算那些神职人员的寿命时，他并非只是在打发时间，而是有自己的目的：他想证实一下信仰是否可以延长人们的寿命。信徒们关心的是来生，而他关心的是在此生能否活得更长久。

在静谧的午后，他和拉塞尔总是坐在拉塞尔家前廊的吊椅上。巴菲特会冷不丁地冒出一句："兄弟，有件事让我感到恐惧，我害怕死亡。"他差不多每年都会提及此事，因此拉塞尔对此印象颇深。这种反差也让拉塞尔很费解，因为在他看来巴菲特一直都充满活力。有时，拉塞尔会在牛奶箱的底板上放一些鸟食，设套抓住一只小鸟，但巴菲特每次都会央求拉塞尔不要伤害这只小鸟。虽然拉塞尔会在牛奶箱上拴根绳子，远远地拉开箱门把小鸟放走，但他却无力帮巴菲特从死亡的恐惧中解脱出来。

每当此时，拉塞尔都会劝慰他说："如果你没有辜负上帝给你的才智，那么你就会成功，也会有能力帮助别人。当死神到来的那一天，你也可以含笑离开这个世界。"

"不过，我还是害怕！"巴菲特会这样回答。

作为一名天主教徒，拉塞尔不太能理解巴菲特的这种恐惧，也不明白它源自何处，更不理解这么干劲十足的人怎么会有这么深的恐惧。不过，关于巴菲特的家庭生活，拉塞尔在某些方面是不了解的。

在外人看来，巴菲特家是个理想的完美家庭：家人互敬互爱，日子红红火火，人人道义高尚，而且重视家庭。巴菲特家的这些特点的确是真实的。利拉认为自己遇上霍华德的那天是“人生中最幸运的一天”。

利拉对待自己的丈夫就像伺候君王，尽管这个君王很仁慈，但毕竟还是个君王。作为一个很有经济头脑的女人，利拉对股票也有自己的见解，但她从来不在霍华德面前发表对股票的看法，甚至当自己头痛难忍时，也尽量不跟霍华德提起，以免影响他看书。她渴望成为一个完美的妻子。巴菲特的朋友们都知道她是一个身材娇小、性格乐观、笑靥迷人的女人，她的微笑总是那么甜美，看上去落落大方而又充满活力，好像善良的北方女巫一样。

但是当追求完美的压力过大时，她就会迁怒于巴菲特和他的姐妹。她会突然之间大发雷霆，原先的幽默温柔顿时消失得无影无踪。她尖酸刻薄地辱骂自己的孩子，有时一连几个小时都不停歇。她责骂、贬损自己的孩子，觉得他们做什么都无法让她满意，批评他们比不上别家的孩子，甚至把几年前的旧账都翻出来数落一遍。

利拉狂怒时，就好像有恶魔附身一般，几个孩子的一举一动都逃不过她的眼睛。孩子们只要稍有一点儿过错，就会立刻招致她一顿恶毒的咒骂。孩子们有时可能根本没有犯什么错，多疑的她都能想出些莫须有的罪名来。

巴菲特和他的姐妹都知道，母亲的脾气阴晴不定，这就越发显得恐怖——一旦谁撞到枪口上，那他们就别想有好日子过了。她尽管身材瘦小，但身强力壮。如果几个孩子想要逃之夭夭的话，她就会在他们身后恶狠狠地怒吼道：“我跟你没完！”然后，那个娇小可爱的母亲又会倏然间回归正常，一切也都风平浪静了。

不久之前，巴菲特的一个儿子刚从大学返回家中就打电话问候利拉。她突然间就把所有的怒火发向了他，管他叫“可恶的小人”，怪他没有经常打电话问候，还毫不留情地细数了他性格上的种种缺陷，而且这些纯属她的臆想。她就这样骂了整整两个小时。挂断电话时，这个孩子已是满脸泪水。巴菲特轻柔地说："现在你知道我以前每天面对这样的生活，该是什么心情了吧！"

利拉离开西点镇一段时间之后，她家里的不幸事接二连三。她的一个妹妹自杀了，另一个妹妹和母亲也住进了医院。尽管斯塔尔家的女人们经受了诸多疯狂和情绪失控的折磨，利拉最终还是挺过来了。

巴菲特和姐妹们经常面对母亲的坏脾气，他们只能自求多福，因为大家从来不会开诚布公地讨论此事。一天早上，当时巴菲特还很小，父亲下楼来警告他说："妈妈又发火了。"通常的情况是，在父亲出门以后，孩子们就会竖起耳朵去听母亲有没有发飙，听到之后会赶紧互相提醒。巴菲特夫妻之间并不争吵，矛盾全都发生在利拉和孩子们之间。而在这样一场战争中，几个孩子是绝不可能占到什么便宜的。

对于这样一场根本打不赢的战争，巴菲特只能以沉默应战。妹妹罗伯塔说："他没有被逼疯，而是把一切都埋在心底。"住在巴菲特家对面的杰瑞·摩尔发现，巴菲特这孩子从不与任何人发生争执。对于邻里之间常有的各种矛盾争执，巴菲特总是躲得远远的。

巴菲特从未向朋友们抱怨过母亲的脾气，而且天生乐观开朗的性格也不会使他自己流露出这种不满。不过，久而久之，有的男孩注意到巴菲特待在他们家玩的时间要比他待在自己家的时间更长。拉塞尔夫人过去常说："我用家里的小猫就能把他引到院子里去玩，用一杯牛奶又能把他叫进屋来。"他的同学拜伦·斯旺森有时候回到自己家中，会发现沃伦正乖乖地坐在他家的厨房里，悠然自得地喝着百事可乐，嚼着薯片。（那时候美国民风淳朴，一般人都不锁屋门。）沃尔特·卢米斯说他妈妈在他父亲回家后，还不得不把巴菲特赶回家去，这样卢米斯一家人才能吃晚饭。（在回忆时，沃尔特·卢米斯还酸涩地说了一句："当时要是没把他赶走就好了。"）

多年之后，巴菲特的儿子彼得甚至怀疑，在一定程度上，父亲的成功是否归功于内心想要离开这个家的渴望。答案不为人知，但巴菲特的心中确实有某种动力在驱使着他。他曾坐在罗斯希尔小学的防火梯上，平静地告诉他的好友，说他将在35岁以前发大财。从来没有哪个朋友觉得他是个爱吹牛的人，或是一个自视甚高的人，按照拉塞尔家的说法，“巴菲特挑的鞋总是合脚的”。巴菲特对自己确实有着百分之百的信心。

他常常会埋头读自己最喜欢的《赚到1 000美元的1 000招》。这本书对那些想要在今后像洛克菲勒一样大富大贵的人来说很是受用，里面多是“以自制软糖起家”“如何用38美元生出百万财富”之类的故事。巴菲特有滋有味地把自己想象成故事中的主人公，幻想自己站在一座高大的金山旁边，金山给他带来的狂喜远远胜过一座糖山。他正是该书编者心中理想的践行者，他牢记书里的建议——**行动，立即行动！不论你有什么梦想，千万不要等待。**

在第53北大街，巴菲特是有名的书虫，邻居们公认他绝对是“过目不忘”。在同龄的孩子中，他算个子高的。他喜欢运动，但打什么球都很笨拙。不过一旦谈起金融知识，他就会口若悬河，引人入胜。每当巴菲特开口，他的朋友们就会竖起耳朵倾听。他并没有刻意地说服那些朋友当他的听众，而是因为他本身就有吸引力，就像他父亲给他起的外号一样，他就是一个“火球”，而火球是会吸引飞蛾的。巴菲特召集斯图尔特·埃里克森、拉塞尔和拜伦·斯旺森一起到阿克-萨-本赛马场去捡票根。他还把半数邻居都动员起来去收集球场上打飞的高尔夫球。很快，他的卧室里就堆满了几筐高尔夫球，他还按照品牌和价格把球码放得整整齐齐。他的一个邻居比尔·普里查德回忆说：“他给了我们一打高尔夫球让我们卖，然后他提成。”巴菲特和埃里克森甚至在埃尔姆伍德球场建起了一个高尔夫租球亭。埃里克森回忆说，他们的生意实在太红火了，但“有人告发了我们，专业租售店很快就把我们赶走了”。

《星期六晚间邮报》上的一篇文章把当时的奥马哈描绘成一个荒凉贫瘠的城市。在这篇充满揶揄打趣的文章中，奥马哈的形象是这样的：它位于主流文明社会的西边，而主流文明在得梅因就终止了；它位于乡野美景的东边，而美景始于落基山脉。奥马哈唯一与众不同之处就是它的“一团和气”，只是在天气变化方面有些剧烈。这座小城市对这个国家的文化贡献只有斯旺森晚餐[1]。奥马哈被描述成披着神秘面纱的文化荒漠，也有人将它看成逃离美国东部污秽之气的世外桃源：这里的生活简单平静，甚至带着几分乡村生活的情调。尽管这些说法中有一些合理成分，但同时也有很大程度的夸张。这也能帮我们理解，为什么日后有人把巴菲特描述成一个神秘人物，而不是一个天才和智者。纽约人把巴菲特描述成“来自奥马哈的上帝使者”或“奥马哈奇人”（顺带一提，《绿野仙踪》倒的确出自奥马哈）。

但在巴菲特看来，奥马哈绝不是一片贫瘠之地。巴菲特家族及其邻居都是有教养的人，也属于美国主流文化群体。弗雷德·阿斯塔尔在法纳姆大街的钱伯斯学院学习舞蹈，当地一个叫亨利·方达的男孩也在奥马哈登台亮相。巴菲特所在的奥马哈城规模确实不大，只有22万人口，但绝不是被有些人贬低的一个破旧小镇。卡尔·桑德伯格是当地的一个挖煤工，他对奥马哈城的评价是：“奥马哈，这个满脸煤烟、大口吃喝、淌着臭汗的粗汉养活了军队。”

巴菲特11岁的那个夏天，霍华德想让孩子们体验一下纯粹的农

1. 总部位于奥马哈镇的斯旺森父子食品公司于20世纪50年代末推出了受人欢迎的速冻食品。——译者注

场生活，于是刊登了一则广告寻找农户。找到农家之后，一连几周，巴菲特和多丽丝都寄宿在一个叫埃尔默·贝恩的农夫家中。巴菲特很中意贝恩夫人做的馅饼，对奶牛和玉米秆却提不起任何兴趣。地窖这种农家设施对他而言非常陌生，就像奥马哈现代化的摩天大楼对于农家孩子而言一样陌生。巴菲特的确是个城里孩子。

巴菲特对第53北大街上的每家人都非常熟悉。每家每户的房子都大同小异：两堵对称的山墙，褐色砖块以及中央的门廊。罗伯特奶制品厂的卡车、电车和不远处的货车的响声、城中心面包房飘来的咖啡香味、夏夜吹来的懒洋洋的暖风、肉制品厂飘出的令人作呕的气味，他都非常熟悉。不管是步行，还是骑着他的三挡变速车，或是乘车，他都能在城里逛得非常尽兴。他一会儿去高尔夫球场，一会儿去父亲的办公室，一会儿又跑到祖父的店里。尽管巴菲特和母亲之间存有隔阂，教堂也让他感到厌倦，但奥马哈城在巴菲特心中非常重要，也是他心中永远不变的精神港湾。

然而，1941年12月，一场令所有美国人都陷入恐慌的突发事件同样也威胁到了巴菲特的生活。珍珠港事件发生的那个周日，巴菲特一家正去西点镇看望外祖父斯塔尔。在开车回家的路上，他们听到了军号声。在接下来的几个月中，美国人对战争也慢慢习以为常了，巴菲特的生活仍在继续。

时针指向了1942年，内布拉斯加州第二选区的共和党人竟然找不出一个候选人与战时民心所向的罗斯福总统阵营对抗。在万般无奈的情况下，共和党把目光投向了一位公开反对新政的人士，他就是霍华德·巴菲特。

霍华德是一位孤立主义者，大家认为他获胜的概率微乎其微。在各地发表的政治演说中，他抨击的矛头并非指向希特勒或墨索里尼，而是对准了富兰克林·罗斯福：

我完全明白当前共和党竞选人所面临的不利因素。他需要向世界最强大的坦慕尼集团[1]的政治机器发起抗争。这个无情的集团，披着战争的合法外衣，正在图谋将缠绕在美国人脖颈之上的政治锁链勒得更紧。

霍华德痛斥通货膨胀和臃肿政府的弊端，他的政见领先了时代40年以上。在奥马哈，他的人缘很好。尽管他的竞选经费只有少得可怜的2 361美元，但他依然全身心地投入其中。

在选举当日，霍华德准备好了一份落选声明，并在9点钟就退场了。第二天，他发现自己竟然获胜了，他称此为一生之中“最大的惊喜之一”。

倏然间，巴菲特也意识到自己的命运发生了巨变：12年来头一次，他不得不长时间离开奥马哈。在父亲选举获胜之后不久拍摄的一张全家福照片上，巴菲特看起来心事重重，英俊的脸庞蒙上了茫然的神情，紧闭的双唇好不容易才挤出一丝笑意。

因为战争期间华盛顿的用地很紧张，霍华德只能在偏僻的弗雷德里克斯堡的弗吉尼亚镇上租了一幢房子。房子位于山上，周边的景色很迷人，从这里，他们可以俯瞰拉帕汉诺克河。房屋的前面是一片玫瑰园，给人一种野趣盎然的感觉。罗伯塔觉得这里“美得就像电影中的画面”。不过，巴菲特却对这里恨之入骨。

尽管弗雷德里克斯堡景色宜人，但它位于华盛顿南部，十分偏僻。巴菲特讨厌别人改变任何他习惯了的事物，这一次简直使他的整个世界发生了翻天覆地的变化。他不仅被迫抛下那么多朋友和邻居，工作日还见不到父亲，因为父亲住在他们家北边50英里之外的道奇饭店。

1. 从18世纪末期到20世纪60年代控制纽约政治的民主党派别。——译者注这位新当选的众议员告诉家人他只会任职一届，但这番表态并没能让儿子得到太多安慰。离开了奥马哈和自己所熟悉的一切，巴菲特朝思暮想地希望能回到奥马哈。

尽管巴菲特一天都不想在新家待下去，但他天生就不会和自己身边的人作对。他只是告诉家人自己好像得了某种神秘的“过敏症”，夜不能寐。不过，他装出一种禅宗般坚忍克己的姿态，目的是不让家人感到不安。他回忆道：“我对父母说自己有些喘不过气来，又让他们不要担心，安心去睡觉，但我自己真的会难受地挨到天明。”尽管如此，父母还是担心巴菲特会病倒。巴菲特给祖父欧内斯特写信，说他在这里过得不开心。欧内斯特马上就回信了，建议巴菲特搬来和姑妈艾丽斯同住，然后在奥马哈念初二。在弗雷德里克斯堡又熬了几周之后，巴菲特的父母终于同意他返乡。

巴菲特搭乘火车回乡，是夜与内布拉斯加州的一位参议员休·巴特勒共住一个卧铺单间。天明时分，巴特勒议员发现这个小伙子还睡得很香甜，之后对他说道：“我还以为你会失眠呢。”巴菲特兴冲冲地答道：“怎么会呢？我早把失眠症留在弗雷德里克斯堡了。”

回到奥马哈之后，巴菲特又焕发了活力。艾丽斯姑妈是一位思想自由的经济学教师，也是一位和蔼的监护人，对巴菲特很是疼爱。和其他老师一样，她也被巴菲特的聪颖和好奇心吸引住了。

欧内斯特天生就是一个好老师，他也很喜欢巴菲特。当时，欧内斯特正在撰写一本书，每天晚上都会给孙子念上几页。这本书的书名是“如何经营杂货店和我从钓鱼中学到的知识”，这一主题可以从欧内斯特的一封信中明显地看出来。他在信中坚定地认为超市已经过气：

> 克罗格、蒙哥马利·沃德、西夫韦这些连锁零售巨头在我看来都已日薄西山。从今往后，它们就别再想有什么好日子过了。

幸好，这本书最终没能出版发行。

巴菲特成了巴菲特父子商店里的小童工。在这里，他可以感性地认识到祖父所践行的原则。尽管巴菲特工资微薄，但是欧内斯特还是每天都象征性地从中扣除两美分。这一做法，再辅之职业道德课，目的是让巴菲特切身感受到社会福利等政府开支项目多么让人生厌。对于一个只有 12 岁的男孩而言，杂货店里的工作本身就非常辛苦，要搬运木货箱，拉运一箱箱的饮料……巴菲特并不喜欢这些工作，因为他不喜欢杂货店的味道，水果腐烂之后他还得硬着头皮去清扫垃圾。

但是他喜欢巴菲特父子商店。这是一个舒适的家庭型小店铺。老旧的木地板踩上去会嘎吱响，天花板上吊着电扇，成排的木货架一直触到天花板。如果有人想要货架上层的罐头，巴菲特或其他店员就会将推拉梯挪到合适的位置，然后爬上去取货。

这是巴菲特第一次见到成功经营的店铺。他的叔叔弗雷德会站在柜台后面与每位顾客亲切交谈。新出炉的诱人面包、上好的奶酪以及散装饼干和干果，应有尽有。巴菲特父子商店确实有招徕顾客的绝招（也许是祖父一分钱掰成两半花的美德吧），这里的生意总是很红火。

在这家店铺打工的还有查理 · 芒格，他是日后巴菲特的合伙人。当时他每周六在杂货铺打工，不过直到多年以后才和巴菲特相见。芒格在店里也感受到一种思想的洗礼。查理 · 芒格说：“没有谁会在店里晃荡，从早上开店一直到夜里打烊，你始终都会忙得不可开交。”如果巴菲特的堂弟比尔 · 巴菲特晚几分钟进店的话，身材魁梧、满头白发的祖父就会手拿一块怀表，站在二楼朝下面大吼：“比尔，你知道现在几点钟了吗？”

住在祖父家的那段日子里，巴菲特经常到父亲的合伙人卡尔 · 福克家里吃午饭。在福克太太准备午饭时，巴菲特就会从福克先生的书房里拿出一本投资学方面的书来看。在福克家中，他喝的茶比在杂货店里喝的要多得多。有一次，巴菲特正津津有味地吃着福克太太做的鸡汤面，突然郑重其事地宣布自己要在30岁之前成为百万富翁，甚至还发起了毒誓：“如果成不了百万富翁，我就从奥马哈最高的楼上跳下去。”

福克太太被这番话吓坏了，连忙叫他不要再胡说八道了。看着福克太太，巴菲特不禁笑出声来。尽管如此，福克太太还是很喜欢这个孩子身上所散发出的魅力，每次他来都会热情款待。福克太太或许是第一个向巴菲特提出这样一个问题的：“巴菲特，你赚那么多钱想干什么？”

“我倒不是想要很多钱，”巴菲特答道，“我只是觉得赚钱的同时还能看着财富慢慢累积起来，是件很有意思的事。”

初二在校的最后几个月，巴菲特玩得非常痛快，他和老友们聚首，一起在奥马哈城里四处游玩，从位于城西的巴菲特父子商店跑到市中心铺着鹅卵石的街道，这里有繁忙的自由市场、红砖和铸铁的仓库。七八十年前，悉尼·巴菲特在这里建起了商店，转眼之间已经历了四代人。巴菲特在奥马哈城里觉得很自在，他也像其他奥马哈人一样不讲究繁文缛节，像在草原区居住的人们一样语言质朴、外表冷峻、情感含蓄。不过，他可不是一个“简单”的人。从本质上讲，他自立自强，拥有雄心勃勃的财富梦想却又谨小慎微，这些都表明他是一个不折不扣的美国中西部人。到了1943年秋季，巴菲特再也找不出什么借口不去华盛顿和家人团聚了，于是这段家乡的燃情岁月也随之宣告结束。

第2章

未来的股票经纪人

巴菲特一家搬到了斯普林瓦利的一幢有四间卧室的房子里，它坐落在华盛顿近郊的西北49号大街上。房子的外墙刷上了白色，有一个开放式的门廊，还有一个通往屋后的斜坡车道。这很像一个不事张扬的年轻议员的居所。理查德·尼克松一家是他们的邻居，从马萨诸塞大街步行过来只需片刻工夫。屋后是一片树林。

《华盛顿邮报》送报员的工作成了巴菲特新生活的重心。年仅13岁的他已经向税务部门登记收入，并提交了纳税申报表，还坚决不让父亲替他缴纳税款。

但是，除了送报工作以外，巴菲特还是觉得闷闷不乐。在艾丽斯迪尔中学，他给老师招惹了不少麻烦，而且学习成绩平平。由于他在班上年龄算小的，又跳过一级，因此其他同学都排斥他。他总是不修边幅，以至于校长亲自提醒利拉该给孩子好好收拾一番了。

在那个6月，巴菲特逃离了家门，这是他人生中第一次真正的叛逆行为。他叫上密苏里州一名议员的儿子罗杰·贝尔，再加上另一个好朋友，一起搭车逃往宾夕法尼亚州的赫希市。巴菲特知道那里有一个高尔夫球场，觉得他们可以在那里当球童过上几天。不过这一回，破天荒第一次，巴菲特做事的动机并非赚钱，他实在很烦身边的那些人，讨厌成天待在华盛顿，讨厌周围的一切。

孩子们在夜幕降临时到达了目的地，由于出门匆忙，所以连牙刷都没带。他们住进了社区旅馆的一个房间。第二天一大早，他们刚要出门就被警察拦住了。罗杰·贝尔身材矮小，而巴菲特和另一个朋友个子都接近一米八。远远看上去，警察担心这两个人把罗杰给绑架了，于是就把三人带回警局盘问。你可以想象得到，巴菲特尽管还不到14岁，却凭着三寸不烂之舌说服了警察，警察不仅相信他们是无辜的，而且连他们为什么要来这里都没有问起。警察把他们释放了，但他们却像泄了气的皮球一样，当天就垂头丧气地搭车回家了。

看上去，巴菲特并不想继续过这种三心二意的叛逆生活。他在学校里突然变得很乖也很用功，用他妹妹罗伯塔的话来说，“叛逆”这个词对他而言“分量有些过重了”。

不过，对于这一做法，霍华德和利拉却感到非常震惊。尽管他们在巴菲特回家后对他态度很和蔼，霍华德还是决心要趁早扭转巴菲特的这种叛逆心理。他警告巴菲特如果不把学习成绩提上去，以后就别再送报了。

这句话就像是给巴菲特打了一针强心剂，之后他在学习上格外用心，送报的工作不仅没有放弃，而且“生意”越做越大。他很快揽到一份送《华盛顿时代先驱报》的生意，《华盛顿时代先驱报》是《华盛顿邮报》的竞争对手，两份报纸覆盖的区域也基本相同。巴菲特后来回忆说，如果一个订阅者取消了一种报纸而订阅了另一种报纸，“第二天我就会高兴坏了”。不久，巴菲特就拥有了5条送报路线，每天早上要送将近500份报纸。利拉不得不早起给他准备早餐，巴菲特5点20分以前就得出门去赶开往马萨诸塞大街的公共汽车。偶尔他生病的时候，利拉就会顶替他去送一天报，但她从不碰儿子挣来的钱。利拉写道：“他攒的钱就是他的命根子，你根本不敢去碰他装钱的那个抽屉，一分钱都少不得，不然他会跟你急。”

巴菲特的代表作就是韦斯特切斯特公寓区的送报路线，那是一片红砖砌成的八层公寓楼区。他很快就打造出一条可以和年轻的亨利·福特相媲美的“作业流程”。他总是将每幢楼的一半报纸放在第八层电梯出口处，另一半放在四楼。然后他就自上而下一层层地往下发报纸，把各家的报纸塞进门缝里。到了收报费那天，他会在公寓前台放个信封，免得挨家挨户去跑腿。当全家回奥马哈过暑假时，巴菲特会把自己的送报工作托付给一个朋友沃尔特·迪尔，并教他该如何送报。多年之后，沃尔特·迪尔还清晰地记得当时的情形：“你面前有一堆小山一样的报纸，如果用他的方法来送报，只需要 75 分钟就能送完。这真是一条完美的送报路线，小区的每幢楼在地下都是相通的，你根本不用走到楼外。”

想到增加产品种类可以提高自己的收入，巴菲特同时在公寓里兜售起了杂志。他的推销秘诀是在恰当的时机向住户推销。巴菲特回忆起他的一些客户“总是会把家里的杂志放在楼梯口。你可以用撕下地址标签的方式去提醒他们征订期到了。这样我对每个客户的订阅情况都了如指掌”。

这是一片高档公寓区，巴菲特曾在电梯里碰到过肯尼迪之妻杰奎琳·肯尼迪，不过还是会有住户赖账。在战时的华盛顿，人们频繁地搬进搬出，有时会忘了给巴菲特付钱。因此，巴菲特就和电梯里的女服务生达成一笔交易，她们可以免费得到报纸，作为交换条件，一旦有人要搬走，她们就要马上向巴菲特提供情报。

没用多久，巴菲特就把自己的送报兼职工作发展成了一笔大生意。他每个月可以挣到 175 美元，这相当于一个年轻职员一个月的收入，而且他从不会乱花一分钱。1945 年，他虽然只有 15 岁，却拿出了自己积攒的 1 200 美元，投资于位于内布拉斯加州的一片 40 英亩的农场。

巴菲特在华盛顿居住的那几年中，“二战”的阴影无处不在。那时人们在推销各种债券，家家户户都悬挂遮光窗帘。然而，战争对他几乎没有任何直接影响。唯一例外的是在 1945 年 8 月，当时巴菲特一家正在奥马哈过暑假。巴菲特听到了有关广岛的消息，他和邻居杰里·穆尔展开了一场关于原子弹的激烈讨论。穆尔回忆说，巴菲特对广岛事件非常在意，他坚持自己的观点，而且态度近乎惶恐。“当时我们讨论的场景依旧历历在目，我俩就在我家门前的草坪上。他很害怕原子弹爆炸带来的连锁反应，害怕整个世界会毁于一旦。”

回到华盛顿之后，巴菲特在伍德罗·威尔逊高中适应得比初中稍好一些。送报工作让他暂时忘却了思乡之苦，他也开始结交一帮新朋友。像在奥马哈一样，他又组织一帮兄弟跟他捡高尔夫球。他还成了一名相当出色的高尔夫球手，并加入了校队。

罗伯特·德怀尔是一位高尔夫球教练，同时也是沃伦非常尊崇的一位老师。德怀尔觉得沃伦·巴菲特很有意思，他的学习积极性很高而且很谦虚。他会带巴菲特去赛马场，教他看《每日赛马》杂志。巴菲特念完一年级后的那个夏日，他俩去打高尔夫球。那天恰逢直播美国职业棒球大联盟全明星赛，突然天降大雨，他们索性钻进德怀尔的车里打开收音机收听比赛。纽约洋基棒球队的球星查利·凯勒上场击球时，德怀尔说："如果你敢跟我玩一赔二十的赌局，我就赌查利·凯勒能打出本垒打。"巴菲特说："那我就赌 1 美元。"查利·凯勒果然击出了一记本垒打。不过，德怀尔也没有那么贪心，在另一个赌局中他还是把 20 美元输还给了巴菲特。

有一点两人是心知肚明的，那就是巴菲特比他的教练挣得还要多。当年轻的巴菲特几乎还不会刮脸的时候，他就在这个陌生的城市里四处闯荡，想要打下自己的一片江山。他继续他的送报生意，如饥似渴地读着每一本可以找到的商业书刊以及钻研精算师才能看懂的报表。唐纳德·丹利也是伍德罗·威尔逊高中的学生，后来成了巴菲特的好友，他认为巴菲特"正在一步步规划自己踏入金融界的道路"。

丹利是美国司法部一位高官的儿子，他学习用功，而且天资聪颖。乍一看，丹利和巴菲特并没有什么共同之处。丹利的女友很漂亮，而巴菲特从不约会；丹利对自然科学很感兴趣，巴菲特则不然。丧母的丹利在战后经常待在巴菲特家，因为在那段时间里，丹利的父亲去日本审判战犯了。两个孩子经常在一起弹奏乐器，巴菲特会在夏威夷四弦琴上乱弹一气，丹利则演奏钢琴。后来他们发现，热爱自然科学的丹利和对商业着迷的巴菲特有一种共同语言，那就是数字。他们会在一起计算一手扑克牌的输赢机会，或是在一间有十几个人的屋子里，计算其中两人的生日在同一天的概率。丹利也会飞快地报出一堆两位数，等着巴菲特迅速算出它们的总和。

在他们读高三的时候，丹利花25美元买了一台旧弹子球机，巴菲特和他整天玩个不停。不过，这台弹子球机经常出故障，丹利总会不厌其烦地维修，巴菲特也发现这位好友的维修技能实在高超。这时，巴菲特突然想到了一个主意：为什么不把这台弹子球机放到威斯康星大道上的理发店里，供人使用，然后按小时收费呢？

巴菲特找到了理发师，和他谈了这个想法，达成了五五分成的协议。第一天他们就赚了14美元。一个月之内，他俩就在3家理发店里摆上了弹子球机。生意越做越红火，他们又把店铺扩大到7家。巴菲特是那种能够在现实生活中找到梦想的人，他为两人的事业起了一个名字——威尔逊弹子球公司。“结果，我们每周都能挣到50美元，”他回忆道，“我从来都没有奢望过生活能够如此美妙。”

威尔逊弹子球公司里的分工想必大家也能猜得出来。巴菲特筹集资金购买二手弹子球机，每台价格从25美元到75美元不等。巴菲特还负责管账，每月会打印出财务报表；丹利负责修理工作。如果机器出故障了，理发师们会马上通知丹利。有一台机器总是出毛病，两人一得到通知，就会马上钻进丹利那辆卸掉后座的旧别克车里，飞速地出现在理发店前。

由于担心弹子球生意会被当地的黑道盯上，巴菲特坚持只选择那些规模较小、位置偏远的理发店。同时，他和丹利总是伪装成给这家公司跑腿的两个小伙计，而他们的身后似乎有一个对这项生意很重视的大老板。巴菲特回忆道：

> 理发店老板总是催我们更换新机器，我们就对他们说这得和老板商量。我们假装只是两个受雇搬搬机器、点点钱的小喽啰而已。

他们每周都会到各家弹子球店巡察一番，有时还会带上丹利的女朋友诺尔玛·琼·瑟斯顿。巴菲特回到车里之后，总会绘声绘色地描述起理发师，或是告诉他们理发师说了些什么搞笑的话，接着三人就会狂笑不止。巴菲特看到了其中的滑稽之处——他们这几个孩子觉得自己像是非常了不起的商人一样。

诺尔玛觉得巴菲特特别有趣。她身材苗条，美丽大方，有一对儿弯弯的柳叶眉，和一头迷人的金发。她的绰号叫“过氧化物”，丹利的外号叫“鸭子”，而对巴菲特，大家只是叫他“巴菲特”。尽管他们的长辈都打过仗，不过他们三人都是在纯真年代长大的。尽管他们都是再普通不过的孩子，但他们却不像有些孩子那样学抽烟或讲脏话，巴菲特更是乖到除了百事可乐以外其他任何饮料都不喝。诺尔玛的女性朋友大多传统，巴菲特则更加单纯，他甚至连周五晚上的舞会都不去参加。“他不像别的男孩子那么喜欢社交，”诺尔玛评价道，“他根本不做这方面的尝试。”

巴菲特走路的时候喜欢将肩膀向前耸着，身子弓向地面，脚拖地，活像一只公山羊。他还经常在皮带上拴一个难看的、不时发出金属叮当声的钱袋。在威尔逊高中的同学看来，只要瞥一眼巴菲特穿的鞋子就知道他是个乡巴佬。多年之后，他们还清晰地记得：“我们总把巴菲特和他的那双破鞋给扔出去。”卡斯珀·海因德尔对当年的情景依然历历在目：“他一年到头都穿着那双运动鞋，哪怕积雪有一尺厚也不例外！”而罗伯特·穆尔也有相似的评价：“我记得很清楚，我们经常开他的玩笑，因为他除了网球鞋就没穿过别的鞋子，即使在寒冬也一样。”

巴菲特似乎对运动鞋情有独钟。“大多数人都喜欢从众，”诺尔玛说，“但巴菲特喜欢与众不同。”他总是活力四射而且喜欢搞恶作剧，他身上总有些与众不同的地方。当有人指责他的那些古怪做法时，他总是固执己见，或是自我解嘲一番。

在家里的餐桌上，巴菲特每晚都从父亲那里学习如何更好地固执己见。霍华德曾许诺家人只担任一届议员，但他又在1944年和1946年两度在形同虚设、橡皮图章似的众议院里获得席位。他把自己的“伟大”事业描绘成与民主党杜鲁门阵营的竭力对抗。

霍华德非常坚持原则，从来都不接受公费旅游，而且还主动要求降薪。在他第一任期间，政府将众议员的工资从10 000美元上涨到12 500美元，霍华德竟然把上涨的2 500美元还给了国会薪酬办公室，声称自己当选时的薪水是10 000美元。

利拉说自己丈夫在投票决定一项法案时只考虑一个立场：“这项法案到底能够加强还是削弱人们的自由？”但这显然是一种狭隘的自由观。他唯一的兴趣就是把罗斯福和“二战”扩大的政府机构削减到原来的水平。

“二战”期间，霍华德曾与其他议员联名写信要求美国政府在迫使德国无条件投降的政策上“多下功夫”，同时也提出了一个疑问：“我们究竟为何而战？”难道消灭纳粹不是为了“让人们获得更大的自由吗”？

“二战”结束后，他又投票反对饱受战争摧残的英国，反对在学校继续提供免费午餐，反对向欧洲出口粮食，还反对布雷顿森林体系。最严重的时候，他的爱国主义偏离到排外主义。不过，在某几个问题上，霍华德就相当有先见之明。他曾经提议采取措施保护美国储蓄债券的持有者不受通货膨胀的冲击。但是，在整个任期内，他的大部分政见都是被地方保护主义和极端主义扭曲的。

巴菲特虽然嘴上附和父亲的政见，但他从心底并不完全赞同。他吸收了父亲的爱国主义情结，但没有接受父亲那种强烈的孤立主义做派。几年以后，巴菲特在给大学朋友的信中曾影射过父亲固执的教条主义，他写道："我就此搁笔了，我要去帮我爸爸声讨这个或者讨伐那个了。"

不过，巴菲特确实也像父亲一样关心民生疾苦。巴菲特在孩提时代就亲身经历了经济大萧条和"二战"，他认为政府是社会的捍卫者而非敌人。尽管他对父亲可谓服服帖帖、他的政治观点还远未成熟，但是在绝对支持政府的立场上，他已经显露出独立的棱角了。

巴菲特早就立志不走父亲的从政之路。当诺尔玛问他是否要在华盛顿生活时，巴菲特毫不犹豫地答道："不会，我要住在奥马哈。"

又长大了几岁之后，巴菲特不仅立志从商，而且希望专门从事投资业。坐在家里吃早饭时，这个年纪的男孩一般只会对电视里的体育节目感兴趣，而巴菲特已经在研究股价走势图了。关于他是股票专家的说法早就在学校里传得沸沸扬扬了，连老师都想方设法地从他那里挖一些股票的买卖信息。

巴菲特颇有心计，他很早就懂得利用自己的名声投资。因为他的老师们都持有美国电话电报公司的股票，所以他就抛出。"他们都认为我对股票很在行，如果他们知道我把美国电话电报公司的股票清仓的话，他们肯定会对自己退休以后的生活感到恐慌。"

为什么这个温顺的孩子会被奉为先知？巴菲特从未在股市上有过任何惊人的大手笔，但是大家都觉得他是个内行。他身上有一种与生俱来的吸引力，因为他早年就不断储备知识，而且他能够用一种理性的方式把知识转化成创造财富的能力。能打动他的并不是什么信念，而是那些逻辑严谨、连贯缜密的事实根据。丹利评价他说："他有着超乎常人的远见，他在谈话的时候对自己从来都是深信不疑的，而且他也能让别人觉得他知道自己想要说什么。"

1947 年 6 月，巴菲特从高中毕业，成绩在全年级 374 人中排名第 16（丹利则名列榜首）。在伍德罗 · 威尔逊高中的毕业照上，他梳着整齐的中分，笑容腼腆，双眼明亮，闪烁着对知识的渴望。在他的照片下面有一行评语："喜欢数学……是一个未来的股票经纪人。"

霍华德建议他去附近的宾夕法尼亚大学沃顿商学院念金融与商业专业，巴菲特却认为到那里只会浪费学费。他已经递送了差不多 60 万份报纸，挣到了 5 000 多美元。这些钱有的来自送报，有的来自威尔逊弹子球公司，还有的来自内布拉斯加州的一户佃农那里。另外，他已经读了不下 100 本商业书籍。他还需要去商学院学什么呢?

霍华德提醒巴菲特，离他满 17 岁只有两个月了。最后，巴菲特妥协了。当年 8 月，巴菲特和丹利以 1 200 美元的价格把威尔逊弹子球公司转卖给一个退伍军人，巴菲特带上自己分到的那份钱去了沃顿。

然而，这一次霍华德真的错了。尽管沃顿商学院声名远播，但那里的课程让人感到乏味。巴菲特毫不客气地说自己比教授懂得还要多。他对沃顿商学院的不满，成了他日后对商学院普遍感到不满的先兆，因为他根本看不上商学院模糊宽泛的教育方法。这里的教授都有一套完美的理论，但对巴菲特渴望得到的赚钱技巧却一无所知。

当巴菲特回到奥马哈时，玛丽·福尔克提醒他不要荒废学业。他则漫不经心地答道："玛丽，在那里我只需要在考试前一天晚上把书本打开，喝上一大桶百事可乐，第二天就能考出 100 分。"

在沃顿商学院期间，巴菲特大部分时间都泡在费城的一家经纪公司办公室里，跟踪各种股票行情。他会研究各只股票的走势图，也会听取别人的建议，但仍没有形成自己的投资方法，他正在不断摸索。

巴菲特上大一的时候，他的室友是查尔斯·彼得森。查尔斯也是奥马哈人，后来成了巴菲特最早的投资者之一。巴菲特很快又结识了哈里·贝雅，这是个和巴菲特一样错误地来到这个东北部校园的墨西哥人。他俩的工业经济学课程都得了 A+，但哈里·贝雅留意到自己在这门课上花的工夫比巴菲特要多得多。尽管哈里·贝雅对巴菲特轻轻松松就考出高分感到嫉妒，但他不得不承认自己确实喜欢巴菲特。哈里·贝雅把他看作自己理想中的美国人：一个诚实、不装腔作势也不摆架子的中西部人。

哈里·贝雅有个室友名叫杰里·奥兰斯，他来自布鲁克林，巴菲特和他志同道合。他俩在健身房里相遇，膀大腰圆的奥兰斯马上就发现巴菲特是一个天才。奥兰斯对新环境也不太适应，经常思乡情切，甚至以泪洗面。但他思维敏捷、活泼真诚，称得上是一个青年才俊，巴菲特和奥兰斯很快就成了密友。

在不知不觉中，巴菲特就为自己未来的事业找到了很多投资人。[1] 但在当时，他还不知道自己到底该去往何方。在宾夕法尼亚大学待了一年以后，他很想辍学，但父亲坚持让他再熬上一年。在华盛顿过暑假的时候，巴菲特又找到了一条富有喜剧性的致富之路，这一次他和唐纳丹利（他弹子球公司的伙伴）一起花350美元买下了一辆旧劳斯莱斯车。他们一起去巴尔的摩的废车场把它弄了回来，然后又开到了华盛顿。他们刚进市区就被警察拦住了，丹利回忆说：

> 我们没有汽车牌照，车尾灯也坏了，警察执意要开罚单。这时巴菲特开口了：“瞧，警官，我们刚想把他开回家里的车库修修，就碰上您了。我们打算把它修到完全合格为止。”他一直不停地说，把那个警察都侃晕了，最后警察真把我们放行了。

丹利把车停在巴菲特家的车库里，他俩花了一整天把它修好。当然，爬到车下修车的人还是丹利。巴菲特则坐在一旁，优哉游哉地给他的朋友读些商界故事来解闷，或者读那本让他们拍案叫好的

1. 奥兰斯后来成为巴菲特的投资人和终身追随者，他后来建议哈里·贝雅也把钱交给巴菲特去投资，但贝雅一心想证明靠自己照样能干好。贝雅回忆说，奥兰斯一年会打好几次电话给他，说巴菲特是多么富有，说他的事业“蒸蒸日上”。

书——《如何失去朋友和疏远他人》。

这是一款1928年为女士购物设计的车型，前排只有一个座位，后排有很大的空间。丹利和诺尔玛把它漆成了深蓝色。他们将它租出去几次，但最主要的目的是让别人看见车上的人。巴菲特建议驾驶着这辆车去市中心，他们三人装扮成一对贵族夫妇和家里的司机。但巴菲特要求扮演那位贵族，丹利则担任司机。就这样，丹利只得穿上巴菲特父亲霍华德的黑风衣，手握方向盘；巴菲特则穿上裘皮大衣，戴着高高的帽子，优雅自得地坐在诺尔玛身旁。当他们驱车经过《华盛顿时代先驱报》的大楼时，根据事先安排好的情节，丹利把车熄了火停下来。然后，他纵身下车，在发动机盖下面不断调试，好像要搞明白到底出了什么问题。当路人都开始驻足留意他们的时候，“贵族”巴菲特举起手杖敲了敲挡风玻璃，朝某个方向指了一下，仿佛是在告诉丹利问题到底出在哪里。结果，没一会儿工夫，车子就“修好”了。

但是如果没有事先安排，巴菲特就很难这样风度翩翩了。他和诺尔玛的表妹芭芭拉·沃利在夏季有过一次约会。尽管巴菲特生性活泼，但他无休无止地“逼”芭芭拉猜谜和玩脑筋急转弯，弄得芭芭拉对约会的浪漫幻想荡然无存，其实他这样做只是想掩饰自己和女生独处时的尴尬。当他后来鼓起勇气邀请芭芭拉到宾夕法尼亚州共度周末时，她婉言拒绝了。

大学二年级时，巴菲特住在阿尔法·西格马楼。这是位于斯普鲁斯大街上的一幢维多利亚风格建筑，有着高高的屋顶和雄伟的螺旋式楼梯。他对待自己那些兄弟既不会太冷淡，但也不会完全融入其中。午饭过后，他就会坐在窗户旁的那把雕花桥牌椅里，和大家一起打升级或桥牌。吃饭时他也会和大家畅所欲言。当年，兄弟会的成员在吃晚餐时都打领带穿夹克，还有侍者服务。安东尼·韦基奥内回忆起巴菲特在餐桌上的谈笑风生时说：“只要有他在场，就会很有意思，到处都是笑声一片。”

他是个非常有趣的家伙，极其聪明。他不是哗众取宠地想要讨好谁，而是习惯用冷幽默。他总是用一种略显玩世不恭的态度看待世间的一切。我记得他说过，如果自己有钱了，就要在卫生间里安一个蒸汽马桶座圈。他说那是他的终极梦想。

不过，巴菲特真正渴求的还是智力上或经济上的刺激元素。1948年，美国的校园生活都是围绕排名前十的橄榄球队展开的，宾夕法尼亚大学也是一所拥有悠久体育传统的大学。让人感到意外的是，巴菲特的照片竟然登在了学生杂志《宾大画报》的封面上，俨然一副铁杆球迷的风范——他头戴圆顶礼帽，身穿浣熊皮外套，一手挥舞着小旗，另一只手将一瓶白兰地递给女友，挂着满脸笑容，叼着雪茄，模糊的背景处是行进中的宾夕法尼亚大学校乐队和一个戴皮头盔的球员。

这张封面照片不过是个恶作剧而已，因为巴菲特的朋友杰里·奥兰斯是这本杂志的编辑之一。在现实生活中，巴菲特和封面上的那个男孩相去甚远：他滴酒不沾，不善于和女孩相处，而且不喜欢热闹。在校园里，他经常和那些退伍士兵之类的大龄学生待在一起，显得很不入流。这个头发蓬乱、身材瘦弱的 18 岁学生看上去就像一个来校园参观的小朋友。

他的青涩在性体验方面显得尤为明显。他不仅没有和女孩亲密接触过，而且在男生宿舍卧谈时也觉得很不自在。韦基奥内回忆说：“我记得很清楚，当大家谈到性这一话题时，他总会盯着地板，脸都红到耳朵根了。”

到了周末，当阿尔法·西格马楼举办啤酒晚会的时候，这幢平日里像寺院般清静的房子里会突然间挤满了女人。巴菲特通常没有约会对象，因为即使不和热闹的人群打成一片，他也觉得十分自在，这一素质对于一个未来的投资大师而言是非常重要的。当大多数小伙子都臂挽一位美女卿卿我我的时候，巴菲特则端坐在椅子上，谈着金本位制，活跃一下聚会的气氛。他的演说是如此富有煽动性，以至每次聚会时大家都会在屋角围拢看他，并提出一大堆经济和政治学方面的问题。威廉·韦恩·琼斯（一个忌酒的未来卫理公会传教士）回忆说："他开始滔滔不绝地发表评论，一两分钟工夫，他身旁就已经围了一群听众，差不多有10~20人之多。他说话的态度非常谦逊，让你不得不留意他的观点。巴菲特总爱说：'在这方面我懂得不太多，但我个人认为……'"

巴菲特的密友对他的才智都赞赏有加。他能够读完书里的一个章节，然后一字不漏地把原文背诵出来。在课堂上，当有个担任助教的研究生在重述课文中的一个问题时，早就将课文烂熟于心的巴菲特脱口而出："你落了一个逗号。"不仅如此，他批评老师时巧舌如簧，让他的伙伴都听得目瞪口呆。他的朋友理查德·肯德尔回忆说："巴菲特说沃顿商学院没有什么东西可以教他的，他确实有资格说这话。"

1949年秋季开学回到学校时，同学们惊奇地发现巴菲特没来。安东尼·韦基奥内说："第二年他就忽然人间蒸发了，杳无音信。"也就是说，他又一次叛逆地逃离了。霍华德在1948年的议员选举中失利，于是全家回到了奥马哈，把巴菲特一个人孤零零地留在美国东部。在沃顿商学院，没有任何可以让巴菲特留恋的东西，没有送报业务，也没有弹子球公司。他转到位于林肯镇、自己更熟悉的内布拉斯加大学念书，早年他的父母就是在那里相识的。巴菲特解释道："我觉得在沃顿学不到什么东西。内布拉斯加在向我招手，而沃顿却让我感到厌倦。"

在阿尔法·西格马楼的兄弟们的记忆中，只有他在窗边打桥牌的样子，除此之外他们真觉得巴菲特好像从没在那儿待过一样。

回到内布拉斯加之后，他也只是在花名册上留个名字而已。他的主要精力都放在准备发展自己的事业上。当年夏天，他在J·C·彭尼零售公司找了份工作，彭尼公司答应等他毕业后给他职位，但他拒绝了。巴菲特认为自己回到家乡会更加自在，没有太多的就业压力，因此在这段时间他的约会也更频繁了。在写给“亲爱的魔鬼”（杰里·奥兰斯）的信中，巴菲特的兴奋之情溢于言表：

> 最近和我约会的那个女孩偶尔向我提起她会打网球。于是我想我可以由此向她展示我这个宅男的魅力，让她对我刮目相看。于是我主动给她一个机会，让她看看我怎样在球网的那一边大展英姿。比赛结果是我被她打得落花流水。

在这一阶段，巴菲特的日程是常人难以完成的：1949年秋季他修了5门课，1950年春季修了6门课，其中多数是商业和经济学方面的课程。但他的注意力几乎都放在了校外，他又找到了一份送报的工作。他告诉奥兰斯，这份工作使得“50个小男孩都尊称我为‘巴菲特先生’”。他开着一辆1941年款福特车在美国西南部奔波，为《林肯周报》管理6个县城的报童，工资是每小时75美分。起初，《林肯周报》的发行人马克·西克雷斯还担心一个年轻学生能否胜任这项重要的任务，但巴菲特干劲十足，把这帮报童管理得“服服帖帖”。他每周会去取报纸，然后闪电般地完成任务。对巴菲特而言，这可是份像模像样的工作，他回忆道：

> 如果你在内布拉斯加州有一条送报路线，你得找一个小报童每天发15份报纸或是做类似的工作，你当天下午或晚些时候还必须找到他，自己还要在大学念书，这真是一种很好的历练。

在林肯镇的时候，巴菲特和杜鲁门·伍德住在一起。伍德那时已和巴菲特的姐姐多丽丝订婚了，他俩住在皮帕尔大街上一幢维多利亚式的房子里。巴菲特结束送报工作后会在傍晚时分回到住处，看看《华尔街日报》，然后和伍德一起去一个油腻腻的小餐馆里吃晚饭，通常是土豆泥、牛肉和肉汤。伍德一想到巴菲特已经读了三四遍《圣经》却仍是个无神论者，就不由自主地想劝他皈依。他们经常会争论信仰和来生的问题，但巴菲特的无神论观点始终岿然不动。不管伍德每次用什么样的观点来劝说巴菲特，巴菲特总是能够用非常合乎逻辑的说法来应对。

巴菲特在3年内就快速完成了学业。他一边干着相当于全职的工作，一边潇洒地打着桥牌，一边拿了一大堆A。他在当年秋天写给奥兰斯的信中提到，他申请了一打参赛券，希望能在“缅甸刮胡膏”的有奖竞赛中赢得100美元，而且还和一个“各方面条件看起来都还不错的德国女孩”有过一次约会。

冬天的时候，巴菲特重振了自己的高尔夫球事业。这一次他就更像是在做一笔正规生意了——他任命奥兰斯为费城的代理人。1950年1月，巴菲特恳请他的朋友着手投资生意：

> 我认为那儿的男孩现在还不太常打高尔夫球，因此我保证3月1日起你可以开始销售你看好的那种高尔夫球。别犹豫，可以下订单了。

巴菲特许诺对所有“次品”负责赔偿损失，而且向奥兰斯保证他的高尔夫球质量绝对可靠。但是，他还不忘补充一句，“不要让它们靠近太热的地方”。巴菲特还得意地告诉朋友他在期末考试中又拿了一大堆A，然后列出了第二年春季要上的课程。到了4月，巴菲特给奥兰斯发了一批货，同时用一种轻松但尖锐的口吻提醒好友注意，“巴菲特高尔夫球公司”可不是一家慈善企业。

此时，我想你一定因为销售这些漂亮宝贝富得流油了，也许你正在尽情享受奢侈生活的美妙吧？这些玩意儿都是我冒着坐牢的危险寄给你父亲的合作伙伴的。不过别忘了，只有当你结清一张价值 65.94 美元的支票后，才能真正享受成功的喜悦。

到了夏天，巴菲特继续一刻不停地高速运转着。他搬回父母身边，同时在奥马哈修 3 门课以便拿够学分毕业。当年 7 月，他一共卖掉了 220 打高尔夫球，从中获利 1 200 美元。把各项收入加起来，他已经攒下了 9 800 美元。

用集腋成裘来形容巴菲特挣的这笔钱最合适不过了。他用歪歪扭扭的笔迹记录下每一分钱是怎样含辛茹苦地挣来的——城市设施优先股、送报、高尔夫球销售以及弹子球公司。这些账目似乎预言了他将来在投资业的赫赫战绩，这使一个记者不由得想起“霍雷肖·阿尔杰[1]捐献给哈佛商学院贝克图书馆的一些论文”。

事实上，巴菲特还真的申请过哈佛商学院。他曾经信心十足地写信给劝他念哥伦比亚大学法学院的奥兰斯说：“杰里，再想想吧，跟我一起去哈佛吧！”当年夏天，巴菲特坐火车去芝加哥见另一位哈佛毕业生。当年的巴菲特不仅骨瘦如柴，而且不修边幅，这让这位哈佛毕业生觉得这个 19 岁的男孩不适合去哈佛念书。整个会面只持续了 10 分钟。在 7 月 19 日给奥兰斯写信的时候，巴菲特写了整整 5 段话才谈到这一幕。他告诉朋友说自己正在修一门税收课，而且在“学习用精明的技巧从收益中榨出钱来”。信中接下来是经典的“巴菲特式神侃”，他对奥兰斯刚刚病愈的父亲表示了问候，最后谈到了关于高

1. 霍雷肖·阿尔杰（Horatio Alger），19 世纪下半叶的美国著名作家、“美国梦”的积极倡导者。——译者注

尔夫球销售的问题。

现在说说我最近受打击的事吧！那些哈佛的狂人根本没想把我招进他们的研究生院。他们觉得我才19岁，太年轻了，建议我再等上一两年。因此，我马上就要面对残酷的现实生活了。再过4周，我就得自己支付食宿费用了。我爸爸希望我继续念研究生，而我却不太感兴趣。

两周以后，巴菲特又重提此事，他在信中说：

亲爱的杰里，实话实说，当我收到哈佛的来信时，我感到一阵心寒。现在，我在等哥伦比亚大学寄来的申请表，那里的金融系非常出色，至少它有像本杰明·格雷厄姆和戴维·多德这样的大牌人物来教授股票价值分析课。

巴菲特现在对于录取结果有些漠不关心了。本杰明·格雷厄姆是美国证券业的权威，他和同事戴维·多德合写了被该行业奉为教科书的经典作品《证券分析》。巴菲特在林肯镇的时候，还读了格雷厄姆的新书《聪明的投资者》，这本书让巴菲特爱不释手。巴菲特把这两位教授称作“大师”，是为将来自己有可能再次遭到拒绝留个台阶下。不过到了8月，巴菲特收到了录取通知书，他可以动身前往纽约和“大师”一起研究股票了。

第3章

格雷厄姆打开的大门

“市场先生”是个热心肠，每天他都会告诉你他认为你手里的股票价值几何。

——本杰明·格雷厄姆，《聪明的投资者》

从第一次在黑板上抄写股票价格起，巴菲特就被股票深深地吸引住了。他曾交易过股票，研究过股市，咨询过专家，希望能有所顿悟。他想要明白趋势图中蕴含的某些神秘联系，想要找到能让他赚得盆满钵满的秘诀。不过，他始终没有走得更远，就像当年他花很多时间和精力趴到赛马场地面上搜寻别人丢弃的票根一样。这时的巴菲特买股票就和捡票根一样，有的股票能赚到钱，有些则赚不到钱。

本杰明·格雷厄姆向他打开了一扇大门，他教给巴菲特各种方法去寻找市场上各式各样的可能性，而且他的讲课方式也正对巴菲特的胃口。掌握了格雷厄姆言传身教的技巧之后，巴菲特就可以不再迷信权威，而是充分施展才能了。有了格雷厄姆这样一个典范，巴菲特决心活出自我，去施展拳脚，这种自我也就是他父亲说过的爱默生式的“大隐隐于世”的独立人格。

格雷厄姆不仅是巴菲特的导师，还是巴菲特的领路人，他将巴菲特引入了一座令人向往而又望而却步的城堡——股市。格雷厄姆教会了巴菲特选择股票的系统方法，而在掌握这样的方法之前，对巴菲特而言，股票与赌博之类的伪科学别无二致。

格雷厄姆的作品是这个领域里的开山之作。不过在他的著作之外，他还给门徒传授了很多别的知识。与华尔街的股票经纪人不同，格雷厄姆愿意与人分享自己的思想，愿意与人沟通。华尔街于他而言只是一个抽象的符号，金钱本身并不能激起他的任何兴趣。在这一行业里，很多执业者的思想和才能都很有限，但是格雷厄姆却堪称一位满腹经纶的学者。他对拉丁语和希腊语颇有研究，闲暇时会翻译几首西班牙诗歌作为消遣。他还写过一部话剧，在百老汇上演了四晚。让人感到不可思议的是，像他这样一位给投资业带来崭新面貌的开山大师，却花费了大量的时间去捣鼓一些古怪的发明创造。他发明了一种新式滑尺，还打造了一件“更实用”的家具。他个子不高，嘴唇厚厚的，但目光十分犀利。他的一位同事对他的评价是："有意思的小矮个儿，长得有点儿难看"，但他全身上下都闪耀着智慧的灵光。

本杰明·格雷厄姆于 1894 年出生于伦敦，原名叫本杰明·格罗斯伯姆。他刚满周岁时，举家迁到了纽约，父亲开办了一家进口中国商品的公司。然而，格雷厄姆 9 岁时，父亲就去世了。母亲把全部积蓄都投入了股市，不过在 1907 年的那次经济危机中，所有的钱都打了水漂。从此，格雷厄姆就开始四处打零工赚钱。在布鲁克林男子高中念书时，他成绩优异，后来进了哥伦比亚大学学习。1914 年毕业时，有三个系给他提供了工作职位：英语系、数学系和哲学系。不过，他还是听取了一位学院院长的意见，来到华尔街打拼。

格雷厄姆从最低的职位干起，负责把股价抄写在黑板上，每周才挣 12 美元。当年并没有什么股票分析师，只有"股票统计员"。由于勤奋，他很快就成了一个投资专家，并开始著书立说。到了 20 世纪 20 年代末期，他在工作之余还给人讲授金融方面的课程。

他关于华尔街投资的讲课内容反映出他对几何学的偏爱。他希望在看似毫无头绪的投资中总结出规律，并用类似欧几里得式的数学公式来归纳股市的投资策略。

在 20 世纪 20 年代末期投机气氛很浓的股市里，格雷厄姆的方法显得很另类。他喜欢投资那些股价被严重低估，以至于不存在投资风险的价值低洼股。比如在 1926 年，他发现一家石油运输商——北方石油管道公司。该公司除了油管资产，还拥有一些铁路债券，每股股票的价格应该为 95 美元左右，而当时每股的交易价格只有 65 美元。格雷厄姆买进了 2 000 股，并且建议公司把持有的铁路债券卖掉，目的是重新挖掘公司的潜在投资组合价值。

然而，洛克菲勒控制下的管理层拒绝了这个提议。后来格雷厄姆发动了一场股东代理权斗争，入选了董事会，北方石油管道公司终于让步了，卖出了债券，并支付了每股 70 美元的红利。

到 1929 年为止，格雷厄姆和其他几个合伙人共同设立的“本杰明·格雷厄姆联合股票账户”下共有 250 万美元的资产，格雷厄姆也是春风得意马蹄疾。不过，当年的华尔街早已是新贵云集，投机商们已经把股价抬到了天上。也就是在那一年，耶鲁大学的欧文·费希尔教授就宣称“股价已经永久性地达到一个历史最高点”。

尽管格雷厄姆十分谨慎，但是当大萧条来袭时，本杰明·格雷厄姆联合股票账户还是缩水了 20%，不过这样的损失还是可以忍受的。到了 1930 年，格雷厄姆和其他人一样，都以为熊市已经过去了，又开始贷款投资股票。结果，股市再度走低。“那次大危机的唯一特点是，”经济学家约翰·肯尼思·加尔布雷斯通过观察指出，“经济危机越来越严重，局面变得越来越糟糕。”

连那些最精明的投资人，以及那些冷眼静观这场劫难的人，也赔得一干二净了。到了 1932 年，本杰明·格雷厄姆联合股票账户已经缩水 70% 之多，格雷厄姆濒临破产。

他的全家不得不离开位于贝里斯福德的那幢二层小楼，搬到附近一处简朴的公寓里。他的妻子原来是一位舞蹈老师，现在不得不重新工作以养家糊口。格雷厄姆也打算离开股市，但是合伙人杰罗姆·纽曼的一个亲戚愿意拿出 75 000 美元资金，于是他们的联合股票账户又起死回生了。当 1934 年格雷厄姆的《证券分析》一书问世时，这位年过 40 岁的作者已经有整整 5 年没有拿到一分钱的回报了。

在该书的序言中，格雷厄姆坦白地说，投资普通股票似乎是“很不可靠”的一件事。在股市近期的低迷之中，1/3 的美国企业股票都在以低于清算价值的价格出售。几年前，许多专家把华尔街看成遍地黄金的福地，现在又改口说“持有这些普通股票压根儿就不是什么投资”。杰拉尔德·M·洛布是一位著名的股评家，他的畅销书《投资生存战争》和格雷厄姆的《证券分析》差不多同时上市，他认为在股市投资赢利几乎就是天方夜谭。如果道琼斯工业平均指数（简称道琼斯指数）在1929年是381.17点，而在1932年下挫到只有41.22点的话，那么谁又能说清楚“真正的价值”到底在哪里呢？洛布断言：“我真的不认为有谁能搞清楚到底某只股票的价值是被低估了，还是被高估了。”相反，洛布认为：“投机是很有必要的……为的是预测股票未来的走势。”

洛布强调说，投资者真正需要密切关注的并非企业的赢利状况，而是其他股民的心理。他们需要充分考虑其他股民的心态预期和观点，并考虑他们对股价的影响，这一点至关重要。

然而，我们又该怎样去揣摩那么多股民的心态呢？主要的办法是紧盯股价，要“牢牢盯住大盘”。如果股价下跌，我们就应该及时抛出；如果股价上涨了，我们就应该追涨买进。仅仅买价格低的股票是行不通的，我们必须在一只股票上行通道刚刚打开时买进。

如果说洛布的观点没有抓住这样一种悖论——数千万股民的心态是互相影响的，每个股民都想比别人先行一步，那么格雷厄姆和多德则没有忘记在他们的书中给出更准确的阐释：

> 股票投机其实就是一种心理博弈，即A股民试图判断B、C、D股民的投资决策，而B、C、D股民也在做同样的考量。

《证券分析》一书给出了逃脱这个心理悖论的良方。格雷厄姆和多德极力主张投资者们的注意力不要只放在大盘上，而要放在股票背后企业自身的成长性上。通过关注一个企业的盈利能力、资产状况、未来盈利预期等基本面因素，投资者可以对一家上市公司的“内在价值”做出一个准确的判断。

格雷厄姆和多德认为，股市并不是一个能精确衡量企业价值的

“公平秤”，而更像是一台“投票机”。数不胜数的投资人会通过这个市场来“投票”，有些投票是理性的，有一些却是感性的，甚至有时候这些投票结果会同理性价值评判相去甚远。股市投资的秘诀就在于当股价远低于股票内在价值的时候坚决买进，同时坚信股价会有补涨的那一天。

由于大萧条还远未结束，在这个时候表现出对市场的信心和把握是十分不易的，当时许多公司的总市值比它们银行账户上的现金值还低。但是格雷厄姆作为一个古典派学者，意识到华尔街的熊市也是由再自然不过的人性造成的。

> 巨额利润变成同样巨大的损失，新的理论不断推陈出新，之后又被证伪，无止境的乐观主义被深深的绝望代替——所有这些都是亘古不变的人性常理。

格雷厄姆像生物学家解剖青蛙那样去分析普通股股票、公司债券，以及投机优先证券（也就是迈克尔·米尔肯所说的垃圾债券）。粗略一看,《证券分析》像是一本给这一新兴行业编写的教科书。不过，这本书是在 1929 年的大萧条之后开始创作的，它也在号召大家抵制投机所带来的罪恶。从这个意义上来说，它是一种全新的突破。洛布的投机理论只是把股票看作一张薄纸，只要后来者愿意接单买进就行，投资者赚多赚少其实无所谓，目标只是把股票转给下一个股民，然后再给下下一个股民。格雷厄姆和多德派的投资者则把股票看作企业所有权的一种凭证，它的未来价值应当和整个企业的价值相吻合。

> 让人难以置信的是，华尔街的投资者从来都没问过这样一个问题：“这个企业售出后到底价值几何？”

这便是格雷厄姆和多德针对股价估值提出的一个问题。它并不是一门精确的科学，人们在投资的时候也不需要做到百分之百精确，他们所需要的是有能力甄别出那些价格远远低于其实际价值的股票。

> 打一个生活化的比喻，我们无须问一位女性的年龄，就能够大概判断出她是否已经到了法定投票的选举年龄；我们也不需要问一位男士的体重，就能够大概判断出他是否偏胖。

人们又会遇到一个令人头痛的问题：如果买进一只股价被低估的股票，但股价进一步下滑，他们又该怎么办？格雷厄姆和多德坦言，如果有时人们对股价判断不准确，那股价得经过“让人很不爽的一段时间”才能修正过来。

在巴菲特来到哥伦比亚大学的前一年，格雷厄姆对这个问题给出了更完美的答案。在《聪明的投资者》一书中，他把这一答案概括为投资“安全边际”。格雷厄姆认为，投资者应该在他愿意付的股价和他估计的股票实际价值之间留出一个较大的差价。这同开车时留有余地是同样的道理。如果这个差价留得足够大，投资者就应该是安全的。但做不到这一点会怎样呢？答案是：股价会持续下跌。格雷厄姆认为，假如企业经营的基本面没有什么变化，投资者就不应该迷信行情，不论行情看起来有多么糟糕。

如果投资者因为指数下跌而过分泄气，从而在股价很低的时候割肉清仓，那就相当于把自己最根本的优势变成了劣势。最根本的优势是什么？大多数投资者根本就没有想过自己有这样一个优势。格雷厄姆打了个比方：

> 试想，你花 1 000 美元持有一家私人企业的一小部分股份。你的一个合作伙伴是“市场先生”。他是个热心肠，每天他都会告诉你他认为你的股票价值几何，然后在此基础上劝你清仓或加仓。有时他对股价的估值是有道理的，但他的观点也有可能带着自己

的偏好或者恐慌心理，一旦如此，他给你的那些建议就显得有些愚蠢了。

现实中的投资者就是处在这种特定的环境之中，你可以每天都关注股市行情，也可以选择忽略它，但不管怎样，“市场先生”明天都会带给你一个新的价位。

对巴菲特而言，接触这些观点就像发现了罗塞塔碑[1]一样，极具启示意义。他用过所有的股市投机技巧，也试图弄到一些内幕消息，还用过迈吉股市分析图（Magee Charts），搞了一个又一个系统，美其名曰“紧跟市场走势”。现在他得到了这种投资方法，不必再去苦苦猜度B、C、D股民的心理，他只需听从父亲的教诲，学会大隐隐于世就行了。这个方法对巴菲特犹如醍醐灌顶，同时他也找到了自己的偶像。

在哥伦比亚大学，巴菲特发现格雷厄姆很有个人魅力。他看上去与影星爱德华·罗宾逊有几分相像，他的课堂上充满了戏剧性的气氛。例如，在一堂课上，格雷厄姆带大家比较A公司与B公司两张差别甚大的资产负债表，最后谜底揭晓，原来两张都是波音公司的资产负债表，只不过它们分别来自飞机制造业处于高潮和低谷的不同时期罢了。

1950年，格雷厄姆有20个学生，大多数学生都比巴菲特年长许多，还有些人已经在华尔街工作了。让学生们感到有趣的是，他授课时采用的是一种双向交流的形式。格雷厄姆会采用苏格拉底的授课方式，先提出一个问题，然后让大家畅所欲言。在他自己还没来得

1. 制作于公元前196年的大理石碑，上面刻有埃及国王托勒密五世的诏书，现为大英博物馆的镇馆之宝。——译者注

及开口说话时，这个来自奥马哈的20岁小伙子就会经常把手举得高高的。

格雷厄姆很少将巴菲特的回答评判为对或错，因为他不想把课堂变成一言堂。通常，他听完巴菲特的发言会说："说得挺有意思，是什么想法使你得出那个结论呢？"接着巴菲特又会继续解释一番。当年巴菲特的一个同学杰克·亚历山大回忆道：

> 巴菲特可能是班上年纪最小的学生，但无疑是最早熟的一个。他似乎知道所有问题的答案，他的手老是举在那里，总是引导大家的讨论。他总是充满热情，总是比其他人都有更多的话要说。

格雷厄姆看重的是那些股价被严重低估的股票，或是那些便宜得近乎免费的股票，他称其为"烟蒂"，就像抽过的香烟一样，也许你捡起来点上火还能再抽上几口。当年，他给学生布置的作业中，有一次就是让他们去研究价位低于5美元的股票业绩。

巴菲特还学会了如何阅读财务报表的每个细节，并发现其中的猫腻。实际上，格雷厄姆教会了他如何从上市公司公开披露的信息中得到对股价的客观评判。

格雷厄姆的教学并非止于纸上谈兵，他还教授学生如何真刀真枪地买卖股票。学生因为他的知识而获利时，他却丝毫不在意。1950年，56岁的格雷厄姆早已是百万富翁了，但他为人处世的态度与在20世纪30年代并没有任何差别。

"这些精明的华尔街学生，"当年的一个学生回忆说，"都走出去靠格雷厄姆的知识挣大钱，而他自己却不以为然。"格雷厄姆是那种满脑子想的都是学问的学者，睡觉时还会在枕边放着一个记事簿，睡醒之后可能会穿着不同颜色的鞋子去上班。巴菲特的朋友兼经纪人马歇尔·温伯格把格雷厄姆的课听了两遍，他回忆道：

他总能给你一些真正管用的点子。我以34.625美元每股的价位买进了杨斯顿钢铁公司的股票，然后在75美元到80美元之间的价位把股票抛出。我还听从他的建议买了通用汽车的股票，还有简易洗衣机公司的股票。他会说："我看这股票真便宜。"于是我当天早上就买进。真丝针织品公司的股票也是如此。学这门课赚到的钱足以把我几年的学费都给付了。

巴菲特渴望成为格雷厄姆第二。格雷厄姆与朋友合开了格雷厄姆-纽曼公司，只要是这家公司投资的股票，巴菲特都会跟着买进。他还在《名人录》上查到了他的教授，他发现格雷厄姆是政府雇员保险公司（Government Employees Insurance Company，GEICO）的董事长，政府雇员保险公司位于华盛顿。对格雷厄姆担任董事长的任何公司，巴菲特都想深入了解，因此他决定亲自去看看。恰好巴菲特的父亲在1950年再次当选众议员，于是巴菲特在1951年春天回到了华盛顿，当时他在哥伦比亚大学念第二学期。

巴菲特搭上了周六的一班火车。当年华盛顿的城区还很荒凉，不过巴菲特毫不理会，直奔政府雇员保险公司。他发现大门紧闭，便上前敲门，直到一个看门人出来应门。

"这儿除了您之外还有别人吗？"巴菲特问道。

看门人说六楼有人在工作，并答应带巴菲特去楼上。洛里默·戴维森在猛然察觉身边出现一个年轻人时吓了一跳，不过当这个学生向戴维森连珠炮一般提出一连串问题时，戴维森不禁对他刮目相看，这天两人竟然谈了4个小时之久。戴维森后来回忆道：

谈了15分钟之后，我发现坐在我对面的这个小伙子绝对是一个人才。他的问题犀利而又充满智慧。他问我，政府雇员保险公司到底是一家什么性质的公司？它主要的业务模式是什么？它的成长性如何？它的增长潜力怎样？这些都是一个优秀的证券分析师才能提出来的问题。我是公司负责财务的副总裁，他试图把我所知道的一切都刨根问底、了解透彻。

戴维森十分了解政府雇员保险公司和格雷厄姆。这家公司由利奥·古德温于1936年在得克萨斯州创立，他富有创意地想出了通过直邮的方式来销售汽车保险的点子，这样一来就节省了销售网络和代理费用。同时政府雇员保险公司的销售对象只是政府雇员，因为这一群体的申赔率比其他客户群更低。低廉的销售成本和优质的客户群体使这家公司大获成功。1947年，公司的大多数股东都想将股票变现，于是就雇用投资经纪人戴维森来出售这家公司。起初股票无人问津，他于1948年找到了格雷厄姆。格雷厄姆觉得这是一座金矿，于是格雷厄姆-纽曼投资公司马上筹集公司1/4的资产共计72万美元，买下了政府雇员保险公司一半的股份。不久以后，格雷厄姆-纽曼投资公司将它在政府雇员保险公司的股份出售给了自己的股东，于是政府雇员保险公司的股票开始公开上市交易。同时，戴维森此次的销售工作完成得非常出色，于是他决心留在政府雇员保险公司效力。

听毕介绍，巴菲特带着他对政府雇员保险公司的憧憬回到了纽约。通过研究，他发现该公司的利润率是其他保险公司的5倍，其保费收入和利润都在迅速上涨，于是便去找保险业的专家。他们都告诉巴菲特，政府雇员保险公司的股价被高估了。不过，巴菲特通过对实际情况的了解，认为事实恰恰相反。但他仍觉得专家们个个出语不凡，毕竟他们都是大腕，而他只不过是一个还在商学院念书的学生而已。

每个优秀的股市投资者都会置身于这样的交叉路口。面对一只众说纷纭的股票，掏腰包确实是件不容易的事，这也正是格雷厄姆的观点是无价之宝的原因。他总会说：“你既没有做对也没有做错，因为大家本来就与你的做法不同。”**选择一只股票靠的并不是旁人信口开河的评价，而是要靠事实说话。**巴菲特把这句话铭记在心，其中也不乏他把格雷厄姆看成偶像这一因素，在他看来，格雷厄姆就像一个“英雄”，地位和自己父亲一样崇高。

格雷厄姆在其他学生的心目中也一样受到尊崇。尽管他比较含蓄，但他关心自己的学生就像慈父一般。杰克·亚历山大也认为格雷厄姆“是一个理想的父亲”。从某种意义上来说，这种描述有些耐人寻味，因为这么形容他的人多半是他的学生而不是他的子女。

在家中，格雷厄姆和子女关系比较淡漠，他的花心使得他和子女的关系更加疏远。他抛弃了第一个妻子，找了一个年轻模特。当巴菲特遇见格雷厄姆时，他已经离过两次婚，并和自己的前任秘书埃丝特尔在一起了。有一件事很能说明格雷厄姆的风流不羁：有天早上，一个刚结婚的年轻女性来拜访他，当时他正和埃丝特尔在床上缠绵，但格雷厄姆竟然建议她一起上床来玩玩。

格雷厄姆的孩子们都觉得他难以亲近，在他失去了一个 9 岁的儿子之后更是如此。他们觉得格雷厄姆是一个有思想的学究，经常戴着帽子、拄着拐杖在中央公园里漫步，背诵诗歌。有一次，他的儿子小本杰明问了他一个高中拉丁语课上的简单问题，他却给儿子背诵了一篇古罗马著名演说家西塞罗的演讲，就好像是在给很多学生上课一样。他平日里和家人朋友聊天时往往缺乏耐心，常常会在自己举办的晚宴开到一半时就溜出去看书。

但是，如果谁有幸在 20 世纪 50 年代成为格雷厄姆的学生，那他真是遇到了伯乐。华尔街到处都是“烟蒂”型的价值低估股，一个聪明的投资商人所要做的只是运用合理的工具，开动脑筋去把它们挖掘出来。对于那些想成为优秀股票经纪人的年轻人来说，格雷厄姆和多德所在的哥伦比亚大学就像一块福地，就好比在 20 世纪想成为作家的年轻人会常去巴黎的业余爱好者咖啡厅，期待能在那里邂逅海明威，能够和大师近距离接触讨教。

巴菲特很快就和一帮格雷厄姆的拥趸走到了一起。他下课后经常和来自北卡罗来纳州的弗雷德·斯坦贝克一起回家。弗雷德跟他母亲说，只要给巴菲特“整点汉堡和百事可乐，他就会很满足了”。巴菲特和斯坦贝克一起去泽西城参加马歇尔·韦尔斯公司的股东大会，在那儿他们遇到了为格雷厄姆-纽曼公司工作的沃尔特·施洛斯，他对格雷厄姆也是顶礼膜拜的。他们一起去吃午饭，畅谈股票，直到三人都累了为止。

还有一次，在去市中心华尔街俱乐部的路上，巴菲特遇到了汤姆·纳普。自从某个晚上听了多德的一节课后，汤姆·纳普就从化学系转系来研究股票了。巴菲特也和威廉·瑞恩成了好友，瑞恩是来自哈佛商学院的一个十分真诚的研究生，经常来哥伦比亚大学旁听格雷厄姆的课。这几个学生因为对格雷厄姆的崇拜而走到了一起。巴菲特后来观察发现，有些人很快就会喜欢上格雷厄姆；有些人则对他一点儿都不感冒，对于这些性格的人而言，怎么苦口婆心地规劝都没用。巴菲特的新伙伴属于马上就对格雷厄姆着迷的那种类型。他们发现，格雷厄姆的投资策略简单说就是用50美分来买价值1美元的证券。尽管这种策略非常简单，却非常管用。相比而言，华尔街的大多数投资者的所作所为，事实上无非是赌运气罢了。他们形成了一个小团体，而且逐渐以巴菲特为中心，因为他们觉得巴菲特聪明伶俐、招人喜欢，另外他们心里都明白巴菲特在股票投资上比他们更有心得。汤姆·纳普对他的第一印象是：“对纽约证券交易所的每家上市公司的资产负债表，巴菲特几乎都如数家珍。”

奇怪的是，在1951年巴菲特毕业时，格雷厄姆和霍华德都劝他不要去炒股。两人似乎在经历了大萧条之后依然心有余悸。格雷厄姆指出，除了当年以外，道琼斯指数每年都会在某个时候跌到200点以下。格雷厄姆建议他推迟到第二次大萧条过后再进入股市，同时可以在类似于宝洁公司的地方找份安稳的工作。

在巴菲特看来，这个建议可不怎么样，与格雷厄姆原先说过的不要试图预测股市的信条也不吻合。事实上，道琼斯指数再也没跌到200点以下。“我当年有1万美元，”巴菲特后来回忆说，“如果我听从了他们的建议，我可能到现在身上仍然只有1万美元。”

巴菲特绝对不是那种坐待时机溜走的人。得到格雷厄姆在哥伦比亚大学执教22年以来唯一给过的A+成绩之后，巴菲特提出了一个让他的导师似乎无法拒绝的要求：无偿地为格雷厄姆–纽曼公司工作。

不过格雷厄姆竟然拒绝了这一请求，因为当年犹太人还被华尔街的公司拒之门外，格雷厄姆更想把一些机会留给犹太人。[1]没人知道巴菲特是在当时还是事后才知道格雷厄姆拒绝他的原因，不过他吃了闭门羹之后，受到的打击很大。他的一个朋友说这对他而言“是一种耐受力的考验”。

巴菲特没有想过去华尔街别的公司找工作，他不愿意为他不认识的人工作。这一次，他又回到了家乡。奥马哈国民银行想要给他提供一份工作，但巴菲特拒绝了，他倒乐意去他父亲开办的巴菲特–福尔克证券经纪公司工作，他对那里的环境比较熟悉。他父亲的一个朋友问他：“你是去巴菲特父子公司工作吗？”

“不是，”巴菲特俏皮地回答说，“是去巴菲特及父亲公司工作。”

在奥马哈，巴菲特开始追求苏珊·汤普森。她是奥马哈一位牧师

1. 在后来的公开场合中，巴菲特半开玩笑半当真地替格雷厄姆圆场，他说自己毛遂自荐后，“格雷厄姆习惯性地算了一下我的性价比，然后拒绝了我”。

兼心理学教授的女儿。苏珊家和巴菲特家是世交，苏珊的父亲曾担任过霍华德的竞选经理。苏珊在西北大学念书时还和巴菲特的妹妹罗伯塔同屋。

苏珊笑脸盈盈，长着圆圆的下巴，乌黑的卷发垂在颈旁，颇有几分贝蒂宝贝的长相。她活泼开朗，第一眼看上去，给许多人的印象是一个漂亮但并不聪明的女人。

事实与此相反。小时候苏珊体弱多病，曾受过耳痛的折磨，经常要接受穿耳治疗。她还因风湿热长期卧床不起。威廉和多萝西·汤普森夫妇努力想通过关心、呵护和无微不至的照顾来弥补她的不幸。

苏珊长大后经常说自己是在家人的关怀中长大的。战胜病魔之后，她体会到了一种自由的幸福。她感受到的不仅仅是健康，还有从痛苦中彻底摆脱出来的解脱感。她说："能够不受疼痛的折磨真是太好了，我在很小的时候就明白了这一点。"

成年后的苏珊似乎拥有比巴菲特丰富得多的感情阅历。她对人际交往感兴趣，应该说是非常感兴趣。天生富有同情心的她，总能平心静气地让别人聊出心里话，尤其是感情方面的心声。

费丝·斯图尔特·戈登是她女生联谊会的一个姐妹，后来在纽约开了一家俄式茶餐厅。她是这样评价苏珊的：

> 苏珊总有比一般人更加深刻的一面。我们一起修了同一门哲学课，后来她就送了我这本关于佛教禅宗的书。不管做什么事情，她都力图超越平庸，研究更深刻的问题。她会凝视着我的双眼说："你好吗？"她的意思是："你的生活过得怎样？你的精神状态还好吗？"

苏珊对死亡有一种特别的迷恋，这一直是困扰巴菲特的心结。卧病不起的某个时刻，苏珊对死亡的恐惧就已经消失，她现在很喜欢和那些濒临死亡的人相处，也喜欢去宽慰别人，减轻他们心中的恐惧。巴菲特对死亡总是考虑得很理性，希望离死亡这个话题越远越好；而苏珊则从精神层面来看待死亡这一问题，并且希望能够参悟生死的真谛。

1951 年夏天，巴菲特对苏珊一见钟情，但苏珊对他毫无感觉。巴菲特的那些脑筋急转弯让她感觉烦透了。每当巴菲特来家拜访，她都恨不得马上从后门溜走。巴菲特说他将会变得很富有，这些话在苏珊听来根本没有任何意义。此外，苏珊回忆说，她当时"正疯狂地爱着另一个男孩"。于是，他转而去向苏珊的父亲示好。苏珊回忆说：

> 沃伦每天晚上都到我父母家弹奏夏威夷四弦琴。我父亲从 20 岁起就弹奏曼陀林，因此他特别高兴有人一起来合奏。于是沃伦每晚都来我们家弹琴，而我却和另外一个男孩出去约会。

"那个男孩"叫米尔顿·布朗，是联合太平洋公司一名邮件搬运工的儿子。他在高中时就开始和苏珊约会了，也和苏珊一样去了西北大学读书。苏珊的父母反对她和犹太人约会，而且从不准她邀请布朗来家里玩。穷困潦倒的布朗在苏珊参加的女生联谊会里也不受欢迎。对于努力想摆脱多年来的重重呵护和白人上流社会生活的苏珊而言，颇有男子汉气概的布朗很有吸引力。不过，最终苏珊还是向父亲屈服了。和布朗分手之后，她匆忙地离开了西北大学。

与此同时，精明的巴菲特一直在关注事态发展。他告诉苏珊的父亲，他是父女两人之间完美的折中人选，"自己既有犹太人的气质，能招苏珊的喜欢，又来自基督教家庭，可以博得汤普森先生的欢心"。他所说的自己具有犹太人的气质，意思是说他也能唤醒苏珊身上的"母性"。苏珊的姐姐多萝西回忆道：

> 我父亲马上就喜欢上了他。每次我们家吃过晚饭后，他就会来我

们家。苏珊会去洗碗，而他就坐在凳子上，拿着一把夏威夷四弦琴或是一把小吉他，边弹边唱。沃伦天生有一副好嗓子。

这位长着一头乌黑头发的牧师性格倔强，总是劝苏珊应该和巴菲特约会。苏珊对父亲很尊敬，也很相信他的判断。

最后，她终于开始和巴菲特约会了。她喜欢巴菲特的幽默风趣，他们之间的交往演变成了一段浪漫的爱情。“他们两人坠入爱河，疯狂地迷恋着对方，”巴菲特的姑妈凯蒂说，“他们会坐在对方的大腿上接吻，完全不顾忌旁人。”

正如巴菲特所说的那样，他对苏珊而言的确有“犹太人的气质”。他童年所受的创伤是很多人所不知晓的，比如他那脾气乖戾的母亲和他被迫搬到华盛顿的经历，这些伤口都等待苏珊来抚平。而在巴菲特所接触的朋友中，从来没有人能像苏珊那般善解人意。回忆往事，巴菲特坦言在遇到苏珊之前，他的内心一直很孤独。

1952年4月的第三个周六，蒙着透明面纱，穿着一袭缀有蕾丝花边的长裙，苏珊嫁给了巴菲特。他们驱车去加利福尼亚度蜜月。途中经过奥马哈城，两人在城外的威格沃姆咖啡厅停了下来，共同享用了他们婚后的第一顿美餐。曾经有这样一段对他们旅途的描述（这也许是捏造的）：在婚后的第一个周日，巴菲特注意到在一家公司总部外面孤零零地停着一辆凯迪拉克车。他停下车，大摇大摆地走进去，问了那家公司的总裁一大堆问题，相谈甚欢。他那19岁的新娘则坐在自家的车里等他，沉思着嫁给沃伦·巴菲特是不是真的。

这对新人最初租的是月租65美元的三居室公寓。想到巴菲特曾信誓旦旦地说要成为富翁，住在这样的环境里让苏珊觉得有点儿不可思议。这间公寓破旧不堪，晚上甚至有老鼠爬到他们的鞋子里去。巴菲特在用钱方面很抠，第一个女儿出生之后（和母亲一样，也叫苏珊），他们竟然把家中梳妆台的抽屉给女儿铺成了婴儿床。

在巴菲特–福尔克公司，巴菲特并不是人们通常见到的那种股票推销员。他销售的第一只股票就是一笔不好做的买卖，这就是鲜为人知的政府雇员保险公司股票。但那时候的巴菲特已经克服了自我怀疑的心态，他把几乎是自己所有积蓄的10 000美元都投了进去，然后把这些股票推销给奥马哈城里那些半信半疑的客户（他的姑妈艾丽斯先支援他买了100股）。结果，这只股票在第二年就大涨了50%。

这个年轻的股票经纪人最与众不同之处在于他对知识与研究的渴求。为了查找股票买卖的线索，他不知疲倦地一页一页地翻阅厚重的《穆迪手册》，那种热情就像一个小孩捧着漫画书一样。用这种方式，他发现了一些投资洼地——那些无人问津的廉价“烟蒂”型股票。巴菲特觉得买进这些股票后用不了多久，他就能以3倍的价格在市场上出售，这消息简直好得让人难以置信。巴菲特在心里盘算：如果优质股票如此便宜，那么肯定会有人买进它们。不过，慢慢地他才恍然大悟，原来这个人就是他自己，没有人能告诉你哪只股票实在是太便宜了，你必须靠自己来判断和操作。

但是巴菲特选错了职业，这些耗时费力的研究对一个经纪人而言只是徒劳，不论他自己做出的判断有多棒或多差，他所能做的不过是站在那里挣着微薄的佣金收入。

很多投资者都认为巴菲特只是一个新手罢了。客户通常会试探性地先听听巴菲特的看法，然后又去找从业年限更长的经纪人，最后也不会从巴菲特手里买股票。巴菲特在奥马哈城的一个朋友莫内恩说：“这可把巴菲特给气坏了。”

不过，巴菲特确实懂得如何为自己争取主动。他对自己的高尔夫球教练罗伯特·德怀尔说：“如果让他们知道你能帮他们节省一些税金，他们自然会主动找上门来了。”[1]

但他不喜欢劝说别人去投资，尤其是当他意识到自己的利益（取得佣金）和他们的利益不是一回事儿的时候。这让他感觉双方似乎处于一种对立的关系之中，甚至会有一点儿冲突的火药味，这让他觉得非常不自在。

与此同时，巴菲特买下了一家德士古加油站，还投资房地产，但是这些创业经历都没有取得良好的收效。他还为格雷厄姆做了一些研究项目，向他推荐了几只股票。他所做的无非是想趁格雷厄姆还在世的时候能为他打工。

巴菲特在巴菲特—福尔克公司取得的最大进展并不是在投资上，而是去听了戴尔·卡内基的公众演讲艺术课。尽管巴菲特上课时心情紧张，但他还是想方设法克服这种恐惧心理。

这一动机就有些耐人寻味了。为什么一个21岁的股票经纪人想去学习公众演讲技能？如果巴菲特只有成为一个投资家的野心，那么他不会预见到自己也许需要在大庭广众下谈吐自如，更不用说他会预见有一天他将发表生动的即席讲话，而且能讲得如此富有吸引力，如此简洁，如此恰到好处，以至于他的听众笃信他一定有事先拟好的稿子。但是除了成为一个选股高手以外，还有什么渴望促使他去做这样的尝试呢？

上完卡内基的演讲课以后，巴菲特通过晚间在奥马哈大学讲授“投资学原理”课程来使这项技能臻于完善。学生们都是30~40岁的成年人，他们中许多人都是医生。当这位瘦削的、穿着开领衫的21岁年轻老师走进教室的时候，这些医生们不禁发出一阵不屑的窃笑。

1. 巴菲特不是在吹牛，在离开沃顿商学院之后，巴菲特曾和华盛顿一个朋友的父亲、共和党人杰斯·肯贝尔共进午餐。这位众议员称赞巴菲特“比全美国任何一个律师都更懂税法”。

巴菲特马上就谈到了格雷厄姆。“他才说了5分钟，你就已经对他佩服得五体投地了，”一位名叫利兰·奥尔森的产科医生说，“他并不是在自卖自夸，而且他讲课时很放松。”

这门课巴菲特教了好几个学期，他采用《聪明的投资者》一书来做教材。但他时不时地会用几个生活化的例子或是几句名人名言来活跃一下课堂气氛。他往往表述简洁，而且将语速把握得恰到好处。

> 让我告诉你们在华尔街致富的秘诀吧。（停顿，把门关上。）当别人恐惧时，你要变得贪婪；当别人贪婪时，你要有几分恐惧。

巴菲特讲课时喜欢站在讲台上，十分别扭地弯着右胳膊，肘部抵着胯部，右手托着下巴，好像拿着听筒打电话一样。之后，他会用左手抓住右肘，像生怕右肘会从胯部滑落一样。他的目光总是注视着学生的头顶上方，好像害怕和学生有目光交流。

尽管他讲课的姿势很难看，但他在说话时总是情绪饱满，学生们个个都听得聚精会神。伊丽莎白·扎恩是一位西班牙语教师，她同自己在IBM公司担任销售员的丈夫于1953年一起入学来听巴菲特的课。巴菲特的举止让她印象颇深，以至于她还对巴菲特的每个姿势都进行了细致入微的描绘。更让伊丽莎白·扎恩困惑不解的是，巴菲特虽然表面上看起来有些心不在焉，但他对自己所说的每一句话都非常投入。尽管他讲课时的姿势很随意，但你会发现他说的话一点儿都不随意。“即便他看起来有些心不在焉，但他还是给我留下了难以磨灭的印象。”伊丽莎白·扎恩回忆道。

当巴菲特陷入沉思时，他会在房间里来回踱步，略带害羞地低着头，让人担心他走到墙根儿转身的时候会不小心撞到墙上。他在深思的时候，没有任何东西能够让他分神。不过，在讲课的时候，巴菲特会自然地从一个要点过渡到下一个要点，然后再继续往下延伸，就好像他的脑子里刻着一张完整的讲课提纲。

与格雷厄姆不同的是，巴菲特不会指导学生买卖股票，学生们只能间接地得到一些启示。他们会装出一副若无其事的样子，向他打探某家上市公司的情报，巴菲特则会一笑了之，顺势把他们打发了。

伊丽莎白·扎恩甚至还曾在他面前大声地朗读过一首悲情的打油诗：

亲爱的商业奇才顾问，
你可知道我们为何哭泣，
为什么呀，
你为什么不告诉我们，自己到底买了什么股票？

巴菲特听到这首打油诗时笑了，但还是没有透露任何信息。事实上，这个年轻的股票经纪人建议学生不要轻信股票经纪人的话，他说他们不值得信赖。只要一提起和学生共享信息，巴菲特就会感到神经紧张，他认为这些消息很有可能被任何一方滥用。他认为大多数小道消息都没有什么价值，这也正是股票经纪人会把这些消息四处传播的原因。他认为自己的那些好观点是非常私密的。他视它们为自己的创造，甚至还带有一点儿神圣感。

1952年，霍华德从众议院卸任退休。他认为自己的儿子是一个诚实的股票经纪人，对他赞赏有加。据他的一个同事赫伯特·戴维斯说："早在沃伦·巴菲特成名之前，霍华德就以他为豪。他总是把沃伦挂在嘴边，言语中透出深厚的父爱。"同样，巴菲特对父亲也非常忠实。

1954年，由于参议员休·巴特勒去世，内布拉斯加州空出一个参议员的席位。霍华德非常希望能接任休·巴特勒的席位，他在提名时也遥遥领先，不过共和党的温和派却暗中作梗。问题最终交由共和党的内布拉斯加州中央委员会裁决，于是委员们在林肯镇的共和党老巢科恩赫思卡饭店召开了一次气氛阴森诡异的会议。

据巴菲特的姐姐多丽丝说，巴菲特曾秘密跑到科恩赫思卡饭店去支持父亲，结果却在无意中听到父亲被一名温和派共和党人罗曼·赫鲁什卡击败的不幸消息。据多丽丝回忆："巴菲特跑到那儿去想给父亲助威，结果却在饭店的咖啡厅里听到这个不幸消息。回来之后他对我说：'爸爸被残忍地拉下了马。'"

但据巴菲特的其他朋友回忆，他当时并没有和他们提及这件事。父亲被打垮了，他的沮丧丝毫不亚于父亲，不过他和父亲一样都选择了把悲伤埋在心里。而当霍华德的梦想粉碎之时，巴菲特却梦想成真了。格雷厄姆打电话来，说巴菲特为他工作已经不存在什么障碍了，他给了巴菲特一个工作机会。巴菲特连薪水是多少都没有问一句（后来发现年薪高达 12 000 美元），就急匆匆地搭上了下一班飞机。

巴菲特来到华尔街时，正值股市的低迷时期。老一代股民都害怕会出现下一次经济大萧条，而新一代股市投资人才尚未崛起。当时哈佛商学院只有 2.9% 的毕业生到华尔街工作，年轻人觉得在华尔街工作没有诱惑力。从外表上看，这里的建筑就像高耸的怪异堡垒，让人感到压抑，黑色的豪华轿车死气沉沉地停在外面，等候着疲惫不堪的主人出现。而大楼内部完全是一个男性主导的、陈旧的、不随技术因时而变的社会。在美林证券公司，客户下的单都写在一张张小纸片上，然后放在传送带上，它们就"朝着各自的使命愉快地一路蹦跳而去"。

美国确实变得日渐繁荣，道琼斯指数也达到了 380 点的高位，但是大家仍然时刻不忘"投资需谨慎"的忠告。历史上股票行情上一次达到这样的高位是在 1929 年。对于像格雷厄姆这样曾经在股市被套牢的人而言，根本不用提醒，他们就会对当年的痛苦经历心惊胆战。他对所谓的"新一轮投机浪潮"感到担心，手头还一直留着从 1914

年以来的《穆迪手册》，仿佛最近发生的一切都让他忧心忡忡。

格雷厄姆–纽曼公司位于42街上的查宁大楼。走进公司你就会发现，在一个大玻璃罩下放着一台股票行情机，不停地发出滴答声。公司共有六七名职员，巴菲特也成了其中一员。他起初和沃尔特·施洛斯共用一间办公室，后来又和汤姆·纳普共处一室。巴菲特和其他人一样，穿着灰色夹克，花很多时间在《标准普尔股票指南》上寻找适合投资的公司。据汤姆·纳普回忆：

> 巴菲特从最开始起就自信满满。我以为他的父亲可能答应给他一些钱，或是借给他一些钱。但他说没有，他试图白手起家。他也希望自己挣的每一美分都是干干净净的。有好几次，我对他说："不错！沃伦，这项不用上报交税！"他却跟我说："我已经把它算进去了。"

格雷厄姆–纽曼是一家共同基金公司，也有一些自己的选股技巧。格雷厄姆热衷于猎取那些股价比每股净运营资本低1/3以上的股票，换言之，就是那些相当便宜的股票。当巴菲特或他的同事发现此类股票时，他们就会赶紧告诉格雷厄姆（大家会想方设法地躲开公司的另一个合伙人杰里·纽曼，因为格雷厄姆深受大家喜爱，而杰里·纽曼则为大家所鄙视），格雷厄姆当场就会拍板决定是否买进这些股票。他买不买股票和你能不能说服他是两码事。对格雷厄姆而言，一只股票只存在两种可能性，要么符合他的买入标准，要么就不符合他的标准，他做判断靠的是具体有形的数字。

巴菲特的麻烦在于，他找到可买的股票总比他认为可以抛售的股票要多。他总是仔细地研读《标准普尔股票指南》，对他而言，这就像是《赚到1 000美元的1 000招》的成人版，他似乎急切地想要成为格雷厄姆第二。

有一次，一个费城的股票经纪人向他推荐一只名不见经传的保险股票，每股股价为 15 美元。因为公司没有提供公开的资料，因此别人没有办法对它进行估价。但是巴菲特锲而不舍地找到了位于哈里斯堡的州保险办公室，搜集到了一些数据。他眼前的这些数字告诉他，这只股票的股价被大大低估了，于是巴菲特就用自己的钱买进了该股票，没过多久，股票价格就飞涨到每股 70 美元。

巴菲特还发现位于马萨诸塞的新贝德福德联合铁路公司的股票只以每股 45 美元的低价位在交易，而这家公司光是现金流分摊到每股都有 120 美元。巴菲特不敢相信自己有这么好的运气，但这一次连格雷厄姆都没下决心买入，巴菲特再次自己买进了一笔。

巴菲特在头一年工作时就一鸣惊人。1954 年，一家位于纽约布鲁克林、名叫罗克伍德的巧克力生产公司宣布用可可豆回购部分股票，它有大量的可可豆库存。巴菲特推断，如果用可可豆换股票，并在市场上把价格日益飙升的可可豆售出，他就可以赚取巨额利润。之后他自己是这样描述的：

> 好几周以来，我一直在忙着买股票、卖咖啡豆，然后时不时来到施罗德信托公司待上片刻，把股票凭证换成存货凭证。其利润相当丰厚，而我唯一的开销就是地铁费。

这种交易充分利用了不同市场的价格差异，大家称之为“套利”。虽然格雷厄姆-纽曼公司的人都把重视套利挂在嘴边，但是在具体操作方面，巴菲特绝对是独领风骚的。

实际上，巴菲特做什么都比别人领先一步。格雷厄姆有个令别人刮目相看的特点，即他能够快速地浏览报纸上一栏栏的数字，然后从中挑出一个错误。比起格雷厄姆，巴菲特在这方面的能力是有过之而无不及的。

这时，巴菲特和苏珊在郊外的怀特平原区租下了一套花园公寓。就像在奥马哈城一样，巴菲特的每一分钱都是掰成两半花的。他们搬去不久，苏珊生下一个儿子，夫妇俩给他取名为霍华德·格雷厄姆·巴菲特。尽管巴菲特当时已经相当富裕了，但他还是没有掏钱给孩子买床，而是给他借来一张婴儿床。

在华尔街的年轻夫妇圈子中，巴菲特和苏珊各自由于不同的原因显得格外引人注目。罗克珊·勃兰特的丈夫亨利·勃兰特也是个股票经纪人，她回忆道：

> 他们和我们认识的其他年轻人不一样，他们更单纯、更容易交朋友，至少从表面上看是如此。苏珊对我为何没孩子很感兴趣，还特别鼓励我勇敢讲出自己的想法。

与 20 世纪 50 年代美国白领呆板沉闷的风格相比，巴菲特和苏珊显得更加洒脱自在。当小霍华德刚开始会爬时，他们家里给人一种到处都是孩子和玩具的感觉。和曼哈顿其他人家的晚餐会不同，巴菲特家不会把孩子们“锁”起来，而是让他们成为聚会的一部分。

亨利·勃兰特是从哈佛商学院毕业的优等生，他对巴菲特很是着迷，因为巴菲特对股票比任何人都要懂得多，而且总能把其中的奥秘解释得通俗易懂。当勃兰特家邀请巴菲特全家和其他朋友一起聚会的时候，大家都会如饥似渴地围坐在巴菲特身边，其阵势就像某种宗教仪式一般。饭后，男人们会聚到一间小屋里，巴菲特则舒服地坐在一张带扶手的靠椅里，那些比巴菲特还要年长的人都坐在地板上听他说话。巴菲特神态自若、天南地北地解释人间万象，就和他当年在大学聚会时的情景一样。勃兰特的妻子称他们就好像“耶稣和信徒”在一起。

格雷厄姆把巴菲特当作他最钟爱的门徒，而且承认他俩之间的确有相似之处。一天，他们去办公室附近的一家熟食店吃午餐，格雷厄姆说："沃伦，金钱对于你我而言都没什么差别，我们都是一样的，我们的太太都会生活得更好。"

格雷厄姆是个为人很周到的老板，当巴菲特的儿子出世时，他送给巴菲特一台摄像机和一台投影机，这对于一个仅仅工作了几个月的雇员而言，可谓是十分丰厚的礼物了。格雷厄姆自己过生日时，都会向雇员们分发礼物，因为他觉得自己能活在这个世上就已经很幸运了。

尽管如此，巴菲特和格雷厄姆的关系并没有他原先想的那般亲密无间。按照巴菲特自己的说法，格雷厄姆"总是令人感到和他有一层隔膜。人人都喜欢他，人人都尊敬他，也喜欢和他共处，但没有人能真正走进他的内心世界……"其实，这样的评价也适用于巴菲特自己。

不过，巴菲特在格雷厄姆-纽曼公司遭遇了一些挫折。公司的基金规模只有 500 万美元，这无法给巴菲特提供很多大手笔买卖的空间。公司的合伙人还经营着一个私募基金——纽曼-格雷厄姆基金，但是这两项业务的总资产加起来也只有 1 200 万美元，即便在当时这个数字也不算大。加之格雷厄姆对股市运作非常谨慎，他又让合伙人抽走了一部分资金。

简而言之，巴菲特的手脚受到了束缚。有一次，他对自己的高尔夫球教练罗伯特·德怀尔说他学到了许多东西，但同时也提到格雷厄姆"口袋里揣着 400 万美元，却在坐等该什么时候入市"，这与巴菲特想象中开创事业的做法大相径庭。

有意思的是，人们对格雷厄姆-纽曼公司的股票需求量如此之大，以至于股票以高于公司各项投资组合价值 200 美元的溢价进行交易，每股股票卖到了 1 200 美元（很多人只买了 1 股股票，目的是了解公司的投资组合情况）。如果格雷厄姆有雄心壮志，他早就可以成为业界巨头了。不过，格雷厄姆告诉自己第一要务并非挣钱，而是避免任何损失。正是因为他的消极保守态度，他不再对公司的业绩进行任何客观冷静的分析，而是热衷于自己的数学法则。格雷厄姆的一个助手欧文·卡恩回忆说，如果有谁想要劝说格雷厄姆买入某家公司的股票，“他就会不屑地瞟向窗外，并流露出厌烦的神色”。

欧文·卡恩说，巴菲特和格雷厄姆“为此争执不休”。考虑到他们俩温和的脾气，这种说法显得有些夸大其词，不过他们之间确实存在着分歧。巴菲特喜欢让一家企业变得蒸蒸日上，他也愿意为此付出巨大的努力。但是，格雷厄姆对公司管理层往往持不信任的态度，因此并不赞成巴菲特去公司实地走访。不过，格雷厄姆这种教条式的做法使他吃了大亏。

沃尔特·施洛斯曾经劝说格雷厄姆买进哈洛德公司的股份，这是一家拥有静电印刷技术专利的生产照相纸的公司。当时的股价是 21 美元，而根据哈洛德公司营运业务计算，每股股价应为 17 美元。沃尔特·施洛斯指出可以在静电复印机上获利 4 美元，但是格雷厄姆已经对任何大胆的投机都不感兴趣了。他的回答是：“沃尔特，这只股票价格还蛮高的。”

股市的牛市格局一直延续，但是格雷厄姆却变得越发保守。到了 1955 年，道琼斯指数突破 420 点，比 1929 年的最高点还要高出 10% 之多。其实并不需要什么特别的理由来解释这种现象，20 多年转瞬即逝，股指走高是再正常不过的事情。但是，老一辈人经常心有余悸地想起 1929 年的光景。美国国会对牛市格局的延续也缺乏信心，举行了一次听证会。当年 3 月，经济学家约翰·肯尼思·加尔布雷斯来到参议院银行委员会发言，他认为 1929 年的大萧条即将再次降临，还推出了自己的作品《1927 年大崩盘》。这本书震惊了市场，造成了股市当日的雪崩。难道股市下一次崩盘就要到来了吗？

其实这一点无人知晓，但是听证会的真正意图和它所标榜的并不相同，因为政治家心中重燃了窥探华尔街运作规律的渴望。从J·P·摩根时代开始，每一代金融巨头都被召集到华盛顿进行磋商。当格雷厄姆出现时，参议院银行委员会主席J·威廉·富布莱特十分清楚，站在他面前的这个人是当下最出色的股票专家。富布莱特十分渴望掌握格雷厄姆交易方法的方方面面。很多时候，他问话的语气就像随时准备打电话给自己的股票经纪人一样。

主席：格雷厄姆先生，请您结合自己公司的情况……谈谈您如何判断某只股票的价格是否被低估。

格雷厄姆会耐心地对这位参议员讲解一番。有时候，当格雷厄姆表达了对股票期权的怀疑态度时，富布莱特就会极力地迎合他。

最后，富布莱特终于谈到了核心问题。

主席：最后一个问题。当您发现了某只股票，我们打个比方，您可以用每股10美元买下这只股票，而您觉得它值每股30美元，于是就建仓买进。但只有当其他人也认为它确实值每股30美元时，您才能获得每股20美元的利润。这个过程是如何产生的，是通过宣传呢，还是通过其他手段？

主席：是什么原因使得一只便宜的股票价格抬升呢？

格雷厄姆：这正是我们行业的一个神秘之处。它对于任何人来说都同样神奇。但是，经验告诉我们，最终市场会使得这类股票达到这个价值。

虽然格雷厄姆的回答省略了很多内容，但这正是巴菲特今后执业的基础。股票会回归自身的价值，因此，一个坚信自己判断的投资者需要有耐心。

不过，格雷厄姆对股票已经不再感兴趣了。在听证会过后一年，也就是1956年，他从公司退出，来到了贝弗利山，在加利福尼亚大学洛杉矶分校教书。他选择了撰写金融著作、滑雪、读经典书籍的安逸生活，身边还有妻子以及一位法国情妇相陪。他把自己的很多钱都捐给了慈善事业，他认为去世时名下有多于100万美元财产的人都是傻瓜。

此时格雷厄姆-纽曼公司的业绩即便不是出类拔萃，也应该是十分不错的。1936—1956年这21年间，它的年均收益率保持在17%，超过了同期标准普尔指数年均14%的增长水平。而且格雷厄姆-纽曼公司的这一统计数字还没有包括它最成功的投资项目——政府雇员保险公司的股份，它的股份已经分配给格雷厄姆-纽曼公司的股东了。所有到1956年一直持有政府雇员保险公司股票的人都获得了比标准普尔500指数高出一倍的收益。

巴菲特自己一直在暗中做投资，他的投资回报比公司要高出许多。自从1950年离开大学校园以来，巴菲特的个人资产已由9 800美元猛增到14万美元。挖到第一桶金之后，他又想回家乡奥马哈了。对于他而言，站在纽约城铁的站台上，四周挤满了人来人往的通勤者，他知道这并不是他向往的生活。

1956年春天，他和苏珊在昂德伍德大街租下了一所房子，离巴菲特家的杂货店只相隔两个街区。这次巴菲特再也没有受雇于人的想法了。当年5月1日，其实就是他刚到奥马哈的那天，他把一帮家人和朋友聚集在一起，有姐姐多丽丝和她的丈夫、姑妈艾丽斯、岳父汤普森、从前的室友查尔斯·彼得森、他的母亲以及他的律师唐·莫内恩，共7人。他们总共筹集了105 000美元，巴菲特作为普通合伙人，投入了100美元。虽然这是个很小的数目，但他不再为父亲或本杰明·格雷厄姆打工挣钱了，而是为他自己的合伙公司——巴菲特联合有限公司出谋划策了。

当时，格雷厄姆-纽曼公司的一位投资者，物理学家霍默·道奇向格雷厄姆提出了一个人们非常关心的问题："谁将继承您的衣钵？"格雷厄姆提到了沃伦·巴菲特。当霍默·道奇驱车去西部度假时，他在奥马哈做了短暂的停留。他和巴菲特只是简短地谈了几句，就答应给巴菲特的公司注资12万美元。

巴菲特这时有3个小型的合伙公司，他就坐在自己的卧室里运筹帷幄，他预见到自己的家庭合伙公司会日益壮大。当年8月，他回到纽约，最后一次参加格雷厄姆-纽曼公司的股东大会。他对格雷厄姆的另一个学生爱德华·安德森提到，他正考虑沿袭格雷厄姆的模式建立一个合伙制公司，要求最低的入伙门槛为5万美元。然而谁又能判断他能否继承格雷厄姆的衣钵呢？当股东大会正式投票决定格雷厄姆-纽曼公司解散的时候，一位名叫卢·格林的投资者却颇具讽刺意味地赞美了巴菲特一番。格林也是曼哈顿一家证券经纪公司的负责人，他宣称格雷厄姆犯了"一个严重的错误"——没有培养出英明的接班人。格林已经把话讲到这个份儿上了，就继续说道："格雷厄姆-纽曼之所以经营不下去，是因为公司运营几乎全靠这个小伙子，他就是沃伦·巴菲特。谁想继续跟着巴菲特干呢？"

第 4 章

异军突起的投资奇才

不管你相信与否，一系列市场决策叠加在一起，就能反映出一个人的性格。

——亚当·斯密，《金钱游戏》（*The Money Game*）

当合伙公司建立并开始运作之后，巴菲特的内心却被一种看似古怪的忧虑笼罩。他在给杰里·奥兰斯的信中提到，他害怕自己的企业最后变得过于庞大，手里过多的财富可能会让自己的孩子娇生惯养，变成纨绔子弟。他甚至找不到“一种符合逻辑的方法来处理这些金钱”。

> 目前这还不成问题，但是如果公司经营越来越红火，这种担心可能就会变成现实，我想了半天也没有得出什么结果。我敢肯定自己不想给孩子们留下一大堆钱，除非等我岁数再大点儿，看看这些孩子是否已经成才再做决定。不过，要留给他们多少钱，剩下的钱该怎么处理，这种问题真是让我大伤脑筋。

当时巴菲特年仅26岁，他的积蓄并不算丰厚，收入也还不稳定。要是其他人在成为百万富翁之前就对处置未来的财富忧心忡忡的话，一定会招致别人的讥笑。但对于巴菲特，这可不是虚张声势。正如别人所能预见到的一样，他相信自己一定会变得富有。他知道自己不仅会在事业上取得成功，而且会因过于富有而感到头痛。他所担心的是该怎样“花钱”。确实，以前他也曾经有过怎样花钱的忧虑，而非如何挣到钱的忧虑。

在巴菲特的事业还没有如日中天的时候，他身上这种令人敬畏的自信心正是激励他锐意进取的动力。1957年，巴菲特只是为几个亲戚朋友打理区区30万美元。如果他不甘心只在奥马哈当一个平庸的股票经纪人，他就需要有大量的资本来施展拳脚。而如果巴菲特想要筹集到大量的资金，除了向朋友彰显自己一往无前的信心之外，还有什么能帮他吸引到更多的投资者呢？

巴菲特之前没有独立经营公司的辉煌业绩，没有任何显著的成果来博得别人的信任。而他所追寻的不仅仅是能自由运作客户的资金，他还想绝对地控制它。他在选股上的任何决策都不需要和别人商量，他不想要巴菲特-福尔克公司那些谨小慎微的客户，也不想要格雷厄姆-纽曼公司那种疑心重重的上司。

到目前为止，巴菲特已对所有的股票和债券如数家珍。他逐字逐句地认真研读过每个行业的每家公司的财务报告和《穆迪手册》。日复一日，他在心中对“华尔街”形成了一个完整的理解框架，他在看每只股票时就像能够辨认出地平线上的每一座山峰一样。他相信在分析股票方面，没有人能出其右。

在写给奥兰斯的信中，他会对那些业绩最好的共同基金提出批评，对国库券提出一大堆建议，还会用几大段话毫不客气地抨击那些关于投资或收入的所谓的“传统”箴言。他的信都围绕着一个目标，即批评现状，而且毫不留情。当奥兰斯写信向他讨教共同基金的建议时，巴菲特笔触轻松地回信说：

> 你在信中提及的那些目标没有任何意义，都是那些出资人的一派胡言。其实每个人的目标都是相同的，那就是用最小的风险获得最大的收益。

倘若连巴菲特内心的自信和对外部世界清晰的理解都得不到公众信任，那么他还有什么能博得他人信任呢？若不是因为他性格中有那些极富个性的因素，他又怎么会在事业上一展身手？

1957年夏天，巴菲特接到了一个叫埃德温·戴维斯的人打来的电话，他是奥马哈一位著名的泌尿科医生。他俩之前从未谋面，但戴维斯的一个病人，一位名叫阿瑟·威森伯格的纽约投资顾问认识巴菲特。威森伯格听说巴菲特正在募集资金，于是建议戴维斯给巴菲特打电话。尽管戴维斯对于把钱交给这样一个毫无经验的新手有些不放心，但他还是决定见巴菲特一面。在约好见面的那个周日，他让全家人一起对这个年轻人做一番评价。巴菲特给人留下的第一印象就非常深刻。

> 门铃响了，走进来一个小伙子。天哪！他看上去只有18岁，留着寸头，就像一个未谙世事的小毛孩。他的领口敞着，外套显得过于肥大，每个人都注意到了这些细节。而且，他讲话的语速还非常快。

这对于巴菲特而言是相当重要的一个时刻。戴维斯医生不仅能够给他资金支持，更重要的是还能给他一种肯定。如果他能和戴维斯家签约，那他就跨越了一个只能为父亲和艾丽斯姑妈进行投资的家庭理财人的身份，从此就可以跨入职业投资者的行列了。

但是，巴菲特并没有营造出一种戴维斯家想要的气氛。他的某些说法是想故意引起戴维斯的注意。他告诉他们，他不会透露资金的投资流向。他每年只会给他们一个年度总结，其他就什么都没有了。

此外，巴菲特每年只有一天会接待投资者，也就是在每年的12月31日那天，戴维斯家可以增加或拿回资金。其他时候，这些资金，包括巴菲特自己的资金都要由他来全权处置（巴菲特向他们保证，他会遵循格雷厄姆的做法来运作这些资金）。他语气平和地表达着自己的观点，不拐弯抹角，内容非常清晰。尽管巴菲特渴求得到戴维斯的资金，但他并不希望对方给他提出一些限制条件。

之后，巴菲特提出了自己的条件——戴维斯家作为有限责任合伙人，可以得到巴菲特所赚总利润中不高于4%的部分，余下的利润由双方分成——75%归戴维斯家，25%归巴菲特。这样巴菲特就不是让戴维斯家孤身奋战了，巴菲特自己的利益得失也与此休戚相关。如果他的经营业绩平平或是很糟糕，那他自己就会什么都得不到——拿不到工资，也得不到佣金，什么都没有。据戴维斯医生的女婿李·希尔曼回忆说："这件事情很快就定了下来。我们喜欢这种投资方式，它让你很清楚自己的利益和他的利益是怎样捆绑在一起的。”

巴菲特走后，戴维斯全家召开了一个家庭会议，大家纷纷发表意见。从客观的角度来说，他们没有任何做出判断的依据。但是，戴维斯医生的妻子多萝西坦言：“这个年轻人各方面都很不错。”就这样，埃德温·戴维斯拿出10万美元交给了巴菲特。

到了年末，巴菲特已有5个主要的合伙人，他所运作的总资金达到了50万美元。巴菲特经营的第一年，各项投资组合的盈利达到10%，轻松地把当年的道琼斯指数甩在了身后，该指数全年下挫了8%。[1]

由于苏珊要生第三个孩子，巴菲特的事业也渐入佳境，巴菲特就在法纳姆大街买了一套宽敞的五居室的房子。在此之前，4岁的小苏珊患上了一种可怕的幻想症，她总认为屋里有一个戴眼镜的闯入者，并把它叫作“眼镜魔”。每天晚上入睡前，她一定要让父亲从阳台到她的房间都细细检查一遍，确保“眼镜魔”没有藏在家里，她才能入睡。这下他们就要搬家了，巴菲特让女儿进屋最后看一眼。他俯下身对女儿说：“‘眼镜魔’就留在这里了，我们不带他去新家了，和他永远说再见吧！”

巴菲特的新家是一幢建于20世纪20年代、有着褐色线条装饰的灰泥建筑，是郊外典型的中上阶层的住房风格。它前临一条繁华的街道，掩映在树木和花丛之中。不过在写给杰里·奥兰斯的信中，巴菲特觉得这房子不值一提：“我这里没什么新鲜事，不过我得告诉你我买了幢新房子……”真正吸引他注意力的是所花的费用。“巴菲特家的蠢建筑，”他在信中写道，“有许多房间，到处都是房间。”但他保证没有“乱花钱”，不过这种保证对于奥兰斯是完全没有必要的。这幢房

1. 巴菲特向合伙人汇报的道琼斯指数经过了修正，包括了红利在内。

子花了巴菲特 31 500 美元。

巴菲特在自己的起居室里腾出一部分空间作为工作室，苏珊用绿色的墙纸把办公区装饰了一番。那年他们的第三个孩子彼得出世了，但巴菲特满脑子想的都是股票和债券。他无时无刻不在工作，珍惜每一分钟。他说自己每天下床之前，就在盘算该怎样赚钱了。

搬进新居不久，巴菲特在格雷厄姆–纽曼公司的同事汤姆·纳普飞到了奥马哈。他和巴菲特一起开车去威斯康星州的伯洛伊特市听格雷厄姆发表演讲。在路上，纳普偶然提到美国邮政署打算让面值为 4 美分的蓝鹰图案邮票退出流通。巴菲特顿时来了兴趣，觉得这可是赚进大把美元的好机会！他和纳普在开车回家的路上每经过一个邮局就会停下来，为很快将会变成古董的蓝鹰图案邮票“投资”。最后，他们一共买下了价值 12 000 美元的邮票，将所有邮票都寄往了纳普的邮箱。

比起这桩投资，巴菲特在股票上的表现更加出色。1958 年，他经营的合伙企业收益率达到 41%，比全年上涨 39% 的道琼斯指数更胜一筹。到巴菲特创立公司的第三年末，公司的总资产翻了一番。

与此同时，他还吸引了更多新投资者。他和这些朋友正式签约，比如来自哥伦比亚的弗雷德·斯坦贝克、唐纳德·丹利还有杰里·奥兰斯。他找到邻居和从前的学生，还与那个听过他课的产科医生利兰·奥尔森签了约。当奥尔森希望能和他母亲签约时，巴菲特开着他那辆蓝色迷你型大众甲壳虫车穿过铺天盖地的暴风雪，然后以良好的状态出现在他们面前，仿佛刚给大众汽车拍完一个广告片回来。但是，巴菲特不愿意卑躬屈膝或是改变自己的处事规则来迎合新的投资者。

正当巴菲特的事业蒸蒸日上时，奥马哈一家保险公司的老板杰克·林沃尔特给巴菲特打来电话，他是巴菲特的姑妈艾丽斯的一个朋友。虽然二人并不相识，但是林沃尔特说愿意给他 1 万美元“随便做点儿投资”。

巴菲特回复说他指望像林沃尔特这样的富翁能给他提供 5 万美元资金呢。这个回答让林沃尔特感觉很不爽，他重申只能投资 1 万美元。

巴菲特谢绝了。

在整个奥马哈，巴菲特的异军突起及其桀骜不驯的风格让很多人不由侧目。据巴菲特的一个投资者回忆，在奥马哈的黑石大饭店举行过一次午宴，“几乎每个人都在谈论沃伦·巴菲特，当时鲍勃·斯诺兹也在场，他可是奥马哈的大腕之一。鲍勃·斯诺兹说这个年轻人将来会破产，因为他的创业理念还不成熟，你要把宝押在他身上的话，不到一年时间就会赔光所有的钱”。

但凡是接触过巴菲特的人，对他的印象都完全不同。大家对他赞赏有加，主要是因为他的镇定自若。有一次他去参加邻居们的聚会，大家正热火朝天地讨论政府的一个市政规划，说市政府会重新修路，让一条新修的大路和法纳姆大街相通。大家在讨论该采取什么措施来应对，此时巴菲特突然站起来，用平静的语气建议大家把这件事忘了。大家果然一呼百应，都意识到他的建议是对的，于是各自回家去了。巴菲特在投资者那里也能得到同样的响应，他们认为巴菲特能洞察一些简单得连他们自己都已经忽略的事实。

巴菲特坚决不肯透露自己的股票投资组合，因为他担心别人会效仿他，届时他若想更多地买进，成本就会提高。他从不和任何人提及自己的股票投资组合，他甚至害怕说梦话，害怕可能会向他的妻子泄露天机。

尽管他外表看上去城府极深，但实际上巴菲特深受格雷厄姆和多德的学术影响，一只又一只地挑选着价值低洼股。他并没有全方位地发挥自己的聪明才智，而是仅仅集中于投资业。他全神贯注地忙于这一件事情，就像孩提时代送报纸一样全情投入。他分析了一家又一家公司，然后都记在脑海中。一旦某个公司的股票价格走低，他就会毫不犹豫地大单买进。

美国国民火灾保险公司（National American Fire Insurance）是一家名不见经传的公司。这家位于奥马哈城的保险公司由银行业巨头霍华德·F·阿曼森和他的兄弟海登控制着。它的股份在20世纪20年代末被卖给了内布拉斯加州的农场主，此后它就从大家的记忆中泯灭了。后来，阿曼森兄弟出价每股50美元想要赎回股票。他们的出价很低，但是由于这种股票在市场上已经不进行公开交易了，因此股民们开始慢慢地把股票转手了。

巴菲特把内布拉斯加州的保险文件细细挖掘了一番，意识到这只股票实在太廉价了，但问题在于他找不到供他买进的股票。他和自己的律师、好友唐·莫内恩跑去参加公司的股东年会，但是海登·阿曼森断然拒绝向他们透露股东名单。接着，巴菲特就像之前召集朋友和他一起去找别人打飞的高尔夫球一样，建议莫内恩开着车跑遍全州每个角落去找股票。由于被巴菲特的热忱感动，莫内恩驾着他那辆红白相间的雪佛兰汽车向内布拉斯加最偏远的角落进发了。不论是在乡村法院、银行还是其他类似的地方，他每见到一个人就向他提出以每股100美元的价格来收购。事后回想起自己心甘情愿、没有目标地满州转悠，莫内恩说："这种做法听上去真是有点儿蠢，不过沃沦·巴菲特是我见过的最像'完美先生'的人。"最后，"完美先生"和他的合伙人共拿到公司10%的股票，赚到了10万美元以上，这是巴菲特的第一个大手笔。

桑伯恩地图公司则是另一个例子，它充分说明巴菲特继承了格雷厄姆的衣钵。桑伯恩地图公司原先利润丰厚的地图生意已经日薄西山，但公司在兴旺时期推出过一系列投资组合，公司的股票大约价值每股65美元，而因为公司的经营不景气，所以股价跌到了每股45美元。这就如同北方石油管道公司股票的翻版，北方石油管道公司曾因拥有铁路债券而被格雷厄姆相中。与他的导师如出一辙，巴菲特在1958—1959 年不断买进桑伯恩地图公司的股票，他对格雷厄姆的那番话深信不疑："股票的价值迟早会回归。"

但是事与愿违，公司的股价并没有上升。公司的董事们只拥有400 股股份（公司共发行了 105 000 股），其余的股份都流通在外，所以这些董事任凭股价一跌再跌也无可奈何。事实上，他们坐拥公司优质的投资项目却无所作为，在 8 年里曾 5 次减少派发给股东的红利。然而，巴菲特却注意到，这些董事多年来一分薪水都没少拿。

巴菲特仿照格雷厄姆的做法，通过一步步努力，终于成为公司的一名董事。他游说管理层去充分挖掘各个投资项目背后蕴藏的商业价值。不过，管理层顽固不化地拒绝了他的建议。

同时，巴菲特没有向自己公司的合伙人披露已把大家 35% 的资产都投资到同一只股票上去了，也没有对合伙人提到桑伯恩地图公司的名字，但是他和桑伯恩地图公司其他持不同意见的股东们开始不断给公司施压。到了 1960 年，桑伯恩地图公司妥协了，同意用公司的资产进行管理层收购。仅此一项，就让巴菲特的投资赚到了大约 50% 的利润。因为到了这个阶段已经不能再向合伙人隐瞒了，他在写给合伙人的信中说："桑伯恩地图公司要求我对该公司的运营情况保密，而且在短时间内衡量公司业绩的做法纯粹是徒劳。"

这一说法并不能让每个人信服。在他与桑伯恩地图公司周旋的过程中，还有一段有意思的插曲。一位名叫约翰 · 特雷恩的纽约金融作家本来想和巴菲特签约，但是当他得知巴菲特不愿透露他的持股种类和比重时，就放弃了对他的投资。

巴菲特还曾想过把邻居唐纳德 · 基奥也发展为自己的投资人，他家的孩子经常和巴菲特家的孩子一起玩。有一天，巴菲特问他："唐纳德，你的孩子真不错，但是你有没有想过以后该怎样供孩子们念大学呢？”唐纳德·基奥是一家咖啡批发店的助理经理，很有希望得到提升。尽管他很喜欢巴菲特，但他发现这个邻居总是待在家里，穿着运动鞋和T恤衫工作，这让他觉得很是奇怪，因此就拒绝了巴菲特。

那些凭着直觉就和巴菲特签约的人认为他身上有一种像影星嘉宝一般的冷傲气质，这也正是巴菲特吸引人之处。巴菲特强调自己在投资时要保密运作，他不仅仅是想防止走漏消息，也是为了避免别人干扰他的决策，使自己可以保持一种优雅的独立。他并不喜欢什么内幕消息或胡乱猜测。对于某一只值得投资的股票，巴菲特必须首先说服自己，而一旦说服了自己，那又何须让别人再妄加评论呢？巴菲特打心底就看不上提供小道消息者和预言者。如果决定股价的是公众的意见，一旦公众的心态变了，所谓的小道消息和预言又有什么用呢？他坚信自己的分析才更加可靠。

巴菲特只需要从外界得到一样东西——资金。

1960年，不到30岁的巴菲特遇到了一位热心的合伙人，一个名叫威廉·安格尔的心脏病学家。这位“天使医生”为巴菲特做了一个火车模型礼物放在阁楼上，而且愿意为他做任何事情。“巴菲特问我是否有兴趣召集10个医生，每人投资1万美元，”安格尔回忆说，“于是，我就在道奇大街49号的一个餐厅里开会，召集了一群克拉克森医院的医生来做他们的思想工作。”

在公开场合，巴菲特必须以一个出色的基金经理的面貌示人。当天，在那家名叫“山巅小屋”的餐馆里，巴菲特把自己在卡内基演讲课上学到并在实践中提高的演讲技能发挥得淋漓尽致。在夏夜黑色天穹的映衬下，他兴致勃发地从本杰明·格雷厄姆谈到莎士比亚，不时再穿插几段善意的自嘲，讲了近一个小时。

第二天在克拉克森咖啡店里，气氛和前一天一模一样。一个产科医生说："我们不该把钱给那个年轻人，他会卷着钱跑到国外去的。"阿瑟·格林之前曾经听过巴菲特的课，他说自己不会把钱给巴菲特，因为巴菲特讽刺说美国电话电报公司的股票是一只"像老妇人一样的股票"，而格林就持有这只股票。格林后来回忆说："他的话让我觉得自己很蠢。"但是，还是有 11 个医生决定赌上一把。至少在奥马哈，巴菲特的业绩有了突飞猛进的增长，也让世人刮目相看。

1961 年，巴菲特在一家公司投资了 100 万美元，这是他有史以来最大的一笔投资，要是那帮医生知道了，一定惊得目瞪口呆。巴菲特投资的这家企业是登普斯特尔机械制造厂，它位于奥马哈城以南 90 英里的内布拉斯加州比阿特利斯镇，是一家有着 80 年历史的风车和农用机具制造商。风车制造业的前景并不乐观，因此登普斯特尔机械制造厂一直在销售停滞和利润下滑的环境下苦苦支撑。早在几年前，巴菲特就曾买进过该股票，它价格便宜，属于典型的"格雷厄姆式"股票。1961 年，巴菲特大笔买入了该公司 70% 的股份，成了控股股东，这笔交易把他合伙人 1/5 的总资产都投了进去。巴菲特任命自己为董事长（对于一个基金经理而言，此举非同寻常），这一举动也表明他绝不甘心只做一个被动的投资者。

不仅如此，巴菲特还把唐·莫内恩带入了董事会。每个月，巴菲特和忠实的莫内恩都会驱车来到肮脏的平原小镇比阿特利斯，就像堂·吉诃德带着自己忠实的侍从桑丘一样。但是，巴菲特并不能完全控制登普斯特尔机械制造厂，它需要一次彻底的整改。不过每天应付鸡毛蒜皮的小事并不是他的特长。这就像在祖父的巴菲特父子商店里擦水果箱一样让他感到头痛。巴菲特并不喜欢经营事务本身，而是喜欢它们以数字形式形成的一种抽象概念。每个月巴菲特都会让经理人精减开支、减少存货，而他们总是口头上答应，然后等巴菲特回到奥马哈之后又把一切都抛到脑后。发现这种情况之后，巴菲特马上就将公司标价出售了。

尽管如此，这并没有改变他购买这家企业时持有的格雷厄姆式投资理念。实际上，格雷厄姆的影响渗透到了巴菲特合伙公司的方方面面。除了登普斯特尔机械制造厂以外，巴菲特的资金分散到了其他40只股票上。他关注的都是那些“烟蒂型”股票、套利交易和处于清算等波动时期的企业，这些做法都和格雷厄姆-纽曼公司的经营方式如出一辙。在写给合伙人的信中，巴菲特毫无愧言地说自己是在步导师的后尘，他甚至连格雷厄姆的缺点也学会了。和他老师一样，巴菲特把所有高技术公司的股票都看作投机型股票而拒绝买入。格雷厄姆就看不上施乐公司的股票，而巴菲特同样在每股1美元的低价位时都没有买进数据控制公司，尽管他和这家计算机业的旗舰有着私人联系——该公司的一个创始人威廉·诺里斯和巴菲特是亲戚（通过一个叔叔的婚姻建立起的姻亲），而且他十分清楚这家公司的股票是有利可图的。

巴菲特一家在夏季到加利福尼亚州度假时，曾经多次到格雷厄姆家拜访。巴菲特会和格雷厄姆闭门聊上几个小时，甚至还和格雷厄姆的妻子埃丝特尔成了朋友。

当年，格雷厄姆把大多数时间都花在了橄榄色皮肤的法国情人玛丽·路易斯·阿米格斯身上。这对埃丝特尔的打击很大。埃丝特尔出身于布鲁克林一个穷人家庭，没有上过学，靠的都是自学，但她渐渐地对洛杉矶的豪华生活着了迷。在那里，她和格雷厄姆在好莱坞露天音乐会有一个包厢，经常举办奢华的晚会。罗达·萨耐特是格雷厄姆的一个堂侄，住在他家对面，他说：“和格雷厄姆生活在一起并不总是甜蜜如意的，虽然他是个天才，但并不代表他就是世界上最体贴的人。”

巴菲特对埃丝特尔很友好，甚至当格雷厄姆不在家时也喜欢和她独处。颇具讽刺意味的是，格雷厄姆的妻子竟然成了巴菲特最虔诚的信徒。尽管格雷厄姆会介绍其他人给巴菲特投资，埃丝特尔自己却成了巴菲特的直接投资人。她兴奋地对萨耐特感叹道：“这个男人已经完全成熟了，绝对值得依赖，你应该把钱交给他打理。”

不过，巴菲特本人对自己的能力很低调。他知道，说不定哪一年市场就会突然变脸。他提醒自己的合伙人说：“注定有几年我们的业绩是跑不过道琼斯指数的。”要想每年都跑赢道琼斯指数确实非常困难，但在巴菲特并不长的从业记录中，他的经营还是战绩卓著。要知道在大多数年份里，绝大多数基金经理都很难使自己的投资收益率与道琼斯指数比肩。在巴菲特从业的头5年里，巴菲特合伙公司的业绩让道琼斯指数望尘莫及（见下图）。

年份	巴菲特合伙公司	道琼斯指数
1957	+10.4%	–8.4%
1958	+40.9%	+38.5%
1959	+25.9%	+19.9%
1960	+22.8%	–6.3%
1961	+45.9%	+22.2%
5年内收益累积增长率	+251.0%	+74.3%

最后一组对比数字尤其值得好好看一看，5年间道琼斯指数仅仅增长了不到75%，而巴菲特的投资组合收益增长了251%。

在奥马哈城，巴菲特是投资奇才的消息不胫而走。熟人都会到他常去的罗斯牛排屋，装作偶遇，向他打探有没有什么内部消息。巴菲特通常会非常客气地建议他们拿出一支铅笔，闭上眼睛，在股票列表上点中哪只就买哪只。他还会穿着休闲的咔叽布裤子和暇步士鞋光顾奥马哈乡村俱乐部，比他年长的穿着高尔夫球鞋和运动服的人就会像蜜蜂一样朝他涌来，但他们别想采到任何花蜜。

实际上，在偏远的小镇，很多炒股的人并不会对股票细细琢磨。吃午饭的时候，打高尔夫球的时候，打电话的时候，投资股票的人们会上万次提到偏爱的股票名字。他们所谓的内幕消息虽然不是稍纵即逝，但是用不了几天他们自己就会淡忘，马上就会被某只新的热门股票替代。但是，巴菲特截然不同，他对股票有一种与生俱来的占有感，就如同一个艺术家面对一张没有画完的画布一样。他会津津有味地讲述自己在股海中沉浮的传奇经历，但只有在他卖出之后才会提及它们，而且也只限于他想要和别人谈论的股票。

人们都喜欢听他讲故事，因为他能把这些商业经历讲得通俗易懂、妙趣横生。1960年，他对数据文件公司进行注资，这是位于奥马哈城的一家生产内存条的小企业，两位创始人一位是巴菲特的朋友韦恩·伊夫斯，另一位则是巴菲特父亲的前助手约翰·克利里。两人很快就请巴菲特出任公司的董事长，巴菲特很爽快地就答应了。巴菲特还把和自己一起听格雷厄姆上课的同学比尔·鲁安和弗雷德·斯坦贝克以及芝加哥的一个朋友罗伯特·马洛特都招进了董事会。他们在董事会会议召开前的那天晚上飞抵奥马哈，正如其中一个人所说的那样，他们主要是想找个借口“在罗斯牛排屋吃点牛排，然后和巴菲特聊上三四个小时”。

巴菲特的朋友多得让人感到不可思议，其中许多人也是他的投资者。他对朋友和投资者从来都不会摆出两副面孔。他总是显得很优雅、低调、随性，在谁看来都像是个传道解惑的老师。他并不像很多人一样在“工作”和其他事务之间划出一道明显的界限，而且他一旦开始分析投资决策，就会全情投入。

罗伯特·比利希是巴菲特的一位高尔夫球伴，他说巴菲特“在学习推杆技术时比任何人都快”。当比利希告诉他该如何瞄准时，巴菲特就会变得心无旁骛，将他超乎常人的注意力集中到高尔夫球上。比利希惊叹道：“他总是能做到这一点，非常了不起。”

巴菲特工作之余的爱好是打桥牌。他经常和朋友一起打牌，牌友形形色色，有广告商、别克车经销商、法官、寿险推销员、抵押贷款经纪人、铁路律师以及美国汽车联合会分会总裁等。巴菲特通常会提着一盒 6 罐装的百事可乐出现在大家面前，还会讲一些让大家捧腹的笑话和故事供大家消遣。他从不提自己正在怎样赚钱，因为他根本没有必要去提。他打牌非常专注，就好像他的本业不是经营股票和债券，而是一个牌手。

巴菲特不愿输牌，也不愿意下大赌注，除非他认为和自己的搭档占了明显的上风。但是，他对待每一个牌局都会非常投入。

巴菲特的与众不同之处在于他打牌的态度，他会紧紧地盯着一手牌，然后像计算机一样精准地算牌。他打牌从不冲动，他算牌就像做数学题一样。在打第一张牌之前，巴菲特就已经考虑好了整手牌该怎么出，而且已经去除了他最讨厌的运气成分。寿险推销员凯·克特尔回忆说：“沃伦会纹丝不动地坐在那儿仔细盘算，直到算清每张牌都在谁手里为止。我带父亲来玩过一次，都快把他逼疯了。”

巴菲特分析事物时思维缜密严谨的程度总是超乎常人。从表面上看，他的情感不像别人那么容易起伏波动，似乎没有什么事情能让他表现出愠怒、失望、鲁莽的情绪。他给人的感觉总是很理性而且性格温和。

苏珊是巴菲特依赖的一方港湾，家里采购、付账、照顾孩子、操持家务这些事全靠苏珊。凡是超出巴菲特能力范围的事情，全由苏珊来打理。值得一提的是，苏珊还可以帮助巴菲特躲避他母亲。巴菲特即便在成年之后，每当看到自己年岁已高但嘴上仍不饶人的母亲时，依旧会变得战战兢兢或是陷入沉默。他想方设法避开母亲，就算在全家团聚的时候，他也会在吃过饭之后借口说要“休息片刻”，然后抽身离去。

有一次，当利拉要离开时，恰好和儿子经过同一条通道。当她想和儿子吻别时，巴菲特吓得转身走开了，弄得母亲泪水涟涟地愣在那里。不过，除了这种少见的尴尬碰撞之外，苏珊总是为巴菲特保驾护航。苏珊会去和利拉说话，这样巴菲特就不用开口了。

巴菲特对苏珊的依赖是发自内心的。一次，他们在华盛顿看望巴菲特的姐姐多丽丝，早上 6 点苏珊就在一阵钻心的憩室炎疼痛中醒来。在去医院的路上，尽管苏珊是病人，可她还在安慰巴菲特。因为巴菲特一直很怕踏进医院的大门，看上去倒是他显得更痛苦。

即便在平日里，只要苏珊走进房间，巴菲特的眼睛就会为之一亮，这是他真实情感的流露。她会用手温柔地梳理他的头发，帮他系好领带，坐在他腿上抱着他。她是巴菲特的力量源泉。巴菲特有一次说“苏珊一点儿一点儿地驱散了我心中的阴霾”，这可能是指苏珊帮他治愈了童年的心灵创伤。而当苏珊提起巴菲特的时候，仿佛他是一个脆弱的男孩，她决心永远保护他。她对孩子们说，巴菲特的有些方面是他们所不知晓的，只有她才能明白。

他俩性格充分互补。巴菲特是一个内敛自持的人，苏珊则愿意和别人打交道，她身边总会有许许多多密友和向她寻求心灵安抚的人，比如正在闹离婚的朋友、与亲戚闹矛盾的邻居等。在奥马哈城，似乎任何遇到麻烦的人都曾和苏珊倾心交谈过。她经常会与餐馆的侍者谈得十分投机，离开时还互留电话号码。

苏珊决心让巴菲特摆脱单调乏味的生活。比如，她会带他加入一个“美食烹饪俱乐部”。在这个俱乐部里，一群夫妇这个月会吃瑞典肉丸，下个月会吃法国油煎薄饼。不过每次巴菲特都会笑着请求女主人给他做个汉堡。巴菲特总是喜欢固守自己最熟悉的东西：同一座城市、同样的食物、同样的简单追求。他从不逾矩。

在朋友的聚会上，巴菲特夫妇的表现迥然相异。苏珊会去开导屋子里需要安慰的人，她会挨着某个人坐着，眼睛里闪着柔和的目光。她通常会温柔地问道："一切都还好吧？"巴菲特则会待在一个墙角。不过，很快他的身旁会有越来越多的人围过来，他不露痕迹地就已经把大家带进了一个引人入胜的故事。他用词精准，语速恰到好处。他在哪里，哪里就会有一大群他的信徒跟随他。

不过，巴菲特更像一个演说家，而非一个神侃者。理查德·霍兰德是奥马哈的一位广告商，他观察到，即便是在社交场合，巴菲特说话也有一定的目的性。霍兰德认识巴菲特是在20世纪50年代后期，当时霍兰德正在为一位申请破产的客户担任债权人委员会成员。巴菲特被推荐去负责破产清算事务，他那时穿着一双网球鞋和一件旧衬衫。霍兰德说："我当时还以为他要破产了。"他俩成了好朋友，霍兰德也成了巴菲特的出资人。他发现巴菲特并不是一个喜欢浪费时间侃大山的人。霍兰德说："他只要开口，必定言之有物。"但是，对于生活化的聊天他却不在行，经常会以略显紧张的笑声来自我解嘲。

杰里·奥兰斯的妻子简·奥兰斯认为巴菲特的思维方式与常人不同。他会在晚报上找出一个主题，然后询问每个人的看法，就好像他是一个研讨会的主持人一样。大约在1961年，巴菲特和苏珊去纽约拜访奥兰斯一家。巴菲特整个晚上都在和人争论，因为他认为人口过剩是世界上最严峻的问题。这是典型的巴菲特风格：讨论的逻辑严谨且和数字有关。同时，这个问题触及了他对人类生存状况的极大恐惧。不过，这一次巴菲特在表述时并没有让别人觉得他咄咄逼人，他的语气拿捏得很到位。用简·奥兰斯的话说：

> 他幽默风趣地聊起了这个话题。他的话很有说服力，很有逻辑性，但并不让人觉得他是在给你灌输东西。他会让你觉得你的结论也和他相似，尽管你明显可以看出他比你更加深入地思考了这个问题。他给你一种感觉，就是整个晚上都是他在唱主角，但是你并不觉得自己有什么不爽。

巴菲特在纽约筹集了很多资金。巴菲特一家在春天来到纽约，既是为了看朋友，也是为了做生意。他通常会在广场饭店给奥兰斯打电话说："兄弟，你能带一箱 6 听装的百事可乐来吗？你简直想象不到房间里的可乐卖得有多贵！"但就在说话的同时，他正在接受客户开出的 6 位数的支票。

巴菲特也从格雷厄姆的关系网中得益很多。他在纽约的一次讲座上遇到了马歇尔·温伯格。马歇尔是一位经纪人，也是格雷厄姆的校友。巴菲特和他很快成了朋友，马歇尔和自己的兄弟向巴菲特投资了 10 万美元。另一个股票经纪人朋友亨利·勃兰特不仅自己投了资，还把他的客户推荐给了巴菲特。劳伦斯·蒂施受到霍华德·纽曼（格雷厄姆–纽曼公司的合伙人之一）的点拨，也把 10 万美元交给了巴菲特。

还有一个纽约人名叫戴维·施特拉斯尔，他的家族事业是专门挽救经营不善的企业。施特拉斯尔飞到奥马哈城，想买下登普斯特尔机械制造厂，巴菲特亲自到机场来接他。施特拉斯尔回忆说：

> 作为一个清高的纽约人，我向来看不起乡巴佬。我在哈佛和麻省理工学院念过书，也刚做成几笔生意，整个人就有些飘飘然。我们开了一会儿车以后，他问起一个关于我们家族控股公司的问题。这家名叫比林斯·斯宾塞的公司位于哈特福德，主要生产模具和

金属切割机，公开上市的股份只有大约2%。我至今都不知道他是怎么知道这家公司的情况的。之后，他又开始问我有关这家公司资产负债表的一些问题。结果发现，他比我还要了解这家公司的资产负债表。我整个人一下子就像被扔进了冰谷。

施特拉斯尔，这个典型的傲慢的纽约人，当即决定给巴菲特投资。

巴菲特的合伙公司创办时只有区区10.5万美元资金，到了1962年总资产已高达720万美元，比格雷厄姆–纽曼公司在鼎盛时期还要繁荣。其中，有100万美元是巴菲特的个人财富。尽管他还是个小人物，但他已经接受了市场的检验。原先只有7人的亲友投资团已经壮大到90人的规模，其成员遍布从加利福尼亚州到佛蒙特州的美国各地。

因为生意越做越大，巴菲特觉得自己的起居室已经不够用了。他把几个合伙人关系合并成一个公司——巴菲特合伙有限公司，并把最小投资额由原先的25 000美元提高到10万美元。他把办公室移到了凯威特广场，这是位于法纳姆大街上的一幢14层高的白绿相间的大楼。

凯威特广场位于奥马哈商业区边缘的一座小山上，周围的街区混杂着各色人等，有脱衣舞俱乐部、公寓区，还有一座年代久远的铸钢厂。巴菲特所在的办公区除了墙上机织的挂毯有些讲究之外，其他都只求实用，虽然有些简朴却让人感到心情明亮，这样巴菲特就可以坦然地向合伙人保证自己不会大手大脚地挥霍。在巴菲特看来，这里的办公室已经像是一座宫殿了。他有了一个秘书和一个助手帮他打理公司琐碎的行政事务，这样他就有更多时间来阅读《穆迪手册》了。他的办公区还有一些空间可以租给年老多病的父亲。办公室和他家位于同一条街道上，就好像他在卧室和办公室之间挖了一条几英里的通道一样。

巴菲特终日忙于阅读各家上市公司的年报、商业刊物和业务电话。尽管他看的报告和分析的股票越来越多，但他的心情依旧十分明朗，他在工作时喜欢独来独往，他常常让人帮他要一份奶酪汉堡和薯条外卖，然后一个人吃午饭。他的几个助手对他选股的情况知道得并不比他妻子多到哪里去。

不过，在办公室几英里之外，巴菲特确实有一个好顾问。他在给合伙人的信中经常提到一位“西海岸的哲人”朋友，这个“化名”就可以显示出此人的巨大影响力。这个人就是查理·芒格，他比巴菲特大6岁，也是在奥马哈长大的。他的父亲是一位律师，祖父是一名法官。他是埃德温和多萝西·戴维斯一家的密友，小时候也曾在巴菲特家的杂货店里工作过。

在大学里念了3年气象学之后，由于战时缩短学制，芒格在没有拿到学士学位的情况下就跨入了哈佛大学法学院。他的同学们都认为他才华横溢且很有主见。在课堂上，如果在没有准备的情况下被教授点名回答问题，芒格就会毫不客气地顶一句：“我还没读过这个案例呢，但是只要你把事实陈述给我听，我就能给你说出相关法律条文。”

从哈佛大学法学院毕业以后，芒格开始在洛杉矶执业。但在1959年，他回到奥马哈关掉了父亲的律师事务所。埃德温·戴维斯的儿子也是巴菲特的投资人之一，他觉得巴菲特和芒格两人有着惊人的相似之处，于是就邀请他俩在奥马哈的一家上流俱乐部共进午餐。果然，他俩马上就打得火热。

“沃伦，你最近都在忙什么呢？”芒格问道。

“噢，我开了个合伙公司。”

“也许我在洛杉矶也能开一个。”

巴菲特看看他笑着说道：“嗯，也许能行吧。”

第二天晚上，他们又在两人都认识的朋友理查德·霍兰德家碰面，两人依旧相谈甚欢。芒格整晚都抱着同一种饮料不放。他谈得太投入了，当他举杯仰头往嘴里倒饮料的时候，还不忘举起另一只手做出一个停止的手势，这样就没人可以把他的谈话打断了。

芒格的外表得分并不高，他相貌平平，面色有些惨白，眼睛藏在厚厚的镜片后面。他尽管有点儿势利，而且过于相信自己的主观判断，但仍是一个有着高风亮节的人。他的聪明健谈就像把丘吉尔的自信和对生活的恬淡乐观融合在了一起。有一次，别人问他会不会弹钢琴，芒格风趣地答道："我不知道会不会，因为从来没试过。"巴菲特从他身上看到一种与自己相似的机智和独立。

当夏天巴菲特一家去加州度假时，两个人的友情变得更加深厚了。巴菲特在家时，经常会平躺在地上，四肢惬意地伸开，和芒格煲电话粥。巴菲特的女儿小苏珊回忆说，在家吃饭时经常会听到的一句话就是"爸爸还在跟查理聊天呢。他俩经常一谈就是好几个小时，他们互相都能猜到对方想要说什么，似乎都不需要对方再多说什么了。你总会听到他们在电话里说'没错……嗯……我明白你的意思……对'。"

巴菲特说他和芒格的想法有太多惊人的相似之处，让人感觉简直"邪"了。但是芒格与巴菲特的许多朋友不同的一点就是，芒格不会像别人那样对巴菲特顶礼膜拜，而这一点也正是吸引巴菲特的地方。巴菲特觉得芒格是难得一遇的知己，于是力劝芒格也来从事他这一行。他总对芒格说，从事法律对于芒格来说实在是大材小用了，而芒格也从不否认这一点：

> 和沃伦一样，我也强烈地渴望变得富有。这并不是因为我想开法拉利跑车，而是因为我迫切地想独立。在我看来，不得不给别人寄账单是一件很不体面的事。我不知道自己的这种想法都是从哪儿来的，但我脑子里就是有这样的念头。我已经节衣缩食了很多

年，我一直在攒钱。

后来芒格开了一家名叫芒格–托尔斯–希尔斯的律师事务所，但他很少去那里上班。到了 1962 年，当巴菲特搬进凯威特广场时，芒格也在经营着自己的合伙投资企业。

那年春天，巴菲特带着困惑找到了芒格：登普斯特尔机械制造厂该怎么办？芒格并不是格雷厄姆的信徒。在他看来，陷入困境的公司，也就是以格雷厄姆的低价方式收购的那种公司，想要改弦更张并非易事。

芒格认识一个名叫哈里·博特的年轻人，他也许能解决登普斯特尔机械制造厂的难题。之后巴菲特在洛杉矶与哈里·博特会面，6 天以后博特就到登普斯特尔机械制造厂任职了。他采取了一系列措施来压缩成本、关闭厂房、大幅削减存货。巴菲特在给他合伙人的信中写道：

> 毋庸置疑，哈里正是在这一年为公司力挽狂澜的人……很多事在别人看来是不可能完成的，但他全都做到了……

哈里·博特干了很多漂亮的工作，而且都是些费心费力的苦差事，也都是巴菲特没有精力去做的。他从登普斯特尔机械制造厂业绩不佳的车间里挤出现金来让巴菲特投资于股票和债券。按照哈里·博特提供的模型，巴菲特塑造了一个完全不同的企业，这个企业持有多元化而且稳步升值的多种证券。这就是巴菲特擅长的炼金术。他对合伙人说：

> 在某种程度上，我们把日薄西山的制造业资产转化为蒸蒸日上的证券资产了。

当然，机械制造厂也为这种转型付出了代价，100 名工人丢了饭碗，而且巴菲特在比阿特利斯镇遭到了严厉的抨击。比尔·奥蒂斯是巴菲特的一位桥牌牌友，他曾经半开玩笑半当真地说：“你解雇了那么多人，夜里怎么还能安然入睡呢？”

这番话对于巴菲特这个十分看重名誉的人而言，可不只是一句玩笑话。

“如果不把他们解雇，工厂就会倒闭。”巴菲特答道，“我一直在密切关注工厂，大多数留下的工人比以前过得更好了。”

尽管朋友的话听起来是有道理的，但巴菲特还是极其反感别人把他叫作“破产清算人”，发誓自己“绝对不会”再解雇员工了。

不过，机械制造厂的业绩给他挣回了面子。一年以后，登普斯特尔机械制造厂的规模缩小了许多，但收益率却比以前有了大幅提高，而且还有了价值 200 万美元的证券。1963 年，巴菲特卖掉了机械制造厂，为自己的合伙公司挣到了 230 万美元的利润，相当于原来投资额的 3 倍。他之所以能取得这样的骄人战绩，主要有三个方面的有利因素：最初较低的收购价格、巴菲特坚持经营的韧性、巴菲特和博特等人采取的一系列扭转乾坤的对策。对于巴菲特这个格雷厄姆的爱徒而言，三个因素中的第一点是最关键的。

这是我们投资哲学中的一条准则：永远不要指望在转让时能卖出好价钱，而是要让自己的买入价低得诱人，这样最后的售价即使不高也能让自己赚得盆满钵满。

第5章

多元投资方式

我无法就公司的盈利前景向合伙人做出承诺。

——沃伦·巴菲特，1963年1月写给合伙人的信索尔·帕索在凯威特广场经营一家男士服装店，他很清楚沃伦·巴菲特跟时尚是不搭边的。通常而言，巴菲特会走进服装店，一口气定做5套西服。不论帕索如何规劝，他定做的5套西服全是清一色的灰褐色，然后他便转身匆匆离去。

不过，有一天早晨，巴菲特走进店里向帕索征求有关流行服饰的建议。他想了解帕索对一个名叫拜尔·罗尔尼克的制帽商的看法。

帕索解释说，因为肯尼迪总统不戴帽子，现在不戴帽子的打扮方式十分流行。"沃伦，"他说道，"我肯定是不会戴帽子了，现在也没有人再戴帽子了。"

过了一会儿，巴菲特又回来了，问道："索尔，那现在制衣业的情况怎么样？"

"沃伦，现在男人都不买套装了。"

这次，索尔·帕索没能说服巴菲特。巴菲特的合伙公司以每股7.6美元的价格买下了位于马萨诸塞州新贝德福德的一个成衣制造厂——伯克希尔·哈撒韦公司的一小部分股份。1962年，伯克希尔·哈撒韦公司股票的低价格对于格雷厄姆的门徒绝对是很有吸引力的。这家美国东部脆弱的成衣制造商一直都在与成本低廉的南美和亚洲东部的竞争对手们苦苦抗衡。不过，至少从账面价值来计算，买进伯克希尔·哈撒韦公司绝对是一笔划算的买卖。其每股运营资金为16.5美元，是其股价的两倍多。作为格雷厄姆和多德学派的拥护者，巴菲特看上了这只股票，并且逐渐增加了仓位。

不论这项投资成败如何，它告诉世人，巴菲特已经不再只是步其老师的后尘了，他比格雷厄姆在投资上更加果敢，更愿意在某只股票上下功夫进行研究，更迫切地想要成为胜者。天道酬勤，巴菲特的业绩注定青出于蓝而胜于蓝。

不过，如果稍加留心你就会发现另一点，那就是巴菲特开始有了不同的思考模式。他不仅会用格雷厄姆偏爱的量化角度来考虑问题，还会从品质的角度去评价一家企业。当巴菲特看到一种股票时，他开始不再把股票看作静止的资产负债表，而是一个具有独特动力和潜能的鲜活企业。1963 年，也就是巴菲特投资伯克希尔·哈撒韦后的第二年，巴菲特开始研究一种与以往他所购买的股票类型完全不同的股票。他所投资的新公司也许连一间厂房都没有，也没有固定资产，这样的公司最有价值的商品往往就是自己的品牌。

美国运通绝对是一家引领时代潮流的公司。美国当时已经进入太空时代，美国公民脑子里也一直在勾画未来，但很少有其他公司的产品能像美国运通那样恰如其分地彰显现代生活的品质。由于美国人已经有经济能力乘飞机旅行了，所以美国的中产阶级开始乘飞机环球旅行。在这样一个时代，旅行支票成为旅行者的“通行证”。(《读者文摘》盛赞美国运通公司的旅行支票是“永远不会遭到拒付的支票”。)美国运通公司有将近 5 亿美元的票据在市面流通，执行着像货币一样的功能。同样重要的是，到了 1963 年，已有 100 万美国人持有美国运通卡。要知道，这种卡投入市场不过短短 5 年时间，5 年前美国人去外地旅游时还得考虑身上是不是要带上大笔现金。《时代》周刊宣告“无现金社会”已经到来。在美国，一场暴风雨般的变革即将开始，美国运通正是这场变革的领跑者。

天有不测风云。危机往往始于公司内部某个微不足道的环节。这次危机降临在新泽西州巴约纳市的一家仓库，这家仓库属于美国运通公司的一个子公司。

这个仓库在一场看似普通的交易中接收了一批大罐装货物，据称里面装的是色拉油。这批货物是联合食用油公司提供的。作为取得货物的凭证，这个仓库给联合食用油公司开出了收货凭据，联合食用油公司又用此凭据作为抵押获得了一批贷款。后来，联合食用油公司宣告破产，债权人抓住公司的抵押品不放。这时候，也就是1963年11月，美国运通公司也发现了问题：“进一步的调查发现，只有少数油罐中装的是食用油。”其他罐里装的都是海水，尽管这些海水的品质非常高，但也不如食用油值钱。简而言之，仓库因为别人的商业欺诈蒙受了巨额损失，估计总损失高达1.5亿美元。

那到底该由谁来承担这一损失呢？联合食用油公司显然要承担最大的责任，但它已经破产了。美国运通的这家子公司也已申请破产。美国运通公司自身是否需要承担责任还不确定，但是公司的首席执行官霍华德·克拉克坚定地认为，对于一家名字出现在旅行支票上的公司而言，公众的信任就是立命之基。霍华德·克拉克是个言必信、行必果的人，他发表了一份声明，声明的内容足以让那些比美国运通规模要小的公司的首席执行官感到胆战心惊：

> 美国运通感到在道义上应当竭尽全力处理善后事宜，以保证美国运通始终如一的负责形象，确保这次出现的问题能够圆满地得以解决。

换言之，不管在法律上是否有必要，母公司美国运通都将承担起责任。这种承诺带来的潜在损失将是巨大的。实际上，按照霍华德·克拉克的说法，公司已经“资不抵债”了。

消息不胫而走。11月22日，美国运通的股价从每股60美元下跌到每股56.5美元。当股市在肯尼迪遇刺之后重新开市时，美国运通的股价更是狂跌到每股49.5美元。

真相渐渐水落石出，原来经营联合食用油公司的人名叫安东尼·德·安杰利斯，人称“食用油大王”。德·安杰利斯这种人在美国金融界并不少见，他将聪明才智和奸诈融为一体，把自己打造成一个衣冠楚楚的骗子。之前，他曾在新泽西州经营一家肉制品厂，后来这家工厂和政府反目成仇，只得关门。当他以联合食用油公司的出口商身份重现江湖时，之前的斑斑劣迹让他无法得到银行贷款，这只狡猾的狐狸就要诡计把“食用油”储存在美国运通下属公司的仓库里。一旦拿到享有如此神圣品牌的公司开具的凭证，他便可以伸手向银行贷款。他从银行借到了钱，还把房子都押在食用油期货上，结果输得血本无归。

丑闻曝光后，大腹便便的德·安杰利斯在布朗克斯的家中被警察逮捕，等待他的将是位于纽瓦克的联邦法庭的审判。然而，有更大麻烦缠身的是美国运通公司，该公司创业 94 年以来从未给股东少发过一次红利，现在却突然间宣布它面临着破产风险，让人惊愕不已。

事态在一步步发展，巴菲特则专门去了奥马哈城的罗斯牛排屋，他那执着的探究精神和去索尔·帕索服装店时相比有过之而无不及。这天晚上，让巴菲特感兴趣的并不是顾客盘中的牛排，也不是他们的西服或帽子。他站到了收款机后面，和店主一边攀谈一边观察顾客的表现。巴菲特通过观察发现：尽管美国运通公司遇到了前所未有的危机，但是罗斯牛排屋的顾客们还是继续使用美国运通卡来付账。通过这一点巴菲特推断出，在圣路易斯、芝加哥或是伯明翰的各家牛排屋中，美国运通卡依然畅行无阻。

之后，巴菲特又到奥马哈城的银行和旅行社做调查。在那里，巴菲特发现人们仍旧在使用旅行支票。巴菲特还跑到出售美国运通公司汇票的超市和药店里进行调查，最后他还和美国运通公司的竞争对手进行了交谈。经过大量的实地调查，巴菲特得出了两个结论，这两个结论和一些人想当然得出的看法大相径庭：

1. 美国运通公司并没有衰败。

2. 美国运通依然是世界上畅行无阻的品牌之一。

美国运通并不处于格雷厄姆所认为的安全边际之内，因而格雷厄姆不可能买入这只股票。格雷厄姆的信条其实非常简单，购买股票必须以“统计数据清楚可靠的数学推理”为基础。换言之，购买股票的分析要以公司的运营资本、厂房和设备等其他可测度的有形资产为基础。

但是，巴菲特看到了一种格雷厄姆不曾留意到的资产：美国运通这个品牌特许权蕴含的巨大价值。这种特许权意味着对市场的独占权。美国运通垄断了美国旅行支票市场80%的份额，也占据着银行卡业务的头把交椅。在巴菲特看来，这场危机并没有撼动美国运通公司的龙头地位，事实上也没有任何危机可以撼动它。公司客户所表现出来的忠诚度是无法从格雷厄姆简单的统计数据中推断出来的，它不像有形资产那样会出现在公司的资产负债表上，比如伯克希尔·哈撒韦公司的厂房，但是，这种特许权绝对是有重大价值的。在巴菲特看来，这是一种莫大的价值。美国运通公司在过去10年间连续创造了超越之前年份的丰厚利润，不管这次的食用油是油还是水，那些忠实的客户并不会抛弃它。但是，如果仅仅分析美国运通的股票价格，你就会产生一种错觉，以为它的投资者已经离他远去了。

1964年初，美国运通的股价跌至每股35美元，华尔街的股票经纪人几乎异口同声地说道：“卖！”但是，巴菲特决定买进。他把自己公司1/4的资产都用于买入这只股票——一只背负着尚未明了但可能是海量债务的公司股票。如果巴菲特这一次判断失误，那么化为灰烬的不仅仅是他辛苦积攒起来的财富，更有他苦心经营挣得的声誉。

美国运通的首席执行官克拉克打算补偿仓库的债权人6 000万美元以求息讼，但他却遭到了美国运通股东们的起诉，他们称克拉克把他们的资产“恣意挥霍”在了一种“华而不实”的道德义务上。

巴菲特不同意这种观点，他特意去拜访了克拉克，主动介绍自己是一位友好的股东。“巴菲特当时买进了我们的股票，”克拉克回忆说，“任何在那种危难关头买进公司股票的人都是真正的兄弟。”

当巴菲特表达了对克拉克的支持时，美国运通公司的一位律师问他是否愿意出庭作证。巴菲特果真来到法院，告诉股东们他们不仅不应该起诉克拉克，还应该为克拉克一了百了地解决了这个麻烦而感到庆幸。他解释说：“在我看来，那6 000万美元就像是本该发给股东的红利，但不小心在邮寄途中丢了。我的意思是说，如果公司宣布丢失的是6 000万美元红利的话，大家并不会感到要大难临头了。”

尽管美国运通的诉讼还在拖拖拉拉地进行，但公司的股价已经开始回升，不过巴菲特没有像格雷厄姆一样马上套利。巴菲特本人喜欢克拉克，而且喜欢美国运通的产品，因此他继续加仓。

与此同时，伯克希尔·哈撒韦的经营前景却是一片暗淡。由于纺织品市场不断萎缩，公司陷入了亏损的境地，只得不断地关闭旗下的工厂。然而，巴菲特还在不断买入它的股票，这样巴菲特合伙公司就逐渐地获得了伯克希尔·哈撒韦的控股权。和登普斯特尔机械制造厂的情形一样，巴菲特进入了伯克希尔·哈撒韦的董事会，想要力挽狂澜。尽管公司身陷困境，但巴菲特还是对合伙人说：“投资伯克希尔·哈撒韦是一件令人高兴的事儿。”

当时巴菲特管理的一半资产都压在了这两只迥然相异的股票上，它们的性质完全不同，就好比一本书的封面和封底一样。按照巴菲特的说法，伯克希尔·哈撒韦的股票从“量化”的角度来看很吸引人，因为它价格便宜；而美国运通公司主要是靠其“品质”吸引人，它产品出众而且有很多管理精英。尽管巴菲特认为偏离数字的软性方法是帮人做出判断的次要依据，但他还是难以确定平衡点到底在哪里。“买入股票的主要理由还是价格便宜。”他写道。但他同时也对品质因素给予了“极大的关注”。

巴菲特并没有向他的合伙人透露到底持有美国运通多少股份。但巴菲特此时已经慢慢脱离了格雷厄姆光环的笼罩，开始另辟蹊径，尝试更多元化的投资方式，他在信中也与合伙人有了更多的交流话题。巴菲特写信不仅仅是为了汇报投资收益，也是在和他们沟通自己的投资策略，向合伙人传达他的投资理念。他又变得像个老师了。

不过，出现在字里行间的更多说法并非出自格雷厄姆之口，也不是《聪明的投资者》一书中的句段，而是巴菲特自己的见解。巴菲特的话时而铿锵有力，时而幽默诙谐，时而属于自我解嘲，让人感到他比30多岁的一般投资经理人要博学得多。尽管他还是一个年轻人，但他充满了自信。这是巴菲特在32岁时所写的《复利的快乐》中的一段话：

> 据不确切的消息来源，哥伦布当年航海时，从西班牙伊莎贝拉一世女王那里得到的资助约为3万美元，这是公认的在风险投资方面较为成功的一项举动。我们暂且不计算发现一个新大陆的心理愉悦度，但必须明确指出的是，这次航海经历不是创建另一个IBM公司。如果我们按照4%的年复利粗略计算，当初这3万美元的投资现在应该创造了约2万亿美元的财富。

他的这番话关键是想说明，即便是数目微不足道的一笔钱，投资时也应该万分谨慎。对于巴菲特而言，挥霍3万美元所代表的损失绝不仅仅是3万美元本身，而是潜在的2万亿美元。

在另一封写给合伙人的信中，巴菲特把他们臭骂了一通，因为他们过分关注避税，以致影响了正常的投资规划。巴菲特指出，人生中的许多错误都是由于人们忘了到底想要追寻什么而造成的。

> 一个人在投资的世界里到底要做什么呢？并不是尽可能少纳税，尽管这是他为了达到最终目标需要考虑的因素之一。但是，目标

和手段不能混为一谈。真正的目标，应该是实现尽可能多的税后利润。

他还指出，因为人们与生俱来对纳税就有一种厌恶之情，这往往会阻碍他们理智地采取行动，这也是巴菲特在投资时想方设法要避开的误区。在他看来，说到底人们只有三种方法可以避税：（1）放弃自己的财产；（2）把苦心经营获得的盈利都亏损掉；（3）带着这些财产进坟墓。他说："这三种方法对我而言都太极端了，哪怕是最狂热的极端分子要采取其中任何一种方法都要思量一番。"

巴菲特之后也多次谈到了同样的话题。事实上，如果把这些信从头到尾细细通读一遍，你就会发现巴菲特此后的很多心声。如果单独看巴菲特在这一时期写下的每一封信，那么给人印象更深的是他对事业发展的坚定信念。这些信都写于家人已经熟睡的深夜，其字里行间也包含着巴菲特的自我发现，体现了巴菲特对于自己的坦诚。当然，他本人也和信中的他一样随性自然。

巴菲特和这些信的很多读者都有私交，他们可能是巴菲特的家人或朋友。他与所有合伙人之间的关系在某种程度上虽然是很抽象的，但对于巴菲特却有特殊的重要性。

对他个人而言，他愿意和所有的合伙人都保持一定的距离；但作为一个普通合伙人，巴菲特在信中实际上指出了他内心最关心的问题。如果说他在合伙公司中的工作不啻给自己绘了一幅自画像的话，那么这些信背后所表达的主题恰恰彰显了他自身的性格。他用这些半年一次的书信给合伙人提供了更多的背景知识，让他们的预期以及想法尽量和自己保持一致。与其说他是在写信，不如说他是在和他们倾心交谈：

我的工作并不是预测整个股市或商界的走势和波动情况。如果你认为我能够做到这一点，或是认为这对于一项投资至关重要，你就不应该入股这个合伙公司。

对巴菲特而言，有一点是非常重要的，那就是他的合伙人要绝对信任他。他和苏珊把自己90%的个人财产都注入了这家合伙公司，巴菲特的助手比尔·斯科特也一样。巴菲特向合伙人拍胸脯保证："我们大家绝对是在同一条船上的。"

巴菲特耗费了大量精力同合伙人事先沟通公司的运作规则，而且每次都解释得非常具体，因为他很清楚，双方如果在这一问题上有误解的话，会使这艘船失去方向。有一次，一个合伙人贸然闯进了巴菲特在凯威特广场办公区的接待室，非要弄明白自己的资金到底投在了什么地方。巴菲特当时正和一位名叫比尔·布朗的银行家会谈（比尔·布朗后来当上了波士顿银行的董事长），因此巴菲特就对秘书说自己现在很忙。过了一会儿，秘书又回来了，说那个人执意要见巴菲特。巴菲特离开了片刻，回来后就对秘书说："把那个人的钱退给他，让他走人。"巴菲特转身对比尔·布朗说道："他们都应该知道我的规矩，我一年只向他们汇报一次投资情况。"

巴菲特从不试图预测自己的投资回报率，但他对于一个想法是非常执着的，那就是他的合伙人必须能够公正地评判他——在做评判的时候不掺杂感情因素，而是根据不偏不倚的数学尺度（这正是巴菲特用来评判自己的方法）：

我笃信在行动之前需要确定一种尺度。回想起来，几乎任何一件事情都可以因为和这样或那样的因素发生联系，导致它看上去不错。

他从一开始就设定了一个目标，那就是要让公司的年均收益率比道琼斯指数高出10个百分点。关于这一问题，他向自己的投资者进行了更深入的阐述。他指出，道琼斯指数反映的是一组，即30只股票的平均股价表现，而且是没有人进行管理的。然而大多数投资公司的收益率都赶不上它。巴菲特提出了这样的问题：为什么那些拥有聪明才智、经过专业训练并拿着高薪的"华尔街理财大师"，竟然无法使自己的投资组合的回报率超过这一组完全无人管理的股票组合呢？他发现这些投资经理都有一个问题，就是他们往往会把保守型的投资组合（一组定价合理的股票）与传统的投资组合相混淆。它们之间的区别非常细微，因此投资者需要仔细思量才能看出异同。大多数投资经理往往不管价钱是否合适，都会买上一堆名头响亮的股票，例如美国电话电报公司、通用电气、IBM公司的股票之类，这种做法只是让他们拥有了传统的投资组合，绝非保守型的投资组合。巴菲特对华尔街盛行的这种从众心态和运营方式提出了尖锐的批评：

> 我的看法或许带有偏见，但我认为手里拿着一大堆鱼龙混杂的股票，又想实现出色的投资业绩，这几乎是不可能的。

这种投资决策趋同的做法已经在华尔街各家基金公司蔓延开来，也正是由于这种做法，各家基金公司虽然名号不同，但是投资业绩大同小异。不仅如此，这还带来了一种非常具有迷惑性的推论：只要达到平均水准就是安全的，相反，如果打破常规就是危险的。巴菲特则提出了不同见解，他认为听上去符合逻辑的做法有可能是符合传统的，但经常会导致反传统的行为。

> 在世界的某个角落，也许还有人在定期聚会，大谈特谈地球是方的。我们并不会因为有重要人物、能说会道的人或大多数人支持我们，就觉得自己心情舒畅。同样，我们也不应该因为这些人不赞同我们的观点就感到万分沮丧。

巴菲特的投资组合是坚决反传统的。他把大部分资金都放在美国运通、伯克希尔·哈撒韦和其他两三只股票上，整个合伙公司的大部分资金只投入5只股票之中。在理想的条件下，如果巴菲特能找到50只同样“出色”的股票，那么他肯定希望自己的投资多元化。但是在现实世界中，他发现自己其实费了九牛二虎之力，才找到目前几只满意的股票。

他对那些和自己背道而驰的基金经理都不屑一顾，也就是说，他把华尔街的大部分“精英”都嘲弄了一番。在华尔街，投资多元化似乎已经变成了一条铁律。基金经理们往往迫不及待地买入几百只不同的股票。借用比利·罗斯的说法，巴菲特甚至怀疑，这些基金经理对所选择的每只股票的肤浅了解甚至赶不上一个酋长对自己100个老婆的了解程度。

> 任何买进这么多股票的投资者……我把他们称作“诺亚投资学派”，他们遇到任何事情都要做两手准备。这样的投资者都应该去驾驶稳当的挪亚方舟。

对于一个囊括了几十只甚至上百只股票的投资组合而言，如果某只股票价格下跌时总的投资业绩不会受到明显的影响，那么同样，即便某只股票价格上涨也不会有太大的影响。这样一来，股票的种数越多，投资组合的收益率就和整个大盘越接近。对于一个刚刚开始玩股票的新手而言，这倒是一个稳妥、理想的做法。但在巴菲特看来，这种做法和职业的投资专家格格不入，因为别人聘请投资专家的目的就是让投资回报率超过市场的平均水平。买进多只股票，只会让人觉得这位投资经理不知如何选择成长性最好的股票。

但这并不代表巴菲特是个赌徒。在避免投资遭受损失方面，他和格雷厄姆一样谨小慎微。不过，巴菲特和格雷厄姆的做法并不相同。

格雷厄姆坚持认为在相当程度上（哪怕不是在很大程度上）应该进行投资多元化，巴菲特则认为不应该让篮子里的鸡蛋过于分散，同样也可以保证它们不被磕坏。尽管从外表上看巴菲特很谦逊，但实际上他颇有一番雄心壮志，而且他一直没有让自己失望。合伙公司在1963年的投资收益率高达惊人的39%，在1964年也达到了28%。当时，巴菲特手里掌管的资金已经多达2 200万美元，他的个人净资产也有将近400万美元了。这在当时可是一笔巨大的财富。

尽管巴菲特的财富不断增多，但是他依旧秉持朴素的生活方式。他依旧偏爱帕索服装店里的灰褐色西服，还是喜欢去罗斯牛排屋用餐，依旧满足于看一场内布拉斯加大学校队的橄榄球比赛。平日里，除了偶尔因为工作出差之外，他就在家和办公室之间过着两点一线的生活，几乎没有任何外来因素能影响到他那份简单宁静。从巴菲特的言谈举止当中，你根本看不出他是个富翁。的确，他后来多添了几个房间，还在家中添了一个壁球场，高高的屋顶和周围人家相比显得是有些鹤立鸡群，但对于一个百万富翁而言，这样的住宅已经非常低调了。房子依然紧邻着繁忙的街道，屋外就有一盏闪烁的黄色交通灯，俨然是一个屹立在那里的哨兵。

巴菲特很少花心思去想怎样把大笔的钱花在物质享受上，因为追求物质享受并不是他努力赚钱的动力。对于他而言，金钱只不过是个人成就的一种证明而已，是他所钟爱的游戏记分牌。

他曾让苏珊把他那辆开了多年的大众车换成新的。他说自己去机场接人时，这车实在是显得太寒酸了，但他对开豪华车压根儿就没有兴趣。

“你想买什么车呢？”苏珊问他。

“买什么车都行，我无所谓。”（后来，苏珊给巴菲特买了一辆宽敞的凯迪拉克。)

奥马哈的数据文件公司副总裁斯科特·霍德有一次出差飞往休斯敦时和巴菲特同行，在路上霍德开门见山地问他：“沃伦，当百万富翁的感觉怎么样？”

霍德的语气很天真：“我以前一个百万富翁都不认识。”

“只要我愿意，我可以用钱买到任何想买的东西。”

也许霍德脑海中当时正浮现出很多自己梦寐以求的东西：精品玩具、豪华轿车、名画、珠宝、上等丝绸。这些东西对巴菲特而言都不在话下，但这些东西对于他来说并没有太大的意义，他一心想做的就是待在凯威特广场的办公室里，一天一天地堆积起更多的财富。

与巴菲特不同，苏珊一方面表现出对金钱漠不关心的样子，另一方面却是一个疯狂的血拼族。有一次，她在家庭装修上一下子就花了15 000美元。巴菲特的高尔夫球友罗伯特·比利希回忆说：“这让巴菲特感觉像掉了一块肉一样。”巴菲特曾向比利希抱怨说：“你想过吗？如果把这笔钱拿去投资，20年之后能赚回多少钱呀！”

尽管巴菲特看上去没有太多的物质追求，但他却有某种特殊的偏好。在他看来，每一分钱都可能变成伊莎贝拉一世女王所没能得到的财富。如果今天的一分钱可以变成今后大笔财富的话，那么每花一分钱都会让他感到痛心疾首。他甚至连人身保险都不愿意买，因为他觉得自己能比保险公司更快地利用保费赚到更多的钱。[1]巴菲特说自己正在“逐渐进入吝啬的境地”（然而他在收取别人支票的时候却从不手软）。

当涉及金钱的时候，巴菲特似乎具有双重人格：一方面他视金钱

1. 关于保险有个趣闻。据寿险推销员凯·克特尔说，巴菲特的合伙人中有一部分人非常担心万一巴菲特哪天去世，自己的投资就泡汤了，于是强烈要求巴菲特买一份保险，受益人写这些合伙人。

如粪土，另一方面又视金钱如至宝。他虔诚地认为金钱是神圣的，似乎认为花掉一分钱都是一种罪恶。甚至在节食的时候，他也不会忘了让金钱发挥作用。除非他的体重下降，否则他会开出一张 1 万美元的支票给女儿，将来的某一天可以兑付。于是，女儿小苏珊就会想方设法地用冰激凌来引诱他，或是千方百计地把父亲拖进麦当劳，但这些都无济于事。她的爸爸可不会像希望保住自己的钱那样想吃冰激凌。

有一年夏天，当巴菲特全家去加州圣西米恩的威廉·兰道夫·赫斯特城堡度假时，巴菲特非常有趣地表达了自己对金钱的鲜明态度。当导游详细地介绍赫斯特的城堡里的窗帘、地毯、古董等每件东西花了多少钱时，巴菲特听得简直烦透了，他不客气地说道："别再絮絮叨叨地说他是怎么花钱的，跟我们说说他的这些钱到底是怎么赚来的！"

巴菲特的财富观似乎也影响了他的政治观，但绝非以人们通常认为的那种方式。大约在 20 世纪 60 年代初，当他变得极其富有时，他终于宣布脱离父亲，拥有了完全独立的政治态度。与大多数亿万富翁乃至一般人不同的是，巴菲特形成的政治观念并非建立在个人经济利益基础上，而是建立在对整个社会所产生的恐惧感之上。60 年代是一个多事之秋，有几件大事促使他觉醒。和广岛事件一样，古巴导弹危机让他感到震惊。巴菲特的朋友理查德·霍兰德回忆说：

> 沃伦感到害怕，他开始对研究是什么导致了极端民族主义以及如何避免战争产生了兴趣。他总是在计算世界因为发生核战争而被毁于一旦的概率到底有多大。

在这一时期，巴菲特阅读了和平主义哲学家和数学家伯特兰·罗素的大量著作，并接受了罗素的许多国际主义观点。作为一名不可知论者，罗素深信自己必将走向死亡。他认为，要想保护整个社会免受核战争的威胁，就必须依靠全社会的整体力量。巴菲特的父亲是一个典型的孤立主义者和反政府主义者，而巴菲特则意识到政府发挥着相当重要的作用。

在公民权利这一热点问题上，他的立场也是这样。奥马哈城有很多黑人，在居住和择业机会方面存在严重的种族歧视。霍华德·巴菲特在公民权利问题上从来都没有过任何公开表态，作为约翰·伯奇协会（John Birch Society）[1]的一名积极成员，他认为这一切根本用不着他来操心。

巴菲特的立场和父亲刚好背道而驰。沃伦·巴菲特退出了奥马哈扶轮社的活动，主要是因为反对他们主张的种族主义和精英政治论。种族歧视与他不偏不倚的立场以及对中立的评价尺度是不相吻合的，而后者正是他投资判断时的核心理念。同时，他也认为富人家的孩子不应该比穷人家的孩子享有更多特权。

巴菲特还经常受到妻子那种乐观主义的感染。苏珊是"美国人评论小组"的发起人和热心成员，该组织的成员是由拥有不同宗教信仰和种族背景的奥马哈妇女组成的，她们会去教堂、学校和俱乐部讲述他们遭遇过的种族歧视，苏珊则会讲述美国上层白人的思想观念。在20世纪60年代中期的奥马哈，该组织的做法可谓非常激进。像苏珊这样的上流社会女性一般都迫不及待地想要加入教友初级理事会，而不会去管黑人的死活。在清一色的白人住宅区，巴菲特一家估计是为数不多的经常在家里招待黑人的家庭，也许还是唯一的一家。

由于反对共和党人对公民权利的漠视，巴菲特决定脱离父亲的政党成为一名民主党人士，这对于他而言可谓迈出了巨大的一步。父亲是他最好的朋友，当时正在与癌魔苦苦斗争，而共和党是他父亲生命

1. 美国"二战"后出现的一个极右派团体，对战后美国保守主义运动产生了不容忽视的影响。——译者注

中重要的一部分。

1964 年冬天，霍华德病情加重，巴菲特每晚都要去医院陪父亲。有一天晚上，他与父亲就“改变政治派别进行了一场交锋”。正如他对查理·芒格所说的那样，在很多问题上，他并不能断定父亲的立场是错误的，但他不想像父亲一样在“政治观念上煞费苦心”。（也许，正是为了缓解父亲心理上的痛苦，巴菲特直到父亲去世之后才改变了党派立场，并向外界公布。）

第二年春天，父亲的病情恶化。得知父亲病危的消息后，巴菲特情绪十分低落，不过他一直都把这个坏消息藏在心底。几天之后，巴菲特回到家中时，女儿发现他的脸上笼罩着从未有过的愁云惨雾。“他几乎一言不发、万分悲痛，”她回忆道，“我记得当时问他为什么不去医院看看，他说‘你爷爷今天过世了’，然后就上楼去了。”

有 500 名悼念者参加了霍华德·巴菲特的葬礼。共和党和民主党的很多人士都盛赞他的正直和热忱。在整个葬礼的过程中，巴菲特始终保持沉默。后来，他离开了奥马哈城，没有告诉朋友们他到底要去哪里。巴菲特回到凯威特广场后，在正对他办公桌的墙上挂了一幅父亲的大照片。即便如此，他此生最好的朋友也已经离开了他。

和自己的父亲一样，巴菲特一直都是孩子们的道德楷模。但是巴菲特在对待孩子时就像对待合伙人一样，是一个不掺杂过多个人情感的理性分析家。他关心孩子们的成长，也会鼓励他们，但他不善于表露自己的感情。周六的时候，他会把女儿小苏珊带到办公室，就像父亲曾经带自己去办公室一样。他会和儿子小霍华德一起玩橄榄球，并辅导彼得的数学功课。但巴菲特很少和子女谈起可能会暴露个人感情的话题，例如有关他自己父母的情况。

他对小苏珊疼爱有加，但却在情感上忽略了儿子。小霍华德在家中排行老二，是个小淘气包。父亲不爱表露情感的做法曾多次让他感到沮丧。“我常常误解他的语气，以为他不关心我。”他说，“其实我错了，因为正是这样的特质才使得他成为一个成功的投资者，他为人处世能够不掺杂一丝一毫的个人情感和冲动。”

大多数人，尤其是那些握有显赫权力的管理高层，往往在工作时和生活中会呈现两种姿态。他们在办公室里是个强人，回家之后就变得温顺无比。但巴菲特是个例外，无论是在工作场合还是在家中，他的风格都是一以贯之。在小彼得看来，父亲就像一个闹钟，它的发条和齿轮永不停息地转动着。一天又一天，巴菲特都在围绕自己公转。“我记得曾经送给他一张生日卡片，”彼得回忆说，“他飞快地打开，然后马上就合上了。他扫了一眼就看完了，而我以为他至少要做一点儿道谢的表示吧！”巴菲特写给合伙人的信总是满怀深情，在自己的孩子面前却显得有些木讷。

不久之后，彼得和母亲一起逛药店的时候看见了一本名叫《为父手册》的书，他随口说道：“应该给爸爸买一本看看。”于是，苏珊就买了这本书回家。巴菲特拿到这本书之后，把彼得叫到书房里对他说：“嗨！出了什么事？你这是什么意思？”彼得说自己并不是要告诉他该怎么做父亲，至少这是彼得当时的感觉。但是，巴菲特明显地感到忧心忡忡，不过他尽量不把这种情绪表现出来。他努力想对彼得示好，但在彼得看来父亲对自己还是不太上心。

如果把巴菲特家比作一团热带风暴，那么巴菲特则是其中的风暴眼。小苏珊说，家里常常宾朋满座，其中包括朋友、亲戚以及来找苏珊谈心的孤独者，而父亲总是在看书。苏珊在家里走来走去干家务时都会不停地哼歌；几个孩子则会从阁楼里爬上荷兰式斜房顶，或是排成一字形在家中雄赳赳气昂昂地“巡阅”；巴菲特则会埋头工作，在书房待了很久之后他会冲出来拿一罐加了甜果汁调味的百事可乐，或是要求妻子让孩子们安静一点儿，他会大声叫道：“苏珊，让他们安静点儿！”

他曾经由于心不在焉闹过很多笑话。有一次，他一本正经地从楼上跑下来，问书房里的绿色壁纸哪儿去了，其实苏珊早在几年前就把它换掉了。

苏珊一直都对巴菲特很宽容，尽管他有些心不在焉，但从本质上来说他是个地地道道的好人。正如苏珊对她姐姐所说的那样："看着这么有趣的一个活宝，你想发火都没脾气了。"此外，苏珊很清楚，甚至连孩子们都明白，巴菲特一直都有精神上的追求，他无法顾及琐碎的家庭生活。他们半开玩笑地把巴菲特的书房称为"寺庙"，认为他的工作就像是位画僧在苦心创作"一幅作品"，一件艺术品。苏珊有一次对曼哈顿的经纪人朋友马歇尔·温伯格说："我们面对现实吧，毕竟我嫁的是个钢琴大师亚瑟·鲁宾斯坦般的人物。"

马歇尔·温伯格是个音乐爱好者，他完全了解苏珊说这番话是什么意思。巴菲特会在睡梦中"哼唱"华尔街的和弦、协奏曲，甚至是整部交响乐。有时，温伯格会为巴菲特演奏几段乐曲，希望能带给他一些新鲜元素。记得有一次，他告诉巴菲特有一只水泥股票价格相对偏低，巴菲特却立即反驳道："但账面价值没有任何用处，看看过去7年里水泥股票的买卖记录就知道了！"

温伯格明白，在这种解释背后至少有一种原因，就是巴菲特对自己的投资技巧非常自信。1965年，当温伯格从埃及旅行回来之后，巴菲特和苏珊到他在曼哈顿的公寓看望他。当年去过埃及的美国人少之又少，因此温伯格迫不及待地想要把金字塔的幻灯片展示给他的天才朋友看。

谁知道巴菲特竟然淡淡地说了一句："我有个更好的主意：你把幻灯片放给苏珊看吧，我不如到卧室里读一份公司年报，这岂不是更好吗？"金字塔根本不是他所关心的东西，就像他家的壁纸一样。

巴菲特身上带的那份年报十有八九是迪士尼公司的。在他去拜访温伯格期间，他去纽约时代广场看了一场迪士尼公司最新推出的影片《欢乐满人间》。毫无疑问，巴菲特对影片中的女主角朱莉·安德鲁斯提不起什么兴趣，他真正感兴趣的是迪士尼的股票。

巴菲特坐在电影院的座位上，穿着呢子西服，带着公文包和爆米花。他猛然发现其他观众都在盯着他看，他突然意识到自己是唯一一个没有带小孩来看这部电影的成年人，因此肯定会让人觉得很奇怪。

不过当影院中的灯光渐渐暗下来之后，其他观众就已经把他忘得一干二净了。巴菲特发现他们都目不转睛地盯着电影屏幕，于是他就暗暗问自己，如果今天、明天以及电影上映期间万人空巷的每一天，在每家影院的票房收入中自己都能分到一杯羹，那将是多大的一笔财富呀！

夏日里，当巴菲特一家去加州看望芒格一家时，两家人一同去了迪士尼乐园。孩子们在乐园里尽情地玩耍，巴菲特则和芒格从财务的角度对每项娱乐设施逐一分析。

后来，巴菲特在迪士尼乐园拜访了华特·迪士尼本人。巴菲特见到华特·迪士尼时，他穿着一件短袖衬衫，显得充满活力。巴菲特被华特·迪士尼对工作那种孩童般的热情深深打动了，他和自己是何其相似呀！

当时迪士尼的股票市盈率只有10倍。巴菲特试图不把它当作一只股票来分析，而是把它当作一个完整的公司来看待，就好像是在奥马哈城的一家愿意出售给他部分股份的公司一样。在巴菲特看来，迪士尼公司最有价值的财富是它珍藏的经典卡通形象和电影，比如《白雪公主》和《小鹿斑比》等。要是换了格雷厄姆，他对这种难以精确测度的资产是不会感兴趣的。不过，经过巴菲特的估算，仅靠迪士尼公司拥有的卡通形象和电影本身就值股票的账面价值了。此外，他可以拥有迪士尼乐园的一部分股份，还可以让那位平易近人的迪士尼先生成为他的合伙人。经过这样一番深思熟虑之后，巴菲特斥资 400 万美元买下了迪士尼公司 5% 的股份。华特·迪士尼先生在当年就去世了。

有一点是不能被忘记的，那就是巴菲特并没有背离格雷厄姆的信条：大量买进那些股价远远低于其“内在价值”的股票。只不过他对价值的界定已经有所不同了，确切地说，是他对价值的界定范围更广了。对巴菲特而言，迪士尼公司庞大的影片库的价值尽管不一定精准，而且不是由账面价值来体现的，但是它和工厂之类的有形资产一样真实。

毫无疑问，巴菲特大量买进美国运通的股票时也是基于同样的考虑，因为美国运通已经逐渐走出色拉油诈骗案的阴影。到了 1965 年，其股价已经拉升到每股 73.5 美元，是最低价的两倍。当年，巴菲特合伙公司的收益率超过道琼斯指数 33 个百分点，这的确是一项可圈可点的战绩。

巴菲特告诫他的合伙人，不要指望每年都能实现同样高的收益率，结果第二年合伙公司的收益率又高出道琼斯指数惊人的 36 个百分点。他原先做出的悲观预测结果又被更好的投资业绩打破了。巴菲特担心自己今日的骄人战绩会成为合伙人心中对明天失望的种子，于是他一次又一次地给自己可能的失败埋下伏笔。

（1962 年 1 月）如果我的投资业绩不佳，我估计合伙人会撤出资金。

（1963 年 1 月）毫无疑问，我们的投资也会遭遇冰川期……

（1964 年 1 月）我认为我们不可能总是能够跑赢道琼斯指数……

（1965 年 1 月）我认为我们的投资收益率不可能长期保持超过道琼斯指数 16.6 个百分点……

（1966 年 1 月）凡是那些认为轻而易举就经常能取得 1965 年投资

业绩的人，也许正在参加哈雷彗星观测者俱乐部的每周聚会。我们也会遇到亏损的年份，也会遇到跑输道琼斯指数的年份，我对这一点是确信无疑的。

（1966 年 7 月）这样的投资业绩应该说是好得有些反常了。

以上这些都是巴菲特的原话。尽管他出语谨慎，但是其行动极其果敢坚决。在合伙公司经营的第二个 5 年之中，巴菲特取得的业绩如下表所示：

年份	合伙公司	道琼斯指数
1962	+13.9%	–7.6%
1963	+38.7%	+20.6%
1964	+27.8%	+18.7%
1965	+47.2%	+14.2%
1966	+20.4%	–15.6%

10 年之后，合伙公司的资产总共增长了 1 156%，而道琼斯指数只增长了 122.9%。

扣除巴菲特应得的利润份额以后，他的有限合伙公司的资产总额上升了 704.2%，是道琼斯指数上涨幅度的 6 倍。对于在巴菲特创业初期就追随他的投资者，比如埃德温 · 戴维斯一家而言，每 10 万美元的投资已经剧增到了 80.4 万美元的财富（戴维斯一家和其他人一样，一直在注入更多的资金）。

到了 1966 年年初，巴菲特合伙公司管理的总资产已经增加到 4 400 万美元。从某种意义上来说，巴菲特已经是在经营一家有相当规模的企业了，虽然它的规模比那些庞大的共同基金公司要小得多。35 岁的他这时已经变得相当富有了。他在 1966 年 1 月给合伙人的信中写道："苏珊和我的资产已经达到 6 849 936 美元了，要打理好这么一大笔钱，足以防止我下午偷偷溜出去看电影了。"

巴菲特还第一次尝到了众星捧月的美妙滋味。当年 5 月，《奥马哈世界先驱报》的读者在第二版的醒目位置看到了巴菲特像花栗鼠一般露齿微笑的照片。照片上的巴菲特正在打电话，梳着已经落伍的短发，脸上露出一副热切的表情。《奥马哈世界先驱报》这样写道：

> 全美国最成功的投资企业之一是由奥马哈的一位投资奇才所经营的，这位奇才在年仅 11 岁时就成功地买入了第一只股票。

还有一个更爱刨根问底的记者在报道伯克希尔·哈撒韦这个纺织企业的变化时，着力渲染了一番巴菲特给人的那种矛盾感觉：

> 尽管他处事有些不拘小节，但他从不给人以邋遢散漫的感觉。如果说他是个随性洒脱的人，那么他显然对所有的事实都了然于胸……巴菲特从不逃避任何问题……不过有时他的回答会让你觉得有些拐弯抹角。

影响力更大的金融和商业类出版物上从来没有任何关于他的文章。但是，对于像戴维斯一家这样的投资者而言，巴菲特在他们心中简直就是财神爷。就是这个人，这个年轻的小伙子，使他们变成了富翁。他甚至帮助戴维斯的女婿李·希尔曼——一个国际收割机公司的推销员，一个喜欢捕猎鸭子和看橄榄球赛、长着林登·约翰逊一样的大耳朵但从来没做过发财梦的人——变成了富翁。希尔曼觉得自己似乎生活在美丽的神话之中。所有的投资者都认为自己是一个非常幸运的部落成员，就像冥冥之中有神灵在保佑自己一样。

巴菲特每年都会邀请他们来家里做客。合伙人每年都非常期待和这位神的传谕者共进晚餐。苏珊会把家里收拾得整整齐齐，依次和每位客人打招呼，和每个人说几句心里话。巴菲特则会同合伙人讲述他在过去一年中的投资业绩，同时再和大家分享几个小故事，而且会着重强调自己是如何身陷困境或是陷入啼笑皆非的尴尬之中的。比如，当他正努力想挽救登普斯特尔机械制造厂的时候，比阿特利斯的居民却以为巴菲特是来破坏公司的。为了经营威尔逊弹子球公司，他不得不和理发师们达成协议，以免弹子球公司受到黑社会的侵扰而被砸场。这些过往的经历，让人觉得这些故事中的主人公就像马克·吐温笔下那个有智慧但又有些鲁莽的哈克贝利·费恩，既谦虚又有些扬扬自得。他家中的来客都听得津津有味，那位名叫利兰·奥尔森的产科医生这么多年来都把这些故事铭记于心："它们太让你着迷了，而且他说话的语气从来都不会让你觉得他居高临下。"

事实上，投资者们对巴菲特简直有些顶礼膜拜了。经纪人亨利的妻子罗克珊·勃兰特在她女儿的《育婴手册》中"这个时代最伟大的三个人物"一栏下面写着：史怀哲、爱因斯坦、沃伦·巴菲特。

巴菲特是一个在此前只喝百事可乐、为人和蔼可亲的投资天才，但他能年复一年地把华尔街的其他投资者打得落花流水。巴菲特谦虚地鼓励其他人说，只有自信和成功的人才能取得长足的进步。他的那些自我解嘲就如同他预测自己可能会出现投资失败的谦虚式说法，只会加深投资者对他的敬畏之情。别人的这种敬畏之情委实让他感到高兴，但难免也会让他产生焦躁情绪。巴菲特在投资上屡有斩获，而投资人对他的期望值也就越来越高。星星的光辉越明亮，当它的光辉散尽之后出现的阴影就越黑暗。巴菲特早就说过他不可能一直都维持很高的盈利水平。

在华尔街，没有什么是永恒的。

第6章

急流勇退

我觉得自己已经跟不上目前市场的形势了。

——沃伦·巴菲特，1967年10月写给合伙人的信格雷厄姆那代人已经带着对经济大萧条的残酷记忆，慢慢淡出历史舞台。眼下在华尔街打拼的是崛起的年青一代，他们中的许多人在1929年大萧条发生时还尚未出生，也很反感上一辈人总是把对大萧条的悲惨记忆挂在嘴边。更重要的是，他们对大萧条到来之前经济形势一路高歌猛进的岁月没有任何记忆。在他们看来，投机是无可指摘的，20世纪60年代的牛市对于他们就像初恋一样充满了新鲜感，连他们交易的许多股票都是新的——电气公司、大型企业集团、小规模成长型企业。这些股票的价格上涨需要股民的信心支撑，当时人们对股市的信心十足，股市牛气冲天。

当巴菲特的合伙公司规模还很小时，这些对他丝毫没有影响。但是，随着他管理的资产规模不断扩大，他变得越发惴惴不安。一方面，他手里有更多资金可以用来投资；另一方面，他能买到的价值低洼股却越来越少，这就使他陷入了困境。日复一日，他的心理压力也越来越大。实际上，他在60年代晚期给合伙人写的信就像是一部之前时代的编年史。华尔街因为股市一路高歌猛进而兴高采烈，巴菲特却为此变得忧心忡忡。

1966年初，他迈出了决定命运的一步——合伙公司不再接纳新合伙人了。[1]

> 要真正做到这一点，我就需要得到整个董事会的同意。并且我也提醒苏珊，如果我们有了更多孩子，就要靠她为这些孩子找到新的合伙公司了。

1. 同时，巴菲特也受到了《美国证券法》的约束，它规定合伙制企业最多只能有99个合伙人。据他的律师唐·莫内恩说，把钱交给他打理的人数远远超过了99人，但承担“有限责任的合伙人”并没有超过99人的上限——他把一大批投资人看作一个整体的实体。“这是符合法律条文规定的，”莫内恩说，“我并不怎么了解这个法律条文的真正意义。”

巴菲特不再开闸，华尔街的投资却如同洪水一般泛滥。越南战争把股市推到了前所未有的高位。年轻人在街上游行集会，他们的父母则看到了战争给经济扩张带来的影响，纷纷在证券交易所排起了长队。共同基金如同雨后春笋般不断创立，而道琼斯指数首次突破了 1 000 点大关。道琼斯指数曾 3 次达到这一心理关口，每次都在这个充满魔力的指数附近收盘。到了 1966 年春天，股市的急剧下挫让所有人都措手不及。越来越多的投资者都在做短线投机。

> 有些合伙人给巴菲特打电话，“警告”他市场可能还会进一步走低。对于这样的电话，巴菲特一一驳回并提出两个问题：（1）如果他们在 2 月就知道 5 月道琼斯指数会跌到 865 点，那为什么他们当时不让我进入市场呢？（2）如果他们在 2 月不知道以后 3 个月的行情，那他们到了 5 月又怎么会知道以后的行情呢？

毫无疑问，合伙人的这类建议就是到未来市场走势十分明朗的时候才把股票售出。出于某种原因，市场评论家在看问题时往往有一个特殊的盲区，他们通常认为当前的“不确定性”利空因素出尽之后，人生接下来的每一天就都是艳阳天了。而事实上，即便他们无法准确预见目前的不确定性，这也并不会影响他们得出这样的判断，即未来并不会有阴霾压顶。

> 让我再重申一遍：关于未来会怎样，我是不得而知的。（如果你觉得对接下来几个月的行情能够看得很清楚，就给我们来个电话；哪怕对接下来几小时的行情你很有把握，也一定要给我们来个电话。）

巴菲特尽量避免对股市进行盲目预测，尤其不会按照人们的预期来买卖股票。与之相反，他更愿意逐一分析每家公司长期的盈利前景，因为他习惯于依靠自己的逻辑思维做出判断。如果某人能“预测”股市的行情走势，这就好比他能预测到当一只鸟飞离树梢时会朝哪个方向飞走一样，那毕竟是一种猜测，而非一种理性的分析。

不过，道琼斯指数的确开始下探到700点附近，但是总体而言，股市交易还是非常活跃的。曾经有两次，正当巴菲特想要出手买进他认为成长性不错的股票时，竞争对手先行一步把股票抢走了。（与大多数职业投资人一样，巴菲特投资某只股票时也是逐步建仓的，从而避免在大单买入时引起价格飙升。）有一只股票的价格超出了他所能承受的范围，另一只则被别人坐庄了，但这些并没让他心态失衡。

然而，在这种情形之下，巴菲特在恪守自己的商业投资机密方面到了近乎偏执的地步。他的股票经纪人都明白，在任何情况下都不要谈起巴菲特买了什么股票，甚至对办公室里的同事都不能提起。巴菲特在奥马哈的一位牌友凯·克特尔回忆说，巴菲特甚至怀疑有人在凯威特广场附近的黑石饭店对他的办公室进行了监听。凯·克特尔说，巴菲特还特意聘请了一家保安公司来办公室进行检查，结果什么窃听设备都没有发现。

真正的问题不在于人们窃取关于他买卖股票的情报，而在于他根本找不到足够多让自己满意的股票。另一方面，格雷厄姆的门徒已经很多了，再加上在使用电脑方面的优势，他们已经捷足先登，把市场上的一些绩优股收入囊中。

到了1967年年初，巴菲特觉得有必要提醒合伙人，最近一些新成立的共同基金在业绩上已经超过了自己。另外，他还警告说，自己原先不断涌现的灵感现在正“慢慢枯竭”。尽管他不分昼夜地寻找投资机会，但是他的话语中还是透露出一种悲凉。他说：“如果自己灵感的源泉已经完全枯竭，我就会立刻如实地告诉合伙人，以便于大家做出更加合理的投资决策。”

值得一提的是，巴菲特之所以会说出这些可怕的预言，正是因为华尔街出现了非理性的投机冲动。对于很多基金经理来说，这是股市高歌猛进的岁月。大家对电子类股票趋之若鹜，每一只新发行的电子类股票都被当作第二个施乐公司，受到一路追捧。难道是华尔街突然涌现出了一大批电子专家吗？如果有谁提出这样的问题，就说明他并没有真正了解这个时代。当年的华尔街把电子类股票奉为至宝。像美国音乐协会之类不起眼的股票，都因把自己称作“太空之声电子公司”而摇身变成了股市上的宠儿。

之后出现的是股民对高科技股的追捧，推动这股狂潮的是一些大型企业集团，比如国际电话电报公司、利顿实业公司和凌-特姆科-沃特公司等，它们掀起了一股兼并狂潮。那个时代对经济充满信心的公众不相信官僚主义，而是将信心注入这些庞大的组织（或技术）。

后来，市场上又出现了“非注册股票”（letter stock），这是一种未经登记的股票，往往是由那些经营前景很不明朗的公司发行的。因此，这类股票的定价方式也很奇特。尽管这些不同的风潮都有潮起潮落的时候，但是当一种风潮消退时，马上又会有另一种新的风潮随之涌来。因此在 20 世纪 60 年代末期，华尔街的投机气氛变得越来越浓厚。

最能代表这个投机时代的理财产品莫过于“速利基金”（performance fund），它的出现对于传统共同基金是一种挑战。这种新型基金并不力图在长时间的运营期内超过大盘的平均盈利水平，而是着眼于每一个季度、每个月、每周乃至每小时内都能迅速获利。速利基金往往由那些一心想要短平快地赚钱的逐利之徒操作。他们频繁地在不同种类的股票之间转换，不断追逐那些热门股票，就像一个演员到处走场，陶醉于观众的掌声一般。他们的目标其实很简单，就是要在市场行情的波动中赢利。杰拉尔德·蔡是曼哈顿基金的经理，他就是这个时代经营速利基金的代表人物。据称，只要杰拉尔德·蔡涉足的某只股票有任何一点儿风吹草动，都足以在市场上引发轩然大波。杰拉尔德·蔡这样的逐利之徒根本看不上霍华德·巴菲特所说的大隐隐于世的境界，而杰拉尔德只不过是一个岁数不大、没有多少阅历的年轻人罢了。

此类年轻的苟利之徒一般都是怎样的人呢？他往往出生在一个富裕的中产阶级家庭，毕业于名牌商学院。年纪往往不到30岁，甚至20岁刚出头。他喜欢穿粗条纹的衬衫，系细纹花哨的领带，浑身散发出一种自负与傲慢的气息，仿佛自己无所不知。他满口都是新近的流行语，包括"速利"、"概念股"、"创新"和"协同"等。他往往语速极快，雷厉风行。

这种投机之风在弗雷德·卡尔身上得到了充分的体现，他掌管的企业基金（Enterprise Fund）在投资者当中掀起了一阵狂澜。1967年，他经营的基金利润率高达惊人的116%，远远超过了巴菲特任何一年的业绩。弗雷德·卡尔往往投资于一些小规模的成长型公司以及大量非注册股票。媒体也把他捧上了天，称赞他"冷静而又果敢"。作为新崛起的一代投资经理中的精英，弗雷德·卡尔在他位于贝弗利山的豪宅浴室里都安装了电话，开着一辆捷豹车到处奔忙。他办公室的装饰也呈现出一派现代气息。他的投资策略非常简单："我们不会爱上任何东西，每天早晨起来，每样东西都是要出售的，包括证券组合里的每一只股票，乃至我的衣服和领带。"

从表面上来看，这些投机的基金经理变得越来越富有。如果热门股票上涨了，那么为什么不简单地跟着买进？这个问题经常困扰着巴菲特。他在日记中记下了自己的反应，这既是为自己的利益考虑，也是为合伙人的利益考虑。对于当时的"投机风潮"，他写道：

这同我的分析判断背道而驰（或许这是我的偏见），更不符合我的投资风格。我是不会拿自己的钱用这种方式来进行投资的，我也确信不会用你们的钱来这样投资。

据他的儿子彼得说，巴菲特把自己和电影《格伦·米勒传》相比，这是一部好莱坞的史诗题材电影，它描述了一位爵士乐大师率领乐队试图找到属于他“自己”的声音。对于巴菲特来说，所谓“属于自己的声音”并不仅仅是挣钱，它更是一种缜密的推理。选对一只股票颇像下国际象棋时走出一步妙棋一样，两者都能体现出一种纯粹的理性美，都代表着一种智力上的有益求索。不管巴菲特是把自己比作音乐大师格伦·米勒还是国际象棋大师鲍比·菲舍尔，他都不愿意踏进自己陌生的领域。

对于投资决策，如果我不了解其中某项至关重要的技术，我就不会贸然买入这样的股票。我对半导体和集成电路，并不比我对某些动物的交配习惯了解得多。

在巴菲特看来，股市的投机之风越是疯狂，自己就越应该在此时刹车。他把 1929 年大萧条来临时的剪报装在镜框里挂在墙上，以便时刻提醒自己。他的办公室里没有什么现代艺术装饰，也没有任何在贝弗利山的豪宅里流行的新鲜玩意儿，有的只是在暖气片上码放得整整齐齐的栗色《穆迪手册》，外加几张照片。他的接待前台悬挂着富兰克林的箴言“傻瓜才会把钱到处乱花”以及一张摄于 1880 年的华尔街照片。在巴菲特的办公室，你丝毫感受不到弗雷德·卡尔的影子，巴菲特甚至连股票行情机都没有。（股票行情机每分钟会报一次股价，几乎每个职业投资人都有一台，或拥有一台与之相应的计算机设备，并且成天盯着行情。）

巴菲特的投资组合简直和他的剪报一样古老。1966 年和 1967 年，巴菲特合伙公司花了大约 1 500 万美元买下了两家零售企业，包括位于巴尔的摩的霍克希尔德–科恩百货公司和服装连锁店联合制衣公司。对于这两家公司，巴菲特买下的并不是部分流通股份，而是整个企业。这种做法在其他基金经理人中都是前所未有的。巴菲特购买股票都是基于长线投资，但霍克希尔德–科恩百货公司和联合制衣公司也在一定程度上束缚了他的手脚。他不可能拿起电话，像弗雷德·卡尔卖领带一样轻松地把公司卖掉。另外，关于城市贫民窟零售业已经江河日下的说法也不利于股价企稳。不过，这两家公司都很便宜，而且巴菲特认为如果由他来经营，那么公司一定能赚到很多钱。

当巴菲特对联合制衣公司询价时，他对零售业内情了解的深刻程度让63岁的公司所有人本杰明·罗斯纳都大吃一惊，但是巴菲特对零售业的了解都是基于财务报表。当罗斯纳提出带他去一家商店看看时，巴菲特却谢绝了，说他即便真的去看了也看不明白。他只想让罗斯纳通过电话给他读一下过去 5 年来的资产负债表。第二天，巴菲特就打回电话给了一个报价。当罗斯纳接受报价后，巴菲特便带着查理·芒格到纽约签下了这笔生意。

联合制衣公司可以说是破旧不堪。它的商店位于日趋破落的内城附近，它的创始人罗斯纳也正打算退休。巴菲特再一次觉得需要一个堂吉诃德的仆人桑丘式的忠心耿耿的人物，于是他故作认真地问罗斯纳是否可以继续留任半年来帮他理顺公司的业务。而在私下里，巴菲特对查理·芒格说：“有一点我们根本不用担心，那就是罗斯纳绝对不会现在就退休的。”

罗斯纳是奥匈帝国移民的后裔，他于 1931 年在芝加哥开办了第一家服装店，是一个典型的白手起家进而取得成功的人物。创业之初，他手里只有区区 3 200 美元，后来却把公司做成了一个年销售额高达 4 400 万美元的大企业。和其他自强不息的人一样，他是个工作狂，对待雇员就像个暴君。他那种一分钱掰成两半花的守财奴精神让巴菲特不由自主地想起了自己的祖父——从前那家巴菲特父子商店里的暴君。罗斯纳曾认真数过一叠卫生纸到底有多少抽以免受骗上当，这绝对是巴菲特式风格。巴菲特经常给罗斯纳戴高帽，尽管他会找罗斯纳要每月的财务报表，但从来都不干涉罗斯纳对具体经营事务的管理（也从不走入罗斯纳的商店），这倒是让俩人井水不犯河水。正如巴菲特预言的那样，罗斯纳并不急于退休，而且想要从这个日趋败落的公司里挤出新的利润来。[1]

霍克希尔德–科恩百货公司就无法如此轻易地得到挽救，一方面是因为那家商店早已破旧不堪，另一方面是因为公司需要不断注入资金才能维持现有的市场份额。不仅如此，巴尔的摩的市中心也在日渐衰败，不管百货公司的股票是否便宜，用不了多久巴菲特就意识到自己做的这笔买卖并不划算。

另一只立足于长线的“低价股票”——纺织制造厂伯克希尔·哈撒韦公司，同样麻烦缠身。正如索尔·帕索曾经警告过的一样，制衣业的情况很不乐观。1967 年仲夏，巴菲特语气沉重地告诉他的合伙人，他暂时看不到任何伯克希尔·哈撒韦的经营状况能得到改善的迹象。

与此同时，华尔街仍然陶醉在前所未有的投资喜悦中。投资股票不仅利润可观，而且自 20 世纪 20 年代以来第一次变得趣味盎然，成交量一直在飙升。试想一下，在 50 年代巴菲特刚开始正式投资股票时，纽约证券交易所每天的换手量也就是 200 万股；而到了 1967 年，这一数字已经猛增到 1 000 万股。这样一幕足以体现出这种投机心切：当艾比·霍夫曼于 1967 年夏天去参观纽约证券交易所的时候，他突发

1. 罗斯纳在这个管理职位上一待就是 20 年。最终退休时，他对巴菲特说：“我告诉你这家企业为什么能经营到现在，那是因为你忘了你买下了这家企业，而我忘了已经把它给卖了。”

奇想，从观光走廊上向场内扔掷美元钞票，惹得下面的职员们四处奔走抢夺战利品。在美国西海岸，科莱纳贝尔经纪公司的客户们站在行情机前狂喊："涨停、涨停、涨停。"就这样，道琼斯指数又攀升到了900点附近。

恰逢此时，美国国会又采取了行动，当然，除了听证会还能是别的什么呢？8月，美国麻省理工学院著名经济学家保罗·萨缪尔森就像10年前的格雷厄姆一样，出现在参议院银行委员会面前。这一次的主题是关于共同基金的爆炸性成长问题。萨缪尔森指出，全美国共有5万名共同基金经理，平均每个经理为7个投资者打理资产。大多数基金经理显然没有什么能力，但业界的高收入还是让他们过着优越富足的生活。共同基金对投资者收取高达8.5%的前端费用是很正常的，这还不包括投资人需要支付的全年管理费用，前端费用只是被基金经理用于支付市场营销费用并让他们过着大富大贵的生活。（相比之下，巴菲特只抽取投资人利润的很小一部分，他还没有收取前端费用和管理费用。）萨缪尔森说：

> 在我付出的1美元中，只有91.5美分能为我赚取盈利和资本收益，其中的9.3%又以销售费用的形式流失了。

共同基金的繁荣所带来的一个副产品就是特权投资阶层的崛起。共同基金、养老基金等机构投资者在市场上发挥了比散户更大的影响力，这在历史上也是第一次。巴菲特认为，很多职业投资者的投机心态比散户还要严重。原先人们认为职业基金经理能够保持冷静的头脑，而散户在买卖股票的时候容易头脑发热，结果现实中这两种假设刚好颠倒了。有一位精明的观察者指出：

> 他们的投资理念和普通散户并没有太大区别，只想赶在大量散户买卖股票之前做出短期的估价判断。他们所关心的并不是一项投

资能给投资者带来多少真正的长期价值，而是在众多投资者心理因素的影响下，3 个月或一年之内市场会如何评估它的价值。

实际上早在 1936 年，凯恩斯就曾经描述过此类情况。尽管在大多数人的心目中凯恩斯是一位宏观经济学家，但是巴菲特在阅读凯恩斯的著作时发现他对股市也有相当深刻的见地。事实上，凯恩斯的职业生涯在某些方面和巴菲特极其相像。凯恩斯在职业生涯早期从事过外汇、玉米、棉花和橡胶产品投机，损失了很多钱。痛定思痛，他改弦易辙，成为一位立足长线、有选择性地投资的经济学家。他会冷静地观察市场，每天早上起床前都会花上一个小时来分析市场，并为自己和所任教的剑桥大学国王学院编撰了一份市场走势档案。他作为国民互助人寿保险协会的主席，在协会年会上的发言对市场价格产生过巨大的影响，在 30 年代的伦敦广受称道。

在巴菲特看来，凯恩斯在股市泡沫时代能够如此鞭辟入里地说出问题的实质，关键在于他深谙市场之道，知道投资者是怎样拉升或打压股价的。股市本身就集聚了观点各异的人群，每时每刻都有人愿意按某一价格买卖股票。这些投资者每天乃至每小时都在重估股价。然而一个特定的企业，比如迪士尼公司，其经营面貌的变化就要相对缓慢得多。公众对迪士尼著名影片《欢乐满人间》的热情不太可能从周二到周三就有很大的变化，有时甚至一两个月之内都不会有什么改变。因此，迪士尼公司股价的大部分波动，并非来自公司本身营业状况的改变，而是来自公众认知判断的改变。职业基金经理之所以能够比普通散户领先一步，就是因为他们投资方向的转变比广大散户飞速的想法改变还要快上半拍。凯恩斯曾说过：

我们已经进入三级价格歧视阶段，我们都将自己的聪明才智用来预测广大股民的普遍观点。

我们从巴菲特身上也可以看出他对广大投资者持有同样的怀疑态度。巴菲特认为公众的投资态度是会互相影响的。大家的行为和想法会互相感染并形成一个集合，在大市场中没有哪个人是孤立的。

巴菲特借用一个石油勘探者的寓言来说明这个道理。有个石油勘探者来到天堂门口，却听到一个令他垂头丧气的消息：为石油工人保留的"院子"已经住满了人。正在得到圣彼得的恩准说话时，他大声吼道："地狱里发现了石油。"说时迟那时快，天堂里的每个石油工人都离开天堂去地狱探宝去了。圣彼得顿时就对他留下了深刻的印象，并告诉他现在天堂里有地方可以给他住了。巴菲特接着说：

> 这个石油勘探者犹豫了一下，说道："不，我就不住了，我想自己也该跟他们一起去地狱，谣传背后或许总会有一些真实成分。"

巴菲特是从格雷厄姆那里听来这个故事的，但直到很久以后，他才以书面的形式把它写了下来。不过在这种投机时代，这样的寓言故事流传并不广。速利基金往往会在"题材股"上大做文章，一个单纯的题材（比如"地狱里发现了石油"），就能把一只股票的价格捧上天去。全国学生营销公司的股票就是一个典型的例子，它以每股6美元的价位开始向公众发售，在一年之内股价就飞涨到每股82美元。

全国学生营销公司是一个名叫科尔特斯·威斯利·兰德尔的人想出的点子，他是一个30岁左右的大帅哥。该公司把很多名义上经营与年轻人相关的物品的公司集合在一起，例如图书公司、唱片公司以及青年航空旅行卡公司等。因此，他借用公众疯狂追逐的一个题材新宠"年轻人"，打造出了一个商业帝国。兰德尔是个老奸巨猾的销售商，他对证券分析师们用尽甜言蜜语以讨对方欢心，带着他们到自己在弗吉尼亚州的城堡度假，还在自己的喷气式飞机上和他们通电话。每年，兰德尔都会预计公司的投资回报率将增加3倍。而每次，他都能达到自己的目标——尽管没有公司会计师的协助，他也能实现这一目标。他博得了华尔街的信任，把股价推到了每股 140 美元的高位。这不禁让人想起了经济学大师加尔布雷斯的那番评论："也许为了片刻的富有，忍受长久的贫穷也是值得的。"甚至连银行家信托公司、摩根保证信托公司以及哈佛捐赠基金也都买了兰德尔的公司的股票。

人们不禁会感到诧异，这些投资界的翘楚竟然如此容易受骗上当。其原因在于他们都害怕自己居人之后，他们面对的选择是：要么买进热门股票，毕竟它们都在升值；要么就冒险暂时落后于人。而那些落在其他基金后面的基金经理，甚至在一个季度或两个季度里都无法得到新的注资。处于这种投机时代，基金经理除了加仓别无选择。

1967 年，麦克乔治·邦迪发表的一篇评论更是为投机时代摇旗呐喊。麦克乔治·邦迪是福特基金会的总裁，也是保守主义的代表人物。麦克乔治·邦迪非常认真地给手下的基金经理们布置了任务，他认为他们的表现不是过于大胆了，而是显得勇气不够。

> 我们形成了这样一个初步印象，长期的谨小慎微让我们遭受的损失比因鲁莽或承受过度风险所遭受的损失要大得多。

这番话让华尔街为之一振。如果福特基金会都鼓励人们勇于承担更多的风险，那么还有哪个基金经理需要缩手缩脚？不仅如此，身为美国前任国家安全顾问和越南战争缔造者之一的麦克乔治·邦迪立刻投入实践。他大笔调用基金会的收入来投资股市，希望通过在股市上的成功运作赚回更多的资金。他信誓旦旦地对《财富》杂志这样说道："我也许会犯错，但我会毫不迟疑地采取行动。"

1967 年 10 月，也就是在麦克乔治·邦迪的"圣谕"传达之后数月，巴菲特就像教皇的反对者一样发表了一份自己的声明。他不像邦迪那样自信，实际上此时巴菲特别的什么都没有，有的只是迟疑不决。

到目前为止，巴菲特合伙公司的总资产已经高达 6 500 万美元，但他该把这些钱投资到什么地方去呢？价格低廉的股票已经不复存在，游戏规则也发生了改变。

华尔街在短线和超短线交易上下了越来越多的赌注。巴菲特告诉他的合伙人，这种投机交易确实很有赚头。同时，他也坦言这些热门股票的价格还会继续上涨。但是，巴菲特真切地知道自己并不擅长这种交易，他也不想做这样的尝试。他无法拿出证据证明这么高的股价是荒唐的，他只能说服自己。

> 当游戏规则已经不为你所熟悉后，人们会说这种新游戏方法是错误的，可能会导致新的麻烦，这样说都是人之常情。过去，我曾对别人的这种做法非常蔑视。我也曾目睹那些按过去的行为方式而不是因时而异做事的人们得到了怎样的惩罚。实话实说，面对现在的游戏规则，我已经有些凌乱了。但在一点上，我是清醒的：我不会放弃之前的某种行为方式，因为我完全掌握它的逻辑性（尽管这有可能意味着放弃轻而易举可以得到的暴利），转而接受一种连我自己都没有完全理解、没有成功付诸实践的方式，这种方式也有可能会导致资金一旦遭受重大损失就再也收不回来。

有些合伙人认为巴菲特的这种说法只不过又是“狼来了”的把戏，因此都开始自己从事短期投机交易。但是一个令人震惊的现实摆在了大家眼前：巴菲特调低了自己的收益目标，把自己合伙企业的收益率超过道琼斯指数的部分下调了 10%。也就是说，从现在开始，巴菲特将朝一个更低的目标——每年赢利 9%，或超过道琼斯指数 5 个百分点奋进。无论按照哪一个目标来衡量，投资目标都比之前降低了。一些有更好赚钱机会的合伙人“理性”地决定离开巴菲特，他们说：

“请您一定相信，我对这样的决定深感遗憾。”

同时，巴菲特似乎出现了中年危机。巴菲特名下的私人财产已经高达 1 000 多万美元，和自己“年轻气盛”的时代相比，他不想再那么“拼命”了。他现在已经步入 37 岁的黄金岁月，不过在这个接近不惑之年的时候，巴菲特考虑的一些问题不仅仅是以赚钱为出发点的，这让许多人都感到很吃惊。

在这种沉思中值得关注的是，从表面上看，巴菲特依然保持着那张理性得近乎机械的冷峻面容。他不同寻常的自我感知力使他明白，如果坚持原先的既定目标，他就会永远都有挥之不去的压力。因此，就如同改变一下实验室里安装在实验鼠身上的设备一样，他调低了自己的目标。

> 初步的自我分析告诉我，我可能无法竭尽全力地实现曾对那些将资本委托给我的人公开许诺的目标。

不过，如果说巴菲特努力使自己不要那么“竭尽全力”的话，那么这种说法大家都觉得站不住脚。他的家里没有任何人体会到他不再是一个“拼命三郎”了，他们也不相信他真能做到“不拼命”。女儿苏珊回忆说，要想让父亲从专注的工作中抬头看你一眼几乎是不可能的。在巴菲特发表了这番声明之后不久，女儿苏珊就拿到了驾照，开车出去兜风，结果不小心撞到了另一辆车上，把父亲的林肯车撞出一个小坑。苏珊自然很担心一旦把这个坏消息告诉父亲，他会责备自己。她回忆道：“那天我是哭着上楼的，爸爸正在看报纸。我说：‘爸爸，我把你的车给弄坏了。’他却连头都没抬一下，我接着又哭了。大约过了 5 秒钟，他说了一句：‘哦，有人受伤吗？’我答道：‘没有。’我在那里等着，以为他还会说些安慰的话，结果他什么都没说，也没抬头看我一眼。”

这就是所谓“不太拼命”的巴菲特。几分钟后，他意识到，作为父亲，自己应该有些表示才行，于是就把头探进苏珊房间说道：“苏珊，没事，那个跟你撞车的家伙肯定是个笨蛋。”他总共就说了这么几句话。那天晚饭后，苏珊想用车，巴菲特二话没说就把钥匙给了她。

尽管巴菲特对市场情形的估计并不乐观，但他的投资业绩依旧毫不逊色。做出那番声明后不久，他报告了1967年合伙公司的业绩，收益率高达36%，比道琼斯指数高出17个百分点。大部分盈利来自美国运通，它的股价已经狂涨到每股180美元，在顶峰时它占到合伙公司投资组合中40%的份额。当年仅仅投入1 300万美元，巴菲特如今轻松地赚到了2 000万美元的利润。（不过，他从来都不把让他发财的金矿一事提前告诉他的合伙人。）此外，他还从迪士尼那里赚到了55%的利润。

可能因为他的盈利一如既往地那么辉煌，他的合伙人都忽略了这段时间对他来说是相当困难的一段时期。（有些合伙人甚至写信来询问他是否真的乱了步，巴菲特向他们保证，他确实乱了步。）他放弃了“轻而易举赚到暴利”的机会，并不意味着他在投资时是一帆风顺的。实际上，巴菲特的投资生涯只有一个支点，那就是他的直觉是正确的，而“市场先生”的直觉是错误的。在股市一路高歌猛进的时代，目睹很多投机商赚得盆满钵满对巴菲特而言不啻为一种折磨。

1968年年初，巴菲特想到了一个至少能看懂当前股市行情的人，那就是格雷厄姆。他想到了一个提议，为什么不以这位大师的名义，把他的弟子聚到一起呢？巴菲特邀请了一大群旧日的同窗好友，其中包括比尔·鲁安、马歇尔·温伯格以及汤姆·纳普（还有一些朋友不是格雷厄姆的门徒，比如查理·芒格）等，在圣迭戈附近欢聚一堂。不过，巴菲特恳求大家谈话的内容不要晚于恩师1934年版的《证券分析》。他信中使用的谨慎语气可以清楚地透露，巴菲特唯恐有人抢了他心目中英雄的风头。

> 今天，我和格雷厄姆谈了谈，他很喜欢与“精选”人士见面这个点子。我们选定了1月26日周五这个日子，大家可以重温旧情、畅叙一堂。我知道你们有些人有发表演讲的嗜好，我郑重地向大家表明，格雷厄姆才是蜜蜂，而我们都是花朵。看了这份演讲嘉宾名单，我感到这次会面如果组织得不好，就会变成一场喧闹的土耳其地毯拍卖会。除非我们都能达成共识，那就是在这次会面中，要虚心地再向格雷厄姆学些东西，而不是抓住机会向他证明什么。多年未见，他错过了我们很多人美妙的思想火花。

也许巴菲特最担心的就是直言不讳的查理·芒格，芒格觉得格雷厄姆教的很多东西都很愚蠢，他总是让巴菲特重新想想对老师那么尊敬是否有必要。在芒格看来，与其为一个烂企业出低价，倒不如为一个好企业开出一个合理的价格。有很多看似价格便宜的企业其实完全是个烂摊子，到最后你反而会发现这笔买卖其实一点儿都不划算。

巴菲特自然明白芒格讲的这番道理。之前，他曾经坦言，尽管自己主要是一个格雷厄姆式的低价股猎手，但是“这些年来凡是能真正让我产生激情的，都是那些让我更加注重品质的投资方案”。当然，他把美国运通和迪士尼深深记在了脑海之中。尽管如此，他还是把格雷厄姆式的股票当作自己的最爱。他说：“这种投资更加安全。”他的老师依旧是他的榜样。

与格厄雷姆的会面安排在圣迭戈优雅的科罗拉多饭店里（玛丽莲·梦露拍摄的经典电影《热情似火》的场景所在地）。格雷厄姆带着一种苏格拉底的气度走了进来。他在开场白中说道：“你们是一群聪明的年轻人，让我给你们做个测试，有10道正误判断题。我提醒你们，它们的难度可相当大。”没有人能答对半数以上的题目，除了芒格的律师事务所合伙人罗伊·托尔斯以外，因为他怀疑其中有诈，于是在每道题后面都打了钩。格雷厄姆之所以出这些题目，是想说明一个貌似容易的游戏也可以让人掉入陷阱，这正是对当时那个投机泛滥的时代的讽刺。

汤姆·纳普的合伙人爱德华·安德森说：“我们喜欢和格雷厄姆在一起。”但是，后来这次聚会突然出现变故，格雷厄姆因为生病提前离开，也不再有兴致继续扮演“蜜蜂”这一角色了。于是，这个集会就成了巴菲特团体核心成员的聚会。

他的朋友们都很聪明，也很有野心，但都有些心胸狭窄。亨利·勃兰特天生就喜欢杞人忧天，同时也是一个工作狂。他在沙滩俱乐部四周溜达漫步时都会随身携带的口袋里装上阅读材料。狂傲自大的戴维·戈茨曼经营着第一曼哈顿投资咨询公司。他最着迷的就是谈论自己和其他人的身价和财产状况。（举个典型的例子，有一次在哈佛商学院吃晚饭时，戴维·戈茨曼转向一个刚刚结识的女性问道：“你是个有钱人吗？”）

马歇尔·温伯格是一个性格外向、大腹便便的单身汉。他是一个美学家，只对金字塔和鲁宾斯坦感兴趣。还有两个折中派人士爱德华·安德森（之前他是一个化学家，后来成为基金经理，对行为心理学很感兴趣）以及查理·芒格。所有人都有一个共同之处，那就是对华尔街的喜爱。他们都对投资有着强烈的好奇心，却很少能和格雷厄姆一起坐下来谈论西班牙文学或是古希腊文。

在圣迭戈，格雷厄姆的这些门徒花了两天时间来交流他们对市场的忧虑。“我们都因对市场缺少机会而感到遗憾。”爱德华·安德森说。巴菲特鼓励他在哥伦比亚的同学杰克·亚历山大谈谈他的想法，但他最终什么也没说。在离开圣迭戈时，他对股市的看法是否真的得到提高很值得怀疑。

事实上，巴菲特逐渐认识到管理好自己的投资组合就像一场亡命夺宝之争。有人可能会发现一只“烟蒂型”股票，吞云吐雾一番后就把它抛了，其收益转瞬即逝的特点难以令人满意。让巴菲特感到兴奋的是立足于长远的投资，通过控股伯克希尔·哈撒韦公司和联合制衣公司，以及和这些公司的经理，如本杰明·罗斯纳等人共事，巴菲特的确发现，这些公司的盈利增长能力很难达到美国运通的水平。但是，

> 当我和自己喜欢的人打交道时，我在做生意中找到了另一种激动人心的感觉。（其实，又有哪种生意不是如此呢？）如果投入的资金能够得到合理可观的回报（例如 10%~12%），那么自己总是改弦更张想要从别的公司身上多赚几个百分点的盈利，在我看来，这种做法是很愚蠢的。

不过，提出这样一个问题也不算过分：如果合伙人的钱不能在巴菲特这里多赚出几个百分点的话，那么他们为什么要死心塌地跟随巴菲特呢？如果单纯地从投资回报的角度来考虑问题，那么弗雷德·卡尔的说法和做法似乎更站得住脚，他的观点就是“我们不会爱上任何东西”。然而巴菲特却对自己的几笔投资很是沉醉，因为除了简单的数学计算之外，在他的投资动机背后似乎还隐藏着一种对持续性的渴求。他对奥马哈城、格雷厄姆以及他的朋友们都是偏爱有加的。他的一生都在寻求持续性，他心中最大的恐惧就是死亡引起的极端不连续性。出售股票也是一种不连续性。和曾经让他百思不得其解的其他哲学困惑一样，他无法确定自己该在什么位置来划分这个界限，什么时候该持有自己喜爱的企业的股票，而在什么时候应该抛出套利。在华尔街，其他投资人根本不会考虑这样的问题。

1968年，美国的政局陷入动荡，股市的红火却达到了近乎疯狂的地步。纽约大盘的日平均成交量高达1 300万股，比1967年高峰时的纪录还要高出30%。1968年6月13日，日成交量暴增至2 100万股。行情机工作时飞快地发出哐哐哐的声音，似乎随着每一次反战游行者与荷枪实弹的士兵交锋，它的声音都变得越来越响亮，人们逐渐升温的政治上的不满反而给华尔街的股市带来了更多的推动。在那个充满暴力和暗杀恐惧的动荡夏日，股票交易所被大量的买卖单据压得喘不过气来而被迫休市，这在历史上也是破天荒的第一次，而且这种情况一直持续了多日，人们似乎在寂静中仍可以听到求救的呼喊声。但是股市还在一路疯涨，就像一个醉汉还想喝完最后一瓶酒，连天色已亮都没有察觉。

股票经纪人理查德·詹雷特给它起了个诨号叫“巨大的垃圾市场”。新股在疯狂上市，比如美国四季护理中心、肯德基公司以及应用逻辑公司等。巴菲特注意到“一系列非注册股票正在推广和销售，这场游戏的参与者中有轻信他人者，有自我催眠者，还有愤世嫉俗者”。他的脑海中肯定浮现出了弗雷德里克·梅茨的模样。这是一个自诩为罗宾汉的人物，经营着梅茨投资基金，他把自己的办公室叫作奇布兹，把他手下的一帮年轻职员称作“花童”。弗雷德里克·梅茨把大量的资金投入到一只名叫欧米茄的非注册股票中。非注册股票并没有市场定价，因此它的价格是不确定的。弗雷德里克·梅茨在计算了自己基金的资产之后，把欧米茄股票的价格定为每股16美元。这是一个很有趣的数字，因为弗雷德里克·梅茨是以每股3.25美元的价格得到这些股票的。就这样，在欧米茄股票的现状或盈利前景没有丝毫变化的情况下，梅茨投资基金就拥有了超过400%的账面盈利。

尽管巴菲特还不到40岁，但他觉得相较之下，自己已经进入了“老年人病房”。他曾一度鄙视竞争对手表现出来的懈怠，但是现在他们都表现出了“严重的高血压症状”。他留意到有一位基金经理宣称，仅靠每周或每天研究股票是不够的，“对股票必须每隔一分钟就研究一番”。巴菲特评价说：“这种说法让我觉得出去取一瓶百事可乐喝都有负罪感。”

我们很容易就可以想见，这番言论也许出自一个在华尔街涉世不深的乡巴佬之口，他写信给家里的一个叔叔，描述着城里发生的令人方寸大乱的事情。而事实上，巴菲特从来都没有和华尔街脱离过。他每天都要给股票经纪人以及交易商打电话，有的时候一天还要打好几通电话。坎托－菲茨杰拉德经纪人公司的首席交易商阿特·罗斯尔开玩笑说，这些年来他和巴菲特说的话不下“1亿句”。

巴菲特的交际圈子非常广。事实上，他在奥马哈所得到的信息即便不能超过纽约那些基金经理，至少也不会比他们逊色。他从奥马哈得到了一种平衡感。有一天，当他带着儿子开车路过一家麦当劳时，他对儿子霍华德说：“要想赢得良好的信誉，你需要20年时间，而要毁掉它，5分钟就足够了。如果你明白这一点的话，做事的方法自然就会有所不同。”

让人感到惊奇的是，一个股票投资奇才在这样一个快节奏的时代，却能够继续踏实地留在相对偏僻的内布拉斯加州。巴菲特在1968年接受《邓氏评论》采访时说：“奥马哈不比别的任何地方差，在这儿你可以看到整片森林；而在纽约，你的视线会被树木遮挡。”

但是，人们不是都说纽约人容易得到“内幕消息”吗？这对巴菲特的投资难道没有影响吗？

巴菲特回答说：“有了足够的内幕消息，再加上100万美元，你一年内就可能破产。”

这确实是一句非常具有美国中西部风格的话，而且揭示了事物的本质。它的潜台词就是美德有朝一日也有可能变成罪恶，这与华尔街上芸芸众生普遍接受的至理名言恰好相反。

看看巴菲特在同一年，即 1968 年对家庭保险公司的投资，就更能说明问题了。他连续几周都在买进这只股票，以汤姆·纳普在曼哈顿的特威迪-布朗和纳普公司作为经纪商。有一天，当公司正要为他买进价值 5 万美元的股票时，公司的合伙人霍华德·布朗突然接到从奥马哈城打来的电话。霍华德·布朗放下听筒，说道："真是太奇怪了，沃伦说别买进了。"

第二天，家庭保险公司宣布被城市投资公司以高价收购了。巴菲特有可能事先得到了内幕消息，但他没有买入这 5 万美元的股票，意味着他错过了一个很好的获利机会。他明明知道买入这些股票是合法行为，但巴菲特认为大家都会留意到这一点，让他的做法看上去有那么一些令人怀疑。

巴菲特是否感到自己的美德与个人利益会互相抵触？（有人倾向于把两者看成有所差别的个体。）巴菲特并不这样认为。他认为个人利益和美德经常倾向于一致，因此他还是有可能把二者妥善处理好的。毋庸置疑，这种观点并不是每个华尔街同行的头脑中都会具备的。

巴菲特常常去纽约，每年春天会和苏珊一起去，其他时候也常去。他会在中心广场和许多商界人士及朋友们见面。这些人包括投资顾问桑迪·戈茨曼、比尔·鲁安、《财富》杂志专栏作家卡罗尔·卢米斯以及未来的酒店业巨头拉里·蒂什。他们都是非常富有而又神通广大的人物。

但是，当巴菲特身处纽约的时候，他还是有一种乡下人进城的感觉。这不仅仅是因为他在说话的时候总会蹦出"傻子""蠢蛋""好的，伙计"之类的词语。苏珊很喜欢去艺术家咖啡馆，但巴菲特还是愿意和朋友们在斯特奇熟食店一类的低级餐馆里吃饭。在这里，他可以要一份他出城后必点的牛肉汉堡，并且还要在白面包片上抹蛋黄酱。有一次，马歇尔·温伯格鼓足勇气提议去吃一点儿稍微不一样的东西——日本牛排屋。

“我们为什么不去鲁本斯餐馆呢？”巴菲特反驳道。

马歇尔·温伯格提醒说昨天午餐就是在这个位于纽约城东的熟食店吃的。

“那正好呀，”巴菲特说，“这样你就知道在那里该点什么了。”

“按你这种逻辑，难道我们要天天去那儿吃吗？”温柏格说。

“那也挺好啊，为什么不天天去那儿吃呢？”

还有一次，巴菲特在环境优雅的哈莫尼俱乐部吃午饭，一同进餐的有桥牌冠军萨姆·斯泰曼，他也是巴菲特的一位投资者，另外还有斯泰曼的妻子约瑟芬。约瑟芬·斯泰曼对巴菲特身上那种中西部人特有的不拘小节印象极其深刻。她回忆道：

> 吃完饭后，我回到自己住的上城区，沃伦也到上城区来了，我想他可能还有另外一个聚会。他说他待在纽约很压抑，问我是否愿意和他一起从 61 大街跑到 79 大街。当时纽约还没有兴起慢跑的风尚。我们迈着飞快的步伐穿过麦迪逊大街。他穿着他的西服，奔跑中透露出对自由的向往。

你可以想象一下这个穿着毫不入时的网球鞋的华盛顿男学生。人们不习惯看到一个奥马哈牛仔在麦迪逊大街上奔跑。通常，大多数美国人也不习惯看到一个亿万富翁搭乘飞机的经济舱。他们心目中华尔街的成功人士是像 J·P·摩根先生那样有派头的，而他们在巴菲特身上看到的却是威尔·罗杰斯[1]的影子。

有一天晚上，数据文件公司的主管鲍勃·马洛特在纽约第 5 大道

1. 出生于美国南部俄克拉何马州的传奇牛仔和演员。——译者注

偶然遇到巴菲特，却看到巴菲特在那里来回踱步，活像一只迷途之犬。巴菲特解释说，他正在度量一家商店下面的地段大小。在堪萨斯土生土长的马洛特得出结论说：“一个在大城市里成长起来的人绝对不可能具备巴菲特身上的那种率真。”

到了1968年年底，美国股市的牛市逐渐显得底气不足了，一些大公司的泡沫纷纷破灭。杰拉尔德·蔡的曼哈顿基金在305只基金中的业绩排名也一落千丈，跌至第299位，蔡不得不就此收戟。当年12月，美国证券交易委员会停止了欧米茄股票的交易。对于弗雷德里克·梅茨而言，这无疑是当头一棒。梅茨基金拥有30万股欧米茄股票，这个曾在全美国排名榜首的基金，却要面临突如其来的巨大资产亏损。在万不得已的情况下，梅茨说服美国证券交易委员停止了基金赎回（就似一家银行关闭出纳柜台的窗口以停止挤兑）。接着，梅茨在纽约希尔顿饭店面对一群高端投资者陈述投资前景。可笑的是，在他自己的基金后院起火的时候，他还在四处兜售他的行家观点，对这种令人啼笑皆非的事梅茨好像并不在意，他自信地说：“和1968年一样，我们没有什么理由担心1969年会变得前景暗淡。”后来，基金打开了封闭期，他的基金净值马上就下跌了93%。

梅茨基金只不过是冰山一角。当梅茨基金的帝国摇摇欲坠时，明眼人都可以清楚地看出这绝不是最后一个倒下的基金公司。伯恩汉姆公司的沃尔特·斯特恩早就表示过他的担忧。他认为在熊市里，人们一定会草木皆兵地恐慌抛售，就像他们当初买进股票时一样慌不择路。不过，巴黎和谈给市场注入了一剂强心针。1968年12月，道琼斯指数爬上990点的高位，而华尔街又把奢望的目光放到了不切实际的目标上：越南战争结束，道琼斯指数站上1 000点。

巴菲特合伙公司在1968年赚进了4 000万美元的利润，年收益率高达59%，总资产增加到了1.04亿美元。巴菲特在缺乏灵感的情况下，管理着空前多的资金，再加上市场达到了顶峰，因此他经历了业绩最红火的一年。他跑赢道琼斯指数不是仅仅 5 个百分点（他定下的最低目标），而是 50 个百分点。他说，这种盈利业绩“是百年一见的稀罕事儿，就像一局牌中抓了 13 张黑桃一样”。这是他最后一次轻轻松松就做出的业绩。

这时，牛市正断断续续发出终结前的呻吟，而华尔街的专家们不顾已经很高的整体市盈率，依然在拼命地推荐热门股票。美林公司买进了市盈率为 39 倍的 IBM 公司股票，巴奇证券公司把施乐公司的股票推高到 50 倍的市盈率，布莱尔公司将雅芳公司的市盈率抬高到 56 倍。在这样的高盈利水平下，一个把自己所有资产都压在雅芳公司股票上的投资者需要半个世纪的时间才能抽回他的资金。难道它真能“值”那么多钱吗？一个基金经理表达了自己的看法，他认为在某个特定时刻股民们认为某种股票价值多少，股票就真能值多少。每一个大学的捐赠基金都觉得“应该持有 IBM、宝丽来和施乐公司等热门股票。因此，我觉得他们会做得不错”。巴菲特提醒人们不要忘记一个从表面上难以发现的微妙区别：“价格是你所掏的钱，而价值才是你真正得到的。”

这些都已经没有任何意义了。最后，局面已无法扭转，巴菲特对找到理想的股票彻底失望了。1969 年 5 月，《商业周刊》把弗雷德·卡尔评为“全美最优秀的投资组合经理”。当月，这个奥马哈人拿定了主意。因为担心自己陷入惨境，同时也担心自己多年来赚到的家业付诸东流，巴菲特做出了一件让人目瞪口呆的事，他宣布离开投资界。有关他开始清算巴菲特合伙公司的消息震惊了所有的合伙人。就在这个时候，当牛市掀起一波波高潮时，他却准备隐退了。

股市的这种投资局面让我无所适从，我也不希望去玩一种自己根本不懂的游戏，这有可能让自己多年来苦心经营起来的声誉都毁于一旦，我不如趁现在急流勇退。

巴菲特做出这一决定的勇气是难能可贵的。在华尔街，人们绝不会主动关闭一个企业并偿还资金，更不会在鼎盛时期这样做，也不会在公司取得最佳业绩之后主动这样做。之前，根本就没有人这样做过。巴菲特其实有很多条路可以走，他可以选择把股票清仓，将股市上的资产换成现金以等待时机，每个合伙人都渴望由他来运作资金，而他也总是感到肩上有一种无法推卸的责任，要带领整个合伙公司向前迈进。自从1967年他写给合伙人那封具有里程碑意义的信以来，他曾经试图不要干得那么像“拼命三郎”，但是，只要他继续待在“这个舞台上”，他就绝不可能真正活得悠然自得。

如果我要融入公众之中，我就身不由己地要参与竞争。我明白，我并不想毕生都忙于超越其他的投资经理，让自己完全放慢脚步，唯一可行的办法就是放下为上，让者有余。

在他的朋友理查德·霍兰德的印象中，巴菲特总是在仔细审视自己的一生，尤其是他将如何处置金钱。他现在拥有的个人总资产已经达到了惊人的2 500万美元，而且巴菲特已经向合伙人暗示过他将改变步伐。

你们中的有些人会问：“你下一步打算怎么办？”我对此没有任何答案。我只知道当我60岁时，我会尽力实现其他的个人目标，这些目标与我在20岁之前设定的人生目标会有所不同。

一年前，巴菲特曾经帮助过狂妄不羁的尤金·麦卡锡筹资参与民主党内的总统候选人竞选，在接受《奥马哈世界先驱报》采访时，他表示希望把大量的时间“尽可能而且有效地花在关乎民众福祉的问题上”。在另一次访问中，他说自己想追求一些赚钱之外的目标。

巴菲特立即开始着手进行这项工作。奥马哈城的白人不允许犹太人进入奥马哈俱乐部，这是一个位于市中心的商务人士经常光顾的餐厅。但是，巴菲特有不少犹太朋友，其中包括尼克·纽曼。他经营着一家奥马哈杂货连锁店，对自己被拒之门外感到极为愤慨。巴菲特对俱乐部管理委员会提起了这件事，却被告知说：“他们（犹太人）在城里有自己的俱乐部。”（奥马哈也有许多乡村俱乐部，每个俱乐部都有严格的种族划分。）在巴菲特看来，这明显是一种错误的做法。

迄今为止，犹太人家族在奥马哈已经生活了100年以上了，他们一直都为所在的社区着想，他们对奥马哈城建设做出的贡献不比其他任何人少，而他们却不能像约翰·琼斯一样加入俱乐部。约翰·琼斯只不过是联合太平洋公司的一个中层员工，而他一搬到奥马哈就加入了俱乐部，这样做显然有失公允。

当然，巴菲特并不打算在奥马哈俱乐部外面发起一场示威游行。他的做法很有他自己的特色，他选择了一种被动和间接的策略，便于巧妙地转移压力：他申请成为会员的俱乐部全是犹太人的高地乡村俱乐部。

高地乡村俱乐部成立于1923年，是由一些在高尔夫球场上被蔑称为“犹太佬”或“恶人”的犹太籍高尔夫球爱好者创建的。即便到了60年代，反犹事件也并没有完全消失，而奥马哈的犹太人也没有做好完全融入和欢迎非犹太群体的准备。高地乡村俱乐部中坚持种族纯粹主义的人士强烈反对巴菲特加入。他们的感觉是：“这是我们的俱乐部，而他们将会把它抢走。”巴菲特的朋友们以及俱乐部的自由派人士，其中包括奥马哈的犹太学者都赞成巴菲特加入。这场争论相当激烈，但在1969年10月1日，巴菲特最终还是被该俱乐部接纳了。然后他回到奥马哈俱乐部，通知他们说“犹太人俱乐部”里已经不再全是犹太人了。这样奥马哈俱乐部再也没有借口可找，只好迅速接纳一些犹太籍会员。

巴菲特后来在谈到此举的动机时口气十分轻松，他总是习惯用一种开玩笑的口吻来表达自己强烈的感情。他说加入高地乡村俱乐部是因为“那里的食物更好吃一些”，而实际上，他很少去那里。除了他对公民权利的关注之外，人们都怀疑他是否真的对犹太人有种特殊的感情，也许与对格雷厄姆的崇敬之情有关吧。犹太教教士迈克·克里普一家是巴菲特家的常客。他觉得巴菲特是一个“犹太哲学家”。(巴菲特总是和迈克·克里普开玩笑说他想为自己女儿挑选一个“出众的犹太男孩”。)

但在奥马哈人看来，巴菲特加入高地乡村俱乐部一事还具有更深层的含义，它宣告了巴菲特与他那宗教观点浓厚的父亲在观念上的背离。迈尔·克里普曾和霍华德·巴菲特一起就霍华德支持在公立学校举行祷告仪式的做法展开过一番激烈的争论。克里普认为沃伦·巴菲特的这一“表态”“是对父亲的做法的一种强烈反应，不啻为一种政治声明”。

巴菲特夫妇还参与了具有历史开拓意义的堕胎事件。苏珊在计划生育活动中非常活跃，他俩一起强烈支持堕胎合法化(当时在许多州里堕胎还是非法的)。1969 年，加利福尼亚州最高法院同意受理利昂·贝洛斯的案件。利昂·贝洛斯是一名医生，他因为给一名妇女推荐了堕胎医生而被起诉。查理·芒格曾在报上读到有关贝洛斯的事情，然后就给巴菲特打电话，两人随即决定支持利昂·贝洛斯。

查理·芒格把贝洛斯案当成一场关乎个人权益的斗争。他组织起草了两份案情摘要，一份由 178 名医学院院长和教授联合签名，另一份则由芒格自己起草并由 17 位知名律师共同签名。1969 年 9 月，贝洛斯取得了划时代的胜利——这是美国首次宣布《堕胎法》违背宪法。

在巴菲特看来，高地乡村俱乐部事件和贝洛斯事件的性质是相同的。巴菲特支持的都是他认为有利于社区利益的那一方，同时摒弃了宗派主义。以他那种理性的、股票投资人的观点看来，社会拥有开放性的团体和自由堕胎方面的呼声远远高于隔离主义者和反堕胎主义者那种狭隘的利益。

除了政治之外，巴菲特把1969年的大多数时间都用来清算公司的投资组合。他的叔叔弗雷德碰巧在同一时间关闭了巴菲特父子商店，这个家族杂货店从开业到关门恰好延续了100年。这年秋天，巴菲特和苏珊选择了一个合适的时机举办了一场聚会。他们邀请了180位客人，还从斯特奇熟食店弄来很多三明治和成架的香肠。巴菲特家的大门被一串闪烁的小灯照得灯火通明，门两侧还放置着一对将近1米高的百事可乐瓶子。应邀前来的有驰骋政界和商界的朋友，有黑人和白人，有“富翁和苦苦挣扎的打拼者”。女人们有的穿着鸡尾酒会晚礼服，有的穿着喇叭裤，有的穿着裙裤，还有的穿着迷你裙。参加聚会的人还在日光浴室里画了两个穿紧身衣的女孩图形。W · C · 菲尔德和梅 · 威斯特在壁球场上一显身手，大家还可以从一台炸爆米花机里拿到香喷喷的爆米花。一位客人说他根本不知道奥马哈竟然有“这么多有意思的人”。

与此同时，大家也开始察觉到，巴菲特急流勇退的决定日渐显得英明。直到5月，道琼斯指数都一直停留在1 000点左右的高位。但到了6月，道琼斯指数猛跌到900点以下，一只只被高估的个股的泡沫纷纷破灭。利顿实业公司是当时典型的大盘蓝筹股，它的股价比极盛时期下跌了70%；凌-特姆科-沃特公司的股价也从每股169美元一路狂泻到25美元。华尔街的证券经纪公司纷纷倒闭。纽约证券交易所大厅内原来悬挂着的醒目标语——“在美国商界拥有你的股份”，后来也悄无声息地被撤下了。速利基金也是灰飞烟灭。

刚在5月被《商业周刊》奉为神明的弗雷德·卡尔当年12月就黯然退场了，他的企业基金里堆满了无法清算的非注册股票。这些非注册股票的市值在1969年就下跌了26%，并且在这场浩劫结束前继续大跌，跌幅之深近乎腰斩。科尔特斯·威斯利·兰德尔的全国学生营销公司的股票价格更是从每股140美元狂跌到3.5美元，连哈佛大学的捐赠基金都没能幸免于难。道琼斯指数在1969年年底以800点收盘。然而，股市还在一路杀跌。到了1970年5月，纽约证券交易所里的每一只股票都比1969年年初缩水了50%以上，四季护理中心的股票在1968年是市场的宠儿，它的股价也从每股91美元下跌到32美元。电子数据系统公司的股价在春季的一个交易日内就急降了50%，致使公司那位拿破仑式的传奇缔造者H·罗斯·普洛特的财产在一天之内就蒸发了4.45亿美元。福特基金的投资组合也变得支离破碎，麦克乔治·邦迪不得不咽下自酿的苦酒。

巴菲特殚精竭虑才使得公司在1969年维持了7%的盈利水平，这是合伙公司的最后绝唱。尽管这是业绩不佳的一年，但公司还是跑赢了道琼斯指数18个百分点。巴菲特长期以来预计的公司业绩下滑的年月从来没有出现，他在每一个季度都有盈利，并击败了道琼斯指数。

假如一个投资者在1957年将1万美元投入道琼斯指数，那么13年后他获得的总利润将达到15 260美元。但是同样多的资金如果被投入巴菲特合伙公司中，扣除巴菲特自己的份额之后，将会产生150 270美元的利润。如果换用另一种算法，那么巴菲特的投资组合每年的增长速度为29.5%，远远超过道琼斯指数的7.4%。人们也许能在其他领域找到可以与巴菲特相媲美的英杰，例如古典音乐界的莫扎特，然而在投资界，巴菲特的卓越成就无人可以比肩。

有些投资公司想出资买下他的合伙人名录，巴菲特一一拒绝了。但是，还有一个问题：巴菲特从前的投资者会把他们的钱投到哪里去呢？巴菲特只给了他们一个名字：比尔·鲁安。他是格雷厄姆班上一个循规蹈矩的学生，当时，他正在建立一个新的共同基金——塞凯亚基金。巴菲特的许多合伙人都对它进行了投资。

巴菲特说他将把自己的很多资金注入城市债券里，他也写了一封长信告诉他的合伙人如何做出同样的投资（但他申明自己以后将不会再继续提供投资咨询意见）。这封长信的形式既随意又散漫，但是内容非常具体。在纽约市发生财政危机的5年前，他就已经注意到了可能会出现的麻烦。他在这封信中有一段忠告：

> 你们将发现我不会买大城市发行的债券，因为我对如何分析纽约、芝加哥、费城等大城市的财务状况感到毫无头绪。你们对纽约市的财政状况的分析跟我的分析应该是一样的，我承认很难预见市政府在超过贷款期限后就不再偿付欠款了。我分析债券的方法和我分析股票的方法很相近，如果有什么是我不明白的，我宁可不去为此烦心。

除了两项投资以外，合伙公司把其他投资都进行了清算。这两项分别是伯克希尔·哈撒韦公司和多元零售公司，后者是本杰明·罗斯纳的联合制衣公司的控股公司。[1]这样一来，每位合伙人都可以选择持有两家公司的股票或是把自己的股份套现退出，巴菲特则选择了自己留下股票。

> 我觉得这两家公司未来的成长性都很好，我很高兴自己的净资产

1. 巴菲特幸运地把总部位于巴尔的摩的霍克希尔德公司卖给了通用超市，而且没有遭受任何损失。

中有相当大的一部分投到了这两家公司中去。

他恳请合伙人在考虑两家公司中较大的伯克希尔·哈撒韦时，不要仅仅把它当作一只股票，还要把它当作一个企业。不过，他的说法还是让人感到有点儿晦涩难懂。一方面，他自己对纺织业并不十分感兴趣；另一方面，他又很喜欢管理伯克希尔·哈撒韦公司的那个年轻人。他认为伯克希尔·哈撒韦每年都会带来10%左右的资产增值，但并没有做出明确的预计。此外，尽管他希望参与伯克希尔·哈撒韦的政策制定，但他的合伙人都明白他没有任何义务“转移兴趣”。

桥牌冠军萨姆·斯泰曼认为巴菲特已经黔驴技穷了，他把自己持有的伯克希尔·哈撒韦股票以每股43美元的价格出售给巴菲特。但是许多投资者选择了继续持有伯克希尔·哈撒韦的股票。他们无法知道伯克希尔·哈撒韦将变成什么样子，也不知道巴菲特在重新塑造它的过程中会投入多少心力。但是，巴菲特清楚地表明，他将保留伯克希尔·哈撒韦的股票，正如忠实的威廉·安格尔医生所说的那样：“任何人只要还长着脑子，就会听从巴菲特的建议。”

第7章

接手伯克希尔·哈撒韦

命运使然，马萨诸塞州的新贝德福德经历了两次而非一次的短暂经济腾飞。这座城镇是从欧洲移民到美国的清教徒建立起来的，经历了英国人在美国独立战争时期的劫掠，后来又成为世界捕鲸业的贸易中心。被海水浸透的潮湿的鹅卵石一直铺到码头，这码头曾给新贝德福德带来无限商机，同时也给这座城镇带来了风险，因为巨鲸有可能会在码头搁浅。当地的一名海员赫尔曼·梅尔维尔说："这座城镇也许算得上美国东北部最宜居的地方了。"那么，这座城市的财富又来自何方呢？"去看看远处环绕着大楼的那些捕鲸叉形状的标志吧！你就能找到答案了……它们都是从海底拖到这里来的。"

美国内战时期，捕鲸者们蒙受了巨大的损失。当宾夕法尼亚州挖出第一口油井后，新贝德福德的命运开始滑坡。然而新贝德福德人在摇摇晃晃中还是挺直了腰杆，这要归功于他们的先见之明，把一些资本投到了别的领域。早在 1847 年，新贝德福德的捕鲸者们认为可以减少对靠海吃饭的依赖性，于是筹资建造了一家纺织厂。后来他们又建成了一座纺织厂，并以捕鲸人阿库什尼特的名字命名，标志着这一城镇资本流向的转变。最后，在新贝德福德，约有 1 亿美元投入了纺织业，即使在休渔期，船坞上依旧堆满了从美国南部运来的成捆的棉花。在 20 世纪初叶，新贝德福德的 70 家纺织厂生产出来的上等棉布在全美是最多的。

对于新贝德福德人而言，有一条经验是很重要的：资本是流动的。轮船也许会腐烂，但是利润却不必和船长的灯一起沉入大海。这一点使得这座城市里最大的纺织厂维持了近 100 年的历史。

哈撒韦制造公司是由霍雷肖·哈撒韦于 1888 年创办的。公司创办时资本金只有 40 万美元，投资人主要是捕鲸者，这从它坐落在考夫大街面朝大海的位置就可以明显地看出来。当年《新贝德福德晚间标准报》写道，这家蒸蒸日上的新企业将"雇用大约 450 名工人，有

3 万个纱锭同时开工”。这家纺织厂最初的一个投资人叫赫蒂·格林，她是一个以“华尔街巫婆”的绰号而臭名昭著的吝啬鬼。[1]

随着国家对棉布需求的不断增长，哈撒韦制造公司和整个纺织业都在走向兴旺。在第一次世界大战期间，因为军队对制服和布匹的需求狂涨，纺织业的利润也大量增加。在新贝德福德，有 3 万名工人（几乎占到劳动力总数的一半）都在纺织厂工作。

后来，纺织工厂突然衰败了，或者说向美国南方转移了，因为那里的劳动力更廉价。在 20 世纪 20 年代，新贝德福德的工人们（大多数都是移民）被迫忍受一次又一次的工资削减。1928 年，当纺织厂主要求进一步削减 10% 的工资时，工人们只得揭竿而起。此次罢工持续了 5 个月之久，让人感到非常痛苦。之后，许多纺织厂没能重新开业，而那些重新开业的工厂又赶上了经济大萧条的狂风暴雨。到了 1940 年，纺织业的工人队伍已经骤减至区区 9 000 人。

值得一提的是，面对这个日趋衰败的行业，纺织工厂的投资者们十分淡定。到了 20 年代末，尽管他们获利依旧丰厚，但工厂里运转的依然是陈旧不堪的机器。同时，股东分得的红利也相当丰厚，基本上可以达到 10%。这些业主把资金抽调到南方的纺织厂，投到了股市上，也花在了他们的豪华游艇上。不论这些钱流到了哪里，业主们都牢记捕鲸者的训诫：一旦这个行业走向灭亡，他们就再也不会注入新的资金。在这些工厂里只有一个例外，那就是哈撒韦制造公司。

哈撒韦制造公司是由西伯里·斯坦顿经营的。他志向高远，举止优雅。他的祖父是一艘捕鲸船的船长，父亲曾任哈撒韦制造公司的总裁。

1. 赫蒂·格林是一位船业大王的继承人，据说在冬天她会裹着报纸取暖。她死于 1916 年，作为当时世上最富有的女人，她留下了 10 亿美元的财富。

西伯里出生在新贝德福德，于1915年毕业于哈佛大学，在法国打过仗，并被提拔为陆军中尉。战后他又回来，成为哈撒韦的合法继承人，并在纺织厂里做过学徒工。要不是遇到了沃伦·巴菲特，他也许会在那里待上半个世纪。

西伯里·斯坦顿不苟言笑，态度冷漠，不过目光如炬。决定他命运的时刻出现在1934年大萧条最严重的时期。当时的纺织厂一个个倒闭或是迁往南方。但是，西伯里就像他的航海者祖先一样，经过深思熟虑后决心要安全地闯过这场风浪。他设计了一个运营计划，为工厂增加现代化的设备。在后来的10年间，他总共为纺织厂注入了1 000万美元的资金。西伯里和他的弟弟奥蒂斯走进了股票交易所，大量买进哈撒韦制造公司的股票。他们胸怀高远的理想，认为如果股东的利益面临风险，自己就应该和股东站在同一条战线上。有了西伯里做舵手，考夫大街上这座红砖盖成的纺织厂勇猛地经受住了浪潮的冲击。

接下来几年的经营业绩可谓喜忧参半，哈撒韦建立了合成纤维分厂，而且在人造纤维制造业中一直处于市场旗舰地位。第二次世界大战对降落伞纤维面料的需求无异于给公司注入了一针强心剂。二战结束后，哈撒韦继续研发人造纤维，终于成为全美国，也许是全世界最大的男士西服面料制造商。但是，麻烦在于公司的产品非常易于被竞争对手仿制，它逐渐遭到了来自美国南方厂家乃至亚洲厂家的强烈冲击。后来，1954年，一场飓风吞噬了整个工厂，使它蒙受了巨大的损失。有人给西伯里开出了非常优厚的条件，让他去南方重新投资办厂，但这位倔强的军官绝不认输。他不愿意离开自己熟悉的新英格兰，决定让哈撒韦与一个同样历史悠久的北方制造商伯克希尔精纺联合公司联姻。

说到伯克希尔的历史，我们就需要追溯到塞缪尔·斯莱特。他在

1790 年建立了全美国第一家纺织厂。奥利弗·蔡斯是一位曾经为斯莱特工作过的木匠，他也于 1806 年在罗得岛建立了自己的纺织厂，蔡斯家族使企业一直保持长盛不衰。一个半世纪之后，蔡斯家族依旧控制着伯克希尔，而伯克希尔公司下面有十多家工厂，为床单、衬衫、手绢和衬裙工厂供应人造纤维。

和哈撒韦一样，在二战期间及二战结束后很短的一段时间内，伯克希尔也盈利颇丰，后来它也同样遇到了经营上的困境。但是，马尔科姆·蔡斯总裁却采取了与西伯里截然不同的经营战略。哈撒韦经过现代化改造之后建立了时装面料、西服面料以及窗帘布料等几个分厂，而伯克希尔却仍旧在使用古老的机器加工棉花。马尔科姆这位白发苍苍、面庞瘦削的新英格兰人，自从 1931 年以来一直从事纺织业，他觉得这个行业在新英格兰没有光明前景，自己的潜能也没有得到充分施展。他的侄子尼古拉斯·布雷迪后来当上了美国的财政部部长。布雷迪于 1954 年从哈佛商学院毕业，他的毕业论文写的就是伯克希尔公司。他在文章中得出的结论十分不乐观，他自己也很快就把手中的股票卖出了。

两家公司在 1955 年合并成为伯克希尔·哈撒韦公司。新的公司堪称纺织界的巨人，有 14 家工厂、12 000 多名工人，年销售额高达 1.12 亿美元。有人认为哈撒韦的现代化管理模式与伯克希尔的巨额资产相得益彰，所以铸造出纺织界的巨无霸。新公司的总部迁到了新贝德福德，由西伯里·斯坦顿担任总裁，马尔科姆·蔡斯则担任董事长。

西伯里对伯克希尔进行了一番实地考察。当看到成千上万的老式织布机与房顶的滑车相连运作时，他下决心要对工厂进行一番现代化改造。他投入了新的纱锭，重修了织布机，提高了织布机的速度，还把最好的工厂进行了整合。

西伯里骨子里就有一种贵族的清傲。在他看来，他是塞缪尔·斯莱特的精神继承人，而塞缪尔·斯莱特是“一个极富想象力的人，能够把湍急的河流、旋转的飞轮、粗糙的纺织机和纱线连接到一起，为全美国人提供衣着”。大萧条期间的经历给他留下了难以磨灭的印象，也一直成为指导他行动的准星，他坚信“人们要鼓足勇气，辛苦打拼才能生存下来”。在他的管理下，伯克希尔·哈撒韦成为新英格兰最大的一家，之后也变成了唯一一家存活下来的大型纺织企业。

然而，如果从经济角度来考虑，他还不如以捕鲸为生。据他手下的人说：“西伯里对投资回报率没有一点儿概念，他只关心一件事，那就是让工厂持续经营下去。”他不停地往工厂里注入资金，但是过低的纺织品价格却无法让他得到投资回报。

在管理过程中，西伯里变得越发孤僻了。他对员工的着装都有严格的要求：经理必须穿带有菱形花纹的袜子和白衬衫，秘书们必须戴手套并穿长筒袜。如果有哪位公司的高层在公开场合身穿运动夹克出现，立马就会遭到他的严厉呵斥。在他的领地里，他与所有人的交流都采用书面汇报和批复的形式。他一直在一块离员工非常遥远的办公区工作，和大家极其疏远，大家背后都称他的办公区为“象牙塔”。马尔科姆·蔡斯回忆说：

> 西伯里在二楼顶部有个办公室，谁要想在办公室里见他，就必须首先经过他的秘书，而在那以前还要先经过他秘书的秘书。如果那边打电话让你去他办公室，你就得爬上一段长长的楼梯，在走廊的尽头有一扇门，推开门你会看见一张长长的会议桌，而在桌子的另一端你才能看到西伯里的办公桌。

中午，他会从宛若皇宫一般的象牙塔走下来，钻进一辆等候已久的凯迪拉克房车。车子快速开过南区工薪阶层简陋的木屋子，载他回家吃午饭。尽管从楼上就可以鸟瞰整个厂房的状况，但他几乎从不和工人接触。每年，他仅仅会在圣诞节的时候问候一次上夜班的工人：他会从象牙塔走下来，和工人们一一握手，而工人们也会故意在手上涂满机油，“期盼”着与老板每年一次的握手。

西伯里和他的弟弟奥蒂斯性格不合。奥蒂斯强烈反对哥哥进行再投资的计划，另外他对西伯里不惜冒工人罢工的风险，坚持削减工资的做法也相当不满。兄弟两人之间的隔阂也渗透到了公司的方方面面。

奥蒂斯一直在新贝德福德和位于纽约服装区的销售办公室之间来回奔波。他是一个性格开朗的人，哈撒韦公司人造丝纤维服装面料之所以能打开销路，他绝对功不可没。正是奥蒂斯把哈撒韦公司的合成纤维和其他面料推销给了“加工批发商”，由他们对这些材料进行印染和加工，然后将其推销给服装制造商。战争期间，其他供应商都靠弄虚作假和贿赂来蒙混过关，但奥蒂斯一直奉行童叟无欺的商业原则。战争结束之后，尽管商品供应更加充足，但那些信赖他的客户仍十分愿意跟他合作。

但是，擅长生产管理的西伯里却开始侵占奥蒂斯的地盘。他在内部建立起一个新的分部，主要加工纤维材料，然后直接销售给服装制造商，这样就撇开了“加工批发商”这一群体。这一举动在新贝德福德人看来似乎是明智的，却忽略了纺织贸易中的一个重要事实——纺织业是由非犹太人控制的，而加工批发商和服装制造者却往往是犹太人。“你要和他们做生意，就必须先和他们处理好关系，”伯克希尔公司纽约分销部的一位副总裁斯坦利·鲁宾解释说，“这是西伯里犯下的致命错误，直接酿成了最终的悲剧。”

伯克希尔·哈撒韦帝国逐渐分崩离析。西伯里还在极力宣扬纺织业的光明前景，而在纽约负责推销纤维面料的销售人员却认为这是一个已经衰败的夕阳产业。有一次，伯克希尔·哈撒韦的一位推销员和一个客户在纽约第5大道会面，向他推销手绢布料。这位客户指着窗外一位走进洛德与泰勒百货商场的女士说："看见了吗？所有的女性手里都拎着手袋，每个手袋里都有一盒舒洁纸巾，这就是手绢行业终结的标志。"

到 1961 年年底，伯克希尔·哈撒韦只剩下 7 家工厂了。在之前的 3 年中，公司共注入 1 100 万美元。尽管公司的设备性能有了提高，但是生意鲜有起色。公司生产的普通平织布料无法从激烈的竞争中脱颖而出。当竞争对手的产品充斥整个市场的时候，伯克希尔·哈撒韦越发显得孤立无助。因此，到了 1962 年，也就是伯克希尔·哈撒韦完成现代化改造的那一年，它的运营损失竟然高达 220 万美元。

当时，西伯里和奥蒂斯两兄弟之间的宿仇更加激烈，因为西伯里打算把职位传给自己的儿子杰克·斯坦顿。杰克是一个高高瘦瘦、长得有棱有角的男孩，很像他父亲，但他的蓝色眼睛中流露出一丝忧郁。杰克步父亲的后尘，在哈佛大学念了书，也参加过世界大战，还曾经在海军陆战队的棒球队里投出了不少好球，费城体育学院曾经很希望把他招进学校，但是西伯里不准他去。杰克是个极富责任心的孩子，他放弃了棒球，来到织布厂，"他和工人们并肩工作，弄得满手油污"。1962 年，性格冷峻的杰克已经是公司的总会计师了，年逾古稀的西伯里打算再工作几年，把儿子扶上总裁的宝座。奥蒂斯和马尔科姆·蔡斯都觉得杰克资历不够，于是便开始秘密地物色其他人选以取而代之。

伯克希尔·哈撒韦的股票在华尔街备受冷落。投资信息提供商价值线公司的一位证券分析师理查德·蒂利森曾在 1955 年年初推荐过伯克希尔·哈撒韦的股票，当时推荐的目标价是每股 14.75 美元。在接下来的几年中，理查德·蒂利森也经历了市场供过于求以及纺织厂纷纷倒闭的艰难岁月。到了 1963 年年初，伯克希尔·哈撒韦的股价已经跌到每股 8.125 美元，比理查德·蒂利森最初投资时缩水了 45% 之多。

然而，这位纺织业股票分析师心中希望的火焰多年来一直都没有熄灭。1963年3月，理查德·蒂利森发布分析报告，称伯克希尔·哈撒韦公司“目前的经营前景比之前相当长一段时期都要好”。当年6月，他更是不遗余力地为伯克希尔·哈撒韦摇旗呐喊，预测公司第二季度会有一定的盈利。到了9月，他不得不再次公开宣称公司业绩反弹尚需时日：

> 伯克希尔公司目前暂时还无法实现之前的盈利预期，因为大量的棉布制造商现在都已迅速转产到混合纤维上来，这一趋势导致市场暂时处于疲软状态。

由于“暂时”的价格疲软，公司“目前”还难以迅速赢利。这种状况一下子就延续了整整8年时间。

根据经济理论，如果一家公司管理如此不善，迟早会有投资者认为自己能让其资产发挥更大的价值，就会想要接手公司。无独有偶，此时巴菲特与理查德·蒂利森几乎同时开始关注伯克希尔·哈撒韦公司。当时正值20世纪50年代，巴菲特还在格雷厄姆-纽曼公司工作。霍华德·纽曼曾去伯克希尔·哈撒韦公司考察，差一点儿就决定买下它。直到1962年年末为止，巴菲特都不过是一个伯克希尔·哈撒韦公司的旁观者。但在1962年年末，伯克希尔·哈撒韦的股价跌破每股8美元。因为伯克希尔·哈撒韦每股的运营资本都高达16.50美元，因此公司股票看上去实在是片价值洼地，于是巴菲特通过合伙公司买进了一些股票。但是，当时巴菲特并没有接管公司的念头。他操作伯克希尔·哈撒韦股票的方式与其他股票并无二致，他认为自己也会把伯克希尔·哈撒韦的股票耐心地持有几年。

然而，随着巴菲特的投资兴趣日渐高涨，他在纽约的一位经纪商朋友丹尼尔·考因给他找来了大量股票。1963年，巴菲特合伙公司成为伯克希尔·哈撒韦公司最大的股东。巴菲特曾一度隐瞒自己作为最大股东的身份，而由丹尼尔·考因出面，让他在伯克希尔·哈撒韦公司的董事会中争到了一席之地。

后来，有消息说丹尼尔·考因背后的大老板正是巴菲特。伯克希尔的销售副总裁斯坦利·鲁宾认识巴菲特，于是打电话询问巴菲特是否有意买进更多的股票。

巴菲特含糊其词地说："有可能会吧，也有可能不会。"不过，仍然没有任何人意识到巴菲特会有什么大动作。

不久，巴菲特参观了这家纺织企业。当得知杰克·斯坦顿手里有一份公司自20世纪20年代以来的财务状况复印件之后，他兴奋不已，马上要求复印了一份。之后他又想去看看厂房，杰克·斯坦顿回忆说："当时我很忙，因此就让肯·蔡斯陪他去参观。"

这是杰克·斯坦顿一生中犯下的最致命的错误。奥蒂斯早就考虑把肯·蔡斯（他与马尔科姆·蔡斯没有什么联系）当作取代西伯里的候选人了。但是，将这一职位视为囊中之物的西伯里和杰克都没察觉到这一点。肯·蔡斯是一位化学工程师，年近50岁，长着一张国字脸，看起来平易近人。他在当地土生土长，开着一辆雪佛兰车，之前曾在新贝德福德纺织学校念过书，于1947年进入哈撒韦的人造纤维部工作，后来通过努力打拼升到了负责生产的副总裁。

在两天的时间里，蔡斯带着巴菲特在纺织厂里四处参观，巴菲特觉得眼前的一切都是塞缪尔·斯莱特创业时的真实写照：一捆捆棉花原料消失在巨大的漏斗中，纤维被织成闪闪发光的透明网状物，细丝在上千台纺架上织成了纱线，最后又堆积到了一起。不论巴菲特有什么感受，在这个不再为人称道的行业中，还是有某种吸引人的东西存在，非常能体现新英格兰地区特有的气质。肯·蔡斯回忆说：

沃伦·巴菲特一直问个不停，关于营销的，关于机器的，关于我认为应该采取什么策略，公司该怎样发展，我们目前销售的是什么产品，我们主要的销售对象是谁……对每个细节他都刨根问底。

肯·蔡斯毫不避讳地指出了公司存在的问题，巴菲特认为找到了自己中意的人选。巴菲特并没有表什么态，但是在行程结束时，他给肯·蔡斯留下了一句富有暗示性的话："肯，我会和你联系的。"

与此同时，西伯里终于意识到自己已经四面楚歌。1964年，伯克希尔·哈撒韦公司一再要求回购股票，这样可以增加西伯里控制的股票份额。巴菲特对于是否要把股票卖给西伯里犹豫不决，他认为西伯里想在价格上使奸耍滑。

"他们俩在价格上有0.375美元的差价"，否则巴菲特就会把股票出手了。查理·芒格回忆说："巴菲特成为伯克希尔·哈撒韦的控股人绝对是偶然的。"

作为一家公司，其实伯克希尔·哈撒韦并不值得称道，但巴菲特觉得自己和西伯里之间的账还没了结，于是不想袖手旁观。巴菲特和西伯里在公司的运营问题上存在很大的分歧，巴菲特认为西伯里没有完全尽到责任。巴菲特同往常一样，还是让别人来为他唱白脸。

丹尼尔·考因和西伯里在他的象牙塔办公室里就此问题展开了激烈的交锋。西伯里大声地咆哮，说任何人都别想在他面前指手画脚。执行副总裁埃德蒙·里斯奇利知道丹尼尔·考因是在代表巴菲特说话，就冲了进来提醒西伯里说："你不应该对我们的大股东用这样的口气说话！"

事态愈演愈烈。那位曾带着巴菲特参观工厂、言辞坦率的副总裁肯·蔡斯对伯克希尔的前途忧心忡忡。于是他和南卡罗来纳州的一家竞争对手厂家进行了一次谈话，想给自己找条退路。1965年年初，斯坦利·鲁宾给蔡斯打电话，劝他少安毋躁。蔡斯问他为什么要这样做时，斯坦利·鲁宾神秘兮兮地说尽管相信他的话就是了。

过了大约一个月，鲁宾又打来电话："你还记得那个沃伦·巴菲特吗？他想接管伯克希尔·哈撒韦公司。他已经以华尔街股票经纪公司的名义持有了股票。"鲁宾说巴菲特有事要和蔡斯谈谈，希望蔡斯到纽约的广场饭店和他见面。

这是一个春光明媚的日子，巴菲特和蔡斯一同在饭店前的一个小公园里散步，巴菲特给俩人买了奶油冰激凌。

巴菲特直截了当地问道："我想让你担任伯克希尔·哈撒韦公司的总裁，你意下如何？"

蔡斯当时48岁，而这个许诺给他事业第二春的人只有34岁。

蔡斯还没来得及答应，巴菲特就补充说，他手里已经握有足够多的股票，可以在下次董事会上办妥这件事。他让蔡斯暂时保持沉默，关于伯克希尔·哈撒韦公司的未来，他说："想想你都需要些什么，它已经是你的孩子了。"巴菲特和蔡斯的谈话总共不到10分钟就结束了，而蔡斯一直都没回过神来。

肯·蔡斯并不知道，在此之前巴菲特已经找过董事长马尔科姆·蔡斯，并且提出要买断他的股票。马尔科姆提出自己多年来和公司感情深厚，不愿意出售股份，但是马尔科姆家族里已经有一些人同意出售了。

巴菲特还有一道难关需要过。奥蒂斯·斯坦顿愿意出售他的股票吗？也就是说，即使知道这样做会损害他哥哥的利益，他也会这样做吗？斯坦利·鲁宾在新贝德福德的沃姆苏塔俱乐部安排巴菲特、奥蒂斯共进午餐。奥蒂斯答应出售股票，条件是巴菲特答应以同等条件把西伯里手里的股票都买下来。这可是关键性的一个突破。尽管杰克·斯坦顿还在为代表权之争厉兵秣马，但西伯里对此已经没有兴趣了。在拥有了斯坦顿兄弟的股票以后，巴菲特合伙公司便拥有了49%

的份额，平均每股成本是15美元。

杰克·斯坦顿曾经因为太忙而没有带巴菲特去参观工厂，现在他开始后悔了，但是为时已晚。他觉得必须和巴菲特见一面。于是，杰克和他当时的妻子凯蒂飞速赶赴纽约，在广场饭店和巴菲特及苏珊共进早餐。但是杰克当时非常紧张，都忘了自己要说什么。

也许巴菲特很想转换一个话题，于是他就对杰克讲起自己的事业历程，讲述自己作为一个投资人的成长轨迹。杰克问他："你是如何取得成功的呢？"巴菲特说他每年都要读"几千份"公司财务报表。

在5月的董事会会议之前不久，巴菲特秘密地被提名为公司董事。在正式接手公司那天，巴菲特一大早就飞到了新贝德福德。他的平头理得很精神，西服的扣子也扣得紧紧的，西服上面还有很多褶皱。他后面跟了个助手，身上背着一个鼓鼓囊囊的旅行袋，活像一个外表邋遢而又风尘仆仆的外地推销员。

巴菲特向位于考夫大街的办公室走去，西伯里最后一次从象牙塔中走了出来。在召集所有与会人员入座以后，西伯里把这次会议的日程从头到尾读了一遍，但没有表态。之后，西伯里·斯坦顿就隐退了。杰克·斯坦顿也只能喝下这杯苦酒，两人一言不发，跌跌撞撞地冲出了铺着镶木地板的优雅的会议室。肯·蔡斯被选为总裁，巴菲特担任公司董事会执行委员会主席。奥蒂斯·斯坦顿还不忘给哥哥最后一击，把票投向了多数派，使自己在董事会中保全了一个席位。尽管马尔科姆·蔡斯的头衔还是董事长，但现在真正接管伯克希尔·哈撒韦的人是巴菲特。公司改组的1965年5月10日当天，股价便大涨到每股18美元。

不过，这一次巴菲特在媒体上的良好形象几乎毁于一旦。下午版的《标准时报》在头版上有一条令人震惊的消息。西伯里·斯坦顿故意向媒体走漏风声，对于某人因为"某种外部利益"而使得自己被迫离职的做法大加挞伐。由于巴菲特担心公众会把自己看成是一个“清算人”（这是一个源于登普斯特尔机械制造厂的令人嫌恶的称谓），所以他十分恼火。但是，巴菲特却撰文公开赞颂斯坦顿兄弟在公司改组期间做出的重要贡献，并且也刻意让自己在实施公司改革计划的过程中放慢了脚步。在这份报纸第二天的版面上，巴菲特承诺他“将像以前一样，在原来的工厂里生产出同样的产品，并销售给同样的顾客”。

在过去的几十年中，伯克希尔几乎关闭了所有的纺织厂，最后只留下两家工厂，累计净亏损超过 1 010 万美元，资产减少了一半，而且只剩下 2 300 名工人——这个数字只是 1955 年两家企业合并时员工总数的 1/5。不过，公司的经营前景看起来有好转的迹象，市场对人工纤维的需求十分旺盛，公司终于看到了扭亏为盈的曙光。人们本来想听听分析师理查德·蒂利森关于巴菲特的到来会发表一番什么评论，但这位“忠实的”分析师却和西伯里·斯坦顿站在了同一战壕里。价值线公司关于伯克希尔·哈撒韦 5 月的报告是由另一位新的分析师签名发出的，他指出“新控股股东”的运营计划并不为人所知。

在董事会会议之后，巴菲特和肯·蔡斯漫步走过这座历史悠久的纺织厂，然后坐下来促膝谈心。肯·蔡斯早就想要听听这位新业主对工厂未来的规划，但是巴菲特却说任何与纱线和织布机有关的事情都由蔡斯来打理，而他只负责看管资金。

之后，巴菲特又开诚布公地说明两人都可以期望得到些什么。巴菲特讲的第一点就令人感到沮丧：巴菲特不会批准蔡斯或是公司的其他任何人得到股权奖励。

巴菲特之所以反对以股权作为奖励，是因为大多数首席执行官对它都过于热衷了。股权激励有时的确能给管理层带来潜在的巨大回报，但是它却降低了股权激励获得者的风险，于是管理层在使用股东资金的时候会更加随意。

巴菲特这一做法更深层次的含义是，他希望经理人的利益能和股东利益更加趋于一致。一个管理者拥有股权激励和持有公司股票不同，管理者并不需要担心会遭到什么损失，因此也就更有可能肆意挥霍股东的资金来盲目投资。

但是，巴菲特答应签署一笔贷款，这样肯·蔡斯就能借到18 000美元买进公司1 000股股票。蔡斯的年薪不到3万美元，从来也不会向人举债，这可是一笔大数目。但巴菲特不愧为一名优秀的推销商，尤其在推销自己的时候。和那些早期就把钱交给巴菲特打理的合伙人一样，蔡斯的感觉是，公司有巴菲特来掌舵了，幸运女神就会降临。于是，蔡斯接纳了巴菲特的建议。

接着，巴菲特就向蔡斯讲述了一些有关投资回报的基本理论。他对蔡斯到底能生产并卖出多少纱线不是特别在意，对于某个孤立的数字所代表的公司全部利润额也不是很感兴趣，他所关心的是利润与投入资本的比率，这才是巴菲特用来评价蔡斯业绩的尺度。

和大多数管理者一样，蔡斯一向认为企业规模扩大绝对是一件好事，因此巴菲特的这个观点对他而言还太新鲜。但他领悟到，也许这正是巴菲特所奉行的信条的关键之处，巴菲特用蔡斯易于理解的方式阐明了这个观点。

“我宁愿要一个投资规模仅为1 000万美元而投资回报率高达15%的企业，也不愿经营一个规模大到10亿美元而投资回报率仅为5%的企业，”巴菲特说，“我完全可以把这些钱投到回报率更高的其他地方去。”当天晚上，巴菲特就飞回了奥马哈。

巴菲特对于把钱投资到“其他地方”非常上心。他让蔡斯把存货量和管理费用尽可能压低。蔡斯说：“巴菲特很关心的一件事就是加快资金的周转速度。”

巴菲特恪守自己的诺言，让蔡斯大胆经营企业。他告诉蔡斯不必为每季度的预期和其他一些浪费时间的琐事所困扰，他只需要蔡斯给他送来每月的财务报表，并提醒自己注意有可能发生的意外事件就行了。

事实上，巴菲特在与人交往的时候往往会通过最少的接触得到最大的收获。其实要和他联络也很方便，但这也使得蔡斯不到万不得已绝不会轻易给他打电话。而且，一旦蔡斯真给巴菲特打电话，巴菲特绝对不会在电话中絮叨什么。

“我只要告诉他经营利润和对明年的预期就行了，他会牢牢地把它们记在脑中。”蔡斯说道。

有一次，蔡斯在给巴菲特打电话时，巴菲特指出蔡斯说的一个数字和上一次打电话时说的有出入。蔡斯当时坚持说自己的数字是准确的，但当他挂了电话仔细检查之后，竟然发现巴菲特记的数字是对的。从此以后，蔡斯每次在打电话之前总会事先仔细核实一遍数据。

当然，蔡斯的自由也是有限度的，只有巴菲特才能调动资金。而且，西伯里·斯坦顿之前注入纺织厂的大部分资金都已经打了水漂，巴菲特不愿意再追加一分钱的投资。

不过，蔡斯还是做出了努力。他曾提出过一些投资建议，每次在提建议之前还进行了认真的调研并展望了很好的经营前景，而巴菲特往往会回答说：“肯，你的投资方案还是无法超越过去的平均盈利水平。”

J·维恩·麦肯齐是伯克希尔·哈撒韦公司的财务主管，他是在为巴菲特合伙公司担任外部审计员时结识巴菲特的。他提醒蔡斯说：“肯，你可要记住，在衡量一项5 000美元的投资和一项500万美元的投资时，沃伦用的是同一个标准。”

在巴菲特和蔡斯共同管理公司的头两年里，纺织品市场一派繁荣，因而公司获利丰厚。但是，他们并没有把赚到的钱重新投到纺织厂里去。蔡斯按照巴菲特的要求不断削减公司的存货和固定资产。作为具有象征意义的一个步骤，他从象牙塔里那间办公室搬了出来。公司的现金流也变得更加充裕了。巴菲特在1967年只付了每股0.1美元的微薄红利，但他很快又觉得这笔钱原本可以发挥更大的用处。[1]从此以后，巴菲特便紧握资金不放手，这也是他自己许下的诺言。

伯克希尔·哈撒韦的大部分股东都生活在新英格兰地区，从表面上来看，似乎没有任何迹象表明公司的重大决策都来自奥马哈城。公司的总部仍然设在新贝德福德，年度报告也是由肯·蔡斯和马尔科姆签署的，但是细心的股东在阅读公司报告的时候总会疑心在他们两人之后还有一只手在给公司掌舵：

公司一直在纺织业内外寻找合适的兼并机会。

公司报告中这些话公布没多久，巴菲特就采取了行动。一段时间以来，他一直在研究奥马哈城的一家保险公司的国民赔偿公司，它的控股股东是杰克·林沃尔特，也就是曾经拒绝给巴菲特的合伙公司5万美元的那个人。从那时起，林沃尔特就一直听别人谈起巴菲特的业绩，而巴菲特对他也十分了解。

林沃尔特是一位大学辍学生，而且是个有着满脑子想法的聪明人。他靠在经济大萧条时期为出租车司机提供保险起家。他得出的结论是：要想挣到钱，就要为那些别的承保人不敢涉足的领域提供保险服务。

这一点对我而言尤其重要，因为我的竞争对手有比我更多的朋友、更高的学历、更坚定的决心和更大的人格魅力。

1. 巴菲特后来说，他在宣告派发红利的时候“肯定是在洗手间里”。此后，公司再也没有派发过红利。

林沃尔特的强项是经营高风险的汽车保险业务，而且他愿意为任何保险商都不承保的风险提供保险，不管是走私贩，还是驯狮员，只要是你能叫得上名字的，他都敢提供保险，而且此类保险的保费收入通常也会相对更高一些。他还因为在全美国各城市广播电台承办寻宝节目而声名鹊起。通常，某家广播电台会播出一系列寻宝线索，暗示某个地方埋藏着一张 10 万美元的银行汇票。如果这张汇票被人找到了，林沃尔特就会兑现，而这通常是不可能发生的，因为林沃尔特把它藏得极为隐蔽，往往是把汇票塞在唇膏筒里再埋到地下。他提供的线索都很隐晦，例如“蒲公英不是玫瑰花，在你经过乔家时你就来到财宝所在的街区了”等。这么多年来，他只在旧金山兑现过一次。

林沃尔特简明扼要地概述了自己的人生哲学：**“世界上没有糟糕的风险，只有糟糕的运气。”**这句话可谓鞭辟入里，寓意深刻。巴菲特从跑马场上悟到了相同的道理，他觉得林沃尔特和自己是同一类人。他们俩都愿意承担风险，但只在成功概率很大的时候才会去冒险。在巴菲特认识的朋友之中，林沃尔特可能是最吝啬的了。他甚至在去市中心吃午饭的时候都把外套留在办公室里，这样就可以省去一笔存衣费。

1967 年，巴菲特问林沃尔特是否可以在凯威特广场停留片刻，两人可以一起聊一会儿，最多只会占用他 15 分钟的时间。当时，巴菲特已经从一位名叫查尔斯·海德的奥马哈经纪人那里知道，要想说服林沃尔特放手国民赔偿公司绝非易事。

“你为何从未想过要卖掉国民赔偿公司？”巴菲特开门见山地问道。

“因为只有骗子和破产的人才会把公司卖掉。”

“还有其他原因吗？”

“我不想让别的股东得到的每股收益比自己低。”

“还有别的原因吗？”巴菲特继续追问道。

“我也不愿让我的雇员丢掉饭碗。”

“还有吗？”巴菲特穷追不舍。

“我想让公司在奥马哈持续经营下去。”

“还有别的理由吗？”

“这么多理由还不够吗？”

“你的股票价格是多少？”巴菲特切入主题。

“目前的市场价为每股 33 美元，但本身每股值 50 美元。”

“我想把你的公司买下来。”巴菲特说道。

总成交价格为 860 万美元。让很多人感到费解的是，为什么一个新贝德福德的纺织工厂想要收购一家位于奥马哈的保险公司。但是，巴菲特认为完全没有必要把伯克希尔·哈撒韦只看作一个纺织企业，而是要看作一个资本支出应该取得最大收益的公司。

纺织品行业需要不停地在厂房和设备上进行投资，因而需要消耗很多资金，但是保险业却能不断地带来现金流。保费可以在前端收取，而债务可以以后再偿还。在收取保费和偿还债务之间，一个保险公司就可以投资股市，这在行话中叫作浮存金（float）。

传统的保险公司在管理浮存金时都相对保守，它们手中持有的现金远远多于实际所需。但是巴菲特很长时间以来一直在认真地考虑保险这项业务。他认为保险业的浮存金就像火箭燃料一样具有巨大的推动力。浮存金就是现金，保险公司实际上是一个可用于投资的现金通道。

巴菲特的这种观点后来很快流行起来，但在当时，保险业还是一潭死水。很多保险公司甚至不屑于公布它们的盈利情况，也没有投资者有兴趣看这些数字。促成这笔买卖的经纪人查尔斯·海德说：“巴菲特比任何一个美国人都更早地领悟到了浮存金的巨大作用。”

巴菲特买入了国民赔偿公司之后，伯克希尔·哈撒韦就有了充裕的资金供巴菲特进行大手笔的运作。在接下来的几年里，伯克希尔·哈撒韦又并购了奥马哈太阳报业公司，该公司旗下有奥马哈的几份周报，后来它又买入了伊利诺伊国民银行和信托公司。这家银行是由尤因·阿贝格经营的。他从 1931 年开始接手，当时的伊利诺伊国民银行和信托公司还分文不值，而且城里的其他银行也处于经营不善的境地。当然，尤因·阿贝格也是一个自强不息的人。巴菲特始终牢记大萧条的教训，在买入企业时似乎都坚持同一个标准。从 20 世纪 30 年代开始起步，尤因·阿贝格打下了 1 亿美元的存款业务基础，并使资产收益率（银行业的主要评价指标）在全美国的商业银行中遥遥领先。

很多像尤因·阿贝格一样年纪偏大的企业家都希望把企业卖出一个好价钱，然后光荣退出；而新的业主们一边称颂前辈的业绩，一边恨不得早日肃清前任的影响力。巴菲特则不同，无论是管理银行、保险赔付中心还是零售连锁店，都并非他的专长，他本人也没有越俎代庖的欲望。事实上他觉得，如果自己根本不喜欢某个企业的经营方式，那又有什么必要非得买下这家公司呢？

巴菲特一直在物色这样的企业家：他们白手起家，靠自己的汗水取得了令人目眩的成就。让人感到有意思的是，这些企业家对他都忠心耿耿。尤因·阿贝格在把公司卖给巴菲特时已经是71岁高龄，但他仍然愿意在巴菲特作为大股东的条件下为巴菲特打理公司，这就和杰克·林沃尔特为巴菲特经营国民赔偿公司以及本杰明·罗斯纳为巴菲特管理联合制衣公司一样（尤因·阿贝格勤勤恳恳地管理着这家银行，直至 80 岁高龄）。

其实，这群亿万富翁中没有人需要为了讨生活而工作，但是巴菲特懂得：无论这些人嘴上怎么说，他们对成就感的渴望与对金钱的追求都是一样强烈的。巴菲特让他们感受到自己完全依靠他们，而他也通过他人对他们工作的赞赏以及对他们经营公司的充分授权表达了自己的信赖。

有一次，西尔斯百货公司的一位纺织品采购员骂骂咧咧地给巴菲特打电话，想要告蔡斯一状。打电话的这位采购员要求巴菲特撤掉这位经销商。巴菲特对这番老套的说法完全置之不理，认为这完全是感情用事，没有任何道理可言。他直言不讳地告诉对方，这样的问题完全由蔡斯说了算。毫无疑问，这种表态只会让蔡斯对巴菲特更加忠心耿耿。

当巴菲特把伯克希尔·哈撒韦的资本投入保险业、银行业以及出版业时，他还在从纺织厂中抽取出更多的资金。到了1968年，也就是在他许诺出售同样厂家生产的相同产品3年之后，他关闭了位于罗得岛州的一家小纺织厂。小纺织厂的命运不可避免地和棉织品绑在了一起，而且由于衬裙以及长裙面料市场不断萎缩，这类纺织厂的命运也是日薄西山。曾辉煌一时的棉纺织帝国最后只剩下一家纺织厂，也就是位于新贝德福德的那一家。一年之后，连这家厂房也停工了。霍雷肖·哈撒韦当年一手创办起来的企业最后只剩下纱线衬里和合成纤维窗帘布的生产厂了。

巴菲特会亲自过问每一笔资金的用处，甚至连办公室添置一把削笔刀的费用都不例外。伯克希尔·哈撒韦公司财务委员会的会议记录（此次会议是某个夏季新贝德福德和在加州度假的巴菲特之间进行的电话会议）表明，任何一笔费用都难以逃脱巴菲特的掌控。

> 同意购买一台二手的整经机和经轴架，花费预计为11 110美元。
>
> 同意购买50台二手的64英寸XD织布机，花费预计为71 160美元（包括安装费在内）。
>
> 同意整修办公大楼楼顶，预计花费9 340美元；修理车间地板，

预计花费 9 940 美元。

在写给蔡斯的信中，在谈到资金难以回笼的风险时，巴菲特特意提醒他，除了现金，什么都不要相信。

同样，我们也要更严格地审查我们的客户，确保他们不要赖账。如果有人拖欠付款，那么只有当他们偿还过去所有的欠款，并且连支票也结清以后，才能给他们继续发货。

巴菲特做事对任何人都不会破例，即便是对一位非常“特殊”的顾客。20 世纪 70 年代初，苏珊曾到伯克希尔·哈撒韦在纽约的办事处买了一些布料。推销商拉尔夫·里格比说：“我们尽量以最高的价格把布料卖给她。不过，后来巴菲特打电话来问我们收了她多少钱。”

1970 年，巴菲特合伙公司解散，巴菲特个人拥有了伯克希尔·哈撒韦公司 29% 的股份。他自己任董事长，并且首次在伯克希尔·哈撒韦公司的年报里拟写了一封致股东们的信。

在信中谈及对公司经营的评价尺度的时候，巴菲特所用的标准与私下里和肯·蔡斯所用的尺度是完全一样的：权益资本收益率，也就是其投资的每 1 美元到底能赚到多少钱。巴菲特对于业绩的评价标准向来都保持一致。他绝不会对凯威特广场用一个尺度，而对新贝德福德用另一个尺度，再对公众用其他尺度。

另外，在评价投资时，巴菲特也从不放宽标准。许多投资经理都会说：“这个项目看起来不够吸引人，我们就先少投一点儿吧。”巴菲特绝不会这样妥协，他可能会直言不讳地断定某项投资没有前景。奥马哈数据文件公司的斯科特·霍德在巴菲特重新整顿伯克希尔·哈撒韦公司时就发现了这一点。当时霍德获得了一笔意外之财，于是希望能拥有一家自己的公司。巴菲特主动答应帮他评估各种经营项目的前景。霍德回忆说：

> 我跟他提了四五家公司供他参考，每次我都要到他家里去。有一家公司制造一种新产品，一种供医院和餐厅使用的薄纸容器。他们希望我能投入6万美元。巴菲特问我："你觉得这件事做成的可能性有多大？"我说："挺大的，应该有50%的可能性吧。"他说："这样就算不错了吗？那为什么你不背着一个打开概率为50%的降落伞从飞机上往下跳呢？"后来，我又给他带去了另一个投资创意，想要投资一家制造公司，它专门生产一种新式的汽车喇叭。我问道："你觉得我值得投资这个项目吗？"他说："不值得。"我又问了一次："你觉得我投资这个项目合适吗？"他还是说："不合适。"他说得那么干脆利落，让人听起来都感到有些意外，他连一句多余的解释都没有。

巴菲特日益发现纺织业和他自己所讲的跳伞投资属于同一范畴。不论制造商投入了多少，他们都无法抬高价格。因为这种产品是一种日用品，而且总是处于供过于求的境地，因此制造商就不愿意再追加投资了。

1970年，伯克希尔·哈撒韦公司从纺织业中赚取的利润只有让人啼笑皆非的45 000美元，但是，它却从保险业中赚取了210万美元，从银行业中赚取了260万美元。而这两个行业在年初启动的时候，所占用的资金量和纺织业是大致相当的。

在公司的年报中，巴菲特对肯·蔡斯的工作态度和表现表示了赞赏，但他也提出纺织业目前"正是逆水行舟"。他指出伯克希尔·哈撒韦公司的投资回报率是10%，刚好达到美国公司的平均水准，他还指出"这一投资回报率远远超出了把资源全部投入纺织业可能得到的回报率……"

当然，巴菲特作为一个后来接手纺织企业的投资家是否会关闭纺织厂这个问题，从最开始就一直萦绕在肯·蔡斯心头。马尔科姆·蔡斯声称从第一天起就看出巴菲特“根本无意为纺织厂注入更多的资金”。杰克·斯坦顿也一直冷眼旁观，他得出的结论是：巴菲特只不过是个清算者而已。

不过，时不时地，巴菲特也会在纺织企业里追加一些投资，因为他不想遭世人记恨，让人说正是他关闭了新贝德福德的最后一家纺织厂。在给合伙人的最后一封信中，他写道：

> 我喜欢经营纺织厂的人们，他们在市场环境如此恶劣的条件下为改善企业而辛勤耕耘。尽管投资回报率不高，但只要经营带来的利润率能够保持现有水平，我还是愿意把纺织企业继续维持下去的。

巴菲特觉得自己欠肯·蔡斯的人情，因为正是他给了巴菲特资金来实现多元化投资。而在蔡斯身上，巴菲特也看到了自己最为赞赏的品质——坦诚和自立。有一次，在蔡斯觉得有些灰心丧气时，巴菲特瞥了他一眼，说道：“肯，你已经很不错了，从一无所有奋斗到今天的地位。”

不过，巴菲特在给蔡斯付报酬时相当吝啬，以至于蔡斯得到的薪酬比其他竞争对手纺织厂的管理者要少得多。1970年，蔡斯管理公司已经5年，但他的年薪只有42 000美元。同时，巴菲特和其他纺织企业一样，对于员工的养老金计划相当抠门。“沃伦非常反感管理层牺牲股东利益来牟取私利的做法。”蔡斯评价道。

但是，在巴菲特的领导下，蔡斯觉得自己在运营的时候可以大展拳脚，因此对巴菲特依旧忠心耿耿，这也证明巴菲特可以给人们带来多么重要的影响。尽管巴菲特紧紧抓住钱袋不松手，但他有高超的手腕能够调动别人的积极性。

蔡斯曾一度担心巴菲特会不会让最后一家纺织厂关张，但他后来觉察到这位大老板并不想因为关闭纺织厂而引发一场骚乱，他知道巴菲特不喜欢变动。“沃伦喜欢维持现状，”蔡斯说，“他的很多朋友都是老相识。”

如果仅仅根据巴菲特的资本家信条，那么他也许应该关闭这家纺织厂，但是他发自内心地对这家古老的工厂怀有一种眷恋，它的过去似乎比它的未来更有生机。他宁可忍受并不高的回报率，只要纺织厂的现金流不至于枯竭而迫使他追加更多的投资。伯克希尔·哈撒韦的纺织厂更多是在精神上而不是在财务上，象征着一直受到巴菲特推崇的新英格兰工作理念。因此，巴菲特在自己的良心、满足感以及金钱之间达成了一种妥协。纺织业也许会衰败下去，但考夫大街上的织布机还会继续嗡嗡地响下去。

第 8 章

回归股市

“现在是发财的时候了！”

——沃伦·巴菲特，1974 年

1970年夏天，当巴菲特和他的高尔夫球友罗伯特·比利希离开球场果岭的时候，巴菲特留意到俱乐部里人头攒动，热闹非凡，于是就问罗伯特·比利希发生了什么事。罗伯特·比利希故作镇定地说道："那是给你庆祝40岁生日呀，去看看吧。"当巴菲特不知所措地站在那里时，人们已经朝他走来，齐声合唱大家熟悉的生日歌。尽管巴菲特表面上保持镇定，他内心还是被深深地打动了。他已步入中年，并且已经建功立业。在奥马哈他的确算是个知名人物：他不仅是《奥马哈太阳报》董事长，还是奥马哈国民银行的董事。一位访客曾经指出，巴菲特能够"如数家珍地报出每一座大楼和公司的财务特点"。

在合伙公司清算之后，巴菲特就没有一份全职工作了，关照一下肯·蔡斯和伯克希尔·哈撒韦的纺织厂花不了多少时间，他的三个孩子也都已经十几岁了。《林肯每日星报》的一个栏目把他刻画成一个逍遥自在的人物，说他在一个有四个房间的舒适套间里运筹帷幄，掌管着他的投资，过着"优哉游哉的生活"。对一位想向他讨教的年轻基金经理，巴菲特简洁明了地说："我已经不在投资圈里干了，只能拒绝所有求教的请求，包括你的要求。"听起来似乎华尔街人士再也无法听到他的任何高见了。

40岁生日之后，巴菲特又重新在弗吉尼亚州的威廉斯伯格召集格雷厄姆的门徒聚首，但这次格雷厄姆没有参加。让人感到奇怪的是，巴菲特是其中唯一一位已经不在股市驰骋的人。这时股票的平均价格已经高得让人望而却步，而他自然而然也会问一个问题：现在自己名下已经有2 500万美元的财富了，有什么必要非得积累更多的财富呢？他的朋友卡罗尔·卢米斯在《财富》杂志中写道："巴菲特有一种强烈的感觉，他的时间和财富应该转向其他目标，而不仅仅是赚更多的钱。"比尔·鲁安甚至怂恿他去竞选美国总统。

实际上，巴菲特也考虑过担任公职。但他不想参加竞选，因为觉得自己身上的商人气还是太浓了。而且，他也认识到面对政坛上的尔虞我诈、弱肉强食，他很难生存。但是，他正在逐渐涉足成为政坛的幕后支持者，他支持民主党总统候选人，比如哈罗德·休斯和阿拉德·洛温斯坦。他和一些政治家结成盟友，比如参议员弗兰克·丘奇和理查德·克拉克，以及州长杰伊·洛克菲勒。杰弗里·考恩是《乡村之声》杂志的一名记者，他同参议员竞选者约翰·卡尔弗一起在巴菲特家吃过饭。令人感到惊异的是，在这位千万富翁家的餐桌上，他们谈论的全都是关于政治自由的话题。

霍华德·巴菲特曾经标榜美国是一个完美的封闭社会，不需要再做任何改变。沃伦·巴菲特则富有美国人典型的同情弱者的心态，他欣赏白手起家的本杰明·罗斯纳和肯·蔡斯。同他父亲一样，他憎恶那些坐享其成者（正如他反对用股权激励来奖励管理层一样），但是他发现在美国的乡村俱乐部和会议室里这种人越来越多。有一次，在参加一个正式宴会时，当一位客人抱怨说穷人所享受的社会福利成本太高时，巴菲特尖刻地反驳道："我倒是更担心富人所享受的社会福利成本呢。"

这一点从巴菲特的简朴生活中也能够得到鲜明的印证。他基本上依靠从伯克希尔·哈撒韦公司得到的5万美元年薪来维持家计，他的三个孩子并没有去念私立学校，都在公立学校读书，而且巴菲特鼓励他们去做自己喜欢的事情，不要太在意到底能挣到多少钱。事实上，儿子彼得也是在报纸上读到一篇文章后，才知道父亲是多么富有的。女儿小苏珊说：

> 我们的生活和别人家没有任何不同，只是我可以买很多好衣服而不会有任何经济障碍，也许这就是唯一的区别。可我自己连一辆车都没有，16岁的时候就得去外面打工，在商店里当销售员。

巴菲特总是尽量对自己的富有保持低调。当他巨大的财富吸引了很多人的注意后，他的家人也感到很惊讶。巴菲特会开玩笑地说："我们应该在门口贴上个标记，说比尔·斯科特（他的助手）值夜班负责看守钱财。"巴菲特还会说句俏皮话："负责值夜班的还有这个想让我在遗嘱里提到他的家伙——彼得！"其实，这并非只是玩笑话。巴菲特对自己赚来的钱很有感情。他提醒孩子们说，不要奢望能从他那里得到一份遗产。他似乎担心哪怕是给了他们一点儿钱，都容易把他们给宠坏。

也许巴菲特的这种做法过于执拗，但这也让全家人没有任何拜金情结，并且使家庭氛围变得轻松民主。在万圣节的晚上，巴菲特一家会邀请每一位路过要糖果的孩子进屋，你很难想象J·P·摩根先生或是投资大亨亨利·克拉维斯能有这么友善。邻居们有时候不打招呼就直接到巴菲特家借球场打球，由于来人比较多，巴菲特开玩笑地称之为"基督教青年会"。

在女主人苏珊的庇护下，巴菲特家成了当年喜爱摇滚的反主流文化的年轻人的乐园。小苏珊的一位朋友莱恩·扬科将巴菲特家称作"安乐窝"。人们可以推开虚掩的门进入巴菲特家的厨房，然后把冰箱里的食物一扫而光。"如果你被风雪堵在城里无法回家，安乐窝就是你的避风港，"莱恩·扬科回忆说，"待在他们家的感觉真是棒极了。"

苏珊将房间涂成她最喜爱的橘色和黄色。墙上挂着受过她帮助的艺术家的作品，还有诸如广为人知的"战争对儿童和其他生命危害巨大"之类的海报。家中的男主人有时会下楼做一些爆米花，但无论是从投资业"退休"前还是"退休"后，他经常都是待在楼上埋头工作。莱恩·扬科回忆说：

> 每到周六晚上，客厅总是挤满了人。巴菲特太太也会参加，我们为她演奏自己写的曲子，她也会为我们奏上几曲。晚上12点

半左右，我们就会听到楼上传来一声："苏珊——你还上楼睡觉吗？"在这个家里，每个人都感觉无拘无束。如果他要上床睡觉了，我们就把音乐声关小点儿。

1971年，苏珊说服巴菲特掏出15万美元，在洛杉矶南部的拉古纳海滩买下了一幢度假别墅。和其他更昂贵的别墅一样，你从这里可以看到大海，但它又不直接临海，屋里布置的几把藤椅显得特别富有生活情调。第一年夏天，13个十几岁的孩子在那里尽情地度假。巴菲特每天会从办公室里带回一大堆报纸，然后就陷入了自己的世界，不过他对孩子们的朋友很宽厚。一天晚上，他带着他们去吃晚饭。饭后侍者拿着他的信用卡走过来说道："先生，您的信用卡已经超过限额了。"巴菲特朝妻子扬了扬眉毛，然后递给侍者第二张信用卡，一句多余的话都没说，只想告诉大家他付这顿饭钱是绰绰有余的。

当时，巴菲特正在为自己的政治角色而苦思冥想，苏珊则把大部分时间都花在了奥马哈城北部的黑人聚居区。她除了担任一个地方志愿者组织的主席之外，还经常到各个学校参观，而且在黑人聚居区似乎总有忙不完的事儿。

在苏珊的鼓励下，巴菲特也开始涉足公益事业。他们成立了一个私人信托基金——巴菲特基金，该基金开始每年为五十多名黑人大学生提供奖学金。在20世纪70年代初期，苏珊的一个朋友罗德尼·威德正致力于推动黑人投资实业，他请求巴菲特施以援手。更重要的是，怀有"黑人资本家"理想的罗德尼·威德认为巴菲特正是可以助他一臂之力、使他的内布拉斯加社区银行起步腾飞的人。

巴菲特同意了。他和尼克·纽曼（他的乡村俱乐部好友）加入了这家银行的顾问委员会并且投入了相当多的精力。巴菲特还象征性地进行了投资，购入了这家银行1.4%的股份。与苏珊不一样，巴菲特绝不是一个做事时头脑简单的人，他一再告诫银行的董事们相当多的黑人银行因为坏账而被迫倒闭。当银行运营走上正轨后，巴菲特给董事会送去了一张令人心惊肉跳的便条，同时还附上了一张报纸报道的复印件，内容是关于丹佛一家银行倒闭的消息。

> 你应该注意到银行的总裁说："当我们开业的时候，我们的计划是帮助非白人投资者和那些所谓的小人物。我们做到了，但他们中的有些人在偿还债务的时候并不痛快，我们的生意就是这样败落下去的。"总裁在谴责贷款人的时候犯了一个错误，因为每家银行都会遇到大量坏账，而当初答应这些贷款者的请求才是银行家犯下的真正错误。

当社区银行陷入挣扎境地的时候，巴菲特与之保持着距离。罗德尼·威德曾建议巴菲特给一些黑人学生传授金融知识，但是巴菲特没有表态。"巴菲特这个人就像一团谜，"罗德尼·威德评价说，"他很大方，为人诚实，还很勤奋。但他从来没有真正明白，在我们这个黑人生活窘迫的社区里，他作为一个富人所能扮演的角色。"当呆账越来越多时（这正是巴菲特害怕发生的情形），他明确表示拒绝再追加投资。

罗德尼·威德曾抱怨巴菲特"根本不了解穷人生活的艰辛"，事实正好相反，巴菲特正是因为太了解这群人，才把自己的钱包看得紧紧的。如果没有希望得到应有的投资回报，他是不会让自己的投资在社区银行里打水漂的，这一点和投资纺织业是一样的。

尽管巴菲特崇尚自由，但是他对于大手大脚地花钱从来都是心有戒备的。乔治·麦戈文当时正在争取民主党总统候选人提名，他曾在巴菲特家中做过客，而且似乎赢得了巴菲特的好感。不过到最后，麦戈文宣布如果自己当选总统，就会给全美国每人每年增加 1 000 美元的福利开支。巴菲特立刻像扔掉一个烫手的山芋一样抛弃了他，投了理查德·尼克松一票。

从某个角度来看，巴菲特是有些小气，但是他打心底认为个人或组织（或自己的孩子）不应该不劳而获就变得富得流油。他在看待社会事业时考虑问题的角度和考虑商业行为是一样的：他需要有回报。有些好的社会事业需要人们摸着石头过河，甚至需要有百折不挠的精神，但是让巴菲特迈出这一步是很难的一件事。实际上，让他成为一名优秀投资人的素质反而阻碍了他在社会上大展宏图。巴菲特做任何事情都需要一个评价尺度。"在投资领域你可以衡量收益，"他对一个记者坦言，"而对于有些东西，到最后你都不知道自己到底是赢了还是输了。"

和其他许多地位显赫的人物一样，巴菲特认为他在出版界既是公民，又是资本家。20 世纪 60 年代末期，杰伊·洛克菲勒把他介绍给查尔斯·彼得斯，此人之前是和平队的负责人，当时正在创办一本杂志——《华盛顿月刊》。这本月刊所拥护的正是巴菲特推崇的白手起家的自由主义精神。于是巴菲特投资 32 000 美元，并且找到来自得梅因的一位自由派朋友乔·罗森菲尔德做合伙人。巴菲特心中充满了崇高的理想，他对罗森菲尔德说："这本杂志很有意思，只要它不赔钱，就值得投资。"

查尔斯·彼得斯马上注入资金。巴菲特和洛克菲勒亲自奔赴纽约，聘请了一位顾问来评判这份杂志是否值得创办。当结论是值得创办时，巴菲特答应追加 5 万美元的投资。这时他又开始嘀咕这件事到底能否真如那位顾问所说的，"值得"去做。他打电话告诉彼得斯，说他又想退出，这通电话不啻致命的一击。于是，彼得斯马上信誓旦旦地向他保证《华盛顿月刊》一定会财源滚滚，其实他们都知道这是不可能的。两人在电话中展开拉锯战，巴菲特总提他惯用的数字，而彼得斯则力图不让他脱钩。最后，巴菲特好不容易妥协了。

这笔投资的数目对于巴菲特来说其实并不算大，但是正如肯·蔡斯早已得出的结论，对于巴菲特而言，投资数目的大小其实并不重要。彼得斯说："巴菲特要的就是年度报告，就那破玩意儿。"月刊正好为巴菲特提供了一个他所期待的社会传声筒，这份月刊一定会有影响力，而且将会很有影响力。但是从企业运营的角度来讲，这份月刊简直就是无稽之谈。尽管月刊的人手不够，而且大家挣得都不多（彼得斯的年薪才 24 000 美元），巴菲特还是几近勃然大怒，因为彼得斯没有向他提供年度报告。即便是在一个不以营利为目的的组织里，巴菲特还是执着地坚持自己的评价尺度。

巴菲特对罗森菲尔德抱怨说："他们整天鼓吹建立开放的政府，却从来不送报表来给我看。"

彼得斯说："巴菲特在某种程度上是性格分裂的，他既想表现出乐善好施的一面，又不希望别人在他的墓碑上刻下他'曾经投资《华盛顿月刊》'这样一句话。"

巴菲特对新闻界的确格外关注。1971 年，他曾打电话给《华盛顿月刊》，想提供一个自认为很好的新闻线索，却遭到两位年轻编辑的断然拒绝。他们认为如果这消息来自一位千万富翁，它就不会好到哪里去。

后来，巴菲特就把这个消息告诉了《奥马哈太阳报》，这是他为伯克希尔·哈撒韦公司买下的奥马哈当地的一份周报。报社的发行人斯坦福·利普西和巴菲特关系非常亲密。利普西常常拜访巴菲特，两人会喝上几杯百事可乐，一聊就是几个小时。他们经常讨论如何提高报纸质量，以及如何把它变成奥马哈的一种社会力量。他们还尝试过支持政治人物参选，曾经雄心勃勃地想要推举一位候选人竞选市长（后来竞选失败了）。有一次，巴菲特打电话告诉他，说有一篇关于尼克松总统的工资和物价控制政策的社论写得非常精彩。“沃伦，这正是你给我的线索。”斯坦福·利普西提醒他说。

巴菲特所谓的内幕消息还涉及青年之城，这是奥马哈当地很有名望的一家机构。它是由一位名叫爱德华·弗拉纳根的爱尔兰传教士于1917年创建的，目的是给那些任性的年轻人提供一个栖息之地。它因在1938年由斯宾塞·特蕾西主演的奥斯卡获奖影片中露面而声名大噪。有消息来源告诉巴菲特，青年之城目前过度关注经济收益，而与创始人弗拉纳根的理想相去甚远。

这一线索对于不甘寂寞，但与《奥马哈世界先驱报》相比只能居于次席的《奥马哈太阳报》而言简直再合适不过了，而且巴菲特还给了斯坦福·利普西一个重要的提示：青年之城首次被要求填报一份独立的纳税申报单。人们从报告中可以看出，它名下的投资组合价值已经高达惊人的1.62亿美元，这比美国圣母大学的捐赠基金还要多出整整一倍。但与此同时，它却很少为青少年服务，并且还在贫穷的伪装下进行着攻心的直销宣传。

这个故事触动了巴菲特的良知，他对资本有着一种顶礼膜拜般的忠诚。因为任何数量的金钱，甚至是西班牙伊莎贝拉一世女王当年资助哥伦布航海的微薄经费都为未来的亿万财富播下了善因，而且巴菲特认为挥霍或滥用金钱都是一种罪恶。

青年之城这一新闻报道的采访和写作是在保密的状态下进行的，巴菲特、斯坦福·利普西以及编辑一同在编辑室里认真校对了这份长达8页的报道。巴菲特引用《圣经》中的一句话来作为这个故事的标题，这是他对所有在公益事业中或是在商业运营中滥用资金者的劝诫——把你所经管的交代明白。

这篇发表于1972年3月的报道获得了美国新闻普利策奖。

巴菲特喜欢报纸，他经常怀念童年时在《华盛顿邮报》做送报员的美好时光，他也喜欢报纸散发出的那种油墨香味。但和其他诸如社区银行和《华盛顿月刊》之类的准社会企业一样,《奥马哈太阳报》并不能让巴菲特感到满意。尽管巴菲特为获得普利策奖感到自豪，但他最想要的还是利润。

《奥马哈太阳报》的经营状况并不景气。当它提高销售价格时，发行量便骤然减少。斯坦福·利普西说："这种局面是巴菲特始料未及的。"这种局面似乎也让巴菲特感到非常惊愕，他突然如饥似渴地想要了解关于报纸的所有知识，他开始专注地研究报纸以及其他关于媒体的经济学理论。就跟从前他在发现政府雇员保险公司以后完全沉浸在保险业的经历一样，现在巴菲特如果没能将报业从头到尾地彻底搞清楚就绝不会去睡觉。他了解得越深入，就越发感受到《奥马哈太阳报》是一家无可救药的二流报纸，他在这里看不到什么光明前景。在青年之城的新闻报道登出之后不久，巴菲特在给一位同事的信中说：

> 我曾经提到，在1910年，美国共有1 207个城市发行日报，其中689个城市里有两家或更多家相互竞争的报纸。到了1971年，有1 511个城市有了日报，其中37个城市有两家或两家以上相互竞争的报纸。自从我写那封信以后，尽管《华盛顿每日新闻》拥有强大的斯克里普斯–霍华德报业集团的支持，但最后它还是关张了。同样,《波士顿先驱旅行报》和《纽瓦克晚报》相继折戟。这些报纸的经营者通过痛苦的经历终于明白，一家在消费者心中的认可度和社会知名度方面屈居次席的报纸只会带来巨额的亏损，而这种亏损局面往往是最出色的管理者和最雄厚的财力都无法扭转的。

在提到《奥马哈太阳报》时，巴菲特强调，光靠有社会影响力的故事是无法确保赚到利润的。

> 总是不断有人给我提出各种建议，提建议的通常是那些与在某个地区占垄断地位的日报的观点看法相左的学术界人士。他们往往会说，如果将这家日报社重新改造，它就会有美好的未来。这样的建议确实很有针对性，也很诚恳。但是，不能忽视的一个事实在于，这样的建议从来都没有被真正实施过，这些理论家的话是不能当饭吃的。

不过，巴菲特一直都很想拥有一家在某个城市占主导地位的报纸，他认为如果能拥有这样一家报纸是很美妙的一件事情。巴菲特对自己的朋友说，一份这样的报纸就像城市人之间唯一的沟通桥梁，任何人要想从桥上过都得付过桥费。在一家报纸占据垄断地位的城市里，所有的广告商都只能找这一家报纸来做生意。例如，在奥马哈城，百货商店必须在《奥马哈世界先驱报》上登广告，它其实垄断了奥马哈城的整个日报业，这就意味着这家报纸可以随心所欲地提高广告费。这样一来,《奥马哈世界先驱报》其实享有一种受到保护的经营特权，这种垄断经营的局面是伯克希尔·哈撒韦之类的小型企业可望而不可即的。

巴菲特很想买下《奥马哈世界先驱报》，但它的所有人不愿意出售。于是他开始在报界四处搜寻，想要找到一家在当地占主导地位的报纸。他在加利福尼亚州和马里兰州几乎找遍了所有可能的报纸，甚至向《辛辛那提问询者报》正式提出过收购要约，却吃了闭门羹。

他还让比尔·鲁安安排汤姆·墨菲和自己一起吃晚饭。汤姆·墨菲是比尔·鲁安在哈佛大学的同班同学，现在是大都市通信公司的董事长，也是媒体行业冉冉升起的一颗新星。汤姆·墨菲和巴菲特两人一见如故。汤姆·墨菲带巴菲特参加了在迈阿密召开的共和党会议，而且决定把巴菲特选进自己的董事会。汤姆·墨菲从比尔·鲁安那里得到消息后，便去了奥马哈，在那里他可以和巴菲特随意交谈而不受任何干扰。

他们打了“一场畅快淋漓的壁球”，之后巴菲特请墨菲吃了一顿牛排。巴菲特揣摩到了汤姆·墨菲此行的意图，就故意不让墨菲引入想要说的话题。

“你知道吧，墨菲，”他说，“我不想在不持有你们公司很多股份的条件下成为公司的董事，但你们公司的股价实在太高了。不过，只要有任何事是我能帮忙的，你随时可以给我打电话。”

股价太高对巴菲特来说一直都是个令人头痛的问题。自从合伙公司解散之后，巴菲特一直没有找到合适的股票。到了1972年，伯克希尔·哈撒韦旗下的保险公司有价值1.01亿美元的证券产品，其中只有1 700万美元是股票投资。巴菲特把余下的钱都投到债券上去了。

但是，通过一次次的热身，巴菲特又回到了股票圈里。这一次，导致他观念转变的催化剂又是华尔街。曾被股市泡沫破灭吓坏了的基金经理们现在个个抱着脑袋谨小慎微，他们管理的基金现在都集中到一群广为人知的成长型蓝筹股上了，例如施乐、柯达、宝丽来、雅芳和德州仪器公司等。它们被人们称作“漂亮50”。根据普遍流行的观点，这些公司的股票不同于股市泡沫泛滥时代的价值高估股票，这50只股票的价格将会永远上涨，因此它们被认为是“安全的”，在任何价位都是绝对安全的。

1972年，“漂亮50”的平均市盈率高达惊人的80倍。华尔街确实从股市泡沫时代学到了一些经验，但这些经验不见得都是正确的。基金公司的钱纷纷集中到“安全性更好”的股票上来了，其实风险并不只会在一种或几种股票上出现，它在投资者互相追捧的任何地方都会出现。

此时，巴菲特开始在“漂亮 50”以外寻找价值洼地，并且为伯克希尔·哈撒韦旗下的保险公司买入这些股票。他买入了加州水利服务公司、史密斯菲尔德公民银行、信托公司和通用汽车等多只股票。后来他又买进了斯克里普斯-霍华德投资公司、克利夫兰-克里夫钢铁公司、沃那多房产公司和奥马哈国民银行的股票。

1973 年，“漂亮 50”的泡沫开始破灭，基金经理们又吓得缩回了脑袋。那些所谓“安全”的股票的价值正在缩水，投资人不清楚到底该走向何方。一度曾突破 1 000 点的道琼斯指数，又回落到 950 点以下。整个股市陷入了信心不足的低迷状态。华尔街刚从大繁荣之后的病痛中痊愈，如今又陷入了病态。股票经纪公司的报告空洞无物，分析师们纷纷卷铺盖回家，那些在 1969 年上市的公司眼睁睁地看着自己的股票市值蒸发了一半。

大多数投资人在精神上的空虚给巴菲特带来了同样的感受，也让他心中产生了相反的看法。他的改变让人觉得似曾相识但又和以往不同，就像 10 年前的电影胶片在进行回放一样。在股市泡沫膨胀的岁月里，他的灵感慢慢地干涸了。但现在，股市陷入低谷，他却像一匹欢蹦乱跳的小马驹一样充满了活力。

回顾 1973 年伯克希尔·哈撒韦公司的股票业绩，人们就会得到这样一种印象，巴菲特似乎把整个超市席卷一空了，这儿抓一把国民普莱斯托实业公司，那儿抓一把底特律国际桥梁公司，在超市的另一条购物通道里又找到了斯佩里-哈钦森公司，后来他又往自己的购物筐里买入了美国卡车公司、万星威服装公司、汉迪哈曼工业公司。当股市进一步下挫时，他抢购的速度就更快了——J·沃尔特·汤姆逊广告公司、信义房产公司、添惠公司、国王百货公司、摩西鞋业公司、福特汽车公司、买就省连锁店、米切姆·琼斯及坦普尔顿公司、大联合超市和斯图贝克-沃灵顿公司。

纺织品推销商拉尔夫·里格比在回到奥马哈城时，发现巴菲特处于一种近乎狂喜的状态中。“他说许多人热衷于研究棒球队的战绩或是竞赛规则，”拉尔夫·里格比说道，“而巴菲特有一种赚钱的嗜好，赚钱对于他而言纯粹是一种消遣。”

有一次，巴菲特的桥牌牌友、法官约翰·格兰特提到了一个很有趣的例子。他说一次巴菲特突然眨了眨眼睛说道：“你知道吗，有几天我起床以后甚至想跳踢踏舞。”

到了晚上，巴菲特会去第 50 大街的克里斯杂货店买最新出版的《奥马哈世界先驱报》，上面登有股票的收盘价，然后回到家里读上一大堆公司的年报。看这么多材料对其他人而言可能是一项繁重的工作，但对于巴菲特而言这不过是一个平凡的夜晚而已。

他不仅朝九晚五地工作，而且只要他处于清醒的状态，他的车轮就转个不停。他会主动要求辅导彼得做家庭作业，但彼得知道这并不是父亲的真实目的。有一天，巴菲特回到家中时发现年幼的儿子正痛苦地坐在楼梯上，因为彼得在换灯泡的时候不小心摔了个人仰马翻。但是巴菲特习惯于一回家就钻进书房，这一天他也漠然地从坐在地上痛苦不堪的儿子身旁走过。后来，巴菲特也意识到自己是多么残酷无情，于是主动向彼得道歉。

从某种程度上说，巴菲特才是这个家里的孩子。他对工作的全身心投入，简直到了近乎痴狂的程度。他的饮食习惯既不讲究也不像个成人。他害怕改变，总是依赖苏珊。他一直精力充沛而且幽默风趣，散发出一种神童身上常见的气质。

巴菲特在股票上是全情投入，但在很多方面给苏珊带来了很大的困扰。据苏珊和她的密友透露，她渴望能和巴菲特分享更多夫妻间本应拥有的快乐。当他们的第二个孩子霍华德时不时地遇到麻烦时，苏珊只能向身为心理学家的父亲求助，她那迷人的丈夫仿佛生活在一个童话世界里。这倒不是因为巴菲特对家人不关心，他从来都是很善良的，家人都知道他甚至不愿意有意伤害一只蚂蚁。正如彼得所说的一样，只是有东西挡住了他的视线。

巴菲特的家人经常花很多时间来讨论到底是什么挡住了巴菲特的视线。他们都认为巴菲特的工作是伟大的，是值得他为之奋斗一生的事业，他在工作的时候是任何人也无法打扰的。从某种意义上讲，他们的判断是对的。巴菲特的童话世界里发生了很多事，而在 20 世纪 70 年代早期到中期，这个童话世界里发生的一切也是前所未有的。

巴菲特往往会拿起电话，在回应别人的一句“还好吗”的问候时都显得热情洋溢，仿佛无法控制内心的喜悦。巴菲特的一个股票经纪人克利福德 · 海斯回忆说：“巴菲特每天会打两个、三个、四个甚至五个电话来。”

> 他想要的就是信息，他不需要你跟他发表什么意见，他会不停地询问一些他感兴趣的公司情况。我会问：“你想要买多少，5 000 股，还是 10 000 股？”他会说：“全买进！”

他还会用手指着股票行情表上的市盈率一栏挨个地看，他发现很多股票的市盈率都不到 10 倍，这在华尔街也是很少见的：美国的股票在贱卖，却没人想要。巴菲特马上就做出了本能的反应：“当别人恐惧的时候，你要变得贪婪。”

如今，巴菲特追求的已经不仅仅是金钱了，他还有其他的想法。同 60 年代相比，这完全是一个大逆转。1973 年，管理 FMC 公司的鲍勃 · 马洛特让巴菲特帮一个忙，让他在公司挑选养老基金经理候选人的时候在旁边当一回考官。这些候选人个个都觉得自己很有能耐，但是巴菲特却觉得他们并不怎么样。“整整两天，”巴菲特回忆道，“我们一直坐在那里听他们高谈阔论，最后鲍勃 · 马洛特问我有什么想法，我对他说这两天完全是在浪费时间。”

后来，鲍勃·马洛特问巴菲特是否愿意为FMC公司打理一部分养老基金。巴菲特说：“可以，不过我事先要说清楚，我首先要替伯克希尔·哈撒韦公司考虑，其次是考虑我和苏珊的利益，第三位才是考虑FMC公司的利益。”巴菲特之所以能成为香饽饽，正是因为他头脑中总有无穷无尽的好点子。

对于马洛特来讲，巴菲特是幕后军师。不论是领取FMC养老金的人，还是股东，抑或是公众人士，都不知道是巴菲特在为公司打理资金。（在由巴菲特经营了5年之后，FMC公司的证券投资组合价值增长了51%，而在此期间道琼斯指数只上涨了3%。）

不过，正如巴菲特自己所说的那样，他最关心的是伯克希尔·哈撒韦公司的利益。1973年，他聘请所罗门兄弟公司通过出售优先债券为公司筹资2 000万美元。一位刚从哈佛大学毕业的投行人士丹尼斯·博温在拉古纳海滩和巴菲特相遇。他们欣赏着太平洋的美景，喝着百事可乐，规划着该怎样做这笔交易。丹尼斯·博温还不了解巴菲特在华尔街早已大名鼎鼎，后来他又在位于纽约的所罗门兄弟公司总部遇到巴菲特。当他们漫步走过宽敞的交易大厅时，人们都冲着巴菲特挥手，交易商们也发出了阵阵欢呼声，这一切都预示着巴菲特以后将给这家公司带来戏剧性的变化。股票交易商负责人罗伯特·施皮格尔见到巴菲特时兴奋地跑过来冲他说道：“沃伦，我刚买进很多……”施皮格尔拼命地向他推销股票。

巴菲特打算出售优先债券是基于自己的经验：趁着便宜多捞点钱进来。（如果等到需要一笔贷款时才去借钱，很有可能此时别人也想借钱，那么借款的利率就会提高。）

但是，借款人未必热衷于购买巴菲特公司的优先债券。所罗门兄弟公司得说服他们，说这些钱是给巴菲特投资用的，而不是投到纺织厂里去的，债券销售资料中再次注明伯克希尔·哈撒韦公司已经把投入纺织行业中的资金从2 400万美元降到了1 100万美元。即便如此，借款人还是坚持一条，那就是当巴菲特出售股票时公司就偿付借款。终于，巴菲特以8%的利率筹到了这笔钱。几个月以后，所罗门兄弟公司的唐纳德·马奇勒给巴菲特发去了一封贺信：

> 从一个旁观者来看，资金市场再次看出了巴菲特在财务方面的过人之处。我无法肯定今天能否为你再融到资……现在的筹资利率已经上升到了9%，你筹资的时机真是挺不错的。

不过，唐纳德·马奇勒只知其一，不知其二。巴菲特已经开始慢慢入主《华盛顿邮报》了。当年2月，伯克希尔·哈撒韦以每股27美元的价位买下了18 600股《华盛顿邮报》的股票。到了5月，股价跌到了每股23美元。在所罗门低息融资的支持下，伯克希尔·哈撒韦又买进了4万股，但价格还是在大跌，巴菲特却还在买进。9月，他又以每股20.75美元的价格买进了87 000股。到了10月，名气并不大的伯克希尔·哈撒韦一跃成为《华盛顿邮报》最大的外部股东。这份报纸可是巴菲特童年递送过的，也是他心目中极度渴望得到的媒体财富。

不仅如此，由凯瑟琳·格雷厄姆经营的《华盛顿邮报》旗下还拥有4家电视台、《新闻周刊》杂志以及印刷工厂。很多这类资产都是不公开上市的，因此难以估价。巴菲特认为它们至少值4亿美元，而《华盛顿邮报》的市值仅仅为1亿美元。

那些做空的人都是一些职业基金经理，他们对巴菲特估计的这些数字应该也不会有什么异议。那他们为什么要抛售股票呢？理由很简单，他们担心股价会继续下跌。他们担心别人也会继续抛售《华盛顿邮报》的股票。

当巴菲特独自将《华盛顿邮报》又冷静地分析了一番后，他认定这是一个千载难逢的机会。市场上目前人气不旺，信心低迷。在这样的背景之下，股票的价格和它所代表的资产价值之间其实是没有必然联系的，在现实世界中其实很难找到这么好的投资机会。巴菲特回忆说：

> 当你在做生意的时候，你便置身于一个现实的世界中，因为每个人都在考虑股票的相对价格。当我们在一个月内买下《华盛顿邮报》8% 或 9% 的股份之后，卖给我们股票的人中没有一个人在想自己其实把价值 4 亿美元的资产以 8 000 万美元贱卖给了我们。他们之所以愿意把股票卖给我们，是因为电信业股票在下跌，或是因为其他人都在抛售股票，又或是因为别的什么原因。很多人在出售股票时的心态都是非理性的。

其实，我们很清楚他们抛售的理由，当巴菲特投资《华盛顿邮报》时，《华尔街纪事报》上有一群华尔街的媒体分析师在纷纷评价这个行业。他们一致认为，根据公司的基本面来判断，目前公司的股票提供了建仓的好时机，但是他们就是不敢出手。奥尔巴赫·波拉克–理查德森公司的肯德里克·诺布尔也表态说：“《华盛顿邮报》的确是一家极富成长性的主流报纸。”但是，肯德里克·诺布尔也沾染上了华尔街最致命的惯性思维：

> 我认为市场正在逐渐抛弃对公司基本面的分析，根据我们对行情的分析来判断，我们认为这种熊市状态还将持续下去……对于注重分析公司基本面的分析师而言，这是一段相当困难的时期。

事实上，这正是注重公司基本面的分析师的黄金时期。媒体板块的股票都很便宜，只需一些简单的数学计算就能得出这一结论。关注媒体板块的分析师的工作性质并不复杂，他们的工作其实也只有一个目的，那就是对媒体类公司的股票做出评价。当这个板块的股票价格处于最低点的时候，正是他们建仓的大好时机，而他们却让这么好的时机悄悄溜走了。

8 月，《波士顿环球报》的母公司联合出版公司上市了。大家普遍认为，联合出版公司只拥有《波士顿环球报》这一项资产，因而股票的风险很高，但是却没有人注意到，《波士顿环球报》占领了当地 2/3 的市场份额。有些人担心，万一发生什么事情（例如，波士顿市民不再想看波士顿红袜棒球队的比赛），股票就会陷入麻烦之中。

第一波士顿银行作为承销商只好把价格定得很低，在听说巴菲特对报纸很感兴趣之后，这家投行向奥马哈发出了一份试探性的建议，但巴菲特并没有明确表态。

不过，私下里巴菲特一直都没有闲着。联合出版公司由两个古老的波士顿家族控制，自 1872 年开始出版《波士顿环球报》。它的发行量、收入以及利润都在不断上涨，而且这种趋势还在加快。据巴菲特了解，它的竞争对手《旅行者先驱报》在上一年也倒闭了。谢天谢地，波士顿变成了一个由一家报业垄断的城市，或者说，正如巴菲特所预测到的，一架垄断的收费大桥正横跨在波士顿的查尔斯河上。在巴菲特看来，联合出版公司的垄断性并不是一个弊端，而是变成了一种优势，因为它皇冠上的宝石没有其他人可以染指。

当联合出版公司的股票上市后，伯克希尔·哈撒韦成了最大的买家。在写给联合出版公司总裁威廉·泰勒的一封信中，巴菲特告诉他买入这么多股票的理由：

> 哈罗德·安德森（《奥马哈世界先驱报》发行人）是我的好朋友，他可以向你作证我对好报纸是多么感兴趣。我同样也热衷于购买价格低廉的股票。如果能把两者结合到一起，那么这种诱惑力简直让我无法抗拒。《波士顿环球报》的股票市值只有不到 3 000 万

美元，这在我看来简直少得有些荒谬。

巴菲特的投资技巧就是把钱用在刀刃上。由于巴菲特及时出售了优先债券，伯克希尔·哈撒韦就有了充裕的资金。之后伯克希尔·哈撒韦大量买进股票，尤其是媒体行业的股票，包括布斯报业、多媒体公司、哈特–汉克斯报业。

在这个时候，巴菲特向奥马哈的理查德·霍兰德提出了一个听起来十分幼稚的问题：拥有一家广告公司到底能带来什么好处？理查德·霍兰德根本没有多想，便口若悬河地和巴菲特谈起作为一家广告公司的老板感觉有多好。但是，他很快就发现了巴菲特的真正意图：伯克希尔·哈撒韦想要买进两家广告公司的大量股份——IPG 广告集团和奥美广告集团。[1]

巴菲特把广告业看成传媒业中的一张免费券。为什么说是免费的呢？与新贝德福德的纺织厂不同，广告公司不需要太多的资本投入，只需要一张桌子加上几支铅笔就足矣。对巴菲特来说，不需要大量的资本投入是他求之不得的一件好事，这样利润就可以直接流进企业所有者的腰包了。

华尔街大多数分析师的看法恰恰与此相反，他们认为如果一个公司的“资产”在晚上通过电梯被搬下来，这个公司就不复存在了。在他们看来广告公司里什么都没有，只有几个英语专业的人在玩弄文字。比尔·鲁安和巴菲特一样买进了相同的广告公司股票，他和《华尔街纪事报》谈到这一观点时有些不以为然。

《华尔街纪事报》：（广告业）已经是一种开放的行业，任何人都

1. 巴菲特仍然想暗中操作，但是按照规定，所有持股比例超过 5% 的投资者必须披露持股情况。

能成立一个广告公司。你想要做的话明天就能开业。

比尔·鲁安：我们谈论的不是几个留着长发、待在格林尼治村的办公楼里的艺术家。我们所说的是像IPG广告集团一样的大型企业，拥有像可口可乐公司、通用汽车公司以及埃克森公司这样的高端客户，年营业额高达1.5亿美元。

事实上，大型广告公司的经营状况都相当稳定。由于华尔街人气低落，巴菲特和比尔·鲁安在大单建仓时，这些公司的市盈率非常低。

截至1974年，伯克希尔·哈撒韦已经拥有IPG广告集团17%的股份。IPG广告集团的执行副总裁卡尔·施皮尔沃格尔突然意识到巴菲特有可能在考虑收购IPG广告集团，于是赶忙打电话给巴菲特问他下一步到底有什么计划。

巴菲特笑着问道："我的计划？"

听罢这话，施皮尔沃格尔反而有些担心了。巴菲特邀请他在下次飞往西海岸时顺便在奥马哈暂作停留。"太巧了，下周我就要去加州。"施皮尔沃格尔故意撒了个谎。因为他知道，"当时奥马哈的气温大概有零下10摄氏度，我走路时直打哆嗦。我没有穿高筒靴，因为我得假装自己正赶往加州"。

巴菲特向施皮尔沃格尔解释说自己买进IPG广告集团的股票纯粹是为了投资。他开始就自己的哲学侃侃而谈，包括城市里联系人与人之间的收费媒体"桥梁"、格雷厄姆等一整套投资理论。巴菲特讲的这些道理在施皮尔沃格尔听起来都过于简单了。身为麦迪逊大街上的智者，他没打算从中西部草原上的一位哲学家那里得到什么启示。实际上，他根本不相信巴菲特说的话。

这一点儿都不奇怪。尽管巴菲特在股市上屡有表现，但他的运作基本上还是相当隐蔽的，他在伯克希尔·哈撒韦公司的年报信件中写的内容都是事实性的，而且言简意赅，丝毫不像他写信给合伙人时那般文采飞扬，因此伯克希尔·哈撒韦公司更是让人感到难以捉摸。

公司的年度会议是在新贝德福德召开的，就在西伯里·斯坦顿那座陈旧的“象牙塔”里。在谈完正题之后，巴菲特让大家畅所欲言，提出各自关心的问题。这是每年唯一一次可以向巴菲特请教有关投资问题的机会，但是很少有人会提问。曾经和巴菲特一起听过格雷厄姆上课的科拉德·塔夫和他的弟弟，证券专家埃德温也前来参加，巴菲特则会花上几个小时来回答塔夫兄弟提出的各种问题。

人们对伯克希尔·哈撒韦公司几乎没有什么兴趣，甚至连报纸都不标出它的股价，任何人都可以买进它的股票，然后“免费搭上巴菲特列车”（就像合伙公司一样，大家无须为投资付费），但是几乎无人对它感兴趣。自从 1973 年年中伯克希尔·哈撒韦的股票达到了每股 87 美元的价位以后，它就一直在随大盘猛跌。到了 1974 年，它的价格竟然缩水到只有每股 40 美元。埃德温·塔夫回忆说：

> 人们普遍丧失了兴趣，即使那些认识沃伦·巴菲特的职业投资家也不例外。有人说情愿在每股 80 美元的价位买进，就是想等着股价一路翻红，结果巴菲特宣布了自己将要退休的消息，让这些人望而却步。

但是巴菲特在头脑里似乎已经为伯克希尔·哈撒韦的未来勾画了蓝图，他还在更多地买进股票，甚至让证券业内的朋友们罢手，以使那些零散交易的股票一旦出现就可以直接落入他的手中。巴菲特在奥马哈的经纪人查尔斯·海德说：“沃伦·巴菲特不喜欢让别人买伯克希尔·哈撒韦的股票。”巴菲特决心巩固自己对公司的绝对控制权，他告诉公司的总会计师维恩·麦肯齐不要对自己的公司进行投资。（直到 1978 年，巴菲特才告诉麦肯齐说他可以投资了，此时已是麦肯齐受雇于公司以来的第12个年头。）

与此同时，巴菲特给伯克希尔·哈撒韦买入的股票也是一跌再跌，原先伯克希尔·哈撒韦买入这些股票花了5 200万美元，到了1973年年底，这些股票的市值跌到了只剩4 000万美元。巴菲特给洛克福特银行的吉恩·阿贝格写信说：

> 不管你觉得银行在1973年的经营业绩有多么糟糕，我的境况都比你更惨。幸亏我在进行这些投资的时候已经解散了合伙公司，这对我的合伙人来说应该是件好事。

到了1974年，巴菲特投资股票的账面损失看起来更加严重了。如果用伯克希尔·哈撒韦的股票价格来衡量，那么净值跌去了整整一半，但这似乎并没有影响巴菲特高昂的士气。

巴菲特之所以如此成功，也是因为他身上具备一种常人所不具有的能力，那就是能够做到不感情用事，他不会因为道琼斯指数影响到自己的判断和投资策略。20世纪60年代，当他日进斗金时，他却满脑子在考虑万一遭遇熊市该怎么办。如今当他的投资陷入困境时，他却对股市掘金摩拳擦掌。在巴菲特写给伯克希尔·哈撒韦股东的信中，他的乐观情绪体现得淋漓尽致：

> 我们认为手中持有的一些股票在将来极具升值潜力，因此我们对自己的股票投资组合感到很满意。

例如，联合出版公司的股票就是巴菲特大单买进建仓的一个典型例子。尽管在1973年公司报告盈利增长了40%，但是它的股价还是一落千丈。股票的发行价格为每股10美元，但是几个月来股价跌破9美元、8美元和7.5美元的心理关口，此时公司的市盈率已经不足5倍了。当一种股票跌幅达到25%以上时，这对于投资者而言可谓是一种严峻的考验，因为投资者往往会开始怀疑自己的判断是否准确。不过，巴菲特坚信自己在判断股市方面的能力绝对在别人之上。于是，1974年1月8日，他又大量买进了联合出版公司的股票，在当月11日和16日他又有增仓的大动作。在2月13日、14日、15日、19日、20日、21日和22日，他又多次在股市上大单吸筹。他这种增仓的动作延续了整整一年，就好似一个久旱逢甘霖的人生怕自己手中的水桶会错过空中飘落的每一滴雨。有107天巴菲特都在买进联合出版公司的股票，最低买价仅为每股5.5美元。

让人感到有些奇怪的是，在投资史上，1973—1974年的熊市竟然被人们忽略掉了，然而它确实有划时代的意义，甚至可以和20世纪30年代的经济大萧条相提并论。股票像瓜熟蒂落一般，掉在地上却鲜有人问津。一度热衷于以80倍的市盈率购买“漂亮50”股票的基金经理们，现在却不愿意购买市盈率仅有5倍的联合出版公司股票。这些基金经理不是害怕有可能犯错，而是担心自己的投资节拍跟不上潮流。他们担心自己的想法跟不上别人的变化，他们的着眼点并不是长期投资，而是局限于某只股票在某一季度的短期表现。这一点从《华尔街纪事报》对奥本海默基金的管理者埃里克·T·米勒的一则采访上便可见一斑。埃里克·T·米勒住在纽约市宁静的布鲁克林郊区，他热爱球拍运动，一点儿也不喜欢熊市。

> 我也希望我们可以直接说出自己看好哪些独特的领域，但我们做不到这一点，可能是大家觉得这不是逞能的时候……盲目冒进反而会带来更大的风险，除非你把我放到一个岛上让我细细观察3年。

但值得一提的是，当时才是一个真正的造就英雄的时代。之前，基金经理宁可在模棱两可的股票上出高价，现在对于最好的绩优股竟都不敢买入了。乐观是他们的第二天性，但现在已消失无踪，他们心中残留的只有恐惧。

1974 年，美国各大主流媒体的头版标题都揭示了人们的这种惶恐：《商业周刊》——“给自己壮胆”“可怕的雪崩”；《福布斯》——“为什么买股票？”“从悲观到绝望”“未知的水域”“经济局势失控了吗？”；《巴伦周刊》——“战战兢兢”；《财富》——“股市悲剧的典型”。

经济陷入了衰退，但是惯用的刺激经济的方法还没出台。1974 年的通货膨胀率高达 11%，这是经济的一种新病态，即便在 30 年代也没有出现过这种局面：通货膨胀和经济衰退并存。经济学家想出了“滞胀”一词来描述这种情形：政府如果采取措施缓解其中的一种局面，就必然会导致另一种局面恶化。利率上升到了 20 世纪以来的最高点。政府变得手足无措，而且还要面对水门事件的困扰。整个华尔街都屏住了呼吸。政治圈里的话题是弹劾，而金融圈里的话题是萧条。

在全球范围内，美国的资本主义都处于衰退之中。石油输出国组织（OPEC）获得成功，受此影响，第三世界国家正在纷纷组建卡特尔组织。经济学家们普遍认为，经济迅速增长的黄金时代已经结束，现在要做的只能是把一块同样大小的蛋糕分割成更小的份额，甚至在街角的加油站大家都可以明显地看出这种征兆。

华尔街完全笼罩在这种悲凉的气氛之中，“漂亮 50”股票跳水的幅度高达 80%。这些股票从峰顶跌到了谷底，宝丽来从每股 149 美元跌到 14.125 美元，施乐从每股 171 美元跌到 49 美元，雅芳从每股 140 美元跌到 18.625 美元。甚至连华尔街上最大的养老基金管理者，同时也是“漂亮 50”中的翘楚摩根保证信托银行也亏损了近 2/3 的客户资金，银行家信托公司不再为它的信托客户买进股票了。极具讽刺意味的是，现在却是买进所有股票的大好时机。

道琼斯指数在7月底下探到757点，到了9月底，更是下挫到607点。倘若用道琼斯指数作为衡量标准，美国工业企业的市值已经蒸发了40%。但是，道琼斯指数还没有见到最后一跌的尽头。自1968年以来，股票的平均价格已经下跌了70%，在夏季的一个交易日里，有447只股票集体跳水，当时的情形甚至比让人们谈之色变的大萧条时期还要严重。这一波熊市延续了6年，比1929—1932年的熊市整整涨了一倍。

和其他人一样，巴菲特对通货膨胀也是忧心忡忡。面对这样的市场格局，他的反应是要尽力挖掘潜力股，例如报业类的股票，因为它们的赢利前景一片光明。同时，他避免买入资本开支很大的公司（因为在一个通货膨胀的世界里，资本密集型企业注入的很多资金都转移到新设备和存货上去了）。

不过，巴菲特并没有根据人们对宏观经济形势的预测来指导自己买卖股票。举个典型的例子，位于费城的亚纳尔–比德尔公司敦促自己的客户赶紧抛售可口可乐、百事可乐、乐倍公司以及七喜公司的股票，因为有可能会出现能源危机：

> 各大超市里都出现了这样一种现象，顾客愿意每趟多买点东西而不愿意经常跑超市。顾客也许越来越不愿意在车上堆放又沉又笨的大箱软饮料了……

巴菲特应邀去哈佛商学院做演讲，这让他感到很诧异，因为这所名牌大学曾在多年以前将他拒之门外。巴菲特讲到投资者们正在以非理性和“极度悲观”的方式行事，也许他在说这番话的时候头脑中浮现出来的是霍华德·斯坦的影子。他曾在几周前出现在纽约证券分析师协会。霍华德·斯坦是一家名叫德弗斯的证券投资公司的董事长，该公司曾以一部经久不衰的广告片闻名，在这部广告片里，一只威风凛凛的狮子正徜徉在华尔街的人行道上。但到了现在，这头雄狮已经萎靡不振了。霍华德·斯坦承认当前的股票很便宜，但他却担心"我们面临着很多严峻的问题"。他预言还将出现股市投资动力匮乏的恐怖前景，在这样的新局面下，价值判断的标准将难以发挥作用：

> 市盈率、历史盈利状况、预期每股收益以及许多其他被我们所用过的分析工具似乎都脱离了现实……在那么多可能影响证券价格的因素中，我认为会出现来自某个特定行业以外的影响因素，这会让最出色的分析家睁大眼睛，在他专业之外的领域充分发挥想象力来进行解读。

在霍华德·斯坦对于投资世界神乎其神的解释中，似乎每股收益都已经变得无关紧要了。但是，巴菲特决定抛弃这种观点而专注于自己的"专业领域之内"，因为他觉得自己并不能解答为什么一个国家面临的问题会影响《华盛顿邮报》的股价，他觉得不需要把自己的聪明才智用于这样的猜测臆度。这是一个多元化的社会，推动它前进的动力是多种多样的，更不用说影响股价的种种因素了。战争有输赢，繁荣兴衰也终有时日。政治斗争以及四季轮回又何尝不是如此呢？分析这些因素是华尔街人士最钟情的游戏，也是他们最好的消遣方式。在投资专家喧嚣的聚会上，这样的话题很有噱头，但没有哪个因素是完全确定的，不论是总统、经济，还是石油输出国组织对百事可乐销量的影响。

但是，对于巴菲特而言，所有这些都无法取代对某只股票进行的严格的价值分析。当你买入一股《华盛顿邮报》的股票时，你得到的最终收益并不会以是否爆发中东战争来衡量，你所购买的仅仅是企业的一份权益，是对它在出版业和电视业未来所获得的利润的一份分享权。如果你知道《华盛顿邮报》或任何一家公司到底价值多少，你就不会被其他因素混淆视听，这正是巴菲特竭力追求的境界。其他任何因素对他而言都显得无关紧要，更遑论那些对未来争执不休的嘈杂声了。霍华德·斯坦想要等待"局面更加稳定、预期更加准确的时机"，但是巴菲特不愿意坐失良机。正如他曾经对合伙人说过的那样，"未来永远都是捉摸不定的"。对于巴菲特而言，真正可以把握的是某些股票可以用低于或远远低于其资产价值的价格买到，而其他的外在因素，例如他儿子的背部扭伤了、小鸡的叫唤等都无法进入他的参考坐标。

不过，霍华德·斯坦提出的让人费解的问题并没有得到回答，那就是：传统的价值判断标准是否已经过时？这让人不禁想起了20年前格雷厄姆在参议院作证时回答银行委员会主席J·威廉·富布莱特提问的场景。富布莱特当年曾经问他："为什么廉价股票的价格必然会上涨呢？"

这正是该行业的神秘之处。

9月，格雷厄姆从隐退的生活中重新露面，对一些证券分析家发表演说，敦促他们留意他发现的"价值再生"。格雷厄姆提醒大家说："投资，未必是天才的专利。"

> 投资需要这样几种素质：第一，理性与智慧；第二，完善的经营之道；第三点，也是最重要的一点，那就是坚忍不拔的性格。

还有其他人，比如比尔·鲁安和约翰·内夫都公开指出大举进军股票市场的时机到了。但是，总体而言，华尔街还停留在哈姆雷特式的自我矛盾心态中，华尔街的海登斯通证券公司发出了"买进还是不买进"的疑问。不过，事实清清楚楚地摆在面前，股票的市盈率达到了战后的最低值，股票真的十分廉价。即便如此，海登斯通证券公司还是痛苦地表态说：

> 我们面前还有一大堆问题，也许根本就无法解决……整个社会结构发生了极大变化……没有人能够预测未来……我们真能把握并驾驭这个时代吗？

股市的这种局面看似令人沮丧，海登斯通证券公司建议，如果要进行大单的股票交易，还要再往后推延一下，“等到局势更加明朗了再出手吧”。难道会有人在市场的契机到来之前提醒海登斯通证券公司吗？人们丧失的不是理性与智慧，而是格雷厄姆所说的坚忍不拔的性格，按照自己的信念百折不挠地一路往前走的决心。也就在这个时刻，1974年10月初，巴菲特生平第一次对股票市场公开做出了预测。他是在接受《福布斯》杂志采访时做这番表态的，当时道琼斯指数下挫到了只有580点。

《福布斯》杂志的记者问他：“您有什么感想？”

巴菲特回答说：“现在正是投资的绝佳时机。”

他对未来的疑虑已经烟消云散，尽管他的股票价格都很低，但他的热情丝毫不减。伯克希尔·哈撒韦公司有一大堆股票，巴菲特还在日复一日地不断买进。

> 我把投资业称为世界上最伟大的事业，因为在这个棒球场上没有人逼迫你必须击球。你站在击球区，投手投来了每股47美元的通用汽车股票，又投来了每股39美元的美国钢铁公司股票！你即便不击球也不会受到任何惩罚，顶多丧失一些机会罢了。你可以整日以逸待劳，等到你喜欢的投球出现时再挥棒击球就行了，然后趁外场手打瞌睡的时候，向前一步将球击飞。

巴菲特早在1969年告别了股市，但当市场处于当前的低潮时，他又系好了钉鞋，拿起了球棒。对他而言，不存在“买进还是不买进”之类模棱两可的疑虑。正如他对《福布斯》杂志所说的那样：“现在正是投资的绝佳时机。”

巴菲特又回来了！

第9章

共生的合伙人

在儿子霍华德的眼中，巴菲特是全天下第二号聪明人物，头号聪明人物当属他父亲在西海岸的“哲学家朋友”查理·芒格。对于作家莫里·伯恩斯坦而言，查理·芒格是“真正的神秘人物”，是一个行为古怪、与你保持一定距离的思想者。芒格是巴菲特的莫逆之交。巴菲特只让芒格走进自己的心房。两人之间有一种特殊的共生关系，就像一段美满的婚姻一样，两人彼此都不可或缺。之前安排两人见面的埃德温·戴维斯医生对他们俩的举止相似和意气相投一直记忆犹新。巴菲特的女儿认为他俩就像是“克隆”的一对儿，走路时都迈着相同的步伐，甚至连长相都有几分相似。

不过，他俩也有很多不同之处。巴菲特总是一副欢欣鼓舞的模样，而他这位洛杉矶的伙伴却显得很阴沉。他没有巴菲特那样平易近人，而且从来不会冒傻气。他常常在见面时连“再见”都懒得说，而且喜欢在谈完正事之后马上就从椅子上突然起身，然后消失得无影无踪。

芒格对他身边的人都疑心重重，因此巴菲特把他叫作“怪人”。事实上，这倒能够帮助人们理解为什么芒格会成为巴菲特的知心好友。芒格对待生活的方式，就是总问可能会出现什么问题，这对投资者尤其有用。他总喜欢引用代数学家卡尔·雅各比的那句名言：“反过来想，一定要反过来想一想”。因此，在一所中学的毕业典礼上，作为演讲嘉宾的芒格并不是“宣讲”哪些品质可以给未来的人生带来幸福，而是大谈特谈哪些品质必然会导致生活中的悲剧。这正是应验了“一定要反过来想一想”那句话。

在多次收购活动中，巴菲特都聘请芒格做自己的律师。芒格还拥有巴菲特控股的多元零售公司的一些股份。除此以外，他们的职场道路几乎是不相交的两条平行线。

自从 20 世纪 60 年代以来，芒格一直经营着韦勒–芒格投资公司，这是一个合伙投资企业，位于太平洋股票交易所大楼内一个位置便利但是管道密布的办公室里。这种办公室氛围很合芒格的心意，因为这充分显示出芒格对那帮装腔作势的公司白领不屑一顾。还有一点更是匠心独运，芒格把秘书安排在办公室后面的单人间里工作，他和他的合伙人则在敞开的前厅办公。

通常，不出一小时，人们就会听到芒格朝秘书高声喊道："给我接通沃伦的电话！"芒格的合伙人艾拉·马歇尔感觉到芒格与巴菲特的联系日益密切，而且芒格也想成为巴菲特的合伙人。奇怪的是，他们在职业上的联系纯属偶然。他们各自买了洛杉矶一家"蓝带印花票证公司"（简称蓝带公司）的股票。巴菲特为自己买了一些股票，也为伯克希尔·哈撒韦买了一些。到20世纪70年代初，巴菲特已成为蓝带公司的最大拥有者，芒格是第二大股东。

蓝带公司是一个褪色的美国商业产物。它向超市收费，并发售它的购物券，然后用"免费"的烤箱、草地椅以及类似的物品来换回这些购物券。巴菲特对烤箱没有任何兴趣，让他感兴趣的只是钱。

蓝带公司之所以富有吸引力，是因为它是在前端收取了现金，但是可以在很长的时间期限内分批偿还这笔钱，因为它的客户已经提前购买了购物券。这些购物券经常被顾客塞进抽屉里忘掉。在这期间，蓝带公司就可以无偿地使用这笔浮存金。对巴菲特而言，蓝带公司就像一家还没有受到监管当局控制的保险公司。

它的"保费收入"（也就是出售给零售商的那些购物券）每年高达1.2亿美元。这样一来，对于巴菲特而言，除了在伯克希尔·哈撒韦拥有的大量财富之外，他又多了一个充裕的现金来源。他和芒格都加入了蓝带公司的董事会，接管了董事会的投资委员会，并且开始运作这些浮存金。

对于巴菲特来说，这是一场危险的游戏。他手里掌管着两个资金库，经营目标却可能发生冲突。不过，让人感到奇怪的是，由于巴菲特一向爱惜自己的羽毛，这种危机从未在他身上真正发生过，他和他的好友正享受着买入廉价股票带来的巨大快乐。当巴菲特偶尔待在加州的时候，两人会聚在一起，就挑选股票带来的简单快乐畅谈良久。

有一个例子是有关原始资本基金（Source Capital）的。它是一家封闭型的共同基金，位于洛杉矶。原始资本基金是由投机大师弗雷德·卡尔在1968年建立的。在70年代早期弗雷德·卡尔隐退之后，该公司的股票价格一落千丈。当然，这家基金公司的股票和别的股票一样被过度杀跌。尽管原始资本基金的资产价值达到了每股18美元，但公司的股价当时只有每股9美元。蓝带公司果断地买入了该基金20%的股票份额。就这样，巴菲特和芒格跨入了投机的盛宴，但此时其他投资者已经黯然离席。

芒格代表蓝带公司进入了原始资本基金的董事会，并且对任何他不满意的地方都大刀阔斧地进行了改革。有一次，芒格在审阅公司的投资组合之后，发现原始资本基金持有一些风险很高的股票。他直言不讳地对投资经理说："这是一份相当不错的Baa级股票清单，但对于原始资本基金，除了A级股票，其他的我都不想要。"巴菲特再也找不到比芒格更好的代理人了，尤其是巴菲特不擅长唱白脸，总想避开与人说话时不愉快的尴尬场面。

1971年，巴菲特和芒格得到了一笔极具潜力的"好生意"，这是芒格喜欢的，但又不同于格雷厄姆偏好的廉价股票。蓝带公司的投资顾问罗伯特·弗莱厄蒂得知加州一家精品巧克力连锁店喜诗糖果公司将要出售，蓝带公司的一位高管威廉·拉姆齐也很想买下喜诗糖果。他来到罗伯特·弗莱厄蒂的办公室，两人打电话给正在奥马哈家中的巴菲特，讲述了这个情况。

"哦，是罗伯特呀，"巴菲特说，"糖果生意？我们之前没想过要做糖果生意啊！”说毕，他就挂上了电话。

威廉·拉姆齐在听筒里听到他这番话后感到心烦意乱，不停地在屋子里踱来踱去，希望巴菲特能把电话再打过来。等待的每一分每一秒都是那样漫长。秘书慌乱之中又把电话错拨到巴菲特的办公室，结果没人接电话。

大约过了三四分钟之后，他们终于又和巴菲特取得了联系。他们还没来得及说话，巴菲特就说：“我刚才在看它的财务数据呢。好吧，如果价钱合适的话，我愿意买下它。”

这些财务数据告诉巴菲特：加州爱吃巧克力的人们都乐意为喜诗糖果公司优质的糖果多付一些钱，购买公司的价格是 3 000 万美元。不过由于喜诗糖果公司的账面价值较小，巴菲特和芒格决定买入价格不能超过 2 500 万美元。结果，谈判就这样搁浅了。这一次，巴菲特犯下了一个常见的错误。

投资者常常认为账面价值表明了公司的“价值”，或者至少是公司价值的一个参考值。但事实上，这两种价值所表达的概念是完全不同的。账面价值衡量的是投入公司的资本加上留存下来的利润。而投资者真正关心的是将来能从公司里得到多少价值，这才是决定公司“价值”的真正要素（巴菲特常把它称作公司的“内在价值”）。

假设有一家新的公司要投资糖果生产，它的设备、店铺状况以及存货与喜诗糖果公司完全一样，但是这家新公司生产的糖果品牌却鲜为人知，虽然它的账面价值与喜诗糖果公司是一样的，但是这家公司品牌的影响力要差许多，其内在价值必然要小许多。那么这家刚起步的糖果公司，由于其未来的盈利能力要低很多，所以它的实际价值也要低很多。由于账面价值无法反映品牌等无形资产的价值，因而对于喜诗糖果这样的知名品牌公司而言，它的价值的标志作用便显得毫无意义了。

但是，巴菲特和芒格非常走运，喜诗糖果公司回复了电话，答应以 2 500 万美元的价格成交，这是巴菲特至此所做的最大一笔投资。倏然间，巴菲特的投资王国里已经拥有了糖果、纺织、零售、保险、银行、出版以及购物券这些部分。

巴菲特的策略是将这些投资完全分隔开来，好像每一部分都是他的独生子一样。他成了喜诗糖果公司的大股东，因此他恶补了糖业期货方面的知识。在他写给喜诗糖果总裁查克·哈金斯的信里，我们可以看出巴菲特已经洞悉了这一行业的大量细节：

> 我倒是不太愿意接受 12 月 29 日（周日）那天的价格……我现在的想法是每磅期糖价格在 20~30 美分……如果期糖的价格还像前几天那样继续下跌，那么我倒是倾向于延期购买，直到市场对精制糖的价格有了反应再说。

另外，巴菲特还不断催促查克·哈金斯进一步做大做强喜诗糖果公司的品牌。有意思的是，尽管巴菲特不是一个美食家，他却明白一家糖果公司真正要“销售”的应该是什么。

> 也许产自法国某一片 8 英亩葡萄园的葡萄是全世界最棒的，但我总认为，它到底好不好，有 99% 是靠说出来的，只有 1% 是靠尝出来的。

之后，巴菲特又把注意力放到了购物券上。依赖于打折活动的超市从那些不用购物券的商店手里把生意抢了过来，顾客也越来越觉得光顾后者自己很吃亏。巴菲特一边告诉蓝带公司应该如何应对这种局面，一边进行自我分析，他承认营销工作并不是他所擅长的。

> 我的问题是，我考虑问题的角度总像一个会计师或是保险精算师。我的本能反应是要解释所有的事实，并为消费者进行完整的数学

计算，然后证明他们买我们的购物券有多么划算。我想我能说服一大群数学家、保险精算师、证券分析师乃至会计师……却无法说服家庭主妇们。

巴菲特把蓝带公司 4 500 万美元的浮存金投入银行类股票，这和伯克希尔·哈撒韦的投资策略有异曲同工之妙。

迄今为止，巴菲特在这场危险的游戏中依旧安然无恙。他为伯克希尔·哈撒韦、蓝带以及多元零售 3 家公司打理投资。它们有各自独立的股东群，巴菲特则需要为每一个公司的股东做出最好的投资决策。他应该把《华盛顿邮报》摆放在什么位置呢？喜诗糖果公司又该放在什么位置呢？尽管巴菲特面对这样的利益纠纷会竭尽全力地保持公平，但利益冲突依旧是难免的。把三方面的利益都摆平难度的确很大，也不符合巴菲特的性格。而且，如果利益冲突变得明显的话，就又会被证券监管当局盯上。

在这场疯狂的游戏中，有位股票经纪人向巴菲特提供加州帕萨迪纳市的韦斯科金融公司的股票。这家公司拥有一些储蓄与贷款业务。巴菲特对韦斯科金融公司再熟悉不过了，从 20 世纪 60 年代中期开始，他每年都会阅读几百家储蓄与贷款公司的年报，其中也包括韦斯科金融公司的年报。韦斯科金融公司的股价只有每股十几美元，比其账面价值的一半还要低。[1] 巴菲特和芒格两人一起核对了一番，芒格也认为韦斯科金融公司的股票很便宜，于是蓝带公司买入了它 8% 的股份。1972 年夏天，韦斯科金融公司是一个只有 200 万美元规模的小公司；到了 1973 年 1 月，韦斯科金融公司宣布要和加州的另一家储蓄和贷款

1. 对于大多数银行而言，账面价值是一个非常有用的评价工具，因为银行的资产主要包括贷款和其他金融资产，诸如品牌等无形资产所占的比例并不大。

业务公司圣芭芭拉财务公司合并。

巴菲特和芒格马上得出了同样的结论：韦斯科金融公司是要放弃自己的业务了。根据两家公司合并的条款，持有韦斯科金融公司股票的股东可以将他们手中价值被低估的股票换成圣芭芭拉财务公司的股票，而后者的股票价格似乎又被高估了。巴菲特曾说：

> 我看了合并条款之后简直不敢相信，芒格听了也感觉难以置信，但道琼斯行情确实是这么显示的。

芒格想多买进一些韦斯科金融公司的股票，并希望借此阻止这起公司合并，因为公司合并需要股东大会投票通过才行。巴菲特则不然，他对偶尔出现的投资损失能够做到坚忍克己。巴菲特说："大不了就承认自己犯了个错呗！"然而芒格还是坚持自己的做法。在接下来的一个半月里，只要股市上有韦斯科金融公司的股票出售，蓝带公司就会通吃，从而慢慢地积累起了韦斯科金融公司 20% 的股份。

可是，他们还是无法阻止这起公司合并，而且现在蓝带公司已经陷得很深了。正如芒格所说的那样，他们就像被鼠夹夹住的老鼠，已经不再奢望奶酪了。

2 月，芒格给韦斯科金融公司的总裁路易斯 · R · 文森蒂打电话。在说话时，芒格的用词显得非常古怪，他说蓝带公司一直在买进韦斯科金融公司的股票，目的是"创造出一种氛围"，使文森蒂和韦斯科金融公司的其他董事不会因为感受到任何"道义上的责任"而进行合并。

而文森蒂坚持按原计划进行。他知道蓝带公司完全可以投票反对这一计划，而且会劝说其他股东也这样做。在芒格看来，这种平民派人士的做法真是低俗。他认为自己是一位有着高风亮节的人，两个人之间没有什么矛盾是解决不了的。他说自己很喜欢韦斯科金融公司的管理方式，还说文森蒂正是巴菲特和自己中意的总裁人选。实际上，芒格多次表示如果文森蒂当面向他提出请求，蓝带公司可以考虑停止买入韦斯科金融公司的股票。

文森蒂觉得芒格这些话古怪至极。他无法理解芒格为何要在普通的商业交易中掺入道义的元素，然而这也正反映出芒格的与众不同之处，他一直秉持着传统的伦理道德观念。他经常不厌其烦地引用本杰明·富兰克林的名言，他甚至认为富兰克林说的话比任何商学院教的东西都更管用。

不论是身在商界内还是商界外，芒格都表现出一种绅士风范。他对自己的想法会坚持到底，但是对最后结果引来的褒贬评价则很淡然。当一个庸医给他做了一次拙劣的白内障手术致使他视力减退时，他竟毫无怨言地承认这种情况发生的概率很低，却刚好被他赶上了，自此他开始热衷于研究眼科。

在工作之余，芒格积极投身于公益事业。继贝洛斯堕胎案之后，他又为在洛杉矶设立堕胎诊所立下了汗马功劳。身为萨马林坦慈善医院的志愿者负责人，他彻底改变了医院的经营目标并重组了专家组。巴菲特给人一种平易近人的印象，而芒格则俨然一副居高临下的样子，他会冲进会议室，自言自语地讲述那些在他看来耸人听闻的事件，仿佛是一位视力退化、拿着一个放大镜的“哲学家国王”。

“芒格这人非常有趣，不过也很清高。”巴菲特的一个朋友这样评价说，“他信奉一种贵族式的观点，认为这个世界上有一群出类拔萃、极富才华而且事业有成的精英，而他自己正是其中之一。”

芒格总是开玩笑说要建立一个“芒格王朝”，当他与第一任妻子（第一任“皇后”）离婚以后，他期望能找到一位理想的再婚对象，他和第二任“皇后”养育了8个小芒格“王子”和“公主”。

和他在奥马哈的好友完全不同，芒格的生活丰富多彩，他经常游历世界各地的名山大川，以钓鳟鱼、北梭鱼以及大西洋鲑鱼为乐。他在加州俱乐部里经常举办聚会，并且常常是聚会上当仁不让的主角，尤其是当他灌下一杯葡萄酒以后。艾拉·马歇尔还记得在贝艾斯举行的一个晚会上，芒格一个人声如洪钟，滔滔不绝地说着一些老掉牙的故事并自我陶醉。主人对艾拉·马歇尔说："你能让芒格闭嘴吗？别人都插不上话了。"

芒格的挚友奥蒂斯·布思也有过一次不同寻常的体验。有一次，他们一起去钓鱼旅行。奥蒂斯·布思午夜时分醒来，发现芒格正端坐在那里专心地研读一本书，就好像那是一本秘籍。还有一次，在同奥蒂斯·布思以及艾拉·马歇尔去澳大利亚雨林探险的途中，他们的吉普车在丛林中颠簸行进，芒格却一直手不释卷地读一本艰深晦涩的古生物学著作。当天晚上，芒格便给同伴们分享他读书的新收获，艾拉·马歇尔回忆说："他在我们没有任何心理准备的情况下，突然向我们讲述恐龙是怎样进化成鸟类的。"

芒格的很多朋友，包括巴菲特的许多朋友一旦听到芒格关于黑洞和爱因斯坦的滔滔不绝的演说就会头疼，更别提芒格那不可一世的傲慢态度了。有一次，巴菲特的朋友罗克珊·勃兰特说她以为洛杉矶的医院只有锡达·西尼亚医学中心一家，芒格立即毫不客气地反驳："那是因为你是犹太人。"

芒格外表看上去像一位令人敬畏的心理学家，但其行为举止却像一个不谙世事的小学生。他能够看透许多现象背后的原因，例如人们无力改变自己的思想状态，或者是他所谓的"第一印象偏见"。

芒格的洞察力对巴菲特产生了很大的影响，巴菲特在理解和运用这种思维方式的时候比芒格显得更自然。巴菲特确确实实是一个能够克服"第一印象偏见"的伟人。

关于韦斯科金融公司这件事情，在芒格与文森蒂交涉失败以后，巴菲特开始设法说服那些有能力阻止合并的董事。伊丽莎白·彼得斯是住在旧金山的一位富豪家族继承者，也是韦斯科金融公司最大的股东。

伊丽莎白的父母亲创办了储蓄与贷款机构，并于20世纪50年代末期将其打造为上市公司。伊丽莎白的兄弟们都无法胜任这项工作，重担自然就落在了她的肩上。她本来主修英语，但为了家族利益，她转读商学院。她发现自己不仅在经营方面得心应手，而且韦斯科金融公司也将其带入了一个与众不同的世界。

然而，到了70年代早期，韦斯科金融公司业绩平平，伊丽莎白迫切希望公司能够早日焕发生机，但其他董事似乎对此一直敷衍了事。

圣芭芭拉财务公司提出收购条件以后，尽管伊丽莎白知道收购条件非常苛刻，但是她希望两家公司的合并能够给韦斯科金融公司的发展注入生机。

巴菲特派蓝带公司的总裁唐纳德·科普尔去和伊丽莎白面谈，但伊丽莎白还是一如既往地支持这次企业合并。唐纳德·科普尔刚离开不久，巴菲特又打了个电话过来。他非常友好地向伊丽莎白做了一番自我介绍，并建议两个人找个机会坐下来好好谈谈。

几天之后，巴菲特和伊丽莎白便坐在了旧金山机场的一个贵宾休息室里。巴菲特说，他认为再过一段时间韦斯科金融公司的股价会比圣芭芭拉财务公司开出的价格高出许多。尽管这些话伊丽莎白从唐纳德·科普尔那里已经听了很多次，但从巴菲特嘴里说出来显得更有说服力。巴菲特同她说话时俨然是她的合伙人，好像他的投资利益都是和她绑在一起的。

伊丽莎白认为必须采取对策来激发韦斯科的活力，巴菲特说他很乐意亲自上阵。巴菲特谈到了自己和其他公司的关系，他称之为一种合伙人关系，他还介绍了自己的情况。巴菲特语气镇定，给人一种踏实可靠的感觉。

伊丽莎白发现自己很愿意成为这个人的合伙人，也喜欢上了巴菲特，应该说是非常喜欢，同时她也看到了一丝希望。

不过，伊丽莎白心头还留有一个疑问："巴菲特先生，如果我相信你，那么万一你在路口被卡车撞了我该怎么办？那时又该由谁来挽救韦斯科呢？"

巴菲特说有一位能力与自己相当的合伙人。如果真的发生了类似的"卡车"事件，他已经安排好由这个人来掌管伯克希尔·哈撒韦，并负责打理巴菲特家族的事务。他认为韦斯科完全可以被托付给自己或这位合伙人。

巴菲特说完以后，伊丽莎白下定了决心，合并终于化为泡影。

此后，巴菲特和芒格感到必须对伊丽莎白承担起维护韦斯科利益的责任，他们决定进一步提高对韦斯科股票的持有份额。他们本来可以在低价位买进股票的。因为通常情况下，合并付诸东流时，公司股价往往会被腰斩。但是由于对这次合并失败巴菲特和芒格是负有直接责任的，在这种背景下用低价吸进其他股东手里的股票，未免让人觉得有趁火打劫之嫌。因此，他们告诉股票经纪人在价格上可以慷慨一些。

之后蓝带公司以每股 17 美元的价位向韦斯科金融公司收购股票，这个价格是合并失败之前的平均价格。尽管此举非同寻常，但芒格说："我们在容易陷入狂乱的时刻做出了正确的决定，我们认为这是一条正确的道路。"

蓝带公司后来又把持有的股票份额提高到 24.9%。后来，韦斯科金融公司的股票随着熊市行情一路下跌，蓝带公司也进行了几次要约收购活动。到了 1974 年年中，蓝带公司已经成为韦斯科金融公司的控股股东（伊丽莎白依旧持有相当数量的股票）。本来事情看似已经风平浪静了，然而有件事巴菲特和芒格并不知情，他们已经被美国证券交易委员会盯上了。

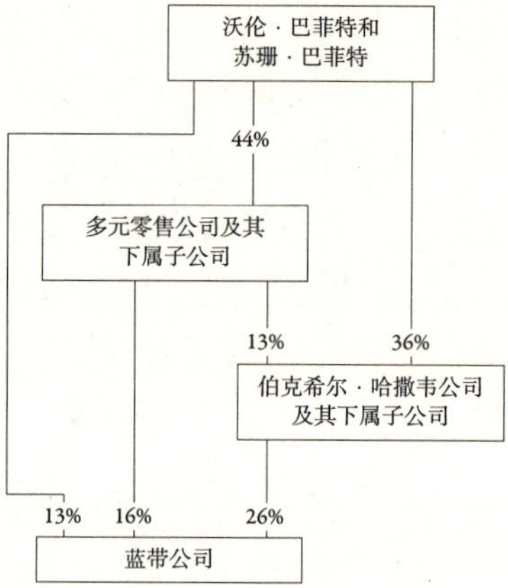

灾难来临的第一个征兆出现在1974年秋，这在一定程度上是由巴菲特和芒格两人之间微妙但并不合规矩的合伙人关系引起的。巴菲特和芒格在蓝带公司和多元零售公司中都拥有股份，不过芒格与伯克希尔·哈撒韦公司没有任何联系。所以，当巴菲特使用蓝带公司的资金时，两人之间是有合作关系的，而当他使用伯克希尔·哈撒韦公司的资金时，他又是独立的，这种错综复杂的关联所有权关系让人感到迷惑，也容易导致矛盾和混乱的局面。

作为解开这团乱麻的第一步，巴菲特和芒格宣布把多元零售公司并入伯克希尔·哈撒韦公司。但是美国证券交易委员会依然心存质疑，他们提出了一大堆问题。

起初，芒格以为也许是因为巴菲特和自己都是十分“有意思”的人物，美国证券交易委员会才会故意拖延。芒格的脑海中浮现出一幅怪异的画面：美国证券交易委员仔细审查蓝带公司，仿佛它是一只爬过显微镜的奇异臭虫。但是几个月过去了，芒格开始变得焦虑不安。在写给他和巴菲特在芒格的律师事务所的查尔斯·里克绍萨的信中，芒格显得很焦灼：

> 但愿我放弃这件事能让美国证券交易委员会感到满意，否则，你们就尽快让我收到答复，最好是打电话直接告诉我，这样我们就可以解决所有悬而未决的问题，以使我们的计划顺利完成。

可惜，芒格从未读过卡夫卡的小说，不知道何为人间噩梦。查尔斯·里克绍萨把一份措辞较为委婉的信件送给了美国证券交易委员会。当年 12 月，芒格就收到了他所要求的最快答复，尽管这一答复并不是他所期待的。美国证券交易委员会对奥马哈的那位投资奇才提出了控告：关于调查蓝带公司、伯克希尔·哈撒韦公司以及沃伦·巴菲特的 HO–784 号案件，这一下巴菲特成了被全面审查的对象。

> 蓝带公司、伯克希尔·哈撒韦公司以及巴菲特有可能单独或一同参与过一些商业活动……这些商业活动直接或间接地涉及商业诈骗的做法、方案或是预谋，也可能是其提供的陈述材料不真实或遗漏了……

美国证券交易委员会的调查集中在蓝带公司是否曾操纵了韦斯科的股价上，这确实是一项解决起来进退两难的棘手指控。美国证券交易委员会执法部门把它当作一个大案件来进行审查，而且调查的范围几乎涉及巴菲特买卖过的每一只股票。

按照美国证券交易委员会的要求，巴菲特把整整三大箱的档案材料运到了华盛顿，包括股票交易记录，他写给蓝带公司、纺织厂、喜诗糖果公司的信以及银行的每份备忘录，美国证券交易委员会一件都没有放过。在伯克希尔·哈撒韦公司的财务主管维恩·麦肯齐看来，

“他们好不容易逮到一个富翁，便一口咬定他是个骗子。”

尽管巴菲特很担心，但他依然表现得很镇定。反观芒格，他早已紧张得方寸大乱了。

罗德里克·希尔斯曾经是和芒格合开律师事务所的合伙人，当时正担任白宫法律顾问一职。当调查工作进入紧要关头时，有消息称罗德里克·希尔斯受邀担任美国证券交易委员会主席一职。巴菲特和芒格的律师查尔斯·里克绍萨给希尔斯打电话，恳求他放弃这一职务，他们的理由是如果希尔斯接受了这个职位，那么美国证券交易委员会就会摆出不徇私情的姿态，从而在处理这起案件时更加严苛。“有什么进展吗？”希尔斯问到，其实他是暗指调查一事。查尔斯·里克绍萨说：“没什么情况，一切都是胡扯。”于是希尔斯并没有在意此事。后来芒格又打了次电话，痛斥希尔斯在巴菲特最需要他的时候没有伸以援手。不过，希尔斯最后还是接受了这一职务。

1975 年 3 月，芒格来到美国证券交易委员会做了两天的证人，他信誓旦旦地向负责调查的官员保证：“如果出了什么问题，巴菲特和我将承担全部责任”——似乎这种表态就能够结束这场风波。芒格认为这起案件是在考验他们的品性，因此芒格经常会提及各笔交易中各方都是有着高风亮节的人。

而美国证券交易委员会的年轻律师们根本不买他的账，打算即使掘地三尺也要挖出内幕。他们语气尖锐地指出，芒格可能会密谋通过让想要兼并韦斯科的那家公司买不到股票来破坏这笔交易。芒格争辩说：“那可绝不是我们的做事风格。”他的语气听上去相当震惊，就好像一个忏悔者撞上了警察而不是自己的神父。

事实上，美国证券交易委员会怀疑其中有暗箱操作，特别是怀疑蓝带公司是因为想要自己接管韦斯科才破坏并购的。

提问：在2月26日之前多久，你和巴菲特先生就开始考虑这一做法（试图控制韦斯科）了？

芒格：我早就说过了，我们把 98% 的精力都投在手头的业务上，我们都信奉这样一个道理：一个人需要做好的就是手头上的事，不应该为那些遥不可及的事煞费苦心。

美国证券交易委员会的律师们可不相信这番大道理，而是步步紧逼，问蓝带公司为什么愿意在买入韦斯科股票的时候支付溢价。

提问：你们完全可以用更低廉的价格买入股票，那又为什么愿意支付更高的价格呢？

芒格：我们希望在路易斯·文森蒂和伊丽莎白·彼得斯之间保持公平。

提问：那你们的股东该怎么办呢？难道你们不想对他们也做到公平吗？

芒格：哦，对于那些要求我们矫枉过正的股东，我们并没有义务必须做到公平。本杰明·富兰克林早就说过："如果你愿意相信的话，诚实乃上上之策……"你看上去好像感觉很迷惑？

提问：确实如此。因为在我印象里，商界人士总是致力于实现自己公司和股东利益的最大化。

芒格：也许我们致力于实现的是长期的利润最大化。如果我们希望和路易斯·文森蒂建立起一种和谐的长期工作关系，或许这才是公正的。

这番对话与巴菲特在旧金山和伊丽莎白·彼得斯之间的谈话内容十分相似，一种长期的投资关系绝非只是在某只股票上押宝，它是公司所有权的一种体现。一个大股东，即合伙人，既会有付出，也会有收获。对于巴菲特而言，"合伙人"的含义是非常深刻的，它体现了诸多暗含的责任感和忠诚，这与他对巴菲特合伙公司投资者的感觉一样。

在现在的投资经纪人看来，他们的工作就是紧紧盯着屏幕，买进或卖出。但巴菲特和芒格经常会谈起仅仅靠资金运作是远远不够的。芒格回忆说："我对沃伦说过，我们可不想成为精明的吝啬鬼。我们不愿意在朋友和家人的印象中除了有钱以外什么都没有。"

可是，美国证券交易委员会的律师依旧满腹疑云。在他们看来，蓝带公司曾经有意拉高韦斯科的股价，或者通过"操纵"在股价达到更高的价位后再进行抛售。但蓝带公司又没有抛出这些股票，所以律师们就迷惑不解了。于是，他们又来审问巴菲特。

提问：从商业角度来讲，等到价格下跌时再买入股票不是更好吗？

巴菲特：如果单看一笔交易的话，这种假设是成立的。但是如果考虑到蓝带公司的整体局面，看到韦斯科的股东们觉得自己确实得到了公正的对待……我觉得蓝带公司在大家心目中的商业信誉从来没有像现在这么高过。

提问：你对蓝带公司的股东负有什么样的责任呢？

巴菲特：我自己也拥有相当数量的股票，因此这对我本身也会有影响，我花的每分钱并不都是来自别人的口袋。

提问：如果公司合并成功之后，你马上就抛出自己的股票，导致股价走低，你认为这种做法影响你的形象，对吗？

巴菲特：我觉得也许有些人对此会相当愤慨的。

提问：这个说法让我觉得很费解。你认为韦斯科的管理层会对你有怨言？我的意思是你为什么会对此在意呢？蓝带公司为什么会在意呢？韦斯科的管理层又为何会在意呢？

巴菲特：韦斯科的管理层对我们的印象是相当重要的。也许，你会说我们已经是公司的控股股东了，别人的感受并不重要，但实际上这种影响很大。路易斯·文森蒂其实不一定非得为我们工作，不过他是真的喜欢和我们共事，而我本人也愿意与他合作，这是一种良性的合作关系。如果他觉得我们是一群寡廉鲜耻的卑鄙小人，那么这种良性的互动关系就不复存在，要想调动路易斯·文森蒂的积极性是不能仅仅靠薪水的。

很难想象一个政府机构会去指责J·P·摩根过于注重自己的声誉，如果政府机构真这么做了反而会让人觉得不合常理。“你为什么会在乎自己的声誉？”对于与摩根同时代的人而言，提出这个问题会让人觉得不可思议。但是那个时代已经不复存在了。巴菲特和美国证券交易委员会的律师之间的谈话让人不禁觉得这不啻一场跨世纪的对话。这个政府机构以及这些对调查类似案件已经习以为常的律师把公司事务简单地定义成一系列交易，在他们看来，人们在做每笔交易的时候都是万分谨慎的，今天的合作伙伴明天就有可能反目成仇。巴菲特则愿意通过良好的人际关系来维系生意，让人情和生意都维系长久。他对自己的处事原则十分执着，就好像他对折盖书桌有非同寻常的偏好一样。但事与愿违，这却为别人的怀疑提供了口实。

巴菲特这种看似有漏洞的说法加剧了美国证券交易委员会的律师们的疑虑。他们觉得已经找到了案件的共谋，现在就只差罪证了。自然而然地，他们想从巴菲特和芒格之间看似神秘的合伙关系中去寻找。

提问：在蓝带公司，谁负责做投资决策？

芒格：通常是巴菲特先生，不过他一般都会和我事先商量一下，征得我的同意。

提问：那么在巴菲特先生下单买进韦斯科的股票时，他有没有告诉你他想继续买入这只股票？

芒格：这种事对于我们俩来说是很常见的，我俩根本没有必要每次都告诉对方心里到底是怎么打算的。

提问：那你问他了吗？

芒格：我没有必要这么做，我知道他脑子里到底在想什么。

提问：你是否觉得巴菲特先生是你“自己的化身”？

提问者这句不经意的话显然没有诚意。美国证券交易委员会的律师是从伊丽莎白·彼得斯那里听到这一说法的。他们又用同样的语气来质问巴菲特：

提问：你觉得他是你“自己的化身”吗？

巴菲特：这取决于你到底指的是什么。你知道，我们在一些投资项目上也曾意见相左，而在制定大多数投资决策时，我们的意见基本能够保持一致。

提问：自从你变成一个投资哲学家以后，你觉得自己在大多数投资问题上都征求了他的意见吗？

巴菲特：不……我是说这种做法在我们之间是常见的。

提问：好的，这么说来，你们经常一起讨论一些有关投资、哲学之类的问题喽？

巴菲特：确实如此。

提问：这么说来，在大多数情况下，你基本上都知道他买进或卖出了什么股票，而他也知道你投资股票的情况吧？

巴菲特：他知道我对什么股票有兴趣，我也知道他对什么股票感兴趣。不过，至于他在某个特定时刻到底买进或卖出了什么股票，那我可就不知道了。

巴菲特的节奏一点儿都没有被打乱。他曾经多次非正式地拜访美国证券交易委员会，似乎不辞辛苦地有意想要协助他的审问者。他很有耐心地对美国证券交易委员会的一位名叫劳伦斯·塞德曼的律师解释蓝带公司的结构与现状。在审讯间隙吃午饭的时候，巴菲特还对劳伦斯·塞德曼谈起他在华盛顿的童年时代，他总会找各种各样的机会向对方灌输巴菲特哲学。很快，劳伦斯·塞德曼就不知不觉地陷入了巴菲特编织的魅力蛛网之中，和伊丽莎白·彼得斯当年的情形一样。塞德曼回忆说：

> 我和他多次围坐在桌子旁探讨问题。他会对我说“你这儿错了，这家公司没有这笔资产”或者是“它一直都属于这家公司”之类的。我俩相处的时间并不短，我也不觉得他有什么敌意。他是一个很好相处的人，尽管我们处于完全对立的立场上。

对于现代某位公司高层管理者而言，要是在没有律师陪伴的情况下走进美国证券交易委员会，并且和一位无足轻重的调查律师谈自己的案子（事实上是在给调查官员提供信息），这一定是很少见也是让人觉得有些滑稽可笑的事。即便他有这种念头，这位高管身旁的律师们毫无疑问也会干涉并阻止他这样做。现在的人们总是患得患失，原先那种随心所欲的行事方式已经难得一见。这个时代鲜有伟人出现了，更多的是一些唯唯诺诺的虫豸而已。

巴菲特至少比这些虫豸要伟大一些。在这个时代看来，他就像一个古代的贤人，是一个没有律师陪同也敢说话做事的人。他觉得现代人，不仅是律师，还有政府工作人员、咨询师以及其他无数个顾问，他们不光是在发挥协助作用，还怀有控制欲。这些都让他生厌。不论成败与否，巴菲特都难以容忍别人对他指手画脚。

不过最终，巴菲特的努力收到了成效。美国证券交易委员会为他的开诚布公而感动，因为他的个人魅力而大受感染，也因为他的温文尔雅减少了对他的疑虑。巴菲特并没有直接驳斥劳伦斯·塞德曼，而是把他感化了。

“劳伦斯，”巴菲特说，“按照你的方法，似乎你是对的，似乎在技术上我们有违规的嫌疑。但如果按照我们的方法来衡量，事情就不是这个样子了。我们并不想做错事。你说现在我们该如何解决？”

这起案子在1975年一直拖着。美国证券交易委员会又把矛头转向了另一个目标——原始资本基金，这是巴菲特和芒格控制的另一个基金。到现在为止，巴菲特已经被各种各样的混乱局面搞得精疲力竭了。他告诉美国证券交易委员会，噩梦一旦结束，他希望自己的投资布局能够变得简单一些：

> 我们希望现在的业务还可以保留，但是不要这么头绪繁多。我真的很不喜欢这种错综复杂的局面。我们当时的操作看起来很简单，而现在却并非如此了。

到了12月，巴菲特的律师查尔斯·里克绍萨恳求了结此案。他解释说巴菲特没有犯什么错，不应该这样被彻头彻尾地调查。他把巴菲特3年以来毫无瑕疵的个人税务申报表记录与林肯总统的正直人格联系在一起。

> 自从他14岁开始为自己送报挣的血汗钱交税以来，30年以来他从未间断过，累计上缴的税款已经高达数百万美元了，而且他的税捐估定误差一般都不会超过200美元。

到1976年，调查已经进行了两年，美国证券交易委员会终于对这起案件做出了审理。美国证券交易委员会正式宣布：蓝带公司买入韦斯科的股票，不仅仅是一种投资，同时也是为了阻止两家公司合并（这也的确是事实）。美国证券交易委员会还宣称，蓝带公司在3周内人为抬高了韦斯科的股价，蓝带公司承诺以后不会再有类似的举动，但并没有对所谓的罪行进行确认或否定。这是此类案件的常规处理方式。由于被指证说在交易中损害了韦斯科部分股东的利益，为此蓝带公司很不情愿地支付了 115 000 美元的罚金。

美国证券交易委员会并没有对巴菲特采取惩罚。相反，几周之后，他们盛情邀请巴菲特去参加一个专家研讨会，专门研究上市公司的信息披露情况。也许，美国证券交易委员会想用这一姿态来表明对巴菲特的赦免。不过，话说回来，鉴于美国证券交易委员会刚刚结束对其为期两年的调查，巴菲特所受到的这种礼遇实在是有些不可思议。

巴菲特似乎有一种“洗心革面”的诚意，他开始简化自己交叉投资的复杂局面。他出售了原始资本基金持有的蓝带公司的股份（投资收益已经翻了一番）。从此，他不再以 FMC 公司兼职资金经理的身份出现了。他把韦斯科在蓝带公司旗下进行了整合。（他本来要买下整个韦斯科，但出于伊丽莎白·彼得斯的请求，巴菲特在买入韦斯科 80% 的股份时收手了。）在中断了两年之后，他更进一步，把多元零售公司并入了伯克希尔·哈撒韦。

让巴菲特感到高兴的是，这一系列合并活动让他和芒格之间的联盟关系也变得规范了。为了换取芒格手中的多元零售公司的股票，巴菲特让芒格得到了伯克希尔·哈撒韦公司 2% 的股票，与此同时，巴菲特还任命他的这位好友为公司的副董事长。芒格继续留在洛杉矶，从事多项投资业务，对自己在伯克希尔·哈撒韦公司中的职务始终保持低调，“从很大程度上来说，大多数点子都是沃伦想出来的”。然而对像巴菲特这样一个性格有些内敛的人来说，由聪明过人的芒格作为旁观者来给他出谋划策，也是非常重要的。

公司合并使伯克希尔·哈撒韦在蓝带公司占了最多的股份。实际上，巴菲特只剩下一个“钱袋”了，那就是伯克希尔·哈撒韦。除此以外，巴菲特没有与之相冲突的投资组合了，也没有为了个人利益进行的投资活动了。不过伯克希尔·哈撒韦是他从濒临死亡的纺织行业中挽救起来的企业，其实正是他的“个人”投资。

在巴菲特执掌伯克希尔·哈撒韦的最初10年里，巴菲特使公司的每股净值从20美元飙升到了95美元。他将公司改头换面，买进了保险公司、银行、股票组合、韦斯科金融公司的控股股份以及蓝带公司、喜诗糖果公司。

要是伯克希尔·哈撒韦由另一位高管来掌舵，那么他也许会给公司起个新名字来体现公司如此多的重大变化，也许会把公司叫作“伯哈公司”或是“伯克希尔实业”。然而，巴菲特对这种换汤不换药的改变并没有什么兴趣，他喜欢公司现在的名字，它会让人想起公司的起源。虽然巴菲特并不是一个多愁善感的人，但他还是让肯·蔡斯从新贝德福德工厂的档案堆里找出昔日董事们的会议记录，把它们都运到了奥马哈。正如巴菲特对美国证券交易委员会解释的那样，他永远不会出售伯克希尔·哈撒韦公司。

> 我打心底喜欢伯克希尔·哈撒韦公司，我将长期与它为伴。虽然他是一家上市公司，但它现在就像我家里的生意一样。

巴菲特指的并非一段时间，而是他的整个余生。他的事业，甚至从某种意义上来说，包括他的生命都已融入了这家公司。不论他做什么，也不论他要进行什么投资，其实他都是在给这幅油画添上新的一笔。自从当初巴菲特从西伯里·斯坦顿手里得到这支画笔以后，他再也不会把这支画笔拱手让人了。到20世纪70年代中期，巴菲特拥有公司43%的股份，苏珊也持有3%。为了得到伯克希尔·哈撒韦以及蓝带等下属公司的控制权，巴菲特投入了1 540万美元。这相当于给伯克希尔·哈撒韦公司的每股股票增加了32.45美元的市值，这是巴菲特愿意为之注入的最大资金额。对这幅油画的任何进一步修饰，即提高伯克希尔·哈撒韦股票的估值，或者任何增加巴菲特个人财富的做法，都将在每股32.45美元的投资以及他孜孜不倦为之努力的基础上不断体现出来。

第 10 章

投资新视角

当沃伦·巴菲特空降到凯瑟琳·格雷厄姆的公司时，她正经历着一生中最重要的转变时期。她的父亲在1933年买下了濒临破产的《华盛顿邮报》，当时《华盛顿邮报》在拥有5家报纸的华盛顿影响力排名最低。在她那才华横溢但最后神经错乱的丈夫菲利普·格雷厄姆对着自己的太阳穴扣动扳机之后，凯瑟琳·格雷厄姆于1963年接管了《华盛顿邮报》。很多人在面对这种意外时都会手足无措，但是她比大多数人表现得更加坚强豁达。在年轻时代，凯瑟琳就从事新闻记者工作，但她从来都没有想过掌管家族的报业。结婚以后，她把精力都放在相夫教子上了。

在被推上权力高位时，她显得胆怯、忸怩又非常谦虚，她的男性同事则都有些桀骜不驯。凯瑟琳在一次采访中也坦言，在社会当今的运行方式下，"男人比女人更适合干这项工作"。她只是希望起到守业人的作用。实际上，责任成了一剂良药。当时，《华盛顿邮报》是一家透着智慧但是思想略有些狭隘的报纸。凯瑟琳聘用本杰明·布拉德利担任报纸的主编，他之前是《新闻周刊》的华盛顿分部主管。本杰明·布拉德利得到了凯瑟琳的鼎力相助，加上励精图治，终于把《华盛顿邮报》打造成了美国新闻界的翘楚。

1971年，当《华盛顿邮报》的股票刚开始上市时，凯瑟琳没有理睬其顾问摇摆不定的意见，她顶着尼克松政府施压的不利局面，发表了"五角大楼文件"，即美国政府在越南战争问题上的秘密档案（之前，美国政府已经通过一项禁令，限制在《纽约时报》上登载这一内容）。此后，尽管感受到了压力，但她仍然支持《华盛顿邮报》对水门事件展开调查。也许是在尼克松的唆使下，政府以不给《华盛顿邮报》公司在佛罗里达的电视台发执照相威胁。尼克松政府的司法部长约翰·N·米切尔对即将问世的文章进行审查时说："如果它见报，那么凯瑟琳·格雷厄姆无异于自掘坟墓。"但凯瑟琳知道，她已经达到了目的。

不过，凯瑟琳改变《华盛顿邮报》定位的第二大步骤还没有展开。尽管《华盛顿邮报》能够犀利地针砭时弊，但是作为一家企业，它的经营却平淡无奇。尽管这份报纸在华盛顿的市场上占据了主导地位，但它的利润率却只有少得可怜的10%。它的电视业务也同样麻烦缠身。

1971年，《华盛顿邮报》上市以后，凯瑟琳开始把注意力转移到公司的经营状况上来。她把公司的财务交给董事长兼顾问弗里茨·毕比律师来处理。1973年春，弗里茨·毕比去世，凯瑟琳成为《财富》500强企业的第一位女董事长。她曾大胆地向证券分析师们宣布，如果管理界也有普利策奖的话，她希望自己能够获奖，但是华尔街让她倒吸了一口冷气。这一切发生在巴菲特开始买进她的股票的时候。

凯瑟琳之前通过《华盛顿月刊》的查尔斯·彼得斯结识了巴菲特，但是她不清楚巴菲特到底是何许人以及有何打算。《华盛顿邮报》内部本来已经警报频传，凯瑟琳的儿子唐纳德当时正努力提高自己在公司里的地位，他警告说公司可能会落入某个“来自内布拉斯加州的极端右翼分子”的手中。凯瑟琳也感到万分恐惧，于是拼命找出版界的朋友们打探有关巴菲特的消息。根据布拉德利的说法，凯瑟琳对“有关巴菲特的任何风吹草动都不会放过”。其实这样做完全没有必要，因为《华盛顿邮报》有两种股票，公开交易并有投票权限制的是B股，对公司形成控制权的是A股，而A股被格雷厄姆家族紧紧地控制在手中。但是，凯瑟琳·格雷厄姆仍是投资界的一个新手。《华盛顿邮报》旗下《新闻周刊》的资深副总裁彼得·德罗一直安慰她说：“别担心，毕竟A股在你手中呀！”凯瑟琳还是惶惶不可终日，不停地说：“有人想挤进我们董事会了！他究竟想干什么？”

巴菲特当时想，自己已经持有《华盛顿邮报》10%的股份了，说话应该有些分量了。于是，巴菲特就写了封信给她：“亲爱的格雷厄姆夫人……”信里讲述了他之前身为《华盛顿邮报》报童的那些“壮举”，否认自己有任何敌意收购的意思。凯瑟琳把这封信给熟谙游戏规则的朋友们看，包括安德烈·梅耶以及芝加哥的银行家罗伯特·阿布德等人。大家都警告她，巴菲特这番善意表态的背后也许是个大阴谋，建议她和巴菲特保持距离。

凯瑟琳对自己的顾问一向言听计从，但是这一次她相信了自己的直觉。她给巴菲特写了封回信，提议两个人当面谈谈。当凯瑟琳去拜访《洛杉矶时报》时，巴菲特从自己位于拉古纳海滨的家里开车去拜访了凯瑟琳，两人一起度过了凯瑟琳认为极其愉快的一段时光。巴菲特觉察到凯瑟琳心中的忧虑不安，主动提出暂时不再买进《华盛顿邮报》的股票。凯瑟琳尽管对巴菲特还不能说是知根知底，但还是邀请他去东部时顺便参观她的公司。

在时局紧张的那段时间，巴菲特和苏珊住进了离《华盛顿邮报》仅有一个街区之隔的华盛顿麦迪逊酒店。当时印刷工人消极怠工，警察和工会成员们正在街上对峙。巴菲特设法借来了一根黑领带，偕妻子和凯瑟琳·格雷厄姆共进午餐。当时，他坐在芭芭拉·布什和简·马斯基中间，等着凯瑟琳·格雷厄姆做出让步。

但是，谁也没有表态。最终，大都市公司董事长（也是巴菲特的朋友）汤姆·墨菲和凯瑟琳·格雷厄姆共进午餐，建议她邀请巴菲特进入董事会。当凯瑟琳·格雷厄姆去拉古纳海滨拜访巴菲特时，他还试图讨她欢心，买来了一把太阳伞和沙滩椅，这在巴菲特家引起了一场轩然大波，因为家人从来都没见过巴菲特下水。凯瑟琳·格雷厄姆侧过身子对巴菲特说：“我希望有一天您能加入董事会。”巴菲特说：“哦，那您还等什么呢？”当巴菲特开车送她回洛杉矶时，她说：“如果您想对我说什么就尽管说吧，只要委婉些就行。如果有人冲我大喊大叫的话，我倒宁可去上吊。”巴菲特是何等聪明的人物，根本不需要凯瑟琳·格雷厄姆来提醒他。

1974年秋天，巴菲特成了《华盛顿邮报》的一名董事。其他的董事，包括凯瑟琳的亲戚、《华盛顿邮报》的高管以及凯瑟琳的朋友，他们对巴菲特都心存戒备。用《新闻周刊》副总裁彼得·德罗的话来说：

沃伦是个来自奥马哈的外人，他一下子就吃进了公司10%的股票。我们的反应是："为什么之前从来都没有听说过他？"这让我们感到有些忐忑不安，他是一位不速之客。

对于这样的矛盾心态，巴菲特自然心知肚明。他以三寸不烂之舌告诉这些董事他投资《华盛顿邮报》的原因，以及从个人体验来说，这家公司给予他的那种宾至如归的感觉。

他签署了给唐纳德·格雷厄姆的股权授权委托书（这使凯瑟琳·格雷厄姆的儿子和继承人拥有了伯克希尔·哈撒韦公司的投票权），以这种不同寻常的方式表达自己对管理层的信赖。同时，他还以书面形式承诺伯克希尔·哈撒韦公司希望能够"永久"地持有它在《华盛顿邮报》的股份，这种做法估计在现代的投资专家看来也是不明所以。巴菲特通过各种方式来表明自己不仅仅是个外来的投资者，还是一个值得信赖的合伙人，这和他对伊丽莎白·彼得斯的态度如出一辙。

巴菲特开始频繁地往来于奥马哈与华盛顿之间。在召开董事会议的前一天晚上，他会住在凯瑟琳位于乔治城的富丽堂皇的家里。当时的本杰明·布拉德利已经是见过很多大世面的人物了，不过他还是评价说："我们都有些目瞪口呆了，我们从来没想到他是这么有钱的人。"

他似乎被我们的魅力迷住了，我们对他也是佩服得五体投地。多年以来，巴菲特总是穿着一件蓝色的呢制西服，每个人对他的这身打扮都不屑一顾，我想这也正是他这样装扮的原因。开董事会的时候，编辑们路过会议室时会聊些闲话，他也会上去凑热闹。他很喜欢和大家打成一片，喜欢我和凯瑟琳之间并不拘束的关系。有一次我们在打网球，我把凯瑟琳逼到了球场旁的围栏边。沃伦评价说："对那些敢把老板逼到围栏边的人我都是很佩服的。"他身上有一种极能感染他人的激情。

《华盛顿邮报》的高管们都习惯于将自己定位为新闻记者，踏踏实实地完成主人的指令。但巴菲特开始向他们点点滴滴地灌输财务方面的知识。有一次，他突然跑进彼得·德罗的办公室，询问有关《新闻周刊》的事。后来，他开始阐述自己对《新闻周刊》特许经销商的看法，他用汉堡连锁店进行类比，听起来浅显易懂。

"听完以后，我对它的理解更深刻了，"彼得·德罗说，"巴菲特就像一束激光，能够让你集中思想，但决不会让你觉得自己是个笨蛋。"

特别值得一提的是，巴菲特几乎成了凯瑟琳的家教。每次来华盛顿，巴菲特总会带上一大堆公司年报，教凯瑟琳一字一句地阅读。有一天，巴菲特送给她一张迪士尼公司年报封底上的图片，上面画着一个在婴儿车中熟睡的孩子。巴菲特在上面写着一句话："这就是读完第20份公司年报之后的你。"凯瑟琳的有些同事指责巴菲特试图操纵凯瑟琳，但凯瑟琳却对巴菲特信任有加。巴菲特从来没有劝凯瑟琳该做些什么，只是提出建议和忠告。巴菲特的魅力在于他富有耐心，这让凯瑟琳觉得他像磁铁一样富有吸引力。凯瑟琳对巴菲特了解得越深入，就越发喜欢他的真知灼见。

不久之后，巴菲特提出一个重要的建议——《华盛顿邮报》应该回购一大部分自己的股票，凯瑟琳觉得这简直是件疯狂的事。如果一个公司的资本总是在自己的钱包里循环，那它又该怎样成长壮大呢？

巴菲特则认为，公司整体的业务增长率并不重要，重要的是每股收益增长率，就像把一张比萨少分几份。如果公司的股票可以用低价收回（当时《华盛顿邮报》的股票非常廉价），那么每一块比萨上分到的奶酪就会更多。巴菲特还帮凯瑟琳从数学上解答了这个难题。

在凯瑟琳自己接受了这些观点以后，她就和《华盛顿邮报》的其他高管探讨这一问题，他们发现凯瑟琳竟然用起了大量的金融术语。她经常在公开场合引用巴菲特的原话，有时候引用频率之高甚至让有些人生厌。面对职员们提出的建议，她的答复方式也令人生气："有意思，那我们去问问巴菲特吧！"

巴菲特加入董事会一年以后，凯瑟琳决定在《华盛顿邮报》一显峥嵘。她一直渴望缓解印刷室冗员的问题，并且把控制权从桀骜不驯的印刷工人工会手中抢过来。有的印刷工人甚至砸坏了机器，罢工变得越发严重。（有个罢工工人举着的标语牌可谓恶毒，辱骂时连凯瑟琳·格雷厄姆已故的丈夫都不放过——"菲利普·格雷厄姆开枪时杀错了人"。）在那些没有参加罢工的工人的鼎力帮助下，《华盛顿邮报》才勉强出版，而在当地仅次于它的《华盛顿明星报》则乘虚而入，不断挖走它的广告客户。

凯瑟琳担心《华盛顿邮报》会赢得罢工但输掉生意。她说："我需要找到一个完全可以依靠的人。"此人便是巴菲特。他许诺亲自来打理《华盛顿邮报》的生意，并且在他认为罢工会对《华盛顿邮报》的基石造成长远威胁时提醒她。《华盛顿邮报》的这种经营成就正是他投资的理由，他绝对不会让《华盛顿邮报》的帝国变得摇摇欲坠。4个月之后，罢工的工会组织瓦解了，《华盛顿邮报》继续在华盛顿的各家报纸中保持领跑者地位。

后来，《时代周刊》收购了在竞争中败下阵来的《华盛顿明星报》，并建议同《华盛顿邮报》联营，理由是联营可以降低成本，而且也可以替市民考虑，让华盛顿有两家报业公司。[1]《时代周刊》提出来的方案中，两家公司均可以从联营得到的收益中分得一部分收益。

对这一建议，巴菲特坚决反对。在他看来，《华盛顿邮报》已经拥有整个华盛顿报业市场66%的份额，而且马上就要占领整个市场了，完全没有必要对排名第2的公司妥协让步。受到巴菲特的影响，凯瑟琳提出了更加苛刻的反向收购提议，遭到了《华盛顿明星报》的拒绝。没过多久，《华盛顿明星报》破产了，《华盛顿邮报》便一统江山。

凯瑟琳几乎每隔一天就会和巴菲特谈上一次，而凯瑟琳每次要演讲时都会发怵，她也会给奥马哈那边打电话，巴菲特不假思索就能给她一个演讲大纲，而且在逻辑上滴水不漏。她曾录下他们的谈话内容。

> 等他说到了结尾部分，我说："什么？你能再说一遍吗？"他说不行，这些话都是即兴说出来的，因为语速太快，他自己都已经想不起来了。这真是让人惊得目瞪口呆。

有一次，当凯瑟琳·格雷厄姆打电话来时，巴菲特中学时代一起经营弹子球生意的伙伴唐纳德·丹利正在奥马哈看望他。当天，凯瑟琳·格雷厄姆非常担心《今日美国》会对《华盛顿邮报》采取行动，巴菲特极力安慰她。让唐纳德·丹利感到诧异的是，她竟然在电话里和他聊了半小时之久。

巴菲特担任了一段时间的董事之后，就开始督促凯瑟琳变得更有主见一些。有一次，凯瑟琳让巴菲特到华盛顿协助她一起参加一项谈判。

"不，我就不去了。"巴菲特对她说，"你自己去谈吧！"

1. 1970年颁布的美国《报纸保护法》允许存在竞争关系的报纸整合业务，但需要保留各自独立的编辑人员，前提是他们能向司法部证明，如果不这样做，其中一家报纸将会倒闭。

"那好吧！那你告诉我该出价多少？" 凯瑟琳又问道。

"别光问我，你自己想想，肯定能算得出来。"

尽管如此，但实际上巴菲特的影响力已经渗透到《华盛顿邮报》的每项重大决策之中了，尤其是他劝阻凯瑟琳不要盲目参与那些近乎白热化的媒体资产抢购大战。相对而言，凯瑟琳·格雷厄姆只是一个传媒业新手，一旦遇到发展势头强劲的大都市公司董事长汤姆·墨菲，以及似乎看到好东西就会出手的蒂姆斯·米勒等传媒大鳄，她总是心惊胆战的。她也很想跟随他们的脚步，但是巴菲特却在旁边不断提醒她不跟进并不是罪过。

肯塔基州的报纸发行人巴里·宾厄姆提出，只要凯瑟琳·格雷厄姆的报价不低于甘尼特报业集团，他就愿意把《路易斯维尔信使报》和《路易斯维尔时报》转手。凯瑟琳·格雷厄姆自然马上就给巴菲特打了个电话。尽管巴菲特意识到这一报价高得惊人，但他还是没有明确表态，以免打击凯瑟琳·格雷厄姆的积极性。从某种更微妙的意义上来说，这样做效果反而更佳，因为校长充分信任一名小学生，那么这位诚恳的小学生也绝不会辜负校长的期望。"要知道凯瑟琳是多想做成这笔生意呀，"唐纳德·格雷厄姆评价说，"但她最终还是放手了。"

还有一次，那位曾想投资登普斯特尔机械制造厂的戴维·施特拉斯尔想把一家有线电视公司卖给《华盛顿邮报》。他在纽约与巴菲特和凯瑟琳·格雷厄姆一起吃了顿饭。两人交谈时轻松愉快的气氛给戴维·施特拉斯尔留下了深刻的印象，但与此同时他也预感自己的计划要落空了。

"凯瑟琳对有线电视公司很感兴趣，"戴维·施特拉斯尔回忆道，"她非常老练，考虑的是公司的战略发展，但我对自己说，'巴菲特是不准她花那么多钱的。'"

有一点是在大家意料之中的，那就是凯瑟琳不仅把巴菲特当成商业顾问，在其他方面也很倚重巴菲特。身为一个富有的寡妇，她对其他追求者都很不信任，过着近乎隐居的生活。她性格脆弱，总是拒人于千里之外。《华盛顿月刊》的查尔斯·彼得斯说："凯瑟琳需要一位密友。"她觉得巴菲特不会给她带来任何威胁，于是两人往来更密了。凯瑟琳曾邀请巴菲特到她位于弗吉尼亚州的农场以及在马撒葡萄园的家中做客。巴菲特也回请她去位于拉古纳海滩的家中度假。凯瑟琳还开始参加巴菲特组织的本杰明·格雷厄姆门徒的聚会。

他们俩的性格中都有一些幽默搞怪的潜质，这也缘于两人不同的背景和品位。当巴菲特邀请凯瑟琳去奥马哈做客时，他确信她压根儿就不知道奥马哈到底在哪里，于是就决定好好整整她。登上飞机以后，巴菲特让她画一张美国地图并试着标出奥马哈的位置。凯瑟琳画的这张地图简直蹩脚到极点，巴菲特想要赶紧抢过来留作"证据"，但凯瑟琳手更快，一下子就把它撕成了碎片。

还有一次，他们在纽约拉瓜迪亚机场着陆之后，凯瑟琳急着要打电话，便问巴菲特有没有10美分的零钱，巴菲特在口袋里摸出一枚25美分的硬币。也许和所有来自内布拉斯加州的亿万富翁一样，巴菲特可舍不得浪费15美分，于是就跑出去想换零钱，只听得凯瑟琳在后面大声喊道："巴菲特，得了，能给我25美分吗？"

巴菲特去华盛顿时很少带自己的妻子，而总是陪着凯瑟琳在城里四处闲逛。作家杰弗里·考恩说："凯瑟琳·格雷厄姆的社交圈子也扩大了很多。"另一位朋友说："《华盛顿邮报》着实改变了巴菲特的生活，因为它改变了他的交友圈。"突然之间，来自小城奥马哈的沃伦·巴菲特就和亨利·基辛格之类的社会名流打起了交道。专栏作家利兹·史密斯说，自从巴菲特成为凯瑟琳的座上宾和顾问以后，他就成为万人瞩目的风云人物了。利兹·史密斯又说道："整个华盛顿的社交界都感受到一股清新的空气，因为不管就餐时在座的人是怎样的社会名人，巴菲特只喝百事可乐。”不过，巴菲特不事张扬，只喜欢在凯瑟琳家里和许多社会名流相聚。

在凯瑟琳生日那天，各界名流纷纷前来道贺。报纸发行人兼文学鉴赏家马尔科姆·福布斯带来一瓶上等的葡萄酒，这瓶酒的灌装年份恰好是凯瑟琳出生的当年。马尔科姆在说话时流露出的语气是，这瓶酒可是耗费巨资的。当侍者端着葡萄酒来到巴菲特身旁时，这个只喝百事可乐的内布拉斯加人用手捂住杯子说：“不用了，谢谢，能把这杯酒所值的现金给我吗？”

当巴菲特在华盛顿的时候，凯瑟琳总让厨师为他做汉堡，还在位于曼哈顿的公寓内堆满了巴菲特最喜欢吃的零食——油炸花生和草莓冰激凌。“当他来的时候，”她语带嘲讽地说，“这儿就只有奶酪汉堡和炸……叫什么来着？对了，炸薯条！上面沾满了盐粒。”为了让巴菲特的举止变得更优雅一些，她带他去吃扁豆，还建议他多买些衣服。

作为回礼，巴菲特也会把凯瑟琳带到一些具有文化里程碑意义的地方去，比如位于新贝德福德的伯克希尔·哈撒韦的纺织厂等地方。“他想让我去看看。”凯瑟琳说。她把巴菲特当作“最贴心的朋友”，不论是私人的还是生意上的事情，都常向巴菲特征询意见。在某种程度上，巴菲特也成了凯瑟琳孩子的叔叔。他至少每个月会去华盛顿一次，在凯瑟琳家的客房留一些换洗的衣服，连巴菲特的孩子们都不知道该拿他怎么办。

在一次采访中，凯瑟琳说：“我还很年轻（巴菲特进入董事会时她正好 57 岁），所以会有人感觉不爽。”不过这句话并没有激起关于她私情的谣言。汤姆·墨菲也曾专门拜访过巴菲特，她戒备地说：“谁要是说我利用他的话，那可是件令人不快的事。”

巴菲特有很多不同寻常的女性朋友，包括《财富》杂志的作家卡罗尔·卢米斯、鲁斯·芒克莫尔、芭芭拉·莫罗等。芭芭拉·莫罗认为他是位“女权主义者”，因为他总是平等地对待女性。她说：“巴菲特对女性很有人情味。”在巴菲特身上，还有一种现在男性身上已经不太常见的侠骨柔情。

巴菲特有这么多女性朋友，苏珊不仅不吃醋，还感到很轻松。有人提醒她，巴菲特把那么多时间都花在了华盛顿，苏珊却面无一点儿难堪，大方地回答说，她对事物外在的形式并不感兴趣，只看重内心的纯净。（巴菲特夫妇在华盛顿时，他们两个人都住在凯瑟琳家。）

但是，到了20世纪70年代中期，巴菲特家的生活让人感觉有些失去凝聚力了。苏珊之前把很多时间用来照顾巴菲特，她对一个朋友说，现在她也想多为自己的事奔忙了。她积极投身于一个挽救当地高中的项目之中，由于种族问题，这所高中的学生流失现象十分严重。她也开始独自外出旅行。显然，她对巴菲特的工作了无兴趣。彼得是最后一个还留在家里的孩子，他发现这个家已经变得越来越散了。爸爸经常待在华盛顿，妈妈似乎总要外出，彼得只好经常自己弄饭吃。

巴菲特意识到，像自己一样，妻子的生活中也需要有《华盛顿邮报》这样一个重心。他们谈到了快要成人的孩子们，巴菲特说道：“苏珊，你就像一个工作了23年之后又丢掉了饭碗的人，现在你打算做些什么呢？”

苏珊的梦想是当一名歌手。家里人对此并不感到惊奇，因为巴菲特在工作时，苏珊总是一边哼歌一边在家里走来走去。如今，她有了一些自由的时间，就自己创作一些曲子，和当地一个名叫“鲍勃·埃德森三人组”的乐队一起合作，在一些私人聚会上表演。每当想起要公开演出时，她总是有些忐忑不安，但巴菲特给了她坚定的支持，告诉她如果现在因为胆怯就退缩的话，那么迟早有一天她会后悔的。1975年，在一位名叫尤妮·德内伯格的朋友的帮助下，苏珊克服了恐惧心理，出现在位于奥马哈郊区的一家名叫“蒸汽动力”的夜总会舞台上。

从此以后，苏珊开始在位于奥马哈集市街区的法国咖啡屋里表演。这个咖啡店的老板是两个周游过世界的奥马哈人，一个是舞蹈演员迈克尔·哈里森，另一个是文化前卫人士安东尼·阿勃特。之前，苏珊曾在这家咖啡屋举办过一场义演。还有一次，她为了赈济非洲灾民在这里举办了一场义演。她和客人们一样，穿着带褶皱的印花棉布上装，系着花色丝巾，赤着双脚。在奥马哈，一个40多岁的家庭主妇登台演出可是难得一见的新鲜事。但是在此以前，城里的人就知道巴菲特太太是一个思想自由、开放的女人。

在法国咖啡屋里，苏珊在一个光线昏暗的石窖中表演。她身材窈窕，显得十分性感，浑身缀满的金属片闪烁着迷人的光彩。她似乎比当初结婚时显得更加美丽动人：高高的颧骨，一头棕色头发散发出妩媚，还有一双摄人魂魄的水汪汪的大眼睛。她说话的声音略显单薄，但是当她唱起歌来的时候，却显得很有磁性。她会演唱经典的爵士乐和流行音乐，比如忧郁的史蒂芬·桑代姆经典的《让小丑进来》。第一轮演出历时一个半月，吸引了大批观众，反响强烈。奥马哈的一位艺术家肯特·贝洛斯评价说："苏珊作为一名餐厅歌手，充满了激情，让人眼前一亮。记得有天晚上，巴菲特也在场，他脸上的表情显得那般陶醉。"

只要苏珊登台表演，巴菲特就会满心欢喜地去看表演，如痴如醉。他告诉一位朋友说："苏珊的嗓音，实在是太甜美了，几乎让我无法呼吸。"

谈到他们在台下的生活，巴菲特脸上也洋溢着幸福的甜蜜。他常常说，在见到苏珊之前，自己一直是郁郁寡欢的；如果没有苏珊，他根本不会有今天的功成名就。作为一对夫妻，他们摒弃了那种传统的生活模式。尽管他们的兴趣、生活安排都不一样，但巴菲特一直都很依赖苏珊。即使现在，她也会在公开场合依偎在他身边，跟他十指相扣，仿佛两个人都是十几岁的孩子。苏珊明白自己就像巴菲特的保护神一样，永远不会对他说一个"不"字。

相形之下，巴菲特和凯瑟琳在一起时就完全不同，因为她缺少金融方面的知识，而且没有安全感，所以她很依赖巴菲特。巴菲特给予她很多帮助，但是对其他同事他也从来没有吝啬过自己的关心。他主要是想从《华盛顿邮报》那里赚取一些利润，但这种意图并没有抹杀他和凯瑟琳关系密切的事实，而且他本人对她也非常宽容大度。

报纸发行人斯坦福·利普西曾陪巴菲特和凯瑟琳一同前往尼亚加拉大瀑布。"我不知道到底该怎样界定他们的关系，"斯坦福·利普西说，"从他们身上，我看不出他们有那种男欢女爱的迹象。凯瑟琳很强势，又很腼腆。我想 1 000 个人中有 999 个人在和她说话时都会思量再三，而沃伦才不会来这一套，因此他俩成了莫逆之交。"

其实，不论如何解读，人们似乎都难以解释巴菲特为何把这样一段关系驾驭得游刃有余。也许这与他带给她的年度报表有关，巴菲特好为人师，就像他给合伙人写的信一样，而凯瑟琳恰好是一个非常虚心、接受力很强的学生。《华盛顿邮报》的一位董事说："有些人的猜测太愚蠢了，她总在开董事会前就餐，我们离开后可能沃伦还没有走，但我从来不认为这和性有什么关系。"

不过，公司的高管和董事们看到，巴菲特与凯瑟琳这一联盟确实给企业带来了重大的影响，甚至给巴菲特的投资带来了影响。现在想让凯瑟琳打开支票簿签字是一件难于上青天的事，对此大家完全有理由归咎于巴菲特。在奥兰多市成为旅游胜地之前，公司负责广播事务的乔尔·查斯曼有个机会用 1.2 亿美元的价格买下当地的一家电视台。"这本来是一笔绝佳的买卖，"乔尔·查斯曼说，"你完全可以预见它将来一定会大有市场，但是公司最高层中不知道是谁在作梗，这么好的提议竟然被驳回了。”

觉得有人从中作梗？凯瑟琳曾给巴菲特打过电话，巴菲特认为要价太高了。

在《华盛顿邮报》常常发生这种放弃收购机会的事，很多公司高管都感到万分沮丧。巴菲特对移动电话和有线电视业务都没什么兴趣，因为它们需要大量的投资。（他当初投资《华盛顿邮报》是因为它的出版业和电视业能够产生直接的现金流，而不需要用大量的利润重新进行投资。）对于创办新企业或应用新技术，他都持怀疑态度，因为这些业务对于巴菲特而言实在太新了，就好像要求他不要吃汉堡，而改吃外国食品一样。

如果巴菲特不能亲眼看到一家企业，他是不会轻易投资的。对他而言，仅仅有某个专家对他信誓旦旦地保证是远远不够的，而这种保证却是很多高管所依赖的法宝。巴菲特与众不同，如果对某种冒险的事业没有理解透彻，那么他会本能地觉得自己在投机，他是绝对不会在上面下注的。

由于凯瑟琳对巴菲特的依赖，《华盛顿邮报》有时会错失良机。但在董事会办公室里主政的凯瑟琳甚至连那些巴菲特不擅长的事情都会去找他商量，因此巴菲特身上明显的保守主义态度逐渐渗透到了整个董事会。

在加盟《华盛顿邮报》之前，乔尔·查斯曼曾在纽约的 WINS 电台创办了一个全新闻栏目。20 世纪 70 年代后期，他曾提议《华盛顿邮报》创办一个全新闻的有线节目，泰德·特纳也提出过同样的点子。然而，这一提议在《华盛顿邮报》的第一次董事会议上就没能通过。乔尔·查斯曼说：“我觉得他们根本没打算要买什么，这与企业的创新精神是相违背的。”查斯曼备受打击，于是他想把《华盛顿邮报》的广播部门脱离出来变成一家独立运营的公司。《华盛顿邮报》的总裁马克·马尔在辞职时写了一封长信，极力主张把《华盛顿邮报》私有化，因为在他看来，这样一个故步自封的公司手里还掌握着大量公众的资金是很不明智的。理查德·西蒙斯后来接替了马克·马尔的位置，在另一项提议遭到拒绝之后，他语带揶揄地说道："奥马哈的圣人又开口说话了。"

尽管如此，但有意思的是，对于巴菲特的判断，《华盛顿邮报》的高管们并没有太多的争议。马克·马尔某次在意见遭到拒绝之后说："我没有意见，因为价格的确太高了。"而且从个人的角度来看，主管们都很难抗拒巴菲特身上散发的独特魅力。和其他人一样，理查德·西蒙斯也曾踏上过前往奥马哈的朝圣旅程。这趟旅程的行程总是多年不变，包括一顿牛排晚餐，去巴菲特童年常去的地方来一次怀旧之旅，并倾听一席充满智慧的巴菲特谈话。

在《华盛顿邮报》的董事会会议上，巴菲特很少说话，但有灵感的时候也会插上几句。在一次会议上，一位致力于寻找新投资领域的年轻人、工商管理学硕士杰弗里·爱泼斯坦就受访者在传媒和娱乐业上的花费情况做了一番综述。他指出，家庭娱乐业的潜在市场目前已经高达50亿美元。

听罢，巴菲特兴奋地说道："50亿美元，这数字很有意思，这就意味着如果美国有2 000万十几岁的青少年的话，那么他们每人每月在录像上都要花费20美元。"这就是巴菲特的思维方式——数字，数字。不过他很快意识到，即便杰弗里·爱泼斯坦的这一数字是真的，它也不可能长久，更何况《华盛顿邮报》从来没有涉足过家庭娱乐业。

让人震惊的是，在巴菲特的董事任期内，《华盛顿邮报》几乎没有任何大的商业运作。在整整11年之中，《华盛顿邮报》公司只创办了一家体育杂志，后来又关闭了，还在华盛顿买下过一家报纸，在特伦顿出售了一家，在手机电话和其他领域中的动作都不大，其中的一些业务后来又被出售了。和之前一样，公司98%的利润依旧来自《华盛顿邮报》《新闻周刊》以及旗下的4家电视台。

与此同时，《华盛顿邮报》公司每年的收入增长率保持在12%左右，这个比率虽然很稳定但并不十分可观。唯一显著的变化是公司的盈利能力大为改观。1974年，公司每1美元销售额中包含的经营利润仅为10美分；到了1985年，这一数字已经上升到19美分，相当于股本收益率翻了将近一番。

当然，如果没有巴菲特的话，在华盛顿的报业大战中，《华盛顿邮报》也会取得胜利。而且，他对公司旗下电视台盈利水平翻番这样的业绩增长并没有起到促进作用。

直到为公司赚得了大把的利润之后，巴菲特的贡献才变得彰明较著。巴菲特给格雷厄姆家族带来了一种新的视角，这种看问题的视角是以股东利益为导向的，而与此同时，其他媒体公司都在迫不及待地把自己帝国的地盘扩张得越来越大。巴菲特不断提醒《华盛顿邮报》公司的高层，就像多年前他在纺织厂给肯·蔡斯忠告一样：企业规模并不是终极目标，股东的高回报才是要致力于争取的目标。从表面上来看，《华盛顿邮报》似乎错过了良机，但其实他是让《华盛顿邮报》真正悬崖勒马了，因为稍有不慎，企业就会把本应属于它的利润白白扔进业绩糟糕的垃圾业务之中。

不过，在巴菲特的劝说下，《华盛顿邮报》用它的闲置现金买入了自己公司的750万股股票，占到了总股份的40%。因为在这期间，公司的净收益增长了7倍，而每股收益，也就是每块比萨上分到的奶酪，增加了整整10倍。

诚然，那几年整个传媒界生意火爆，但是就巴菲特所认可的唯一尺度——投资者的利润回报而言，《华盛顿邮报》在整个行业中都是独占鳌头的。

试想一下，在1974—1985年这11年间，《华盛顿邮报》为股东平均每1美元的资本挣到了可观的23美分，而大都市公司和《时代镜报》的业绩仅为19美分。

《华盛顿邮报》的股票以年均35%的惊人速度不断增值。加上红利，其全年的收益高达37%，大都市公司是32%，而《时代镜报》勉强达到24%。《华盛顿邮报》比它们都更胜一筹。截至1985年年底巴菲特离开《华盛顿邮报》董事会，伯克希尔·哈撒韦当年所投入的1 000万美元资金已经升值到2.05亿美元。

在巴菲特加入《华盛顿邮报》董事会后不久，他又重新对另一家老字号公司产生了兴趣。这家公司在华盛顿历史悠久，而且巴菲特在早年就读哥伦比亚大学时曾坐火车前去拜访，不过当年巴菲特叩开这家公司大门时，它还只是一家很小的公司。在随后的几年中，它成长异常迅速。洛里默·戴维森，这位曾在多年前的那个周六耐心倾听巴菲特提出问题的人，已经晋升为公司的首席执行官，政府雇员保险公司也一跃成为全美国最大的汽车保险商。

然而，在20世纪70年代初洛里默·戴维森退位以后，政府雇员保险公司有了新的管理层，公司的掌舵人换成了拉尔夫·C·佩克，公司的气氛也随之发生了变化。保险公司被新出台的“无过错”保险法规以及日益加重的通货膨胀挤压得焦头烂额。拉尔夫·佩克努力想克服这些问题，谋求自身的发展，于是放宽了公司只为最低风险驾驶员承保的一贯做法，而且保费依旧和过去一样低。自然而然地，保费收入增多了，现金也滚滚而来。

在一段时间里，这一切都显得太平无忧。但是让人揪心的是，高风险驾驶员因为屡屡发生交通意外而开始要求更多的保险赔偿也是意料之中的事。不仅如此，通货膨胀也使得政府雇员保险公司负担的医疗费用和汽车维修费用大大上涨。

雪上加霜的是，政府雇员保险公司的管理层没有预留足够的资金来弥补损失，在 1974—1975 年间 15 个月的紧要关头，公司在这一问题上对华尔街和自己都采取了否认、人为降低亏损额或者欺骗的态度。公司江河日下，依旧在公司担任董事的洛里默·戴维森不断抱怨，但即便是他都没有充分意识到情况到底有多么糟糕。

> 当董事会雇用一个独立的保险核算公司核算完毕后，我们才意识到问题有多严重。1975 年圣诞节前夕，我们拿到了报告，这可真算是件“圣诞礼物”了。我们的亏损额高达 5 000 万美元，更要命的是我们口袋里根本就没有这么多钱。

1976 年年初，政府雇员保险公司宣布上一年度亏损额高达惊人的 1.26 亿美元。1974 年，公司的股票价格还曾创下每股 42 美元的纪录，而如今已经惨跌到了每股 4.875 美元。

巴菲特早就把手中为数不多的政府雇员保险公司股票卖掉了，但他一直有个心愿，那就是某一天能够风风光光地重返这家公司，就像回到《华盛顿邮报》一样。对于巴菲特这样理性的人来说，当年卖掉这家公司的股票可能还有些让他耿耿于怀。(尽管在公司股票价格很高时，他并没有昏头昏脑地考虑要重新买入。) 现在，政府雇员保险公司股票的价格已经很低了，并且它已陷入水深火热之中。巴菲特当年在哥伦比亚大学就读时，本杰明·格雷厄姆就是政府雇员保险公司的董事长，而且至今还持有该公司的股票。这么一来，挽救这家深陷水火之中的公司便具有双重含义：巴菲特一方面可以跟随格雷厄姆前进的足迹，另一方面可以拯救他的公司。

当时，本杰明·格雷厄姆正和情人马洛过着一种只羡鸳鸯不羡仙的生活，一半时间待在海滨小城拉荷亚，另一半时间待在法国普罗旺斯的艾克斯。在他 80 大寿的聚会上，全家人都来到了拉荷亚。他满怀深情地回忆往昔，丝毫没有提及他在华尔街的辉煌岁月。尽管他很少进行股票交易了，但这位“证券分析之父”会来到股票交易所，在角落里一张不起眼的桌子旁坐下，翻看他钟爱的《标准普尔股票指南》。一个前来拜访格雷厄姆的人曾在他的书桌上发现一本希腊语的书，在起居室里则看到了一座罗丹的雕像。

大约是在政府雇员保险公司陷入困境的时候，本杰明·格雷厄姆让巴菲特与他合著《聪明的投资者》的修订版。他俩通过写信互相联系，但是巴菲特发现自己和老师之间有一些根本性的分歧。巴菲特希望在修订版中有一个章节专门论述何为“优秀企业”（例如喜诗糖果公司），而格雷厄姆认为这样的内容对于一般读者太过艰深了。而且，格雷厄姆建议一个人投资于股票的资产占个人总资产的比例上限为 75%，而巴菲特更加激进，他认为如果某只股票价钱合适的话，他会押上全部家当。巴菲特执意坚持自己的观点，因此放弃了合著者的身份，只是让自己的名字出现在这本书的致谢部分。

有意思的是，没有什么比政府雇员保险公司的股票更能彰显两人在投资哲学上的分歧了。格雷厄姆说它缺少安全性，在公司濒临破产时的确如此。巴菲特则认为，如果管理得当，这将是一个千载难逢的投资机会，于是他紧密地关注着公司的变动。

1976 年 4 月，政府雇员保险公司召开了年度股东大会，400 位股东把华盛顿斯塔特勒希尔顿饭店挤得水泄不通，让公司高层下课的呼喊声响彻整个饭店。不到一个月，拉尔夫·佩克就遭到解雇，接替他的是来自旅行者财产事故保险公司 43 岁的保险业老手约翰·J·伯恩。约翰·伯恩四处奔走。在新泽西州，他去拜访了州保险委员会主席詹姆斯·希让，要求他提高保险费率。后来伯恩发现自己走投无路，便从口袋里抓出一张纸，猛地掷到希让的桌子上，说道：“还给你该死的执照，我们不再是新泽西州的公民了。”然后，他马上解雇了700名员工，并且通知全州的30万投保人另寻新的承保人。

约翰·伯恩在全美国共关闭了100家机构，裁员近一半。即便如此，公司的苦难日子还没结束。华盛顿的保险业监管部门威胁说，如果政府雇员保险公司找不到其他保险公司来分保一部分业务的话（就是所谓的再保险），就要让它关门大吉。伯恩看起来得到了这些同行的支持，但是到了7月初，美国保险业的旗舰企业州立农业保险公司和旅行者财产事故保险公司都背信弃义地抛弃了它。

现在政府雇员保险公司的市值已经跌到谷底，巴菲特非常敏锐地把握住了这一形势，决定涉足投资政府雇员保险公司。和往常一样，巴菲特找来其他人为他的介入铺平道路。遵照巴菲特的旨意，凯瑟琳给约翰·伯恩打电话说：“我有个朋友想见见你。”伯恩说回头再找个时间吧。后来约翰·伯恩的前任洛里默·戴维森打电话给约翰·伯恩，问他是否怠慢了巴菲特。洛里默·戴维斯在听说确有其事时，不禁大声叫道：“你这个笨蛋！还不赶紧去拜访他！”

7月，在《华盛顿邮报》召开董事会会议的前夜，约翰·伯恩赶到了凯瑟琳·格雷厄姆家。当时，政府雇员保险公司的股票价格已经跌到每股2美元了。这个过去不可一世的公司很有可能成为保险业有史以来最大的失败者，用巴菲特的话来说这就是“保险业的泰坦尼克号事件”。

当巴菲特把约翰·伯恩领进富丽堂皇、有着高高吊顶的书房时，一些神秘的回忆袭上巴菲特心头。25年前，他敲开政府雇员保险公司的大门，由看门人领着去见洛里默·戴维森的情景历历在目。虽然他的处境完全变了，但他处事的方式还是和从前一模一样。他还是渴望了解政府雇员保险公司的全面情况。据约翰·伯恩回忆说，巴菲特拷问了他好几个小时。

我们大概谈到凌晨两三点钟左右，他想知道我准备采取的对策，以及我对企业存活能力的看法。我记得当天晚上我们聊了很久，谈到了家庭和其他一些东西，但大多数内容都是关于政府雇员保险公司的，大概有80%的时间都是我在说话。

经过这番彻夜长谈，巴菲特对政府雇员保险公司几乎无所不知了。政府雇员保险公司依然延续了过去的低成本运营方法，就是不依靠销售代理人来进行经营，这个方法曾使它很有优势。粗略地说，政府雇员保险公司每获取1美元的保费收入，只需要支出15美分的费用，而其他保险公司的平均费用大约为24美分，这就使得政府雇员保险公司可以降低保费，并在挑选客户时更有选择空间。后来，它显然放弃了这个行之有效的办法，但公司潜在的成本优势依旧没有变化。巴菲特相信只要它能安然无恙地渡过当前的危机，它的盈利能力就能重新焕发生机。

巴菲特的天才之处在于，当政府雇员保险公司的经营乱作一团而且面临破产威胁时，他清醒地看到了这一点。和20世纪60年代的美国运通公司一样，政府雇员保险公司也是“一个正在经历暴风雨洗礼的伟大企业”。但即便是在阴霾密布的时候，巴菲特也能预见暴风雨之后的艳阳高照。

当晚，巴菲特其实也对约翰·伯恩个人进行了一番考察，伯恩给他留下的印象很深。伯恩的言谈举止更像是公司的主人，而不像一个颐指气使的经理人或官僚。他坚毅果断，具有杀伐决断的气概，这正是一个企业渡过危机所必需的。也许伯恩性情多变因而不能在和平时期有效地率领部下，但作为一个战争时期的将领，巴菲特认为他是绝佳的不二人选。

我并没有问：“约翰，摆脱危机需要多长时间？”因为这根本无法预测，但是他对这个问题的方方面面都理解得很透彻。

约翰·伯恩会用某种方式做到这一点，而且一旦他做到了，这么便宜的股票自身就证明它是一片价值洼地，也许还有更加诱人的投资回报。

在约翰·伯恩离开几小时以后，巴菲特就给自己在高盛公司的经纪人罗纳德·卡特曼打电话，让他以每股2.125美元的价位买进50万股，并说随时准备“再买几百万股”。在《华盛顿邮报》的董事会会议上，兴奋过度的巴菲特泄露了消息：“我刚刚投资了一家也许会破产的企业。有可能下周，所有的投资都会化为泡影。”但是只要巴菲特开始投资了，他就绝对不会轻易收手。伯克希尔·哈撒韦很快便投资400多万美元买进政府雇员保险公司的股票。

约翰·伯恩事后评价说：“在凯瑟琳·格雷厄姆家的那个晚上是一个转机。”不过，政府雇员保险公司还远远没有脱离险境。首先，约翰·伯恩需要说服监管当局给它足够的时间来摆脱危机；其次，他需要说服自己的竞争对手为它提供再保险，以此来降低政府雇员保险公司发生损失的风险。

巴菲特让伯克希尔·哈撒韦为政府雇员保险公司提供了一部分再保险，同时还亲自给美国保险业监管当局负责人马克西米利安·沃勒克打了电话。巴菲特告诉他说，如果伯克希尔·哈撒韦在深思熟虑后对政府雇员保险公司投入了数百万美元，那么马克西米利安·沃勒克就不该这么着急地要把这家保险公司关掉。

与此同时，约翰·伯恩也在尽量争取其他保险公司承担再保险，但是仅仅以“如果”二字做担保是无法让人信服的，政府雇员保险公司必须筹集到新的资本。约翰·伯恩跑遍了华尔街的8家大公司，但是都吃了闭门羹。在极度沮丧的情绪中，他来到了当时还是小字号的所罗门兄弟公司。

所罗门兄弟公司当时的二把手约翰·古特弗罗因德其实早就已经拒绝过约翰·伯恩。但是有位名叫迈克尔·弗林凯利的分析师曾邀请约翰·伯恩到所罗门兄弟公司在午餐时发表一个演讲，由于约翰·伯恩本来就要来公司，古特弗罗因德便同意让他顺路造访一下自己的办公室。

当约翰·伯恩坐定以后，古特弗罗因德拿下嘴里叼着的雪茄，不屑一顾地冷笑了一下，甩了一句："谁脑子进水才会买你那见鬼的再保险协议呢。"

伯恩心平气和地答道："你对自己所说的见鬼的东西一无所知。"

伯恩所表现出来的男子汉气概给古特弗罗因德留下了深刻印象。他把伯恩送出门去以后，告诉分析师弗林凯利注意研究一下政府雇员保险公司，然后写出一份建议书。弗林凯利得出的结论是政府雇员保险公司可以得到挽救，而且值得去挽救。如果它恢复了元气，他说，"这对投保人会很有价值，同时投资者也可以大赚一笔"。听到巴菲特已经出手投资的消息后，古特弗罗因德就觉得更加安心了。

当年8月，古特弗罗因德同意帮政府雇员保险公司承销价值7 600万美元的优先股，这可是惊天动地之举，其他公司认为这笔买卖风险很大，都不愿意担任承销商。一般来说，一旦承销失败，所罗门兄弟公司就得自己为这 7 600 万美元买单了。

当参与这项交易的一位律师在一些细节上与所罗门兄弟公司的投资银行家不厌其烦地纠缠时，古特弗罗因德大声呵斥道："你有什么可担心的？你只不过是打工罢了，钱是我出的。"11 月，在承销的前几天，所罗门兄弟公司似乎要赔得血本无归了。

在承销前不久，巴菲特告诉古特弗罗因德，说他愿意买下所有的股票，而且由他自己来定价。约翰·伯恩希望以每股 10.50 美元的价格出售，但古特弗罗因德很清楚巴菲特的上限，坚持以每股9.20美元的价格出售。他不做任何让步，一分钱都不让，因为他知道巴菲特是他的后盾。

最后，承销大获成功。伯克希尔·哈撒韦投资了2 300万美元买下了25%的股份。幸亏有了“第二十二条军规”[1]，投资一旦做出，就不会再有风险了，新注入的资本使政府雇员保险公司脱离了险境。在约翰·伯恩眼中，此次搭救公司的英雄是古特弗罗因德，他在其他人都不愿意冒险的时候给公司带来了滚滚的现金流。古特弗罗因德也给巴菲特留下了颇佳的印象，很显然，古特弗罗因德正是他欣赏的那种投资银行家。

不到半年，政府雇员保险公司的股价就上升到了每股8.125美元，达到了原来低谷时的4倍，这表明公司还大有潜能可挖。在接下来的几年里，伯克希尔·哈撒韦又把所持股份额翻了一倍，使巴菲特成了政府雇员保险公司的控股股东。政府雇员保险公司似乎也引入了巴菲特的模式，其实巴菲特对许多公司都发挥了类似的影响力。政府雇员保险公司和《华盛顿邮报》一样，开始回购自己的股票，政府雇员保险公司的高管也养成了经常拜访巴菲特的习惯，整个公司完全被巴菲特化了。约翰·伯恩是一位老练的行家里手，但是他在处理与巴菲特的商业关系时和凯瑟琳·格雷厄姆几乎没有什么差别。约翰·伯恩说：

> 我会问巴菲特各种各样的问题，他会告诉我各种有效的融资方法。他从不吝惜自己的时间，但他从来都没有要求我必须接受他的建议。沃伦·巴菲特在很久之前就已经想明白了，他完全可以只做一个乐善好施的股东，而且替伯克希尔·哈撒韦赚进大把的银子。

1.“第二十二条军规”，来自美国作家约瑟夫·海勒1961年所著的同名小说，用来形容任何自相矛盾、不合逻辑的规定或条件所造成的让人无法脱身或左右为难的困境。——译者注每年巴菲特都会和政府雇员保险公司的高管们举行一次提问对答式的活动。他在台上显得从容自如。他回答问题时全用短句，他还会在中间插入一个小故事，其中常常蕴含着深刻的投资哲学，而且他的表述深入浅出，易于理解。他的谈话风格很随意，但是在遣词造句上可谓字斟句酌，这样的互动无法不令人心动。

约翰·伯恩信誓旦旦地说，政府雇员保险公司的一些管理者宁可取消假期，也不愿错过与巴菲特互动的机会。有一次，巴菲特说，一个投资者在投资股市时，应该记住自己手里拿着一张要终生使用的计次卡。每次他买入一只股票，就相当于在卡上打了个洞。当这卡上已经有 20 个洞时，他此生就不再做更多的投资了。显然，投资者要对每只股票进行仔细甄选，并挑出其中最值得投资的潜力股。负责为政府雇员保险公司打理投资组合的卢·辛普森说，巴菲特的这个比喻让他受益良多。

实际上，巴菲特早就认为政府雇员保险公司值得在他的投资计次卡上打一个洞，并且不遗余力地想让约翰·伯恩明白这一点。不论是在私下里，还是在伯克希尔·哈撒韦公司的报告里，他都表达了这样的想法。在当时，上市公司的管理者们要么被迫抬高股票价格，要么面临被别人收购的危险。但是，巴菲特希望约翰·伯恩在对公司进行管理的时候要立足长远，并且一再强调自己一定不会将政府雇员保险公司的股票卖掉。

当一家《财富》500 强企业很想收购政府雇员保险公司的时候，巴菲特的这一承诺就得到了现实的检验。约翰·伯恩给巴菲特打电话询问他的想法。巴菲特说："你来定吧。"约翰·伯恩说："噢，你总得给我一点儿提示吧。"巴菲特还是什么都没说，但是同意陪伯恩深夜去纽约的沃尔多夫—阿斯托里亚酒店和收购方进行商谈。

收购方和他带来的投资银行家自然热情地先向这位控股股东做了

一番自我介绍。巴菲特说："你们找错谈话对象了，他（伯恩）才是你们要说服的人。"约翰·伯恩把巴菲特拉到一边恳求道："你就悄悄给我报个价行吗？"巴菲特依旧缄口不语。

"这真是让人难以置信，"约翰·伯恩回忆说，"我们要谈的是10亿美元的大买卖，他却把决定权完全交给了我。"

最后，约翰·伯恩报的价格超出了收购方所能承受的范围，谈判终止。其实，这正是巴菲特想要的结果，他觉得政府雇员保险公司的好日子还在后头呢！那他为什么只是袖手旁观呢？约翰·伯恩坦言："要想琢磨巴菲特脑子里究竟在想些什么是一件很困难的事。"

毋庸置疑，巴菲特想让约翰·伯恩知道自己信任他。而且他也知道，如果自己能够表现出这种信任，伯恩是不会让他失望的。谁都可以说巴菲特是幸运的，但是幸运女神总是眷顾他。

回想起政府雇员保险公司的坎坷波折，巴菲特在格雷厄姆–纽曼公司时的同事沃尔特·施洛斯评价，整个过程"非常悲壮"。有些人成了百万富翁，有的人根本没得到任何好处，还有的人甚至倾家荡产。政府雇员保险公司创办人的儿子里奥·古德温在低谷时期退出了，落得个血本无归的下场。本杰明·格雷厄姆还一直保留着手中的政府雇员保险公司股票，但是在1976年9月，恰好在公司危机结束之前，格雷厄姆在法国的家中安然去世，享年82岁。

本杰明·格雷厄姆去世以后，评论家们经常讨论巴菲特与格雷厄姆在投资理念上有什么区别。大家认为，巴菲特是青出于蓝而胜于蓝。除了恩师的指点以外，他还受到查理·芒格的影响，也受过作家兼投资家菲利普·费舍尔的影响。他们都强调一个经营完善的好公司与只从数字上来看便宜的公司是不完全相同的。当然他受自己成长经历的影响也很大。

在分析公司的时候，巴菲特比本杰明·格雷厄姆更加主观，他能够发现一些公司的内在价值，比如喜诗糖果公司，而这些公司是本杰明·格雷厄姆不曾涉猎的。这些差别的存在使人们难以看出巴菲特对本杰明·格雷厄姆衣钵的继承。股票有交易价格之外的“内在价值”这一思想，其实巴菲特也是从格雷厄姆那里学来的。的确，很难想象的是，如果巴菲特没有读过格雷厄姆对“市场先生”的那番生动比喻，巴菲特不会在股市高歌猛进的时候终止合伙公司，而在1974年市场陷入低谷时又重返股市。在刊登在《金融分析师》杂志上的一篇文章中，他对本杰明·格雷厄姆分析方法的历久弥新给予了盛赞：

> 在对上市公司进行分析的过程中，有些人即便在分析了几周或几个月之后，都没能得出什么有见地的观点。但是本杰明·格雷厄姆的分析方法总是奏效——在经历了一场金融风暴之后，上市公司的价值往往会增加，而且能够更好地被人理解。

多年之后，巴菲特承认他买的那些股票与格雷厄姆可能会买的股票一定是不同的。不过，他从本杰明·格雷厄姆那里得到了“关于公司基本面恰当的判断”，那就是买入公司股票时要考虑价值原则，要有充分考虑公司股票安全性的稳健态度以及不为每日市场行情涨跌所动的超然。

巴菲特从来都没有否认过自己是格雷厄姆的追随者，也从来没有否认过对这位“言传身教、悉数相授”的恩师的情意。多年后，当巴菲特与撰写自己生平的作者谈到他的事业的时候，他对心目中的英雄的崇敬之情毫不隐瞒：“我人生中最成功的事就是选对了自己心中的英雄，我的灵感都来自格雷厄姆。”当作者告诉巴菲特，他已经和格雷厄姆的孩子谈过话时，巴菲特不禁动容地说：“我真希望你能有机会和格雷厄姆当面对话。”

第11章

报业大亨

1976年圣诞节的前几天，巴菲特在《新闻周刊》报社和凯瑟琳·格雷厄姆、她儿子唐纳德·格雷厄姆、《华盛顿邮报》的前总裁马克·马尔会面，那里正有个聚会。《华盛顿邮报》的这几位董事进入一个房间，并带进来一位客人文森特·麦努，他是一位报业经纪人。麦努这次前来是想看看《华盛顿邮报》有无兴趣竞标收购《布法罗晚报》的。下午发行的报纸往往销量不好，《布法罗晚报》（以下称《晚报》）却一直生意兴隆，因为它长期以来在当地享有盛誉，而且布法罗的蓝领阶层起得很早，直到下午下班后才有时间看报。

但《晚报》也有自身的缺点，它没有周日版。在周日的时候，许多读者愿意浏览一下报纸，而且广告商都很看好周日。布法罗这座钢铁城市不是一座适宜居住的城市，陈旧阴冷，满是铁锈。更糟糕的是，这家报社被13个工会组织控制了，它们替报社的工会会员争取到了越来越优厚的待遇。在美国报业员工同盟的131家报纸中，《晚报》的职工收入排名第7。

尽管如此，《晚报》依然是巴菲特心目中理想的大城市主流报纸。它在当地家庭中的占有率比其他大城市的报纸都要高。人们的阅读习惯很难改变，布法罗的大部分人口都是土生土长的，《晚报》伴随着他们长大。尽管这座城市的发展正如同夕阳西下，但巴菲特认为它稳定的人口是一个优势，况且他正想自己买下一家报纸而不再是仅仅替别人出谋划策了。巴菲特想事先让凯瑟琳知道，如果《华盛顿邮报》不买下《晚报》，他就要出手了。

《晚报》成立于1880年，是一家亲共和党的报纸，一直由巴特勒家族经营，该家族还拥有当地一家电视台和美洲航空公司的部分股票。近几十年来，该家族的业主是凯特·罗宾逊·巴特勒，她是一位显赫的贵妇人，总是带着卷毛狗坐着劳斯莱斯到处兜风。巴特勒家族建了一家豪华的印刷厂，工厂周围种着热带的奇花异草。为了避免与工会组织发生矛盾，巴特勒家族一向在花钱上毫不吝啬。凯特·罗宾逊·巴特勒在 1974 年去世之后，她的家族打算出售这家报纸。

在《新闻周刊》报社与其他人碰过面之后，凯瑟琳认为《华盛顿邮报》刚刚镇压了一场罢工，这样一家报纸在一个工会气氛浓厚的城市里是不会受欢迎的。《芝加哥论坛报》也决定不参加投标。于是经纪人文森特·麦努把开价从 4 000 万美元降到 3 500 万美元。没过多久，他就接到了巴菲特的电话。

“你星期天工作吗？”巴菲特问。

麦努回答说：“这重要吗？”

“我觉得你会认为重要的。”

1977 年新年之后的第一个星期六，巴菲特和芒格来到了麦努家中。巴菲特代表蓝带公司提出想用 3 000 万美元收购《晚报》，麦努不同意。巴菲特把价格提高到 3 200 万美元，结果还是不行。

巴菲特和芒格离开了那个房间。与《晚报》少得可怜的收益相比，他们的出价已经相当慷慨。1976 年《晚报》的税前收益只有区区 170 万美元，但巴菲特相信它有更大的盈利潜力。他知道，在那么多城市中，大报的实力会越来越强大，而小报只能苦苦挣扎或等待破产。《晚报》实际上已经占有了布法罗的整个市场，它的日发行量是早报《布法罗信使快报》（以下称《信使快报》）的两倍，广告收入也比后者多 75%。

过了一会儿，当巴菲特和芒格回来的时候，芒格在一张黄色信笺上龙飞凤舞地写下了 3 250 万美元的开价。麦努说，这应该差不多了。

不久，布法罗历史上最大的一场暴风雨就来临了。巴菲特和芒格到《晚报》报社签订合同的时候，整个城市仍在苦苦挣扎。久经考验的芒格还是感到有些不安，毕竟买入《晚报》是他们迄今为止最大的一笔交易。他俩在参观豪华的印刷厂时，芒格脱口而出：“工人们为什么要在宫殿里印刷报纸呢？”巴菲特戏称它为东方泰姬陵。买下《晚报》对他而言是一大进步，因为这不仅仅是一笔股权投资，而且代表着他完全拥有这家企业。这一次，凯瑟琳不会在旁边插手，一切都由他自己来操作。

在买卖成交前，巴菲特似乎就为经营这家报纸制定了一项战略。当他同执行主编莫里·莱特见面时，巴菲特就问道：“你觉得办一份周日版的报纸怎么样？”莫里·莱特说这几年来他一直在劝发行人办周日版。巴菲特没有表态，但莫里·莱特明白巴菲特的构想。

合同签署后，莫里·莱特在家中为巴菲特办了一个欢迎会。在那个春光明媚的日子里，一大群雇员聚在莱特家迎接新老板。巴菲特说：“新闻是不分昼夜的，一天 24 小时，一周 7 天，时时刻刻都有新闻。”这明显是在暗示他想要筹建周日版。

尽管如此，还是谣言四起，有人说《晚报》不会发行周日版，因为这是之前巴特勒家族与康纳家族达成的君子协定，康纳家族正是《信使快报》的东家。《信使快报》的历史更为悠久（曾为马克·吐温所有），言论更自由，而且处于几乎不赢利的状态。对于《信使快报》而言，周日版正是它的生命线，这一点我们从两家报纸的发行情况中可见一斑。

《晚报》	《信使快报》	《信使快报》周日版
26.8 万份	12.3 万份	27 万份

我们从两家报纸登载广告的情况也可以得出相同的结论。每周《晚报》与《信使快报》的广告收入之比为 4∶1,《信使快报》只能靠周日版来维持生计。

但是，在巴菲特和芒格看来，这种状态并不令人满意。如果没有周日版,《晚报》最终可能失去现在的优势，而且很可能江河日下。当年夏天，邻近地区的《多伦多每日星报》宣布发行周日版。巴菲特知道，除了《布法罗晚报》外，只有《辛辛那提邮报》、《克利夫兰报》和《纽约邮报》几家大报纸没有发行周日版。巴菲特匆匆忙忙地给芒格写了张便条，幽默地提醒他说，在发行周日版的行动方面,《晚报》不应该成为垫底的：

> 苏珊常说，她不介意我是全美国倒数第二个还留平头的，但我要是成了倒数第一个，她就受不了。我想《晚报》下一步应该采取什么行动是不言自明的。

不久，作为《晚报》董事长的巴菲特就让莫里·莱特着手筹备周日版。莫里·莱特专门组织了一个攻坚小组，巴菲特每月亲自检查筹备进展。莫里·莱特说：

> 同事们会绞尽脑汁地整理出一些事实和数据报送到巴菲特的办公室，当他们犹犹豫豫说不清的时候，巴菲特就会说出正确答案。对于呈交给他的报告，他比报告撰写者懂得还要多。

巴菲特情绪高涨，帮助同事设计报纸版面，考虑广告报价、制定推销方案和定价。

但是，布法罗人担心当地萧条的经济状况不允许有两家报纸殊死搏斗。到了11月，也就是《晚报》周日版发行期邻近时，一些商场出于自身利益的考虑，打算在两份周日版上都做广告。经营百货公司的凯斯·阿尔弗德说："不论是从广告的角度出发，还是从新闻的角度出发，没人愿意放弃其中任何一家报纸。"美国报业员工同盟派驻当地的代表兼《晚报》专栏作家雷·希尔说："我们早就知道这一时刻终会到来，两家报纸中肯定有一家会被挤垮。"

《信使快报》对此心知肚明。《晚报》出版周日版的半个月之前，《信使快报》发起了一场出其不意的攻击，控告《晚报》违反了《谢尔曼反托拉斯法案》。《信使快报》企图在《晚报》周日版于11月13日发行之前让它胎死腹中。

《信使快报》指控《晚报》的做法是典型的垄断行为，指控巴菲特想要用周一到周五赚钱的报纸为这份赔钱的周日版提供补贴，就像连锁商店依仗总店的支持在某一区域进行倾销来抢占市场一样。

> 巴菲特先生的《晚报》正致力于……运用自己的垄断力量来挤垮他在布法罗的竞争者《信使快报》。

《信使快报》提供的证据包括《晚报》计划在5周的推销期内7份报纸只卖6份报纸的价钱，以及周日版每份仅售30美分。而《信使快报》的周日版和在锡拉丘兹、罗切斯特、奥尔巴尼和宾厄姆顿等城市一样每份卖50美分。

巴菲特对这种指控提出异议，他坚信《晚报》的周日版完全有望赢利。他说发行新报只会促进竞争而不是减少竞争，并明确表示不管后果如何,《晚报》和其他报纸一样有权发行周日版。换言之，巴菲特没有义务帮助其他竞争者开展业务，要怪只能怪竞争者自己太没有防备心理了。

《信使快报》全文刊登了这起法律诉讼的原文，好像这起诉讼是一起世纪大案一样。《信使快报》那位在旧金山夸夸其谈的法律顾问弗雷德里克·弗斯也提醒市民一定要注意巴菲特这个外地佬，要毫不客气地给他泼冷水，以维护当地现存的格局。

法庭要求《信使快报》出示它的对手意图摧毁它的证据。某些商业做法（例如价格低于成本）确实有失公平，很可能损害《信使快报》的利益，但这种竞争策略与违法之间的界限非常模糊。问题的关键在于《晚报》是否有垄断市场的企图。

弗雷德里克·弗斯认为,《信使快报》需要确定一个具体的“妖魔化”对象。在法庭上，他把矛头指向巴菲特，称他是“奥马哈来的外地佬”。弗雷德里克·弗斯的核心观点就是，巴菲特这个外地来的亿万富翁根本不关心布法罗，他一心只想挤垮《信使快报》，从而最大限度地抬高自己报纸的价格。

针对这一指控，巴菲特陈述了自己的观点。在出庭前，他提供了自己祖父和父亲与报业的关系、自己以往当报童的经历以及自己管理《奥马哈太阳报》时赢得普利策奖的经历：

> 这对我而言不仅仅是生意那么简单。我自然希望报纸在经营上获得成功，但如果报纸无法在新闻方面有所作为，我是不会满足的。

1977年11月4日，当来自伊利湖的暴雨横扫布法罗的时候，巴菲特站到了联邦法庭上。整个长廊上都挤满了《信使快报》的雇员和他们的家人，他们把审判当成了保住饭碗的最后一根救命稻草。在他们眼中，巴菲特不啻一条毒蛇。在法庭上，弗雷德里克·弗斯向巴菲特发起了猛烈的攻击，巴菲特则泰然自若地回答他的问题，小心翼翼地避开种种圈套，尽量只用事实来回答问题。巴菲特不动声色，对方不管怎样挑衅都无法激怒他。

> **弗斯：** 蓝带公司决定购买《晚报》时，你考虑过这份报纸的盈亏状况了吗?
>
> **巴菲特：** 我只是大概估算了一下它的现状、发行能力和缺陷、过去的盈利情况和将来的潜力、价格以及其他市场问题。要仔细计算的话我还得考虑一大堆其他因素。
>
> **弗斯：** 你是说你没有做过书面分析，只是推敲了一些数字，用当前流行的财务术语来说，是不是叫作……

巴菲特：那只是你的一面之词。我根本就没有推敲，只是想估计《晚报》到底有多大的潜力。

弗斯：你查了报纸前几年的收入吗？

巴菲特：我查了过去5年来的收入、发行量、广告量等方面的情况。

（这是一场奇怪的审判：罪犯似乎已经确定，唯一关键的就是找到他的犯罪动机。弗斯的策略无非就是要推翻巴菲特的理由，并嫁接以自己的逻辑。弗斯力图证明巴菲特购买《晚报》并不完全是出于经济原因，他并没有花多少时间去了解这家报纸，他只是想要控制它，进而击垮竞争对手。巴菲特则耐心地反驳说自己是在估算了相关情况和数据之后才决定购买的，他有自己的一个基本判断，但这正中弗斯下怀。）

弗斯：这么说，你只是根据文森特·麦努提供的信息就决定购买这家报纸了，是吗？

巴菲特：不，我在决定购买时不仅考虑了他提供的一些信息，自己也收集了一些信息，还有自己对整个报业现状的了解。

弗斯：那你没有对工厂、设施、报房检查一番吗？没有和报社的员工讨论过上述问题吗？

巴菲特：没有。

弗斯：那么，巴菲特先生，你是在购买《晚报》之前就已考虑过要出版周日版了，对吗？

巴菲特：在我看来，一个城市的主流报纸如果没有周日版是很奇怪的一件事。我当然要调查这种操作的可能性。

弗斯：那你做过这方面的调查研究吗？

巴菲特：基本上没有，我只是自己考虑了一下。

弗斯：只是你自己一个人吗？

巴菲特：是的。报纸的发行量和排名，这些数据我在行业出版物上就能查到。

（也许有必要补充一点，面对一个3 250万美元的投资项目，普通的商人不会在不做任何可行性研究的情况下就拍板，他们通常会做好几个类似的研究。这样做主要是给投资者一种安全感，毕竟一些专家提供了所谓的保证，尽管这种保证也并不一定真的可靠。最后，会有一个人来评估各种分析情况，这个人应该是公司的首席执行官。如果没有数据和分析支持，首席执行官通常不会贸然向董事会提议。巴菲特就是要把决策层和自己之间的所有决策链都打破，而对大多数人而言，如果没有数据支持，他们就会觉得可疑。）

弗斯：好吧，先生。你在布法罗待了多久？

巴菲特：大概每月会来这里一次，每次待上一天左右吧。

弗斯：也就是说你来布法罗总共只有五六次？

巴菲特：差不多吧。

弗斯：那你是不是在买下《晚报》后的5天内做出了成本估算？

巴菲特：不仅仅靠你讲的这5天时间，还根据我定期审阅的公司财务报告、电话交谈、我对整个报业的了解以及我对《晚报》经营状况的掌握。

弗斯：还有你对整个报业的了解，你指的是《华盛顿邮报》《特伦顿时报》以及你父亲和祖父积累起来的知识吗？

巴菲特：我祖父跟此事没什么关系。

（弗雷德里克·弗斯的助手丹尼尔·梅森觉得巴菲特与他想象中的完全不一样。他朴实无华的风格、皱巴巴的西服都出乎他的意料，丹尼尔·梅森就算再怎么绞尽脑汁也猜不到这个人是个大富翁。

巴菲特说话的风格平易近人，但是很有说服力。巴菲特竭力想证明布法罗的民众会因为多了一家周日出版的报纸而受益良多。当法官小查尔斯·L·布里安特要求巴菲特解释为什么步《信使快报》的后尘发行周日版时，巴菲特随手打了几个简单贴切的比方。）

巴菲特：你们都觉得《信使快报》的周日版已经发行很多年了，独此一家，人们往往会有很强的惯性思维。每天早上我刮胡子都先刮同一边，每天穿鞋都先穿某一只。作为人类，我们都是具有惯性思维的动物。这样一来，人们多年来一直在使用的产品就变得很有独占优势了。

他私下里曾经这样和凯瑟琳·格雷厄姆说过，不论何时何地，如果要让他来谈对自己业务的了解，他都能讲得头头是道而且言简意赅，但巴菲特不想让别人觉得他太聪明。不过，在弗斯对巴菲特步步紧逼的过程中，法庭上所有人都已经看出来，巴菲特对《晚报》经营状况的了解比任何人都要深入。

弗斯：巴菲特先生，你有没有想过《晚报》发行周日版可能会把《信使快报》逼上绝路？

巴菲特：没有。

弗斯：从来没有过吗？

巴菲特：我觉得《信使快报》还可以经营很长一段时间呢。

弗斯：你从来都没有和别人讨论过这个问题，是吗？

巴菲特：是的。

弗斯觉得总算让对手上钩了。他走向法官席，手里挥舞着一份《华尔街日报》上最近关于巴菲特的一篇文章的复印件，大声朗读了其中一段，目的是证明巴菲特其实一直都有垄断报业的念头。

沃伦·巴菲特希望拥有一家具有垄断或市场主导地位的报纸，就像拥有一座不受约束的桥梁收费站一样，然后他就可以随心所欲地抬高价格，想有多高就设定多高。

这里引用的是戴维·戈茨曼的话，他是巴菲特经营第一曼哈顿公司时的一位朋友。巴菲特试图辩解，不过桥梁收费站这个比喻太形象了，大家都明白到底是怎么一回事了。

弗斯：巴菲特先生，你有没有跟朋友说过拥有一家占有垄断地位的报纸就像拥有一座不受管辖的桥梁收费站？

巴菲特：也许我是说过拥有一家占有垄断地位的小型报纸，尤其在像内布拉斯加的佛里蒙特这样的小城市里，在没有电视台竞争的情况下这会是一笔大生意。可是我不记得打过桥梁收费站之类的比喻，只是说这是笔好生意，在佛里蒙特也许比桥梁收费站还要好。

法官布里安特：你举的佛里蒙特这个例子有什么特别之处吗？

巴菲特：法官大人，佛里蒙特的报纸生意处于没有竞争对手的状态，在那儿你无法花钱做电视广告。

法官：那你在佛里蒙特拥有报纸吗？

巴菲特：没有，我倒真希望自己能拥有一家。

弗斯：那你是说在一个小范围里拥有一家垄断性或主导市场的报纸，就像拥有一座可让你随心所欲的桥梁收费站，对吗？

巴菲特：对这种措辞我不想和你争辩，不过这确实是一个非常非常好的商机。

弗斯：因为你可以不受约束地想把价格定多高就定多高，对吗？

巴菲特：我没有你说的那么强的金钱欲，不过到时候我确实有提高价格的权力。

弗斯：这就是你想要拥有的生意，对吗？

巴菲特：我还没有呢，要真是能拥有一家倒也不错。

弗斯：巴菲特先生，你和别人谈起过让人随心所欲的桥梁收费站这样的说法，是吧？

巴菲特：我只说过在通货膨胀十分严重的情况下，如果没有什么约束，能有一座桥梁收费站是很不错的。

弗斯：为什么？

巴菲特：因为你已投入资本，你用过去已经不太值钱的资本来建桥，而且也不用担心要更换桥梁。

弗斯：你用“不受约束”这一说法，意思是说你就可以随心所欲地提高价格了，对吗？

巴菲特：没错。

弗斯：你所说的有了桥梁收费站就可垄断整个过河交通了，是这个意思吗？

其实弗斯根本就不知道，当巴菲特还是个小孩子，看着他朋友鲍勃·拉塞尔家门前车水马龙的状况时，他就梦想着拥有一个收费站了。蓝带公司确实拥有底特律国际桥梁公司24%的股份，该公司拥有底特律与温萨普之间从布法罗跨越伊利湖的大使桥。它的确是一座收费桥梁，而且其股份是美国的股东们可以持有的，巴菲特持有1/4的股份。弗斯忘了这一点，但他还是伤害了巴菲特。

蓝带公司的律师团认为巴菲特的证词十分出色而且可信。不过他是不是说得也太无保留，太过可信了？他是否流露了太多控制报业的欲望？法庭上的每个人都在想着形象的桥梁收费站的比喻。

11月9日，也就是在《晚报》要发行周日版的4天之前，法官布里安特下令在审判尚未结束时禁止《晚报》发行。尽管他没有完全给予《信使快报》想要的审判结果，但是他那冗长的表态（加之快得让人喘不过气来的语速）对巴菲特很不利。

布里安特法官要求《信使快报》在法庭上证明它的对手使用了不正当的竞争手段，其目的是垄断报业，否则，《信使快报》就会败诉。

> 现在布法罗只剩下两家报纸，如果《晚报》发行周日版的计划如我想象中那样进行的话，将来布法罗就会只剩下一家报纸了。

在布里安特法官令人敬畏的陈词中，他认为巴菲特虽然令人印象深刻，但他是个地地道道的商人——非常精明而且城府很深。巴菲特一页又一页地翻找，但是怎么也找不到能够显示他动机的话。布里安特法官并不知道巴菲特习惯根据数字来判断是否购买企业，认为他连报社的印刷车间都没去看，也没有与工人交谈就买下《晚报》，正是“企图垄断当地报业的证据”。甚至在法官给案件陈词写的副标题——“巴菲特先生来到了布法罗”中，都能明显可以看出他的偏见。布里安特法官宣称：“动机只存在于人们不可知的心中。”其实，法官从巴菲特的举动中并不难发现他的目标：

> 巴菲特先生并没有掩盖他的商业动机，也没有佯装对情况不知晓。他充分认识到《晚报》如果在市场上占有垄断地位，会给他这个业主带来怎样的利益。但是由于意识到这种可能性，因此外人从他以这种价格、全部用现金支付并用这种方式买入《晚报》的行为中，并不能看出来他将能获得很大的经济收益。

布里安特法官最后判决《晚报》周日版可以发行，但是严格限制了它的促销、营销和针对读者及广告商的营业能力。尽管判决对《晚报》进行了限制，但是最沉重的打击当属布里安特法官强硬的表态。他的表态使《晚报》在这个关键的时刻失去了一部分公众的支持。《信使快报》大幅刊登了审判结果，还附上了这位站在他们这一边的法官的照片，旁边还登着一些溢美之词和证言。代表布法罗 122 000 名员工的美国劳联-产联主席的话——“别买那份周日报”，也在头版被引用。为了让每位读者都知道它在与谁斗争，《信使快报》还不忘在头版加上一个标题：“布法罗人共有，布法罗人共营”。

在《晚报》周日版发行的前一天晚上，巴菲特带着穿蓝色牛仔裤的苏珊到报房鼓舞士气。巴菲特在印刷机上按了个电钮，报纸就印出来了。但是，报纸的负面形象影响了销量的增长。读者和广告商都担心《信使快报》一旦关门大吉，就会造成大量的失业，于是都站到了弱者一边。最让人痛心的是，《晚报》上上下下对这种不利局面无能为力，因为法律不允许他们对《信使快报》发表诽谤性言论。到了 12 月 18 日，《晚报》发行第 5 期周日版的时候，他们只有 147 英寸的广告版面，而《信使快报》的周日版有 579 英寸，尽管《晚报》的新闻版面要比对手多出 40%。简而言之，巴菲特的报纸是逆水行舟、困难重重。如果以巴菲特的总资产来衡量，伯克希尔·哈撒韦公司的股票价格在 1977 年反弹到了每股 132 美元，巴菲特的个人总资产接近 7 000 万美元，其中有大约 1/5 的资产都压在了《晚报》上。

两家报纸展开了古老的新闻肉搏战，在巴菲特看来，最后只有一家报纸能够存活下来。《信使快报》觉得法院的判决为它的反扑赢得了时间，于是赶紧加快自己的现代化步伐，他们采用自动排字技术并改进了设备。《信使快报》的执行主编道格拉斯·特纳评价：“这一契机使报社批准了几年来我一直梦寐以求的东西——扩大版面，增设了瞭望版，扩大了漫画版和杂志介绍版，我还在现有规模上扩招了 25% 的员工。”

《信使快报》新招聘的这些记者就像“第五纵队”成员一样在全城搜罗新闻。《晚报》的一名记者罗伯特·麦卡锡说道：“如果遭到

《信使快报》的攻击，你根本就不敢露面，而且需要彻夜不眠地去想该怎样反击他们。”

巴菲特能控制的只有自己报纸新闻版面的大小，对此他毫不松懈。“我们当时力争比别家报纸的新闻更加丰富。”巴菲特回忆说：“如果他们有 8 版体育新闻，我们就会力争拥有比他们更多的版面，我和报社的员工说，就让所有的传统做法都靠边站吧！”

在报社的编辑部里，大家都觉得新老板与众不同。一位资深记者说：“沃伦·巴菲特看起来真的很投入。”他有时会给报社送去一张便条，对某篇精彩的报道表扬一番，还会穿着T恤参加职工们的野餐会。报社的记者大多是一些愤世嫉俗之人，他们都喜欢巴菲特身上的那种怀疑精神。他没有一味地要求报纸给他赚回多少美元，而是希望记者们帮助他更深地挖掘一个他自己关心的话题，那就是很多富豪是多么贪婪和没有良知。

有一篇报道讲到加利福尼亚小镇圣罗莎的一个叫波希米亚森林的秘密集会场所。每年夏天，像梅夫·格里芬、杰拉尔德·福特和雷·克罗克这样的商人会都会乘私人飞机飞到那里，在红杉林中聚会，感叹西方文明的没落。《晚报》的资深记者李·科波拉回忆：“巴菲特希望报道切入的角度是调查他们在购买私人飞机时有没有避税。当时正值石油危机，巴菲特认为那样做有违道义。”李·科波拉据此在头版刊出了一篇极具分量的报道。他拒绝了其他报社开出的优厚条件，留在了《晚报》，因为他很期待巴菲特给《晚报》带来新气象。

但是在争夺周日版霸权的斗争中，《晚报》仍在流血，依然承受着经济损失。1978 年，每个周日，《信使快报》的发行量都比《晚报》多 10 万份。随着布法罗的经济陷入萧条，人们眼见一些工厂解雇了大量的工人，都对《信使快报》产生了恻隐之心，害怕有朝一日它也会倒闭。“人们买报往往是为了救某家报纸于水火之中。”执行主编莫里·莱特回忆说，“每周三或周四我都会给巴菲特打电话，告诉他有多少公司预订了这周日的广告版面，其实我们的广告商数目非常有限。”

巴菲特会经常打电话给莱特，他们会在莱特家中商量怎样才能使《晚报》周日版的销量实现腾飞，两人至少也要谈一个小时。“巴菲特对周日版的方方面面都有浓厚的兴趣。”莱特评价说。巴菲特会亲自来布法罗会见大的广告商和零售商，并亲自审批营销和竞争战略。“我们拼尽了全力。”巴菲特回忆说。

> 我们成立了一个特别的发行小组。他们每周都会告诉我：“上周我们又推销出828份，这周又推销出750份。”周五晚上，我就能预测出周日版的发行量，比如说减少到412份之类的。

在这种困境下，巴菲特特别希望找到一个得力助手，他也萌生过向哈里·博特或肯·蔡斯求助的念头。巴菲特非常希望好朋友、《奥马哈太阳报》的发行人斯坦福·利普西能助他一臂之力。但是，斯坦福·利普西不想去布法罗。

“你不想长期待在布法罗我也不会勉强你，但是你每个月去布法罗一次，看看有什么地方需要改进的，你给出出点子，行吗？”巴菲特问他。

斯坦福·利普西思忖片刻，问道：“这工作到底需要我干些什么？”

巴菲特思量再三，说道：“这工作只要你出马，就一定会有起色。”

斯坦福·利普西最后来到了布法罗，每次以助理发行人的名义在那儿待上一周，而发行人在《晚报》前任东家出售报纸之后就负责打理一切。

法庭的判决依然给《晚报》的经营带来了重重障碍。布里安特法官要求《晚报》出示每个订阅周日版的读者名单。不仅如此,《晚报》的推销员、高管和工作人员说的每字每句都要经过前后思量，因为一旦被竞争对手的律师抓住把柄，这就会被当成违反法庭判决的证据。有一次他们又指责《晚报》藐视法庭，这可是一顶非同小可的大帽子。《信使快报》的一位律师马桑说:"《晚报》的日子可不太好过，因为我们可以监控他们的所作所为，他们的一举一动都在我们的眼皮底下。"实际上,《晚报》基本要靠一位联邦法官的恩赐艰难度日。

1978年,《晚报》税前损失高达290万美元，这是巴菲特损失最惨重的一年。斯坦福·利普西定期从布法罗给巴菲特打电话，他对巴菲特知道遭受巨额损失后的泰然自若感到很诧异。"他把自己所有的钱都投进去了，周日版让他很是头疼，他还要面对所谓企图垄断市场的指控。尽管如此，他的态度却很乐观，还打电话向我表示感谢。"

芒格的情绪则截然不同。在得知有关藐视法庭的指控之后，巴菲特恰巧要在某个地方发表演讲，他情绪激动地给莫里·莱特打了个电话:"你的话他还算听得进去，你跟沃伦说，让他说话时注意点儿分寸。"芒格很担心在法庭上听到桥梁收费站之类的指控，巴菲特对此却不以为然。

但是芒格觉得《晚报》只能听天由命了。在蓝带公司的年度报告中，他甚至提到了这一点:

> 众所周知，人人嫌恶的官司不仅费时、费钱、无用而且不可预测，甚至连《晚报》的最终命运都还是个未知数，需要苦苦等待很长时间。

1979年4月，也就是在蓝带公司买下《晚报》两年后，纽约联邦上诉法庭推翻了对《晚报》的禁令和对它藐视法庭的指控，布里安特法官还受到了严厉的指责:

> 考虑到巴菲特发行周日版的意图，我们找不到任何证据表明他买下《晚报》是为了挤垮《信使快报》。《晚报》并没有采取不正当竞争手段来挤占《信使快报》独占的周日报业市场，而是给这个市场带来了更多的竞争……所有的证据只能表明巴菲特只想尽可能地办好《晚报》，并没有谋划过他的竞争行为会给《信使快报》带来什么严重后果。这种做法恰恰是《反垄断法》所提倡，而非压制的。

虽然在法律上巴菲特占了上风，但实际上这场旷日持久的官司已经给《晚报》带来了实际的损害。虽然《晚报》在周一到周五仍然主导着市场，但是《信使快报》周日版的发行量仍以超过《晚报》10万份的优势遥遥领先。在联邦上诉法庭推翻原判决两个月后，《信使快报》被出售给了明尼阿波利斯的考尔斯家族旗下的明尼阿波利斯星报和论坛报业公司。现在，《晚报》需要和一个同样来自外地而且财力雄厚的富豪家族展开持久战了。1979年，《晚报》的亏损达到了历史上最严重的460万美元。这是巴菲特和芒格第一次在投资中遭受这么大的损失。

1980年，斯坦福·利普西开始全职在布法罗工作。巴菲特没有要求他这么干，可是斯坦福·利普西从巴菲特全力以赴的态度中看出，巴菲特实际上迫切地希望他能全身心地投入。斯坦福·利普西本人也早已深深地卷入与《信使快报》的战争旋涡之中。

在斯坦福·利普西开始负责打理《晚报》后，报社又面临着工人引发的新危机。早在巴菲特之前，报纸的13家工会组织已经从公司得到了很多好处，用芒格的话说就是“得寸进尺的好处”。为了打破这种不利的局面，巴菲特和芒格在1980年初蓝带公司的报告中针对工会写了这么一段：

如果《晚报》再次发生罢工，那么报社只能停业并进行破产清算。

不过，报社的卡车送报工打算试试深浅。1980年年底，他们要求增加人手，还要求在不工作的时候也拿钱，这可是涉及报社管理权的大问题，巴菲特断然拒绝了。在12月一个星期一的晚上11点钟,《晚报》的谈判代表找到美国报业员工同盟派驻报纸的代表雷·希尔（他代表着《晚报》里最大一家工会的利益），希望让他从中斡旋，防止再次发生罢工事件。雷·希尔了解巴菲特，知道他并不是真吓唬人，于是劝说司机们不要向他挑衅。卡车司机推选的代表是马丁·布鲁根，他曾在酒吧当过打手，在报社过去历史上唯一一次罢工中还是个小头目。马丁·布鲁根以为巴菲特不敢在与《信使快报》斗争的紧要关头铤而走险。有人找来了一个调解人。谈判持续了一夜。最后调解人对雷·希尔说："你看，雷，他们还是要罢工。"星期二早上6点钟，司机们开始罢工游行了。

在其他工会组织的帮助下，报社勉强印出了报纸。随后纠察队占领了卡车，印刷工人停止工作，拿走了纸版，工作只好停顿下来。在这场纠纷中,《信使快报》渔翁得利，趁机拿到了很多订单。布法罗的报业大战经历了最可怕的一幕。

据巴菲特的一位心腹描述，巴菲特当时急得像热锅上的蚂蚁一样。他知道如果报纸长期停产，他丢掉的市场占有率会是致命的。他要么赶紧复工，要么就关门大吉。但是如果他对卡车司机妥协的话，其他12个工会组织也会不依不饶地相继罢工。

星期二一大早，巴菲特毅然决然地宣布，如果报纸不能正常出版，他就不发工资，并解雇全体员工。不仅如此，巴菲特还宣布，如果司机们影响了最重要的周日版的出版发行工作，那么他宁可取消周日版。《晚报》的主要谈判代表理查德·费舍在和巴菲特通完电话后知道这是他的真实想法。

马丁·布鲁根由于受到其他工会的压力，也感到如芒在背。雷·希尔对他说："布鲁根，不管你要争取什么，你们都做得太过火了。"最后，布鲁根妥协了，司机们也体面地让步了。到星期二下午，大街小巷上又看到了《晚报》。

雷·希尔对巴菲特说："巴菲特，我希望这件事了结之后，我们双方的合作能继续下去。"

"雷，光有诚意是不够的，还要有行动。"

雷·希尔认为巴菲特这话的意思是，如果他的工会会员能帮助报社战胜《信使快报》，就能够得到奖赏，但是权力的天平已经倒向巴菲特一边，正如雷·希尔自己所说的那样："在每一次罢工之后，世界就不再是从前那样了。"

布法罗严重的经济萧条给这两家报纸都造成了极大的伤害。可争夺周日版市场的硝烟仍在弥漫，《晚报》取得了一些进展，但是与《信使快报》在发行量上的差距依然存在。5 年后，两家报纸周日版的发行量分别是 19.5 万份与 26.5 万份。尽管《晚报》赔得少了一些，但仍在赔钱。自从巴菲特买下它，它的税前总损失已高达 1 200 万美元。到了 1982 年年初，芒格认为他们的损失已经是永远都无法填满的无底洞了。

> 除了《晚报》的赤字，我们还有 7 000 万美元的资产和每年 1 000 万美元的利润。但是无论布法罗将来会发生什么变化，我们都百分之百确信，如果当初不买《晚报》，那么我们现在的利润会更多。

在接下来的几个月，《晚报》周日版的发行量突破了 20 万份大关，尽管比《信使快报》周日版还少一大截，但是布法罗也盛传着会有一家报纸关张的猜测。巴菲特断然否认自己会让报社破产的说法，说他从来没有动过这个念头，可是这座城市确实养不起两家报纸，问题在于谁能撑到最后。到了 9 月，《信使快报》倒闭了。

《信使快报》每年在早报业务上要亏损 300 万美元，是《晚报》的两倍。雪上加霜的是，《信使快报》的母公司明尼阿波利斯星报和论坛报业公司的董事长奥托·西尔哈坦言，母公司的经营业绩也不理想。但奥托·西尔哈知道，蓝带公司有一棵他所没有的摇钱树，那就是财源滚滚的喜诗糖果公司。

《信使快报》关门的那一天，《布法罗晚报》更名为《布法罗新闻报》，并开始发行《晨报》。不到半年，发行量就上升到了 36 万份，远远超过了竞争对手早先创下的纪录，其广告收费也急剧上升，反映出这家历尽劫难的报纸的市场主导优势和垄断地位。《布法罗新闻报》成了一座金矿，甚至可以说是一架收费桥梁。芒格早先那番悲观丧气的话很快就被证明是错的，《布法罗新闻报》不仅赚钱，而且日进斗金。

在没有竞争对手的第一年里，《布法罗新闻报》的税前利润高达 1 900 万美元（这些利润完全属于已经兼并了蓝带公司的伯克希尔·哈撒韦公司）。到了 20 世纪 80 年代后期，《布法罗新闻报》的年均盈利在 4 000 万美元左右，比巴菲特在蓝带公司和伯克希尔·哈撒韦公司上的总投资还要多。巴菲特的投资走上了越来越景气的良性循环，整个投资链也变得越来越强劲有力。蓝带公司可以为喜诗糖果公司提供资金，喜诗糖果公司也能为《布法罗新闻报》不断补充弹药，而《布法罗新闻报》更是让巴菲特赚得盆满钵满。

但是，巴菲特击碎了员工期望变得同样富有的奢求。《信使快报》关张后不久，巴菲特参加了在布法罗斯塔特勒饭店举行的一次报社中层领导会议。会上有人提出："能给报社的编辑和记者们分多少钱呀？"这一请求听起来合情合理，因为他们都立下了赫赫战功。

让大家倍感诧异的是，巴菲特冷冰冰地答道："干日常工作的人（编辑和记者），都无法为公司增加利润做什么大贡献。"这番话让所有的人都目瞪口呆，尽管巴菲特信奉自己残酷却公平的资本家信条。《布法罗新闻报》的经理人在困难的岁月里忍辱负重，而当年那些员工并不愿意与之共担损失，现在他们也一样别想分到什么成果。

当时在场的一位夜间编辑阿尔文·格林说："当时，我简直不敢相信自己的耳朵，这话好像是甩给所有记者和编辑听的。"

《布法罗新闻报》雇员们的薪水尽管都提高了，但没他们原先期望的那么多。正如阿尔文·格林所说的那样："最让我们失望的就是，尽管我们赢得了斗争，也涨了不少薪水，但这些也没什么特别的，大家心里都感到有些失落。"

在《信使快报》倒闭之后，《布法罗新闻报》员工的收入在美国报业员工同盟的排名从巴菲特购买报纸前的第7位下滑到了第13位。不过，美国报业员工同盟的代表雷·希尔认为巴菲特已经兑现了诺言。雷·希尔说，如果他处在巴菲特的位置也会这么干。

作为布法罗市唯一幸存的报纸，《布法罗新闻报》面临着过去从未有过的挑战。巴菲特在写给伯克希尔·哈撒韦公司合伙人的年度信件中指出，具有垄断地位的报纸就没有保证其质量的经济动力了。

> 报纸的业主自然而然地希望他们的丰厚盈利来自报纸完美的质量。这话说起来容易做起来难……不论质量好坏，具有垄断地位的报纸总能赢利……

巴菲特承诺要保证报纸的质量，而且从数字的角度来看他也做到了。《布法罗新闻报》的新闻栏目和广告数量大体上保持了平衡，在全美国所有的日报中都是最高的。

巴菲特和斯坦福·利普西仍旧是好朋友，不过他来报社不像过去那么勤了，记者们也听不到他读完文章后的评价了。渐渐地，他手下的员工都觉得有些失望了。无论如何，巴菲特还是个为人不错的老板，也不像其他老板那样苛刻。不过这些记者希望他即便不能像之前那样天天待在报社，至少也能多在报社出现几次，因为他们觉得报纸已经丧失了当年和《信使快报》竞争时的那股闯劲儿。

以调查见长的记者李·科波拉离开了报社，转投了广播业，后来成了布法罗市的助理检察官。他之前曾因为巴菲特的到来而感到热血沸腾，之后他仍然同巴菲特偶尔保持着通信联系。像那些曾经对巴菲特寄予厚望的人一样，李·科波拉的心情也很复杂。他说："我的梦想没能实现。"不过，他又补充了一句："但直到今天，我依然很尊敬他。"

在与《信使快报》那场腥风血雨的战斗结束10年之后，《布法罗新闻报》走进了布法罗市75%的家庭，在全美国的各大城市报纸中独占鳌头。但是，布法罗变得比拥有两家报纸时更穷了，整个城市的读者群比《信使快报》经营时要少了很多。

诚然，巴菲特有权利和充分的理由来办周日版，使布法罗的报业竞争局面就像其他城市一样。不过，即使巴菲特没来布法罗，这个城市也同样养不起两家报纸。事实上，巴菲特只是帮那双看不见的经济之手推了一把而已，其中一家报社肯定会倒闭，还会有人失业。人的心思难以揣摩，也许巴菲特早就想到过事情的结局会是这样的，甚至他在法庭上就想到了这一点。我们不妨看一下他对一位同事谈起的另一家报纸生存的前景：

> 在过去数年里，数以百计的报纸业主也在增加投资。不过，我想，而且很多"专家"也相信，其实在一个大城市里，并不允许一家以上的报纸同时兴旺经营，事实就是这般残酷。

这是巴菲特在1972年写的，比他考虑买入《晚报》的打算还要早5年。巴菲特早就明白，不是市场上第一宠儿的报纸注定要失败。他只是在布法罗证明了这一点罢了。

在伊利湖边，人们久久不能忘却两家报纸之间你死我活的肉搏战。多年以后，《信使快报》的那些老雇员还对该报的关张唏嘘不已。就连他们的孩子都对巴菲特的《布法罗新闻报》心怀敌意，可是他们同《布法罗新闻报》员工的孩子们一样，还得每天花钱买报。弗斯的助手（后来的合伙人）丹尼尔·梅森暗自念叨："巴菲特终于笑到了最后，垄断了市场。"

第12章

股东利益至上

巴菲特经常乘飞机来往于纽约、华盛顿和布法罗之间，他和苏珊之间相处的时间越来越少，两人之间的距离也越拉越远。苏珊对自己的演唱事业越来越上心了。尼尔·希达卡在奥马哈听了她的演唱之后，建议她当个专业歌手，她很受鼓舞。巴菲特在投资界的朋友比尔·鲁安还特意安排她在曼哈顿的几家夜总会试唱，包括特兰普斯夜总会和舞厅夜总会。巴菲特在纽约的朋友发现苏珊唱得很不错。罗克珊·勃兰特之前也是一位歌手，她说："如果苏珊走在大街上，你根本看不出她是个富家太太。"

当一些公司请苏珊回纽约讨论签约的时候，她已经开始考虑发行专辑和巡回演唱的相关事宜，甚至还同威廉·莫里斯星探公司签订了合约。

1977 年春，当巴菲特忙于收购《晚报》时，苏珊在奥马哈的法国咖啡屋演唱。她和同事们偶尔会在演出结束后回到家中欢饮畅聊。巴菲特有时会和他们待上一小会儿，然后就会躲到书房，让苏珊一个人忙前忙后招待大家。儿子彼得回忆说："我给他们拍过一张照片，妈妈和咖啡屋的人来家里的时候，爸爸就像个家长，总在楼上书房看书，妈妈和她的朋友们则像一群孩子。"

巴菲特夫妇在生活中的隔阂非常明显。1977 年 4 月他们庆祝银婚时，斯坦福·利普西让一位漫画家画了幅漫画，画中的巴菲特和苏珊在结婚蛋糕上面擦肩而过。

他们的兴趣差别是如此大，以至当孩子们都不在家的时候，苏珊会倍感失落。家中的常客、画家朋友肯特·贝洛斯认为他俩的婚姻是一段"美妙的姻缘"，两人是典型的异性相吸。更多的时候，巴菲特都会把自己封闭起来，专注地阅读《标准普尔股票指南》，忘我地思考有关投资的问题。从情感的角度来看，他和苏珊恰好是两个极端，苏珊对贝洛斯说："巴菲特只要有一本书和一个 60 瓦的灯泡就足够了。”

苏珊想要的肯定不只这些。她很外向，感情世界也很丰富。她乐于体贴别人，为他人着想，对于这一点巴菲特自然体会最深。女儿小苏珊说：“正是因为有了妈妈这个贤内助，爸爸才能有那么多时间专注干自己的事。爸爸做事总是很用心、全情投入。”儿子彼得说得更明确：“妈妈是为别人而活着。”直到深夜，苏珊才有时间一个人静下来听听音乐。

苏珊很少接受媒体的采访。有一次《奥马哈世界先驱报》在采访她的演出生涯时，苏珊说她很感激巴菲特支持她的演唱事业。这篇采访在他们结婚25周年纪念日之前两天发表了，不过其中苏珊对巴菲特的描述被删掉了。谈起他们的恋爱史时，苏珊说她当时“正疯狂地爱着另一个人”，但最后还是顺从了父亲的意见，发现巴菲特是个“相当不错的人”。不过苏珊没有说为巴菲特而疯狂过，也没说她是否会常常想起过去与米尔顿·布朗的那段浪漫史。20多年过去了，她还经常谈起如果当初嫁给布朗而不是巴菲特的话，生活又会是什么样子。（这时，米尔顿·布朗已是艾奥瓦州德梅因的一位成功的食品经销商。）

当时，家里只剩下巴菲特夫妇俩了。女儿已经出嫁，在加利福尼亚州欧文市的《21世纪报》工作。霍华德则从南达科他州奥古斯塔纳大学退学了，他用从伯克希尔·哈撒韦公司股票中套现的钱购买了掘土设备，在奥马哈附近创办了一家巴菲特挖掘公司。小彼得刚被斯坦福大学录取。

1977年9月，苏珊在奥菲厄姆演出了一晚上，那是奥马哈城一家富丽堂皇的多功能剧场。在那个特别的晚上，面对所有家乡的父老，苏珊把自己柔情似水的音乐风格表现得淋漓尽致，她唱了首伤感的歌：《让我觉得我们还在相爱，好吗？》。

没过几天，45 岁的苏珊离开丈夫，搬出了巴菲特在法纳姆大街的家，去旧金山租了套公寓。（儿子霍华德被突如其来的家庭变故弄懵了，彼得则觉得母亲弃家而去是早晚的事。）苏珊告诉自己的孩子，不论是从法律意义上还是在别的方面，她并没有和巴菲特离婚，只是早就想自食其力而已。

这对于巴菲特来说不啻晴天霹雳，他感到惊愕、绝望和无助。他原来有一方恬静的港湾，不论在大海上航行时遇到了什么风雨险阻，都能回到港湾中休憩，让他专心工作。现在他的港湾已经不在了，他的家庭的温暖与快乐已经不在了，苏珊对他心灵的温存慰藉也已经不在了，没有人能够代替她的位置。巴菲特对姐姐说："25 年来，苏珊一直是我心中的阳光和雨露。"

巴菲特不明白苏珊为何要离开家，为何她会感到孤独。在给苏珊打电话时，巴菲特哭成了一个泪人。苏珊安慰巴菲特说，她离开只是两人关系的一种建设性调整，并不是说两人从此就成为陌路人了，他们还可以通电话，还可以一起旅行，甚至像过去一样去纽约和位于拉古纳海滩的别墅度假。苏珊说他们仍是夫妇，关键是"两人各有不同的追求"。

巴菲特的女儿回家陪了他几个星期，小苏珊得到了慈父的呵护和关心，她也很喜欢父亲。当时小苏珊短暂的婚姻也正处于崩溃的边缘。小苏珊的到来给空荡荡的房子增添了无限的生机，她帮父亲收拾家务，免得巴菲特一天到晚只能吃爆米花，脏衣服也没人洗。巴菲特对女儿疼爱有加，对她能够在一下午洗完一大堆衣服赞不绝口。小苏珊回忆说，爸爸并不经常谈起妈妈。

> 那时他很难表达自己的感受。我记得他坐在椅子上看书，会和我谈谈洗衣服的事。我说："如果你录一盘磁带，里面有妈妈回来时开门、关门和说'我回来了'的声音，那么，其实一切都好像

没有改变，你会觉得她还在家里。”

那些一向称赞巴菲特夫妇是模范夫妻的亲朋好友对此也感到震惊和痛心。但是，在大多数人看来，巴菲特夫妇并非通常意义上的离婚。虽然苏珊身在加州，但他们几乎每天都通电话。一到圣诞节，他们就和孩子们在位于拉古纳海滩的别墅团聚。春天来临的时候，巴菲特和苏珊还和往常一样去纽约度假半个月。

当巴菲特发现妻子变化并不大时，他的情绪才有所好转。在内心深处，他最害怕的就是改变。巴菲特其实打算搬到加州南部生活，这样他就离家人都要近一些，但是他最终没有搬，其中一个重要的原因就是伴随他多年、对他忠心耿耿的秘书戈拉德·凯瑟，更主要的还是因为他讨厌改变，不愿抛弃熟悉的一切去重新开始一段新的旅程。

与之相反，苏珊住在一套像学生公寓一样简陋的公寓里，屋子里的摆设让人觉得像小姑娘的房间，例如房间里装有米老鼠造型的电话。她对这样的自由自在感到由衷的满足，尤其是她人到中年才拥有了这份来之不易的悠闲自在。苏珊的一些私生活对巴菲特有所保留，巴菲特也不会强求她告诉自己一切，家里人也都理解苏珊有自己的需求。全家人还是一如既往地保护着巴菲特，希望让他继续干好自己的事业。他的妹妹罗伯塔说：“我们都很想保护巴菲特，我不知道这究竟是怎么回事，不过应该是日积月累的结果。”

苏珊其实比任何人都更加呵护巴菲特，她仍在注视着他、关心着他。苏珊编织人际关系网的才能绝对不比巴菲特逊色。她甚至建议奥马哈城的几个女人请巴菲特看电影，或为他做晚饭，其中一位叫阿斯特丽德·蒙克斯，是在法国咖啡屋工作的31岁的金发女招待。阿斯特丽德为巴菲特做过几次汤，并开始经常来探访巴菲特。苏珊对她很是支持。

如果说在奥马哈有谁的生活方式和巴菲特截然不同的话，那就是阿斯特丽德。她住在一个嘈杂市场上的一处阁楼里，附近到处是理发店和咖啡厅。她出生于拉脱维亚，小时候来到了奥马哈。她年幼丧母，做侍者的父亲便把她寄养在孤儿院里。认识阿斯特丽德的人对她的评价最多就是个“劫后余生者”。她是旧货店和廉价商店里的常客。她面容姣好，棱角分明，即便是穿着旧衣服，她也显得楚楚动人。一到冬天，她会裹着阿富汗大围巾，穿着皮毛大衣，牵着自己那条心爱的红毛狗，迎着奥马哈的寒风和鹅毛大雪走在街上，看上去就像《日瓦戈医生》中的一个角色。

阿斯特丽德似乎认识奥马哈城里所有放荡不羁的人，但她喜欢给别人带去帮助和温暖，而且不爱出风头。当苏珊在法国咖啡屋唱歌的时候，她总在演出间隙为苏珊端茶送水。她的本能中有一种对人呵护有加、谦逊善良的美德。

在苏珊搬出巴菲特家一年后，阿斯特丽德住了进去。巴菲特的这个决定让儿子霍华德感到困惑，也让其他人迷惑不解。画家肯特·贝洛斯知道阿斯特丽德是旧货店的常客，所以对她找到全市最富有的男人感到大跌眼镜，他大声问阿斯特丽德：“你和巴菲特到底是怎么回事？”

有人说巴菲特不过是找了个厨子罢了，可事实上他们确实是天造地设的一对。阿斯特丽德和巴菲特性情相投，他们在一起也能相处融洽。巴菲特会不停地搜寻廉价股票，阿斯特丽德则去旧货店或超市为这位亿万富翁买回打折的百事可乐。巴菲特待在书房里时，阿斯特丽德就会待在花园里。阿斯特丽德喜欢待在家里，这样一来，巴菲特就不用为生活琐事操心了。如果彼得乘夜间火车回家，阿斯特丽德还会去火车站接他。

也许阿斯特丽德过去的生活太孤单了，因此她在生活中总能迎合巴菲特，而且一点儿都不觉得丢脸或没面子。当然她有时也会反对巴菲特，不过那种反对完全是轻描淡写的，两人之间的这种关系显得有些奇特。阿斯特丽德找到了一个伙伴和一种安全感，巴菲特则多了一个家人和一起吃牛排的人。但是阿斯特丽德自住进巴菲特家起就明白，他并没有打算再婚，因为他在精神上还眷恋着苏珊。不过，阿斯特丽德给了巴菲特一个温暖舒适的家，还把他的衬衫熨得笔挺，好让他体面地去见苏珊。

起初，阿斯特丽德宁愿离开奥马哈城也不愿待在空荡荡的家里。但是，过了一段时间之后，她就习惯了巴菲特的来去匆匆，和巴菲特的家人也变得熟稔起来。让人觉得不可思议的是，阿斯特丽德与苏珊的关系非常密切。苏珊来奥马哈时，她们会一起做饭，尽管苏珊不住在法纳姆大街。在伯克希尔·哈撒韦公司的一次年会上，这两个女人并肩坐在一起窃窃私语，她们共享的男人巴菲特则在台上主持仪式。

这个让人难以捉摸的三人组合形成了一种难以名状的韵律美。阿斯特丽德日复一日地照顾巴菲特的衣食起居，巴菲特离开奥马哈后则由苏珊负责照顾他。他们会一起去纽约和加州看望老朋友。在所有正式场合中，比如参加半年一次的本杰明·格雷厄姆门徒聚会时，巴菲特总是带上他的妻子。

从表面上看，巴菲特和苏珊的个性都没有变。艾奥瓦州的零售商乔·罗森菲尔德经常与巴菲特夫妇在加州会面，他说："他俩和别的夫妇看起来没有什么区别。"小苏珊说她父母之间的关系基本上没有变。儿子彼得认为这真是一种"超现实主义"的关系，他俩的住处相隔 1 500 英里，可好像什么都没有改变。

霍华德·纽曼（本杰明·格雷厄姆合伙人的儿子）甚至戏谑地称巴菲特同时占有了两个女人。可是，巴菲特并不是这种玩笑所指的那种"花花太岁"。他对待这两个女人是有准备的，而且对待两人的方法也不相同，就像事先写好的剧本一样。事实上，苏珊和阿斯特丽德是两种类型的人，这也让巴菲特的朋友们感到有些难以适应。尽管他们后来习惯了这种三角关系，但还是觉得不可思议。

有人想知道巴菲特对婚姻到底有过多少探究（例如，彼得就曾经问过是不是父亲和母亲交往之初就想过要和她结婚，巴菲特对此不予置评），或者他重新找一个贤内助只是为了让自己继续干好工作而已。但是，不管朋友心中有多少困惑，巴菲特还是找到了，或者说创造出了一种对自己有利的解决办法。与苏珊保持关系，虽然相隔甚远但能够给他一种渴望多年的延续感，这是当年他迫不及待地回到奥马哈想要寻找的感觉。这还能够使他免受离婚的创伤，也不必大费周章地去重新界定离婚后的生活状态。

这种深思熟虑确实是巴菲特的一大特点。"我喜欢自己的生活，安排好了生活，我就可以安心做我想做的事了。"有一次他对记者这样说道。巴菲特依旧不修边幅，对所谓的社会清规戒律也嗤之以鼻。对于这种奇妙的两女一男的关系他不愿意多谈，在一次公开发表言论时，他简单地评价说，这种关系让三个当事人都受益："如果你对他们每个人都很了解，你就会理解这种关系了。"

不过，巴菲特在与朋友们的谈话中曾提过阿斯特丽德是托了苏珊的福。阿斯特丽德住进巴菲特家后，当年和巴菲特一起经营弹子球生意的唐纳德·丹利来奥马哈拜访过他，丹利自然很想了解阿斯特丽德的情况。唐纳德·丹利发现他俩晚上睡在一起，巴菲特告诉丹利这两个女人都是他的朋友。唐纳德·丹利说："我想这对他很重要，他的意思是跟我表明他不会干什么偷偷摸摸的事。"

在儿子彼得看来，母亲离家出走后的头几年里，巴菲特过得很凄凉。彼得说："在很长一段时间里，他都很伤心，也很空虚。"巴菲特的一位女性好友也说他"内心十分焦虑孤独"，但是让这位朋友感兴趣的是他是如何应对这种局面的。只有和巴菲特很亲近的少数几个密友才知道他的悲痛欲绝。据他的儿子回忆，有时父亲会试着忘记不快，专心工作。他就像一匹“戴上眼罩的马”，谨小慎微地安排自己新的生活。

当少年时代遇到坎坷时，当被困在不喜欢的华盛顿时，巴菲特就做起了报童。尽管他现在已经是当年所送的几家报纸的老板了，但是他的工作状态并没有多大的改变。天还没亮，他就迫不及待地起床，好像办公室里还有一大捆报纸等着他去送。在两个女人的悉心照料下，他现在打电话的声音都更洪亮了，就像生活中从来都没有不快一样。他的密友乔·罗森菲尔德从未见巴菲特沮丧过：“他的全部精力都投入到伯克希尔·哈撒韦公司中了。”

巴菲特并没有因为婚姻的嬗变就在投资上消沉下去，而是愈挫愈勇。20 世纪 70 年代后期，就像别人之前很难估计他是如何把握投资时机的一样，巴菲特的伯克希尔·哈撒韦陆续进行了多项投资。当股市疲软时，他兴致勃勃地用伯克希尔·哈撒韦旗下保险公司的大量浮存金来买入股票，包括美国阿美拉达赫斯公司、美国广播公司、政府雇员保险公司、通用食品、奈特–里德报业集团、通用媒体、西弗科保险公司、F·W·伍尔沃思公司等多家公司的股票。

市场上当时有谣言说，只要巴菲特买进某只股票，他就能把股价往上推动 10%。经纪人阿特·罗斯尔说：“通用食品的股价都涨疯了，不过巴菲特不承认他在买进这只股票，等别人在低价位抛售时他又会大单买进。查理·芒格会大声咒骂：‘这群家伙又在跟风了。’”[1]

巴菲特一边投资，一边写作。他有几次是为经济杂志撰文，主要还是为伯克希尔·哈撒韦公司写年度报告。以前巴菲特的内心总有一

1. 伯克希尔·哈撒韦公司当时在年末公布了大规模的投资交易情况。

种渴望，那就是记录下自己的投资进展状况，直到巴菲特合伙公司开张后他才辍笔。现在他多是写些投资、管理和金融方面的书信体报告。

我们不知道是什么时候开始的，但他后来重新印制了这些信件。最初这是从他 1977 年写的一封信开始的，当时正是苏珊离家的那段时间。这封信介绍的是巴菲特最基本的投资理念，但是估计没有多少人读过它。巴菲特介绍了自己评价股票的方式，就像他评价一个企业一样：他寻找的是自己能够深入了解的公司，它有一个诚实干练的管理团队，有着良好的成长前景，而且股价不高。他对短期套利交易不感兴趣。

巴菲特写这封信的灵感来自 70 年代末期华尔街股票交易市场上的奇怪景象。巴菲特推荐的股票遍地皆是，但就是没人愿意购买。1979 年夏天，道琼斯指数下挫到 800 多点，甚至比 1969 年的平均点位还要低。因为 70 年代中期美国经济不景气，所有大报头版都刊登着阴霾笼罩的消息：美元贬值、日元升值、石油输出国组织动作频繁、美国国内能源短缺、民众普遍认为美国在走下坡路。表里不一的尼克松被赶出白宫，但是新入主白宫的吉米·卡特却有德无能。乔治·布什决心力取白宫，但对日益堆积的联邦政府债务感到震惊。他发誓，如果当选，自己在第一届任期内就要实现预算平衡。

5 年前，美国经济也面临着同样的衰退局面，最后华尔街渡过难关，迎来了历史上最强劲有力的一波经济复苏。但是这并不能给人以安慰。金融市场的运行是有周期的，不过只有在回眸的时候才能看清楚。而在市场行情展开的时候，投资者却像被迷雾遮住视线一样，难以预知未来，市场上的每一点儿变化似乎都是独特的。70 年代末，通货膨胀率高达让人头疼的 13%，华尔街的贷款利率也达到了两位数。在内地还出现了一大批商品投机商，他们买卖黄金、钻石、艺术品、房产、稀有金属、冷冻食品，并为别人提供如何渡过通货膨胀难关的建议。这些人的观点是："别把资产都压在股票上。"

巴菲特认为股票代表着美国投资者的未来，因此他备受冷嘲热讽。在 1979 年的一封信中，巴菲特写道，他惊讶地发现"养老基金经理们当年只把手头 9% 的资金投入了股票，他们本应该着眼于长线投资，这种做法实在是鼠目寸光"。巴菲特还忍不住补充了一句："我们对伯克希尔·哈撒韦的投资组合充满了希望。"

其实任何人都不否认股票很便宜，但是与过去的每次熊市一样，这些基金经理都在等待"局势明朗"的那一天。制造商汉诺威从市场中抽出了 60% 的资金，资深投资顾问维克多·梅隆解释说："有些问题还悬而未决，局势还不够明朗。"詹尼·蒙哥马利·斯科特公司副总裁海因茨·H·比尔也持同样的观点：

> 知道股价很低并不意味着人人都会买进，因为未来的天空很可能继续乌云压顶。

《商业周刊》的预言更让人感到揪心，1979 年 8 月的第一期，它的封面标题——股票的终结——让人过目不忘。这篇文章写得很有创意，细致入微地刻画了股市的不景气。作者建议人们投资于货币市场、快餐特许经营权或珍贵的邮票等，股票则已经过时了。股价太低，这是"一潭死水"，证明股市不仅人气不旺，而且已经步入了坟墓。

巴菲特的观点恰好相反。同一周，他在《福布斯》杂志上撰文批评了这些养老基金经理胆小懦弱的本性和过时的观点：

> 未来之事永远没人知道，但是等到大家都看好股市的时候再入场，价格就高了。那些着眼于长远的投资者一直都需要学习如何与不确定性周旋。

这篇文章反映出巴菲特想要解读股市的渴望，而且他希望这种解读比自己在 60 年代的思想更加深入。他说基金经理们都把资产集中到了当时年利率为 9.5% 的公司债券上。原因很简单：股票没有利息，而且风险太大，这在当时的熊市中更是如此。

但是，巴菲特看到的不仅仅是表面现象。实际上，他认为当时的股票风险降低了，而非增加了。因为巴菲特不仅仅看到了股票本身的风险大小，也看到了它背后所隐藏的企业的实际经营状况。股票与债券一样，都是对公司所有权的一种证明。股票其实也有利息，那就是企业的盈利，只不过不明显罢了。

比方说，列入道琼斯指数中的某家公司的账面价值增加了 13%，这是某个公司很容易就实现的业绩，但是它的估价可能会低于账面价值。在巴菲特看来，如果闭上眼，那么这只股票其实就是一只"道琼斯债券"，利息为 13%，这比一般公司债券的利率高得多。如果某个投资者有耐心，那么他一定会得到这 13% 的回报率。

即使在熊市中，巴菲特的股票仍在升值。现在伯克希尔·哈撒韦的股票价格已经高达每股 290 美元，使巴菲特的财富增加到了 1.4 亿美元。不过有一点让人们迷惑不解，那就是巴菲特的年薪只有 5 万美元，他却从不出售伯克希尔·哈撒韦的股票来套现。他甚至连 1 股伯克希尔·哈撒韦的股票都不舍得卖，他觉得自己的股票弥足珍贵。他也不让公司给股东分红，从他那蒸蒸日上的公司里刮出点儿钱来简直是难于上青天。

因为巴菲特要负担两个家的开支，所以他向奥马哈的一位股票经纪人查尔斯·海德诉苦："我的一切收入都来自伯克希尔·哈撒韦，我想再捞点儿外快。"

到了 20 世纪 70 年代末，他用个人账户买入了一些股票。他在用自己的钱投资时，显得大方一些。比如他曾经买入过特勒丁公司的股权，股权投资的风险是很大的，他要么投资失败，要么大赚一笔。他的一位朋友还说，巴菲特曾经买过黄铜期货，这完全是凭运气在投机。

“巴菲特赚钱太容易了，简直让人感觉有些可怕，”伯克希尔·哈撒韦的一位雇员说，“他对自己要买的股票先分析一番，然后钱就如潮水般向他涌来了。”当一个朋友建议巴菲特在房地产领域拼杀一番时，巴菲特皱着眉头笑着说：“在股市赚钱这么容易，我为什么非得跑到房地产领域去呢？”经纪人阿特·罗斯尔说：“巴菲特在股市赚个 300 万美元只是举手之劳。”

虽然巴菲特已经大富大贵，但他的生活一如既往的简朴清淡，至少奥马哈城里的人是这样看的。他开着那辆老林肯车到位于凯威特广场的办公室上班，和另外 5 个人在那里处理伯克希尔·哈撒韦的业务。他的主要消遣就是打打桥牌，翻翻经济学读物，看看电视上的体育比赛和谈话节目。他和阿斯特丽德出去吃饭通常都到格兰特餐厅，这是巴菲特的小学同学开的一家不起眼的牛排馆。

不过，巴菲特的交际圈、事业和写作已经逐渐延伸到奥马哈之外。他的 40 岁生日是在奥马哈的一个高尔夫球场度过的。在 1980 年夏天他过 50 岁生日时，苏珊在纽约的大都会俱乐部给他办了一个盛大的聚会，所有来宾都穿着正式礼服。斯坦福·利普西给巴菲特带来了一大包爆米花和很多欢笑。前来道贺的还有他在宾夕法尼亚大学的同学杰里·奥兰斯、中学同学唐纳德·丹利、当年在格雷厄姆－纽曼公司的同事沃尔特·施洛斯、泄露“桥梁收费站”说法的戈茨曼，还有凯瑟琳·格雷厄姆、卡罗尔·卢米斯和马歇尔·温伯格。巴菲特还特地带来了当年第一次创立的威尔逊弹子球公司的资产负债表。主力歌手苏珊为自己的男人动情地演唱，朋友们纷纷向他道贺，最后是芒格煽情的祝酒词。

当天，在那间大木屋里，大家玩得都很尽兴。巴菲特穿着一双鞋底几乎磨平的鞋子，梳着大背头，嘴角微翘，看上去就像个地地道道的教授。他依然面庞清瘦，杂乱的眉毛给他平添了几分思想家的气质。实际上，当天参加聚会的人不仅感到快乐，而且心情都很激动，甚至对巴菲特有些崇拜。凡是持有伯克希尔·哈撒韦股票的人都发财了，当时股价已经达到了每股 375 美元。

不过，第二年，巴菲特差点儿命丧黄泉。他和芒格共同的好朋友、基金经理里克·戈林的妻子突然死于非难。在奥马哈的巴菲特给在加州的里克·戈林打了个电话。

“我的心都要碎了。”里克·戈林说。

“我能理解你的心情，”巴菲特说，“我父亲去世时我也有这种感觉，就像有人在我胸口狠狠地捶了一拳一样。”

稍过片刻，巴菲特建议说：“你看这样好吗，你带上儿子飞到查理·芒格在小岛上的别墅去，我们一起在那儿住上三四天散散心吧。”

芒格的小木屋在明尼苏达州的一个湖上，芒格带着他们乘坐摩托艇去钓鱼。当摩托艇转弯时，水从船舷处涌了进来。里克·戈林提醒大家小心。不过，芒格没有留心，继续加油门。没过多久船就沉了，巴菲特被卡在船底，差点儿被淹死。身强力壮的戈林设法把巴菲特拉了上来。虽然他们都极力安慰巴菲特，但是巴菲特还是惊魂未定，不停地发抖。芒格也由此得了个新外号——“芒格船长”。

巴菲特为了陪里克·戈林散心而把手边的一切工作都放下，里克·戈林为此十分感动，他说：“他很有同情心，只是很多人都没有机会发现他这个特质而已。这对我而言是一份厚礼，因为他给了我这么多时间。”

除了得到里克·戈林这样的亲密伙伴的崇拜之外，巴菲特的信件开始在华尔街广为流传。银行家们开始复印这些报告，相互传阅。巴菲特第一次在投资界拥有了大批拥趸。巴菲特敏锐地观察到，伯克希尔·哈撒韦开始拥有一批“单股股东”，他们只买入伯克希尔·哈撒韦公司的一股股票，目的只是弄到巴菲特的这些报告。

芒格说巴菲特只是恰巧经营了一家上市公司，他要是在奥马哈开一家私人公司，肯定会更开心。这话虽然有道理，但是他没有考虑到巴菲特作为一个布道者的收获的乐趣。巴菲特在写那些信的时候找到了自己的舞台。他能抓住伯克希尔·哈撒韦某一方面的问题，例如某个会计问题或某个保险问题，写出洋洋洒洒的一大篇专题文章。从这个角度来考虑，巴菲特的那些信就是对公司鞭辟入里的分析。一个投资者如果读完了通用汽车公司的年度报告，那么他只能了解通用汽车公司，却看不到公司高管的偏见，因为这样的报告通常是严谨的、实事求是的，就像西伯里·斯坦顿写出的报告一样。而巴菲特的文章充满了他对性、贪欲、人性弱点甚至自身的批判。巴菲特的文章虽然在结构上有哈佛商学院的学院派气质，但语言却有富兰克林《穷理查德年鉴》的平实风格。这样的报告不仅仅适合凯瑟琳·格雷厄姆这样的高管阅读，而且全华尔街和全美国的民众都看得懂。

巴菲特的朋友杰克·拜伦在读信时就有这种醍醐灌顶的感觉。一位来自特立尼达岛的年轻企业家理查德·亚茨刚虽然不认识巴菲特，但他在 19 岁时拜读了巴菲特写的信之后，就有一种茅塞顿开的感觉：“我得到了一份伯克希尔·哈撒韦公司的年度报告，真是上天对我的恩赐。”

有人认为这是因为天才的巴菲特无比巧妙地揭示了美国资本主义和伯克希尔·哈撒韦公司的运行规律。商业大亨并不罕见，写信的人更是多如牛毛，但现在出了一个 J·P·摩根式的人物，并且用戏剧演员威尔·罗杰斯式的幽默在调侃戏谑。他的笔下妙语连珠，旁征博引，文中常常引用哲学家帕斯卡尔、经济学家凯恩斯、影星梅·威斯特和著名棒球教练优吉·贝拉的名言。你如果不仔细阅读这些文章，就会错误地以为他是个乡巴佬。不过，语言的要素只是其次，最重要的是巴菲特能把一些看似错综复杂的问题条分缕析地解释清楚。

20世纪80年代早期，人们发现巴菲特的信件中有三个经常出现的主题，其中之一就是巴菲特非常担心再次发生通货膨胀，他担心政治家们是否真的有能力控制货币发行的节奏。巴菲特总是把通货膨胀视作一种痼疾，其实这种观点是有些褊狭的。“价格和贞操一样，人们可以保护它，但不能在失去之后又重新拥有它。”其实，巴菲特是担心通货膨胀会破坏长期债券的基础，然而事实证明并非如此。

不过，巴菲特的洞察力使他（和许多细心的读者）把通货膨胀造成的损失尽量降低。他对通货膨胀给保险业带来影响的论述很有见地。通货膨胀会使债券的价值受损，而保险公司的大部分资金都投在债券上，这是一种谨慎的做法。巴菲特发现，当债券损失上升时，保险公司不愿像往常一样卖掉部分资产来还债，因为不管谁卖掉债券，都会遭受巨大损失。因此，他意识到，保险公司并不急于收回债券业务上的投资。

> 购买债券的大量资金来自保险客户和投保者（他们通常是流动的），这些钱不过是暂时存放在保险公司那儿罢了。

保险公司筹资的另一种方法就是接受更多的投保，巴菲特认为这只能导致保险公司无限量地扩张业务，使保费下降到近乎不能带来盈利的地步，最终导致巨额损失。他在信中明确地说明了这一点。伯克希尔·哈撒韦只持有很少量的长期债券，巴菲特说，买了长期债券就相当于在30年内把自己的“钱”贱卖了。在通货膨胀时期，这就好比一种自杀行为，就像提前几十年给伯克希尔·哈撒韦出厂的纱锭定了价一样。

不过，尽管人们明白通货膨胀的道理，可是谁也无法阻止它的发生。巴菲特痛苦地指出，他接手伯克希尔·哈撒韦的时候，它每股股票的账面价值等于当时的半盎司黄金，15 年以来他殚精竭虑地使股价从原来的每股 19.46 美元上升到每股 335.85 美元，但现在还是只能用 1 股股票买到半盎司黄金。

他认为最好的办法是投资于那些对通货膨胀抗跌性强的公司，例如通用食品公司和雷诺工业公司（美国第二大烟草公司）。巴菲特认为，公众认可度高的消费品可以随着通货膨胀而提高价格，例如卡夫食品旗下的 Post 品牌谷类食品和雷诺工业公司旗下的云丝顿香烟。他还买入了一些矿业公司的股票，如美国铝业公司、克利夫兰-克利弗钢铁公司、汉迪哈曼机械公司以及恺撒铝业及化学品公司。不过，巴菲特在信中也提醒读者，伯克希尔·哈撒韦和任何人一样，都没有根治通货膨胀的良方。通货膨胀是"一条巨大的企业蛀虫，它不管企业是死是活，每天都会无情地吞噬企业的巨大资产"。

在华尔街，通货膨胀引发了人们对企业资产的疯狂购买。公司也和个人一样，火急火燎地要把现金换成纸币以外的其他资产，这导致了 20 世纪 80 年代早期的兼并狂潮。许多久负盛名的公司，诸如德尔蒙特、国民航空公司、七喜、斯图贝克汽车公司和纯品康纳公司都被人以高价买断。这使得亿万富翁巴菲特对华尔街提出了最为尖锐的批评。

在他看来，企业经理人的虚荣心会使他们达成一些愚蠢的交易。这些秉持"适者生存"法则的经理人个个精力旺盛，可往往像动物一样"有勇无谋"。他们会根据自己城堡的大小来评价自己的实力，而不像巴菲特一样有严格的收益评价标准（巴菲特认为这才是唯一明智的评价标准）。这些经理人不像巴菲特那样会在低价位买下公司的一小部分股份，而是喜欢花一大笔把整个公司一下子都买下来。不过不用为他们担心，这些狂妄自大的经理人自认为是优中选优的人才，有能力付出高昂的代价。

> 很多公司高管的做事方式就像童话故事里的情节一样幼稚，一个美丽的公主吻了一下他的额头，那位被变成癞蛤蟆的王子就变回了原来的英俊面容。因此，他们自以为自己的天才之吻能给公司换回巨大的利益……这样的吻我们见过很多，奇迹却很少出现。

这段话是巴菲特在1981年的报告中写的，当时正值兼并狂潮的初期。第二年，他忍不住再次提笔。许多公司的高管开始通过发行新股的方式来募集资金，进行收购活动。巴菲特对这种天真幼稚的做法进行了无情的批驳。他首先指出，这些看似在兼并其他公司的高管不仅在买进资产，其实也在卖出自己的资产。由于发行新股，现在所有股东拥有的公司所有权的比重都减少了。为了掩盖这个事实，首席执行官们的说法是"A公司买入了B公司"。但是，"细想一下，真实情况应该是'A公司出售了自己的部分资产来交换B公司'，这一说法虽然难听多了，却和现实情况更加吻合。"

那么他们为什么要用这种障眼法呢？大多数股票，包括收购方的股票价位都很低。在这种情况下，收购方其实是在用自己并不心疼的货币来买东西，就像美国人在巴黎购物一样，因为美元的价值被低估了。当他买下其他企业时，他同时也把自己公司的一部分廉价出售掉了。

巴菲特建议这些管理层和董事"擦亮眼睛"，问问自己是否愿意以这种低价出售整个公司，如果不愿意，那么为什么还要卖掉其中的一部分呢？

> 管理上如果有小错误但是不能纠偏，那么日积月累，千里之堤会溃于蚁穴的。（赌城拉斯韦加斯就是靠人们的财富转移建设起来的，人们也以为小赌一把也输不到哪里去。）

最让巴菲特有切肤之痛的，是这些公司高管用股东的钱来扩建自己的帝国，而他们的首要职责本应是为股东服务。巴菲特认为，这样的经理人“最好到政府部门去任职”。

巴菲特形象地把公司的高管们比作官僚，因为他知道这样能够形象地揭示出他们身上的痼疾。不过在生活中巴菲特与许多首席执行官都是好朋友，经常和他们一起吃饭，因此他在写信的时候尽量保持小心谨慎，不提及他们的名字。尽管如此，巴菲特还是与业界的朋友们疏远了。（关于白领阶层犯罪，他写道：“用笔偷一大笔钱比用枪抢一点儿钱要安全得多。”）

巴菲特谈论得最多的话题，就是公司经理人和股东之间的关系。巴菲特认为，替别人打理财产的压力是很大的，这是他在1980年说的，当时修改后的一项联邦法律要求伯克希尔·哈撒韦必须让旗下的罗克福德银行独立经营。巴菲特计算了一下，这家银行占伯克希尔·哈撒韦总资产的4%，于是他让股东们选择是增持公司股票还是增持银行的股票，或者两种各占一些，完全由股东自己决定。唯一没有选择权的是他自己，他得接受别人选剩的所有股票，因为切蛋糕的人必须享用别人挑剩下的蛋糕。

本着同样的精神，1981年，由查理·芒格提出构想，巴菲特设计了一项独特的企业慈善计划。对于公司每100万股股票（当时卖到了每股470美元），股东可以自行选择一个慈善团体，伯克希尔·哈撒韦公司将为每股股票捐献出2美元。也就是说，如果有人持有100股公司的股票，他就能决定让谁接受这200美元的礼物。在其他上市公司里，通行的做法是由股东们出钱，由公司的高管或董事来选择慈善团体。巴菲特觉得这种做法太虚伪，其实高管们往往会花股东的钱为自己在母校博得声誉。巴菲特认为：“许多公司高管对政府怎样分配纳税人的钱感到不满，自己却随意支配股东的钱。”

巴菲特用自己的言行思想改变着伯克希尔·哈撒韦，使它变成了一个富有巴菲特色彩的公司。实际上，他正在把伯克希尔·哈撒韦塑造成一个具有之前合伙企业性质的上市公司。近 2 000 名股东中有一部分是原来合伙公司的合伙人，当然大多数人都不是。他写那些信的目的之一就是吸引并组织一个股东群体，让他们像之前的合伙人一样紧随他的脚步。

巴菲特这一独特的方法值得介绍。在当时的美国，不仅股票的高换手率很常见，公司高管还鼓励这种做法。在大多数公司高管的眼中，股东是一个不固定的流动群体，借用投资学家菲利普·费舍尔的话说，这些股东就像在高速路休息站停车吃饭的人一样多变。而伯克希尔·哈撒韦公司股票的换手率却很低，巴菲特在信中也提到了这一点，这也正是他所希望的“咖啡屋”模式：“我们希望股东对我们的服务和菜单感到满意，以后每年都成为回头客。”

在全家前往拉古纳海滩的途中，巴菲特假想收信人是出国一年的妹妹罗伯塔，他会草草地在黄色便笺上写下 7 500 字的长信，告诉罗伯塔公司发生的变化。这些信由朋友卡罗尔·卢米斯编辑后发表在《财富》杂志上，信里全是他自己的观点，听起来就像在与人交谈一样，其规劝之词让人感到通俗易懂。

这些书信还以公司报告的名义印成册，封面上有一条竖黑带。里面没有喜诗糖果的巧克力照片，没有其他首席执行官那样故作沉思状的巴菲特和芒格的照片，也没有光彩夺目的图表，有的只是实实在在的文字。

从某种角度来说，巴菲特的年度报告之所以写得好，也是因为他读得多。这样的报告是典型的广而告之文体，文中并不披露公司的实际经营状况，却很能吸引新的投资者。许多公司的年报里只有首席执行官们言不由衷的一番致辞，甚至可能是别人代写的。巴菲特每年都要看几百份公司年报，但就是找不到与公司高管谈话的感觉，也无法了解公司的实际经营状况。

> 无论是过去还是现在，你们的董事长都认为股东有权从首席执行官那里得知公司的实际运营情况和他的评估结果。你们是这样要求私人公司的，也应该这样来要求上市公司。

巴菲特对有些首席执行官经营业绩不理想就偷梁换柱的做法感到很愤慨。当企业经营状况不佳时，他们就采用一种“弹性更大的评估体系”，也就是说，“他们先把箭射到一个白色的箭靶上，然后再把靶心按照箭头所在的位置画上去，他们用这样的办法来向股东交差”。

巴菲特写的介绍会计学专业知识的书很能给人道义上的警示。因为华尔街的公司往往注重报表是否好看，所以很多首席执行官会把自己公司的报表先“打扮”一番再拿出去。这种做法的危险之处在于：首席执行官其实是在自欺欺人。许多首席执行官的经营目标并非公司经济效益的最大化，而是报告数字的最优化。巴菲特警告说：“强调会计数字好看而忽略实际经济实力增长，长此以往只能是鸡飞蛋打、一事无成。”

那么，一个企业的首席执行官到底应该对公众说些什么呢？理论上讲，他们该像经理们向他汇报经营业绩那样向股东汇报实情。巴菲特希望肯·蔡斯能坦白地向他报告纺织厂的经营情况，巴菲特自己也需要同样坦诚地向社会投资者汇报情况，尽管两者的复杂程度可能不尽相同。

实际上伯克希尔·哈撒韦的报告很少美化自己，它只是向阅读者提供充分的信息，让他们自己去评估。与当年经营合伙公司时一样，巴菲特一再向投资人说明，他不一定能确保公司一如既往地取得成功。巴菲特像个虔诚的教徒，只有忏悔后才会觉得心安理得。如果说他的报告还有不够完美之处，那是因为他有点儿自以为是。而且，他坦言失败和言不由衷的自我忏悔有时候显得有些牵强。不过，他的谦逊并不是为了欺骗别人，至少不是为了欺瞒股东。

1982 年，伯克希尔·哈撒韦的股票价格大涨到每股 750 美元。这个数字可以反映出伯克希尔·哈撒韦在投资组合上的盈利，同时公司离开华盛顿这个重心转移到别处发展的时机也已经成熟。当时的美联储主席保罗·沃克尔一直在努力紧缩银根。这一政策首先带来了经济停顿，然后又是一波通货膨胀。到了 1982 年，保罗·沃克尔自认为可以降低利率了。当时白宫是一派乐观景象，里根躲过了暗杀并开始实行减税政策。

在此之前，整个华尔街一直惶恐不安。现在，就像躲在地下室里偷吃猫食的人撕去伪装获得解放一样，经纪人和银行家又满怀信心地回到办公桌前。1982 年夏天，利率不断下调。6 月国库券的利率还高达 13.32%，到了 8 月就跌到了 8.66%。刚开始，股票对这种刺激并没有反应。8 月股市连跌 8 天，道琼斯指数跌到 15 年来的最低点 777 点。8 月 13 日周五，道琼斯指数回升了 11 点，但是持乐观态度的人还是占少数。到了第二个周一，道琼斯指数又回升了几个点。周二上午 10 点 41 分，亨利·考夫曼，这位素有“悲观博士”之称、永远以忧郁姿态露面的所罗门兄弟公司的经济学家来了一个 360 度大逆转。亨利·考夫曼表示，与过去安慰别人的情况不同，他现在认为利率还会继续下跌。这番表态使得股市投资者信心大涨，道琼斯指数在一天内猛涨了 38.81 点，是到当时为止历史上单日涨幅最大的一次。第二天的《华尔街日报》预言：“有人认为这是20世纪80年代经济腾飞的先兆。”人们的信心得到了很大的提升。

到了当年 9 月的第一个周一，道琼斯指数大涨了 100 点，到了 10 月又上扬了 100 点。到了 1983 年，经济增长恢复到正常水平，通货膨胀率下降到3%。全世界的人都发现，石油不是太少，而是多得卖不出去。债券市场仍然兴旺，长期利率从两年前的15%下降到了11%。股市持续稳步上扬，这是自20世纪60年代以来都很少见的情况。自从60年代股市疯涨行情结束，新股发行受到冷落，现在又蔚然成风。华尔街的共同基金交易也火爆起来。到了第二年5月，道琼斯指数已经攀升到了1 232点，比《商业周刊》宣判股市死刑时高出366点，《商业周刊》现在又说股市已经复活了，不过其在高位做出的判断比在股市低位高了整整42%。"华尔街到处流传着这家杂志重新发现了股票价值的惊人消息，"《巴伦周刊》的艾伦·阿尔本戏谑地说，"它当时的报道引起了一片恐慌，寡妇们在哭泣，孤儿们在流泪，股票交易所的地板上扔满了股票销售单据。"

在伯克希尔·哈撒韦持有的股票中，《华盛顿邮报》股票的平均买入价为每股5.6875美元，现在其价格已经上涨到每股73美元；联合制衣公司当时的买入价仅为每股5美元，那时除了伯克希尔·哈撒韦无人愿意购买，它在年底的收盘价达到了每股38美元；IPG广告集团的股价从每股6.375美元涨到每股52美元；政府雇员保险公司被买进时是它经营最惨淡的时候，现在它的股价已经大涨了9倍；两年前买进的时代公司现在股价翻了一番；雷诺工业公司的股价涨了17%；通用食品公司涨了40%。不过，巴菲特买卖股票也有失手的时候，伯克希尔·哈撒韦在折扣零售商弗兰多公司上损失了300万美元，在绿色食品生产商斯佩里—哈钦森公司上也损失了一些，这两只股票都是他在70年代买进的。巴菲特在一些金属类股票的套利中表现也不尽如人意。但是总体而言，伯克希尔·哈撒韦原来连一分钱的股票都没有，到了1983年，公司名下的股票总市值已经高达13亿美元，这一业绩已经十分出色，而且所有这些业绩都是巴菲特从纺织厂的资金中集腋成裘地创造并累积起来的。

伯克希尔·哈撒韦自己的股票当年也十分看好。当年股票的开盘价为每股775美元，春天时只差15美元就涨到了每股1 000美元；9月30日，股票的报价为每股1 245美元，比道琼斯指数还高。巴菲特刚接手时，伯克希尔·哈撒韦的股价为每股18美元，那时候道琼斯指数为931点，现在伯克希尔·哈撒韦的股价已经涨到当初的50多倍，开始与道琼斯指数比肩而行。道琼斯指数那年收盘时为1 259点，伯克希尔·哈撒韦的股价更是上涨到每股1 310美元。巴菲特的身家也因此上升到了6.2亿美元。根据《福布斯》杂志的说法，他成了当时最富有的美国人之一。

股东们要求巴菲特进行拆股，理由是大多数人都认同的逻辑，那就是低价股对投资者似乎更有吸引力，更能激发大众的购买兴趣。但巴菲特在1983年的信中拒绝拆股，理由是把比萨切成许多块并不能增加它的实际尺寸（不信你可以拿一个比萨来试试）。

当然，拆股肯定能吸引更多新的投资者，增大交易量，至少在短期内可以提升伯克希尔·哈撒韦的股价，但它只是把某个投资者占有的企业财产分配给另一个人而已。如果有人出更高的价，别人就会被迫跟着买进。但从总体上讲，伯克希尔·哈撒韦的股东并不会变得更富有，因为他们拥有的企业，如喜诗糖果公司、《布法罗新闻报》，其股票实际价值并没发生什么变化。“这些耗资巨大的做法充其量只能决定让谁吃饼或不让谁吃饼，却不能把饼做大。”实际上，如果把增加的经纪人费用都计算在内的话，那么伯克希尔·哈撒韦的股东只会变穷，不会富起来。经纪人自然喜欢股票的“高换手率”，但是巴菲特却嘲讽说这种频繁的交易只对“服务生”有利，因为顾客多了他们可以多收小费。

巴菲特的观点虽然有些极端，但是他坚持一点：凡是与“股东利益至上”原则相抵触的方法他一概不用。其他首席执行官多数都没有这样强的原则性，他们在这些方面甚至连想都没想过，但是巴菲特对此很在意。他希望打造一个志同道合的股东群，他们和他一样，都关注公司的长期价值。如果有人因为与价值无关的原因买入股票，比如说拆股，那么说不准什么时候他又会把股票卖出去。巴菲特尽量不让这样的异教徒成为他的伙伴。这也可以体现出他对伯克希尔·哈撒韦的深厚感情，这毕竟是他苦心经营的“职场”。

在1983年的年度报告中，巴菲特公布了几项原则，目的也是吸引和稳定他想要的投资人。表面上，这些原则没有什么特别之处，但是细读之后人们就会发现，其实巴菲特和芒格承诺对投资人开诚布公并对他们的金钱负责。这种企业家精神与19世纪进行创业的实业家奥利弗·蔡斯的风格很相近，却与巴菲特自己所处时代的精神不一致，这个时代的企业家似乎更加急功近利。巴菲特关注的是具有良好成长性的企业，而不是频繁地买进卖出，或者用名目繁多的财务或其他手段把比萨切成很多小块（将股票的价格拆分得很低）。我们通过巴菲特厌恶的这些手法可以看出他在投资上是很保守的。他坦言自己不愿意借债，也不想玩只有花架子的投资游戏，尽管这种态度可能会让伯克希尔·哈撒韦的赢利前景变得更光明。

> 不管价格多高，只要我们还能从中获得一点儿好处，只要我们还对劳资关系感到满意，我们就无意卖掉伯克希尔·哈撒韦拥有的好公司，也不愿发行股票和债券。我们希望不要在分配资金时犯下错误……弃车保帅的做法并不是我们的风格。

在风平浪静时说这番话也许没有什么了不起，但是，20世纪80年代的金融界可谓风起云涌，美国遍地都有恶意收购、垃圾债券和杠杆收购。很多大企业家都不会像奥利弗·蔡斯那样白手起家、艰苦创业了，而是成了华尔街上的赌徒。那时的热门词语就是“流动性”，不仅是股票，就连整个公司都在被随意转手、肢解、重组。这段时期的信仰稍纵即逝，信誉只是做做表面文章，动荡不安则是必然结果。如果奥利弗·蔡斯复活，那么大家可以想到他会吓成什么模样。如果他有机会再读读自己公司的年报，他会不会认为这个世界已经变得不可理喻呢?

第13章

地毯夫人

巴菲特在分析一家公司时经常扪心自问：如果自己有足够的资金、员工和从业经验等必要条件，那么我们与该公司竞争的难度有多大？

1983 年夏天，在经过一番分析之后，他走进罗斯牛排屋对面的一家大商场——内布拉斯加家具商场。他穿过放着可折叠沙发和餐具的大厅，走进一个铺着地毯的房间，见到了该店的主人。看到这位身高不足 1.5 米的女人站在点缀着蓝色亮点的大地毯上，巴菲特感到有些惊讶，停住了脚步。不过，在巴菲特心中，这女人足有 3 米高。

罗斯·布朗金（奥马哈人都管她叫 B 夫人）正开着自己的高尔夫球车巡视商场。她穿过一条过道，一边与一个店员高谈阔论，一边精力充沛地朝客人打着手势，看她那活力四射的样子，似乎她的年纪只有实际年纪 90 岁的一半。她脸色红润，留着一头蓬松的棕色头发，只有鬓角有些许斑白。巴菲特觉得他宁可"和猩猩厮杀搏斗"，也不愿和 B 夫人刀刃相见，这也正是他来商场拜访的原因。

巴菲特小心翼翼地询问她是否愿意把商场卖给伯克希尔·哈撒韦公司。

B 夫人爽快地说："愿意。"

"您想要多少钱？"巴菲特问。

"6 000 万美元。"B 夫人脱口而出。

他们旋即握手成交。巴菲特拿出一页纸的协议，这是巴菲特迄今为止最大的一笔收购案。B 夫人已经不能写字，连阅读都很困难了，于是就在合同底部画了个押。几天后，巴菲特就给了她一张价值总收购金额 90% 的支票（布朗金家族仍持有一小部分股份）。她看也不看就把支票折了起来，然后说："巴菲特先生，我们要把所有竞争者都碾得粉碎。"交易就这样达成了。

B 夫人正是巴菲特理想中的商人，她就像是从他的年度报告中走出来的一样，似乎是巴菲特创造了她，并让她来辅助实现他理想中的价值。B 夫人坚决、果敢、聪慧，就像巴菲特开杂货店的祖父、零售商本杰明·罗斯纳和巴菲特崇拜的其他英雄一样。她的经历就是一个让巴菲特熟悉和感动的典型的美国梦，就像霍雷肖·阿尔杰的一个剧本，再配上《屋顶上的小提琴手》的主题音乐，美得简直让人难以置信。

1893 年，罗斯·格里克出生于莫斯科附近的一个小村庄。她共有七个兄弟姐妹，大家挤在一个房间里，睡在稻草上。父亲是个犹太牧师，可罗斯并不是一个虔诚的教徒，因为她发现父亲的祈祷并不能给家里多弄来一个床垫。她常常半夜醒来，看见开食品店的母亲正在火炉上烤面包。她不愿母亲如此辛劳，所以懂事的她 6 岁时就开始在食品店里帮忙了。

格里克一家无力供孩子们上学，因此罗斯从未见过教室是什么模样的，但她在另一个富有的家庭里学会了阅读和算术。深受母亲的影响，罗斯也有一身骨气，坚信乞求别人是件可耻的事。13 岁时，她毛遂自荐在明斯克的一家干货店谋到了职位。16 岁时，这家店就由她经营了，一个未成年的小姑娘管着 5 个大男人。1914 年，她与伊萨多·布朗金结婚，后来随丈夫到了美国。她打算跟着移民过去，但是因为第一次世界大战爆发了，她当时没能成行。1917 年，罗斯登上了穿越西伯利亚的火车。在中俄边界，因为没有护照，她被一个俄国士兵扣下了。B 夫人告诉这个士兵她正为军队采购毛皮，并保证回来时给他带一瓶伏特加。就这样，她穿过满洲里来到了日本，然后设法在一艘运花生的船上弄到了铺位。一个半月之后，她终于到了西雅图。

1919 年，她和丈夫在奥马哈城定居下来。尽管经济拮据，她还是把父母和兄弟姐妹都接了过来，一大家人住在一起。伊萨多·布朗金经营着一家当铺和旧服装店。为了多赚点儿钱贴补家用，B 夫人把地下室的家具卖掉了。她一句英语都不会说，就让正在上学的孩子们教她。

1937 年，B 夫人 44 岁，她一共攒下了 500 美元，于是就在法纳姆大街租了一个店面，位于巴菲特祖父家杂货店东边的一个街区。她给杂货店起名为“内布拉斯加家具商场”，希望自己的生意能够越做越大。从她当年的照片中我们可以看到她那张坚毅的脸。她的生意经就是“薄利多销，童叟无欺”。

大品牌的生产厂家认为她的卖价太低，没法带来太多的利润，于是拒绝向她供货。可 B 夫人是个精明的生意人，她不辞辛苦地坐火车跑到芝加哥或堪萨斯城，在那里，像马歇尔·菲尔德这样的零售商会以略高于成本价的价位把多余的商品卖给她。当她实在拿不到货的时候，她就把自己的家具搬出来卖。有一次，她那已长大成人的女儿接到她的电话：“快把家里放小孩玩具的那个柜子清理出来，我这儿来了个顾客。”

当 B 夫人向银行申请贷款的时候，那些银行都让她吃了闭门羹，还对她冷嘲热讽，从此她对“金融大亨”都恨之入骨，唯一能使她的业务维持下去的就是她钢铁般的意志。一年 365 天，她天天工作。B 夫人发现自己的业务对工薪阶层和中产阶级很有吸引力，她称他们是“可爱的美国人”，因为当 B 夫人有货时，这些忠实的顾客总会带着现金前来购物。

1949 年，莫哈威克地毯厂把她送上了法庭，控告她违反了《公平贸易法》。当时莫哈威克地毯厂的最低标价为 7.25 美元，而 B 夫人只卖 4.95 美元。“那又怎么了？”B 夫人反问道。最后官司不了了之。第二天，法官来到内布拉斯加家具商场，买了价值 1 400 美元的地毯。

第二年，B 夫人没有足够的现金来支付供货商的货款，有一位友善的银行家给了她为期 3 个月、5 万美元的贷款。B 夫人破釜沉舟，干脆租下了一个大厅，3 天内购进了价值 25 万美元的家具，并发誓日后永不欠债。就这样，在 B 夫人 57 岁时，她多年前的梦想终于实现了。

她对自己的雇员很苛刻，对家庭成员也不例外。“你这个没用的废物！”她会大声咆哮，“你这个混蛋！懒鬼！”只有她儿子路易能让她有一些改变，路易和他母亲一样精明，不过性情要温和许多。当推销员走进来的时候，B 夫人会狠狠地杀价，路易反而会唱红脸，帮着加点儿价。有时 B 夫人把帮手们解雇掉，路易就会再把他们聘请回来。“妈妈很强势，”路易说，“可我喜欢温和待人。”伊萨多·布朗金去世后，路易继续留在店里帮忙。不论 B 夫人说什么，路易总会柔声细语地说道：“妈妈，你懂得最多。”

B 夫人的经营之道其实十分简单：大批购进货物，尽量减少开支，有钱就存起来。她的卖价通常只比成本价高 10%，当然也有例外的时候。如果有一对年轻夫妇来了，看上去他们手上的钱不多，而且诚心诚意地想要一个折叠沙发，B 夫人就会只收一个成本价，之后这对夫妇便会成为这里的回头客。

内布拉斯加家具商场几乎成了奥马哈人一切大事的见证者，当地人无论是举办婚礼、有孩子出生或升职，总会到这儿来选购家具。在 B 夫人的店里买过家具的奥马哈人以后每逢搬迁，或他们的孩子搬家时都会再来。B 夫人尽管年岁渐高，但是依然风风火火。有一次龙卷风把商店的屋顶给掀掉了，但她还在继续营业。还有一次商店失火，她就给消防队员送了几台免费电视机。B 夫人从不休假。“我从不撒谎，”她说，“从不骗人，也从不信口开河，我相信这会给我带来好运。”

巴菲特的妻子苏珊与布朗金一家关系不错，巴菲特从苏珊那儿听说了这家装扮了半个奥马哈城的商店。其实巴菲特在刚从事投资业时就想买下它，但是当时 B 夫人拒绝了，因为他出价太低。

但遭到拒绝只能让巴菲特的兴趣变得更加浓厚。此后，他一直密切地关注着这家商场，观察B夫人是怎样击败一个又一个竞争对手的。20世纪70年代初期，当巴菲特和作家亚当·史密斯在城里开车兜风的时候，巴菲特指着这家商场如数家珍地给他介绍销售量、营业面积、营业额等数字。

“您为什么不买下它？”史密斯问道。

“这不是一家上市公司。”

“噢。”

“不过总有一天我会买下它的，”巴菲特说，“等着瞧吧！”

当这一天到来的时候，路易和他的三个儿子正在经营该店。B夫人则是董事长兼地毯部的全职经理。巴菲特听到她想出售此店的消息后，先去拜访了路易，打听一下价格，看看自己到底能不能听懂B夫人那口音极重的英语。

在购买内布拉斯加家具商场之前，巴菲特先查看了它的纳税记录，上面写着它每年的税前利润为1 500万美元。巴菲特并没像很多人那样去做账目审计，也没查存货、应收货款和财产名录。一般来说，一个美国人在花6 000万美元时肯定要看很多份报告。但巴菲特的做法在现代社会里有些与众不同，这与J·P·摩根的观点不谋而合，他们都认为商业伙伴最重要的是人品。巴菲特说，如果他信不过布朗金一家，那么为什么还要与他们合作呢？

常常有人忍不住问巴菲特，事情就这么简单吗？问题的答案是他有化繁为简的能力。在这笔生意之前，他曾在1982年的报告中写了一份“收购声明”，给出了他认定的收购标准。他允诺尽快对开价做出反应，“一般只用5分钟”。巴菲特的意思是他做事不会拖拖拉拉的，当然这次收购机会也是他感兴趣的，布朗金家的内布拉斯加家具商场自然是这样的机会。

这家店是全美国最大的家具商场，年营业额高达1亿美元。在奥马哈的同行中，它的营业额就占了整整2/3，这个比例也是其他地方的大型商场无法相比的。正因为如此，迪拉德百货公司（年营业额高达40亿美元）等都不愿在奥马哈开设分店，免得与B夫人争个头破血流。巴菲特也许认为，B夫人拥有奥马哈家具市场的“桥梁收费站”。

内布拉斯加家具商场的生意如此红火，以至它都不敢让驶向其他州去运送沙发的卡车上出现其标志，免得激怒当地的商人。比如，“如果有谁胆敢做美泰牌洗衣机的广告，她就会把人家的广告撕下来，贴在自己的美泰牌洗衣机上，”巴菲特不无钦佩地说，“与她竞争简直就是自讨苦吃。”

买下内布拉斯加家具商场那一天，从前与巴菲特一起经营弹子球生意的唐纳德·丹利也在奥马哈。晚餐吃过牛排之后，巴菲特带着唐纳德·丹利逛了逛内布拉斯加家具商场，向他详细地讲述了布朗金一家的非凡经历。同行的好莱坞制片人诺曼·拉尔说：“巴菲特对B夫人简直崇拜得五体投地，他提到B夫人时就像小孩提到自己的祖母一样。”

由于巴菲特自己无意经营该商场，也不可能亲自监督运营，因此他想找一个能力出众的管理者，好让商场在易主那天就步入正轨。B夫人正是最佳人选，是巴菲特做梦都想得到的帮手。巴菲特当年刚把自己的年薪加到10万美元，但是付给B夫人的年薪却高达30万美元。平常巴菲特提起她时就像提到心目中的偶像。

巴菲特心里明白B夫人其实就像他自己的翻版，虽然有些地方不尽相同，但是两人在本质上非常相近。她90多岁时还坚持每天工作10~12小时，年复一年，从不休息，这并非仅仅是她的习惯而已。而且她对银行也不是很信任，她的商场从未做过任何抵押。巴菲特评价：“她靠500美元起家，结果却把所有的竞争对手都横扫出局。”这是她唯一的目标。《奥马哈世界先驱报》采访她时，问她最喜欢哪部电影，B 夫人说："太忙了，没时间看。"当被问到最喜欢哪种鸡尾酒时，她回答说："不喜欢，喝酒的人容易破产。"那么爱好呢？"开车去四处窥探竞争对手的经营情况。"

一个去过 B 夫人家的记者说，她的起居室简直就像个商场：情侣座、玻璃咖啡桌、各种水晶饰品和黄铜雕塑摆放得整整齐齐，灯罩上还挂满了未拆掉的价签。B 夫人不常待在家里，也从来不宴请宾朋。"我不像其他富人，"她说，"没钱的时候，富人们曾对我很粗鲁，我忘不了那种伤心的经历。"

作为一个没有受过教育的美国移民，她认为巴菲特写的东西既复杂又无用。她对商业术语一窍不通，却能告诉巴菲特自己的现金余额，一分钱都不会有偏差。巴菲特在哥伦比亚大学商学院讲课时说 B 夫人对货币贬值和利率增长的理解"比所有在场的人都要深刻"，尽管她没听说过这两个专业术语。他认为，B 夫人有一种本能，那就是能抓住自己熟悉的东西不放，这一点与巴菲特也很相似。由于巴菲特的推崇，纽约大学授予 B 夫人"荣誉商学博士"称号，同获此殊荣的还有美联储主席保罗·沃克尔和花旗银行首席执行官沃尔特·里斯顿。

一次，有位访客在周日下午拜访 B 夫人时发现她正在工作，她穿着毛衣和蓝色细纹套装，篮子里放着一块地毯样品。

当看见一位少妇正对某块地毯指指点点时，她马上就兴冲冲地走上前去，脸上带着兴奋而又好奇的表情。

"39 美元，这地毯很漂亮。"

"我已有蓝色和粉红色的了。"这位少妇迟疑地说。

"这块地毯与什么颜色搭配效果都很不错。"

B 夫人开着小车来到柜台，女售货员正在给一位买了地毯还没付账的人打电话。

“挂了，”B 夫人说，“让他去见鬼吧，让他自己丢人现眼吧。”

那个售货员还想试试。

“快挂了！跟他费什么劲！”

电话那边正在抱怨颜色不好，售货员不得不听。

“我一辈子都老老实实做人，跟他说‘再见’，然后挂电话。这小子这么滑头，会得癌症不得好死的。”

要不是注意到她脸上凸起的血管，你一点儿也看不出她已经是 90 多岁的人了。她的菜谱就是水果和蔬菜，她每天 5 点钟起床，也不锻炼，虽然做过换膝手术，但身体依然硬朗。这也许正是巴菲特由衷钦佩的一点。

巴菲特一想到生病或死亡会迫使他放弃工作就受不了，他还经常开玩笑说将来要显灵来管理公司。巴菲特总是用幽默的方式表达自己最恐惧的事。人们知道他总有一天会死的，在这一方面，B 夫人是巴菲特的榜样。在给股东们写报告时，他还把 B 夫人的年龄与自己联系起来。

> 我想，她的时日已经不多了，最多还有 5~10 年的时间。因此，我说服董事会制定了到 100 岁强制退休的政策。（时间已证明：每过一年，这个政策对我来说就显得越发愚蠢。）

B 夫人的脾气变得越来越粗暴，这是她的缺点。她与两个孙子关系很糟，他们都是商场里的经理。其中一个孙子罗纳德·布朗金受够了祖母的责骂，甚至不愿跟她说话。布朗金家的家务事对巴菲特来说无关紧要，因为内布拉斯加家具商场还在日进斗金。

巴菲特对布朗金一家评价甚高，后来伯克希尔·哈撒韦又买下一个家族商店——奥马哈城的波仙珠宝店。波仙珠宝店的发展史也是一波三折。1948 年，B 夫人的姐姐丽贝卡和姐夫路易·弗里德曼买下了这家小店。现在波仙珠宝店已成为全美销售量排名第二的大型珠宝店，紧随纽约著名品牌蒂芙尼之后。与内布拉斯加家具商场一样，波仙珠宝店的宗旨也是薄利多销，当然珠宝的利润会比地毯高得多。

在巴菲特看来，这两家商店有着相似的活力，它们都有让竞争者无法近身的护城河。(关于巴菲特对竞争的嫌恶，我们从《布法罗新闻报》上可见一斑。)不论谁要同内布拉斯加家具商场较劲，他都得有足够的投资并打一场持久战，光是这种恐惧心态就足以让很多敌手敬而远之了。

巴菲特站在内布拉斯加家具商场的柜台旁，看着员工们打个电话生意就成交了，心里十分兴奋。他常带着外地的客人去拜访 B 夫人，甚至为伯克希尔·哈撒韦的年会提供班车，安排股东们来参观这家商场。在一定程度上，内布拉斯加家具商场已经代替新贝德福德的纺织厂，成了伯克希尔·哈撒韦的象征。实际上，内布拉斯加家具商场在 15 个月内为巴菲特赚的钱就相当于纺织厂 19 年赚入的利润。

这种对比很能说明问题，因为伯克希尔·哈撒韦是个无所不包的大型集团，而内布拉斯加家具商场则不是。纺织厂和别的竞争厂家相比并没有太多差异化优势，终端消费者甚至不知道它的存在。

B 夫人的商场虽然营业额很大，但很少把宝贵的资金闲置在存货上，而纺织厂需要大量的投资。每当有别的工厂改进设备，伯克希尔·哈撒韦的纺织厂就被迫跟着改进设备。因此，在这种情况下没有人能得益，竞争者彼此之间并没有一条护城河，各个企业都得耗费巨资。

尽管巴菲特对此心知肚明，但有时他也忍不住想，如果再投入点儿资金，或许情况就会有所改观。20 世纪 70 年代中期，他在新罕布什尔州又买下一家纺织厂。从账面上看，这次收购便宜至极，但事实证明这不啻一场灾难。回首往事，巴菲特认识到纺织业其实是个无底洞。

如果单看每家纺织企业的情况，那么似乎每家企业的投资决策都是有效而明智的；但如果考虑到整个行业的发展前景，这些所谓的效益就被抵消了，投资是不明智的。（就像在观看游行时，人人都踮起脚尖以为能多看到点儿什么，其实什么也看不到。）

越来越多的股东问他为什么还在继续经营纺织厂。巴菲特解释说，纺织厂是当地的一个大雇主，工会组织也很合作，至少它还能挣到点儿利润。他认为肯·蔡斯也勤勤恳恳，一开始就是靠他在经营。他提醒股东说，最初就是肯·蔡斯努力经营纺织厂，从而为伯克希尔·哈撒韦的多元化发展提供了动力。不过，在私下里他也警告肯·蔡斯："看起来工厂开始赔钱了，我可不想出现这种局面。"

肯·蔡斯继续忘我地工作，其敬业态度和B夫人不相上下。他换了生产线和纺织面料，改进了机械设备，与工会领导的关系也改善了（他们知道住在奥马哈的老板是个吝啬鬼）。可肯·蔡斯不能在与同行的竞争中跑得更远，因为竞争所需的投入似乎永无止境。巴菲特从中悟出了一条真理：一个好的经理人在一个糟糕的行业中也等于巧妇难为无米之炊。对于身陷困境的公司，人们经常会说"要想改善局面绝非易事"。

1980年，巴菲特暂停了曼彻斯特的纺织厂的生产，并把新贝德福德的纺织机数量减少1/3。尽管如此，1981年，纺织厂还是亏损了270万美元，甚至赶上了西伯里·斯坦顿时代经营最不景气的年份。巴菲特对肯·蔡斯说："如果你不减少开支，我就让你停工。"最终，肯·蔡斯在困境中绝地逢生，这让巴菲特又惊又喜。

巴菲特在1983年买下内布拉斯加家具商场后，纺织厂经营的不理想局面变得更加明显。巴菲特后来拐弯抹角地承认，由于对本杰明·格雷厄姆的崇拜，他想长期拥有带有厂房的产业，例如纺织业，从而忽视了像 B 夫人从事的这种行业。

> 我出局太晚了，部分原因是我受老师的影响太深，他的很多教诲直到今天都显得很有价值。

但是，之后巴菲特的观点有了很大的转变。第二年，肯·蔡斯退休了，接替他的是加利·莫里森，一个拥有纺织学工商管理学位的经理人。莫里森申请新的资金，被巴菲特断然拒绝。没有钱，工厂肯定要遭受损失。到了 1985 年，巴菲特就把它关闭了。

纺织厂的 400 多名员工，大多是技术熟练的葡萄牙裔工人。如果几个月前就事先得到通知并得到从业技能培训，那么他们至少可以去干一些工资比现在略低一点儿的工作，不至于分文无收。工人们要求得到比合同约定的更高的离职金，新贝德福德美国纺织工会的财务秘书戴维·利马回忆说："对于即将失业的人来说，这些东西其实也没什么用。"

工会会员还要求与巴菲特单独会面，巴菲特再次断然拒绝，他认为这样的会面毫无意义。加利·莫里森认为："沃伦想要的是公平，他的确很公平，但是不够慷慨。"

巴菲特对这些关于他的议论很敏感。在后来对这一事件的评论中，巴菲特写道：在过去的 5 年里，全美国已有 250 家纺织厂关门了，伯克希尔·哈撒韦公司的纺织厂也亏损了 500 多万美元。他认为，在历时这么久的经营中他已找到一个"中间地带"，既不像亚当·斯密那样不顾工人的利益，也不像卡尔·马克思那样样样兼顾，他愿意承受"一时不景气的盈利状态"，但不是"永无宁日的亏损"。

当然，巴菲特也有他"马克思主义"的观念，只是隐藏得很深。他想调和一下亚当·斯密的经济学理论，牺牲自己"一小部分"的盈利，但这并不意味着彻底放弃亚当·斯密的思想。巴菲特的中心观点依旧是：如果抛弃了亚当·斯密，就是抛弃了资本主义，其结果将是毁灭性的。他遵从亚当·斯密的理论，把钱投到纺织厂以外的行业中去了。巴菲特还提到一家名为伯灵顿工业公司的纺织厂。伯灵顿工业公司没有把钱分散到别处，而是专注于纺织业。在伯克希尔·哈撒韦公司盈利颇丰的那一年里，伯灵顿工业公司又在纺织业中投入了30亿美元的资金。它现在是全美最大的纺织公司，不过这可能只是个徒有虚名的美誉，因为在过去的21年里，它的股票只是从每股60美元上涨到每股68美元。如果扣除通货膨胀因素，它的投资人实际上还亏损了2/3的购买力。马克思可能会同意它的做法，但亚当·斯密和巴菲特是绝对不会赞成的。

> 这些股东之所以损失惨重，主要是因为他们把大量精力和资金投放到了错误的行业中，他们从一开始就错了。这种情况可以用塞缪尔·约翰逊的马来打个比方：一匹能数到10的马是了不起的马，但绝不是了不起的数学家。

同样，一家纺织厂经营得再好，也不能证明那是一个好行业。

肯·蔡斯在退休后回到了缅因州海岸，他说巴菲特经营这家工厂已达10年之久，时间确实很长了。肯·蔡斯强调，他珍惜与巴菲特一起奋斗的经历，“和巴菲特在一起工作时的那种兴奋真是难以言表”。不过，他也希望巴菲特能对他的付出有所表示，但是巴菲特一直都没有表态。“有件事总是让我感到很困惑，”肯·蔡斯坦言，“我不明白他当初为什么选择了我。我辞职时，他说：‘我记得自我走进这家工厂的第一天起，你对我就一直很坦诚。’这就是他最后的表态。”

工厂之后的命运证明肯·蔡斯关于巴菲特关闭工厂太迟的评价是正确的。所有的设备仅仅以163 122美元的低价被拍卖给了一群趁火打劫的商人，这笔钱少得让人感到可笑。工厂在1981年以每台5 000

美元的价格买进的纺织机，在 1985 年仅以 26 美元就被廉价处理掉了。但巴菲特坚持要保留在考夫大街上的地产，后来厂房租给了制造丝网、乐器和数字处理软件的小公司，它们不会记得这儿曾有过一个纺织厂。但是，人们不会忘记这曾经是伯克希尔·哈撒韦公司的总部，西伯里·斯坦顿曾在那座象牙塔里威风八面地发号施令，而且曾经有座大工厂像一艘几近发霉的大船一般搁浅在这座城市的南端。

第14章

收购交易

1984 年，在纽约市洛克菲勒中心的时代公司总部，巴菲特拜访了它的首席执行官 J·理查德·门罗。伯克希尔·哈撒韦当时已经拥有时代公司 4% 的股份，巴菲特和门罗常常在一起讨论媒体的经营问题。现在他们两人都知道，传言有人想要收购时代公司。

巴菲特认为自己可以帮助这个媒体巨人保持独立。“你想要一个白衣骑士吗？”巴菲特问道，这是 20 世纪 80 年代的通行说法，他其实是在提出交易的建议。门罗的说法是：

> 沃伦·巴菲特本来可以成为我们的大股东，而且他同意决不把手中的股票出手。可当我把这个意见带到董事会时，他们却问：“沃伦·巴菲特是谁？”

时代公司可能以为自己是刀枪不入的。门罗写道：“情况还没到最糟的时候，我们还不至于夜不能寐。”但是，不久之后公司就发现自己完全不是刀枪不入的。华纳通信公司提出了恶意收购的要求，如果收购成功，时代公司的资产负债表就得完全改写。时代公司可能会成为这个兼并狂潮年代的经典反面教材。事后，门罗对巴菲特的提议感慨万千：“我们当时没抓住机会，真是大错特错呀。”

门罗和其他人都会发现，戏剧性的嬗变随时都有可能发生。10 年前的第一波士顿公司还是一家死气沉沉的小公司，只有 4 个人在策划兼并和收购交易，现在已经拥有 110 多位精英，每小时都有交易在发生。此时的兼并步伐大大加快了，1975 年整个华尔街的并购交易量仅为 120 亿美元，到了 1984 年这一数字已经猛增到 1 220 亿美元。原先几乎陷于沉寂的投资银行家们，现在却招来了旁人很多艳羡和嫉妒的目光。他们年轻、富有、衣着光鲜，而且喜欢用军事案例来打比方，他们这些人让华尔街主流公司的高管们都敬畏三分。

一个世纪以来，华尔街一直充当着帮助公司进行融资的角色。风水轮流转，现在华尔街的游戏规则制定者掌握了主动权，美国的很多大公司只能对他们俯首帖耳。进行恶意收购的人拥有了一种新的利器，那就是垃圾债券。开创这一先河的是人们谈之色变的德崇证券公司，其他公司只能接受它开出的价格，不论价格有多高。从这一点来看,20 世纪 80 年代与过去高歌猛进的投机时代极其相像。实际上，原来在投机年代提倡股票迅速转手做法的弗雷德·卡尔摇身一变，成了德崇证券公司垃圾债券的推销者。

当然，华尔街对于投机已熟视无睹，对兼并狂潮也并不陌生。但是，整个华尔街的架构已经和从前大不相同。《财富》500 强公司现在已经被养老基金和共同基金这样的机构投资者控制。它们的叫价一向很高，左右着市场。过去，大股东对某家公司（至少是对经营业绩良好的公司）的承诺能够有效地防止公司被收购，现在这种承诺用不了半杯茶的工夫就会失效。冠军国际集团的首席执行官安德鲁·西格勒抱怨，他的股东变动得太频繁，他都记不住他们的面孔。

巴菲特的观点也变了。之前，他完全站在股东的角度来看待华尔街，步入中年后，他的观点已与很多公司的首席执行官趋于一致，就像理查德·门罗和安德鲁·西格勒一样。他时刻提防操纵股市者，防范他们在董事会会议室里掀起风浪，对因为收购风潮带来的股价猛涨也时刻警惕。巴菲特再一次从心底感觉到和之前的投机时期一样，华尔街做得有些过头了。但是巴菲特这次不想罢手，他很想做成几笔大交易。

巴菲特是从 1985 年 2 月 26 日开始玩这种大游戏的。在华盛顿停留的那几天，他接到了大都市公司董事长汤姆·墨菲打来的电话。

“沃伦，你可能不相信，”汤姆·墨菲欣喜若狂地说，“我刚买下了美国广播公司，你快点儿来教教我该怎么付账。”

汤姆·墨菲与巴菲特一样，都出身于政治家庭，他父亲是布鲁克林的一位法官。家中曾经接待过托马斯·杜威[1]和阿尔·史密斯[2]这样的贵宾。汤姆·墨菲的童年过得非常悠闲自在，后来他进了哈佛大学商学院。他的同班同学詹姆斯·伯克（后来成了强生公司的董事长）认为汤姆·墨菲天生就是一块搞政治的料。汤姆·墨菲个子很高，秃顶，总爱称别人为“伙计”，看起来平易近人。从利华兄弟公司辞职后，他在哈得孙谷广播公司找到一份年薪18 000美元的工作，管理着奥尔巴尼市一家濒临破产的超高频广播电台。

哈得孙谷这家电台的节目连退休了的老修女都喜欢，1957年它设法买下另一家电视台并上市，股价为每股72美分。几年之后，汤姆·墨菲搬到了纽约一间用褐石建造的办公室，并任命丹尼尔·伯克（詹姆斯·伯克的弟弟）为他的副手。他俩紧密合作，汤姆·墨菲负责制定整体战略和交易，作风强硬的丹尼尔·伯克则负责具体管理工作。他们经营的这家公司即现在的大都市公司，已逐渐发展成一个集广播、有线电视和出版为一体的传媒帝国，但是公司领导层的风格却与公司巨大的规模极不相称。汤姆·墨菲和丹尼尔·伯克掌管着巨大的财富，他们的办公室却十分简朴。大都市公司没有法务部，也没有公共关系部。汤姆·墨菲十分节俭，有一次在粉刷奥尔巴尼的总部时，他只让刷面朝大街的两面墙，对着哈得孙河的那两面墙就免了。他和伯克的完美配合再加上节俭的作风，使大都市公司的事业蒸蒸日上。

巴菲特是在70年代早期认识汤姆·墨菲的。1977年，伯克希尔·哈撒韦买下了大都市公司3%的股份，但在股市上运作一段时间后又卖掉了，后来巴菲特说这种决定“简直是疯了”。与此同时，墨菲和他的副手丹尼尔·伯克开始在每次大手笔运作之前都先与巴菲特

1. 托马斯·杜威，美国政治家，1943—1955年任纽约州州长。——译者注
2. 阿尔·史密斯，美国政治家，曾任纽约州州长，前民主党总统候选人。——译者注

商量。有一次沃尔特·安纳伯格准备卖掉他的传媒帝国中的《电视导报》和《每日赛马快报》，巴菲特说："墨菲，我们两家各出一半买下它们怎么样？"他们到贝弗利山去面见安纳伯格，开价 10 亿美元，却遭到了拒绝。之后他们只好退而求其次买下了斯维森冰激凌公司。但巴菲特仍然希望成为墨菲的合作伙伴，他说墨菲和伯克这对儿搭档是全美国商界最成功的。

巴菲特早就对美国广播公司感兴趣了。在 60 年代后期，美国广播公司已同意出让给美国电话电报公司，但美国司法部不同意。这桩买卖流产时，巴菲特正在太平洋股票交易所。他对芒格的助手爱德华·安德森说："要知道，美国广播公司的命运完全掌握在股票交易者手中，每个人都有控制它的机会，我手头要是有这么一大笔钱就好了。"1979 年，巴菲特买下了美国广播公司的一部分股份，到 1984 年又买了一部分。当巴菲特接到墨菲的电话时，他已经拥有美国广播公司 2.5% 的股份了。

墨菲对美国广播公司同样很感兴趣。它的地方电视台是一棵摇钱树，遍布全美国的电视网更是价值连城。1984 年后半年，大家都看出来美国联邦通信委员会想提高一个公司对一家电视机构的最高持股比重，这就使得兼并一家电视机构成为可能。墨菲马上拜访了美国广播公司的创始人兼首席执行官、79 岁的莱昂纳多·H·戈登森。他们在纽约的美国广播公司大楼会面。"莱昂纳多，"墨菲说，"我不想被你从 39 层扔下去，不过我还是想告诉你我的想法。"莱昂纳多·戈登森并没有把他扔下去，因为他知道美国广播公司已被一群喜欢公司并购的人盯上了。他们如果成功了，就会把他用毕生心血打造起来的公司弄得支离破碎。如果莱昂纳多·戈登森真到了非卖不可的地步，墨菲当然是最好的人选，至少他可以保持公司的完整性。

两天后，巴菲特就和墨菲与伯克在纽约会面了。

巴菲特最初说得很谨慎："请你想想它可能会给你们的生活带来什么变化。"墨菲和伯克马上就明白了。虽然大都市公司拥有像《妇女时装日报》和《堪萨斯城星报》这样的报纸，但是圈外人对它们知之甚少，而且墨菲和伯克的生活也像隐士一样。如果现在收购成功的话，墨菲这位虔诚的天主教徒（他喜欢在上班途中去圣帕特里克大教堂）就要和坐着豪华轿车的电视网络大腕们共事了。

墨菲很感动——巴菲特首先能想到这将给他的个人生活带来改变。不过，墨菲心意已决，他要继续前进。

巴菲特心中还有一个墨菲和伯克都不曾想到的担忧：一旦大都市公司买下美国广播公司，华尔街残酷的并购风暴会把大都市公司也卷进去。

"那我们该怎么办，伙计？"墨菲问道。

"你最好有一头 900 磅重的大猩猩给你撑腰，"巴菲特说，"一个拥有大量股票的人，是不会不顾价格高低随便卖出的。"显然，这个人必须富有、忠诚。

"你愿意当大猩猩吗，伙计？"

巴菲特后来说，直到那时他才想到自己的作用，可当时他还能想到别的大猩猩吗？伯克原来还认为一切都搞定了。不过墨菲刚一提议，巴菲特就列出了前进途中的两块绊脚石。

大都市公司在布法罗有一家地方电视台。如果伯克希尔·哈撒韦成了它的股东，按照美国联邦通信委员会的规定，电视台与《布法罗新闻报》不能并存。巴菲特说他不能卖掉报纸，他说"我把毕生精力都投入这家报纸了"。于是，墨菲只得同意卖掉他的地方电视台。

第二件事更棘手。还是根据美国联邦通信委员会的规定，巴菲特不能同时兼任《华盛顿邮报》和大都市公司的董事。巴菲特对《华盛顿邮报》情有独钟，与格雷厄姆一家的交情也非同一般，因此巴菲特需要慎重考虑。

大家在纽约分别。巴菲特飞回了奥马哈，左思右想之后，他认为即使不当《华盛顿邮报》的董事也仍能持有它的股票，而且他与《华盛顿邮报》的关系并不会改变。[1]

当天晚上，巴菲特给墨菲打电话，提议由伯克希尔·哈撒韦以每股172.50美元的价格买下大都市公司300万股股票，这是当时的市场价（创业之初，大都市公司的股价只有每股72美分）。墨菲马上就同意了。就是说巴菲特将以5亿多美元买下大都市公司18%的股份，这是他与B夫人交易额的8倍，也是他第一次在传媒业的投资（《华盛顿邮报》）的50倍之多。大都市公司则靠伯克希尔·哈撒韦输送的弹药来购买美国广播公司。

在与美国广播公司谈判时，他们遇到了一些波折。负责电视网事宜的是第一波士顿公司负责并购事务的副总裁布鲁斯·沃萨斯坦。这位身材矮胖、头发散乱的银行家想要抬高价格，他在替客户工作时就像一头精明的狐狸。大都市公司最初的报价是每股110美元，由于布鲁斯·沃萨斯坦的讨价还价，墨菲、伯克和巴菲特很不情愿地把价格提到每股118美元，这是美国广播公司近期股价的两倍。尽管如此，布鲁斯·沃萨斯坦还是贪心不足。1985年3月12日，墨菲迈着沉重的脚步来到纽约第3大街世达律师事务所的摩天办公大楼，告诉美国广播公司的律师约瑟夫·弗朗，大都市公司准备放弃了。但是约瑟夫·弗朗不让他走，说事情还有挽回的余地。

当天下午，双方在世达律师事务所再次谈判。对方是一群80年代的代表人物：约瑟夫·弗朗早在50年代就开始在股海沉浮了，现

1. 后来，巴菲特的朋友比尔·鲁安取代了他在《华盛顿邮报》的董事职位。大都市公司要想兼并美国广播公司就得卖掉旗下的有线电视公司，经巴菲特的提议，它被卖给了《华盛顿邮报》。

在每一次大的兼并案中都会出现他的身影。他的朋友（也是他的宿敌）马丁·利普顿正在代表大都市公司与他交涉。布鲁斯·沃萨斯坦则带来了为美国广播公司撑腰的一群银行家。（由于巴菲特和芒格的反对，大都市公司没有聘请一家投资银行。）就这样，双方展开了漫长的交涉。

其实，谈判是在巴菲特和布鲁斯·沃萨斯坦两个人之间进行的。美国广播公司的首席财务官迈克尔·马拉迪对这两人之间的明显差异感到惊讶：一个来自中西部，为人坦率、言谈随和；另一个出生于纽约布鲁克林，年富力强、开朗沉着。沃萨斯坦发现巴菲特在谈判时，随便用几句玩笑或是调侃就能让谈判气氛变得轻松活跃，不过双方的差距还有1亿美元。渐渐地，沃萨斯坦的语气变得强硬起来。他强调除了收现钱之外，他还要求对方保证美国广播公司的股东有权购买大都市公司的股票。换言之，沃萨斯坦希望有保持公司部分股份的权利。"我们想，巴菲特是个精明的家伙，他要买的东西我们为什么就要卖呢？"沃萨斯坦回忆说，"我们希望能够留一手。"

巴菲特完全不同意。他简短地进行了一番表态，大意是他讨厌卖股票，他在年度报告中一直批评这种做法，这已成了伯克希尔·哈撒韦的一种禁忌。沃萨斯坦反驳说，美国广播公司的股东仍有权再得到些利益。随后，他带着美国广播公司的人离开房间，谈判陷入了僵局。

当他们重新回到谈判室时，巴菲特眨眨眼说："我想将来我会后悔的。"他宣布沃萨斯坦方面可以认为交易已经成功了。美国广播公司一方大吃一惊。现在双方得算算这笔交易到底值多少钱了。沃萨斯坦他们开始用计算机处理一大堆数据和公式，大都市公司方面则由巴菲特来计算，他只是胸有成竹地心算了一下就行了。

巴菲特已经省下了一笔投行费用，不过沃萨斯坦方面获利更大。芒格对这笔交易并不感兴趣，巴菲特则不同。他对美国广播公司的期望很高，他现在成了它最大的股东。巴菲特的预言果然没错，后来他的确后悔了。

巴菲特给大都市公司开出的股价相当于16倍的市盈率，这个出价在他的恩师格雷厄姆看来太高了。巴菲特也向《商业周刊》坦言：“对于我这个交易决定，格雷厄姆未必会赞成。”巴菲特把赌注押在墨菲和伯克未来能从美国广播公司的电视台中榨出更多的利润上。可实际上，事与愿违。股价在不断上涨，伯克希尔·哈撒韦要发展，巴菲特需要大笔的投资，而且小规模的投资是毫无成效的。除了美国石油领域，美国广播公司这笔价值35亿美元的收购案是有史以来最大的。

然而，这个纪录并没保持多久。紧跟着又出现了几笔大的收购案，很多都是恶意收购。投行也放弃了传统的方法，刚刚收完一个企业的佣金，转身又会把矛头对准它。很多小型企业甚至吞掉了一些行业巨鳄。华尔街变成了血流成河的战场。

套利者同时声名鹊起。他们把自己看作能够翻云覆雨的大人物，至少也成了大公司的股东。巴菲特做成这笔大生意的同一周,《时代周刊》的封面上登出了号称“油神”的石油投资商T·布恩·皮肯斯的照片，他称自己是那些“思想古板”的企业家的死对头。像他这样的企业家并不指望在买下企业后进行什么改造，他只希望买下足够多的股票，然后再转手出让他家，自己从中牟取暴利。

不过，被兼并方的首席执行官的一些手法也不高尚。许多首席执行官用股东的钱来贿赂套利者，让他们离开，好保全自己的饭碗。甚至一些大公司，如迪士尼公司等被索尔·斯坦伯格威胁，被迫花出一大笔钱以息事宁人。菲利普石油等公司担心被投机猎手卡尔·爱康盯上，他们想尽办法让自己的表现不够出色，于是大举借债，把资产负债表弄得一团糟，免得那些企业狙击手向它开火。

这种奇怪的企业狙击游戏为巴菲特提供了一个机会。他听到好几位首席执行官说自己已是四面楚歌。他突然产生了一个念头，想让伯克希尔·哈撒韦当一名救火队员，因为它的老板向来就有遇事从容、处变不惊的美誉。不用融资，它就可以快速采取行动，因为一个被逼上绝境的首席执行官如果既不愿被兼并者牵着鼻子走，也不想采取贿赂对方的自杀性行为，那么他很可能会走第三条路——把公司卖给巴菲特。因此，巴菲特在他的报告中常常把伯克希尔·哈撒韦公司比作一个避风港："对于合适的行业和合适的人，我们可以提供一个安全的港湾。"

1985 年秋天，机会又来临了。斯科特–费兹公司是俄亥俄州一家名不见经传的综合型企业，其业务范围从《世界百科全书》到柯比牌吸尘器，一应俱全。不过，它在华尔街一直默默无闻，直到 1984 年董事长拉尔夫·斯奇利想以每股 50 美元的价格买下它的控股权。这个价格并不高，只比市场价每股高出 5 美元。投机商愿意出价每股 53 美元，他们认为这已是最高价了。两周后，投机商伊万·波亚斯基出价每股 60 美元。这个投机魔头凭借与德崇证券公司的关系而富得流油。人们当然不知道，伊万·波亚斯基私下进行了非法的股票操作（一旦曝光，他就要进监狱），这只是华尔街暴发户的一个缩影。说话做事絮絮叨叨的斯奇利讨厌为波亚斯基卖命，但波亚斯基坚持索要 400 万美元的"放弃费"。斯奇利拒绝后，问题就变得很棘手了。波亚斯基现在手握斯科特–费兹公司 7% 的股票，随时可能将其卖给另一个买主。

斯奇利又想重新计划一次杠杆收购，出价每股 62 美元，但是计划失败了。更糟糕的是，如此一来，公司的很多股票都被波亚斯基这样的短期投机商控制了。他们唯一的目的就是把公司转手卖掉。斯奇利现在能做的就是抢在他们之前找到一位买主。斯奇利在 1985 年夏天得知李尔兄弟手里握有公司 6% 的股票。这兄弟俩是新一代投机商的代表，他们手里掌握的股票不多但是债权不少，就这样他们已经收购了一系列小公司，这让斯奇利心生寒意。兄弟俩知道杠杆收购有着无穷无尽的威力，于是也开始关注斯科特–费兹公司的前景。拉尔夫·斯奇利的确是遭遇 80 年代的寒流了。

巴菲特其实也一直在关注斯科特–费兹公司，而且买进了不少股票。该公司现在的投资回报很丰厚，而且，《世界百科全书》正是巴菲特渴望涉足的出版领域（他小时候就读过它）。看到斯奇利在报纸上的广告之后，巴菲特认为时机已到。10 月，他给拉尔夫·斯奇利写了一封短信："我们现在拥有贵公司 25 万股股票。我们对贵公司印象一直很好，不会做不友好的交易。如果您有意寻求买主，请给我打电话。"

对拉尔夫·斯奇利来说，这不啻来自天国的福音。他同意在芝加哥与巴菲特和芒格会面，他们共进了晚餐。第二天早上，即 10 月 23 日，巴菲特开价每股 60 美元，用现金支付。拉尔夫·斯奇利提出了两个要求：第一，这是实盘，不能中途放弃；第二，没有"放弃费"。通常情况下，这样的交易信息会告知一家投资银行，但巴菲特并没有聘请投资银行。巴菲特只是轻松地耸了耸肩，让斯奇利回去起草合同。一周后，巴菲特以 3.15 亿美元的价格又买下了一棵摇钱树。

巴菲特这次收购所用的现金是从另一宗交易中得来的。这笔生意发生在 10 月：菲利普·莫里斯公司以高价（恶意）收购了通用食品公司。作为通用食品公司最大的股东，伯克希尔·哈撒韦从中赚到了 3.32 亿美元的利润。"我并不算高兴。"巴菲特笑着说。现在他的公司的股价又创纪录了，达到每股 2 600 美元。当月《福布斯》杂志的资产在 10 亿美元以上的富翁排名中就有巴菲特的大名，紧随沃尔玛的创始人山姆·沃尔顿，IT 巨人、佩罗集团董事长罗斯·佩罗和房地产大亨哈里·赫尔姆斯利之后。

公司收购显然让巴菲特的钱包变得更鼓了。不过，尽管巴菲特盈利颇丰，但他还算不上这个时代的代表。与收购狂潮的代表人物罗纳德·O·佩雷尔曼相比，巴菲特还是显得与这个时代格格不入。

巴菲特和佩雷尔曼的购买欲都很强，对公司的判断也很敏锐。作为投资者，他们也很相像。佩雷尔曼运用的高科技手段较少，总是以钱铺路。佩雷尔曼目光长远，但从本质上讲，他是个金融家而非一个优秀的经理人。有一次在接受《福布斯》采访时，他说，他平均每周要读10份公司年报。

另一方面，咄咄逼人的佩雷尔曼经常从事恶意收购，巴菲特则不然。佩雷尔曼只对控股权有兴趣，这一点也与巴菲特不同。他们的最大区别在于，巴菲特只以上市公司的股东身份参加交易，他所赚取的利润和他所持有的股份比重相仿，而大多数的交易人是靠内部渠道（如各种收费项目）赚钱的。

佩雷尔曼就是通过把美国特艺色公司、马克安德鲁斯–福布斯公司的其他股东排除在外的方式获得了巨额财富。他的开价都很不公平，而且每次交易都会惹上官司。巴菲特之前曾经同意作为控方（他的朋友比尔·鲁安）的专家证人来证明佩雷尔曼有罪。比尔·鲁安拥有马克安德鲁斯–福布斯公司的部分股票。当时参与诉讼的一位律师说，巴菲特说佩雷尔曼在“榨干股东的利益”，佩雷尔曼则矢口否认。最后官司了结，避免了一场可能会发生的冲突。

在巴菲特买下斯科特–费兹公司的同时，佩雷尔曼又向世人展示了华尔街的一条新游戏规则，它一旦被使用就能置某家独立公司于死地。科尼·布鲁克在《猎者盛宴》杂志上评论说，佩雷尔曼对露华浓公司的进攻就像阶级战争一样。这家化妆品公司的贵族董事长迈克尔·博格里斯认为叼着雪茄的佩雷尔曼和德崇证券公司的金融家都是“开当铺”的。他粗鲁地拒绝了收购要求，说这家公司不准备出售。

佩雷尔曼则反击说迈克尔·博格里斯是典型的老古董企业家。博格里斯在巴黎有处豪宅，还有管家，佩雷尔曼称它为“博格里斯城堡”。在一般人看来，这场战争显得很奇怪。佩雷尔曼的武器PP公司的规模只有1.45亿美元，而露华浓则价值10亿美元。可是佩雷尔曼通过垃圾债券融资反而占了优势，他买下了露华浓，博格里斯失业了。事实证明，博格里斯说露华浓不卖的话错了。其实，任何东西都是可以买卖的。

1985年11月，在佩雷尔曼买下露华浓一周后（他保留了管家和城堡），巴菲特在哥伦比亚大学法学院的研讨会上做了关于恶意收购的演讲。参加研讨会的有企业首席执行官、银行家、并购律师以及诸多学者，著名律师马蒂·利普顿也在其中，他在露华浓防御战中受的伤还没痊愈呢。对他们来说，公司收购只是家常便饭。大都市公司与美国广播公司之间的交易才过8个月，很多细节还没最后敲定，又有5起更大的并购案发生了。华尔街的财富转手速度快得让人目不暇接，露华浓收购案的律师费和投行费用就高达1.2亿美元。因此，我们可以想见这么多人跑来这家常春藤校园不是来吃晚饭的，而是想拜见巴菲特。

毋庸置疑，每个人心头都在想着露华浓的收购案，但是巴菲特并没有提到它。他做的是即兴演讲，谈的是喜诗糖果公司和他自己。自从他11岁时买了3股城市设施优先股以来，他搞投资已有40多年了。在他那些久远的记忆中，股东们是“理所当然的老板”。

> 我想在报纸上读到某条报道，说我是城市设施公司的老板，经理层正在按我和其他几位股东的意思经营这家公司。如果有人想买那家公司就得找我商量。

成年之后的巴菲特还是这么想。如果有人向喜诗糖果公司的管理层开出了收购价而管理层没告诉他，他就会觉得自己“被忽视了”。如果必须有人决定是否要出售，那必须由股东来决定，因为公司毕竟是他们所做的投资。像博格里斯这样的首席执行官，喜诗糖果公司是万万不会要的。

但是，巴菲特并没有否认股东们能从收购事件中受益，他自己就从通用食品公司的收购案中狠狠地赚了一笔。他说：“因为我母亲今晚不在这儿，所以我承认我也玩过股票投机。”他也曾经从这种做法中获利。但是，股市的投机商越来越多，这也让他深感忧虑。一些公司的首席执行官是他的老相识，很多还是他的朋友。他发自内心地对这些投机者的恶意收购感到担忧。

> 我认为，在经济学领域内，达尔文的进化论正在起作用。只要有人出价进行收购，看不见的手就会挥动起来，最终的结果可能是提高管理人员的素质。几年来，两件事一直困扰着我，其实我也不知道缘由何在：第一，我知道一些经营完善的公司常常会以低于实际价值许多的价格被出售……

理论上，收购对公司的弊端是有诊治作用的，这种做法能帮一些企业剪去大树上的枯枝。在理想的经济模式中，资产将流向出价最高的人，因为理论上他们能最高效地利用这些资产。

但实际上股市并非总是处于理想状态。即便是一个优质公司的股票，如大都市公司，其股价可能也不高。股市投机者往往会抓住这种时机，这并不是因为墨菲和伯克是大树上的枯枝，只是因为他们公司的股票价格不幸跌入低谷。就连布恩·皮肯斯也抱怨说，石油公司通过“在纽约证券交易所兼并其他石油公司，要比在地下采油划算得多”。华尔街今天炒石油，明天就会炒别的。在巴菲特看来，这并不是经济学的达尔文主义，而是经济学大轮盘赌局。像汤姆·墨菲这样的人由于别人用钱搅局而破产，对这个世界可没有什么好处。

让巴菲特感到不安的另一点是，他发现收购会扰乱市场价格。商人就像政客一样，他们花别人的钱总比花自己的钱大方得多。好几个首席执行官都告诉过巴菲特，如果公司能给他们报销的话，他们就坐头等舱，在豪华餐厅用餐。

> 我还发现他们买公司时，对待股东的钱和对待自己的钱的态度并不一样。

如果能借鸡下蛋，股市投机者在收购一家公司时可能会花比实际价值更多的钱。华尔街对垃圾债券的巨大胃口也提供了大量来之甚易的钱，垃圾债券成了一种“虚假货币”。（之所以说它是“虚假”的，是因为买主们根本没有仔细想过，就天真地提供给借方经济能力之外的融资。）不管谁能借到最多，最后他都会把这笔钱用来实现自己的收购目标。巴菲特对此大为恼火。问题在于总有人上钩，很多人都信以为真，而且这种局面将长期存在。巴菲特说：“我个人认为，在一切都结束之前，垃圾债券将一直存在。”

对于1985年的美国经济界而言，巴菲特的这番话可谓振聋发聩。垃圾债券的发展势头迅猛，违约现象鲜有发生。投资者纷纷觊觎联合百货公司、美国大陆航空公司、梅西百货公司和特朗普公司等优质企业以及后来许多申请破产的公司。

密歇根大学金融和法学教授迈克尔·布拉德利在哥伦比亚大学研讨会上曾经抗议：“用‘垃圾’这样一个贬义词来称呼这种盈利丰厚的债券，真是让我很费解。”迈克尔·布拉德利的观点是：垃圾债券的风险其实已经被它的（高）利率抵消了，就像资信评级为3A的债券一样，垃圾债券并不是坏债券。

理论上巴菲特也同意这种观点。一年前，伯克希尔·哈撒韦通过购买华盛顿公共电力服务公司廉价的债券也赚了一笔。濒临破产的借款人要求的贷款往往让人觉得物有所值。德崇证券公司的垃圾债券代理人迈克尔·米尔肯就是靠经营这种债券起家的。最近一段时期，垃圾债券又出现了新的特点：它们的价格居高不下，尽管以票面价格发行债券的人的资信不高，但是债券的价格久久降不下来，当然也鲜有抬升。

不过，巴菲特一针见血地指出，这种垃圾债券的发行人和承销商一样赚得盆满钵满。在巴菲特看来，收购游戏就像是在吸毒，华尔街只能不停地用垃圾债券这个“针头”来扎自己的肌肤，因为华尔街已经因为毒瘾而精神恍惚了。巴菲特预言说：“除非遭受重大挫折，否则垃圾债券不会消失，因为重赏之下必有勇夫。”

1986年1月，大都市公司收购美国广播公司之后没多久，巴菲特一直在反复思考这些问题。在大都市公司的管理层按惯例去凤凰城度年假时，巴菲特突然现身。他指出，现在有许多投资人是按“每小时变化的股价”来决定自己的忠诚度的。巴菲特发誓，他在投资理念上决不会朝三暮四，直至他进入坟墓的那一天。事实上，即便在他进入坟墓之后，这一点也不会发生改变。

> 有人问我，万一我在路上被卡车撞了怎么办，我通常会说我为那位肇事的卡车司机感到难过。因为我已经安排好一切，即便我死了，伯克希尔·哈撒韦也无须卖出一股股票。我是言必信、行必果的。

巴菲特的诺言是为了防范像布恩·皮肯斯或克拉维斯一类的投机商。他不仅给了墨菲和伯克代理他股票的权利，而且保证他们有权限制伯克希尔·哈撒韦出售股票。他甚至连改变主意的选择权都已经没有了。

巴菲特试图用经济学的原理来解释这种不同寻常的安排，这样墨菲就可以专心经营而不用担心遭人收购了。但巴菲特还有来自个人和职业发展的动机。“个人因素”在这次投资中也占了很重要的位置。巴菲特对一位记者说：

> 我愿终生与大都市公司相伴。这就像你有一个生病的孩子，但你不会在5年后卖掉他，因为他是我们的亲人。

即便如此，这笔交易的确有问题，这在交易还没完全收官时就表现出来了。电视的广告收入锐减，美国广播公司的生意一落千丈。不管是黄金时段的节目还是新闻节目，该电视网的评级在美国都只能屈居美国三大电视网的末席。后来它还在棒球、橄榄球、冬奥会赛事转播和两个制作糟糕的电视剧节目上遭受亏损。它的成本控制也无章可循。

巴菲特的一位朋友说：“我认为巴菲特不清楚美国广播公司有多么浪费，它的管理又有多么混乱。”据彼得·巴菲特回忆，父亲在检查各种费用时，竟然发现美国广播公司有一次付给一位园艺师的费用就高达6万美元。伯克在谈判时也被美国广播公司气派的大楼吓了一跳，墙上挂满了著名画家杰克森·波洛克和威廉姆·德·库宁的名画，后来美国广播公司又把这些名画卖了，目的是应付年度资产负债表上的赤字。

美国广播公司被转手后一年，它从原来赢利1.3亿美元变为亏损7 000万美元。要是墨菲和伯克没有减少大笔开支，情况会变得更加糟糕。墨菲第一次去洛杉矶时，公司的娱乐节目部派了一辆白色的高级加长轿车去接他。从那以后，墨菲改为只坐出租车。他关闭了纽约总部的私人餐厅。几个月后，墨菲和伯克把整座大楼卖给了一位日本投机商（价格是创纪录的每平方英尺365美元）。他们还解雇了1 500

名员工。

巴菲特密切关注美国广播公司的发展，但并没有插手。有一次，当美国广播公司为周一晚间的橄榄球赛事转播权重新谈判时，他来到了纽约。伯克估计美国广播公司为此将损失 4 000 万美元。由于美国广播公司已经砍去了许多重大事件，包括体育赛事的报道，公司不想再错过全美橄榄球联盟的赛事。“巴菲特插手进来了，”伯克回忆说，“很显然他想让我们抓住这个机会。”巴菲特的话不多，他只是在一旁静静地观察，用伯克的说法就是巴菲特“嗅到了商机”。当他们苦苦等待全美橄榄球联盟的答复时，巴菲特郁郁寡欢地说：“可能他们把我们的电话号码弄丢了。”对方没把电话号码弄丢，但美国广播公司在这次合约争夺战上的失利比他们想象的还要惨重。

墨菲和伯克大刀阔斧地减少开支，可是整个传媒业内部的竞争日趋激烈，因为当时的电视节目和报纸让人目不暇接。收看三大电视网有线电视节目和家庭录像带的人越来越少。有一次，当巴菲特和墨菲一起在大屏幕彩电前看周一的橄榄球赛时，巴菲特兴奋地说：“画面不错呀！”墨菲却感慨地说：“我更喜欢 8 英寸黑白电视机的时代，那时只有三大电视网。”

毋庸置疑，要是只有一家电视网，巴菲特会更高兴。虽然在媒体的竞争中没有占到上风，但他并不打算就此罢休。在兼并后的几年，沃尔特·安纳伯格飞到奥马哈，就是否把他的杂志王国卖给鲁珀特·默多克向巴菲特征求意见。巴菲特建议说，虽然传媒业仍是个好行业，但有走下坡路的危险。安纳伯格选择了急流勇退，但巴菲特却不想退出媒体王国的争夺战。

伯克认为，巴菲特为此付出了高昂的代价。大都市公司的股票价格曾一度猛涨到每股 630 美元，伯克知道巴菲特很清楚这个股价明显被高估了。他说：“巴菲特本可以把股票卖掉的。”不到一年，大都市公司的股价又重挫至每股360美元。

有位杰出的年轻银行家认为，从某种意义上说巴菲特失败了。他评论说：“巴菲特有过三种职业。过去他是个猎手，猎取的是低价位的股票。后来他又成了一个投资者，以合适的价格买了不少好企业。再后来，巴菲特又说：‘如果我不能再以合理的价位买到好企业，我就得靠自己的规模取胜，我要让全世界的人都从我这里学到一课，看看长期投资的威力。’我想，现在他把投资弄得一团糟。他真傻。”

巴菲特和芒格都曾想过能否在股市频繁的买进卖出中获得更大的利润。不过，他们认识到：第一，只买不卖的投资人所缴的税将更少，长此以往这就是一笔可观的收入；[1]第二，长期持股也能创造不少机会，包括B夫人和拉尔夫·斯奇利这样的人都愿意与巴菲特合作；第三，巴菲特知道，如果一旦投资就不轻易撤出，那么他在选择合作伙伴时必须更加谨慎。他和那些没有想过什么时候撤资的投资者一样，在进行投资时非常挑剔。这与婚姻一样，如果你在挑选伴侣时谨慎对待，那么婚后生活往往会更加圆满。

不过，巴菲特一直没有卖出大都市公司股票的一个原因在于，他认为这样做会让他觉得内心空虚（不管你觉得这样想是不是很傻），只要他还在与墨菲合作，他就会感到十分满意。正像他对《商业周刊》说的那样：“卖掉一只熟悉的股票就像把照顾了自己多年的妻子给休了一样。”这话从一个妻子已经搬出家门却不愿和他离婚的人嘴里说出来，确实入木三分。巴菲特在一份报告中再次使用了这个比喻：卖掉好股票就像嫁入豪门一样，这种错误时有发生。巴菲特认为，“如果一个人本来就有钱还这样做，那么他简直是疯了”。

1. 当然，巴菲特也出售股票，不过通常是在买入并持有了很久之后。伯克希尔·哈撒韦公司对于大都市公司、《华盛顿邮报》和政府雇员保险公司的股票以及旗下喜诗糖果公司等全资子公司都是不出售的，巴菲特打算“永久”持有它们。

对股票只买不卖在财务上是讲得通的，但也有人认为这是巴菲特“怪异”的性格使然，是他个人因素和经济因素综合作用的结果。他不喜欢失去自己珍视的东西，包括股票、伙伴和一切可以永续的东西。在巴菲特看来，做人出尔反尔，因为别人多出了两倍或3倍的价格就把自己珍视的东西卖掉是一种“疯狂”的做法。而其他投资者，诸如那位年轻的银行家，却认为巴菲特才是一个疯狂的家伙。不过，巴菲特一直靠保持连续性来赚钱：同一个合作伙伴、同样的股票和同样的公司。他向来不喜欢改变。

因为巴菲特的个性使然，他会竭尽所能地避免举债。1986年，资产评级为“3A”的埃克森公司的资产债务比为4∶1，伯克希尔·哈撒韦公司则是25∶1，这个比率几乎可以让任何一个清教徒安心睡觉了。过多的债务有时不能保证经营的连续性，这可能比抛弃糟糠之妻更让巴菲特感到痛苦，他害怕失去对伯克希尔·哈撒韦的控制力。巴菲特在凤凰城说过，债务是金融界的狐狸精，会给人以“温柔的致命一击”。

> 这可太悲惨了。如果某人的经营非常成功，但他有点儿小毛病，比如说贪杯或爱占小便宜，这就是他致命的弱点。金融市场的致命弱点往往是这种借来的钱。

因为这种根深蒂固的观念，巴菲特对债务一向不屑一顾，对杠杆收购的推销商也颇有微词。他们在交易一开始就已经谋划好了“逃跑”的退路，并把债务转移给第一个愿意上钩的冤大头（通常是公众）。巴菲特认为投资就是从企业的经营中获益，而不是赚取差价。杠杆收购的推销商其实不能算是真正的“投资者”，他们充其量只是把资产从一个口袋转移到另一个口袋的倒爷。他们并不创造价值，即巴菲特认为的给社会提供必需的、有用的产品和服务。而这些投机商的利润，通常只是依赖于把资产变成债务后节省的一笔巨大的税款。

巴菲特对此提出异议，他认为这种人不配获得如此丰厚的收益，而社会将因为税收的减少而变穷。巴菲特的传统观点其实是有偏向的，他认为B夫人的工作比美林证券的工作对社会更有价值，也就是做比萨的工作比分比萨的工作更有价值。他在大都市公司的一次聚会上谈到，杠杆收购者既不能“让牛排更美味”，也不能“让衣服更保暖、更结实”。

> 布恩·皮肯斯和吉米·戈德史密斯这些人口口声声说为股东创造价值，其实他们并没有。他们只是把社会的财富转移到了股东手中。这样做是否合适姑且不说，它完全没有创造新价值，因为他们没有像亨利·福特那样推动汽车业的发展，也没有像麦当劳的创始人雷·克罗克那样做出更美味的汉堡……就在过去的几年里……一家又一家公司被熟谙此道的人改头换面。这就意味着每个公民都要为政府提供的服务和商品再多付一些钱。

在大都市公司控股的美国广播公司，巴菲特试图创造一个人们不再研究“逃跑战略”的世界。在收购之后，美国广播公司这家曾经最动荡不安的电视网，现在财务状况稳定，它播出的肥皂剧、晚间新闻栏目和黄金时段的节目都很受欢迎。与之相比，哥伦比亚广播公司（CBS）和全国广播公司（NBC）则由于反复易主和对新东家拉里·蒂什及通用电气公司的不信任而苦苦挣扎。伯克认为巴菲特的投资使他感到安心，要是没有他，“我们的感觉就完全不一样了”，尤其是在传媒业经历这么严重的衰退的关键时期，公司很有可能被人进行杠杆收购而不能正常运作，从而遭遇与时代公司同样的命运。现在墨菲和伯克不断获得巨额利润，而且巴菲特的支持也使大都市公司的股价迅速反弹。

第15章

公与私的两面

当大都市公司的交易还在进行时，巴菲特已经有很多拥趸了。在奥马哈城就有50人因为巴菲特而成为百万富翁，在全美国则不下好几百。当他去哥伦比亚大学商学院做关于投资学的演讲时，整个演讲大厅座无虚席，甚至有200位热心听众因为没有找到座位而在门外站着听。《福布斯》杂志称他为“民间英雄”。在堪萨斯城和纽约分别有人给爱犬取名为“巴菲特”和“巴菲”。一位名叫威廉·奥本德福的斯坦福大学商学院毕业生在见过巴菲特之后，便辞了麦肯锡公司的工作，毅然投身于投资事业。基金经理克里斯托弗·史塔文给儿子洗礼后为他取名亚历山大·巴菲特。奥马哈的股票经纪人道格拉斯·斯特朗对巴菲特崇拜已久，当他的妻子马莎即将分娩时，他拿了一份《财富之王》杂志对着妻子大声朗读有关巴菲特的章节，好像这样做能够提高即将出生的孩子的智商一样。

到了1986年早期，伯克希尔·哈撒韦的股价已突破每股3 000美元。在21年里，巴菲特把一家不起眼的纺织厂变成了一个聚宝盆，其股价涨了167倍；而在同期，道琼斯指数只不过上涨了一倍而已。整个华尔街对他也是又敬又怕。当巴菲特告诉房利美公司的董事长戴维·麦克斯韦，说他对房利美进行了投资时，麦克斯韦兴奋得一蹦三尺高，跑到窗前冲着窗外高声大喊：“沃伦·巴菲特买了我们的股票！”各大报刊都称巴菲特为“迈达斯”[1]、“投资奇才”、“奥马哈的智者”以及“奥马哈的先知”。

很多素不相识的人都涌向巴菲特要和他“做生意”。一个巴基斯坦的移民要把自己的报摊卖给他，还有个密西西比州杰克逊市的女人想要把一幢美国南北战争之前盖的大楼出售给他。（“我出点子你出钱，我们会发财的。”巴菲特开玩笑说道。）最惊人的是，一个内布拉斯加

1. 迈达斯，希腊神话中的人物，拥有点石成金术。——译者注

州林肯市的人张口就要让巴菲特给他 1 亿美元的“贷款”，好让他来买农场，巴菲特拒绝后，他竟拿着手枪来到凯威特广场以武力相逼，结果被美国联邦调查局逮捕。当时，巴菲特泰然自若地坐在他的办公桌旁纹丝未动。

尽管巴菲特已经成了公众人物，但是他的私人生活还是一如既往的平凡宁静。和现在的首席执行官不同，他不会事先预约时间，而是率性地想干什么就干什么。当凯瑟琳·格雷厄姆的儿子比尔·格雷厄姆问巴菲特什么时候方便拜访他时，他回答说：“什么时候都行，我没有固定的日程安排。”《华盛顿邮报》的总裁理查德·西蒙斯对他房间里的简朴宁静感到不可思议：墙壁涂成了翡翠绿色，里面几乎连一件装饰品都没有。在一个玻璃罩下有一台老式的爱迪生牌股票行情自动收录器、一张《奥马哈太阳报》获普利策奖的奖状、几张家庭相片，还有一张本杰明·格雷厄姆的照片。房间里有一张格子花呢的长沙发，上面落了一层灰，说明这其实也只是一个摆设。巴菲特没有电子计算器，没有股票行情显示终端，也没有电脑。“我的脑袋就是电脑。”他曾经这样告诉一位记者。当他在办公室时，理查德·西蒙斯形容：“看起来好像并没有什么大事会发生，只是有时他的股票经纪人比尔·斯科特会探进脑袋来问：‘买进 1 000 万美元，每股 125.125 美元，行不行？’巴菲特办公室的电话铃声也不像有些首席执行官那样响个不停。与一般的首席执行官相比，巴菲特的时间显得很充裕。”他每天都过得悠然自得，还会惬意地喝上几杯加了樱桃汁的可乐。他会坐在红木桌旁悠闲地看书，一待就是几小时，仅靠电话与外界联系一下（而且是他本人接电话）。他有三条私人电话线路，分别通向所罗门兄弟公司、美邦公司和高盛集团。

有人说他第一眼看到巴菲特时，会感觉回到了一个天真烂漫的年代。一个年轻的投资经理塞什·卡拉曼与这位亿万富翁在波士顿的丽思卡尔顿酒店一起吃了顿早餐。塞什·卡拉曼发现巴菲特跟“传说中”的一样，他静静地站在服务台前等候，旁边没人跟他搭讪，也没人知道他到底是谁。“他超凡脱俗的一点，是吃了几根长条香肠和几个鸡蛋，估计他是全美国最后一个爱吃长条香肠的人了。”好莱坞制片人诺曼·李尔在奥马哈机场遇到这位略微有些发福的亿万富翁时，错把他当成了司机。巴菲特长相普通的脸上戴着一副玳瑁眼镜，头发稀疏杂乱，手里拿着车钥匙，只有杂乱的眉毛方能显出他的个性。

作家亚当·史密斯在《超级金钱》中写道：“这位功成名就的中部美国佬有点儿怀旧。”这位亿万富翁自己开车，自己理财，住的房子也是在1958年花31 500美元买的。他就像美国很多经典传说中描写的那样，以正义和品德打败了大都市的尔虞我诈，用冷静执着应对着瞬息万变的现代快节奏。伯克希尔·哈撒韦的股东中不仅有著名的基金经理马里奥·加贝利等人，还有艾奥瓦州的专栏作家埃皮·莱德勒，他们与巴菲特都一见如故。巴菲特为几百万普通的美国人提供过家庭理财建议，他还是华尔街的专栏作家。

20世纪80年代中期，巴菲特因其平民化色彩而大受欢迎。称赞他的文章常以《噢，原来是沃伦·巴菲特》和《爱吃爆米花的资本家》这样的调侃字句作为标题，文章讲述的是他自我批评时的幽默感和简朴的生活作风。卡罗尔·卢米斯的一个朋友在报纸上写道：“巴菲特并没有对这些称颂的报道津津乐道。”但不久事实就证明这话错了。有人问伯克希尔·哈撒韦自从60年代以来的财务主管维恩·麦肯齐老板有什么变化，麦肯齐说巴菲特比之前开心多了，他说：“我从来不知道他原来这么喜欢镁光灯和引人注目的感觉。”

其实他一直都喜欢别人的关注，只是过去他并没有吸引很多观众罢了。他一向健谈，喜欢开玩笑，而且希望自己名垂青史。不过他善于在接受采访时把自己伪装成轻松惬意且衣着寒酸的寒碜模样。他总会兴高采烈地谈论自己的工作成绩，不管是与朋友、同事交谈还是在发表演讲时，他都很愿意抬高自己过去取得的成就。他喜欢包装自己的过去，使其变得完美。巴菲特的中学同学唐纳德·丹利还清楚地记得，他们经营的第一台弹子球游戏机是丹利自己买的，而巴菲特后来跟人说是他们一起掏钱合买的。小学时代的玩伴鲍勃·拉塞尔回忆，他们曾经做过一套为赛马者准备的"必胜马仔系统"，当时是用铅笔写的，复印之后被拿到赛马场去出售，巴菲特则说它是正式印刷的。

不过，巴菲特的很多说法并没有夸大自己的成功，反而隐去了许多雄心壮志和精打细算。比如，他说自己去哥伦比亚大学念书是因为与本杰明·格雷厄姆的不解之缘，而不说是因为哈佛大学没有给他录取通知书，所以他才决定去屈居次席的学府念书。同样，他说自己放弃在格雷厄姆—纽曼公司的职位去奥巴哈不是为了当"小池塘里的大青蛙"，组建巴菲特合伙公司也是听了亲友的劝告，这可以体现出巴菲特并没有居功自傲。当《奥马哈世界先驱报》报道巴菲特从纽约返乡归来时，他的合伙公司已经开业 3 周了。他还说，让他当汤姆·墨菲后盾的点子完全是墨菲的杰作，似乎他想把自己的成功刻画成上天的安排，而非他个人一生努力追求财富的结果。

其实，朋友们最喜欢他的一点就是他为人认真诚恳，从来不会心不在焉。诺曼·拉尔说："他一生都在给人带来快乐，他几乎没有缺点。"这种印象也是巴菲特真诚坦率、精力充沛甚至有些像老顽童的形象造成的。他为人随和但并不草率，意志坚定但又绝非一个苦行僧。

巴菲特能把生活中平凡的细节都转化成快乐。有一次《纽约客》杂志说他"经常喝百事可乐，还喜欢在里面加一点儿樱桃汁调味"。巴菲特过去在奥马哈的邻居唐纳德·基奥曾经拒绝给年轻的巴菲特投资，现在他已经是可口可乐公司的总裁了。他碰巧读到了这篇报道，当时就被激怒了，他给巴菲特写了封信，提出要让他尝尝另一种"琼浆玉液”——可口可乐。几次通信之后，巴菲特同意尝试一下新出的“红色可口可乐”。唐纳德·基奥说：“在试饮期间，巴菲特立刻对红色可口可乐上瘾了。”实际上，巴菲特一天要喝 5 罐（他对可口可乐爱不释手，已经不喝百事可乐了），而且常常像小孩子一样给唐纳德·基奥写张便条说他喝得有多开心。据一位来访者说，他的办公室里堆满了薯片和几千罐红色包装的可乐瓶子。在 1986 年的白宫招待会上，唐纳德·基奥再次遇到了巴菲特，他认为这位老邻居一点儿也没变：“这家伙还是那么热爱生活。”

每当伯克希尔·哈撒韦公司召开年会时，都是让巴菲特感到最兴奋的时刻。过去在奥马哈，只有稀稀拉拉的几个当地股东参加在国民赔偿公司的餐厅举行的股东会议。后来，当有几个外地股东也前来参会时，巴菲特便把会议地点改在红狮饭店的地下室。到了 1986 年，股东们如潮水般从四面八方涌来，他就租下了宽敞的有粉红色大理石装饰的乔斯林艺术博物馆。股东们拿着他的报告，就像清晨枝头上的鸟儿一样挤满了奥马哈森林。其中有巴菲特的崇拜者、基金经理、格雷厄姆的追随者、纽约的银行家、退休的富人和向往富有的年轻投资人。其中有些人西装革履，有些人穿着短袖衬衫，有些人来自东部，有些人从南部赶来，也有些人来自西海岸。很多公司的股东年会几乎不会吸引任何人，因为其中很多议程几乎就是在浪费时间，而这次来奥马哈参加股东年会的竟然有 450 人之多。会议结束后，巴菲特带他们参观了 B 夫人的内布拉斯加家具商场，当时 B 夫人正指挥手下从卡车上卸下价值 1 万美元的东方地毯。

会议当天名流云集。桌上放着咖啡壶，还有装满了可口可乐的红色大桶——这是公司指定的“官方饮料”。95% 的与会股东都持有 5 年以上伯克希尔·哈撒韦的股票，这种忠诚度在华尔街是绝无仅有的。其中很多人把毕生的积蓄都花掉买了这只股票。这些股东对他的依恋简直到了顶礼膜拜的地步，巴菲特成了他们心中的神。他们会留意巴菲特的举手投足，似乎他的每个动作和表情都值得用相机拍下来挂在墙上留作纪念。他们感到兴奋和荣耀，因为他们觉得虽然自己不是天才，却发现了一个天才。这个“教派”有自己的教义——“格雷厄姆和多德投资学”，它的门下都是一些感觉良好的虔诚教徒。

他们当中有来自图森市并且读过格雷厄姆和多德著作的冶金工程师詹姆斯·莱克，有在爱达荷州波卡特洛市经营保险公司的罗纳德·梅尔顿，还有来自奥斯汀市的摄影师迈克尔·奥布赖恩。奥布赖恩是在外出拍片时了解到巴菲特的，他在读了巴菲特的书信体报告后就买了他的股票。一位来自杰克逊维尔市名叫萨德·麦克纳尔蒂的基金经理，他对巴菲特非常崇拜，于是带着妻子来这里庆祝他们的结婚纪念日。

还有一个忠实拥趸是来自密西西比州杰克逊市的蒂姆·C·梅德利，他是一位理财经理。他的妻子有一天吃惊地问他：“你准备花1 000美元跑到内布拉斯加，仅仅就是为了听那个人讲话吗？”梅德利手里只有一股伯克希尔·哈撒韦公司的股票，他坦言道：“也许我有点儿过于着迷了，但就像忠实教徒会常去教堂一样，巴菲特能给我这样的动力。”

梅德利第一次遇见巴菲特是在乔斯林艺术博物馆的走廊里，当时巴菲特正在迎接投资者。他头发乱糟糟的，穿着蓝色西服和肥大的灰色裤子，皮带扣眼的地方都磨破了，看上去就像一个中学篮球教练。就这么一个“外表平凡的人”，却是梅德利敬仰的偶像。

当巴菲特和芒格走上演讲台时，怀着崇敬之情的人们会倏然间安静下来。台上放着一罐红色可乐，就像教堂里的圣餐一样。巴菲特很快地介绍了一下公司的基本业务情况，然后就进入了问答环节。他会故意板起面孔说，想提早走的人只能在芒格发言时离席，他说话的时候可不允许这样做。接下来的几小时，他们俩轻松坦诚地谈到了公司年报的方方面面，回答了关于伯克希尔·哈撒韦业务的各种问题。

巴菲特几乎抢了所有的风头，他兴致勃勃地开了一个又一个玩笑，讲得眉飞色舞。他喜欢看到熟悉的面孔，喜欢见到他相识多年的朋友，喜欢见到因为他而变得富有的人。例如安格尔医生之前并不富裕，现在他名下的财富已经超过1 500万美元。巴菲特对一个朋友说，他觉得自己在创作一幅巨作，所有认识他的人都艳羡不已。也许他在伯克希尔·哈撒韦这种救世主般的地位正是他连一股股票都不愿卖出的理由，他把股东大会当成了一种盛典。他就通货膨胀、B夫人和公司的管理侃侃而谈，并回答了关于投资、大都市公司和本杰明·格雷厄姆的问题。他还时不时用某个言简意赅的小故事来说明一个深刻的道理，让人听起来那么轻松自在，似乎演讲者不是站在台上，而是在某个夏日慵懒地躺在安乐椅上闲聊一样。

有一次，巴菲特在大都市公司做即兴演讲，有人问他有什么管理技巧可以推荐。他讲了一个陌生人在一个小镇上的故事。这个异乡客想与当地人交朋友，他走到村子的广场上，看见一个长得像“德国牧羊人一般猥琐的”老头儿。巴菲特接着说：

> 他小心翼翼地看着老头儿身边的狗，问道：“你的狗咬人吗？”老头儿说：“不咬人。”于是他弯腰拍了拍这条狗，这条狗凶狠地扑了上来，咬了他的手臂。这个异乡客一边整理被撕烂的衣服，一边战战兢兢地问老头儿：“你不是说你的狗不咬人吗？”老头儿说：“这不是我的狗。”

这个故事告诉经理人们一个道理，那就是提出正确的问题是很重要的。

巴菲特的话语里经常会闪烁这种智慧的光芒，即便在私人场合也不例外。有一个周六，一个喜欢夸夸其谈但并没有在巴菲特的保险公司投保的潜在客户史蒂文·格卢克斯滕飞到奥马哈，想问几个问题。史蒂文·格卢克斯滕在报纸上曾经读过关于巴菲特的评论，现在他急切地想要看看他到底是怎样的一个人。见面时，他看到巴菲特身穿法兰绒衬衫和卡其布裤子，他一下子就轻松多了。在谈起风险问题的时候，巴菲特根本没有扯出什么大道理，而是用最生活化的语言对他说："嘿，史蒂文，要知道你玩扑克牌时总有一个人要输钱，如果你看不出周围谁要倒霉，估计就是你自己了。"

巴菲特正是通过这种独特的方式提醒他，不要在自己看不清形势的情况下就冒险。格卢克斯滕觉得他言语简洁但字字珠玑，当即就接受了巴菲特的忠告。

人们回想起多年以前，巴菲特在参加朋友聚会时，被大家围绕着，洒脱地回答大家提出的问题；人们也会想起他坐在朋友罗克珊·勃兰特在纽约曼哈顿的家中，身边围坐了很多崇拜者的情景，罗克珊·勃兰特称之为"耶稣和门徒的聚会"。当时巴菲特是在非公开场合，现在身处公开场合，巴菲特依然是众星捧月般的人物。

对巴菲特而言，公与私的界限变得有些模糊了。他的朋友也变成了他的崇拜者。他们经常来拜访他，目的是讨教投资建议。斯坦福·利普西甚至让巴菲特给他出点子摆脱一个女友的纠缠。得克萨斯州一位名叫理查德·雷恩沃特的金融家特意跑到奥马哈请教关于支票的问题。1986年，当理查德·雷恩沃特举棋不定时，巴菲特告诫他不要为了一点儿蝇头小利就轻举妄动，这么做不值得。这事让理查德·雷恩沃特印象深刻，因为不久之后华尔街的几个大佬都因为违规操作惹上了麻烦。

每隔一年，巴菲特的核心圈子，即所谓的格雷厄姆的门徒们都要开一次碰头大会。刚开始只有巴菲特和几个投资伙伴参加，会议一般都开得很简单。记得他们在佛罗里达州棕榈海岸开第二次碰头会时，有个饭店的服务生对他们给的区区一点儿小费根本看不上眼，竟然把钱摔到门上就走了。还有一次，富得流油的戴维·戈茨曼跟他们一起在机场碰头然后准备去开会，到机场之前他一直以为大家都是坐头等舱的，结果别人都说不是，窘得戈茨曼结结巴巴地把他的秘书数落了一通，最后跟着大家一起坐了经济舱。

现在他们开会可不再这样寒酸了，参会者的范围也扩大了。他们往往在亚利桑那州的斯科特斯戴尔、爱达荷州的太阳谷这样的景区会面，还会乘坐伊丽莎白二号游艇。巴菲特还邀请了金融界之外的一些朋友，例如卡罗尔·卢米斯和汤姆·墨菲。有一次他们在科罗拉多河上玩漂流，颇有贵族气质的凯瑟琳·格雷厄姆不好意思地说："我的屁股从来都没有弄得这么湿过。"

巴菲特认为与朋友们的会面让人感到神清气爽。他喜欢朋友，别人对他也一样。这种聚会也带有一种神圣的气氛，虽然与年会不完全一样。尽管这些朋友个个都是功成名就的精英，但他们都愿意听巴菲特的安排，好像是专为他开庆功会一样。客人名单由巴菲特决定，只有他才有权决定到底邀请谁。一个常客说："大家心里都期待能与巴菲特同坐一张桌子，你忍不住会想，他会坐在我旁边吗？"尽管巴菲特在这类聚会上非常放松随意，但是大家还是能体会到朋友对他的极度崇拜。

巴菲特的许多朋友也是他的股东，因此他觉得有责任让朋友们也过上富足的生活。他们甚至在走路时都津津有味地谈论巴菲特和股票。巴菲特的朋友如果卖掉了伯克希尔·哈撒韦的股票，他们每走一步路都会感到痛苦。股票经纪人马歇尔·温伯格曾建议不要在伯克希尔·哈撒韦股价为每股 77 美元时卖出，说还会涨，当股价到了每股 105 美元时他还是给出同样的建议。巴菲特的另一名老朋友亨利·勃兰特也总是不停地向别人介绍伯克希尔·哈撒韦公司的光明前景。当股价涨到每股1 700美元时，他有点儿发怵了，于是卖掉了妻子的股票。

从理论上来说，把伯克希尔·哈撒韦的股票卖掉和让巴菲特来代为理财是矛盾的。只是伯克希尔·哈撒韦的股价高得异乎寻常，让人们有些不知所措。雷诺兹证券公司的董事长凯斯·威林曾以每股40美元的价格买了一些伯克希尔·哈撒韦的股票，后来又在每股43美元的价位买了一些，当股价达到每股50美元时，他就等着价格回落了。可他等了又等……最后在每股3 000美元的价位又买进了一些。

与巴菲特相识几十年的温伯格总喜欢分析巴菲特去世后股价会怎样下跌，每股会跌1 000美元，还是跌2 000美元？有这种想法的人不只他一个。巴菲特的健康状况竟然成了关系股价走势的一个因素。在伯克希尔·哈撒韦公司的一次年会上有这么一段对话：

提问者： 巴菲特先生，我一直想买伯克希尔·哈撒韦的股票，但不得不考虑万一您个人出现什么意外，我可承受不了这样的风险。

巴菲特： 我也承受不了。

巴菲特在家中的角色定位也变得模糊了。他有几份书信体年报是假想给他妹妹罗伯塔写的。可当他们在一起时，他对罗伯塔又敬而远之。罗伯塔住在加利福尼亚州，她不想影响哥哥的工作，因此在问他问题时都尽量用最简洁的语言。

罗伯塔发现哥哥的回答绝对是“很棒的”，但她不像与“其他人聊天那样”与哥哥交谈。罗伯塔说她明白在和哥哥说话时“随意插话”是不合适的，因为这样“他就得重新找回思路，他做什么事都很专注投入”。

巴菲特也承认自己在公众生活和私人生活中有着双重人格。用他的话说就是，他在家内向，在家门口的大马路上外向。关于这一点，我们从他的两个亲密女伴身上就可见一斑。苏珊是巴菲特参加的多数社交活动中与之十指相扣的女伴，比如在格雷厄姆门徒的聚会上，或者在伯克希尔·哈撒韦的年会上，抑或在他与朋友们去纽约和加利福尼亚州一起度假的时候。

苏珊本人非常外向，尽管名义上她住在旧金山一间简朴的公寓里，但她也不常在家。当她的孩子们或朋友需要帮助，以及亲友生病或病危时，她会二话不说地赶去陪护他们几周。她到过许多地方（也许是因为她热衷于人口控制的缘故吧），包括印度、土耳其和非洲国家等遥远的国度。正如苏珊自己说的那样："我是个空中飞人，很多时间都是在飞机上度过的。"她在旧金山也照顾过病人，还曾把一个艾滋病患者带回家护理。不过，她后半生近似"游牧族"的生活并不是围绕着家庭或生活琐事，而是以所有需要她的人（包括她丈夫）为中心的。巴菲特的一个朋友评价："让人想不通的是，巴菲特仍然疯狂地爱着她。"

巴菲特在奥马哈的伴侣阿斯特丽德则是一个典型的居家型乖乖女，这与巴菲特在奥马哈时的生活习惯非常吻合。她每天早上都去当地的动物园照看植物，人们经常可以看到她身穿牛仔裤和毛衣在那儿挖土。在奥马哈的时候，她和巴菲特都不常参加社交活动。巴菲特在家时，经常会躲在起居室旁的"小窝"里，那里是家中的日光浴室，他喜欢把报纸和书放在那里，还有一个大电视。巴菲特一日三餐都吃得很简单，啃一个火腿三明治或者捧着盒子吃香草冰激凌就已经很满足了。这种平和的家庭气氛让阿斯特丽德觉得很舒服，毕竟她的童年是在不安定中度过的。有一次在节日家庭聚会中，巴菲特的姐姐多丽丝冒失地问她和巴菲特生活得怎么样，阿斯特丽德的脸一下子红到了耳根，说巴菲特是"一个最适合一起过日子的男人"。

巴菲特很希望凯威特广场第14层能再安静点儿、再简单点儿、再朴素点儿，他“号称”那里是伯克希尔·哈撒韦公司的“全球总部”。尽管他的公司已经跻身《财富》全球500强了，但在80年代中后期总共只有11名员工：两名秘书、一名接待员、三名会计师、一个股票经纪人、一个财务主管、一位保险经理、格拉迪丝·凯瑟（一直是他的助理）和他这位老板。伯克希尔·哈撒韦没有律师，没有战略规划师，没有公共关系部门或人事部门，也没有门卫、司机、信使或顾问等后勤人员。不像其他现代金融企业，公司里甚至没有坐在相连的电脑终端前的一排排的分析师。

公司这种简单的风格是巴菲特特意安排的，以使风格尽可能简约。如果他雇了一层楼的股票经纪人，那么他们肯定会自己去找点儿可做的买卖；如果他聘请了律师，那么他们毫无疑问会找人打官司。

一个机构精干的组织会把时间都花在打理业务上，而不是花在协调人际关系上。

华尔街曾有个投资银行家长途跋涉来到奥马哈这座投资城堡，当时的所见所闻让他终生难忘。这位名叫约翰·奥特的银行家来自贝尔斯登公司，他在第一次看到简朴的红狮饭店时就吃了一惊。与他同行的客户准备出售一家天然气公司，当他们告诉饭店的门卫要去伯克希尔·哈撒韦公司时，门卫目光呆滞地看着他们，好像没听说过一样。费了九牛二虎之力，他们总算找到了凯威特广场，这座位于比萨店对面的小楼更是让他们大跌眼镜，在办公楼内外都没有任何沃伦·巴菲特的公司标志。

巴菲特穿着一双像是在超市里买的廉价鞋接见了他们。简单寒暄几句之后，他要求约翰·奥特的客户大概介绍一下情况，此时巴菲特就变得全神贯注了。他双唇紧闭，眉头紧蹙。听对方介绍了一个半小时之后，巴菲特提了几个问题。天然气行业是头绪繁多的，会受到监管当局严格的管制，也会涉及较多的法律问题和社会问题。约翰·奥特事先给巴菲特寄了一些材料，巴菲特对此已是心里有数。当这个客户透露新信息时，巴菲特又重新计算了一些财务数据。约翰·奥特发现巴菲特没带记事本，也没有助理跑进跑出为他提供一大堆数据资料。他唱的完全是独角戏。三四个小时后，巴菲特根据他所掌握的情况报了个价。这回他又让约翰·奥特目瞪口呆了，因为一般的首席执行官不会只面谈一次就报价的。最后，这笔生意告吹了。

巴菲特总能从纷繁复杂的线索中抓住要旨，这是他的一种天赋。他能够精妙地把握住问题的实质，而且说话办事都干练爽快。他认为一个公司如果有太多的领导层，反而会分散大家的注意力，尽管中层管理者可能都是一些聪明、热情而又好心的经理人。但是巴菲特认为他们所做的许多“工作”都是不必要的。巴菲特的格言是：“不值得干的事就不值得好好干。”他不喜欢拖拖拉拉的办事方式，也不喜欢拉锯战一样的讨价还价。他的谈判风格是想好一个价格，要么成交，要么走人，不过他一旦决定就绝不改变初衷。

巴菲特和比尔·斯科特两人负责整个公司的投资事宜，换成其他公司，估计得有几十个股票经纪人和分析师为之忙个不停。比尔·斯科特还不是全职工作，他每天下午3点钟就下班去一个波尔卡舞伴奏乐队表演。几乎在所有情况下，巴菲特都是一个人安安静静地进行研究并做出投资决定（有时候会通过电话与芒格商量一番）。与这个一个半人的投资团队相比，投资组合规模与伯克希尔·哈撒韦相当的哈佛大学基金会的职员竟然超过了100人。

巴菲特在凯威特广场的同事不过是他的陪衬，这不会妨碍他的思绪，他们并不发挥太多的主动性，也不会犯什么过错。巴菲特的女儿苏珊说：“办公室里的那些人都不怎么说话，只是埋头干自己的事。”

巴菲特最重要的职员要数他的助手兼秘书格拉迪丝·凯瑟。她负责把所有的来访者拒之门外，语气平淡地回答各种问题。

负责财务的维恩·麦肯齐是内布拉斯加州弗里蒙特市人。他身材瘦小，蓝色的眼眸里透出坚毅的目光。他对巴菲特忠心耿耿，自20世纪60年代以来，麦肯齐从来没有要求巴菲特加薪。“如果我觉得自己做得不够，或者他不够满意，那么肯定是我错了。”麦肯齐语带自嘲地说道。20世纪六七十年代，巴菲特给他的薪水很微薄；但到了1986年，他拿到了19.8万美元的年薪。

自70年代早期麦肯齐从新贝德福德回到奥马哈以来，巴菲特从未在他面前大声说过话，也从未向他坦露过自己内心的想法。“如果我觉得可能会伤害到他，我就会保持沉默，”麦肯齐说道，“不过巴菲特有时很内向，我想跟他深谈也不可能。”

这群忠实的同事中没有人能像巴菲特这么聪明，也没有谁会去打扰巴菲特宁静的思绪。巴菲特与员工们相处得很融洽，但是不如和朋友在一起时话那么多。除非有客人来需要应酬，否则他会单独进餐，一般是叫秘书去麦当劳订餐——“要一个1/4磅的奶酪汉堡，再来一份薯条”。巴菲特曾与两个儿子谈起一起经商的想法，可惜他的公司没有空闲职位可以留给他们。芒格说，幸好伯克希尔·哈撒韦旗下公司（如喜诗糖果公司）的负责人不在同一间办公室工作。他的属下都知道想和巴菲特比肩是“自不量力的做法”，他的神通广大是可望而不可即的。

巴菲特曾经收过一个徒弟，名叫丹尼尔·格罗斯曼，是个生于奥马哈的年轻网球明星，在斯坦福大学获得了工商管理硕士学位。不过，格罗斯曼不愿谈这些经历，据同事们说，他看起来不太适应工作环境，很有可能是因为巴菲特这个老师一般都保持缄默，没有目的他是不说话的。奥马哈的一个律师是这样评论巴菲特的：“他的脑子总是转个不停，在那儿工作没有分析型的头脑是不成的。”

我们不知道巴菲特希望与丹尼尔·格罗斯曼塑造一段怎样的关系。巴菲特的儿子彼得说：“这是父亲第一次尝试着把自己所学的知识传授给下一代，可惜没有成功，他也觉得很为难。”巴菲特从不给员工们布置任务，其实他也不需要他们帮忙。“如果丹尼尔想看看他是怎么工作的，想从他那里学习一点儿操作经验，那么这是不太现实的。”巴菲特的女儿说，“你什么东西都看不见，所有财富都装在他的脑子里。”在办公室里巴菲特总是坐在那里沉思或阅读一些东西。[1]丹尼尔·格罗斯曼最终放弃了，不过他后来在加州成了一名出色的投资者。

1986年，巴菲特破天荒地买了一架二手猎鹰飞机。与其他公司的豪华飞机相比，这架只花了85万美元的私人飞机显得有点儿寒酸。但是对于巴菲特而言，这已经算是破天荒地奢侈一把了，之前他一直批评有些公司热衷于摆阔。他在年度报告中还提起了这架飞机，戏谑地抱怨“太贵”“太奢华”了。尽管他并不喜欢公司购买飞机的做法，但他对这架飞机还是非常中意的。其实这并没有改变巴菲特的一贯作风，他只是飞到天上图个清静而已。他曾对朋友说他现在旅行更多了，很多民航客机上的乘客也都认识他了，他们经常向他打听股市上的事，而这正是最让他反感的事。

尽管巴菲特拥有投资天赋，但是他为人处世的方式使他很难成为一个优秀的经理人。他更擅长处理抽象的问题而不是琐碎的公司事务，他更喜欢和数字打交道而厌烦实际问题。在处理日常事务时，他不愿意与别人有太多的纠缠。

到了1986年，他管理的已是一个大集团企业，这是他之前没有

1. 巴菲特经常阅读的报纸杂志包括《华尔街日报》、《奥马哈世界先驱报》、《纽约时报》、《今日美国》、英国《金融时报》和各种杂志、行业周刊以及大量的财务报告。

想到的。为了取长补短，巴菲特避免在管理上插手太多，只负责管理出版《世界百科全书》的斯科特–费兹公司和喜诗糖果公司的业务以及其他重大决策。[1]巴菲特经常说，一个人其实并不需要面面俱通，但关键是要知道自己到底有几斤几两。巴菲特对自己的缺陷有自知之明，因此在管理上他会给经营者搭好舞台，但是不会跑到台上去表演，例如他不会对B夫人指手画脚。有许多管理者经常因为干涉下属的微观管理而给自己惹了一身麻烦，巴菲特大胆放手的做法反而使他避免了这个问题。

巴菲特从不要求旗下公司的负责人预测盈利情况。（计算机模拟程序是靠不住的，它经常会做出一些“错误的精确预报”。）巴菲特也不安排会议，喜诗糖果公司的总裁查克·哈金斯有20年没来奥马哈了。巴菲特更不会把他的伯克希尔·哈撒韦“文化”强加于人。在斯科特–费兹公司，曾在哈佛大学饱读经书的董事长拉尔夫·斯奇利用的是现代化的企业预算、战略规划工具，而B夫人用的则是完全不同的方法。但他们都对巴菲特感恩戴德，因为巴菲特给他们绝对的自主经营权，很少会让他们感到掣肘。

从这个角度来看，伯克希尔·哈撒韦确实是一个很奇怪的集团，它根本不像一个现代组织。现代社会是个专业化的社会，人们对专业化万分狂热。在各个现代组织，人满为患的现象日益严重，主要原因是历史学家、橄榄球教练和首席执行官们都害怕承担责任，甚至不敢拍板做出重大决策。

巴菲特的伯克希尔·哈撒韦公司在结构上就像亚瑟王的圆桌会议，

1. 他这种“甩手大掌柜”的管理方式有个特例：他会决定喜诗糖果和《布法罗新闻报》的涨价幅度。

整个组织的权力链只有两层——执行人和巴菲特本人。作为首席执行官，巴菲特可以雇用或解雇执行经理，并控制他们的资金动向。他的第三项工作就是激励员工，因为下属中有些人就是他的朋友，例如斯坦福·利普西。

拉尔夫·斯奇利与巴菲特的关系仅限于在工作场合。他每月给巴菲特交一份财务报告。(巴菲特要所有公司都给他提供这样的报告，而且他能把这些数字都牢记于心。）偶尔，拉尔夫·斯奇利也会给巴菲特手写一份简单的经营情况介绍，每个月他们都会通过电话交谈一次。但是，拉尔夫·斯奇利必须主动打电话，因为巴菲特从不会主动给他打。在经营企业方面，拉尔夫·斯奇利拥有相当大的自主权，这对其他公司的高管而言是很难得的。

有一次，拉尔夫·斯奇利计划重新调整《世界百科全书》的销售经理，虽然巴菲特对此表示怀疑，但还是放手让他去干了。结果这次人事调整的后果被证明是灾难性的——销售量下滑了20%。“这种事绝不会再发生了。”拉尔夫·斯奇利最后承认了自己的失策，但是巴菲特也没有数落过他一言半语。

除了在每年6月30日和12月31日拉尔夫·斯奇利必须把利润上交给奥马哈以外，他觉得每一天的业务都是自己家的。在现实中，他可以像对待自己的生意一样长期经营公司的业务。与伯克希尔·哈撒韦的其他经理人一样，他会因为业绩优异而获得加薪。(只有巴菲特和芒格除外，他们的年薪为固定的10万美元。）拉尔夫·斯奇利因为巴菲特的人格魅力而深受感染。用拉尔夫·斯奇利自己的说法：就像小孩给家长汇报成绩一样，他不愿给巴菲特带去任何坏消息。

“巴菲特在我们心中注入了一种独一无二的责任感，”拉尔夫·斯奇利解释说，“我们不能像巴菲特管理我们一样管理斯科特-费兹公司。我们企业的办公室有40人。我们有预算、有年度计划和长期计划，还得制定公司规则。我们和伯克希尔·哈撒韦公司可不一样。”

如果巴菲特有什么地方会让经理们抱怨的话，那就是他为人太孤僻了。他从不愿意主动表态，如果别人询问他有什么建议，他总是三言两语就说完了。一个经理人说他偶尔会“漏点儿真经”，这正是巴氏禅宗派资本主义教义，他总是欲言又止，好像他的经理人也是他的“门徒”一样。

但是，对于有些经理人而言，偶尔“漏点儿真经”是远远不够的。当波仙珠宝店的负责人去世后，接替他的是商界新手、他的女婿唐纳德·耶鲁，唐纳德需要有人手把手地帮自己。唐纳德发现巴菲特对数字很在行，但不情愿或者不能够帮助他熟悉如何经营业务。当他问巴菲特一些经营问题时，巴菲特总是泛泛而谈或是搪塞过去。

巴菲特胸襟宽广，从没解雇过任何经理人，他从事投资业长达几十年，做到这一点真是难能可贵。20 世纪 70 年代，他显然对位于伊利诺伊州莫里斯山的国民州立银行董事长乔治·阿得顿心有不满，该银行是伯克希尔·哈撒韦旗下的一家小型企业。（巴菲特给他写信说他的报告不准确，太让人“恼火”和“心烦”了，这已是巴菲特最严厉的措辞了。）但他没有开除阿得顿，而是把银行给卖了。

巴菲特解雇下属的谨慎态度当然对公司经营有利。巴菲特对人忠诚宽厚，他甚至认为“人”的因素也是持有某只股票时需要考量的。他喜欢用平和的方式激励人，而不喜欢用棒子催着人走。他不喜欢与人对立，所以人缘相当好。在一篇典型的公司赞歌中，他写道：

> 当我叫经理们的名字时，如布朗金、弗里德曼和赫尔德曼家族，还有查克·哈金斯、斯坦福·利普西和拉尔夫·斯奇利，我就觉得热血沸腾。我想只有米勒·哈金斯在 1927 年宣布他的纽约洋基棒球队的豪华阵容时，才能体会到和我一样的荣耀。

尽管他的事业获利颇丰，不过企业的发展速度并不够快，巴菲特对此是负有一定责任的。他对再投资过分谨慎，也许这是因为他在纺织业上遭遇过滑铁卢吧。因此，《世界百科全书》过了很久才开始发行电子版，波仙珠宝公司也错过了增加店面和做大品牌的好时机。

其实，巴菲特并不是不愿扩展业务，他只是要求布朗金、利普西或斯奇利向他证明他们能挣到的钱比让他和芒格在别处投资挣得更多。如果不能说服巴菲特，他们就只能按惯例把红利送往奥马哈。巴菲特对自己也是这么要求的，如果他和芒格找不到更好的投资机会，那么他宁可让伯克希尔·哈撒韦暂时停止发展，把红利还给股东。

a

b

a
巴菲特的父母霍华德·巴菲特和利拉·斯塔尔。
（照片提供：内布拉斯加大学）

b
未来的资本家和姐姐多丽丝。
（可能摄于 1931 年，照片提供：多丽丝 · 巴菲特 · 布莱恩特）

a

b

a

1942年，霍华德·巴菲特历尽艰辛当选众议员之后的全家福。沃伦·巴菲特当时12岁，从照片上看，他似乎对于搬到华盛顿并不是那么兴奋。（刊登于《奥马哈世界先驱报》）

b

霍华德·巴菲特是一位极富道义责任感的翩翩君子，甚至拒绝了国会给他加薪。但是，沃伦·巴菲特并没有沿袭父亲极右翼的政治路线。
（照片提供：约翰·F·萨瓦奇图片社，由奥马哈西部遗产博物馆拥有）

a

b

c

a
巴菲特和妹妹罗伯塔、姐姐多丽丝摄于华盛顿，背景处的房子是邻居家。
（照片提供：多丽丝 · 巴菲特 · 布莱恩特）

b
尽管巴菲特在大学时代性格内敛，但是他的朋友，年轻才俊杰里·奥兰斯让他在宾夕法尼亚大学的校刊《宾大画报》上看起来十分善于搞怪戏谑。
（照片提供：宾夕法尼亚大学档案馆）

c
“喜欢数学……是一个未来的股票经纪人。”（1947 年 6 月，伍德罗 · 威尔逊高中年鉴）

a

b

a

本杰明 · 格雷厄姆和他的第三任妻子埃丝特尔在一起。照片大约摄于 1950 年，当时巴菲特刚刚师从格雷厄姆学习投资学。格雷厄姆教授给了巴菲特一个 A+ 的成绩，埃丝特尔则把自己的钱交给了巴菲特打理。（照片提供：马乔里 · 格雷厄姆 · 詹尼斯）

b

巴菲特的“哲学家朋友”查理·芒格。两人的想法有诸多惊人的相似之处，连他们自己都觉得不可思议。（照片提供：查理 · 芒格）

a

b

c

a

苏珊当时留着和杰奎琳·肯尼迪一样的发型，她坚决反对丈夫做全美国最后一个留平头的人。照片摄于1962年，在巴菲特家，他们正为苏珊的父母举办结婚纪念日庆祝晚会。（照片提供：汤姆 · 罗杰斯）

b

西伯里 · 斯坦顿心系纺织业，巴菲特则不然。（照片提供：思宾纳出版公司）

c

伯克希尔·哈撒韦的纺织厂。它旁边的钟塔是标志性建筑，位于新贝德福德南部三层高的楼房之间，之前这里曾是一片兴旺的商业区，穿过小城的河流就在工厂右边。
（约瑟夫 · D · 托马斯　摄）

a

b

a

巴菲特抵达新贝德福德机场,参加牵动他一生命运的董事会会议,他接手了伯克希尔·哈撒韦公司。

b

本杰明·格雷厄姆回到自己在西班牙塞维利亚的故乡，飞来迎接他的鸽子还不及迎接巴菲特的多。照片摄于 1964 年。（照片提供：小本杰明 · 格雷厄姆和詹内特 · 洛）

a

b

a

巴菲特和苏珊。照片于 1966 年摄于加利福尼亚州拉古纳海滩。

（照片提供：小本杰明 · 格雷厄姆和詹内特 · 洛）

b

耳朵紧贴听筒，巴菲特看起来就像一只赚钱欲望极强的花栗鼠，年仅 35 岁的他已经挣下了 700 万美元的家业。（刊登于《奥马哈世界先驱报》）

a

b

a

早期的“年度会议”。在法纳姆大街的家中，巴菲特设宴招待自己的合伙人。照片摄于 1969 年。（照片提供：汤姆 · 罗杰斯）

b

在巴菲特的倡议下聚集一堂的“格雷厄姆团体”。他们想听一听恩师对于 1968 年不断创新高的股市有什么高见，不过来到圣迭戈的科罗拉多饭店，格雷厄姆首先让他们做了 10 道正误判断题。照片中从左到右依次为沃伦 · 巴菲特、罗伯特 · 布拉斯腾、本杰明 · 格雷厄姆、戴维 · 戈茨曼、汤姆 · 纳普、查理 · 芒格、杰克 · 亚历山大、亨利 · 勃兰特、沃尔特 · 施洛斯、马歇尔 · 温伯格、爱德华 · 安德森、被遮住半张脸的巴迪 · 福克斯和比尔 · 鲁安，罗伊 · 托尔斯当时在给大家照相。（照片提供：杰克 · 亚历山大）

a

b

a
“证券分析之父”本杰明 · 格雷厄姆。照片摄于 1970 年前后。
（照片提供：马乔里 · 格雷厄姆 · 詹尼斯）

b
巴菲特夫妇摆了个经典造型：苏珊坐在巴菲特的大腿上。照片摄于 20 世纪 70 年代。
（照片提供：汤姆 · 罗杰斯）

a

b

a

20 世纪 70 年代中期，巴菲特与自己的两个最爱：苏珊和百事可乐。（照片提供：汤姆 · 罗杰斯）

b

巴菲特关闭合伙企业之后不久，巴菲特夫妇和儿女霍华德、小苏珊及彼得在一起。巴菲特面前的那个咖啡杯肯定是临时摆出来装酷的。（照片提供：彼得 · 巴菲特）

a

b

a
登台演出的苏珊“充满激情，让人眼前一亮”。（刊登于《奥马哈世界先驱报》）

b
巴菲特对《华盛顿邮报》投资 1 000 万美元，荣登该公司的董事宝座，也成为《华盛顿邮报》那位对数字不敏感的董事长凯瑟琳·格雷厄姆的莫逆之交和投资导师。后来，巴菲特在该公司的投资超过了 4 亿美元。（照片提供：比尔 · 多诺万）

a

b

a

1980 年，神采奕奕的巴菲特在纽约大都会俱乐部参加自己 50 岁的生日聚会，当时他的身家已经接近 2 亿美元。

（照片提供：比尔 · 多诺万）

b

“芒格船长”在澳大利亚的约克角半岛展示一条自己刚钓上来的石斑鱼。他是在明尼苏达州获得这一美誉的，当时他开着一艘汽艇，巴菲特也在船上，那一次差一点儿把巴菲特淹死。（照片提供：艾拉 · 马歇尔）

B 夫人在盛怒之下离开了巴菲特的卖场，在它对面另立门户，她是唯一与巴菲特不欢而散的合作伙伴。当年她已是 95 岁高龄。
（刊登于《奥马哈世界先驱报》）

a

b

a

巴菲特与汤姆·墨菲在一起的时候总是笑脸迎人，汤姆·墨菲是他最推崇的首席执行官，帮他赚了 25 亿美元。他们正在参加大都市公司和美国广播公司在凤凰城安排的度假活动。（照片提供：大都市公司 / 美国广播公司）

b

巴菲特给儿子霍华德买下一个农场，不过霍华德得按市场价格付给父亲租金。（照片提供：霍华德 · 格雷厄姆 · 巴菲特）

a

b

a

巴菲特的儿子彼得小时候觉得,他那作为投资者的父亲完全在自己的太阳系里运转。直到彼得在音乐上取得一些成就之后，父子俩才学会彼此沟通。
（照片提供：彼得 · 巴菲特）

b

美国运通公司的董事长詹姆斯 · D · 罗宾逊三世和巴菲特一贯的投资原则格格不入。当巴菲特决定投资美国运通公司时，他的朋友们都惊得目瞪口呆。
（照片提供：詹姆斯 · D · 罗宾逊三世）

a

b

a
“华尔街之王”约翰 · 古特弗罗因德。（照片提供：拉里 · 巴恩斯）

b
在伯克希尔 · 哈撒韦公司年会上，巴菲特手里拿着自己最喜欢的“鸡尾酒”。（照片提供：拉凡纳 · D · 拉姆西）

第16章

大崩盘

我从未见过谁能够预测市场。

——沃伦·巴菲特，伯克希尔·哈撒韦公司1987年年报

20 世纪 80 年代中期，伯克希尔·哈撒韦的保险业飞速发展。其中打头阵的当属国民赔偿公司，它的总部在奥马哈，纽约和其他地方都设有办事处，为巴菲特赚取巨额利润并提供了大量投资所需的资金。用巴菲特的说法，保险公司的浮存金就是“许诺”未来可能要给投保人的钱，保户首先以现金支付，而且将来不一定会提出索赔。巴菲特对保险业中涉及的计算都了然于胸。巴菲特几乎在考虑所有问题的时候都会想到数学概率，包括赛马、飞机失事甚至是发生核战争的可能性。有一次，一共有 25 人来参加格雷厄姆门徒的聚会，巴菲特跟卡罗尔·卢米斯打赌说在来客中至少有两人的生日相同，卡罗尔·卢米斯起初不相信，后来竟然惊奇地发现巴菲特的判断是对的。巴菲特的解释很简单，却又让人意想不到，因为从概率的角度来计算，这种可能性为 60%。保险业其实也是用概率来计算生活中所有可能性的。巴菲特的保险事务主管约翰·伯恩永远忘不了在华盛顿的一个大学生俱乐部里第一次遇见巴菲特的情景。巴菲特当时带着 3 个骰子，上面的花色与普通的骰子不太一样。巴菲特提议让伯恩随便挑一个，然后他从剩下的两个里面再拿一个。巴菲特信誓旦旦地说，只要掷上 20 次，他就能赢约翰·伯恩。“我赶紧拿出夏普计算器进行计算，”伯恩回忆说，“因为我不想在自己的强项上丢人。”

> 计算了可能性后我挑了一枚骰子，巴菲特从剩下的两个中挑了一个，结果他赢了 14 次。他说：“还玩吗？赌一顿午饭吧。”这次我挑了他赢的那枚骰子，结果他又赢了 16 次。我又拿出计算器来算，可是巴菲特坐在那儿正狡黠地咧着嘴乐。

因为这几个骰子是相互牵制的，只要你选对了骰子再玩上足够多的次数，你就永远也输不了。保险业亦是如此：只要你能计算出飓风或 3 辆车相撞的可能性，并相应地制定价格，那么你就像玩这种骰子一样永远不会输。

巴菲特对保险业的关心远远超过其他业务。他知道保险的发展往往会超过自己原先的预期，这和糖果业的发展不一样。当然，其他行业的发展历程中所经历的曲折和保险业相比可谓小巫见大巫。70 年代，发生在佛罗里达州的汽车保险骗局和加州工人要求加薪的风波使伯克希尔·哈撒韦公司元气大伤，公司被迫关闭了在得克萨斯州、明尼苏达州和艾奥瓦州的保险机构。伤亡事故巨额赔偿金的日益增长也使公司的日子越来越不好过。当巴菲特与国民赔偿公司的经理们见面时，他只说了一句话："跟我说说有什么坏消息吧。"但是，不管他们多么努力，保险商们总是对自己的损失估计过于乐观。

1982 年，巴菲特实际上承认了自己在保险业务经营上的失败，他聘请了年仅 36 岁、之前在伯克希尔·哈撒韦工作过几年的麦肯锡公司前任顾问迈克尔·戈德伯格来打理公司的保险业务。和巴菲特手下其他远离奥马哈的经理人不同，戈德伯格的办公室就在凯威特广场上巴菲特办公室的隔壁。如果还有人能在这种清冷的工作环境中干出点儿名堂来，那估计就要数戈德伯格了。戈德伯格觉得巴菲特其实要找的是一个"个性不要太强的人"，他正是这样的上佳人选。

戈德伯格是一个瘦削的纽约人，充满活力。有位同事说，谁也不会怀疑戈德伯格的智商有 180。不过，作为一个毕业于纽约布朗克斯理科中学的优等生，他的身边还有更多聪明绝顶的人。巴菲特认为，戈德伯格的价值在于他对风险的敏感度甚至超过了自己。除了工作，戈德伯格对什么都漠不关心，他的那辆奥兹莫比尔牌的座驾破烂不堪，有次把他一个下属的外衣都蹭坏了。当时他的年薪已高达 200 万美元，他和妻子尚未生养小孩，住在离巴菲特家不远的一套两户合住的公寓里。

但他与巴菲特不常来往。他们的关系只限于保险事务，巴菲特经常找他谈论一些数学问题。(总是巴菲特去他的办公室，这样巴菲特就可以借机离开办公室。) 戈德伯格偶尔也会拿一些保险条款去征求巴菲特的同意。但巴菲特明确表示，他不想花很多时间来回答问题，他只是给戈德伯格的团队指明一个大致的方向而已。

伯克希尔·哈撒韦最喜欢的业务就是“再保险”，这其实是一种批发型保险销售业务。与向家庭和司机销售几千份小型保单不同，再保险业务把保险公司自己的投保分销给其他几家同行，让它们共担风险。这是典型的“长尾”业务，因为很久之后才会有人要求索赔。因此，一家再保险公司可以把保费长期投资于预备金，直到最后一刻才知道它的盈利或损失是多少，所以许多再保险公司过分乐观地估计情形也就不足为奇了。巴菲特十分睿智地形容说：

> 最开始时，每天一大早你就能接到增加了很多现金流而鲜有索赔的好消息。它给人带来一种愉悦感，甚至是近乎天真的喜悦，就像一个人第一次拿到信用卡时的那种兴奋。

不过，保险业内部的竞争步伐一直都没有停歇过。巴菲特认为，保单数量的增加与一般的商品不同，它只需承保人签个名就行了。因此当保险费率升高后，新的保险公司就会像雨后春笋一样出现。这常常会引发周期性的保费下降。80年代的前5年就是这样，保险费一直不高。但巴菲特对保险业衰退局面的反应与众不同。

巴菲特喜欢把这项业务与扑克牌联系在一起，这样在考虑具体的输赢比率时就形象得多。每隔一年，他就会和汤姆·墨菲、查理·芒格和其他一些朋友到加州的圆石滩去打高尔夫球或桥牌。他们经常会想出一些名目繁多的赌注。20世纪80年代初，有一年，政府雇员保险公司的董事长约翰·伯恩想出了一个新花样。他说，如果那个周末有人打高尔夫时能一杆进洞，他就拿出1万美元，否则别人每杆都要给他 11 美元。大家都跃跃欲试，只有巴菲特冷静地计算了一番，认为 11 美元一杆的“保费”太高了。朋友们都不敢相信这个亿万富翁会这么抠门，都开始嘲笑他。巴菲特也笑着说，在他看来，11 美元的赌注和 1 100 万美元并没有区别。他总是把自己的钱包看得死死的。

巴菲特在经营保险业时也是如此。当别的公司为了保住市场份额而纷纷降低保费时，巴菲特则认为这纯粹是在碰运气，他和戈德伯格不愿效仿这种做法，他们宁可让公司的总保费收入在 1980—1984 年从 1.85 亿美元下降到 1.34 亿美元。如果某一行不再赚钱了，那么巴菲特宁可不干这行。他在 1982 年认为，亏损会让一些保险公司对继续经营望而却步，他只要坐看风云变幻就行了。

人们自然想了解为什么别的保险公司不采取巴菲特的做法。因为这些公司的股东和经理人接受的教育是要注重公司的“稳定”增长，放弃到手的业务是与这种精神不相符的。伯克希尔·哈撒韦的保险业务则没有这种压力，因为公司也没什么“保险文化”。纽约分公司的总裁康斯坦丁·伊沃达奴说当他在写保单的时候，心里很清楚自己在拿“巴菲特的支票簿”作赌注，这就避免了伊沃达奴在工作中盲目地碰运气。

到了 1985 年，保险市场果然江河日下。保险业遭受了巨大损失，很多公司出现了赤字，不得不缩小承保范围。巴菲特认为“承保能力”更多的是一种“心理判断”，而和公司的“实际能力”无关。1985 年，许多公司的“心理判断”和资金供应都一落千丈，于是保险费率又大幅上升。

巴菲特现在可以从之前的保守态度中获取双倍的盈利了。商业大客户认识到来自一个资金不充裕的保险公司的承诺其实是毫无可信度的。现在客户追求的是服务品质，而伯克希尔·哈撒韦保险公司的资金规模是其他公司平均水平的 6 倍，它的资产负债表也是全美国同行中最棒的。因此，当伯克希尔·哈撒韦开出了一个富有吸引力的保单价格之后，它的顾客就变得源源不断了。

1985 年，巴菲特打出一则惊人的广告，愿意以 100 万美元以上的保险金为难以找到承保人的大客户承保任何风险。相应地，投保当事人必须自报价格。如果巴菲特或戈德伯格认为某项投保不合理，那么他们会断然拒绝，绝不给客户第二次报价机会。这一招立刻给伯克希尔·哈撒韦带来了 1 亿多美元的保费收入。

这种强者愈强的局面在再保险行业中尤为明显。一些传统保险公司的损失越来越大，它们为了生存而苦苦寻求支撑。再保险公司的日子也不好过，很少有再保险公司敢再接保。它们在保费比较低的时候遭受了损失，此时在任何价位都不敢承保了。巴菲特用马克·吐温的形容来描述这种“一朝被蛇咬，十年怕井绳”的心态：“如果一只猫曾经在热炉子上烫到了屁股，以后它就再也不敢往上坐了，哪怕炉子是冷的。”

伯克希尔·哈撒韦则不同，它之所以敢接任何大的保单，主要得力于它雄厚的资金规模和巴菲特的“心理判断”。只要风险与保费的比率合适，巴菲特甘愿承担任何大风险，哪怕是损失高达 1 000 万美元的地震灾害。在 1985 年的报告中，巴菲特语气激昂地说：“现在太阳从西边升起来了，我们拥有别人所没有的承保能力。”1986 年，伯克希尔·哈撒韦的保费收入高达 10 亿美元，是两年前的 7 倍，这为它提供了 8 亿美元，可用于再投资的浮存金，第二年浮存金的规模更是达到了 10 亿美元。

到了 1987 年，伯克希尔·哈撒韦的资金更加充裕，但是人们并不知道巴菲特将如何使用这些钱。巴菲特开玩笑说：“宁可买好股票，也不买好飞机。”可惜，当时他找不到便宜的股票，那时的股市正值牛气冲天。当年春天伯克希尔·哈撒韦召开年会时，道琼斯指数上蹿到让人眼前一亮的 2 258 点，伯克希尔·哈撒韦的股价为每股 3 450 美元。除了“永久”保留的大都市公司、政府雇员保险公司和《华盛顿邮报》3 只股票之外，巴菲特已经悄悄地卖掉了其他股票，但他很难找到可以重新投资的地方。

巴菲特并不相信所谓的市场预测，他提醒伯克希尔·哈撒韦的股东不要忘记，当道琼斯指数只有 400 点时，本杰明·格雷厄姆依然预计市场会继续走低。不过，巴菲特还是没有掩饰住自己的悲观情绪。他有一次在回答别人提问时说，当时的股市平均市盈率已经达到了 20 倍左右，因此如果股市被整体腰斩，他一点儿都不会觉得奇怪。最近股价上涨的幅度已经超过一些公司每年 12%~13% 的实际盈利水平，巴菲特认为股市正处于一个危险地带。

有个对多年前的情形仍记犹新的股东问巴菲特，目前股市的状况是不是很像 1969 年，当时巴菲特关闭了合伙公司。巴菲特回忆说：“那时没有太好的投资机会，我就退出了市场，把钱都还给了合伙人。”但是，现在的巴菲特已不能退却，因为他旗下的保险公司、B 夫人等都在源源不断地给他输送弹药。他需要一个可以投资的天堂。

那年的春夏两季，股市的牛市氛围愈演愈烈，道琼斯指数在当年 7 月达到 2 500 点，到了 8 月更是上扬至 2 700 点。许多人从牛市中大发横财，但像巴菲特这样在一旁观望的人错过了 20 世纪最大的一波股市上涨的行情。虽然伯克希尔·哈撒韦的股价又创造了新纪录，达到了每股 4 270 美元，但这几乎已经无关紧要了。同 1969 年一样，巴菲特又把钱投到了地方政府债券上，因为他找不到其他更好的投资机会。不久之后，他接到了所罗门兄弟公司老板约翰·古特弗罗因德的电话。

自从 10 年前帮政府雇员保险公司渡过难关，古特弗罗因德与巴菲特的联系越来越紧密。古特弗罗因德由于位高权重，所以常有一种高处不胜寒的感觉，他常打电话向巴菲特求教。巴菲特对古特弗罗因德也很敬佩，认为他是个出类拔萃的投资银行家。古特弗罗因德以辛辣讽刺的语风而闻名，但是他在处理业务时还是很保守的。尽管他知道每笔交易的利润都相当丰厚，但他还是拒绝让所罗门兄弟公司承销垃圾债券，而且拒绝为客户进行恶意收购。与之相反，他让所罗门兄弟公司把注意力都集中在主营交易业务上。在查理·芒格看来，古特弗罗因德体现了所罗门文化中特有的贵族气质，尤其是在投资审慎这方面，古特弗罗因德身上有一种新一代高管层所不具备的独特品质。

当年夏天，巴菲特向古特弗罗因德提出，如果所罗门的股价再便宜一点儿的话，他将有兴趣大量买进。尽管当时所罗门的股价已经比最高位低了 1/3，但巴菲特还是不够满意，它的业务正好遇上了麻烦。

当时，所罗门最大的股东矿藏和资源公司正蠢蠢欲动。矿藏和资源公司受控于南非的哈里·奥本海默公司。它委托一位投资银行家菲利克斯·鲁哈顿声明，矿藏和资源公司正迫不及待地要出售资产。尽管所罗门 14% 的股票正攥在别人手里，但是古特弗罗因德还是随波逐流地听之任之，这是个致命的做法。到了 9 月中旬，当他得知菲利克斯·鲁哈顿找到的买主竟然是罗纳德·佩雷尔曼的露华浓时，不由惊得目瞪口呆。

不得已，古特弗罗因德只能向这些投资银行家屈服了，他同意让所罗门接受被收购的命运，他从未想到自己会落到这一步田地。一年前他在一次收购其他公司的圆桌会议上还有说有笑，当时与会的还有布恩·皮肯斯、著名并购律师乔·弗洛姆、德雷克塞尔公司总裁弗雷德·约瑟夫、检察官鲁道夫·朱利亚尼、收购商詹姆斯·戈德史密斯爵士和巴菲特。当时的主持人刘易斯·卡登虚设了一个“哈里”的形象，这是一个致力于公司长期价值的传统型首席执行官，他突然间遭受到了收购商的威胁。

古特弗罗因德：我们别再浪费时间讨论哈里了。

主持人：（认同哈里的作用）你这是什么意思？这家公司可是我一手创办并逐步发展壮大起来的。

古特弗罗因德：你之前确实干得很不错。但是对不起，这就是现实，董事会有权开除他。

主持人：开除他公平吗？

古特弗罗因德：这不是公平不公平的问题。时光无法倒流，不管是改善管理后自力更生还是被别人接管……哈里都已成为过去了。

现在，当古特弗罗因德照镜子时，发现"哈里"正盯着自己呢！

古特弗罗因德同意与佩雷尔曼会面。佩雷尔曼向他保证"收购的动机是友善的"，并希望古特弗罗因德能留下来。但佩雷尔曼希望自己在董事会能有两个席位，并暗示最多会买下25%的股票。古特弗罗因德听毕显得很镇定。

所罗门的支持者们很快就发现佩雷尔曼派来的代表是布鲁斯·沃萨斯坦，因此担心如果佩雷尔曼获得控股权，布鲁斯·沃萨斯坦很快就会掌握公司的主动权。佩雷尔曼对这种猜测嗤之以鼻，表示自己不会掏腰包为沃萨斯坦找一份好工作。尽管如此，但是除了对所罗门的整体业务表示赞赏，佩雷尔曼并没有明确表示自己的收购动机。不过无论如何，古特弗罗因德和所罗门的人还是不信任佩雷尔曼。菲利克斯·鲁哈顿说："他们认为沃萨斯坦和匈奴王阿提拉一样富有侵略野心。"佩雷尔曼当时正对吉列发起第二次恶意收购进攻，并从中大捞好处。所罗门兄弟公司的精算师马丁·莱博维茨说："人们不可能会为佩雷尔曼工作，我们都不是那种人。"

可惜啊！所罗门过于粗心大意了。对于矿藏和资源公司，其实只要有人愿意开出理想的价格，他们就会同意转让股份。所罗门自己买不起，佩雷尔曼则准备以每股 38 美元的价格买进（当时的市场价为每股 30 美元多一点儿），总收购价约为 7 亿美元。此时正值 9 月 21 日（周一）早上，鲁哈顿认为所罗门最多只能争取在周末前再找到一个买主了，于是古特弗罗因德不得不往奥马哈打了电话。

没过两天，巴菲特就安排在纽约与古特弗罗因德和所罗门的首席财务官吉拉德·罗森菲尔德会面，地点是在古特弗罗因德的法律顾问马蒂·利普顿的办公室。巴菲特独自一人踱进了房间，他套了一件蓝白相间的泡泡纱衣服就来了，而且衣服的里衬已经磨破，胳膊下还夹了张报纸。看到这副穷酸相，吉拉德·罗森菲尔德不由得倒吸了一口冷气，难道此人就是所罗门的救世主吗？

巴菲特和古特弗罗因德两人很快就切入主题，互相试探对方的意图。半小时后，罗森菲尔德也加入了谈话。巴菲特开始向他询问所罗门的经营前景，包括 5 年内股价能抬升到什么水平。他们一致认为大概可以上升到每股 65 美元左右。巴菲特认为让他买进大量普通股太冒险了，只要伯克希尔·哈撒韦的税后年收入增长能达到 15%，他就更愿意投资于一种可转换优先债券。大家都已经明白巴菲特心中的这种想法已经越来越明确了。

可转换优先债券在很大程度上也是华尔街金融创新的产物。它有债券的属性——固定的息票和债券发行人的本金保证，持有人还可将其换成普通股。人们把它形象地称作“优质国库券”，持有人的投资风险较小，而且机会合适的时候持有人还可以大赚一笔，尽管利润不如购买普通股那么高。

巴菲特坚持要 9% 的利息回报和两个董事席位——一个给自己，另一个给芒格。所罗门的高管对此展开了激烈讨论，他们认为巴菲特给自己争取的条件过于优厚了。他们说：“这给人的感觉是，买方给的溢价很低（每股只有 38 美元），要求的分红却很高，他两样都占全了。”所罗门芝加哥办事处的负责人威廉·麦金托什回忆说，伯克希尔·哈撒韦公司每年得到的6 300万美元分红（与其他公司的同类收入一样）基本上是免税的。但在另一方面，巴菲特的资金可以将所罗门从矿藏和资源公司手中买回来，同时还避免了来自佩雷尔曼的威胁。在所罗门高管的心中，巴菲特和佩雷尔曼之间的人心向背不言自明。

周六晚上，古特弗罗因德与佩雷尔曼在纽约市东部幽雅的雅典娜广场酒店见了面。这一次，古特弗罗因德礼貌而直率地告诉对方，佩雷尔曼不是所罗门欢迎的投资者。两天后，受挫的佩雷尔曼说他愿意接受和巴菲特同样的条件，还可以少拿利润，不过他威胁说如果遭到拒绝，他将在公开市场上买断所罗门的控股权。古特弗罗因德再次拒绝了他。

接着古特弗罗因德告诉公司的董事们，要么让巴菲特成为最大的股东，要么就干脆换一个首席执行官。古特弗罗因德预言，巴菲特肯定能帮助经营好公司。其中一位股东莫里斯·格林伯格对此坚决反对，但董事会最终还是通过了这项决定。促成此次耗资巨大的交易的唯一原因其实是一种对未来的憧憬，那就是所罗门在巴菲特手中会比在佩雷尔曼手中运转得更好。

当9月底这条消息公布后，整个华尔街都震惊了。《华尔街日报》评论道：“这笔交易似乎对谁都合适，唯独一人除外。”巴菲特在一个投资公司里一次性投入了7亿美元，这是他迄今为止最大的一笔交易。巴菲特对古特弗罗因德十分尊敬，他后来曾说：“我和芒格都喜欢约翰，敬重他，信任他。”而且这笔交易的风险并不高。在华尔街声名显赫的贝尔斯登公司的首席执行官阿瑟·格林伯格认为巴菲特“为伯克希尔·哈撒韦的股东们做成了一笔好买卖”。如果古特弗罗因德处理不当，把市场拱手让人，就是他的失策。

不过负面批评声也是不绝于耳。《福布斯》的编辑艾伦·斯隆指出，巴菲特的融资使得所罗门屈从了矿藏和资源公司的讹诈。一些巴菲特的崇拜者也感到有些失望，因为他们认为巴菲特现在和华尔街的投机商已经是一丘之貉了。一年前巴菲特还语带揶揄地写到，如果有某位刚毕业的工商管理硕士问他致富捷径，他会一手捂着鼻子，另一只手不屑地指向华尔街。甚至连巴菲特最忠实的朋友卡罗尔·卢米斯都在《财富》杂志上感慨道：

> 巴菲特投资所罗门，其中最让人意想不到的地方就在于他与华尔街同床共枕了，而在过去，他一直对华尔街口诛笔伐。

事实很快就证明，巴菲特当时的判断是大错特错的。过去巴菲特只是所罗门一个非常重要而且备受礼遇的客户，而且他对所罗门的估计过于乐观了。两周后，所罗门宣布解雇 800 名职员并关闭两个部门，此举是为了减少 6 700 万美元左右的开支，这让人感觉到古特弗罗因德好像完全失控了。此番举措也引起了股市和债券市场上的普遍焦虑。

股市的长牛格局已经延续了 5 年。尽管在 1987 年的大部分时间，利率一直在上升（这会使公司的内在价值缩水），但是股市的表现依然抢眼。到了 8 月，道琼斯指数所涵盖股票的平均市盈率达到了让人感觉有些摇摇欲坠的 22 倍。

就像万事皆有因果一样，牛市也有自身的内在机理。1987 年，人们认为支撑这波牛市行情的是充裕的“流动性”。这种“傻瓜”理论认为：一些不知名的股民的资金（流动性）可以继续托起大盘。当时，日本股票的平均市盈率是 60 倍。尽管美国国内的股价已经高得离谱，但是日本的股价高得更邪乎，因此人们认为美国的股市还是比较安全的。当然这种解释没有提醒人们注意之前突然大涨的牛市行情也会以眼泪收场。当然，牛市就像恋爱一样，你的这一次恋情肯定也是之前所不曾拥有的。

威灵顿管理公司的高级副总裁宾克利·肖茨就是持这种观点的代表人物。他是毕业于哈佛商学院的工商管理学硕士，有三个孩子，而且对华尔街的情形了如指掌。他承认股市现在很火，而且动力十足：

> 股市吸引了许多外资，因为这里的股票比他们自己的要便宜一些。因此，这波牛市可能会持续下去，尽管它目前有点儿离谱。

其实股市价格偏高是大家心知肚明的，但大家依然坚信牛市还会延续下去。《商业周刊》声称“昨日的评价标准”今天已经失灵了。巴菲特觉得基金经理们已经放弃了对股票的评价标准，他说：“对他们而言，股票只是一种游戏符号，就像《大富翁》游戏里的顶针和熨斗之类的道具一样。”

在计算机股票软件的帮助下，基金经理们在市场这个“大篮子”里狂买股票，他们会先买几百万股通用汽车股票，再买几百万股美国电话电报公司股票，又买一些西屋公司的股票。同时在芝加哥还出现了股指期货。这是继猪肉和牲畜期货后的又一新型期货合约，它使人们可以对整个股市的走势进行投机交易。对格雷厄姆和多德这样的投资人来说，股票的价值当然来自相应公司的业务增长，但现在出现的一批投资人士会买下整个市场的股票，他们甚至不知道自己拥有了哪些股票，更谈不上进行风险分析了。

在华尔街，“资产再分配”的浪潮风起云涌。投资经理们第一次决定对“某类”股票，而不是具体的某只股票该投资多少。他们的投资总额一直摇摆不定，经常出现高换手率的情况。很多投资经理过分依赖计算机软件，甚至完全让计算机来操控交易。1987 年 9 月，《机构投资者》杂志告诫说，如果过分依赖技术专家，那么这种做法只会带来一种“自以为是的错误观念”。

但大多数人对这种警告置若罔闻。基金经理们都认为高科技的手段是万无一失的。按照这种策略，他们事先设定在市场价格下跌时自动卖出股指期货，跌幅越大卖得越多。因为他们认为售出期货比卖出股票更加容易，基金经理们觉得可以用这种方式来对冲风险。

明尼阿波利斯第一银行系统的投资顾问肯特·格林说，当有人想卖出股票时，他会发现“有些股票的流动性不好”，也就是说没人想买它们。另一方面，如果有必要的话，他可以走芝加哥期货市场的旁门。“期货的流动性，”肯特·格林说，“现在是股票的 4 倍。”

肯特·格林说得不够准确的一点是，他无须眼下就卖出股指期货，只是在股市下挫时他才需要这么做，那时大家都会采用这样的投资策略。以投资银行家尼古拉斯·布雷迪为首的白宫研究团队通过调查表明，当时机到来时，有 600 亿 ~900 亿美元的期货交易资金会像肯特·格林说的那样去运作。

回想起来，人们对当年 10 月最深的记忆并非是那时突然发生的变化，而是人们对未来的种种猜测。当时到处都弥漫着悲观的市场气息。新闻评论员查尔斯·阿尔蒙说那是一次“类似于 1929 年的大崩溃”。看跌者认为股市价格太高了，看涨者也持同样的看法，不过大家都想再捞上一票。从 1 月 1 日到 8 月达到最高点 2 722.4 点时，道琼斯指数已经增长了惊人的 44%。大家都被冲昏了头脑，甚至连摩根士丹利的投资战略家、华尔街最重要的风向标之一拜伦·R·威恩都准备放弃原来的规则了。他在 8 月说，甚至连利空的消息都不能阻止股价继续上涨：

> ……一股神秘的力量正推动着市场不断发展……也许现实与股价之间的联系并不像我们在商学院所讲述的那样紧密。

天有不测风云，一周以后，现实揭开了神秘的面纱。通货膨胀的苗头正在出现，贸易赤字居高不下，美元的贬值幅度令人担忧。为了抑制通货膨胀和保持美元坚挺，美联储在9月的第一个周日宣布提高贴现率，这是美联储向商业银行提供融通借款时采取的利率，因此备受关注。受这一因素的刺激，债券市场交易额旋即狂跌，道琼斯指数也在一天之内下挫了38点。

到了10月初，长期债券的收益率从3月的7.4%上升到近10%。10月6日，道琼斯指数下跌了91.55点，创下了单日最大跌幅的纪录。市场让人捉摸不透，局势的发展更让人感到难以驾驭，而且过去出现过的股市暴跌局面似乎随时都有可能重现。从短期来看，市场还见不到拨云见日的那一天。

10月12日左右，巴菲特卖掉了至少一批他本来想用来赚取更大利润的股票。除了他的3只“永久持有”的股票外，他几乎把所有的股票都卖了。他的一位朋友说：“巴菲特的指令很明确——统统清仓。”

巴菲特并不是在盲目预测。他只是遵守了两条宝贵的原则：第一，永远不要亏损；第二，永远不要忘记第一条原则。芒格说：“沃伦绝不会说他能够洞悉市场走势。”不过，也许巴菲特现在更注意他墙上那张1929年的报纸了。随后的一周内，美国的利率超过了10%。日本的股市还在继续上涨，但华尔街已没人关心日本了。10月16日，一个黑色星期五，道琼斯指数重挫108点。

华盛顿急得像热锅上的蚂蚁。每当市场下跌时，政客们总指望胡乱找出一个罪魁祸首，不管是投机商还是瑞士的大银行家，都行。有人把市场下挫归罪于“29岁的技术专家们”。美国风度翩翩的财政部部长在周末的一个电视节目上说，他认为美联储不可能再采取紧缩政策了。可惜这番表态来得太迟了。

10月19日星期一，证券交易所里堆满了出售股票的交易单，导致道琼斯指数30只股票中有11只在开盘一小时后都无法正常交易。

同时，证券保险售出程序自动启动。股指期货市场就像自由落体运动一样快速下降，引发了股票市场的进一步下挫。最后，大家都关注哪些股票可以马上套现。毕竟股票可以售出的通道显得太少了，不能保证所有人都把手中的股票售出，股指期货也没能挽救大盘。当日黄昏时分，恐慌性抛售终于演变成了大崩盘。

在波士顿的富达投资集团门口，等待赎回基金的人排成了长龙。报纸上出现了让人“歇斯底里”的绝望消息。纽约的金融中心则比平日里安静了许多。人们待在办公室里紧张地盯着计算机屏幕，黑色星期一成了当代社会的一次历史性事件，它的影响似乎无处不在，当日道琼斯指数急挫 508 点，跌幅高达 22.6%。

巴菲特的损失也高达 3.42 亿美元。他可能是全美国为数不多的并非每时每刻都关注股市崩溃的投资人士之一。只有一次，他走进戈德伯格的办公室，平静地告诉他伯克希尔·哈撒韦该做些什么，然后就回到了自己的办公桌旁。

两天后，巴菲特召集格雷厄姆的门徒在弗吉尼亚州的威廉斯堡聚会。尽管股市仍然动荡不安，但这些人似乎都置身事外，这让人感到很惊讶。中途没有人离开过会议室去查看股票行情，甚至大家并没有谈论太多这方面的话题。他们在秋高气爽的时节参观了一个植物园，对那儿的观赏植物赞不绝口。参加这次聚会的温德汉姆·罗伯森是一所大学的校长，也是一名记者，他问巴菲特这次崩盘“意味着什么”，巴菲特只说了一句：“也许它上涨得过高了吧。”

与 1929 年大崩盘的黑色星期四相比，这个黑色星期一让人觉得匪夷所思，因为它并没有引发什么经济萧条或其他风波。起初人们还以为这次股市崩盘会成为社会经济领域里的里程碑事件。专栏作家们欢呼这个股市博利时代的结束，对银行投资暴发户遭受的重挫更是感到兴高采烈。不过，在短暂的停顿之后，华尔街又开始继续运转了。

事实上，1988 年，银行家们取消的交易比以往任何时候都多，很多股票也收回了失去的阵地。这次崩溃好像没留下任何痕迹，只是在股票经纪人的电脑显示屏上留下了一条锯齿形曲线。

“崩盘”的意义并不明显。在它发生的前一周，伯克希尔·哈撒韦的股价是 4 230 美元。在 16 日（星期五），它的收盘价为每股 3 890 美元。在黑色星期一，它跌到了每股 3 170 美元。伯克希尔·哈撒韦经过巴菲特 22 年的辛勤经营，现有资产近 50 亿美元。公司什么都没变：在斯坦福·利普西的带领下，《布法罗新闻报》的销量未减，《世界百科全书》还是安静地摆在学生们的书架上。不过，在那一周里，公司的市值蒸发了 25%，一代人辛苦经营的成果有 1/4 消失了。这确实令人难以相信。

第 17 章

有效市场之争

如果少一些从众心理（经常表现为盲目的从众心态），我们的经济理论就会得到更多的称赞。

——投资大师伯纳德·巴鲁克

本杰明·格雷厄姆曾把股票的波动比作一个友好却善变的“市场先生”，一会儿阴，一会儿晴。所有人都想预测“市场先生”的下一步反应，但任何人的猜想都是漫无边际的。因此，对于投资者而言，真正好的投资策略就是别去理会“市场先生”那不可测的情绪变化。1987 年 10 月 19 日，所有投资者都遭到了“市场先生”的诅咒，他们只能痛苦地卖出所有股票。

巴菲特早就预料到，格雷厄姆的理论会遭到抛弃。格雷厄姆被认为是一个“巫师”般的学者，传授的是一些“神秘的方法和技巧”。尽管格雷厄姆的理论永远是对付“严重市场传染病”的良方，但很少有哪个商学院会拿格雷厄姆的理论作为教材。巴菲特在悲剧发生后感慨地说道：“市场专家和学者们讨论的只是有效的市场、动态套期保值和股票的 β 值[1]。”

这次股市崩盘暴露了华尔街在知识结构中的空白之处，但相关学术争辩已经持续了几十年。自 20 世纪 60 年代以来，在巴菲特的带领下，格雷厄姆和多德学派的投资家们与现代金融理论家展开了激烈的论战。奇怪的是，这位前无古人（也许是后无来者）的出色投资家竟然被该领域的多数学者忽视了。那些现代金融理论的卫道士把巴菲特当成异端，而巴菲特却认为，那些卫道士正煞费苦心地用各种华丽的辞藻来证明地球是方的。

巴菲特的职业原则是，理性的分析（尽管很难且带有主观性）是挑选股票的前提条件。有时候，一些股票的价格往往会低于它们的实际价值，精明的投资者只要买入就能获利。

与巴菲特的这种投资理论不同，很多人提倡一种看似简单但具有

1. β 值，代表个别股票对系统风险的敏感性，若股票的 β 值小于 1，代表股价变动比市场价格变动幅度小，为较保守的投资选择；β 值大于 1 则代表股价变动比市场价格变动幅度大，可被视为风险较高的投资选择。——译者注

迷惑性的理论，叫有效市场理论。这种理论认为，不论在什么时候，一个公司的所有公开信息都可以从它的股价中体现出来。当关于某只股票的消息披露后，股票交易者会迅速采取相应行动，要么买入，要么卖出，直到它的价格达到一个新的平衡点。前提是，股票原来的价格是基于股票交易商“聪明的”相机抉择，因此，股票以后的价格变化也会变得合理。在这种理论体系下，股票交易商就扮演了亚当·斯密那只“看不见的手”。

因为一家公司所有值得关注的必要信息已经从它的股价中体现出来了，因此证券分析在很多人看来“基本上是不完整的，也是没有价值的”。股价未来的走向依然取决于（未知的）新信息。它仍是不可测的、随机变化的。

如果市场是随机的，那么投资就不啻在碰运气了。这样看来，巴菲特也只不过是一个走运的投资人罢了，算不上一个老练的投资人。就像掷硬币总能掷出有字那面的人，他只不过是运气好罢了，而不能被称作掷币高手。这种理论相当于直接对巴菲特的专业性提出了质疑。

不过，巴菲特过去成功的投资记录对这种理论提出了挑战，因为巴菲特骄人的投资业绩和这种理论所表明的观点是相悖的。巴菲特辉煌的业绩就是对这些理论最好的嘲讽。有一个事实是不言自明的：“如果你们这么聪明的话，那么为什么我会变得这么富有呢？”

但是所有的商学院和大学的经济系都把有效市场理论奉为经典，其他不同的理论则被打入了冷宫。这种理论渗透了整个华尔街，并作为一种投资文化经常出现在各种金融论坛上，见诸各大报端。这种理论成为“将鸡蛋分散到 1 000 个篮子里”的投资极端多元化理论的基础，也成为大多数投资者眼中的利器。

这一理论还渗透到其他很多领域。20 世纪五六十年代，为它做出重要贡献的是麻省理工学院的著名经济学家和教材编著者保

罗 · A · 萨缪尔森，他属于凯恩斯学派。尽管凯恩斯认为股市不过是一个大赌场，萨缪尔森却笃信股市价格。1950 年前后，萨缪尔森花 125 美元购买了一种股市内情通报。不久萨缪尔森就断言，如果这种内情通报的编写者真的知道内情，它的要价就绝对不止 125 美元，或者他根本不会愿意与别人分享宝贵的内幕消息。有一个关于有效市场理论家的笑话，说的是两位经济学家在校园里散步时，看到地上有一张 10 美元的钞票，其中一人弯下腰去捡，另一个说："别费劲了，如果它真是 10 美元的话，早就轮不到你捡了。"萨缪尔森在 1965 年发表了一篇具有里程碑意义的文章《论准确预测价格的随机性》，给这种观点披上了学术外衣。萨缪尔森的观点的吸引人之处就在于，它认为将来要发生的事"总会在之前投下影子"，即它们会反映在当前的股票价格上。

> 当你确认股价即将上升时，其实它已经上升了……你不可能不付出任何代价就有所收获。

两年之后，萨缪尔森站到了参议院委员会的讲台上，谈了他对共同基金的看法。人们留意到，在股市一路狂涨的时候，共同基金对基民的收费是很高的，但它的投资经理们其实并不配坐享这么高的收入，很多基金的盈利水平甚至跑不赢大盘。萨缪尔森解释，"聪明的投资人一直在四处寻找物超所值的股票"，他们会低吸高抛，一有好的投资机会就会牢牢把握并消化掉。共同基金公司的表演如此糟糕，它们本该做得像掷飞镖高手一样好的。委员会主席约翰 · 斯巴克曼听罢愣住了，萨缪尔森刚才说的是飞镖吗？

> **萨缪尔森：** 我的报告表明，能力平庸的基金经理可以拿到这么高的收入，但是他们的表现并不比在市场上随意挑选 20 只股票要出色到哪里去。

斯巴克曼： 你说的“随意”挑选是指闭上眼睛胡乱抓一把的那种吗？

萨缪尔森： 完全正确。

斯巴克曼： 或者是由您这样的经济学家来挑选的那种？

萨缪尔森： 不，完全是随意的。我说的“随意”，您可以理解为像掷骰子、随机挑选一个数字或掷飞镖之类。

好在萨缪尔森教授没有主张人们用掷飞镖的方式来选择投资。他知道，有效市场理论绝对是存在一些漏洞的。股价的变动比上市公司的资金周转速度还要快，而从理论上讲，股价是上市公司资金流动的一面镜子。萨缪尔森当时正与康拉德·塔弗保持通信联系，康拉德·塔弗是格雷厄姆的学生，早期也是巴菲特的支持者，他认为有效市场理论完全是一派胡言。有一段时间，巴菲特真的在办公室里挂了块镖盘，每天都在“掷飞镖”。塔弗告诉巴菲特，萨缪尔森对他产生了兴趣，开始关注巴菲特了。萨缪尔森是第一个关注巴菲特的有效市场理论家，就像天文学家对一颗神秘的恒星充满好奇那样。

不过，萨缪尔森并没有改变自己的立场。他的理论的另一个吸引人之处就在于，它把亚当·斯密的古典经济学理论引入了现代金融市场。巴菲特这样的投资家认为内在价值是一种固有品质，它藏在人们看到的市场价格“下面”，而价格本身只是一种大概值。古典经济学家则认为,“看不见的手”一直在促使价格与价值保持一致。如果采用一种极端的观点，那么价值只有在买卖双方就价格达成一致时才得以体现，或者说在某种意义上才存在。如果 IBM 公司的股票价格为每股 120 美元，那么 IBM 公司的股票就值每股 120 美元，丝毫没有偏差。当然有一个隐含的前提就是买卖双方都是理性的。

巴菲特对公司和个人行为的观点则更加全面。首先，巴菲特认为价值并没有这么精确，另一个理性的投资人可能会出每股 130 美元的价格来购买 IBM 公司的股票。而且，投资者并不总是很理性的。有时候出于从众心理，他们可能会出价每股 160 美元买入，或只是以每股 80 美元卖出。

有效市场理论实际上是在试图驳斥市场非理性的假设。从格雷厄姆那个时代开始，华尔街就开始鼓吹所谓的技术分析专家的作用。通过分析股市的价格走势图，这些似乎将来可以成为证券业大亨的人物就能预测未来的股价。他们的用语被广泛采纳，评论家会说“股价现在处于阻力位”。但那其实并不是什么阻力位，只是价格走势图上的一条推理线而已。有效市场理论家们称根据图表来决定买卖的人是骗子，用芝加哥大学经济学家尤金·F·法玛的说法，这些图表学家是一些“占星术士”。价格“走势”只有在回顾历史交易记录时才有意义，没人能预测一只股票在下跌 10% 后会反弹 10% 还是会继续下跌 10%。（出于只有他们自己才知道的原因，美林证券、摩根士丹利、所罗门兄弟公司和其他一些公司仍在聘用这种人。）

但是，有效市场理论家们只是用自己的迷魂术来代替图表专家们的迷魂术。他们一面嘲笑股价能反映未来走势的观点，一面鼓吹价格是对现在价值的真实反映。也就是说，价格是永远不会错的。他们以人们所能想到的最佳方式把所有信息都放在一起来推测公司的经营前景，因此研究这些前景是毫无意义的。除了攻击图表专家外，他们还把矛头指向了巴菲特这样的“公司基本面分析专家”——通过梳理公司的报告来发掘公司价值。尤金·法玛说：

> 如果随机理论是正确的，股票交易也是一个有效市场，那么股价在任何时候都准确代表其内在或基本价值。因此，对公司基本面的分析只有在分析者获取了新的信息……或者对公众可以获得的信息有了新见解时才能发挥作用……

从字面上看，这里面有一个很明显的漏洞。显然，分析者如果既没有新信息，也没有新见解，就无法体现其独特优势。但我们在理解“新信息”这个时髦用语时不能只看字面上的意思。它暗示业绩出色的投资家肯定有内幕消息，至少知道少量内幕消息。这样这个理论就完整了：即便是一个理想的市场也无法在信息公开前消化掉这些信息。报道各派理论家交锋过程的《经济学人》杂志断言，选股天才“要么凤毛麟角，要么根本就不存在”。它嘲讽地说：“如果能获得像内幕投机商伊万·布亚斯基那样的内幕消息，那么确实是有帮助的。”萨缪尔森的话则说得更加直白：

> 同样，经验告诉我，像沃伦·巴菲特这样有能力赚大钱的人是少之又少的，因为他们不仅需要知道哪些是本质要素，还要知道哪些新信息值得花大钱去买。这样的超级明星可是花钱如流水的：当你开始关注他们时，他们的花费早已是天文数字了。

尽管萨缪尔森知道巴菲特并不会去花钱买信息，他的主要投资信息都是从各家公司的年报中获得的，这其实人人都可做到，但萨缪尔森对此却故意视而不见，将巴菲特的成功归因于他的情报收集，避而不谈巴菲特是否有分析数据的天分，好像巴菲特只是一个不错的图书管理员。

但作为诺贝尔经济学奖获得者，萨缪尔森当然知道巴菲特的能耐肯定不只这些。他在参议院讲话后不久就买进了伯克希尔·哈撒韦的大量股票，但他对此拒绝发表评论。其实这样做的人绝不止他一个。加州大学洛杉矶分校的著名经济学家阿门·阿尔钦也买进了伯克希尔·哈撒韦的股票，但他在给另一位经济学家的信中写道：

> 我还是坚信，无论是哪一只投资基金，不管以什么新方式运作或处于何种新领域中，都无法证明自己拥有非同一般的投资才能。

是运气吗？不错。是奇才吗？不是……在这个世界上，可靠的预测都得花相当数目的钱才能得到，唯一被人们抛在脑后的就是意外。这种意外本质上就是“随机”。

阿尔钦花了大量的精力来解释巴菲特的成功之道，最后他认为原因在于内布拉斯加州的保险法中有个特例，它允许该州的保险公司在进行投资时拥有比其他州的保险公司更大的自主权。

我认为他的成功完全是因为这种特殊的有利地位，而不是因为他的竞争力高人一筹。

我们不禁对阿尔钦这番缺乏真诚的表达感到惊讶。萨缪尔森至少还说过：“巴菲特可能就是我看到的那种为数不多的投资天才。”其实这番表态也是一种谩骂。天才不是技巧，萨缪尔森却对巴菲特的技巧不置可否。他说：“巴菲特有一次在演讲中说，‘任何傻瓜都看得出来《华盛顿邮报》的股价太低了’，我不算是一个傻瓜，但我看不出来。”那么巴菲特为什么要买下《华盛顿邮报》呢？萨缪尔森说：“这就是天才与技巧的区别吧！”巴菲特被认为是个怪才，有效市场理论家对他依然表示不屑。有效市场理论家认为自己永远都是正确的，因此斯坦福大学的著名经济学家威廉·F·夏普认为巴菲特只是一个“三西格玛事件”（three-sigma event）——一个在统计学上极小的概率，可以被忽略不计。

以有效市场理论为基础，学者们苦心建立起一整套复杂的现代财务理论。财务与投资正相反，它是从公司的角度阐述融资的作用；它是一种有用的理论，但不够准确。现在它与投资理论一样，已经成为一门量化的社会科学。有一位学者给出了一个公式来计算股票收益，其中R代表股票收益，M指市场，a和b代表不同股票的常量，m是随机误差：

$$R=a+bM+m$$

这位学者后来又补充说，这只是一个“最简单的模型”，没有哪个模型会永远正确。

这种“科学”只是基于被学者们认为正确的有关证据——（假设理想状况下的）股价。但是这忽略了大量处于动态中的变化因素，例如公司的策略、产品、营销能力和管理水平等，而这些因素在实际评估公司的价值时是至关重要的。不过这些因素带有主观性，也不完全准确，但像巴菲特这样的投资分析家无疑每天都在解读这些因素。

也许有人认为，可能有些商学院至少会采用一些巴菲特写的报告，至少在讨论这些问题时引用一下也行。但除了偶尔有大学邀请巴菲特去做讲演嘉宾，学术界对他其实并不认可。这也触碰到了巴菲特的伤心处。许多投资人只满足于挣钱，巴菲特则非常渴望能得到社会的认可。这对他很重要，他之前的恩师格雷厄姆是他很好的一个榜样。他在某封信中写道：

> 在我看来，格雷厄姆-纽曼公司、巴菲特合伙公司和伯克希尔·哈撒韦公司连续63年成功运作的事实，已经很好地证明了有效市场理论是愚蠢的……这3个公司买卖的证券多达几百种之多……我们无须去挖掘什么内幕消息……我们是根据完全公开的信息来经营的……

最让巴菲特感到烦恼的是，格雷厄姆在生前最后阶段竟然也开始怀疑证券分析是否有必要，因为当时的股票研究已经很充分了。格雷厄姆在1976年去世前不久接受一次采访时表示：

> 我不再提倡为寻找有价值的投资机会而进行复杂的证券技术分析了。40年前，当我和多德出版《证券分析》时，那还是很有价值

的，现在局势已经不同了……

由于格雷厄姆在发表上述言论的半年前刚刚强烈抨击了所谓的“随机性”，特别是有效价格的观点，人们只能猜测他认为有效市场理论在学术上仍是无效的。巴菲特从未指责格雷厄姆的学术变节，总是尽量把恩师往好处想，而且格雷厄姆纸上谈兵的本领也的确比他在投资时显得更强。

与格雷厄姆不同，巴菲特和其他学者们都不喜欢模棱两可的理论。巴菲特说，经济学家们把这种理论“奉为《圣经》”。理查德·布雷利和斯图尔特·迈尔斯合著的《公司财务原理》不仅极为畅销，还无人怀疑其是否存在缺陷。两位作者谈起“发现了”有效市场理论，就好像居里夫人发现了自然界存在的镭一样。他们的表态显得信心十足：

在有效市场中，你可以完全相信价格，它包含了关于每种证券价值的一切有用信息。

人们会想象一个有血有肉的股市投资者会怎样看待理查德·布雷利和斯图尔特·迈尔斯描述的理想股票市场。在他们的笔下，股市投资者都是心平气和的，投机商也是一些没有贪欲的闲云野鹤。

一个有效的市场中是不存在财务误判的。投资者们漫不经心地关注着公司的资金流，看看有多少会归入自己名下。

学者们也的确反复检验了这种理论，但只局限在很小的范围内。他们研究了许多随机价格的特例，这些异常的特例（所谓的不规则现象）其实是相当有规则的，比如在1月盈利的股票，或一星期中哪一天盈利的股票，或是一些小公司。这些随机性并不是很明显但适用于该理论的特例使学者们欣喜若狂、如获至宝，他们急迫地想要做更多、更具体的奇怪研究。但是这个庞大的理论体系没有对“投资异类”的情况有过任何阐述，包括巴菲特、凯恩斯、格雷厄姆、约翰·坦普尔顿、马里奥·加贝利、约翰·内夫和彼得·林奇等投资大师，因为这只会使得整个理论体系显得苍白无力。

学者们对这些投资大师的成就视而不见，甚至希望他们根本不存在。普林斯顿大学的经济学家伯顿·G·马尔基尔在他的畅销书《漫步华尔街》中鼓吹：

> 尽管我相信出色的投资业绩确实有可能存在，但我必须强调，迄今为止我们掌握的证据还不足以证明这种能人的确存在……

伯顿·马尔基尔看不到投资能人的存在，认为所谓的投资奇才不过是一些掷币高手，他们把自己的运气说成技巧。他宣称：“连万能的上帝都不知道某只股票合适的市盈率到底是多少倍。”

但是，这段动人的评论充其量只是一番自我陶醉的自言自语。格雷厄姆和多德学派的投资家也从不敢断言某只股票的合理价位是多少，他们的投资观点也是一种相对模糊的界定。他们只说有时候有些股票的价格会变得离奇，人们可以不假思索地大量买入。这样的例子其实不多，格雷厄姆和多德从数千种股票中最多也就选出了十几种这样的股票。但只要选对几种股票，就足以使你富得流油了。巴菲特说过这么一段话：

> 在有效市场理论的拥护者看来，如果市场经常是有效的，他们就断言它总是有效的。这两者之间其实有天壤之别。

两个对立学派的一个严重分歧就在于“风险”的定义。在巴菲特看来，风险是以高于一家公司实际价值的价格购买其股票的风险，而且各种变化因素是无法穷尽的。一个公司是否只依赖于少数客户？董事长酗酒吗？……由于这些风险的程度和种类不得而知，巴菲特找的只是那些即便出现特例也能够承受得起风险的公司。

理论家们则不在意这些细枝末节，他们认为风险都是可以量化的。由于他们相信股价，因此就认为一家公司可预测的风险都已反映在股价上了，公司所有的重大改变都将引起股价的相应变化。因此判断某家公司风险最好的风向标就是该公司股票过去的风险情况，因此某只股票的风险大小就是它的价格变动情况。它有精确的数学定义，就是看股票的价格波动幅度与整个股市波动幅度的对比关系。为了使这种数学关系显得更加冠冕堂皇，理论家们还用一个希腊字母 β 来表示。如果某种股票的 β 值为 1.0，那么它的波动幅度与市场的波动幅度相同；如果某种股票的 β 值是 1.2，那么其波动幅度大于市场平均波动幅度，风险也更大；如果 β 值是 1.5，波动就更厉害了。

理论家的逻辑继续以一种让人迷惑的阐述方式向前推进。投资者是不喜欢风险的，却在理智的情况下买了高 β 值的股票，那肯定是因为这种股票的收益率高于平均水平，即高收益率能抵消数学推理上的高 β 值带来的高风险。反之，买了低 β 值股票的投资者只能获得较低的回报，也是因为此股票过去相对比较稳定的表现能够给人带来较为平稳的心理感受。天下没有免费的午餐，要想多赚钱，你就得接受更高的风险，即更高的 β 值。于是，现代金融学领域中的图腾崇拜就出现了。计算某种股票回报率的唯一必要因素就是它的 β 值，似乎公司所有基本因素都显得无关紧要了。“你手中股票的 β 值是多少？”学者们经常会千篇一律地这样去问。华尔街的分析师们对此也十分在意。事实上，全美国的股票经纪公司都要求它们的分析师仔细评估股票的 β 值和风险因素，并分析考虑到 β 值后的回报。

在格雷厄姆和巴菲特看来，这简直是痴人疯语。对于一个立足于长远的投资者来说，股票的波动其实并不增加风险。实际上，风险存

在于 β 值确定之前。让我们来看看巴菲特投资《华盛顿邮报》的例子。当时《华盛顿邮报》市值的估价为 8 000 万美元，假使在他购买之前《华盛顿邮报》的市值下跌了一半，它的波动性就很大了。因此根据有效市场理论来判断，它的风险是很大的。巴菲特却一针见血地指出："我怎么也想不明白，价值 8 000 万美元的东西我花 4 000 万美元就能买下来，为什么风险反而更大呢？"

1984 年，哥伦比亚大学把观点相左的双方召集到一起，那年恰逢格雷厄姆和多德的经典教材出版 50 周年。巴菲特受邀代表格雷厄姆和多德一方发言，来自罗切斯特大学的迈克尔·C·詹森教授则代表有效市场理论学派一方。詹森教授是这一理论的虔诚信徒，他曾在 1978 年写道：

> 我相信在经济学领域，有效市场理论是最能得到实证理论支撑的观点。

詹森教授还毫不客气地告诫持异议者："该理论作为生活中的既成事实而被广泛接受，要想驳倒这一理论并提出其他行为模式绝非易事。"

在詹森教授的极力拥护下，这一理论，尤其是"β 值"理念更是无人敢反对了。现在哥伦比亚大学的尤利斯大厅里挤满了巴菲特这样的投资者。面对众多的听众，詹森教授换了一种更加优雅的口吻，一副胜券在握的样子。

詹森教授一开始就提出一个抽象的观点：对公开信息进行分析，无法帮助投资者系统地获得利润。然后他开始举出一些例证，不过都是特例，似乎他也承认出色的分析师是有可能存在的，但他对从事这种职业的人仍然嗤之以鼻，他认为人们向股票分析师请教就像去找牧师一样，主要是为了"寻求心理上的安慰"。

由于科学的解释是“没有已知的答案”或“暂时根本无法提供答案”，人们会感到不够满意……在这种情形下，他们非常愿意制造出一些答案，甚至会花钱请人为他们编造出答案来。

于是，股票分析师就成了继“假药贩子、巫师、占星术士和祭司”之后的新一代精神骗子。詹森教授表达了对这些异端股市投资者的鄙视，表示要提倡有效市场理论的“科学性”。尽管当时与会者都是“格雷厄姆和多德的明星学生们”，詹森教授依然不留情面地说道：因为“选择倾向上的问题”，他很难断定在座的各位是否真的比普通投资者更加优秀。

如果让我去调查研究一些算不上有才华的分析师是如何掷硬币的，那么我敢说有些人能连续两次掷出正面朝上，甚至能连续10次掷出正面朝上。

詹森教授的这番话是巴菲特求之不得的开场白。“多数投资经理无法比掷硬币者做得更好”的例子被反复引用，但是回想起来，难道人们看不到其他东西了吗？多数股票交易都是由优秀的投资者操作的，那么一般股民就望尘莫及了。因此，这里就出现了一个很有意义的问题：有效市场中是否存在足够大的漏洞，使一些精英投资团队能够胜出？

巴菲特借用了詹森的例子，虚构了一个“全国掷币比赛”：全美国的人每人每天都掷一次硬币，掷出背面朝上的人会遭到淘汰，那么20天之后，全美国就只有215个掷币人能留下来了。

现在这215个人很可能会变得有点儿扬扬自得，当然这也是人之常情。他们也许会尽量保持低调，但是在鸡尾酒会上他们也会对一些漂亮的异性打开话匣子，告诉对方他们能连续20次掷出硬币正面朝上的技巧是什么，他们对掷硬币有什么心得……一些商学院的教授会粗鲁地指出，如果让大猩猩来掷硬币，那么结果也会差不多……

可是如果最后那些胜出的大猩猩大多来自同一个动物园，打个比方，都来自奥马哈动物园，那么人们又该作何评价？人们可能会思量这是否和动物饲养员的驯养方法有关。巴菲特的观点就是这些总能掷出正面朝上的大猩猩的确来自同一个动物园——“格雷厄姆和多德智慧动物园”。接着，巴菲特列举了格雷厄姆和多德学派9位出色的投资专家的业绩，巴菲特与这些人长期保持私人联系。这些人挑选股票时各有侧重，有人喜欢“烟蒂型”股票（例如沃尔特·施洛斯），有人喜欢连锁商店股票（例如比尔·鲁安），但他们都在股市投资中长期立于不败之地，而且每个人都具有格雷厄姆和多德的特征，即在市场上寻找价格与实际价值之间出现偏差从而有投资空间的股票。他们从不关心股价在周一更高还是在周二更高，也不关心是1月的股价更高还是8月的股价更高。

巴菲特觉得学者们也在研究问题，不过他们只关心那些可量化的问题，而不是有意义的问题。他说：“我的一位朋友（芒格）说过，拿着锄头的人看什么都觉得像个钉子，想去敲一下。”

巴菲特似乎特别反感自己母校也成为有效市场理论的拥趸，他愿意每隔一两年来哥伦比亚大学发表一次演讲，但一分钱也不愿意捐。哥伦比亚大学商学院院长约翰·C·伯顿说：“他很坦诚地跟我说，他认为教育水平不是靠钱能提高的，而且他也很反感商学院讲授的那些东西，尤其是有效市场理论。”

约翰·伯顿自己也买了一些伯克希尔·哈撒韦公司的股票，他认为巴菲特的说法不无道理，但考虑得还是不够长远。巴菲特经常把个人的成就归功于格雷厄姆，但当约翰·伯顿要求他给母校捐点儿钱来培养未来的格雷厄姆和巴菲特时，这位亿万富翁却总是拒绝。

和其他大学相比，哥伦比亚大学的经济学观点算是比较折中的了。它经常聘请华尔街精英前来授课，其中有些人讲授的就是格雷厄姆和多德的方法，不过金融学课程还是被有效市场理论控制。到学校书店的商业书架看一圈就会发现，哥伦比亚大学的学生们即便不知道谁是格雷厄姆和多德，甚至对价值投资也闻所未闻，也照样能拿到工商管理学硕士学位。

同时，这一理论在华尔街也是大行其道。人们开始倾向于“精确”地分析股票，股票经纪公司也开始注重选取某几组股票，而不是某一只特定的好股票。大约在 1979 年，德崇证券公司的首席战略投资分析师曾说，他不希望分析师像富有独立自主企业家精神的人那般去独立分析股票，也就是不要像巴菲特那样。

20 世纪 80 年代，因为股指期货的出现，这种理论受到了更多关注。既然这么多学者都说过投资者是无法挑选股票的，现在他们干脆不用试了，只要在整个股市中掷掷飞镖就可以了。1982 年，巴菲特敦请美国众议院监督和调查委员会主席约翰·丁格禁止发行股指期货。巴菲特在书面陈词中写道：“我们不需要让更多的人用这种毫无意义的工具来赌股市的走向。”巴菲特还警告说，这些期货将引发投机泛滥，最终会影响股市的健康发展。

人们很容易把期货和股票混为一谈：它们难道不都是投资吗？这是个值得商榷的问题。期货是对市场走向的零和博弈，它并不能为企业积累资金，而融资才是股市的根本目的。期货并不在企业的经营上下注，而是对未来下注。

20 世纪 80 年代，大量资金涌向期货和一些力争与大盘获得同步收益的指数基金（方式是买进各种股票或一定合理比例的股票）。投资经理开始放弃专业化投资，而将目光转向整个市场，本来市场交给他们的任务是寻找相对廉价的股票并甄别价格偏高的股票。到1986年，总计有1 000多亿美元就是这样“被动”地经营着，其实那根本算不上是经营，而是完全指望靠占卜各种指数来吃饭。

到了1986年夏天，人们终于开始大声疾呼，说这种潮流有些过头了。当时道琼斯指数下滑了62点，让人不由地惊出了一身冷汗。伯顿·马尔基尔在《华尔街日报》上撰文表示异议，他认为如果市场充分有效，自发的投资就是值得高兴的事：

> ……我很自豪，至少我在一定程度上使越来越多的人开始相信股市的有效性，并趋向于被动的股票管理。

巴菲特在《华盛顿邮报》上针锋相对地指出，这种新时代的股市交易活动正在把凯恩斯关于股市就是赌场的悲观预言变为现实。股市上现在到处都是投机行为，过分活跃的投机交易正在逐渐摧毁市场交易应有的发现商品价值的功能。这种新的神秘方法根本不能算是投资，它对社会毫无好处，也不是按“看不见的手”办事，而是在“绊社会的脚”。这一次，巴菲特的讽喻毫不留情。他假设一条搭乘着25个股票经纪人的船抛锚了，他们挣扎着游到一个荒岛上。

> 为了在荒岛上尽量过得舒服些，他们开始发展经济。我想，他们会不会只派20个人生产食物、衣服和盖房子，而另外5个人坐在那儿永无止境地对那20个人还没生产出来的产品进行期货交易呢？

作为解决“赌场社会”问题的良方，巴菲特借用了作家乔纳森·斯威夫特提出的“温和税收”方法：对持有时间少于一年的股票和期货产品征收100%的利润税。当然，根本没人理睬这个主意，但人们对过分活跃的投机交易一直心有担忧。1987 年，股市波动加剧，越来越多的人担心市场会出现崩溃。没过 3 周，股市就崩盘了。

美国布雷迪报告对黑色星期一的研究报告揭示了马尔基尔遗漏的一个众所周知的真理：当所有人都站在交易的同一边时，期货所提供的“流动性”充其量是一个幻想而已。

伯顿 · 马尔基尔曾经称赞职业投资者能够用期货“来转移和控制风险并对市场变化做出反应”。在巴菲特看来，真正的风险（比如说家具商场地毯销量和《世界百科全书》销量骤减的风险）是无法转移的。因为他自己是伯克希尔 · 哈撒韦公司的拥有者，因而势必会承担这样的风险。市场变化也不需要他做出什么“反应”。他把市场的崩溃归咎于马尔基尔称赞的那些人：

> 我们应该“感谢”那些管理着几十亿美元的“职业”投资家，正是他们制造了这场风波。许多声名显赫的投资经理不是把注意力放在公司未来的成长性上，而是放在预期别的投资家会采取什么投资策略上面。

市场虽然渡过了难关，但理论缺陷已变得很明显了。在股市危机前后怎么能说股价都是合理的呢？没有人对此再做新的解释。之前人们对于上市公司的利润预期也没有突然发生变化。实际上，在 10 月 19 日一窝蜂地卖出股票的人并没有考虑过公司的长期盈利情况。耶鲁大学经济学家罗伯特 · 希勒在黑色星期一后不久观察了大约 1 000 名投资者，结果发现投资者们在当天关注的只有股市崩盘的消息。罗伯特 · 希勒观察到，那天投资者们个个手心出汗，心跳加速，神经高度紧张。他们当天每个人查阅股价的平均次数都超过了 35 次。这次调查从一个角度反映了人们的从众心态，有 40% 的机构投资者都承认其他投资者的恐惧心理影响到了自己。

有效市场理论还遭到了另一个重创——经济学家尤金·法玛证明股票的 β 值与股票的实际收益无关。当年他曾因为提出 β 值的观点而获得诺贝尔奖，现在自己却推翻了之前的学术观点，说 β 值毫无用处。不过，分析师和学者们还是在使用 β 值。虽然它的定义总是有微调，但整个理论体系仍然没有改变。《经济学人》杂志指出，尽管事实证明它的论据有些“蹩脚”，但该理论还是有其生命力的。

> 正如伦敦学派的经济学家查尔斯·古德哈特指出的那样，因为没人提出更好的理论，所以学者们只是试图用一种平庸的方法来解读并不完美的证据。

理查德·布雷利和斯图尔特·迈尔斯在股市崩盘以后也没有对自己的理论做太多改进。两位学者在一小段文字中承认黑色星期一的确反映了一些问题，但在同一页，他们依然坚称：“……价格是你可以坚信的对象。”到底是哪个价格呢？是 10 月 19 日早上的价格，还是 6 小时以后的价格？不过这些似乎都不重要，该理论感觉上“已经过千锤百炼，绝对是正确的”。

从广义上看，这个理论依然对投资领域影响深远。华尔街的专业投资人士对新的神秘投资工具依旧趋之若骛，专家也建议投资者尽量做到多元化。总有人建议伯克希尔·哈撒韦的股东应该使其投资多元化，也就是把手里伯克希尔·哈撒韦的股票卖掉。一位女性委托 J·P·摩根公司打理其投资，她把所有的钱都投在伯克希尔·哈撒韦了。当她的投资已经升值到几百万美元时，她在摩根公司的经纪人反复劝她减仓，可她就是不听。

从狭义上看，该理论的继续存在对巴菲特大有好处。他的数千个竞争对手被教导说研究股票是浪费时间。“从自私的角度来说，”巴菲特在股市崩盘之后写道，“格雷厄姆学派也许应该捐些钱来保证一直有人在传授有效市场理论。”当然，如果能在大学里讲授巴菲特理论，他自然会更高兴。毕竟在学术界，巴菲特仍是“异端”、“旁门左道”和“三西格玛事件”。

巴菲特在描述这种理论的支持者时写道：“没有人说过自己错了，尽管他们误人子弟地教出了成千上万名学生。有效市场理论依旧是各所大学商学院的主要教程之一。”

巴菲特则不然。在黑色星期一之后不久，他就要提出自己最有力的理论了。

第18章

投资可口可乐

1988年秋天，可口可乐公司发现有人在大单买入它的股票。公司董事长郭思达和总裁唐纳德·基奥都感到非常好奇，他们想知道此人到底是谁。此时可口可乐的股价已从股市崩盘前的最高点下跌了25%，这位神秘来客却在大量建仓。当基奥发现是中西部的某位股票经纪人在买进时，他突然想起了自己过去的邻居，于是他对郭思达说："可能是沃伦·巴菲特。"郭思达催他赶紧打个电话问一下。

"喂，沃伦，最近过得怎么样？"唐纳德·基奥问道，"最近不会是你在大单买进可口可乐的股票吧？"

"是我，没错。"巴菲特回答说。

巴菲特请唐纳德·基奥在他必须公开自己的持股份额之前先保持沉默，同时他还在继续不断买进建仓。到第二年春天，伯克希尔·哈撒韦已经买下可口可乐价值10.2亿美元的股票，占可口可乐总股本的7%，平均买入价为每股10.96美元。当消息传开时，巴菲特用自己爱喝红色可乐为借口来躲避问题。他俏皮地说这次投资是"为了享口福而投资的典型案例"。不过，他的话讲得很含混晦涩：

> 这就像你娶了位姑娘，你要的是她的眼睛还是她的个性？两者之间其实是不可分割的。

华尔街上有位分析师说这是"价格非常高的一只股票"，但是仅仅过了3年，巴菲特在可口可乐的投资就上涨到了37.5亿美元，这差不多相当于他开始投资可口可乐时伯克希尔·哈撒韦的总资产。

可口可乐在这3年里到底发生了什么巨大的变化？它的每股收益上涨了64%，虽然势头迅猛，但是远远不足以使其股价上涨3倍。造成这种变化的主要原因是华尔街对这一行业的认识发生了根本性的变化——投资者们突然发现可乐很受欢迎，爱喝可乐的人遍布全球。每个美国人平均每年要喝掉296瓶可乐，而每个外国人平均每年仅仅消费 39 瓶可乐。可口可乐正迫不及待地要填补这个差距，它在东欧、法国、中国和整个太平洋地区迅速占领市场，它在日本市场的盈利已经超过美国本土。在印度尼西亚这样平均每年每人仅消费 4 瓶可乐的国家，市场的潜力之大是可想而知的。

是什么使得巴菲特在可口可乐实现公司跨越式发展之前成为它最大股东的呢？是什么驱使他在可口可乐投入了比以往任何一次都要多的资金呢？这难道只是一次飞镖投中幸运的一环吗？或是像巴菲特自己所声称的那样，他有慧眼识珠的能力？

巴菲特之前的许多投资决策都是根据公司某些特定事件或资产负债表找到价值洼地后做出的。《华盛顿邮报》的股价曾经一度只有它清算价值的一小截儿；政府雇员保险公司当时的股票堪称廉价，如果有人相信这家公司可以走出困境的话，那么他自然愿意为之掏腰包。可口可乐则不同，从它的资产负债表上暂时看不出潜在的巨大增长空间，但是巴菲特可以预见到。

可能有人会问他是如何判断股票价值的。巴菲特往往会把股票看作债券，债券的内在价值等于未来现金流量的现值。股票价值的计算方法其实也一样，它等于每股预计的现金流[1]，不同的只是投资者必须靠自己来判断细节问题：

> 如果你买入了债券，那么你应该很清楚它未来的收益。假如它是一种好债券，例如美国政府发行的国债，比方说它的票面年利率为 9%，你便完全能够预测 30 年后自己的收益情况……如果你买的是公司股票，那么你也能得到类似的股息收入，唯一不同的是它只是没有印在股票上而已。我的工作就是要把它算出来并将结

1. 巴菲特定义的现金流等于报告期收益加上贬值、折旧、摊销和其他非现金支出，并减去每年维持运营和竞争力的资本成本。

果印上去。

巴菲特就是用这种价值投资观来寻找价值远远大于股价的价格低估绩优股的。人们很快就能总结出巴菲特购买股票的要诀：

· 不理睬宏观经济环境的趋势和他人的预测，也不理睬人们对未来股价变化的预测。只注重公司的长期价值，即关注股票在未来可以带来的收益大小。
· 永远只买自己能看懂的股票。对巴菲特来说，他的专长就是分析那些针对固定消费群的连锁公司。但是，总体而言，规则是一样的：如果你对某个领域的公司不熟悉，那么不管是报业集团还是软件公司，你都无法进行准确的估值。
· 要找对待股东的钱像对自己的钱那般认真的管理者。要非常详细地研究股票的招股说明书和竞争对手的前景。巴菲特说，要相信自己的大脑，不要道听途说、轻信其他分析人士提供的报告。
· 如果用这样的方法来分析，大部分股票仍不尽如人意，就不要理会它们。美林证券公司几乎涉足每一种股票，但巴菲特不会。投资人一旦看中某种股票，就要坚决果断地买入，而且要大单吃进。

巴菲特就是这么干的。在1985年买下大都市公司后，他整整3年在股市上都没有任何大动作（不包括套利活动和不公开的小单买入）。但当他盯上可口可乐以后，他就拿出伯克希尔·哈撒韦 1/4 的资金放在了这只股票上。

问题是，巴菲特为什么会选择那样一个时机？可口可乐的股票在几年前更加便宜，它也不是刚开始进军世界饮料市场。来自佐治亚州的商业大亨罗伯特·温希普·伍德拉夫自1923年担任可口可乐公司的总裁以后就决心让可口可乐成为世界性饮料。早在1928年，它就在中国开了灌装厂。“二战”期间，公司说服美国政府在海外建立了59家灌装厂，名义上是为了提高美国军队的士气而非为了扩大市场。1949年，曼谷的工厂在9位佛教高僧的主持下开张了。这种饮料的覆盖范围很广。1956年可口可乐公司的一位推销员决心找出一个还不知道可乐的人，并向他推销自己的饮料。他深入秘鲁内地150英里，最后在丛林中碰到了一位印第安妇女。这位推销员通过翻译说明了来意，于是那位妇女从他包里拿走了一瓶可乐。

巴菲特是在1935年开始喝这种奇妙的饮料的。他在致股东的信中写道：

> 我家的杂货店，巴菲特父子商店在1936年开始以每瓶25美分的价格购进可口可乐，然后以每瓶30美分的价格卖出去。在这种高收益的零售买卖中，我发现可乐很能吸引顾客，而且商机无限。从那时到可乐遍及世界的52年中，我发现它一直有这个特点。但在那段时间里我一直比较谨慎，没有买入它的股票，而是宁可把公司的大量资金投在地铁公司、风车制造商、无烟煤厂和纺织业上。

可口可乐属于那种“简单”的公司，它拥有提价能力和“护城河”，这正是巴菲特喜欢的那种类型。到20世纪70年代，巴菲特的口味从“无烟煤”转向了像喜诗糖果这样的特许经营公司。可口可乐公司的主要业务不是卖可乐，而是向灌装厂和汽水生产厂提供可乐浓缩液。这样的业务与灌装业务不同，它需要的资金很少。而且它的品牌知名度极高，尤其是在国外，它的销量是百事可乐的4倍。用巴菲特的话来说，这个品牌本身就是一座桥梁收费站。

尽管20世纪70年代可乐普及全世界，公司的经营却面临危机。具体的推销工作由国外各灌装厂负责，但并不是所有的厂家都擅长这方面，而且某些国家的文化倾向也使得可乐的普及步伐放慢了，比如法国的反美国化致使葡萄酒大受欢迎。更糟糕的是，首席执行官J·保罗·奥斯汀面对公司充裕的现金流竟然无所适从。到70年代中期，他手里有3亿美元的资金闲置。这位毕业于哈佛大学、长着一头红色头发的奥运快艇选手，当时正遭受阿尔茨海默病和帕金森病的折磨，他把资金投入到众多与可乐无关的行业中，包括净化水、葡萄酒、养虾、塑料、乳清营养饮料，还有水果和蔬菜。巴菲特认为这些举措是在浪费宝贵的资金。事实上，70年代可口可乐公司的股票年均收益率仅为可怜的1%。

1981年，出生于古巴的化学工程师郭思达接手了可口可乐公司，并让笑脸迎人的推销商唐纳德·基奥担任他的副手。郭思达上任后的第一个策略就是经营多样化。1982年，公司开始进军影视业，买下了哥伦比亚电影公司（巴菲特非常讨厌该公司出产的影片）。可口可乐那年的年度报告竟然用整整6页来介绍影片公司和葡萄酒业务，而只有3页在讲可口可乐公司在海外的销售情况。

与此同时，公司还推出了健怡可乐，而且大获成功。郭思达不久后开始把注意力转向竞争已经白热化的美国可乐市场。他一心想要在与百事可乐的大战中获胜，因此可口可乐于1985年放弃了已使用一个多世纪的果浆配方，推出了“新口味可乐”。这项错误的决策也让公司付出了意想不到的代价，在大众的呼声下，公司又开始生产传统口味的饮料了。

几乎在同一时间，巴菲特从喝百事开始改喝可口可乐了。这种带点樱桃味的碳酸饮料好像有一种奇妙的催化作用，巴菲特开始对它的股票越发感兴趣了。新口味可乐的惨败反而让他的兴趣变得更加浓厚。他解释说，其实可口可乐公司也知道美国人喜欢更甜的新口味可乐，但当他们知道老可乐将被取代的时候，他们就吵着嚷着要喝老可乐。可乐“不仅仅是种口味，它还能唤起人们在儿时与同伴一起玩耍时的美好回忆”。

巴菲特继续深入研究，他仔细阅读了关于可口可乐公司的一切资料。《财富》杂志刊登的一段文章引起了他的注意：

> 每年都有一个重量级投资者多次留意可口可乐的股票历史交易记录，尽管他对这家伟大的公司很尊敬，但总是遗憾地说他来得太晚了。

这篇报道发表于 1938 年（当时可口可乐为了日后拆股，把价格定为每股 45 美分）。即便在当时，所有的美国人也都认为可口可乐公司有着“非凡的品质”，他们往自动售货机的投币孔中投一枚硬币，“来瓶嗞嗞冒泡的”，然后一瓶冰凉透心的可乐就滚了出来。即使在 1938 年，人们也都认为它能引起外国人内心的渴望。这就是让巴菲特心动的理由。

到 80 年代中期，他看到可口可乐公司的经营策略有了明显的改进。郭思达渐渐放弃了与可乐无关的非核心业务，而且开始专心开拓国外市场了。

其中很典型的一个例子就是在菲律宾。当地的圣米格尔酿酒厂既生产可乐也生产啤酒，但它忽略了可乐生产，结果让百事可乐占领了市场先机。之后美国可口可乐公司投资 1 300 万美元成为该厂的合作伙伴，很快就夺回了 2/3 的市场份额。

因为受到菲律宾成功案例的激励，可口可乐公司开始加强在巴西、埃及、中国、印度尼西亚、比利时、荷兰和英国的生产。在每年人均消费可乐只有 31 瓶的法国，可口可乐更是决心背水一战。公司也开始更加关心利润率了。在墨西哥这个利润率偏低的大市场中，价格也不断上涨，利润滚滚而来。而且这种经营策略重心的转移已经是公开的秘密了，在可口可乐公司的年度报告中也有大量这样的申明。1986年年度报告的封面是3瓶可乐放在世界之巅，传达了公司未来的战略构想：

> 其潜力看来是无穷的，可口可乐的足迹正迅速踏遍全球……公司正逐步使全世界都能买得到、买得起并且接受这种饮料。

可口可乐年报中的数字表明了经营策略调整带来的丰厚回报。从1984年到1987年（巴菲特投资前），它在全世界的销量增加了34%，产品的利润率也从22%上升到27%，海外市场的利润总额从6.07亿美元上升到11.1亿美元。

公司年报中更吸引人之处，在于调整战略后公司本身利润结构的变化。1984年，可口可乐的海外利润贡献率只占总利润的52%；到1987年，公司利润的75%都来自海外市场。而且，国外市场未知的潜力仍是无穷大的。在经济腾飞的环太平洋地区，每年人均饮用的可乐仍不到25瓶，在非洲则更少。即使在经营了几十年的欧洲和拉美市场，该数目也不到100。而且在那些人口稠密的地方和报告中未提及的地方，每瓶可乐的利润要比美国国内高得多。巴菲特认为，这有力地证明了可口可乐股票所能带来的利润将长期上涨。他在大量购进可口可乐公司股票但股价尚未飞涨的时候写道：

> 当时，我观察到情况非常明晰而且让人心驰神往……世界上最流行的产品又为自己建立了一座新的里程碑，它在海外的销量正以爆炸式的速度迅猛增长。

除此之外，郭思达用公司的剩余资金回购股票，与受巴菲特劝导凯瑟琳·格雷厄姆回购《华盛顿邮报》股票的做法如出一辙。郭思达还以资本收益率的大小来评价经理人的工作业绩。这和巴菲特惯用的方式很相近，之前并没有接受过金融专业训练的郭思达说："我发现当你开始让人们对他们手里的资本负责后，各种好事就会接踵而来。"巴菲特发现了知音。

到1988年后半年，可口可乐股票的收益率为13倍，比其他股票的平均收益率高15%。在这样的价位上，本杰明·格雷厄姆是不会买的。但考虑到它的盈利能力，巴菲特认为他是在以雪佛兰的价格购买奔驰。他认为自己并没有抛弃格雷厄姆的信条。

> 我认为购买可口可乐公司与把整个公司40%的资金用来购买联合公交公司的股票一样安全，你赚的钱肯定比你支付的要多。我这样打比方可能更容易理解。

其实华尔街的每一位分析师都看到了，巴菲特对可口可乐的理解在公司年报中已经有了详细的阐述，就连四年级的小学生都能看得懂。简单地说，可口可乐是全球最著名的品牌。但是除了几位分析师之外（第一波士顿的马丁·罗姆"强烈建议买进"），其他分析师都有些缩手缩脚，并不是他们的研究错了，而是因为他们在精神上承受不了。迪恩·威特公司的劳伦斯·阿德尔曼评论说："可口可乐公司在今后5年的利润增长能力都要高于标准普尔500的其他公司。"但是，劳伦斯·阿德尔曼自己并不敢轻举妄动。当时基德尔·皮博迪公司一流的分析师罗伊·巴瑞也认为可口可乐公司的股价将会有强劲的利润增长前景，但他也不敢向客户推荐这只股票，理由竟然是"近来美元的走势十分不稳定"。

更有趣的是佩恩韦伯公司的伊曼纽尔·戈德曼，他虽看好可口可乐公司，却更喜欢经营更多元化的百事可乐。他犯的就是华尔街的通病，太注重一个公司是否大而全了。巴菲特也注意到了百事可乐，它的情况不错。但他对百事可乐的比萨、炸鸡等业务增长前景信心不足。巴菲特这样概括可口可乐的价值：

> 如果你给我 1 000 亿美元，让我去夺取可口可乐在市场上的领先地位，那么我会把钱退还给你，并告诉你这不可能。

巴菲特投资可口可乐公司以后，成了一名董事，但他在董事会里并不起什么作用。简而言之，不管是谁，只要事先知道这种结果都会买的。但是，华尔街的投资商起先都怀疑巴菲特的投资之举是否真的值得学习。他们仍坚持认为巴菲特是得到了内部情报后才做出这个决定的，他们自己当然没有这种能耐。奥马哈有一位股票经纪人装作无所不知的样子，说道："巴菲特的人际关系网是最广的。"于是华尔街再次大声叫嚷：初出茅庐的散户是无法跟专业投资人士比肩的。巴菲特的确有几笔生意（例如所罗门兄弟公司的投资）是私人关系铸就的，而且巴菲特的交际圈的确很大，但他的多数投资都是在市场上和普通投资者一样买卖股票。不仅如此，他还让股票经纪人不要用自己的投资观点来分散他的注意力。据芒格说，巴菲特往往是在头脑中有了投资思路以后，才会动用人际关系网来帮助自己研究某个行业的投资前景。

考虑到巴菲特通常的持股时间，所谓的"内幕消息"是否有价值就很难说了，人们很难想象这些小道消息在 5 年后还会继续管用。但"小道消息"的说法让这些事后诸葛亮为自己找到了开脱的借口。有一次有位投资者要求再买进一些伯克希尔·哈撒韦的股票，他在曼哈顿的经纪人却心生妒意地说："巴菲特也会犯错误。"巴菲特遭人嫉恨一点儿也不奇怪，因为他总是嘲笑别人信赖复杂的分析"工具"。有位金融编辑甚至曾经问道，巴菲特的"秘籍盒"是不是藏在凯威特广场某处的一个“黑匣子”里?

巴菲特一再声明他并没有什么所谓的法宝，也没有巫师的神秘水晶球。有一次，有位股票经纪人在购买房子时向巴菲特请教对利率的看法，巴菲特戏谑地说:“这个问题只有两个人知道答案。他们都住在瑞士，但意见刚好相反。”

巴菲特做的大多数事情，例如阅读报纸和行业报告，一般的投资者也能做到。巴菲特深切地感受到其实很多人认可的看法是有缺陷的，初出茅庐的投资者也能在市场上进行投资，只要他们坚持像格雷厄姆和多德那样勤于分析就行了。但他发现，人们要么想立竿见影，要么就干脆放弃独立思考。很多人都有一种奇怪的心结，那就是要把简单的事弄复杂。巴菲特的家人似乎也染上了这种毛病。

巴菲特的姐姐多丽丝有一次曾想通过出售“裸期权”来增加收入，这正是巴菲特鄙视的那种市场轮盘游戏。当黑色星期一到来时，喜欢冒险的多丽丝发现自己竟然背上了140万美元的债务。巴菲特同意为多丽丝安排一个家庭信托基金，这样她每个月就可以得到一笔固定的收入，但他很坦率地说不会为她偿债，而且他说到做到。巴菲特的断然拒绝让多丽丝很受伤，从此以后她对巴菲特总是冷冰冰的。尽管巴菲特也因此受到了伤害，但他的本性使他不希望去帮助一个投机者，谁都无法让巴菲特改变原则，就连亲姐姐也不例外。

当然，即便对格雷厄姆和多德亦步亦趋也并不能使多丽丝或其他大多数人像巴菲特那样成为投资天才。你随便报出一种股票，巴菲特就能不假思索地说出这家公司的基本情况，就像他小时候能对各个城市的人口状况脱口而出一样。他的数字天赋让他的同行感到不可思议。(巴菲特在解释自己的心算爱好时说，如果他不能理解一个数字，那么他对某个问题就完全无法理解，因此他不用电脑。)

人们习惯用机械术语来形容他的思维。多丽丝就多次提及沃伦

“屏幕”上信息闪现变换的速度有多快；迈克尔·戈德伯格说巴菲特把公司的保险业务全装在脑袋里了。这种快速筛选信息的能力使他能回忆起过去的情况，久而久之这就进化成了一种投资本能。而普通的投资者脑袋里可没有计算器，也没有现成的百科全书。

这并不是说巴菲特不可能成为别人效仿的榜样。近朱者赤，近墨者黑，如果著名棒球手泰德·威廉斯亲自点拨，即便不能培养出10次挥棒就有4次打出好球的明星球手，至少也可以培养出一名不赖的击球手。每个人都可以把股票当作公司的一部分来分析，而不仅仅是屏幕上一闪而过的一个数字，就像每人都可以自由地进行期权交易一样。芒格认为巴菲特的分析方法是“非常值得学习的”。

> 但是，请不要误会，我并不认为有成千上万的人能像巴菲特那样出色，但这些人可以做得非常好，绝对比他们不采用这样的方法要强一些。这里面有一种“双重性”。

“双重性”的一种表现就是人们常把“简洁”与“容易”混为一谈。巴菲特的方法确实简单明了，从这种意义上来说是“简洁”的，但操作起来绝非易事。评价可口可乐这样的公司需要多年积累的经验，还要有很强的主观能动性。有位伯克希尔·哈撒韦的股东抱怨，像可口可乐这样的品牌经营商太少了。芒格尖刻地批评他：“哪有那么容易的事，你难道做成了两三笔买卖，就指望全家人一辈子吃喝不愁？”

巴菲特说，**做一个好的分析者其实并不需要接受正式培训，也不需要高智商，最关键的是素质**，他会用商学院常做的一个小游戏来说明这个道理。他在一次讲课时说，假设每个学生都可得到某位同学将来收入的1/10，问他们愿意选谁。学生们可以随便挑选。巴菲特发现他们选的不一定是班上最聪明的同学，而是具备如下素质的人：**有活**

力，讲原则，有悟性。

巴菲特认为人最关键的是要坚信自己的判断，要保持镇定，不要临阵慌乱。具体而言，在市场上操作时，你如果判断出了某种股票的价值（公司的价值），那么就不要因为它的股价短暂下跌而心慌意乱。事实上巴菲特在每次投资之前都要完全相信，即使市场连续几年停市，没有任何股票价格的信息，他也会很放松。尽管这一说法听起来让人觉得有些不可思议，但人们并没有每天都得到自己所住的房子的报价，而大多数人都会住得心安理得，并不会因为害怕房价下跌而失眠。巴菲特就是这样看可口可乐的。

当 1989 年 3 月他的这次投资公开之后，伯克希尔·哈撒韦的股票也像注入了碳酸饮料一样让人变得兴奋起来。公司的股价上涨到了每股 4 800 美元，仅半年之后，它又上涨了 66%，站上了每股 8 000 美元的高位。

当时，身家超过 38 亿美元的巴菲特似乎就是为这项投资而生的，他很快就成了“可口可乐主义”的代言人。他会向每位听众背诵可口可乐在世界各国的人均消费量，他对公司的销售情况和业务增长率烂熟于心。他对来访者说，当他看到超市中堆满红白相间的可口可乐饮料瓶时，内心就会涌起一阵激动和惬意。他知道人们此刻正在喝这种产品，就好像他们正坐在巴菲特的办公室里一样。他牢记着这样一组数字：每销售一瓶 8 盎司的可乐就有 1 美分的利润，每天卖 7 亿瓶，就意味着每年可以卖出 2 500 亿瓶。

第19章

控制财富

1980 年，巴菲特在《奥马哈世界先驱报》上发表了一篇言辞激烈的文章，抨击富豪们穷奢极欲的生活。在巴菲特看来，大批财富，包括他自己的财富，代表的是一堆“承兑支票”，最终是要造福社会的。他把攻击的炮火对准了富豪赫斯特，因为赫斯特把自己的大量财富挥霍在极尽奢华的圣西蒙城堡上，因此占用了“大量本可以用于其他社会福祉的人力和物力”。

同样，巴菲特也看不上那些把财产留给子孙后代的大富翁。比如说，后期的杜邦公司“对社会的贡献微乎其微，却多次声称分割了多少财产”。巴菲特认为从公正的角度而言，杜邦家族可能认为自己“明察秋毫，发现政府发给低收入者的食品券效果越来越差了”，但他们“私人发放的食品券却多得根本用不了”。

杜邦家族自然不了解巴菲特家族。巴菲特有个堂弟在开出租车，一个侄子在爵士乐队演奏。他们中有些人持有伯克希尔·哈撒韦的股票，但巴菲特总是公事公办，从不会徇私情给他们特别关照，也不会透露任何内幕消息。他认为，如果家庭成员之间不存在经济依赖这种令人生厌的因素，彼此间的关系会变得更加“纯洁”。

最重要的是，他希望已长大成人的孩子们能过上正常、独立的生活。这促使他停止给孩子们提供经济资助。他很担心为可爱的孩子们提供“食品券”会毁了他们的前程，于是拒绝给他们任何经济帮助，而即使是普通的中产阶级家庭都觉得这样的帮助是理所当然的。

他的这种态度使许多富翁朋友迷惑不解（芒格除外，他基本上和巴菲特的做法相同）。当格雷厄姆集团在讨论给孩子们留多少财产合适时，巴菲特说几十万美元就够了。拉里·蒂什反对说：“沃伦，你错了。孩子们如果在 12 岁时还没被宠坏，就不会被宠坏。”当时正打算让儿子接管《华盛顿邮报》的凯瑟琳·格雷厄姆回忆说：“在这一点上，我和沃伦的看法是不一样的。”

巴菲特的确非常关心自己的孩子，而且他是个宽容、开明的父亲。他鼓励孩子们沿着自己心目中偶像的足迹去摘星，当有谁遇到工作或婚姻上的难事时，他也会很耐心地劝导他们。但一旦涉及金钱，他的态度马上就会来个 180 度大逆转，变得有些拒人于千里之外，好像他的孩子们只是刚和他一起开始经营生意的伙伴。他的这一做法确实有很多明智之处，一个亿万富翁做事应该不逾矩，但巴菲特对待孩子就像在职场打拼一样，从来都没有折中的余地。即使女儿苏珊需要 20 美元在机场停车，她也必须给父亲带回发票。当巴菲特给孩子们贷款时，他们要签署贷款协议，白纸黑字要写得明明白白，完全公事公办。

伯克希尔·哈撒韦的许多股东都把大量股票当作礼物送给孩子，但巴菲特不会这样做。他只在圣诞节给每个孩子及其配偶 1 万美元（刚好是免税的限额）。

由于平日里巴菲特的这些限制，因此当他给孩子们 1 万美元的时候，孩子们就会欣喜若狂，好像收到了几百万美元一样。当孩子们还是学生的时候，巴菲特给杰里·奥兰斯写过一封信，说他不想过早就给孩子们一大堆钱，至少也得等到他们自己明白“树上怎样才能结出果子”时。步入青年的苏珊、霍华德和彼得认为父亲仍把他们当作尚未成材的幼苗。他们心里其实也支持父亲的做法，并为此感到自豪。但他们还是忍不住想，就像霍华德说的，为什么他不能“表现得态度温和一些”，有时孩子们也会痛恨父亲这种古板的激励方法。

在巴菲特眼中，孩子们都很开朗坦率。他们都像巴菲特那样渴望成功，不过不像父亲那样年纪轻轻就扬名于世，他们都属于大器晚成型的。他们三个都从大学中途辍学，不仅早婚，而且婚姻都不顺利。经济上，孩子们继承了祖父留下的那份遗产，父亲则代他们在伯克希尔·哈撒韦进行投资。因此，他们即便整日无所事事也可以成为百万富翁。

女儿苏珊曾经卖掉了部分股票（当时每股价格不到 1 000 美元），买了一辆保时捷汽车。她在婚姻破裂后搬到了华盛顿，并与凯瑟琳·格雷厄姆保持联系。凯瑟琳·格雷厄姆主动帮她在《新共和》报社找了一份管理工作。1983 年，苏珊再婚，丈夫艾伦·格林伯格是一位公职律师，后来成为国会的一名法律顾问。巴菲特夫妇对格林伯格很满意，他是那种长相一般但性情温和的人。

当格林伯格夫妇搬到杜邦圈附近的一座房子时，苏珊持有的伯克希尔·哈撒韦公司股票也卖完了。这对年轻的夫妇把房子的一部分租了出去，自己只留下一间很小的厨房。苏珊怀孕后想要个一大点儿的厨房，以便等到孩子出生后再添一张桌子，并开一个通往后院的门。她制定了预算，大概要花 3 万美元。苏珊自然知道父亲不会为她付钱，于是向父亲申请贷款，可父亲开出的利息很高。

最终，巴菲特拒绝了她的要求。

“你为什么不像别人那样去银行贷款呢？”巴菲特建议说。

他们促膝长谈了一次。巴菲特解释，如果他是内布拉斯加大学橄榄球队的四分卫，那么对他来说，只把球传给子女是不公平的，在钱的问题上也是如此。这个回答十分“合理”，但并不“合情”，好像苏珊只是个外人，巴菲特根本没有考虑到她最关切的利益。这在她心中留下了阴影。

苏珊快生第二个孩子的时候时常卧床不起。她的密友凯瑟琳·格雷厄姆经常带着食物来与她共进晚餐。凯瑟琳惊奇地发现苏珊只有一台很小的黑白电视机，于是建议她买一台大点儿的彩色电视机。当苏珊说她买不起时，凯瑟琳简直不敢相信自己的耳朵，这竟然是巴菲特的女儿说出来的话！毕竟，巴菲特自己都有台大屏幕彩电。凯瑟琳马上就给巴菲特打了个电话。这次巴菲特终于软下心肠，给苏珊买了台像样的电视机，但凯瑟琳还是忍不住替他感到丢人。

也许赚钱是巴菲特生活中的主要动力，所以巴菲特会认为其他人也都只关心钱。他可能认为苏珊会用钱来衡量新电视，就像他自己一样。但在苏珊眼中，它只是台电视机而已。

不过苏珊十分崇拜父亲，很乐意接受父亲的意见。她认为厨房事件只是她所了解的父亲的一个方面而已。她说："父亲是个很坦率的人，只是不给我们钱罢了。"

对霍华德来说，要想靠父亲养活简直是难于上青天。他也像父亲那样不修边幅，不打领带，只穿运动鞋，只是有一点不同：霍华德比父亲胖多了。他把伯克希尔·哈撒韦的股票卖了之后开办了自己的巴菲特挖掘公司，并买了一处房子，可惜不久公司就倒闭了。于是霍华德跑到洛杉矶的喜诗糖果公司工作。20世纪80年代初，他回到奥马哈，第二次结婚并开始从事房地产业。作为副业，他租了一块地种庄稼。

巴菲特知道，霍华德是很想要一个农场的。在经历了很长一段时间的"心理斗争"之后（借用巴菲特一位朋友的话来形容），巴菲特提出了一个在他看来最为慷慨的建议。他提出要买下一个农场，然后以标准的商业交易形式租给霍华德来垦种。条件是霍华德必须把经营农场的部分收入交给巴菲特，并支付农场应该缴纳的税收。

霍华德问母亲为什么父亲想帮忙。

"别的先别管，"母亲苏珊说，"先拿到农场再说。"

但事情并没有那么简单。巴菲特根据农场的收入潜力给出了封顶价格。霍华德跑了很多家农场，但都因出价太低，无功而返。看了上百家农场之后，他绝望了，但他父亲拒绝妥协。最后在1985年，他们以30万美元的价格在内布拉斯加州的特凯马哈买下一个农场，就在奥马哈北部，驱车只要45分钟就能到达。

"这是典型的沃伦·巴菲特购买方式，"霍华德说，"我们是以市场最低价买下农场的，我想父亲也是想教我一点儿讨价还价的技巧。"

霍华德的农场里甚至连一部电话都没有，但对他而言这可是一个世外桃源。每年春天和秋天，他就会开着那台约翰·迪尔拖拉机带着家人去收种玉米和大豆。父亲是无论如何都不会和他一起共度这样的田园时光的。“我没机会让他到这儿来看看庄稼的长势。”霍华德满腹牢骚地说。

巴菲特6年里只去了这个农场两次。他对霍华德的邀请不屑一顾，他会冷冰冰地说：“把租金交来，一分钱都不能少。”尽管巴菲特在买这个农场时已经左思右想，但霍华德还是不能相信父亲同意这么做主要是出于经济因素的考虑。他想看的是霍华德的账簿，而不是他的庄稼，而庄稼才是霍华德最关心的。在巴菲特眼中，这只是一次交易，玉米和大豆也只是商品。他对农场的这些事似乎并不在意，而且还冷嘲热讽地说：“没人会去超市买霍华德·巴菲特牌玉米的。”

不过，巴菲特没有浪费这个农场，通过这个农场他教会了霍华德一些东西。巴菲特同意只要每年霍华德的体重不超过某个上限，他就可以少收些租金。（巴菲特自己就很注意保持身材，他认为这有益于长寿。同样，他也用“经济杠杆”来激励女儿和妻子控制体重。）但多年以来，这种用经济手段来控制霍华德体重的明显企图都以失败告终。

当霍华德向父亲征询经验的时候，巴菲特的作用则会发挥得更加淋漓尽致。在霍华德得到农场之后，他决定像身为共和党人的祖父一样参加地方县务委员会委员竞选。不过他担心人们以为巴菲特会替他买选票或者巴菲特根本就不会支持他。父亲打消了他的顾虑，宣称会给儿子一些资助，最后霍华德当选了。

他们父子之间的关系改善了，因为霍华德也有了自己的孩子，并开始在事业上取得成功。霍华德在当选县务委员会委员后，被指派参与在全州推广乙醇的工作。推广乙醇使他有机会与积极参政的ADM公司董事长德韦恩·安德烈亚斯开始接触。最后安德烈亚斯雇用了霍华德，霍华德成了一名可以乘坐私人飞机的公司高管。巴菲特向一位朋友夸口说，霍华德挣的钱比他还要多，这体现了他对儿子感到很自豪。霍华德说，孩子们的成功会让父亲觉得是“一件真真正正的大事”，就像他们得到父亲的认同一样，那也是“一件真真正正的大事”。

巴菲特的小儿子彼得也公开承认了这一点。他从斯坦福大学退学后开了一间音乐室。尽管巴菲特竭力反对，他还是卖了伯克希尔·哈撒韦公司股票，花 3 万美元买了一个 24 磁道的录音设备。但他很快就发现这并没有给他带来多少收入。尽管如此，他还是和妻子慢慢在旧金山建了一家名叫独立音乐出品公司的企业，后来又搬到了密尔沃基。虽然他只能写一些小的插曲作品，但也有一些得意之作，比如电影《与狼共舞》中在火堆旁跳舞那个场面的配乐。

在密尔沃基一个寒冷的早晨，彼得逃出了他的隔音玻璃音乐室，那里有两位音乐家正在剪辑一首广告歌曲，并开始谈论他的父亲。彼得不由得想起父亲曾笨拙地想对他施加影响。巴菲特曾邀请彼得到华盛顿一家私人俱乐部的晚会上进行演奏，但要求彼得把那根他实在看不惯的马尾辫剪掉。彼得并没有向父亲道谢，他说：“父亲总喜欢附加条件。”

近些年来，巴菲特开始以赠送各种股票的形式给孩子们 1 万美元的圣诞礼物。彼得认为这又是个“信号”。彼得说：“其中有附加条件，他说这钱不能随便花。如果你继续投资，它就会增值。这是在考验我们的耐心。我把大部分股票都卖掉了，而且我很高兴这么做了，因为我不用等待就可以享受成果了。”他的马尾辫依然用橡皮筋扎得整整齐齐的。但不久他又说很后悔，因为父亲没有告诉他（或是因为他没听清楚），他本可以直接靠伯克希尔·哈撒韦公司的股票跟父亲借钱的。

彼得为人真诚，但喜欢刨根问底，对父亲的性格也感到很好奇。

他对父亲的成就和人品都非常敬重。他回忆起父亲有一次对他说："总有一天你会忍不住对你老爸说：'见鬼去吧！'"他说自己为了在新城市立足就把伯克希尔·哈撒韦的股票卖了，这就是一个证明。

彼得成了一名出色的音乐家之后，他对父亲的理解加深了。当彼得和他的15人乐队在密尔沃基为700名观众演奏时，巴菲特亲自到场助威并对他大加赞赏。他对儿子说："我们干得都很棒。"对彼得来说，这是他所能得到的最好赞赏。

80年代末期，儿时曾为孤僻的父亲买《为父手册》的彼得，终于学会了和父亲一起倾心交流。当彼得婚姻破裂时，巴菲特用前所未有的同情心来安慰他。有一次，父子俩在深夜的微风中漫步在法纳姆大街上，彼得提起了母亲在家时的温馨与甜蜜。巴菲特说他多希望苏珊能在奥马哈的家中多待上一段时间。彼得后来说："我们还谈起了妈妈终于有时间做自己喜欢做的事了。"巴菲特当时突然变得沉默了，这表明他是动了真情。彼得回忆说："那一次我们一直聊到深夜两点。这番长谈之后我禁不住想：天哪，原来父亲的感情如此丰富。你可以从他丰富的表情和寡言少语中看得出来。我真的很感动。"

巴菲特与家人的关系开始有了更多的良性变化，部分原因是他和苏珊的隔阂在慢慢弥合。苏珊慢慢向巴菲特坦言她离开家的原因。他们互相理解，也很坦率。与他们关系密切的侄子汤姆·罗杰斯说，巴菲特根本没有必要"费尽心思地去弥补两人之间的关系，他们本来就是同一类人。一旦苏珊婶婶下定决心，她就会和巴菲特叔叔一样勇往直前，决不动摇。"

巴菲特与妻子仍然经常保持着联系。他们经常见面，巴菲特仍像以前那样爱着她。他们曾在韦斯特切斯特县汤姆·墨菲的家中过了一夜，之后与斯坦福·利普西同坐一辆豪华房车回曼哈顿。他俩坐在后排，一路上十指相扣，浓情蜜意。苏珊对他俩都认识的一位朋友说：

“大家的关系处理得很不错。”她指的是巴菲特达到了与她的婚姻关系不破裂的目的。苏珊已经从家中搬出去这么多年了，但她仍然是巴菲特唯一信赖的人。

1987年，巴菲特为改进家庭关系做出了一大贡献：他让女婿艾伦·格林伯格来打理巴菲特基金会。与往常一样，这次慷慨表态的背后也是有条件的——女儿苏珊和女婿艾伦·格林伯格必须搬到奥马哈来住。他们同意了，并在离巴菲特家几个街区的地方买了处房子。苏珊很快就成了父亲的得力助手。当父亲需要车时，她就会跑到汽车经销商那里为父亲挑选一辆。当伯克希尔·哈撒韦召开年会时，苏珊就会帮助他安排社交聚会的日程表。她回奥马哈其实就是为父亲服务的。

由于巴菲特给女婿的年薪只有49 846美元，苏珊的生活与奥马哈其他居家女人没什么两样。当她的孩子出水痘时，笔者有次碰巧去看她。当时苏珊正给孩子洗澡。家中没有护士，甚至也没有保姆。具有讽刺意味的是，一些做着发财梦的人经常误以为苏珊有很多赚钱的妙方，因此经常会来骚扰她，她还得忙于应付这些人。

有一次巴菲特陪着微软公司的亿万富翁比尔·盖茨去参观波仙珠宝店。他们在一个角落里看到了一个标有“巴菲特家预订”的小盒子。巴菲特问这是谁定的。一位职员怯生生地承认是苏珊用分期付款方式买的一串珍珠项链。巴菲特当时就把剩下的钱付了，把项链当作生日礼物送给苏珊。他开始发现在波仙珠宝店花钱是很有意思的一件事。另一次，他好像发现新大陆似的大声说道：“嗨，苏珊，女人们好像真的很爱珠宝。”

女儿在身边的时候，巴菲特发现这座房子顿时有了更多家的感觉。苏珊常把孩子们留在父亲家让阿斯特丽德帮着照看，这使阿斯特丽德与巴菲特一家的关系更加密切了。苏珊还劝阿斯特丽德重新装修一下房子，房子里当时还残留着苏珊的妈妈原先留下的味道。阿斯特丽德与苏珊一起把房间装饰得更加温馨，厨房里摆上了阿斯特丽德收集的老式烤面包机。（巴菲特与妻子以及阿斯特丽德的关系变得更融洽了，这支奇妙的三人协奏乐队在给亲戚们送礼物时，经常附上写着“来自巴菲特、苏珊和阿斯特丽德”的卡片。）

女儿苏珊和她的孩子们总是围着巴菲特转，这让巴菲特享受到了更多的生活乐趣。他会穿着旧运动服跑到格林伯格家，趴在地板上与两个外孙一起玩耍。吃晚饭时他会漫不经心地听一家人闲谈，抿着嘴，偶尔会插一句俏皮话，而且几乎每咬一口汉堡就会加一次盐。他对凯瑟琳·格雷厄姆说，女儿回到奥马哈改变了他的生活。他甚至送给了苏珊一只红宝石手镯。对巴菲特而言，这可是难得一见的示好表现。

看到“子女们都在慢慢成才”，巴菲特也渐渐感到安心了。他让女儿当上了巴菲特基金会的董事，而且稍稍放宽了自己的继承政策。孩子们每人可以得到300万美元左右的财产。（巴菲特并没向孩子们透露具体数额。）

不管这笔财产的数目大小如何，它都不可能让苏珊、霍华德和彼得过上巴菲特讨厌的“纨绔子弟”般的生活。除了帮助孩子们改善生活以外，他认为孩子们根本无权大手大脚地挥霍财富。巴菲特说：“如果因为出身富贵，手里就有一辈子享用不尽的免费‘食品券’，我认为这是有悖公平的。”他认为这些钱必须用于回馈社会。

但他的慈善之心与给孩子们钱一样，让他感到十分矛盾。即便是为了慈善事业捐款，也会让他感到心里不痛快。巴菲特有个心理障碍，如果让他掏钱，就相当于减少了他自己手中可以用来赚钱的工具。

多年来，巴菲特基金会一直都是人们的笑柄。1979年当巴菲特拥有1.5亿美元时，基金会的捐赠总额只有区区725 000美元，那年他只捐了38 453美元。但在1981年巴菲特开始实施伯克希尔·哈撒韦慈善计划后，苏珊和他用它来支持基金会的事业。巴菲特逐步提高了公司的捐赠额，当然捐赠额的增长速度不及伯克希尔·哈撒韦的股价上升速度那么快。到了1990年，每位股东可从伯克希尔·哈撒韦的每股股票价值中为自己喜欢的慈善事业捐上6美元，巴菲特和苏珊也间接地捐出了300万美元。

这个捐赠计划的经典之处还在于，它无须让巴菲特亲自掏腰包，这只不过是伯克希尔·哈撒韦数以亿计的天量财富中的一部分，他本人并不为基金会掏一分钱。就连伯克希尔·哈撒韦慈善计划提供的那些间接捐助也与他那40亿美元的资产没有关系。

巴菲特的朋友也经常批评巴菲特吝啬，但他们知道他很热心公益事业，也知道他省钱并不是为了自己挥霍。从个人角度来看，他们认为巴菲特相当“慷慨”（这是他们常用的一个词）。只是有个例外，他每年圣诞节都会匿名汇给儿时好友鲍勃·拉塞尔的母亲一小笔钱（这是在一次银行汇款失误中偶然被人发现的）。而且，在不涉及钱的问题上巴菲特会很大方，比如给别人手写一些发人深省的短信，或是给他们及时地提出建议。但即使是好朋友出于急用向他借钱，他也总会让对方吃闭门羹。当作家杰弗里·考恩得知全国公共广播电台一档收听率很高的新闻节目《周末特辑》遇到资金瓶颈时，他向巴菲特打电话求助：如果《周末特辑》不能马上筹到5万美元的话就要停播了。在这种社会压力下，多数人多少都会掏点儿钱的，但巴菲特依旧秉持自己的个性。他在说“不”字时，是一点儿都不会感到不舒服的。最终，他一分钱都没有掏。巴菲特的另一个朋友安·兰德斯经常劝他不要把钱包看得太紧了。她说自己尽了最大的努力，想要劝说巴菲特“为世界贡献点儿什么”。

巴菲特天天都是存钱、赚钱以及赚钱、存钱。但这又是为了什么呢？他买了架飞机，而且很喜欢。于是我用飞机为他举例：“看，这架飞机为你带来了多少乐趣！如果你把一部分钱捐出去，那么你也会收获很多快乐的。”

巴菲特只是一笑了之。

巴菲特对慈善事业的冷漠，很可能源于70年代他在格林内尔学院的经历。当年，他的朋友罗森菲尔德劝他加入学院的董事会，巴菲特为这家位于艾奥瓦州的小艺术学校带来了滚滚财源。在他的管理下，格林内尔学院用1 360万美元的捐款买下了代顿市的一家电视台，4年之后又以4 800万美元的价格卖出。令巴菲特感到寒心的是，他发现学校觉得天上掉下来的这笔横财来得太容易了，而且这笔钱并没有用来提高学校的教学质量，而是被教授们大手大脚地花掉了。

巴菲特从此对高校捐资失去了兴趣，尽管他仍旧为许多学生提供了私人奖学金。正如格林伯格所说："巴菲特宁可被噎死，也不愿意给大学开一张支票。"当他的母校内布拉斯加大学的筹资人来到他办公室时，他竟然连门都没有开，尽管他还是母校橄榄球队的疯狂球迷。

巴菲特看待慈善事业的观点多少有点儿类似于投资。他拒绝慈善事业"多元化"，宁可把基金会的钱投到某些"崇高"的事业上，以获得最大的社会效益。他也希望自己的捐款能够物尽其用，他觉得太多的捐款都被那些筹款负责人花在奢华的午餐上了。有一次巴菲特请朋友们去拉古纳海滩别墅度假，巴菲特提出了一个经过再三思考的问题："如果你们必须为某种事业捐款来为社会做出最大的贡献，那么你们会怎么选择？"

他似乎在寻找慈善事业中像可口可乐那样的价值洼地，一种可以把社会大众从水火之中解救出来的慈善事业。这种想法在股票上行得通，但对公益事业不太合适。有些项目需要资金支持的计划，例如医学研究，但其研究成果并非总是立竿见影，资金捐助人可能会承担一定的损失。在另外一些社会范畴，如艺术领域，巴菲特认为做出“最大的贡献”有时候并不现实。(虽然“对部分人有益”的说法是行得通的，如果没人为博物馆捐赠，那么整个社会的利益也会受损。）换言之，衡量社会的进步不像衡量可口可乐公司的收益那么简单，但巴菲特习惯于看到“具体的成效”。

由于这些限制条件，他发现自己很难找到一种适合捐赠的公益事业。巴菲特基金会名义上由格林伯格管理，实际上最后的决定大权还握在巴菲特和妻子手中。基金会的大部分收益都被留作未来的捐赠资金。到 1990 年，基金会从伯克希尔·哈撒韦公司和它的各种投资组合中获益 380 万美元，但它只捐出去了 230 万美元。而当时它的资产总额已经接近 1 800 万美元，俨然一个小型的伯克希尔·哈撒韦公司。它只向少数精心挑选的事业捐赠，而它的资产还在“不断累积”。

不过，有两项事业是巴菲特真正关切的。自从广岛事件以来，他一直担心再次爆发核战争，而核裁军又是普通公民力所不能及的。巴菲特对美国驻苏联大使乔治·凯南的研究很欣赏，乔治·凯南在普林斯顿大学时就积极倡导核裁军。1984 年，巴菲特得知哈佛大学法学院的谈判专家威廉·尤里正在研究防止战争突然发生的办法。他请威廉·尤里到波士顿丽思卡尔顿酒店共进早餐，并坦言自己对于发生毁灭性核战争的担心。巴菲特让威廉·尤里举个例子来预测一下未来的情况。威廉·尤里说假如桌子上有成千上万枚白石子，其中只有一枚黑石子，一个人每天捡走一枚石子，那么迟早有一天，就算是 100 年以后，他也终将捡到那枚黑石子。那就是核战争。

威廉·尤里曾提议在莫斯科和华盛顿分别建立“危机缓冲中心”，两个中心可以通过电话和传真直接联系，以便在危机发生时可以进行便捷的交流。

巴菲特说：“我支持你，我想资助你 10 万美元。”（后来巴菲特基金会实际捐助了 20 万美元。）但直到冷战结束，巴菲特对核裁军能做的贡献一直很有限。

在所有社会事业中，巴菲特最关注的就是人口控制。例如，1990 年，巴菲特总捐赠额的 75%，即 170 万美元都用于计划生育、性教育、人口控制和堕胎权利法案等。苏珊和巴菲特对此非常支持，但两人关注的侧重点不同。苏珊在第三世界生活时感触很大，因此她特别关注改善妇女的生活条件，巴菲特则是从宏观经济的角度看待这些问题的。在某种程度上，他像人口学家马尔萨斯那样，担心人口过多会引发许多方面的问题，比如食品、住房，甚至人类生存的危机。

巴菲特的这两个夙愿都很实际，目标都是减少或防止将来会发生的悲剧事件，比如战争和人口过剩危机。但是，他不愿从自己的巨额财富中拿出一部分用来帮助那些在世的穷人、病人和文盲，也不愿意为当地的音乐厅、博物馆、大学和医院捐款（堕胎和计划生育项目除外）。由于只关心宏观经济和未来，巴菲特的慈善观让人觉得与当前形势毫无关联，甚至有点儿不近人情。

他认为传统的慈善事业是在“耗费”钱财。从另一种角度看，捐款如果可以用于人口控制的话，巴菲特就会认为这是一种“投资”，就像是在全球范围内赎回股票，因为将来要求分享这个大比萨的人数会逐渐减少。

在关心人口控制方面有一点是很奇怪的，那就是巴菲特并不因为人们得到了他的资助而高兴。巴菲特经常会询问别人对公益事业有没有什么好建议，似乎全天下的公益事业乏善可陈，但他的这种询问往往无果而终。巴菲特经常认为善款的接受者可能不配拿到这笔钱，因此慈善捐助中的“食品券”对捐助者与受助者都毫无益处。有趣的是，巴菲特在受人恩惠时也同样感到不安。有一次他在奥马哈城的古德里奇甜品屋要了一份巧克力麦芽糖，但发现身上最小面额的钞票是 100

美元，甜品屋找不开。有一位认识巴菲特的老妇人碰巧也在这家店里买东西，于是很大方地为他付了钱。后来，巴菲特坚持还她这 1.5 美元，让他感到痛苦的是，他记不起这位老妇人叫什么名字了。最后他费尽周折，终于找到这位老太太，把钱还给了她。

最让巴菲特满意的一项公益活动，就是基金会每年都会给奥马哈 15 所公立小学的教师发放 1 万美元的奖金。奖金以巴菲特的姨妈艾丽丝的名字命名。作为一名教师，艾丽丝在巴菲特幼年时对他呵护备至。获奖人的评奖标准是巴菲特认可的业绩。巴菲特经常指出，一些有钱人喜欢往大学里砸钱，好让他们的名字刻在大学的某幢大楼上，但他们根本不在意对孩子们影响更大的小学，因为孩子们的价值观主要是在这里形成的。巴菲特设立这一奖项正是为了表达对家乡奥马哈的感谢。

但他对奥马哈一般性慈善事业的冷漠经常招致一些前辈的批评。当地有位名叫罗伯特·多尔蒂的制造商说："巴菲特向来以不掏腰包闻名。"在奥马哈，你根本看不到一点儿迹象能表明全美国最大的富翁住在这里。乔斯林艺术博物馆里没有巴菲特展厅，城里没有巴菲特公园，巴菲特也从来不在地方大学担任要职。

1990 年，巴菲特出资建立了舍伍德基金会，该基金会主要是为奥马哈当地的慈善事业做贡献。尽管它的规模比巴菲特基金会小得多，但它表明 60 岁的巴菲特终于明白奥马哈是生他养他的故乡，但他几乎没有给这座城市什么回报。

令奥马哈人倍感意外的是，尽管巴菲特是个出了名的小气鬼，但他的团队意识非常强。在政治上，他强烈呼吁政府应该代表整个社会而不是为某些利益集团服务。早在 1977 年，人们尚未攻击"特殊利益集团"的时候，巴菲特就尖锐地批评，"社会上许多既得利益团体有这样一种恶习，他们靠选举来转移经济问题，而不是解决经济问题”。

从那以后，巴菲特经常在《华盛顿邮报》上发表一些关于经济问题的时评和建议。这些文章的主题通常是鼓励“把比萨做大”，而不只是“重新分割比萨”（就像他嘲笑华尔街的“比萨分割”一样）。其中的一个观点就是把所有贸易逆差一笔勾销，而无须再使用配额、关税和烦琐的审批手续。在这个了不起的设想下，自由市场知道自己需要进口多少日产卡车、生产多少双阿迪达斯跑鞋，但这需要建立在一个可以控制进口和出口总量的体系之下（政府只需一个法令就可限制进出口总量）。巴菲特这一理论的前提是全社会关注整体贸易平衡，而不是在多个行业的逆差和顺差之间玩弄平衡。

虽然巴菲特并不反对政府发放解决实际问题的“食品券”，但他对政府的转移支付一向采取冷嘲热讽的态度。巴菲特在一篇言辞激烈的文章里提出了一个带有寓意的“稳定岛”概念——这是一个假想的人口数目稳定的社会，大家彼此支持，生产取之不尽的大米和葡萄酒。由于这是个“富有人情味的岛”，劳动者使失去劳动能力的老人真正老有所养。但是，退休者日益增多后，我们通过简单的数学计算就会知道，工人们不得不面朝黄土背朝天地拼命劳作，自己却喝不上酒，只为让前辈们能够喝到法定数量的酒。

巴菲特的许多建议都体现了新保守主义的态度，即约束人们的自私本性，而不是依赖于他们的“性本善”。20 世纪 70 年代，苏珊与拉里·金成了朋友。拉里·金创办了一个假装为黑人提供信用贷款的机构。尽管他的年薪只有 16 200 美元，但他开着一辆白色奔驰跑车，经常举办豪华宴会，手戴金表，身穿斑马皮衣，出席各种高档晚会。他几乎骗遍了半个奥马哈城，包括苏珊在内，但他骗不了巴菲特。巴菲特一针见血地指出：“我知道拉里·金是个骗子。我想他也知道我明白这一点。可能我是奥马哈唯一没被他骗过钱的人。”后来，拉里·金因诈骗金额高达几百万美元而入狱。

还有一次，苏珊请巴菲特资助奥马哈的民权活动家查尔斯·华盛顿。巴菲特满腹狐疑，但无奈之下还是借了他 24 900 美元。半年之后查尔斯·华盛顿并没有按期还款。巴菲特对这么一小笔钱都不守信用感到很反感，就把查尔斯·华盛顿送上了被告席。这是他生平第一次也是唯一一次起诉别人。

巴菲特与几个重量级的政治家关系十分要好，如丹尼尔·帕特里克·莫伊尼汉、比尔·布拉德利和鲍勃·克里。与大多数公司高管不同，巴菲特从不阿谀奉承。纺织行会组织多次请求巴菲特帮着他们游说以实行进口保护，但他从没这么干过，尽管他自己的纺织厂也可以从中受益。

还有一件更富戏剧性的事。伯克希尔·哈撒韦公司的储贷组织曾是美国储蓄机构联盟的成员之一。与其他类似机构一样，美国储蓄机构联盟认为自己的职责是为各成员组织争取尽可能多的政府“比萨饼”。甚至在 20 世纪 80 年代的存贷丑闻曝光之后（它的成员已欠了纳税人 1 000 亿美元），它还四处游说试图聚拢更多的资金。

巴菲特和芒格认为说客们也应该有社会良知，于是他们退出了该组织以示抗议。芒格多年来一直对储贷协会的危险信号提出警告，他在媒体上发表了一封公开信，尖锐地抨击了美国储蓄机构联盟“粉饰太平”的做法。

> 由于美国储蓄机构联盟长期以来都在误导政府，这一点非常明确，因此它应就给纳税人造成的损失公开道歉，并保证不再变本加厉地进一步误导。

虽然巴菲特嘲笑政府对储蓄机构联盟的袒护，但他并不认同“新保守主义者拥护的市场判断是永远正确的”，他也不认同自由市场是财富最终仲裁者的论点。

作为一个百万富翁，他是非常激进的。当然，他的政界朋友大多是民主党人士，但他的某些观点甚至比他们还要激进。有一次在大都市公司的问答环节，有人问如果他有权改变税收法，他会怎么做。巴菲特说："如果我真有权力这么做，那么我的做法可能会让你吓一大跳。"他要对个人消费征收重税，并收取"极高"的遗产继承税。

> 如果你想坐飞机四处兜风，没问题，只要你上缴一大笔税就可以，而且必须是重税，因为你消耗的是整个社会的人力、燃料和其他资源。

他的观点非常民主，因此人们很难理解为什么他不愿意为社会贡献更多。芒格虽然也对公益事业持讽刺态度，但他是个慷慨的捐赠者，尤其为医院和私立学校贡献颇多。但巴菲特始终保持清高的态度。诺曼·利尔有一次邀请他在表彰"企业诚信"机构的颁奖仪式上做简短演讲。此次活动主要是表彰那些对社会有突出贡献的商人。巴菲特表示无论怎样都会到场，同时也明确表示不愿做演讲，因为他每个月平均会收到50个类似的请求。诺曼·利尔感到很沮丧，他觉得巴菲特竟然会拒绝这么简单的请求，简直不可思议："其实他只要走上12级台阶，到演讲台上做个半分钟的演讲就可以了。"

在巴菲特看来，好像每个人都想从他身上捞上一把。凯瑟琳·格雷厄姆认为巴菲特的自我保护是为了坚持自己的做法，不论是面对公益事业还是在其他方面。巴菲特勒紧钱袋子是保持自控力的一种方法。当他还在为凯瑟琳·格雷厄姆的《华盛顿邮报》当报童时，他就不让母亲碰他的钱。

成年后的巴菲特对他的474 998股伯克希尔·哈撒韦的股票亦是如此。比尔·盖茨时不时地会把手中的微软股票出手一些，李·艾柯卡也会卖掉一些克莱斯勒公司的股票，但巴菲特对他心爱的股票就连一股都不舍得割让。具有讽刺意味的是，伯克希尔·哈撒韦的股价如此大涨，却从没为他的口袋增加一毛钱。

从社会的角度来看，巴菲特坚信这是件好事。他现在能捐出去的一小笔钱已经不仅仅是表面上看起来的零钱了，它代表着未来可以挣到的大把美元。巴菲特说："我想，现在社会上存在的严重问题，哪怕等我去世后还会继续存在。"他计划把自己的股票留给妻子苏珊。他们已约定好不管谁先离开这个世界，剩下的那个人都要把它们捐赠给基金会，到时候就可以为社会提供更大的利益。这个观点无疑是正确的，但他仍然让人觉得有些固执。到20世纪80年代末90年代初，其实巴菲特每年只要从他的天量财富中拿出1%，就可为社会解决成千上万的"严重问题"。

人们不禁觉得，他对财富的控制欲表明，他似乎不仅想控制自己的生活，还想控制自己的宿命。我们都有这样一种心结，相信自己在人生的伟大征程中是不朽的。以巴菲特"人心不可测"的观点来考量，他对伯克希尔·哈撒韦的控制，或许可以给他提供一种一生都不受恐惧侵袭的安全感。也许与林肯一样，在这场战斗结束之前，上帝是不应该召唤他的。只要他仍在不断积累财富，他的使命就还没有结束。

第20章

恐钱症

随着黑色星期一的阴霾渐渐消退，华尔街又迎来了艳阳天。股价涨到了新高，股市投机商们创造了新一波杠杆收购的狂潮，规模之大足以将过去的纪录一再改写。20世纪80年代的投资数学法则很简单。按照美国税法的规定，任何公司只要能够进行债转股，它的市值马上就会上升。而且大家也认为几乎所有公司都能玩这种把戏。

当贪婪明显地压过恐惧之后，投资银行摇身一变成了“商业银行”，它们不仅会进行杠杆收购，而且会冒着资金风险自己去购买公司。所罗门兄弟公司保守的约翰·古特弗罗因德也加入了这一冒险行列。这更表明了这一趋势风头正盛，也使得巴菲特和芒格有机会近距离地观察这一新的投机时代。

这两人总是一个唱红脸，一个唱白脸，他们的配合也日臻完美。当有人要与他们做生意时，“好警察”巴菲特会向所罗门的银行家们问一些老练圆滑的问题，芒格则设法把蛋糕切成小块来吃进。有一次，董事会拒绝了通过购买连锁加油站的提议，一位公司高管说巴菲特和芒格几乎“占据了在董事会发言的主动权，而且意见相左”。

所罗门负责商业银行业务的迈克尔·兹马曼说：“巴菲特的态度是，如果某笔交易不值得用股票的形式来做，那么它也不值得用债券的形式来做。”巴菲特认为银行家应该专心致志地寻找好的业务，而不是致力于在资产负债表上要些花拳绣腿。但他从不反对任何交易。

1988年10月的一个周日傍晚，巴菲特在奥马哈的家中接到了古特弗罗因德的电话。他正与所罗门的几个银行家在第5大街的公寓里。上周三，生产云丝顿和沙龙牌香烟、乐之饼干以及奥利奥饼干的雷诺兹-纳贝斯克公司久经沙场的老板F·罗斯·约翰逊提议要单独购买自己的公司。约翰逊聘请的银行是美国运通旗下的希尔森·雷曼·赫顿公司。这笔杠杆收购交易的消息刚一传出，华尔街上的所有银行都跃跃欲试，想要分一杯羹。所罗门也正在抓紧研究有竞争力的投标。但古特弗罗因德想知道的是，作为所罗门董事和大股东的巴菲特会支持吗？伯克希尔·哈撒韦愿意出1亿美元以合伙人的身份参与这笔交易吗？

银行家们不知道，其实巴菲特在几天前约翰逊刚宣布消息时就已要求购买雷诺兹-纳贝斯克的股票了。早在80年代初期，巴菲特自己就拥有雷诺兹-纳贝斯克的股票。当所罗门的资深投行家杰伊·希金斯开始向巴菲特阐述雷诺兹-纳贝斯克的优点时，话筒那边传来巴菲特浓重的美国中西部口音：

> “别跟我谈经济学。我知道它的情况很不错。你花一分钱生产的产品就可以卖到1美元，而且它拥有客户对品牌的绝对忠诚度。”

巴菲特与芒格曾经一度想要买下位于孟菲斯的生产嚼烟的康伍德公司，但是他们不想在烟草业中大张旗鼓地做文章。在与所罗门的其他银行家谈论时，巴菲特也流露出这个想法。

“这个公司的产品有点儿问题，”巴菲特很无奈地说，“我不想自己的墓碑上刻着我是这家公司合作人这样的字眼。”其实所罗门没有巴菲特的支持也是可以放手去干的。

第二天，KKR公司投标出价，所罗门与约翰逊聘请的希尔森·雷曼·赫顿公司组成联盟投入竞标战。这场投标搞得沸沸扬扬，很多投资界大腕纷纷挽袖入场，许多银行都想出了一个比对手更高的价码。这股兼并狂潮被推向了顶峰，似乎为奥利奥出多高的价格都不算邪乎。

11个小时之后，KKR提出了一个优厚条件，它答应在交易成功后，将“重新调整”为这次杠杆收购融资的垃圾债券的利率。雷诺兹-纳贝斯克的经营情况越糟，它的利率就越高。（就像通过可调整利率抵押贷款买一所房子，你失业后贷款利息就得翻倍。）KKR这么做的原因路人皆知——不管它的投资者会遇到什么经营困局，它现在都可以直接得到 7 500 万美元的中介费。

古特弗罗因德本来也有机会像 KKR 一样“重新调整”利率，但是出于自身信用的考虑，他拒绝了，结果就在这次交易中处于劣势了。

当 KKR 锁定胜局之后，巴菲特买了更多雷诺兹–纳贝斯克的股票，这是一种短期赚价差的做法，伯克希尔·哈撒韦将很快从中赚到 6 400 万美元。巴菲特一向以批评这种做法闻名，但这次他自己也这样做了，让人觉得有些虚伪。但巴菲特自己并不这么看。每当一项交易摆在桌面上之后，他就什么都不管了，只顾专心分析风险和收益，一如既往冷静地分析交易的利润及损失。他还从倍顺食品公司、联合百货公司、卡夫食品公司、莫科特公司、美国南方公司和一些其他公司中赚取了短期股票差价。

巴菲特是从本杰明·格雷厄姆那儿学会这种套利手段的，但与华尔街套利者不同的是，他还保留着鲜明的格雷厄姆色彩。投机逐渐升温之后，他的参与热情就会逐渐减退。多年前，在哥伦比亚大学一次关于收购的研讨会上，巴菲特警告说，如果银行家总是使用这种具有欺骗性的货币来进行收购，那么总有一天投标交易会让人觉得不可靠。雷诺兹–纳贝斯克这笔 250 亿美元的交易成交后，巴菲特认定这番预言可能就要应验了。

交易者是用“零息债券”进行杠杆收购融资的，这个可笑的融资方式使买方借到了大笔资金并可推迟数年还清本息。由于发行这种债券很容易，而且投资者大都盲目自信，所以收购价往往都是天价。巴菲特说：

> 收购市场上已经出现了过火的做法。正如多萝西说：“天啊，我都觉得我们不是住在堪萨斯了。”

这是巴菲特于 1989 年 2 月在雷诺兹–纳贝斯克公司的交易接近尾

声时写的。巴菲特已经从中赚到了钱，现在他对套利别无所求，因为他觉得这样的交易若继续下去就太危险了。

> 伯克希尔·哈撒韦公司在1988年盈利丰厚，你们也许都以为我们在1989年会大做套利交易，但我们只想袖手旁观。

当时的股市涨势如虹，巴菲特除了买进可口可乐公司的股票几乎没有什么大动作。不过，他需要找个地方进行投资。伯克希尔·哈撒韦的规模越大，投资任务就变得越发艰巨。早在巴菲特合伙公司成立后不久他就预言，迟早有一天公司会受到平均法则的制约——当时虽然他这么说过，但他认为危机出现还为时尚早。他提醒股东说："高增长率最终会让自己作茧自缚。"为了不向命运屈服，他不得不继续寻找新的投资机会。

这种投资的动力是危险的。它被形象地称作"恐钱症"——投资者"害怕手里拥有现金"。巴菲特承认他确实有这种感觉，手里有一大堆现金会让人"坐立不安"。

> 我承认自己心里会涌起一种躁动，总觉得自己应该干点儿什么，特别是当你很久都无事可做之后。

1989年下半年，巴菲特就像突然爆发一样，与吉列、美国航空和冠军国际集团做了三笔大买卖，交易总额达13亿美元。总的来说，这3家企业并不符合他常规的投资标准。投资于世界上最大的剃须刀销售商吉列公司是巴菲特典型的风格，而美国航空和造纸公司冠军国际集团都是资金密集型企业，它们与巴菲特过去成功的投资经历完全不同。（虽然冠军国际集团与他过去失败的投资有相似之处，但巴菲特认为这至少可以避免通货膨胀带来的损失。）

对于这3家公司，伯克希尔·哈撒韦都买进了一些可转换优先股，就像对所罗门的投资一样。除了可口可乐和吉列公司这些全球知名品牌，巴菲特对其他公司的盈利并没有特别高的预期，这正是他选择有固定分红的可转换优先股的原因。他忧虑地说："如果我还能买到 4 只像可口可乐一样的股票，我就不买这些了。"

这些交易对象也都潜伏着被收购的危险。罗纳德·佩雷尔曼正对吉列公司虎视眈眈；迈克尔·斯坦哈特也正把美国航空公司玩弄于股掌之间；冠军国际据说也被人盯上了。"当你拥有一个能干的管理层时，"巴菲特在《华盛顿邮报》上说，"应该给他们足够的时间让他们放手去做，去实现自己的目标。"现在这些公司都把巴菲特当作自己的护驾后盾。作为回报，伯克希尔·哈撒韦得到的是年均 9% 的固定红利收入，以及在公司的股价上涨时把优先股转换成普通股的权利。

不过，巴菲特的这些最新举动也招来了一些批评声。在大都市公司，他和其他人一样都在购买普通股，但在最近的交易中，他在谈判时要求获得只提供给他的特别风险保护。琳达·萨德勒在《华尔街日报》上指责巴菲特是以保证其他首席执行官的职位为条件来为伯克希尔·哈撒韦换取赚大钱的机会的。

> 华尔街的许多投资者都说，巴菲特先生的特殊交易不啻一种绅士般的保护游戏。他们认为，以往像索尔·斯坦伯格这样的公司套利者只要拿到勒索的钱就会离开，但巴菲特先生不仅要干净的票子，还要对管理层施加影响。

这种观点认为，巴菲特与首席执行官们的特殊交易实际上剥夺了股东们在公司收购中自由卖出股份的权利。《福布斯》杂志上的文章写道：

> 巴菲特完成了一笔特别的交易，公司的管理层也一样……但换个角度看，沃伦·巴菲特为这一收购保护开价多少？

巴菲特当然不用对吉列、美国航空和冠军国际的股东负责。他只需要为伯克希尔·哈撒韦带来滚滚财源就行了。但是人们对道义高尚的人总会有更严格的道德标准，巴菲特忽然间成了众矢之的，就好像被迫需要守住这块守起来难度更大的阵地。他在写给股东们的一封信中说道：

……接受投资的公司的股东未来会获利，因为我们选择了他们的优先股。理由在于：现在每个公司都有了重要、稳定而且对它们的业务很感兴趣的股东……

这种观点有一个不合理之处，它假设每个首席执行官（或巴菲特喜欢的首席执行官）都需要这种保护，并能公正处理长期的利益冲突。但并不是每个首席执行官都是汤姆·墨菲。巴菲特在哥伦比亚大学的研讨会上就指出，收购过程本身是不完美的，最终的决定权在股东手中。

冠军国际就是一个让人感到疑虑重重的例子。它的首席执行官安德鲁·西格勒强烈反对收购。他把冠军国际的钱大量投入工厂生产，却没能给股东带来多少盈利。在过去的10年里，作为一只大盘股，冠军国际股价的年增长率只有区区3%。即使在造纸业同行中，它的利润排名也是最低的。

唯一可以解释安德鲁·西格勒这种可怜经营业绩的人就是安德鲁·西格勒自己。在公司不景气的1989年，西格勒给自己开的年薪是80万美元，外加425 000美元的奖金。除此之外，他趁冠军国际股价很低时，给了自己31 000股的股权奖励。第二年，冠军国际的利润减少了一半，西格勒却把自己的年薪增加到了120万美元，外加28 000美元的奖金，这样他就不用自己掏腰包给理财顾问付关于个人所得税的咨询费了，同时他又拿了47 000股的股权奖励。

巴菲特是股权激励的坚决反对者，用它来奖励这样无所作为的首席执行官，更是令他觉得反感。如果有人想要收购冠军国际，大家都很难看出巴菲特有什么理由会反对。

吉列和美国航空公司的管理层则不太一样。美国航空公司建立了一个美国运营网络，在全美各个中型城市都设有运输中枢，但它的市场地位仍需巩固。它的经营战略似乎是要为自己赢得时间和一点儿“市场保护”。吉列公司想的则很简单，那就是要赚钱。

尽管巴菲特的经营之道比起普通股民在公开市场上的操作似乎更有赚头，但生意也远不像那些批评人士所说的那么好做。伯克希尔·哈撒韦在未来近10年的时间里将牢牢地锁定这几种股票，这么长的时间在华尔街看来简直是遥遥无期。实际上，大多数公司的管理层是不会接受巴菲特“苦口婆心”式的安排的。

不过这些交易还是有一些非公开的性质，它们透出一点儿内部交易的味道（巴菲特和几家企业董事会的朋友交往甚密）。巴菲特当年花670万美元买了架飞机也许并非巧合。在公司的年度报告中，巴菲特花了很大篇幅就此项支出进行了自嘲（却没有提到他低得出奇的10万美元的年薪）。他颇为风趣地说如果换来的新飞机的价格“以现在每年100%的速度增长的话，那么要不了多久，伯克希尔·哈撒韦的所有资产都会花在飞机上”。他把这架飞机起名为“站不住脚号”，强调自己现在有很多时间需要在奥马哈以外度过，而且经常要拜访一些大牌公司，因此自己的行头确实很重要。

到了20世纪80年代末，巴菲特已经是无人不识了。他会乘坐飞机去参加某个公司的董事会议，或者去看美国橄榄球超级碗决赛，也很有可能在某场晚会上偶遇影星保罗·纽曼或参议员爱德华·肯尼迪之类的社会名流。他经常和美国企业界的首席执行官们打桥牌，其中一次比赛是与英国的议员们在旧巴特希桥城堡打的，那是马尔科姆·福布斯在17世纪位于伦敦的豪宅。如果有人问他对总统有什么经济建议，那么他可能会说，他上周末刚与布什总统共进了晚餐。

巴菲特的妻子对女儿说，应该给他弄几套“体面衣服”了。当苏珊回到奥马哈时，她和女儿把巴菲特拉到商场花了1 500美元给他买了套杰尼亚西服。结果，这套意大利名牌西服就成了他的制服，就像他喜欢上可口可乐和私人飞机一样，再也不会变了。(但他拒绝了某位推销商让他定制更精良的西服的请求。他喜欢到杰尼亚西服在纽约的分店，随便从衣架上拿一套西服。)

他新交的朋友圈子大得让人吃惊。在波士顿，他会和哈佛大学著名经济学教授约翰·肯尼思·加尔布雷斯及《环球》杂志的资深编辑托马斯·温萨普这样的学界和新闻界权威交往。温萨普说：“沃伦的路子可真广。”这个评价对于一个找股票和收藏股票的人来说真是很有趣。巴菲特在华盛顿有一大群朋友，在加州也有一大帮朋友。苏珊和他去纽约是“有周密计划的”(用某位朋友的话说，就是要在有限的时间内安排好和每个人都见面)。“他们和别人不太一样。”这位朋友评价。

巴菲特核心圈内的朋友包括凯瑟琳·格雷厄姆、卡罗尔·卢米斯、汤姆·墨菲、芒格和比尔·鲁安，他们之间还是和以前一样很亲密。但像理查德·霍兰德这样的奥马哈朋友发现他不像以前那样常待在家里了。公司的财务主管维恩·麦肯齐估计他的老板每周总有一两天不在奥马哈。

巴菲特经常乘飞机从美国东海岸飞往西海岸，他社交生活的丰富多彩，是普通的上流人士难以企及的。他会在奥斯卡颁奖晚会上与著名歌手多莉·帕顿一起进餐，然后飞到马撒葡萄园与南希·里根和著名时事访谈栏目《60分钟》的迈克·华莱士等名流一起参加凯瑟琳·格雷厄姆家的聚会。还有一次他带着妻子直接奔赴媒体大亨沃尔

特 · 安纳伯格在加州棕榈泉的别墅。它就像沙漠中的一朵奇葩，四周种满了柽柳树和形态各异的灌木丛。沃尔玛的创始人山姆 · 沃尔顿也来了。

巴菲特在这些朋友中很有人缘，因为他没有一点儿财大气粗的架势。他说话的语气还是那么朴实，会把人们的思绪带回到 20 世纪 30 年代。[他会说“我在听电话呢”（I’m on the wire），而不是说“我在打电话”（I’m on the phone）。] 在 1988 年加拿大卡尔加里举办第 15 届冬季奥运会时，巴菲特是墨菲和美国广播公司邀请的客人，但他躲开了在路易斯湖畔吃午饭的邀请，一个人躲在城里工作。美国广播公司的连续剧编剧阿格尼斯 · 尼克松在卡尔加里遇见了巴菲特，认为他是“威尔 · 罗杰斯的化身”。阿格尼斯 · 尼克松某天请他去纽约在连续剧《爱》里出演某一角色。在录制结束之后，巴菲特、阿格尼斯 · 尼克松和其他美国广播公司的工作人员跑到城东的一家名叫布拉沃尼的意大利餐厅进餐。他们正准备出发，尼克松发现另一位亿万富翁约翰 · 克卢格也准备动身。克卢格钻进了等在一旁的豪华轿车，巴菲特则走到人行道旁招手拦下了一辆出租车。

巴菲特喜欢把自己塑造成一个因为机缘巧合才进入上层社会的乡巴佬。社交界流传着许多他假装无知的故事。其中一次是在某个晚会上，他坐在投资大亨亨利 · 克拉维斯的妻子、社交名流卡洛琳 · 萝茵身旁。萝茵对巴菲特说：“您能为我切一下食物吗？”巴菲特怀疑这是上流社会当时流行的示好甚至是示爱方式，整个晚上都没有搭理她。直到服务生把她没吃几口的烧烤食品撤走之后，他才吃惊地发现，原来她的手腕上打着石膏。

巴菲特很喜欢自己的质朴形象，他似乎对现在已经成为一个名人的现实还是感到不太适应。当电视节目《富翁、名人的生活》中出现他的身影时，他感到十分尴尬。他对别人说，制片人在他不知情的情况下剪辑了一些片段。当然实际情况并非如此，巴菲特是带着微型麦克风正式接受了采访的。

1989年，巴菲特在奥马哈又成了新闻人物。卖地毯的B夫人被两个孙子罗纳德和欧文夺权了，家具商场的管理权也落入他们之手。B夫人在盛怒之下离开了家具商场。她还公开指责巴菲特出卖了她，并称她的两个孙子是“希特勒之流”。

这场风波在奥马哈引起的轩然大波绝对不亚于查尔斯王子与黛安娜王妃完婚的影响力。B夫人指责她的孙子是无用的废物，只会溜须拍马，把时间都花在“开会”上，而且生活奢靡得像“百万富翁”。

不过这位95岁高龄的商界泰斗依然精力充沛，她只在家里待了几个月，就在家具商场旁边开了一家名叫“B夫人商店”的新店。现在两家商店成了要拼个鱼死网破的对手。

一个星期天，当她在巡视商店里的地毯时，B夫人感慨道：“真是让人心碎。”她说自己现在“只是为了报复”。

巴菲特对此也感到十分伤心。B夫人过生日时他带去了两打粉玫瑰表示问候，想与她重归于好。但在生意上，他仍然支持自己的管理团队。在向股东们报告这件不愉快的事件时，他称赞B夫人的儿子路易和两个孙子都是“出色的商人”。

> 也许B夫人在商业决策上比其他人都要聪明，但在这次冲突上，我相信她家里其他成员是完全正确的。在过去的3年里，商场其他部门的销售额增长了24%，只有地毯销售额下降了。

但是人们普遍认为，如果巴菲特自己身处B夫人的位置，那么他也会有同样的表现，也会对那些让他不满的人又踢又叫。在某种程度上，巴菲特也欣赏B夫人的这股泼辣劲儿。在她离去后不久，巴菲特在谈起她时总是语带不舍：

她没有失去自己坚毅的个性。不过，她对两个在商场工作的孙子态度很不好，我认为这是不对的。他们有时也只不过想要休息一天，在家里享受天伦之乐罢了。我相信他们都是很棒的小伙子，但他们不可能像B夫人那样卖命……她无法拥有一个关系和睦的家庭，这简直就是一出人间悲剧。但她的孙子们想要的是一个轻松点儿的环境，这一点是无可厚非的。

不过，B夫人的离去并没有让伯克希尔·哈撒韦元气大伤，它的股价在1989年9月上升到了每股8 750美元。奇怪的是，在投资生涯中，巴菲特总会在牛市局面下变得焦躁不安。他会对缺乏机会感到忧虑，甚至对伯克希尔·哈撒韦的发展担忧。

巴菲特的这种反应不无道理。为了进行与吉列、美国航空等公司的交易，他卖出了可转换成伯克希尔·哈撒韦股票的债券，筹资4亿美元。而买进了这些可转换债券的人不仅能得到固定的利息收入，还有在伯克希尔·哈撒韦股票上“中彩”的可能性。

这次巴菲特的筹资方式依然很吸引人，虽然他给出的固定利率只有5.5%，但是这种低利率恰恰说明投资者相信伯克希尔·哈撒韦的股票仍有很大的升值空间。（他们是在“中彩”上下赌注。）

而且，由于这是零息债券，因此伯克希尔·哈撒韦虽然欠着利息，但在债券15年后到期之前都不用偿还利息。不过根据税收法中的某条奇怪的规定，伯克希尔·哈撒韦可以一直扣减利率，就好像现在它已经在偿付利息一样。

不仅如此，伯克希尔·哈撒韦可以在3年内赎回这些债券。因此投资者赌的不仅是伯克希尔·哈撒韦股价会上升，而且是很快就升。但巴菲特赌的结果正好相反。

两周后，美国航空公司预期的杠杆收购交易失败了。投机者遭受了重大损失，巴菲特则在数月前退出了游戏。股指在一天内狂泻了191点。垃圾债券市场垮了，收购狂潮也画上了句号。几个月后，德崇证券公司也遭到重创。华尔街对债务的长期眷念就此终结。1990年早期，华尔街股市动力不足，伯克希尔·哈撒韦的股价也一直在每股8 000美元以下浮动。

在当年的年度报告中，巴菲特表达了他的担忧。他预测伯克希尔·哈撒韦的资产净值在3年内“几乎可以肯定”会下降（这是他任职以来第一次做出这样的表态）。他用一条看似天真的线索把伯克希尔·哈撒韦近来的表现与华尔街的危机联系在一起：许多摇摇欲坠的杠杆收购，比如布鲁明戴尔百货公司的母公司联合百货也是用零息债券来融资的。当然，巴菲特想到的并非只是这些。在华尔街，好主意往往会给你带来麻烦；往往是聪明人打头阵，傻瓜跟风。杠杆收购和零息债券就属于这种情况。

巴菲特在这类文章中的一贯风格是先从很小而且遥远的角度切入。他会让读者把思绪“带回亚当和夏娃偷吃禁果之前的年代”。

> 如果你的年纪与我相仿，你可能在“二战”期间第一次购买了零息债券，买的可能是历史上发行量最大的、著名的美国E系列储蓄公债。

没有人称它是零息债券，但美国E系列储蓄公债其实就是如此。当这些债券到期时政府会一次性地付利息。买美国E系列储蓄公债的美国人并不是傻子，因为美国财政部有可靠的信誉，债券持有人可以安心地睡觉，他们的钱稳稳地以每年2.9%的速度增值。

到了80年代，投资银行为大的融资客户创造了一种零息债券。这些贷方与伯克希尔·哈撒韦一样都有3A信用评级，不久银行家们就发现，这种零息债券与实物付息债券一样，都可以为杠杆收购提供融资。原因很简单：既然可以数年不用付利息，投标人当然希望一下子就能筹措到一大笔钱。巴菲特的解释当即把这个捉迷藏游戏拆穿了：

> 对于这些发行者来说，零息债券（或实物付息债券）有一个极大的好处：你有可能履行什么也不付的诺言。如果像墨西哥、巴西这样欠发达的国家政府在70年代不是大规模举债而是发行长期零息债券的话，它们现在就是清白的借债方了。

巴菲特建议投资人让银行家也品尝一下自酿的苦酒，巴菲特把这一观点表达得很清楚。美国商界的人都应该知道，华尔街正在用可笑的“资金”进行交易。

> 我们建议……您把钱包看紧一点儿，让债券发行人和那些赚取巨额手续费的人都知道自己有可能赚的是零息。在没有完全付清利息之前不要让他们得手，看看他们还会有多大兴趣。

虽然这些文章都具有高屋建瓴的指导意义，但它们并没有透露巴菲特的策略。他的确是个保密专家。

当时巴菲特正在报上猛烈地抨击垃圾债券，但他自己只做了一笔有史以来最大的垃圾债券交易——花4.4亿美元买进了雷诺兹-纳贝斯克的债券。当时，雷诺兹-纳贝斯克的垃圾债券和其他公司的债券一样暴跌，但巴菲特认为市场的反应有些过激了（毕竟雷诺兹-纳贝斯克还在继续向“瘾君子”们出售大受欢迎的产品）。巴菲特买入垃圾债券的做法让人觉得他有些口是心非。其实不尽然。巴菲特认为，把不能承兑的垃圾债券卖掉是有悖道德准则的，但买入这些债券则不同。对投资者而言，没有哪种金融工具“本身是罪恶的”，重要的只是价格。

巴菲特的投资消息公开之后，巴菲特恩师的儿子、伯克希尔·哈撒韦股东之一小本杰明·格雷厄姆博士发表文章抗议伯克希尔·哈撒韦投资烟草业。巴菲特回应说自己是不会生产香烟的，但他持有烟草公司的债券也无可非议，因为报纸上也登着香烟广告。巴菲特坦言："我也不敢确信这种说法在逻辑上是否有漏洞。"不过，他认为在这样一个复杂的世界上，这仍是个划清界限的好方法。

1990 年 8 月伊拉克入侵科威特后，"信用危机"演变成了全面的衰退。新的 10 年并不预示着新时代，但这一次不同。80 年代末，投资界人人意气风发，巴菲特却小心翼翼。到了 90 年代，华尔街再次陷入恐慌，借出钱的人想把钱收回来，本来随便就能借到上千万美元的公司也发现银行的大门紧紧关上了。

企业纷纷倒闭，垃圾债券无法履约的事件频频发生（就像巴菲特于 1985 年在哥伦比亚大学预言的危机来临的局面一样）。弗雷德·卡尔的保险公司堆满了垃圾债券，成了历史上倒闭的最大的一家保险公司。而刚刚从国外债务危机中恢复过来的各大银行面临着国内诸多的致命打击，例如杠杆收购和房地产危机。银行倒闭就像传染病一样从得克萨斯席卷了科罗拉多、新英格兰和美国东海岸中部的大西洋地区。忧心忡忡的经济界人士马不停蹄地举行了一个又一个研讨会，讨论花旗银行或大通曼哈顿银行是否会倒闭。

不过，在巴菲特看来，当前正是冒点风险的大好时机（他的步调与弗雷德·卡尔总是不合拍）。伯克希尔·哈撒韦的股票和其他股票一样也走低了。（当年的最低价下跌至每股 5 500 美元，从最高价滑落了将近 40%。）但巴菲特是个愈挫愈勇的人，在这样的境况下他的状态总是最好的。如果价格太高了，那么他反而会有恐钱症；但在世界一片暗淡时，他赚钱的本能和眼光是无人能及的。

1990 年（自 20 世纪 30 年代大萧条以后银行业最衰败的一年），

巴菲特买入了位于旧金山的银行业巨头富国银行10%的股票。当时，加州的房地产业刚刚陷入衰退，人们认为银行业雪上加霜的日子才刚刚开始，而且会长期延续下去。而富国银行在加州给房地产业的借贷规模是美国最大的。

巴菲特当然知道这些。通常而言，巴菲特并不喜欢银行，因为局外人不知道银行发放贷款的健康程度，危机一旦爆发，往往为时已晚。但巴菲特盯着这家银行已经好几年了。富国银行在加州有着独一无二的优势，它的利润率之高在美国的大银行中也是一流的。它的董事长卡尔·赖克哈德也像汤姆·墨菲一样善于压缩成本。在公司过去的困难时期，卡尔·赖克哈德卖掉了公司的飞机（巴菲特很欣赏这种牺牲精神），并冻结了公司高管的工资。他避开了许多一时的热潮，比如给拉美国家的贷款就曾给其他银行带来了巨大损失，富国银行则小心翼翼地避开了这一旋涡。巴菲特还知道，赖克哈德和银行的二把手保罗·汉森曾在70年代紧紧卡住了给房地产业的贷款，从而躲过了当时房地产大崩盘的冲击波。

尽管过去的这些情况并不代表富国银行在今后一两年内的经营前景是乐观的，但巴菲特考虑的时期远不止今后一两年。这家银行资金雄厚，应该可以渡过这次难关。巴菲特在公司年报中说，一个坏年头“并不会让我们备受折磨”。

由于别的公司都在备受折磨，巴菲特就可以在它们放血大甩卖的时候以每股58美元的平均价格买入2.9亿美元的股票，当时的市盈率仅为5倍，现在这只股票的最高价位曾达到每股84美元。

在巴菲特投资后不久，富国银行的各种投资都在慢慢陷入泥潭。华尔街在给股票做投资评级时并不推荐买入，摩根士丹利的首席战略分析师巴顿·比格斯也说他看不准富国银行能否幸免于难，巴菲特的命运也将一样。1991年春季，富国银行为防止贷款无法收回，便预留了大量存款没有贷出，它的每股收益降到了只有21美分，而上一年同期为4.40美元。尽管如此，巴菲特依然表现镇定，还要求公司批准把对富国银行的投资翻倍。

当时富国银行成了短期套利者的宠儿。它对房地产业的贷款高达150亿美元，是同行美洲银行的2.5倍。富国银行有一半的贷款都在美国加州南部（当时美国信用最坏的地区）。在原来经济欣欣向荣后来又急转直下的洛杉矶，开发商们迫不及待地赶紧让摩天大楼完工，但现在它们已经租不出去了。在奥兰治县有22%的写字楼是空置的。《巴伦周刊》杂志在描述富国银行的颓势时讥讽道，这一次“奥马哈的圣人”沃伦·巴菲特也难逃厄运了。

就连巴菲特身边的人也认为对富国银行的投资是他对商业原则的一种背叛。格雷厄姆和多德学派的基金经理斯科特·布莱克说，“这让我感到不安，因为巴菲特明显地犯了个错误”，好像上天就应该制止巴菲特不要这样做一样。对80年代过多借贷投机感到胆战心惊的人，如果能看到借贷者自食恶果也是大快人心的。在他们眼中，贷款给房产商简直就是助纣为虐。

巴菲特也反对借贷投机，但他的精确计算占据了情感因素的上风。如果价位合适，他乐意买下一个银行，甚至垃圾债券。在情形最糟糕的时候，曼哈顿的一位朋友打电话“警告”巴菲特说富国银行可能会一蹶不振。巴菲特冷静地说：“那我们就等等看到底谁对谁错。”

让巴菲特感到不够满意的是，这次萧条结束得太快了。当1991年年初美国向伊拉克开战时，股市又重振了。战争只持续了一个半月，但股市的反弹时间却不只这么短。到了7月，道琼斯指数突破了3 000点。不过，手上大把的现金和为数不多的投资机会却使巴菲特再次产生了恐钱症。当美国运通公司的董事长詹姆斯·D·罗宾逊三世给他打电话时，他听得聚精会神。

出生于亚特兰大银行业世家的詹姆斯·罗宾逊为人谦虚，是可口可乐的一名董事，也是巴菲特的好友。在可口可乐公司的 13 名董事中，罗宾逊风格独特，说话语气坚定，就像政治家一样。罗宾逊那间用深色木材搭建起来的滨河办公室似乎在悄悄地对来访者说，办公室的主人是用“传统方式”挣钱的。从个人角度来说，巴菲特很喜欢罗宾逊，但对他作为美国运通董事长兼首席执行官的表现则不甚了解。

从美国运通的银行卡和旅行支票上来看，它的经营十分成功。近 10 年来，美国运通每年的利润率都高达 18%，但罗宾逊的股东从未见过这 18% 的利润进入他们的腰包。

罗宾逊把这个良好行业获得的利润赔在了一些不景气的行业中，如保险业、投行业、经纪人业务，甚至专门收藏 19 世纪美国油画的艺术品投资业务上。由于急于跟上 80 年代“金融超市”的风潮，罗宾逊竭尽全力勉强凑出了 40 亿美元压在希尔森·雷曼·赫顿公司上，但罗宾逊的监督工作做得很马虎（希尔森·雷曼·赫顿公司耗资 2 600 万美元用于建造位于科罗拉多滑雪胜地的“会议中心”），而投资银行也经常告急，需要向他搬救兵以解燃眉之急。更糟糕的是，美国运通还有一个坏习惯，那就是不到木已成舟，它是不会想办法去采取补救措施的。

罗宾逊设法躲过了对这些投资失败的指责，一半需要归功于他那繁忙的公共关系部，一半要归功于董事会里那些被金钱俘虏的董事。例如，亨利·基辛格每年就能从公司拿走 35 万美元的管理咨询费用，而在理论上他负有对公司的管理层进行监督的职责。

尽管罗宾逊在媒体宣传上花尽了心思和银子，但巴菲特对于罗宾逊的经营记录并不是一无所知。1985 年，巴菲特参加了美国运通的一次董事会，当时公司正考虑把旗下的福来曼基保险公司卖给巴菲特等人组成的投资集团。巴菲特当时给美国运通提了一项建议：公司应该把福来曼基保险公司卖掉，把精力集中在自己的主营业务上。不久之后，政府雇员保险公司买了一大笔美国运通的股票，巴菲特打电话给政府雇员保险公司，表达了自己的担忧。尽管巴菲特没有把话说得很明白，但他在公司年报中表达了对罗宾逊经营失误的痛心。

但是，当这次罗宾逊打电话来时，巴菲特似乎将一切都淡忘了，马上登上私人飞机赶赴纽约。巴菲特脑子里显然有一个根深蒂固的想法：25年前他在美国运通的投资帮他挖到了投资业的第一桶金。现在这家公司又一次陷入了泥沼。就在几周之前，公司的信用评级也惨遭下调。当罗宾逊要求得到3亿美元的注资时，巴菲特很爽快地答应了。

巴菲特说，现在市场上的股价已经上涨到这个地步，他很难找到自己喜欢的公司，而美国运通的主营业务正是他所喜欢的。这仍不能解释他所说的“我们投资是为了与罗宾逊站在一起”的说法。他的朋友们都觉得很诧异。他甚至同意了（虽然有些勉强）一项可能会影响伯克希尔·哈撒韦长远发展的条款。美国运通的一位董事杰克·拜恩对《商业周刊》说，他原以为巴菲特的“聪明基因”会阻止他签署这样一份合作协议。

在与巴菲特当面交谈之后，拜恩才知道巴菲特把上次对美国运通的投资看作自己职业生涯中的里程碑，现在他急于帮助这家公司复兴。巴菲特对他说：“我这是回家乡了。”当然之前他也回到了政府雇员保险公司和《华盛顿邮报》这两个“家乡”。他喜欢这些自己熟悉的地方，就像喜欢投资儿时搬运过的饮料一样。重新进行这种商业冒险使他能够重温年轻时的美好时光。芒格也认为他的投资生涯中充满了“奇妙的巧合”。芒格坦言：“沃伦这个人很怀旧。”

到了1991年8月，巴菲特新投资的几家公司的麻烦接踵而来。富国银行处在崩溃的边缘，美国运通也是麻烦缠身，许多餐厅另寻合作新欢，持卡人数和利润都在锐减。

在饱受批评的交易中，吉列公司脱颖而出，伯克希尔·哈撒韦将可转换优先股转换成了普通股。吉列公司的其他持股人也大赚了一笔，因为现在的股价已是佩雷尔曼开价时的两倍。身为共同基金经理同时也是吉列公司股东的彼得·林奇说："跟巴菲特做生意，大家都能发财。"

但巴菲特与冠军国际的生意得不到同样的声誉。股票的每股收益率下降了 85%，但伯克希尔·哈撒韦未受其害，因为它的红利是固定的。同时，首席执行官西格勒又以远低于公司账面价值的价格给了自己 25 万多股的股权奖励。

美国航空公司的情况最糟。几乎就在巴菲特投资的同时，一场航空业的世界大战已经爆发。当海湾战争爆发时，民航旅行业就垮了。美国航空公司当时的人力成本极高，在巴菲特投资后的一年内，它亏损了 4.54 亿美元，而且这种大出血局面并不是很快就能被控制住的。

有一次，美国航空公司的首席执行官萨斯·沙菲尔德给巴菲特打电话，对投资结果不理想表示道歉。

"萨斯，希望你记住，"巴菲特说道，"应该我给你打电话，而不是你给我打。至于投资不理想，我只能怪自己，现在只有顺其自然了。"

巴菲特其实很自责。他了解航空业的生存法则——竞争残酷而且固定成本很高，但他还是做出了投资决定，因此公众自然就把矛头指向了巴菲特。巴菲特对股东们写道："没人逼我，用网球术语说，我是'非受迫性失误'。"这显然是他最糟糕的一次投资，但具有讽刺意味的是，这对美国航空的其他股东来说是件好事，因为他给困难重重的航空公司注入了急需的资金。

虽然巴菲特的股票投资中有几处败笔，但瑕不掩瑜，有些成功的投资，比如可口可乐、吉列以及雷诺兹—纳贝斯克的垃圾债券，很快就让他从中获得了约 2 亿美元的利润。尽管巴菲特出语谨慎，但是伯克希尔·哈撒韦的净资产还在不断上升，它的股价也迅速反弹，在 8 月达到了每股 8 800 美元。不仅如此，有他持股的公司即便遇到了麻烦，也不需要他亲自去扑火。巴菲特喜欢说他对生活已经“做了安排”，这样就不用干他不喜欢的事了。1991 年夏天，这一切变成了现实。

巴菲特对自己一系列投资的辩护（这些公司会因为“拥有一个稳定的、对其感兴趣的大股东”而获益）还有待验证。也许他永远也得不到答案，但至少这种争论的声音已经慢慢消失了。即便是第一个遭受批评而且麻烦连连的所罗门，当年的盈利也相当可观。

第 21 章

职业信条

约翰·古特弗罗因德把所罗门兄弟公司经营得很好。

——沃伦·巴菲特，

在 1991 年伯克希尔·哈撒韦年会上的发言

准确地说，所罗门兄弟公司起源于一场家庭纠纷。费迪南德·所罗门出生于法国阿尔萨斯–洛林地区，他们一家在当地从事经纪人业务。19世纪末，他移居纽约，并把家里的生意也带了过来，专门为证券公司提供短期贷款。在迈入20世纪之后，他4个儿子中的3个成了他的帮手。当时华尔街在周六还只开业半天。正统的费迪南德想要保持犹太人的安息日，但儿子们坚持要开门做生意。慢慢地，父子之间的矛盾变得不可调和。1910年，儿子们凑了5 000美元自立门户。

他们在百老汇大街80号开了家店铺，兄弟们每天早上一家银行接一家银行地跑，问谁有多余的资金，愿意把钱放到经纪人那里。渐渐地，他们也做起了公司债券生意。虽然传统观念认为这是个死气沉沉的业务，但所罗门兄弟公司很快就找到了一个优秀的委托人——美国政府。1917年，所罗门成了财政部的注册经销商。后来，人们都说成为所罗门的合作伙伴就离“成为美国财政部的合作伙伴”不远了。但多年来，公司的规模一直很小，使它实现跨越性发展的主要是两个重要决定，同时也把巴菲特吸引了过去。

从建立之初，所罗门就斗志昂扬而且以其经营的精明而著称。尽管起步艰难，阿瑟·所罗门却是华尔街为数不多的连小J·P·摩根都要虚心求教的人。有一次，他正在刮胡子，得知摩根想见他，阿瑟来不及修理两鬓，就匆匆擦去脸上的剃须泡沫跑到了摩根先生的办公室。为了回报这种忠诚，摩根家族也经常会给他一些恩惠，例如让他承销一些公司债券，这也正是所罗门喜欢的业务。

但所罗门绝不甘为人后。经济大萧条时期，华尔街的各家大鳄纷纷以“撤资”的方式抵制刚刚成立的美国证券交易委员会，所罗门则胆略过人地深入险境，在强者林立的股票承销商中间站稳了脚跟。这种锐意进取的精神，加上几个兄弟甘愿冒风险进行投资的勇气使得公司开始蒸蒸日上。

有人认为这种“有销路”的业务正是所罗门在“二战”后获得发展的原动力。但它在华尔街仍是一个规模不大的小玩家而已。尽管大家认为它是一家不错的债券交易商，但它在资金需求更大的股票承销和投资银行业务上还是没能入局。

1958 年，威廉·所罗门只用高明的一步棋就让整个公司改头换面。第二代所罗门合伙人规定每个合伙人除了每年拿走 5% 的利润，必须把剩下的利润都留在公司。个别急于买房的年轻合伙人要求能有破例，但长着一头黑发、颇有领导风范的比利·所罗门对于这种要求都会断然拒绝。这样一来，这些合伙人的利益就牢牢地交织在一起，团结的排外精神也由此产生。更重要的是，当时只有区区 750 万美元资产的公司开始腾飞了。

所罗门开始用日益增多的资金优势来弥补原先在人脉资源上的劣势。它挤进了出身高贵的摩根和基德尔·皮博迪的行列，从事股票承销和投资银行业。布鲁斯·哈克特从 1968 年开始就在所罗门兄弟公司工作，是其第一批股票推销员之一，他回忆说：

> 在华尔街的各大玩家中，我们是最新一家从事市场研究的，也是最新一家经营投资银行业务的。这并不是因为我们与顾客的关系有多密切，而是因为我们能够准确地把握市场。我们就是一台精准的定价机器。

1979 年，IBM 要求摩根士丹利放弃它的股票独家承销商的传统地位，与所罗门一起承销 10 亿美元的股票。当摩根士丹利拒绝时，IBM 就选择了所罗门作为主承销商。当时的所罗门已经羽翼丰满，它的老板再也不用匆匆离开理发室跑到摩根面前俯首听命了。此时，它的资产规模已经猛增到 2 亿美元。

当时，华尔街的私营公司都感到需要扩大资本金来增加实力，因此纷纷筹备公开上市。但是，比利·所罗门认为保证稳定的合伙人关系才是重中之重，因此强烈反对上市。颇得他赏识的约翰·古特弗罗因德也有同感。有一次他偶尔听到几个合伙人在谈论公开上市的可能性，古特弗罗因德便毫不客气地打断他们：“如果你们再想这么干，我马上就辞职。”

古特弗罗因德出生于纽约州斯卡斯代尔市的郊区，他的父亲比较富有，是一家肉类食品运输公司的老板，有时会和比利·所罗门一起打高尔夫球。聪明而内向的古特弗罗因德在欧伯林学院念的是英语专业，本来打算当老师。他从朝鲜服役归来后，比利·所罗门请他到纽约市去看看。这个年轻人被交易所里的繁忙景象深深吸引，于是决定当一名学徒。

由于在市政债券和大公司债券业务上表现出色，他在34岁时就成了公司的一名合伙人。他带领所罗门兄弟公司在股票承销业务中获得了惊人的成绩，但还算不上华尔街的知名人物。越南战争期间，已留了大胡子的古特弗罗因德在美国金融的核心地区领导了一次反战游行。

似乎是为了给自己的不合群挣回一点儿面子，古特弗罗因德的行为总是显得无礼甚至粗鲁。在一次正式的招待会上，他被介绍给新泽西州养老基金会的负责人罗纳德·麦克霍尔德。因为对从新泽西州特伦顿得到的生意份额不满，古特弗罗因德突然破口大骂：“过分，为什么非要和什么新泽西州做生意呢？”

同事们认为，他之所以破口大骂只是为了掩盖自己腼腆的性格罢了。他在公司的一位好友吉德尔·哈勒韦兹说：“古特弗罗因德的问题是，他不想让别人知道他富有同情心，他不愿意脱掉这个外壳。”

比利·所罗门相信古特弗罗因德会逐渐成长并蜕变，于是他在1978年任命他负责公司的运营。1981年，所罗门兄弟公司遇上了一件让人措手不及的事。那天，古特弗罗因德、亨利·考夫曼和另一个合伙人飞到了纽约南安普顿海边的所罗门兄弟公司总部。所罗门兄弟身穿便装迎接这群穿着笔挺西服的来客，他们带来了一个坏消息——公司将不得不被出售给从事商品交易的菲布罗公司。(古特弗罗因德不愿意卖，但最后还是妥协了。) 所罗门的 70 位合伙人平均每人分到 700 万美元。

让古特弗罗因德倍感意外的是，南安普顿现在有了一条通向奥马哈的道路。这次交易之后，所罗门兄弟公司终于可以公开集资，以前所未有的速度强劲发展，但企业文化也不可逆转地发生了改变。虽然经理们还是互称“合伙人”，但那也只是个说辞罢了，现在他们不再把钱留在公司了。比利·所罗门回忆：“他们突然都有了五六百万，甚至 700 万美元，他们现在像关心公司的业务一样关心自己的钱。”

古特弗罗因德同意与菲布罗的首席执行官戴维·滕德勒共掌董事长大权，分工合作。滕德勒自己的业务垮台之后，所罗门兄弟公司轻而易举地就解脱了出来，之后古特弗罗因德立即把他一脚踢开。到 80 年代中期，所罗门兄弟公司不仅在传统的债券业务上有了大发展，在股票业务上也开始大展拳脚。它成为股票承销业务的旗舰，而且被《商业周刊》冠之以“华尔街之王”的美誉。《商业周刊》还预言：“如果公司因故陷入停滞且利润下降的话，所罗门公司也能立刻恢复生机。”

没人期望自己陷入困境。那些年，古特弗罗因德就在自由女神像对面的一间小办公室里办公。身材并不魁梧而且嘴唇很厚的他会像一阵风一样穿过两排股票交易员，身后留下一股雪茄味。他发起怒来就连双下巴上的赘肉也会抖个不停，所有的部下对他都敢怒不敢言。一位合伙人回忆：“他经常责骂下属，有时会让你觉得自己就是一个废物。”

据说古特弗罗因德曾鼓励他手下的明星债券交易员约翰·梅里韦瑟花 100 万美元去赌一局说谎者的扑克牌游戏，那是债券市场生意沉闷时交易商们玩的游戏。这件事记录在当时揭示公司内幕的畅销书《说谎者的扑克牌》上，也许这件事是捏造的，但它给古特弗罗因德蒙上了交易商大佬的神秘色彩。

在不玩扑克时，约翰·梅里韦瑟等证券奇才（其中有些是博士）就会用复杂的交易手段在利差中玩几百万美元的套利游戏。古特弗罗因德鼓励他们冒险，对不可避免的损失也很有男子汉气概。他不仅鼓励他们克服恐惧心理，还要求他们绝对忠诚。

“古特弗罗因德的管理方法真是让人印象深刻，”会计师马丁·莱博维茨评价，“他就像在一条长廊中漫步，所到之处都变得灯火通明。”

古特弗罗因德的影响力渗透到公司的每个角落。股票交易员都知道，如果他们有什么道德缺陷，那么整个公司都有可能毁于一旦。在德崇证券公司、基德尔和摩根士丹利等大投行都因为内幕交易而麻烦缠身之时，所罗门却能出淤泥而不染。古特弗罗因德深受传统伦理道德的影响，因此对那些寡廉鲜耻的生意人总是敬而远之，对那些自己都感到不合规的交易也不会涉足。

但在出售合伙人公司的问题上古特弗罗因德最终还是向其他合伙人屈服了。他同意他的银行家资助雷弗科和美国南方公司的杠杆收购，并授权贷给 TVX 电台发行的垃圾债券融资。尽管古特弗罗因德外表强硬，但是性格优柔寡断，这导致了三次交易的惨败。

实际上，古特弗罗因德并没有真正的控制权，各部门也没有预算控制。在 1987 年之前，所罗门甚至没有一个首席财务官。那年债券市场崩溃后，古特弗罗因德才发现公司的人员太臃肿了，可惜为时已晚。公开上市之后，公司的人员规模增加到了过去的3倍，达到6 800人。古特弗罗因德在股票和投资银行业中注入了大量资金，但并没有得到预期的可观收入。有一次他在接受《纽约时报》采访时表示："我的问题在于用人过于谨慎了。"

古特弗罗因德解雇了很多人，从这一巨大的数字中合伙人或多或少能够读出他内心的痛苦。他身边围着一群活跃的股票交易员，而古特弗罗因德则像一只笼中鸟一样在办公室里来回踱步。有一次，公司的合伙人一起去马萨诸塞州的科德角度假，莱博维茨发现古特弗罗因德一个人躲在角落里喝闷酒。莱博维茨就问他怎么了，古特弗罗因德无奈地说："工作迫使我伤害一些我不愿伤害的人。"

为了在公司掌握大权，古特弗罗因德对管理层一再进行调整。和他关系亲密的同事刘易斯·拉涅里实际上独掌贷款抵押部，按惯例从每次交易中都能拿到一定的好处。但是，古特弗罗因德还是无情地解雇了他。所罗门兄弟公司也和竞争对手在争夺精英债券交易员、中层银行家和推销商的战争中打得硝烟弥漫。著名的股票交易员艾拉·哈里斯和债券市场大亨亨利·考夫曼都一气之下离开了公司。古特弗罗因德的宝座也岌岌可危，有人曾密谋想推翻他，但都以失败告终。

造成这种钩心斗角局面的主要原因就是年终奖问题。古特弗罗因德想少发放一些分红，但所罗门兄弟公司的各位元老或部门经理等中高层纷纷使出各种手段迫使他提高奖金额度。

在事业面临重重困境之时，古特弗罗因德的后院也开始起火。就在公司打算公开上市的时候，他与曾在泛美航空公司任职的一位空姐再婚了，并试图成为一位社会名流。本来不喜交际的古特弗罗因德打算成为一个像盖茨比一样的人物，他和妻子耗资 2 000 万美元在第五大道买了一幢豪华别墅，并且经常举办奢侈无度的聚会。更加穷奢极欲的是，这位比古特弗罗因德小 16 岁的金发美女苏珊·古特弗罗因德还在巴黎的格勒奈尔大街买下了一幢 18 世纪的房子，以便去巴黎度假时有个住处。

虽然众人抨击苏珊·古特弗罗因德经常让丈夫分心的说辞不一定属实，但她确实使古特弗罗因德与同事之间的关系变得更紧张了，因为他们也想多抢点儿风头来得到老板的赏识。苏珊甚至连招呼都没有打一个，就把他们钟爱的高管会议室改头换面，把他们喜欢的舒适长沙发换成了毛茸茸的长椅，老式的烟灰缸也不见了。“现在会议室看起来就像个法国妓院，”一位合伙人抱怨说，“我叼着雪茄在房间里走了一圈，还是不知道该把烟灰弹在哪儿。”

古特弗罗因德也越来越喜欢向公司外面的专家进行咨询。到了80年代晚期，他每周都要往奥马哈打好几个电话。毫无疑问，公司最大的股东巴菲特对他帮助很大，古特弗罗因德向《机构投资者》杂志坦言，他对巴菲特的信任甚至超过了合伙人：

> 沃伦是一座宝库。每当我有不适合向公司内部员工咨询的问题，但又想得到可靠的答案时，我就去找他。说得更加直接一些，我不相信公司内部员工能给我完全客观公正的答案。沃伦非常棒。

自从20世纪70年代中期古特弗罗因德拯救了政府雇员保险公司之后，巴菲特就对他很感兴趣。他一再称赞古特弗罗因德的“诚信”，但他和芒格对所罗门的混乱局面很是不满，古特弗罗因德和其他董事手里甚至连公司最新的资产负债表都没有一张。

1990年，所罗门兄弟的利润锐减了1.18亿美元，古特弗罗因德却把公司的奖金库总额增加到了1.2亿美元。这一做法让巴菲特吃惊不已。所罗门兄弟的税前每股收益率仅为10%，比该行业所有公司的平均盈利水平都要低很多。它的股价一直在每股25美元以下徘徊，8年来几乎没有什么改变（而同期道琼斯指数已经增长了近3倍）。股东们手里并没有多赚到一美分，给高管的奖金却逐年增加。按照巴菲特的说法，这些富得流油的投资银行家是在牺牲股东的利益来换取一大堆免费“食品券”。这种做法与巴菲特的哲学完全相悖，他对此感到十分不满。

当年年底，巴菲特召见了公司的执行委员会（之前他很少干预公司的管理），让他们把奖金下调。“我不管你们是怎样付钱的，你们可以把钱都给一个人，”巴菲特严厉地说，“而且奖金总数不对。”巴菲特是公司由三名董事组成的薪酬委员会成员之一。

之前忽略了巴菲特意见的古特弗罗因德命令手下的银行家们减少奖金。但那些自立山头的高管极力反对，最后他只好同意把奖金额再提高 700 万美元。

巴菲特对这一奖励决议投了反对票，这是他唯一一次对管理层投了反对票，但其他人都投了赞成票，于是他只能少数服从多数。巴菲特投票反对古特弗罗因德的消息传遍了整个所罗门兄弟公司。后来巴菲特解释，他觉得对高管不合理的奖励是难以忍受的，这种奇高的报酬会让整个公司“失去理智”。但所罗门就是一个不理智的公司，尽管效益不算好，但拿到 100 万美元以上年薪的经理人竟然超过了 106 人。

精明能干的约翰·梅里韦瑟的套利团队中竟有人拿了 2 300 万美元！尽管这一团队确实为所罗门公司创造了巨额利润，但别人的奖金都只有 7 位数，这位交易员的奖金实在是高得离谱，让人不禁怀疑到底有无公平可言。负责政府债券的保罗·莫舍更是“赚疯了”。

保罗·莫舍年仅 34 岁，颇受上司信任。他眯着双眼，戴着一副金边眼镜。他在美国纽约长岛长大，在美国西北大学获得了工商管理硕士学位，于 1979 年加入所罗门，成为债券推销商。

他在约翰·梅里韦瑟的团队里默默无闻地干了 4 年。1988 年，古特弗罗因德说服他接手政府债券部，说这是“第二好”的工作。尽管如此，他还是孜孜不倦地工作。

他和同在华尔街工作的妻子在巴特利城市公园弄了一套公寓，从那里步行就可以去公司上班。他甚至在卧室里也装了个交易显示屏，而且已经习惯每天 6 点就起床接听从伦敦打来的国际长途。保罗·莫舍在 1989 年赚了 400 万美元，在 1990 年赚了 475 万美元。

保罗·莫舍的性情非常急躁。当公司的审计员约翰·麦克多诺通知他要对政府债券部进行审计时，他勃然大怒："你难道看不到吗？我这儿运行得很好！"

"保罗，你没有权利不接受审计。"约翰·麦克多诺对他说。

"太过分了，每次想好好干点儿事，你们就给我添堵。"保罗·莫舍怒吼道。

保罗·莫舍的上司约翰·梅里韦瑟听说此事后笑道："他这个人说的话你别太当真。"尽管如此，也从未有人怀疑过保罗·莫舍的敬业精神。

保罗·莫舍的工作就是在美国财政部出售国债时参加投标并在发行后进行交易。美国国债市场的规模在全球债券市场中是首屈一指的，日成交额高达 1 000 亿美元，而纽约证券交易所的日成交额只有 80 亿美元左右。这一市场上的大鳄全是纽约联邦储备银行选定的"主要经销商"。虽然理论上人人都可以参加美国国债的投标，但只有那几家主要经销商可以代理客户的投标，因此它们可以提前捕捉到市场风声。在 39 家主要经销商中，所罗门是经验最老到的，因此它得到的国债份额也往往是最大的。

所罗门对美国政府的这种青睐感恩在心，因此和其他经销商一样，想尽最大努力帮助政府平稳地发行国债，并让主管官员及时了解债券市场瞬息万变的行情。公司的交易商每天都会和美联储官员进行沟通。

这种关系其实是非正式的，有点儿像把信息告诉与自己亲近的小集团，这是在法制不健全时期的一种君子协定。每个季度，包括所罗门在内的经销商和投资人都会被请到财政部，听取政府的融资需求并提供行动建议。（经销商则要以名誉担保不向自己的办公室或交易所打电话。）然后这些银行家和官员会一起去麦迪逊酒店吃晚饭，吃的通常是烤羊排。

他们只有在公开竞标时才是对立方，经销商想要以最低代价获得标的，政府则希望得到最高价。每次竞拍前，保罗·莫舍这样的交易商总要不遗余力地调查每个客户的意见以确定需求。同时所罗门和其他经销商则会派业务员守在意大利文艺复兴时代风格的美联储大楼的一排电话旁。在下午 1 点钟竞标开始前的几秒钟，业务员们会得到他们的报价并记录下来。他们把报价单投入木盒，当下午 1 点的钟声敲响时，美联储的一名工作人员就用手遮住木盒插孔不让别人再投单了。

这套结构复杂的融资体系自"一战"以来，已成功地为美国政府进行了多次融资。1990 年，财政部出售了 1.5 万亿美元的汇票、单据和债券。只有 1962 年发生了一点儿麻烦。当时摩根的银行家想买下一半要招标的国库券。财政部部长担心摩根有操纵市场的企图，他当然不愿只依赖于少数几家经销商。从那以后，财政部规定每家公司最多承揽 35% 的份额。

通常中标的经销商也拿不到这个份额，因为它们是按比例分配销售的。但精明的保罗·莫舍找到了政府规定中的一个漏洞。他认为承销的比例不得超过总量的 35%，但关于投标额并没有限制。于是在 1990 年 6 月，他的投标额是财政部招标总额的两倍。虽然销售比例早就已经分配好了，但保罗·莫舍还是拿到了最大的单子。

西服笔挺、负责招标的官员迈克尔·巴沙姆马上给莫舍打电话，警告他不能再这么干了。毫无疑问，巴沙姆的意思是下不为例。

但是，仅仅在两周后美国财政部要出售 50 亿美元的债券时，莫舍却投标要买 100 亿美元。巴沙姆目瞪口呆，他不相信一个经销商胆敢公然向美国财政部挑衅，而且是70多年来为数不多的一直参加财政部烤羊排晚餐的经销商。巴沙姆拒绝了莫舍的投标，并宣布他的投标上限不能超过总额度的35%。

莫舍接下来采取了一个让人难以置信的行动，他威胁要越过巴沙姆直接与财政部部长对话。然后他在媒体上掀起了轩然大波，这种不礼貌的做法让财政部大为光火。所罗门受到了警告，公司的高管安排与财政部负责金融事务的副部长罗伯特·格劳伯共进早餐，并让莫舍道歉。莫舍别无选择，但他显得很不服气。所罗门很担忧，就命令莫舍再打电话道歉，然后让他去伦敦先冷静一段时间。

但莫舍在业务中陷入之深并不为所罗门所知。在7月和8月的投标中，他假装得到了他的客户授权并进行投标，还获得了很大的承销份额。

1990年12月，在竞拍4年期的国债时，莫舍假冒水星资产管理公司的名义提出了10亿美元的投标。莫舍的副手告诉自己的一个手下把国债从水星资产管理公司的账户上“卖给”所罗门，就好像水星资产管理公司真的参加了投标，然后又把国债卖给所罗门一样。为了掩护莫舍的作假行为，他的手下在交易票据上写下了“不需证实”的字样，这样就不会有人向水星资产管理公司询问这次交易的事了。

1991年2月，莫舍继续如法炮制，在没有得到授权的情况下，又为两位客户量子基金和水星资产管理公司“提出”了35%的份额上的投标，实际上是所罗门自己在投标。最后，所罗门和它的“客户”得到了占全部竞标额57%的债券。

美国财政部当然不知道这些债券其实是违反规定的。但到了4月，财政部一位官员在检查招标情况时，例行公事地给水星资产管理公司的一位高管查尔斯·杰克逊发了一封信。莫舍也得到了一份复印件。大家可以想象莫舍当时有多么忐忑不安。信中提到了所罗门“代表水星资产管理公司”在2月进行的投标，但水星资产管理公司完全蒙在鼓里。

莫舍火急火燎地想要自保，他赶紧给杰克逊打电话，低声下气地说这次投标是因为某个工作人员出的错，所罗门正在进行查办处理。他请杰克逊不要给财政部回复，不然这会让他非常为难。杰克逊同意了他的请求。

为了安全起见，莫舍告诉约翰·梅里韦瑟他投错了一次标，并说正在努力尽快平息这一事件。约翰·梅里韦瑟当时惊得目瞪口呆，他说莫舍是在搬石头砸自己的脚。

“还有什么我不知情的吗？”约翰·梅里韦瑟追问道。

莫舍又撒了谎。他说只此一次，并请求再给他一次机会。

几天后，也就是在4月29日，在所罗门位于世界贸易中心附近的新总部——一座粉色花岗岩和玻璃建筑中，约翰·梅里韦瑟与古特弗罗因德、公司总裁托马斯·斯特劳斯和首席法律顾问唐纳德·福伊尔施泰因会面。古特弗罗因德在听到这一消息后大为光火。

“你怎么可以乱打客户的旗号？”他厉声质问道。

约翰·梅里韦瑟为莫舍求情，说他工作勤奋，只是一时糊涂犯了个错而已。但他们知道莫舍这次违规操作并不是没有先兆的。他们讨论了莫舍和巴沙姆之间的冲突和他对公司审计部门的不敬。

福伊尔施泰因说虚假投标很可能会触犯法律。他认为虽然没人要求所罗门这么做，但还是应该向监管部门报告。古特弗罗因德犹豫不决。他迟疑良久也无法决定，到底是应该向财政部报告（由于莫舍与巴沙姆之前的嫌隙，此举是个不明智的选择），还是应该向美联储报告。如果选择向美联储报告，那他们直接给纽约联邦储备银行主席杰拉尔德·科里根打个电话就解决了，但他们也许可以在某次私人会面时再向美联储透露这个消息。公司的几位高管都同意公开莫舍的错误行为，至于由谁在什么时候公开却还没决定。毫无疑问，莫舍得交由政府处置了。

任何处在莫舍这个位置的人都得谨慎过日子了，至少暂时需要收敛锋芒，但在莫舍的字典里找不到“低调”这两个字眼。在5月竞标两年期国债时，他出了一个意想不到的高价，拿下了106亿美元的额度，即87%的份额，由所罗门和两位客户分担。莫舍确实很聪明，但聪明过头了。

许多经销商由于得不到承销份额，被逼上了绝路，导致了一场疯抢两年期国债的肉搏战，国债的价格也直线上涨。莫舍从中挣得了1 800万美元。（前几次虚假投标还让他赚了400万美元左右。）

但交易商大声抱怨，有人直接向华盛顿抱怨所罗门垄断了市场。除了预谋独家控制价格外，提高价格并不算非法行为，这样的做法其实并不罕见。但5月份提高价格的做法使许多人都蒙受了损失，有几家交易商因此破产。

财政部对莫舍非法投标一事依然一无所知，但巴沙姆和他的同事们已开始盯上莫舍了。现在让巴沙姆大吃一惊的是，他发现财政部信任的交易商竟然出现了操纵市场的无耻做法。在阵亡将士纪念日前，他秘密通知了美国证券交易委员会。

当整个华盛顿还沉醉在樱桃花的芳香中时，华盛顿的调查机器已悄悄地开始运转。美国证券交易委员会和司法部开始联合秘密调查所罗门在这次价格抬高中所扮演的角色。之后，所罗门的客户收到了传票。

同时，财政部受到了国会的压力，因为国会听到了许多交易商的抱怨声。马萨诸塞州的民主党也开始准备一个旨在加强债券市场监督的议案。

所罗门兄弟公司玩世不恭但精明能干的政府游说家斯蒂芬·贝尔

对即将到来的司法程序感到十分担忧。当看到关于抬高价格的报道时，他知道麻烦挡不住了。

贝尔是新墨西哥州人，平时爱穿一双牛仔靴。他在给所罗门兄弟公司的政府债券部的电话中怒吼道：“你们干什么呢？”莫舍说所罗门兄弟公司没做错任何事。虽然莫舍极力掩饰，但贝尔知道无风不起浪，否则华盛顿方面不会有这么大动静。

6月初，在斯蒂芬·贝尔的催促下，古特弗罗因德礼貌地拜访了财政部副部长罗伯特·格劳伯。尽管他的律师已一再提醒他，但他还是没透露非法投标的事。当然，由于财政部对抬高价格的做法已经开始起疑心，现在透露的话情况可能会变得更糟。古特弗罗因德僵硬地坐在罗伯特·格劳伯面前为自己的公司辩解，并表示会积极配合。但他没提及公司政府债券部的负责人向财政部撒谎一事。因此，罗伯特·格劳伯并不明白他此行的目的到底是什么。

也许古特弗罗因德讨厌在所罗门复兴之日发生这样的丑闻，但现在他得解释自己为什么迟迟不说了。就像久久保持缄默的证人，他的做法好像让人觉得他也有罪一样。古特弗罗因德对斯特劳斯说，他还是想公开非法投标的事情，虽然这只是“小事”。但是让古特弗罗因德感到意外的是，美国财政部（所罗门历史悠久的合作伙伴）的看法和他迥然不同。

到了6月底，古特弗罗因德得知所罗门成了民事和刑事案件调查的对象。他立即请沃奇泰尔–利普顿–罗森–卡茨律师事务所（以下简称“沃奇泰尔律师事务所”）来调查所罗门的虚假投标案，但他还是没透露莫舍虚假投标一事。他对自己的律师都守口如瓶。直到7月12日，律师发现了非法投标的证据，所罗门公司才向他们坦露实情。

在之后的一个月里，律师发现了6起非法投标违规操作。律师事务所的高级合伙人、古特弗罗因德的密友马蒂·利普顿告诉他，虽然他没有公开这些违规操作的义务，但是他应该这样做。古特弗罗因德同意了。他认为自己做得没错，即使无人喝彩，也应得到赞许。

8月8日（周四），所罗门向董事们通报了此事。他们用塔霍湖畔一家饭店边上的户外收费电话通知了巴菲特。巴菲特由于了解不多，所以并不很在意。但正在明尼苏达州的度假小屋里吃饭的芒格则要求公司认真地解释此事。

同一个晚上，古特弗罗因德和斯特劳斯给纽约联邦储备银行的杰拉尔德·科里根打了电话，大致描述了律师事务所发现的情况，并承认之前自己知道存在某次非法投标。科里根很冷静。同样，古特弗罗因德也给美国证券交易委员会主席理查德·布里登和罗伯特·格劳伯打了电话。

周五，所罗门在报纸上公布了此事，但写报道的沃奇泰尔律师事务所的律师们照例只是轻描淡写，他们没说古特弗罗因德和斯特劳斯早在几个月前就知道存在一起非法投标。报纸上曝光的只是含糊其词和不完整的情况。承销商和交易商放心地回家过周末去了，他们认为这只是莫舍和他的副手闯的祸，这些人向大家隐瞒了违规交易的事，两人都被暂时停职了。

到了8月12日（周一），媒体的调子变了。《华尔街日报》集中火力攻击古特弗罗因德和斯特劳斯在其中扮演的角色，认为古特弗罗因德与非法投标有染是不妥当的。

> 一位知悉该公司内情的人士透露："我简直不敢相信，所罗门兄弟公司的管理者竟然不知道自己公司的投标额是多少。"

看到这些报道的时候，古特弗罗因德明白媒体的关注点已经从莫舍转到了自己身上。他立即召集主持所罗门周一投资银行家会议的德里克·莫恩和主持每周销售例会的威廉·麦金托什。他要这两人再次向下属保证问题都在“掌控之中”，这两人也照传了“圣旨”。但事实上问题并没有真的在掌控之中，所罗门的股价一开盘就在走低。更糟糕的是，交易商们开始抛售所罗门赖以融资并从事经营活动的短期商业票据。

当天晚些时候，市场上谣言四起。麦金托什再次面见古特弗罗因德和斯特劳斯，他们承认还有更多起非法交易，而且在 4 月就已得知其中一笔违规交易。拥有 30 年丰富从业经验的麦金托什直接要求古特弗罗因德辞职，但遭到了拒绝。不过他允许麦金托什写一份更好的新闻稿。

星期二，麦金托什给德里克·莫恩打电话：“德里克，我又发现了一些情况，我真的很难受，你现在是我唯一可以信赖的人了。”

德里克·莫恩是英国人，曾把所罗门兄弟公司的东京分部变成了一棵摇钱树。他最近被召回纽约以振兴公司金融部。他出生于一个煤矿工人家庭，毕业于伦敦经济学院。现年43岁的德里克·莫恩有望成为古特弗罗因德的接班人。

就在一天前，莫恩刚为古特弗罗因德的“正直”打了包票，现在他和麦金托什都觉得似乎被人重重地扇了一耳光。他给所罗门兄弟公司的律师扎卡里·斯诺拨了电话：“扎卡里，我想和你谈谈，我想知道事实。如果你不来，就说明问题了。”

这时，美联储的一封信送到了古特弗罗因德手中。杰拉尔德·科里根要了解事实，而且他暗示所罗门原来的经销商地位现在已经岌岌可危。古特弗罗因德和斯特劳斯觉得事态变严重了，于是赶紧给科里根打电话，但发现对方的态度并不友好。这位强悍的纽约银行业执牛耳者对在他眼皮底下出现这种丑闻深感不悦。科里根觉得自己是在“零零星星”地挖真相。据说他当时对斯特劳斯大发雷霆：“你怎么能这样对我呢？”

周二晚上，所罗门的高管们齐聚沃奇泰尔律师事务所。在对古特弗罗因德的罪过进行了一番挞伐之后，他们起草了第二份新闻稿。这次他们闪烁其词地承认“公司的高管层”之前就知道那些违规投标。芒格站出来表态：“不要说什么‘高管层’，直接指名道姓说是谁就好了。”大家最后就这么决定了。

一周前，古特弗罗因德还是华尔街上备受尊敬的银行高管，但到了本周三他的职业生涯就危如累卵了。他 4 月份就得知非法投标一事，但仍纵容莫舍一错再错，这一消息曝光后产生了连锁反应。在其他管理者、律师、记者和所罗门兄弟公司的雇员眼中，公司与刚刚败下阵的德崇证券公司并无二致，后者一年前因与政府发生长期争执而最终败走麦城。

周四，客户们都开始另投别家，威斯康星州投资委员会也将所罗门兄弟公司除名。穆迪公司宣布它的信用有可能降级，公司客户直截了当地说除非公司高层大洗牌，否则根本不必再打电话。与亲信们躲在 43 楼的古特弗罗因德成了人见人躲的“麻风病人”。

在 13 楼，留着平头的莫恩就像在战场上和司令部失去了联系的排长那样，发出一些暂时性的指令，但他无力平息市场上的波动。一夜之间，公司的股价从每股 37 美元狂跌到每股 27 美元。债券市场也和这位之前的债券之王翻了脸。所罗门兄弟公司的中期债券跌幅也从曲线上的 60 点变成了 300 点。公司的信用摇摇欲坠。人们建议莫恩给巴菲特打电话求援。

周四晚上，科里根与古特弗罗因德再次通话。这次科里根明确表示他将取消所罗门兄弟公司作为主要经销商的资格。

身处高位的人，特别是那些在巴黎还有度假别墅的人很难理解丧钟也会为他们而鸣。古特弗罗因德当然从未想到莫舍的小动作会把他掀翻在地，但如果没有科里根，他都不知道自己还能不能再干下去。

周五一早，古特弗罗因德一觉醒来就发现自己的照片上了《纽约时报》的头版头条。他觉得不啻在看自己的讣告。6 点 30 分，他给科里根拨了电话，对方并不反对他辞职。然后他又给利普顿打电话，对方当时正在刮胡子。利普顿总是热心帮助朋友，尽管他的雇主是所罗门而不是古特弗罗因德。利普顿让他再冷静考虑一番。

曾是证券之王的古特弗罗因德急匆匆地赶到了办公室。当时奥马哈时间还不到 7 点，他往巴菲特家打电话叫醒了他。古特弗罗因德说他决定辞职，并要求巴菲特伸以援手。

巴菲特感到困惑，因为他一向谨慎，就怕卷入这样的纠纷中。他在奥马哈的生活也很有规律。过去当汤姆·墨菲准备购买美国广播公司时他曾说："想想它可能会给你们的生活带来什么变化。"现在，巴菲特无疑也在考虑这个问题。

"你必须来纽约，"古特弗罗因德坚持说道，"我都已经看到自己的讣告了，你看看今天的报纸吧。"

"好吧，容我想想。"

巴菲特洗了澡，穿上衣服，按老路线去了凯威特广场，脑子里想着所罗门的资产负债表。他知道它的资产近 1 500 亿美元，其中只有 40 亿美元是股票。所罗门比花旗银行以外任何银行的资产都雄厚。然后他开始考虑所罗门的无形资产：公司的生意很赚钱，并不会破产，关键是对生意极为重要的管理层一夜之间就垮了。董事们周日将接受古特弗罗因德和斯特劳斯的辞呈，需要有新人来管理公司。

巴菲特的心腹们感到忧心忡忡，不知他是否该这么做。芒格-托尔斯-奥尔森律师事务所的律师罗·奥尔森警告巴菲特说"这是一个风险很大的决策"，一旦失败，他的名誉将毁于一旦。霍华德也提醒父亲说："对付所有想要把你置于死地的人，现在就是绝佳的机会。"

比较保险的做法是让所罗门安静地死去。不错，巴菲特在所罗门有 7 亿美元的优先股。优先股要比普通股安全得多，但芒格和巴菲特都觉得不能随波逐流地遭受这么多损失。

但无论如何，巴菲特还是失去了一些东西。巴菲特认为自己的职业信条就是要把股东和公司的利益紧密地结合在一起。古特弗罗因德由于软弱无力和优柔寡断而失去了别人的信任，但公司与股东之间的这种紧密联系是双向的。作为所罗门最大的股东，巴菲特也负有责任。他肩负的这种责任与命运极为相似。

中午时分，巴菲特乘上飞机，直奔纽约。

周五的大部分时间里，所罗门的股票交易几乎停牌，它的日常业务也停滞了。公司的高管齐聚董事会议室。中午时分，古特弗罗因德进来了，宣布："巴菲特将出任首席执行官。"其他人都在焦虑地来回踱步。据莫恩说：

> 公司里的每个人都放下了电话。他们知道正在开关于新管理层的会议。在等待新首席执行官产生的时候，我们的内心竟然莫名其妙地产生了一种憧憬。

公司高管们也知道，要走出低谷也许还需要几天或几周的时间。一个接一个的会议已经让他们累得两眼发直了。公司的首席财务官唐纳德·霍华德说："我们都感觉有点儿回不过神来了。"

当天下午，巴菲特把头探进董事会议室，热情地跟大家打招呼："嗨，大家好！"他很有幽默感地和大家开玩笑说，"我们现在遇上了点儿小麻烦"，似乎公司只是失去了一名不错的信件收发员而不是首席执行官。然后他大声地说："我对古特弗罗因德和斯特劳斯感到很难过。我们有什么办法可以拯救约翰·梅里韦瑟吗？"

巴菲特对他现在要负责的丑闻细节仍一无所知，但他不想盘问。他环视了四周后说，大家显然都累了，该休息一下了。他这种轻松的方式很快就收到了效果，这些高管本周以来第一次感到精神一振。

“这只是暂时的弯路。”

巴菲特说得就好像他什么都知道一样。

然后巴菲特去公司礼堂把所有经理人都召集起来。古特弗罗因德首先发言。他说公司很幸运，因为有巴菲特前来相助，他本人也会完全支持公司。古特弗罗因德并没有表现得多愁善感，依旧带着一点儿不屑一顾的神情。古特弗罗因德没做错什么，但他得走人了。莱博维茨觉得他冷冰冰的告别仪式真是“太凄凉了”。投资银行家理查德·巴雷特也说：“这太像古特弗罗因德的风格了——让糟糕的时刻变得更糟糕。”大家都清楚地记得古特弗罗因德最后说的那句话：“道歉管什么用！”

过了一会儿，巴菲特第一次站在了这支队伍面前。他发现公司处境艰难，急需有人来领导，但又不知该走向何方。现在巴菲特告诉他们，所罗门不能只遵守规则，他的标准将更加严厉。

“这不仅是湿鞋的事，连在河边走都不允许。”

这不仅仅是一种警告，也是一种激励。它唤醒了人们对公司丧失已久的荣誉感的模糊记忆。第二天，《纽约时报》刊登了巴菲特对在场所有人说的话，也正是他们想听到的话：

> 巴菲特先生要求公司的经理人严格依法办事，公司的高层对这位即将上任的董事长报以雷鸣般的掌声。

第22章

所罗门闹剧

危机

周五傍晚，巴菲特和古特弗罗因德、斯特劳斯一起离开了所罗门兄弟公司。他们乘坐的那辆高级轿车在金融区里蜿蜒而行，6点钟正是下班高峰，路上车水马龙、人来人往。科里根一脸严肃地在纽约联邦储备银行大楼里接待了他们。他强调所罗门作为承销商的地位已经岌岌可危，同时他明确要求彻底查清非法投标事件，而且希望董事会进行调整，尽快恢复到公司过去鼎盛时期的样子。巴菲特请求给他们一些时间，不然他就得像战败的日本武士那样剖腹谢罪了。

第二天一早，巴菲特再次把所罗门的十几位高管召集到了位于市中心的沃奇泰尔律师事务所办公室。巴菲特看着他们（他与其中有些人素不相识），他冷静地宣布要从中选出一人来管理公司。

“我要与你们中的每个人单独谈话，”巴菲特说，“每次我都只问同一个问题——你觉得该由谁来管理公司？你们想好了就可以去找我。”说罢，巴菲特就走进旁边的一个房间，关上了门。

除了两人之外，其他高管提名的都是同一个人。莫恩说：“恐怕此人非我莫属。”

当巴菲特从房间出来时，律师事务所的合伙人劳伦斯·佩德韦兹简单地介绍了莫舍违规投标事件的调查情况。巴菲特询问了有关约翰·梅里韦瑟的问题。大家一致认为，所罗门的最高领导层并没犯什么错误，但迫于清理内部的呼声，约翰·梅里韦瑟必须引咎辞职。后来巴菲特私下会见了约翰·梅里韦瑟。本次事件的第一位牺牲者约翰·梅里韦瑟被迫辞职。

周六晚上，镜头转向了曼哈顿东部的克里斯·塞拉牛排馆。巴菲特、芒格和古特弗罗因德正在这里吃饭。古特弗罗因德主动请缨，愿意再为所罗门提供咨询建议。巴菲特礼貌地说他需要各种帮助。这位曾经的华尔街之王举起酒杯祝贺这个新团队的诞生。

周日早上10点钟，在世界贸易中心大街7号外面，公司的董事们穿过摄影记者的重重包围，艰难地走向第45层的董事会议室。情形恶化的速度比他们想象的还要快。他们刚在核桃木会议桌旁坐下来，噩耗传来，财政部取消了所罗门参加债券竞标的资格。

董事会里一片混乱。巴菲特不断冲出房间去接政府官员打来的电话，其中有财政部部长尼古拉斯·布雷迪、助理部长杰尔姆·鲍威尔，还有科里根，他正与美联储主席格林斯潘等人开重要会议。巴菲特恳请这些官员能够法外开恩。他提醒，所罗门资产负债表上巨额的1 500亿美元几乎全都是靠短期证券来进行融资的。公司每天经手的交易数额高达500亿美元，其中只有10亿美元是以所罗门的名义担保的，这样的资产很快就会枯竭。它如果不能重新融资，就只能被逼上破产清算这条绝路了。与此同时，沃奇泰尔律师事务所正在准备公司宣布破产的法律文件。虽然当时纽约还是早晨，但离东京股市开市只有几小时了。巴菲特担心财政部对所罗门的严厉制裁会引发日本融资危机，并最终导致公司倒闭。巴菲特亟须证明政府仍然信任所罗门或巴菲特本人。

同时，所罗门被政府打入冷宫的消息在新闻界被炒得沸沸扬扬。公司雇员们在交易厅里惶惶不安地四处游荡，就像在等待某个亲戚的葬礼。债券交易人埃里克·罗森菲尔德、一年赚走2 300万美元的劳伦斯·希利布兰德和麦金托什正考虑用期权来紧急筹资。莫恩正与日本方面通话。37岁的首席财务官约翰·麦克法兰匆匆忙忙地赶回了办公室，他正忙着计算所罗门第二天需要多少现金。

在董事会办公室里，古特弗罗因德已经辞职，巴菲特接过了权杖。巴菲特一贯的幽默感不见了，但他在开会时仍像原来那样平静而且目标坚定、明确。当董事多伊·安德鲁斯发现巴菲特本人在所罗门也有许多投资时，他就放心多了。还有人因为巴菲特与许多政府官员私交甚笃而感到欢欣鼓舞。不管出于什么原因，所有董事都认为巴菲特集名誉、财富、权势和内在能力于一身，正是所罗门的救世主。巴菲特在之前职业生涯中积累的工作习惯，特别是喜欢独自决策的习惯，现在正好派上了用场。

但巴菲特还不敢肯定是否要接这个烫手山芋。如果所罗门仍被列在财政部的黑名单上，他所能做的就和所罗门的内部人士没什么区别了。芒格则观点鲜明，他认为巴菲特应该坚决拒绝这项任命。

中午时分，布雷迪部长的电话来了。当巴菲特踱出会议室时，芒格朝他厉声吼道："你要是接手，就是疯了！"

布雷迪当时正在萨拉托加的别墅里度假，他在那里评估了华尔街最大的公司倒闭会给市场带来多大的冲击。巴菲特在旁边一个装饰着古代陶器和淡紫色墙纸的房间里接过了话筒。巴菲特一一细数了所罗门最近的大洗牌：莫舍被解雇，古特弗罗因德和斯特劳斯辞职，公司采取了一些新的特殊方法避免类似事件再次发生，此外他还以个人名义担保要对公司进行全面整顿。

> 我告诉部长我会对公司严加管制，如果不成功，我自己会承担责任……同样，我也在规划公司的未来，这会让公司的面貌发生翻天覆地的变化。

不过，巴菲特补充说，如果财政部将所罗门除名，他当这个董事长也就毫无意义了。

布雷迪明白巴菲特采取的其实是一种激将法，但本能告诉他，巴菲特不会撒手不管。"过去他从未在中途放弃过任何投资。"布雷迪对此心知肚明。

布雷迪对所罗门消失后的前景也感到不安。美国的金融体系已经经历了黑色星期一、德崇证券公司倒闭风波和其他类似风波的冲击。布雷迪想："没有人比美国政府担负的责任更大。"

当然，布雷迪对巴菲特也不陌生。虽然他早在巴菲特来到所罗门之前就售出了股票，但他很清楚巴菲特后来的投资表现。近些年布雷迪常与巴菲特在凯瑟琳·格雷厄姆的晚宴上见面，也和凯瑟琳一样不时给巴菲特打电话要"真实的支票"。虽然他对巴菲特的激将法不以为然，但还是承诺要投入大量精力来清理所罗门。他们的谈话最后并没有达成共识。

公司的董事会一直开到下午3点钟以后，然后巴菲特按计划去公司礼堂参加新闻发布会。走出会议室时，他整了整德里克·莫恩的衣领，赞许地说："你当选了。"从此，华尔街交易商中的旗舰所罗门就交到这两人之手，一位来自美国中西部，曾要求对短期交易征收100%的税；另一位曾是英国的公务员和职业经理人。

巴菲特向媒体介绍了自己和莫恩，表示自己在所罗门走出困境之前只是一位过渡性的董事长，而且不拿工资。接着他宣布了一条好消息：布雷迪刚刚改变了决定，所罗门仍可以用自己的账户参加财政部的债券竞拍，尽管还不能代替顾客进行投标。在危难时期，财政部的这一缓刑真是雪中送炭。

为了缓和记者咄咄逼人的攻势，巴菲特说他准备像一个"从未见过律师的人那样来回答问题"。巴菲特对这次丑闻其实只知道个大概。但面对各种问题，他就像在公司年会上一样表现得平静而机智。什么时候该忏悔，什么时候该礼貌地反驳，他早已轻车熟路。他愿意为过去道歉，但不会让过去与未来挂钩。

记者：我想知道您是否读过《说谎者的扑克牌》?

巴菲特：是的，很久以前。

记者：想评论一下这本书吗?

巴菲特：不想，我倒想确认一下这本有没有再版过。

记者逼问所罗门的文化是否值得批判，莫舍是否只是冰山一角。巴菲特反驳说，总体而言，所罗门的文化还是可圈可点的，它不会“用任何形式纵容违法犯罪行为”。不过，他认识到造成这些违规操作的动机模糊不清，所罗门的文化也需要承担部分责任。巴菲特坦言：“我不觉得同样的问题会在修道院里发生。”

多数棘手的问题都与古特弗罗因德有关。巴菲特宣布，古特弗罗因德对莫舍违规操作的无声纵容是“不可思议的，也是不可宽恕的”。但在就事论事以外，巴菲特对这位好朋友的赞赏并没有改变。

记者：您有没有觉得自己看错了约翰·古特弗罗因德？您对投资所罗门兄弟公司感到后悔吗？

巴菲特：我对两个问题的答案都是一个字——不。

3个小时的记者招待会开得很成功，巴菲特的表现非常出色。会后，他走进公司高管所在的房间，宣布了一条意料之中的消息：“公司将由德里克·莫恩来管理，大家不用凡事都给我打电话了。提升谁解雇谁都由他来决定。再见。”

然后巴菲特住进了附近的万豪酒店。在一天之内，巴菲特尝到了在监管者、媒体、高管和职员之间进行周旋的艰辛。要想拯救所罗门，他就得让这几方皆大欢喜，还不能怠慢公司的客户和债权人。近来，没有哪家投资银行在遭遇此类危机后还能幸免于难。

走上战场

“对所罗门来说，其实困难时期才刚刚开始。”周一的《华尔街日报》报道说。也许有人会觉得难以理解，想问为什么说才开始，毕竟违规操作的调查已经结束，肇事者也已经被解职。但《华尔街日报》的判断还是有道理的。在华盛顿，管理当局发誓要展开地毯式的清查，所罗门的债券评级也遭降级。公司仍不能参加商业票据的市场交易。越来越多的客户，例如康涅狄格州、马萨诸塞州和加利福尼亚州的公共雇员退休金体系和世界银行都放弃了所罗门。如果只考虑其中的个别客户，也许这些打击并不足为虑，但当这些打击接踵而来时，那就是一种危机了。细细想来，其实“丑闻门”危机仍在继续，古特弗罗因德的债券旗舰已经变成了一座坟墓。

在这几条战线上，巴菲特仍奋力反击。

周一一大早，巴菲特就把家中的电话号码告诉了所罗门的几位高管，还发了封信要求他们一旦发现公司有任何新的违规操作迹象就马上打电话给他。虽然这样做的象征意义大于实际意义，却是简单而有效的一步棋。其实多数首席执行官都不喜欢别人把电话打到家里来。

同一天，他和芒格去看望了美国证券交易委员会主席理查德·布里登，美国证券交易委员会是调查所罗门的主要机构。布里登属于政府鹰派官员，他正准备把他的司法权限扩大到国债市场。为维护他雷厉风行的口碑，他警告来访者他时刻准备“不惜翻江倒海也要查个水落石出”。

“如果我们公司有人不配合，请随时给我们打电话，”巴菲特平静地回答说，“20 分钟之内我就给你换个新人。”

布里登被深深打动了。

回到纽约后，巴菲特开始想尽办法筹集现金。所罗门把利率定得很高，诱使交易商们出售证券。到第一周结束时，全公司的资产开始盘活。

紧接着，巴菲特要求古特弗罗因德的首席法律顾问福伊尔施泰因辞职，并请位于洛杉矶的芒格律师事务所的合伙人罗伯特·德纳姆放下手中的工作来接替这个职位。罗伯特·德纳姆担任伯克希尔·哈撒韦的法律顾问已有15个年头了。“罗伯特，我很需要你。”巴菲特对他说。德纳姆觉得巴菲特的这种请求让他难以推辞。

所罗门最大的担忧来自司法部的制裁。巴菲特知道在打官司时公司是不能营业的。如果它被指控有罪，公司就几乎全垮了。（许多客户是不能与犯罪嫌疑人有业务往来的，一般的公司也不愿给自己惹一身麻烦。）现在只有一丝曙光，那就是全力与政府合作，争取缓刑，不过政府很少会放弃对明显违法操作案件的制裁。

但是，巴菲特能采用的策略只有这么一个。他本能地减少了与对手的冲突，他可是兵不血刃的专家。他往往可以不费口舌、不使手段就达到自己的目的。尽管巴菲特也害怕引起别人的敌意，但他相信一点（这一点别人需要很长时间才能体会到），那就是抬手不打笑脸人，只要不发生冲突，与人为善，就终归会有好报。巴菲特正是用这样的诚意感动了凯瑟琳·格雷厄姆，让斯坦福·利普西来到布法罗帮助他拯救了报业危机，让美国证券交易委员会放弃了对蓝带公司的调查。现在他不得不与调查所罗门的官员合作，他在调查官员面前低声下气，诚实地协助司法部取证。也只有巴菲特会公开表示对丑闻负个人责任，不但要洗清污点，还要真诚地忏悔。

该事件还牵涉政治因素，当时的民意明显对所罗门兄弟公司不利。由于之前的丑闻和《说谎者的扑克牌》的影响，人们先入为主地认为所罗门已经腐败透顶。曾因美国储贷危机而名誉扫地的政府执法人员和许多国会议员也紧紧抓住所罗门兄弟公司的丑闻不放，力图向世人展示自己是多么“铁面无私”。他们也总是急于下结论，负责调查所罗门兄弟公司的得克萨斯州民主党议员J·J·皮克尔公开宣称：“恐怕所罗门兄弟公司的问题还不只是这些我们已经看到的越轨行为，没准儿它最终会彻底翻船。”美国证券交易委员会主席布里登把所罗门当作德崇证券公司第二，他雪片般地发出了 135 张传票并要求提供调查资料。

与投机商伊万 · 布斯基或是迈克尔 · 米尔肯相比，莫舍的那点违规操作充其量是小打小闹。但他胆敢冲撞财政部也从另一个侧面反映了华尔街的傲慢，这比任何具体的罪行更令公众反感。从某种意义上讲，所罗门兄弟公司是态度最傲慢的。所罗门兄弟公司的一位资深高管格戴尔 · 霍罗威茨曾说过：“我们可以把美国政府的债券玩弄于股掌之间，估计连迈克尔 · 米尔肯都自叹不如。”

当夏天过去的时候，华盛顿正以它独有的方式来大炒特炒“所罗门丑闻”。众议员马基在 9 月初安排了听证会，并请巴菲特做主要证人，参议院也安排了一周的听证会。

所罗门的政府公关贝尔很机灵地让巴菲特首先去拜访几位主要的审讯官员。有几个人毫不客气地批评所罗门的董事会缺乏监督。巴菲特委婉地说，他也后悔当时疏忽失察。他的态度显得很谦卑，甚至让人觉得他有些可怜，而他其实正用自己招牌式的温柔来化解别人咄咄逼人的攻势。他提醒大家他父亲也曾是一位议员，并自我解嘲地说他现在是自食其果。

巴菲特很坦率地承认所罗门犯下的错误，并告诉这些执法官员他是站在他们一边的。在与巴菲特交谈之后，参议员杰克 · 甘纳对助手说：“你看，我们处理时要谨慎一些。”

巴菲特与几个主要官员的私交颇深，这让他受益匪浅。不像多数商人，他从没批评过司法机关的错误，因为他一直以来都相信政府。

证人在听证会上通常会受到狂轰滥炸，但议员们往巴菲特脸上抹黑时却很小心。虽然他在所罗门的投资有 7 亿美元，但议员们认为他不是土生土长的华尔街人士，而是大草原上的来客。“有半数以上的人都认为奥马哈是个农业小镇。”贝尔说。

贝尔与巴菲特花了很多时间一起为应对听证会做准备，他对巴菲特驾驭和把握华盛顿的能力很是佩服。他认为巴菲特比哲学家罗素更加聪明，更加善于思辨。

他性格温顺，一点儿也不鲁莽。我总觉得他像是一个出生在新英格兰地区的北方佬，就是18世纪那种做生意很讲诚信，认为生意成功是因为上天眷顾的那种人。他有明确的道德标准，但绝不多愁善感。他会坚持自己的想法，但也能做到有礼有节。他并不觉得“不”字很难说出口，他不会自命不凡，当然他也会与别人发生冲突，不过冲突的方式又很有他个人的特点。总而言之，他是个复杂的矛盾综合体。

与审判一样，听证会上也有很多不可测性。无论如何，只有这一次机会。9月4日那个酷热的下午，瑞本众议院办公大楼的大厅里挤满了人，记者、说客和看热闹的民众纷纷涌入2123房间，房间早就座无虚席，就连过道上都站满了人。最前排挤满了全副武装的记者——一排排的聚光灯、摄像机、录音机和摄影器材。人们一下子就认出了身穿深色西服、坐在证人席上的巴菲特和坐在前排的凯瑟琳·格雷厄姆。在他们作证之前，议员们摆足了上镜的姿势，近乎歇斯底里地宣布：“……美国人民的利益……被一些傲慢的……恶毒的……交易商……侵犯了……其中包括伊万·布斯基……迈克尔·米尔肯……我们的金融文化中……出现了这些不和谐的音符……”

众议员吉姆·斯拉特利对着证人席说：“巴菲特先生，您现在有一个为全国纳税人做事的好机会……我很高兴您迅速解雇了对丑闻负有责任的公司高管……现在只能寄希望于将来不再发生类似事件……我一直认为，肇事者不配得到所罗门的任何报偿，一分钱的离职金都不应该给他们，一分钱的退休金也不应该给他们。所罗门应该把他们踢到大街上，还要狠狠地踢他们的屁股……”

在给旧体制判死刑之后，他们又迫不及待地称赞所罗门的新班子：“巴菲特先生，我得祝贺您，您的诚信是毋庸置疑的……巴菲特先生一贯走正直的路线……”

来自奥马哈城的众议员彼得·霍格兰站起来介绍他的邻居：“他是一个典型的成长于美国中西部并受那里文化影响的人……他一直住在奥马哈一条绿树成荫的街道上……他从来都是主动申报个人所得税的……”

在数十位摄影师和摄像师镜头的追随下，巴菲特轻快地走上演讲台与委员会主席马基握手，四周响起的相机快门声就像夏日的蝉鸣一样此起彼伏。巴菲特的肚子现在微微有点儿发福，眉毛在眼镜框上跳起舞来，声音有些微微发颤，笑容也略显拘谨。

巴菲特少年时代的好友唐纳德·丹利的女朋友诺尔玛·琼·瑟斯顿在报刊报道的照片上看到了巴菲特。自从中学毕业后他们就没再见过，但她一下子就认出了巴菲特，他看起来依旧那么睿智。哈里·贝雅是巴菲特在沃顿商学院的好友，目前已经在墨西哥成为一名成功的商人。他观看了现场直播，觉得巴菲特还是那么“神采奕奕、精力充沛”，但也依旧有些害羞。

巴菲特面对众议员坐在证人席上，他说话时左手一直有力地做着手势：

> 首先，我想为让我们来到这儿的原因道歉。政府有权要求人人都遵守法律，而所罗门不幸违犯了其中几条。

巴菲特的这种诚恳是难得一见的。自1912年J·P·摩根参加美国国会听证会以来，华尔街已有不少巨头被召到国会，但从未有人如此真诚地道过歉。

快门声又一次响起。巴菲特称赞8 000多名所罗门的职员“大部分都是勤劳、能干而又诚实的”。他发誓要采取新措施来保证公司守法经营。巴菲特还强调：“依法办事的精神要比口头承诺更重要。”在谈到对改组后的所罗门的展望时，巴菲特打了一个生动的比喻，似乎他可以从讲台上跳进美国的每个家庭，让每个人都看到和听到他的讲话：

> 我要让每个雇员都想一想，他们是否想让某些可耻的做法被刊登在第二天地方报纸的头版头条，让他们的爱人、孩子和朋友带着羞耻感往下读……如果他们明白这一点，他们就会支持我的决定：我可以允许公司的经济利益受到损失，但如果公司名誉受到丝毫影响，就别怪我不留情面了。

巴菲特如此注重名誉，不由得使人想起了摩根的名言：“信用的基础不是金钱，而是人的品质。”但他们之间的相似之处仅此而已。摩根等人集中体现了华尔街的狡诈，但人们一致认为，在股市上大发其财的巴菲特是当年美因街带给华尔街的针对其劣行的一剂解毒良方。所罗门很难再找到一位集此两极端于一身的成功美国商人了。

众议院以及后来的参议院听证会的气氛都很温和。小组委员根本没有行使立法者的权杖。巴菲特在离开众议院时被记者团团包围，但他一头钻进高级轿车，直接向《华盛顿邮报》大楼驶去。

所罗门“被开除的经理人”并没有被踢到大街上。古特弗罗因德和斯特劳斯在前总部的空楼里有了一间新办公室和秘书。公司仍给他们一份合法收入。

在接手公司之后，巴菲特也给约翰·古特弗罗因德打过几次电话。古特弗罗因德的一位助手说：“我觉得巴菲特人不错，他对约翰说，他并不是一个无用之人。”但在听证会的前一天，出于公司利益的考虑，古特弗罗因德说以后他们不要再联系了。

听证会结束后的第一天，所罗门的董事们在纽约相聚。巴菲特提起古特弗罗因德和其他几个前管理人离职后的收入和补贴。由于众议员吉姆·斯拉特利的话仍在耳边回响，他们取消了古特弗罗因德等人的离职金、奖金、律师费用、办公室和秘书，还有医疗保健支出。古特弗罗因德语气坚定地告诉朋友，他理解巴菲特这么做是为了拯救公司。当有位同事要来看望他时，古特弗罗因德说：“你和公司最好都跟我保持距离。”

此时，巴菲特正在原来古特弗罗因德的办公室里办公，秘书也没有换人。巴菲特用着他的意大利式办公桌，窗外是哈得孙河和东河的宜人风景。但他对这一切并不熟悉，觉得心头有些压抑。

到了周五下午，他再也忍不住，于是登上了飞机。巴菲特知道，当他回到奥马哈时，阿斯特丽德和家人会在牛排屋给他接风。他可以坐在舒适的房间里，四周荡漾着美妙的风琴声，那里的人没有太多经济头脑，他也不用费神去讲本周华尔街的奇闻逸事。

对于巴菲特来说，所罗门的当务之急是应对各种外来压力。他必须重新建立公司在银行家、信用机构、投资人和媒体中的威信。就像巴菲特无法完全掌控伯克希尔·哈撒韦一样，他也不能完全掌控所罗门的一切。他对一位朋友说道：“你整天都会觉得头顶悬有一把剑，让你坐立不安。”有几个晚上他甚至失眠了。

熟悉他的朋友十分担心，因为他总是谨慎小心，尽量避开自己不熟悉的事。除了他妻子动手术那次外，芒格还从未见过他如此痛苦。曾在翻船时救过他一命的里克·戈林说：“人们很难完全理解巴菲特给所罗门带来了多大财富。”另一个好友有些语带调侃地说：“沃伦在和平时期是很棒的，现在我们倒要看看他在战争时期表现如何。”

巴菲特是个不情愿上战场的斗士，但他有大将风度，他信心十足、思路开阔、精神专注，而且善于同下属沟通。现在他得把这些武器都用起来了。

美国证券交易委员会要求巴菲特上交沃奇泰尔律师事务所的报告，这是本案中最致命的证据。与所有律师和交易人之间的联系一样，传票对这个报告不起作用。

所罗门外部聘请的律师要求巴菲特拒绝这个请求。美国任何一位律师都会提同样的建议。据贝尔回忆，所罗门聘请的律师团表示，"我们马上就能赢得别人的信任了，不能自己又栽进去，否则又会让大家噩梦缠身"。

"这样的话我不想听。"巴菲特断然拒绝。他认为以后有的是赚钱机会，在他脑子里，法律上的细枝末节远远比不上对美联储守信重要。

"我们的处境是，"巴菲特接着说，"我们做错了事，现在要坦白做错了什么事。我们在起诉书上已经签了名。"

他接着向贝尔询问可否解雇所罗门的有偿政府顾问。

"我们可以谈谈这个问题吗？"

"没问题。"

贝尔解释说，这些顾问都是各方面的内幕人士，手上握有很大的权力。所罗门有时需要借助他们的力量。

"你的话有道理，"巴菲特说，"但我们就是要这么干。"

这些政府顾问从此消失了。巴菲特打心底痛恨这些职业说客，他们使一些重要信息变得模糊不清。巴菲特要像孤独的牛仔一样自己单干。

其实巴菲特所有这些举措都是为了赢得宽容。他命令所罗门停止与石油交易商、亡命之徒马克·里奇之间的生意。巴菲特停止了对政客的资助，免得别人以为他在四处收买人情。他还解雇了与古特弗罗因德有牵连的沃奇泰尔律师事务所。

他一再警告所罗门的交易员不要打“擦边球”，这是他简单有力的一招。在短短几周之内，就有6位所罗门的交易商把新的商业计划拿给巴菲特，让他看看是否符合“守法经营”的要求。

杰出的交易商、前哈佛大学教授埃里克·罗森菲尔德接替了莫舍的位置，他提议靠税收法中的漏洞来赢利。罗森菲尔德按这一想法做了几个月，许多律师认为该计划绝妙极了，可以大赚一笔。

巴菲特对他说：“埃里克，我觉得不妥。”巴菲特说这也许算是合法的，但明显属于“擦边球”。

巴菲特想用反复强化的道德教育来提高雇员的道义良知。公司的银行业务分析师托马斯·汉利从未见过所罗门如此精诚团结，他认为巴菲特“太了不起了”。

巴菲特却不能让公司从报纸头版上走下来。关于莫舍违规操作的新细节不断见诸报端，政府也不断宣布展开新的调查并扩大调查范围（5个联邦政府机构和许多州都加入了这一行列）。媒体也说还会发现所罗门的其他罪行，公司多次受到民事起诉，它的贷款来源也被切断。公司面临的困境并没有改变，从表面上看丑闻似乎还在愈演愈烈。

这种消极情绪也传染给了公司的客户，它们不愿把生意交给第二天就会被宣布有罪的公司。英国电信公司取消了所罗门参与一宗巨额承销的权利。债券交易商也退缩了。为了让大企业客户的首席执行官们安心，巴菲特几乎要把双手按在胸口上发誓“绝对不会再有丑闻了”。

5周后，危机刚刚开始平静下来，美国电话电报公司的董事长罗伯特·E·艾伦这位全美最受尊敬的公司领袖却又给了所罗门重重的一击，他公开宣称所罗门的道德腐败是“不可原谅”的。于是，所罗门变得就像过街老鼠，人人喊打。第二天，9月24日，它的股票价格跌到了每股20.75美元。

两天后，巴菲特飞去见格雷厄姆团队成员。这个团队中现在已经有五十多位成员，都是他的朋友及他们的配偶，其中还包括年轻的比尔·盖茨。他们对巴菲特在这个危难关头能来见他们很是惊讶，好在旅行反而能让巴菲特换换心情。当这些朋友去美丽的花园赏花时，巴菲特独自一人待在房间里。不过他准时参加了研讨会。演讲题目是在丑闻发生前就确定好的——《我投资生涯中的一步臭棋》。

丑闻大大动摇了所罗门的军心。一位经理说："每天早上翻开报纸的一刹那真不好受，你想的只是什么时候苦日子才能熬到头。"政府债券部能干的新头儿罗森菲尔德去过上东区一家年轻专业人士聚会的饭店，他碰巧听到其中一位自作聪明的人在批评所罗门兄弟公司："你说恶心不恶心？"就好像所罗门兄弟公司的每个人都是骗子一样。

10月初，巴菲特给手下干将开了一次动员会。巴菲特说他还是觉得公司依旧前景光明。多数职员是第一次经历这么大的危机，但巴菲特以前就碰到过类似情况。

> 我见过几个公司进了急救室……1963年的美国运通公司、1976年的政府雇员保险公司……当时政府雇员保险公司的一些人犯了错。政府雇员保险公司本来是一个很受人尊敬的组织，后来却一落千丈，沦为备受怀疑的组织，上万名保险客户离开了它。我承认，目前的危机还要持续一段时间，当年政府雇员保险公司的掌门人约翰·伯恩也必须一次又一次地与恶魔搏斗。

巴菲特还指出，政府雇员保险公司当年的股票价格从每股2美元涨到了每股194美元。谈到在熊市里买进股票时，巴菲特对雇员说，不能只看眼下，还要放眼未来。他觉得未来是光明的。

华尔街现在赌的是所罗门是能够幸免，还是会一落千丈，蜕变为一家小公司。正如《商业周刊》所说的那样，它面临着“规模萎缩，盈利能力下滑，实力削弱”的困境。人们担心正在清理门户的巴菲特会削弱公司的实力。在巴菲特的监督下，所罗门已经出售了500亿美元的资产来缓解信用危机，但这也降低了公司从事传统大宗买卖的能力。拉里·蒂什一针见血地问：“按古特弗罗因德的观点来看，现在由谁来承担风险？”巴菲特没有答案。

其实巴菲特在所罗门待的时间并不长。他会经常跑到公司的高管会议室抓起一个三明治就狼吞虎咽起来，其他人则在那儿吃牛肉饼。他也不像古特弗罗因德那样会在过道里来回巡视。当公司的案子渐趋平静时，他留在奥马哈的时间也越来越多。

巴菲特只与几个雇员保持着紧密联系，包括罗森菲尔德（这位投资奇才对巴菲特熟悉各种套利技巧感到惊讶不已），公司的首席财务官、公司的首席法律顾问德纳姆和莫恩，莫恩已经把巴菲特当作公司的百科全书了。

一开始，公司的高管都以为他的性格也像他的外表那样柔弱。结果证明，他们的判断是错的，其实他的性格比表面上看起来要强硬得多。（这一点与古特弗罗因德恰恰相反）。“他和古特弗罗因德完全不同，”高级副总裁威廉·詹宁斯说，“要说服他可不容易，他的立场很坚定，而约翰想说‘不’字时总是犹犹豫豫的。”

但是，巴菲特不愿涉足公司的具体管理。他曾经告诫过莫恩：“我不想让你失望，但我从来不想经营一家投资银行。”实际上，他还是保持着自己的本色——做一个投入但又保持距离的旁观者，就像在喜诗糖果公司一样。

与多数公司的情况不同，他并不与其他高管打成一片。他似乎不像一个经理人，倒像一个坐在远处看台上的投资商。10月，他对莫恩说：“你的公司可能很不错，但股票太糟了。”这是他的善意提醒。在过去5年里，所罗门股票的利润在标准普尔指数涵盖的500种股票中位列第445位。现在巴菲特的注意力开始慢慢从丑闻转向了股票。

焦头烂额

从长期来看，巴菲特认为所罗门的前景一片光明。它的资产像打了气一般膨胀起来，但它的资金利润率越来越低。它有稳定的赢利业务，如东京分部、套利、债券交易和股票承销。但拿高薪的投资银行家几年来一直在赔钱。在股票业务上，它一年赢利一年亏损。资产负债表表明它现在是一部大机器，投入了大量的资金，雇员也增加了，可利润率太低。

巴菲特开始认识到，问题的症结在于公司发的奖金太多。过去古特弗罗因德让经理人把公司将近3/4的利润都拿回家，好像公司不能让这些经理人吃亏一样。但公司真正的伙伴——股东们被冷落了。无法让经理人对自己的投资负责是一个危险的信号，就像巴菲特不愿过分纵容孩子们一样。奖金越高，经理人就越容易纵容自己的部门以“低利润率甚至赔本来运营”。

为了打破这种僵局，巴菲特打算采取大刀阔斧的改革步骤。10月29日，他在《纽约时报》、《华尔街日报》和《华盛顿邮报》上发表了两页的第三季度季报，中心内容是巴菲特要削减经理人的报酬。他指出，自己并不反对给表现优异的员工以嘉奖，但公司目前“平分财富”的体系已经几乎剥夺了股东的所有合法利益。

一石激起千层浪。1991年，他将公司的奖金总额减少了1.1亿美元。尽管当年（丑闻前）的利润比1990年翻了一番，但奖金比1990年略有下降。巴菲特说不喜欢这项政策可以走人。

我们根据绩效来决定奖赏的原则肯定会导致一些管理人才流

失……但最后留下的人都会遵守我们的游戏规则。

25年前，巴菲特在伯克希尔·哈撒韦的纺织厂面临困难时就对肯·蔡斯说过，他希望职员具有主人翁意识。现在，在华尔街一座漂亮的玻璃和钢结构的大楼里，他告诉莫恩他已准备好接受大批雇员辞职的事实。莫恩问会有多少人辞职，巴菲特说："莫恩，忠诚是金钱买不来的。"

巴菲特的决定在公司外赢得了一片叫好声，许多人希望所罗门的改变最后可以让华尔街的薪酬分配变得合理一些。但是，公司内部的反应完全不同。雇员们觉得莫舍造成的黑锅扣到了他们头上，因此对巴菲特把公司决策对外公开的做法深恶痛绝。巴菲特的报告见报的同一天，著名猎头加里·戈德斯坦就接到了所罗门许多经理人的电话，他们希望"忠诚"是有标价的。

在华尔街总体经营业绩良好的时候大幅度削减薪金也让他们感到意外。莫恩把经理人的总奖金削减了70%，把投资银行家的平均薪酬减少了25%，有些人一下子就少拿了50万美元之多。巴菲特和莫恩还解雇了80名专业投资人士和200名后勤人员。

很多人很快就对巴菲特颇有微词。人们之前感谢他拯救了公司，但现在又受不了了。他们认为巴菲特对执法者曲意奉承，而且对他冷落古特弗罗因德一事也严加指责。一位资深分析师说："这儿的老员工都很同情古特弗罗因德。巴菲特的确是个救星，但人们对救星通常都是又爱又恨的。"

在古特弗罗因德的老部下中，对巴菲特最咬牙切齿的当属所罗门兄弟公司的首席股票经销商斯坦利·夏普康了。过去古特弗罗因德常在他的办公室里抽雪茄，衣着华丽的壮汉夏普康则在一边进行股票交易。在整条华尔街上，夏普康向来都是因做大买卖和展示自己的健硕而出名的。

他负责的证券部却效益不佳。巴菲特对他的魅力丝毫不感兴趣，命令他将一些赔钱的股票抛出并放弃投机行为。于是夏普康辞职了。

夏普康的离职成为证券部反抗的导火索。当巴菲特宣布了为数极少的奖金额后，接替夏普康的布鲁斯·哈克特暴跳如雷地向下属吼道："我简直快疯了，你们猜猜是为什么吧！"巴菲特对公司大刀阔斧的改革就像在所罗门的阁楼上开了个小门，作祟数十年的妖魔鬼怪纷纷掉了下去。

1991 年第四季度是个灾难时节。所罗门负责承销的股票总额从丑闻前占业界的 8% 锐减到 2%。那是个可怕的冰冻期。当时华尔街一片欣欣向荣，各家公司的奖金都在不断增多，所罗门的很多销售商和分析师纷纷选择离去。

"沃伦意识不到这些能人说走就走有多容易，他太自以为是了。"一位离任的银行家斜倚在一家男子俱乐部的皮椅上，怒气冲冲地说："他经营公司就像打理股票一样，一点儿人情味都没有。"

他越说越来劲儿："你以为他的全部纪录都能上头版吗？除非他不是人，是圣贤。"

1992 年 1 月，巴菲特又面临着一场危机。曾受巴菲特的集体观念鼓舞的银行分析师汤姆·汉利威胁说，如果自己的工资不翻倍增加到 200 万美元，他就要转投第一波士顿了。他过去就是这样给自己加薪的（在 1991 年就加了 40%）。虽然喜怒无常，但他是一位有价值的分析师，在为银行争取业务时很有分量。考虑再三，巴菲特还是让他走了。

另外还有 4 位分析师相继离去了。这引起了大恐慌：大牌走了，现在竞争对手打算把整个部门都挖空。在莫恩的一再催促下，巴菲特稍加让步，他保证了 6 位年轻分析师的奖金。这是他第一次妥协。

巴菲特同时也正与莫恩试图建立一种将各个部门的奖金和盈利能力挂钩的体制。这绝非易事，所罗门从未计算过下属的众多部门要用多少奖金，巴菲特认为这是一个致命的错误。

坦率地讲，我觉得很奇怪，一个经手近40亿美元证券资金的人，竟不知道是谁在调用资金。

当奖金大战还在继续时，约翰·伯恩的儿子，正攻读斯坦福大学经济学和哲学博士的帕特里克·伯恩来拜望巴菲特。他们就激励问题进行了一次长谈。巴菲特鼓励小伯恩对书上的教条提出质疑。巴菲特说，人，至少有些人，并不像经济学家描述的那样全是经济动物，他们是可以用忠诚来激励的。

但是坦白地说，在华尔街，人们并不能看出这一点。人们当投资银行家就是为了捞钱，如果你给的钱他们不满意，他们就会走人。曾是投资银行家的尼克·布雷迪认为巴菲特对此很不适应："这就像一幕歌剧，你得与很自私的人打交道，与主角打交道。我想他还不完全了解这一行。"

许多人同意这种观点，还有人说巴菲特是想把自己的中西部道德标准强加在社会关系上。他们的批判暴露出华尔街总是与巴菲特格格不入。他们虽然对此大加批评，但又对专业投资人士的报酬之高和表现不佳深感不安。华尔街一家非上市公司的首席执行官冷嘲热讽地评价巴菲特是"清高先生，一个来自奥马哈、睁着双大眼睛的小子"。

说他是什么，都不如说他是一个俭朴、精明的商人，但他试图使报酬合理化的想法未免太天真。（接着他略有些僵硬地笑了一下）他有些话确实是说到点子上了的，我也认为目前的报酬并不合理，但如果说我的工资得由大家投票决定，我就不喜欢了。（又是一阵讪笑）不过有一点他说得非常好，那就是我们是应该把它当作生意来好好经营。

就像霍华德预言的一样，等着从背后给他父亲一枪的人终于从树林中钻了出来。1992 年年初，《商业周刊》批评了富国银行以及所罗门的投资失败（就是绝口不提可口可乐），断言巴菲特已失去投资者的成功本色。3 周后，《商业周刊》再次断言巴菲特在所罗门的努力会功亏一篑。虽然《商业周刊》承认巴菲特的确拯救了所罗门，却猛烈抨击他犯下了“一连串错误”，让雇员们吃了不少苦头，减少了薪酬，消磨了公司敢闯敢干的锐气，而且越来越“缺乏领导才能和用人不疑的大度”。

有些批评带有很强的个人色彩。有一期《华尔街日报》对巴菲特有情妇一事大肆渲染，并暗示巴菲特的传奇形象完全是欺世盗名。从这种修正主义的观点看，巴菲特精心构思的年度报告是为了躲避“严峻的问题”，他用自己的形象使股票浮在半空中，他的成功完全是因为他的交际圈比平常人大而已。

习惯于得到媒体奉承的巴菲特对此文“极为烦恼”。彼得回忆道：“我和他在一起时发现，他摆脱不了这种烦恼。”巴菲特给报社写了一封信，对报道中的许多论点提出反驳，但他特别不愿公开表示受到了伤害，因此他坚持不许发表他的信。

紧接而来的是《说谎者的扑克牌》的作者迈克尔·刘易斯，他在《新共和》杂志上大肆讽刺巴菲特。他还在《圣人沃伦——华尔街上折戟的鹰》一文中攻击巴菲特，认为巴菲特在投资以及道德伦理上都有很多缺陷，这会给无知的读者造成一种假象，误以为巴菲特是一个世纪大骗子。迈克尔·刘易斯借用有效市场理论，认为巴菲特事业上的成功只是扔硬币时运气好罢了。不仅如此，刘易斯还认为这只“折戟的鹰”其实也是错误连连。

这篇文章让巴菲特震怒了。本杰明·格雷厄姆的忠实信徒、《寻找墨菲》一书的作者莫里·伯恩斯坦曾在一次偶然的机会认识了巴菲特。他写了封短信表示同情，并说刘易斯出语不慎，完全是一种亵渎。一向言辞谨慎的巴菲特回信说："莫里，谢谢你对迈克尔·刘易斯文章的评价，你对他的评价百分之百正确。"

有意思的是，刘易斯为什么对巴菲特恨之入骨呢？这一点可以从他的《说谎者的扑克牌》一书中找到线索，该书也表明华尔街不喜欢巴菲特。他在书中描写了自己的生活：一个年轻的债券交易商，由于把 8 600 万美元无人要的奥林匹亚约克公司债券出手给一名上当的当事人而兴高采烈。但他也承认自己为此感到难堪，因为他欺骗了一个信任他的"最好的顾客"。他卖出的债券正是刘易斯"千方百计要躲开的"，他的这种"荣耀"会使他在所罗门步步高升。

我知道这样很不好，其实我现在的感觉比当时更糟。

在描写巴菲特的文章的结尾，刘易斯写道：

在短时期内你可以把人们哄得服服帖帖的，但从长远的角度来看，这种做法是不正确的……因此我们可以看到所谓的"巴菲特困境"：做好人还是赚钱？

事实上，真正需要做此选择的是刘易斯本人，因为巴菲特大多数情况下都努力实现"鱼与熊掌兼得"。他反复申明的"高利润与好行为并不矛盾"正是对刘易斯和其他愤世嫉俗者的理论的挑战。

1992 年 2 月中旬，所罗门已经恢复了些许生机，股价回升到每股 30 美元。世界银行和养老基金这样的老客户也回来了。管理层完成了大洗牌，在大多数时间巴菲特也都待在奥马哈。

但所罗门的业务部门仍在流血。莫恩痛苦地发现公司正在失去赖以生存的主营业务。同时谣言四起，说巴菲特准备把公司重新交给债券交易商，把其他一切业务，包括投资银行都砍掉。仅仅在当年 2 月就有 100 名雇员另谋高就去了，有 1/3 的证券分析师和 1/4 的投资银行家已经转投他家。就连丹尼斯·博温也跳槽去了贝尔斯登公司，他在 20 世纪 70 年代早期是巴菲特的崇拜者，也曾是巴菲特第一次与所罗门做交易时的银行家之一。

尽管有这么多人变节，但巴菲特依然毫不示弱地表示所罗门还要按既定轨道行驶。巴菲特说，当迷雾散尽之后，公司在各方面都会变得更加强大。没有哪位下属见他动摇过。这正是巴菲特的价值所在——勇于坚持自我。公司的首席财务官唐纳德·霍华德说："他用实际行动告诉我，天底下没有过不去的坎儿。"

但巴菲特其实也是心如刀绞，也许巴菲特最大的压力就是不习惯和对他不忠的人共事。"那种痛苦，"那年春天，芒格说，"就像一场血腥的谋杀一样。也许我们现在谈话时所罗门又失去了几位关键雇员。"只要财政部的案子一日不了结，想结束这种备受折磨的日子就毫无希望。

至爱

巴菲特早就明白，政府一直拖着所罗门的案子其实就是对它的惩罚。他请求财政部早日了结此案，尽管他一向很少对人施加压力。"快点儿下定论吧，"巴菲特说，"我们不想在你们打定主意之前就因为失血过多而身亡。"

司法部和证券交易委员会要求所罗门接受重罪的罪名和 4 亿美元的罚款。所罗门负责刑事案件的律师加利·纳夫塔利斯认为这个判决过于严厉，在 20 世纪 80 年代他为基德尔·皮博迪公司工作时，该公司只被罚款2 500万美元，而且没有罪名，虽然当时它的主要交易人马丁·西耶格承认了大量的内幕交易。而政府对所罗门唯一的起诉只有违规投标。（更重的罪名——抬高市场价格由于缺乏证据已经被取消。）

孩子气的纳夫塔利斯甚至就本案的不足为奇向政府律师团开玩笑：“哪个小孩被坏人杀了吗？”

一位助理联邦检察官回答：“你对政府撒了谎，这比内幕交易更严重。”

最后的决定须由曼哈顿的联邦检察官奥托·G·奥伯迈尔做出。他与喜欢给投资银行家戴手铐的上一任鲁道夫·朱利安尼不同，奥伯迈尔是个一向被视为温和派的法学家。可惜执法人都有震慑别人的天性，他判定所罗门有罪。

当纳夫塔利斯与联邦检察署谈判时，他发现巴菲特已经给了他一件玄妙的武器。8月，巴菲特已答应与政府合作，而且政府认为他没有食言。因此纳夫塔利斯辩解说，如果奥伯迈尔现在制裁所罗门，人们就会以为巴菲特的坦率诚实显得太天真了。因此制裁给别人的暗示不是以后不要犯罪，而是以后千万别与政府合作了。在案件审判的过程中，巴菲特积极配合，不是莫舍也不是古特弗罗因德，而是巴菲特自己给自己帮了忙。

4月，本案到了高潮。纳夫塔利斯打出了王牌，他、德纳姆和律师奥尔森把巴菲特带到了联邦检察署。他们在联邦法院旁边一座棕色矮楼里与奥伯迈尔见了面。这次是巴菲特唱主角，几位律师都闭上了嘴。

巴菲特和颜悦色地谈起了自己的职业生涯。他本来就没有打算为本案辩解，倒像为被控谋杀者辩护的乡村律师那样大谈自己的家风正派。同样，巴菲特没从正面开始，而是简单介绍了他与所罗门之间关系发展的几个里程碑，包括它如何开始为伯克希尔·哈撒韦融资、如何继续成为他的经纪商，古特弗罗因德如何拯救政府雇员保险公司等。从巴菲特的经历来看，所罗门是一家可圈可点的公司，他自己与这家公司25年来的良好关系就是最好的证明。虽然巴菲特没有掩饰古特弗罗因德向他求救时公司的道德和财务危机，但他说现在公司在这两方面都已恢复正常。巴菲特强调“公司与之前的情形已判若两样”。

奥伯迈尔只问了一个问题：巴菲特准备为它工作多久？

巴菲特则侃侃而谈，说起了他的长期投资哲学——对待公司就像对待合伙人一样，就像他在职业生涯早期和风云变幻的80年代的做法一样。他从不从公司中榨取利润，而是与它们风雨同舟。现在和将来他都会留在所罗门的董事会中，为它投资并保驾护航。与周日和整个事件过程中不一样，现在他不是在求情，而是在轻松地发表个人观点。

奥伯迈尔坚持认为事实不容否认，足够给所罗门定罪，但他在5月宣布不予起诉。同时，各家联邦机构也宣布与所罗门达成民事调解，众多高官都对巴菲特法外开恩了。财政部助理部长鲍威尔说：“我想，所罗门的所有股东都会在床头柜上摆上巴菲特的照片，对他感恩戴德。”

调解费用花去所罗门2.9亿美元（包括1亿美元的撤诉费），这个金额在历史上对美国证券公司的罚金中排第二。

美国证券交易委员会最后详细公布了所罗门10次“极其严重”的违法投标事件。布里登义正词严地说他总共发出了400张传票，得到了3万页的证据材料，而且已经把案子挖了个水落石出。但美国证券交易委员会历尽千辛万苦，更多的不是证明了所罗门的罪过，而是还了它的清白之身。它的详尽调查除了揭露莫舍的违规做法，找不到任何违法的证据，这像是对所罗门的一次公开表彰。

6月，巴菲特在担任了9个月的董事长之后离职了。公司的股价已经回到每股33.625美元，比1991年8月高出了25%。而且，又一次让华尔街大跌眼镜的是，巴菲特这次挑选了寡言少语的德纳姆来继位。

这位和颜悦色、柔声轻语的得克萨斯人是华尔街的门外汉，但他对巴菲特忠心耿耿。他的使命是坚持巴菲特的改革。德里克·莫恩继续负责公司的日常业务。但公司的权力重心依然在巴菲特手中。

巴菲特进入所罗门时是大张旗鼓的，离开时却是静悄悄的。送别的只有比尔·麦金托什的一张小纸条：

> "我与所罗门同在"是句令人骄傲的誓词，多年以后我们仍将感激您。

之后，巴菲特买进了所罗门的更多股票，使伯克希尔·哈撒韦的持股率达到了20%。在巴菲特购买之后，股价曾经一度上升到每股50美元的高位，后来出现一次下挫，但仍高于他当董事长时的最高水平。

国债市场上也有了一些起色，美联储恢复了所罗门作为主要交易商之一的地位，但丑闻后的国债市场改革已降低了此地位的重要性。不过，美联储的木盒子仍以老方式工作着。

莫舍承认他对财政部撒了谎。他在低戒备级别监狱里被关了4个月，交了110万美元各种罚款，并被永远禁止从事证券业。

美国证券交易委员会对古特弗罗因德没能监督莫舍也予以惩处，他被处以10万美元的罚款且不许再经营证券公司。在这番打击过后，古特弗罗因德对自以为不公正的罪名和失去社会地位倍感心酸。他终止了与巴菲特的友谊，随后又制造了丑陋的一幕：他向所罗门兄弟公司索要现金和股票，并称那是公司欠他的离职费、期权和奖金——由于股价上涨，这笔钱的总额达到5 500万美元。他急于拿到这笔钱，因此在加州与巴菲特和芒格见了面并发了脾气。调解委员会最终做出了对古特弗罗因德不利的裁决：他一分钱也拿不到。

大家普遍认为古特弗罗因德是个事业上的巨人，但在道德上有污点。事实上，这些看法都不对。他是个正直的人，却是事业上的弱者，他没给股东带来什么长期价值。他对莫舍的错误行径的包庇与纵容更是管理上的一大失误。

所罗门在股票承销方面扩大了份额，并重新招兵买马。它开始在自己长期徘徊在外的美国股票和投资银行业务中赢利。它仍然是债券市场的大鳄，并开始在全球市场确立自己的旗舰地位。

丑闻后的两年内，所罗门的利润创下了纪录，但在1994年债券市场动荡时遭受了重大损失。显然部分损失是与丑闻直接相关的。曾是约翰·梅里韦瑟手下最优秀的交易商天才埃里克·罗森菲尔德也开了小差，跑到他新开的套利公司去了。所罗门的套利团队迅速减员。在工资涨幅稳定了几年之后，奖金又疯涨到失去控制，巴菲特被迫再次对公司的薪酬制度进行大清洗。总之，巴菲特宁可让莫恩这样毫无新意的人来管理公司，也不愿把公司交到强有力的债券交易商手中。但他还得回答蒂什的问题——还有谁可以代替古特弗罗因德让所罗门成为"风险承担者"？

巴菲特卸下担子之后，一方面为拯救了公司而感到自豪，另一方面又为无官一身轻而感到高兴。在他卸任后，彼得与他谈过话，觉得父亲像获得了新生一样。不久，巴菲特和妻子飞往布法罗，去参加《布法罗新闻报》举办的野餐会，巴菲特还组织了一个扔甜饼比赛。发行人斯坦福·利普西带着这对夫妇出游，碰巧那天下雨了。巴菲特与苏珊手牵着手，小心翼翼地跳过泥坑。他们走过墓地，巴菲特久久凝视着一块块墓碑，然后他们来到奥尔布赖特-诺克斯艺术馆，那里有一支爵士乐队正在演奏。过了一会儿，利普西与苏珊去看展品，巴菲特则悠闲地站在台阶上听爵士乐。最后他们和利普西的女朋友，还有编辑马利·莱特夫妇去吃牛排，牛排是利普西特地从奥马哈预订送过来的。

巴菲特因为又回到了过去而兴奋不已。他写到，所罗门闹剧“真有意思，也值得为之一搏，但一点儿也不好玩”。现在凯威特广场的圣殿又发出了召唤。巴菲特毫不犹豫地向股东表示：“伯克希尔·哈撒韦是我永不改变的至爱。”

第23章

巴菲特的投资真谛

预言会告诉你很多关于预言家的信息，但对你了解未来毫无帮助。

——沃伦·巴菲特，伯克希尔·哈撒韦公司1980年年报巴菲特在20世纪90年代初的投资活动并不多。苏联解体后，美国人盲目乐观地相信和平时代已经到来，军工板块的股票很便宜。巴菲特以每股11美元斩获了国防承包商通用动力公司14%的股票份额。没过多久，南斯拉夫爆发了内战，乌托邦的梦想破灭，通用动力公司的股票价格疯涨到了每股59.125美元。

巴菲特还增加了在富国银行的投资。当房地产业的衰退结束后，银行终于有了喘气的机会。它的利润一路高涨，巴菲特这笔投资起初饱受批评，当时平均买进价为每股62美元，现在股价已经飞涨到每股216美元的新高。

除此以外，巴菲特还在两个熟悉的板块上下了大筹码，一个是著名的酿酒厂健力士酒业和其他著名的消费品品牌，另一个则是报业帝国甘尼特公司。

之后，巴菲特又花6亿美元买下了位于新英格兰的3家制鞋厂。知道这一投资的人很少，但它为伯克希尔·哈撒韦的投资组合增色不少。H·H·布朗和德克斯特鞋业这两家公司的经营者坚持像B夫人那样敬业的工作方式，开发出一些特别畅销的产品，如工作用鞋和户外运动鞋，并抵制了进口货的冲击。这两家公司经营得都很好，而且都是巴菲特中意的家族型公司。

此时，B夫人主动与孙子们重修旧好，并公开承认之前是自己犯了错。她也以500万美元的价格把新商场卖给了伯克希尔·哈撒韦，重新回到了大集体之中。99岁高龄的她仍坚守工作岗位，负责她的地毯生意，一周7天，从不休息。“我很高兴B夫人又回到我们中间，”巴菲特高兴地在报告中写道，“她在商界叱咤风云的丰富阅历无人能及。”

在巴菲特的其他证券投资中，吉列公司的股价涨到了每股52.125美元，可口可乐的股价站上了每股74.25美元的高位。在5年时间里，这两只股票的价格一个上涨了 3 倍，另一个上涨了 6 倍。甘尼特公司的股价迅速上涨了 25%，巴菲特也将手中冠军国际集团的股票套现获利。

美国运通公司解雇了吉米·罗宾逊。巴菲特在这家很早就让他中意的公司中又注入了十几亿美元。到 1995 年年底，他在美国运通公司的持股份额已经高达 47%。

美国航空在巴菲特投资后的损失达到 30 亿美元。到 1994 年，它推迟了给伯克希尔·哈撒韦的优先分红，因为它已处在严重的破产边缘。第二年局面略有起色之后，巴菲特决定套现退出。

但这些股票的变化都不如伯克希尔·哈撒韦自身的变化那样富有戏剧性。1992 年 6 月，巴菲特离开所罗门时，它的股价是每股 9 100 美元；到了 11 月，它的股价已经突破了万元大关。年底，巴菲特赎回了伯克希尔·哈撒韦的零息债券，这表明他仍认为股价太低。1993 年，好像有上帝之手在进行交易，到情人节时，伯克希尔·哈撒韦的股票卖到了每股 12 400 美元。从春到夏，它就像跑向奥林匹斯山的使者，迅速攀上了每股 17 800 美元的顶峰，最后价格稍稍回落，到了每股 16 325 美元。

《福布斯》杂志声称，这个曾在理发店里安弹子球机的小伙子现在成了全美最富的人。1994 年，巴菲特把美国首富的王冠交给了年轻的比尔·盖茨，但巴菲特的财富仍在迅速增长。当年，伯克希尔·哈撒韦的股价上扬了 25%，而同一年内标准普尔指数所涵盖股票的平均股价只上涨了 1%。巴菲特开始买进时，伯克希尔·哈撒韦的股价是每股 7.6 美元，股价最高时曾攀上每股 32 100 美元的高位。如果按照这个价格来计算，巴菲特当时的身家已高达 152 亿美元，超过了比尔·盖茨。

31 年来，巴菲特的股票平均每年增值 27.68%，同期道琼斯指数所涵盖股票（包括红利）的年增值幅度仅为 10.31%，标准普尔 500 指数为 10.7%。换句话说，如果 1965 年有人在伯克希尔·哈撒韦、标准普尔 500 指数和原油上各投入 1 万美元，那么到 1994 年年底，伯克希尔·哈撒韦会给他带来 1 780 万美元，标准普尔股票组合带来 22.4 万美元，原油带来 7.2 万美元。

如果有人再查阅一下巴菲特合伙公司的投资记录就会发现，他 40 年来一直保持着骄人的投资业绩。他没有使用过于复杂的财务杠杆，没有绞尽脑汁地去投机，也没有去冒无谓的风险，更没在哪年出现巨额亏损。尽管持反对意见的人总是说他的某项新投资“这次”可能会失败，但同时代投资者的投资记录无人可与巴菲特相媲美。严格地说，甚至没人能够与他比肩。

在历史上伟大的投资家中，巴菲特以对行业敏锐的判断力而著称。石油大王约翰·洛克菲勒、钢铁大王安德鲁·卡内基、零售巨头山姆·沃尔顿和软件大王比尔·盖茨都有一个共同特点，即他们的财富都来自一种产品或发明。巴菲特却是个纯粹的投资商，他的钱来自对各种行业和股票的上佳选择。

当他在 1965 年接手伯克希尔·哈撒韦时，这个大纱厂正在衰退。他把资金重新分配到保险业、糖果业、百货公司（错误决定）、银行和媒体，然后是烟草业、软饮料业、剃须刀业、民航业（又一个错误决定）以及从百科全书到制鞋业在内的各个行业。现在他的整个工业王国已从一个濒临倒闭的纺织厂成长为价值 380 亿美元的大公司，不久他就把纺织厂当作一堆废铁卖了。尽管伯克希尔·哈撒韦的员工仍然只有原来的 12 个人，但它的市值已排在美国大公司中的第 19 位，超过了如美国运通、花旗银行、陶氏化学、柯达、通用磨坊、西尔斯、德士古石油和施乐复印机等家喻户晓的公司。

那些希望巴菲特能够坚持自己投资轨道的人都不会忘记之前巴菲特曾经说过，他担心有一天公司的规模会变得过大。不过迄今为止，巴菲特暂时还不用为此操心。在过去的10年里，伯克希尔·哈撒韦的股票继续昂首阔步，年增长率高达29.2%。但令人担忧的是，随着巴菲特手里的资产越来越多，要想把这些资金合理分配到各个行业就难上加难了。

此外，他最成功的行业——消费者认可度高的品牌、报业、电视业等也都面临着严峻的考验。打折销售、新兴品牌的兴起给传统品牌带来了极大的挑战。1994年，巴菲特发现著名的健力士公司生产的酒已经不像他想象的那样有竞争力了，于是他突然抛出股票，估计遭受了15%~20%的损失。在不久的将来，我们可以想象，巴菲特拥有更多投资的可口可乐和吉列也会面临边际利润率下滑的严重威胁。

同样，如果预言家没有说错的话，传统的报纸和网络还会在新闻和娱乐业中展开殊死搏斗。如果是那样的话，大都市公司和《华盛顿邮报》的“桥梁收费站”地位就岌岌可危了。

也许这也可以帮助我们了解当迪士尼公司的董事长迈克尔·艾斯纳在1995年夏天向巴菲特抛出橄榄枝后，他为什么很快就予以回应。巴菲特和迈克尔·艾斯纳都受到投资银行家赫伯·艾伦的邀请，携家人到爱达荷州的太阳谷度假。迈克尔·艾斯纳当时的行程安排得满满当当，本来打算马上就离开那座草原上的度假别墅。不过，在去停车场的路上，他突然遇到了巴菲特。他脱口而出：“你有没有想过把大都市公司卖掉，赚入一大笔现金呢？”

巴菲特之前曾许诺过，永远都不会抛弃大都市公司以及他的朋友汤姆·墨菲。不过，巴菲特敏锐的直觉告诉他，尽管墨菲之前曾经拒绝过这样的动议，但是他现在可能也会接受，尤其是能够说服艾斯纳用股票来进行收购。巴菲特觉得公司进行这种交易的时机已经成熟。虽然巴菲特仍然是大都市公司最大的股东，但他最近以每股63美元的价格抛出了公司的一些股票。当他在太阳谷偶遇艾斯纳的时候，当时因为广告效应增大等利好因素的影响，公司的股价已经上涨到每股102美元。

“我觉得不错，”巴菲特马上就回应，“我们为什么不和墨菲谈谈呢？”碰巧，巴菲特刚约了墨菲和比尔·盖茨一起打高尔夫球，他就建议艾斯纳一同前往。

墨菲还是有些犹豫不决。当然，如果价格合适，把美国广播公司的网络和迪士尼的知名品牌融合在一起的诱惑力是让人难以抗拒的。在这次会面之后，经过巴菲特的牵线搭桥，艾斯纳和墨菲继续会面商谈。墨菲主要关心的是他的股东可以得到一个更上一层楼的机会，用他自己的说法就是“登高望远”的机会。

令人难以置信的是，他们在短短两周内就达成了协议，迪士尼公司将以195亿美元的价格收购大都市/美国广播公司，创下历史上第二大收购纪录，仅次于雷诺兹–纳贝斯克公司收购案。大都市公司的股东（包括巴菲特）看到股价涨到了每股127美元，这是巴菲特当年每股17.25美元收购价的7倍。因为墨菲和艾斯纳之间达成的股票加现金的收购协议，伯克希尔·哈撒韦成了迪士尼公司的大股东，这也是巴菲特在20世纪60年代就持有的绩优股之一。巴菲特自对他最喜欢的首席执行官墨菲投资以来，获利已经高达25亿美元。

巴菲特对于该怎样花这一大笔钱早就有了周详的安排，那就是把政府雇员保险公司剩下的一些股份尽收囊中，这只股票是他最初进入投资业而且还在格雷厄姆的班上学习时就看中的。当时的巴菲特从父亲的经纪人公司起家，向周边的亲朋好友推荐这只股票。1951年，《商业和金融年鉴》上发表了巴菲特的一篇文章，文章盛赞政府雇员保险公司是“我最喜欢的股票”，旁边还配有一张巴菲特的大头像，21岁的他显得那么天真无邪。到了80年代，伯克希尔·哈撒韦已经拥有政府雇员保险公司一半的股份。

之前，巴菲特也曾经考虑过要把该公司上市的剩余股份收入囊中。但是20世纪90年代，政府雇员保险公司的表现不尽如人意。它从前之所以能够取得商业上的成功，是因为它向低事故率的司机直接出售保单，但后来公司抛弃了自己的强项，转攻财务、家庭保险、航空保险等其他领域。接替约翰·伯恩的公司首席执行官威廉·辛德收购了几家并非从事保险直销业务的保险公司。公司的利润在下滑，部分原因是1992年安德鲁飓风带来的巨额损失。更糟糕的是，政府雇员保险公司看起来似乎失去了自己的优势。

巴菲特对于这一点自然感到恼火，他对政府雇员保险公司另外两位很有影响力的董事萨缪尔·巴特勒和卢·辛普森表达了自己的担忧。巴菲特甚至扬言要把自己手里的股份卖掉，这种表态明显是在给他们敲警钟。萨缪尔·巴特勒和卢·辛普森之前就对公司的经营状况感到不满，因此立刻决定让威廉·辛德提前一年“下课”。巴菲特也支持这两位董事的决定，于是威廉·辛德就离职了。巴菲特暗地里策划的“政变”成功了，政府雇员保险公司开始朝着他喜欢的方式改头换面了。公司很快就砍掉了那些不成功的以及分散的业务，把更多宝贵的资金放到了核心的汽车保险业务上。

到了1994年，巴菲特胸有成竹地同萨缪尔·巴特勒和卢·辛普森开始了收购两人股份的谈判。一年之后，也就是在和迪士尼公司交易之后，巴菲特决定出价23亿美元买下政府雇员保险公司剩余的股份。从表面上来看，巴菲特的这一出价很高，但是考虑到巴菲特对这家公司多年的持股历史以及公司业务进一步增长的空间，这一出价其实并不算高。这样一来，巴菲特终于完全拥有了自己44年来最喜欢的股票。约翰·伯恩认为这也是“命中注定的”。

早在收购政府雇员保险公司之前，巴菲特就发出了对保险业兴趣重燃的信号，他对这一行业情有独钟。伯克希尔·哈撒韦旗下经营的保险业务对于巴菲特未来的投资也显得日益重要，尤其是为那些巨大灾难承保的再保险业务，巴菲特把它们称作“大猫”。

其他保险公司会从政府雇员保险公司购买巨额的再保险，以防发生巨大的天灾人祸。伯克希尔·哈撒韦是在1989年接踵而来的两次灾难——雨果飓风和旧金山地震后开展这项业务的。随着保险公司纷纷倒闭和保费疯狂上涨，巴菲特觉得这种风险与机遇并存的行业更有吸引力了。

自那以后，伯克希尔·哈撒韦的巨灾承保业务迅速扩大，在多数年份，它给公司带来了巨额利润。但在运气糟糕的年头，一系列灾难或者像安德鲁飓风那样的致命打击，就会使伯克希尔·哈撒韦大出血一次，损失可能高达6亿美元。（很少有保险公司承保巨灾，因为这种赌注实在太大了。）

阿吉特·哈因这位印度裔的哈佛高才生，也是伯克希尔·哈撒韦公司巨灾承保业务的明星，他在康涅狄格州工作，经常会和巴菲特一起讨论新西兰发生地震、美国中西部发生洪水灾害或气候长期恶化的可能性。但天灾人祸的发生概率很难精确计算，因此巴菲特和主管“大猫”业务的阿吉特·哈因只能依靠个人判断以及阅读大量的历史资料。

最近巴菲特写到，谁能想到美国最严重的地震会发生在密苏里州的新马德里呢？但1812年这里确实发生了一次里氏8.7级的地震。巴菲特说：“现在你们知道为什么我一看天气预报就头疼了吧！”

得益于巨灾保险，伯克希尔·哈撒韦的保险业务规模在短短10年内增长了9倍，到1995年达到了36亿美元。这些钱可以被看作低息贷款，在赔付前巴菲特是可以随意支配的。那些年，巴菲特非常有效地利用了这笔数目巨大的资本，它比长期国债的利率更低。巴菲特从中获益匪浅。

尽管巴菲特一般不愿盲目乐观地预计未来，但他认为保险业的前景一片光明。他说自己和芒格都认为“这将是未来几十年内他们主要的收入来源”，并暗示他认为保险业的价值是无与伦比的。他坦白地承认，除非积累了几十年的损失和赔付经验，否则他将很难准确估算出从事巨灾保险的胜算到底有多大。

鉴于巴菲特财富的快速累积，从迪士尼到政府雇员保险公司再到“大猫”的一次又一次成功，使得公众对伯克希尔·哈撒韦的预期也达到了顶峰。到了1996年年初，伯克希尔·哈撒韦的股价已经上涨到每股40 000美元。巴菲特担心公司的股票被投机者盯上，他担心一些股票承销商会利用伯克希尔·哈撒韦超乎寻常的高股价来推销低价位的“克隆股”（一些股票承销商名义上告诉客户想要购买伯克希尔·哈撒韦的股票并建立基金，但后来又会挪用这笔资金将一些低价位的股票卖给公众）。对于伯克希尔·哈撒韦，巴菲特就像呵护自己的孩子一样，无论存在何种隐患，他都会殚精竭虑地保护它。这一次，巴菲特决心把这些投机的承销商打趴在地，方法是出售伯克希尔·哈撒韦的股份。

类似于股票拆分，巴菲特创立了一种新的股票——伯克希尔·哈撒韦B类普通股。该股票的面值为原股票的1/30，预期销售价格也为原来股票的1/30。股东们可以选择继续持有原来的A类普通股，或选择用1股A股来置换30股B股（巴菲特自己选择的是继续持有价格更高的A股）。当然，如果单纯考虑价值因素，这只是把一块大的比萨分成了30份而已。

但是，很多中小投资者是慕名而来的，因此他们当中更多的是购买更便宜的B股。巴菲特接下来的所作所为又是任何首席执行官都不曾有过的，他提醒说，现在伯克希尔·哈撒韦股票每股36 000美元的价格高到了他自己都不愿意承受的程度。伯克希尔·哈撒韦的内在价值还在高速增长，但是近年来它的股价增长速度似乎更加疯狂。巴菲特在公司的年度报告中提醒股东："有一点难以避免，在有些年份公司股票的表现会不尽如人意。"简而言之，如果股东对伯克希尔·哈撒韦或是任何公司的股票出价过高，他们其实就是在赌公司的这种高速增长的势态会延续下去，而且会持续很多年。

巴菲特让股东考虑未来的做法令他们感到很不舒服，这让他们开始担心最令人害怕的巨灾会发生。有位股东兼老朋友坦诚地说："我们对巴菲特的健康状况都极为关心。"

讨论"巴菲特溢价效应"，即巴菲特的存在带来高于股票实际价值的价格，是股东们一个永恒的话题。人们担心一旦他去世会引起对股票抛售的恐慌，尽管巴菲特一再强调他的去世不会影响伯克希尔·哈撒韦所掌握的可口可乐公司和其他资产的价值。除了在极个别场合，巴菲特很少评价伯克希尔·哈撒韦的价值到底有多大。他的做法只是披露应当披露的公司信息而已，股票的交易则由市场来决定。

不过，对于自己的长寿问题，巴菲特比谁都关心。他曾经多次俏皮地说他死后几十年里还会显灵来管理伯克希尔·哈撒韦。（即使那时他也不会与伯克希尔·哈撒韦说再见。）

当姐姐多丽丝研究家谱时，巴菲特说他只想知道先人们都活了多久。有一次他向一位朋友发表高论，他认为尽管科学家还没发现年龄与财富之间的关系，但他们肯定研究过年龄与巨额财富之间的关系。还有一次，当某位股东问他成为美国首富后还有什么打算时，他脱口而出："做最长寿的人。"就连选择结婚伴侣时，他也与一个想要帮助人们与死亡斗争的女人结了婚。

对死亡的恐惧更增加了巴菲特积累财富的动力，这一逻辑也是合情合理的。他是个非常理性的不可知论者，很少麻痹自己。他有一种要证明自我存在价值的激情，他喜欢的不是单纯地赚钱。他对自己的朋友、房子、喜欢的食物、股票和股市都有深深的眷恋。值得一提的是，他曾经说过自己并不喜欢经营一家公司，而是喜欢拥有一家公司。在朋友芭芭拉·莫罗眼里，他离开奥马哈去华盛顿念书那段时间正是他的性格形成期，他是被迫离开家乡的。他一直积累财富却很少出售。他在一封信中说："我们喜欢买进，卖出则另说了。"他在整个职业生涯中其实都是想持有更多的股票，而拒绝说再见。

伯克希尔·哈撒韦某次年度会议召开的前一天的那个春日早晨，有人在奥马哈看到了他。他坐在一辆无轨电车里面（与他儿时所乘的车相差无几），穿行于奥马哈城的各大饭店之间接他的客人。巴菲特坐在前排，热情地欢迎来访者，包括来自沃顿的一位老朋友的遗孀、本杰明·格雷厄姆的学生、他下属各公司的首席执行官等人。当你翻看巴菲特的相册时，你会发现他们在不同时期进入了他的生活。穿着随便的巴菲特妙语连珠，把一百多位虔诚的教徒、朋友和仰慕者带到了他的乡村俱乐部。

下午的聚会（现已对所有股东开放）仍在波仙珠宝店举行。桌上摆满了鱼子酱、树莓饼、猕猴桃饼、奶酪蛋糕和烤得红红的牛排，旁边陈列着珠宝和精美的瓷器。一支四人乐队在一旁伴奏，穿着礼服的侍者托着衬有天鹅绒的钻石盒子和一瓶瓶香槟穿行其中。

巴菲特在后面的一个房间里与几个老朋友打桥牌。当宴会渐入高潮时，巴菲特悠闲地走进去，站在了钻石耳环的柜台前。股东们鼓起勇气三三两两地向他凑了过来。巴菲特对他们负有责任，不仅仅是因为他的事业，而是觉得他们是他生活中的一部分。

对于波仙珠宝店中的大多数面孔巴菲特都很熟悉。巴菲特说，他认得出伯克希尔·哈撒韦 7 500 名股东中 90% 的人。他向秃顶的天文学教授詹姆斯·厄尔打招呼，骄傲地回忆起在 1957 年与厄尔的父母对巴菲特合伙公司进行投资时的情景。巴菲特说他记得伯克希尔·哈撒韦 100 多万股股票中每 1 股的归属，我们难以想象还有哪个上市公司的首席执行官能够对自己公司这般如数家珍，他们甚至连这样的念头都压根儿不曾有过。每当一股伯克希尔·哈撒韦股票转手时，巴菲特就在脑子里记上一笔，就像有人上了或下了他的电车一样。

这也是巴菲特对崇拜者如此有吸引力的原因。与他不可思议的成功相比，他的忠诚更是人间罕有。他一生中对老朋友和自己的习惯忠贞不渝。我们不妨看一下约翰·图恩在他的畅销书《财富之王》中是怎么说的：

> 事事皆有定数，从来没有一样东西是一成不变的。世界关注的热点在变，投资者关注的热点也应改变。

华尔街上无人对此表示异议，甚至连一丝怀疑都不会有。过去热衷于债务投资的亨利·克拉维斯和佩雷尔曼等人现在早已对财务杠杆失去了兴趣，而且在20世纪90年代就开始卖股票了。

但巴菲特一生中关注的热点似乎从来都没有改变过。他从未改变自己的投资模式，不论是60年代股市一派欣欣向荣的时候，还是杠杆投资盛行的80年代，抑或是金融衍生工具泛滥的90年代。巴菲特所寻找的一直是他的老师所称的“内在价值”不会消减的投资真谛。

在职业生涯中，巴菲特经历了从本杰明·格雷厄姆式的“价值型”股票到“成长型”股票的转变。华尔街对这种分类情有独钟，就像艺术评论家区分白描和立体派艺术作品一样。但这种分类其实对于艺术家本身而言并没有什么重要性。对于巴菲特来说，成长型和价值型的区别是很微妙的。他认为某行业的增长潜力就是它的价值，而它的资产就是自身价值的有机组成部分。在某个价格上，可口可乐公司的潜力代表着很高的投资价值；如果价格过高，情况就不一样了。

关键是巴菲特把所有的投资（包括他试过的）都看作“价值投资”，他认为其他的说法都不准确。在所罗门违规投标案发生一年后，巴菲特写道：

> 如果连与投资额相应的回报都得不到，那么这算什么投资？故意以高于股票计算价值的价格买入，希望很快就以更高的价格卖出，充其量只能叫投机……

可惜世上很多人都看不到这一点。加州奥兰治县的财政官员不加考虑就大举借债，用自己都搞不明白的利率衍生工具来投资公立学校、道路和供水系统基金，结果该县的财政负债累累。事实上，对“内在价值”这个概念大家几乎都已经忘却了。在这个评价标准和“投资热点”瞬息万变的世界上，价值不是不变的，而是昙花一现的。只有当批评家进行评论时，油画才算有人欣赏，而真正的美存在于欣赏者的眼中。对奥兰治县来说，美不美完全由该县的经纪人美林证券说了算。其实双方都不明白什么叫美，但都愿意投机。从另一个角度来看，这种缺乏说服力的洞见只是一种常见的软弱和平庸的表现。

如果说人们失去了爱默生那种心灵索求，那是因为人们没有找到可以引导他们前进的恒星。现代社会中的相互关系使我们都变成了胆小的专家，只能从标有“成长”和“衍生”字样的分类栏中挖掘投资线索。同样，因为缺乏内在价值体系，教育者的说教和评判则显得苍白无力。他们只能回到模棱两可的复杂理论，并用晦涩的语言来掩饰内心的恐惧。当缺乏有力的理论时，林林总总的观点就会出现，成为必要的替代品。但是这样一来，社会的生命力就被减弱了，不仅对华尔街如此，就连整个工业界、教育界、政府和公众也都一样。

但巴菲特不同，他十分看重自己的独立性。他说“我没有必要和自己不喜欢的人共事”。能够说出这样的豪言壮语的投资者、首席执行官和政府官员可谓凤毛麟角。

巴菲特会独自一人待在书房里，既没有顾问也没有随从。他坐在发黄的报纸和父亲的照片前，静静地享受爱默生式的恬静与孤独。几个小时静静地过去，连电话铃声都很少响起。他寻找的并不是电脑屏幕上的某个技术分析图，而是某个公司的潜在价值。他寻找的是那些经历了时间考验的企业或商人，例如老牌鞋业公司、霍雷肖·阿尔杰、B 夫人、零售商本杰明·罗斯纳、《世界百科全书》、新贝德福德的肯·蔡斯、严谨的汤姆·墨菲和影响力无处不在的可口可乐。他也不是根据“一时的阴晴圆缺”来选择的，而是遵循他的祖父、父亲和本杰明·格雷厄姆认同的投资原则和忠告。巴菲特并非圣贤，他也是一个凡人，当然也会犯错，但他的出色表现足够唤醒人们对过去的美好回忆。

当巴菲特去世时，他留下的遗产很可能会使卡耐基、福特和洛克菲勒等传奇人物创立的基金会相形见绌。巴菲特基金会可能会成为全美国最大的基金会。（现在最大的是福特基金会，资产规模达到 70 亿美元。）但巴菲特最大的业绩不是他留下的钱，而是他对伯克希尔·哈撒韦做出的贡献。他在脑子里勾画了一个大胆的设想，即使他进了坟墓，伯克希尔·哈撒韦仍将一如既往地书写辉煌。事实上他强忍悲痛地向投资者保证，不论他和妻子谁先去世，“要缴的税和遗赠都不会引起股票的大量抛售”。

如果巴菲特和芒格同时被车撞了，或者巴菲特来不及培养一位接班人，那么公司至少将由巴菲特选中的“第三人”来经营。至于这个神秘人选到底是谁，就连他的孩子都不知道。在政府雇员保险公司的交易之后，巴菲特曾经透露，如果“芒格和我发生什么意外”，那么政府雇员保险公司的董事卢·辛普森将临危受命。

除此之外，公司还将由巴菲特精心挑选的董事来掌舵。他指定妻子和儿子霍华德为公司的董事，以此来保证公司绝不会忘记它的使命。（其他董事有巴菲特、前董事长的儿子马尔科姆·蔡斯三世、芒格和奥马哈商人小沃尔特·斯科特。）他的家庭成员将成为基金会运作的掌控者。“归根结底，”巴菲特后来写道，“我们正在做‘被车撞’的准备。”

1995 年，尽管没像其他职场精英那样精心节食，但 65 岁的巴菲特依旧身体健康。他的早餐通常是一碗花生和一瓶可乐。汤姆·墨菲安排他周末观看超级碗比赛，他为第二天的早餐点了香草冰激凌和巧克力酱。当巴菲特的朋友们拿他的健康状况开玩笑时，他煞有介事地回答说：“当人们经过我的棺材时，我希望他们会说：‘看看，他显老吗？’”

尽管巴菲特仍然全身心地扑在工作上，但他对成功的兴趣略有下降。儿子们说他比往年过得轻松多了，彼得也看不到父亲再像脑子里装着嘀嗒作响的闹钟一样忙个不停了。

巴菲特的生活变得更加惬意，阿斯特丽德是功不可没的。巴菲特认为自己带给了她尊严，自己也因为她的存在而提高了生活品质，这无疑是种互利的关系。当他们一起出去时，比方说去牛排屋时，他们看起来和奥马哈的一对普通夫妇没有什么区别，有时巴菲特还搂着她。阿斯特丽德对自己所扮演的角色也很有幽默感，有一次她对巴菲特的一个亲戚说，与巴菲特一起生活“是她最好的工作”。巴菲特多年的至交罗森菲尔德说：“阿斯特丽德正是他现在所需要的。她不介意他随时离开，她很有自由精神。”

尽管如此，巴菲特的心仍然眷恋着苏珊，他们几乎每个月都会在不同的地方相聚（比如去巴黎参加可口可乐的董事会）。巴菲特对自己的这种安排也很有幽默感，他对朋友说，他不能与苏珊离婚，因为她太有钱了。

后来，巴菲特在用钱时略微变得大方一些了。他用自己的 125 万美元买下了奥马哈一支棒球队 25% 的股权，这相当于为家乡这支勉强维持生计的球队雪中送炭。在 1993 年，当 B 夫人过百岁大寿时，他像往常一样献上了鲜花和喜诗糖果，并开出了一张100万美元的支票，资助B夫人把以她名字命名的表演艺术中心变成一家儿童剧院。他的个人花费也增多了，比如拿出更多的钱用于旅游和添置新装，尽管他的壁橱里好些衣服都旧得发皱了。但相对来说，他的花销和善举与他的天量财富相比仍然是九牛一毛。

工作仍然是巴菲特的生命，而对吃什么或是住在哪里他并不太在意。他仍然自己开着那辆蓝色的林肯车。他也没有富丽堂皇的房车和房子，即使有他也不会感兴趣。有一次在拉古纳海滩的别墅度假两周期间，他总共只离开家三次——两次去看电影，一次去吃午饭（他女儿做的统计）。他仍打桥牌，通常在他不愿用于工作的计算机上玩，另外几个牌友则在数千英里之外。

他在奥马哈就会引起人们的好奇心。人们开车经过法纳姆大街时，总会刻意把车速放慢，几乎到快要熄火的地步，他们好奇地注视着那幢朴实无华的房子。巴菲特可以从厨房看到他们。他正在那儿享用冰激凌、可乐或拿着报纸和年度报告自得其乐。房子里只有他和阿斯特丽德两人，身边没有保姆，也不用请人做家务，他们只有一个每隔一周来一次的清洁工。阿斯特丽德仍在买打折货，每当有可乐促销时都会装上满满一车回来。

成为亿万富翁的确让巴菲特很开心，他以不寻常的方式享受着这种幸福。就像他说的，金钱改变不了你的健康状况，也无法让别人爱上你，但“它会使你身处的环境更有意思”。巴菲特现在交际甚广，包括众多的首席执行官、政治家以及国际象棋世界冠军加里·卡斯帕罗夫这样的名人都与他有私交。1994年夏末，他与总统比尔·克林顿一起在马撒葡萄园打了一场高尔夫球，之后一起去凯瑟琳·格雷厄姆家吃了一顿平静的晚餐。更让人羡慕的是，他现在与比尔·盖茨的关系非常亲密，比尔·盖茨比他小26岁，也是美国首富头把交椅上的竞争对手。尽管比尔·盖茨是个技术专家，而巴菲特对于技术是最感到头疼的，但是当他俩在一起时会有很多欢笑。他们两人都是人上人，对任何事物都充满了好奇心，和许多首席执行官一样都会有些许任性，并且都富可敌国。自从在内布拉斯加大学的橄榄球赛上相识后，他俩成为莫逆之交，还在1995年双双偕妻子到中国旅行。

现在他发现，如果自己想推广巴菲特教义，往往是听者云集。他经常奔走于大学、公司甚至一些非正式小团体举行的仪式，讲述他的故事，争取让尽可能多的人登上他的电车。

他的生活中仍有很多不解之谜。正如布法罗的一位法官曾经对他做出的可能有垄断报业的野心的评价一样，或许人心就是“深不可测”的。

但巴菲特作为公众人物的一面是显而易见的。巴菲特那种超乎常人的名垂青史的欲望使他成为美国生活中的一个独特形象，他不仅是一个伟大的资本家，而且是美国资本主义的代言人。他教导了一代人该如何去定位经营，他证明了股票与垄断不同，投资也不是只凭运气的游戏。他证明了投资也是一种理性的、可以把握的事业，与它背后代表的具体经营业务是一致的。巴菲特揭开了华尔街神秘的面纱，他告诉大家，它与普通的商业大街并无二致，也许确实带有一些神秘色彩，却是一个普通人能够参透的。

与人们熟悉的华尔街的阴暗狡诈不同，巴菲特是为数不多的不以伤害别人为前提而获得巨额财富的资本家之一。（他在布法罗的报业对手是个例外。）用芒格的话说，他争取不成为一个“可怜的守财奴”，他把投资人和被投资人都当作伙伴，而且从不凭运气取胜，也不给自己“留退路”。

现在巴菲特想要超越金融界，获取更大意义上的成功。他说他最喜欢的持股时间是“永远”，这也让华尔街内外都大为吃惊。现代人的字典里还没有“永远”这个词，通常它只是小说或童话中的字眼。

但是巴菲特确实兑现了他的承诺，他对他的糖果公司、报业公司，对汤姆·墨菲、凯瑟琳·格雷厄姆和许多其他人都一样。在这个充满贪婪和欲望的时代，巴菲特把投资变成了人与人之间的良性纽带，而且几乎成了社会契约。1969年，他在写给合伙人的信中提到伯克希尔·哈撒韦：

> 我当然不会只为一个诱人的价格，就把某个由我喜欢和敬佩的人经营的好公司卖掉。

这样有情有义的话在华尔街已经绝迹了，学者甚至会把它当作妖言，而且在整个美国已难得耳闻。

而且到了今天，这类话更让人吃惊，因为它更少见了。它与多变的共同基金的风格格格不入，甚至与整个瞬息万变的社会都显得很不合拍。今天，以华尔街为代表的疯狂交易成了社会嬗变的代名词，之前人们与社会、职业、社区、家庭和社会团体之间紧密的联系现在已经慢慢消逝，而且这种消逝的速度还在一天天加快。艺术大师安迪·沃霍尔预测我们每个人只能保留15分钟的名誉，其实，在这个动荡的时代，15分钟内就消失的不仅有我们头顶的光环，还有最为宝贵的过去和感情。各种职业上的合作关系四分五裂，大牌运动员抛下自己的队伍，老板不停地解雇雇员，就连被认为最该保持传统的大学也急着重新发明已使用了千年的加农炮。在日常生活的各行各业中，“电车”上的人一夜之间相貌就会改变几番。投资者在寻找退路，但这么做的绝对不仅仅是投资者而已。从这点来看，华尔街的疯狂洗牌恰恰证明，信誓旦旦的承诺也是可以被当作交易来买卖的。这就是巴菲特填补空白的原因。最重要的是，他获得巨大成功不是因为把承诺当成了交易，而是因为他信守诺言。

伯克希尔·哈撒韦与道琼斯指数

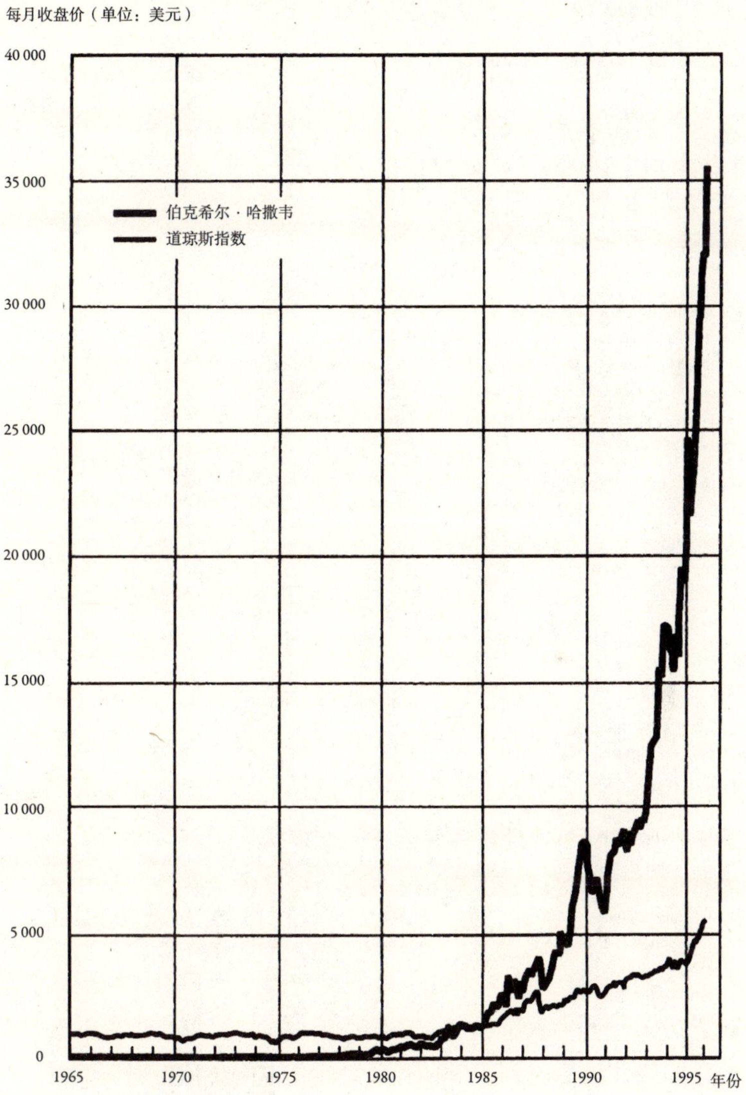

来源：Datastream International, Baseline

图书在版编目（CIP）数据

巴菲特传 /（美）罗杰·洛温斯坦著；蒋旭峰，王丽萍译 . -- 北京：中信出版社，2021.4

（中信经典丛书 . 002）

书名原文：Buffett: The Making of an American Capitalist

ISBN 978-7-5217-2888-0

Ⅰ. ①巴… Ⅱ. ①罗… ②蒋… ③王… Ⅲ. ①巴菲特（Buffett, Warren 1930- ）—传记 Ⅳ. ① F837.124.8

中国版本图书馆 CIP 数据核字（2021）第 045569 号

巴菲特传

（中信经典丛书 · 002）

著　　者：[美] 罗杰 · 洛温斯坦
译　　者：蒋旭峰　王丽萍
责任编辑：王一琳
出版发行：中信出版集团股份有限公司
（北京市朝阳区惠新东街甲 4 号富盛大厦 2 座　邮编　100029）
承 印 者：北京中科印刷有限公司

开　　本：880mm × 1230mm　1/32　　印　　张：115.5　　字　　数：2719 千字
版　　次：2021 年 4 月第 1 版　　印　　次：2021 年 4 月第 1 次印刷
京权图字：01-2013-0552
书　　号：ISBN 978-7-5217-2888-0
定　　价：990.00 元（全 8 册）

扫码免费收听图书音频解读

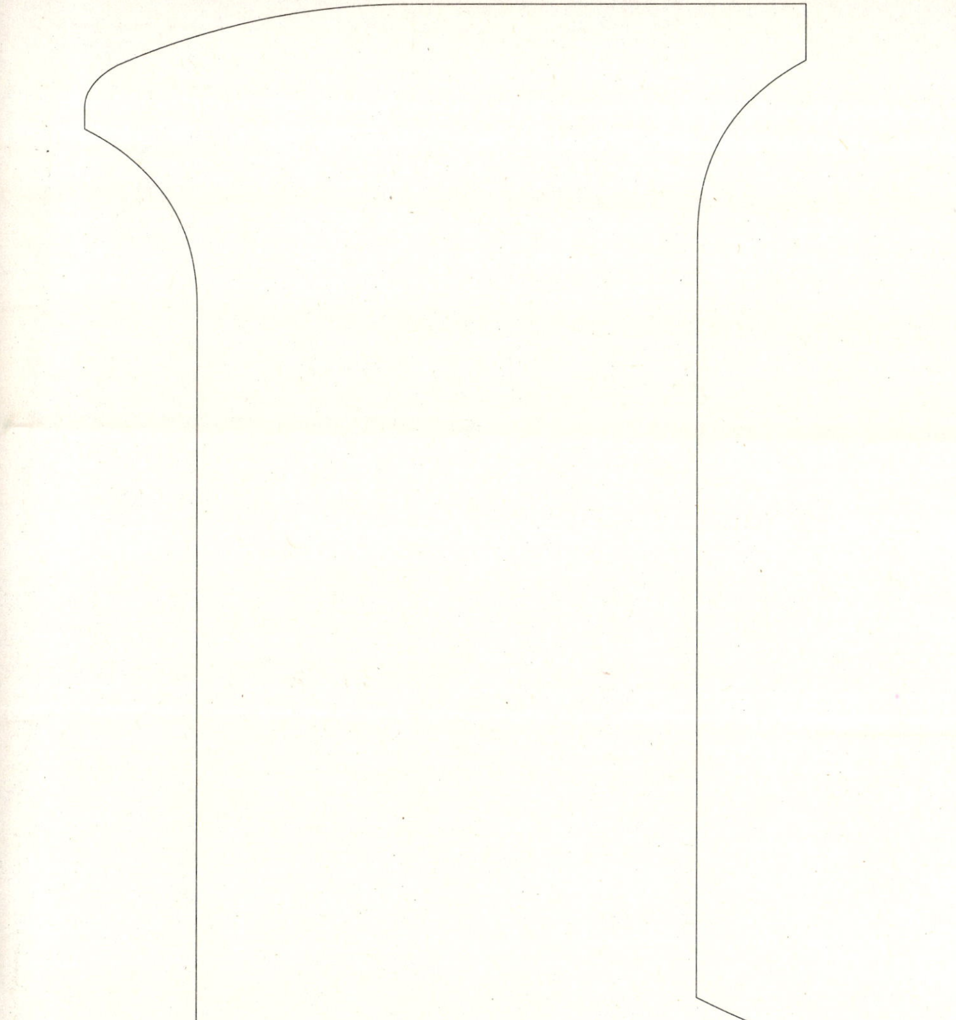

将心注入

POUR YOUR HEART INTO IT

HOW STARBUCKS BUILT A COMPANY ONE CUP AT A TIME

[美] 霍华德·舒尔茨
多莉·琼斯·扬
著

文敏
译

中信出版集团 | 北京

谨以此书献给

我的爱妻雪莉、我的母亲、记忆中的父亲，以及所有星巴克公司的伙伴，特别是玛丽·凯特琳·玛霍尼、安龙·戴维·古德里奇和艾蒙瑞·阿伦·伊万斯，你们一直在我们的心中。

目录

前言

若比他人计较得失——想想明智；

若比他人铤而走险——想想平安；

若比他人耽于梦想——想想现实；

若比他人期望更多——想想概率。

那是1961年寒冷的1月，我父亲在工作时跌断了脚踝的骨头。

我那时7岁，正在我们学校后边的操场上起劲儿地打着雪仗。我母亲从7层高的公寓窗口探出身子朝我拼命挥手。我赶快跑回家。

“爸爸出事了，”她告诉我，“我得上医院去。”

后来，我的父亲弗雷德·舒尔茨在家里吊着伤脚躺了一个多月。我以前从来没见过一个人裹着石膏的样子，所以最初还感觉挺新鲜的。可是那种新奇感很快就消失了。就像生活中已经发生过很多次的情况一样，爸爸一旦不能工作，家里就断了收入。

他的最后一份工作是开着卡车回收脏尿布，再把干净的尿布送回给客户。几个月来，他一直很痛苦，不断抱怨着这份臭烘烘的活计，说这算是世界上最糟糕的工作了。现在不能工作了，他倒又想念它了。我母亲那时已经怀孕7个月，不能出去工作。我们一家没有收入，没有医疗保险，没有工伤赔偿，什么都指望不上。

吃饭时，父母在餐桌上叽叽咕咕商量着还得去借多少钱，向什么人借，我和妹妹则默不作声地吃着饭。有时候，晚上响起电话铃声，妈妈就让我去接，如果是要账的，就让我对人家说父母都不在家。

我的弟弟迈克尔出生在3月，父母不得不再次借钱来支付医院的费用。

多年来，我父亲的形象——脚上裹着石膏，歪在沙发上，不能出去工作，不能挣钱，被抛入社会底层的那副模样——一直萦绕在我的脑海里。今天回想起来，我对自己的爸爸还是非常敬重的。他虽然连高中都没毕业，但他是个做事兢兢业业的老实人。有时还兼做两三份工作，只是为了让家里的餐桌上能有食物。他对三个孩子都非常关心，周末经常和我们一起打球，他喜欢洋基队。

可他是个倒霉的人。干过的全是蓝领差事——卡车司机、车间工人、出租车司机，他一年从没赚到过两万美元，因而也没有能力拥有自己的房子。我的童年是在布鲁克林的卡纳西度过的，住在政府提供的廉租公寓里。当我长成一个青涩少年时，我才明白这是自己背负的一种耻辱。

渐渐成年的我，时常和父亲发生冲突。我为他的落魄潦倒和不负责任深感痛苦。我总觉得如果他肯多多尝试，就不会这样一事无成。

他去世后，我意识到自己对他的评价有失公允。他也曾尝试过去适应体制，但体制毁了他。由于内心自卑，他不曾有爬出洞穴出人头地的可能。

他死于肺癌，1988年1月去世。那是我一生中最悲哀的一天。他没有积蓄，没有养老金。最糟糕的是，他从来没有从自己的工作中获得过人的尊严和生活的意义。

当我还是个孩子时，脑子里压根就不会想到有朝一日自己会成为一个公司的老板，但我曾在心里默默地想，倘若我有出头的一天，我一定不让别人沦落到这种地步。

我的父母亲不会理解星巴克到底对我有什么吸引力。1982年，我辞去一份报酬丰厚又体面的工作，而去了西雅图那家只有5家连锁店的小咖啡店。在我眼里，星巴克并非它原来的那副模样，而是它将来会成为的样子。这家店深深吸引了我（其中既有激情，也有理性）。我慢慢意识到，如果能把它那充满意大利式浪漫的浓缩咖啡制作技艺和新鲜烘焙的咖啡豆推向全美，就有可能会让一种古老商品重新焕发生命力，吸引成千上万的人，正如它强烈地吸引了我一样。

我于1987年成为星巴克的首席执行官，以一个企业经营者的身份四处奔走，说服投资者相信我的眼光，在接下来的10年里，我和一群聪明而且有经验的经理人一起，把星巴克从当地一家只有6个店铺和不到100名伙伴的公司，建成了店面遍布全美各地、有1 300多家门店和25 000名伙伴的大企业。今天，世界各地的很多城市都有我们的咖啡店。星巴克成了全美认可的一个品牌，这种声望比给我们颁一个开发创新产品的执照更为重要。连续6年，我们的销售额和利润每年都增长了超过50%。

然而，星巴克的历史并不仅仅是一个发展和获胜的历程，它也是关于如何以不同方式来建立一个公司的故事。它完全不同于我父亲工作过的那种公司。它证明了一个以心灵为导向、以自然为灵魂的公司仍然可以赚钱。它表明了一个公司在保证它的股东们能长久赢利的同时，不必牺牲它对员工的核心价值的尊重——皆因我们有一个领导团队，他们相信这样做是正确的，而且相信这是运作一个企业的最佳方式。

星巴克拨动了人们的心弦，许多人驾车出门时都会从我们的店里买一杯早餐咖啡。我们那令人眼熟的绿色塞壬标识几乎成了当代美国生活的一个象征，因而在电视和电影里频频出现。我们为美国增添了新的词汇，并为20世纪90年代的美国社会引入了新的社交礼仪。在某些社区，星巴克的咖啡店已经成为人们不可或缺的“第三空间”——工作和家庭之外的舒适的聚会场所，就像是前廊的一个延伸。

人们与星巴克的依存关系与星巴克所代表的意义有关，这种意义远远超过美味的咖啡。它是人们在星巴克店里能感受到的具有浪漫意味的咖啡体验，是一种温暖和亲切的感觉。这种基调是由我们的咖啡师定下的，正是他们为顾客调制每一杯意大利浓缩咖啡，并介绍它的由来。他们有些人刚来星巴克时手艺不会比我父亲好多少，但他们却是创造魔法的人。

如果说星巴克有什么让我最引以为傲的成就的话，那就是我们的伙伴中自信与互信的氛围。这并非一句空话，而是体现在公司的许多行事方式中。我们破天荒地给所有伙伴都提供了一份涉及面很宽的医疗保险，并向他们每一个人提供股票期权，甚至连兼职伙伴也包含在内。我们给予仓库保管员和刚加入的新手更多的尊重，在其他公司，只有高级管理层才享有这样的待遇。

这些方式和态度显然与传统的经营策略背道而驰。一般而言，公司经营以股东利益为重，视员工为流水线上的螺丝钉和人力成本的开支。管理者大幅度地削减员工的利益通常可以获得暂时的股价飙升。但从长期来看，这不仅是一种道德缺失，也是对企业精神和改革创新的牺牲，它伤害的是那些有可能使企业从优秀到卓越的忠心耿耿的员工。

商界至今还有许多人没有领悟到劳资双方绝非在进行零和游戏的道理。仁慈地对待员工并不意味着成本的增加和利润的减少，反而是一种强有力的兴奋剂，它能使企业达到仅凭领导者个人的能力远远不可能达到的高度。星巴克的伙伴们对自己的工作深感骄傲，他们中很少有人跳槽。我们的人员流动率低于一般企业的平均水准，这不仅节省了开支，而且有助于增进我们与顾客之间的联系。

好处不仅限于此，对于善意的运用还有其更深层的意义。如果人们把自己与为之工作的公司联系在一起，在其中投入感情、编织梦想，他们就会倾心于此，并努力把事情做得更好。当雇员有自信、有尊严时，他们就会做出更多贡献——为公司，为家庭，为世界。

虽说我并不是一开始就有意为之，但星巴克已成为来自我父亲的一份有活力的遗产。

不是每个人都能掌握自己的命运，因此那些握有实权登上高位的人不光对公司的日常运转负有责任，还要注意把握正确的方向，还应当保证不让团队中的任何一个人落在后面。

我从未想过要写一本书，至少在我职业生涯的早期没有这种打算。我坚定地相信星巴克最了不起的成就不在过去，而在未来。

如果星巴克是一本有 20 个章节的书，我们现在尚在第 3 章。

但出于某些原因，我觉得现在是把星巴克的故事讲出来的好时机。

首先，我想激发人们追求他们的梦想。我是平民，没有任何家庭背景和社会关系可以借助，可以依靠。但我敢于做最大的梦，并将其变成现实。我确信，大多数人能实现他们自己的梦想并超越梦想，只要他们下决心不断尝试。

其次，也是更深刻的原因，我希望激发那些企业的领导团队把目标定得更高些。如果你的目标只是单纯到达终点，那么成功是非常空洞虚无的。最好的奖赏是，到达终点时有众多胜利者环绕在你身边。你身边的胜利者——不管他们是雇员、顾客、股东，还是读者——越多，你的胜利就越会带给你满足感。

我写这本书不是为了挣钱。这本书挣到的所有钱我都会投入新成立的星巴克基金会，这个基金会将代表星巴克公司和它的合作伙伴们致力于慈善事业。

这是星巴克的故事，但并非一个传统的企业发展历程。本书的目的不是与读者分享我的个人生活，或是为挽救破产企业提供意见，或是向读者展现一个公司成长的历史。这里没有企业操作的要点，没有行动方案的公告表，也没有分析为什么有些企业成功、有些企业失败的理论框架。

相反，这个故事讲述的是一个基于自己独特的价值观和行为准则建立起来的成功企业团队的故事。他们的价值观和准则很少能在美国的其他企业中看到。本书想要告诉读者的是，我们如何在自己的经历中学到关于经营企业与生活的某些重要的课程。我希望，这些见识可以帮助那些正在创办企业和追求生活梦想的人。

我的最终目的是希望本书能够让人们重新振奋起来去追寻自己的梦想，追随自己的内心，即使遭人讥笑也无所顾忌。不要轻易就被否定意见打倒，别被失败的可能性吓倒。什么失败的可能性能够吓倒一个在廉租公寓里长大的孩子呢？

一个公司即使不失去激情和个性也可以做强做大，但这只有在以人为本、以自身的价值观为本，而不是以利润为本的情况下才可以做到。

关键是人心。我把心交给了每一杯咖啡，还有星巴克的合作伙伴们。当顾客们感受到这些时，他们就会给予相应的回应。

如果你倾心投入自己的工作，或任何值得为之努力的事业，你就有可能实现在他人看来不可能实现的梦想。生活因此会变得很富有意义。

犹太人有一个传统，在亲爱的人去世的周年纪念日前夕，亲人们会点亮一支蜡烛，并让它持续燃烧 24 小时。我每年都会点亮这支蜡烛，为我的父亲。

我就是不想让蜡烛熄灭。

01

重新发现咖啡

（1987 年以前）

第 1 章

想象、梦想和卑微的出身

只有心灵才能洞察一切，用眼睛是看不到事物的本质的。

——安东尼·德·圣埃克苏佩里

《小王子》

直到今天，星巴克都是父母结合生下的孩子。所谓的父亲，是指最初成立于 1971 年的星巴克公司，这家公司以饱满的热情烹制世界级水平的咖啡，而且培育了自己的顾客群，使他们得以一杯一杯地逐步了解到什么是好咖啡。

所谓的母亲，是指我注入公司的价值观和见识：它结合了竞争的驱动力和确保公司内每一个伙伴都能赢的深层意愿。我想要在咖啡中调入浪漫，敢于在其他人认为不可能的事情上付出努力，以创新的观念挑战失败的可能性，并以优雅的方式来做这些事情。

事实上，星巴克是在父母双方的影响下才成长为今天这个样子的。

在我发现星巴克的价值之前，它已经兴盛了10年了。我从它的创办者身上了解到它的早期历史，这段故事我会在第2章讲述。在本书中，我将从自己的早年生活经历开始讲述星巴克的历史，因为公司的许多价值观都可追溯到纽约布鲁克林那幢拥挤的公寓房子。

卑微的出身可养成
进取心与同情心

我注意到浪漫而充满幻想的人有一个特点：他们力图创造出一个与单调乏味的日常生活截然不同的更美好的世界。这也是星巴克的目的所在。我们想在我们的故事中创造一片绿洲，一个就在你隔壁的地方，你可以去那儿小憩一番，听听爵士乐，一边喝咖啡，一边思考宇宙或个人，甚至异想天开。

什么样的人会向往这样一个地方呢？

从我的个人经历来看，我得说，越是在起步阶段缺少激励的人，就越有可能以自己的想象去创造一个在旁人看来不可能的世界。

对我来说，当然是这么一回事。

1956年，我们一家迁出祖母的公寓搬到湾景公共项目住宅区时，我才3岁。那个地方位于牙买加湾区的卡西纳中心地带，到机场只需15分钟，到科尼岛也是15分钟。回想当时，那个公共项目住宅区倒不是什么可怕的地方，而是个怡人的、庞大的、树木环绕的复合区，有着十几幢八层高的砖石楼房，都是新的。那儿有所小学，是第 272 小学。在住宅区的空地上，有运动场、棒球场。但还是没人会为住在这个地方而感到骄傲，我们的父母都是一些给他人打工的人。

但我的童年不乏许多快乐的时光。在平民住宅区长大，使人形成了相当客观的价值理念，也使我结交了各种各样的朋友。仅在我们那一幢楼房中，当时就住了 150 户人家，我们只有一部小电梯。每一个单元房都很小，我们一大家子挤在一个两居室的单元房里。

我父母都出生于工人家庭，在纽约的布鲁克林东区已经住了两代了。我的祖父去世时还很年轻，所以我父亲十几岁时就辍学了，开始了打工生涯。第二次世界大战期间，他是驻守在南太平洋新喀里多尼亚和塞班岛的部队的卫生急救员，他在那儿染上了黄热病和疟疾。这导致他的肺部后来变得非常虚弱，他经常感冒。战争结束后，他做过许多不同的蓝领工作，但从来没有显示出什么才能，也从来没为自己的人生做过什么打算。

我的妹妹罗妮和我年龄相仿，童年时代也和我一样吃了不少苦。不过对于弟弟迈克尔来说，在某种程度上，我觉得自己是他贫困生活中的一个守护者和安慰者，这是我的父母所不能给予他的。我走到哪儿，他就脚步蹒跚地跟到哪儿。我曾叫他“影子”。虽说我们之间有 8 岁的年龄差距，但我们俩总是黏在一起，我尽可能像个父亲一样照顾他。我以极为骄傲的心情看着他成长为一名出色的运动员，一个强健有力的人，并最终在他的职业生涯中取得成功。

我母亲是一名意志坚强又有干劲儿的女人。她叫艾莲，但别人都以绰号“芭比”来称呼她。她当过接待员，不过，当我们逐渐长大后，她就整天待在家里，照顾我们三个孩子。

童年时，我和邻居家的小孩们玩游戏，每天都是从一大早一直玩到天黑。父亲下了班或是周末时，一有可能就会和我们一起玩。每个星期六和星期日的早上 8 点，几百个孩子就会聚集在学校的操场上。你必须表现出色，因为你若是不能获胜，就会被淘汰出局，在旁边待着，看别人玩，直到你被允许再次加入。因此，我总是抱着非赢不可的心态去玩。

对我来说非常幸运的是，我是个天生的运动员。不管是棒球、篮球，还是橄榄球，我都学得很快，并努力成为一把好手。我曾把邻居的孩子们组织成一支篮球队或棒球队——什么样的孩子都有，犹太人的孩子、意大利人的孩子、黑人孩子。没人告诉我们要如何弥合种族差异，我们就那样生活在一起。

我的个性中一直有一种任由自己在喜欢的事情上尽情投入感情的倾向。我最初对棒球有一种激情。那时候，在纽约的街区，每一场谈话都是以棒球开始，并以棒球结束的。把人们联结在一起的纽带不是种族，也不是宗教信仰，而是你支持哪支棒球队。道奇队离开纽约去了洛杉矶（他们伤透了我父亲的心，他永远也不会原谅他们），但我们还有许多了不起的棒球手。我记得在回家的路上，可以听到院子每一扇敞开的窗子里都能传出报道一场场棒球比赛的激动声音。

我是个不可救药的洋基迷，我爸爸带我弟弟和我去看过无数场比赛。我们永远坐不上好座位，但这没关系，只要在那儿就让人很兴奋。米奇 · 曼托是我的偶像，我的衬衫上、球鞋上以及每一样东西上都有他的号码——7 号。当我开始打棒球的时候，我就模仿米奇 · 曼托的姿势和打法。

米奇退役时，他忠诚的拥趸们简直不敢相信。他怎么可能不打球了呢？1968 年 9 月 18 日和 1969 年 6 月 8 日，我父亲曾两次带我去洋基体育场观看米奇·曼托的告别比赛。我看着人们对他表示敬意，听见其他队员和他道别，还听到了他的讲话。我感到深深的悲哀。从那以后，棒球对我来说就不再和从前一样了。米奇在我们生活中占据的地位是如此重要，以至当他去世时，我竟然从几十年音信杳无的童年时代的朋友那儿接到了许多安慰电话。

咖啡在我的童年时代并不占据重要地位。我母亲喝的是速溶咖啡。当家里有客人时，她会买来罐装咖啡，拿出她那老旧的渗滤式咖啡壶。我还记得自己听着咖啡豆倒进壶里的声音，盯着那小玻璃杯子看，直到看到咖啡在里面噗噗地沸腾起来，像是跳舞的豆子一样。

等我再长大一些，我才明白家里的经济状况有多窘迫。我们很少有机会去中国餐馆吃饭，我的父母总是商量着买什么菜，这基本上只能根据那天父亲的钱包里有多少钱来决定。一年夏天，我参加了户外露营，当我后来发现那是由政府补贴专为穷孩子们办的时，心里感到又羞愧又气愤。从那以后，我再也不去那儿了。

当我进入高中时，我明白了居住在湾景公房究竟意味着什么。卡西纳高中离我们家不到一英里[1]，但我得经过街边的那些带独立庭院的房子和双联别墅。住在那儿的人都看不起我们。

一次，我约一个住在纽约其他地方的姑娘出来。我记得她的父亲这样问我：

“你住哪儿？”

1. 1 英里 ≈1.609 千米。——编者注

“布鲁克林。”我回答。

“哪儿？”

“卡西纳。”

“哪儿？”

“湾景公房区。”

“噢。”

他脸部的表情马上对我做出无言的判断，这使我非常恼怒。

作为三个孩子中的老大，我必须快快长大。我很小就开始挣钱了。12岁时，我干过骑车送报的差事，后来又在本地的餐馆打工。16岁时，我在曼哈顿区的成衣区里找到了一份放学后去打工的活计，是为一个皮货商做工，拉拽动物的皮。这份可怕的工作使我的拇指上生出了厚厚的老茧。我曾在一家运动鞋商店里度过了一个炎热的夏天，在编织工厂里用蒸汽处理过纱线。我总是把我收入的一部分交给母亲——并不是她要我交，而是因为我感到父母持家真是太艰难了。

但是在20世纪50年代到60年代初，美国梦还很是振奋人心的，我们所有人都认为自己有资格从中分一杯羹。我母亲反复向我们灌输这种理想。她自己连高中都没有毕业，而她最大的理想是让她的三个孩子都能接受大学教育。她是个聪明、有见识、做事有条理的人，只是有点儿武断，她为人处世的方式给了我极大的信心，她一直是我的榜样。她反复给我举例，说既然这些名人能成就一番事业，那么，只要我尽心尽力做好一件事，就一定会成功。她鼓励我挑战自己，要敢于把自己放在具有挑战性的位置上，从而学会克服困难。我不知道她是从哪儿得来的理念，因为她自己并不以此为生活准则，但她希望我们成功。

多年以后，她到西雅图来，我带她参观我在西雅图支持中心的新办公室。我们四处参观，路过许多部门和工作室，看见许多人在打电话，用电脑工作，我向她介绍这个中心的运作情况和规模。看到最后，她把我拉到边上，凑近我的耳朵小声问："谁给这些人开工资？"因为这完全超出了她的想象。

在我的童年时代，我从来没有做过老板梦。我认识的唯一一个老板是我的叔叔——比尔·法伯。他在布朗克斯区有一家小小的纸厂，一度雇用我父亲做那儿的工头。我不知道自己最终会做什么，但我知道自己必须离开父母终日生活的那种环境，我必须离开廉租房，离开布鲁克林。记得有一个晚上我曾躺在床上思考：如果我有一个水晶球，并且可以从中看见自己的未来，那么它会是什么样的呢？但我很快就打消了这个念头，因为我知道水晶球里面不会有什么对我有利的东西，我怕会吓着自己。

我看到的唯一一条逃离现实的路径是体育。就像电影《篮球梦》里的那些孩子一样，我的朋友们和我觉得这可能是让我们过上好日子的通行证。高中时，我基本上不做功课，除非没办法了才做，因为我觉得课堂里学的东西与我的理想无关。我常在运动场上一玩就是几小时甚至几天。

我永远不会忘记我成为正式运动员的那一天。作为一种荣誉的象征，我领到了自己的字母，一个大大的蓝色的C，那证明我是一个有作为的运动员。但我的母亲连这件印着字母C的运动衫的钱都拿不出来，她要我再等一个星期，或者等到父亲领到钱以后再买这件衣服。我简直要崩溃了。学校里每个人在规定的日子都必须穿上这种衣服，我不可能不穿上运动衫出现在那儿，但我也没有让我母亲太为难。我从一个朋友手里借了钱买来运动衫，穿着去了。但我一直把衣服藏起来不让父母知道，直到他们拿得出钱才告诉他们。

高中时我最大的成功是成为橄榄球校队的四分卫，这使我在卡西纳高中的5 700名学生中成了一个名人。学校太穷，没有橄榄球场地，所有的比赛都不像比赛。我们的球队很烂，但我是其中较出色的一个。

一天，有人来我们队里物色人选，但我并不知道他在那儿看我们的比赛。几天后，我收到一封来自北密歇根大学的信，对我而言，这封信似乎来自另一个星球。他们想为一个橄榄球队招募球员，问我对此是否感兴趣。我简直乐疯了，就像受邀参加全美橄榄球联赛一样兴奋。

北密歇根大学给我提供了橄榄球奖学金，这是我得到的唯一一份奖学金。没有这笔钱的话，我都不知道要怎么去实现母亲想让我上大学的梦想。

我高中最后一年放春假的时候，父母驾车带我去北密歇根大学。我们将行驶一千英里到达密歇根上半岛的马奎特，我还从来没走出过纽约呢，我的父母被卷入了这场冒险。我们驾车穿过丛林密布的山区，驶过一片片广阔的田野，经过像海洋一样的大湖。当我们到达目的地时，那个校园在我眼里就像在电影中才能见到的美国——抽芽的树木，欢笑的学生，草坪上的飞盘。

我终于走出布鲁克林了。

巧的是，星巴克也于同一年在西雅图诞生，这座城市在当时对我来说还是远得超乎想象。

我喜欢大学里开放的空间，虽说我最初感到有些孤独、不合群。大学第一年我就交了一些亲密好友，我和他们在大学里做了四年室友，一同在校园里进进出出。我两次写信把弟弟叫到我们学校来玩。有一年的母亲节，我搭便车回到纽约，给了妈妈一个惊喜。

后来，我并未如愿成为一名优秀的橄榄球运动员。为了维持学业，我贷了款，还做兼职工作和夏季工来负担我的开销。我晚上在酒吧做过侍者，甚至还卖过血。但不管怎么说，大学生活还是很愉快的，因为几乎无须承担什么责任。由于我的兵役号码是332，我也无须担心去越南。[1]

我的专业是传播学，主修公共讲演和人际沟通课程。高年级时，我还选修了一些商务课程，因为我开始担心毕业以后的生计问题。我的成绩一直维持在B的平均线上，只有到了考试或是讲演前才努力一把。

四年后，我成为我们家里第一位大学毕业生。对我的父母来说，我已经得到了最大的奖赏：一张文凭。但我当时还没有人生方向，没人能帮助我看到自己拥有的知识的价值。从那以后我老是开玩笑：如果有人给我指点迷津的话，那么我肯定会更加大有作为。

我花了几年时间才找到生活的激情。自此以后，我的每一步都迈向众人未曾涉足的领域，而且冒的风险也越来越大。当然，走出布鲁克林和获得大学文凭给了我继续做梦的勇气。

有好几年，我会对人隐瞒自己在布鲁克林长大这件事。我不

1. 越南战争期间，美国军队征兵采用摇号抽签形式，霍华德抽到的号码意味着他不用去越南。——译者注

想撒谎，只是不想涉及这个话题，因为这不是什么有面子的事。可是不管我怎么否认这个事实，早年生活的种种还是在我脑海里留下了不可磨灭的印记。我可能永远也无法忘记它，这是我不敢看水晶球的另一个角度的解释——不敢面对自己的过去。

1994 年 12 月，《纽约时报》报道了星巴克的成功，也提到了我在卡西纳廉租房长大的事实。文章见报后，我收到了来自湾景和其他相邻社区的人的信。大部分是做母亲的人写来的，她们以此鼓励自己的孩子，认为我的故事给了他们希望。

我从小长大的（至今仍对我有影响）那个环境是很难让人看到机遇的，事情究竟是怎么发生的呢？

太阳照到我了，就是这么回事儿，弟弟迈克尔总是这么告诉我。但我的故事中既有天分和运气，更有努力和坚持。我希望事情是这样的。我将人生掌握在自己的手里，尽可能从他人那儿学习，尽可能抓住一切机会，一步一个脚印地踏上成功之路。

最初我总是害怕失败，但当我在一次次挑战中胜出后，原先的焦虑被渐渐形成的乐观精神取代了。一旦你越过了似乎不可逾越的难关，接下来的小坎儿就比较容易跨过去了。只要坚持下去，大多数人都可以实现并超越梦想。我总是鼓励别人把梦做得大一些，把基础打得好一些，像海绵吸水一样吸收各种信息，不要害怕挑战世俗观点。在你尝试之前，先不要说自己做不到。

我不可能给你们一个关于成功的法则，这世上也没有什么能让你一举成功的不二法门。但我自身的经历证明了，白手起家并取得超乎自己梦想的成就是有可能的。我最近又回了一趟纽约，回到了卡西纳——在离开将近 20 年之后，我第一次回到湾景。说真的，重回故乡给我的感觉不坏，除了进门处的子弹孔和蜂鸣器上烧焦的痕迹。我们住在那儿时，窗子无须安装铁栏栅，也没有空调。我看见一群孩子在打篮球，就像我小时候一样。我看见一个年轻的妈妈推着儿童车，一个小男孩仰头看我。我想：不知道这些孩子当中有谁能打破命运的枷锁，实现自己的梦想。

我在卡西纳高中校门口停住了，那儿有一支橄榄球队正在训练。秋日温暖的天气，眼前蓝色的统一服装和哨声，让我回忆起振奋人心的往昔岁月。我问教练在哪儿，一个戴红色帽子的小个子从那群高大健壮的人中间钻了出来。令我非常惊奇的是，站在我面前的人竟然是迈克·卡马代斯，他曾和我在一个球队一起打球。他向我介绍了球队的近况，告诉我学校的橄榄球队如何终于有了自己的场地。凑巧的是，他们正准备在那个星期六举行一个以我的一个老教练——弗兰克·莫罗基耶罗的名字命名这个橄榄球场的仪式。就在那一次，我制订了一份赞助球队的五年计划。若没有莫罗基耶罗教练的话，我今天会在哪里？也许我能够给予母校的礼物就是像我当年一样，去激励运动员们超越自我，去争取某种无人敢想的成就。

我听说有些教练面临一种两难境地。他们球队里那些有着世界级水平的运动员——他们有着最好的技术和比赛经验——关键时刻却状态不佳。可是另外一些家伙，平时训练时并非最出色的队员，但在紧要关头被教练派上场后，非常努力奋进，拼了命地想要取胜。

我非常认同后者。我也曾是非常努力想要取胜的一个人，所以在关键时刻我特别兴奋，肾上腺素会加速分泌。其他人都已经停下来休息恢复体力许久了，我还在奔跑，追逐着某种没人看得见的东西。

够了并不是足够

每一段经历都为你的下一步做了铺垫，只是你不知道下一步是什么。

1975 年大学毕业后，就像许多人一样，我不知道下一步该怎么走。我不准备回纽约，就留在了密歇根，在那里的一家溜冰场工作。我没有导师，没有榜样，也没有专门的老师来点拨我。所以我只能自己花时间去思考，但一直没有什么灵感。

一年后我回到了纽约，在施乐公司的营销部门获得了一份工作。我很幸运地在工作上有了一些突破，我进入了美国最好的销售培训学校——施乐公司以 1 亿美元在弗吉尼亚州的里斯伯格建造的培训中心。我在那儿学到的关于工作和生意的知识远比大学时代学到的要多。他们在销售和市场营销方面，在展示和表现技巧方面对我进行培训，使我能带着相当健康的自尊心外出工作。施乐公司是一家口碑很好的公司，每当向别人介绍它时总能赢得许多敬意。

培训课程结束后，我在 6 个月的时间里，每天打 50 个推销电话。我在曼哈顿中城从 42 街跑到 48 街，从东河跑到第五大道，敲开许多办公室的门。那是一个非常奇妙的地区，但人家不让我进门坐下来推销，我只能飞快地介绍产品的种种好处。

打推销电话对于做生意是一个很好的训练，它教会我即兴思考的本事。那么多扇门在你面前砰地关上，你必须厚着脸皮，用最简洁的话把新上市的所谓文字处理机介绍清楚。但这份活计还是挺吸引我的，并且有助于我一直保持自己的幽默感和冒险精神。我努力去竞争、比拼，尝试着成为最出色、最抢眼的人，成为销售队伍中的佼佼者。我想赢。

最后，我成功了。我成为这一领域中的全职销售员。我干得相当不错，穿着套装，上门推销，三年来挣得的佣金相当可观。我卖出许多机器，比我的许多同行都干得出色。因为我在工作中证明了自己，也就越来越有信心。我发现，做销售在许多时候是需要靠自尊心的。当然，我算不上对文字处理机产生过激情。

我还清了大学学费贷款，和一个人在格林尼治村合租了一套公寓。我们一起出游，过得很愉快。有一年夏天，我们 8 个人在汉普顿租了一幢周末别墅，在那儿的海滩，在 1978 年 7 月的第四个周末，我遇上了雪莉·凯尔斯。

一头波浪般的飘逸金发，浑身上下充沛的精力，雪莉以她无可挑剔的风度和品位吸引了我。她在研究生院攻读室内设计，夏天的周末，她也跟朋友们一起到海边来玩。她非常美丽，学识甚广，具有中西部人那种坚定的价值观。我们都刚刚开始自己的职业生涯，无忧无虑。我们开始约会，我对她了解得越多，就越意识到她是个多么好的姑娘。

到了 1979 年，我自己的工作还没有稳定下来，我想要做更加具有挑战性的事。一个朋友告诉我，有家名叫柏士德的瑞典公司，正筹划为他们的汉默普拉斯特家庭辅助用品在美国建立分公司。这是个令人兴奋的机会，能在一家公司从头做起。柏士德公司雇用了我，派我去瑞典接受三个月的培训。柏士德公司坐落在一个到处铺砌着鹅卵石的迷人的瑞典小镇上，我住在那儿，周末去哥本哈根和斯德哥尔摩。欧洲以其悠久的历史感和富有情趣的生活吸引了我。

公司一开始把我派到一个专售建筑用品的部门，后来又把我调到了北卡罗来纳，让我去卖厨房用品和家具。我讨厌那些东西，谁会对那些塑料膜挤出件产生兴趣呢？挨过了郁闷的10个月后，我实在忍不下去了。我打算放弃这份工作，重回学校，回到纽约去，跟雪莉在一起。

当我威胁说要离开时，柏士德公司不仅把我派回了纽约，还提拔我当了汉默普拉斯特公司的副总裁和总经理。我负责公司在美国的运作，管理大约20个独立的销售代表。他们不但给我开出了7.5万美元的年薪，还给我配了车，以及一个开销账户和随意支配的差旅权限，其中包括一年四次前往斯德哥尔摩的费用。最后，我销售的是我所感兴趣的东西：瑞典设计的风格鲜明的厨房设备和家居用品。我自己是做销售出身，所以知道怎样促进我的销售团队的业务。我很快就让我们的产品打入了高端零售商店，设立了销售专柜。

我这样干了三年，干得很起劲儿。到28岁时，我已小有成就。雪莉和我搬到了曼哈顿上城东区，我们在那儿买下了自己的公寓。雪莉的工作也蒸蒸日上，她为一家意大利家具制造商设计和制作家具。她把我们家的墙壁刷成淡红色，并利用专业知识把阁楼式的空间设计成温暖的家。我们过上了非常好的生活，经常去剧院看演出，去饭店吃饭，邀请朋友们参加我们在家举行的派对，我们甚至在汉普顿租了夏季度假屋。

我的父母无法相信我这么快就过上了好日子。大学毕业才6年，我就在职场上取得了成功，获得了高薪，有了自己的房子。我过的日子是父母想都不敢想的，已经远远超出了他们对我的期盼，可能大多数人会就此满足于这样的生活。

所以，没有人——特别是我的父母——能够理解为什么我还要折腾。但我感到自己好像总是在惦记着什么东西，我想把命运掌握在自己的手中。这可能是我的一个弱点：我总在想我下一步该怎么办。够了并不代表足够。

直到我发现了星巴克，我才意识到什么是能攫取你的心灵和想象力的工作。

第 2 章

丰盛的“遗产”

每天，我都提醒自己几百次，我的物质生活和精神生活都取决于他人的劳动，无论逝者还是生者，我须尽一切努力使自己配得上我的所得。

——阿尔伯特·爱因斯坦

正如星巴克并非我开创，浓缩咖啡和重烘焙咖啡也并非由星巴克引入美国。我们都只是一个伟大传统的继承者。在欧洲以及美国，咖啡和咖啡屋成为社会生活有意义的组成部分已经有几个世纪的时间了。在威尼斯、巴黎和柏林，咖啡馆是和政治风潮、文学运动以及知识分子的辩论联系在一起的。

星巴克之所以能在人们心中激起共鸣，是因为它继承了这种传统，它从自己的历史中汲取了能量，与更遥远的过去发生了联系。这样的历史背景使它不仅仅意味着它是一家人气很旺的公司，或是 20 世纪 90 年代的狂热时尚。

这就是星巴克能够持续发展下去的理由。

抓住你想象的东西，同样能使别人着迷

1981 年，在为汉默普拉斯特忙活的同时，我注意到了一个奇怪的现象：一个西雅图的小小零售商竟订购了大批咖啡研磨机。机器上有一种简单的装置，一个装在保温瓶上的塑料圆锥筒。

我去做了调查，购买者原来是星巴克咖啡、茶和香料专卖店。当时星巴克只有 4 家店铺，但购买的咖啡研磨机的数量超过了梅西百货公司。为什么美国其他地方煮咖啡是用电热滤煮机或滴滤机，而西雅图却用这种咖啡机呢？

于是，有一天我对雪莉说："我得去看看这家公司，去实地考察一下。"

那些日子，我频繁地在各地出差，可从未到过西雅图，当时谁会去那儿呢。

我在一个晴朗的春日到达那里，空气那么清爽，樱桃树和海棠树上的花含苞待放，香味沁人心脾。在市中心的街道上，你可以看见环绕城市东面、南面和西面的山上覆盖着积雪，映衬着蓝色的天幕。

星巴克的销售规划经理琳达·克劳斯曼到我入住的旅馆来和我会面，带我去他们的星巴克旗舰店，该店位于历史悠久的派克市场区。在那儿，我们走过摆放着新鲜大马哈鱼的摊位，摊主们大声地吆喝着、叫卖着，把鱼从顾客的头顶上甩过去；走过果蔬摊位，有一排排新鲜的擦得干干净净的苹果和码放得整整齐齐的

卷心菜；走过面包店，新鲜烤制的面包散发出阵阵诱人的香味。这是本地菜农、果农、园艺师和小摊小贩的“胜地”。我立刻就喜欢上了这个市场，现在依然很喜欢。它是如此质朴，如此真切，如此老派。

最老的星巴克店是一个朴实无华的地方，但个性十足。一个狭窄的店堂，有人正在入口处用小提琴演奏莫扎特的曲子，琴盒敞开着接受馈赠。推门的一瞬间，一股咖啡的香味扑面而来，吸引了我。我走进去，看见那里面似乎是个膜拜咖啡的殿堂。在磨损的柜台后面放着一罐罐来自世界各地（如苏门答腊、埃塞俄比亚、哥斯达黎加）的咖啡豆。请记住，当时大多数人还以为咖啡是罐装的粉末，而不是用咖啡豆研磨出来的。这个店卖的是用咖啡豆磨出来的咖啡粉。在另一面墙上，陈列着汉默普拉斯特的咖啡机，有红、黄、黑三种颜色。

在介绍我和柜台后面的人认识后，琳达开始说起为什么顾客会喜欢那种保温瓶加圆锥筒的咖啡壶装置。“有一部分享受其实来自仪式。”她解释道。星巴克向顾客推荐人工煮制咖啡，因为电咖啡壶会让咖啡溢得到处都是，还会烘焦。

我们说着话，店员舀出一些苏门答腊咖啡豆，研成粉末，然后通过过滤网倒进圆柱里，再用热水冲。虽说这只是几分钟的事情，但他把活儿干得一气呵成，像是在做艺术表演。当他把满满一大杯刚煮好的咖啡端给我时，诱人的香气扑面而来，里面肯定加了奶和糖。我微微啜了一小口。

哇！只是啜了一小口，我就可以说这是我喝过的最浓烈的咖啡了。看到我惊讶的表情，星巴克里的人都笑了。“是不是太浓了？”我咧嘴一笑，摇摇头，接着又啜了一口，然后又啜了一口。

这次，咖啡充满了我的口腔，我可以品出更多的味道了。喝完第三口，我完全上瘾了。

我感觉像是发现了新大陆。相比之下，我以前喝咖啡都像是在灌咖啡水。我急切地想了解更多，于是向他们询问关于这家公司、来自世界各地的咖啡豆，以及各种不同的烘焙工艺等诸多问题。我们离开咖啡店之前，他们又磨制了一些咖啡粉，作为礼物送给我。

琳达开车送我去星巴克的烘焙工厂，给我介绍了公司的老板——杰瑞·鲍德温和戈登·鲍克。他们在一幢狭小的厂房外面干活，那楼房有一扇金属门，旁边是一家航空食品包装厂。

在踏进工厂的那一刻，我就闻到了一股烘焙咖啡的奇妙芳香，香气弥漫了整个厂房。房间中央，是一台厚重的银色烘焙设备，前面有一个很大的浅盘。琳达告诉我，这就是烘焙咖啡豆的机器。我很惊讶，这么小的一台机器竟然可以供给 4 家咖啡店的需求。一位扎着红头巾的烘焙工高兴地向我们挥了挥手，他从机器里抽出一个被他称为“试勺”的金属大勺，检视着里面的咖啡豆，嗅了嗅，又插了回去。他解释说这是在检查色泽和听声音，听听咖啡豆是不是噗噗地爆了两次，以防烘焦。突然，一阵噼里啪啦的闷响发出，他打开机器的盖子，把一堆热烘烘、熠熠发亮的咖啡豆倒进大浅盘子里晾着。金属臂开始转到冷咖啡豆那边，一股咖啡香气一下子把我们包围了——这是我闻过的最香的咖啡。这深深地打动了我。

我们走上楼，穿过几张办公桌，到了老板的漆黑的办公室，办公室安有高高的厚玻璃窗。杰瑞·鲍德温是总裁，他在汗衫外打了条领带，显得很随意。他长得挺帅，一头黑发。他微笑着和我握手，我马上就喜欢上了他，因为我觉得他挺谦和，也挺聪明，很有幽默感。显然，他对咖啡有一种激情。他从事的是指导顾客如何享受世界一流的咖啡，如何烘焙和烹煮咖啡的事业。“这是从爪哇运过来的新鲜咖啡豆，”他说，“我们刚刚烘焙出来的，让我们尝尝看。”他自己开始煮咖啡，用一个他介绍说是法国出品的玻璃壶。他轻轻地把压滤柄压向底部的咖啡豆，然后倒出第一杯咖啡，这时，我注意到有人站在门口，瘦高个子，留着小胡子，一绺黑发遮住了他的前额和棕色眼睛。杰瑞向我介绍说这是戈登·鲍克，星巴克的合伙人，并邀他和我们一起喝咖啡。

我感到惊奇的是，这两个人怎么会如此专注于这项咖啡事业。他们早在10年前就建立了星巴克，而今估计都有30多岁了。他们之间的合伙关系可以追溯到20世纪60年代在旧金山大学做室友的时候。但是，两人看上去很不一样。杰瑞显得比较内向而拘谨，戈登却是个离经叛道的具有艺术气质的人，和我以前遇到过的任何人都没有相似之处。在与他们谈过话后，我发现他俩都是非常聪明的人，都去过许多地方，对优质咖啡都有着狂热的激情。

杰瑞负责星巴克的运作，戈登则是一部分时间花在星巴克上，其余时间花在广告和商店设计上，他创办了一份周刊，还打算开办一家微型酿造厂，名叫红钩啤酒厂。我问他什么叫微型酿造厂，显然，戈登比我们所有的人都前卫，他的脑子里满是稀奇古怪的想法和很棒的念头。

我完全被迷住了。呈现在我面前的是一种全新的文化形态，有很多东西可以学，有许多空间可以开拓。

那天下午，我在旅馆给雪莉打了个电话。“我在上帝的国度！”我说，“我明白我应该在哪里生活了，就是华盛顿州的西雅图。今年夏天，我要带你到这儿来，看看这个地方。”

这是我的麦加，我已抵达。

怎样把对咖啡的激情转化为事业

那天晚上，杰瑞请我去一家意大利小酒馆吃饭，这家小酒馆位于派克市场附近的一条石子铺砌的小斜坡上。我们吃饭的时候，他告诉我关于星巴克最初创办的一些事情，以及经营上的一些传统。

星巴克的创办者们和所有的生意人都迥然不同。杰瑞的专业是文学，曾当过英语教师，戈登曾是个作家，他们的第三个合伙人泽夫·西格教过历史。泽夫在1980年卖出了公司股份，他是西雅图交响乐团首席小提琴手的儿子。他们几个人对拍电影、写作、广播、古典音乐、美食、烹饪、醇酒和优质咖啡都有着共同的兴趣爱好。

可是他们没有一个人想把企业做大做强，他们创办星巴克只有一个理由：他们喜欢咖啡和茶，想要煮制西雅图最好的咖啡。

戈登是西雅图人，杰瑞则是大学毕业后跑到那儿寻找机会的。杰瑞来自旧金山湾区，在那儿，1966年伯克利就有了“毕特咖啡与茶”，他在那儿发现了咖啡的浪漫，从此咖啡成为他的一生所爱。

星巴克的精神之父是阿尔弗雷德·毕特，一个向美国人推介了烘焙黑咖啡的荷兰人。他现在已经70多岁了，头发灰白，个性固执、孤僻、耿直、坦率，根本没有耐心跟人虚与委蛇，却愿意花几个小时指导那些对世界上最好的咖啡和茶有真正兴趣的人。

作为阿姆斯特丹一个咖啡商的儿子，阿尔弗雷德·毕特从小到大都浸淫在印度尼西亚、东非和加勒比海地区的异香奇物之中。他记得父亲的外套口袋里曾装回一袋袋咖啡。母亲有时要拿三只罐子按不同口味分装贮藏，同时发表着她的见解。十几岁时，阿尔弗雷德就成为本城一家大咖啡进口商的实习生了。后来，他成为一名咖啡培训师，曾远渡重洋到爪哇和苏门答腊，不断训练自己的味蕾，直到能够分辨来自不同国家、不同地区的咖啡的最细微的区别。

当毕特 1955 年来到纽约时，他大吃一惊，美国是全世界最富裕的国家之一，可这儿的咖啡却糟糕透顶。大多数美国人喝的咖啡是由爪哇出产的一种罗布斯塔咖啡豆制作出来的，这种咖啡豆被伦敦和阿姆斯特丹的咖啡商视为低劣的品种。很少有精良的阿拉比卡咖啡豆能够进入北美，大部分都进入了欧洲，那儿更讲究咖啡的品位。

20 世纪 50 年代，在旧金山，阿尔弗雷德·毕特开始往美国进口阿拉比卡咖啡豆，但要货量不多，很少有美国人听说过它。1966 年，他在伯克利的维尔斯街上开了一家小型咖啡店，取名“毕特咖啡与茶”，这家店他一直经营到 1979 年。他甚至自己进口烘焙机，因为他觉得美国公司不懂得怎么烘焙小批量的阿拉比卡上等咖啡豆。

毕特的与众不同之处在于，他烘焙出来的咖啡是黑色的、具有欧式口味，他觉得只有用这样的方式，才能把他进口的咖啡豆的风味完全展现出来。他总是在分析每一袋咖啡豆，并针对它们不同的特性采取相应的烘焙方式。

最初只有欧洲人和一些对此有兴趣的美国人光顾他的小

店。但渐渐地，一个接一个，阿尔弗雷德培育出了一批对咖啡有良好品位的美国人。他卖出咖啡豆，教他的顾客怎样在家里研磨、煮制咖啡。他视咖啡如美酒，研究着它们的出处（栽种的农场）、年份和收获情况。他开创了自己独特的咖啡风味，这是成为真正的鉴赏家的标志。正如每一个纳帕谷葡萄酒生产商确信自己的技术是最好的一样，毕特也一直保持着他那浓郁型咖啡的风味——这种风味在红酒中可被称为大勃艮第浓烈酒，会让你浓香满口。

杰瑞和戈登是最初的皈依者。他们写信从毕特在伯克利的店里订购咖啡，可他们似乎从来都不满足。戈登在加拿大的温哥华发现了另一家店，叫作默契斯，那儿也有挺棒的咖啡，他经常驱车三个小时去北边买几袋默契斯的咖啡豆。

1970 年 8 月的一个晴朗日子，在一段咖啡旅程结束后，驱车返家途中的戈登突然灵感乍现。后来他对《西雅图周刊》说，他就像塔尔苏斯的扫罗一样盲目而自信，被照耀在撒米希湖上的阳光晃得目眩，突然间他福至心灵：何不在西雅图开一家咖啡馆呢？杰瑞马上欣喜地对这个主意表示赞同，还有戈登的邻居泽夫。他们每人投资了 1 350 美元，另外又向银行贷款 5 000 美元。

在当时的西雅图，经营零售店可不是好时机，从一开始，星巴克就在和赔本做不懈的斗争。

1971 年，这个城市正陷于被称为“波音崩溃”的经济大衰退。从 1969 年开始，波音公司——西雅图最大的企业，因为经济不景气而大量裁员，三年里公司从 10 万人裁减到不足 3.8 万人。国会山一带美丽的社区几乎搬空了，许多人都失业了，只好搬出西雅图。在靠近飞机场的一块广告牌上有这样一句玩笑话：“最后一个离开西雅图的人——别忘了关灯好吗？”

这个日后影响深远的预示出现在1971年4月，星巴克在这个月里开了第一家店，在同一时间，一项城市改建工程威胁说要拆了派克市场，一帮开发商想在这地方建一个包括旅馆、传统式样的展厅和停车场的商业中心。在公民复议投票中，西雅图的市民们支持派克市场维持原貌存在下去。

在那些日子里，西雅图成了美国的一个另类而孤立的角落，只有冒险家才来这里，他们抛家别孥，有从数千英里外的东海岸或中西部来的，还有从加利福尼亚来的。有时候，那些去阿拉斯加矿区、山区和渔场的人也在这儿中转。这个城市没有受到东海岸人那种惯做表面文章的陋习影响。一些大家族仍然留下来经营木材采运和板材生意。由于深受20世纪从挪威和瑞典来的移民的影响，西雅图人一般都很文雅，也很真诚。

20世纪70年代初，少数美国人，尤其是西海岸人，开始摒弃袋装或盒装食品，那些加了香料和防腐剂的玩意儿时常让人觉得味道不正。人们开始选用新鲜蔬菜和鱼类烹制食品，吃新鲜面包，买来新鲜咖啡豆自己研磨。他们拒绝加工食品，喜欢真正的天然食品；拒绝粗劣平庸的食品，追求精致食品。对于星巴克的创办者们来说，这一切都正中下怀。

按市场分析那一套来看，也许该说这不是着手做咖啡生意的好时机。1961年，美国曾达到人均日饮用咖啡3.1杯的高峰，从那以后，咖啡消费量就开始走下坡路了，这种颓势一直持续到20世纪80年代。

但星巴克的创办者们没有研究过市场趋势，他们的心里满是向往——自己的向往，对优质咖啡的向往。在20世纪60年代，众多的美国咖啡品牌开始打价格战，为了削低价格，它们用廉价的咖啡豆来制作咖啡，这一来便牺牲了品质。它们的罐装咖啡长年累月地搁在超市货架上，一直到变质为止。这样年复一年，罐装咖啡的名声越来越差，尽管在广告大战中那些公司依然大肆吹嘘它的好味道。

它们愚弄了美国大众，但它们愚弄不了杰瑞、戈登和泽夫。这三个人决意要开咖啡店，哪怕只能聚拢一小批咖啡爱好者也在所不惜。在 20 世纪 80 年代以前，美国只有很少一些城市有这样的咖啡店。

戈登和他的合伙人、艺术家泰瑞·海克勒一起商议新店的名字。戈登想把店名取作“皮廓德”，这是梅尔维尔的《白鲸》中那条船的名字。但是泰瑞坚决反对：“你疯了！没人愿意来撒尿监狱喝上一杯！”[1]

合伙人都同意这个店名要有某种西北部特色。泰瑞查了雷尼尔山矿工村的名字，查到“星波”（Starbo）这个词，在头脑风暴会议上，这个词一来二去就成了星巴克。作为曾经的文学爱好者，杰瑞还是要把它跟《白鲸》拉扯到一起：“皮廓德号”那条船的第一个伙伴的名字就叫星巴克。这个名字彰显了早期咖啡经销商远渡重洋和航海的浪漫情怀。

泰瑞还捧着那些年代久远的海事图书冥思苦想，最后设计出的星巴克标识的灵感来源于一幅 16 世纪斯堪的纳维亚的木刻画：两条尾巴的美人鱼，或是塞壬，被星巴克最初的名字——星巴克

1. 英文中“皮廓德”（Pequod）这名字很像“撒尿”（pee）和“监狱”（quod）两词的组合。——译者注

咖啡、茶与香料——围绕起来。最初的塞壬头像是一个袒露胸部的具有鲁本斯风格的女人像，象征咖啡本身对人的诱惑。

1971年4月，星巴克店几乎悄无声息地低调开张了。店面设计成传统的航海风格，像有几十年历史似的。所有的设备都是手工制作的。一面开阔的墙壁整个儿用木格子遮住，另一面墙上都是整颗整颗的咖啡豆，共有30多个品种。星巴克不卖一杯杯煮好的咖啡，只是有时也提供一些样品供人品尝，一般盛在瓷杯里，因为盛在瓷杯里的咖啡会更美味一些。喝着咖啡可以使顾客在店里逗留更久，听听关于咖啡的故事。

起初，雇员只有泽夫一人。他穿起伙计的围裙，忙进忙出为顾客舀咖啡豆。另外两个人继续保留他们的全职工作，只是午饭时或是下班后过来搭一把手。泽夫开始成为零售的专家，而杰瑞当时在大学里修了一门会计课程，他读了许多书，对咖啡也越来越在行。戈登呢，用他自己的话来说，是个“神神秘秘的、充满浪漫念头的人”。对他来说，显而易见的是，创建星巴克就是去追求一个通往遥远世界的信念。

从开张那天起，销售情况就出乎意料的好。《西雅图时报》当红专栏的介绍在咖啡店开张后的第二个星期六把大量顾客带进了星巴克，店铺的名气在口口相传中越来越大。

刚刚开始的那几个月，每个创办者都会前往伯克利拜访阿尔弗雷德·毕特，在他那儿学习咖啡知识。他们在他的店里打工，观察他和顾客间的交流，他也一刻不停地向他们传授咖啡和茶叶的知识。

一开始，星巴克从毕特处订购咖啡。但还不到一年，他们就从荷兰买到了二手烘焙机，并在靠近渔人码头的一处摇摇欲坠的老房子里安装使用上了。整个安装过程完全是依靠人工完成的，只有一本德语手册做指导。1972 年年末，他们又开了第二家店，靠近华盛顿大学校区。渐渐地，他们在湾区一带培养了一批对好咖啡有了品位的忠实顾客。

对星巴克的创办者来说，品质就是一切。杰瑞尤其坚持他的立场，在企业的宗旨问题上决不妥协。他和戈登显然很明白他们的市场，因为星巴克每年都赢利，不管经济是萧条还是景气。他们是咖啡纯粹主义者，他们从不希望把生意做到对咖啡有鉴赏力的小圈子以外的人群中去。

“我们除了提供最优质的咖啡外，没办法把生意做到最大。”杰瑞·鲍德温那天晚上在餐馆里这样告诉我。说到这儿，我们已经用完了主食，开始吃甜点了。侍者给我们一人上了一杯浓咖啡，杰瑞骄傲地说这就是星巴克的咖啡。

我还从来没听到过一个人像杰瑞谈论咖啡一样谈论产品。他没去算计怎么实现市场最大化，他只是向人们提供他认为应该好好享受的东西。这种做生意、进行销售的方法，对我来说非常新鲜奇特，就像我们正在喝的星巴克咖啡一样。

“告诉我怎样烘焙，”我说，“为什么将咖啡豆烘烤成黑色的深度加工是至关重要的？”

杰瑞告诉我，正是这样的烘焙方式使星巴克与众不同。阿尔弗雷德·毕特反复向他们灌输，深度烘焙咖啡豆至黑色可以让咖啡的味道完全释放出来。

最好的咖啡全都是阿拉比卡咖啡，杰瑞向我解释道，尤其是生长在山上的阿拉比卡咖啡树。那种超市里廉价的罗布斯塔咖啡豆是不能用重烘焙法加工的，因为这样一来它就会被烘焦。但是最优质的阿拉比卡咖啡豆可以耐住高温，咖啡豆被烘制得越黑，味道就越浓郁。

成品食品公司一般倾向于把咖啡豆烘焙得淡一些，因为他们想要有更高的产出。咖啡烘焙时间越长，分量就越轻。公司使用大烘焙炉时常在收缩 1/10 和收缩一半之间斟酌不定。烘焙得越轻，他们就可以省下越多的钱。而星巴克关心口味更甚于产量。

从一开始，星巴克就别出心裁地进行重烘焙加工。杰瑞和戈登对毕特的烘焙风格佩服得不得了，他们对此有相似的态度，称之为“正规都市烘焙法”（现在叫作星巴克烘焙法）。

杰瑞拿出一瓶啤酒，是健力士黑啤。他解释道，把正规都市烘焙的咖啡和你在超市买的罐装标准杯咖啡比较，就好像是拿健力士啤酒和百威啤酒做比较。大多数美国人喝的是百威这种淡啤酒，但你一旦爱上了口味浓烈的像健力士一样的黑啤，就很难再喝淡啤酒了。

虽然杰瑞没有谈市场营销计划，我还是能意识到他有一套我不知道的商业哲学。

首先，每个公司必须代表某样东西。星巴克代表的不仅是优质咖啡，还有让创办者们陶醉其中的烘焙咖啡豆至黑色的深度加工法，它使产品超凡脱俗而且货真价实。

其次，你不能仅仅向顾客提供他们想要的东西。如果你能给予某种他们并不熟悉而又超乎他们品位的东西，就能给他们带来全新发现的兴奋感，并将他们与你结为一体，培养他们的忠诚度。这样所花费的时间会长些，但如果你的东西确实绝佳，你就能吸引顾客喜欢上你的产品，而不必向大众市场顶礼膜拜。

星巴克的创办者们明白销售的基本准则：要使顾客对某样东

西有兴趣，就应该赋予它知识和经验的内涵，并让那些想要知晓的人知道。如果你这样做了，就会形成一个似乎被供起来的市场，其被人追捧的程度将超乎你的想象。

最初我还没有足够的聪明才智去充分理解我在星巴克所发现的一切，我花了几年时间才深入理解了这些道理。

虽然星巴克的生意蒸蒸日上，它的产品质量却始终保持一流。每当决策遇到难题，或公司官僚主义思想盛行时，我就会到派克市场的创始店走走。我的手抚过磨损的木质柜台，抓一把被烘成黑色的咖啡豆，让它们轻柔地滑过手指，留下淡淡的油脂芳香。我一直提醒我自己及我周围的人，我们对那些曾登门造访的人是有责任的。

我们可以创新，我们可以重新发掘企业的全部潜在价值，但星巴克的优质咖啡，及其新鲜烘焙原粒咖啡豆的原则不变。这是我们的精神财产。

在第二天返回纽约的 5 小时飞行途中，我片刻不停地在想星巴克，它就像一块闪闪发光的珍宝。我喝了一口寡淡无味的航空咖啡，马上就倒掉了。我伸手在自己的手提箱里摸索着，摸出一袋苏门答腊咖啡豆，打开束口，嗅着香气。我向后靠了靠，思绪开始漫游。

我相信命运。在意第绪语里，他们称之为“bashert”。在那一刻，在离地面 3.5 万英尺的空中，我似乎还能感觉到星巴克对我的吸引力。它带给我一种魔力，那是我在生意场上从未体验过的激情和真切之感。

也许，只是也许，我应该成为星巴克的一部分，我可以帮助它成长。去把一个杰瑞和戈登正在经营的企业做大做强，会是什么感觉？拥有自己的股东权益，而不只是领取一张薪金支票，会是什么感觉？如果我能让星巴克比现在更好，会是什么感觉？机会似乎就像我脚下的大地一样无限宽广。

当我乘坐的飞机降落在肯尼迪机场时，我从心底知道，就是它了。我跳上出租车，回到我和雪莉的家。

这就是我与星巴克相遇的故事，从那以后，我和星巴克都在变。

第 3 章

对意大利人来说，浓缩咖啡就像一曲咏叹调

有些人只看见事物的表面，他们问的是“为什么”；而我却在想事物从未呈现出来的一面，我问“为什么不”。

——乔治 · 萧伯纳

这段名言经常被罗伯特 · 肯尼迪引用。

如果你说你从未有过机会，那可能是你从未抓住过机会

我时时刻刻都在琢磨着星巴克的事儿。虽说它比我在纽约工作过的跨国企业小得多，但它诱人得多，就像一段在你脑海中萦绕的爵士乐。我觉得自己有许多方式可以为它做些事情。

后来，杰瑞和他的妻子简到纽约来了。雪莉和我约他们去吃饭，去剧院看演出，我们很合得来。我开玩笑地问他：“你觉得我和星巴克有没有合作的可能？”

那时他正好在考虑雇用一个专业的市场营销高管，便表示会考虑这个问题。我们商议了一些我将在市场营销方面对星巴克予以提升的可能性。

我花了一年时间才说服杰瑞·鲍德温雇用我。我的想法很吸引他，但是，另外几个人却对引入一个他们认为很强势的纽约人感到不安。引入一个并非和公司价值一起成长的经理人总是一桩有风险的事。

在一段时间里，我几乎不能相信自己竟能接受这样的想法。接受星巴克的工作就意味着放弃年薪 7.5 万美元的工作，放弃很多待遇，包括汽车和公寓，为了什么？搬迁到 3 000 英里外之地，投身一个只有 5 家店铺的小公司——我的朋友和家人都认为这是不明智的。我的母亲尤为担忧。

“你干得好好的，很有前途，”她说，“别去那个谁也没听说过的小公司折腾了吧。”

第二年，我又找机会往西雅图跑了几次，每次都跟杰瑞泡在一起。我们相处得很好，一起商议着星巴克该卖什么，哪些商品该挂上或不该挂上星巴克商标，如何加强消费者的忠诚度。每一次去，我都有一大堆想法，同时也听取杰瑞对我的想法的评估，帮助我理解他对星巴克未来的构想。

杰瑞私下和我谈过他的想法，他觉得星巴克总有一天要做到西雅图以外去。他考虑过在最近的一座大型城市——俄勒冈的波特兰市开一家店。他知道公司能做得更大，但又对做大后公司可能发生的变化心存担忧。我对他说这其实是一个非常好的机遇。

我对此考虑得越多，越觉得公司扩张大有希望。星巴克是大有潜力可挖掘的，我在纽约的所有朋友一尝到这种咖啡就大加赞赏，全美国的人民会不会有同样的反应呢？当然，比起西北部数千个咖啡爱好者，这个市场就大多了。杰瑞对咖啡有一种传教士般的热忱，把星巴克对咖啡豆的狂热传播到西雅图之外的地区，在他看来是顺理成章的事。我还没看见纽约或其他城市有什么高档的咖啡店呢。

其实，当时我还没有那么大的魄力去做一个大企业家，我对星巴克着迷，只是觉得这是一个我能够使之发展壮大的公司。如果能在这样一个大有前途的公司里持点儿股份，我情愿削减自己的薪水。我还从未持有过任何公司的股份呢，可我知道，如果杰瑞答应给我一点儿股份，那么我会以前所未有的热忱投入这项工作。

雪莉喜欢我的这个想法。我们准备结婚并安顿下来，她看到了我对西雅图和星巴克是何等的兴奋。尽管这对她设计师的工作并无益处，但她还是做好了离开纽约的准备。作为一个俄亥俄州企业家的女儿，她很了解冒险和追随梦想的价值。

接下来的几个月，我主动找杰瑞商讨加入星巴克，以及我想在星巴克负责市场营销和开拓海外零售店的工作的事。我告诉他我想要一小部分股权，他表示可以考虑和接受我这个建议。

1982 年春天，杰瑞和戈登邀请我去旧金山面见他们沉默寡言的合伙人、股东和董事会成员史蒂夫·多诺万，我们一起吃了饭。因为前期的大量游说工作，我确信我得到这份工作是十拿九稳的，我甚至开始盘算着飞回纽约时自己应该已经拿到想要的东西了。

这次晚餐对我来说，是和杰瑞关于工作问题周旋将近一年后达到的一个巅峰，所以我希望一切都能进展顺利。我穿上最讲究的套装，从我住的旅馆走到餐馆去，那是一个叫作当娜泰拉的意大利餐馆，在金融区的坡上。

我经过餐馆，绕街区走了一圈，给自己打气，尽管当时天正下着小雨。从某种意义上说，我等待着的这次晚餐将决定我的整个职业生涯。我知道杰瑞和他们说过我想把公司做大的想法，这次晚餐是戈登和史蒂夫对我的资本进行评估，以及商量如何让我在公司里发挥作用的机会。

在当娜泰拉用餐是一个古怪的选择，那餐馆比我想象的还要单调，桌子上铺着亚麻桌布，侍者们系着蝴蝶结。我在桌边等待时，杰瑞、戈登和史蒂夫都到了。史蒂夫是个高个子，白肤金发，是一个典雅的传统美男子。他们三个都穿着运动外套，比我随意多了，但考虑到他们起码都要比我大十来岁，我还是庆幸自己穿得比较正式。

晚餐的气氛很好，可以说是特别好。我喜欢史蒂夫，他是一个聪明人，他的兴趣广泛，涉及从日常操作、招募新人到潜心沉思等。他也像杰瑞和戈登一样，游历过许多地方，读过许多书，有着许多有趣的见解。正如我说过的，我还是对自己能给他留下深刻印象信心十足。我一直注意着杰瑞，看见他眼睛里流露出赞许的意味。在中西部读完 4 年大学后，我知道怎样削弱自己身上的纽约风格，在喝开胃酒和汤时，我很轻松地谈论着意大利、瑞典和旧金山。

我们要了一瓶巴罗洛葡萄酒，很快就熟络得像多年的老友。主菜上来时，我把话题转到了星巴克上。“你们有一颗真正的宝石。”我说。我告诉他们我怎么用星巴克咖啡招待我在纽约的朋友，他们又是怎么被其浓烈的、丰富的口味迷倒的。纽约人会爱上星巴克咖啡的，芝加哥人、波士顿人、华盛顿人，以及每个地方的人也都会喜欢星巴克咖啡的。

星巴克也许会做到很大，我说。可能会迈出西北地区，发展到西海岸一带去。甚至会成为全国性的公司，会有几十家，甚至几百家门店。星巴克的名字也许会成为优质咖啡的代名词——这个名牌就是世界级水平的保证。

“想想看，”我说，“如果星巴克在全美和加拿大都开了店，你们就可以把咖啡的知识和热情与更多的人分享了。你们可以让许多人的生活变得更加丰富多彩。”

晚餐快结束时，可以说我身上的年轻人的热情和精力深深地吸引了他们。他们微笑着，看起来被我的想法打动了。分开时，我们握了手。在回旅馆的路上，我难掩兴奋，我打电话叫醒了雪莉。“真是太妙了，”我告诉她，“我想一切都步入正轨了。”

虽说只有三小时的时差，我那天晚上还是无法入睡。我生活的每个方面好像都要发生变化了，我开始考虑如何通知亲友雪莉和我要结婚的消息。我们要搬到西雅图去，也许我们可以买一座带庭院的房子。星巴克——甚至连名字都带有某种魔力，我已经被它折服了。

24小时后，我回到我在纽约的办公室，这时我的秘书通知我杰瑞来电找我，我急切地接过电话听筒。

“我很抱歉，霍华德，我得告诉你一个坏消息。”我几乎不敢相信这闷闷不乐的声音是他的，也不敢相信他的话。那三个人商量以后，决定不雇用我。

“但这是为什么？”

“因为太冒险了，改变太多了。”他停顿了一下，很显然，他通知我这个消息时心里也不好受，“你的计划听起来真不错，但这不是我们对星巴克的设想。”

原来我没有迷住他们，而是吓坏了他们。他们怕我会把事情搞乱，认为我对星巴克而言并不合适。我就像一个在半路上被抛弃的新娘，眼睁睁地看着新郎转身离去。

极度的震惊让我无法清楚地考虑问题。我看见自己的整个未来在眼前闪过，然后粉碎、破灭。

那天晚上我回到家里，把自己的绝望情绪全倒给了雪莉。我对星巴克的未来仍然抱有信心，我不能接受“不”作为最后的回答。我想，这是我生命中的一个转折点。我必须加入星巴克，我想改变杰瑞对我的看法。

第二天，我给杰瑞打了电话。

“杰瑞，你们犯了一个可怕的错误，”我说，“经过这样一段时间，我们彼此应该很了解了。告诉我，你们不雇用我的确切理由是什么？”

我们心平气和地在电话里交谈着。问题的症结在于，他们这几个合伙人不想给我权力去改变公司。他们担心雇用了我以后，他们的星巴克就会不按原来的方向前进了，他们担心我做事的风格会摧毁公司现有的文化。

我积聚起所有对星巴克的热情、对咖啡的热情、对机会的热情，从内心深处拿出所有的信心来向他表明我的态度。我告诉他，凭着在汉默普拉斯特培养出来的才干，以及从专业的市场营销到对国内营销的广阔视野，我都是一个不可多得的人才，我可以为他做很多事情。我曾在更大的商场中周旋，在商定的范围内不管什么样的扩张战略我都能完成。

“杰瑞，”我说，“这不是我的问题，这是你的问题，是关系到星巴克生死的大问题。关于星巴克的前景我们已经谈论过许多次了，这是你的公司，是你的愿景。你是唯一可以实现这个愿景的人。人是需要有点儿勇气的，你也是。别让他们动摇你的信心。”

杰瑞听完我的话，沉默了。“让我睡一觉再说，”他说，“我明天再给你打电话。”

那天晚上，他睡没睡着我不知道，但我没睡着。

第二天一早，我接到了他的电话。“你说得对。”他说，“对于前 24 个小时的僵局，我很抱歉，我们继续吧。你得到了这份工作，霍华德，你来做这些事吧。你什么时候可以来呢？”

一个全新的世界在我面前打开了，就像是《绿野仙踪》里的场景那样，黑色与白色全部变成了彩色。几乎不可思议的事情变成了现实。

虽然我不得不大幅削减自己的薪水，但杰瑞同意给我一小部分股权。这样星巴克未来的发展也有我的一小份了。

自那以后的 15 年里，我一直在想，如果我当时就此认命，接受他们的决定，那会怎么样？大多数人被一份工作拒绝时都会转身离去。

同样的事情在我的生活中陆续发生着，只是问题不同、表现形式相异而已。有许多次，我一遍遍地被告知已经没有可能了，但我还是会使出浑身解数去争取、去辩说，最终让事情获得转机。

生活往往是一连串的错失组成的。这里面被我们归结为运气的东西，说到底并非完全出于运气。其实，该做的就是抓住当下，为你的未来负责。你得有这种精神，敢于直面人所不见，追涉人所不逮。无论谁说不行，都要坚持自己认定的路。

在日常生活中，你会遇到来自朋友、家人和同事的种种压力，要求你走一条容易走的路，遵从一种符合常规的明智做法，如果你不想简单地接受现状，做大家都期待你去做的事情，就会变得很难。然而，如果你真的认准了——在你自己的内心，在你的梦想中，你觉得有把握，你就必须应该去做能使自己的愿景成为现实的事情。

没有一桩伟大的成就仅靠运气就能行。

乌云乍现

既然得到了自己想要的东西，我就开始谋划自己的活动。当然，雪莉是我主要的牵挂。“这是我不能错过的一个机会，”我告诉她，“我要你跟我一起去西雅图看一下。在你做决定之前，你得亲自去看一下那个城市，亲身体验一下。”

我们在周末飞到那儿，当时正是春天的好时候，盛开的杜鹃花随处可见，满城色彩缤纷。雪莉喜欢西雅图，喜欢星巴克，她也很高兴再次见到杰瑞夫妇，后者非常热情地接待我们并给予我们生活上的帮助。他们在食物和酒类方面很有见地，还说起周游世界的许多有趣故事，并且与我们分享我们即将开始探索的广阔世界中的各种知识与见闻。雪莉回去时已经打定主意要来这儿了。

当然我们俩都明白，搬到西雅图对雪莉的职业来说是一种牺牲。纽约是室内设计的世界中心，而西雅图在这方面就差远了。可她意识深处却一直有个想法：某一天能搬出纽约。她想要孩子，打算让孩子在不同的环境中成长。很少有女人会情愿放弃光明的职业前景，只因为丈夫想去3 000英里之外的一家小公司里工作，就搬到那个完全陌生的城市去。但她丝毫没有犹豫，她百分之百地支持我，一如既往。这种持续的鼓励对我一直至关重要。

虽说急于投入星巴克的工作，我还是决定先打理好别的事儿。我们用很少的预算租了一套汉普顿的夏季小别墅，我们的初次见面就在那儿。7月时，我们结婚了，享受着工作间隙的浪漫时光。

我们计划把东西打包塞进奥迪车，带上我们的金毛狗，驱车3 000英里跋山涉水而去。我们打算在8月中旬离开，赶在周末的劳动节抵达西雅图。

东西都装上车了，我们准备第二天就出发，这时我母亲打来电话，告诉我一个可怕的消息：我父亲患了肺癌，估计只能再活一年。我的心顿时沉重无比。他才60岁，我弟弟迈克尔还在上大学。这是非常折磨人的疾病，我母亲对我已经形成习惯性的依赖。我要是去了西雅图，她要怎么撑过这段时间呢？

生活中有许多时刻，你会觉得自己像要被撕成碎片一样，此时我正有这样的感觉。我已经准备好9月份开始在西雅图工作了。但现在我怎么离得开呢？我和家人商量了一番，看起来别无选择，我必须走。

我去医院看了爸爸。我只能跟他道别，不知道什么时候，也不知道是否还能再见到他。我母亲坐在我身边，哭泣着。她很害怕，但她竭力不表现出来。这很可能是我和父亲最为交心的一次谈话了，以前从未有过。

“去西雅图吧，”我爸爸说，“你和雪莉在那儿会开始新的生活。这里的事我们能应付。”

我坐在他床边时，两种情绪涌上我的心头——难以遏制的悲伤和无法排遣的痛楚。我父亲从来没有给家人带来好日子，他做了一辈子毫无想法的苦力活儿，总是对制度不满。他从来没掌握过自己的命运，而现在他的生命也许就要终止了。

我紧紧攥住他的手，艰难地和他道别。

“我不知道我应该怎么做。”在等电梯的时候，我对母亲说。

“霍华德，你必须走。”她坚决地说。

电梯来了，母亲拥抱了我，坚定地说：“你必须走。”

我走进电梯，转过身来，见妈妈哭肿的面庞涨得通红，勇敢地想对我微笑一下。电梯门一关上，我就崩溃了。

雪莉和我还是按原计划驾车去西雅图，但忧虑的阴云一路跟随着我们。我每一站都打电话回家。后来得知父亲的病比我们想象的要好些，紧张的心才稍稍放下，我们可以全力以赴地去那个城市开始新生活了。

让自己浸入文化中

我们到达西雅图时，恰逢一年一度的户外艺术和音乐节，名曰“降落伞”。人们兴高采烈，疯狂地玩出各种新花样。

我们在西雅图的国会山那里选好了住宅，那栋房子有一个大大的露台，但里边还没布置好，不能马上入住。在西雅图的第一个星期，我们住在杰瑞家里。他们把我们照顾得无微不至，每天都为我们烹制美味佳肴，开车带雪莉在城里四处兜风。他们甚至容忍我们那只重达上百磅的金毛犬在他们的游泳池里嬉水。

雪莉花了一年时间才完全适应了在西雅图的生活，而我大概只花了 20 分钟，就全身心地投入了星巴克的事业。

我一做事就会全身心投入其中。最初那几个月里，我眼睛一睁开就会在星巴克的柜台后面忙碌，接待那些来星巴克的人，熟悉不同口味和类型的咖啡，跟顾客交谈。杰瑞对我进行了咖啡知识方面的强化训练。

我的最后一项训练——也是最重要的——是学习如何烘焙咖啡。他们不让我插手这项操作，直到12月才开始教我。我在烘焙机旁观察了一个星期，学着听那第二声“噼啪”，检视着咖啡豆的颜色，学着分辨不同品种的咖啡的微妙差别。经过这样的强化训练，我觉得自己成了咖啡方面的专家。

让人惊讶的是，星巴克的人对我掌握咖啡知识这事儿真是极为热心。当我在柜台后面忙活的时候，他们总是不停地来测试我的知识水平，看我对此有多少把握。我在盲样测试中总能表现出良好的鉴赏力，这事儿后来还流传开来了。

当然，对于杰瑞·鲍德温雇用了一个外来者，公司其他成员就算心有不满也不足为奇。我可以感觉到这一点，所以我必须证明自己，证明我是星巴克完美的一部分。我努力融入其中，可是一个人高马大、精力旺盛的纽约人要融入这个安谧、低调的城市并非易事。我已习惯穿着精致而高档的套装，而在星巴克，人们的着装以休闲型的高翻领毛衣和勃肯鞋为标志。我花了好长一段时间才让别人建立起对我的信任。作为一个为了某个目的被雇来工作的人，我脑海里全是关于经营公司的想法。我想在这上面发挥积极主动的影响。

在那段时间里，星巴克的气氛非常友好，我们工作也非常卖力。圣诞节是我们做生意的旺季，每个坐办公室的人都要到店里去帮忙。一天，我在派克广场店里忙着。店里搁满了咖啡袋，我站在柜台后忙着收款，把现金塞入出纳机里，抽空将咖啡豆盛入包装袋。

突然，有人喊了起来：“嗨！那家伙把什么东西拿走了！”很显然，有个顾客伸手拿起两台贵重的咖啡机正往门口走去，一只手拎着一台。

于是，我一个剑步迈出柜台追赶他，根本就没停下来想一想他是否有可能带着枪，一直追着他向着坡面很陡的鹅卵石街道跑去，嘴里喊着：“快放下那东西！放下！”

小偷吓坏了，赶紧扔下东西跑了。我拎起咖啡机走回店里，就像拎着战利品一样。每个人都为我鼓掌。那天下午，我回到烘焙工厂，我的办公室在那儿，发现里边挂着一面大幅锦旗，是给我的，上面写着：“你让我高兴。”

对公司的了解越多，我对隐藏在它背后的激情就越欣赏，但我也渐渐地了解到它的不足之处。它的咖啡毫无疑问是最出色的，但它的服务有时候却显得有点儿傲慢，这态度实在是出于星巴克咖啡对自己的骄傲和优越感。顾客们喜欢尝试新品种、新口味，他们喜欢和我们讨论新学来的咖啡知识，但我注意到那些第一次来的顾客有时会有被轻视的失落感。

我想弥补这种缺憾。我对星巴克真是太认同了，以至星巴克的任何缺憾在我看来就像是我自己的缺憾一样。于是，我和大家一起致力于与顾客建立良好的关系，在技巧和物质条件方面做了许多工作，使顾客能更好地了解关于咖啡的知识。我仍然想把这种上好的咖啡，努力推广到咖啡精英顾客以外的人群中去。

所谓见解，就是见人所未见

要使人品味生活的浪漫之处，没有比意大利更好的地方了，这是我获取灵感和见解之处，这些灵感和见解推动了我自己的生活和星巴克的发展——从安谧的西雅图的门店发展为一个全美知名品牌。

我的灵感是在1983年的春天迸发的，当时我甚至没有刻意去寻找这样的灵感。我在星巴克工作了一年，公司派我去意大利参观一个国际性的家居用品展。我独自一人去了那儿，住在一个离展览中心很近的廉价旅馆里。

当我走出旅馆，走进秋日温暖的阳光里时，意大利的风情扑面而来。我从没想过来意大利，但我觉得自己属于它。

意大利人在享受日常生活方面无人能及，他们把生活安排得恰到好处。他们明白工作的意义是什么，也明白休闲和享受生活的意义所在。他们对每件事都充满激情，在他们眼里，没有一件事是平庸乏味的。意大利的基础设施很糟糕，几乎没有什么东西是完备的，但意大利的食物好得令人难以置信，建筑美轮美奂，时装之优雅在全世界独树一帜。

我特别喜欢意大利的灯具，那简直令我心醉，给我留下了难以磨灭的印象。

那灯光映照下的景象也让人心驰神往。你走在某住宅区隔壁一条不起眼的小街上，突然，透过一扇半掩的门，你一眼瞥见令人难以置信的明亮景象：一个女人正在花枝环绕的庭院里晾着色彩斑斓的衣服；或者某处一个商贩卷起了金属门，露出一幅绚丽夺目的图景：新鲜的水果和蔬菜，一排排完美地闪着光。

对待零售细节，尤其在食品的售前准备上，意大利人有一种心存敬意的固执——不把事情做到完美绝不停手。比方说，每年夏秋之交，新鲜的无花果在任何一处水果摊上都可以买到。商贩们会这样问："要白的还是黑的？"[1] 如果顾客各要一半，商贩就会拿出一个简易的硬纸盘，上面覆盖着三四片无花果树叶，然后一个一个地挑选无花果，轻轻摁一下，保证每一个的成熟程度都正好符合顾客要求。他们会把无花果摆成四排——三个白的，三个黑的，再三个白的，再三个黑的，然后把盘子里的无花果轻轻倒进包装袋，以一种艺术家的自豪感递给你。

我到达意大利的第二天早上，就打算去看交易展，从我的旅馆走过去只需 15 分钟。我喜欢走路，米兰是步行者的天堂。

刚出门，我就留意到一个小小的浓缩咖啡吧，我进去转了一圈。门口一个收银员朝我点头微笑，柜台后面一个瘦高个男人愉快地和我打招呼，他手里正压着一根金属棍，蒸气嗞嗞地冒出来。他把用小瓷杯盛的浓缩咖啡递给站在柜台边的三个男人中的一位，接下来再递过去的是一杯手工调制的卡布奇诺，上面浮着一层诱人的白色乳沫。咖啡师傅的动作非常灵巧优美，磨咖啡豆、压进浓缩咖啡、蒸牛奶，这一连串动作就像是同步完成的，做这些的同时，他还能和顾客友善地聊天。真是一出了不起的表演。

"浓缩咖啡？"他问我，随即递出一杯刚做好的咖啡，一边朝我眨着他的黑眼睛。

我无法拒绝。我接过咖啡啜了一小口，一股浓烈的味道滑过我的舌头。喝了三口，杯子里的咖啡就没了，但我还能感觉到它

1. 即熟一点儿的还是生一点儿的。——译者注

的暖意和力量。

再走过半个街区，穿过一条岔路时，我又看见一家浓缩咖啡吧。这一家的店面更加逼仄。我注意到，柜台后面头发灰白的老者和每一个顾客打招呼时都称呼他们的名字。他似乎既是老板又是伙计，他和他的顾客一起笑着，聊着，享受着这一刻的好时光。这些顾客都是常客，他们对这儿很熟悉，在这儿感到很惬意。

再走过几个街区，我又看到两家浓缩咖啡吧。我完全被迷住了。

就在那一天，我发现了意大利咖啡吧的仪式感和浪漫风情。它们是如此普及，如此美好生动。每一家都有自己的特色，但又有着共通之处：顾客之间的熟识和相知，他们彼此非常了解，而那个咖啡师傅则以其特别的天赋进行着完美的操作。当时，意大利有 20 万家咖啡店，仅米兰一地（其城市规模相当于美国费城）就有 1 500 家，几乎每一个街道拐角处都有一家咖啡吧，所有的咖啡吧都很受欢迎。

早上，到处都是熙熙攘攘的人群，到处都供应着一杯杯精纯的浓缩咖啡。几乎没有椅子，即使有也很少。所有的顾客都站在那儿，就像站在酒吧的吧台前一样。几乎每个男人都在抽烟。

你的周围都是动人的音乐节奏，意大利歌剧正在上演。你可以听到人们初次见面时彼此打招呼的声音，听到每天在咖啡吧里见面的朋友们互相问候。我看见的那些咖啡吧，给大家提供的是一个舒适的、社区似的、从家庭扩展出去的空间。也许顾客彼此本不是很熟悉，但一到咖啡吧里，他们就熟络起来了。

刚过正午的时候，店里的节奏慢了下来。我注意到母亲带着孩子来了，退休的老人一边悠然地喝着咖啡，一边跟咖啡师傅聊着天。晚些时候，那些浓缩咖啡吧都把一张张小桌子摆到人行道上，并开始供应一些小吃。每一处都是邻居们聚集的地方，有些是日常聚会。

对意大利人来说，咖啡吧不是餐馆，不像20世纪五六十年代咖啡吧刚传入美国时的情形，它是家庭前廊的一种延续、一种扩展。每天早上，他们都会聚在自己最喜欢的咖啡吧里，在那儿享用着以传统方式制作的咖啡。在美国人眼里，站在柜台后面的人只是一个毫无技艺的工人，但在意大利，他能制作出一杯杯完美的咖啡，被视为艺术家。意大利的咖啡师傅在自己邻居的眼里是一个值得敬重的人。

看到这一切时，我心里产生了新念头：星巴克错失的正是这一点——完全错失了。我觉得，这才具有强大的吸引力，这是一种纽带关系，把喜欢咖啡的人们聚集在一起，并不一定非得在家里，他们在这儿也可以磨咖啡豆、蒸煮咖啡。我们要做的首先是揭开咖啡吧神秘和浪漫的面纱。意大利人懂得人与咖啡可以产生怎样的关系，这是他们社会生活的一个方面。我现在几乎不能相信从事咖啡事业的星巴克竟然忽略了其最核心的意义。

就像一道闪电直击心灵，我全身都为之震颤了。

显然，星巴克向顾客出售的只是优质的咖啡豆，却并没有提供一杯杯可让人品尝的咖啡。我们只是将咖啡视为一种产品，像杂货铺似的向顾客售出一袋袋咖啡豆，以供他们居家消费。我们离咖啡的精神和灵魂还差了一大截——实际上它们而已经存在好几个世纪了。

然而，若以意大利的方式来供应浓缩咖啡，或许与星巴克的宗旨不符，但如果我们能够在美国重新开发一种纯正的意大利式的咖啡吧文化，那么，打动了我的这种咖啡形态也会在其他美国人心中引起共鸣。星巴克也许会成为人们生活中的卓越体验，而不仅仅只是一家零售店。

我在米兰大约待了一个星期，持续探索着这个城市，每天都为一些事情所陶醉。一天早上，我坐上火车去了维罗纳，从工商业城市米兰坐火车去那儿只需 40 分钟，那个地方给我的感觉像是自 13 世纪以后时光就停滞了。那儿的咖啡吧和米兰的很像，我学着当地人的样子要了一杯拿铁咖啡，这是我第一次喝这种咖啡。起先我还以为牛奶是直接兑进去的，但我发现咖啡师只是做了一小杯浓缩咖啡，再蒸出泡沫高高浮起的牛奶，把两样东西倒入杯中，一堆蓬松的奶白泡沫即刻浮在咖啡上。

这种蒸出来的牛奶是咖啡的最佳伴侣。把浓缩咖啡（咖啡中的精华）和蒸出来的牛奶调和在一起，而不像通常调制时那样加糖，是完美的咖啡喝法。我见过的所有咖啡专家都没有提到过这种喝法。我估计，在美国，没人知道还可以这样喝咖啡。我要把这种咖啡的喝法带回去。

我每天晚上都给雪莉打电话，告诉她我的所见所思。“这里的人对咖啡真是太有激情了！”我告诉她，“他们把咖啡提升到了一个新的高度！”

那天，在米兰的露天广场，我并未预见到星巴克会有今天的成功，但我感受到了那种难以言表的浪漫情怀和社区情结的召唤。意大利人把喝咖啡变成了一曲咏叹调，这种感觉是对的。星巴克也在同样的大厅里演奏，但我们的演奏少了弦乐部分。

我带着这种感觉回到了西雅图，向我周围那些人灌输这些想法，我们要把意大利的咖啡精神传播给美国人。如果没有意大利浓缩咖啡的浪漫情怀，星巴克就只能是它原来的那个样子——一个窝在西雅图本地的、受人喜爱的咖啡豆商铺。

第4章

好运气只眷顾有规划的人

每当你看见一个成功的企业，都必定有人做出过勇敢的决策。

——彼得·德鲁克

布兰奇·里基是布鲁克林道奇队的总经理，就是他签下了黑人棒球手杰基·罗宾逊，打破了种族歧视。他经常说的一句话是：“好运气只眷顾有规划的人。”

人们有时会说阳光总是照耀在星巴克身上，我们的成功似乎是来自好运气。当然，我们赶上了北美第一波社会热潮——广泛流行的咖啡馆文化，这是实情。我不能说自己早已预见了这股热潮，但我确实是在意大利看出了咖啡杯中的浪漫风情的诱惑力，经过三年的深思熟虑，把它介绍到美国，使之成为美国社会生活的一部分。

但凡一个企业或是个人从群体中脱颖而出、飞黄腾达，其他人很快就会把这归结为好运气。

当然，那些成功者则认为这是天赋与勤奋的结果。

我同意布兰奇·里基的话，坏运气的到来往往像晴天霹雳，说来就来，让你措手不及；而好运气呢，却更像是有意为之的结果。

好主意，我们干点儿别的吧

你是否有过这样的经历？你有一个绝佳的主意——一个让你自己激情迸发的主意，但那些能够使之成为现实的人却告诉你这不值得做。

这样的事就发生在我从意大利回到西雅图以后。我觉得自己的想法绝对是一流的，我们可以建立一个全新的企业机制，改变美国人喝咖啡的方式。但在我的老板们的眼里，我却成了个过分热心的市场经理。

星巴克是一个零售企业，不是餐馆或酒吧——他们不屑地说。供应浓缩咖啡会使星巴克转变成做饮料的企业，他们害怕这种变化会有损他们视为使命的咖啡店的尊严。他们也向我指出星巴克目前的成功：企业虽小，但运作有序，很私密，而且每年有盈余，干吗要破坏现状呢？

可是据我所知，我的主意不受欢迎还有更直接的原因：杰瑞一直在考虑另一个能让他更兴奋的机会。

星巴克的历史上有着某些意料之外的转折和变化，但最奇特的是接下去的一步：1984年，星巴克买下了“毕特咖啡与茶”。

这已经成为星巴克很少被提及的一段历史，因为现在星巴克和毕特咖啡在旧金山湾区成了竞争对手。大多数顾客对两家曾有过的纠葛并不知情。

星巴克的创办者们毕竟是从毕特那里得到灵感，并在阿尔弗雷德·毕特手把手的指导下学会了咖啡烘焙技术的。但毕特于1979年卖掉了他的企业，新的老板在1983年又准备将其卖掉。

对杰瑞·鲍德温来说，这是他一生中的一个重要机会，是更有希望的扩张方式，这比新开一家浓缩咖啡吧要让他兴奋得多。作为一个咖啡纯粹主义者，他还是把毕特公司奉为最代表咖啡本质的咖啡供应者。毕特公司的规模和星巴克差不多大，也有5家店铺。但在杰瑞脑子里，毕特一直是真正有权威的人，是美国重烘焙咖啡的鼻祖。他觉得，西雅图的市场已经经营得很好了，而旧金山和北加利福尼亚是更为广阔的地区，有很大的发展空间。

因为收购企业，星巴克陷入了债务危机。我记得，我们收购毕特的那一天，债务与股值的比率是6 ∶ 1。只有在快速发展的20世纪80年代，银行才会允许这样的负债率存在。

背上这个包袱后，我的心一下子沉了下去，这些店束缚了我们的手脚，使我们丧失了尝试新点子的余地。公司背上了沉重的举债经营的包袱，没有钱来发展和创新了。

星巴克和毕特公司的联盟后来被证明比我们想象的还要困难。尽管我们都推崇重烘焙咖啡，但两个公司的文化并不相容。星巴克的人对毕特的馈赠心存感激和敬意，而毕特公司的人则害怕星巴克的新贵暴发户会把他们吞了。更糟糕的是，收购动摇了我们经营的重心。1984年的大部分时间里，星巴克的经理们都忙着在西雅图和旧金山之间飞来飞去，而我几乎每隔一个星期就要去监管一下毕特公司的市场和零售状况。

一些星巴克的雇员感到被忽视了。在第一季度，他们没有拿到应有的奖金。他们到杰瑞的办公室去，要求更平等的工资待遇和福利，尤其是为了兼职雇员，并且要求恢复奖金。但当时杰瑞的心思不在这儿，根本未予答复。后来愤怒的工厂雇员们发出了请愿书，请求工会介入。管理层还没有意识到他们的不满有多深，情况恶化的程度有多严重。门店的雇员们似乎没什么不满，他们的人数要超过工厂雇员，所以杰瑞盘算着他们会在投票中让工会退出。但在正式投票的那天，工会却以三票之差胜出。

杰瑞大为震惊。这个公司是他创办的，是他所钟爱的，而现在雇员们却不再信任他了。在随后的几个月里，他的心似乎已经不在这里了，他的头发白了许多，公司失去了主心骨。

这次事件给了我一个重要的教训：没有什么贵重的商品能比得上公司雇员的信任和信心。一旦人们觉得管理层奖赏机制不公正，他们就会产生疏离的感觉。一旦他们不信任管理层了，公司的发展就会受到危害。

从这次事件中我学到的另一个教训是：举债创办公司并非最佳方式。许多经营企业的人喜欢从银行借钱，因为这让他们有全权掌控大局的感觉，而通过出售股票来筹集资金，会使个人对整个运作失去控制力。我相信对于企业经营者来说，维持掌控力的最好方式是以经营绩效来取悦各大股东，他（或她）自己的份额哪怕在50%以下也没关系。这比背上沉重债务的危险要有利得多，大肆举债会限制公司未来发展和创新的可能性。

我得说，当时我能吸取这样的教训是幸运的。在那段日子里，我从未想过我将来会去领导什么公司，更别提星巴克了。但因为我目睹了管理层和雇员间的信任危机导致的后果，所以我明白了维护这种信任有多么重要。我看到了大肆举债的坏影响，所以日后我才能正确选择以入股或卖股票的方式为星巴克筹措资金。这两个策略后来在星巴克的成功中起到了至关重要的作用。

我已经证明了自己，让我们放弃吧

在许多公司里，中层经理们，甚至那些刚进入公司的雇员们，在大胆、冒险的激进计划面前往往是充满激情的狂热鼓吹者。但重要的是，管理层要能听取新的想法，愿意进行尝试并采纳这些想法——而一般来说，他们总是持保守态度。我在 1984 年是星巴克的雇员，后来我成为星巴克总裁时很快就明白了这个道理。作为老板，如果你对新想法充耳不闻，就可能错失许多大好机会。

说服杰瑞让星巴克供应浓缩咖啡着实花费了我一年工夫。由于收购毕特公司，再加上担心这样一来会改变星巴克的核心价值观，杰瑞并不赞同我的这个想法。在那段时间里，我的挫折感与日俱增。

最后，在星巴克第 6 家店开张时，杰瑞同意尝试开一家浓缩咖啡吧，那家店设在西雅图市中心“独立日与春天”的一角上，于 1984 年 4 月开张。这是星巴克第一个被设计为既供应成磅的咖啡豆也供应咖啡饮品的店铺，也是公司第一家开设在闹市区的门面——位于西雅图的商业区中心地带。我确信，星巴克的雇员们也会像我在米兰时一样迷上浓缩咖啡吧。

在那 1 500 平方英尺的营业面积中，我要求划出一半用作意大利风格的咖啡吧，可是后来我只得到了 300 平方英尺。我的伟大的试验只能被挤进一个狭窄的角落里，后面立起一排吧台，前面就没有地方摆放桌椅和货品了，只有柜台上那点儿小小的空间可以搁置一些牛奶和糖。梦想是实现了，但这规模跟我想象的大不一样。虽然如此，我还是本能地坚信结果一定会不错。

我们没有筹划开业前的任何广告营销，甚至都没打出“现在供应浓缩咖啡”的告示牌。我们只是决定开门纳客，然后看看情况如何。

1984年4月，天气反常地冷，天空中还飘着雨，好在下得不大。计划是早上7点钟开门，比通常早了两个小时。我6点半左右到达那里，紧张不安地从落地玻璃窗向外面的街上望去。这个时间，在西雅图闹市街道顺着坡往上走的只有最勤于工作的公司职员。

我在店里踱着步，努力打起精神帮着把最后的准备工作再安排一下。左边是咖啡豆柜台，陈列着一罐罐咖啡豆。柜台后面是系着星巴克棕色围裙的咖啡师，他正检查着金属勺子、天平和咖啡研磨机。他核实了每一罐咖啡豆的牌子是否与所装的货品相符，准备好一排橡皮印章，以便随时印在售出的不同种类的咖啡袋上。他把那些大咖啡杯和咖啡机、茶叶小罐摆好，星巴克的狂热爱好者对星巴克的货品已经很熟悉了。

店堂右侧后面的角落里，我的试验将要开始。如同米兰的咖啡大师傅那样，两个充满热情的雇员正在操作闪着光泽的镀铬机器，挤压着一股股浓缩咖啡，练习着他们新学到的把牛奶蒸出泡沫做卡布奇诺的技术。

7点整，我们打开店门。一个接一个，上班的人们好奇地走了进来。许多人点了普通咖啡，也有人点了以前没见过的、出现在意大利文饮品单上的浓缩咖啡。咖啡师傅快活、麻利地调制着新饮品，笑逐颜开地向顾客介绍。他们向顾客推荐我在维罗纳喝过的咖啡，许多顾客压根儿都没听说过拿铁咖啡——由蒸牛奶配浓缩咖啡制成。据我所知，拿铁是这天早晨才被介绍到美国来的。

我观察着顾客是怎么啜他们的第一口咖啡的。就像我以前一样，许多人把眼睛睁得大大的，这是对不熟悉的、如此浓烈的风味的初次反应。他们犹豫一下，再喝一口，品味着牛奶温暖的甜意。我看见满口含着浓烈咖啡的人们开始微笑了。

早高峰时的销售节奏比较快，后来就慢了下来。在那么狭窄的店堂里供应咖啡真是很糟糕的事，顾客们挤在那处狭小的空间里，零售柜台那边却空着。如果这家店是一艘船，那么这艘船就要倾覆了。

从我们开门的那一刻起我就非常清楚：星巴克已经进入了另外一个领域，不可能再走回头路了。

到打烊时，大约有 400 名顾客进了这道门——远远高于星巴克最好的门店日接待 250 名顾客的平均数。更重要的是，我分明感觉出曾在意大利感受过的人与人之间的那种温情。那天回到家，我兴奋得就像当初在意大利一样。

一个又一个星期过去了，生意越来越好，而且几乎都集中在饮品区。两个月内，门店里的日客流量超过 800 人。咖啡师傅们做咖啡的速度都跟不上了，排队的人一直排到了门外的人行道上。每次我去店里查看我的试验状况时，顾客们就会过来急切地要与我分享他们对咖啡的热情，一片叫好声。

“独立日与春天”店堂成了一个聚会场所，那儿的气氛很有凝聚力。我成功了，同样还有星巴克里那几个支持我的人，比如盖·尼文，他从1979年开始在星巴克做货品采购员，还有德勃拉·蒂帕·霍克，他是我在1982年雇来管理门店的。

这正是我追求的效果。因为第一家浓缩咖啡吧的成功，我开始憧憬未来的许多可能性。我们开始在城里各处开设咖啡馆，所有的咖啡馆都供应浓缩咖啡饮品，这对于星巴克不仅是一种激励，也是建立更为广泛的新顾客群体的一个途径。

我想当然地认为“独立日与春天”门店的人气会打消杰瑞·鲍德温心里尚存的怀疑，他会像我一样看到星巴克发展到一个新的高度的生动景象。

但我的梦想又一次破灭了。

对杰瑞来说，这个咖啡吧的成功给他的感觉是不对的。虽然我还是一如既往地非常尊重他，但杰瑞和我对咖啡事业与对这个世界的理解是不一样的。对他来说，浓缩咖啡是对销售阿拉比卡优质咖啡豆事业核心价值观的扭曲，他不想看到顾客来星巴克只是很快地喝上一杯咖啡就走。

而对我来说，浓缩咖啡是咖啡体验的灵魂和精神。咖啡店的意义不仅在于教顾客如何懂得优质咖啡，而且在于教顾客如何享用咖啡。

在“独立日与春天”门店开张的那几个月里，我在杰瑞的眼里一定非常可恶。我每天都冲进他的办公室，告诉他销售业绩和顾客的反应。他不能否认这一尝试是成功的，但他还是不想往前推进。

在我们的整个合作期内，杰瑞和我从来没有争吵过，但彼此都意识到我们之间已经搞僵了，我们的分歧并不仅仅在于企业的某种不合常规的新做法，还包括针对一种潜在的大转变的不同思路。精明的他知道，我内心正燃烧着一团火，而这团火找不到出口。

我花了几个星期的时间试图说服他。一天我走进杰瑞的办公室，想要和他对这个问题做最后一次讨论。

“顾客的反应应该说明问题了吧，”我说，“这是一个大好机会，我们应该继续下去。”

“我们是咖啡烘焙商，我不想做成餐饮企业。”他疲惫地说，我意识到我们又在老地方开始兜圈子了。

“这并不是办餐饮企业！”我坚持自己的意见，“是让人们用我们提供的方式去享用我们的咖啡。”

“霍华德，听我说，我只是觉得这样做不行。如果我们太注重供应成杯的咖啡，就会成为又一家餐馆或食品店。也许这么做有道理，但到最后，我们会失掉咖啡之源。”

“但我们会重新找到咖啡之源的！”我争辩道，“它会把更多的顾客带到我们的店里来。”

看到我那么固执，杰瑞在桌子后面默不作声地坐了几分钟，最后他说：“也许我们会再多开一两家浓缩咖啡店。”

“还可以更多一些，把规模做得更大一些，”我又说，我知道如果我接受了他的让步，这就是我能把公司带到的最远的地方了。

“星巴克不需要做得比那种规模更大，如果你让更多的顾客进进出出，我们就不可能用以前那样的方式来了解他们了。”

“在意大利，咖啡师傅都认识他们的顾客。”我回答。

“再说，我们对实行这个计划也着实负担不起，我们负债太多了。”他站起来，准备回家去了，可是见我不肯结束谈话，便又强调说：“我很抱歉，霍华德，我们不能这么干，你得明白这一点。”

我郁闷了好几个月，被不确定的情形弄得几乎崩溃。我似乎被两种情感撕成了两半：一边是对星巴克的忠诚，一边是对意式浓缩咖啡吧前景的信心。

我每天的工作很繁忙，经常在旧金山和西雅图之间飞来飞去协调两个公司的运作，这弄得我心烦意乱，就把这个念头暂时丢在一边了。但我不会完全放弃这个想法。浓缩咖啡吧的事业太有前途，这一点我深信不疑，我不会轻易放弃。

大约是在一个周末，我跟往常一样到位于闹市区的运动俱乐部去玩球，这次和一个肌肉结实的瘦高男士搭档，此人白肤金发，跟我年纪相仿。他比我高一些，是个篮球高手。

比赛结束后，我们聊了起来，他说他叫斯考特·格林伯格，是城里一家大公司的律师。知道我的身份后，他告诉我他很喜欢星巴克的咖啡。于是后来每次篮球比赛时我都给他带上一磅咖啡。我们有时会约彼此喝上一杯啤酒，在此期间，我发现自己和他竟有相似的遭遇。

斯考特当时是一个法人律师，他的工作是为企业的诸多事务提供咨询服务，从私募资金到公募资金。当我告诉他我正考虑自己独立出来开一家浓缩咖啡馆时，他说他很有兴趣投资这样一家店。

在我与斯考特和雪莉的不断交谈中，我越来越意识到我该做什么事了。这是我的机会，如果我不抓住这个机会，如果我不走出这个舒适的安乐窝去承担风险，如果我把太多的时间花在内耗上，我的机会就会过去。我明白，如果这次不抓住机会，余生我都会不停地追问自己：如果我做了会怎么样？为什么我没去做？

这是我的机会。哪怕做不好，我也得先试一下。

我下决心离开星巴克去创立我自己的公司。我的想法是开几家供应成杯的咖啡和咖啡饮料的店面，选址就在闹市区的交通要道附近。我要重新创造如同意大利那般充满温情的浪漫与有艺术感的气氛。

经过几个月的计划，我最后还是决定要试一试。我内心有深深的挫败感，还好杰瑞和戈登都支持我的想法，他们让我保留自己的工作，直到 1985 年下半年我的办公室完全弄好后，我才搬了出去。

从某些方面来说，离开原来的公司去开自己的公司真是需要莫大的勇气。我下决心离开的时候，雪莉怀孕了。如果我没有工资收入，我们就得靠她的收入过活，直到我的新公司建立起来并开始运转。她愿意在 1986 年 1 月份生完孩子后就返回工作岗位，但我讨厌这样做，因为我做出了这样一个决定，致使她无法选择，只能回去工作。

可是在某种层面上，我感到自己前半生早已对走出这一步有所准备。具有讽刺意味的是，这与父母教给我的价值观是相悖的。从我父亲身上，我知道丢了工作会导致家庭的不稳定甚至瓦解。我母亲挂在嘴边的口头禅则是："你有一份好工作，为什么放弃呢？"

问题是，我觉得这个改变与我的梦想完全一致，也符合我最早的向往：即为我自己和家人做些事情，做些独特的事情，把命运掌握在自己手里。那段时间里，失去工作的不安全感，对出人头地的渴望以及想永远摆脱父母在苦境中挣扎带给我的影响的急切需求，各种情绪同时在我的脑海里交织。

我的密友肯尼·基后来对我说了他自己与此相似的一段经历。1980 年，他在一家小有名气的管乐队任职，有着稳定的工作和收入（那是远在他成为一个著名的萨克斯演奏家之前的事）。但他认识到，如果他想寻找自己的乐风，就必须离开乐队。从音乐的角度考虑，他应该离开乐队，他也那样做了。如果当初他舍不得离开，那么他现在可能还只是小乐团里的萨克斯乐手而已。

如何识别一个有天赋且已经表现出来的人和一个更有天赋却还没有机会表现出来的人呢？瞧瞧纽约那些列在候补名单上的志向高远的演员们吧，他们许多人也许并不比大明星罗伯特·德尼罗或苏珊·萨兰登天赋差。

时运好坏或许是成功与否的要素之一。可我们大多数人必须给自己创造机会，并且在别人尚未看到机会的时候就做好起跳的准备。

这是一件可以实现梦想之事，在时机来临之际，你就得做决定离开原来熟悉的环境去发现自我。这就是我在 1985 年做的事。如果我不这么做，星巴克就不会是今天的样子。

第 5 章

说“不”者难成大业

我们判断自己，是根据我们能够做到的事情；而别人判断我们，乃根据我们已经做成的事情。

——亨利 · 华兹华斯 · 朗费罗

《卡瓦纳》（1849 年）

这是一个典型的美国故事，每个企业家的梦想都是：想出一个伟大的点子，吸引一些投资者，创办一家可以持续赢利的企业。

但麻烦在于，一开始你必须做一条夹紧尾巴的狗。

如果你想知道做夹紧尾巴的狗是什么滋味，就去为一家新企业筹集资金吧。人们把你关在门外，用怀疑的眼光看着你，会把你的底气全都抽光——给你举出一千条可以想象出来的你不可能成功的理由。

虽说是一条夹紧尾巴的狗，但我是有明天的，所以在面对逆境时仍然能信心十足。就我当时的情况而言，我的苦处在于有那么多人说我的计划行不通。但不管人们多少次拒绝我，我都坚定地相信自己一定会实现这个梦想。我的信心是那么足，以至我简直是在享受人们对我过低的评价了，因为我确信自己能够赢给他们看。

没有一个人会只因为对“传统”投了否决票就获取成功，也很少有人在已被证明的领域中再去证明自己而获得成功。

只有那些敢于走很少有人走的路、创立新兴事业的人，发明新产品的人，建立持久企业的人，激励自己周围的人和发挥自己才能的人，才能攀上成功的制高点。

如果你不去做一条敢打敢斗的夹紧尾巴的狗，不去拼搏一次，你就会得到最糟糕的下场：平庸。

“不”并不意味着不行

杰瑞·鲍德温让我感到震惊。当我拿到自己新公司的执照，计划募集资金时，他打电话把我叫去他的办公室，给了我 15 万美元，作为星巴克给我的咖啡馆的投资。

“这不是我们自己想要做的公司，”他解释道，“但我们会支持你。”

有趣的是，就因为这几句话，星巴克成了我的第一个投资人，对于一个负债累累的公司而言，这可是一大笔投资。杰瑞还同意担任我新公司的顾问，戈登也同意做 6 个月的兼职指导。这表明我的转折获得了有力的认同。

也许杰瑞是希望避免我成为星巴克的竞争对手，也许他想确保我一定用他的星巴克咖啡，虽然这本来就是我的首选。不过有一点很清楚，杰瑞想对我表示支持，我对此非常感激。

戈登的闯劲儿几乎跟我不相上下，他把自己的创意都贡献出来，帮我完善计划。“它不应该像普通的咖啡馆一样，”戈登说，“你需要提升顾客的期望值，对于新店的每个细节——店名、布置、样式、精心选用的咖啡制作方法，每件事情上都应该让顾客期待得到更好的东西。”

戈登建议我把公司名字取为“天天”，其意大利文的写法是Ⅱ Giornale。“天天”是意大利一家最有名的报纸的名字，giornale就是“每天”的意思，你每天要看报，每天要吃饼，每天要喝咖啡。如果我们能以意大利的优雅方式每天提供优质咖啡，就大可期待人们每天光顾我们的店。

有了杰瑞和戈登的支持，我天真地以为，6个月以内就可找到我需要的全部投资了。

对于新开公司做生意的人来说，没有比成功地筹集到第一笔投资更美好的事了。但是，第一个“不”也会像打在脸上的一记耳光，我在意大利的所有地方都尝过这种滋味。

1984年12月，是我离开星巴克的日子，戈登和我出发去意大利开始募资之旅，同时也再去考察一下意大利的咖啡吧。在过去的三年里，我越来越喜欢戈登以及他的折中风格了。我希望能带回100万美元的资金。

我们的最大期望是“飞马”公司，它是米兰的浓缩咖啡机生产商。我曾在电话里把自己的想法告诉他们，他们也显得挺有兴趣。我们在米兰的第一天——也只在那儿待了一个整天，我把自己的想法展示给大家，觉得自己做得很好。我向他们解释了我们打算如何把意大利的浓缩咖啡体验在美国进行一番新的改造，最后将要扩张到 50 家店铺。我尽可能发挥自己雄辩的才华，对美国潜在的市场机会和意式咖啡的魅力做出分析（我和他们说，这些好东西在美国还不怎么为人所知）。对于一个出售浓缩咖啡机的厂商，我估计这会使他们动心。

然而，在一番短暂讨论之后，令人惊讶的是，他们拒绝了我们的要求。他们坚持说，美国人永远也不可能接受意大利人享用浓缩咖啡的方式。

虽然我也知道对于吸引外国投资者来加盟一个名不见经传的美国小公司，不能抱过于乐观的态度，但“飞马”的拒绝还是差点儿让我泄了气。这就意味着我得挨门挨户地去筹集开业所需要的 170 万美元的资金。我明白这有多难。

但不管怎么说，意大利不可能让我沮丧的心情持续太久。戈登和我在米兰和维罗纳光顾了将近 500 家咖啡吧。我们记笔记，拍照片，记录下咖啡师傅们的操作流程。我们还观察当地人的习惯，他们的饮品单，咖啡吧的装饰布局，制作浓缩咖啡的技术。我们喝了许多咖啡，尝了许多意大利美酒，吃了许多美味佳肴。我们坐在户外的咖啡座椅上，在灯光下勾画着不同的设计草图和计划，盘算着如何能够把意式浓缩咖啡吧原原本本地复制回美国。

回到西雅图时，我们对那个计划的信心仍与出发时一样足，而对于如何为我的“天天”筹集资金，我的脑子里有了新的想法。

我自己没有什么资本可以投入，对于风险基金我也一无所知，向朋友和家人募集更是行不通。我的想法是：如果我的主意不错，那么那些有经验的投资者会考虑入股。如果这行不通，那他们会告诉我这一点。

后来他们让我明白了某些事情。

直到很久以后我才懂得与长期募资相关的名堂。跟微软那种以知识产权为主导的企业不同，零售业是资金密集型产业，当它们迅速扩张公司麾下的店铺时，需要一再为扩建设施、增加库存和店面租金投入资金。每次募到的资金越多，创办者的股权份额就越小。我从来就没有像许多软件公司的执行总裁那样有过 50% 以上的股份。今天，我倒希望能够在公司中拥有更多的份额。但在那时，我似乎没有其他选择。如果当时手持高比例股份，星巴克就不会有今天这样迅速而平稳的发展势头。

我从意大利回来后，我的朋友斯考特·格林伯格和我坐在厨房的桌子旁，谈论着“天天”的筹资计划。我们兴致勃勃地谈论着种种可能性，我俩是很好的互补搭档：我有眼光，他了解募集资金所需的那些信息，知道如何勾勒出计划的轮廓。

既然我们要把新东西引入西雅图，我盘算着至少先得开一家店，让人们瞧瞧意式咖啡吧的实际操作和艺术魅力。为了实现这一点，不管怎么说，我都要募集到 40 万美元的种子基金。走出这一步以后，我盘算着，总共需要 125 万美元以保证起码开出 8 家浓缩咖啡吧，这样才能证明我的想法在更大的区域内甚至西雅图以外的地区都是行得通的。如果有这样的开端，那么“天天”咖啡馆将会成为一家大企业，而不仅仅是一家店铺。

诚意，有时胜过企业营销计划

“天天”咖啡馆的第一个外部投资者是罗恩·马格利斯——从某种意义上说，他是你压根儿不会想到的投资者。罗恩是一个内科医生，他把自己的储蓄大多都投入了股票市场，剩下的就投给自己觉得有把握的那些新创立的企业。

在跟他因为钱的关系接触之前，我们素不相识。雪莉因为工作方面的接触认识了他的妻子卡罗尔。在一个秋日里，这三个人在满地落叶的西雅图公园里遛狗时碰到了。他们带着一个婴儿，雪莉正怀着孕，罗恩以前当过产科医生，于是三个人就围绕着孩子聊开了。当雪莉提到我想开一家自己的公司时，罗恩告诉她："如果霍华德想开一家公司，那么我相信他一定会成功的，所以我想了解一下情况。"没多久，雪莉就安排我和卡罗尔见面。

在最初阶段，我还沉湎在自己的想法带来的兴奋之中，来不及考虑别的。我带来了斯考特和我花了几小时制订的计划。我们搞了一个标准的资金计划：需要募集多少资金，需要多久才能开出这家新店，需要多久才能赢利，投资者将会得到多少回报。我甚至已经请建筑师为我的第一家店画好了蓝图。

可是罗恩根本没有给我机会来炫耀我的宏图大略。

我们进了罗恩的家，坐在餐桌旁。"把你的新企业计划告诉我吧。"稍稍闲聊了几句之后，他便这样提议。

我马上兴奋地站了起来，把自己在意大利获得的灵感说给他听，包括在意大利浓缩咖啡吧如何成为人们日常生活的一项内容。我描述了咖啡师傅们如何以优美的动作为顾客调制每一杯咖啡，我谈及要在报纸上刊登"天天"咖啡馆的广告，让顾客们都能知晓。既然浓缩咖啡吧能够风靡意大利，也一定能风靡西雅图——风靡其他任何地方。

说得越多，我越兴奋，突然，罗恩打断了我滔滔不绝的发言。"你需要多少钱？"他问。

"我正在募集种子基金，"我回答，一边打开我的计划书，"我给你看我的财务计划。”

“不必啦，”他说着把计划书推到一边，“我不懂这些。你需要多少？ 10万美元够吗？”罗恩取出支票簿，写下了这个数字。

我真希望我的资金募集都能这么容易。

罗恩不是根据财务计划来投资的，他看重的是诚实、真诚和激情，他只为自己信得过的人投资。这一天他做出的举动是要冒风险的，这可是在店铺开张以后开始赚钱的4年之前。罗恩和卡罗尔根本不知道他们的投资是否能得到回报，然而，当公司慢慢成长起来，股票价格节节攀升之后，他们的投资最终获得了回报——当年他们10万美元的投资如今已增值为1 000万美元了。

光有激情还不能保证得到有价值的回报。罗恩自己会告诉你们，他出于同样的本能在其他地方的投资，并非都能得到良好的回报。有些企业经营失败是因为他们的想法最终被证明是行不通的；还有一些是因为经营者眼光不够长远，而且总是不肯放弃控股权。从创办者的激情到投资者获取回报的这一进程中，诸如此类的任何因素都有可能坏事。但是，激情终归是不可或缺的要素。假如没有激情和尊严作为基础，即使是世界上最好的企业计划也无法带来有价值的回报。

有趣的是，虽然罗恩对“天天”咖啡馆投了赞成票，他自己却是个不喝咖啡的人。他投资的是我，不是我的想法。他是个医生，不是生意人。但他的意见值得大家记住。

“我看到获得成功的人大都有着不可思议的动力，”罗恩评论道，“他们花费大量的精力去拼搏。在这个世界上，一般来说，已经很少有人愿意这样去拼搏一番了。”

仔细听好了，如果你发现有这样一个人，并对他施以援手，那么你将在一个伟大梦想中占有重要的位置。

世界如何看待一条夹着尾巴的狗

我的儿子出生在1986年1月，其时我已筹集到40万美元的种子基金，每股92美分（由于后来两次股票拆分，如今每股是23美分），其中大部分来自星巴克和罗恩·马格利斯，其余部分来自阿尼亚·普林蒂斯和他的客户。

阿尼亚·普林蒂斯是一家金融服务公司的联署董事长，他既知道星巴克，也了解浓缩咖啡，是第一个认准我的计划能获得成功的人。他为我组织了早餐会和午餐会，向他的客户介绍我的想法，并以自己的信誉为我做担保。他成了“天天”咖啡馆的董事会成员，如今仍在星巴克董事会中占有一席。

种子基金到手，我总算能在西雅图哥伦比亚中心最高的摩天商务大楼租到铺面，开出“天天”咖啡馆的第一家店。就在那时，戴夫·奥尔森跟我成为搭档（我会在下一章里更具体地说到他），我们两人在1986年4月开始共同打理这家店铺。

但我还得继续筹集剩下的125万美元，大部分时间和精力还得花在那上面。我们在第一大道租了一间小办公室，我开始在街头踯躅。我的每一分钟都花在找投资上，从一个会面赶赴另一个会面，努力使自己的说法保持新鲜和活力。我不断地打电话，第一家店铺开张后，我便开始寻找第一个潜在的投资者。

那几年里我还算不上一条夹着尾巴的狗，而是一条“低贱的夹着尾巴的狗”。这是我生命中最艰难的一段时光。每次去敲别人的门时，我总觉得自己要被人踹开并挨一顿打。

那时我 32 岁，来到西雅图只有三年时间。我已经有过做市场营销的经验了，但还从未经营过自己的公司。我还从来没有在西雅图富有的精英们面前展示过自己。

我对筹集资金的事一无所知，我相当天真地以为我可以和任何人谈这件事。其实这里有一个“合格投资者”的法定标准，即某人的净资产值跟他投资风险的比率问题，他的资产必须大于那家新开张的小型企业的投资风险额度。每当我找到符合这样条件的人，我都会想办法去跟他（或她）套近乎。我猜想我有一半时间是在跟那些不具备这种资格的人瞎侃，他们即使愿意投资也无能为力。可我只能降格以求。

我遭到过许多傲慢者的拒绝。当我还是个中学生时，我曾在一个夏天在一家位于猫山的孟加拉餐馆做侍者。我记得某些客人对我的粗鲁态度真是太可怕了。他们总是出言不逊地把我吆来喝去，我颠来跑去地尽自己最大努力来讨他们的欢心，可当他们离开时，留下的小费总是少得可怜。作为一个来自布鲁克林的穷孩子，我以为有钱人就是这个样子了。我记得我曾对自己说：如果我以后有钱能到这样的地方来度假，我要做一个大方的付小费者，我要做一个慷慨的人。

在我筹集基金的那段时间里，我又有了同样的体验，我对自己发誓：如果我能处于成功的地位，如果有别的办企业的人来请求我帮助，尽管我可能觉得他们的想法并不现实，我也要对他们的创新精神表示敬意。

许多我接触过的人都直截了当地跟我说我正在出售一个疯狂的念头。

“Il Giornale？你能发出这个音吗？”

"你为什么要离开星巴克？真是太蠢了。"

"你为什么认定这个想法会成功？美国人怎么也不会为一杯咖啡付出1.5美元！"

"你根本没用脑子想想，这完全是发疯的举动，你应该去找份工作。"

在筹集资金的那几年，我和242个人谈过话，其中有217个人对我说"不"。想想看，有那么多人说你的计划不值得投资，你会多么伤心。有些人听我讲了一个多小时，就再也没有回音了。我给他们打电话，但他们不接我的电话。当我终于打通时，他们会告诉我为什么对这计划不感兴趣。那真是一段让人感到非常低贱的日子。

最难的还是要保持自己不气馁的精神。你不是去拜访一位非常有希望的投资者，也不是去向一个对你的计划充满热情的人展示你的全部规划。当你和一个地产业主商谈租赁店面时，你不能表现出沮丧。但如果你在一个星期的奔忙中有四分之三的时间是无功而返的，那么你还怎么给自己打气呢？实际上，你必须成为一条变色龙。在那些让你沮丧到极点的人的面前，你还得表现出像你的第一次会面时一样的新鲜感和满怀信心的样子。

但我从来不相信自己的计划行不通，从来没有。我确信意大利式浓缩咖啡的精华所在——团体聚会式的、艺术感很强的、联结顾客日常生活关系的要素，这是让美国老百姓知道怎样更好地享用咖啡的关键。

在自我怀疑和自信之间有一条界线，有时你甚至会同时体会到这两种情绪。在当时，哪怕是现在，我也经常有这种感觉，既有一种强烈的不安全感，但同时有很强的笃定之感和信心。

坦白说，当我开始操作时，我不觉得我在募资方面是个懂行的人，因为我花了很长时间去找寻目标。但经过操练，我在自我表达和对目标的预期估算方面有了很大提高。

与此同时，我用光了种子基金。4月，我们的第一家“天天”咖啡馆成功开业，看着西雅图人在上班途中发现了手工制作的浓缩咖啡的乐趣，那真是太让人兴奋了。从第一天起，销售情况就超出了我们的预期，店里的气氛正是我们所期望的。问题是要赢利可能还需要很长一段时间，同时我还得付租金、雇人，需要花费我还没募集到手的资金。

我们每个月都在担心要如何支撑下去，因为钱还没能按计划到位。有时候，我们都不能确定能否发得出工资或能否支付房租。戴夫·奥尔森和我总是坐在一起问对方：“这个星期该付谁的钱了？”事实上，我们从来没有拖欠过别人的钱，但我们很担心会有这一天。

出于某些原因，在我身边的人从不怀疑我是否有把他们带出困境的能力，他们相信我一定有办法解决问题。他们的信心增强了我的决心。计划实现的可能性看起来微乎其微，投资者要有相当强的信心才会在我们的成功上下赌注。

我继续向我的伙伴们给出承诺，但我没有资金可以运作，直到我拿到那笔所谓的“保证金”才出现转机。保证金是一个企业要达到运作水平的最起码的现金规模。对我的企业来说，在募集的投资总额达到90万美元之前，我不能动用任何资金。

“天天”咖啡馆的关键性转折发生在6月份，当时让我大大松了一口气的是，我终于筹到足够的保证金了。一个名叫哈罗德·戈利基的投资者给我们投了20多万美元，这是我收到的数额最大的一张单张支票。我真是愣了好长时间，不知道是有什么魔力还是他有什么意图让这个投资者有这样的信心。哈罗德是阿尼亚·普林蒂斯的客户，他是一个不同寻常的人，一个白手起家的人，他把自己的资金投在生产水暖设备的企业上。他性子有些急躁，但我后来非常喜欢他。

几年后，哈罗德把我介绍给他的侄子，一个小有名气的爵士乐萨克斯演奏家，人们叫他肯尼·基。我们都是年轻人，都想在各自的领域出人头地，当彼此都面临相似的挑战时，我们的友谊便更深厚了。肯尼最终也投资了我的企业，还帮助我们的雇员搞活动，为我们的工厂和店铺开张进行义演。他的音乐成了公司文化的一部分。

有了保证金，我就能处理先期的应付款项，减轻直接的经济压力。但 125 万美元似乎还是遥遥无期，但已经没有多少扇门可以让我去敲了。

没错，你可以彻底改造一种商品

整个夏天，经济上的紧张情况仍在日益加剧。我面临的最大障碍是，当投资者们还有其他更具吸引力的投资项目可考虑时，我的想法在他们看来显然就缺乏可行性了。

我接触过的企业中有一家资本资源公司，这是一家小型的企业投资公司，他们有 15~20 个搭档把钱凑在一起投资某些有发展前途的新建企业。当时，第一家店的成功已经有目共睹，我的调子也定得越来越高了。我估算着，“天天”咖啡馆开出的意式咖啡吧要达到 50 家，在西雅图起步，然后在全美铺开。

这个投资公司有一个勤勉的成员，名叫杰克·罗杰斯，他推荐了这个投资项目，但遭到其他成员的否决。根据他们的章程，投资对象应该是高科技项目，而咖啡显然不是什么高科技产品。

按传统的生意经，人们通常认为最有吸引力的新兴企业是那些具有专利权的公司，或是有技术的，也就是具有别人所没有的优势。最典型的例子是苹果公司的电脑、英特尔的芯片和微软的操作系统。如果你对你的产品拥有专利权，就会好得多。你可以筑起准入门槛，防止一大堆竞争者蜂拥而上，在树立牢固的地位之前先霸占市场，这样就可以降低风险。最有发展前途的是具有前瞻性的企业，比如生物技术企业、软件设计企业，或通信企业。

"天天"咖啡馆跟这些条件一样也挨不上，即便是今天的星巴克也挨不上。我们不可能封锁世界优质咖啡的供应，不可能持有重烘焙的专利，也不可能把拿铁从美国普遍流行的词汇中分离出去。你也可以明天在我们隔壁开出一家意式浓缩咖啡吧和我们竞争，说不定你已经这么干了。

我听到的所有关于咖啡的争论，都是说这玩意儿不可能成为有发展前途的事业。这是世界上第二大普及的贸易商品，仅次于油。在美国，自 20 世纪 60 年代中期以来，咖啡的消费量就一直在减少，因为那些铺天盖地的软饮料成了美国人的最爱。咖啡店四处开花的景象已成为无法追忆的陈年往事了。

我一再向他们解释特种咖啡的升值前景。在像西雅图和旧金山这样的城市里，越来越多有品位的人开始学着在家里或在餐馆里享用优质咖啡，但他们几乎没有或很少有机会在工作场所享用优质咖啡。既然在越来越多的城市里，售卖整颗咖啡豆的商店与日俱增，那么在隔壁的一小块地方，类似餐后喝一杯的地方用来售卖浓缩咖啡应该行得通。因为没有浓缩咖啡吧的存在，也就没有什么人可以在街头闹市服务高效的店面享受优质的浓缩咖啡了。

我告诉他们，我们对“天天”咖啡馆的设想是重新改造一种商品。我们会让咖啡——这种老掉牙的普通的东西——融入新的浪漫情怀，帮助加强人际关系；我们要重新发掘咖啡散发了几个世纪之久的迷人特质和神秘气息；我们要让顾客对咖啡吧的气氛和风格以及它的知识着迷。

据我所知，耐克是与我们具有某种可比性的一家公司。当然，以前运动鞋只是一种纯粹的商品——便宜、普遍、实用，但总的来说不上档次。耐克的战略方针首先是设计出世界水平的跑步鞋，然后在你周围展示出一种有质感的运动人生，营造出一种妙趣横生的随心所欲之感。他们到处宣扬这种运动精神，引发无数不怎么运动的人忙不迭地穿上了耐克运动鞋。回到 20 世纪 70 年代，一双不错的运动鞋一般售价是 20 美元。谁会想到如今人们竟愿付 140 美元去买一双篮球鞋呢？

那么，你怎样来评判一个好的投资机会呢？你怎样来确认一个有发展前途的创意呢？当人们拒绝“天天”咖啡馆时，他们错失的是一个什么样的机会呢？

回答这个问题并不容易，但是出于本能还是有许多话可说。最好的创意是那些创造了新的精神状态，或在他人意识到之前就捕捉到人们的需求，并能让精明的投资者意识到这一创意不仅很超前，而且前景很好。回头再看 1985 年，虽然资本资源公司拒绝了我的要求，但杰克·罗杰斯和公司中其他几个投资者用他们自己的钱投资了“天天”咖啡馆。他们没有被传统的生意经拦住脚步，我常常在想他们在高新领域的投资是不是也有这么好的回报。

破局绝非易事

到了8月份，我感到好像是到了第12局[1]。店铺开了4个月，生意很好。但我只筹到我需要的款项的一半。我已经签下租赁第二家店铺房子的协议，我不知道怎么来付这笔钱。我必须尽快拿下胜利的一局。

有一扇最大的权力之门我还没去叩拜过，西雅图三个非常有名的企业的领导者还不知道我的创意。这三巨头是杰克·贝纳罗亚、赫尔曼·萨可夫斯基和赛姆·斯特鲁姆。在当地，他们是巨擘，他们开发了西雅图最高的建筑大楼、最成功的住宅区，创建了最稳固的企业。这三个人在犹太社区非常活跃，对慈善事业也非常热心，他们是朋友，经常共同投资一些项目。

赫尔曼的儿子史蒂夫跟我年纪差不多。一天，他把他父亲带到"天天"咖啡馆介绍给我认识，赫尔曼同意我向他们三人陈述一下我的创意。这也许是我最后的机会了。如果这三位大投资家拒绝了我，我就不知道西雅图还有谁可以帮助我。我必须成功。

当时我已经陈述过上百次了，但在这次关键性的会面之前，我还是一遍又一遍地反复练习。没有准备充分我不能踏上舞台。就算他们只投资一点点，他们的行动也会起到一个无价的示范作用，其他投资人就会循踪而来。

1. 这是援用棒球比赛的说法，第12局是棒球比赛中延长期的最后一局。——译者注会面地点定在西雅图最高的商务大厦顶层，我绕着街区走了三圈来使自己平静下来。我的展示做得很出色，他们显然有意投一大笔钱。但集团有着苛刻的要求，他们要求价格再低一些，而且还要求获得期权和董事会席位。我们花了两个星期才谈妥具体细节。他们决定作为集团投资，砸下了75万美元。这已经超出了我的要求，我总算筹到足够的钱了。

最终，我从大约30位投资者那儿筹到了165万美元，包括种子基金，其中最大的一笔投资来自三巨头。在阿尼亚·普林蒂斯、哈罗德·戈利基和杰克·罗杰斯之后，史蒂夫·萨可夫斯基成了我的顾问，在后来的经济困难时期，他给了我强有力的支持。如果你今天问任何一个投资者为什么当年愿意冒这样的风险，几乎所有的人都会告诉你他们投资的是我，而不是我的创意。他们信我所信，这是因为他们没有在其他任何人身上见过这样的自信。

“天天”咖啡馆如今已淡出历史，只有少数几个老顾客还记得它。但那些最初的投资者从他们的投资中已获得了100倍的回报，其间有着多少不平常的命运转折啊。

第 6 章

铭记企业的价值

衡量一个人的最终尺度，不是看他顺顺当当的时候待在哪儿，而是看他在受到非难和争议的时候如何应对。

——马丁·路德·金

一对有了新生婴儿的夫妇一般不会坐下来想一想：我们作为父母的使命是什么？我们可以给孩子提供什么有价值的东西呢？大多数刚做父母的人满脑子想的只是如何把这一晚上太太平平地对付过去。

同样的道理，大多数创业者也实在没法把眼光放得长远一点儿，他们太专注于眼皮子底下的那些问题了，无法从容地思考企业的价值理念。我很清楚我自己也是这样。

但无论是作为父母还是创业者，从第一天起你就开始把自己信念的印记打在你的孩子或你的企业身上了——不管你是否意识到这一点。一旦你的孩子或你的企业员工接受了这样的印记，你就不可能用一堂伦理课来轻易改变他们的世界观。

要彻底改变企业文化，即便不是不可能的，也非常困难。如果你5年来已经在以一种错误的方式来运作企业，就不可能突然之间以一种不同的价值观取而代之。到那时，水已经在井里了，你只能喝它。不管你的教养、你的价值观、你的指导原则是什么，你必须在初期阶段反复灌输这些原则性的东西，使得它们能够指导每一个决定、每一次招聘、每一个你所设定的阶段目标。不管你是公司总裁还是底层雇员，你每一天在工作中所做的最重要的一件事情就是与他人交流你的价值观，特别是新来的雇员。不管企业规模如何，在企业初创阶段确定正确的基调，对于企业长期的成功是至关重要的。

分担使命

我不想误导你们。当开始为“天天”做规划的时候，我并没有拟出一套试图关注企业实际运作的价值使命宣言。不过，基于我在星巴克看到的正确或不正确的做法，我有许多关于自己想创办一个什么样的企业的好主意。

即使今天看来，我还是觉得这是最不可思议的事情：当我最需要的时候，一个非常理想的人来到我身边，帮助我明确有力地表达我们共同的价值观，使公司在这种理念指导下得以发展。也许这就是命运。

1985年年底的一天，我坐在办公桌旁，埋头于“天天”创办计划的具体事项中。我已经离开了星巴克，但还在使用那儿的办公室，地板上到处都是文件草稿、图表、平面设计图和设计文案等。

我接了一个电话，是一个名叫戴夫·奥尔森的人打来的，我和他见过几次面，对他非常尊敬。星巴克的人说起戴夫时都非常敬畏，因为他的咖啡知识非常渊博。他来自蒙大拿州，高个子、宽肩膀，一头略长的卷发，一双深邃的眼睛在小小的椭圆形镜片后面闪闪发光。他曾在大学区开过一家迷你时髦小店，名叫“咖啡快节奏”。学生和教授们常去那儿泡吧，讨论哲学、争辩美国的外交政策或只是去喝卡布奇诺。从某种意义上来说,“咖啡快节奏”是星巴克后期的一个样本，一个邻近地段的人们前来聚会之处，虽说它的风格过于波希米亚，而且不销售成颗的咖啡豆和相应的商品，它也不是那种满足都市人早上需要的“外出喝一杯”的经营模式。它更接近欧式咖啡传统，而不像是意大利米兰那种浓缩咖啡吧。

“我听说你想要在市中心开一家咖啡吧，”戴夫说,“我自己也一直考虑在市中心找一两处地方。也许我们可以谈谈看。”

“好极了，赶快安排一下吧。”我说，我们约定几天后见一次面。

我放下电话转向唐·比诺德，她正在帮我筹办“天天”的开张事宜。“唐，”我说，“你知道是谁来的电话吗？”

她停下来，期盼地看着我。

“戴夫·奥尔森！他也许会加入我们！”这真是一个令人振奋的好兆头。虽说他刚才只是开玩笑似的扯了几句，说他只是个穿牛仔裤的、开一家小咖啡吧找点儿乐子的人，可我知道若是有戴夫加盟，就会让“天天”更加正宗，他的专业知识比我三年来的积累还要多得多。从他那谦逊的态度、明确的表达、深沉的思索和朗朗的笑声中，我就明白他对这项工作一定充满兴趣。

我们会面那天，戴夫和我坐在我办公室的地板上，我摊开规划书和蓝图，谈着自己的想法。戴夫马上就理解了，他已经在柜台后面穿着围裙摆弄了10年浓缩咖啡了。无论在意大利还是在他自己的咖啡吧，人们对于浓缩咖啡的兴奋之情，他都有着亲身体验。我不必在这方面说服他，他骨子里就能够理解。

这样的联手实在太好了，简直让人不敢相信这是真的。我更擅长处理外部事务：沟通意见、吸引投资者、筹集资金，寻找店址、设计店面，打出品牌，为未来的发展做打算。戴夫对内部管理非常在行：咖啡吧运作的具体细节，雇用人手和培训咖啡大师傅，如何确保咖啡品质等。

我们俩根本不会成为竞争对手。虽说戴夫曾有意寻找发展机会，但当他看到我正在做的计划时，便觉得和我联手会更有意思。他愿意和我一起让“天天”落地生根。

因为我手头一直缺少现金，戴夫同意一周工作24小时而只拿1.2万美元的微薄年薪。事实上，他在开张那段时间里经常整天都在店里忙活。后来，他在股权分配上自然得到了丰厚的报酬。但戴夫加入进来不是为了钱，他和我们一起干是因为他相信这一事业能成功。他喜欢意大利咖啡吧，他要保证我们能够供应最好的浓缩咖啡。他是公司的咖啡良知。

即便在今天，作为星巴克咖啡业务的资深副总裁，戴夫也会向人解释他既非高级雇员，也非管理者或创办者，他只是个“心甘情愿的、热心的、幸运的参与者”。“就跟我的登山爱好差不多，”戴夫说，“只不过我挺幸运还能拿工资。如果什么事我做不来，我就不做。但我会做许多能做的事。”

如果每一个企业都有一个记忆中心，那么戴夫·奥尔森应该处于星巴克记忆中心的中心，与他同在的还有星巴克的核心目标和价值观。只要看见他的办公室，我就觉得有了主心骨。

如果你正在建立一个机构，你很快就会意识到你不可能单打独斗。如果你能找到完全信得过的同伴——他们具有不同的能力，但又和你有一样的价值观，多股力量合成一股，你就能建立一个强大得多的公司。戴夫在登上乞力马扎罗山顶时非常兴奋，而我在篮球比赛时精力旺盛；戴夫对来自苏拉威西的咖啡风味欣喜若狂，我则能用自己对企业未来由衷的激情点燃满屋子人的热情。

戴夫·奥尔森和我来自不同的世界。他成长于一个安谧的蒙大拿小镇，穿着他的李维斯 T 恤和勃肯鞋。当我还在曼哈顿中城为施乐公司做电话销售时，他已经在着手打理自己的小咖啡馆了。戴夫迷上咖啡是在 1970 年，他去伯克利看一个朋友。散步时，他偶然走进街边一家不落俗套的“毕特咖啡与茶”小店。他从荷兰人那儿买了可自制咖啡的摩卡壶和半磅重烘焙咖啡豆，开始摆弄起来。那天煮制的浓缩咖啡完全征服了他，于是他养成了用这种方式喝咖啡的习惯。

他因服兵役来到西雅图，退役后先是在西雅图做木匠。1974 年的一天，他放弃了那份工作，把所有的家什装上自行车，一路骑了差不多上千英里来到旧金山。在这儿，他发现了“北岸”咖啡，它的意大利咖啡吧气氛相当浓厚，波希米亚式的、喧闹的、刺激的糅合在一起。他们把浓缩咖啡视为意大利的一门精美艺术。戴夫把自行车停在餐馆窗台下，和他们的老板聊起了食物、美酒和咖啡。

有许多人曾梦想开一家咖啡吧，但很少有人真的会去做。而戴夫·奥尔森在1974年秋天回到西雅图时就真的行动起来了。他在西雅图的大学区租了一个店面，就在正对校门口的一条小巷里，那儿是行人进出最多的地方。

“咖啡快节奏”成为意式浓缩咖啡的圣地，门面和店堂中央都放着亮闪闪的咖啡机。当时还很少有美国人知道“拿铁咖啡”这个词。他做出相似的饮品，并改了名字叫“奶咖”。戴夫寻遍西雅图去找最好的咖啡豆，很快就发现了星巴克。当时星巴克还在成磅地销售咖啡豆，他跑去结识了创办者和烘焙者，和他们一起品尝咖啡。他和他们一起发展了烘焙咖啡的技术，使之符合他所要的口味，他指定的烘焙程度比星巴克其他大多数品种的烘焙程度要深，但比星巴克烘焙度最深的咖啡要浅一些。

这种烘焙法是专为“咖啡快节奏”提供的，而今天星巴克店里出售的每一杯浓缩咖啡都是用这种方法烘焙的。这就是戴夫与星巴克的关系如此紧密之缘由。

我们两个出身背景不同的人于1985年开始经营“天天”咖啡馆，我们有着不可撼动的共同基础：我们对咖啡的热情，以及对成就此事的决心。我们扮演不同角色，但无论我们面对的是谁，无论是在什么情况下，我们传达出去的信息都并无二致，当然两人的方式是不一样的——两种声音，一个观点。像戴夫和我这样携手同心打拼的搭档在生意场上不多见，生活中却不少见。

我第一次见他时，他只有一件休闲西装，那还是因为他的妻子在航空公司工作，要求雇员家属在免费搭乘飞机时必须着西装领带。那时，他只是个普通人。今天，连他自己都感到惊奇，他竟然成了一家价值10亿美元的公司的主管，然而他仍然保持着艺术和创新的精神。

如果不是戴夫·奥尔森在“天天”时期加入我的团队，星巴克便不会有今天的这番成就。在确定企业价值理念方面他起了很大的作用。他将自己对咖啡浓烈的、浪漫的爱、不可动摇的尊严感，还有善解人意的真诚和体现在企业各个方面的忠诚都倾注于“天天”中。在人事方面，他和我有着同样的看法：人们既能保持自我，又能同心协力组成一个有激情的团队。他使我放心去外面打拼，永远无须为咖啡的质量而担忧。戴夫是岩石，是公司基石的一部分。

当你开始创办一家企业时，你不可能意识到那些早期的决定有多么重要，它们不仅与企业自身组建有关，而且与为未来打下基础有关。当你在创业初期时，你根本就不知道哪一项决定将最终成为企业的奠基石。每一项决定都在逐渐为企业的价值增添砝码，而在当时你却没有这个认知能力去分清孰轻孰重。

不要小看你创业初期所做出的每一个决定，也别小看由此而烙下的企业印记的重要性。当你寻找一位搭档，挑选你的雇员时，应该选择那些与你有同样的激情和行动目标的人。如果你能与心意相通者共同承担使命，就会产生巨大的动力。

每件事都重要

在当时，我们的计划似乎过于野心勃勃。甚至在没人听说过“天天”这个咖啡馆的时候，我就已经萌生要在北美建立最大的咖啡公司的梦想，要在每一个大城市开连锁店。我雇了一个懂得如何在电脑上使用电子表格的人来做计划，起先要求他建立一个

5年内开出75家店铺的计划模板。当我看着那些数字时，又叫他把规模压缩到50家，我估计没人会认为75家店铺是现实的计划。但事实上，5年后，我们真的达到了这个目标。

我租来的小办公室只能搁下三张桌子，大家挤在一起工作，还有一个小会议室在阁楼上。当我们开始销售意大利三明治时，戴夫曾在办公室里离我的写字台30英尺远的地方切肉，当时我正在和一个潜在的投资者打电话，那些烤肉片就在我鼻子底下散发着香味。戴夫把肉装进他那辆破自行车上的老式红色货箱送到店里去。

1986年4月8日，是“天天”咖啡馆开张的日子，我早早来到店里，就像当初星巴克的咖啡吧开张首日一样。早上6点半，第一个顾客已经等在门外了，她进来后径直付钱买了一杯咖啡。

真的有人来买东西了！我释然地想。

我在那儿待了一整天，我实在太紧张了，在柜台后面都没法好好干活，只是踱着步左右张望。那天还有不少星巴克的人跑过来看我的店。到打烊时，我们接待了将近300个顾客，多数是上午来的。他们指着饮品单问了许多问题，我们便向大家讲解有关意式浓缩咖啡的各种知识。

在最初的几个星期里，我盯着咖啡质量、服务速度和卫生状况。我不想出任何岔子。这是我的一个梦，每件事情都得做得十全十美才行。每件事情都很重要。

戴夫在柜台后面忙碌着，从开门一直忙过整个早高峰，然后回到办公室。通常，戴夫和我一起回到店里吃午餐，并且付全价，我们尽一切努力抬升营业额，喝大量的咖啡、吃一大堆食物，要使那些潜在的投资者看见上升势头强劲的销售额。这已成为我们的传统，直到现在我们在星巴克店里就餐也一概付全价。

我们也犯了不少错误，在这第一家店里，我们存心要全盘复制意大利风格咖啡吧。最初的目标是只把生意做得正宗，我们不想因为店开在西雅图而有损正宗的意大利的浓缩咖啡吧风味。店里的音乐，我们只挑选意大利歌剧，而且让咖啡师傅身穿白衬衫，打上蝴蝶结。店里没有一个座位，所有人都站着接受服务。墙上还挂起了报夹，放一些国内外的报纸。饮品单上全是意大利文，甚至连装饰布置也全是意大利风格。

渐渐地，我们意识到有许多细节并不适合西雅图。人们开始抱怨不熟悉的歌剧；蝴蝶结也显得有些浮夸；没有座位也不行，那些不急着走的顾客总想找把椅子坐下来；有些意大利食品和饮品名称还需要翻译成英语。

我们慢慢接受了这个现实：必须让这个店满足本地顾客的需要。我们添了许多把椅子，饮品单上也增加了一些花样。不过这些改动都很小心，我们不想过多地牺牲自己的风格和优雅。甚至针对是否要供应纸杯盛装的外卖咖啡，我们也有过一番争议，而这会是一笔不可小觑的收入。虽说将浓缩咖啡盛入瓷杯品尝起来更地道，但我们好像别无选择：如果我们不做外卖咖啡，生意就会大受影响。

但核心创意仍然在起作用。6个月内，我们曾创下一天接待1 000名顾客的纪录。我们这个不起眼的700平方英尺的店铺，成为毗邻西雅图最高的商务大厦的一处聚会场所，我们填补了人们生活中的空白。一些常客学着拼读店名的发音：Il Giornale，甚至对此颇觉自豪，好像自己也成为这个“俱乐部”的一分子了。第一家店是一方小小的风水宝地，它的品位绝对超前。

我们还意识到，快速是我们的竞争优势。我们的顾客大多在市中心这一带的写字楼里上班，总是来去匆忙。海珀·海威特是一个具有革新精神的工程师，过去为星巴克的烘焙工厂制作了传送装置，他还发明了可同时供应三种不同咖啡的滴滤式系统专用设备，其原型是啤酒龙头。

我们的公司标识也反映着快速的宗旨。“天天”的字样被设计成绿色的环形，围绕着墨丘利[1]的头像，它是快速传递信息之神。后来，我们创造出一种轻便的配有龙头的背负式系统，以便让雇员背着出门，带上杯碟，在顾客的办公室里出售咖啡。我们称这些雇员为“水星人”。

我们现在仍然认为成功的关键是我们所雇用的人。戴夫训练他们使用咖啡机，我指导他们销售和管理方面的技巧。更重要的是，我们向他们反复灌输要实现一个伟大梦想的渴望，把这些因素结合在一起，我们就能做成大事。

唐·比诺德是“天天”的第一个雇员。她帮着我一起创办公司，后来去管理哥伦比亚中心店。詹妮弗·埃姆斯·卡勒曼是3月份来的，从第一天开始就担任咖啡师傅，她过去是广告客户代表，愿意和我们一起把公司做大。

唐和詹妮弗非常热心地创设了一套新的系统，虽说这种方式对于单个的店来说太超前了点儿，却向我们展示了一幅非常精确的企业发展图景。我们一直都很认真地把售出的咖啡、面点和现金流向以及损耗等都记录下来，借此跟踪分析产品销售形势，看

1. 墨丘利的英文是 Mercury，和“水星”的英文相同，故下文有“水星人”的说法。——译者注

哪一样卖得最好。我们总是根据需要来做预算。有了这些信息，我们就能够在高歌猛进之前确立目标。

11 月时，我雇用克里斯汀·戴来做我的助手，那时她刚刚结束产假。她有企业管理学位，也有在金融公司工作的经历。结果却是她什么事情都得做：行政、财务、电脑、发工资、人事管理，还有采购物品、银行事务、打字等。最初，她甚至还要做财务收支报表，负责轧平账单以及盘存和销售的审计工作。她完成了所有的簿记工作，没有借助任何工具。就像戴夫和我一样，克里斯汀立刻投入了一天 12 个小时的工作，她很快被我们的激情和信心感染了。

一天，克里斯汀在和索罗——一个纸杯供应商砍价，想把进价压低些。因为我们几乎算不上什么大客户，对方觉得没有理由为我们破例。“总有一天，我们会成为你们最大的客户。”克里斯汀这样告诉人家。我不知道对方是否相信这一点，但克里斯汀对此确信不疑。我们全体人员都对成为世界一流企业信心十足，没有人怀疑这一点。

从许多方面来说，我们这些人就像一个大家庭。我曾邀请每一个人来我家吃过比萨，他们看着我儿子学会爬、学会走。在我 33 岁生日那天，他们订了一个蛋糕，拿到店里给了我一个惊喜。顾客们也都围上来，和咖啡师傅们一起唱“祝你生日快乐”，弄得我大为窘迫，但同时又因大家齐心打拼带给彼此快乐而深深感动。

第一家店开张 6 个月后，我们又在西雅图信托投资大厦开了第二家店，那是市中心的一幢高层建筑。等到开第三家门店时，我们已经走出国门了，到了加拿大的温哥华，店铺开在一个大轮渡站内，时间是在1987年4月。这对于只有两家门店的小公司来说，也许是一个有点儿冒险的非理性之举。但我觉得，考虑到我要扩张到50家门店的野心，考虑到投资者对于我把门店扩张到西雅图以外的能力的担心，我需要借此尽快证明我的计划是可行的。这件事不能等到有了10家门店才去做，我必须尽快去做。

我们对于货币兑换汇率、海关手续和不同的劳动成本估算的复杂性一无所知，也从未考虑到在国外运作一桩生意的诸多规矩，譬如必须分设银行账户，必须有专门针对加拿大政府的企业报告，以及账面上根据外币汇率所做的调整——所有这一切只是为了一个小小的咖啡吧。

戴夫去温哥华张罗开店并在当地培训雇员。当戴夫着手开始那项工作时，你就知道不仅所有的事情都会被妥帖地搞定，而且都会在十分严格的要求下完成。戴夫在西雅图有自己的家，可他在温哥华一待就是整整一个月，住在廉价旅馆里，一心想把哥伦比亚中心店弄成西雅图店的完美复制品。这三家"天天"咖啡店的人气都特别旺。到1987年年中，我们每家店的年均销售额都达到了50万美元。虽然还在负债，但对于我们雄心勃勃的目标来说，这意味着我们已经上轨道了。作为一个团队，我们为已获得的成功兴高采烈，我们的顾客也很高兴。我的梦想成为现实。

当你看见生命中的机遇，赶快抓住

1987年3月，不期而遇的变数改变了我的生活，这变数跟星巴克有关。杰瑞·鲍德温和戈登·鲍克决定把西雅图的店铺、烘焙工厂和星巴克的名字都卖掉，只保留毕特的资产。戈登想要提现，退出咖啡事业转做其他生意，而杰瑞成天奔走于西雅图和伯克利之间，打算集中精力只做毕特留下的那部分生意。

他们一直没有声张，但对于认识他们的人来说，这件事情并不意外。关于他们那边遇到的麻烦事儿我也有所了解，也知道他们公司两个部门之间的紧张关系。我一听说这件事就明白自己应该买下星巴克。这好像是我的命运，也又一次验证了 Basbert（意第绪语：命运）。

当时，星巴克的规模要比我们的公司大得多，他们有 6 家门店，而"天天"只有 3 家。并且我的公司运作还不到一年，所以星巴克的年度销售额远比我们的高。这好比一条鲑鱼要吞下一条鲸鱼，亦如戴夫所说，"儿子要做爹的主"。然而对我来说，这一改变则是顺理成章、理所当然的：不仅是因为"天天"需要自己的烘焙工厂，而且星巴克的整颗咖啡豆生意和"天天"的饮品事业之间也正好形成完美的优势互补。更重要的是，我理解和珍视星巴克所代表的一切。

不久前，我使尽浑身解数才筹到 125 万美元。而这时，我得想办法筹到 400 万美元才能买下星巴克。我最初的支持者对"天天"短期内取得的进展印象深刻，我已经对其中的一些人许诺增加他们的股份。而其他那些最初说"不"的投资者，看到事情已发展到我要把星巴克买下来的程度，便也想及时跟进。如果这回我们能够做成，所有的投资者都会受益。

很快，我们齐心协力凑够了钱。我雇用罗恩·劳伦斯打理融资方面的会计事务，起草针对星巴克拍卖的招股计划书，他曾在一家餐馆做过几年财务工作。

"罗恩，"我对他说，"我们需要一份包括预期募资计划和完成情况的一揽子报表，还有星巴克所有的财务情况，这是要拿给投资人看的。你能在一两个星期内完成吗？”

他答应了，我们开始努力地谋划如何筹集足够的资金和增量资本。在和本地银行签订了信用协议之后，我们准备了给所有“天天”的投资人和其他一些募资对象的公开招股说明书。

我向我们的董事会陈述了情况，董事会通过了计划书。看来我们赢定了。

攥住他们想从你手里抢走的东西

可是有一天，事情差点儿全盘崩溃。就在快要得手时，我却差点儿失去星巴克。

当我们正在构建理想时，有消息说我的一个投资人打算抛开我自己去收购星巴克。他这种安排对“天天”的股东们一点儿好处也没有，倒是会给他自己和他的某些朋友带来很多利益。我看出此人是想把我从一个创办者和主要持股人的位置上拉下来，降格为一个公司职员，他要按自己的意愿来建立一个在他控制之下的新的董事会。在我看来，他的计划对我那些早期投资者也很不公平，他们正是出于对我的信任才投资“天天”的。

这样的压力几乎让我难以承受。此人是西雅图的业界领袖，我猜想他早已跟城里其他支持者串通一气了。我怕我所有那些有影响力的支持者都会离我而去，屈从这个新的安排，因为没有选择的余地。我去找斯考特·格林伯格，他带我去会见他的一个老搭档比尔·盖茨，就是微软的创办者，他身高两米左右，是城里有名的高个子。我们带着新的方案做了新的准备去见这个投资者。

比尔·盖茨答应和我一起去。

那天的会谈是我生命中最艰难、最痛苦的一次。我当时简直不知道该怎么摆脱困境，我的职业生涯危在旦夕。我走进去时，感到自己就像那个胆小狮，和伟大的奥兹魔法师一起哆嗦着走向观众。我的对手坐在会议桌的一头，摆出一副不可一世的架势。还没等我开口说话，他就开始猛烈地攻击我。

“我们已经给过你机会了，”我记得他这样吼道，“你一无所有的时候，我们向你投资，到现在你还是一无所有。现在你有机会买下星巴克了，可那是我们的钱，是我们的创意，我们的生意。不管有没有你，那都是我们打算要做的事。”他向后一靠，发出最后通牒，“如果你不接受我们给你的职位，你就永远也别想在这城里混事，你别想筹到一美元，你会成为一堆狗屎。”

我惊呆了，但也非常气愤。难道我就要这样被打翻在地，接受这样的结果吗？“听着，”我说，我的声音颤抖着，“这是我生命中的机遇，是我的创意！我把这创意带给你，你却想拿走。我们会筹到钱的，不管有没有你。”

“我们没什么要跟你商量的。”他说。房间里的其他人要么不开口，要么对他表示支持。

会议结束后，我走出去，哭了起来，就在大堂里。在这之前，比尔·盖茨曾试图安慰我一切都会好起来，但他也被会议室里的情形吓住了，我敢肯定他从未遇到过这样的情形。

那天晚上，我回家后，似乎感到自己的生命都要终结了。“没有希望了，”我对雪莉说，“我不知道到哪儿去筹钱，不知道接下来该怎么办。”

不管怎么说，这是我生命中的一个转折点。如果我接受这个投资者的要求，他就会把我的梦想彻底碾碎，他会很快以莫须有的罪名把我从星巴克炒掉。我所有的激情、一切的努力以及为之奉献的事业，将全部烟消云散。

两天后，在史蒂夫·萨可夫斯基的支持下，我和其他一些投资者见了面，我把自己的意向告诉他们：每一个“天天”的投资人都有资格对购买星巴克进行投资。这个计划对他们所有的人机会都是均等的，对我也一样。他们看到了事实，并对我说很敬佩我抵制那个不公平的计划，那是以牺牲小投资者的利益来为资本大鳄谋利，他们大家和其他一些投资者都支持我。在几个星期内，我们想办法筹齐了380万美元，这样一来，事情就不一样了。

我们许多人都曾在生活中遭遇这样的危急关头——你的梦想眼看就要破灭。你也许根本没想到会出现这种情况，但你对此做何反应是至关重要的。重要的是，记住你的价值观：勇敢去面对，但也须有公平之心，不要屈服。如果你周围的人也有同样的正直感，你就一定能赢。

当一个球冷不防重重地击到你的脑袋上，眼看机会就要失去的那种时刻一定会让你格外脆弱。显然这也是考验你能力的时刻。

我不能说我一生中事关企业的每一项决策都是正确的，但不管我取得了多少成就，不管有多少人要听命于我，我都不可能想象自己会以那天会议上所遭受的粗暴方式去对待任何一个人。当我们说星巴克的信条是“给人以敬重和尊严”时，持怀疑态度的人嘲笑说这不过是空话或自欺欺人的大话，那是因为有些人并不以此为生活准则。如果我感到某个人缺乏正直感和原则，我就不再和他有任何来往。从长远来看，与这种人交往是不值得的。

那些最初的投资者信任我，他们后来都得到了丰厚的回报。

他们伴我一起走过了困难时期，他们信任我的正直品格。我一直努力不辜负这种信任。

1987 年 8 月，星巴克是我的了。这令人振奋，却也让人心惊胆战。

当月的一天早上，我很早起床去散步，走了很长一段路。眼下，巨大的工作压力和责任都开始落到我的肩上了。我为有机会实现理想而高兴，但充满希冀的心又有些害怕，因为我得对将近 100 人负责任。我走过茂盛的植物园，看见面前一条细长蜿蜒的小路伸向前方，渐渐隐入一旁的小山顶，消失在浓浓的晨雾中。

今天的星巴克就是“天天”咖啡馆，就是我在 1985 年成立的那家公司。而后我于 1987 年买下了星巴克，并将公司更名为星巴克公司。杰瑞和戈登把他们创建的那个星巴克公司连名字一起卖给了我们。现在人们只知道他们的公司是“毕特咖啡与茶”。

34 岁时，我又开始了新的冒险。我并非靠自己手里持有的股份来把握公司的方向，而是靠着我内心的价值观，以及不断为我们的股东们创造利润的承诺。每走一步，我都努力做到少许诺而多做事。就长期发展而言，这是确保任何一项工作顺利进行的唯一途径。

02

重建咖啡体验
（自募资金，1987—1992 年）

第 7 章

睁大眼睛实践梦想

那些在可怜巴巴的夜梦中使用心智的人，醒来时会发现一切都很虚空；而白日做梦的人则面对风险的挑战，因为他们睁着眼睛实践梦想，使之变为可能。

——劳伦斯 [1]

1987 年 8 月的一个星期五，那个阳光灿烂的下午。在律师楼里签署完收购星巴克的成堆文件，我走了出来。街上的行人熙熙攘攘，就好像只是一个平常日子，我觉得浑身轻松，因为杰瑞和戈登都已在合同上签字了，我也签了——一份接一份。核对表也给在座的人传阅过了。我和每一个人握手，接受他们的祝贺。现在星巴克是我的了。

我和斯考特·格林伯格不由自主地走到街对面的哥伦比亚中

1. 劳伦斯，英国考古学家、作家。——译者注心，走进我们的第一家“天天”咖啡店。那会儿是下午两点，夏日的午后，里面只有一个顾客，一个凝神沉思的女子靠窗而立。我和咖啡师傅打了招呼，他还不知道我们刚刚完成的企业转变。他给我做了双份浓缩咖啡，上面加了发泡奶沫，高高地堆在咖啡杯上，给斯考特做了卡布奇诺。我们坐在靠窗的吧凳上。

我们两人都是 30 岁出头，几年前才在篮球场上相识，现在却在一起做着 400 万美元的大生意。很明显，这对作为律师的斯考特来说是一个重大的决策，而我从一个刚加入时的雇员变成了星巴克公司的总裁。

斯考特把公司的计划书摆在我俩之间的桌面上，厚达 100 页的机密文件是我们用来募集资金的，上面印有对“天天”和星巴克来说是一个重大决策的两个标识。当初我们以十二分的细心来起草这些文件，清清楚楚地列出“天天”收购星巴克的条款。有好几个月，这份计划书几乎成了我们的“圣经”，现在看来算是完成历史使命了。这是一个令人振奋的时刻，是你几乎不敢相信自己曾身历其中的时刻。斯考特举起手里的咖啡杯表示祝贺，他的眼睛闪闪发亮。“我们做到了。”我们一起感慨。

回归星巴克大家庭

接下来的那个星期一早上，1987 年 8 月 18 日，新的星巴克诞生了。

我再次穿过老式的咖啡烘焙工厂的前门，以前也曾多少次经过这道门，然而，这一次是以一个拥有者和公司总裁的身份穿过这道门。我径直走向咖啡烘焙机，那位烘焙工人微笑着在我背上拍了一下，然后转身去侍弄冷却盘上的咖啡豆，那上边都是新烘焙好的咖啡豆。我把手指伸进温热的、芳香的咖啡豆里，抓起一大把，慢慢地在手指间捻弄着。触摸咖啡豆会提醒我注意所有关于星巴克的现实问题，这后来成了我的一个习惯。

我走进工厂，人们向我微笑，拥抱我，欢迎我，就像是回到家里一样——这香味，这声音，以及所有这些熟悉的面庞。盖·尼文在那儿，一头明亮的金发，还有德勃拉·蒂帕·霍克，他现在管理着5家店。我很高兴见到德夫·西莫尔和汤姆·沃尔茨，他们是烘焙工。虽说表面上他们都向我表示祝贺，但我知道，一些人的内心会忐忑不安。他们的生活被改变了，他们在决策过程中没有说一句话的份儿。他们知道星巴克将会发生变动，但他们不知道它会变成什么样子。我会使咖啡的质量下降吗？我会让一些雇员离开吗？或者，我会忽视他们在职业上的升迁要求吗？我那个快速增长计划行得通吗？

10点钟左右，我把每个人都召集到烘焙工厂的一个大会议室里。这是我买下星巴克后的第一次会议。

我的兴奋多于紧张。我在一张卡片上写下了几个要点，以提醒自己在大会上讲话时应该注意的事项。

这些要点是：

1. 发自肺腑的讲话。

2. 设身处地为他们着想。

3. 与他们一起分享一个大梦想。

但我一开始讲话，就发现自己根本用不着这张卡片。

“回来的感觉真好，”我一开口就这样说，屋子里的紧张气氛开始缓和，“5 年前，我为这个公司改变了自己的生活。我这样做是因为在这儿看到了你们的激情。一直以来，我所有的努力都是为了成为有着共同理想和远见的团体中的一员，成为这样的公司中的一员。我在你们身上看到了这种远见和理想，我敬佩你们。”

“我今天来到这里，是因为我热爱这个公司，我热爱这个公司所代表的一切。”我告诉他们，我们要携手打拼，我们星巴克在西雅图人心里，并以多种形式发展到全美范围去。我们有能力把咖啡买卖做成一个非常大的生意。

“我知道你们心里有些不踏实，我知道你们的担忧，”我说，“你们当中有些人甚至还会有些愤怒。但是如果你们愿意与我同行，那么我向你们保证，我永远不会丢下你们不管，我不会让任何一个人落在后面。”

“我要你们相信，如今我在这儿不会做任何有损公司尊严的事。”

对于我来说，和他们讲这番话并不困难，因为我曾是他们中的一员。

我宣布我的目标是建立一家全国性的公司——我们所有的人将来都会为它的价值和行为准则而骄傲的公司。我谈到了自己对公司发展的见解，并保证我的方式只会给星巴克带来增值，不可能让其贬值。我坦率而真诚地向他们解释，希望在座的人能参与这个进程。

“5 年后，”我告诉他们，“我要你们回忆起今天，并且能够说：‘我一开始就在这里，我参与了把这个公司建设成一个伟大企业的过程。’”

最重要的是，我要他们相信，不管有多少投资者，别人拥有多少股票，星巴克都是他们的公司，而且一直会这样。无论在精神上还是实质上，星巴克都属于他们。我告诉他们，星巴克最好的时光已经到来。

我一边说话一边看着他们的脸。一些人看上去愿意相信我所说的话，但还有一些戒心。另一些人则不打算买我的账——至少目前还不打算，他们露出不屑且怀疑的神色。

这是我从里到外都非常了解的公司，回到这儿我又有了不可思议的优势。我了解所有的环节，无论是它的缺陷还是长处。有了这种洞察力，我就可以预见什么是可能的，什么是不可能的，以及我们可以走多远。

可是没过几天，我发现了自己的认识中有一条沟壑：星巴克公司目前的人心非常涣散。在我离开的那 20 个月里，公司内部的分歧日益加剧。人们变得愤世嫉俗、心怀戒意，那是一种才华不被赏识而无以施展的沮丧。他们感到被前任的管理层抛弃了，对于我的到来又有一种焦虑心理。我最初加入星巴克时那种无处不在的信任和共识已被消磨殆尽了。

一个又一个星期过去，我对这种毁坏程度有了全面的了解。显然，建成一个管理层和雇员之间相互尊重的人际关系良好的新公司，成为我的当务之急。如果不能解决这个问题，我所有的目标和梦想将会化为乌有。

这对我来说是一个极大的教训。一个企业的计划不仅是写在纸上的那些文件，如果公司的员工不买账，即便是最宏伟的企业计划书也只会是一纸空文。公司员工与领导层若没有同样的行动目标和忠诚程度，那么发展公司的计划是不可能持久的，甚至不可能正确地实行。员工们会不接受这个计划，除非他们相信领导层的判断力，并且相信他们的努力能得到认可和重视。

从“天天”那个小小的团队就可以看出，即使大家相信自己所做的事，并以由衷的热情去做，以很少的人手就能取得很大的成就。我知道，如果星巴克人的热情能够被激发出来，成就一定会大得多。

要赢得星巴克雇员的信任，唯一的方式就是真心对待他们，与他们分享我的计划，展望未来的兴奋；接下来，就要兑现我所说过的话，把我向他们保证过的东西给他们——如果不能更多，起码也要有基本的保证。如果不能让他们看到我的实际行动，那些保证在他们看来就是空话。

但这需要时间。

开上快车道

“缺乏管理经验”是我们写进收购文件的风险因素之一。这是一个过低的评估，我有至少两年掌管一般性公司的经验。戴夫·奥尔森打理过一家小小的咖啡吧，有11年的经验。我们的财务总监罗恩·劳伦斯，在好几家机构做过会计和财务总监。克里斯汀·戴能够应对任何交给她的事情，只是她从未当过经理。

我们4个人现在完成了把星巴克并入“天天”的大动作，而且将在5年内开125家门店——这是我们对投资人的承诺。我们计划随着自己专业水平的提升，能在第一年开15家门店，第二年开20家，第三年开25家，第四年开30家，第五年开35家。这应该没有问题。销售额做到6 000万美元，利润也会随之增长。这计划看上去不错。

我从来不会将就着做事情，我要做就要做到完美。为了实现这一目标，我抓紧时间边学边干，尽快聘用有经验的经理，采取有效步骤赢得星巴克雇员对我的支持。

意识到该做什么、必须做什么，使我在心理上对事业的艰巨性做好了充分的准备。在那些日子里，我感到自己就像顶着狂风穿越隧道。那些我从未遇到过的紧迫性问题接踵而至，其中任何一个麻烦都让我十分头疼。

第一个星期一，一大早我便被告知，一个关键岗位的星巴克烘焙工兼采购员决定辞职。对我们来说，他的离去不仅仅意味着我们失去了一个有经验的烘焙工和采购员，毫不夸张地说，这让戴夫·奥尔森不得不没日没夜地琢磨采购业务和研究复杂的烘焙技术。但幸运的是，他干得兴致勃勃。

这一变故对于戴夫来说倒是一份意外之喜。他和我一样有付出也有所得：掌握了一项新的技能。由此，他开始了他在世界著名咖啡产地的寻觅之旅，去跟生产商打交道，熟悉咖啡产业链的经济结构。凭着作为最好的酿酒师所拥有的鉴别力，他一直是我们当中鉴赏咖啡最有价值的“鼻子”。现在，他开始探索不同的咖啡来源和咖啡豆的混合方式，这样一来星巴克咖啡的品质必将得到更大的提升。

我们都习惯了将不可能的事情变成可能。在最初的两个月里，罗恩·劳伦斯停止了募股，他必须把星巴克的财务账目与“天天”的合到一起，录入新的电脑结算系统中，光是转换会计系统就让他忙碌不堪了，除此以外，他还要编制年终财务审计报告。“大功告成，”在清理完自己的账目后，他问，“还有什么要干的？”

我自己这边亟待处理的事儿更多。我意识到需要有人帮我打理星巴克，这人必须是一个有经验的公司经理。我去见了一个朋友介绍的人——劳伦斯·梅尔茨，他比我年长 15 岁，有着 20 年的企业工作经历，其中有 8 年是在一家效益不错的生产饮料的上市公司当总裁。

劳伦斯在 1987 年 11 月成了星巴克的股东，并担任公司的执行副总裁。我让他主管企业运作、财务和人力资源方面的事，而我自己则负责公司发展计划，还有不动产、产品开发、市场和总体营销，以及处理与投资者的关系等。

我们小小的管理团队来不及盘查我们快速发展中的欠缺。我们一上来就有点儿迫不及待，只顾一个劲儿地朝前冲。展望未来，我看见的是一幅生机勃勃的缤纷画面，而不是那种色调沉闷的静止生活。

既然已跟星巴克合并，原先“天天”拟于5年内开出50家门店的计划似乎没必要再提了，但我在1987年向投资者承诺的5年内开出 125 家星巴克门店，实际上已包含了这一计划。我们总有一天要走向公众生活。顾客们将会非常敬重我们的品牌，“来一杯星巴克”将来会成为他们挂在嘴边的话。新的咖啡馆会在西雅图以外的许多城市开张，没准儿我们真能改变美国人喝咖啡的习惯。

许多人对我说过这是不可能的事。但这对我和星巴克的伙伴们来说正是其魅力的一部分——把老规矩搁在一边，抓住看似不可能抓住的机遇，攀登难以登顶的巅峰。

当然，我对企业成功与否的判断标准并不是增开的新店数量。我要创造一个最出色的咖啡品牌，创造一个运作良好的对公司同人负责的企业。我想要把企业提高到这样一个标准：使我们的人为在这里工作而感到骄傲，因为这个企业关心他们，而他们也会努力回报这个企业。

在早期的那些岁月里，我在致力于建立他人对我的信任的同时，开始构想一个最终要建成的公司的模样：在公司里营造出一种以人为本的氛围。这应该是星巴克企业使命的精华所在。若不是大家都对此深有共识，要取得成功是不可能的。为了实现这个理想，我们的企业应该做到：看重自己的员工，由此激发他们的创造力，并与共同努力创造长期利益的团队共享成果。

我想建立的是这样一个公司：它的长期兴旺基于自己的价值观和指导原则的竞争优势。我想要吸引和雇用那些为着同一个目标一起工作的人，他们不会窝里斗，喜欢挑战别人以为不可能达到的目标。我想要创造这样一种企业文化，即个人在其中不仅能得到满足，而且能够得到他人的尊重和羡慕。

我不做小梦，我做大梦。

如果你想要建立一个伟大的企业，你就必须有勇气去做伟大的梦。如果你只是做小梦，那么你所取得的成功也不会大。对许多人来说，也许那就够了，但如果你的目标是让人刮目相看，那么，勇敢些吧。

谁会羡慕唾手可得的梦呢？

是“天天”还是“星巴克”？

收购星巴克以后，我做了有关统一企业标识的重大决定：我们是保留“天天”的名字，还是统一叫作“星巴克”？

对大多数亲历创业的企业家来说，放弃自己第一家公司的名字就像是丢掉了自己的孩子。在感情上，我对“天天”无疑眷恋有加，它是我从一无所有的境况中一手建立起来的。然而，星巴克的名字却更广为人知，而且我知道自己心里也认定选择这个名字肯定没错。不过我还是要跟“天天”的初创者们认真权衡一下利弊。

为了验证自己的直觉，我找了泰瑞·海克勒，就是他在若干年前帮着起了星巴克这个名字。他还给西雅图几个成功的企业和产品起过名字，其中包括大名鼎鼎的 Cinnabon 肉桂卷连锁店、Encarta 百科全书电子版、Visio 操作系统。我决定召开两次会议——分别是主要投资者和雇员——来讨论这个问题。我要求泰瑞分别在两次会议上向大家表明他的意见。

他的意见是用“星巴克”这个名字。他说，“天天”这个名字不容易拼写，发音也难，人们更难以理解其内在含义。由于它开张还不到两年，在一定范围内尚未获得相当程度的认可。这个意大利文名字虽然表明了浓缩咖啡的意思，但问题是我们都不是意大利人。

反过来说，“星巴克”这个名字则具有某种魔力，它会勾起人们的好奇心，在西雅图也确实营造了毋庸置疑的氛围和凝聚力。加之邮购快递业务的缘故，目前这个名字已为全美消费者所知。星巴克不仅意味着一种独特而有魔力的商品，而且具有地道的美国味儿。最困难的是说服“天天”最初的那些雇员，他们热爱这个意大利名字，因为它抓住了浪漫和正宗意大利浓缩咖啡的体验。这个小小的“天天”团队已经成为一个联系紧密的大家庭，成员们很害怕曾为之努力奋斗的事业会被他们眼中有着 15 年经营经验的巨头吞噬掉。

在经历了多次心灵交流之后，我们最终确定把“天天”的名字搁在浓缩咖啡吧的字样下边，上面则换成了星巴克的名字。在事情发展的整个过程中，我明白我必须放下自我。

出于对公司长期发展的考虑，我们让大家斟酌哪个名字最具竞争力，这名字必须是人们能够认同并容易记住的，必须能与人们的精神发生某种联系，必须能给大家带来利益。这样一个名字，只能是“星巴克”，而不是“天天”。

为了体现两家公司、两种企业文化的联姻，泰瑞设计出了融合两个公司标识的标识。我们保留了星巴克标志上戴着星星冠冕的塞壬图案，但又把塞壬的形象设计得更现代一些。我们丢掉了它那老派的棕色基调，代之以“天天”标识上那种鲜亮的绿色。

我们逐家店地更换星巴克原来的标识，把棕色换成绿色，把旧大陆的老面孔变为意大利式的优雅。在这番改造中，我们也对店铺和商品进行了重新包装，一切都基于新的营销策划理念，使所有的店铺既适合销售整颗的咖啡豆，也能让顾客落座，饮用浓缩咖啡。这两者的结合创造出一种新的店铺模式，更像是零售店而不是餐饮场所，此后这就作为星巴克的独特营销模式固定下来了。

这是持续而长久的联姻。

信心的关键性展示

到了1987年12月，在芝加哥、温哥华开张的新店一直都保持着高水准的品质，一些起初对我的意图还持怀疑态度的雇员也开始建立起信心了。

我的目标是，人们因为在星巴克工作而感到骄傲，相信管理层能够以诚待人，尊重雇员。我确信在我的领导之下，雇员们将会相信，我会听取他们的想法和意见。如果他们对我本人和我的动机有信心，他们就不再需要工会了。

一位在零售店工作的雇员对于是否需要工会心存疑问。这个叫达利·摩尔的雇员在1981年读大学时就在我们的贝拉维尤店做兼职工作了。后来在仓库里做了6个月，在1985年的风波中，他在工人们发起组织工会时投了反对票。虽然他出身蓝领家庭，但他认为只要星巴克管理层能够回应雇员们的要求，就没有必要组织什么工会。他一度离开星巴克自己创业，1987年又回到了星巴克，在派克市场门店里做咖啡师傅。当他看到我在星巴克做出的改革后，他开始跟他相识的雇员和工会代表进行理性辩论。为了确定工会是否有存在的必要，他还亲自做了一番调查研究。他写了一封信，拿到星巴克的各个店里去征集签名——不再要求工会来代表自己。他拿到了多数票，在1988年1月份把那封签名信递交到美国国家劳工关系委员会。结果，在达利的努力下，工会不再作为我们店里雇员的权益代表了，当然它仍照应我们的仓库和烘焙厂工人，这种状况一直持续到1992年。

有那么多雇员接受了取消工会的决定，表明他们开始相信我能够践行自己的允诺。他们的不信任感渐渐消失，人员的士气开始上升。我知道，我一旦获得他们的完全支持，就能完全信赖他们，让他们和我一样焕发出那种热情——把星巴克咖啡的品牌推向全美各地。

第 8 章

让自己情迷，才能虏获他人的心

不论你能做什么，或者在梦想什么……着手去做就是了。

勇敢中包含了天赋、能量和魔力。

——歌德

1987—1992 年，星巴克只是一个自募资金的公司。我了解自己的职责所在，我的使命就是使星巴克成为一家众人瞩目的公开上市公司。在投资者的支持和批准下，也靠着雇员们的绝对信赖，我们立刻开始推进诸多事宜：向全美各地的拓展，雇员的各项福利，今后的投资项目，管理水准的提升。

以下几章将细述我们在第一项工作中取得的进展，同时追忆在重组星巴克那几年——我们的企业文化逐步形成的过程中，我们所学到的重要课程。那段岁月里，围绕公司的核心价值观我们曾有过许多争议，我们在有的事情上坚持了自己的理念，而在其他一些事情上也学会了妥协。

肉与薯片城里的风味咖啡

我们进入芝加哥市场也许是那一时期最冒险，也最让我们灰头土脸的事情。事后再看，简直不能相信我们在星巴克发展初期就走了如此冒险的一步。

那念头其实在“天天”与星巴克联姻之前就已萌生。虽然当时我们只有西雅图的两家咖啡吧和加拿大温哥华的一家咖啡吧，但我急于证明自己打算在北美诸多城市扩张的想法是正确的。我想，如果其他城市的人们能够接受这种比他们习惯的口味更为浓烈而强劲的星巴克咖啡，我们那至关重要的测试就立见分晓——我们的零售咖啡店能否成为人们的日常聚会之处，就如我在意大利所见？如果咖啡豆零售与咖啡饮品的结合能够推向全美，我们就应该在远离西雅图的地方进行试验，而且越快越好。

其实当收购星巴克的时机到来时，我们的扩张计划本该更为审慎地向后推延。然而，即使在为筹钱募资忙得焦头烂额的时候，我也没打算放弃进入芝加哥市场的计划。这个想法是，一旦星巴克和“天天”合并，在西雅图以外设店就变得更为迫切。我的目标是把星巴克做成全国性的公司，我想知道的是，什么会妨碍这一计划的实施。

许多企业专家提出各种理由反对我们在芝加哥设店，认为小小的“天天”没有基础去支撑如此重大的扩张。芝加哥在 2 000 英里以外，从距离上看很难从西雅图及时向那边供应新鲜烘焙的咖啡豆，那么，怎么保证我们的咖啡能以顶尖水准打入福尔杰和麦氏咖啡的心脏地带呢？我还被告知，芝加哥人从来不喝重烘焙咖啡。就外卖而言，他们也更喜欢在本地的连锁便利店“White Hen Pantry”购买咖啡。

当时，我若能听取这些明智的意见，就该等到收购完成，在西雅图有了更坚实的家底后，再慢慢向周边城市扩张，特别是波特兰和温哥华，那两个地方的人显然比较偏好特种咖啡。

但我偏要进入芝加哥市场。那是个气候寒冷的地方，很适合饮用热咖啡，而且它的中心区域要比西雅图大得多。那是一个充满邻里情谊的城市，人们喜欢聚集到本地一些公众场所。在1971年之前，西雅图人压根儿不知道什么叫重烘焙咖啡，怎见得芝加哥人就不会很快喜欢上它？说不定他们比西雅图人学得更快呢。

事情定了以后，芝加哥的房地产经纪人向我们推荐了三四处店址，杰克·罗杰斯和我一起去考察了一番。杰克是“天天”的早期投资人，做连锁店和餐馆很有经验，他就是芝加哥人。他待人有种父亲般的关爱，并且很有同情心，他后来成了我们的朋友和顾问，而我们只给了他很少一点儿根本抵不上他辛劳付出的股份。他曾是“天天”董事会的成员，我们买下星巴克后，他成了一名执行总裁。他作为我们的管理团队中的重要成员，整整为我们工作了10年。

由于“天天”财务拮据，出差时杰克和我只能睡一个房间，那会儿还没有完成对星巴克的收购。第二天，当我们穿过芝加哥拥挤的街道去考察店址时，我说：“杰克，从现在开始再过5年，从这儿走过的每一个人都会端起星巴克的咖啡杯。”

他看着我，笑着说：“你疯了。”

可我就是看到了这番前景。

我们随后签署了租房合同，那个店铺就在市中心，靠近西杰克逊和范布伦，离西尔斯大厦只有一个路口。我派克里斯汀·戴去照管那儿的后勤事务，她去了之后就从黄页电话簿上寻找货运公司。

我们不知道是否能做成，但我们就这么做了。

1987 年 10 月，我们在芝加哥开了第一家店，当日正逢股市大跌。当然，股市灾难是另一回事。我没有意识到芝加哥那家店须将转门朝向大堂。芝加哥的冬天很冷，风又大，没人愿意跑到外面喝杯咖啡，而我们的咖啡吧恰恰面朝大街。没过几年，我们只好关门大吉，我们有几次错误就出在店铺选址上。事后看来，我觉得也许关掉店铺才是真正的错误。如果我们有点儿耐心，也许它能熬到今天。

我们迫不及待地把店开到芝加哥，是因为太钟爱我们的产品了，总以为别人也会爱上它。接下来的 6 个月，我们又在那儿开了三家店。但等到长长的冬天过去时，我们才意识到芝加哥人并不想找上门来买我们的咖啡。另外还有些其他的问题，在那儿，我们的咖啡的价格也显得有些偏高。正如许多投资人一样，许多顾客对我们的咖啡和梦想没有兴趣。

在接下来的两年内，我们在芝加哥损失了好几万美元。星巴克的部门负责人提出了一些尖锐的问题，一开始，我确实不知道怎么回答才好。我知道那几家门店最终会运作成功，但我怎么证明这一点呢？

1989 年下半年，当我们费尽力气募集风险资金时，某些潜在的投资者看着我们在芝加哥苦苦挣扎（那是对我的整个扩张计划的威胁），实在搞不清星巴克到底是在引领潮流还是节节败退，除非我们能在芝加哥站住脚，否则无从证明我们向整个北美扩张的计划具有可行性。我们想方设法筹到了所需的资金，但每股的价格比我们的期望值要低很多。

这种情况一直持续到了1990年，在聘请了霍华德·毕哈打理我们的零售业务之后，芝加哥的店才开始有了转机。解决的办法包括雇用有经验的经理，同时提高咖啡售价以应对上涨的房租和人力成本。然而，真正解决问题的是时间。在芝加哥，忠诚的顾客对星巴克的评价也跟西雅图的顾客一样，只是这类人数量不多。到了1990年，一大批挑剔的顾客开始对我们的咖啡有了比较全面的了解，他们点过我们的滴漏式咖啡——通常要比他们习惯的口味浓烈些，也点过我们的卡布奇诺和拿铁——对于初次品尝的人来说，这两种咖啡大抵更有吸引力。对我们有所了解之后，芝加哥人也都慢慢喜欢上了重烘焙咖啡。

今天，星巴克与芝加哥的文化习俗结合得如此水乳交融，以至于许多当地人以为星巴克是一家本地公司。

打消疑虑

随着时间的推移，我们逐一实现了既定目标，变得越来越自信。我们加快了开店的脚步，计划每年都要超过既有的水平。在11家店的基础上，我们在1988财务年度又开了15家新店。在接下来的一年，我们计划要开20家新店。我们意识到，原定的目标并不像起初看上去那么难以达到，我们要有一种挑战自我的勇气，敢于把目标定得更高些。我们开店的速度要比原定计划快很多：在 1990 财务年度开了 30 家店，在 1991 财务年度开了 32 家店，在 1992 财务年度又开了 53 家店——所有的店都归公司所有。每当我们实现了一个大的梦想，就开始盘算着做更大的梦。

然而，这种自信总会被某种担忧制衡。随着我们的企业越来越引人注目，我就越来越担心会唤醒那些沉睡着的巨人——那些大一统的垄断性食品公司。倘若他们早早涉足营销特种咖啡，早就把我们打败了。但随着时间一个月一个月过去，一个季度一个季度过去，一年一年过去，随着我们打入一个又一个市场，我越来越有信心了——取代我们已经越来越难了。由于他们的生意是一种累进式的打折销售模式，而且他们没有做零售店的经验，因而不可能像我们那样与顾客建立起一种亲密的关系。

我对来自其他特种咖啡的竞争也曾有过担忧。他们中有不少连锁店经营不善，剩下几家拥有自己的优质烘焙咖啡豆和自己的店铺，在各自的地盘上名声颇佳。如果他们中间哪家有意向全美国发展，并能得到相应的资本，就有可能对我们形成很大的威胁。可是居然没有哪一家打算扩展，而且他们想扩展也晚了。

我们的竞争策略是：以最好的咖啡、最好的服务和最亲切的气氛来赢得顾客。如果可能的话，我们要在每一个市场上都成为最好的一家，当然我们的胜利靠的是公平竞争，以及有尊严、有高度的原则。

直到 1991 年，我们才最终圈定从芝加哥到沿太平洋的西北部地区的扩张版图，从波特兰开始，穿过西雅图，直抵温哥华。我们的策略是先在某一处立住脚，在当地形成强势效应，然后向另一处扩张。

即使注意力都放在这种以区域为中心的扩张战略上，我们也发现自己开始有了来自全美各地的邮购业务。星巴克的邮购业务始于 20 世纪 70 年代中期，大部分邮购要求来自那些光顾过星巴克的顾客，他们也许不久前离开了西雅图。最初，我们只是根据本公司的宣传简介册向顾客提供邮购产品。1988 年，我们第一次做了自己的邮购目录，把简单的邮购业务扩展到目标人群中去。到 1990 年，我们购置了一套电脑控制的电话系统，开通了 800 免费电话。这使我们从原先与顾客一对一的联系发展到与一个顾客群的交流，说到咖啡，那是一批最有见识的顾客。在我们成为全国性零售连锁店之前，邮购业务在培养一批铁杆顾客、建立星巴克的全美销售网络方面是一个极好的中介。因为通过邮购途径淘宝觅物的人总需多费一分心力，所以邮购者通常会成为最忠诚的顾客。他们聚集的地点，便也成了我们在城市和社区开店的重要参考因素。

到 1991 年，我们准备进入下一个大市场，大家一致认定那应该是加利福尼亚。那儿是居住区辐辏的中心地带，人们对优质创新食品持有开放态度——那里充满了各种机会。尽管它是一个不同种族杂居的大州，我们还是把它视为一个统一的市场。那里人口众多，如果我们很快开出多家店铺，就能在很大范围内取得成功。另外，那个地方靠近西雅图，原料供应和管理上也方便一些。

可是先从哪儿进入加利福尼亚，这事情还有争议。有一种意见是从圣迭戈开始，而我主张从洛杉矶开始。但有人告诫我洛杉矶地区状况太复杂，那儿的人只开车，不走路，这对我们的经营方式将是一种威胁。也有人质疑，在一个气候温暖的地方，星巴克咖啡是否会受欢迎，那儿的人们会选择喝热咖啡吗？

尽管有些反对意见，最后我还是一锤定音："我们去洛杉矶。"

在建立零售品牌时，你必须创造一种吸引人们注意力的最佳方式，即成为一种时尚，还得有那些引领潮流的人物为你的产品"代言"。由于洛杉矶在时尚方面总是在全美拔得头筹，它对全美各地都有一种文化辐射作用，对于星巴克来说它真是一个完美的地方。如果我们成为好莱坞认可的咖啡品牌，那么这不仅有利于我们向加利福尼亚其他地区的扩张，还能使我们一跃成为全美其他市场的顶尖品牌。

多亏了审慎周密的计划和一点儿好运气，洛杉矶马上就拥抱了我们。在开第一家店之前，《洛杉矶时报》就把我们称为全美最好的咖啡。跟我们在芝加哥的遭遇不同的是，在洛杉矶我们几乎没走任何弯路。仿佛一夜之间，星巴克就成了时尚。我发觉，口口相传的效果实在比广告更好。

进入旧金山就相对难一些。在1987年8月收购星巴克时，我们同意4年之内不在加利福尼亚北部地区设店，以避免跟"毕特咖啡与茶"竞争。我给杰瑞·鲍德温写过一封热情洋溢的信（他仍拥有"毕特咖啡与茶"），向他询问我们是否有机会携手开发市场，而不是竞争。但他说不行。

到了1992年上半年，我们准备进入旧金山，可是当时面临着另一个问题：这个城市禁止在一些主要城区把商场改建成与餐饮业有关的店铺。这样只能让顾客站着喝咖啡、吃点心，而不能像别的一般零售店那样设置座椅。我们冒了个险，把店开在一条主要购物街上。亚瑟·鲁宾菲尔德当时是房地产中介人，他联络了其他一些咖啡店主，说服市政当局增加一条新的城规分区政策，允许“饮料店”设置桌椅。新政策一出台，我们马上开出许多咖啡吧，给旧金山一些社区的邻里来往注入了新的活力。

在这种快速发展的态势面前，我们最大的怀疑者是特种咖啡连锁店。他们中的许多人认为我们的计划行不通，甚至阿尔弗雷德·毕特，一个一生痴迷于星巴克咖啡的人，也预言如果我们要面向全美，星巴克咖啡的优秀品质就会遭殃。

他们怀疑的原因之一出于一种传统理念：一般而言，出售整颗咖啡豆的企业应该把市场做在本地，咖啡店必须邻近烘焙工厂。如果你把新鲜烘焙的咖啡豆穿过半个大陆运向外地，大多数人都会认为，这样的咖啡豆会丧失固有的风味和新鲜的口感。

1989 年，我们以令人难以想象的方法解决了这个难题。我们使用一种名为“风味锁定袋”的真空包装，用一次性阀门使二氧化碳气体逸出，同时不让有害气体和潮气进入。这种装置是星巴克在 20 世纪 80 年代初只为大宗交易准备的，现在被我们用作咖啡豆的保鲜设施，刚烘出的咖啡豆分成每 5 磅一包用箔纸裹封运往各地。一旦拆开，新鲜感就会有所减弱，所以咖啡须在 7 天内售出，逾时便捐给慈善机构。

回想起来，重新启用风味锁定袋是一个关键性的决定，这使得我们的扩张战略得以推行。采用了这一包装，我们就能为离烘焙工厂几千英里的地方供应最优质的新鲜咖啡豆了，这就意味着我们不必在星巴克进入的每座城市都建立一个烘焙工厂。甚至连我们西雅图本地的咖啡店，虽然离烘焙工厂只有几分钟路程，但也采用这种袋子，以保证用上最新鲜的咖啡豆。

每一次我们在一个新地方开店，总有人预言我们会失败。但到目前为止，他们都错了。

对我来说，做企业的兴奋之处在于不断攀登。我们意欲取得的每一次成功都像朝着人迹罕至的陡峭山峰攀上一步。攀登的难度越大，到达山顶时所感到的兴奋度和满意度也就越强。当然，正如所有全身心投入的登山者一样，我们总是在寻找更高的山峰。

第三空间

我很愿意把自己看作一个有远见的人，但我必须承认，特种咖啡的发展之快之大，超出了我原先的想象。

没人相信浓缩咖啡会走下神坛，变成如此大众化且被广泛接受的饮料。

没人预见到，咖啡吧和咖啡贩卖车会出现在全美的大街小巷和办公大楼的大厅，而且数量逐月增加。

没人想象过，就连快餐店、煤气站和便利店也会挂出“浓缩咖啡”的招牌以招徕顾客。

一种零售模式的全新创意，通过一整套体系化的构建而全面创造了历史——在这一时刻，对任何一个起初就认识到其优势所在的人来说必然意义重大，回报也相当丰厚。当它成为一种新的社会现象，进而演变为一种新的词汇，出现在电视节目和情景喜剧中，成为美国的代表词汇之一，以及文化和时代的一个特定因素时，它的意义就远远超过了企业家本人或一个小型团队的一时之间的头脑风暴。

星巴克在众多不同类型城市的成功使我暗自思忖：人们是怎样来回应我们的努力的？为什么星巴克以及相似的咖啡店，能在如此众多个相异的地方奏出和谐之乐？我们需要履行的义务是什么？为什么那么多顾客愿意排很长的队来买星巴克的咖啡？为什么有那么多排队者手上拿着外卖咖啡往外走？

最初我们只把原因归结为咖啡出色。

但随着时间的推移，我们意识到，我们的咖啡店具有一种更为深沉的浪漫情怀，给予了人们一种与咖啡同样有吸引力的氛围。

品尝浪漫。人们在日常生活中每天抽出10~15分钟，来星巴克店里小憩片刻。除了这儿，你还能在哪儿找到一进门就能闻到一股苏门答腊或哥斯达黎加咖啡香味的地方？你还能上哪儿去领略维罗纳和米兰风情？只要点上一杯咖啡，你就能享受到异国情调，为平凡的生活增添几许浪漫。

负担得起的奢侈消费。在我们的店里，你也许会看见警察或一个普通工人和一个富有的外科医生站在一起排队。那个蓝领工人也许买不起外科医生开来的奔驰车，但他可以花上两美元和那个外科医生买一杯一样的卡布奇诺。他们两人同样享受着一种世界和一流的产品。

一片绿洲。在这个喧嚣不断的世界，我们的店堂向你提供片刻的宁静，把你的思绪引向自身。星巴克的人对你微笑，迅速为你提供服务，而不会来打扰你。一个走进星巴克的人可以让自己获得片刻的喘息，从百事缠身、精疲力竭的状态中暂时解脱。

悠闲的社交互动。一家广告公司曾在洛杉矶的一处闹市为我们做了一项民意调查。众人交口称赞的一点是："星巴克是一个人际交往的好地方，我们去星巴克是出于交流感情的需要。"

奇怪的是，这个广告公司的调查发现，只有不到10%的顾客会在店里与他人交谈。大多数顾客只是默默地等在线外，然后告诉收银员自己要点的东西。但不知怎么回事，只有在星巴克店里，他们才感到自己融入了社会群体之中，除了每天瞧见家人的面孔之外，星巴克是使他们感觉最亲切的一个地方。

在美国，我们已经处于丧失人际交往的危险之中，而对于许多欧洲人来说，这种交流则是日常生活的一部分。在 20 世纪 90 年代，咖啡吧成了人们社交活动的一个重要地点，因为他们需要有一处不受骚扰的聚会地点，一个工作和家庭之外的“第三空间”。佛罗里达的一位社会学教授雷·奥登伯格，写过一本证明这种需求的专著，就是 1989 年出版的《第三空间》。

奥登伯格的理论是，人们需要非正式的公开场所，他们可以在那儿聚会，把对工作和家庭的忧虑暂时搁在一边，放松下来聊聊天。德国的啤酒花园、英格兰的酒吧、法国和维也纳的咖啡吧就为人们的生活创建了这样的场所。这些场所为人们提供了一种所谓的中间地带，在那儿，所有的人都是平等的，谈话是主要的活动。美国过去也有这样的场所，比如小酒店、理发店、美容店。但随着美国的郊区化，这些场所慢慢消失了，被自给自足的郊区家庭取代。就奥德伯格的观察来看：

> 没有这样的场所，都市地区就无法培育出各种人际往来以及各色人等的交流接触，而这些恰恰代表着一个城市的本质。由于失去了这类场所，人们只能被限制在自己的小圈子里。

然而，不管以何种方式进入这种角色，星巴克还没有完全达到理想状态——第三空间。我们没有足够的座位，而顾客们也不可能经常在店里碰见他们的熟人。大多数顾客只是买了咖啡，然后离开。美国人对交流仍有非常迫切的需求，一些顾客已经开始在星巴克里聚会、约见朋友、举行会议，常客之间也会打招呼。一旦我们理解了第三空间的强大需求，我们就能够做出回应，辟出更大的店堂，设置更多的座椅。在有些店里，我们周末晚上会雇来爵士乐队助兴。

因为我们最初的创意是提供一种快速的不设座椅的服务，同时在市中心写字楼兼做外卖，在今天看来，星巴克发展得最快的店铺都设在市区和郊外住宅密集之处。正如我们所预期的那样，人们不会半路下车只为了买半磅咖啡，然后再去超市。他们来我们店里是为了感受气氛和朋友情谊的。

在社会学家指出人际交往的重要性之前，我们的同代人在他们 20 多岁时已经理解了这一点。而青少年，他们没什么有安全感的地方可去，只好去商业区闲逛。等他们年长一些后，有些人觉得酒吧里太嘈杂，无法作为理想的聚会场所，于是他们来到咖啡店或咖啡吧。这儿的音乐比较舒缓，适合谈话。这是灯光明亮的地方，没人打牌，没人喝得烂醉。有时，会有一群人在去看电影或进行其他娱乐活动之前先到星巴克来碰面，有时，他们只是聚在一起聊聊天。

店里的气氛显然也是十分浪漫的。我们接到过一些夫妻的来信，他们曾在星巴克约会过，不论是在早高峰期间还是清闲的晚上，他们都享受了美好的浪漫情调。甚至有一对夫妻是在星巴克店里结的婚。

20 世纪 90 年代的一些社会风气也有利于这种聚会场所的发展。越来越多的人过着两点一线的生活——从家到工作地点，远距离的则通过电话、传真、互联网彼此联络。他们去咖啡店是为了建立他们所需要的基本的人与人之间的互动关系。在互联网越来越盛行的时代，许多人除了电脑以外没有任何其他的互动关系。咖啡吧只是出于凑巧而流行起来的吗？在许多城市，像西雅图，都出现了电脑咖啡吧，成了那些喜欢咖啡、电脑和社交活动的人们的聚会场所。

回到 1987 年，我们中间没有一个人能预见这种人际交往的趋势，也不知道如何接这个招。虽然当时我们所做的一切都是为了吸引那些有资历、有智慧、天性中更闲适自在的潜在顾客，我们给他们提供的音乐和氛围也是我们自己所喜欢的。

人们不知道他们需要的是一个安全的、舒适的、具有邻里情谊的聚会场所，他们不知道自己会爱上意大利的浓缩咖啡。但当我们把这些东西给了他们时，他们激动的反应完全征服了我们。

这就是我们的扩张——尽管那么狂热——能获得超出我们想象的成功的原因。

大的机遇存在于创新之中。但创新必须是互有关联的和激动人心的，否则便会像烟花一样，一瞬间灿烂过后，马上消散得无影无踪。

第9章

员工
不是生产线上的零部件

财富不过是手段，人才是终极目的。如果不能用物质为我们的人民扩大机会，那么一切物质的丰裕对我们而言都毫无意义。

——约翰·F·肯尼迪

《联邦国家》（1962年1月）

失败的教训

1987年，我父亲的肺癌恶化了。我一直用电话和他保持着联系，只要有机会就回纽约看他。我母亲每天都在医院里陪伴他，有我和弟弟妹妹的支持，她不用再去做前台接待的工作了。

1988年1月的早些时候，我接到母亲打来的紧急电话。对这天的到来我已有了5年的心理准备，但你永远也不可能像这一刻那样感到心脏揪成一团。我搭上第一班飞机飞往纽约，幸运的是，在父亲过世前一天见到了他。我坐在他的病床边，握住他的手，试着回忆我们早年一起生活的那20年光阴，他教我打棒球和投掷橄榄球。

那么多的往事涌上心头，我根本无法理出头绪。我对父亲的生活一直感到遗憾，现在这种情绪中更是混合着悲伤和失落。我曾有过幻想，他的生活也许会因为我的梦想成真而得到改变。他眼神里的悲伤使我理解了多年来他为我们辛劳付出的重要意义，而现在那么多像他那样的人都要依靠我了。在他生命的最后一天，我生命中没有任何事情能与他正在忍受的痛苦相比。

对我来说，整个悲惨的事情中最悲惨的莫过于，因为他的离世他不可能亲眼见到我的成功了。在他最后一次来西雅图时，我带他去第一家“天天”店里，当时那家店还在装修。但现在我永远也不可能让他看到星巴克的发展壮大了。如果他看到公司的发展情形，他不会相信这是真的。

他去世后不久，我和童年时代的一个好友一起待了一段时间。当时他在一家德国公司做事，我曾去德国看过贸易展览。一天晚上，我们一起喝着啤酒聊了几个小时，我对他说起我对父亲的错综复杂的感情。

“如果你老爸是个成功的人，”他说，“也许你就不会有今天这样的动力了。”

也许我的朋友说得对。驱使我前进的部分原因是害怕失败，因为我太了解面对失败的滋味了。

最终我还是慢慢化解了内心的痛苦，学着尊重父亲曾经为我们做过的事，而不是为他没有达到目标而感到遗憾，毕竟他也曾尽了他的最大努力。但他去世之前我没能对他说我理解他，这是我生命中的一个重大遗憾。我不应该责备他没能克服超越自身能力的困难去争取成功。这是美国的错，在这个梦想之地，一个像他那样努力工作的人却找不到一个给他以尊严的栖息之处。

说来很奇怪，但的确是巧合，在我父亲生命的最后几个月里，我的主要工作正是与星巴克雇员之间建立互相信任的关系。我在他们一些人脸上看到的那种对管理层的怀疑，是在我父亲脸上经常见到的，那是同样的神色。人们感到被低估，对未来没有安全感，在当时，他们把怒气对准了我，如同我父亲当初那样。

但我不再是个无助的孩子了。我身处的地位使我能够着手去处理缺乏安全感和尊严的某些事情，而这样的事情在许多美国企业里司空见惯。

在这一年里，我开始着手解决这些问题。

可贵的医疗计划

一个颇具讽刺意味的事实是，零售业和餐饮业的成败在很大程度上取决于它服务顾客的水平，而这些企业雇员的收入却是最低的，福利也最差。在这些企业中，雇员不仅是公司的脉搏和灵魂，而且代表着公司的公众形象。每一美元都是经他们的手赚来的。

在商店和餐馆里，至关重要的是顾客的消费体验：一次糟糕的体验，就可能导致这个顾客再也不回头了。如果你的生意都掌握在那些二十来岁的兼职人员手中，而他（或她）要去上大学或者还有别的追求，那么你能把他（或她）视为一种消耗性的人力成本吗？

从一开始管理星巴克，我就致力于使它成为人人都愿意为它效力的公司。我们不仅为卖咖啡饮品的人支付工资，或者提供有限的福利待遇，我更希望星巴克能够吸引那些受过良好教育的人，还有那些和我们一样对咖啡有热情的人来工作。在我的想法中，慷慨的一揽子福利待遇是最具优势的竞争手段。在这一点上，许多以服务为主的企业却正好持相反的观点，他们以削减新人的福利待遇来压缩经营成本，而不是将此看作吸引和回报优秀人才的机会。

我要赢得这一回合。但我也需要确认我们何时能抵达终点，并且不让任何一个人落在后面。如果管理层和股东们以牺牲雇员为代价来获利，就不是真正的胜利。我们所有人应该一起抵达终点。

我父亲去世后，我想对星巴克的雇员就建立彼此信任的关系有所行动。从理想的角度看，我们应该让所有的雇员共同拥有这个公司，但我知道这在短期内不可能实现，我们还在为未来投资，不可能在其他地方花许多钱。至少在几年内，还不可能赢利。

所以，我需要想别的办法来回报雇员。雇员们曾经提过这样一个要求，就是让兼职雇员也享受健康福利，但这一要求被拒绝了。这是一个具有代表性的呼声，我不想无动于衷。

我决定向董事会的成员们建议，我们的医疗保险应该覆盖那些一周工作 24 个小时以上的兼职雇员。

在 20 世纪 80 年代后期，社会形势使得雇主的慷慨已无从指望。股市中的投机行为和飞涨的医疗保险成本使许多美国公司叫苦不迭，而管理层做出的选择往往就是降低福利。“股东利益最大化”成了压倒一切的紧箍咒，首席执行官们压缩成本和解雇数千名员工的措施，总会让华尔街为之叫好。这时候，如果哪家公司还把员工利益置于股东利益之上，就会被讥讽为家长式管理和缺乏竞争力。不近人情的做法（比如对增长的工资总额大砍大削，硬是把预算抠得紧巴巴的）受到鼓励。那些白领管理人员也学着使出狠招，对兢兢业业的下属根本不予以回报。

同时，居高不下的医疗保险支出却到了难以控制的地步。医疗保险成本的增长速度远远快于社会消费指数的增长，特别是20世纪80年代后半期。所以，很少有哪家公司会把兼职人员的医疗保险列入成本支出，那些有限的福利只能顾及每周至少工作30个小时以上的员工。大多数管理层都挖空心思想出各种招数来控制公司的医疗开销。

星巴克却走了另一条路：我们不但没有削减健康福利，而且想方设法增加这方面的费用。

我没有视这个计划为慷慨大方的善举，而是将其作为一个核心原则：把雇员看作家人，他们会对公司报以忠诚，付出他们的一切。设身处地为员工着想，员工就会为你着想。这是一种古老的企业精神，对于许多家庭作坊式的公司来说，这几乎就是第二天性。但在20世纪80年代后期，这种方式似乎被人遗忘了。

当我第一次提出这个计划时，星巴克的高层都对此表示怀疑。我是在星巴克还处于经济不宽裕的情况下提出这个增加开支的建议的。我们怎么可能在还没有赢利的境况下覆盖所有雇员的医疗保险费用呢？

当时，我们的董事会成员都是个体大投资者，或是他们的代表，很少有人有企业管理经验，他们也不曾有过激励下属打拼的机会。“你，就这么点儿钱，怎么可以对雇员如此慷慨呢？”他们问道，“怎么能够证明这些开支是我们可以承受的？”

但我激动地反驳说，这样做自有道理。我承认，表面上看来，成本上升了，但我指出，如果能减少人员流动性，我们就可以节省培训和招聘的开支。每招一个新的雇员，星巴克都至少要为他提供 24 个小时的培训，我们每雇一个人就意味着一笔不小的开支。在当时，一个全职雇员的全年福利只有 1 500 美元，而培训一个新员工的费用一年则要 3 000 美元。许多零售业都有意无意地鼓励人员流动，据传这样可以维持一种低工资、低福利的运营成本。然而，高度的流动性反过来也会影响顾客的忠诚度。我们有些顾客来得非常频繁，他们一进门，咖啡师傅就知道他们要喝什么。如果这个咖啡师傅离开了，企业与顾客间的坚实纽带就断了。

我说，兼职雇员对于星巴克非常重要，事实上，他们代表了 2/3 的雇员。我们的店铺必须很早开门——有时是早上 5 点半至 6 点钟，而通常要到晚上 9 点甚至更晚才关门，我们所依靠的雇员必须是愿意在稳定的基础上做短期工作的人。从许多方面来看，兼职雇员大多数是学生或同时兼顾几头的那些人，他们和全职雇员一样需要医疗保险福利，我觉得我们应当尊重和珍视他们为公司做出的贡献。

董事会通过了我们于 1988 年开始为所有的兼职雇员支付全额健康福利费用的提议。就我所知，我们是唯一一家这么做的自募资金公司——后来，也是唯一一家这样做的公开上市公司。

这是我们曾经做出的最好的决定。

我们的医疗保险计划是一笔很大的开支，这是事实。几年来，我们在这方面新增的各项费用远远超过了大多数与我们同等规模的公司，其中包括疾病预防、意外事故、心理健康、化学品接触、视力和牙齿。星巴克负担其中 75% 的费用，雇员自己负担 25%。我们给未婚同居者的待遇跟已婚者一样。由于我们的雇员基本上都比较年轻健康，月度支出也比较容易控制，所以我们可以扩大负担费用的范围。

其实，星巴克的这份投资得到了很大的回报。最明显的效果就是低耗损。从全美范围看，许多零售店和快餐店的人员流动率都从每年 150% 飙升到 400%。在星巴克，咖啡师傅的平均流动率只有 60%~65%；就店面经理来看，我们的流动率只有 25%，而大多数公司的流动率是 50%。好的福利待遇吸引了好的雇员，并使他们待得长久。

更重要的是，我发现健康计划使我们的人在精神面貌上发生了很大变化。当公司对雇员做出慷慨的表示后，他们就会在自己所做的每件事情上都表现出更加积极的态度。

检视这项健康保障计划的实施效果，对我触动最深的是在 1991 年，当时我们失去了一个最早也是最投入的雇员吉姆·凯利肯，他死于艾滋病。吉姆起初在我们的第二家“天天”店里做咖啡师傅，很快便升任店面经理。吉姆对“天天”和后来的星巴克非常着迷，他热爱公司。

可是有一天，吉姆走进我的办公室告诉我他得了艾滋病。这需要非常大的勇气。我知道他是个同性恋者，却不知道他患了病。他对我说，他的病已经到了一个严重的阶段，也许不能再工作了。我们坐在一起哭了，因为我不知道用什么有意义的话来安慰他，我拥抱了他。

那时，星巴克还没有为雇员设立艾滋病保险，我想我们必须再制定一项政策。因为吉姆，我们决定将医疗保险覆盖全体雇员的所有疾病，在他们不能工作以后也要为他们支付所有的医疗费用，直到他们被纳入政府提供的保险为止——通常是在 29 个月之后。

后来，我经常到医院去看吉姆，和他聊天。不到一年，他去世了。事后我收到他家人的一封信，告诉我他们对我们的福利计划有多么感激。如果没有这个计划，吉姆不可能有钱支付自己的医疗费用。因为有这一保障，他在最后的时间里不用担心自己的医疗费用，他为此心存感激。

甚至直到今天，像我们这样规模的公司也很少会替所有的员工（包括兼职人员）支付医疗保险费用。令我记忆犹新的是 1994 年，我受克林顿总统之邀前往华盛顿，在他的椭圆形办公室里和他进行了一对一的会谈，向他介绍星巴克的医疗保险计划。

当我到达宾夕法尼亚大街 1600 号时，我尽量想表现得若无其事一些，但心就是怦怦地快速跳个不停。有人从后门把我接进去，带着我穿过地下室、走廊，穿过悬挂着历届总统画像的长廊：华盛顿、杰斐逊、威尔逊，有一个高个子，我想是林肯，还有罗斯福和肯尼迪。能让我来到白宫的并非什么丰功伟绩，也不是登上月球或发现治疗癌症的绝招。我所做的事情就是为我公司的雇员提供医疗保险——为所有的雇员，可这是任何一个雇主都能够做到的。

我被带到楼上，坐在椭圆形办公室外面等候。

电话铃响了，“总统将在三分钟后见你。”一位女士说。我整整领带，检视全身上下所有细节。

“总统将在一分钟后见你。”那位女士说。我又一次扣了一下袖口，紧了紧领带。我看着秒针在钟面上走过一圈，但门还没有打开，我在椅子上不安地动了动。门突然打开了，总统向我伸出手，他把我带进办公室。我在电影里多次见过这个椭圆形办公室，此时此刻却是亲眼看到。我马上注意到他办公桌上有一个绿白相间的星巴克咖啡杯，里面盛着热气腾腾的咖啡。

我不知道自己脱口而出的第一句话为什么会是："你在这儿走动时，没有感到过畏惧吗？"

他笑了，说："经常有这种感觉。"他让我感到放松，我们交谈了大约 15 分钟。

会面结束后，他领着我穿过大堂走到罗斯福厅——那儿被用作小会议室。在对记者讲过话后，我和其他一些公司的总裁一起参加了一个私人午餐会。真是一次令人眩晕的经历。

在两次会见间隔的几分钟里，我要求使用一下电话，有多少人像我一样做过这样的事呢？我打给布鲁克林的母亲，我说："妈妈，我正在白宫给你打电话。"

"霍华德，"她说，"真是再好不过了！"

我真希望父亲还活着，在我的意识中，他还活着。

富有意义的使命宣言

从一开始，我就希望雇员们能够认同公司的使命，立志成为一个成功团队的一分子。这就意味着我们要有鲜明的主张——广泛听取来自企业内部各个层面的声音，形成某种纲领性的东西。

1990 年年初，我们的高层管理团队审慎分析了公司的价值观和信念，在一处僻静的休养地起草了一份使命宣言。我们想清楚地表达一种强有力的信息，并把它转述为一种行动纲领，以指导我们在每一层面上检视公司所做的每一个决定。我们把草稿发给星巴克的每一个员工，请他们都看一下，在他们评议的基础上再做修改。由此产生的使命宣言贯穿着以人为本的理念。它不是装饰我们办公室墙壁的奖状，而是信念的实质体现；它不是灵感的罗列，而是我们共同拥有的引领企业发展的原则基础。

使命宣言的起草历时 3 个月，涉及 50 多名雇员的操作个案，但这只是我们总的行动过程的第一步。我们要确保管理层能听到同事们的声音，还要确保长期经营方针由公司员工参与制定。在董事会的敦促下，我们聘请胡德山集团拟制一个模式。这是波特兰的一家咨询公司，他们组织了若干团队，每一拨人都是从非主管人员中挑选出来的，来自咖啡店、办公室和工厂。1990 年夏季，他们时常从各自的岗位聚到一起，讨论相关问题，在管理决策、市场扩展和人员规模诸方面提出建议。后来，这一切建议我们几乎都采纳了。

“人员规模”那一组出了许多有可行性的好点子，他们推荐了一个星巴克长期股票期权计划，这是我一开始就在做的一个梦。他们坚持认为，仅仅把使命宣言写出来告知大家是不够的，星巴克还需要一整套确保使命宣言得以实施的方法。于是，他们建议成立一个“使命评议”组织，每个店铺的每个雇员都应该受到鼓励去填写一种明信片大小的评议卡片。如果他们看到管理层做出的决定有悖使命宣言，就可以向使命评议组织汇报。

大多数业务主管对这种制度心存畏惧，我也一样。1990 年 9 月的一天，“人员规模”团队的成员就拟订的方案给公司管理层做了演示，当时他们感到很紧张。他们已经演练过好几次了，还是担心到时候会在哪儿卡住。我听着他们的发言，心想：我真的要雇员们组成这样的团队来监督管理层，以此来提高我们的管理水平吗？如果我拒绝，那么管理层搞这样一个使命宣言的诚意何在呢？大家怀着敬意聆听着，提了一些问题。经过几天的考虑，我们批准了这个建议。

使命宣言在几个月后出台，至今仍可做出修订。针对与此宣言不符的行为，任何部门的任何雇员都有权提出批评建议，而且我们还允诺相关部门的经理必须在两周内做出回应，不管是用电话还是信件。我们给每个新来的雇员印制建议卡，当然还包括其他公司都印发的那些表格。我们每年都会收到好几百张卡片，提建议者可以不署名，当然，不署名的建议人就得不到直接回应。我每个月都会认真地阅读那些和其他报告一起来的建议。

随着企业的发展，使命评议已经成为我们众多分散的劳动力的重要联系纽带。每个季度，从公司各个部门选派的团队就会聚到一起商议雇员们最关心的一些问题，寻求解决办法，向我们的季度公共论坛提交报告。这样的过程不仅让使命宣言一直保持着勃勃生机，而且为大家提供了一个公开交流的重要渠道。许多了不起的建议因此被采纳实行。

为什么要让雇员成为公司的伙伴？

1990 年 10 月，我向董事会报告，这是我们第一个赢利的年份。赢利让我长舒一口气，我现在可以考虑采取对星巴克产生长期影响的更具深层意义的风险行动了。

如果说，有哪一件事能让星巴克在企业界独树一帜，可能就是“咖啡豆股票”了，这是我们给自己的股票期权计划起的名字。由于这个计划的推行，我们把星巴克所有的雇员都变成了合伙人。

我想找到一种方法，在与公司雇员共享星巴克事业成功的同时，也能分享资金运作上的利润，但我还不知道具体怎么做。1991 年 1 月，我们人力资源部的一位女士布莱德利·霍尼卡特，在研究过各种不同的方案后，推介了这个计划。她与咨询顾问交换了意见，并对其他公司做了调查，找到了许多不同模式，但没有一种符合我们的意图。多数方案只适用于上市公司，如直接赠股、股权置换之类，还有一些方案对高级管理层有利，如股票期权。像我们这样的自募资金公司，不可能这样做，因为我们不是流通股，唯一可行的方案是让雇员持股。但是，这种做法通常是为了筹集资本。

我们的意图显然是另一回事。我们是想将持股人的利益和公司对雇员的长期报酬结合在一起。我期望两者都有机会共享企业发展的好处，厘清他们对公司的贡献和公司资本增值之间的关系。

最后，我们决定采取一个大胆的创新举动。虽然我们只是一家自募资金的公司，但这并不妨碍我们在全公司范围内向每一个雇员赠予企业股票，从最高的领导层到咖啡师傅，以基本工资为基数按比例分割。如果他们通过自己的努力，每年都能帮助星巴克取得更大的成功，那么他们也相应会有更多的收益。而且，如果他们有朝一日能使星巴克成为上市公司，他们的股权最终可能就是很大一笔钱。事实上，这是在给予他们机会去创造自身的价值。

我们几个人反复推敲这个方案的名称，试着给它赋予一点儿新意。布莱德利在一个星期天和她丈夫一起慢跑时想出了“咖啡豆股票”这一名称，这不只是戏谑地联系到我们是卖咖啡豆的，而且隐喻了那根“杰克的豆茎”[1]——它后来长到了天上。好，我们也会有这一天的。

1991 年 5 月，我们正式把这个计划提交给董事会。我使尽浑身解数去说服董事会成员，有时跟一群人，有时是一对一，向他们解释为什么我确信这项计划会起作用。他们的主要顾虑是这样会稀释投资者们曾冒着很大风险投入的股份。

我预料到会有这样的反对意见，我是这样说服他们的：向雇员赠股必然使公司获得强大的后援支撑，这样做有利于促进销售和利润增长。投资者的股份比例也许相对缩小了，但他们名下的股值肯定会增长得更快。我告诉他们，如果我们能把每一个雇员都结合到一个整体中来，那么他们就会跟首席执行官似的以同样的态度来对待公司。最后，这个股票计划还在有些方面添加了涉及价值观方面的条文——有关企业的团队运作规程，作为基准的职业道德与敬业精神等。

“咖啡豆股票”计划在 5 月份投票表决，董事会全体成员一致通过。展望这个表决结果带来的发展前景，他们和我一样兴奋。

就我所知，没有哪家公司实行过像“咖啡豆股票”这样的计划——涵盖面如此之广，又如此果敢超前。当时我们还是一家自募资金公司，向 700 多名员工赠送股票，还必须得到联邦证券交易委员会的特许豁免（按规定，若一家公司注册股东超过 500 个，联邦证券交易委员则将视其为上市公司）。甚至在今天，你去找

1. “杰克的豆茎”指英国传统童话《杰克与豆茎》中的神奇豆茎。——译者注

找看，特别是做零售的公司，没有向全体雇员赠送股票的。软件和其他高科技公司有提供股票期权的事例，但一般也只给它的软件开发者或高技能专业人员。在零售业，没这回事儿。

1991 年 8 月，我们向雇员推出了这项计划。9 月上旬，我们举行了一次大型会议，向大家完整地做了说明。我告诉大家这是我长久以来一个念念不忘的梦想。当时的首席财务官奥林·史密斯做了一个幻灯片演示，向大家解释股票分配情况——这是一桩复杂的事情，就连上市公司的雇员都很难弄明白。每个雇员都领到一个系着蓝丝带的小包，里面有一本详细解释咖啡豆股票方案的小册子。我们用苹果、香槟和小饼干庆祝大家都成为“成长中的……伙伴”，这句话预示着咖啡豆股票的未来之路。

从那一天开始，我们便停止使用“雇员”这个词。现在我们把公司所有的人都称为“伙伴”，凡是为公司工作 6 个月以上者，都是合法的股权持有人。兼职伙伴只要每周工作不少于 20 个小时，就享有同等权利。

第一次股票赠予是在 1991 年 10 月 1 日，也就是在有财务收入的第一年接近年末的时候。每个伙伴都可以在他（或她）的年基本工资的基础上获得价值 12% 的股票期权。举例来说，一个伙伴的年薪如果是 20 000 美元，就能得到价值 2 400 美元的股票期权。在那以后，他（或她）每年可以兑现其中的 1/5，即第一年低价额定的股票可按当前的价格卖出，持股人可以一直保留这个差价。此后，借助利好的局面，每年 10 月我们都将股权提升为基本工资的 14%，这样一来，只要伙伴们还在星巴克，他（或她）就会得到工资以外 14% 的收入。股票价格逐年上扬，股票期权也越来越值钱。

我们的第一只咖啡豆股票的每股价格是6美元。到1996年9月底完全交付时，每股价格已达到33美元。其间由于我们的股票经过两次拆股，每一原始股的期权分成了4股，其总值就是132美元。这么来解释吧：1991年一年挣2万美元的伙伴，5年后仅以他们1991年的股票期权，便可以兑换5万多美元的现金。

不过，在咖啡豆股票还未来得及向伙伴们证明它的任何价值时，它对人们的职业态度和工作方法的影响就立竿见影了。我开始注意到伙伴们想方设法为公司节省开支，比如，有人乘坐星期六夜间的红眼航班出差以节省机票钱，他们会说“我是有咖啡豆股票的人”这样的话。大家琢磨着搞创新，降低费用，提高销售额和创造价值。作为公司的伙伴，他们发自内心地热情地对待顾客。

这样一来，公司的伙伴们都能认识到创造价值和利润的重要性，把他们的利益与股东的利益挂上钩。每个季度，我们都会在公开论坛上告知大家我们的经营业绩，让时间去发现问题和解决问题，有时他们抱怨我们对数字关注太多，但到了晚上，他们又觉得应该使自己的个人要求与公司的总体运作保持一种平衡关系。

如何评估重视伙伴意见和与他们共同拥有一家公司这种做法的益处呢？你无法评估。但获益之深超过了你的想象。“人员规模”团队的一位成员名叫马丁·舒奈西，他是一个能说会道的家伙，高个子，脑后扎着马尾辫，他在工厂做收货员，摆弄那些装满新鲜咖啡豆的沉甸甸的大麻袋。他曾被邀请到厂外一些地方和办公室白领一起参加会议，并请他对管理层提出建议和要求，他对此感到非常惊讶和激动。几个月后，他走进我的办公室跟我说，我们需要一个有奉献精神的专职经理——事实上，他想要我雇他为领班。我叫他把自己的建议写下来，然后去向业务主管们表达自己的想法。他照做了，6个月后，我们采用了他的建议。

1992年上半年的一天，马丁走进人力资源部，带来一封信上面有仓库和工厂大多数工人的签名，信上说他们不再需要工会来代表他们的利益了。“你们让我们共同掌管这个企业，”他说，“无论有什么投诉，你们都会解决。你们信任我们，现在我们也要信任你们。”

对我来说，没有比收到伙伴们对我的咖啡豆股票的感谢信更让人感到欣慰的事了。一个名叫贾尼·多邦斯匹克的伙伴，是1989年加入星巴克的，起初她是戴夫·奥尔森的助手，后来升任西雅图烘焙工厂的生产调度员。1994年，她买了第一幢房子，在西雅图的塞沃德广场公园附近，那是一幢孟加拉式平房，还带有一个“超大的花园”。她以前一直和她姐姐住在一起，最后终于可以买下自己的房子了，她就是靠兑现了一些早期的星巴克股票期权，才付得起1万美元的首付款的。

我时常听到诸如此类的消息：马丁·舒奈西卖出咖啡豆股票买了最新款的哈雷摩托车，某位伙伴买了度假屋，某位伙伴买了古董车。也有的伙伴将手里的股票兑现后带着一家人去看望她丈夫的亲戚——那家人她还从未打过照面呢。还有人把股票兑现后支付了大学学费。听到这些故事，我更明确了我们所做的一切努力和星巴克的价值所在——那已经超越了买进原料和烘焙咖啡来满足顾客的需求。

如果你把自己的员工视为一辆汽车上可拆卸的零部件，那么他们也会以同样的眼光来看待你。但他们不是零部件，他们每一个人都是一个独立的个体，既需要自我价值的肯定，也需要金钱来养家糊口。

我真希望星巴克是我老爸曾工作过的公司。虽然由于没有高学历文凭，他也许不可能成为一个业务主管，但如果他在我们的店铺或工厂里有份活计，他就不至于由于公司不看重他的价值而被排斥在公司利益圈之外。他本该得到健康福利保险和股票期权，在良好的环境中工作。其间，他的建议或投诉也会很快被接受，并得到怀有敬意的答复。

星巴克发展得越大，某些部门的某些伙伴该得而未得到尊重的可能性就会越大。如果不注意这个问题，我们就会面临比任何财政问题都要严重得多的问题。

说到底，如果没有伙伴的投入和热忱，那么星巴克要赢得源源不断的客流是不可能的。在企业经营中，这种激情来自拥有感、信任感和忠诚感。如果你削弱其中任何一项，伙伴们就会把自己的工作仅仅视为一种谋生手段。

有时候，我们会丢失这种远见，特别是星巴克发展壮大后，最新招入的伙伴和最新开设的店铺最有可能拉大我们之间的距离。但我心里明白，如果我们仅把伙伴视为生产线上的零部件，视为成本中的一项开支，我们就不可能实现自己的目标和价值。

他们的激情和贡献是星巴克的第一竞争优势。失去了这些，我们就会全盘皆输。

星巴克使命宣言

将星巴克建成全球极品咖啡中的翘楚，并在公司不断发展的过程中，坚守自己一贯的指导原则。下列六项原则将帮助我们判断公司各项决策的正确性：

· 提供完善的工作环境，并创造互相尊重和信任的工作氛围。

· 秉持多元化是我们企业经营的重要原则。

· 采用最高标准进行采购、烘焙，并提供最新鲜的咖啡。

· 时刻以高度的热忱满足顾客需求。

· 积极贡献社区和环境。

· 认识到赢利是我们未来成功的基础。

第10章

万丈高楼始于一石一木

有远见的企业创办者……首先会集中心思打造钟表——构建一个组织，而不是报告时辰，创造出有前途的产品，在市场上一炮走红。

——吉姆·柯林斯、杰里·波勒斯

《基业长青》[1]

有时，亏钱也值。

而今，在这一点上有了新说法。

亏钱是可怕的，这是我从经验中感受到的。尤其对于成熟的、有基础的企业来说，亏损是危险的。不过，就年轻的创业公司而言，正是充满希望的时候，亏钱可能是其成长曲线中投资超前的健康表象。

1.《基业长青》一书中文版已由中信出版社于2009年10月出版。——编者注如果你急于追求快速增长，你就需要奠定一个比你设想的规模更大的企业的基础结构。

你不可能在两层楼房的地基上建起一幢百层高楼。

投资者须有怎样的胃口？

星巴克是从我接管以后开始赢利的。我花了很长时间才意识到，我们无法同时做到既保持利润水平，又建立我们所需要的快速发展的坚实基础。我当时预计会有三年的亏损期。

事实上我们正是这样走过来的。1987年，我们亏了33万美元。接下来的一年，我们的亏损增加了一倍，达到76.4万美元。第三年，我们的亏损是1 200万美元。直到1990年，我们才扭亏为盈。

对我们所有的人来说，这都是一段令人心烦意乱的时期，许多日子都在忐忑不安中度过。虽然我们明白这是投资未来，也能接受暂时不赢利的结果，但我还是经常对此产生怀疑。

1988年的某一天晚上11点，罗恩·劳伦斯来敲我家的门。雪莉和孩子已在楼上睡着了，当我把罗恩领进厨房时，只见他面如死灰，他刚计算了月度报表，我们的亏损额超过预计的4倍，而董事会就在下周开会。坐在桌边，看着面前的财务报表，我真的惊呆了。

“我不能带着这样的数字去董事会，”我说，“这真是令人难以置信，怎么会这样？”

罗恩解释说这是一种不常见的情况，有多种因素对收支损益造成冲击，这样的情况不会再发生了。那天晚上我还是没睡好，想着怎么向董事会的股东们解释何以出现如此巨额的亏损。

如我所料，董事会上局面相当紧张。“情况太糟了，”一位股东在听完我的报告后说，“我们必须改变策略。”当时我们只有 20 家门店，一些股东认为我的计划过于冒进。我心里盘算着怎么跟他们商榷这事儿，在会谈中他们必然会抱怨说：“我们得把这家伙赶出去，不知道霍华德都干了些什么，事情还没上轨道，再这么弄下去，他还得亏掉我们多少钱才算完啊？”

压力很大，我必须说明亏损的原因，并证明这些亏损对于我的投资策略而言是必要的，钱并不是都扔进了阴沟里。虽说我内心受到很大震动，但我还是必须唤起自己的每一份信心，以重建他们的信心。

“是这样，”我对董事会说（尽量使自己的声音保持镇定），“为了扭亏为盈，我们必须做以下三件事：一是必须超前组建一支适应企业扩张需要的管理团队；二是建立一套世界级水平的烘焙设备；三是我们的电脑信息系统必须足以支持成千上万家店面的发展需要。”

虽然这些要求在几年后以各种不同的方式得以兑现，但这些话语成了一种祈祷文，每个季度都要重复一番：“我们的投资必须走在成长曲线的前面。”

幸运的是，董事会和股东集团用非常了不起的耐心来支持我和我的计划，当然，如果星巴克没有在 1990 年扭亏为盈，他们就有很好的理由把我一脚踢开了。

现在回首当年，我意识到我们的策略是非常正确的。在那些日子里，在 1987—1989 年，我们通过聘用关键岗位经理和超前投资设备（其实很快就用上了），为企业向全美发展夯实了基础。代价是很高的，可是如果不这样做，那么我们永远也不可能一年接一年地加速发展，而且没有喘不过气来。

当你创建一个企业时，不管规模大小，关键是要意识到，计划完成的时间往往比你预计的时间长得多，代价也大得多。如果你有一个雄心勃勃的计划，你就必须考虑到，当下投入的钱务必比收益多，哪怕销售额在飞速增长。如果你聘用了有经验的主管，装备了超前的设备，而且制订出度过艰苦创业时期的清晰计划，就可以说，你已经为企业挂更高速度的挡位做好了准备。

我们要做的是，算出两年后要做到多大规模，然后根据这个规模来聘用有相应经验的管理层。他们的背景能使他们对发展中出现的问题和陷阱有思想准备，并能根据情况采取相应的对策。走在成长曲线前面聘用管理人员，在当时看来成本确实太高，但相对于那些未经磨炼而缺乏经验的新手来说，他们的专业背景和实际经验可使之避免新手们难免要犯的错误。这是更为明智的选择。

当然，搞基础建设需要投钱。就理想而言，钱最好在你需要之前就摆在那儿等你去花，资金充裕不仅能帮你早早地为发展与扩张做好铺垫，还能使你对发展中的问题和机遇做出快速反应。说服股东增加投资可能是企业发展中最艰难的事情了。站在那些经济知识渊博而又对你的计划充满疑惑的人的面前，告诉他们："我们正在亏钱，你能再多投资点儿吗？"这真是一种令人羞愧的经历。

在这样的情况下，我们只花了一年时间就筹齐了收购星巴克的 380 万美元，而接下去又筹到了 390 万美元为增长计划做资金准备。到 1990 年，我们甚至需要更大的资金规模，便从风险基金融资 1 350 万美元。第二年，我们完成了第二轮的风险基金筹资，这回是 1 500 万美元。到 1992 年星巴克成为上市公司之前，累计有 4 轮自募资金。如果星巴克做砸了，或者投资者对我们失去了信任，我们就不可能拥有这样的资金规模。

幸运的是，星巴克的年收益达到了 80%，我们开店的速度几乎每年翻一番。我们把店铺开到西雅图之外，开到了像芝加哥那样的地方，以证明我们的创意在其他城市也行得通。我们使每一家店都表现出一种颇有吸引力的“经营组合”，投资者们能从中瞥见一个浑然一体的风味咖啡企业已风行全美。

为了加速扩张店铺，我们需要比当时收购的星巴克更多的烘焙设备。在杰克·贝纳罗亚的帮助下，1989 年我们在西雅图新建了办公楼和工厂，当时我们觉得已经够大了，用上 10 年也没问题。里面安装了从机场直接运来的高速烘焙机和包装设备，当时看来那是一幢超大的建筑物，但现在那地方只是我们的一处邮购业务中心。

保证新开张的每一家店都坐落在有利的地段，这也导致扩张成本不断上升。从 1987 年起的 5 年时间里，我亲自负责每一家店的选址——足有一百多家。我们瞄准的是最醒目的地段，不是市中心的写字楼，就是人口密集的市内和郊外住宅区，最好靠近超市。我们和各地的房产代理商合作，1989 年，我们聘用了一位最出色的房产经纪人伊夫斯·密萨依，担任公司负责房地产事务的副总裁。在公司内部，是我俩负责每处店址的事先筛选和最后拍板工作。我们的选址过程总是大费周折，因为我们承受不起一点儿差错。一个店址的错误就可能意味着账面上租赁权增益价值降低 35 万美元，还不包括租金开支，还意味着股份上缩减了 50 万美元，而我们本来可以用这笔钱投资别处，产生的效益也未计算在内。

后来，我觉得对于一个首席执行官来说，让店面发展占用太多时间有点儿不划算，于是我做了一个有争议性的决定：从纽约聘请一位老朋友来担任房地产高级副总裁。亚瑟·鲁宾菲尔德是我在格林尼治村的那些日子里结识的，他是一个务实的建筑师和开发商，在我迁往西雅图的同时他也搬到了旧金山。亚瑟以其专业背景在加利福尼亚北部开了一家中介公司，我们请他来帮助打入旧金山的市场。我知道，我需要他的专业知识和判断力，他是我可以信赖的人。选对店址对零售业来说是一件至关重要的事情，所以需要一个对公司的未来怀有激情的人来做。

但亚瑟不想只做选址工作，他对我说，在房地产方面，我们需要的是对设计和建筑要求口径统一的完整设想，这些应当统一在一个人的指导下，以避免不同意见的扯皮。他联合各个部门组建了统一的店面开发机构，最终使星巴克的每一家店都能如期开张。在最初发展的 1 000 家门店里，只有两家因选址不当而关门，很少有零售商能拥有这样的成绩。

虽然我们宁愿租赁而不愿买下铺面，但我们还是得承担所有的设计和装修费用。为什么？因为我们的想法是每一家店都必须归属公司。我们不想采用加盟连锁的形式。与加盟连锁店分担费用，这一点虽说很诱人，但我不想失去与顾客联系的重要纽带。

在这一切活动后面，我们继续为更大规模的运作而投资。1991 年下半年，当有了 100 家店铺时，我们聘用了卡罗尔·伊斯汀，她曾是麦当劳的电脑专家，我们给她的是一张白纸，要求她为我们设计售货点操作系统，连接所有的网点，并足以支持今后三年内我们拟增的 300 家店面的运营。

如果一家公司开始走下坡路，或者停止发展，那么几乎总是因为它不再向所需的人力或经营设施上投资。大多数人都会低估这部分投资的重要性，通常他们也会低估自己对于大量亏损报告的感受。不幸的是，这是零售业发展初期所必须经历的，除非你通过发展连锁经营来解决资金问题。大量投资的最明显的初期效应，不仅是潜在的年度亏损额，股东们的股份也会缩水。

如果你想知道星巴克是怎么做对的，你就必须检视一下我们的竞争对手，了解一下他们是怎么做错的。显然，星巴克并没有做得很完美，但是在我们这一行的竞争对手身上，你可以看到所有我们没有犯的那些错误：公司没能筹到足够的资金来支撑发展的需求；发展连锁经营太早，范围太广；公司对质量失去了控制力；公司没有向营销系统和生产工序上投资；公司雇用了缺乏经验的人，或者说没有雇对人；太急于发展而选错了地方；公司没有制定政策，在不可能有发展前途的情况下没有相应的市场撤离机制。他们也都亏了钱，有些还在亏，但他们没有用这亏损的几年时间为将来的发展打下坚实的基础。

在一个发展的企业里，你不能太抠。但在企业初创阶段，你也不能掉以轻心地处理每一笔开支而导致大量亏钱。发展会掩盖许多问题，而你必须正视运作中的正确与错误。幸运的是，我们在最初的几年里就意识到了这一点。我们的投资人也有着很大的胃口。

如果智者没有发现你，你就去找他

经商亦如人生，当你明确了什么是自己孜孜以求的目标时，你就知道了要去找什么。

在那些亏钱的窘迫岁月里，我意识到自己极其需要一位贤明的智者。我有一个可信赖的董事会，这些富裕的投资人相信我（最大限度上）能做出正确决策。他们时常对我提出疑问，但由于其中大多数人并没有在全美范围内做零售企业的经验，说到企业长期发展，他们只能拿出有限的指导意见。

我压根儿没想到运作一个企业会这么孤独无助。你永远不能说自己想甩手不管，也不能承认自己不懂。当企业还在烧钱时，当你面对那些对你寄予很高期望的投资人时，当你突然发现自己必须为数百名伙伴负起责任时，当你面临艰难的用人决策时，那种挫折感和焦灼感带来的压力很少有人可以帮你分担。从在复杂的人际关系中赢得人心，到打造复杂的发展规划，我必须从中找到一个平衡点——我时常感到自己像是在进行政党竞选活动——简直就像面对许多不同选区各色人等的选民去解释自己计划的可行性。就是那种感觉。

虽然可以雇用有天赋、有才干的人来打理一切，但许多公司总裁还是觉得自己最缺的就是一个可依赖的团队。在那些自己必须呈递报告的人的面前，他们不想示弱，但他们常有拿不定主意或害怕的感觉，或者换一种情形，如果他们只是想大声嚷嚷出来，那也得有几个能够在电话那头听自己发牢骚的朋友，让他们发泄出来。譬如，他们说："噢，真倒霉！你真不能相信今天发生了什么事儿！"

在"天天"时，我唯一可以倾诉的人是雪莉。我回到家经常已是身心俱疲，所以当时我肯定是很难相处的。她早已知道我需要的是什么，而且知道我是因为太专注于工作，她明白应该为我减轻压力。那段时间的许多事情都证明了雪莉在这方面的忍耐和智慧，但我仍然深深地感受到需要一个专业密友来帮助我。

在并购星巴克后不久，我和一个投资者成了朋友，他叫史蒂夫·里特，是一个很随和、很亲切的人，他在西雅图经营一家皮革清洁公司。在将近两年的时间里，直到我的女儿出生，我们都经常在一起跑步，每周三个早晨，早上5点半开始。跑步的时候，我就能得到史蒂夫对我所面临的任何问题的解答。这对我来说是最好的良药。史蒂夫是一个难能可贵的指导者，因为他完全支持我。我可以和他分享我的胜利，也可以向他诉说我的疑虑。他对我非常信任，我们成为亲密无间的朋友。但即便是他，也不曾有过创办一家零售公司的经验。

我知道我需要的是一个有过相同经历的人，这个人能够理解我的目标，有过创办快速增长企业的经历，也曾与零售业同呼吸、共命运，在我走到陌生的岔路口时他能给予我指导。

我对西雅图工商界人士做了一番调查，掂量着那些曾在零售业叱咤风云的人物。其中有一位，既有我所缺乏的经验，又乐意给予我帮助，他叫杰夫·布劳特曼。

杰夫比我年长11岁，在零售业已是老手。作为零售商的儿子，他凭本能摸清了这一行的门道。他管理过一个有20家店铺的家族服装公司，还创办了其他几家公司。1983年，他做了一个最大胆的举动，就是创办考斯特克批发公司，这是一家俱乐部式的会员制批发公司。10年后，他和吉姆·辛格尔把考斯特克建成了全国性的有上百家批发站的大公司，年销售额高达65亿美元。1993年，他们和普拉斯俱乐部合并，现在杰夫是这个联合公司的董事长，公司年收益达到190亿美元，有250多家仓库。相比之下，星巴克只是侏儒。

我第一次见到杰夫·布劳特曼是为"天天"筹钱时。买下星巴克后，我给他打过几次电话，向他咨询过一些事情。他毫不吝啬自己的时间，无私地给我帮助，而这还是在他和星巴克没什么关系的时候。他具有把握有利商机的第六感，对于企业所面对的各种问题都能心领神会。我向他倾吐内心秘密，我知道可以信任他。聆听他的指教，对他的才华和天赋我时常心生钦佩。他成了我的良师益友和顾问。

几次会面后，我邀他加入星巴克的董事会，但是我花了好长时间才说服他。杰夫对于自己的投资，无论在时间上还是金钱上都非常谨慎，而他一旦着手做了，就毫不含糊。

杰夫后来于1989年加入我们的董事会，那是星巴克历史上一个非常艰难的时期。我们差不多已亏损了三年，而且进入芝加哥的前景也不明朗。虽说我向董事会保证过，1990年将是我们扭亏为盈的一个财务年度，但在逐年增加的亏损面前，我需要杰夫来支持我。他的意见具有权威性，因为他有经验，比我在净亏损的基础上所做的保证更容易为他人所接受。

杰夫非常理解这一点——快速发展的零售公司在向全国性市场推进时需要筹集充足的资金。到1989年下半年，星巴克显然需要在西雅图以外招徕机构投资者，也就是意味着要得到风险资本投资人的认可。作为新上市的一家公司的董事长，杰夫具有可靠的信用度和广泛的业界关系，可为我们解决许多问题。

最初，对于走这一步我心存警觉，因为听说有些风险投资家会侵扰企业的创业风险基金，他们的短视最终会毁了企业。最好的情况当然是风险资本能以强势资本和其专业背景增强企业的实力，帮助企业做强做大。可是错误的合伙人会追求他们自己的短期利益，而牺牲企业的长期利益。

然而，在决定走下去之后，我发现我们面临的困难超乎我们的想象。20 世纪 80 年代初期，新开张的零售店在机构投资者中大受欢迎，可是，后来市场崩溃了，那些属于风险企业的零售店纷纷倒闭。投资其中的基金输得很惨，许多家都无法继续筹集资金。从那以后，一些风险基金不肯再投资零售业了，转而投向有技术的企业和医疗保险。许多人把我们拒之门外。

克雷格·福莱当时是花旗银行的资本管理有限公司的总裁，他决定给我们机会。不像其他那些把我们当作一般的咖啡连锁店而很快就打发我们走的基金经理，克雷格对过去在欧洲品尝过的咖啡有着美好的记忆。他对零售业做过长期投资，也从一位同事那儿听说过星巴克。但看了芝加哥一家经营不善的店铺后，他不想投资了。他曾支持过杰夫的考斯特克公司，所以当杰夫要求他再进一步考察星巴克别处的店铺时，他答应了。

克雷格最担心的是我们的咖啡不是那种“便携”的饮品，怕因此不能吸引西北部寒冷多雨地区的顾客。我接了这个招儿，竭力向他证明他错了。他仔细地检视了我们在芝加哥的所有店铺，然后确认说，这个产品不仅具有巨大的市场潜力，而且可以成为“一种生活方式”。鉴于他所看到的芝加哥店的诸多欠缺，他建议调低公司股价，将每股定为 3.75 美元，只比 1988 年上一轮的每股 3 美元略高一些，同时他决定投资 450 万美元。由于他的地位，他的这一举措极大地提升了星巴克风险募资的信誉度，吸引了其他一些机构投资者。总的来说，我们到 1990 年 3 月就筹到了 1 350 万美元，那是我们当时的最大资金规模。

我们的芝加哥店在吸引那一轮的另一个投资人詹姆斯·申南时也起了重要作用。詹姆斯·申南是三一风险基金的经理和合伙人。他是在街上偶然发现星巴克的，后来从一个同事那儿听说我们正在寻找风险资金。作为一个有经验的市场老手，他被星巴克的品牌影响力吸引住了——顾客叽叽喳喳的谈论让他印象颇深。罗派斯公司的肯·帕赛尔也是这样被吸引过来的。

最初对于风险资金的担忧被证明是没有根据的，实际上我看到的事实恰恰相反。我非但没有遭遇指手画脚的干涉，而且拥有了一批目光远大的可信赖的董事。我们非常幸运，这些风险资金合伙人真正理解和赞赏星巴克的文化。

1990 年 3 月，克雷格·福莱和詹姆斯·申南作为投资人也加入了星巴克董事会。他们敦促我在市场研究的基础上开始实施全局性计划，在如何把一个自募资金公司打造为一个具有专业管理水平的上市公司方面，他们给予我无法估量的指导意见。詹姆斯曾在普罗克特和盖姆博尔公司担任品牌经理多年，后来还担任过消费市场顾问，他在品牌建设、合并风险资金、改进品种和引进新产品等方面有着敏锐的见解。

克雷格则在金融方面出力甚多，他指导我们的全局计划，帮助我们评估新的经营机会。克雷格和詹姆斯对星巴克的贡献都非常大，一直到他们的基金会在星巴克上市后如期售出股份（风险基金通常在公司上市后清仓），他们两人一直在星巴克董事会担任职务。

克雷格和詹姆斯的加入，意味着我最初那些铁杆支持者的淡出。最初的“天天”董事会和投资团体只有阿尼亚·普林蒂斯仍然保留着董事会成员的位置。正如每一家企业都有自己以往的历史，每一个董事会也是一样。重要的是，这些人能够理解我和星巴克的历史渊源，知道有这样一个可以连接过去和未来的人。

由于把董事会视为指导者而不仅仅是经济上的支持者，我和董事会的关系经历了一个不平常的转折。与许多首席执行官不同的是，我和他们发生直接联系，我把自己经营中发生的问题直接向他们吐露。他们总是鼓励我坚持自己的创意，我们在董事会上的讨论是公开而坦率的。他们继续促使我集中注意力，抓住企业发展的主要方向，而不要让自己的创造热情把企业引往各个分散的方向。董事会也坚定地鼓励我赶在增长曲线之前打造并完善管理团队，聘用具有大企业管理经验的人。我们的争议往往是具有建设性的，我们从来不需要投票表决。如果其中有一位坚决反对，我们就花时间去把工作做好，提出可接受的解决方案。

天长日久，董事会的态度和价值观渐渐成了检视星巴克形象的一面镜子。比起刚开始的时候，那些外部董事渐渐对我产生了信任，他们心里也嘀咕过，这家伙也许不过是初出茅庐的弄潮儿，总有一天会被一个更有经验、更专业的公司总裁取代。可是后来他们对这个公司都慢慢放心了。

6 年来，星巴克的董事会一直保持着稳定状态，只增加了两名内部董事。到了 1996 年，我们眼前已是一个价值 10 亿美元的大公司了，需要再次寻找有专业背景和管理经验的人才。这个人就是芭芭拉·巴斯，她曾在梅西公司和布鲁明戴尔公司做到高层，后在玛格宁公司做过首席执行官，还在卡特·霍利·黑尔斯公司的温斯托克大商场做过首席执行官，那个商场的年销售额高达 10 亿美元。芭芭拉带来的不仅是丰富的商店管理知识和对全国性大市场发展态势的把握，而且给我们这样长期清一色的男性管理团队带来了另一种新鲜的观察视角。

对于任何一个经营企业的人来说，我想给出的劝告是：你一旦想好了要做的事情，就应该去找一个有从业经验的人。不仅要找一个有才华的主管，他（或她）的经验和专业还可以指导你，他们知道什么地方可以找到矿藏。如果他们在自己的工作中有过大胆的想法和行动，而且被证明是成功的，就可以帮助你做成同样的事情。如果他们和你具有相同的价值观和激情，对你不吝赐教，他们就能和你一起走过艰难的路途，并像庆贺自己的胜利一样庆贺你的胜利。

像这样的智者，我在童年和青年时代从未遇到过。其实，他们不来找你，你不妨想方设法去找他们。和一个真正的智者在一起，你别怕暴露自己的脆弱，也别怕承认你未曾觉察的无知。当你坦率承认自己的弱点并请求指导时，你就明白他人能够给予你的帮助有多么大了。

第 11 章

别被比你聪明的人吓倒

最好的管理者是那些对优秀人才有着良好直觉的人，一方面善于调动能人去放手做事，一方面则克制自己不对他们的行动横加干涉。

——西奥多·罗斯福

许多企业家都会犯一个相似的错误：自己出点子，自己打天下。但问题是，他们自己不可能掌握能使那个创意得以实现的一切才能。他们不愿把事情派给别人，而是喜欢身边有一群忠心耿耿的支持者鞍前马后地簇拥着，他们害怕把真正具有聪明才智的人推到高层经理的位置上。

但是对于一个公司的经营来说，有才智的主管团队是至关重要的。你周围若是不乏强有力的、有创新精神的人，那肯定要比一帮点头哈腰的人更令你兴奋。你怎么可能从那些不比自己懂得多的人那儿学到东西呢？他们也许会揣摩你的意图，二话不说就接受你的命令，但他们不可能帮你发展。

从一开始，我就意识到必须眼光向外，聘用比我更有经验的主管人员，他要不怕与我发生争执，有坚强的意志，有独立性和自信心，在管理团队内部能建立起共同负责的协作精神。

“天天”起步之初，连店铺也没有，我很幸运地找到戴夫·奥尔森合作，他不仅对咖啡极有兴趣，还成功经营了一家咖啡馆。1987 年 11 月，我把劳伦斯·梅尔兹带进了星巴克，他曾是一家饮料公司的经验丰富的主管。

对于一家只需要不多的专业知识的公司来说，这个团队够出色了。可是随着星巴克的扩张，我们急需熟悉从开张筹建到日常经营的人手。1989 年，我们雇用了霍华德·毕哈来负责这项工作，他在零售业有 25 年的从业资历，从事过家具行业，也在千径公司干过，那是一家户外运动景点开发商。我是通过杰夫·布劳特曼和杰克·罗杰斯找到霍华德·毕哈的。

1990 年，由于准备采用更为复杂的财务结算体系，我们开始招募有董事会工作经历的首席财务官。我们雇用了一个有经验的猎头去物色人选，可事情并不顺利，他过于强调专业资质，这跟我们注重人品和文化素养的要求颇有差异。后来，我们通过一个伙伴的推荐找到了奥林·史密斯，那位伙伴曾为奥林工作过。作为一名哈佛大学的工商管理硕士，奥林管理过比星巴克大得多、也复杂得多的企业。他还曾担任华盛顿州的财政预算署署长达 5 年之久，此前，他在德勤会计师事务所干了 13 年，其中有三年是该公司西雅图事务所合伙人的顾问。

霍华德和奥林两人都比我年长 10 岁左右。他们加盟星巴克都导致自己的收入降低了，但他们意识到这家企业的激情和潜力所在，相信自己手里的股票期权总有一天会大大增值。在许多做企业的人看来，聘用更有经验、更老练的主管多少会有威胁感，对于把权力交付他人亦心存疑虑。就我自己的情况而言，我得承认，这不是一件容易的事。我的自我认同感完全与星巴克融为一体，在我看来，别人对星巴克提出的任何建议都好像是对我某方面工作不足的指责。我脑子里总有几个想法在打架，我必须时时提醒自己：这些人指出的问题我竟一无所知。他们来管理星巴克，可比我单打独斗强得多。

霍华德和奥林带来的不仅仅是技能和经验，还有不同于我的行为方式和价值观。在我们年复一年的共同工作经历中，我发现，在他们的管理下，星巴克变得更具内涵也更大气了。如果我因自己的忧虑而妨碍他们的工作，星巴克就永远也不会发展成一个渗透着以人为本的价值观的强大企业。

时至今日，我仍然有意识地让身边的人知道，我的自尊和自信不怕接受任何初来乍到的人就企业的各种问题提出意见，不怕比我更有天赋、更有资历的人批评我。在这种时候，我总是明确表示，他们可以放手做他们需要做的事情，对那些需要向他们汇报而不是向我汇报的部门负责任。我一直在传达这样的信息——在整个公司范围内，在各种各样的场合，尽可能明确无误地告诉他们："我聘用你们是因为你们比我聪明。现在去证明这一点吧。"

我不能谎称自己从未在用人方面犯过错误。有少数几个经理人员的配置，我后来的确后悔了，鉴于对其忠诚度的考量，我留下了某些经理人员，而这是不应该的。有些人跟不上公司发展的步伐，虽然他们在公司初创阶段出过力，但后来已无法应对随着企业发展而来的挑战，无法跟上快速变化的增长曲线。总的来说，在星巴克所承受的快速扩张的压力面前，我们最高层的管理团队几乎没有什么颠覆性的变化。

到了 1990 年，我已经搭建起一个协调有效的管理团队。团队成员互相依靠，携手共进，因此人们把我和霍华德·毕哈以及奥林·史密斯的名字的首字母 [霍华德（Howard）、霍华德（Howard）和奥林（Orin）] 放在一起，称我们为 H_2O。我们代表了一种观念、一个灵魂和一种财务上的责任。在许多方面，霍华德·毕哈和奥林是相对应的两极，但我们每个人都是星巴克取得成功不可或缺的因素。

别怕直言相谏

1989 年 8 月，霍华德·毕哈的到来，似一股旋风冲击着星巴克。

他是一个身材敦实的男人，戴一副圆圆的眼镜，留着修剪整齐的花白胡子。他来的时候正是星巴克最需要他的时候。当时我们有 28 家门店，正计划着一年内要让这个数字翻一番。在那一家一家新店开张之际，有着零售业专业知识的霍华德大显身手，从总体架构到实际的操作进程，都能给予我们所需要的指点。

不过，他所带来的影响甚至对企业的文化氛围也产生了冲击力。开会时，他总是提高音量，一分钟前眼睛里还闪烁着兴奋的光芒，一转眼又恼怒地捶起了桌子。有时，他竟满眼噙着泪水。他是那种有思想深度的人，不仅思考着企业运作，而且喜欢诗歌、哲学和冥思。他是一位谦谦君子，很有幽默感，对所关注的问题充满激情，对所挂心的事情总是念念不忘。他毫不掩饰自己的脆弱，却也常因直率而使别人受窘。他脑子里总有一些让你惊叹不已的想法。

就其天性而言，他身上具有的许多品质正是星巴克所缺少的。像许多西雅图人一样，星巴克人大多较为内向谦和，一般不愿在公开场合表示不同意见。由于这种特性，我们有时会说一些场面话而不愿触及实质，以避免伤及彼此的面子。我们也不大可能直截了当地跟那些没有尽责的伙伴谈话。

霍华德·毕哈使我们改变了这样的态度。从到来的第一天起，他在诸多问题上就公开表示跟我或其他人的看法相左——无论在会议上，在烘焙工厂中，还是在门厅里。

“为什么星巴克手册翻了三页还看不到‘人’这个词？”他问道，“难道不应该把‘人’放在优先的位置上吗？”

“为什么我们不能满足顾客的任何要求？”

“为什么咖啡店经理们发言时那么胆怯？”

不管什么话题，霍华德只要有自己的看法，就会讲出来。

他直言不讳的方式让我有点儿吃不消。我们是以一个关系紧密的小型团队起家的，我们努力建立彼此间的信任和亲密感。我喜欢激情、热心和创意，但出于天性，我通常有意识地回避冲突。

一来二去，我也学着接受霍华德表示不同意见的方式了，我知道这并非出于不尊重，他只是不同意我在某一问题上的观点。他的恼怒和信念，他的那种情绪，都是极其真诚的，说来就来，发泄过后，他也会认真听取别人的观点。

霍华德一开始就指出星巴克太过注重产品，这是对星巴克最有价值的批评，也是最严厉的说法。是“人”做咖啡，他一直这样强调。“人”是直接影响产品质量和服务质量的，“人”是决定星巴克成败的关键，而产品是无生命的。“你们必须聘用那些出色的人”，他敦促我们，要为人的激情和技能而高兴，给人以自由地从事自己工作的权利。他喜欢这样说：“这儿来来往往的并非只是躯体，这里充满了灵魂。”

这些看法引起了我的共鸣，因为我自己也具有相同的价值观，但我从未像他这样清晰地表达出来。

霍华德·毕哈引导我们进一步转向以顾客为本的理念，在企业建设过程中，我们过于注重咖啡的质量，有时忽视了顾客的喜好。针对这种倾向，他用一种叫作“快照”的形式先把问题提出来，就是对店面服务进行突击性检查。他鼓励伙伴大胆行动，如果是为了满足顾客的某些特殊要求，那么不妨采用自己认为可行的办法。当时，南希·里根针对毒品所说的那句话“就要说不”相当流行，他鼓励我们的伙伴对顾客的要求“就要说是”，敦促我们更多、更全面地为顾客着想。即使有人从别的店里把咖啡豆带到这儿来，我们也应该乐意为他煮制咖啡。对于那些不满意的顾客，我们给予他们免费享用星巴克咖啡或任选一种免费饮料的权利。我们也开始关注孩子。霍华德·毕哈喜欢说：“只要是道德的、正当的、符合伦理的，只要顾客喜欢，不管什么事儿我们都应该去做。”

霍华德的原则与星巴克长期形成的传统是相悖的，因为我们的理念一直是调教顾客来接受我们所喜欢的咖啡。两种价值观常常激烈碰撞——有时甚至我自己脑子里也发生过这样的碰撞。但我们最终学到的是，对我们的咖啡、我们的伙伴、我们的顾客的重视是同等重要的，忽视任何一方都会出问题。

霍华德也教星巴克的人说出自己的想法。他相信，原则上，任何人在任何地方、任何事情上都应该发表自己的看法，而不必顾虑别人的反应。一天，他召集我们所有的咖啡店经理开会并告诉大家，他最期待的就是他们能够在他面前各抒己见。“如果有人想说什么，就说好了，”他说道，“你们脑子里是怎么想的？哪些是可行的？哪些是不行的？”他期待的目光在房间里扫视一圈，可是没人出声。

会议结束大家离去时，一位咖啡店经理犹豫地走到他面前。“如果你真的要我们提意见，”她对他说，“那么我有许多话要说。”霍华德·毕哈请她把对星巴克不够满意的每一件事情都列出来，包括所有她想提出的整改意见。几天后，女经理交给了他。他很快对那些意见逐条给予答复。

为了鼓励人们说出自己的想法，霍华德·毕哈搞了一个季度性的公开论坛，在这个意见交汇的论坛上，高层经理和所有相关伙伴一起就公司运作研究解决途径，探讨问题，也可以发泄怨气。现在，这个季度论坛的话题囊括了我们所有的经营范畴。有时，那些评论意见非常尖刻，而我们一旦得知哪项意见需要在大范围内引起重视，我们就会采纳。每当我们偏离中心原则，我们的伙伴们就会率先出来警示我们。他们大部分人都为自己在这个公司工作而感到骄傲。

有时候，霍华德·毕哈在论坛上挑起争议，是想让我们能够多多考虑外界的事情。他曾在论坛上提议，为了招徕那些不期而至的过路客，每家咖啡店应比公布的开门时间提前 10 分钟营业，打烊时间则延迟 10 分钟。此言一出，如预期所料，他差点儿被各店经理的口水淹没。

对霍华德·毕哈来说，问题不在于他提出的建议是好还是不好，而是我们的伙伴们能够在论坛上挑战自己，他为此感到心情舒畅。如果公司里的人对什么事儿心存不安，却又不敢公开讨论，管理层最有建设性的措施就是把这个问题直截了当地挑明，让大家把心里话说出来。虽说这样做会产生尴尬和不愉快，但最终对于平息怨愤和解决问题大有裨益。

“墙头语”是霍华德·毕哈用以支持自己信念的一种方式，走进他的办公室，一眼就能看见那些字条。他墙上贴着不下20条，有诗歌，也有表达他人生感悟的话语：

你不可与……为敌。

当你钻进洞里时，你就要停止挖掘！

思考时要像一个行动者，行动时要像一个思考者。

我最有价值的时刻是对人投去关注的一瞬。

霍华德·毕哈还创立了另一个“规则”，就是给每一个星巴克伙伴寄送手写生日贺卡和店庆周年贺卡。起初，他亲手书写所有的卡片，后来随着人员渐增，这个责任由其他人帮忙分担。有人认为这些卖弄温情的小玩意儿有点儿矫揉造作，没什么实际意义，但霍华德·毕哈还是不惮俗议，勇敢地坚持了下去。“那样的姿态是为了使星巴克更有人情味。”他说。即使公司拥有25 000名伙伴，经理们也必须意识到每一个人都是独特的。霍华德·毕哈由此又有了新思路，他鼓励每一个伙伴提名自己有创新精神的伙伴试做一个季度的分店经理。

在零售运作上，经过几年方向性的校正，同时随着我们的持续扩张，霍华德·毕哈还做了一件许多主管时常挂在嘴边却甚少行动的事情，那就是聘用和培训他的继任者。他在南加州的塔可钟[1]找到了黛德拉·威杰，最终把她培养成自己的接班人。黛德拉被证明是一个能够使我们的零售系统更有条不紊地运行的经理人，她既有操作能力，又懂得整体运作。

如果说戴夫·奥尔森代表了我们对咖啡的不可思议的激情和态度，霍华德·毕哈则体现了我们对伙伴们不可思议的激情和态度。如果我听任自己被他吓倒，如果我以自己的准则要求他或者把他推开，星巴克就永远不可能有今天这般强有力的价值观念。

坦率和直言不讳也许会伤人，也许会使人感到敌意，但是，正如我从霍华德·毕哈身上学到的，如果我们还想依赖伙伴们的热情和建议继续前行，这就是不可或缺的星巴克氛围。

别被规程吓住

"企业家做事就是攻坚。"奥林·史密斯经常这样提醒我。

没有浪漫的精神和远见，一个企业就没有灵魂和精神来推动大家去实现一个宏伟的目标。然而，一个成功的公司不能只是依赖令人兴奋的创意行事。许多企业的追求如同它们的领导者一样失败了，因为他们不能务实地实现这些梦想。在创意的点子被有效实施之前，规程和架构，制度和效率，都需要事先奠定基础。

对于像我这种个性的人来说，这是一个艰难的过程。我总是害怕，当我们越做越大之后，星巴克会变得过于官僚化、机械化、

1. 塔可钟（Taco Bell），美国百胜餐饮集团旗下一家专营墨西哥风味食品的连锁餐厅。——译者注

程序化，过于专注特定功能而舍弃实现伟大梦想所需要的激情。这是公司一直存在的问题。

要想成功，每一个企业都必须在两种力量之间取得平衡。这就需要领导者既有理解能力，又有远见卓识，懂得如何打好必要的基础以取得预期的结果。

建立操作规程不是我的长处，而是超出我的兴趣和能力范围的事情。我所能做的，也是每一个有远见的企业家需要做的，就是去找一个能够为公司建立其所需的基础而又不必牺牲革新精神的人。当然，这个人也需要能够理解那些不落俗套的理念。在星巴克，这个执行者就是奥林·史密斯。

奥林处理问题的方式和我大不相同。他是一个安静内向的人，似乎总是缩在自己的壳里，像一只乌龟。他解决问题的方式稳健而踏实，直到把事情弄清楚。他口袋里总是装着笔和笔记本，当他戴上那副宽边眼镜时，那副模样完全显示了他内在的睿智。面对一个让人左右为难的问题，我倾向于快速做出判断，马上采取行动解决它，而奥林总是平静地听取意见，把所有需要的信息汇集起来，然后认真思考，直到找到合乎逻辑又合适的解决办法。

当奥林 1990 年进入我们公司时，星巴克还算不上一个有专业管理经验的企业。我们都很有创业热情，我们的一个顾问埃里克·弗兰霍尔兹提出的口号是“准备，点火，瞄准目标”，这颇有我们当时行事的风格。奥林没有为将星巴克改造成具有专业水准的企业而大张旗鼓地折腾开来，这一点颇得好评，如果他这么做，那么很可能会把我和公司里的人吓一大跳。相反，他从实际案例入手。多亏了他平和泰然的性格和领导才能，公司开始自然而然地转向更为平衡的处理问题的方式——我们已经壮大到需要这样的方式的时候了。

他所创造的那种氛围，一开始就以微妙的方式引入了对规章制度的重视，而这正是运作一个大型营利企业所不可缺少的。他招募有助于增强公司实力的行家里手，将他们安置在那些关键性岗位上，从而建立起一套有效的管理体制，其中涉及信息系统、资金管理、会计统计、企业发展规划、法律事务和物流作业等。

不过出于谨慎，我还是意识到，在公司建立规章制度时，不仅应推崇创造性的操作规程，还要使它更具热情与活力。通过加强公司的基础建构，我们不必在小问题上浪费时间，可以将注意力更多地集中在新产品和新创意的萌生阶段。有了更为清晰的战略思路，我们就能在星巴克的长远目标上投入更多的创意。

星巴克成为上市公司后，奥林和我一起在“发展之路”讲座上做了一次演讲，向潜在的投资者介绍星巴克的成长故事。在华尔街看来，我们之中一个是能量充沛、激情满怀的 38 岁的年轻人，有闯劲、有见解，但也许经验不足，有点儿理想主义；而站在他旁边的那一位，年逾五旬，灰白头发，稳重内敛，是一个审慎的管理者，他以令人信服的声调平静地介绍着所有的计划和数字。我们是一对非常契合的搭档：有创意的热情加上有经验的节制，两者结合就能激发出一种信心，使星巴克既能达到自身的高标准，又能保持财务稳健状态。

许多年轻企业不能很快走向成熟，要么因为未能以坚实的基础和规程来支撑创造性精神，要么因为它们的行政管理部门的权力过于集中。最成功的范例应该是既有远见卓识，又具务实的管理措施，前者如华特·迪士尼，后者如罗伊·迪士尼。如果两个合伙者如奥林和我那样彼此间有着完全的信任和信心，那么这种领导力就更完美了。

奥林照看着后院，我则将目光投向顾客。事后看来，我意识到，后院才是真正得分的地方。在橄榄球场上，人们常说“进攻得分，防守取胜”。在生意场上，前门是给别人看的，以我们公司来说，是咖啡，是咖啡店，是风格和品牌。但后院保证了我们的成功，后院的效率是星巴克获得财务成功的关键，这就是奥林对公司的最大贡献。他使我看起来比我本人更出色。

第 12 章

坚守信条
还是灵活变通?

一个企业唯一神圣不可动摇的应该是它经营的基本宗旨。

——小托马斯 · 沃森

《一个企业的信念》[1]

如果你想买半磅榛子味的咖啡豆，那么在星巴克店里绝对买不到；如果你想用榛子糖浆来冲调拿铁咖啡，那么在星巴克店里绝对没问题。

这其中的区别，在有些人看来就像把头发丝剖开。既然我们的浓缩咖啡里已经加入调味剂了，为什么还要摆出最纯粹的样子，拒绝出售人工增味的咖啡豆呢?

1.《一个企业的信念》一书中文版已由中信出版社于 2003 年 10 月出版。——编者注对任何企业来说，是否以妥协的姿态来迎合顾客的喜好都是一个微妙的问题。在星巴克，我们有两条从表面上看来似乎是互相矛盾的信念：

一是，我们相信每一个企业都必须代表某种理念。其核心须建立在它最正宗的产品上面，而这种产品只能比顾客自己想要的更出色。

二是，我们同样信奉对顾客的要求“就要说是”。好的零售商应当打破常规来满足顾客的需求。

在星巴克早期的岁月里，我们发现自己时常会对这两项原则感到不知所措。在有些事情上，我拒绝讨价还价。一件是连锁加盟，我们不放心连锁加盟店的质量。另一件是人工风味的咖啡豆，我们必须保证绝无化学添加剂来污染我们的优质咖啡豆。还有一件是超级市场的销售方式，我们不会把咖啡豆灌进塑料瓶里，因为那不能真正保质。最后一件是，我们永远不会放弃自己的追求，那就是采购最优质的咖啡豆，以烘焙出最好的咖啡豆。

这些都是关键性的决策，体现了我们的价值观，也成了我们的品牌主张，虽然有时这也许会使我们在竞争中处于不利地位。20世纪80年代的后半期，特种咖啡生意开始快速发展，大部分是超市里出售的整颗咖啡豆。像“里程碑”和“沙克斯”这样的品牌开始火爆起来，他们的生意好过星巴克。我们本来也可以打入超市，在销量上超过它们一两倍是轻而易举的事情，可是对我们来说，更重要的是使星巴克跟那些咖啡杂货铺严格区分开来。所以我们当时没有选择进入超市销售。

在同一时期，新的时尚品牌的特种咖啡豆的销售大约增长了

40%，其中有香草味、爱尔兰奶油味和薄荷摩卡味。我们不知道人们为什么购买它们。最初，我们也出于同样的理由拒绝在拿铁中添加增味糖浆。

连锁经营是我们面临的第三个选择。一些竞争者在用这种形式向全美扩张，已对星巴克形成同质化威胁，到1991年有些公司开店的数量甚至超过了我们。我还是不为所动，仍然坚持公司自有店铺的发展形式，这样可以把命运掌握在自己手中。

虽然我制定了一系列这样那样星巴克“不可能”做的原则，但我还是慢慢地学会了妥协。当然，我永远不会以我们的核心价值观作为妥协条件。每次做出一个困难的决定之前，我们都要激烈地争论很长一段时间。只有在确信不会影响我们所关注的核心内容的前提下，我们才会采用一种新的举措。

何时该提供顾客想要的东西

霍华德·毕哈促使我们放弃了那些最刻板的教条。我们大多数人对咖啡都怀着几乎是虔诚的心，直到他来后才有所改变。因为他奉行另一种信念——如果不以顾客为重，你就会出局。

霍华德1989年加入星巴克时，已经是一个对星巴克相当熟悉的顾客了，而他很快就开始频繁地造访各店，找咖啡师傅和顾客交谈。通过认真广泛地听取意见，他明白我们其实是在闭目塞听地做企业，他促使我们根据顾客的喜好来审视我们的价值观。

有一个信息他了解得十分清楚，那就是许多顾客希望星巴克能够提供无脂（或脱脂）牛奶。

来星巴克还不到一个月，有一天霍华德走进我的办公室，问道：“你有没有看过顾客评议卡？”

“当然，”我说，“我看了，全都看了。”

“那你怎么不做出答复呢？”

“答复什么？”

“答复那些要无脂牛奶的顾客啊。”

“是这样的，”我向他解释，“我多次品尝过用无脂牛奶调制的拿铁和卡布奇诺，那味道实在不好。”

“谁觉得不好？”对我的回答，霍华德显然不耐烦了。

“我，还有戴夫。”

“那好，你看看这些顾客意见卡吧。我们的顾客要的是无脂牛奶！我们应该给他们。”

我回答——而霍华德永远不会让我忘记这一点——“我们从来不供应无脂牛奶，这么做就不是我们的风格了。”

在这一点上，就星巴克的历史而言，提起无脂牛奶就意味着背叛。我们的目标向来如此，就是要把正宗的意大利浓缩咖啡带到美国。但事实上，拿铁和卡布奇诺——浓缩咖啡加上蒸气牛奶和泡沫——很快就成了我们最受欢迎的饮品。一些咖啡纯粹主义者嘲笑这种咖啡，说我们提供这类热牛奶饮品是在迎合那些铁杆咖啡爱好者以外的人群。然而，正是这些饮品使我们有机会把真正了不起的咖啡介绍给那些平时甚至不喝咖啡的人。

到 1989 年，我们那些实力稍逊的竞争对手，尤其是在西雅图的竞争对手，都在出售添加 2% 无脂牛奶的拿铁咖啡。从健康与体重的角度考虑，美国人避免饮用全脂牛奶已成风尚。但我们仍然觉得有奶脂的牛奶味道更醇厚，会使咖啡口味更刺激，它和星巴克的咖啡堪称绝配。

可是，霍华德仍然没有放弃他的想法，他开始想办法给顾客提供他们想要的东西——对咖啡纯粹主义者来说这当然是不受欢迎的。一天，我们当中一个最坚定的咖啡捍卫者在他办公室外面狭隘的过道里和他发生了冲突。他俩对峙着，他告诉霍华德："这不符合咖啡的品质，这样做会把咖啡的味道弄得很低劣，我们应当坚守自己的品位，尽一切力量使顾客满意。"

"你疯了吗？"霍华德·毕哈反唇相讥，"我们当然要尽一切力量使顾客满意！"

不管你信不信，无脂牛奶事件引发了星巴克历史上最大的一次激辩。我参加了辩论，戴夫也去了。店铺经理们都很反感，他们想知道这个霍华德·毕哈是个什么角色，他真的要我们供应无脂牛奶吗？

一些店铺经理找到霍华德跟他争论："这很难操作，我们没法应对多个品种的牛奶。如果我们供应两种牛奶，就会自毁生意。"

但霍华德毫不动摇，他坚持说这个创意我们至少应当试一下。

这场争论促使我进行了自我反省。这事儿看起来也许无关紧要，但是它对我们最基本的质量承诺产生了冲击。如果我们确信"每样东西都有存在的理由"，那么为什么不能提供适合某些人口味的浓缩咖啡呢？

一天清晨，我起得很早，脑子里满是那些让我一夜不安的念头。我穿上衣服驾车去西雅图一处住宅区的星巴克店。我付钱买了双份的浓缩咖啡，坐在桌边。时间还早，但付款台前已经排起了队。我眼睛看着报纸，耳朵却留意着人们要的是什么咖啡。气氛很不错，两个咖啡师傅之间的配合很协调流畅，一个收款开单，一个调制咖啡。我注意到一位顾客，是一名将近30岁的年轻女子，她穿着运动衫和运动鞋，边走边跟着随身听里边的音乐节奏摇着头，看上去好像刚刚结束了晨跑。当她走到柜台前时，我仔细听她要什么。

“我要大杯的双份拿铁，加无脂牛奶。”

“对不起，我们没有无脂牛奶，”咖啡师傅谦和而不容商量地说，“我们只有全脂牛奶。”

我听到她无奈地叹了口气，然后问：“为什么没有呢？我在别处总能买到的。”

咖啡师傅向她道了歉，这位女士一走了之，显然她去找我们的竞争对手了。

对于一个零售商来说，失去一个顾客就是最有力的论据。

那天早上，我一到办公室就对霍华德·毕哈说，愿意尝试他的建议，而且把我去过的那家咖啡店也列入试点范围。

当时我们只有30家门店，霍华德确信有五六家店的经理愿意尝试供应无脂牛奶。尽管事先有许多顾虑，但经理们很快就解决了操作上的问题，他们甚至想出了用图标来表示兑入2%的全脂牛奶还是无脂牛奶。眼见顾客对我们的新品种格外钟爱，第一批试点门店的经理们变得非常积极主动，这感染了其他门店的经理们。6个月之内，我们所有的店都开始供应无脂牛奶。如今，我们售出的拿铁和卡布奇诺几乎有一半是用无脂牛奶制作的。

事后想来，当初那个决定像是不经大脑做出的。但在当时，我们真的不敢肯定这种做法是否会冲击我们的品牌和一贯的风格。用无脂牛奶冲兑一杯拿铁咖啡，那还是正宗的意大利饮品吗？大多数意大利人也许根本辨识不出来。但一个意大利人仍然会到星巴克店里去要一杯真正的卡布奇诺，而另一位顾客则会要一杯无脂香草摩卡。

我们对自己的职业信念又该怎么理解呢？我们必须明确，顾客的要求都是对的，给他们多种选择是我们的职责。

霍华德·毕哈的敦促完全正确。解决无脂牛奶的争议成了一个很好的范例，这是我们在星巴克内部大加鼓励的做法，每个人都可以提出意见，参与决策。霍华德虽说来星巴克没几个月，但他凭借对零售业的敏锐触觉和经验获得了权威性的判断力，推动我们做出了正确的决定。

在接下来的几年里，我们离当初的教条越来越远了。除了无脂牛奶，顾客还可以要求往浓缩咖啡里加入香草或覆盆子果浆。我们用我们的咖啡给冰激凌、啤酒和冰镇混合饮料调味。不过，我们每走一步之前都做了长时间的精心准备。我们向前推进是讲究策略的，我们很清楚自己要实现的目标是什么。

这是不是意味着我们放弃自己的原则了？我们所谓的“从来没有”，是否真的就是一种永恒的信条？

以下是我所看见的事实：

我们的顾客完全能以他们喜好的方式享受杯中咖啡。牛奶和糖总是预备在那儿，如果顾客有要求，咖啡师傅还可以为他们加入某种调味糖浆。

而我们不想去做的，就是毁了真正货真价实的东西，也就是我们的咖啡豆，深度烘焙的、新鲜的、风味纯正的咖啡豆。这是我们生意成败的试金石，是我们的命根子，我们的精神财富。不管怎么折腾，我们都不会买进廉价咖啡豆，顾客在星巴克享用的肯定是优质咖啡。我们不会放弃深度烘焙，也不会用化学品和人工添加剂来污染我们的咖啡豆。

我们号召星巴克的伙伴们大胆创新，迎合顾客，投其所好，但决不允许他们在研磨机里磨制加料的咖啡豆。残留在研磨机里的些许化学添加剂会影响咖啡豆的味道，而加入了人工添加剂的咖啡豆也会有一股奇怪的味道，这些添加剂势必污染店里的空气，还可能会吸附到其他咖啡豆上。

在星巴克，戴夫·奥尔森和他的咖啡部门的伙伴们代表了最纯正的咖啡人士和我们的集体咖啡操守。戴夫对此有一番出色的类比：

> 不妨把咖啡比作音乐唱片。你可以在一处自己设计的专为此用途而设的地下室里享受音乐，那儿没有干扰，你可以戴上耳机真切地聆听弦乐部分或双簧管部分，你可以试着去听埃里克·克莱普顿的指尖拨弄吉他弦的声音。或者，你也可以用车上的立体音响播放这些音乐，把所有的窗子都打开，然后又是放声尖叫又是大声嘶喊。还是那些音乐，效果却不一样。

只要我们仍然对核心产品保持着敬意，只要我们的顾客走进任何一家星巴克店都能买到世界上最好的咖啡，只要我们对新产品仍然保持着一如既往的品质追求，我们在向顾客提供不同的咖啡饮品时就没有什么不自在的感觉。其实，多样化的选择有利于吸引更广泛的人群走进星巴克咖啡店。说到底，这才是我们永久不变的使命。

加强控制与拓展商机的两难境地

难以想象，像耐克这样的企业，不仅自行设计产品，自己做市场推销，还拥有自己的工厂和卖鞋的零售店。

同样，我们也很难勾勒出这样一个全国性出版公司的运作框架：它有自己的作者队伍，自己造纸，有自己的印刷流水线，而且自己出版的图书只在自己的书店里卖。

你进了一家百事可乐店，难道只能要一罐百事可乐？你走进凯洛格的店里，也只能要脆玉米片吗？

星巴克在企业运作上自有不同寻常之处，在那些持有著名消费品牌的公司中，它是非常独特的一家。我们对产品质量的控制非常严格，每一步都必须掌控在自己手里，从粗选的新鲜咖啡豆到一杯热气腾腾的咖啡。我们自己购买和烘焙所有的咖啡豆，在公司自己的店里出售自己的咖啡，将这种垂直管理做到了极致。

为什么？答案也许就在你刚喝下去的那杯咖啡里。咖啡不像鞋子、图书或其他软饮料，从生产到消费之间的任何一个环节都有可能毁了它。从源头上说，咖啡豆的质量就有可能是低劣的，然后，烘焙也许不到位。咖啡豆不新鲜，产地不对，烘焙过了头或水分太多，都有可能使咖啡的味道完全不对。最糟糕的是咖啡制作过程中常见的问题：锅具放置在烘焙炉上的时间太长，这样烘出来的咖啡是焦的。

咖啡是非常容易变质的商品，因而这一行业时时都伴随着产品质量危机。一旦我们把咖啡交到他人手里，质量就会变得极其脆弱。

许多人以为星巴克是一种特许加盟的连锁经营模式，因为我们扩张的速度很快，接连占领了许多市场。我们一个月要接到上百个电话，电话那头的人都表示愿意开一家星巴克特许经营连锁店。阿拉斯加怎么样？他们来问了。太阳谷呢？还有杰克逊洞，或者公司近几年不可能扩张到那儿去的小市场，那些地方怎么样？但我们都拒绝了。我们的目标是自己拓展门店。

在最初的岁月里，我们负责企业发展的资深副总裁杰克·罗杰斯，对特许连锁经营方式颇为倾心。杰克曾是麦当劳早期连锁店的经营者，1959 年在伊利诺伊州的圣查尔斯开过店，是雷·克罗克家族的挚交。有一个时期，他是多家加盟连锁店的经营者，拥有数家麦当劳、红罗宾、贝尼哈纳和卡撒·卢皮塔餐饮连锁店，还有一家名为“暴走族”的餐馆。

杰克当时强调，加盟连锁店是向全美扩张的一条顺理成章的路径，是一种快速而可靠的筹集资金的方式，有利于抢占先机，使你赶在竞争对手前面快速进入新的市场。况且，加盟连锁店的店主们也会悉心经营自己的店铺。

但我拒绝了这种方式。在 20 世纪 80 年代，我们不需要额外的资金来源，因为投资者们愿意承担星巴克所有的发展资金。在最初的一段时间里，我们也没有什么竞争者，而那些靠加盟连锁店起家的竞争者不可能把品牌做起来。通过提供股票期权，我们在企业内部员工中激发起的经营热情不亚于那些连锁店主。

事实上,“特许连锁经营”在星巴克一直是个忌讳。对我来说，连锁店主是夹在我们和我们的顾客之间的一种人。我们宁愿培训自己的人来运作自己所有的店铺，这样，你从星巴克买到的每一杯咖啡都能保证货真价实。

如果实行加盟连锁模式，星巴克就会丢失自己赖以发展壮大的文化凝聚力。我们不仅教咖啡师傅如何正确得体地制作咖啡，而且告诉他们如何向顾客传达我们对咖啡的激情。他们理解公司的观念和价值体系，如果是别人来经营星巴克咖啡的话，那么他们不可能有这样的理解。

最初，我们对此毫不让步：顾客只能从星巴克店买星巴克咖啡。我反对批售就像反对连锁店一样，我不可能让我们的咖啡在别的店里销售。

不过，后来我们慢慢开始放松这种控制了。吸引更多新顾客的机会太诱人了，窗子不可能不打开。但是，每一个新的冒险行动都伴随着一番内心挣扎。我们一直在自问：我们可以把底线降到什么程度而保证不丢失自己的灵魂呢？

第一个让步的大动作是在机场开店。我们知道那是很棒的地点。像芝加哥的奥黑尔机场，来自世界各地的人们将在那儿第一次与星巴克相遇。这样的地点无疑给了我们在新顾客中扩大知名度的机会。

问题是机场的店铺概由获得特许经营权的店主经营。1991年，我们决定破一次例：我们和霍思特-马里奥特为开办机场经营店而签署了一份特许协议书。我们在西雅图机场开了一家店，以后渐渐在全美国的机场都开了店铺。

但这个过程我们走得有点儿磕磕绊绊。星巴克从未有过开这种特许经营店的经历，而霍思特-马里奥特也可能从来没接触过像星巴克这样事必躬亲的公司。我们必须学着以影响力而不是直接控制来维系我们的品牌。我们对于机场店的概念基本上一无所知，这是一种颇有限制性的环境，顾客们大多来去匆匆，总是怀疑机场店的价格偏高，他们不愿意或者没有足够的时间来了解一下浓缩咖啡或者别的什么咖啡。

我去光顾过好多次，在我们和霍思特最初的合作中，有时我对自己所看到的机场店的情况甚为不满。队伍排得很长，伙伴们对我们的咖啡很不了解，服务太慢，也不够热情。

霍思特对我们的意见做出了积极回应，他们的人和星巴克的人一起商量解决办法。由我们来培训霍思特的员工，给予他们像星巴克新伙伴一样的24小时培训。霍思特在生意繁忙的店里添置了现金出纳机，人流高峰时也增加了人手。随着霍思特的员工对咖啡的认识日益深入，他们在星巴克店里也越干越起劲儿，对顾客的态度也越来越友好了。如今，双方对彼此的合作都很满意。这是成功的合作关系。

与霍思特的关系越来越好，我对特许经营的观点也随之改变。这有点儿像婚姻。关键在于配偶的选择，你事先了解得越充分，两人的关系就越有可能处好。如果你想也不想就跳进去，就会把自己置于失败的极大风险中了。

现在，星巴克有不到10%的咖啡店是特许加盟的连锁店——在我们最早的1 000家店里，这类连锁店只有75家。当然，机场连锁店的数字仍在快速增长，仅奥黑尔机场就有12个零售点。我们最近刚刚批准了在阿拉马克儿所大学校园里开办星巴克咖啡店。

在品牌快速扩张的同时，要真正维持我的经营理想，需要强有力的规程和微妙的平衡感。如果只想着让每个人都来体验一下我们的咖啡，而随意让别人去经营，就意味着放开缰绳。若干年来，我们一直谨慎行事，拒绝了数百家不可能使我们的品牌增值的公司。我们拒绝的公司比接纳的要多，也就是说我们让几百万美元溜走了。

如果我们不是那么痴迷于对产品的控制，我们的生意可能会做得更容易些。但是，咖啡就不可能有这么好了。

当你的公司尚处于发展阶段时，你根本不知道自己那些决策的长期效应。从 1987 年开始的最初那几年，我们很少考虑到品牌建设问题，然而，我们为保护咖啡质量和打造店堂服务氛围所做的一切努力，无不有助于在西雅图扩大星巴克的品牌影响。我们聘用的经理人员，我们投建的烘焙工厂，我们做出的筹资方案，都很快奏效——毫无障碍地在全美展现了我在米兰看到的美好景象。我学着以放松的姿态来创立一种很吸引自己的工作环境。我还没有完全意识到自己也创建了一个全新的公司，一份令人倾情投入的事业。

今天，当回首我们上市前的那些创业岁月（1987—1992 年）时，我通常把那些日子称为“烙印岁月”。如同父母千辛万苦拉扯孩子长大一样，戴夫、我、霍华德·毕哈，还有奥林·史密斯，把我们的价值观注入了职场生涯，并试图厘清在一个不断发展变化的公司里如何把这种价值观植入运作流程。我想使自己周围的每一个人都得到尊重，让他们自行发挥，去面对成功与失误，而不是对他们指手画脚，嚷嚷着这不对那不对。回顾创业初期的旅程，我们有过许多挣扎与奋斗，今天仍然如此，我们也犯过错误，可是，我们打造了一个团队，完成了一项使命，我们确实建立了在美国提供全新咖啡体验和打造世界品牌的自信。

03

重塑企业精神（公开上市岁月，1992—1997 年）

第 13 章

华尔街评估的是公司市值，而非价值

只有两个指导原则：其一，要有利于企业和股东的最佳长期利益；其二，确保前一条原则得到正确执行。

——罗伯特·海斯

我凭直觉看人的能力，远超过大多数经理人。不管是聘任一个关键岗位的主管，还是寻找投资银行家或评估某个合作伙伴，我都像寻找配偶似的注重同样的品质：尊严与激情。对我来说，这跟经验和能力同等重要。我想自己的工作搭档应该是这样的人：他们不会只把自己的价值准则留给家人，也会将其带入职场生涯，他们和我有着共同的原则。如果我看出有什么不合意之处，或在价值观上有些看不透，那么我宁愿继续观望。

价值观的价值

当星巴克终于决定上市时，我们本来可以雇用国内任何一家投资银行。不少顶级的具有全国性规模的投资银行，以及本地几家小一些的投资银行，纷纷跑到我们设在西雅图机场南路烘焙工厂的办公室来找我们。

那是 1991 年，我们还是一家中等规模的区域性企业。那一年我们在上百家门店的基础上刚刚有了账面收入，所有的赢利门店都在西北部和芝加哥一带，销售额达到 5 700 万美元。然而，那些有来头的投资银行找的正是我们这类前途被看好的快速发展企业。他们看好我们的经营模式和向全美扩张的计划。通过账目审计，他们对我们的经济架构——每家店的销售情况、平均成本以及投资回报率等，留下了深刻印象。

能得到这样的瞩目真是万分荣幸，在大约 6 个月的时间里，我和 20 多个提出合作意向的银行家见过面。但令人失望的是，我发现，这些跟我交谈过的投资银行家，大多只是把星巴克看作投资名册上一长串名字中的一个潜在的新股发行者。我开始有这样一种感觉，他们是在玩一种赔率游戏：事先做足功课以确保不至于判断失误，然后押赌某些候选者，这时他们已完全了解哪些将出局，哪些会成功。

他们几乎都是一个样子，在我介绍我们公司的使命宣言时都心不在焉。如果他们还在做笔记，当我谈到我们的价值观时，他们的笔就停住不动了，好像我津津乐道的话题跟星巴克的财务运作完全不沾边儿。经验告诉我，谈论价值观是容易的，实践却是困难的，而一个外人要来判定哪些是发自内心的，哪些是橱窗里的摆设，就更困难了。华尔街的市场价值评估不可能把价值观纳入其中。

我觉得很沮丧。我知道星巴克可能会成功获得首次发行股票的机会，但我所希望的是，投资银行家们能够明白星巴克跟其他零售店、餐馆都不一样，也不同于一般的咖啡连锁店，这跟他们新近做成的其他交易完全不是一回事。那些人来自一个与众不同的世界，在他们那儿，每件事的意义大小都取决于它的金钱价值；如果你不能把大量的数字搁进去，就别指望在股市上有漂亮的亮相。他们要知道我们能给股东多少回报，而不是我们如何对待自己的伙伴。

1991 年 8 月的一天，又有一位投资银行家来找我。丹·李维坦来自施罗德基金管理公司，这样的公司以往打交道的对象都是规模很大、基础很好的公司，而不是我们这样的小角色。他从洛杉矶飞到西雅图，跟纽约过来的一个同事会合。算起来他们所在的公司大概是第 10 家想和我们打交道的投资银行。他俩从来没进过星巴克咖啡店，就在那天早上，来我办公室之前，他们光顾了一家星巴克咖啡店。

当时，我办公室里有很大的玻璃窗，整面墙都是玻璃，透过窗子可以看到烘焙工厂和烘焙机。我指给他们看我们的三台大型德国普罗贝特咖啡烘焙机，每台机器每年能烘焙 700 万磅咖啡豆。我们在小会议桌旁边坐下时，我又一次搬出了那套说辞。我对他们说，星巴克是一个发展快速而效益很好的企业。总体来说，美国市面上咖啡的消费量每年递增 18%，从 1984 年的 2.7 亿磅上升到 1991 年的 7.5 亿磅，预计 1994 年可以达到 10 亿磅。

但是，我又告诉他们，星巴克想要实现的目标比赚取丰厚的利润更宏大。我们有个使命，要告诉全美国的消费者什么是极品咖啡；我们有一个憧憬，营造咖啡馆的迷人氛围，吸引大家走进来，在繁忙生活中可以感受片刻的浪漫和新奇；我们有一个非常理想主义的梦想，即希望星巴克跳出传统公司的窠臼。我跟他们谈起咖啡豆股票和我们的革命性举措，即全体伙伴都成为合伙人，享有公司股票期权。我们的首要目标是对人的关怀，因为是他们把我们的激情传递给顾客。如果我们做好了，就会实现第二个目标，即关怀我们的顾客。只有实现这两项目标，我们才有可能为股东们提供长期的利益。

我等着他们的眼神闪开。

可这回不一样，他们不像其他那些人。这两人似乎理解我——至少比别人更理解我——他们马上提出了一些很好的问题。

会见结束后，我送他们出去。我们顺着长长的过道向前面楼梯走去时，我又说了几句，丹·李维坦回过头来。

“你知道你们那一行的问题所在吗？”我问。

丹还以为我指的是他们公司正面临的一起行业内的重大诉讼。“不知道。你说什么？”他警觉地问。

“那里缺少 mensch.”

我猜丹可能懂这个词的意思，这是一个意第绪语名词，通常指品格正直、忠诚和有尊严的人。

丹马上抬起头，直视我的眼睛。我看出他领会了我的意思。而且，我的直觉告诉我：丹是一个 mensch。

他后来告诉我说，他上了飞机后思维极度活跃，在飞机上给纽约的同事打电话说，他发现了一个让他非常震惊的公司。

但是他也发现这个观点很难与人共享，星巴克当时在纽约还没有开店，大多数纽约人以为咖啡店不过是平淡无奇的卖咖啡的场所，谈不上是什么快速发展的事业。在当时，生物技术、光纤技术才是投资的大热门，在丹的同事看来，咖啡显然不是什么赚钱的好门道。即便他们理解和赞赏我们的企业，也还是觉得星巴克不可能维持当前快速发展的进度，因为如此搞下去有可能会失控，要么就是自毁品牌，或者很快就会达到市场饱和。但具有讽刺意味的是，丹的遭遇正是我在西雅图所经历过的，他也明白要与别人沟通像激情与价值观这样看不见的东西是多么困难。为了说服同事们相信星巴克值得冒一下投资风险，他遭遇了许多难堪。

丹和我一直保持着电话联系，我第二次跟他见面是在洛杉矶，我们一起吃了顿饭。

1992 年 4 月初，我们举行了自己的“选美比赛”——7 家投资银行的一次派对，这是我们最终请来对我们的首次公开募股正式进行竞标的投资者。参加者包括一些业内大腕，整个过程经历了紧张忙碌的两天。我们的规定非常严苛，要求各家投资银行在两小时的会议前填写一份 5 页的问卷交给我们，我们要看哪家在陈述和演示中表现出最大的热忱和关注度。已经转到市场部门的劳拉·莫埃克斯（当时是我的信托助手）带着他们参观了我们的烘焙工厂，然后向我们汇报他们每一家对此表现出的兴趣。就专业水平和个人能力来说，作为公司理念和梦想的一个真诚信奉者，劳拉是给这些投资银行家“把脉”的最佳人选。

关键性的目的是，找出对我们的产品和公司真正有热情的投行。一些投资银行家很明显地表现出这样的态度，即凭我们小小的星巴克，竟有这么多成功的大银行来竞标，实在是太给面子了，有的只是坐着豪车露了一下脸，甚至都不肯纡尊降贵去实地看一下我们的咖啡店。

丹·李维坦悉心准备了他的竞标演讲，而且效果极佳。他带来了他的董事长杰姆·哈曼，在我们的烘焙工厂里他们比其他所有人待得都久，对咖啡表现出了真正的兴趣。劳拉回来汇报说他们理解我们的激情，显然他们占了先机。

银行家们走后，奥林·史密斯和我，还有一开始就指导这次公开发股的董事会成员克雷格·福莱和詹姆斯·申南，进行了长时间的讨论。我们想从这7家中选出两家。我们已经与几家大投资银行有过密切接触，其中有一两家顶尖的，所以打破重组可能很难，但我凭本能觉得应该选丹和他的公司。大家也同意我的看法。

我们选了两家公司：一家是亚历克斯·布朗父子公司，他们对于我们这类公司上市运作有着多年的经验；另一家就是丹的施罗德公司。

那个星期日，丹从明尼苏达州给我打来电话，他当时在那儿观看母校杜克大学篮球队杀入第四轮的比赛。我还不能把我们的决定告诉他，因为那时还尚未通知那些被淘汰的投资银行。我叫他耐心等几天。

星期一早上我给他打电话。“祝贺你，你得到了这笔生意。”他乐坏了。

我们指定亚历克斯·布朗父子公司作为承销商是顺理成章的选择，因为对方特别擅长与我们这种规模较小的企业合作。亚历克斯·布朗父子公司有三个出类拔萃的人，与丹一样，能理解我们的理念，并且不只将我们的首次公开募股视作一桩交易。这三个人是公司总裁梅奥·谢图克、负责资本市场运作的彼得·布莱克和戴维·迪佩特罗。不过，许多人没想到我们会选择施罗德公司，因为我们这样的企业一般不在它的业务范围内。时间证明我们做出了正确的选择，时至今日我们仍然与这两家公司有着紧密的合作关系。

以我的体会，友谊与忠诚在许多美国企业中都被低估了。我们许多人已经丧失了一种至关重要的眼光，那就是如何对待我们可以信赖的人，而敌意和冷漠、疏离并非不可避免——那不是企业运作的最佳方式。在这里，你必须取得面对同一个目标的合伙人和伙伴们的支持。

其实，7 家银行中任何一家都可以达到我们所期望的目标，它们都是一流的。就我个人看来，最终中标的或被淘汰的区别就在于承诺与激情。中标的两家能够给我们带来额外的无形资产，助我们登顶。

别被华尔街的过山车弄昏了头

如果要我说出职业生涯中一个最幸福的日子，那就是 1992 年 6 月 26 日，我们在纳斯达克公开上市的日子。

我们预期的价格范围是每股 14~16 美元，总价值超过前一年赢利的 60 倍。有人担心我们是不是把价格定高了，从新股上市的行情来看，3 月份的火爆状况突然有点儿降下来了，大多数新股都以低于预期的价格出售。我们的顾问也推荐低价入市的策略。本地报纸文章警告小投资者们买我们的股票时须谨慎，因为大部分新股的发行价都在下跌。而我们又一次摒弃了通常的见解，我们把星巴克的股价定到每股 17 美元，高于新股发行的价格范围。

那天，我们一帮高层经理人员去西雅图市中心的证券交易所，挤进人群中，盯着屏幕上出现的 SBUX（星巴克在纳斯达克上市的股票代号），等着交易开始。一开盘，股价马上涨到 21 美元，我们欢呼起来。

在整个纳斯达克市场上，星巴克是当日第二只最活跃的股票。一亮相就为公司筹集了 2 900 万美元，比预期超出 500 万美元。到收盘时，星巴克的总市值达到 2.73 亿美元——5 年前我买下星巴克时，它还不到 400 万美元。

我们的股票上市是这一年里最成功的事情，这使得华尔街那帮经纪人急切地找寻“下一个星巴克”。星巴克股价的强劲状态超过了华尔街权威们的预测，此后也从未明显跌至开盘价以下。在接下来的三个月里，价格达到了每股 33 美元，星巴克的市值接近 4.2 亿美元。

作为公开上市公司，星巴克因此罩上了某种光环，跻身于大公司的行列。我们的股票上市使得星巴克原先的内部股可以流通，包括我自己的，我们可以用股票期权换取自己想要的东西，有了更长远的发展预期。那些加入我们公司的才俊也着实兴奋不已，因为他们不仅参与建设了一个有长期发展前途的企业，也实实在在创造了财富。

我们在华尔街的成功也为我们的品牌增添了光彩。由此，我们几乎每年都能从市场上找到投资者，为我们的增长买下更多股票。自上市后，我们通过发行新股或（当价格高于某个水平时）售出债券转为股票，筹集了 5 亿美元资金。我个人很喜欢这种与华尔街的聪明人互动的智力游戏，他们做足了功课，对你这家公司很了解。我也喜欢这个挑战，为星巴克发展资金的筹集做出战略性规划。

当然，成为一家公开上市公司也有其弊端。它使得你的企业突然间受到高度的审视和关注，突然间你就不再有个人隐私了。最重要的是，你要对股东们承担更多的责任，满足华尔街的期待也是一种负担。

在我们上市的那段日子里，一家报纸的报道使我恼怒不已。一位经常拉响股市警报的华尔街权威人士预测星巴克将会栽大跟头，他相信我们的股价是被高估了，而且预测当年年底星巴克股价将降至每股 8 美元。这个不祥的预测成了一片阴影，我把这篇报道剪下来放在我办公室的抽屉中。接下来的 6 个月里，我每天早上都要把这段剪报拿出来看一下。幸运的是，这位权威错了：我们没有栽跟头，我们的股价继续走高，虽说其间也有过阴晴不定的剧烈起伏。每一天，他的预测都警示着我，哪怕是一个小小的失误都可能造成损失。

与上市的兴奋相伴而来的是一种人生被打入地狱的变化，每个季度、每个月，甚至每一天，你都是股市的奴隶。你的生活方式也发生了巨大变化，再也不可能回到那简单的运作小公司的日子了。我们开始每月汇报自己的销售业绩，包括店面业绩的同比增长，每年至少要公开一次，这也被称为“同店销售额增长率”。如有变化，股价马上随之而变。我觉得“同店销售额”不能正确地反映星巴克的经营情况。举例来说，如果一家店里排队的人太多，我们可能会在附近再开一家店。我们的顾客很欢迎这样的方便措施。但这样一来，新店就从老店抢走了利润，就会导致同店销售额增长率下降，而华尔街会因此惩罚我们。

那几年里，我们面对着许多财务方面的怀疑者。星巴克的股票一直在高位上交易，成为做空者的最爱，因为他们觉得我们的公司被高估了。1992 年后，我们公司的名字一直被做空者挂在置顶的位置上。但到目前为止，我们那些一如既往的铁杆支持者已经得到了回报，怀疑被证明是错的。投资者看到星巴克的每一次新股发行都是高开高走。不过，当你的股票走高时，你很快就会陷入企业“眩晕症”，随后你会有一段长长的下坡路。

华尔街教会了我许多东西，最持久的教训就是对股票的理解——有那么多的人为因素。而这会让你轻易地以为这就是你公司的真实价值，甚至是你自己的真实价值。

1995 年 12 月初，星巴克的股票价格创下纪录——这类消息总能使办公室里的情绪高涨起来。但事实上，我们刚刚得知圣诞节的销售不像我们预期的那样好，而我们本来憋足了劲儿要演好年终销售这台压轴大戏的。

1996 年 1 月初，我们公布同店销售额增长仅有 1%，股票马上就从 21 美元降到 16 美元。短短几天里，我们损失了 3 亿美元市值，尽管我们宣布的销售额缩水只有 500 万美元。忧心忡忡的投资者们质问我：“为什么公司业绩这么糟？”《华尔街日报》说我们曾是“一抹亮色”，而现在“暗淡下去了”。分析家们似乎相信我们的增长已经碰到天花板了。

事实上，星巴克并未从此走上下坡路。虽说销售业绩低于预期值，但我们总的年销售额增长将近 50%。我们仍源源不断地买进和烘焙咖啡豆。那一年我们又有新店开张，我们继续按计划进入新的城市，并推介新的产品。

三个月后，股票价格又是一轮上扬。那一年的前三个月里，同店销售额增长率再度表现良好。古德曼 · 沙奇是华尔街一位出身名门的银行家，他在星巴克没有一美分的投资，可就是他预测星巴克还有更大的利润增长幅度和更高的股价。

投资者们打电话向我祝贺，而圣诞节销售的不利消息还曾让他们中的一些人方寸大乱。

改变的是什么呢？事实再次证明，没有什么实质性的改变，4月份的星巴克还是1月份的那家公司，区别在于华尔街突然说它更值钱了。

运营一家上市公司是一种情绪上的过山车游戏。一开始，你到处接受祝贺，好像你真的成功极了。后来，股价下挫，你感到自己非常失败。然而，它又弹回来了，给你留下的是“眩晕”感。

在某种程度上，你必须把自己与股票价格分离开来，专注于企业的运作。无论股价高涨还是跌落，你都必须保持高涨的情绪。这种镇定自若对我来说不是那么容易的事情，因为大体来说我是那种性情中人。但我明白事情的重要性，无论是好日子还是坏日子，都要保持强有力的有条不紊的领导力，以稳住周围人的情绪。最重要的是，我们做决定时会基于什么对公司有益，而不是什么对股票价格有利。这是星巴克最让我骄傲的地方。

每一个企业家都有把企业做成上市公司的梦想，但是又有多少人真的知道自己将要面临什么呢？并非每一家上市公司的日子都如星巴克一样惬意。如果说，对我们来说，股市就如同一匹不被约束的野马，那么这对于那些下跌的公司来说又意味着什么呢？

有一则古老的格言：谨慎地对待你祈盼的东西，你才会得到它。

第 14 章

想要再造卓越，先要重塑自我

区别一项工作是伟大、平庸还是低劣，从中最能够看出的，是你有没有热情和想象力来重塑你自己每天的生活。

——汤姆·彼得斯

《追求卓越》[1]

为什么我们成长得这么快？

自 1992 年星巴克上市后，我一直沉浸在公司业绩增长的喜悦之中。我们的扩张比预定计划更为超前，仅在 1992 年的财务年度里，就新开了 50 家门店，1993 年又开了 100 家。无论是销售额还是利润，我们每年都超过了内部预期的目标，华尔街的分

1.《追求卓越》一书中文版已由中信出版社于 2009 年 10 月出版。——编者注

析家们也为我们始终保持同店销售额的成倍增长而喝彩。1992年，我们扩展到圣迭戈、旧金山和丹佛。我们每到一处，都会激起热烈的反应。

1993年春天，我们做出进军东海岸的决策，决定在华盛顿特区开出第一家店，这是东海岸邮购业务最火的地方。对于欧洲移民和那些从西海岸去东海岸的人来说，华盛顿也是一个不错的地方。为了筹备华盛顿特区的第一家店，我们派了调研员去威斯康星大道的友谊高地，了解我们邮购目录上的客源情况，他们一到那儿就吸引了大批人群。后来肯尼·基在杜邦广场店做大型露天表演时，现场更是人山人海，那家店后来成为我们人气最旺的店铺之一。

此后，我们渐而转向依据邮购客源的信息来决定在什么地方开店。邮购目录上的顾客一般更忠诚，因为他们认准了星巴克，非要喝到星巴克咖啡不可。我们发现，在星巴克邮购咖啡的顾客一般都受过良好的教育，相对比较富裕，喜欢旅行，迷恋高科技，对艺术和其他文化形式有着很浓厚的兴趣。这正是我们希望星巴克所具有的品位。

在我40岁生日当月，我的照片登上了《财富》封面，配文称我为美国发展最快的公司的总裁，文中说“霍华德·舒尔茨的星巴克把咖啡磨成了金子”。40岁登上了《财富》，我对此感到骄傲，但是，坦率地说，如此受瞩目也多少让我有点儿不自在。对我来说，庆祝胜利总是比较困难的事情，因为我总是在想：下一步呢？

表面上看，每件事都毫无缺憾。但我渐渐有了一种忧心忡忡的感觉。公司的大部分热情源于逆境，是在逾越无法逾越之巅的过程中被激发出来的。我们证明了自己的创意可行，甚至远比我们想象的好。但我们能够保持优势吗？

既然特种咖啡已经风靡于世，那么向全美扩张似乎也不是什么困难的目标。但事情不会那么简单，竞争肯定会更加激烈。在北美许多城市，咖啡店都在往星巴克模式上靠，也都开始供应拿铁和卡布奇诺，在柜台上摆放咖啡研磨机，有的还出售整颗咖啡豆。美国特种咖啡协会预测，到 1999 年，这类咖啡店，包括浓缩咖啡吧和流动摊位，将从 1992 年的 500 家增至 10 000 家。浓缩咖啡生意吸引了成千上万的小企业主，有些几乎没有在管理上投入什么。许多小型公司里的中层经理转动脑筋想要开设小咖啡吧，有的已经这么做了。因为这门生意看起来没有什么进入门槛，似乎人人都可以买进浓缩咖啡机，蒸出牛奶，做出拿铁。

星巴克从来没感到这类店会构成什么威胁。在西雅图，几乎每个街角都有一家这样的店铺，而且我们的市场在不断扩大。可是，其他的咖啡公司看到了我们的成功，也雄心勃勃地要搞扩张。我们的竞争对手之一，西雅图的 SBC 公司，宣布要在 5 年内开出 500 家连锁店；还有一家“兄弟美味咖啡公司”，买下了设在购物中心的“格罗利亚牛仔公司”，宣布至少要开出 80 家星巴克式的店。

由于竞争激烈，一些观察者预言我们已经“错过了去东海岸的班车”。于是我们加快了扩展计划：原计划 1994 年开出 125 家门店，后增加为 150 家。在华盛顿特区获得成功后，我们决定于 1994 年进入纽约和波士顿。纽约对我来说有一种象征意义，因为那儿是我的故乡，也是美国最大的城市。虽说那儿租金不菲，劳动力市场也不那么看好，但还是备受我们的关注。亚瑟 · 鲁宾菲尔德和乌斯·米兹拉想到在费尔菲尔德和威斯特切斯特县（那里是曼哈顿许多大佬的地盘）附近开第一家店，这是先占领地皮的地产战略。1994 年 3 月，我们终于对纽约进行了第一次突袭，在 87 街和百老汇的街角，开设了星巴克咖啡店。

在波士顿，我们采取了一个前所未有的举动，或者说开了一个先例。在开了几家自己的店铺后，我们收购了本地一家强劲的对手。那是乔治·霍维尔在 1975 年创办的咖啡联谊公司，这家公司跟我们在别处遇到的对手都不一样。跟星巴克的创始人一样，乔治也是在“毕特咖啡与茶”那儿了解了优质咖啡。他回到波士顿开了自己的店，但是，他很快意识到新英格兰人更喜欢烘焙程度较轻的咖啡。在经历了许多试验和失败后，他吸引了一批拥趸，并开始在本地倡导一种轻度烘焙的咖啡理念。

到 1992 年，咖啡联谊公司发展了 10 家店铺，在哈佛广场和苏妮伊尔大厅都有它的店，它凭借口碑发展了一个铁杆顾客群体。乔治意识到星巴克很快就会进驻纽约，也想加快发展速度，便聘用曾做过酒店主管的柯特·比恩来协助他筹措发展资金。他们在 1994 年年中增开了 15 家店铺，并开始向波士顿外围扩展，计划到 1997 年再增加 60 家门店。

我们并没有在纽约打一场阵地战，而是提出收购咖啡联谊公司，乔治·霍维尔也同意了。1994 年 6 月，星巴克以价值 2 300 万美元的股权置换收购了咖啡联谊公司，一夜之间在波士顿处于领先地位。乔治·霍维尔担任公司顾问，柯特·比恩留下来监管并购事宜。这一举措对于星巴克的品牌建设和零售策略都是一个大跨越，并且立刻打入了那些咖啡“熟客”的核心群体中。

到 1994 年年底，我们已进入了明尼阿波利斯和亚特兰大地区，还有达拉斯、沃思堡和休斯敦。在得克萨斯州，我们迅速多方出击，因为当时租金跌到了谷底，很容易拿到好的店址。1995年，我们在费城、拉斯韦加斯、奥斯丁、圣安东尼、巴尔的摩、辛辛那提和匹兹堡都开了店。速度之快令人眩晕。一下子在那么多地区铺开店面，看上去有点儿冒险，但我们已建立了一支成熟的管理团队，在每一个地区都能有效地控制进程。

对一个外部观察者来说，我们的发展似乎毫不费力，而事实上，这里没有一帆风顺的事儿。一旦我们启动了发展的引擎，开店就像冲一杯浓缩咖啡似的成了日常事务。

事情能得以顺利推进，也是由于我们吸纳了众多人才。不到几年的时间里，星巴克的名字就如同带有某种魔力似的，吸引了许多有才干的人加入，其中一些人是从本地比星巴克大得多的公司跳槽过来的。霍华德·毕哈和黛德拉·威杰招募了区域副总裁来主管各地区的发展事宜，他们的职责是将星巴克文化在整个北美成倍复制。在加拿大，罗利·莫里斯带着他的管理才能和丰富的市场运作经验加入了我们的行列；斯图尔特·弗尔德是中西部地区的领头人，曾任卡斯特姆衬衫零售连锁公司的副总裁；布鲁斯·克瑞格在建立星巴克西北部营销网点前曾监管汉堡王公司1 600家店铺的开设过程；马西·亚当斯是我们大西洋湾区的负责人，曾在“7–11”连锁店主管经营、物流和创意开发。他们每个人负责自己的地区，做得比我们预期的更好。

为了适应企业的快速发展，我们设置了一个招募和培训咖啡师傅的机制，让那些年富力强而有学识的人指导咖啡师傅提高对咖啡的品位，逐个城市地复制我们的咖啡工艺标准和价值观。在黛德拉·威杰的领导下，我们的零售系统不仅能够应对数量庞大的现有店铺，还可以有效监管每年进入新市场的数百家店铺。

在我们的西雅图总部，从事物业开发、室内设计、店面规划和总体架构的人员，开发了一种可以使店铺在6个月内开张的切实可行的店面开发规程。这套规程非常管用，使我们每个工作日都能开出一家新店。店面发展到如此之多，我根本不可能全都关注。

1992—1993年，我们重新梳理了物业开发策略，基于区域人口测算和对运作效能平均水平的分析，提出了一个三年扩展计划。在每一个地区，我们都先瞄准一个大城市作为“中心”，派出专业团队去打理新的店铺。我们会以两年内开出20家或更多的店铺为目标，快速打入中心市场。然后，以此为根据地，逐渐辐射开去，进入周边市场，包括附近的中小城市以及与顾客人口测算值相近的有代表性的郊区。

为了保证向那么多的新店供应咖啡，我们只能建立新的烘焙工厂。就在1992年的圣诞节，我们意识到不可能依赖现有的工厂来支撑这个销售季节了，虽说当初这个厂是按公司10年发展规划设计的。1993年2月，我们派给主管行政的副总裁霍华德·沃伦纳一桩不可能完成的差事：找一处新的厂址，带领一帮人去建造一个更大的烘焙工厂，并在7个月后交付使用。1993年9月，占地面积为30.5万平方英尺的烘焙厂，在西雅图南面华盛顿州的肯特镇建成了。

在那之后，老厂只是为公司的邮购订单服务，从1993年中期开始由巴克·亨德里克斯负责。巴克把这项业务从600万美元发展到1997年的2 000多万美元，虽说这只占我们总体销售的一小部分，但这是把我们的产品包装展示出来的一个途径，也是联结我们与全美顾客的重要纽带。

1993 年 10 月，我们的办公总部也开始寻找新址。霍华德 · 沃伦纳给我们找的新地方离原来的总部只有几个路口的距离，仍位于西雅图南面的轻工业区。我们在一幢仓储大楼里租了一些楼层，这幢大楼原本是西尔斯公司的西北片销售部门用来存放编目商品的仓库。这地方完全不像那些高层建筑或一般公司租用的写字楼。9 层高的建筑里，每一层都足有通常写字楼 6 个楼层的占地面积。这个曾作仓库之用的老楼房大得出奇，好像得骑着自行车或踩着溜冰鞋才能做事。我们在中间那块地方划出一个“公共区域”，作为食品小卖部、咖啡吧和休息场所，这样可以鼓励大家交流互动。工业照明灯留下的管道和线槽裸露在外，毫无精雅、时髦可言，与一些人对我们的想象相去甚远。

我不喜欢搬离烘焙工厂，所以我坚持要留下一些印记，以提醒我们不要忘记根在何处。正门一进来便是一个模拟的店面，展示我们的最新产品。办公室墙头随处可见的图片，展示着我们最新的市场营销成果以及咖啡工厂的发展状况。当我们的办公空间扩展到顶层时，我们安装了一部小型的老式烘焙机，以现代技术对其进行翻新改造，用作演示或烘制样品，最重要的是，它维系着我们与咖啡的紧密联系。

从我办公室的窗口望出去，西雅图机场的吊车隐约可见，我们的咖啡豆从那里被运往各地，城市高楼林立之处就是公司诞生的地方。可我仍然怀念从办公室窗口望得见烘焙工厂的日子。

1994 年，在我们看来，成为领导北美市场的咖啡零售商，以及特种咖啡的著名品牌，这些目标已触手可及。于是我们又制定了更大的目标：要打造全球最受瞩目、最受人尊重的咖啡品牌。

在美国和加拿大尚有一些城市我们还来不及进入，但由于星巴克的模式和标志被四处复制、模仿——有时候被弄得过于花哨、碍眼，我们知道，在全球范围内，我们需要赶快制订走出去的计划。

然而，这回可不是简单地加快速度就能做到的。就如我曾经改变星巴克的惯例，在供应咖啡豆的同时也供应饮品，我现在又要变一下招数了。我要跃上一个新台阶，拿出革新的姿态和勇气来推动这次品牌创新。星巴克的牌子已经有了巨大影响，我们不妨以此为基础推出全新的咖啡产品，并走出星巴克的店铺进行销售。我开始想象星巴克不但可以制作更加多样的咖啡产品，还可以从门店中走出去，扩大销售范围。

1994 年，星巴克刮起了一股行动旋风。我们推出了新品“星冰乐”。并和百事可乐公司签署了合作协议。由奥林·史密斯担任这家联营公司的总裁，我们组成了星巴克国际公司，霍华德·毕哈出任公司总裁。我们搬去了新的总部，更新了邮购业务的电脑系统。我们为一个造价 1 100 万美元的烘焙工厂选定了厂址，在宾夕法尼亚州的约克镇，那处厂址最终可扩展到 100 万平方英尺，足以供应东海岸所有店铺所需的咖啡豆。但是，我们眼前第一次出现了一个重大危机，那就是咖啡豆价格上涨了 300%。

这些大动作，有些是同步进行的，我在本书中差不多用整整一章叙述了其中的一些变动。变化的步子直到现在仍未放缓：1995 和 1996 年，我们面临企业发展的挑战，遭遇着企业伦理和风格上的碰撞。而且，我们所面临的是一次全新的机遇，其风险之大令 20 世纪 80 年代后期我们的那场争论相形见绌。

快速发展要付出的代价

在这些暴风骤雨般的改革中，是我们的价值观和彼此承诺的责任心使企业保持了运作的平衡。在公司内部，一批职业化程度较高的经理人进入之后，早期跟我一起打拼的那些人大抵对他们心存畏惧。我不再叫得出每个人的名字，虽说大家仍在一个大楼里上班。同样的步伐和同样的激情，在追求成功的同时也伤害了一些人。一边听到每周新增数千名顾客的佳音，一边听到有人离开公司的坏消息。

这些冲突全都汇集在我的脑子里。每当有人来我办公室说起对新变化感到忐忑不安时，我个人都觉得对此负有责任。我还以为公司扩张后工作可能会变得容易些，但其实是更困难了。

我面临的问题变得更为复杂。当公司扩大一倍甚至三倍后，你还能坚守原来的价值观吗？在扩大品牌影响力而又不损害其内涵的道路上，你还能走多远？面对因创新而产生的诸多事端，你如何做到不失去控制？在大量任用专业管理人员的前提下，你如何调整自己作为企业家的角色？当短期问题直接抓住你的注意力时，如何在长期计划上保持自己的创造精神？当你以“光速”发展时，如何继续向顾客提供发现新大陆般的体验？当你需要体制与规程时，又如何维系企业的灵魂？

我发觉，大多数问题不可能在书上找到答案。最佳方法来自对崇信的企业的观察。但不幸的是，你很少能看到企业是如何在快速发展中继续保持高标准和一贯的价值观的。

因为没有现成的答案，我只能自己去摸索。我一直是个如饥似渴的读者，而现在，我阅读的范围更广了。我向专家们咨询；

我去了解其他首席执行官和企业家的经验；我请来以前有过工作经验的经理人；我从每一个我所遇到的人那儿汲取智慧，包括记者、分析家、投资者、商店经理、咖啡师傅和顾客。

随着公司的发展，我每天的生活节奏也变得紧张起来。每天一起床，我就要参加好几个会议，处理各方面的事情。有时，我会抽出点儿时间让大脑做好准备，以便在各种各样的讨论中快速做出判断——公司发展战略、下月促销计划、咖啡新品的口感、利润空间、伙伴个人问题、重大投资机会、某项策略的改变、董事会的反对意见……有时，我的脑袋都要裂开了。

我在处理这些事情时，有时会接到雪莉或孩子们的电话。我总会设法为家人和朋友安排出时间来，如果我不想让自己总处于压力之下，我就不会忍受这种压力。可是，要维持这种个人空间也是有压力的。雪莉能理解公司发展给我带来的压力，在我精神状态很糟糕的那段时间里，她依然尽力维持家庭的和谐。我不能想象，如果没有雪莉这样内心坚强、给我安全感的妻子，我怎么可能建立起星巴克，怎么可能在处理压力和冲突的同时仍然能够保持良好的状态。

对我来说，在追求公司目标的同时不影响家庭生活是一桩难事。我尽量不在周末出差，只要不出差，我就尽可能和家人一起在家里吃晚饭。对我来说，这个时间是神圣不可侵犯的，虽然我们吃饭的时间总是比一般家庭要迟些，但我的孩子们还是盼着这个时间。我在儿子的小联盟球队做了两年的跑垒指导，尽可能从我的时间表中挤出时间去看他的比赛。我带孩子们去看索尼克斯队和海员队的比赛，他们总会出现在星巴克一年一度的野餐会上。

平衡工作和生活永远不可能是一件容易的事情。我一直挣扎在家庭的需求和企业的需求，婚姻的需求和我个人的需求中。我有时候很奇怪地想：什么时候能有我自己的时间？我能不能从这些事情中脱身？每个星期日上午打篮球，来一场快速的、尽情跑动的、酣畅淋漓的比赛，是一种很好的释放方式。在这两个半小时里，我把全副精神集中在球上，把一切关于工作的事儿都抛开。

企业家最大的挑战：重塑你自己

没有人比成功的企业家更需要重塑自我。想想吧：有多少企业家亲手创办起一家公司，然后让自己随着公司一起成长，直至公司的销售额超过 10 亿美元。

比尔·盖茨算一个，还有耐克公司的菲尔·奈特。但是，还有更多的企业家不能成功地转型为专业的管理人员。大多数人在企业初创时的创业精神，都要胜过企业成熟期的领导力。当公司在他们手下越做越大，而发展的可能越来越小时，他们就会想方设法维持自己的控制力。

有时候，我觉得自己像是那个横跨在两架喷气飞机上的卡通人物，一只脚踏在这架飞机上，另一只脚踏在另一架上，两只脚都想快速前行。我必须做出决定：我还能坚持多久？我应该跳开吗？我会摔断腿吗？

算下来，我至少把自己重塑过三次，而且每次都是以最快的速度进行的。

我在开始上路时是个寻梦者，一个 32 岁的年轻人，在西雅图敲开每一个潜在的投资者的大门，为自己的企业计划筹集资金。

然后，我成了一个企业家，创办了“天天”咖啡馆。接着，我接管星巴克，把它打造成一个快速发展的公司。之后，我得成为一个有专业精神的管理者，随着公司日益庞大，越来越多的决定需要授权别人去做。今天，我的角色是星巴克的领导者，是一个有远见的、斗志昂扬的领导者，是让火焰一直燃烧的人。

对我来说，寻梦者是我最自然的角色，我仍然喜欢这个角色。成长于20世纪50年代和60年代的人都做过许多这样或那样的梦。那是肯尼迪总统与和平队的年代，当时，资本主义意味着机会，而不是压迫。乐观是主流的情绪，我骨子里就受到这一切的影响。

然而，仅仅作为一个寻梦者还远远不够。如果你想在生活中实现梦想，你就需要另一套本领去把这些梦想变成现实。

一旦穿越梦想的藩篱，你就从寻梦者转变成一个企业家了。一个年轻企业的创业阶段可能是最令人兴奋的。

我当时并没有意识到这一点，但我现在确信，企业家最大的责任之一就是把他自己的价值观注入企业。这就像抚养孩子，你以爱和体恤开始这项工作，如果你把正确的价值观注入他们的内心，等他们长成大人时，他们就会做出负责的决定。有时候，他们会让你失望，有时候，他们会犯错，但如果他们已经树立了正确的价值观，他们就有一条使自己回归正途的准则。

在建立企业的过程中，你通常会走到岔路口。英特尔公司的首席执行官安迪·格鲁夫把这称为“拐点”。你甚至可能意识不到这一点，但那时的决定会在多年以后显现其影响。比方说，你也许能意识到自己发现了一个创建更大、更有意义的企业的机会，可是为了利用这个机会，你却必须在管理企业的方式上有极大的改变。

许多企业家起锚出海的情形正是如此。有些人被新的机会吓住了，拒绝了它；而另外那些接受挑战的人，又通常不能提高自己的掌控力以应对新的局面。

在企业发展的某个阶段，一个企业家必须用职业经理人的管理方式管理公司。当然，这经常与获利之道相悖。很早我就意识到，必须聘用在某些领域里比我更聪明、更有资质的人，我必须让他们来做许多决定。我不能告诉你这有多么困难，但如果你已经把你的价值观刻在你周围人的心里，你就能够大胆地信任他们去做出正确的举措。你必须建立起足够强大的根基，来消解压力、焦虑以及对发展到下一阶段的恐惧。

如果你是一个有创意的人，一个有理想的企业家，那么引进管理体制可能很会痛苦，因为它们好像和最初吸引你去做企业的冲动相背离；但如果你不采用正确的程序，如果你不和别人协同筹划，如果你不雇用有工商管理技能的人，整座大厦就有崩塌的可能。许多企业的情形正是如此。

20 世纪 90 年代初，我们费尽力气把公司从一个创意型企业转型为专业管理型企业。甚至就在这样做的时候，我们还试图尽可能保留原来的企业精神、我们的创新和更新自我的能力。我们请了加州大学洛杉矶分校的一个研究企业问题的专家埃里克·弗莱姆霍尔兹来指导这个转型过程。他曾写过一本名叫《成长之痛》的专著。他一来星巴克，就看透了所有的症状。他相信，快速发展的公司都会经历几个必然的时期，没有一家能避免。他建立了一套管理体系，以指导公司创办者们如何处理从创业到成熟各个阶段所面临的个人和专业方面的挑战。在星巴克，埃里克·弗莱姆霍尔兹和我们一起研究企业发展的阶段性计划和管理体系。我们缓慢而痛苦地学会了怎样在快速发展中建立规则与更好的管理体系。

最初，我想抵制这些改变。我不是那种热衷于条条框框的人，我讨厌那些规划与章程，它们总给我某种限制人、约束人的感觉。我习惯了在桌面上即兴发挥，甩出一句“我向你们发出挑战”，一上来就把它搞定。埃里克·弗莱姆霍尔兹把这称为“约翰·韦恩学校的管理学——信口开河”。后来，我开始意识到，一个更出色的星巴克应该在日常的生意和发展中应对自如，越是有好的组织机构和管理体制，就越是能够大胆进入新的舞台。在此过程中我渐渐对这项计划产生了尊重和敬意。

我明白，我最终须从一个管理者转变为一个领导者。我非常幸运地结识了哥伦比亚大学的华伦·贝尼斯教授——他写了一本关于领导力的书。他为星巴克担任顾问，我们的友谊发展到这样的地步：每当我遇到一个转折点，或不知该怎么办时，我都可以在夜里很晚或者早上很早的时候给他打电话。他对公司、对我个人都颇有兴趣，在我向领导者角色转换的过程中，他给予我很大的帮助。

知道你的局限所在

1994年年中，我意识到自己的角色还需再次转换。日复一日地管理公司不是我所希望的，因为这超出了我的专业能力范围，也并非我的兴趣所在。我想做的是，继续筹划有远见的创新行动，预见未来，体验创新带来的快感。这是我可以为公司增加的价值，是我所钟爱的工作。

于是，1994 年 6 月，董事会和我决定让奥林·史密斯担负我那一部分日常管理的工作。他的头衔是总经理和首席运营官，我则继续担任董事会主席和首席执行官。几年下来，奥林成为一个世界级的管理者，负责所有行政后勤管理事务，他是一个比我更有资质管理公司日常运作的人。这一举措解放了我，让我有更多时间投入其他方面，诸如和百事可乐公司合作，进行风险合资、品牌建设、更新店面设计、新产品的开发等。

你一手发展壮大的公司就像你的孩子一样，你很难克服要去关注每一个细节的本能。多年来，我习惯于监管销售和日常利润，每天关注每家店铺的经营业绩。我一般会把它们的实际业绩与预期的数字相比较，搜寻那些在图表上看不到的数字，不管是好还是坏。如果某家店哪天有超常业绩，我就会找它的经理向他（或她）表示祝贺。如果我注意到某个弱项，那么我也会打电话给门店经理，找出解决问题的办法，促进销售。

当公司发展到拥有四五百家门店时，我意识到自己不可能再这样密切关注每家店的情况了。我必须信任并授权奥林或是其他管理人员来做这类工作。我只是有点儿令人沮丧，包括讨论开发新产品、开拓新市场的会议，我都不能参与了。譬如有一天，我穿过那个会议室，里边正在讨论某一进程中令人感兴趣的问题，我很想加入他们一起讨论，但我知道不行。我的出现会破坏气氛，而且我已经不再适合出现在那些场合了。

对我来说，提拔奥林是一个理所当然的举措。我对他非常信任，以至我不可能有兴趣从外面引进什么人才。虽然奥林和霍华德·毕哈能力相当，各自负责公司一半的运作，不过那时霍华德·毕哈想要接受另一挑战。1994 年年中，我们正计划向海外扩张，他想接手这一块。于是我们创建了星巴克国际公司，任命霍华德为总裁，给予他充分的空间去开拓潜在的长期市场，让公司的规模翻番。

当奥林成为总裁后，我又有了新的角色，我称之为“领路人”。我的董事会主席职位是一个开拓者的角色，我试图为星巴克未来的发展寻找新的方向。我想预测一下今后公司将要面对的竞争态势和战略变局。当某个区域经理或工厂经理需要有人对他们的下属讲话，以增强他们对公司价值观的认识，激发他们对事业的信心时，我就会承担起这份工作。我花了许多时间去参观店铺，去新的市场观光，增强自己的兴奋度。

这里有一个悖论：我曾把自己重塑成一个职业经理人、一个企业领导者，但在我的灵魂里，我仍然是一个寻梦者和企业家。大概是因为我已学到了许多新的职业技能，只能给人这种形象了。

星巴克也一样。我们制定了制度和规程，却并未以牺牲我们的创新精神为代价。如果使创新精神陷入官僚体制之中，我们就会犯数百个美国企业犯过的错误。

为了保持活力，一个公司需要为所有这些类型的人才——寻梦者、企业家、职业经理人和领路人——提供一个令人兴奋又有挑战性的氛围。如果做不到，那它可能只是一个平庸的企业。

我决意不让这样的事情发生在星巴克。

第 15 章

别打击下属的进取精神

如果缺少个体的有勇气的行动，那么任何公司的新生乃至民族产业的复兴，都是不可能的。

——哈维·霍恩斯坦

《管理的勇气》

星冰乐：我犯过的错误中结局最好的一个

对我来说，要保持雄心勃勃的精神状态并不困难，因为这正是我天性的一部分。但要激励星巴克公司的其他伙伴也具有同样的精神面貌，就需要付出点儿努力了。有时候最难的——对我和像我一样有强势心态的人来说——是收敛自己，在做出判断和决定之前，先让别人提出想法。

许多企业家都落入了这样的陷阱：他们太执着于自己的观

点，当雇员想出一个点子（特别是这点子与他最初的想法不符）时，他们就会把它压制下去。我在星巴克最成功的产品上几乎也做过同样的事情，那就是重烘焙咖啡加奶加冰的饮品，我们称之为“星冰乐”。

事情是这样的。

蒂娜·坎皮恩管理着星巴克在圣莫尼卡一带的十来家门店。她的店铺经理们感到越来越没劲，因为附近的咖啡吧出售的特种咖啡——调和其他味道、加糖加冰的饮品，在夏天很受欢迎，特别是午后和晚上。星巴克也供应冰拿铁和冰摩卡，两种产品都盛在冰桶里，但是，有越来越多的顾客想要一杯调和味道的饮品。当被告知没有这种饮品时，他们扭头就去了星巴克的竞争对手那儿。

南加州一些店里的伙伴也曾多次要求新增一种调和味道的饮品，可我们觉得这不是正宗的咖啡，就拒绝了。特别是我，对这种主意尤其抵触，因为这类东西似乎有损我们所代表的卓越咖啡的尊严，听起来更像是一种快餐饮品，而不是真正的咖啡爱好者所要享用的东西。

1993 年 9 月，蒂娜瞅准了一个机会，更坚定了她要新增调和味道饮品的想法。丹·摩尔以前在洛杉矶做门店铺经理，此时转到西雅图来做零售。他了解南加州市场的需求，所以他到了西雅图后便支持蒂娜的这一想法。

蒂娜与丹谈过她的想法后，丹为她采购了一些调味品，让她尝试，蒂娜挑了一家位于圣费尔南多谷的门店作为试点，随着高温天气的到来，那里想要调味饮品的顾客呼声也日渐高涨。伙伴们安装了调制机开始做试验。他们没有请求批准，想先斩后奏，也不知道这样做会不会带来麻烦。他们头一回的试验远非完美，饮品味道尝起来不够甜，而且黏稠度也不均匀。蒂娜和丹把他们的首次试验成果带到我们的食品饮料部来，他们被允许继续尝试调味饮品。

很快到了1994年年初，有一种新饮料的样品被送到我的办公室来，让我品尝一下。但这饮品看上去像是搅了一团白灰，入口很黏，我觉得糟糕透了。这次尝试使我更坚定了反对新玩意儿的决心。

不过，想起无脂牛奶那段故事，我于1994年3月同意了他们向顾客推出新品的尝试。蒂娜把这计划交给了安妮·埃温格，当时她在圣莫尼卡管理第三街步行区的一家门店，那家店在一个购物中心外面，那里每天下午都聚集着大批游客和购物者。在炎热的日子里，热咖啡不怎么受欢迎。

没多久，安妮和她的助理经理格瑞格·罗杰斯都觉得自己也不喜欢这种饮品。他们没抱怨什么，而是对其做了一番改进。

格瑞格是个业余喜剧演员，他和安妮一起在加利福尼亚的公司尝试制作各种各样的水果摇冰、奶昔和酸奶饮品。他们不再往里面掺入淀粉，而是用新煮的咖啡打底，然后加进各种配料。冲调饮品的时间从10秒延长到25秒。他们还改变了冰和液体的比例。他们逐一品尝所有配制好的试验品，并从顾客那儿听取反馈意见。

那年夏天，霍华德·毕哈去洛杉矶巡视。蒂娜带他到第三街步行区的店里去，给他看了两种新的饮品——从外观上被区分为食品型和饮品型，是安妮和格瑞格的新发明。他放下杯子后，觉得跟原有的饮品相比，他更喜欢安妮和格瑞格的新作品。他把这种饮品带回西雅图让我尝尝。

“我们可以把这玩意儿推出去了，” 他坚持说，“顾客都在那儿嚷嚷呢。”

我们的饮料主管把配方送到食品顾问那儿，他们以专业的知识，根据食品化学成分和产品工艺规范进一步完善了它。他们调制出口味上佳的低脂奶饮品，与其说它是冰饮，不如说是奶饮。到了 10 月份，我们开始在南加州的 12 个城市试着推出这种饮品，一半店铺用调制机来做，一半店铺用软饮料机。接着，我们在三个城市向顾客展开广泛调查。

调查结果表明，调制机制作的饮品远比软饮料机制作的受欢迎。我尝了以后也觉得那真的很美味。

我们要为这种饮品起一个有个性的名字，还要表明它是星巴克的产品。1994 年 6 月，我们在波士顿收购了咖啡联谊公司后，沿用了他们的一种用饮料机制作的覆盖着雪霜的冰饮的名字——“星冰乐”。我们不喜欢那种饮品，但它的名字（英文为 Frappuccino）实在是妙极了，它把冰和卡布奇诺咖啡两者结合到一起。于是我们决定把新饮品命名为“星冰乐”。

我还是有些保守。我们已经和百事可乐共同开发了一种碳酸型瓶装冰咖啡饮料，这已经让我觉得有点儿过分了。当然我也同意星冰乐是个好名字，但在我们店里出售这种乳品饮料似乎有些不对劲儿，它更像是乳品而不是咖啡产品。调制机，就在我们的咖啡机旁轰轰作响，我们怎么可以这么做呢?

尽管如此，最后我还是做出了让步。又一次，我们的顾客为它投了赞成票，我们的伙伴是离顾客最近的人，他们最了解顾客需要什么。我们把调制机搁进一个金属箱里以降低它发出的噪声，但似乎没有人在意这个。

1994 年年底，我们决定在全美范围内推出星冰乐，星巴克所有的店里都供应这种饮品。目标是在天热起来之前的 1995 年 4 月 1 日正式上市。这听起来容易，可是对于公司零售部门的人来说，几乎是不可能完成的任务，因为只剩下不到 5 个月的时间了，550 多家零售店都要进行技术改造，安装调制机并培训咖啡师傅学会制作星冰乐。我们请丹·摩尔参与这件事。

我们成功了。星冰乐一炮打响——击出一个漂亮的本垒打。新品的口碑很快传播开来，我们的老顾客也竭力向自己的朋友们推荐这个新品种。女性特别喜欢它的低脂配方，在跑步或下班后就要来一杯星冰乐。星冰乐在那一年的夏季销售中占了 11% 的份额，利润上升了，也使我们的股价创下新高。

1996 年的财务年度内，在美国市场全面铺开的星冰乐，销售总额高达 5 500 万美元，占我们财务收入的 7%。假如没有我们加利福尼亚的伙伴的建议，我们就没有这 5 500 万美元。

我错了，可我对此感到高兴。在我犯过的错误中，星冰乐一事的结局是最好的。1996 年年底，《商业周刊》把星冰乐评选为年度最佳产品。

这样做是否有损星巴克的尊严？一个纯粹的咖啡主义者也许会这么想，但最重要的是，我们的顾客不这么想。星冰乐不仅给星巴克的夏季销售市场带来了一个大受欢迎的新面孔，也把一种非咖啡饮品带入了星巴克。再说，越是多喝几口星冰乐，我就越喜欢它。

也许这个故事中最值得关注的是，在星冰乐面世之前我们没有做过任何冗长繁复的财务分析，没有雇用一个蓝筹股机构的顾问来提供一份多达上万页的分析材料，甚至没有要求主要部门考虑做一个完整的测试。没有任何严厉刻板的章程挡着星冰乐，这完全是一种自发的行动，而且在一个不再是小公司的星巴克生根发芽开花结果了。甚至在我对此持怀疑态度时，事情也还能向前推进。

如果我们已经是一个典型的僵化公司，星冰乐就永无出头之日了。这件事表明，就创业精神而言，我们仍然是星巴克，一个走在创新路上使顾客频频回头、使竞争对手屡屡不爽的企业。

这是一次试验和一场冒险行动，它激发了我们的创新热情和想象力。

1995 年 10 月，蒂娜、安妮和格瑞格得到了星巴克总裁的嘉奖，丹被评选为年度最佳零售经理。如果有人问起星巴克是不是公司化、官僚化的地方，他们就会大笑起来。

咖啡公司如何做起了音乐生意？

在 1994 年的某个时候，另一个新主意从基层店铺冒出来，就是把星巴克推向一个我从来没有想过的方向——音乐。

这个点子最初酝酿于大学区的店铺——星巴克最早开办的几家店之一，那是一处都市购物中心，里面什么人都有，包括大学生、教授和富有的私房业主。那个门店的经理蒂莫西·琼斯曾在唱片业待过 20 年，爱音乐就像爱咖啡。

当时，我们和 AEI 唱片公司节目网的合作已颇有时日，他们为我们提供了一份“月度节目”录音带，主要是爵士乐和古典音乐。从 1988 年开始，蒂莫西就向音乐公司提出要求，由他来挑选 AEI 唱片公司每月的节目内容。我们乐意把这事儿揽过来。蒂莫西在自己店里试着放各种不同风格的曲目，同时留意每天各个时间段顾客的反应。后来他又加上了爵士音乐，比如艾拉·费兹杰拉和比利·霍莉黛的音乐，还有风格各异的古典音乐。由于个人的兴趣和创意，蒂莫西成了星巴克的音乐之心。

顾客对他播放的音乐赞赏不已，总有人来打听哪儿能买到这些录音带。他告诉人家说，这是星巴克自己汇编的，市面上没有。

1994 年下半年，蒂莫西给我们带来了一个不同寻常的创意。“为什么不编制我们自己的 CD 或录音带呢？”他问，“顾客都在催我们做这件事。”

大约就在这时候，AEI 音乐公司为我们制作了一些录音带，名为“布鲁斯岁月”，用 20 世纪五六十年代的爵士乐片段编辑而成，大多选自很受欢迎的“蓝调音乐”标签下的曲目。其中有非常棒的器乐演奏家的作品，比如约翰·考尔特兰尼、阿特·布雷基、巴德·鲍威尔和塞隆尼斯·孟克等。顾客们非常喜欢。

一天，说来很凑巧，我们的零售市场主管詹妮弗·蒂斯黛尔和一个洛杉矶来的朋友一起吃东西。那人叫戴夫·戈德伯格，在为卡皮特尔录音公司开发一个新项目，那家公司持有“蓝调音乐”的版权，他说起自己正打算通过零售业的渠道为卡皮特尔录音公司的音乐打开市场。

“好啊，星巴克怎么样？”詹妮弗建议道，“我们店里经常放爵士乐。”

这个主意得到了响应。戴夫也知道我们在店里播放过“蓝调音乐”，他们俩从中看到了合作共赢的可能性。从形象上说，“蓝调音乐”和星巴克都有一种“酷”的特质，我们可以在合作中实现双赢。卡皮特尔录音公司一直在为自己的音乐，特别是爵士乐走向更广大的听众寻找机会，他们将因自己的音乐在我们的店里更经常地播放而获益。

詹妮弗让戴夫和大学区店的蒂莫西联系。他们一起想了个主意：授权星巴克从“蓝调音乐”CD（光盘）中选编音乐制成录音带，成批复制，在我们店里专卖。

这个创意经过修改被递交给霍华德·毕哈。后者觉得自己有点儿没把握，就转给了哈利·罗伯特——星巴克最具创意精神的副总裁。哈利专门负责销售规划，一直在寻求一种新鲜的具有想象力的产品。这主意让哈利兴奋起来，于是他成了引进这项具有挑战性的音乐业务的主管。

事先我们需要做一些调查。蒂莫西把两年来所有地区星巴克的顾客意见卡全部看了一遍，发现其中有数百张卡片要求我们出售店里播放的音乐。这完全出人意料，我们也没有注意到这一点。我们许多带着孩子的中年顾客，没有时间去逛唱片店、浏览唱片目录或者听新的音乐介绍，可是他们如果听到星巴克在放好听的音乐，就希望可以在那家店里买到录音带。

1994 年 12 月，我们做了一个尝试，在店里销售肯尼·基录制的假日音乐《奇迹》，这是我们觉得可以作为试验品的音乐。顾客会把音乐和咖啡一起买下来吗？事实上，只要你肯出售音乐，肯尼的唱碟就会源源不断地从柜台里卖出去。在这里，爵士乐和爪哇咖啡似乎天生就是那么契合。

任何到过好莱坞的人，也许都见过卡皮特尔录音公司大楼，一幢高高的圆柱形白色建筑，宛似一叠螺旋摆放的录音带。我记得几年前看见这幢大楼时，希望自己有朝一日也能进去瞧瞧。

1995年1月31日，我和哈利、蒂莫西一起走进了这幢地标式建筑，拜晤盖瑞·盖许，他是卡皮特尔录音公司的董事长兼首席执行官。我们走过录音棚，弗兰克·辛纳屈、纳特·金·科尔和许多大腕曾在里面录制过他们的热门音乐。

我们坐电梯到顶层，在那儿见到了盖瑞，还有“蓝调音乐”的监制人——布鲁斯·朗德凡尔，和其他一些主管。

“蓝调唱片”觉得由星巴克甄选它的爵士乐曲，制作成专题唱碟，是一个不错的主意。对他们来说，这是某些传统“蓝调音乐”的一种复苏方式。在旧有的销售模式、电台和音像店渐渐失去听众时，整个音像行业都在寻找推广音乐的新途径。

我们彼此都对这一合作项目深感兴趣，决定来年出5张CD，不仅用“蓝调音乐”的素材，也从卡皮特尔音乐公司的其他栏目里挑选曲目。

蒂莫西离开了他那家店，全职做音乐。他花了许多时间听“蓝调音乐”档案库里的那些无与伦比的爵士乐曲。他发现了一首很少听到的曲子，仅用钢琴演奏的《我觉得你真带劲儿》，它是纳特·金·科尔的作品。这张唱片在几个星期内就录制完了。

这个计划我们一直守口如瓶，所以一推出就给了大家一个惊喜。我们做了100万美元的促销预算，高调宣传这套名为“蓝调集锦”的唱片。我们的咖啡专家玛丽·威廉姆斯、蒂姆·柯恩和斯考特·迈克马丁借势开发了一种“蓝调什锦咖啡”，人们评价它“又顺滑又刺激”，4年来我们首次推出新口味的咖啡饮品，以配合这美妙的音乐之声。那一个月里，詹妮弗和蒂莫西在32个城市安排当地学校的爵士乐队在星巴克店里演奏。我们还从咖啡和CD的外包装上获得了灵感，举办店堂装修大赛，用蓝色基调装饰店面。一些门店经理对此相当热心，甚至有人想出在天花板上悬挂用纸做的蓝色音符。

我们在 1995 年 3 月 30 日推出了《蓝调集锦》，那天恰逢我们在纽约格林尼治村阿斯特广场那个最大的店开张。偌大的店堂主体有 4 000 平方英尺，天花板很高，三面是落地玻璃窗。小塞隆尼斯·孟克到场祝贺，我们还有一个蓝调录音师贝尼·格林在现场专门负责录制。戴夫·奥尔森和我，还有盖瑞·盖许和布鲁斯·朗德凡尔，都被爵士乐包围了。

虽说我们都听得起劲儿得很，却不知道顾客会做何反应。像我们这样的零售店通常是不出售音乐 CD 的，我们预计大概只能售出 10 000 张。

然而，《蓝调集锦》在唱片公司发行前就销出了 75 000 张，而且我们还源源不断地接到从圣迭戈和亚特兰大打来的要货的电话。拉尔夫·西蒙是卡皮特尔公司当时的副总裁，唱片发行后不到几个星期就告诉我们，这张集锦的销量若能赶上传统音乐专辑的话，就有望跻身比尔波德爵士乐榜单的前 10 名。

这一年的晚些时候，我们又出了三张 CD，接下来的 1996 年又出了 6 张，内容从爵士乐扩展到古典音乐和蓝调歌曲。1996 年 4 月，当我们推出《蓝调集锦 Ⅱ》时，我们在西雅图举办了名为“热咖啡 / 冷爵士”的专场活动，邀请高中爵士乐队到市中心演奏，由本地著名音乐家组成的评委会对他们的演奏进行评判。我们尽可能利用这些机会为中学生的音乐活动筹集基金，作为回报社会的一种方式。我们的第二大热门音乐唱片在 1996 年夏天面世，名叫“调和的蓝调”，是对芝加哥蓝调音乐的一个历史性回顾，其中包括霍林·伍尔夫、埃塔·詹姆斯和莫蒂·华特斯的音乐。

如此“不务正业”地介入音乐业务，对星巴克这样的公司来说是合乎理性的吗？我可以毫不犹豫地回答，“是”。一方面它使销售额大涨，特别是1995年4月——正是那个月我们推出了蓝调音乐，但更重要的是，它向顾客传递了这样的信息：我们将继续以独特的方式在咖啡店里推出人们意想不到的产品，给他们以惊喜和快乐。

销售音乐CD并非市场促销使然，这是一个来自基层店铺的创意，它证明了星巴克在与其顾客的和谐相处中渐趋成熟。它给我们的店增添了温暖的气氛，这正是人们走进星巴克所要找寻的。它再次显示了我们的伙伴非常乐意抓住机会，发挥创意——只要它能符合我们的审美。

我意识到，在一个快速发展的公司中，在25 000个伙伴中，个体往往会感到自己只是一个独立的数字。然而，蒂娜和丹、安妮和格瑞格、蒂莫西和詹妮弗，从星巴克各个不同层面上证明了这一点：当我们说要鼓励人们的创新精神时，我们是真诚的。我们不像许多公司那样，把企业员工的精神弄得僵化以后，再试图去激活它，我相信我们应该从每一个新员工一开始工作就呵护这种精神。以我的经验来看，一个有激情、有创意的新点子被上司毙了，是极其令人沮丧的事情。

一个对公司未来最有想象力的灵感出自星巴克曾经的咖啡师傅，这完全有可能。我希望是这样。

第 16 章

想要保持超前，必须时刻更新自我

想要保持超前，必须始终在翅膀下装上一个新的发动机。

——罗萨贝斯·莫斯·坎特

当走下坡路时，你很容易理解自我改变的必要性。现状不如意，只有大改大动才有效果。

然而，人们很少会在成功的时候产生自我改变的动力。当事情进展得不错，你的拥护者们都为你欢呼时，为什么还要改变?

简单的答案是：因为这个世界总在变化。每一年，顾客的需求和口味都会有所改变，竞争在升级，伙伴们在改变，经理们在改变，股东在改变。无论是做生意还是过日子，没有什么是一成不变的，指望维持现状只会导致悲剧。

在星巴克，我们一直瞄着这样一个目标在努力——建立一个在许多年内都能健康发展的企业。我们发现，要想达到这个目标，必须要自我改变。即使在生活显得完美无缺时，你也必须勇于向更高的高度迈进，否则，你会盘旋而下，坠入自满的泥沼中而不自知。

1994年，星巴克着手它历史上第二次营业模式的变革。第一次是把饮品引入了过去只出售咖啡豆的门店，那是在1984年。从那以后，我们就不仅仅出售咖啡，而且出售咖啡体验。第二次转变在于突破了店铺的四堵墙——我们发明了特种咖啡的新样式，包括瓶装咖啡、加冰加奶的饮品和其他的创新产品。

这不是自然而然的蜕变，也不是迫于无奈的改弦更张，而是赶在增长曲线之前的有意识的调整，去开创一种令人难以想象的前景，同时使我们的核心价值观得以保留。

用新思维改造老产品

咖啡大约有一千年的历史了，它还能被重新改造吗？在星巴克早期岁月里，我们对这个问题琢磨了良久，这不成问题。我们认为星巴克已经有了最好的咖啡及其衍生产品。

然而，任何一个以产品为重的公司都必须创新其核心产品，如果想要产品成功而不只是活下去，就只能这样做。问一下英特尔公司的安迪·格鲁夫，他每隔18个月就要淘汰掉整整一代个人电脑，用新开发的微软芯片取代旧产品。

在如何创新和重新激活星巴克咖啡体验的各种因素上，我们花了许多时间，做了很多努力，无论是店面装修、商品配置、浓缩咖啡饮品、咖啡的调制，还是我们的爵士乐CD，都是这种努力的体现。这都是些传统的零售方式，但是我们注入了新的创意。

我们有意识地在美国创新咖啡体验，但我们不会对咖啡本身进行重新改造，直到一个免疫学家说服我们去大胆尝试。

1988 年，唐 · 瓦伦西亚开始了他的咖啡试验。为什么他选择了咖啡，我永远不得而知。但很幸运的是，他这样做了。

唐曾在加州大学戴维斯分校攻读细胞生物学，后来在萨克拉门托开办了一家名叫“免疫概念”的公司，利用人体免疫功能开发治疗某些疾病（比如红斑狼疮和风湿性关节炎）的试验性药品。在这些研究中，唐摸索出一套精密的技术，就是在分离人体细胞的分子时不破坏其分子结构。

一天，他在餐桌上突然生出一个怪念头：把同样的技术用于咖啡。他发现，这种技术能够萃取咖啡的芳香和风味，将其浓缩成精华之物。

唐自己不是一个爱喝咖啡的人，可他的邻居喜欢咖啡。每天早上 7 点半，他去把邻居喊醒，把两杯咖啡送给邻居，一杯是新煮的咖啡，一杯是他用科学手法萃取的咖啡精华。

“哪杯是咖啡精华？”他会问对方。他不断地对技术加以改进，直到邻居辨别不出两杯咖啡的区别。

圣诞节到了，唐的妻子建议他把自己的咖啡精华作为礼物送给父母。他们住在西雅图。在西雅图逗留期间，唐的妻子把他带到星巴克的派克地广场店里。这是他第一次喝到星巴克咖啡。

他有些不好意思地拿出自己的咖啡精华样品，请咖啡师傅用开水冲泡后品尝一下。咖啡师傅一脸狐疑地看着他，却同意尝尝看。他们煮了唐的咖啡，小心地啜了一口。

“还挺不错，”他们说，“但这根本不是星巴克咖啡。”

唐还记得，走出门店到了街上时，他觉得自己很蠢，很泄气。他的妻子想知道他刚才忘记点的拿铁是什么样子，于是他们又回到店里，却见到那几位咖啡师傅还在品尝着他的咖啡。

“你们刚才说这不是太好喝。”唐说。

“好吧，”他们说，“这其实很好喝，虽然我们不知道这是什么咖啡。你是用什么咖啡豆磨出来的？”

唐用的咖啡豆来自另一家公司。后来他们卖给他一磅苏门答腊咖啡豆，它是星巴克卖得最好的咖啡豆。他答应用这种咖啡豆制成咖啡精华，给他们寄来。

他兴奋地回到萨克拉门托，用苏门答腊咖啡做起了试验。做出来后，用快递把浓缩咖啡样品送到派克地广场店。

两天后，唐接到我们一个咖啡师傅的电话。“我尝过了，”他说，“这是革命性的创新。我不知道你是否意识到了这一点。”

第二天，他接到了戴夫·奥尔森的电话。“真是令人惊讶地美妙，”戴夫告诉他，“如果你还在西雅图，我们能不能坐下来聊聊。”

又过了一天，他接到了我的电话。我告诉他我想尽快见到他。

前一天，戴夫拿着一杯咖啡到我办公室来，他告诉我那是苏门答腊咖啡，并且坚持要我尝一尝，我想他可能发现了什么“新大陆”。

“你觉得怎么样？”戴夫问。

“棒极了，”我说，“是新到的咖啡吗？”

“不是，”他说，“这和我们店里卖的咖啡是同一批，不过这是萃取的咖啡精华。”

他在捉弄我。我这杯咖啡百分之百是新煮的苏门答腊咖啡。

他带我走进他的品尝室，让我看这杯咖啡是怎么制作出来的。

几天后，我飞到萨克拉门托去见唐·瓦伦西亚。他有一双深邃的棕色眼睛，闪烁着富有感染力的孩子般的兴奋光芒。我们彼此都感受到了对方的活力，就像两个想要建造一座世界上最大的城堡的孩子。这个科学家握有星巴克未来的钥匙，就在他的实验室里。我建议他与星巴克建立合资关系。

但是，说服他和我们一起做并不那么容易，因为他在医药领域有自己的专业研究方向，且并无抽身之意。再者，从时间上来说，对星巴克也不是很合适。1990 年，我们正忙于新一轮自募资金的筹措，还面临着进入芝加哥市场必须解决的诸多问题。星巴克董事会要我集中精力完成扩张计划，因为这是企业成功的关键所在。

董事会向来几乎不会否定我的提议，但这次他们拒绝了我提出的和唐·瓦伦西亚合资的主张。我非常失望，因为我预见到了这种技术可能给星巴克带来的前景。但他们觉得唐的创新可能会耗费许多时间和金钱，而星巴克的当务之急是赶在别的企业抄袭我们的开店模式之前迅速扩张。

唐听到这个消息后，变得更理性、更谨慎了，他的公司尚在发展中，需要占用他全部的时间。但这一年，还有第二年，我们彼此一直保持着联系。我们送了他许多咖啡豆，还有一台我们店里用得很不错的浓缩咖啡机。唐会在每年的圣诞节来看我们，戴夫和我对他的了解也越来越多。

到 1993 年的春天，我们主动做出一个正式提议。这时星巴克每年已有将近 1.5 亿美元的销售额了，在 10 个地区开有 250 家门店。公司已经上市，有了更加坚实的财务基础。我们有钱购买新设备，承担得起建立公司内部研发部门的开销了。

即便到了这个时候，聘请唐的事情也不是十拿九稳。人们劝告我，如果你想聘用一个搞研发的人才，就该找一个世界级的研发专家。一个免疫学专家算得上研发专家吗？一个来自免疫学领域的专家能给咖啡新产品事业带来何种价值？要做出判断非常困难。

唐对咖啡这一行的确缺乏经验，但我凭本能知道这恰恰是他成为一个理想的候选人的因素之一。我们不需要那些眼睛盯着过去的人。反传统的思维方式不大可能出自圈内人士，你很难从圈内找到这样的人。

唐已经40岁了，事实上，他正在考虑职业转换的问题，但他不想在我们这里只做这一个项目的工作。他表示，除非主持一个以实验室和研究人员为基础的长期技术开发项目，并为此成立一个新部门，否则他不会接受星巴克的工作。最终，唐作为研发部门的副总裁，于1993年加入星巴克。

唐在自家厨房里第一次提取的咖啡精华为星巴克开辟了一个新世界。它使我们广泛开发的新产品抓住了现煮咖啡的风味，而这正是其不失正宗的关键成分，那些新开发的产品有咖啡味啤酒、咖啡冰激凌和即开即饮的瓶装饮料。

1996年，我们为唐投资了几百万美元建立了一个技术研究应用中心。在我们大楼7层的一些密闭的房间里装备了7个实验室，聘用了30个科学家和技术人员，他们那儿全部是一些令人眼花缭乱的仪器，比如气体色谱仪、高压液体色谱仪和电离子渗入装置等。去问唐吧，那些玩意儿是干什么用的？有些设备只有在世界顶尖的实验室才看得见。

同时，我们还投入400多万美元在原来的停车场上建了一个最新水平的实验工厂，用以提取咖啡精华和试验其他新技术。最初，我们只打算做小批量的试验品，但产品发展太快，我们必须很快把试验性生产转化为商业性生产。

这真是疯狂：一家咖啡公司聘用一个科学家，并为研发工作投入数百万美元。

这离意式浓缩咖啡很远了。

这离免疫学也很远了。

但离市场不远。

为新套路转大弯

除了科学家的卓越才华，唐·瓦伦西亚并无自行开发商业性产品的经验。要迈出这一步，则要借助公司的另一个大动作——找一家最初几乎不用做调查的合作伙伴。

1992年，我去纽约的帕切斯参加了一个机密会议，是在百事可乐公司董事会的会议室里举行的，那里边气派非凡，墙壁装饰着桃花心木护墙板。陪我一起出席会议的是乔治·雷诺尔德，他当时是负责市场的副总裁，曾为菲多利和塔可钟两家公司工作过13年，所以对百事可乐公司相当了解。

我和百事可乐公司接触的方式跟星巴克和其他合作伙伴接触的方式是一样的，首要的就是找对人。我们会晤的是百事可乐当时的北美总裁克雷格·韦瑟厄普。一开始我心里还在猜测，一个市值330亿美元的公司的顶级主管可能是一个漠然呆板的角色，不动声色亦无感情，大抵还有些官僚气。但让我喜出望外的是，克雷格是一个很好说话的人，温文尔雅而且有个性，他真诚地赞赏创新精神。我和克雷格很快建立了相互间的信任和尊重，这对于我们两家公司后来的合作关系至关重要。

最初，对于百事可乐和星巴克的合作，我们彼此都没有头绪。但我觉得可以用百事可乐的巨大影响力帮助星巴克在店面以外打响名气，进入更可观的主流市场。克雷格建议我们去跟百事可乐的新饮料开发组讨论一下，那个部门曾为立顿和优鲜沛成功地开发了瓶装饮料，并在市场上获得了成功。

1991 年我在东京旅行期间发现，那些开瓶即饮的咖啡饮料，不论瓶装还是罐装，都很受欢迎。日本这类饮料的年均消费量达 80 亿美元左右，占他们咖啡消费的 1/3，相反，在美国，到目前为止这类产品一年只有 5 000 万美元的销售额。可口可乐公司在日本为它们的乔治亚牌咖啡饮料打下了市场基础，我肯定，如果星巴克能够开发出更好的产品，就有可能在北美甚至在全世界获得成功。我知道我们需要一个强有力的全国性企业来帮助我们打破原有的藩篱，还有比百事可乐公司更合适的吗？

1993 年 7 月，唐 · 瓦伦西亚来到星巴克的第一天，我们和百事可乐公司的新饮料开发组举行了第一次会议。唐当时连实验室都还没有，手下只有一个团队，但当瓶装咖啡饮料产品的可行性被提上议事日程时，他和我们的咖啡专家蒂姆 · 柯恩就迅速着手开发试验。

几个月后，在百事可乐公司研发机构的协助下，他们根据唐的萃取技术研发出了非常棒的咖啡饮料，它的味道比乔治亚咖啡饮料或市场上其他任何冷咖啡饮料都要好得多。我们希望这将成为重新定义美国咖啡饮用体验的许多新产品中的第一个。

百事可乐公司非常兴奋，我们也是。我们建立了责任小组，研究市场行情，权衡各种方案的利弊。小小的星巴克，年销售额只有两亿美元，竟然可以和比它规模大一百倍的百事可乐公司坐下来一起协商成立一个五五分成的合资公司。百事可乐公司的市场规模大到拥有上百万个销售点，但他们同意给我们高度的自主权、品牌股权和产品配方的控制权。

1994年8月，百事可乐和星巴克公布成立北美咖啡合作公司，目标是为大众市场开发与咖啡有关的产品，其中包括瓶装和罐装产品。

表面上看来，这样的合作似乎有点儿不务正业，与星巴克和百事可乐的核心产品都没有什么大的关系，而且这次不同寻常的试验不论成功与否，都不大可能从实质上影响两家公司中任何一家的财务状况。但我把它看作一个地震般的改革范例，视为我们公司将朝不可想象的方向迈进的标志。我们现在的核心生意就是尽可能扩大产品延伸的圈子，生产以咖啡为基础的相关产品。这意味着将要离开我们安安稳稳的店铺——在那里边，我们可以完全有把握地控制咖啡的质量和店堂气氛，进入一个不熟悉的新的销售地盘——在那儿，我们不过是小玩家。这意味着顶着星巴克牌子的新产品却不由星巴克直接出售了；这意味着要跟一个和我们有着不同日程安排的合资公司的合作伙伴一起工作；这也意味着要和外面的顾客去打交道，而不是让他们走进我们的店里。

一一梳理这些相关的风险，我们发现，几乎没有人喜欢这种复杂而模棱两可的合作关系，大家担心这会将我们彼此的关系弄得十分紧张。

例如，有相当多的争议集中在冷咖啡的问题上。在日本，人们习惯喝凉的咖啡，人们甚至在自动贩卖机里买这些玩意。可是在美国，冷咖啡被视为味道不对头、只能倒进下水道里的东西。

另一些人则把星巴克和百事可乐公司视为一对不搭调的合作伙伴：星巴克在老资格咖啡客眼里是口味挑剔的店家，而百事可乐的服务对象是最大众的消费群体。咖啡行业的纯粹主义者指责我们出卖了灵魂。

事实上，在合作初期，由于两个公司文化上的碰撞，这类争辩急剧升级。百事可乐和星巴克的紧张状态早在预料之中，仅仅是彼此出于不同理由达成的合作意向就足以导致关系的不融洽。星巴克看上的是百事可乐的销售网，而百事可乐想要的是星巴克品牌的品质感和高雅内涵。百事可乐公司规模太大，其做事方式一般是围绕着项目进行，并且一次只专注一个项目，而星巴克的人更喜欢同时开展几个项目的工作。百事可乐公司太大了，一个部门在搞些什么有时其他部门可能一无所知，当百事可乐公司的国际部门宣布与中国公司谈妥了在麦氏咖啡项目上的合资经营时，我们就发现了这一点。

但差异是可以互补的，只要一方之于另一方尚有对等的价值，就可以坐下来协商解决。我们并不是采用一方完全压倒另一方的做法，而是以双赢为目标，采用主动积极的态度解决双方的分歧。我们学着欣赏彼此的差异，而不是被这些差异弄得焦头烂额。天长日久，我们竟然相处得越来越好。我极度信任克雷格·韦瑟厄普、布兰达·伯纳斯和布里恩·斯威特等人，现在他们三人一位是百事可乐全球业务的总裁，一位是百事可乐公司合资公司总经理，一位是负责合作伙伴关系的市场部门主管。我相信他们，因为他们理解这个合作关系的长期价值和星巴克的品牌。

不过，合资公司的第一次尝试却很失败。那是一种碳酸咖啡凉饮料，取名“马萨克朗”，得于19世纪驻扎阿尔及利亚的法国外籍军团的一条标语。当1994年在南加州投入市场试销时，人们对此的反应很不相同，有人喜欢它，有人讨厌它。许多顾客冲着星巴克的牌子愿意一试，但马萨克朗并没有取得我们期望的效果。我们最终失望地意识到，这回开发出来的是一种小圈子里的产品，要想使它流行起来，得花很长时间。

百事公司绝对有耐心。如果一开始克雷格·韦瑟厄普和我没有建立起一种坦率的友谊，这一插曲大抵会导致关系的终结。然而，我们彼此都信任对方，而且丝毫未质疑合作方的能力。

所以，我们能一直把这项合作推进下去，直到1995年发现了更好的方式。星冰乐一直是夏季市场的旺销产品，在炎热的天气里，它吸引了成千上万平时不喝咖啡的顾客在下午坐在了星巴克的门店里，而通常那几个月正是咖啡生意的淡季。一天，在一场关于马萨克朗的未来前景的痛苦争辩中，我说：“为什么不开发瓶装的星冰乐呢？”百事可乐公司的主管们马上对此表现出深厚的兴趣。

想出这个点子不算太难。但事实上，把星冰乐装入瓶子送进超市则是一场挑战。在我们店里，星冰乐是用调制机加入碎冰制作的。饮料中还有牛奶，这就使保质期大受限制。最初尝试了几次都不成功。合资公司的研发团队足足花了几个月时间，终于开发出可在常温状态下保存的星冰乐，而且味道非常好，就跟我们店里用调制机做出来的一样好。东西一做出来，我们就知道它能成功。

我们对自己的产品非常有信心，连试销这道程序也免去了。

百事可乐公司立马投入生产，但在当时，1996 年夏天，我们还只能向西海岸的超市供应新品。

市场的反应是一片叫好声。瓶装星冰乐面市才几个星期，我们的供货量就超出了预期的 10 倍。我们不可能生产得再快了，超市里总是卖到断货，顾客抱怨连连。我们不得不取消对普通商场的供应。

百事可乐公司也跟我们一样筋疲力尽。星冰乐完全超出了他们的预想——超过 70% 是重复添货，远远高于一般新生代饮料的销售。瓶装星冰乐堪与立顿和优鲜沛最初面市时的盛况相比，甚至还超过了那两种产品。最后，我们不得不撤柜，等生产能力上去了再说。

经过一个夏天，我们与百事可乐公司频频会商，以解决供货不足和料想不到的订货单等问题。9 月，我们决定共同投资几百万美元建立三套星冰乐的灌装生产线，这是星巴克在单个项目上所做的最大投资。由于超市还在继续要货，我们计划 1997 年夏天首次在全美范围推出这一产品。我们的眼睛又一次盯在一个似乎可延伸的目标上，我们对此充满信心。

如何做到既正宗又创新？

星巴克的品牌是无价资产。我们做出的每一个决定都必须从各方面持续维护和提升这一品牌。然而，每当我们开发出一种新的星巴克产品，所承担的风险都跟可能带来的巨大回报成正比。如果我们用创新的产品来抓住大众的想象力，星巴克就可能变得富于传奇色彩了。可是，我们必须确定，这样做绝对不会影响星巴克的品牌声誉。

通过合资途径开发新产品是我们这一阶段企业经营的中心内容。1995 年，我们和西雅图红钩啤酒厂合作开发了双倍浓度黑啤，一种浓烈的加有星巴克咖啡精华的啤酒。红钩啤酒厂的许多老顾客对此喜欢得不得了。随后，我们又开发了星巴克的开创者们想也不敢想的另一路产品：咖啡冰激凌。

1995 年 10 月，星巴克冰激凌甚至还不在我们的计划中。到了 1996 年 7 月，它已摆在了全美各地的超市货柜中，在同类产品中销量位居第一。

虽说霍华德·毕哈多年来一直在嚷嚷要做冰激凌，但我似乎从未认真考虑过企业中会有它的一个位置，是唐·瓦伦西亚的咖啡精华让我有了新的发现，使我看到了一种可能：在保持正宗星巴克风味前提下，开发我们忽视已久的多种产品。所以，当负责商品开发的副总裁哈利·罗伯特来找我，建议在 1995 年 8 月推出咖啡冰激凌时，我同意由他邀请几位生产商来一起商量这件事。开过几次饶有兴趣的会议之后，我们选择了醉而思冰激凌公司作为合作伙伴，因为他们有全美销售网点，以及制作一流冰激凌的经验。醉而思冰激凌公司也愿意生产和销售星巴克冰激凌，并不坚持使用联合品牌，或是把他们的名字放在我们后面。

唐·瓦伦西亚把他的咖啡精华送到醉而思冰激凌公司，他们的冰激凌专家和我们的咖啡专家开始一起研制各种不同口味的冰激凌。

9 月份，醉而思冰激凌公司的总裁里克·格罗克带了一个高层团队来星巴克和我们会面，一起品尝那些样品。醉而思的人和我们一样穿着格子衬衫或条纹衬衫，显得亲切随意又开放活跃。

我问他们："你们这些人怎么保持身材的？"

他们都笑了，反问道："你们怎么使自己心平气和的？"

在投影展示中，他们勾勒了一幅市场规模的前景（有一亿美元的潜在市场机会），并建议研制五六种一品脱装的咖啡风味高价位冰激凌，加上两三个小型雪糕式的品种。随后他们拿出早已准备好的冰激凌样品，那真是美味极了，奶油味浓郁而适口，带有星巴克特有的重烘焙咖啡味儿。

我向桌边扫视一圈，看到霍华德·毕哈，对他说："你的心愿就要实现了。"

看起来真是大好机遇，时机不错，合作伙伴更是理想。我知道这个产品将扩大我们品牌的影响力，提升我们的形象。于是，我定下了目标。

"1996年7月4日覆盖全美市场，这就是目标。"我宣布，"超级豪华冰激凌，超越班杰瑞，盖过哈根达斯。最棒的冰激凌，快尝一口。"

以如此之快的速度，和新的合作者一起开发新产品，总是伴随着意想不到的诸多难题，但我们的法律部门把事情全搞定了。最终生产出来的产品质量过硬，双方都颇感骄傲。

1996年4月份，当产品在超市推出时，星巴克冰激凌的销售指数已突破计划的数字了。我们推出了5种不同口味冰激凌：意大利烤咖啡、重烘焙浓缩咖啡旋筒、咖啡加杏仁、香草摩卡旋筒，第二年又推出了低脂拿铁。到了7月，甚至还没向全美一万家便利店全面铺货，我们就超过了哈根达斯的销量（它可是美国市场上首屈一指的冰激凌品牌），而且我们几乎没打什么促销广告。

顾客对我们的咖啡冰激凌和星冰乐投了赞成票，那些从来不进星巴克门店的人也尝到了我们的产品。

我们是在品牌的影响力下经营这档生意的，这种方式有风险，也许会得到很高的回报，没准儿也会遭受很大损失，时间上的紧张更是加大了风险。换作其他公司，可能不会搏这一把。

我们做出了正确的决定吗？

传统的市场经验告诉我们，每一个品牌都有其自身的局限。如果你随便在哪儿都贴上一个品牌标志，势必造成品牌贬值。我们只把星巴克的商标贴在自己认定的具有专业品质的最棒的咖啡产品上。

冰激凌和星冰乐几乎已成了星巴克最赚钱和发展最快的产品，但这只是成功的一部分。我们想吸引新的顾客到星巴克来，我们想让人们知道这个公司，并不只是傻蹲在自家地盘上等人上门。新产品表明，星巴克这个公司有创新的决心，也有自我改变的能力。

这些机会在招手，那是因为我们在零售业有了一个口碑上佳的咖啡品牌，一旦人们对星巴克的牌子产生了信任，在一个经过认真推定的范围内你就可以自由行事了。事实上，我们已在超市试销整颗的咖啡豆，而这正是我们早期竭力回避的做法，因为便利店的咖啡都是不具特色的大路货，而且一般被视为低档产品。倘若在星巴克的牌子尚未扎扎实实地打响之前就做这样的事情，可能会对我们造成伤害。如今，我们出售优质咖啡豆的市场已遍布各处，但就产品推广而言，店面依然有限。便利店虽说没有咖啡师傅来向顾客解释不同的口味，但店主们都知道星巴克推出的就是最高质量的咖啡。

假如顾客觉得超市的产品是冒牌货或是低档货，我们过去25年里建立起来的信誉可能会就此毁于一旦。这是个微妙的平衡。如果成功了，新的营销手段就会给品牌注入新的活力，而不是削弱它的影响力。市场会告诉我们结果的。

和微软这样的公司存在于一个城市里，有一件事我再清楚不过了，即便是像我们这样做咖啡的低科技企业，新生代巨子也很有可能在第二天就把昨日的大佬赶下台。在星巴克走进每个人的心中之前，我一直致力于使它成为新生代巨子。事实上，在我写这本书的时候，唐·瓦伦西亚正在为此而努力。

第 17 章

价格危机
考验公司价值观

在未曾经历的危殆状态下表现得镇定自若，方见人生淬砺的天赋与气质。

——詹姆斯 · 拉塞尔 · 洛威尔

《亚伯拉罕 · 林肯》，刊于《北美评论》

（1864 年 1 月）

经受沉重打击的一天

1994 年 6 月的那一天，我早上醒来面对的是星巴克历史上最糟糕的危急时刻。这危机在你毫无防备时突然降临。不是什么人的过失，也无法预测，一时间我们都不知道该怎么应对它。

当时我正在度假，这是我 10 年来的第一次假期。因为公司发展的需要，雪莉只得忍受我一次又一次地延宕和取消假期。那时我终于确信星巴克已进入良好的运作状态，可以放心地离开两个星期了。奥林 · 史密斯在担任了 4 年的首席财务官之后担起了总裁的职责。我俩都没有意识到他就要面临严峻的考验。

我在汉普顿的海滩租有一间度假屋，租这房子时我和雪莉尚未认识。现在，孩子们有时和我母亲、我妹妹罗妮一起去那儿住一段时间，我弟弟迈克尔和他的家人以及我们家在纽约的其他亲戚也会去那儿度假。那地方颇似一个小小的孤岛、一个没有熟人来打扰你的避风港，家人和朋友在那儿可以免去日常事务的干扰。雪莉和孩子们要在那儿待上一个月。前两周我会和他们待在一起，后面两周就要回西雅图了，之后再飞往纽约把他们接回来。

这个度假屋满足了我们的所有要求：一幢大小适中的白色房子，带有一个大露台，离海滩只有 300 英尺。我们到达那天，阳光非常明媚，孩子们马上套上了游泳衣。雪莉微笑着收拾东西，嘴里还哼着歌儿。这些年里，这是我见到的她最幸福的样子。头两天，我们把房子收拾干净，然后带孩子们到附近的市镇和海滩上去闲逛。

第三天是6月27日，星期一，我打电话到办公室了解一下情况——多年习惯如此，很不幸的是，我没法改变这习惯。我一直等到上午 11 点，正好是西雅图的上班时间。我站在厨房里打着电话，穿着运动鞋和宽松衬衫，一边朝后面的院子里张望，孩子们好像在那儿玩。我刚和儿子一起投过篮，这会儿还能听到他在外面运球的声音。

我的助手乔盖特·艾萨德马上听出了我的声音，她紧张地对我说：

“你得马上和奥林或是戴夫谈一下。”

“出什么事了？”我问。

“你得和他们谈一下。”她只能这么告诉我。

陡然间，各种可怕的情况像蒙太奇镜头般一幕幕地闪过我的脑海，我的胃马上抽紧了。我预感到有什么不好的事情发生了。

我的电话被接进会议室，戴夫和奥林在那儿等着。

“霍华德，”奥林说，他原本平静的声音听上去很紧张，“巴西发生严重霜冻，咖啡豆价格涨疯了。”

巴西？星巴克压根儿没从巴西买过咖啡豆啊。巴西出口的大多是经过加工的罐装咖啡。

但我马上理解了霜冻的严重影响。巴西的咖啡产量超过世界总产量的 1/4，严重的短缺势必导致各地咖啡豆价格上涨。因为星巴克只采购顶级咖啡豆，我们按照高于纽约咖啡、糖和可可交易所咖啡大宗商品价格的溢价支付。生咖啡的标准价是该交易所普遍挂牌的C合同价格，即生咖啡豆的综合价格，这个价格一上升，我们的采购价格也会水涨船高。

奥林告诉我，那天早上，咖啡合同的价格直线上升，从每磅1.26美元跃升至1.80美元，是自1986年以来的最高价格，比1994年头4个月80美分的价格要高出许多。受其影响，企业的直接成本要涨一倍多，而生咖啡豆的价格还在上涨，星巴克的股票开始下跌。

巴西最近一次遭受严重霜冻是在1975年，当时咖啡价格涨至每磅3.40美元，而且在高价位上盘桓数年之久。那次传奇般的“黑色霜冻”毁了巴西大部分农作物。回顾当时，星巴克只有三家店铺。现在我们有350家店铺，进货量大得惊人。如果咖啡豆价格再次翻倍，那么我们该怎么办呢？

5分钟内，我就知道自己的假期结束了，我得赶快搭乘下一班飞机赶回西雅图。虽说他们没有要求我回去，但我知道大家必须坐在一起应对这个问题。奥林刚上任一个月，他单独处理这件事还有困难。

因为这个电话，我的整个生活都变了——不仅是这个夏天，甚至影响到下一年。事实上，我们花了整整两年的时间才从这一天带来的打击中恢复过来。

我挂上电话，突如其来的打击让我一动不动站在那儿好几秒。我喊雪莉，她在另一个房间里，她能听出我声音里的紧张。当她走进厨房时，我可以看见她因为关切同时又强忍失望而呈现出痛苦的神色。

“你简直不能相信，”我对她说，“我得回西雅图去。”

我们是否跟着涨价？

我搭乘第二天一早的飞机，于中午 12 点 30 分回到我的办公室。奥林正在召开会议，我一进去，触目所及都是星巴克高层主管们忧心忡忡的面孔。对于眼前这种最糟糕的局面，我们只能以团队的力量做出回应。房间里每个人脸上都透露出忧虑和惧意。我得再次让他们确信我们能够解决这个问题，可是我对自己却充满怀疑。

坐在会议室里的是各个重要部门的经理，包括咖啡采购部、创意部、烘焙加工部、财务部、计划部、零售部、邮购部和咖啡豆销售部。首先，我们要弄明白这次危机涉及的面有多广，对我们将造成多大的危害。对于这件不由我们控制的突发事件，整个星巴克都需要一种不同寻常的控制力和应变能力。

每个人都提交了自己的工作进度报告——这个名词在当时的

形势下真是一种矛盾的说法，因为随着咖啡豆价格上涨，情况每分钟都在改变。

戴夫·奥尔森为我们讲述了霜冻造成咖啡价格波动的历史背景。具有讽刺意味的是，在过去的两年里，他还一直抱怨咖啡价格太低。20世纪80年代后期，国际咖啡组织中的咖啡生产国想用一种出口配额制来抬高咖啡价格。但在1989年7月，这个条约失效了，咖啡价格降到了历史最低点。满世界都是卖不出去的咖啡，全球咖啡生产量远远高于消费量。到了1992年，生咖啡豆的综合价格降至每磅50美分，远远低于生产成本。

你也许以为戴夫和那些咖啡买主会对这样的低价兴高采烈，事实上，他很担心这种低价造成的负面效应。全世界的咖啡种植户会因此买不起化肥农药，也不愿再精心打理咖啡树，从而造成许多地区咖啡质量下降。一些种植者拔掉咖啡树，改种别的作物，比如甘蔗。虽说这导致咖啡产量大减，但对于远远高于市场消费水平的产量来说，最初几年的过剩供应还是使价格相对较低。到了1994年年初，生咖啡豆的综合价格只上升到80美分一磅，仍然低于历史标准价格。

到1994年4月咖啡价格开始上扬时，说来戴夫还真松了口气。他多年来一直在世界各大咖啡产地转悠，跟咖啡种植者和出口商都建立了良好的关系，这使他亲眼看到了低价造成的惩罚性恶果。他知道，更为正常的价格才能持续保证咖啡的供应量。5月，市场恢复到每磅1美元的水平。

在价格低迷时期，戴夫曾幸运地以固定的期货价格事先锁定了10个月的生咖啡豆供应量——大多是与咖啡生产国签订的合同，少数是与其他国家签的。购买期货是我们自我保护的一贯策略，理论上是出于保证存货和维护投资者的资本金两方面的考虑。长期合同也使我们可在优质咖啡供应量有限的局面下保证自己的进货。总体来说，我们比其他咖啡公司的情况更为有利一些，因为我们是一个垂直系统：烘焙的是自己采购的咖啡豆，卖的是自己烘焙的咖啡，这比从独立烘焙商那儿购买经过加工的咖啡豆要好得多。

在遭受霜冻打击后，听到手边还有大量存货，我松了一口气。但如果生咖啡豆价格一路上涨该怎么办呢？是不是应该现在买进咖啡豆以应对将来价格持续上涨的局面呢？我们无法在第一天就做出这样的决定。

接下来的几天，大股东、股票分析师、交易商和记者们差点儿把我们的电话打爆，他们想知道我们对此做何反应。我们必须做出决策。涨价吗？涨多少？什么时候涨？这对销售会有什么影响？

三大咖啡烘焙商——雀巢公司、卡夫食品公司和宝洁公司的罐装咖啡马上就涨价了。他们这三家控制了美国70%的咖啡市场。随着手头的存货越来越少，边际利润越来越低，我们看起来似乎无法选择了。单是福杰士的价格那一周就蹿升了一倍。

我们没有马上决定提价，提价对我们的顾客是不公平的。我们记得，当年汽油公司决定涨价的那一刻人们的反应有多么强烈，当时他们也是为了转移上涨的成本，尽管他们手头还有几个月的存货。我们决定再等等，看看生咖啡豆的价格情况再说。

遭受第一次打击后的两个星期，第二次打击接踵而至。7月11日，又是一个星期一，我早上醒来就听到了最糟糕的消息：巴西又遭受了一场霜灾，这一次情况更加严重。初步估计第一场霜灾毁掉了巴西30%的农作物，这一次至少又毁坏了10%。到这一天，星巴克股票已经下跌三个月了。

几天里，新鲜咖啡豆的价格蹿至2.74美元一磅，与过去3个月的价格相比上涨了330%。对我来说，这事儿像是一夜之间发生的，它给了我沉重的一击。

在每日的例会上，大家心情焦急，却默不作声。我觉得大多数星巴克的伙伴都还不知道情况有多可怕。至此，我们的盈利每年递增50%的局面已持续了4年，华尔街的投资者们预见我们来年还会有这般盈利水平。如果我们没能达到他们的预测，股票价格就可能应声而跌，跌到我们难以筹集扩张资金的地步。交易者们眼下预测咖啡豆的价格可能会达到每磅4美元。所有我们搜集到的信息——关于1975年霜冻灾情报告、关于世界咖啡豆供应量大幅减少的分析、关于各地区产量大大降低的评估——都促使我们相信那些预测是对的。

三巨头很快再次涨价。

公司内部在是否以及何时提高零售价格的问题上争论得很激烈。一些董事会成员提醒我们谨慎行事，他们认为，涨价是很容易的，而短期行为会使降低成本和提高效益的努力成为徒劳之举，这会使我们在竞争中处于不利地位。但随着我们原料成本的飞速上涨，我们必须做出回应。

7月13日，我们宣布将于7月22日提价，幅度在10%之内。虽然对消费者来说，每杯咖啡只是涨了5~10美分，而我们的烘焙咖啡豆每磅要上涨1~25美元，平均达到8.50美元。我们的顾客会怎么反应？我们的价格早就高于超市了。我们的整颗咖啡豆的销售是否应大幅度收缩？

跟那些汽油公司和其他大宗货物公司不同，我们有意识地选择了另一种做法。我们没有以提价来冲抵各项成本，把原料涨价这回事一股脑儿地直接转嫁到顾客身上。如果这么做，我们的价格就会像超市里那些罐装咖啡一样，变得非常高。我们的目标是，在 1995 年的财务年度里，将价格升幅控制在能补偿实际增加的成本的范围内。

在那些日子里，我在公司扮演是给大家打气的角色，鼓励大家坚定信心渡过这次危机。在对外交往方面，我也担负起一个领导者的职责。我们还必须应对大量的顾客，就别说华尔街那帮人了——星巴克已是众目睽睽的靶子。他们在长仓和短仓上押注。我在戴夫·奥尔森的陪同下，去向我们的伙伴解释目前的局势。接着，奥林和我又找投资人商讨解决办法。我们开通了会议电话频道，升级了面向全美的语音邮箱，并在我们的门店里张贴告示，以便使顾客同步了解情况。

我们千方百计地与顾客沟通，真诚、坦率地向他们解释由于成本上涨了，所以我们不得不适度提价以使生意能够做下去。很幸运的是，我们已经与顾客建立了良好的关系，同时伙伴的信任也使我们能够果断行事。更重要的是，大部分人都愿意为他们心目中最好的咖啡多付一些钱。

短期决策带来的长期成本

在这些表象的背后，有着某些最艰难的决策。我们是否应该以目前的价格加大采购量，以备价格继续上涨？2.74 美元的价格是否已经到顶了，等一等是不是可以买到价格更低的咖啡豆？当市场价格是每磅80美分时，我们担心它涨到1美元，期盼着它跌至每磅70美分。涨到了2.50美元，我们担心它变成4美元，盼它能跌至两美元。

在7月份紧张的日子里，这些问题塞满了我的脑子，当时我们必须做出决定，是否买下几千袋哥伦比亚咖啡豆。在这样的高价位上，这意味着这一决策将花费数百万美元，是数月前采购同样数量咖啡豆价钱的三倍。这笔买卖或许是个明智的主意——避开了更高的价位；或许是个灾难性的决定——恰在最高价位上进货。

当我们大家都痛苦不堪时，奥林以他沉静的态度以及多年在金融圈内摸爬滚打的历练稳住了我们的阵脚。"胡乱猜测市场价格是愚蠢的，"他劝道，"让我们来看看眼下的局面。照推测只有两种概率相等的冒险：咖啡豆价格有可能继续走高，也有可能就此走低。问题是，我们能够接受的是哪种风险？"我们争论了很久，最后还是决定以目前的市价买下额外的存货。奥林理性地分析道，如果价格跌了，我们就会被高价位的合同套住而遭受损失，但那样的话我们还能够撑过去，而如果价格真的涨到4美元一磅，我们的财务就根本无法承受了。于是，我们决定押涨势。当然我们也仔细考虑了套购保值以防价格下跌的思路，但发现那样一来成本更难以承担。

做出决定以后，我们买进了那批当时堪称天价的哥伦比亚咖啡豆。这年夏天，我们还必须再买进一批数量较少的其他种类的咖啡豆，以补充日渐消耗的存货。这批高价购进的咖啡豆堆在仓库里，足够我们使用两年。

过了7月份，生咖啡豆的价格下跌了。我们不知道的情况是，之前有一批投机商在哄抬市价。而那些投机商一撤出市场，价格很快就回落到与早些年相当的水平了。短短几个月后，我们看到的是一个更能真实反映供需关系的价格，到1995年年底，每咖啡豆的磅价格接近1.10美元。

由于是在1995年7月的高价位上进的货，而这批咖啡豆存量又相当可观，以致我们以后的几年内不得不把价格稍稍往上提一些。这个决定很难对我们的顾客解释，他们不会意识到，这是为了保护他们免遭霜灾以后咖啡价格直线上涨的损失。但我们相信，当时的决策是正确的。

尽管我们承受了如此的价格重负，但从未有人指责这个非常时期的高价采购行为。由于这次事件而产生的极其巨大的恐惧、困惑和忧虑之感笼罩在我们大家心头，我们知道最重要的是稳住阵脚、团结一心、互相信任。

对我来说，最难忘的是我们在六七月间这段非常时期所做出的决定，从来没有背离过我们“提供最佳咖啡”的宗旨。当时，最简单方便的做法无疑就是告诉戴夫·奥尔森和玛丽·威廉姆斯（我们的咖啡采购部门主管）：“好吧，到这时候了，你们得采购低品质咖啡豆了，因为我们必须控制成本以保护边际利润。”但这样的对话从来没有发生过，也根本没有人会想到这一招。我们本可以采用其他公司也在用的（似乎也挺管用）方式：把优质咖啡豆和那些便宜货掺着用，然后抬高价格。许多顾客都不会留意那有什么不一样。我们本可以省下几百万美元，但那样一来，我们就亲手制造了另一个危机。

……还有长期的利益

一旦价格回落，直接的危机就过去了。可是由此造成的混乱局面还有待我们去收拾；我们不能向顾客转移财务负担，那么怎么来实现赢利的目标呢？

奥林提出了一项工作计划，他确信能够从后台运作找到答案，我们可以通过增效节支来消化生咖啡豆涨价带来的成本。他把这计划称为“效益改进”。

我最初有点儿怀疑。星巴克以前从未在后台运作方面谋求增效节支的途径。当你达到每年50%的增长效益时，就不可能再有什么增效节支的方法了，你需要那种富有弹性的工作机制来调动大家的积极性。我们许多重体力工和业务岗位上的伙伴，在会计、法律、财经、计划、生产、信息管理部门默默无闻地工作着。他们已经感觉到高速发展的压力，再要求他们付出更多却得到更少是不公平的。可我们没有别的选择。

这套计划的实施真正体现了奥林的领导才能。他请来一个专家指导这项工作，组织了一个委员会，定期召集各个部门开会解决问题，把危机转化为机遇，以一种更为系统化也更为专业的方式来管理企业。大家发现还有许多合作关系没有被合理利用，还有一些合同尚有重新磋商的机会——还可以把成本降得更低，把计划做得更完善，把工作做得更精细，把资源利用得更充分。当然，即使没有这次危机，我们可能也会逐步改善那些运作环节，但眼前的情势迫使我们更早地认识到，解决这些问题对于打造一艘更结实牢固的船的必要性。

我们发现，仓储和烘焙环节上尚有不少可以节省开支的空间。

1995 年 4 月，泰德 · 加西亚从贝氏堡公司跳槽到我们这儿，接管了物流运营工作，很快致力于把我们的烘焙工厂、包装流水线和配送操作提升到世界级水平。他领导的一个项目安装了最尖端的电脑操作系统，在提高效率的同时，计划在三年内把成本降低 8%~10%。这期间，我们的生产线也变得更复杂了，因为我们增添了许多新的包装规格，还需要向美国航空公司和一些大买家提供更多特殊规格的大件包装。泰德的团队重新敲定了许多合同，大大削减了运输费用和纸袋费用。他制订了一个 5 年计划，要在 2000 年之前，在不影响质量的前提下继续降低成本。

虽说不是每一个部门都像冰激凌或音乐业务那般引人瞩目，但奥林和他的团队这一年所取得的成就恰恰毫不含糊地体现了星巴克不落俗套的精神。

直到一年后，1995 年秋天，高价咖啡豆存货才开始冲击盈亏账面。华尔街的分析师每个季度都在用怀疑的眼光检视我们的业绩。有那么几个季度，情况看起来已经很危急了。但是到 1996 年年底，我们手里所有的高价生咖啡豆几乎全消化掉了，这一年我们达到了赢利目标，还与一些长期买主签了协议。当然，顺利渡过难关主要靠的是有条不紊地削减成本，摒弃无效运作，改进工作程序。

有这样一种说法：一家企业处于亏损、裁员状态，或远离公众视线之际，反倒更会引起人们的关注。我一直对这句佯装无知的反话感到吃惊。专家权威可以很聪明地分析什么是错的，什么是本来不该发生的，但专家权威对于成功的分析并不在行。怎么做才能连续 6 年在销售和利润两方面都取得 50% 的增长？怎样才能使星巴克成为一个既具创新精神又严谨慎重的公司，一个规程井然又求新思变的公司（很少有公司能够做到）?

星巴克用了两年时间渡过了如此巨大的危机，并实现了赢利目标，我如释重负，奥林也是。但没有人问过我们：你们是怎么成功的?

也许听起来是老生常谈，但我相信通过这次咖啡豆价格危机的管理，星巴克成为一个更出色的公司了。它使我们知道我们的脆弱之处，促使我们去加强自己有所欠缺的方面。

星巴克在那年夏天长大成人了。在1994年前，我们就好像拥有点石成金的手指。每一个项目，每一次机会，只要我们敢于尝试，都能获得成功。这次危机震撼了我们，没有一点儿预警，突如其来，它促使我们的经理人员（包括从其他公司新招募来的高管人员）融合成为一个更为紧密的团队。这场危机也证明了奥林在火线上的勇气，使我看到了管理层新的一面。

大公司既需要有远见的领导人，也需要内行的实干家：前者高瞻远瞩，后者持家理财。诚如《财富》杂志的罗纳德·亨科夫在1996年11月所阐述的：“一般来说，那些逐步成长起来的企业，其方式不外是节省开支和增加岁入，两者不可或缺。对两者永远抱有一种清醒态度，是进入成功之门的门票。”

这次事件使我谦卑地认识到我们有多么脆弱，外部力量有可能瞬间改变一个企业的命运。它教会了我必须永远对危机保持一种警觉，并随时对此有所准备。你不能只应对已知的一面，还必须学会应对未知的一面。今天的星巴克对于不管来自何处的不测之虞都更有准备了，因为它已经有了经验。

当1997年咖啡豆价格再次翻倍上涨时，我们在应对突来的暴风雨时有了更为明确的措施。这一次我们知道如何计算成本了，而且知道当消息刚刚传到顾客那儿时该如何采取行动。这一次我们还是只提了点儿价，而不是把生咖啡豆的价格上涨完全转嫁于顾客。

1994 年那次事件过后的几个月里，我得到的教训甚为深刻。如果我们当时走捷径，结果会怎么样？

如果采购相对便宜的咖啡豆，我们一年就可以省下几百万美元。星巴克花在生咖啡豆上的钱几乎比世界上任何一家公司都要多，虽然也许只有 10% 的顾客喝得出其中的区别。

如果能以 90% 的顾客根本意识不到的方式来节省成本，获取更高的利润，那么何乐而不为呢？

但是我们自己明白其中的区别。在星巴克内部，我们知道最好的咖啡是什么味道，正宗咖啡就是以我们为代表的咖啡。这就是星巴克之所以是星巴克的部分原因。如果我们为了更高的利润而在这个原则问题上妥协，那么我们所获得的将是什么呢？最终所有的顾客都会发现我们在品质上做出的妥协，他们就没有理由多走几个街区到我们店里来了。

好在这种情况发生之前，星巴克内部所有的人早已意识到了。是什么使我们每天都在努力？是以低品质、低成本来获取更高的利润吗？倘若如此，最优秀的那些人将会离去，道德感将会丧失，我们最终将犯一系列的错误，不再有所追求。

每个企业都有自己的记忆，为利润而牺牲品质只能使星巴克人一辈子都抬不起头来，这将是一种无法弥补的缺憾。

第 18 章

建立品牌的最佳方式：面对每一个顾客每次都给予诚挚的服务

从心里来，必往心里去。

——塞缪尔·泰勒·柯勒律治

《席间漫谈》

1988 年年初，星巴克进入芝加哥市场的第一个冬天，我记得自己站在电梯里看顾客拿着我们的杯子，杯上绿色的星巴克标志在他们指间若隐若现。星巴克这个品牌对他们似乎毫无意义。

6 年后，我们在曼哈顿开了第一家店。早上 8 点 30 分，柜台前排起了长龙，一直排到店外。为什么那么多纽约人选择在那一天来星巴克呢？

在整个北美，我们进入了一个又一个城市，门店里人头攒动，几近客满。在亚特兰大，在休斯敦，在多伦多，每当我们进入一个新的地区，开业的第一天，人们都会排起长龙——从很远的地方赶过来。似乎完全没必要在新市场打广告，即使打广告，也不可能达到这般熙熙攘攘的程度。

我们的品牌已经在美国和加拿大打响，那么在日本它是否也有吸引力呢？1996 年 8 月，我飞越半个地球想亲自去探个虚实。星巴克国际公司打算在东京开第一家店，店址选在异常繁华的银座商业圈。这一次，自然也不打广告。星巴克的名字对日本人有没有吸引力呢？东京几乎每个角落都有一个咖啡吧，更别提我们还有一个拥有 500 多家店的竞争对手了。胜负赔率是可怕的。

开业那天，在 95 华氏度的气温下，加上 100% 的湿度，我都快融化掉了。我不知道东京有这么热。然而，从店门打开到打烊，顾客总是保持在四五十人，人们络绎不绝地来品尝星巴克咖啡。男人都穿着深色西装，女人系着优雅的丝巾，孩子们背着书包，所有的人都耐心地站在酷热中排队等候。他们有些人要了调制的星冰乐，那是我们才面世一年的新饮品。我们一直被人这样告诫，文化背景不同于美国的日本人不习惯当街吃喝，所以他们不买那些可从店里外带的东西。但许多顾客手里就拿着星巴克的杯子，开心地走出门去——星巴克的标志清晰地印在杯子上。

我和霍华德·毕哈一起站在那儿，构想着我们的国际化扩展宏图。他转向我，眼中含着泪，星巴克的品牌在日本也打响了，就像在纽约和西雅图一样。它展示的是生活本身的样子。

强大的品牌建起了热情四溢的人际网络

我们从来没有刻意去创建品牌。我们的目标是建立一个强大的公司——一个具有某种象征意义的公司，追求产品的正宗，珍视人们的工作激情。在公司创立早期，我们忙着出售咖啡，一次一杯，忙着发展店铺，把重烘焙的咖啡知识传授给大家，而从未想过什么“品牌战略”。

然而，有一天我开始接到这样的电话，人家问我：“你可以拨冗给我们讲讲如何在5年内建立一个国际品牌吗？”人们告诉我，星巴克如此迅速打开国际知名度，可以说是非同寻常的奇迹。在某些城市，这好像是一夜之间发生的事情。当我回顾往事时，我意识到我们是在引领一种时尚的品牌潮流，这是没有一所商科学校的教科书上讲到过的事情。

创建星巴克的品牌，首先靠的是我们的人，而不是消费者——这与饼干与谷物食品公司的做法正相反。因为我们相信，要迎合乃至超越顾客期待的最佳方式，就是聘用和训练那些出色的伙伴，我们聘用的都是对咖啡有热情的人。我们的这些伙伴是将激情贯注于行动的典范，也是我们的咖啡品牌大使。他们的知识和热情会在顾客中引起共鸣，并将顾客再次吸引到店里来。这就是星巴克品牌的强大秘密：我们的伙伴以自己的个人感受来联结顾客。

我曾从詹姆斯·申南那儿学到一些有关伟大品牌的知识，他是星巴克董事会成员，曾为宝洁公司、百事可乐和通用食品公司制定市场战略。他于1990年投资星巴克，因为他相信星巴克会成为一个强大的品牌。他说，凡属伟大的品牌，都有其鲜明的特征、令人难忘的品质，其产品会使人们看上去更好或感觉更好，并且有着强大顺畅的销售渠道，这些特征基本上都体现在星巴克的门店里。为了获得成功，你需要在与许许多多同类的竞争对手中变得强大而生气勃勃，这样你才会有清晰的头脑和不受干扰的远见。他说，所有这些因素都是基本和必需的，最后还要有指挥得当的管理团队。詹姆斯认为星巴克最终能够成为像可口可乐那样的全球性知名品牌。

在美国，大多数国内品牌都由市场牵引，虽然我也身处市场中，但星巴克的驱动力不是市场——至少不是传统意义上的市场。自 1987 年以来的 10 年内，我们在广告上投放了不到 1 000 万美元，这倒并非因为我们不相信广告，也不是我们承担不起广告费用，而是因为我们这个企业的驱动力在于产品，在于价值观，在于人本身。

如果你想寻找品牌市场方面的智慧，那么你会发现，找来找去基本上都是宝洁公司的那种模式，即走大众市场、大众销售和大众广告的路子，然后变着法儿从你的竞争对手那儿把市场份额夺过来。这是成熟产品在已有基础的市场上的基本生存方式。如果百事可乐公司多拿到一两个百分点，可口可乐公司就会失去这个份额。汽车和香烟品牌也大抵相同。最大的包装食品公司花费数百万美元策划花样百出的广告攻势，目的就是在市场份额中多占几个百分点。

星巴克的路数则有别于此。我们开创的是某种新的东西，我们拓展市场，重新定义市场。我们不会把福杰士、麦氏或希尔斯兄弟那些咖啡公司的铁杆顾客挖过来，我们不追逐市场的最大化。我们的创意是，陶冶人们如何浪漫地享用咖啡。我们向他们推广的理念是，好咖啡也跟好酒一样，需要一点儿一点儿调制出来。如同人们谈论哪种品质的酒产自法国哪个特定区域一样，我们要求咖啡师也能以渊博的见识跟顾客解释咖啡的不同风味，肯尼亚、哥斯达黎加和苏拉威西出产的咖啡豆的区别何在。

星巴克是在自己经营的门店里，通过自己的伙伴，每一次面对每一位顾客都以诚挚的服务来塑造自己的品牌的。时至今日，那些成功的消费品牌经理们都已意识到，如果你能控制自己的销售，你就不会任由那些对你的产品似懂非懂的零售商摆布。这是建立正宗品牌的极为有效的途径，当然这条路并不轻松易走。

美国的咖啡销售大约有80%经由超市这一渠道。可是一开始，我们就把这一传统渠道让给别人去做，我们则集中精力把自己设在闹市区或居民社区的、有着鲜明标志的零售店做好。我们在写字楼的大堂安营扎寨，在人们上班途中的街道边开设店铺。于是，人们被吸引过来了，在第一次浪漫地享用了浓缩咖啡之后，开始喜欢我们的咖啡。

要说跟咖啡业内的大品牌竞争，星巴克的优势也在于自己的人员。超市销售不是通过语言表达的，是没有个性的，因为没有互动的人际交流。但是在星巴克的店里，你会遇到对咖啡相当熟稔、对各种品类的咖啡津津乐道的人。你说，哪种方式给你留下的印象更深?

今天的市场上充斥着夸夸其谈的关于产品附加值的虚饰之词。在星巴克，产品的价值一开始就摆在那儿了，就是咖啡本身。当你的平均售价只有3.5美元时，必须保证顾客能够再次光顾——我们的情况是人均每月18次。

当然，星巴克不是第一家通过零售方式建立品牌信誉的公司。在每个城市里，数以百计的特种食品零售商也在做着同样的事。也许你们本地的某家比萨店对自家独有的香辣沙司口味比萨饼颇感自豪；也许你知道有一家中国餐馆，他们的广式点心非常地道，因为厨师是从中国香港请来的；也许你经常去本地的一家书店，因为店主会特意为你去订购一本鲜为人知的书籍。重要的是，你通过自身体验，或口口相传，知道这是本地最好的店。

从传统意义上说，本地零售商总是以特色取胜，以顾客无法就近获得的产品服务或质量来赢得忠实的顾客。而星巴克格外出色之处在于，我们以同样的优势做成了一个全国性企业，把品牌优势扩展到了自己的门店以外，以批发方式，通过销售网点、便利店和其他销售渠道打造我们的品牌。

星巴克的成功证明了这一点：几百万美元的广告并不是打造一个全国知名品牌的必备条件——并不是只有财力雄厚的公司才能创建名牌。你不妨以这样的态度从一点一滴做起：对每一位顾客每次都提供诚挚的服务，对每一家新店都付出自己的心血，对每一个市场机会都认真把握。事实上，这些也许就是取信于顾客的最佳方式。经过岁月的磨砺，你的口碑就建立起来了，就有可能把一个地方性的好牌子打造成一个全国性的知名品牌，而且这个品牌依然与顾客和社区保持着紧密联系。

实打实的牌子天长地久

在这个不断变化的世界上，最强大、最持久的品牌是建立在人们心里的——这才是真正可持久发展的品牌。这样的品牌基础坚实稳固，因为它被赋予人的精神力量，而不是全凭广告的狂轰滥炸。这些公司之所以能够持久发展，就在于它们的可靠性。

以耐克为例。很少有人记得菲尔·奈特多年来一直鄙视广告，他宁愿去组织促销活动或者赞助体育项目。他按照实打实的原则打造了耐克品牌，他所关注的是耐克鞋对运动成绩提高的作用。在跑步鞋成为一种时尚和街头休闲鞋后的很长一段时间内，耐克依然致力于技术领先。很久以后，耐克因为在电视上砸下亿万美元大做广告宣传而变得人尽皆知，但耐克的传统依然薪火相传，始终是一流运动员的最佳选择。

而格罗里亚·吉恩斯是一个相反的例子，这是一家在芝加哥一带起家的咖啡公司，1986 年开始以特许连锁经营的形式向全美扩张。到 1991 年年底，其规模已超过星巴克，拥有 120 家店铺，而我们当时只有 110 家。但格罗里亚·吉恩斯从不像星巴克这样发展自己的忠实顾客，甚至连公司也数易其主。一个原因就是，这家公司是以特许经营的连锁理念向全美扩张的，下面那些特许经营者并未营造出一种吸引力来留住顾客。更为要命的是，这家公司从来没有试图在顾客中建立出色的口碑。

大众广告可以帮助建立品牌，但是，只有真正实打实的产品才能天长地久。如果人们相信他们与公司分享同样的价值理念，他们就会对这个牌子保持忠诚。

星巴克的品牌甚于咖啡

建立一个影响久远的伟大品牌，首先要有一个有吸引力的产品。这一点无可替代。

就星巴克的情况而言，我们的产品不仅仅是咖啡本身。顾客之所以找上我们，说来有这样三个因素：咖啡的因素，人的因素，感觉的因素。

赋予咖啡豆的浪漫。在我们的生意中，没有什么是比咖啡的口味更重要的事情了。我们满世界精挑细选，采购最优质的阿拉比卡咖啡豆，并使每一个品种都烘焙出特有的风味。对于咖啡的每一件事我们都尽力做到最好，这已成为我们的基准。

我们通过讲述奥林·史密斯和玛丽·威廉姆斯如何在各咖啡原产地国家游历以及如何与咖啡农交谈的故事，来赋予咖啡采购一种浪漫色彩。可是说到底，重点不在于营造神秘气氛，而是杯中物的制作过程。

咖啡的味道很容易遭到破坏。虽说你买进来的是好东西，但它们在货架上搁久了就会变质，会烘焙得不够或者过了头，会在煮的方法上有问题或者端给顾客时温度不对。我们对每一个步骤都严格控制，以保证不出一点儿差错。

这些细节的背后，是我们的伙伴使咖啡保持新鲜可口所付出的努力。我们把咖啡豆保存在真空密封袋或深色匣子里，以尽量避免空气、阳光和湿度的侵蚀。我们根据烹煮效果最佳的要求来决定咖啡研磨的精细程度。然后，按精确标准调配咖啡与水的比例。在培训中，一位咖啡师烹煮咖啡的时间如果不到 18 秒或超过 23 秒，我们就要求他重新来过，直到把烹煮咖啡的时间掌握得分秒不差。

一杯咖啡中98%是水，水质不好会把上佳的咖啡毁掉。所以，每家店的柜台后面（顾客一般看不见）都有专门安设的水过滤装置。每一个环节上的审慎考虑都增加了运作成本，但最终保证了顾客可以品尝到最好的咖啡。从一个门店到另一个门店，从一个地区到另一个地区，我们都能保持咖啡风味和品质的稳定。

走进顾客心中的浪漫。戴夫·奥尔森说过："离开了人，咖啡就只是一种概念；而若没有咖啡为伴，人就少了许多趣味。"

霍华德·毕哈则另有一个说法："我们不是靠咖啡做人的生意，而是靠人做咖啡生意。"

是我们的伙伴把自己的咖啡知识和星巴克的激情传递给顾客。在接待顾客时，针对不同对象只需稍稍变换一下服务用语，或专为他们的口味定制饮品，他们就会再度上门。

美国的许多零售企业服务体验都很平庸。无论在干洗店、超市还是银行，顾客统统被简化为一个数字、一张信用卡或一个号码。你不过是众多顾客中的一个罢了——你前边有人，后边也有人。

可是，你如果走进真正高水准的服务场所，受到的则是积极主动的接待，那儿的人使出浑身解数就为了使你觉得自己是独特的，迎面而来是一张微笑的脸，给你提供的服务想必也是精心别致的。

由于星巴克的品牌掌握在咖啡师傅手中，所以至关重要的一点是：聘用高素质的伙伴，并以我们对咖啡的热情去深深影响他们。我们有一套培训程序，这套程序的精细和深入在一般零售业很少见。

多年来，星巴克在人员培训方面所花费的钱远远超过产品广告的投入。我们不断完善对每一个新伙伴的 24 个小时的培训课程。每一位新来的咖啡师傅都必须学习"咖啡知识"的基本课程（4 小时）、"如何烹煮一杯完美的咖啡"（4 小时）和"顾客服务技巧"（4 小时）这些课程，还有一些基本的零售技能。从他们来上班的第一天起，我们就尝试以企业的核心价值观来影响他们，让他们知道接待顾客的重要性，以及如何以敬重和有尊严的态度互处。培训教员都由门店经理或地区经理亲自担任，他们都是富有经验的人。我们训练咖啡师傅怎么用眼神与顾客交流，怎样预先知道他们的需求，如何简单扼要地介绍各种咖啡，怎样用星巴克的免费赠券来补偿不满意的顾客。

每在一个新的市场开出一家新店，招募伙伴都要花费许多力气。在开张前的 8~10 个星期，我们就发布招聘咖啡师的广告并着手进行培训。我们从现有的店里抽调有经验的门店经理和咖啡师傅组成明星团队，两人一组，一对一地进行培训。

我们还通过各家店铺发评议卡的方式鼓励顾客与我们对话。通常每个月大约能收回 150 张评议卡。其中一半评议是负面的，30% 是正面的，其余则是问题和建议。最多的负面评议是排长队的问题。有些顾客给我们写了很长的信，那些信的语气、情绪各异，从万分推崇到极度厌恶的都有。有位先生给我们写了整整三页，其中有一页叙述他开车送怀孕的妻子去医院时，拿铁咖啡缓和了他的紧张情绪。为了对这些评议卡和信件给出认真的回答，我们让资深伙伴芭芭拉·里德负责这件事，由此于 1992 年建立了顾客联系网。芭芭拉是 1982 年作为咖啡师来到我们公司的，在派克市场店当了多年门店经理，后担任加拿大地区经理，在店面服务方面非常有经验。

使门店内的一切都给人浪漫的感觉。在星巴克，我们的产品不仅是了不起的咖啡，还有我们称为“星巴克体验”的东西：一种洋溢于门店间的放松自如、时尚、惬意的氛围，这是一种独具风格的优雅。

我越来越意识到，顾客寻找的是一处“第三空间”，一种具有新鲜感的闲逸场所，以缓解来自工作或家庭的压力。人们来星巴克是为了抚慰心情，忙中偷闲，小憩片刻，放松身心。应该让他们觉得，来这儿很值。一旦哪个方面的细节出了问题，品牌就会蒙羞。这就是为什么我们总是喜欢说：“每一件事情都重要。”

实际上，门店就是我们的广告牌。顾客进了星巴克的门，就对星巴克的品牌有了印象。在营造环境氛围这一点上，我们使出的力气丝毫不少于对咖啡质量的关注。

每一个星巴克门店的布置都做了精心设计，顾客看到的、接触到的、听到的、闻到的或尝到的每一样东西都有助于加深品牌印象。所有的感官标记都必须符合同样的高标准。那些艺术品、音乐和香味，这外在的一切都传递着一种饶有咖啡风味的信息：这里的每一样东西都是最上档次的。

走进星巴克，你首先注意到的是什么？几乎所有人的回答都是咖啡香味。甚至那些不喝咖啡的人们都爱上了烹煮咖啡的扑鼻香味。这令人陶醉的香味充溢饱满，深沉且富有暗示性，它唤起的记忆比任何视觉场景更为强烈。显然，咖啡香味是吸引顾客的主要因素。

然而，要使这咖啡香味保持纯正并非易事。因为咖啡豆很容易吸收其他气味，我们在打开全美市场之前很多年一直禁止在店内吸烟。我们要求伙伴不要使用香水或古龙水，我们也不出售有其他化学添加剂的咖啡豆，我们不卖汤羹、不卖切片五香熏牛肉或其他卤食。我们的目的是，你闻到的只有咖啡香。

门店里的音乐也是品牌形象的一部分。直到前不久，我们的品牌音乐还只是古典音乐或爵士乐，最近，蒂莫西·琼斯增加了一些音乐品种，有歌剧、蓝调歌曲和雷盖，甚至还有百老汇的舞台剧音乐。但音乐只是你听到的一个元素，在你点单后，你通常会听到收银员报出你所要饮品的名字，然后听到旁边咖啡师傅的回应。浓缩咖啡烹煮的嗞嗞声，咖啡师敲击过滤器的当当声，牛奶在金属蒸锅里的噗噗声，还有金属勺舀起半磅咖啡豆的沙沙声，咖啡豆倒在秤盘上的嗒嗒声，所有这些声音对我们的顾客来说，听上去都非常熟悉，非常悦耳。

为了与顾客手上那杯热咖啡的感觉相衬，所有要与顾客接触的物件都须悉心打理：椅子的式样，调料柜和餐具柜摆放的位置，乃至地板的质地。清洁卫生更是我们门店体验的一部分。为此我们定期进行检查，派出我们的“神秘顾客”，让他们扮作一般顾客去检查门店内每一样东西是否符合标准。

我们将咖啡的浪漫体现在门店视觉设计上。其中包括不同烘焙阶段的咖啡豆的陈列，从生咖啡豆到用于装罐的浅红褐色咖啡豆，再到星巴克的重烘焙咖啡豆——并配以说明，向顾客解释为什么我们信奉重烘焙。我们最新的门店布置不再将咖啡豆放在专用抽屉里，而把它搁进硕大的金属料斗里，这样更使顾客产生一种好奇心，引发他们提问。

我们让门店内的色彩标记和招贴画在不同季节唤起不同的情绪，只要保持一种新鲜感，总能使星巴克的品牌形象产生一种视觉冲击，由此引起人们的兴趣。我们接到数以百计的顾客要求为他们复制最喜爱的招贴画，那些色彩炫目的招贴画有早期的苏门答腊虎和最初的三个塞壬的形象，是我们为庆祝塞壬形象诞生25周年委托艺术家绘制的。店里的杯盏上也印上这些图像，其中包括我们25年来经历的三个“阶段”的标志。

商品展示也是一种品牌展示。每一个细节我们都仔细推敲，还为此发生过许多激烈的争论：麦片粥的袋子对于品牌形象是加强了还是削弱了？用腕表做标记好不好？软心豆颗糖呢？我们甚至直接找意大利工匠，请他们设计图样并直接手工绘制在带柄的咖啡杯上。

实打实的品牌并非由市场大小所决定，也不是来自广告效应，而是源自公司所做的每一件事情，从店址选择、店堂设计到伙伴培训，从产品出货到包装，还有各种原料的采购。一个拥有强大品牌的公司，其资深经理人在评估每项决策时都需要掂量一下："这会加强品牌还是削弱品牌？"

你真的可以通过口口相传来建立品牌吗？

在西雅图，我们花了15年时间使优质咖啡流行开来，花了5年时间使浓缩咖啡被人接受。但我们似乎总是低估了其他城市在这方面所需要花费的时间。

当1987年进入芝加哥时，我们是如此踌躇满志，理所当然地以为顾客自然会蜂拥而来。但我们失算了，人们口头的赞誉并没有使我们占据优势地位——西雅图以外的人很少知道星巴克究竟是什么。

鉴于那次的经验，我们明白，仅仅是跑到一个地方把店铺开起来是不够的，别以为顾客会自然而然地来。我们必须事先造势，在将要进入的城市掀起一股旋风。当人们发现星巴克在自己家门口开出第一家店时，怎样才能让他们七嘴八舌地谈论起来呢？随着一处处新市场的开拓，我们逐渐摸索出了门道，1994—1995年，当我们以加速度开发新市场时，已经摸索出了多管齐下的市场进入方法。

詹妮弗·蒂斯黛尔从1992年起担任我们的零售市场部门副总裁，她总结出一套市场进入战略，包括雇用当地的公关公司来帮助我们理解那个城市的传统背景。我们在当地布设一系列店铺之前，总是先选好一处旗舰店址，这个店址必须位于城市繁华地带，借地段优势大张旗鼓地高调行事。华盛顿特区的杜邦商务圈、纽约格林尼治村的阿斯特广场，都是成功的例子。

同时，我们的创意部门则根据每个城市的个性设计图案，比如代表波士顿风格的应是保罗·里维尔还是豆豆城？一对咖啡杯或许可以作为双子城的象征，一个桃形咖啡杯便是亚特兰大的代表，自由女神喝咖啡的造型可以代表纽约。我们把这些图案印在大咖啡杯和T恤上，也印在发给伙伴和顾客的招待会请柬上。

与其他零售商不同的是，咖啡店是人们自然聚集的一种场所，所以我们要让星巴克店融入当地的社区。在进入每一个新市场时，我们至少要结合当地的慈善事业策划一个社区活动，以便为开张造声势。在波士顿和亚特兰大，肯尼·基举办过慈善音乐会，我们还请来了当地的头面人物。

在每家门店开张前，我们都会把那些可能成为当地的星巴克“大使”的人士列入一张名单。我们向伙伴们打听，他们是否可以邀请当地熟识的朋友参加开业仪式。在开业前到正式开业的那段时间里，我们和当地的股东、邮购顾客和慈善活动发起人取得联系，给他们寄一封附有两张免费咖啡券的信，请求他们成为“星巴克之友”。我们和当地记者、厨师、知名餐馆的老板们一起举行咖啡品尝会。为了给咖啡师实习的机会，我们让他们邀请自己的朋友和家人来参加预演的开张派对，免费品尝咖啡和点心，不过我们会建议他们每人给当地某个非营利组织捐赠三美元。最后是一个大型开张派对，一般是在星期六下午，有时竟有上千人涌到星巴克来。

社区活动已成为我们市场部门的常规工作了，其目的不仅是让人们了解我们，还因为我们相信这是进入当地市场的正确途径。除了赞助美国援外合作署的工作，我们对当地的社区问题也并非无动于衷，我们的主要关注点有：艾滋病防治和儿童问题——特别是儿童医疗卫生问题，环境问题（其中包括饮用水的清洁问题），还有对艺术的支持和赞助——特别是爵士乐和电影节。在过去的几年里，有三四百个星巴克伙伴和顾客一起参加了西雅图一年一度的防治艾滋病徒步行走活动；我们与波特兰的杜恩贝奇儿童医院建立了合作关系，其中有一项是为这个医院专门设计的咖啡杯举行义卖活动；我们赞助了多伦多、旧金山和西雅图的电影节；还有为保护罗得岛的海湾工程募捐。这些活动源自我们的“使命宣言”中“积极贡献社区和环境”的承诺。这些活动不仅仅是善意的表达，更产生了一种持久的积极影响，它使我们的伙伴们为服务于这样的公司而感到骄傲。

在新店开张的几个星期后，通常都有一种对回头客的奖励机制。我们在 1993 年开始发放一种“护照”——如果顾客品尝过不同产地的各种咖啡，做了一次“咖啡世界游”，我们就奖励他们半磅免费的咖啡豆。在有些城市，是让这些顾客品尝 5 种不同饮品，然后他们可在当地星巴克店铺任选一种免费享用。

我们还提供公司印制发行的内部刊物，向顾客介绍各种信息，以引起他们对咖啡知识的兴趣。这些小册子每家店里都有。其中的一个栏目“咖啡的世界”，详细介绍我们出售的各种咖啡豆的不同风味；另一栏目“居家极品之饮”，向顾客讲述如何研磨和烹煮咖啡；还有“星巴克特种饮品指南”，以图文并茂的形式介绍卡布奇诺和拿铁。

此外，我们出版发行的《咖啡纪事》月刊，多年来一直关注着咖啡文化以及各种典故、珍闻。我们也采用企业年鉴的形式来传播星巴克的故事，从1992年的“让咖啡豆浪漫起来”和“烘焙的艺术”，到1996年的25周年店庆专辑，都是极富创意、设计别致的宣传品。还有一个对品牌至关重要的得分点，就是邮购目录，那是我们与顾客直接联系的渠道。我们的800免费电话可使顾客直接向咖啡专家请教有关知识，或讨论苏门答腊咖啡和苏拉威西咖啡有何不同，“黄金海岸”和“优肯综合”在口味上有什么不同。

随着快速扩展，西雅图的市场营销部门不可能继续监控各地的市场需求和顾客反应。我们相应地采取“去中心化”的对策，派出12名伙伴分管美国4个市场大区，并负责打理新店开业活动以及与当地有关的其他各种活动。

在同一时期，由于星巴克采用了比同行都要高的标准（而其他零售商则在降低人们的期待），它成为零售业的一个标杆。一个顾客可能会这样说：“哇，这儿的接待这么好，我第二天再来他们居然叫得出我的名字，而且知道我要喝什么！这儿有坐的地方，还能欣赏爵士乐，可以从家庭和工作的压力中暂时摆脱出来，闭上眼睛待上一会儿。为自己着想，我不妨每天都过来一下，花费只是一两美元。我掏不起去夏威夷度假的钱，可我总可以来这儿享受享受吧！每天来也来得起。”

像这样满腔热情地满足顾客的要求，就是我们口口相传的品牌策略背后的力量。如果每一处新店都能激起顾客这样的反应，星巴克的品牌所代表的就是一种含义丰富又充满个性化的体验。不管怎么说，这样的体验在星巴克无所不在。

门店外的品牌建设

今天，星巴克的品牌早已突破门店的局限。在机场，在轮船上，在书店，在超市，人们与星巴克不期而遇的机会越来越多。这种日益扩大的影响力使我们想到，必须重新估量品牌的地位。

除了餐馆和机场，很久以来我们一直拒绝在别处出售星巴克品牌的咖啡。为了保护品牌，我们尤其不愿意在药店、便利店或加油站那些地方售卖星巴克产品。1993年，我们与诺氏百货签订协议，在他们的商场里出售我们的咖啡。诺氏百货经营服装和高档用品，具有很高的信誉，因而我们觉得它是一个具有战略意义的合作伙伴，会给我们的品牌增添光彩。后来，我们打算进入超市，目标也瞄准了那些已在自己经营范围内享有顶级声誉的公司，比如西雅图的优质食品中心。

因为我们有了像咖啡冰激凌和瓶装星冰乐那样的新产品——两者都在超市里销售，平面设计就变得非常重要了。我们的星冰乐瓶子容易使人联想到老式的牛奶瓶，但在瓶贴上饰以星星和旋涡的图案后就不一样了，会给人一种喜出望外的口味期待。当瓶装星冰乐达到市场极限时，我们开始考虑铝罐包装。这又是一个艰难的决策，因为铝罐意味着主流软饮料。于是我们又一次以出色的设计提升了星巴克的副产品星冰乐，进而使自己的品牌地位得到了巩固。

我们内部意见分歧最大的争论也许就是冰激凌产品的包装设计了。一个团队的方案是，考虑到这是星巴克不具影响力的一个领域，我们应该采用已广为人知的绿白相间的图形，或者干脆就用咖啡包装袋上的图案。做冰激凌已是出格的创新了，在包装上我们必须印上顾客熟悉的东西来证明这是星巴克的产品。

而另一个团队则恰恰认为，应该用大胆出位的设计来抓住这个机会，以此显示星巴克品牌的可爱，表现出冰激凌的怡人趣味。他们担心，倘若使用已有的设计，那就等于承认："我们只能做到这样了。"

最后，富有创意而有趣的方案胜出。我们采用了泰瑞·海克勒的更大胆的设计——以星星旋涡反衬棕色、橘色和黄色的背景。我把这项设计视为一次向外打开局面而不是原地踏步的象征。

星巴克的品牌形象甚至影响了我们总部办公楼的设计风格。1997年，当我们重新装饰办公大楼并把它命名为"星巴克中心"时，我们希望大楼外观能够体现一种带有谐趣风格的新感觉。我们把原来的SODO标志从大楼钟塔上取下，换上作为星巴克标志的塞壬头像，让它高挂楼顶。以前我们的大楼以默默无闻的形象缩在街道一边，现在每一个人来到它的面前，一眼就能看见高高的钟塔上那双星冠下面塞壬的眼睛。

虽然很少会有顾客光顾我们的办公大楼，但我们还是以星巴克超越传统零售业的新企业精神设计了这幢大楼。我们对于保持咖啡和咖啡馆的体验具有一种狂热精神，也同样希望人们能够意识到星巴克具有幽默和谐趣的一面，意识到星巴克是一个兼具多种品质、多种风格，给人以多层面感受的品牌。

把品牌提升到新的高度

1995 年，星巴克品牌面临着一次认同危机。虽然，顶级产品和良好的客户关系早已为我们奠定了品牌信誉基础，但是在一个鱼龙混杂的市场里，有些顾客还是难以把我们从一大堆竞争对手中区分出来。由于我们现在的发展规模和遍地开花的局面，他们很容易漠视我们的质量，忽略我们与社会的互动关系。

显然，我们的信息仅靠口碑向外传递已经不够了。如果我们不能清晰传达出我们所奉行的宗旨，人们就可能无法理解我们的意图。

我们一直靠咖啡质量本身说话，但我们渐渐意识到，必须以更积极主动的方式来表达我们的理念。你走在街上，一路过去可能有两三个咖啡馆，你怎么知道哪一家供应的浓缩咖啡最好？你怎么知道哪一家的咖啡是自己烘焙的，哪一家的咖啡豆是跑遍全世界去搜寻来的上等货？在 20 世纪 90 年代中期，我们需要更好的表述方式来描述一个更具普世价值也更有概括性的企业形象，其中包含我们的灵魂和理念。

伟大的品牌所代表的往往是比产品本身更宏大的东西。如迪士尼的名字包含着家庭、欢笑和娱乐，耐克意味着出色的体育运动，微软的目标则是让每张办公桌上都有电脑。我要把星巴克提升到一个新高度：不只是一杯优质咖啡，也不仅仅是温馨的氛围。

随着企业发展，我们显然需要一位专门打理品牌事务的专家，负责廓清星巴克一切对外信息，提升我们的品牌。以前是我自己直接负责市场营销事务，因为这里面的一切都与整个公司的各项运作息息相关。可是到了 1994 年，我不得不物色新的市场高管，我想找一个有经验的人，就是已经成功地把一个品牌推向全美乃至全世界的人。市场主管的位置空置长达 18 个月之久，在此期间，我一直在寻找合适的人选。

事实证明这种人才非常难寻。合适的候选人必须在市场营销方面受过正规训练，这个人既能向公众展示星巴克品牌的特质，把它融入人们的生活，同时又能与公司其他部门协调合作。他需要是一个既有创新精神又有管理才能的人，除此之外，我还希望这个人在品牌发展和市场营销方面都能拿出最佳方案。我知道，星巴克品牌的未来就掌握在这个人手里。

1995 年 2 月，我发现了斯科特 · 贝伯瑞。在俄勒冈中部的一个小木屋里，屋外大雪纷飞，他正在撰写一本关于企业创新的专著。1987—1994 年，斯科特在耐克公司担任广告总监，就是在那几年里，“Bo Knows”和“Just do it”成为美国流行语的一分子。从耐克公司出来独立后，他给我写来一封信，表示希望担任星巴克的市场顾问，而我则另有打算。

“嗨！”他拿起电话，还以为是他妻子打给他的呢。

“是斯科特 · 贝伯瑞吗？我是霍华德 · 舒尔茨。”

“噢，你好！”他寒暄了几句，马上笑了起来，“你不会相信吧，我的书里有专门讲到星巴克的章节呢。”

他给我读的那一页充满了真知灼见。他的声音听起来年轻开朗、精力充沛。他很健谈，我们不时碰撞出火花。我邀他来西雅图，这样我们可以面对面地交谈。

不到两个星期，斯科特就出现在我的办公室里，但他还是只想做一个顾问。他穿着非常随意，这是他一贯的风格，谈话时那双蓝眼睛不停地闪烁着光芒。他实际年龄为37岁，但看起来很年轻，穿着打扮也像20多岁的人。他兴奋地聊起了他新上手的咨询业务，还有他将要接手的三个客户。

才谈了5分钟，我就把表格递给他。“我不需要什么顾问，”我告诉他，“我需要的是一个主管市场的头儿。”

他吓了一跳，他已经把自己的生活安排到20年以后了。可他最终还是接受了这个职位。6月份，他把家搬到了西雅图，开始为星巴克制定长期市场策略。

斯科特马上就发觉自己面临着这样的挑战：星巴克不仅是一个品牌，还是一个进口商、制造商、零售商、批发商和邮购商。他不知道还有哪家企业可以同时做5项生意而且样样都很红火。不过，他也发现，星巴克和耐克一样，都身处低利润的行业，并且都将自己的商品转化为一种文化象征。后来我很惊奇地听说，耐克也是以针对每一位顾客的每一次服务来打响品牌的。菲尔·奈特最初雇用了一些热心的跑步爱好者，在汽车后备厢里装满耐克鞋上门做推销。

1987年，斯科特进入耐克时，该公司正处于大转型期，开始向全美大量投放广告。但是，作为最出色的运动鞋制造商，耐克却从未尝试在田径运动员和篮球运动员以外的人群中去发展市场。斯科特帮助耐克“扩大了接触点”，把品牌推广到女性及“周末玩家”，其意义也不再局限于提高运动成绩，而是为了开心，为了体验体育活动带来的快感。耐克把自己的核心产品与运动形象紧密地联系在一起，探索运动给人带来的乐趣，以及人们对运动产生的依存感——无论篮球明星还是业余慢跑者，甚至靠导盲犬引路的盲人，都会从中获得这份喜悦。耐克的电视和平面广告以富有冲击力的情感攻势激起了巨大的反响，大大超越常规的广告效应。许多广告甚至在 5 年乃至 10 年之后还让人记忆犹新。

当斯科特来到星巴克时，他带来了许多我们其他任何人都难以望其项背的创意。他特别指出，星巴克不必囿于自己的门店，他的想象力远比我们丰富。他说，我们本该把咖啡带到人们最喜欢和最需要的地方去——只要能保证质量就行。我们有数千名顶呱呱的咖啡师傅，其中许多人甚至不乏艺术和音乐天分，他们走入街区去转一圈，就能对顾客的需求有个了解。

斯科特相信星巴克应该是一个被人“知道”的公司：这名字应该出现在最新的玩笑中，出现在最新的音乐中，跟眼下的新闻人物也能扯上关系，乃至跟政治、文学、体育和文化潮流相偕而进。他计划以富有生气的创新精神颠覆星巴克的孤陋理念，来一次大规模的革新。

斯科特到来以前，星巴克在广告方面的花费占预算的比例很低。对于一个曾在耐克公司以 2.5 亿美元的大手笔做世界市场广告的人来说，我们的几百万美元似乎太小儿科了。我真希望在斯科特走进我办公室的那一刻，就能给他一大笔广告款项让他玩转世界，可眼下居高不下的咖啡采购价格意味着我们一时还无法考虑那些大把花钱的项目。然而，我们还是没让那些困难捆住手脚，勇往直前地投入品牌个性建设的进程。

其实就在聘任斯科特之前，公司已经做出决定要寻找一个新的广告代理公司。我们挑选了 4 家顶尖的广告公司，要求每一家做一个展示报告。那年夏天，我们的一个团队和那 4 家公司的人碰了面，我向他们解释了星巴克的目标。在做展示之前，他们向星巴克的顾客和伙伴做了市场调查，发现了一个令人不安的现象：随着星巴克的发展，顾客越来越觉得公司成了一个按部就班、墨守成规的机构了，变得不懂变通和难以亲近。对星巴克品牌来说，这可是一个关键性的威胁。

这些感受的激烈程度使我大为震惊。作为首席执行官，我一直刻意保持低调，因为这样就可以把所有的注意力都集中在我们要做的事情——咖啡和门店上，可是当我听到有人把我们视为一家面目不清的公司时，我知道自己必须拿出更为开放的姿态，向公众表达我个人的立场和我对星巴克的期望。

具有讽刺意味的是，一个公司一旦发展到能够砸钱做广告的程度，他们所面临的困难就是要消弭人们因公司规模而产生的疏离感。很显然，我们的事情向公众透露得太少。我们需要把自己的形象表达出来：一个富有激情的、富有创新精神的公司，不只是提供优质咖啡，也在每时每刻地丰富着数百万人的日常生活。

选择哪一家广告代理公司，无疑是一个艰难的决策，因为那4家公司都有很棒的创意。我让斯科特来决定，他选择与古德拜广告公司合作。它是旧金山一家顶尖的广告公司，曾制作了最富有创意的“Got Milk”，就是那个有名的牛奶胡子的广告。

我告诉斯科特和古德拜公司的人，我要星巴克成为人们生活的一部分，要用发现和希望去丰富人们的生活，它应该是富于人性和充满真实感的。我们的广告应该告诉大家，我们是怎么回事，我们是干什么的。

和古德拜公司一签约，斯科特就投入了市场调查，他从耐克公司挖来一个专家——杰勒米·康龙具体负责这项工作。杰勒米在耐克工作了14年，其中有10年是担任消费者研究部门的主管。

他们两人开始做一个“大开挖”的项目，分三个阶段，用 9 个月的时间做调查，带领一个专职团队从三个城市入手。他们通过单向取样的方式采集顾客或潜在顾客的意见，询问他们的个人感觉——关于咖啡和星巴克的体验。为什么人们要到星巴克来？他们心目中理想的咖啡馆是什么样的？斯科特对年轻人和大学生的意见尤为关注，他们是未来的咖啡消费者，他们中许多人喜欢不落俗套的本地咖啡馆。

某些意见再一次使我们大吃一惊。大体来说，三四十岁的顾客和咖啡豆爱好者对星巴克颇为喜爱，可是二十来岁的人，说到咖啡馆就另有一套想法了。他们想要的是与众不同的好玩之处，不必有雅致的灯光布置，至于服务效率，也无所谓；他们看重的是能在晚上出来喝一杯，而不是在上班途中叫一杯外卖拿铁咖啡。

调查使我们意识到顾客的不同需求，而这正好给我们提供了革新的机会——在不同的门店以不同的方式向他们提供不同的服务。大学生也许白天希望有个地方能有咖啡伴着他读书，而到了晚上，同样是这个人，却更想要一个约见朋友的地方，不能喝得酩酊大醉，但最好有很棒的音乐相伴。一位中年律师上班途中开车经过星巴克时，没准儿想要一杯很快就能送到手里的双份拿铁，若是上午 10 点左右，他也许会坐下来，在轻松的气氛中和客户边喝咖啡边聊公事。我们所面临的挑战是，就算不能更进一步，也至少必须保持我们的品牌对不同消费人群的吸引力。

调查也促进我们重新思考市场战略。我们自视为令人敬重的欧式咖啡传统的继承者，具有艺术、人文和进步理想的内涵。其实，我们也可以同时从当代美国生活中吸纳某些理念来加强和丰富星巴克的体验，这也是我们从 1997 年开始在店内出售奥普拉·温弗瑞推荐的图书的缘由。我们要继续满足某一部分核心顾客的要求，但也要“扩大接触点”，吸引那些想在晚上找一处令人兴奋的“第三空间”来聚一聚的顾客。

做全国性的广告，对我们这样的公司来说是一个悖论。由于星巴克在全美有一千多家店铺，必须同时在许多城市向顾客发出我们的声音。但就广告本身而言，无处不在的集中轰炸肯定会激起人们的恐惧感。怎样才能使星巴克在全美家喻户晓，又不失去本地居民的敬意呢？我们为此做了几个月的策划，放弃了许多方案。

不管以何种方式与顾客沟通，都必须尊重对方，做到聪颖、幽默和富有活力。在当今世上，你只有把他人作为一个大家庭中可敬的一员才有可能抓住人们的注意力。就我们而言，这样的朋友就是我们的顾客。品牌与伙伴，品牌与顾客、产品及核心价值观的密切关系，就跟一个家庭似的。

古德拜公司帮我们梳理了一个简洁而优雅的概念，一个真诚而富有进取的形象，一方面着眼于我们所寻求的咖啡休闲时光的从容自适，另一方面也体现了古德拜素为人知的幽默、谐趣之风。他们努力寻求成功的商业巨头与个性化、人性化服务之间的平衡，而后者正是我们的顾客每一次花时间外出品尝自己最喜欢的咖啡时所感受到的。

那些广告词显示了古德拜的风格：

“让咖啡也酷一把”，这是我们 1996 年夏季为冰激凌和星冰乐做的广告。

“今天，写作的障碍一旦在柯纳咖啡的热气中蒸发，伟大的美国备忘录就会应运而生。”

“小啜一口冰镇星冰乐，感受那独一份儿的清凉。”

我们的目标是制造一种出人意料的效果，给人一个聪慧的另类形象。这些广告词所传达的信息比我想象的更有力。说到底，我的目标并不只是打打广告，而是在全世界范围内，在一次一杯的服务中，在那弥足珍贵的片刻，搭建情感的桥梁，为顾客提供具有个性的完整的星巴克体验。

第 19 章

为 2000 万名新顾客冒险，值！

其实，安全这东西差不多是一种迷信。自然界并不存在什么安全，人类的子子孙孙也不曾体验过安全。长期来看，躲避危险并不比全然暴露在外更安全。生活，要么勇于冒险，要么一无所成。

——海伦·凯勒

《敞开的门》（1957 年）

冒险争取商机

1996 年 1 月，几乎是一夜之间，星巴克的顾客人数翻了一番。美国联合航空公司开始出售我们的咖啡。

接下来的几个星期里，我们接到来自全美的几百个电话。“你们已经不是原来的样子了，”人们抱怨着，“美联航飞机上的星巴克咖啡淡而无味，还冷冰冰的。”“没人相信这真的是星巴克咖啡。”“你们得留心点儿才好。”

与美国联合航空公司合作的荣耀一眨眼变成了一场灾难。我们下了重注，可是看样子，开头就很不顺手。

每个旅行者都知道飞机上不可能供应什么地道的咖啡。对星巴克的名誉来说，成也咖啡，败也咖啡。我们为什么要甘冒风险去跟美国联合航空公司联手呢？因为我们想利用这个机会去做以前从未有人做过的事情：让飞机上的咖啡改变一下形象。

和美国联合航空公司做这个试验，乃是以我们企业的一个基本信条为基础的，那就是信任。如果人们不信任星巴克即优质咖啡的代名词，那么这个品牌就毫无意义。

和美国联合航空公司的合作始于文森特·艾德思的一个电话，那是1995年6月间。文森特三个月前才进入星巴克，是专门负责营销和市场开发部门的副总裁，管理着我们的咖啡豆销售以及与餐饮业相关的业务。他发现，在美国联合航空公司最近的一次调查中，乘客们都在抱怨飞机上的咖啡难喝。他想，星巴克也许可以解决这个问题。

美国联合航空公司的总部在芝加哥，他们公司的大部分雇员都知道星巴克，听到这个合作意向无不欢呼雀跃，虽说星巴克的咖啡通常要比它的竞争对手贵一倍。美国联合航空公司的飞行员和乘务员们经常要忍受乘客的冷脸：因为飞机上的咖啡实在太难喝了。

可是在星巴克内部，这个点子却遭到了强烈的反对。这个举措对公司而言是可行的吗？如果弄糟的话，会给我们带来什么样的损失呢？我们能够从中赢得多少新顾客呢？最终，归结为两个关键性问题：这会降低品牌的价值吗？还有，我们可以把顾客信赖的优质咖啡交给一家有500多架飞机满世界飞来飞去的航空公司去打理吗？

这是一个巨大的机遇：每年平均有近 8 000 万人乘坐美国联合航空公司的飞机，其中有 25%~40% 的人会点咖啡。这是一个每年将近 2 000 万人次的大市场，他们中许多人也许是第一次喝到星巴克咖啡。

文森特和公司连锁供货主管泰德·加西亚一起去美国联合航空公司考察了解供应咖啡事项。泰德发现，我们可能需要在地面上提供 2.5 盎司的过滤包装，才能保证咖啡的最佳质量。这就意味着我们的设备供应商要提供全新的包装器械以解决这一特殊需求。但制造商需要 6 个月时间才能做出样品，泰德提前向他们订货，但不确定是否能赶得上。

事实上，我们已经向地平线航空公司供应咖啡了，那是一个以西雅图为基地的服务质量很好的区域性航空公司。他们是第一家意识到用向乘客供应优质咖啡来帮自己的服务增值的航空公司。不过，地平线航空公司在地面上烹制我们的咖啡，加工好后随即送上飞机供应短途乘客，这样各项条件都能得到有效控制（在地面上加工要比空中可靠得多）。

美国联合航空公司的风险则要大得多。它的航线长，只能在飞机上加工咖啡，制作也比地面餐厅困难得多。飞机从落地的各个城市取水，水质和口感很难把握；在穿越各大洲和大洋的长途飞行中，咖啡烹煮时间通常会超过我们所推荐的 20 分钟的上限；飞机上的灶具也良莠不齐，而且一般来说飞机上的用具总是偏向于分量轻的；美国联合航空公司在世界各地有 22 000 多个乘务人员，要对每个人都进行相关培训看样子不太可能。这件事情的风险还在于，2 000 万第一次喝星巴克咖啡的乘客，也许会对星巴克咖啡产生一种糟糕的印象。

9月间，我们决定拒绝和美国联合航空公司合作。文森特简直要崩溃了，泰德·加西亚也是。但是，市场部的人和一些董事会成员都觉得，跟这种主流的大公司合作，我们的品牌很可能遭受不可逆转的损毁。他们担心美国联合航空公司仅仅会把我们视为另一家普通供应商，不相信美国联合航空公司会按我们的要求去制作咖啡，最后，他们也不能确信美国联合航空公司会像我们所希望的那样，尽可能地推广星巴克的品牌。

可是，美国联合航空公司并未对我们的要求说不。双方又接着磋商，直至我们拿出两家公司都觉得可行的方案。

我们提出，让美国联合航空公司实行一套我们两家都从未采用过的方案。对于加工咖啡，我们要求飞机上的设备和操作能切实保证其最佳品质。我们还要求训练他们所有的乘务员，不仅涉及烹煮咖啡和有关咖啡保鲜的问题，而且要向他们灌输星巴克的历史和价值观，以便所有的乘务员都能回答乘客提出的相关问题。

为了确保咖啡质量，我们毫不动摇地实行全面扎实的措施。每一个过程都仔细地检查了一遍——从配料单到研磨工序，再到水过滤系统。美国联合航空的机上烹煮设备是所有航空公司中最好的，但我们的调查部门发现，他们想用更低廉的塑料制品取代不锈钢器具。我们在烹制测试中比较了两者的性能，测算出不同器具中的固体可溶性成分，要求他们不要做这种替换。他们同意了。

美国联合航空公司保证一切都将按照我们的要求去改进，以尽快投入星巴克咖啡的销售。1996年1月，《商务周刊》、《时代》和《美国新闻与世界报道》的封底上打出了美国联合航空公司销售星巴克咖啡的广告。这是我们头一回打全国性广告，其实也是一项毫不含糊的第三方责任担保，它来自全美最大的、拥有最多的雇员和机长的航空公司——搞得这般轰轰烈烈，光是我们自己可玩不起。那些广告词里有一条我特别喜欢：“毕竟，在这儿我们并不只是工作，我们也得喝咖啡。”

甚至，美国联合航空公司还用一个幽默的电视广告表达了星巴克在他们眼里的魅力。在那个节目中，送货人拎着一个豁了口的袋子，从机场走到机舱门口，星巴克咖啡豆撒落了一路，引来许多乘客。

经过如此细心的准备，又有了质量监控措施，第一次在美国联合航空公司亮相的星巴克咖啡应该非常棒，可是没料到还是出了大纰漏。原定于从 1996 年 2 月起美国联合航空公司所有航班上都开始供应星巴克咖啡，并将前边的咖啡供应商提供的货全部清仓。但到了那一天，美国联合航空公司的 500 多架飞机中，只有 30%~40% 配有合乎标准的烹煮设备——我们认为他们原有的设备不适合煮星巴克咖啡。由于供货商未能在 2 月份之前把所有的新设备都赶制出来，为填补不足，美国联合航空公司只好采用一种底部经过特别加工的金属烧杯来煮星巴克咖啡。在有些航班上，甚至只能用老的咖啡机来应对第一个月的咖啡供应。

美国联合航空公司也听到了许多抱怨，但靠着勇气和决心，两家公司都坚持把事情做下去。我们马上派出大队人马去解决问题，4 个月内，新的烹煮设备在全部飞机上安装到位，人们终于可以喝到了风味地道且口感颇佳的星巴克咖啡了。

如今，美国联合航空公司把供应星巴克咖啡视作他们的最佳举措之一——就和在飞机上为孩子们供应“快活餐”的创意一样。我们在 1996 年 4 月所做的一项调查表明，美国联合航空公司 71%

的乘客勾选了“出色”和“好”的选项，大约10%的乘客是在美国联合航空公司上第一次喝到星巴克咖啡。虽然有部分乘客认为机舱里喝到的咖啡不如他们在星巴克店里买的，但绝大部分乘客认为美国联合航空公司的咖啡比其他航空公司的咖啡要好。

文森特特别喜欢引用这样一句比喻：“如果你根据空气动力学来研究蝴蝶，试图让它飞起来，它不可能会飞起来。正因为蝴蝶不懂这个道理，所以它飞起来了。”星巴克所做的事情也是一样，我们所做的正是我们以为自己不能做的事情。

对于美国联合航空公司和星巴克来说，这样的冒险是值得的——2 000 万人次，一天 2 200 个航班，飞往全球各大洲的各个目的地，在 35 000 英尺的高空，喝着星巴克咖啡。

你代表了你的公司运作模式

许多人对我们拒绝过那么多合作机会感到惊讶——拒绝的比接受的多。就在我们争论着是否接受与美国联合航空公司的合作时，我们几乎要签下另一笔几百万美元的大单，合作对象是一家有可能把我们的咖啡带入全美许多小城镇的连锁公司。可是由于那家公司的形象和经营理念与我们大相径庭，事情最终作罢了。

虽说我们有 87% 的销售额是通过自己的门店做出来的，但拓展咖啡销售途径的各种提议却一直困扰着我们。从种种销售途径的评估来看，文森特的营销团队不仅是在寻找普通的零售渠道，而且要物色一个战略伙伴。

我们有着相当苛刻的程序。那些被拒绝的合作者，通常与我们自己的门店有着过于直接的竞争，或者在管理方面没有像我们那样以质量为重，或者经营态度与我们不兼容。有时，对方的地理位置使我们在后续供应上暂时还不能充分顾及，这种情况也不予考虑。我们还必须从双方的利益和品牌建设方面考虑彼此的长期合作关系。

文森特的团队起初是星巴克联络餐饮业的部门，负责向西雅图地区的高档餐馆供应星巴克咖啡，现在成了一支精英团队。文森特不满足于只是提出跨部门的建议，他已经把这个部门建设成一支专业的销售队伍，有目标、有步骤地拓展业务，以实现我们更为远大的目标。

我们的目标是，人们在购物、旅游、娱乐和工作的每一处都能喝到星巴克咖啡。我们已经建立的长期伙伴关系使星巴克咖啡得以出现在诺氏百货的商场里，出现在荷美航运的游轮上，出现在喜来登酒店、威斯汀酒店、巴诺书店和查普特书店，还通过美国办公用品公司的销售渠道进入了许多写字楼。这份名单仍在扩大。

然而，随着我们的供应范围越来越广，保持品牌的品质和扩大销售渠道之间那种与生俱来的矛盾就越来越突出了。当然，理想的状态是，我们希望每一个人都能喝到星巴克咖啡。可是每次签下一份大单，我们都会产生与美国联合航空公司合作时同样的担心：质量会难以保证吗？大量的外销对零售店的生意有益还是有害？

我们发现，解决这个矛盾的办法是，找一个合适的合作伙伴，对他们的人进行全面培训，不间断地以我们的标准密切监控操作过程。

当我们与任何一个合作伙伴接触时，首先要对候选人的资质做出评估。我们要找的是在酒店业、航空业或海运业信誉良好、品牌有保证的公司，必须有高水准的顾客服务意识。我们的合作者必须理解星巴克的品牌价值，并能对我们的咖啡给予质量保证。所有这些因素都置于财务考量之前。

文森特·艾德思是从霍尔马克贺卡公司过来的，对于那些不合适的合作伙伴，他有一套迅速排除的方法。他只简单地问对方："如果一壶咖啡在灶具上搁一个小时了，这一个顾客走进来，你会把这样的咖啡卖给他吗？"如果得到的回答为"是"，就请他走人吧；如果他不愿全部倒掉，只是掺入一半新煮的咖啡，那么他们对星巴克质量至上的理念也是不甚理解的。

还有一个关键问题，那就是未来的合作伙伴对培训员工的态度。一般来说，股东或经理人并不是那个给顾客端上咖啡的人。在谈判桌上，他也许会说自己也喜欢优质咖啡，但他的公司真的愿意花必要的时间和金钱去为培训员工吗？

我们一般是先签一年的协议，然后视合作关系成功与否再续签多年的合同。这样做使得我们有时间去评估合作方在履行承诺方面是否达标，也使他们有时间来判断星巴克能否为他们的企业增值。到目前为止，我们与所有的合作伙伴都合作得很成功。

在与美国联合航空公司的合作过程中，那些让人紧张不安的时刻凸显了冒着风险做出决定的重要性。没有风险就没有伟大的事业。对一个依赖品牌生存的企业来说，捍卫和提升品牌是至关重要的，但你不能因为这个目标而不敢放开手脚去开辟新的领域。出现意外问题时，来自顾客的严重反馈可能会威胁到你悉心打造的形象，在你使出浑身解数解决困难之前，不要轻言失败。

不管你做什么，都不可能总是风平浪静。不要用老一套的方式去做事，不要使运作模式僵化。如果你故步自封，你就永远不可能超越他人。

第20章

做大之后
如何保持小企业的优势

根本性的工作是在大的框架内实现小的目标。

——舒马赫

《小的是美好的》

怎样做到泛而不滥

女演员杰妮安·加罗法罗最近在家庭影院频道（HBO）的《搞笑时光》节目中拿我们开涮："他们就要把星巴克开进我家客厅了。"

我们倒挺喜欢这句话，把它改编后用到了瓶装星冰乐的一个广告里：一个女人站在一块空地上，标题是"开星巴克的好地方"。

这样的句子虽然好玩，可是却戳中了星巴克最脆弱之处。我们开了那么多的店，以至人们觉得我们无处不在。公司越大，危险也越大，因为个性会随之变得模糊——无论是对伙伴还是对顾客。如果说星巴克的竞争优势一直是我们与伙伴的互信关系，那么当公司从 2.5 万人发展到 5 万人时，怎样才能把这一优势保持下去？

毫无疑问，在我的脑子里，星巴克不难实现它的财务目标。可是，问题在于，我们在继续扩张的同时，是否也能把自己的价值观和指导准则完好无损地延续下去。在我看来，如果我们以牺牲自己独有的以人为本的价值观为代价来换取利益，那么，即便收益达到 20 亿美元，也是一个败局。

如何在做大以后还能保持人际关系的亲和状态呢？这是我作为星巴克领导人所面临的最棘手的难题。

实现上述理想似乎是一个不可能的悖论。但我们尝试了，如果我们不去尝试，星巴克只会成为又一个连锁销售的庞然大物而已。我已经下定决心，永远不让公司出现这样的局面。

一个企业做大了能够不成为“大公司”吗？

在美国，一般来说小企业是令人羡慕的，而大企业往往令人望而生畏。原因也许在于美国人强烈的个人主义倾向。然而，小公司越成功，就越容易发展为大企业。那么，它是不是到一定时候就该受人指责了？

如果在一个特定群体的社交场合向别人打听：“你对大企业印象如何？”你几乎马上会得到一连串的负面评价。他们也许会愤愤然地提到埃克森公司的瓦尔德兹号油轮泄漏造成阿拉斯加海域污染的事件，还有“石棉事件”“爱河事件”。你也会听到“他们在撒谎”的谴责，并扯到丹尼·迪维图主演的影片《抢钱至尊》。一句话，在公众眼里，大公司总是唯利是图，令人恐惧。

那么对小公司他们又怎么看呢？向同一群人询问，他们会给你一连串完全相反的评价：小公司意味着人们兢兢业业地在为生存而打拼；小公司老板总是满怀善意、体贴顾客；他们中间有些人是从大公司辞职出来的，想以不同的方式过自己的日子。

最后，如果你问：“有多少大公司的行事方式能像小公司那样呢？”大部分人会这样回答：“不多吧。”当我们告诉人们我们想以一个小公司的价值观为基础来建设一个大公司时，许多人都无法相信。他们或许会觉得我们是盲目的乐观主义者，或者会追究我们这样说背后的真实意图。

星巴克面临的一个最大的挑战是打破“大公司不可能好”的思维定式。如果我们不这样做，就会失去最初吸引人们向我们投资的价值。

价值观不随销售发展而枯萎

自从星巴克走上快速发展的轨道，我们就一直面临着对此持怀疑态度的批评。我们大部分人鼓足劲要实现我们的目标，倒也不在意那些批评意见。我们的顾客以经常光顾星巴克的行动和热情洋溢的意见表达对我们的支持。今天，支持的声音比以往任何时候都强烈。超过 500 万名顾客每星期都光顾我们的门店，这些就是投给我们的赞成票。

可是，在星巴克开出几百家店铺，并发展到西雅图之外的几年里，我们越来越多地听到另一种对我们存在误解的声音。一个店铺的操作不当，就有可能毁掉我们几年来建立的声誉。

在好几个地方，我们都遇到过社区活动者的抵制，他们反对星巴克进驻他们的社区。有些当地的店主由于害怕与我们竞争，便鼓动他们的顾客反对我们进入。在少数情况下，批评者不公正的指责使我们在毫无防范的情况下无法应对。怎样才能使那些不了解我们的人相信我们不是“无情的猎食者”呢？

听到这样的指责我感到非常痛心。星巴克不是那种没脸没皮的企业，它是我本人、戴夫·奥尔森、霍华德·毕哈，以及其他人，摒弃了传统的经商理念而建立起来的有激情、有价值观的企业。我们是想赢利，这毫无疑问，但我们的目标是有尊严地赢利，是要在一个自由竞争的环境下，作为一个有天赋并且有高度原则性的玩家来加入游戏。对垒的一方是能量远甚于我们的竞争对手，比如那些大型包装食品公司，而不是那些街头小店。我们的使命是扩大优质咖啡爱好者的群体规模，使人们可以在更广的范围内享用最好的咖啡。

我认为从针对我们的这些批评意见中，可以看到更深层面的问题，那就是对一个地方和一个社区单一化的恐惧。我们遭遇的大部分反对意见其实都与城市化问题和小城镇问题紧密相关，那儿的人对于消弭个性的事情总是非常抵触。他们担心全国性的连锁企业会取代当地的特色店，快餐食品会把街角的小餐馆打击出局。有少数团体甚至试图通过某种法令或声称没有足够的停车场来阻止我们开店。

有些社区的人不知道星巴克卖些什么，因为我们没有被归入某个明确的零售店、餐馆或是快餐店的门类。星巴克不是餐馆，但它是高端的供应咖啡饮品的特殊零售商。但由于大多数零售店都不供应食品和饮料，我们有时不得不申请一个“变更经营范围”的许可证，因为我们像餐馆一样设有座椅。但也有人以为咖啡馆总是波希米亚式的，有木地板，有抽象画或涂鸦的墙面，有磨损的桌子和不配套的椅子，看见星巴克是那么干净，服务又那么好，还有一整套与咖啡搭配的食品，他们便迷惑了。

显然，在给定的经营范围内，咖啡馆也可以有各种不同的风格。我们注意到有些咖啡馆彼此挨着，但各自都有许多顾客。当人们决定要到一个地方去聚一聚时，他们大抵会选择去一家咖啡馆。至于去哪一家，也许视当时的情况和心情而定。最终，大家都有生意可做。

我看见的这一切，显然拓展了咖啡的经营范围。自星巴克成立后，咖啡消费在美国无论数量还是质量都大大提高了，很大程度上也是因为特种咖啡业的发展，使得人们对咖啡知道得更多，选择余地也更大了。我们有些竞争者公开声称，等星巴克先把消费者调教好，他们再开店。西雅图的一个竞争者宣称要在星巴克的每家店铺对面开一家店。这样的情况让我们高兴吗？不。我们的注意力一向集中在顾客身上，而不是在竞争对手那里。

新市场的地皮也成了我们面临的新问题。好的店址很难找到，特别在小城镇，那儿只有两三条商业街。我们的房地产部门一旦发现理想的店址，就得赶紧出手。房产主人有时候会把星巴克作为向其他店主讨价还价的筹码，告诉别的咖啡公司或想租这房子的人，星巴克对这儿有兴趣了，然后提高价码。于是星巴克被指责是抬高租金的罪魁祸首，其实我们从来没有参与哄抬店租。

有时，我们遭到了有意的误导。往往是房主们打电话来问星巴克："你们有兴趣来租我这个店吗？"可他们根本不提那里已被别的咖啡店租了，或是早有别人租下了，但因租户跟房主的关系搞不好，房主想赶走租户。一旦我们表示有兴趣，还没等我们做调查，本地报纸就登出了可怕消息："星巴克即将杀入本镇，他们使出抬高房租的撒手锏，无疑要将其他商家都踢出市场。"还没等我们找到当时的租户，对方就发起了一场草根阶层反对我们的运动。一旦我们被描述成一个没有良心的全国性连锁公司，就没人要听我们的解释了。

在两个案例中，我们都遭遇了当地激进分子对星巴克入驻当地的抗议，经过详细调查，对当地情况完全了解之后，我们就决定不在他们那里开店了。我们之所以想进入那个社区，是要给人们带去欢乐和兴奋，而不是把什么东西强加于人。我们要找的，是那些非常想让我们进入的地方。

《新闻周刊》上有一篇文章把星巴克和沃尔玛搁在一起比较，特别让我感到愤怒。那篇文章的指责是不公正、也不正确的。首先，我们不可能去改变小城镇的经济格局。我们并不以降价为手段跟其他店家竞争，大多数情况下，我们的价格是偏高而不是偏低。我们并没有改变当地的商业格局，把人流从商业街引到别处；相反，我们扩大了当地市中心的商业范围和零售面积，也为当地社区商店增加了人气。事实上，星巴克最近还被授予了"斯塔福德奖"，这是"环景美国"组织颁发的奖项，表彰我们"对城区原有空间富于灵感的重新利用"以及出色的设计风格。"环景美国"是旨在保护全美乡村和城市社区景观风貌的唯一的全国性组织。许多与我们生意上可以互补的零售店，譬如那些专营烤面包和百吉饼的店铺，都喜欢挨着我们开店，这是他们生意上的策略。

这些本地的小咖啡店，仅仅因为星巴克发展得那么大，就指责我们抛弃了自己的原则。他们抱怨我们有意把店铺开在他们对面，把他们的顾客抢走了。事实上，即便他们不和星巴克竞争，也免不了要跟其他对手竞争。至于店面租金，作为承租者，我们无法控制，租金是由房地产业主和市场需求说了算的。

作为一名企业家，我自己对任何一个出来做生意的人都非常敬重，不管他是咖啡店主还是做其他生意的。像咖啡这种成长中的商业门类，尚有足够的空间可让许多人都取得成功。投顾客所好，事先做好周密筹划，这要比把店开在街对面更重要。

从一开始，我们就根据自己的选址策略来执行扩张计划——在一处我们觉得有吸引力的地方落脚——而不是冲着竞争对手而来。我们仔细分析可行区域，分析我们的人力和资金运作能力，分析顾客对咖啡的认知水平和当地市场对商店密度的承载能力。

我们开的每一家店，几乎都为当地社区创造了附加值。我们的咖啡店很快就成了当地的聚会场所，一个吸引人们聚到一起的“第三空间”。这是社区应当具备的氛围，可难免会有一些激进分子硬说我们破坏了他们社区的特色。就实际情况而言，我觉得这更多的是出于某种误解。然而，这种说法也造成了许多麻烦。

我从这些事情中学会了一点，那就是面对当地的问题，尤其当事情涉及人们对当地社区的忠诚感时，星巴克应当更敏感些。碰到那些不愿意让我们进入的社区，我们就去会见当地社区的负责人，了解他们心存芥蒂的原因。我们也需要把自己的价值观和对社会的贡献更高调地表达出来。星巴克的管理者有能力赞助和支持当地的公共事业，比如芭蕾舞和歌剧团体、预防艾滋病组织、食品银行[1]、学校和家长教师联谊会等。在每一个城市，凡上柜超过 8 天的咖啡豆就会被捐赠到食品银行去。店铺经理们也为募捐活动提供咖啡。西雅图的一家店铺还把自己一半的利润捐给一家由非洲裔美国人开办的基督教预备学校。在 1996 的财务年度里，我们以现金和其他方式捐出了 1 500 多万美元，相当于我们纯收入的 4%。因为我们从未向公众披露过这些事情，许多顾客压根儿不知道我们做过这些。

从一开始，对社区义务的承诺就是我们的基本原则。我们这样做是因为这是正确的做法，同时也使星巴克的伙伴们为他们所工作的企业而感到骄傲。在星巴克，我们是人，所以我们不必总是直奔生意而去。我们要努力做好自己，实现自己的价值。我们希望公众根据我们的意图和行动来判断我们，而不是根据道听途说。

怎样做到既“大”又“小”？

最终，解决这些困扰的钥匙掌握在我们的咖啡师傅手里。一旦开了店铺，站在柜台后面的人，做出浓缩咖啡和售出咖啡的人，他们的脸就是星巴克的形象。顾客才不在意星巴克是不是开得遍地都是，如果门店经理就是他相熟的邻居，咖啡师傅是她儿子的

1. 食品银行（food bank），欧美国家为低收入人群提供食品的慈善机构。——译者注

朋友或是她所喜欢的一个熟人，他们就会由衷地接纳你。

可是，我们怎样才能让新来的咖啡师傅对星巴克产生认同感呢？我们一个月要聘用500多人。这么一个城市一个城市地扩展，零售店的形象很容易落入一种窘境。在星巴克的发展中，怎样才能让每一个咖啡师傅都对咖啡有一种激情，有同样的驱动力，像公司早期的咖啡师那般有发自内心的行动呢？

如果你问星巴克早期的伙伴们，他们的工作动力是什么，那么他们会说那就是亲密的气氛和共同努力的目标。1987年，我们只有不到100名伙伴，办公室和工厂都在一幢楼里。门店经理有什么要求可以打电话到工厂，几个小时就可以把事情搞定。我有一个开放的政策，谁有什么烦心事，都可以到我办公室来找我。我们一起为孩子的生日举办聚会，为父母过世哀悼，在每年万圣节举行扔馅饼比赛，人人开怀大笑（馅饼从未扔到我脸上，奥林和毕哈倒被扔中过）。戴夫·赛莫尔曾于1982年在我们的工厂做过配送工作，后来成了我们非正式的摄影师，他有一大盒子照片和底片，都是在那些聚会上拍的。

我曾觉得市场部是星巴克最重要的部门，但今天想来，我得说，人力资源部的重要性无可比拟，我们的成功完全依赖于我们所聘用的人。不论我们的市场销售、门店设计、门店地址、门店运作、新产品或研发项目做得多么出色，最终都要通过公司的人来体现并赋予其活生生的意义。每一项功能的运作情况，完全取决于人们相互间的感觉和对星巴克的关注程度。

可是，如何让2.5万名伙伴对公司产生亲切感？我一直在思索这个问题。

给伙伴股票期权可能是最好的一个方案，它使公司保持个性，也让伙伴之间充满关爱。作为伙伴和股东之一，甚至最边缘的咖啡师都会产生一种与公司休戚与共的感觉。

我们的计时工资一直高于同行业平均水平，而且我们提供的福利在同行业中别无他例。另外，我们起草了一系列条款以确保伙伴的独立人格和地位。另外，为了回应伙伴的“使命评议”，我们还设置了公开论坛，让伙伴与我们进行直接的交流。

每年秋季，我们召集全美国和加拿大的地区经理来西雅图举行领导团队会议。我们向他们展示总部的工作情况，并以大组和小组的形式和他们进行交谈。我们从每一地区每一部门中评选出“年度杰出经理人”，邀请他们出席西雅图的年度晚餐，席间对他们进行表彰。

每一家门店都有电子邮箱，叫“星巴克日志”，我们一直努力与零售店的伙伴保持联系。凡遇到公司有重要消息，我都会给所有的伙伴发语音信息。只不过这种单一的声音，不能完全起到亲临现场的作用。

1994年年中，当星巴克伙伴总数达到2 800人的时候，我们招募了一个高级人力资源主管夏伦·艾略特，帮助我们处理公司发展中的“人的问题”。由于有在梅西公司、施贵宝公司和联信公司工作的经验，夏伦理解一个大公司所面临的危险。但她从来没有碰到过像星巴克这样既能快速发展又能持守爱心的公司。“这不是一个神话，这是星巴克所做的。”她来到我们公司后发表了简短的感言，“就像在家里一样。”

我们当时给了夏伦两个主要任务：招募高级管理团队人员，使我们能够完成2000年的计划；把小公司的关爱气氛保持下去，这是孕育公司价值观的基础所在。

不到一年，第一个任务完成了。我们有了7个新的资深经理人，他们都有在比星巴克更大的公司里工作的经验。

迈克尔·凯西是我们的财务主管，曾在格雷斯公司和几家餐饮公司干过。

文森特·艾德思来自霍尔马克贺卡公司，后来是我们特种咖啡销售和市场开发部门的副总裁。

泰德·加西亚主管生产和配送部门，来自大都会公司。

雪莉·兰萨曾是本田公司美国总部的总顾问。

斯科特·贝伯瑞曾是耐克公司的广告部负责人。

旺达·赫尔顿负责我们的公关事务，她从杜邦公司和陶氏化学公司带来了工作经验。

对这些新来的才俊，公司里有些人感到了威胁——一下子进来那么多人。可我却对此兴奋不已，这表明公司已经发展到这样的程度——高级人才宁愿离开原来成功的大公司到西雅图来工作。

在招募高级人才过程中，我们注意寻找那些与我们有共同价值观的人，希望这样的人带来我们所需要的技能和经验。当然，我们也有意识地使高层管理团队的成员尽可能多样化。作为一个能力很强的非洲裔美国人，夏伦自己就特别注重这一目标的达成。在她到来之前的1994年，我们的高级管理团队由8名白人男子和2名白人女子组成。到了1996年，则是9名白人男子、3名白人女子、2名非裔美国女子和1名非裔男子——这个团队的构成更好地代表了20世纪90年代美国的人口比例。

然而，作为一个专业的人力资源管理者，夏伦多元的观点远远不只种族与性别。她倡导一种含有各个年龄层次的很有包容力的工作团队，其中包括残障人士、不同个性和学历的伙伴。我们已做出决定，向公司内部的同性恋伙伴提供福利，不是作为一种政治姿态，而是对所有为星巴克工作的人（无论是什么类型的人）的一种认可。我们也开始在那些人员杂居的社区选择店址，以体现我们的一种理念，即任何种族、任何年龄层次的人都应该得到享用高档咖啡的便利。我们还以各种不同的方式来培训伙伴；我们不仅将其视作一件正确的事，更是认为这样做能帮助我们获得成功、走向世界。

1996 年，夏伦建议在我们的“使命宣言”中加上一条关于多元化的宣言，这是自 1990 年以来对使命宣言的第一次修改。对我们来说，这就如同修订宪法一样事关重大，它获得了全体人员的一致通过。

夏伦对我们彼此关系的多向性和丰富性提出了更高的要求。自从来到公司，她就经常遇到被她称为“遮丑”的情况，即所谓以平等的态度对待下属存在一个误区，上级明明看见下属的不足与失误，甚至下属自己也知道上级对自己不满，而上级就是不愿诚恳坦率地指出，到头来，下属在被解聘时感到非常惊愕。这是错误的好意，我对此也深感愧疚。夏伦毫不留情地以更为专业的态度提醒我们，应该直率地指出伙伴的不足之处，这样才能使人进步。

夏伦的另外一项重要举措是聘用了旺达·赫尔顿。处于一个对我们的疑虑日益增多的环境中，旺达很善于对外界阐释我们的价值观，在这方面她是一个关键人物。她发展了我们公共形象的战略计划，不仅加强了我们和伙伴的联系，也发展了公司与社区、顾客和媒体之间的联系。她还有计划地召开股东大会，使投资者们感到他们在星巴克的团体中是有价值的一员。旺达擅长解决负面问题。她是那种衣着时尚人又漂亮的非洲裔美国女性，短短的头发，富有感染力的笑容，她完全没有人们所想象的那种大公司高管的刻板形象。她一扬起眉毛，总是显出一副诚挚、坦率的模样。

为了确认与门店伙伴的双向交流关系，我们采用了常规调查和文化审计方式。1996 年 10 月，与美国红十字会所做的联合调查给了我们一个明确的结果。美国红十字会指导 15 个专业团体，在 7 个城市通过电话调查了 900 名伙伴。他们的总体印象印证了我的信念——我们那种与众不同的文化理念已真正被人们接受了：

88% 的受访者对他们的工作表示满意；

85% 的受访者认为星巴克表现出了对伙伴的关注；

89% 的受访者为在星巴克工作而感到骄傲；

100% 的受访者认为“为一个你所尊敬的公司工作”是工作满意度的重要因素之一。

美国红十字会中曾在其他公司做过调查的专业人员对我们说，这些数据高得出奇。

调查还揭示了我们的咖啡师中 20 岁左右的人所占的比例非常高，其中许多人把在星巴克的工作视为通向富有意义的人生的可以接受的“一个中转站”。咖啡师很为自己学到的技艺感到骄傲，觉得在星巴克工作比在一般的快餐店的地位要高。这真是好消息。

令人担忧的是，他们的满意度有所下降。当门店经理感到工作太劳累而咖啡师觉得人手不够时，他们会把这些问题归咎于公司的快速发展。他们表达了对星巴克是否会成为又一个没有个性的庞然大物的忧虑，担心它成为那种失去对个体尊重的连锁公司。虽然有这种担心的人只占少数，但也有其他伙伴开始嘀咕星巴克会越来越关注利润，而不是伙伴。

幸运的是，我们已经能够提供一种使人们乐于为我们工作的环境了。除了股票期权，咖啡师傅们说他们对工作是否能给他们带来情感上的满足也很在乎：像伙伴间志同道合的投契，与顾客之间的互动关系，对新技能和新知识的骄傲，从经理那儿得到的敬重，等等。最根本的满足感来自公司对他们的善待。

很显然，我们需要找到更好的方式，以确保星巴克能继续给伙伴和顾客带来一种开心的感受。

当我得知这个结果时，我知道公司已经站在十字路口了。与快速发展伴随而来的紧张态势是病在其骨的一种表征，它可能会带来长期性的后果。如果我们打算刹住飞速发展的车轮，哪怕只是一年，也会令股东们失望，他们盼着得到快速增长的收益。刹车也会挫伤伙伴们的工作劲头和荣誉感，在他们眼里，这是一个生机勃勃不断迈向成功的公司。在我看来，解决的办法只能是继续以最大努力来为伙伴创造出色的工作环境，并为他们发展自己的才华提供更多机会。我们应该更好地与伙伴交流我们的使命，以帮助星巴克人理解我们不是为发展而发展（或更糟的：为华尔街而赢利），而是把我们优质的咖啡奉献给更多的顾客。我们需要在公司与他们的情感关系中重新注入活力。

你在发展，你的人也需要发展

任何一个像星巴克这样急剧扩张的公司，都可能会遭遇快速发展带来的痛苦，那就是对其中的个体成员造成的伤害。在星巴克，我们试图从内部提拔人才，但有时候，快速发展带来的挑战已经超越了早年筚路蓝缕那一代伙伴的能力了。我们也发现那些伙伴全身心地投入工作，以至我们需要特别当心不要让他们把自己累垮了。在快速发展中，一个公司经理人如果很难刹住车，就很少有时间去表彰员工的成绩（而这些成绩在其他公司也许早就该庆贺了）。

对我来说，最痛苦的莫过于处于那样的境地：我们不得不让那些曾经非常投入也非常忠诚的伙伴离开，因为他无法适应进一步的工作。我永远无法忘记那一天，一个忠心耿耿在公司干了很长时间的伙伴，流着眼泪走进我的办公室，因为他的经理说他不具备继续留在那个职位上的专业技能。“这是我的公司，该死的！”他喊道。我心里充满了同情，但我不知道我们还能为他做什么。幸运的是，他在星巴克找到了别的位置，而另外一些人则不得不离开了。对我来说，这种经历是让人痛心的。它迫使我考虑这样的问题：如果一个人不再能满足我们的需要了，我们能够为他（或她）做到哪一步？

在那段时间里，当那些富有激情和奉献精神的伙伴走进我的办公室，告诉我他们再也无法承受这样的压力时，我也深感困惑。这样的事发生得太多了。我知道，对于许多人来说，星巴克的工作强度太大、要求太高。对于其中一些人来说，要做到日复一日、年复一年地保持工作的热情是一件非常困难的事。

当你与某人具有同样的梦想和目标时，看到他（或她）离去是件很难过的事。

反过来，对我来说，最有意义的体验之一，也就是目睹许多人伴随公司的成长提高了自身才能（不管有时候这种成熟会多么痛苦）。不久前的一次董事会上，我怀着骄傲和敬意，聆听了我们的一位主管所做的具有相当专业的有说服力的演讲。她就是克里斯汀·戴，现在是星巴克负责服务运作的副总经理，她的责任是为我们最大的部门制订战略性计划。她就是当初“天天”公司时期在我办公室做助手的那个克里斯汀·戴，那会儿我们只有一家门店。

克里斯汀的成功很好地证明了，一个快速发展的公司也意味着更多的机会。当然，她在公司发展过程中并非全无恐惧和焦虑。我们并购星巴克时，她的转型非常困难。她必须放开一些以前由她掌控的事情，然后在一个更小的职责范围内扮演好一个新的角色。后来，她先后管理过采购、物流和投资部门，1990 年以前还负责协调新店建设的工作。她必须把自己从公司创业时期的万金油的角色转变为一个具有专业管理水准的专家。

1990 年，克里斯汀成为负责门店计划的副总经理，在那段时间，我们每年都加速扩展门店。1995 年 4 月，她转岗到零售运作部门。随着从各个层面上获得的知识和技能的不断累积，她在自己的位置上感觉越来越好，而且越来越能干了。她学会了与不期而遇的变化和压力共生共长，而与此同时，她的一些伙伴却无法适应转型，因而不能继续为星巴克工作了。

克里斯汀把星巴克的前途视为自己的前途，公司里大部分经理也和她一样。“我们都相信，”她说，“我们相信，我们的产品、与我们共事的人、我们工作的环境，都是有价值观和品质的。这就是我们与众不同而且一直运作良好的原因。”

虽然克里斯汀是唯一一个从助手升为副总经理的人，但星巴克不乏像她这样的个体，他们不惧怕跨越难关，选择继续留在公司并与公司一起成长。我们还有一位老资格的伙伴叫盖·尼文，1979 年进公司时帮助销售经理接电话，当时星巴克只有三家门店。后来，当我们发展到有 50 家门店时，她成为零售购货部门的负责人。从那以后，她学习了零售训练课程并在几个部门工作过，现在她是打理星巴克文史档案的主管，负责把我们的传奇故事和文化背景介绍给新来的人。

德勃拉·蒂帕·霍克是我 1982 年请来的，当时是一家门店的经理，现在是负责市场和产品的副总经理。詹妮弗·埃姆斯·卡勒曼在 1986 年是“天天”一家门店的咖啡师，后来成为西北区零售运作的负责人，现在是负责咖啡零售的主管。还有无数像他们这样的人，仍然保持着激情与活力，辗转各个部门的历练使他们找到了增长自身才干的途径。1990 年帮助一起修订“使命宣言”的大部分人都还留在这儿，无论是在烘焙工厂、仓库还是门店，都有许多这样的人。

待在首席执行官的办公室里，很难评估怎样把我们的热情植根于新开辟的市场。1996 年 12 月，我不停地在天上飞来飞去，去加利福尼亚、新英格兰、威斯康星和加拿大，参加当地圣诞节前的销售大会。所到之处，我都是主要发言者。当我坐下来听开幕发言时，我会把相关要点记下来，那是人与人之间的、人与咖啡之间的以及最终人与公司之间的关系要点。

其中有一次会议在罗得岛的新港举行，许多伙伴来自纽约、新泽西、费城和新英格兰各地。那是我最关注的一个会议，因为我觉得从东海岸那边的运作情况来看，似乎困难更多些。有人告诉我，你很难在那些地方见到有什么人对雇主和工作不是抱着愤世嫉俗的态度的。想到那些会议是在远离西雅图的地方举行的，我生怕出现星巴克文化遭遇挫折的场面。

然而，令人惊奇的是，我发觉自己完全置身于一种充满活力和激情的氛围之中，每个地区都是这样，特别是在新英格兰。从一个城市到另一个城市，我听到经理们强调的是同样的主题，我看见听众也有同样的反应——在同样有感染力的地方会有同样的笑声和热情的应和。那些我从未谋面的伙伴走过来对我说，他们从来没有在这样的公司工作过，没有遇到过这样重视人的公司。

这次旅行告诉我，每一个城市都有许多人认为工作并不意味着看着钟点混时间，工作更应该是吸引人的、富有成效的事业。我现在叫不出每个人的名字了，对伙伴们也不可能像 1987 年时那样熟悉了，但星巴克依然能够提供一种比大部分同行都要优越的工作氛围，以及一种更有人情味的情感关注，这使得公司在人们心中分量很重。

我们的伙伴们知道什么是真诚，什么是虚伪。当我推心置腹地对他们说心里话时，他们就把自身与星巴克的前途、星巴克的体验联系在一起了。当管理层倾听他们关心的问题并给予真诚的答复时，他们就会意识到星巴克既不是没有个性的企业，也不是没有人情味的咖啡商。我们会犯错误，但如果我们的人发自内心地意识到自己正在从事的事业，意识到这是在为我们所有的人创造价值，他们就会原谅我们的错误。许多人已经渐渐理解了我们的发展规模带来的好处，并帮助我们一起确保在把公司做大以后仍然保持原有的优势。他们就是星巴克，星巴克的成功也是他们的成就。

第 21 章

企业怎样担负起社会责任？

事实似乎表明，那些以富有创意的方式，带着深具道德感的深思熟虑投入许多赞助活动的企业，给股东带来的利益也最大。只有甘愿做好事的公司，才能做得更好。

——诺曼·里尔（企业信用理论的奠基人）引自戴维·波勒的《瞄向更高的目标》

作为首席执行官，我最基本的职责就是对星巴克的所有人负责，其中包括伙伴、顾客和股东。另外，我对那些创造了星巴克传奇并把它建设成今天这样一个企业的人也负有道义上的责任。

克林顿总统在1996年5月的首席执行官会议上提出了“社会责任感”一词，我认为此词意味着管理层必须好好关照员工，而且对他们居住的社区也有关照的责任。

然而，“社会责任感”这个名词意味着什么呢？有些企业抽出他们利润的百分之几去做慈善事业，贩售不喷农药的有机农产品或发起试图拯救热带雨林的活动，并以“社会责任感”来诠释他们的举动。我们无法使用这个名词来形容星巴克，部分原因是我们公司没有任何政治倾向，我们在内部鼓励多元化和多种观点并存。不过，当有人把我们归类为热心公益的企业时，我们也不反对，因为“对我们的社区和环境保护做出积极的贡献”是我们的使命之一。

当然，作为一个大量用人的公司、一个上市公司，星巴克需要维持和发展企业。我们需要产生利润以证明这是一个健康的管理良好的公司。事实上，我们从未发放过红利，所有的利润都用于商业运作了。

有些股东认为公司不应捐赠那些慈善事业；但他们只是直截了当地这样表示，并未通过手里的股权做出裁定。而我自有不同想法。为了反映伙伴们的集体价值，我们认为星巴克应该支持我们门店所在的社区，应该参与我们的咖啡原产国的某些值得支持的活动。

由谁来认定哪些活动值得支持，或是应该采用何种方式来支持？如果这些活动与我们的品牌建设和公司发展产生冲突，该如何承担这些责任呢？随着公司的发展和对与众不同的形象的塑造，诸如此类的问题出现得越来越多了。

当夹尾巴狗成了赢家时，欢呼声没了

在星巴克上市之前的 1992 年，我们是西雅图的一家拼命想要做大的公司。一旦我们成了大公司，公众的态度就开始转变了。某些群体中那些曾坚决支持我们的人开始攻击、诽谤我们，一旦他们觉得我们不再是夹着尾巴的狗，他们就要找机会把我们打压下去。

相对于每周500万名心满意足的顾客，诽谤者在人数上算是少的。可是，当你真诚地想以高标准来建设一个企业时，当自己的意图被误解甚至歪曲时，你会忍不住感到沮丧。

大多数顾客和股东还是把我们视为一个讨人喜欢的本地公司，一个受欢迎的“第三空间”咖啡馆，一个总是新招迭出、大胆进取的优秀企业。但正是我们的成功引起了一些人对我们的怀疑，他们甚至对那些最糟糕的传闻深信不疑。我曾被人称作“咖啡大鳄”，被指责为一个高傲的小气鬼。这就是成功的另一面，真叫人吃不消。

大公司的主管一般都习惯于被人称为“大鳄”，人们只关注你发达起来的过程。当星巴克开始成为靶子时，我们简直无法招架。我们觉得自己是好人，是夹着尾巴奋斗的狗，所以我们根本不相信自己会遭到别人的攻击。一开始，我们真被那些误解给搞糊涂了。我们会真诚地对问题做出答复，但有时也不得不忍气吞声。

你应该遵守哪一种行为准则？

我们建立星巴克之初就把企业的标准定得很高，却没有预想到，有人竟还因为我们的高标准而发难。事情发生在1994年下半年，一个危地马拉激进团体的下属组织散发小册子和信件，发起反对我们的运动。

这事情要从头说起。1989年，作为美国援外合作组织在西北地区的负责人，皮特·布劳姆奎斯特一天早晨在星巴克排队买卡布奇诺，他拿起一份星巴克的名为“咖啡世界”的小册子浏览着，上面有戴夫·奥尔森的照片，还有与我们有采购关系的咖啡原产国的地图。所有我们采购咖啡豆的那些国家，几乎都是美国援外合作组织开展卫生、教育和人道主义援助计划的地方。“你们这张地图差不多覆盖了美国援外合作组织所帮助的所有国家。”皮特说。

他找到了戴夫，协商星巴克向援外合作组织的捐赠事宜，双方在这个问题上一拍即合自是在情理之中。戴夫曾去过世界上每一个咖啡产地国家和地区，只有他才真正了解那些第三世界农村地区的贫困状况。他向那些生产优质咖啡豆的农庄支付较高的收购价，认为这样做就是对当地经济的一种支持，也能促使咖啡种植者用心栽培高品质咖啡豆。毫无疑问，我们的生计也须依赖咖啡种植者，所以他非常热心于通过一个有信誉的组织来帮助当地人改善生存环境。

戴夫和我谈过有关援外合作组织的事情，我们两个都喜欢这样的方式。援外合作组织的活动并不仅仅是给饥饿者解决温饱问题，他们要开展教育，增强当地人的卫生意识，帮助他们解决清洁的饮用水问题，通过这些方式来改善那些国家贫困人群的生活状况。虽然当时我们还只是一个规模不大的自募资金企业，每年销售额仅有 2 000 万美元，但我们还是愿意通过援外合作组织来回馈咖啡生产国。

不过，那次我们没有捐赠。1989 年星巴克正急于扩张，在 26 家门店的基础上又增加了 20 家门店。我们还在亏损——仅一年就亏了 100 多万美元。我们须在向董事会提请慈善捐赠之前把亏损弥补回来。但戴夫和我确立了一个目标：一旦公司赢利了，我们就开始与援外合作组织合作。

1991 年，戴夫·奥尔森去非洲考察美国援外合作组织在肯尼亚的项目开展情况。他访问了学校，目睹了数百个非洲孩子在阅读援外合作组织的杂志《黑白鹊》，他们从杂志上学到了许多知识：医疗卫生、家庭与社区、土地垦殖、环境保护与乡村发展。200 个肯尼亚年轻学生唱起了肯尼亚国歌，为他们和他们的家庭祝福，戴夫的眼泪流了下来。他回来后便计划与那边结成一种固定关系。

1991 年 9 月，我们终于赢利了，星巴克和美国援外合作组织宣布结成伙伴关系，并以肯尼·基的公益音乐会作为开端。我们不仅每年至少向援外合作组织捐赠 10 万美元，还向皮特·布劳姆奎斯特保证，我们将把援外合作组织的精神融入星巴克事业的方方面面。我们开始在店里和通过邮购出售援外合作组织印制的咖啡样册和其他与该组织有关的物件，比如马克杯、背包和 T 恤等。顾客买走这些东西，所付的货款中有一部分是捐给这个组织的。我们还搞了以援外合作组织为主题的门店装饰，包括带有其标识的非常独特的售货亭，举办过名为“咖啡之语”的征文比赛。另外，还通过举办肯尼·基和玛丽·蔡平·卡彭特的慈善音乐会来支持援外合作组织的工作。

我们向援外合作组织捐赠的金额每年都在增长，一直到 1993 年，我们都是该组织在美国国内最大的赞助企业。1996 年，在援外合作组织成立 50 周年庆典时，我们派出了三位合伙人——戴夫·奥尔森、唐·瓦伦西亚和活动策划专家维维安·玻尔，他们在基金募款的登山活动中攀上了非洲乞力马扎罗山的顶峰。我们通过对援外合作组织的捐赠在4个咖啡生产国资助了一些项目，这些国家是印度尼西亚、危地马拉、肯尼亚和埃塞俄比亚，项目包括清洁水饮用工程、医疗卫生培训和扫盲活动。还有一个在埃塞俄比亚的塞格半岛帮助小咖啡农的新计划，传说那儿是人类最初发现咖啡的地方。我们所支持的是有助于当地持续发展的计划、能够拯救生命的项目，这样一来，当援外合作组织转向其他项目时，原有的项目在较长时间内还能继续发挥作用。

由于跟援外合作组织结成的伙伴关系已经成为我们引以为豪的资本，所以在1994年圣诞节前夕，那个以芝加哥为基地的危地马拉劳工组织到我们店里散发传单，让我们大吃一惊。他们的传单完全是误导性的，并且极富煽动性。他们声称，危地马拉的咖啡种植者在非人的生活条件下种出的咖啡豆每磅只能赚到两美分，而星巴克的咖啡豆每磅却标价9美元。他们的传单使大家误以为，那些咖啡种植者是从星巴克领取工资的。最后，他们号召大家给我写抗议信，并发起抵制星巴克的活动。

可以想象，我们当时完全被搞蒙了，因为我们不仅没有这样的行为，而且事实上任何一家咖啡公司都不可能做这样的事情。出于公共关系的考虑，我们没有利用赞助援外合作组织在那些国家的项目把自己打造成慷慨解囊的形象，而现在我们都不知道是不是错在没有把自己做的好事宣扬一下。显然，我们必须对这种攻击做出回应，可是该怎么做呢？

接下来的几个星期里，我们接到几十个电话、数以千计的明信片和激愤的来信。好心人在信中要求我们把咖啡种植者的日工资提高3倍，而有些人则指责我们跟援外合作组织的长期合作是“施舍”。其实我们的咖啡采购量只有世界咖啡总产量的1/20，咖啡豆的价格是由国际商品贸易所决定的，人们似乎相信我们有能耐一手改变危地马拉的咖啡生产格局。

事情很快就清楚了，星巴克成为靶子的原因是：我们既是著名咖啡品牌，又是一个诚信的公司。恰恰就是因为我们对援外合作组织的捐赠，使激进团体意识到我们对第三世界咖啡农的问题相当在意。他们的目的是，借助我们的购买力，根据他们的想法去进行社会变革。我们的一些支持者甚至对我们发出这样的诘问："为什么不干脆停止购买危地马拉咖啡豆呢？"但我们知道这种对进出口贸易商的抵制——甚至只是口头上的抵制——到头来伤害的只会是那些最缺少自我保护能力的人——咖啡种植者。

这些抗议者根本不知道，正因为我们不可能自己种植咖啡，我们才不可能掌握咖啡的产量，不可能掌握由哪些人来采摘，给那些咖啡种植者多少工资。我们所采购的危地马拉咖啡豆来自几千个不同的种植场。运到我们这儿之前经过了加工、打包和运到出口商那儿的诸多工序。我们能检查出质量好坏，却不可能轻易分辨出哪一包是在哪儿种植的，因为打包货运的咖啡豆，事实上已经不能确切区分具体来自哪个地区、哪个种植场了。我们也是顾客，甚至不是最大的主顾。即使我们拒绝从危地马拉出口商那儿购买咖啡豆，他们也会卖给其他咖啡公司。那样，我们的顾客就会流失，而咖啡种植者的境况也不会得到任何改善。

我们不会盲目屈从那些对我们大加挞伐的团体。然而，咖啡种植者的问题却让我们忧心，我们甚至不希望再有一个顾客认为我们会对此袖手旁观。于是，在与戴夫和董事会商议后，我们决定研究一下这些问题，看看是否可以为我们的援助行动建立一个行动准则。

2月份，在接下来的年度会议上，我做了一个建立行动准则的公开承诺，制定了向咖啡生产国提供援助的行为指导原则。我也解释了远比抗议者眼中看到的更复杂的情况。人权活动激进分子对这个决定大加赞扬，但是我告诉他们，事情并不那么简单。“我不想签一个自己做不到的协议。”我当时这样表示。

接下来的6个月，戴夫领导着一个深度研究小组，仔细分析有过同样遭遇而且也同样制定过行动准则的那些公司，比如李维斯、盖普、杰西佩尼和锐步，也认真研究了我们自己的信念、道德价值观和对供应国的态度。他与那些激进团体的代表会面谈话，还邀请美国援外合作组织和危地马拉咖啡协会的代表一起参与讨论。他努力使这些会面和商讨呈现出积极、富有建设性的基调。他要传达出去的信息是：对星巴克的攻击并非找准了一个不顾体面的企业，星巴克恰恰是一个与批评者持有相同价值观和目标的实体。

1995年9月，戴夫和他的团队完成了“星巴克责任承诺”的行为参照标准，大体框定了我们的信念和意向，也包括某些特定的帮助改善咖啡生产国农民生活质量的短期项目。我们用的是“行为参照标准”这个说法，而不是行为准则，这是因为我们的指导原则不可能跟那些找人代工的牛仔服和运动鞋厂商一样。以李维斯为例，世界上有600多个互不相关的工厂给他们贴牌生产，每家工厂都有自己封闭的厂房，要在那儿控制生产条件不难做到。而星巴克则完全不同，我们并非直接从数以千计的咖啡种植场采购咖啡豆，我们根本不可能对生产环境进行实质性的掌控。

曾有人建议我们，对那些达不到我们标准的危地马拉的大种植园施以削减咖啡豆采购量的惩罚性方案，考虑到实际执行的难度，我们终止了这个方案。不过，我们制订了一个帮助供应商理解我们的价值观的工作计划，包括与咖啡生产地全面沟通，向他们解释我们的目标，通过访问咖啡生产地，进一步搜集信息，更审慎地选择原产国。我们的目标是以我们相信可以带来明显效果的方式来尽自己的一分力量，为那些我们有责任帮助的人负责。

就我所知，没有一家进口农产品的美国公司为国外供货者制定过行为准则。可是，在我们宣布了自己的行为参照标准后，还是有人批评我们的纲领没有切中要害。

1997 年年初，我们与一家推广相关技术的国际组织联手行动，加大对危地马拉小种植园和贫困人口的扶助力度，通过提高种植质量和拓展市场来增加他们的收入。我们用 7.5 万美元的第一笔捐赠创办了一个循环式基金，为生产者提供合作贷款，建立一个可以最大限度减少环境破坏的湿咖啡豆处理中心。我们扶助的大部分咖啡种植者都挣扎在贫困线上，他们只靠一丁点儿土地上的产出来维持一家人的温饱，饱受疾病和营养不良的折磨。这些工作只不过是第一步，但在我们眼里，这是一个可能扩大到其他国家的革新计划，也许能使其他咖啡生产国同样受益。

传单事件在责任感问题上给了我们一个反面教训。正是责任感，使你有可能成为某些目标宽泛的利益团体攻击的目标，还有，那些意见纷纭的人也会向你发难。在温哥华，我们的店铺曾被人喷了油漆，某个团体进来撒传单又肆意捣乱，就因为星巴克赞助的温哥华水族馆养了几头鲸鱼。还有些团体要我们向合作伙伴百事可乐公司施加压力，使其停止在缅甸的生意，说是那里的人权状况比较恶劣，弄得我们也不能在缅甸做生意。甚至奥杜班协会[1]也向我们提交请愿书，申言保护候鸟，说是由于开辟咖啡园，那些鸟类赖以生存的森林被砍掉了。

一个公司在发展过程中，它的价值观不可避免地会受到挑战，而那些挑战往往以不可预测的方式出现。大的、成功的企业应该比小企业承担更大的社会责任，也理应慷慨大度，但是以不可理喻的高标准来要求它们，也不现实。

要对雇员、社区、股东以及更伟大的善举负起责任，意味着要仔细平衡好它们与企业竞争性利润间的关系，你必须十分确信自己的价值观，并老老实实地把握好企业经营与履行社会责任之间的平衡关系。如果你去激怒供应商，如果你与顾客群体疏离，如果你把太多的时间和金钱花在社会活动上，你就不可能建立一个强有力的基业长青的公司。如果你的公司失败了，或者没能发展起来，你就不再能够承担起社会责任了。

在星巴克，我们必须认真考虑什么是我们承担得起的，什么是我们认为正确的。这也是我们在财务并不宽裕的 1996 年年初就一直与美国援外合作组织保持联系的原因。我们于 1997 年建立了星巴克基金会，聘任皮特·布劳姆奎斯特为基金会总干事。当然，我们会根据自己的价值观和信念来赞助和支持一些慈善事业，而不是听从他人的指令。

"别说我们什么也没做，" 戴夫对我们的批评者说，"我们做得比你们要求的还要多。"

不管别人怎么评价，我们还会继续以当年处于劣势时的价值观坚持自己的处事态度——不管有没有欢呼声。

1. 美国一个保护野生动物及自然资源的团体。——译者注

当环境道德与基本生意冲突时怎么办？

以很高的道德标准来运作一个公司可能会带来另一个困境：有时候你都不知道怎么来维持这一标准。

且说星巴克杯子的案例。

20 多年来，星巴克外卖咖啡一直是用加塑料杯盖的纸杯。就是这个杯子使我们不断受到指责，这似乎成了一个我们的价值观与服务顾客的要求背道而驰的陷阱。

事情是这样的：盛满热咖啡的纸杯握在手上可能很不舒服。浓缩咖啡和拿铁还不算烫手，因为里面加了蒸过的牛奶，已使温度降了下去，但通常的滴滤式咖啡和美式咖啡就比较烫了，因而，我们又在里边塞进一个纸杯，这样拿起来不至于太烫手。

出于方便顾客的考虑，双层杯子自然更好些。但每次我们用双层杯子装咖啡，就意味着多了一倍的垃圾——显然这种物质浪费很容易让人质疑我们的环保意识。在西雅图这样一个环保意识相当强的城市，我特别在意这类涉及浪费的问题，因为它特别容易惹上麻烦。

如果你去问问星巴克的伙伴们——许多人都是 20 岁上下的年纪，他们最关注的问题是什么，十有八九是环保。他们讨厌一走出星巴克就看见被人扔掉的纸杯，丢在人行道上的餐巾纸，用过的一次性塑料杯盖。他们喜爱咖啡，却不想为垃圾填埋地增加更多负担。

星巴克对这种关注做出的回应是承担环保义务。一个高水平的团队一直在研究一套系统有效的办法，如何减少、重新利用以及循环使用废弃物，还有如何为社区的环境保护做出贡献。

我们开发了也许是独一无二的环保方案。为了配合门店的努力，我们在全公司范围内组建了一个绿色团队，由来自各地区的门店经理组成。他们每年与高层管理部门和来自各部门的代表一起开三次会，就像对待市场营销和零售运作一样，研究如何配合“地球日”活动计划、指导回收利用物资，并在环保方面鼓励新的创意，他们会将新创意带回各自的地区。我们非常重视从伙伴那儿得到的关于环保的最好的想法。我们不仅对环境保护相当敏感，而且在这一领域中一直走在前头。

在每个区域，大约10家门店就有一名环保联络人，由这个人负责配合社区的环保行动。大多数门店都指定一名伙伴负责监督废物回收利用，并考虑如何减少废弃物。各店经常举行“绿色清扫行动”，派人去邻近社区，甚至附近的海滩、公园、停车场和各处角落去捡垃圾。我们鼓励顾客支持我们的环保行动，如果自带杯子来喝咖啡，我们就会给予折扣鼓励。如果顾客指明是在店里喝而不是外带，我们就用普通杯或陶瓷杯盛咖啡。

我们的努力并不总是尽如人意，但它至少能确保我们从事这项工作的人都意识到自己的环保目的。

通常好的点子总是先出自基层店，然后一层层向上传递。有一家店撤掉了餐具柜上的塑料刀叉和勺子，仅在顾客指明要的情况下提供。这一创举大大减少了塑料刀叉的丢弃量。有个地区则另出一招，他们和本地奶业公司协商回收用过的奶盒。这方面的点子须依赖当地的店铺，因为全美各地有各种各样的回收利用的服务方式。

1994年10月，我们从华盛顿大学商学院请来苏·玛克林伯格担任环保事务指导。在她加入我们公司时，我们已在包装和运输环节上采用了许多减少污染和浪费的措施。她回想说，并没有许多“唾手可得”的事情可做。她决定从对最困扰我们的环保问题——双层纸杯入手。

1995年，我们组建了一个“热杯团队”，从环保事务、采购、市场、研发、零售、食品与饮料各部门抽调来一些人员。第一步就是与供货商协商解决办法。他们觉得替换纸杯的第一个选择是聚苯乙烯，这种材料用来盛热饮料远比纸杯好。

我们选择了三种聚苯乙烯杯子，在250名特定群体的顾客中试用。最后选中了一种薄型压塑杯子，这种杯子在便利店和加油站用得很多。我们在丹佛定制了大量印有星巴克标志的杯子投放试用。有些顾客觉得这种杯子比双层纸杯要好，可也有许多人觉得不好。聚苯乙烯杯子不是人们对星巴克的质量期待，而且在公众看来，塑料甚至比纸更不环保。处置用过的杯子必须运到加利福尼亚的一个聚苯乙烯回收工厂。事实上，从技术上说，聚苯乙烯的回收利用是可行的，但许多城市没有这样的回收工厂。

还有一个实际的麻烦：一般来说我们的顾客都拿着杯子从店里出去。门边搁放着垃圾桶，但对于那些离开店堂饮用的顾客，这只桶形同虚设。而任何一个打算在店里喝完咖啡的人，一开始就会要求使用陶瓷杯。实际上，大部分顾客不可能再次使用自己用过的聚苯乙烯杯子。

在当时，改用聚苯乙烯杯子每年也许能为星巴克节省500万美元，当未来的店面成倍增长时，这个数字会更加可观。但我们还是决定不用，因为它并没有解决环境污染问题，与我们的形象也不符。

我们开始寻找一种更好的纸杯，但找不到符合我们要求的杯子。于是只能加一层纸套来取代双层纸杯，我们在通常的咖啡纸杯中间套一个带皱纹的卡纸圈。这种纸套所用材料只有第二只杯子的一半，其中甚至还含有一些可回收利用的成分。在把自己的标志印在上面时，我们意识到杯套不可能给我们省什么钱，但我们还是决定用它。

为了彻底解决这个问题，我们决定看看其他公司是怎么做的。1996 年开春，苏找到了环境保护基金会，他们与麦当劳一起找到了一种比以前包装汉堡的塑料盒更为环保的材料。为了帮助公司发展环保项目，环境保护基金会和教会仁爱基金会一起建立了环保创新联盟。1996 年 8 月，星巴克和这个联盟一起致力于减少咖啡供应中的有害物质行动。我们的目的是，通过可反复使用的杯子和采用新的环保型一次性杯子来减少可弃型杯子的使用。

我们前后跟 45 拨人进行过接触，包括纸杯供应商、工业设计师等，任何我们认为有助于解决这个问题的人，我们都找过了。我们和其中的 25 人讨论了他们的创意和样品，列出一个有 8 种杯子的单子，把这些杯子投放到三个城市的特定群体顾客中试用，又从中选出三种杯子再做市场试验，那是 1997 年夏天在西雅图、芝加哥和波士顿进行的。我们想在 1997 年秋天把下一种杯型最终确定下来，以便在 1998 年投入生产和使用。

给你自己定下一个更高的标准是要付出很大代价的，并会耗费大量时间。它要求你为此花上大量的时间和金钱去处理许多问题。也许在其他公司看来，这都是一些可以忽略不计的问题。但是，当找不到解决办法时，你必须硬着头皮做下去，直到解决为止。

这是一个持续不断的拼搏过程。但我们在乎人们的感受，在乎我们的伙伴所想，在乎我们的顾客所信。所以我们坚持这样做。

第 22 章

如何避免千篇一律

艺术是进入未知世界的一种冒险，只有那些甘冒风险者，才可能有所发现。

——马克·罗思科

《纽约时报》（1943 年 6 月 13 日）

没有什么比听到把星巴克和打折商店、快餐店的连锁模式相提并论更令我痛苦的了。我并非不喜欢沃尔玛和麦当劳的企业经营模式，因为在他们的成功中可让你学习的东西很多。但他们在产品和店铺设计中树立的形象，却与我们星巴克形成的优雅风格相去甚远。

也许我把标杆定得太高了，就像一个期望过高的父母，我希望星巴克拥有的是：所有传统意义上的成功都要有，还要有别具一格的创新和自己的风格。

在星巴克，我们对于店面设计也有着与衡量咖啡一样的高标准。它必须是最出色、最高档的，既精致优雅，又具有亲和力。我们要求每一家店都能具有所在社区的特点，又毫不含糊地表明这是星巴克的店面。快速的发展促使我们给设计和售货都做了标准化规定，但同时也有许多创意可供选择，以避免成为一个模子的克隆物。我们要使自己的风格延续下去却又不至于越来越缺乏想象力。从一开始，我们就与这种固有的矛盾较劲：如何在快速开店的同时打造出一种个性鲜明的风格？

我永远不会以牺牲星巴克的优雅风格为代价来换取快速发展。事实上，我们一直不事张扬地走着另一条路。随着公司的发展，我们有财力来做创意上的投资，以推进整体的包装。它使得星巴克一直维持着令人惊喜的氛围，它是星巴克浪漫体验的标志。

创造设计的个性

我一直很喜欢星巴克门店的设计。我觉得生动的店面设计是创造与众不同的形象的基本要素，它向顾客展示的是星巴克的第一印象。我们许多顾客都有着成熟的品位，颇具鉴赏力，对我们的方方面面都有期待，不仅是咖啡制作，还要看你的店堂和产品包装怎么样。他们走进我们的店里，是冲着消费得起的奢侈享受而来，如果门店设计毫无脱俗之感，那么他们下次为什么还要进来？

在“天天”时期，我们就想借鉴意大利浓缩咖啡吧的经验，打造出欧洲式的、现代的、明亮而又温馨的氛围。我和建筑设计师伯尼·贝克一起制订了店面设计方案，包括标志如何摆放，如何处理靠窗的吧台、搁报纸的位置等，而饮品食品单则设计成意大利报纸的模样。浓缩咖啡机立在中间的柜台上，柜台成弧度拐向后面。

“天天”与星巴克合并后，我们又把门店全部重新设计了一遍，所有的门店都统一成意大利风格。在新的格局中，我们把浓缩咖啡吧置于门店后端，这样顾客进来后首先看到的是整颗咖啡豆的陈列。我们改变了沉闷的门店基调，增设了一些椅子，最初一家店不超过 9 把。当时，这样的设计风格是独一无二的。

在合并以后，我产生了一个设计方面的想法，这后来成了星巴克最鲜明的直观特征：用平面造型来展示每一种整颗咖啡豆的独特之处。

原先，当你走进星巴克说要买一磅咖啡豆，比如家常综合咖啡豆时，那个站在柜台后面的伙伴就照例往一个棕白相间的袋子上盖上这种咖啡豆名字的橡皮章。但这简单的一个名字很难表明不同产地、不同风味的咖啡豆的丰富性。在我看来，基于不同的产地和调制方法的每一种咖啡豆都有着自己的个性。用直观的方式向顾客展示咖啡的多样性是我们的职责。

我再次找到泰瑞·海克勒，他与星巴克的创办颇有渊源，并且在设计上颇有想法，我向他咨询有什么办法能够表现每一种咖啡豆的形象。他设计的绿色的星巴克标志，已经印在了我们的咖啡袋上，这回他又为我们设计了一套用于出售各种咖啡豆时加贴的票签[1]。每种票签的设计都会使人联想到原产地的文化因子，或由当地的动植物种群联系到那种咖啡豆所唤起的某种情感。如今，

1. 星巴克的咖啡票签略似藏书票的形式，不同的是藏书票多为雕版印制的黑白图形，而星巴克的咖啡票签是普通胶版或丝网印刷的彩色票签。——译者注

只要你走进店里要半磅肯尼亚咖啡豆，咖啡师傅就会把它装入星巴克的标准袋子里，但加贴在上面带有彩色图案的票签却是专为这一种咖啡豆所设计的——以前是一头象，现在是一个非洲人敲鼓的图形。苏门答腊咖啡的印模上多年来一直是虎头纹饰，新几内亚咖啡是彩色的巨嘴鸟，哥斯达黎加咖啡则是一个女人用手平衡着顶在头上的果篮。我希望这些图案能够凸显一种强烈的视觉信号，这种信号唤起的想象甚至能一直持续到顾客将咖啡豆买回家以后。

采用这种票签是一笔额外开销，每袋咖啡豆要增加两美分成本。不仅是制作这些票签，在店里把它加贴到咖啡袋上也要付出些许额外的劳动。当然，我们有充分的理由认为："每件事都重要。"

最初的这套票签用了将近 10 年，只是更新过损坏的印版或是有需要时添换了几种。1997 年，我们新设计了一套图形不同的票签，代替了原来的那一套。

许多公司都在模仿我们这个咖啡票签的创意。但在星巴克，票签已经成为视觉风格的象征，它唤起人们对星巴克体验的共鸣，并吸引他们再次光临。

别的咖啡经营者也开始模仿我们的设计，因为他们也看到了设计对于吸引顾客的重要作用。事实上，星巴克也曾干涉过某些公司的形象设计，因为跟我们的搞得太像了。有家公司不仅模仿我们的店面设计、色彩和标志，甚至连店里的小册子也和我们的如出一辙。

近年来，我们的整体包装也做了重新设计，基本原则是在保持一贯风格的同时，进一步传达出不同层次和深度上的意蕴。从

1987 年开始，我们的咖啡豆包装袋、咖啡杯、餐巾纸和其他物件上都印上了绿白相间的标志。到了 1992 年 9 月，我们想改变形象，便聘请霍纳尔–安德森公司来重新设计我们的包装袋。他们和我们市场部的迈拉·高斯一起，设计了以大地、自然为基调的新的图形语汇。同时又设计了带有水雾效果的咖啡图形，可用于咖啡袋、壁饰、招贴画和包装纸，上面的品牌形象后来成为星巴克的视觉标记。他们还设计了别具一格的咖啡袋，使用褐红和炭黑做背景色，上面同样带有水雾效果的咖啡图形。1992 年，我们又让泰瑞·海克勒修改了塞壬图案的标志：那个塞壬大体上还保持着原来的形象，但撤除了其蕴含的航海意味。在公司内，迈拉成了这一形象的维护人、星巴克的设计良知，他让每一种包装和产品形象都以我们理想的模样出现在顾客面前。

早期的店面设计：一致性与风格的平衡

从 1987 年开始，我们就实行了风格统一的总体设计，以确保我们的各个门店看起来是一致的。我的目的是，让新开的每一家门店都能体现最早的西雅图那家店的风范。当我们进入芝加哥、洛杉矶和其他城市时，我要求那些门店都具有星巴克最初的风味和格调。

当店铺像滚雪球一样越开越多时，我们渐渐意识到自己设计店面的重要性。起初我们想请外面的设计师和建筑师来做，但他们达不到我们的要求。他们拿给我们的是零售业当下最“时尚”的设计，而我们想要的则是独一无二的面貌，并将这种风格保持下去。

于是我们做出一个成本不菲却能带来长期效益的决定：于1991年建立了自己的建筑师和设计师团队，以保证每一家店都能正确无误地体现我们的形象。创业时期的公司大多不可能在这个发展阶段负担起这种费用。最初，这个团队在克里斯汀·戴的领导下工作，她是负责店铺计划的副总裁。我们实际上拥有了一个室内设计和装潢公司。

最初的100多个店铺的设计图纸是在绘图桌上手工完成的，每一家店的每一个细节都由我亲自把关，从标志图形到柜台摆设。曾有一次，在洛杉矶最初三家店的设计中出现了意外情况，我专程坐飞机到那儿，第二天和设计师一起制订出一个正确的方案。

虽说我们的店铺看上去颇为相像，但它们并不是一个模子刻出来的。事实上，最初我们的店铺采用的是定制设计，因为只能那样做。与麦当劳不同，铺面房产不在我们自己手里，房子不能由着我们随意改造，我们的房子是租赁的，只能在现有的空间里做文章。为了便于控制成本，材料和家具也大致相同，但没有两处店铺完全是一个模样。比如，根据所处环境——市区或郊外，讲究习俗的地区或比较随意的地区——我们使用的木材会有所区别（深色樱桃木、浅色樱桃木或枫木），设计的变数会很大。

为了保持风格的一致性，又要把成本控制在合理范围内，我们的两个设计师布鲁克·麦克柯迪和凯瑟琳·莫里斯，确定了一组系列用色，每种有6个基本色和3个选项，适用范围涵盖了各种不同的灯具、工作台面和硬木镶板。克里斯汀·戴把它们比作姐妹档——每种都有自己独特的外表，但显然出自同一个家族。我们的设计师对每个项目都有自己的审美把握，每当建筑经理没有按图纸把一面砖墙移去或是发生其他影响设计的事情，他们就会从工地打来电话。

然而，当星巴克快速在全美发展时，人们还是开始抱怨我们千店一面的风格，这也是我们容易被竞争对手攻击的软肋。在美国的每一个城市，都有一种小小的咖啡馆，它们的装潢风格获得了本地人的情感认同；在大学城，咖啡馆一般都呈现另类而前卫的风格；在郊区，咖啡馆一般都带有很温馨的家庭意趣。其实无论装修成什么风格，只要气氛是舒适而令人愉快的，那么不论咖啡味道如何，都能吸引顾客进来。可是，人们却在议论我们的设计就像轮廓僵硬的抽象画，老是这一套。

这是让人很痛心的批评。我们想与顾客建立一种关系，但又希望人家一眼就能找到我们的店铺。你怎么能在一年开出 300 家店铺的情况下，每一家都与当地的特点契合，每一家都有自己鲜明的设计风格呢？

1994 年，在亚瑟·鲁宾菲尔德的主持下，我们开始试验各种不同的“版本”。我们做了一些独辟蹊径的设计，以适应特定的需求。针对一些上下班繁忙地段的店面，我们做了一些试验性方案。同时，还设计了设在超市和其他公共场所的小卖部的样式。

然而，最重要的是要考虑到那些需要“第三空间”的顾客，我们增加了座椅，并引进了“富丽咖啡厅”的概念，在旗舰店里放置壁炉、皮椅、长沙发，搁上报纸。顾客很喜欢这些东西。蜷缩在壁炉前喝上一杯咖啡，很容易让人心满意足。

在曼哈顿上城东面的一个店里，我们在二楼布置了一个波希米亚式的店堂。搁上一些磨出窟窿的沙发，还有从搬迁户那儿淘来的安乐椅，那儿很快就成为城里那些不知找什么地方打发时间的人们能泡上一个下午的绿洲，也成了他们晚上的聚会点。

可是这种方式带来了一个大问题。我们快速进入大量的新市场，随之而来的是我们更大的设计规划，这就导致了店面投资呈螺旋上升的趋势。1995年，我们每家新开店的平均投资达到了35万美元的新高，再高我们就不可能承受了。而我们的“富丽咖啡厅”模式成本更高。

于是我们面临一个两难境地：怎样在有效控制成本的情况下仍然可以拿出下一代店铺的设计方案——不管开多少店都会给人以新鲜感。

为了超前发展，必须投资创意

这个环环相扣的难题让赖特·马赛去处理了，1994年，亚瑟聘他来当我们的设计副总监。赖特有着大脸庞和结实的下巴，他那样子似乎更适合待在橄榄球场而不是设计工作室里。但他其实还不仅仅是一个有经验的建筑师，他设计过40家宾馆，还是一个水彩画家。他说话带有卡罗来纳人爱拖长音的特点，总是以直言不讳的态度发表意见，会迅速对什么事情提出批评，又会迅速认可某个点子。

赖特还从未经历过我们这儿团队作战的工作模式。他敦促他们先搞一个“协同展示”的计划，从店址选择到装修设计、施工作业、材料采购和合同管理的每一个规则，都为我们的人制订出一套预案来。在实际投入之前，我们的设计师必须在头脑中储存许多信息，诸如当地社团群体的背景情况之类，他都会催着他们记录下来并使之更加条理分明，目的在于重新改组整个店面设计规程，以用更低的成本取得更快的进程、更好的设计效果。

在聘用赖特之前，我们设计部门的人一直在试图压缩每项工程的基本成本。但赖特意识到，唯有利用我们的规模优势，才有可能省下大钱。一年兴建几百家店，我们的购买力十分可观，而我们从来没有利用这一点。于是我们决定把重点放在采购上，制定标准合同并确定费用，重新考量与合同承包人的关系，对那些成本控制在标准之内的开价者，给予合同大单。

但这还不够，我们需要的是不再落入千篇一律的窠臼。我们的零售运作团体框算出每一个核心店铺所需要的最低设备配置，然后，设计团队和采购部门一起按低于成本 20%~30% 的基准制定预算，通过直接向卖主大批量进货来获取折扣。这就意味着要有仓储空间和与之配套的设施，以便及时供货。对于每家店所需的东西，如装整颗咖啡豆的抽屉和浓缩咖啡吧，我们都可以制定一个标准，这样可以批量订货，包括所有吊顶的板材。这样做的目的不是使设计师埋在标准化的规程中，而是给他们的设计带来更多的方便。

虽然，对于一个优秀的设计师来说，模块组件工程通常会阻碍创意，但我们找到了一种大家都能适应的方式。1996 年，我们更新了电脑系统，开发了新的软件，以帮助我们进行标准化的设备配置，解决店内固定设施以及与设计有关的成本估算。通过利用规模优势，协调施工作业与设计的关系，我们大大缩短了开店的工程建设时间——从以前的 24 个星期缩短到现在的 18 个星期，这就大大削减了开店的平均成本。这样做还可以把资源用到更有成效的项目上去，即设计我们的未来。

赖特的目的是要把我们的设计水平提高一个档次，远远超过我们的竞争对手。他想以材质和丰富的表现手段，创造一种抒情风格的新设计，更有力地表述星巴克的理念，他想重组色彩系统，找寻另一种木材，或者更换座椅的风格，试图把星巴克体验的精髓表达出来。他指导创意团队从文化、神话中汲取元素来讲述浪漫的故事。

“好的设计并不只是漂亮的颜色，”赖特喜欢这样说，“它是把某种东西提炼出来，让人去感受。”

为了不使创意的灵感枯竭，我们建立了一个机密工作室，在西雅图星巴克中心大楼一个隐秘的角落里，我们聘用了一批艺术家、建筑师和设计师来勾画我们下一代的时尚店铺。很少有人知道这个工作室的存在，只有很少几个人有那儿的钥匙，其他人必须签过保密协议才能获准进入。我们一直把这个计划置于秘密状态，所以当新设计在 1996 年下半年问世时，人们感受到了一种巨大的冲击。

早些时候，戴夫和我跟未来店面设计团队碰头，向他们解释我们对星巴克未来的设想：正宗的咖啡体验，前廊富有意味的延伸，充满韵味的氛围，既适于快速供应又能提供宁静的闲暇之地。之后，设计师展开进一步的工作，研究咖啡本身，琢磨是什么铸成了星巴克的安谧、魅惑的气质，以及那些不可预知的因素。他们要使它成为精英阶层的第一选择。他们发掘关于海洋的神话、“第三空间”的理念，以及人类不同时期有关咖啡文化的艺术和文学典故。他们还学习咖啡的调制和有关原产国的知识。他们要把所有这些信息，通过壁画和形象设计潜移默化地传递给顾客。

设计团队摒弃了那些僵硬的、轮廓过于分明的几何图形，引入浪漫的梦幻色彩，借助柔和的暖色画面，以充满现代气息的创作表达了兼收并蓄的亮丽形象。当然，他们也艺术性地体现了我最初的意见——将浓缩咖啡制作置于显眼位置，在圆形吧台后面摆上咖啡机，旁边安装一个木制的“手递手”平台供咖啡师傅为顾客准备饮品之用。

他们并非偷懒地采用呆板划一的外观模式，而是根据自然的四大基本元素——土、火、水、气，提炼出相应的设计理念，对应于咖啡的 4 个阶段——种植、烘焙、烹煮到芳香四溢的杯中之物。于是有了 4 种店面设计的模板，每一种都有自己的色系、亮度和基本材料，但所有这些都统摄在一个总的理念之下。比如，种植以绿色来体现；烘焙是深红和浓重的棕色，棕色用来代表咖啡；烹煮选择蓝色，是水的含义；芳香用亮丽的色系来表达，在黄、绿、白变化之间。所有这些设计思想都体现在自然肌理的材质之中，包括人工吹制的灯具，有机部件组成的吊顶。按照这 4 种基本模型，我们因地制宜地采用了各种材料，并根据不同环境做了特定的细节处理，因为城市中心区域、郊外居住区或大学城情况各有不同。

对于参与者来说，整个过程就非常折磨人，时而激昂时而低沉的士气、对自身角色的重新定位，乃至核心价值的再度评估，整个儿就像是星巴克的重生。不管怎么说，它把我曾经殚精竭虑为星巴克设计的形象打乱重组了。赖特说，他不知道哪天他自己是否会因为他引入的一切被解雇或是成为被攻击的靶子。有时候，进展缓慢而令人痛苦，开始提出的某些理念，要么太过前卫，要么没找到正确的方向。但我还是决定抽身而出，别管他们了，让他们去发挥自己的想象力吧。

后来，我在 15 楼工作室看到了那个最终体现设计理念的实体店模型，我还记得当时自己的心理感受。亚瑟、赖特和我在一起，但我不想做任何讨论，也不想听任何解释，只想让自己沉浸在团队创造的氛围之中。我所见到的，正是对我们原初信念的艺术表达，也是“天天”最初的构想。

艺术家们向我展示的是经过他们设计的形象，他们使用各种不同的塞壬形象装饰店面，加上完全重新设计过的咖啡票签，这都使得我们的咖啡故事一下子就能让人抓住它的特质。这最终产生的一系列富有想象力和原创性的形象，使我对我们的能力所能达到的程度产生了一种敬畏感。

“真是了不起！”我说，“赶快按这个样子去装修新店吧。”

一旦通过了这些新店面的样本，我们面临的就是在苛刻的预算内营建新店的挑战，就是说不能突破现有的预算框架。这意味着要和诸多供货商重新洽谈合同。1996 年 6 月，赖特和他的团队直接从卖主那儿采购了 300 种材料，将投资总额降低了 10%。

最后的方案于 1996 年下半年公布，其中包括各有 4 个系列的 4 种组合。最典型的核心模式是“A”型店面：有 1 400 平方英尺，分为固定的座位区和可以自由组合的功能区，设计时可采用 4 种色系中的任何一种；“B”型店面略小，注重空间效率的利用，同样可以选择 4 种色系中的任何一种，建造成本更低些。

我们还开发了两种新的模型：“店中店”和“双份浓缩咖啡”。“店中店”是专为设在超市和写字楼大堂吧设计的店面，是一个缩小版的星巴克（过去认为那种地方太小而无法塞进一个完整的星巴克）。“双份浓缩咖啡”是从饮品单上借来的名字，是那种最小的咖啡吧，大致占地 8 平方英尺。这两种店面是整体式的，但也可方便地重新搭配组装。虽是小店面，但风格与星巴克毫无二致。

赖特团队面对着降低成本又要提高设计品质的难题，他们不仅实现了这个目标，还有了额外的成就：设计出了我们以前从未考虑过的新奇的组合方案。

星巴克于1995—1996年推出了“未来之店”，不再是从受人诟病的“饼干模子”里倒出来的东西了，我们实际做到的甚至更出色。这就是典型的星巴克做事方式：一旦出现什么问题，不仅要搞定它，在解决问题的过程中还会产生创新的动力和优雅的创意。

第 23 章

为长远目标和品牌建设创造价值

如果在众人六神无主之时，
你能镇定自若而不是人云亦云；
如果在被众人猜忌之时，
你能自信如常而不去刻意辩论；
……
如果在受众人指责的时刻，还能悠然慢跑，那么，世界就是你的，万物尽在你宽大的胸襟中，而你——就是真正的男子汉了，我的儿子！

——拉迪亚德·吉卜林
《如果》

1995 年 12 月的圣诞假期简直是地狱。

每一个圣诞节，我们都跟大多数零售商一样，陷入一天比一天疯狂的忙乱中——烘焙工厂、咖啡店、办公室都忙成了一团。在星巴克，这是我们一年一度的零售狂欢节——咖啡豆、浓缩咖啡机、巧克力、马克杯这些东西销售额之高不亚于拿铁和卡布奇诺。通常这种时候处处洋溢着节日气氛，顾客啧啧有声地打量着货架上色彩缤纷的商品，店铺经理们在收银机旁忙得热火朝天。

到月底，我们忙得快瘫痪了，却让我们对来年的兴旺更有信心。

然而1995年的圣诞节却不是这么一回事儿。暴风雪在几个地区肆虐，在这节骨眼上迫使那些地方的店铺纷纷关门。报纸上充斥着零售商们绝望的价格战，似乎无论如何都要把购物者拽进他们店里去。对于购物旺季的前景预测越来越惨淡了。

每天早上，零售部门那帮人都在我办公室隔壁的会议室里碰头。会上咬指甲、掰关节的声音此起彼伏。有人拿出电脑汇总前一天的零售情况，从商品分类说到销售额，分析人气指数，一连串的坏消息把大家弄得沮丧不已，许多地区都是这样。这好像在考试。我们拿实际所得与预期值相比较，然后修改每个星期的预期效益。如果我们一天没有达到计划指标，就会重新测算一些数据，以算出我们需要补回来的数额，继而推定对此后那个星期、那个月、那一季度和那一年度计划所产生的影响。

关键数据要看日销售额，它反映出一年内新开店铺的销售增长情况。店开得多了，总体的销售额势必随之增长。可是，每家店的销售额都比前一年有所增长吗？

月度销售比去年同期平均增长了5%。可是现在日销售额的同比增长基本上只有2%、1%、0，有时候甚至是负数。这是一个可怕的趋势。

我们的股票不断创下新高，这也给我们增加了压力，如果我们这个月的销售数字上不去，投资者就会马上做出反应，股票就会大跌。

更糟糕的是，我们知道预期的赢利目标很难达到了，因为星巴克仍然在使用1994年夏天采购的那批高价咖啡。奥林希望他采取的一些节省成本的措施能够奏效，但要计算出能有多大效果还为时过早，你根本不知道这些措施对账面底线有多大影响。和奥林在一起时，我坦率地承认了自己有多沮丧。他的感觉也一样。

我们能做什么呢？大多数的重要决定都是在6个月之前做出的，我们当时就下了订单、设计了包装、采购了咖啡豆。我们很快发现不能再坚持某些错误的决策了。比如这个1995年的圣诞节，我们摒弃了快乐饼传统的红绿包装，结果顾客不买账。我们订购的浓缩咖啡机太多了，却没有订购更实惠的礼品。我们的计划有误，以至有些品种的咖啡豆备货过多，其中包括圣诞节调味咖啡。我们的礼品咖啡豆采用一磅的包装规格，同时也首次推出1/4磅规格的样品包装，用来塞圣诞长袜。结果小包装大热，可是我们赶在12月前准备好的多是大规格的一磅装。后来烘焙工厂的伙伴不得不加班工作，忙着将咖啡豆从大包装拆出，装入小袋子里去，这又增加了一道工序。

以往的若干年里，我们一直在做圣诞节特别促销活动，或最后时刻大抢购之类的活动。奥林和我拟定了一个活动方案。我们要掂量一下，哪些产品应该提前应市，哪些应该压后销售。每个星期都采用新的广告词。斯科特·贝伯瑞很想打出一条树立形象的标语，比如“己所欲，施予人”，但最后我们还是采用直截了当的表达方式——“顶呱呱的礼品，20美元封顶”。我的建议是，不妨在傍晚5点左右供应免费咖啡，以鼓励顾客血拼之后来我们店里歇歇脚，他们在这儿打发时间时，也许会留意我们别的商品，买点儿什么。

这个月的早些时候，感觉上好像我们的生意成了股票市值博弈的游戏。一些蓝筹股跌了，我还确信我们会赢。但随着一天天过去，我也越来越沮丧了。我决定取消全家的夏威夷休假，这对雪莉和孩子们来说是很难接受的事情。但在这样的困境中，我觉得我必须和团队在一起。

每天早上，我在家里接收前一天的销售数据传真。然后7点半就冲进办公室，跟奥林碰个头。接下来，我们和零售运作团队开会。我开始害怕那些会议，一开会我的胃就会抽紧，但我知道自己必须摆出一副乐观的神情出现在人们面前。办公室里的人和店里的人都有些惴惴不安，我得去给他们打气。我想，我做过的最逊的事儿就是发表自己对圣诞节销售不看好的言论，这只会使事情雪上加霜。

我越来越意识到，作为一名领导，有一条最基本的要则是，哪怕在你自己也不是很有安全感时，你也要把信心灌输给别人。

最后，到了12月中旬，我的感觉是既痛苦又解脱。由于公司已经发展到这样的规模，我不能再独自解决关键性问题了。在过去，星巴克就像一艘快船，可以灵活而便捷地绕过障碍驶入自己的航道。不管事情怎么样，我都能集中精力找出解决的办法。如果是销售上的事，那么我可以花上一天时间来做研究，改变销售策略，迅速而本能地做出反应。我只需把舵盘偏移一英寸或半英寸，整条船就转过来了，效果立竿见影。

而到了1995年，星巴克则更像是一艘航空母舰了。一旦定好航向，就不可能轻易改变。无论我在最后时刻如何转舵，船总得凭着惯性向前驶去。它已经大到难以操作的程度了。

作为一家大公司，我们越来越需要按规程办事，而不是最后一分钟出于本能进行转向。我们本该在1995年圣诞节之前就具备这样一套制度，但不幸的是，只有出了大问题，我们才明白事前就应该制定出措施详尽的应急预案，以应付突发事件。我打算接受企管顾问给我的建议：作为一个持久发展的大公司，必须建立一套预防风险并能化解危机的机制，这样公司就能在任何情况下都可正常运作，而不必依赖领导者的个人才能。

我意识到这个问题后，便开始改变策略。我决定把自己的担忧公之于众，不仅向管理层公开，也传达给全公司的每一个人。

我在西雅图总部召开了一个由全体管理人员参加的大会。因为我们的公共区域装修尚未竣工，只好把会场设在三楼的餐厅，人们站着，把我围在中间。

餐厅里挂满了圣诞节花饰，却丝毫没有节日的气氛。我被一张张拉长的脸和一双双沮丧的眼睛包围着。虽说并不是每一个伙伴都看到了每日报表上的数据，但销售计划将要落空的传言早已不胫而走。

当时我这个做法有些非同寻常，因为我一般在讲话时总是给大家鼓劲儿和打气。而这一次，我知道自己根本讲不出那样的话来。

“也许你们多年来还是第一次在星巴克碰到这样的情况，”我开始说,“我们经历了一个非常让人失望的圣诞节销售季。我们的业绩不尽如人意。这事儿没有什么可以推卸的原因，也不是什么人的错，但我很担心。”我向大家说明了自己所担心的问题，同时讲到如果销售和赢利目标不能如期完成，将会带来怎样的一系列后果。

“成功，”我告诉大家，“不是来自赐予。”成功是靠我们每一天的努力赢得的。就像星巴克虽然这些年来取得了那么多的成功，但并不意味着我们对错误免疫。我们必须不断更新公司的管理模式，要意识到昨天的成功并不等于公司的未来。我们不能泄气，哪怕近期目标似乎无法达到，我们也必须坚持不懈。

对于这些不断获取成功的人来说，接受这样的信息很不容易。我看见人们的眼睛朝下垂落，不停地挪移双脚。

“我希望我们能够达到预期目标，”我最后说，“但即使做不到，我们也还是一个月前的那个公司。”我试图让他们把眼光放到长期的目标——公司将怎样发展上，不要总是去想一个失望的销售季就把我们建立的企业给击垮了。我们要从挫折中吸取教训。

会后有人走到我面前说：“我在别的公司也干过，却从未听到一个首席执行官如此坦诚而动情地陈述公司的困境。我感谢你直截了当地挑明我们必须面对的问题。”

但也有人说，希望我别这么坦率。他们把我视为征服困难的英雄，将我看作最后危急关头力挽狂澜的明星投球手，他们不喜欢看到我走下神坛成为凡夫俗子，他们觉得我本该掩饰自己的脆弱和忧虑。那天会后，有些经理还来到我办公室，说道：“霍华德，我真没想到你会这样做。有什么意义呢？想增加恐惧感吗？”

整合公司内部的意见又花费了几个月的时间。像这样同心协力苦撑危局，对于整个高层管理团队来说是一种磨砺——他们当中有 2/3 的人进入公司还不到 6 个月。

管理层面临的一个重要问题是负疚感。这次不像咖啡价格事件，我们觉得这次的情况本来是可以预料到的一场灾难。我们每个人都觉得自己对此负有责任，并未互相责怪。我们总在创造奇迹，这是第一次被打了个措手不及。

今天，以事后的眼光来看，我确信当时与伙伴坦诚相见是正确的做法。一个公司的领导者，不可能也不应该总是扮演一个啦啦队队长的角色。他必须让他的人员直面痛苦和惨淡之象——只要他们能够理解公司会有更大发展这一总体背景。

在蓝筹股下跌的情势下，再唱纽特·罗克尼[1]那样的高调显然不合时宜。人们需要的是引导者，而不是雄辩家。他们需要知道计划实行的情况，需要负起责任去协助解决问题，并有权根据职责行事。

许多经理人发现自己很怕向那些依赖他们做出决策的员工吐露内心的惧意。但我相信，如果你在困难时期把自己摆在与员工平等的位置上，他们就会在你说“事情会好起来”的时候更信任你。1995 年的圣诞节事件之后，我觉得我们的人对我更信任了，而且，更重要的是，他们更理解星巴克了。

别滑向未来，要一小步一小步地来

圣诞节事件给我的另一个启示是：一个当下的短期问题很容易吸引人的全部注意力，而忽略了对长期目标的认识。在时间紧迫的情势下，管理层的人很容易做出错误的决策，因为他们没有注意到更大的背景。

在早期，生意上的事情比较容易把握，每个经理人很快就能看到他做出的选择在公司整体效益上起什么作用。当公司发展起来后，我们更多地聘用了各个专业领域的专家，但他们当中许多人，由于来自更大的，也就是抗风险能力更强的公司，还由于他

1. 纽特·罗克尼，美国著名橄榄球教练，以善于激励球员而闻名。——译者注

们习惯于从局部的专业角度观察问题，视角难免狭窄。

有一个最让我头痛的问题，我把它称为“渐变效应”。就是说，在每一个专业部门看来是正确的事情，对整个企业来说却可能变成一场灾难。

蛋奶酒拿铁的纰漏在那个圣诞销售季里一直是我思忖的问题。那是戴夫和我从1986年“天天”的饮品单里翻新的饮品，一直是星巴克顾客最喜欢的时令饮品。

1994年，食品饮料部门的人找到了一种可以节省大量时间和金钱的好办法，就是不必一盒一盒地打开蛋奶酒来制作这种饮品，因为从道理上说，完全可以事先调制好蛋奶酒糖浆，干吗不这样呢？于是一摁按钮，事先调制好的蛋奶酒糖浆就跟杯子里的拿铁配到一起了，既简单又从容。1994年圣诞节我们在波特兰的新店里试售这一新版本的蛋奶酒拿铁，结果很受欢迎。可是，1995年圣诞节当我们在全美各店推行时，不知怎么搞的，这种调制好的糖浆的味道不对了，没人能找出毛病出在哪儿。公司已是如此规模，这种工序上的变动我无从得知。

在那个恼人的圣诞节里，我仍像以往一样浏览顾客的评议卡，我注意到许多人都有同样的抱怨：“你们的蛋奶酒拿铁尝起来味道真差。”还有人问：“蛋奶酒拿铁出什么岔子了？”

我走进食品饮料部门正在开会的地方，问他们：“蛋奶酒拿铁是怎么回事？”他们面面相觑。从理论上说，这种调制一点儿问题也没有，波特兰的顾客就丝毫没有抱怨。而蛋奶酒拿铁销量的急速下降，终于使他们意识到出大问题了。这就是大企业专业分工的一个典型案例，大家只盯着眼前的局部利益，以至没有人留意这会对全局有什么影响。

我们吸取了教训。下一年的圣诞节推出的蛋奶酒拿铁就非常正宗。

当人人都只盯着细节时，一个好主管的脑子里应该有一幅更大的画面。管理层则应当敦促各部门的负责人相互咨询，在更为广阔的背景下审时度势。一项关于压缩成本或提高效率的决策，只有置于企业长期目标的总体框架中才会产生增值效应。

从零售业过度发达的喧嚣中突围

不管我们内部有什么失误，造成圣诞节滞销的主要原因还是来自外部。整个 12 月份，我们听到来自其他零售商的令人警觉的报告：金百利是一个了不起的公司，但它 12 月份的销售额同比下降 19%；电脑城公司的销售额下降 8%；最大的折扣店魔文思百货公司下跌了 1.4%；据电信查询服务公司的报告，12 月份全美零售业的销售额同比下降了 4.1%。

相对来说，我们的麻烦似乎还小一些，12 月份我们最终的销售额同比增长了 1%。

显然，这是星巴克无法抗衡的困局。

美国已经变成一个零售业过度发达的国家，越来越多的商店盯着顾客手里越来越少的钞票。消费者只消朝市场粗略打量一番，就能根据口袋里可支配的钱做出明智选择。

早在 1990 年星巴克进入这个角逐场时，过度发达的零售业就已经是一个严重的问题了。我们发现，要把自己的声音传递出去是一年比一年难了。我们没有像大公司那样覆盖全美的大笔广告预算。人们变得越来越忙，留意周围新去处的精力越来越少。

可是话说回来，过度的零售格局也给星巴克带来了大量机遇。不同于包装食品品牌，我们能够通过门店逐次逐个地与顾客接触。而且因为我们一直在努力提供优质的产品和体验，当别的零售商陷入平庸的泥沼时，我们就能突围而出。

要讨顾客欢心也一年比一年难了，我们已经把顾客的胃口吊高了。像所有优秀的零售商一样，我们也一再向顾客提供他们在别处不可能得到的体验，不断更新自己的服务。我们必须把服务内涵挖掘得更深一些，把店面设计搞得更多样、更丰富。我们并不只是沿着高速公路一往无前，也时不时地会在路边的防护栏上磕磕碰碰。

顾客总是喜欢新鲜有趣的玩意儿，特别是在圣诞节期间。这就要求全美的零售商们不断地自我更新，创造出有新意的东西，对我们来说尤其需要这样。我们必须不断地推出新的创意，开拓新的领域和开发新的产品来激发顾客的想象力。

每一个零售商都梦想着货架上的东西瞬息之间就跑到顾客手里。这是1995年3月《蓝调集锦》唱片发行之日带给我们的感受，还有星冰乐在1995年和1996年夏天创造的奇迹。可是你不能指望这样的轰动效应每个月都出现一次。

这就是在遭受了令人心碎的圣诞节销售打击后，我还是敦促我们的研发部门继续从事他们的新产品试验的原因。我们需要那些前瞻性的项目来抓住顾客的兴趣，留住他们的心。

最好的首席执行官，既有长远眼光也有短期目标

搞到最后，这一年我们还是没有翻过身来。1996 年 1 月份，当我们宣布了销售额同比数据后，股票就应声而落。多亏了奥林的后台管理多有改善，那个月中下旬，我们估计利润增长指数可能与预期目标只差一个百分点。星巴克仍然是赢利的，只是收益增长不如我们预期的那样快。

华尔街的分析家仍然是无情的。有人批评我和我的产品创意分散了公司的核心价值。有这样一个说法：历史经验表明，零售业和餐饮运作的最大危险就是失去聚焦点。"当这样的事情发生时，任何公司的品牌价值都会被削弱，"此人振振有词地说，"我们也许更乐意看见对店面的精心打理。"

这话让我大为光火。这正是华尔街使得许多首席执行官恼怒的短视之处。一个公司的管理团队如果不能为长远的未来做出规划，即便一个劲儿地赶潮流，也永远都不可能脱颖而出。

在那段时间里，星巴克内部的一些人也因为我对他们施加的压力过大而颇有微词，因为在公司的核心价值亟待修补时，我却对他们提出了目标要更长远的要求。我听到了各种各样的抱怨声，说他们在圣诞节前忙得昏天黑地的时候，我却玩上了"新游戏"：冰激凌、瓶装星冰乐、美国联合航空公司的合同大单。

我的眼睛没盯在目标上吗？

不。我的眼睛盯着更长远的目标。我巡视着各个方位，猜测下一步会对我们造成伤害的是什么。宝洁公司刚刚收购了最大的咖啡豆供应公司——总部在华盛顿州埃弗雷特的磨石咖啡公司，

还趁势打入了超市。它是冲着我们来的吗？我们是否应该重新评估不在超市出售星巴克咖啡的决策？我们能够创造出什么新产品来与之抗衡，在永无宁日的市场角逐中成为难以攻破的堡垒？我们如何以星巴克的优雅风格为筹码来赢得更多的顾客？我们以长期眼光来建设星巴克品牌的目标，必须有源源不断的创新产品为依托。为了 2000 年的目标，我们必须马上开始试验。

通过对生产、零售运作和计划方面的改进，星巴克能够更好地实现其短期目标了。在 1996 年圣诞节期间，我们因吸取上一年的教训而避免了许多问题。总的来说，零售业的行情这一年未见起色，天气很恶劣，特别是在西北部太平洋沿岸地区，但我们的销售同比增长了 2%。虽然这不是我们理想的局面，但成本控制的努力奏效了，利润水平与华尔街的预期相符。作为管理人员，我们知道他们的期待，股票市场也没有反应过度。

我们在 1996 年的圣诞节期间尽一切努力确保销售成功。我们做足了功课，按精心制订的计划操作，以更准确的预见、恰到好处的投放量满足了顾客对咖啡的需求。我没有期盼最后一分钟出现圣诞奇迹，而是专注于来年的计划。我们聘来了新的营销副总裁——彼得·吉本斯，他来自迪士尼公司。唐·瓦伦西亚的实验室也完成了一个新的大项目，我们会有新产品的流水线在夏天问世。

第二年遇到这种情况时，我们平静多了。我意识到，即便不能把圣诞节这个球接下来，也不会是世界末日。为什么？因为我们都知道自己是在为公司的长远目标和品牌建设创造价值，圣诞节并不是星巴克命运的劫数。

我就像航空母舰的舰长，把目光投向地平线和迷茫的前方。这一次，我甚至没理会那艘擦身而过的老式慢船。

第24章

跟随内心前行

企业领导者就是要去探索自己公司注定要走的道路，并充满勇气地不懈追求……经得起考验的公司都有崇高的宗旨。

——乔·贾瓦斯基

麻省理工学院学术中心

一个放眼未来的理念

在我办公室的书架上，有一个小小的水晶球。那是本地的青年领袖协会颁给我的“梅林奖”奖杯。

根据传说，梅林生于未来，其生命是从后往前度过的。他与自己同时代的人必然有些格格不入，也许觉得自己的想法都是异乎寻常的。我没有他那种睿智，可有时候，我觉得我能理解他的感觉。我的心境属于未来，在我的想法中星巴克也应该成为一个未来的公司，但我的想法很容易被人误解——无论在外界还是公司内部。

在新墨西哥州的圣达菲，作为企业管理顾问的查尔斯·史密斯，把有远见的企业主管比作巫师。他在1990年写道："不同寻常的领导者，他们本质上是未来世界的各色代表人物，但他们在当下时刻养成了梅林式的行动习惯，在寻求一种突破性的同时又用能够把握的目标来引导他们的企业。"

早在20世纪80年代初，我就对星巴克的未来有了明晰的想法，今天就更清楚了。我知道自己想要的是什么，我们的店面要传递什么信息，发展的脚步应该怎么走，如何与我们的伙伴、顾客和衷共济。

今天，当我展望前景时，我看见的未来比星巴克到目前为止走过的历程还要漫长。在每年制定关键性策略的会议上，我们的高层管理团队一直本着大胆开拓的精神考虑问题，并注重实际的可操作性，从这两个方面来修正和完善我们的规划。我们一直努力辨清公司的价值观，把我们的长期目标清晰地表达出来。虽说我们的许多高管都是新人，但我很惊讶地看到大家竟有如此相似的信念和目标。

我们心目中的星巴克是一个伟大的、长盛不衰的公司，对于自己将优质咖啡带给每一个人、每一个地方的使命一如既往地满怀热情。我们的咖啡店将通过每次一杯咖啡，向人们提供有意味的体验，并以此丰富世界各地人的社区生活。当然，我们有时不妨大胆出位，把传统的商道引入新的方向——给品牌注入新的活力，投资令人惊喜的新产品，或创新资源配置，开拓多种销售渠道，甚至可能将不再以单一的咖啡生意来与人们的日常生活发生联系。

机会是令人兴奋的。在大多数国家，一个成年人的日均咖啡消费量是两杯，但大部分地方的咖啡质量却相当糟糕。我确信，我们在亚洲国家开出的店铺最终能超过北美市场。我们期望，与百事可乐合资经营的瓶装星冰乐以及其他产品，几年内将有超过10亿美元的收益。

然而，我们的目标远不只这些数据。公司最根本的基础不在于发展和做大，而在于我们与伙伴、与顾客和股东之间有激情、有灵魂的联系。

不管星巴克发展得有多大，开拓的路子有多宽，我们的基本核心价值观和终极目标都不可能改变。我希望，星巴克受人尊敬不仅是因为成功，也因为取得成功的方式。我相信我们能够在成为全球性大企业之后，还能保持我们的激情、风格、创造力和个性，以此证明传统商道并非金科玉律。星巴克的人，无论在经济上还是在情感上，都要在所有的层面上共享公司的成功，这一点非常重要。如果我们的管理方式和运作模式能够把别的公司也引向更高的目标，那无疑是值得高兴的事情。

我现在更加深信不疑，我们不但可以运作得很成功，而且会是有良知的企业。以一个极为受人敬重的品牌，以一种对自己伙伴极为尊重的管理方式，我们可能会成为一个利润丰厚而极富竞争力的公司。说到底，两者并行不悖是完全可能的，撇开其中的一件事去做成另一件事却是不可能的。

我们必须追随内心前行。在生意上，如同在生活中一样，我们每个人内心都有一个标准，对于什么是世上最重要的事情，有一种本能的理解，并以此为指导做出决策。对我来说，这种理解不是利润，也不是销售或开店的数量，而是激情、对责任的承担、对一个具有奉献精神的团队的热忱。这件事不关乎金钱，却关乎对在别人看来无法实现的梦想的追求——要找到一种回馈伙伴、回馈顾客和回馈社会的路径。我希望，如果你认真审视星巴克，那么，当你每次关注任何一个局部情形时，你都可以看到更清晰的公司指导原则，而不仅仅是零星的理念。如果你观察得足够深入，你就会看到真诚、敬意和尊严。

在《基业长青》那本书里，作者吉姆·柯林斯和杰里·波勒斯谈到了星巴克的“远大宏伟目标”，我们雄心勃勃的长期目标是，成为一个生命持久、基业长青的公司，具有最受人尊敬的品牌，也由于能够鼓励和培养人而广为人知。

今天的星巴克还没有达到这样的高度，我们也有过许多失误。没有一家公司能成为一个乌托邦，然而，如果你不把目标定得高一些，仅仅是“够好就行”或是“中上就行”，你就不用再做什么了。如果你的目标是优秀，那将激发你的团队为更高的目标而奋斗。当你遭遇困难或被什么事触及自己的软肋时，你应该想到将来你会做得更好，应该以直截了当的态度和持之以恒的方式去处理它。如果团队成员理解你正与他们一起为之努力的共同使命，那么你的团队会变得更加宽容。

最近几年星巴克面临的问题很多——我们四面开花的店铺招致猛烈抨击，咖啡价格遽然波动，圣诞节销售不甚景气，以及遭到怨恨，这些却并未遮挡住我们已经铸就的长期价值。没有一路伴随而来的挑战和失望，就没有企业的发展和梦想成真的一刻。我们付出的真诚越多，伴随而来的伤害越大，我们就越有能力拿出反映我们价值观的解决办法。

星巴克仍然在向着成功奋进，而且我们今后也将面临诸多问题，某些问题可能远比我们克服过的困难要严重得多。我们不可能一直以年收益增长 50% 的速度发展下去。所有伟大的公司都经历过寻找灵魂和重新考虑发展重点的低潮岁月。将来如何应对这样的局面是考验我们的一块试金石，我希望管理层的人能够从小麻烦试手，积蓄才干，去应对越来越大的问题。

我有一种感觉，决定公司未来命运的出色创意将出自星巴克内部。我们要继续关注创新与自我改变的精神，始终保持一往无前的劲头，我们要尽一切努力在公司内部鼓励一切创新活动。

留住自己的声音

甲壳虫乐队的音乐使我产生一种共鸣，我这一代人中的许多人也有同感，因为它们提醒我别忘记成长岁月中与我相处的人们，别忘记生活过的地方和那些时光。我特别喜欢观看电视里关于甲壳虫乐队的专题节目，听他们讲述自己乐队的历史。在一次访谈节目中，保罗·麦卡特尼披露的一些事情真的击中了我的心。

那是他们在希叶露天体育场的演唱会之后，那次“仅有”5 万名观众，他们当时已经对巡回演出感到厌倦了。甲壳虫乐队最后一次巡演是 1966 年 8 月 29 日在旧金山的烛台公园。

在电视节目中，保罗、乔治和林戈围坐在桌旁，回想现场感受——那是他们决定退出巡演的理由。“当那些人都冲着我们尖叫时，感觉越来越差，”保罗说，“他们喜欢我们当然很好，但我们自己都听不到演唱的声音了。”

这句话深深触动了我——他们听不到音乐了。当事情变成这个样子时，他们就失去自己做音乐的意义了。他们只能回到录音棚里去，再次找回自己的声音。

在星巴克——如同在任何企业和生活中一样，当我们在某一天只想专心做好这一件事时，总会有各种各样的琐事、烦心事来搅局：去什么地方救急，去解决哪个具体问题，导致我们总是不能专注于真正应该做的事情。

倘若在接下来的 20 年里，星巴克以我们的核心价值观为代价，取得我们想要的大规模扩张、强大的存在感和认知度，我可能会崩溃。如果我们丢失了敏锐和责任心，如果我们开始觉得在攀登顶峰时可以把人丢在身后，我认为我们实际上就是失败者。

不管周围有多少喧嚣，我们都必须保证自己仍然能听到音乐之声。我最喜欢的一个作家诺阿 · 宾西在《心灵的天梯》中写道："是音符之间的空白造就了音乐。"有时候，我们必须停下来，倾听它。

有些星巴克的新来者能够理解我们谈论的经济数据，可是并不十分欣赏对于我们这些搞企业的人来说非常重要的价值观。对他们、对顾客，我们需要的是使我们的基本观点更富人性化和个性化，我们需要用自己的声音说话，展示自己的个性，这样他人就不至于因对我们了解有限而产生错误的判断。

我们要让星巴克在成为国际化大企业的同时，保持我们在西雅图建立的那个小公司的文化和灵魂。

希望与谁同行？

我意识到，我那些天马行空的理想，与 20 世纪 90 年代愤世嫉俗的悲观主义者很难共存。怀疑论者成了成熟的代名词，能说会道被误认为是智慧的象征。一些权威的专家认为，理想主义者要么天真无知，要么精明狡猾。甚至在别人做好了90%的事情时，批评者也会对没做好的10%揪住不放。一个公司把自己的标准定得越高，就越容易招致批评和责难。

在这样的氛围里，为什么还要费心把目标定高呢？

正因为太多的人做不到，所以在美国乃至全世界平庸的公司居多。在千禧年快要到来之际，我们发现自己面临价值观受损的严重危机。

在过去的几年里，我的两个孩子长大成人了，我尽力使他们成长为有责任感和有爱心的人，我要把我生命中有意义的价值观传递给他们。

一天晚上，我们租来一部《阿甘正传》，全家一起看这部影片。孩子们很喜欢这部影片，后来的一个星期里，他们老是在说影片里的一句话，“生活就像一盒巧克力”。我开始思考为什么这部似乎内容并不很深刻的电影会有这样大的吸引力，会在许多人心中激起那么大的反响。影片的主人公智力发育迟缓，却被证明比任何智力正常的人都更有见识，因为他没有被世俗的负面价值观影响，他理解什么是生活中最重要的东西。

几个星期后，我带着儿子去看电影《篮球梦》，这部电影对他也有同样的影响，因为他和我一样喜欢篮球。这是一部很长的取材自真人真事的纪录片，故事发生在一个内陆城市，影片的主题表现了人不屈不挠地抓住一切获胜机会的决心。

这部影片打动我的是主人公那种强烈的渴望。我们所有的人都渴望成为故事中的英雄，这是每个人都有可能实现的目标。我们都十分向往那种乐观向上、真实的事情。

几个星期后，这种发自内心的渴望再次显现出来，当时小瑞普肯打破了棒球比赛连续出场的纪录。当我和儿子在电视机前看他发表讲话时，我的眼睛湿润了。满眼是泪的乔·迪马乔，这个过去50年里英雄中的英雄、和鲁·贾里格一起打过球的人站在他旁边，在他的影子里。当时小瑞普肯说："我不能把自己的名字和贾里格相提并论。"你可以看见小瑞普肯的父母和妻儿，他们也都是普通人，沉浸在激动人心的时刻中。

为什么有那么多人被小瑞普肯的成功打动？他们并不只是在欢呼他创造了新的纪录，而是在对他勤勉、谦和的品性做出真诚回应。正如他所说的，日复一日，他所做的一切就是棒球，他忘我地投入其中，而且比其他任何人都做得好。在半个赛季里，由于出场费的原因，球员抵制比赛已成风气，那时候我们的心只向着那些不断出场的球员，一次又一次，最终打破纪录。

在这个道德真空的时代，人们渴望着心灵被什么东西触动一下，说来可能只是一场电影、一个电视节目、一杯令人回味的咖啡，但这些正是我们周围喧嚣刺耳的聒噪中的动听之音。当你走进剧院或者翻开一本小说时，需要的就是一段没有噪声的时间。

每周有500万人来到星巴克，排队等候的似乎只是一杯浓缩咖啡，而当顾客每周数次光顾星巴克时，他们所要的就不仅仅是一杯咖啡了，而是为了得到这个空间带给他们的感受。与这种感受直接相关的是：我们不像其他有些人那样苟且于世，我们不放弃用更好的方式服务公众的希望。

与众多胜利者一起抵达终点

像我这样一个在布鲁克林长大的孩子，总是害怕看那个水晶球。在度过自己生命的一半时间之后，我意识到，我们所有的人都有能力决定自己在水晶球中的映像。如果我们想象它能如何发展，好好做一番计划，并付诸行动，我们说不定就能创造令人惊讶的业绩。但我们需要确定的是，这样的前景与生活的价值观是否相符？如果目标高尚，回报就会更大。

成功不应由金钱来衡量，应该关注的是你以何种方式达成目标，你的终极目标在何处。

经商之道教会我们，与他人携手打拼总能获得自己的一份回报。一个人能做的也就是这些，但是，如果他有一个目标相同的团队，他能激发起同伴内在的能量，他们就能一起创造出奇迹。

这需要胆识。也许有人会告诉你这不实际或不可能，他们会叫你放低眼光。他们会告诉你做生意不是行善。

记住，如果你独自一人冲过了终点线，你心里就会感到空虚。只有当你作为团队的一员参加比赛时，你才会发现，共同努力得到的东西比夺取锦标赛冠军得到的奖赏要有价值得多。在抵达胜利的终点时，你的身边应该环绕着一群齐声欢呼的胜利者，而不只是观众朝你一个人欢呼。

如果胜利不只是来自一个人的努力，而是来自许多人的携手打拼，就变得更加富有意义了。当所有的参赛者都追随他们的内心前行，不只是为他们自己，还为了一个高远的目标时，他们将永远沉浸在生命的喜悦之中。

与人共享成功是最甜美的事情。

致谢

合写一部个人传记和创办一个企业的故事，彼此间需要有高度的尊重和信任。幸运的是，多莉·琼斯·扬和我从开始写这本书时就培养出了这种尊重和信任，不过其间经历的诸多周折却出乎我们原先的意料。在两年的写作过程中，我们一直都专注于这个强烈的信念——星巴克的成功故事也许能拨动别人的心弦，那背后或许有能够让人受益的东西。

多莉和我要感谢70位星巴克伙伴（有些已经离开了星巴克），在本书的素材搜集阶段，他们不厌其烦地接受了采访；还有读完本书初稿并提供意见的50位人士。没有他们的回忆、叙述、见解和建议，本书不可能完成。而我身边的同事中，乔盖特·艾萨德、南希·肯特和克里丝汀娜·普莱什，在本书写作的两年里也给予我们数不清的帮助。

虽然许多星巴克伙伴的名字已在书中出现，但仍有许多伙伴的名字未能一一提及，他们许多人对公司有过无法估量的贡献，并以自己的行动阐发了“将心注入”的意义。对于他们做出的努力和贡献，我谨在此表示衷心的感谢。

我们也诚挚地感谢我们的出版代理人贝德福德出版事务部的乔埃尔·费休曼，他孜孜不倦地在人们心中播撒知识的种子。我们还要感谢本书的责任编辑——哈普龙出版公司的里克·考特，他以专业的严谨和对文字敏感而深思熟虑的把握，使本书的记叙臻于完美。

最重要的是，我要对雪莉表达我最真挚的感谢，感谢她这些年来伴随我走过的每一步，无论对于我的工作还是家庭，她都表现出了一种完美的平衡能力。

霍华德·舒尔茨

除以上我们共同的致谢外，我还要表达我个人对我父母的感谢，威廉姆·琼斯和玛格丽特·琼斯，在我的青少年时期他们就培养了我对写作的热爱；感谢我珍贵而可信赖的良师益友布鲁斯·纳斯鲍姆；还有洛·扬和史蒂夫·谢泼德，作为《商业周刊》的主编，15 年来他们一直信任我；感谢里恩·唐劳为我打印了许多访谈手稿；感谢保罗·扬，他见证了本书的每一个阶段；感谢艾米莉·扬，我的密友、助手和爱女；感谢霍华德·舒尔茨，如其所言，他真的是那样的一个人。

多莉·琼斯·扬

图书在版编目（CIP）数据

将心注入 /（美）霍华德·舒尔茨，（美）多莉·琼斯·扬著；文敏译 . -- 北京：中信出版社，2021.4

（中信经典丛书 . 002）

书名原文：Pour Your Heart Into It: How Starbucks Built a Campany One Cup at a Time

ISBN 978-7-5217-2888-0

Ⅰ . ①将… Ⅱ . ①霍… ②多… ③文… Ⅲ . ①咖啡馆—连锁店—商业经营—经验—美国 Ⅳ . ① F737.121.7

中国版本图书馆 CIP 数据核字（2021）第 045571 号

将心注入

（中信经典丛书 · 002）

著　　者：[美] 霍华德·舒尔茨　[美] 多莉·琼斯·扬

译　　者：文敏

责任编辑：王一琳

出版发行：中信出版集团股份有限公司

（北京市朝阳区惠新东街甲 4 号富盛大厦 2 座　邮编　100029）

承 印 者：北京中科印刷有限公司

开　　本：880mm × 1230mm　1/32　　印　　张：115.5　　字　　数：2719 千字

版　　次：2021 年 4 月第 1 版　　印　　次：2021 年 4 月第 1 次印刷

京权图字：01-2010-6291

书　　号：ISBN 978-7-5217-2888-0

定　　价：990.00 元（全 8 册）

扫码免费收听图书音频解读

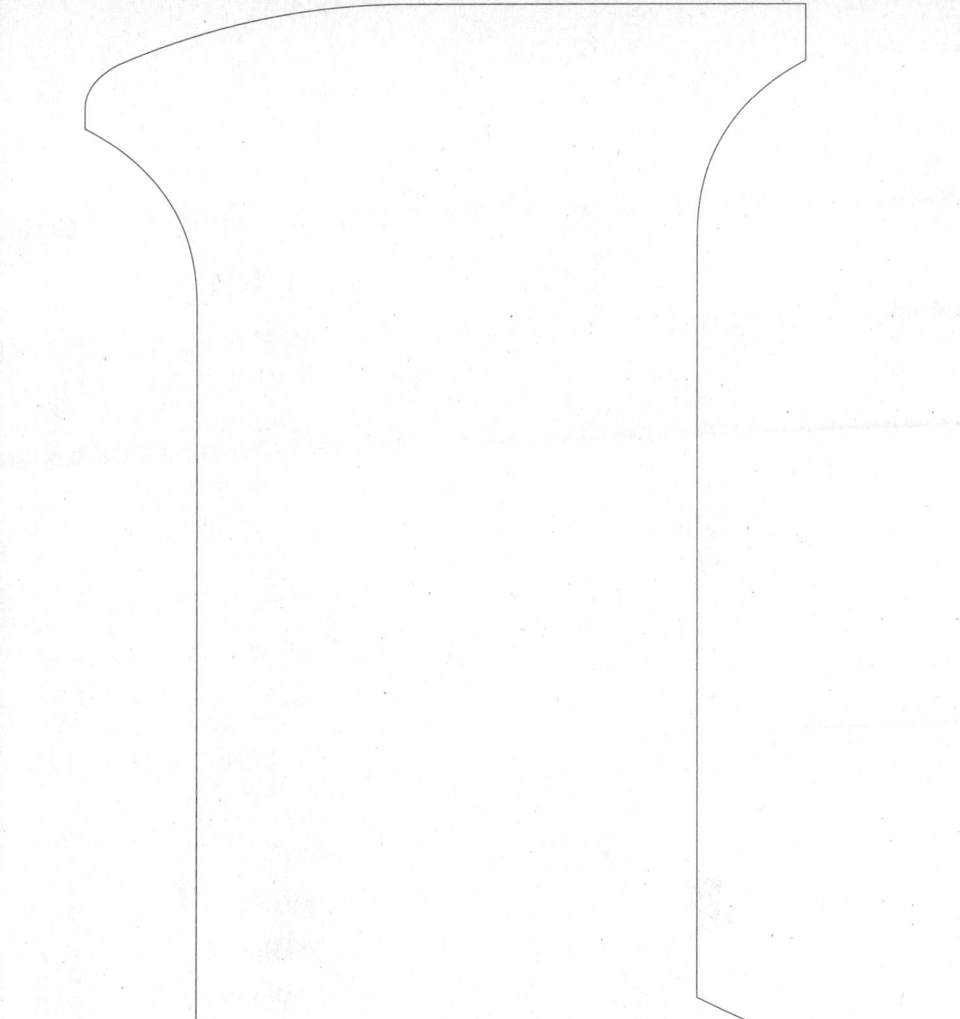

原则

PRINCIPLES

[美] 瑞·达利欧（Ray Dalio）
著

刘波
綦相
译

王沿
审校

中信出版集团 | 北京

瑞·达利欧在这本书中分享的生活和工作原则，帮助他从一个普通中产阶级家庭的孩子成长为我们这个时代最成功的人士之一——任何人运用这些原则也都能达成自己的人生目标。

致芭芭拉，

陪伴了我 40 多年的另一半，是她使我的生命完整

中文版序

在中国出版《原则》，把曾帮助过我的那些原则分享给读者，对我具有极其重大的意义，因为中国和中国人民一直是我生活的重要部分。从约30年前作为中国国际信托投资公司（现称中信集团，出版本书的中信出版集团是其旗下企业）的客人访问中国到现在，我与中国一直保持着诸多密切联系，这让我在中国比在任何地方都更有家的感觉，都更感觉遇到了亲人。

在这30年里我和中国一起成长，我的进化和中国的进化交织在一起。第一次来中国时，我还是一名青涩的职业投资者，而中国还缺乏资金，没有资本市场。坦率地说，我来到中国的唯一原因是好奇心驱使。中国方面邀请我帮助中国国际信托投资公司了解金融市场，我很乐于做这件事，因为这让我接触到了中国和中国人，也给我的工作带来了有益的影响。直到1989年，一小群坚毅的年轻人（组成“中国证券市场研究设计中心”，即“联办”）才开始构建中国的资本市场。中国证券市场研究设计中心的成员年轻而充满理想，在中国经济改革者尤其是王岐山的领导下协力工作。我也助了一臂之力。在一些方面，这个团队与我创办的桥水团队有相似之处，当年我们也是年轻、充满理想、想要努力闯出一番事业的人。

从那时到现在的近30年里，我们一起合作，以实现我们的梦想，我们不断成长，并成为好朋友，而在帮助发展中国资本市场、帮助中国人理解资本市场的过程中，我交到了更多的中国好朋友。

在这一交流过程中，我们全家也受益了。我们经常访问中国，我们夫妻俩曾把 11 岁的儿子送到一所全中文学校读书。16 岁时他创建了一家慈善机构——中国关爱基金会，该机构挽救了一些急需特殊帮助的孤儿的生命。我不想一一复述让我和中国建立特殊关系的所有交流，因为太多了，读者应该对此已经有了整体的印象。

本书中的原则对我帮助很大，我希望能通过分享这些原则略尽绵薄之力，继续帮助中国，回报我们一家人在中国得到的友善相待。我还希望《原则》一书能帮助更多的中国人，在可预见的将来，我期待继续和他们一起成长。

瑞 · 达利欧

目录

第三部分　工作原则

导言

在我开始告诉你们我的思考之前，我想先说明，我是个“愚人”，相对于我需要知道的东西而言，我真正知道的并没有多少。不管我一生中取得了多大的成功，其主要原因都不是我知道多少事情，而是我知道在无知的情况下自己应该怎么做。我一生中学到的最重要的东西是一种以原则为基础的生活方式，是它帮助我发现真相是什么，并据此如何行动。

我现在分享这些原则的原因是，到了生命的这个阶段，我更关心的是如何帮助他人取得成功，而不是让自己变得更成功。因为这些原则让我和其他人受益匪浅，所以我想和你们分享。这些原则的价值到底有多大，你们将如何对待它们，应由你们自己决定。

原则是根本性的真理，它构成了行动的基础，通过行动让你实现生命中的愿望。原则可以不断地被应用于类似的情况，以帮助你实现目标。

每一天，我们每个人都会面对纷至沓来的、必须做出反应的各种情况。假如没有原则，我们将被迫针对生活中遇到的各种难以预料之事孤立地做出反应，就好像我们是头一次碰到这些事一样。但假如我们把这些情况分成不同的类型，并且拥有处理不同类型情况的良好原则，我们就能更快地做出更好的决策，并因此过上更好的生活。拥有了一系列良好的原则，你就拥有了一系列成功的秘诀。所有成功人士都是依据原则行动的，这些原则帮助他们取得成功，只是选择在什么方面成功因人而异，所以他们的原则也因人而异。

做一个有原则的人意味着，总是依据可以清晰解释的原则做事。但不幸的是，大多数人并不能清楚地解释他们的原则。人们很少把自己的原则写下来与别人分享，这太令人遗憾了。我很想知道阿尔伯特·爱因斯坦、史蒂夫·乔布斯、温斯顿·丘吉尔、列奥纳多·达·芬奇等人奉行的原则是什么，这样我就能弄明白他们追求的目标是什么，他们是如何实现目标的，并对他们的不同做法进行比较。那些希望我给他们投票的政治家，以及所有那些其决定能影响到我的人，我都想知道在他们看来，最重要的原则是什么。我们是拥有共同的原则能够把我们连接在一起，组成家庭、社区、国家以及跨国的朋友？还是说，我们的原则是相互对立的，导致了我们的分裂？这些原则是什么？我们应该具体说明自己的原则。如今，把我们的原则弄明白，对我们而言是极为重要的。

我的希望是，阅读本书将促使你以你认为最合适的方式发现自己的原则，并最好把它们写下来。这样做将使你清楚地知道自己的原则，并能更好地理解彼此。这样一来，你可以在遇到更多情况时改进自己的原则，反思自己的原则，这将帮助你做出更好的决定，并让别人更好地理解你。

拥有你自己的原则

我们以不同的方式得到自己的原则。有时我们通过自己的经验和反思总结出原则；有时我们从其他人，比如从父母那里接受原则；有时我们接受一整套的原则，例如宗教原则、法律框架等。

因为我们有着各自不同的目标和性格，所以我们每个人都必须选择最适合自己目标和性格的原则。尽管使用他人的原则不一定是一件坏事，但不假思索地采用他人的原则有可能将你置于风险之中：你的行动方式将与你的目标和性格不符。同时，像我一样，相对于你需要知道的东西而言，你真正知道的东西也许是有限的，承认这一点是明智的。如果你能独立思考，同时保持开放的头脑，清醒地寻找并发现最适合你的事情，如果你能鼓起勇气这么做，你将会让自己的生命发挥最大的价值。如果你做不到这一点，你应当思考为什么，因为这很可能是你面临的实现自己人生愿望的最大障碍。

因此我总结出了我的第一条原则：

- **独立思考并决定：（1）你想要什么；（2）事实是什么；（3）面对事实，你如何实现自己的愿望……**

……而且要保持谦逊和心胸开阔，以便你能动用自己的最佳思维。清楚地知道你的原则很重要，因为这些原则将影响你生活的所有方面，这会日复一日地频繁发生。例如，当你培养人际关系时，你的原则和别人的原则将决定你们如何互动。拥有共同价值观和原则的人才会相处融洽。没有共同价值观和原则的人之间将不断产生误解和冲突。想想和你关系最紧密的人：他们的价值观和你一致吗？你是否知道他们的价值观或原则是什么？在人际关系中很常见的是，人们的原则是不清晰的。在那些成员需要有共同的原则才能成功的组织里，这尤其会造成问题。我在写作本书时为何要字斟句酌？就是因为我想明白无误地展现自己的原则。

只要原则是真实的（即能够反映你的真实性格和价值观），你就可以随心所欲地选定自己的原则。你在生活中将面临无数的选择，而你做出选择的方式将反映你的原则，所以用不了多久，你身边的人就将明白你依据怎样的原则为人处世。最糟糕的情况是你很虚假，因为假如你虚假的话，你将失去自尊和人们的信任。所以你必须清楚自己的原则是什么，并且“知行合一”。如果知与行之间似乎存在矛盾，你应当解释这些矛盾。最好的方法是写下来，因为这样一来，你将能够改进你写在纸面上的原则。

我将分享自己的原则，但我想明确地告诉你们，我不希望你们盲目地遵循这些原则。相反，我希望你们质疑我的每一句话，从我的这些原则中精挑细选，以便找出适合你的组合。

我的原则，以及我是如何总结出这些原则的

我这一生犯了很多错误，花了很多时间反省这些错误，在这个过程中，我总结出自己的原则。从很小的时候起，我就是一个充满好奇心的、独立的思考者，追求大胆的目标。我激动地在头脑中设想要追求的东西，在追求的过程中我也经历了一些痛苦的失败，从中总结出了原则，使我免于再犯同种类型的错误。我因此而改变、进步，从而可以设想、追求更大胆的目标，并在很长一段时间里快速地、不断地这么做。所以对我而言，生活就像是你将在下一页看到的那幅图。

我认为成功的关键在于，既知道如何努力追求很多东西，也知道如何正确地失败。“正确地失败”是指，能够在经历痛苦的失败的过程中吸取重要的教训，从而避免“错误地失败”，即因为失败而被踢出局。

一直以来，这种不断学习和改进的方式是最适合我的，这缘于我的性格，以及我的工作。我的机械记忆能力一直很差，不喜欢听从他人的指示做事，而是喜欢自己把事情弄明白。因为我记忆力不好，我不喜欢上学，但当我 12 岁时，我爱上了市场交易。想要在市场上赚钱，一个人需要成为一个独立的思考者，习惯于打赌会发生与共识相

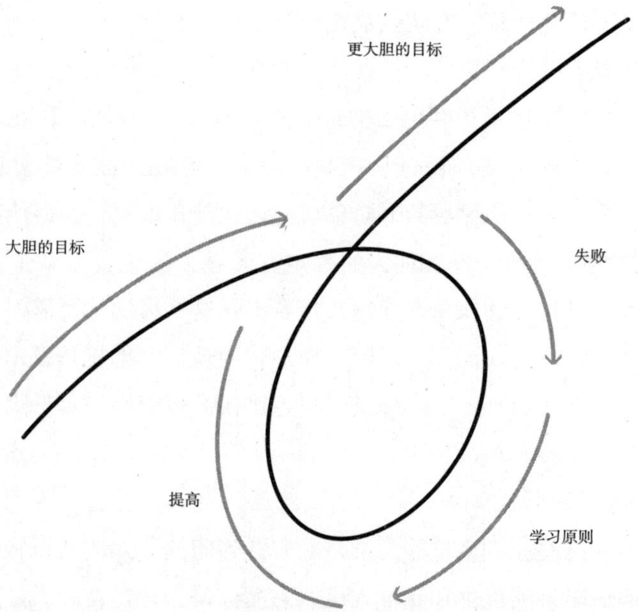
更大胆的目标
大胆的目标
失败
提高
学习原则

反的情况，而且赌对。这是因为共识性的观点通常已经反映在价格中了。在这个过程中，一个人肯定要犯下很多代价惨痛的错误，所以知道如何正确地犯错对一个人的成功至关重要。一个人想要成为一个成功的企业家，情况是相同的：也必须成为一个独立的思考者，正确地打赌会发生与共识相反的情况，这意味着在很多时候会犯下代价惨痛的错误。我既是一个投资者也是一个企业家，所以我逐渐养成了一种健康的害怕犯错的习惯，并思考出了一种能将犯错可能性最小化的决策方式。

- **以可信度加权的方式做决定。**

我犯下的代价惨痛的错误使我改变了看问题的角度，从“我知道我是对的”变成了“我怎么知道我是对的”。这些错误让我养成了谦逊的习惯，我需要用谦逊平衡我的勇敢。我知道我可能会错得离谱，又好奇为什么其他聪明的人对事情的认识与我不同，这促使我既从自己的视角看问题，也从别人的视角看问题。这让我看到了很多维度，如果我只从自己的视角看问题，是看不到这么多的。我懂得了如何对不同人的观点进行加权，从而选择最好的观点，也就是说，我用可信度加权的方式做决定。这降低了我犯错误的可能性，真是太棒了。同时，我还学会了：

- **遵照原则做事……**

……这些原则是以非常清晰的方式列明的，人们可以轻松地评估其中的逻辑，所以你和其他人可以判断你是否知行合一。经验告诉我，在做任何决定时，仔细思考并写下我的决策标准，是价值无限的，于是我养成了这么做的习惯。随着时间的推移，我收集的原则变成了一系列决策所需的要素。我与我的公司——桥水的员工分享这些原则，并邀请他们帮助我在行动中检验我的原则，通过这么做，我不断地提炼和完善我的原则。事实上，我已经把我的原则改善到了一定程度，使我可以看到这么做的重要性：

- **以系统化的方式来决策。**

我发现我可以这么做，方法是以算法的形式把我的决策标准表达出来，而我可以把这些算法植入我的计算机。我同时运行着两套决策体系——头脑中的一套和计算机中的一套，并在此过程中发现，计算机能够比我做出更好的决策，因为它能处理的信息比我多很多，而且它能够不带感情地以更快的速度处理这些信息。这让我以及与我共事的人可以逐渐深化我们的认识，提高我们的集体决策质量。我发现这样的决策系统（尤其是在实践可信度加权的情况下）是极其强大的，它将快速且深刻地改变世界各地的人们做出各种决策的方式。我们的原则驱动型决策方式不仅改善了我们的经济、投资与管理决策，而且帮助我们在生活的方方面面做出更好的决策。

你自己的原则是不是系统化或者计算机化的，并不是最重要的。最重要的事情是总结出你自己的原则，最好将其写下来，尤其是在你与其他人共事的情况下。

正是这种做法以及通过这种做法总结出的原则，而不是我本身，让我从一个普通的美国长岛中产阶级家庭的孩子，变成了一个依据常规标准衡量很成功的人，例如：从两居室的公寓起家创建一家企业，使其位列美国最重要的私营公司榜单的第五位（《财富》杂志）；成为全球最富裕的 100 个人之一（《福布斯》杂志）；被视为 100 位最具影响力的人物之一（《时代周刊》）。这些原则让我达到了一定高度，在这个高度上，我可以以从未想到过的方式重新看待成功与生活。这些原则还给予了我有意义的工作和人际关系，与我常规意义上的成功比起来，这是我更加珍视的。这些原则给予了我和桥水很多我从未梦想过的东西。

直到最近，我都没有想过在桥水之外分享这些原则，因为我不想引起公众的注意，而且我认为告诉别人他们应该有什么样的原则，是自以为是。但在桥水成功预测到了2008—2009年的金融危机之后，我个人、我的原则，以及桥水独特的运营方式，得到了很多媒体的关注。这些报道大多数是扭曲的、哗众取宠的。于是在2010年，我在桥水的网站上贴出了我们的原则，以便让人们自己判断。让我意外的是，这些原则被下载了超过300万次，我收到了来自世界各地的感谢信。

我将在两本书中为你们讲解这些原则，一本关于生活与工作原则，另一本关于经济与投资原则。

这两本书的组织结构

因为我成年以来的大部分时间都花在思考经济和投资问题上，所以我曾考虑先写有关经济与投资原则的书。但我最后决定先写生活与工作原则，因为这些原则更为宏观，而且我已经看到了它们会对人产生多大帮助——不管人们的职业如何。因为生活与工作这两部分搭配得很好，所以我把它们并入本书，并以一篇简短的自传“我的历程”作为先导。

第一部分：我的历程

在这一部分，我将分享我的一些经历（其中最重要的是我的失败经历），正是这些经历引导我发现了那些指导我进行决策的原则。说真的，对于讲述我的私人故事，我至今依然有一种错综复杂的感觉，因为这可能会分散你的注意力，导致你忽视原则本身，以及构成这些原则精髓的永恒的、普适性的因果关系。因此，假如你决定跳过这一部分，我不会介意。假如你确实打算阅读这一部分，请试着通过我和我的真实故事，看到我所描述的原则的逻辑与价值。想想这些原则，权衡它们，并判断它们究竟在多大程度上适用于你和你自己的生活环境，以及它们能否帮助你实现目标，不论这些目标是什么。

第二部分：生活原则

在“生活原则”这部分，我将说明那些在一切事情上引导我的首要原则。我将在这部分更深入地阐述我的原则，并说明如何将其应用于自然世界、我们的私人生活与人际关系、企业经营与决策，当然还有桥水。我将分享我探索出来的实现个人目标、做出有效决策的“五步流程”；我还将分享我在心理学和神经科学方面获得的一些深刻见解，并说明我如何将这些见解应用于私人生活和企业经营。这部分是本书的真正核心，因为它将说明为什么几乎任何人都可以将这些原则应用于几乎所有事情。

第三部分：工作原则

在“工作原则”这部分，你将看到对桥水非同一般的运营方式的特写式介绍。我将解释我们如何将我们的原则凝聚为一个理念——创意择优，力求通过极度的求真和极度的透明实现有意义的工作和有意义的人际关系。我将向你展示，这在极微观的层面上是如何实践的，以及如何将这一做法应用到几乎任何组织之中，从而提高它的效率。你将看到，我们只不过是一群追求卓越的人，而且我们承认，相对于我们需要知道的东西而言，我们真正所知的并不多。我们相信，在独立思考者之间出现的经过深思熟虑的、不掺杂情绪因素的分歧，可以转化为更明智、更有效、能够起到“1 + 1>2”的效果的可信度加权决策。这些工作原则以生活原则为基础，但由于组织的力量远远大于个人的力量，所以我相信，这些原则比生活原则更重要。

本书将有什么样的后续

在纸质书出版之后还会有一本交互式的书，将以 App（应用程序）的形式带你观看各种视频，体验仿真经历，以便你更身临其境地学习。这个 App 在和你交流的过程中还将了解你的情况，以便向你提供更加个性化的意见。

在本书和这个 App 之后，还会有另一本书，包含另外两个部分：经济原则和投资原则。在那本书中，我将传授一直以来对我有效的各项原则，我相信它们在这些领域也能帮到你。

我的所有建议都将包含在这两本书中。在那之后，我将进入生命的新阶段，我将归隐田园。

自己思考！

你想要什么？

事实是什么？

如何行动？

第一部分

我的历程

时间就像一条河流，

载着我们顺流而下，

遇到现实，需要决策，

但我们无法停留，

也无法回避，

只能以最好的方式应对。

当我们还是孩子时，其他人，通常是我们的父母，会在我们遇到现实问题时不断地指引我们。随着年龄增长，我们开始做出自己的决定。我们选择自己追求什么（我们的目标），而这会影响我们走的道路。如果你想成为一名医生，你就要去上医学院；如果你想成家，你就要找一个伴侣，等等。在我们追求这些目标时，我们会遇到问题，犯下错误，并发现自身的各种弱点。我们不断了解自身和现实，然后做出新的决定。在一生中，我们会做出无数的决定，这些决定实质上都是赌博，一些是大赌，一些是小赌。思考我们如何做出决定是有好处的，因为这将最终决定我们的生活质量。

我们所有人天生就有各种不同的思维能力，但我们不是天生就有决策能力。我们在接触现实的过程中学习决策能力。尽管我走的路是独特的——独特的父母、独特的职业道路、独特的同事，但我相信，我一路走来学到的原则将适用于走在大多数路上的大多数人。当你阅读我的故事时，请努力透过故事和我这个人，看到潜在的因果关系，看到我做的选择和这些选择的后果，看到我从中学到了什么，以及我在总结经验后是如何改变决策方式的。你要问自己要什么，将那些得到了你想要的东西的人作为范例，努力分析出潜藏在他们成就背后的因果关系模式，这样你就能应用这些模式，帮助实现自己的目标。

为了帮你理解我是从哪里来的，我将如实地向你讲述我的一生与职业生涯，在此过程中，我将重点强调我犯过的错误和我的弱点，以及我从这些错误和弱点中总结出的原则。

1

我的探险召唤

（1949—1967 年）

我出生于 1949 年，在长岛的一个中产阶级社区长大。我的父亲是一名职业爵士乐手，母亲是家庭主妇，我是他们的独子。我是一个普通家庭里的普通孩子，学习成绩较差。我喜欢和伙伴们一起玩：小时候在街上踢足球，在邻居的后院里打篮球，稍大后喜欢追求女孩。

我们的基因决定了我们固有的优点和缺点。我最显著的缺点是机械记忆能力很差。直到现在，我一直记不住没有内在逻辑的东西（如电话号码），而且我不喜欢听从别人的指示。同时，我的好奇心很强，喜欢自己把事情弄清楚，不过当时我并不像现在这么清楚地知道这一点。

我不喜欢上学，不只是因为上学需要背很多东西，也是因为我对大多数教师认为重要的事都不感兴趣。我一直都不明白，除了能得到母亲的认可之外，上学上得好还能带给我什么。

母亲宠爱我，担心我糟糕的成绩。直到上中学之前，她都会要求我在房间里学习几个小时后再出去玩，但我对此无法投入。她总是在支持我。她会把我要送的报纸叠起来，扎上橡皮筋；周六晚上看惊悚电影时，她还会烤饼干给我吃。母亲在我19岁时去世了，当时我觉得我再也不会笑了。现在每当我想起她时，我都会微笑。

作为一名乐手，我的父亲通常工作到很晚，大约到凌晨3点钟，所以他会在周末睡懒觉。因此，在我小的时候，我们之间的关系不怎么亲密，除了他总是催我做各种杂事，如修剪草坪和树篱，而这些都是我讨厌做的。他是一个负责任的男人，而那时的我却是一个不负责任的孩子。在今天的我看来，我们当时的交流显得有些滑稽。例如，有一次他让我割草，而我决定只割前院的，后院的之后再说，但接下来的几天里不停下雨，后院的草长得很高，我只能用一把镰刀去割。这用了太长时间，等我割完后院的时候，前院的草又长高了，就这样反反复复。

母亲去世后，我和父亲变得很亲密，尤其是在我建立了自己的家庭之后。我喜欢他，也爱他。他身上有一种乐手身上常见的随和、欢快的气质，而且我钦佩他坚强的性格。我觉得经历大萧条以及在“二战”、朝鲜战争中作战，使他形成了这种性格。我对他记忆深刻的是，他70多岁时毫不犹豫地在暴风雪天气里开车，每当被困住时他就自己铲雪然后把车开出来，就好像这不是什么事一样。他把一生中的大部分时间花在了录制音乐和在俱乐部里演奏上，65岁左右时开始了第二份职业，在高中和一所地方社区学院教音乐，直到81岁时突发心脏病。之后他又活了10年，头脑从来没有变得迟钝。

当我不想做什么事情的时候，我会抗拒，而当我乐于做什么的时候，什么都阻挡不了我。例如，虽然我抵制在家里做杂务，但我在外面很积极地打零工赚钱。从8岁起，我就开始送报纸，给别人家的车道铲雪，做球童，在一家本地餐馆擦桌子、洗碗碟，在附近的一家百货商店做理货员。我不记得我父母鼓励过我打这些零工，所以我不好说我是怎么做起来的。但我确实知道的是，在那么小的时候就有这些工作，并有一些可以独立支配的钱，教给了我很多宝贵的经验，这些经验是我无法通过上学和玩耍学到的。

我年轻时正值 20 世纪 60 年代，那时美国国内的普遍情绪是豪情万丈、鼓舞人心的，鼓励人们实现伟大和高尚的目标。后来，我再也没有遇到过这样的景象。我最早的记忆之一是约翰 · F. 肯尼迪，一个聪明、魅力超凡的人，他描绘着生动的画面，探讨如何改变世界——探索外太空、实现平等、消除贫困。肯尼迪及其思想对我的世界观的形成有很大影响。

那时，相对于其他国家来说，美国处于极盛期：经济总量占全球的 40%——而现在只有 20% 左右，美元是全球货币，美国是主宰性的军事大国。那时，做“自由派”意味着致力于以快速而合理的方式向前奋进，做“保守派”意味着固守传统的不可取的习惯——至少我和我身边的大多数人是这么理解的。当时，我们眼中的美国富裕、进步、有条不紊，肩负着在一切方面快速进步的使命。这些想法可能有些幼稚，但有这些想法的人不止我一个。

那些年，每个人都在谈论股市，因为股市很红火，人们都在赚钱，包括那些在一个名叫林克斯的地方高尔夫球场打球的人。我从 12 岁起开始在那里做球童。于是我开始拿做球童挣的钱炒股。我的第一笔投资投给了东北航空。我买这个公司的股票，是因为在我听说过的所有公司里，只有它发行的股票低于 5 美元一股。我发现，我买的股票越多，赚的钱就越多。这是一个很粗浅的策略，但我的钱因此增长了两倍。其实当时东北航空快要破产了，另一家公司收购了它。我很走运，不过当时的我并不知道这一点。我只是觉得在股市里赚钱很容易，于是我上瘾了。

当时，每期《财富》杂志上都有一张很小的可以撕下来的赠券，把赠券寄给杂志社后，你就能得到免费的《财富》世界 500 强的年度报告。我要了所有企业的报告。我现在还记得，邮递员很不情愿地把那些报告全部拖到了我家门口，然后我就仔细地阅读每一份报告。我就是以这样的方式开始打造一座投资图书馆的。随着股市持续攀升，“二战”和大萧条看起来就像是遥远的往事，而投资似乎很简单——随便买只股票看着它涨就是了。当时的流行认知是，股市肯定会不停地上涨，因为如何管理经济已经发展成了一门科学。毕竟，在之前的 10 年里，股价已经平均上涨了近三倍，而且一些股票的涨幅比这还要大得多。

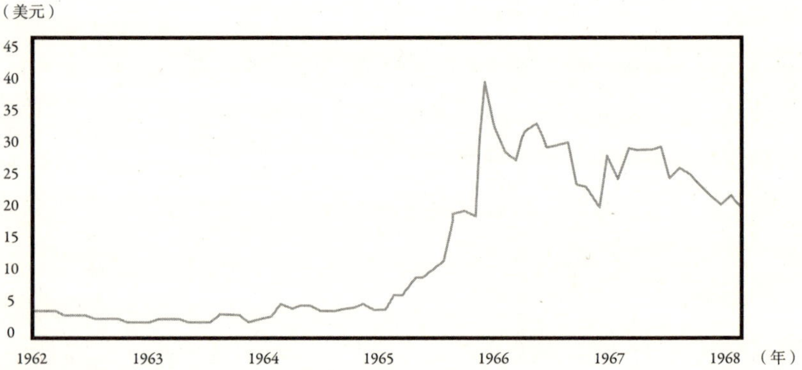

因此，“成本平均策略”——每个月向股市投入金额基本相同的钱，不管这笔钱能买到多少股份——是当时大多数人采取的策略。当然，能选中最好的股票更好，所以这也是包括我在内的所有人努力的方向。可以选择的股票成千上万，全都清晰地列在报纸的最后几页上。

我喜欢买卖股票，也喜欢和朋友一起玩。小时候我和左邻右舍玩，十几岁时用伪造的身份证件进酒吧玩，现在则和朋友一起参加音乐节或者去潜水。我一直是一个独立的思考者，为赢得奖赏而甘愿冒险——不仅是在市场上，而是在几乎所有方面。同时，与失败比起来，我对乏味和平庸的恐惧要严重得多。对我而言，很好的事要比糟糕的事好，而糟糕的事要比平庸的事好，因为糟糕的事至少给生活增加了滋味。在高中毕业纪念册上，我的朋友为我挑选了梭罗的一句名言："如果一个人和同伴的步调不一致，也许因为他听到的是不同的鼓点。让他跟着他听到的音乐前行吧，不管节奏是迟缓还是激越。"

1966 年，我从高中毕业，那一年股市依然一片繁荣，我赚着钱，享受着美好生活，和我最好的朋友菲尔逃课去冲浪，做着喜好玩乐的高中男孩通常做的各种事情。当然，当时的我并不知道，那一年是股市的顶点。在那之后，几乎所有我曾经对股市的认识都被证明是错误的。

2

跨越门槛
（1967—1979 年）

我进入这个时期时带着基于自身经历以及受周围人影响而形成的偏见。1966 年，资产价格反映了投资者对未来的乐观情绪。但在 1967—1979 年，各种不良经济冲击导致资产价格出人意料地大幅下跌。不仅经济和市场变差，社会情绪也恶化了。经历这些让我认识到，尽管几乎所有人都会估计未来和当下大同小异，但未来通常会和当下大相径庭。而 1967 年时的我并不知道这一点。我相信股价最终会反弹，所以尽管股市走低，始终亏钱，我还是不停地买进，直到我最终弄明白出了什么差错，以及应该如何应对。我逐渐认识到，股价反映了人们的预期，所以当实际结果比预期好时，股价上涨；当实际结果比预期差时，股价下跌。而大多数人会因为近期的经验而产生偏见。

那年秋天，我开始在长岛大学 C. W. 波斯特校区就读。我进校时有试读期，因为我高中时的平均成绩是 C。但和高中不同的是，我喜欢大学，因为我能学习我感兴趣的东西，而不是强塞给我的东西，于是我开始取得好分数。我还喜欢拥有独立性的离家生活。

学习冥想对我也有帮助。1968 年披头士乐队访问印度，在玛哈瑞诗·玛哈士的静修所学习了“超觉冥想”，我对此很好奇，于是我也开始学习。我很喜欢冥想。在我的一生中，冥想对我帮助很大，因为冥想让我拥有平静的开放思维，让我可以更清晰、更有创造性地思考。

我在大学里主修金融学，因为我喜欢市场，而且这个专业对外语没有要求。这让我可以学习我感兴趣的东西，无论是在课堂上还是课外。我从一位很有趣的同学那里学到了很多关于大宗商品期货的知识。他是一名越战老兵，比我大很多。大宗商品对我很有吸引力，因为大宗商品交易的保证金要求很低，这意味着我能利用我手中有限的钱去投资。如果我能按计划做出成功的决策，我就能借到更多钱，然后赚更多钱。当时，股票期货、债券期货、货币期货还没有出现。大宗商品期货严格局限于真正的大宗商品，像玉米、大豆、牛、猪肉等。所以我开始在这些市场上交易，并学着了解它们。

我上大学时，正值自由恋爱、尝试致幻毒品、拒斥传统权威的时代。经历这个时代对我以及同时代的很多人产生了持久的影响。例如，这个时代深刻影响了史蒂夫·乔布斯，一个我后来敬仰，并与之惺惺相惜的人。和我一样，他学习冥想，不愿意被人牵着鼻子走，喜欢发挥想象力，打造出新奇的好东西。我们所处的时代教会我们质疑传统的做事方式。乔布斯在苹果标志性的“1984”和“向疯狂者致敬”的广告里极好地展示了这种态度。

对于美国整体而言，那是一段艰难的岁月。随着征兵规模扩大，以及被装在裹尸袋里运回国的年轻人激增，越战分裂了美国。当时，美国实行了一种根据生日抽签以决定征兵顺序的做法。我记得是在和朋友打桌球时通过广播听到了这个抽签的消息。人们曾猜测大约前 160 个被抽中的日子，对应生日的人会被征募，但他们一口气读了所有 366 个日子。我的生日是第 48 个被抽到的。

我当时还没有聪明到为参战而感到害怕的程度，因为我幼稚地觉得不会有坏事情发生在我身上。但我确实不想参战，因为我的生活正在高歌猛进，为战争而搁置两年，那感觉会像永久一样。而我父亲坚决反对越战，强烈反对我入伍，尽管他曾参加过“二战”和朝鲜战争，并相信那两场战争是正当的。他找了个大夫为我检查身体，发现我患有低血糖症，这使我可以免于被征募。当我回想这件事时，我明白我是因为一个技术性原因而免于服兵役的，事实上是我父亲帮助我躲避了兵役。现在我对此有一种五味杂陈的感觉：对于未能为国家尽一份力，我感到愧疚；但令我稍感宽慰的是，战争给许多其他人造成的伤害性后果，没有发生在我身上。同时我感激我的父亲，他是出于对我的爱而采取行动保护我的。假设我今天遇到相同的情况，我不知道我会怎么做。

随着美国政治和经济的恶化，美国民众的情绪变得低落。1968 年 1 月的“春节攻势”[1]似乎让人觉得美国正在输掉这场战争。同年，林登·约翰逊总统决定不再竞选第二任期，理查德·尼克松当选美国总统，开启了一段更艰难的岁月。与此同时，法国总统夏尔·戴高乐把法国国库中的美元全都拿出来兑换黄金，因为他担心美国会通过印钞筹集越战经费。通过将这些新闻和市场走向结合起来观察，我开始看到整个图景，并开始理解政治与经济之间的因果关系。

大约在 1970 年或 1971 年时，我注意到黄金开始在国际市场上升值。在那之前，像大多数人一样，我不怎么关注汇率，因为自打我出生以来，汇率体系一直保持稳定。但随着汇率事件越来越多地出现在新闻里，这引起了我的注意。我了解到，其他国家的货币是和美元挂

1. 一场由越南民主共和国军队发动的奇袭式的联合攻势，同时攻打了越南共和国的 100 多个城市和村镇。

钩的，而美元是和黄金挂钩的；美国人不能拥有黄金（不过当时的我不清楚为什么），但其他国家的央行可以把它们持有的美元纸钞换成黄金，以确保它们不会因美国过度印钞而受损。我听到，对于人们对美元的担忧、对黄金的兴奋，美国政府官员嗤之以鼻。官员们向我们保证，美元是稳健的，黄金只不过是一种过时的金属。他们说，是投机者在推动金价上涨，一旦事情尘埃落定，他们将引火自焚。那时，我依然认为政府官员是诚实的。

1971 年春，我以几乎完美的 GPA（平均学分绩点）从大学毕业，接着被哈佛商学院录取。这一年夏天，在我开始进入哈佛商学院学习之前，我在纽约股票交易所得到了一份大厅交易员的差事。到盛夏时，美元问题发展到临界点。有报道说，欧洲人已经不愿接受美国游客的美元了。全球货币体系正在走向崩溃，但当时的我还不能清晰地看到这一点。

接着，1971 年 8 月 15 日，周日，尼克松总统出现在电视里，宣布美国不再遵守允许以美元自由兑换黄金的承诺，这导致美元大跌。由于此前政府官员承诺不会让美元贬值，所以尼克松的话使我感到惊愕。他没有直面美元面临的贬值压力背后的根本性问题，而是继续指责投机者。尼克松精心组织话语，使之听起来像是他在采取行动支撑美元汇率，而事实上他的行动起到的效果恰好相反。“让美元自由浮动”——正像尼克松所做的那样，然后任由美元汇率像一块石头一样下沉，这在我看来很像是一个谎言。从那时到现在的几十年里，我不断目睹，就在决策者即将让货币贬值的前夕，他们还在信誓旦旦地承诺不会这么做。于是我学会了，当政府决策者向你承诺他们不会允许货币贬值发生时，不要相信他们。他们越是坚决地做出这样的承诺，局势也许就越严重，因而货币贬值即将发生的概率也越大。

当我听尼克松讲话时，我在想这些事态发展意味着什么。根据我们一直以来的理解，纸币是一种能够随时兑换黄金的东西，但情况再也不是这样了。这肯定不是什么好事。在我看来很清楚的是，肯尼迪曾经代表的让人憧憬未来的时代正在土崩瓦解。

周一早晨，我步入纽约股票交易所的大厅，想着会看到一片喧嚣的场景。的确是一片喧嚣，但不是我原本想象的那样：股市并没有下跌，而是上涨了约 4%，一天上涨了这么多很不寻常。

为了把事情弄明白，在那个夏天剩下的时间里，我用心研究过去的几次货币贬值。我知道了，当时发生的一切事情，即美元与黄金脱钩并贬值，以及接下来的股市大涨，以前都发生过，而且符合逻辑的因果关系使这样的事态发展成为必然。我明白了，我之所以未能预见到这样的情况，是因为我对自我出生以来未曾发生过的而之前发生过很多次的事情感到惊奇。这个现实传递给我的信息是："你最好弄明白其他时间、其他地点、其他人身上发生的事，因为如果你不这么做，你就不知道这些事情会不会发生在你身上，而且一旦发生在你身上，你将不知道如何应对。"

那年秋天入学哈佛商学院时，对于能与来自世界各地的绝顶聪明的人做同学，我感到很兴奋。我的期望值很高，而真实体验更是超乎预料。我与来自世界各地的人们一起生活，我们一起在令人兴奋、多元化的环境中举行聚会。没有教师在黑板前告诉我们什么东西要记住，也没有考试测试我们有没有记住。相反，教师给我们的都是真实的案例研究，让我们进行阅读与分析。然后我们分成小组自由讨论，假如我们处在和案例中的人相同的情况下，我们会怎么做。这正是我喜欢的教学方式！

同时，拜金本位终结后政府大量印钞所赐，美国经济和股市一片繁荣。1972 年，买股票再次流行起来，当时流行的是"漂亮 50 股"。这 50 只股票的收益增速很快、很稳定，被广泛认定为稳赚不赔的买卖。

虽然股市很火，但我对做大宗商品交易更感兴趣，于是第二年春天，我请求美林证券的大宗商品主管给我一份暑期工作。他感到奇怪，因为来自哈佛商学院这种地方的人通常不会对大宗商品感兴趣，当时的大宗商品交易被视为华尔街证券经纪业的一个默默无闻的副产品。据我所知，截至当时，从来没有哈佛商学院的学生在任何地方从事过大宗商品期货交易。大多数华尔街企业甚至没有大宗商品期货部，而美林证券的大宗商品期货部很小，隐藏在一条偏僻的街道上，里边配备的是简朴的金属办公桌。

几个月之后，当我回到哈佛商学院开始第二学年时，第一次石油危机爆发，油价在几个月里涨了三倍。美国经济增长放缓，大宗商品价格暴涨，股市也在 1973 年下跌。我又被打了个措手不及。但回头来看，我可以看到，相关的多米诺骨牌是以符合逻辑的顺序倒下的。

在这个案例中，20 世纪 60 年代靠借债支持的过度开支一直延续到 20 世纪 70 年代初。美联储曾通过宽松信贷政策为这样的过度开支提供资金，但在美元不再以黄金为后盾后，美国必须用贬值的纸币偿还欠下的债务，这导致它事实上违约。印钞这么多，美元币值自然大幅下跌。这为更宽松的信贷创造了条件，进而导致了更多的开支。金本位制崩溃后通胀率上升，导致大宗商品价格变得更高。作为回应，1973 年，美联储收紧了货币政策，通常当通胀率过高、增速过快时各国央行都会这么做。这进而导致了大萧条以来最严重的股价下跌和经济恶化。“漂亮 50 股”受冲击尤为严重，股价暴跌。

教训是什么？当所有人想法都一样时（例如都相信买入“漂亮 50 股”包赚不赔），这一情况几乎必然会反映在价格中，而把赌注押在这上面，就有可能犯错。我还学到了，所有行为（如宽松的货币和信贷）都会产生与该行为大致相称的后果（在这个例子中是更高的通胀率），这会引起一个大体相同的反向反应（货币和信贷的收紧），以及市场的反转。

这只是个开始，后来我看到类似的事情不断发生，这让我发现，几乎所有的事情都是“情景再现”：以前，几乎所有事情都以符合逻辑的因果关系不断发生过。当然，准确地判断出哪些事情正在重演，并理解背后的因果关系，对于当时的我依然是困难的。尽管回头来看，几乎所有事情都是必然的和符合逻辑的，但在事情的发展过程中看，就绝不是这么清晰明了了。

因为人们都是什么火追什么，不火的不追，所以 1973 年之后，投资股票不再受欢迎了，大宗商品交易流行起来。由于我在大宗商品领域的从业经历和哈佛大学工商管理硕士的学历，我成了抢手货。拥有百年历史的中型证券公司多米尼克聘请我做大宗商品业务主管，年薪 2.5 万美元，这在当年哈佛商学院毕业生的起薪中排在接近最高的位置。我的新老板给我找了一个比我年长、经验更丰富的搭档，他在大宗商品代理交易方面有很多经验，我们受命创立一个大宗商品部门。这份工作本是我不能胜任的，但我当时太骄傲了，没有认识到这一点。假如我能将这份工作继续做下去，我也许能学到很多痛苦的教训，但没等我们大展拳脚，行情不佳的股市就导致多米尼克倒闭了。

当美国经济陷入困境时，“水门”丑闻主宰了媒体头条，而我再次看到了政治和经济是如何交织在一起的，通常是经济因素先起作用。这场恶性循环导致人们变得悲观，于是他们卖掉自己的股票，股市继续下跌。情况并不会变得特别糟糕，但当时所有人都担心会这样。这恰好是我在 1966 年市场触顶时看到的情况的镜像，而且和当时一样，人们的共识是错误的。当人们极度悲观时，他们就廉价甩卖，价格通常会变得非常低，同时政府不得不采取行动改善经济形势。毫不意外的是，美联储放松了货币政策，股价在 1974 年 12 月触底。

当时我单身，生活在纽约。我和来自哈佛商学院的朋友聚会，和很多人约会，过得很快乐。当时我的室友正在和一名古巴女子约会，他安排我与他女友的一个朋友“盲约”。这是一个有异国风情的女子，来自西班牙，名叫芭芭拉，几乎不会说英语。这并不是问题，因为我们以各种不同的方式沟通。在接近两年的时间里她不断带给我惊喜，后来我们就住在一起，结婚，生了4个儿子，共度美妙的生活。至今她仍在给我惊喜，但她是我的家人，所以对她的介绍到此为止。

在从事证券经纪工作的同时，我也在用自己的账户做交易。尽管我赚钱的次数比赔钱的次数多得多，但我现在只能回忆起那些失败的交易。我至今仍记得一场大失败：当时我持有猪腩期货，连续几天，猪腩期货市场都是跌停——意思是价格已经跌得过低，不得不停止交易。我后来把这段经历对我的影响描述给了《对冲基金奇才》的作者杰克·施瓦格：

> 当时我们有一块巨大的大宗商品交易板，每当价格变动时就会发出咔嗒声。于是每天早上开市时，我都会看到并听到市场价格下跌了200点——这是每天的下跌上限——然后就在那个价格上保持不动。于是我就知道我已经损失了那么多钱，而进一步的潜在损失尚不确定。那是刻骨铭心的经历……这段经历让我意识到了风险控制的重要性，因为我再也不想经历那种痛苦了。这段经历增强了我对犯错误的恐惧感，让我懂得了必须确保任何一次押注，甚至赌注组合，都不能使自己的损失超过可以接受的限度。在交易中，你必须既有防御心又有进攻心。如果没有进攻心，你就赚不到钱；而如果没有防御心，你的钱就保不住。我相信，任何在交易中赚到钱的人，都必然经历过可怕的痛苦。交易就像跟电打交道，你可能被电击。在做这桩猪腩期货交易及其他交易时，我感受到了电击，以及与之相伴的恐惧。

在多米尼克关闭其零售业务部门后，我转到了一家更大、更成功的证券公司。在我于该公司任职的短暂时间里，它收购了多家其他公司，并数次易名，最终成为希尔森公司，不过在此过程中桑迪·韦尔一直是该公司的负责人。

希尔森公司让我负责其期货对冲业务，既包括大宗商品期货也包括金融期货。我负责帮助那些经营中存在价格风险的客户利用期货管理这些风险。我逐渐成了熟悉谷物和牲畜交易市场的专家，因为这些交易的缘故，我经常会去得克萨斯州西部和加利福尼亚州的农业区。和我打交道的希尔森公司的经纪人、牲畜生产商和谷物交易商都很不错，他们把我带进了他们的世界，带我去播放乡村音乐的酒吧，猎鸽子、烧烤。我们一起工作，并一起欢娱。我和他们拥有一段共同的生活，这样的生活延续了好几年——尽管我只在希尔森公司工作了一年多一点。

我很喜欢这份工作和我的同事，但我和希尔森公司格格不入。我太野性了。在加利福尼亚谷物与饲料联合会的年度大会上，我开了一个现在看起来很蠢的玩笑：我雇了一名脱衣舞女，让她在我演讲时脱掉外衣。我还在我老板的脸上打了一拳。毫无疑问，我被解雇了。

但该公司的经纪人、他们的客户，甚至那些解雇了我的人，都很喜欢我，并且愿意继续得到我的建议。更让我高兴的是，他们愿意为此向我付费。于是在 1975 年，我创办了桥水。

创办桥水

事实上，我是在“重启”桥水。在我从哈佛商学院毕业、去多米尼克大宗商品部门工作后不久，我就和一位同样来自哈佛商学院的朋友创办了一个小企业。我们与身在其他国家的一些伙伴合作，心不在焉地试图从美国向其他国家出售大宗商品。我们称它为“桥水”，这是因为我们的业务是“在不同的水域之间架起桥梁”，而且这个名称听起来很响亮。到 1975 年，这家大宗商品公司几乎已经名存实亡了，但因为它已经登记在册，所以我就把它利用了起来。

我利用了自己的两居室公寓。我曾和一位哈佛商学院的朋友同租这间公寓，在他搬走后，我就把他的卧室变成了一间办公室。我与另一位经常一起打橄榄球的朋友合作，我们还雇了一位很棒的年轻姑娘作为我们的助理。这就是最初的桥水。

我把主要精力用来追踪市场动态，并设身处地地为我的企业客户展示，假如我是他们，我会如何处理市场风险。当然，我还在继续用自己的账户做交易。努力和朋友一起帮助客户打败市场，要比拥有一份真正的工作有意思得多。我知道，只要我基本的生活花费能够满足，我就会快乐。

1977 年，我和芭芭拉决定要个孩子，于是我们结婚了。我们在曼哈顿租了一套赤褐色砂石墙的房子，搬了进去，我也把公司搬到了那里。当时苏联人购进了很多谷物，希望得到我的建议，于是我带着芭芭拉去了一趟苏联，既是度蜜月，也是出差。我们于新年前夜抵达莫斯科，在漫天雪花中从灰暗的机场乘坐公共汽车，我们经过圣巴西尔大教堂，加入一场盛大的聚会，那里有很多非常友好、喜欢玩乐的苏联人。

我的工作一直能把我带到各种充满异国情调的场所，让我遇到有意思的人。如果我能从这些旅行中赚到钱的话，那不过是锦上添花。

设计机器化的市场模型

我真的一头扎进了牲畜、肉类、粮食和油料种子市场中。我喜欢这些东西，因为它们是有形的，与股票相比，人们对其价值的认识比较不容易出现扭曲。由于“更傻的人”不断买卖股票，所以股票的价格可以一直保持在太高或太低的水平上，但牲畜最终要被宰杀，变成柜台上的肉，在那里其定价将取决于消费者愿意出多高的价格。我可以想象这些产品从生产到最终出售的过程，并看到潜在的关系。因为牲畜吃粮食（主要是谷物）和豆粕，又因为谷物和豆类的种植面积存在竞争关系，所以这两个市场是密切相关的。我了解几乎一切能想到的、与这两个市场有关的事情，例如：这两种主要作物的计划种植面积与通常产量分别是多少；如何根据作物生产季节不同时段的降雨量估测产量；如何预测收成规模、运输成本，以及不同体重、不同饲养地点和不同增重率的牲畜的存栏量；如何预测净肉率、零售利润率、消费者对于不同部位的肉的偏好，以及每个季节的屠宰数量。

这并不是学术学习：在这方面有实践经验的人告诉我农业经营的过程，我把他们告诉我的东西组织成模型，然后使用这些模型考察随着时间的推移这些不同部分之间的互动关系。

例如，如果我知道牛、鸡和猪的饲养数量是多少，它们吃多少谷物，它们的增重率是多少，我就能预测出有多少肉将在何时上市出售，以及有多少谷物和豆粕在何时被消费。类似地，我考察谷物和豆类在所有种植业领域的种植面积分别是多少，进行回归分析，发现降雨量如何影响每个领域的产量，然后就可以应用天气预报和降雨量数据预测谷物和豆类的产出时间与数量。对我而言，整个过程像是一部有着符合逻辑的因果关系的美丽机器。通过理解这些关系，我就能得出用来建立模型的决策规则（或者说原则）。

这些早期的模型和我们现在使用的模型相去甚远。这些模型是我随手画的草图，我用当时可以利用的科技分析它们，将其转化为计算机程序。最初的时候，我在我的手持惠普 HP-67 计算器上做回归分析，用有色铅笔手动绘图，并在笔记本上记下所有的交易。个人计算机出现后，我就可以把数字输入计算机，看计算机自动把数字转化为图片，然后观察电子数据表中呈现的情况。弄清楚牛、鸡和猪的肉量在各自的不同生产阶段中如何增长，这些肉类如何为争取肉类消费者的金钱而竞争，肉类消费者将如何花钱以及为什么这么花钱，肉类包装商和零售商的利润率将如何影响自身的行为（例如他们将在广告中推广哪个部位的肉）之后，这部机器就能计算出牛、鸡和猪的价格，我就能对这些价格下注了。

虽然这些早期的模型很初级，但我喜欢构建和改进它们，它们也是帮我赚钱的好工具。我使用的这种定价方式和我在经济学课堂上学到的不同，在课堂上，供给和需求都是用出售的商品数量进行衡量的。我发现，用付出的金额（而不是购买的商品数量）衡量需求，考察买家和卖家分别是谁以及他们为什么买卖，是一种实用得多的方式。我将在有关经济与投资原则的书中解释这一做法。

我之所以能够发现其他人错过的经济与市场变动，这一不同的做法是主要原因之一。从那时起，当我观察任何市场时，不管是大宗商品、股票、债券还是外汇市场，我都能发现并理解其中的一些失衡之处，这些失衡是那些用传统方式定义供给和需求（将其视为彼此相等的单位）的人觉察不到的。

把复杂的系统设想为机器，发现其内部的因果关系，把处理这些因果关系的原则写下来，将其输入计算机，从而让计算机为我“决策”，所有这些后来都成了标准做法。

不要把我的意思领会错了。我的做法远远称不上完美。我清晰地记得，一次“绝对不会赔”的押注，让我个人损失了约 10 万美元，相当于我当时大部分的个人财富净值。更令人痛苦的是，这个押注也给我的客户带来了损失。不断真切显现的最痛苦的教训是，没有任何东西是确定的：总是存在会给你造成重大损失的风险，即使在看起来最安全的押注中也是如此，所以，你最好总是假设自己没有看到全部。这个教训在很多方面改变了我做决定的方式，在本书中我将反复提到这些改变，而且我的成功在很大程度上要归功于它们。但在犯下许多其他错误之后，我才彻底改变了我的行为方式。

发展业务

尽管赚钱很好，但拥有有意义的工作和人际关系要比赚钱好得多。对我而言，有意义的工作是指一项我能全身心投入的使命；有意义的人际关系是指我既深深地关心对方，对方也深深地关心我。

想想吧：把赚钱作为你的目标是没有意义的，因为金钱并没有固有的价值，金钱的价值来自它能买到的东西，但金钱并不能买到一切。更聪明的做法是，先确定你真正想要什么，你真正的目标是什么，然后想想你为了得到这些目标需要做什么。金钱只是你需要的东西之一，但当你已经拥有了实现你真正想要的东西所需的金钱时，金钱就不再是你唯一需要的东西，也肯定不是最重要的东西。

当思考你真正想要的东西时，最好思考它们的相对价值，以便合理权衡。就我个人来说，我需要有意义的工作和有意义的人际关系，它们对我的重要性相等，而我对金钱的价值评价较低——只要我的钱足够满足我的基本需求就行了。在考虑有意义的人际关系与金钱相比的重要性时，很明显，人际关系更重要，因为一种有意义的人际关系是无价的，我用再多的金钱也买不到比这更有价值的东西。因此，对我而言，从过去到现在，有意义的工作和有意义的人际关系都是我的主要目标，我做的一切事情都是为了实现这两个目标。赚钱只是其附带结果。

20世纪70年代末，我开始把我对市场的观察通过电报发给客户。这些《每日观察》（“谷物和油料种子”“牲畜和肉类”“经济和金融市场”）的源起很简单：尽管我们的首要业务是管理风险敞口，但我们的客户也给我打电话，请教我对市场的看法。接这些电话很费时间，所以我认定，更有效的方式是每天把我的想法写下来，以便其他人理解我的逻辑，并帮着一起改进它。这是一项很好的自律措施，因为这迫使我每天都进行研究和反思。这也成为我们企业的一个主要沟通渠道。《每日观察》已经持续了将近40年，累计近1万篇。今天，世界各地的客户和决策者都在阅读、思考和讨论它。目前我依然在和桥水的其他人一起写《每日观察》，并期待一直写下去，直到人们不愿再读它，或者我离世。

除了向客户提供这些观察和建议外，我还开始通过代理他们的交易管理他们的风险敞口。我得到的回报有时是每个月一笔固定费用，有时是从我赚到的利润中分成。在此期间，麦当劳和雷恩加工是我为其提供咨询服务的两家客户，当时前者买入大量牛肉，而后者是美国最大的鸡肉生产商。我帮它们赚了很多钱，尤其是雷恩加工，它通过在谷物和豆类市场上进行投机交易赚到的钱，比通过养鸡和卖鸡赚到的钱还多。

当时麦当劳已经设计出一款新产品——麦乐鸡，但它犹豫要不要将其上市，因为它担心鸡肉价格可能上涨，从而挤压它的利润率。雷恩加工等鸡肉生产商不愿意以固定价格向麦当劳出售鸡肉，因为它担心自己的生产成本会上升，利润会受挤压。

当我思考这个问题时，脑子里出现的一个念头是，从经济学角度出发，可以把一只鸡看作一部简单的机器，该机器包含一只小鸡和它的饲料。鸡肉生产商最需要担心的、波动最剧烈的成本，是饲料的成本。我向雷恩加工展示，如何利用一种谷物期货和豆粕期货的组合锁定成本，这样一来，它就能向麦当劳提出一个固定报价。在大大降低自身价格的风险之后，麦当劳在 1983 年推出麦乐鸡。对于帮助它们干成这件事，我感觉非常好。

我在牲畜和肉类市场上发现了类似的价格关系。例如，我向牲畜饲养者展示，他们可以如何通过对冲在自己的成本项目（育肥用牛、谷物和豆粕）和 6 个月后出售的产品（育好的牛）之间设定良好的价格关系，从而锁定强劲的利润率。我研究出了一种方法：出售不同部位的鲜肉时，约定在未来以固定的、远低于冻肉的价格交付，但依然能产生巨大的利润。我的客户深深地明白，他们所从事的业务的“机器”是如何运行的，而我正好了解市场的运行方式，这二者的结合，对于我们双方都有好处，同时也让市场在整体上变得更有效率。我设想出这些复杂机器的能力，让我们与那些瞎蒙的人相比拥有了竞争优势，并最终改变了这些产业的运行方式。而且，一如往常，和我喜欢的人共事是莫大的快乐。

1978 年 3 月 26 日，我妻子生下了我们的第一个儿子德温。要一个孩子是我迄今做过的最艰难的决定，因为当时的我显然不知道养孩子将是一种什么样的经历，而且这个决定是不可撤回的。但事实证明这是我做出的最好的决定。虽然在本书中我不会过多展示我的家庭生活，但我是那种把家庭和职业看得同等重要的人，而且我把二者联系在一起。举个例子来说明这二者是如何在我的头脑里紧密交织在一起的：我给儿子起名“德温”，而“德温”是人类所知的最早的牛种之一，也是最早输入美国的牛种之一，并以繁殖率高著称。

3

我的低谷

（1979—1982 年）

1950—1980 年，市场大潮平稳涨落，债务、通胀率与增长率也随之涨落。宏观市场波动的幅度一次比一次大，尤其是在 1971 年金本位制结束之后。20 世纪 70 年代，发生了三次这样的宏观波动。第一次发生于 1971 年，是美元贬值的结果。第二次发生于 1974—1975 年，在此期间通胀率上升到了“二战”以来的最高水平。美联储收紧了货币供应，利率攀升到创纪录的高水平，从而造成了 20 世纪 30 年代以来最严重的股市下跌和经济下滑。第三次也是最大的一次宏观波动发生于 1979—1982 年，也是自 1929—1932 年以来最大规模的经济 / 市场涨落之一：利率和通胀率先是猛涨，然后暴跌；股票、债券、大宗商品和外汇经历了有史以来最动荡的时期之一：失业率达到了大萧条以来的最高水平。无论是对于全球经济、各个市场，还是我本人而言，这都是一段极为动荡的时期。

1978—1980 年（与 1970—1971 年和 1974—1975 年一样），不同市场开始出现相同的变化趋势，因为它们更多地受货币供应与信贷增长速度波动的影响，而不是受各自内部供求平衡变化的影响。伊朗巴列维王朝倾覆后，石油危机爆发，加剧了这些宏观变化。石油市场的这种波动性催生了史上最早的石油期货合同，这给了我交易的机会（当时利率期货和外汇期货市场也都已经存在了，而我对这些市场均有所涉猎）。

因为所有市场都由这些因素驱动，所以我一头扎进对宏观经济和历史数据（尤其是利率数据和外汇数据）的研究中，以增进我对发生作用的“机器”的认识。当 1978 年通胀率开始上升时，我觉察到美联储可能采取行动收紧货币供应。到 1979 年，通胀已明显失控，吉米·卡特总统任命保罗·沃尔克为美联储主席。几个月后，沃尔克宣布美联储将把货币供应增速限定为 5.5%。根据我当时的计算，5.5% 的货币增速将打破恶性通胀，但也将扼制经济和各个市场，并有可能造成一场灾难性的债务危机。

白银过山车

感恩节前不久，我在达拉斯的石油俱乐部与邦克·亨特会面，当时他是全球第一富翁。几年之前，我的一位客户和朋友，在石油和牲畜方面生意做得很大的得州人巴德·迪拉德介绍了我们认识。我经常与邦克讨论经济和市场问题，尤其是通胀。就在我们这次会面几周之前，伊朗武装人员攻击了美国驻德黑兰大使馆，将 52 名美国人扣为人质。当时美国人排很长的队购买天然气，市场波动剧烈。显然，空气中弥漫着一种危机感：整个国家困惑、沮丧、愤怒。

和我差不多，邦克也看到了债务危机和通胀风险。在之前的几年里，他一直想把自己的财富从纸币上转移，于是他一直在购买大宗商品，尤其是白银。他最初是以约 1.29 美元一盎司的价格买入白银的，以对冲通胀风险。随着通胀率和银价上升，他不断买入白银，直到他已基本接近白银市场的顶点。那时，白银的交易价格约为 10 美元。我告诉他，我觉得可能是时候退出了，因为美联储已采取更保守的态度，准备将短期利率提高到长期利率之上（这种情况又名为“收益率曲线倒挂”）。每当发生这种情况时，对冲通胀的资产价格都会下跌，经济都会下滑。但邦克当时在做石油交易，而他接触的中东石油生产商仍然担忧美元贬值。他们告诉邦克，他们也将买入白银，作为对冲通胀的资产，于是邦克在对银价会继续上升的预期中继续买入白银。我则退出了。

1979 年 12 月 8 日，我和芭芭拉有了第二个儿子保罗。一切都在飞快地变化，但我喜欢这种快节奏。

到 1980 年年初，银价已上涨到接近 50 美元，一直都是富翁的邦克更是富得流油。虽然在银价上涨到 10 美元的过程中，我曾赚了很多钱，但我还是后悔自己错过了向 50 美元狂奔的银价。但至少，通过退出，我确保了自己没有赔。在每个投资者的职业生涯中，都有焦虑的时刻，你对未来的期待与真正发生的情况不符，你不知道自己面临的是巨大的机会还是灾难性的错误。因为我有很强的“看对但及早收手”的倾向，所以我更愿意相信这样做是对的。这种做法的确是对的，但错过了 40 美元的银价涨幅，对我而言是不可原谅的。

最终在 1980 年 3 月，银价的暴跌开始了，一直跌到 11 美元以下。这给邦克造成了毁灭性打击，在他破产的同时，几乎整个美国经济也下滑了。[1]美联储不得不出手干预，以控制连锁反应。所有这些让我牢牢记住了一个永不磨灭的教训：时机就是一切。我很宽慰自己提前退

1. 邦克无力履行自己的义务，尤其无法满足经纪公司对他的保证金要求，最终导致连锁违约。

出了白银市场，但看到全球首富（也是一个我惺惺相惜的人）破产实在是一件令人心碎的事。但与即将到来的事情相比，这不算什么。

扩大团队

这一年稍晚的时候，一个很不错的家伙保罗·科尔曼加入了桥水。此前我们在做牲畜和牛肉交易时成为好朋友，我欣赏他的才智和价值观，所以我说服他相信，我们能够联手征服那个世界。科尔曼从俄克拉何马州的盖蒙带来了他迷人的妻子和孩子，我们两家变得亲如一家。我们以一种随性的、不拘小节的方式经营着桥水。因为这座公寓里我用来工作的办公区域通常一片狼藉，桌子上经常摆满了前一天晚上边吃饭边工作时剩下的鸡骨头和其他杂物，所以我们所有的会见客户活动都在哈佛俱乐部进行。科尔曼会在我那凌乱的房间里藏一件干净的蓝色牛津布衬衫和一条领带，以便我穿去开会。1981 年，我们两家决定在一种更具乡村气氛的环境中生活，所以我们搬到了康涅狄格州的威尔顿，在那里经营桥水。

我和科尔曼的工作方式是挑战彼此的想法，努力找到最好的解决方案。我们一直是来回交锋，而且很喜欢这么做，尤其是在有很多事情需要弄清楚的时候。我们经常就市场以及市场背后的力量辩论到深夜，在上床睡觉之前把数据输入计算机，第二天早上查看计算机得出了什么结果。

我的大萧条预警

1979—1981 年，美国经济的状况比 2007—2008 年金融危机期间还要差，市场变得更加动荡。事实上，一些人会说这是迄今为止最动荡的一段时期。下图显示了 1940 年至今收益率和黄金价格的波动性。

美国 3 个月期国库券收益率

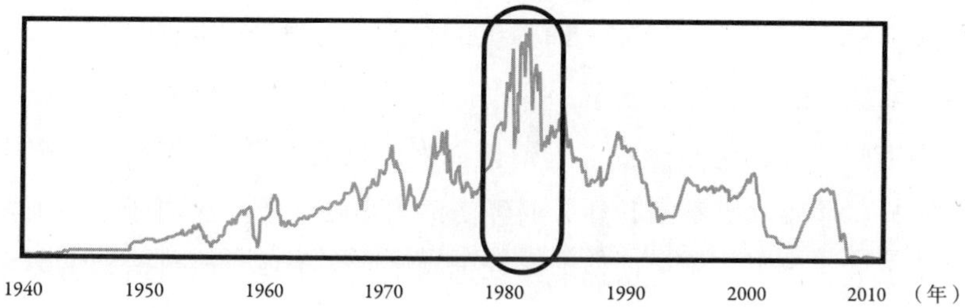

10 年期债券收益率

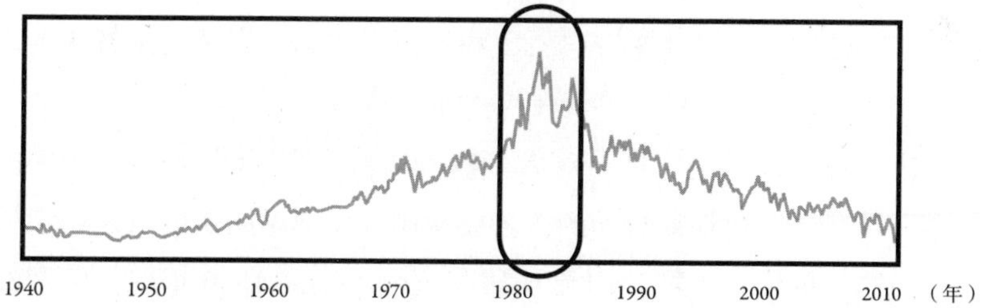

黄金价格

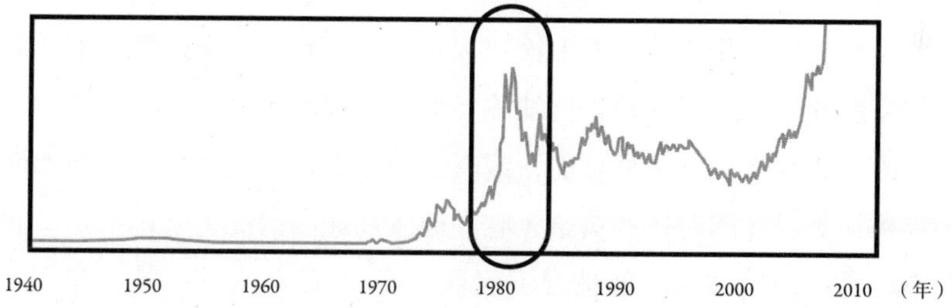

从图中可以看出，1979—1982 年的情况是史无前例的。这是过去 100 年里最具有转折点意义的时代之一。全球的政治钟摆摆向了右侧，使玛格丽特·撒切尔、罗纳德·里根和赫尔穆特·科尔走上政治舞台。

"自由主义"不再意味着支持进步，而是变成了"付钱让人不工作"。

正如我当时察觉到的那样，美联储处在两难境地。他们有两种选择：通过印钞缓解债务问题，让经济保持增长（印钞已经使通胀率在 1981 年达到了 10%，导致人们抛售债券，买入对冲通胀的资产）；或者采取极为严厉的紧缩政策，彻底打垮通胀（这将让债务人损失惨重，因为当时的债务已经达到了大萧条以来的最高水平）。问题变得越来越明显：通胀水平不断升高，而经济活力不断下滑。这两者似乎都发展到了危急关头。债务增速继续远远高于收入增速，而借债者需要收入来还债，同时美国的银行大量向新兴国家放贷，规模远远超过了它们的资本金。1981 年 3 月，我写了一篇《每日观察》，题为"下一场萧条已经显现"，末尾的结论是："我们债务的庞大规模意味着这场萧条将和 20 世纪 30 年代的那场一样严重，或者更糟。"

这个观点极具争议性。对大多数人而言，"萧条"是一个吓人的字眼，只有怪异和耸人听闻的人才会使用，而慎思明辨的人是不会郑重宣扬这个词的。但我当时已经研究过可追溯到 1800 年的债务和经济萧条问题，进行了自己的计算，并确信一场以新兴国家为先导的债务危机将会爆发。我必须和我的客户分享我的思考。因为我的观点极具争议性，所以我请求其他人推演我的逻辑，并向我指出哪里不严谨。谁都没能找到我逻辑中的任何缺陷，但他们都不愿赞同我的结论。

因为我相信只有两种可能，或者是通胀加速，或者是一场通缩性的萧条，所以我同时持有黄金（它在通胀加速的情况下表现很好）和债券（它在通缩性萧条的情况下表现很好）。截至当时，黄金和债券一直在朝相反方向变化，变化方向取决于通胀预期是上升还是下降。持有这些资产似乎比持有其他资产安全得多，例如会在通胀环境下贬值的现金，以及会在萧条发生时暴跌的股票。

最初，市场的变化对我不利。但我在白银和其他领域的交易经验告诉我，我对于时机的选择存在滞后性，于是我相信我只是提前行动了，我所期待的情况很快就会发生。没过多久，1981 年秋，美联储的紧缩政策产生了毁灭性的结果，我在债券上的押注开始取得回报，而我之前提出的怪异观点看起来已经开始变得正确了。1982 年 2 月，美联储暂时性地增加流动性，以避免发生“钱荒”。1982 年 6 月，随着争抢流动性的竞争加剧，美联储以印钞作为回应，使流动性达到了保罗·沃尔克被任命为美联储主席以来的最高水平。但这依然没有产生足够的效果。

人生最惨重失利

1982 年 8 月，墨西哥对其债务违约。那时，几乎所有人都清楚地看到，很多其他国家也会步其后尘。这件事非同小可，因为美国银行正在向像墨西哥一样高风险的其他国家提供贷款，总额约为其资本金总和的 250%。美国的商业贷款活动逐渐陷于停顿。

因为我是少数预见到这一情况的人，我开始得到很多关注。美国国会就这场危机举行了听证会，并邀请我去做证。11 月，我成为《路易斯·鲁凯泽华尔街一周》的特约嘉宾，这是从事市场交易工作的人必看的节目。在这两个场合，我都自信地宣称，我们正在走向一场萧条，并解释了原因。

在墨西哥违约之后，作为对经济崩溃和债务违约的回应，美联储增加了货币供给。这使得股市出现了创纪录的涨幅。尽管这让我意外，但我将这一现象解读为市场对美联储行动的条件反射式反应。毕竟，在 1929 年，股市上涨 15% 之后，就出现了史上最大规模的崩盘。1982 年 10 月，我在一份备忘录中写下了我对事态的诊断。我认为，美联储的努力失效，经济走向崩溃的概率是 75%；美联储的行动一开始成功刺激经济，但最终仍然失败的概率是 20%；美联储提供了足够的刺激来挽救经济，但最终触发恶性通胀的概率是 5%。为了通过对冲规避最不利的可能性，我开始买入黄金和国债期货，作为对欧洲美元的对冲，这是一种押注于信贷问题加剧的风险控制方式。

但我大错特错了。在经历了一段延迟期后，美国经济对美联储的努力做出了回应，以一种无通胀的方式复兴。换言之，在通胀率下降的同时经济增长加速。股市开始了一轮大牛市。在接下来的 18 年里，美国经济经历了一段史上最繁荣的无通胀增长时期。

怎么会发生这样的事？最终，我找到了原因。随着资金大举撤出那些借债国，回流美国，一切都改变了。这使美元升值，给美国经济造成了通缩压力，从而使美联储可以在不加剧通胀的情况下降息。这驱动了一场经济繁荣。银行得到了保护，一是因为美联储借给它们现金，二是因为债权国委员会以及国际货币基金组织、国际清算银行等国际金融重整机构做出了安排，使债务国能够以举借新债的方式履行还债义务。这相当于所有人都可以假定一切良好，然后在许多年的时间里逐渐把那些不良债务减记。

我在这段时期的经历，就好像不断被球棒打到自己的头。犯下如此大的错误，尤其是在众目睽睽之下，是极具羞辱性的，也让我几乎失去了我在桥水创造的一切。我发现之前的我是一个自以为是的笨蛋，顽固地坚信一个大错特错的观点。

这就是我从业 8 年之后的情况，毫无成就可言。尽管我对的时候比错的时候多得多，但我还是一下子回到了原点。

那段时间，我损失的钱太多了，以致我付不起与我共事的人们的工资了。我不得不让他们一个接一个地离开，只剩下两名职员——我和科尔曼。接着科尔曼也不得不离开了，在所有人的泪水中，他们一家收拾行装回到了俄克拉何马州。于是桥水只剩下了一名职员——我自己。

失去我如此关心的人，我为自己而工作的梦想差一点就要毁掉，这对我来说都是毁灭性的。为了实现收支平衡，我甚至不得不向我父亲借了4 000美元，直到我卖掉了第二辆车。我走到了一个分岔路口：我是不是应该打起领带在华尔街找一份差事？那不是我想要的生活。但另一方面，我有一个妻子和两个尚且年幼的孩子要养活。我意识到，我正面临着一生中最重大的转折点之一，而我的选择将对我和家人的未来产生巨大的影响。

找到一种方法，克服我顽固难治的投资问题

通过市场交易赚钱是很困难的。对此，才华横溢的交易者和投资家伯纳德·巴鲁克形象地说道："如果你已经做好准备放弃一切其他东西，像医科学生研究解剖一样仔细地研究市场的整个历史和背景，并研究所有主要上市公司——如果你能做到上述的一切，同时你还拥有赌博者的镇定、洞察者的第六感和狮子的勇气，你才有可能抓住一丝机会。"

回头来看，导致我崩盘的那些错误明显得令人难堪。第一，我离谱地过度自信，并放纵自己被情绪左右。我（再次）学到，无论我知道多少东西，无论我多么勤奋，我都不能自信地做出绝对的断言，就像我在《路易斯·鲁凯泽华尔街一周》节目中所说的那样："软着陆将不会发生。我可以绝对肯定地这么说，因为我知道市场是怎么运作的。"直到今天，我都为当初的自以为是感到震惊和难堪。

第二，我再次领会到了研究历史的价值。归根结底，当时发生的不过是"旧事重演"。我当时应该意识到，以一国货币计价的债务，可以在该国政府的帮助下被成功重组，而且，当各国央行同时提供刺

激时（它们在大萧条达到谷底的 1932 年 3 月这么做过，而且在 1982 年又这么做了），通胀和通缩能够互相对冲。像 1971 年时一样，我未能意识到历史的教训。对这一点的认识，引导我努力理解过去 100 年里所有主要经济体与市场发生的所有活动，并总结出经过仔细验证的永恒和普适的决策原则。

第三，这次事件提醒我注意，把握市场的时机是多么困难。我对市场平衡水平的长期估计并不是足够可靠的押注对象。从我下注到我的估计变成现实（如果真的会发生的话），其间会发生太多事情。

凝视着这些失败，我明白了，如果我不想带着再次遭遇重大挫折的高概率继续前行的话，我就必须客观地看待自己，并做出改变。我在追求自己的目标时总会表现出一种天然的进攻性，我要学习一种更好的方式来处理这种进攻性，这可以成为我改变的出发点。

想象一下，为了拥有美好的生活，你必须穿越一片危险的丛林。你可以安全地留在原地，过着普通的生活；你也可以冒险穿越丛林，过着绝妙的生活。你将如何对待这一选择？花点时间想想这件事，因为无论其形式如何，这是我们所有人都必须做出的一个选择。

即使在我一败涂地之后，我也明白，我必须追求这种伴随着种种风险的精彩生活，因此我的问题是如何“穿越这片危险的丛林”而不在途中被杀死。回头来看，我的一败涂地是在我身上发生过的最好的事情之一，因为它让我变得谦逊，而我正需要谦逊来平衡我的进攻性。我学到了一种很好的恐惧犯错的意识，这把我的思维定式从认为“我是对的”变成了问自己“我怎么知道我是对的”。我清楚地看到，回答这个问题的最好方式是找到其他的独立思考者，他们与我肩负共同的使命，但对问题的看法与我不同。通过以一种经过深思熟虑的辩论方式与他们交流，我就能理解他们的推理，并让他们对我的推理进行压力测试。我们都可以通过这种方式降低自己犯错的可能性。

换言之，我的目标只是让自己正确——我并不关心正确的答案是不是来源于我。所以我学会了让自己保持极度开明的心态，允许其他人指出我可能疏忽的东西。我发现，我能够成功的唯一途径将是：

1. 找到与我观点不同的最聪明的人，以便自己能够努力理解他们的推理。
2. 知道自己在什么时候不能有明确的意见，不急于下结论。
3. 逐步归纳永恒和普适的原则，对其进行测试，将其系统化。
4. 通过平衡风险来保持较大的回报，并降低下行波动。

这么做将显著提高我相对于风险的收益，而且相同的原则也适用于生活的其他领域。最重要的是，这一经历引导我把桥水打造成了一个创意择优的机构。它不是一个专制机构，由我领导，其他人跟从；也不是一个民主机构，每个人都有平等的投票权；而是一个创意择优的机构，鼓励经过深思熟虑的意见不一致，根据不同人的相对长处分析和权衡他们的观点。

使人们相互对立的观点公开化，并对其进行分析，让我对人们的思考方式有了很多的了解。我逐渐发现，人们的最大缺点与其最大优点互为正反面。例如，一些人倾向于过度冒险，而其他人的风险规避性过强；一些人过度关注细节，而其他人的思维过于宏观。大多数人都是在某个方面过度，而在另一方面不足。通常，当我们遵循自己的自然秉性做事时，我们可能考虑不到自身的弱点，这将导致我们走向失败。最重要的是失败之后怎么做。成功的人改变他们的做法，这使他们能够继续利用自己的优势，弥补自身的不足，而不成功的人不会这样做。在后文中，我将描述改变的具体策略，但在这里需要注意的重要一点是，只有当你能承认甚至接受自身的弱点时，你才能做出对自身有益的改变。

后来我发现，我遇到的大多数极为成功的人都曾经历过类似的惨痛失败，这让他们得到了教训，正是这些教训最终帮助他们走向成功。史蒂夫·乔布斯在回顾1985年其被苹果解雇的经历时说："那是一剂苦药，但我猜患者需要它。有时生活会给你当头一棒。不要失去信念。我确信推动我不断向前的唯一动力，是我喜欢我做的事。"

我发现，想要追求卓越，你就必须挑战自己的极限，而挑战自己的极限可能会使你一蹶不振，这将造成很大的痛苦。你会觉得自己已经失败了，但这不一定是失败，除非你自己放弃。信不信由你，但之后你的痛苦将会逐渐消散，你在未来将会迎来很多其他机会，尽管当时的你也许看不清这些机会。你能做的最重要的事情是总结这些失败提供的教训，学会谦逊和极度开明的心态，从而增加你成功的概率，然后继续挑战自己的极限。

我最后的这个教训也许是最重要的一个教训，因为在我的一生中，这个教训一次次地适用。最初，我似乎面临着一个"要么全得，要么全失"的选择：我或者冒很大的风险追求高回报（并有可能在此过程中一败涂地）；或者降低自己的风险，满足于取得较低的回报。但我想要的是既承受低风险也享受高回报，在探索如何使之变得可能的过程中，我学会了在面对两个你都需要但看起来相互矛盾的东西时，你需要耐心地做出选择。通过这种方式，你将摸索出如何尽最大可能让二者兼得。几乎总是存在着一条你还没有发现的有利的道路，所以你需要不断找下去，直到找到它，而不是满足于最初对你显而易见的那种选择。

尽管这个过程很艰难，但我最终找到了一条鱼与熊掌兼得的道路。我称它为"投资的圣杯"，这也正是桥水成功背后的秘密。

4

我的试炼之路

（1983—1994 年）

在我一败涂地后，我几乎破产，甚至筹不到足够的钱买一张飞机票去得克萨斯州拜访一个潜在客户，尽管我可能从中赚到的服务费是票价的很多倍。于是我没有成行。不过，我逐渐培养新客户，赚到收入，并组建了一支新团队。随着时间的推移，我的顺境大幅增多，而我的逆境既是可以容忍的，又是具有教育意义的。我从来不认为我所做的是建立（或者重新建立）一家公司，我只是想争取得到玩我的投资游戏所需要的东西。

计算机是我得到的价值最高的东西之一，因为计算机对我的思考有很大的帮助作用。没有计算机，桥水绝不可能取得后来的成功。

最早的微计算机（后来被称为个人计算机）在 20 世纪 70 年代后期上市，而我一直像计量经济学家一样使用计算机，把统计学和计算能力应用于经济数据，以分析经济机器的运行状况。我在 1981 年 12 月发表的一篇文章中写道，我相信（我至今依然相信）“理论上……假如有这么一台计算机，能存储世界上所有的事实，同时拥有完美的程序，能以数学方式表达世界所有不同部分之间的所有关系，我们就能完美地预见未来”。

但我距离能够这么做还很远。尽管我拥有的早期系统能够对不同商品的价格最终在什么点达到平衡状态做出有价值的深入分析，但它们未能帮助我总结出强有力的交易策略，它们只能向我显示一个具体的押注最终可能取得回报。例如，我可以通过我的分析最终得出一个观点：某种大宗商品的价格可能是 75 美分左右。如果它现在的价格是 60 美分，我就知道买入对我有利，但我无法预测它的价格在升至 75 美分之前会不会先跌到 50 美分，所以我无法预知何时买入、何时卖出才是合理的。虽然在很少的情况下，系统可能大错特错，我可能会损失很多钱，但这个“很少”对我而言已经够频繁了。

那段时间我经常引用一句话：“靠水晶球谋生的人注定要吃碎在地上的玻璃。”1979—1982 年，我已经吃了足够多的碎玻璃，也懂得了最重要的事情并不是预知未来，而是知道在每一个时间点上如何针对可获得的信息做出合理的回应。为了做到这一点，我必须拥有大量的经济和市场数据，以便进行分析——而我当时确实拥有这些数据。

从很早的时候起，每当我在市场上开始一笔交易，我都会把自己用来做决策的标准写下来。然后，每当我结束一笔交易，我都会回顾一下这些标准的效果怎么样。有一天我想到，如果我把这些标准转化成公式（现在更时髦的叫法是“算法”），然后用这些公式计算历史数据，我就能检测，假如把我的这些公式运用到历史交易中，效果会怎么样。实践中我是这么操作的：与往常一样，我从自己的直觉开始，但我会用合乎逻辑的方式将这些直觉表达为决策标准，然后用一种系统化的方式描述这些标准，就我在每个特定情境下会如何操作绘出一幅思维导图。然后我会用这些系统处理历史数据，观察我的决策在过去的表现如何，进而根据具体结果合理地改进这些决策规则。

我们利用能够得到的最久远的历史数据（通常超过一个世纪）检测这些系统，范围涉及所有有数据记录的国家，这让我可以很好地透视经济/市场机器在历史上是如何运行的，以及如何对其押注。这样做让我得到了教益，并引导我改进我的标准，使之成为永恒和普适的标准。一旦仔细审查完这些关系，我就能把现实中不断得到的数据输入这些系统，然后计算机就会处理这些数据，做出决策，就跟我在头脑中做的一样。

桥水最初的利率、股票、外汇和贵金属系统就是这么产生的。接着我们把这些系统合并为一个系统，以管理我们的投资组合。我们的这个系统可以对经济的主要症状进行心电图解析，当经济症状变化时，我们就改变自己的投资组合。然而，我并不是盲从计算机的建议，而是在计算机工作的同时自己也进行分析，然后对二者的结果进行对比。当计算机的决定与我不同时，我会检查原因。大多数时候是因为我忽略了某些东西。在这些情况下，是计算机教育了我。但有时我会思考一些新的、我们的系统会忽略的标准，这时是我在教育计算机。我与计算机互相帮助。不久之后，拥有强大处理能力的计算机就比我高效得多了。这很不错，因为这就像是一位国际象棋大师在帮助我对弈，只不过这位大师所依据的一系列标准是我理解而且相信其是符合逻辑的，因此，我们没有理由在任何时候出现根本性的分歧。

在同时“思考”很多因素方面，计算机比我的大脑有效多了，而且计算机做起来更精确、更快、更不易受情绪干扰。并且，因为计算机的记忆力高超，所以随着桥水的发展，它能更好地把我的知识和公司同事的知识积累起来。我和合作伙伴不是就结论进行争论，而是就我们不同的决策标准进行争论。然后我们通过客观地检验这些标准解决我们之间的分歧。在那个年代，计算机飞速增长的处理能力，就像是诸神不断赐予我们的一件件宝物。我记得当时电器连锁店

RadioShack 推出过一款价格不高的掌上弈棋机，我们给每个客户都送了一台，上面附了一句话："来自桥水的系统化方法"。这个小小的弈棋机里的游戏共分 9 级，它在第 2 级就能轻易打败我。把这个弈棋机送给我的每一个客户是一件很好玩的事，因为这样他们就能看到想要打败计算机化的决策程序是多么困难。

当然，我们也可以选择把系统推倒重来，但我们这么做的时候不到 2%，通常是在发生没有计入程序的异常事件时，例如导致世界贸易中心倒塌的"9 · 11"事件，撤出资金。虽然计算机在很多方面比我们的大脑棒得多，但我们拥有的想象力、理解力和逻辑能力是它不具备的。正因如此，我们的大脑与计算机的合作才是绝配。

这些决策系统比我原来使用的那些预测系统好得多，主要原因是它们能够纳入我们对事态发展的即时反应，让我们可以处理更大范围的可能性。这些系统还能包含择时规则。在 1987 年 1 月发表的一篇题为"赚钱还是做预测"的文章中，我解释道：

> 说实话，预测的价值并不是很高，而且大多数做预测的人并没有在市场上赚钱……原因是没有什么是确定的，而且当一个人把所有影响未来的不同事物的可能性叠加起来，以便做出预测时，他会得出各种各样发生概率各不相同的可能性，而不会得出一个可能性很高的结果……我们相信市场变动反映经济变动，而经济变动反映在经济数据中。通过研究经济数据和市场变动的关系，我们已经归纳出精确的规则用来确认经济 / 市场环境中发生的重要变化，进而决定我们的投资组合。换言之，我们并不是预测经济环境中发生的变化，然后根据这些预测调整投资组合，而是在变化发生时捕捉它们，不断调整我们的投资对象，以使投资始终集中在当时表现最好的市场上。

在构建这些系统的过去30年里，我们又纳入了许多其他类型的规则，用来引导我们交易的各个方面。现在，当实时数据发布时，我们的计算机能够分析来自1亿多个数据组的信息，然后以在我看来合乎逻辑的方式向其他计算机发出详细的指令。假如没有这些系统，我很可能已经破产了，或者因要从事如此繁重的工作而被压力逼死了。假如没有这些系统，我们肯定不可能在市场上做得这么好。你将在后文看到，我现在正在研发类似的系统帮助我们做出管理决策。我相信，想要改进你的决策，你能做的最有价值的事情之一，是深入思考你的决策原则，同时以文字和计算机算法的形式把这些原则写下来，在条件允许的情况下进行返回测试，并以实时的方式，在用你的头脑进行决策的同时运用这些原则。

但上面写到的这些内容有些超前了，让我们回头看看1983年的情况。

复兴桥水

到1983年年底，桥水共有6名职员。截至那时，我没有做任何营销。我们得到的业务都源于口碑，以及阅读我的《每日观察》、看到我在公开场合出现的人。但很明显，对于我们的研究的需求越来越多，而我也意识到，我可以出售这些研究，从而补充我们的咨询费和交易收入。于是我雇用了第7名职员罗布·弗里德，他曾做过上门推销《圣经》的工作。于是我们拖着一台幻灯机和一大堆幻灯片上路，四处推销一项月收费3 000美元的打包研究服务，内容包括我的《每日观察》、每周电话会议、双周刊和季度刊的研究报告，以及季度会议。在接下来的一年里，罗布拉来了许多机构客户和机构投资管理者客户，包括通用电气、拱石托管基金、世界银行、布兰迪公司、卢米斯－塞勒斯公司、远见资产管理公司、辛格公司、洛斯公司、通用电话电子公司和威灵顿管理公司。

那时，我们的业务包括三个主要领域：付费咨询服务、管理企业风险从而获得奖励费，以及出售打包研究服务。我们与各种存在市场风险敞口的企业、金融机构、政府机构合作，如银行、多元化国际企业、大宗商品生产商、食品生产商、公用事业机构等。例如，如果一家在不同国家运营的跨国公司面临外汇风险敞口，我们会设计一项计划帮助它应对这些风险。

我的做法是全身心投入对一家企业运营状况的研究，直到我感觉我提交给他们的策略和假设我亲自运营这家企业所用的策略一样。我会把每个公司分成多个独立的逻辑部分，然后想出一项使用各种金融工具，尤其是衍生工具来管理每个部分的计划。最重要的部分是区分核心业务产生的利润，以及价格变化造成的投机性利润与亏损。我们将通过这么做向客户们展示，一种“风险中性”的仓位将是什么样的，也就是说，在企业对市场没有判断的情况下，应当持有何种合适的对冲仓位。我会建议它们，只有在它们愿意从事投机交易时，才可以偏离这个仓位，而且它们必须以慎重的方式，并在全面知晓投机可能对自身核心业务产生何种影响的情况下，才可以进行投机。对于大多数与我们合作的企业客户而言，这个思路令它们眼前一亮。这能让它们看清楚并掌控形势，同时带给它们更好的运营效果。有时企业客户希望我们代理它们进行投机交易，而我们会要求一定的利润分成。

确立一个“风险中性”的基准仓位，在进行慎重的冒险时偏离这个仓位，这种做法是一种投资管理方式的起源。后来我们将这种投资管理方式称为“阿尔法叠加”，在这种方式中，消极（“贝塔”）和积极（“阿尔法”）的风险敞口是区分开来的。来自某一市场（如股票市场）的回报本身称为该市场的“贝塔”，与别人竞争而冒险押注所产生的回报称为“阿尔法”。例如，一些人的回报高于股市平均水平，而另一些人的回报低于股市平均水平，我们就说他们分别有正面和负面的“阿尔法”。我们用阿尔法叠加的方法提供了一种不受潜在市场表现影响的押注方式。利用这种方式对待市场让我明白，成为一个成功的投资者的要诀之一，是只对你有高度信心的投资对象进行冒险押注，并对这些对象进行充分的分散投资。

艾伦·邦德是我们在20世纪80年代中期服务过的一个客户。他是一个大胆的企业家，是澳大利亚最富有的人之一。作为一个靠自己努力成功的人，邦德成为第一个在美洲杯帆船赛上夺冠的非美国人，当时该赛事已有132年的历史。他因此成名。像邦克·亨特一样，邦德最终押下了错误的赌注，被迫宣布破产。在他和他的团队取得成功的过程中，我向他们提供建议，在他倒下的过程中，我也一直伴随，因此我近距离目睹了这场悲剧的发生过程。邦德的情况是一个经典案例：混淆了经营和投机，而选择对冲的时机又太晚。

邦德借入美元购买资产，如澳大利亚的酿酒厂。他这么做是因为美国的利率低于澳大利亚的利率。尽管他没有意识到，但其实他是在赌最终用来还债的美元不会升值。20世纪80年代中期，美元真的对澳元升值了，而邦德从啤酒销售中赚得的澳元收入不足以偿还他的债务，于是他的团队请我提供咨询意见。我计算了在进行外汇对冲的情况下邦德公司的财务状况将会如何，发现这么做的结果肯定是毁灭性的亏损，所以我建议他们等待。当澳元汇率上涨时，我建议他们开始做对冲，但他们没有做，因为他们相信自己面临的汇率问题已经消失了。不久之后，澳元汇率急剧下跌到新低，他们又请求我参加一场紧急会议。但这时几乎不管他们怎么做，结果都将是毁灭性的亏损，所以他们再次什么也不做，而这一次澳元汇率没有再上涨。目睹世界上最富有、最有成就的人之一失去了一切，给我留下了深刻的印象。

我们还开展了与市场有关的一次性咨询项目。1985 年，我和我的好朋友、了不起的交易者保罗·都铎·琼斯合作，设计了一项美元期货合同（一项跟踪美元相对于一篮子外汇的价格变化的可交易指数）。这项合同在纽约棉花交易所上市交易，直至今天。我还和纽约期货交易所合作，帮助设计和推销它的 CRB 期货合同（一项跟踪一篮子大宗期货价格变化的可交易指数）。

与大多数从事市场交易工作的人不同的是，我从来不愿仅仅因为投资产品会卖得好就去设计它们，尤其是常规投资产品。我想要的只是进行市场交易，建立人际关系，设身处地地为我们的客户服务。但我也喜欢设计崭新的东西，尤其是当这些东西很了不起、很有革命性的时候。到 20 世纪 80 年代中期时，我能够清楚地看到以下情况：首先，我们在利率和货币市场上做得很不错，而购买我们研究的机构投资管理者们也在利用这些研究赚钱；其次，我们正在成功地管理企业的利率与货币风险敞口。随着这两方面业务的顺利进展，我开始设想我们自己也能成为成功的机构投资管理者。所以我去游说世界银行养老基金的运营者，其中最重要的是希尔达·奥乔亚，当时世界银行的 CIO（首席投资官）。尽管当时我们并没有管理任何资产，也没有这方面的从业经历，但她授权我们管理一个 500 万美元的美国债券账户。

这对我们来说是一个巨大的转折点，因为我们今天所知的桥水就奠基于此。我们为世界银行采取的运营策略是在持有现金和持有 20 年期美国国债券之间转换，因为这些仓位让我们可以对利率的变化方向进行杠杆化押注。当我们的系统显示利率所承受的压力会导致利率下降时，我们就持有 20 年期国债券；而当系统显示利率会上升时，我们就继续持有现金。我们干得很不错，不久之后，其他大型机构投资者也开始授权我们管理资金。我们接下来赢得的两个资金账户来自美孚石油和辛格公司，其他客户也接踵而至。我们逐渐成为全球表现最优秀的美国债券管理者。

在中国“关闭的大门”背后探险

提供咨询服务的一个好处是，它给了我旅行的机会。越是不寻常的地方，我发现的乐趣越多。在这种好奇心的驱使下，我在 1984 年来到北京。在我此前的人生中，我看过的唯一的中国景象是挥舞着“红宝书”的人群，因此，有机会到这个当时依然几乎国门紧闭的国家看看，是很有吸引力的。我得到邀请是因为我在香港有一个小的办公室，其主管是中国国际信托投资公司的顾问。当时，中国国际信托投资公司是中国唯一允许与外界交流的“窗口企业”。北京到处都有很棒的、极为好客的人，他们教给了我们一项传统——在喊“干杯”的同时一口喝下杯中的茅台酒，并盛情地款待了我们。我、我妻子和另外几个人参加了这一次的中国之旅，由此开启了一段成果颇丰的 30 多年的历程，这段历程给我和我的家人都带来了深刻影响。

当时的中国还没有金融市场。最终由 9 家中国企业（包括中国国际信托投资公司）联合成立的、一个名为“中国证券市场研究设计中心”的小组开始建设金融市场。这个小组在 1989 年启动，他们最初是在一个很小的宾馆房间里运作，几乎没有任何资金。我现在还清晰地记得去他们的办公室要经过一个弯曲的金属楼梯，楼梯下有一个巨大的垃圾箱。我真的很敬重这些年轻人敢在这种时候冒这些风险，所以我向他们捐了一笔小钱，助他们一臂之力，并对能和他们分享我了解的东西而感到兴奋。这些人从无到有，建立起了中国的资本市场，以及政府的证券监管机构。

1994 年，我成立了一家公司，名为“桥水中国合作伙伴”。我确信中国注定会在 21 世纪成为全球最大的经济体，可是当时几乎没有人在中国投资。但划算的交易总是能够达成。我能向我的机构投资客户介绍机会，从而带来钱；我也能把中国企业介绍给美国企业，从而提供专门知识，作为交换，我们能在这些企业中得到股份。从实质意义上说，我正在中国建立第一家总部在美国的私人股权企业。

我带了一小群机构投资者客户访问中国，从而启动了这家企业。这些机构投资者客户一共管理着 700 亿美元的资产。回到美国后，我们一致同意更进一步，在北京设立一家联合控股的商业银行。尽管我早就知道，进入一个此前几乎没有人涉足的地域，需要很多试验和学习很多东西，但我很快意识到，我严重低估了我们给自己设定的任务的复杂性，以及所需要的时间。我发现我总是需要在凌晨 3 点接电话，努力弄明白我们感兴趣的那些企业不可靠的财务报表和可疑的股权结构，而在天亮之后，我还需要处理桥水的各种工作。

在这样的情况持续了约一年之后，我明白同时运作桥水和“桥水中国合作伙伴”是不可能的，所以我关闭了这家公司。没有人赚钱也没有人赔钱，只是因为我对我看到的情况不放心，不足以让我做出任何投资决策。我相信如果我把全部时间都用到这方面的话，我们会取得很大的成功，但那样的话，桥水也不会是今天这个样子。尽管错过了这个好机会，但我并不后悔我的决定。我了解到，如果你以勤奋和有创造性的方式工作，你几乎可以得到你想要的任何东西，但你不可能同时得到所有东西。成熟意味着你可以放弃一些好的选择，从而追求更好的选择。

尽管我放弃了这个机会，但中国依然是我个人和家人生活的重要组成部分。我们喜欢中国，尤其是中国人。1995 年，我、我的妻子芭芭拉和我 11 岁的儿子麦修共同决定，麦修将在北京待一年，上一所全中文教学的学校，并和我们的朋友顾阿姨一起生活。顾阿姨曾与我们在美国一起生活过一段时间，麦修 3 岁时，我和芭芭拉带他去中国拜访过顾阿姨。当时中国的生活水准与麦修熟悉的康涅狄格州的情况大为不同。例如，顾阿姨和她丈夫的住所每周只有两次洗热水澡的机会，而麦修上的史家胡同小学直到冬天开始后很久才会供暖，所以学生在教室上课时都穿着棉袄。麦修不会说汉语，而他的同学没有一个会说英语。

所有这一切并不只是麦修面临的一场大冒险。这样做绝对是史无前例的，而且需要得到中国政府的特别许可。我为麦修感到兴奋，因为我知道他将会看到一个不同的世界，并开阔他的眼界。芭芭拉需要一些信心，并且几次咨询了一位儿童心理学家，以便打消疑虑。但她曾独自一人在世界各地生活，知道这样的经历对自己有多大的好处，于是她最终也接受了这个想法，尽管对于让儿子与我们分开生活，她没有我那么兴奋。这段艰难但改变了麦修一生的经历，对他的价值观和人生目标产生了深刻的影响。因为他爱上了中国（他说他从那一年起就成为中国的一部分），也因为他明白了同情心相对于物质财富的价值，所以当麦修只有 16 岁时，他就成立了一家慈善机构——中国关爱基金会，以帮助有特殊需求的中国孤儿。他运营这家机构 12 年（直至今天，但投入程度已大大降低），后来把主要精力转向重新构思如何在新兴市场国家发展计算技术，并通过他的公司“无穷”落实这一构思。我也从麦修那里学到很多，尤其是从事慈善活动的快乐，而且我们都学习到拥有很好的人际关系能够给人带来巨大的快乐。这些年来，我（以及桥水）也和中国很多了不起的人物建立起了富有意义的关系，而且我们帮助中国的金融机构从雏形组织发展为复杂的庞然大物。

桥水逐渐与不少国家的人和政府建立了关系，中国不是唯一的一个。新加坡、阿布扎比和澳大利亚的政府投资基金，俄罗斯和欧洲的决策者，都通过他们的代表与我们接洽。我拥有的经验、我掌握的看问题的视角、我能够提供的帮助，加在一起构成了一系列巨大的回报，和我从我的职业生涯中获得的其他类型的回报一样大。

我与新加坡人民以及该国机构的联系，也给我带来了惊喜。直至今天，李光耀一直是我最景仰的领导人，他把新加坡从一个蚊虫肆虐的默默无闻之地变成了一个现代经济体。这样说并不夸张，因为我还认识并景仰另外几位世界级的领导人。我一生中最兴奋的时刻之一就是和李光耀在我纽约的家中共进晚餐，那是在他 2015 年去世前不久。李光耀主动提出和我一起吃饭，以讨论世界经济形势。我邀请了美联储前主席保罗·沃尔克（也是我景仰的一个人）、美国前财政部长鲍勃·鲁宾（他的丰富经历给了他很好的看问题的视角），以及查理·罗斯（他是我认识的最有好奇心和洞察力的人之一）。除了回答李光耀的问题之外，我们也询问了他对于世界事务和世界领导人的看法。因为他几乎认识过去 50 年里所有的世界领导人，所以我们问李光耀，具有什么品质的领导人才是伟大的领导人，而不是糟糕的领导人，以及他对当时正在发挥领导作用的那些人的看法。李光耀认为安格拉·默克尔是西方世界最好的领导人，普京是全球最好的领导人之一。他解释说，评判一个领导人时必须结合相关背景，即他们遇到的具体情况，进而向我们说明了，领导俄罗斯是多么困难，以及他为什么认为普京在这方面做得不错。他还回忆了他与邓小平的独特关系，他认为邓小平是所有领导人中最好的。

我喜欢在有趣的地方认识有趣的人，并通过他们的眼睛看世界。不管他们是富是穷，这样做都有益处。我在巴布亚新几内亚认识了那里的土著人，对我而言，学习从他们的视角看待生活，与从全球政治经济领导人、改变世界的企业家和最优秀的科学家那里学习看问题的视角具有同样的启发作用。我永远都忘不了我们在叙利亚的一座清真寺里遇到的那位盲眼圣哲，他向我解释了《古兰经》，以及他和真主的联系。类似这样的邂逅让我明白，人类的伟大和不同凡响并不取决于财富或者其他世俗的成功衡量标准。我还明白，在没有真正通过别人的视角看待事物之前就对别人下判断，会妨碍对他们所处环境的理解，而且这样做很不明智。我建议你保持足够的好奇心，始终愿意去理解那些看问题与你不一样的人是怎么形成他们看问题的方式的。你将会发现这很有趣，而且益处无穷，而你获得的更丰富的视角将帮助你决定你应当怎么做。

我的家庭和我的大家庭

我的家庭、由同事组成的大家庭以及我的工作，一直以来对我都极为重要。像对任何人一样，兼顾工作和家庭，对我来说也是个巨大的挑战，更重要的是我希望两边都料理得很好，所以我总是尽可能地把二者结合。例如，我在出差时会带上孩子们。我最初带着大儿子德温去中国出差，后来带着麦修，招待我们的人始终非常友善，会给他们饼干和牛奶。在阿布扎比时的一段美好回忆是，我的客户兼朋友带着我和二儿子保罗去沙漠，用新宰的羊做烧烤。保罗身穿对方给他的传统长袍，我问他感觉如何，他说："席地而坐，身穿宽衣大袍，与亲切的人一起用手吃东西，还有比这更美好的事吗？"我们听了哈哈大笑。我还记得有一次，当时只有 10 岁左右的大儿子德温，在中国以每条 1 美元的价格购买了许多黑丝巾，然后在圣诞节前夕在一个购物中心以每条 20 美元的价格卖出。这仅仅是展现他商业天赋的最初迹象。

到 20 世纪 80 年代中期，桥水已经发展到了 10 个人左右，于是我租了一栋巨大的旧农舍。桥水占据了一部分，我的家占据了其余部分。当时公司的气氛就像家庭一样，非常随意：所有人都在行驶道上停车，我们围着厨房的餐桌开会，我的孩子们在上厕所时会把门开着，和我共事的人在经过时会向他们招手。

最终，这个农场被挂牌出售，于是我买下了这块地产上的一座大农仓，并装修了一下。我、我妻子，以及我们的孩子（最终我们有了 4 个孩子）住在这座大农仓中的一个小套间里。同时我给那个尚未完工的干草仓装上了电力地暖，将其改造成一个办公室。我选择电力地暖是因为它装起来最便宜。那是一个举办聚会的好地方，那里也有足够的场地供我们踢足球、打排球、吃室外烧烤。圣诞节聚会时，全家人会和同事们各自带上拿手菜。几杯酒下肚，圣诞老人会出现，我们会坐在他的腿上拍照，再看看拍照过程中谁在淘气，而谁表现得很端庄。这样的夜晚总是以尽情跳舞结束。我们还有一年一度的“不拘小节日”，所有人都会穿得很随便。明白我的意思了吧：桥水是由相亲相爱的人组成的一个小集体，这些人工作时勤奋努力，玩耍时开心畅快。

鲍勃·普林斯于 1986 年加入桥水，当时他只有 20 多岁，到现在 30 多年过去了，我们两人作为联合 CIO，依然是亲密的合作伙伴。从最初的时候起，每当我们俩就观点展开辩论和交锋时，都像是在“弹奏一曲美好的爵士乐”。我们至今仍然喜欢这么做，而且会一直这样做直到死亡将我们分开。无论对客户还是同事而言，鲍勃都是一位好老师。随着时间的推移，他变得就像我的兄弟一样，也是桥水最关键的建设者和支柱之一。

很快，桥水开始看起来像是一家真正的公司了。我们因规模扩大而搬出了那个农仓，搬进了一个商业区里的一间小办公室。到 20 世纪 80 年代末，我们共有 20 个人。但即使在我们扩大规模的过程中，我也没有把任何与我共事的人看作雇员。我一直希望过上一种充满有意义的工作和有意义的人际关系的生活（也希望和拥有相同愿望的人做伴），对我而言，有意义的人际关系是指开放诚恳的关系，人们彼此坦诚相待。我从来都不看重更传统的、冷冰冰的人际关系，人们只是摆出一副礼貌的面孔，不说出心里真实的想法。

我认为所有的组织中基本只有两种类型的人，一种是把工作视为一项使命的一部分，另一种是为薪水工作。我希望我周围的人都是和我有相同需求的人，即那些为了自己而把事情弄明白的人。我说话很坦诚，也希望我周围的人说话坦诚。我为追求我觉得最好的东西而奋斗，而我希望他们也一样。当我觉得谁做了什么蠢事时，我会直说，同时我也希望他们在我干了蠢事时直言相告。这样做将让我们所有人获益。在我看来，强大而富于创造力的人际关系就是这个样子的。以任何其他方式运行的组织都将是低效的、不符合伦理的。

经济与市场发生的更多剧烈动荡

剧烈的市场动荡帮助塑造了我，以及我看待生活和投资的方式，而 1987 年和 1988 年这两年充满了这样的动荡。我们是少数几个在 1987 年 10 月 19 日“黑色星期五”之前做空股票的投资经理之一，那一天美国股市出现了历史上的最大单日跌幅。我们得到了很多关注，因为我们的业绩增长了 22%，而大多数人的业绩都下滑了很多。媒体称我们是“十月英雄”。

很自然地，1988 年到来后我感觉很不错。我在一个高度动荡的年代长大，而且学到了对付这种动荡的最好方式就是搏击弄潮、为我所用。我们使用我们的指数系统捕捉经济基本面的不断变化，同时用我们技术性的趋势跟踪过滤系统证实价格变化情况与指数系统显示的一致。当二者指向同一方向时，系统会发出一个强烈信号；当二者不一致时，信号就很微弱或者没有。但后来的事实证明，1988 年几乎没有发生什么市场动荡，于是我们的技术性过滤系统给我们造成了很大损失，最终我们把 1987 年收益的一半多一点又弄丢了。这种滋味不好受，但这件事也教给了我们一些重要的教训，并促使我和鲍勃用更好的价值衡量与风险控制手段取代了技术性的趋势跟踪过滤系统。

直至那时，我们的系统完全是分立式的：当我们越过某个预先设定的门槛时，我们就会从完全的多头仓位转向完全的空头仓位（很像我们为世界银行服务时从债券转向现金）。但我和鲍勃在看待形势时的确信程度并不总是相同，而且，当我们这么来回转换时，高昂的交易成本也会让我们吃不消。这让鲍勃烦恼不已。我记得他总是围着办公楼一圈圈地跑步，让自己冷静下来。所以到 1988 年年底时，我们转而采用一种更具可变性的系统。这个系统让我们可以根据我们的信心程度决定自己押注的规模。从那时到现在，鲍勃对我们的系统做出的这些改进，以及其他改进，不断地取得回报。

并不是桥水每个人的看法都和我与鲍勃一样。公司里的一些人怀疑系统化运作是否可行，尤其是当系统的表现效果不佳时，就像通常的人类决策一样，这种情况经常出现。我向一些同事说了很多道理，才说服他们继续信任这种方式。尽管我无法让他们确信，但他们也改变不了我的想法，因为他们无法向我展示，为什么我们这种把自己的逻辑清晰地详述、测试和系统化的做法，与一种系统化程度较低的决策方式相比，不是一种更好的选择。

所有了不起的投资者和投资策略都是有弱点的。在弱点呈现时就对其失去信心是一种常见的错误，就像在其有效时对其过于迷恋一样。因为大多数人都有情绪化倾向，不会严格遵守逻辑，所以他们通常会对短期结果反应过度：情况不好时他们放弃，并以过低的价格脱手；好的时候他们又以过高的价格买进。我发现这个道理不仅对投资适用，对人和事物的关系同样适用：明智的人在经历各种沉浮时都始终盯紧稳健的基本面；而轻浮的人跟着感觉走，做出情绪化的反应，对于热门的东西一拥而上，不热的时候又马上放弃。

桥水的下一个立足点

20 世纪 80 年代结束时，我们仍然是一个很小的公司，只有 24 名职员。1988 年，鲍勃介绍我认识了吉赛尔 · 瓦格纳。在后来的 20 年里，我和她合作管理桥水的非投资事务。丹 · 伯恩斯坦和罗斯 · 沃勒分别在 1988 年和 1989 年加入，当时他俩都刚从达特茅斯大学毕业。当时以及此后的很长时间里，我都倾向于聘用没有多少经验，但聪明、坚定、一心致力于把桥水运营好的新毕业生。

与经验相比，我更看重个性、创造力和常识感。我想这与我的经历和信念有关：我在从学校毕业两年后就创办了桥水；我相信拥有把事情探究明白的能力，要比拥有如何做某件事的具体知识更重要。在我看来，年轻人正在创造令人兴奋的鲜活的新东西。用老办法做事的老人没有吸引力。不过我必须补充说明，把责任交给羽翼未丰的年轻人并不总是能产生很好的效果。你即将在后文中读到的一些痛苦教训，这些教训让我明白低估经验的价值也可能是一个错误。

从世界银行最初授权我们管理的 500 万美元起家，到这时，我们已经在为各种客户管理 1.8 亿美元的投资，但我们依然想要努力在机构投资业务领域夺得更大的一席之地。当柯达公司养老基金部门的 CIO 拉斯蒂 · 奥尔森找我们解决一个投资问题时，我们马上抓住了这个机会。拉斯蒂是一个非凡的创新者，品格卓越，1954 年进入柯达，于 1972 年主管其养老基金。他在养老基金业广受尊重，被视为行业领袖。我们一直在向他发送我们的报告。1990 年，他给我们发传真，请我们对他担忧的一件重要事情发表意见。柯达的资产组合过多集中于股权投资，拉斯蒂担心，假如他掌管的资产的价值剧烈下滑，将会发生什么样的事。在此之前，他已经在努力寻找一种方法对冲这一风险，同时不会导致预期回报降低。

拉斯蒂的传真在一个周五下午到达，我们马上行动起来。得到一位如此有名望、有创新性的客户，将给我们带来很大的改变。我们知道，我们能为柯达提供独特的优质服务，因为我们对债券和金融工程很熟悉，而且我们拥有业内无与伦比的历史性视角。我和鲍勃·普林斯、丹·伯恩斯坦在那个周末连续工作，分析柯达的资产组合，以及拉斯蒂考虑采取的策略。然后我们给他写了一份很长的备忘录，说明了我们的想法。

和我在20世纪70年代解构鸡肉生产商的业务，以及后来解构许多其他公司的业务的做法一样，我们把柯达的养老基金分成不同的组成部分，以便更好地理解这部“机器”。我们提出的解决方案利用了一系列资产组合工程理念，这些理念后来成为桥水独特的理财方式的核心。拉斯蒂邀请我和鲍勃去罗切斯特，然后我们就带着管理1亿美元账户的任务回家了。这改变了一切，不仅给我们带来了很大名望，还为我们提供了一个可靠的收入来源，而当时我们正需要这笔收入。

发现“投资的圣杯”

从早期的失败经历中，我懂得了不管我在进行押注时多么有信心，我依然可能是错的，而要降低风险又不降低收益，合理的多样化是关键。如果我能打造一个充满高质量回报流[1]，并适度多样化（意思是相

1. 我说的“回报流”是指因为执行一个特定决策规则而获得的收益，可以将其想象为一张图表上的多条曲线，这些曲线反映了随着时间的推移一项投资的价值改变，以及或者让其继续升值或者将其出售的决定。

互补充、相互平衡）的资产组合，我就能向客户提供一个总的资产组合收益，这比他们能从其他来源得到的收益要稳定得多、可靠得多。

几十年以前，诺贝尔经济学奖得主哈里·马科维茨构建了一个被广泛应用的模型，你可以把一组资产以及它们的预期回报、风险和相关性（显示这些资产在过去的表现有多高的相似度）输入该模型，然后确定一个由这些资产组成的“最优组合”。但这个模型无法告诉你改变其中任何变量所产生的渐进变化效果如何，以及如何处理这些假设的不确定性。那时我极其忧虑，如果我的假设是错的怎么办，所以我希望以一种很简单的方式理解多样化。我找到了布莱恩·戈尔德，一名刚从达特茅斯大学毕业的数学系学生，于 1990 年加入桥水。我请他制作了一张图表，这张图表显示了假如我渐进地增加具有不同相关性的投资，一个资产组合的波动性将如何减弱，其质量（以相对于风险的收益规模来衡量）将如何提升。我将在“经济与投资原则”中更详细地解释。

这个简单的图表带给我的震撼，可能就像爱因斯坦在发现 $E=mc^2$ 时的感觉一样：我发现如果我拥有 15—20 个良好的、互不相关的回报流，我就能大大降低我的风险，同时又不减少我的预期收益。这简单明了，但如果这个在纸面上行得通的理论在实践中的效果也很好的话，那将是一个重大突破。我称之为“投资的圣杯”，因为它指出了赚大钱的方法。这是我们学习过程中的又一个关键时刻。

我们发现的这些原则适用于所有的经营活动。无论经营宾馆、科技公司还是任何其他东西，你的业务都会产生回报流。拥有几个良好的、互不相关的回报流，要比只有一个好，而且，知道如何结合不同的回报流，要比能够选出好的回报流更有效果（不过显然你必须二者都做）。当时（而且直至现在），大多数投资经理没有明白这一点。他们管理单一资产类别的投资：股权管理者管理股权，债券管理者管理债券，等等。他们的客户给他们钱，是希望他们在收获此类资产的总体收益（例如标准普尔500股市指数）之外，还能通过押注、高估和低估特定资产的价值（例如买入比特定指数中更多的微软股票）取得一些额外收益。但同一资产类别内部的具体资产通常约有60%是相互联系的，这意味着在一半以上的情况下，这些资产的价值是一起上升或下跌的。如下图显示，如果一个股权投资经理把1 000只存在60%相关性的股票纳入自己的资产组合，与只选择5只股票的情况相比，多样性并没有高多少。如果以下图指出的方式平衡我们的押注，我们将轻松击败那些选择了相关性较高的资产组合的人。

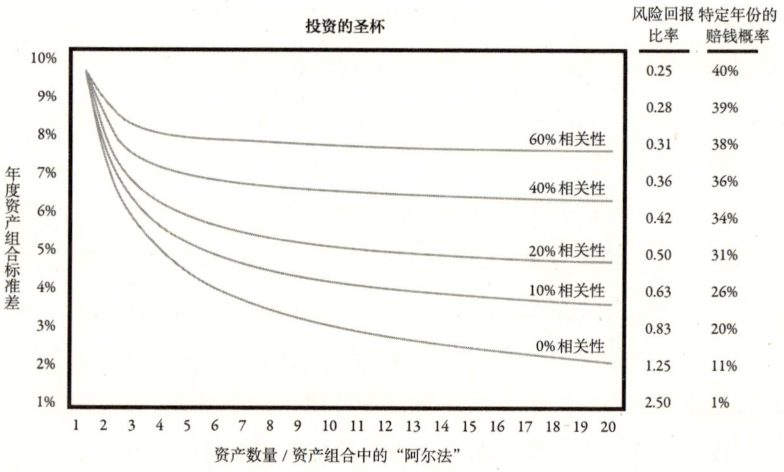

由于我的做法是系统性地记录我的投资原则，以及这些原则预计可能产生的收益，所以我积累了很多互不相关的回报流。事实上，我掌握着约1 000个回报流。因为我们的交易涉及许多不同的资产类别，同时在每一类里，我们都会调适和检验许多基本交易规则，所以我们有很多高质量的回报流可供选择；而一个普通的投资经理只会跟踪少量的资产，而且可能不会以系统化的方式交易，与我们相比，他的选择就要少得多。

我和鲍勃、丹合作，从浩繁的原始信息中总结出了最好的决策规则。规则得出后，我们就在长时间框架里对其进行返回测试，利用系统模拟，将这些规则放在过去的环境中，看看它们的共同表现将会如何。

结果让我们感到震撼。理论上，这种新方法将让我们的单位风险收益增长 3—5 倍，而我们可以根据可容忍的风险规模调节我们想要的收益规模。换言之，我们会比别人赚得多得多，同时降低因失败而出局（我以前就几乎出局）的风险。我称此为“杀手体系”，因为它既可能为我们和客户创造可以“杀死”别人的收益，也可能因我们忽略某些重要因素而“杀死”我们。

这一做法的成功教会了我一个原则，后来我把它应用到生活的所有方面：想要拥有很多优势，而又不暴露于不可接受的劣势之下，最稳妥的方式是做出一系列良好的、互不相关的押注，彼此平衡，相互补充。

虽然对这一新做法很兴奋，我们还是谨慎推进。我们最初只给了这一系统 10% 的权重，在我们表现最好的 20 个月里，该系统在 19 个月里赚了钱。在我们的信心变得更大之后，我决定去找我精选的一些熟识的投资者，说服他们给我 100 万美元的试验账户，运用这一策略来做投资。我知道，请求这些机构投资者投入这样相对不多的钱，将让他们难以拒绝。最初我称这一新产品为“精华 5%”，因为它由我们决策规则中最好的 5% 组成，后来我将其改名为“纯粹阿尔法”，以表示它只包含阿尔法。因为“纯粹阿尔法”不包含任何贝塔，所以它没有随任何市场沉浮而升降的倾向。它的回报只取决于我们能在多大程度上超越竞争者。

通过我们全新的“阿尔法叠加”方法，投资者不仅可以得到他们选择的资产类别（无论是标准普尔500股市指数、债券指数还是大宗商品）带来的收益，还能得到我们在所有类型的资产中挑选和押注产生的收益。尽管这一做法史无前例，但我们还是细致地向投资者讲解了我们的逻辑，说明它为什么事实上比传统方法安全得多。我们还向他们说明，累积性表现的预计范围如何，围绕总体表现的预计浮动范围将会有多大。在我们的客户看来，这好像是一架从没试飞过的飞机模型，但从构造上看要比任何其他飞机都好得多。有没有敢于登上这架飞机的人？

总累积“阿尔法”vs 预期

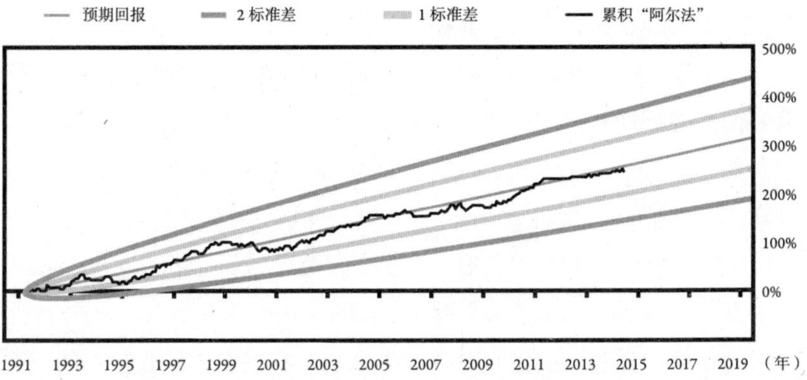

一些客户理解了这套理论，积极改变规则；其他客户或者不理解，或者他们代理的组织拒绝尝试最新的东西。坦率地说，他们中的任何人愿意尝试，都令我们惊喜。到现在，在超过26年的时间里，这种新飞机的飞行效果一如预期，在其中的23年里取得收益（其余3年只有小幅亏损），而且为我们的客户创造了对冲基金业历史上最高的总收益。“纯粹阿尔法”背后的投资管理理念最终改变了对冲基金业，但从提出理念到被普遍接受，一群敬业的合作伙伴进行了很多年的学习，而且付出了艰辛的劳动。

把我们的“杀手系统”国际化

“纯粹阿尔法”是我们所知的最好的积极理财方式，但我们也知道，想要管理足够多的机构投资者的钱，必须接受一个现实，即只有一部分有创意的客户愿意尝试这一做法。所以，尽管我们努力说服客户接受我们的方法，到世纪之交时，“纯粹阿尔法”管理下的资产只占我们管理总资产的 10% 左右。

尽管我们不能用纯债券账户交易股票和大宗商品，但在该领域，我们也应用了自己发现的资产组合原则，并用“纯粹阿尔法”为债券客户创造了低风险的高回报。这包括交易外国政府债券、新兴市场债券、通胀挂钩债券、公司债券，以及海外投资带来的外汇风险敞口。在我们最不受限制的债券投资组合中，我们会进行约 50 种不同类型的押注，比传统债券管理者多得多。这样做给了我们很大优势，并让我们年复一年地跻身投资管理表现最佳榜单。

“纯粹阿尔法”只是我们带给客户的第一个创造性设计。1991 年，我们成为第一家为机构投资者服务的货币外包管理人。当时，机构投资者正在把更大比例的资产投入全球股权与债券市场。国际投资增添了有价值的多样性，但也带来了缺乏管理的外汇风险敞口。这是一个大问题，因为外汇敞口只导致了风险的增加，却没有带来预期收益的增加。我们做货币交易已有很多年，并在投资组合设计方面形成了专长，所以我们是解决这一问题的最佳选择。最终，我们成为全球最大的积极货币管理者。

我们还创造了几种其他的新型、有效的理财方式。在运用每种方式时，我们都会用一张图表向客户清晰地展示业绩预期，图上有一条累积利润曲线，以及围绕这条线的预期变化。我们能这么做是因为，我们可以基于系统化的决策程序，在大量不同条件下对决策的表现进行压力测试。

把我们从错误中总结的教训系统化

当然，我们也在不断犯错误，但错误都在我们的预期范围之内。而我们会尽最大可能利用我们的错误，因为我们养成了习惯，把错误看作学习和改进的机会。我们印象最深刻的教训之一发生在20世纪90年代初，当时负责交易的罗斯忘了把一位客户的钱投入交易，还是保持现金状态。等到这个错误被发现时，已经造成了几十万美元的损失。

这是一个可怕的、代价高昂的失误，而我不能做出太激烈的反应，比如把罗斯炒了以儆效尤，告诉大家我们不能容忍错误。因为错误总是免不了的，所以这么做只会促使其他人隐藏错误，而这将导致更大、代价更高的错误。我坚信，我们应当把问题和分歧摆到桌面上，从而总结应当怎么做才能改进。于是我和罗斯合作编写了一份交易部门的“错误日志”。从那时起，任何时候出现任何性质的不良结果（如一项交易没有执行、我们支付的交易费显著高于预期等），交易员都会记录下来，然后我们采取补救行动。随着我们不断跟踪和解决这些问题，我们的交易执行机制不断完善。

用一套程序确保问题会摆在桌面上，同时确保问题根源会得到剖析，这样才能实现持续的改进。

基于这一理由，我坚持在桥水上下采用问题日志的做法。我的规则很简单：如果事情出了岔子，你必须写入日志，写明其严重程度，并写清楚谁为此负责。如果一个错误发生，记入日志，你就没事；如果没有记，你就会有大麻烦。通过这种方法，问题会被呈送到管理者面前，这比管理者不得不把问题找出来要好得多。错误日志（现在我们称其为问题日志）是我们的第一项管理工具。后来我明白了，管理工具在促使人们采用正确的行为方式方面发挥着重要作用，这一认识引导我创造了不少其他工具，后文将详述。

这种把问题和分歧摆到桌面上的文化造成了很多不适和冲突，尤其是在深入探讨人们的弱点时。不久之后，矛盾就爆发了。

我“顽固难治”的人事管理问题

1993年的一个冬日，鲍勃、吉赛尔和丹提议带我出去吃饭，议题是“就瑞如何影响员工和公司士气，给他一个反馈”。他们先给我发了一份备忘录，大意是我的运作方式正在对公司里的每个人产生负面影响。他们是这么写的：

瑞在哪些方面做得好？

他非常聪明而且有创意。他理解市场和资金管理。他热情，活力四射。他奉行很高的标准，并以这样的高标准要求周围的人。他善意地促进团队合作，培养群体归属感，为员工提供灵活的工作环境，给员工很好的报酬。

瑞在哪些方面做得不够好？

瑞有时对员工的言辞或对待方式会让他们感觉自己不能胜任工作、可有可无、被羞辱、不堪重负、被蔑视、被压迫，或者产生其他不好的感觉。在瑞有压力时这种情况出现的概率会升高。在这些时候，瑞对他人的言辞和行为会造成对他的敌意，并留下持久的印象。由此带来的影响是，人们的工作动力降低而不是增强。这会使工作效率和工作环境的质量降低。这一影响波及的不只是单个员工。我们这个公司很小，人际交往很开放，这意味着当一个人被打击、被糟糕对待、没有得到足够的尊重时，所有人都会受影响。本公司未来的成功高度取决于瑞在人事管理方面能否像在投资管理方面做得一样好。如果他在人事管理方面做得不好，就会妨碍公司发展，我们所有人都会受影响。

啊，这让我感到痛苦和惊讶。我从来没有想到我会给别人带来这样的影响，而这些人是我的大家庭的成员。我不想让他们觉得“不能胜任工作、可有可无、被羞辱、不堪重负、被蔑视、被压迫，或者产生其他不好的感觉”。他们为什么不直言相告？我哪里做错了？我的标准太高了吗？桥水要持续成为一个万里挑一的公司，我们之中就必须要有卓越的人，同时以极高的标准要求别人。我是不是要求太高了？

那时的我仿佛站在一个岔路口。我必须从两种看上去都极为重要但彼此不相容的选项中做出抉择：（1）对他人保持极度的真诚，包括努力把我们的问题和弱点摆上桌面，以便我们直截了当地处理；（2）拥有快乐而满意的员工。而这又让我想起了，当面对两种你都需要但看起来矛盾的选择时，你需要耐心思考如何尽最大可能兼顾二者。几乎总有一条道路是存在但你还没有找到的，所以你应该努力寻找直到找到，而不是凑合着接受那个看起来明显的选择。

我的第一步是确保我知道问题到底出在哪里以及如何解决。于是我询问鲍勃、吉赛尔和丹，情况究竟是怎样。我发现，他们以及许多了解我的其他人，并不像另一些人那样强烈地觉得被我打击，因为他们知道我的心意是好的。如果他们不知道，他们可能早就辞职了，因为正像他们说的：“如果我要他们无怨无悔地忍受我发脾气的话，我单付给他们的钱是不够的。”

他们知道，我希望他们和桥水都尽善尽美，而为了实现这一点，我需要对他们极度真诚，也需要他们对我极度真诚。不仅是因为这样做能够创造更好的成果，也是因为我相信坦诚相待是根本的相处之道。我们都认为，这样的相处方式是必需的，但既然这种做法会让一些人感觉不愉快，我们就需要做出一些改变。

和我关系密切的人理解我，不讨厌我，有时甚至喜欢我，而那些与我联系不太密切的人被我的直率冒犯。很明显，我需要加深对别人的理解，别人也需要加深对我的理解。之后我意识到，在人际关系中，人们应当把各自的相处原则说得极为清楚，这至关重要。

以此为起点，我们开始书面记录我们的原则，这种做法持续了几十年，最终形成了“工作原则”。这些原则既是我们一致同意的相处规范，也是我对我们如何处理不断出现的新情况的思考。因为大多数情况都是以略微不同的形式不断出现的，所以这些原则被持续改进。就我们一致同意的相处规范而言，最重要的一条是，我们需要做三件事：

1. 把我们的真实想法摆在桌面上；
2. 存在经过深思熟虑的分歧，但人们愿意在相互了解的过程中更改观点；
3. 如果分歧依然存在，拥有一种大家一致同意的决策方式（如投票或者拥有清晰的权威），以便我们能够不带怨气地把分歧留在身后。

我相信任何组织或任何人际关系想要保持得好，这些都是必需的。我还相信一个集体决策体系要有效，该体系的使用者必须相信它是公平的。

把我们的工作原则写下来，并一致遵守，就像遵守我们的投资原则一样，这对我们理解彼此至关重要。尤其是因为，为我们带来独树一帜的好业绩的独特运作方式（极度探寻真相和极度透明），对一些人来说是反直觉的和在情感上难以接受的。

我想理解我们如何通过这种坦率的做法实现有意义的工作和有意义的人际关系，于是在其后的几十年里，我与神经科学家、心理学家、教育工作者交流。我学到了很多东西，总结如下：每个人的大脑都有两部分——层次较高的逻辑部分与层次较低的情绪部分。我称此为“两个你”。它们会争夺对于一个人的控制权。管理这一冲突的方式，是我们行为最重要的驱动因素。鲍勃、吉赛尔和丹提出的问题背后最大的原因，就是这一冲突。大脑的逻辑部分可以轻易理解了解自身弱点是一件好事（因为这是克服弱点的第一步），但大脑的情绪部分通常讨厌这么做。

5

终极恩惠

（1995—2010 年）

到 1995 年，桥水已拥有 42 名职员，管理着 41 亿美元的资产，这是我从未梦想过的，尤其是考虑到 12 年前桥水曾经缩小到只剩我一个人。尽管情况变得好多了，更稳定了，我们做的事却基本未变：与市场博弈，独立和有创意地思考如何押注，犯错误，把错误摆上桌面分析，找出根本原因，设计出新的更好的做事方法，系统化地落实这些更新，犯下新的错误，如此循环。[1]凭借这种循环往复、不断演进的做法，我们持续改进我从 1982 年开始建立的投资体系。当时我们展示了，一些用计算机工作的聪明人能够击败大型的、设施完备的、已经确立市场地位的大公司。而现在我们自己正在成为设施完备的、已经确立市场地位的大公司。

随着系统里的决策规则和数据变得越来越复杂，我们聘用了年轻的程序员，他们能更好地把指示转化为代码，我们还聘用了聪明的大

1. 我称这种做法为“五步流程”，将在后文详细叙述。

学毕业生，帮助我们进行投资研究。这些新的“神奇小子”中的一位，格雷格·詹森，在1996年以大学实习生的身份加入桥水。因为他表现突出，所以我挑选他做我的研究助理。在此后的几十年里，他做出了很多贡献，先是和我、鲍勃·普林斯兼任联合CIO，然后和我兼任联合CEO（首席执行官）。他也逐渐把我视为教父。

我们还投资于功能越来越强大的计算机。[1]利用这些机器运行系统解放了我们，使我们不必再盯着市场的每日变动，可以从更高的层面思考问题，从而创造出新颖的、有创意的联系，为我们的客户进行创新。

发现通胀挂钩债券

在这段时间，我与戴维·怀特吃过一次饭，他掌管着洛克菲勒基金会的钱。戴维问我我会怎么管理该基金会的投资组合，从而创造比美国通胀率高5%的回报。我答道，杠杆化的外国通胀挂钩债券，加上与美元对冲的该国货币，这样的投资组合应该能实现这个效果。（必须是外国债券，因为当时美国没有通胀挂钩债券，而且它需要与美元对冲以便消除汇率风险。）

后来在回想这件事时，我意识到我们可以创造一种全新的、极为不同的资产类别，于是我和丹·伯恩斯坦开始更深入地研究这样一种资产组合。根据我们的分析，这种全新的资产类别的效果会比我们预想的更好。事实上，其效果将是独特的，因为我们可以通过设计，使其拥有与股权投资相同但风险更低的预期回报率，并长期与债券和股

1. 我将在“生活原则”部分的“学习如何有效决策”中更详细地阐述如何使用计算机化的决策体系。

权投资保持负相关性。我们向客户展示了这一研究成果，他们很喜欢。不久之后，我们就成为第一家全球性的通胀挂钩债券管理者。1996年，美国财政部副部长拉里·萨默斯开始考虑美国是否应该发行本国的通胀挂钩债券，而由于只有我们管理着这种债券的资产组合，他把我们作为专家召去咨询。

于是我和丹前往华盛顿会见萨默斯和其他财政部官员，以及很多著名华尔街企业的代表。我们迟到了（准时不是我的长项），通往财政部大会议室的门紧关着。我不愿让这阻挡我，于是我一直敲门，直到有人开了门。那是一个大房间，中间有一张桌子，旁边是媒体旁听席。桌子旁的空位只剩一个了，上面摆着丹的名牌。只允许派一个代表，我们曾商定由丹担任，因为他已经做了很多准备工作。我忘了这茬，而是走到媒体席上抓起一把椅子，搬到丹旁边，也坐在了桌子旁。丹形容说，这场会议大体与我们在20世纪90年代遇到的情况一样：我们必须奋力搏杀，争取机会。拉里·萨默斯后来说，他从我们这儿得到的建议，对于构建这个市场是最重要的。当财政部后来引入这种债券时，他们遵循了我们建议的结构。

发现“风险平价”

到20世纪90年代中期，我有了足够的钱为我的家庭设立一个信托，所以我开始思考，为了将财富传承给多代人，最好的资产配置组合应当是什么样子。在我做投资者的岁月里，我看到了各种各样的经济与市场环境，以及财富被创造和毁灭的各种途径。我知道什么能带来资产收益，但我也知道不管持有什么类型的资产，总有一天它会失去大部分价值。这些资产包括现金，现金是长期投资产品里最差的一种，因为它会因通胀和税收因素而不断贬值。我还明白，想要预见导致这些损失的波动是很难的。我毕生都在做这件事，也和其他人一样估错市场。当我不在时，我不敢保证其他人能把预估做好。通胀不停涨落，兴衰不断交替，找到在所有经济环境里都做得好的投资者就像大海捞针，即使找到了，他们也不是不老之身，所以这不是可行的办法。我不希望等我死后，我创造的、用来保护家人的财富尽付东流。这意味着，我必须创造一种能在所有经济环境中表现良好的资产组合。

我知道经济环境的哪种变化能引起资产类别的变化，我也知道这些相关关系在几百年里基本保持不变。只有两个重大因素需要担忧：增长率和通胀率。这两者可以升也可以降，所以我发现，如果找到4种不同的投资策略，每一种适用于一个特定环境（增长率上升加通胀率上升，增长率上升加通胀率下降，以此类推），我就能创造一种资产配置组合，它足够均衡，可以在长期里表现良好，同时又不会遭受不可接受的损失。因为投资策略总是保持不变，所以几乎任何人都能使用。于是，在鲍勃和丹的帮助下，我创造了一种资产配置组合，在以后的100多年的时间里，我都可以放心地把我的信托资金投入其中。我称其为“全天候资产组合”，因为它适用于所有环境。

1996—2003年，我是投资于该组合的唯一“客户”，因为我们没有把它当作一种产品出售。但在2003年，一个老客户，威瑞森无线通信的养老基金主管告诉我们，他正在寻找一种适用于所有环境的投资方法。在威瑞森投资这个组合以后，其他客户接踵而来，12年之后，我们已经管理着近800亿美元的资金。这是另一个重塑全行业的新概念。看到它的成功之后，其他投资管理者也纷纷推出了自己版本的投资组合。现在这种模式统称为“风险平价”投资。

继续做一个出色的精品店，还是发展成一个大机构

随着我们的员工和企业文化创造了这些重塑全行业的投资产品，桥水真正地起飞了。截至 2000 年，我们管理的资金超过了 320 亿美元，是我们 5 年之前管理资金的近 8 倍。人员数量翻了一番，于是我们搬出了位于商场区的办公室，搬进了一个更大的办公场所，位于索格塔克河畔的一个自然保护区里。尽管我们持续发展，但并不是一切都是一帆风顺的。在拓展这个企业的同时管理投资，我需要同时做两份具有挑战性的工作，培养两种不同类型的技巧，同时还要做个好父亲、好丈夫、好朋友。这些角色提出的要求不断变化，所以我需要的技术和能力也在变化。

多数人以为，发展一家大型企业伴随的挑战，大于发展较小企业伴随的挑战。但事实并不是这样。从一个 5 人组织发展为 60 人的组织，从一个 60 人的组织发展为 700 人的组织，从一个 700 人的组织发展为 1 500 人的组织，挑战性是一样的。回头来看，我不能说在我们经历的任何阶段，挑战的困难程度有过变化。它们只是性质不同。例如，当我一个人时，我的挑战是几乎一切都要亲力亲为；当我学到更多东西、赚到足够的钱聘请其他人时，我的挑战是管理他们。类似地，与市场和经济波动博弈的挑战也是不断变化的。我原来没想到但现在很清楚的是，尽管一个人会越做越好，但如果他想要更上一层楼的话，难度并不会降低，比如一个奥运会选手会发现，他面对的运动难度和一个新手面对的一样大。

不久之后我们就面临着另一个重要抉择：我们要成为什么样的企业？我们应该继续扩大规模，还是停留于现有的规模水平？

到 2003 年，我已经认定，我们需要把桥水发展成一家真正的大机构，而不是继续做一个精品店规模的投资管理机构。这么做将在许

多方面让我们变得更好：更好的科技，更好的安全掌控，更丰富的人才资源——这些都将让我们变得更稳定、更持久。这意味着聘用更多技术、基础设施等领域的人员，以及更多的 HR（人力资源）和 IT（信息技术）部门的员工来培训和支持新员工。

吉赛尔强烈主张我们不应该扩大。她认为引入大量新人将威胁我们的企业文化，同时我们需要花费大量时间和精力去招聘、培训、管理他们，这将冲淡我们的工作重点。尽管我赞同她的观点，但我不想安于现状，不尽力突破。我对待这个分岔路口情境的方式和对待其他类似情境一样：我们能不能鱼和熊掌兼得，只不过是对我们创造力和性格的检验。例如，我可以设想各种方式，利用技术帮助我们招聘大部分所需的新员工。在慎重权衡了这些问题之后，我们决定扩大。

充实原则

自鲍勃、吉赛尔和丹在20世纪90年代将那份“瑞的反馈备忘录”提交给我以来，我就像记下我的投资原则一样，更清晰地记下并分享我的工作原则。最开始的方式是和全公司分享我总结的哲学语句和邮件。接着，每当发生什么新情况需要我做出决策时，我就思考一下我做出该决策的标准，然后将其作为一项原则写下来，这样大家就能看到具体情况、我对待这些情况的原则，以及我的行动之间的联系。于是我们开始越来越多地把所有事情都看作“类似情境的再现”，例如聘用、解雇、确定薪酬、对待不诚实行为等，而这些情境有着各自的应对原则。通过把原则明确地写下来，我就能让大家一起思考、改进并遵守原则，从而培养一种创意择优的做法。

原则的数量最开始很少，后来逐渐增多。到21世纪最初10年的中期，桥水开始快速扩大，迎来了许多新的管理者，他们努力了解和适应我们独特的企业文化，并越来越多地向我请教。还有一些桥水以外的人开始问我，他们如何创建自己的创意择优。于是在 2006 年，我草拟了一张列表，列出了约 60 条“工作原则”，将其分发给桥水的管理者们，以便他们自己评估、讨论和理解这些原则。我在开头的备忘录里写道：“这是一个草稿，但我写出来是为了让大家提建议。”

由此开启了一段持续改进的过程，我们遇到了很多新情况，从中总结出应对原则，然后和桥水的其他领导者、管理者一起制定这些原则。随着时间的推移，我遇到了在管理企业的过程中可能遇到的几乎任何事情，也总结出了几百条几乎覆盖一切的原则。就像我们的投资原则一样，这些原则成为某种“决策库”。你将在“工作原则”中看到的内容就是以这些原则为基础的。

但只编写和教大家学会我们的原则是不够的，我们还必须遵循。随着桥水变得越来越大，遵循原则的方式也在不断演进。在桥水发展的早期，所有人都互相认识，所以极度透明很容易实现：大家可以随意参加各种会议，不拘礼节地彼此沟通。但随着我们不断扩大，这在事实上变得不可能了，变成了一个真正的问题。如果大家不能了解一切，怎么能有成效地落实创意择优呢？没有了透明性，人们会曲解各种事情，使之符合自身利益，有时甚至会秘密地这样做。问题将会被隐藏，而不是被摆上桌面、得到解决。想要拥有真正的创意择优，就必须透明，以便人们自己找到真相。

为了确保这一点，我要求对几乎所有的会议都录音，让所有人都能了解会议内容，只有极少数的例外，比如会议讨论内容是个人健康等私密问题，或者是关于某笔交易、某项决策规则的独家信息。最初，我把未经剪辑的管理层会议录音发给全公司，但这对职员的时间来说是个沉重的压力。所以我后来组建了一个小团队剪辑录音，集中选出最重要的片段，而且我们逐步增加问题，从而制作可用于培训的“虚拟现实”案例研究。[1]这些录音带逐渐成为针对新员工的“新兵训练营”的一部分，也是一扇窗口，透过它人们可以看到层出不穷的新情况，以及相关的应对原则。

基于如此的开放性，我们可以就各自的行为及其理由展开一些非常坦率的讨论，通过讨论，我们能加深对彼此不同思维方式的理解。这能展示大家五花八门的思维方式，对所有人都很有启发。至少，现在我能够更好地理解曾经把我气得半死的那个人了。而且我认识到，如果管理者不知道员工不同的思维方式，他就不知道员工将如何处理不同的情况，这就像一个工程领队不知道他的设备将如何工作一样。在这一深刻认识的引导下，我们开始探索如何通过心理测试了解人们不同的思维方式。

发现心理测试

在我的孩子们还很小时，我让一位聪明的心理学家苏·昆兰对他们进行测试。事实证明她的评估很精确，为孩子们的未来发展提供了一个很好的路线图。因为这项测试很成功，所以我和昆兰以及其他人合作，试图找出最好的测试方法，对我的同事进行测试。2006年，我第一次做了MBTI（迈尔斯–布里格斯类型指标）测试，并发现它对我的倾向描述得很准确。

MBTI测试结果描述的很多差异，例如喜欢关注宏观概念的“直觉型人格”和更关注具体事实与细节的“感觉型人格”，对于理解桥水内部的冲突和分歧很有用。我开始寻找能够帮助我们加深对彼此理解的心理测试。一开始进展得很慢，主要是因为我找到的大部分心理

1. 随着数字科技的进步，我们不断创新记录和分发这些内容的方法。

学家都对探索差异表现出惊人的不情愿。但最终我找到了几个不错的人，尤其是心理学家鲍勃·艾兴格，他给我介绍了许多其他很有用的心理测试。

2008 年年初，我让桥水的大多数管理者做了 MBTI 测试。结果让我吃惊，我不相信一些人真的使用测试结果所描述的方式进行思考，但当我请他们以 1—5 的数字来给测试结果的准确性打分时，80% 以上的人打了 4 分或 5 分。

创建“棒球卡”

在采用了 MBTI 测试和其他心理测试之后，我还是发现，我们难以把看到的结果和制造这些结果的人联系起来，从而对人有充足的了解。同样的人还是不断参加同样的会议，以同样的方式做事，得到同样的结果，而不试图理解为什么。（我最近看到的一份研究报告显示，存在一种认知偏好：人们总是会忽视显示一个人在某件事上做得比另一个人好的证据，而认为两个人做得同样好。我们当时看到的就是这种情况。）例如，缺乏创造力的人被安排去做需要创造性的工作，而不关注细节的人被安排去做细节导向的工作，等等。我们需要找到一种方法，把显示不同人个性的数据做得更加清晰、准确，于是我开始为员工创制棒球卡，列出他们的“指标”。我的想法是，这些卡可以被传阅，安排任务时可以参考。就像你不会安排一个在防守方面表现得很好但打击率仅为 0.160 的外野手作为第三棒出场一样，你也不会安排一个拥有宏观思维的人去做需要关注细节的工作。

一开始，这个想法遇到了很多抵制。人们担心这些棒球卡会不准确，制作起来太费时间，即使制成了也只会是对不同人特点的不公正的僵化表述。但逐渐地，对于这种开放地探究不同人个性的做法，所有人的态度都出现了 180 度的大转弯。大多数人发现，向所有人公开展示这些信息，更能起到解放作用而不是抑制作用，因为在这种做法常规化以后，人们就会像家庭成员一样彼此坦诚相待，在工作中舒适地做真实的自己。

因为这种运作方法很不寻常，所以一些行为心理学家到桥水对其进行评估。我强烈建议你们阅读他们做出的非常正面的评价。[1]哈佛大学心理学家鲍勃·基根称桥水“以一种形式证明了，追求商业卓越和寻求个人价值的实现，不一定是相互排斥的，而是可以相辅相成的”。

我还必须说明，我当时的个人生活环境也引导我关注心理学和神经学。尽管在大多数时候我在本书中不会谈及我家庭成员的生活以保护他们的隐私，但我想告诉你们一个关于我儿子保罗的故事，因为这个故事与本书的叙述有关，而且他也不讳言这件事。

从纽约大学的帝势电影学院毕业后，保罗去了洛杉矶工作。到了之后，他要找一个公寓，所以暂时住在酒店里。有一天他走到酒店前台，把人家的计算机给砸了。保罗被捕入狱，并遭到狱警痛打。最终，他被诊断患有双相障碍，被释放后交由我监管，并被一家医院的精神病房接收。

由此，我和保罗、芭芭拉开始了持续三年的反复折腾，保罗时而出现极度的躁狂，时而陷入极深的抑郁，我们在复杂的医疗系统里来回奔波，并与当时执业的一些最聪明、最有同情心的心理学家、精神病专家和神经科学家讨论。痛苦和迫切的压力最能激发人的学习动力，而我正在承受这样的压力。有时我觉得保罗好像正在悬崖边摇荡，快要跌下去了，而我只能用手抱着他。日子一天天过去，我不知道我还

1. 你们会在文中发现对罗伯特·基根、爱德华·赫斯、亚当·格兰特的著作的引述。

能不能坚持，他会不会从我的怀抱中滑落。我频繁和看护保罗的人交流，以便弄清楚他的状况，以及应该怎么办。由于保罗得到的帮助和他自己的优秀个性，他度过了这场磨炼，而且这段经历让他变得更优秀了，因为他培养出了一些他过去没有但很需要的优点。保罗曾经很野，深更半夜才回家，做事一团糟，吸大麻、喝酒，但他现在老老实实地吃药、冥想，早早上床睡觉，拒绝毒品和酒精。他曾经充满创造力，但缺乏自律，而现在他两方面都做得很好。最终，他比过去更有创造力了，快乐地步入婚姻生活，养育了两个儿子，成为一个富有成就的电影制作人，并投身于帮助双相障碍患者的事业。

保罗在自己患有双相障碍这件事上极度透明，而他在自己患有此病的同时仍然帮助其他人，这些都给我以启示。他饱受欢迎的第一部剧情片《触火之恋》，让许多生活可能被双相障碍毁掉的人既看到了希望，也看到了他们未来的前行道路。我记得我曾观看过他拍摄的一个场景，该场景基于我和他的一次真实对话，当时他处在躁狂中，而我在努力和他讲理。我既能看到演员扮演的、处在最糟糕状态下的保罗，也能看到正在指导拍摄的、处在最良好状态下的真实的保罗。看着眼前的场景，我的脑海里闪过他的整个经历，从曾经的深渊最底层，直到浴火重生，成为站在我面前的这个坚强的英雄，一个致力于帮助其他人摆脱他曾经经历过的困难的人。

这段走出地狱的历程，让我对人们看待事物是如何不同以及为什么会产生这些不同，有了更深刻的理解。我了解到，我们的思维方式在很大程度上是由心理因素决定的，是可以改变的。例如，保罗躁狂和抑郁的交替，是因为他大脑中的多巴胺以及其他化学物质分泌不稳定，所以控制这些化学物质，控制影响其分泌的活动和刺激因素，就可以改变保罗的状态。我了解到，富有创造性的天才和疯子可能只有一步之隔，能给人带来洞察力的化学反应也能造成扭曲，而一个人被自己的大脑困住是件极其危险的事情。当保罗处在“疯狂”状态时，他总是相信自己不合逻辑的说法，无论这些说法在别人听来是多么奇怪。尽管这在双相障碍患者身上表现得更为极端，但我在几乎所有人身上都看到过类似的迹象。我还学到了，人们可以控制大脑的运行，以带来比过去好得多的结果。这些深刻见解帮助我更有效地和人打交道，我将在“理解人与人大不相同”中对此进行详细说明。

让桥水坚如磐石、利如刀刃

我在 2008 年 6 月的年度集体大会上说，在我看来，桥水一直都是“既很差又很好的”。5 年前，我们决定把桥水建成一个大机构，经历了 5 年的快速增长后，我们遇到了一系列新问题。这一点也不新鲜。从我创办桥水开始，我们就一直面临一定的问题，因为我们总是在大胆创新，犯下错误，并快速地改进。例如，在我们经营桥水期间，科技发生了飞速变化，我们使用的工具从计算尺变成电子表格软件，又变成先进的人工智能。在变化如此之多、如此之快的情况下，随着更好的新东西不断涌现，一心要让所有东西“刚刚好”似乎是没有意义的。所以我们以一种轻巧、灵活的方式打造我们使用的技术，这样做在当时是合理的，但也导致了许多迫切需要解决的麻烦。这种快速、灵活的做法迅速在公司内部推广开来，尤其是在随着我们的发展几个部门已经不堪重负的情况下。保持先进一直是很有意思的，但我们在让自己坚如磐石方面面临着挑战，尤其是非投资部门。桥水需要通过多种途径实现更新，但这将是不容易的。

2008 年，我每周花大概 80 个小时的时间做我的两个全职工作（管理我们的投资以及管理公司），而在我看来，我在这两方面做得都不够好。我感觉，无论是我还是整个公司，都在从各方面都很优秀的状态倒退。一开始，我一直能够兼顾投资管理和经营管理。但现在公司的规模变大了，经营管理方面需要很多时间，而我拿不出这么多时间。我对自己所有的投资职责和经营职责进行了运行效率分析，结果表明，要在投资管理和经营管理两方面都保持卓越，满足我的期望，我需要每周花费约 165 个小时。这显然是不可能的。我想尽量把工作委派给别人做，所以我询问其他人是不是也能很好地胜任我的工作，如果是的话，他们是谁。所有人都认为，我的大多数职责是不能稳妥地下放给别人的。显然，我做得不够好，没有及时找到和培训其他人来代行我的职责。

在我看来，一个管理者能够实现的最大成功就是能够组织其他人在没有你的情况下把事情做好。次好的情况是你自己能把事情做好，最糟糕的是连你自己都做不好。当我反思我的职责时，我能看到，尽管我和桥水取得了很多惊人的成就，但我并没有取得最高水平的成功。事实上，尽管桥水已经非常成功了，但我还在奋力争取实现次好的水平（自己把事情做好）。

当时桥水共有职员 738 人，部门主管 14 人。各部门主管由我以及我建立的一个管理委员会管理，因为我不相信在没有与其他人探讨的情况下，我自己能做出最好的判断。我规划了这样的工作报告体系：我既向管理委员会报告，也负责监督委员会各成员的公司管理工作。我希望他们也负起确保公司在各方面表现卓越的职责，而我愿意为他们服务，帮助他们实现这个目标。

2008 年 5 月，我给管理委员会的 5 名成员写了一封电子邮件，并抄送全公司。我告诉他们：“我要更进一步地让你们知道，我已经达到了我的极限，同时我的工作质量以及工作与生活的平衡，都在受到不可接受的损害。”

2008年金融与经济危机

那时，我已认识到阵线拉得过长，无法应付如潮涌来的新情况，尤其是在投资领域，而事实证明我们进入了一个历史性的大动荡期。

我经常被不同类型的事件打得措手不及，这些事件我从未经历过，但曾发生在其他时候或其他地方，如1971年的美元贬值和20世纪80年代初的债务危机，所以，我总结了一系列永恒和普适的经济和市场原则。换言之，我知道我们需要理解所有重要的经济和市场变动，而不只是我经历过的变动，并确保我们遵守的原则在过去的所有时期、所有其他国家都适用。

所以，早在21世纪初，我们就在系统里纳入了一个“萧条测量仪”，以确定如果一系列特定情况开始出现，它们以某种方式预示着发生债务危机和萧条的风险增加，我们应当采取什么样的行动。2007年，测量仪显示一场债务泡沫即将发展到崩溃点，因为偿债成本的增速正在超过预期现金流的增速。因为各国利率已接近于零，所以我知道，各国央行将难以像在以前几场衰退中那样，采取足够力度的宽松货币政策扭转经济下滑趋势。在历史上的经济萧条之前，都发生过类似的一系列现象。

我的思维和直觉都闪回到我在1979—1982年的经历。30年来，我积累了更多知识，也变得谨慎多了。尽管我觉得经济的变化方向很明显，但我不敢保证我是对的。我记得，我曾在1982年估计美国的债务崩溃将会使经济陷入萧条，那时看起来也很明显，但后来的事实证明我犯了多么可悲的错误。

那段经历也促使我对债务危机及其对市场的影响进行了更深入的探索。在很多这样的危机期间，我都一边交易一边研究，包括20世纪80年代的拉美债务危机、20世纪90年代的日本债务危机、1998

年的长期资本管理公司倒闭危机、2000 年网络经济泡沫的破裂，以及 2001 年世界贸易中心和五角大楼遭到攻击后引发的危机。在我的桥水队友的帮助下，我拿起历史书和旧报纸，逐日研究大萧条和德国魏玛共和国时期发生的事件，比较当时发生的情况和现在的情况。这一研究进一步证实了我最严峻的担忧：在我看来势必会发生的情况是，大量的个人、企业和银行将面临严重的债务问题，同时就像 1930—1932 年的情况一样，美联储将无法通过降息缓解债务危机的冲击。

我担心我可能是错的，于是我找其他的聪明人给我的观点挑毛病。我还想请重要的决策者复审我的思考，一方面对这些思考进行压力测试，另一方面提醒他们我预见到的情况，于是我去华盛顿找美国财政部和白宫的人谈。尽管他们的态度礼貌，但在他们看来，我说的情况是耸人听闻，尤其是因为所有外在的迹象都显示经济似乎一片繁荣。绝大多数人没有深入考察我们的推理和计算就将其否定了，只有一个例外：副总统迪克·切尼的国内政策副助理拉姆森·贝特法哈德。他审读了我们的所有数据，并感到担忧。

因为我们看到的情况环环相扣，而且找不到任何能驳倒我们观点的人，所以我们开始这样配置客户的资产组合：假定我们的估计是正确的，我们将以某种方式对冲我们的仓位，使之保持足够的盈利可能和有限的损失可能；万一我们的估计是错误的话，我们还有一套补救方案可用。尽管我们觉得已经做了充足的准备，但我们认为预判错误和预判正确的可能一样大。毕竟，假如全球经济急遽下滑，那些缺乏保障的人都会受到严重冲击，这对所有人来说都很可怕。

像 1982 年一样，当情况恶化、事态日趋朝着我们预计的情况发展时，决策者开始更加重视我们的观点。贝特法哈德邀请我去白宫同他会面。纽约联储主席蒂姆·盖特纳也要求见我。我带着鲍勃、格雷格和年轻的分析师鲍勃·埃利奥特参加与盖特纳的一场午餐会。我们在他面前分析了数据，他的脸真的变白了。他问我这些数据是从哪里得来的，我说都是公开的，我们只是将其汇总，并从一个独特的角度进行了审视。

在与盖特纳会面两天后，贝尔斯登公司倒闭。这并未引起市场和大多数人的太大担忧，尽管这预示着即将发生的一切。直到6个月后的2008年9月，雷曼兄弟倒闭时，所有其他人才看清了事态。那时，多米诺骨牌已经开始飞快地倒下。尽管无法控制所有损失，但决策者，尤其是美联储主席本·伯南克采取了明智的应对措施，实现了“一场和谐的去杠杆化”（即以一种方式在降低债务负担的同时保持经济增长和低通胀）。[1]

长话短说，在这段时期里我们为客户很好地保驾护航，预测到了市场的变化方向，避免了损失。2008年，我们的旗舰基金业绩增长超过14%，而很多其他投资者的损失超过30%。我们曾担心判断错误，所以对押注进行了对冲，而不是自以为是地投入更多筹码，假设我们没有这么做的话，收益还会更高。但我不后悔，因为我从过去的经历中学到，这么押注是不明智的。尽管如果我们没有放那么多精力在对冲上，收益会更高，但假如我们从一开始就以这种态度对待投资的话，我们肯定不可能存活下来，也不可能保持长久的成功，赢得今天的地位。

2008年债务危机和1982年债务危机类似，以前也发生过很多类似的事，以后还会发生更多。我喜欢对自己的惨痛错误进行反思，并珍视由此总结出的原则的价值。大约25年以后，或者不知道什么时

1. 财政部长汉克·保尔森的行动，尤其是将政府资金注入具有系统重要性的银行，也是很关键的。

候，下一场大危机还会发生，假如这些原则没有被妥善编写成代码装进我们的计算机里的话，它就可能让我们措手不及，造成很多痛苦。

帮助决策者

我们的经济和市场原则与大多数其他人的大相径庭，所以带来了不同的结果。我将在“经济和投资原则”中解释这些差异，而不是在此详述。

就像美联储前主席艾伦·格林斯潘说的：“在我们最需要模型的时候，模型失败了……在（雷曼兄弟倒闭）三天之前，摩根大通认为美国经济会加速增长，而他们的模型失败了。美联储的模型失败了。国际货币基金组织的模型也失败了……于是这一切让我自问，这是怎么回事？”纽约联储主席比尔·达德利进一步说明了这个问题：“我认为，宏观经济学家看待经济前景、经济增长和通胀的方式存在根本性的问题……看一下主要的宏观模型，它们通常不涉及财政部门。它们不承认财政部门可能会从根本上崩溃，导致货币政策的刺激完全失效。所以我认为，这场危机的教训是，我们需要做更多的工作，确保金融人士与宏观经济学人士保持对话，构建更稳健的模型。”他是对的。我们这些“金融人士”看问题的方式和经济学家大相径庭。由于我们的成功，决策者更多地向我们请教，这让我和美国及全世界的高层经济决策者的联系大大增多。为了尊重我们谈话的隐私性，在此不便透露太多，我只是想说明，这些决策者对于桥水非传统的看待经济与市场的方式的接受程度大大提升了，而对于未能预示和避免危机的传统经济学思维更持怀疑态度了。

我们之间大多数的交流是单方面的。我通常会回答他们的问题，而不会以让他们难堪的方式提问，避免让他们因担心泄露机密信息而不愿回答。我与这些领导者会谈时不会对他们下判断，也不关心他们所持的具体意识形态。我就像一个医生一样和他们交流，只想创造最有益的效果。

他们想得到我的帮助，是因为我作为投资者的全球宏观经济视角与他们作为决策者的视角大为不同。我们都是自身所处环境的产物。投资者独立思考，预测尚未发生的事情，使用真金白银冒险投资。而决策者所处的环境鼓励形成共识而非表达分歧，培养他们针对已经发生的事情做出反应，训练他们的谈判能力而非冒险投资能力。关于自身决策的质量，投资者能得到持续的反馈，而决策者无法得到这种反馈，所以难以区分好的和不好的决策者。他们还要扮演政治家的角色。即使最精明能干的决策者也必须不断地把注意力从他们眼前正在处理的问题上转移，以对抗其他决策者提出的反对意见，而且他们面对的政治体系经常功能失调。

长期而言，任何政治体系都不如经济机器强大（无能的政治家会被替换，无效的政治体系将会改变），但在此时此刻，这二者之间的互动才是经济周期的驱动因素，而这种互动经常表现不佳。

获得优异回报

我们在 2010 年的收益是史上最高的：两个“纯粹阿尔法”基金的收益率分别接近 45% 和 28%,“全天候资产组合”的收益率接近 18%。这样的业绩几乎无人能比，因为我们设计的处理和分析信息的系统表现非常优异。比起光用我们的大脑，这些系统要有效得多。没有它们的话，我们将不得不用古老和费力的方式管理资金：努力在自己的头脑里权衡所有市场和影响市场的因素，然后形成一个投资组合。那样的话，我们将不得不聘请和管理一大堆不同的投资经理，而由于我们不能盲目地信任他们，我们又得努力弄清楚每个人是如何决策的，这意味着要观察他们的操作及其理由，从而对他们的表现形成合理预期，还要处理不同人的个性差异问题。我为什么要这么做？在我看来，这种投资方式和组织管理方式是过时的，就像参照地图而不是用 GPS（全球定位系统）一样。当然，构建我们的体系也不容易，我们为此花费了 30 多年。

管理的资金太多有可能损害业绩，原因是太大的规模会影响市场走向，导致建仓和平仓的成本很高。在 2010 年实现超过 40% 的收益率后，我们不得不考虑向客户退回很多资金，尽管他们其实希望将更多的钱交由我们管理。我们一直谨慎地让自己不要变得过大，以免竭泽而渔。

客户不想让我们退回资金，而是想让我们使资金增值。所以我们必须面对一个难题：如何在不损害业绩的情况下让产能最大化？这是我们没有遇到过的情况，因为我们从来没有管理过那么多资金。我们很快发现，如果把做法稍微调整一下，设立一个新的基金，让它像“纯粹阿尔法”一样管理资金，但只投资于流动性最强的市场，这样一来，我们的预期收益就将保持不变，而预期风险（即市场波动性）只会稍微上升。

我们把这一新思路植入我们的计算机，对其进行返回测试，以观察其在所有国家、所有时期表现如何，然后向客户详细解释，以便他们深入理解背后的逻辑。尽管我喜欢人工智能并一直从中受益，但我相信，只有人才能发现这样的做法，然后让计算机运行它。正是由于这个原因，我相信正确的人彼此合作并与计算机合作，才是成功的关键。

2010 年年底，我们启动了“纯粹阿尔法主要市场”，客户向其投入了 150 亿美元。从那时起，这一产品的收益率一直与预期一致，即约等于“纯粹阿尔法”的收益率（事实上要更好，但只是好一点点）。我们的客户很高兴。事实上，这一新产品太受欢迎了，以至到 2011 年，我们也不得不让它停止接受新投资。

从幕后走到台前

成功是一把双刃剑。在我们预见到金融危机、我和桥水开始得到我们不想要的公众关注后，我意识到了这一点。我们不同寻常的业绩、不同寻常的看待经济和市场的方式、不同寻常的文化，使我们得到了持续关注。我希望保持不受关注的状态，所以避免和媒体打交道。但这并没有阻止媒体报道我和桥水，而其报道方式通常是哗众取宠的，不是把我描述成一个身怀绝技的投资界超级英雄，就是一个异端组织的领袖，有时二者兼有。

因为成功而得到大量关注不是一件好事。澳大利亚人称此为“高罂粟综合征”：田地里最高的罂粟最有可能被摘头。我不喜欢被如此关注，尤其不喜欢桥水被错误地描述为一个异端组织，因为我觉得这不利于我们招募优秀人才。同时我意识到，因为我们没有让媒体看到桥水的真实运行状况，所以这些耸人听闻的描述也不可避免。

于是我在 2010 年年底决定公开我的“原则”，这本手册明确地阐述了我们在做的事情及其理由。我把“原则”放在我们的网站上，以便让桥水以外的人免费阅读和理解。

这不是一个容易做出的决定，但事实证明这个决定很不错。大多数读者理解了我的意思，许多桥水以外的人也从阅读中获益。超过 300 万人下载了这些原则，有的人甚至自费将其译成他们自己的语言。我收到了大量感谢信，对方说，阅读这些原则改变了他们的生活。

未雨绸缪，让没有我的桥水继续保持成功

从年少时起，我就开始边做边学。我热切地追求我想要的东西，并努力在尽量长的时间里存活下来，以便从我的错误中学习并改进。如果我的改进速度够快，使我做的任何事情都能持续平稳发展，我就能在此基础上进一步使之尽善尽美。我对自己查明真相的能力一直很有信心，而且随着时间的推移，这样做的必要性使我越来越善于查明真相。因此，我喜欢聘用和我类似的人：全身心地研究挑战，搞清楚如何应对挑战，然后付诸实践。我认为，如果他们有稳健的个性、常识和创造性，而且有动力争取实现我们共同的使命，那么，只要我允许他们自由地弄清楚如何做出正确的决策，他们就会发现成功的途径。我知道，对他们进行微观管理、限制他们，是行不通的，因为我和他们都不喜欢这样。如果我只发号施令的话，就不能使他们发挥自己的作用。而且，我不喜欢和那些需要我下命令的人合作。

但从 20 世纪 90 年代起，我开始认识到大多数人都有一定的情绪障碍，不愿坦率地面对自身的问题和弱点。他们不愿直面扑朔迷离的形势和艰难的挑战，在遇到这些情况时，人们通常会觉得不舒服。兼具常识、创造性和主动寻求改变等个性的人，简直是凤毛麟角。几乎所有人都需要他人帮助才能达到这个境界。于是我写下我的这些原则及其背后的逻辑，并与别人分享。我希望认同这些原则的人能利用它们，不认同的人能公开地争论。我估计，随着时间的推移，对于如何应对特定的情况，我们都能形成共识。

尽管桥水内部的几乎所有人都能很快地在思想上赞同这些原则，但要把这种认识转化为实际的行动，很多人还是需要努力。这是因为他们的习惯和情绪障碍依然比理性要强。我们的培训和虚拟现实录音带起了很大的帮助作用，但依然不够。

不管我们下多大功夫挑选新人，培训他们在创意择优的环境中工作，总是有很多人达不到要求。我的做法是经过聘用、培训、测试后，很快地决定是解雇还是升迁，这样我们就能快速地确定优秀的新人，淘汰平庸的新人。我们不断重复这个过程，直到真正优秀者的比例很高，足以满足我们的需求。

但要实现这样的效果，我们需要职员坚守高标准，毫不犹豫地淘汰不称职的人。许多新职员（以及一些更资深的职员）还是不愿深入考察不同人的能力和个性，而这会把事情弄糟。学会快刀斩乱麻也是不容易的。

当然，大多数来到桥水的人是冒险型的，也知道自己来到了一家什么样的企业。他们知道自己表现不称职的可能性高于正常情况，但依然坦然接受这一风险，因为相对于被淘汰的消极面而言，成功的积极面是巨大的。最坏的情况不过是他们对自身有了更多了解，拥有了一段有意思的经历，然后可以去尝试其他工作；最好的情况则是他们加入了一个卓越团队，取得卓越成就。

新入职者通常会经历一段18—24个月的调适期，之后才会真正适应桥水企业文化的精髓——探寻真相和透明，尤其是承认自身的错误并学会对待错误的正确办法。但有些人一直都不能适应。有人告诉我，加入桥水有点像加入一个思想上的“海豹突击队”。还有人说，就像是在自我探索学校里上学。完成考验的人说，调适期很艰难但也充满了快乐，因为自己实现了卓越，也建立了不一般的人际关系。而无法适应或不愿适应的人必须被淘汰，这是让桥水保持优异的关键。

在很长时间里，建立这种文化并使其保持高标准，是由我负责的。但到2010年时，我已经60岁了，经营桥水已经35年了。尽管我希望在未来10年左右仍然保持良好的状态，但我也准备把精力投入到其他事情上去。尽管我一直都喜欢在市场上冲浪，但我想花更多时间与家人和朋友相处，为决策者提供帮助，追逐一些不断增长的热情（如海洋探索和慈善事业），以及任何我感兴趣的东西。我的计划是卸任CEO，同时作为顾问帮助我的继任者，并继续做我的投资管理工作，而我因不再做管理工作而省下的时间，可以让我在仍然力所能及的时候，尽力体验生命的精华。

像任何组织一样，桥水成功的关键是人和文化。管理企业的人每天都要面对各种重要抉择。他们如何抉择将决定企业的个性、企业与外界关系的质量，以及企业的成果。当我负责拍板时，大部分重要决策由我负责。现在这些决策将由其他人负责。尽管他们拥有稳健而深厚的企业文化和共同认可的原则，而且这些文化和原则几十年来一直卓有成效，但一切都需要由实践检验。

6

回报恩惠

（2011—2015 年）

在我看来，人生由三个阶段组成：在第一个阶段，我们依赖其他人，我们学习；在第二个阶段，其他人依赖我们，我们工作；在第三个阶段，当其他人不再依赖我们、我们也不必再工作时，我们就可以自由地体验生活了。

我开始从第二个阶段向第三个阶段转型。在理性和感性两方面，让我更有热情的事情都不再是自己取得成功，而是让我关心的人在没有我的情况下取得成功。

我在桥水有两项工作是需要逐渐卸下的，一是作为 CEO 负责公司管理，二是作为 CIO 负责投资管理。我不会停止在市场上冲浪，因为我从 12 岁开始就喜欢这项运动，我将一直玩下去，直到离世。但我不希望这两项工作都必须由我来做，因为这会给桥水带来一种“必须依赖核心人物”的风险。

我和我的同伴都明白，在一个由创始人领导、具有独特文化的组织里，领导层从第一代向第二代转型是困难的，尤其是在这名领导人已经任职很长时间的情况下。2008 年比尔 · 盖茨从微软的 CEO 角色转型就是最近的一个例子，此外还有很多。

我苦苦思考的最重要的问题是，我是应该彻底退出管理工作，还是作为一名顾问继续参与。一方面，我觉得彻底退出是个好主意，因为这将让新领导层在没有我注视的情况下，自由地发现取得成功的途径。我的朋友催促我这么做："宣布胜利"，收拾行囊，转向其他方面。但我不敢确信这场转型会顺利，因为我没有经历过这样的事情。我做事的方式是试错：犯错，找出错误原因，总结出新的原则，最终成功。而我觉得应该以同样的态度对待这场转型。我还认为，把我背负的沉重工作负担一下子丢给那些接替我 CEO 职务的人，是不公正的。我知道智者李光耀——新加坡的建国者和 41 年的领导者，在卸下领导职务后变成了一位资政，而且我看到了这样做效果很好。基于所有这些原因，我决定继续做一名顾问。这意味着，我或者一言不发，或者最后发言，但随时可以提供建议。我的同伴们都觉得这个想法不错。

我们一致决定应该尽早开始，这样我的继任者们就能积累经验，我们还能在必要时调整转型进程。因为对于这样的转型我们所知不多，所以我们很清楚，必须要保持谨慎。我们估计，成功的转型将花费几年时间，也许是两三年，也许是 10 年之久。因为已经共事了许多年，所以我们很乐观，觉得最终的所用时间将是较短的那种情况。

2011 年 1 月 1 日，我向全公司宣布我将卸任 CEO，格雷格 · 詹森和戴维 · 麦考密克将接替我。7 月 1 日，我让格雷格、戴维及管理委员会的其他成员承担起所有的管理职责。同时，我们向所有客户解释了"至多为时 10 年的转型计划"。

认识“塑造者”

当然，在接下来的约18个月里，新的管理团队艰难前行。我们分析原因，就像工程师分析一部机器为何达不到最佳的运行状态，以便对其进行重新设计，改善其表现。因为不同人的个性不同，创造的结果也不同，所以每当建立一支团队，我们都努力“设计”合理的人员和个性组合，以实现我们的目标。所以我们考察我的特性与其他人的不同之处，从而发现不足之处在哪里，我们把这种不足叫作“瑞差距”。需要说明的是，我们寻找“瑞差距”是因为我是那个要走的人，假如鲍勃、戴维或格雷格是要走的人，我们也会寻找别人和他们的差距。

格雷格和戴维创建了一个日志，记录了我的不同职责，以及我和他们在履行这些职责方面的质量差异。所有人达成的共识是，这种差距表现为一种我们称为“塑造”的东西。

想要理解我所说的“塑造”和“塑造者”，可以想想史蒂夫·乔布斯，他也许是我们这个时代最伟大、最有偶像意义的塑造者，这表现为他塑造的东西规模很大也很成功。一个塑造者通常会在别人的质疑和反对之下提出独特和有价值的愿景，并以美好的方式将其实现。乔布斯利用有着美好设计的产品，给计算、音乐、通信、动画和摄影领域带来了革命性改变，打造了全球最大最成功的企业。商界的伟大塑造者还有埃隆·马斯克（特斯拉、太空探索技术公司和太阳能公司 SolarCity），杰夫·贝佐斯（亚马逊）和里德·哈斯廷斯（奈飞）。在慈善领域，我能想到的塑造者有穆罕默德·尤努斯（格莱珉银行），杰弗里·卡纳达（儿童关爱机构“哈莱姆儿童地带”）和温迪·科普（非营利机构“为美国而教”）。政界的塑造者有温斯顿·丘吉尔、小马丁·路德·金博士、李光耀、邓小平。比尔·盖茨和安德鲁·卡内基既是商界也是慈善界的塑造者。迈克·布隆伯格是商界、慈善界和政界的塑造者。爱因斯坦、弗洛伊德、达尔文和牛顿是科学界伟大的塑造者。基督、穆罕默德和佛陀是宗教塑造者。他们都有原创性的愿景，并成功实现了这些愿景。

这些人都是最大的塑造者，而我发现塑造者有大有小。你们可能都认识一些塑造者，可能是你们当地的商业、非营利机构或社区的领导者，即那些驱动变革并创建了持久性组织的人。我的目标是确定桥水未来的塑造者，一方面帮助那些接替我的人做好 CEO 的工作，另一方面从外面发现塑造者并将其带进桥水。

我开始思考一个塑造者应具备哪些素质。几个月之后，2011 年 10 月 5 日，史蒂夫·乔布斯去世。我在《每日观察》中写到了他，我很少利用这个平台探讨与投资无关的内容。我这么做是因为我敬仰他，一个能以激动人心的美妙方式思考和行动的人。不久后，沃尔特·艾萨克森出版了他写的乔布斯传记。我发现我和乔布斯有不少共同点，尤其是看到被引用的乔布斯的话时。又过了不久，投资界著名刊物 *CIO* 发表了一篇题为“瑞·达利欧是投资界的史蒂夫·乔布斯吗？”的文章。此文指出了不少我们的共同点，比如我和乔布斯都是白手起家（他是从车库，我是从公寓的第二间卧室），都创造出了重塑整个业界的创新产品，都形成了独一无二的管理风格。桥水经常被称为“投资界的苹果”，但说实话，我认为我和桥水都无法与乔布斯和苹果比肩。

艾萨克森的书和这篇文章指出我们在背景、目标、塑造方式等方面的其他相似之处，例如：我们都是叛逆、独立的思考者，为了创新和卓越而不懈努力；我们都是冥想者，希望“在宇宙中留下印记”；我们都以待人严苛而闻名。当然，我们也有重大的差别。我多么希望乔布斯在生前分享过他用来实现自身目标的原则。

我不只是对乔布斯及其原则感兴趣，我希望知道所有塑造者的品质和原则，以便更好地理解他们之间的共性与差异，总结出一个标准的塑造者的典型样貌。我一直在用这样的方式理解一切，例如，我曾对历史上的经济衰退进行过详尽的研究，从而可以对典型的经济衰退进行不受时间局限的描绘，进而理解不同经济衰退之间的差异。我用这种方式对待所有的经济与市场变化，并倾向于将其适用于几乎一切事物，因为它有助于我理解事物的运行方式。所以我尝试用这种方式理解塑造者也是合理的。

于是我开始和艾萨克森探讨乔布斯以及其他塑造者的品质，先是在他办公室里私聊，然后是在桥水举办的一场公开论坛上聊。因为艾萨克森也写过另两位伟大塑造者阿尔伯特·爱因斯坦和本·富兰克林的传记，所以我读了这两本书，请他讲述这两个人的故事，以便总结出他们的共同特征。

然后我和我认识的、已被证明是塑造者的人交谈，如比尔·盖茨、埃隆·马斯克、里德·哈斯廷斯、穆罕默德·尤努斯、杰弗里·卡纳达、杰克·多西（推特）、戴维·凯利（艾迪欧公司）等。他们都曾构想出了不起的概念，建立组织实现这些概念，并在很长时间里反复地这么做。我请他们每人做一个小时的自我评估，以便发现他们的价值观、能力和行为方式。尽管这些评估并非十全十美，但也是无比珍贵的。（事实上我一直在调整和改进这些评估，使之能给我们的招聘和管理带来帮助。）塑造者们对这些标准化问题的回答，使我得到了关于他们共性与差异的客观的、可以用统计方式衡量的证据。

结果是他们有很多共性。他们都是独立的思考者，不会让任何东西或任何人妨碍自己追求大胆的目标。对于事情应该怎么做，他们在头脑里有十分坚定的规划，同时又始终愿意在现实中检验这些头脑规划、调整做法，从而使规划效果变得更好。他们都极为坚韧，因为相对于他们在追求梦想的过程中经历的痛苦而言，他们实现梦想的决心更强烈。也许最有意思的是，他们关于未来的视野要比多数人宽广，或者他们自己就有这样的视野，或者他们善于从能看到更多东西的人那里学习。他们都能同时看到大图景和小细节（以及中间的层次），并能综合在不同层次上总结的观点，而大多数人通常是见此不见彼。创造性、系统性、现实性在他们身上合而为一。他们既是坚决的又是开明的。最重要的是，他们对自己的事业充满热情，对表现一般的手下不能容忍，同时想给世界带来巨大、有益的影响。

以埃隆·马斯克为例。在他刚刚推出特斯拉汽车并首次向我展示自己的车时，他既详细解释了开门用的车钥匙，也深入说明了他的宏大理念——关于特斯拉在运输业宽广未来中即将扮演的角色，以及这对世界有多么重要。然后我问他是怎么想到要创办太空探索技术公司的，他回答中的勇敢魄力令我震惊。

他答道："在很长时间里，我一直觉得发生一场全行星规模的灾变是不可避免的，如瘟疫或者陨石撞地球，这就要求人类另找一个地方重新开始，比如火星。一天我浏览美国航空航天局的网站，想看看他们的火星计划搞得怎么样了，但我发现，他们甚至都没有计划要尽快登陆火星。"

他继续说："在与合作伙伴卖掉贝宝后，我赚到了1.8亿美元，这时我突然想到，假如我用9 000万美元从苏联买一些洲际弹道导弹，然后送一颗去火星，我就能激发人们探索火星的热情。"

我问他在火箭学方面有没有背景，他说没有。"我刚开始读这方面的书。"他说。这就是塑造者典型的思考和行为方式。

有时，极为强烈的追求目标的决心会使塑造者显得粗率或者不关心他人，这也反映在了他们的测试结果中。他们眼中没有完美。现实和理想之间的差距在他们看来既是悲剧，也是永不枯竭的动力之源。

没有人能妨碍他们追求目标。在这份自我评估中，他们都在一项上打了低分：“顾及他人”。但这并不代表他们真的不关心他人。

以穆罕默德·尤努斯为例。作为一位伟大的慈善家，他将毕生精力用于帮助他人的事业。他是小额信贷、小微金融理念的先驱，因而获得诺贝尔和平奖。他还赢得了国会金质奖章、总统自由奖章、甘地和平奖等。但他对“顾及他人”一项的打分也较低。杰弗里·卡纳达花了自己成年以来的大部分时间照顾纽约哈莱姆区周围一百个街区的所有残障儿童，而他对“顾及他人”一项的打分也较低。比尔·盖茨花费大部分财富和精力拯救生命、改善生活，但他对该项的打分也较低。显然尤努斯、卡纳达和盖茨都深深地关怀他人，但他们都在自我测试中对该项打了低分。这是为什么？在和他们交谈并让他们再次看待那些问题的过程中，原因变得清晰起来：每当面对是实现自己的目标还是取悦他人（或不让他人失望）时，他们都会选择实现自己的目标。

通过这个调查过程，我发现塑造者有着截然不同的类型。最重要的区别是，他们的塑造是以发明还是管理的形式出现，还是二者兼有。例如，爱因斯坦通过发明进行塑造，他不用管理，而杰克·韦尔奇（掌管通用电气）和路易斯·郭士纳［掌管国际商用机器公司（IBM）］是优秀的管理者和领导者，但他们不必像爱因斯坦那么善于创造。乔布斯、马斯克、盖茨、贝佐斯这样的人最罕见，他们既能设想出各种发明，也能管理大型机构，让这些设想变成现实。

很多人看起来很像塑造者，他们提出了好点子，并将其发展到一定程度后卖掉从而赚很多钱，但他们并不会持久地塑造。硅谷有很多这样的人，也许他们应该被称为“发明者”。我还发现有些卓越的组织领导人并不是典型的塑造者，也就是说，他们没有提出原创性想法并落实，只是进入已有的组织并将其领导得很好。只有真正的塑造者才能一直从成功走向成功，并将成功保持几十年，而这正是我想让桥水引入的人。

对塑造者的审视以及对我自身品质的反思，让我明白了人要变得特别成功需要看到很多东西，但任何人都看不到全景，只是有的人看到的多一点。自身视野宽阔，又能与其他聪明人良好地沟通，了解他们不同的有益视角，这样的人才会做得最好。

对于因我退出管理层而进行的桥水转型而言，这一认识起到了重要作用。在过去，我会遇到问题，找出原因，以自己的方式克服问题；而现在，和我想法不同的人会做出不同的诊断，设计不同的解决方案。我作为顾问的工作是帮助他们在这方面取得成功。

这次尝试提醒我，世界上有很多人，但人的类型有限；有很多情况，但情况的类型有限。所以让合适的人应对合适的情况，是解决问题的关键。

因为近年来盖茨离开了微软，乔布斯因去世离开了苹果，所以我密切关注这两家公司，以帮助自己更好地帮助桥水做好准备，在没有我的情况下继续兴盛。显然桥水和这两家公司的最显著区别是桥水的文化：我们以创意择优的理念探寻极度真相、极度透明，让问题和缺点摆上桌面，以便直截了当地应对。

把我们的创意择优系统化

我对人的研究越多，就越明显地看到，人分为不同类型，而类型大体相同的人在相同类型的情况下，会创造相同类型的结果。换言之，了解了人的个性，我们就能对其形成合理的预期。所以我以前所未有的动力继续收集很多关于人的数据，绘制出他们的个人画像，以帮助桥水更好地将人和职责匹配。以证据为基础推进这项工作，将强化创意择优，让不同人的工作与其优点合理搭配。

尽管这一切在我看来是清晰且合理的，但在现实中落实要困难得多。在转型开始约一年后，我发现很多新管理者（以及一些更资深的管理者）仍然不能逐渐发现不同人的行为模式（换言之，他们无法把人的类型与他们创造的结果联系起来）。他们不愿努力探究不同人的个性，而这会让事情变得更加困难。

但接着我取得了一次突破，缘起是我发现我们在做出管理决策方面面临的挑战在投资决策方面并不存在。我发现，利用大数据分析工具以及其他算法，计算机能比我们任何人都更有效地把人和成果联系起来，就像计算机能够帮助我们认清市场一样。计算机系统也没有需要克服的个性偏见和情绪障碍，所以计算机得出的由数据驱动的结论不会让分析对象觉得受到冒犯。事实上他们可以考察这些数据和算法，自己做出评价，愿意时也可以提出修改建议。我们就像是科学家，努力开发测试方式和算法，对自身进行客观分析。

2012 年 11 月 10 日，我在一封电子邮件中与管理委员会分享了我的想法。这封邮件的主题是“出路：把良好的管理系统化”，邮件内容如下：

> 现在，在我看来很明显的是，桥水的投资管理部分将会继续表现良好，而大多数其他部分将不会表现得同样好（假如我们不改变运作方式的话）。主要原因在于，投资管理方面的决策程序已经非常系统化了，所以人们通常不会把事情搞砸（因为他们主要遵循系统指令），而桥水其他部门对人及其决策质量的依赖度要高得多。
>
> 想想看，假如桥水的投资决策方式和管理决策方式一样（取决于我们聘用的人以及他们如何以各自的方式共同决策），投资决策将会如何。那将是一团糟。

投资决策程序之所以表现良好，是因为一小群创造这些系统的投资管理者看到了系统的结论和系统的逻辑，而我们只是做出自己的结论，依靠自己探索逻辑……机器做了大部分工作，我们以高质量的方式与其沟通……（同时）我们不需要依赖那些可能常犯错误的人。

想想看，管理方面是多么不同。在这方面，尽管我们有原则，但我们没有决策系统。

换言之，我认为投资决策程序是有效的，这是因为投资原则已被纳入决策规则，决策通过规则做出，然后人们遵行；而管理决策程序不够有效，这是因为管理原则并没有被纳入决策规则，人们无法依据其做出管理决策。

事情不一定非得是这样。（在其他人的帮助下）我建立了投资体系，我也了解投资和管理两方面的决策，我很自信地认为，二者可以是一样的，问题只在于我们能不能尽快使其一致，以及如何操作。

我正在和格雷格（以及其他人）合作建立这些管理体系，就像以前和格雷格以及其他人（鲍勃等）建立投资体系一样。你们能看到我们的成果，如棒球卡、集点器、痛苦按钮、测试、工作细则等。因为我在这方面的时间有限，所以我们必须快速行动。同时我们将不得不打一场殊死之战，短兵相接，淘汰那些不称职的人，引入或重用卓越的人。

像算法一样决策的一个好处是，这可以让人们把注意力集中在因果关系上，并以此培养真正的创意择优。当所有人都能看到算法使用的标准并参与其制定时，他们就都会一致认同，这个系统是公正的，并放心地让计算机考察证据，正确地对人做出评估，给他们分配合理的职权。算法本质上就是在连续性基础上运行的原则。

尽管要让我们的管理系统达到投资系统那样的自动运行水平还需要很多努力，但我们已经探索出的一些工具，尤其是集点器（一款实时收集个人信息的 App，将在“工作原则”中详述），已经给我们的工作方式带来了不可思议的改变。

所有这些工具都强化了好习惯、好思维。好习惯源于以一种遵守原则的方式不断思考，就像学习说一种语言一样。好思维源于探求原则背后的逻辑。

这一切的最终目标是帮助那些我关心的人在没有我的情况下获得更大的成功，这变得越来越紧迫了，因为生命的里程碑一直在提醒我，我已处于生命的哪个阶段。例如，2013 年 5 月 31 日，随着克里斯托弗·达利欧的出生，我成了祖父；2013 年夏，我经历了一场严重的健康恐慌，虽然最后没什么大碍，但这提醒我自己也会失去生命。同时，我依然喜欢在市场上博弈，我计划一直持续到生命的最后一刻，这让我更急于加快我的生命从第二个阶段到第三个阶段的转型。

预见欧洲债务危机

从 2010 年开始，我和桥水的同事就开始看到欧洲正在出现一场债务危机。我们考察了有多少债券需要被出售，以及对一系列国家来说，多少债券会被购买，然后认定，许多南欧国家的债券可能会出现卖不出去的情况。由此带来的危机可能和 2008—2009 年的危机一样严重，甚至更糟。

就像在 1980 年和 2008 年一样，虽然我们的计算明确显示会发生一场债务危机，但我知道自己可能是错的。假如我是对的，这就不是小事，所以我想和顶级决策者们讨论自己观察到的情况，一方面提醒他们，另一方面看他们的看法是否不同，能否纠正我。像 2008 年在华盛顿的遭遇一样，我遇到的情况是他们不给出合理解释，只是反对。只不过这一次是在欧洲。当时的经济形势很稳定，尽管我知道不能相信经济会一直稳定，但大多数与我对话的人不愿听我的推理。我记得在风暴来临之前的平静期里，我曾和国际货币基金组织的总裁会谈。他质疑我看上去离奇的结论，而且没有兴趣审读我的数据。

就像 2008 年之前的美国决策者一样，对于自己没有经历过的事情，欧洲人并不感到害怕。因为当时情况良好，而我描述的景象比他们在一生中经历的任何事情都要糟糕，所以他们觉得我的话不可信。关于债权人和债务人都是什么样的人，这些人的借债和放债能力将会如何随着市场环境变化而变化，他们也缺乏细致的理解。他们对市场和经济的运行方式的理解过于简单化，像学术人士的理解一样。例如，在他们看来投资者就是一种叫作“市场”的东西，但事实上投资者是各种不同角色的混杂，他们的买卖行为都有特殊的理由。当市场表现不佳时，决策者希望能做些事增强市场信心，他们以为只要建立了信心，资金就会到来，问题就会消失。他们没有看到的是，具体的买家不管有没有信心，都没有足够的资金和贷款来购买所有需要出售的债券。

就像所有人体的运行方式基本相同一样，各国经济机器的运行方式也基本相同。就像人感染疾病没有国籍差异一样，经济疾病也不会因国家不同而改变。所以，由于决策者一开始持怀疑态度，我采取了这样的谈话方式：考察当前案例的病理学。我诊断他们正在遭遇的经济疾病，然后通过援引之前的类似案例，向他们展示这些症状将如何发展。然后我解释，在这种疾病的不同发展阶段，最好的疗法是什么。围绕各种因素的联系和相关证据，我们进行了高质量的商讨。

尽管我成功地帮助决策者看到了各种因素的联系，但他们所处的政治决策系统是功能失效的。他们不仅必须决定作为单个的国家应该怎么做，而且欧元区的 19 个成员国必须彼此达成一致才能行动，在很多情况下需要无一国反对。在很多问题上他们没有清晰的分歧解决机制，这是一个大问题，因为需要采取的应对措施（印钞）遭到了德国经济保守派的反对。因此，在危机正在向临界点恶化的情况下，欧洲各国领导人还在旷日持久的闭门会谈中撕扯。这样的权力斗争考验着所有相关者的神经。这些决策者为了他们所代表的民众的利益，忍受了很多恶劣行为，这是我不可能尽述的。

例如,2011 年 1 月，我与路易斯·德·金多斯会面。几周之前他刚被西班牙新总统任命为经济与竞争力大臣。我了解他，也敬仰他的直率、智慧，以及为本国福祉而牺牲自我的英勇意志。那时的西班牙刚刚经历政府更迭，其银行业濒临崩溃边缘。很快，西班牙的新决策者们就不得不与国际货币基金组织、欧盟和欧洲央行（并称为“三驾马车”）的代表讨价还价。他们与对方会谈到凌晨，最终被要求签订一项贷款协议，该协议事实上是将西班牙银行体系的控制权转交给“三驾马车”，以换取该国迫切需要的资金支持。

我和德·金多斯大臣的会谈，是在第一轮也是最艰难的一轮谈判的次日清晨。他双眼充血，但思维很敏锐，耐心而坦率地回答了我提出的所有难以回答的问题，并就西班牙应当如何改革以应对问题分享了他的想法。在接下来的几年里，面对相当多的反对，他和西班牙政府一直在推进这些有争议的改革措施。他一直没有得到他应该得到的赞誉，但他不在乎，因为看到他创造的结果，他就满足了。在我看来，这正是英雄所为。

随着时间的推移，欧洲各债务国陷入了更深的萧条。这促使欧洲央行行长马里奥·德拉吉在 2012 年 9 月做出了购买债券的大胆决定。这一行动避免了迫在眉睫的债务危机，拯救了欧元，后来还给欧洲央行带来了一大笔收入。但在那些陷入萧条的国家，此举未能立竿见影地刺激信贷和经济增长。欧洲央行的任务是让通胀率保持在 2% 左右，但通胀率低于目标值，而且一直下降。尽管为了解决这一问题，欧洲央行以有吸引力的条件向银行提出放贷要约，但银行接受这些要约的积极性不够，所以难以带来改变。我认为，除非欧洲央行通过购买更多债券“印钞”，并向经济体系注入货币，否则事态只会继续恶化。在我看来，准备实行量化宽松是显而易见的必要选择，于是我拜访了德拉吉和欧洲央行理事会，以表达我的担忧。

我在会谈中告诉他们，为什么这一做法不会产生刺激通胀的效果（因为消费支出和通胀的驱动因素是消费支出水平，而消费支出是货币与信贷之和，不仅仅是货币量）。我集中说明了经济机器的运行机制，因为我觉得，如果我们能就此达成一致（最重要的是如何购买债券才能驱动经济体系中的货币流动），我们就能对这一举措对通胀和经济增速的影响达成一致。在那次会议以及所有类似的会议上，我都分享了我们的计算，以及我认为重要的因果关系，以便我们能一起评估我的这些结论有没有道理。

采取这一行动的主要障碍之一，是并不存在覆盖整个欧元区的单一债券市场，而欧洲央行像大多数央行一样，不能优待某个区域或国家。鉴于这些局限，我和他们分享了我的理论：欧洲央行可以成比例地从各成员国购买债券，这样就能在不违反自身规则的情况下实施量化宽松，尽管德国不需要也不想要这样的购买所能带来的宽松。（德国经济表现相对良好，而且通胀忧虑开始抬头。）

在这 18 个月里，我会见了几位欧洲顶级经济决策者，其中最重要的也许是德国财政部长沃尔夫冈·朔伊布勒，一个我认为极善于思考、特别大公无私的人。我还看到了德国以及整个欧洲政治的运行方式。[1]在催促力度逐渐加大后，欧洲央行将不得不做最符合欧洲利益的事，即我所建议的印钞和购买债券。这么做与欧洲央行的职权相符，而南欧债务国也对此投赞成票，于是我觉得，德国将是被否决的一方，并面临是否离开欧元区的抉择，而德国最终不会这么做，因为德国领导人强烈致力于维护欧元区以及德国的成员国身份。

德拉吉最终在 2015 年 1 月宣布采取这一行动。这产生了巨大的效果，也创造了一个先例，将允许欧洲央行未来在必要时进行更多次的量化宽松。市场反应很积极：在德拉吉宣布当天，欧洲股市上涨了 1.5%，欧洲各主要经济体的政府债券收益率下降，欧元对美元贬值 2%（这有助于刺激经济）。在接下来的几个月里，市场保持同样的趋势，激活了欧洲各经济体，支持了经济增速的提升，并扭转了通胀的下降趋势。

欧洲央行的决定显然是正确的，原因也相对容易理解。但看到此举当初引起了多大的争议，我突然想到，世界需要一种对经济机器运行机制的简单解释，因为如果所有人都理解基本机制的话，经济决策者就能以快得多的方式做正确的事情，对于未来的焦虑也会变少。这促使我制作了一段 30 分钟的视频——“经济机器是如何运行的”，并在 2013 年发布。除了解释经济运行机制外，它还提供了一个模板，帮助人们评估本国经济状况，并指导他们在危机期间应该怎么做，应该有什么样的预期。这段视频产生的效果远远超出我的预想，8 种语言版本的观看人数超过了 500 万。许多决策者私下告诉我，视频也有助于他们自己对经济的理解、处理与选民的关系，以及找到更好的前进道路。我对此感到很满足。

1. 德国政治和所有国家的一样，有相互对立、相互斗争的政治势力，决策既依靠权力也依靠协商。因此人们需要知道谁拥有什么样的权力，谁愿意就什么事情进行协商。德国的不同之处是它很注意法律方面的技术细节。

在和许多国家决策者打交道的过程中，我对国际关系的真实运行状况有了不少了解。这与大多数人想象的大相径庭。与大多数人认为的合理的个人行为方式相比，国家的行为方式更为自私，考虑更不周到。当国家彼此谈判时，它们通常表现得像是国际象棋比赛的对手，或者街市上交易的商人，将自身利益最大化是唯一的目标。聪明的领导人知晓本国的弱点，利用别国的弱点，并预期其他国家的领导人也会这么做。

大多数人没有与本国及他国的领导层直接打过交道，他们基于从媒体了解到的情况形成自己的观点，因而变得非常天真，并持有不合理的偏执观点。这是因为与冷静客观的分析相比，戏剧化的故事和传言能够吸引更多的读者和观众。而且，在一些情况下，“新闻工作者”也有自己的意识形态需要推动。因此，大多数通过媒体棱镜看世界的人喜欢区分好人和坏人，而不是看各方的既得利益和相对权势，以及这些因素如何相互作用。例如，如果报道告诉人们本国是多么道德，敌国是多么不道德，人们就倾向于接受，而大多数时候这些国家只不过利益不同，并努力将其利益最大化。人们能够期待的最好的行为来自这样的领导人：他们能够权衡合作带来的利益，拥有足够长远的视野，从而能看到自己今年送出的礼物也许会在未来带来收益。

上述既得利益之间的冲突不仅发生在国际层面，各国内部也存在这种龌龊的冲突。尽管大多数决策者以为他们是真诚的，在以符合所有人最大利益的方式行事，但真正能这么做的人简直是凤毛麟角。更常见的情况是，他们的行为是为了支持自身选民的利益。例如，高收入者的代表会说高税率会遏制经济增长，而低收入者的代表的说法刚好相反。让所有人都努力客观看待事物的全貌已是很不容易，更不用说以符合整体利益的方式行事了。

尽管如此，我还是尊重大多数与我打交道的决策者，并为他们的糟糕处境感到遗憾。他们中的大多数都是很有原则感的人，但被迫在不讲原则的环境中工作。即使在最好的环境中，决策者的工作也是充满挑战的，而在危机期间，他们几乎不可能合理决策。政治是可怕的，而媒体的扭曲甚至公然的假新闻会让事情变得更糟。我遇到的很多决策者，如德拉吉、德·金多斯、朔伊布勒、伯南克、盖特纳和萨默斯等，都是真正的英雄，因为他们把他人以及承担的使命置于自我之上。但不幸的是，大多数决策者在踏入职业生涯时是理想主义者，离开时已经幻灭。

我很幸运地受教于一些这样的英雄，并希望我也给了他们帮助，其中一位就是中国的王岐山，几十年来他一直是一支了不起的推动进步的力量。受本书篇幅所限，我不能在此详细地描述他是什么样的人，以及他走向中国最高领导层之路。简言之，王岐山是一位历史学家、一位境界很高的思想者、一个很务实的人。他极为智慧又极为务实，我认识的这样的人很少。几十年来他是中国经济最重要的塑造者之一，也负责根除腐败的工作，他被公认为一个极为严肃、办事可以信赖的人。

我每次去中国，都会和王岐山交谈 60—90 分钟。我们讨论世界形势、当前形势与数千年的人类历史的关系，以及不变的人性。我们还讨论许多其他话题，从物理学到人工智能。我们都极为感兴趣的是，为什么几乎所有事情都是反复发生的、这些模式背后的驱动因素，以及在应对这些事情时哪些原则有效、哪些无效。

我送给王岐山一本约瑟夫·坎贝尔的伟大著作《千面英雄》，因为他是一位典型的英雄，我想这本书也许对他有用。我还送给他另外两本书，一本是威尔·杜兰特和他妻子艾丽尔合写的《历史的教训》，这本 104 页的书提炼了贯穿历史的主要力量；另一本是富有洞察力的理查德·道金斯写的《基因之河》，它解释了进化的机制。王岐山送给我一本格奥尔基·普列汉诺夫的经典著作《论个人在历史上的作用》。这几本书都展示了，同样的事情是如何在历史上反复发生的。

我和王岐山的大多数交谈都是在原则层面进行的。他看到了历史的韵律，并把我们讨论的具体问题放在整体框架中看待。“难以完成的目标对英雄具有吸引力，”他有一次对我说，“有能力的人居安思危。安然无忧的是愚人。假如冲突能在变得尖锐之前被解决的话，世界上就不会有英雄了。”他的建议对我规划桥水的未来起到了帮助作用。例如，当我就权力制衡这个问题询问他时，他以尤利乌斯·恺撒推翻罗马元老院和共和国为例，说明确保任何人的权力都不能凌驾于制度之上是多么重要。当我着手改进桥水的治理模式时，我把他的建议铭记于心。

每次和王岐山交谈，我都觉得自己更接近于破解藏在宇宙法则背后的统一密码。他用自己的永恒视角更清晰地考察当下和可能的未来。

与这样的人在一起，尤其是想到我也有可能帮到他们，感觉妙不可言。

回报恩惠

约瑟夫·坎贝尔的《千面英雄》是我送给王岐山以及我认识的许多其他英雄的一本书。这本书是我儿子保罗在2014年介绍给我的。尽管我在将近30年之前曾在电视上见到过坎贝尔，并且印象深刻，但我没读过他的书。在这本书里，坎贝尔考察了不同文化里出现的许多“英雄”，包括现实中和神话中的英雄，并叙述了他们典型的生命历程。坎贝尔对英雄如何成为英雄的描述，与我对塑造者的思考相符。这本书还让我深刻地洞察了我认识的那些英雄，以及我自己的生命模式。

在坎贝尔看来,“英雄”是一个完美的、总会把事做对的人。远不止如此，英雄的特征是能“在常规的成就范畴之外发现、实现（或做到）一些事情”，并“把生命奉献给高于自身或自身之外的东西”。我一生中遇到了很多这样的人。坎贝尔的著作最有意思的部分是讲述英雄如何走上这条道路。英雄并不是一开始就是英雄，他们是通过一系列环环相扣的步骤成为英雄的。下图展示了英雄的典型历程。

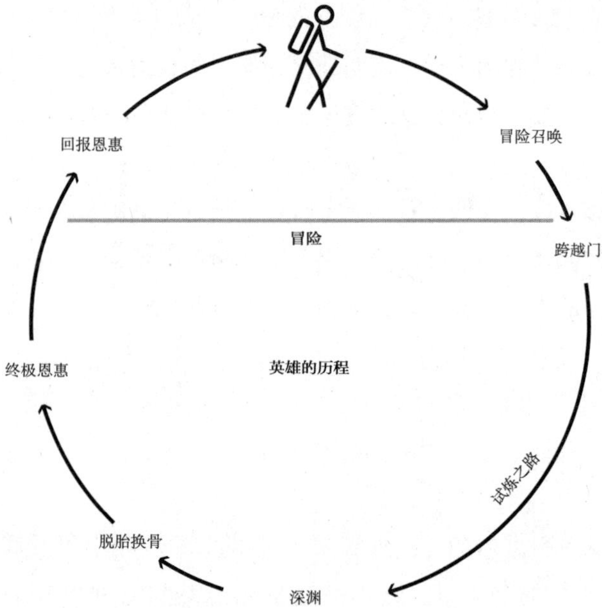

资料来源：约瑟夫·坎贝尔,《千面英雄》(New World Library 出版公司出版)，经约瑟夫·坎贝尔基金会（2008）授权使用

他们通常最初在一个平凡的世界过着平凡的生活，然后被一个“冒险召唤”感召。这引导他们走上一条“试炼之路”，充满了战斗、诱惑、胜利和失败。一路上他们得到别人的帮助，通常是那些走得更远、成为导师的人，尽管一些走得不够远的人也能以不同方式提供帮

助。他们还会遇到盟友和敌人，并学会如何战斗，通常是以非常规的方式战斗。他们一路上会遇到各种诱惑，并和长辈、晚辈发生冲突，也会实现和解。因为有实现目标的伟大决心，所以他们能克服对于战斗的恐惧。考验和教育他们的战斗以及别人赠送的礼物（如建议）都能让他们获得“特殊力量”（即技能）。随着时间的推移，他们既取得成功也遭遇失败，但随着他们变得更强，持之以恒地追求更多东西，他们的成功越来越多，失败越来越少，而这会带给他们越来越大、越来越具有挑战性的战斗。

英雄总是会至少经历一次极大的失败（坎贝尔称之为“深渊”或“被鲸鱼吃进肚子”），这将考验他们有没有韧性东山再起，以更大的决心和更多的智慧继续战斗。如果能做到这些，他们将经历一次变革（“脱胎换骨”）。他们将体验到恐惧，而恐惧在保护他们的同时又不会使他们失去推动自身向前的进取精神。胜利终将带来回报。尽管英雄在战斗中并不知道，但他们最大的回报就是坎贝尔所说的“恩惠”，即英雄在其历程中悟出的成功秘诀。

到了晚年，赢得更多战斗、取得更多回报，通常已不是最能让英雄兴奋的事了，他们更关注如何把经验传授给他人，也就是坎贝尔所说的“回报恩惠”。在回报完成后，英雄就可以自由地生活，然后自由地死去，或者对我来说，就是从生命的第二个阶段向第三个阶段转型。（在第三个阶段里，英雄可以自由地享受生活，直到生命终止。）

在阅读坎贝尔著作的过程中，我发现英雄像塑造者一样可大可小，他们是真实的人，而且我们都认识一些英雄。我还发现，英雄并不像人们通常所说的那样一帆风顺，他们也会经历很多挫折，即使在胜利之后，许多英雄也会遭到攻击、侮辱，或者被杀害。事实上，做英雄也许并不是一个理性的选择。但我能看到并认识一种会选择英雄之路并一直走下去的特定类型的人。

尽管坎贝尔对英雄历程的描述概括了我的人生旅途，以及许多我所说的塑造者的人生旅途，但我不会把自己称为“英雄”，也肯定不会把自己与坎贝尔描述的那些英雄相提并论。[1]但了解英雄的历程确实帮助我无比清晰地认识到，我在自己的历程中已走到哪一步，以及接下来要怎么做。坎贝尔书中“回报恩惠”这一部分让我感觉我与坎贝尔似乎心有灵犀，好像坎贝尔精确地知道我正在应对什么问题一样。带着这本书给我的启迪，我能看到我的生命将在相对较短的时间里结束，而我将留给世界的东西可能是更重要、更持久的，会影响很多人，而不仅仅是桥水的同事和我的家人。这让我更清楚地明白，我需要使可能在我去世后帮到别人的东西流传下去，其中最重要的是本书阐述的原则，此外还有我的金钱。

就像俗话说的，“你不能把一切都带走”，我现在需要思考谁应该得到什么，这不只是因为我年事已高，以及我需要花很多时间把这件事做好，也是出于我的直觉。随着时间的推移，我关心的人和事物的范围不断扩大，年轻时只有我自己，成为父亲后我关心自己和家人，变得更成熟后我关心自己所处的社群，现在我关心这个社群之外的人，以及整个社会。

1. 我想明确地说，我不认为“英雄”或者“塑造者”是更好的人，行走于更好的人生道路。如果一个人不愿走这样的道路，也是完全可以理解的。我认为最重要的是一个人要知晓自己的本性，并以与之相符的方式行为。

努力做慈善

我首次接触“慈善”[1]是在20世纪90年代末，快50岁的时候。当时麦修16岁，会说普通话，在一座中国孤儿院做义工。在那里，他了解到一次费用为500美元的外科手术可以拯救一些人的生命，或者大幅改善其生活。我和朋友出钱让他提供帮助。接着，我的朋友保罗·都铎·琼斯教会了麦修如何创建501(c)(3)基金，2000年，还是中学生的麦修创建了中国关爱基金会。麦修带着家人去孤儿院走访，让我们和这些有特殊需求的儿童有了亲密接触，并喜欢上他们。我们还看到麦修痛苦地权衡，因为钱不够救活所有人，所以要做出取舍。想想看，我们可以选择晚上出去狂欢一次，也可以选择拯救一个儿童的生命。这其实是我们经常面对的抉择。这段经历让我们更多地涉足慈善领域，所以在2003年我们创建了自己的基金，以组织化的方式提供支持。我们希望将慈善作为一项家庭活动一起来做，事实证明这样做效果极好。

搞清楚如何以最好的方式把钱捐出去，和搞清楚如何赚钱一样复杂。尽管与刚开始时相比，我们目前在这方面的认识要深入得多，但我们还是觉得难以做出最好的决定，于是我和家人依然在边做边学。我将举几个例子说明我们一直在考虑的问题，以及对问题的认识是如何变化的。第一个问题是：应该把多少钱留给家人，把多少钱捐给那些关系较疏远但有更迫切需求的人和事业？

1. 我觉得“慈善”这个词不能准确概括我们做的事。我们帮助自己关心的人摆脱困境，这是由于我们能从中得到快乐，就像帮助朋友得到的快乐一样。在我看来，“慈善”这个词显得过于正式。例如，一些人判断慈善的方式是看它是否符合税法对慈善事业的规定。而我们在做慈善时只关注那些我们乐于帮助的人和事。

早在我有很多钱之前，我就决定，我只希望我的儿子们有足够的钱享受优质的医疗和教育，并有一笔启动资金支持自己的职业生涯。我自己白手起家的人生历程影响了我的看法。这段经历教会我要奋力拼搏，并让我变得坚强。我希望自己爱的人也是这样。所以，在我赚到很多钱后，我决定把其中一些捐赠给别人。

随着我们在很多领域的慈善工作中积累了经验，我认识到，花钱如流水，我们不可能拥有足够的钱去帮助自己关心的一切东西。此外，我的第一个孙子出生后，我开始思考要将财产传承给多少辈的后代以保护他们。在和处境类似的人交谈时我发现，即使最富的人也觉得钱不够，不足以做所有自己想做的事。于是我研究了其他家庭是如何解决这个问题的：多少留给家人，多少捐出去，捐献速度有多快？尽管我们家还没有就这些问题做出明确决定，但我知道，我个人愿意把自己一半以上的钱捐给其他人。

另一个大问题是，我们应该捐助哪些事业。芭芭拉一直热衷于帮助康涅狄格州最穷困的公立学校的学生，尤其是那些“无参与和无记录”的学生。[1] 她资助的一项研究显示，22% 的中学生处在这两种情况，这极其令人担忧，因为其中的大多数人成年后可能生活痛苦，成为社会的负担，而不是热情的贡献者。芭芭拉和这些孩子以及他们的教师有很多直接联系，所以她理解他们的需求。当她知道 1 万个这样的学生没有冬大衣时，她觉得有必要去提供。她告诉我的情况让我吃惊。在这样一个“充满机遇的国度”，怎么会出现如此缺衣少食的情况？我的所有家人都认为，作为最基本人权之一的机会平等，意味着教育机会也要平等，而美国的教育机会严重不平等。如果通过投资以

1. “无参与”是指上学但不认真学习，“无记录”是指既没有上学同时又被登记系统遗漏。

外的途径改善教育状况，可能会产生巨大的经济成本（以犯罪和被捕入狱的形式体现）和社会成本。尽管充满了提供帮助的动力，我们也发现，鉴于问题非常严重，单靠我们很难产生多少显著效果。

我热爱大自然，尤其是海洋。海洋是全球最重要的资产，占地球表面的 72% 以及地球生命可存活面积的 99%。我满怀热情地支持探索海洋的科学家以及展示美妙海洋环境的媒体。我正在履行一项使命，向大家说明，海洋探索比天空探索更重要、更振奋人心，以争取更多人支持海洋事业，并使海洋得到更合理的管理。更让我开心的是，我儿子马克是野生生物影片制作人，和我一样对自然充满热情，所以我们一道追求这一梦想。

麦修的热情是把廉价而有效的计算技术引入发展中世界，以扩大、改善教育与医疗。保罗热衷于心理健康事业，他的妻子正在为抵御气候变化而战斗。与慈善相比，德温现在更专注于自己的职业，但他妻子很关心动物福利。我们家仍在支持有特殊需求的中国儿童，并资助中国公益学院，该学院把最好的慈善经验教给中国的公益从业者。我们还支持针对压力下的儿童和有创伤后应激障碍的退伍军人进行的冥想教学、尖端心脏学研究、小微金融及其他社会事业，等等。

我们把捐助视为投资，希望确保这些钱能够产生高慈善回报。因此我们需要全力解决的另一个大问题是如何衡量这些回报。衡量企业经营效率要简单得多，用收入减去成本就行了。鉴于衡量的困难性，我们养成了优先支持可持续性社会事业的习惯。不过，我还看到许多慈善投资能同时产生经济和社会回报，而我们的社会错过了这些投资机会令我痛苦。

我们考虑的另一个问题是，我们的慈善机构要做多大、应该实行什么样的管理机制，以确保慈善决策的高质量。面对这些问题，我的做法和“工作原则”里写的一样：为我们的决策确立正式的原则和政策。例如，由于我们收到了雪片般的求助信，无暇应对，我规定了一项政策：不回复主动投来的请求，以便职员拥有充足的时间精心打理我们想要聚焦的领域。我们不断改进所有的原则和政策，我也梦想着要为慈善工作制定正式的决策程序，不过现在我还腾不出手来做这件事。

你们也许已经猜到了，我们还向最可敬、最有经验的人征求意见。我们参与了比尔·盖茨、梅琳达·盖茨和沃伦·巴菲特发起的“捐助承诺”计划，盖茨以及我们在该计划中遇到的其他人都给了我们很多启发。穆罕默德·尤努斯、保罗·琼斯、杰夫·斯科尔、“奥米迪亚网络”（以公益创投为主业的慈善投资集团）的人、TED（美国一家私有非营利机构）的人，也都给予了我们很大帮助。我们学到的最重要的东西是，尽管做慈善有很多错误方式，但并非只有一种正确方式。

把我这一生赚到的钱捐出去，并且把这件事做好，是快乐，是挑战，也是我在这个生命阶段应该做的事。

桥水40周年

2015 年 6 月，桥水创立 40 周年，我们举行了一场大聚会来庆祝这个了不起的里程碑。我们有充足的理由庆祝，因为以大多数标准衡量，我们是本行业最成功的公司。[1] 40 年来自始至终参与桥水发展历程的关键人物都在会上进行了发言。每个人都讲述了他们眼里桥水的发展过程：一些东西逐渐发生变化，另一些保持不变，而最重要的是我们的文化——我们通过极度求真和彼此间的极度透明追求工作与人

1. 2015 年 1 月，我们推出了十多年来第一款新产品，一个名为“最优资产组合”的基金。它结合了“阿尔法”和“贝塔”，极为适合接近零利率的全球宏观环境。这是一项巨大的成功，其规模是对冲基金业历史上最大的。

际关系两方面的卓越。他们回忆了我们如何以独特的方式不断尝试新东西，经历失败，从失败中吸取教训，改进，再次尝试，反复进行，从而形成良性的正向循环。轮到我发言时，我想表达的是，我一直在努力给予桥水人什么东西，以及在未来没有我的时候，我希望他们拥有什么东西：

> 一个社区，在这里，你们始终既有权利也有义务去理解事物；一个进程，让你们在分歧中进步，即真正的、运转良好的创意择优。我希望你们思考而不是跟从，同时要认识到自己可能是错的，自己也有缺点；我希望帮助你们尽可能得到最好的答案，尽管你们可能并不相信这是最好的答案。我想给你们极度开放的头脑和创意择优，这将让你们不会师心自用，而是接触世界上最明智的人，以帮助你们为自己、为社会做出最好的决定。我想帮助你们所有人好好拼搏，不断进步，实现生命的最大价值。

尽管还有很多重要的工作要做，但那时我觉得，公司给我的逐渐退出送上了一份美好的礼物。而未来的一年有多困难，我当时还不知道。

7

最后的一年和最大的挑战

（2016—2017 年）

早在 40 周年纪念日之前，我们就都清楚，转型的进展并不像我们希望的那么顺利，而在纪念日之后的几个月里，我们的问题集中爆发了出来，这让我们措手不及。尽管桥水的投资部门已达到史上最好水平，但技术、招聘等其他部门都在退步。

我已经不是 CEO 了，所以管理公司也不是我的事。作为总裁，我的工作是监督 CEO 们，确保他们把公司管理好。而当时的两位 CEO 格雷格 · 詹森和艾琳 · 马瑞已明显不堪重负。我们都认为公司管理不善，但对于如何改善，我们有分歧。这样的分歧并不意外，因为我们总是希望所有人独立思考，为他们认为的最好做法辩护。所以我们才有原则和解决分歧的程序。

所以我们连续几周交换意见。接着，主要各方将其观点和建议提交给管理委员会和利益相关者委员会（实质上就是桥水的董事会），委员们考虑这些不同建议，最后投票表决。这一程序产生的最重要的决定于 2016 年 3 月宣布：格雷格将不再兼任 CEO，以便他把所有精力集中于联合 CIO 的工作（另两位 CIO 是我和鲍勃），而我将暂时和艾琳成为联合 CEO，在此期间我们将落实必需的结构性改革措施，以使桥水在未来没有我的情况下继续良好运转。

尽管当我第一次卸任 CEO 让其他人接替时，我们都不希望以后会发生这样的事，但这并不完全是出人意料的。一段时间以来，我们的困境很明显，而且我们尝试过不同的解决办法。我们都清楚，领导层转型从来都不容易，而我们的习惯做法一直是尝试、失败、分析原因、改变做法和再次尝试。我们一直都是这么做的。而现在，桥水到了改变领导层的时刻。

但这场失败也是很痛苦的，尤其是对我和格雷格而言。我发现，我曾想让格雷格同时做 CEO 和 CIO 的工作，但这对他来说是太沉重的负担。这是我经营桥水期间最后悔的一个失误，因为这既伤害了我和格雷格，也伤害了公司。我不仅是格雷格的导师，而且在近 20 年的时间里，他就像是我的儿子。他想负起经营大任，我也这么期待。同时，耸人听闻和不准确的媒体报道又向我们的伤口上撒了一把盐，尤其使格雷格更加痛苦。一篇篇的报道把此事描述成两个巨头之间的生死决战，但真实的情况是，一群热爱桥水的人以一种创意择优的方式解决分歧。在格雷格的英雄历程中，这是他“跌入深渊”的经历，而对我以及桥水的许多其他领导人来说也是这样。我这么说，不仅仅因为此事让我们痛苦，还因为它引导我们走向一场转型，带来了很大改善。

格雷格比我小 25 岁。我经常回忆我在他的年纪时是什么水平，在此期间学到了多少东西。我知道格雷格会继续以他自己的方式取得不凡的成功。我很高兴这件事让我们俩变得坚强，尤其值得高兴的是，我们确定和解决问题的系统像过去一样有效。尽管我们持有不同的观点，但这件事证实了我的信念，我们集体认同的创意择优能带来比任何单个人决策更好的结果。这样的机制，加上深厚的人际关系，使我们团结在一起。

我再次看到，我不知道的东西比我知道的多得多，比如在这件事上，我不知道如何逐步退出自己一直扮演的创始人—领导者角色。于是我向一些我认识的最好的专家请教。我们得到的最好的建议也许来自管理专家吉姆·科林斯。他告诉我们："想要成功转型，你只需要做两件事——让胜任的人做CEO，同时拥有一套有效的治理机制，可以在CEO无法胜任的情况下替换他。"这正是我没有做到的，而我现在有了第二次机会。所以我开始以前所未有的方式思考治理问题。

简单来说，治理就是一套制衡机制，确保一个组织不管谁在什么时候做领导人，都会无比坚强有力。因为我是企业的创始人，所以我已在没有正式制衡规则的情况下经营了桥水35年。（不过我已经建立了一个非正式的治理机制，规定我需要向管理委员会报告，作为对我的决策的制衡。）

尽管这个非正式机制对我是有用的，但在没有我的情况下，它不可能有效。显然，我们必须建立一套新的治理体制，以确保无论谁领导企业，桥水都会保持独特的风格和不掺水分的高标准，该体制还必须很有弹性，在必要时可以更换公司管理层。我在其他人的帮助下继续做这项工作，直到现在。

我已经认识到，我们不能错误地认为在一个职位上成功的人必定能在另一个职位上成功，对一个人有效的做事方式必定对另一个人有效。这艰难的一年也让我对身边的人有了很多了解，尤其是戴维·麦考密克和艾琳·马瑞。像很多其他人一样，他们都展现出了为我们的共同使命而奋斗的决心。也有一些不应该的失败发生了，但由于我们独特的试错与吸取教训的文化，这是在意料之中的。由于我们已进行了一些变革，所以我得以在一年后的2017年4月卸下临时联合CEO

的职务。

当我在 2017 年写下这些文字时，我认为今年是我从人生第二个阶段向第三个阶段转型的最后一年。我将在今年传授完我一路走来学到的知识，接下来就像约瑟夫·坎贝尔描述的那样，我将自由地生活，自由地老去。但现在我不考虑老去那部分，只是考虑如何自由地生活，而且对此感到兴奋。

8

从更高的层面回顾

在回顾我的个人经历时，想想我的看法是如何改变的，是件很有意思的事。

最初的时候，我遇到的每一个波折，无论是在市场上还是在生活中，都显得非常重大而且十万火急，就像某种独特的生死攸关的经历，不断地朝我涌来。

积累了更多经验以后，我开始把每次遭遇视为“类似情境的再现”，我能以更平静、更严谨的方式应对，就像一位生物学家在丛林里遇到一只可怕的动物时一样：首先确定它的种属，利用已有的知识预测它的行为，其次合理地做出反应。当我面对遇到过的某类情况时，我就利用在此前类似经历中总结的原则。但当我遇到从未见过的事情时，我会大吃一惊。在研究所有这些痛苦的首次体验时，我意识到，尽管我没经历过这些事，但其中的大多数都有其他人在其他时间、其他地方经历过。这一认识让我对历史抱有一种健康的尊重感，渴望对现实的机理形成普遍性的理解，并希望总结出永恒、普适的应对问题的原则。

看到同样的事情反复发生，我开始把现实视为一部华丽的永动机，一些原因引起一些结果，这些结果又成为原因，循环往复。我意识到尽管现实不完美，但至少我们要直面它，因此我在现实中遇到任何问题或挫折时，都不会抱怨，而是通过更具建设性的方式找到有效的应对方法。我逐渐明白，我的遭遇是对我的个性和创造力的考验。我逐渐领悟到，在一个如此伟大的系统里，我不过是渺小的匆匆过客，因此知道如何与这个系统良好互动，对我和系统都是有益的。

在形成这个视角的过程中，我开始以一种截然不同的方式体会痛苦的时刻。我不会感觉沮丧或透不过气，而是把痛苦视为大自然的提醒，告诉我有一些重要的东西需要我去学习。体验痛苦，然后探索大自然希望通过痛苦给我什么教益，开始成为我的一项游戏。这项游戏我做得越多就越擅长，也就越不会对这些情况感到痛苦，同时思考、总结出原则、利用原则获得回报的过程也变得越来越有收获。我学会了喜爱自己的痛苦，我想这是一种健康的视角，就像学会喜爱锻炼身体一样（这一点我目前还做不到）。

年轻时，我仰慕那些极为成功的人，觉得他们因为非凡而成功。在我认识这样的人后，我发现他们都像我、像所有人一样会犯错误，会为自己的弱点挣扎，我也不再觉得他们特别与众不同、特别伟大。他们并不比其他人更快乐，他们的挣扎与一般人一样多，甚至更多。就算在实现最不可思议的梦想之后，他们依然会体验到更多痛苦，而不是自豪。我显然也是这样。尽管我在几十年前就实现了自己曾经以为最难以企及的梦想，但直到今天我还在苦拼。我逐渐认识到，成功的满足感并不来自实现目标，而是来自努力奋斗。想要理解我的意思，可以想象你最大的目标，不管是什么：赚很多钱、赢得奥斯卡奖、经营一家了不起的机构，或者成为运动明星。再想象一下你的目标突然实现了：一开始你会感到快乐，但不会很久，你将很快发现，你需要为另一些东西而奋斗。看看那些很早就实现了梦想的人，如童星、中彩票者、很早就达到巅峰的职业运动员。假如他们没有对另一些更大的、更值得追求的东西产生热情的话，他们通常最终不会快乐。生活总有顺境和逆境，努力拼搏并不只会让你的顺境变得更好，还会让你的逆境变得不那么糟糕。我至今仍在苦拼，我将这么做下去直到离世，因为就算我想躲避，痛苦也会找上我。

由于所有这些拼搏与学习，我已经做了自己想做的一切事，去了自己想去的一切地方，遇到了自己想遇到的一切人，得到了自己想拥有的一切，经历了一段迷人的职业生涯，而最有收获的是，建立了许多美妙的人际关系。我经历了生活中的一切，从一文不名到财富不菲，从籍籍无名到功成名就，所以我知道其中的差别。尽管我是自下而上而不是自上而下地（这是更好的，或许也影响了我的看法）经历这一切，但我的判断是，拥有很多东西、身处顶层的人，得到的边际收益并不像多数人认为的那么大。拥有最基本的东西，如一张舒适的床、良好的人际关系、美食、美好的性生活等，是最重要的，而这些东西并不会因你拥有金钱的多寡而发生明显变化。你在顶层遇到的人并不一定比在中下层遇到的更特殊。

拥有更多东西所产生的边际收益会很快下降。事实上，得到适量的东西比得到太多的东西更好，因为后者会伴随着沉重的负担。身处顶层会给你更大的选择空间，但也对你提出了更多要求。综合判断下，成为名人也许不如默默无闻。尽管一个人可以给其他人带来很多有益影响，但相对来看，这种影响又可以小到忽略不计。由于上述种种原因，我不能说一种充满成就的紧张人生就一定比充满享受的轻松人生更好，但是我敢说，坚强比软弱好，而拼搏让人坚强。性格使然，我不会改变自己的生活，但我无法告诉你什么样的生活对你而言是最好的。你需要自己选择。我看到的情况是，发现自己的性格，过与性格相适应的生活，才是最幸福的。

既然让我自己成功的愿望已经让位于帮助他人成功的愿望，这就成为我现在的拼搏目标。我现在能清楚地看到，我的目标、你的目标、所有其他事物的目标都会演变，都会以某种微小的方式为进化做贡献。最初我没有这种意识，只是追逐自己想要的东西。但一路走来，我不断进化，而现在我和你们分享这些原则，以便帮助你们进化。我认识到，传递知识就像传递基因，其意义超过了单个的人，因为人死了基因还会延续下去。因此，我把我所学到的关于如何正确拼搏的道理传递给你们，以便帮助你们成功，或者至少，帮助你们从每一次的努力中收获最大的成效。

良好的原则是应对
现实的有效方法。
为了总结出自己的原则，
我花了很多时间思考。
我将分享
原则背后的思考，
而不是简单地告诉你
我的原则。

我认为一切事情的发生都是由于反复出现、不断演进的因果关系。在大爆炸发生时，宇宙所有的法则和力量都被创造、被推进，随着时间的推移相互发生作用，就像一系列复杂的、环环相扣的机器：星系的构造、地理和生态系统的构造、我们的经济和市场，以及每个人。我们每个人都是一部机器，它又由不同的机器组成，如我们的循环系统、神经系统等，这些机器创造了我们的思想、梦想、情感，以及每个人特性的所有其他方面。所有这些机器一起进化，创造了我们每天遇到的现实。

- **考察影响你的那些事物的规律，从而理解其背后的因果关系，并学习有效应对这些事物的原则。**

通过这样做，你将开始理解每个“再现的情境”背后的机理，并逐渐形成一个应对该情境的“意境地图”。随着你对这些关系的理解不断加深，你就能看到隐藏在扑面而来的复杂事物中的实质。你将明白你面对的事物属于哪种类型，并自然而然地运用正确的原则帮助自己渡过难关。接着，现实会向你发出强烈的信号，或者回报你或者惩罚你，以体现你的原则的运用效果，这样你就能学着相应地调整这些原则。

我们能不能妥善应对我们遇到的现实，最重要的决定因素是有没有良好的应对原则。我的意思不是说所有人遇到的情况都相同。显然，不同地方的不同人面临着不同的挑战。尽管如此，我们遇到的大多数现实情况都可以归入某个类别，而这些类别的数目并不是特别多。如果你每次都能记下你遇到的是哪种情况（如一个孩子出生、失去一份工作、出现一次与他人的分歧），并将其列出来，其总数可能只有几百个，而其中只有一小部分对你而言是独特的。你试一下就能亲自判断我说的对不对，而且你也会开始列出你需要思考并确立原则的事情。

我取得的任何成功都是由于我遵循的原则，而不是由于我本人的任何特征，所以遵循这些原则的任何人都有可能创造大体相同的结果。尽管如此，我不想让你盲从我的（或任何人的）原则。我建议你深入思考所有你从不同来源获得的原则，并总结出自己的一套原则，以便你在现实中遇到某种情境时，都能利用这些原则。

“生活原则”和“工作原则”都将以纲目的形式列出，分为三个层次，所以你可以依据自己的时间和兴趣，或者一扫而过，或者深入阅读。

1 **高层次原则，也是每一条的标题，以单个数字表示。**

1.1 **中层次原则包含在每一条中，由两个数字表示，前一个代表它所属的高层次原则，后一个代表它在该条中出现的次序。**

a. **分原则处在中层次原则之下，以字母表示。**

三个层次的原则的后面都有解释。为了方便你们快速浏览，我已经在“生活原则”的结尾和“工作原则”的开头加入了各项原则的概要。我建议你们先阅读高层次原则及其解释，以及中层次原则和分原则的标题。“生活原则”是希望读者完整阅读的，而“工作原则”更多地想要为读者提供一些参考。

第二部分

生活原则

1

拥抱现实，应对现实

世界上最重要的事情是理解现实如何运行，以及如何应对现实。面对这一过程的心态至关重要。我发现很有帮助的做法是，把生活想象为一场游戏，我面临的每个问题都是一个需要破解的谜。我通过解谜获得一块宝石，即一项原则，它能帮助我在未来避免同样的问题。不断收集这样的宝石能够提高我的决策水平，这样我就能进入更高一级的游戏，游戏变得更难，涉及的利益也变得越来越大。

我在游戏过程中会产生各种情绪，这些情绪可能帮助我也可能伤害我。如果我能调和我的情绪与逻辑，只有在二者相符时才行动，我就能做出更好的决策。

了解现实如何运行，构想我想要创造的东西，将其实现，是让我非常兴奋的事情。努力争取伟大的目标很容易让我失败，因而我必须不断学习并想出新的主意才能继续前进。我发现，卷入快速学习的反馈循环之中是件令人兴奋的事情，就像冲浪者热爱冲浪一样，尽管这有时会使你跌倒。不要理解错了，我至今依然害怕跌倒，依然觉得跌倒很痛苦。但我会思考这种痛苦，并明白我将克服这些挫折，而且我学到的东西将主要来自对挫折的反思。[1]就像长跑者忍耐痛苦去体验“跑步者的愉悦感”一样，我已经基本上走出了为犯错而痛苦的阶段，而是享受从犯错中学习的愉悦。我相信通过练习你也能改变自己的习惯，体验同样的“从犯错中学习的愉悦感”。

1.1 做一个超级现实的人

理解现实，接受现实，处理现实问题，既是务实的，也是美妙的。我已经是一个超级现实的人，所以我学会了欣赏所有现实的美好，包括严酷的现实，并开始鄙视不现实的理想主义。

不要理解错了：我相信实现梦想的重要性。在我看来，生命中最美好的事情就是实现梦想。追求梦想让生活有了韵味。我要强调的是，创造伟大事物的人不是空想者，而是彻底地扎根于现实。做一个超级现实的人将帮助你明智地选择自己的梦想并实现它。我发现下面这句话几乎永远是对的：

a. **梦想 + 现实 + 决心 = 成功的生活**。取得成功、推动进步的人对现实背后的因果关系有着深刻的理解，并利用原则实现自己的愿望。反过来也成立：没有深深扎根于现实的理想主义者会制造问题，而不是推动进步。

成功的生活是什么样的？我们都有内心深处的需求，所以每个人都要决定对自己而言什么是成功。你想成为宇宙的主宰还是成天吃零食看电视，还是想要追求别的东西，我并不关心。我真的不关心。一些人想要改变世界，而另一些人只想与世无争地简单生活、享受生活。

1. 我确信，自己定期练习了近 50 年的“超觉冥想”帮助我拥有了这份镇定，而我需要以这种镇定对待我遇到的挑战。

二者没有好坏之分。每个人都需要判断自己最珍视的是什么，并选择实现它的路径。

下图以极为简单化的方式展示了你需要思考的抉择。花点时间思考一下，你处在下面这张图的哪个位置。你觉得自己处在什么位置？

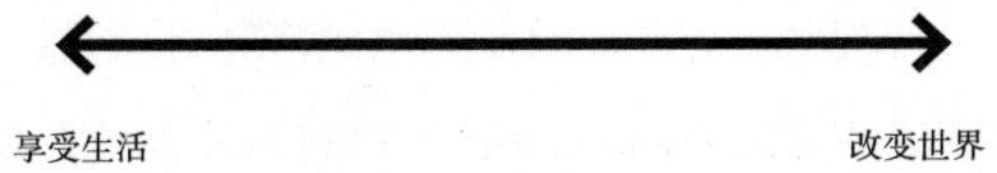

问题不只是对这两方面你分别追求多少，而是你如何努力工作以尽量实现二者兼得。这两方面我都很想要，所以我愉悦地努力工作，以争取二者兼得，并且发现它们很可能是一回事，而且相辅相成。我逐渐明白，从生活中获取尽可能多的东西，并不只是一个要为此而工作得更辛苦的问题。这更多的是一个有效工作的问题，因为有效工作能把我的能力提升几百倍。我并不关心你想要什么，或者你愿意为此付出多少辛劳。这是你应该决定的事。我只是试图向你传授，是什么帮助我最好地利用每一小时，并从每次努力中获取最大收获。

最重要的是，我认识到以下颠扑不破的真理。

1.2　真相（或者更精确地说，对现实的准确理解）是任何良好结果的根本依据

当真相与愿望不符时，大多数人抗拒真相。这很糟糕，因为好东西会自己照顾自己，而理解和应对不好的东西才是更重要的。

你同意吗？如果不同意，以下内容就将对你无益。如果你同意，我们就继续阐述。

1.3 做到头脑极度开放、极度透明

任何人都不是生来就知道真相是什么。我们必须或者自己发现真相，或者相信、追随其他人。关键在于知道哪种做法将带来更好的结果。[1]我相信：

a. **对于快速学习和有效改变而言，头脑极度开放、极度透明是价值无限的**。学习过程是一连串的实时反馈循环：我们做决定，看到结果，然后根据结果改进对现实的理解。做到头脑极度开放能够增强这些反馈循环的效率，因为这能让你和其他人无比清晰地看到你在做什么、为什么这么做，而不会产生误解。你的头脑越开放，你就越不会自欺，其他人也就越会给你诚实的反馈。如果他们是“可信”的人（知道什么样的人是“可信”[2]的也很重要），你就会从他们那里受益良多。

做到极度透明、头脑极度开放，可以加快这一学习进程。这也可能很难，因为极度透明而不是有所遮掩，可能会招致批评。惧怕这一点是很自然的。但如果你不能坦然地让自己做到极度透明，你就学不到东西。

b. **不要担心其他人的看法，使之成为你的障碍**。你必须以自己认

1. 不要以为你总是为自己做决策的最佳人选，因为很多时候你不是。尽管我们要自己弄清楚要什么，但其他人也许更知道如何实现它，因为在一些方面可能其他人强而我们弱，而且其他人可能拥有更具相关性的知识和经验。例如，在你生病时，最好听从医生的意见而不是自行其是。在后文中，我们将探讨人们的思维方式如何不同，以及我们应当如何基于对自身思维方式的理解来决定哪一部分决策自己做，哪一部分决策让别人代做。知道什么时候不自行做决定，是你可以养成的最重要的技能之一。
2. 我将在后面的章节中更详细地解释“可信度”的概念，但现在可以简述一下：可信者的特征是，能不断成功地实现一些成就，而且能就如何做到这一点提供很好的解释。

为最好的独特的方式行事，这样做肯定会有反馈，你必须开明地思考这些反馈。

学着做到极度透明，就像学习如何公开发言一样：一开始你会难堪，但你练得越多，你就越能应付自如。我就是这样。例如，我现在依然本能地觉得，我像在本书中这样极度透明是不舒服的，因为我在公开展示我的个人情况，这会引人注意，也会招致批评。但我还是这么做了，因为我知道这样做是最好的，而如果我让恐惧阻碍自己，我将对自己不满意。换言之，我在很长时间里都体会到极度透明的好处，所以现在如果不这么做，我反而会不舒服。

除了让我能自由做自己之外，这样做还会让我和其他人相互理解，与彼此不理解相比，这更有效而且更让人快乐。想想看，如果人们不是隐藏看法，而是公开分享看法，这将减少多少误解，世界的运转将会变得多么高效，我们将会多么接近真相。我指的不是每个人的内心私密，而是人们对彼此和现实的看法。你们已经看到，我已经亲身体验到，这种极度探寻真相、极度透明，如何大大改善了我的决策和人际关系。所以每当我面对抉择时，我的直觉都是保持透明。我以此作为行事原则，并且建议你们也这么做。

c. **拥抱极度求真和极度透明将带来更有意义的工作和更有意义的人际关系**。我在观察了成千上万个尝试了这种做法的人之后总结出的经验是，只要多练习，绝大多数人会感觉这样做很有收获，很快乐，换其他做法反而不舒服。

这需要练习和改变人的习惯。我发现大多数习惯的改变通常需要约 18 个月，这也一样。

1.4 观察自然，学习现实规律

大自然向我们展示了所有的现实规律。这些规律不是人创造的，但通过理解规律，我们能利用规律促进自身的进化，实现我们的目标。例如，人类能飞行，能在全世界发送手机信号，这些能力来自理解和应用已有的现实规律——物理规律或自然世界的法则。

我花费大部分时间考察给我带来最直接影响的现实——经济、市场、与我打交道的人背后的驱动因素，同时，我也花时间考察自然，观察、阅读思考自然的运作原理，并与这方面最好的一些专家交谈，这带给我不少收获。我发现，考察人类和自然之间有哪些共同和不同的规律，既有趣也很有价值。这给我看待生活的态度带来了很大影响。

首先，我发现大脑的进化让我们能够思考现实的运行方式，这是件很美妙的事。人类最独特的能力是，只有人类能从更高的维度看待现实，并总结出对现实的理解。其他物种都是遵循本能生活，只有人类能够超越自身，在当时所处的环境和时间（包括他出生前和出生后的时间）中看待自身。例如，我们可以思考，大自然的"飞行机器""游泳机器"以及无数其他从极微小的到极庞大的"机器"，是如何相互作用，组成一个有序运转、逐渐进化的整体的。这是因为人类的大脑进化出了复杂得多的大脑皮层，从而拥有抽象思考、逻辑思考的能力。

由于拥有高层次的思考能力，人类在各物种中独一无二，但也只有人会出现混淆的情况。其他物种的生活简单直接得多，不会像人一样苦苦思索什么是好、什么是坏。与动物不同，大多数人努力调和自身的情感、本能（来自人类大脑与动物相似的部分）与理性（来自人类大脑更发达的部分）。这一冲突导致人混淆了事实和自己想要的事实。我们来看看这一两难处境，以尝试理解现实的规律。

人在尝试理解任何东西（经济、市场、天气等）时，都可以从两种视角出发：

1. 自上而下：努力找到这些东西背后的唯一驱动法则或规律。例如，在理解市场时，人可以研究影响所有经济和市场的普适法则，如供求关系；在理解物种时，人可以集中了解基因密码是如何对所有物种发生作用的。

2. **自下而上**：研究每种具体情况及其背后的法则或规律，例如，小麦市场独特的法则或规律，或者使鸭子区别于其他物种的基因序列。

自上而下地观察事物，是在宏观普适法则背景之下理解我们自身和现实规律的最佳途径。这不是说自下而上的角度没有价值。事实上，想要准确理解世界，这两种角度你都需要。采用自下而上的视角观察每种具体情况，我们可以看到具体情况与理论是否相符，即是否符合我们认为存在的法则。如果相符，我们的理解就是对的。

自上而下地观察自然，我们会发现我们所说的人性其实很大一部分是动物性。这是因为人的大脑是数百万年的基因进化的结果，而其他物种的大脑也经历了类似的进化。因为人和其他动物有共同的祖先，并且受共同的规律支配，所以二者存在类似的特征和局限。例如，男人和女人的生殖过程、用两只眼睛进行深度感知，以及许多其他系统，是动物王国里的许多其他物种都具有的。类似地，人类大脑有一些“动物”部分，在进化意义上要比人类本身古老得多。这些共同规律是最高层次的规律。假如人类只是观察自身的话，是不会清楚地看到它们的。

如果你只通过观察一个物种（如鸭子）尝试理解普适规律的话，你会失败。同样地，如果你只通过观察人类理解普适规律，你也会失败。人类只是约 1 000 万个物种里的一个。复杂的力量让原子不断组合、分离，形成无数的事物，人类只是沧海一粟。但大多数人就像蚂蚁一样，只专注于自身及其所在的蚁丘。他们以为宇宙围绕着人转，不关注对所有物种都适用的普适规律。

为了弄清楚现实的普适规律和对待它们的原则，我发现有益的做法是，努力从自然的角度观察事物。尽管与其他物种相比人类非常聪明，但与整个自然相比，我们的智慧就像是生长在山岩上的苔藓。我们没有能力设计和制造一只蚊子，更不用说宇宙中所有的物种和大多数其他东西了。所以我的出发点是，自然比我更聪明，我努力让自然教我认识现实规律。

a. **不要固守你对事物“应该”是什么样的看法，这将使你无法了解真实的情况**。很重要的是，不要让偏见阻碍我们保持客观。想要取得好结果，我们需要冷静而不是情绪化。

当我看到一些我（或人类）认为是错误的自然事物时，我会先假定我是错的，然后努力弄明白，为什么说自然如此运行是合理的。这让我认识到了很多东西，改变了我对以下问题的看法：（1）什么是好，什么是坏？（2）我的人生目标是什么？（3）当面对最重要的抉择时我该怎么做？为了说明原因，我举一个简单的例子。

多年前我去非洲时，看到一群鬣狗扑倒了一只幼小的角马。这让我觉得反胃。我对那只角马感到同情，并且认为我看到的景象很糟糕。但问题是，这件事是真的很糟糕，还是因为我有偏见所以认为它很糟糕，而事实上它好极了？这让我陷入思索。假如我看到的事情没有发生，世界会变好还是变差？这个视角促使我考虑这件事后续、再后续的影响，于是我发现那样的话世界将会变差。我现在认识到，自然会走向整体的最优化，而不是个体的最优化，但多数人只是根据事物对自身的影响判断好坏。我看到的情况是正在运行的自然进程，它能有效促进整个世界的改善，比人类发明的任何程序都有效得多。

多数人把对自己或者自己关心的人不利的事情叫作坏事情，而忽视了更大的好。群体也有这种倾向：一种宗教的信仰者会认为自己的信仰好，其他人的信仰不好，导致两方信徒相互残杀，而且都坚信自己在做对的事情。通常，人们彼此冲突的信念或利益会妨碍他们从对方的视角看事情。这不好，也不理性。尽管我能理解，人们喜欢对自己有利的东西，不喜欢对自己有损的东西，但只根据事物对个人的影响就将其判定为绝对的好或绝对的坏，这是不合理的。这么做是在假定个人的愿望比整体的好更重要。在我看来，自然似乎把“好”定义为对整体好的东西，并通过最优化进程实现这种“好”，这是更好的做法。所以我开始相信一条普遍法则：

b. **一个东西要“好”，就必须符合现实的规律，并促进整体的进化，这能带来最大的回报**。例如，如果你发明了某种世界觉得有价值的东西，你几乎肯定会获得回报。反之，状况不佳、偏离进化进程的人、物种和事物通常会遭到现实的惩罚。[1]

在探寻所有事物的真相时，我开始相信：

c. **进化是宇宙中最强大的力量，是唯一永恒的东西，是一切的驱动力**。[2]从最小的亚原子粒子到整个银河系，一切都在进化。尽管所有东西似乎都会死亡或消失，但真相是，它们只是以进化的形式重新组合了。还记得吗？能量是不能被摧毁的，只能改变其形态。所以，同样的东西一直在不断以不同形式分裂、重组。其背后的力量就是进化。

例如，每个生物的首要目标是做基因的容器，基因不断进化出生命。每个个体体内的基因都来自远古时代，基因在承载它的个体死去

1. 人们常因为很多东西和善体贴而认为它“好”，但这些东西无法带来人们想要的东西，自然会认为这些东西是“坏”的，而我会赞同自然。
2. 一切终将崩解，只有进化永存。包括我们每个人在内的一切，都是进化的工具。例如，虽然我们自视为不同的个体，但实质上我们都是基因的容器，这些基因已经存活了亿万年，并且还在不断地使用和抛弃我们的身体。

之后还会长存，并进化出越来越复杂的形式。[1]

在思考进化时，我意识到进化不仅仅以生命的形式存在，其传输机制也不仅仅是基因。科技、语言等，一切都在进化。例如，知识就像基因一样代代相传，不断进化。在很多代人的时间里，知识对人的总体影响和基因的影响一样大，甚至更大。

进化是好的，因为它是一个适应的过程，通常会推动事物的改善。产品、组织、人类的能力，所有东西都在以类似的方式逐渐进化。这只不过是一个要么适应、改进，要么死亡的过程。在我看来，这个进化过程看起来就像右页图。

进化由各种适应和创造组成，它们能够提供即时的好处，但这些好处的价值会不断降低。这一痛苦的降低过程可能引发新的适应、创造，把新的产品、组织和人类能力带到新的、更高的进化水平上（参见第140页的第一幅图），也可能引发衰落和死亡，就像第140页的第二幅图所示。

想想你知道的任何产品、组织或人，你就会知道这是真的。世界上到处都是曾经辉煌但逐渐衰落和毁灭的东西，只有极少数东西一直在重塑自身，不断达到伟大的新高度。所有机器最终都会崩坏、分解，机器的零件会被回收用来制造新的机器。我们人类也会经历这样的过程。有时这让我们悲伤，因为我们已经和我们的机器产生了感情，但如果从更高的层面来看的话，观察机器如何进化，其实是件很美妙的事。

从这个角度，我们可以看到完美是不存在的，它是一个目标，激发永不停息的进化过程。假如自然或任何东西是完美的，它就不会进

1. 关于进化，我推荐理查德·道金斯和爱德华·威尔逊的书。如果只能选一本的话，我选道金斯的《基因之河》。

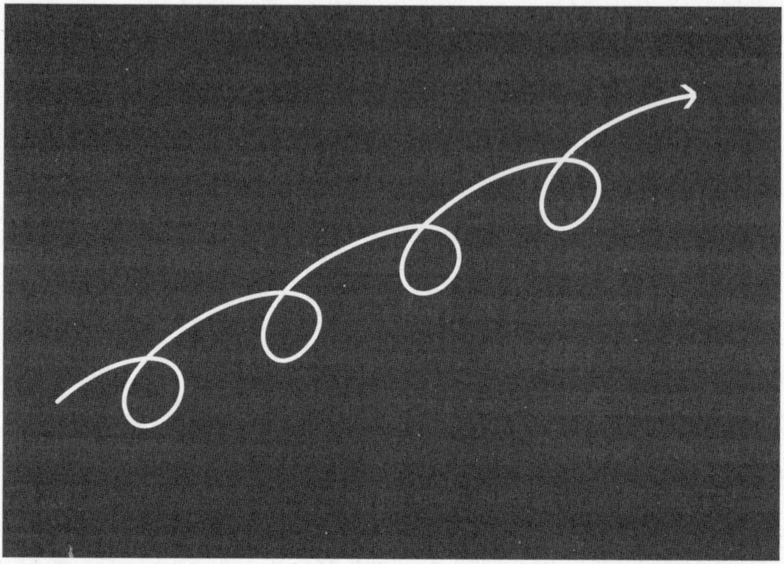

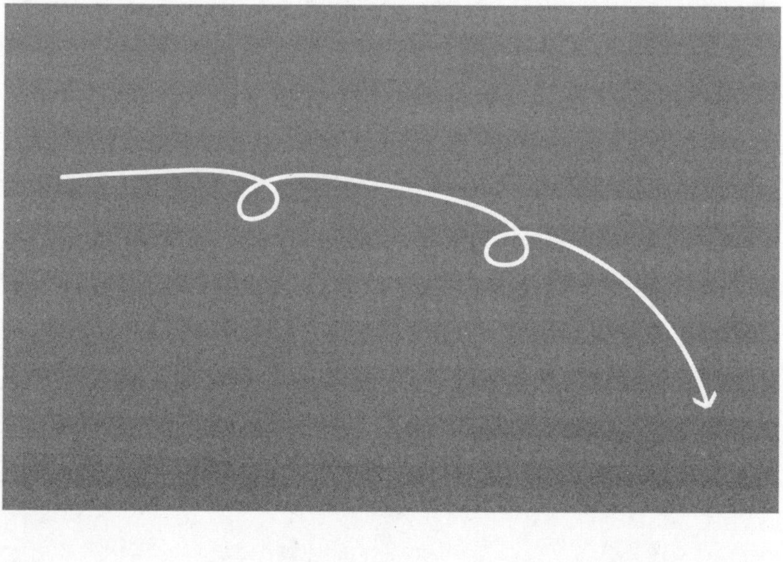

化。生物、组织和个人总是高度不完美的，但都拥有改善的能力。所以，与其顽固地隐藏我们的缺点，假装自己是完美的，还不如找出并应对我们的缺陷。你可以从自己犯的错误中获得教益，不断坚持，为成功做出更好的准备，否则就将失败。

就像俗话说的：

d. **不进化就死亡**。这个进化循环不仅适用于人，也适用于国家、企业、经济体，以及一切事物。整体会自动地自我修正，个体却不一定。例如，假如市场供给过多、浪费过多的话，价格就会下跌，企业就会破产，产能就会降低，直至供给下降到与需求相适应的水平，那时进化循环又会从相反的方向重新开始。与此类似，假如一个经济体的情况足够糟，经济管理者就会做出必需的政治改革和政策调整，否则他们将无法留任，只能把位子让出来，让继任者这样做。这些循环是连续的、以符合逻辑的方式推进的，而且有自我强化倾向。

关键在于经历失败、学习和快速的改进。如果你不停地学习和改进，你的进化过程就会循环上升；如果做得不好，它就会如下页图，甚至更糟。

我相信：

1.5　进化是生命最大的成就和最大的回报

进化是出于本能的，所以大多数人都会感觉到内心深处的这种动力，也就是说，我们本能地希望把事情做得更好，本能地创造和改进技术以帮助自己。历史表明所有物种都将或者灭绝或者进化成别的物种，只是我们寿命有限，不容易看到这一点。但我们确实知道，我们所说的人类，只不过是约 20 万年前基因进化成一种新形式带来的结果，而且人类肯定或者灭绝，或者进化到更高级的状态。我个人相信，在人造技术的帮助下，人类很可能将要开始加速进化，这些技术能够

分析大量数据，以比人类更快更好的方式“思考”。我不知道要经历多少个世纪，人类才能进化成一种更高级的物种，比现在的人更接近于无所不知——如果人类没有自我毁灭的话。

自然的一个奇妙之处是，自然中充满了个体生物，各自以符合自身利益的方式行动，不理解也不引导整体的变化，但它们构成了一个美妙运转且不断进化的整体系统。虽然我不是这方面的专家，但我觉得这是因为进化创造了：（a）促使个体追求自身利益，最终使整体进步的激励和互动机制；（b）自然选择过程；（c）快速的试验和适应。

a. **个体的激励机制必须符合群体的目标**。自然创造了各种激励机制，促使追求自身利益的个体带来整体的进步。一个简单的例子是性与自然选择。自然给了人类极多的从事性行为的激励，主要表现为该行为会提供巨大的快乐，但它的目的是促进基因的进化。通过这一方式，每个个体的需求都得到了满足，也为整体的进化做了贡献。

b. **现实为了整体趋向最优化，而不是为了个体**。为整体做贡献，你就可能收获回报。自然选择让更好的品种得以保留和传承（如更好的基因、更好的养育他人的能力、更好的产品等）。结果是整体的持续循环改进。

c. **通过快速试错以适应现实是无价的**。不需要任何人的理解或引导，自然选择的试错过程就能实现改进。我们进行的学习也是这个道理。至少有三种学习能促进进化：以记忆为基础的学习（有意识地储存不断出现的信息，以便以后可以记起来）；潜意识的学习（从未进入意识的、我们从经验中习得的知识，但也会影响我们的决策）；与人类思考无关的“学习”，例如记录物种适应进程的基因的进化。我曾以为以记忆为基础的有意识的学习是最有力的，但我后来明白，试验和适应能带来更快的进步。想要明白自然是如何不依靠思考而改进的，只需看看（能思考的）人类与（连大脑都没有的）病毒斗智斗勇的过程。病毒就像是聪明的国际象棋对手。病毒飞快地进化（通过将不同种类病毒的遗传物质结合在一起），让全球卫生共同体里最聪明的人忙得不可开交，不断思索对付病毒的新办法。在当今这个时代，理解这一点尤为有用，因为今天的计算机可以运行大量展现进化过程的模拟程序，帮助我们看到哪些进化成功，哪些不成功。

我将在下一条讲述一种一直在帮助我快速进化的流程，我相信也能帮到你们。但我想先强调，在确定什么对你重要、你要追求什么时，你的视角是多么重要。

d. **意识到你既是一切又什么都不是，并决定你想成为什么样子。** 个体的人既是一切又什么都不是，这是一个巨大的悖论。在我们自己看来，我们就是一切，例如，我们的生命终止了，对于我们而言，全世界也就消失了。因此对大多数人（以及其他物种）而言，失去生命是最糟糕不过的事情，因此尽量拥有最好的生活就是无比重要的。但是，如果从自然的视角俯视自身，我们显然又是毫无分量的。现实是，今天的每个人都只是约 70 亿人类中的一员，而人类又只是地球上约 1 000 万个物种中的一个。地球只是银河系约 1 000 亿颗行星中的一个，而全宇宙有约 2 万亿个星系。人的寿命只是人类历史的约三千分之一，而人类历史又只是地球历史的两万分之一。换言之，我们渺小、短命得不可思议，无论取得什么样的成就，其影响都是微不足道的。同时，我们又本能地希望有意义，希望进化，而我们只能产生一丁点儿意义。所有这些一点点的意义加起来，才是宇宙进化的推动力。

问题是我们有多重要，以及如何进化。我们对其他人重要吗？（他们和我们一样，从宏大的视角来看也不重要。）我们是否在某种更大的、我们永远无法真正理解的意义上重要？还是说，我们重不重要这个问题根本不重要，所以我们应该忘掉它，及时行乐？

e. **你的未来取决于你的视角。** 你在一生中取得什么样的成就，将取决于你如何看待事物，以及你关心什么人、什么东西（你的家庭、社区、国家、人类、整个生态系统，等等）。你必须决定，你将在多大程度上把他人的利益置于自身利益之上，以及你将以这样的方式对待哪些人。这是因为你将不断遇到迫使你做出上述抉择的情况。

也许这样的抉择不符合你的口味，似乎需要更加广博的知识储备，但无论是有意识地还是下意识地，你都将做出这样的抉择，而且这些抉择将是很重要的。

就个人而言，我现在发现，拥抱现实、从自然的视角俯视自身、做宇宙整体微不足道的一小部分，是件很美妙的事。我本能的和有意识的目标都只是进化，利用自己的生命和特性，以某种微弱的方式为进化做贡献。同时，我最喜欢的东西（我的工作和人际关系）是我的驱动力。所以，我发现现实和自然的规律——包括我以及一切东西会如何分解、重组——都是美好的。尽管在情感上，对于将与我关心的东西最终分离，我很难接受。

1.6 理解自然提供的现实教训

我发现，理解自然和进化的规律，在很多方面对我有好处。最重要的是，这会帮助我更有效地应对自己遇到的现实，做出艰难的抉择。当我开始从理解现实规律的视角看待现实，而不是认为现实不对时，我发现几乎所有起初看起来“不好”的东西，如雨天、缺点甚至死亡，都是由于我对于自己想要拥有的东西持有先入为主之见。我逐渐意识到，我产生这些最初的反应，是因为我没有把事物放到大背景下看待，即现实的构造是让整体实现最优，而不是尽力实现我的愿望。

a. **把你的进化最大化**。我在前文中提到，人独特的逻辑、抽象、从更高层次思考的能力，是在大脑皮层的构造中完成的。人类大脑的这些部分比动物更发达，让我们可以反思自身，引导自己的进化。因为我们能进行有意识的、以记忆为基础的学习，所以我们能比任何物种都更快、更深入地进化，不仅一代代地进化，而且在自己的一生中进化。

这种持续地追求学习和改进的动力，让人类天生地对进步感到快乐，对快速进步感到兴奋。尽管大多数人觉得他们是在追求能让自己快乐的东西（玩具、大房子、金钱、地位等），但这些只能带来小的满足，远远无法与进步能给大多数人带去的长期的满足感相比。[1]一旦得到我们追求的东西，我们的满足感通常不会延续。这些东西只是诱饵。追逐诱饵要求我们必须进化，而且对所有人来说重要的是进化，而不是回报本身。这意味着对大多数人而言，成功就是以尽可能高效的方式拼搏和进化，即迅速认识自身和所处环境，然后通过改变实现进步。

这是收益递减规律的自然结果。[2]想想赚钱这件事。一旦钱赚得太多，人从赚钱中得到的边际收益就会很小或者没有，这会对人产生负面影响，这和任何形式的过量是一个道理，如暴饮暴食。如果拥有健康的心智，人们就会开始探索新东西，或者更深入地探索旧东西，并在这个过程中变得更强大。如弗洛伊德所说，“爱与工作是人性的基石”。

工作不一定是一份职业，不过我认为如果是职业的话，通常要好一些。工作可以是任何会使人进步的长期挑战。你也许已经猜到了，我相信，对有意义的工作的需求，与人天生的进步渴望相关。而人际关系是人与他人的自然联系，它会使人对他人和整个社会有意义。

1. 当然，我们经常对同样的东西感到满足，如人际关系、职业生涯等，但在这些情况下，满足通常是因为我们能从这些东西自身的不断变化中得到新的享受。
2. 任何东西在从太少变成太多的过程中，边际收益都会递减。

b. **记住“没有痛苦就没有收获”**。我们天生想要进化，而我们追逐的其他东西尽管美好，却不能维持我们的快乐，这一认识帮助我聚焦于我的目标：不断进化，为整体进化贡献绵薄之力。虽然我们不喜欢痛苦，但自然的一切创造都有目的，所以自然让我们痛苦是有意图的。那么意图是什么？痛苦让我们清醒，帮助我们进步。

c. **自然的一项根本法则是，为了赢得力量，人必须努力突破极限，而这是痛苦的**。正像卡尔·荣格所说，“人需要困难，这对健康来说是必需的”。但多数人本能地躲避痛苦。不论是锻炼身体还是历练头脑，人都会躲避痛苦，如举重的痛苦，如沮丧、思想挣扎、尴尬、耻辱的痛苦。当人面对自身存在缺陷这个严酷现实时，这一点就体现得更明显了。

1.7 痛苦 + 反思 = 进步

人避免不了痛苦，尤其是在追求雄心勃勃的目标时。信不信由你，如果以正确的态度对待痛苦，感到痛苦就是你的幸运，因为这将提示你寻找解决方案以便继续前进。如果你能养成一种习惯，面对精神痛苦时能够自动地反思痛苦而不是躲避痛苦，你将能够快速地学习和进化。[1]直面你的问题、错误和弱点导致的痛苦现实，会大幅提高你的效率，我相信，只要你看到了这种做法的好处，你就不会再用别的做法

1. 你拥有独特的思考能力，你能观察自身、周围的世界、你和世界的关系，这意味着你能深刻思考，权衡微妙的东西，从而学习进步，做出明智的抉择。另一种通常有益的做法是，询问其他可信的人，你痛苦的根本原因是什么，以进一步深化你的思考，尤其是这样的人：他们的看法与你的刚好相反，但和你一样有兴趣发现真相，而不只是关心自己的对错。如果你能深入反思你的问题，这些问题就几乎总是会缩小或消失，因为与不直面问题相比，这样做几乎总是能找到更好的解决问题的办法。

了。你只需要把这种做法养成习惯。

大多数人在痛苦时不愿反思，而一旦痛苦消失他们的注意力就会转移，所以他们难以通过反思得到教益。如果你在痛苦时就能好好反思（这个要求也许太高），这非常好。如果你能记得在痛苦消失后反思，这也很有价值。（我设计了一个“痛苦按钮”App 帮助人们这么做，我将在附录中讲述它。）

你面临的挑战将考验你，强化你。如果你没有经历过失败，就说明你没有努力突破极限，而如果你不努力突破极限，你就不能最大限度地挖掘自己的潜能。努力突破极限有时失败有时成功，但都能带来好处。虽然这种做法不一定适合所有人，但假如适合你的话，你会对此产生依赖，那将是一种美妙的体验。生活不可避免地会带给你这样的考验，而你愿不愿意以退为进、从失败中获益，取决于你自己。

如果你选择在这条常常很痛苦的个人进化之路上拼搏，你将自然而然地不断“更上一层楼”。当你到达了更高一层的境界，你就会发现，你原来只是因为境界低才觉得之前包围着你的那些纷至沓来的东西令人头疼，但其实并没有那么糟。生活中的大多数东西都不过是“类似情境的再现”。你的层次越高，你就越能有效地应对现实，塑造符合你目标的结果。而曾经看起来复杂得不可思议的东西，也会变得简单。

a. **迎接而非躲避痛苦**。如果你不是放任自己，而是养成习惯，总是在一定程度的痛苦中工作，你将更快地进化。事情就是这样。

每当你遇到痛苦的东西时，你就处在生活中一个潜在的重要节点：你可以选择健康并痛苦的事实，也可以选择不健康但舒适的幻觉。妙处在于，如果你选择了健康之路，痛苦将很快变成快乐。痛苦就是信号！就像不锻炼的人开始锻炼，养成享受痛苦的习惯，从痛苦中学习，将让人“步入新境界”。

我所说的“步入新境界”是指，你将喜欢上以下三点：

· 找到、接受并学会如何应对你的弱点；

· 更喜欢周围的人对你坦诚，而不是隐瞒对你的负面看法；

· 展现真实的自我，而不是强行把弱点伪装成优势。

b. **接受严厉的爱**。在我的生活里，我想给他人尤其是我爱的人最好的东西是，应对现实以实现愿望的能力。为了实现增强他们能力的目标，我经常会否定他们的“愿望”，因为这样做将给予他们拼搏的机会，以便他们增强自己的力量，依靠自己实现愿望。这在情感上会让人难以接受，尽管他们在理智上明白，他们需要通过困难体验增强能力，如果我只是给他们想要的东西，就会削弱他们，最终导致他们需要更多的帮助。[1]

当然，大多数人都希望自己没有缺点。我们接受的各种教育和现实经历让我们对自身的缺点感到难堪，并试图掩盖缺点。但能够真实展现自我的人是最快乐的。如果你能以开放的心态看待自身缺点，这将解放你，帮助你更好地应对缺点。我建议你不要为自己的缺点感到羞愧，要明白任何人都有缺点。把缺点摆上桌面将帮助你戒掉坏习惯，养成好习惯，获得真正的能力，拥有充足的理由保持乐观。

这一创造性适应与提升的进化过程，即不断寻找、实现和追求更大胆的目标，不仅适用于个人与社会如何前进的问题，它同样适用于

1. 需要说清楚的是，我不是说帮助别人不对。我认为正确的帮助方式是给他们必要的机会和训练，增强他们的能力，从而使他们可以更好地利用得到的机会。俗话说，“自助者天助之”。但这并不容易，尤其是对你关爱的人这么做。要有效地帮助人们从痛苦经验中学习，你必须反复、清楚地解释你这样做的理由，及其背后隐藏的对他们的关怀。如“我的历程”部分所述，我之所以要阐述我的原则，这也是一个重要的原因。

逆境，而逆境是不可避免的。你一生中必定会经历某个一败涂地的时刻。你可能工作失败、家庭失败、失去亲人、遭遇严重事故或疾病，或者发现你想象的生活永远遥不可及。总会有某些厄运找上你。那时，你将深陷痛苦，可能觉得失去了继续前行的力量。然而，你几乎总是有这样的力量——你最终能否成功，取决于你能否认识到这个事实，尽管可能当时看起来不是这样。

正是由于这个原因，许多经历挫折的人，在成功适应挫折后变得和以前一样快乐，甚至更快乐，尽管当初的挫折似乎是毁灭性的。你的生活质量如何，将取决于你在这些痛苦时刻做出的抉择。一个人妥善适应的能力越强越好。[1]无论你想实现什么样的生活愿望，你的适应能力、在个人进化之路上快速有效前进的能力，将决定你能否成功和幸福。如果你做得好，你就能改变自己的心理反应模式，使痛苦成为某种你渴望的东西。

1.8 考虑后续与再后续的结果

在认识到自然进化带来的更高层面的结果后，我开始发现，如果人们过度重视决策的直接结果而忽视后续和再后续的结果，他们就很难实现目标。这是因为直接结果和后续结果的值得追求性通常是相反的，这会造成决策的重大错误。例如，锻炼的直接结果是痛苦和花费时间，通常被视为不值得追求的，但后续结果是更健康和更具吸引力的形象，这是值得追求的。类似地，好吃的食物往往对你身体不好，反之亦然。

直接结果经常是诱惑，导致我们失去真正想要的东西，直接结果

1. 观察到形势的改变而不断适应的能力更多的是一种认识和分析能力，而不是快速学习和处理的能力。

有时也是障碍。这就好像自然正在对我们进行分类：自然扔给我们各种暗藏玄机、结果有好有坏的选择，而那些决策时只考虑直接结果的人会受到惩罚。

而有的人选择自己真正想要的东西，顶住诱惑，克服可能妨碍自己实现目标的痛苦，这样的人拥有成功人生的可能性要大得多。

1.9 接受结果

大部分时候，生活让你做许多决策，给你许多从错误中恢复的机会，所以只要你处理得好，就能拥有美妙的生活。当然，有时某些我们无法控制的因素会严重影响我们的生活质量，例如生下来所处的环境、事故与疾病等。但大多数时候，只要以正确的方式应对，最差的情况也能被扭转。例如，我的一个朋友在跳进泳池时撞到了头，导致四肢瘫痪。但他以正确的方式对待这件事，变得和其他人一样快乐，因为快乐可以通过多种途径实现。

我的观点很简单：不管在生活中遇到什么情况，如果你能负起责任，进行良好的决策，而不是抱怨你无法控制的东西，你将更有可能成功并找到幸福。心理学家称此为拥有“内控点”，各种研究不断显示，拥有“内控点”的人比其他人做得更好。

所以不要为喜不喜欢自己的处境担忧。生活根本不关心你喜欢什么。你必须根据自己的愿望找到实现愿望的途径，然后鼓起勇气坚持下去。我将在下一条中向你们展示五步流程，它曾帮助我了解现实和进化。

1.10 从更高的层次俯视机器

人类拥有独特的从更高层次俯视的能力，这不仅适用于理解现实和现实背后的因果关系，也适用于俯视自身和周围的人。我把这种超越自己和其他人的处境并客观地俯视处境的能力，称为“更高层次的思考”。更高层次的思考能让你学习和影响生活中的各种因果关系，利用这些因果关系得到你想要的结果。

a. **把自己想象成一部在大机器里运转的小机器，并明白你有能力改变你的机器以实现更好的结果**。你有你的目标。你用来实现目标的方式，我称为你的机器。它包括设计（必须做的事）和人（由谁来做这些必须做的事）。人包括你和帮助你的人。例如，想象你的目标是军事目标：从敌人手中夺过一个山头。你设计的机器可能包含两名侦察兵、两名狙击手、四名步兵等等。尽管合理的设计必不可少，但这只是战斗的一半。同样重要的是让合适的人来执行这些任务。为了完成各自的任务，他们需要不同的特性：侦察兵必须跑得快，狙击手必须射得准。这样这部机器才能创造出你追求的结果。

b. **通过比较你实现的结果和你的目标，你就能确定如何改进你的机器**。这一评估和改进的过程，与我之前描述的进化过程一模一样。这意味着要看看如何改进或改变设计或人员，以实现你的目标。用图形来展示，这个过程就是一个反馈循环，参见右页图。

c. **区别作为机器设计者的你和作为机器中工作者的你**。对人来说最难做的事情之一是客观地在自身所处环境（即机器）中看待自身，从而成为机器的设计者和管理者。大多数人一直都把自己看作机器中的工作者。如果你能够看到这两种角色之间的区别，并且看到成为自身生活的良好设计者与管理者要比成为机器中的工作者重要得多，你就走到了正确的道路上。想要取得成功，作为设计者和管理者的你必须客观看待作为工作者的你，不高看自己，也不让自己承担不应该承担的任务。大多数人都是凭情感行动，只看眼前，而没有从上述战略性的视角出发。他们的生活中充满了没有方向性的情感体验，随波逐流。如果你想在晚年回顾一生时觉得实现了人生愿望的话，你就不应

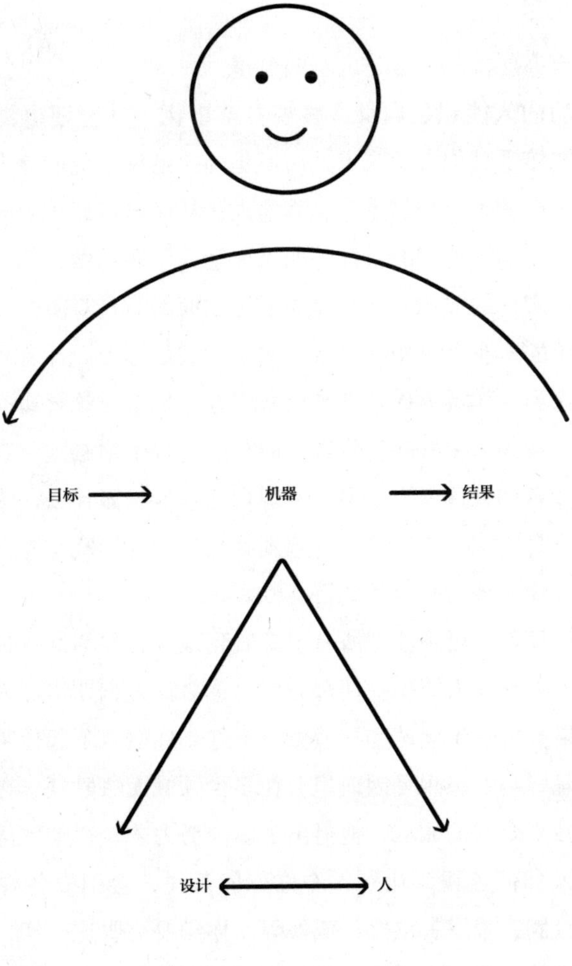
目标
机器
结果
设计
人

该这样做。

d. **大多数人犯下的最大错误是不客观看待自己以及其他人，这导致他们一次次地栽在自己或其他人的弱点上。**这么做的人不会成功，因为他们固执己见。如果能克服这种倾向，他们就能充分发挥自己的潜能。

所以更高层次的思考是成功的关键。

e. **成功的人能超越自身，客观看待事物，并管理事物以塑造改变。**他们能接受其他人的观点，而不是固执己见。他们能客观看待自身（包括自己的长处和弱点）和其他人，从而可以让正确的人扮演恰当的角色，以实现他们的目标。如果你学会了这么做，你会发现几乎没有你无法实现的成绩。你只需要学习如何面对自身所处的现实，并把你能利用的所有资源用到极致。例如，假如作为设计者和管理者的你发现，作为工作者的你某件事情做不好，你就应该解雇这个作为工作者的你，找到一个好的替代者，而在此过程中你必须一直作为自身生活的设计者和管理者。如果你发现自己不擅长做什么，你不应该为此难过，而是应该为发现这一点感到高兴，因为知晓这一点并妥善应对，将提升你实现自身愿望的可能性。

如果你发现自己不能把所有事都做到最好，并为此难过的话，你就太幼稚了。没有人能把一切都做好。你会让爱因斯坦加入你的篮球队吗？如果爱因斯坦运球和投篮做得不好，你会看不起他吗？他应该为此感到耻辱吗？想想爱因斯坦会在多少领域无法胜任，再想想即使在那个他独步全球的领域，他付出了多少努力才变得如此优秀。

看别人如何苦拼，让别人看你如何苦拼，会引发各种自我情绪，如同情、怜悯、难堪、愤怒、戒备等。你需要克服这一切，不再把苦拼视为负面的东西。人一生中最好的机会大多数来自苦拼的经历。苦拼是对人的创造性和个性的考验，你应该从这些考验中挖掘出最大的价值。

面对自身缺点，你有 4 种选择：

1. 你可以否认缺点（这是大多数人的做法）。
2. 你可以承认缺点并应对缺点，努力把缺点转化为优势（能不能成功取决于你的自我改变能力）。
3. 你可以承认缺点并找到绕过缺点的方法。
4. 或者，你可以改变你的目标。

你如何选择对你的人生走向至关重要。第一种是最不好的选择，否认只会导致你不断地栽在自己的缺点上，不断经受痛苦，而不会有其他结果。第二种选择，承认缺点的同时努力把缺点转化为优势，如果能成功的话，这也许是最好的做法。但有些事情你永远也不会擅长，改变也需要花费很多时间和精力。如果要用一个标准来判断你是否应该沿着这条路走下去的话，最好的标准是看你要做的事是否符合自己的特性（即你天然具有的各种能力）。第三种选择，承认缺点的同时努力想办法绕过去，是最容易通常也最可行的道路，但这是走的人最少的路。第四种选择，改变自己的目标，也是一种不错的选择，但这需要你有很大的灵活性，能够克服自己的各种先入之见，努力找到和你匹配的目标并享受新的过程。

f. **在你不擅长的领域请教擅长的其他人，这是一个你无论如何都应该培养的出色技能，这将帮助你建立起安全护栏，避免自己做错事。**所有成功的人都善于这么做。

g. **因为客观看待自身很困难，所以你需要依赖其他人的意见，以及全部证据。**我知道自己的一生也充满了错误，也得到了许多很好的反馈意见。凭借着从更高的层次俯视所有这些证据，我才得以克服我的错误，追求我的目标。尽管我已经这样做了很久，但我依然明白我无法客观地看待自己，所以我至今仍然很依赖其他人的意见。

h. **如果你的头脑足够开放，足够有决心，你几乎可以实现任何愿望**。所以可以肯定的是，我不会劝阻你追求自己设定的目标。同时，我建议你思考你追求的目标是否符合你的特性。不管你的特性是什么，总是有很多条道路适合你，所以不要固守一条道路。如果一条特定的道路走不通，你只需要找到另一条适合自己特性的好道路。（在后面的“理解人与人大不相同”中，你将学到很多关于如何识别自身特性的知识。）

但大多数人缺乏勇气克服自身弱点，也缺乏勇气做出这一改变所要求的不容易做出的抉择。归根到底，这可以总结为以下 5 项抉择：

1. **不要混淆你的愿望和事实。**
2. **不要为自身形象担心，只需关心能不能实现你的目标。**
3. **不要过于重视直接结果而忽视后续、再后续的结果。**
4. **不要让痛苦妨碍进步。**
5. **不要把不好的结果归咎于任何人，从自己身上找原因。**

不好

拒绝直面
“严酷的现实”

好

直面
“严酷的现实”

不好

担心自己的
形象

好

关心如何
实现目标

不好

只根据直接
结果做决策

好

根据直接结果、
后续结果和
再后续结果做决策

不好

让痛苦阻碍
自己进步

好

理解如何管理痛苦
以取得进步

不好

不自己负起责任，
也不会从其他人那里找原因

好

从自己和其他人那里找原因，
负起责任

2

用五步流程实现你的人生愿望

在我看来，个人进化过程（即我在上一条描述的循环）通过5个不同的步骤发生。如果你能把那5件事都做好，你几乎肯定可以成功。这五步大概是：

1. **有明确的目标。**
2. **找到阻碍你实现这些目标的问题，并且不容忍问题。**
3. **准确诊断问题，找到问题的根源。**
4. **规划可以解决问题的方案。**
5. **做一切必要的事来践行这些方案，实现成果。**

这五步加起来构成一个循环，如下页图所示。现在我们来更细致地考察这一流程。

首先，你要选择你追求什么，即你的目标。对目标的选择将决定你的方向。当你追求目标时，你将遇到问题，一些问题将迫使你直面自己的缺点。如何应对由此带来的痛苦，取决于你自己。要想实现目

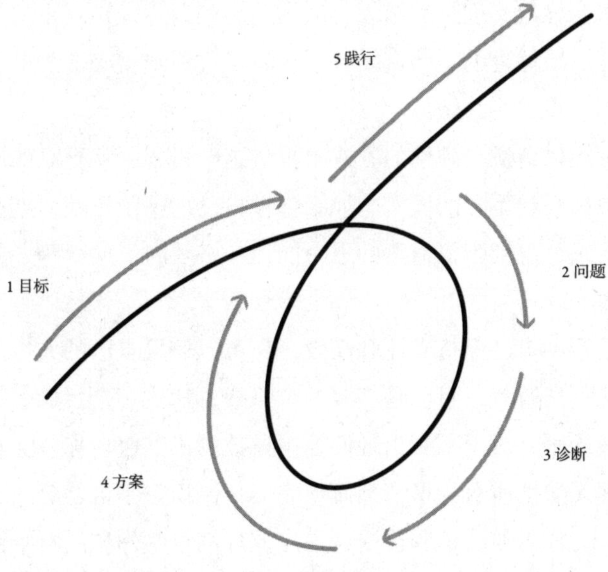
5践行
1目标
2问题
3诊断
4方案

标，你必须沉着冷静，以便准确地诊断你的问题，进而规划一个方案来解决问题，然后做一切必要的事来践行方案，实现成果。然后你考察自己取得的这些新成果，并重复上述过程。为了快速进化，你必须迅速、持续地这么做，不断设定更高的目标。

你要成功就必须做好每一步，而且必须按顺序一步步来。例如，设定目标的时候就设定目标，不要想如何实现目标或者出错了怎么办。当你诊断问题的时候，不要想你将如何解决问题，只是诊断。混淆这两个步骤会导致不理想的结果，因为这会妨碍你发现真正的问题。这个过程是层层递进的：认真做好每一步，你将获得必需的信息，以便进行到下一步并将其做好。

你必须以清醒、理性的方式来推进这个过程，从更高的层面俯视自身，做到一丝不苟的诚实。如果你被自己的情绪压倒，就退后一步，暂时停下来，直到恢复清醒的思考能力。必要时，向冷静、善于思考的人请教。

为了帮助自己保持专注和高效，你可以假设自己的人生是一场武术比赛或一场游戏，目标是克服一个挑战，达成一个目标。一旦你接受了游戏规则，对于不断出现的挫折导致的不舒服，你就会感到习惯。你永远都无法把所有的事情都做得完美：错误是不可避免的，是生活的一部分，你需要认识和接受这一点。好消息是你犯的每个错误都能教给你一些东西，所以学无止境。你将很快认识到，各种各样的借口，如“这太难”“这看起来不公平”，甚至“我不可能做到”，都是没有价值的，而你坚持下去就会有收获。

那么，假如你不具备成功所需的所有技能，怎么办呢？不要为此担心，因为所有人都这样。你只需要知道什么时候需要这些技能，你能从哪里学到这些技能。经过练习，当你在游戏过程中面对逆境的时候，你终将拥有不可阻挡的冷静和自信，连你都将不敢相信自己实现目标的能力。

现在来看看每一步应该怎么走。

2.1 有明确的目标

a. **排列优先顺序：尽管你几乎可以得到你想要的任何东西，但你不可能得到你想要的所有东西**。生活就像一个巨大的餐盘，里面装着各种你意想不到的美食。选择一个目标通常意味着放弃你想要的一些东西，以得到另一些你更想要或更需要的东西。有的人还没有起步，在这一步上就失败了。他们害怕为了更好的东西而放弃好东西，试图同时追求太多目标，最终却几乎一个都不能实现。不要因为选择太多而感到沮丧，无所适从。除了能让自己快乐的东西之外，你还可以拥有很多东西。做出自己的选择并持守它。

b. **不要混淆目标和欲望**。合理的目标是你真正需要实现的东西，欲望则是你想要但会阻止你实现目标的东西。欲望通常是直接结果。例如，你的目标也许是体形健美，而你的欲望是吃好吃但不健康的食物。不要误会我的意思，假如你想成为一个整天吃零食、看电视的人，那也可以。你的目标你自己定。但如果你不想成为那样的人，最好不要打开那包薯片。

c. **调和你的目标和欲望，以明确你在生活中真正想要的东西**。以激情为例。没有激情的生活枯燥乏味，你不会愿意过，但关键在于如何处理自己的激情。是让激情消耗你，驱使你做出不理性的行为，还是你驾驭激情，从而得到动力来追求你真正的目标？如果你把欲望和目标这两个层面都处理好，你最终就能得到充实。

d. **不要把成功的装饰误认为成功本身**。有追求成就的方向感是很重要的。有的人痴迷于一双 1 200 美元的鞋或一辆时髦的汽车，这样的人很少会感到快乐，因为他们不知道自己真正想要的是什么，因而也不知道什么能满足他们。

e. **永远不要因为你觉得某个目标无法实现就否决它**。你要放心大胆地去做。总有一条最好的道路，你要做的是找到它，鼓起勇气沿着它前进。你所认为的可以实现只是根据眼前认识做的判断。一旦开始追求目标，你会学到很多，尤其是在和他人沟通的情况下，你从未预想过的道路会呈现。当然，也有一些不可能或近乎不可能的事，例如一个矮子在一个职业篮球队成为主力，或者 70 岁时在 4 分钟以内跑 1 英里（约合 1.6 千米）。

f. **谨记伟大的期望创造伟大的能力**。如果你把目标只限定为明知自己能实现的东西，你的自我要求就太低了。

g. **如果你拥有灵活性并自我归责，那么几乎没有什么能阻止你成功**。灵活性能让你接受现实（或者有见识的人）给你的教益。自我归责很重要，因为如果你真的相信未能实现某个目标是你自己的失败，那你就会把这一失败视为一个提醒，它说明相对于你的任务而言，你的创造性、灵活性和坚定性还不够。这样会大大提高你寻找方法的积极性。

h. **知道如何对待挫折和知道如何前进一样重要**。有时你知道你正在不可避免地走向一场大挫折。生活中总会遇到这样的挑战，有的挑战在当时看来似乎具有毁灭性。在逆境中，你的目标应该是守住自己的成绩，尽量减少损失，或者直面不可挽回的损失。你的任务是始终做出尽可能好的选择，并清楚如果这么做，你将得到回报。

2.2 找出问题，并且不容忍问题

a. **把令人痛苦的问题视为考验你的潜在进步机会**。尽管你一开始不这么觉得，但你遇到的每个问题都是一个机会。因此，你必须把问题摆上桌面。大多数人不喜欢这么做，尤其是当问题会暴露他们或他

们所在意的人的缺点时，但成功人士知道自己必须这么做。

b. **不要逃避问题，因为问题根植于看起来并不美好的残酷现实。**思考难以解决的问题也许会让你焦虑，但不思考（因此不尝试解决）肯定会让你更焦虑。当问题的原因是自身缺乏某种天赋或技能时，大多数人会感到羞愧。要克服这种羞愧。再强调也不为过的是，承认你的弱点并不是向弱点投降，而是克服弱点的第一步。你感到的痛苦是“成长的痛苦”，它将考验你的个性，当你忍痛前行时给你回报。

c. **要精准地找到问题所在。**你应该找准问题，因为不同的问题有不同的解决方案。如果问题的原因是技能不足，你也许应当再多练习；如果问题的原因是某种固有的弱点，你也许需要寻求他人的帮助，或者改变你扮演的角色。比如，如果你不擅长会计事务，就聘请一个会计。如果问题的原因是某个其他人的弱点，那么必要时就用擅长的人替换他。事情就是这样。

d. **不要把问题的某个原因误认为问题本身。**“我无法得到充足的睡眠”不是一个问题，而是一个问题的潜在原因（或者可能是问题的结果）。为了清晰地思考，你应该先确认不良的结果是什么，比如“我的工作表现很差劲”。这个问题也许是睡眠不足造成的，也许是别的因素造成的，但为了确定这一点，你必须清楚地知道问题是什么。

e. **区分大问题和小问题。**你的时间和精力有限，确保你正将其用于探寻大问题，即一旦解决便能带来最大回报的问题。但同时，留出足够多的时间来探寻小问题，以确保这些小问题不是更大问题的征兆。

f. **找出一个问题之后，不要容忍问题。**容忍问题的结果和找不到问题一样。不管你出于什么原因容忍问题，如你认为问题无法解决、你不怎么在乎问题是否解决、你无法付出足够的精力解决问题，只要你没有战胜问题的意志，你就处于毫无希望的境地。你必须养成一种对任何性质的恶习都绝不容忍的习惯，无论其是重是轻。

2.3　诊断问题，找到问题的根源

a. **先把问题是什么弄明白，再决定怎么做**。一瞬间就确定一个严峻的问题并提出解决方案，这是一种常见的错误。战略思考既需要诊断也需要规划。一次良好的诊断通常需要 15—60 分钟，取决于诊断的效率和问题的复杂性。你需要与合适的人交流，一起分析证据，以确定根本原因。像原则一样，根本原因也不断在看似不同的情境中重现，找到并处理根本原因也会不断带来回报。

b. **区分直接原因和根本原因**。直接原因通常是导致问题的行动（或不行动），所以通常用动词描述（我因为没有查列车时刻表而错过了火车）。根本原因是更深层的原因，通常用形容词描述（我因为健忘而没有查列车时刻表）。只有消除根本原因才能真正解决问题，为此你必须区分症状和疾病本身。

c. **认识到了解人（包括你自己）的特性，有助于对其形成合理预期**。如果你想让周围的人都拥有你想要的特性，你就必须克服自己的犹豫不决，对人做出评估。这也适用于你自己。人总是难以识别并承认自身的错误和弱点，有时这是因为没有自知之明，但更常见的原因是，自尊心起了阻碍作用。很有可能你周围的人出于不想伤害你，也不愿指出你的错误。你和他们都需要克服这些问题。最大限度地发挥自身潜力的人和其他人最大的区别是，他们愿意客观看待自身和其他人，并知道阻碍他们实现目标的根本原因是什么。

2.4　规划方案

a. **前进之前先回顾**。回顾一下在你到达现在所处的位置之前，你经历过什么（或做过什么），然后设想为了实现你的目标，你和其他人未来应该怎么做。

b. **把你的问题看作一部机器产生的一系列结果**。通过俯视你的机

器并思考如何改变这部机器以创造更好的结果来从事更高层次的思考。

c. **谨记实现你的目标通常有很多途径**。你只需要找出一条有效途径。

d. **把你的方案设想为一个电影剧本，然后循序渐进地思考由谁来做什么事**。先草拟一个大概的方案（如“招聘到人才”），然后改进。你应当从总体框架出发，一步步落实到具体任务和预计的时间线（如“在未来两周里选好能找到人才的猎头”）。无疑，在你推进的过程中，成本、时间、人员等方面的现实问题都会浮现，这将促使你进一步完善方案，直到机器里的所有齿轮都啮合良好、流畅运转。

e. **把你的方案写下来，让所有人都能看到，并对照方案执行**。方案中应当巨细靡遗地写明谁在何时完成什么任务。任务、方案和目标是不同的，不要将其混淆。谨记，任务是方案和目标之间的纽带。

f. **要明白，规划一个好方案不一定需要很多时间**。草拟和完善一个方案，可以用短短几个小时，也可以用几天甚至几周，但这个过程是必不可少的，因为它确保你将做的事是有效的。太多人犯的错误是，一心想着执行，所以几乎不花时间来规划。谨记：规划先于行动！

2.5 坚定地从头至尾执行方案

a. **规划做得再好，不执行也无济于事**。你需要坚定地执行方案，这需要严格遵守方案的自律。你应当时刻谨记任务及其意在实现的目标之间的联系。当你觉得看不清其间的联系时，就暂停一下，问问自己为什么看不清。找不到原因，你就肯定会迷失自己的目标。

b. **良好工作习惯的重要性常被大大低估**。成功执行方案的人都拥有合理排序的应做事项列表，并确保每一项都有井然有序的标记。

c. **建立清晰的衡量标准来确保你在严格执行方案**。理想的做法是让其他人客观评估并报告你的进度。如果你未能实现目标，这就是另一个需要诊断和解决的问题。很多成功、有创造力的人士都不善于执行，他们因和高度可信赖的任务执行者建立互助互利的关系而取得了成功。

成功的诀窍就是这些！

谨记，这五步中的每一步都源自你的价值观。你的价值观决定了你想要什么，即你的目标。同时谨记，这五步是层层递进的。每完成一步，你都会获得一定的信息，很可能有助于你改进其他步骤。这五步都完成后，你可以设定一个新目标，再做一遍。如果这个流程行之有效，你的目标会比你的规划变得慢，你的规划会比你的任务变得慢。

最后还有一件重要的事：你必须善于综合分析，善于塑造。前三步——设定目标、找出问题、诊断问题，都是综合分析（意思是既明白你的目标也知晓现实进度）。规划解决方案和确保方案落实是塑造。

2.6 谨记：如果你找到了解决方案，弱点是不重要的

你几乎肯定不可能把每一步都做好，因为每一步都要求不同类型的思维，而几乎没有人能擅长所有这些思维。例如，设定目标（如确定你希望自己的生活是什么样子）需要你擅长更高层次的思考，如设想未来、优先排序；找出并且不容忍问题，需要你明察秋毫，擅长综合分析，始终保持高标准；诊断问题需要你理性思考，能够看到多种可能性，并愿意与其他人进行高质量的交流；规划方案需要你拥有想象力和现实感；执行方案需要你自律，有良好的工作习惯，拥有结果导向的思维。你认识的哪个人拥有所有上述品质？也许没人拥有。但要实现真正的成功就必须好好做完上述这五步。那么你应该怎么做？最重要的是要谦逊，这样你就能从其他人那里得到你所需要的东西！

每个人都有弱点。人们犯错误的类型通常能揭示他们的缺点在哪里。通往成功的第一步是知道你的弱点在哪里，并洞察和应对这些

弱点。

a. **考察你犯错误的类型，并识别你通常在五步流程中的哪一步上做得不好**。你还需要请其他人就此表达意见，因为所有人都无法彻底客观地看待自己。

b. **每个人都至少有一个最大的弱点阻碍其成功，找到你的这个弱点并处理它**。把你最大的弱点写下来（如找出问题、规划解决方案、执行落实），并写下其原因（如你被情绪左右，你无法预见各种合理的可能性）。尽管包括你在内的大多数人面临的重大障碍不止一个，但如果你能消除或者想办法规避这个最大的弱点，你将大大改善你的人生。只要你认真对待，你将几乎肯定能成功处理这个最大的弱点。

你可以自己把它处理掉，也可以找人帮你更好地处理。成功有两条路：（1）自己拥有成功所需的要素；（2）从其他人那里得到成功所需的要素。第二条路需要你谦逊。谦逊和你自己有能力一样重要，甚至比你有能力更重要。谦逊和能力兼有是最好的。下一页上有一幅图，你可能会觉得有帮助。

2.7　理解你和其他人的"意境地图"与谦逊性

有的人很擅长自己把问题和解决办法搞明白，这样的人拥有良好的"意境地图"。也许他们通过学习掌握了这种能力，也许他们天生就富有理性和常识。无论是哪种情况，他们自己找到解决方案的能力更强。同时，还有一些人比其他人更谦逊，头脑更开放。如果谦逊能引导你找到比自己想出来的更好的解决办法的话，就可以说谦逊比拥有良好的"意境地图"价值更大。既头脑开放又拥有良好"意境地图"的人是最强大的。

为了说明这个简单的概念，我们可以画一个坐标系，Y 轴代表一个人的"意境地图"（换句话说就是认知能力），X 轴代表一个人谦逊和头脑开放的程度，从 1 到 10 依次增强，如下图所示。

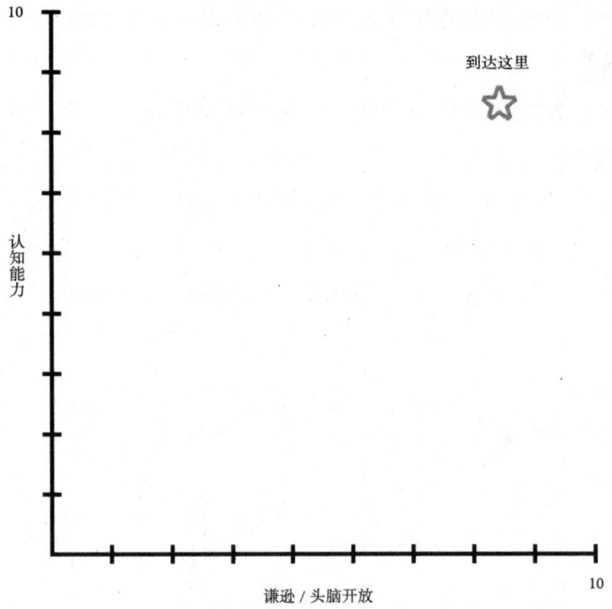

所有人一开始都位于左下方，“意境地图”不好，头脑也不开放，而大多数人一生都会悲剧性地、顽固地留在那个位置。你可以沿着 Y 轴进步（通过学习如何更好地做事），也可以沿着 X 轴进步。这两种方式都能增强你认知和解决问题的能力。如果你的“意境地图”好而头脑不够开放，这也不错，但不能说太好，你仍将错过很多有价值的东西。类似地，如果你头脑很开放而“意境地图”不好，你或许将难以选择正确的人来请教，难以选择正确的观点来借鉴。既有良好的“意境地图”又有开放的头脑的人，总是可以击败不是两者皆有的人。

现在花点时间来想想你应该走哪条路来增强自己的能力。你觉得自己处在这个坐标系的什么位置？也问问别人他们觉得你在什么位置。

一旦你明白自己的短板在哪里，并变得头脑开放从而可以得到其他人的帮助，你将会发现，你几乎没有实现不了的东西。

通常情况下，大多数人做不到这一点。在下面的章节，我将分析原因，并阐述如何纠正这个问题。

3

做到头脑极度开放

这也许是全书最重要的一条，因为本条将阐述如何克服影响大多数人实现人生愿望的两大障碍。这两大障碍因人类大脑的运行方式而存在，所以几乎每个人都会遭遇它们。

3.1　认识你的两大障碍

影响合理决策的两个最大的障碍是你的自我意识和思维盲点。这两个障碍让你难以客观地看到你和你所处环境的真相，难以通过最大限度地利用他人的帮助来做出最佳决策。如果你能理解人类大脑这部“机器”是如何运行的，就能明白这两个障碍为何存在，以及如何改变你的行为，从而让你自己更快乐、更高效、更擅长和他人交流。

a. **理解你的自我意识障碍**。我说的“自我意识障碍”是指你潜意识里的防卫机制，它使你难以接受自己的错误和弱点。你有一些根植于内心最深处的需求和恐惧，例如需要被爱，害怕失去别人的爱；需要生存，害怕死亡；需要让自己有意义，害怕自己无意义。这些需求都源自你大脑里的一些原始部分，如杏仁核。这些原始部分都是大脑颞叶里的构造，而颞叶处理情绪。因为你大脑的这些区域是你感知不到的，所以你几乎不可能理解它们需要什么，它们如何控制你。这些区域会简单化地处理事物，做出本能的反应。这些区域渴望赞誉，把批评视为一种攻击，尽管大脑更高级的部分能够理解，建设性的批评对你有利。这些区域使你产生戒备心理，尤其是在涉及对你的完美性进行评价的时候。

更高级的意识源于你的大脑皮层，更具体地说是在叫作“前额皮层”的部分。这是你的大脑里最具有人类特征的部分。相对于大脑的其余部分，人类的前额皮层比大多数其他物种的大。你会通过这一部分清醒地感知到自己在做决策（称为大脑的“执行功能”），在应用逻辑和推理。

b. **“两个你”在争夺对你的控制权**。这就像化身博士一会儿是杰基尔博士，一会儿是海德先生一样，只不过较高层次的你意识不到较低层次的你。这一冲突是无所不在的。如果你足够仔细地观察，你确实能看到人脑两个不同部分争吵的情况。例如，当一个人“对自己感到愤怒”时，他的前额皮层在和杏仁核（或者大脑其他较低层次的部分[1]）争吵。当一个人问“我怎么放任自己把这一整块蛋糕都吃了”时，答案是：“因为较低层次的你战胜了深思熟虑的较高层次的你。”

一旦你理解了“有逻辑和有意识的你”与“情绪化和潜意识的你”是如何交战的，你就可以设想，你的“两个你”是如何同也有“两个自我”的其他人打交道的。这很复杂。较低层次的自我就像经

1. 大脑是一个内部连接高度紧密的器官，有很多不同的构造，负责产生我们的思想、感觉和行动。我在讲述这些情况时采用了一些通俗说法，如情绪性的“战或逃”的反应只由杏仁核产生，尽管精确的神经解剖学更为复杂。我将在下一条更详细地说明这个问题。

过训练的斗犬，始终保持战斗意识，而较高层次的自我想把事情搞明白。这很容易让人困惑，因为不管是你还是你打交道的人，通常根本就不知道自己大脑里有这些较低层次的“野兽”，更不用说这些“野兽”在试图绑架所有人的行为了。

我们来看看当有人和你意见不同并要求你解释你的想法时，会发生什么样的事。因为你的大脑构造让你把这样的做法视为攻击，所以你会变得愤怒，尽管你更合理的反应应该是对另一方的观点产生兴趣，尤其是当这些观点明智的时候。当你试图解释自己的愤怒行为时，这些解释令人无法理解。这是因为，在你愤怒时，是较低层次的你在通过较高层次的你说话，深植于你内心的各种隐蔽动因在控制你，导致你无法理性地解释“你”的行为。

连最聪颖的人通常也会表现出这样的行为，这很令人遗憾。要有效行事，你就绝不能允许“想要自己正确”的需求压倒“找出真相”的需求。如果你对自己掌握的知识和擅长的事情过于自豪，你学到的东西就会变少，决策质量就会变低，也将难以充分发挥自己的潜力。

c. **理解你的思维盲点障碍**。除了自我意识障碍之外，你（以及其他所有人）还都有思维盲点，即你的思维方式有时会阻碍你准确看待事物。就像人类的辨音辨色能力有差异一样，我们认知和理解事物的能力也有差异。我们以自己的方式看待事物。例如，一些人就是能看到大图景但看不到小细节，另一些人就是能看到小细节但看不到大图景；一些人习惯线性思维，另一些人习惯发散思维；等等。

所以很自然，人们无法理解自己看不到的东西。没有识别规律和综合分析能力的人，不知道识别规律和综合分析是怎么回事，就像一个色盲不知道能辨色是怎么回事一样。与人类身体功能的差别相比，人类大脑功能的差别要不明显得多。色盲最终会发现自己是色盲，但大多数人从来都不知道，也不明白，为什么说他们的思维方式导致他们看不到一些东西。让问题变得更复杂的是，尽管人都有思维盲点，但我们不愿意看到这个事实。当你指出某个人的心理弱点时，对方的反应通常像你指出他的身体缺陷一样，感到不舒服。

如果你跟大多数人一样，那么你就不会明白其他人看待事物的方式，也不善于探求其他人的想法，因为你一心只想着告诉对方自己认为正确的想法。换句话说，你是一个头脑封闭的人，有太多先入之见。头脑封闭的代价极为高昂：当其他人向你展示各种美妙的可能性和可怕的威胁时，你会视而不见；当其他人提出可能是建设性甚至能救命的批评时，你也不能领会。

这两大障碍造成的最终结果是，出现意见分歧的各方通常始终坚信自己是对的，而且往往以彼此发怒告终。这是不理性的，也会导致人们无法做出最优决策。人们觉得，当两个人得出相反的结论时，必有一个是错的。你不想那个错的人是你，这有什么不对吗？

这种无法从其他人的想法中获益的现象，不只出现在产生分歧的时候，当人们遇到难解的问题时也会出现。大多数人在试图弄明白某件事时是在自己的脑子里思索，而不是参考所有他们能得到的好想法。结果是他们不断地跑向自己看到的东西，不断地在自己的盲点上撞墙，直到失败迫使他们适应和进化。适应和进化有三种途径：（1）训练自己的头脑以反直觉的方式思考（例如有创造力的人通过自律和练习变得更有条理）；（2）利用辅助机制（例如程序化的提醒器）；（3）在自己的短板上，依靠擅长者的帮助。

想法的不同不一定导致分裂，也可能产生相辅相成的效果。例如，有创造力的人通常持发散思维，这可能导致他们难以令人信赖，而线性思维者往往更值得信赖；一些人更情绪化，另一些人更理性；等等。在任何复杂的计划中，缺少拥有互补性能力者的帮助，任何人都无法成功。

亚里士多德把悲剧定义为：人的致命缺陷导致的可怕结果。而假如人能弥补缺陷的话，这本可带来美好的结果。在我看来，自我意识和思维盲点这两大障碍就是人的致命缺陷，导致聪颖勤奋的人无法发挥自身的全部潜力。

你想知道如何克服这两大障碍吗？你能做到，任何人都能做到。我告诉你方法。

3.2　奉行头脑极度开放

如果你知道自己有盲点，你就能找到一种解决办法，但假如你不知道，你将持续不断地栽在相同的问题上。换言之，如果你能承认自己有盲点，并以开放的心态接受其他人可能在某件事上比你看得更准，他们试图指出的威胁或机会确实存在，那么你就更有可能做出良好的决策。

头脑极度开放的基础是一种真诚的担忧：你在决策时看到的情况也许并不是最符合事实的情况。头脑极度开放是一种能力：有效地探析各种不同的观点和不同的可能性，而不是让你的自我意识或思维盲点阻碍你。这需要你克服对自己始终正确的渴望，愉悦地探求事实。奉行头脑极度开放的话，较低层次的你就无法控制你，而始终是较高层次的你在观察和考量所有不错的选择，做出最佳决策。如果你能获得这种能力（只要练习你就能），你将能更有效地应对各种现实情况，大大改善自己的生活。

大多数人不明白什么是“头脑极度开放”，他们只是把头脑开放理解为“承认自己可能是错的”，但依然顽固地坚持自己的任何观点，不寻求理解其他观点背后的理由。要做到头脑极度开放，你必须：

a. 诚恳地相信你也许并不知道最好的解决办法是什么，并认识到，与你知道的东西相比，能不能妥善处理“不知道”才是更重要的。大多数人做出糟糕的决策是因为他们确信自己是对的，不让自己看到确实存在的更好的选项。头脑极度开放的人知道，找到问题的所有答案很重要，但提出正确的问题并向其他聪明人请教也很重要。他们明白，如果你不在一种“不知道”的状态下探索一段时间，你就不可能做出很好的决策。这是因为，与任何人知道的任何东西相比，“不知道”区域里的东西要重要得多，令人兴奋得多。

b. **认识到决策应当分成两步：先分析所有相关信息，然后决定**。大多数人不愿考虑与他们已经得出的结论不符的信息。当我问其原因时，常见的回答是：“我想自己做决定。”这些人似乎以为，考虑对立观点会威胁他们自行做决定的能力。没有比这更荒谬的了。听听其他人的观点并加以考虑，绝不会削弱你独立思考、自主决策的自由，只会让你在决策时有更宽广的视角。

c. **不要担心自己的形象，只关心如何实现目标**。人们通常在其实没有办法的时候试图证明自己有办法。人为什么会做这种毫无成效的事情？这一般是因为他们相信一种常见的荒谬观点：厉害的人知道所有答案，没有任何缺点。这种观点既不符合事实，也会阻碍他们成长。致力于做出最佳决策的人，很少坚信自己已经掌握了最好的答案。他们承认自己有缺陷和盲点，并总是试图了解更多，以克服缺陷和盲点。

d. **认识到你不能“只产出不吸纳”**。大多数人的情况是，与“吸纳”（学习）相比，“产出”（表达想法和制造东西）的热情似乎要高得多。就算一个人的首要目标是“产出”，这也是一个错误，因为不“吸纳”的话“产出”也不会好。

e. **认识到为了能够从他人的角度看待事物，你必须暂时悬置判断，只有设身处地，你才能合理评估另一种观点的价值**。头脑开放不是指对自己不相信的东西无所谓，也不是顽固、不理性地坚持自己的观点，而是考虑其他人的理由。要做到头脑极度开放，你必须高度接受自己错了的可能性，可以鼓励其他人告诉你错在哪里。

f. **谨记，你是在寻找最好的答案，而不是你自己能得出的最好答案**。最好的答案不一定是你想出来的，你可以在其他人那里找。如果你真的客观看待事物，你就必须承认，你总是拥有最好答案的可能性是很小的，而且就算你有最好的答案，在未经其他人考问之前，你也不能如此确信。所以，知道你自己不知道，这是无比重要的。自问一下：我是不是只从自己的视角看待这个问题？如果真是这样，你就应该知道，这种做法有极大的缺陷。

g. **搞清楚你是在争论还是在试图理解一个问题，并根据你和对方的可信度，想想哪种做法最合理**。如果双方水平相当，争论就是合理的；如果一方在这方面明确比另一方更有知识，就应该让一方做老师，另一方做学生去请教。要做好这一点，你必须理解“可信度”这一概念。我定义的“可信”的人有两个特征：曾反复地在相关领域成功找到答案（至少成功过三次，拥有过硬履历），在被问责的情况下能对自己的观点做出很好的解释。

假如在某个问题上有一个人可信，或者至少比你可信（例如当你和医生讨论你的健康状况的时候），而你和他的观点不同，你就应该清楚，你是在提问题，因为你是在试图理解对方的观点。相反，如果你显然是双方中更可信的人，你就应该礼貌地提醒对方这一点，并建议他向你提问题。

所有上述策略都可以归结为两个做法。如果你想要成为头脑极度开放的人，你就应该掌握。

3.3　领会并感激：深思熟虑的意见分歧

当两人的观点截然相反时，很可能有一个人是错的。搞明白是不是你错了，对你有好处。所以我认为，你必须领会并感激一种技艺：

深思熟虑的意见分歧。在深思熟虑的意见分歧中，你的目标不是让对方相信你是对的，而是弄明白谁是对的，并决定该怎么做。在深思熟虑的意见分歧中，双方的动机都是真诚担忧错过重要观点。你们彼此要真正看到对方看到的东西，也就是说，你们两人“更高层次的自我”努力探寻事实，这样的交流使双方受益匪浅，并能释放出巨大的未被发掘的潜力。

要做好这一点，你的沟通方式应该要让对方觉得，你只是在试图理解。[1]你应该提问而不是做出陈述，以平心静气的方式进行讨论，并鼓励对方也这么做。记住，你不是在争论，而是在开放地探求事实。你要保持理性，并期待对方也保持理性。如果你冷静，平等对待对方，尊重对方，效果就会好得多。练习可以让你更擅长这么做。

在我看来，人们在发生分歧时变得愤怒是毫无意义的，因为大多数分歧与其说是威胁，不如说是学习的机会。在学到东西后改变想法的人是赢家，顽固拒绝学习的人是输家。这不是说你应该盲目接受其他人的结论。在我看来，你既要头脑开放也要坚定：你既应该考虑和思索各种相互冲突的可能性，也应根据了解到的情况，随时迅速地调整自己的想法，接受可能正确的东西。有的人能轻易做到这一点，其他人却不行。一种检验你做得好不好的方式是，把和你有分歧的人的观点，向对方复述一遍。如果他说你复述得对，就说明你做得很好。我还建议双方都遵守“两分钟法则”，两分钟内不许打断对方，以便对方有时间把想法说清楚。

一些人担心这样做太费时间。通过了解分歧来解决问题确实颇费

1. 一种方式是问对方这样的问题：“你更愿意我坦率表达想法和问题，还是把它们埋在心里？”“我们是要尽力说服对方自己是对的，还是开通地聆听彼此的观点，以尝试发现事实，并决定如何行动？”“你是在和我争论还是在寻求理解我的观点？”

时间，但你把时间花在这上面才叫物有所值。关键是你要对花时间干什么、和谁花这时间进行排序。很多人都会和你产生分歧，但你不应该考虑所有人的观点。跟任何人都头脑开放不一定有好处，你应该花时间和你能找到的最可信的人探讨观点。

如果你们发现讨论陷入了僵局，就商定一个你们都尊重的人，让他帮着主持讨论。最没有成效的方式是你在自己脑子里试图把事情想明白（这是大多数人的倾向），或者在讨论收效已不断减少的情况下继续浪费时间。发生这样的情况时，你们应该转向更有成效的方式——达成相互理解，这不等于达成一致。例如，你们都同意保持分歧。

为什么人们通常不用上述方式来讨论？因为大多数人本能地不愿表达分歧。例如，如果两个人去到一家餐馆，一个人说他喜欢这家餐馆的菜，另一个人通常会说“我也喜欢”，或者什么也不说，尽管他心里不喜欢。不愿表达分歧的原因是，“较低层次的你”误以为分歧是冲突。所以做到头脑极度开放并不容易：你必须自学这种技艺，在交换意见时努力让你和对方都不出现这种反应。当年鲍勃、吉赛尔和丹告诉我，我让别人感觉他们被轻视时，我就在努力掌握这种技艺。

观点错误并据其做出糟糕的决策，而不是奉行深思熟虑的意见分歧，这是人类的最大悲剧之一。如果人们能奉行深思熟虑的意见分歧，将很容易让所有领域的决策大大改善，包括公共政策、政治、医药、科学、慈善、人际关系等。

3.4 和可信的、愿意表达分歧的人一起审视你的观点

我既单独询问专家，也鼓励专家在我面前展现深思熟虑的意见分歧，而且我可以问问题。通过这么做，我既降低了自己犯错的可能性，也学到了很多东西。当我和专家有分歧，或者专家彼此之间有分歧时，

效果最为明显。拥有这种能力的聪明的人是最好的老师，比站在黑板前例行公事授课的教授要好得多。我经常把由此获得的知识总结为原则并不断改进，以应用于未来出现的类似情况。

有时问题太过复杂，我难以在有限的时间内理解，这时我会让在这方面知识更丰富、可信度更高的人帮我做决策，但我仍然会旁听他们以深思熟虑的方式发表不同意见。我发现大多数人不这么做，而是更喜欢自己做决定，即使是在他们没有在这方面做出相应判断所需能力的时候。他们这是在向较低层次的自我屈服。

这种审视多个可信者的观点的做法，能对你的生活产生深刻的影响。我知道在一件事上，这种做法对我构成了生与死的差别。2013年6月，我去约翰斯·霍普金斯医院做年度体检，医生说我出现了一种癌症前期症状，称为巴雷特食管高度生长异常。组织生长异常是癌症的早期症状，演变成食管癌的可能性相对较大，每年的发病率约为15%。食管癌是致命疾病，所以如果不治疗的话，很可能在3—5年里我就会患上癌症并死去。对待我这种情况的常规治疗方案是切除食管，但因为我的一些特殊病情，这种治疗方案不适合我。医生建议我先观望病情发展。

在接下来的几周里，我开始为最终的死亡做准备，但也奋力求生。我喜欢：

a. **为最坏的情况做准备，以尽量使其不那么糟糕**。我感到很庆幸，因为这一病情预断给了我足够的时间来做安排，以确保我最关心的人在没有我的情况下依然安好，并在仅剩的时间里与他们一起体味生活。我可能还有时间和我刚刚出生的第一个孙子混熟，但我不敢保证有足够的时间。

但正如你所知，我不喜欢简单听从别人的意见，即使是专家的意见，相反，我喜欢和可信的人一起审视各种意见。于是我也让我的私人医生格莱泽安排我与另外 4 位研究这种病症的专家会面。

第一个见的是一家大型癌症医院的胸外科主任。她说我的病情正在快速恶化，而和第一位医生的说法不同的是，她说有一种手术可以治愈我：切除我的食管和胃，然后将我的肠子接到我仅剩的一点食管上。她估计，我在手术台上死亡的概率是 10%，导致终身残疾的概率是 70%，但这样我继续活着的概率更大，所以她的建议显然值得认真考虑。很自然地，我希望她能和约翰斯·霍普金斯医院的那位医生谈谈，他曾建议我观望。于是当着她的面，我给那位医生打电话，以了解他们如何看待彼此的观点。结果让我眼前一亮。尽管与我单独会见时，他们对我说了完全不同的情况，但当他们通过电话交谈时，他们试图尽量缩小分歧，以给对方面子。他们重视的是职业礼貌，而不是各自畅所欲言，以寻求最好的解决办法。不过他们的观点仍有明显的分歧，听他们通话也加深了我对问题的理解。

次日我见了第三位医生。他是一位世界知名的专家，在另一家声誉卓著的医院从事研究工作。他告诉我，只要我每三个月去医院做一次内窥镜检查，我的情况就基本上不会给我带来任何问题。他解释说，这就像皮肤里边的皮肤癌，只要持续观察，一出现新的组织生长就切除，不使病情转移到血液循环里，我就没事。他说，按这种方法来监控的病人和切除食管的病人，最终的结果是一样的，简而言之就是不会因为患上癌症而死亡。他们的生活会保持正常，只是需要定期检查和诊断。

简单概括我在 48 小时里经历的一切：先是好像被判了死刑，然后出现了治疗的希望，实际上相当于把内脏掏出来，最后出现了一个简单的、只是稍微有些不方便的疗法，即观察有没有发生变异、在导致损害之前切除。最后这位医生说得对吗？

我和格莱泽医生又会见了两位世界级的专家，他们都表示，走这种检查程序就不会有任何事，于是我决定采取这种做法。在检查过程中，他们从我的食管上切下一些组织，送到实验室检测。几天后，恰好距我 64 岁生日还有一周的时候，我得到了结果。结果太令人震惊了：检查完这些组织后发现，根本就没有任何高度生长异常！

专家也会犯错误。我的观点很简单：保持头脑极度开放，和聪明人一起审视问题，这样做是有好处的。假如我没有努力征求其他意见的话，我的生活就会走上一条完全不同的道路。我想说的是，以开放心态与可信的人一起审视问题，你将大幅提升做出正确决策的概率。

3.5 识别你应当注意的头脑封闭和头脑开放的不同迹象

头脑开放的人和头脑封闭的人很容易区分，因为二者的行为大相径庭。以下是一些线索，可以帮你辨别自己或其他人是否头脑封闭：

1. 头脑封闭的人不喜欢看到自己的观点被挑战。他们通常会因无法说服对方而感到沮丧，而不是好奇对方为何看法不同。他们在把事情弄错时会产生坏情绪，更关心自己能不能被证明是正确的，而不是提出问题，了解其他人的观点。

   头脑开放的人更想了解为什么会出现分歧。当其他人不赞同时他们不会发怒。他们明白自己总有可能是错的，值得花一点时间考虑对方的观点，以确定自己没有忽略一些因素或犯错。

2. 头脑封闭的人更喜欢做陈述而不是提问。尽管在特定情况下，可信度高的人有权做出陈述，但真正头脑开放的人，甚至是我认识的可信度最高的人，也经常会问很多问题。可信度低的人经常告诉我，他们的陈述其实是隐性的问题，只不过是被表述为低自信程度的陈述。尽管有时的确如此，但据我的经验，更多情况下不是。

   头脑开放的人真诚地相信自己可能是错的，提出真诚的问题。

他们还经常权衡自己的相对可信度，以确定自己应该主要扮演学生、老师还是对等者的角色。

3. 头脑封闭的人更关心是否被理解，而不是理解其他人。当对方不赞同时，他们通常会认定自己没有被理解，而不是想想是不是自己没有理解对方的观点。

   头脑开放的人经常觉得有必要从对方的视角看待事物。

4. 头脑封闭的人会说类似这样的话："我可能错了……但这是我的观点。"这是我经常听到的一种典型暗示。这往往是一种敷衍性的表态，人们借此来固守自己的观点，还感觉自己是开明的。如果你的陈述以这样的方式开头——"我可能是错的"或"你不一定信我的话"，那么你最好接下来提一个问题，而不是做出一个断言。

   头脑开放的人知道何时做陈述，何时提问。

5. 头脑封闭的人阻挠其他人发言。如果在对话中一方看起来不给对方留说话空间的话，他就可能是在阻挠对方说话。为了应对这种阻挠，可以实行我之前提到的"两分钟法则"。

   头脑开放的人总是更喜欢倾听而不是发言。他们鼓励其他人表达观点。

6. 头脑封闭的人难以同时持有两种想法。他们让自己的观点独大，挤掉别人的观点。

   头脑开放的人会在考虑其他人的观点的同时保留自己深入思考的能力，他们可以同时思考两个或者更多相互冲突的概念，反复权衡其相对价值。

7. 头脑封闭的人缺乏深刻的谦逊意识。谦逊通常来自人的失败经历，失败让人以一种开明心态积极了解自己不知道的东西。

   头脑开放的人看待事物时，时刻在心底担忧自己可能是错的。

一旦你能区分头脑开放的人和头脑封闭的人，你将会发现，你希望自己周围都是头脑开放的人。这样做不仅能提高你的决策效率，你还能学到很多东西。几个优秀决策者一起有效合作，效果要显著好于单打独斗的优秀决策者。即使是最优秀的决策者，若是能得到其他优秀决策者的帮助，也能显著提高自己的决策质量。

3.6　理解你如何做到头脑极度开放

不管你现在有多么头脑开放，你总是可以学到一些东西。为了练习头脑开放，你可以：

a. **经常利用痛苦来引导自己进行高质量的思考**。如果你过于坚持一个观点，当某个人或某件事挑战该观点时，你就经常会产生心理痛苦，尤其是当相关挑战涉及你的某种缺点的时候。这种心理痛苦是一个迹象，说明你可能是错的，你需要以高质量的方式思考这个问题。为此你需要先让自己冷静下来。这可能有些难：大脑杏仁核会收缩，你也许会觉得它在踢你，你的身体会紧张，或者你的心中会涌起一种恼怒感，想发脾气。每当出现这些情绪时，你都需要注意，这些都是头脑封闭的迹象。意识到这些迹象后，你就可以将其作为线索来控制自己的行为，引导自己走向头脑开放。长期这样练习将增强你的能力，让“更高层次的你”始终处于控制地位。你练习得越多，你的能力就会变得越强。

b. **将头脑开放作为一种习惯**。基本上，你养成什么样的习惯，就将有什么样的生活。如果你始终把愤怒感、挫败感作为提醒自己的迹象，从而冷静，慢下来，以深思熟虑的方式看待眼前的问题，逐渐地，你的负面情绪出现的频率就会大大下降，你就会直接成为我上文描述的那种头脑开放的人。

当然，马上让人做到这一点是很难的，因为你各种“较低层次”

的情绪非常强大。但好消息是这种“杏仁核绑架”[1]通常不会持续很长时间，所以尽管你一时难以控制自己，你还是可以有一段缓冲时间，给“较高层次的你”以空间来进行高质量的反思。你也可以让你尊重的人来帮助自己。

c. **认识自己的思维盲点**。假如你是一个头脑封闭的人，又在自己有盲点的领域形成了一种观点，结果可能是致命的。所以，花点时间记录一下，你经常在哪些方面因为看不到别人看到的东西而做出糟糕的决策。可以请其他人帮你，尤其是那些曾看到你所忽略的东西的人。列一张单子，钉在墙上，仔细盯着看。每当你准备在这些方面自行做出决定（尤其是重大决定）的时候，你都要明白你是在大冒险，不会实现想要的结果。

d. **假如很多可信的人都说你正在做错事，只有你不这么看，你就要想想自己是不是看偏了**。一定要客观！虽然也有可能你是对的，他们都错了，但你应该从吵架模式转换到“提问”模式，比比你和其他人的可信度，在必要时同意让某个你们都尊重的中立第三方来打破僵局。

e. **冥想**。我经常练习“超验冥想”，并相信这让我变得更加头脑开放，能从更高的层面看问题，镇定自若，富有创造力。冥想能让人看到慢节奏的画面，所以即使面对混乱，我也能保持平静，就像一场街头斗殴中的忍者一样。我不是说必须通过冥想才能形成这种思维，只是分享我和许多人的体验，并建议你认真考虑尝试冥想。

f. **重视证据，并鼓励其他人也这么做**。大多数人并不仔细观察现实，通过客观审视证据来得出结论。他们基于隐藏的潜意识做决定，然后筛选证据，使之符合自己的这些欲望。你可以通过训练来意识到

1. “杏仁核绑架”这个术语是心理学家兼科学媒体人丹尼尔·戈尔曼在《情商》一书中首次提出的。

这种潜意识过程的发生，并引导自己，或者让其他人帮助自己学习如何依据证据行动。在准备决策时问问自己：你能说出是哪些明确的事实（即可信的人不会质疑的事实）让你形成这种观点吗？如果你不能，你就很有可能不是在依据证据行动。

g. **尽力帮助其他人也保持头脑开放**。平静理性地表达观点有助于避免对方产生“战或逃”的动物性（杏仁核）反应。你要理性，并期待其他人也理性。请他们指出支撑自身观点的证据。谨记，这不是争执，而是开放地探寻事实。如果你能证明你正在考虑对方的观点，这将是有好处的。

h. **使用以证据为基础的决策工具**。这些原则的目的是帮助你控制较低层次的动物性自我，让更理性的、较高层次的决策头脑处于主导地位。

假如你能让大脑较低层次的部分停止工作，将一个决策计算机连到大脑，由其提供以逻辑为基础的指示，就像我们用桥水的投资系统做的那样，你觉得如何？假设这个基于计算机的决策机器的决策质量比你的好得多，因为它拥有更强的逻辑能力，能更快地处理更多的信息，在决策时不被情绪左右，你会这样做吗？为了应对职业生涯中的各种挑战，我已经打造了这样的工具，而且我相信，假如没有它们我绝不可能这么成功。我毫不怀疑，未来这样的“机器思考”工具将继续发展，而聪明的决策者将学会用它们来思考问题。我建议你了解这些工具并考虑使用它们。

i. **知道什么时候应当停止为自己的观点辩护，信任自己的决策程序**。独立思考，努力为自己相信的观点辩护，都是很重要的，但总会有些时候，更明智的做法是停止为你的观点辩护，接受可信的其他人的观点。这会很难，但保持头脑开放，相信可信的其他人的共识比你的任何观点都更好，是一种更聪明的做法，最终对你也更好。假如你无法理解他们的观点，可能只不过是因为他们的思维方式恰好是你的盲点。如果所有的证据、所有可信者的观点都与你的观点相反，你还是按自己的意愿行动，你就是在危险地一意孤行。

事实是，尽管大多数人能变得头脑极度开放，但有一些人不能。就算在不断误以为自己的决策正确，因而遭遇了很多痛苦之后，他们依然学不会。[1]学不会头脑极度开放的人就不会经历从蛹到蝶的蜕变，大大提高自己的能力。我自己的谦逊就是惨痛失败教给我的，尤其是1982年的人生低谷。变得头脑开放不一定意味着失去决断能力，事实上，因为这样做能降低人的犯错概率，所以应当能增强人的自信心。我自 1982 年大失败以来的经历就是这样的，因此我才能以更小的风险获得更多的成功。

成为真正头脑开放的人需要时间。和所有真正的学习一样，这也主要是一个养成习惯的问题，反复多次练习之后就会变得像本能一样，不这样做反而无法忍受。如前所述，这通常需要约 18 个月，与人的一生相比，这个时间不算长。

你准备好迎接挑战了吗

在我看来，人一生最重要的抉择只有一个：你愿意努力探寻真相吗？你是否深信，找出真相对你的幸福至关重要？你是否真诚地渴望弄明白自己或其他人有没有犯下阻碍你实现目标的错误？如果对上述问题你的回答都是“不”，那你肯定无法发挥自己的全部潜力。而如果你愿意迎接挑战，成为一个头脑极度开放的人，那么第一步就是客观看待自身。在“理解人与人大不相同”中，你将有机会这么做。

1. 一些这种情况可能是“邓宁－克鲁格效应”造成的，这是一种认知偏差，显示为能力低的人误以为自己更强。

4

理解人与人大不相同

因为不同人的大脑构造不同，所以我们体验现实的方式千差万别，而任何人的单一体验本质上都是存在扭曲的。我们应该承认和认真对待这一点。所以，如果你想知道事实以及怎么做的话，你必须理解自己的大脑。

基于这一认识，我和许多心理学家、精神病学家、神经科学家、人格测试专家以及该领域其他可信的人交谈，并看了很多书。我发现，尽管对所有人来说都很明显的是，在常识、创造性、记忆力、综合分析能力、关注细节能力等方面，人和人天生就有擅长与不擅长的差别，但连大多数科学家也不大愿意客观研究这些差别。尽管如此，这一研究依然很有必要，所以我几十年来一直在探索。

结果我学到了很多对自己有帮助的东西，我想这些东西也能帮到你。事实上，我学到的关于人类大脑的知识对我的成功帮助很大，与我对经济和投资的理解带来的帮助一样大。在本条中，我将分享一些我了解的奇妙之处。

我为什么开始研究神经科学

当我从商学院毕业两年后创立桥水时，我第一次进行人事管理。一开始我觉得只要聘用聪明的人就行了，例如顶级大学的顶级学生，他们肯定能胜任，但结果常常不能如我所愿。读书厉害的人通常不等于我需要的聪明人。

我想招聘的人是独立的思考者，有创造力，概念性强，常识性强。但我难以找到这样的人，就算找到了，我也惊奇地发现，他们的思维方式似乎大相径庭，就像大家说不同的语言一样。例如，“理念型”、不注意细节的人说一种语言，精确较真的人说的是另一种。当时我们把这归结为“沟通问题”，但这种差别有更深层的根源。而且这些差别让我们都很不适应，尤其是在我们试图一起追求伟大目标的时候。

我记得很多年前有一项雄心勃勃的研究计划，试图对债券市场形成系统化的全球性理解。鲍勃·普林斯负责这件事，尽管我们在理念上都明白要做什么，该计划就是无法推进，实现预定结果。我们曾和鲍勃的团队开会，明确目标与实现途径，但在具体落实方面，他们毫无进展。问题在于，理念型的人大略地设想出要做什么，并希望细节型的人自己找到办法，当后者找不到办法时，前者就觉得后者毫无想象力，而后者觉得前者自己都没搞清楚。更糟糕的是，双方都不自知，都觉得对方和自己的思维方式是一样的。简言之，两方相争，我们陷入僵局，而所有人都觉得是别人的错，觉得对方盲目、顽固，或者只是愚蠢。

这些会议让所有人都感到痛苦。因为大家都不晓得自己的长处和短板，各说各话，毫无条理。我们讨论这个团队不能完成任务的原因，最终发现，鲍勃给团队各个角色挑选的人跟他自己的长处、短板相似。尽管我们付出坦诚、开放的努力弄清了问题所在，这是一大进步，但是我们没有将此事记录下来，将其系统化地转化为合理的改革举措，所以后来还是同样的人一遍遍地犯同样的错误。

我们的思维方式和情绪反应不同，而且我们没有解决这个问题的方法，这大大降低了我们的效率，这不是很明显吗？我们应该怎么做，对此放任不管吗？

我相信你肯定跟人起过争执：人们观点不同，无法达成一致。意图良好的人也变得愤怒和情绪化，这令人沮丧，而且经常上升为人身攻击。大多数企业的解决方式是压制公开讨论，让最有权威的人发号施令。我不想看到桥水成为这样的企业。我知道，我们需要找到导致工作效率低下的更深层的原因，将原因摆到桌面上来分析。

桥水目前有约 1 500 名员工，他们各司其职：分析全球市场，研发科技，为客户服务，管理医保及其他员工福利，提供法律意见，管理 IT 等设施，等等。这些工作都需要不同类型的人合作，萃取最好的主意，摒弃最差的主意。把不同的人组织起来，更好地发挥其长处，弥补其短板，就像指挥交响乐团一样，做得好就很漂亮，做不好就很糟糕。

尽管早在关注思维问题之前，我就听过“了解自身”“做真实的自我”等基本信条，但在发现这些关于人类思维差异的知识之前，我一直都不知道怎么了解自我，了解后应该怎么做。我们对自身的认识越多，就越明白我们能改变什么和怎么改变，以及我们不能改变什么和在不能改变的情况下能做些什么。所以不管你要做什么，不管你是一个人做、在组织里做还是作为主导者做，你都需要理解你和其他人的思维方式。

4.1　明白你与其他人的思维方式能带来的力量

我在本书第一部分提到过，我第一次对人类思维方式不同有突破性认识，是在我的孩子们还小的时候，我让苏·昆兰博士给他们做测试。我觉得结果很不错，因为她不仅印证了我对他们思维方式的观察，而且预测了他们未来会怎么发展。例如，我的一个孩子算术学不好，但测试显示他的数学推理能力很好，所以她告诉他，如果他能撑过小学所要求的枯燥的机械记忆，他就会喜欢后面将学到的更高级的数学概念了，后来的确如此。这些发现让我看到了各种新的可能性。多年后，当我想了解员工和同事不同的思维方式时，我还会寻求她以及其他专家的帮助。

最初，专家们给我的意见有好的也有不好的。很多专家似乎更愿意让别人感觉良好（或者别让他们感觉不好），而不是探寻事实。更令我吃惊的是，我发现大多数心理学家不怎么懂神经科学，大多数神经科学家也不怎么懂心理学，而且双方都不愿把人类大脑的生理差异与人类才能和行为的差异联系起来。但最终我找到了鲍勃·艾兴格博士，他让我发现了心理测试领域。利用 MBTI 等测试，我们对不同人的思维方式逐渐有了更为清晰、更以数据为基础的理解。

我们的分歧不是沟通不良造成的，相反，我们不同的思维方式导致了沟通不良。

在与专家交谈和自己观察的过程中，我认识到，我们的很多心理差异都是生理性的。就像我们的身体特征（高和矮、强壮和瘦弱）限制我们的肢体能力一样，我们的大脑也存在固有差异，决定我们的心理能力。和肢体一样，我们大脑的一些区域不会因外部因素而发生物质性变化（就像你在锻炼时全身骨骼不会发生变化一样），而其他区域可以通过练习来强化（我将在稍后再谈大脑的可塑性）。

我儿子保罗与双相障碍搏斗三年的经历，让我明白了这一点。尽管他的行为很可怕，很令人沮丧，但我开始意识到，原因在于他大脑分泌的化学物质（具体而言，大脑间歇性地分泌羟色胺和多巴胺）。

在我和他共度这段可怕的历程期间，我感到了愤怒和受挫，因为我试图和他讲道理，而他的思维不正常。我不得不时刻提醒自己，没有理由发怒，因为他扭曲的逻辑是生理状况造成的，而且我亲眼看到，基于这一认识而治疗的医生如何使他恢复理智和清醒。这段经历不仅让我学到很多关于大脑构造的知识，而且让我明白为什么有创造力的天才往往和疯子只有一步之遥。许多很有创造力的人都曾患有双相障碍，包括欧内斯特·海明威、贝多芬、柴可夫斯基、文森特·凡·高、杰克逊·波洛克、弗吉尼亚·伍尔夫、温斯顿·丘吉尔，以及心理学家凯·雷德菲尔德·杰米森（她在《躁郁之心》里坦率地描写了自己患双相障碍的经历）。我了解到，因为大脑这部“机器”运转方式不同，所以人有千差万别，而且近 1/5 的美国人患有某种临床意义上的精神疾病。

一旦我明白问题是生理因素，我看许多事情就更清晰了。我过去经常对别人的决策感到愤怒和沮丧，但我逐渐明白，他们并不是有意识地采取这种看起来低效率的做法，只不过是依据自己看到的情况来做事，而那是由他们大脑的运行方式决定的。我还意识到，不光我觉得他们离谱，他们也觉得我离谱。唯一理性的相处方式是相互理解，从更高的层面看待我们自身，以便客观地理解事物。这么做不仅使我们的分歧变得不那么令人沮丧，还最大限度地发挥了各自的效率。

每个人都像由很多特征搭成的积木，每一块积木反映其大脑一个特定区域的运行方式。每个人的特性都是这些“积木”共同决定的。如果你了解了人的特性，你就可以很好地预期他们的行为。

a. **我们拥有各种天生特征，既可能帮助自己也可能伤害自己，取决于如何应用。**大多数特征都是“双刃剑”，可能带来好处和害处。特征越极端，它可能带来的好处或害处就越极端。例如，一个有高度创造性和目标导向性的人擅长设想新主意，但可能会低估日常生活细节的价值，而后者也很重要。他也许过度投入地追求长期目标，因而鄙视那些关注日常生活细节的人。类似地，一个任务导向的人善于处理细节，但可能会低估创造性的价值，甚至可能会为了效率而压制创造性。这两个人也许能组成一个好团队，但也有可能难以充分利用各自的优势，因为不同的思维方式让他们难以看到对方思维的价值。

如果你不了解人（包括你自己）的特性就对他们抱有期待，你肯定会遇到麻烦。我在这方面有惨痛经历：我曾多年与别人进行令人沮丧的沟通，期待别人完成他们根本无法完成的任务。我相信我也令对方很痛苦。我逐渐意识到，我需要系统化地捕捉和记录大家的差异，以便我们在桥水分配任务时主动考虑这些差异。

这带来了我最有价值的管理工具之一——本书第一部分提到过的棒球卡。就像棒球卡记录球手相关信息、帮助球迷了解其长处和短处一样，我决定也要给桥水的所有人员编制棒球卡。

在设计桥水棒球卡的人员特征时，我结合了三个方面：我们已经用来描述人的形容词，如“概念性强”“可靠”“有创造性”“坚定”；人的行为，如“让其他人负起责任”和“坚持贯彻落实”；个性测试使用的术语，如“外向型”“判断型”。卡片做好后，我设计了一套程序：大家彼此打分，在某一项（如“最具创造力”）上得分最高的人，在该项上给其他人的打分权重更高。在特定领域有可证明的成就记录的人会被视为在该领域更为可信，从而得到更高的决策权重。在用棒球卡记录了每个人的特征后，从未与他们共事过的人，就可以合理预期他们的行为。如果人发生了变化，他们的各项评分也会调整，而如果他们保持不变，我就可以更确信自己的预期。

当然，当我引入这一工具时，人们由于多种原因而感到怀疑或害怕。一些人担心卡上的描述不准确；一些人对自身弱点的公开感到不舒服，或者担心自己将被僵化对待，发展空间受限；一些人觉得这太复杂了，实行起来不现实。想想看，如果你被要求给所有同事硬打分，评价他们的创造力、决心或可靠性，你会是什么感觉。多数人一开始对此望而生畏。

但我依然明白，我们需要极度开放地记录和考虑大家的特性，如果我们理性地推动这个程序，事态的发展最终就会消除大家的顾虑。今天，几乎每个桥水职员都觉得棒球卡不可或缺，我们还设计了一整套其他工具来支持我们理解人们的特性和在各领域的可信度。我将在“工作原则”部分进一步介绍这些工具。

我在前文提到过，我们独特的运营方式和积累的庞大数据库，让我们得到了一些世界级的组织心理学家和研究者的关注。哈佛大学的鲍勃·基根、沃顿商学院的亚当·格兰特、弗吉尼亚大学的艾德·赫斯都对我们有很多描述，我也从他们那里学到很多。令我意想不到的是，我们的试错发现程序，让我们在“组织内部的个人发展”这个学术领域成为尖端的研究对象。基根在他《人人参与的文化》一书中写道：“从每次一对一会谈中探求真相的个人体验到融入科技元素的讨论程序……从问题管理和棒球卡到全公司范围内的每日进度汇报与案例研究，桥水建立了一个支持个人发展的生态系统。这个系统帮助桥水的所有人直面事实真相，知晓彼此的个性。”

我们的发现之旅恰好与一个神经科学研究异常繁荣的时代同时发生。随着脑显像技术的突飞猛进，“大数据”搜集与处理能力的快速提升，神经科学领域的进步大大加快。我相信，像所有即将实现大突破的科学领域一样，人类在这个领域的知识将迅速升级换代。无论如何，理解大脑这部“思维机器”的运行方式，始终是极为美妙和有益的。

以下是我已经学习到的一些知识：

人脑的复杂程度超出我们的想象。据估计人脑中有890亿个小“计算机”（称为神经元），由数万亿根“电线”（称为神经突和化学性突触）连接在一起。如戴维·伊格尔曼在他的杰作《隐藏的自我》中描述的：

> 人脑由数以千亿计的称为神经元和神经胶质的细胞组成。每个细胞都复杂得像一座城市……这些细胞（神经元）由一个极其复杂的网络连接在一起，用人类的语言根本无法形容，再新的数学理论也无法解释。通常每个神经元与周围的神经元之间有约 1 万个连接。而神经元有几百亿个，这就意味着，1 立方厘米的脑组织里的连接的数量，就和银河系的恒星一样多。

新生儿的大脑里就包含了数亿年生物进化累积的成果。例如，如弗吉尼亚大学的研究者所说，虽然很多人对蛇有本能的恐惧，但没有人对花朵有本能的恐惧。新生儿的大脑就知道蛇是危险的，花朵不危险。这是有原因的。

所有哺乳动物、鱼类、鸟类、两栖动物、爬行动物的脑都拥有同一套伟大的构造，是在近 3 亿年前形成的，且一直在进化。就像虽然汽车演变出了小轿车、运动型多用途汽车（SUV）、赛车等不同类型，但有许多共同的基本零件一样，所有脊椎动物的脑也都有一些类似的区域，执行类似的功能，只不过每个物种的脑又进化得很适应各自的需求。例如，鸟类拥有很发达的枕叶，因为它们需要从高空定位猎物（和捕食者）。我们人类自视为最高级的物种，这是因为我们过度强调了自身优势的重要性，而其他物种若强调各自的优势，也可以这么说，例如鸟类拥有飞行、视力优势和本能的地球磁场导航，大多数哺乳动物拥有嗅觉优势，还有一些动物似乎拥有异常强烈的性交快感。

这一"所有脊椎动物共有的脑"的进化是自下而上进行的，也就是说，较低的区域是进化意义上最古老的，顶层区域是最新的。脑干控制着维系各种生物生命的潜意识过程，包括心跳、呼吸、神经系统，以及应激程度和机敏程度。脑干上面的小脑负责让肌肉对感觉做出反应，从而控制肢体的运动。再上面是大脑，包括基底核（控制习惯）、边缘系统的其他部分（控制情绪反应和一些动作）、大脑皮层（产生记忆、思想和意识）。大脑皮层最新和最发达的部分，即看起来像一堆肠子的脑灰质褶皱，称为新皮层，人的学习、计划、想象等更高级的思想就从这里产生。正是因为有新皮层，所以人类的脑灰质比例显著高于其他物种。

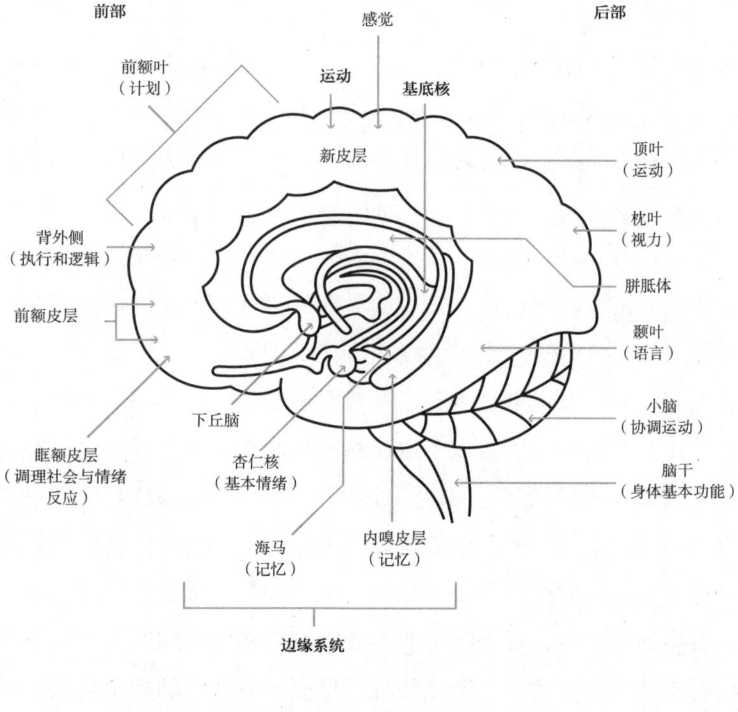

4.2 有意义的工作和有意义的人际关系不仅是我们做出的美好选择，而且是我们天生的生理需求

神经科学家、心理学家和进化学家一致认为，人脑的构造先天地

使人需要并享受社会合作。大脑对此有需求，如果我们拥有这些的话，大脑会发育得更好。从社会合作中获得的有意义的人际关系使我们更快乐、更健康、更有创造力，社会合作也是有效工作所必需的。这是人类的决定性特征之一。[1]

列纳德·蒙洛迪诺在他的杰作《潜意识》中写道："我们通常以为人（区别于其他物种）的首要特征是智商，但真正的首要特征是社会智商。"他指出，人类拥有独特的能力，可以理解其他人的特性及其可能的行为方式。人脑天生就能发展这种能力，例如大多数四岁儿童能够读懂其他人的心理状态。人类这个物种能取得这么多的成就，这种理解和合作能力是首要因素。蒙洛迪诺写道："例如，制造一辆汽车需要成千上万人参与，他们有不同的技能，处在不同的地方，执行不同的工作任务。铁等金属必须被开采和加工；玻璃、橡胶和塑料必须从大量化学原料里被制造出来并加工成型；电池、散热器和无数其他零件必须被生产出来；电子系统和机械系统必须被设计出来；来自天涯海角的这些东西必须被汇聚到一家工厂里，汽车才能被组装出来。今天，即使是你清晨开车上班时喝的咖啡、吃的面包圈，也是世界各地的人工作的成果。"

普利策奖得主爱德华·威尔逊在《人类存在的意义》一书中猜测，距今200万—100万年前，类人猿向现代智人进化期间，人类祖先的大脑就进化出了支持合作的功能，以支持狩猎等活动。这使人类祖先前额皮层里的记忆与思考中心变得比其他灵长类动物的更发达。随着

1. 很多数据显示人际关系是最好的回报，是人的健康、快乐最重要的决定因素。如哈佛大学历时75年的"格兰特与格鲁克研究"（研究对象是来自不同社会经济背景的成年男性）主管罗伯特·瓦尔丁格所说："你可以拥有用不尽的财富、成功的事业、健康的身体，但如果没有充满爱的人际关系，你就不会快乐……美好生活的基础是良好的人际关系。"

群体变得比个体更强大，大脑不断进化出管理更大群体的能力，群体之间的竞争就变得比个体之间的竞争更重要，同时拥有更多合作性个体的群体发展得更好。这一进化使得利他意识、伦理观、良知和尊严意识发展起来。威尔逊解释说，人类永远处在塑造人类的两极力量之间："一极是激发罪恶的个体选择，另一极是激发美德的群体选择。"

在任何组织里，个人利益与集体利益这两种力量哪一种胜出，取决于该组织的文化，文化又取决于塑造文化的人。但很明显，集体利益不仅对组织是最好的，对组织里的每个人也是最好的。我将在"工作原则"部分阐述，一起合作把蛋糕做大的回报大于追求个人利益的回报，这不仅体现于每个人得到的蛋糕的多少，还体现于人类天生追求的让我们更快乐、更健康的精神回报。

了解了人脑迄今为止的进化史之后，我们也许可以通过历史推测未来，设想未来的人脑进化。显然，人脑的进化史是从本能、关注自身发展为更抽象、更关注普遍的事物。例如，我在前文描述的人脑进化，已经使我们拥有了从更高的整体层面看待自我和所处环境的能力（有些人的这种能力更强），甚至使一些人具备了更看重所在集体而非自我的能力。

在设想人类思维未来会如何发展时，考虑一下人类自身可能如何改变大脑的运行方式，也是很有意思的。显然人类已经在利用医药和科技来这么做了。基于基因工程的进步，我们可以合理地预测，在未来，基因工程专家将能搭配组合不同物种的大脑特征，实现各种目的。例如，假如你想拥有极佳的视力，基因工程专家也许能影响人脑的发育，使之生长出更类似于鸟类的视叶。但因为这样的事情还比较遥远，所以我们还是回到现实的问题：所有这些对人脑的认识将如何帮助我们更好地对待自身和彼此？

4.3 理解大脑里的主要斗争，以及如何控制这些斗争，以实现“你”的愿望

以下几节探讨大脑如何以多种方式争夺对“你”的控制。我将提到大脑的一些具体区域，神经生理学家认为它们负责特定类型的思考和情绪，不过真正的生理学要比这复杂得多，而且科学家也才刚刚开始理解这个问题。

a. **要明白，意识与潜意识在不断斗争**。前文中我介绍了“两个你”的概念，并解释了较高层次的你可以俯视较低层次的你，以确保后者不破坏前者的愿望。尽管我经常在自己和其他人身上看到“两个你”在斗争，但直到我了解了它们为何存在之后，我才真正理解了它们。

和动物一样，我们决策的很多驱动因素都是潜在地发生的。人类做出很多关于如何行动的决定，但动物并不会“决定”飞行、捕食、睡眠与争斗，而只是遵循来自其大脑潜意识区域的指示。我们大脑里的潜意识区域也会向我们发出同样类型的指示，这种指示有时有合理的进化意义上的理由，有时也会损害我们。潜意识里的恐惧和欲望通过爱、恐惧、灵感等情绪，让我们产生各种意图和行为。这是生理性的。例如，爱意就是脑下垂体分泌的各种化学物质（如催产素）产生的。

尽管我一直认为符合逻辑的讨论是找到事实真相的最佳途径，但在学到了这些关于大脑的新知识后，我开始明白我们大脑很多区域的行为并不符合逻辑。例如我了解到，当人们提到自己的“情绪”（比如说“我觉得你对待我不公正”）时，他们通常指的是源自大脑情绪性、潜意识区域的信号。我还明白了，尽管我们大脑的一些潜意识区域具有危险的动物性，但另一些潜意识区域比意识区域更聪明，反应更快。我们的灵感大爆发往往就是从潜意识区域“喷出”的。我们经

历这些创造性突破的时刻，通常是在放松、不试图与它们所在的大脑区域（通常是新皮层）沟通的时候。当你说“我刚刚想到了什么事”时，你就是注意到了你的潜意识正在告诉意识一些东西。加以训练，开启这个通信流是可能的。

许多人只看到意识而不知道将其与潜意识连接的好处。他们认为，想出更多东西的方式是不断往意识里塞东西，让它更勤奋地工作，但这样做往往适得其反。尽管看起来有些违反直觉，但清理你的头脑可能是取得进展的最佳途径。

知道了这一点，我现在明白了，为什么我通常在放松（如淋浴）时产生创意，以及冥想如何有助于打通这种联系。因为这是生理性的，所以我真的能感觉到，创造性的想法在从其他地方流入我的意识。弄明白这回事，感觉真是太好了。

但也要谨慎行事：我已经养成习惯，当我的潜意识给我想法和提示时，我不是马上按照其行动，而是先用我的理性意识去分析它们。我发现，这么做除了能帮助我分清哪些想法是有效的，我为什么会对这些想法产生特定的反应，还能让我的意识与潜意识之间的通信变得更多。把这一过程产生的结果写下来是有帮助的。事实上，我这本《原则》就是这么写出来的。

本条想要告诉你的最重要的东西是什么？注意你的潜意识：为什么说它既可能伤害你也能帮助你？如何清醒地思考潜意识产生的东西？也许在其他人的帮助下，通过这么做，你会变得更快乐、更高效。

b. **要知道最常发生的斗争是情绪和思考的斗争**。情绪和理性思考之间的斗争是最大的斗争。情绪主要是由潜意识性的杏仁核控制的，而理性思考主要是由意识性的前额皮层控制的。如果你能理解这些斗争是如何发生的，你就能理解为什么说把你潜意识产生的东西和意识产生的东西相调和是非常重要的。

可恶的杏仁核是一个小小的杏仁状构造，深深地隐藏在大脑底部，是大脑最强有力的区域之一。尽管你感觉不到它，但它控制着你的行为。它如何运行？当什么东西（可以是某种声音、某个场景，或者仅仅是某种直觉）让我们不快时，杏仁核就向身体发出准备战或逃的信号：心跳加速、血压升高、呼吸加快。在与人争论时，你经常可以注意到一种类似于恐惧时的生理反应（例如心跳加速、肌肉绷紧）。你的意识（源自前额皮层）在感受到这些信号后可以拒绝执行。这些“杏仁核绑架”现象通常来得快、去得也快，只有极少数例外，如因经历某个或一系列可怕事件而出现创伤后应激障碍的人。知道了“杏仁核绑架”是怎么回事，你就会懂得，如果你放任自己做出本能反应的话，你就很可能会反应过度。你也可以安慰自己，因为你已经知道，你经历的任何精神痛苦不久后都会自动消失。

c. **调和你的情绪和思考**。对大多数人而言，生活就是大脑这两个部分永无止境的斗争。杏仁核产生的反应是一阵爆发然后平息，而前额皮层产生的反应更为稳定和持久。有的人能引导个人进化，实现自己的目标，有的人则不能，他们之间最大的区别是，前者经常思考是什么导致了自己出现“杏仁核绑架”。

d. **善择你的习惯**。在你脑子的各种工具里，习惯也许是最强有力的一个。习惯是由大脑底部的基底核驱动的，那是一块高尔夫球大小的组织。基底核控制着你的行为，但它藏得很深，本能地运行，所以你意识不到它。

只要频繁反复练习，你几乎可以养成任何习惯，产生自控力。好习惯让你实现“较高层次的自我”的愿望，而坏习惯是由“较低层次的自我”控制的，阻碍前者的实现。如果你明白大脑的这一部分是如何工作的，你就能养成一系列更好的习惯。例如你可以养成一种习惯，让你觉得“必须”去健身房锻炼。

练出这种能力需要一些努力。第一步是认识到习惯是怎么产生的。习惯本质上是惯性，一种继续把你一直做的事情做下去（或者继续不做你一直不做的事情）的强烈倾向。研究显示，如果你能坚持某种行为约 18 个月，你就会形成一种几乎要永远做下去的强烈倾向。

在很长时间里，我没有意识到习惯对人行为的控制有多强。我在桥水看到过这种情况：有的人在抽象意义上赞同我们的原则但难以践行。我还观察到，我的一些朋友和亲人想实现一些对他们有利的目标，行为上却总是另一回事。

后来我读了查尔斯·都希格的畅销书《习惯的力量》，它让我眼前一亮。我在此处的介绍有限，假如你很感兴趣的话，我建议你也读一下。都希格的核心观点是，分三步走的"习惯回路"能起到重要作用。第一步是信号，用都希格的话说，"用信号来告诉你的大脑进入自动运行模式，以及使用哪种习惯"。第二步是形成常规，"可以是肢体性、心理性或情感性的常规"。第三步是奖励，这能帮助你的大脑发现这个特定的回路是不是"值得记下来以备后用"。反复练习可以加强这个回路，直到逐渐变成自动反应。在驯兽师所说的"操作性条件反射"（一种使用正向强化法的训练方式）中，成功的关键就是形成这种期待和渴望。例如，驯狗者用声音（通常使用发声器）来强化狗的行为。每次发出这种声音，他们就给狗一个它想要的奖励（通常是食物），直到最终狗只要听到这种声音，就会表演驯狗者希望的行为。都希格说，对人类而言，奖励几乎可以是任何东西，"从能够带来生理愉悦的食物或药物到精神性的回报，如赞扬或自我庆祝带来的自豪感"。

习惯能让你的大脑进入"自动导航模式"。用神经科学术语说，就是你让基底核从大脑皮层那里接管控制权，这样你想都不用想就能执行。

读都希格的书让我知道，如果真的想改变，你最好是决定养成哪些习惯，戒掉哪些习惯，然后执行。为了帮助你，我建议你写下自己最大的三个坏习惯。现在就写。然后从中选一个，下决心戒掉。你能做到吗？这将带来很大的改变。如果你能把三个坏习惯都戒掉，你的人生轨迹将大大改善。你也可以决定要养成哪些习惯，然后执行。

我养成的最有价值的习惯是利用痛苦来激发高质量的思考。如果你也能养成这种习惯，你将明白是什么造成了你的痛苦，你该如何对待痛苦，而这将大大提高你的效率。

e. **坚持友善地训练“较低层次的你”，以养成好的习惯**。我过去一直以为，较高层次的自我需要和较低层次的自我斗争，夺取控制权，但我逐渐明白，更有效的做法是训练潜意识的、情绪性的自我，就像教育儿童听话一样。你需要坚持慈爱友善地训练它，以让自己养成好习惯。

f. **理解右脑思维和左脑思维的差别**。你的大脑分为负责意识的上层和负责潜意识的下层，同时还分为左、右半球。[1]你也许听说过有的人是左脑思维者，有的人是右脑思维者。这不只是一种说法：加州理工学院教授罗杰·斯佩里因这个发现而获得诺贝尔生理学或医学奖。简单来说是：

1. 左脑按顺序推理，分析细节，并擅长线性分析。“左脑型”或“线性”思考者分析能力强，通常被形容为“明智”。
2. 右脑思考不同类别，识别主题，综合大局。富有“街头智慧”的“右脑型”或“发散”思维者，通常被形容为“机灵”。

1. 一本关于这个问题的好书是丹尼尔·平克的《全新思维》，一篇关于这方面科学研究的好文章是《华尔街日报》刊登的罗伯特·李·霍茨的《漫游的心灵直通深刻认识》。尽管人脑的很多区域都分成左、右两边，但研究显示，只有较晚进化出来的大脑皮层（占脑体积的3/4）的左、右两边存在功能差别。

下图概括了“右脑”和“左脑”思维类型的特征。

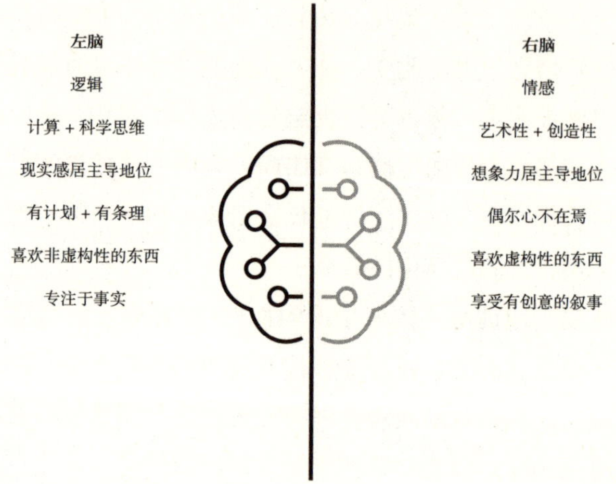

大多数人通常从一边大脑得到更多指令，并难以理解和他们不同的人。我们的经验显示，左脑思维者倾向于觉得右脑思维者“古怪”“玄虚”，而右脑思维者倾向于觉得左脑思维者“死板”“狭隘”。我发现，如果人们知道自己和其他人的倾向，并认识到两种思维方式都可贵，并相应地分配工作，就会产生很好的结果。

g. **理解大脑可以改变的程度**。这让我们面临一个重要问题：我们能改变吗？[1] 我们都可以学到新知识、新技能，那么我们也能学着改变思维倾向吗？答案是：完全可以。

大脑可塑性是指大脑的“软线路”可以在多大程度上改变。科学

1. 这是一个大问题。有不少学科就是专门研究这个问题的，而且目前没有权威答案，我的观点显然也不权威。但是我已经对大脑可塑性问题进行了相当深入的考察，因为对于试图管理自身与其他人的人来说，了解什么东西可以改变是很重要的。我了解到的东西与自己的经验相符，而且我将告诉你。

家曾在很长时间里认为，在经历一段童年的关键发育期后，人脑的大多数神经连接都会固定化，很难改变。但近年来的研究显示，从身体锻炼到学习冥想，很多种练习都能给人脑带来物理性和生理性变化，从而影响人的思维与记忆能力。威斯康星大学的研究人员对一些练习了 1 万多个小时冥想的佛教僧侣进行研究，发现他们大脑里的伽马波显著多于常人，而伽马波与认知和解决问题的能力有关。[1]

这并不意味着大脑具有无限的灵活性。如果你有某种思维偏好，你也许能训练自己换一种思维方式，并发现经过练习，难度会降低，但是你彻底改变潜在偏好的可能性很小。同样，你也许能训练自己的创造力，但如果你天生创造力不强，你在这方面就可能存在天花板。现实就是这样，所以我们应当接受现实，并学习如何应对现实。我们可以利用一些应对技巧，例如，经常忘记时间的有创造力、缺乏条理的人，可以养成使用警钟的习惯；不善于某种思维方式的人，可以训练自己依靠更擅长者的思维方式。改变的最好方法是做心理练习。和体育锻炼一样，这也会痛苦，但如果你利用前文提到的“习惯回路”，给练习以回报，“重装”你的大脑，让它喜欢上学习和有益的改变，痛苦就会消失。

记住，大脑的一些区域会本能地坚信自我完美的幻觉，而接受你的弱点与这种本能相违背。你需要勤加练习才能降低这种本能的防御反应，同时你需要待在能促进开放思维的环境里。

你将在“工作原则”部分看到，我发明了不少工具和技巧来帮助人和机构克服这种抵制反应。我发现通常最有效的方式不是期盼自己或其他人改变，而是承认自己的弱点，然后用明确的预防机制来避免

1. 哈佛大学附属麻省总医院的一项脑成像研究发现，经过为期 8 周的冥想课程后，大脑会发生物理变化。研究人员发现，大脑中与学习、记忆、自我意识、同情心和内省有关的区域的活动增多，杏仁核的活动减少。

弱点导致错误。这通常能加快成功的速度，提高成功的概率。

4.4 认识自己和他人的特性

因为人天生就有思维偏向，所以自我评估（以及对其他人的评估）通常会很不准确。心理测试要可靠得多。在从招聘到员工离职的整个过程中，心理测试都能起到很大帮助，把人的思维方式弄明白。传统招聘方式是面试与考察应聘者的背景和履历，尽管心理测试无法完全取代传统方式，但它的效能要强大得多。假如只能二选一的话，我会选择用心理测试招聘。幸运的是，我们不必二选一。

我们主要使用4种测试：MBTI、职场人格量表、团队倾向简表、分层系统理论。[1]但我们仍在不断试验（如“大五类人格”），所以测试组合也肯定会变化。无论是什么组合，这些测试都能反映职员的思维与行为偏好，同时向我们提供新的人格特征和术语，有助于把我们已经识别的特征与术语清晰化和扩展化。我在下文将叙述其中的一些。这些叙述基于我自己的经验和学习，在很多方面与心理测试机构使用的正式说法不同。[2]

a. **内向与外向**。内向者聚焦于内心世界，从思想、记忆和经验中汲取能量；外向者聚焦于外部，从与人相处中汲取能量。内向者与外向者的沟通方式也存在差异。如果你的某位朋友喜欢把想法“说个明白”（甚至在无人交流的情况下难以思考问题），他就可能是个外向者。内向者通常觉得这样的谈话很痛苦，更喜欢独立思考，想明白了才和别人交流。我发现，让他们以各自舒适的方式沟通很重要。例如，相比在群体中发言，内向者通常更喜欢书面沟通（如电子邮件），并倾

1. 这一测试有助于发现人们在不同层级之间如何选择，会自然地走向哪一层。
2. 如果你想尝试一些测试并看看结果，可以访问 assessments.principles.com。

向于不公开自己的批评性想法。

b. **直觉与感知**。一些人看到全局（森林），另一些人看到细节（树木）。在MBTI框架中，最能反映这两种方式的是从直觉到感知的序列。观察人的关注点可以发现他们的偏好。例如，在看书时，关注细节的感知者在看到像把their（他们的）写成there（那里）的错误时会很不舒服，但直觉者往往注意不到这种错误，这是因为他们关注全局，不重视细节。当然，要起草一份毫无拼写瑕疵的法律文件的话，最好是让感知者而不是直觉者来做。

c. **思考与感觉**。一些人的决策方式是：理性分析客观事实，考虑所有与具体情况相关的已知、可证明因素，富有逻辑性地决定如何行动。这是偏好思考者的特征，你会希望诊断你的医生是一个这样的人。偏好感觉者关注人与人之间的和谐，他们最好从事一些需要很多同理心、人际沟通、关系构建的工作，例如人力资源管理和客户服务。在桥水，在我们通过心理测试识别这些差异之前，两种人之间的对话是很令人沮丧的。而现在，当这些差异呈现出来时，我们一笑而过，因为我们了解这些差异，并明白这样的事很正常。

d. **计划与发觉**。一些人喜欢以井然有序的方式生活，另一些人更喜欢灵活、随性。[1]计划者（MBTI框架里的"判断者"）喜欢专注于计划并遵行，而发觉者喜欢关注周围发生的情况并适应。发觉者的工作方式是从外到内。他们观察情况，然后往前分析原因，寻找应对办法。他们还会看到可以对比、选择的多种可能性，经常因看到太多可能性而无所适从。而计划者的工作方式是从内到外，先想清楚目标，再想怎么做。计划者和发觉者往往难以相互理解。发觉者经常看到新情况

1. 在MBTI框架中，这一序列被描述为"判断"与"发觉"，但我更喜欢用"计划"，因为"判断"具有别的含义。在MBTI框架中，"判断"的意思不是"武断"，"发觉"的意思也不是"敏感"。

就改变方向，而计划者会对此感到不舒服，他们决策时非常重视先例，并认为以前怎么做，现在就该怎么做。计划者也会让发觉者感到不舒服，觉得他们僵化，不善随机应变。

e. **创造者、推进者、改进者、贯彻者与变通者**。识别了不同人的禀赋和思维偏好，你安排工作时就能让他们各展所长。在桥水，我们使用一种称为“团队倾向简表”的测试来合理安排工作。“团队倾向简表”识别的5种类型是创造者、推进者、改进者、贯彻者和变通者。

- **创造者**提出新想法、新概念。他们喜欢非结构化、抽象的活动，喜欢创新和不走寻常路。
- **推进者**传递这些新想法并推进。他们喜欢感觉和人际关系，管理各种人的因素。他们非常善于激发工作热情。
- **改进者**挑战想法。他们分析计划以寻找缺陷，然后以很客观、符合逻辑的方式改进计划。他们喜欢事实和理论，以系统性的方式工作。
- **贯彻者**也可以叫作**执行者**。他们确保重要的工作得到执行，目标被实现。他们关注细节和结果。
- **变通者**是以上4种类型的结合。他们能根据特定需求调整自身，并能从各种各样的视角看待问题。

我把每次测试的结果同我心里对别人的印象做对比，有时我的印象被强化，有时我产生疑问。例如，当有人的MBTI测试结果显示为S（关注细节）和J（计划者），而“团队倾向简表”的测试结果是贯彻者时，他们就很有可能比右脑思维者和有想象力的人更关注细节，这意味着他们会更适合结构更明确、更清晰、更少模糊性的工作。

f. **关注任务与关注目标**。一些人关注日常任务，另一些人关注目标及其实现途径。我发现这两者之间的差异与直觉型和感知型之间的差异很像。关注目标、“设想”能力最强的人能看到逐渐变化的大局，也更有可能做出有意义的改变，预估未来的事件。这些目标导向的人能从日常任务中跳出来，思考未来做什么、怎么做。他们最适合创造新东西（新组织、新计划等），管理频繁变化的组织。因为视野宽阔、通观全局，所以他们通常会成为最能勾画未来蓝图的领导者。

而关注日常任务的人更善于管理没什么变化、按部就班的事务。任务导向的人倾向于参照已经存在的东西，做出渐进的改变。他们不会快速地偏离现状，在突发情况面前更可能措手不及。另一方面，他们通常非常可靠。尽管看起来他们的关注点比宏观思考者狭隘，但他们的角色同样重要。假如我不与善于处理细节的人合作，我肯定出不了这本书，也实现不了任何有价值的东西。

g. **职场人格量表**。我们使用的另一种心理测试是职场人格量表。它以美国劳工部的数据为基础，集中于一些关键特征或品质，如毅力、独立性、抗压能力、分析能力等，预测员工行为和工作适配性、满意度。这个测试帮助我们理解人们的价值观，以及如何权衡不同的价值观。例如，“成就导向”得分低、“关心他人”得分高的人可能不愿为了实现自己的目标而损害他人利益。而“遵循常规”得分低的人也许更有可能独立思考。

我们发现，可以用25—50种特征很好地描述一个人。每个特征的强度可以有高有低（像色调一样）。如果你知道了一个人的所有特征并合理地综合在一起，就能基本上绘出他的全貌。我们的目标就是利用测试结果及其他信息来实现这一点。我们更倾向于与被考察者合作，因为这样可以更准确，同时对对方来说，能客观看待自身也是很有帮助的。

不同特征经常可以组成可识别的类型。想想看，你也许能想到生活中反复遇到的多种类型的人：古怪而不切实际的“艺术家”、一丝不苟的“完美主义者”、决绝地追求目标的“赴汤蹈火者”、能凭空想出奇妙理论的“理想家”。我还总结出了一些类型，包括“塑造者”“饶舌者”“调试者”“头脑开放的学习者”“推进者”“创造者”“牧猫者”“传播八卦者”“忠诚的行动者”“明智的法官”等。

需要说明的是，与通过测试得出的更丰满的描述相比，类型的用处较低。类型不精确，更像简单的漫画，但在组建团队时类型是有用的。每个人都比描述他的类型复杂，而且一个人可以符合多种类型。例如，一个“古怪的艺术家”也可能是一个“完美主义者”或“赴汤蹈火者”。我不会一个个描述，但要稍微详细地说说“塑造者”——最能代表我的类型。

h. **塑造者是能从构想一路走到构想实现的人**。我在第一部分里就我认为是“塑造者”的人写了很多。我所说的“塑造者”是指这样的人：能提出独特和有价值的愿景，并以美妙的方式实现愿景（通常是在他人的质疑之下）。塑造者既能看到全局，也能看到细节。在我看来，“塑造者” = “理想家” + “务实思考者” + “坚毅者”。

我发现塑造者通常有一些共同特征：极富好奇心；有把事情弄清楚的强烈冲动；近乎叛逆地独立思考；需要宏大别致的梦想；务实并坚毅地排除万难、实现目标；了解自己和其他人的长处和短处，所以能协调团队来实现目标。也许更重要的是，他们能同时持有相互冲突的想法，并从不同角度来看待这些想法。他们通常喜欢和其他真正的聪明人一起探索，能在全局和细节之间自如地来回跳跃，并相信二者同样重要。

真正擅长这些思维方式从而能成为现实中的塑造者的人凤毛麟角。不过，他们如果不和天生具有其他特征的人合作也无法成功，后者的思维方式和行动也是不可或缺的。

在任何生命历程中，了解人的特性都是必要的第一步。你做什么并不重要，只要你做的符合自己的个性和人生理想。我和一些全球最有钱、最有权势、最受尊崇的人打过交道，也和世界上一些最不起眼的角落里最穷、最弱势的人打过交道，我可以明确地说，在基本生活线之上，幸福水平和常规的成功标准之间没有任何联系。一个能从木工中得到内心满足的木匠，能轻松拥有和美国总统一样美好甚至比美国总统更好的生活。我希望你从本书学到的最重要的认识是，人人都有长处和短处，人人都能在生活中扮演重要角色。大自然塑造万事万物皆有目的。你最需要的勇气不是驱使你战胜别人的勇气，而是不管其他人对你有何冀望，你始终坚持做最真实的自我的勇气。

4.5 无论你要实现什么目标，让合适的人各司其职以支持你的目标，是成功的关键

无论在私人生活还是工作中，你和其他人合作的最好方式都是，把具有互补性特征的人搭配在一起，创建最适于完成任务的团队组合。

a. 管理你自己，并协调其他人实现你的目标。你最大的挑战是让深思熟虑的较高层次的自我管理情绪性的较低层次的自我。做到这一点的最佳途径是有意识地养成习惯，自动地做对自己有益的事。在管理其他人方面，我能想到的比方是一个好乐队。乐队指挥是塑造者、引导者，他主要不是“做”(例如他不演奏乐器，尽管他了解很多关于乐器的知识)，而是勾勒结果，并确保乐队所有成员一起发力实现目标。指挥要确保每个乐队成员知道自己的长处和短处，以及各自的职责。不是每个人都自己演奏得最好，而是通过合作实现“1+1>2”的效果。指挥最吃力不讨好的工作之一是开除总是不能好好演奏或合作的人。最重要的是，指挥要确保演奏效果和他想的一样。他说：“音乐得是这样。”然后加以落实：“贝斯手，撑起整个格局。这里要连接

得妙，这里要奏出神韵。”乐队的每个部分也有各自的领导者，如首席小提琴手等，他们也帮助把作曲者和指挥的设想表达出来。

这么看待事物对我帮助很大。例如我前文提到过的债券交易系统化计划，在形成这种新视角后，我们得以更好地看到现实与需求之间的距离。鲍勃在思想上是我的好伙伴，我们一起理解需要解决的全局性问题，但他不擅长设想实现解决方案的程序，他也没有找到合适的人来共同完成该计划。他倾向于与和自己相似的人共事，所以他找的主要副手和他相似，善于在纸面上宏观规划，不善于具体安排实现规划的人、事项和日程。这名副手的测试结果是“变通者”，说明他能很好地朝鲍勃要求的方向走，但缺乏辅助鲍勃完成任务必需的清晰、独立思维。

在试了几轮没有进展之后，我们利用了那些理解员工特性的新工具，并根据测试结果展开行动。我们促使鲍勃换了一名新副手，她极其擅长在宏观规划和完成规划所需的具体项目之间游刃有余。把她的棒球卡与上一个副手的做对比可以发现，她的独立、系统性思维能力极强，这对清晰展望如何实现鲍勃的宏观想法至关重要。她安排了其他辅助者，包括一名项目经理。这名经理不太关注理念，但非常重视具体任务的细节和完成期限。在观察新组员的棒球卡时，我们可以很快发现，他们更多地展现出一些与计划性、扎实、及时执行相关的特征，而这些是鲍勃的弱项。在这个新团队就位之后，我们的计划就开始一帆风顺了。之所以能做到这一点，是因为我们仔细考察了实现目标所需的所有“积木”，并找到了缺失的“积木”来弥补。

我们坦诚开放地了解员工特性的做法，对无数项目都有帮助，债券交易系统化计划只是其中之一。而且需要明确的是，对于人的思维方式如何不同这个问题，本条所述只触及皮毛。

在下一条，我将把你读到的所有内容综合起来，分析决策的基本要素。一些决策你应该自己做，一些则应该让更可信的人代理。利用自知之明区分这两种情况，是成功的关键，不管你追求什么。

5

学习如何有效决策

作为一个职业的决策者，我一直在研究如何有效决策，并不断在寻找能降低犯错概率、实现更好效果的决策规则与系统。

我了解到的最重要的东西之一是，大部分日常决策是潜意识性过程，比通常认为的要复杂。例如，想想你在开车时，如何和前面的车保持安全距离。现在请你详细描述这个过程，以让从来没有开过车的人也能做得和你一样好，或者能输入计算机，成为自动驾驶汽车的控制程序。我敢打赌，你做不到。

现在想想这个挑战：用系统化、可复制的方式把你的所有决策做好，同时还能以非常清晰准确的方式描述决策程序，从而让处在同样情况下的任何人都能做出同样的高质量决策。这正是我渴望做的事，而且我发现朝这方面努力价值无限，尽管我距离完美还很远。

尽管世界上并没有最好的决策方式，但存在一些有效决策的普通规则。第一条是：

5.1 要认识到：（1）影响好决策的最大威胁是有害的情绪；（2）决策是一个两步流程（先了解后决定）

了解必须先于决定。如第一条所说，大脑能够储存不同类型的知识，有潜意识，能机械记忆，能养成习惯。但不管如何获取知识、在哪里储存知识，至关重要的是，你了解到的东西能够真实、丰富地反映相关现实，从而使你做出更好决策。所以在了解过程中保持头脑极度开放，向可信的人请教，始终是有帮助的。许多人在情绪上不愿意这么做，而这会妨碍他们了解现实，做出更好的决策。始终提醒自己，至少听一下某种相反的观点，永远都没有害处。

决策过程分两步：先选择作为决策基础的知识，既包括相关事实（“是什么”），也包括你对事实背后的因果机制的宏观理解；然后根据这些知识来确定行动计划（“怎么做”），这需要你反复权衡不同的可能性，以设想如何实现符合你愿望的目标。为了做好第二步，你需要综合权衡直接结果、后续结果和再后续结果，而且做决定时不能只看到短期结果，还要看到长远结果。

很多惨痛的糟糕决定，都是由于决定者未能权衡后续和再后续结果，而当你最初做出的劣质决策印证了你的偏见时，决策的不良后果就会尤为致命。在提出疑问和探寻事实真相之前，永远不要看到一个选择就定下来，不管它看起来多么好。在过去，为了避免自己坠入这个陷阱，我习惯自问：我在了解相关情况吗？我已经掌握了决策所需的所有知识了吗？经过一段练习后，你会自然、心态开放地搜集所有相关信息，但你必须躲过不良决策的第一个陷阱，就是先在潜意识驱使下做一个决策，然后挑选与决策相符的数据。

那么，如何才能把了解做好呢？

把了解做好

对我而言，归根结底，对现实形成准确、完整的认识需要两件事：能够准确综合分析，知道如何综合考虑多个层级。

综合分析是把许多数据转化为一幅精准画面的过程。综合分析的质量将决定你的决策质量。所以，与你知道的善于综合分析的人一起审视你的观点，总是会有帮助的。就算你觉得自己的综合分析能力已经很强了，这样做也能让你提高。对于一位可信者的观点，任何理智的人都应该心存自己可能犯错的敬畏去思考，而不应轻易拒绝。

为了把综合分析做好，你必须：（1）综合分析眼前的形势；（2）综合分析变化中的形势；（3）高效地综合考虑多个层级。

5.2 综合分析眼前的形势

每一天你都遇到无数事情纷至沓来。暂且把这些事情称为“点”。为了做到高效，你必须能分清哪些“点”重要，哪些不重要。一些人毕生收集各种零零碎碎的看法和观点，而不是只保留自己需要的。他们有“细节焦虑症”，担忧不重要的事情。

有时小东西也是重要的，比如，你汽车发动机里咯咯响，可能只是一片塑料松了，也可能是正时皮带要断了的迹象。关键是要有更宏观的视角，这样才能对真正的风险程度做出快速准确的判断，而不会陷在细节中不可自拔。

谨记：

a. **你能做的最重要的决定之一是决定问谁**。确保他们是可信的人，对情况的了解全面。无论你想理解什么，找到负责这方面的人，问他们。请教不了解情况的人还不如找不到答案。

b. **不要听到什么信什么**。观点很廉价，几乎所有人都愿意和你分享观点。许多人会把观点表述为事实。你要区分观点和事实。

c. **所有东西都是放在眼前看更大**。在生活的所有方面，正在发生的事情都似乎很大，回头来看则不然。所以你应该跳出去以看到全局，有时候可以过一段时间再做决定。

d. **不要夸大新东西的好处**。例如，在选择看什么电影、读什么书时，你倾向于时间证明的经典还是最新的轰动性作品？在我看来，选择最好而不是最新是更聪明的做法。

e. **不要过度分析细节**。一个“点”只是来自一个时刻的一条数据，你综合分析的时候始终要看到大局。就像你需要区分大小、特定事件与总体规律一样，你也需要知道从每一个“点”能得到多少知识，而不是高估其重要性。

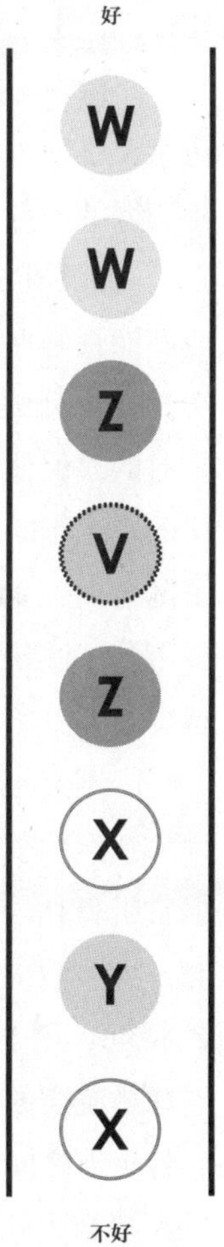

5.3 综合分析变化中的形势

为了明白不同的点在一段时期内的相互关系，你必须搜集、分析和识别不同类型的信息，而这并不容易。例如，设想有一天发生了 8 个事件结果，有的好，有的坏。我们把这一天的情况画下来，每种事件类型由一个字母表示，每个结果的好坏由其高度表示。

为了综合分析这一天，你必须根据类型（以字母代表）和质量（从低到高，越高越好）来将结果分类，这将需要对每一类总结出大体的评估。（为了让这个例子更具体，可以设想你在经营一家冰激凌店，W 代表销售情况，X 代表客户体验评分，Y 代表媒体报道和评价，Z 代表员工积极性，等等。）始终记住，我们的例子是个相对简单的例子：一天只发生了 8 个事件。

从上页图中你能看到，这一天的销售很棒（因为两个 W 都在顶部），但客户体验不好（见两个 X）。你可以想想原因是什么，比如一群人到来，所以销售很多，但也造成排长队。

善于这样看待事物的人可谓凤毛麟角，但就像大多数能力一样，综合分析变化时间形势的能力也不完全是天生的，就算不擅长，你也可以通过练习来提高这种能力。遵守以下原则，你将提高成功的可能性。

a. **始终记住改善事物的速度和水平，以及两者的关系**。当你要确定某个事物可以接受的改善速度时，你要注意的是事物水平相对于改善速度的关系。我经常发现人们看不到这一点。他们说“事情正在改善”，但没有注意到事物的质量距离平均水平还有多远，以及其改善速度能否确保其在可接受的时间内超过平均水平。如果过去在考试中得三四十分的人，在几个月里成绩达到了 50 多分，说成绩在改善也是对的，但他的水平仍然很差。你生命中所有重要的东西需要以足够快的速度不断改善，超越平凡，走向卓越。第 228 页图中的线条显示了随着时间的推移各个点会如何连接起来。线条 A 将让你及时地超越平凡，线条 B 则不行。要做出良好的决策，你需要明白现实是哪种情况。

b. **不必过于精确**。理解“差不多”这一概念，使用粗略估计法。因为我们的教育系统过于重视精确，所以擅长粗略估计这个技能的价值常被低估。这会影响概念化思考。例如，当被要求计算“38 × 12”时，大多数人是以缓慢费力的方式计算，而不是简单地把 38 四舍五入成 40，把 12 四舍五入成 10，然后快速地确定答案在 400 左右。看看冰激凌店的例子，想一想，与其费力地把所有关系弄清楚，快速看到各个点之间的大致关系，是多么有用。费力进行精确计算是愚蠢的，但大多数人就是这么做的。为了做出有效决策，你需要在“差不多”

这个层面上理解大多数事物。当每次有人做一个宏观的“差不多”的陈述，而有些人反驳说“并不总是这样”时，我的本能反应是，我们也许要丢西瓜捡芝麻了，即讨论例外而不是常规，而这将让我们看不到常规。为了帮助桥水的员工避免这种浪费时间的情况，我们的一位刚从大学毕业的投研人员说了一句我经常复述的话：“当你问一个东西对不对而对方告诉你并不完全对时，那它大致是对的。”

c. **谨记“80/20 法则”，并明白关键性的“20%”是什么。**“80/20 法则”是指，你从 20% 的信息或努力中得到 80% 的价值。（同样，你可能需要花费 80% 的努力来获取最后 20% 的价值。）理解这一法则后，一旦你了解了做出好决策所需的大多数情况，你就不必再陷于不必要的细节之中了。

d. **不要做完美主义者。**完美主义者花太多时间关注边缘性的微小因素，影响对重大因素的考虑。做出一个决定时通常只有 5—10 个需要考虑的重要因素。重要的是深入了解这些因素，而过了一定的临界点后，即使研究重要因素，所产生的边际收益也是有限的。

5.4 高效地综合考虑各个层次

现实分为不同层次，每一层都能给你不同但有价值的视角。综合分析和决策时你需要把这些层次都记住，并知道如何在不同层次之间转换。

假设你正在谷歌地图上观看你的家乡。把地图放大到能看到建筑时，你就看不到家乡周围的地区了，而后者是重要的信息。也许你的家乡在水边，但地图放得太大的话，你将无法判断那是河岸、湖岸还是海岸。你必须知道，为了合理决策你要考察哪个层次。

我们总是从不同层次看事物，并在各个层次之间转换，不管我们是有意识还是无意识地这么做，不管我们做得好不好，不管我们看的现在看看一个月的工作日是什么情况。有点令人困惑吧？

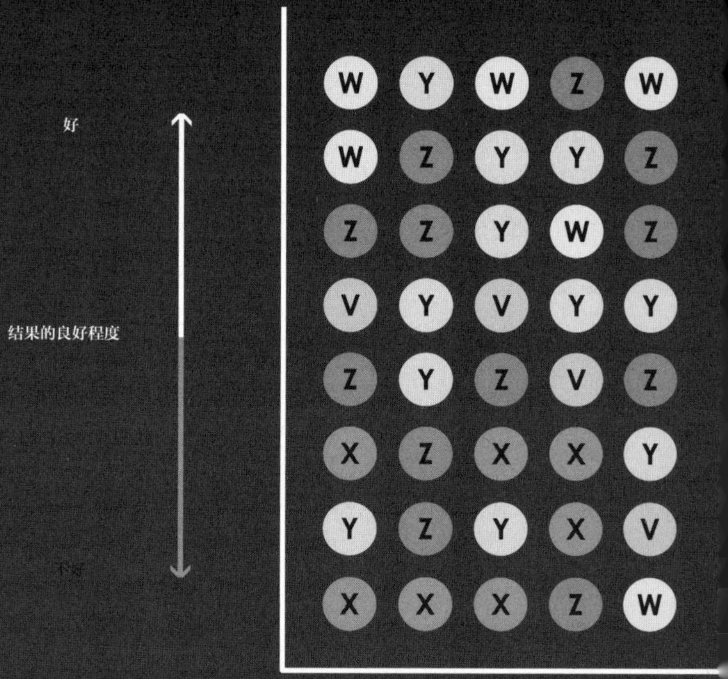

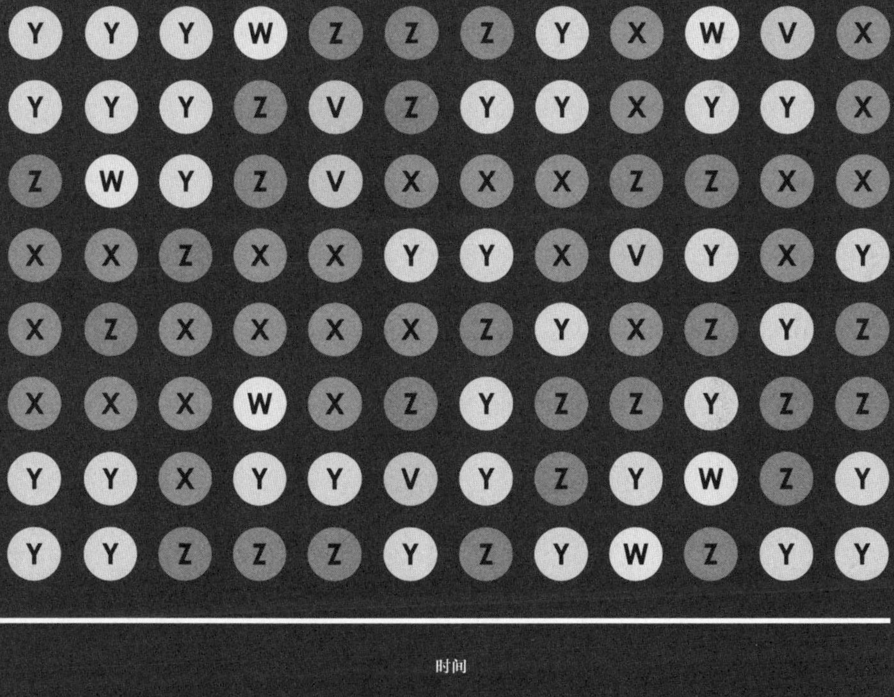
Y Y Y W Z Z Z Y X W V X
Y Y Y Z V Z Y Y X Y Y X
Z W Y Z V X X X Z Z X X
X X Z X X Y Y X V Y X Y
X Z X X X X Z Y X Z Y Z
X X X W X Z Y Z Z Y Z Z
Y Y X Y Y V Y Z Y W Z Y
Y Y Z Z Z Y Z Y W Z Y Y
时间

下图只显示 X 类型的点，你能看到情况在改善。

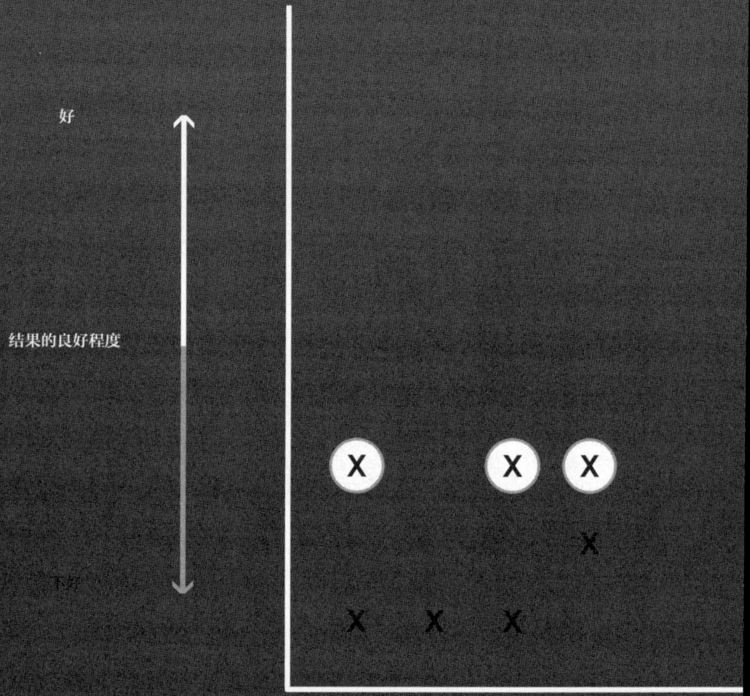

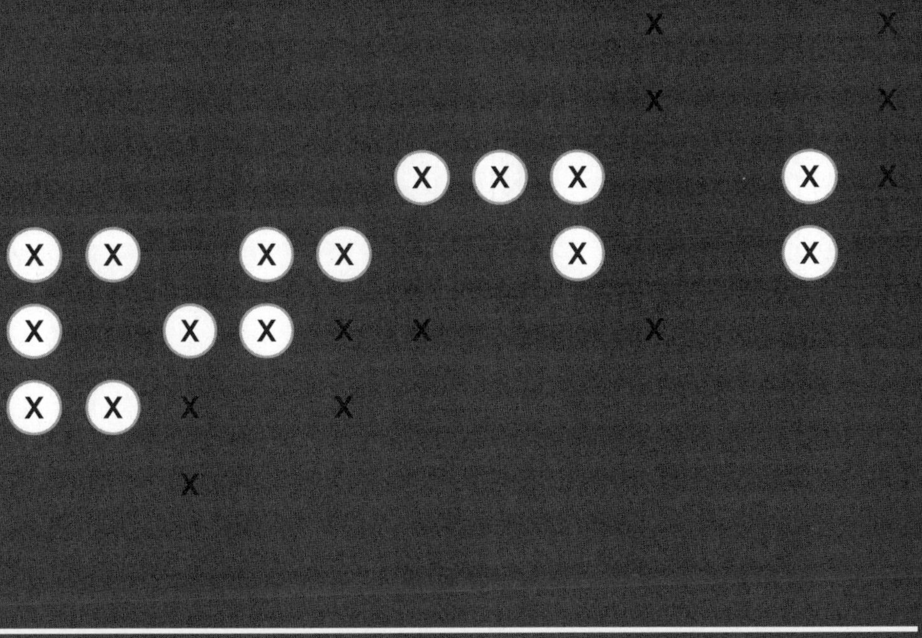

时间

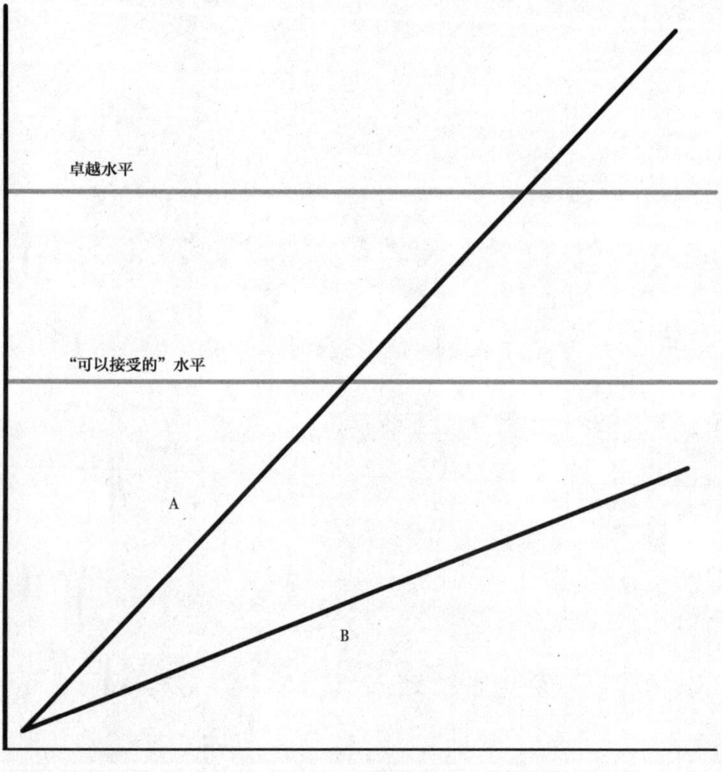
卓越水平
“可以接受的”水平
A
B

是物体、观念还是目标。例如你也许每天都在两个层次之间转换，一个是你的价值观，另一个是你为实现价值观做的事。大概情况如下：

1 高层次的全局：我想要能学到很多东西的有意义的工作。

1.1 次一级的理念：我想成为一名医生。

次一级的点：我需要上医学院。

再次一级的点：我需要在科学课程上取得好成绩。

再再次一级的点：我今晚需要在家学习。

要观察你在生活中这方面做得怎么样，可以注意你的谈话。我们在谈话时倾向于在不同层次之间转换。

a. **用“基线以上”和“基线以下”来确定谈话位于哪一层**。基线以上的谈话关注要点，基线以下的谈话关注分点。当一段分析混乱、令人迷惑时，通常是因为谈话者陷于基线以下的细节之中，而没有重新把细节与要点联系起来。基线以上的谈话应当以井然有序的方式走向结论，只有在有必要说明某个要点的细节时才可走到基线以下。

b. **谨记，决策需要在合理的层次做出，但也应在各层次之间保持一致**。例如，你想过健康生活的话，你就不应该每天早餐吃 12 节香肠、喝点啤酒。换言之，你需要不断联系和调和从不同层次搜集的数据，以对具体情况形成全面认识。就像一般的综合分析能力一样，一些人天生在这方面做得较好，但任何人都能通过学习来达到一定的程度。为了做好这一点，你有必要：

1. 谨记任何问题都存在很多层次。
2. 针对一个问题，明白你分析的是哪个层次。
3. 有意识地在不同层次之间转换，而不是把问题视为一堆没有内在区别、可以随意考察的事实。
4. 以下页图为模板把你的思考过程画成图。

如果你以极度开放的头脑来做这些，你不仅将更明白你看到的东西，还将更明白你没看到但也许其他人看到的东西。这有点像爵士乐手们不在一个调上，而在都明白自己的层次后，所有人就能在同一个音调下演奏。在你们都知道自己的思维方式并开放地看待其他人的思维方式后，你们就能一起创造出好的概念爵士乐，而不是只能冲彼此尖叫。接下来我们再进一步，看看做决策的问题。

把决策做好

利用决策逻辑来创造长期的最佳结果，本身已经成为一门科学。这门科学利用了概率学和统计学、博弈论等工具。尽管这些工具很多都能带来帮助，但有效决策的基本要素是相对简单和永恒的，事实上在不同程度上以基因的形式存在于人脑里。通过观察野生动物你会发现，它们本能地计算自身能量的预期价值，以将发现食物消耗的能量最小化。这方面做得好的动物繁衍成功，通过自然选择过程传递自身基因，做得不好的动物则会惨死。尽管在这方面做得不好的人类通常不会惨死，但他们肯定也会遭到经济选择过程的惩罚。

如前所述，大致存在两种决策方式，一种以证据和逻辑为基础（来自较高层次的大脑），另一种以潜意识和情绪为基础（来自较低层次的动物性的大脑）。

5.5 综合分析现实、理解如何行动的最好工具是逻辑、理性和常识

注意不要依赖其他任何东西。不幸的是，心理学家进行的大量测试表明，多数人在多数时间里受到较低层次大脑的控制，这导致劣质决策，而他们还不自知。如卡尔·荣格所说：“除非你意识到你的潜

意识，否则潜意识将主导你的人生，而你将其称为命运。”更重要的是，当多个群体合作时，决策应当基于证据、符合逻辑，否则决策程序将不可避免地被最强大而不是最明智的成员主宰，这不仅不公平而且质量较低。成功的组织都有组织文化，确保基于证据的决策是常规而非例外。

5.6 根据预期价值计算做决策

把每个决策都视为一个押注，押对有一个概率，有相应的奖励；押错有一个概率，有相应的惩罚。会赢的决策通常是具有正向预期价值的决策，也就是说，奖励乘以其发生概率的数值大于惩罚乘以其发生概率的数值，预期价值最高的决策是最好的决策。

比方说，押对的奖励是 100 美元，概率是 60%，押错的惩罚也是 100 美元。100 美元奖励乘以押对的概率 60%，等于 60 美元；100 美元惩罚乘以押错的概率 40%，等于 40 美元。用奖励减去惩罚，差额就是预期价值，这个例子中的预期价值是正 20 美元。一旦理解了预期价值，你也会理解，押概率最大的情况不一定是最好的。例如，设想某件事的成功概率只有 20%，而奖励的回报是 1 000 美元，失败的损失只有其 1/10，为 100 美元。这件事的预期价值是正 120 美元。所以，只要你对损失有承担能力，这也许就是个明智的决策，尽管你失败的可能性更大。你不断地计算这些概率，随着时间的推移，你肯定将看到成功的结果。

尽管多数人并不明确地进行这些计算，但我们经常凭直觉这样做。例如，尽管下雨的概率只有 40%，但你依然决定带伞去商店；尽管你几乎肯定自己知道路，但你依然要查看手机来确认方向。这些时候你都是在计算预期价值。

有时即使你押错的可能性非常大，但押错的成本几乎可以忽略不

好的情况

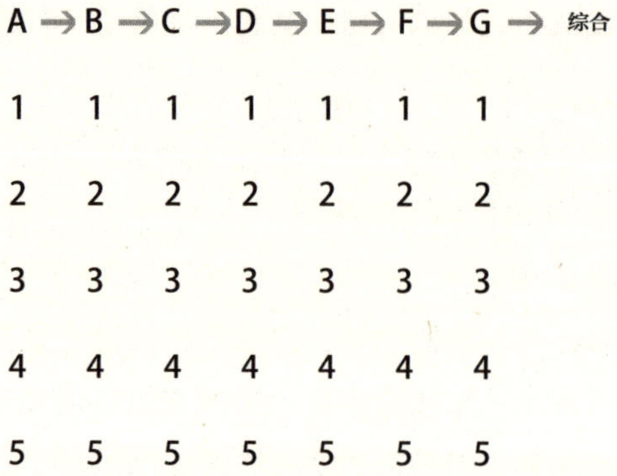

一个更大的有效序列

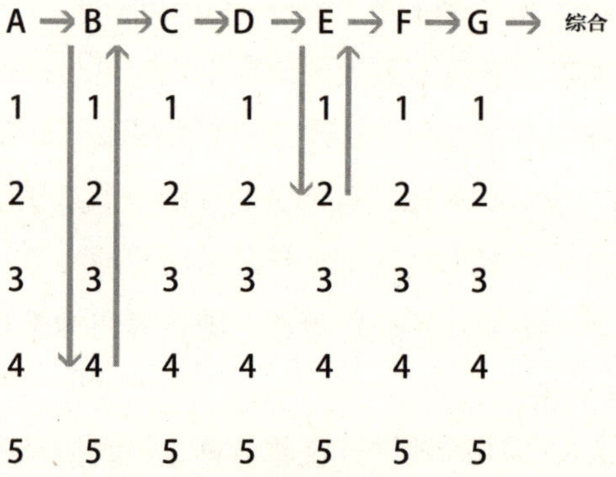

一个符合逻辑并分析细节的有效序列

不好的情况

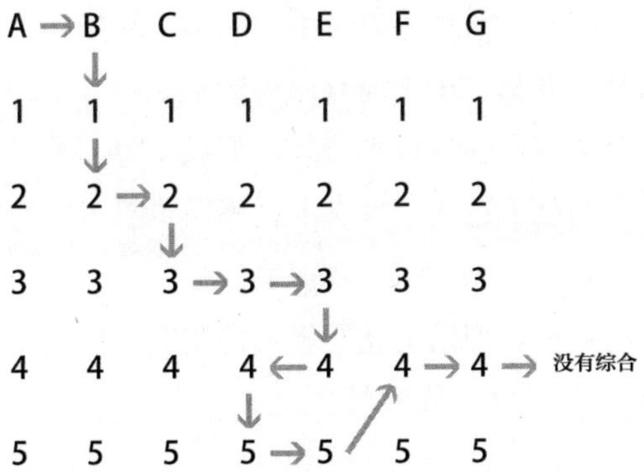

一个随机的、走向脱轨的过程

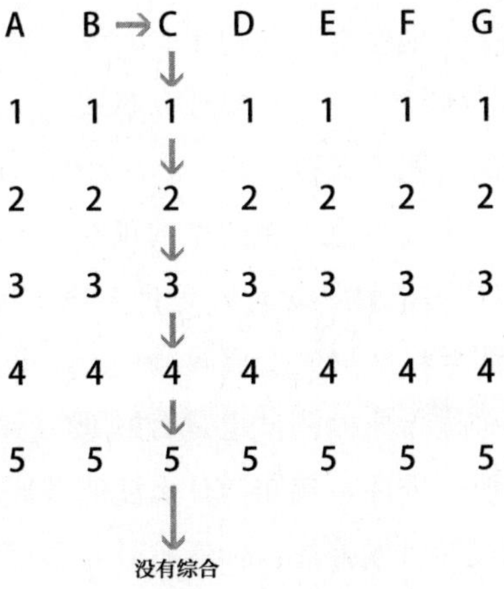

一个直线下跌、毫无成果的过程

计，而押对的概率虽然很小，奖励却很高，在这种情况下，试一下仍然是明智的。就像俗话说的："多问问总没坏处。"

这个原则给我自己的生活带来了很大改变。多年前我刚刚成家时，我看到了一栋各方面都很完美的房子。问题是这栋房子并不挂牌出售，我问的每个人都告诉我，房主没有出售的意愿。更不利的是，我还很确信我将难以申请到足够的抵押贷款。但我觉得，给房主打个电话询问一下，看看我们能否达成某种交易，不需要投入任何成本。事实证明他不仅愿意出售，还愿意借给我一笔钱！

同样的原则适用于押错的惩罚极大的情况。例如，尽管你患上癌症的概率很低，但当出现某种征兆时，你去检查确认一下也是有好处的。

为了帮你把预期价值计算做好，谨记：

a. **不管你押对的概率已经有多大，提高你的押对概率始终有价值**。我经常看到人们在押对概率高于50%时做决定，而他们没有看到的是，假如进一步提高押对概率，他们将多获得多少（你几乎总是可以通过获取更多信息来提高押对概率）。与把押对概率从49%（错的可能性略高）提高到51%（对的可能性只是略高一点）相比，把押对概率从51%提高到85%（提高34个百分点）所产生的预期价值增益是前者的17倍。把概率视为你犯错可能性的标尺。把押对概率提高34个百分点意味着，你1/3的押注都将从损失变成收益。所以即使在你很有信心的情况下，对你的思维进行压力测试也是有好处的。

b. **知道什么时候不要去押注，和知道什么注值得押同样重要**。只在你最有信心会获得回报的时候押注，你的记录才会得到显著改善。

c. **最好的选择是好处多于坏处的选择，不是毫无坏处的选择**。看看有些人，发现一点问题就反对某件事，而不合理权衡所有的优缺点。这样的人通常不善于决策。

5.7 比较更多信息带来的价值和不做决定造成的成本，决定优先顺序

有的决定最好在获得更多信息后做出，有的决定最好立即做出。就像你在综合分析问题时总要区分大小因素一样，你也总是要比较搜集更多信息带来的边际收益和暂时不做决定造成的边际成本。善于合理排序的人理解以下几点：

a. **先把你的“必做之事”做完，再做你的“想做之事”。**区分你的“必做之事”和“想做之事”，不要错误地把任何“想做之事”排到最前面。

b. **你很可能没有时间处理不重要的事，那最好将它留着，以免自己没有时间处理重要的事。**我经常听到人们说：“现在做点这个或那个不好吗？”这时他们很可能要分心了，不能集中在重要得多、需要做好的事情上。

c. **不要把概率当作可能性。**万事皆有可能，重要的是概率。你必须考虑每个因素的发生概率，然后进行排序。能够准确区分概率和可能性的人通常善于“务实思考”，他们是“哲学家”类型的反面，而“哲学家”类型的人倾向于在各种可能性的迷雾中迷路。

成为好决策者的捷径

好决策者并不机械地记忆和执行上述步骤，但他们确实是这么做的。这是因为通过不断的练习，他们学会了自然而然地照此行动，就像一个棒球手不假思索就能抓住飞来的球一样。假如他们必须把每一条原则从记忆中唤醒，通过缓慢的意识来执行原则的话，他们就不可能妥善处理纷至沓来的问题。但他们确实也会通过意识来做一些事，你也应该这么做。

5.8 简化

撇掉无关细节，让重要因素及其相互关系呈现出来。俗话说："每个傻子都能把事情复杂化，只有天才才能把事情简单化。"想想毕加索，很年轻时就能画出美丽的写实油画，但在职业生涯中，他不断地追求精简。并不是所有人都有这样的思维方式，但没有这种禀赋并不意味着你做不到这一点，你只是需要创造性和毅力。必要时你可以寻求其他人的帮助。

5.9 使用原则

使用原则既能简化也能改善你的决策。尽管读到现在你也许觉得这显而易见，但值得反复重申的是，要明白几乎所有"眼前的情况"都是"类似情境的再现"，要识别"类似情境"是什么，然后应用经深思熟虑得出的原则来应对。通过这么做，你必须做出的决策的数量将大大减少（我估计约减少为十万分之一），你的决策质量将大大提升。把这做好的诀窍是：

（1）让你的思维慢下来，以注意到你正在引用的决策标准。

（2）把这个标准作为一项原则写下来。

（3）当结果出现时，评估结果，思考标准，并在下一个"类似情境"出现之前改进标准。

识别每个"类似情境"的类别，就像识别一种动物所属的物种一样。识别每一件事，然后选择对其适用的原则，会变得像在玩游戏一样，所以这样做既是很有用的，也是很有趣的，当然也可能具有挑战性。许多我所说的"眼前的情况"都具有混合性质。当眼前的情况里包含一些"类似情境的再现"时，你必须权衡不同的原则，运用"意境地图"来思考对遇到的不同类型情况如何处理。为了帮助人们这么做，我创制了一个称为“教练”的工具，将在附录中阐述。

你可以用自己的原则，也可以用别人的，只需要把能发现的最好的原则用好。如果你养成了这样的思维习惯，你将成为一个卓越的有原则的思考者。

5.10 对你的决策进行可信度加权

我发现，和高度可信、愿意表达深思熟虑的分歧的人交流，一直都能深化我对问题的理解，改进我的决策质量。这通常能让我做出更好的决策，并能让我学到美妙的东西。我建议你也这么做。

为了做好这一点，你必须避免以下常见失误：（1）不合逻辑地高估自己的可信度；（2）不区分可信度不同的人。

在与其他人产生分歧时，应该首先看看你们能不能就决策原则达成一致。在进行这样的讨论时，你们应该分析不同原则背后理由的优劣。如果能就决策原则达成一致，你们就把原则应用于眼前的问题，得出一个人人赞同的结论。如果对决策原则有分歧，你们可以通过比较彼此的可信度来努力解决分歧。我将在“工作原则”中更详细地解释具体做法。

这种有原则的、可信度加权的决策方式很迷人，效果比一般的决策方式好得多。例如，假设我们用这种办法来选总统。引人遐想的是，就一个好总统应该具备什么样的素质、谁在做出上述判断时最为可信这两个问题，我们能不能提出各自的原则。我们最终的讨论结果将是实行一人一票还是别的方式？如果是别的方式，应该怎么做？这肯定能带来非常不同的选举结果。在下一次选举的时候，我们可以在正常选举的同时进行这样的演练，以观察二者的差别。

尽管可信度加权的决策听起来有些复杂，但你很可能经常这么做，比如你问自己“我应该听什么人的意见”时。但几乎可以肯定的是，如果你更有意识地这么做，效果会好很多。

5.11 把你的原则转换成算法，让计算机和你一起决策

如果能做到这一点，你将把自己的决策能力提高到一个全新的水平。通过这么做，很多时候，你将能检验原则在应用于过去的情况和各种不同的情况时能起到什么样的作用，这能帮助你改进原则。而且这么做肯定能让你对问题有飞跃式的深入理解。这还能将情绪因素从决策中去除。就像文字一样，算法也能描述你的计划，只是用计算机能理解的语言记录而已。如果你不会使用这种语言，你就应该学会，或者找一个能为你翻译的帮手。你的子女和伙伴必须学会使用这种语言，因为它可能很快会成为全世界最重要的语言。

和计算机中的另一个你形成合作关系，你们相互从对方身上学习，各展所长，决策效率会比你单打独斗时高得多。你还可以通过计算机加入很棒的集体决策之中，这比个体决策有效得多，且能推动人类的进化。

系统化和计算机化的决策

未来，人工智能将对人类所有方面的决策产生深刻影响，尤其是在人类已经进入的这个新时代，关于人的信息极为透明，这二者结合会产生极大的影响。现在，不管你喜欢与否，任何人都可以轻易获取你的数据信息，对你进行深入了解，而且这些数据可以被输入计算机，从你会买什么商品到你的人生价值观如何。尽管这让许多人觉得恐慌，但 30 多年来在桥水，我们一直在把极度透明和算法决策结合起来，并发现这样做成效非凡。事实上我相信，不久之后，这种计算机化决策将变得常态化，几乎和人脑决策一样正常。

思考

↓

原则

↓

算法

↓

好决策

人工智能不是一个新概念。早在 20 世纪 70 年代，当我初次尝试计算机化决策时，这个概念就已经存在了将近 20 年（“人工智能”一词首次出现于 1956 年达特茅斯学院的一场会议）。尽管从那时到现在很多情况发生了变化，但人工智能的基本概念始终不变。

举一个极简单的计算机化决策的例子。假设你在住房供暖方面有两项原则：当温度降到 20℃以下时开暖气，午夜到凌晨 5 点之间关暖气。你可以用一个简单的决策公式来表达这两项原则之间的关系：如果温度低于 20℃，时间不在午夜到凌晨 5 点之间，就开暖气。在搜集很多这样的公式后，你就可以创建一套决策体系，这套体系能够处理数据，权衡和应用各种相关标准，并提出决策建议。

用算法表述投资决策标准，然后用历史数据来检验，或者用算法表述工作原则，然后用其来帮助管理决策，都不过是智能温度调节器的更大、更复杂的版本。与人脑决策相比，这能让我们更快地做出考虑更周全、更少情绪化的决策。

我相信这种做法会变得越来越普遍，计算机编码会变得和写字一样重要。计算机在帮助决策方面的作用，迟早会变得像它们今天在收集信息方面的作用一样大。当计算机帮助我们决策的时候，它们将了解到我们的情况，包括我们的价值观、长处和短处。它们将能自动地找到在特定领域比我们更强的人的帮助，从而能给我们提供合适的建议。不久之后，我们的计算机就能和其他人的计算机对话，并以上述方式合作。事实上这已经在发生了。

设想这样一个世界：你能利用科技接入一个系统，可以在系统里输入你正在处理的问题，并向全世界这方面最受好评的思考者请教解决办法，以及背后的理由。这一点将很快得以实现。不久后，在几乎所有你面临的问题上，你都能利用全世界最高质量的思考，并得到能权衡不同观点的计算机化系统的指导。例如，你将可以询问，基于自己的情况，你应当选择什么样的生活方式或职业生涯，或者基于其他人的情况，你应当如何与他们沟通。这些创新将把人从自己的头脑中解放出来，释放出一种无比强大的集体思维模式。桥水正在这么做，并发现这种思维模式比传统思维方式好得多。

听到这样的观点，人们经常会说，人工智能将和人类智能竞争，但在我看来，人类智能和人工智能同舟共济的可能性更大，因为这能带来最好的结果。计算机要复制人脑的许多功能，如想象力、综合分析能力和创造力，要经过很长时间，甚至永无可能。这是因为人脑天生就储存着亿万年生物进化培育的各种能力。许多计算机系统依据的是决策“科学”，依然远远不如“技艺”有价值。在最重要的决策方面，人类依然比计算机做得好。你只需看看最成功的人是什么样的人就明白了。软件开发工程师、数学家和博弈论研究者并不是最成功的，最具有理性、想象力和毅力的人最成功。

计算机模型需要被输入合理信息，信息需要解读，而只有人类智能可以开展这种解读。例如，计算机无法告诉你，与亲人共处时间和工作时间的相对价值如何，如何达成最优的时间分配组合，使两种活动的边际效用都达到最大。只有你知道你最看重什么，你愿意与谁共度人生，你想要什么样的环境，只有你能最终做出最好的决定，尽最大可能实现这一切。而且，我们的很多思考来自自己无法理解的潜意识，所以把人类思考彻底模型化是不可能的，就像从未抽象思考过的动物不可能定义和学习抽象思考一样。

但在很多方面，人脑也无法与计算机竞争。计算机的“毅力”比任何人都强得多，因为它能全天不间断地工作。计算机能处理海量信息，而且速度飞快，其可靠性和客观性是人类永远无法比拟的。计算机能让你注意到无数你从未想过的可能性。也许最重要的是，计算机对群体偏见和从众思维免疫。计算机不会顾虑自己的结论会不会受人欢迎，而且从来不惊慌失措。在“9 · 11”事件那段可怕的日子里，当整个美国深陷伤痛时，从 2008 年 9 月 19 日到 10 月 10 日，当道琼斯指数下跌 3 600 点时，我常常想拥抱我那些风雨不惊的计算机。

这种人和机器的结合很美妙。人脑与科技合作的进程促使人类进步，正是凭着这么做，人类从茹毛饮血走向了信息时代。所以世界上最好的决策者是这样的人：拥有理性、想象力和毅力，知道自己看重什么、想要什么，同时也利用计算机、算法和博弈论。我们在桥水利用计算机系统，就像司机利用 GPS 一样，是用系统来辅助我们的导航能力，而不是替代它。

5.12 在深刻理解人工智能之前不要过度信赖它

当人工智能使用者在没有深刻理解它的情况下就接受机器学习创造的算法所假定的因果关系，甚至根据这些认识来行动时，我就对人工智能的危险感到担忧。

在解释原因之前，我想先阐明我的用词。人们经常轻率地使用“人工智能”和“机器学习”，并将其作为同义词，但二者大不相同。我把当前的计算机辅助决策技术分为三大类：专家系统、模仿和数据开采（这是我的分类，不是科技界常用的分类）。

我们在桥水使用的是专家系统，设计者根据自己对一系列因果关系的理性理解将决策标准表述出来，然后观察不同条件下会出现什么不同情况。

但计算机也能发现规律并将其应用于计算机决策，而不需理解这些规律背后的逻辑。我把这种决策技术称为“模仿”。当同样的情况以可靠的方式反复不变地发生时，例如在一场规则极其严格的游戏中，这一做法也许有效。但现实中事物不断变化，所以这样的系统很容易与现实脱节。

数据开采是近年来机器学习发展最快的领域，是指功能强大的计算机消化大量数据，从中寻找规律。尽管这种做法很常见，但在未来与历史不同的情况下，这是有风险的。在机器学习不包含对现实的深刻理解的情况下，以机器学习为基础构建的投资系统很危险，因为当人们广泛相信并应用某些决策规则时，价格会受到影响。换言之，一个深刻见解在众所周知之后，其价值会逐渐衰减。在没有深刻理解的情况下，你弄不清楚过去发生的情况是否真有价值，即使有价值，你也弄不清楚其价值是否已经消失，甚至走向负面。常见的情况是，一些决策规则变得非常流行，以至对价格产生很大影响，从而使反向操作成为更合理的做法。

谨记，计算机是没有常识的。例如，计算机很容易曲解事实，看到人早上睡醒后吃早饭，就认为睡醒导致人饥饿。与其下很多我拿不准的押注，还不如下较少的我拿得准的押注（最好是互不相关的押注），同时，无法说明任何决策背后的逻辑，对我而言都是无法容忍的做法。很多人因为发现机器学习比形成深刻理解容易得多，就盲目信任机器学习。而对我而言，深刻理解必不可少，尤其是对我做的事情而言。

我的意思不是模仿系统、数据开采系统没有用。事实上我相信，在未来的事物发展范围和格局与过去相同的情况下，这些系统对决策很有帮助。有了足够强大的计算能力后，所有可能变量就都可以纳入考虑。例如，通过分析不同形势下国际象棋好手弈棋的数据，通过分析不同手术期间杰出外科医生的手术流程，人们可以创造出很有价值的下棋程序或手术程序。早在 1997 年，计算机程序“深蓝”就用这种方式击败了全球排名最高的国际象棋棋手加里·卡斯帕罗夫。但当未来与过去不同、我们因理解不深而无法识别所有因果关系时，这一做法是行不通的。凭着理解这些因果关系，我没有像其他人一样犯错误，最明显的例子是2008年的金融危机，当时几乎所有人都以为未来会和过去一样。把全部注意力集中于符合逻辑的因果关系，我们将能看到事情的真相。

想想看，人脑其实就是以某种方式编程的计算机，处理数据，发出指令。我们可以编排人脑的逻辑和作为工具的计算机的逻辑，让它们彼此合作，甚至相互检验。这是一种美妙的做法。

例如，假设我们要归纳出能解释物种进化的普适规律。理论上，只要我们有足够的处理能力和时间，这就是可能的。当然，我们需要把计算机得出的公式弄明白，以确保这不是一堆从数据中提取的大杂烩，即不同因素只有相关性，没有因果性联系。我们可以不断简化这些规则，直到实现毫无疑问的精确度。

当然，鉴于人脑的处理能力和速度有限，要对进化过程中的所有变量形成丰富的理解，是一个永远无法完成的任务。那么，我们的专家系统采用的那些简化法和理解法真的是必需的吗？也许不是。在我们检验的数据之外还会发生其他情况，这样的风险肯定是存在的。尽管如此，我们仍然可以说，与某种看起来成立但机理不清晰的公式相比，我们把以数据开采为基础的公式视为解释物种进化的普适规律，并依赖这些公式预测未来10年、20年、50年的变化，是风险相对较低的做法（至少可能有助于科学家治疗基因疾病）。

事实上，我们对理解的强调也可能太过了，有意识的思考只是理解的一部分，也许我们导出一个公式并用它来预测未来变化也就足够了。在我个人看来，与依赖我不理解的算法相比，对因果关系形成深刻理解所产生的兴奋、安全性和教育价值要有吸引力得多，所以我依然倾向于这种做法。然而，是我的逻辑和理性，还是我较低层次的偏好和习惯在促使我这么想？我不能确定。我希望就此问题询问人工智能领域最杰出的人才（并请他们向我提问）。

最有可能发生的情况是，人类酷爱竞争的天性将促使我们越来越信任计算机发现的、超出我们理解范围的因果关系。这种信任有时会带来成效，有时会适得其反。我想人工智能将带来极快、极了不起的进步，但也担心它会导致人类的毁灭。

人类正在走向一个既令人兴奋又危险的新世界。这就是我们眼前的现实。而我一如既往地相信，如果我们不是把头埋在沙子里，而是准备好应对之道的话，未来会美好得多。

为了拥有最好的生活，

你必须：

（1）知道最好的决策

是什么；

（2）有勇气做出

最好的决策。

生活原则总结

在“生活原则”部分，我阐释了帮助我做到以上两点的一些原则。我相信，因为类似的情况反复发生，所以拥有一些以深思熟虑为基础的原则，你将能应对在现实中遇到的几乎任何事情。你从哪里获得这些原则并不重要，拥有原则、持之以恒地运用原则、不断改进完善原则才最重要。

为了得到有效的原则，**拥抱现实并妥善应对现实**至关重要。不要落入常见的陷阱，期盼现实与真实情况不同，或者你所处的现实与众不同。相反，你要拥抱现实，有效应对现实。毕竟，生活的真谛就是从你所处的现实中汲取出最大的价值。这需要你保持思想的透明，头脑开放地接受其他人的反馈。这将让你学到的东西大大增多。

一路上你肯定会经历痛苦的失败。你需要认识到，失败既能化为动力，驱动你的个人进化，也能毁掉你，这取决于你如何应对失败。我相信进化是宇宙间最伟大的力量，我们都在以大致相同的方式进化。从概念上看，进化就像一系列反馈环，可能一直向上持续改善，可能保持水平，也可能持续下降直至毁灭。你的反馈环是什么样子，将由你自己决定。

可以把进化进程描述为一个**实现你愿望的五步流程**，包括设定目标，找到问题并且不容忍问题，诊断问题，规划可以解决问题的方案，最后执行方案要求的各项任务。需要谨记的是，没有人能把每一步都做好，可以依靠其他人的帮助。拥有不同能力的人通力合作，可以创造出最强大的机器来实现目标。

如果你愿意直面现实，接受直面现实带来的痛苦，遵循五步流程来驱动自己朝着目标前进，你就走上了成功之路。但大多数人做不到，因为他们固守自己的错误观点。这很容易解决：从自我中跳出来客观地俯视所处形势，权衡自己和其他人对形势的看法。因此，我认为你必须做到**头脑极度开放**。

阻碍我们做好这一点的最大障碍是自我意识障碍和思维盲点障碍。自我意识障碍是指我们天生希望拥有能力，并希望其他人这么看我们。思维盲点障碍是我们通过自己的主观角度看事物造成的。这两个障碍都会阻碍我们看到事实真相。最重要的解药是头脑极度开放：人抱着一种真诚的担忧，担心自己可能看不到最好的决策方式，从而以极度开放的心态看待问题。这是一种有效探索不同观点和可能性、不受自我意识和思维盲点阻碍的能力。

做好这一点需要你奉行深思熟虑的意见分歧，即向与你意见不同的聪明人请教，以通过他们的视角看问题，形成更深刻的理解。这样做将提升你做出良好决策的概率，并给你极好的教益。如果你能学会头脑极度开放，奉行深思熟虑的意见分歧，你学到的东西将大大增多。

最后，做到头脑极度开放需要你对自身与其他人的长处和短处有准确的评估。所以，了解一些关于大脑构造的知识，以及有助于你发现自身思维方式的各种心理测试，都是有益的。为了在其他人的帮助下做到最好，你必须**理解人与人大不相同**。

简而言之，学习如何以最好的方式决策，并拥有勇气做出最好的决定，需要你：（1）追求你想要的东西；（2）通过头脑极度开放从失败中汲取良好的教益；（3）不断改变和进化，使自己能力更强，勇气更盛。在该部分的最后一条“学习如何有效决策”里，我分享了一些更具体的原则，帮助你做到上述的一切，并在特定环境中合理权衡各种选项，决定正确的道路。

所有这些你当然都可以一个人做，但假如你对头脑极度开放这一概念稍有理解的话，你应当能清晰地看到，单打独斗能实现的成果有限。我们都需要其他人帮助我们斟酌，找到最好的决策，并帮助我们客观看待自身弱点，弥补短板。此外最重要的是，你周围的人，你与他们的互动方式，都会影响到你的生活。

与目标一致的人合作，你实现目标的能力会比一个人干强得多。不过我们迄今还未探讨团队如何以最高的效率运作。这将是“工作原则”部分要探讨的内容。

工作原则关乎人如何合作。因为组织的力量比个体强得多，所以接下来的工作原则也许比我们前文所述的内容还要重要。事实上我先写了“工作原则”，然后才写了“生活原则”，以帮助其他人理解我在经营桥水时运用的潜在方法。“工作原则”基本上是你刚刚读完的“生活原则”对于组织的应用。我将一个原则一个原则地向你展示，一套真实、务实、可信度加权的决策系统如何把独立的思考转化为有效的组织决策。我相信，无论企业、政府机构还是慈善组织，这样一套系统都能让组织变得更高效，组织成员有更强的归属感。

我希望这些原则

将帮助你

有成效地拼搏，

从生活中汲取

最大限度的快乐。

生活原则概要与列表

第三部分

工作原则

工作原则概要与列表

我将工作原则概要陈列于此，以便你浏览，选择你感兴趣的阅读。你也可以跳过这部分，直接读正文。

第三部分　工作原则

打造良好的文化……

用对人……

建造并进化你的机器……

任何组织或机构

若想正常运转，

其工作原则

必须与其成员的生活原则

相契合。

我的意思不是说方方面面都要保持一致，而是必须在最重要的事情（例如所从事的工作以及彼此之间的相处）上相契合。

如果一个机构的员工感受到这种工作原则和生活原则的一致性，他们就会珍惜彼此之间的相处，从而和谐地共事，这种文化将渗透到他们所做的每件事情中。如果他们感受不到这种契合，工作的目标就会出现差异甚至冲突，他们会对彼此如何相处感到困惑。因此，每个机构，包括公司、政府、基金会、学校、医院等，都应当明确、清晰地阐明其工作原则和价值观，并持续贯彻下去。

工作原则和价值观并不是像“顾客至上”或“争取做行业龙头”那样含糊不清的标语口号，而是一系列具体的指南，每个人都能看懂、遵循和践行。这部分我们将从生活原则转向工作原则，重点阐述我们在桥水是如何把两类原则有机统一起来的，及其对我们的工作业绩产生了怎样的影响。但首先，我想先介绍一下我对机构的看法。

● **一个机构就像一部机器，主要由两组部件构成：文化和人**

二者之间相互产生影响，因为机构的人塑造了机构的文化，而机构的文化决定了机构选用什么样的人。

a. **优秀的机构拥有优秀的人和优秀的文化**。能够持续进步改善的公司同时拥有优秀的人和优秀的文化。没有什么比获得优秀的文化和优秀的人更重要，也没有什么比这更难。

b. **优秀的人具备高尚的品格和出色的能力**。我所说的高尚的品格，是指能够实事求是、开诚布公，致力于所在机构的事业；出色的能力，是指他们具备能力和技艺，能够出色地完成工作。只具备其中一种素质的人是危险的，不应留在机构里，而同时具备两种素质的人则难得一遇，必须倍加珍惜和善待。

c. **优秀的文化不掩盖问题和分歧，而是公开妥善解决，喜欢让想象力驰骋且愿意开创先河**。这样能够实现与时俱进。桥水的做法是创

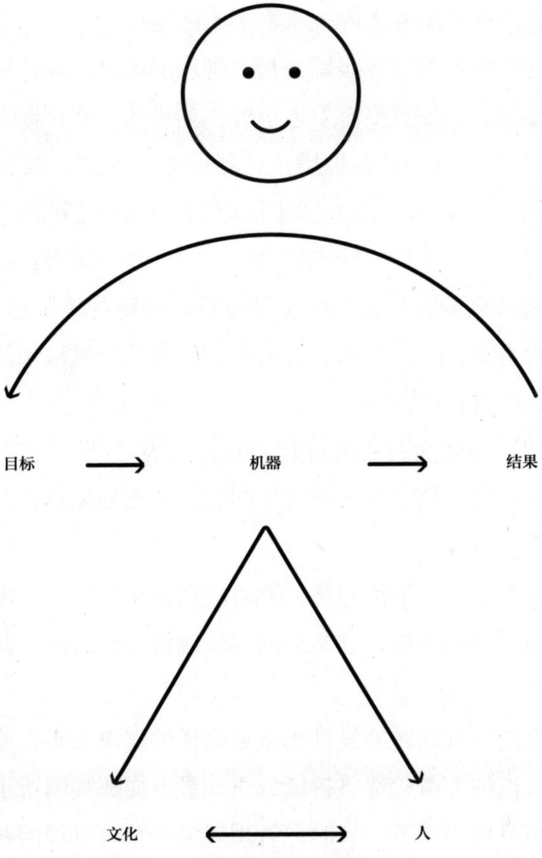

目标
机器
结果
文化
人

意择优，通过极度求真和极度透明，努力从事有意义的工作，建立有意义的人际关系。我所说的有意义的工作，是指人们有激情去投入的事业；有意义的人际关系，是指相互之间能够真心相互关爱（就像一个大家庭）。我认为这两个方面是相辅相成的，而做到极度求真和极度透明，则使工作成就和人际关系都能不断精进。

通过对这部机器的持续跟踪分析，管理层可以将运转结果与目标进行客观的比较，以使其更有效地运转。如果结果与目标不一致，要么是机器设计有毛病，要么是操作机器的人有问题，需要进一步诊断以修改完善。正如第二部分“生活原则”中所提到的，这最好经由五步流程实现：（1）设定清晰的目标；（2）找出妨碍目标达成的问题；（3）诊断出机器的什么部分（哪些设计或哪些人）运转不正常；（4）设计修改方案；（5）采取必要的行动。对一个机构来说，这是最快、最有效的改进提高方法。

这个将问题转化为进步的过程，我称之为“反馈环”，其轨迹正如下页图所示。第一幅图表示出现了问题，导致偏离目标，达不到计划的要求。

如果你发现了这一下滑趋势，要对问题进行诊断，找出根源所在，提出改进措施并付诸实施，这条曲线的轨迹就会旋转回来并再次向上，如第二幅图所示。

如果你没能发现问题并设计出接近最优的解决方案，或者未能有效实施，那么这种下滑趋势将持续，正如最下面那幅图所示。

当结果与目标出现不一致时，管理者能否及时发现问题、及时调整工作方案并组织员工弥补缺陷，是其机构能否脱颖而出并在竞争中取胜的关键。一个管理者在这方面的经验越丰富，做得越有效，向上的轨迹就越陡峭。

正如我在“生活原则”部分中所言，这就是我对一个组织、一个

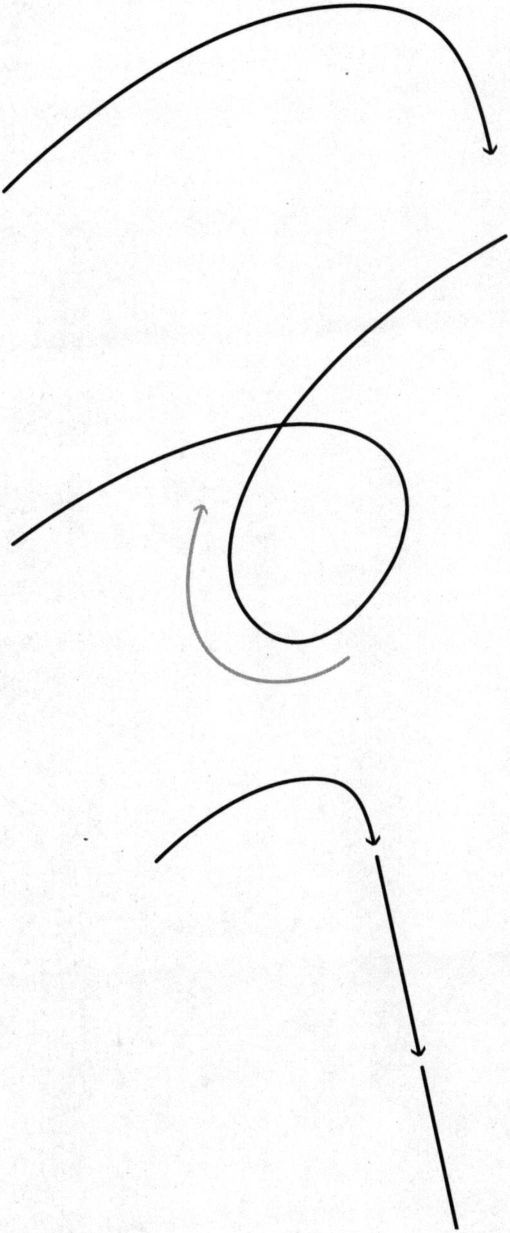

第三部分

工作原则

机构发展演进过程的看法。机构在发展过程中拥有这样的文化和员工至关重要，因为世界变化太快，往往让人难以预料。我相信，你一定能说出一些公司的名字，由于未能及时发现、解决问题而最终招致失败的命运（如黑莓公司和奔迈公司）。当然，你也知道有极少一些企业，它们一直还经营得不错。但更多的企业是不成功的。比如，40 年前，也就是桥水初创之时，构成道琼斯工业平均指数的 30 家上市公司中，目前仅剩 6 家。其中的很多公司，像美国制罐、美国烟草、伯利恒钢铁、联合食品、国际镍业、伍尔沃斯等，都已不复存在，还有一些公司（如西尔斯·罗巴克、杰斯曼、柯达）变化大到几乎被人遗忘。而如今在道琼斯指数成分股名单中傲视群雄的公司，如苹果、思科，当时都还没有成立。

那些在过去几十年持续进步的极少数企业，其发展轨迹是相当成功的。桥水在过去 40 年里也是沿着这样的发展轨迹在前进的。这正是我想展示给你们的。

如前所述，没有什么比获得优秀的文化和优秀的人更重要，也没有什么比这更难。我们在桥水取得的点滴成就都源于这两个因素，当然我们的每次失败也都源于没有在这两件事上处理好。这听起来挺怪的，因为你可能会认为，对一个全球宏观经济投资者而言，首要的应该是对经济和投资做出正确的判断。的确是这样，但为了做到这一点，我需要首先拥有优秀的人和文化。进一步讲，为了拥有创造成功的激情，我需要从事有意义的工作、发展有意义的人际关系。

作为桥水的掌舵者、创始人，我自然要把它塑造成符合我的价值观和行事原则的公司。我以我自己的方式，与我挑选的人一道追求我渴望的事物，正因如此，我们和桥水一起成长。

在我创立桥水之初，如果你问我目标是什么，我当时会说是为了跟喜欢的人在一起愉快地工作。工作对我来说就像一场游戏，我要跟我喜欢且尊敬的人在一起，玩得有激情，玩得开心。当时，我跟一位橄榄球球友一道，合伙在我的公寓设立了桥水，他一点市场经验都没有，我们雇了一个朋友做助手。那时我还想不到管理上的问题。在我看来，管理是那些身着灰西装、手持幻灯片的家伙所做的事情。我从未想过要去管理，更不用说制定工作和管理的原则了。

读完“生活原则”，你了解到我喜欢异想天开，喜欢制造新奇、符合实际、前所未有的概念。我特别喜欢跟别人一起完成任务。对于我们之间因深入思考而产生的分歧，我将其当作学习的机会，当作提高正确决策概率的过程。我希望所有员工都是我的“伙伴”而非我的“手下”。简而言之，我当时就在寻找有意义的工作，建立有意义的人际关系。我很快就认识到，做到这些，最好的方式就是与优秀的人为伴去做伟大的事。

对我来说，良好的合作来自对共同价值观和利益的分享、相同的追求价值观和利益的方式、理性并善待对方。同时，合作方之间必须愿意秉承高标准，能够突破分歧开展工作。对良好合作关系形成主要考验的，不在于彼此之间是否有分歧（人们在正常的交往中都会有不同意见），而在于能否把分歧摆上桌面很好地协商解决。对生意伙伴、夫妻以及所有其他关系而言，具备清晰的流程，以便高效、明确地解决分歧是至关重要的。

这就是我所追求的东西，对此认同的人会加入我的团队，桥水就是这样形成的。[1] 当我们的公司只有 5 个人时，肯定跟后来发展到 50

1. 我们把这种运作方式用在了投资和管理中。在投资过程中，我形成了一种实用的思考判断方法，即找出那些能使一家企业和一个经济体获得成功的要素。而在对公司进行管理的过程中，我则需要知道怎样把企业管好。令我感到高兴的是，我自己对这些问题的思考判断，在我们的投资业绩和经营成果上得到了客观验证。

人时相比大为不同，等发展到500人、1 000人时，更是完全不一样了。随着公司的成长，差不多每件事物都变得面目全非，但唯独不变的是我们的核心价值观和原则。

当桥水还是一家小公司时，我们遵循的原则是藏于内心而无须讲明的。但随着越来越多的人加入，我不能想当然地认为大家都能了解并遵守这些原则。我感到有必要把我们的原则形成文字，并阐释背后的逻辑。我还很清楚地记得这次转变发生的具体时间，当时桥水的员工刚好超过65人。在此之前，我都是自己为每位员工挑选节日礼物，并且不惜笔墨给每个人都写下一张不一样的贺卡，那一年因为写贺卡疲劳过度，我还把脊背给拉伤了。从那以后，公司进人越来越多，工作中的近距离接触也少了，所以我无法假定大家都了解我的创业初衷和我的奋斗目标，那就是在严厉之爱的基础上形成的创意择优。

● **严厉之爱有助于成就优异的工作业绩和建立良好的人际关系**

为了表达清楚我所指的严厉之爱的含义，请回忆一下文斯·隆巴尔迪，对我来说，他就是伟大人格的化身。从我10岁起到18岁，隆巴尔迪一直都是绿湾包装工队（美国威斯康星州绿湾市的美式橄榄球队）的教练。在各种资源捉襟见肘的情况下，他率领球队5次获得NFL（国家职业橄榄球大联盟）的冠军。他本人则两次荣膺NFL年度最佳教练奖，如今仍有很多人称他为有史以来最出色的橄榄球教练。隆巴尔迪深爱着他的球员，同时也以强力推动他们做到最好。我过去很钦佩他，现在依然如此，尤其钦佩他从不妥协的处世之道。他的球员、球迷以及他本人都从他的教练方法中获益良多。我甚至幻想着隆巴尔迪能写本书讲述他的原则，我来当读者。

a. **为了成就伟大事业，对不应妥协的事情就必须坚持立场、寸步不让。**然而，现实中我发现人们总是在妥协，通常是为了避免让他人或自己难堪，这种做法不仅落伍，而且会适得其反。把感觉舒服置于获得成功之前，会对所有人产生不良后果。对于与我共事的人，我爱他们，也会强力推动他们做到最好，我希望他们对待我亦是如此。

起初，我觉得，在桥水与我共事的人就像我的家人一样。当他们自己或者他们的家人生病了，我会让我的私人医生帮忙，以便他们得到很好的治疗。我会邀请所有人来我位于佛蒙特州的家里共度周末，如果他们接受邀请我会感到快乐。结婚生子，我与他们一道庆贺；亲人离世，我和他们共同哀悼。

但需指明的是，这并非爱心聚会。我们对彼此也很严厉，这样我们就能做到极致、做到最好。我感到，我们之间越是相互关爱，对彼此的要求就越严格，从而业绩也就越好，我们能分享的奖赏也越多。这是一个自我增强型的循环。我发现通过这种方式，能让士气低落的人重拾生气，让优异的人更加优异。有时虽然境况不佳，但这种方式的重要性在于能够扭转局面，其作用甚至超过境况不错的时候。

请回顾一下你一生中最艰难的经历。我敢说你我肯定都有同样的经历，与那些像你一样为共同使命奋斗且彼此关爱的人共渡难关，这个过程想必非常值得。我们回顾那些极具挑战的时刻，会将其作为我们最宝贵的经历。对大多数人来说，加入一个优秀的团队，共同完成一项任务本身比赚钱更有收获。很多研究显示，人的幸福感和他赚到的金钱之间相关性很低甚至为零，但是，幸福感与一个人所建立的人际关系质量高度相关。

我在 1996 年把这个想法写入了桥水的备忘录中：

桥水不是那种按照一般化的标准行事、暮气沉沉的公司。在桥水，应该为追求极高的标准拼命去工作，并为因努力而出类拔萃感到欣喜。

我们压倒一切的目标就是做到卓越，或更准确地说，持续精进，使桥水成为一家在各方面都出类拔萃、不断进取的公司。

在追求优异的过程中遇到冲突是再好不过的事情。不应当有长幼尊卑之分。谁讲话有权威要看谁的逻辑站得住脚，而不是看谁的职位高。要让最好的点子胜出，而不要管是谁说的。

（来自自身和他人的）批评是完善工作流程的必备要素，但是，如果不能正确对待，批评就会变得有破坏性。应该客观对待批评，在提出或接纳批评意见时，不应考虑职位高低。

团队合作和团队精神至关重要，包括不容忍未达标的业绩。这是指：（1）认清自己在帮助团队实现共同目标方面的职责所在；（2）有意愿帮助（在一个团队共事的）他人实现共同目标。我们的命运是相互依赖的。要知道可以寻求他人的帮助。由此必然得出这样的结论，业绩不达标在任何情况下都是不可容忍的，因为这会伤害到每一个人。

长期的人际关系，本来就既令人愉悦，又能提高工作效率，所以应有意识地进行培养。人才流失导致需要对新人重新培训，因而于公司不利。

金钱只是取得优异的副产品，而非努力的目标。我们在桥水工作的最重要目标是达到优异并持续精进。说得再明白一些，不是为了大赚其钱。当然，也不是说赚钱少就心满意足了。正相反，你应该期望赚更多的钱。如果我们秉持这个理念，我们的工作就会富有成效，公司的财务状况就会很好。相对地，就会做到人人平等。

桥水的每位员工都应富有主人公精神，自觉按此行事，也监督他人按此行事。

- **基于可信度加权的创意择优是实现有效决策的最佳模式**

隆巴尔迪的成功之处，在于让球员遵循他的指导，而我则是让我的队友去独立思考，撞击不同的视角，从而得出比我们中任何一个人能想到的更高明的结论。我需要营造一种氛围，让每个人都有权利和责任提出自己的看法，并公开捍卫自己所认为的最佳方案，唯此才能找出最好的方案来付诸实施。我需要的是一种真正意义上的创意择优，而非理论上的择取最好创意。因为这种方法能够把那些聪明、独立的思考者召集在一起，让他们砥砺不同观点，从而得出最佳可能的集体建议，并通过基于可信度的分析排序解决彼此之间的分歧，因此它胜过所有其他的决策体系。

我们的创意择优经历了几十年的演变。一开始，我们之间为了谁的观点最好而进行激烈的争吵，就在对分歧的激辩中，我们找到了解决问题的路径，这比我们各自分别想出来的主意都要好。但是，随着桥水的成长壮大，我们的分歧内容和解决之需都有了变化，我们对于如何才能创意择优有了更明确的认识。我们需要构建一个决策体系，在有效权衡不同人所提观点的可信度的同时，还能让每个人都觉得过程是明显公平的。我意识到，如果缺少这个体系，我们将会失去最佳的观点和最好的思想家，而我面对的要么是些只会逢迎的马屁精，要么是些怀揣异议和不满的捣乱分子。

为了充分发挥这个体系的作用，我曾经并且依然相信，我们彼此需要极度求真和极度透明。

极度求真和极度透明

关于极度求真，我指的不是筛选某个人的想法或问题，尤其是那些关键问题，而是说如果我们不能开诚布公地讨论问题、寻找解决路径，我们就找不到同甘共苦的伙伴。

关于极度透明，我的意思是让几乎每个人都能得以了解几乎所有的事物。如果人们得到的信息不全面，就容易受他人影响，也无法做出自我判断。极度透明会减少办公室政治的危害，并降低不当行为的风险，因为不当行为更可能是在遮遮掩掩中产生的，在公开场合则无处躲藏。

有些人把这种行事方式称作直截了当。

我知道，如果工作中做不到全面的实事求是和公开透明，就会导致公司里面的人被分割为两个层级，即信息灵通的掌权者和其他不明真相的人，因此我让实事求是和公开透明都达到极限。对我来说，在公司里无处不在的创意择优 = 极度求真 + 极度透明 + 可信度加权的决策。

从让一小部分人非正式地讨论什么是事实以及该如何去做，我们在过去的 40 年间逐渐形成了自己的方法、技术和工具，这把我们带到了完全不同的另一个层次，它拓宽了我们的视野，成为非常宝贵的经验。你会在本书最后关于工具的章节读到相关内容。我们一直坚定不移地营造这种氛围，对那些不喜欢这种环境的人，我们会让其自愿离开公司。

在极度求真和极度透明的情况下，我们会发现我们各自的观点都很片面。这个问题不是桥水独有的，看看你周围的人，皆是如此。正如“理解人与人大不相同”所述，人们往往对同一事物的看法迥异，这取决于各自大脑的思维方式。

了解这些有助于你的成长。一开始，大多数人仍然固执己见，认为自己的想法是最好的，他人若不按自己的思路行事就会有问题。但当他们反复遇到诸如“你怎么知道你自己的想法不是错的呢”“你用什么方法从不同观点中做出最佳决策呢”等问题时，他们不得不审视自己的可信度，同时站在自己和别人的角度去看待问题。这种换位思考会产生良好的集体决策。最好的情况是像“开放源代码”那样，让最佳灵感随意流淌，从产生到消亡，因灵感的优异而快速演变发展。

大多数人起初对这一过程感到很不舒服。虽然他们在理智上认同，但往往在情感上经受挑战，因为这需要他们摆脱自以为是，去试图了解那些他们难以察觉的事实。一小部分人从一开始就能够理解并喜欢这一过程，还有稍微多一点的人因无法忍受而离开了公司，大多数人则坚持了下来，并随年头增长更好地适应，最终变得不再考虑用任何其他的方法。

这种做法看似挺难且效率不高，实际上却效率极高。事实上，在一个大多数同事之间都不知道彼此真实想法的机构工作会更难、效率更低。而且，如果人与人之间不能开诚布公，大家就会都戴着面具。正如研究桥水的哈佛大学发展心理学家鲍勃·基根所说，在大多数公司，人们都在从事两个工作：一个是他们自己实际的工作，另一个是努力给别人留下自己如何工作的良好印象。对我们来说，这是件很糟糕的事情。我们发现，把所有事情摆到桌面上的好处在于：（1）不必刻意展示好的一面；（2）节省了猜测别人想法的时间。由此，就形成了更有意义的工作和更有意义的人际关系。

以下是桥水实现自我增强和螺旋式发展进步的推动力：

1. 从开始希望实现远大目标的单个独立思考者，发展为希望实现远大目标的一群独立思考者。
2. 为了推动这些思考者形成有效的集体决策，我们发明了创意择优，其所基于的原则确保我们都非常诚实、彼此坦诚相待，认真思考观点上的分歧，并以择取最佳创意的方式来超越不同观点，做出决策。
3. 我们把这些决策原则以书面形式记录下来，之后再编码输入计算机，并依此做决定。
4. 这个决策过程既给我们带来过成功，也给我们带来过失败，带

创意择优

=

极度求真

+

极度透明

+

可信度加权的决策

给我们更多学习教训的机会，进而形成了更多的原则，它们都被编入系统，用于指导实践。

5. 这个过程产生了优异的工作业绩和很好的人际关系，让我们的员工和客户收获了嘉奖和喜悦。
6. 这使我们能够招募到更多怀有远大目标的独立思考者，促进了公司的自我强化和螺旋式发展进步。

我们反复这样做，形成了反馈环式的发展进步路径，桥水过去40多年的成功多赖于此。正如下页图所示。

这个办法真的有效！你别只听我说这些话。你可以用两种方式来评估一下这种办法及相应原则可能产生的强大作用：（1）看一下所产生的结果；（2）看一下背后的逻辑。

从结果角度衡量，就像隆巴尔迪及其率领的包装工队一样，我们的业绩本身就说明了问题。在过去的40年里，我们持续发展进步，桥水从我的两居室公寓发展为荣登《财富》杂志美国最重要的私营公司榜单第五位，成为世界上最大的对冲基金公司，为客户赚得的资金总额超过了历史上任何一家对冲基金公司。我们荣膺100多项行业表彰，我本人也荣获三个终身成就奖，更不要说那些令人瞩目的在财富上和心理上的奖励了，而最重要的是，建立了极佳的人际关系。

比这些成绩更重要的是支撑这些原则的因果逻辑，它们先于结果而诞生。40多年前，这种行事方式备受争议、未经考验，尽管如此，我认为其很符合逻辑。我会在接下来的内容中解释这个逻辑，你可以做出自己的评估判断。

毫无疑问，我们的方法与众不同。有人甚至把桥水描绘成一个像邪教一样的组织。其实，桥水能取得成功，恰恰是因为它走到了狂热轻信的反面。一群拥有共同价值观的人（这是个极佳的情况）与一群

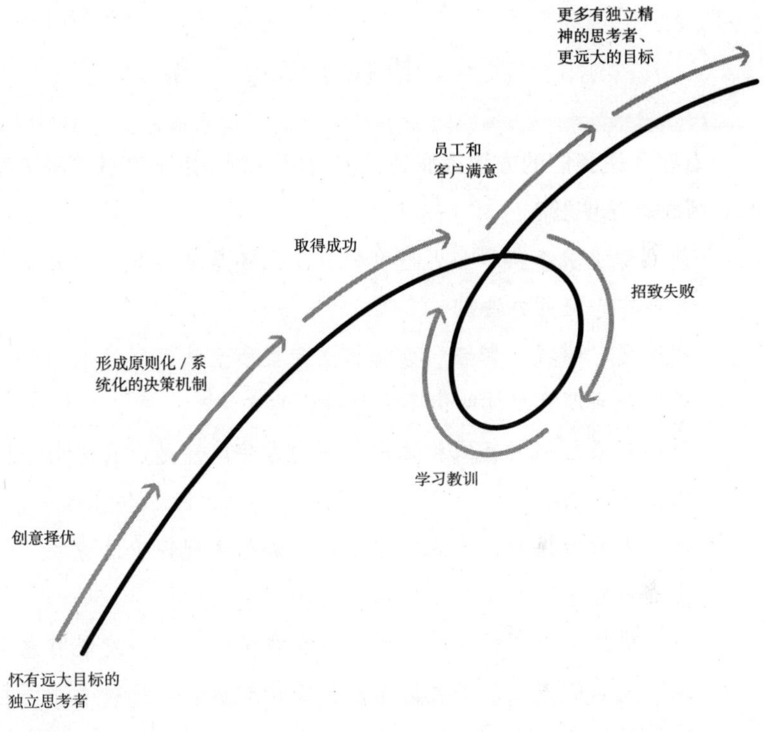
更多有独立精
神的思考者、
更远大的目标
员工和
客户满意
取得成功
招致失败
形成原则化 / 系
统化的决策机制
学习教训
创意择优
怀有远大目标的
独立思考者

盲目狂热分子（这是个可怕的场景），二者之间有本质的不同，关键看有没有独立的思考。盲目狂热群体要求无原则的服从；而独立思考并挑战彼此的观点都是与盲目狂热背道而驰的行为，这也是我们在桥水的核心做法。

谁疯了

有些人说我们的方法很疯狂，但请想一想：以下究竟哪种方法疯狂，哪种方法明智？

- 使人都追求事实和公开透明的方法，还是使多数人把真实想法隐藏在心底的方法？
- 把问题、错误、弱点、分歧都摆到桌面上认真讨论的方法，还是不把问题直接摆明也不进行讨论的方法？
- 不论等级任何人都有权提出批评的方法，还是以自上而下为主的批评方法？
- 通过大量数据和广泛人际交往对人进行客观评价的方法，还是更随意地评价人的方法？
- 推动机构追求高标准，从而从事有意义的工作、发展有意义的人际关系的方法，还是区别对待工作质量和人际关系，而且标准不高的方法？

你认为哪种机构能为员工创造更好的发展机会、让彼此建立更深层次的人际关系、产生更好的业绩？你愿意你所在的机构和领导者采用哪种方法？你希望执掌政府的人遵循哪种方法？

我敢打赌，读过本书后，你会赞同我们的工作方法比传统方法更明智，但要记住，我最基本的原则是，你必须自己独立思考。

我为什么写作本书，你怎样从本书中尽可能获益

如果你已是桥水的一分子，会感到我是在用我自己的话来传递这些原则，你从我的眼中会看到梦想和实现梦想的方法。桥水将在现有的基础上继续成长，这取决于你和其他人在下一代领导人的领导下有什么样的愿望，以及怎样去实现你们的愿望。本书意在为你提供一些帮助，而怎么运用则由你自己决定。桥水的这种文化能否持续下去，也取决于你以及接替我的新领导层。我的责任在于，不要把桥水束缚在我所希望的目标上。最重要的是，你和其他接替我的人要做出自己独立的选择。就像父母行将告别成年的儿女，我希望你们所有人都成为坚强、独立的思考者，即使我不在，你们也能表现出色。把你们带到这个阶段，我已尽了最大努力，现已到了该我退居幕后，而你们努力前行的时候。

如果你不是桥水的人，并在思考如何把这些原则应用到你所在的机构，那么本书可用来激发你去思考，而不是当作必须遵循的模式。尽管你无须采纳所有或其中的任意一条原则，但我还是建议你对所有原则都给予认真考量。很多执掌其他机构的人采用了其中部分原则，并对另外一些进行了调整，也摒弃了不少原则。无论你如何应用，我都能接受。这些原则提供给你的只是一个框架，你可以做出必要调整以适应一己之需。你所追求的目标，也许与桥水一样，也许不一样，无论如何，通过这些原则，你能够得到一些有价值的东西。如果你赞同我的看法，打算把自己的公司也打造成真正创意择优的机构，那么我相信本书对你来说就是无价之宝，因为我还没听说哪个机构像桥水一样对创意择优进行如此深入的思考并付诸实践。如果你认为这样做十分重要，而且坚定不移地朝之努力，在此过程中你会遇到一些障碍，也能找到清除障碍的方法，你一定能达到目的，尽管结果可能并不

完美。

这些原则总体上都是很好的，但你要记住，每一个原则都有例外，没有任何一个原则能够取代常识判断。这些原则好比GPS，能帮助你开车找到目的地，但若你盲从盲信，把车开出桥面掉落水中，那就是你的问题，不能怪GPS。当GPS指示方位出现偏差时，是可以通过更新软件来解决的，因此，重要的是把实践原则中遇到的例外情形归纳出来，进行认真讨论，这将有利于这些原则与时俱进。

不管你选了哪条路，你所在的机构都是一部由文化和员工组成的机器，二者互动创造业绩，而这些业绩也为你的机构是否运转良好提供了反馈。从反馈中吸取经验教训，你可以对文化和员工进行修正，以使这部机器的功能不断改善。

这是一个非常重要的动态过程，我已把工作原则分成三个部分：培育良好的文化、择选英才、打造并更新这部机器。这三个部分的开头都有一个重要的原则。阅读它们可以让你较好地了解每一条中的主要概念。

在这些重要原则之下，还有一些辅助原则，其内容涉及很多各式各样需要做出的决策。这些辅助原则仅供参考，你可能想大致通读一下，但我建议你要像在回答某个具体问题时需借助百科全书或网络搜索引擎一样对待这些辅助原则。例如，如果你不得不解雇（或调离）某个人，你应当运用书中的原则目录进行查找，直接阅读与此相关的章节。在桥水，为了简化流程，我们开发了一种工具，名为“教练”，员工可以把自己面临的特殊问题录入进去，找出能够帮助他们的相应原则。[1]关于“教练”及其他工具可见本书附录。

1. 鉴于原则处于不断完善中，随时都有新原则的加入和老原则的修订，这样原则就会变化。你可以在我即将推出的名为“原则”的App中找到相关内容，下载App见网站www.principles.com。

我主要的目的不是向你推销这些原则，而是与你分享我在 40 多年职业生涯中吸取的宝贵经验教训。我的目标是让你认真思索，在很多情况下如何进行艰难取舍。在思考原则背后的取舍时，你就能够得出自己的结论，究竟哪些原则最适合你。

这就把我带到了我所提出的最基本的工作原则：

- **让热情与工作合二为一，并与志同道合者倾力推进**

工作，要么是（1）你想从事用于养家糊口的一份职业，要么是（2）你想完成的使命，要么是二者的结合体。我敦促你尽可能把工作看成（2），当然也承认（1）的价值。如果你能这样想，那么几乎每件事都会做得比你不这样想时更好。

如果有人把工作当成一场燃烧激情、完成使命的游戏，那么可以说，工作原则就是为了这样的人而写的。

打造良好的文化……

你必须在适合你的文化环境中工作，这是你保持心情愉快、工作高效的基础。你也必须在一个能够有效创造辉煌业绩的文化环境中工作，否则，你就得不到激励你前行的精神和物质奖励。本书这一部分讨论文化问题，我将分享我对如何将企业文化与个人需求进行匹配的个人看法，也会介绍我所认同且起作用的文化类型：创意择优。

我将在第一条介绍什么是创意择优，并探讨为什么极度求真和极度透明对确保创意择优起着至关重要的作用。极度求真和极度透明大概是最难实践的原则，因为其与大多数人的习惯不一致。因为这种行事方式总是被误解，所以我尽力以特别开诚布公的态度来讲述为什么我们要照此运作，以及这种行事方式在实践中如何发挥作用。

第二条的内容转向讨论为什么以及如何打造一种文化来促进有意义的人际关系。有意义的人际关系本身对人就是奖赏，除此以外，它还能够促进形成极度求真和极度透明，让我们彼此问责、共创卓越。

我相信，优秀的文化与优秀的员工一样，能够认识到犯错误也是学习的过程，而恰恰是持续不断的学习，推动一家机构与时俱进、获得成功。在第三条，我们将探讨这方面的原则。

当然，创意择优基于的是相信集思广益并令其经受压力测试，这种方式比让大家各抒已见的效果更好。第四条提出了“求取共识”所需要遵循的原则，就此问题，知道如何认真思考和对待分歧至关重要。

创意择优是指谨慎权衡各个成员观点的优劣。由于很多观点并不好，可每个人都相信自己提出了好点子，那么了解对观点进行有效筛选的程序就很重要。第五条介绍桥水在权衡各种观点可信度的基础上进行决策的机制。

有时即便决策已经做出，分歧也仍旧存在，人们依然需要遵循某些原则解决问题，这些原则应当清晰地传达给员工，持续地得到遵循，并被公认为具有公平性。我将在第六条对此进行具体介绍。

让创意择优以适合你的方式发挥作用

你可能觉得本书的内容在实践中会充满挑战，运用起来太复杂，但如果你像我一样坚信没有什么比让可信赖的员工以开放、坚定的心态亮出观点、探究原因、解决分歧更有效的做法，那么你就能琢磨出将其付诸实施的办法。如果创意择优没能起到应有的效果，那么错误不在于概念本身，而在于相关人员没能充分重视，没有确保让它发挥作用。

若是你觉得阅读本书之后并没有其他方面的收获，你自己要负责任地考虑一下能从体验创意择优中得到些什么。如果你觉得有道理，我希望你来冒险尝试一下。用不了太长时间，你就能理解，它会给你的工作和人际关系带来多么巨大的改变。

创意择优：

（1）开诚布公地亮出

你的观点；

（2）针对分歧认真讨论；

（3）遵循所形成的共识，

消除过去的分歧。

1

相信极度求真和极度透明

了解真相是成功的关键，而对任何事（包括错误和弱点）都保持完全透明则有助于加强理解、不断改进。这不仅仅只是理论，我们在桥水已经实践了40多年，所以我们知道其所起到的作用。但这与生活中的很多事情一样，坚持极度求真和极度透明，既有利，也有弊。我在本条将尽可能准确地对此加以阐述。

以实事求是、公开透明的态度对待同事，同时也期待同事如此对待自己，这能确保重要的问题被摆到桌面上，而不是隐藏在暗处。这也有利于强化良好的行为和思考，因为当你必须解释自己的观点时，每个人都能够公开地评价你逻辑的优点。无论你处理得当与否，通过透明的讨论都会显示出来，因此它有助于保持高标准。

极度求真和极度透明是实现真正的创意择优的基础。越多人能看到实情（好事也罢，坏事也罢，丑事也罢），他们在决定采用适当处理方式时就越有效率。这个方法对培训工作也大有裨益：如果大家有机会听取别人的想法，学习效果就会加倍加速。作为领导者，你能借此获得学习和持续改善公司决策规则所不可或缺的反馈信息。了解事情的一手信息及其原因，有助于增强彼此间的信任，推动员工对创意择优讨论所形成的结论进行独立的评估。

适应极度求真和极度透明的环境

这需要一点时间来适应。实际上加入桥水的每个人在理念上都相信，极度求真和极度透明就是他们所希望的状态，这也恰是他们经过深思熟虑才加入公司的理由。但是，多数人发现难以适应，因为要与“两个自我”斗争，这在“理解人与人大不相同”中有过解释。他们的“较高层次的自我”能够理解极度求真和极度透明的好处，但是“较低层次的自我”往往倾向于“战或逃”。适应这种环境一般需要18个月，当然也因人而异，有些人从未能真正适应。

有些人告诉我，这样的行事方式跟人的本性是格格不入的，人需要远离残酷的事实，所以这样的系统不可能在现实中存在。我们的经历（也是我们的成功之处）已经证明，这种说法是错误的。的确，我们的行事方式跟大多数人所习惯的并不一样，但不能说这不符合人性，难道比从事艰苦体能训练的运动员和军人更不符合人性吗？大自然的基本法则告诉我们，只有经历艰苦磨炼，人才会变得更加坚强。我们的创意择优并非适用于所有人，它只适用于那些能适应的人（大约占到尝试者的2/3），对他们而言，这种方法让人们摆脱束缚，十分有效，很难想象还有其他更好的方法。多数人最喜欢的一点就是，照此行事，可以不用兜圈子、绕弯子。

实践中的极度求真和极度透明

为了让你了解到底什么是极度求真和极度透明，我来分享一下几年前我们曾面对的一个艰难处境。当时我们的管理委员会开始考虑重组公司的后台部门。后台部门主要是为我们的市场交易业务（包括交易确认、结算、记录、记账）提供所需的支持保障服务。多年前我们就设立了这个兢兢业业、紧密团结的员工团队，它是我们整个大家庭的成员。但在当时，我们认为需要提升新的服务能力，这仅在公司内部是无法实现的。所以，公司的首席运营官艾琳·马瑞提出了新的创意，把这个后台团队从桥水剥离出去，并入纽约梅隆银行，为桥水提供定制服务。一开始这只是探讨性的讨论，我们还没想好是不是要这样做、如何去做，以及这对我们的后台团队最终意味着什么。

设想一下你是管理委员会的成员，你何时会告诉后台团队成员将要把他们剥离出去并入别的公司？你会一直等到方案明确之后才告诉他们吗？在大多数机构里，这类战略性决策往往都是秘密进行的，直到一切尘埃落定后才会公布，因为公司老板一般都会觉得，在员工中造成不确定性不是一件好事。但我们的想法恰恰相反：说明事实、公开透明是唯一负责任的做法，以便员工明了事情的进展，并帮助我们梳理由此产生的问题。在这个例子中，艾琳立即主持召开了一次后台部门全员大会。在会上，她以桥水领导者惯常的表达方式告知大家，很多事情她还不得而知，很多问题她还无法回答。那是一个很艰难的时刻，的确引起了一些不确定性。但如果她像传统做法那样半遮半掩，谣言和传闻就无法避免，而且会使局面变得更糟。

尽管那个后台团队最终还是被剥离，我们与其团队成员仍保持着非常好的关系。不仅仅在整个转型过程中予以完全配合，他们还继续来桥水参加圣诞节聚会和国庆庆典，仍然是我们的大家庭成员。如今，我们的后台团队备受赞誉，而这正是这次创新改革的成果。更重要的是，即使在我们还没有想好策略时，就保持了公开透明，后台团队成员对我们这种追求事实和为他们着想的作风感到更有信心，并以善相报。

对我来说，如果为了避免员工担忧其生计而不告诉他们究竟发生了什么事，就好比让你的孩子长大成人后还继续相信世上有牙仙女和圣诞老人一样。尽管隐藏事实也许让人在短期内更开心，但从长远看来无法让他们变得更聪明、更令人信赖。只有让人们知道可以信赖我们所说的每句话，这才是真正的资产。正因如此，我相信，直截了当说明事实几乎总是更好的做法，不管是在你尚未知晓所有问题的答案还是宣布坏消息的时候。正如温斯顿·丘吉尔所说："给公众以虚假的期望，而期望又很快破灭，这是最糟糕的领导方式。"如果人想学到应对不利局面的本领，就需要面对残酷和不确定的现实——从观察你身边的人如何妥善处理问题，你能学到很多东西。

1.1 不要惧怕了解事实

假如你与大多数人一样，面对毫不掩饰的事实就会使你感到紧张。为了克服这种紧张情绪，你需要从心里明白，谎言比事实更可怕，所以要经过实践锻炼，习惯与事实为伴。

如果你病了，自然会害怕医生的诊断——万一得了癌症或者其他致命疾病怎么办？这与事实的结局一样可怕。只有承认事实并去寻找最合适的治疗方案，才有可能使你长期应对得更为从容。直面你自己的优点和缺点的残酷现实，也是同样的道理。了解事实并据此采取行动就是我们在桥水所称的"大局"。千万不要被那种感情用事、以自我为中心的"小节"绊住手脚，这会牵扯你完成整个任务的精力。

1.2 为人要正直，也要求他人保持正直

英文“integrity”（正直）一词来源于拉丁文“integritas”，意思是“一”或“完整”。表里不一的人，即不“完整”的人，是不正直的，他们当面一套、背后一套（duality）。在表达观点时，背离事实有时候可能更容易（因为你想避免冲突、防止尴尬或者达到其他短期的目的），但从第二层、第三层效应上看，保持正直和避免当两面派，其收效可观。表里不一的人往往会自相矛盾，经常丢失自己的价值观。他们不容易开心，几乎不可能展现出自己最好的一面。

让所说与所想、所想与所感一致，会使你更加快乐、更加成功。只考虑事情本身的准确性，而非他人的看法，会使你集中精力专注于最重要的问题。这有助于你筛选人和地方，因为你会被开放、正直的人和地方吸引。这样做对你周围的人也更加公平，因为暗自论断他人，而不过问其观点如何，这样既不道德也不准确。相反，不遮掩、不隐瞒却能释放压力，建立信任。

a. **若不想当面议论别人，背地里也不要说，要批评别人就当面指出来**。在桥水，批评是受到欢迎和鼓励的，但没有理由背后议论别人。背后说人坏话有消极效果，是非常缺乏诚信的行为，不会产生任何有益的改变，只能对当事人和整个环境产生破坏作用。其恶劣程度仅次于撒谎，是我们公司最忌讳的事情。

如果下属不在场，管理者不得议论下属。如果会议上讨论的事情与某些员工相关而其不在场，我们总要确保在事后发给他们一份会议记录或其他相关信息。

b. **不要因忠诚于个人而阻碍追求事实和整个机构的利益**。在某些公司，雇主和员工相互掩饰错误。这种做法不健康，而且有碍公司的进步，因为这会阻止人们揭露错误和缺陷，鼓励欺瞒，并剥夺下属申诉的权利。

这也适用于个人忠诚问题。我经常见到一些人因为与老板有私交，虽不胜任却能保住“饭碗”，这导致一些毫无原则的管理者拿个人忠诚做交换，为他们自己圈地盘。要知道，用不同标准评价个人，就是一种隐形的腐败，有悖任人唯贤的原则。

我相信的是构筑在公开探寻事实基础上的更健康的忠诚。公开表达坚持原则的思考和完全透明是阻止私下交易的最佳药方。当每个人都秉承同样的原则，公开做出决策时，人就很难以所在机构为代价追求私利。在这种环境下，那些直面自己挑战的人最令人敬仰；相反，当错误和缺陷被掩盖时，不健康的行为就会得势得逞。

1.3 营造一种氛围，让每个人都有权了解合理之事，不可保持异议却缄默不语

是否拥有独立意识和性格去穷究最佳答案，取决于人们的个性，但你可以营造一种氛围，鼓励他们遇到观点的第一反应是去问：“这是真的吗？”

a. **表达出来，并对你的观点负责，否则就走人**。在创意择优讨论中，开诚布公是一种责任。你不仅有权表达出来，“捍卫正义”，而且也有义务这样做。这特别涉及做事原则。原则与其他事物一样，也需要被质疑和辩论。不允许你做的是私下抱怨和背后批评，不管是针对他人还是你自己头脑中这样想。如果你无法履行这个义务，就必须离开公司。

当然，以开放心态跟别人探讨事实与固执己见是两回事，即便是决策流程已经走完并开始实施。不可避免的是，有些情况下，你必须遵守那些你曾经不赞成的政策或决定。

b. **切记要绝对开诚布公**。有问题应各抒己见，直到彼此达成一致，或者理解彼此的立场，并明确解决分歧的办法。正如我的一位同事曾

经所说：“这其实很简单，表达观点时不做任何过滤就行了。”

c. **切莫轻信不诚实之人**。人说谎的情况超出大多数人的想象。作为公司的老板，对此我深有体会。桥水的人有极高的职业道德水准，但所有机构都有不诚实的人，对付他们必须用一些务实的手段。例如，如果某人做了不诚实的事被当场发现，可他声称已经知错、绝不再犯，就不能再相信他，因为他很可能重蹈覆辙。不诚实的人很危险，将其留在公司不是明智之举。

同时，我们也要务实。如果我只和从不说谎的人结交，也就没有同事可言了。在为人正直方面，我有极高的标准，但我不认定“非黑即白”“一杆出局”。我要看问题的严重性以及具体情况、具体方式，并试图搞清楚我面对的这个人是那种惯于撒谎且还会继续撒谎的人，还是那种本质上老实但并不完美的人。我要考虑他不诚实性质的严重程度（是偷了一块蛋糕，还是犯罪）以及我们现有关系的性质（说谎的是我的配偶、萍水相逢之人，还是手下员工）。应该具体问题具体分析，因为正义的基本法则是罪与刑相匹。

1.4 要保持极度透明

如果你认同真正的创意择优具有极为强大的作用，你就不会觉得让员工有权自己了解情况有多困难，这比强制向他们灌输信息要好得多。极度透明能使问题摆到桌面上，最重要（同时也最令人不安）的是，要把人们正在应对的问题及应对方式公之于众，使机构能够利用所有员工的智慧和洞察力来寻求解决之道。最终，对习惯于此的人来说，相比身处重重迷雾而对事情发展、人们的真实态度一无所知，生活在极度透明的环境里更令人感到舒坦。这个方法极其有效。但需要说明的是，跟多数伟大的事物一样，它也有自己的缺点。最大的不足在于，大多数人最初很难应对这种令人不安的局面。如果管理不善，可能使大家卷入很多不相干的事务，导致那些不能甄别信息的人得出错误结论。

例如，如果把机构遇到的所有问题都公之于众，并指出每个问题都不可容忍，可能会使得一些人错误地以为自己所在的机构比另一家隐瞒事实的机构面临了更多无法容忍的问题。但哪个机构更可能实现卓越的业绩呢？究竟是揭露问题并宣称问题不可容忍的机构，还是隐瞒事实的机构？

别误解我的意思：极度透明绝非纤毫毕现。它是指比一般情况下要更透明一些。我们当然也会就一些情况保密，例如涉及个人的健康状况或很私密的问题、知识产权或安全保卫的敏感细节、重要交易的执行时间，以及若泄漏给媒体至少在短期内易被歪曲、情绪化或恶意误读的事项。在下述原则中，你将详细了解我们的观点，即什么时间、什么情况下透明是有益的，而什么时间、什么情况下不宜公开。

坦率地说，当初我提出要做到极度透明时，我也不晓得会发生什么情况。我只知道这极其重要，必须坚决推行并使之实现。我不断确立新的极限，并惊叹其良好的效果。例如，当我们开始对所有的会议进行录音时，我们的律师认为我们疯了，因为我们这是在保存证据，一旦遇上法律诉讼，或者监管机构如美国证券交易委员会的调查，便可用来对付我们。在回应这个问题时，我给出的理论解释是，极度透明会降低我们做错事的风险以及我们不当处置错误的风险。从这个意义上来说，录音实际上是在保护我们自己。如果我们做得好，通过公开就可以向外明确传递出这个信息（当然，要假设所有各方都是理性的，并非所有事情你都能想当然）；如果我们做得很糟糕，公开出去还可以确保我们得到应有的教训，而从长期看来，这对我们也是有益的。

当时，我还不太有把握，但我们的经历已经多次证明了这个理论的正确性。桥水受到的法律诉讼或监管调查少之又少，基本上是缘于我们实行了极度透明的做法。因为在极度透明的情况下，做坏事更难，发现事实、解决纠纷则更容易。在过去的几十年间，我们从未经历过重大的法律诉讼或监管处罚。

随着规模的增大、经营的成功，公司自然会招致更多的媒体关注，记者也深知用声色犬马、充满争议的故事来取代平平无奇的报道能吸引更多的眼球。桥水在此类报道面前尤其显得脆弱，因为我们秉承的是把问题摆到桌面上，在公司内部公开分享的文化，并不担心走漏消息。难道不坚持透明，就可以更好地规避此类问题吗？

我发现，受那些观点影响最大的人，也是最了解我们的人，即我们的客户和员工。极度透明原则能让我们为客户提供良好的服务，这不仅促使我们实现更好的业绩，也建立了与员工和客户的互信，因此媒体的不实报道在他们看来都不屑一顾。当我们与员工和客户讨论相关问题时，他们认为，我们不保持公开透明才会让他们更害怕。

这样的理解和支持，推动着我们去做正确的事，这是极为宝贵的。想想如果我们没有这样坚持极度求真和极度透明，我们是不可能有如此巨大的收获的。

a. **通过透明实现正义**。如果每个人都能参与引致最终决策的讨论（无论亲自参加，还是通过录音和电子邮件参加），公平正义就更可能得到实现。每个人都要对自己的观点负责，按照公认的原则，每个人都能参与决定谁应该做什么。如果没有这样的公开程序，决策就得闭门形成，有权决策的权势人物就可能会恣意妄为。在保持透明的情况下，每个人都遵循同样的高标准。

b. **分享最难分享的事情**。人们倾向于把拟公开的内容限定于不会伤害自己的事情。但是要知道，与人分享最难分享的事情，这一点特别重要。因为如果你不与对方分享，就会失去对方的信任和伙伴关系。

所以，在决策该不该分享最难分享的事情时，不应考虑是否要分享，而应考虑如何分享。下述原则将帮助你做好决策。

c. **要把极度透明的例外事项减到最少**。我喜欢彻底的公开透明，并希望每个人都能负责任地对待所接触到的信息，并判断出哪些是事实，知道自己应该做些什么。但我发现这个理想化的状态未曾全然达成。每个规则都有例外，在极少数情况下，不宜极度透明。此时，你要仔细考虑以何种方式，既要维系极度透明的文化，又不能把你自己和你关心的人置于过度危险的境地。在权衡是否属于例外时，要用期望值计算的方法，并考虑第二层次和第三层次影响。要问自己这样的问题：如果保持此事公开透明并防控相应的风险，是否弊大于利？在绝大多数情况下，答案是否定的。我从经验中发现，导致一件事情不予公开的最常见原因有：

1. 信息涉及隐私、个人，或属于保密范畴，而且不会严重影响整个集体的利益。
2. 分享并管理此类信息时，可能导致桥水和客户的长期利益受损，或使我们难以维持工作原则（如我们的自营投资逻辑或一宗法律纠纷）。
3. 在整个公司层面分享某一信息的价值甚低，并会严重分散大家的精力（如具体的薪酬）。

我的意思是说，在尽可能做到彻底透明的同时，也要保持必要的谨慎。正因为我们几乎把所有事情都进行录音（包括我们犯下的错误或暴露的缺点），以让每个人都了解，所以我们成了某些媒体的目标，它们最喜欢传播耸人听闻的流言蜚语，想方设法获取信息。有一次，我们遇到了一个问题，有人把有意歪曲的信息透露给了媒体，影响到我们的招聘工作。我们被迫对一些超级敏感的信息进行管控，以至很多非常值得信赖的人第一时间收到了信息，而发送给其他人时则有意延迟。关于该信息的性质，对一般公司而言，仅会有少数人了解，但在桥水，我们把它发送给了差不多100位值得信任的员工。换句话说，尽管在这个例子中，我们的极度透明并不彻底，但我们从务实的角度尽可能扩大了知情人范围。这种做法对我们很适用，因为那些最需要公开透明的人马上就能知道，而且几乎每个人都明白，即使在具有挑战性的环境里，公开透明的承诺依然得到了维系。大家都了解，我的本意总是尽量做到公开透明，唯一阻止我的就是可能涉及公司的利益，此时，我会告诉他们不公开的原因。这就是我们公司的文化，它有助于塑造信任，即便有时候透明度并没有达到我们所希望的那么高。

d. **确保让因极度透明而获得信息的员工意识到，他们有责任妥善管理好信息，做出明智的权衡**。任何人都不能在拥有获取信息特权的同时，利用这些信息去危害公司的利益。因此，必须订立规则和程序，确保这种事情不会发生。例如，在桥水内部，我们保持非常公开透明，但前提是桥水的员工不可将信息外泄，任何人如果泄漏公司机密，都会（因缺乏职业道德）被开除。此外，如何探讨问题和做出决策应遵循的原则必须坚守，因为不同的人看问题有不同的角度，所以遵循既定的解决分歧路径是很重要的。比如，有些人要么在小事上大做文章，提出错误的理论，要么在看待事情发展上存在问题。要提醒他们的是，公司给予他们的这种透明是有风险的，他们应负责任地加以对待。我发现，那些理解公司保持透明的良苦用心的员工，知道如果对信息处理不善就会导致以后得不到此类信息，这就确保了他们彼此之间谨慎行事。

e. **要向善于管理信息的人透明，对那些不善管理信息的人，要么不透明，要么将其清除出公司队伍**。在什么情况下允许出现极度透明的例外情形，公司管理层有权也有责任做出决定，与普通员工无关。

对极度透明施加限制的决定，管理层必须慎之又慎，并注意策略方法，因为每实施一次都会有损于创意择优和人们的信赖。

f. **不要向公司的敌人提供敏感信息**。任何公司无论内部还是外部，总有一些人故意损害公司的利益。如果这些敌人在公司内部，你应当把他们找出来，通过公司的既定程序解决相关冲突问题。因为在公司“大家庭”内部与敌人共事，对你自己和这个“家庭”都具有破坏作用。如果敌人在公司外部，可能利用这些信息来加害于你，那么不与他们分享信息就是了。

1.5 有意义的人际关系和有意义的工作相互促进，尤其是在极度求真和极度透明的环境下

当你和他人能够开诚布公地就任何重要问题相互探讨、相互学习，共同追求卓越时，你们之间就建立了需要相互问责并有意义的人际关系。当你与同事建立起这种关系，你们就能够携手共渡难关。同时，共同担负挑战性的工作会把你们拉得更近，巩固你们的情谊。这种自我增强的循环可促使你走向成功，并激励你追求更加远大的目标。

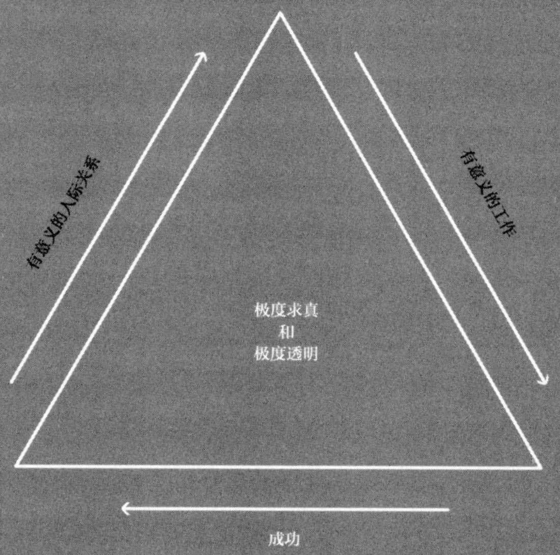
有意义的人际关系
有意义的工作
极度求真
和
极度透明
成功

2

做有意义的工作，发展有意义的人际关系

有意义的人际关系对于营造并维持追求卓越的文化氛围无比重要，因为它构筑了信任与支持，这正是人们相互砥砺、从事伟大事业所需要的。如果一个群体中绝大多数人希望追求卓越，就会付诸实施，从而产生更佳的工作业绩和更好的人际关系。人与人之间的关系应是真诚自然的，而不是刻意为之，同时，这个群体的文化也会对人们如何看待人际关系以及如何彼此相待产生很大的影响。就我个人来说，有意义的人际关系意味着人与人之间相互关心，但凡需要帮助就能得到帮助，无论工作内外大家彼此相伴，十分享受在一起的时光。我的的确确非常喜欢与我共事的很多同事，并对他们深怀敬意。

我经常被问到桥水的人际关系更像一个家庭还是一个团队，像家庭意味着存在无条件的爱和永恒的关系，像团队则表明如果每个人的贡献越多，整个团队就越强。在回答这个问题之前，我想强调一下，我认为这两者都非常好，因为无论家庭还是团队都需要构建有意义的人际关系，而这两种人际关系与一般公司的一般工作是不一样的，一

般的公司只会把人际关系当作功利的东西。如果直接回答这个问题，我会说，我希望桥水更像一个家族企业，家庭成员要么做到最好，要么出局。如果我有一个家族企业，而家庭成员做得不怎么样，我就会让他们离开，因为我相信这种局面既不利于家庭成员（因为从事不擅长的工作会妨碍个人发展进步），也不利于公司（因为这会导致整个团队踟蹰不前）。这是一种严格的爱。

为了让你感知桥水的文化如何演进以及它如何与众不同，我来讲述一下桥水初创之时对员工福利待遇的处理。当时，公司里只有我自己和少数几个员工，我没有为员工提供医疗保险，因为我想他们自己都会去投保。但是，我的确希望为那些与我分享人生的人在需要之时提供帮助。如果我的同事得了重病，无法负担应有的治疗，我该怎么办呢？是袖手旁观，还是雪中送炭？当然，我将尽己所能为他们提供财务上的帮助。所以，当我开始为员工提供医疗保险时，我感觉我是在为自己投保，反正如果他们受伤或生病，我也要把同样数额的资金补贴给他们。

由于我希望员工都能获得尽可能最好的医疗保障，我给大家买的保单能确保他们可以找自己选择的任何医生就诊，并能负担所需的治疗费用。此外，我也为员工遇到的微不足道的问题提供保障。例如，我提供给大家的牙科保险不会高于为他们投保的汽车险，因为我觉得保护牙齿是他们自己的责任，就像他们要为自己的车承担责任一样。如果他们真的需要牙科险，可以自掏腰包。我的主要观点在于，我不会像大多数公司那样把福利待遇弄成缺乏人性、冷冰冰的交易，而是更像我为家人提供的保障。在某些福利上，我会比常规做法更加慷慨，但在另一些方面，则希望大家自己负担。

当我把员工当作一个大家庭的成员看待时，我发现，大家在整个团队的相互交往中，通常会你敬我一尺，我敬你一丈，这比严格意义上的等价交换更显特别。到底有多少人愿意尽力为我们的团队做贡献，又有多少人不愿离开桥水而转换门庭，我数都数不过来。这种局面极其宝贵。

随着桥水的发展壮大，我自己无法与每个员工都保持密切的联系，但这并不成其为问题，因为整个团队已经形成了相互帮扶的风气。这并不是自然而然形成的，我们为此做了很多努力。例如，桥水有一项政策，如果大家想一起聚会搞活动，公司会支付一半的费用，直至达到一个上限（我们如今资助了 100 多个俱乐部以及体育等方面的兴趣小组）。如有人在自己家里举办自带菜肴的聚餐，公司会支付食物和饮料费用。我们还买了一所房子供员工举办活动和庆典。我们举办圣诞节、万圣节、国庆节以及其他聚会，通常会邀请各自的家人参加。最终，那些珍惜这种关系的人会自我负责，这种局面蔚然成风，成为文化示范，此时，我就可以欣赏着诸般美好事物的发生而闲庭信步了。

但是，如果有人对发展这种有意义的人际关系不感兴趣，而只想一味工作，取得出色业绩而得到公平的薪酬，那该怎么办呢？这样可以吗？当然可以。在我们的员工中，这样的人不在少数。并非所有人对团队都想法一致或感受相同。不参与集体活动是完全可以的。我们公司有各式各样的人，对他们在业余时间里所做的事，只要遵守法律、体贴他人，我们都予以尊重。但这些人通常不能给团队带来有力承诺，这种承诺是在长期考验中创造非凡所应必备的。

不管大家多么努力地营造有意义的人际关系，公司里总会有一些（故意捣乱的）坏分子。一味姑息对他们自己不好，对公司也不利，所以最好是把这些人驱离公司。我们发现，真正关心公司发展的人占比越高，坏分子的数量就越少，因为关心公司的人自然就会保护团队免受坏人破坏。我们也发现，我们极度透明的做法有助于形成清者愈清、浊者愈浊的局面。

2.1 忠于共同的使命，而非对此三心二意之人

有些人与公司的使命和完成使命的方法不能步调一致，对这些人忠心耿耿会导致帮派主义，危害集体的利益。忠实于某个人，相当多见，而且是件非常美好的事。但忠实于某个人却与公司利益相冲突的情况，也屡见不鲜，这就很不幸。

2.2 对相互交往要一清二楚

为了发展有意义的人际关系，你们彼此必须非常清楚等价交换是什么含义（哪些是慷慨，哪些是公平，哪些是只占便宜），以及该如何对待对方。

一般而言，区分人的一个重要方面是看他们对待工作的态度。他们工作只是为了赚钱，还是有更多追求？我们每个人对什么是生活中最重要的事都有不同的看法。通过工作我积累了不少财富，但工作不仅是赚钱的一种方法，我把工作看得比这更重要，我选择以此来弘扬我关于追求卓越、从事有意义的工作、发展有意义的人际关系的价值观。如果我的同事只是一味想赚钱，那么我们在坚持既定价值观和赚取快钱之间选择时，一定会爆发冲突。别误解我的意思，我当然知道人们工作不单是为了个人满足，而且干活要有必要的收入。但就我们的价值观和所希望身处的人际环境而言，我们都有既定的看法，员工与员工之间必须对此达成共识。

存在分歧和讨价还价是很自然的，但有些事不能妥协，对此你和你的员工必须清楚。特别是若你希望创造一种氛围，人们享有共同的价值观、对使命的深刻承诺和行为的高标准，就更应如此。

在桥水，我们希望员工的行为能向素质高、重视长期伙伴关系的人看齐，也就是说，要能很好地兼顾彼此的利益，明白各自的责任。表面上，这听起来很动听，也很直接，但这究竟意味着什么？明确这

一点十分重要。

举例来说，一个员工的家人被诊断出患有重病，或一个员工悲惨离世，使其家庭陷入风雨飘摇的境地。我们不希望这些事情发生，但它们总会发生。对此，有各种惯例和法律来规定需要支付多少基本的抚恤金和福利待遇（例如个人休假天数、短期或长期伤残保险和寿险）。但是，你如何确定应该提供哪些额外的帮助呢？对每一种特定情况，以什么原则来确保处理得公平呢？这恐怕不能一概而论吧？

处理好这些事都不容易，以下原则可以提供些指引。

a. **确保员工要多体贴他人，少向别人索取**。这是一项要求。

为他人着想意味着允许别人做他希望的事情，只要遵守公司的原则、政策和法律。这就意味着愿意先考虑别人，后考虑自己。如果争论双方都能以这种方式对待彼此的分歧，我们在谁冒犯了谁的问题上就会少很多争执。

当然，最终还是必须要下个判断，划个界限，并在政策中列明。

首要的原则是：如果因别人冒犯你，就禁止其行使权利，这样做比任凭其随意冒犯你更为草率。也就是说，要顾及某个人的行为对他人可能产生的影响，否则就是考虑不周。我们希望大家都能运用明智的判断，不要做明显冒犯他人的事情。在很多人看来，有些行为明显就是冒犯他人的，那么政策上就要明文禁止。至于具体内容和相关的政策，要源自具体案例。这就很像判例法的形成过程。

b. **确保人人都理解公平合理与慷慨大方的区别**。有时候，人们错把慷慨大方当作不公平。例如，桥水曾经安排过一趟班车，把住在纽约市的员工接到公司位于康涅狄格州的办公室。对此，有个员工提出："我们自己开车上下班每个月要花几百美元加油，既然住在纽约的有班车坐，也该给我们报销汽油费。"这种想法的错误之处在于，它把对部分人的慷慨资助当作每个人的应得福利。

公平与慷慨是有区别的。打比方说，你为两个最要好的朋友分别购买了一件生日礼物，其中一件比另一件贵，如果得到较便宜礼物的那个朋友指责你不够公平，你该说些什么呢？大概会这样说吧：“我不是非得送你礼物，你别抱怨了。”在桥水，我们对待员工是很慷慨大方的（我自己也是慷慨待人），但在这个问题上我们没义务让人评判和顾及人人有份。

慷慨大方是件好事，而有权受惠顾却很糟糕，这二者很容易被混淆，因此必须非常清楚哪个是哪个。在做决策前，要确保你的想法在特定情况下有正当理由，以及什么是最值得感激的。如果你希望拥有一批具备高素质、长期伙伴关系以及强烈的个人责任意识的员工，那就不要让有权受惠这种想法混杂其中。

c. **要清楚界限在哪里，并站在公平的另一端**。这条界限要依据各方之间的交换关系，在区别于什么是慷慨大方之后再确定什么是公平、什么是适当、什么是必需。如前所述，你应当期望人们的行为与那些高素质、有长期伙伴关系的人一致，彼此之间高度关切对方的利益，并清楚各自的职责。每个人都应该站在公平的另一端，对此，我的意思是说要尽可能多为别人着想，少向别人索取。这与大多数商业关系中的行为是不同的，商业行为更关注自己的利益而非对方的利益或整个商业群体的利益。如果每一方都说“你应该得到更多”“不，是你应得到更多”，而不是“我应该得到更多”，你就更有可能建立一种慷慨、良好的人际关系。

d. **酬劳与工作相适应**。公司与员工之间不完全是交换关系，但为了维持这种关系，员工待遇必须在经济意义上具有可行性。要订立政策明确这种关系，一旦有变化，还要评估测算，但不必追求过分精确。尽管大体上理应照常办事，但还要考虑总会有一些少数特殊情况，员工可能需要多请一些假，公司有时也可能要求员工加班。对工作业绩高于正常水平的员工，公司要以某种方式给予激励；而对工作业绩低于正常水平的，则应减扣工资。这种给予与获取随着时间的推移应该趋于对等。只要是在合理的范围内，大家都不会有太多担心。但如果一方的需求发生了持续性的改变，薪酬安排就需要相应调整，以便建立一种新的、更适当的关系。

2.3 要认识到机构规模过大会对建立有意义的人际关系构成威胁

当公司只有我们几个人时，我们之间建立了有意义的人际关系，因为我们相互了解、相互关爱。随着公司的发展壮大，员工人数达到50—100人，我们就像一个社区。规模再大一些，社区的概念也开始淡化，因为我们之间不再以同样的方式了解对方。那个时候，我认识到，把员工按每100人（依共同的使命）分成一个组（部门），是建立有意义的人际关系的最佳方式。较大的公司往往人情味淡一些，这是我们必须应对的另一个挑战。

2.4 要记住很多人只是假装为你工作，而实际上是在追求一己私利

例如，多数人做工作都希望出最少的力而赚尽可能多的钱。

为了了解这一点，可以让某些人在不受监督的情况下，允许他们就其所做的工作向你报价。当人们向你提供的咨询会影响赚钱时，例如向你提供咨询建议而按小时收费的律师，或建议你采购物品而能从中抽取提成的销售代表，你就应该特别小心利益冲突问题。你无法想象我曾见过多少急于为我提供“帮助”的人。

千万别太单纯。在努力让尽可能多的员工去从事有意义的工作、发展有意义的人际关系的同时，要知道总会有一定比例的员工不关心

公司，甚至做一些有损集体利益的事情。

2.5　珍视诚实、能力强、表里如一的员工

这类员工十分稀有。此类关系也需要时间来打磨，只有你待他们好，才有可能建立这种关系。

3

打造允许犯错，但不容忍罔顾教训、一错再错的文化

每个人都会犯错。主要的区别在于，成功人士能从错误中吸取教训，而普通人则不能。要营造一种环境，让人们敢于犯错，以便从错误中学习，这样就会快速进步，也不会再犯大错。在强调创意和独立思考的机构里尤为如此，因为接受失败必然是成功之路的一部分。正如托马斯·爱迪生所言：“我没有失败，我只是发现了一万种不成功的方法。”

犯错误会带来痛苦，但你不应因此让自己和他人选择逃避。痛苦说明某些事情出了问题，前车之鉴，后事之师。为了从自己和他人的错误中吸取教训，你必须坦诚、公开地承认错误，并努力避免再次犯错。在这个问题上，很多人会说：“不，谢谢，这不适合我，我宁愿不管这些事。”但这不符合你自己和你所在公司的最佳利益，并会阻碍你达成目标。对我而言，如果你回顾一年前的自己，而没有为自己所做的傻事感到震惊，就说明你还没有吸取足够多的教训。但仍然很少有人能够拥抱自己的错误。这种情况应该改变。

还记得在“生活原则”中，我说的公司交易部负责人罗斯忘记为客户执行交易的故事吗？一大笔钱就放在那里，被发现时，已经给客户（其实是给桥水，因为我们要赔偿）造成了很大一笔损失。简直糟糕透顶，我完全可以简单地开除罗斯，以表明公司不接受犯错。但那会起到反作用，我可能因此损失一名好员工，也可能鼓励了其他员工把错误隐瞒起来，从而形成一种不诚实，而且削弱学习成长能力的文化。如果罗斯没有经历犯错带来的痛苦，对他和桥水而言都太糟糕了。

我决定不开除罗斯的理由，比开除他的理由更充分——我向他和其他员工表明了犯错误情有可原，但不吸取教训是不能接受的。事情尘埃落定之后，我和罗斯一起设立了一个错误日志（我们现在把它叫作“问题日志”），要求交易员把发生的错误和不良后果都记录下来，这样我们就可以追根溯源，系统化地解决问题。问题日志现已成为桥水最强大的工具之一。感受到公司氛围的员工都明白，“这事你处理得很糟”这类话对人是一种帮助，而非惩罚。

当然，对待员工所犯的错误时，很重要的一点是要分清楚两种人：（1）能力强，犯了错能反思并愿意吸取教训的人；（2）能力差的人，或者能力虽强但不能正确对待错误和吸取教训的人。时间一长，我就发现，雇用像罗斯这样能够反思的人，是我能做的最重要的决定之一。

找到这样的人并不容易。我经常想，家长和学校太过于强调学生要时时把题做对。但对我来说，学校里学习最好的学生可能往往是那些最不善于从错误中学习的人，因为他们已经习惯了把做错题当成失败的代名词，而不是把犯错看成学习的机会。这反而成为他们进步的主要障碍。聪明的人善于拥抱自己的错误和不足，从而能远远超越那些与他们水平相当，但更自负的同学、同辈。

3.1 意识到错误是事物演变过程中的自然连带部分

如果你不在乎在追求正确的道路上犯错，你就能学到很多，并能提高你的工作效率。但如果你无法容忍犯错，你就不会成长，也会使你自己和周围的人很难受，你的工作环境就会充盈着很多流言蜚语和恶语中伤，而不是健康、诚恳的对真相的追寻。

你对正确的渴望不要超过你对真相的追求。杰夫·贝佐斯讲得好："你必须愿意接受反复的失败。如果你没有接受失败的意愿，你就要注意，自己不要再去创造了。"

a. **把失败变成好事**。每个人都会经历失败。你看到别人的成功，那是因为你只注意到了他做成功的这些事情——我敢保证他们肯定在其他很多方面都失败过。我最钦佩那些从失败中吸取教训，把失败变成好事的人。我对他们的敬仰甚至超过对成功人士的敬仰。这是因为，失败是个痛苦的经历，而成功是令人愉快的，所以与直接获得成功相比，人先经历失败、再做出改变、最后获得成功所需要的特质要更为丰富。那些轻易成功的人不会向自己的极限挑战。当然，最坏的情形是，失败了却不自知，也不求变。

b. **不要为你自己或他人的错误而懊恼，要珍爱它！**人们通常会为自己犯错感到沮丧，这是因为他们目光短浅，只看到了不良的结果，而没有看到错误实际上也是进步过程中的有机组成部分。我以前有一位滑雪教练，他也指导过迈克尔·乔丹，那位有史以来最伟大的篮球队员。他告诉我，乔丹简直沉醉在自己的错误中，把每次错误都当成改进的机会。乔丹明白一个道理，错误就像是玩小拼图游戏，每完成一个，就会得到一个宝贝。当你每犯一个错误并从中吸取教训，就会使你在未来免于再犯几千个类似的错误。

3.2　不要纠结于一时的成败，要放眼于达成目标

不要患得患失，要朝着目标努力前行。要自省自警，别人对你很到位的批评，是你能得到的最宝贵的建议。想想看，你的滑雪教练告诉你，你摔跟头是因为你在滑行中的重心移动不对，此时你要是认为他在责骂你，你该多么愚蠢和低效。同理，你的上司也可能会指出你工作中的缺点，有则改之，继续努力就是了。

a. **不要纠结于“埋怨”还是“赞美”，而要专注于“准确”还是“不准确”**。在意他人的“埋怨”“赞美”或者“正面”“负面”评价，不利于你从反复的工作流程中学习。要记住，过去的事情就让它过去，除了作为未来的教训，不要再纠结。对那些假惺惺的奉承话，一定要抛到脑后。

3.3　观察错误模式，判断是否因缺点引起

每个人都有缺点，一般都会以犯下某种错误的形式体现出来。通往成功的捷径始于了解你自己的缺点，并努力改正。一开始要把错误记在纸上，连线找出它们之间的因果关系，然后写下你面临的最大挑战，即最妨碍你实现愿望的那个缺点。每个人至少有一个最大挑战。你也可以多写几个，但别超过三个。要想突破障碍，首先就要承认它们。

3.4　记住在经历痛苦后要反思

记住：你的痛苦都存在你的脑海中。如果你想进步，你就需要找出真正的问题和痛苦所在。通过直面痛苦，你能把自己面临的矛盾和问题看得更透彻。反思并解决这些问题会让你更具智慧。痛苦和挑战越大，效果越佳。

因为这些痛苦的时刻都如此重要，你不要轻率地一带而过。要好

好琢磨、探究背后的原因，这样才能打下未来改进的基础。拥抱你自己的失败，直面给你和他人造成的痛苦，这是实现真正改进的第一步。这也是为什么在很多社会，人们都把忏悔作为宽恕的前提。心理学家把这称为“触底”。如果你能坚持这样做，就会把直面错误和缺点的痛苦转化为喜悦，实现“达到彼岸”，正如我在“拥抱现实，应对现实”中所言。

a. **要能够反思，并确保你的员工也能如此**。感受到痛苦时，动物的本能是“战或逃”，此时你要冷静下来反思。你感受到痛苦是因为存在相冲突的事物——也许你刚经历了惨痛的现实，比如朋友去世让你无法接受；也许你被迫承认了自己的缺点，改变了对自己的看法。如果你能想清楚背后的缘由，你就能了解更多的事实以及如何更好地应对事实。反躬自省是一种素质，最能区分哪些人会从错误中很快崛起，哪些人就此沉沦。记住：痛苦 + 反思 = 进步。

b. **要知道，没有人能客观地看待自己**。我们都应努力客观地看待自己，但我们不能期待每个人都能做得很好：我们每个人都有看不见的盲区；而作为人类，我们天生就是主观的。因此，每个人都有责任给予别人诚实的反馈、让其承担责任，并以开放的心态解决彼此的分歧，以此帮助他人了解真实的自我。

c. **教导并强化“吃一堑，长一智”的道理**。为了鼓励员工将错误公开并进行客观分析，管理层需要打造相应的文化，使得此举成为常态，对压制和掩盖错误的做法给予惩处。这样做是为了明确一点：一个人犯下的最严重的错误，就是不能直面自己的错误。这也是桥水强制采用问题日志的原因。

3.5 知道哪些错误可以接受，哪些错误无法容忍，不要让你的员工犯不可接受的错误

为了促进大家从尝试和错误中学习，在考虑你愿意接受什么样的错误时，要在该错误的潜在负面影响与因吸取教训增加学习机会之间做出权衡。在确定我对别人宽容到什么程度时，我会说：“我可以容忍你把车蹭掉了漆或撞凹了一块，但我不会冒大风险让你把车子给全毁了。”

痛苦

+

反思

=

进步

4

求取共识并坚持

记住要想让一个机构有效运作，其员工必须在很多层面保持一致——从享有共同的使命、如何对待彼此，到在追求成功时，明确每个人的职责。但是，不要把保持一致当作理所当然的事，因为人与人是极为不同的。我们看待自己、看待世界都有自己独特的方式，所以要不断努力去探究什么是事实以及该如何作为。

在创意择优过程中，保持一致尤其重要，所以在桥水，我们试图有意识地、持续且系统化地努力达成一致。我们把这个求取一致的过程叫作“求取同步”。问题一般源自两个主要原因：简单的误解和根本上存在分歧。求取同步就是以开放而自信的心态修正双方立场的过程。

很多人以为，掩盖分歧是维持和睦最容易的方法，这种观点大错特错。回避冲突也就回避了解决冲突的机会；躲过了小的矛盾，之后往往会有大的矛盾，甚至会导致人与人的疏离。而只有直面且积极解决小的矛盾，才会更好地维持较长久的良好关系。认真处理分歧——当事方之间开放、坚定地进行高质量的反复讨论，细心梳理所有问题的过程——具有强大的作用，因为有助于双方了解此前不清楚的情况。但这并不太容易。在某些以成败论英雄的场合，强者逻辑是容易让人理解的（因为体育比赛中谁跑得快谁就是冠军，结果不言自明），但在创造性的场合，判断谁优谁劣就难多了（关于哪个点子最好，众说纷纭，但必须下决断）。如果不下决断，争执不休、梳理分歧的过程以及在谁有权拍板的问题上达不成一致，讨论就会乱成一团。人们有时会争得动了气或僵持不下，一场对话往往演变成两个或更多的人反复无效地纠缠一件事，无法就行动方案达成共识。

出于这些原因，必须遵循特定的程序和步骤。讨论中的各方都必须了解各自的权利，以及为达成最终的解决应遵循什么步骤。（我们也设计了相关的工具，具体参见本书附录。）每个人必须了解求取同步所需的根本原则，即必须同时保持开放和坚定自信。理性解决分歧的过程不是战争，其目标不是说服对方他错你对，而是发掘事实，明确行动方案。这个过程也不能是谁级别高谁说了算，因为创意择优的沟通不仅仅是自上而下地、不容置喙地灌输批评，也可以自下而上传递。

例如，以下这份电邮是我的一位员工在一次客户会谈后发给我的。包括我在内，桥水的高管们时常被我们的下属批评或评判。

> 发自：吉姆·H
>
> 发送至：瑞；莱昂内尔·K；格雷格·J；兰道尔·S；戴维·A
>
> 主题：关于ABC会议的反馈……
>
> 瑞，你在今天ABC会议上的表现只能得到“D -”。每位与会者都赞同这个苛刻的评分（误差为半级）。你的表现很让人失望，有两个原因。（1）在此前讨论同类议题的会议上，你的表现一直很棒。（2）我们昨天特意开了一个准备会，请你仅就文化和投资组合构建这两个问题发表意见，因为今天我们仅有两个小时的会

议时间，我要讲投资程序，格雷格讲研判，兰道尔讲交易执行。可是，你一个人就讲了 62 分钟（我计的时）。更糟糕的是，其间你花了 50 分钟信马由缰地谈论你对投资组合构建的看法，然后才讲到文化，只用了 12 分钟。显然，在我们所有人来看，你并没有提前做任何准备，因为如果你有所准备，你不可能讲得这样杂乱无章。

同样，我也愿意分享另一个例子，我们的一位高级经理听到了时任 CEO 格雷格·詹森与一位初级员工的对话，感到格雷格的讲话方式不利于鼓励员工表达不同意见和独立思考。她在发给格雷格的意见反馈中提及此事。格雷格不同意，坚称他只是提醒那位员工要遵守相关原则，告诉其责任在于要么遵循原则，要么公开提出意见。他们二人试图通过一系列电子邮件往来求取共识，由于未能解决，他们把分歧提交给了管理委员会。就这个问题形成的案例被发送到全公司，这样每个员工都可以自己判断谁是谁非。格雷格和那位高级经理都视之为一个很好的学习机会，我们以此来检视我们处理此类情况的书面原则是否适当，他们二人也得到了很多有用的反馈。如果我们之前没有确立处理此类事件的原则，并依此来做出评判，我们可能会让有权势的高层来任意决断，而非以双方都能接受的方式。

以下列举的原则对我们的做法进行了充实。如果这些原则能得到遵守，你就能与他人保持一致，你的创意择优就会逐渐产生成效。反之，就可能慢慢停止进步。

4.1 认识到冲突对建立良好的人际关系至关重要……

……因为人们正是用冲突来检验各自的原则是否一致以及能否解决彼此的分歧。每个人都有自己的原则和价值观，所以每种关系都意味着需要针对人与人如何相处开展一定的谈判或辩论。你们对彼此的了解，要么让你们关系更密切，要么更疏远。如果你们的原则一致，你们就能够通过妥协互让解决分歧，你们就会更加亲密。否则，你们就会分道扬镳。对分歧进行公开讨论能确保消除误解。如果不能持续这样做，观点的分歧就会扩大，直至爆发大的冲突。

a. **求取共识要不吝时间与精力，因为这是你所能做出的最佳投资**。从长期看，提高效率能节约时间，但很重要的一点是，你需要做得很好。由于时间所限，你需要排定优先顺序，先做哪些事以求取共识，以及先与哪些人达成共识。排在最前面的，应当是与最可信、最相关人士讨论最重要的问题。

4.2 知道怎样求取共识和掌控分歧

与自上而下压制异见的独裁制度相比，在鼓励分歧存在的环境下实施创意择优要更难一些。但是，当分歧的可信各方愿意相互砥砺学习时，他们的进步会更快，决策也会更好。

关键是知道如何从处理分歧到实现决策。很重要的是，这个路径要很清晰，以便明确职责。(因此，我开发了一个工具，名为“分歧解决器”，它明确了从分歧到决策的路径，并使每个人都清楚，他们是固执己见，还是继续朝前去寻求解决方案。具体参见本书附录。)

重要的是要知道最终的决策权归属何方，也就是说，知道从争议到裁决的路径有多远。随着争议解决、决策做出，参与创意择优讨论的每个人都应该保持冷静，尊重整个程序。如果经由这个程序没有得出符合你个人希望的决策结果，不能懊恼，懊恼这种态度是绝对不可接受的。

a. **把可能的分歧摆到桌面上**。如果你和其他人不表明各自的观点，你们就无法解决分歧。你可以把存在分歧的问题非正式提出来，或者列出清单逐步解决。这两种方式我个人都喜欢，尽管我会鼓励别人按优先次序把分歧列在纸上，以便我能够比较容易地在正确的时间提交给相关方面。

最难办的问题（分歧最大之处）是需要研究解决的最重要的问题，因为这往往涉及人的价值观或他对重要决策的态度。尤为重要的是，把这些问题摆到桌面上，彻底地、不带感情色彩地检视问题发端的线索。否则，问题就会日趋严重而不可收拾。

b. **区分苍白的抱怨和有助于改进工作的诉求**。很多抱怨或者是因为未能考虑到整个大局，或者不过是反映了封闭狭隘的观点。我把这些抱怨叫作“叽叽喳喳”，最好不去理会。但是，有建设性的诉求却可能带来一些重要的发现。

c. **要记住每个故事都有另一面**。有智慧意味着具备同时看两面并做出适当评估的能力。

4.3 保持开放心态，同时也要坚定果断

有效解决理性的分歧，需要开放的心态（换位思考）和坚定果断（明确阐释自己的看法），并能够灵活地处理此类信息以促进学习和适应。

我发现，尽管也有一些人从善如流，但大多数人不能既坚定果断同时又心态开放。比较典型的是，他们更倾向于多一些坚定果断而少一些开放心态（因为相比换位思考而言，把自己的观点表达出来更容易一些，也因为人往往固执，总认为自己是对的）。提醒人们要两者兼顾是很重要的，并记住决策是个两步走的程序，必须先搜集信息，再做决定。要提醒人们，那些能改变自身主张的人是最大的赢家，因为他们有所获益。而那些顽固不化、拒绝事实的人会是失败者。经过实践、培训和不断强化，任何人都可以在这方面做得很好。

a. **区别心态开放和心态封闭的人**。心态开放的人通过问问题学习。他们知道，与未知领域相比，他们已知的实在微不足道，而且可能是错误的。他们乐于身边有很多比自己知识渊博的人，从而可以有学习的机会。而心态封闭的人总是告诉你他们所知甚多，哪怕他们一无所知。如果身边有人比他们知识渊博，他们就会感到不安。

b. **远离心态封闭的人**。心态开放比聪明伶俐重要得多。不管他们知道多少，心态封闭的人都会浪费你的时间。如果你必须与他们打交道，要注意除非他们变得开明，否则无任何裨益。

c. **提防那些羞于承认自己并非无所不知的人**。他们可能更关心外在的形象，而非真正达成目标。这可能逐渐导致毁灭性的后果。

d. **确保工作负责人以开放的心态对待问题和他人的意见**。一项决策的负责人应当能够公开、透明地解释决策背后的理由，以便让每个人都能理解并做出评估。在出现不同意见的时候，应当将争议提交决策者的上级或公认的知识渊博者去解决。一般而言，这些人的学识和资历要高于决策者。

e. **认识到求取共识是双向的责任**。在任何对话中，对话双方都有责任表达自己的观点，并倾听别人的声音。误解时常发生。通常而言，沟通困难在于人们的思维方式不一样（例如，左脑发达者与右脑发达者）。当事方应该经常考虑这种可能性，即一方或双方存在误解，这时应该多进行几轮沟通，以便达成共识。有一些很简单的技巧会很有用，比如重复一遍你刚听到的别人的观点，确保你理解正确。要首先假设你自己或者是没有沟通好，或者是没听清，而不要先去责怪对方。要吸取自己沟通不利的教训，避免再犯。

f. **实质重于形式**。这并不是说，针对不同的人在不同情况下，沟通的形式无差别，但我经常听到有人抱怨别人的批评方式或语气，而忽视问题的实质。如果你认为某人的沟通方式有问题，可放在一边，当作达成共识的另案处理。

g. **自己要通情达理，也期待别人通情达理**。在兜售你的观点时，你有责任做到通情达理和体谅别人，千万不要被“较低层次的自我”控制了情绪，即便对方在发脾气。对方行为举止不好，不意味着你的行为举止也要变差。

如果分歧各方太过于情绪化而丧失了逻辑，对话应该暂时中止。有时，在不必要马上做出决策的情况下，推迟几个小时或几天再讨论是最好的主意。

h. **提建议、提问题与批评是不一样的，所以别混淆**。提建议的人可能并未下结论说有错误——他们只是想确保，对方已经考虑了所有的风险。提问题以便确认某人没有忽略什么事，并非是说他 / 她真的忽略了什么事（“小心冰”的表述不同于“你太不小心了，把冰都忽略了”）。但是我常常看到，有些人把建设性问题当成指责，反弹强烈。这是不对的。

4.4 如果由你主持会议，应把握好对话

会议效率低下有很多原因，但通常是因为对会议议题或在哪个层面上讨论问题（例如，是原则层面的还是机器层面的问题，是当前问题还是特定实施层面的问题）缺乏清楚的了解。

a. **明确会议的主持人和会议的服务对象**。每次会议都应当以实现某个人的目标为目的。那个人就是会议的负责人，并决定会议所期待的成果和会议方式。会议如果没有明确的主持人，则很可能陷入丧失方向和低效的境地。

b. **表述要清晰准确，以免造成困惑**。对于具体问题，最好重复一遍，以便让提问者和回答者都十分清楚问的是什么，答的是什么。在电子邮件中，通常可以简单地把问题放在邮件的正文中。

c. **根据目标和优先次序来确定采用什么样的沟通方式**。如果你的目标是让持不同意见的人讨论他们的分歧，力图对事实和解决方案取得共识（开放式辩论），则会议的方式应当有别于培训会。辩论比较耗时，会议时间随人数增加会呈几何级增长，因此你必须挑选对的人以及适当的人数，以适合决策所需。在任何讨论中，都要把与会者限定于你认为对实现你的目标最有帮助的人。挑选与会者最差的方式就是挑选那些与你观点相同的人。群体思维（大家都不表达独立观点）和个体思维（个人拒不接受别人的观点）都是危险的。

d. **主持讨论时要果断、开明**。调和不同观点并不容易而且耗时。要由会议的主持人来平衡有分歧的观点，打破僵局，并决定如何明智地安排时间。

我经常遇到的问题是：当某个缺乏经验的人提出一个观点时，该怎么办？如果你在主持对话，你应该权衡一下讨论其观点可能要花多长时间，对其观点进行评估并加以深入理解所带来的潜在收益有多大。对那些资历尚浅、仍在积累经验的人来说，探讨他们的观点能够让你对他们如何应对不同任务有更深入的了解。如果时间允许，你应该与他们一起讨论一下他们的分析逻辑，以便让他们了解为什么他们可能错了。当然，你也有义务以开放心态判断他们的观点是否正确。

e. **在不同层面的讨论对话中穿梭对照**。在研讨某个问题或状况时，应该进行两个层面的讨论：遇到的具体问题和确保机器正常运转的相关原则。你需要在不同层面的讨论间穿梭和对照分析，验证你的原则是否有效。改进机制，以便日后更好地处理类似的问题。

f. **谨防“跑题”**。跑题是指从一个议题随意跳到另一个议题，却对正在讨论的议题半途而废。为了防止跑题，一个方法是在白板上列出议程，让每个人都看到讨论的进展情况。

g. **坚持对话的逻辑性**。当出现分歧时，人们往往会情绪激动。一定要在任何时候都保持冷静分析问题的态度。与情绪化的讨论相比，逻辑清晰地交换意见不会轻易被终止。要记住，情绪化容易阻碍人们正确地看待现实。例如，人们有时会说，“我感觉（某件事是真实的）”，然后在接下来的讨论中将其作为事实依据，而别人却可能对同一问题做出不同的判断。要问他们，“这是真的吗”，让对话建立在事实的基础之上。

h. **注意不要因集体决策而丧失个人责任**。十分常见的是，集体做出了决定，却没有分派个人任务，因此不清楚接下来谁应当做什么。对个人职责的分派，要十分明确。

i. **运用两分钟法则避免持续被别人打断**。按照两分钟法则，你必须让人在两分钟内不受打扰地解释自己的观点，然后再插话表达自己的意见。这可以确保每个人有足够时间充分澄清、表达自己的思路，而无须担忧自己的想法被误解或被更强烈的声音所湮没。

j. **当心讲起话来不容置疑的“快嘴王”**。快言快语的人表达问题时滔滔不绝、态度坚定且语速飞快，强行推进议程，使别人来不及评估、检视或反对。快言快语在压制那些讲话慢且担心出丑的人时，显得尤为有效，但千万不要做这样的人。要认识到，你的责任是讲清楚事情，有一点没讲清楚都不要接着往下讲。如果你对“快嘴王”感到有压力，可以说一句“抱歉我比较迟钝，但是我希望你慢点说，好让我明白你的意思”，然后，该问问题就问问题，不要遗漏任何一点。

k. **让对话善始善终**。讨论的主要目的是把任务完成，达成共识，最终做出决定或采取行动。如果讨论半途而废，就无异于浪费时间。在交流想法时，很重要的一点是要进行总结，以结束讨论。如果达成一致，应当明确指出；如果没有，也应当说明。如果会议决定采取进一步行动，要将行动列入清单，向员工分派任务，并规定截止日期。记下你的结论、可行的想法和任务清单，以此作为下一步进展的对照基础。为了确保做到这一点，指定专人负责会议记录和督办实施。

如果你仍然不赞成也没理由生气。人们可以在相处融洽的同时，依然对某些事情保持异议，你们不必对任何事都意见完全一致。

l. **运用沟通手段**。虽然公开沟通十分重要，但挑战在于沟通不能花太多时间——你不可能与每个人都进行一对一的对话。寻找一些简单的分享信息方法或许有帮助，例如在常见问题问答公告栏里发表公开邮件，或分发关键会议的录像、录音资料（我把这种方法叫运用沟通手段）。你越是升迁到公司报告路线中更高的位置，这种挑战就越大，因为你的行为将影响更多的人，而他们也都有自己的观点和问题。在这种情况下，你需要更多的沟通手段，并分出优先次序（例如，让你手下的一个精干小组来回复一些问题，或让大家把问题标出轻重缓急）。

4.5 伟大的合作如同爵士乐演奏

演奏爵士乐时，并没有乐谱，你必须即兴发挥。有时你需要暂停下来，让别人领奏；有时你却要独领风骚。为了能在正确的时候做正确的事，你需要认真倾听乐队同伴的演奏，以便了解接下来怎么弹奏。

所有伟大的有创意的合作都是相同的。要把你们的诸般技能像不同乐器一样组合在一起，即兴创作乐章，同时你自己要服从团队的目标，这样才可以演奏出伟大的作品。但要记住，多少个合作者一起演奏是最优的组合。有才华的乐手通过二重奏就可以即兴进行优美的表演，就像三重奏、四重奏一样。但是，如果把10个乐手聚在一起，无论每个人多么有天赋，除非他们能用心配合，否则恐怕只会因为人太多了而效果不好。

a.1+1=3。两人良好合作的效率是各自独立工作效率的三倍，因为两人能看到对方疏忽的地方。而且，他们可以借助对方的能力，并相互问责达到更高的标准。

b.3—5人的效率高于20人。3—5个精明强干且善于思考的人以开放心态讨论，通常能找到问题的最佳答案。组建更多人的团队看起来挺好，但如果人太多，合作的效果可能适得其反，即便其中有很多聪明、有才华的人。给团队增加成员的共生效果是逐步递增的（2+1=4.25），直至到达一个顶点，过了顶点后将不再产生增效，反而带来效率递减。这是因为：（1）边际效益随团队人数增多而减少（两三个人可以贡献大部分重要的观点，增加更多人不会有更多的好点子）；（2）团队人数过多时，其互动效率低于小团队的互动效率。当然，实际中最好的结果取决于人员的素质和他们带来的不同观点，以及团队管理的好坏。

4.6 珍惜志同道合者

在这个世界上，没有人能在所有事情上都与你看法一致，所以既然有人与你在最重要的方面价值观相同，也与你有实践价值观的相同做法，那就要确保与这些人为伍。

4.7 如果你发现自己无法调和相互间的主要分歧——尤其是价值观层面的——要考虑是否值得维持这种关系

这个世界上千人千面，很多人对事物有不同的看法和评价。如果你发现无法与某人就价值观方面达成一致，就应考虑是否还与此人来往。价值观不同，会导致很多痛苦的经历和不好的结局，最终还是会让你们疏离。一旦你发现此种情形，最好尽快分道扬镳。

5

做决策时要从观点的可信度出发

在一般的公司里，很多决策或是以独断专行方式，由高层领导自上而下做出，或是以民主协商方式，由每个人分享各自观点，最终实施得到最多支持的观点。这两个决策系统都有缺陷。这是因为最佳决策应该是在创意择优中，按观点的可信度高低来得出的，其中能力强的人努力解决彼此分歧，还有其他能力强的人能够独立思考事实是什么，应采取什么行动。

与能力较弱的决策者相比，要对那些能力更强的决策者的观点赋予更大的权重，给予更多的重视。这就是我们所谓的“可信度加权的决策”。那么，怎样确定谁在哪些方面能力更强呢？最具有可信度的观点来自：（1）多次成功地解决了相关问题的人；（2）能够有逻辑地解释结论背后因果关系的人。当基于可信度加权的观点能够正确实施并保持下去，那就形成了最公平、最有效的决策系统。它不仅能产生最佳效果，也能保持步调一致，因为即便有人不同意最终决策，也能跟上步伐。

为了做到这一点，可信度加权的标准必须是客观且得到每个人信任的。在桥水，每个人观点的可信度都被记录在案并接受系统性评估，使用类似棒球卡和集点器的工具，及时记录和评估其工作经历和业绩。开会时，我们经常通过集点器 App 来对很多事项投票表决，不仅仅呈现等权重平均的结果，也有可信度加权的结果（还有民主投票情况）。

一般而言，如果基于等权重平均和可信度加权的投票结果吻合，我们就认为问题已经得到解决，可以继续讨论别的话题。如果两类投票结果不一致，我们就努力解决。如果解决不了，我们会采纳可信度加权投票的结果。视具体的决策类型不同，在有些情况下，某个“责任人”可能会推翻可信度加权的投票结果，在其他情况下，也会反过来。但不管怎样，在所有出现分歧的情况下，可信度加权的投票结果都会得到高度重视。即便责任人能推翻可信度加权投票的结论，其也有义务在推翻之前尽量把分歧解决掉。在桥水工作的 40 年中，我从来没有朝着可信度加权投票结论相反的方向做过决策，因为我觉得，那样做是傲慢无礼的表现，而且与创意择优的精神实质相悖，尽管在此过程中我会为自己认为是最佳的方案竭尽全力去辩护。

我举一个例子说明实际工作中这个过程是怎么完成的。2012 年春，欧债危机不断升级，我们的研究团队运用可信度加权的决策程序，解决了关于下一步趋势判断的分歧。当时，意大利、爱尔兰、希腊、葡萄牙，尤其是西班牙政府的借债和还本付息金额都已远远超过了其偿付能力。我们知道欧洲央行要么会史无前例地购买政府债券，要么令欧债危机自行陷入深渊从而可能导致国家违约和欧元区解体。德国强烈反对欧洲央行出手救助。显然，这些国家以及整个欧元区的经济命运将取决于欧洲央行行长马里奥·德拉吉领导下的欧洲央行的下一步措施。但是德拉吉究竟会怎么做呢？

这个过程就像针对国际象棋棋盘开展分析，预测不同棋手的棋子移动方向以及影响，我们每个人都从不同角度对形势走向提出自己的看法。经过漫长的讨论后，我们仍无法达成一致：大概有一半人认为欧洲央行会印更多钞票来购买债券，而另一半人则认为不会，因为与德国闹翻会给欧元区带来更大威胁。尽管这些理性、公开的交流是必不可少的，但同样重要的是，要有双方都认可的方式来解决分歧，达成最优决策。因此，我们运用可信度加权的分析系统来打破僵局。

我们采用了集点器工具，它能帮助我们分析不同观点的特点，找出分歧的源头，按照可信度进行梳理找出解决办法。因为大家的素质不一样，可信度的权重也不一样，比如对某个领域的技能、创造力、综合集成能力等。选择哪些方面进行评判是通过一种混合评分系统确定的，评分来自同行和各种测试。通过对素质特征的分析，并判断哪些与当前的形势更加密切相关，我们可以得出最佳决策。

在上述案例中，我们进行了可信度加权的投票，所选取的素质特征是专业技能和综合能力。集点器清楚地显示了这样的结果：那些可信度更高的观点认为，德拉吉将违背德国的意愿，印钞购买债券。我们就据此做了相关决策。几天后，欧洲的政策制定者公布了一个大规模、无限量购买政府债券的计划，可见我们的判断是对的。尽管可信度加权给出的答案未必总会是最佳答案，但我们发现，与任凭老板一个人裁决，或一人一票公投式表决相比，用这个办法更可能做出正确的判断。

不管你运用这种可信度加权的统计技术，还是结构化的分析程序，最重要的问题在于你正确理解了可信度加权的实质。很简单，在做决策时，看看你自己和你的团队，谁最有可能是对的。我敢保证，如果你这样做了，你肯定比不这样做更容易做出上佳决策。

5.1 采用创意择优，需要你了解每个人观点的长处

对观点的长处进行分类排序，不仅仅符合创意择优的需要，而且本身也必不可少。让每个人总是就每件事都展开辩论，同时又能把工作完成，这肯定是不可能的。对所有人都一视同仁，更容易远离事实而不是更接近事实。同时，对所有的观点都应当以一种开放的心态对待，尽管要与观点表述人的经验、过去业绩适当联系起来。

设想一下，我们这个团队正在向贝比·鲁斯（美国传奇棒球运动员）学习请教如何打棒球，而某个从未打过棒球的人不断打断他，总就如何挥舞球棒进行探讨。不考虑每个人不同的工作记录和经验，这对整个团队的工作到底有利还是有弊呢？当然，认为每个人的观点都一样重要，是有害且愚蠢的，因为人与人在可信度上是有差别的。最有效率的做法，是让鲁斯不被打断地讲完动作要领，然后花些时间来回答问题。但是，由于我个人特别相信一个有些极端的观点，即求得理解比简单地接受那些原则更加重要。我将鼓励新球手不要认为鲁斯曾是有史以来最优秀的强棒，就觉得他说的都对。如果我自己是那个新手，我就会不断地挑战鲁斯，直至我相信自己了解了事实。

a. **如果你自己无法成功完成某件事，就不要想着指导别人该如何完成**。我见过一些人做事情总是不成功，却对做事的方法抱残守缺，即便自己的想法与成功人士相比差异很大。这是一种愚蠢而又傲慢的做法。他们应该问问题，接受可信度加权的投票表决，以帮助自己克服顽固不化的毛病。

b. **要知道每个人都有自己的观点，但通常不是什么好点子**。提出观点是容易的，每个人的脑子里都有成千上万的主意，很多人还很愿意说出来与人分享，甚至激烈地捍卫自己的观点。但遗憾的是，包括你自己的很多想法在内，很多观点都一无是处甚至是有害的。

5.2 关注可信度最高、与你观点不一致的人，尽量理解其推理过程

以开放的心态，与虽不赞成你的观点但具有可信度的人对话，是接受教育、提升决策正确性的最迅捷的方法。

a. **要分析人们的可信度，以评价其观点正确的可能性**。开放心态要付出一定代价，因此，你必须加强辨别能力。要知道，你的生活质量将取决于你在追求目标过程中所做决策的质量。做出正确决策的最佳途径，就是与其他更博学的人沟通互动。所以，你要明辨以什么人的意见为评判标准，并且不断提升辨别能力。

你将面临的困境在于，你既要找出事实从而有效判断，同时又要知道你听到的很多建议毫无价值，包括你自己的。衡量人们的可信度，这体现了他们的能力和是否乐意给予建议。跟踪他们的工作表现。

b. **较可信的观点很可能出自以下两种人：（1）至少曾经三次成功解决过相关问题；（2）对所得结论的因果关系分析很有道理**。做不到上述任一点的人，就不是可信的。对于能做到其中一点的人，可以认为其具有一定的可信度。如果两点都能做到，那就是最可信的。要特别当心有些并无实践经验而只是夸夸其谈的人，以及没有较好的逻辑的人，这些人对其自身、对他人都很不利。

c. **若某人并无经验，但其所讲道理似乎符合逻辑且可经受压力测试，则一定要试一试**。请记住你的成功是靠概率的。

d. **要更关注发言人的推理过程，而非其结论**。在对话中，很常见的情况是，人们会分享其结论，而非他们所得结论背后的逻辑。所以说，人们对自己的烂主意深信不疑的情形屡见不鲜。

e. **没经验的人也不乏好点子，有时远远胜过有经验的人**。这是因为，出主意的人如果经验丰富，就容易被限制在过去的套路里面。如果侧耳倾听，你就能发现那个没有经验的人的逻辑思维不错。就好像

评判一个人是否会唱歌，用不了多长时间就能得出结论。有时候，一个人只需唱出歌谱上的几个小节，你就能知道他们唱得怎么样。逻辑是一样的：判断某个人能不能干，不需要用太长时间。

f. **每个人都应在表达观点时信心满满**。建议不过是建议，如果你坚信某个观点就应该坚持，特别是此观点来自在这方面表现优异的人。

5.3 考虑好你要扮演老师、学生、同事中的哪个角色……

……你应该去说教、提问还是辩论。在很多情况下，人们面对分歧时，做事总是毫无章法，或者是因为他们不知道该怎么办，或者不去思考该怎么进行得更有效率，他们只是不假思索地表达观点、参与辩论。既然每个人都有权利和义务探究事实真相，讨论还是应该遵循一些基本的原则。这些原则及其遵守程度取决于你的相对可信度。例如，就一件事该怎么办，如果让所知不多的人去指导所知甚多的人，效果就不会太好。很重要的一点是，根据对事物的理解，你要在处事果断和心态开放之间做好平衡。

要比较一下，与你存在分歧的人是否比你更具有可信度。如果你的可信度较低，你就更要像个学生一样虚心求教，保持开放心态，以问问题为主，以便了解经验更丰富的人所讲的逻辑。如果你的可信度较高，你的角色更像老师，要以阐述观点和回答问题为主。如果你们二者的可信度在伯仲之间，你应当平等、理性地进行交流。如果对谁更具有可信度存在争议，要理性地进行判断。如果你们自己无法独立有效完成，还可以寻求双方一致认同的第三方的帮助。

在任何情况下，要能换位思考，通过对方的眼睛看问题，从而了解事实。任何一方都要记住，辩论的目的是找到事实真相，而不是为了证明谁是谁非，每个人都应当有意愿基于逻辑和证据而转变想法。

a. **学生理解老师比老师理解学生更重要，尽管二者都重要**。我经常见到这样的情况，可信度较低的人（学生）坚持要求可信度较高的人（老师）去体谅自己的想法，甚至在尚未听到老师表达的意见时，就企图证明为什么老师是错的。这是一种落后的思维。尽管理解学生的观点很有帮助，但一般会比较困难而且多耗费时间，导致把重点聚焦于学生的观点而非老师的意见。因此，我们的规定是，学生要首先做到开放。只有学生先消化理解老师的意见后，学生和老师才能更充分地梳理和研究学生的观点。以这种方式求取共识的效率会更高，这就引出了下一条原则。

b. **每个人都有权利和责任尽力了解重要的事情，还必须保持谦逊和非常开放的心态**。如果你的可信度不够高，在师生关系上就应先体现学生的姿态——保持必要的谦虚和开放。当然并不是说你不了解情况，而是你必须假定是这样，直到你以他人视角观察了相关问题之后。如果此时你仍不能了解，而且觉得老师也不了解，可以去找其他可信度高的人来帮助下判断。如果仍无法达成一致，那么应假定是你自己错了。从另一方面看，如果你能说服一些可信度高的人相信你的观点，你应当确保让你的想法被决策者听到并予以考虑，在这个过程中可以寻求可信度高的人协助。请记住，那些在报告路线上职级更高的人，需要帮助更多人，从价值观角度遴选最好的建议。而既然大家都希望向他们报告想法，他们的时间就很宝贵，可能随机挑选帮助对象。如果你的想法经受了来自那些可信度较高的支持者的压力测试，它就有较大的可能性被高层获知。反过来，报告路线上的高层也必须就有道理的建议与基层员工尽量达成共识。对有道理的建议达成共识的人越多，就会培养越多能力强、重承诺的人。

5.4 要了解人们提出意见的过程和逻辑

我们的大脑像计算机：输入数据，然后按照设计和程序进行处理。

任何一个观点都由两个东西构成：数据以及你对数据的处理或推理逻辑。当听到有人说“我相信X”时，要问他们：你们用的是什么数据？你们基于什么逻辑得出的结论？

对初步、粗略的观点进行研判，可能会让你和每个人都感到困惑，所以了解这些观点的产生过程将有助于你了解真实情况。

a. **无论你向谁提问，对方一般都会提供“答案”，所以要仔细考虑要向谁提问**。我经常见到有人向完全没有准备或缺乏可信度的人问问题，并相信对方的回答。与其这样，还不如不提问。不要犯这样的错误。你需要仔细考虑向哪些人提问。如果你怀疑某人的可信度，要查明。

对你自己也是如此：如果有人问你一个问题，你要首先想想你自己是否合适回答这个问题。如果你觉得自己回答的可信度不强，就不应该对此发表意见，更不要与人分享你的观点。

确保把你的意见和问题提给具有可信度的一方，或者你希望与之讨论的人。尽可能地把可能有所贡献的人拉进来一起讨论，有些决定将会需要别人负责最终落实。

b. **让每个人都可肆意评论其他人的观点，此举低效且浪费时间**。千万不要向无关的人员提出问题，更不合适的做法是把问题没有特别指向地散发出去。

c. **提防以“我以为……”为开头的发言**。因为如果仅仅是“以为”，就不一定是事实。要特别警惕那些“我以为……”的表述，因为很多人都不能准确评价自己。

d. **系统梳理员工的工作记录，评估其发言的可信度**。不是每天都是新的一天。随时间推移，就会有证据显示哪些人可以信赖，哪些人不可以。工作记录很重要，在桥水，棒球卡、集点器一类的工具可以把每个人的工作记录搜集起来加以分析。

5.5 处理分歧务必高效

解决分歧是要花时间的，你能够想象，一旦管理不善——分歧不仅容许存在，还会被鼓励——创意择优将失效。想象一下，一位老师在大课堂上逐个问学生的意见，然后与所有人辩论，而不是先把自己的想法说出来接受大家提问，这效率该多么低。

想提出不同意见的人必须对此充分理解，在提异议时要遵循制度和规定。

a. **知道适时终结辩论，推动就下一步措施形成共识**。我见过人们在大的方面有共识，却浪费很多小时于细节的辩论。把大事抓好远比把小事做到极致更为重要。但如果人们对辩论的重要性有不同认识，还是值得辩论一番的。否则，就相当于让某个人（一般是老板）拥有了事实上的否决权。

b. **可信度加权可以作为工具，但不能取代责任人的决策**。可信度加权的决策形成机制对责任人的决策来说，可起到补充和挑战的作用，但不是用来推翻决策的。目前，在桥水的机制下，每个人都可以提出意见，但对其可信度的评价要基于一些证据（他们的工作记录、压力测试结果、其他数据等）。决策的责任人可以推翻可信度加权的投票结论，但要为此负责。当决策者选择用自己的判断取代其他可信度较高的人所达成的共识时，他是在进行一次大胆的宣示，将接受最终结果的验证。

c. **如果你自己没有时间全面检视每个人的想法，则要明智选取具有可信度的观点**。一般而言，最好找三个具有可信度的人，他们很关心能否获得最佳效果，也愿意彼此之间公开讨论分歧，让自己的分析逻辑接受问责。当然，并不是说必须固定三人，既不能多也不能少，人数可多可少。理想的人数取决于你有多少讨论时间、决定有多重要、你能够多客观地评估自己及他人的决策能力，以及召集多人了解决策背后逻辑有多重要。

d. **若由你负责做决策，要把可信度加权后得出的结论和你自己的想法做比较**。如果他们意见不一，你要努力解决分歧。如果你要认定可信度加权后得出的结论是错误的，在行动之前要慎之又慎。很可能你是错的，但即便你是对的，也有可能因为否决了整个程序而失去大家的尊重。你应该尽可能求取共识，就算仍无法达成共识，也要只干预有分歧的领域，了解一旦出错的风险，并明确向大家解释你这样做的原因和逻辑。如果你做不到这些，或许就要暂时搁置你自己的判断，采纳大家可信度加权的表决结果。

5.6 每个人都有权利和义务去设法了解重要的事情

在各种思考问题的过程中，会出现如下情形：你可以选择去要求那些与你观点不一致的人逐渐消除分歧，直至你们达成一致；或者也可以追随对方的观点，即便其想法并不合理。我的建议是，如果存在分歧的问题很重要，就采纳前一种方法；如果不太重要，就采纳后一种方法。我理解，前一种方法可能会造成尴尬，因为对方可能会变得不耐烦。为了抵消这种影响，我建议你简单地说上一句："你我都知道，我就是有点儿愚钝，但我仍希望弄清楚，所以让我们一道慢慢努力吧。"

每个人都应该随时随地提问，并记住自己有义务在相应讨论中保持开放心态。把你们的辩论记录下来，以便万一你们无法达成共识或弄清情况，可以把意见发给别人供决策参考。当然，要记住你是在创意择优下工作——别忘了你自己的可信度大小。

a. **沟通是为了获得最佳回应，故应与最相关的人沟通**。与沟通对象最相关的人是你的经理、顶头上司，以及各方认可的专家。他们受所讨论问题的影响最大，也是最了解情况的人，因此他们是你需要求取共识的最重要的人。如果无法达成共识，你应该把分歧提交给合适的上级去决策。[1]

b. **以教育或促成共识为目的的沟通，不仅仅是为了获得最佳答案，故应让更多的人参与**。缺乏经验、可信度不高的人不必参与决策，但如果相关问题牵扯他们，而你与他们观点不一致，长期缺乏理解可能影响员工的士气和机构的效率。在某些情形下，这种情况尤为重要，比如你的员工既缺乏可信度，又十分固执己见（这是最差的组合）。除非你与他们达成共识，否则你应该避免把他们的意见公之于众。另一方面，如果你愿意接受挑战，你应营造一种氛围，让所有的批评意见得以公开表达。

c. **要认识到你没有必要凡事都做出判断**。考虑一下每个人的职责（及其可信度）、你对问题的了解，以及你自己的可信度。不要对自己一无所知的事情表态。

5.7 要更关注决策机制是否公允，而非是否如你自己所愿

一个机构是一个社区，拥有共同的价值观和目标。对其人员士气高低和运转顺畅与否的考量应优先于你的看法——何况，你还很有可能是错的。当决策机制持续得到妥善管理，且建立在客观标准上，让创意择优发挥作用就比博得任何成员欢心更为重要，即便那个成员是你自己。

1. 最合适的人是你的汇报对象（我们称为组织架构金字塔上的某个点），或者是你们都认可的仲裁人。

6

知道如何超越分歧

能让分歧双方都同等满意的解决方式十分罕见。想象一下，你与邻居争吵，因为他们家的树倒了而砸了你家的房子。谁来负责把树运走？谁拥有这棵可作为柴火的树？谁赔偿损失？你们可能无法自行解决争端，而司法体系具备一定的程序和规定，可以用来确定事实是什么，该采取什么行动，而且一旦做出判决，就可结束争议，尽管你们中有一方没有得偿所愿。生活就是这样。

在桥水，我们的原则和规定也是这样发挥作用的，为解决争议提供了路径，但与你在法庭见到的情况不一样（也不那么正式）。在创意择优下，这种设置是必不可少的，因为你不能鼓励员工独立思考，却又不允许他们为自己所认为的事实抗争。你应该给他们提供一种超越争议、继续前行的途径。

在桥水，处理好这一点至关重要，因为我们比别的公司多了很多观点上的分歧。在很多时候，争议各方能够自行想通、解决，但通常情况下，人们就事实和措施无法达成共识。此时，我们就启用可信度加权的表决程序，并按照结论行事。如果责任人希望按照自己的想法做决策，而不考虑表决结果，那么只要他有权这样做，其他人也能接受并行动。

最后，参与创意择优的人同意遵守我们的政策和流程，以及由此形成的决策结论，就好比他们把争端提交法院，必须遵循其诉讼程序及判决一样。这需要他们把自己和自己的观点分开，当判决对自己不利时也不能生气。如果有人不遵守既定路径，他就没有权利去抱怨与自己有分歧的人，也不能抱怨创意择优。

原则、政策、流程未能明确如何解决争议，这种情形很少见。那时，每个人都有责任指出这件事，以促使相应程序得到澄清和改进。

6.1 要牢记：相互达成协议时不能忽视原则

原则就像法律——你不能因为你自己和他人同意打破原则就违反原则。要记住，每个人都有义务捍卫、遵守或完善原则。如果你认为这些原则无法正确解决问题和争议，你应该努力修正原则，而不是肆意妄为。

a. **每个人都要遵守相同的行为原则**。一旦产生分歧，双方都需要同等诚信、开放和果断，并都能为对方着想。法官在断案时必须对双方使用同样的标准，并依据标准做出裁决。我经常发现在一些情况中，相关反馈出于种种原因（对更强大一方采取更高标准、分散责难），没能做到适当的平衡。这是错误的。做错的一方需要受到更严厉的责备，不按此操作可能导致他们认为自己不是问题的源头，或至少认为责任五五开。当然，此类责备应当冷静、明确地进行，而不能太情绪化地表达，以发挥最大功用。

6.2　不要让大家把发牢骚、提建议、公开辩论的权利与决策权相混淆

人们不必相互汇报，我们依照个人能力给每个人赋予不同职责和权力。人们所获得的权力是为了促其完成目标，并与其能力匹配。

同时，人们还要经受来自两个方向的压力测试——他们的上级和下属。我们所鼓励的挑战和核查不是质疑其每项决定，而是逐步改进工作的质量。独立思考和公开辩论的最终目标是为决策者提供不同的看问题的角度，这并不意味着决策权被转移给了那些质疑者。

a. **对决策本身以及决策者提不同意见时，要有大局意识**。要以尽可能更广阔的思路评价单个决策。例如，如果被挑战的责任人具备大局观，而受争议的决策只是大局中的一个小细节，则要在更广的大局下辩论和评估所做出的结论。

6.3　不要对重大分歧不闻不问

如不解决重大分歧，在短期内看似容易避免对抗，但长期可能导致非常具有破坏性的后果。凡是冲突都应该实际得到解决——不是通过表面上的妥协，而要通过寻求更重要、更准确的结论。在很多情况下，这个过程应该对相关各方公开（有时是对整个公司公开），目的是确保决策的质量，维护公开解决分歧的文化。

a. **专心协商大事时，别被琐事烦扰**。几乎每个小组在大事上达成共识后，都为一些不太重要的小事争论不休，甚至成为仇家，全然不顾他们更应着眼于大事。这种现象也被称作小节上的自恋。我曾经亲眼见过，一个亲密的家庭因为感恩节上谁来切火鸡肉一事而爆发无法挽回的冲突。所以，你不要染上小节上自恋的毛病。要知道没有任何人、任何事是完美的，你们之间不过是幸运地保持了良好的人际交往。看问题要从大局出发。

b. 不要被分歧束缚住——要么提交上级裁定，要么投票表决！ 通过进行开放、果断的辩论，你应该能够解决大多数分歧。无法解决时，若分歧是一对一的，就可以向上提交给公认的可信度高的人来裁决。在其他不变的情况下，这个人应该是报告线路上端的领导，比如你的上司。当一个团队无法达成协议，主持会议的人应该进行可信度加权的表决。

6.4 一旦做出决定，任何人都必须服从，即便个人可能有不同意见

一个决策团队，如果内部有人因为决策没有达到自己的需求而持续闹事，肯定要遭遇败绩——在公司、机构，甚至政治体系和国家，这样的例子比比皆是。我不是说人们要假装喜欢相关决策，或者不再对相关问题进行核查。我的意思是，为了提高有效性，所有集体合作的团队必须遵照规定，为分歧解决预留时间，同时，要让持不同意见的少数派明白，一旦他们的观点被推翻，整个团队的一致性要优先于个人的喜好。

团队比个人更重要，要避免破坏既定路径的行为。

a. 着眼大局。 你应当站在更高的层次看待整个系统中的自己和他人。换句话说，你必须跳出思维的局限，把自己的观点看作众多看法中的一个，对所有观点都通过创意择优的方式择优采用，而不是仅仅按照你自己的好恶取舍。要从大局考虑问题，不仅是指评估别人的观点，还要设身处地了解每种情形、你自己和别人在每种情形中的状态，相当于把自己当成一个俯瞰全局的客观旁观者。如果你能做到这一点，就能以“当中任何一个人”的视角看待事物，换位思考，从而在头脑中勾勒出路线图或原则，以决定如何处理问题。

几乎所有人最初都发现自己很难克服一个障碍，就是通过别人的

眼睛来看待问题。因此，我开发出了“教练”这种工具来提供帮助（它能把人所处的情形与原则联系起来）。通过训练，很多人会学会如何操作，但有些人就是无法掌握。你需要知道你自己以及身边的人是哪种人。如果你自己做不到，可寻求他人的帮助。很多人不能从更高的层次俯瞰问题，也分不清楚哪些人能做到这一点而哪些人做不到。所以，你应当把那些做不到的人清除出公司，或提高用人门槛，让你自己和公司远离不具备这种能力的人。

顺便提一句，你可以与持不同意见的人继续辩论下去，只要你不再争吵，不破坏创意择优。如果你是在继续对抗创意择优，那就请离开公司。

b. **不要让创意择优变成无法无天**。在创意择优的环境下，肯定会比一般的机构有更多的分歧，但如果走到极端，无休止的争辩和吹毛求疵都会降低创意择优的功效。在桥水，我遇见过一些人，特别是资历尚浅的年轻人，他们错误地以为他们可以随意与任何人进行任何方面的争论。我甚至还遇到一些人集合起来反对创意择优，宣称他们的反对权来自原则。他们误解了我提出的原则，模糊了机构内部的界限。他们必须遵循该机制的规则，因为这提供了解决分歧的路径，但他们不能威胁这个机制。

c. **不要容忍暴民手段**。实行可信度加权，部分原因在于从决策中去掉感情因素的影响。人们聚集在一起如果变得感情用事，就会寻求控制局势，这是必须要避免的。尽管每个人都有权表达自己的观点，但他们无权做出谁是谁非的裁决。

6.5 如果创意择优与机构的利益相冲突，就难免会造成危害

这不过是种可能性。你知道，我一直相信，好的东西一定会有好的效果，让公司好好运转才是最重要的。

a. **只有在罕见或极端情况下才宣布“宵禁”，此时可暂不考虑遵守原则**。所有这些原则的存在，都是为了团队的整体利益，但也许有些时候，遵循原则可能威胁到团队的利益。例如，我们遇到过这样的情况，当时，桥水内部公开分享的信息被泄露给了媒体。桥水的员工都知道，我们的弱点、错误都被公布了，造成了外面对桥水形象的歪曲和诋毁。因此，我们必须降低公司的透明度，直到把所有问题都解决。我们不仅仅降低了透明程度，我还把当时的情况称作“宵禁”，意思是说，这只是临时中止完全的透明度。如此一来，每个人都清楚这是极端情况，而且在这一时期就算寻常做法也有可能会被临时中止。

b. **当心可能有人会提出为了“机构的利益”而临时放弃创意择优**。如果这种想法占了上风，创意择优就会被弱化。别让这种情况发生。如果大家尊重创意择优，就不会有冲突。基于几十年的经验，我当然知道这一点。然而，我也知道，总会有人把自己的利益凌驾于创意择优之上，并威胁到这个机制。那就把那些人当作机制的敌人，清除出公司队伍。

6.6 要知道一旦有权做决定的人不想依原则行事，规矩就会被破坏

到最后，谁有权谁说了算。这对任何机制都是如此。例如，一次又一次的事实证明，政府系统要想运转正常，一定是有权人士对系统背后原则的尊崇大于对自己私人想法的尊崇。当人们都有很大的权力去破坏该机制，并都追求一己私利而不是如何更好地维持机制，这个机制肯定会坍塌。因此，维持原则的权力必须赋予那些愿意依原则行事，而非按个人（或小团体）利益行事的人手中，而且必须理性善待大家，让大多数人都希望依原则行事，并捍卫这种机制。

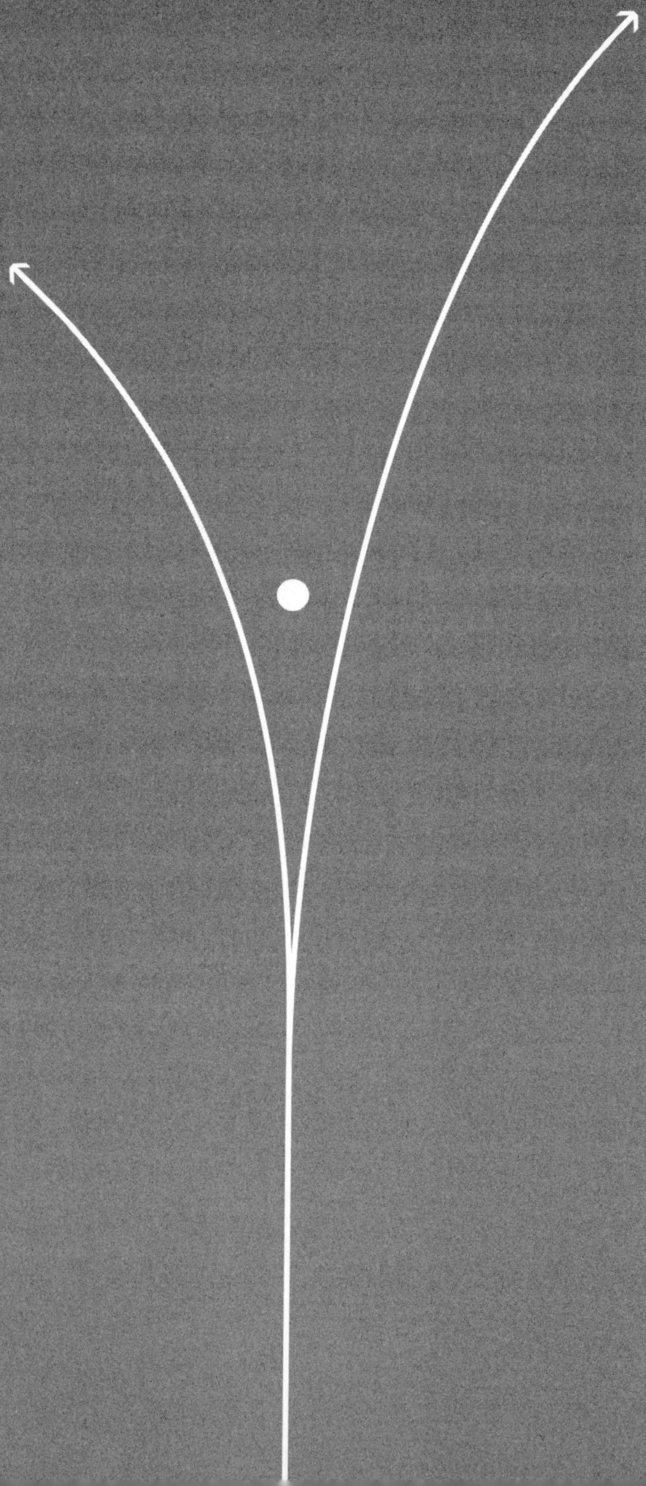

用对人……

前一部分我们讲了机构文化，但更重要的是人，因为文化变得更好还是更差都在于人。文化与人是共生共荣的——一种文化会吸引一种人，反过来，人会因其价值观和个人好恶，强化或发展文化。如果你选对了有正确价值观的人，并与其取得共识，你们就会相得益彰。如果用错了人，则会一损俱损。

人们都认为，苹果成功的秘密在于有乔布斯，他却说："我成功的秘密就是，我们费尽力气招募全世界最出类拔萃的精英。"我会在下一条解释这一概念：比做什么事更重要的是找对做事的人。任何成功的领导者都会这样认为。

不过，大多数机构在招人方面表现不佳。从面试开始，他们会挑选自己喜欢的人和与自己相像的人，而并不重视这些人的本质如何，以及他们是否胜任岗位和职业。正如我在第 8 条所讲的，要用对人，因为用人不当的代价高昂；要想用对人，需要更科学的流程，以更精确地把人的价值观、能力和技能与机构的文化及职业路径相匹配。你和你的应聘者要互相了解对方，要让应聘者了解你机构的情况，要对他们坦诚相见，并且要非常清楚你们相互之间的期望值。

但即便如此，在你们双方都认可之后，你也并不清楚是否找对了人，直到你们共事一段时间后才能确定。即便已经入职，"面试"环节也并未终止，而是转入了一个严密的程序，包括培训、测试、调配，而更重要的是求取共识，我会在"持续培训、测试、评估和调配员工"中展开阐述。

我相信，一个人能否取得成功，最重要的因素是客观的自我评价，包括对自身缺点的认识。在一家健康的机构中，应该是员工与其低层次的自我进行竞争，而不是员工与员工相互竞争。你的目标是找到懂得这一点的人，给他们配备能使他们在岗位上施展才华的工具和信息，而不是事无巨细地对他们进行微观管理。如果他们在受训后仍无法胜任，那就辞掉；如果能胜任，就提拔。

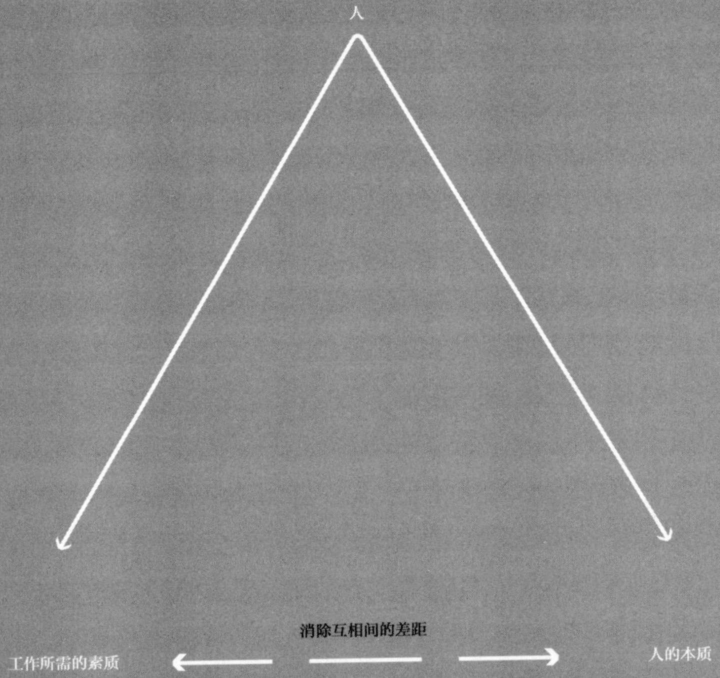
人
消除互相间的差距
工作所需的素质
人的本质

7

比做什么事更重要的是找对做事的人

人们常犯的错误是关注该做什么事，而忽略了更重要的问题，即该赋予谁责任来决定做什么事。这是本末倒置。当你很清楚你要用什么样的人，并且熟知你安放到这一岗位的人选，那么你就能想象得出事情会做得如何。

记得有一次，我们一位很有才华且不断升职的高管整合了一项转型计划，以使他自己能换到另一个岗位。在他与管理委员会的一次会议上，他带着大量流程图与责任分工图，详细阐述他将负责的每个领域，解释他如何尽可能使其自动化和系统化，以做到万无一失。这是一次令人印象深刻的展示，但是很快就清楚的是，他没有回答这个问题：如果事情有变或计划有变，谁将取代他的岗位，以及将会发生什么？谁来监督他建立的机器，深入探究其问题所在，并持续改进或决定取消？别人要获得与他同样卓越的成绩，应该具备哪些素质，也就是说，我们要找什么样的人来匹配这项重要工作？到哪里去招募这样的人？

回想起来，这类问题看似显而易见，但一次又一次地，我发现人们都忽略了它们。不清楚要把事情干好需要哪些条件，不清楚你的员工是哪类人，这就好比你想操作一部机器，却不明白其部件是怎么一起运行的。

“要用比你强的人”，我年轻时并不真正理解这句话的含义。如今，经过数十年的用人、管人和裁人之后，我才明白，要真正取得成功，我需要做员工的指挥，他们当中的许多人（如果不是全部的话）演奏乐器都比我强，如果我真是个伟大的指挥，我就能找到比我更强的指挥，并招募过来。我的最终目标是创建一部运转得极好的机器，我只需在一旁坐享其成。

关于挑选、培训、测试、评估和调配员工的重要性，怎么强调都不为过。

到最后，要做的事很简单：

1. 记住目标是什么。
2. 把目标布置给能胜任它的人（这是最佳情况），或者告诉他们怎样做能够达成目标（这属于微观管理，故略逊一筹）。
3. 让他们尽职尽责。
4. 如果在你培训他们并给其时间学习之后，他们还无法胜任工作，就辞掉他们。

7.1　你最重要的决策是选好工作的责任人

如果你把目标任务交给能很好将其落实的责任人，并让他们明白要对达成目标和完成任务自负其责，他们就会干得很出色。

对你自己也是如此。如果作为规划者 / 管理者的你根本不相信作为普通员工的你能胜任某项任务，但你仍然亲自去做，而不去找具有可信度的人来指导你，那就太不靠谱了。要知道，力小而任重的人到处都是，因此，你很可能也是其中一员。现实就是如此，所以要正视它，应对它，争取产生好的结果。

a. **最重要的责任人是在最高层负责订立目标、规划成果和组织实施的人**。我需要的是能在某一方面独当一面的人——通过善规划、能用人、会调配来达成目标，对此我会很欣慰，事情也能进展顺利。这些就是要好好挑、好好管的最重要的人。高层管理者必须能进行高层次的思考，清楚目标与任务之间的差别，否则你就不得不去做本该由下属完成的事。尽管经验可能有所帮助，但评断目标的能力主要是天生的。它可以测试出来，尽管从来没有完美的测试。

7.2 负最终责任的人应是对行为后果承担责任的人

只要你能承受失败的后果，你就是最终的责任人。例如，你可能要授权给一位医生，处理你的疾病，选对医生就是你的责任，因为你要承担他治疗得不好的后果。或者，你要建一栋房子，你会对一位建筑师说，“告诉我，我能建出什么样的房子”，还是你只是告诉建筑师，你希望住什么样的房子？涉及金钱时，尤其如此。如果你把财务管理权交给别人，他们通常不会像对自己的钱那么上心，而且如果干得不好，他们也不会引咎辞职。只有最终的责任人才能做到。

让某人承担责任时，要确保他们责权相配，后果自负。例如，要规划好交易，从而使他们在负责的领域里，干得是好是坏要基于你干得如何。这是做好管理的根本。

a. **确保每个人都有上级领导**。即便是公司所有者也有老板，出钱达成目标的投资人就是。如果所有者是自筹资金，他们也需要让客户和雇员高兴。要确保成本可以接受，目标能够达成，他们不能逃避责任。即使某个人从事的工作是独一无二的，也要有人来对他问责。

7.3 要记住事情背后是人的力量

多数人看事只看表象不想成因。多数情况下，那些成因就是具有特殊素质、以特殊方式工作的特殊人群。改变这些人就会改变事情的发展过程，如果把创造者换成非创造者，你也就停止了创造。

人们愿意给机构加上个人色彩（“苹果是一家有创造力的公司”），同时错误地把成果去掉个人色彩，这就会忽视背后辛辛苦苦做事的人。这会产生误导，因为做决定的不是公司，而是人。

因此，是谁使你机构的成就和文化与众不同？要想想他们是谁、他们怎样共事，才造就当前的局势。

8

要用对人，因为用人不当的代价高昂

还记得我在“理解人与人大不相同”里讲到，桥水早期有过漫无目的的招聘经历吗？一开始，我们只招喜欢的人。但他们当中的太多人最后发现不能胜任工作。由于我们喜欢他们，不愿辞掉他们，结果情况变得越来越糟。于是我们开始像大多数公司那样去招人，通过看简历缩短应聘名单，然后通过面试、利用直觉来搜寻合适人选。但是我们问应聘人的问题，与科学构建的人格测试问题不一样，很可能得不到关于他们真实情况的答案。

本质上讲，我们当时所做的是按照我们的固有成见来寻找有关雇员。我们当中的线性思维者会倾向招聘线性思维者，我们当中的发散思维者会倾向选用发散思维者。我们都认为我们选的人会胜任各种工作，结果是，我们无法精确预计出在极不寻常的环境里，谁会成功，谁会失败。最终，我们的招聘工作一塌糊涂。

逐渐地，我们从错误和失败中吸取了教训，我们可在两方面改进招人结果：（1）清晰而明确我们要什么样的人；（2）开发出能够更精细化评估人的能力的用语和方式。本条将详细介绍我们从中了解到的原则。尽管我们仍会犯很多招聘错误，但通过不断改进并遵循这些流程，我们显著减少了犯错概率。

在高层次上，我们寻找能独立思考、心态开放和行事果断的人，更重要的是，他们能坚持追求真相和卓越，从而带动自我和机构的快速进步。由于我们对待工作不仅仅是为了谋生，我们要寻找的潜在员工不仅是一名雇员，还是能够与我们分享生活的人。我们坚持与我们共事的人要处事周到，并且怀有强烈的责任感去从事艰苦和正确的事。我们要找慷慨大方和对公正有很高追求的人。最重要的是，他们不刚愎自用，有自知之明。

不管你在选人时是否依据这些特征，最重要的是，要明白招人是一项高风险的赌博，需要分外小心。在招募员工和培养新员工方面要花费大量时间、精力和资源，才能弄清楚他们到底能否胜任工作。在培训和再培训上，会耗时数月甚至数年时间并花费大量金钱。那些损耗中有些是无形的，包括士气受打击，以及不能胜任岗位的一群人聚在一起并逐渐降低工作标准；有些不良后果的成本是可以很容易用金钱来衡量的。所以，一旦你准备好给某人发出录用通知，要用最后一分钟再想想哪些重要的方面有可能会不如人意，以及在更好应对风险、提高选对人的概率方面，你还能做些什么。

8.1 让合适的人做合适的事

创建一部“机器”时，有什么样的设计，就有什么样的人，因为你需要的那类人要由设计来决定。设计时，你还要想清楚恪尽职守的人需要哪些品质。给那些无法称职的人赋予责任是徒劳的。那只会使各方沮丧、愤怒，这会破坏工作环境。

为使人与设计相匹配，要先制定一个规格表，形成一套人人一致的标准，用于从招募到考核的全过程。桥水的规格表与我们所见的棒球卡的性质一样。

不要因人设职。长期来看，这一举措几乎总是错的。你不想辞退的人表现不佳，你却仍倾向于为他另外再找一个差事，这种情况很常见。管理者常常不能客观对待自己的优缺点，使自己置于不当之位。

a. **要考虑你寻找的人应具备什么样的价值观、能力和技艺（按此顺序）**。价值观是驱动行为的深层信仰，决定着人际相处。人们会为价值观而斗争，他们会与那些价值观不同的人斗争。能力体现在思考方式和行为方式上。一些人是了不起的学习者、问题的快速处理者，另一些人拥有从更高层次看问题的能力。有些人更关注细节，而另一些人善于创新思维、逻辑思维或者心思缜密。技能是可以习得的工具，例如能讲外语或写计算机代码。尽管价值观和能力不会有太大改变，多数技能可以在有限时间内学会（例如，学习熟练使用软件），且其价值常会改变（今天最受欢迎的程序语言很可能几年后就过时了）。

重要的是，要知道哪些综合素质对应哪些岗位，更明确地讲，要知道你能与其建立成功交往的那些人应具备哪些价值观和能力。在挑选准备长期交往的人时，价值观最为重要，能力其次，技能是最后要考虑的。然而多数人犯的错误是，挑人时先看技术和能力，却忽略价值观。我们的识人标准最重要的就是我所说的三个“C”：品格（character）、常识（common sense）、创造力（creativity）。

如果你的员工充满团队精神和使命感，并且能力出众，你的机构就是卓越的。有些人看重使命感和团队意识，而另一些人不太看重。在桥水，我们秉持的主要共同价值观是从事有意义的工作，发展有意义的人际交往，做到极度求真和极度透明，愿意以开放的心态探索严酷的现实（包括正视自身缺点），有主人翁精神，敢于追求卓越，愿意做困难但有益的事，因此，我们寻找的是真正想拥有这一切的英才。

b. **要用系统性思维和科学方法招聘人才**。选人程序应系统化构建且基于事实证据。你要有招募人的机器，目标要陈述清晰，能够比对机器和应聘者（即设计和人员），有产出且能不断提升。

通常来说，机构招聘员工先获得求职者的简历，这些简历被半随机指定的人以半随机的标准审核，然后把求职者找过来，让半随机指定的人向这些求职者进行半随机提问，然后就以他们的共同喜好来决定向哪些人发出录用通知。你应该确保上述过程的每一步都做得更有系统性和目的性。例如，应仔细思考准备问哪些问题，再基于应聘人给出的不同答案，按照你的想法把他们加以区分。你还要保存好那些答案，以便对照观察他们的后续行为和表现。当然，我不是说要取消招聘过程中人的因素或艺术的一面——个人价值观和团队精神至关重要，而且难以完全用数据来衡量，有时一个眨眼和面部表情就说明了问题。然而，尽管在这些问题上人们的主观阐释很重要，你仍可利用数据和科学的方法以便做到更加客观，例如，你可以搜集数据来跟踪评估那些主观阐释是否准确。

c. **注意：人与职责要相匹配**。要让设计与人员相匹配。记住你的目标是把合适的人放在合适的位置。首先要理解岗位的责任以及所需素质，然后判定某人是否适合。如果你这方面做好了，就会轻而易举地使人岗相配。

d. **要找出色的人，而不是“此类即可”**。太多人被招聘是因为他们属于“此类即可”。如果你要找一位管道工，你可能就会用你首先面试的有经验的管道工，而不必确保他是否具有出色管道工的素质。不过，普通管道工和出色管道工之间的差距巨大。当审查任何一位应聘人的履历时，你必须找出他们是不是在某一方面表现杰出。最明显的证据就是在一群很出色的人中仍表现得很出色。如果你对录用某人从事某项工作不是很情愿，那就别勉强。你们很可能会互相折磨。

e. **不要凭借你的影响力帮别人找工作**。用你个人的影响力来帮人找工作是不可接受的，因为这样做会损害创意择优。这对找工作的人不好，因为这表明这份工作不是他们努力得来的；这对招聘者也不好，因为这损害了他们的权威；这对你也不好，因为它会表明你会因朋友而牺牲用人标准。这是种隐性腐败，绝对不可容忍。在桥水，在这方面你最多能做的就是，针对你熟知的人提供一些参考信息，以示你的支持。尽管桥水是我的公司，我从没有背离过这项政策。

8.2 要记住人与人存在差异，认识不同、思维不同使不同的人适合不同工作

一些思维方式在有些情况下对你很适合，但在其他情况下对你并不合适，最好要弄清楚自己和他人的思维方式及其最佳应用。有些素质对一些工作更适合，例如，你可能不会招聘一位特别内向的人做推销员。这并不是说内向的人不能做这份工作，只是说，热衷交际的人很可能对这个角色更满意，也能做得更好。

如果你不擅长某种思维，那不意味着你就被某些工作排除在外。不过，那些工作确实要求你要么与擅长这种思维的人一起共事（最佳的情形），要么就得学会改变思维（这很难甚至不可能）。

另一方面，有时我看到人们相处，尤其是一个群体，没有意识到这些差别。他们就像盲人摸象一样相互争吵。想想看，要是人们观念足够开放，意识到没有人能看到全局，那该多好。自说自话的人和考虑别人观点的人都需要兼顾彼此的分歧。这些分歧是真实存在的，所以假装视而不见就是自欺欺人。

a. **明白如何进行个性评估，并清楚结果含义**。人格评估是对人员的能力、表现和行为风格获得快速印象的有益工具。它们通常比面试更客观、更可靠。

b. **人容易选择与自己相似的人，因此安排面试官要确保其能发现你想招的人**。如果你想招有远见的人，那就找个有远见的人来进行面试；如果你想寻求综合素质高的人，那就组成一个面试团队，这个团队要具备所有那些素质。不要选那些你不信任的人来做面试官（换句话说，要确保他们都具有可信度）。

c. **选用那些能客观认识自己的人**。每个人都有优缺点。成功的关键是理解一个人的缺点，并成功地修正它们。没有这种能力的人会不断遭遇失败。

d. **要记住人一般不会随岁月有太大变化**。对于一两年这样较短的时间来说尤其如此。然而多数人想当然地认为，一个人如果做错了事，他会吸取教训和做出改变。这未免太天真了。最好假定他们不会改变，除非有足够强的证据表明他们将会如此。

眼见为实，假想为虚。

8.3 对待你的团队要像体育界管理者那样：没人能靠一己之力单独取胜，但每个人都必须战胜对手

团队工作要像职业体育运动，由不同技能的人来打不同位置。每个位置的运动员都表现出色，就能确保任务成功，干得不好的成员可能要辞退。当团队以这样的高标准和共同价值观来运作，就会形成非凡的人际交往。

8.4 关注人的过往经历

在应聘之前，应聘者的性格已经成型，他们自童年期就开始到处留下印记。如果你提前做好功课，对任何人都能有很好的了解。你要了解他们的价值观、能力和技能：他们是否在你想任用他们的领域有良好的履历？他们是否曾至少三次做到过你希望让他们做的事？如果

没有，你就是在做小概率的赌博，你得有足够的理由这么做。这不意味着你不让自己或他人尝试新鲜事物——当然你应该这么做——而是要倍加小心，架起护栏严加防范。也就是说，要找个经验丰富的人来指导这个缺乏经验的人，也包括你自己（如果你也经验不足）。

a. **核查情况**。不要只听信应聘人提供的履历信息：找认识他们的可信的人谈话，找记录在案的证据，向他们的老板、下属和同事询问对其过去的评价。应尽可能地获得一幅清晰客观的图景，了解他们为自己选择的路径，以及是如何在这条路上发展的。我见过很多人自称在其他地方干得很成功，但在桥水表现不佳。更细致的审查经常会发现，他们要么不像他们自己说的那么成功，要么他们就是拿别人的成就给自己加分。

b. **学习成绩不能充分证明这个人是否具备你想要的价值观和能力**。在很大程度上，因为学习成绩是最容易被衡量的，在学校里，决定成功的能力在于记忆力和调取记忆内容的速度，所以学习成绩是体现这些素质的绝佳标杆。学习成绩还是衡量一个人追求成功的决心，以及坚守志向的意愿和能力的良好标准。但是，当评估一位应聘人的常识、眼界、创造力或者决事能力时，学习成绩的价值就很有限了。由于这些品质才是最重要的，你在确定应聘人是否具有这些品质时，要看学业以外的东西。

c. **概念思维能力强固然最佳，但经验丰富、业绩出众也很重要**。工作岗位各种各样，需要不同的人。我经常有所偏见，要去找企业家类型的——聪明、思维开放、争强好胜，能找到最佳解决方案，结果却常常令我失望。相反，有时候，我发现在某个专长领域钻研数十年的有工匠精神的人，是完全可以信赖的。我想到马尔科姆·格拉德威尔法则，即要在某个领域花费一万小时，才能形成专长，以及通过观察棒球打击率来判断一个球员的击球水平。要看一个有天分的新手与已成名的明星相比表现会怎样，一个方法就是看他们相互较量的结果。

d. **警惕不切实际的理想主义者**。那些只会说教人该怎样处世，而不了解人实际行为的理想主义者有害无益。

作为一个全球宏观经济学家、生意人以及慈善家，在这些行当里，这类情况我看得太多了。我认为，即便是出于好心，那些不切实际的理想主义者也是危险而缺乏建设性的，而务实的理想主义者能使世界变得更好。要务实，必须先是现实主义者——了解人们的利益为何，如何设计高产出的机器，以及用指标衡量进行成本收益分析。没有这些量化工具，废物就会多于效益，而有了这些工具，效益就会持续。

e. **不要假定在别处获得成功的人也同样能胜任你所要求的工作**。不管你多会招募人才，你招的有些人也可能不灵。要明白你考虑的人怎样工作，设想这将如何取得成功。了解他们过去做了什么，只是有助于你了解他们是什么样的人。

f. **确保你选用的人要品格好、能力强**。能力强但人品不佳的人总体上是有害的，因为其狡猾对人不利，当然也会侵蚀文化。我认为，多数机构都过度强调能力，却低估品格，因为短视行为过于重视把事情做成。这样一来，他们就失去了伟大的人际交往力量，而这种力量才能带领他们经历风雨实现目标。

别误会了我的意思，我不是说你要因品格而牺牲能力。品格好、能力弱的人同样会造成问题。类似地，他 / 她干不好工作，却很难辞掉，因为这样做就像要枪杀一条养不起的忠实之犬，但他 / 她必须得走人。最终，你需要与你共事的是品格好、能力强的人，这也就是为什么找到优秀的人这么难。

8.5 找人不仅是干份具体工作，你还要愿意与其分享你的生活

推倒重来费钱又费力，因为人们相互之间及与机构之间熟悉起来

要花时间。与你共事的人和公司本身都会朝着你无法预期的方向发展，所以要招那些你想与其长期共事的人。优秀的人总会有用武之地。

a. **选那些会问很多好问题的人**。聪明人总能问出最有思想的问题，而非对凡事都能给出答案。与好答案相比，好问题是表明未来成功的更好指标。

b. **让求职者知道这份工作的阴暗面**。让你的求职者了解真实情况，尤其是不好的一面。还要让他们了解行动原则，包括最困难的部分。用这种方法对他们忍耐真实挑战的意愿进行压力测试。

c. **合作者必是意趣相投之人，但也须是诤友**。你需要能分享你品位与风格的人，还得能相互争论和挑战。无论是在音乐、体育还是商业中，最佳团队都是同时做这些事。

8.6　考虑薪酬时，要提供稳定性也要让人看到机会

要给人付足够的薪水，这样他们就不会有财务压力，但也不要多到使他们发福和开心的程度。你要让你的员工有奋斗动力，来实现他们的梦想。你不要让人来工作只是为了能赚很多钱、有生活保障，你希望他们通过艰苦和有创造力的工作来赢得财富。

a. **依人发薪，而非依工作岗位发薪**。观察可比岗位上有可比经验和资历的人的表现，据此加少量津贴，设立奖金或其他激励措施，这样他们就会有动力好好表现。永远不要只按照头衔来付薪。

b. **薪酬至少要大体上与业绩测评结果挂钩**。你不可能完全掌握形成良好工作关系的指标，你能建立很多指标。把业绩测评与薪酬挂钩将帮你弄清你与员工的契约，提供良好反馈，并持续影响其行为。

c. **薪酬要高于一般水平**。慷慨大方，或者至少要稍微高于一般水平，会提升我们的工作水平和人际关系，多数人都会以努力工作来回报。结果是，我们会取得比金钱更特殊的东西，包括相互关照、尊敬

和担当。

d. **要更多想着如何把蛋糕做大，而非怎样切蛋糕才能使自己获得最大的一块**。跟一个人最好的谈判就是在其中我说，“你应该多拿些”，而他们却说，“不，你才应该多拿些”。这样相互对待会使人际关系越来越好，蛋糕越做越大，长远来看，双方都受益。

8.7 要记住维系伟大的合作关系，比金钱更重要的是体贴和宽厚

穷人拿出一点钱，比富人拿出一大笔钱可能更宽厚。有些人看重的是宽厚，有人看重的是金钱。你希望你身边的是第一类人，而且永远都要待他们宽厚。

当我一无所有时，对那些欣赏我的宽厚胜过欣赏高薪的人，我尽可能做到慷慨。他们因此都跟着我。我从没忘记那一点，我下定决心在我有机会时要使他们变富有。反过来，在我最需要他们的宽厚的时候，他们以他们的方式宽厚待我。我们都得到了比金钱更宝贵的东西，而且我们也得到了金钱。

要记住金钱的唯一目的是使你得到你想要的东西，所以要想好你所珍视的是什么，把它置于金钱之上。好关系价值几何？宝贵的人际交往，多少钱都比不上。

a. **对人要宽宏大量，也这样要求别人**。如果你对人不宽宏大量，别人对你也不宽宏大量，你们就不会形成高质量的关系。

8.8 出色的人不容易找，所以要想着怎样留住人

确保你遵从早前做出的建议，就像建立有意义的人际交往和保持共识。更重要的是，你要鼓励人们直言不讳。确保他们的个人发展顺利也很重要。一位积极主动的导师的忠告会管用至少一年。

当你了解一个人时，

就会知道

可从他那里

得到什么。

9

持续培训、测试、评估和调配员工

你的员工和设计都要随机器进步而成长。当你使个人发展步入正轨，回报就会来得越快。随着员工表现越来越好，他们就越能独立思考、深入探究，帮你改进机器。他们进步得越快，你的成果改进也就越快。你在员工个人进步中发挥的作用始于对其优缺点的坦率评估，随后是通过培训或换岗让他们扬长避短。

在桥水，新员工常常被这类对话的坦率和直接吓着，但它既非个人攻击，也非基于等级，没人能躲过这种批评。总体而言，对管理层及其部下而言，这一过程很艰难，但长期来看，它使人们更愉快，使桥水更成功。要记住，令多数人最开心的是，他们能够不断完善，发挥专长，并不断提升自我。所以认识到你员工的短处，与认识到他们的长处（对他们和对你）一样有价值。

即使你在推动别人发展，你也要不断评估他们是否出色地履行了他们的职责。这并不容易做到客观，因为你通常与下属的关系很好，可能不愿意在他们表现不达标时精确地评价他们。同样地，你可能会给在某个方面触怒你的员工，给他本不该得的差评。创意择优需要客观，我们开发的很多管理工具就是出于这个目的，给我们不带偏见地提供了员工情况，而非只考虑管理者对他们的绩效评价。当管理者和下属对一项评估意见不一致，需要其他人介入解决纠纷时，这方面的数据就很关键。

几年前，我们有一位员工想担任某部门负责人。那个部门的前任负责人已离职，时任 CEO 格雷格需要评估这位此前担任部门副手的员工是否具备填补这个空缺的能力。那位员工认为他行，格雷格和其他人认为他不行。但是这个决定并不像 CEO“打个电话”那么简单，我们想有根据地做决定。我们采用了能持续反馈信息的集点器系统，针对那项工作的素质要求，我们有数百个数据点，包括综合推理、了解他所未知的、在合适的层级开展管理。于是，我们把所有数据打到屏幕上，综合审视。然后我们问那位员工，看着这些证据，如果让他决定是否应聘用自己出任那个职位，他会怎样做。他退后一步，接受了客观的证据，同意调到桥水里更适合他能力的其他岗位上。

帮人获得技能很容易，通常只要给他们提供适当的培训就行，要想提升能力却很难，但这对长此以往有能力承担更大责任来说至关重要。想都别想改变一个人的价值观。在每种关系里，总会有某个时刻你必须决定双方的关系是否应继续维持，这在私人生活里和秉持高标准的机构里都很普遍。在桥水，我们清楚我们的文化根基不可妥协，所以如果一个人不能在一段时期内适应，那就必须走人。

每个领导人都要在如下两种情况中选一：（1）辞掉能力不足的好人，从而获得成功；（2）留下能力不足的好人，等待失败。不管怎样，你能做出这些艰难决定会对你个人的成败有决定意义。在桥水的文化里，你没有选择。你必须选择卓越，即便当时可能很难，因为这对所有人都好。

9.1 要懂得你和你的下属将经历个人成长

没人能躲避这个过程。使其发展顺利取决于人们对优缺点进行坦率评估的能力（缺点更重要）。让管理者对其下属做出反馈很难，让下属倾听也一样不容易，但长期来看，它使人更愉快、机构更成功。

a. **认清优缺点后，个人会飞速成长。结果是，职业路径并非当初所料**。成长过程涉及发现人们的好恶以及他们的优缺点。当人们被置于自己容易成功的岗位，很容易成长，但也需要努力。每个人的职业经历都会根据周围人对这个人的认识而发展。

他们要有充分的自由空间来学习和思考，同时受到点拨以免犯下不可接受的错误。他们收到的反馈应帮助他们认识到，他们的问题究竟是能通过进一步的学习来解决，还是与生俱来无法改变的。通常情况下，需要 6—12 个月的时间来大体了解一个新员工，新员工要 18 个月左右的时间来融入公司和适应文化。其间，要有阶段性的小型审查和几次大的审查。在每次评估后，要按照他们的好恶和优缺点来给他们派发新任务。在这些互动过程中，不断积累的培训、测试和换岗经历，会把这个人导入更适合的岗位和职责。在桥水，通常是挑战和回报的过程会使个人受益，它会使人更好地认识自我，熟悉更多岗位。当结果出现分野时，那通常是因为人们发现，他们在公司里无法胜任任何岗位。

b. **培训引导个人发展**。受训者必须心态开放；这个过程要求他们不傲慢，去发现哪些方面自己擅长、哪些方面不擅长，并决定该怎么办。培训者也应有开放心态。最好有至少两位具有可信度的培训者与受训者合作，以便交叉验证得出对受训者的印象。这种培训是师父与学徒式的关系。这需要培训者与受训者分享经历，很像滑雪教练陪着学生滑雪。这一过程会使员工的成长、发展和提升更透明，使他们了解自己为何处于这一境地，他们该如何改进。这不仅会加快他们的个人成长，也会加快机构的成长。

c. **授人以渔，而不是授人以鱼，即便这意味着会使他们犯些错。**有时，你要站在一旁，让人去犯错（确保不太严重），这样他们才能长进。如果你总是告诉人该怎么做，这不太好。微观管理通常表明被管的人缺乏能力，对作为管理者的你也不是好事。与其对员工进行微观管理，不如多加训练和测试。向员工提出你的想法，看他们怎样做出决定，但不要主导他们做决定。你最好与他们求取共识，考察他们怎样做事，以及为何这样做。

d. **经验会形成内化的学习，这是书本学习无法替代的。**从书本上学习与动手实践、内化学习的差别巨大。医学生从医学院里学到的手术技能，与已经做过多起手术的医生学到的不一样。善于从书本学习的人倾向于寻求所学的记忆，按照指示说明从事工作；内化学习的人则会下意识地把思想转化为行动，就像走路一样平常。了解这些差别至关重要。

9.2　不断提供反馈

多数训练来自实践和对工作表现取得共识。反馈应当反映出哪些东西有助成功，哪些东西对实际情况无益，而不是尝试平衡表扬与批评。要记住你的责任是达成目标，你要让你的机器按照设计去运行。要达到这一点，你指导的员工必须达到期望值，只有你才能帮他们了解到他们是否在全力以赴。随着他们的优缺点变得更清楚，你就能更适当地根据能力赋予职责，以使机器运行得更好，使个人进步更大。

9.3　准确评价人，不做“好好先生”

没人说实事求是很容易。有时候，尤其是对那些还不习惯这样做的新员工，诚实评价就像是人身攻击。往更高层级看，打开眼界，并建议被评价者也扩大眼界。

a. **到最后，准确和善意是一回事**。看似善意而不够准确对人是有害的，对其他人和机构经常也是如此。

b. **正确运用褒贬**。它有助于搞清楚讨论中的缺点或错误，是否代表了受训人的整体评价。有一天，我对一位新入职的研究人员说他干得有多好，他的想法有多棒。这是个非常积极的初步评价。几天后，我就听说他夸夸其谈一些与工作无关的东西，于是我警告他，如果他经常浪费时间，对他本人和我们公司的发展会有什么样的损失。后来我得知，他以为自己快被“炒鱿鱼”了。我要他专注于工作的忠告与我对他的整体评价并无关联。如果我能再次坐下来更好地解释，他就会正确理解我的评价。

c. **考虑准确度，而非后果**。经常出现的是，有人被批评时只纠结于它的后果，而不是想想批评是否准确。这是错的。我之后会讲，把“是什么”与“该怎么办”混为一谈通常会铸成错误的决定。所以要提供明确的反馈，告诉对方你只是想了解情况是否属实，这可以帮助其摸清头脑。考虑该怎么办，则是另一回事。

d. **做出准确评价**。人是你最重要的资源，而真实是实现卓越的基础。所以，要使个人评价尽可能精细和准确，这费时又费力。你对责任人的表现给出评价，不是要看他们是否按你的方式行事，而要确保他们按好的方式行事。坦率地说，要以开放心态倾听，考虑其他具有可信度且诚实的员工的想法，力求对员工身上发生的事情及其原因取得共识。牢记不要对你的评价过于自满，你可能会犯错。

e. **要像从成功中学习一样从失败中学习**。极度求真并不要求你总是负面看人。要把出色的工作及其成功原因树立为榜样。这会推动前行，为那些处于学习阶段的人树立标杆。

f. **多数人做过的事和他们正在做的事，并不像他们认为的那么重**

要。如果你让机构里的每个人说说自己对机构成功所做贡献的占比，加起来你会得到300%。[1]这就是现实，这表明你必须要确保具体功劳归具体人。否则，你就不知道谁该负责，更糟糕的是，你会错误地相信有些人在不当邀功。

9.4 严厉的爱既是最难给的，也是最重要的爱（因为它很不受欢迎）

你给人的最大礼物是获得成功的力量。要给人奋斗机会，而不是给他们所渴求的东西，这会使他们变得更强。

恭维的话容易说，但它们不会帮人提升。要指出人的错误和缺点（他们因此学会长进）更难，而且更不受欢迎，但长期而言更为宝贵。尽管新员工会对你的行为表示感谢，但他们一开始并不会理解。要取得成效，你必须清楚、反复地解释其背后的逻辑和关爱。

a. **虽然多数人爱听好话，但准确的批评更加难得**。老话说得好，“不劳无获”。心理学家研究表明，最有力度的个人转变来自一个人再也不想经历的错误所造成的痛苦——“跌到谷底”。所以，对于让人获得此类经验，或者用这种经验来告诫自己，不要犹豫。

虽然说表扬人们他们干得好，这点很重要，但更重要的是，要指出他们的缺点，让他们改进。

解决问题比做事更花时间。要把问题找出来、搞清楚、解决掉，而运行顺利的事无须太多关注。我们不该庆祝自己有多伟大，而应关注自己哪些方面应该改进，这才会成就卓越。

1. 在桥水，这一数字是301%。

9.5　对人的观察不要讳莫如深

开诚布公地考察他们，目的是想出办法让你和你的员工成就自身，这样才能人岗匹配。

a. **从具体细节中综合判断**。在积累的过程中，我指的是把大量数据转成准确的图景。很多人在评价别人时并不把对方与具体数据联系起来。当你有了我们在桥水拥有的具体细节，例如点数、会议磁带等，你就能够而且必须从数据的细节看出规律。即使没有这类工具，其他工具，如指标、测试和其他人的贡献都能帮你形成对一个人的更完整印象，以及检查他们做了什么。

b. **从点数中发掘有用信息**。对一个人的每项观察都可能会告诉你关于其行为处事的有价值信息。如前所述，我把这些观察称为点数。一个点就是一条数据，对应你对其含义的推断，例如，这涉及某人可能做了什么决定，讲了什么话，或想了什么。我们通常不公开这些推理和判断，但我认为，要是能把它们系统地搜集起来，假以时日，在综合考察对一个人的印象时，它们将极有价值。

c. **对某个点数挖掘别太过度**。记住：一个点就是一个点，它们加起来才有意义。把每个点看作棒球赛里击打一次球，就算是伟大的击球手也经常会失手出局，如果仅以一次失败论英雄就太愚蠢了。这就是为何上垒率和打击率等指标同时存在。

换句话说，任何单一事件可能有很多不同解释，而行为规律才会揭示出根源。要找到规律，所需观察的数量主要取决于你们每次观察后形成什么样的共识。关于某人怎样做事和为何这样做事的一次高质量讨论，将有助于你获得更全面的印象。

d. **采取业绩调查、绩效指标和正式考核等评价工具来记录一个人的所有表现**。如果没有数据，就很难对业绩进行客观的、不偏不倚的、不带感情色彩的对话，也很难追踪进展。这就是我创造集点器的部分原因。我还建议，要考虑其他方式把责任纳入指标。举个例子，你可以指出员工是否在按照任务清单来做事，然后再计算他们完成任务的百分比。指标能告诉我们事情是否在按照计划进行——这是一种客观的评价方法，会提升效率。

9.6 让学习过程变得开放、有成长性和不断重复

清楚地表达你对一个人的价值观、能力和技能的评价，开诚布公并与之分享；倾听他们和其他人对你描述的反映；制订培训和测试计划；依据你观察到的业绩来重估你的结论。要持续这么做。经过几个月的讨论和实地测试后，你和你的下属都将对他是什么样的人有很好的认识。时间长了，这种做法将催生出合适的岗位和适当的训练，或者它将揭示出，这个人该让其另谋高就了。

a. **绩效指标要清晰公正**。为帮你建立“永动机”，要有一套清晰的规则、一套清晰的绩效指标，来追踪人们怎样按照这些规则行事，并可把实际结果与用绩效指标公式推断出来的预测结果相对照。

规则越清晰，关于某人是否做错了的争执就越少。例如，我们制定了关于员工该如何管理自营投资而不与代客理财相冲突的规则。由于这些规则清晰明了，一旦有人违规，就没什么争执的余地。

设立绩效指标，使所有人都能看到其他任何人的过往记录，这会使评价更客观公正。人们会做能使他们加分而非减分的事。当然，由于多数人要做的事具有各种不同的重要性，这就需要采用不同的绩效指标适当衡量。你搜集的数据越多，反馈就越快、越精确。这也是我创造集点器（提供了大量即时反馈）的一个原因。人们常常利用在会议期间实时获得的反馈，在会议中就及时做出修正。

有了绩效指标，你就可以把它们跟某种算法联系起来，得出运算结果。它们可以简单到就好比你每次做了 X，就可以赚到 Y 数量的钱

（或积分），也可以做到更复杂些（例如，把指标得分进行加权后，与各种算法相结合，得出奖金或积分的估计值）。

这种过程永远不会精确无误，但它就算是最粗糙的形式也很管用，假以时日，它将变得很棒。即便有瑕疵，公式的计算结果也有助于你做出判断，提供更精确的绩效评价和薪酬建议。时间长了，它将成为一部很有用的机器，会比你自己进行管理要好得多。

b. **鼓励员工客观反思自己的业绩**。能从更高层次看待自己，对个人发展和达成目标至关重要，因此，你和你的下属应一起查看他的业绩。为了把这件事做好，你需要大量的证据形成客观的认识。如有必要，就找来你们都认同的其他人做出判断。

c. **要有全局观**。在考核某人时，目标是找出规律，把握全局。没有人做事能面面俱到（例如，如果特别小心谨慎，做事就快不了，反之亦然）。考核中的评价必须具体，不是关于人应该怎么样，而是关于事实到底是什么样。

d. **对业绩考核要从具体案例开始，找出规律，与被考核人一起探究证据以求取共识**。要不断反馈，考核通常是阶段性的，其目的是把关于一个人工作表现的累积证据汇集起来。如果持续反馈做得好，把零打碎敲的内容汇成整体，它将成为一种持续考核。考核不应该有出乎意料的地方，因为你应该对一个人的工作状况有持续了解。如果你认为他们的工作干得不好，你应该探究他们表现不佳的根源，列为个案并加以解决。人很难发现自己的缺点，他们需要别人就具体情况来进行合理调查（当然不是故意找碴儿），从而发现其真实情况，以及能否胜任工作。

有些情况下，了解一个人不需要很长时间；另一些情况下，就难得多。但经过一段时间并考察大量实例，你就能知道一个人的过去（即他们发展轨迹所达到的水平和陡峭程度，而不是偶然的波动），以明确对他们可以抱什么样的期望。如果一个人工作表现不佳，或者是工作设计的问题（可能这个人承担的责任太多），或者是适应/能力问题。如果是因为一个人的能力不足，要么因为他有先天缺陷不适合某项工作（例如，身高不到1.6米的人不可能充当篮球中锋），要么因为培训不足。认真做绩效考核，并不断求取共识，就可以找到问题所在。要确保按照一个绝对的标准进行评估，而不仅仅是进步程度。最关键的不只是结果，而是如何履行责任。评估的目标是根据某人的特质来判断能否相信他胜任某项工作。在这个基础上你就可以决定该做什么。

e. **评估人时，你可能犯的两个最大错误是：对自己的评估过度自信，无法取得共识**。如果你坚信某人有某种问题，你有责任确保这是真实存在的，并且被评估者也同意。当然，有些情况下，不可能取得共识（例如，如果你认为某人不诚实，而他们坚称他们不是那样），但在极度求真和极度透明的文化里，你有责任分享你的看法，并让他人表达他们的意见。

f. **达成评估共识不能以等级论**。在多数机构中，评估只有一个方向，即管理者评估被管理者。被管理者通常都不赞同评估，尤其是在结果比其自评差的时候，因为多数人都把自己想得更好。被管理者对管理者也会有看法，但在多数公司他们都不敢直说，所以会产生误解和不满。这种不当行为损害了公司的效用以及人际关系。因此以高质量方式达成共识，就可避免这种情况。

你的下属要相信你不是他们的敌人，你自己的目标是寻求真相。你努力帮助他们，不会支持他们自欺欺人、持续说谎或逃脱责任。要坦诚和透明，因为如果某人认为他们被不公对待，这个过程就无法进行。作为平等的伙伴，要靠你们双方来找到真相。当每一方都是平等的参与者，就不会有人觉得不受重视了。

g. **通过针对错误及其根源的坦诚对话来了解你的员工，也让员工了解你**。你需要向你的员工清晰传达你的评估结果，不偏不倚地倾听他们的回应，这样你们就可以共同规划他们的培训和职业路径。指出员工的缺点并与他们沟通，是管理者最棘手的事之一。对接受反馈的人要有同情心，因为这并不容易，让双方都认识到真实情况需要双方都具备好的品格。

h. **确保员工做好工作，不必事无巨细进行监督**。你只需知道他们是什么样的人，并对其工作进行抽查即可。对统计上可靠的部分案例做常规抽样检查，能告诉你一个人是什么样的人，你能对他抱什么期待。挑出他们行动中哪些是重要到需要经事前审批的，哪些是可以以后再说的。要确保有审计，因为人们往往容易松懈下来，或者在没有人检查时，人们就有可能作弊。

i. **改变是很难的**。任何改变都很难。但为了学习、成长和进步，你必须改变。面对改变时，要扪心自问：我的心态算开放吗？还是有些顽固不化？要直面困难，强迫自己找出困难来自何方，你会发现自己能学到很多。

j. **通过发现人的缺点来帮人渡过难关**。多数时候人们意见不同时，情绪就会升温，尤其是涉及某人的缺点时。沟通时要保持镇定、语速缓慢、有理有据。要正确处理问题，提醒他们，他们的痛苦属于学习和个人成长之痛——明白了真相会让他们未来表现得更好。可以考虑让他们离开，在情绪平静时再反省，几天后再跟进与他们谈一次话。

最终，帮别人获得成功你要做两件事：首先，让他们清楚地看到自己的失败，这足以推动他们做出改变；其次，告诉他们，或者改变做事方式，或者在感到势单力薄时要依靠强者。只做其一，不做其二，可能会使你要帮助的人士气低落，两件事都做才会令其充满活力，尤其是当他们尝到甜头时。

9.7 了解人们怎样处事和判断这种处事方式能否取得好结果，这比了解他们做了什么更重要

了解员工是什么样的人，这是预知他们未来能如何承担责任的最好途径。在桥水，我们把这叫作“多看挥杆姿势，少看击中与否”。由于结果好坏可能与环境有关，而与个人处理问题的方式不相关，因此评估员工绩效时最好既看逻辑过程，也看最终结果。我很坦率地检查他们的思维方式，不让他们摆脱责任。这样做使我学会如何评估别人的逻辑，以及怎样使自己做事更有逻辑。如果发现结果及其背后的想法都很糟糕，且这种情况多次发生，我就知道我不应该再让他们这样去思考问题了。

例如，如果你是扑克玩家，玩过很多次扑克，你将有赢有输，在某一个晚上，可能在你离开时，你口袋里的钱比一个不常玩扑克但手气好的人还要少。但以一次结果就判断一位玩家的水平，这是错误的。要从较长期来看，他们玩法好不好、结果如何。

a. **如果一个人工作干得不怎么样，要考虑这是由于学习不够，还是能力不足**。员工的业绩要从两方面思考：学习和能力，正如下一页的图所示。缺乏经验或训练造成的缺点可以弥补，而能力不足很难弥补。管理者无法区分这两种原因是常见的错误，因为管理者经常不愿意显得对人不厚道或苛刻。而且，他们认为用这种办法评估员工会引起反弹。在这种情况下，你要让自己脚踏实地，面对现实。

b. **培训和测试一个业绩不佳的员工时，常见的错误在于，只看其是否掌握所需技能，而不是评估他们的能力**。技能可测试，所以很容易判断。而能力，尤其是右脑能力，则很难评估。当思考某人为何业绩糟糕时，要以开放心态考虑这是否源于他们的能力不足。

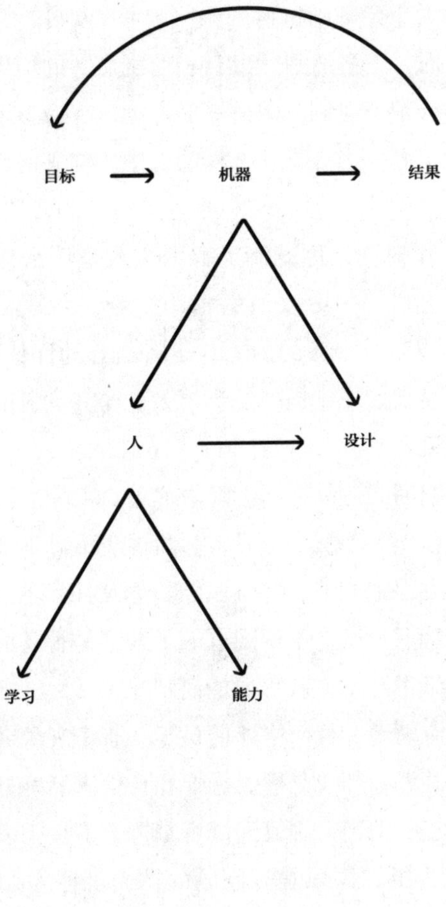
目标
机器
结果
人
设计
学习
能力

9.8 如果你跟某人真的就他们的缺点取得共识，这些缺点可能真的存在

你们意见一致，这是你获得真实情况的好迹象，可见直奔主题的做法多了不起。这就是被评估人必须成为评估过程中的平等参与者的重要原因之一。你们确实达成共识了，要做正式记录。这一信息将成为确保未来成功的重要基础材料。

a. **评判员工时，不必达到“没有一丝疑点”的境界**。理解不可能完美。追求完美会浪费时间，阻碍进展。相反，应该朝着双方都认同、能大致有把握地了解一个人是什么样的人的方向去努力。必要时，花时间加深理解。

b. **用不了一年时间，你就能了解一个人是什么样的人，他们是否适合其岗位**。经过 6—12 个月的密切接触、大量测试和求取共识后，你就能大体了解一个人的能力。更有信心的评估可能需要 18 个月。这个时间表显然取决于岗位、当事人、与其沟通的频率，以及你们求取共识的深度。

c. **在员工任职期间持续评估**。随着你对员工的了解加深，你能更好地培训和指导他们。最重要的是，你将能更准确地评估他们的核心价值观和能力，确保他们的这些方面能与你互补。不过，不要止于首次评估。要不断地问自己，根据现有的了解，是否还愿意招聘他们就任相同岗位。如果不愿意，就辞退他们。

d. **要像评估应聘者一样严格评估员工**。有个现象令我迷惑，面试官并不太了解应聘者，却总是肆无忌惮和自信满满地批评他们，而不会批评有类似缺点的员工，尽管面试官掌握更多员工表现的证据。这是因为，他们认为批评同事是有问题的，而批评外人却不那么严重。如果你认为事实对任何人都是最好的，那你就该认为上面那种想法是错误的，这也就是为什么坦率而持续的评估如此重要。

9.9　培训、保护或辞退员工，不要修复

培训可提升员工技能，帮助其成长。修复是试图显著改变员工的价值观和／或能力。鉴于价值观和能力很难改变，修复通常不切实际。价值观不适当、能力不足的员工会给机构带来严重损害，他们应被辞退。如果尝试修复，最好由专业人士进行较长时间的指导。

如果你期望员工在近期会比他们过去取得很大进步，你很可能犯了大错。人们的行事习惯很可能继续，因为行为反映了他们是什么样的人。由于人的变化通常很慢，你只能期待缓慢进步（最好的情况下）。相反，应该换人，或者更改设计。鉴于改变设计来适应员工的缺点是个坏主意，最好还是挑选员工。有时候，好员工“丢了饭碗”（被辞掉），因为他们没有尽快成长为责任人。有些人可能在其他场合做得好，在那种情况下，他们应该被公司派到新岗位上。有些人做不到，就得走人。

a. **不要让员工尸位素餐**。辞退人或重新委派任务不是大事，把一个人留在不适合的岗位上才更糟糕。保留不合适的人的成本十分高昂：糟糕的业绩所造成的损失、试图培训他们所花的时间和努力、辞退老员工（例如工作 5 年以上）比辞退一名只有一年工龄的员工所造成的更大痛苦。对那些不适合岗位的人来说，把他们留下是很可怕的事，因为这会使他们生活在虚假现实中，阻碍了他们的个人成长。这对团队也不好，因为这破坏了创意择优，每个人都会为此付出代价。不要被任何人“绑架”，总有合适的人。绝不要坏了你的规矩，或委屈自己。

b. **准备好“朝你爱的人开枪”**。要辞退你在乎的人非常困难。当与你建立了良好的人际交往的某人，无法在其岗位上成为一流员工，要想裁掉他是很难的，因为结束友好关系很不容易，但从确保公司长期保持卓越的角度考虑，这很必要。你可能需要他们正在做的工作

（即使并不出色），这很难做出改变。但是他们会“污染”环境，在你真正需要他们的时候掉链子。

这属于那些困难但必要的事。最好的办法是“关爱被你辞退的人”——要考虑周到，并能真正帮到他们。

c. **某个人“不适合某个岗位”时，要考虑是否有更适合他的空缺，还是你需要让他们离开公司**。分清楚他们无法胜任工作，是因为哪些方面的素质出了问题。要了解存在哪些问题，确保这些问题不传导到新岗位。此外，如果你发现他们没有上升的潜能，就不要让他们占着位子，挡了别人的路。

记住你是要挑选能与你分享生活的人。每个人都会随时间成长，比起当初的面试环节，管理者对新员工的优缺点和能否融入公司文化有了更深入的认识，所以管理者可以考虑如果新员工不能胜任原岗位，经过评估也可以让其从事其他工作。

一旦有人不称职，找出不称职的原因至关重要，并确保那些原因不会影响新岗位。

d. **要慎重对待把不称职的员工换到新岗位**。注意我说的“要慎重对待”。我没说“绝不”，因为这要根据实际情况而定。一方面，你要让员工在新岗位上拓展经历。你不希望辞掉一个很棒的人，仅仅因为他 / 她尝试新事物没成功而已。另一方面，如果你了解了被认为不称职的很多人，留下他们基本上都会让你后悔。

这其中有三个原因：（1）你不应放弃，也许别人胜任这个岗位，留下能进步的人比不能进步的人要好；（2）留下来的这些人会继续从事他们不擅长的事，这会产生风险，让真正的角色错配；（3）回到他们无法进步的岗位，那个人会感到受限制和不满。留下他们往往是短期决定，但长远来看，这可能是错的。这个决定很难做。你要深入了解这个人，在拍板前仔细权衡成本。

9.10 换岗是为了人尽其才，有利于整个团队

相关管理者应取得共识，新岗位保证了人尽其才，否则需要上级决策。招聘员工的管理者要保证不会影响公司。可以跟员工非正式地聊聊，看他对这一岗位是否感兴趣，但在与现任管理者取得共识之前，不应大张旗鼓地招聘。换岗的时机要由现任管理者与相关方沟通后再决定。

a. **换到新岗位前，要让员工“完成职责”**。应保持换岗机会开放，但不应打断正常运作，除非出现紧急事件（例如，某人特别适合另一个需要马上填补的岗位）。在发展变化很快、人们能够坦率发表看法的公司里，员工自然有转向新岗位的持续稳定机会。但如果太多人频繁换岗，而没有完成他们的职责，造成不连贯、失序和不稳定，对管理者、文化和换岗的人都不好，因为他们推动事情完成的能力还没有得到足够检验。我建议，在考虑新岗位之前，在一个岗位上干满一年是必要的，不过这并非硬性要求，这个时限要视具体情况而定。

9.11 不要降低标准

在各类人际关系中，你可能遇到这样的时刻，必须要决定是否还有必要保持彼此之间的情谊——这在私人生活中非常普遍，对任何拥有高标准的机构也如此。在桥水，我们很清楚不能对文化的根基妥协。因此，如果一个人无法在一定时间内达到我们在追求卓越、极度求真、极度透明等方面的高标准，那么就必须离开。

严厉的爱

最难给，

也最重要

建造并进化

你的机器……

很多人面对铺天盖地的任务会感到无所适从。相比之下，成功者却能从琐碎事务中抽身出来站在高处，观察整件事情的原因和结果。这种高层面的视角能让他们像机器一样客观地看待自己和他人，了解哪些人、哪些事能做好，哪些人、哪些事不能干好，以及怎样把人组合起来形成最佳的工作成果。

你现在已经了解怎样对待你这部机器的两组关键零部件——文化和员工，我现在谈一谈对机器进行管理和改善的原则。

在下一条，我将阐述，像机器一样看待机构时所运用的高层次思维方式的总体原则。这不仅仅是一个思维试验，像机器一样思考有很重要的实用性，能帮助你管理团队、设计职责和制定工作流程。

在“像操作一部机器那样进行管理以实现目标”中，我就运用这个方法来讨论如何在最高层进行组织架构设计。

在你了解怎样建造并操作你的机器以后，你的下一步目标是如何对其进行改进。我们运用五步流程来实现：（1）树立目标；（2）发现问题；（3）诊断并发现问题根源；（4）设计改进方案并解决问题；（5）完成任务。对任何机构而言，取得不同程度的成功都经历了这样的过程。当今世界充斥着诸多昙花一现的公司，是因为其最初的优秀品质已经丧失，而领导层又未能充分适应新情况对员工和设计进行改变。也有一些公司能不断改造自己，持续攀上新的高度。

接下来的各条将阐释在一个机构里五步流程的运作方式，你应该做哪些事确保发挥其最大功用。为使之有效，你必须像一个组织工程师那样俯视你的机器，把产生的结果与目标进行比较，持续完善员工队伍和机器设计，使产出越来越理想。最重要的是，你必须妥善安排员工。能不能做好这一点决定了你能否获得成功。

最后两条内容，是关于怎样让创意择优能像所设计的那样，在日常管理和战略决策层面发挥应有的作用。“运用工具和行为准则指导工作”描述了系统化工具对于确保创意择优如愿发挥作用的重要性。在“千万别忽视了公司治理”中，我想说明，因为我已经不再负责桥水的日常经营，我一开始也低估了治理在确保公司持续有效运转方面的作用，我学习到了一些通过治理促进创意择优的重要原则。

10

像操作一部机器那样进行管理以实现目标

无论用什么方式，更高层次的角度都有助于你设计目标、建造机器来实现目标。我经常把桥水实际产出与我头脑中期望的产出结果进行对照，然后寻求改进的方法，从而保证了桥水这部机器的成功运转。

关于你应该为自己的公司设定什么样的目标，我并没有什么具体的建议。我只是想说，本书生活原则部分所涉及的目标设定总体原则同样适用于个人和公司。但是我希望指出，在运作公司的过程中，你和你的同事必须清楚地知道，如何从你公司总体的目标和价值观中，推导出具体的目标——节约成本，让客户更加满意，对需要帮助的人提供帮助等。

不管你设计得有多好，你的机器总会出问题。你自己或其他能力强的技术人员需要发现这些问题，打开机器盖子来诊断其根源。你及任何负责诊断的人必须了解机器的每组部件——设计和人，也必须清楚它们是如何协同运作的。人是最重要的因素，因为几乎包括设计在内的所有问题都与人有关。如果不能从更高的视角看待机器，并且看到所有部件的情况及如何协同运作，你必定诊断不出问题，失去潜在可能。

在桥水，我们机器的总体目标是为客户创造优秀的回报——当然是反映在其投资收益率上，但也反映在我们之间的交往以及我们对全球经济和市场格局的共同判断上。这种对创造优异回报的承诺，是我们在桥水的首要目标。坚守这种超高的标准对我们来说一直是个挑战，尤其是在我们加速发展和转型的过程中。在接下来的几条中，我会回顾案例，讲述我们的客户服务质量如何下滑，以及如何通过五步流程对机器实行改进的过程。

但我想先跟你们分享建造、改进任何机构的高层次原则。

10.1　从高层面俯视你的机器和你自己

高层次思考不是指级别高的人所做的思考，而是指自上而下地审视事物，如同你从外太空看你自己和整个地球。从这个绝佳角度，你会看到大陆、国家和海洋之间的联系。拉近镜头，你还可以看到更多的细节，可以近距离看到你的国家、你的城市，再到你的街区，最后到你身边的环境。从这个宏观的视角，你对事物有了比仅围着你自己的房子打转更深刻的洞悉。

a. **不断把结果和你的目标进行对照**。你必须经常在努力达成目标的同时，对机器（人和设计）进行评估，因为所有产出都能反映出机器运转情况。只要发现机器的问题，你就要进行诊断，了解是设计不对，还是员工未能恪尽职守。

样本量很重要。任何问题既可能是某种一次性缺陷，也可能体现了反复出现的问题的根源。如果你看过足够多的问题，对于你就能轻松判断究竟属于哪种情况。

b. **出色的管理者就是一家机构的工程师**。出色的管理者既不是哲学家、演艺人士，也不是实干家或艺术家，他们是工程师。他们把机构当作机器看待，兢兢业业进行维护和改进。他们设计出流程图，展示机器如何运作，如何对设计进行评估。他们开发出量化工具来评价每个独立的机器部件（最重要的是人）和整部机器的运转情况。他们不断对设计和人员进行完善以便更好发挥作用。

他们不是随意而为，而是心中装着机器运行的因果关系，系统地进行维护改进。他们非常关心与此相关的员工，不希望对员工的态度、期待导致员工心情不愉快，从而影响机器的持续改进。对员工漠不关心，既对个人不利，也对个人所属的团队不利。

当然，你在机构中的职位越高，你的想象力和创造力就越重要，但你仍然必须具备必要的管理 / 协调技能。一些年轻的企业家都是从想象力和创造力开始，并随着公司的不断发展提升管理能力的。也有一些人一开始具备了管理技巧，随着职位攀升逐渐再发展出想象力。就像伟大的音乐家一样，所有出色的管理者都同时具备创造力和技术能力。任何层级的管理者，如果不具备组织工程师的技能，就不会成功。

c. **制定量化评价工具**。量化工具能够通过提供数字、在仪表盘上显示报警灯等方式说明机器运转的结果，是进行效果评价的客观途径，并对提高生产率往往有良好功效。如果你的量化工具足够好，你仅凭该工具就可以对人们的行为及后果做出准确的判断。

在制定量化工具时，要考虑到你为了解事物进展而需要回答的最重要问题，要假设哪些数据可以揭示答案。不要用你已经有的数据，也不要按你的需要去粉饰数据，因为那样做你就无法得到你想要的答案。首先问你需要回答的最重要的问题，并设想一个会给出答案的量化工具。

要记住，任何一个量化工具都可能给出错误的结论，你需要足够多的证据来寻找规律。当然，输入量化工具的信息也需要经过准确性评估。从评级的平均数里面，可以衡量准确性，那些给出很高平均分的评级结果可能存在问题。强制人们对同事绩效进行从优到劣的排序，也有一定帮助。强制排序与曲线定级基本属于一类。能进行跨部门、跨团队独立评分的量化工具特别重要。

d. **要注意别把精力过多用于应付各种事务，而忽视你的机器**。如果你把精力用在完成每个单项任务上，你就会不可避免地忙碌不堪。如果你能把注意力放在建造和管理机器上，就会不断有所回报。

e. **别被突发事件分散注意力**。不管任何项目或计划多完备，总会产生一些突发问题，看起来似乎属于紧要且需要关注的问题。但这些突发事件可能是陷阱，分散你的精力，让你无法像机器一样思考，所以你自己一定要警觉，不要被别的事情吸引。

10.2 应对每个问题的手段都要服务于两种目的……

……（1）让你与目标更为接近；（2）能够对机器（人和设计）进行培训和测试。第二个目的比第一个更为重要，因为这是你打造一家稳健的公司，并使其在各种情况下运转良好的关键。很多人都更关注第一个目的，大错特错。

a. **经历的每件事都是一个案例**。要思考它属于什么类型的案例，应适用于什么样的原则。这样做并帮助其他人这样做，你就能针对此类问题的反复发生找出妥善的应对方案。

b. **如果出现问题，要在两个层面进行讨论：（1）机器层面（为什么）；（2）案例层面（怎么办）**。不要仅仅就如何具体应对进行案例层面的讨论，因为这是微观管理（你是在做你手下员工该做的工作，他们会错误地觉得没什么大不了）。要进行机器层面的讨论，弄清楚事情应该怎么样才是正确的，并探究为什么没有朝着正确方向发展。

如果你急于确定应对策略，你必须告诉你的手下该怎样做，要确保解释清楚你想怎么做以及相关原因。

c. **制定规则时，要解释清楚背后的原则**。你不会希望手下员工对你所制定的规则只是敷衍了事，规则必须明确较高的道德标准，让员工感到有责任严格遵守，同时还要在实践中对规则进行完善。做到这一点，要靠稳健的、经由公开讨论测试过的工作原则。

d. **你的政策应当是你的原则的自然延伸**。原则是分层的——有一些至关重要，有一些则不太重要，但都是决定你的政策的，而你的个人决策受政策影响。要对政策进行梳理反思，确保彼此之间一致，也要梳理政策所依据的原则，这样做很有帮助。

如果出现无政策可循的问题（例如，某员工的职责是出差，却因出差导致了潜在的健康风险），就不应在不诉诸更高层次原则的情况下随随便便做出回答。对政策制定者而言，制定政策必须像司法体系形成判例法那样——在应对具体案例和解释法律适用过程中，反复酝酿、循序渐进。

这就是我的行事方式。当一个案例发生，我要为自己的应对方法设定原则，并与他人达成共识，看大家是否都认同这些原则，否则就进行修改完善。桥水的原则和政策基本上就是这样产生的。

e. **尽管好的原则、政策几乎都会提供良好的指南，但要记住每条规则都会有例外**。每个人都有权对事物形成自己的判断——实际上也有义务对原则和政策提出挑战，如果与自己所相信的最佳方法存在不一致——但这并不是说每个人都有权去对原则和政策做出改变。改变政策必须经政策制定者（或对完善原则负有责任的人）批准。

若有人希望在桥水的重要政策上寻求例外，他们必须就此起草一份新的政策建议，上报给管理委员会。

例外情形应该是非常罕见的，因为如果一项政策有了太多例外，就不会有多大效果。管理委员会将正式进行讨论，或者拒绝，或者适度修订，或者予以采纳。

10.3　了解管理、微观管理和不管理的区别

出色的管理者重视协调，而非亲力亲为。就像乐队的指挥，他们并不演奏某个乐器，却能指挥整个乐队演奏精彩的乐章。相比之下，微观管理是事无巨细向下属交代任务，甚至替他们完成任务；不管理是指员工在没有你的监督和参与下独自工作。为了取得成功，你需要了解这些区别，并在适当的层面做好管理。

a. **管理者必须确保自己负责的领域运转有效**。他们可以通过以下方式：（1）把员工管理好（如上所述）；（2）“下沉”去做本不该自己做但下属做不好的工作；（3）把管理不好的领域提交给上级管理。第一个选择是最优的；第二个说明要对员工和设计做出改变；第三个选择是很艰难的，但有时是必要的。

b. **管理你的下属就好比是在“一起滑雪”**。如同滑雪教练在滑雪中指点学员一样，你应当与员工密切接触，在实际工作中评价下属的优缺点。通过试错进行适当的调整，慢慢地，你就能够看出他们能独立完成什么任务，不能独立完成什么任务。

c. **优秀的滑雪者当滑雪教练要比新手当教练强**。可信度加权也适用于管理。你的过往记录越好，你作为教练就越有价值。

d. **你应当把具体工作授权给员工做**。如果你把自己限于细节，你要么存在管理或培训方面的问题，要么手下人能力不济。出色管理者的标志是他不必亲自做任何事。管理者应视自己陷入细枝末节为不良信号。

同时，如果觉得你自己距离实际情况太远，根本不了解那些重要而缺乏管理的事务，只想着授权给别人做事挺危险的。出色的管理者

知道这二者的区别。他们会加强招募、培训、监督，以便让员工尽量很好地独立完成任务。

10.4 了解员工及其工作的动力，因为人是你最重要的资源

对每个人的价值观、能力和技能做一个完整的评估。这些素质是一个人行为的真正动力，详细了解这些信息后，你就会知道一个人能做好什么工作和不能做好什么工作，应该避免做什么工作，以及应当如何培训他。对员工的评估应当随员工的变化而变化。

如果你不了解你的员工，你就不知道该要求他们做些什么。你就像在暗夜飞行，如果你得不到想要的结果，就不能怪任何人，只能怪你自己。

a. **经常了解那些对你和公司重要的人**。对关键员工进行详细了解，敦促其将困扰自身的问题说出来。这些问题可能是你所忽略的，或者是他们对其存在误解。不管如何，把这些问题公开提出来是至关重要的。

b. **对员工的信心应通过了解而来，而不是随意猜测**。管理者不能对自己不了解的人授权。了解人并决定给予他们多少信任是需要时间的。有时候，管理者对新入职员工能否完成职责没有信心，新人会感觉被冒犯。新员工会觉得这是对自己能力的否定，其实管理者虽然只是比较务实，认为还没有时间认识新员工，双方也没有直接接触，无法对新员工有所了解。

c. **根据你的信心大小进行不同程度的调查了解**。从事管理，基本上包括对你所负责的任何事情进行调查摸底，以便发现可疑信号。根据你的了解，你来决定自己了解事情的程度应该达到多深：对于看起来可疑的人和事，要多做了解；对有信心的人和事可以简单一些。在桥水，我们用一系列工具（问题日志、量化指标、每日更新、检查清

单等）来得出客观的考核数据。管理者应经常进行评估和现场核查。

10.5 明确职责

要消除含糊的预期，让每个人意识到假如他没有达成目标或完成任务，那是他个人的失败。最重要的人是这样的人：他们对完成使命负总体责任，他们知道应当做什么，并有确保完成任务的纪律。

a. **记住谁负什么责任**。这似乎显而易见，但总有人无法履行自己的责任。即便一个公司的高层有时也会表现得像一个正在学习踢足球的孩子，只会跟着球跑，努力提供援手，却忘记了自己的本职工作。这对绩效没有改善反而有破坏作用。所以，要确保让员工记住整个团队的工作方式，把自己的本职工作做好。

b. **防止“角色错位”**。角色错位是指某个工作岗位因为情势变化或临时需要而未经深思熟虑就做出变更。角色错位通常会导致让错误的人承担错误的职责，并使得工作分工变得模糊不清。

10.6 深入探究你的机器以了解你能从它那里期待些什么

要经常问责你的下属的工作，并确保其明白这能揭示问题和错误，对他们自己和别人都是件好事。这样做是为了让你得到你所想要的结果，即使对那些做得很好的人也要这样问责（尽管给他们的自主空间可以相对大一些）。

问责不仅仅是自上而下的。下属也应当经常向你问责，你就也可以得到提升。此时，他们会明白自己也像你一样有责任找到解决办法。站在看台上品头论足，比在球场上拼搏要容易得多。把人赶进球场一显身手可以让你的团队变得更强。

a. **获取足够程度的理解**。管理某个领域时，要对你身边的人员、流程和问题有足够充分的了解，以便做出明智的决定。若没有这种了解，你就会轻信别人讲给你的故事和各种借口。

b. **不要保持太远的距离**。你应当非常熟悉你的员工，定期和员工交流反馈，进行高质量的讨论。虽然你不希望被一些闲言碎语打扰，但你必须能够从适当的人那里快速获知信息。你的工作设计中必须包含做这些事情的时间。否则，你就会冒管理不当的风险。我开发的工具能够让我拥有一扇窗子，了解人们在做什么、他们的喜好是什么，遇到问题我会及时跟进。

c. **利用“每日更新”来了解团队成员的行为和思想**。我要求下属每天花10—15分钟简单写一下当天的工作、遇到的问题以及反馈意见。通过阅读这些工作记录并交叉验证（例如了解其他合作人的表现），我可以估测他们如何合作、情绪如何、有哪些线索需要注意。

d. **问责以了解问题会不会突然发生**。如果问题出乎你的意料，可能是因为你远离了你的下属和工作流程，或者你对下属和流程可能导致的不同后果缺乏足够认识。在危机酝酿期间，必须保持密切的沟通，以确保不会发生意外情况。

e. **问责过程要触及你直接下属的下一级**。你要知道他们向你的下属直接报告哪些内容，观察他们在你的下属面前的行为，否则你无法了解你的下属是如何管理他的下属的。

f. **允许你下属的下属随时越级向你汇报**。这是一个非常好用的提升责任心的方法。

g. **别想当然地认为员工的答案都是正确的**。员工的回应可能基于其错误的理论，或者是凭空编造的，所以你应该时不时进行交叉核验，尤其是听上去可疑的时候。一些管理者不愿这么做，感觉这样做似乎是不信任员工。管理者应当明白，信赖正是通过这个探究的过程来实现的。如果员工懂得了这一点，他们在表达意见时就能提高意见的准确性，你也会越来越清楚你可以信赖谁。

h. **要学会明察秋毫**。你会总是听到一些话，说某个人对某件事有意见，或者遵守原则不当。例如，不指名道姓地提及“我们”，可能暗示某个人要逃避错误。

i. **让问责过程透明，而非私下问责**。这有助于保证问责过程的质量（因为别人可以做出自己的判断），也能强化极度求真和极度透明的文化。

j. **欢迎被问责**。欢迎别人问责你很重要，因为没有人能够客观看待自我。当你被问责时，保持冷静至关重要。你的情绪化的“低层次的自我”可能会针对别人的问责说出这样的话：“你这个古怪的家伙，你竟然反对我，让我感到很难堪。”但你内心理性的“较高层次的自己”会这样想：“我们能这样诚实真是太棒了，这样的理性交流能够保证我去做正确的事情。”要服从于“较高层次的自我”，同时记住问责是件很不容易的事。除了让你的公司正常运行、保持自己与问责你的员工之间的良好交往以外，你自己要能经受住此类问责，这会提升你的人格素质，让你保持镇定。

k. **对事物的看法和思维方式截然不同的人，相互间的沟通通常不畅**。假想一下你要对没有嗅觉的人描述玫瑰花的香味会怎么样。不管你的描述有多准确，都不会产生效果。思维方面的差异也是如此。这就像是盲点，如果你有一个盲点（我们每个人都有），你就很难发现那里有什么。解决这些差异需要很大的耐心和开放心态，还要与其他人互动验证，以便形成完整的图景。

l. **不放过一个可疑线索**。把所有可疑线索找出来是件很值得做的事情。因为：（1）小问题可能是潜在大问题的征兆；（2）解决小分歧可以避免更严重的分歧；（3）在努力营造崇尚优秀的文化的同时，要经常指出问题、直面问题，无论问题有多小（否则你就可能面临陷入容忍平庸的风险）。

对工作进行优先排序可能导致你忽视了身边的小问题。对小问题熟视无睹就会让人认为你允许小问题的存在。想一想如果你的房间遍布小块垃圾，而你要踩着它们才能穿过房间。的确，房间的另一边有更重要的问题需要处理，但随手捡起小块垃圾也不会耽误什么。通过强化一种崇尚优秀的文化，就会产生第二轮、第三轮涟漪。虽然你没必要把每一块垃圾都清除，但你不应忽视你踩着它们通过这个事实，在你通过的途中拾起一两块也不是很难的事情。

m. **解决问题有很多办法**。在评估责任人如何完成工作时，不应仅仅看其是否按你的想法去操作，而是是否以好的方法去操作。不要指望能以一种方式取得成功的人，还能以另一种方式达成。那就无异于强制要求贝比·鲁斯改变他的击球方式。

10.7 像公司的拥有者那样思考，要求你的同事也这样做

一个基本的事实是，如果你不受你行为结果的影响，那么你就不会为行为负责。如果你是一个员工，老板付给你钱让你上班取悦他，那么你的思维就不可避免会被这种因果关系牵着走。如果你是一个管理者，要确保你设计的激励和惩罚措施能够让员工对自己的行为负全责，而非部分责任。这需要一些简单直接的安排，例如让他们觉得是在花自己的钱，在非办公时间也不应忽视职责。如果员工发现他们自己的收入待遇直接与公司相关，这种类似所有者的关系就会产生回报。

a. **休假也不应忘记责任**。像所有者那样思考，意味着不管什么情况下都要妥善履行职责。即便外出度假，你也有责任确保工作不丢。你在外出休假之前，可以做好一系列安排和协调，确保一切尽在掌握。这不需要太多时间——远程检查一下工作进行的状态也就需要一个小时，而且不需要每天都检查，因此一般情况下，你可以在自己方便的时候跟进一下。

b. **强迫自己和员工做困难的事**。这是一项自然法则：你要想保持强壮，必须坚持锻炼。你和你的员工要像健身房的教练和学员那样配合，让双方都保持健康。

10.8 承认并应对好关键人物风险

对每个关键员工必须至少安排一个替代人选。确定好继任者，并加以训练助其履职。

10.9 不要对所有人等同视之，要合理对待、有所区别

人们常说，对人区别对待既不公平也不合理。但是，合理对待人就必须有所区别，这是因为人和环境都不一样。如果你是一个裁缝，你不会为顾客剪裁缝制同样的衣服。

然而，要按照同一套规则来对待员工。这就是我努力把桥水的原则不断充实完善的原因，要确保原则足够有深度，并考虑各种差别。例如，若某个员工曾经为桥水效力多年，他的待遇自然异于别人。类似的，我认为不诚实是不可容忍的，但我不会对所有人、所有不诚实的行为都同样对待。

a. **别轻易被迫让步**。在过去那些年里，许多员工威胁我，说他们要辞职、起诉我，或在媒体上爆料羞辱我——以你能想出的各种方式。一些人奉劝我比较简单的方式就是息事宁人，但我觉得这样做未免有些短视。让步不仅仅有违于你的价值观，还释放出了规则被修改的信号，以后还会招致此类事件。所以，捍卫你认为正确的事情虽然在短期内比较艰难，但是我愿意接受挑战。我关切的是要做正确的事情，而不是别人怎样看我。

b. **关心员工**。如果你不是与你关心和尊重的人一起共事，工作就没有意义。我会出席任何别人真正需要我的场合，如果整个机构和团

队都是这样行事，就会变得很强大、很值得为之奉献。在一个人身处困境时，必须对其进行私下慰问。

10.10 优秀的领导一般不是表面上看起来那么简单

我不愿意用“领导力”一词来描述我的所思所做，因为我不相信大多数人认为的“高超的领导力”能发挥作用。很多人认为优秀的领导者很强势，能激发别人的斗志，激励别人追随自己，很强调“追随”。这种典型的领导者通常把疑问、异议看作威胁，宁愿员工做到“领导怎么说就怎么做”。在这种情况下，领导者负有决策的义务。但因为领导者并非看起来那样的全知全能，人们总会觉醒，并感到气愤。这也是为什么人们既喜欢他们的魅力领袖，同时又渴望将其推翻。

这种传统意义上的“领导者”与“追随者”的关系，与我所认为的有效关系相去甚远，而发挥出最大的有效性，则是“领导者”最需要做的事。坦承自己的不确定、错误和弱点，比试图掩藏要务实得多。更重要的是，拥有好的挑战者胜过拥有好的追随者。理性的讨论和分歧是务实的，因为这可以对领导者进行压力测试，让其重视那些被其忽视的事物。

我认为，领导者有一件事不应该做，那就是操纵。有时候领导者会操纵员工情绪来促使员工做事，而如果员工明白过来，他一般是不会做的。在创意择优的环境下，你是在与聪明人打交道，你一定要按理性思维行事，而非基于本能和情绪。

最有效的领导者的工作目的在于：（1）开明地寻找最佳答案；（2）带领他人一道进行寻找。这就实现了一起学习、求取共识的局面。一个真正伟大的领导者难免会对一些事情拿不准，但随时准备通过开明的探索来应对这种不确定性。在其他方面不变的情况下，如果领导者在外形和行为方面更像技艺超群的忍者，就总是能战胜动作片里孔武有力的英雄。

a. **既要弱，又要强**。有时候，问别人问题来形成判断可能被认为是弱势和不果断的表现。这当然不是。问问题是理智行事的必要条件，也是变得坚强和果断的前提。

要经常向有智慧的人寻求建议，让比你强的人来具体指挥，目的是做到理解最佳、领导决策最佳。要保持开放心态，同时还要行事果断，与跟随你的人求取基本共识，要知道，有些时候，并不是所有人都认同你，甚至可能大多数人都不赞同你的意见。

b. **不要担心你的员工是不是喜欢你，不要让他们告诉你要如何做事**。你要操心的是要尽可能做出最佳决策，因为不管你做什么，很多人都会说有些事你做得不对，或很多事都做得不对。人的本性就是这样，希望别人相信他们的观点，如果你不信，他们就会生气，即便他们自己也没有理由相信自己就是正确的。所以，如果你是个合格的领导者，你就不应该对别人不认同你的意见而感到意外。重要的是，你在评估自己决策正确与否时，要有逻辑、立场客观。

只要你自己有适当的开放心态，即便你相信自己比一般人更有见解，也不能说明你缺乏逻辑或武断自负。实际上，认为一般人的想法超过你和你身边见解超群的人的想法，这本身就是不合逻辑的。因为，你们是经过了一番努力才到了现在的高级职位，而且你和那些很有见解的人比一般人都拥有更多的信息。否则，你们和那些普通的人就不会处于现在的工作职位。换句话说，如果你的见解不比一般人高，你就不会是领导者；如果你的见解比他们的更高，那就不必担心你做的事情不受欢迎。

因此，你该如何对待员工呢？你的选择或者是忽略其存在（导致他们怒气冲冲，而你不管他们怎么想），或者无原则地按照他们的想法行事（这不是什么好主意），或者是鼓励他们把分歧摆到桌面上，

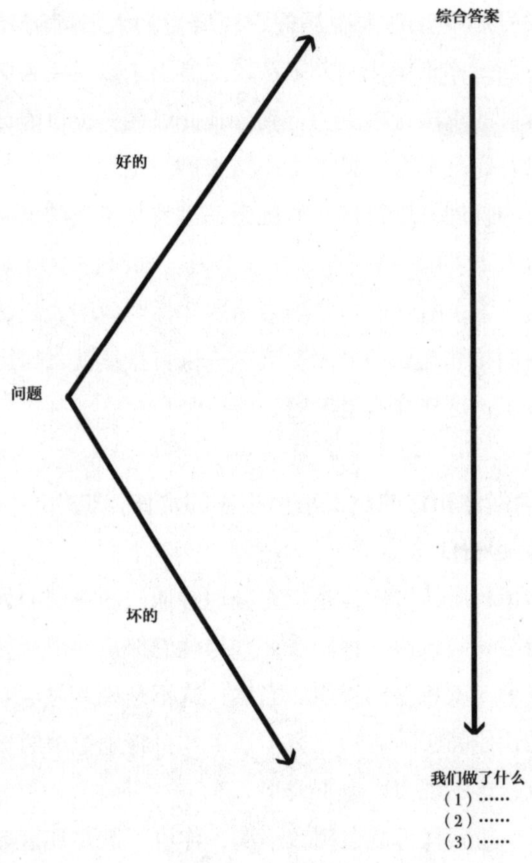
综合答案
好的
问题
坏的
我们做了什么
（1）……
（2）……
（3）……

经过公开、理性的讨论让每个人了解你观点的相对优势。要允许把分歧公开，愿意进行观点论战，无论输赢，只要最好的观点胜出即可。我相信，创意择优不仅可以产生比其他机制更好的结论，还能使合理但不受欢迎的决策赢得更多认同。

c. **不要发号施令让别人服从你，要努力为人所理解并理解他人，以达成共识**。如果你希望让别人服从，或是出于以自我为中心或是由于你认为按自己的想法行事更为有利，长此以往，你可能会付出高昂的代价。当只有你一个人在思考时，结果不一定好。

独断专行的管理者没有自己的班底，也就是说他的下属都没有自己的观点。这在长期看来不利于每一个人。如果你发出太多的指令，人们可能会有怨言，对你的命令阳奉阴违。你对聪明人施加的最大影响——以及他们对你施加的最大影响——来自持续就真实情况和最佳决策去求取共识，这样你们追求的是同一个目标。

10.11 确保你和你的员工承担相应的责任，也欢迎别人监督你负起责任

让员工承担相应的责任，是指充分理解他们和他们的处境，并评估他们是否能够和应该换一种做法，并与他们保持共识；如果他们无法满足一定要求，就将他们解职。当然，这不是说要对他们实行微观管理，也不是让他们必须达到完美（让工作量特别饱满的员工把每件事都做得出色，这不现实，也不公平）。

但是让人承担责任可能会招致不满，你也不需要凡事都告诉他们该怎么做。要与他们共同探讨做事的逻辑，以便让他们理解你这样做的价值，但别让他们自行其是。

a. **如果你已经与别人就某事的做法达成一致，要确保其按此操作，除非你们就改变做法已形成共识**。人往往无意识地倾向于做自己喜欢

的事而非需要做的事。如果他们忽视了做事的优先顺序，你需要为他们重新指引方向。这也是经常听取员工汇报工作进展很重要的部分原因。

b. **区分两种不同的失败情况，第一种是没有遵守约定，第二种是根本没立约定**。如果你没有明确表达你的预期，你就不能让下属为没有达到预期而承担相应的责任。不要假定有些事情虽不明说也能理解，常识在实际中并非都那么常见，如果有具体要求，就要明示出来。如果责任总是因为规定不具体而落空，则应想想是不是需要修改设计。

c. **避免下沉现象**。这是指管理者被迫去做下属的工作，而没有意识到这是一个问题。下沉现象类似于角色错位，因为管理者跑去干本应属于别人的活。尽管为了达成目标，角色错位在临时情况下可能有一定合理性，但也意味着机器的某个部分发生了故障而需要修理。下沉现象则是管理者经常不能调整职责，不得不去承担其他领域的职责，而实际上这些事别人完全能做得很好。当管理者更多地关注完成任务而不是操作机器时，他肯定犯了下沉的错误。

d. **当心那些混淆目标和任务的人，因为如果他们分不清楚，你就不能信任他们并给他们委派职责**。清楚目标的人通常能有大局观。一种测试方法是，问一个高层次的问题："目标 XYZ 的进展如何？"好的回答是先指出关于 XYZ 整体进展的总体情况，如果需要，再分述各任务情况来支持论证。只见任务不见目标的人只会讲任务完成情况。

e. **当心缺乏重点、徒劳无益的"理论上应当"**。所谓"理论上应当"，是指人们主观臆断别人或自己能够胜任某件事，但实际上并不知道能否胜任（如"萨利应该能够做 XYZ"）。要记住，如果你真的希望做成某件事，你需要找在相关领域有成功经验的具有可信度的责任人来执行。

类似的情况还有，当人们讨论如何解决问题时，会模糊地、隐匿具体人名地说“我们应该做XYZ”。一定要明确“我们”是谁，要指名道姓，而非仅仅用一个模糊的“我们”，并意识到他们有责任来确定具体工作是什么。

一些并不承担责任的人相互说“我们应当……”是毫无意义的，那些人应该向责任人指出应该做什么事情。

10.12 清楚地传达计划，用明确的量化指标对进展予以评估

员工应当了解本部门的计划和设计。当你决定偏离既定路线时，应与相关方沟通你的想法并征求意见，以便让所有人都了解新的路线。这样可以让人们接受该计划，或者表达怀疑而提出改动建议。这也使目标清晰，看出哪些人在坚守职责，哪些人无法履职。应当每季度至少开一次部门会议，在会上重申目标、任务和职责，也可以每月开一次会。

a. **继续推进之前要回顾计划执行情况**。在提出新的计划付诸实施之前，要花些时间反思迄今机器所发挥的作用如何。

有时候员工觉得难以把当下的情况纳入考量或对未来做出预测。有时候他们忘记是哪些人、哪些事导致事情发展得顺利或不顺。让他们或你自己，来说说我们如何走到当前阶段，你可以对照结果，把做得好或做得差的重点项目突出标示出来，勾勒出一幅整体的图景和目标。确定哪些人负责哪些具体的目标和任务，并协调达成共识。要能够在不同层面把所有这些项目联系起来，以便让员工理解整个计划，给出反馈，并最终建立信心。

10.13 在无法充分完成职责时，将问题提交给上级解决……

……让你的下属也积极主动这样做。将问题提交给上级的意思就是说你自认为无法驾驭某种情况，并让别人来充当“责任人”。你提

交问题的对象——你的上级——可以决定是否辅导你完成工作，或由他们接管你的工作，或让其他人来做，或采用其他办法。

很重要的一点是，把问题提交上级并不意味着失败，而是一种责任。所有的责任人都将最终面临这样的考验，即他们不知道自己能否驾驭。要把自己的忧虑提出来，使得老板知道风险所在，让老板和上级责任人能够就下一步的工作达成共识。如果不能驾驭而又未把责任提交给上级，那才是最大的失败。要确保让员工有积极主动性，要求他们在无法符合预期目标或在截止日期前无法完成时，及时说出来。这种沟通非常重要，能帮助我们就如何解决具体问题以及寻找什么人接手达成共识。

11

发现问题，不容忍问题

在追求目标的道路上，遇到问题是不可避免的。为了取得成功，你必须发现问题但不能容忍问题。问题就像添入火车头发动机中的煤，通过燃烧——制定和实施解决办法——来推动我们前进。你发现的每个问题都是一次改进机器的机会。发现问题而不容忍问题，是最重要也是最不为人所喜欢的事情。

对很多人来说，发现问题是很难的事情。大多数人都宁愿对进展顺利的事情大唱赞歌，而把问题掩盖起来。那些人的想法是非常落后的，没有什么比这更不利于一家机构。不要为了一时的好评而停住前进的步伐，要为能找出不令人满意的进展而感到欣喜。虽然那些难以解决的问题可能使你感到紧张，但回避问题（也不应对）会使你更加紧张。

这种因担心事情发展不理想而感到的紧张是非常有好处的。正因如此，我们才有动力去开发系统和指标，监测机器的运行结果，并激励那些管理得力、经常开展系统测试、寻找机器上各类问题的人继续前行。经常有这样的担心，并加强交叉核验，对于做好质量控制至关重要。要确保把小问题都清除，因为如果任由小问题泛滥，它们就会变成大问题。关于这个观点，我会讲一个例子：一开始我们都未能保持最佳，而后认真思索了相关问题，找到了根源所在，制定了改变方法并付诸实施，产生了非常好的效果。

在初创桥水时，我事必躬亲，包括公司的投资决策、管理决策，之后，我建立了支持体系，并最终在没有我参与的情况下，公司仍创造了优异的业绩。随着桥水的发展，我制定的标准体现出了不妥协和直截了当的特点：我们为客户提供的分析报告质量保持如一，无论是否由我本人提供。那是因为当客户问“我们”的看法是什么时，他们不是在问随便一个人的看法，他们希望知道的是我和其他负责投资决策的 CIO 的想法。为了达成这个目标，桥水的客户服务部或者自己处理客户的提问，或者根据问题的难度水平转给拥有不同经验的员工，指定他们作答。客户顾问（职业经验丰富，经指定代表桥水与客户对接）必须充分理解问题的含义，知道什么问题该找什么人回答。为了确保客户服务的质量，我制定了一个制衡体系，其中，我们的一些最棒的投资思想家本人要亲自起草拟回复给客户的备忘录，并且对同事的答复进行质量控制，把打分结果录入有据可查的指标系统，以便跟踪监测事情的进展，并在必要时做出改变。

2011 年，作为管理体制转型的一部分，我把这个过程的监控权交给了别人。过了几个月，客户服务部的一个员工就开始发现问题。事情始于一份备忘录，两位资深投资人员发现一份已经发给客户的备忘录有误。尽管只是些小错误，对我们来说却很重要。在我的推动下，新的管理层开始重新审查其他备忘录，并发现这个问题并非孤例，它反映了质量控制机制出现了大面积的故障。更糟糕的是，审查还发现责任人未能对这些问题进行思考和诊断。让人非常担忧的是，当时还不清楚，如果没有我的坚持推动，还会不会有人肯花时间去调查。

这种未能反思问题、未能拒绝容忍问题的事例，不是不小心引起的。它的发生是因为很多人在流程中只关心完成任务，而对目标是否达成评估不足。他们变成了橡皮图章，而非能工巧匠，那些应该“尝尝汤的味道”而保证出品质量的高管却在忙于其他事情。

这个问题的暴露让我们都感到很失望，因为这表明，长期以来指引我们取得成功的高标准在逐渐下滑。面对这一残酷事实让人揪心，但是最终的结果是好的。此类问题的存在——无论是因为机器设计的缺陷还是个人能力的欠缺——都不让人感到丢脸。承认有缺陷与接纳缺陷不是一回事，这是朝着克服缺陷努力的第一步。这种揪心，不管是出于羞耻、尴尬，还是因未能做得更好而产生的沮丧，都好像肌肉松弛带来的那种不安，逼得你赶紧去健身房刻苦锻炼。在接下来的章节中，你将发现，直面问题激发出了重要的创新和改进。

以下原则围绕如何发现问题、不容忍问题进行了详细阐述。

11.1 如果你不担心，你就要担心了；如果你担心，你就不必担心

这是因为，担心出差错会为你提供一种保护，而对差错毫不担心，则可能让你暴露于风险。

11.2 对机器进行设计和监督，确保能发现哪些事情做得好、哪些不够好，否则就自己动手做

这通常要由合适的人来做——那些愿意深究、无法容忍低质量工作和产品、具有较好综合能力的人——并要有好的量化指标工具。

a. **指定员工负责发现问题，给他们时间进行审查，确保他们有独立的报告路线能够反映问题，而不必担心打击报复。**如果没有这些机

制，你就无法仰仗员工来反映你想了解的问题。

b. **当心“温水煮青蛙综合征”**。很显然，假如你把一只青蛙扔进沸水里，青蛙会立即跳出来。但如果你把它放进常温的水里，给水逐渐加温，青蛙就会待在锅里被煮死。不管对青蛙而言这是否属实，我总会看到在管理者身上出现类似的情况。人们都有慢慢习惯于不可接受事物的强烈倾向，而这些不可接受的事物明眼人一看就会非常吃惊。

c. **当心从众心理。即便没有人担心，也不表明没有问题存在**。如果你发现了一些无法接受的事情，不要因为别人都已经看到且没觉得有什么大不了，就认为没什么问题。人很容易陷入这个陷阱，但这是个致命的陷阱。无论你什么时候发现了一些不好的事物，一定要向相关责任人指出来，让他们负责改正。要明白无误地说“这顿饭馊了”，不要吃下去。

d. **发现问题时，要把结果与目标相对照**。这意味着把机器的产出与你希望达到的结果进行对比，从而发现任何偏离情形。如果你期待着能在某个具体的区间实现改进（如下图）……

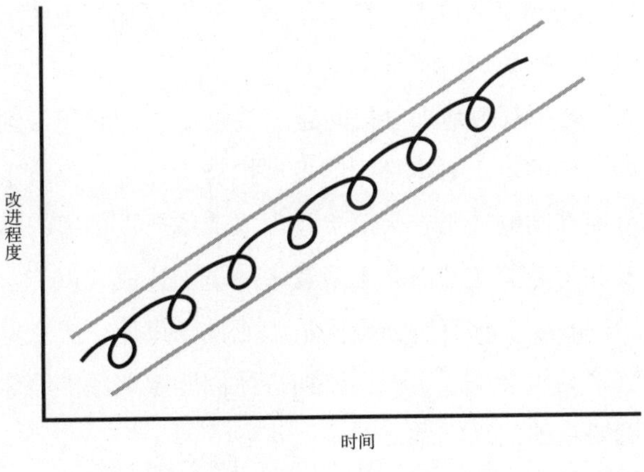

而结果却导致以下情形（如下图）……

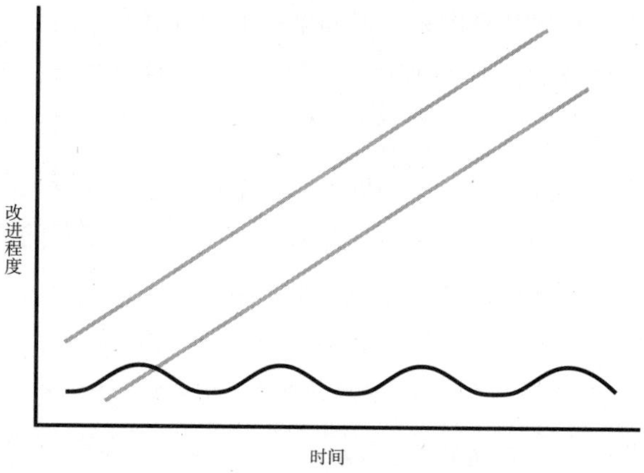

……你会发现你需要了解问题的根源，以便有效应对。否则，原路径就会持续。

e. **“尝尝汤的味道”**。把你想象成厨师，菜出锅端给顾客前先品尝汤的味道，是不是太咸或者太淡了。管理者也要针对其所负责的每个工作结果做这样的事，或者在公司里指定某人帮他们做此事。授权从事这个工作的人被称为“汤味品尝者”。

f. **尽量让更多双眼睛来寻找问题**。鼓励员工把问题带到你面前共同研究。如果你的员工对本部门的发展抱有责任心，都敢于大胆提出问题，你就能在问题处于容易解决且尚未造成严重损害的阶段及时发现问题。要和与最关键部门联系最紧密的员工达成共识。

g. **“打开瓶塞”**。你有责任确保员工无拘无束地交流意见，要为他们提供足够多的机会来发言。不要期待他们能定期提供给你诚实的反馈，应明确要求他们这样做。

h. **最熟悉工作的人最有发言权**。至少他们能向你提供理解问题的角度，因此要确保你能通过他们的眼睛去看问题。

11.3 在分析问题时要非常具体，不要泛泛而谈

例如，不要说，“客户顾问们没有和分析师很好地沟通”，要具体地指出哪些客户顾问做得不好、哪方面做得不好。从具体事例开始，然后观察规律。

a. **不要用“我们”“他们”这种不指名道姓的说法，以掩盖个人责任**。问题不是凭空产生的，那是因为特定员工做了或是未做特定的事情。不要用含糊不清的话掩盖个人责任。不要泛泛地只说“我们”，要把具体行为与具体人联系起来：“哈里没有把这事处理好”。同样要避免说“我们应当……”或“我们是……”等一类话。既然个人是任何机构中最重要的基础，个人要对事情的发展过程负责，出了错误就必须与个人的名字挂上钩：有些人设计了不好的流程，或者做出了错误的决策。把姓名掩盖起来只会延缓改善的进程。

11.4 不要害怕解决难题

在某些情况下，员工会容忍不可接受的问题，因为觉得要解决问题过于艰难。然而，与根本不解决相比，解决这些不可接受的问题更容易办到，如果不解决，会导致更多压力，导致工作量增多，持续出现更多的不良后果，你可能为此丢掉工作。因此，要记住管理的第一条原则：需要了解涉及你的机器运行的反馈，或者把问题解决掉，或者提交上一级解决，如果形势需要，要一遍又一遍地解决。要把问题提出来，交给问题解决能手去处理，没有比这更简单的其他方法。

a. **必须理解，那些有良好解决方案的问题不同于没有解决方案的问题**。未识别出的问题导致最坏的结果；已发现但没有既定解决办法的问题稍好一些，但非常打击士气；已发现也有良好的既定解决办法

也是好的；把问题解决掉是最好的结果。因此，确定一个问题属于上述哪种情况非常重要。采用什么样的量化指标来跟踪你的解决方案进展，必须非常清晰且符合直觉，它们应成为计划延伸的一部分。

b. **以机器的方式来发现问题**。遵照以下三个步骤能做得很好：首先，发现问题；其次，确定谁是解决问题的责任人；最后，决定什么时间适合进行讨论。换句话说，就是找出问题是什么，谁来负责，什么时间解决。然后贯彻执行。

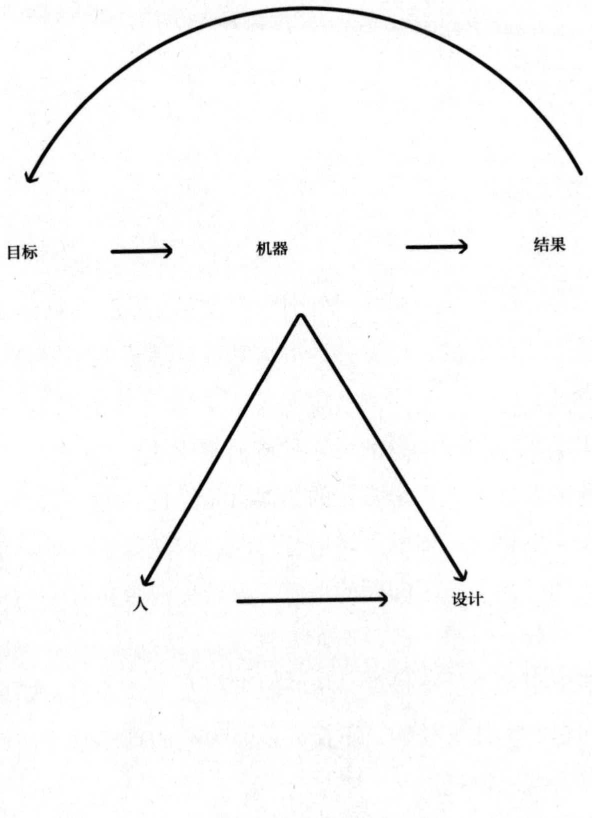
目标
机器
结果
人
设计

12

诊断问题，探究根源

当遇到问题时，你的目标是剖析问题的根源——具体到哪些人、哪些设计导致了问题的产生，并探究人和设计造成的问题是否带有一定的规律性。

导致无法准确诊断问题的最常见原因有哪些？

根据我的发现，人们最常犯的错误就是把遇到的问题当成一时的差错，而没有借机对机器的运转进行诊断，以便实施改进。他们即时动手解决问题，却忽视了问题的根源，导致失败频频发生。全面、准确的诊断尽管要耗时多一些，但对未来大有益处。

人们最常犯的第二个错误是诊断时不提及个人姓名。如果不把问题与造成问题的责任人挂钩，不探究他们失败的具体原因，就不会促进个人和机器做出改进。

第三个最常见的错误未能把这次诊断中吸取的教训与之前的教训联系起来。要确认某个特定问题（“哈里很粗心”）的根源是某种规律使然（“哈里总是很粗心”），还是相反（“这样粗心真不像哈里”）。

从我们的客户服务分析团队的例子看，我认为除非我们挖掘出根源所在，否则做事标准会持续降低。桥水的其他领导者都赞同我的判断。因此，我针对该团队组织了一系列诊断，把所有级别的每个员工都叫到房间进行问询，了解究竟出了什么问题。我先基于我建造机器的理念，在心里猜测事情应该是怎么回事，再请新来的管理人员描述实际情况。不良结果不是凭空产生的，其发生一定是因为某些员工做出了或未能做出某些具体的决定。一次好的诊断都会涉及员工做了哪些事导致不良后果。这可能让人感觉不舒服，但若某个人不适合该工作岗位，就应该让他离职，以避免反复犯同样的错误。当然，人无完人，每个人都会出错。所以，要观察员工的工作记录，以及诊断所反映出的个人强项和弱点。

通过几轮诊断，我们搞清楚了一些情况：高级管理层新招聘的几位经理，他们负责管理客户投资分析的团队，这些人并不具备监督质量控制流程所需的技能、综合能力或者细心程度，而最高管理层又距离这个领域太远，监督力度不够，无法确保整个流程正常运转。这就是对“是什么”的诊断——我们所面对的导致问题发生的事实。诊断的结论不是一幅优美的图画，但那恰是我们需要知道的事实，只有这样才能进而做出改进设计的方案。

以下列出了关于如何做好诊断的具体原则，先从概述讲起。

12.1 为了做好诊断，要先问以下问题：

1. 结果是好是坏？

2. 谁对结果负责？

3. 如果结果不好，是因为责任人能力不够还是机器设计有问题？

如果你头脑中装着这些重大问题并时时反思，你就能做好诊断。接下来，需要得出针对这些宏观问题的答案，多半是通过一系列简单的是/否问询来得出对每个步骤的综合印象。这些应作为你进行下一步诊断前所搜集的资料，直至得出最终诊断结论。

你可以但不是必须问上述这些问题或遵从这种形式。要看你所处的具体情况，你可以很快把这些问题过一遍，也可以问一些不一样的、更细致的问题。

结果是好还是差？谁对结果负责？如果你们就结果好坏和谁来具体负责不能很快达成一致，你们可能已经陷入杂草丛（换句话说，纠结于一些无关紧要的小细节）。

如果结果不好，是因为责任人能力不够还是机器设计有问题？问这个问题的目的是得出综合判断，但要得出综合性结论，你还需要检查一下机器的运转情况。

机器应该如何运转？你可能在头脑中已经想好了谁原本应该做哪些事，或者你可以借用别人的思路。不管哪种方式，你都应知道谁要对哪些事负责，以及原则的相应规定是什么。不要太复杂！在此阶段，经常会陷于对程序细节的过度梳理，而忘记了要在机器层面（即谁负责做什么）去考虑问题。你应该用几句话把头脑中的蓝图清晰勾勒出来，每句话都与某个具体的人联系起来。如果你此时陷入太多细节，就可能走偏了。在你想好路线图后，以下这些就是关键问题。

机器是在以理想状态运转吗？是或否。

如果答案为否，究竟是哪些地方运转不正常？出了什么故障？这就是对近似原因的推理，如果你头脑中有详细的蓝图，这一步就很容易达成。你也可以设计一些是/否的问题进行问卷调查，与你头脑中蓝图的关键要素联系起来，准确指出工作不力的责任人是谁。

关于机器本应如何运作，你头脑中的蓝图可能涉及两个步骤：哈里本应做到（1）及时完成任务，或者（2）若无法完成则向上提交。因此，你所要做的就是明确这两个步骤：（1）他及时完成任务了吗？

是或否；答案如果为否，（2）他向上提交了吗？是或否。

就应该这样简单。当对话变得长篇大论、废话连篇，一方陷入对其作为的细节描述不能自拔时，这个办法就很管用。要记住：你有责任引导对话，得出准确、清晰的综合结论。

你还要综合评估一下，相关问题是否很重要，也就是说在同样的情况下，能力相当的人是否也会犯同样的错误，或者说该问题是否属于典型症状，值得深入探究。不要过分关注罕见的事例或微不足道的问题——事无尽善、人无完人——但你不要忽视导致机器出现系统性问题的线索。

为什么事情没有朝预想的方向发展？就此你应当综合分析，追根溯源，判断相关责任人是否胜任，或者是否属于设计方面的问题。为了能够得出综合结论而非纠结于细节，你可以做到以下几点。

- 尽量用五步流程来梳理失败案例。在哪一步出了问题？每件事最终都能纳入这5个步骤。你应当具体问题具体分析，因此：
- 尽量把失败案例清楚地归纳成一个或某几个关键因素。提出是/否的问题：是不是责任人管理不善？对问题认识不正确？还是执行不力？
- 很重要的一点是，要问你自己这个问题：如果因素X在下次不出现，那就能避免不好的结果吗？通过这种方式，可以确保你把结果与原因有逻辑地联系起来。你可以这样想：如果修理工给你的汽车换个零件，就能把车修好吗？
- 如果问题的根源在于设计缺陷，不要就此打住。要问一问谁对设计缺陷承担责任，他们是否有能力改进设计。

问题的根源是否带有规律性？（是或否。）每个问题都可能属于一时差错，也可能是某些病根反复发作的结果，你需要确定是哪一种。

换句话说，如果哈里因为依赖别人而未能完成任务：

· 是不是哈里有总是依赖别人的毛病？
· 如果是，这项工作需要他依赖别人完成吗？
· 哈里的失败是源于培训不够还是能力不足？

在此情况下，员工或机器如何改进？根据需要，要确保已经找到解决问题的短期方案。要确定长期解决方案的步骤，确定谁来负责执行。具体来说：

· 是否有些职责需要分配或进一步澄清？
· 是否需要重新对机器进行设计？
· 是否要对某些员工的岗位匹配度进行重新评估？

例如，如果你已经形成以下结论：（1）问题带有一定规律性，（2）责任人未能符合工作要求，（3）原因在于责任人能力有所缺失（而非培训不够），此时你就能对最重要的问题给出答案：责任人能力不够，需要调离岗位。

以下原则进一步具体阐述了如何做好诊断。

a. **问自己："还有人能以别的方式完成这个工作吗？"**我经常听到人们抱怨某个结果，而不是去了解导致该结果的机器是否有问题。在很多情况下，此类抱怨多来自那些看问题总爱看负面不看正面的人，他们不了解责任人在做出决定时是如何权衡利弊的。既然所有问题都是人和设计的问题，问自己"还有人能以别的方式完成这个工作吗"这样的问题就能把你导向正确的思考方向，使未来不再出现此类问题（而非仅仅抱怨）。

b. **找出五步流程中的哪一步出了问题。**如果某个人总是失败，那一定是因为缺乏训练或能力不行。到底是哪一种呢？他在哪一步出了问题呢？不同步骤需要的能力是不一样的，如果能确定他缺失的是哪种能力，你就朝着确诊方向大大地前进了一步。

c. **找出哪些原则被违反了**。找出哪些工作原则适用于眼前的失败案例，重温这些原则，看看它们是否会有帮助。考虑哪些原则最适于处理类似问题。这不仅仅有助于解决当下的问题，还能帮助你解决其他类似问题。

d. **避免“事后诸葛亮”**。评价过去一项决策的好坏，不要根据现在新得知的情况，而要根据决策时能够合理了解的情况。每个决策都有利有弊，你不能不考虑当时情境就对过去的决定妄加判断。你要问自己：“在那种情境下，具备一定素质的人会了解什么和做什么？”同时，还应当深入了解做出决定的人（他们的思维方式是什么，他们是什么类型的人，他们从中学到了什么吗，等等）。

e. **不要把某人所处环境的优劣与其应对方法的优劣混为一谈**。这两者的好坏很容易混在一起无法分辨。这种问题在从事创新业务、发展速度快而问题尚未充分暴露的公司中尤为普遍。

我一直认为桥水“在很差的环境中努力创造佳绩”。近40年来，我们持续创造着不平凡的业绩，但同时也在挣扎着应对大量的问题。在不好的环境中，很容易因为情况太差而灰心丧气。但是真正的挑战在于，要能看到，正是这些糟糕的环境激发了长期的成功，要认识到这些不利情景对促使我们不断改进创新是不可或缺的。

f. **要认识到这样的事实，别人不知道怎么做，并不意味着你就能知道怎么做**。挑毛病是一回事，而给出诊断意见和有水平的解决方案是另一回事。如前所述，在检测某个人是否善于解决问题时，要看：（1）他能够逻辑清晰地表达出如何处理相关问题；（2）他曾经在过去成功解决过类似问题。

g. **问题的根源不是一次行动而是一个原因**。解释问题的根源时，通常用形容词而不是动词来描述，所以要多问“为什么”来寻求问题的本质原因。大部分事情做成或没做成的原因是有人决定按某种方式做或者不做，因此多数问题的根源可以追究到行事具有特定规律的具体的人身上。当然，即使是可信度高的人偶尔也会出错，如果是这样，是情有可原的。但是如果问题能归结到某人身上，你必须问为什么此人会犯错——你必须准确诊断一个人的错误，如同准确诊断机器某个部件的故障一样。

一个发现问题根源的过程会经历如下对话：

问题的原因是程序设计不好。

为什么说程序设计不好？

因为哈里的程序设计不好。

哈里的设计为什么不好？

因为他没有经过良好的培训，并且他赶工。

为什么没有经过良好的培训？

他的管理者知道他没有经过良好培训却还让他做这份工作吗？还是他的管理者也不知道？

要考虑所问的问题多大程度上涉及个人隐私。不要仅仅停留在问“因为哈里的程序设计不好”，你必须深入探究以便了解员工和/或设计在怎么样的情况下导致了失败。这对于诊断人和责任人都不容易，常常会导致人们提出各种各样不相干的细节。人们通常会故意把局面搅乱来掩饰自己的错误，对此你要保持警惕。

h. **为了分清楚哪些是人手不足的问题，哪些是能力不够的问题，要考虑如果在特定岗位上人手充足会把工作做得如何**。回顾一下，在类似岗位拥有足够人手时，他们曾经做得怎么样。如果还是出现过此类问题，那就说明这很可能是能力问题。

i. **要记住管理者通常出于以下 5 个原因之一（或更多）而失败或未能达成目标。**

1. 他们离问题太远。

2. 他们在辨别低素质、低质量方面能力欠缺。

3. 他们已经感受不到问题的严重性，因为他们对问题已经习惯了。

4. 他们对工作太自负（或自我意识过强），不愿意承认解决不了自己的问题。

5. 他们对承认失败的不利后果感到害怕。

12.2 通过持续诊断来保持综合判断的与时俱进

如果你在严重负面情况发生时不做深入分析，你就无法了解其属于什么性质的症状，随时间发生了什么样的变化——是有所改善了，还是更加严重了？

12.3 诊断应当有成果

否则诊断就没有意义。至少，诊断结果应形成对问题根源的理论解释，并明确还应搜集哪些信息来发现更多的线索。最好是能直接形成解决问题的计划或设计方案。

a. **如果让同样的人做同样的事，会产生同样的结果。**按照爱因斯坦的说法，疯狂就是重复做同一件事却期待不同的结果。别落入这种陷阱，因为你很难走出来。

12.4 使用如下的“深挖”技巧，对出现问题的部门或下级部门形成一个基于 80/20 法则的印象

深挖是指深入了解一个部门或领域的问题根源，进而制订计划使其改进。深挖不同于诊断，是一种广泛了解、深入探究的方式。它

的作用不在于揭示每个问题的原因，而是要揭示造成80%不良后果的20%左右的问题。深挖有两个步骤，之后的步骤是制订和执行。如果操作得当，两个步骤的深挖可以在大约4小时内完成。深挖要分别、独立进行，这点很重要，防止同时朝多个方向进行。我来带着你过一遍深挖的流程，对每个步骤提供一些指导和案例。

第一步：列举问题。快速列出核心问题。要很具体，因为这是有效找出解决方案的唯一方式。不要泛泛使用“我们”或“他们”一类的集合名词。要把遇到问题的人的名字点出来。

- 让接受调查部门的相关员工都参与深挖。你会得益于他们对事物的观察，也有助于激发他们对解决问题的责任心。
- 不要过分关注罕见的事例或微不足道的问题——事无尽善、人无完人——但要确保相关症状不属于机器方面的系统性问题。
- 不要着急给出解决方案。在这个阶段仅限于列出问题。

第二步：找出问题的根源。对每个问题，要找出导致问题的行为背后的深层次原因。很多问题都是由以下两个原因之一造成的：（1）不清楚谁是责任人；（2）责任人没有很好地履行职责。

你必须分清楚哪些是近似原因，哪些是本质原因。近似原因是导致问题发生的理由或行为。当你开始描述这些理由或行为背后的因素时，你就越来越接近本质原因了。

为了找出问题的根源，要持续问“为什么”，举例如下：

问题：

团队持续加班加点，已经到了崩溃的边缘。

为什么？

因为我们没有足够人手来完成交办给团队的任务。

为什么？

因为我们接受这个新职责时，没有给我们增加人手。

为什么？

因为在接受这项任务前，管理者并不知道工作量有多大。

为什么？

因为管理者在预计问题和制订计划方面能力不行（问题的根源）。

不要把相关人员排除在深挖程序之外，否则你会听不到他们的观点，剥夺他们的参与权，也会降低他们的责任意识。同时，要记住面对调查人们往往会有些抵触，而不是主动自我剖析。作为管理者，你的责任是揭示真相、实现优异业绩，而不是博取别人欢心。例如，正确的做法可能是要解雇某些人，换上一些更有能力的人，否则就是在让目前这些人从事他们不愿意干的工作。每个人的目标必须是得出最佳的答案，而不是让更多人开心的答案。

你可能会发现在第一步找出的多个问题都具有相同的根源。由于你是在进行快速的深挖，对根源的诊断可能只是暂时性的——主要是对一些需要关注问题的警示信号。

第二步完成后，要稍息片刻回顾一下，然后着手制订计划。

第三步：制订计划。不要受团队的影响，要制订直指问题根源的行动计划。制订计划犹如写作电影剧本，你应当设想随着剧情发展由谁来扮演什么角色，以最终实现目标。在制订计划时，要反复掂量各种情形，从成本和风险角度权衡实现目标的可能性。计划中要包括具体任务、成果、责任人、跟踪考核指标、时间表。要让关键员工全面参与讨论计划。计划不一定要征得每个人的同意，但责任人和其他关键员工必须对计划达成共识。

第四步：执行计划。执行经各方同意的计划，以公开透明的方式跟踪计划的进展。至少按月报告迄今为止的计划进展和实际进展，以及未来一段时期的预计进展。要让员工对成功、及时完成任务负有责任，并予以公开。可根据现实需要对计划做必要的调整。

12.5 诊断是实现进步和建立良好人际关系的基础

如果你和同事秉持开放心态进行高质量的互动，你们不仅会找到更好的解决方案，还会更好地了解对方。这对你来说是了解员工、帮助其成长的机会，反过来他们也了解你、帮助你成长。

13

改进机器，解决问题

在你成功地诊断出阻碍你达成目标的问题后，你需要设计出解决问题的路径，而设计应建立在对问题深入和精准理解的基础之上（因此诊断至关重要）。对我来说，一种出于本能的反应就是盯住问题不放，把问题带来的痛苦转变为激励创意的动力。

这就是负责客户服务的投资分析团队——特别是如今的桥水联合CEO、时任客户服务部负责人戴维·麦考米克所经历的情况。根据诊断的结论，他迅速设计改进方案并付诸实施。他开除了那些导致公司标准下滑的人，对拟推行的新制度进行了深入研讨，把合适的人安排在合适的岗位。在遴选客户服务分析方面的责任人时，他挑了我们的一位具有极高工作标准的顶级投资分析师（这个人对工作标准下滑的情况直言不讳），还为这位分析师配备了一位经验丰富的管理者，后者知晓如何制定正确的工作流程，并确保想要做的事情能够按照计划推进。

但这还不是全部。在推出设计的时候，还要用一些时间周详思考，确保你能从最高层面来审视问题。戴维知道，仅仅从该部门的某个方面看问题是不对的，因为此处的质量下滑问题还可能在别的地方再冒出来。他需要以创新思维来提出设计的改进方案，以便在整个部门营造出一种全面覆盖、经久不息的追求卓越的氛围。所以，他发明了“质量日”方法：一年召开两次会议，让客户服务部的员工做模拟演示和工作介绍，并相互评价，直接给出反馈意见。更重要的是，这种会议为大家提供了一个回顾、评价质量控制过程是否满意的机会——在此过程中，让一些要求严格、有独立想法的思想家来提供批评意见，把工作流程往好的方向修正。

当然，戴维关于改造该部门的计划还有很多其他细节。重要的问题在于如何把心目中高层次的要求扩展为细化的规定和计划。只有在头脑中先设计好蓝图，才可能把具体要求再填充进去。你的任务就是提出这些具体内容，先写下来，以免忘记。

最好的设计来自对实际已发生问题的充分反思，而在你刚开始做一件事时，你通常会把设计建立在假想问题而非实际问题之上。因此，系统地跟踪梳理过往的问题（通过问题日志）和员工的表现（通过集点器）是很有帮助的。你不必去猜测哪些方面可能会出现问题，你只要观察之前你自己和别人“击中棒球”的历史数据即可，便可理解并设计改进，而无须从头再来。

我认识的最有天分的设计者，是那些在思考规划方面能做到与时俱进的人，他们广泛搜集关于各个小团队和整个公司员工的表现，准确地预测各种结果。他们非常擅长设计和系统化分析。因此，我在本条提出一个高于一切的原则：设计你的机器并使之系统化。在此过程中，创意和个性仍十分重要，因为要想通过改进设计来规避最严重的问题是件很难的事，你需要从解决问题的最初想法入手，并有意愿采取艰难的抉择（尤其是涉及人事，以及安排谁来做什么工作）。

以下原则针对如何做好设计进行了深入研究。

13.1 建造你的机器

如果你仅仅集中精力于手头的每件任务或案例，就会受困于逐一应对的局面。相反，你应该更多地考虑自己在做什么样的事情及其原因，从手头的事例中提炼出相关的原则，把流程系统化，从而相当于建造出一部机器。与完成手头的任务相比，建造机器要花费大约两倍的时间，但是一切终有回报，机器可以通过学习和提炼经验使得未来的工作更加有效。

13.2 把原则和落实原则的方法系统化

如果你有一些好的原则，能够指导你把价值观落实到日常经营决策之中，但如果你没能把它们系统化从而无法有规律地实施，其作用就微乎其微。一定要把你认为最重要的原则变成行为习惯，并帮助别人也这样做。桥水就有这样的文化，我们还设计了一些工具加以推行。

a. **认真思考你做决策所依据的标准，据此建造优秀的决策机器。**任何时候做出投资决策，我都会三思而后行，并考虑应该秉持什么原则。我问自己在那种情况下应怎么处理，并把行事原则记录下来，然后再把它程序化。对于管理我也是这样做的，我已经养成了做任何决定都按此操作的习惯。

程序化能保证让原则始终如一地发挥作用。我相信，系统化的、有证据支撑的决策将会大大提升管理的质量。如果管理者在处理信息时往往使用未经过深思熟虑的标准，并被个人情绪喜好所左右，这就难以产生最优的决策。想象一下，依据高质量的决策原则 / 标准，用机器对高质量数据进行处理会产生什么效果，就好比车载 GPS，其作用无法估量，无论你是否遵循它给出的行车建议。我相信这些工具会在未来成为不可或缺的工具，在我写作本书之时，距离网上出现此类工具应该已经不远了。

13.3 好的计划应该像一部电影剧本

你对于场景的设计想象越生动丰富，演出效果就越能符合你的计划要求。要考虑好，谁在何时做什么能产生什么结果。这就是你在头脑中为机器设计的蓝图。有些人擅长想象和设计，有些人则不然。要准确评价你自己和他人是否具备这种能力，以便启用最有能力的人去设计方案。

a. **让自己一段时间置身于“痛苦的位置”，更深入地理解你为了什么而设计**。通过字面或亲身体验（借助阅读报告、职位描述等），暂时把自己放进工作流程中，以更好地了解你将要处理的事务，你就能够把学习和经历应用到设计上，并对机器进行合理的改进。

b. **设想其他可能的备选机器及其运行的结果，然后做出选择**。优秀的设计师能以各种方式反复对机器及其运行结果展开设想。首先想象一下，哈里、拉里和莎莉如何利用各种工具和办法，采用适当的奖惩措施来实现这些目标。然后，再想象一下，如果用乔治来替换哈里等，或者改变其他配置方式，考虑清楚产品、人员和资金在每个月（或每个季度）在每个情景下会有什么变化，再做选择。

c. **不仅要考虑第一轮的后果，更要考虑第二、第三轮的后果**。第一轮的后果可能是你想要的，而第二、第三轮的后果可能正好相反。因此只关注第一轮的后果——人们都有此倾向——可能导致不好的后果。举个例子，如果你问我想不想取消雨天，我可能会说好的，如果我不考虑第二、第三轮后果的话。

d. **定期召开会议，让公司像瑞士钟表一样精准运行**。定期召开会议能提高效率，确保重要的交流互动和未来规划不被忽略，也能消除不必要的低效协调，改进运营效率（因为重复能够起到精益求精的效果）。把会议议程标准化，在每次会上征集对同样的问题的反馈（例如，问会议进行得是否高效）会有很好的作用，针对不经常发生的事情召开非标准化的会议也有帮助（例如按季审查预算）。

e. **一部好的机器要考虑人可能并不完美这一因素。**在设计时，要确保机器即便在员工出错的情况下也能产生好的结果。

13.4 设计是一个循环往复的过程，在不满意的“现在”与美好的“未来”之间有一个“不断努力”的阶段

“不断努力”的阶段包括检验各种流程和人员，看看哪些做得好、哪些做得不好，在不断重复中学习，逐步实现理想的系统化设计。即使你心中对未来设计有很好的愿景，但实现美好的“未来”必然要经历犯错误和学习提高的过程。

人们经常对此类重复过程有所抱怨，因为现实情况是，人往往享受无所事事的快乐，而不愿意有不完美的感觉，即便接受不完美事物更符合逻辑事实。这类想法是不对的，不要被其转移注意力。

a. **懂得“清洗风暴”的力量。**清洗风暴是罕见的自然奇观，能荡涤所有在正常情况下过度生长的生物。这类风暴对森林的健康成长有好处，如果没有这种风暴，就会长出很多弱小的树木，其过度生长会扼杀其他生物的生长空间。对公司而言，此类风暴也是有益的。经历一些困难时期能够使公司瘦身，让能力最强、最重要的员工（或公司）存留下来，这个过程不可避免也很有帮助，即便在当时看上去有些可怕。

13.5 在设计组织结构时，要围绕目标而不是围绕任务

给每个部门赋予一个清晰的工作重点，并配置必要的资源以利于

实现目标，这使得针对资源配置所做的诊断变得简单直接，还能够避免角色错位。举个这方面的例子，我们有一个营销部（目标是做市场推广），还有一个客户服务部（目标是服务客户），两个部门所做的工作类似，把它们合并起来也许会有一些好处，但是营销和客户服务是两个不同的目标。如果把这两个部门合并，则部门管理者、营销人员、客户顾问、分析员和其他人员就会收发相互矛盾的反馈。如果问为什么客户服务质量相对下降了，人们会回答："上头鼓励我们提高销售业绩。"如果问为什么没能提高销售业绩，合并后的部门可能解释说，他们需要多为客户服务。

a. **自上而下地建设组织**。一个组织与一幢大楼正好相反：组织的基础位于顶端。因此，必须先招聘管理者，再招聘管理者的下属。管理者能帮助设计机器，挑选人员来补充各个岗位。部门的负责人既要有战略性思维，又要能从事日常管理。如果他们无法预计将要发生的事，日常管理就会危机频发。

b. **每个人都必须由一位具有可信度的、奉行高标准的人来监督**。缺乏严格的监督，就可能导致质量控制不到位、培训不足、对优异业绩缺乏认可。不要盲目地相信人们自然地能把工作做好。

c. **金字塔塔尖上的人应当有管理直接下属的技能和专注力，并对下属的工作有深入理解**。几年前，在桥水，有人曾建议让技术部门主管来同时管理后勤部（由负责楼宇、餐食、办公用品等设施的人员组成），因为技术和后勤两个功能有所重叠（计算机也属于设施，也涉及用电等），但让负责杂务、餐食的人员向技术部门主管汇报是不恰当的，让技术人员向负责后勤的人汇报也同样不合适。这些职能虽然从广义上讲都属于"后勤"，但工作性质完全不同，要求的工作技能也不同。还有一个类似的例子，我们曾讨论把负责客户协议的部门与另外一个负责对手方合同的部门合并，归由一位管理者来领导。那种想法是错误的，因为与客户签合同所需的技能完全不同于与对手方签合同所需的技能。把这两个部门混合到一个笼统的“签合同”名下是不对的，因为这两个部门分别需要不同的知识和技能。

d. **在设计组织时，运用五步流程是通往成功的捷径，不同员工能在不同步骤发挥良好作用**。要按照人的不同秉性把人分配到不同的步骤里。

例如，有大局观的人应去负责制定目标；擅长“品尝汤的味道”的人应去负责识别问题，并不能容忍问题存在；逻辑思维强、不畏惧质询他人的侦探式人物应该去做诊断；有丰富想象力的策划者应负责方案的设计和改进；值得信赖的能手应该确保把计划执行好。当然，有些人擅长上述一种以上的本领，一般而言能把两类或三类事情都做得很好，但几乎没有人能把所有事情办好。一个团队应该具备所有上述能力，并知道谁负责哪个步骤的工作。

e. **不要让一个机构去适应员工**。管理者通常假设机构里的员工是给定的，并努力让机构去适应这些员工，这是个落伍的想法。相反，管理者应该假设机构是最好的，然后确保找到最合适的员工。要根据工作要求来设计工作岗位，而不是基于员工想做什么或者有哪些人可用。你总是可以从外部找到适合特定岗位的最优秀的员工。先要设计出最好的工作流程，然后画出组织架构草图，并设想各部分如何协作，明确每个岗位的人员资格要求。只有在这些事情做好后，才能去招聘适合的人员。

f. **要考虑机构的规模多大为宜**。你订立的目标规模必须能确保有足够的资源支撑，例如，一个机构可能不必大到必须分设营销部门和负责客户投资分析的团队。桥水从最初的人人全能的单一细胞公司成功地发展成多层架构的企业，这是因为我们在成长壮大过程中保持了集中精力、提高效率的能力。

临时分担和轮换资源是可以的，但与职责混同是两回事。另一方面，随着人员数量增加和 / 或复杂程度的提升，机构的效率会有所降低，所以要尽量保持架构简单。机构规模越大，信息科技管理和跨部门沟通就越重要。

g. **按照“万有引力”定律，以最合乎逻辑的办法来划分业务部门及其下属部门**。一些部门之间很自然地拥有更紧密的联系。这种“万有引力”可能是因为有共同的目标，共同的责任或共同的技能要求、工作流程、物理位置等。如果不考虑这些部门之间的引力而强制推行你设计的部门架构就会导致低效。

h. **让各部门尽可能自给自足，以便控制所需的资源**。我们这样做是不希望形成一种官僚作风，迫使各部门竞相从某个没有自身工作重点的资源池争夺资源。

i. **为保证联络和沟通顺利，高级管理人员与基层管理人员的比例、基层管理人员与其直接下属的比例应当控制在一定范围**。一般来说，这个比例不应超过 1 ∶ 10，最好在 1 ∶ 5 左右。当然，比例合不合适是变化的，它取决于直接下属的人数、工作的复杂程度、管理者同时管理多人或多个项目的能力。一个有效机构的规模，受制于该机构从上到下的层级数量，以及管理者与直接下属的比例。

j. **在设计中要考虑继任计划和培训安排**。我要是能在早期职业生涯中考虑到这个问题就好了。为了确保你的公司有持续良好的业绩，你需要建造一台“永动机”，即便你不在也能很好运转。这不仅仅涉及你自己的退休安排，也涉及怎样遴选、培训和管理接班的新管理层，最重要的是，要把文化和价值观传承下去。

这方面我见到的最好的办法来自通用电气、3G 资本，它们构建了一种金字塔式的“接班通道”，在其中，下一代领导人与当前的领导人一起思考、一起做决策，在学习锻炼的过程中接受考验。

k. **不要仅盯着你自己的工作，还要关注如果你不在场，工作会如何开展**。我在本书前面提到过关键人物风险，最适用于描述那些职责非常广的人，特别是机构的领导者。如果是你，你应当授权你的继任者干一段时间你的工作，接受评判和考验。相关工作情况应当书面记录下来，以便万一你遇到车祸时，能够参阅。如果机构的所有关键人物都能做到，你就有了强大的“后备军团”，或者至少明白了机构的脆弱性，需要制订应对预案。记得我说过，一个类似忍者的管理者要能够停下来看看风景，也就是说要成为一个乐队指挥。如果你总是能招聘到跟你一样优秀或比你还优秀的人，你就能把自己从工作中解放出来做些其他事情，构建你的接班通道。

另外，思考谁来接你的班也是一个启发、高产的经历。除了考虑你自己的工作状况、琢磨哪些人适合、哪些人不适合，你还会思索怎么安排你手下最出色的人，可能还要创造出某些新职位。既然你让他们在不受你干预的情况下完成你的工作，借以检验他们的能力，你还要有动力在检验他们之前为其提供合适的培训。当然，压力测试会帮助你了解、适应情况，也能发挥好作用。

l. **为确保正确完成关键任务，宁要“做两遍”而不要“二次确认”**。二次确认的错误率比做两遍的错误率高。做两遍指的是让两个不同的人各自独立完成同一项任务，产生两个互不相关的结果。这不仅可以确保产生更好的答案，也能让你了解到他们的行为和能力的差别。我在公司的关键领域，例如财务部（涉及大量资金，可能存在风险）实行了“做两遍”策略。

考虑到只有审计师本人知识经验丰富，才有可能进行有效的审计，要确保让能够胜任“做两遍”的人去进行二次确认。如果负责二次确认的人自己都不会从事某项业务，他怎么可能准确地做出评价呢？

m. **使用顾问要明智，防止过度依赖顾问**。有时候，为了更好地进行设计，你需要雇请外部顾问，你可以由此获得所需的大量专业技能来解决某个问题。当你把任务外包时，你就不必担心管理的问题，这是个实实在在的优势。如果某个职位不是全职的，且需要高度专业化的知识，我宁愿交给顾问或外部人。

但同时，你需要当心不要太过频繁地雇用顾问来完成本该由员工承担的工作。这会使你迟早付出代价，也不利于维护你公司的文化。你还要确保不要让顾问换种方式做事。他们几乎肯定还要按照自己惯常的方法行事，他们的老板也会要求他们这样做。

在评估是否需要聘请外部顾问时，要考虑以下因素：

1. 质量控制。如果是你的员工从事相关工作，你要对其工作质量负责。但如果为你做事的人来自另一家公司，你就要依赖对方的工作标准，因此要知道对方的工作标准高不高，或者是否比本公司的标准更高。
2. 经济上是否划算。如果相关工作需要一名全职人员，肯定是设一个岗位招一个人更加节约开支。每天支付给顾问的费用累加起来要远远超过一个全职员工的工资。
3. 知识的体制化。长期在你公司工作的人，将会比外部人更能了解和认同你公司的文化。
4. 安全。让外部人从事相关工作将大大增加你公司的安全风险，尤其是在你看不到他们工作的时候（无法监督他们是否遵循适当的谨慎原则，例如不要把敏感文件放在办公桌上）。

你必须考虑是将工作外包，还是在内部培养工作人员。尽管临时工和顾问有助于迅速解决问题，但不能培养公司的能力。

13.6 描绘一幅金字塔形的组织架构图，任何两条由塔顶向下连接塔底的线不应产生交叉

整个机构应该看起来像一系列金字塔，但要限制级别数量，使组织架构的层级最小化。

a. **当遇到跨部门或跨附属部门的问题时，让金字塔交汇点上的人来处理**。把组织架构图想象成一个金字塔，其中包含许多小金字塔。

当问题涉及的人不在金字塔的同一部分时，一般最好由金字塔中处于相关部门交汇点的共同上级介入，他拥有更全面的视角和相关的知识来权衡利弊，从而做出明智的决定。

b. **不要替别的部门的人完成工作，也不要从其他部门抽人来为你工作，除非你征得该部门管理者的同意**。如果大家对此有异议，要由金字塔中的上级解决。

c. **防止“部门错位”**。这是指支持部门的职责是提供支持，它们却误把自己的职责当成决定被支持部门的工作应当如何做。这方面的例子有，后勤部误认为它们能决定配备什么设施。虽然支持部门应当知道被支持部门的工作目标，并就可能的选择向其提供反馈意见，但不应当由它们来决定业务部门的规划。

13.7 必要时可建立“护栏”，但最好不要有“护栏”

尽管你认为招聘到的人很适合你的设计，也还是会有些时候需要在他们周围建立“护栏”。人无完人，每个人有优点也有缺点，虽然你招人很挑剔，但是你还是不可能找到一个人满足你的所有期望。所以，要从高处俯视你的机器和你为相关岗位招的人，考虑在哪些地方还需要额外增加人手或制定流程，以确保每项工作做得很好。

要记住，建立“护栏”是为了帮助那些基本上能够把工作完成得不错的人——意在帮助能干的人做得更好，而不是帮助失败的人去努

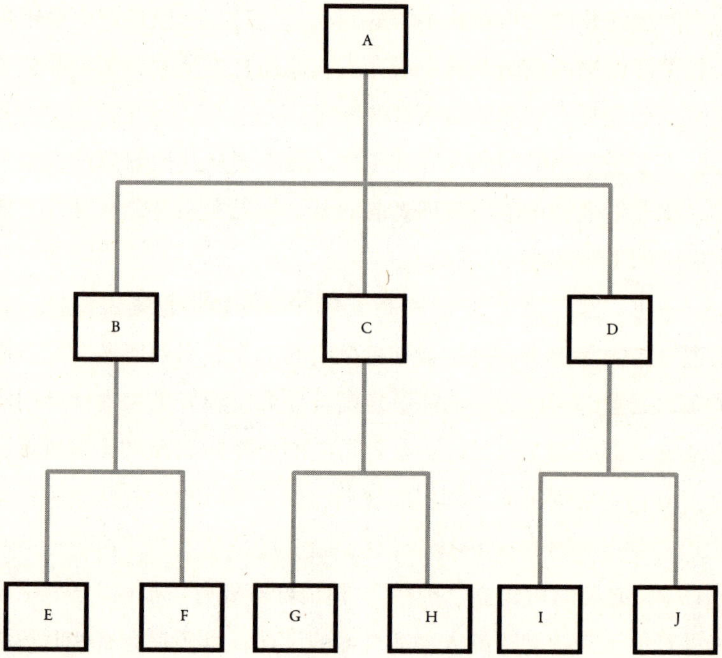
A
B
C
D
E
F
G
H
I
J

力达标。如果你想为不具备核心能力的人建立“护栏”，以帮助其完成工作，你最好还是解雇他就是了，应该再去找别的能力更强的人。

好的“护栏”一般体现为增加一个团队成员，他的能力可以弥补原先那个团队成员的短板。好的“护栏”关系应当很牢靠，但不要很僵化。最理想的情况就像两个人跳舞——他们实际上是在彼此推来推去，但相互之间交换了很多意见。当然，与其为某个员工寻找“护栏”，不如找到可独立做好工作的员工。应该向这个状态努力。

a. **不要指望人们能意识到并消除自己的盲点**。我经常发现人们形成错误的观点、做出不好的决策，尽管他们此前曾经犯过同样的错误，甚至他们都已经知道这样做不合逻辑而且有害无益。我曾经想过，如果他们意识到自己存在盲点，也许就可以避免掉落陷阱，实际却非如此。我很少听见有人说，因为自己不具备某个特定领域的能力而不宜提供意见。别指望人们能拯救自己，要主动为他们建立起“护栏”，或仅让他们从事某些工作，在这些岗位上，他们不可能就自己不懂的领域做出任何自己不应该做出的决策。

b. **考虑“三叶草”式的设计**。当你试图为一个工作找到优秀的责任人（这是最好的情况）而无法达成时，要任命2—3位可信度高、肯努力取得工作佳绩、不惧相互争辩并愿意在必要时把分歧向上提交的责任人。然后设计一种制度，让他们之间相互制衡。尽管这不是最优的模式，此类系统至少可以确保有很大的概率把问题甄别出来，以便进一步检查和解决。

13.8 保持战略规划不变，在环境允许的情况下可以进行适当的战术微调

自从成立以来，桥水的价值观和战略目标就没有变过（通过极度求真和极度透明，创造佳绩，从事有意义的工作，保持有意义的人际

关系），但随着公司经过 40 多年从只有 1 人演变为有 1 500 名员工的大机构，公司的人员、系统、工具等都发生了变化，而且当年青一代取代年老一代，它们仍在持续变化中，但公司的价值观和战略目标不变。对家庭如此，对社区如此，对机构来说都可能做到。为了强化这种认识，最好继续强调传统和理性的作用，并确保让接班的领导者和整个公司的员工都受到价值观和战略目标的感化。

a. **不要让权宜之计超越战略目标**。人们经常告诉我，他们无法处理好长期的战略问题，因为他们当前有太多紧要的事情需要应付。但是，在拖延的同时，匆匆做出一些临时的决定不啻自寻死路。高效的管理者会同时关注已经暴露的问题和尚未暴露的问题。他们经常感受到自己有被带向战略路径的倾向，因为他们恐怕自己无法达成最终目标，所以决定继续探索直至达成目标。尽管他们可能无法马上给出答案，也无法单凭一己之力得出结论，但通过创造力和意志力的结合，他们最终会回归到达成目标所需的向上轨迹。

b. **同时考虑大局和细节，理解二者之间的联系**。要避免陷入不相关的细节中。你必须确定在每个层面哪些是重要的，哪些是不重要的。例如，假想一下你在设计一座房子。首先，你需要有个总体的蓝图：你的房子坐落在一片土地之上，你要想水从哪里引入，房子怎样连接电网等。然后你需要确定屋内有几个房间，门怎么开，在哪里开窗户等。设计图纸时，你需要把这些事统统考虑到并联系起来，但这并不意味着你需要亲自到实地去挑选门上用的合页。你只需知道要安装一个带合页的门以及在房子的哪个位置装这扇门即可。

13.9 保持适当的监控，让谎言没有可乘之机

不要假定员工都是在为了你而非其自身的利益奔忙。有的人一有机会就会欺骗，这种人的比例高得超出你的想象。很多人如果有机会

选择公平待人和为自己谋取更多利益的话，都会选择为自己谋取更多利益。即使有一丝欺骗都是不可容忍的，因此你的快乐和成功取决于你能否实施适当的监控。在这方面我有过多次惨痛的教训。

a. **进行调查并让员工知道你将开展调查**。进行调查并告知员工你将开展调查，别搞突然袭击。安全监控不应当被视为对个人诚信的怀疑，这就像银行的柜员并不会因银行派人检查他抽屉里的钞票数量（而非仅仅相信柜员自己报的数量）就认为银行怀疑他不诚实。要向员工做出解释，让他们理解。

但是，即使最好的安全监控措施也不是万无一失的，因此（与很多其他美德一样），诚信是值得赞扬的美德。

b. **要知道如果没有警察（审计人员），法律就毫无意义**。审计人员应当向被审计部门以外的人汇报，审计程序也不应当向被审计单位透露。（这是我们极度透明的几个少数例外之一。）

c. **当心橡皮图章**。当某人的职责是查验和审计其他人所从事的巨量交易或其他业务时，就会存在橡皮图章的风险。一个风险特别高的例子是费用开支审批流于形式。要确保你有办法对审计人员进行审计。

d. **按你的要求花钱的人在花钱上可能会大手大脚**。这是因为（1）他们花的不是自己的钱；（2）很难知道正确的价格应该是多少。例如，某个员工提出要为咨询项目支付125 000美元，要想弄清楚市价是多少再商议一个更低的价格，会令人很不愉快，也比较麻烦和难做到。但是，同样是这个不愿意与咨询公司讨价还价的人，在雇人粉刷自己的房子时肯定会猛烈砍价。因此你需要进行合理的监控，或最好让公司的某个部门负责此类监控。你公司的支付对象有时是个人，有时是企业。只要有可能，尽量与企业打交道。

e. **通过"杀鸡儆猴"阻止不良行为**。不管你设计的监控多么小心，执行起来多么严格，有些恶人和非常粗心大意之辈还会弄出事端。所以，当你抓住那些违反规定和监控要求的人时，一定要让每个人都明了处理的结果。

13.10　报告路线和职责描述要尽可能清晰

这个要求适用于一个部门内部，也适用于部门之间。双重汇报会造成混乱，打乱优先级，使工作目标不清晰，模糊监督和问责关系，特别是听取汇报的人身处不同部门时。在需要双重汇报时，管理者应当知情。严禁不与其他部门的管理者协商而擅自调用该部门人员完成某项任务（除非该任务耗时在1小时左右）。但是，在一个部门或下属部门任命联合管理者对工作也有好处，只要两位管理者能达成共识，并能优势互补。在这种情况下，如果联合管理者协调得当，双重汇报会有较好的效果。

a. **不要根据头衔，而要根据工作流程设计和人员的能力分配职责**。这是因为某人负责人力资源、招聘、法务、编程等工作，并不一定意味着他适合做与这些岗位相关的一切工作。例如，虽然人力资源部门员工帮助招聘、解聘和安排薪酬福利，但是让他们决定招聘谁、解聘谁、给员工什么福利却是错误的。

b. **要不断思考如何产生以小博大的杠杆效应**。机构里的杠杆与市场上的杠杆不是一回事，要想办法用较少的资源获得更大的收获。在桥水，我一般在工作中运用50 ： 1的杠杆，意思是说每当我用1个小时与下属讨论工作，他们都要花大约50个小时来推进相关项目。我们在讨论时，会整体把策划和可交付的成果过一遍，然后他们开始推进，然后我们来审查进展，之后他们根据我的反馈继续推进——我们就是这样周而复始地工作。我的下属与他们的下属之间也是这样工作的，尽管他们之间的用时比率一般处于10 ： 1—20 ： 1。我总是很希望看到员工像我一样努力工作（理想的情况是比我做得更好），这样就可以把我1个小时的产出最大化。

科技是实现杠杆效果的另一个了不起的工具。为了让培训事半功倍，要把最常见的问题和答案通过音频、视频或书面形式记录下来，指定专人整理装订成手册，并定期更新完善。

原则本身也是一种杠杆形式——可以提升对形势的理解和认识，这样你就不必每次遇到问题时都花费同样的精力。

c. **雇用少数聪明人才并赋予他们最好的技术手段，要远胜于雇用大量普通人并配给一般的技术**。优秀人才和先进技术二者都能提高效率。在一部设计优良的机器中把二者结合起来将对机器有极大的改进作用。

d. **使用助手来提高效率**。杠杆助手是指那些能有效地将概念思维转化为实际效果，并能最大限度地将你的想法付诸实施的人。概念思维和管理所需的时间只有其实施过程时间的大约10%，因此，如果你拥有优秀的助手，你就可以把更多的时间用到你认为最重要的事情上去。

13.11 要知道几乎做每件事所花费的时间和资金都比你预期的要多

几乎没有一件事能够完全按计划进行，这是因为先前的计划并未考虑过失败的情况。我个人假定，每件事与计划相比实际都要花费一倍半的时间和一倍半的金钱，因为这是我所经历的典型情形。你的预期将取决于你及你管理的人员表现如何。

14

按既定计划行事

机构像个人一样，必须勇往直前才能获得成功——这是五步流程的第五步。

近期，我清理了一大堆20世纪80年代和90年代的工作文档，浏览了成箱成箱的研究报告。文件足足有几千页，很多上面都有我的潦草字迹，我发现那仅仅代表了我倾注的一小部分精力。在桥水40周年庆典上，我收到了我们出版的长达近万页的《桥水每日观察》。每份出版物都表达了我们对市场和经济的深入思考与研究。我还偶然发现了当初写的一部800页的手稿，后来因为太忙没来得及出版，还发现了其他数不清的致客户的备忘录、信件、研究报告以及本书的旧版本。我为什么做这些事？为什么大家为了达成目标如此努力工作？

根据我的所见所闻，我们这样做有不同的理由。对我个人来说，最主要的原因是我能想象出勇往直前所得到的回报，即使我还处于努力挣扎去获取成功的过程中，我就已感觉到成功带来的激动心情。同样，我也能想象出如果不勇往直前会有什么样的悲凉结局。我也被一种责任感推动着往前走。我经历过一段艰难的日子，辜负了我关心的那些人的期待，但那恰恰是我真实的一面。其他人的动力还包括对团队及其价值观的依恋。有人是希望得到承认，有人是希望得到金钱上的回报。所有这些都是完全可以接受的动力来源，都应该与文化相和谐并适应。

用什么办法把人聚在一起干事业是关键。很多人把这称为“领导力”。作为领导者，最需要做哪些事来推动机构勇往直前去追寻成就呢？最重要的是，必须招到愿意为成功付出辛苦的员工。尽管一些才华横溢的新观点增添了很多亮色，但很多成功都来自一些日常平凡的事务，有时甚至是一些令人不快的经历，比如要找出且解决问题，在较长的一段时期艰难前行。我们的客户服务部就是这样一路走过来的。在问题初次暴露后的那些年里，该部门经过了大量残酷无情的整顿和努力，如今已成为桥水其他团队的榜样，而且我们的客户满意度也持续保持在很高的水平。具有很大讽刺意味的是，我们的客户竟然无一注意到我们在备忘录中发现的问题。发给客户不符合我们标准的报告是件不好的事，让我欣慰的是我们及时改正了。但那是有可能造成更坏后果的，弄不好会使我们秉持卓越的声誉蒙上污点。一旦发生了，就很难再挽回客户的信任。

14.1 朝着令你和你的机构振奋的目标去奋斗

……要考虑怎样把任务与那些目标挂钩。如果你专注于目标，为达成目标感到兴奋不已，意识到为了达成目标而从事艰难的工作是不得已的，你就有了端正的态度和适当的动力。如果你对需要奋斗的目标根本提不起兴趣，就不要勉强。从我个人角度看，我喜欢策划一些令人激动和美好的事情，愿意把它们变成现实。策划这些事情带来的愉悦感和将其变为现实的渴求，让我得以度过生命中的艰难时刻，使梦想成真。

a. **协调一致激励大家前行**。管理层推动大家勇往直前追求成功，方式上可以更热烈一些，也可以更理智一些，可以用胡萝卜，也可以用大棒。尽管我们每个人为了各自的原因工作，激励整个团队向前还是有一些不同一般的挑战和优势。挑战主要在于需要协调，即在追求目标的理由和最佳方式上应求取共识。例如，你不会希望对某个团队的激励和奖赏与其他团队有显著不同（在同样情况下，一个团队得到高额奖金，而另一个没有得到），从而制造问题。优势主要体现在团队协作上，组建一个具备各种获得成功所需素质的团队要比招聘一个全能素质的人才容易得多。正如五步流程所示，在某个步骤上，一些人可能表现得非常优秀，但另一些人可能表现很糟糕。但当每个人都非常清楚彼此的强项和弱项时，这就不再成为问题，组建团队就是为了应对这样的现实情况。

b. **别冲动，磨刀不误砍柴工**。花足够的时间来设计一个行动计划。与将来执行计划所花费的时间相比，用于思考的时间微不足道，而且这些思考会使将来的执行更加有效。

c. **寻找有创意、聪颖的解决方案**。当人们面对棘手的问题或者任务过重时，通常会觉得应该更努力工作。然而，如果遇到有些事很难办、耗时过长、令人沮丧，还不如暂退一步，与大家讨论一下是否还有更好的应对方法。当然，很多需要完成的任务都要历经艰难跋涉的过程，但通常都还有一些你没有注意到的更好的解决方案。

14.2 要意识到每个人都忙得不可开交

怎样尽可能做更多的事，这一直是个难解之谜。除了更努力、工作更长时间以外，还有三个办法解决这个问题：（1）通过优先排序或直接拒绝来减少工作量；（2）授权给合适的人去做；（3）提高工作效率。

有些人花了大量时间和精力却收效甚微，而另一些人却在同样时间里做了很多事。导致差别的，主要在于创造力、品性和智慧。创造力较强的人会发明出更高效的新方法（例如找能力强的人来做，采用好的技术或好的设计）。品性较好的人更善于应对所遇到的挑战和需求。更有智慧的人则能够保持平和的心态，站到更高的层次上审视自己以及所面临的挑战，合理地进行优先排序，做出符合现实的设计和理性的选择。

a. **不要灰心丧气**。如果现在尚未遇到坏事，那就再等等，坏事迟早要上门，这就是现实。我的生活态度在于，问题总归会发生，对我来说最重要的是弄清楚如何应对，而不是花时间在那里抱怨慨叹并期待不要发生。丘吉尔说得一针见血："成功就是从失败到失败，也依然热情不改。"你将会享受在成功与失败之间穿梭往复的过程，因为这将决定你的运行轨迹。

没有理由灰心丧气，因为你有那么多事情可以做，生活有那么多美好的瞬间可尽情品味。你应对各种问题的路径都体现在本书列举的原则当中，你自己还可以总结发现其他原则。如果你能进行创造性思考，具备应对困难的素质，就没有什么你做不到的事情。

14.3　使用检查清单

在给人员分配任务时，最好把各项任务记在检查清单上。把已完成的任务从清单上划掉，既可以作为任务的提醒，也可以作为完成任务的确认。

a. **不要把检查清单和个人责任相混淆**。每个人都应当做好自己的所有工作，而不只是完成检查清单上的任务。

14.4 要留出时间休整

如果不停地工作，你会过度消耗自己导致逐渐熄火。在你的日程表里留出停工检修期，就像你会为其他事务留出时间处理。

14.5 鸣钟庆祝

当你和你的团队经过艰苦的努力成功地达成目标，庆祝吧！

15

运用工具和行为准则指导工作

仅凭文字是不够的。

这是我在观察人们为了自己的最大利益而努力奋斗的过程中得出的体会。我把原则与桥水的员工分享并进行了完善，几乎每个人都认为我们的优异工作业绩都与这些原则息息相关，都希望按照原则行事。但希望做和实际能够做到之间有很大区别。假定人们能够做到他们想要做的事，就相当于假定认识到减肥有益于健康的人一下子就能把他的体重减下去了。除非建立好的习惯，否则成功不会降临。对于一个机构来说，成功要得益于工具和行为准则的帮助。

花一分钟想想，这个道理对你阅读本书或者任何书有何帮助。你读过多少本关于奉劝你改变行为的书，而你也希望改变但最终未能改变？如果没有工具和计划的帮助，你觉得通过阅读本书你能改变多少？我猜的是几乎没什么改变。正如你不可能通过读读书就能学到很多本领（如何骑自行车、讲一种外语等），如果不实践，就基本不可能把行为改过来。这也是我计划制定一些工具并公之于众的原因，相关内容在本书附录中有介绍。

15.1 把系统化的原则嵌入工具对践行创意择优具有特别重要的价值

这是由于创意择优需要按照已达成共识的原则来操作，并且应当以事实为基础进行平等的讨论，而不是简单地服从 CEO 及副手给出的不容置疑且随心所欲的命令。领导者不应凌驾于原则之上，他们应是经过评价、遴选而确定的，如果需要的话，还能基于规则在尊重事实的基础上被替换掉，其地位与机构里的其他人相比没有差别。与其他人一样，他们的强项和弱点都被考虑在内。这时，搜集关于所有人的客观数据至关重要。而你还需要适宜的工具把数据转换成大家都认同的决策。进一步讲，通过这些工具，人和系统作为一种共生关系可以相互促进。

a. **为了促进真正的行为改变，必须内化学习或养成习惯**。幸亏有技术的存在，使得内化学习在今天变得比以书本为载体的过去更加容易。别误解我，书是一项强大的发明。约翰内斯·古腾堡的印刷所让知识扩散变得容易，使人们可以相互学习长进。但是，经验学习具有更强大的力量。既然科技使得经验 / 虚拟学习变得如此简单，我相信我们即将面临一次新的学习方式和质量的提升，其重要意义不亚于古腾堡当年的贡献。

长时间以来，我们一直在桥水努力推行内化学习，我们的做法已经过了多年的演变。由于每次会议我们都录音、录像，我们能够制作一些虚拟案例教学，便于让每个人都参与讨论而不必实际出席会议。人们能感受到会议的氛围，然后暂停案例介绍，问他们对正在讨论的问题有什么想法。在有些情况下，他们在观看讨论的过程中就实时提供了反馈意见。他们的意见也被记录下来，并通过专家系统与其他人的意见进行比较，使我们都更加了解我们的思维方式。有助于这个信息，我们能够让他们的学习和工作任务与其思维方式更加契合。

这仅是我们制作用于帮助人们学习和实践原则的一系列工具和计划中的一个例子。

b. **利用工具搜集数据，经过处理形成结论和行动**。设想一下公司里几乎所有重要的事情都能以数据形式记录下来，你可以设计一些算法引导计算机运行，就像指导别人工作一样，对数据进行分析，并按照你的方式加以运用。通过这种方式，你和代表你的计算机就可以记录每个人的信息，观察所有人的行为，根据每个人的特点提供个性化的指导，这如同 GPS，掌握了所有的交通规则和路线，为你提供导航服务。你不必要求大家必须遵循计算机的指导，当然你也可以这样要求。一般而言，系统的作用就像一个教练。教练要了解队员的情况：搜集关于队员行为的数据，当队员表现很好或表现不佳，就成为有用信息，可作为完善下一步工作的参考。因为每个人都了解算法背后的思想，大家就能对其逻辑性、公平性进行评估，并参与其中，共同行动。

c. **把原则阐述清楚，运用各种工具和行为准则来推进实施，形成信任、公平的氛围，使任何结论都可以通过跟踪其背后的逻辑和数据来加以评估**。一些被判定为低效的员工会为自己辩解，认为判断有误，这种情况在所有机构都很常见。此时，运用基于数据和规则、标准明确的系统，就可以让辩解者哑口无言，展示系统的公平性。尽管系统不可能做到完美，但与大权在握的个人用强权进行不甚具体、不太公开的决策相比，它毕竟降低了判断的随意性，也更容易检验出判断是否存在偏见。我心目中理想的情况是，建立这样一个程序，每个人都可以为正确决策提供一些标准，再合理指定一些（具有可信度的）人对这些建议的标准进行评估和选取。如果人们能在开放心态与果断决策之间取得良好的平衡，明白他们是否在某些决策上具有可信度，那么针对员工评价和管理标准进行的公开讨论，将会发挥强大的作用，能够促进创意择优的形成和深化。

我们为此目的而设计的工具还比较初级，尚在努力进行完善，以使我们的员工管理系统能像投资管理系统一样高效运转。

我们运用基于实证的方法对员工进行了解、指导、筛选的系统，尽管并不完美，但比很多机构那些随意、主观的管理系统要有效得多。我相信，随着技术的发展演进，很多机构都会被迫转向把人的思想和计算机智能很好结合的系统，以便把工作原则形成算法，大幅提升决策的质量。

在附录部分，我详细描述了一些为创意择优提供支撑并强化员工一致实施的工具和行为准则。这些工具的推出是为了帮助我们实现以下目标：（1）了解员工的状态；（2）分享员工的状态信息；（3）提供个性化的培训和发展方案；（4）提供具体情况下的指导和监督；（5）帮助管理者基于员工的能力和工作要求，在用人上各尽其才，或者解聘员工。

你的公司若要推行创意择优，你不一定也要使用与桥水一样的工具和行为准则，但是你应想办法在公司推行该机制所需的内化学习。桥水的方法已经发展演进了很久，而你的方法不必过于花哨或太强调自动化。例如，设计一张表格或一个模板，指导公司员工按所要求的步骤来管理工作或执行程序，产生的效果就会优于靠员工自己硬记或推算出的效果。

怎样使用工具和行为准则由你自己决定。我在这里想表达的主要意思就是说它们很重要。

16

千万别忽视了公司治理

如果你的公司没有好的治理，我之前说的这么多事情就都不会起作用。治理是一套监督系统，能够把表现不佳的员工、运行不利的流程清除掉。这是一个制衡的程序，能够确保公司的原则和总体的利益总是置于个人或少部分人的利益之上。因为权力能产生统治力量，所以权力必须被交到身处关键岗位、能力强的人手中，他们必须拥有正确的价值观，擅长本职工作，能够对别人的权力进行合理制衡。

直至我卸任 CEO 之后，我才意识到此类治理的重要性，因为我自己是公司的主办人和创始人（也是投资经理），基本上都是按照自己认为最佳的方式行事。即便我根据需要建立起了对我自己的制衡机制——我在我本人之上成立了管理委员会，我需要向这个委员会报告，按我的持股情况，我还是有权决定一切的，但是我从未这样做过。一些人可能会说，我是一个仁慈的独裁者，因为我掌握着一切权力（全部的投票权），但我在行使权力时采用的是创意择优，因为我认为对整个公司好的事情对我们所有人来说都是最有利的，我自己的决定也需要接受二次确认。考虑到桥水的规模，我肯定没有建立起适合公司的治理体系。

例如，桥水没有设立董事会对CEO进行监督，没有内部监管机制，没有解决员工诉求的内部仲裁体系，没有强制措施体系，因为我们并不需要这些东西。在别人的帮助下，我只不过是创立了规则并强调执行，而其他任何人都有权表达诉求甚至推翻我和他人的决定。我们订立的原则相当于美国早年13个州的《邦联条例》，我们的政策就像是公司的法律，但我从未建立一种像美国宪法或司法体系一类的正规操作规则，以用于强制实施和解决争端。因此，当我从CEO任上退下来，把权力交接给其他人时，大家对决策权产生了一些混乱认识。经与一些世界顶级的公司管理专家交换意见，我们基于这些原则构建了一个新的体系。但我仍希望表明，我不认为自己是公司治理的专家，因此不能像之前的原则那样保证以下管理原则都对，因为在写作本书时这些原则都还是新提出来的。

16.1 为了取得成功，所有机构都必须建立制衡机制

关于制约，我认为是指一些人对其他人的监督，确保其行为正常。关于平衡，我指的是做好权力的平衡。即便是最仁慈的领导者，也存在独裁的倾向。如果没有其他原因，也是因为他们管理着大量的员工，时间又有限，这就需要他们迅速做出大量艰难的选择。他们有时会对辩论失去耐心，而直接下达指令。还有大多数领导者并非那么与人为善，不能指望他们肯定能把机构利益放在个人利益之前。

a. **即使在创意择优下，靠观点胜出也不是分派责任和权力的唯一决定因素**。应有的既得利益也需要予以考虑。例如，公司的所有者毫无疑问会有自己的既得利益，而且可能与公司里那些由创意择优筛选出来的最具有可信度的人的既得利益存在冲突，但这并不意味着公司

所有者应把公司的权力转给管理层。这种冲突必须解决。既然创意择优的目的是获得最佳结果，而所有者既有权利也有权力去加以评估，他们当然也会做出自己的决定——我的建议是，他们最好能明智决策。

b. **要确保公司里没有任何人比体系更强大，也没有任何人重要到不可替代**。在运用创意择优时，非常重要的一点是，其管理体系要比任何个人都强大，要用体系来指导和约束公司的领导层，而不是相反。中国领导人王岐山曾给我讲过古罗马发生的故事，尤利乌斯·恺撒与政府闹翻，打败了曾与他一道作战的将军庞培，从元老院手中攫取了罗马共和国的控制权，把自己命名为终生独裁官。即便在他遇刺之后元老院恢复了统治，罗马再也不是原来的罗马，随后的内乱对罗马的损伤超过了以往的对外战争。

c. **当心出现诸侯割据**。一个团队、一个部门有凝聚力、有共同的目标是很棒的一件事，但是个人对老板或部门负责人的忠诚，不能与个人对整个公司的忠诚发生冲突。诸侯割据的负面影响很大，与创意择优所推崇的价值观是格格不入的。

d. **设计一个机构的组织架构和规则时，要确保制衡机制能发挥作用**。每个机构都有不同的方式实现有效制衡。下页的图是我想象并勾勒出的桥水制衡机制，我们是一家有 1 500 人的公司，但是不同机构所遵循的原则都是一样的，我相信所有机构的制衡机制都是在这个基本框架下的扩展。

董事会由 1—3 位 CEO 与 7—15 位董事会成员组成，并有自己的支持团队，其目标主要是评估：（1）公司的管理层是否有能力；（2）公司能否按照既定的原则和规矩运行。董事会有权选用和替换 CEO，但不会插手公司的微观管理和人员安排，尽管在紧急情况下，董事会可以扮演更主动的管理角色（他们可以按照自己的意愿向 CEO 提供帮助）。在桥水，虽然理想情况下的创意择优是覆盖全公司

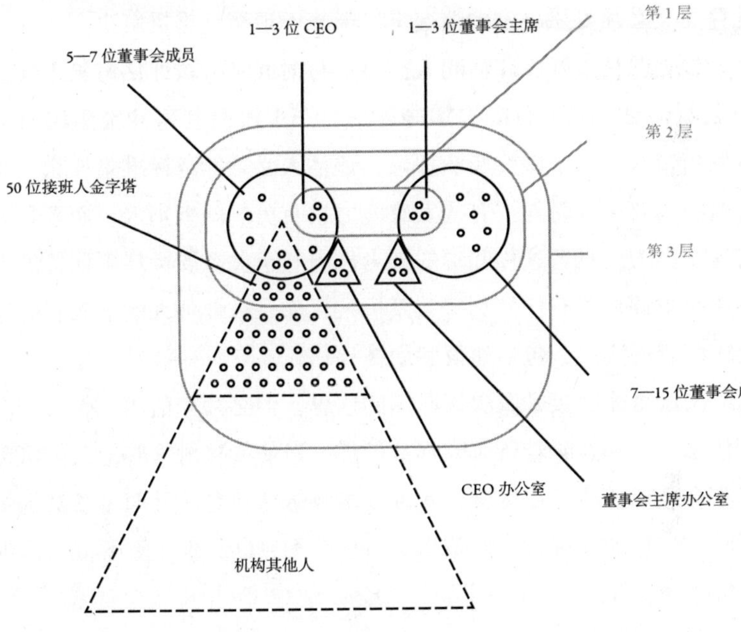
第 1 层
1—3 位 CEO
1—3 位董事会主席
5—7 位董事会成员
第 2 层
50 位接班人金字塔
第 3 层
7—15 位董事会成员
CEO 办公室
董事会主席办公室
机构其他人

各方面的，但在授权、委托、接触信息、决策权归属等方面，还是需要分不同层次的。这在上一页的图上用三个层次来表示。

e. **确保报告路线清晰**。这对于整个机构都很重要，但尤为重要的是，对董事会（负责监督）的报告路线必须独立于对 CEO（负责管理）的报告路线，尽管二者之间需要合作。

f. **决策权归属要清晰**。确保每个人的投票权重有多大，以便在分歧犹存而又必须要做决定的情况下，能毫不迟疑地推进解决。

g. **要确保从事履职评估的人：（1）有时间掌握被评估对象工作情况的全面信息；（2）有能力实施评估；（3）没有利害冲突阻碍其有效行使监督权**。为了做好履职评估，评估人必须知道标准是什么，而掌握这些需要一些时间。有些人有能力且有勇气问责别人，而多数人没有这个能力。具备这种问责的能力和勇气至关重要。从事评估的人也不能与被评估人有任何利害关系——例如是被评估人的下属——这会阻碍问责的实施，包括建议解雇被评估人。

h. **决策者能够接触做决策所需的信息，但必须守信用、妥善安全保管信息**。这不意味着所有人都被信任，以使能接触这些信息。可以在董事会下设立专门委员会，允许其接触敏感信息，并向董事会提供基于具体信息的建议，以便董事会做出合理判断，但千万不能对外泄露高度敏感信息。

16.2 在创意择优下，CEO 单人决策没有集体决策好

对一个人过度依赖会产生很大的关键人物风险，造成管理技能的局限性（因为没有人什么都会），也无法实施充分的制衡。由于要做的事情太多，这也给个人增添了负担。这就是为什么我们在桥水推出了联合 CEO 机制，形成了 2—3 人合作领导公司的局面。

在桥水，监督几位 CEO 的基本上是执行董事长或董事长。根据

创意择优，公司的员工也可以对 CEO 问责，即便这些员工是 CEO 的下属。找 2—3 人负责管理，难在如何让他们协调合作。如果他们自己做不到，与董事长也难以协调，就必须通知执行董事长或董事长，以便做出必要的完善。

同理，我们在桥水安排了不止一位 CEO 来抓公司的管理，我们还设立了不止一个 CIO 岗位（目前有三人）。

16.3 原则、规矩、制衡等组成的治理体系不能取代出色的伙伴关系

如果你公司缺乏那种身居高位而出于本能地按照既定原则为整个公司谋取利益的能人，那么所谓的原则、规矩、制衡等就没有多大作用。公司的领导层必须有智慧、有能力，善于维持密切关系、开展合作和进行有效的工作交往，具体体现在，能够理性地表达分歧，坚定地执行创意择优下所做出的决定。

与他人合作可得三大益处

（1）共同努力比单打独斗能更强、更好地完成既定使命；

（2）出色的人际关系会造就优秀的团队；

（3）积累财富以实现和满足我们及他人生活所需。

将工作原则融会贯通

既然这三大益处的重要性因人而异，你可以自己来决定所需的数量及比例。要知道这三大益处相辅相成。如果你希望能完成任务，那么与从事相关任务的人保持良好交往、获得必要的财务资源就会很有帮助。类似地，如果你想让自己加入一个优秀的工作团队，你就要与别人有着相同目标，并获得财务支持。如果你想赚取更多的金钱，你就要设定明确的目标，紧密团结你的同事去努力为之奋斗。在我的一生中，我很幸运，拥有的伙伴、良好人际关系、财富超乎了我的想象。我在试图将自认为有用的方法传授给你们——创意择优，它把从事有意义的工作、发展有意义的人际关系作为目标，以极度求真和极度透明为途径——你们可以自己决定是否有用，或哪一点对你更有用。

我讲述了一大堆原则，你们难免会觉得有些迷惑，我想把其中的关键点告诉你们。这就是，在所有决策方法中，构建创意择优是最佳的方法。[1]这个判断是显而易见的，无须赘言，但我还是想再说一下：了解每个人的观点及能力的高下，知道如何确保最好的观点胜出，是做决策的最佳方法。不管在什么情形下，基于创意择优的决策几乎都要好于传统的独裁或民主决策。

这不仅仅在理论上成立。世上没有乌托邦，就像世上没有任何完美的事物，但是世上有伟大的思想——毫无疑问，这个创意择优让桥水在过去40多年里创造出了不起的业绩。考虑到这个方法在很多机构都会发挥同样的作用，我希望把它清晰详细地介绍给大家。你固然无须像我一样严格遵循这个创意择优，但关键问题在于：你是否希望在创意择优下开展工作？如果答案为是，你怎么样尽量做到最好？

让创意择优发挥作用，需要人们做三件事：（1）坦陈自己最诚实的想法，让大家公开讨论；（2）理性地表达分歧，以便大家进行高质量的辩论，拓展思路，尽量形成最优的集体决策；（3）用创意择优来处理所有不同意见（例如可信度加权决策）。尽管创意择优不需严格遵循某种特定套路，但应该大体符合这三个步骤。别担心记不住我在书里提到的这么多具体的原则，你只需建立一个创意择优，权衡利弊，想明白怎样用你自己的原则、自己的方式来操作。

就我自己而言，我想做有意义的工作，发展有意义的人际关系，我相信为了实现这些，就需要做到极度求真和极度透明。所以我努力去追求这种境界，并在现实中遇到了问题，迫使我做出抉择。我把自己抉择的经历记录下来，丰富我的原则，在同事之间形成了创意择优，并使其良好运转。你会独自经历一些障碍，也许想回过头去反思这些原则，因为我就曾遭遇这些障碍，并努力去寻求解决，把自己的想法

1. 我并不是说它总是最佳的，肯定在有些情况下它不是最优的。我这样说是想表达，如果该方法应用得当，几乎就是最好的方法。

体现在原则中。接下来，你可以归纳出你自己的原则。

当然，在对团队施加影响方面，人的能力有大有小，我并不了解你所处的环境。但我肯定知道，如果你能发挥创意择优的作用，你就能用你自己的办法实现目的。也许是通过在高层设计机构的运作方式，也许是通过选择所效力的机构，也许只是通过创意择优与同僚共事。不管你处于哪种情形，你都能以开放的心态进行果断的决策，并能基于你自己和他人的可信度做出取舍。

总之，我对你的祝愿是：（1）你能将工作和激情有机结合在一起；（2）你能与同事为了共同的使命而奋斗，收获成果；（3）你能尽情享受奋斗和成果带来的欢乐；（4）你将迅速改善和进化，成就斐然。

由你自己决定

希望从生活中

得到什么和给予什么

结语

正如我在开篇所言，我的目标是把那些我认为有效的原则传授于你，而如何践行这些原则由你自己来决定。

当然，我希望这些原则能帮助你策划远大的目标，从失败的痛苦中找到突破的路径，进行高质量的反思，最后创造出你自己的行事原则，从而系统性地遵循你的原则，并创造出远超预期的丰硕成果。我希望这些原则能帮助你努力进步，或和你的同事一道实现你们的愿望。考虑到你所经历的旅程中肯定充满了艰难和奋斗，我希望这些原则能帮助你改善进化，持续发展。也许它们能激发你和你同事把你们的原则写成指南，共同发现运用创意择优。如果我能推动世界朝着这个方向移动哪怕只有一小步，都会让我激动不已。

我已经说了许多，但还是要说，因为我知道，还有必要掌握一些工具和行为准则来帮助把人们的想法变成现实的行动。我将阐述我们所设计的工具和行为准则，供你们参考。

我觉得，我已经尽了全力把我的生活原则和工作原则告诉给你。

当然，只要我们活在世上，就不会停止奋斗的步伐。一想到我当下正在努力把我认为有价值的东西毫无保留地贡献出来，把这些原则告诉给你们，我就能感到一丝欣慰，一丝满足。作为本书的结束之语，我要说，我将尽力将自己的经济和投资原则公之于众。

附录
桥水为创意择优所用的工具和行为准则

以下简要介绍桥水目前使用的大量工具和软件程序。我希望在不久的将来通过原则这款App更广泛地分享这些内容，届时你可以自己通过实践来检验。

教练

考虑到对任何人而言，为了合理应对各种情况需要记住太多的原则，而从书本中寻找答案又不如直接咨询意见来得更容易，我开发了这个教练工具。教练汇聚了各种（或很多种）情况（例如，不认同别人的评估意见，有人说谎或做出了违反职业道德的行为等），形成了一个案例库，并与可适用的相关原则一一挂钩，可以帮助人们进行应对。你在使用教练时，也可以针对其提供建议的质量给出反馈意见，从而有助于使教练更加完善，在未来提出更好的建议。教练将像Siri（苹果手机上的智能语音控制功能）一样，越来越有用。

集点器

集点器作为一个应用于会议的App，便于人们实时表达自己和了解别人的观点，帮助大家在创意择优下形成决策。这个工具能把众人的想法展示出来，进行分析，有助于大家根据相关信息实时做出决策，其有效性具体体现在：

- 与会者可以针对几十个要素中的任何一个，赋予点数来记录对彼此发言的评价，可以给出好评，也可以给出差评。这些点数体现在一张表格中，并进行动态更新，随着会议进行，每个人都可以看到别人的观点。这可以帮助人们转换思维，纵览他人意见，防止囿于自己的观点而不能自拔。通过别人的眼睛看问题，自然会使大多数人拥有大局观，认识到自己的观点不过是其中一个视角。因此，人们会问自己，在决定如何处理当下问题时，应当采用什么标准。这样就可以促成大家以开放心态，在创意择优下形成集体决策。
- 它可以像GPS一样提供建议，帮助人们更好决策。这个工具搜集了所有与会者观点的信息数据，能够对每个人给出个性化的指导意见，而这一点在人们没有把握认为自己掌握了正确意见的情况下，显得尤为重要。经验告诉我们，帮助大家处理好这种情况，具有不可估量的价值。
- 集点器能重点标示出所谓的“节点问题”——人们持不同立场，对问题的答案五花八门，相互之间存在重大分歧。例如，如果你针对某个问题的观点与可信度高的大多数人不一致，这个工具将自动对你做出报警提示，并告诉你该采取哪些步骤，以基于证据的方式来解决分歧。
- 它能促进可信度加权的投票表决。集点器既提供了让人们投票表达是/否（或用数字打分）的界面，也提供了一个进行可信度加权的后端系统，有助于我们从等权重或按可信度加权角度观察投票结果，即不仅仅是看简单多数，也看那些观点最能站得住脚的人是如何投票的。虽然看似复杂，这却是提醒人们谁具有最高可信度的最简便的方法，毕竟如此一来，无须记住每个人在哪个方面的可信度有多高。

棒球卡

除了搜集员工在会议上发言的“点数”外，我们还搜集员工其他各个方面的数据（检查、测试、员工做出的选择等）。所有这些数据都通过计算机算法，基于压力测试的逻辑形成关于员工特征的画像。数据处理逻辑一般都要向公司员工公开，并得到大家的认可，以增强客观性和可信度。然后，我们把这些特征登记在棒球卡中，以这种简便的方法勾勒出一个人的强项和弱点及其相关的证据（就像为职业棒球运动员建立的棒球卡）。

我认为我们很需要这个工具，经常在棒球卡中查阅个人信息。如果没有它，员工之间互动交流时就不会考虑谁在哪个方面强、在哪个方面弱。例如，棒球卡在会议中就很有用，与会者可以通过它评价发言人的权威性，确定其观点是否站得住脚。作为对棒球卡的补充，我们还开发了另一个工具“人物介绍”，它利用棒球卡采集的所有信息（内容已变得日益复杂）得出关于每个人特征的简要文字描述。经过一段时间的实践，这就能为员工提供一个综合分析，反映桥水对每个人特点的最佳判断。我们会和被评价人一起把工具提供的评价与每个人自己的感受进行对比，努力将工具的处理结果与员工的个人感受相统一，使得工具的功能和员工对个人形象的信心都得到完善。

为了让员工与工作相匹配，我还制定了“组合器”，从棒球卡中采集数据，了解员工的关键特征并相互间进行比较分析。如果你想为某个岗位寻找一个合适的人，你就可以输入一些可能符合要求的人的名字，这个组合器就会准确提取相关人的信息，对代表个人的主要特质进行综合分析，从数据库中帮你找到合适的人选。组合器也可用于（根据你要选的人的类型）制定工作规范，在公司内外均适用。

问题日志

问题日志是我们用来记录错误、吸取教训的主要工具。通过它，我们把所有问题公之于众，将其交由问题处置能手处理，进行系统化的改进完善。其作用就像净水器，可以把脏东西过滤掉。但凡出现任何错误，都必须载入问题日志，说明问题的严重性和谁应当对此负责，这样就很容易把大多数问题归纳整理出来。问题日志也有助于指明诊断问题的路径以及相关的信息，还能形成有效的绩效指标，因为在此基础上能够对相关数据和发生问题的类型进行估量（并识别出是谁导致了问题以及由谁来解决问题）。

问题日志是一个很好用的工具，能够改变人的行为和观念。通常人们首先面对的一个挑战就是公开指出错误，因为有些人本能地认为，指出别人的错误会让犯错的人很难受。一旦他们习惯公开指出其他人的错误，他们就会认识到这样做的好处，也就成为一种很好的惯例了。如今，很多人都认为这个工具是不可或缺的。

痛苦按钮

我相信“痛苦 + 反思 = 进步”。换句话说，感受到痛苦是个重要的信号，说明有教训可以吸取。如果你能很好地反思痛苦，你就总能学到重要的东西。这促使我发明了“痛苦按钮”。

当某个人在经历痛苦，那就是让他把经历什么样的痛苦记录下来的最佳时机，但还不是反思的合适时机，因为当时很难保持头脑清醒。因此，这个 App 是让员工把他们的感受（气愤、失望、沮丧等）记录下来，以后再利用反思所用的问题进行回顾反思。这个工具可以促使经历痛苦的人们具体说明应该如何应对这种局面，以便减轻未来的痛苦（例如，与造成痛苦的人进行一场高质量的对话）。这个 App 有一个部分反映的是发生痛苦的频率、原因，以及是否遵循既定的行动方案，效果是否显著。通过这个功能，你可以知道各种已发生痛苦之间的生物反馈联系，了解诊断、为减轻或消除问题的改进方案、后续行动以及相应的结果。这个工具能够生成一个表格供所有人参考，体现的是反馈环向上改进的过程。你可以把记录的痛苦感受与人分享，也可以设为私密。有些人把痛苦按钮视为自己口袋里的心理医生，唾手可得而且物美价廉。

分歧解决器

分歧的解决需要清晰的路径，在创意择优下尤为如此，因为此时人们希望在表达不同意见的同时，找到解决分歧的途径。分歧解决器为在创意择优下解决分歧提供了路径。该工具的一个特点在于，它能找到具有可信度的人帮助确定，某项分歧是否有必要提交给更高层管理者去研究解决。这个 App 也很明确地告诉每个人，如果有不同的观点，就有责任表达出来并与他人求取共识，而非私下固执己见、拒绝把问题摆到桌面上来。不管你是否有类似分歧解决器这样的工具，你都必须有一个明确而公平的系统来解决分歧，以便确保真正建立起创意择优。否则，权势人物就有可能利用职权欺压人微言轻的下属。

我们还有其他一些工具帮助我们完成日常工作并进行监督，并对工作的进展保持共识。

每日更新

多年来，我让每位下属每天花 10—15 分钟给我发个电邮，说一下他们当天的工作、出现的问题以及自己的反思。通过阅读这些资料并多方对照（换句话说，观察不同人如何承担本职工作），我能够估计出他们怎样一起工作、情绪如何，以及我能从中发现什么线索。在过去几年里，我基于这个做法开发了一个 App，将每日更新内容编入一个指示板，与过去逐一翻阅数十封电邮相比，它更易于跟踪、记录指标变化和做出反馈。这也有助于大家更多方面地提供有用的数据——比如他们的士气高低、工作负荷大不大、有没有需要提交高层讨论的问题——而且是每天都这样做。我和同事发现这个工具虽然简单，但价值连城，能帮助我们更好地达成共识。在公司层面，该工具也为我们了解进展提供了有价值的信息（士气、工作量、具体问题、每个人的履职情况等）。

契约工具

你是不是经常遇到这样的情形：会议在七嘴八舌中落幕，每个人都在说我们应该如何如何，而当人群散去时，你发现实际上没有任何成果，因为大家都不知道共识是什么，遑论跟踪进展。隐形的约定是毫无价值的，大家之间彼此做出的承诺必须以明确的方式提出来并可执行，而且应该有证可查便于相互问责。契约工具就是一个简单的

App，记录员工相互之间的承诺并监督承诺的履行。它能为下达指令的管理者提供帮助，也能为接受指令的操作人员提供指导，相关信息掌握起来易如反掌。

流程图

就好比工程师利用流程图了解设计的作业流程，管理者也需要流程图把公司当成机器一样设计。它需要参考公司内部报告路线的组织架构图，或让组织架构图为流程图提供补充信息。理想的情况是，流程图的设计既能让你轻易俯瞰全貌，又能让你在必要时循报告路线向下了解各层级的细节（例如，看到流程图上某个人的名字后，点击进去可了解他的棒球卡信息以及其他相关信息）。

在桥水，我们为每个部门设计了流程图，能展现出所有岗位名称、每个岗位的职责，以及工作流程怎样导出理想的结果。

政策和程序手册

将关于政策和程序的文件汇编以备员工查询，功能就像操作手册。这些文件是公司把学习经验升华为制度的结果，内容都是动态更新的。

量化指标

常言道："对于无法计量的事物，你肯定也管不好。"通过度量机器的运转状况，尤其是如果能通过某种算法帮助你完成大量思考和工作的话，你抓管理就会更容易。

设计好的量化指标，首先要考虑需要什么信息来回答你觉得最紧迫的问题，再考虑如何得到答案。仅仅靠搜集和汇总信息得不出想要的指标。在桥水，我们讨论过设计好的量化指标需要 4 个步骤：（1）了解公司的目标是什么；（2）了解达成目标的程序（你的机器，包括人和设计）；（3）找到程序中最适合量化的关键部分，以便了解机器如何运作以达成目标；（4）研究如何在关键指标上发挥杠杆效用，以便调整程序、改变结果。在这方面，我们鼓励员工在使用流程图、程序手册的同时，开发适用于我们自己的指标。

在验证量化指标的有效性时，主要看这些指标能否告诉你谁在哪些领域的表现好坏，一定要具体到个人。我们希望指标对上要能够覆盖 CEO 负责的公司层面最重要的问题，对下要覆盖部门、部门里的团队，以及每个岗位的具体责任人。

参考文献

Aamodt, Sandra, and Sam Wang. *Welcome to Your Brain: Why You Lose Your Car Keys but Never Forget How to Drive and Other Puzzles of Everyday Life.* New York: Bloomsbury Publishing, 2009.

Beauregard, Mario, and Denyse O'Leary. *The Spiritual Brain: A Neuroscientist's Case for the Existence of the Soul.* San Francisco: HarperOne, 2007.

Campbell, Joseph. *The Hero with a Thousand Faces.* Princeton: Princeton University Press, 1949.

Dawkins, Richard. *River Out of Eden: A Darwinian View of Life.* New York: Basic Books, 1995.

Duhigg, Charles. *The Power of Habit: Why We Do What We Do in Life and Business.* New York: Random House, 2012.

Durant, Will, and Ariel Durant. *The Lessons of History.* New York: Simon & Schuster, 1968.

Eagleman, David. *Incognito: The Secret Lives of the Brain.* New York: Pantheon Books, 2011.

Gardner, Howard. *Changing Minds: The Art and Science of Changing Our Own and Other People's Minds.* Cambridge: Harvard Business Review Press, 2006.

Gazzaniga, Michael S. *Who's in Charge?: Free Will and the Science of the Brain.* New York: Ecco Books, 2011.

Grant, Adam. *Originals: How Non-Conformists Move the World.* New York: Viking, 2016.

Haier, Richard J. *The Intelligent Brain.* Chantilly, VA: The Great Courses Teaching Company, 2013.

Hess, Edward D. *Learn or Die: Using Science to Build a Leading-Edge Learning Organization.* New York: Columbia Business School Publishing, 2014.

Kahneman, Daniel. *Thinking, Fast and Slow*. New York: Farrar, Straus & Giroux, 2011.

Kegan, Robert. *The Evolving Self: Problem and Process in Human Development*. Cambridge: Harvard University Press, 1982.

Kegan, Robert. *In Over Our Heads: The Mental Demands of Modern Life*. Cambridge: Harvard University Press, 1998.

Kegan, Robert, and Lisa Laskow Lahey. *An Everyone Culture: Becoming a Deliberately Developmental Organization*. Cambridge: Harvard Business Review Press, 2016.

Lombardo, Michael M., Robert W. Eichinger, and Roger P. Pearman. *You: Being More Effective in Your MBTI Type*. Minneapolis: Lominger Limited, 2005.

Mlodinow, Leonard. *Subliminal: How Your Unconscious Mind Rules Your Behavior*. New York: Pantheon Books, 2012.

Newberg, Andrew, MD, and Mark Robert Waldman. *The Spiritual Brain: Science and Religious Experience*. Chantilly, VA: The Great Courses Teaching Company, 2012.

Norden, Jeanette. *Understanding the Brain*. Chantilly, VA: The Great Courses Teaching Company, 2007.

Pink, Daniel H. *A Whole New Mind: Why Right-Brainers Will Rule the Future*. New York: Riverhead Books, 2005.

Plekhanov, G. V. *On the Role of the Individual in History*. Honolulu: University Press of the Pacific, 2003. (Original work published 1898)

Reiss, Steven. *Who Am I? The 16 Basic Desires That Motivate Our Actions and Define Our Personalities*. New York: Berkley, 2002.

Riso, Don Richard, and Russ Hudson. *Discovering Your Personality Type: The Essential Introduction to the Enneagram, Revised and Expanded*. New York: Mariner Books, 2003.

Rosenthal, Norman E, MD. *The Gift of Adversity: The Unexpected Benefits of Life's Difficulties, Setbacks, and Imperfections*. New York: TarcherPerigee, 2013.

Taylor, Jill Bolte. *My Stroke of Insight: A Brain Scientist's Personal Journey*. New York: Penguin Books, 2009.

Thomson, J. Anderson, with Clare Aukofer. *Why We Believe in God(s): A Concise Guide to the Science of Faith*. Charlottesville: Pitchstone Publishing, 2011.

Tokoro, M., and K. Mogi, eds. *Creativity and the Brain*. Singapore: World Scientific Publishing, 2007.

Wilson, Edward O. *The Meaning of Human Existence*. New York: Liveright Publishing Corporation, 2014.

致谢

我的生活原则和工作原则是对我多年实践经验的总结。我的这些经历主要是与鲍勃·普林斯、格雷格·詹森、吉赛尔·瓦格纳、丹·伯恩斯坦、戴维·麦考密克、艾琳·马瑞、Joe Dobrich、Paul Colman、罗布·弗里德、罗斯·沃勒、布莱恩·戈尔德、Peter La Tronica、Claude Amadeo、Randal Sandler、Osman Nalbantoglu、Brian Kreiter、Tom Sinchak、Tom Waller、Janine Racanelli、Fran Shanne和Lisa Safian一起度过的，我对他们充满感激。

我和鲍勃、格雷格用了大半生的成年时光努力探究无边无际、无始无终的经济和市场规律。在此过程中，回顾我们每天交流互动的日子，时常引人深思，偶尔遍体鳞伤，也间或兴奋异常。我们在一起开会，主要是讨论经济和市场，这让我们发现了非常宝贵的经济原则和投资原则，也教会我们更加认清自己以及人与人之间如何交往。我们从教训中吸取力量，形成了生活原则和工作原则，其意义更加非比寻常。最近，我们与艾琳·马瑞和戴维·麦考密克一道做出了努力，二位刚刚接替我担任联合 CEO。戴维和艾琳，感谢你们，感谢你们接受、照料这份上苍赋予我们的恩惠，并为之贡献自己的力量。

当我最先意识到要将桥水从第一代公司转型为第二代公司时，我就决定把分散凌乱的原则搜集整理成一部教材，为桥水的同人提供帮助。将最初的一大堆毫无头绪的原则搜罗、转换为一本精彩的著作，不啻一项史诗般的工程，Mark Kirby 负责帮助我从事这项工作，他出力最多。我还要感谢 Arthur Goldwag 和 Mike Kubin 协助我理清思路并润色整份手稿。（Mike 是以朋友的身份友情协助。）我还要感谢 Arianna Huffington、Tony Robbins、Norm Rosenthal 和 Kristina Nikolova 拨冗阅读本书，并提出了很有价值的建议。

在日常工作中助力于我的还有“瑞的天使团队”（Marilyn Caufield、Petra Koegel、Kristy Merola 和 Christina Drossakis），“瑞的杠杆团队”（Zack Wieder、Dave Alpert、Jen Gonyo 和 Andrew Sternlight，还有前任杠杆团队成员 Elise Waxenberg、David Manners-Weber 和 John Woody），以及“瑞的研究团队”（Steven Kryger、Gardner Davis 和 Brandon Rowley——还有前任研究团队成员 Mark Dinner）。我还要感谢 Jason Rotenberg、Noah Yechiely、Karen Karniol-Tambour、Bruce Steinberg、Larry Cofsky、Bob Elliott、Ramsen Betfarhad、Kevin Brennan、Kerry Reilly 以及 Jacob Kline，是他们这些年青一代为我提供了灵感，促使我形成了投资原则。感谢 Jeff Gardner、Jim Haskel、Paul Podolsky、Rob Zink、Mike Colby、Lionel Kaliff、Joel Whidden、Brian Lawlor、Tom Bachner、Jim White、Kyle Delaney、王沿、Parag Shah 以及 Bill Mahoney，把我们的原则以更具个性的方式传达给我们的客户。感谢 Dave Ferrucci，在把工作原则转换成计算机算法的过程中，对我帮助最大。感谢 Jeff Taylor、Steve Elfanbaum、Stuart Friedman 和 Jen Healy，帮助我把原则转换成很多人看得懂的文字。尽管我的兴趣和方向一直很多元，这些团队成员把我的任务当作他们自

己的任务，推动我努力前行。没有他们的帮助，我不可能取得现在的成就。感谢你们对我的忍耐和给予我的无私帮助。

本书英文版精美的装帧设计出自 Phil Caravaggio 之手，感谢他的慷慨和才华。当我把《原则》的草稿以 PDF 格式（一种电子文件格式）上传互联网时，我还不认识他，他就在技艺精湛的书刊设计师 Rodrigo Corral 的协助下，带来了这份设计华丽的印刷版礼物。Phil 是在他所在领域内的一位出色企业家，还对我提出的原则对他的帮助表示了感激之情。这本精致的书让我震惊，而 Phil 关于这些原则对他本人之重大意义的阐述也作为一项厚礼，推动我不断朝着出版这本书去努力。在我做出决定后，Phil 和 Rodrigo 一道不辞劳苦地做成了这部精美的图书，送到了读者手中——这又是一份大礼。感谢你，Phil！

6 年前，Simon & Schuster 出版公司执行主编 Jofie Ferrari-Adler 阅读了《原则》的网络版，认为很有价值，并向我解释为什么出版这本书是我为别人提供帮助的一件大事。在出版过程中，他一直是一位宝贵的合作伙伴。在研究选择出版方案时，我与大家认真讨论选取最好的代理商。这个过程让我结识了 Jim Levine。我理解为什么他如此受客户的爱戴，就是因为他投入了自己宝贵的时间、技能和情感。Jim 带着我熟悉了整个出版流程，让我认识了 Simon & Schuster 总裁 Jon Karp。甫一结识，Jon 就希望我的书更让我满意而不是更让他满意，在他的帮助下，这如今得以成为现实。

最后，我还要感谢我的太太芭芭拉和儿子德温、保罗、麦修和马克，谢谢你们对我和我的原则的容忍——让我有时间和空间创造出这些原则和这本书。

审校后记

译事难哉，《原则》这本书翻译和审校尤其不易。不仅是因为语言、专业及文化差异，主要是因为桥水奉行创意择优，在工作中有一套独创的工具、软件、行为准则和词义，有时连美国人也很费解。我在审校的时候，也常常感到很难将其中真义准确地传达给中国读者。

既然瑞已在《原则》中详述了方法和原则，我就聊聊瑞和中国。

瑞是地道的美国人，但上溯几辈应该是来自威尼斯一带的意大利北方人。（也许几百年前他的先祖和马可·波罗是近亲，要不他自己也说不清楚为什么如此挚爱中国。）

20 多年前，瑞把他年仅 11 岁的儿子麦修送到北京史家胡同小学上学。当时这所小学条件很差，而且麦修不会中文，独自一人被寄养在瑞的朋友顾阿姨家，顾阿姨老伴用自行车接送麦修上下学。又过了些年，我的一个朋友问瑞，你为什么把年幼的孩子送来中国，你不觉得太冒险？瑞脱口而出，他不去风险更大，是中国改变了麦修，让他懂得了生活。

麦修回国5年后又重返北京，历经周折创办了中国关爱基金会，专门救助中国的残疾孤儿。瑞对这一举动非常赞同，全力相助。前些年的每年夏天，瑞都在自己居住的美国小镇上举办捐助中国关爱基金会的慈善晚会，每次看到应邀出席的那么多美国人，为地球那一边素不相识的中国的残疾孤儿出钱出力，我总觉得应该对他们感恩一生一世。

我妹妹曾是中国关爱基金会的驻京员工，她曾和瑞、麦修一起去陕西的孤儿院，她说瑞左手拎着一大包婴儿尿布，右肩扛着奶粉，和他们一起赶路，简直就像外来的民工。我后来碰到民政部门的一位官员，他说："你们老板就是活着的白求恩。"

瑞常说，他最缺的就是时间。后来顾阿姨老伴，一位普通的退休教员去世，瑞放下所有的事情，专程飞到香港办好签证，再飞到北京为这位普通的老人送行，也真是有情有义了。

瑞来中国，经常会请当年他认识的"联办"老友喝顿茅台，像高西庆、王莉、王波明、汪建熙等。这些老友打趣，问瑞为啥这么喜欢中国。瑞说，我知道，你们说我上辈子是中国人。

桥水在全世界都不设分公司，唯独在中国设有全资的子公司。瑞多年前就在公司说，别总想着美联储又说了什么，你们会看到，不久的将来，人们会盯着问中国人民银行行长又说什么了。

《原则》简体中文版出版了，瑞在中国的新长征开始了。

王沿

图书在版编目（CIP）数据

原则 /（美）瑞 · 达利欧著；刘波，綦相译 . -- 北京：中信出版社，2021.4

（中信经典丛书 . 002）

书名原文：Principles: Life and Management

ISBN 978-7-5217-2888-0

Ⅰ . ①原… Ⅱ . ①瑞… ②刘… ③綦… Ⅲ . ①管理学－通俗读物 Ⅳ . ① C93-49

中国版本图书馆 CIP 数据核字（2021）第 045578 号

原则

（中信经典丛书 · 002）

著　　者：［美］瑞 · 达利欧
译　　者：刘波　綦相
责任编辑：姜莉君
出版发行：中信出版集团股份有限公司
　　　　　（北京市朝阳区惠新东街甲 4 号富盛大厦 2 座　邮编　100029）
承 印 者：北京中科印刷有限公司

开　　本：880mm × 1230mm　1/32　　印　　张：115.5　　字　　数：2719 千字
版　　次：2021 年 4 月第 1 版　　印　　次：2021 年 4 月第 1 次印刷
京权图字：01-2017-8563
书　　号：ISBN 978-7-5217-2888-0
定　　价：990.00 元（全 8 册）

服务热线：400-600-8099
投稿邮箱：author@citicpub.com

扫码免费收听图书音频解读